营销安全研究

（上卷）

李蔚　杨洋　兰天◎主编

企业管理出版社

图书在版编目（CIP）数据

营销安全研究：全三卷/李蔚，杨洋，兰天主编.—北京：企业管理出版社，2019.12
ISBN 978-7-5164-2081-2

Ⅰ.①营⋯　Ⅱ.①李⋯　②杨⋯　③兰⋯　Ⅲ.①市场营销学　Ⅳ.①F713.50

中国版本图书馆 CIP 数据核字（2019）第 275691 号

书　　名：	营销安全研究（上卷）
作　　者：	李　蔚　杨　洋　兰　天
责任编辑：	郑　亮　徐金凤　黄　爽　田　天　宋可力
书　　号：	ISBN 978-7-5164-2081-2
出版发行：	企业管理出版社
地　　址：	北京市海淀区紫竹院南路 17 号　　邮编：100048
网　　址：	http://www.emph.cn
电　　话：	编辑部（010）68701638　发行部（010）68701816
电子信箱：	qyglcbs@emph.cn
印　　刷：	北京虎彩文化传播有限公司
经　　销：	新华书店
规　　格：	210 毫米 × 285 毫米　大 16 开本　32.5 印张　936 千字
版　　次：	2019 年 12 月第 1 版　2019 年 12 月第 1 次印刷
定　　价：	600.00 元（全三卷）

版权所有　翻印必究　·　印装有误　负责调换

《营销安全研究》(全三卷) 编委会

主　编　李　蔚　杨　洋　兰　天
副主编　李　珊　花海燕　王　虹

分卷主编

上卷：方　正　薛骄龙
中卷：刘晓彬　李陈卓尔
下卷：林雅军　尚　玮

导读——主编的话

在中国的市场上，曾经爆发了很多起源于产品伤害危机的企业营销安全事故，例如，××奶粉事件、××口服液事件、××回炉奶事件、××奶粉含碘超标事件、×××含苏丹红事件等。这些事件，从产品伤害危机到服务伤害危机，从渠道伤害危机到促销伤害危机，从企业品牌伤害危机到行业品牌伤害危机，应有尽有。这些企业怎么了？为什么会爆发如此之多的伤害危机？这些危机伤害的是顾客，还是企业；是市场，还是产品；是社会伦理，还是企业信誉；是一个企业，还是一个行业？企业该如何避免这些危机？如果不能避免，又该如何化解这些危机？如果不能化解，该如何应对这些危机？如果不能有效应对，该如何修复危机带来的负面影响？如果短期不能修复，又如何实现品牌休眠？已经休眠的品牌，又如何能成功唤醒？已经造成消费关系断裂的品牌，又如何实现消费关系再续？如此等等，学术界没有研究，也没有现存的答案。

四川大学营销安全研究团队，从20世纪90年代开始，用20年时间，聚集了二十多位专家，先后申请了三个国家自然科学基金、一个国家社会科学基金、一个教育部人文社科重点项目基金、一个教育部人文社科专项基金和一个全国高校博士点基金等研究基金，从纵贯与横剖多个维度，运用扎根理论、田野调查、自然实验和实验室实验等方法，借助神经网络分析、数据包络分析、结构方程模型、博弈模型和系统动力学模型等进行计算、推理、模拟研究，得出了一些研究成果，从伤害归因到伤害路径，从危机扩散模型到危机传播变异，从伤害波及函数模型到伤害波及溢出效应，从企业伤害危机到代言人伤害危机，从危机预警模型到危机免疫效应，从企业危机应对到社会角色应对，从品牌污名化到品牌伤害溢出，从品牌休眠模型到休眠品牌重生条件，从品牌关系断裂到品牌关系再续模式等，形成了一批有价值的研究成果，先后完成了二十余篇博士论文，在 *Marketing Science*、*Journal of Marketing*、《管理世界》等国内外权威期刊发表论文一百多篇，得出了系统性的研究结论。

本套书分为上、中、下三卷。上卷主要探讨营销安全的理论体系、产品伤害危机对品牌的影响、产品伤害危机对消费者的影响、产品伤害危机后应对策略对购买意愿的影响研究、产品伤害危机的溢出效应等。中卷主要探讨的是市场进入安全、促销安全和渠道安全问题。市场进入安全主要介绍了市场进入的障碍、时序效应、安全评价和进入的安全战略问题。促销安全主要介绍了明星代言人负面事件的影响和赛事赞助商的品牌危机归因对赛事品牌评价的影响。而渠道安全则主要集中探讨了目前营销事故频发的网络渠道虚假促销和连锁渠道伤害问题。下卷集中于对品牌安全的研究，探讨了品牌安全的理论体系，包括基于竞争品牌视角下的相似性对危机溢出效应的影响、品牌形象代言伤害与购买意向的关系、休眠品牌的产生与复活、品牌关系断裂与品牌重生等问题。

本套书不仅可以作为大专院校市场营销及其相关专业学习的参考教材，也可成为营销安全理论研究者的参考资料，还可以作为企业成功避免和应对营销危机的理论读物，对企业推行全面的营销安全管理具有一定的借鉴作用。

目　录

第一部分　企业营销安全

1. 前言 ··· 3
2. 企业营销安全研究理论溯源 ·· 4
   2.1 企业营销安全研究的马克思经济学基础 ··· 4
       2.1.1 马克思的"惊险一跃"理论与企业营销安全研究的出发点 ······················ 4
       2.1.2 马克思的流通理论与企业营销安全研究的方向 ··································· 4
       2.1.3 马克思的价格理论与企业营销安全的核心问题 ··································· 5
       2.1.4 马克思的经济危机理论与营销环境安全问题 ······································ 6
   2.2 企业营销安全研究的西方经济学基础 ··· 6
       2.2.1 西方经济学的经济周期理论与企业营销安全 ······································ 6
       2.2.2 西方经济学的经济增长理论与企业营销安全 ······································ 7
       2.2.3 西方经济学的可持续发展理论与企业营销安全 ··································· 8
   2.3 企业营销安全研究的社会主义经济理论基础 ··· 9
   2.4 企业营销安全研究提出的理论背景 ·· 9
3. 企业营销安全的基本界定 ·· 11
   3.1 企业营销安全研究的理论范畴 ·· 11
       3.1.1 经济安全 ··· 11
       3.1.2 企业经济安全 ··· 12
   3.2 企业营销安全的基本概念 ··· 13
   3.3 企业营销安全的基本特征 ··· 14
   3.4 企业营销安全的几个基本认定 ·· 15
   3.5 企业营销安全的基本形态 ··· 16
       3.5.1 营销风险 ··· 17
       3.5.2 营销威胁 ··· 18
       3.5.3 营销危机 ··· 19
       3.5.4 营销事故 ··· 20
       3.5.5 营销失败 ··· 21
   3.6 企业营销安全与经济安全的关系 ··· 22
       3.6.1 企业营销安全是经济安全的组成部分 ··· 22
       3.6.2 经济安全最终会表现为企业营销安全 ··· 23
       3.6.3 企业营销安全直接影响着国家经济安全中的资源配置安全 ················· 23
       3.6.4 企业营销安全影响国家经济竞争力的安全 ······································ 24
       3.6.5 企业营销安全影响着一个国家的宏观经济安全 ······························· 25
4. 营销安全体系 ·· 26
   4.1 营销安全的基本内容 ·· 26

    4.1.1 品牌安全 ………………………………………………………… 26
    4.1.2 营销线安全 ……………………………………………………… 27
    4.1.3 营销流安全 ……………………………………………………… 28
  4.2 推进营销安全的基本措施 …………………………………………… 28
    4.2.1 树立营销安全的观念 …………………………………………… 28
    4.2.2 加强营销安全审计 ……………………………………………… 28
  4.3 建立营销安全预警系统 ……………………………………………… 29
  4.4 建立营销安全管理制度 ……………………………………………… 29

5. 营销事故 …………………………………………………………………… 30
  5.1 营销事故是什么 ……………………………………………………… 30
  5.2 营销事故的类型 ……………………………………………………… 30
  5.3 营销事故的等级界定 ………………………………………………… 31
    5.3.1 营销事故的等级界定指标 ……………………………………… 31
    5.3.2 营销事故的等级划分 …………………………………………… 31
    5.3.3 营销事故的损失指数 …………………………………………… 31
  5.4 营销事故的管理 ……………………………………………………… 31
    5.4.1 编制营销事故分类管理表 ……………………………………… 31
    5.4.2 建立营销事故管理制度 ………………………………………… 32
    5.4.3 定期的事故预测和安全审计 …………………………………… 32

6. 论营销危机 ………………………………………………………………… 33
  6.1 危机管理的相关理论研究 …………………………………………… 33
    6.1.1 鲍勇剑和陈百助的危机管理 …………………………………… 33
    6.1.2 罗伯特·希斯（Herth·R）的危机管理理论 ………………… 33
    6.1.3 苏伟伦的危机管理 ……………………………………………… 34
  6.2 营销危机的理论研究状况 …………………………………………… 34
    6.2.1 刘芙蓉和竹邻的营销危机研究 ………………………………… 34
    6.2.2 凌乐进的营销危机研究 ………………………………………… 34
    6.2.3 李蔚的营销安全研究 …………………………………………… 35
  6.3 营销流的相关理论发展状况 ………………………………………… 35
    6.3.1 营销流的研究 …………………………………………………… 36
    6.3.2 营销链的研究 …………………………………………………… 36
    6.3.3 营销力的研究 …………………………………………………… 36
  6.4 企业营销流危机的基本界定 ………………………………………… 36
    6.4.1 危机 ……………………………………………………………… 36
    6.4.2 营销危机 ………………………………………………………… 36
    6.4.3 营销流危机 ……………………………………………………… 37
    6.4.4 营销流威胁、风险和安全的区别 ……………………………… 37
    6.4.5 营销流危机的特点 ……………………………………………… 37
    6.4.6 营销流危机的分类 ……………………………………………… 39
    6.4.7 营销流危机的主要表现形式 …………………………………… 40
    6.4.8 营销流危机的生命周期 ………………………………………… 40

目　录

- 6.4.9　影响营销流安全运行的因素 …………………………………………………… 42
- 6.5　营销流危机预警管理系统 ……………………………………………………………… 42
  - 6.5.1　营销流危机管理系统的基本结构 ……………………………………………… 42
  - 6.5.2　营销流危机管理系统的主要管理功能 ………………………………………… 44
  - 6.5.3　营销流预警指标体系的建立 …………………………………………………… 44
  - 6.5.4　具体预警指标的形成 …………………………………………………………… 45
  - 6.5.5　警灯的设立 ……………………………………………………………………… 46
  - 6.5.6　警区的设立 ……………………………………………………………………… 47
  - 6.5.7　不同警区里的指标管理对策 …………………………………………………… 47
- 6.6　营销流危机的管理措施 ………………………………………………………………… 48
  - 6.6.1　营销流危机处理的运作流程 …………………………………………………… 48
  - 6.6.2　建立营销流危机管理资源 ……………………………………………………… 49
  - 6.6.3　及时隔离营销流危机 …………………………………………………………… 51
  - 6.6.4　找出关键危机链条 ……………………………………………………………… 52
  - 6.6.5　危机决策和实施 ………………………………………………………………… 55
- 6.7　营销流危机的修复管理 ………………………………………………………………… 55
  - 6.7.1　认识修复管理 …………………………………………………………………… 55
  - 6.7.2　修复管理的主要内容 …………………………………………………………… 56
  - 6.7.3　修复管理支持系统 ……………………………………………………………… 57

7. 企业营销失败研究 …………………………………………………………………………… 59

- 7.1　国内营销环境变化 ……………………………………………………………………… 59
  - 7.1.1　企业失败研究的宏观经济背景 ………………………………………………… 59
  - 7.1.2　企业营销失败研究的微观经济背景 …………………………………………… 60
- 7.2　营销失败的界定 ………………………………………………………………………… 60
- 7.3　营销失败研究的理论基础及样本企业的选择 ………………………………………… 60
- 7.4　营销失败原因的分析方法 ……………………………………………………………… 60
  - 7.4.1　营销失败的表现 ………………………………………………………………… 60
  - 7.4.2　营销失败的分析方法 …………………………………………………………… 61
- 7.5　企业营销失败的因素 …………………………………………………………………… 62
  - 7.5.1　环境因素 ………………………………………………………………………… 62
  - 7.5.2　法律环境因素 …………………………………………………………………… 63
  - 7.5.3　技术环境因素 …………………………………………………………………… 63
  - 7.5.4　市场因素 ………………………………………………………………………… 63
  - 7.5.5　战略因素 ………………………………………………………………………… 64
  - 7.5.6　策略因素 ………………………………………………………………………… 64
  - 7.5.7　企业运作因素 …………………………………………………………………… 66
- 7.6　样本企业营销失败因素的统计分析 …………………………………………………… 67
  - 7.6.1　环境因素分析 …………………………………………………………………… 67
  - 7.6.2　市场因素分析 …………………………………………………………………… 68
  - 7.6.3　战略因素分析 …………………………………………………………………… 68
  - 7.6.4　策略因素分析 …………………………………………………………………… 68

	7.6.5 运作因素分析	69
	7.6.6 五大营销失败因素的比较	69
	7.6.7 样本企业营销失败因素统计分析总结	70
7.7	营销失败的启示——加强营销失败预警管理	71
	7.7.1 认知营销失败管理	71
	7.7.2 营销失败的管理目标	71
	7.7.3 营销失败过程管理	72
	7.7.4 营销失败的修复管理	72

8. 营销资金安全 — 74

8.1	企业营销资金安全的意义	74
8.2	企业营销资金安全的内容	74
8.3	企业营销资金安全的预警指标	75
8.4	企业营销资金安全的管理措施	75
	8.4.1 建立营销安全管理预警指标体系	75
	8.4.2 建立企业营销资金安全管理制度	76
	8.4.3 定期的营销资金安全审计	76
	8.4.4 及时、有效地处理营销资金安全危机和安全事故	76

9. 论营销信息安全 — 77

9.1	企业营销信息安全的含义和特征	77
	9.1.1 企业营销信息安全	77
	9.1.2 信息安全的特征	77
9.2	信息安全对营销安全的意义	77
	9.2.1 信息安全是企业营销安全的基础	77
	9.2.2 维护营销安全要确保信息安全的层次和领域	77
9.3	当前企业营销信息安全管理中的问题	77
	9.3.1 认识问题	77
	9.3.2 来自信息源的问题	78
	9.3.3 来自信息通道的问题	78
	9.3.4 来自信息需求者的问题	78
9.4	信息安全管理的内容	78
	9.4.1 信息来源的安全	78
	9.4.2 信息途径的安全	78
	9.4.3 信息内容的安全	78
	9.4.4 信息时效的安全	79
	9.4.5 信息保密的安全	79
	9.4.6 信息分析的安全	79
9.5	信息安全的管理措施	79
	9.5.1 认识信息安全的作用	79
	9.5.2 制定企业信息安全政策与规范	79
	9.5.3 加强信息安全意识的教育和培养	79
	9.5.4 建立信息安全管理机构	79

第二部分 产品安全

10. 产品伤害危机的属性研究 ... 83
10.1 产品伤害危机感知及其影响研究 ... 83
- 10.1.1 研究背景 ... 83
- 10.1.2 研究内容 ... 85
- 10.1.3 研究目的 ... 85
- 10.1.4 研究方法 ... 86
- 10.1.5 研究意义 ... 86
- 10.1.6 理论基础 ... 90
- 10.1.7 研究模型与假设 ... 104
- 10.1.8 研究设计 ... 119
- 10.1.9 假设验证 ... 148
- 10.1.10 研究结果 ... 178
- 10.1.11 研究结论 ... 182
- 10.1.12 研究价值及局限 ... 183

11. 产品伤害危机对品牌的影响 ... 187
11.1 研究背景与问题 ... 187
11.2 研究内容与目的 ... 187
- 11.2.1 研究内容 ... 187
- 11.2.2 研究目的 ... 187
11.3 研究思路与方法 ... 188
- 11.3.1 研究思路 ... 188
- 11.3.2 研究方法 ... 189
11.4 研究意义与创新 ... 190
- 11.4.1 研究意义 ... 190
- 11.4.2 研究创新 ... 190
11.5 文献综述 ... 191
- 11.5.1 品牌相关文献综述 ... 191
- 11.5.2 品牌资产理论概述 ... 193
- 11.5.3 产品伤害危机文献综述 ... 198
11.6 研究设计与方法 ... 200
- 11.6.1 研究假设 ... 200
- 11.6.2 实验设计 ... 202
- 11.6.3 刺激物设计 ... 202
- 11.6.4 变量设计 ... 203
- 11.6.5 问卷设计 ... 204
- 11.6.6 抽样设计 ... 205
11.7 实证研究一 ... 205
- 11.7.1 样本概况 ... 205
- 11.7.2 信度分析 ... 205
- 11.7.3 因子分析 ... 206

11.7.4 伤害程度差异对品牌资产的影响分析 ……208
11.7.5 结果讨论 ……210
11.8 实证研究二 ……211
11.8.1 样本概况 ……211
11.8.2 信度分析 ……211
11.8.3 因子分析 ……212
11.8.4 伤害对象差异对品牌资产的影响分析 ……214
11.8.5 结果讨论 ……216
11.9 研究结论与展望 ……217
11.9.1 研究结论 ……217
11.9.2 研究启示 ……218
11.9.3 研究局限 ……218

12. 产品伤害危机对消费者的影响 ……219
12.1 产品伤害危机中顾客年龄与其购买意愿的差异性研究 ……219
12.1.1 研究假设 ……219
12.1.2 实验设计 ……220
12.1.3 假设验证 ……220
12.1.4 研究结论 ……221
12.2 产品伤害事件对消费者品牌忠诚度的影响机制研究 ……222
12.2.1 文献综述 ……222
12.2.2 研究假设 ……223
12.2.3 实证研究 ……223
12.2.4 结果讨论 ……225
12.3 消费者个体差异对品牌资产的影响研究——基于可辩解型产品伤害危机 ……226
12.3.1 研究假设 ……226
12.3.2 研究设计 ……227
12.3.3 假设验证 ……228
12.3.4 结论与局限 ……229
12.4 产品伤害事件的感知损失程度对消费者品牌忠诚度的影响研究 ……229
12.4.1 研究假设 ……230
12.4.2 实证研究 ……230
12.4.3 结果讨论 ……232
12.5 产品伤害危机后应对策略对购买意愿的影响研究 ……233
12.5.1 研究背景 ……233
12.5.2 研究内容及目的 ……236
12.5.3 研究设计 ……237
12.5.4 研究意义和创新 ……238
12.5.5 产品伤害危机后产品属性变化对消费者购买意愿影响研究 ……239
12.5.6 产品伤害危机后销售促进方式对消费者购买意愿影响研究 ……252
12.5.7 产品伤害危机后广告内容对消费者购买意愿影响研究 ……264
12.5.8 研究总结 ……273

13. 产品伤害危机应对策略研究 ... 281
13.1 产品伤害危机的管理模式研究 ... 281
13.1.1 产品伤害危机的感知危险——危机严重性和消费者个体差异 ... 281
13.1.2 产品伤害危机的缓冲因素——企业声誉与社会责任感的调节作用 ... 282
13.1.3 产品伤害危机的化解处理——选择正确的应对方式 ... 282
13.1.4 管理模型的提出 ... 283
13.2 产品伤害危机的应对方式 ... 283
13.2.1 不可辩解型产品伤害危机的最优应对方式 ... 284
13.2.2 可辩解型产品伤害危机的最优应对方式 ... 284
13.2.3 研究展望与启示 ... 285
13.3 产品伤害危机市场恢复策略研究 ... 285
13.3.1 文献回顾 ... 286
13.3.2 框架概念 ... 286
13.3.3 概念关系假设 ... 288
13.3.4 结论与研究局限 ... 289
13.4 产品伤害危机后的产品策略对消费者购买意愿影响的实证研究 ... 290
13.4.1 研究模型与假设 ... 290
13.4.2 实验设计与测量 ... 291
13.4.3 结论与讨论 ... 292
13.5 可辩解型产品伤害危机应对策略对品牌资产的影响研究——调节变量和中介变量的作用 ... 292
13.5.1 理论和现实背景 ... 293
13.5.2 研究假设 ... 294
13.5.3 实证研究 ... 296
13.5.4 讨论 ... 301
13.6 产品伤害危机应对方式对顾客感知危险的影响——基于中国消费者的实证研究 ... 302
13.6.1 研究假设 ... 303
13.6.2 研究设计 ... 303
13.6.3 假设验证 ... 304
13.6.4 结论与局限 ... 305
13.7 产品伤害危机应对策略对品牌资产的影响研究——企业声誉与危机类型的调节作用 ... 306
13.7.1 理论和现实背景 ... 306
13.7.2 研究假设 ... 309
13.7.3 研究一：危机类型的调节作用 ... 310
13.7.4 研究二：危机类型和企业声誉的调节作用 ... 313
13.7.5 总体讨论与启示 ... 319
13.7.6 局限和展望 ... 320
13.8 可辩解型产品伤害危机及其应对方式对顾客购买意愿的影响研究 ... 320
13.8.1 研究背景与问题 ... 321
13.8.2 研究内容与目标 ... 324
13.8.3 研究思路与方法 ... 325
13.8.4 研究意义与创新 ... 328

13.8.5　文献综述 ··· 329
　　13.8.6　实证研究1：可辩解型产品伤害危机中个体差异对顾客购买意愿的影响 ········· 329
　　13.8.7　实证研究2：可辩解型产品伤害危机中外界舆论对顾客购买意愿的影响 ········· 338
　　13.8.8　实证研究3：可辩解型产品伤害危机中应对方式对顾客购买意愿的影响 ········· 352
　　13.8.9　案例研究 ··· 369
　　13.8.10　研究总结 ··· 377

14. 产品伤害危机溢出效应研究 ·· 383
　14.1　危机溢出效应的概念和分类 ·· 383
　14.2　品牌危机溢出效应的影响结果 ··· 384
　14.3　品牌危机溢出效应的发生条件 ··· 384
　　14.3.1　危机品牌因素的影响 ··· 385
　　14.3.2　消费者因素的影响 ·· 385
　　14.3.3　竞争品牌因素 ··· 385
　　14.3.4　情景因素的影响 ··· 386
　14.4　产品伤害危机属性对横向溢出效应的影响研究——产品相似性和企业声誉的调节作用 ······ 387
　　14.4.1　文献回顾与研究假设 ··· 387
　　14.4.2　研究设计 ··· 389
　　14.4.3　数据分析 ··· 391
　　14.4.4　研究结论与展望 ··· 393
　14.5　预判和应对其他品牌引发的产品伤害危机 ··· 394
　　14.5.1　理论背景 ··· 394
　　14.5.2　研究假设 ··· 395
　　14.5.3　研究一 ·· 396
　　14.5.4　研究二 ·· 399
　　14.5.5　研究结论与讨论 ··· 401
　14.6　竞争品牌两类区隔策略对负面溢出效应的影响研究 ··· 402
　　14.6.1　文献回顾与研究假设 ··· 402
　　14.6.2　研究假设 ··· 404
　　14.6.3　研究设计与数据分析 ··· 405
　　14.6.4　研究结论与讨论 ··· 408
　14.7　竞争品牌应对策略对产品伤害危机负面溢出效应的影响 ······································ 409
　　14.7.1　理论与现实背景 ··· 409
　　14.7.2　研究假设 ··· 410
　　14.7.3　实证研究 ··· 411
　　14.7.4　讨论 ·· 415
　14.8　产品伤害危机负面溢出效应的应对策略研究——基于竞争品牌视角 ····················· 416
　　14.8.1　研究内容 ··· 416
　　14.8.2　研究目的 ··· 417
　　14.8.3　研究思路与方法 ··· 417
　　14.8.4　研究意义与创新 ··· 417
　　14.8.5　文献综述 ··· 419

14.8.6 研究模型与假设 ·· 431
14.8.7 实证研究 ·· 440
14.8.8 研究总结 ·· 471
附录　产品伤害危机后营销策略对购买意愿的影响研究 ···································· 479
　　附录 1　产品伤害危机后的产品策略研究问卷 A ·· 481
　　附录 2　产品伤害危机后的产品策略研究问卷 B ·· 482
　　附录 3　产品伤害危机后的产品策略研究问卷 C ·· 483
　　附录 4　产品伤害危机后的销售促进形式研究问卷 A ······································ 486
　　附录 5　产品伤害危机后的销售促进形式研究问卷 B ······································ 487
参考文献 ··· 489

第一部分
企业营销安全

1. 前言

数年前，国际金融危机爆发，不仅催生了人们对宏观经济安全的研究，也催生了人们对微观经济安全的研究。作为企业经济安全研究的重要组成部分，企业的营销安全不仅是企业经济安全研究的主要课题，也是经济安全研究的自然延伸和发展。而中国市场上出现的一些营销安全事故所导致的大批知名企业的经营失败是本书提出的微观经济背景：近些年，在中国市场上出现了大量的、不适当的价格大战、广告大战、品牌延伸大战、多元化大战等不正常的营销现象，导致大批知名企业严重亏损或经营失败，有的甚至破产倒闭。据我们统计，在过去八年中，在国内至少有150余家销售额达到上亿元的全国性知名企业，由于不安全的高风险营销而使自己陷入亏损或破产的境地。

大量的营销失败案例促使人们开始对企业营销失败的研究。如何避免企业在市场营销过程中的高风险？如何在市场扩张过程中避免引发企业危机？如何保持企业在市场营销过程中的安全？这都给我们提出了一个企业营销安全的课题。

2. 企业营销安全研究理论溯源

企业营销安全是在经济安全理论出现后提出的一个新概念。企业营销安全作为一个理论，提出的时间虽短，但形成的时间却很长。研究企业营销安全的思想起源，对正确地认识、理解、界定企业营销安全和建立企业营销安全预警管理体系是非常有必要的。

2.1 企业营销安全研究的马克思经济学基础

2.1.1 马克思的"惊险一跃"理论与企业营销安全研究的出发点

马克思在论述商品流通的"W—G—W"（商品—货币—商品）模式中的"W—G"时，认为W—G是商品的第一形态变化或曰卖的阶段，并认为"商品价值从商品体跳到金体上，是商品的惊险的跳跃。这个跳跃如果不成功，摔坏的不是商品，而是商品所有者"。这就是马克思著名的"惊险一跃"理论。马克思的这个理论告诉我们，产品在流通的过程中充满着巨大的风险和危机，处理不好这个风险和危机，经营者就会被"摔坏"，就会蒙受巨大的经济损失。如何避免这种损失呢？如何处理"惊险一跃"中的风险与危机，在"惊险一跃"中做到有惊无险？这就是我们企业营销安全所要研究和解决的问题。马克思的"惊险一跃"理论是我们提出企业营销安全研究的直接起因和出发点，我们希望通过对企业营销安全问题的研究，使马克思提出的"惊险一跃"成为有惊无险的飞跃，完成商品价值安全地由商品体跳向金体的过程。

2.1.2 马克思的流通理论与企业营销安全研究的方向

马克思的流通理论为企业营销安全的研究指明了方向。

（1）马克思的交换价值理论与产品安全问题。

马克思说："为了把货币吸引出来，商品首先应当对于货币所有者具有使用价值，就是说，用在商品上的劳动应当是以对社会有用的形式耗费的。"在这里，马克思认为交换的基础是商品的使用价值，商品没有使用价值就无法实现交换。而有无使用价值则取决于劳动耗费是否是以对社会"有用的形式"完成的。市场营销是一个交换过程，是马克思所言的"W—G"的过程。这一过程能不能实现，关键取决于产品是否有满足顾客需要的使用价值。当产品的使用价值不能满足顾客的需求从而使销售出现危机时，就是营销的不安全状态。因此可以认为，马克思的交换价值理论是企业营销安全中产品安全管理的基础，分析产品的使用价值及其与顾客需求的一致性，是产品安全管理的基本方式。

（2）马克思的竞争理论与竞争安全问题。

马克思说："某种产品今天满足一种社会需要，明天就可能全部或部分地被类似的产品排挤掉"，"如果他的竞争者已经满足了这种需要，我们这位朋友的产品就成为多余的、过剩的，因而是无用的了"。"假定市场上的每一块麻布都只包含社会必要劳动时间，即使这样，这些麻布的总数仍然可能包含耗费过多的劳动时间……其结果是社会每一个织布者花在他个人产品上的时间都超过了社会必要劳动时间一样。这正像俗话所说：'一起捉住，一起绞死'。"从马克思这些论述中可以看出，只考虑产品的使用价值是不够的，还必须考虑竞争，竞争也会使产品的价值无法实现从商品体向金体的转化。这就给我们提出了一个竞争的安全问题。根据马克思的说法，要解决竞争安全的关键问题是要解决"社会必要劳动时间"的问题，这是根本，只有能做到个别劳动时间小于社会必要劳动时间，才会避免"一起绞死"的命运，才能保证竞争的安全。

（3）马克思的商业危机理论与营销时空安全。

马克思的商业危机理论主要表现为两个方面：一是由于买卖的不平衡导致的销售危机和货币作为

流通手段带来的货币危机。马克思说:"有一种愚蠢不过的教条:商品流通必然造成买和卖的平衡……没有人买,也就没有人能卖。但谁也不会因为有人已经卖,就得马上买。流通所以能够打破产品交换的时间、空间和个人的限制,正是因为它把这里存在的换出自己的劳动产品和换进别人的劳动产品这二者之间的直接的同一性,分裂成卖与买这二者之间的对立。该互相对立的独立过程形成内部的统一,也就是说,它们的内部统一是运动于外部的对立中。当内部不独立(因为互相补充)的过程的外部独立化达到一定程度时,统一就要强制地通过危机显示出来。商品内在的使用价值与价值的对立,私人劳动同时必须表现为与直接社会劳动的对立,特殊的、具体的劳动同时只是当作抽象的、一般的劳动的对立,物的人格化和人格的物化的对立——这种内在的矛盾在商品形态变化的对立中取得了发展的运动形式。因此,这些形式包含着危机的可能性。"马克思的这一危机理论为我们提出了营销过程中的时空安全问题。既然马克思认为买卖不平衡是由买卖时空分离形成,而时空分离又在所难免,因此,买卖的时空危机就必然伴随买卖过程,即营销过程。处理好买卖过程的时空危机,建立买卖过程中时空危机的监测与预警管理机制,就成为企业营销安全管理的重要任务。

(4) 马克思的货币危机理论与资金安全问题。

马克思在《资本论》中说:"本书所谈的货币危机是任何普遍的生产危机和商品危机的一个特殊阶段,应同那种也称为货币危机的特种危机区分开来。"在这里,马克思实际上提出了两种货币危机理论。第一种是作为经济危机的一个阶段来表现的货币危机。第二种是独立于经济危机之外而发生的货币危机。马克思认为,产生货币危机的原因是"货币作为支付手段的职能包含着一个直接的矛盾,在各种支付互相抵销时,货币就只是在观念上执行着货币的价值尺度职能。而在必须进行实际支付时,货币又不充当流通手段,不是充当物质交换的仅仅转瞬即逝的媒介形式,而是充当社会劳动的单个化身,充当交换价值的独立存在,充当绝对商品。这种矛盾在生产危机和商业危机中被称为货币危机的那一时,暴露得特别明显。这种货币危机只有在一个接一个的支付的锁链和抵销支付的人为制度获得充分发展的地方,才会发生。"马克思的货币危机理论给企业营销安全提出了一个资金安全问题。既然在营销过程中,货币流是营销过程中的三大核心流之一,在货币流运行中,货币作为主要支付手段的职能也必然包含着马克思所提出的"矛盾",这矛盾也必然存在爆发资金危机的可能性。因此,研究企业营销安全也应从马克思所言的"矛盾"出发,去分析资金危机的根本原因,并找到解决、避免和预防资金危机的方法,提高资金的安全水平。马克思的货币安全理论为企业营销安全中的资金安全研究提供了理论指导。

2.1.3 马克思的价格理论与企业营销安全的核心问题

马克思的价格理论主要阐述价值与价格的关系、价格与供求的关系、生产价格与市场价格的关系、个别价值与市场价值的关系等理论问题。马克思认为:价格以价值为基础,价格围绕价值波动;供求调节市场价格,市场价格根据市场的供求情况而上下波动,生产价格与市场价格的一致性与背离性,个别价值与市场价值的一致性与背离性决定产品能不能卖出去,也决定企业能否实现其剩余价值。

企业营销安全研究认为,企业营销安全最核心的问题是能不能在保证正常利润的前提下顺利地实现产品销售。不能实现产品销售就会形成产品积压危机,不能在保证正常利润的前提下实现销售,企业就会陷入亏损危机。如果一个企业能在保证正常利润的前提下实现产品的可持续销售,就是安全的营销,否则就是危险的营销。但如何在保证正常利润的前提下实现可持续营销?马克思的价格理论给出了答案:价格不偏离价值;生产价格等于和小于市场价格;个别价值等于和小于市场价值。因此,企业营销安全仅研究营销的战略安全与策略安全是不够的,还必须研究成本安全。成本安全不仅是营销领域的问题,还涉及生产、技术、财务、人力资源和后勤等。所以,企业营销安全管理不仅是营销领域的工作,还必须深入企业的每一个部门,成为企业的一项基本工作。

2.1.4 马克思的经济危机理论与营销环境安全问题

经济危机理论是马克思最著名的理论，也是广为人知的理论。马克思在经济危机理论中阐明了几个观点：一是危机的必然性，二是危机的周期性，三是危机的破坏性。从20世纪80年代后期美国经济的衰退，到20世纪90年代后期涉及亚、非、欧、美几大洲的金融危机，可以看出，经济危机的周期性特征虽已发生一些变化，但可能仍未消除，危机的必然性和破坏性依然存在，我们唯一要做的是通过各种努力拉长危机的周期，预防危机的爆发，控制已爆发危机的破坏性，减少危机的损失。

经济危机总是与企业的营销危机，甚至破产联系在一起的。经济危机最终是要通过营销危机来体现的，经济危机的结果必然是营销危机的爆发。企业爆发了严重的营销危机就必然导致大量企业的破产。在1929—1933年的经济危机中，整个资本主义世界的工业销售额下降了44%，大约倒退到1908—1909年的生产水平。美国的市场销售额下降了46.2%，大约倒退到1905—1906年的水平。德国的市场销售额下降了40.6%，法国的市场销售额下降了32.9%。由于产品大量积压，美国有1040万英亩棉花卖不出去而烂在地里，有640万头猪卖不出去而被杀死后抛进密西西比河，还有大量小麦因卖不出去而投入锅炉中烧毁。美国有14万家企业破产，德国有6万家企业破产，法国有5.7万家企业破产。

马克思的经济危机理论告诉我们，要想弄清楚一个企业的营销安全，只研究企业的营销系统是不够的，还必须研究其客观环境，尤其是客观的经济环境。当经济环境出现重大变故，并对企业的营销构成威胁时，我们必须尽快采取危机管理措施。据此，我们提出了营销环境安全的概念，作为企业营销安全研究的重要内容，主要探讨环境的变化对企业营销安全可能造成的威胁，以及我们应采取怎样的预警和应急措施来回避、克服和化解这些威胁。

2.2 企业营销安全研究的西方经济学基础

市场营销是一门直接起源于经济学的新兴学科，而作为当代经济学代表的西方经济学理论，对企业营销安全的研究可以提供直接的理论支持。

2.2.1 西方经济学的经济周期理论与企业营销安全

经济周期理论是西方经济学中的经典理论。从19世纪西方经济学家开始研究经济周期开始，到现在已经有两百年了。在这两百年中，形成了大量的理论。有侧重于从外生变量来解释经济周期的理论，认为如果没有季节更替那样的外部周期性冲击的影响，经济体系就不会出现任何有规律的波动趋势。持外生变量经济周期学说的学者们在引入了一系列复杂的推导和说明后认为，即使外部冲击随机出现，也有可能导致经济体系出现规律性的周期波动。另一些学者则侧重于从内生变量来分析经济周期，认为经济体系出现周期性波动，完全或主要是由内生因素对经济体系发生作用的结果。还有的理论则处于外生理论和内在理论之间，认为经济波动在正常情况下会减少，只要反常的外部冲击不再对经济系统提供使周期性波动持续进行下去的能量，那么，经济波动就不会继续重新出现——经济波动最终会消失。

在对经济周期的研究中，目前最为著名的理论有哈耶克的货币过度投资周期理论、熊彼特的创新理论、凯恩斯的经济周期理论、萨缪尔森的数理和动态经济理论、卡尔多的非线性动态增长周期理论、哈罗德和多马的动态增长理论、希克斯的非线性乘数——加速动态增长周期理论、卢卡斯的货币经济周期理论，以及以基德兰德和普雷斯科特为代表的实际经济周期理论。

林林总总的理论各有各的说法，但有三点是一致的，那就是经济有周期性的特征，经济周期主要包括繁荣、衰退、萧条、复苏四个阶段，经济周期会带来经济危机。

从近二十年的经济趋势来看，经济周期性波动的特点在逐渐减弱，但并未消失。在经济周期的繁荣阶段，生产的数量和交易的数量会增长，就业机会会有很多，商品价格和劳务价格会上升，利率、股价以及销货量会上升，企业的利润会大大增加，投资会增多，新企业不断建立，旧企业快速扩充，商业异常繁荣，整个经济处于快速的发展状态。在这个时候，企业的产品畅销，资金流动快，社会整体的市场营销如果仅从当前指标看大都处于安全的状态，少有危机的发生，即使某些企业出现营销危机，也是内生危机，而外生危机很少。

在经济繁荣阶段，虽然未直接爆发危机，但却为未来埋藏了大量的营销威胁和风险，留下了众多的营销隐患，为引发未来的营销危机埋下了祸根。要知道，繁荣期的所谓"繁荣"，本质上是相互推动产生的，当生产数量、交易数量增大时，刺激了对劳动力的需求，劳动力需求的增加，就会提高社会的收入水平，而收入水平的提高则刺激了消费需求的膨胀，消费需求的膨胀会导致商品的价格上涨，商品的价格上涨进一步刺激生产，结果导致生产过剩，这种过剩会改变市场的供需结构，造成市场供大于求、经济步入萧条的状态。这时各种在繁荣期掩盖着的矛盾和问题开始爆发出来并引发全社会性的经济危机。对企业而言，这时最大的危机是严重的产品积压和大量的销售货款难以回收。因此可以说，经济周期的危机阶段引发的是企业的一场营销危机，是对企业营销安全的全面破坏，许多企业在营销危机中不得不走向破产之路。

由经济危机理论不仅引出了内生营销安全和外生营销安全的概念，而且还引出了一个企业营销安全周期理论，在企业营销安全周期中，危机总是以风险和威胁的形式孕育在营销的高潮期，爆发于营销的萧条期。因此，加强对营销高潮期的营销风险和威胁的识别，控制内生风险和外生风险，是防止营销危机发生和提高企业营销安全管理水平的根本办法。

2.2.2 西方经济学的经济增长理论与企业营销安全

经济增长理论是一个古老的经济学理论，但在发展经济学产生后，经济增长理论纳入了发展经济学的范畴，并成为西方发展经济学的支柱理论。

对经济增长的研究有各种理论，但最早和最系统对经济增长进行研究的人是经济学之父——亚当·斯密（Adam Smith）。他首先阐述了经济增长的含义和影响因素。他认为经济增长就是人均产出的提高，劳动资本、土地、技术进步和社会制度等是影响经济增长的重要因素，并提出了他的增长公式

$$Gy = K(p/w) - 1$$

从上述公式可以看出，经济增长与雇用生产工人在全部劳动中的比例与劳动生产率成正比，与工资率成反比。

拉姆齐（Frank Plumpton Ramsey）在1928年发表了《储蓄的数学理论》论文，其被认为是现代经济增长理论的开端。拉姆齐提出了他经济增长的公式

$$J = \min \int \left[u_{max} - u(c(t)) - C(L(t)) \right] dt$$
$$s.t. \frac{du}{dt} + c(t) = F(k(t), L(t))$$

在这个公式里，拉姆齐用效用最大化为其经济增长目标，认为资本、劳动力和人口是支撑经济增长的关键条件。

而哈罗德和多马则从动态经济学角度，研究经济增长的问题，提出了著名的哈罗德—多马模型

$$G = \sigma s = \frac{1}{n} \cdot s = s/n$$

这一公式表明了储蓄率和积累率在经济增长中的作用，认为储蓄率和积累率的比例关系决定着经济的增长。

所有这些经典的经济增长理论，探讨的是影响经济增长的因素和经济增长的规律。借助这些经典的研究和发展经济学的研究，可以看出经济增长理论探讨了几个经济增长的规律：一是经济增长必须具有

相应的支撑条件,二是经济增长具有波动性,三是经济增长具有可控制性。

经济增长理论对企业营销安全研究的指导性作用主要体现在两个方面:一是提出了企业营销的安全增长问题,二是提出了在经济增长的环境下如何实现企业营销安全的问题。企业销售数量的增长就是企业的经济增长,保持其增长的稳定性就是保持营销的安全性,当其增长被打破时,就是营销危机的开始。从经济增长安全的研究看,要保持企业营销的安全增长,必须研究营销增长的支撑条件、营销增长的波动规律和控制规律。但这还仅是内生性增长安全的问题。我们还需要从宏观经济增长的研究中找到制约企业营销安全增长的外生因素,研究这些外生因素的活动规律,以实现营销增长的外生因素安全。

2.2.3 西方经济学的可持续发展理论与企业营销安全

可持续发展理论形成于20世纪80年代末期和90年代初,是一个新兴的经济学理论。可持续发展理论起源于环境问题。1962年雷切尔·卡逊(Rachel Carson)出版了《寂静的春天》一书,在该书中,雷切尔·卡逊向世界提出了一个可持续发展的问题,只是未使用"可持续发展"一词。1972年,米都斯在其发表的《增长的极限》报告中提出了"合理的、持久的均衡发展"的思想。1972年,芭芭拉·沃德(Barbara Ward)和R·杜博斯(Rene Dubos)在其出版的《只有一个地球:对一个小小行星的关怀和维护》中,提出了"人类持续生存"的问题。正式的"可持续发展概念"是出现在1980年出版的《世界自然保护大纲》一书中。1981年,R·布朗(R·Brown)出版了《建设一个持续发展的社会》,第一次以"持续发展"一词作为书名。1992年,联合国在巴西里约热内卢召开了"环境与发展"大会,会议通过了《里约环境与发展宣言》《21世纪议程》等一系列文件,可持续发展的思想已由理论变成了全球的行动,可持续发展研究成了一个全球关注的话题。

可持续发展理论是自然——经济——社会复合系统的整体发展理论,涉及经济可持续发展、生态可持续发展和社会可持续发展的协调统一。

在经济可持续发展方面,可持续发展鼓励经济增长而不是以环境保护为名取消经济增长,因为经济发展既是国强民富的前提,又是环境保护的前提。但可持续发展不仅重视经济增长的数量,更追求经济发展的质量。可持续发展要求改变传统的生产模式和消费模式,实施清洁生产和文明消费,以提高经济活动中的效益、节约能源和减少废物。

在生态可持续发展方面,可持续发展要求发展与资源、环境的承载能力相协调(《里约宣言》第四原则)。在发展的同时必须保护和改善地球的生态环境,保证以持续的方式使用地球的各种资源,使人类的发展控制在地球的承载能力之内。这意味着发展要有限制、要讲适度,没有限制、不讲适度就没有发展的持续。生态可持续发展同样强调环境保护,但不同于以往环境保护与经济发展互相隔离甚至对立的做法,可持续发展要求通过转变发展模式,从根本上解决环境问题。

在社会可持续发展方面,可持续发展要求人类能够广泛地分享发展带来的积极成果,特别是可持续发展必须致力于解决当前世界上大多数人的贫困或半贫困状况(《里约宣言》第五原则),只有消除贫困,才能真正具有保护和建设地球生态环境的能力。可持续发展强调世界各国的发展阶段可以不同,发展目标可以有差异,但发展的内涵均应包括创造一个保障所有人的食物和住房、健康和卫生、教育和就业、平等和自由、安全和免受暴力的社会环境。

把上述三方面归结起来,可持续发展就是以效率为特征的经济发展、以持续为特征的生态环境以及以公平为特征的社会发展的统一体。

可持续发展的理论早在20世纪80年代已被引入营销领域,绿色营销理论的出现就是标志。绿色营销理论强调,任何企业的营销都不得以牺牲环境、消费者的健康、社会和经济的发展为代价。可持续发展理论告诉我们,当我们的企业营销与环境相冲突,也就是会带来环境污染、环境破坏、环境资源的掠夺性利用时,营销行为就会受到社会的谴责与制止,营销就会陷入危机之中。营销与环境相适应,成为企业营销安全的一个重要指标。当企业营销与社会利益相冲突，比如引起社会秩序的紊乱，危害广大消费者的身心健康，也会遭到社会的反对，使营销陷入危机之中。营销是否影响社会的可持续发展，即营销与社会的可持续发展的适应性就成为企业营销安全管理的又一个重要指标。当营销行为与经济的可持续发展，尤其是与可持续生产和可持续消费理论的发展相冲突，营销也会陷入危机之中。因此，企业营销与经济可持续发展的适应性成为企业营销安全的又一个重要指标。

可持续发展理论对企业营销安全研究的指导性意义在于给企业营销安全研究提出了方向和前提，它告诉我们，企业营销安全研究不仅是企业内部的活动，它还必须处理好与自然、经济、社会三位一体的复合系统的关系，处理好了这三个关系才具备了安全的前提。同时，可持续发展理论还告诉我们，实现营销的可持续发展就是安全，当一个企业的营销不能持续的时候就是危机和失败发生的时候。因此，是否具有可持续性是我们界定企业营销安全的核心指标。

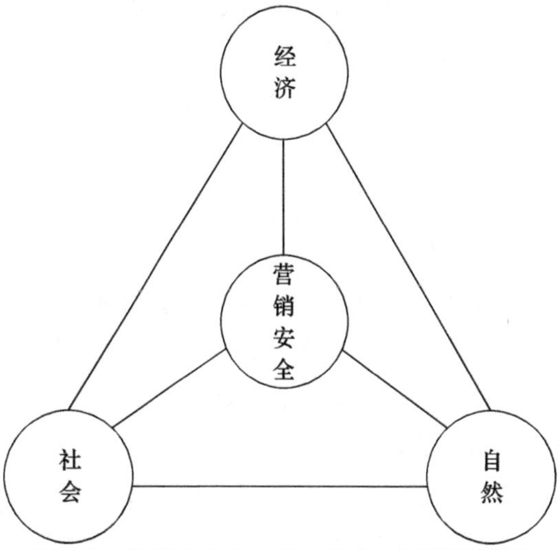

图 2-1 营销安全与自然、社会、经济的关系

2.3 企业营销安全研究的社会主义经济理论基础

中国社会主义经济理论究竟包括哪些内容，目前说法还不统一，但有一点学术界是公认的，那就是在中国的确已形成了自然独特的经济理论。我们认为，转型经济论、发展经济论是社会主义经济理论的重要组成部分。

目前的中国经济是一种转型经济，即一个由计划经济向市场经济转型的经济。转型意味着变革，变革意味着打破旧体系、建立新体系，转型意味着不规范，意味着巨大的市场振荡，意味着环境的巨大变化，意味着各种不确定因素的存在。转型经济理论告诉我们企业营销面对的是一个转型市场环境，转型会打破旧的市场格局，建立新的市场格局。企业营销总是建立在一定市场格局基础上的，当一种市场格局被打破，许多企业的营销基础就发生了变化，这时必须迅速以新格局为基础建立新的营销体系，以适应新的市场格局。当我们不能发现这种市场变化，发现之后又不能迅速建立新的体系以适应新的格局，企业营销就会陷于危机之中，甚至陷入失败的陷阱中。所以，转型经济理论告诉我们，转型期是一种动荡期，动荡期充满大量不确定因素，也就是充满大量风险。更确切地说，转型期是一个高风险期，是一个肯定会发生许多危机和失败的特殊时期，在这个时期，企业经营最重要的是抗风险能力，是安全管理。因此，建立企业营销安全预警管理体系，监测经济转型过程中带来的各种风险和威胁，是保持企业营销安全的基本措施。

中国社会主义经济理论认为，中国经济是一种发展经济，发展经济是一种处于发展状态中的经济。发展经济一个最大的特点就是波动性和不平衡性。波动性和不平衡性带来的是不确定性，也就是风险性。为了减少波动性和不平衡性带来的营销风险，中国的企业更应该建立自己的营销安全预警管理机制，以监控、识别、控制和化解可能发生的各种风险和危机，才能保持企业的可持续营销，也才能保持企业的营销安全。

2.4 企业营销安全研究提出的理论背景

企业营销安全研究提出的直接理论背景是经济安全研究热潮的兴起。

早在20世纪60年代，美国就有学者提出了经济安全的概念，经济安全真正引起重视还是在20世纪70年代的第一次石油危机中。当时，以石油为主要原材料的日本重化工因石油紧缺遭受重创，其产业受到了严重挑战。为了维持日本经济的持续繁荣，一批日本学者提出了"日本的生存空间和经济安全问题",开始研究国家经济安全。日本在20世纪80年代初发表了题为《以确立经济安全保障为目标》的国家经济安全报告,将经济安全的思想贯穿于日本的经济发展战略和政策之中。

20世纪90年代,越来越多的国际政要、战略专家开始关注经济安全问题。1993年,克林顿提出"把经济安全作为对外政策的主要目标",并在政策上将"经济安全"定为国家安全战略的三大目标之一。

受1995年墨西哥金融危机的影响和美国经济安全战略的启示,1996年,俄罗斯也明确提出了"国家经济安全战略"和"国家安全基本构想",力求能保障俄罗斯的国家经济安全,保证俄罗斯的经济在世界上的独立性,以减少对西方国家的依赖,保障俄罗斯的经济能在不受内外界威胁的状态下持续发展。

2000年,俄罗斯再度修改自己的国家安全构想,并对"国家经济安全"做了全面规划,制定了完善的战略措施。

经济安全问题除了引起各国政府的高度重视外,各种研究机构也成立了专门研究班子,探讨经济安全的理论与现实问题。国际货币基金组织、世界银行、联合国非洲经济委员会,斯坦福研究院、兰德公司、Sarkey's能源中心、加拿大新会发展院、德国柏林Thunen研究所都在有组织地研究经济安全问题。一些国家的金融机构和银行对金融安全问题的研究更深入、具体,提出了相应的反危机战略。一些跨国大公司还提出了"企业经济安全问题"。

我国比较系统地开展经济安全的研究始于20世纪80年代。20世纪80年代初,随着我国的改革开放与世界经济接轨的进程日益加快,一些学者开始研究在经济开放过程中的国家经济风险,出现了一批研究文章,也出版了系统研究的专著。王巍于1987年出版的《国家风险——开放时代的不测风云》,就是这一阶段成果的集中体现。

但真正以"经济安全"为题目进行的研究,则始于1992年赵英出版的《新的国家安全观——战争之外的对抗与抉择》,这篇文章正式提出了中国经济安全的问题。1994年,赵英、胥和平出版了《中国经济面临的危机——国家经济安全论》,开始了对中国经济安全问题的系统研究。

中国经济安全研究真正大面积展开,还是金融危机之后的1998年。1998年,以中国社会科学院工业经济研究所赵英教授为首的中国社会科学院重点课题"国家经济安全监测预警体系研究"的顺利结题为标志,预示着中国经济安全研究新时代的到来。

朱泽的《中国粮食安全问题》的出版,开创了粮食安全研究的先河;路志凌的《国家经济安全与流通》的出版,拓展出流通安全研究的新领域;姜彦福的《我国国家经济安全态势观察报告》的出版提出了经济安全评价研究的新课题;而柴尚权的《中国经济安全》、雷家骑的《国家经济安全导论》和《国家经济安全理论与方法》的出版,则奠定了中国国家经济安全研究的理论基础。至于《中国工业经济》《经济管理》《中国国情国力》《前线》《外向经济》《科学管理研究》《世界经济与政治》等一大批杂志系统发表的关于产业经济安全、石油安全、资源环境安全、信息安全等方面的论文,也大大丰富了经济安全研究的内容。

经济安全研究热潮的兴起,给我们进行企业营销安全研究提供了直接的理论基础,也给企业营销安全研究找到了学科位置。

从图2-2可以看出,企业营销安全是企业经济安全的基本组成部分,是企业经济安全研究必不可少的主要内容。

国家安全 ← 经济安全 ← 企业经济安全 ← 企业营销安全

图2-2 企业营销安全在经济研究中的位置

基于以上分析,我们认为,企业营销安全研究对企业经营管理而言,是必不可少的,对企业经济安全而言,也是不可或缺的。据此,我们提出了企业营销安全的概念,并把它作为一个科学问题来加以研究。

3. 企业营销安全的基本界定

要研究企业营销安全,就必须对企业营销安全有一个基本界定。

3.1 企业营销安全研究的理论范畴

从表 3-1 可以看出企业营销安全研究的理论范畴。

表 3-1 企业营销安全的理论范畴

国家安全	经济安全	宏观经济安全	国家经济安全	战略资源安全
				本土制造业安全
				金融安全
				财政安全
				信息安全
				人才安全
				生态安全
				国际贸易安全
				国际经济关系安全
			区域经济安全	区域战略资源安全
				区域本土制造业安全
				区域金融安全
				区域财政安全
				区域信息安全
				区域人才安全
				区域生态安全
				区域贸易安全
				区域经济关系安全
		微观经济安全	企业经济安全	企业战略安全
				企业环境安全
				企业成长安全
				企业生产安全
				企业营销安全
				企业财务安全
				企业人力资源安全
				企业信息安全
			非营利组织经济安全	经济收入安全
				经济支出安全
			家庭经济安全	家庭经济收入安全
				家庭经济支出安全

从表 3-1,可以看出企业营销安全的理论范畴。企业营销安全是企业经济安全的组成部分,属于经济安全研究的范畴。

3.1.1 经济安全

在国家安全概念里,明确提出了经济安全的概念。经济安全是指经济在运行与发展过程中,不会因内外不利因素的影响而出现经济危机。当出现经济秩序紊乱、通货膨胀或通货紧缩等不安全的经济现象时，社会就会处于严重的动荡之中。因此，保持一个国家的经济安全，是维持其国家安全不可缺少的重要措施。

从经济学的角度上看，经济安全可以分为宏观经济安全和微观经济安全。据雷家骕教授的定义，国家经济安全是指一国最为根本的经济利益不受伤害。从这个定义上看，宏观经济安全主要是国家经济安全。从宏观经济安全的研究范畴看，它还应包括地区经济安全，但一般地区经济都纳入国家经济的范畴，所以，宏观经济安全研究可以用国家经济安全研究来予以代表。从微观经济理论上看，微观经济安全应包括非营利组织经济安全、家庭经济安全和企业经济安全，但由于前两者影响范围小，不是微观经济的主流，所以，微观经济安全研究主要还是企业经济安全研究。企业经济安全研究的目的是要维持企业的可持续经营。

3.1.2 企业经济安全

企业经济安全目前还没有一个确切的定义。不论是国内学术界，还是国外学术界，对此问题的研究才刚起步。涉及企业经济安全的研究，主要是从风险研究的角度，重点探讨企业经济风险的识别与防范。企业经济风险是构成企业经济安全的重要内容，但它绝不是企业经济安全，企业经济安全的含义远远超出企业经济风险的范畴。

而在企业界，对企业经济安全的探讨则已提上了议事日程。2002年，一个由中国企业投资协会、中国世贸组织研究会、国家经贸委《中国经贸导刊》杂志社和国家保密局《保密工作》编辑部联合举办的"WTO与企业经济安全研讨会"在北京举行。WTO专家、经济安全专家、企业代表等数百人齐聚北京市人民大会堂，就加入WTO之后，企业以更为积极的姿态参与国际合作与竞争的过程中，如何维护自身的利益和企业经济安全的问题进行了广泛的探讨。会议特别就入世承诺与企业经济安全的法律问题，加入WTO与企业知识产权安全问题，利用WTO有关规则保障企业的经济安全问题、入世非关税措施谈判与维护企业的经济安全问题等，做了专题讲座和专题研究。

根据企业经济学的基本思想，企业经济安全研究应包括如下基本内容：

（1）企业的战略安全。从经济学的角度，研究企业资源配置的效率。对企业固有的稀缺资源，如土地、劳动力和资本，如何配置相应的市场和生产，是企业根本战略。根据经济学中的生产可能性边界曲线（如图3-1所示）可以发现，当资源配置在G点或H点时，企业战略是不安全的，在A、B、C、D、E点上是最安全的，或者说无限趋近于A、B、C、D、E点的曲线是最安全的。

（2）企业的环境安全。从宏观经济学的角度上看，企业的环境安全探讨的是总供给和总需求的状况，国民收入水平及其变动，经济周期、经济增长、宏观财政政策、宏观货币政策、宏观产业政策等宏观经济要素对企业经济的影响等。当企业的经济活动与宏观经济环境相背离时，企业经济处于不安全之中，当企业的经济活动与宏观经济环境相适应的时候，企业的经济处于安全之中。

（3）企业的成长安全。从企业成长经济学的角度看，企业成长分为内生成长与外生成长两种方式。内生成长主要是通过市场和生产规模的扩大来实现的，外生成长则主要是通过企业的兼并重组来实现的。在内生成长过程中，企业则会面临资源短缺、生命周期

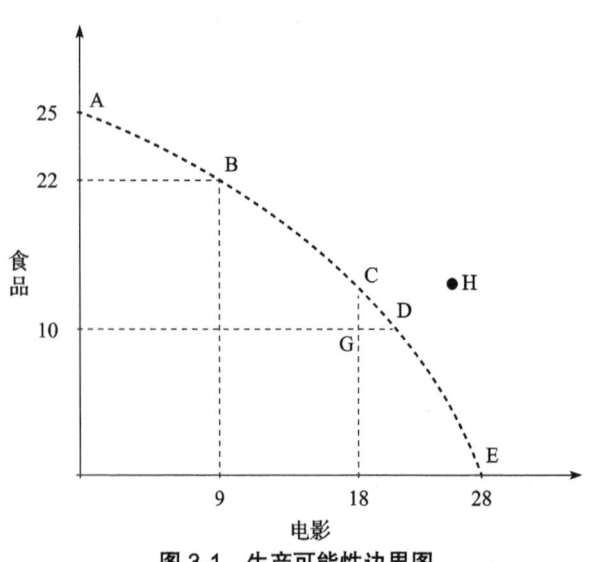

图 3-1　生产可能性边界图

变化、宏观环境改变、经营管理失误等威胁，危及企业的成长安全。而在外生成长过程中，企业则会面临兼并主体与兼并客体之间的文化冲突、产权冲突、组织冲突、市场冲突、制度冲突、资源冲突等一系列矛盾，处理不好这些矛盾，就会引发扩张危机，危及企业的成长安全。企业成长安全研究就是要探讨企业在成长过程中可能遇见的风险、可能出现的危机，并找到行之有效的预防和解决办法，实现企业经济的安全发展。

（4）企业的生产安全。根据微观经济学的厂商模型、生产理论、成本理论，研究企业在产量给定而所费成本为最少，花费给定而成本的产量为最大时的安全问题。当产量给定而所费成本不能实现最少或无限趋于最小时，表明企业生产处于不安全状态，而在花费给定、成本的产量不能实现最大或无限趋于最大时，也表明企业生产处于不安全状况。这就是如图3-2和图3-3中所表示的，只有当均衡是位于E时，或无限趋近于E时，企业生产才是安全的，否则就是不安全的。

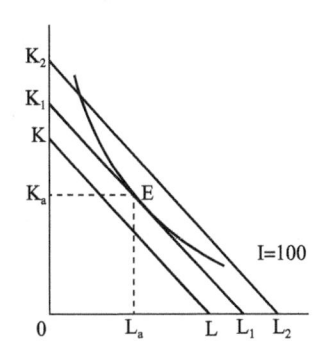

图3-2 产量给定成本为最少的生产方法的决定 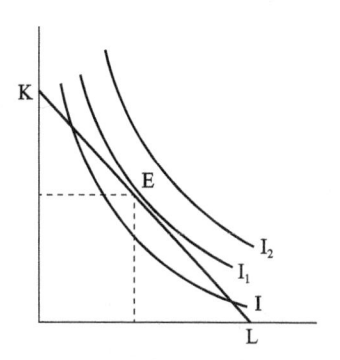　　图3-3 成本给定产量为极大的生产方法的决定

（5）企业的营销安全。企业的营销安全是指以微观经济学中的市场理论、消费者行为理论、供需理论，以及流通理论为依据，来研究企业产品从生产到市场这"惊险一跳"过程中的风险、威胁、危机、事故和失败，以帮助企业用最安全的方法和手段完成产品流通过程，在无惊无险的安全背景下实现企业利润的最大化。

3.2 企业营销安全的基本概念

所谓营销安全，从营销工程的角度上看，是指营销线上的营销流不会因为来自企业内部和外部某些因素的冲击而使流量减少、流速减慢。从普通营销学的角度上看，是指一个企业在市场营销过程中，不会因来自内部或外部的某些因素的冲击而使企业营销遭受损失。实际上，营销流在营销线上的运动过程有其自身的规律，并由一系列因素（参数）支撑。当这些因素保持稳定时，营销流就能正常地运行，而当这些因素发生变化，企业就必须采取相应的应变措施，或者调整营销线，或者调整营销流，以适应新的形势，保持营销流的正常运动。若这些因素发生变化，企业并未明显意识到，或曾意识到了，而未采取果断措施，就会形成营销危机。营销危机是来自企业内部或外部某些因素对营销流正常运行的威胁状态，这种状态一旦产生作用，营销流的正常运动受到了影响，就演变成营销事故。营销事故是营销流在运动过程中出现的破坏性事件，它轻则减小营销流的流量和减慢流速，重则使营销流运行停止，使整个营销体系崩塌。分析影响营销安全的基本因素，建立营销安全的预警系统和防护系统，可防止营销危机和营销事故的发生。

企业营销安全是一个全新的研究领域，目前尚无一个准确的概念界定。我们结合经济安全的概念和多年对企业营销安全的研究，将企业营销安全定义为：在企业营销过程中，企业不会因为来自企业内部和外部的营销风险或营销威胁的影响，引发严重的营销事故或营销危机，造成企业的营销损失，从而保持可持续的营销状态。

企业营销安全可用公式表示如下

$$MS = f(p \cdot c)(p \to 0, c \to 0)$$

式中，MS 代表企业营销安全，它是 Marketing Security 的缩写。p 代表营销事故、营销危机或营销失败发生的概率，c 代表营销事故、营销危机或营销失败发生后的损失程度。$p \to 0$ 表示营销事故、营销危机或营销失败发生的概率趋于 0。如果营销管理能满足 $p \to 0$ 和 $c \to 0$ 则表明营销是安全的，否则就是不安全的。

企业营销安全是对营销风险、营销威胁、营销事故、营销危机和营销失败的一种反应状态，其关系式可以写为

$$MS = 1/(MR \cdot MT \cdot MA \cdot MC \cdot MF)$$

式中，MS 代表企业营销安全，是 Marketing Security 的缩写；MR 代表营销风险，是 Marketing Risk 的缩写；MT 代表营销威胁，是 Marketing Threaten 的缩写；MA 代表营销事故，是 Marketing Accidents 的缩写；MC 代表营销危机，是 Marketing Crisis 的缩写；MF 代表营销失败，是 Marketing Failure 的缩写。

关系式表明，MR、MT、MC、MA、MF 与 MS 成反比关系，当 MR、MT、MC、MA 和 MF 增大时，MS 就减小。相反，当 MR、MT、MC、MA 和 MF 减小时，MS 就会增大。提高 MS 的水平，就必须降低 MR、MT、MA、MC 和 MF 的水平。要推进企业营销安全管理，就必须推进企业的 MR 管理、MT 管理、MA 管理、MC 管理和 MF 管理。

3.3 企业营销安全的基本特征

通过对企业营销安全的分析，可以发现，营销安全有三个基本特征。

（1）相对性。

企业营销安全是相对的，不是绝对的，绝对的营销安全是没有的。

企业营销安全的相对性，首先是相对于营销威胁、营销事故和危机而言的。一个企业只要不发生大的营销事故和营销危机，不面临大的营销威胁，就可以认为这个企业的营销是安全的。其次是相对过去而言的。如果一个企业相对于过去，现在的营销事故和危机正在大大减少，可以说这个企业的营销相对于过去是安全的。再次是相对于收益而言的。如果一个企业出现营销事故和营销危机的损失，远远小于其带来的收益，也可以称该企业的营销是安全的。此外，是相对于竞争而言的。如果一个企业的营销事故和危机相对于竞争对手在频度和强度上都更低，我们也称该企业的营销是安全的。

（2）全局性。

现代市场营销已经由传统的部门营销发展为涉及整个企业的全员营销，所以，企业营销安全已经不是局限于某个部门的活动，而是扩展至企业经营的各个领域。现代企业营销安全不仅包括外部的环境安全、市场安全和顾客安全，还包括内部的战略安全、策略安全和运作安全。不论营销过程中哪一个局部的安全出了问题，都会危及企业营销的全部，引发全局性的营销危机。因此，企业营销安全管理，不是某一个部门的责任，而是全体员工的工作，是企业最基本的管理。

（3）可控性。

企业营销安全虽然复杂，又有其不确定性的特点，但企业营销安全是可控的，这也是企业推行营销安全管理的依据。

企业营销安全的可控性主要表现在四个方面：风险和威胁可测、事故可防、危机可化解、失败可避免。

一是营销风险和威胁是可预测的。虽然风险和威胁有不确定性，但通过监测、分析是可以预测的。

二是营销事故是可以预防的。营销事故有积累性，因此在事故发生前会形成一个积累区间，在这个

区间我们只要采取恰当的措施，就可以防止营销事故的发生。

三是营销危机是可以化解的。营销危机有前兆性，也有应急性，只要我们及时识别危机的前兆，就可以化解正在爆发的营销危机，只要我们在危机时刻抓住机会，就可以将已发生的危机转化为安全。

四是失败可以避免。只要我们能有效地预防事故和化解危机，就可以避免营销的失败。

3.4 企业营销安全的几个基本认定

要准确理解企业营销安全的概念，还必须对几个问题进行认定。

（1）企业营销安全与企业安全营销。

企业营销安全与企业安全营销不是一个概念。前者是目标，后者是手段；前者是形式，后者是内容；前者是理念，后者是操作；前者是结果，后者是过程。企业营销安全管理的目标是要实现企业营销安全，而实现企业营销安全的手段是安全的营销。企业营销安全是一种理念，一种思想，而企业安全营销是这种理念和思想在企业营销中的具体运作；企业营销安全是一种形式，是企业营销平安状态的一种反映，企业安全营销则是这种形式的具体内容，没有企业安全营销这种内容，就不会有企业营销安全这种形式；企业营销安全是一种结果，是企业营销运作要实现的状态，而企业安全营销则是实现这种结果的具体过程，只有通过企业安全营销这个过程，才能实现企业营销安全这个结果。所以，企业营销安全与企业安全营销是一个问题的两个方面，它们既有区别，又有联系，只有企业营销安全的理念、思想、观念、知识、理论、技术，才能实现安全的营销，只有通过安全的营销才能实现企业的营销安全。因此，企业安全营销是企业营销安全的基本指标。

（2）企业营销安全与科学营销。

要实现企业营销安全，必须以科学营销为基础，科学的营销就是安全的营销。研究企业营销安全问题的基础是研究科学营销问题。当我们能做到营销的科学性，也就保障了营销的安全性。许多营销危机、营销事故和营销失败的发生，都是因为不讲究营销的科学性造成的。当然，只讲科学性，也并不一定实现营销安全，因为营销危机等问题的发生还有其偶然性和不确定性。科学性可以减少和防止营销危机等问题的发生，但不能杜绝，可以减少营销风险、危机等带来的损失，但无法完全避免损失。毕竟营销活动本身就是一项风险活动，而营销科学本身的科学性也是相对的。科学营销是实现营销安全的最好方法和途径，探讨营销安全，就必须以科学营销的思想和理论为基础。所以，科学营销是营销安全的又一个指标。

（3）企业营销安全与可持续营销。

企业营销安全状态就是一种可持续营销状态，当一个企业无法实现可持续营销时，就是危机和失败的开始。

企业营销安全要达到什么状态？第一是当前的营销处于不受威胁的状态，能够平安地进行，不会出现危机、事故和失败。第二是未来的营销能够持续，也不出现危机、事故和失败。所以，营销安全不仅关心当前的营销状态，更要关心未来的营销状态。安全与营销就是不仅要实现当前的营销安全，还要为未来的营销安全铺平道路，而不是给未来的营销留下巨大的风险。所以，安全营销就是一种可持续的营销，企业营销安全就是企业营销的可持续发展状态，可持续性是营销安全的又一个主要指标。

（4）企业营销安全与风险营销。

安全与风险是一对矛盾。也许有人会认为，既然是风险营销，就难谈安全问题，要谈安全，就难于进行风险营销。营销有风险，没有风险的营销基本是不存在的。我们所言的安全营销是指风险被控制在不构成严重威胁下的营销，而不是无风险营销。虽然风险和安全是对立的，但它们在一定条件下也可以统一。当风险被控制不转化为威胁时，风险与安全就可同时存在。因此，我们说，谈营销安全不排斥营销风险，谈营销风险也不表明营销就不安全。

3.5 企业营销安全的基本形态

要研究企业营销安全，还必须弄清与企业营销安全紧密相关的几个基本概念，它们是营销风险、营销威胁、营销危机、营销事故和营销失败。我们先抛开营销问题，对风险、威胁、危机、事故和失败几个概念做一个辨析。

联系——在性质上的相互包含性：风险是一种可能性，一种损失的可能性，而威胁和危机也是一种可能性。因为威胁只影响了活动的正常秩序，并未引发风险事件，危机是事件即将发生或某些小的事件已发生，即将引发大的事件，因此，二者可算作一种可能性，从这个意义上讲，可以划为风险的范畴。事故和失败虽然已不是一种可能性，按理应不算是风险。但它们是一种已经发生的风险，是一种风险事件，也可纳入风险的范畴。

威胁是一种可能引发风险事件的压力，这种压力正在影响活动的正常开展。从这个角度来看，风险、危机都可纳入威胁的范畴，因为风险是潜在的压力，危机是当前具有破坏性的压力。在经典的SWOT分析模型中，风险、危机都是被当作威胁来看待的。从本质上看，事故和失败也是一种压力，事故是一种可能引发更大危机的压力，失败是一种可能引发更大失败的压力，从这个意义上讲，它们也算一种威胁。

巴顿认为，危机是"一个会引起潜在负面影响的具有的不确定性的大事件"（Bartan，1993）。按巴顿的说法，危机是一种事件，这种事件可能会引发"潜在的负面影响"。风险和威胁虽说不是一种事件，但是一种会引起不确定性的事件的负面影响力，在这个意义上，风险、威胁可勉强纳入危机的范畴。罗伯特·希斯在他的《危机管理》一书中就把二者纳入了危机范畴进行研究。事故虽然是一种确定性的事件，但它拥有引发更大的不确定性事件的可能性，因此，它是一种危机。失败也是一种发生了的事件，但它同样存在引发更大范围不确定性事件的可能性，它也可以算是一种危机。

区别——在程度的相互差异性：把这几个概念纳入一个概念中，用一个概念来表达，总是出现概念混淆。有时说的是风险，其实是指危机，有时说的是危机，其实是指威胁，有时说的是威胁，其实是指风险。为了避免这种混淆，我们认为应对这几个概念进行相对分割，使其成为一个虽然相关但又都有自己独立内涵的概念。下面是我们对安全、风险、威胁、危机、事故和失败进行的基本界定。

安全：在本书中，安全作为一个广义的概念，包含了狭义的安全、风险、威胁、危机、事故、失败等一系列概念，这些概念都是广义安全的不同形态。狭义的安全是没有风险的安全状态；风险是内外在不确定性因素对主体不构成威胁时的一种相对安全的状态；威胁是一种不安全的状态；危机和事故是一种不安全的状态；而失败则是安全彻底被破坏。因此，在本书中，安全作为一个总概念，是一个广义的概念，而作为一种安危形态，是一个狭义的概念。

风险：风险是一种损失发生的概率。这里的风险，我们把它界定为一种不直接对企业的营销安全构成威胁的潜在力量。在本书中，我们把风险状态放在了警度的安全范畴。有风险并不可怕，只要不演化为直接威胁就是安全的。

威胁：当风险发展为对主体直接构成压力，并对主体活动产生明显的负面影响时，我们就把这种风险称为威胁。威胁属于一种不安全的状态，是风险向危险方向发展的结果。

危机：当威胁发展到对主体活动即将产生破坏性的影响时，我们就不再将其称为威胁，而是称为危机。危机是一种危险的时机，是一种安全即将被彻底打破的紧急状态。

事故：事故是已经发生的风险事件。影响小的事故，只算作威胁，影响大的事故，就要算作危机，而难以挽回的破坏性的事故，就要算作失败，所以，事故是一个横跨三个层次的概念。

失败：当危机已发展成难以挽回的破坏性事故时，就称为失败。失败是安全的彻底破坏，是不安全的最高状态。

根据对几个概念的界定，我们分别对营销风险、营销威胁、营销危机、营销事故和营销失败各自的内涵进行分述。

3.5.1 营销风险

3.5.1.1 营销风险的概念

我们认为，营销风险应该是指在企业营销过程中，由于内外界不确定因素的影响，给企业营销带来危机或事故，造成企业营销损失或失败的可能性。用公式表示为

$$MS = f(p \cdot c)$$

其中，p 代表风险事件发生的概率，c 代表风险事件可能造成的损失。从这个定义里，可以看出几点：

（1）营销风险是一种可能性。

如果一种营销行为注定要失败，那就不是营销风险，而是营销危机或营销事故。只有当事件是不确定时才是风险。

（2）营销风险的诱因是"不确定因素"。

如果因素已经确定，结果也就清楚了，这时不存在风险。只有当因素不确定时，风险才会存在。

（3）营销风险是一种损失的可能性，而不是一种收益的可能性。

无论是纯粹的营销风险还是投机的营销风险，都有损失的可能性，高营销风险带来的是高损失的可能性，低营销风险带来的是低损失的可能性。纯粹的营销风险带来纯粹的营销损失，而投机营销风险虽伴随着投机营销机会，但它还是一种损失可能性。虽然高风险一般伴有高机会，但高风险只能带来高损失，不会带来高效益。平时我们所说的"高风险、高回报"，不是风险带来的回报，而是高风险中伴随的高机会带来的高回报。

3.5.1.2 营销风险的特征

根据对营销风险的分析与研究，可以发现营销风险主要有三大特征。

（1）二重性。

营销风险不仅有消极的一面，还有积极的一面。因为风险中不仅包含危险，也有机会。危险会带来企业营销损失的潜在因素，而机会则会给企业营销带来收益的潜在因素。机会与危险同在，构成风险的二重性。因此，营销风险不是可怕的东西，是企业营销必须面对和处理的一种资源。

（2）不确定性。

在英文词典里，Risk 被解释为 "The Possibility of Danger, Injury, Loss, etc"。在现代汉语词典里，风险被定义为"可能发生的危险"。从这些解释可以看出，风险与可能性是紧密联系在一起的。单一状态的事件，即使是不利事件，也不是风险事件。一般而言，企业的营销活动或营销事件，其结果有多种可能，各种结果出现的可能性即概率的大小是不一样的。人们无法准确预知会出现哪种结果，这种状态就是不确定性。不确定性分为客观不确定性和主观不确定性。客观的不确定性是实际结果与预期结果的离差，它可以用统计学方法加以度量。主观的不确定性是个人对客观风险的评估，它同个人的知识、经验、精神和心理状态有关，不同的人面对同一种风险会有不同的主观判断，构成主观不确定性。由于营销风险的不确定性，才使营销风险管理变得十分困难。

（3）客观性。

营销风险的诱因无非是自然因素、社会因素和企业因素三个方面。自然界的风雨雷电、水灾地震永远是存在的；在社会因素中，政治、经济、文化、技术、法律等，也是处于运动变化之中，不确定因素随时可能出现；而企业运行，包括生产活动、人事活动、财务活动、销售活动，无时无刻不在进行，也无时无刻不在出现新情况。所以，风险总是存在的，无风险的营销在世界上是没有的。成功的营销就是把风险降到最低，而失败的营销就是风险已经发展成了事故和危机，并造成了巨大的经济损失。

3.5.1.3 营销风险的损失及其预见性

营销风险处于可能性状态时，只是一种潜在的损失可能性，还不是损失。把风险与损失等同是不科学的。风险再大，也不能称为损失，只有风险事件才形成损失。风险事件表明风险已经发生，可能性状态结束，所以，风险事件已不再称为风险。

营销风险不是损失，并不表明营销风险管理不研究损失，营销风险管理研究潜在损失的大小和损失概率的高低。如果一个风险潜在损失大，损失发生的概率高，就必须对该风险予以高度重视，并采取措施化解、转移或防范；如果一个风险潜在损失小，损失发生的概率低，我们只需对其保持警惕即可，可以不采取风险防范行动。

营销风险管理的关键是风险预见，不能预见风险，就无法防范风险。由于风险具有不确定性、偶然性、潜在性等特点，对风险的预见是较为困难的，一个企业对营销风险的预见能力，决定着其营销风险的管理能力，也决定着企业营销的成功与失败。因此，加强对营销风险的预见能力，是加强营销风险管理的关键。

3.5.2 营销威胁

3.5.2.1 营销威胁的概念

在经济安全研究中，经济威胁是一个重要概念，它是直接导致经济危机的因素。在企业营销安全研究中，营销威胁是一个重要概念，它是造成营销成败的关键因素。营销的成功是因为顺利地战胜、化解或回避了各种营销威胁，而营销的失败则是因为未被重视或重视不够的营销威胁引出了营销危机、或营销事故，使企业蒙受了巨大的经济损失。

所谓营销威胁，是指在企业营销过程中，可能引发企业营销事故、营销危机或营销失败的各种危险因素及其对企业正常营销形成的压力。营销威胁是营销风险的组成要素之一，是营销风险中有破坏性的那一部分，属于营销风险中的纯粹风险。

营销威胁并不等同于营销风险。营销风险有二重性，即危险与机会并存，所以有高风险、高回报的说法。而营销威胁只有危险，没有机会。不存在高威胁、高回报，只有高威胁、高危险、高损失。我们在分析营销风险的时候，除了弄清其危险外，还要发掘其隐含的机会，而分析营销威胁时，不存在分析机会问题，只需找到其危险所在。

营销威胁，我们可以用公式表示为

$$MT = f(p,c)$$

MT 代表营销威胁，是英文 Marketing Threaten 的简写。p 表示威胁事件发生概率，c 表示威胁事件可能造成的损失。

3.5.2.2 营销威胁的特征

相对于营销风险，营销威胁有三个特征。

（1）一重性。

营销威胁只有危险，没有机会，只有损失可能，没有收益可能。从马克思的辩证观看，威胁也可能变成机会，但那不是威胁本身固有的，而是在威胁的推动下人们创造性劳动的结果。

（2）压力性。

营销风险是一种营销环境，它是静态的，并不直接对营销活动形成压力。如果营销风险对企业营销活动形成压力，就是营销威胁了。营销威胁是营销风险中的危险因素对企业营销活动的一种负作用状态，这种状态是一种无形的力量，这种力量总是企图把企业营销推向失败。如果企业不能化解、回避这种负作用力，就会出现营销事故，引发营销危机。这种由负作用力形成的对企业营销活动的压力性，是营销威胁的重要特征。

（3）突变性。

由于营销威胁是一种负作用力，这种力如果未能被企业及时控制，当积累到一定的强度，就会发生突变，引发营销事故和营销危机。突变性是营销威胁的又一重要特点，突变性决定了对营销威胁监控与管理的艰巨性，只要企业稍有麻痹或控制措施无力，就极有可能迅速爆发危机。

3.5.2.3 营销威胁损失及其预见性

营销威胁作为一种危险因素，一种负作用力，它本身不构成损失，只有当营销威胁引发营销事故与危机时，才会形成损失。从这个意义上讲，存在营销威胁并不可怕，只要我们能控制它，不引发事故与危机，企业并不会蒙受损失。要完全消除营销威胁是不可能的，但控制它、防范它和化解它，是完全可能做到的，这也是企业营销安全管理的基本任务之一。

对营销威胁的预见虽然困难，但是可以预见的，只要我们对营销面临的各种风险进行定量与定性分析，就可以预见面临的营销威胁。由于威胁的可预见性，才为企业营销的安全管理提供了可能性。

3.5.3 营销危机

3.5.3.1 营销危机的概念

营销危机是指由严重营销威胁或营销事故引发的营销紧急状态。用公式可表示为

$$MC = f(p \cdot c)(p \to 1 \text{ 或 } p = 1, c > 0)$$

"MC"代表营销危机，是 Marketing Crisis 的英文简写。"p"代表危机事件发生的概率，而"c"代表危机事件可能造成的后果，"$p \to 1$ 或 $p = 1$"，显示危机事件发生的概率值在趋近于 1，甚至等于 1，这表明危机事件即将爆发或已经局部爆发。"$c > 0$"表示损失已经形成。

营销危机直接起源于营销威胁或营销事故。当营销威胁未及时被控制，或营销事故未能很好地得到处理，就很容易引发全面性的营销危机。因此，要防止营销危机的发生，最行之有效的方法就是防止营销威胁和营销事故的出现和对已经出现的营销威胁和局部的营销事故进行正确处理。

营销危机是企业营销安全的大敌，一个企业的营销危机爆发的频度和强度决定着企业营销安全的程度，一个频繁出现危机的企业，是谈不上营销安全的，而一个随时面临着巨大危机威胁的企业，也是谈不上企业营销安全的。所以要研究企业的营销安全，必须研究营销危机。

3.5.3.2 营销危机的特征

营销危机相对于营销风险、营销威胁等概念，有三大重要特征：

（1）应急性。

应急性是指在危机中，给予企业处理营销危机事件的时间稍纵即逝、极其有限，如不迅速抓住，就会酿成更大范围的营销危机和失败。

从营销危机发生的过程看，危机一般分为前兆、爆发和持续三个阶段。在前兆阶段，要预测危机，监视危机，采取危机预防措施，为处理危机做好前期准备。在持续阶段，要消除危机造成的不良后果，总结危机带来的经验教训。这两个阶段的工作，均按正常节奏进行，属于管理范畴，不存在应急问题。但在危机的爆发期，危机强度每时每刻都在增加，损失也每分每秒都在扩大，企业必须以最快的节奏和不同寻常的方式迅速处理，以把影响和损失限制在尽可能小的范围内，这是应急状态下的一种应急管理，是危机应急性的必然要求。危机的应急性告诉企业，处理营销危机必须抓住时机，错过时机，就错过了防止危机扩大的最佳阶段，使危机失控而危及整个企业的营销安全。

（2）破坏性。

营销危机与营销风险、营销威胁的最大差异在其破坏性。营销危机的破坏性主要表现为显在性破坏、损失性破坏和全面性破坏。营销风险与营销威胁的破坏性只是潜在的，而营销危机的破坏性是显在的，直接表现出来的；营销风险与营销威胁的破坏性仅是一种可能性，并不直接形成营销损失，而营销

危机的破坏性表现为一种现实性,并直接造成营销损失。虽然营销事故也直接形成破坏性,并也有经济损失,但如果它没有引发更大的营销危机,它造成的损失是局部的、较小的。营销危机造成的破坏性会波及整个企业,并形成巨大的营销损失。

(3)前兆性。

"冰冻三尺,非一日之寒。"任何营销危机的爆发都有其前兆,它并不是突兀而至的,只是我们没能识别或者未能引起足够的重视罢了。所谓危机前兆,是危机爆发前出现的与危机有着一定联系的征兆。每一项危机都会有多种前兆,这些前兆都集中指向某一个危机问题,只要我们抓住一种前兆,就可以发现前兆背后潜藏的危机。企业营销安全管理中的监测预警管理就是以前兆为依据来展开的,如果危机没有前兆,也就不可能有预警管理了。

苏伟伦提出了营销危机出现的九大前兆,如表3-2所示。其实营销危机的前兆远远不止这些,不同领域的危机有不同的前兆,这些前兆只是综合征兆罢了。

表3-2 企业营销危机的主要征兆

行业本身正在萎缩
竞争对手的强劲使竞争激化
客户减少或更迭频繁
主要部门的销售额连年下降
主要产品没有发展前景、产品不畅销
员工人均销售额低
销售人员素质差且不固定
库存产品增多
索赔增多

(4)营销危机的损失与预见性。

营销危机相对于一般营销事故或营销威胁,会有更大的损失,而且这种损失经常是致命的。一个企业如果经历了一场严重的营销危机,是很难重振雄风的,因为营销危机会从根本上动摇一个企业生存的基础。

营销危机所带来的巨大损失应该是可以预见的,因为营销危机具有征兆性,根据征兆就可以预测危机的存在,也可以预测危机爆发可能会造成的损失。因此,危机并不可怕,只要能加强预测,并把危机控制在威胁状态或风险状态,就不会对企业营销造成损失。

3.5.4 营销事故

3.5.4.1 营销事故的概念

医院有医疗事故,学校有教学事故,工厂有生产事故,市场必然有营销事故。所谓营销事故,我们将其界定为发生在市场营销过程中会对企业营销活动产生重大负面影响的营销事件。

我们可以用公式表示营销事故

$$MA = f(p \cdot c)(p = 1, c > 0)$$

"MA"代表营销事故,是Marketing Accidents的简写。

营销事故是营销威胁失去控制的结果。威胁对企业营销而言是客观存在的,如果这种威胁未得到有效控制,当各种条件成熟时,它就发生突变,造成营销事故,使正常的营销活动被破坏,并形成直接的有形与无形资产的损失。

营销事故未被及时控制的结果就是引发营销危机,而危机又未被控制,就会造成企业营销系统的瘫痪,甚至可以把企业拖入破产的深渊。

3.5.4.2 营销事故的特征

（1）突发性。

当营销威胁积累到临界状态而又未及时化解，就会突然爆发事故。营销事故爆发时，经常是猝不及防，超出人们的意料之外。

（2）积累性。

营销事故是突发的，好像没有任何先兆，其实不是如此。任何营销事故的发生都有一个渐变过程，在渐变过程中，威胁力量逐渐积累，当超过临界状态时，就突变为事故。爆发出现在某个时点，而积累则出现在一个时期。威胁在积累期经常具有潜隐性，所以不易被发现，或者虽被发现，但认为还未到临界期，所以未予重视，结果酿成了事故。营销事故的积累性给营销事故预防提供了理论依据，它表明只要我们认真监测其积累进程，就可在早期采取干预措施，防止营销威胁突变为营销事故。

（3）波及性。

营销事故一旦爆发，除了影响当次营销活动外，还会波及企业的其他营销活动，甚至使企业的整个营销都受拖累。营销事故就其直接损失而言，一般并不大，也不足以破坏企业的整个营销系统，但其波及损失常常是无法估量的，它不仅可以破坏整个营销系统，甚至使整个企业破产。从营销事故的波及性看，发生营销事故并不可怕，可怕的是不能控制其波及性。只要我们能把营销事故的影响控制在当次事故领域，就不会危及整个企业的营销安全。如果我们不能控制营销事故的影响，而使其任意蔓延，就会触发全面营销危机，使企业营销陷入困境。

（4）营销事故的损失与预见性。

只要发生营销事故，必然造成营销损失，一次营销事故的损失，只要不产生波及效应，一般不会危及企业的营销安全。而对营销事故的预见是可行的。因为营销事故的发生总有其积累期，在这个过程中，只要我们加强安全监控，是可以发现事故先兆的，也可以在积累期采取措施，防止事故的发生。

3.5.5 营销失败

3.5.5.1 营销失败的概念

营销失败是指由于营销危机未能被有效控制引发的损失状态，也可以表达为耗费了大量资源而又未实现目标的损失状态。用公式表示

$$MF = f(p \cdot c)(p = 1, c > 0)$$

从公式看出，营销失败与营销事故是相同的。但实质上，二者有着本质的区别。营销事故是一种已经发生的风险，所以我们用 $p=1$ 来表示。营销事故也会带来损失，所以用 $c>0$ 来表示。因此，就有了营销事故的表达式：$MA = f(p \cdot c)(p = 1, c > 0)$，与营销失败相同。从这个意义上看，营销事故是一种营销失败。反过来，营销失败，从某种意义上讲，也是一种营销事故。但绝不能将营销事故与营销失败画等号。营销事故是一种过程损失，而营销失败是一种结果损失。营销事故经常是营销失败的原因，营销失败经常是营销事故的结果。比如某服装企业参加一项标的为500万元的政府采购投标。在第一次投标中，该企业以高出对手10分（总分100分）的优势名列榜首。但由于招标实行入围制。一标要求三家入围。结果仅入围两家，招标方宣布流标，一周后重新招标。二次投标时，该企业发现他们送的样品还存在一些不足，所以在第二次送样前通过通宵加班对样品进行了修改。由于服装的颜色为深蓝色，通宵加班的技工又难以集中精力，导致第二天送出的样品出现拉链不平整、上袖不正、有严重皱纹，质量还远远不如修改之前的，致使投标评分中，40分的产品分，仅获得21分，外加价格分、企业生产能力分和服务分，总分仅得79，以6分之差输于对手，竞标失败。在这个案例中，产品出现严重的质量问题，属于营销事故中的产品事故。由于产品事故导致竞标失败，这属于营销失败。所以，营销事故与营销失败是两个概念，一个是过程，一个是结果。

3.5.5.2 营销失败的特征

（1）可识别性。

营销失败是显而易见的、可识别的。因为营销失败是营销危机或营销事故的直接后果。所以只要我们发现了营销危机和营销事故，并且造成了不可挽回的损失时，就意味着营销失败。失败也是一种目标的未实现状态，只要未实现目标，我们都能明确地感知到失败的存在。

（2）连锁性。

营销失败一旦产生，经常具有连锁反应，它影响的不仅是营销系统，而是企业的各个部分。首先是引发财务危机，财务危机会导致资金周转不灵，资金周转不灵就会导致生产危机。企业一旦无法正常生产，人事危机、组织危机、信用危机都会出现。所以，企业出现严重的营销危机，就极有可能陷入全面困境。

（3）波及性。

营销失败同营销事故一样具有波及性。一个方面的营销失败会波及营销的其他方面。全局性的营销失败会波及整个企业的生存，引发企业安全危机。当营销系统发生全局性的失败，对整个企业的经营而言，就是一次安全事故，这起事故很可能会引发企业危机，所以营销失败是企业危机的先兆，是企业安全管理的一个重要指标。

3.5.5.3 营销失败的损失与预见性

营销失败造成损失是必然的。局部失败形成小损失，全局失败形成大损失，危及企业的生存。营销失败是可以预见的，通过危机和事故就可预测失败的可能性。在风险、威胁、危机与事故一系列安全形态中，最能预见的就是失败。既然能有效预见，及时进行预警管理，采取超前措施，防止失败发生是完全有可能的。

表3-3是企业营销安全形态对照表。

表 3-3　企业营销安全形态对照

概念	表达式	特点	损失
营销安全	$MS = f(p \cdot c)$ $(p \to 0, c \to 0)$	相对性 全面性 可控性	不存在损失，潜在损失都被有效控制
营销风险	$MR = f(p \cdot c)$ $(p > 0, c > 0)$	二重性 不确定性 客观性	潜在损失的可能性
营销威胁	$MT = f(p \cdot c)$ $(p > 0, c > 0)$	一重性 压力性 突变性	潜在损失的可能性
营销事故	$MF = f(p \cdot c)$ $(p = 1, c > 0)$	突发性 积累性 波及性	损失的现实性
营销危机	$MF = f(p \cdot c)$ $(p \to 1 \text{ 或 } c > 0)$	应急性 破坏性 前兆性	当前的现实损失
营销失败	$MF = f(p \cdot c)$ $(p = 1, c > 0)$	可识别性 连锁性 波及性	损失的现实性和严重性

3.6　企业营销安全与经济安全的关系

3.6.1　企业营销安全是经济安全的组成部分

正如前文所述，经济安全分为宏观经济安全和微观经济安全。宏观经济安全主要是国家经济安全，而微观经济安全主要是企业经济安全。企业经济安全包括企业战略安全、企业环境安全、企业成长安全、企业生产安全和企业营销安全五大基本内容。从这里我们可以看出，企业营销安全是经济安全中微观经济安全研究的重要内容，是经济安全的重要组成部分。

3.6.2 经济安全最终会表现为企业营销安全

宏观经济是一个总体概念，它是由无数个微观经济单元构成的，宏观经济安全最终会表现为微观经济安全，而微观经济安全最终又会表现为营销安全。宏观经济安全的一个重要指标是GDP。GDP是一个国家所有生产单元的产值总和，宏观经济安全本质上是这些生产单元的经营安全，当这些生产单元都出现危机的时候，就是GDP滑坡的时候，也就是宏观经济出现危机的时候。这些生产单元的主体是企业，因此，当企业出现危机的时候，也就是宏观经济出问题的时候，企业最大的危机是营销危机。当产品严重滞销，企业所有投入无法通过市场得到回报，企业就无法运转了，如果找不到起死回生的办法，就只有关门或破产。所以我们说，无论是宏观的国家经济安全，还是微观的企业经济安全，最终都会通过营销安全来体现，企业营销安全不仅直接影响国家经济安全，还直接影响企业经济安全。研究经济安全，如果不研究企业营销安全，是不完整的，而且经济安全也无法实现真正的安全。

3.6.3 企业营销安全直接影响着国家经济安全中的资源配置安全

3.6.3.1 市场主体的行为水平与资源的优化配置安全

一个国家的经济安全，首先表现为资源配置安全。计划与市场是资源配置的两种基本手段，但在市场经济条件下，市场在资源配置中居于主导地位，经济资源主要是依靠市场这个"看不见的手"来实现优化配置的。市场包括主体和客体两部分。主体是指交易活动的参与者，核心是企业。客体是指主体的操作对象，核心是信息、商品、货币。市场对资源配置的调节是通过市场主体与市场客体的相互作用实现的，市场主体根据市场提供的价格等信号，来决定资源配置的方向和强度。因此，资源配置的优化程度，不仅取决于市场信号的时间性、空间性和真实性，还取决于市场主体对信号的把握能力和资源配置的具体的技术水平。也就是说，资源的优化配置不仅与市场本身有关，还与市场主体的行为密切联系，市场主体的行为水平直接决定着资源配置的优化程度。在市场主体的行为中，营销是其重要的组成部分，营销水平直接决定着市场主体的资源配置水平。营销水平是企业营销安全的关键指标，企业营销安全状况是由营销水平决定的，营销水平低，营销就不安全，市场营销水平高，营销就充满危机。资源配置安全则是由资源配置水平决定的，资源配置水平高，资源配置就安全，资源配置水平低，资源配置就充满危机。

3.6.3.2 企业营销中的市场分析安全与资源配置的结构安全

市场对资源配置的调节作用是通过市场信号来实现的。从信息学上看，信号仅是对某种事实的反映，这种反映可以是真实的、完全的、即时的，也可能是虚假的、片面的和滞后的。假如某种资源配置是建立在虚假的、片面的和滞后的市场信号的基础上，资源配置肯定是不安全的。营销中的市场调查技术和市场分析技术，其基本功能就是发掘、识别、鉴别和验证市场信号的，它能保证市场信号的准确性。建立在市场调查和分析基础上的资源配置决策，具有更高的科学性和合理性，因此也具有更高的安全性。可以这样说，市场调查和市场分析水平决定着资源配置的安全水平。一个市场调查和分析水平普遍低下的社会，是不可能有安全的资源配置。

3.6.3.3 企业营销的预测安全与资源配置的方向安全

市场信号是向后的，它是对已经发生的事的反映。而资源配置是向前的，它是一种未来行为。因此，在市场信号和资源配置之间永远存在一个时间差。市场营销中的市场预测技术，其基本功能就是对市场信号进行超前把握，对市场未来的运行轨迹进行事前描绘，使当前的资源配置决策具有超前性，能适应未来的市场需要。换言之，市场预测就是要实现以未来市场信号为基础来决定当前的资源配置方向，以保证资源配置的方向安全，减少因信号与行动之间的时间差造成的巨大资源配置失误。如果市预测不准确，就会造成资源配置危机，因此，可以这样认为，产业界的市场预测安全程度决定着一个国家的资源配置的安全程度。

3.6.3.4　企业营销安全管理技术与资源配置失误

在经济运行中，总是有各种各样的企业出现经营失误，形成产品积压，造成严重亏损。企业出现大面积亏损，固然有多方面的原因，但仔细究来会发现总是与企业营销安全处理不当有关。企业产品积压，经营亏损，不是企业营销安全中的信号安全、品牌安全、产品安全出了问题，就是企业营销安全中的渠道安全、促销安全、传播安全、服务安全或货币安全等出现了重大失误。企业营销安全技术可以帮助企业了解和化解市场风险，发现和消除市场隐患及市场危机，防止市场事故的发生。只要营销是安全的，就意味着市场是安全的，市场安全，就可以实现企业的持续经营，只要企业能实现可持续经营，就不会存在大的资源配置浪费。如果产业界都能提高企业的营销安全管理水平，都能防范和化解市场风险，都能避免重大经营失误，那么社会的资源配置就可以实现优化。

3.6.3.5　企业营销定位安全与资源配置中的三大基本经济学问题

经济学要解决的三大基本问题是："为谁生产""生产什么"和"如何生产"。经济学是研究资源配置的学问，因此这三大基本问题也是资源配置要解决的问题。营销中的定位技术即 STP 技术，是营销中的核心技术，它分为市场细分技术、目标市场选择技术和市场与产品定位技术三大部分。市场细分和目标市场选择解决的是为谁生产的问题——我们服务的目标对象是谁。市场定位解决的是生产什么的问题——我们的目标对象究竟需要什么样的产品，产品定位决定着如何生产的问题——我们应该怎样生产才能使产品的质量、功能、价格等属性符合竞争环境下的市场要求？如果企业出现了定位失误，就会做出错误的决定，造成资源配置失误。因此，要解决好产业界资源配置的三大基本问题，应该借助安全的定位技术，来帮助产业界实现资源配置的科学性，避免重大失误。

3.6.3.6　企业营销的社会安全与资源配置中的外部经济安全问题

外部经济是市场在资源配置过程中的重大缺陷，其解决办法通常是利用政府的宏观调控力量来予以弥补，但政府的力量是有限的，不可能完全解决外部的经济问题。社会营销主张企业营销必须实现企业利益和社会利益的兼顾，企业不能因为自己的利益而牺牲社会的利益，当企业以牺牲社会利益为代价来获取自身的利益时，企业是危险的，也是短命的。社会营销同时提供了一系列兼顾社会利益的营销方法和技术，可以帮助企业在实现自己利润最大化的同时也能实现社会效益最大化。从这个意义上看，社会营销即使不能完全解决外部的经济问题，但它对减少外部的经济问题是有帮助的，当社会营销出现危机的时候，也必然是资源配置出现外部经济问题的时候，社会营销安全直接影响着资源配置中的外部经济安全。

3.6.3.7　企业营销安全与资源配置过程中的宏观平衡安全

宏观经济不平衡是市场在资源配置中出现的严重缺陷之一，其主要表现是通货膨胀、通货紧缩、失业和贸易收支不平衡。解决这些问题的通常做法是政府的宏观调控，但仅靠这一种手段，效果是有限的。加强市场营销，尤其是国际市场营销，可以缓解经济宏观不平衡的问题。因此，加强企业的营销安全，尤其是国际企业的营销安全，提高企业的国际营销水平和国际企业的营销安全管理水平，可以有助于解决在资源配置过程中引起的宏观经济不平衡的问题。

3.6.4　企业营销安全影响国家经济竞争力的安全

关于经济竞争力的指标有很多，但有一点是至关重要的，那就是国际贸易能力。国际贸易能力已转化为国际营销能力，谁有良好的国际营销能力，谁就有良好的国际贸易能力，也就会有良好的国际经济竞争力。在国际营销能力中最为关键的能力是国际营销安全管理能力，不能把握国际营销安全，总是发生大量的国际营销失误和危机，就谈不上拥有良好的国际营销能力。

（1）安全的国际营销可以增强一个国家的国际经济竞争力，提高一个国家的经济竞争安全。安全的营销首先是科学的营销，科学的营销就是尊重市场规律，合理调配资源，正确制定战略和策略。在国际营销中做到了安全，就等于做到了营销的高水平，就等于提高了国际竞争力，也就等于保持了经济竞争的安全性。

（2）减少营销失误可以提高国际经济竞争力，增强国家的经济竞争安全。对于营销，尤其是国际营销来说，失误总是难免的，但如果能加强企业营销安全管理，失误就可以减少到最低程度。失误减少，安全性增加，营销的成功性增大，就会大大提高经济的竞争力。一个企业的营销安全水平无法决定一个国家的经济竞争安全水平，但所有企业营销安全水平的提高，必然会提升一个国家的经济竞争安全水平。

（3）正确处理营销危机是保持国际经济竞争力的基本保障，也是增进国际经济竞争安全的基本措施。

3.6.5 企业营销安全影响着一个国家的宏观经济安全

国家宏观经济是由企业经济组成的，企业的营销安全状况直接影响着国家的宏观经济安全状况。

（1）企业的营销安全管理水平直接影响着国家 GDP 的增长率。营销水平的高低主要表现在市场深度开发以扩大消费，市场广度开发以扩大市场占有率上。

（2）企业的营销安全管理水平直接影响着国家对外贸易的安全。当企业在开拓国际市场的时候，未能充分把握国际市场的营销规律，又缺乏安全管理措施，必然会造成国际营销的失败。

4. 营销安全体系

4.1 营销安全的基本内容

营销安全涉及企业经营管理的各个环节，其内容十分广泛，从营销工程的角度来看，包括品牌安全、营销线安全、营销流安全三个方面。

4.1.1 品牌安全

品牌是企业营销的基础，也是企业营销的支持体系，一旦一个企业的品牌倒了，它的整个营销就难以进行了。因此，品牌安全是营销安全的基础内容。品牌安全包括品牌名称安全——不会失去所有权；品牌商标安全——不会被别人分享；品牌的"三度"安全——高美誉度、低毁誉度、高知名度、低负指度，高满意度、低抱怨度。

（1）品牌名称安全。

品牌名称是一种指代标志，也是所有权的象征。但有许多企业的品牌名称其实并不真正为本企业所有，不是为别人做了嫁衣，就是市场被别人分享，导致营销危机。四川一家榨菜公司开发的新型超低盐、风脱水榨菜使传统的榨菜上了一个新台阶，公司将其命名为"A榨菜"，刚一推出，即风靡四川和北京，彻底抢占榨菜的市场。正当公司准备向全国推进时，市面上一下子涌出了几十种"A榨菜"，有的质量十分低劣，一下子使"A榨菜"的形象倒了，该公司正宗的四川榨菜迅速滞销，公司不得已更名为"××榨菜"，但这一更名市场并不接受，于是，公司丧失了营销的大好局面。这家榨菜公司之所以出现这场营销危机，还在于他们忽略了品牌名称安全。"A榨菜"不是他们的专用名称，没有所有权，任何企业都可以分享。把自己的全部营销建立在一个不是自己的品牌名称上，这是十分危险的。

（2）品牌商标安全。

商标是品牌的核心组成部分，是顾客识别某种产品或服务的基本标志。商标安全包括商标所有权安全和商标分享安全。商标所有权安全是指本企业使用的商标是否真为本企业所有。商标分享安全是商标不会被他人无偿分享。商标无偿分享本质上是一种市场无偿分享，市场被无偿分享就意味着市场份额的减少，就意味着营销危机的出现。商标分享有授权分享、合理分享、不合理分享三种形式。授权分享是由所有者向非所有者授权使用的一种分享形式。所有者通过出让商标而获得收益，分享者通过占领分享商标所辐射的市场而得到回报。商标所有者虽让出了市场，但获得了商标分享费。而分享者虽支付了商标分享费，但获得了市场效益，这应该是一种双赢模式。不过，一旦操作失误就会影响商标的形象，使商标的无形资产的价值降低，这就得不偿失了。合理分享是由于商标无法覆盖所有的市场和行业领域，致使其他行业的商标使用权为别的公司所有。这种不同所有权性质下的相同商标，会发生无形资产的相互转移现象，使某一方遭受损失。同时，不同所有者拥有相同的商标，一旦某一领域的商标出现问题，其他商标也会受到牵连，造成损失。不合理分享的主要形式是仿冒。一旦被仿冒，企业就会出现严重危机，因此企业必须在商标设计、注册和管理上形成保护体系，使仿冒变得十分困难，防止不合理分享的发生。

（3）品牌三度安全。

品牌"三度"是指美誉度、知名度和满意度。它是衡量品牌的价值指标，也是品牌管理的工具。品牌三度数据可以通过定期调查获得。当"三度"保持某一水平，并持续上升时，品牌处于安全状态，如果"三度"水平出现下降，甚至负三度——毁誉度、负指度（指名不消费某一品牌的比例）和抱怨度持续升高时，品牌就处于不安全之中，当"负三度"的增长超了某一预警水平，营销就会全面崩溃。

4.1.2 营销线安全

营销线是企业营销的生命线，是企业与市场之间发生交换的通道。企业的产品通过这条线源源不断地进入市场，而市场因消费产品所支付的货币通过这条线源源不断地流入企业，保持这条线的稳定与通畅，是营销安全的重要任务。

营销线安全从营销工程的角度上看，包括始点安全——顾客需求的安全；终点安全——顾客满意的安全；长度安全——营销线节点的数量安全；宽度安全——同一层次上相同节点的数量的安全。

（1）始点安全。

有学者认为，营销线始于顾客要求。因此，营销线的安全首先是顾客需求的安全。顾客需求作为营销线的始点，也就是作为企业全部工作的出发点，它是不是真的存在，这决定着企业的生死存亡。如果我们把营销线建立在一个可能根本不存在的需求上是十分危险的。然而，就有许多企业对一个根本不存在顾客需求的市场，投入大量的人力、物力，展开大规模的营销活动，结果产品根本卖不出去，造成重大损失。发生判断失误的根本原因常常是没弄清顾客的需要、欲望和需求的关系，错把顾客的需要、欲望当需求来对待。要对顾客需求存在的安全性进行把握，只有顾客的需求被确认，营销工作才可以开始。

容量安全。有顾客需求的市场不一定就有开发价值，还要判断需求的容量。面对一个小容量的市场，建立一个宽带营销线，进行大规模的营销，这绝对是危险的。这种营销的结果只能以失败而告终。因此，就像油田开采前必须探明储量一样。在营销线建设之间，必须弄清市场的容量，以决定营销线是否该投入建设，以及建设的规模。只有根据容量的大小来安排适当的营销线规模和营销力量，营销才会是安全的。

开发安全。有较大的市场容量，并不说明以此为基础的营销都是安全的，还有个开发安全问题。这里所指的开发安全是开发的难度大小，或称入市难度的大小。虽然市场容量大，但入市难度太大，公司的资源很难保证开发成功，也是十分危险的。因此，考虑开发安全问题，必须根据"入市难度计算法"计算该市场入市难度系数，只有企业有能力进入的市场，才是安全的市场。

防御安全。能进入市场，营销才成功了一半，能牢固地占领市场，营销才是真正的成功。但要牢固占领市场，并不是一件容易的事，有许多市场，其自身特色就决定了很难抵御竞争者的涌入。防御安全要求在进入一个市场之前先要考察市场本身的防御性和入市企业的防御能力。只有有能力进入，同时又有能力守住的市场才是安全的市场，把营销线的始点建立在安全的市场上，才可能有安全的营销。

（2）终点安全。

有学者认为，营销线终于顾客满意。因此，营销线的安全也应该是顾客满意的安全。根据营销工程中的"始——终"合一论，营销线的终点本质上是营销线的始点，但只有当顾客处于满意的状态时，始点和终点才是统一的。因为当顾客不满意时，他就会拒绝再购买本企业的产品，一旦顾客不再消费本企业的产品时，他就不再是本企业营销线的始点了。许多曾经很成功的企业后来又失败了，多数是忽略了顾客的满意，使自己的常客和种子顾客离开了自己。因此，要了解自己的市场是否安全，可以对市场的客户满意度（CSM）进行测定，如果 CSM 水平高，表明市场处于安全状态。如果 CSM 水平低，则表明市场处于危险状态。

（3）长度安全。

营销线的长度实质是营销线上节点的数量。长度安全实质上是节点数量的安全。从实证研究看，节点数量太多，导致管理难度增大，流通成本增高，风险也增大。所以，营销线太长是不安全的。但如果太短，无法延伸至所有的目标市场，又会使流量减少，也不安全。营销线的长度适度为最安全。就是要根据产品和市场的特点，在不影响流量的状态下，把长度压缩到最小时，营销最安全。

（4）宽度安全。

营销线其实不是一条线，它实质上是一个河，只是为了研究和管理方便把相同层次上的节点归为一体，才成了"线"。每一个节点实质上是一组节点复合而成的。因此，营销线的宽度实质上是同一层次上相同节点的数量。从实际研究看，在同一层次上，节点数量太多，超过市场需求，就造成成本上升，利润下降，致使节点瘫痪。但另一方面，如节点数量太少，不能满足市场要求，就会使流量减少，影响市场销量，并为竞争者瓜分市场提供了空间。所以，营销线太窄和太宽都是不安全的。

（5）节点安全。

节点安全是指营销线上的各个环节不会因为某些因素的影响而出现故障。节点不仅是营销流运动的通道，更是营销流运动的动力和加油站，如节点不牢固，甚至出现脱节现象，营销线就会中断，企业营销就无法进行了。因此，节点安全就是节点的牢固程度安全，只要节点非常巩固，不会出现脱节现象，就是安全的，否则就是不安全的。

4.1.3 营销流安全

营销流是营销线上流动着的载体，企业的营销目标就是要实现营销流流量最大化，衰减的最小化。只有流量最大化，衰减最小化才可能实现投入最小化、利润最大化。因此，营销流的安全是营销安全的核心内容。

营销流安全包括信息安全——信息贮存与流动过程中的安全；产品安全——产品的定位、质量、数量、结构安全；货币安全——货币的供应、配置、回收和流动安全；传播安全——传播的定位、内容、媒介和投资安全；促销安全——促销措施和促销活动的安全；服务安全——服务的时间、方式内容和组织安全。

4.2 推进营销安全的基本措施

要推进企业的营销安全，必须采取相应的措施：

4.2.1 树立营销安全的观念

缺乏营销安全观念，是最大的营销危机。如果企业在高速发展时期能意识到安全问题，加强安全管理、构筑安全体系，防止营销危机的发生，那么，企业就可以转危为安。

（1）认识营销安全的意义。企业必须清楚地认识到营销安全对企业发展的意义，正确地处理好发展与安全的辩证关系，让企业的发展建立在安全的轨道上，而不是以牺牲安全为代价，片面强调发展又忽视安全的行为，这样只能加速走向死亡。

（2）了解营销安全知识。要树立营销安全观念，必须学习营销安全知识，掌握营销安全的内容和技巧。如果对营销安全是什么都不清楚，就谈不上营销安全管理，也谈不上企业的营销安全。

（3）完善营销安全理念。如果在一些企业里，其主要领导人的经营思想都是危险的，又怎么能保证营销的安全呢？企业要推进安全营销，必须有一套正确的安全理念作为指导企业安全营销的理论基础，只有当营销安全观念成为企业理念并活化到企业营销的每一个环节之后，营销才可能是安全的。

4.2.2 加强营销安全审计

就像飞机需要定期检查一样，企业营销也需要定期审计。全面、及时地进行了营销安全审计是加强营销安全、防止营销危机的重要措施。

（1）建立营销安全审计机构。在市场部设立营销安全审计机构或设审计人员，无法设专门机构或专门人员的企业，至少应设专门职能，负责对企业的营销安全进行全面审计。

（2）制定营销安全审计量表。根据本企业的产品特征和市场特点，制定本企业营销安全的审计量表，以此量表为工具对企业营销安全进行审计。营销安全审计量表的编制是一项复杂的工程，专业化程度很高，在仅靠本企业的人力资源无法完成时，可请专门的咨询机构帮助实现，建立本企业的审计量表。

（3）定期和不定期进行安全审计。根据制定的营销安全审计量表，定期或不定期地举行全面的或局部的营销安全审计。从实证研究看，全局性的安全审计至少应一季度审计一次，而局部性的安全审计至少一个月审计一次，而对高危营销环节和高危营销活动，甚至每周、每天都应有审计活动。

（4）编制审计报告。根据审计结果，必须及时出具审计报告，并提交到决策部门。在审计报告中，必须对其安全等级进行界定，区分出安全、低危、中危和高危四个层次，并对四个层次的状况进行描述、分析，找到其影响因素，预测其发展趋势，指明其危害程度，让公司决策层十分清楚公司营销的安危状态，以便采取正确的措施保障企业营销的可持续运行。

（5）提出安全措施。根据营销安全审计的结果，提出保障营销安全的基本措施。这些措施应包括针对问题的解决方法、解决的期限、执行的部门、预期的效果、需注意的问题等。

（6）效果跟踪。对安全措施的运行进行全过程追踪，以检验其效果，如果达不到效果，还必须调整措施，直至问题解决为止。

4.3　建立营销安全预警系统

营销安全预警系统是对营销全过程、全方位、全纵深实施监控，并对可能出现的危机发出报警的安全管理系统。这是现代企业，尤其是现代化大型企业，必须具备的管理系统。由于该系统十分复杂，一般应采用计算机来辅助管理。

（1）建立安全采点系统。在最可能发生营销危机、营销事故的环节设立安全信息采集点，采集所需的安全信息。采集点的分布要科学，信息采集要准确、及时、全面，不漏掉关键信息。

（2）建立安全信息中央处理系统。对于各点采集的信息，汇总到中央系统之后，能迅速地做出几乎同步的分析、处理，并根据预设的营销安全指标系统，对各点的安全状况做出即时评判，给出安全级别的型号，对可能危及营销安全的微信信息，能根据其危险的程度，分别发出一级、二级和三级预警信号，提醒决策者采取迅速的预防或处理措施。

（3）建立营销安全快速反应系统。企业必须在营销安全管理机构的基础上，建立一个营销安全快速反应委员会，会员由营销负责人、财务负责人、技术负责人、服务负责人、公关负责人和办公室负责人等组成。委员会成员必须保持24小时联络通畅，并确定统一的安全代号。委员会必须建立多套快速反应的工作模式，在不同情况下，启用不同的工作模式，以达到节约时间的目的。委员会成员在收到危机信号后，必须按确定的工作模式，做出一系列正确的反应，能在最快的时间内化危机为安全，或把危机的损失降到最低。营销安全快速反应系统就像企业营销的消防队，它能有效地保障营销的正常进行，不会因为某个失误而出现不可挽回的损失。

4.4　建立营销安全管理制度

要推进全员的营销安全管理，必须建立一套营销安全管理制度。

（1）营销危机管理制度。在本制度中，包括营销危机的预防、识别、报告、处理，以及营销危机总结和营销危机责任等基本内容。

（2）营销事故管理制度。在本制度中，要包括营销事故的预防、发现、鉴定、处理、责任追究、总结等基本内容。

（3）营销安全审计制度。包括审计的内容、对象、时间、方式、结果等基本内容。

（4）营销安全全面防御制度。包括防御的内容、涉及人员、防御方式、问题处理等基本内容。

（5）营销安全奖惩制度。对营销安全贡献大的单位和个人给予奖励，对造成营销危机和营销事故的单位和个人给予惩罚的具体措施。

营销安全涉及企业的生死存亡，企业必须予以高度重视。本书仅是提出了营销安全的基本概念和一般管理方法，关于营销安全的进一步研究，还有待学术界的共同努力来完成。

5. 营销事故

5.1 营销事故是什么

所谓营销事故，我们可以把它界定为发生在市场营销过程中的、会对营销流的运动产生重大负面影响的营销事件。营销事故具有意外性和破坏性两个特征。意外性是指事故的发生往往出于企业预料，企业对此缺乏必要的准备。破坏性是指事故发生后会对企业的营销产生负面影响，轻则阻碍营销流的正常运动，重则使企业营销系统瘫痪，甚至引发企业破产危机。研究企业的营销安全，必须研究企业营销事故，只有企业的营销事故得到及时地预见，正确地防范和处理，企业营销才可能处于安全状态，无事故的营销才是安全的营销，才是科学的营销。

5.2 营销事故的类型

从营销过程中事故发生的领域可以将营销事故分为8大类型：

（1）品牌事故。

指营销过程中发生的造成品牌形象受损、品牌资产流失，以及品牌所有权丧失的重大营销事故。

（2）产品事故。

由于产品原因导致的企业形象严重受损以及营销流无法运行或运行严重受阻的重大营销事件。由于产品质量问题导致了消费者的身心受到重大伤害；或由于产品数量问题，导致了产品严重积压或者供不应求，形成市场空当，致使假冒伪劣产品乘虚而入，或者大量竞争者蜂拥而至；或由于产品结构不合理导致青黄不接，使企业处于危机之中；或由于产品定位不准，难以满足市场需求，而使新产品严重滞销，这些都是产品事故。

（3）信息事故。

由于信息不准、不全或由于信息外泄造成营销损失的重大营销事件。比如，由于信息不全、不准造成决策失误，使企业遭受重大经济损失，或由于信息泄密形成竞争危机或市场损失，都属于信息事故。

（4）资金事故。

资金事故也称货币事故。由于资金在供应、配置、回收、流动过程中处置不当，造成了内部金融危机或形成了滞账、呆账、死账，或导致了资金流失，都属于资金事故。

（5）促销事故。

由于促销措施失误所造成的营销事故。例如，某企业在报上登出"明日吃醋不要钱"的广告，广告称：凡持该广告者均可到指定地点领醋一瓶。结果蜂拥而来的领醋人形成了哄抢局面，人员踩伤，交通混乱，以致不得不出动警察维持秩序，疏散人群，企业则由于虚假广告（无法全部兑现承诺）而受重罚，企业形象严重受损，销售业绩严重下降。这就是一例典型的促销事故。

（6）传播事故。

由于传播定位不准、媒介选择错误、内容不当等原因所造成的传播投资无法回收、公司重大机密泄漏、受到市场管理者的惩罚、受到了社会广泛抵制和批评，都属于传播事故。

（7）渠道事故。

由于渠道选择和建设、管理和控制失误所带来的渠道危机事件。渠道间广泛窜货引发渠道混乱，渠道控制不当使产品流无法运行，渠道管理不善导致渠道成员的不合作使渠道瘫痪甚至完全崩溃等，都属于渠道事故。

（8）服务事故。

由于服务缺乏或服务不当所引起的营销危机事件。在服务过程中，服务人员与顾客发生了严重冲突，或服务活动造成了顾客的严重不满并产生了严重的负面影响，或服务活动造成了消费者的经济损失、生理伤害等，这些都属于服务事故。

5.3 营销事故的等级界定

要对营销事故进行科学管理，必须对其进行等级界定，针对不同的事故等级，所采取的管理方法和措施是不同的。

5.3.1 营销事故的等级界定指标

损失是界定营销事故大小的唯一依据。这种损失不仅包括直接损失，还包括间接损失、显在损失和潜在损失。从实证研究看，营销事故的损失主要有三个指标：

经济指标：指营销事故所造成的直接和间接经济损失，损失大即为大事故，损失小即为小事故。

形象指标：指营销事故对企业形象的直接和间接损害程度。损害大即为大事故，损害小即为小事故。

市场指标：指营销事故造成的企业市场损失程度，损失大即为大事故，损失小即为小事故。

5.3.2 营销事故的等级划分

根据营销事故对企业营销的危害程度，我们可以将营销事故分为三个等级：

一级营销事故，又称特大营销事故，其损失特别巨大，超过了企业的承受能力，造成营销系统瘫痪甚至完全崩溃。

二级营销事故，又称重大营销事故，其损失巨大，但尚未超过企业的承受能力，企业的营销虽然遭到重创，但还不至于瘫痪，仍能继续进行。只是营销流运动阻力增大，流量减少，流速减慢，或者给未来的营销增加了巨大难度，形成潜在损失。

三级营销事故，又称一般营销事故，造成了一定营销损失，给营销工作增加了难度，但仅是局部损失，危害不大，不影响全面营销工作的正常开展。

5.3.3 营销事故的损失指数

我们可以用下面的公式来计算营销事故的损失指数

$$Mi = Eqe + Iqi + Mqm$$

式中：Mi 代表营销事故损失指数，E 代表经济损失程度，qe 代表经济损失在总损失中的权重，I 代表形象损失程度，qi 代表形象损失在总损失中所占的权重，M 代表市场损失程度，qm 代表市场损失在总损失中的权重。整个公式表示：营销事故的总损失程度等于经济损失、形象损失和市场损失分别乘以各自的权重之和。

在实际营销安全管理中，E、I 和 M 的数值可以通过相应的方法求得：E 可通过财务分析法直接算出，I 和 M 可用无形资产的计算法加以确定。而 qe、qi、qm 的数值则可以通过调查法和专家意见法结合常定刺激数值分配法获得。

5.4 营销事故的管理

要获得营销安全，必须加强对营销事故的管理。

5.4.1 编制营销事故分类管理表

根据企业产品和市场的特点，以8大营销事故分类为基础，建立本企业的营销事故分类管理表。本书所提仅是营销事故的大类，在每个大类下面，不同的企业可以分出不同的小类，在小类下面还可以确定出具体的事故。对每一起可能发生的事故应明确相应的责任主体、管理主体以及主要的处理措施。营销事故分类管理表不仅是营销事故的预防工具，也是营销事故的管理工具，可以有效地防止营销事故的发生，或使营销事故的损失降低到最低。

5.4.2 建立营销事故管理制度

只有形成企业统一的营销事故管理制度，才可能把营销事故管理纳入日常管理行为中。在传统营销中，企业都把出现的营销事故当成偶然事件来处理，因此都没有专门的营销事故管理制度。但现代企业竞争越来越激烈，企业在市场中立脚也越来越难，一个小小的营销失误，在过去可能不会引发营销事故，而现在完全可能引发重大营销事故，甚至特大营销事故。所以，现代企业的营销事故管理也像生产事故管理一样，进入了日常管理范畴，只有把各种事故隐患扼杀在摇篮之中，才可能避免营销事故的发生。

5.4.3 定期的事故预测和安全审计

以营销事故分类管理表为基础，定期对可能发生的营销事故进行预测，定期对营销安全状况进行全面审计，使营销事故管理做到以防为主。处理营销事故的最佳方法就是防止发生营销事故。

（1）处理机构。

由于营销事故的发生具有偶然性，所以一般企业都没有专门的营销事故处理机构。因此，营销事故一旦发生，必须迅速成立以公司主要负责人牵头的事故处理委员会，邀请相关人员参加，做到机构健全，人员到位，责任到位。如果没有组织保证，营销事故很难得到及时、正确的处理。

（2）处理措施。

在对事故进行分析后，必须迅速采取处理措施。处理措施一般分为四大部分。

应急性措施：是在事故发生后立即采取的临时性措施，主要目的是防止事故的进一步扩大。

补救性措施：对已造成的负面影响或损失进行及时补救，主要目的是减少负面影响或损失的程度。

解决性措施：是针对事故本身的具体的解决办法。其目的是要解决事故本身的问题，使事故本身得到处理。

善后性措施：是对事故产生的后遗症进行处理，其目的是消除事故带来的后继影响和可能存在的潜在危害，使事故得到圆满解决。

6. 论营销危机

6.1 危机管理的相关理论研究

营销流危机预警管理主要是从营销流的角度研究营销领域的危机预警管理，保证营销流运行的安全性，因此，它的很多研究方法都可以从危机管理理论借鉴过来，要研究营销流危机管理就必须了解危机管理的发展状况和主要理论。

危机管理的概念最早是由美国学者于20世纪60年代提出的，作为一门学科，它是决策学的一个重要分支。危机管理最早主要应用在外交和国际政治及国内安全等领域，后来由于经济的发展和企业管理理论的不断完善，才逐渐应用到企业当中，之后又从企业界流传到学术界。20世纪80年代，一些跨国企业在遭受外部危机打击时产生了"危机公关"的概念，并以此为基础发展为危机管理和危机预警思想。

在国内学术界，有关危机管理的研究开始于20世纪80年代末，首先是对决策失误的经验研究和危机公关研究，90年代开始了企业危机研究。自1990年起，作为危机管理的主要内容——企业管理失误研究，在我国开始了系统的实证研究，逐步探讨了企业管理失误的现实成因结构、主要发生领域、显性和隐性的破坏方式、内部制错因素的演化以及它同企业亏损或组织混乱的相互作用方式等问题。目前我国学术界对危机管理的研究已经取得了丰硕成果。

关于危机管理的主要研究学者和研究成果有鲍勇剑和陈百助的危机管理、澳大利亚的罗伯特·希斯的危机管理理论、苏伟伦的危机管理。

6.1.1 鲍勇剑和陈百助的危机管理

在鲍勇剑和陈百助所著的《危机管理》一书中，作者认为，所有危机的发生都有其内在必然的原因，而且很多危机发生的原因都有类似之处，对这些危机发生的原因和危机的特性进行分析，我们可以建立一套危机管理的理论。他们主张危机管理是一种系统的管理，不能把危机管理单独列出来，与组织中其他重要的项目分开处理。危机管理必须与组织的形态、战略的规划、质量的保证、品牌的树立等一系列的事情紧密联系，一种行之有效的危机管理方法应该基于系统工程的理论和框架。他们提出了危机管理的三个基本假设：首先，假设危机往往是认为的；其次，假设危机的发生不是必然的；再次，假设危机发生后，通过适当的危机管理，危机的影响是可以降低的。在上述的三个假设的前提下，作者提出了SP危机管理理论：端正态度（Perception）、防范发生（Prevention）、时刻准备（Preparation）、积极参加（Participation）、危中找机（Progression）。

6.1.2 罗伯特·希斯（Herth·R）的危机管理理论

罗伯特·希斯是西方较早开展危机研究的几个专家之一，他从1986年开始进行系统的危机问题研究，并在昆士兰大学开设了危机管理的课程。1995年，希斯来到伦敦协助建立了一家专业的危机管理咨询机构，自己出任专业咨询顾问，他出版的《危机管理》一书已成为许多商学院的教材。他在《危机管理》一书中，系统地论述了危机的概念、可预见性、复杂性，危机管理的范畴，危机管理与风险评估，危机影响评估，危机预警系统，危机沟通，以及危机的冲击管理、组织管理、反应管理、情景管理、恢复管理和评价管理等一系列理论问题，这是目前关于危机管理理论研究最为系统也最为权威的一部著作。

罗伯特·希斯认为危机管理者和主管应该考虑如何减少危机情境的发生，如何做好危机管理的准备工作,如何规划以及如何培训员工以应对危机局面,这四个方面构成了基本的危机管理。基于上述四个方面,希斯在他的《危机管理》一书中把PPRR危机管理模型进一步修改为4R模型,即缩减(Reduction)、预备(Readiness)、反应(Response)、恢复(Recovery)。他认为危机管理者需要主动将危机工作任务按4R模式划分为四类:减少危机情景的攻击力和影响力,使企业做好处理危机情况的准备,尽力应对已经发生的危机,从中恢复,并通过对4R模式的论述,得出了第五个R——企业的恢复力(Resilience)。

6.1.3 苏伟伦的危机管理

国内学术界在20世纪80年代后开始开展对危机公关的研究,90年代开始了企业危机研究,其中最权威的著作是苏伟伦所著的《危机管理——现代企业实务手册》和《危机管理》。在这两部书中,苏伟伦分析了企业危机的八大征兆,以及对危机的监测方法、测试、预控、预警的八个指标和处理方法,是目前国内研究危机管理较为全面的著作。

通过对国内外的研究成果对比分析,我们可以发现其呈现以下两个特征:

国外学者对危机管理的研究主要集中在对危机机理、发展规律、管理原则等方面,较少涉及企业具体领域的危机管理。另外,国外主要研究由外部环境造成的或超出企业管理能力外的突发性非经营性危机,而较少研究决策失误、运作失误等经营性危机。

我国对危机管理的研究内容基本局限在物流和信息流的管理上,并且是在微观层次和亚微观层次上的管理,比如生产管理、质量管理、设备管理等,而缺乏对危机整体发展机理、管理模式、基本原理等方面的研究。

6.2 营销危机的理论研究状况

虽然目前危机管理理论的发展已经日趋完善,其理论体系也已经初步构建起来,但是大多数对危机管理的研究多集中在组织、财务、人力资源、公关、生产等领域,还较少涉及营销领域。但事实上,营销危机一直是长期以来困扰企业的一大病症,从目前已经遭受危机企业的危机原因来看,有相当一部分的企业危机是在营销领域爆发的,即使有一些危机的爆发原因不是营销领域,其危机爆发的直接表现也发生在营销领域。产品滞销、市场萎缩、营销决策和运作失误、渠道事故等已经给很多企业带来严重的灾难。因此,加强营销危机的研究并构建一套完整的营销危机管理理论已经迫在眉睫。

现在,对营销危机的研究已经受到了很多学者的关注,研究营销危机的学者也越来越多,关于营销危机的论文也有很多。

6.2.1 刘芙蓉和竹邻的营销危机研究

刘芙蓉和竹邻在其发表的《企业危机管理》一文中指出大多数危机都是可以预防的,企业要防止危机的发生,就必须提高自身的免疫力,并提出了一些加强企业免疫力的方法。文中还指出要发现企业的潜在危机就必须首先寻找企业的弱点,及早做好预防,还提出了危机管理的十三个原则,这些原则是危机处理的行动准则。文章还总结归纳了最容易遇到危机的十三类企业:①知名企业、有知名企业家的企业、有知名产品的企业。②广告打得多的企业。③行业管理严格的企业。④关系到公众身体健康和生命安全的产品的生产和销售企业。⑤规模大的企业。⑥喜欢作秀搞"激动人心"的事的企业。⑦上市公司。⑧成长迅速的企业。⑨凝聚力不强的企业。⑩客户过多或过少的企业。⑪刚发生危机不久的企业。⑫搞资本运作的企业。⑬过于维系于个别人的企业。

6.2.2 凌乐进的营销危机研究

武汉交通大学的凌乐进在他于1999年发表的《企业营销危机成因探析及其应对策略》一文中分析了企业营销危机的主要成因和营销危机的主要应对策略。文中指出营销危机主要有以下几个成因:①决策失误。它是导致营销危机的最主要和最直接的原因。②经营管理不善。管理水平低下是又一主要原因。③企业素质低下。主要指企业领导素质、员工素质、技术素质和管理素质等构成。④营销微观环境因素。包括企业内部环境、供应者、营销中介、顾客、竞争对手、媒介等环境。⑤企业公关失误。公关失误经常伴随着信誉危机和企业形象危机。针对营销危机，作者提出以下几个主要应对策略：事前预防性策略，防患于未然；事中处理策略，及时处理危机，减少危机带来的损失；事后转移性策略，转移危机并剔除危机处理后遗留的不利影响。

6.2.3 李蔚的营销安全研究

四川大学的李蔚教授提出了营销安全的概念，并指出营销安全是指企业在市场营销过程中，不会因为内部或外部某种因素的冲击而使企业营销遭受损失（Li，2003）。后来他在博士论文《企业营销安全及其预警管理体系研究》中对营销安全的概念做了延伸，提出营销安全有两个含义：广义的和狭义的。广义的安全概念包含了狭义安全、风险、威胁、危机、事故、失败等一系列概念，这些概念都是广义安全的不同形态。并在此基础上提出营销安全存在五种形态：安全态、风险态、威胁态、危机态、失败态，从这一点上来说，营销危机研究也属于营销安全危机的范畴。狭义的安全是指企业营销没有风险的一种安全状态，它是一种理想状态，也是营销安全管理所追求的一种终极状态，事实上是不可能存在的。论文中还对营销危机的概念、特征，以及危机爆发的前兆等方面做了介绍，并着重研究了营销安全的预警管理。

综合这些研究，我们可以发现目前针对营销危机的研究多呈现以下特征：

大多数研究只是概括地介绍了营销危机的概念、特征、结构以及管理程序等，并没有形成完整的系统，也没有进行较为深入的理论研究。

在解决方法上多是提出一些技巧性的和粗略的解决方法，还停留在经验的总结上，并没有形成科学的、操作性很强的解决方法。

其中很多理论只是简单地把危机管理的理论套用过来，并没有把这些理论与营销领域的危机管理合理地连接起来。

虽然提出了很多营销危机出现的问题和解决方法，但是，缺乏一些系统的、操作性强的营销危机管理方案。

6.3 营销流的相关理论发展状况

营销流的概念最早见于科特勒的《营销管理》一书，在书中，科特勒列举了五种不同性质的营销流，并且给予了营销流运行的营销线。科特勒并没有明确给出营销流的概念，但是在字里行间可以看出其营销流概念更偏重于流程。后来，四川大学的李蔚教授对营销流的概念重新做了界定，并形成了一套营销流管理理论，并在1995年申请了教育部哲学社科基金的研究课题——《营销流研究》。李蔚的营销流理论体系主要包括了三个主要研究方向：营销流、营销力和营销链。营销流理论通过运用量子力学里流的思想，重新演绎了营销管理的主要内容，从另一个角度研究了营销管理的内容。营销流运行的基本模型如图6-1所示：

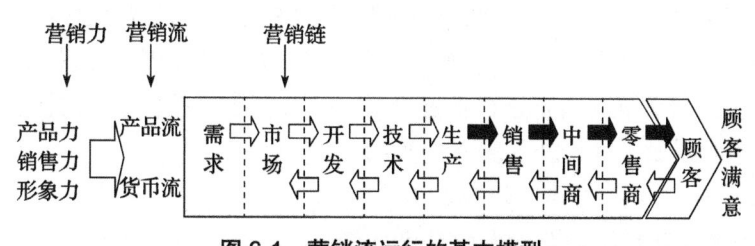

图6-1 营销流运行的基本模型

从图6-1中可以看出，营销流由两大核心流组成：产品流和货币流，它们在产品力、销售力和形象力三大营销力的推动下在营销链上运行。营销流管理的目标就是要实现营销流流量的最大化、流速最快化、增值最高化、衰减最小化和运行安全化。如何保持营销流运行的安全,这就是本书的研究核心。

目前,虽然对营销流的研究已经取得一定的成果,但是还存在很多缺陷,理论体系还不完整,该理论研究成果的操作性和实用性也需要经过相当长一段时间的实践应用来验证。

6.3.1 营销流的研究

关于营销流的专题论述最早是由李蔚提出的,后来四川大学工商管理学院的研究生吴峰在其硕士论文《论营销流》中,对营销流理论做了详细的研究。营销流是指在企业营销链上运行着的信息、产品、服务、货币等营销客体的总和,是营销流管理的核心内容。信息流、产品流、服务流和货币流是营销流的四大主要支流,还存在许多其他流体,如供应流、促销流等。营销流管理是指在企业的营销过程中,应用管理的基本原理和科学方法,对营销流的运动进行的组织、计划、协调、指挥、控制与监督,以使各项营销流活动实现最佳的协调与配合,以减低营销流的运行成本,提高营销流的运行效率,实现营销流运行的流量最大化、流速最快化、增值最大化、衰减最小化和运行安全化。

6.3.2 营销链的研究

营销链的研究乃至于李蔚 2000 年提出的营销线的概念,由于营销线的概念不够确切,后来李蔚在研究中改为了营销链。根据李蔚的概念,营销链是指营销流流动经过的轨迹,它是现代营销工程学的核心内容,是营销走向科学化和操作化的基本技术。根据营销工程的定义,营销链是在动态变化的竞争市场中,以顾客的需求为起点,以顾客满意为终点,由营销主体、营销客体和营销对象为核心要素,由营销环、营销流和营销力为主题内容,由客户链、信息链、开发链、生产链、销售链为主要环节的顾客需求满足链。

6.3.3 营销力的研究

营销力是指推动营销流在营销链上流动的动力。四川工商管理学院的马琼在其硕士论文《论营销力》中对营销力作了系统的研究,对营销力的概念作了界定,指出营销力主要有产品力、销售力和形象力,并对营销力的生成、评估等方面作了论述。营销力管理包括产品力管理系统、销售力管理系统和形象力管理系统。

6.4 企业营销流危机的基本界定

6.4.1 危机

韦氏(Websber)词典对危机下的定义是"变好和变坏的转折点"。后来芬利把这一定义引申为"危机是事物不稳定的一种状态,在危机到来时,当务之急是要实行一种有决定性的变革"。目前国内学者对危机的定义还存在很多争议,主要有以下分歧:一种认为"危机"是"危"和"机"的结合,"危"中有"机"、"机"中有"危",两者是联系在一起的,危机中同时也孕育着机会。另外一种观点认为"危机"只包括损失和潜在损失的构成因素,而不应该包括潜在的盈利可能性。尽管前者的主张相对后者的比较乐观,从某种程度上可以吸引企业对危机管理的注意,变被动为主动。但我们认为,"危机"的概念应该从"危机"一词整体的概念去理解,而不应该分开理解。从这点来说,"危机"中应只包括"危"而不包括"机"。尽管到现在为止还存在着争议,但大多数学者还是普遍接受以下定义:危机是一种改变或破坏平衡状态的现象,也可以是系统失衡下的紧急状态。

6.4.2 营销危机

营销危机是指由严重营销威胁或营销事故引发的营销紧急状态(Li, 2002)。用公式可表示为

$$MC = f(p \cdot c)(p \rightarrow 1 \text{ 或 } p = 1, c > 0)$$

MC 代表营销危机,是 Marketing Crisis 的英文简写。p 代表危机事件发生的概率,而 c 代表危机事

件可能造成的后果，p→1 或 p=1，显示危机事件发生的概率正在趋近于 1，甚至等于 1，这表明危机事件即将爆发或已经局部爆发。c>0 表示已经开始出现危机损失。

营销危机直接起源于营销威胁或营销事故。当营销威胁未及控制，或营销事故未能很好处理，就很容易引发全面性的营销危机。因此，要防止营销危机的发生，最行之有效的方法就是防止营销威胁和营销事故的出现和对已经出现的营销威胁和局部的营销事故进行正确处理。

6.4.3 营销流危机

营销流危机是指营销链上的营销流由于来自营销链链内系统或链外环境威胁的出现而导致的运行危机状态，如果这种状态不能得到有效控制，将发生营销流运行事故或者出现严重的营销流运行衰退、停滞和倒退。对营销流危机的定义，我们仍然可以用营销安全的表达式来表达

$$MFC = f(p \cdot c)(p \to 1 \text{ 或 } p = 1, c > 0)$$

MFC 代表营销流危机，P 代表营销流衰退、停滞与倒退发生的概率，而 c 代表营销流危机事件可能造成的后果，p→1 或 p=1，显示危机事件发生的概率正在趋近于 1，甚至等于 1，这表明危机事件即将爆发或已经局部爆发。c>0 表示开始形成营销流危机损失。

6.4.4 营销流威胁、风险和安全的区别

营销流威胁是指在企业营销流的运行过程中，可能引发企业营销流运行事故、营销流危机或营销流失败的各种危险因素及其对企业正常营销流形成的压力。营销流威胁是营销流风险的组成要素之一，是营销流风险中有破坏性的那一部分，属于营销流风险中的纯粹风险。

营销流风险是指在企业营销过程中，由于各种事先无法预料的营销流运行不确定因素带来的影响，使企业营销的实际收益与预期收益发生一定的偏差，其后果不仅只是损失，还包括盈利的可能性。

营销流安全是指在营销流运行过程中不会因为外来或内在的因素干扰而使企业遭受损失的一种状态。事实上想完全保证营销流不受干扰是不可能的，这里指的是营销流事故发生概率趋于零的一种理想状态。

从上述概念的定义我们可以看出，营销流风险、营销流危机和营销流安全的含义是不同的，它们强调的内容不一样，所要表达的含义也是不一样的。

6.4.5 营销流危机的特点

同企业遭遇的其他危机一样，企业营销流危机既具有危机的一般特征，又具有自己的个性：

（1）客观性。

相当一大部分营销流危机是由于运行的客观环境造成的，客观的自然因素和社会因素决定了营销流危机的客观存在性。火灾、洪水、地震、商品变质等都是由于自然界的客观规律所引起，这些都是独立于人们的意识之外存在的。人们只能发现、认识和利用这些规律，而无法改变它们。同样，媒体的失实报道、欺骗、管理失误等也是受社会发展规律支配的，人们同样无法改变。因此，营销流危机是客观存在的，我们无法消除它，只能通过研究其成因、机理、规律等来预防危机的产生和减少危机的损害。

（2）危害性。

营销流危机的危害是巨大的，它可能决定着一个企业的生死，有时候可能是一个行业的生死。

（3）突发性。

突发性是指营销流危机往往都是在某个具体时空点突然爆发。由于危机往往都是突然爆发，从而造成了企业资源的突然紧缺，这就加快了营销流危机的蔓延进程，给企业造成了更大的危害。突发性的特点也加大了企业对营销流危机预测的难度，容易使管理者因为情绪紧张而出现决策失误。因此，我们应该加强培养危机意识，时时刻刻保持着危机观念，制定危机反应系统，避免因为危机的突然爆发引起的混乱。

（4）紧迫性。

营销流危机爆发后往往会造成企业资源的突然紧张，并且带有很强的传染性，迅速从一个领域扩展到另一个领域，产生"连锁反应"。如库房失火可能会迅速影响到产品流的流动，进而影响到资金流转困难和信息流膨胀、堵塞，从而造成整个企业运转的困难。企业必须尽快排除危机，避免造成更大的损失。时间上的紧迫性是营销流危机的又一重要特点。

（5）潜伏性。

一般来说，危机在爆发前都有一段潜伏期。而在潜伏期，危机往往会出现直接或者间接的先兆。根据这一特性，我们可以制定一系列的方法对某些可能发生营销流危机的某些关键环节进行定期或定点检测。这样就有利于我们在危机爆发前及时发现危机并控制危机，在危机爆发前排除危机的成本要比爆发后少得多。

（6）传播性。

传播性是指一旦营销流危机爆发，企业往往会成为各个媒体的关注焦点。媒体关注的结果就造成了危机的"放大效应"。"放大效应"是指由于媒体和公众的关注而产生的大众心理影响，往往会使危机产生比关注前更大的危害。媒体在危机事件当中的作用非常重要，很多时候媒体报道比营销事故本身更可怕。

（7）可变性。

可变性是指人们可以通过对营销流危机的研究，掌握危机产生的规律、机理等，进而可以通过预测危机和处理危机减少危机的危害。如果营销流危机不具有可变性的话，我们研究营销流危机也就失去了现实意义。

（8）链条反应性。

每一种营销流流体的流动都要经过特定的链条环节（现实中表现为具体的各个部门），如产品流从企业流到中间商直到流到顾客那里，而在流动的过程中可能会发生营销流衰减，也可能会由于受到各个营销力的推动不断增值。

营销流的运行过程就如同机械化制造生产中产品在生产线上运行一样，产品经过每一道工序加工，到最后一道工序完成时最终成型，而前面的每一道加工对于最终产品来说都是增值过程。营销流的这种生产线式的流动行程也注定了各个链条环节之间的依偎关系，就像生产线上各个工序的依赖关系一样，每一道工序的加工对象都是上一道工序的成品。因此，一旦上游的某个链条环节上的营销流出现问题，那么它下游的所有链条环节的运行都要受到影响，进而扩大营销流事故的范围，这种现象我们称之为营销流的"链条反应性"。

营销流危机的链条反应性大大地增加了其危害性，一个链条环节的运作失败经常会蔓延到其他链条环节，进而影响到整个营销链系统的正常运转。很多时候，一种流体的运行失常也往往会影响到其他流体的运行。

以×××品牌的衰败为例。1996年，陈某因服用×××口服液后病故，与×××药业公司对簿公堂，一时间国内各大媒体纷纷报道这一事件。两年后，××中级人民法院做出陈某因服用×××口服液致死的一审判决。×××药业公司提起上诉。同年，×××药业公司在市场上首次出现零销售，生产口服液的两个现代化工厂全面停产，资金严重紧缺。又过了一年，××省高级人民法院对×××药业公司与陈某一案做出终审判决，×××药业公司胜诉。虽然这场官司的最终结果是×××药业公司胜诉了，但这件事严重影响了×××药业公司的企业形象和产品销售，最后，×××药业公司因无法应对这突发的危机，以破产而告终。在这一事件中，我们可以看到首先是由于产品事故导致了信息流的扭曲流动，进而影响到销售，产品流发生了滞流现象，然后引发资金无法正常运转，资金流产生滞流，结果导致企业的破产。所以，营销流中一个链条环节的故障常常会引发整个流体无法正常运转，而一个流体的故障也往往会影响其他流体的正常运转。如果此时无法及时运用合理的危机管理方法来推动营销流正常运转的话，很可能会发生整个营销系统乃至整个企业瘫痪的状况。

6.4.6 营销流危机的分类

（1）按与企业经营行为的相关性分类。

按与企业经营行为相关性来分，营销流可以分为经营性营销流危机和非经营性营销流危机。

经营性营销流危机是指与企业经营有直接关系的因素所造成的营销流危机。对于一个企业来说，通常是指决策失误、操作失误、管理不善等造成的营销流危机。我们知道营销流主要流经三个主要环节：企业、中间商、顾客，经营性营销流危机主要指的是在企业段爆发的危机事故。经营性营销流危机爆发的频繁跟企业的管理水平有着直接的关系，由于它的爆发原因根植在企业管理行为中，因此可控性较大，企业可以通过改善危机管理状况来降低其爆发概率和频率。

非经营性营销流危机是指由典型的不可抗力因素引致的营销流危机，主要是由不可预期的自然或市场环境而引起的营销流危机。非经营性营销流危机主要有营销流自然危机、营销流市场危机、营销流渠道危机三类。

营销流自然危机包括非人为因素导致的自然灾害和人为的突发事故引起的营销流危机。虽然自然灾害事件超出了人们能够控制的范围，但由于许多自然灾害也可能导致各种危机，并且人们对它的管理方法往往可以影响其最后造成损失的严重程度，所以它也属于营销流危机管理的范畴。对于企业来说，当自然环境危机爆发时，通常企业的产出会受到影响，如地震等。由于营销流自然危机的发生与经营者经营行为相关性很小，所以，对于这类危机的预警比较困难，通常采取事件管理的方法，当事件发生后，直接引入后期的危机管理。

营销流市场危机主要指由于不可控的市场因素所造成的营销流危机，如竞争导致的营销流危机，需求急剧下降导致的营销流危机等。对于企业来说，市场环境在很多时候是很难控制的，企业在大多数情况只有调节自身状况来适应市场变化。

营销流渠道危机是指由于中间商的原因而造成的营销流危机。这里的中间商不仅包含企业的渠道成员，还包括了供应商。很多时候企业的营销危机可能是由中间商和供应商的连带作用而产生的，营销流渠道危机也是企业营销流危机发生的一个主要原因。

（2）按发生领域分类。

按发生领域，可以分为营销流的环境危机、市场危机、战略危机、策略危机、运作危机五种。

环境危机是指由于营销环境发生变化而产生的营销流危机。这里的环境主要是指营销流的运行环境。营销流运行的客观环境一直都在发生着诸多变化，如一项与企业产品相关的新法规的制定、宏观经济萎缩、气候失常等，有时候这种变化可能很小，以致很多企业对其漠不关心，但是很多这种潜在的环境变化可能会引发企业的巨大危机。"温水煮青蛙"的故事就很好地印证了这一点：把一只青蛙放在开水中，它会立即跳出来，但是，如果把青蛙放在温水中慢慢加热，不去惊吓它，它会待着不动，而当水的温度越来越高，青蛙会变得越来越虚弱，最后竟无法动弹，直到被活活煮死。如果我们的企业不想当被慢慢煮死的青蛙，那么我们一定要时刻注意营销流运行的外部环境变化，为企业装上一个灵敏的"环境感应器"，在企业还可以"跳"之前发出警报。环境危机主要包括政治环境危机、经济环境危机、技术环境危机、文化环境危机、自然环境危机。

市场危机指由于市场环境的不利变化所导致的营销流危机。主要包括：①竞争危机。波特指出，企业主要五种竞争力量，这五种力量也会导致营销危机，致使企业市场份额下降。②需求危机，是指由于市场需求急剧减少或增加所导致的危机。③协作市场危机。企业的协作单位如中间商、供应商、银行等也可能是营销危机的根源。

战略危机主要是由于营销战略层次上的因素引发的营销流危机。战略危机一般隐蔽性较大,短时间内很难分辨出来,但是它也是营销流危机爆发的一个重要原因。根据市场环境的变化定期核查和调整企业的战略可以降低战略危机发生的概率。

策略危机指由于营销流管理的策略层次上出现操作失误所造成的营销流危机。

运作危机主要是由于企业在营销操作层面出现的危机。如操作失误、人员变动、组织危机等造成的营销流危机。

6.4.7 营销流危机的主要表现形式

营销流危机是指由于营销流无法在营销链上正常运转,从而造成企业整个营销系统处于极端窘迫的一种紧急状态,实际上是在企业营销流运行安全预警不奏效的情况下,各种营销流风险因素进一步发展导致的营销流危机。营销流是在营销力的推动下,在企业营销链上运行着的产品、资金、信息、服务、促销和传播等各种营销流体的总称,这些流体的流动状况要受到营销力的大小、营销链的运作状况、营销流的运行环境等多方面因素的制约,因此,对营销流危机的预警不可能总是奏效,在特定的条件下,一些营销流风险就不可避免地发展为营销流危机。

营销流危机的主要表现形式有:滞流、缓流、弱流、倒流和衰流等。

滞流是指由于某种原因造成的产品流、信息流等营销流体停止流动的状态。产品滞销、供应商停止供货、中间商停止进货、资金无法供应等都属于营销流滞流的表现形式。营销流滞流直接导致营销流的流量为零,引发营销流危机的发生。

缓流主要是指营销流的流速减慢。如发生库房周转慢、资金流动慢、产品滞销等现象,由于营销流流量是由其流速和流幅决定,所以,缓流将大大降低营销流的流量,导致营销流危机的出现。

弱流是指营销流的流体变弱、变小,即营销流的流幅变小。如上所述,营销流流幅的减少也会导致营销流流量的减小,它是营销流运行不安全的又一主要表现。

倒流是指营销流向正常流动方向的反方向流动。如中间商和顾客退货是一种产品流的倒流现象,企业赔偿是一种资金流的倒流现象。出现倒流时,营销流的流量为负流量,企业营销流进入高度危机状态。倒流现象的危害是最直接和最快速的,往往会一下子就把企业拉到危机状态,有时候倒流现象本身也就是一种营销流事故,所以,企业要时刻提防倒流现象的发生。

衰流主要是指随着营销流的流动,伴随着营销流的增值逐渐减小的现象。营销流的增值率开始减少甚至小于1,也会减少营销流的安全性。当营销流的增值率小于1时,营销流的流量越大,营销流的安全性反而越小,企业亏损越多。减值的最终结果都会造成企业利润的减少甚至亏损,也是一种营销流运行不安全的表现。

6.4.8 营销流危机的生命周期

营销流危机从开始出现到全面爆发,一般都要经过不同的几个状态,并在不同的状态中呈现出不同的特征,我们把营销安全分为五态:安全态、风险态、威胁态、危机态和失败态。

安全态是营销处于无风险状态,它是营销安全管理的理想状态。但这种状态仅是一种理论状态,在实际营销过程中是很难实现的,因为世界上基本不存在无风险的营销。

风险态是各种不确定因素对营销的负面影响处于可能性状态。这种可能性是一种概率,它在未演化成威胁之前,并不对当前营销活动造成直接的负面影响。

威胁态是风险的发展,已经对企业当前和未来的营销活动构成了直接的负面影响的状态。威胁态是风险态发展的结果,是一种不安全的营销状态,但威胁态毕竟还是一种趋势,并不改变营销活动的性质,也不完全决定营销活动的安危趋向。

危机态是威胁的突变,是企业营销系统正在遭受破坏,不解决营销危机就会陷入失败的紧急状态,危机态是严重的不安全营销状态。

失败态是危机失去控制，致使营销系统被破坏，营销活动已经无法进行的状态。这个时候，已经不是一种风险问题了，而是一种事故状态，是营销安全彻底被破坏。

营销流危机的爆发过程也遵循这种规律，也要经过这五种状态。根据营销"安全五态理论"，我们可以得出企业营销流危机的生命周期轨迹，如图6-2所示：

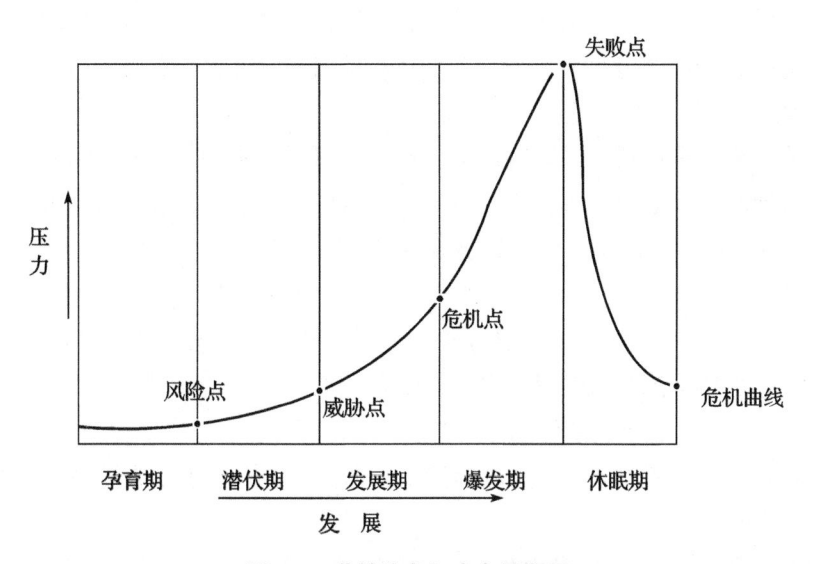

图 6-2　营销流危机生命周期图

从营销流危机生命周期图上可以看出营销流危机的发展也有五个阶段：孕育期、潜伏期、发展期、爆发期和休眠期。营销流危机从一个阶段发展到另一个阶段都是一个从量变到质变的过程，都有一个发展拐点，它是不同危机状态的临界点。在图6-2中我们可以看出营销流危机共有四个发展拐点：风险点、威胁点、危机点和失败点。在不同的阶段，企业的压力是不同的。随着营销流危机的发展，企业的压力逐渐增加，在爆发期达到最大值，进入休眠期后企业的压力又开始减小。

（1）孕育期。

营销流处于安全态，此时只为营销流危机的产生创造了条件，尚无营销流威胁，也不存在营销流危机征兆。

（2）潜伏期。

营销流处于风险态，出现营销流风险，但是与机会相伴而生的，是合理风险，这时出现营销流危机的征兆，但不构成威胁。所以，这时的警兆不易被觉察，很容易被忽略。

（3）发展期。

营销流处于威胁态，风险转化为一种直接的威胁，开始对营销流产生副作用，这时危机开始在营销流的其他领域蔓延，危机的征兆也明显增多，但是，此阶段也容易被企业忽略。

（4）爆发期。

营销流处于危机态，危机的征兆大量出现，危机情形变得紧急，主要是营销流开始出现滞流、弱流等紧急情况，这时的危机征兆是容易识别的，但如果忽视它而不采取果断措施，就会发生突变，危机就转化为失败。

（5）休眠期。

营销流处于失败态，这时内部压力得到释放而下降，但企业营销流的安全已被彻底破坏。

通过研究营销流危机的发展过程，我们可以了解其发展机制，并在不同的危机阶段采取合理的管理手段消除或减少危机带来的损失。

6.4.9 影响营销流安全运行的因素

营销流主要由产品流、货币流和信息流构成,下面分别介绍对它们的影响因素:

(1) 产品流的影响因素。

对产品流流量和流速的影响因素包括:①产品力。产品力是影响产品流流量的主动力,包括核心产品力、形式产品力和附加产品力。②销售力。销售力是产品流流量的主要推动力,由公关、促销、人员和广告这四大力量构成。③形象力。形象力是影响产品流流量大小的附加力,主要表现在产品形象力和企业形象力两个方面。

对产品流衰减的影响因素包括:①客观因素。客观因素是企业自身无法控制却对企业产品流的衰减产生影响的因素,包括产品因素、市场因素、外部环境因素。②主观因素。主观因素指由于企业自己的问题而导致的产品流衰减的原因,主要包括渠道因素和策略因素。

(2) 货币流的影响因素。

影响货币流流量与流速的因素有:①财务规划。财务规划是企业财务管理的基础,同一个企业采用不同的财务规划就会给货币流带来明显的影响。②信用管理。企业为提高竞争力通过促销方法招揽顾客,导致应收账款的出现,产生企业的信用管理等。

影响货币流衰减的客观因素包括利益分割和信用成本,主观因素表现为关系腐败和理念失误。

(3) 信息流的影响因素。

影响信息流流量的因素有:①技术因素。企业的信息化发展程度直接决定了企业信息流的流量与流速。企业信息化的三项关键技术是信息处理技术、信息传输技术以及建立在这两项技术之上的网络技术。②组织因素,包括组织规模、组织结构、组织完善程度、组织协调程度。③经营因素。

影响信息流衰减的因素里包含主观因素,如信源、信息编码和信道的选择。客观因素表现为放大效应和技术因素。

6.5 营销流危机预警管理系统

6.5.1 营销流危机管理系统的基本结构

在目前的研究中,大多数学者都把预警管理作为危机管理的一个子系统,它和危机应急处理系统、危机修复系统构成危机管理的基本结构。但是我们认为,对于危机预警的研究不应仅仅局限于对危机做预警,在预测到危机存在时也需要对其进行处理,在处理危机后也需要对其进行修复,这也应该属于预警管理的范畴。本书借鉴危机管理的事前、事中、事后管理的结构,把营销流危机预警管理系统分为三个子系统:危机报警子系统、危机处理子系统和危机修复子系统。其结构如图6-3所示:

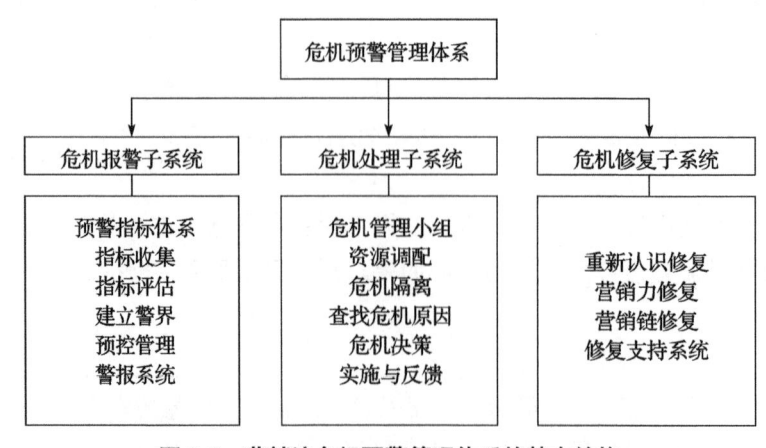

图6-3 营销流危机预警管理体系的基本结构

（1）各个子系统的基本管理职能。

危机报警子系统：主要对预警指标进行收集和检测，以此来评估危机所处的状态，并发出相应的预警警报。

危机处理子系统：在危机发生后，能够迅速做出反应，查明危机产生的原因并消除危机，把危机带来的损害降低到最小。

危机修复子系统：在危机发生后，通过进行系统修复，消除危机过后所留下的不利影响。

（2）各个子系统的主要工作内容。

营销流危机报警子系统的工作内容。美国危机管理专家菲克将危机的发展分为潜伏期、爆发期、长期或慢性期、解决期。如果在营销流危机的潜伏期阶段就能发现危机征兆，并予以有效地解决，无疑是最佳的选择。因此，认识危机的肇因无疑是营销流运行危机管理的关键。

营销流危机的预知和预测。在营销流危机的预知和预测过程中，应广泛收集与营销流危机相关的信息，然后对这些信息进行详尽的分析和评价，迅速将结果送至决策者，即建立有效的营销流危机信息系统。

营销流危机的预防与规避。在此阶段，要确立营销流危机产生的原因，测定营销流危机可能造成的损害程度，并做好最坏情况发生时的一切必备工作，包括组建一个危机管理小组，并保持各成员之间24小时联系畅通。

在倾听外部专家意见的基础上，确定一个具体的营销流危机管理计划和制定多套处理营销流危机的备用方案，在制定这些危机管理计划和危机处理备用方案时要考虑到可能受到危机影响的公众的利益。

进行危机模拟处理练习。企业应每年至少搞一次营销流危机处理模拟训练。如设计一个突发事件来检测营销流危机管理小组处理问题的能力，事前采取保密措施，让员工在一天时间内练习，之后再检测在处理过程中有无疏忽。模拟练习可让员工在面对危机时有经验可循，以后再发生危机时便可临危不乱，从容应对，确保企业处理危机时企业有一批训练有素的专业营销流危机管理人员。

营销流危机处理子系统的工作内容。在企业营销流危机发生后，企业的任务就是防止营销流危机事态的进一步扩大，在危机发生的范围和程度上限制营销流危机造成的损失及其危害程度，并有效地解决营销流危机。企业营销流危机应对的关键是捕捉先机，在营销流危机还没有给企业营销流的运行安全造成大的危害前对其进行控制和解决。

当危机发生时，要以最快的速度设立"战时"危机处理领导小组或营销流危机管理中心，调配训练有素的营销流危机管理专业人员，以实施营销流危机控制和管理计划。

面对营销流危机，企业决策者应考虑到最坏的可能，切勿低估营销流危机的严重性，随时都要做好修改企业预先制定的各项危机应对措施，以应付意外情况。

及时与外界沟通。企业要掌握对外报道的主动权，以企业为第一消息发布源，如对外宣布发生了什么危机，企业正采取什么补救措施等，并强调企业始终会将公众的利益置于首位。在对外传播中，要避免使用行话，要用清晰的语言告诉公众企业关心所发生的危机，并正在采取行动来处理危机。

企业在危机中，要确保有一系列对社会负责的行为，认真倾听公众的意见，理解他们的抱怨，设法使受到危机影响的公众站到企业的一边，以协助企业解决有关问题。邀请权威性机构来帮助解决危机，以便确保社会公众对组织的信任。

营销流危机修复子系统的工作内容。营销流危机发生后，即使处理得很及时，企业多少也会受到一些伤害，如何做好恢复工作以使企业的营销活动和运营秩序重新回到正常状态至关重要。在此阶段，企业应积极总结经验教训，并做出相应的改进，以增强企业营销组织对营销流危机的免疫功能，预防与规避营销流危机的再次发生。

首先，企业应再次深入调查营销流危机发生的原因，是企业内部营销管理失误的原因，还是企业无法控制的外在环境因素。除此之外，企业还要参考媒体的意见，了解他们对危机处理方式的看法，毕竟他们的报道对公众的意见具有决定性影响。因此，必须和相关媒体经常接触，了解他们是怎么看待这一事件，这样做会使企业大有益处。

危机具有连续性，企业在营销流危机发生后，就像人大病初愈一样，身体最虚弱，一旦处理不当，下一个营销流危机马上就会出现。因此，企业在营销流危机后总结检讨时，因为内部员工不易看清真相，为避免发生恩怨，最好请外部专家，才能保证客观的分析。

要做好营销流危机预警管理，平时营销主管的领导风格也是决定性因素之一。所以，营销主管在平时应多体恤员工，等到营销流危机来临时，才会上下一心、同舟共济。然而，很多营销主管常因无法控制自己的情绪，在营销流危机来临时对下属怒骂，这样反而于事无补，使危机扩大。

平时协调好上下人员的关系。营销人员是顾客和企业之间的桥梁，只有营销人员有信心，才能安抚顾客的心。能安渡危机的企业，都有受员工爱戴的领导者，如果平时有积怨，那么当危机来临时，大家树倒猢狲散，甚至为竞争对手所利用，企业怎么能渡过营销流危机？

加强企业之间的经验交流。危机发生时若妥善处理将取得正面效果，反而是一件值得骄傲的事情。因此，企业应该乐于与其他企业共享，通过经验交流，一方面防止类似事件再发生，另一方面可以从别的企业学到有用的经验，从而使企业在危机处理上更加成熟。

6.5.2 营销流危机管理系统的主要管理功能

营销流危机预警系统除了能够进行危机预防外，还应该具备以下几个基本功能：

（1）诊断功能。

运用营销流危机预警系统，可以通过对预警指标和营销流状况的评估达到对企业营销诊断的功能，及时发现企业存在的营销病症。

（2）分析功能。

借助营销流危机预警系统，可对营销流的运行状况进行定性和定量分析，进以分析企业的安全状况。

（3）控制功能。

借助营销流危机预警系统可以对营销各环节的工作进行控制，以保证营销能按计划、有步骤地进行，同时，还能实现对营销流的等效性控制，减少营销管理过程中的"木桶效应"。

（4）监督功能。

通过对营销流的预警管理，可以实现对营销各个支流安全运行的有效监督。

（5）自动化功能。

营销流危机管理系统能推进营销工作和管理的自动化，可减少营销管理的难度，增加营销管理的幅度。

（6）预警功能。

营销流危机预警系统能对可能发生不安全营销的问题进行预警管理，大大提高企业营销的抗风险能力和可持续发展能力。

6.5.3 营销流预警指标体系的建立

（1）预警指标的选择原则。

营销流危机预警指标应以营销风险指标为基础。营销风险是指企业在营销过程中，由于各种事先无法预料的不确定因素带来的影响，使企业营销的实际收益与预期收益发生一定的偏差，从而有蒙受损失和获得额外收益的机会或可能性。而营销危机的发生正是由这种不确定因素造成损失的可能性引起的，因此，我们可以说，营销危机的根源是存在营销风险，没有营销风险就没有营销危机。所以，消除了营销风险的危害性也就消除了营销危机的危害性，我们可以借鉴营销风险预警指标来建立营销危机预警指标体系。

营销流预警指标的选择应遵循以下几个原则：

①科学性原则。预警指标能够真实反映企业营销流的安全状况及存在的问题。

②可比性原则。可比性原则能反映各项指标对营销流危机的相关度，并有针对性地控制各种危机因素。

③综合性原则。指标系统要全面、完整，且能揭示营销流所存在的问题之间的内在联系。

④定性与定量相结合。有些指标虽然无法量化，只能做定性陈述，但是，可能对营销流危机的预警管理非常重要。

（2）营销流预警指标体系的基本框架。

我们把营销流理论运用到营销危机管理理论中，可以得到以下营销流危机预警指标体系，如图6-4所示：

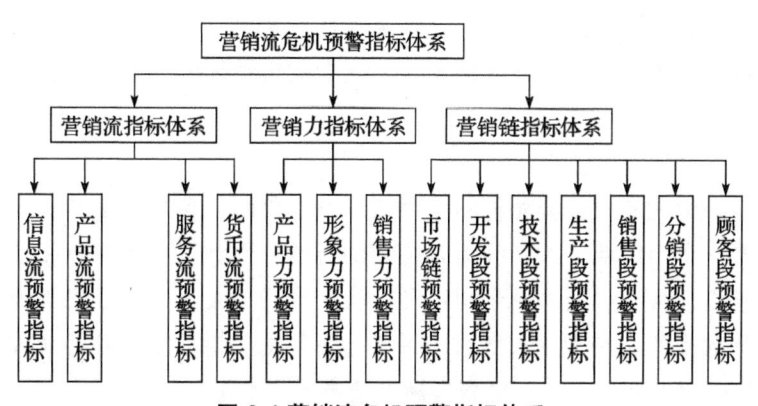

图 6-4 营销流危机预警指标体系

由图6-4我们可以看出本部分内容构建的预警指标体系包括三个子体系：营销流指标体系、营销力指标体系和营销链指标体系。

①营销流指标体系。营销流作为营销链上流动着的营销客体，它的流动状况最易测量，危机表现也最为明显。由于营销流指标表现最为明显，表现了当时的危机情形，我们称之为警情指标，它不仅易于测量，而且也易于量化。营销流指标主要包括信息流指标、产品流指标、货币流指标和服务流指标。

②营销力指标体系。营销力是推动营销流流动的动力，是营销流流动安全的重要保障，营销力的安全也将影响到营销流的安全。营销力指标主要包括产品力指标、销售力指标和形象力指标。营销力指标不易测量，也难以量化，应用起来不太方便，虽然其隐蔽性较强，但它却能表现出危机的征兆，我们称之为警兆指标。

③营销链指标体系。营销链是营销流运行时经过的轨迹，我们知道，营销力产生于营销链，而营销流在任一点上流动的动力来源于上一链条环节的营销拉力和下一链条环节的推力，任何一个营销链条环节的故障都会引起营销流无法正常流动，因此，营销链指标也是一项重要的预警指标。营销链指标主要包括市场段、开发段、技术段、生产段、销售段、分销段和顾客段七个环节的指标。营销链指标更难以测量和量化，它是营销危机最深层的爆发原因，我们称之为警源指标。

6.5.4 具体预警指标的形成

（1）指标选择方法。

指标的选择可采用三种方法：

①理论分析法。根据市场营销的理论和企业营销安全的理论对企业营销安全的预警指标进行理论分析，根据理论分析的结果，确定初步的预警指标体系。

②实证分析法。选择一批在营销上成功和失败的企业进行实证分析，可以找到企业营销安全的预警指标。

③调查分析法。借助具体的调查来寻找具体的指标，这些调查包括专家调查、营销管理人员调查和市场调查等。

（2）指标收集方法。

对于企业来说，常用以下两个方法来收集指标：定期收集法和定点收集法。这两种方法并不是排斥的，很多时候我们可以结合这两种方法一起用。

①定期收集法是指企业确定一个较为固定的时间间隔，定期对预警指标进行收集。两次指标收集之间的时间间隔可以根据企业所在行业的状况和企业本身的状况来确定，对于较易发生营销流危机的企业，如保健品企业、食品企业等，指标收集的时间间隔要短一些，如半个月一次；而对于那些不易发生营销流危机行业的企业，如电信企业、制造企业等，指标收集的时间间隔要长一些，如一个月一次。

②定点收集法是指我们可以根据企业的自身状况和行业状况，只针对企业最易发生危机的领域进行指标收集。这种方法可以大大简化危机管理的工作，减少危机管理的成本，但有时候会漏掉企业一些潜在的危机因素。

（3）指标收集的任务分配。

预警指标的体系是很庞大的，一套完整的预警指标体系可能包含几百个到上千个预警指标，这么多的指标如果仅仅依靠某一个组织或个人来收集是相当困难的。因此，企业应该在公司推行"全员危机管理"的思想，把危机管理任务下放到每一个组织和个人，推行"人人都是危机管理者"的理念，这样就可以大大简化指标收集的工作。在指标收集时，每个指标都由"指标相关者"来收集，如财务指标由财务部来完成，市场指标由市场部来完成，销售指标由销售部来收集。

（4）指标收集的类别。

在本书中，我们借鉴了南京大学教授宋林飞对社会预警指标的收集分类方法，把营销流预警指标分为三类：营销流警情指标、营销流警兆指标和营销流警源指标。营销流警情指标是显性指标，是营销流危机状态的直接表现，一般是由营销流指标构成；营销流警兆指标属于隐性指标，但它在某种程度上是对营销流危机的一种征兆，一般由营销力指标构成；营销流警源指标是营销流危机爆发的根源，一般是由营销链指标构成。

6.5.5 警灯的设立

警灯是专门用来传达企业营销流安全状况的工具，用不同的颜色来代表不同的危机状况。最常见的例子就是十字路口的红绿灯，绿色代表可以前进，黄色代表过渡等待，而红色代表禁止通行。美国采用红、橙、黄、蓝、绿五种信号灯作为国家安全预警警灯，我们在这里也采用警灯的方法来表示企业营销流的安全状态，用五种颜色的灯代表企业营销流的危机状态。

（1）绿灯：安全态。不存在警情，营销流处于绝对安全的状态。

（2）黄灯：风险态。此时营销流危机处于孕育状态中，属于营销流危机生命周期的潜伏期，有不构成威胁的风险伴生，属于相对安全的状态。很多企业将其视为安全状态。

（3）蓝灯：威胁态。危机营销流处于发展状态，属于营销流危机生命周期的发展期，由于营销流风险已发展为威胁，企业营销面临着压力。

（4）红灯：危机态。营销流危机处于爆发状态，属于营销流危机生命周期的爆发期，营销流威胁已发展为营销流危机，企业营销面临着失败的压力。

（5）黑灯：失败态。营销流危机已然发生，营销流危机损失已经生成，是一种无法挽回的失败状态。

6.5.6 警区的设立

我们已经确立了五个级别的警灯，每个警灯代表了营销流的不同安全状态，但这五级警灯如何与指标的数值对应呢？这就要求所存在的指标都必须按五级来设定警区。根据与警灯的对应关系，我们把它分为安全、轻警、中警、巨警、失败五个警区。

鉴于篇幅所限，我们不可能给出每一个预警指标具体的警限，只能给出确立警限的方法。常用的方法有：

（1）专家意见法。通过专家讨论，由专家来给出各个预警指标的五级警限。为了保证专家意见的客观性，对专家的评定结果应进行肯德尔和谐系数检验，直至达到较高的一致性时，才能作为最终的警限值。

（2）效标法。即以企业营销流安全管理非常优秀的成功企业为标准进行测验，所获得的结果就可以作为警限标准。但由于优秀的企业不是每一方面都优秀，所以其标准也是不完全准确的。也可以以营销流失败的企业为标准，把其指标值作为警限，也可获得部分数据。但失败的企业并不意味着每一方面都失败。所以，其指标值也只能是在某些方面可供借鉴，不能形成完整的警限标准。

（3）调查法。通过对一大批成功营销和失败营销的企业进行全面调查，以调查结果作为警限标准，这种确立警限的方法较为科学。但这种方法投入大，耗时长，费用高，必须建立专门课题进行专题研究，才会有所突破。

（4）经验总结法。经验总结法是企业在进行企业营销流安全预警管理时，根据多年的经验（包括成功的经验和失败的经验）而确立的一套预警警限。这是最为常见的警限确立法。

（5）实验法。就是先由调查法、理论法、效标法或经验总结法提出一套警限方案，再到一些企业进行验证性实验，以检验警限的准确性，并对不合适的警限进行修正和调整，最后获得一个较为科学的警限。

在本部分中，为了讨论的方便，我们假设所有预警指标经过量化后的最高得分值都是100分，我们采用简单分类评分法来设立警区，把预警指标的分值分为平均的五份，每个区间的宽度为20分，不同的区间代表不同的警区，见表6-1。

表6-1 不同警区的指标管理策略

警区		安全	轻警	中警	巨警	失败
警标值	警情指标	0～20	21～40	41～60	61～80	81～100
	警兆指标	0～20	21～40	41～60	61～80	81～100
	警源指标	0～20	21～40	41～60	61～80	81～100
预警灯		绿灯	黄灯	蓝灯	红灯	黑灯
形态		安全态	风险态	威胁态	危机态	失败态
对策		忽视	注意	预防	应急	修复

6.5.7 不同警区里的指标管理对策

预警指标落在不同的警区代表了该指标的不同危机形态，我们也要对其采用不同的管理对策。对不同警区的指标管理分别为以下几种对策：

（1）忽视。在安全态，我们的管理原则是"忽视"原则，或者称之为"归零"原则，意即对预警指标落在轻警区域内而言，危机发生的概率比较小，我们则认为营销流系统是相对安全的，不用采取任何特殊的管理，只需要对预警指标继续进行定期监控即可，此时的预警灯为绿灯，营销系统安全。

（2）注意。当预警指标进入风险态时，预警灯变为黄色，我们应当采取"注意"的管理原则对其进行管理。对指标变化的原因进行简单的分析，同时缩短这些指标或整个指标体系的收集时间，如由原来的十五天改为三天。继续观察指标的走向，若指标好转到轻警区，则可进行"归零"管理；若指标维持在中警区，则继续对其进行观察；若指标进一步恶化到巨警区，则需要更为安全的方法对其进行处理。

（3）预防。当预警指标进入威胁态时，预警灯为蓝色，企业营销流运行的安全已经受到一定的威胁，如果再不对其进行管理，可能会导致重大危机事故。这时的主要管理工作有：仔细分析各个指标变化的原因以及可能导致的后果；对于已经发现且可以克服的不利环境，应及时处理，争取把预警指标的数值调回到安全区；针对每一种可能发生的危机，编制相应的危机应急预案，以备危机发生时应急之用。

（4）应急。当预警指标进入危机态时，预警灯为红色，表明企业的营销流的运行安全已经受到巨大的威胁，若不快速解决，很有可能导致营销流系统乃至整个企业的崩溃，企业应进入"应急"状态。此时，企业的行动一定要快，尽最大的能力把可能发生的危机损失降到最小。首先要实施应急方案，然后要集中人力、物力、财力解决最突出、后果最严重的问题。

（5）修复。当预警指标进入失败态时，预警系统发出黑色预警灯，企业的营销流运转危机已经爆发，危机损害已经生成。此时的营销工作主要是系统修复，剔除危机的遗留影响。

6.6 营销流危机的管理措施

6.6.1 营销流危机处理的运作流程

作为营销流危机管理的中间环节，危机处理是整个营销流危机管理中最紧迫和最重要的环节，它是在各种资源极度紧张的环境下进行的。一旦对营销流危机处理不当，将会迅速给企业带来直接而巨大的损失，甚至可能使企业从此一蹶不振。

从图 6-5 我们可以看出，一旦营销流的运行出现严重警情，危机预警子系统就会事先发出危机警报，企业危机管理系统就马上导入危机处理阶段，危机处理系统立刻开始运转。

首先是启动储备资源库，提供各种重要的资源，为危机处理做好准备。危机处理结束，警情消除，营销流运行紧张的状态得到缓解，此时系统导入危机修复系统，修复营销流危机留下的残余损害。危机处理系统的工作流程和主要工作内容见图 6-5：

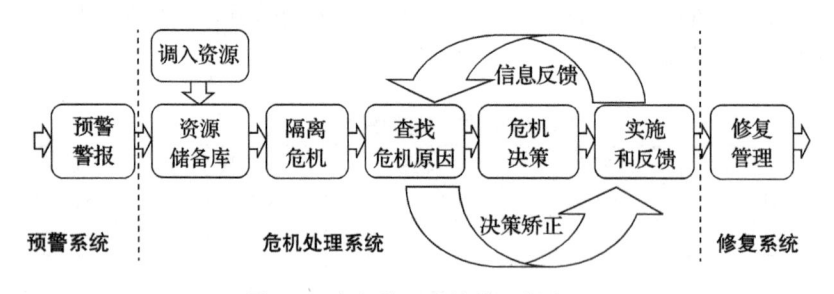

图 6-5 危机处理系统的工作流程

（1）调用资源储备库。

资源储备库是指企业为了应对突发危机所储备的各种软件和硬件资源，如资金或者危机应急计划等。调用储备资源库是为后面的危机处理工作提供必要的人力、物力和财力支援。需要指出的是，如果警情严重，处理费用高昂，储备资源无法满足时，企业必须通过其他渠道调集资源。

（2）隔离危机。

隔离危机是指采用一定的手段把危机隔离开来，切断危机继续蔓延到其他流体和链条的各种途径，保证营销流其他流体和链条运转正常。如果有的危机传染性比较小或没有的话，也可以不进行隔离处理。

（3）查找危机原因。

找出营销流危机发生的根源，主要是理出关键营销力、关键营销流和关键营销链，这样才可以有针对性地开方或开刀,不仅可以节省危机处理的成本,还节省了处理危机的时间。

(4)进行危机决策。

找出危机根源后,分析各种资源和信息,制定出处理危机的策略和方法,列出危机处理的具体规划、计划和时间进程表。危机决策在保证决策质量的前提下,一定要快速,不应把太多的时间浪费在会议上。

(5)实施决策方案,反馈实施信息。

做出危机决策后,马上调集有生力量实施决策方案。在实施方案的同时,反馈实施过程中收集到的信息,根据反馈的信息,调整危机决策,这一工作和查找危机原因、危机决策是一个循环的过程,这种不断的循环可以提高危机决策的准确性和正确性。当营销流警情和紧张的气氛消除后,危机处理结束,危机系统自动导入修复管理阶段。

6.6.2 建立营销流危机管理资源

储备危机处理资源对于营销流危机的安全处理有很大的帮助,因为很多时候危机之所以蔓延和扩大,其中一个最大的原因就是我们处理危机时一些关键资源无法正常供应。

前面我们曾提到过储备资源库是指为了应对突发危机而储备的各种软件、硬件资源,是为后面的危机处理工作做好准备,提供人力、物力和财力支援。当危机预警系统发出警报后,危机处理系统便自动启动资源储备库或从其他渠道抽出必要的资源,调动一切力量进行危机清除。

6.6.2.1 建立组织资源

营销流危机一旦发生,营销流运行系统就开始遭到破坏。一个营销流危机的管理就像一场战争一样残酷,在危机处理的战场上,不是你死,就是我活。企业所做的任何战略、策略上的决策错误都会给企业带来巨大的伤害。因此,要想打赢这场没有硝烟的战争,我们需要一个协调处理各方力量的组织——危机处理领导小组。

(1)危机处理领导小组的成员构成。

危机处理领导小组的主要成员组成和职责视危机的性质而定,一般来说,包括协调组织小组、沟通小组、产品小组、市场销售小组和法律小组。协调小组主要负责协调和组织各个小组的运转;沟通小组负责危机中企业的外部沟通和内部沟通;产品小组负责与产品有关的工作,保证产品质量;市场销售小组负责企业的市场安全和销售安全工作;法律小组则负责危机中与法律有关的经济纠纷事宜。

(2)危机处理领导小组的工作原则。

危机处理领导小组在协调工作的时候应该遵循"三个一"原则:一个领导,一个指导目标,一个声音。

①一个领导是指指挥小组必须有一个明确的领导。危机领导小组的成员来自各个不同的部门,他们的工作关系是短暂的、不稳定的。各个成员之间很容易产生沟通、权责等方面的矛盾,也容易出现各自为政、互相扯皮的局面,很难形成一个团结统一的战斗整体。因此,一个强有力的领导者对危机管理小组进行协调和指挥是非常重要的。在危机处理的过程中,我们不仅要对领导者的权力进行明确和肯定,而且各个小组成员的职责和权力也需要得到明确界定,把危机管理小组从非正式型组织变为一个正式型组织,这样组织的运转才更有效。另外,由于这个领导的选择对危机处理的成败有着很大的影响,最好选择有相关危机处理经验,且本身权力较大的人,一般要在高层管理人员中选择。需要指出的是,这个领导工作的时候,一定要做到把其危机职责和普通职责合理分开,避免工作中出现职责紊乱的现象。

②一个指导目标是指危机小组处理危机时必须有一个明确的指导方向。在危机决策时,如果高层领导意见不一致,出现了这样和那样的分歧,应该及时进行协商和讨论,统一意见,因为任何看法和意见

上的不一致都会对危机决策的实施带来极大的不便。另外，危机的发展往往是非常迅速的，危机态势瞬息万变，在这种情景下，任何的耽误都是要不得的，所以，我们不应该把太多的时间浪费在会议上。如果缺乏一个统一的指导方向，要快速解决危机是非常困难的，有时候会造成一些内部混乱，阻碍危机处理的顺利进行。

③一个声音是指利用媒体对外沟通或者内部沟通时，要保持传递信息的一致性。一致的信息更有利于消除危机，而杂乱、不一致的信息传递经常会加重危机的严重性，对危机的发展起到推波助澜的作用。因此，在危机情景中的企业时刻保持信息的一致性，要用一个声音说话。在危机爆发的对外正式沟通中，目前常用的一个方法是指定一个企业危机公关的新闻发言人，专门负责与外部沟通，特别是与媒体的沟通。

另外，我们还要注意以下几点：①新闻发布会的形式要非常正式，气氛要凝重。②新闻发言人口齿要伶俐，头脑要敏捷，信息要充足，语言要果断，表情要严肃。③不要故意隐瞒事实，要真诚相对，保证发布内容的真实性。④多用数据和事实说话，少说空话、假话。上述几点可以强调传播信息的重要性和真实性，更容易让人产生信任，消除干扰信息的副作用。在危机沟通中，我们不仅要保持外部沟通信息的一致性，也要保持内部沟通信息的一致性，内部信息混乱可能造成的严重后果也是非常巨大的。

在危机情景中，企业组织处在极大的紧张压力之中，作为组织的个人，也处在极大的压力之中，他们在行为中往往会表现以下特征：紧张、恐惧、情绪失控、猜疑、缺乏理性、烦躁、冲动、健忘等。这种状态下的个人精神状况极不稳定，如果再受到各种信息的干扰，很容易出现精神和行为失控，从而给企业造成更大的灾难。这时，我们不仅要消除各种负面干扰信息的作用，还应该通过传递持续、一致的正面信息来引导组织和个人的行为，达到组织的协调一致，保证组织的正常运转。

我们可以通过以下方法保证内部信息的一致性：①定期播报危机发展进度，讲明事实真相。②明确强调危机中的组织目标和个人目标，引导职工安于本职工作，保证日常工作的顺利进行。③和员工积极沟通，反馈员工信息，消除员工迷惑。④屏蔽内部信息，规定员工不得私自和新闻媒体接触。⑤制定严格的规章制度，规范员工言行。

6.6.2.2 储备硬件资源

（1）危机处理人员。

危机处理人员虽然是危机爆发时才被组织在一起，但早在危机爆发前，企业就应该预备和计划好危机人员的分配安排。处理危机所必需的人员主要来自企业内部和企业外部。内部人员主要来自与危机处理相联系的不同部门，如销售部门、市场部门、人力资源部门等，由于这些人在企业工作多年，对企业的内部情况比较了解，处理危机时很容易快速进入角色，但也有其不利的一面，就是缺乏危机处理的经验和知识，因此需要对他们进行协调和指导。外部人员主要是指为了应付危机所专门从企业外部聘请的危机处理专家。危机处理专家虽然拥有丰富的危机处理理论和实践经验，但对企业的现状了解不多，需要和企业的内部人员合作。

（2）资金。

危机处理一般都需要耗费大量的资金，这些危机处理所需资金的使用计划也应该早在危机爆发前就制定好。企业在正常经营时，应该留有足够的安全保障流动资金，以备企业危机时之用。

（3）社会协作资源。

社会协作资源是指企业在危机处理过程所需要的一些社会资源，如媒体、质检部门、公安部门等，许多危机的处理仅依靠本组织的力量是不够的，必须借助于这些社会力量。在危机爆发前，企业应事先与这些可能用到的组织建立联系，获得它们的联系方式，了解其运作方式等，以便危机发生后这些救援单位能够准确、及时地向本组织提供帮助。

6.6.2.3 储备软件资源

(1) 危机处理计划。

危机处理计划是指危机当中协调活动的总体指导方针、原则和具体方法,它只是在紧急状况下才实施的。它并不是单独描述行动或者程序的死板教条,只是提供对危机反应的行动纲领。危机处理计划作为危机处理的一个重要组成部分,应该早在危机爆发前就已经制订好,这样,企业就不会因为事态紧急而陷入被动的地位,不仅可以提高危机决策的速度,也可以提高危机决策的质量。一份详尽的危机管理计划一般包括以下几个部分:①总论部分。主要介绍了危机管理计划的编制日期、编制负责部门、编制背景及适用范围和期限等,还对计划的编制指导原则、协调组织,以及对危机处理的一些企业政策做一些描述。②危机管理中的人员组织和协调。描述危机管理人员的来源,危机管理岗位的职责和权力,危机管理小组的工作流程等。③危机中的沟通。主要描述危机管理的沟通原则,沟通方法及沟通媒体等。④危机中的资源。描述危机管理中所需要的各种资源和应急资源的内容,这些资源的主要来源和主要用途等。⑤危机的预警、处理和恢复管理。这是危机处理计划中最关键的部分之一,它描述了危机管理的主要工作内容、方法和工作流程。

(2) 应急方案。

应急方案是预警系统在分析营销流预警指标和营销流警情时,针对各种最有可能发生的具体营销流事故所编制的处理方案。应急方案比危机处理计划的内容详细,它不仅罗列了各种危机中的指导方针、原则,还提供了各种危机中的具体处理内容。

(3) 历史信息。

历史信息主要是指企业处理相似危机的历史经验、历史资料,以及企业的一些历史销售、历史资金运转等方面的历史信息。分析这些历史信息有助于危机的安全处理。在进行危机处理的时候,分析历史信息对管理危机是非常有用的,危机处理的历史经验可以为我们提供工作的程序和内容,而企业的一些内部历史资料可以为我们找到危机原因提供很多帮助,增加决策的准确性。

6.6.3 及时隔离营销流危机

营销流危机爆发后,经常会快速地向其他营销领域蔓延,从而造成更多链条的运转失常,更多的流体无法顺畅流动,有时候甚至会造成整个企业营销系统的崩溃。因此,我们应该及时对营销流危机进行隔离,防止其蔓延,避免出现更大的危机损失。对营销流危机的隔离主要是以下三个方面:

(1) 信息隔离。主要是指把事故中对企业形象不利或阻碍危机处理的不利信息,从企业内部与公众隔离开来。无数个血淋淋的营销危机事件已经证明,由于危机信息泛滥所带来的危机往往比危机事故本身更可怕。如果我们能够在危机事故发生时及时隔离信息,对于我们的危机处理工作来说将会降低很多麻烦,也可以避免危机事故的蔓延。

(2) 人员隔离。主要是指把营销流危机处理人员的职责和权力进行隔离,常规的方法是把组织员工划分为处理危机和维持日常工作两部分。规定高层管理层中哪些人主管危机处理工作,哪些人负责日常工作;一般员工中,哪些人参加危机处理,哪些人坚守原工作岗位。在危机处理中,企业应尽可能把两部分工作严格分开,避免员工出现多个分离的职责,权责不明,也避免由于处理危机而影响了企业的正常运转。

(3) 事故隔离。营销流事故隔离即对引发营销流危机的营销流事故本身实施隔离。在高速路上,当两辆车发生碰撞而产生交通事故的时候,往往会引发交通堵塞,这时交通事故处理人员——交警通常会首先清理事故现场,在保证交通顺畅的前提下,再对当事人进行协调处理,以避免由于交通堵塞而引发的更大的交通事故。我们的营销流就像在高速路上行驶的汽车一样,任何一个点上的流动阻塞都会引发整个流体无法正常运转,因此,当危机处理小组找到并到达事故现场——关键链的时候,首先要做的是尽快阻止营销流事故的蔓延,在保证其他链条运转的前提下,再进行危机事故处理。对危机事故的隔离要十分迅速,在发出警报时就应开始。危机事故隔离不仅可以保持其他部分的正常工作秩序,减少或者消除危机损失,同时也可以为危机的处理创造有利的条件。

6.6.4 找出关键危机链条

营销流危机爆发后,管理人员不可能对危机产生的各个领域平均地使用力量,因为在危机情景下,资源是紧缺的,时间是紧迫的,任何的贻误都可能引发更大的危机损失。因此,我们的危机处理应该有主次分别,首先找到危机产生的主要根源,对其采取有效的措施进行隔离和消除,只有根源消除后,我们的危机管理才能真正有效。要找到危机爆发的主要原因,我们就必须对危机进行分析,找到关键营销流、关键营销力和关键营销链条,找到危机处理的主要着力点,这样我们才能更快、更安全地消除危机。

6.6.4.1 危机因素分析

由于种种原因,营销流威胁演变成为营销流危机,严重干扰了企业的正常营销活动,破坏了营销流体系的平衡,此时,有效、快速地消除危机是企业的首要任务。要找到危机爆发的根源,我们必须要对危机因素进行分析。营销流危机因素分析主要包括以下几种:

(1) 危机的领域分析。营销流危机主要出现在市场、开发、技术、生产、销售、渠道、零售和顾客八大环节中,企业必须对认知到的危机进行分析,找到危机存在于哪一个领域或哪几个领域,是单一领域的危机还是全面领域的危机。若仅是单一领域存在的危机,则仅对企业相应领域进行调整,若是全面性危机,则就企业的需要进行"彻底的治疗"。

(2) 危机的源头分析。危机源头分析就是要找出危机产生的根源,以采用相应的对策。根据危机产生的根源,找到危机隐患,为今后杜绝类似的危机做准备。

(3) 危机的性质定性。危机性质分析就是要找出发生的危机具有何种性质,其危害程度如何。如以危机发生的范围为标准,危机可分为全面性危机和局部危机;按对企业营销系统的危害程度可分为致命性危机和一般性危机;按危机进一步恶化的可能,可分为恶性危机和良性危机;按某种危机在营销流发生的频率,可分为常见性危机和偶发性危机。

(4) 危机的特征分析。危机的特性分析就是要找出已经认知到的危机具有什么样的特征,比如是否具有高度的连锁反应特征。对于危机特征的分析一定要具体问题具体分析。

(5) 危机的起因分析。危机的起因是可能引起危机的各种要素。比如产品销售危机的起因是社会购买力萎缩,竞争对手大幅降价,本企业产品的质量下降等。对危机起因的分析有助于判断危机爆发的可能。

(6) 危机的趋势分析。危机的趋势分析就是要研究危机发展的动态。把握了危机发展的趋势,有助于企业提前布置下一步的应对措施。

(7) 危机的影响分析。危机的影响分析就是要研究危机的发生会给企业带来哪些严重后果,怎样才能尽可能地减少危机带来的不良影响,以维护企业形象。

6.6.4.2 分析最常见的营销流危机原因

营销流运转事故的原因是多种多样的,一一列出它们是非常困难的,但是,如果我们以营销流的思想来分析时,发现造成营销流无法正常运转的主要原因有三个:营销力减弱、营销链运转失常和营销环境恶化。下面我们就一一介绍这三种危机原因。

(1) 营销力减弱。

我们知道营销力主要包括三个:销售力、形象力和产品力,所以,营销力减弱的最直接原因是这三个力的减弱。这里所指的营销力减弱包含两种情况:营销力正力减弱和营销力呈现负力。以形象力为例，如果一个企业形象好的话，它可以拉动消费者购买，推动产品流流动，但如果企业形象很差，有时候不仅不能拉动销售，还会出现负力，成为企业销售的负担。营销力是推动营销流流动的主要力量，一旦这些力量减少，肯定会影响到企业营销流的正常运转。营销力减弱一般有两个主要原因：一是我们销售力、形象力和产品力减弱了，导致营销力也减弱；另一个原因是外来的摩擦力克服了部分营销力。所以，我们应该时刻检测营销力的大小及安全状况以保证营销流的安全流动。

（2）营销链运转失常。

营销链运转失常往往是在某一个或几个环节中出现的，营销链中的任何一个环节的运转出现事故，都有可能造成营销危机。营销链的各个环节出现故障的原因有很多，主要发生在以下几方面：组织、目标、人力、策略、计划、方法、控制。链条出现故障后，我们应该及时进行修补，以避免更多链条发生故障。

（3）出现营销流危机环境。

任何一颗种子的发芽都需要特定的生存环境，需要一定的湿度、温度和有机养料。营销流危机的发生也是一样，它总是在特定的组织结构、社会环境和管理制度下发生的。这些危机因素的有机结合就是危机发生的状态，我们称之为营销流运行的危机环境。

危机环境的出现，为危机的发生、成长到成熟提供了良好的生存环境，所以，我们应该时刻观察危机环境的变化，提前根除这些危机环境的出现，消灭危机生长的温床。

应该指出，上述三个危机主要原因并非独立存在的，事实上，它们经常是互相缠结，互为因果的。如营销力的减少可能是营销链运转失常造成的，而营销链运转失常又有可能是营销环境变化引起的。所以，我们在分析危机原因时应该将以上三个原因结合起来分析，这样有助于我们找到问题的关键，增强危机决策的正确性。

6.6.4.3　找到危机处理的着力点：关键流、关键力和关键链条

（1）建立危机因素立体图。

企业营销流危机有一个很重要的特征——"链条反应"：任何一个链条环节上的运转失误都会造成整条营销流体无法正常流动，其下流的链条环节也都陷入困境，而一个营销流体的事故也常常会影响其他流体的正常流动。要想准确而又快速、有效地消除危机事故，我们一定要找到危机事故的关键营销流、关键营销力和关键营销链条，找到了处理危机的关键着力点，就可以做到事半功倍。需要指出的是，这里说的营销链条并不是营销链，而是营销链上某一个环节。

我们在前文已经讲到，营销力、营销流和营销链条是我们研究危机爆发原因的三个关键因素，把这三个关键因素相互交叉组合，可以得到一个营销流危机因素立体方块，见图6-6：

以图6-6为例，假设我们分析的营销链环节为8个，营销流体为三种：信息流、货币流和产品流，我们就可以得到3×3×8=72个单元组合。这72个单元方块的健康状况决定了整个营销流系统的运转状况：若这些方块全部运行正常，则营销流是安全的；若其中的任何一个单元发生了故障，都可能引发与其相邻方块的故障，这时的营销流是不安全的。因此，要保证营销流的正常运转，我们必须保持每个单元方块处于安全状态。

另外，虽然营销流危机的表现经常是大面积的方块运转失常，但往往危机的真正根源是由某一个单元方块引起的，如何找到这个方块是我们处理危机的关键。也就是说，我们必须要找到处理危机事故的关键营销流、关键营销力和关键营销链，找到了关键着力点，我们的处理手段才能发挥最大

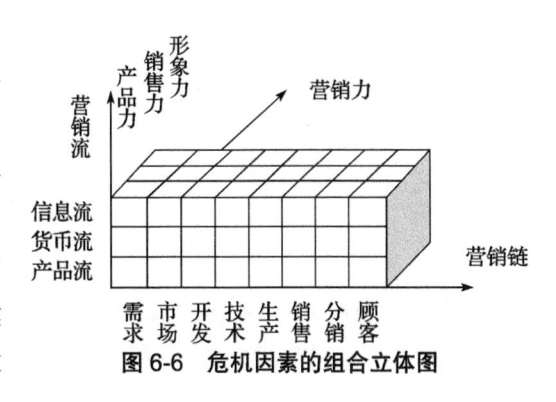

图6-6　危机因素的组合立体图

的作用。

（2）查找营销流危机的主要方法。

对于那些发展相对比较缓慢、不易查找原因的危机，在查找关键着力点时，我们可以运用以下几个主要方法：

①因果分析法。链条发生故障主要有两个原因：一是链条自身运转失常，二是由于上游链条的故障导致运转失常。因此我们可以分析发生故障的链条，分析其故障的原因和造成的结果。然后综合对比，除掉被动失控链条就是我们所要查找的关键链条。

②逐个分析法。所谓逐个分析法，是指对所有的单元方块进行仔细分析，研究各个方块上障碍的成因、属性、影响以及造成的破坏，进而找到关键危机方块，找到关键营销力、关键营销流和关键营销链。这种方法比较烦琐，耗用时间长，费用也比较昂贵，但是对于那些发展缓慢的、不易查询事故原因的慢性危机，倒是一个不错的解决方式。

③顺流法。由于每一个链条的故障都会导致其下流链条无法正常运转，所以，营销流故障的原因一般都发生在故障区最上流的链条上，所以，我们可以沿着发生故障的流体，顺着流经的链条，从上游往下游寻找危机原因，这种方法称之为顺流法。这种方法操作简单，时间和费用也少，但有时候缺乏准确性，往往会被表面现象迷惑，找不对危机的真正起因。

④经验法。是指危机管理人员可以根据自己多年的工作经验或者根据企业曾经遇到的危机历史经验来判断危机爆发的原因，找到发生危机的关键点。这是最常用、最便捷、成本最低的一种查找方法，但在具体运用的时候容易出现误差。

6.6.4.4 主要营销流危机的处理方法

（1）助力法。

一般营销流危机的发生过程是这样的，由于受到环境的影响或链条运转失常的影响，企业的营销力减弱或者出现摩擦力，进而导致营销流流动缓慢或发生滞流，发生营销危机。因此，在危机情景中，我们首当其冲的是要先增加营销力，因为这种方法可以很快就产生作用，时效短，可以暂时缓解组织内部的压力。而在危机压力消失后，我们再对营销链进行修复，恢复营销链的正常功能。在施加营销外力时，我们应该先定位好关键危机方块，找准着力点，然后再施加作用力，推动营销流的流动。

（2）分流法。

所谓分流法，就是指当营销流的某一流体在特定的链条上发生流动故障的时候，我们可以通过引入支流的方法来促进营销流的正常运转。这种方法虽然并不是在所有的营销事故中都能应用，但它可以为我们多提供一个解决问题的思路。图 6-7 是利用分流法解决营销流故障的一个简单模型：

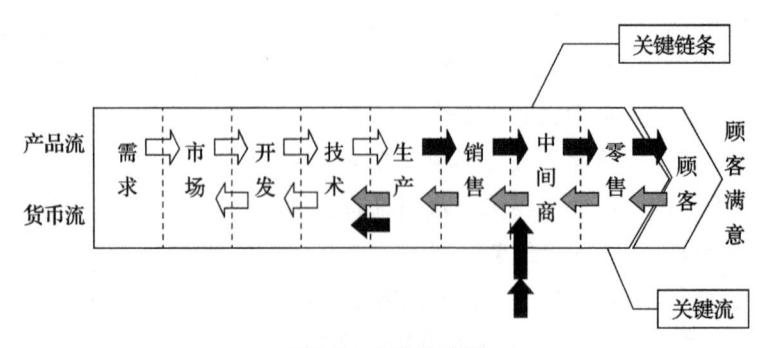

图 6-7 分流法模型

图 6-7 中我们可以看出，货币流在由中间商流向销售环节时发生运行故障，流量突然减少，这时货币流就是我们危机处理的关键流，而中间商就是我们的关键链。这时候我们可以采取在关键环节引入货

币流的方法促进营销流重新正常流动，以避免发生更大的营销流危机。如采取银行融资、社会融资等手段来注入资金，以缓解危机压力。

（3）链条修复法。

通过前文的介绍我们知道，营销流危机爆发的最根本的原因是企业的营销链运转出现故障，在找到关键链条后，我们也可以通过修复关键链条的方法来达到危机处理的作用。在前文我们曾经讨论过，营销链条出现故障的主要原因有组织、目标、人力、策略、计划、方法、控制几个方面，对链条修复就是对关键链条上这几个方面进行修复。

6.6.5 危机决策和实施

在营销流危机管理中存在着一个关键的环节，就是在营销流危机发生后，企业如何根据营销流危机的发生状况、发展趋势及企业的自身状况选择出正确的危机处理策略和方法，以减少危机带来的损失。这就是营销流危机决策工作的内容。

营销流危机决策是营销流危机处理成功与否的关键一环，一旦危机决策失误，营销流运行失败也就不可避免。营销流危机决策的主要工作有提出危机处理对策、评估危机处理对策和选择危机处理对策。

营销流危机决策是典型的逆境决策。它一般都是要求在较短的时限内迅速做出应对突发性事件的对策。营销流的危机决策也是一样，它具有以下特征：危机发展迅速，要求决策者当机立断；可供决策者利用的时间和信息有限；事态的发展会严重危害企业的利益。鉴于以上特点，营销流危机决策必须遵循以下原则：要求决策权力高度集中；要求决策程序适当简化；决策者要有很好的心理素质。

一旦做出营销流危机决策，就要进入危机处理的执行阶段了。同样，由于对营销流危机处理的具体执行行为也是发生在危机情景中，紧迫性和匆忙性也是其主要特征。因此，为减少危机决策执行的失误，我们必须加强执行行为的程序化和制度化。

6.7 营销流危机的修复管理

6.7.1 认识修复管理

（1）对"修复"的理解。

修复的概念在很多领域都得到了运用。比如说在医学上，就有创伤修复研究；在计算机领域，就有软件系统修复、硬盘修复等。在经济管理领域，修复的概念最早是由 Etzel 和 Silveman 于 1981 年提出的，他们在分析如何获得顾客的高维持率时提出要进行"Recovery"。这个"Recovery"，我们既可以将其理解为"补救"，也可以将其理解为"修复"。许多国内学者在进行危机研究时经常使用"补救"一词来表达"修复"的含义。如邱忠斌、牟新利在《销售与市场》1998 年第二期发表的《新概念释读：服务补救》中，韦福祥在中国营销传播网上发表的《对服务补救若干问题的探讨》等。我们认为，修复的提法更具科学性。一是从字面的含义上来看，"补救"带有一种被动的含义，是指在危机发生后才被动采取一系列措施以降低危机损害，这种定义含带了一种消极的意义。而"修复"的定义更具有科学性，它提出采用科学的管理方法来消除危机所产生的不利影响因素，更具积极性。二是因为国外学者使用的"Recovery"，更多强调的是要从系统的角度考虑。比如 Gronross 于 1988 年提出"Recovery"就是企业随时随地对缺陷与失败采取的行动。那不是简简单单地补救就能解决的问题。总而言之，我们保障营销流运行安全的修复管理是一个系统，是企业应该具备的一套随时随地可将损伤修复的系统。

（2）修复的必要性。

营销流运行失败不可避免。由于受竞争加剧和市场环境中不确定因素的共同作用，企业营销流在运行过程中，将不可避免地由于发生营销流事故而产生营销失败。无论是世界著名的跨国公司，还是那些默默无闻的中小型企业都会面临营销失败的困扰。美国学者菲特普曾对财富 500 强的高层人士进行过一次调查，高达 80% 的被访者都认为企业时刻面临失败的危险。在当今的市场环境中，营销失败已经无法避免，虽然企业可以通过预警管理降低其发生的可能性，但无法做到对营销流运行失败的绝对屏蔽。

危机消除是一个长期的过程。危机发生后，危机处理可以暂时消除组织压力，但危机的完全消除是一个漫长而曲折的过程。正如前文所述，危机处理往往无法解决企业在危机中所遭受的无形危机，这些无形危机的危害可能比有形损失更大。消除无形损失是一个漫长的过程，我们需要实施修复管理来治疗这些"内伤"。

（3）从营销流系统角度看营销流修复。

不管从 4P、4C 还是其他营销观点来看，营销活动都是一个也应该是一个体系。既然营销失败会造成营销体系的破裂，甚至是营销活动的中止，而营销体系如营销渠道、营销组织是企业营销活动的基本条件，所以，营销流危机的修复管理也必然从营销流体系修复的角度入手，只有使营销流体系步入正轨，其他修复活动才有可能进行。在进行营销流体系修复时，既要考虑到营销流必须途经的各个环节的建设，同时也要考虑到各个环节相互协同，特别是要注意各个环节之间的节点。

6.7.2 修复管理的主要内容

前文我们曾提到，营销流危机的最直接的表现就是营销流无法正常运转，造成营销流无法正常运转的是因为营销力的减弱，而营销力的减弱又是因为营销链出现故障。修复管理主要是对危机内在病因的修复而不是危机表面的修复，所以，营销流危机的修复管理应该主要是对营销力和营销链的修复。具体修复内容如下：

（1）营销力的修复。

营销力是推动营销流运行的力量，要恢复企业的营销流活力就必须进行营销力的修复，营销力的修复主要包括产品力的修复、销售力的修复和形象力的修复三个方面。

①产品力的修复。在营销流危机中有相当一部分是由于产品流出现问题造成的。产品流发生问题的一个直接原因就是产品力的减弱，因此，当产品流出现问题时，我们有必要进行产品力的修复。产品力的修复主要是对产品定位、产品质量、产品结构、产品价格、产品服务等方面的修复。

②销售力的修复。作为营销力的重要组成部分之一，销售力的修复也是营销力修复的重要内容。公关、人员销售、促销和广告是销售的四大手段，而销售力也来源于这四个方面的力量。所以，对销售力的修复主要是对这四个方面的修复。

③形象力的修复。任何企业在消费者心目中都有一个整体定位，即企业形象。许多学者和专家已经把企业形象与人、财、物、信息并列起来。形象战略已经成为企业竞争战略的重要内容。企业形象的好坏直接影响消费者是否实施购买行为。营销失败往往会破坏企业在消费者心目中的良好形象，进而影响他们对企业产品的消费欲望。因此，营销失败发生后，企业也需要进行形象修复。

（2）营销链的修复。

营销流的失败经常是由营销链的运转故障导致的，因此，对营销链的修复也是营销修复的重要内容。营销链的修复主要是进行市场的修复、组织的修复、链条运作的修复和环境适应性的修复。

①市场链条的修复。在营销失败带来的损失中最明显的表现就是企业产品的市场需求减少，进而导致销售额减少、市场占有率的降低、顾客流失率的增高等不利形势，这些不利形势直接影响到企业营销流的安全运行。市场链条是企业营销链中最重要的环节之一，因此，企业在对营销链的修复中，首当其冲的就是对市场链条的修复，通过采取正确的修复措施让市场链条重新恢复正常功能，这样才能保证营销流的正常流动。

②链条组织的修复。链条组织的修复主要是对营销链上各个环节的组织功能和组织成员进行修复。组织功能的修复就是要重新恢复各个环节组织的营销功能。营销失败后，营销组织的功能必定会受到一定的破坏，对组织功能的修复也就必不可少。营销组织功能的修复主要是对组织的职能、权限、结构等

方面的修复，以重新恢复组织的功能。组织成员的修复主要是对组织成员的心理修复。在营销流运行失败的损失中，最难以评估的就是它对组织成员心理上造成的负面影响，这一影响却是深远的、长期的，也是最难修复的。在这里，考虑到营销链的结构和分析的简便性，我们把顾客、组织成员、股东、社会公众等利益相关者与销售人员一起划分在组织人员里面。在组织成员的心理修复成功之前，企业是无法摆脱营销流运行失败的负面影响的。

③链条运作的修复。在市场修复和组织修复的基础上，我们还要对链条的运作进行修复。对营销链条运作的修复可以分三个层次：战略层次上的修复、策略层次上的修复和操作层次上的修复。首先是对战略层次上的修复，主要是对营销战略的修复。营销战略是企业未来营销发展方向的指导方针，营销失败发生后，企业营销的发展趋势肯定要受到影响，我们必须根据营销环境的变化来调整营销战略。其次是对策略层次上的修复，在战略修复的基础上，相应地调整营销策略。最后是操作层次上的修复，主要是对组织、目标、人力、策略、计划、方法、控制等方面的修复。

④链条的环境适应性修复。前文我们曾经分析过，外部营销环境的恶化也是导致企业营销流危机发生的一个主要原因。考虑到外部营销环境大多数都是在企业的控制力之外，属于非经营性危机，且企业很难改变它，所有企业只有通过调节自身来适应它。当这类的营销失败发生后，我们就需要对企业的环境适应性进行修复，我们称之为链条的环境适应性修复。

6.7.3 修复管理支持系统

对营销失败的修复，必然需要大量的人力、物力，有时甚至需要调整企业的营销战略，所以，进行营销修复必须以管理支持、物质支持、人员支持与系统支持为基础。

（1）管理支持。

营销流运行失败是企业发展过程中的障碍，说明企业原有的管理方法存在一定的问题，要想在以后的发展中避免该类营销失败的再次出现，企业的高层领导必须反思现有管理制度是否合理。每一次营销的失败必然会涉及相应责任的承担，如果没有高层的管理支持，基层人员的权责失衡必然会打击企业的组织凝聚力，影响企业的进一步发展。

首先，企业必须要树立修复管理的意识，将其作为现代管理的重要组成部分。营销流出现问题是任何人都不愿意看到的，企业管理者难过的心情是人之常情。但是，现代企业经营就像人身体内的细胞随时随地都处于外界的攻击中，现代企业是处于高风险的竞争环境中的，风险与机遇并存，树立修复管理意识刻不容缓。

其次，建立修复管理机制。为了应对各种突发事件，西方现代企业一般都将危机管理纳入管理的内容，形成了独特的危机管理机制。一般而言，企业营销流的修复管理应该由企业外部和内部两大部分组成。在企业内部，在高层设立修复管理经理一职，专门研究和处理相应的策略和措施。公司的中级管理层在发现营销流运行处于不安全状态时，一方面及时向企业的高层报告，另一方面也要能够充分驾驭危机的局面。在企业的外部，企业一般要委托一些类似咨询公司的中介机构，与传媒维持一个良好的合作关系，一旦企业的营销流运行不安全时，可以迅速、及时地组织和调动媒体，开展企业的宣传攻势。

（2）物质支持。

财务资源是企业经济资源的基本形式，也是企业在经营过程中不可缺少的关键性资源。企业的人力资源、技术资源、信息资源、设备资源、原料资源等生产要素的获取，均以财务资源的投入和使用作为前提。企业营销流运行不安全，无论由于什么原因，财务管理在此时所起的作用比企业在正常时期所起的作用要大得多，它能充分保证各部门的通力合作，进而顺利地进行修复管理。对营销失败进行修复如产品召回、善后公关等都需要企业付出很多的经济成本，所以，进行营销流危机的修复就必须要有雄厚的物质支持。

（3）人员支持。

修复人员的行为会直接影响修复管理的效果。不同的工作内容，对修复人员的任用和要求是不一样的。一般而言，直接面对受害者的修复人员应该具备以下素质：首先是善于倾听。其次，要有足够的承受力。因为在进行修复时，很多时候受害人非常激动，并且修复人员代表的是公司，容易成为受害人发泄情绪的对象。最后，要具有随机应变的能力，因为修复人员要应付各种意外情况。面对媒体和社会公众的企业领导或新闻发言人也是非常重要的修复人员，这些人员应该事先已经接受过如何面对媒介的培训，具备处理好与媒介关系的能力，并能够运用专业知识来判断和决定信息的传播渠道和传播方式。

（4）系统支持。

有时候营销流运行失败的原因并不在营销领域，而是在企业的其他领域，甚至还可能来自企业外部，如消费者消费倾向的改变等。这就要求企业为营销流运行失败的修复提供足够的系统支持。

7. 企业营销失败研究

7.1 国内营销环境变化

7.1.1 企业失败研究的宏观经济背景

企业营销失败问题的提出，不是一时兴起，而是有其宏观背景和现实原因。

国内的营销环境发生了很大变化。随着中国加入WTO以及越来越多的企业进入国际市场，国内竞争逐步发展为国际的竞争，竞争日渐激烈，更多的企业将面临失败的挑战。以跨国公司为代表的外资企业已经成为中国经济发展中的组成部分之一。截至2001年11月，中国累计批准设立的外商投资企业37.8万家，合同外资金额7371.25亿美元，实际利用外资金额3905.20亿美元。在华外商投资企业就业人数约为2100万人，占全国城镇劳动力的10%。自1993年以来，中国连续8年成为吸引外资最多的发展中国家。2001年，全国跨国投资出现了近10年来的首次下降，但美国《财富》杂志的一项调查却显示，有92%的跨国公司计划在中国设立业务总部。

中国加入WTO后，外资对中国市场再燃热情，大大增加了他们对未来竞争秩序的良好预期。外经贸部统计显示，2001年中国新批准外商投资企业26139家，比上年同期增长16.01%；合同外资金额91.91亿美元，同比增长10.34%；实际利用外资金额68.46亿美元，同比增长14.9%，平均每天有1.28亿美元流入中国。在许多跨国公司的全球布局中，中国的地位已由"边缘化"变为"中心化"，成为其全球经营链条中的重要一环。

国务院研究室的陈文玲指出，中国入世后，市场竞争将发生10个方面的变化：

（1）市场的竞争将由国内的、局部的、不完整的竞争转向国际化的、全方位的竞争，将由国内市场的国际化变为国际市场的国内化；

（2）市场竞争将由单体企业之间的竞争转向群体企业之间的竞争。未来不仅是企业与企业竞争，而且是企业背后的集团与集团、供应链与供应链、连锁流通组织对连锁流通组织、物流体系对物流体系的竞争；

（3）市场竞争将由生产能力的竞争转向生产能力和流通能力的竞争；

（4）市场竞争将由产品的竞争转向品牌的竞争；

（5）市场竞争将由行业存在形式的竞争转向商业存在模式的竞争；

（6）市场竞争将由单纯追求市场份额的竞争转向市场快速响应能力的竞争；

（7）市场竞争将由直接争夺客户的竞争转向争夺销售终端、创造客户价值的竞争；

（8）市场竞争将由价格战、广告战的单一形式的竞争转向提升产品的技术含量和附加值的高层次竞争；

（9）市场竞争将由对货币资本投资的竞争转向对人力资本获取的竞争；

（10）市场竞争将由完全决定于企业效率的竞争转向政府行政效率的竞争和政府管理经济能力的竞争。

在新的竞争格局中，跨国公司资本雄厚，有着长期的投资打算，能够耐得住资本的投入期、相持期。很多跨国公司建立起伙伴关系，入世后他们纷纷进入中国市场，"扎堆"在一起，发挥协同效应，从而大大降低以前单兵作战的风险。在零售分销、金融、电子商务等方面，跨国公司极具竞争优势。而经过20年的风风雨雨，不少跨国公司对中国已经非常熟悉了。可以预测，中国入世后，外资强大的市场竞争力将使更多的中国企业面临严峻的挑战。

7.1.2 企业营销失败研究的微观经济背景

一些企业被营销危机和营销失败笼罩，过去曾是领导市场潮流的风云企业，而现在却陷入亏损甚至破产的困境。

（1）价格大战中的牺牲者。

据中国市场研究专家卢泰宏等人的调查，卷入价格大战的行业有家电业、服装业、零售业、民航业、运输业、旅游业、汽车业、通信业、餐饮业、出版业以及生产资料业等11个领域。在价格大战中，一些是使不正常的价格归于合理的正常降价，如汽车价格战，而更多的则是恶性价格战。

（2）广告大战中的牺牲者。

广告大战也是近几年市场中出现的不安全营销现象。

（3）品牌延伸大战中的牺牲者。品牌延伸本是一个优秀的营销战略，但盲目滥用，就会引发市场灾难，导致企业营销的失败。

（4）多元化大战中的牺牲者。

走市场多元化之路，是企业发展壮大的一个良好选择。但多元化是有条件的，不是所有企业都有能力和条件从事多元化经营。但目前企业界的多元化之风越演越烈，许多企业正在陷入盲目多元化的陷阱之中。

7.2 营销失败的界定

（1）企业自定义。

所谓企业自定义法是指企业公开承认自己营销失败。如××集团的老总抛出题为《我的错误》的万字检讨，公开承认企业的失败。

（2）媒体评价法。

所谓媒体评价法，即社会主要媒体对企业的评价，认定其失败。

（3）专家意见法。

所谓专家意见法，即根据大多数专家对企业的意见认定。

（4）资料判断法。

所谓资料判断法，即根据收集的企业资料进行判断。

7.3 营销失败研究的理论基础及样本企业的选择

企业营销失败是在营销安全理论下提出的一个新概念。研究企业营销失败的理论基础，对正确地认识企业营销失败、理解企业营销失败、界定企业营销失败和分析企业营销失败的因素，是非常必要的，也是必不可少的。

为了提高研究的准确性、可靠性，增强研究结果的可信性，对企业实践的指导性，本次研究所选择的样本是经过精心挑选的、在经济生活中影响巨大或造成恶劣影响，社会反响强烈，或反映了企业某种普遍做法。

30家样本企业在各行业中所占的数量如图7-1所示。

其中上市公司8家，所占样本企业的比例如图7-2所示。

7.4 营销失败原因的分析方法

7.4.1 营销失败的表现

由于企业的规模不同以及所处营销阶段的差异，不同的营销失败具有不同的表现，但归纳起来，大致有如下几种表现形式：

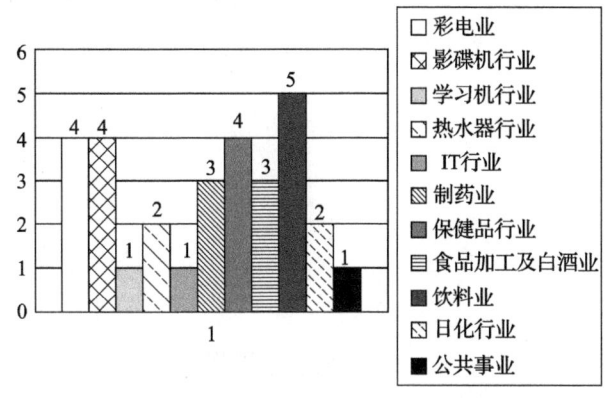

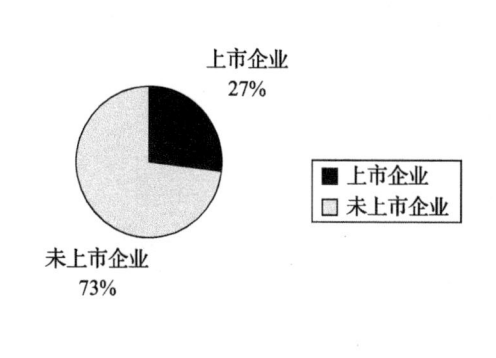

图 7-1 样本企业中各行业所占数量

图 7-2 上市企业所占比例

（1）损失不可避免。

营销失败必然带来一定的损失，只是对不同的企业表现出来的效果可能有所差别，一个新产品的开发失误对跨国巨头也许问题不大，但对于中小企业来说则肯定是致命打击。一个广告策略的失误在小企业可能只是几万元的事情，而对于大企业来说，则不仅可能使上亿资金白白流失，更重要的是影响到该品牌在消费者心目中的地位。所以，营销失败所带来的损失不可避免，只是形式各异而已。

（2）营销系统已经被打破。

有些营销失败是因为准备不足而发生于营销的开始阶段，但更多的是由于营销管理出现问题而发生在营销中段，所以，营销失败必然会打破原有的营销系统，破坏了企业的可持续营销状态。

（3）营销活动无法开展。

轻度的营销失败打破营销系统、造成损失，严重的营销失败则可能导致企业营销活动的中止，这种情况更多是因为企业营销失败初露端倪时没有得到解决而形成的。

7.4.2 营销失败的分析方法

营销失败既然已经形成，负面影响也成为现实，所以，研究营销失败的方法往往是从结果推原因，进而找出解决的办法，通常采用的分析方法有因果图、排列图与关联图等。

（1）因果分析图法。

因果图，又称为特性因素图，因为形状像树枝或鱼刺，所以又称树枝图或鱼刺图。因果分析是分析各种营销失败产生原因的统计表法。它是从营销失败这个结果出发，分析原因，寻根究底，找出是哪些大原因造成了营销的失败，再找影响大原因的中原因，影响中原因的小原因，直至追到具体的根源，可以采取措施为止，分析如图 7-3 所示。

（2）排列图法。

排列图，又叫主次因素图、巴雷特图，是帮助找出造成营销失败主要因素的统计图表法。通常导致营销失败的因素有很多，但关键的因素往往只有少数几个，从图表中找到关键的少数因素，就可以集中力量解决，提供对营销失败进行管理的捷径。排列图由两个纵坐标、一个横坐标、几个直方图、一条曲线构成，如图 7-4 所示。

在图 7-4 中，左边的纵坐标表示频数（营销失败带来的损失），右边的纵坐标表示频率，即在导致营销失败的因素中，该原因所占的比率。横坐标表示影响营销失败的因素，按其影响程度的大小从左到右排列，直方图的高度表示某个因素影响的大小。曲线表示因素大小的累积百分数，称作巴雷特曲线。通常将累计百分数分成三类：累计百分数 0～80% 之间的因素为 A 类因素，是关键因素；80～90% 之间的因素为 B 类因素，是次要因素；90～100% 之间的为 C 类因素，是一般因素。A 类往往是少数，企业应集中力量采取措施解决问题，营销失败的负面影响就可以大大减少。如 ×× 集团的衰败，表面看来有很多原因，如楼层的不断增高，各大"战役"的失败，营销资金不能及时回笼，但主要还是因为盲目多元化分散了企业的实力。

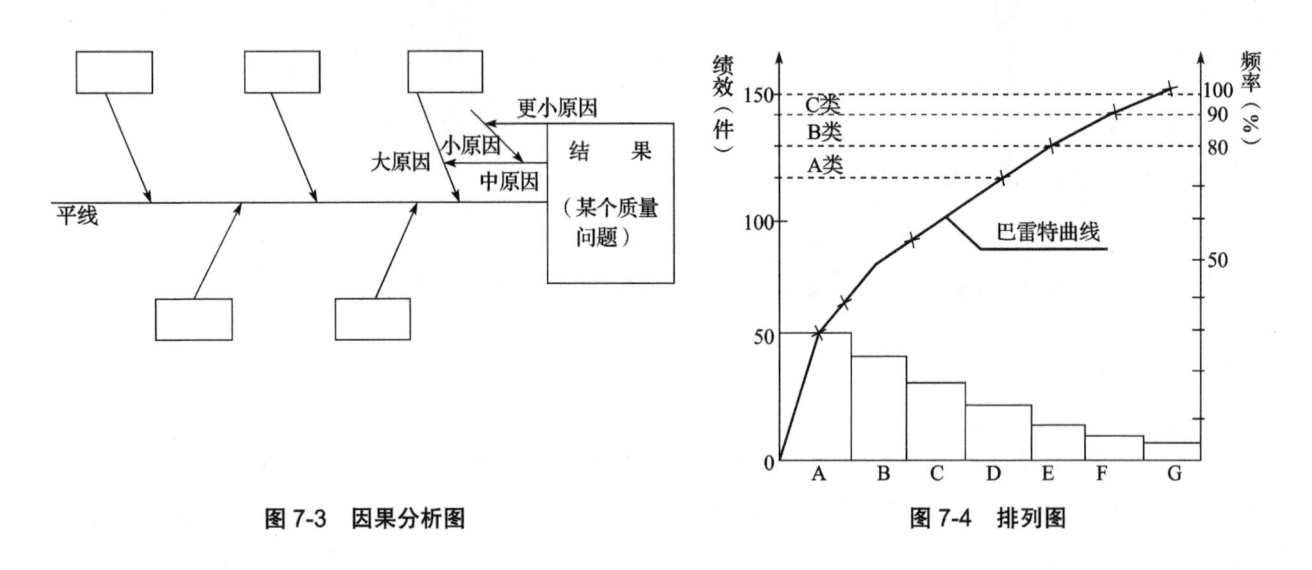

图 7-3 因果分析图

图 7-4 排列图

（3）关联图法。

营销失败往往涉及多方面的复杂因素，而这些因素之间也有千丝万缕的关系。为了揭示事物的本质联系，在逻辑上把营销失败各因素之间的原因和结果、手段和目的的关系用箭头连接起来，暴露和展开各个侧面，最终从综合的角度来处理问题。运用关联图可以抓住问题的实质，找到营销失败的根本原因。因果图适于分析较简单的问题，关联图则适于分析复杂的问题。

关联图的类型有四种，即中央集中型、单向集约型、关系表示型和应用型，这里仅提供单向集约型以做参考。单向集约型关联图把营销失败置于图的左侧，各因素按因果关系由左向右排列，如图 7-5 所示。

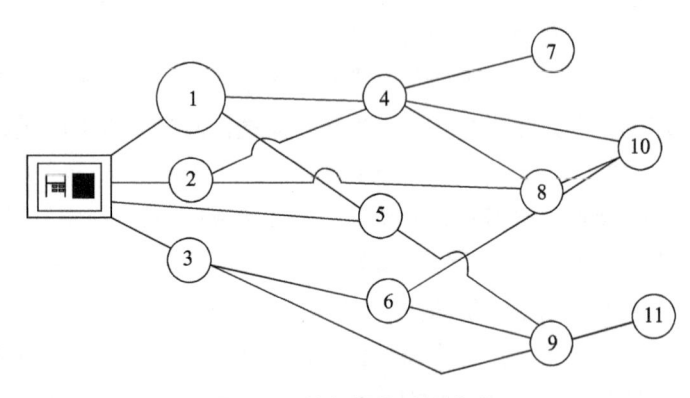

图 7-5 单向集约型关联图

7.5 企业营销失败的因素

企业营销失败的因素有很多，每个企业的营销失败都有各自的具体原因，而每个具体原因在导致营销失败中的作用也各不相同。我们将导致企业营销失败的因素归纳为环境、市场、战略、策略、运作五大类，建立了企业营销失败分析模型，如图 7-6 所示。限于样本企业的有限性，不是每一个研究模型中的子因素都能被讨论到。

7.5.1 环境因素

企业并不是生存在一个真空内，作为社会经济组织或社会细胞，它总是在一定的外界环境条件下开展市场营销活动的。而这些外界环境条件是不断变化的，一方面，它给企业创造了新的市场机会；另一方面，它又给企业带来某种威胁。我们将企业的市场营销环境归纳为政策环境、经济环境、法律环境、文化环境、技术环境、自然环境 6 个方面，分析上述样本企业失败因素，不难从中找到这些方面的影响。

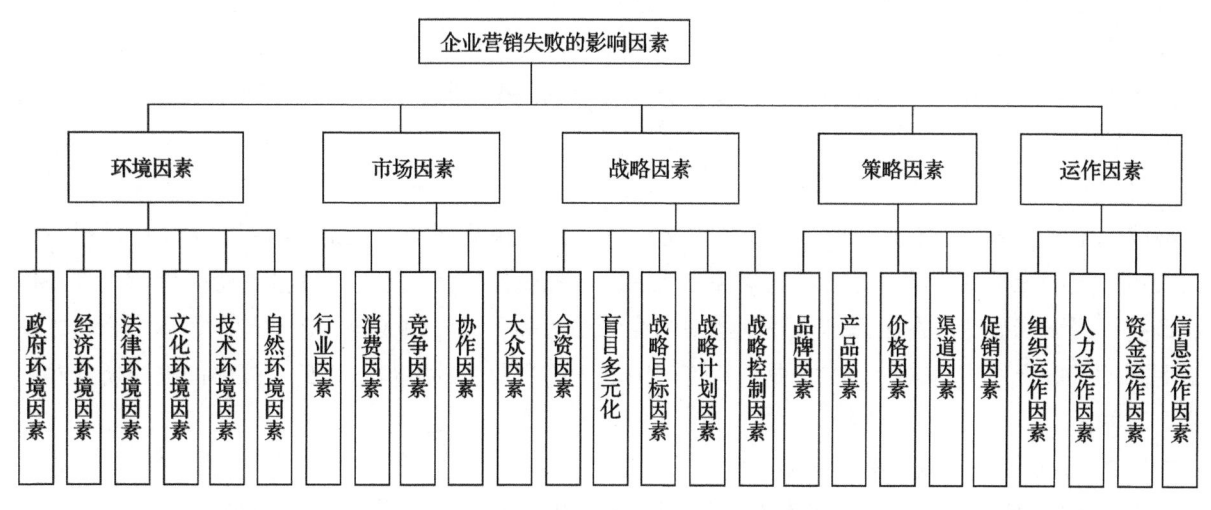

图 7-6　企业营销失败原因分析模型

7.5.2　法律环境因素

法律是体现统治阶级意志、由国家制订或认可、并以国家强制力保证实施的行为规范的总和。对企业来说，法律是评判企业营销活动的准则，只有依法进行各种营销活动，才能受到国家法律的有效保护，违反法律的营销活动则要受到法律的制裁。几年来，我国加强了市场法制方面的建设，陆续制订、颁布了一系列重要的法律法规，如《公司法》《广告法》《商标法》《经济合同法》《反不正当竞争法》《消费者权益保护法》《产品质量法》《外商投资企业法》等，这对规范企业的营销活动起到了重要作用。

7.5.3　技术环境因素

现代科学技术是社会生产力中最活跃的决定性因素，它作为重要的营销环境因素，不仅直接影响企业内部的生产和经营，而且还同时与其他环境因素相互依赖、相互作用，影响企业的营销活动，影响企业的营销决策，使产品更新换代的速度加快，产品的市场寿命缩短，一些旧的行业与市场走向衰落。这种情况要求企业不断地进行技术革新，赶上技术进步的浪潮。否则，企业的产品跟不上更新换代的步伐，跟不上技术发展和消费需求的变化，就会被市场无情地淘汰。

7.5.4　市场因素

任何企业都面临着如何对特定的动态市场进行投资决策的问题。这在很大程度上取决于市场上竞争的性质和强度。市场竞争状况是决定行业吸引力的一个重要因素。哈佛大学的迈克尔·波特从竞争的角度识别出有 5 种力量决定了一个市场或细分市场的长期内在吸引力。这 5 种力量是：同行业竞争者、进入退出壁垒、替代产品、购买者和供应商。波特模型的前 3 种力量是指明确的竞争者。很明显，竞争不仅普遍存在，而且激烈。

7.5.4.1　行业市场的恶劣因素

在所研究的样本企业中，因行业市场因素恶劣导致营销失败的企业有 5 家。例如，在彩电行业，由于彩电是技术成熟型产品，生产难度和资金需求不大，所以，其市场发展很快。进入 20 世纪 90 年代后期，我国彩电业无论是生产艺术、产销量、企业管理等已全面进入成熟期。2000 年，我国每年生产近 4000 万台彩电，远远超过日本、美国，成为世界第一彩电生产大国。而此时，国内城市家庭彩电拥有量已经超过100%，国内的年需求量仍在2000万台的水平上"踏步"。库存积压，资金不能正常周转成为高悬在各家彩电企业头上的一把利剑。价格战是彩电行业所有企业都被迫参与的游戏。从1997年开始，彩电价格战逐年升级，价格战的苦果是彩电全行业的亏损。

7.5.4.2 消费市场的不成熟因素

如果老百姓对某种产品的认识几乎为零，为开发市场，企业投入巨资，就会难堪重负，最后只落得惨败而归。

7.5.5 战略因素

战略因素是关系到企业长期性、全局性和方向性的重大决策问题，是企业为了在竞争中求得长期稳定发展而制定的全局性行动总方案。它是在一定的经营思想指导下，通过对企业内部条件和外部环境的周密调查、测试和研究，在把握了企业竞争中的优势和劣势、机会和威胁，特别是在把握了企业成功的关键因素的基础上制定出来的，在企业经营管理中居于高屋建瓴的地位。因此，战略的失误所导致的失败是严重的。

7.5.5.1 战略计划不当导致的失败

由于缺乏长期的战略计划，公司主业频繁转型，无法培养企业的核心竞争力，就会造成亏损。

7.5.5.2 盲目多元化导致的失败

多元化是企业做大的捷径，但盲目多元化则会导致失败。

某企业在初期成功后开始走上多元化道路。他们在较短的时间内投巨资增加了医药、茶饮料、房地产等多个经营项目，并跨地区、跨行业收购、兼并了××旋宫大厦、×××肉联厂、×××食品公司等17家扭亏无望的企业，使其经营范围涉及生猪屠宰加工、熟肉制品、茶饮料、医药、旅馆酒店、房地产、木材加工、商业等产业。盲目多元化使该企业的资源分散、丢掉主业，完全失去了市场竞争优势，处处都成为外行，无法做出明智决策，企业的风险接二连三地出现，不能抵挡后来者的竞争，最终成为一个失败者。

××××制药股份有限公司，自上市后，正遇上各地多元化扩张热潮，受此影响，他们也把上市筹集的资金更多地用在了多元化扩张上，如房地产、汽车维修、酒店等，而作为公司主营业务的药业反被放在次要的位置上。由于多元化扩张的产业经营质量不高，出现经营亏损，企业背上了沉重包袱。

××公司自上市以来进行了20项左右的投资，从而由单一产品、单一客户群一下子扩张成为涵盖IT、消费电子、进出口业务、房地产经营的多元化集团。××公司在投资方面有一个显著特点：几乎所有的非IT类投资都遭受失败，其中最典型的是VCD项目，给××公司带来0.9亿元的损失。这种主营业务盈利并且高速发展，整体却出现亏损的情况，被媒体称为一大"怪圈"。

7.5.5.3 战略目标不当导致的失败

20世纪90年代初，×××公司选择美国市场作为其走向世界的舞台，遇上了激烈的市场竞争和王牌饮料的"封杀"，几番搏击，在花了一亿多美元的代价后折翅而返，大伤元气。热水器行业的大哥×××固守燃气热水器市场，放弃电热水器市场，丧失了大哥的地位。

7.5.5.4 合资战略不当导致的失败

合资引进新的资本是企业扩大规模、抢占市场份额的途径，但错误的决策则给企业带来无穷后患。

××矿泉水公司与××集团合资后丧失了对企业的控制权，××矿泉厂的品牌逐渐没落，而同样与××集团合资的××××集团则成功引进了资金，增强了实力，企业发展走上了快车道。

7.5.6 策略因素

根据营销安全体系理论，我们将影响企业营销失败的策略因素归纳为品牌、产品价格、渠道、促销等方面。

7.5.6.1 品牌策略因素

（1）品牌塑造不力，缺乏号召力导致的失败。

1999年××品牌仅电视广告投放费就超过1.5亿元人民币，占当年饮料广告的23%，可是，2001年后在市场上已难觅其声迹。其失败的原因诸多，最致命的一点是没有融入已经在中国年轻一代心中扎根的可乐文化，没有利用相关文化来丰富自己的品牌，因此就更谈不上在可乐文化中加入自己的特色了。

（2）品牌延伸不当导致的失败。

一个知名品牌的确立，依赖于消费者对产品的认知和在使用中逐渐建立的信赖，这种认知和信赖是消费者在使用产品的过程中通过亲身体验而获得的。如果将这样一个品牌用于一个完全不同的产品之上，消费者对这个品牌的原有认知势必要对新产品产生反向拉力，结果导致新产品的失败。

7.5.6.2 产品策略因素

企业的一切生产经营活动都是围绕着产品进行的，即通过及时、有效地提供消费者所需要的产品而实现企业的发展目标，产品策略是企业市场营销活动的支柱和基石。

（1）产品结构单一导致的失败。

企业的产品应该有一个结构，否则就是将企业的命运维系在一个产品的成败上。××产品在上市初的主营业务是录像机的生产与销售。随着VCD行业的迅速崛起，他们主动放弃了录像机的生产，转到VCD的掘金大军之中。由于转型较早，他们获得了极其丰厚的利润，但随着整个VCD行业的快速衰退，××产品的收益迅速下降至0.11元，2000年和2001年更是出现了连续两年的亏损，最终只得退出市场。

（2）产品定位模糊导致的失败。

××生血剂的产品定位是不分男女老幼，是老弱皆宜的，但其市场销量却始终没有起色。针对××产品的模糊定位，×××一开始就明确地提出了自己的产品定位：以女性为主体，特别是年轻女性，因而×××最终成为补血市场的高端品牌。模糊的产品定位在如今的市场上，已使人们对××生血剂的印象也在逐渐模糊。

7.5.6.3 渠道策略因素

如果将产品、资金比喻为企业的血液，那么渠道就是输送血液的血管，血管的破坏必然导致企业的失败。因渠道策略因素导致营销失败的样本企业有××××集团、××和彩电等。

×××集团在取得早期的成功后没有注意到渠道控制力向零售商的转移，各地百货批发站纷纷倒闭，自己靠一两个"大户"辐射周边城市的销售网络体系岌岌可危。在没有着手建立新的以终端为主，更着重零售商利益的销售体系的情况下，市场秩序混乱，冲货严重，经销商无利可图，导致渠道的崩溃。

××彩电的失败更是源于渠道的变革。2002年5月，××彩电发动了"中国家电企业第一场渠道革命"：一举砍掉旗下30多家分公司以及办事处，全面推行彩电代理制；同时××彩电对代理商也提出了较为严格的要求：必须现款现货。以中低端电视产品为主的××彩电，销售旺地多在二三级城市的市场，而此次一鼓作气砍掉各地分公司这种疾风骤雨似的变革，犹如活生生地剁下了自己遍布销售终端的触角。几个月下来，这个"节约成本近7个百分点"的渠道变革造成××彩电销售收入锐减，引发了劳资矛盾、债务危机等一系列连锁反应。

7.5.6.4 价格策略因素

价格是企业市场营销的重要因素之一，价格的变化影响生产经营者的盈利能力和消费者的购买行为，也影响经销商的积极性。

××企业的降价活动对二级经销商与零售商是个噩梦。降价后厂商不补偿这笔损失，零售商自然不肯低价销售，而原来没有做这个产品的批发商见有利可图，纷纷大量进货，以低价冲击市场。而在早期就同××企业合作的，曾为××企业开发市场做过贡献的地方经销商的利益却受到巨大损失，一时间，产品价格混乱起来，产品市场也混乱起来。由于没有考虑到零售商的利益，有很多卖场撤出了××企业的产品，让××企业付出了高昂的代价。

彩电行业经过多年的恶战，一向以"价格杀手"的姿态横行业界的××彩电，后来大规模地退出国内各大商场，全盘崩溃，成了国内彩电价格战的牺牲品。

7.5.6.5 促销策略因素

作为市场营销的一个环节、一个子系统，所有的促销策略都应从属和服务于企业市场营销的整体计划和整体方案，根据产品的特点、市场定位等因素制定合理的促销策略。

××药业公司、×××集团的失败则是由其促销策略导致的。

××药业公司的"美丽"有着"亚健康"这么一个极好的概念。应该说"亚健康"的概念不是一般群众能轻易接受的，在××药业公司的启动期，其消费者是有一定知识的人群，而他们主要在城市，那么，对这部分消费者应该在正规媒体上去宣传，如当地的报纸、电视台，给人以产品有档次、可信之感。而"美丽"却以小报横幅、车贴墙标、义诊为手段在城市、农村铺天盖地进行促销，结果招人厌烦，根本不见效。

宣传单、电视台专题节目、车贴墙标、义诊被×××集团称为营销四大法宝，这一套操作套路为其攻打农村市场立下了赫赫战功。在进入城市市场时，×××集团仍迷恋这四大法宝，但此时却不灵验了：宣传单不准发，电视专题节目受限制，义诊早已绝迹，找个城市偏僻处贴个宣传画，给城管逮到还会罚款。这导致×××集团在城市市场的销售陷入停顿的状态，被竞争对手赶出了市场。

7.5.7 企业运作因素

企业运作主要包括组织运作、人力资源、资金运作三大方面。

7.5.7.1 由组织运作因素导致的失败

组织运作因素是指组织结构、组织功能、组织制度等因素，如组织结构是否合理、组织功能是否完善、组织制度是否健全。

例如，A集团由于制度不健全，公司内部贪污与浪费的现象十分严重。1997年，A集团在地区一级的子公司有三百家，县级办事处2210个，乡镇一级的工作站则膨胀到13500个，机构重叠，人浮于事，互相扯皮。高度的集权导致子公司不讲效益、盲目投入，在1995年投入的3亿元的广告费中有一亿元因无效被浪费掉了。组织管理上的缺陷注定了A集团在后来危机事件上的反应迟缓，也注定了其最终的失败。

同样的情况也出现在B公司上。随着公司的迅速发展，B公司没有相应的组织机构对分公司进行监控，没有严格的管理制度，没有制定综合的考评体系，各分公司为了达到及时回款的指标和经销商达成协议：只要你答应我的回款要求，我就可以答应你的返利条件；而且，我还可以从集团公司给你申请优惠政策。在十分诱人的利益下，经销商十分配合公司的回款。但是，基本的商业道德、经商的原则却被抛到了九霄云外。很多分公司的经理、业务员也根本不管市场上的铺货、分销和监督，而是住进了经销商包的酒店，除了催款和大胆承诺不可能实现的条件之外，就是和经销商一起欺骗企业。由此，B公司逐渐陷入了万劫不复的深渊。

7.5.7.2 由人力资源因素导致的失败

随着现代企业管理的发展，人力资源的建设越来越成为构建企业的核心竞争力、保持企业可持续发展的重要因素，从某种意义上讲，今后企业的竞争很大程度上将是人力资源的竞争。

1992年，担任××××电子厂厂长的段某瞄准国内空白的学习机市场，开发出××学习机，以一系列创意十足的营销策划和广告攻势横扫学习机市场，市场份额最高时达到80%。三年后，段某离开了××××电子厂，大批骨干员工跟随段某一起离开，××××电子厂失去了创新能力，迅速走向没落。

B公司人力资源策略的第一句话就是立足本土。有人理解这是立足本地人，人力资源在实际运作中变成了用本地人，或多或少地出现了排斥外地人而重用本地人的现象。一些为公司立下汗马功劳的非本地人长期得不到重用，或者从重要位置上退下来，被本地人所替代，这些事情严重挫伤了骨干员工的积极性，致使骨干员工大量流失，营销渠道被破坏。

与B公司重用本地人不同的是，C公司在事业不断扩展的时候，根本没有意识到什么是员工的选用、培训问题。业务不就是找经销商铺货、回款吗？这个致命的意识不仅被C公司的员工认可，就连公司的领导也对其深信不疑。于是，不论是进入哪一个城市，C公司都忽视对营销渠道的精细化建设，导致营销人员与当地经销商勾结起来一起欺骗企业。

7.5.7.3 由资金运作因素导致的失败

营销资金是企业营销活动所必需的一切资源和费用的货币表现形式，在资金的运作过程中要认真分析资金的结构、配置、供应、回收，避免资金在流动过程中出现因意外情况所导致的资金流量减少、周转速度减慢，甚至资金链断裂等事件。

跟其他民营企业一样，融资困难一直是A企业的难题之一。其总经理想出的向上游、下游商家集资的办法解决了企业初期发展的资金，可后来，随着企业规模滚雪球般的壮大，新的融资渠道始终没有打通，最终造成企业对商家资金的依赖性越来越大。其实，A企业完全有能力和资格与金融商达成某些融资上的契约，为公司的财务均衡系上一根"保险绳"，也有机会构筑他的财务保险体系。可惜，由于其总经理始终过于自信，又追求"零库存、零负债"的虚名，一次次错失良机，最终导致资金链的断裂。

1996年，D集团以上亿元的天价在某招标会上夺得标王，这一数字相当于D集团全年利润的6.4倍。以高的投入夺得"标王"，严重地分散D集团的资金，使本该用于企业调整结构、加快发展的资金都耗在了广告上，最终，D集团的产品积压，资金链断裂。

F公司犯下了与D集团同样的错误，投资十几亿的公司大厦耗干了F公司的流动资金，落得被卖掉的结局。

有些公司输在盲目投资上。E企业在前期研究开发的投入是1600万元。由于前期投入太多，资金主要沉淀于技术开发和市场开拓阶段，又缺乏融资渠道，资金的短缺使E企业寸步难行、难堪重负，最终只落得为他人作嫁衣。

7.6 样本企业营销失败因素的统计分析

7.6.1 环境因素分析

在30家样本企业中，营销的失败与环境因素有关的有5家，占总样本（30家）的16.67%。它们是：××××制药业、×××饮料、××食品、××家电、×××日化行业，涉及5个行业。其中与法律环境因素有关的行业有3家，占环境因素的60%；与技术环境有关的企业有1家，占环境因素的20%；与政府环境有关的企业1家，占环境因素的20%。图7-7表示受环境因素影响的企业数与总样本的比例，图7-8表示在环境因素中各因素所占的比例。

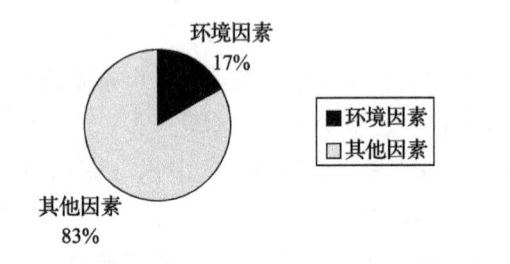

图 7-7 受环境因素影响的企业数与总样本的比例 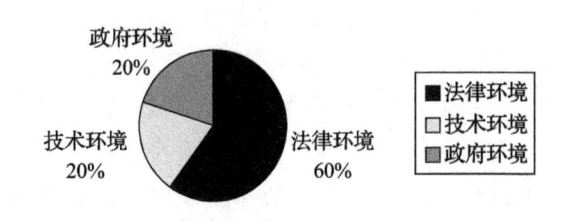　　图 7-8 环境因素中各因素所占比例

7.6.2 市场因素分析

在 30 家样本企业中，有 6 家企业的营销失败与市场因素有关，占到总样本（30 家）的 20%。它们是家电行业——具体来讲是彩电行业 4 家，影碟机行业 1 家，热水器行业 1 家。在 6 家企业中，有 5 家企业因行业市场恶劣而导致失败，占到市场因素的 83.3%，主要集中在彩电行业，足以说明市场化最早的彩电行业的竞争十分激烈，存在了一些影响整个行业健康发展的不利因素，如价格战。图 7-9 表示受市场因素影响的企业数与总样本的比例，图 7-10 表示环境因素中各因素所占比例。

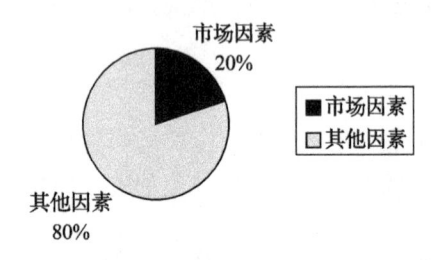

图 7-9 受市场因素影响的企业数与总样本的比例 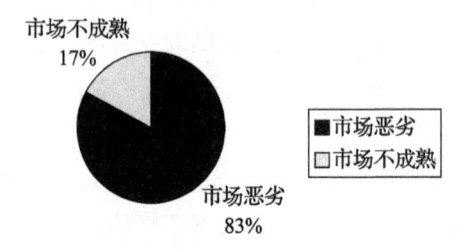　　图 7-10 市场环境中各因素所占比例

7.6.3 战略因素分析

30 家样本企业中，营销的失败与战略因素有关的企业有 12 家，占到总样本（30 家）的 40%，企业存在于各个行业。在战略因素中，因无长期战略计划导致营销失败的企业有 1 家，占战略因素的 6.7%；因企业盲目多元化导致营销失败的有 8 家，占到了战略因素的 53.3%；因战略目标选择不当导致营销失败的企业有两家，占到了战略因素的 13.3%；因合资战略导致营销失败的企业有 4 家，占到了战略因素的 26.7%。图 7-11 表示受战略因素影响的企业数与总样本数的比例，图 7-12 表示战略因素中各因素所占的比例。

图 7-11 受战略因素影响的企业数与总样本数的比例 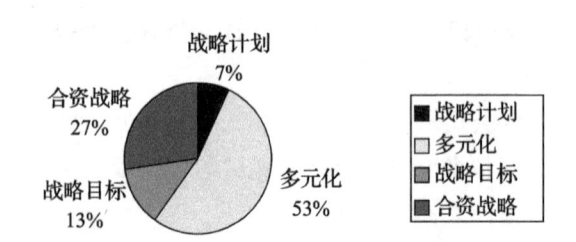　　图 7-12 表示战略因素中各因素所占的比例

7.6.4 策略因素分析

在 30 家样本企业中，营销的失败与策略因素有关的企业有 15 家，占到了总样本（30 家）的 50%，企业来自各个行业。在策略因素中，营销失败与品牌因素有关的企业有 4 家，占策略因素的 19%；营销的失败与产品因素有关的企业有 5 家，占策略因素的 23.8%；营销失败与渠道策略有关的企业有 5 家，占策略因素的 23.8%；营销失败与价格策略因素有关的企业有 5 家，占策略因素的 23.8%；营销的失败

与促销因素有关的企业有两家，占策略因素 9.5%。图 7-13 表示受策略因素影响的企业数与总样本数的比例，图 7-14 表示策略因素中各因素所占的比例。

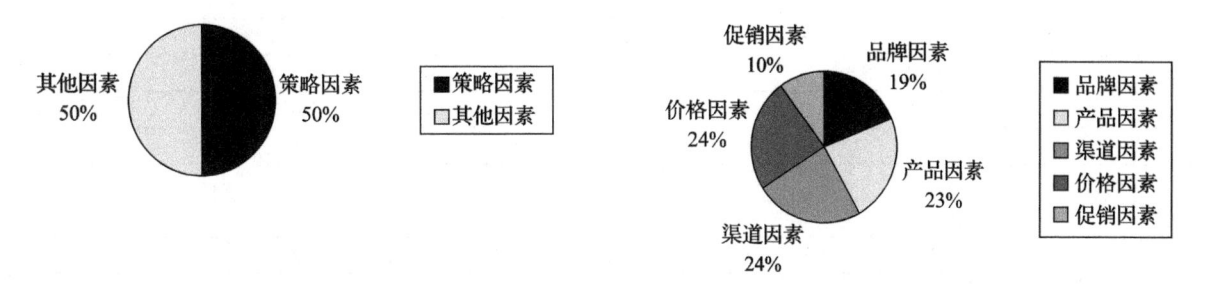

图 7-13　受策略因素影响的企业数与总样本数的比例

图 7-14　策略因素中各因素比例

7.6.5　运作因素分析

在 30 家样本企业中，营销的失败与运作因素相关的企业有 9 家，占到总样本（30 家）的 30%，企业存在于保健品、饮料、家电、食品行业。在运作因素中，营销的失败与组织运作因素有关的有 3 家，占运作因素的 27.2%；营销的失败与人力资源运作有关的有 3 家，占运作因素的 27.2%；营销的失败与资金运作有关的有 5 家，占运作因素的 45.4%。图 7-15 表示受运作因素影响的企业数与总样本数的比例，图 7-16 表示运作因素中各因素所占的比例。

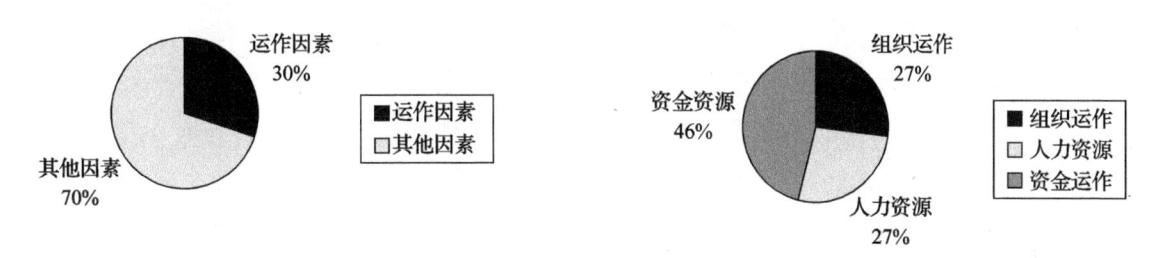

图 7-15　受运作因素影响的企业数与总样本数的比例

图 7-16　运作因素中各因素所占比例

7.6.6　五大营销失败因素的比较

通过对 30 家样本企业营销失败的分析，我们归纳出影响企业营销失败的五大因素、17 个子因素，这些因素对企业营销失败的影响总共有 58 次。其中，环境因素影响了 5 家样本企业，占总次数的 9%；市场因素影响了 6 家样本企业，占总次数的 10%；战略因素影响了 15 家样本企业，占总次数的 26%；策略因素影响了 21 家样本企业，占总次数的 36%；运作因素影响了 11 家样本企业，占总次数的 19%。图 7-17 表示五大因素影响力的比例。

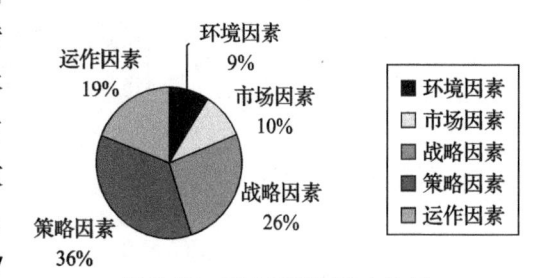

图 7-17　五大因素影响力比例

在 30 家样本企业中，导致企业营销失败的 17 个子因素各自影响的企业家数如表 7-1、图 7-18 所示：

表 7-1　17 个子因素各自影响的企业家数

因素名称	影响家数
法律环境	3
技术环境	1
政府环境	1
行业市场恶劣	5
行业市场不成熟	1

续表

因素名称	影响家数
缺少长期战略计划	1
盲目多元化	8
战略目标选择不当	2
合资战略	4
产品因素	5
品牌因素	4
渠道因素	5
价格因素	5
促销因素	2
组织运作	3
人力运作	3
资金运作	5

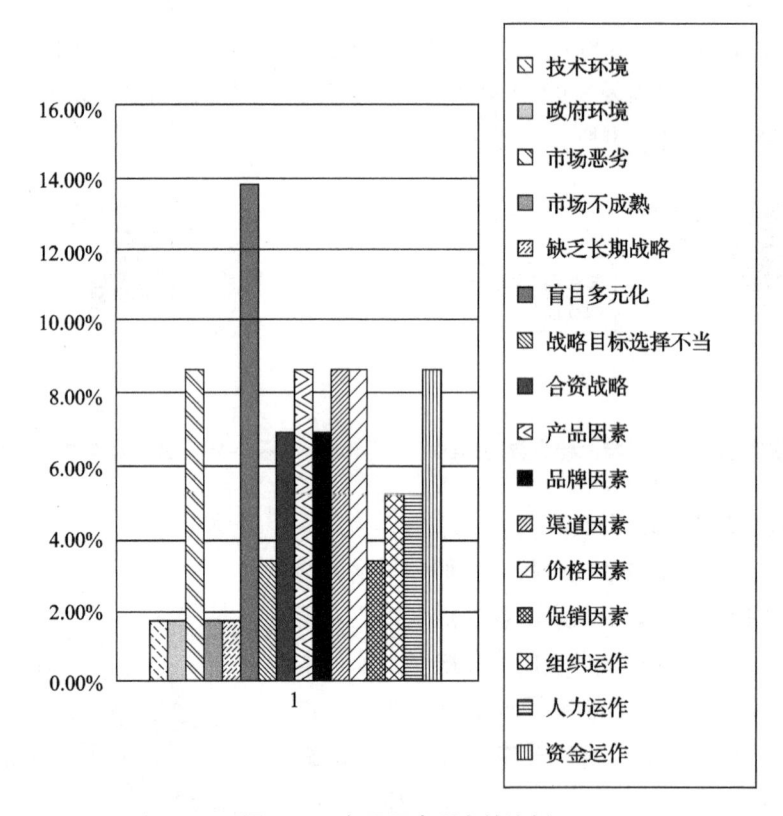

图 7-18　各子因素所占的比例

7.6.7　样本企业营销失败因素统计分析总结

通过以上分析，对 30 家样本企业营销失败影响最大的因素是策略因素，占到了总因素的 36%。在策略因素中，渠道、产品、价格因素各占了策略因素的 24%、23%、24%，影响了样本企业的营销，表明企业提高营销水平、修炼营销能力的重要性。

位列第二位的因素是战略因素，占总因素的 26%。值得注意的是，企业盲目多元化带来的恶果是十分严重的，由它造成的企业营销失败占到了战略因素的 53%，超过了一半；在 17 个子因素中也接近 14%，超过第二位 6 个百分点，高居 17 个子因素榜首。这表明现实中企业缺乏战略管理，要求企业加强战略管理，在企业规模扩大以后，坚决避免盲目多元化。

排在第三位的影响因素是运作因素，占总因素的19%，其中资金运作因素已占到了运作因素的46%，几乎是运作因素的一半，表明企业在管理中应加强财务管理，保持资金顺畅的重要性。在现实中，很多企业的营销失败都最终表现为流动资金的枯竭，资金链的断裂。

排在第四位的影响因素是市场因素，占总因素的10%。在市场因素中，由于市场环境恶劣导致的营销失败占到了市场因素83%，失败企业主要集中在家电业，特别是彩电行业，印证了彩电行业过度投资、一哄而上、供大于求、竞争激烈所造成的恶果。

对样本企业影响最小的因素是环境因素，占到总因素的9%，这一方面表明当前的宏观环境适宜企业的成长，另一方面也表明企业总体对环境因素的把握较好。但应注意的是，企业因法律因素导致失败占了很大的比例，占到环境因素的60%，表明企业应加强法律意识，规范经营行为。随着法制建设的逐步完善，企业更应依法办事，否则将触及雷区。

7.7 营销失败的启示——加强营销失败预警管理

7.7.1 认知营销失败管理

营销失败是所有企业都在力图避免但往往又不得不面对的一个窘境，无论是小型的地方企业还是大型的国有公司，甚至是超级跨国公司的营销失败案例都是不胜枚举。虽然表面看来这些企业失败的原因各异，但最终莫不表现为产品滞销、市场占有率降低乃至整个品牌退出市场等现象。我们将营销失败定义为由营销危机引发营销活动的崩溃，破坏了企业可持续营销的状态，是耗费了大量资源而又未能实现目标的损失，是一种结果损失。在企业营销安全曲线上，营销失败处于末端，是营销风险背离企业发展目标的终极阶段。营销失败不同于营销风险与营销危机，它具有损失的现实性以及可衡量性等特征。而营销失败管理就是为了减少营销失败带来的损失，控制其波及范围，并力图挽回不良影响而采取的计划、控制与修复等管理活动。

7.7.2 营销失败的管理目标

任何企业面临营销失败都必须进行管理，否则可能引发企业的全面危机，导致企业的溃败。而从营销失败管理的概念可以看出它应该包含如下几个目标：

（1）减少营销失败带来的损失。

从营销失败的概念上来看，任何一个营销失败都要给企业带来损失，这里的损失不仅有经济方面的，如销售额的降低，呆账、坏账的增加，还包括市场方面的，如渠道的混乱，市场占有率的降低，更包括营销失败在企业内外造成的心理负面影响，如组织凝聚力的降低，消费者心理成本的增加。而且营销失败发生后企业的反应时间越长，影响范围就越广，进行修复管理的难度也越大，所以，营销失败管理必须以减少营销失败带来的损失为首要目标。

（2）控制营销失败范围，防止企业发生全面的危机。

营销失败发生后，企业在力求减少损失的前提下，应当控制营销失败波及的范围，尽量将后果控制在营销领域而不至于影响企业的生产、研发、人力等其他环节。这是因为营销失败属于企业的一种危机，如果处理不好会引发企业的各种问题，最终导致企业的失败。如××××食品公司的"陈馅"事件，本来只是月饼一个产品的质量纷争问题，只是由于在问题出现、社会各界舆论纷纷的时候，××××公司没有采取有效的公关手段，导致了营销失败，继而引发消费者对企业的不信任，迫使一个百年品牌全面溃退。

（3）挽回营销失败带来的不良影响。

企业在减少损失，控制失败波及范围的前提下，还应该努力挽回因营销失败带来的其他负面影响。这里有两个典型的例子。××笔记本存在潜在的质量问题，但置我国消费者的投诉于不顾，结果大大影响其在我国市场的影响力，遭到消费者的唾弃。

7.7.3 营销失败过程管理

进行营销失败管理其实就是对各种目标的落实过程,一般来说,为了实现目标,营销失败管理应当遵循如下管理程序:

(1)隔离营销失败涉及的领域。

对企业来说,营销失败就像人体的疾病,如果不能得到及时控制,即使是看上去微不足道的小病菌也可以击垮一个庞然大物。如A公司的某款产品被消费者投诉质量不合格事件,本来最初是几万元可以解决的问题,由于企业处理不当,上了报纸,进了法庭,花去了大笔资金,官司赢了,市场丢了,但A公司的销售额却一落千丈,整个企业走向没落。所以,面临营销失败,企业第一反应应该是隔离营销失败的领域,控制营销病菌的传播,不致因为局部失败导致企业的全面失败。

(2)控制营销失败带来的损失。

前文已经说过,任何一个营销失败都会带来多方面的损失,包括销售额的减少,市场占有率的下降,顾客满意度的降低,利益相关者的失望等各个方面,所以,企业在控制营销失败不扩散的前提下,应该尽量减少营销失败带来的损失,尤其是在无形方面的损失,因为比较起来,给人们心理方面造成的负面影响越大,越难修复。

(3)分析营销失败的原因,找出规避的方法。

对任何一个企业来说,控制失败的范围,减少其带来的损失,并不是企业的目的。找出诱发营销失败的原因,为以后的发展找出规避方法才是其目的所在。"吃一堑,长一智",经历营销失败也是企业的一种财富,关键是从失败中吸取教训,为以后的顺利发展打下基础。

(4)采取措施,变失败为机会,争取新的成功。

对于一些有远见的企业,面临营销失败,他们不仅要找出避免的方法,还要在失败中寻求机会,争取获得新的成功。正如古谚所言,失败是成功之母,营销失败的背后经常也孕育一定的机会,如果企业能很好把握,也许会取得更好的发展。

7.7.4 营销失败的修复管理

7.7.4.1 修复管理的内容

从营销失败管理的概念可以看出,修复管理是为了挽回营销失败给企业带来的各种负面影响,所以,修复管理的内容应该包括所有的负面影响,一般来说,有体系修复、市场修复、形象修复、心理修复等。

(1)体系修复。既然营销失败会造成营销体系的破裂,甚至是营销活动的中止,而营销体系如营销渠道、营销组织是企业营销活动的基本条件,所以,修复管理必然从体系修复入手,只有使营销体系步入正轨,其他修复活动才有可能进行。

(2)市场修复。在营销失败带来的损失中最明显的表现就是销售额的减少、市场占有率的降低、顾客流失率的增高这些市场因素,所以,企业在修复营销体系后的目标就是如何采取正确的措施让这些市场因素重新达到令人满意的标准。

(3)形象修复。任何企业在消费者的心目中都有一个整体定位,即企业的品牌形象,营销失败往往会破坏企业在消费者心目中的这一形象,进而影响他们对企业产品的消费欲望。营销失败发生后,企业需要花大力气去进行形象修复,否则会使企业的市场修复目标落空。

(4)心理修复。在营销失败的损失中,最难以评估的应该是在人们心理上造成的负面影响,但这影响却是深远的、长期的,也是最难修复的。在消费者至上的时代,顾客满意(CS)成为企业经营的宗旨,所以,营销失败发生后,企业必须进行人们的心理修复,包括顾客、组织成员、股东等利益相关者与社会公众的心理修复。只有心理修复成功了,企业才算摆脱了该次营销失败的负面影响。

7.7.4.2 修复管理的策略

对于不同原因造成的营销失败可以采取不同的策略进行修复,但无论采取什么策略都要求快速、有效地使业务过程和利益相关者受益。PIC修复方法是一种行之有效的方法。PIC方法产生效果的前提是建立一系列计划以保证修复是面向利益相关者的(包括政府、客户、股东、受害人及公众)。其目标是使人们通过主动参与计划、信息交流、核心业务的复原以及组织或团队基础设施的恢复,从而参与修复的整个程序,这就将有形的实体、无形的心理的(包括人力、参与性和连续性)结合起来了。

(1)计划(Planning)。要具有策略性,充分考虑可能存在的风险,明确计划的次序,在考虑组织需要的同时更要关注社会的反应,同时预测计划可能产生的后果,信息则是其核心要素。

(2)信息(Information)。要及时发布与受害者相关的信息,让社会了解企业的解决策略,并重视如下几个方面信息:现在正在做什么,这些行动怎样适应大局(全盘计划),获得这些信息的人可以做什么,近期可能发生什么事。同时要加强内部信息沟通,保持团队言行的一致性。

(3)核心(Core)。指维持组织运作最必要的活动。修复活动可以分成简单的三组行为:核心、支持和延伸活动。只有核心作业得到完全保障,支持活动才能重新开始。

(4)人(People):人是修复管理最基本的要素。涉及受害人、修复人员及社会公众,是修复活动的操作者与受益者,决定修复管理的效果。

(5)整合(Involvement)。修复管理的紧迫性与压力,使信息交流与决策的制定趋向于集中化,并且局限在管理层内部,同时会把更多手段融合进来以防止损失的扩大。

(6)持续性(Continuity)。企业需要的是长期发展,因而要及时制定计划,保证核心流程的继续,获得内外人士的支持。

8. 营销资金安全

营销资金是企业营销活动所必需的一切资源和费用表现的总称，营销资金安全则是指企业在营销资金的结构、配置、供应、回收和整个流动过程中不致出现企业不希望发生的意外情况，能保证企业各种营销活动的顺利开展。如果出现了营销资金危机和营销资金事故，以及由此而引起的资金流量少、周转速度慢等现象，则企业的营销资金就处于不安全的运行状态了。

8.1 企业营销资金安全的意义

企业保证了营销资金的安全，就等于控制住了企业营销活动的血液和命脉，因此，营销资金安全对企业营销具有十分重要的意义。

营销资金安全是企业营销安全的重要内容之一。营销安全是指营销活动不会因为企业内外部各种不确定性因素的冲击而使企业遭受损失，它包括品牌安全、产品安全、信息安全、促销安全、传播安全、渠道安全、服务安全和资金安全等内容，其中资金安全是营销安全的核心内容。如果企业不能及时、有效地筹集、配置、供应和回收资金，保证资金的流动性，企业的营销活动就无法正常运转。

营销资金安全是企业营销安全的一个重要衡量指标。企业的营销活动是否处于安全运行的状态，有许多指标可以衡量，资金安全则是十分重要的经济指标。资金安全的许多内容直接反映了企业的营销活动是否正在顺利进行，是企业营销安全最坚实的支撑力量。

营销资金安全是企业营销活动的重要保障。企业营销活动总是离不开营销资金的支持，没有营销资金安全作保障，企业的营销活动就无法顺利开展。因为如果营销资金处于安全状态，表明企业能有效地控制营销资金的流动、筹集到企业各营销环节所需要的全部资金，企业的营销活动能够顺利开展。如果营销资金处于不安全的运行状态，则表明营销资金的运行处于失控的状态中，企业的营销活动则无法顺利开展。

8.2 企业营销资金安全的内容

由于营销资金安全是指企业营销资金在流动过程中不会因为资金的结构、配置、供应、回收问题而遭受损失，比如资金闲置、流量减少、流速减慢等，因此，营销资金安全包括资金结构的安全、资金配置的安全、资金供应的安全、资金回收的安全和资金流动的安全等内容。

资金结构的安全。资金结构的安全是指企业营销资金的来源及其构成安全。营销资金来源一般分为内部自筹和外部借入两种方式。外部借入资金的方式能及时解决企业营销活动急需的大量资金，却大大增加了企业发生债务危机的可能性；内部自筹资金的方式虽然数量有限，但不会造成企业债务危机，风险性较小。资金结构的安全就是要求企业在筹措营销资金时，充分考虑自身积累和外部借入两种方式的利弊得失，注意自筹资金和借入资金的结构（比例）安排，既要避免引起资金需求危机，更要避免债务危机，保证企业的持续经营与发展。

资金配置的安全。这里的资金配置安全是指企业筹集到的资金被分配到企业营销活动的各个环节后，既不会造成某一环节营销资金的闲置，尤其是以货物形态表现的闲置更应坚决避免，也不会造成某一环节营销资金的需求紧张，即要以最小的资金投入产生最大的流动效果。如果营销资金配置不当，甚至出现了企业内部各环节的资金危机，就会威胁整个营销安全，甚至使企业的营销活动完全瘫痪。

资金供应的安全。资金供应的安全是指营销资金的供应能满足营销活动的需要，具备良好的融资能力，能及时、有效地筹集到企业各个营销环节所需要的全部营销资金。如果企业的营销资金供应不足，就会出现营销资金危机，企业的销售就会受阻，竞争者也会乘虚而入，企业将因此而遭受巨大的损失。

资金回收的安全。当产品流出企业后，必须要有相应的资金流入。如果只有产品流出，而没有资金及时流入，就会造成大量的长期应收账款无法回收，形成拖欠、呆账、坏账，企业的营销活动就无法正常进行。加强企业营销资金的回收安全管理，是企业营销安全管理的重要内容。

资金流动的安全。资金流动的安全是指营销资金在流动过程中，不会因为营销不善而造成资金的滞留、挪用、损失，造成营销资金安全事故。资金流动就像血液流动一样，一旦出现阻滞与流失，就会损害企业的健康，甚至危及企业的生命安全，许多企业之所以倒闭，就是因为资金流动不畅造成的。因此，抓住资金流动安全是营销安全管理的核心内容。

8.3 企业营销资金安全的预警指标

判断企业营销资金的安全与否，不能凭主观感觉，而应通过一系列科学的评价指标进行测量。四川大学营销工程研究所营销安全课题组，通过对全国50多家企业的初步调查分析后认为，企业营销资金的安全是否可以通过以下一些测试指标来评判。

资金结构比率。营销资金结构比率又称自有营销资金比率，是指企业筹集到的营销资金中自有资金和借入资金的比率，它是测量资金结构安全与否的一个指标。如果资金结构比率高，表明由企业营销资金造成的负债小，营销资金的结构比率安全；如果偏低，则表明营销资金造成的企业债务很高，营销资金的结构比率不安全。

资金损失率。资金损失率是企业营销资金在各个营销环节因管理不善和自然损耗所导致的损失额同企业营销活动所用的全部资金的比值。它是反映企业营销资金流动安全与否的指标。资金损失率低，资金的安全性好；反之，资金的安全性差。

资金收益率。资金收益率是企业全部经营活动所用的全部资金（资源）的比值，它是反映企业营销资金配置安全的一个衡量指标。资金的收益率越高，表明企业营销资金配置的效果越好；反之，资金配置的效果越差。

应收账款周转率。应收账款周转率是企业销售收入同平均应收账款的比值，它是反映企业应收账款的流动速度和企业对应收账款的管理能力的一个指标。应收账款的周转率高，表明平均收账期越短，资金回笼越快；反之，则表明平均收账期越长，资金回笼越慢。

存货周转率。存货周转率是企业销售成本同平均存货的比值，它是反映企业营销资金配置和流动安全与否的一个指标。因为存货即是资金的占用，它影响了资金的流动力。存货越多，占用的流动资金也越多。因此，存货周转的速度越快，则滞留在存货上的资金越少，资金的流动能力越强，资金的配置越安全；反之，则表明资金的流动性越差，资金的配置越不安全。

流动比率。流动比率是流动营销资产与流动负债（一年内必须支付的应付账款资金和短期借入资金等）的比值，它是衡量企业营销资金安全偿付能力的重要指标，是决定营销资金流动性的因素。流动比率高，营销资金的安全性大；反之，安全性小，甚至不安全。

回款率与回款周期。回款率是企业收回的货款同全部销售款的比率，回款周期是企业发出货物到收回货款所经过的时间，它们是反映企业营销资金的流动性和资金的回收是否安全的指标。回款率高，回收期短，表明资金的流动性强，资金回收安全；反之，则表明资金的流动性差，资金回收不安全。

8.4 企业营销资金安全的管理措施

有些企业的营销水平不高，营销安全有很大的隐患和危机，这与企业普遍面临营销资金短缺或营销资金紧张以及营销资金质量不高和运用效果不佳等有必然联系。因此，加强企业营销资金安全管理具有特别重要的现实意义。

8.4.1 建立营销安全管理预警指标体系

为保证营销资金的安全，企业必须建立一套科学的营销资金安全预警指标体系。预警指标体系的内容要涉及整个企业营销活动流程,即对资金的筹集、配置、供应、回收额等整个资金的流动过程进行纵深的监控。与此同时,要及时收集相关信息并对之加以处理和分析,全面、准确地预测资金危机和资金事故,捕捉危机发生的征兆,尽可能在危机爆发之前消除危机,保证营销资金顺畅流动和企业营销战略目标的实现。

8.4.2 建立企业营销资金安全管理制度

只有建立统一的营销资金安全管理制度,对营销资金进行全方位的安全管理,才能把营销资金管理纳入企业的日常活动中。其中,资金危机和资金事故管理制度的内容主要有对资金危机和资金事故的预防、识别、处理、责任落实和总结汇报等制度;资金安全审计的内容、对象、时间、方式等;资金危机全面防御制度的内容主要有防御的人员、方式、范围等;资金安全奖惩制度是对资金安全管理做出重大贡献的人员进行奖励,对资金安全负有责任的人员进行惩罚。

8.4.3 定期的营销资金安全审计

营销资金安全审计是企业专门的营销安全管理机构按照事先编好的资金安全审计表,从不同层面、不同角度对企业营销资金的整个循环运动流程、企业的营销资金安全管理制度和危机监控预警系统所做的全面、系统、独立、综合的检查、诊断和评价。目的在于及时发现资金在运行过程中存在的各种问题和安全隐患,指出资金安全管理系统本身的缺陷和薄弱环节,以便及时采取措施予以纠正,消除发生营销资金危机和事故的诱因,从根本上保证企业的营销资金安全。

8.4.4 及时、有效地处理营销资金安全危机和安全事故

现代市场经济下的竞争越来越激烈,企业不进则退。要想在市场竞争中生存,企业必须要不断地发展壮大。而企业营销资金又是有限的,企业在发展中难免会遇到资金危机和资金事故,影响企业的生存。企业应准备有化解危机和事故的应急方案,当危机和事故真正发生时,企业能从容面对,及时、有效地化解危机和处理好事故,把资金危机和资金事故给企业造成的影响和损失降到最低。

9. 论营销信息安全

9.1 企业营销信息安全的含义和特征

9.1.1 企业营销信息安全

科特勒认为营销信息系统（Marketing Information System，MIS）是指搜集、整理、分析、评价市场信息，并将加工后的信息及时传递给管理者以便做出正确营销决策的动态信息系统。在企业中，营销信息安全（Marketing Information Security）是指涉及营销决策及运行管理的信息是否安全的问题。信息安全，即要保障信息的私密性和可靠性，信息的私密性指特定的信息只能让特定的人知道，而不能让不该知道的人知道，信息的可靠性指该知道某些信息的人一定要及时、完备地知道他该知道的信息。

9.1.2 信息安全的特征

（1）层次性。信息安全可分为企业的信息安全、组织的信息安全和个人的信息安全，对不同层次的人来说，信息安全内含的信息范畴是有差别的，关系到企业的长远命运和全局的信息。如企业转产兼并等关键信息是没有必要让企业内部员工人人知晓的。

（2）领域性。仅就企业的层次而言，信息安全包括企业宏观环境的信息安全、消费者的信息安全，以及生产、营销、人力资源等各职能部门的信息安全等。

（3）竞争性。"知己知彼，百战不殆"。信息从古至今都是军事斗争中制胜的重要因素，随着社会信息化的进程，现代信息技术的发展使信息的作用更加突出，国际经营中有一种说法，有了信息，就有了一切，信息作为一种关键资源，不可避免地具有竞争性。

9.2 信息安全对营销安全的意义

9.2.1 信息安全是企业营销安全的基础

企业信息流（包括企业各职能部门间的信息传播与沟通以及分销渠道上的各节点之间的信息流转反馈）的安全与否决定了企业对顾客和市场的反应能力和响应程度，决定了企业的营销是否处于安全状态，也决定了企业的成败。一项有成效的营销决策一般都依据于准确、可靠的市场信息。在市场分析中，必须考虑影响企业营销的各种因素的协调配合，还必须考虑到营销决策目标如何横向展开和纵向延伸等问题。科特勒认为，营销成功的基础越来越取决于信息，只有保证了信息的安全，营销才更有针对性，更具竞争力。

9.2.2 维护营销安全要确保信息安全的层次和领域

为维护企业整体的营销安全，既需要反映企业整体的运行状况、发展趋势等信息的安全，也需要反映生产部门、销售部门、技术部门等组织部门运行状况及相互协调配合情况，还需要反映企业内部成员的信息安全。

每个营销环节都要求获取准确、及时地反映市场动态和竞争环境的市场信息以及企业内部各职能部门的真实信息资料，如财务部的有关成本、现金流量数据，生产部的生产计划和存货情况，售后服务部有关顾客满意度及抱怨情况等。

9.3 当前企业营销信息安全管理中的问题

9.3.1 认识问题

（1）认为信息安全是信息的私密性问题，片面强调信息的私密性而忽视信息的可靠性，无意中就造成信息垄断，如成都某服装企业财务部认为产品的成本是该部门内部的商业机密，使市场营销部门在产品定价中完全"跟着感觉走"。

（2）忽视信息安全的层次性特征。从信息安全的可靠性上看，企业不同层级的部门以同样的方式获取信息，大大增加了信息处理工作的负担。营销决策人员和销售人员的职责不同，他们所需的信息就应该不同。即使同为决策人员，由于层次不同，他们所需的信息量也不同。越往上层，需要的信息就越少，对信息的要求趋于整体化。而越往下级，信息资料越趋于规律化、数据化。从信息的私密性上看，许多企业并未建立信息保密制度，各类人员也没有明确不同层级的保密责任。

（3）轻视信息安全的管理问题，如缺少维护信息安全的管理制度建设，轻视围绕信息安全的管理组织体系建设，轻视维护信息安全的基础设施建设。

9.3.2 来自信息源的问题

（1）信息滞后，非完备。要么是信息源提供的信息过时了，要么是信息用户在使用信息时忽视信息的时效性，信息滞后的现象在企业中相当常见，许多企业缺乏必要的信息管理，信息在加工、传递、利用的过程中，只提供了某些部分或漏掉了某些要素，因此导致信息的不完全。

（2）信息垄断。所谓信息垄断是指信息资源、信息设备及信息技术被控制在少数人手中，并被不合理地分配与享用。

9.3.3 来自信息通道的问题

（1）技术问题。企业的信息都是经人工传递的，网络通道普及率低，很难保障信息传递的及时性，同时，有限的网络通道遇到不少难以解决的技术问题，对计算机和网络犯罪缺乏有效的技术防范手段。

（2）管理问题。即使不少企业进行了计算机设备的添置、网络的构建、基本数据库应用软件的开发等，也只是注重硬件，忽视信息技术管理机制的建设和人才的引进。信息技术人员往往只懂计算机专业而不懂具体的企业管理，也未对各级信息传递人员建立有效的激励和约束机制，很难避免某个组织内的信息传递人员延迟信息传递的问题。

9.3.4 来自信息需求者的问题

（1）数据不一致。个人与企业整体的利益未必一致，如企业需要及时、完备的信息了解整个经济的运行情况，而企业成员为抬高自己的业绩，虚报信息。

（2）泄密。企业成员因工作关系获得了有一定私密性的信息，有关人员使用或允许他人使用秘密信息，从而导致信息的泄密。

9.4 信息安全管理的内容

9.4.1 信息来源的安全

由于缺乏统一的有权威性的主管与监督机构，信息的来源受到严重影响。为确保信息来源的安全，对重要信息应请专家和权威机构验证，待弄清真相、辨明价值后方可使用。同时，企业的商业情报有很大一部分是通过客户、市场调查、同业交流等信息来源获得的，由市场营销人员掌握。因此，有必要大力提高信息搜集人员的洞察力和辨别力，确保信息来源的安全、可靠。

9.4.2 信息途径的安全

信息在传递过程中，一方面或由于主观过滤多，只传播自己认为有价值的信息，或道听途说，以讹传讹，导致信息失真；另一方面，随着信息技术设备的大量使用，信息也会由于机器故障受到干扰。如计算机会出现电子病毒，使经济信息记录失真。

9.4.3 信息内容的安全

信息应如实反映客观情况。虚假信息，即不真实的或完全是无中生有的信息，表现在假广告、假商标、假招牌或商业竞争中人为制造的假信息等。只有掌握了准确的信息，才能确保企业决策人员的正确判断和管理过程的有效控制。

9.4.4 信息时效的安全

信息时效指在一定的时间范围内，信息是有价值的，一旦超出了这个时限，信息可利用的价值就可能失去。随着市场形势急剧变化，信息如果得不到准确、及时的传递就会成为过时信息。这样的信息不仅不会为人们带来效益，还可能因过时造成错误决策而给人们带来损害。这就要求企业要确保信息时效的安全，必须及时得到有效的资料和数据，以便为其做出正确的经营决策提供充分的参考。

9.4.5 信息保密的安全

企业既要与外界不断地进行信息交换，又不能亮出自己所有的底牌。许多知名企业都注重如何将本企业的关键信息封闭于企业内部，通过一定的保护手段形成一种竞争优势。因此，信息保密的安全不仅关系到营销安全，更与企业生死攸关。

9.4.6 信息分析的安全

为什么面对同样的信息，有的企业能从中挖掘出巨大的商业价值，而有的企业却坐失良机，还有的企业因做出错误的决策而遭受巨大损失，关键在于对市场信息的分析与把握。目前，许多企业都比较重视对市场信息的收集，但在处理信息时却欠缺必备的信息分析能力。如美国的一家食品企业了解到墨西哥一条河流的上游有大片的菠萝果园。该企业的决策者认为等菠萝成熟后可用浮船把菠萝运到下游，运费非常便宜。于是该食品厂在下游三角洲地带建立了菠萝罐头厂。工厂竣工后，还未开业，就被迫关闭了。造成这一恶果的原因在于，决策者没有考虑到菠萝成熟的季节恰是河流汛期高峰季节，根本无法进行河运。

9.5 信息安全的管理措施

9.5.1 认识信息安全的作用

信息安全已经成为事关企业稳定、经济健康、有序运行的重要问题。

9.5.2 制定企业信息安全政策与规范

要求企业领导层把信息安全工作放在新的战略高度，给予高度重视，制定出适合本企业及所处环境的现实可行的政策规范，借助法律的手段调整信息系统。通过一系列政策规范的制定，明确在生产、销售、科研活动以及业余时间确保企业信息安全的约束与要求，明确企业信息流上每一节点的工作职责和信息安全保障任务。

9.5.3 加强信息安全意识的教育和培养

政策规范具有强制性，意识则带有主动性。但信息安全意识的形成不是一朝一夕的事情，需要政府、企业和社会的长期培养。信息安全意识的教育除了思想教育和政策法规的学习外，一个重要方面就是培训员工了解和识别信息安全的具体内容。

9.5.4 建立信息安全管理机构

明确主管信息安全的领导人员与机构；设立信息监督人员，对信息流运行的全过程不定期进行追踪调查，及时协调信息流上各节点的沟通。

第二部分
产品安全

10. 产品伤害危机的属性研究

10.1 产品伤害危机感知及其影响研究

10.1.1 研究背景

10.1.1.1 产品伤害危机理论有待从消费者感知角度进一步发展

与危机定义相比较,产品伤害危机的现有定义偏离了危机的感知性本质。因此,本书根据对危机本质的认识,将产品伤害危机界定为,在消费者群体中广泛形成的某产品存在缺陷或危害性的感知。

由于对危机的本质认识存在差异,现有研究对危机属性的理解有所不同。Marcus 和 Goodman (1991) 指出,危机并非完全相同,其差异性是一个重要问题。研究者从多个角度识别出 13 种区分产品伤害危机等的方式,如危害性 (Marcus 和 Goodman, 1991)、可辩解性 (Marcus 和 Goodman, 1991)、严重性 (Coombs 和 Holladay, 2002; Yan 和 She, 2009)、控制性 (Coombs 和 Holladay, 2002)、绩效历史 (包括危机历史和关系历史) (Coombs 和 Holladay, 2002)、责任归因 (Coombs, 1998; Coombs 和 Holladay, 2004; Yan 和 She, 2009)、能力归因 (Pullig、Netemeyer 和 Biswas, 2006; Votola 和 Unnava, 2006)、道德归因 (Pullig、Netemeyer 和 Biswas, 2006; Votola 和 Unnava, 2006; Zhuang 和 Yu, 2011; Fang, 2007; Dawar 和 Lei, 2009)、伤害主体 (Zhuang 和 Yu, 2011)、群发性 (Yan 和 She, 2009)、关联性 (Yan 和 She, 2009)。

虽然,以上研究对危机属性进行了有益探索,得出有见地的结论,但是还存在两个局限:一是研究视角较多使得研究结论无法体系化。有的从企业视角出发,有的从消费者视角出发,有的从情景视角出发,现有研究对危机属性的认识比较零散,并存在相互涵盖的情况,难以形成体系。二是现有研究较少关注危机的本质属性。感知性本质是危机的本质属性。从本质来说,产品伤害危机是产品缺陷或危害事件在消费者心理的反应。如果消费者没有感知到产品存在缺陷或危害性,消费者就不会降低购买意愿、品牌资产和品牌忠诚等。可是,现有研究较少从消费者感知的角度研究产品伤害危机。

10.1.1.2 产品伤害危机理论有待从危机属性角度进一步完善

情景沟通理论 (Situation Crisis Communication Theory, SCCT) (Coombs 和 Holladay, 2002) 指出,确定危机属性是正确应对危机的前提,只有准确掌握危机属性,才能制订出有效的应对策略。

目前,通过危机分类探索研究危机属性是研究的主要方式。现有研究主要关注了产品伤害危机 (Product Harm Crisis)、企业危机 (Corporate Crisis)、负面事件 (Negative Publicity) 等企业相关危机事件的分类。方正、江明华、杨洋和李蔚 (2010) 根据产品伤害危机是否违反法律法规,将产品伤害危机分为可辩解型 (Defensible Product Harm Crisis) 和不可辩解型 (Non-Defensible Product Harm Crisis);Marcus 和 Goodman (1991) 根据受害者的明确程度和企业可辩解程度,将企业危机分为事故型、伤害型和丑闻型;Coombs (2007) 根据责任归因,将企业危机分为受害型、过失型和故意型;Dawar 和 Lei (2009) 根据危机是否违背品牌主张,将企业危机分为产品伤害危机和品牌危机;Coombs (1998) 根据危机发生原因,将企业危机分为自然灾害型、产品篡改型、过失型和违法型;Pullig、Netemeyer 和 Biswas (2006) 根据危机归因,将负面事件分为能力相关型和价值相关型;Votola 和 Unnava (2006) 根据危机归因,将负面事件分为能力犯错型和道德犯错型;庄爱玲和余伟萍 (2011) 根据危机起因,将负面事件分为产品性能型、公司道德型和道德引致产品性能型。

尽管区分危机类型是掌握危机属性的有效方式,但是每种分类都难以涵盖危机的全部属性。主要有两个原因。

（1）通过一个或两个标准分类难以掌握危机属性。以上8种分类至少包含是否违法、是否有意、是否可控、是否属于能力原因、是否属于道德原因5个标准，而以上每一种分类都不能完全涵盖这些属性。

（2）后验式分类必须在危机基本定性后才能发挥作用。很多产品伤害危机需要经过一段时间之后才能基本定性，如，×××含夏枯草危机（2009年）、×××致汞中毒危机（2010年）、×××奶粉含虫危机（2011年），使得企业在危机前期难以做出危机类型判断。

10.1.1.3 产品伤害危机理论有待从负面影响机制进一步深化

产品伤害危机是近20年来营销研究热点之一。现有研究主要从相关想象或理论出发，研究多个变量之间的关系。虽然产品伤害危机中涉及的主要变量及其关系已经逐步清晰，但是仍存在两点局限。

（1）产品伤害危机影响机制研究尚不全面。尽管现有研究涉及了产品伤害危机影响机制的问题，然而现有研究较少从消费者认知和情感两个方面，同时研究产品伤害危机产生的心理反应。因此，产品伤害危机影响机制尚不全面。

（2）消费者对产品伤害危机的感知与心理反应的对应关系尚不清晰。哪些产品伤害危机感知促发较多认知反应？哪些产品伤害危机感知促发较多情感反应？清晰产品伤害危机感知与心理反应的关系，可以帮助企业区分不同危机情境下应对策略的重点，降低消费者感知风险，舒缓消费者负面情绪。因此，产品伤害危机感知与心理反应的关系需要进一步揭示。

10.1.1.4 产品伤害危机理论有待从危机溢出角度进一步扩展

产品伤害危机影响复杂已经成为理论界和企业界的共识。产品伤害危机可以使企业销售大幅下滑，产品伤害危机可以让企业一蹶不振，产品伤害危机可以迫使企业退出市场。不仅如此，产品伤害危机还可以影响其他品牌，形成溢出效应。产品伤害危机可以降低竞争企业经营绩效、损害行业声誉、毁掉地理品牌。

根据产品伤害危机影响的范围，本书列出了产品伤害危机负面影响的品牌—产品矩阵（见图10-1）。从图10-1可以看出，产品伤害危机可以影响危机品牌—危机产品、危机品牌—非危机产品、非危机品牌—危机产品、非危机品牌—非危机产品。现有研究主要研究了产品伤害危机对危机品牌—危机产品和危机品牌—非危机产品的影响，然而尚不清楚产品伤害危机影响危机品牌—危机产品和危机品牌—非危机产品的差异。产品伤害危机对非危机品牌的影响主要为溢出效应研究。溢出效应是指信息通过间接途径影响信念的现象（Ahluwalia、Unnava和Burnkrant，2001）。现有溢出效应研究主要遵循Feldman和Lynch（1988）提出的可接近性—可诊断性理论（Accessibility-diagnosticity Frame）展开研究。现有研究重点在于，识别影响可接近性和可诊断性的因素，即溢出效应发生的条件（Feldman和Lynch，1988）。研究结论集中在危机品牌、竞争品牌和消费者之间的关系对溢出效应的影响。虽然危机溢出效应发生的条件已经逐渐清晰，但是仍然存在两点研究空白。

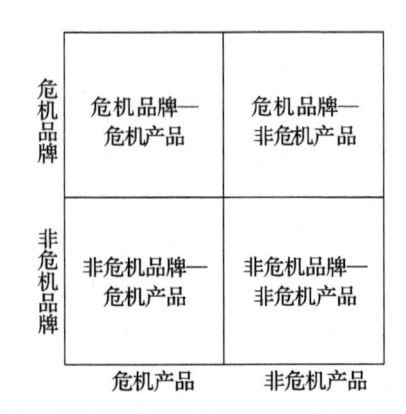

图10-1 产品伤害危机负面影响的品牌—产品矩阵

（1）产品伤害危机感知（属性）对非危机产品的影响尚不明确。产品伤害危机感知是多维的，不同产品伤害危机的感知又有所不同。识别出产品伤害危机感知对非危机产品的影响，可以帮助企业区分不同产品伤害危机的影响范围。因此，产品伤害危机感知对非危机产品的影响需要深入探讨。

(2) 产品伤害危机感知对危机产品和非危机产品的影响有何差异。产品伤害危机可以影响危机产品，并向危机产品溢出，已经得到证实。然而，哪些产品伤害危机感知更容易溢出到非危机产品，哪些产品伤害危机感知主要影响危机产品，尚不清晰。解决这个问题可以帮助企业预判产品伤害危机感知的影响范围，识别出哪些危机感知负面影响更广。因此，需要对比分析产品伤害危机感知对危机产品和非危机产品影响的差异。

综上，根据以上现实背景和理论背景，作者认为至少有三方面的理论问题至今没有得到回答。
①产品伤害危机感知有哪些主要维度？
②产品伤害危机感知的影响有何差异？
③产品伤害危机的感知如何影响购买行为？

10.1.2 研究内容

本书研究内容主要包括4个方面。

第一，识别产品伤害危机的感知维度。消费者对产品伤害危机的感知是多维的。从现有研究成果看，发生产品伤害危机时，消费者可能形成感知危害性、感知责任性、感知偶发性、感知无良性和感知违约性5个方面的感知。本书将通过探索性和验证性因子分析，研究产品伤害危机的感知维度，并形成评估产品伤害危机的量表。

第二，验证企业声誉对产品伤害危机感知负面影响的调节作用。可能调节危机感知和心理反应的关系的变量有企业声誉、个体差异、危机应对和心理距离4类。在现实中，危机品牌名称一般会与产品伤害危机同时出现，是产品伤害危机信息中的内在成分，与产品伤害危机是"共生关系"。因此探索产品伤害危机的负面影响必须同时考虑危机品牌的声誉。虽然个体差异、心理距离和危机应对的影响也不能忽视，但是这3个变量并非产品伤害危机信息中的内在成分，而是消费者因素或情景因素。因此本书没有将个体特征、心理距离和危机应对纳入研究变量。

第三，探索产品伤害危机感知对非危机产品的影响。产品伤害危机不仅会负面影响消费者对危机产品的态度，还会负面影响消费者对同品牌非危机产品的态度。产品伤害危机负面影响研究重点回答3个问题：消费者危机感知维度对态度的影响有何差异？哪些危机感知维度更可能引起危机溢出？绩效风险、心理风险和负面情绪对危机产品和非危机产品态度的影响有何差异？

第四，揭示产品伤害危机负面影响的心理机制。现有研究发现心理风险（Fang、Yang 和 Jiang 等，2011）是产品伤害危机应对策略影响品牌资产的中介变量，还有学者指出感知风险和负面情绪是产品伤害危机中影响消费者态度的中介变量（Wang 和 Chao，2008）。因此，产品伤害危机可以产生消费者认知反应和情绪反应。消费者对产品伤害危机的认知反应主要是感知风险，情绪反应主要是负面影响。然而，感知风险是一个多维概念，一般包括6种不同类型的风险，即财务风险、绩效风险、身体风险、社会风险、心理风险和时间风险（Chaudhuri，2000；Mitchell，1999；Stone 和 Granhaug，1993）。但是，六种感知风险具有相关性。绩效风险是对不利后果的发生概率的测量，而不是发生后的结果，在逻辑上应该发生在其他风险之前（Stone 和 Granhaug，1993）；心理风险是一个重要的中间变量，在其他风险类型与总风险水平之间起到了桥梁作用（Stone 和 Granhaug，1993）。综上所述，考虑到变量选取的简效性，本书采用心理风险、绩效风险和负面情绪作为中介变量，研究消费者对产品伤害危机的心理反应。

10.1.3 研究目的

本书的研究目的主要分为两个方面。一方面，从产品伤害危机属性角度推进产品伤害危机研究，识别产品伤害危机属性，揭示危机属性影响差异，解释危机属性影响机制；另一方面，从构建产品伤害危机负面影响模型角度为企业提供理论借鉴，帮助企业认清产品伤害危机的本质，提供企业预判危机影响强度的工具，指出企业应对产品伤害危机的关键。

10.1.4 研究方法

10.1.4.1 研究思路

现有研究所提及的危机属性、企业声誉、绩效历史、外部影响、个体特征、心理距离和危机应对均是通过影响危机感知和心理反应产生作用，如图 10-2 所示。

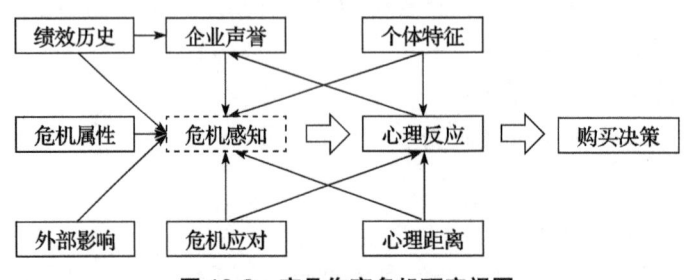

图 10-2 产品伤害危机研究视图

由此看出，厘清危机感知和心理反应特征及其关系是产品伤害危机研究的核心问题，现有研究中涉及的企业声誉、外部影响和危机应对等变量均是通过影响危机感知和心理反应发挥作用。厘清消费者对产品伤害危机的感知维度，识别出消费者对产品伤害危机的心理反应，揭示两者间的对应关系，具有 3 方面的意义。

（1）确定产品伤害危机负面影响的一般模式，增加对产品伤害危机的认识。

（2）从众多影响因素中找出影响产品伤害危机负面结果的简单而有效的因素，便于开发评估产品伤害危机的理论工具。

（3）确定影响消费者购买危机产品的直接决定因素，便于准确设计危机应对策略。

综上，本书的总体研究思路是沿着产品伤害危机负面影响的一般模式（危机感知—心理反应—购买决策），渐次深入地探讨主要变量及其关系。

10.1.4.2 研究方法

文献研究法。本书通过梳理和总结现有文献，识别出现有产品伤害危机的主要属性和产品伤害危机负面影响的机制，以及影响的结果，汇总为产品伤害危机研究范式，形成产品伤害危机研究的一般理论框架，并找出现有研究空白。

情景实验法。情景实验法是心理学和营销学常用方法，可以使较复杂的操控变量变得较易控制，可以获得较高的外部效度（Reeder、Hesson-McInnis、Krohse 和 Scialabba，2001）。本书根据真实产品伤害危机的报道，精炼描述语言，形成产品伤害危机情景刺激物。遵循产品伤害危机研究采用的主要方法，本书借助刺激物，模拟产品伤害危机，测量消费者心理变量，得到研究数据。

10.1.5 研究意义

10.1.5.1 理论意义和实践意义

本书着重研究了产品伤害危机感知对产品态度的影响，深化了产品伤害危机研究，为企业认识产品伤害危机提供理论借鉴。本书具有理论和实践两个方面的意义，研究路线如图 10-3 所示。

（1）理论意义。

第一，本书从危机的感知性本质再次界定了产品伤害危机的本质属性，深化了对产品伤害危机本质的认知。现有研究认为，产品伤害危机是偶尔出现并被广泛宣传的关于某个产品是有缺陷或是对消费者有危险的事件（Siomkos 和 Kurzbard，1994）。这一界定从现实角度出发，定义了产品伤害危机。尽管这个界定得到广泛引用，然而，该定义忽视了危机的感知性本质。学术界对危机本质的分歧由来已久，直到 2005 年美国国家沟通协会举办的专门讨论会，感知性本质（Perceptual Nature）是危机的根本属性才成为危机沟通领域普遍认可的观点。随着危机本质属性认知的加深，产品伤害危机的定义也需要进一步发展、深入，突出产品伤害危机的感知性本质。产品伤害危机研究属于广义上的危机沟通研究范畴，因此产品伤害危机的根本属性也是感知性本质。本书从危机的感知性本质出发，借鉴危机本质的最新认识，将产品伤害危机界定为：在消费者群体中广泛形成的某产品存在缺陷或危害性的感知。这加深了我们对产品伤害危机本质的认知。

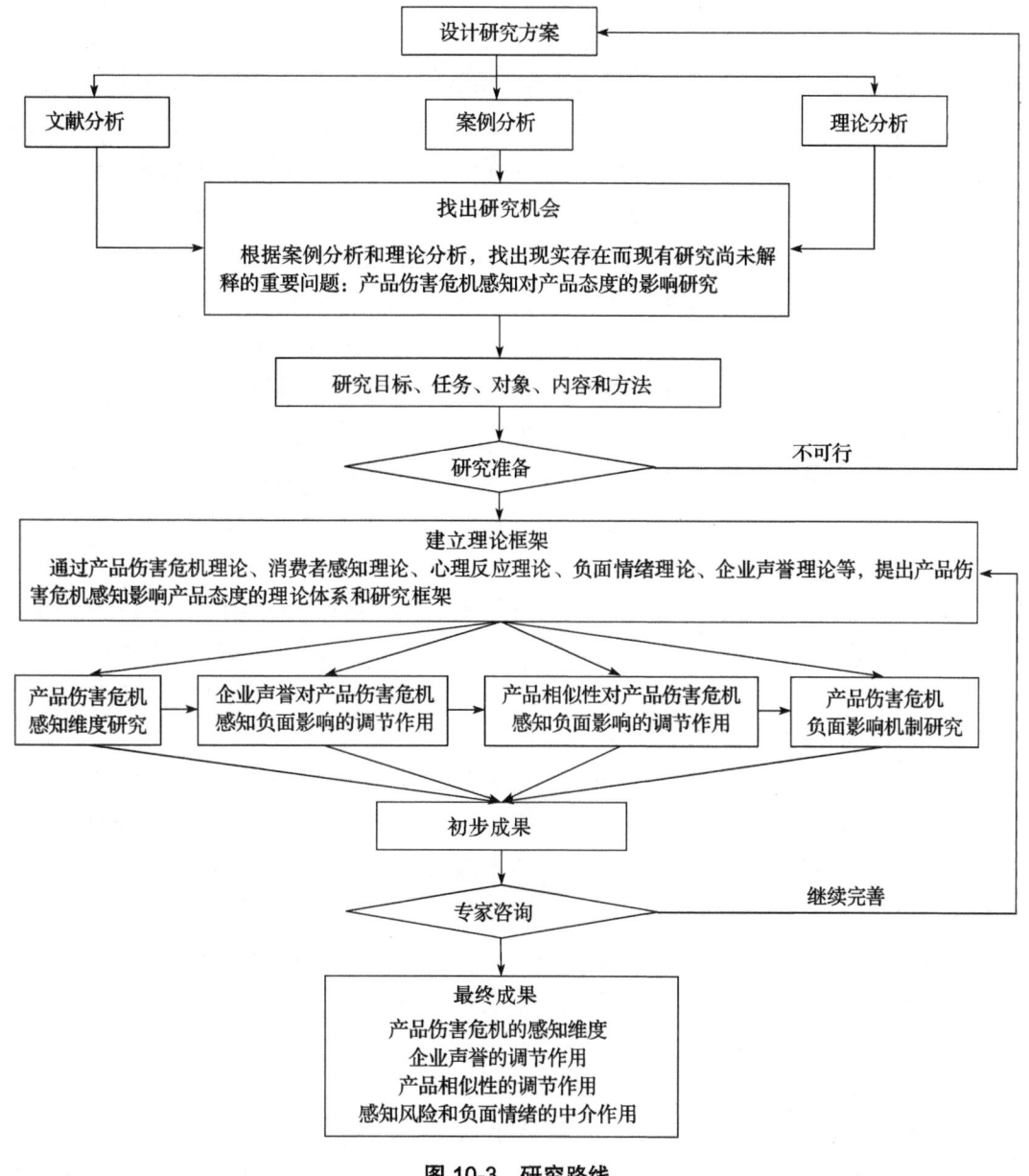

图 10-3　研究路线

第二，本书提出产品伤害危机感知的 5 个维度，进一步完善了对产品伤害危机属性的认知。产品伤害危机相关研究多从危机分类视角研究产品伤害危机属性，目前 8 类危机分类方式，识别出 13 种危机属性。现有研究中的危机属性从企业视角出发，没有从消费者感知视角出发，并且存在相互涵盖的问题。这使得产品伤害危机属性的认识尚不统一。本书结合现有研究成果和现实观察，从危机的感知性本质出发，提出了产品伤害危机感知的 5 个维度，能够较好综合现有研究成果，描述产品伤害危机属性，进一步完善了对产品伤害危机属性的认知。

第三，本书提出了产品伤害危机负面影响理论模型，加深了对产品伤害危机负面影响的认识。尽管产品伤害危机是近 20 年来营销研究的热点问题之一，出现了诸多有价值的研究成果，但是尚没有研究成果从危机的感知性本质视角，研究产品伤害危机属性及其负面影响。本书基于 Belk（1975）提出的 R-S-O-R 模型，建立产品伤害危机负面影响模型，理清了产品伤害危机感知的负面影响，及其影响机制，加深了对产品伤害危机负面影响的认识。

第四，本书探索了危机属性对溢出效应的影响，探索了产品伤害危机感知对非危机产品的影响和产品相似性的调节作用，加深了产品伤害危机溢出效应的研究。现有溢出效应研究，主要遵循 Feldman 和 Lynch（1988）提出的可接近性—可诊断性理论（Accessibility-diagnosticity Frame）展开研究，重点研究溢出效应的发生条件，尚没有研究关注哪些危机属性更容易向非危机产品溢出，进而明确产品伤害危机属性的影响范围。本书首次同时研究了产品伤害危机对危机产品和非危机产品的影响，识别出 5 个产品伤害危机感知对危机产品和非危机产品影响的差异，并探索了产品伤害危机感知在不同企业声誉情况下对高相似和低相似非危机产品的影响，加深了产品伤害危机溢出效应的研究。

第五，本书研究企业声誉在产品伤害危机感知影响产品态度时的调节作用，推进了企业声誉研究。企业声誉可以通过晕轮效应（Balzer 和 Sulsky，1992；Nisbett 和 Wilson，1977；Fang、Yang、Jiang 和 Li，2011）、有偏向的信息处理（Ditto 和 Lopez，1992）和降低消费者不确定性（Keh 和 Xie，2009；Rindova、Williamson、Petkova 和 Sever，2005）发挥调节作用。然而，本书发现，企业声誉对产品伤害危机感知维度的调节作用具有不一致性，企业声誉能够调节感知违约性和感知责任性的影响，但是无法调节感知危害性、感知偶发性和感知无良性的影响。本书研究结论增进对企业声誉调节作用的认识。

第六，本书研究了产品相似性在产品伤害危机感知影响产品态度时的作用，证实了产品伤害危机感知影响非危机产品的条件，扩展了品牌延伸相关研究。本书指出产品伤害危机不仅负面影响危机产品，还会负面影响非危机产品。产品伤害危机对非危机产品的负面影响受到产品相似性的调节作用。本书研究结论强化了品牌延伸的潜在风险，扩展了品牌延伸研究。

第七，本书研究了感知风险和负面情绪在产品伤害危机感知影响产品态度时的作用及其差异，增进了产品伤害危机负面影响机制研究。产品伤害危机负面影响机制是重要而关注较少的问题。产品伤害危机负面影响的现象需要通过机制研究进一步解释。本书根据现有研究成果和相关理论，发现感知风险和负面情绪是产品伤害危机感知负面影响中的关键中介变量，能够较好涵盖产品伤害危机引起的认知反应和情感反应，能够较好解释产品伤害危机的负面影响。不仅如此，本书还比较了感知风险和负面情绪中介作用的差异，识别出产品伤害危机感知维度与中介变量间的对应关系，增进了产品伤害危机负面影响机制研究。

（2）实践意义。

第一，本书从危机的感知性本质视角界定了产品伤害危机，为企业认清产品伤害危机本质提供理论借鉴。本书对产品伤害危机概念的重新界定，帮助企业明确了产品伤害危机的本质是消费者感知，而非产品伤害危机本身，有利于企业认识到应对产品伤害危机的重点在于弱化消费者负面感知，保护或强化消费者正面感知。

第二，本书提出产品伤害危机感知的 5 个维度，为企业掌握产品伤害危机属性提供理论借鉴。前期研究从危机事件属性角度，通过分类研究法，提出了 8 种危机分类方法，识别出 13 个危机属性。现有研究提出的危机属性，忽视了消费者的感知，同时存在相互涵盖的情况，没能全面、系统地揭示产品伤害危机属性，使危机企业难以全面、准确地界定产品伤害危机。本书提出的产品伤害危机感知 5 维度，为企业全面而有准备地把握产品伤害危机属性提供理论借鉴，为危机企业界定危机属性提供了理论模型。

第三，本书提出产品伤害危机感知对产品态度负面影响的模型，并识别出 5 个产品伤害危机感知负面影响的差异，为企业认识产品伤害危机的负面影响提供理论借鉴。本书实证研究结果识别出的 5 个产品伤害危机感知维度对产品态度负面影响的差异，帮助危机企业明确哪些产品伤害危机负面影响较大、需要付出更大营销努力。

第四，本书不仅研究了产品伤害危机感知对危机产品态度的影响，还探索了产品伤害危机感知对非危机产品的影响，为危机企业确定产品伤害危机是否会向同品牌非危机产品溢出提供理论借鉴。本书指出不同产品伤害危机感知对非危机产品态度影响的显著性存在差异，应特别注意感知无良性较高的产品伤害危机，因为这类危机对危机产品和非危机产品的影响都十分显著。这为企业如何确定区隔产品伤害危机对非危机产品的负面影响提供了理论借鉴。

第五，本书研究发现企业声誉对产品伤害危机感知对产品态度的调节作用具有不一致性，为企业认清企业声誉的作用提供理论借鉴。本书研究结论证实了企业声誉能够降低感知违约性和感知责任性的负面影响，同时也证实企业声誉难以降低感知危害性、感知偶发性和感知无良性的影响。这为危机企业认清企业声誉效果提供理论借鉴，特别是帮助高声誉企业减少侥幸心理，纠正企业声誉能够抵御所有产品伤害危机负面影响的错误认识。

第六，本书研究结论指出产品伤害危机感知不仅能够影响危机产品态度，还会影响非危机产品态度，为企业品牌延伸设计提供理论借鉴。企业挖掘品牌资产潜力，进行品牌延伸，已经成为最常见的营销活动之一。然而，母品牌或延伸品牌的产品伤害危机，可能溢出到延伸品牌或母品牌，甚至导致整个品牌退出市场。因此，企业制订品牌延伸决策时，不仅要考虑品牌延伸带来的利益，还要设计防范手段，预防产品伤害危机的溢出。

第七，本书比较了感知风险和负面情绪的中介作用，揭示了产品伤害危机负面影响过程中感知风险和负面情绪的作用，为企业应对产品伤害危机提供理论借鉴。本书结论指出，产品伤害危机感知会通过感知风险和负面情绪影响产品态度。因此，危机企业应对产品伤害危机时不仅要降低消费者感知风险，还要降低负面情绪。然而，现有产品伤害危机应对研究，重点从降低消费者对产品伤害危机感知风险角度提出危机应对策略，而忽视了从降低负面情绪角度应对产品伤害危机。本书研究结论指出，应对产品伤害危机的重点是同时降低消费者感知风险和负面情绪，为企业应对产品伤害危机提供理论借鉴。

10.1.5.2 研究创新

本书重点讨论的是产品伤害危机感知维度对危机产品和非危机产品的负面影响，企业声誉和产品相似性的调节作用，以及感知风险和负面情绪的中介作用。本书研究创新包括以下 4 个方面。

第一，概念创新。本书根据危机研究新进展，参照危机的感知性本质属性，重新界定了产品伤害危机的概念，使其更符合产品伤害危机的本质。广泛引用的产品伤害危机概念是 1994 年由 Siomkos 和 Kurzbard 提出的。当时，学术界对危机本质属性的认识还没有统一，还没有一个普遍认可的危机概念。随着危机研究进一步深入，2005 年危机沟通领域认同了危机的本质是感知。因此，本书将产品伤害危机界定为，在消费者群体中广泛形成的某产品存在缺陷或危害性的感知。

第二，变量创新。现有研究主要通过危机分类认识产品伤害危机属性。尽管现有研究识别出 13 个危机属性，然而，这些属性存在相互涵盖，不利于理论研究和管理实践。本书提出了产品伤害危机感知变量，并区分了 5 个产品伤害危机感知维度，能够较好涵盖已发现的危机属性。这即解释了产品伤害危机的本质属性，还为企业提供了分析产品伤害危机属性的工具。

第三，理论创新。本书基于Belk（1975）提出的R-S-O-R模型，构建了产品伤害危机负面影响理论模型，厘清了产品伤害危机感知、消费者心理反应和消费者购买决策间的关系。产品伤害危机会降低产品态度已经成为学术界的共识，然而，产品伤害危机如何降低产品态度还没有一个理论框架予以解释。本书提出的产品伤害危机负面影响理论模型，能够解释产品伤害危机的负面影响及其心理机制。

第四，领域创新。现有研究重点研究了产品伤害危机对危机产品的负面影响，以及对品类和竞争产品的影响，而忽视了产品伤害危机对非危机产品的影响。品牌延伸普遍存在，产品组合越来越复杂，多条产品线采用同一品牌的情况越来越多。产品伤害危机如何影响同品牌非危机产品，是需要探索的重要理论问题。这有助于增进品牌延伸风险的认识，帮助企业在设计品牌延伸时，注意预防可能存在的风险。

10.1.6 理论基础

10.1.6.1 企业声誉理论

沃伦·巴菲特曾说："建立企业声誉需要20年，而毁掉它只需5分钟。如果您考虑一下，就会从不同的方式做事。"PRWeek杂志调查发现几乎有75%的被访CEO担心企业声誉会遭到威胁（Capozzi, 2005）。企业声誉是企业重要的无形资产，难以建立，不易模仿（Keh和Xie, 2009）。企业董事会、企业高管、企业顾问和投资者都非常关注企业声誉状况（Highhouse、Broadfoot和Yugo等, 2009）。

企业声誉是能够提升顾客满意和忠诚，吸引并留住员工，增加企业资产和投资者意识的无形资产（Highhouse、Broadfoot、Yugo和Devendorf, 2009）。企业声誉是企业保持持续竞争优势和维护与利益相关者良好关系的重要手段（Boyd、Bergh和Ketchen Jr, 2010）。企业声誉是企业保持竞争力的关键（Roberts和Dowling, 2002; Walker, 2010），能够提升企业市场表现（Deephouse, 2000）。有学者认为，企业声誉是企业最有价值的单一资产（Gibson、Gonzales和Castanon, 2006）。企业声誉是学术界非常关注的研究领域，目前不仅有企业声誉的专门期刊（Corporate Reputation Review），很多杂志还刊发以企业声誉为主题的特刊。企业声誉是十分重要的概念，得到广告和营销、组织心理、组织行为和组织沟通等多个领域学者的关注。根据企业资源观，企业声誉可以被作为增强企业可持续竞争力的宝贵战略资源（Capozzi, 2005; Keh和Xie, 2009）。企业声誉研究近来成为管理研究者日益关注的研究领域（Highhouse、Brooks和Gregarus, 2009）。

尽管声誉是很常见的概念，当时我们对其认识还模糊不清（Walker, 2010）。十多年前，企业声誉和企业形象还被作为同义词使用（Gotsi和Wilson, 2001）。后来，有学者认为，企业形象带有操纵、谎言、虚假等消极含义，应该用企业声誉替代企业形象（Grunig, 1993）。企业声誉研究一致认为企业无法虚构企业声誉，企业声誉必须通过企业良好的业绩和社会责任来建立（Podnar, Tuškej和Golob, 2012）。Brown和Dacin（1997）用企业联想的概念描述消费者了解到的企业所有信息。他们认为企业联想包含企业能力联想和企业社会责任联想两个维度。借助企业联想的概念，现有研究区分了企业形象、企业身份、企业信任和企业声誉。Berens（2004）认为主要的企业联想可以分为企业社会角色、企业个性和信任。

企业声誉与企业识别和企业形象相互关联又相互区别。曾有学者认为认同、形象和声誉是可以互用的概念（Barnett、Jermier和Lafferty, 2006），但是三者的主体不尽相同。认同是企业对员工而言的核心和基础属性（Barnett、Jermier和Lafferty, 2006），是企业持续吸引员工的关键所在（Fombrun, 1996），是企业内部员工对企业的看法。形象的主体是企业外部利益相关者，是企业希望外部利益相关者对企业的评价（Whetten, 1997）。声誉与形象的差异在于声誉是企业利益相关者对企业的实际认知，主体既可以是企业内部利益相关者，也可以是企业外部利益相关者，如表10-1所示。另外，声誉通过长时间积累建立，而形象却能够随时间变化（Walker, 2010），形象可以在相对较短的时间内获得，而企业声誉要依靠长时间的积累（Balmer和Gray，2003）。Fombrun（1996）将企业声誉看作企业识别和企业形象的函数，认为三者存在"企业认同—企业形象—企业声誉"过程。他还指出，企业形象包括顾客形象、社区形象、投资者形象和员工形象四种。Barnett、Jermier和Lafferty（2006）在Fombrun（1996）提出的企业声誉形成过程后加上了企业声誉资本，即企业认同—企业形象—企业声誉—企业声誉资本，突出了企业声誉对企业的经济意义。企业声誉定义如表10-2所示。

表10-1 企业认同、企业形象和企业声誉的辨析

	认同	形象	声誉
利益相关者	内部	外部	内部和外部
感知特征	实际的感知	期望的感知	实际的感知
来源	内部	内部	内部和外部
效价	正面或负面	正面	正面或负面

来源：Walker（2010）。

表10-2 企业声誉定义

学者	企业声誉定义
Fombrun和Shanley（1990）	企业声誉是企业市场竞争的结果，能够向利益相关者传达企业的关键特征以提升社会地位
Herbig和Milewicz（1993）	企业声誉是企业全部交易活动的聚合体，是一种历史的观点，要求企业活动具有长期的一致性
Fombrun（1996）	企业声誉是企业过去行为和未来远景的感知表征（Perceptual Representation），描述了企业与竞争企业相比较时，企业对利益相关者的整体吸引力
Doney和Cannon（1997）	供应商声誉是行业中的企业和个人相信企业诚信并关心顾客的程度
Fombrun、Gardberg和Sever（2000）	企业声誉是企业向主要利益相关者提供有价值成果的能力
Bromley（2001）	企业声誉可以看作是利用相关者或共同利益者对个人或其他实体评价的分布，是整体形象的明确表达
Rose和Thomsen（2004）	企业声誉基于利益相关者的感知而形成，所有利益相关者对企业声誉的感知具有一致性
Walsh和Beatty（2007）	基于顾客的声誉是顾客根据企业产品、服务和沟通活动，企业或其利益相关者（如员工、管理者或其他顾客）的活动，或其他已知的企业活动对企业的总体评价

目前仍然没有被广泛接受的企业声誉的定义。Barnett、Jermier和Lafferty（2006）指出，现有研究主要有三个角度定义企业声誉。第一个角度是将企业声誉看作意识状态，第二个角度是将企业声誉看作评价，第三个角度是将企业声誉看作资产。Walker（2010）将企业声誉的定义分成五类。第一类是感知定义（Perceptual Definitions），将企业声誉定义为企业内外利益相关者对企业的整体感知。第二类是加总定义（Aggregate Definitions），认为企业声誉是所有利益相关者对企业的感知。第三类是比较定义（Comparative Definitions），认为企业声誉是与竞争企业比较的结果。第四类是效价定义（Positive or Negative Definitions），认为企业声誉具有正负效价。第五类是时间定义（Temporal Definitions），认为企业声誉随时间变化，具有时效性。通过分析企业声誉的主要定义，Walsh、Beatty和Shiu（2009）认为企业声誉的定义有两个特征，一是企业声誉是集合现象（Collective Phenomenon），二是企业声誉很少概念化为直接和间接体验的交互。Fombrun（1996）的定义是引用较多的一个。他认为，企业声誉是企业过去行为和未来远景的感知表征（Perceptual Representation），描述了企业与竞争企业相比较时，企业对利益相关者的整体吸引力。Walker（2010）通过分析以往文献，总结出了企业声誉的五个特征。

第一，声誉是基于个体感知形成的。这意味着声誉是企业无法完全掌控的（Brown、Dacin和Pratt等，2006）。正如Fombrun（1996）强调的，企业声誉并不受企业的完全控制，所有企业声誉难以操控。这是由于企业声誉是基于企业内外的利益相关者形成的。Fombrun（1996）强调企业声誉是干燥表

征，因此可以独立于现实存在，是一种社会建构（Social Construction），受到社会环境的影响（Berger 和 Luckmann，1966）。因此，声誉不一定也不大可能是完全真实的，即 Fombrun（1996）所说的，传达的信息并不完全准确。

第二，声誉是所有利益相关者的总体感知。这包含两个意思：一是声誉是社会性和集体性概念。尽管企业声誉是独立于观察者的现实存在，将企业声誉视为社会或集体感知，意味着企业声誉是宏观层次的概念（Macro-Level Concept）（Corley、Harquail 和 Pratt 等，2006）。二是声誉基于所有利益相关者。Fombrun（1996）指出，将企业声誉界定为利益相关者对企业感知与美国传统词典的表述一致。然而，将企业声誉看作总体感知（Aggregate Perception）存在两个问题。第一个问题是，声誉往往是针对具体问题。企业可以在盈利性、环境责任、社会责任、员工待遇、企业管理和产品质量方面具有较好声誉。可是，企业能够在某一个或某几个方面具有声誉，但是难以在所有方面具有声誉。第二个问题是，企业对不同利益相关者群体而言可能拥有不同的声誉。消费者会更关注企业产品的质量，会更多从产品角度评价企业声誉；投资者会更关注企业的盈利能力，会更多地从企业利润角度评价企业声誉。尽管如此，将企业声誉看作各个具体方面声誉的总和，有利于消除以上问题。因此，企业具有多种声誉，每种声誉是针对某一方面的一些利益相关者而言的声誉。在研究企业声誉时，明确企业声誉是就哪个方面而言和对谁而言的声誉十分必要（Lewellyn，2002）。

第三，声誉是相对而言的概念。从本质上来说，声誉是比较而言的概念。Fombrun（1996）认为，企业声誉是某企业相较于其主要竞争企业（Leading Rivals）的概念。但是，企业声誉不仅来自企业与竞争者的比较，还可以某些特定标准来判断。而 Fombrun's（1996）并没有明确指出这一点。

第四，企业声誉可以是正面的也可以是负面的。这是因为声誉是一个相对而言的概念。企业声誉既可能优于主要竞争企业，即正面声誉；也可能差于主要竞争企业，即负面声誉。

第五，企业声誉是稳定、持久的。尽管企业声誉可能在短期发生变化，这往往是由于遭遇重大负面曝光事件，企业声誉迅速从正面转向负面。然而，企业声誉难以从负面迅速转变为正面，这需要长期的过程。因此，认为企业声誉具有稳定性和持久性更合理。

但是，有学者指出，即使某家企业对人们来说具有声誉，由于人们会从自己的需求出发，确定通过评价哪些企业特征得出企业声誉，因此企业声誉对不同个体具有不同含义（Helm 和 Gray，2009）。人们对企业的期望会随情境的改变而发生变化，因此企业声誉的含义会随时间、地点和环境而改变。也就是说，企业声誉是一个社会建构，而不是客观实在（Mahon 和 Mitnick，2010）。

（1）企业声誉的形成。

企业声誉是在利益相关者不断接收到企业相关信息的过程中逐渐形成的（Fombrun 和 Van Riel，2004）。利益相关者通过与企业交互、媒体报道（如新媒体和广告）和来自他人的二手信息（如口碑和博客）了解企业的情况（Coombs，2007）。其中，多数信息来自媒体。因此，媒体报道是声誉管理的重要手段（Carroll 和 Mccombs，2003；Coombs，2007）。企业声誉的前置变量和结果变量如表 10-3 所示。

表 10-3　企业声誉的前置变量和结果变量

学者	企业声誉的前置变量	企业声誉的结果变量
Beatty 和 Ritter（1986）		获得资本能力
		长期经营能力
Fombrun 和 Shanley（1990）	盈利能力	
	广告支出	
	企业规模	
	所有者身份	
	慈善投入	

续表

学者	企业声誉的前置变量	企业声誉的结果变量
Barney（1991）	输入质量	
Fombrun（1996）	企业信息	
	审计数据	
	投资分析	吸引求职者
	新闻界观点	增加竞争壁垒
	谣言	
	品牌推广活动	
Brown 和 Dacin（1997）		新产品评价
Fombrun 和 Riel（1997）		增加正面口碑
Brown（1998）	产品或服务特征	
	企业沟通	产品反应
	第三方沟通	公司反应
	一般业务原型（General Business Stereotype）	
Handelman 和 Arnold（1999）		社区支持
Stuart、Hoang 和 Hybels（1999）	隶属于地位较高机构	
Weiss、Anderson 和 Macinnis（1999）		供应商选择
Rindova 和 Kotha（2001）	个性驱动性收入（Personality-driven Revenues）	
Deephouse（2000）		获得资本能力
		长期经营能力
		降低企业成本
		增加竞争壁垒
Little 和 Little（2000）	社会责任	价格—收入比
Nguyen 和 Leblanc（2001）		顾客保留
Gardberg 和 Fombrun（2002）		竞争优势
Groenland（2002）		增加正面口碑
Roberts 和 Dowling（2002）		增强盈利能力
Rose 和 Thomsen（2004）		增强顾客信任
		增强顾客忠诚
Carmeli 和 Tishler（2005）		市场份额
		盈利能力
Rindova、Williamson 和 Petkova 等（2005）		溢价能力
Walsh、Dinnie 和 Wiedmann（2006）		提升顾客满意
Rhee 和 Haunschild（2006）		提升股市表现
Keh 和 Xie（2009）		提升购买意愿

Fombrun（1996）发现6个方面的因素能够塑造企业声誉：企业发布的信息（Information From the Organization）、审计数据（Audit Data）、投资分析（Investment Analysis）、新闻界观点（Journalistic Insights）、谣言（Hearsay/Rumor）、品牌推广活动（Brand Activities）。

现有研究指出，很多因素都能够影响企业声誉。首先是人员声誉（Personal Reputation）。企业领导人、管理者和拥有者都会影响企业声誉（Bromley，2001；Musteen、Datta 和 Kemmerer，2009）。其次是行业声誉（Mahon，2002）、组织道德（Organizational Ethics）、财务表现（Financial Performance）、股东价值（Shareholder Value）、企业品牌推广（Corporate Branding Activities）、营销组合（Marketing Mix Activities）、公共关系（Public Relations）、利益相关者关系（Relationships with Stakeholders）。Fombrun

和 Shanley（1990）认为企业声誉的前置变量包括盈利能力、广告支出、企业规模、所有者身份、慈善投入。

（2）企业声誉的影响。

企业声誉是企业成功的重要影响因素（Kay，1995），能够给企业带来竞争优势（Barney，1991），但是企业声誉对不同利益相关者来说存在较大差异（Figlewicz 和 Szwajkowski，2002）。由于个人需要、经济状况、社会和个人背景以及个人与企业的关系存在差异，不同利益相关者会对同一企业的声誉有不同的认识（Fombrun，1996）。这是因为，企业声誉是人们对其所有经验的总和（Fombrun，1996），对于不同属性和不同利益相关者，企业声誉不同（Wartick，2002）。

良好的企业声誉能够为企业带来很多益处，如降低企业成本、提升产品溢价、吸引求职者（Turban 和 Greening，1997）、吸引投资者（Srivastava、Mcinish 和 Wood 等，1997）、吸引顾客，增强顾客信任和忠诚、提升顾客满意度、增加企业信任（Doney 和 Cannon，1997）、提升购买意愿、增加正面口碑、增强盈利能力、增加竞争壁垒、提升股市表现。利益相关者往往没有足够的能力收集到企业的所有信息来评价产品或服务质量，企业声誉就成了替代指标（Walsh 和 Beatty，2007）。

Keh 和 Xie（2009）分析了企业声誉影响行为意愿的作用机制，发现企业声誉会正向影响顾客信任和顾客识别，在顾客信任和顾客识别对行为意愿的影响中，顾客承诺有中介作用（Keh 和 Xie，2009）。

（3）企业声誉的测量。

到目前为止，如何测量企业声誉还没有形成共识（Highhouse、Broadfoot、Yugo 和 Devendorf，2009）。"《财富》杂志最受尊敬企业调查"是目前测量企业声誉影响力最大的一种方式。该调查始于1983年，采用8个不同的指标向高级管理者、外部董事、财务分析师进行调查，并得出最受尊敬企业排名。这8个指标是管理水平，长期投资价值，沟通能力，对环境和社会的责任，吸引，保留有才能的员工的能力，产品和服务的质量，财务指标和对公司的资产利用能力。其他杂志测量企业声誉的方法与《财富》杂志比较类似，只是在指标和计算方式上有所不同。这类测量方法以排名"最受尊敬的企业"为目的，试图得出企业整体声誉评价。尽管该调查采用多个维度得出企业声誉总分，但是有学者指出该调查的整体排名主要受财务表现决定（Brown 和 Perry，1994；Fryxell 和 Wang，1994），测量指标不够全面（Sobol 和 Farrelly，1998），并且过多依赖相关专家的评价（Chun，2005；Wartick，2002）。"华尔街日报企业声誉指数"是另一个比较有影响力的测量方式。该测量采用了 Fombrun、Gardberg 和 Sever（2000）的研究成果，通过调查公众对企业20个属性的评价得出企业声誉数值。此外《经理人》《金融时报》等杂志也进行过企业声誉测量。企业声誉还可以通过其他测量间接得到，如企业信任度（Keller 和 Aaker，1998）、感知声望和质量（Rindova、Williamson、Petkova 和 Sever，2005）。

然而，Wartick（2002）和 Rindova、Williamson、Petkova 等（2005）都指出，直接测量企业声誉的方法较少，这是企业声誉研究的主要缺陷。Helm（2007）通过总结前人研究，发现学者们主要通过三种方式测量基于特定利益相关者的声誉（Helm，2007）。第一种方式是将声誉看作态度性构念（Attitudinal Construct）。第二种方式是将声誉看作具有群体内一致性和群体外差异性的概念。第三种方式认为不同利益相关者群体对企业声誉的感知会形成综合的企业声誉。因此，企业声誉是具有多个维度的企业整体视角的概念。三种方式测量的都是利益相关者对企业的感知。也就是说，他们认为个体对企业具有明确的感知，并对企业声誉具有统一的认识。因此，企业声誉的测量往往从个体视角进行。Walsh 和 Beatty（2007）将企业声誉看作多维态度变量，开发出基于消费者的企业声誉量表。该量表共有28个题项，包括顾客导向、良好雇主、可信度和财力、产品和服务质量、社会和环境责任。但是该量表仅在美国情境下得到证实，后来 Walsh、Beatty 和 Shiu（2009）通过在美国、英国和德国的跨文化研究，将量表缩减为15题项，并证明缩减版量表与28个题项的量表具有同样的可靠性。另外，Wartick（2002）通过企业认同和企业形象来测量企业声誉，Doorley和Garcia（2006）认为企业声誉是企业形象的综合，由企业表现（Corporate Performance）、企业行为（Corporate Behavior）和企业沟通（Corporate Communication）构成。企业声誉测量指标如表10-4所示。

表10-4 企业声誉测量指标

学者	测量变量	测量指标
Javalgi、Traylor和Gross等（1994）	企业形象	产品或服务、管理、利润动机（profit Motive）、社区参与（Community Involvement）、消费者需求相应、工作环境
Brown和Dacin（1997）	企业联想	企业能力联想、行业领导力、研发能力、企业先进性、企业社会责任联想、环境关注程度、当地社区参与、公益事业投入
Keller（1998）	企业形象联想	产品属性、利益和态度、人员及其关系、价值、企业可信性
Fombrun、Gardberg和Sever（2000）	声誉份额（Reputation Quotient）	情感诉求、产品和服务、远景和领导力、工作环境、社会和环境责任、财务表现
Melewar和Jenkins（2002）	企业认同	沟通和视觉识别、行为、企业文化、市场条件、企业、产品和服务
Brady（2003）	企业声誉	知识和技巧、情感连接、领导力、远景和欲望、质量
Cravens、Goad Oliver和Ramamoorti（2003）	声誉指数	产品、员工、外部关系、创新和价值创造、财务能力、成长能力、战略、文化、无形负债
Berens和Van Riel（2004）	企业联想	社会期望、企业个性
Helm（2005）	企业声誉	产品质量、环保承诺、企业成功、员工待遇、顾客导向、慈善和社会事业贡献、产品性价比、财务表现、管理能力、广告可信度
Shamma和Hassan（2009）	企业声誉	情感诉求、产品和服务、远景和领导力、社会和环境责任、工作环境、财务表现

（4）企业声誉的调节作用。

企业声誉能够调节消费者信息处理，进而改变产品伤害危机等外部信息对消费者行为的影响。企业声誉能够形成晕轮效应，导致消费者进行有偏向的信息处理，降低不确定性，因此企业声誉是产品伤害危机负面影响过程中的重要调节变量。

首先，企业声誉会形成晕轮效应（Halo Effect）。一旦人们对某人、某个组织形成了正面印象，人们就容易忽略与这一良好印象相对立的负面信息（Balzer和Sulsky，1992；Nisbett和Wilson，1977；方正、杨洋、江明华、李蔚和李珊，2011）。方正、杨洋和江明华等（2011）的进一步研究发现，企业声誉可以调节产品伤害危机对品牌资产的影响。

其次，企业声誉可以导致消费者有偏向的信息处理。企业声誉与消费者态度密切相关（Zinkhan、Ganesh和Jaju等，2001），消费者往往对声誉较好企业形成积极态度（Roberts和Dowling，2002）。心理学研究指出，对企业具有积极态度的消费者会有偏向地处理企业信息。这是因为，个体更愿意接受与态度一致的信息，回避与态度不一致的信息（Ditto和Lopez，1992）。同时，积极态度意味着存在结构偏差（Structural Bias），使个体降低信息处理水平。这会产生折扣效应，即负面事件的影响会减小。方正、杨洋和江明华等（2011）根据这一现象，证实企业声誉能够调节产品伤害危机应对策略对品牌资产的影响。

最后，企业声誉在利益相关者进行企业评价时可以降低不确定性（Keh和Xie，2009；Rindova、Williamson、Petkova和Sever，2005），企业声誉越好时，企业越能得到消费者的信任（Walsh和Beatty，2007），因为良好的企业声誉是企业以往优异表现的证明（Keh和Xie，2009）。

10.1.6.2 感知风险理论

风险是认识消费者选择的关键概念（Grewal、Gotlieb 和 Marmorstein，1994；Hoover、Green 和 Saegert，1978；Mitchell，1999）。风险一词不是消费者行为领域独有概念，风险的概念广泛存在于选择相关的领域。风险决策是在备选方案中进行选择，每个备选方案都有很多相关属性，因此决策过程与风险有关。同时，风险可以被概念化为一定条件下的客观特征，但是个体的评价风险会涉及个体特征（Mitchell，1999）。

Knight（1948）区别了风险和不确定性的概念。他认为，风险是已知的可能性（Known Probability），而不确定性是不精确的可能性。尽管 Knight（1948）明确区分了风险和不确定性的概念，但是市场营销人员常常将两个概念作为同义词使用。这可能是因为，他们认为消费者不可能准确估算结果的可能性（Mitchell，1999）。因此，如果按照 Knight（1948）的观点，市场营销中的感知风险概念应该称作"感知不确定性"。

风险在经济学、心理学、决策科学、管理学、保险学和金融学等学科均有较为广泛的研究，只是各个学科研究风险的方法和侧重点不同。有的将分析看着环境特征，有的将风险看作个体的风险偏好（Risk Preferences）或风险倾向（Risk Propensities），有的将风险看作决策过程中的风险评价，有的将风险看作选择结果的风险（Mitchell，1999）。经济学家用获得成功的欲望和避免失败的欲望之间的妥协，来解释个体风险承受能力的差异（Lopes，1987）。在消费者行为研究中，风险通过结果的严重性和可能性定义。消费心理学家用感知风险的概念来界定消费者购买产品或服务时对不确定性和不利结果的认知（张硕阳、陈毅文和王二平，2004）。

Bauer（1964）将风险的概念引入消费者行为研究。Bauer（1964）指出，对于任何消费者行为而言，消费者都无法事先得知确定的结果，而其中可能包括令人不愉快的结果。

Stone 和 Winter（1987）将风险看作是损失的期望。个体损失期望越高，感知到的风险越高。但是 Stone 和 Winter（1987）的观点与传统的规范的期望价值导向不同。期望价值导向从数学和经济学出发，认为风险是"概率乘以回报"；而 Stone 和 Winter（1987）对风险的理解从心理驱动视角出发，更适合消费者研究领域。因此，风险是损失的主观期望，损失可能性越高，个体感知到的风险也就越强（Mitchell，1999）。

Cox 和 Rich（1964）被认为是最先提出感知风险这个概念的学者，认为感知风险是消费者在进行购买决策时感知到的不确定性的特征和大小。消费者感知风险被认为是影响消费者评价、选择和行为的重要问题（Campbell 和 Goodstein，2001）。消费者选择是在特定环境下进行的（Stone 和 Winter，1987），消费者并不清楚结果发生的概率。消费者行为中的感知风险都是基于具体情境的。正因为如此，目前还没有一个广为接受的感知风险的定义，学者们在研究中采用的感知风险的定义往往根据具体研究背景提出的（Dowling，1986；Mitchell，1999）。

感知风险是主观风险（Subjective Risk），而不是客观风险（Objective Risk）（Bauer，1964）。购买行为存在风险，可能导致消费者财务、时间和精力等的损失。虽然购买行为结果的不确定性是客观的，由于消费者既不拥有完全信息，也难以掌握精确的计算模型，消费者无法精确估算其真实概率。消费者对购买决策的风险评价受到信息不完全性和评价方法不精确性的制约。这使得消费者无法得出购买行为的客观风险，因此左右消费者行为的风险是主观风险，而非客观风险。Stone 和 Winter（1985）甚至认为，除了物理风险（Physical Risk），根本不存在客观风险。主观风险和客观风险的争论源于研究者的哲学观。科学存在论者（Scientific Realism）认为现实是独立于人感知的客观存在，因此他们认为存在客观风险。持科学相对论（Scientific Relativism）者认为风险是相对于人而存在的，因此他们认为不存在客观风险。尽管客观风险的存在性存在争议，但是他们一致认为需要测量主观风险，行为受主观风险的影响

(Mitchell, 1999)。

目前,感知风险的策略主要有两种方式。一种方式是直接测量被试者对给定陈述或环境的风险评价,而不区分可能性(Probabilities)和结果(Consequences)(Bearden 和 Etzel, 1982; Cunningham, 1967; Jacoby 和 Kaplan, 1972)。另一种方式是分别测量可能性和结果(Peter 和 Ryan, 1976)。

营销文献将风险看作两个要素的组合,一是不确定性,二是后果(Cox 和 Rich, 1964; Cunningham, 1967; Dowling 和 Staelin, 1994)。其中,后果强调将来的不利结果,有的学者将后果定义为损失(Cox, 1967),有的学者将后果定义为损失的期望或重要程度(Mowen, 1992; Venkatraman, 1989; Yavas、Riecken 和 Babakus, 1993)。

(1)感知风险的维度。

Kogan 和 Wallach(1964)认为风险由两个构面:机会和危险(Kogan 和 Wallach, 1964)。机会的聚焦点是可能性,危险的聚焦点是负面结果的严重性。Cunningham(1967)也有类似观点,他认为感知风险由负面结果带来的损失和出现负面结果的确定性两个方面组成(Cunningham, 1967)。有学者认为风险是以上两个因素的乘积,也有学者认为风险是以上两个因素的和(Peter 和 Ryan, 1976)。Cunningham(1967)区分了两种类型的感知风险——心理风险和绩效风险。Cox and 和 Rich(1964)将感知风险分为社会—心理风险和财务风险。Roselius(1971)认为,感知风险包括自我损失、机会损失、金钱损失和时间损失四类。Dowling 和 Staelin(1994)认为,在消费者购买产品的过程中,主要存在两类风险。一是产品类别风险,即消费者对任何属于某类别的产品所感知到的风险;二是具体产品风险,即消费者对某具体产品所感知到的风险。Mitchell(1999)将感知风险分为结果的不确定性(主观概率)和不利后果两个方面。

Kaplan 等(1974)认为感知风险是多维变量,有财务风险、社会风险、心理风险、身体风险和绩效风险 5 个维度。Jacoby 和 Kaplan(1972)认为感知风险由 5 个维度构成,即心理风险、财务风险、绩效风险、时间风险和社会风险。具体而言,心理风险指购买行为可能导致的自我形象和自我概念的潜在损失;财务风险指购买行为导致的潜在货币损失;绩效风险指产品绩效低于预期所造成的潜在损失;时间风险指与购买相关的时间和努力的潜在损失;社会风险指他人对自己尊重和友谊的潜在损失。然而,5 个维度在不同购买情境中的相对重要性并不相同,但是这 5 个维度可以较好地测量感知风险(Jacoby 和 Kaplan, 1972)。Assael(1987)认为感知风险由 6 个维度组成,即心理风险、财务风险、性能风险、身体风险、社会风险和时间风险,6 种感知风险具有相关性。绩效风险是对不利后果的发生概率的测量,而不是发生后的结果,在逻辑上应该发生在其他风险之前(Stone 和 Granhaug, 1993);心理风险是一个重要的中间变量,在其他风险类型与总风险水平之间起到了桥梁作用(Stone 和 Granhaug, 1993)。

综上,风险可以认为是多元概率分布,通过多个维度来衡量风险的大小。

(2)感知风险的产生。

当个体无法准确估算决策或行为所产生的社会或经济后果的确定程度时,个体感知风险就会形成(Zinkhan 和 Karande, 1991)。消费者选择的非理性部分是因为消费者依赖于情境来评价选择,不同情境下的相同选择的评价往往不同(Cox, 1967)。即在不同情境下,冒险行为也会有差异(Bromiley 和 Curley, 1992; Lopes, 1987)。Conchar、Zinkhan 和 Peters 等(2004)进一步指出,消费者先评价情境,而后形成感知风险。

感知风险主要产生于 6 个方面(Mitchell, 1999),一是消费者知识的不充分性。消费者对需求、购买目标、可接受的水平和目标重要性的知识是不充分的(Cox 和 Rich, 1964)。二是消费者对替代决策的不确定性。消费者无法确定可替代决策的范围(Pras 和 Summers, 1978)。对替代选择的不确定性被称为知识不确定性(Knowledge Uncertainty)(Urbany, Dickson 和 Wilkie, 1989)。三是消费者对产品属性的不确定性（特别是对购买前无法评价的产品属性）（Cox，1963）。四是消费者对结果评价的感知效能的不确定性（Barach，1969；Bennett 和 Harrell，1975）。五是消费者难以全面评价品牌（Cox 和 Rich，1964）。六是结果预期与结果体验存在潜在不一致性（Kahneman 和 Tversky，1984）。这不仅是因为评价标准随时间改变，还因为消费产品的情景与预期产品的情景不同（Brooker，1984；Dunn，Murphy 和 Skelly，1986）。

从产品品类而言，关于食品感知风险的研究结果基本一致（Brooker，1984；Dunn，Murphy 和 Skelly，1986）。关于便利品和选购品感知风险的研究结果存在不一致（Derbaix，1983；Laurent 和 Kapferer，1985；Popielarz，1967；Woodside，1974）。总体而言，产品价值越高、产品越复杂、产品介入越高，消费者感知风险越大（Mitchell，1999）。

还有学者提出了，消费者感知风险加工概念化整合框架（Conchar、Zinkhan、Peters 和 Olavarrieta，2004）。该整合模型直接起源于消费者选择的信息加工理论（Bettman，1979），间接起源于前景理论（Kahneman 和 Tversky，1979）。前景理论认为个人通过两个阶段产生决策，一是问题的形成和剪辑，二是最大化问题价值函数。消费者感知风险加工概念化整合框架明确区分了风险环境的早期构建、评估和评价。尽管经济学和金融学关注风险评价，而营销学关注感知风险评估（即损失的主观期望）（Conchar、Zinkhan、Peters 和 Olavarrieta，2004）。

消费者感知风险加工概念化整合框架认为，感知风险的形成需要经历三个阶段（Conchar、Zinkhan、Peters 和 Olavarrieta，2004）。一是风险建构，这个阶段主要是为风险环境赋权，权重反映个体风险规避、风险决策相关的内外部信息资源和将选择集缩小为考虑集（Kahneman 和 Tversky，1979）。二是感知风险评估，这个阶段根据信息搜索、重要性权重、个人风险预测效应和内在不确定性分布形成感知风险。三是感知风险评价，这个阶段根据一个或多个标准检测感知风险以确定感知风险与潜在资产损失是否相称（Mowen，1992；Tversky 和 Kahneman，1992）。

（3）感知风险的影响。

学者们发现感知风险是解释信息搜索、品牌忠诚、意见领袖、参照群体和购买前的慎重考虑等现象的较好变量（张硕阳、陈毅文和王二平，2004）。感知风险会使消费者更加谨慎（Wariness），产生风险厌恶（Risk Aversion）（Bettman，1973）。感知风险随着不确定性水平和负面后果出现概率增加而升高（Oglethorpe 和 Monroe，1987）。不仅如此，感知风险还会影响消费者多个方面的行为，如口碑信息使用、新产品采用、品牌忠诚和知名品牌依赖（Erdem，1998）。

感知风险会影响品牌偏好（Dunn、Murphy 和 Skelly，1986）、产品分类（Murphy 和 Enis，1986）、产品喜好（Cardello，2003）、向信任来源寻求建议或背书（Yeung 和 Morris，2001）。消费者试图通过多种方式降低感知风险，如转换或退出购买、购买知名品牌（Yeung 和 Morris，2001）。

态度是可以通过信念来预测的构念，而风险是基于不确定性的概念，即对结果的信念，因此两个概念具有内在相关性（Stone 和 Barry Mason，1995）。因此，尽管态度和感知风险是两个不同构念，但是却存在信念的重叠（Stone 和 Barry Mason，1995）。在具体情境下，可以通过测量感知风险来预测态度（Stone 和 Barry Mason，1995）。

（4）风险的中介作用。

现有研究发现心理风险（方正、杨洋、江明华、李蔚和李珊，2011）是产品伤害危机应对策略影响品牌资产的中介变量，还有学者指出，在产品伤害危机中，感知风险是产品的口碑影响消费者态度过程中的中介变量（王晓玉和晁钢令，2008）。可见，感知风险、心理风险是产品伤害危机的心理反应。另外，感知风险在产品介入（Product Involvement）和信息搜索（Information Search）间具有中介作用（Chaudhuri，2000；Dowling 和 Staelin，1994）。在网上购物背景下，感知风险在产品展示（Products

Presentation）和购买意愿间存在中介作用。

10.1.6.3 负面情绪理论

情感（Affect）、情绪（Emotion）和心境（Mood）是相关而又相互区别的概念。为了清楚界定本书所涉及变量内涵，本书借鉴 Bagozzi、Gopinath 和 Nyer（1999）的观点来比较三者的差异。

情感可以被看作由一组具体心理过程组成的，包括情绪和心境。因此，情感可以认为是心理感受过程的一般类别，而不是具体的心理过程。

情绪有以下特点：由事件或想法的评价引起的精神状态准备；是一个现象学概念；伴随着生理过程；常常通过身体表达（如手势、姿势或面部表情）；往往会产生具体的肯定或处理行动；依赖于个人身体或心理特质。

心境是与情绪比较相近的概念，但是，心境一般持续时间较长（几小时到几天），强度也比情绪低。典型的情绪是有意识的，有具体指向；心境一般是无意识的和整体性的（Frijda，1993）。同时，心境并不会像情绪那样直接与行动相伴出现。

到目前为止，营销学中的情绪研究经历了分类法（Categories Approach）、维度法（Dimensions Approach）和认知评价法（Cognitive Appraisals Approach）三个阶段（Watson 和 Spence，2007）。

分类法重点区分不同情绪的类别，以及这些类别对消费者行为影响的差异，但不能解释不同情绪类别影响的差异。分类法不关心引起情绪的原因，而强调根据情绪的相似性进行归类。

维度法通过情感维度效价（Affective Dimensions of Valence）和唤起水平（Level of Arousal）区分不同情绪，并研究不同情绪对消费者行为的影响。这类研究具有一定的解释能力，但是难以解释由相似效价和唤起水平引起的不同行为的差异。

认知评价法通过情绪的动机和评价基础来解释情绪对消费者行为的关系。认知评价法假设消费者对环境合意性和确定性等方面的综合评价引起具体情绪。如果这些情绪未被抑制，它们就会影响消费者行为。认知评价法可以用来解释情绪（包括相似效价和唤起水平的情绪）如何被引起以及如何导致不同行为反应。认知评价法被认为是理解消费者情绪反应的较优方法（Johnson 和 Stewart，2005）。现有研究已经将个体认知评价理论用于营销研究中，但是这些研究的结论并不一致。它们提出能够区分对刺激事件情绪的认知评价数量最少为 4 个，最多为 9 个。认知评价法已经被用于研究消费情感及其对购后行为（Nyer，1997）和启发式思维运用（Tiedens 和 Linton，2001a）的影响。

（1）负面情绪的分类。

目前，情绪分类方式主要有四种。一是基于情绪效价的分类，二是基于引起主体的分类，三是基于归因关联的分类，四是基于危机情绪的分类。

一是基于情绪效价的分类。根据情绪的效价（Valence），情绪可以分为正面情绪和负面情绪。这种分类方式从物理学和化学借鉴而来（Solomon 和 Stone，2002）。情绪的效价与情绪的效用（Utility）关系密切。一般而言，负面情绪带来负效用或不满意，而正面情绪带来正效用或满意（Mellers、Schwartz 和 Ritov，1999）。尽管如此，人的情绪体验远比这丰富得多。现有情绪理论已经区分出众多且相互区别的情绪，如内疚（Guilt）、羞愧（Shame）、后悔（Regret）、沮丧（Disappointment）、嫉妒（Envy）、心满意足（Gloating）、愤怒（Anger）、害怕（Fear）、悲伤（Sadness）、愉悦（Joy）、自豪（Pride）、爱（Love）和快乐（Happiness）（Arnold，1960；Frijda、Kuipers 和 Ter Schure，1989；Plutchik，1980；Roseman、Wiest 和 Swartz，1994）。

二是基于引起主体的分类。根据引起负面情绪的主体是自身还是外界，负面情绪可以分为由自身引起的负面情绪和由外界引起的负面情绪（Smith 和 Ellsworth，1985）。Westbrook 和 Oliver（1991）进一步将由外界引起的负面情绪区分为由他人引起的负面情绪和由环境因素引起的负面情绪。Oliver（1993）

采用相似的逻辑，用不同的表述区分了三类负面情绪。第一类是外部情绪（External Emotions），即由他人引起的负面情绪；第二类是情境情绪（Situational Emotions），即由不幸事件引起的负面情绪；第三类是内部情绪（Internal Emotion），即由自己引起的负面情绪。

三是基于归因关联的分类。根据情绪是否与归因相关，Choi 和 Lin（2009）区分了两类危机情绪，一类是独立于归因的情绪，一类是具有归因的情绪。两者来自情景危机沟通理论（Situational Crisis Communication Theory，SCCT）提出的情绪成分。Choi 和 Lin（2009）认为愤怒和蔑视形成于归因过程。根据认知评价理论（Cognitive Appraisal Theory，CAT）(Lazarus，1991)，其他情绪（如愤怒）由非明确归因或责备引起，被归于归因独立危机情绪。

四是基于危机情绪的分类。Jin（2009）发现危机情绪与危机的可预测性（Predictability）（确定性程度）和可控制性（Controllability）有关，进而影响应对策略（Copying Strategies）偏好。Jin（2009）根据危机的可预测性和可控制性，将危机分为高可预测高可控制危机、高可预测低可控制危机、低可预测高可控制危机和低可预测低可控制危机，并发现高可预测高可控制危机主要诱发愤怒感，高可预测低可控制危机主要诱发悲伤感，低可预测低可控制危机主要诱发惊恐感，低可预测高可控制危机对焦虑感的影响没有证实。

（2）负面情绪的产生。

什么引发情绪？很多学者试图回答这个问题。

Arnold 情绪理论（评价理论，Appraisal Theory）是 James 情绪理论之后情绪研究的又一里程碑（乔建中，2008）。2006 年，*Cognition and Emotion* 杂志在第 7 期出版了认知评价理论专刊，以探讨认知情绪理论的价值和影响。评价理论主要研究情绪（Emotions），而非心境。情绪比心境的程度更强，持久性较弱，并且会产生生理反应。特别是对营销人员而言，与心境不同的是，情绪直接指向具体事物，并诱发具体回应行为（Bagozzi，Gopinath 和 Nyer，1999）。认知评价理论主要关注三方面的问题（Watson 和 Spence，2007）。一是被评价事件的固有特征，二是评价过程产生什么样的情绪，三是这些情绪的行为反应是什么样的。认知评价理论认为，情绪是消费者对不合意情境的心理感受，同时会影响消费者行为。

认知评价理论认为，早期情绪理论存在不足，人体对事件的感知引起的身体变化并不足以解释情绪的产生，刺激事件被感知产生的评价才是产生情绪的关键。即情绪感知和情绪感受存在区别，情绪感知仅表示我们有什么，情绪感受会对有的东西进行评价（Arnold，1960）。也就是说，Arnold 认为产生情绪的充分条件是主观上感受到刺激事件的评价。Arnold（1960）认为，情绪产生于个体对事件利弊的评价，不同事件评价方式导致了情绪的差异。

Lazarus 对 Arnold 情绪理论进行了扩展，提出了情绪认知理论，将 Arnold 的评价扩展为评价、再评价过程，包括实际发生的应付冲动、交替活动和身体反应的反馈、对活动后果的知觉。他认为情绪不能由单一成分决定，每种情绪都包括生理的、行为的和认知的三种成分，人们所体验到的情绪是通过对情境刺激的评价和所引起的身体反应冲动得到的（孟昭兰，1985）。Lazarus（1991）主张情绪是个体对个人—环境情况进行认知评价的结果。Frijda（1986，1993）、Kemper（1978）、Ortony、Clore、Collins（1988）和 Scherer（1984，1993）延续了以上思路，并提出了更具体的评价集，来解释不同情绪的产生。

情绪认知理论认为，个体情绪产生于认知，并且与个体在几个认知维度上对所处环境的评价有关（Smith 和 Ellsworth，1985）。情绪差异产生于个体评价环境的方式。评价（Appraisal）是一种独特的认知活动，重点是评价事件对自身利益影响是否显著（Lazarus，1991）。

Lazarus（1991）指出，情绪是准备响应环境评价的精神状态和个人思考，并且有两个主要部分组成。一是主要评价（Primary Appraisal），主要评价事件是否显著影响个人利益，主要影响因素包括目标相关性（Goal Relevance）、目标一致性（Goal congruence）和自我介入类型（Type of Ego Involvement）；二是次级评价（Secondary Appraisal），主要评价是否具有处理事件的有效位能（Available Potential），主要影响因素包括付出努力的预期（Anticipated Need to Expend Effort）、需要分配给该环境的注意力（Need to Allocate Attention to the Situation）、确定性（Certainty）、环境因素（Other-agency）、自我原因（Self-agency）、公平性（Fairness）、目标或障碍的出现等（Ellsworth 和 Smith，1988a；b）。因此，个体情绪是对环境连续评价的结果，具有相似的评价成分，同时与其他评价过程存在差异。

为了清晰界定评价的特征，Lazarus（1991）将评价与另一种认知活动相区别——知识（Knowledge），指出评价与自身利益有关，而知识与自身利益没有必然联系，知识是冰冷的、非情感的。通过证明认知评价与情绪的密切关系，采用认识法研究情绪得到较好支持（Frijda、Kuipers 和 Ter Schure，1989）。更重要的是，环境评价产生的情绪会改变个体选择和与之相适应的行为方式（Lazarus，1991）

基于认知评价理论，有学者提出了改进模型，用以解释刺激事件所产生消费者情感的影响因素和结果（Watson 和 Spence，2007）。他们指出，消费者首先评价事件的合意性、归因、公平性和确定性，进而形成相应情感，进而影响消费者行为。

归因理论也接受了情绪产生于认知评价的观点。Weiner 的归因理论包括思考—情绪—行动过程。Weiner 指出，在第一个阶段，消费者通过原因稳定性思考得出未来的预期，同时通过原因控制性思考得出个人责任；在第二个阶段，消费者会形成相应的情绪（如希望、害怕和愤怒）；第三个阶段，消费者会做出相应的行动。Weiner（2000）强调消费者情绪在三个阶段中的重要作用，将消费者情绪称为"沟通过去和未来的桥梁"。有学者从归因的角度探讨了消费者情绪，主要研究因果控制点（Causal Locus）和因果可控性（Causal Controllability）与情绪的关系。

①因果控制点与情绪的关系。

产品（或服务）失败研究发现因果归因与愤怒和购买意愿存在直接关系（Folkes，1984；Folkes、Koletsky 和 Graham，1987；Jorgensen，1996）。在产品危机过程中，消费者会对目标品牌产生负向情绪（Laufer、Silvera 和 Meyer，2005）。而且，愤怒与购买意愿的直接路径也显著，并且愤怒对购买意愿的直接效应强于因果归因（Folkes、Koletsky 和 Graham，1987）。在研究归因、情绪和行为的关系时，Folkes、Koletsky 和 Graham（1987）发现，因果归因不仅会直接影响消费者抱怨意愿和购买意愿，而且愤怒情绪会在中间起到中介作用。危机沟通研究发现，当组织触犯了公众利益时，公众会感到愤怒（Jin，2009；2010）。并且，危机起源（Crisis Origin）会影响公众面对危机信息时的情绪，当危机起源为外部时，公众负面情绪主要是归因独立情绪（Attribution-independent Emotions），如焦虑、恐惧和害怕。

②因果可控性与情绪的关系。

危机沟通研究发现，当危机感知控制性（Perceived Crisis Controllability）较低而不确定性较高时（Uncertainty），公众会形成归因独立情绪——惊吓（Fright）(Jin，2009)；当公众感知危机情景不确定，但自己具有一定控制力时，公众也会形成归因独立情绪——焦虑（Anxiety）(Jin，2009；2010)。McDonald 等（2010）还指出，内部控制性危机一般会导致公众愤怒（Anger）。

③责任归因与情绪的关系。

个体根据因果控制点和因果可控性判断责任归属（Weiner，1986），也有研究直接关注了责任归因与情绪的关系。同时，有学者发现，基于归因的情绪和独立于归因的情绪存在差异。愤怒、害怕、好奇、担忧、蔑视和安慰是基于归因的情绪，警觉和困惑是独立于归因的情绪（Choi 和 Lin，2009）。危机沟通研究证实，个体对事件的责任归因会影响其情感反应（Coombs，2007）。具体而言，危机责任（Crisis Responsibility）和负面公共情绪（Negative Public Emotions）（Choi 和 Lin，2009；Mcdonald、Sparks 和 Glendon，2010）以及危机参与（Crisis Engagement）和全部公关情绪（Mcdonald、Sparks 和 Glendon，

2010；Yang、Kang 和 Johnson，2010）相关。并且危机责任与愤怒、幸灾乐祸等负面情绪正相关，而与同情心（Sympathy）等正面情绪负相关（Coombs 和 Holladay，2005）。愤怒和同情是归因理论中的两个核心情感（Core Emotions）。当个体愤怒时，个体对事件的反应更负面；当个体同情时，个体对事件的反应会更正面（Weiner，2005）。不仅如此，Coombs 和 Holladay（2005）还指出，当公众感觉到的企业危机责任增加时，公众会更愤怒。

尽管如此，有学者仍然持有相反意见。他们认为尽管认知可能足以产生情绪，但是认知可能不是情绪产生的必要条件，即使不存在评价过程，情绪唤起也可能发生（Izard，1993；Zajonc，1980；1984）。Izard（1993）认为，尽管信息加工涉及情绪，但是产生情绪的信息加工可能是非认知性的（Izard，1993）。

综上，关于认知是否是形成情感的必要条件一直存在争议，但是从实际角度来看，情绪认知模式更具优势（Nyer，1997）。因为，情绪认知模式更容易具体化情绪的前置因素，并且具有更高的预测能力（Nyer，1997）。虽然认知评价是否足以产生情绪一直存在争议，但是认知评价产生情绪的观点已经被广为接受。Bagozzi、Gopinath、Nyer（1999）和 Johnson、Stewart（2005）也认为认知评价理论是在营销领域研究情绪问题较好的理论视角。

（3）负面情绪的影响。

情绪会影响认知过程，如评价、回忆和判断（Gardner，1985）。特别是在市场营销活动中，情绪对市场营销的各个方面产生影响（Nyer，1997）。

①情绪对个体评价的影响。

情绪会影响个体评价的观点已经广为接受（Bagozzi、Gopinath 和 Nyer，1999）。前期研究表明，正面情绪比负面情绪更容易引发积极评价，而负面情绪比正面情绪更容易引发消极评价（Johnson 和 Tversky，1983）。当个体处于正面情绪时，个体对刺激（Stimuli）的评价比中性情绪或负面情绪时更积极，这些刺激包括人（Clore 和 Byrne，1974；Forgas 和 Bower，1987）、消费品（Consumer Goods）（Isen、Shalker 和 Clark 等，1978；Srull，1983）、生活满意度（Life Satisfaction）（Schwarz 和 Clore，1983）和过去生活中的事件（Past Life Events）（Clark 和 Teasdale，1982）。

②情绪对风险偏好的影响。

不同强度的负面情绪对风险偏好（Risk Preferences）的影响存在差异，恐惧的人（Fearful People）会做出消极判断，而愤怒的人会做出积极判断（Lerner 和 Keltner，2000）。这是因为，每个情绪潜在的评价不确定性程度不同，由于恐惧是未来导向的，比愤怒的不确定性更强（Tiedens 和 Linton，2001b）。在其他条件不变的情况下，评价不确定性是导致恐惧而非愤怒的原因。

③情绪对个体行为的影响。

情绪对选择的影响力非常强大，快乐、忧伤和愤怒都可以影响甚至改变决策（Mellers、Schwartz 和 Ritov，1999）。当个体情绪较好时，个体具有较强的问题解决能力（Isen，1993），更容易记住快乐的事情（Bower，1981），更乐意冒险（Kahn 和 Isen，1993），认为有利事件更容易发生（Nygren、Isen 和 Taylor 等，1996）。当个体情绪不佳时，个体更可能回忆起负面事件（Bower，1981），高估不利事件发生的几率（Johnson 和 Tversky，1983）。如果此时个体唤起水平也比较高，个体可能会减少信息评价（Forgas，1992；Gleicher 和 Weary，1991）。服务营销研究发现，情绪会影响顾客再购意愿和顾客对公司的态度（Davidow，2003）。

（4）情绪对态度的影响。

情绪一致性效应指出，正面情绪会形成对刺激的有利态度，负面情绪会形成对刺激的不利态度（Fedorikhin 和 Cole，2004）。

(5) 危机引起的情绪。

尽管基于情景的危机应对（Situation-based Crisis Responses）是危机应对研究的主流，但是有学者指出，危机应对研究应该增加并考虑情绪因素，进而提出更一般性和系统性的危机应对框架（Jin、Pang 和 Cameron，2007）。情绪在公共关系中具有三方面的重要作用：①情绪是组织公共关系活动说服的衡量指标；②情绪可以调节公众对组织的态度；③情绪是组织危机沟通决策的重要影响因素（Jin、Pang 和 Cameron，2007）。

危机情绪研究多数从认知评价理论出发（Jin，2009；2010；Jin、Pang 和 Cameron，2008；Jin 和 Cameron，2007）。基于认知的综合情感研究的倡议者 Lazarus（1991）将情绪定义为——随着个人与环境间关系变化而变化的，与认知和动机相关的状态，具有感知性和评价性特征。

组织危机既可以引起负面情绪，也可以引起正面情绪。个体对危机的感知并不仅仅受危机刺激的影响，还涉及个人对危机的理解（Jin，2009）。Coombs 和 Holladay（2005）发现危机中主要存在三类情绪，同情、愤怒和幸灾乐祸，并且危机责任与愤怒、幸灾乐祸等负面情绪正相关，而与同情等正面情绪负相关。负面情绪会影响顾客忠诚（Roos、Friman 和 Edvardsson，2009；Wong，2004）、口碑和抱怨行为（Liljander 和 Strandvik，1997）。负面情绪会使利益相关者猛烈抨击组织，甚至对组织做出激烈行为。

危机沟通研究已经证实，危机责任（Crisis Responsibility）、负面公共情绪（Negative Public Emotions）（Choi 和 Lin，2009；Mcdonald、Sparks 和 Glendon，2010），以及危机参与（Crisis Engagement）和全部公关情绪（Mcdonald、Sparks 和 Glendon，2010；Yang、Kang 和 Johnson，2010）相关。特定的负面情绪与不良危机后果关系密切。例如，愤怒会导致负面购买意愿和口碑（Coombs，2007）；在因内部原因引起的危机中，害怕会导致负面口碑（Mcdonald、Sparks 和 Glendon，2010）。

愤怒是危机沟通研究非常关注的负面情绪（Coombs 和 Holladay，2005）。Turner（2007）研究发现，愤怒能够促使消费者去控制情景，即试图改善遇到的问题。愤怒可以预测消费者惩罚企业的意愿（Jorgensen，1996）、负面购买意愿（Coombs 和 Holladay，2007；Jorgensen，1996）、负面口碑（Jorgensen，1996），并间接降低投资意愿（Coombs 和 Holladay，2007）。悲伤会使消费者更偏好情绪支持和正面思考，害怕会引起发泄意愿或回避行为（Jin，2009）。尽管归因理论的思考—情绪—行动过程认为态度能够预测行为，但是 Jorgensen（1996）和 Lee（2005）基于归因理论的危机研究并没有得出态度—行为路径显著的结论。

有学者发现，基于归因的情绪和独立于归因的情绪存在差异。愤怒、害怕、好奇、担忧、蔑视和安慰是基于归因的情绪，警觉和困惑是独立于归因的情绪，并且警觉和愤怒与组织声誉负相关（Choi 和 Lin，2009）。另外，还有学者发现，在产品篡改危机（Product Tampering Crisis）中，负面情绪会影响消费者购买意愿（Stockmyer，1996）。

(6) 情绪的中介作用。

Nyer（1997）提出了解释消费者情绪作用的分析框架，发现情绪在消费者评价和消费者行为间存在中介作用。具体而言，消费者不同的评价结果会引起不同的消费者情绪，不同消费者情绪又与不同消费者行为相匹配。Nyer（1997）证明，产品性能期望、产品重要性和潜在处理方式（如感知成功抱怨的可能性）会引起不同情感，如愉悦、愤怒、悲伤和满意，并且情绪在三类评价和负面口碑之间具有完全中介作用。

Weiner 的归因理论也支持情绪的中介作用。Folkes、Koletsky 和 Graham（1987）发现，因果归因不仅会直接影响消费者抱怨意愿和购买意愿，而且愤怒情绪会在中间起到中介作用（Folkes、Koletsky 和 Graham，1987）。

情绪的中介作用存在于服务失败中。Bougie、Pieters 和 Zeelenberg（2003）证明消费者产品性能期望和消费者满意引起消费者情绪，进而影响消费后行为，同时还发现，愤怒在不满意对负面口碑的影响过程中起到调节作用（Bougie、Pieters 和 Zeelenberg，2003）。

情绪的中介作用存在于广告效果中。Holbrook 和 Batra（1987）在研究广告效果时发现，消费者情绪在广告内容和广告态度之间存在中介作用。Batra 和 Stayman（1990）研究发现，广告所产生的正面情绪能够提升消费者对广告的态度。当消费者观看电视广告时，广告引起的消费者情绪可以增强消费者品牌态度。Batra 和 Ray（1986）研究发现，消费者情绪在广告和消费者广告接受之间具有中介作用。

在研究产品伤害危机时，王晓玉、晁钢令、吴纪元（2006）研究发现，感知风险还可以中介消费者口碑对消费者态度的影响，但负面情绪不是中介变量。Laufer、Silvera 和 Meyer（2005）指出年龄因素会调节产品伤害危机的影响，老年人因果控制性归因较弱，倾向于认为企业难以控制产品伤害危机的发生，不大会形成原因控制性较高时而产生的负面情绪（如愤怒）。

10.1.7 研究模型与假设

10.1.7.1 模型理论

产品伤害危机事件是指偶尔出现并被广泛宣传的关于某产品是有缺陷的或是对消费者有危险的事件（Siomkos 和 Kurzbard，1994）。因此，从本质上来说，产品伤害危机通过给消费者提供可以用来评价产品的外部刺激，进而改变消费者决策，是消费者信息加工过程和学习过程。本书借鉴经典的消费者行为模型，试图构建产品伤害危机影响购买行为的一般模型。

经典消费者行为模型主要从微观经济学和行为心理学视角描述了外部刺激对消费者行为的影响，抽象出外部刺激影响行为决策的一般过程。I-O 模型、S-R 模型、S-O-R 模型和 R-S-O-R 模型是描述该过程的经典模型。本书将基于以上经典模型，结合产品伤害危机情境，构建产品伤害危机对产品组合负面影响的模型。

（1）I-O 模型。

早期的消费者行为模型遵循 I-O 模型（输入—输出模型），将个人经济因素作为输入变量，消费行为作为输出变量，并假定消费者是"理性人"。早期的消费者行为模型突出经济因素的决定性作用，而忽视消费者心理认知和个体差异的作用。随着心理学的发展，消费者心理因素的重要性逐渐凸显，消费者行为模型发展为 S-O-R 模型（刺激—机体—反应模型）。

（2）S-R 模型。

其次是行为心理学的 S-R 模型（刺激—反应模型）。消费者购买决策模型源于消费者行为模型的探讨。以华生为代表的行为心理学家认为，人的行为是有机体在各种环境刺激下的反应，并提出了 S-R 模型（刺激—反应模型）。其中，S（刺激）是作用于有机体的各种环境因素，R（反应）是人的内隐或外显的活动。他们认为人的主观意识是一个黑箱，不管黑箱里装了什么，只要知道刺激和反应的关系就可以了，因此他们反对研究人的主观意识。

（3）S-O-R 模型。

以 Tolman、Hull 和 Skinner 为新代表的行为主义心理学家则认为，人的行为不像旧行为主义心理学家认为的那么简单。他们认为环境刺激先通过影响有机体的状态（生理和心理状态）来影响行为，即有机体的状态是环境刺激和行为间的中介变量。1974 年，Mehrabian 和 Russell（1974）提出了 S-O-R 模型（Stimulus–Organism–Response Model；刺激—机体—反应模型），用于解释环境对个体情感和行为的影响。S-O-R 模型是环境心理学经典模型，主张个体受到外部刺激（S）时，会影响机体（O），进而影响个体反应（R）(Mehrabian 和 Russell，1974）。

S-O-R 模型的基本看法是，环境刺激会影响个体心理反应，进而影响个体行为（Lii 和 Lee，2012；贺爱忠和龚婉琛，2010）。Kotler 基于新行为主义的观点提出了购买行为模式，认为市场影响刺激和其

（4）R-S-O-R 模型。

Belk（1975）最早将 S-O-R 模型引入市场营销研究，提出 R-S-O-R 模型，认为消费者行为受到外部刺激（购买对象和购买情景）的影响，消费者对购买对象和购买情景的感知、评价会影响心理反应，进而影响购买行为（Belk，1975），如图 10-4 所示。Belk（1975）强调情景的客观存在性以及消费者和商品特点在不同情景下的一致性。

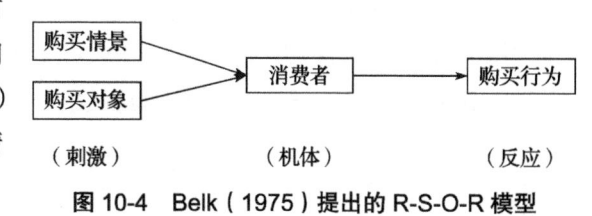

图 10-4 Belk（1975）提出的 R-S-O-R 模型

刺激是购买情景和购买对象。购买情景包括实体环境（Physical Surroundings）、社会环境（Social Surroundings）、时间视角（Temproal Perspective）、问题定义（Task Definition）和前期状态（Antecedent States）5 个维度。购买对象包括产品和服务。并且，情景可以通过两种方式测量，一是心理测量法（Lutz 和 Kakkar，1975），通过消费者的主观感知来测量情景；二是客观测量法（Belk，1975），通过先于个体感知的客观指标来测量情景。在营销情境中，刺激主要包括产品、品牌、广告、包装、价格、店铺及其环境、口碑等外部影响因素（Jacoby，2002）。

在该模型中，机体表述消费者处理输入的外部刺激后形成的心理或生理反应（Jacoby，2002）。Mchrabian 和 Russell（1974）仅强调了个体的内在情绪状态，认为内在情感状态存在高兴（Pleasure）、觉醒（Arousal）和支配（Dominance）3 个维度。Russell（1979）进一步指出，仅高兴和觉醒就足以涵盖消费者对刺激的情感反应。Baker、Grewal、Levy（1992）、Donovan 和 Rossiter（1982），Ward 和 Barnes（2001）已经证实了以上观点。

Belk（1975）对机体的理解更为全面，认为机体即消费者个人因素，包含消费者个人的认知状态和情感状态（Belk，1975）。认知状态是指消费者头脑已获取、加工、保存和检索的所有信息（Eroglu、Machleit 和 Davis，2001）。情感状态是个体对事件或刺激的情感反应（Frijda，1993）。大量研究结果显示，认知状态和情感状态是消费者行为的重要前置变量（Derbaix 和 Pham，1991；Havlena 和 Holbrook，1986；Hirschman 和 Holbrook，1982）。

反应是消费者的行为（Belk，1975）。Belk（1975）延续了（Mehrabian 和 Russell，1974）对反应的界定，认为反应包括趋近行为和回避行为两种。由于行为意愿是决定行为的最直接变量（Shim、Eastlick 和 Lotz 等，2001），为了增加测量的方便性，现有研究常用行为意愿指代反应，将购买意愿、惠顾意愿、再购意愿和推荐意愿等引入 R-S-O-R 模型（Baker、Parasuraman 和 Grewal 等，2002；Donovan 和 Rossiter，1982；Hightower、Brady 和 Baker，2002；Macintosh 和 Lockshin，1997）。

R-S-O-R 模型的有效性已经在多个研究中得到证实，如产品（Bloch，1995；Lee、Ha 和 Widdows，2011）、服务（Foxall 和 Greenley，1999；Jang 和 Namkung，2009）、实体店铺（Baker、Grewal 和 Levy，1992）、网上商店（Eroglu、Machleit 和 Davis，2001；Mazaheri、Richard 和 Laroche，2010；Mummalaneni，2005）、企业社会责任计划（Lii 和 Lee，2012）等领域。

10.1.7.2　研究模型

R-S-O-R 模型简洁并得到大量研究的支持（Bloch，1995；Lee、Ha 和 Widdows，2011；Foxall 和 Greenley，1999；Jang 和 Namkung，2009；Baker、Grewal 和 Levy，1992；Eroglu、Machleit 和 Davis，2001；Mazaheri、Richard 和 Laroche，2010；Mummalaneni，2005；Lii 和 Lee，2012），因此本书构建产品伤害危机负面影响模型时，主要遵照 R-S-O-R 模型的观点。同时，从产品伤害危机现有研究结论也可以推断出产品伤害危机的负面影响遵循 Belk（1975）提出的模式，即消费者对购买对象、购买情景的感知和评价会影响心理反应，进而影响购买行为（Belk，1975）。例如，Cleeren、Dekimpe 和 Helsen

(2008)、Siomkos 和 Kurzbard（1994）、Vassilikopoulou、Siomkos 和 Chatzipanagiotou 等（2009）、方正（2007）等学者均证实产品伤害危机会导致消费者感知风险（或危险）升高，同时 Siomkos、Kurzbard（1994）和方正（2007）进一步发现感知风险（或危险）的升高会导致购买意愿下降。即产品伤害危机信息对消费者产生外部刺激，而后消费者形成相应的心理反应，最后做出决策。根据以上研究，本书推断产品伤害危机的负面影响符合 Belk（1975）提出的 R-S-O-R 模型。结合产品伤害危机研究相关结论，本书基于 R-S-O-R 模型，构建产品伤害危机的影响模式。

因此，本书认为，产品伤害危机的影响同样存在三个部分。第一部分是刺激（S），是外部信息构成的刺激因素，形成消费者的产品伤害危机感知；第二部分是机体（O），是消费者对产品伤害危机的认知和情感反应，其结果是感知风险和负面情绪上升；第三部分是反应（R），是消费者行为结果，包含消费者对危机产品及其相关产品的购买行为。

（1）刺激（S）。

在营销情境中，刺激主要包括产品、品牌、广告、包装、价格、店铺及其环境、口碑等外部影响因素（Jacoby，2002）。所有能够促使消费者购买或回避的外部因素都可以成为刺激因素，既可以包括企业可控因素（如广告和价格），也包括企业不可控因素（如口碑）。在产品伤害危机中，危机属性和消费者危机前的知识是影响消费者行为的两个关键因素。

就危机属性而言，产品伤害危机属性是产品伤害危机负面影响差异的主要原因。前期研究发现产品伤害危机类型会影响心理风险和品牌资产（方正、杨洋、江明华、李蔚和李珊，2011）。然而，感知性本质是包括产品伤害危机在内的所有危机的本质属性，无论产品缺陷或危害是否真实存在，只要存在较多消费者感知到产品存在缺陷或危害性，就会形成产品伤害危机。也就是说，消费者感知，是危机的本质属性。因此，通过客观标准分类产品伤害危机来识别产品伤害危机属性，忽视了产品伤害危机的感知性本质，造成理论缺陷。因此，本书将产品伤害危机看作消费者对产品缺陷或危害性的感知，将危机感知看作产品伤害危机对消费者形成的刺激。

晕轮效应指出，一旦人们对某人、某个组织形成了正面印象，人们就容易忽略与这一良好印象相对立的负面信息（Balzer 和 Sulsky，1992；Nisbett 和 Wilson，1977；方正、杨洋、江明华、李蔚和李珊，2011）。这是因为个体更愿意接受与态度一致的信息，回避与态度不一致的信息（Ditto 和 Lopez，1992）。另外，消费者承诺也能够影响信息处理。防卫性归因（Defense Motivation）指出，消费者品牌承诺较高时，会对威胁品牌态度的信息进行选择性处理（Ahluwalia、Unnava 和 Burnkrant，2001）。产品伤害危机研究发现，企业声誉、企业社会责任、品牌知名度、品牌忠诚和熟悉度等消费者知识的主要构成因素会影响消费者对危机产品和应对策略的评价。企业声誉能够降低产品伤害危机对感知危险、购买意愿的不利影响（Siomkos 和 Kurzbard，1994），企业声誉能调节产品伤害危机及其应对策略对品牌资产的影响（方正、江明华、杨洋和李蔚，2010；方正、杨洋、江明华、李蔚和李珊，2011），企业声誉能够调节消费者对产品伤害危机的反应（Grunwald 和 Hempelmann，2010）。企业社会责任感能够减少消费者对企业责任归因（Klein 和 Dawar，2004），较高的品牌知名度也能够达到类似效果（Laczniak、Decarlo 和 Ramaswami，2001），危机前的品牌忠诚度和熟悉度对产品伤害危机有重要的缓冲作用（Cleeren、Dekimpe 和 Helsen，2008）。由于企业声誉是企业过去行为和未来远景的感知表征（Perceptual Representation），描述了企业与竞争企业相比较时，企业对利益相关者的整体吸引力（Fombrun，1996），是对企业的总体感知，具有稳定性和持久性（Walker，2010），能够较好地代表消费者对危机企业的认知。因此，本书将企业声誉纳入研究模型，提升研究模型的解释能力。

就危机感知和企业声誉的关系而言，前期研究发现，企业声誉能够调节产品伤害危机对消费者感知危险、应对策略和购买意愿的影响（Siomkos 和 Kurzbard，1994；方正、江明华、杨洋和李蔚，2010；方正、杨洋、江明华、李蔚和李珊，2011）。因此，本书将企业声誉作为调节变量，调节产品伤害危机感知的负面影响。也就是说，在本书中，环境刺激包括产品伤害危机感知和企业声誉两个要素。

（2）机体（O）。

本书延续 Belk（1975）的观点将消费者心理反应表征为机体。机体是消费者处理输入的外部刺激后形成的心理或生理反应（Jacoby，2002），包含消费者个人的认知状态和情感状态（Belk，1975）。在产品伤害危机情境下，机体是消费者对产品伤害危机的认知和情感评价，受到产品伤害危机感知和企业声誉的影响。

（3）反应（R）。

根据 Belk（1975）的界定，反应包括趋近和回避两种主要行为，即消费者是购买还是拒绝产品。在产品伤害危机情境下，现有研究指出，产品伤害危机不仅会负面影响危机产品（Dawar 和 Pillutla，2000；Siomkos 和 Kurzbard，1994；方正、江明华、杨洋和李蔚，2010；方正、杨洋、江明华、李蔚和李珊，2011），可能影响消费者对危机企业和危机产品的认知（Siomkos 和 Malliaris，1992），还可能向行业和竞争企业溢出（Roehm 和 Tybout，2006）。也就是说，产品伤害危机的负面影响并不局限于危机产品，还可能影响企业其他非危机产品，甚至竞争企业的产品。因此，本书没有把产品伤害危机的负面影响局限在危机产品领域，而是从危机企业的角度，研究产品伤害危机对企业的危机产品和非危机产品的负面影响。溢出效应研究指出，根据"可接近性—可诊断性"框架，相似性是影响溢出效应发生的关键变量（Broniarczyk 和 Alba，1994；Dahlen 和 Lange，2006；Roehm 和 Tybout，2006）。现有研究已经证实，无论在产品危机（Roehm 和 Tybout，2006），还是在服务危机（Dahlen 和 Lange，2006）中，危机会向高相似品牌溢出。因此，根据"可接近性—可诊断性"框架（Feldman 和 Lynch，1988），我们可以推断，与相似性较低的危机产品相比，产品伤害危机更容易向相似性较高的产品溢出，即产品相似性会调节心理反应对购买决策的影响。所以，在本书中，反应包括购买决策和产品相似性两个因素。

10.1.7.3 研究假设

本书基于 Belk（1975）的 R-S-O-R 模型提出了产品伤害危机负面影响产品态度模型。该模型指出，产品伤害危机负面影响遵循 S-O-R 模式，即产品伤害危机刺激通过引起消费者心理反应来改变消费者决策。在这个过程中，企业声誉和产品相似性会调节产品伤害危机产生的负面影响。

那么，消费者对产品伤害危机的哪些感知，会通过哪些心理反应影响购买行为？为了回答这个问题，本书将根据现有研究结论和现实案例，区分产品伤害危机的感知维度，细化心理反应的具体内容，进而得出具体模型如图 10-5 所示。

前文构建的研究模型指出，产品伤害危机负面影响遵循 S-O-R 模型，即产品伤害危机感知会促发消费者心理反应，进而影响购买决策。研究模型还指出，企业声誉和产品相似性在产品伤害危机形成负面影响的过程中起到重要调节作用。

感知危害性、感知责任性、感知违约性、感知偶发性和感知无良性，是本书基于危机感知性本质首次提出的产品伤害危机的 5 个感知维度，尚不清楚 5 个维度是否都会影响危机产品和非危机产品态度。为了厘清产品伤害危机感知 5 个维度对危机产品和非危机产品的影响及其差异，本书将层层深入地展开研究。

首先，本书研究产品伤害感知维度对危机产品态度的直接影响。在考虑企业声誉的调节作用的情况下，本书研究感知危害性、感知责任性、感知违约性、感知偶发性和感知无良性对危机产品态度的直接影响。这可以确认，产品伤害危机感知维度的合理性和不同感知维度的影响差异为溢出研究和机制研究奠定了基础。

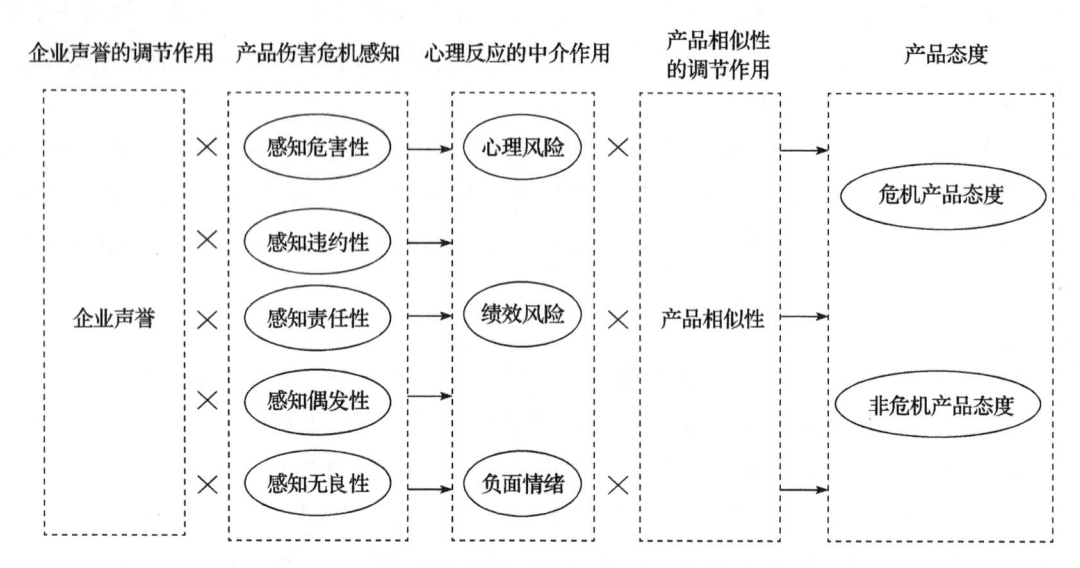

图 10-5　产品伤害危机负面影响产品态度的具体模型

注：产品相似性是从"完全相似"到"完全不相似"的连续变量，危机产品与曝出危机的产品完全相似，危机产品与非危机产品的相似性变化区间为（0，1）。因此，可以认为产品相似性影响危机产品态度和非危机产品态度。

其次，本书研究企业声誉的调节作用。企业声誉是企业保持持续竞争优势和维护与利益相关者良好关系的重要手段（Boyd、Bergh 和 Ketchen Jr，2010），已经被证实能够调节产品伤害危机及其应对策略的效果（方正、江明华和李蔚等，2010；方正、杨洋和李珊等，2011）。本书指出产品伤害危机存在 5 个关键维度，明确回答"企业声誉能较好调节哪些维度""难以调节哪些维度"等问题，有利于识别哪些维度是"刚性约束"，哪些维度是"柔性约束"，增加对 5 个产品伤害危机感知维度负面影响强度差异的认识。

再次，本书研究产品相似性的调节作用。产品伤害危机感知不仅会影响危机产品态度，还可以向非危机产品溢出。根据"可接近性—可诊断性"框架，相似性是影响溢出效应发生的关键变量（Broniarczyk 和 Alba，1994；Dahlen 和 Lange，2006；Roehm 和 Tybout，2006），因此本书推测产品伤害危机感知对非危机产品的溢出效应会受到产品相似的调节。研究产品伤害危机感知对非危机产品的影响，不仅填补了产品伤害危机对同品牌非危机产品影响的空白，而且可以进一步识别出负面影响较大、更容易形成负面溢出的维度，增加对 5 个产品伤害危机感知维度影响广度的认识。

最后，本书研究感知风险和负面情绪的中介作用。感知风险和负面情绪是现有研究已经识别出的产品伤害危机中的重要中介变量（方正、杨洋和李珊等，2011；王晓玉和晁钢令，2008）。现有研究将产品伤害危机作为自变量，研究感知风险和负面情绪的中介作用，没有区分消费者对产品伤害危机的不同感知对感知风险和负面情绪的影响差异，尚不确定产品伤害危机感知与感知风险和负面情绪的关系。哪些产品伤害危机感知维度更可能引起消费者心理风险？哪些维度更容易引起消费者负面情绪？感知风险和负面情绪哪个对产品态度的负面影响更大？本书对感知风险和负面情绪中介作用的探讨，将进一步回答上述问题。

综上，本书通过 4 个部分逐步分析产品伤害危机感知的负面影响，先研究产品伤害危机感知对危机产品的负面影响，再研究产品伤害危机感知对非危机产品的溢出，而后研究企业声誉对产品伤害危机感知负面影响的调节作用，最后研究产品伤害危机感知影响产品态度的心理机制。接下来，本书将具体探讨内容，并提出本书的研究假设。

（1）危机感知的负面影响。

产品伤害危机感知是产品伤害危机影响消费者行为的主要因素。方正（2007）根据产品伤害危机是否违反法律法规，将产品伤害危机分为可辩解型（Defensible Product Harm Crisis）和不可辩解型（Non-Defensible Product Harm Crisis）。方正、江明华、杨洋和李蔚（2010）进一步研究发现，两类产品伤害危机的最优应对策略不同。Grunwald 和 Hempelmann（2010）将产品伤害危机分为产品召回（Product-recall Situation）、已证实的产品缺陷事件（Substantiated Complaints Situation）、未被证实的产品缺陷事件（Non-substantiated Complaints Situations），并发现，与未被证实的产品缺陷事件比较而言，产品召回在企业声誉较高时引起的消费者的感知严重性（Perceptions of Problem Severity）较小（Grunwald 和 Hempelmann，2010）。以上两个研究从危机分类角度区分不同产品伤害危机负面影响的差异。尽管这可以在一定程度上加深对产品伤害危机的认识，但是这背离了产品伤害危机的感知性本质，难以解释某些市场现象。面对不同类型产品伤害危机时，消费者可能做出相似的购买决策；而面对相同类型的产品伤害危机时，不同消费者可能做出不一致的购买决策。这是因为，通过分类发现产品伤害危机的属性，是从企业视角采用客观标准进行分类，而非从消费者视角进行分类。另外，不同的分类标准会产生不同的分类方式，难以取舍哪种方式更优。例如，方正（2007）和 Grunwald、Hempelmann（2010）的分类都能解释企业声誉在产品伤害危机中的作用，都能够得出较有价值的结论，难以在两者间取舍。但是，企业只需要一种能够较好理解产品伤害危机的方式。

因此，有必要从消费者视角重新探索产品伤害危机，认识产品伤害危机属性的方式。为了清晰认识产品伤害危机感知，本书整理了营销相关领域的危机研究，发现至少存在 13 个危机属性，包括危害性（Marcus 和 Goodman，1991）、可辩解性（Marcus 和 Goodman，1991）、严重性（Coombs 和 Holladay，2002；阎骏和佘秋玲，2009）、控制性（Coombs 和 Holladay，2002）、绩效历史（包括危机历史和关系历史）（Coombs 和 Holladay，2002）、责任归因（Coombs，1998；Coombs 和 Holladay，2004；阎骏和佘秋玲，2009）、能力归因（Pullig、Netemeyer 和 Biswas，2006；Votola 和 Unnava，2006）、道德归因（Pullig、Netemeyer 和 Biswas，2006；Votola 和 Unnava，2006；庄爱玲和余伟萍，2011）、法律违反（方正，2007）、品牌主张违背（Dawar 和 Lei，2009）、伤害主体（庄爱玲和余伟萍，2011）、频繁性（Lei、Dawar 和 Gürhan-Canli，2012）、关联性（阎骏和佘秋玲，2009）。以上危机属性都有助于理解危机，但是存在三个局限，一是忽视了危机的感知性本质；二是种类过多不利于企业实践；三是种类间存在相互涵盖。

本书根据现有研究成果，从危机的感知性本质出发，结合产品伤害危机真实案例，区分出消费者对产品伤害危机的感知维度。从现有研究来看，以上 13 种属性集中回答了 5 个问题：一是危机的危害性或严重性如何；二是谁应为此负责；三是该企业是否违背了自己的承诺；四是该类危机是否经常发生；五是该企业是否违反了企业道德。这五个问题也是消费者面临产品伤害危机时比较关注的问题。因此，消费者可能从以上 5 个方面感知产品伤害危机，形成 5 方面感知，即感知危害性、感知责任性、感知违约性、感知偶发性、感知无良性。以上 5 个方面的感知能够比较好地涵盖产品伤害危机中消费者对产品伤害危机的理解。为了确定本书区分了 5 种产品伤害危机感知是否能够涵盖现有研究指出的危机属性，本书识别出了 5 种产品伤害危机感知与 13 种危机属性的对应关系，如表 10-5 所示。

表 10-5　危机感知与危机属性的对应关系

危机属性 \ 危机感知	感知危害性	感知责任性	感知违约性	感知偶发性	感知无良性
危害性	√				
可辩解性		√			

续表

危机属性 \ 危机感知	感知危害性	感知责任性	感知违约性	感知偶发性	感知无良性
严重性	√				
控制性		√			
绩效历史		√		√	
责任归因		√			
能力归因		√			√
道德归因		√			√
法律违反		√	√		
品牌主张违背			√		
伤害主体		√			
频繁性		√		√	
关联性*					

注：*危机感知的5个维度没有涵盖关联性，因为关联性是"自身与该企业的关联程度和自身与该事件所涉及当事人的关联程度（阎骏和佘秋玲，2009）"，强调消费者与事件的关联程度，而不是消费者对危机的评价。

现有研究发现，产品伤害危机会负面影响消费者感知风险（Cleeren、Dekimpe和Helsen，2008；Siomkos和Kurzbard，1994）、消费者抱怨（Laufer，2002；Laufer和Gillespie，2004）、顾客忠诚（Cleeren、Dekimpe和Helsen，2008）、消费者考虑集（王晓玉、晁钢令和吴纪元，2006）、购买意愿（Siomkos和Kurzbard，1994；Vassilikopoulou、Siomkos和Pantouvakis等，2009）、消费者态度（王晓玉和晁钢令，2008）、品牌资产（Dawar和Pillutla，2000；方正、江明华和杨洋等，2010；李国峰和邹鹏等，2008）。

本书着重研究产品伤害危机感知对消费者态度的影响。第一，产品态度能够较好反应产品伤害危机的负面影响。态度（Attitude）是个体对特定客体所持有的稳定的、评价性的内部心理倾向（Ajzen，1991），能够较好反映产品伤害危机是否对消费者产生了较为稳定的影响。第二，选择产品态度作为因变量，能够深化现有研究结论。产品伤害危机会负面影响消费者态度，已经得到学者的广泛认同（王晓玉和晁钢令，2008）。然而，现有研究尚没有分析不同产品伤害危机感知对消费者态度影响的差异，为此，本书选择消费者对产品的态度作为因变量，能够深化现有研究。第三，选择产品态度作为因变量，便于分析不同产品伤害危机感知影响范围的差异。Ahluwalia、Unnava和Burnkrant（2001）分析了缺陷产品属性对非缺陷产品属性的溢出效应，发现产品伤害危机可能会降低消费者对非缺陷属性的评价（Ahluwalia、Unnava和Burnkrant，2001）；Roehm和Tybout（2006）分析了品牌丑闻对竞争品牌态度的溢出效应，发现品牌丑闻可能负面影响消费者对竞争品牌的态度（Roehm和Tybout，2006）。考虑到现有研究采用消费者态度，评价缺陷属性对非缺陷属性的溢出效应和危机品牌对竞争品牌的溢出效应，本书以产品态度为因变量分析同一品牌的危机产品对非危机产品的溢出。

接下来，本书将分析感知危害性、感知违约性、感知责任性、感知偶发性和感知无良性对危机产品态度的影响。

①感知危害性。

感知危害性是消费者感知到的引起产品伤害危机的产品缺陷对身心的危害程度。当消费者认为产品缺陷可能导致较大危害（如"××手机电池爆炸危机"中，电池爆炸导致消费者死亡），消费者感知危害性较高；当消费者认为产品缺陷可能导致的危害较小（如手机外壳设计缺陷造成某些条件下手机信号接收能力较弱），消费者感知危害性较低。危机相关研究指出，危害性（Harmfulness）或严重性（Severity）是危机的重要属性（Coombs和Holladay，2002；Marcus和Goodman，1991；阎骏和佘秋玲，2009）。危害性与严重性相关又相互区别，危害性从危机或事件视角出发，强调事件当事者身心受到伤害的程度（Marcus

和 Goodman, 1991); 严重性从消费者视角出发, 强调事件影响消费者生理和心理健康的程度 (阎骏和佘秋玲, 2009)。危害性较为具体, 而严重性比较抽象。严重性会受到消费者前期知识的影响, 例如消费者认为高声誉品牌比低声誉品牌出现的产品伤害危机的感知危险更小 (Siomkos 和 Kurzbard, 1994), 企业社会责任感也存在类似效果 (Vassilikopoulou、Siomkos、Chatzipanagiotou 和 Pantouvakis, 2009)。因此, 消费者对产品伤害危机严重性评价受到其他情境变量影响较大, 而消费者对产品伤害危机的危害性评价主要受到事件本身和自身因素的影响, 受其他情景变量的影响较小。所以, 本书认为感知危害性的概念比感知严重性的概念内涵更清晰, 本书将感知危害性作为产品伤害危机感知的一个维度。据此, 本书得出研究假设 H1a。

H1a: 消费者对产品伤害危机的感知危害性负面影响危机产品态度。

②感知责任性。

感知责任性是消费者认为产品伤害危机责任应归于危机企业的程度。责任归因是产品伤害危机研究探讨最多的变量, 因为产品伤害危机的责任归属对消费者行为产生较大影响 (Laufer 和 Coombs, 2006)。现有研究既研究了责任归因 (Coombs, 1998; Coombs 和 Holladay, 2004; 阎骏和佘秋玲, 2009), 也研究了影响责任归因的因素 [如可辩解性 (Marcus 和 Goodman, 1991)、控制性 (Coombs 和 Holladay, 2002)、绩效历史 (包括危机历史和关系历史) (Coombs 和 Holladay, 2002)、责任归因 (Coombs, 1998; Coombs 和 Holladay, 2004; 阎骏和佘秋玲, 2009)、能力归因 (Pullig、Netemeyer 和 Biswas, 2006; Votola 和 Unnava, 2006)、道德归因 (Pullig、Netemeyer 和 Biswas, 2006; Votola 和 Unnava, 2006; 庄爱玲和余伟萍, 2011)、法律违反 (方正, 2007)] 对消费者行为的影响。因此, 责任归因是产品伤害危机中十分重要的概念, 本书将感知责任性作为产品伤害危机感知的第一个维度。据此, 本书得出研究假设 H1b。

H1b: 消费者对产品伤害危机的感知责任性负面影响危机产品态度。

③感知违约性。

感知违约性是消费者认为产品缺陷或危害性与企业承诺相违背的程度。违约性有两方面内涵。第一方面是违反法律法规 (如 "××汤圆金黄色葡萄球菌超标"危机中, 产品中的金黄色葡萄球菌数量超过了国家规定的标准)。遵守法律法规是企业最基本的承诺。由于所有企业都必须遵纪守法, 遵纪守法承诺不能给企业带来差异化优势, 因此遵纪守法承诺一般不会在企业或品牌宣传中出现。然而, 如果产品缺陷违反此承诺, 产品伤害危机的负面影响会更严重。例如, 方正、江明华、杨洋和李蔚 (2010) 指出不可辩解型产品伤害危机 (产品缺陷违反了法律法规) 的负面影响大于可辩解型产品伤害危机 (产品缺陷没有违反法律法规)。第二方面是违反企业承诺 (如××矿物质水的水源是自来水, 而非企业承诺的"选取的优质水源")。企业为了吸引消费者, 企业常常做出企业承诺, 宣传产品的某些属性来获取差异化优势。然而企业遇到危机时, 企业承诺却可能加剧危机的影响。例如, Dawar 和 Lei (2009) 指出, 消费者认为品牌主张不真实时, 品牌会受到严重影响 (Dawar 和 Lei, 2009)。因此, 产品缺陷是否违约也是影响消费者产品伤害危机感知的因素, 本书将感知违约性作为产品伤害危机感知的第三个维度。据此, 我们得出研究假设 H1c。

H1c: 消费者对产品伤害危机的感知违约性负面影响危机产品态度。

④感知偶发性。

感知偶发性是消费者认为类似产品伤害危机的发生频率。感知偶发性主要来自两个方面。一是横向的发生频率, 是其他企业出现类似产品伤害危机的普遍性, 即阎骏和佘秋玲 (2009) 指出的群发性。二是纵向的发生频率, 是企业以往发生产品伤害危机的频率, 即 Coombs 和 Holladay (2002) 指出的绩效历史 (包括危机历史和关系历史)。阎骏和佘秋玲 (2009) 认为群发性是和归因并列的危机属性, 而

Coombs 和 Holladay（2002）认为绩效历史会影响危机归因。尽管如此，本书通过现实观察发现，感知偶发性可能影响消费者将危机责任归于企业的程度，但是不足以改变消费者是否将危机责任归于企业。因此本书倾向于认为，感知偶发性和感知责任性是相互区别的变量，是产品伤害危机感知的第四个维度。据此，我们得出研究假设 H1d。

H1d：消费者对产品伤害危机的感知偶发性负面影响危机产品态度。

⑤感知无良性。

感知无良性是消费者认为产品伤害危机是因为企业道德水平过低造成的。Votola 和 Unnava（2006）根据负面事件是企业制造产品能力，还是企业违法道德标准引起的，将负面事件分为能力犯错型和道德犯错型。本书通过提出感知无良性概念来描述这两种类型的事件。对应能力犯错型产品伤害危机，消费者对企业的感知无良性较低；而对于道德犯错型产品伤害危机，消费者对企业的感知无良性较高。因此，本书将感知无良性作为产品伤害危机的第五个维度。据此，本书得出研究假设 H1e。

H1e：消费者对产品伤害危机的感知无良性负面影响危机产品态度。

综上，本书通过分析产品伤害危机、负面事件、品牌危机等危机相关研究，梳理出危机属性，结合产品伤害危机实例，提出了产品伤害危机感知的 5 个维度。从现有研究发现来看，这 5 个维度能够涵盖产品伤害危机中的消费者感知，更加综合地认识消费者对产品伤害危机的感知。本书重点研究产品伤害危机感知 5 个维度的影响及其差异，试图通过消费者感知视角揭示产品伤害危机不同感知维度负面影响的差异，进而深化产品伤害危机属性研究，弥补通过危机分类研究产品伤害危机属性的不足。据此，结合研究假设 H1a、H1b、H1c、H1d 和 H1e，本书得出研究假设 H1f。

H1f：消费者对产品伤害危机的感知负面影响危机产品态度。

（2）企业声誉的调节作用。

企业声誉是企业保持持续竞争优势和维护与利益相关者良好关系的重要手段（Boyd、Bergh 和 Ketchen Jr, 2010），是企业保持竞争力的关键（Roberts 和 Dowling, 2002；Walker, 2010），能够提升企业市场表现（Deephouse, 2000）。企业声誉能够调节消费者信息处理，进而改变产品伤害危机等外部信息对消费者行为的影响。企业声誉能够形成晕轮效应，导致消费者进行有偏向的信息处理，降低不确定性，因此企业声誉是产品伤害危机负面影响过程中的重要调节变量。

首先，企业声誉会形成晕轮效应。一旦人们对某人、某个组织形成了正面印象，人们就容易忽略与这一良好印象相对立的负面信息（Balzer 和 Sulsky, 1992；Nisbett 和 Wilson, 1977；方正、杨洋和江明华等，2011）。

其次，企业声誉可以导致消费者有偏向的信息处理（Biased-Processing）。企业声誉与消费者态度密切相关（Zinkhan、Ganesh 和 Jaju 等，2001），消费者往往对声誉较好企业形成积极态度（Roberts 和 Dowling, 2002）。心理学研究指出，对企业具有积极态度的消费者会有偏向地处理企业信息。这是因为，个体更愿意接受与态度一致的信息，回避与态度不一致的信息（Ditto 和 Lopez, 1992）。同时，积极态度意味着存在结构偏差（Structural Bias），使得个体会降低信息处理水平。这会产生折扣效应，即负面事件的影响会减小。

最后，企业声誉在利益相关者进行企业评价时可以降低不确定性（Keh 和 Xie, 2009；Rindova、Williamson 和 Petkova 等，2005），企业声誉越好时，企业越能得到消费者的信任（Walsh 和 Beatty, 2007），因为良好的企业声誉是企业以往优异表现的证明（Keh 和 Xie, 2009）。

综上，企业声誉能够调节产品伤害危机的负面影响。在产品伤害危机研究中，企业声誉的调节作用已经得到初步证实。Siomkos 和 Kurzbard（1994）证实，企业声誉能够调节产品伤害危机使消费者感知危险（Siomkos 和 Kurzbard, 1994）。然而，以上研究均没有讨论企业声誉对产品伤害危机中消费者态度的调节作用,也没有分析在不同产品伤害危机感知情境下调节作用的差异。

依据企业声誉能够导致消费者有偏向的信息处理(Biased-Processing)(Roberts 和 Dowling,2002),企业声誉对产品伤害危机中消费者态度具有调节作用。Zinkhan(2001)指出企业声誉与消费者态度密切相关。消费者往往对声誉较好企业形成积极态度(Roberts 和 Dowling,2002)。因此,当企业声誉较好时,产品伤害危机感知对消费者态度的负面影响相对较弱;当企业声誉较差时,产品伤害危机对消费者态度的负面影响相对较强。据此,本书得出研究假设 H2。

H2:企业声誉能够负向调节产品伤害危机感知对危机产品态度的影响。

因为消费者对产品伤害具有 5 个方面的感知,因此本书推断企业声誉会调节感知危害性、感知违约性、感知责任性、感知偶发性和感知无良性对危机产品态度的负面影响。据此,本书得出以下 5 个研究假设。

H2a:企业声誉能够负向调节感知危害性对危机产品态度的影响。

H2b:企业声誉能够负向调节感知违约性对危机产品态度的影响。

H2c:企业声誉能够负向调节感知责任性对危机产品态度的影响。

H2d:企业声誉能够负向调节感知偶发性对危机产品态度的影响。

H2e:企业声誉能够负向调节感知无良性对危机产品态度的影响。

(3)产品相似性的作用。

产品伤害危机研究重点关注了产品伤害危机和应对策略等变量对危机产品或危机品牌的影响。其实,现有研究指出,产品伤害危机会负面影响非危机属性、竞争品牌和产品品类。如现有研究发现,产品伤害危机可以从危机属性向非危机属性溢出(Ahluwalia、Unnava 和 Burnkrant,2001)、从危机品牌向竞争品牌溢出(Dahlen 和 Lange,2006;Roehm 和 Tybout,2006)、从危机品牌向行业溢出(Roehm 和 Tybout,2006b)。

尽管如此,尚没有研究关注产品伤害危机对采用危机品牌的非危机产品的影响。根据品牌延伸理论,产品伤害危机不仅会影响存在问题的原品牌产品(或延伸品牌产品),还可能负面影响没有问题的延伸品牌产品(母品牌产品)。不仅如此,Kotler 和 Keller 分析品牌延伸存在的潜在问题时明确指出,品牌延伸可能产生株连效应(Implicate Effect)(科特勒、凯勒和卢泰宏等,2009),即如果原品牌产品(或延伸品牌产品)出现问题,延伸品牌产品(或原品牌产品)可能受到株连。

本书将着重研究产品伤害危机感知对非危机产品的负面影响,进而识别出哪些维度更容易向非危机产品溢出,以进一步确定哪些维度的负面影响更大。

根据"可接近性—可诊断性"框架,相似性是影响溢出效应发生的关键变量(Broniarczyk 和 Alba,1994;Dahlen 和 Lange,2006;Roehm 和 Tybout,2006)。现有研究已经证实,无论在产品危机(Roehm 和 Tybout,2006),还是在服务危机(Dahlen 和 Lange,2006)中,危机会向高相似品牌溢出。因此,根据"可接近性—可诊断性"框架(Feldman 和 Lynch,1988),我们可以推断,与相似性较低的危机产品相比,产品伤害危机更容易向相似性较高的产品溢出。据此,我们得出研究假设 H3。

H3:当产品与危机产品相似性较高时,产品伤害危机感知对产品态度的负面影响更大。

消费者对产品伤害危机具有 5 个方面的感知,因此,我们得出以下 5 个具体研究假设。

H3a:当产品与危机产品相似性较高时,产品伤害危机感知危害性对非危机产品态度的负面影响更大。

H3b:当产品与危机产品相似性较高时,产品伤害危机感知违约性对非危机产品态度的负面影响更大。

H3c:当产品与危机产品相似性较高时,产品伤害危机感知责任性对非危机产品态度的负面影响更大。

H3d:当产品与危机产品相似性较高时,产品伤害危机感知偶发性对非危机产品态度的负面影响更大。

H3e:当产品与危机产品相似性较高时,产品伤害危机感知无良性对非危机产品态度的负面影响更大。

产品相似性的作用可能还会受到企业声誉的调节,即产品相似性与企业声誉的交互项对产品态度可能存在显著影响。如上文所述,产品伤害危机对非危机产品的影响需要满足"可接近性—可诊断性"(Feldman 和 Lynch,1988),即产品伤害危机对非危机产品的可接近性越强、可诊断性越高,产品伤害危机对非危机产品的影响更强。上文指出,产品伤害危机影响同品牌非危机产品的程度与产品相似性密切相关。然而,企业声誉产生的晕轮效应、偏向信息处理和消费者不确定性降低,可能调节产品相似性的作用,即在产品相似性和企业声誉不同组合下,高相似和低相似非危机产品受到产品伤害危机负面影响可能不同。首先,企业声誉会产生晕轮效应,但是人们对某人、某个组织形成了正面印象,人们就容易忽略与这一良好印象相对立的负面信息(Balzer 和 Sulsky,1992;Nisbett 和 Wilson,1977;方正、杨洋、江明华、李蔚和李珊,2011)。因此,企业声誉较好时,在晕轮效应的作用下,消费者对该企业正面印象较好,会忽略与之相反的负面信息,起到保护非危机产品的作用,低相似性产品会受到的负面影响比高相似性产品小;企业声誉较差时,在晕轮效应的作用下,消费者对该企业正面印象较差,产品伤害危机信息更可能影响到非危机产品,低相似性产品会受到的负面影响与高相似性产品类似。其次,企业声誉可以让消费者产生偏向信息处理。因此,企业声誉较好时,消费者对企业的态度较为积极(Roberts 和 Dowling,2002),倾向于回避与态度不一致的信息(Ditto 和 Lopez,1992),降低非危机产品收到的负面影响,低相似性产品会受到的负面影响比高相似性产品小;反之,非危机产品受到的负面影响较大,低相似性产品会受到的负面影响与高相似性产品类似;最后,企业声誉能够降低消费者不确定性(Keh 和 Xie,2009;Rindova、Williamson、Petkova 和 Sever,2005)。因此,企业声誉较好时,消费者信任较高(Walsh 和 Beatty,2007),对非危机产品的不确定性较低,起到保护非危机产品的作用,低相似性产品会受到的负面影响比高相似性产品小;反之,低相似性产品会受到的负面影响与高相似性产品类似。

综上,由于企业声誉具有晕轮效应、偏向信息处理和降低消费者不确定性的作用,产品相似性的调节作用在不同企业声誉下存在差异。具体而言,较好的企业声誉可以保护非危机产品,提升消费者对非危机产品的评价,非危机产品受到的负面影响会低于危机产品;反之,企业声誉不能起到保护非危机产品的作用,非危机产品会受到与危机产品相似的负面影响,即产品相似性和企业声誉的交互项会显著影响非危机产品态度。据此,本书得出研究假设 H4。

H4:企业声誉和产品相似性交互项显著影响非危机产品态度;具体而言,企业声誉较差时,低相似性非危机产品态度好于高相似性非危机产品态度,反之,低相似性非危机产品态度与高相似性非危机产品态度类似。

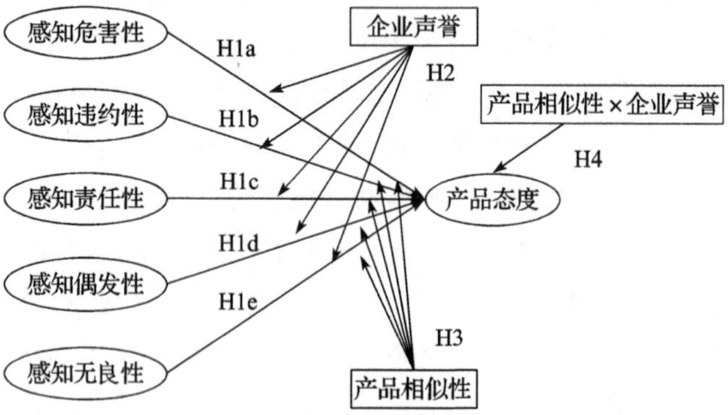

产品伤害危机通过促发消费者对产品伤害危机的感知影响危机产品态度,并且企业声誉能够调节产品伤害危机感知对危机产品态度的调节作用,具体如图 10-6 所示。

综上,企业声誉和产品相似性是产品伤害危机影响产品态度过程中的重要调节变量,会对产品伤害危机的负面影响产生较大作用。将企业声誉和产品相似性纳入研究模型,能够提升研究模型的精确性,识别出产品伤害危机负面影响的边界条件。

图 10-6 产品伤害危机感知对危机产品态度的影响

注:产品相似性是从"完全相似"到"完全不相似"的连续变量,危机产品与非危机产品完全相似,危机产品与非危机产品的相似性变化区间为(0,1),因此,可以认为产品相似性影响产品态度,而非仅影响非危机产品态度。

(4)心理反应的中介作用。

消费者受到产品、广告、氛围等外部刺激会产生心理反应,主要包括认知反应和情感反应(Belk,

1975）。产品伤害危机发生后，消费者也会形成认知反应和情感反应。现有研究发现，感知风险和负面情绪是消费者面对产品伤害危机等事件时出现的两种主要反应。

本书认为，感知风险和负面情绪可以较好地描述消费者对产品伤害危机的心理反应。尽管王晓玉和晁钢令（2008）同时将心理风险和负面情绪纳入产品伤害危机研究中，并发现消费者没有接触到企业处理方式的信息时，感知风险是口碑方向影响消费者态度的部分中介变量；当消费者接触到企业处理方式的信息后，感知风险和负向情绪都是口碑方向影响消费者态度的部分中介变量。但是，该研究关注了感知风险和负面情绪在口碑方向影响消费者态度中的作用，而没有把产品伤害危机作为自变量，没有区分不同感知风险维度的差异，也没有比较绩效风险、心理风险和负面情绪对消费者行为影响强度的差异。

同时，探讨感知风险和负面情绪不仅能够填补产品伤害危机研究的空白，还具有较大的实践价值。现实中，有些产品在产品伤害危机后，即使消费者确认产品不存在缺陷或产品缺陷已经纠正，销量还是远低于危机前水平；有的产品在产品伤害危机后的销量却很快恢复；有的产品伤害危机直接导致品牌退市。这些差异可能是由于产品伤害危机引起了消费者不同的心理反应，厘清绩效风险、心理风险和负面情绪在产品伤害危机的作用，将有助于解释以上现象，帮助企业判断产品伤害危机可能的危害，找到合适的应对策略。

①感知风险的中介作用。

就感知风险而言，产品伤害危机信息能够增加消费者对危机产品的感知风险，进而影响消费者对危机产品的购买意愿（Siomkos和Kurzbard，1994）。在产品伤害危机研究中，现有研究已经发现感知风险或心理风险的中介作用，如王晓玉和晁钢令（2008）研究发现感知风险在口碑方向和消费者态度间具有中介作用（王晓玉和晁钢令，2008）；方正、杨洋和江明华等（2011）研究发现，心理风险在企业应对策略和外界澄清间具有中介作用（方正、杨洋、江明华、李蔚和李珊，2011）。因此，感知风险的确在产品伤害危机中具有重要作用。然而，只研究感知风险的作用，或只研究心理风险，就难以区分不同感知风险的作用差异。感知风险是一个多维概念，一般包括6种不同类型的风险，即财务风险、绩效风险、身体风险、社会风险、心理风险和时间风险（Chaudhuri，2000；Mitchell，1999；Stone和Granhaug，1993）。但是，6种感知风险具有相关性。绩效风险是对不利后果的发生概率的测量，而不是发生后的结果，在逻辑上应该发生在其他风险之前（Keh和Pang，2010；Stone和Granhaug，1993）；心理风险是一个重要的中间变量，在其他风险类型与总风险水平之间起到了桥梁作用（Stone和Granhaug，1993）。因此，绩效风险和心理风险能够完全代表感知风险的内涵。绩效风险是因为产品或服务可能达不到预期功能而无法满足需求所产生的风险感知（Keh和Pang，2010）；心理风险是由于购买、使用某产品或服务而带来的可能的心理幸福感的降低（Keh和Pang，2010）。因此，借鉴Keh和Pang（2010）的研究，本书重点研究绩效风险和心理风险的中介作用及其差异。据此，本书提出研究假设H5和H6。

H5：在产品伤害危机感知危害性（H5a）、感知违约性（H5b）、感知责任性（H5c）、感知偶发性（H5d）和感知无良性（H5e）影响危机产品态度的过程中，绩效风险充当了中介变量。

H6：在产品伤害危机感知危害性（H6a）、感知违约性（H6b）、感知责任性（H6c）、感知偶发性（H6d）和感知无良性（H6e）影响危机产品态度的过程中，心理风险充当了中介变量。

②负面情绪的中介作用。

就负面情绪而言，产品伤害危机会使消费者对危机产品产生负面情绪（Laufer、Silvera和Meyer，2005）。王晓玉和晁钢令（2008）研究发现，消费者接触到企业处理方式的信息后，负向情绪都是口碑方向影响消费者态度的部分中介变量（王晓玉和晁钢令，2008）。在阎骏和佘秋玲（2009）构建的消费者抵制反应机制模型中，负面事件会形成消费者负面情绪，进而产生抵制意愿（阎骏和佘秋玲，2009）。从情绪的产生来看，认知评价理论认为事件的认知评价会形成情绪（Lazarus，1991）。所以，产品伤害危机中，特别是影响比较大的产品伤害危机中，消费者负面情绪几乎是必然出现的。因此，本书将负面情绪作为产品伤害危机中第三个消费者心理反应。据此，本书提出研究假设H7。

H7：在产品伤害危机感知危害性（H7a）、感知违约性（H7b）、感知责任性（H7c）、感知偶发性（H7d）和感知无良性（H7e）影响危机产品态度的过程中，负面情绪充当了中介变量。

（5）两种类型产品伤害危机修复策略后对品牌信任的影响。

①研究背景。

如何修复危机后的品牌？现有研究尚未给出答案。尽管产品伤害危机应对研究是近年来的热点，研究重点主要集中在即时沟通策略或沟通机制（Cleeren、Van Heerde和Dekimpe，2013；Siomkos和Malliaris，2011；陈锟、彭怡和寇纲等，2012；方正、江明华和李蔚等，2010；方正、杨洋和江明华等，2011；井淼和周颖，2013；陆艳梅，2012；青平、陶蕊和严潇潇，2012；任金中和景奉杰，2013；熊焰和钱婷婷，2012），尚未涉及产品伤害危机后的品牌修复问题，存在研究空白，具有较大的理论和实践意义。

根据产品伤害危机的分类，本书首先分两种情况研究可辩解型和不可辩解型产品伤害危机的沟通策略对品牌信任的影响，然而无论是缄默、和解和辩解，还是信息策略、情感策略和沟通策略，都无法降低消费者头脑中对产品伤害危机的联想，因此需要进一步采取策略修复品牌信任。通过市场观察，本书发现，无论是在可辩解型还是不可辩解型产品伤害危机后，CSR策略和价格促销策略都是企业采用的危机修复策略。危机事件发生后，企业采用社会责任行为修复信任的案例不仅此两例。尽管如此，CSR策略和价格促销策略对两类产品伤害危机都是有效的吗？这个问题尚没有被回答。从现有研究看，CSR和价格促销策略的作用存在显著差异。CSR策略重在提升企业社会责任评价，新产品策略（能力信息）重在增加消费者对企业能力的信任（谢毅和彭泗清，2009），价格促销策略重在增加顾客感知价值（Cleeren、Van Heerde和Dekimpe，2013）。因此，CSR策略和价格促销策略对品牌信任修复的效果可能不同。考虑到可辩解型产品伤害危机和不可辩解型产品伤害危机的本质差异，这个问题变得更加复杂，需要深入探讨。因为，误用修复策略不仅得不到预期的修复效果，甚至可能产生相反效果。如，Snider、Hill和Martin（2003）就发现误用CSR策略可能导致消费者抵制，反而加剧品牌损伤。因此本书将继续研究CSR策略和价格促销策略的修复效果。

现有研究发现，企业社会责任的确能够提升消费者信任。Park、Lee和Kim（2013）发现，企业社会责任会增加消费者对企业的能力信任、正直信任和慈善信任。因此，企业社会责任可以提升消费者信任。他们只探讨了，正常营销情况下的企业社会责任行为与消费者信任的关系，没有研究产品伤害危机背景下企业社会责任行为与消费者信任的关系。在产品伤害危机背景下，企业社会责任能否提升企业的能力信任、正直信任和慈善信任，至今尚不清楚。不仅如此，企业责任行为修复信任的效果还存在争议。Arnold（2001）指出，企业使用社会责任行为不当会取得适得其反的结果，降低消费者信任。不仅如此，不当的社会责任行为还可能遭到消费者抵制。那么，是否可以采用社会责任行为修复产品伤害危机后的信任？是需要深入研究的问题。

价格促销（Price Promotion）是4Ps之一。价格促销是厂商或销售商在某时期通过降低某种品牌价格，或价格不变但增加品牌数量的一种营销手段（Raghubir和Corfman，1999）。价格促销是企业刺激需求、增加销售、保持市场份额的常用手段。产品伤害危机后，危机产品销量往往大幅下滑，为维持市场份额，企业常采用价格促销策略。价格促销的特点是，在短期内能达到销售额的迅速增长。价格促销能提升产品所能提供的利益，提供额外的购买动因，临时改变品牌价格或价值，加快购买速度，加大购买数量。无论是可辩解型产品伤害危机，还是不可辩解型产品伤害危机，危机发生后，消费者感知风险上升，购买意愿下降，企业销售量下滑，为了维持市场份额，企业常常采用价格促销策略，提供额外购买动因，稳定市场份额。然而，产品伤害危机后价格促销对品牌信任的影响仍是一个未解之题。本书将深入探讨价格促销对产品伤害危机后品牌信任的影响。

企业社会责任的确能够提升消费者信任。Park、Lee 和 Kim（2013）发现，企业社会责任会增加消费者对企业的能力信任、正直信任和慈善信任。另外，企业社会责任感与感知风险负相关，即企业社会责任感越高，消费者的感知风险越小。Vassilikopoulou、Siomkos 和 Chatzipanagiotou 等（2009）发现，企业社会责任感是调剂消费者感知的风险的重要变量。他们的研究发现，产品伤害危机发生后，企业社会责任感越高的企业，消费者对其感知风险越小，企业社会责任感是其中的重要调节变量。Jolly 和 Mowen（1985）深入探讨了产品召回时企业社会责任感与消费者反应的关系（Jolly 和 Mowen，1985）。他们发现，如果企业从承担社会责任的角度，主动召回缺陷产品，消费者对危机企业的反应更加积极，应对效果越好；相反，如果企业没有承担社会责任，被动召回缺陷产品，消费者对危机企业的反应更消极，应对效果较差。因此，企业社会责任行为与消费者信任关系密切。信任修复是在信任违背后，失信方为了在使信任方的信任信念和意愿更加积极的活动，是修复信任方的信任信念和信任意愿的过程（Kim、Dirks、Cooper 和 Ferrin，2006）。有学者认为，信任行为也是信任修复的重要内容（Walter、Battiston 和 Schweitzer，2008）。Bottom 等（2002）研究了合作与积极情感修复信任的效果。还有些学者认为应该从信任的能力、善意、正直三个维度来修复信任（Tomlinson 和 Mryer，2009；Xie 和 Peng，2009）。

②研究模型。

根据以上研究背景，就两种类型产品伤害危机后的修复策略对品牌信任的影响而言，本书提出如下研究模型，如图 10-7 所示。

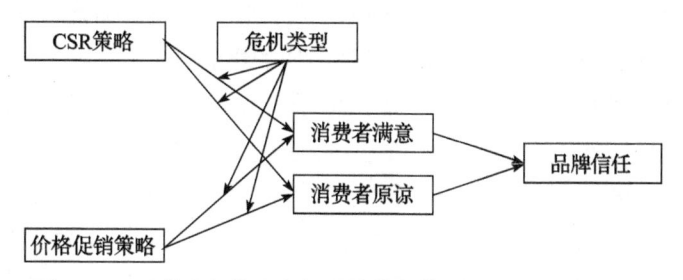

图 10-7 两类产品伤害危机后的修复策略对品牌信任的影响

③研究假设。

CSR 是组织履行社会和对利益相关者责任的行为和状态（Luo 和 Bhattacharya，2006）。无论是业界还是学界，对 CSR 的关注持续增加。他们讨论将社会需求融入企业运作当中，不仅社会受益，企业也能获得回报（Maignan 和 Ferrell，2001）。CSR 可以给企业带来诸多好处，如提升产品溢价、获得良好企业形象、培育顾客信任、加强情感认同（Lin、Chen 和 Chiu 等，2011）。CSR 感知常用来解释消费者企业反应（Godfrey，2005；Vanhamme 和 Grobben，2009），CSR 策略同样是缓解负面事件影响的有效沟通手段（Coombs，1995）。现有研究指出，CSR 策略的效果远比预想的复杂（Vlachos、Tsamakos 和 Vrechopoulos 等，2009），CSR 策略可以降低或增加负面事件的影响。有研究发现 CSR 效果与企业专业化程度（Handelman 和 Arnold，1999）、个人相关性（Berens、Van Riel 和 Van Rekom，2007）有关。

符合正当理论行为是形成信任的基础（Hosmer，1995）。企业参与 CSR 是符合正当理论行为的特征（Godfrey，2005；Vlachos、Tsamakos 和 Vrechopoulos 等，2009），因此消费者感知到企业 CSR 行为后，会产生较强的信任感。另外，消费者普遍认为，CSR 是亲社会行为或企业社会的表现，是企业维护和增加利益相关者价值的管理责任（Sen 和 Bhattacharya，2001），可以进一步增加消费者信任。现有研究表明，通过企业广告和口碑传播的 CSR 策略可以缓和负面事件对企业吸引力的影响（Van Hoye 和 Lievens，2005）。消费者 CSR 感知在负面信息情景中的作用更加明显（Herr、Kardes 和 Kim，1991），起到降低负面影响的作用。还有学者指出，企业社会责任行为能够正向调节企业能力对消费者的影响（Berens、Van Riel 和 Van Rekom，2007）。因此，无论对于可辩解型产品伤害危机，还是对于不可辩解型产品伤害危机，CSR 策略都可以正向影响消费者信任。据此，本书提出以下研究假设。

H8：对于两类产品伤害危机，CSR 策略都可以正向影响危机后的品牌信任。

然而，两类产品伤害危机的本质特征不同，CSR 策略对不同类型产品伤害危机的作用也不尽相同。根据"能否在媒体或法庭上澄清和证明产品是无害的、没有缺陷的"将产品的责任分为两类（Smith，2003）：可辩解型（Defensible）和不可辩解型（Indefensible）。国内学者方正（2007）通过对国内 2005—2006 年发生的 26 个产品伤害危机的深度观察，将产品伤害危机也分为两大类：可辩解型产品伤害危机和不可辩解型产品伤害危机。因此，对于可辩解型产品伤害危机而言，企业可辩解型产品伤害危机不违法，否认企业责任，降低消费者对危机企业的归因，起到维持品牌信任的作用；对于不可辩解型产品伤害危机，产品缺陷存在违反法律法规的事实，企业无法辩解，消费者对危机企业的归因更高，品牌信任损伤更大，修复难度更大。因此，采用相同的 CSR 策略修复两类产品伤害危机时，由于不可辩解型产品伤害危机后的品牌信任损伤更严重，CSR 策略对其效果弱于可辩解型产品伤害危机。据此，本书提出以下研究假设。

H9：与不可辩解型产品伤害危机相比，CSR 策略对可辩解型产品伤害危机的修复效果更好。

以上两个研究假设推测，尽管 CSR 策略可以修复产品伤害危机后的品牌信任，但是对不同类型的危机，修复效果不同。CSR 策略对可辩解型产品伤害危机的修复效果更好，对不可辩解型产品伤害危机的修复效果较差。也就是说，危机类型会调节 CSR 策略对品牌信任的影响。据此，本书提出以下研究假设。

H10：产品伤害危机类型会调节 CSR 策略对品牌信任的影响。

价格—质量理论认为，价格是反应产品质量的信号，相对较低的价格会认为是产品质量较低的信号，并且如果价格是判断产品质量的主要信息来源，价格的信号作用会放大；当可供判断产品质量的其他信号较多时，价格对产品质量判断的影响才会减弱（杨德锋和王新新，2008）。另外，价格还能起到"安慰剂"作用，消费者对高价格产品会产生高质量感知（Shiv、Carmon 和 Ariely，2005）。总体来说，低价格会被视为低质量信号，因此，价格促销负面影响消费者质量评价。归因理论认为，人们解释别人行为时，常常将原因归于个人固有特征或与性情有关的特征，而不是归于环境因素，这被称为基本归于错误。因此，消费者会将价格促销归因为品牌自身因素。消费者倾向于认为，产品质量较差，才会做促销。也就是说，价格促销会降低消费者对品牌质量的评价。因此，从价格—质量理论视角来看，消费者容易将危机产品的价格促销视为产品质量低劣的信号，进一步降低产品评价和品牌信任；从归于理论视角，消费者会将危机产品的价格促销视为由企业内部因素影响的，即产品存在质量问题，销售较差，价格策略是为了吸引更多人购买，会进一步降低危机产品评价和品牌信任。

尽管如此，价格促销策略的效果可能受到危机类型的调节。对于不可辩解型产品伤害危机，产品缺陷存在违反法律法规的事实，企业无法辩解，消费者对危机企业的归因更高，品牌信任损伤更大，修复难度更大。前文指出，可辩解型产品伤害危机中，和解较好，即承认产品缺陷、表示改正的意愿。也就是说，此时消费者已确认危机产品存在缺陷。从价格—质量理论来看，价格促销会印证消费者对产品质量的怀疑，品牌信任更差；从归因理论来看，价格促销强化消费者对危机品牌的负面评价，不仅起不到修复品牌信任的效果，反而促使品牌信任降低。因此，对于不可辩解型产品伤害危机而言，价格促销会负面影响品牌信任。据此，本书得出如下假设。

H11：价格促销策略会负向影响不可辩解型产品伤害危机后的品牌信任。

但是，对于可辩解型产品伤害危机而言，企业可以辩解产品危机不违法，否认企业责任，降低消费者对危机企业的归因。可辩解型产品伤害危机不违反法律法规，甚至仅仅是谣言导致的。前文指出，可辩解型产品伤害危机后，维护品牌信任的沟通策略是辩解，即否认问题存在。当企业通过辩解成功澄清事实真相后，消费者可能会产生补偿心理。补偿心理是指，个体的有意识或无意识行为以补偿现实或想象中的缺陷（Salthouse，1995）。补偿心理是个体心理的常见现象（Bäckman 和 Dixon，1992）。补偿心理有多种形成原因和形式。对于可辩解型产品伤害危机而言，产品危机本身没有违反法律，甚至不存在缺陷。当沟通策略澄清了事实真相后，消费者可能会反思危机时的误解，形成歉意心理，希望从心理或行动上补偿危机品牌，品牌信任不仅得到了维持，可能进而提升品牌信任。价格促销通过影响消费者对所促销产品的价格感知起作用（Yadav 和 Seiders，1998）。打折、特价、优惠券、现金返还等形式的价格促销，让消费者觉得促销商品比平时更实惠、更合算，提升消费者感知价值，引发顾客购买冲动。在可辩解型产品伤害危机后，沟通策略澄清了产品的合法性、无害性后，在消费者补偿心理的作用下，价格促销增加消费者感知价值，提升消费者满意，进而增加消费者信任。据此，本书提出如下研究假设。

H12：价格促销策略会正向影响可辩解型产品伤害危机后的品牌信任。

以上两个研究假设推测，对于不同危机类型，价格策略效果迥异。价格促销策略会正向影响可辩解型产品伤害危机后的品牌信任，但是会负向影响不可辩解型产品伤害危机后的品牌信任。也就是说，危机类型会调节价格促销策略对品牌信任的影响。据此，本书提出以下研究假设。

H13：产品伤害危机类型会调节价格促销策略对品牌信任的影响。

消费者满意和消费者原谅是产品伤害危机修复策略的重要作用机制。就消费者满意而言，如果企业修复策略能让消费者满意，使企业得到消费者原谅，沟通策略的效果会较好。当企业危机应对策略与消费者期望一致时，消费者态度会更正面，购买意愿更强；反之，消费者态度会更负面，购买意愿更弱（Coombs 和 Holladay，2007）。就消费者原谅而言，原谅有助于消费者释放对危机企业的负面情感，进而维持品牌信任。消费者情感相关研究指出，消费者原谅是消费者释放负面情感的关键（Mullet、Girard 和 Bakhshi，2004）。因为，消费者负面情感的降低，有助于增强消费者对危机产品态度和购买意愿（王晓玉和晁钢令，2008）。参考多位学者对品牌信任的研究，就顾客信任而言，满意是产生顾客信任的重要因变量（Bloemer 和 Odekerken-Schroder，2002；Geyskens 和 Steenkamp，1995；Ranaweera 和 Prabhu，2003），具体到产品伤害危机中，修复满意度会正向影响顾客信任（Tax、Brown 和 Chandrashekaran，1998）。综上，消费者满意和消费者原谅可以有效维持消费者品牌信任。因此，消费者满意和消费者原谅是修复策略影响品牌信任的中介机制。据此，本书提出如下研究假设。

H14：消费者满意在修复策略影响、修复品牌信任过程中具有中介作用。

H15：消费者原谅在修复策略影响、修复品牌信任过程中具有中介作用。

10.1.8 研究设计

本书通过实证研究验证本书提出的研究模型和假设。从危机感知视角出发，本书结合危机相关研究成果，认为产品伤害危机会引起消费者5个方面的感知，即感知危害性、感知违约性、感知责任性、感知偶发性、感知无良性。产品伤害危机感知会通过影响心理反应来影响产品态度。本书实证研究分为以下4个部分。

首先，验证产品伤害危机感知对危机产品态度的影响，确认本书提出的产品伤害危机感知的合理性。

其次，验证产品相似性的调节作用，探究哪些维度更可能向同企业其他产品溢出。

再次，验证企业声誉的调节作用，探究哪些维度的负面影响容易被企业声誉调节，哪些维度的负面影响难以被企业声誉调节。

最后，验证心理反应的中介作用，探究产品伤害危机感知的作用机制，解释产品伤害危机感知的负面影响及其影响的差异。

由于以上4个部分具有逻辑上的连续性和研究重点的一致性，为保证研究数据的一致性，本书在同一个实验背景下验证以上 4 部分内容。

10.1.8.1　实验组设计

本书涉及的变量包括产品伤害危机感知、企业声誉、产品相似性、绩效风险、心理风险、负面情绪、产品态度。

由于本书要操控的变量较多，还包括企业声誉、感知危害性、感知违约性、感知责任性、感知偶发性、感知无良性和产品相似性。如果采用组间设计，需要涉及较多实验组。本书借鉴 Smith、Bolton 和 Wagner（1999）的研究，采用混合设计。

首先，根据企业声誉高和低分为两个实验组，进行组间设计。然后，以产品伤害危机感知为操控变量，在每个组中进行正交设计，共形成 16 个实验组。最后，在每个实验组中，以产品相似性高和低进行组内设计。因此，本书实证研究通过 16 个实验组完成。

需要说明的是，在进行正交设计时，本书利用 SPSS 软件的正交设计功能（Orthogonal Design），以 5 个产品感知维度为分组因素，设定每个因素包含高和低两个水平，并设定随机数为 100。这样，后续研究可以根据以上设置，得到同样的正交表，如果没有设定随机数为 100，每次生成的正交表会不一致，使得本书实证研究不具有可重复性。

综上所述，本书实证研究共设计了 16 个实验组，EGHR1、EGHR2、EGHR3、EGHR4、EGHR5、EGHR6、EGHR7、EGHR8、EGLR1、EGLR2、EGLR3、EGLR4、EGLR5、EGLR6、EGLR7、EGLR8。每个实验组的变量操控情况如表 10-6、表 10-7 所示。

表 10-6　实验组设计：高声誉组

实验组	感知危害性	感知违约性	感知责任性	感知偶发性	感知无良性
EGHR1	高	低	低	高	高
EGHR2	低	高	低	高	低
EGHR3	高	低	高	低	低
EGHR4	低	高	高	低	高
EGHR5	高	高	高	高	高
EGHR6	低	低	高	高	低
EGHR7	高	高	低	低	低
EGHR8	低	低	低	低	高

注：随机数为 100。

表 10-7　实验组设计：低声誉组

实验组	感知危害性	感知违约性	感知责任性	感知偶发性	感知无良性
EGLR1	高	低	低	高	高
EGLR2	低	高	低	高	低
EGLR3	高	低	高	低	低
EGLR4	低	高	高	低	高
EGLR5	高	高	高	高	高
EGLR6	低	低	高	高	低
EGLR7	高	高	低	低	低
EGLR8	低	低	低	低	高

注：随机数为 100。

10.1.8.2　刺激物设计

本书刺激物包含三类。一是企业声誉刺激物，二是产品伤害危机刺激物，三是产品相似性刺激物。

下面本书一一介绍，本书刺激物设计的具体情况。

（1）企业声誉刺激物。

①行业选择。

考虑产品伤害危机多发生在食品企业，本书结合案例选择饮用水行业作为受试行业。其优势如下。

利于操控企业声誉。饮用水市场是竞争比较充分的快消品市场，有可口可乐和雀巢等国际品牌，也有康师傅、娃哈哈和农夫山泉等全国性品牌，还有全兴和蓝剑的区域性品牌。因此，选择饮用水行业，利于操控企业声誉，增加企业声誉刺激物的可信度。

利于操控危机感知。饮用水行业产品危机出现过危机属性不同的产品伤害危机。因此，选择饮用水行业，利于操控危机感知，增加产品伤害危机刺激物的可信度。

利于操控产品相似性。饮用水企业往往采用单一品牌销售其他产品，如可口可乐、雀巢、康师傅、农夫山泉、统一和今麦郎等企业均销售非饮用水产品，如果汁、饼干和方便面等。因此，选择饮用水行业，利于操控产品相似性，增加产品相似性刺激物的可信度。

利于降低产品差异干扰。饮用水的物理特性决定了饮用水产品的同质性较高，能够较好排除产品差异的干扰。

利于增强刺激物真实性。瓶装饮用水是非常常见的快速消费品，消费者使用频率较高，知晓主要企业和特征。同时，饮用水行业出现过多次影响比较大的产品伤害危机事件。这都有利于增强被试者对刺激物真实性的评价。

②刺激物描述。

为了降低消费者前期品牌知识和偏好的干扰，本书采用虚拟品牌描述刺激物企业，将企业统称为A企业。高声誉企业刺激物以康师傅为原型，并结合农夫山泉、怡宝和今麦郎等企业的概况，剔除容易引起被试者误解和猜测到具体品牌的文字，重新组织文字表述，作为高声誉企业刺激物。为了形成低声誉企业刺激物，依照高声誉企业刺激物描述的语句结构，根据蓝光、蓝剑和龙泉等四川地方性企业的概况，剔除容易引起被试者误解和猜测到具体品牌的文字，重新组织文字表述，作为低声誉企业刺激物。为了强化被试者对刺激物企业的危机产品、低相似性产品和高相似性产品的印象，本书在企业声誉刺激物中增加了相关产品的描述。

通过以上过程，本书设计出来高企业声誉和低企业声誉刺激物，具体如下。

高企业声誉刺激物。A公司是一家大型食品公司，主要生产和销售A品牌的矿物质水、纯净水和方便面3大类产品。A公司在国内主要市场均设有生产基地，销售网络遍布全国。经过20多年的发展，A品牌已经跻身国内矿物质水、纯净水和方便面行业的前5强，成为家喻户晓的品牌。ACNielsen2011年12月的零售市场研究报告显示，A品牌的三类产品的国内市场份额排名分别是第3、第5和第4。

低企业声誉刺激物。A公司是一家区域性食品公司，主要生产和销售A品牌的矿物质水、纯净水和方便面3大类产品。A公司在成都和重庆设有工厂，产品仅在成渝地区的主要城市销售。成立3年来，A公司已经推出矿物质水、纯净水和方便面3类产品，但是公司尚未盈利。A品牌的矿物质水、纯净水和方便面主要通过杂货店销售。由于A公司资金实力不足，A品牌的产品尚未进入大型连锁超市和便利店。

（2）产品伤害危机刺激物。

前文指出，产品伤害危机能够引起消费者5个方面的感知，本书设计产品伤害危机刺激物时，分别设计了感知危害性、感知违约性、感知责任性、感知偶发性和感知无良性的刺激物。

①感知危害性刺激物。

在设计感知危害性刺激物时，本书以矿物质水的碘化物可能存在安全风险为启示，虚构出"A企业矿物质水含碘化物危机"，并根据危机产品是否造成实质性危害，区分了高严重性危机刺激物和低严重性危机刺激物。

高严重性危机刺激物。A品牌矿物质水是A品牌核心产品之一。2012年4月，成都某知名报纸发布食品安全警示，称相关部门在A品牌矿物质水中检出碘化物超标。该报指出，《食品营养强化剂使用卫生标准（GB14880）》和《食品添加剂使用卫生标准》规定每升矿物质水中碘化物含量不得大于0.05毫克，而A品牌矿物质水中碘化物含量达到每升0.1毫克，可能导致轻微碘中毒。据统计，成都市已有20多名市民因饮用A品牌矿物质水出现腹痛和腹泻症状，并在华西医院进行治疗。目前，相关部门正在深入调查此事。

低严重性危机刺激物。A品牌矿物质水是A品牌核心产品之一。2012年4月，成都某知名报纸发布食品安全警示，指出相关部门在A品牌矿物质水中检出碘化物。该报指出，虽然《食品营养强化剂使用卫生标准（GB14880）》和《食品添加剂使用卫生标准》中尚无矿物质水中碘化物含量的相关标准，但是每升矿物质水中碘化物大于0.05毫克时会增加身体虚弱者轻微腹痛和腹泻风险，对健康者不会产生任何影响。目前，尚无因饮用A品牌矿物质水出现不适症状的消费者，有关部门正在调查事件原因。

②感知违约性刺激物。

本书提出感知违约性时，指出企业存在法律违约和承诺违约。本书着重研究承诺违约的情况。因为，企业常常通过广告宣传强化产品差异和企业形象，向消费者做出承诺，以增进消费者购买。为此，本书设计感知危机刺激物时，强调了企业广告宣传语。高违约刺激物中，企业广告宣传强调"安全有保证"；低违约刺激物中，企业强调"实惠看得到"。具体刺激物描述如下。

高感知违约刺激物。A品牌一直通过大量广告宣称其产品安全性。"安全有保证"是A品牌的核心诉求。A品牌广告强调公司始终以产品安全作为企业经营基石，每道工序都严格把关，能够保证产品的绝对安全。通过几年的广告投放，A品牌的消费者都能由A品牌的矿物质水、纯净水和方便面联想到"安全有保证"的品牌口号。

低感知违约刺激物。A品牌一直通过广告宣传其产品物超所值。"实惠看得到"是A品牌的核心诉求。A品牌广告强调A品牌能够让消费者得到真正的实惠，其性价比优于其他同类品牌。通过几年的广告投放，A品牌的消费者能够由A品牌的矿物质水、纯净水和方便面联想到"实惠看得到"的品牌口号。

③感知责任性刺激物。

感知责任性刺激物操控被试者对刺激物企业责任的感知。本书参考"×××水源门危机"和"×××砒霜门危机"，结合企业声誉刺激物和产品伤害危机刺激物，分别设计了高感知责任性刺激物和低感知责任性刺激物。具体刺激物描述如下。

高感知责任性刺激物。事件发生后，成都市质量检查部门立即到A品牌成都工厂检查，发现A品牌矿物质水生产线管理比较混乱，产品安检设备老化，缺陷产品难以全部检查。该部门认为，A品牌矿物质水产品安检缺陷导致此次事件，并责令A公司更换产品安检设备，达到标准后才能继续生产。

低感知责任性刺激物。事件发生后，成都市质量检查部门立即到A品牌成都工厂检查，发现A品牌矿物质水生产线管理流程很规范，符合国家矿物质水生产相关标准，基本可以排除生产过程导致该事件的可能性。该部门深入调查发现，水源质量异常波动是导致该事件的主要原因。该部门认为，A品牌生产流程符合国家规范，上游水厂对该事件负主要责任。

④感知偶发性刺激物。

感知偶发性刺激物操控被试者对危机企业产品伤害危机频率的感知。本书参考"××牛奶含黄曲霉素危机",结合企业声誉刺激物和产品伤害危机刺激物,分别设计了高感知偶发性刺激物和低感知偶发性刺激物,具体刺激物描述如下。

高感知偶发性刺激物。该报对 A 品牌进行了深入报道,指出此次事件并非 A 品牌矿物质水发生的首次产品安全事件。早在 2009 年,就有一名市民怀疑 A 品牌矿物质水导致其腹痛、腹泻,并将 A 品牌告上法庭,最终因证据不足败诉。过去的两年里,成都市质量检查部门在检查中均发现,A 品牌矿物质水含有可能致轻微腹痛、腹泻的成分,并责令 A 公司进行全面整改。

低感知偶发性刺激物。该报对 A 品牌进行了深入报道,指出此次事件是 A 品牌曝出的首次产品安全问题。在 A 品牌的矿物质水、纯净水和方便面进入成都市场的 20 年间,A 品牌此前从未出现过产品安全问题,并多次获得"消费者信得过品牌"称号。

⑤感知无良性刺激物。

感知无良性刺激操控被试者对企业违法企业道德程度的感知。本书参考"××毒奶粉危机",结合企业声誉刺激物和产品伤害危机刺激物,分别设计了高感知无良性刺激物和低感知无良性刺激物。具体刺激物描述如下。

高感知无良性刺激物。记者暗访中发现,A 公司其实早已觉察产品可能存在安全问题。有生产线员工向记者反映,事件发生的 3 天前,A 公司生产安全部主任发现 A 品牌矿物质水可能存在安全问题,并向总经理提交书面报告。A 公司总经理召集公司高层研究了该报告,认为产品的确存在安全隐患,可能会造成胃肠虚弱者轻微腹痛、腹泻。可是,考虑到问题产品致病的几率较小,为了稳定公司收入,管理层决定让知情者隐瞒真相、毁掉证据,继续销售已生产出的问题产品。

低感知无良性刺激物。事件发生后,A 公司立刻召回了所有疑似问题产品,同时发布公告,建议已购买该产品者停止饮用该产品,并承诺 A 公司将无条件退货。记者调查中发现,A 品牌一直将产品安全放在首位,设有专门的产品安全部门。有生产线员工向记者反映,A 品牌产品安全部门一旦发现产品存在问题,工厂会立即停产,召回所有问题产品,在确定产品安全后才会继续生产和销售。

(3)产品相似性刺激物。

产品相似性刺激物操控被试者对非危机产品与危机产品相似性感知。本书分析瓶装饮用水企业,发现康师傅、农夫山泉、雀巢、今麦郎等企业均有多条产品线,包括方便面、果汁、饼干等产品。本书通过对大学生访谈,发现纯净水是与矿物质水相似性较高的产品,方便面是与矿物质水相似性较低的产品。

10.1.8.3 量表设计

本书涉及企业声誉、感知危害性、感知违约性、感知责任性、感知偶发性、感知无良性、绩效风险、心理风险、负面情绪和产品态度等变量。本书尽可能采用成熟量表测量以上变量,当没有成熟量表时,本书根据相关研究采用的量表,根据本书研究内容进行修改。本书均采用 likert7 点量表进行测量,最小为 1,最大为 7。数值越接近 1,表示被试者越同意测项的表述;数值越接近 7,表示被试者越不同意测项的表述。

(1)企业声誉量表。

企业声誉量表参照 Coombs 和 Holladay(2002)、Fombrun 和 Riel(1997)的量表,用"A 企业声誉很好""A 企业实力很强"和"A 企业业绩很好"3 个测项测量。

(2)产品伤害危机感知量表。

产品伤害危机感知是本书首次提出的概念,尚没有成熟量表。本书借鉴相似变量的成熟量表,结合本书的研究内容,设计出产品伤害危机感知量表。

第一是感知危害性量表。本书参考 Dawar 和 Pillutla(2000)、Siomkos 和 Kurzbard(1994)测量产

品伤害危机严重程度的量表，根据本书具体情况，设计了感知危害性量表，用"该矿物质水对消费者健康的影响很大""该矿物质水很不安全"和"该矿物质水的危害性很大"3个测项测量。

第二是感知违约性量表。本书根据感知违约性刺激物的特征，设计了3个测量被试者对产品伤害危机违背企业承诺的程度，"该事件会使人怀疑A企业口号的真实性""该事件违背了A品牌的口号"和"该事件会降低人们对A企业口号的信任"。

第三是感知责任性量表。本书借鉴Coombs（1998）、Coombs（1999）、Coombs和Holladay（2001）、Coombs和Holladay（2002）采用的危机责任量表，结合本书感知责任刺激物，测量被试者感知到企业应担负的责任，用"A企业违反了安全生产规范""A企业产品安全监管很不到位"和"A企业对此事件负有责任"3个测项测量。

第四是感知偶发性量表。本书借鉴Coombs（2007）、Coombs和Holladay（2001）的危机历史量表，结合本书感知偶发性刺激物，用"A企业的矿物质水的类似事件很多""A企业的矿物质水的安全问题很多"和"A企业的矿物质水一直很不安全"3个测项测量。

第五是感知无良性量表。本书借鉴Sun、Chen和Wang（2011）、Raju和Rajagopal（2008）、Vassili、Chatzipanagiotou和Siomkos（2011）测量企业道德违反时采用的量表，用"该事件反映出A企业很不讲道德""该事件反映出A企业很没有良心"和"该事件反映出A企业很没有原则"3个测项测量。

（3）绩效风险量表。

本书参考Keh和Pang（2010）的绩效风险量表，根据本书背景适当调整，用"A企业可能还会再出现类似安全问题""A企业再次出问题的可能性很大"和"该产品的安全性会很差"3个测项测量。

（4）心理风险量表。

本书参考Keh和Pang（2010）的心理风险量表，根据本书背景适当调整，用"如果购买到A企业的产品，我心里会不舒服""如果购买A企业的产品，我会感到不安"和"如果购买到A企业的产品，我会感到担忧"3个测项测量。

（5）负面情绪量表。

本书综合参考Jin和Cameron（2007）、Laros和Steenkamp（2005）、Oliver（1993）的负面情绪量表，根据本书背景适当调整，用"该事件会让我对A企业很厌烦""该事件会让我对A企业很不满"和"该事件会让我对A企业很气愤"3个测项测量。

（6）产品相似性量表。

本书参考Dahlen和Lange（2006）、Roehm和Tybout（2006）的相似性量表，用"就产品来说，纯净水与矿物质水很相似"1个测项测量。

（7）产品态度量表。

本书综合参考Ahluwalia、Burnkrant和Unnava（2000）、Ahluwalia、Unnava和Burnkrant（2001）、Menon、Jewel和Rao Unnava（1999）的产品态度量表，根据本书背景适当调整，分别测量被试者对危机产品、高相似性产品和低相似性产品的态度，用"该企业生产的矿物质水（或纯净水、方便面）很差""我会讨厌该企业生产的矿物质水（或纯净水、方便面）"和"该企业生产的矿物质水（或纯净水、方便面）不会合我心意"3个测项测量。

10.1.8.4 问卷前测

（1）实验描述。

本书通过问卷前测来确认刺激物设计的效果。量表采用likert7点量表，最大值为3，最小值为-3。前测通过两个实验组对照实验检验企业声誉刺激物和产品伤害危机刺激物设计效果。实验组设计见表10-8。

表 10-8　前测实验组设计

实验组 \ 刺激物	企业声誉	感知危害性	感知违约性	感知责任性	感知偶发性	感知无良性
BE1	高	低	低	低	低	低
BE2	低	高	高	高	高	高

前测实验在成都市某高校进行，有 60 名大学生参加前测实验，共收到有效样本 55 个。BE1 组样本数为 27 个，其中男生样本 14 个，女生样本 13 个；BE2 组样本数为 28 个，其中男生样本 14 个，女生样本 14 个，如表 10-9 所示。

表 10-9　前测实验组样本描述

实验组 \ 样本数	样本总数	男生样本	女生样本
BE1	27	14	13
BE2	28	14	14
合计	55	28	27

（2）操控检验。

本书先计算出 6 个变量的均值，然后采用方差分析比较两组间均值差异。从表 10-10 和表 10-11 可以看出，企业声誉、感知危害性、感知违约性、感知责任性、感知偶发性和感知无良性刺激物设计符合预期，在 BE1 组和 BE2 组间存在显著差异。一是企业声誉，两个实验组间存在显著差异 [$M_{高声誉} \approx 2.09$，$M_{低声誉} \approx -1.04$；$F(1, 53) \approx 133.19$，$p < 0.01$]；二是感知危害性，两个实验组间存在显著差异 [$M_{高危害} \approx 2.36$，$M_{低危害} \approx 1.23$；$F(1, 53) \approx 27.87$，$p < 0.01$]；三是感知违约性，两个实验组间存在显著差异 [$M_{高违约} \approx 2.39$，$M_{低违约} \approx 1.11$；$F(1, 53) \approx 18.96$，$p < 0.01$]；四是感知责任性，两个实验组间存在显著差异 [$M_{高责任} \approx 2.39$，$M_{低责任} \approx 0.72$；$F(1, 53) \approx 30.35$，$p < 0.01$]；五是感知偶发性，两个实验组间存在显著差异 [$M_{高偶发} \approx 1.85$，$M_{低偶发} \approx -0.96$；$F(1, 53) \approx 83.72$，$p < 0.01$]；六是感知无良性，两个实验组间存在显著差异 [$M_{高无良} \approx 2.69$，$M_{低无良} \approx -1.51$；$F(1, 53) \approx 197.53$，$p < 0.01$]。综上，前测实验验证，本书对企业声誉和产品伤害危机感知的操控比较成功。

表 10-10　前测实验变量描述

变量名	水平	样本数	均值	标准差	最小值	最大值
企业声誉	高	27	2.0864	0.76008	0.00	3.00
	低	28	-1.0357	1.19098	-3.00	1.67
感知危害性	高	28	2.3631	0.58804	1.00	3.00
	低	27	1.2346	0.95994	-1.00	3.00
感知违约性	高	28	2.3929	0.66700	0.00	3.00
	低	27	1.1111	1.40207	-3.00	2.67
感知责任性	高	28	2.3929	0.58128	1.00	3.00
	低	27	0.7160	1.49844	-2.33	3.00
感知偶发性	高	28	1.8452	0.78296	0.00	3.00
	低	27	-0.9630	1.41522	-3.00	2.67
感知无良性	高	28	2.6905	0.56604	1.00	3.00
	低	27	-1.5062	1.47158	-3.00	3.00

表 10-11　前测实验结果方差分析

变量		平方和	自由度	均方	F 值	Sig.
企业声誉	组间	133.987	1	133.987	133.187	0.000
	组内	53.318	53	1.006		
	总和	187.305	54			
感知危害性	组间	17.506	1	17.506	27.866	0.000
	组内	33.295	53	0.628		
	总和	50.801	54			
感知违约性	组间	22.582	1	22.582	18.961	0.000
	组内	63.123	53	1.191		
	总和	85.705	54			
感知责任性	组间	38.648	1	38.648	30.345	0.000
	组内	67.502	53	1.274		
	总和	106.149	54			
感知偶发性	组间	108.397	1	108.397	83.715	0.000
	组内	68.626	53	1.295		
	总和	177.022	54			
感知无良性	组间	242.083	1	242.083	197.527	0.000
	组内	64.955	53	1.226		
	总和	307.038	54			

10.1.8.5　预实验

在前测证实刺激物设计有效性之后，本书进行了预实验。预实验量表在前测实验基础上有所改动，一是调整了部分刺激物和测项量表的表述，二是量表测量方式由 Likert7（-3，+3）调整为 Likert7（1，7）。

本书利用 PE1 和 PE2 两个实验组进行预实验，PE1 和 PE2 分别对应 BE1 和 BE2，并加上全部测项。预实验目标包括：进一步验证微调后量表的效果；验证将纯净水作为高相似产品、将方便面作为低相似产品的合适性；初步探查自变量对中介变量和因变量的关系。

（1）实验描述。

预实验在成都市某高校进行，有 30 名大学生参加前测实验，共收到有效样本 29 个。PE1 组样本数为 14 个，其中男生样本 7 个，女生样本 7 个；PE2 组样本数为 15 个，其中男生样本 7 个，女生样本 8 个。如表 10-12 所示。

表 10-12　预实验组样本描述

实验组 \ 样本数	样本总数	男生样本	女生样本
PE1	14	7	7
PE2	15	7	8
合计	29	14	15

（2）量表信度。

表 10-13 显示，预实验量表信度较好，12 个变量的内部一致性信度均大于 0.8，大部分在 0.9 以上，量表整体信度达到 0.939。

表 10-13　预实验量表信度

量表	内部一致性信度	量表	内部一致性信度
企业声誉	0.921	绩效风险	0.928
感知危害性	0.945	心理风险	0.972
感知违约性	0.943	负面情绪	0.941

续表

量表	内部一致性信度	量表	内部一致性信度
感知责任性	0.833	危机产品态度	0.933
感知偶发性	0.956	高相似产品态度	0.886
感知无良性	0.987	低相似产品态度	0.953
整体量表	0.939		

（3）操控检验。

本书先计算出6个变量的均值，然后采用方差分析比较均值差异。表10-14和表10-15显示，企业声誉、感知危害性、感知违约性、感知责任性、感知偶发性和感知无良性刺激物设计符合预期，在PE1组和PE2组间存在显著差异。一是企业声誉，两个实验组间存在显著差异[$M_{高声誉} \approx 5.88$，$M_{低声誉} \approx 2.87$；$F(1, 27) \approx 65.85$，$p < 0.01$]；二是感知危害性，两个实验组间存在显著差异[$M_{高危害} \approx 5.64$，$M_{低危害} \approx 3.38$；$F(1, 27) \approx 23.81$，$p < 0.01$]；三是感知违约性，两个实验组间存在显著差异[$M_{高违约} \approx 6.09$，$M_{低违约} \approx 3.69$；$F(1, 27) \approx 30.50$，$p < 0.01$]；四是感知责任性，两个实验组间存在显著差异[$M_{高责任} \approx 6.36$，$M_{低责任} \approx 3.83$；$F(1, 27) \approx 62.74$，$p < 0.01$]；五是感知偶发性，两个实验组间存在显著差异[$M_{高偶发} \approx 5.31$，$M_{低偶发} \approx 2.00$；$F(1, 27) \approx 79.39$，$p < 0.01$]；六是感知无良性，两个实验组间存在显著差异[$M_{高无良} \approx 6.16$，$M_{低无良} \approx 1.60$；$F(1, 27) \approx 261.22$，$p < 0.01$]。这进一步确认本书设计的刺激物能够较好操控被试的企业声誉评价和产品伤害危机感知。

表10-14 预实验变量描述：企业声誉和产品伤害危机感知

变量名	水平	样本数	均值	标准差	最小值	最大值
企业声誉	高	14	5.8810	0.62165	5.00	7.00
	低	15	2.8667	1.25230	1.00	5.67
感知危害性	高	15	5.6444	1.23099	2.33	7.00
	低	14	3.3810	1.26665	1.00	5.00
感知违约性	高	15	6.0889	0.52654	5.00	7.00
	低	14	3.6905	1.59306	1.67	6.00
感知责任性	高	15	6.3556	0.72885	4.67	7.00
	低	14	3.8333	0.97621	2.67	5.67
感知偶发性	高	15	5.3111	0.55587	4.00	6.00
	低	14	2.0000	1.10167	1.00	5.00
感知无良性	高	15	6.1556	0.85325	4.33	7.00
	低	14	1.5952	0.64289	1.00	3.00

表10-15 预实验结果方差分析：企业声誉和产品伤害危机感知

变量		平方和	自由度	均方	F值	Sig.
企业声誉	组间	65.795	1	65.795	65.845	0.000
	组内	26.979	27	0.999		
	总和	92.774	28			
感知危害性	组间	37.100	1	37.100	23.810	0.000
	组内	42.072	27	1.558		
	总和	79.172	28			
感知违约性	组间	41.655	1	41.655	30.501	0.000
	组内	36.874	27	1.366		
	总和	78.529	28			

续表

变量		平方和	自由度	均方	F 值	Sig.
感知责任性	组间	46.067	1	46.067	62.736	0.000
	组内	19.826	27	0.734		
	总和	65.893	28			
感知偶发性	组间	79.391	1	79.391	79.391	0.000
	组内	20.104	27	0.745		
	总和	99.494	28			
感知无良性	组间	150.595	1	150.595	261.222	0.00
	组内	15.566	27	0.577		
	总和	166.161	28			

接下来，本书检验产品相似性刺激物的效果。本书选择 A 品牌矿物质水作为危机产品，选择纯净水作为高相似产品，选择方便面作为低相似产品。由于非危机产品刺激物采用组内实验设计，因此本书采用配对样本 T 检验验证产品相似性刺激物的有效性。配对样本 T 检验结果显示，被试者对纯净水与矿物质水的相似性评价和方便面与矿物质的相似性评价具有显著差异 [$M_{高相似}$ = 4.14，$M_{低相似}$ = 2.93；$T(28) \approx 3.06$，$p < 0.01$]，如表 10-16、表 10-17、表 10-18 所示。

表 10-16 预实验变量描述：产品相似性

变量		样本数	均值	标准差	最小值	最大值
变量名	水平					
产品相似性	高	29	4.14	2.048	1	7
	低	29	2.93	1.963	1	7

表 10-17 配对样本描述：产品相似性

配对		样本数	均值	标准差
配对 1	产品相似性（高）	29	4.14	2.048
	产品相似性（低）	29	2.93	1.963

表 10-18 配对样本 T 检验：产品相似性

配对	均值	标准差	离差的 95% 置信区间		T 值	自由度	Sig.（双尾）
			低	高			
配对 1	1.207	2.128	0.398	2.016	3.055	28	0.005

（4）初步分析。

为了初步探索中介变量和因变量在两组间是否存在显著差异，我们进行方差分析。表 10-19 为绩效风险、心理风险、负面情绪、危机产品态度、高相似性产品态度和低相似性产品态度的变量描述。分析结果显示，中介变量和因变量 PE1 组和 PE2 组间存在显著差异。具体而言，PE2 的绩效风险显著大于 PE1 组 [$M_{PE1} \approx 3.95$，$M_{PE2} \approx 5.98$；$F(1, 27) \approx 19.17$，$p < 0.01$]；PE2 组的心理风险显著大于 PE1 组 [$M_{PE1} \approx 3.06$，$M_{PE2} \approx 6.04$；$F(1, 27) \approx 25.37$，$p < 0.01$]；PE2 组的负面情绪显著大于 PE1 组 [$M_{PE1} \approx 3.12$，$M_{PE2} \approx 5.91$；$F(1, 27) \approx 25.37$，$p < 0.01$]；PE2 组的危机产品态度显著大于 PE1 组 [$M_{PE1} \approx 3.55$，$M_{PE2} \approx 5.96$；$F(1, 27) \approx 29.58$，$p < 0.01$]；PE2 组的高相似性产品态度显著大于 PE1 组 [$M_{PE1} \approx 3.00$，$M_{PE2} \approx 5.44$；$F(1, 27) \approx 53.83$，$p < 0.01$]；PE2 组的低相似性产品态度显著大于 PE1 组 [$M_{PE1} \approx 2.36$，$M_{PE2} \approx 5.16$；$F(1, 27) \approx 56.32$，$p < 0.01$]。中介变量和因变量方差分析如表 10-20 所示。

表 10-19 预实验变量描述：中介变量和因变量

变量		样本数	均值	标准差	最小值	最大值
变量名	预实验组					
绩效风险	PE1	14	3.9524	1.57359	1.67	6.00
	PE2	15	5.9778	0.83063	4.33	7.00
心理风险	PE1	14	3.5952	1.62343	1.67	6.00
	PE2	15	6.0444	0.92468	4.00	7.00
负面情绪	PE1	14	3.1190	1.23764	1.33	5.33
	PE2	15	5.9111	0.66029	4.67	7.00
危机产品态度	PE1	14	3.5476	1.49990	1.00	6.00
	PE2	15	5.9556	0.80541	4.33	7.00
高相似性产品态度	PE1	14	3.0000	0.96077	1.33	4.33
	PE2	15	5.4444	0.83254	4.33	7.00
低相似性产品态度	PE1	14	2.3571	0.98245	1.00	4.33
	PE2	15	5.1556	1.02250	3.00	7.00

表 10-20 预实验结果方差分析：中介变量和因变量

变量		平方和	自由度	均方	F 值	Sig.
绩效风险	组间	29.706	1	29.706	19.165	0.00
	组内	41.850	27	1.550		
	总和	71.556	28			
心理风险	组间	43.438	1	43.438	25.368	0.00
	组内	46.232	27	1.712		
	总和	89.670	28			
负面情绪	组间	43.438	1	43.438	25.368	0.00
	组内	46.232	27	1.712		
	总和	89.670	28			
危机产品态度	组间	41.987	1	41.987	29.578	0.000
	组内	38.328	27	1.420		
	总和	80.314	28			
高相似性产品态度	组间	43.269	1	43.269	53.828	0.000
	组内	21.704	27	0.804		
	总和	64.973	28			
低相似性产品态度	组间	56.708	1	56.708	56.323	0.000
	组内	27.185	27	1.007		
	总和	83.893	28			

10.1.8.6 正式实验

（1）实验程序。

正式实验涉及的变量包括产品伤害危机感知、企业声誉、产品相似性、绩效风险、心理风险、负面情绪、产品态度。其中，产品伤害危机感知是自变量；企业声誉和产品相似性是调节变量，需要通过刺激物操控；绩效风险、心理风险、负面情绪是中间变量；产品态度是因变量，受到自变量和调节变量的影响。

由于本书要操控的变量较多，包括企业声誉、感知危害性、感知违约性、感知责任性、感知偶发性、感知无良性和产品相似性。如果采用组间设计，需要涉及较多实验组。本书借鉴（Smith、Bolton 和 Wagner，1999）的研究，采用混合设计。

首先，本书根据企业声誉水平高和低，设计两个实验组。其次，以产品伤害危机感知为操控变量，在每个组中进行正交设计（如表 10-21 所示），共形成 16 个实验组。最后，在每个实验组中，以产品相似性高和低进行组内设计。因此,本书实证研究通过16个实验组完成。

正式实验在成都市某高校课堂进行,所有被试者均为在校本科生。实验程序如下:请被试者阅读A企业的文字介绍,并请被试者为A企业的声誉评分;然后阅读产品伤害危机刺激物,并评价危机感知、绩效风险、心理风险、负面情绪和危机产品态度;然后,请被试者评价对A企业矿物质水、纯净水产品(高相似性产品)和方便面(低相似性产品)的态度;最后是人口统计特征问题。本书将企业声誉刺激物放在最前面,一是避免危机与企业声誉的交互影响,导致企业声誉评价受到危机信息影响(Dawar和Pillutla,2000);二是打分行为是一种行为承诺(Behavioral Commitment),有助于强化被试者对企业声誉的评价(Blanton、Pelham和Dehart等,2001)。

本书发放880份问卷,每组55份。删除缺失项过多(缺失项大于3)、随意填答问卷(连续5个题项的打分相同)101份,得到779份有效问卷。各实验组样本数量如表10-21所示。

表10-21 正交试验组与样本分布

实验组	实验样本数	有效样本数	变量与水平				
			感知危害性	感知违约性	感知责任性	感知偶发性	感知无良性
EGHR1	55	49	高	低	低	高	高
EGHR2	55	51	低	高	低	高	低
EGHR3	55	48	高	低	高	低	低
EGHR4	55	48	低	高	高	低	高
EGHR5	55	48	高	高	高	高	高
EGHR6	55	49	低	低	高	高	高
EGHR7	55	49	高	高	低	低	低
EGHR8	55	48	低	低	低	低	高
EGLR1	55	49	高	低	低	高	高
EGLR2	55	50	低	高	低	高	低
EGLR3	55	48	高	低	高	低	低
EGLR4	55	48	低	高	高	低	高
EGLR5	55	49	高	高	高	高	高
EGLR6	55	50	低	低	高	高	高
EGLR7	55	47	高	高	低	低	低
EGLR8	55	48	低	低	低	低	高
合计	880	779					

(2)样本描述。

有效样本特征如表10-22所示。被试者自己填写年龄信息,最大值为25,最小值为17,均值为25,缺失数为79个;被试者自己填写月生活费信息,最大值为5000,最小值为200,均值为1017.50,缺失数为112个;被试者选择性别题项,男性样本363个,女性样本354个,缺失数为62个。

表10-22 正式实验样本描述

人口统计变量	样本数	最小值	最大值	均值	标准差	缺失数
年龄	700	17	25	20.38	1.198	79
月生活费	667	200	5000	1017.50	488.187	112
性别		男	363	女	354	62

(3)变量描述。

本书接下来细致描述自变量、中介变量、调节变量和因变量的均值、方差等信息。

①自变量。

本书自变量是产品伤害危机感知,包括感知危害性、感知违约性、感知责任性、感知偶发性和感知无良性。为了确认产品伤害危机感知由 5 个维度构成，本书采用主成分分析法（Principal Component Analysis）对产品伤害危机感知进行因子分析。

第一为全数据因子分析。如表 10-23 所示，数据的 KMO 值为 0.805，Bartlett's 球形检验的显著性为 0.00，说明研究数据符合因子分析的要求。

表 10-23　产品伤害危机感知的 KMO 和 Bartlett's 检验

KMO 检验		0.805
Bartlett's 球形检验	Approx. Chi-Square	8.18
	df	105
	Sig.	0.00

共同度分析显示，除"感知责任性 1"的变异提取量为 0.774，"感知偶发性 3"的变异提取量为 0.788，其他测项变异提取量均大于 0.8，说明提取的因子能够较好解释每个测项的变异，如表 10-24 所示。

表 10-24　产品伤害危机感知维度的共同度

测项	初始值	提取量	测项	初始值	提取量
感知危害性 1	1.000	0.830	感知偶发性 1	1.000	0.806
感知危害性 2	1.000	0.889	感知偶发性 2	1.000	0.832
感知危害性 3	1.000	0.859	感知偶发性 3	1.000	0.788
感知违约性 1	1.000	0.819	感知无良性 1	1.000	0.894
感知违约性 2	1.000	0.841	感知无良性 2	1.000	0.906
感知违约性 3	1.000	0.827	感知无良性 3	1.000	0.880
感知责任性 1	1.000	0.774			
感知责任性 2	1.000	0.842			
感知责任性 3	1.000	0.817			

提取方法：Principal Component Analysis.

表 10-25 采用"特征值大于 1"标准提取因子，共提取出 5 个因子。5 个因子解释的变异总量为 84.02%。第 6 个因子特征值为 0.359 明显小于 1。这说明，产品伤害危机感知存在 5 个维度。

表 10-25　产品伤害危机感知维度因子提取

成分	初始特征值			被提取的载荷平方和			旋转后提前的载荷平方和		
	总和	变异量百分比	变异量累计百分比	总和	变异量百分比	变异量累计百分比	总和	变异量百分比	变异量累计百分比
1	4.724	31.490	31.490	4.724	31.490	31.490	2.683	17.886	17.886
2	2.675	17.831	49.321	2.675	17.831	49.321	2.568	17.121	35.006
3	2.052	13.680	63.002	2.052	13.680	63.002	2.482	16.547	51.553
4	1.851	12.342	75.344	1.851	12.342	75.344	2.436	16.242	67.796
5	1.301	8.676	84.020	1.301	8.676	84.020	2.434	16.225	84.020
6	0.359	2.391	86.411						
7	0.338	2.255	88.666						
8	0.280	1.867	90.533						
9	0.254	1.692	92.225						
10	0.252	1.678	93.903						
11	0.229	1.526	95.429						
12	0.220	1.470	96.899						
13	0.177	1.180	98.078						
14	0.156	1.043	99.121						
15	0.132	0.879	100.000						

提取方法：Principal Component Analysis.

旋转后的因子载荷矩阵显示，数据因子结构与本书推断一致，产品伤害危机感知存在 5 个维度。具体而言，5 个因子可以较好解释 15 个产品伤害危机感知测项。因子 1 解释的变异最大，达到 17.886%，反映了消费者感知到产品伤害危机违背企业道德的程度，说明感知无良性是产品伤害危机感知中最重要的维度。因子 2 解释的变异达到 17.121%，略低于感知无良性，反映了消费者感知到产品伤害危机的危害程度，说明感知危害性对消费者的影响比较大。因子 3 解释的变异达到 16.547%，反映了消费者感知到产品伤害危机违背企业承诺的程度。因子 4 解释的变异达到 16.242%，反映了消费者感知到企业应承担责任的程度。因子 5 解释的变异达到 16.25%，反映了消费者感知到企业发生产品伤害危机的频繁程度。

因子分析表明，产品伤害危机感知存在 5 个维度，反映消费者从不同角度对产品伤害危机的评价。同时，产品伤害危机感知的 5 个维度存在交互影响，与现有研究结论一致，如表 10-26 所示。

表 10-26　旋转后的因子载荷矩阵

测项	成分 1	成分 2	成分 3	成分 4	成分 5
感知危害性 1	0.055	0.867	0.243	0.122	0.031
感知危害性 2	0.000	0.910	0.209	0.113	0.069
感知危害性 3	0.010	0.891	0.203	0.078	0.133
感知违约性 1	0.091	0.254	0.861	0.071	−0.001
感知违约性 2	0.083	0.215	0.880	0.060	0.099
感知违约性 3	0.051	0.177	0.879	0.117	0.074
感知责任性 1	0.070	0.055	0.047	0.863	0.138
感知责任性 2	0.102	0.151	0.072	0.893	0.083
感知责任性 3	0.047	0.087	0.116	0.889	0.059
感知偶发性 1	0.070	0.031	0.093	0.139	0.879
感知偶发性 2	0.094	0.086	0.050	0.100	0.896
感知偶发性 3	0.128	0.096	0.020	0.041	0.872
感知无良性 1	0.932	0.023	0.079	0.097	0.102
感知无良性 2	0.941	0.033	0.057	0.058	0.114
感知无良性 3	0.928	0.009	0.079	0.069	0.085

提取方法：Principal Component Analysis.
旋转方法：Varimax with Kaiser Normalization.

企业声誉是否影响产品伤害危机感知的因子结构？为了确认企业声誉是否影响产品伤害危机感知的因子结构，本书将数据拆分为高声誉组和低声誉组，分别进行因子分析。

第二为高声誉组因子分析。如表 10-27 所示，数据的 KMO 值为 0.805，Bartlett's 球形检验的显著性为 0.00，说明研究数据符合因子分析的要求。

表 10-27　产品伤害危机感知的 KMO 和 Bartlett's 检验：高声誉组

KMO 检验		0.805
Bartlett's 球形检验	Approx. Chi-Square	8.18
	df	105
	Sig.	0.00

共同度分析显示，除"感知责任性 1"的变异提取量为 0.741 和"感知偶发性 1"的变异提取量为 0.771，其他测项变异提取量均小于 0.8，说明提取的因子能够较好解释每个测项的变异，如表 10-28 所示。

表 10-28 产品伤害危机感知的共同度：高声誉组

测项	初始值	提取量	测项	初始值	提取量
感知危害性 1	10.00	0.810	感知偶发性 1	1.000	0.771
感知危害性 2	1.000	0.877	感知偶发性 2	1.000	0.830
感知危害性 3	1.000	0.870	感知偶发性 3	1.000	0.775
感知违约性 1	1.000	0.828	感知无良性 1	1.000	0.891
感知违约性 2	1.000	0.842	感知无良性 2	1.000	0.900
感知违约性 3	1.000	0.808	感知无良性 3	1.000	0.873
感知责任性 1	1.000	0.741			
感知责任性 2	1.000	0.823			
感知责任性 3	1.000	0.798			

提取方法：Principal Component Analysis.

表 10-29 采用"特征值大于 1"标准提取因子，共提取出 5 个因子。5 个因子解释的变异总量为 82.92%。第 6 个因子特征值为 0.445 明显小于 1。这说明，产品伤害危机感知存在 5 个维度。

表 10-29 产品伤害危机感知因子提取：高声誉组

成分	初始特征值			被提取的载荷平方和			旋转后提前的载荷平方和		
	总和	变异量百分比	变异量累计百分比	总和	变异量百分比	变异量累计百分比	总和	变异量百分比	变异量累计百分比
1	4.324	28.828	28.828	4.324	28.828	28.828	2.668	17.784	17.784
2	2.739	18.263	47.091	2.739	18.263	47.091	2.566	17.110	34.894
3	2.112	14.083	61.174	2.112	14.083	61.174	2.487	16.580	51.473
4	1.859	12.395	73.568	1.859	12.395	73.568	2.379	15.861	67.334
5	1.403	9.354	82.922	1.403	9.354	82.922	2.338	15.588	82.922
6	0.445	2.965	85.887						
7	0.353	2.350	88.238						
8	0.300	1.999	90.237						
9	0.283	1.889	92.126						
10	0.267	1.778	93.904						
11	0.240	1.603	95.507						
12	0.216	1.438	96.945						
13	0.178	1.190	98.135						
14	0.148	0.986	99.121						
15	0.132	0.879	100.000						

提取方法：Principal Component Analysis.

旋转后的因子载荷矩阵显示，数据因子结构与本书推断一致，产品伤害危机感知存在 5 个维度。具体而言，5 个因子可以较好解释 15 个产品伤害危机感知测项。因子 1 解释的变异最大，达到 17.784%，反映了消费者感知到产品伤害危机违背企业道德的程度，说明感知无良性是产品伤害危机感知最重要的维度。因子 2 解释的变异达到 17.110%，略低于感知无良性，反映了消费者感知到产品伤害危机的危害程度，说明感知危害性对消费者的影响比较大。因子 3 解释的变异达到 16.580%，反映了消费者感知到产品伤害危机违背企业承诺的程度。因子 4 解释的变异达到 15.861%，反映了消费者感知到企业应承担责任的程度。因子 5 解释的变异达到 15.588%，反映了消费者感知到企业发生产品伤害危机的频繁程度。

比较高声誉组和整体数据的因子结构发现，两者的因子结构一致，只是高声誉组的感知责任性和感知偶发性因子的变异解释量略小，如表 10-30 所示。

表 10-30 旋转后的因子载荷矩阵：高声誉组

测项	成分 1	2	3	4	5
感知危害性 1	0.063	0.858	0.232	0.025	0.123
感知危害性 2	0.011	0.912	0.193	0.020	0.086
感知危害性 3	0.035	0.905	0.172	0.112	0.090
感知违约性 1	0.060	0.212	0.882	−0.042	0.029
感知违约性 2	0.050	0.211	0.889	0.047	0.059
感知违约性 3	0.073	0.154	0.877	0.025	0.098
感知责任性 1	0.057	−0.023	0.010	0.069	0.856
感知责任性 2	0.123	0.188	0.070	0.086	0.872
感知责任性 3	0.017	0.134	0.106	0.067	0.874
感知偶发性 1	0.047	0.017	0.031	0.866	0.136
感知偶发性 2	0.086	0.041	−0.003	0.905	0.040
感知偶发性 3	0.125	0.082	9.637	0.866	0.041
感知无良性 1	0.931	0.029	0.089	0.090	0.085
感知无良性 2	0.938	0.033	0.074	0.114	0.034
感知无良性 3	0.928	0.042	0.020	0.069	0.079

提取方法：Principal Component Analysis.
旋转方法：Varimax with Kaiser Normalization.

第三为低声誉组因子分析。如表 10-31 所示，数据的 KMO 值为 0.808，Bartlett's 球形检验的显著性为 0.000，说明研究数据符合因子分析的要求。

表 10-31 产品伤害危机感知的 KMO 和 Bartlett's 检验：低声誉组

KMO 检验		0.808
Bartlett's 球形检验	Approx. Chi-Square	4.42
	df	105
	Sig.	0.000

共同度分析显示，所有测项变异提取量均大于 0.8，说明提取的因子能够较好解释每个测项的变异，如表 10-32 所示。

表 10-32 产品伤害危机感知的共同度：低声誉组

测项	初始值	提取量	测项	初始值	提取量
感知危害性 1	1.000	0.853	感知偶发性 1	1.000	0.835
感知危害性 2	1.000	0.901	感知偶发性 2	1.000	0.835
感知危害性 3	1.000	0.850	感知偶发性 3	1.000	0.801
感知违约性 1	1.000	0.812	感知无良性 1	1.000	0.898
感知违约性 2	1.000	0.839	感知无良性 2	1.000	0.911
感知违约性 3	1.000	0.851	感知无良性 3	1.000	0.889
感知责任性 1	1.000	0.814			
感知责任性 2	1.000	0.863			
感知责任性 3	1.000	0.835			

提取方法：Principal Component Analysis.

表 10-33 采用"特征值大于 1"标准提取因子，共提取出 5 个因子。5 个因子解释的变异总量为

85.24%。第 6 个因子特征值为 0.346 明显小于 1。这说明，产品伤害危机感知存在 5 个维度。

表 10-33　产品伤害危机感知的因子提取：低声誉组

成分	初始特征值			被提取的载荷平方和			旋转后提前的载荷平方和		
	总和	变异量百分比	变异量累计百分比	总和	变异量百分比	变异量累计百分比	总和	变异量百分比	变异量累计百分比
1	5.110	34.068	34.068	5.110	34.068	34.068	2.704	18.024	18.024
2	2.667	17.782	51.850	2.667	17.782	51.850	2.611	17.406	35.430
3	2.010	13.403	65.253	2.010	13.403	65.253	2.521	16.804	52.234
4	1.816	12.105	77.357	1.816	12.105	77.357	2.485	16.567	68.801
5	1.182	7.878	85.235	1.182	7.878	85.235	2.465	16.434	85.235
6	0.346	2.306	87.541						
7	0.299	1.993	89.534						
8	0.260	1.735	91.269						
9	0.256	1.707	92.976						
10	0.244	1.629	94.605						
11	0.216	1.437	96.042						
12	0.179	1.195	97.237						
13	0.156	1.037	98.274						
14	0.141	0.943	99.217						
15	0.117	0.783	100.000						

提取方法：Principal Component Analysis.

旋转后的因子载荷矩阵显示，数据因子结构与本书推断一致，产品伤害危机感知存在 5 个维度。具体而言，5 个因子可以较好解释 15 个产品伤害危机感知测项。因子 1 解释的变异最大，达到 18.024%，反映了消费者感知到产品伤害危机违背企业道德的程度，说明感知无良性是产品伤害危机感知最重要的维度。因子 2 解释的变异达到 17.406%，略低于感知无良性，反映了消费者感知到产品伤害危机的危害程度，说明感知危害性对消费者的影响比较大。因子 3 解释的变异达到 16.804%，反映了消费者感知到企业应承担责任的程度。因子 4 解释的变异达到 16.567%，反映了消费者感知到企业发生产品伤害危机的频繁程度。因子 5 解释的变异达到 16.434%，反映了消费者感知到产品伤害危机违背企业承诺的程度。

比较低声誉组和高声誉组整体数据的因子结构发现，两者的因子结构一致，只是低声誉组因子与高声誉组、整体数据的因子变异提取量顺序略有差异。因此，产品伤害危机感知的因子结构在不同企业声誉情境下具有稳定性，如表 10-34 所示。

表 10-34　产品伤害危机感知旋转后的因子载荷矩阵：低声誉组

测项	成分				
	1	2	3	4	5
感知危害性 1	0.048	0.878	0.119	0.042	0.253
感知危害性 2	−0.016	0.906	0.129	0.108	0.227
感知危害性 3	−0.009	0.879	0.066	0.148	0.225
感知违约性 1	0.133	0.310	0.109	0.026	0.828
感知违约性 2	0.117	0.228	0.061	0.137	0.866
感知违约性 3	0.033	0.192	0.130	0.111	0.885
感知责任性 1	0.086	0.121	0.869	0.183	0.065
感知责任性 2	0.077	0.117	0.910	0.091	0.089
感知责任性 3	0.072	0.056	0.899	0.054	0.122
感知偶发性 1	0.092	0.046	0.141	0.887	0.133
感知偶发性 2	0.106	0.126	0.145	0.883	0.083

续表

测项	成分 1	成分 2	成分 3	成分 4	成分 5
感知偶发性3	0.128	0.102	0.041	0.878	0.043
感知无良性1	0.932	0.017	0.105	0.115	0.074
感知无良性2	0.943	0.032	0.074	0.117	0.048
感知无良性3	0.926	−0.021	0.057	0.097	0.135

提取方法：Principal Component Analysis.

旋转方法：Varimax with Kaiser Normalization.

第四为产品伤害危机感知维度的均值全数据、高声誉组和低声誉组的产品伤害危机感知维度均值如表10-35、表10-36、表10-37所示。5个产品伤害危机感知维度的均值，在全数据、高声誉组和低声誉组中基本一致。

表10-35 产品伤害危机感知维度的描述统计

	频数	最小值	最大值	均值	标准差
感知危害性	779	1.00	7.00	4.1998	1.51216
感知违约性	779	1.00	7.00	4.4356	1.35130
感知责任性	779	1.00	7.00	4.6029	1.45702
感知偶发性	779	1.00	7.00	3.8678	1.32971
感知无良性	779	1.00	7.00	4.0877	1.65035

表10-36 产品伤害危机感知维度的描述统计：高声誉组

	频数	最小值	最大值	均值	标准差
感知危害性	389	1.00	7.00	4.1671	1.43783
感知违约性	389	1.00	7.00	4.5621	1.26565
感知责任性	389	1.00	7.00	4.5835	1.34879
感知偶发性	389	1.00	7.00	3.9075	1.24469
感知无良性	389	1.00	7.00	3.9906	1.56335

表10-37 产品伤害危机感知维度的描述统计：低声誉组

	频数	最小值	最大值	均值	标准差
感知危害性	390	1.00	7.00	4.2325	1.58401
感知违约性	390	1.00	7.00	4.3094	1.42207
感知责任性	390	1.00	7.00	4.6222	1.55900
感知偶发性	390	1.00	7.00	3.8282	1.40991
感知无良性	390	1.00	7.00	4.1846	1.72936

②中介变量。

本书认为心理反应是产品伤害危机感知影响消费者决策的中介变量，消费者对产品伤害危机的心理反应包括感知风险和负面情绪。其中，本书借鉴Keh和Pang（2010）的观点，进一步区分感知风险为绩效风险和心理风险。因此，本书有三个中介变量，绩效风险、心理风险和负面情绪。本书采用因子分析确认绩效风险、心理风险和负面情绪是三个相互区别的因子。与分析产品伤害危机感知因子结构类似，本书先对全数据进行因子分析，然后分别对高声誉组和低声誉组进行因子分析，确认因子结构的稳定性。

第一为全数据因子分析。如表10-38所示，数据的KMO值为0.881，Bartlett's球形检验的显著性为0.000，说明研究数据符合因子分析的要求。

表 10-38　中介变量 KMO 和 Bartlett's 检验

KMO 检验		5.76
Bartlett's 球形检验	Approx. Chi-Square	5.76
	df	36
	Sig.	0.000

共同度分析显示，除"绩效风险 1"的变异提取量为 0.788，"绩效风险 3"的变异提取量为 0.760，其他测项变异提取量均大于 0.8，说明提取的因子能够较好解释每个测项的变异，如表 10-39 所示。

表 10-39　中介变量的共同度

测项	初始值	提取量
绩效风险 1	1.000	0.788
绩效风险 2	1.000	0.834
绩效风险 3	1.000	0.760
心理风险 1	1.000	0.879
心理风险 2	1.000	0.912
心理风险 3	1.000	0.864
负面情绪 1	1.000	0.887
负面情绪 2	1.000	0.835
负面情绪 3	1.000	0.887

提取方法：Principal Component Analysis.

表 10-40 采用"特征值大于 1"标准提取因子，共提取出 3 个因子。3 个因子解释的变异总量为 84.96%。第 4 个因子特征值为 0.373 明显小于 1。这说明，3 个因子可以较好解释心理反应的变异。

表 10-40　中介变量因子提取

成分	初始特征值			被提取的载荷平方和			旋转后提前的载荷平方和		
	总和	变异量百分比	变异量累计百分比	总和	变异量百分比	变异量累计百分比	总和	变异量百分比	变异量累计百分比
1	5.512	61.241	61.241	5.512	61.241	61.241	2.641	29.339	29.339
2	1.102	12.249	73.491	1.102	12.249	73.491	2.580	28.671	58.010
3	1.032	11.471	84.961	1.032	11.471	84.961	2.426	26.951	84.961
4	0.373	4.143	89.104						
5	0.271	3.013	92.117						
6	0.217	2.406	94.523						
7	0.196	2.180	96.703						
8	0.167	1.852	98.555						
9	0.130	1.445	100.000						

提取方法：Principal Component Analysis.

旋转后的因子载荷矩阵显示，数据因子结构与本书推断一致，绩效风险、心理风险和负面情绪是 3 个相互区别的因子。具体而言，3 个因子可以较好解释 9 个产品伤害危机感知测项。因子 1 解释的变异最大，达到 29.339%，反映了消费者感知到心理风险。因子 2 解释的变异达到 28.671%，反映了消费者感知到负面情绪。因子 3 解释的变异达到 26.951%，反映了消费者感知到的绩效风险。

因子分析表明，绩效风险、心理风险和负面情绪是 3 个相互区别的因子，反映消费者对产品伤害危机的心理反应，如表 10-41 所示。

表 10-41　中介变量旋转后的因子载荷矩阵

测项	成分 1	成分 2	成分 3
绩效风险 1	0.305	0.207	0.808
绩效风险 2	0.235	0.241	0.849
绩效风险 3	0.196	0.234	0.817
心理风险 1	0.858	0.268	0.268
心理风险 2	0.885	0.263	0.243
心理风险 3	0.842	0.280	0.276
负面情绪 1	0.240	0.879	0.239
负面情绪 2	0.337	0.808	0.263
负面情绪 3	0.235	0.883	0.228

提取方法：Principal Component Analysis.
旋转方法：Varimax with Kaiser Normalization.

企业声誉是否影响心理反应的因子结构？为了确认企业声誉是否影响心理反应的因子结构，本书将数据拆分为高声誉组和低声誉组，分别进行因子分析。

第二为高声誉组因子分析。如表 10-42 所示，数据的 KMO 值为 0.870，Bartlett's 球形检验的显著性为 0.000，说明研究数据符合因子分析的要求。

表 10-42　中介变量 KMO 和 Bartlett's 检验：高声誉组

KMO 检验		0.870
Bartlett's 球形检验	Approx. Chi-Square	2.724E3
	df	36
	Sig.	0.000

共同度分析显示，除"绩效风险 3"的变异提取量为 0.760，其他测项变异提取量大部分大于 0.8，说明提取的因子能够较好解释每个测项的变异，如表 10-43 所示。

表 10-43　中介变量的共同度：高声誉组

测项	初始值	提取量
绩效风险 1	1.000	0.752
绩效风险 2	1.000	0.819
绩效风险 3	1.000	0.760
心理风险 1	1.000	0.868
心理风险 2	1.000	0.906
心理风险 3	1.000	0.870
负面情绪 1	1.000	0.875
负面情绪 2	1.000	0.794
负面情绪 3	1.000	0.888

提取方法：Principal Component Analysis.

表 10-44 采用"特征值大于 1"标准提取因子，共提取出 3 个因子。3 个因子解释的变异总量为 83.68%。第 4 个因子特征值为 0.398 明显小于 1。这说明，3 个因子可以较好解释心理反应的变异。

表 10-44　中介变量因子提取：高声誉组

成分	初始特征值 总和	初始特征值 变异量百分比	初始特征值 变异量累计百分比	被提取的载荷平方和 总和	被提取的载荷平方和 变异量百分比	被提取的载荷平方和 变异量累计百分比	旋转后提前的载荷平方和 总和	旋转后提前的载荷平方和 变异量百分比	旋转后提前的载荷平方和 变异量累计百分比
1	5.383	59.807	59.807	5.383	59.807	59.807	2.641	29.348	29.348
2	1.104	12.271	72.078	1.104	12.271	72.078	2.537	28.184	57.532

续表

成分	初始特征值			被提取的载荷平方和			旋转后提前的载荷平方和		
	总和	变异量百分比	变异量累计百分比	总和	变异量百分比	变异量累计百分比	总和	变异量百分比	变异量累计百分比
3	1.045	11.606	83.684	1.045	11.606	83.684	2.354	26.152	83.684
4	0.398	4.419	88.103						
5	0.351	3.903	92.007						
6	0.234	2.597	94.604						
7	0.186	2.070	96.674						
8	0.168	1.867	98.541						
9	0.131	1.459	100.000						

提取方法：Principal Component Analysis.

旋转后的因子载荷矩阵显示，数据因子结构与本书推断一致，绩效风险、心理风险和负面情绪是3个相互区别的因子。具体而言，3个因子可以较好解释9个产品伤害危机感知测项。因子1解释的变异最大，达到29.348%，反映了消费者感知到心理风险。因子2解释的变异达到28.184%，反映了消费者感知到负面情绪。因子3解释的变异达到26.152%，反映了消费者感知到的绩效风险。

因子分析表明，在高声誉组，绩效风险、心理风险和负面情绪是3个相互区别的因子，如表10-45所示。

表10-45 中介变量旋转后的因子载荷矩阵：高声誉组

测项	成分		
	1	2	3
绩效风险1	0.317	0.171	0.789
绩效风险2	0.226	0.241	0.842
绩效风险3	0.147	0.275	0.814
心理风险1	0.851	0.262	0.274
心理风险2	0.891	0.258	0.213
心理风险3	0.855	0.288	0.238
负面情绪1	0.250	0.870	0.235
负面情绪2	0.310	0.793	0.263
负面情绪3	0.248	0.876	0.241

提取方法：Principal Component Analysis.
旋转方法：Varimax with Kaiser Normalization.

第三为低声誉组因子分析。如表10-46所示，数据的KMO值为0.884，Bartlett's球形检验的显著性为0.000，说明研究数据符合因子分析的要求。

表10-46 中介变量KMO和Bartlett's检验：低声誉组

KMO检验		0.884
Bartlett's球形检验	Approx. Chi-Square	3.07
	df	36
	Sig.	0.000

共同度分析显示，低声誉组心理反应测项的变异提取量均为0.7左右，略低，如表10-47所示。

表10-47 中介变量的共同度：低声誉组

测项	初始值	提取量
绩效风险1	1.000	0.731
绩效风险2	1.000	0.713

续表

测项	初始值	提取量
绩效风险 3	1.000	0.655
心理风险 1	1.000	0.686
心理风险 2	1.000	0.705
心理风险 3	1.000	0.700
负面情绪 1	1.000	0.867
负面情绪 2	1.000	0.868
负面情绪 3	1.000	0.857

提取方法：Principal Component Analysis.

从表 10-48 中介变量因子提取：可以看出，如果以特征值大于 1 来提取因子，低声誉组中介变量只能提取两个因子。这与全体数据和高声誉中介变量因子提取数量不同。但是，本书发现，采用主成分法从低声誉组中介变量测量提取因子时，第一个因子特征值为 5.625，第二个因子特征值为 1.156，均大于 1；第三个因子特征值为 0.983，非常接近 1。这说明，低声誉组中介变量可以近似认为也存在三因子结构。因此，在提取低声誉组中介变量因子时，本书不再使用特征值大于 1 的标准，而强制提取 3 个因子，如表 10-49 所示。

因子分析表明，在低声誉组，绩效风险、心理风险和负面情绪是 3 个相互区别的因子。

表 10-48 中介变量因子提取：低声誉组

成分	初始特征值 总和	变异量百分比	变异量累计百分比	被提取的载荷平方和 总和	变异量百分比	变异量累计百分比	旋转后提前的载荷平方和 总和	变异量百分比	变异量累计百分比
1	5.625	62.497	62.497	5.625	62.497	62.497	3.761	41.785	41.785
2	1.156	12.847	75.345	1.156	12.847	75.345	3.020	33.560	75.345
3	0.983	10.924	86.268						
4	0.352	3.907	90.175						
5	0.225	2.504	92.679						
6	0.204	2.268	94.947						
7	0.179	1.983	96.930						
8	0.158	1.757	98.686						
9	0.118	1.314	100.000						

提取方法：Principal Component Analysis.

表 10-49 中介变量因子提取：低声誉组（强制提取三个因子）

成分	初始特征值 总和	变异量百分比	变异量累计百分比	被提取的载荷平方和 总和	变异量百分比	变异量累计百分比	旋转后提前的载荷平方和 总和	变异量百分比	变异量累计百分比
1	5.625	62.497	62.497	5.625	62.497	62.497	2.645	29.393	29.393
2	1.156	12.847	75.345	1.156	12.847	75.345	2.627	29.189	58.583
3	0.983	10.924	86.268	0.983	10.924	86.268	2.492	27.686	86.268
4	0.352	3.907	90.175						
5	0.225	2.504	92.679						
6	0.204	2.268	94.947						
7	0.179	1.983	96.930						
8	0.158	1.757	98.686						
9	0.118	1.314	100.000						

提取方法：Principal Component Analysis.

第四为中介变量的均值。全数据、高声誉组和低声誉组的绩效风险、心理风险和负面情绪均值如表 10-50、表 10-51、表 10-52 所示。3 个因子的均值，在全数据、高声誉组和低声誉组中基本一致。

表 10-50　中介变量的描述统计

	频数	最小值	最大值	均值	标准差
绩效风险	779	1.00	7.00	4.3573	1.30770
心理风险	779	1.00	7.00	4.6427	1.40743
负面情绪	779	1.00	7.00	4.3269	1.36062

表 10-51　中介变量的描述统计：高声誉组

	频数	最小值	最大值	均值	标准差
绩效风险	389	1.00	7.00	4.3179	1.26105
心理风险	389	1.00	7.00	4.5441	1.37816
负面情绪	389	1.00	7.00	4.2305	1.32547

表 10-52　中介变量的描述统计：低声誉组

	频数	最小值	最大值	均值	标准差
绩效风险	390	1.00	7.00	4.3966	1.35311
心理风险	390	1.00	7.00	4.7410	1.43104
负面情绪	390	1.00	7.00	4.4231	1.38984

③调节变量。

全数据、高声誉组和低声誉组的企业声誉均值如表 10-53 所示。3 个因子的均值，在全数据、高声誉组和低声誉组中基本一致。

表 10-53　调节变量的描述统计

	频数	最小值	最大值	均值	标准差
全部数据	779	1.00	7.00	3.8032	1.54011
高声誉组	389	2.00	7.00	4.9246	1.15595
低声誉组	390	1.00	6.00	2.6846	0.94823

④因变量。

本书因变量为产品态度。本书根据与危机产品的相似性，区分了危机产品态度、高相似性产品态度和低相似性产品态度。产品态度测量采用 7 点 likert 量表，打分越接近 1 表示态度越好，打分越接近 7 表示态度越差。由表 10-54 可以看出，每个变量的最大值为 7，最小值为 1，标准差在 1.2 左右，均值在 4 左右，说明产品态度的打分分布较为均匀。

表 10-54　因变量的描述统计

实验组	产品态度	频数	最小值	最大值	均值	标准差
全部数据	危机产品态度	779	1.00	7.00	3.4985	1.34987
	高相似性产品态度	779	1.00	7.00	3.8104	1.38962
	低相似性产品态度	779	1.00	7.00	4.2392	1.46870
高声誉组	危机产品态度	389	1.00	7.00	3.6718	1.28832
	高相似性产品态度	389	1.00	7.00	4.1662	1.29843
	低相似性产品态度	389	1.00	7.00	5.0111	1.12843
低声誉组	危机产品态度	390	1.00	7.00	3.3256	1.38882
	高相似性产品态度	390	1.00	7.00	3.4556	1.38838
	低相似性产品态度	390	1.00	7.00	3.4692	1.36155

(4) 量表信度。

在古典测量理论中，信度（Reliability）代表测量的可靠程度（Trustworthiness），或不受测量误差影响真实分数测量的程度（邱皓政和林碧芳，2009）。古典测量理论认为，如果一组题目所构成的测验真的可以测到"真实"的特质程度，反映在测验得分上，成为真实分数（True Scores）。所观察到的分数是真实分数和误差分数之和。测量分数中的真实分数所占的比例越大，表示测量信度越高。

本书检查量表的内部一致性信度。以下两个方面说明量表信度较高：整体量表内部一致性信度为0.929；各潜变量量表内部一致性信度均大于0.80，如表10-55所示。

表10-55　正式实验量表信度

量表	内部一致性信度	量表	内部一致性信度
企业声誉	0.937	绩效风险	0.868
感知危害性	0.916	心理风险	0.935
感知违约性	0.894	负面情绪	0.923
感知责任性	0.880	危机产品态度	0.885
感知偶发性	0.878	高相似性产品态度	0.905
感知无良性	0.940	低相似性产品态度	0.935
整体量表	0.929		

(5) 量表效度。

效度（Validity）反映了测量工具能够正确无误地测量出潜在特质的程度（邱皓政和林碧芳，2009）。本书检查量表的收敛效度和区别效度。

① 收敛效度。

足够大的因子载荷，代表题项具有良好的收敛效度（Construct Validity），当因子载荷大于0.71时，则测项具有理想的质量（Bagozzi和Yi，1988；Hair Junior、Black和Anderson等，2006）。因为此时潜变量能够解释观察变量接近50%的变异。然而，由于社会科学量表受限于测量本质的特性、外在干扰和策略误差的影响等，因子载荷不会太高。因此，社会科学研究中，因素负荷大于0.55时，也可认为测项具有理想的质量（Tabachnick和Fidell，2007），如表10-56、10-57所示。

表10-56　因子载荷矩阵和变异解释量

测项＼潜变量	企业声誉	感知危害性	感知违约性	感知责任性	感知偶发性	感知无良性	绩效风险	心理风险	负面情绪	危机产品态度	高相似性产品态度	低相似性产品态度	R2
企业声誉1	0.89												0.79
企业声誉2	0.94												0.89
企业声誉3	0.91												0.83
感知危害性1		0.85											0.72
感知危害性2		0.93											0.87
感知危害性3		0.88											0.78
感知违约性1			0.85										0.73
感知违约性2			0.88										0.78
感知违约性3			0.84										0.71
感知责任性1				0.79									0.63
感知责任性2				0.89									0.80
感知责任性3				0.85									0.72
感知偶发性1					0.84								0.70
感知偶发性2					0.88								0.78
感知偶发性3					0.81								0.65
感知无良性1						0.92							0.84

续表

测项 \ 潜变量	企业声誉	感知危害性	感知违约性	感知责任性	感知偶发性	感知无良性	绩效风险	心理风险	负面情绪	危机产品态度	高相似性产品态度	低相似性产品态度	R2
感知无良性2						0.93							0.87
感知无良性3						0.90							0.80
绩效风险1							0.84						0.70
绩效风险2							0.88						0.77
绩效风险3							0.78						0.61
心理风险1								0.91					0.83
心理风险2								0.93					0.87
心理风险3								0.89					0.79
负面情绪1									0.91				0.83
负面情绪2									0.87				0.76
负面情绪3									0.91				0.82
危机产品态度1										0.85			0.73
危机产品态度2										0.88			0.78
危机产品态度3										0.82			0.66
高相似性产品态度1											0.85		0.73
高相似性产品态度2											0.91		0.82
高相似性产品态度3											0.86		0.74
低相似性产品态度1												0.89	0.80
低相似性产品态度2												0.95	0.90
低相似性产品态度3												0.89	0.80

测量模型拟合指数：$x^2 = 1475.12$, df = 528, RMSEA = 0.049, NFI = 0.97, NNFI = 0.98, PNFI = 0.82, CFI = 0.98, SRMR = 0.026, GFI = 0.90, AGFI = 0.88, PGFI = 0.71

表 10-57　潜变量相关系数和平均变异萃取量

	企业声誉	感知危害性	感知违约性	感知责任性	感知偶发性	感知无良性	绩效风险	心理风险	负面情绪	危机产品态度	高相似性产品态度	低相似性产品态度
AVE	0.84	0.79	0.74	0.72	0.71	0.84	0.69	0.83	0.8	0.72	0.76	0.83
企业声誉	0.92											
感知危害性	0.06 / 1.51	0.89										
感知违约性	0.21 / 5.57	0.51 / 16.99	0.86									
感知责任性	−0.02 / −0.43	0.28 / 7.61	0.24 / 6.27	0.84								
感知偶发性	0 / −0.02	0.2 / 5.38	0.18 / 4.6	0.25 / 6.63	0.92							
感知无良性	−0.06 / −1.51	0.08 / 2.09	0.19 / 4.99	0.2 / 5.19	0.25 / 6.65	0.83						
绩效风险	−0.02 / −0.4	0.34 / 9.64	0.38 / 10.71	0.42 / 12.4	0.37 / 10.17	0.5 / 16.5	0.83					
心理风险	−0.03 / −0.77	0.39 / 11.68	0.43 / 13.06	0.43 / 13.04	0.26 / 7.12	0.37 / 11.05	0.64 / 25.46	0.91				
负面情绪	0 / −0.12	0.35 / 10.01	0.38 / 10.93	0.35 / 9.84	0.27 / 7.22	0.45 / 14.6	0.61 / 23.01	0.64 / 26.38	0.89			

续表

	企业声誉	感知危害性	感知违约性	感知责任性	感知偶发性	感知无良性	绩效风险	心理风险	负面情绪	危机产品态度	高相似性产品态度	低相似性产品态度
危机产品态度	0.1	−0.36	−0.4	−0.42	−0.32	−0.46	−0.71	−0.7	−0.74	0.85		
	2.67	−10.2	−11.54	−12.25	−8.63	−14.65	−30.54	−32.28	−37.33			
高相似性产品态度	0.19	−0.39	−0.3	−0.3	−0.23	−0.41	−0.57	−0.56	−0.62	0.83	0.87	
	4.99	−11.51	−8.32	−8.18	−6.15	−12.46	−19.66	−20.24	−24.25	54.07		
低相似性产品态度	0.39	−0.24	−0.17	−0.16	−0.15	−0.33	−0.31	−0.31	−0.35	0.46	0.61	0.91
	11.86	−6.56	−4.41	−4.25	−3.92	−9.69	−8.76	−8.82	−10.46	14.79	23.64	

注：AVE 为平均变异萃取量（Average Variance Extracted）。

②区别效度。

本书联合运用平均变异量萃取法和竞争模型比较法检验量表的区别效度。

平均变异量萃取法，通过比较两个潜在变量的平均变异萃取量是否大于两个潜在变量的相关系数的平方，来检验量表的区别效度。

竞争模型比较法利用两个 CFA 模型进行竞争比较。一个 CFA 模型令两个构念自由估计（效度模式），另一个 CFA 模型则是将相关设定为 1.00（完全相关模型；此模型也即等同于单一因素模型），完全相关模型由于少一个待估计的参数，自由度多 1，模型的拟合程度也会较低。如果效度模型没有显著的优于完全相关模型，即代表两个构念间缺乏区别能力，如表 10-58 所示。

表 10-58　完全相关模型卡方及其与效度模型卡方间的差异

潜变量测项		企业声誉	感知危害性	感知违约性	感知责任性	感知偶发性	感知无良性	绩效风险	心理风险	负面情绪	危机产品态度	高相似性产品态度	低相似性产品态度
企业声誉	χ^2	1475.12											
感知危害性	χ^2	2813.66	1475.12										
	$\Delta\chi^2$	1338.54											
感知违约性	χ^2	2828.71 (N.)	2543.32	1475.12									
	$\Delta\chi^2$	1353.59	1068.20										
感知责任性	χ^2	2745.66 (N.)	2660.64 (N.)	4183.55 (N.)	1475.12								
	$\Delta\chi^2$	1270.54	1185.52	2708.43									
感知偶发性	χ^2	2712.34 (N.)	2656.91 (N.)	3040.00 (N.)	2638.87 (N.)	1475.12							
	$\Delta\chi^2$	1237.22	1181.79	1564.88	1163.75								
感知无良性	χ^2	3568.84 (N.)	3606.38 (N.)	2819.84 (N.)	3509.70 (N.)	2740.79 (N.)	1475.12						
	$\Delta\chi^2$	2093.72	2131.26	1344.72	2034.58	1265.67							
绩效风险	χ^2	2794.06 (N.)	2514.34 (N.)	2474.60 (N.)	2472.37 (N.)	2476.54 (N.)	2350.23 (N.)	1475.12					
	$\Delta\chi^2$	1318.94	1039.22	999.48	997.25	1001.42	875.11						
心理风险	χ^2	3765.72 (N.)	2961.19 (N.)	2643.23 (N.)	2536.24 (N.)	2687.32 (N.)	3022.65 (N.)	2211.88	1475.12				
	$\Delta\chi^2$	2290.60	1486.07	1168.11	1061.12	1212.20	1547.53	736.76					
负面情绪	χ^2	3232.50 (N.)	3071.36 (N.)	2731.35 (N.)	3060.07 (N.)	2736.70 (N.)	2952.56 (N.)	2253.45	2726.22	1475.12			
	$\Delta\chi^2$	1757.38	1596.24	1256.23	1584.95	1261.58	1477.44	778.33	1251.10				

续表

潜变量测项		企业声誉	感知危害性	感知违约性	感知责任性	感知偶发性	感知无良性	绩效风险	心理风险	负面情绪	危机产品态度	高相似性产品态度	低相似性产品态度
危机产品态度	χ^2	2769.81 (N.)	3450.71 (N.)	2645.15	2909.08 (N.)	2790.38 (N.)	2984.25 (N.)	1968.34 (N.)	2178.98	3452.14 (N.)	1475.12		
	$\Delta\chi^2$	1294.69	1975.59	1170.03	1433.96	1315.26	1509.13	493.22	703.86	1977.02			
高相似性产品态度	χ^2	3063.12 (N.)	3109.21 (N.)	3130.26 (N.)	3898.17 (N.)	2647.53	3118.30 (N.)	2904.72 (N.)	3634.44 (N.)	3552.45 (N.)	1811.24	1475.12	
	$\Delta\chi^2$	1588.00	1634.09	1655.14	2423.05	1172.41	1643.18	1429.60	2159.32	2077.33	336.12		
低相似性产品态度	χ^2	3275.90 (N.)	3383.53 (N.)	2890.58 (N.)	2763.97 (N.)	2818.00 (N.)	3646.82 (N.)	3039.60 (N.)	3898.65 (N.)	2872.16	2555.91 (N.)	2494.68	1475.12
	$\Delta\chi^2$	1800.78	1908.41	1415.46	1288.85	1342.88	2171.70	1564.48	2423.53	1397.04	1080.79	1019.56	

注：1.完全相似模型的自由度为529，效度模型的自由度为528；2.N.表示模型在50次迭代后，不拟合，Lisrel软件为帮助找出不拟合原因提供了初步结果。

（6）操控检验。

本书检验企业声誉和产品伤害危机感知的操控效果。本书先检验企业声誉和产品伤害危机感知在全部样本中的操控效果，然后分别检验产品伤害危机感知在高声誉和低声誉组中的操控效果。

①全部样本。

从全部样本来看，本书成功操控企业声誉和产品伤害危机感知。具体而言，企业声誉得到成功操控，高声誉组被试的企业声誉评价显著高于低声誉组 [$M_{高声誉} \approx 4.92$，$M_{低声誉} \approx 2.68$；$F(1, 777) \approx 874.493$，$p < 0.01$]；感知危害性得到成功操控，高感知危害性组被试的感知危害性评价显著高于低感知危害性组 [$M_{高危害} \approx 5.03$，$M_{低危害} \approx 3.38$；$F(1, 777) \approx 328.331$，$p < 0.01$]；感知违约性得到成功操控，高感知违约性组被试的感知违约性评价显著高于低感知违约性组 [$M_{高违约} \approx 4.78$，$M_{低违约} \approx 4.09$；$F(1, 777) \approx 54.315$，$p < 0.01$]；感知责任性得到成功操控，高感知责任性组被试的感知责任性评价显著高于低感知责任性组 [$M_{高责任} \approx 5.30$，$M_{低责任} \approx 3.90$；$F(1, 777) \approx 236.131$，$p < 0.01$]；感知偶发性得到成功操控，高感知偶发性组被试的感知偶发性评价显著高于低感知偶发性组 [$M_{高偶发} \approx 4.53$，$M_{低偶发} \approx 3.19$；$F(1, 777) \approx 266.546$，$p < 0.01$]；感知无良性得到成功操控，高感知无良性组被试的感知无良性评价显著高于低感知无良性组 [$M_{高无良} \approx 5.16$，$M_{低无良} \approx 3.03$；$F(1, 777) \approx 560.338$，$p < 0.01$]。这说明，对于全部数据，本书成功操控了企业声誉评价和产品伤害危机感知，如表10-59和表10-60所示。

表10-59　正式实验操控检验：变量描述

变量名	水平	样本数	均值	标准差	最小值	最大值
企业声誉	高	389	4.9246	1.15595	2.00	7.00
	低	390	2.6846	0.94823	1.00	6.00
感知危害性	高	388	5.0266	1.26760	2.00	7.00
	低	391	3.3794	1.26969	1.00	7.00
感知违约性	高	390	4.7803	1.39076	1.33	7.00
	低	389	4.0900	1.21779	1.00	7.00
感知责任性	高	389	5.3068	1.31217	2.67	7.00
	低	390	3.9009	1.24050	1.00	6.67
感知偶发性	高	395	4.5300	1.14508	1.00	7.00
	低	384	3.1866	1.15126	1.00	6.00
感知无良性	高	386	5.1649	1.29183	1.33	7.00
	低	393	3.0297	1.22543	1.00	7.00

表 10-60　正式实验操控检验：方差分析

变量		平方和	自由度	均方	F 值	Sig.
企业声誉	组间	977.156	1	977.156	874.493	0.000
	组内	868.218	777	1.117		
	总和	1845.374	778			
感知危害性	组间	528.442	1	528.442	328.331	0.000
	组内	1250.563	777	1.609		
	总和	1779.004	778			
感知违约性	组间	92.819	1	92.819	54.315	0.000
	组内	1327.811	777	1.709		
	总和	1420.630	778			
感知责任性	组间	384.942	1	384.942	236.131	0.000
	组内	1266.670	777	1.630		
	总和	1651.611	778			
感知偶发性	组间	351.361	1	351.361	266.546	0.000
	组内	1024.242	777	1.318		
	总和	1375.603	778			
感知无良性	组间	887.853	1	887.853	560.338	0.000
	组内	1231.153	777	1.584		
	总和	2119.006	778			

②高声誉组。

从高声誉组来看，本书成功操控产品伤害危机感知。具体而言，感知危害性得到成功操控，高感知危害性组被试的感知危害性评价显著高于低感知危害性组 [$M_{高危害} \approx 4.97$, $M_{低危害} \approx 3.36$；$F(1, 777) \approx 180.167$, $p < 0.01$]；感知违约性得到成功操控，高感知违约性组被试的感知违约性评价显著高于低感知违约性组 [$M_{高违约} \approx 4.83$, $M_{低违约} \approx 4.29$；$F(1, 777) \approx 18.162$, $p < 0.01$]；感知责任性得到成功操控，高感知责任性组被试的感知责任性评价显著高于低感知责任性组 [$M_{高责任} \approx 5.11$, $M_{低责任} \approx 4.06$；$F(1, 777) \approx 68.271$, $p < 0.01$]；感知偶发性得到成功操控，高感知偶发性组被试的感知偶发性评价显著高于低感知偶发性组 [$M_{高偶发} \approx 4.42$, $M_{低偶发} \approx 3.38$；$F(1, 777) \approx 82.279$, $p < 0.01$]；感知无良性得到成功操控，高感知无良性组被试的感知无良性评价显著高于低感知无良性组 [$M_{高无良} \approx 5.01$, $M_{低无良} \approx 3.00$；$F(1, 777) \approx 270.698$, $p < 0.01$]。这说明，对于高声誉组，本书成功操控了产品伤害危机感知，如表 10-61 和表 10-62 所示。

表 10-61　正式实验（高声誉组）操控检验：变量描述

变量		样本数	均值	标准差	最小值	最大值
变量名	水平					
感知危害性	高	195	4.9744	1.18598	2.00	7.00
	低	194	3.3557	1.19250	1.00	6.00
感知违约性	高	195	4.8291	1.20154	1.33	7.00
	低	194	4.2938	1.27468	1.00	7.00
感知责任性	高	194	5.1065	1.25921	3.00	7.00
	低	195	4.0632	1.23104	1.00	6.67
感知偶发性	高	197	4.4213	1.12895	1.67	7.00
	低	192	3.3802	1.13468	1.00	5.33
感知无良性	高	192	5.0052	1.24557	2.00	7.00
	低	197	3.0017	1.15544	1.00	7.00

表 10-62　正式实验（高声誉组）操控检验：方差分析

变量		平方和	自由度	均方	F 值	Sig.
感知危害性	组间	254.808	1	254.808	180.167	0.000
	组内	547.331	387	1.414		
	总和	802.139	388			
感知违约性	组间	27.861	1	27.861	18.162	0.000
	组内	593.666	387	1.534		
	总和	621.526	388			
感知责任性	组间	105.850	1	105.850	68.271	0.000
	组内	600.018	387	1.550		
	总和	705.868	388			
感知偶发性	组间	105.393	1	105.393	82.279	0.000
	组内	495.720	387	1.281		
	总和	601.113	388			
感知无良性	组间	390.305	1	390.305	270.698	0.000
	组内	557.994	387	1.442		
	总和	948.299	388			

③低声誉组。

从低声誉组来看，本书成功操控产品伤害危机感知。具体而言，感知危害性得到成功操控，高感知危害性组被试的感知危害性评价显著高于低感知危害性组 [$M_{高危害} \approx 5.08$, $M_{低危害} \approx 3.40$; $F(1, 777) \approx 151.502$, $p < 0.01$]；感知违约性得到成功操控，高感知违约性组被试的感知违约性评价显著高于低感知违约性组 [$M_{高违约} \approx 4.73$, $M_{低违约} \approx 3.89$; $F(1, 777) \approx 37.616$, $p < 0.01$]；感知责任性得到成功操控，高感知责任性组被试的感知责任性评价显著高于低感知责任性组 [$M_{高责任} \approx 5.51$, $M_{低责任} \approx 3.74$; $F(1, 777) \approx 184.421$, $p < 0.01$]；感知偶发性得到成功操控，高感知偶发性组被试的感知偶发性评价显著高于低感知偶发性组 [$M_{高偶发} \approx 4.64$, $M_{低偶发} \approx 2.99$; $F(1, 777) \approx 200.873$, $p < 0.01$]；感知无良性得到成功操控，高感知无良性组被试的感知无良性评价显著高于低感知无良性组 [$M_{高无良} \approx 5.32$, $M_{低无良} \approx 3.06$; $F(1, 777) \approx 292.724$, $p < 0.01$]。这说明，对于低声誉组，本书成功操控了产品伤害危机感知，如表 10-63 和表 10-64 所示。

表 10-63　正式实验（低声誉组）操控检验：变量描述

变量名	水平	样本数	均值	标准差	最小值	最大值
感知危害性	高	193	5.0794	1.34608	2.00	7.00
	低	197	3.4027	1.34402	1.00	7.00
感知违约性	高	195	4.7316	1.55881	1.67	7.00
	低	195	3.8872	1.12548	1.00	7.00
感知责任性	高	195	5.5060	1.33648	2.67	7.00
	低	195	3.7385	1.23173	1.00	6.33
感知偶发性	高	198	4.6380	1.15361	1.00	7.00
	低	192	2.9931	1.13793	1.00	6.00
感知无良性	高	194	5.3230	1.32028	1.33	7.00
	低	196	3.0578	1.29432	1.00	6.00

表 10-64　正式实验（低声誉组）操控检验：方差分析

变量		平方和	自由度	均方	F 值	Sig.
感知危害性	组间	274.088	1	274.088	151.502	0.000
	组内	701.945	388	1.809		
	总和	976.033	389			
感知违约性	组间	69.526	1	69.526	37.616	0.000
	组内	717.140	388	1.848		
	总和	786.666	389			
感知责任性	组间	304.603	1	304.603	184.421	0.000
	组内	640.849	388	1.652		
	总和	945.452	389			
感知偶发性	组间	263.772	1	263.772	200.873	0.000
	组内	509.495	388	1.313		
	总和	773.268	389			
感知无良性	组间	500.273	1	500.273	292.724	0.000
	组内	663.102	388	1.709		
	总和	1163.374	389			

10.1.9　假设验证

本书确认了量表信度、量表效度和变量操控，将验证本书研究假设。我们分四个部分验证研究假设。第一部分验证假设 H1，即产品伤害危机感知对危机产品态度的影响；第二部分验证假设 H2，即企业声誉的调节作用；第三部分验证假设 H3 和 H4，即产品相似性的调节作用；第四部分验证假设 H5、H6 和 H7，即绩效风险、心理风险和负面情绪的中介作用。

10.1.9.1　危机感知的负面影响

本节主要验证感知危害性（H1a）、感知违约性（H1b）、感知责任性（H1c）、感知偶发性（H1d）和感知无良性（H1e）是否显著影响危机产品态度，然后通过模型比较探索 5 个产品伤害危机感知的相对影响。

本书以感知危害性、感知违约性、感知责任性、感知偶发性和感知无良性为自变量，以危机产品态度为因变量，建立结构方程模型。结构方程模型拟合结果显示，$\chi^2 = 398.26$，df = 120，$\chi^2/df = 3.32$，RMSEA = 0.055，NFI = 0.97，NNFI = 0.97，PNFI = 0.76，CFI = 0.98，SRMR = 0.027，GFI = 0.95，AGFI = 0.92，PGFI = 0.66。因此，本书认为结构方程拟合优度较好。

从表 10-65 可以看出，感知危害性（r = −0.14，t = −3.63，p < 0.05）、感知违约性（r = −0.18，t = −4.52，p < 0.05）、感知责任性（r = −0.24，t = −6.68，p < 0.05）、感知偶发性（r = −0.11，t = −3.15，p < 0.05）和感知无良性（r = −0.34，t = −9.67，p < 0.05）显著影响危机产品态度，即研究假设 H1a、H1b、H1c、H1d 和 H1e 得到支持。

表 10-65　结构方程模型路径系数与 T 值：产品伤害危机感知—危机产品模型

路径关系	假设检验		
	路径系数	T 值	是否支持
感知危害性 ---> 危机产品态度（H1a）	−0.14**	−3.63	是
感知违约性 ---> 危机产品态度（H1b）	−0.18**	−4.52	是
感知责任性 ---> 危机产品态度（H1c）	−0.24**	−6.68	是
感知偶发性 ---> 危机产品态度（H1d）	−0.11**	−3.15	是
感知无良性 ---> 危机产品态度（H1e）	−0.34**	−9.67	是

拟合指数：$\chi^2 = 398.26$，df=120，RMSEA = 0.055，NFI = 0.97，NNFI = 0.97，PNFI = 0.76，CFI = 0.98，SRMR = 0.027，GFI = 0.95，AGFI= 0.92，PGFI = 0.66

$R^2 = 0.41$

注：* p<0.05（T>1.97）；** p<0.01（T>2.58）；NS:Non-significant。

10.1.9.2 企业声誉的调节作用

企业声誉是企业保持持续竞争优势和维护与利益相关者良好关系的重要手段（Boyd、Bergh 和 Ketchen Jr，2010），是企业保持竞争力的关键（Roberts 和 Dowling，2002；Walker，2010），能够提升企业市场表现（Deephouse，2000）。本书研究假设推断，企业声誉会调节产品伤害危机感知的负面影响，企业声誉越好，产品伤害危机感知的负面影响越弱，企业声誉越差，产品伤害危机感知的负面影响越大。本书借助模型比较，分析不同企业声誉下产品伤害危机感知的负面影响，验证研究假设 H2。

本书首先把全部数据分为高声誉样本和低声誉样本，然后分别以感知危害性、感知违约性、感知责任性、感知偶发性和感知无良性为自变量，以危机产品态度为因变量，建立结构方程模型。高声誉样本产品伤害危机感知—危机产品态度模型的拟合结果显示，$\chi^2 = 301.11$，df = 120，$\chi^2/df = 2.51$，RMSEA = 0.062，NFI = 0.95，NNFI = 0.96，PNFI = 0.75，CFI = 0.97，SRMR = 0.038，GFI = 0.92，AGFI = 0.89，PGFI = 0.65；低声誉样本产品伤害危机感知—危机产品态度模型的拟合结果显示，$\chi^2 = 312.50$，df = 120，$\chi^2/df = 2.60$，RMSEA = 0.064，NFI = 0.96，NNFI = 0.97，PNFI = 0.75，CFI = 0.97，SRMR = 0.031，GFI = 0.92，AGFI = 0.89，PGFI = 0.65。因此，高声誉样本产品伤害危机感知—危机产品态度模型、低声誉样本产品伤害危机感知—危机产品态度模型拟合较好。

从表 10-66 可以看出，就高声誉样本产品伤害危机感知—危机产品态度模型而言，感知危害性（r = -0.15，t = -2.75，p < 0.05）、感知违约性（r = -0.33，t = -6.09，p < 0.05）、感知责任性（r = -0.15，t = -2.97，p < 0.01）、感知偶发性（r = -0.18，t = -3.68，p < 0.01）和感知无良性（r = -0.30，t = -6.22，p < 0.01）显著影响危机产品态度；就低声誉样本产品伤害危机感知—危机产品态度模型而言，感知危害性（r = -0.13，t = -2.31，p < 0.05）、感知责任性（r = -0.33，t = -6.33，p < 0.01）、感知无良性（r = -0.36，t = -7.27，p < 0.01）显著影响危机产品态度，而感知违约性（r = -0.09，t = -1.50，p > 0.05）、感知偶发性（r = -0.08，t = -1.64，p > 0.05）对危机产品态度的影响不显著。可见，不同企业声誉下，产品伤害危机感知对危机产品态度的影响存在差异，本书接下来借助多样本比较，验证两个模型的路径系数是否存在显著差异，以验证研究假设 H2。

表 10-66　结构方程模型路径系数与 T 值：高声誉和低声誉样本产品伤害危机感知 – 危机产品模型

路径关系	路径名称	高声誉样本 路径系数	高声誉样本 T 值	低声誉样本 路径系数	低声誉样本 T 值
感知危害性 ---> 危机产品态度	γ_{11}	-0.15**	-2.75	-0.13*	-2.31
感知违约性 ---> 危机产品态度	γ_{12}	-0.33**	-6.09	-0.09 (NS)	-1.50
感知责任性 ---> 危机产品态度	γ_{13}	-0.15**	-2.97	-0.33**	-6.33
感知偶发性 ---> 危机产品态度	γ_{14}	-0.18**	-3.68	-0.08 (NS)	-1.64
感知无良性 ---> 危机产品态度	γ_{15}	-0.30**	-6.22	-0.36**	-7.27
拟合指数	χ^2	301.11		312.50	
拟合指数	df	120		120	
拟合指数	RMSEA	0.062		0.064	
拟合指数	NFI	0.95		0.96	
拟合指数	NNFI	0.96		0.97	
拟合指数	PNFI	0.75		0.75	
拟合指数	CFI	0.97		0.97	
拟合指数	SRMR	0.038		0.031	
拟合指数	GFI	0.92		0.92	
拟合指数	AGFI	0.89		0.89	
拟合指数	PGFI	0.65		0.65	
R^2		0.45		0.43	

注：*p<0.05（T>1.97）；** p<0.01（T>2.58）；NS:Non-significant。

结构方程模型多样本分析（SEM Multi-Sample Analysis），是进行跨样本检验各种适配指数、参数估计值和标准误之间的不变性程度或差异程度的工具，判定同一理论模式在跨样本间是否仍然成立，主要目的是检验假设模型在不同样本间是否相等（邱皓政和林碧芳，2009）。多样本分析包括测量模型的恒等性评估（检验测项的数据在不同的样本间是否等同）、结构模型的恒等性评估（结构关系在不同的样本间是否等同）、特定参数在不同样本的估计状况（检验特定的参数在不同样本间是否等同）、平均数结构恒等性评估（潜变量的平均数在不同的样本间是否等同）、复核效化（检验因素结构在不同样本上是否可以复制）。

本书通过结构方程模型多样本分析比较产品伤害危机感知对产品态度的影响在高声誉样本和低声誉样本间是否存在显著差异。本书利用 AOMS 18.0 软件进行多样本分析。进行多样本分析时，需先将研究数据拆分为高声誉组和低声誉组两个数据文件，然后在 AMOS18.0 软件中，按照多样本分析的程序得出非约束模型和约束模型的拟合指数。非约束模型同时在高声誉组和低声誉组数据中估计理论模型，约束模型设定高声誉组和低声誉组模型的某个参数相等。通过比较约束模型与非约束模型间 $\Delta\chi^2/\Delta df$ 的大小，可以检验模型参数在两个组样本间是否相同。如果 $\Delta\chi^2/\Delta df > 3.84$，说明约束模型与自由估计模型在 95% 的显著性水平上存在显著差异，如 $\Delta\chi^2/\Delta df > 6.64$，说明约束模型与非约束模型在 99% 的显著性水平上存在显著差异。参照金立印（2007）的调节作用的方法，如果约束模型和非约束模型存在显著差异，那么本书可以认为被设定相等的参数在高低声誉样本间存在显著差异，企业声誉的调节作用得到验证。

非约束模型是在高声誉和低声誉组中，分别自由估计模型参数；约束模型则分别设定感知危害性、感知违约性、感知责任性、感知偶发性和感知无良性对危机产品态度的路径系数在高声誉组和低声誉组相同。如表 10-67 所示，非约束模型和 4 个约束模型的拟合结果都较好。通过 $\Delta\chi^2/\Delta df$ 可以看出，设定 γ_{12} 恒等（即，设定"感知违约性危机产品态度"路径在高声誉和低声誉样本中相等）的约束模型与非约束模型存在显著差异，设定 γ_{13} 恒等（即，设定"感知责任性危机产品态度"路径在高声誉和低声誉样本中相等）的约束模型与非约束模型存在显著差异。

结合高企业声誉组和低企业声誉组 γ_{12} 和 γ_{13} 的大小，本书认为高企业声誉组中感知违约性对危机产品态度的负面影响大于低声誉组 [$\gamma_{高声誉12} = -0.33$, $\gamma_{低声誉12} = -0.09$; $\Delta\chi^2(1) = 11.20$, $p < 0.01$]；高企业声誉组中感知责任性对危机产品态度的负面影响大于低声誉组 [$\gamma_{高声誉13} = -0.15$, $\gamma_{低声誉13} = -0.33$; $\Delta\chi^2(1) = 4.99$, $p < 0.01$]。因此，企业声誉在感知违约性和感知责任性与危机产品态度间具有调节作用，即研究假设 H2b 和 H2c 得到支持。感知危害性对危机产品态度 [$\gamma_{高声誉11} = -0.15$, $\gamma_{低声誉11} = -0.13$; $\Delta\chi^2(1) = 0.03$, $p > 0.05$]，感知偶发性对危机产品态度 [$\gamma_{高声誉14} = -0.18$, $\gamma_{低声誉14} = -0.08$; $\Delta\chi^2(1) = 1.63$, $p > 0.05$]，感知无良性对危机产品态度 [$\gamma_{高声誉15} = -0.30$, $\gamma_{低声誉15} = -0.36$; $\Delta\chi^2(1) = 0.78$, $p > 0.05$]，在高企业声誉组和低企业声誉组间没有显著差异。因此，企业声誉在感知危害性、感知偶发性和感知无良性与危机产品态度间不具有调节作用，即研究假设 H2a、H2d 和 H2e 没有得到支持，如表 10-67 所示。

表 10-67　多样本比较：高声誉和低声誉样本产品伤害危机感知 - 危机产品模型

拟合指标			χ^2	df	$\Delta\chi^2(1)$	RMSEA	CFI	GFI
非约束模型（unconstrained model）			631.340	240	--	0.046	0.96	0.92
约束模型（constrained model）	感知危害性 ---> 危机产品态度	γ_{11} 恒等	631.371	241	0.03（NS）	0.046	0.96	0.92
	感知违约性 ---> 危机产品态度	γ_{12} 恒等	642.543	241	11.20**	0.046	0.96	0.92
	感知责任性 ---> 危机产品态度	γ_{13} 恒等	636.324	241	4.99*	0.046	0.96	0.92
	感知偶发性 ---> 危机产品态度	γ_{14} 恒等	632.977	241	1.63（NS）	0.046	0.96	0.92
	感知无良性 ---> 危机产品态度	γ_{15} 恒等	632.125	241	0.78（NS）	0.046	0.96	0.92

注：*$p<0.05$（$\Delta\chi^2/df > 3.84$）；** $p<0.01$（$\Delta\chi^2/df > 6.64$）；NS: Non-significant。

10.1.9.3 产品相似性的调节作用

根据可接近性—可诊断性框架（Feldman 和 Lynch，1988）和 Ahluwalia、Unnava 和 Burnkrant（2001）、Dahlen 和 Lange（2006）、Roehm 和 Tybout（2006）的研究结论，本书研究假设推断，产品相似性会调节产品伤害危机感知对非危机产品态度的影响，即非危机产品与危机产品的相似性越高，受到产品伤害危机感知的负面影响越大，反之亦然。

本书证实产品相似性的调节作用时，首先分析产品伤害危机感知对高相似产品态度的影响及其相对大小，然后分析产品伤害危机感知对低相似产品态度的影响及其相对大小，最后分析产品相似性的调节作用。先分析产品伤害危机感知对高相似和低相似产品的影响，可以初步识别出哪些维度的负面影响受产品相似性调节，哪些不受产品相似性调节，为验证产品相似性的调节作用提供基本依据。

（1）产品伤害危机感知对高相似产品态度的影响。

本书以感知危害性、感知违约性、感知责任性、感知偶发性和感知无良性为自变量，以高相似产品态度为因变量，建立结构方程模型，研究产品伤害危机感知对低相似性产品态度的负面影响。结构方程模型拟合结果显示，$\chi^2 = 255.58$，df = 120，χ^2/df = 2.13，RMSEA = 0.038，NFI = 0.98，NNFI = 0.99，PNFI = 0.77，CFI = 0.99，SRMR = 0.025，GFI = 0.96，AGFI = 0.95，PGFI = 0.68。因此，以感知危害性、感知违约性、感知责任性、感知偶发性和感知无良性为自变量，以高相似产品态度为因变量的结构方程拟合优度较好。

从表 10-68 可以看出，感知危害性（r = -0.29，t = -6.83，p < 0.01）、感知责任性（r = -0.13，t = -3.48，p < 0.01）、感知无良性（r = -0.34，t = -9.18，p < 0.01）显著影响高相似产品态度，而感知违约性（r = -0.05，t = -1.23，p > 0.05）和感知偶发性（r = -0.049，t = -1.33，p > 0.05）对高相似产品态度的影响不显著。这说明，产品伤害危机感知不仅可以影响危机产品态度，还能够影响非危机产品态度，但是只有感知危害性、感知责任性、感知无良性会显著影响高相似产品态度。也就是说，产品伤害危机感知会影响产品伤害危机向非危机产品溢出，不过只有三个产品伤害危机感知会影响高相似产品态度。感知危害性、感知责任性、感知无良性不仅会显著影响危机产品态度，还会显著影响高相似产品态度，是负面影响较严重的感知。

表 10-68　结构方程模型路径系数与 T 值：产品伤害危机感知 – 高相似产品模型

路径关系	显著性	
	路径系数	T 值
感知危害性高相似性产品态度	-0.29**	-6.83
感知违约性高相似性产品态度	-0.05（NS）	-1.23
感知责任性高相似性产品态度	-0.13**	-3.48
感知偶发性高相似性产品态度	-0.049（NS）	-1.33
感知无良性高相似性产品态度	-0.34**	-9.18

拟合指数：χ^2=255.58，df=120，RMSEA=0.038，NFI=0.98，NNFI=0.99，PNFI=0.77，CFI=0.99，SRMR=0.025，GFI=0.96，AGFI=0.95，PGFI=0.68
R^2=0.31

注：* p < 0.05（T > 1.97）；** p < 0.01（T > 2.58）；NS: Non-significant。

产品相似性的调节作用。产品相似性的主效应显著 [F（1772）=89.212，p=0.00，η^2=0.104] 说明产品相似性会显著影响产品态度。结合图 10-8 可以看出，高相似性产品态度小于低相似性产品态度。

为了降低实验复杂性，本书采用了混合实验设计（Mixed Design）。企业声誉、感知危害性、感知违约性、感知责任性、感知偶发性和感知无良性是组间因子（同时对产品伤害危机感知进行正交设计），产品相似性是组内因子。研究产品伤害危机对非危机产品的溢出效应时，高相似产品态度可能与低相似产品态度存在相关，因此常用的验证单因变量模型中调节作用的方法不再适用于本书。参照 Horen 和 Pieters（2012）方法，本书采用重复测量方差分析（Horen 和 Pieters，2012）。

在进行重复测量方差分析时，因变量为产品态度，将高相似性产品态度和低相似性产品态度作为两次测量，自变量为感知危害性、感知违约性、感知责任性、感知偶发性、感知无良性和产品相似性。其中感知危害性、感知违约性、感知责任性、感知偶发性和感知无良性是组间因子，产品相似性是组内因子。

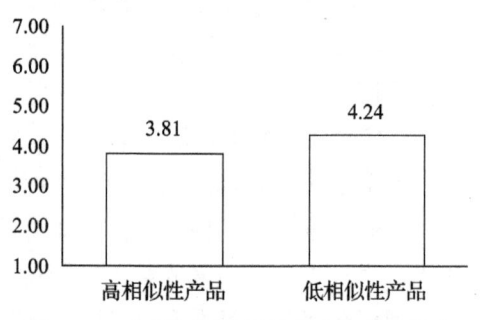

图 10-8 产品相似性的调节作用和主效应

本书先进行莫克球形检验（Mauchly's Test of Sphericity），来确认高相似性产品态度和低相似性产品态度是否相关。如果检验结果显著性 $p < 0.05$，说明高相似性产品态度和低相似性产品态度相关，不符合 Huynh-Feldt 条件，不进行单因素方差分析，而需采用重复测量方差分析，并且组内效应检验结果需以 Greenhouse-Geisser、Huynh-Feldt、Lower-bound 检验结果为准，不能以 Sphericity Assumed 检验结果为准；如果检验结果显著性 $p > 0.05$，说明高相似性产品态度和低相似性产品态度不相关，符合 Huynh-Feldt 条件，可以进行单因素方差分析（张文彤，2004）。本书中，莫克球形检验结果显著性 $p < 0.05$。

表 10-69 中的多变量检验结果显示，Pillai's Trace、Wilks' Lambda、Hotelling's Trace 和 Roy's Largest Root 检验结果的显著性一致，产品相似性（$p < 0.05$）、产品相似性和感知危害性交互项（$p < 0.10$）、产品相似性和感知责任性交互项（$p < 0.05$）显著影响非危机产品态度，产品相似性和感知违约性交互项（$p = 0.13$）、产品相似性和感知偶发性交互项（$p = 0.56$）、产品相似性和感知无良性交互项（$p = 0.80$）对非危机产品态度的影响不显著。

表 10-69 显示产品相似性与感知危害性交互项和感知责任性的交互项显著，而与感知违约性、感知偶发性和感知无良性的交互项不显著。为了验证研究假设 H3，本书进行组内效应检验。表 10-69 所示，产品相似性（$p < 0.05$）、产品相似性和感知危害性交互项（$p < 0.10$）、产品相似性和感知责任性交互项（$p < 0.05$）显著影响非危机产品态度，产品相似性和感知违约性交互项（$p = 0.13$）、产品相似性和感知偶发性交互项（$p = 0.56$）、产品相似性和感知无良性交互项（$p \approx 0.80$）对非危机产品态度的影响不显著，因此，研究假设 H3a 和 H3c 得到支持，而研究假设 H3b、H3d 和 H3e 没有得到支持，如表 10-70 所示。

表 10-69 多变量检验：产品相似性的作用

效应		值	F 值	假设自由度	误差自由度	显著性
产品相似性	Pillai's Trace	0.007	5.588	1	773	0.018
	Wilks' Lambda	0.993	5.588	1	773	0.018
	Hotelling's Trace	0.007	5.588	1	773	0.018
	Roy's Largest Root	0.007	5.588	1	773	0.018
产品相似性 × 感知危害性	Pillai's Trace	0.004	2.878	1	773	0.090
	Wilks' Lambda	0.996	2.878	1	773	0.090
	Hotelling's Trace	0.004	2.878	1	773	0.090
	Roy's Largest Root	0.004	2.878	1	773	0.090
产品相似性 × 感知违约性	Pillai's Trace	0.003	2.295	1	773	0.130
	Wilks' Lambda	0.997	2.295	1	773	0.130
	Hotelling's Trace	0.003	2.295	1	773	0.130
	Roy's Largest Root	0.003	2.295	1	773	0.130

续表

效应		值	F 值	假设自由度	误差自由度	显著性
产品相似性 × 感知责任性	Pillai's Trace	0.006	4.399	1	773	0.036
	Wilks' Lambda	0.994	4.399	1	773	0.036
	Hotelling's Trace	0.006	4.399	1	773	0.036
	Roy's Largest Root	0.006	4.399	1	773	0.036
产品相似性 × 感知偶发性	Pillai's Trace	0.000	0.340	1	773	0.560
	Wilks' Lambda	1.000	0.340	1	773	0.560
	Hotelling's Trace	0.000	0.340	1	773	0.560
	Roy's Largest Root	0.000	0.340	1	773	0.560
产品相似性 × 感知无良性	Pillai's Trace	0.000	0.066	1	773	0.797
	Wilks' Lambda	1.000	0.066	1	773	0.797
	Hotelling's Trace	0.000	0.066	1	773	0.797
	Roy's Largest Root	0.000	0.066	1	773	0.797

表 10-70　组内效应检验：产品相似性的作用

源		III 型平方和	自由度	均方	F 值	显著性
产品相似性	Sphericity Assumed	4.879	1	4.879	5.588	0.018
	Greenhouse-Geisser	4.879	1	4.879	5.588	0.018
	Huynh-Feldt	4.879	1	4.879	5.588	0.018
	Lower-bound	4.879	1	4.879	5.588	0.018
产品相似性 × 感知危害性	Sphericity Assumed	2.513	1	2.513	2.878	0.090
	Greenhouse-Geisser	2.513	1	2.513	2.878	0.090
	Huynh-Feldt	2.513	1	2.513	2.878	0.090
	Lower-bound	2.513	1	2.513	2.878	0.090
产品相似性 × 感知违约性	Sphericity Assumed	2.004	1	2.004	2.295	0.130
	Greenhouse-Geisser	2.004	1	2.004	2.295	0.130
	Huynh-Feldt	2.004	1	2.004	2.295	0.130
	Lower-bound	2.004	1	2.004	2.295	0.130
产品相似性 × 感知责任性	Sphericity Assumed	3.841	1	3.841	4.399	0.036
	Greenhouse-Geisser	3.841	1	3.841	4.399	0.036
	Huynh-Feldt	3.841	1	3.841	4.399	0.036
	Lower-bound	3.841	1	3.841	4.399	0.036
产品相似性 × 感知偶发性	Sphericity Assumed	0.297	1	0.297	0.340	0.560
	Greenhouse-Geisser	0.297	1	0.297	0.340	0.560
	Huynh-Feldt	0.297	1	0.297	0.340	0.560
	Lower-bound	0.297	1	0.297	0.340	0.560
产品相似性 × 感知无良性	Sphericity Assumed	0.058	1	0.058	0.066	0.797
	Greenhouse-Geisser	0.058	1	0.058	0.066	0.797
	Huynh-Feldt	0.058	1	0.058	0.066	0.797
	Lower-bound	0.058	1	0.058	0.066	0.797
误差	Sphericity Assumed	674.889	773	0.873		
	Greenhouse-Geisser	674.889	773	0.873		
	Huynh-Feldt	674.889	773	0.873		
	Lower-bound	674.889	773	0.873		

　　本书通过重复测量分析的组内效应检验，检验产品伤害危机感知对非危机产品态度的影响，表 10-71 显示感知危害性（$p < 0.01$）、感知责任性（$p < 0.01$）、感知无良性（$p < 0.01$）对非危机产品态度的影响显著，感知违约性（$p \approx 0.26$）、感知偶发性（$p \approx 0.14$）对非危机产品态度的影响不显著。结果与

结构方程模型分析结果一致。

表 10-71　组间效应检验：产品相似性的作用

源	III 型平方和	自由度	均方	F 值	显著性
截距	2833.090	1	2833.090	1.173E3	0.000
感知危害性	112.113	1	112.113	46.426	0.000
感知违约性	3.054	1	3.054	1.265	0.261
感知责任性	18.240	1	18.240	7.553	0.006
感知偶发性	5.417	1	5.417	2.243	0.135
感知无良性	253.842	1	253.842	105.115	0.000
误差	1866.715	773	2.415		

（2）产品相似性与企业声誉的交互效应。

前文指出，产品相似性作用在不同企业声誉情况下存在差异，即产品相似性和企业声誉的交互显著。本书采用了混合实验设计（Mixed Design）。企业声誉、感知危害性、感知违约性、感知责任性、感知偶发性和感知无良性是组间因子（同时对产品伤害危机感知进行正交设计），产品相似性是组内因子。研究产品伤害危机对非危机产品的溢出效应时，高相似性产品态度可能与低相似性产品态度存在相关，因此常用的验证单因变量模型中调节作用的方法不再适用于本书。参照 Horen 和 Pieters（2012）方法，本书采用重复测量方差分析（Horen 和 Pieters，2012）。

在进行重复测量方差分析时，因变量为产品态度，将高相似性产品态度和低相似性产品态度作为两次测量，自变量为感知危害性、感知违约性、感知责任性、感知偶发性、感知无良性、企业声誉和产品相似性。其中企业声誉、感知危害性、感知违约性、感知责任性、感知偶发性和感知无良性是组间因子，产品相似性是组内因子。

本书先进行莫克球形检验（Mauchly's Test of Sphericity），来确认高相似性产品态度和低相似性产品态度是否相关。如果检验结果显著性 p<0.05，说明高相似性产品态度和低相似性产品态度相关，不符合 Huynh-Feldt 条件，不进行单因素方差分析，而需采用重复测量方差分析，并且组内效应检验结果需以 Greenhouse-Geisser、Huynh-Feldt、Lower-bound 检验结果为准，不能以 Sphericity Assumed 检验结果为准；如果检验结果显著性 p>0.05，说明高相似性产品态度和低相似性产品态度不相关，符合 Huynh-Feldt 条件，可以进行单因素方差分析（张文彤，2004）。本书中，莫克球形检验结果显著性 p<0.05。

如表 10-72 所示，多变量检验结果显示，Pillai's Trace、Wilks' Lambda、Hotelling's Trace 和 Roy's Largest Root 检验结果的显著性一致，产品相似性（p<0.05）、产品相似性与企业声誉交互项（p<0.01）、产品相似性和感知危害性交互项（p<0.05）、产品相似性和感知责任性交互项（p<0.05）显著影响非危机产品态度，产品相似性和感知违约性交互项（p≈0.69）、产品相似性和感知偶发性交互项（p=0.84）、产品相似性和感知无良性交互项（p≈0.31）对非危机产品态度的影响不显著。

表 10-72　多变量检验：产品相似性和企业声誉的交互作用

效应		值	F 值	假设自由度	误差自由度	显著性
产品相似性	Pillai's Trace	0.007	5.237	1	772	0.022
	Wilks' Lambda	0.993	5.237	1	772	0.022
	Hotelling's Trace	0.007	5.237	1	772	0.022
	Roy's Largest Root	0.007	5.237	1	772	0.022
产品相似性 × 企业声誉	Pillai's Trace	0.100	85.570	1	772	0.000
	Wilks' Lambda	0.900	85.570	1	772	0.000
	Hotelling's Trace	0.111	85.570	1	772	0.000
	Roy's Largest Root	0.111	85.570	1	772	0.000

续表

效应		值	F 值	假设自由度	误差自由度	显著性
产品相似性 × 感知危害性	Pillai's Trace	0.008	6.206	1	772	0.013
	Wilks' Lambda	0.992	6.206	1	772	0.013
	Hotelling's Trace	0.008	6.206	1	772	0.013
	Roy's Largest Root	0.008	6.206	1	772	0.013
产品相似性 × 感知违约性	Pillai's Trace	0.000	0.164	1	772	0.686
	Wilks' Lambda	1.000	0.164	1	772	0.686
	Hotelling's Trace	0.000	0.164	1	772	0.686
	Roy's Largest Root	0.000	0.164	1	772	0.686
产品相似性 × 感知责任性	Pillai's Trace	0.007	5.622	1	772	0.018
	Wilks' Lambda	0.993	5.622	1	772	0.018
	Hotelling's Trace	0.007	5.622	1	772	0.018
	Roy's Largest Root	0.007	5.622	1	772	0.018
产品相似性 × 感知偶发性	Pillai's Trace	0.000	0.041	1	772	0.840
	Wilks' Lambda	1.000	0.041	1	772	0.840
	Hotelling's Trace	0.000	0.041	1	772	0.840
	Roy's Largest Root	0.000	0.041	1	772	0.840
产品相似性 × 感知无良性	Pillai's Trace	0.001	1.046	1	772	0.307
	Wilks' Lambda	0.999	1.046	1	772	0.307
	Hotelling's Trace	0.001	1.046	1	772	0.307
	Roy's Largest Root	0.001	1.046	1	772	0.307

表 10-72 显示产品相似性与感知危害性交互项和感知责任性的交互项显著，而与感知违约性、感知偶发性和感知无良性的交互项不显著。为了验证研究假设 H4，本书进行组内效应检验。如表 10-73 所示，产品相似性（$p < 0.05$）、产品相似性和企业声誉交互项（$p < 0.05$）、产品相似性和感知危害性交互项（$p < 0.05$）、产品相似性和感知责任性交互项（$p < 0.05$）显著影响非危机产品态度，产品相似性和感知违约性交互项（$p \approx 0.69$）、产品相似性和感知偶发性交互项（$p = 0.84$）、产品相似性和感知无良性交互项（$p \approx 0.31$）对非危机产品态度的影响不显著，因此，研究假设 H4 得到支持，并且研究假设 H3a 和 H3c 再次得到支持，而研究假设 H3b、H3d 和 H3e 再次没得到支持。

表 10-73 组内效应检验：产品相似性和企业声誉的交互作用

源		III 型平方和	自由度	均方	F 值	显著性
产品相似性	Sphericity Assumed	4.121	1	4.121	5.237	0.022
	Greenhouse-Geisser	4.121	1	4.121	5.237	0.022
	Huynh-Feldt	4.121	1	4.121	5.237	0.022
	Lower-bound	4.121	1	4.121	5.237	0.022
产品相似性 × 企业声誉	Sphericity Assumed	67.342	1	67.342	85.570	0.000
	Greenhouse-Geisser	67.342	1	67.342	85.570	0.000
	Huynh-Feldt	67.342	1	67.342	85.570	0.000
	Lower-bound	67.342	1	67.342	85.570	0.000
产品相似性 × 感知危害性	Sphericity Assumed	4.884	1	4.884	6.206	0.013
	Greenhouse-Geisser	4.884	1	4.884	6.206	0.013
	Huynh-Feldt	4.884	1	4.884	6.206	0.013
	Lower-bound	4.884	1	4.884	6.206	0.013
产品相似性 × 感知违约性	Sphericity Assumed	0.129	1	0.129	0.164	0.686
	Greenhouse-Geisser	0.129	1	0.129	0.164	0.686
	Huynh-Feldt	0.129	1	0.129	0.164	0.686
	Lower-bound	0.129	1	0.129	0.164	0.686

续表

源		III 型平方和	自由度	均方	F 值	显著性
产品相似性 × 感知责任性	Sphericity Assumed	4.424	1	4.424	5.622	0.018
	Greenhouse-Geisser	4.424	1	4.424	5.622	0.018
	Huynh-Feldt	4.424	1	4.424	5.622	0.018
	Lower-bound	4.424	1	4.424	5.622	0.018
产品相似性 × 感知偶发性	Sphericity Assumed	0.032	1	0.032	0.041	0.840
	Greenhouse-Geisser	0.032	1	0.032	0.041	0.840
	Huynh-Feldt	0.032	1	0.032	0.041	0.840
	Lower-bound	0.032	1	0.032	0.041	0.840
产品相似性 × 感知无良性	Sphericity Assumed	0.823	1	0.823	1.046	0.307
	Greenhouse-Geisser	0.823	1	0.823	1.046	0.307
	Huynh-Feldt	0.823	1	0.823	1.046	0.307
	Lower-bound	0.823	1	0.823	1.046	0.307
误差	Sphericity Assumed	607.547	772	0.787		
	Greenhouse-Geisser	607.547	772	0.787		
	Huynh-Feldt	607.547	772	0.787		
	Lower-bound	607.547	772	0.787		

本书通过重复测量分析的组内效应检验，检验产品伤害危机感知对非危机产品态度的影响，表 10-74 显示感知危害性（$p<0.01$）、感知违约性（$p<0.01$）、感知责任性（$p<0.01$）、感知无良性（$p<0.05$）对非危机产品态度的影响显著。

表 10-74　组间效应检验：产品相似性和企业声誉的作用

源	III 型平方和	自由度	均方	F 值	显著性
截距	2881.455	1	2881.455	1.580E3	0.000
感知危害性	79.456	1	79.456	43.575	0.000
感知违约性	19.901	1	19.901	10.914	0.001
感知责任性	15.166	1	15.166	8.317	0.004
感知偶发性	10.758	1	10.758	5.900	0.015
感知无良性	199.840	1	199.840	109.596	0.000
企业声誉	459.026	1	459.026	251.738	0.000
误差	1407.689	772	1.823		

接下来，本书针对高声誉和低声誉样本分别验证产品相似性的作用。由于产品相似性是组内因素，被试同时对高相似产品态度和低相似产品态度打分，本书采用配对样本 T 检验，分别在高声誉组和低声誉组进行配对样本 T 检验。

第一为企业声誉样本配对样本 T 检验，如表 10-75、表 10-76、表 10-77 所示。

表 10-75　配对样本描述：高企业声誉产品相似性的作用

	均值	样本	标准差	标准误
低相似性产品态度	5.0111	389	1.12843	0.05721
高相似性产品态度	4.1662	389	1.29843	0.06583

表 10-76　配对样本相关性：高企业声誉产品相似性的作用

配对	样本数	相关系数	显著性
低相似性产品态度 & 高相似性产品态度	389	0.409	0.000

表 10-77 配对样本 T 检验：高企业声誉产品相似性的作用

配对	均值	标准差	标准误	T 值	自由度	显著性
低相似性产品态度 & 高相似性产品态度	0.84490	1.32653	0.06726	12.562	388	0.000

由上表可以看出，对于高声誉企业，低相似性产品态度显著大于高相似性产品态度［$M_{低相似}$ = 5.01，$M_{高相似}$ = 4.17；$t(388)$ = 12.56，$p < 0.01$］。

第二为低企业声誉样本配对样本 T 检验，如表 10-78、表 10-79、表 10-80 所示。

表 10-78 配对样本描述：低企业声誉产品相似性的作用

	均值	样本	标准差	标准误
低相似性产品态度	3.4692	390	1.36155	0.06894
高相似性产品态度	3.4556	390	1.38838	0.07030

表 10-79 配对样本相关性：低企业声誉产品相似性的作用

配对	样本数	相关系数	显著性
低相似性产品态度 & 高相似性产品态度	390	0.613	0.000

表 10-80 配对样本 T 检验：低企业声誉产品相似性的作用

配对	均值	标准差	标准误	T 值	自由度	显著性
低相似性产品态度 & 高相似性产品态度	0.01368	1.21018	0.06128	0.223	389	0.824

由上表可以看出，对于低声誉企业，低相似性产品态度显著大于高相似性产品态度［$M_{低相似}$ = 3.47，$M_{高相似}$ = 3.46；$t(389)$ = 0.223，$p = 0.82$］。产品相似性的调节作用如图 10-9 所示。

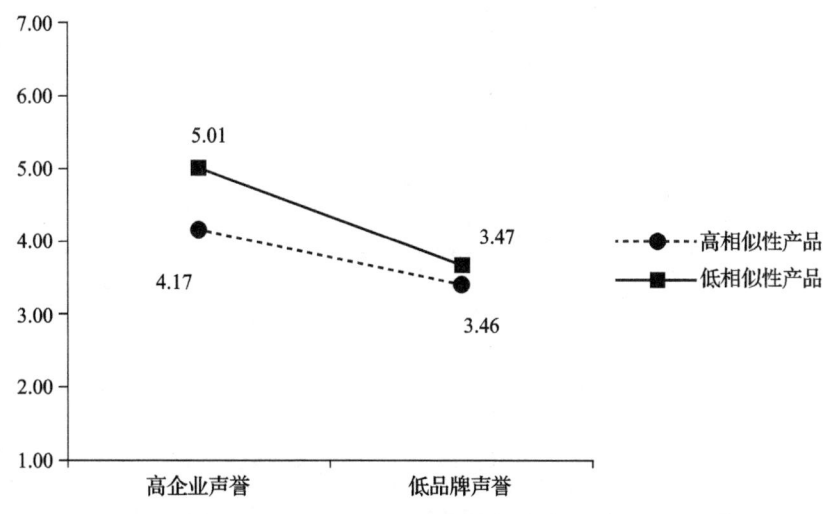

图 10-9 产品相似性的调节作用：产品相似性和企业声誉交互项的影响

为了厘清在不同企业声誉和产品相似性下，产品伤害危机感知对非危机产品态度的影响，本书又分别分析企业声誉在产品伤害危机感知与高相似性产品态度和低相似性产品态度间的调节作用。

（3）产品相似性与企业声誉对高相似性产品态度的影响。

本书首先把全部数据分为高声誉样本和低声誉样本，然后分别以感知危害性、感知违约性、感知责任性、感知偶发性和感知无良性为自变量，以高相似产品态度为因变量，建立结构方程模型。高声誉样本产品伤害危机感知—高相似性产品态度模型的拟合结果显示，χ^2 = 195.77，df = 120，χ^2/df = 1.63，

RMSEA = 0.040, NFI = 0.97, NNFI = 0.98, PNFI = 0.76, CFI = 0.99, SRMR = 0.033, GFI = 0.95, AGFI = 0.92, PGFI = 0.66；低声誉样本产品伤害危机感知—高相似性产品态度模型的拟合结果显示，χ^2 = 261.32, df = 120, χ^2/df = 2.18, RMSEA = 0.055, NFI = 0.96, NNFI = 0.97, PNFI = 0.76, CFI = 0.98, SRMR = 0.032, GFI = 0.93, AGFI = 0.90, PGFI = 0.65。因此，高声誉样本产品伤害危机感知—高相似产品态度模型、低声誉样本产品伤害危机感知—高相似性产品态度模型拟合较好。

从表10-81可以看出，就高声誉样本产品伤害危机感知—高相似产品态度模型而言，感知危害性（r = -0.27, t = -4.59, p < 0.01）、感知违约性（r = -0.20, t = -3.46, p < 0.01）和感知无良性（r = -0.31, t = -6.09, p < 0.01）显著影响高相似性产品态度，而感知责任性（r = 0.028, t = 0.54, p > 0.05）、感知偶发性（r = -0.060, t = -1.17, p > 0.05）对高相似性产品态度的影响不显著；就低声誉样本产品伤害危机感知—高相似性产品态度模型而言，感知危害性（r = -0.29, t = -4.85, p < 0.01）、感知责任性（r = -0.26, t = -4.91, p < 0.01）、感知无良性（r = -0.34, t = -6.62, p < 0.01）显著影响高相似性产品态度，而感知违约性（r = 0.024, t = 0.40, p > 0.05）、感知偶发性（r = -0.075, t = -1.44, p > 0.05）对高相似性产品态度的影响不显著。可见，不同企业声誉下，产品伤害危机感知对高相似性产品态度的影响存在差异，本书接下来借助多样本比较，验证两个模型的路径系数是否存在显著差异。

表10-81　结构方程模型路径系数与T值：高声誉和低声誉样本产品伤害危机感知 - 高相似产品模型

路径关系	路径名称	高声誉样本 路径系数	高声誉样本 T值	低声誉样本 路径系数	低声誉样本 T值
感知危害性 ---> 高相似性产品态度	γ_{11}	-0.27**	-4.59	-0.29**	-4.85
感知违约性 ---> 高相似性产品态度	γ_{12}	-0.20**	-3.46	0.024 (NS)	0.40
感知责任性 ---> 高相似性产品态度	γ_{13}	0.028 (NS)	0.54	-0.26**	-4.91
感知偶发性 ---> 高相似性产品态度	γ_{14}	-0.060 (NS)	-1.17	-0.075 (NS)	-1.44
感知无良性 ---> 高相似性产品态度	γ_{15}	-0.31**	-6.09	-0.34**	-6.62
拟合指数	χ^2	195.77		261.32	
拟合指数	df	120		120	
拟合指数	RMSEA	0.040		0.055	
拟合指数	NFI	0.97		0.96	
拟合指数	NNFI	0.98		0.97	
拟合指数	PNFI	0.76		0.76	
拟合指数	CFI	0.99		0.98	
拟合指数	SRMR	0.033		0.032	
拟合指数	GFI	0.95		0.93	
拟合指数	AGFI	0.92		0.90	
拟合指数	PGFI	0.66		0.65	
R^2		0.30		0.38	

注：* p<0.05 (T>1.97)；** p<0.01 (T>2.58)；NS: Non-significant。

本书通过结构方程模型多样本分析比较产品伤害危机感知对产品态度的影响在高声誉样本和低声誉样本间，是否存在显著差异。本书利用AOMS18.0软件进行多样本分析。进行多样本分析时，需先将研究数据拆分为高声誉组和低声誉组两个数据文件，然后在AMOS18.0软件中，按照多样本分析的程序得出非约束模型和约束模型的拟合指数。非约束模型同时在高声誉组和低声誉组数据中估计理论模型，约束模型设定高声誉组和低声誉组模型的某个参数相等。通过比较约束模型与非约束模型间 $\Delta\chi^2/\Delta df$ 的大小，可以检验模型参数在两个组样本间是否相同。如果 $\Delta\chi^2/\Delta df > 3.84$，说明约束模型与自由估计模型在95%的显著性水平上存在显著差异，如 $\Delta\chi^2/\Delta df > 6.64$，说明约束模型与非约束模型在99%的显著性水平上存在显著差异。参照金立印（2007）的调节作用的方法，如果约束模型和非约束模型存在显著差异，那么，本书可以认为被设定相等的参数在高低声誉样本间存在显著差异，企业声誉的调节作用得到验证。

非约束模型是在高声誉和低声誉组中，自由估计模型参数；约束模型则分别设定感知危害性、感知违约性、感知责任性、感知偶发性和感知无良性对高相似产品态度的路径系数在高声誉组和低声誉组相同。如表10-82所示，非约束模型和4个约束模型的拟合结果都较好。通过$\Delta\chi^2/\Delta df$可以看出，设定γ_{12}恒等（即，设定"感知违约性危机产品态度"路径在高声誉和低声誉样本中相等）的约束模型与非约束模型存在显著差异，设定γ_{13}恒等（即，设定"感知责任性危机产品态度"路径在高声誉和低声誉样本中相等）的约束模型与非约束模型存在显著差异。

结合高企业声誉组和低企业声誉组中γ_{12}和γ_{13}的大小，本书认为低企业声誉组感知违约性对高相似性产品态度的负面影响大于高声誉组[$\gamma_{高声誉12} = -0.20$，$\gamma_{低声誉12} = 0.024$；$\Delta\chi^2(1) = 7.982$，$p < 0.01$]；低企业声誉组中感知责任性对高相似性产品态度的负面影响大于高声誉组[$\gamma_{高声誉13} = -0.028$，$\gamma_{低声誉13} = 0.26$；$\Delta\chi^2(1) = 13.190$，$p < 0.01$]。因此，企业声誉在感知违约性和感知责任性与高声誉产品态度间具有调节作用。感知危害性对危机产品态度[$\gamma_{高声誉11} = -0.27$，$\gamma_{低声誉11} = -0.29$；$\Delta\chi^2(1) = 0.012$，$p > 0.05$]、感知偶发性对危机产品态度[$\gamma_{高声誉14} = -0.060$，$\gamma_{低声誉11} = -0.075$；$\Delta\chi^2(1) = 0.032$，$p > 0.05$]、感知无良性对危机产品态度[$\gamma_{高声誉15} = -0.31$，$\gamma_{低声誉15} = -0.34$；$\Delta\chi^2(1) = 0.005$，$p > 0.05$]，在高企业声誉组和低企业声誉组间没有显著差异。因此，企业声誉在感知危害性、感知偶发性和感知无良性与危机产品态度间不具有调节作用，如表10-82所示。以上结果与企业声誉在危机感知和危机产品态度间的调节作用一致。

表10-82 多样本比较：高声誉和低声誉样本产品伤害危机感知 – 高相似产品模型

拟合指标			χ^2	df	$\Delta\chi^2(1)$	RMSEA	CFI	GFI
非约束模型（unconstrained model）			467.545	240		0.35	0.98	0.94
约束模型（constrained model）	感知危害性—高相似性产品态度	γ_{11}恒等	467.557	241	0.012	0.35	0.98	0.94
	感知违约性—高相似性产品态度	γ_{12}恒等	475.527	241	7.982**	0.35	0.98	0.94
	感知责任性—高相似性产品态度	γ_{13}恒等	480.736	241	13.190**	0.36	0.98	0.94
	感知偶发性—高相似性产品态度	γ_{14}恒等	467.578	241	0.032	0.35	0.98	0.94
	感知无良性—高相似性产品态度	γ_{15}恒等	467.550	241	0.005	0.35	0.98	0.94

注：* $p<0.05$（$\Delta\chi^2/df > 3.84$）；** $p<0.01$（$\Delta\chi^2/df > 6.64$）；NS: Non-significant。

（4）产品相似性与企业声誉对低相似性产品态度的影响。

本书首先把全部数据分为高声誉样本和低声誉样本，然后分别以感知危害性、感知违约性、感知责任性、感知偶发性和感知无良性为自变量，以低相似性产品态度为因变量，建立结构方程模型。

高声誉样本产品伤害危机感知—低相似产品态度模型的拟合结果显示，$\chi^2 = 196.00$，df = 120，$\chi^2/df = 1.63$，RMSEA = 0.040，NFI = 0.96，NNFI = 0.98，PNFI = 0.76，CFI = 0.98，SRMR = 0.034，GFI = 0.95，AGFI = 0.92，PGFI = 0.66；低声誉样本产品伤害危机感知—低相似性产品态度模型的拟合结果显示，$\chi^2 = 230.58$，df = 120，$\chi^2/df = 1.92$，RMSEA = 0.049，NFI = 0.97，NNFI = 0.98，PNFI = 0.76，CFI = 0.98，SRMR = 0.030，GFI = 0.94，AGFI = 0.91，PGFI = 0.66。因此，高声誉样本产品伤害危机感知—低相似性产品态度模型、低声誉样本产品伤害危机感知—低相似性产品态度模型拟合较好。

从表10-83可以看出，就高声誉产品伤害危机感知—低相似性产品态度模型而言，感知危害性（r = −0.16，t = −2.67，p < 0.01）和感知无良性（r = −0.34，t = −6.29，p < 0.01）显著影响高相似性产品态度，而感知违约性（r = −0.061，t = −1.02，p > 0.05）、感知责任性（r = −0.0098，t = −0.17，p > 0.05）、感知偶发性（r = −0.0043，t = −0.080，p > 0.05）对低相似性产品态度的影响不显著；就低声誉样本产品伤害危机感知—低相似性产品态度模型而言，感知危害性（r = −0.16，t = −2.47，p < 0.05）、感知无良性（r = −0.26，t = −4.84，p < 0.01）、感知违约性（r = −0.13，t = −2.02，p < 0.05）、感知偶发性（r = −0.11， t = –1.99，p < 0.01）显著影响低相似性产品态度，而感知责任性（r = –0.035，t = –0.64，p > 0.05）对低相似性产品态度的影响不显著。可见，不同企业声誉下，产品伤害危机感知对低相似性产品态度的影响存在差异，本书接下来借助多样本比较，验证两个模型的路径系数是否存在显著差异。

表 10-83　结构方程模型路径系数与 T 值：高声誉和低声誉样本产品伤害危机感知 – 低相似产品模型

路径关系	路径名称	高声誉样本 路径系数	高声誉样本 T 值	低声誉样本 路径系数	低声誉样本 T 值
感知危害性 ---> 低相似性产品态度	γ_{11}	–0.16**	–2.67	–0.16*	–2.47
感知违约性 ---> 低相似性产品态度	γ_{12}	–0.061	–1.02	–0.13*	–2.02
感知责任性 ---> 低相似性产品态度	γ_{13}	–0.0098	–0.17	–0.035	–0.64
感知偶发性 ---> 低相似性产品态度	γ_{14}	–0.0043	–0.080	–0.11*	–1.99
感知无良性 ---> 低相似性产品态度	γ_{15}	–0.34**	–6.29	–0.26**	–4.84
拟合指数	χ^2	196.00		230.58	
	df	120		120	
	RMSEA	0.040		0.049	
	NFI	0.96		0.97	
	NNFI	0.98		0.98	
	PNFI	0.76		0.76	
	CFI	0.98		0.98	
	SRMR	0.034		0.030	
	GFI	0.95		0.94	
	AGFI	0.92		0.91	
	PGFI	0.66		0.66	
R^2		0.18		0.21	

注：* p < 0.05（T > 1.97）；** p < 0.01（T > 2.58）；NS: Non-significant。

非约束模型是在高声誉和低声誉组中，自由估计模型参数；约束模型则分别设定感知危害性、感知违约性、感知责任性、感知偶发性和感知无良性对高相似性产品态度的路径系数在高声誉组和低声誉组相同。如表 10-84 所示，非约束模型和 5 个约束模型的拟合结果都较好，并且约束模型与非约束模型没有显著差异。因此，尽管模型路径系数在高企业声誉和低企业声誉间存在差异，但是尚不能认为这种差异具有显著性。

表 10-84　多样本比较：高声誉和低声誉样本产品伤害危机感知 – 低相似产品模型

拟合指标			χ^2	df	$\Delta\chi^2(1)$	RMSEA	CFI	GFI
非约束模型（unconstrained model）			439.33	240		0.33	0.98	0.93
约束模型（constrained model）	感知危害性 ---> 低相似性产品态度	γ_{11} 恒等	439.542	241	0.212	0.33	0.98	0.93
	感知违约性 ---> 低相似性产品态度	γ_{12} 恒等	440.293	241	0.963	0.33	0.98	0.93
	感知责任性 ---> 低相似性产品态度	γ_{13} 恒等	439.478	241	0.148	0.33	0.98	0.93
	感知偶发性 ---> 低相似性产品态度	γ_{14} 恒等	441.845	241	2.515	0.33	0.98	0.93
	感知无良性 ---> 低相似性产品态度	γ_{15} 恒等	439.332	241	0.002	0.33	0.98	0.93

注：* p < 0.05（$\Delta\chi^2$/df > 3.84）；** p < 0.01（$\Delta\chi^2$/df > 6.64）；NS: Non-significant。

综上，产品相似性和企业声誉的交互作用显著影响产品态度，即研究假设 H4 得到验证。具体而言，当企业声誉较好时，产品伤害危机对低相似性产品的影响较弱，而当企业声誉较差时，产品伤害危机对低相似性产品的负面影响也较强。产品相似性和企业声誉的交互项显著，说明产品相似性和企业声誉对产品伤害危机的负面影响存在双重调节作用。

10.1.9.4　心理反应的中介作用

本书研究模型指出，产品伤害危机感知会通过影响消费者心理反应影响产品态度。心理反应主要包括认知反应和情感反应（Belk，1975）。根据感知风险理论和认知评价理论，本书认为，消费者知晓产品伤害危机信息后的认知反应主要表现为感知风险，情绪反应主要表现为负面情绪。本书研究感知风险和负面情绪的中介作用。感知风险和负面情绪是现有研究已经识别出的产品伤害危机中的重要中介变量（方正、杨洋、江明华、李蔚和李珊，2011；王晓玉和晁钢令，2008）。然而，现有研究将产品伤害危机作为自变量，研究感知风险和负面情绪的中介作用，而没有区分消费者对产品伤害危机的不同感知对感知风险和负面情绪的影响差异。哪些产品伤害危机感知更可能引起消费者心理风险？哪些维度更容易引起消费者负面情绪？感知风险和负面情绪哪个对产品态度的负面影响更大？本书对感知风险和负面情绪的中介作用进行探讨，以验证研究假设 H5、H6 和 H7。

在验证感知风险和负面情绪的中介作用时，本书考虑了产品相似性的调节作用，分别验证感知风险和负面情绪在产品伤害危机感知影响危机产品态度、高相似性产品态度和低相似性产品态度时的中介作用。

本书以感知危害性、感知违约性、感知责任性、感知偶发性和感知无良性为自变量，以危机产品态度为因变量，以绩效风险、心理风险和负面情绪为中介变量，建立结构方程模型。结构方程模型拟合结果显示，$\chi^2 = 1165.20$，df = 296，χ^2/df = 3.94，RMSEA = 0.061，NFI = 0.97，NNFI = 0.97，PNFI = 0.82，CFI = 0.98，SRMR = 0.061，GFI = 0.90，AGFI = 0.87，PGFI = 0.70。因此，本书认为结构方程拟合度较好。

从表10-85可以看出，感知危害性（r = 0.13，t = 3.54，p < 0.01）、感知违约性（r = 0.16，t = 4.26，p < 0.01）、感知责任性（r = 0.25，t = 7.22，p < 0.01）、感知偶发性（r = 0.16，t = 4.59，p < 0.01）和感知无良性（r = 0.39，t = 11.14，p < 0.01）显著影响绩效风险。感知危害性（r = 0.17，t = 4.35，p < 0.01）、感知违约性（r = 0.23，t = 5.90，p < 0.01）、感知责任性（r = 0.28，t = 8.00，p < 0.01）、感知无良性（r = 0.26，t = 7.80，p < 0.01）显著影响心理风险，而感知偶发性（r = 0.064，t = 1.88，p < 0.10）对心理风险的影响不显著。感知危害性（r = 0.16，t = 4.18，p < 0.01）、感知违约性（r = 0.18，t = 4.58，p < 0.01）、感知责任性（r = 0.19，t = 5.49，p < 0.01）、感知偶发性（r = 0.075，t = 2.17，p < 0.05）和感知无良性（r = 0.36，t = 10.55，p < 0.01）显著影响负面情绪；绩效风险（r = −0.31，t = −9.21，p < 0.01）、心理风险（r = −0.30，t = −9.34，p < 0.01）和负面情绪（r = −0.42，t = −12.83，p < 0.01）显著影响危机产品态度。

表10-85 结构方程模型路径系数与T值：产品伤害危机感知—心理反应—危机产品态度模型

路径系数	路径系数	T值
感知危害性—绩效风险	0.13**	3.54
感知违约性—绩效风险	0.16**	4.26
感知责任性—绩效风险	0.25**	7.22
感知偶发性—绩效风险	0.16**	4.59
感知无良性—绩效风险	0.39**	11.14
感知危害性—心理风险	0.17**	4.35
感知违约性—心理风险	0.23**	5.90
感知责任性—心理风险	0.28**	8.00
感知偶发性—心理风险	0.064（NS）	1.88
感知无良性—心理风险	0.26**	7.80
感知危害性—负面情绪	0.16**	4.18
感知违约性—负面情绪	0.18**	4.58
感知责任性—负面情绪	0.19**	5.49
感知偶发性—负面情绪	0.075*	2.17
感知无良性—负面情绪	0.36**	10.55
绩效风险—危机产品态度	−0.31**	−9.21
心理风险—危机产品态度	−0.30**	−9.34
负面情绪—危机产品态度	−0.42**	−12.83

拟合指数：$\chi^2 = 1165.20$，df = 296，RMSEA = 0.061，NFI = 0.97，NNFI = 0.97，PNFI = 0.82，CFI = 0.98，SRMR = 0.061，GFI = 0.90，AGFI = 0.87，PGFI = 0.70
$R^2 = 0.66$

注：**p<0.05（T>1.97）；** p<0.01（T>2.58）；NS: Non-significant。

为了验证绩效风险、心理风险和负面情绪的中介作用，本书参照结构方程模型验证中介效应的方法，采用 Sobel 检验（Baron 和 Kenny，1986；Peine、Heitmann 和 Herrmann，2009；温忠麟、侯杰泰和张雷，2005）验证绩效风险、心理风险和负面情绪在产品伤害危机感知与危机产品态度间的中介作用，以验证研究假设 H5、H6 和 H7。

本书通过两个步骤验证中介作用。第一是建立全模型，即同时估计产品伤害危机感知到心理反应和危机产品态度的路径，以及心理反应到危机产品态度的路径，建立全模型。由表 10-86 可以看出，感知危害性（r = 0.14，t = 3.55，p < 0.01）、感知违约性（r = 0.16，t = 4.22，p < 0.01）、感知责任性（r = 0.25，t = 7.12，p < 0.01）、感知偶发性（r = 0.16，t = 4.52，p < 0.01）和感知无良性（r = 0.38，t = 11.05，p < 0.01）显著影响绩效风险。感知危害性（r = 0.17，t = 4.36，p < 0.01）、感知违约性（r = 0.23，t = 5.89，p < 0.01）、感知责任性（r = 0.28，t = 7.95，p < 0.01）、感知无良性（r = 0.26，t = 7.78，p < 0.01）显著影响心理风险，而感知偶发性（r = 0.063，t = 1.86，p > 0.05）对心理风险的影响不显著。感知危害性（r = 0.16，t = 4.18，p < 0.01）、感知违约性（r = 0.18，t = 4.56，p < 0.01）、感知责任性（r = 0.19，t = 5.43，p < 0.01）、感知偶发性（r = 0.074，t = 2.13，p < 0.05）和感知无良性（r = 0.36，t = 10.50，p < 0.01）显著影响负面情绪；绩效风险（r = −0.27，t = −6.53，p < 0.01）、心理风险（r = −0.28，t = −7.73，p < 0.01）和负面情绪（r = −0.40，t = −11.02，p < 0.01）显著影响危机产品态度。但是，感知危害性（r = −0.0022，t = −0.066，p > 0.05）、感知违约性（r = −0.020，t = −0.56，p > 0.05）、感知责任性（r = −0.045，t = −1.32，p > 0.05）、感知偶发性（r = −0.028，t = −0.92，p > 0.05）和感知无良性（r = −0.045，t = −1.26，p > 0.05）对危机产品态度的影响不再显著。

表 10-86 结构方程模型路径系数、标准误与 T 值：产品伤害危机感知—心理反应—危机产品态度全模型

路径	路径系数	标准误	T 值
感知危害性—绩效风险	0.14**	0.038	3.55
感知违约性—绩效风险	0.16**	0.039	4.22
感知责任性—绩效风险	0.25**	0.035	7.12
感知偶发性—绩效风险	0.16**	0.034	4.52
感知无良性—绩效风险	0.38**	0.035	11.05
感知危害性—心理风险	0.17**	0.038	4.36
感知违约性—心理风险	0.23**	0.039	5.89
感知责任性—心理风险	0.28**	0.035	7.95
感知偶发性—心理风险	0.063（NS）	0.034	1.86
感知无良性—心理风险	0.26**	0.033	7.78
感知危害性—负面情绪	0.16**	0.039	4.18
感知违约性—负面情绪	0.18**	0.039	4.56
感知责任性—负面情绪	0.19**	0.035	5.43
感知偶发性—负面情绪	0.074*	0.035	2.13
感知无良性—负面情绪	0.36**	0.035	10.50
感知危害性—危机产品态度	−0.0022（NS）	0.034	−0.066
感知违约性—危机产品态度	−0.020（NS）	0.035	−0.56
感知责任性—危机产品态度	−0.045（NS）	0.034	−1.32
感知偶发性—危机产品态度	−0.028（NS）	0.030	−0.92
感知无良性—危机产品态度	−0.045（NS）	0.036	−1.26
绩效风险—危机产品态度	−0.27**	0.041	−6.53
心理风险—危机产品态度	−0.28**	0.036	−7.73
负面情绪—危机产品态度	−0.40**	0.036	−11.02

拟合指数：χ^2 = 1128.37，df = 291，RMSEA = 0.062，NFI = 0.97，NNFI = 0.97，PNFI = 0.80，CFI = 0.98，SRMR = 0.061，GFI = 0.90，AGFI = 0.87，PGFI = 0.69，R^2 = 0.48。

注：*p<0.05（T>1.97）；** p<0.01（T>2.58）；NS: Non-significant。

第二是 Sobel 检验，得出 Sobel 检验统计量（Sobel test statistic）和显著性水平。由表 10-87 可以看出，绩效风险在感知危害性和危机产品态度间具有中介作用（z = -3.22，p < 0.01）、绩效风险在感知违约性和危机产品态度间具有中介作用（z = -3.48，p < 0.01）、绩效风险在感知责任性和危机产品态度间具有中介作用（z = -4.84，p < 0.01）、绩效风险在感知偶发性和危机产品态度间具有中介作用（z = -3.83，p < 0.01）、绩效风险在感知无良性和危机产品态度间具有中介作用（z = -5.63，p < 0.01），即研究假设 H5a、H5b、H5c、H5d、H5e 得到支持；心理风险在感知危害性和危机产品态度间具有中介作用（z = -3.88，p < 0.01）、心理风险在感知违约性和危机产品态度间具有中介作用（z = -4.70，p < 0.01）、心理风险在感知责任性和危机产品态度间具有中介作用（z = -5.58，p < 0.01）、心理风险在感知无良性和危机产品态度间具有中介作用（z = -5.54，p < 0.01），即研究假设 H6a、H6b、H6c、H6e 得到支持；心理风险在感知偶发性和危机产品态度间的中介作用不显著（z = -1.83，p > 0.05），即研究假设 H6d 没有得到支持；负面情绪在感知危害性和危机产品态度间具有中介作用（z = -3.85，p < 0.01）、负面情绪在感知违约性和危机产品态度间具有中介作用（z = -4.26，p < 0.01）、负面情绪在感知责任性和危机产品态度间具有中介作用（z = -4.88，p < 0.01）、负面情绪在感知偶发性和危机产品态度间具有中介作用（z = -2.08，p < 0.01）、负面情绪在感知无良性和危机产品态度间具有中介作用（z = -7.55，p < 0.01），即研究假设 H7a、H7b、H7c、H7d、H7e 得到支持。

表 10-87 Sobel 检验：心理反应的中介效应——产品伤害危机感知对危机产品态度的影响

自变量	中介变量	因变量	Sobel 统计量	p 值	研究假设	是否验证
感知危害性	绩效风险	危机产品态度	-3.22**	0.00130334	H5a	√
感知违约性	绩效风险	危机产品态度	-3.48**	0.00049746	H5b	√
感知责任性	绩效风险	危机产品态度	-4.84**	0.00000129	H5c	√
感知偶发性	绩效风险	危机产品态度	-3.83**	0.00012879	H5d	√
感知无良性	绩效风险	危机产品态度	-5.63**	0.00000002	H5e	√
感知危害性	心理风险	危机产品态度	-3.88**	0.00010534	H6a	√
感知违约性	心理风险	危机产品态度	-4.70**	0.00000261	H6b	√
感知责任性	心理风险	危机产品态度	-5.58**	0.00000002	H6c	√
感知偶发性	心理风险	危机产品态度	-1.83（NS）	0.06731943	H6d	×
感知无良性	心理风险	危机产品态度	-5.54**	0.00000003	H6e	√
感知危害性	负面情绪	危机产品态度	-3.85**	0.00011879	H7a	√
感知违约性	负面情绪	危机产品态度	-4.26**	0.00002023	H7b	√
感知责任性	负面情绪	危机产品态度	-4.88**	0.00000107	H7c	√
感知偶发性	负面情绪	危机产品态度	-2.08**	0.03779998	H7d	√
感知无良性	负面情绪	危机产品态度	-7.55**	0.00000000	H7e	√

注：**p<0.05（T>1.97）；** p<0.01（T>2.58）；NS: Non-significant。

综上所述，绩效风险、心理风险和负面情绪在危机感知和危机产品态度间的中介作用基本得到证实。为了检验绩效风险、心理风险和负面情绪具有完全中介作用还是部分中介作用，本书参照 Baron 和 Kenny（1986）建议的程序和 Peine、Heitmann 和 Herrmann（2009）的操作方法，进行进一步分析。

Baron 和 Kenny（1986）指出，中介作用可以通过构建 3 个回归方程、检验 4 个参数的显著性验证。第一个回归方程是，以自变量对因变量进行回归，得到系数 c；第二个方程是，以自变量对中介变量进行回归，得到系数 a；第三个方程是以自变量和中介变量对因变量进行回归，得到自变量到因变量的回归系数 c' 和中介变量到因变量的回归系数 b。如果 a、b、c 显著，则中介作用得到支持；同时，如果 c' 不显著，则为完全中介作用，如果 c' 依然显著、但小于 c，则为部分中介作用。

就第一个方程而言，在验证危机感知的负面影响时，本书数据分析结果发现，感知危害性（r = -0.14，t = -3.63，p < 0.05）、感知违约性（r = -0.18，t = -4.52，p < 0.05）、感知责任性（r = -0.24，t = -6.68，p < 0.05）、感知偶发性（r = -0.11，t = -3.15，p < 0.05）和感知无良性（r = -0.34，t = -9.67，p < 0.05）显著影响危机产品态度，即 $c_{感知危害性}$、$c_{感知违约性}$、$c_{感知责任性}$、$c_{感知偶发性}$、$c_{感知无良性}$显著；

就第二个方程而言，感知危害性（r = 0.14，t = 3.55，p < 0.01）、感知违约性（r = 0.16，t = 4.22，p < 0.01）、感知责任性（r = 0.25，t = 7.12，p < 0.01）、感知偶发性（r = 0.16，t = 4.52，p < 0.01）和感知无良性（r = 0.38，t = 11.05，p < 0.01）显著影响绩效风险；感知危害性（r = 0.17，t = 4.36，p < 0.01）、感知违约性（r = 0.23，t = 5.89，p < 0.01）、感知责任性（r = 0.28，t = 7.95，p < 0.01）、感知无良性（r = 0.26，t = 7.7880，p < 0.01）显著影响心理风险，而感知偶发性（r = 0.063，t = 1.86，p > 0.05）对心理风险的影响不显著。感知危害性（r = 0.16，t = 4.18，p < 0.01）、感知违约性（r = 0.18，t = 4.56，p < 0.01）、感知责任性（r = 0.19，t = 5.43，p < 0.01）、感知偶发性（r = 0.074，t = 2.13，p < 0.05）和感知无良性（r = 0.36，t = 10.50，p < 0.01）显著影响负面情绪。即，$a_{感知危害性-绩效风险}$、$a_{感知违约性-绩效风险}$、$a_{感知责任性-绩效风险}$、$a_{感知偶发性-绩效风险}$、$a_{感知无良性-绩效风险}$显著；$a_{感知危害性-心理风险}$、$a_{感知违约性-心理风险}$、$a_{感知责任性-心理风险}$、$a_{感知无良性-心理风险}$显著，$a_{感知偶发性-心理风险}$不显著；$a_{感知危害性-负面情绪}$、$a_{感知违约性-负面情绪}$、$a_{感知责任性-负面情绪}$、$a_{感知偶发性-负面情绪}$、$a_{感知无良性-负面情绪}$显著。

就第三个方程而言，绩效风险（r = -0.27，t = -6.53，p < 0.01）、心理风险（r = -0.28，t = -7.73，p < 0.01）和负面情绪（r = -0.40，t = -11.02，p < 0.01）显著影响危机产品态度，即 $b_{绩效风险}$、$b_{心理风险}$、$b_{负面情绪}$显著；而感知危害性（r = -0.0022，t = -0.066，p > 0.05）、感知违约性（r = -0.020，t = -0.56，p > 0.05）、感知责任性（r = -0.045，t = -1.32，p > 0.05）、感知偶发性（r = -0.028，t = -0.92，p > 0.05）和感知无良性（r = -0.045，t = -1.26，p > 0.05）对危机产品态度的影响不再显著，即 $c'_{感知危害性}$、$c'_{感知违约性}$、$c'_{感知责任性}$、$c'_{感知偶发性}$、$c'_{感知无良性}$不显著。综上，在产品伤害危机感知危害性（H5a）、感知违约性（H5b）、感知责任性（H5c）、感知偶发性（H5d）和感知无良性（H5e）影响危机产品态度的过程中，绩效风险充当了中介变量；在产品伤害危机感知危害性（H6a）、感知违约性（H6b）、感知责任性（H6c）和感知无良性（H6e）影响危机产品态度的过程中，心理风险充当了中介变量；在产品伤害危机感知危害性（H7a）、感知违约性（H7b）、感知责任性（H7c）、感知偶发性（H7d）和感知无良性（H7e）影响危机产品态度的过程中，负面情绪充当了中介变量。由于 $c'_{感知危害性}$、$c'_{感知违约性}$、$c'_{感知责任性}$、$c'_{感知偶发性}$、$c'_{感知无良性}$不显著，因此绩效风险、心理风险和负面情绪完全中介了产品伤害危机感知对危机产品态度的影响。

10.1.9.5 两种类型产品伤害危机修复策略对品牌信任的影响

本书主要探讨两类产品伤害危机后的 CSR 策略和价格促销策略对品牌信任的影响。因此本书采用 2（CSR 策略：有或无）×2（价格促销策略：有或无）×3（危机类型：可辩解型或不可辩解型）的组间设计（Between-group Design）。

实验刺激物包括两种类型产品伤害危机、企业声誉、CSR 策略和价格促销策略。

首先是两种类型产品伤害危机。本书以 2005 年"×××涉嫌致癌危机"和 2007 年"二甘醇牙膏危机"为原型，根据多家网站的报道，适当调整事件描述，形成产品伤害危机刺激物。为了消除对被试原有品牌知识的影响，本书采用虚拟品牌。

不可辩解型产品伤害危机刺激物和可辩解型产品伤害危机刺激物分别使用某品牌牙膏案例来进行分析。

其次是企业声誉刺激物。本书搜集了多个牙膏企业的介绍，并最终选择 5 个牙膏生产企业，综合这些企业声誉描述，选择企业声誉居中的文章，形成企业声誉刺激物，描述如下。A 企业是国内的知名日用消费品公司，有 1000 多名员工。A 品牌是广西省著名商标，A 品牌牙膏的国内市场份额为 3%，排名第 8。

再次是 CSR 策略刺激物。本书广泛搜索产品伤害危机后企业 CSR 策略，选择符合产品伤害危机和企业声誉刺激物特征的 CSR 策略，设计 CSR 策略刺激物，具体描述如下：A 品牌从当月起，成立 A 品牌爱心慈善基金,每年投入200万元,为广西白血病儿童提供治疗经费。该项基金与广西红十字会合作,由红十字会提供白血病患儿的名单,A企业委托其支付这些患儿的医疗费用。这项基金成立后,广受好评,××日报还做了专题报道。无CSR策略组,不提供此刺激物。

最后是价格促销策略。价格促销刺激物描述如下:事件发生后,A品牌对旗下的牙膏、牙刷等产品进行了较大规模的促销活动,在原价基础上打七折促销,为期一个月。无价格促销策略组,不展示此刺激物。

(1) 实验程序。

实验在大学课堂上进行,所有被试者都是在校本科生。问卷包含3个部分:一是产品伤害危机描述,二是修复策略描述,三是人口统计特征题项。

(2) 变量测量。

本书采用7分Likert量表(最小分值为1分,最大分值为7分,分值越高表示越同意)对刺激物进行了变量测量。一是品牌信任的测量。考虑产品伤害危机的负面性,综合参考Aaker、Keller、Dawar、Agarwal、江明华等的研究,题项为"从危机过后的表现来看,我信任A品牌""从危机过后的表现来看,A品牌是诚实的"和"从危机过后的表现来看,我相信A品牌"。二是消费者满意的测量。消费者满意的测量采用Maxham(2002)的量表,题项为"A品牌的做法让我感到很满意""A品牌对本次危机的应对符合我的期望"和"A品牌后来的表现令人满意"。三是消费者原谅的测量。消费者原谅的测量参考Finkel等(2002)的量表,题项为"从危机过后的表现来看,我会原谅A品牌""从危机过后的表现来看,我对A品牌有一个良好的印象"和"从危机过后的表现来看,我不会再谴责A品牌"。四是企业声誉测量。企业声誉的测量使用三个题项:"A企业是一家正直诚实的企业""A企业是一家关注消费者利益的企业""A企业是一家声誉很好的企业"。五是修复策略甄别。对产品安全性的甄别题为"A品牌新推出的牙膏是安全的",对CSR策略的甄别题为"A企业在危机事件后加大了公益事业投入力度",价格促销策略的甄别题为"A企业在危机事件后提供了较大的价格优惠"。

(3) 操控检验。

本书通过前测实验检查两种类型产品伤害危机、企业声誉、CSR策略和价格促销策略等刺激物的效果。本书对实验刺激物的要求如下。

产品伤害危机刺激物。产品伤害危机刺激物达到两个标准:一是被试者能够准确判断产品伤害危机是否违反法律法规,检查危机类型的操纵情况。根据刺激物设计,被试者如果能准确判断出产品伤害危机是否违反法律法规,则实验操纵成功。二是被试者能够准确判断产品安全性。在信任修复情景下,设定危机企业推出不含危机属性的新产品,已排查负面信息对被试者的干扰,所以,在两类产品伤害危机刺激物中都增加以下表述:"经过多家权威部门监测,证实A品牌新推出改进牙膏不存在二甘醇,不会对人体产生任何危害。"因此,如果被试者对产品安全性判断为安全,则操纵成功。

企业声誉。企业声誉刺激物需达到以下标准:企业声誉刺激物的声誉判断应为中等水平。现有研究发现,企业声誉存在晕轮效应。本书采用企业声誉量表测量被试者对企业声誉的评价。

CSR策略。CSR策略刺激物需要达到以下标准:被试者应能准确识别出企业是否采用了CSR策略。本书采用甄别题项检测CSR策略判断。

价格促销策略。价格促销刺激物需要达到以下标准。

被试者能够准确识别出企业是否采用了价格促销策略。本书采用甄别题项检测价格促销策略判断。前测是在成都某高校进行,共30名本科生参与实验,男生13人,女生17人,年龄在19~22岁。

表10-88、表10-89、表10-90显示,前测实验操控成功。

第一是产品伤害危机操控成功。被试者能够较准确判断产品伤害危机的违法性,可辩解组均值较高,不可辩解组均值较低,且两组存在显著差异;被试安全性评价处于中间水平,两类产品伤害危机组对新推出产品的安全性评价没有显著差异。

第二是企业声誉操控成功。企业声誉均处在中间水平,并且两类危机实验组的企业声誉判断没有显著差别。

第三是CSR策略操纵成功。被试者能够明确区分刺激物中是否存在CSR策略。

第四是价格促销策略操纵成功。被试者能够明确区分刺激物中是否存在价格策略。

表10-88 前测实验样本分布

变量	水平	频率	百分比
危机类型	不可辩解	15	50%
	可辩解	15	50%
CSR策略	无	15	50%
	有	15	50%
价格促销	无	15	50%
	有	15	50%

表10-89 前测实验变量描述

变量	水平	均值	标准差
企业声誉	可辩解	3.51	0.17213
	不可辩解	3.49	0.24774
安全性	可辩解	4.73	0.884
	不可辩解	4.87	0.834
违法性	可辩解	5.87	1.356
	不可辩解	1.80	0.775
CSR策略	无	1.60	0.632
	有	5.80	0.775
价格促销	无	1.53	0.516
	有	6.27	0.704

表10-90 前测实验操控检验方差分析

变量		平方和	df	均方	F值	显著性
企业声誉	组间	0.004	1	0.004	0.081	0.778
	组内	1.274	28	0.046		
安全性	组间	0.133	1	0.133	0.181	0.674
	组内	20.667	28	0.738		
违法性	组间	124.033	1	124.033	101.746	0.000
	组内	34.133	28	1.219		
CSR策略	组间	132.300	1	132.300	264.600	0.000
	组内	14.000	28	0.500		
价格促销策略	组间	168.033	1	168.033	441.088	0.000
	组内	10.667	28	0.381		

综上,前测实验证实本书刺激物设计合理,能够成功操纵产品伤害危机、企业声誉、CSR策略和价格促销策略。因此,本书采用上述刺激物进行证实实验获取研究数据。

(4)实验分组。

本书主要探讨两类产品伤害危机后的CSR策略和价格促销策略对品牌信任的影响。因此本书采用2(CSR策略:有或无)×2(价格促销策略:有或无)×3(危机类型:可辩解型或不可辩解型)的组间设计（Between-Group Design）。本书采用 8 个实验分组开展正式实验获取研究变量，如表 10-91 所示。

表 10-91 实验分组

	危机类型	CSR 策略	价格促销策略
E1	可辩解型	有	有
E2	可辩解型	有	无
E3	可辩解型	无	有
E4	可辩解型	无	无
E5	不可辩解型	有	有
E6	不可辩解型	有	无
E7	不可辩解型	无	有
E8	不可辩解型	无	无

（5）样本分布。

前测是在成都某高校进行，共 249 名本科生参与实验，男生 93 人，女生 156 人，年龄在 19～22 岁，与前测实验相似。样本在 8 个实验组和人口统计变量上的分布如表 10-92、表 10-93 所示。

表 10-92 实验组样本分布

	危机类型	CSR 策略	价格促销策略	样本数量
E1	可辩解型	有	有	32
E2	可辩解型	有	无	33
E3	可辩解型	无	有	30
E4	可辩解型	无	无	33
E5	不可辩解型	有	有	30
E6	不可辩解型	有	无	30
E7	不可辩解型	无	有	30
E8	不可辩解型	无	无	31

表 10-93 人口统计变量描述

		频率	百分比
性别	男	93	37.3%
	女	156	62.7%
年龄	19 岁	20	8.0%
	20 岁	138	55.4%
	21 岁	78	31.3%
	22 岁	13	5.2%

（6）操控检验。

操控检验在于检查刺激物设计是否符合本书要求，尽管刺激物已经前测实验验证，为了保险起见，本书对正式实验数据再次进行检验。检验要求如下。首先是产品伤害危机操控成功。被试者能够较准确判断产品伤害危机的违法性，可辩解组均值较高，不可辩解组均值较低，且两组存在显著差异；被试安全性评价处于中间水平，两类产品伤害危机组对新推出产品的安全性评价没有显著差异。其次是企业声誉操控成功。企业声誉均处在中间水平，并且两类危机实验组的企业声誉判断没有显著差别。再次是 CSR 策略操纵成功。被试者能够明确区分刺激物中是否存在 CSR 策略。最后是价格促销策略操纵成功。被试者能够明确区分刺激物中是否存在价格策略。

表 10-94、表 10-95 显示，正式实验操控成功。首先是产品伤害危机操控成功。被试者能够较准确判断产品伤害危机的违法性，可辩解组均值较高，不可辩解组均值较低，且两组存在显著差异；被试安

全性评价处于中间水平，两类产品伤害危机组对新推出产品的安全性评价没有显著差异。其次是企业声誉操控成功。企业声誉均处在中间水平，并且两类危机实验组的企业声誉判断没有显著差别。再次是CSR策略操纵成功。被试者能够明确区分刺激物中是否存在CSR策略。最后是价格促销策略操纵成功。被试者能够明确区分刺激物中是否存在价格策略。

表 10-94　正式实验变量描述

变量	水平	均值	标准差
企业声誉	可辩解	3.1484	1.11288
	不可辩解	3.1488	1.07751
安全性	可辩解	4.82	0.837
	不可辩解	4.78	0.851
违法性	可辩解	1.70	0.705
	不可辩解	6.40	0.677
CSR策略	无	1.60	0.632
	有	1.60	0.610
价格促销	无	1.57	0.497
	有	6.24	0.669

表 10-95　正式实验操控检验方差分析

变量		平方和	df	均方	F 值	显著性
企业声誉	组间	0.000	1	0.000	0.000	0.998
	组内	296.613	247	1.201		
安全性	组间	0.117	1	0.117	0.165	0.685
	组内	175.842	247	0.712		
违法性	组间	1374.824	1	1374.824	2875.960	0.000
	组内	118.076	247	0.478		
CSR策略	组间	1091.403	1	1091.403	2385.491	0.000
	组内	113.007	247	0.458		
价格促销策略	组间	1357.508	1	1357.508	3931.452	0.000
	组内	85.288	247	0.345		

综上，正式实验再次证实本书刺激物设计合理，能够成功操纵产品伤害危机、企业声誉、CSR策略和价格促销策略。因此，正式实验数据可以用来验证研究假设。

本部分的自变量为CSR策略和价格促销策略，因变量为品牌信任，调节变量为危机类型，中介变量为消费者满意和消费者原谅。其中，自变量和调节变量通过刺激物产生分类变量，通过甄别题项验证操控效果，CSR策略为二分变量，价格促销策略为二分变量，危机类型为二分变量。

中介变量和因变量为连续变量，消费者满意、消费者原谅和品牌信任均通过成熟量表测量获得，均为连续变量。以下为3个变量的基本描述。

第一是量表信度。消费者满意的内部一致性信度为0.89，消费者原谅的内部一致性信度为0.90，品牌信任的内部一致性信度为0.80，整体量表信度为0.80，如表10-96所示。中介变量和因变量测量效果较好。

表 10-96　正式实验量表信度

量表	内部一致性信度
消费者满意	0.89
消费者原谅	0.90
品牌信任	0.80
整体量表	0.80

第二是因子分析。为了验证消费者满意、消费者原谅和消费者信任是三个独立变量，本书进行因子分析加以验证。KMO 和 Bartlett's 的检验显示，数据适合进行因子分析，如表 10-97 所示。

表 10-97　KMO 和 Bartlett's 的检验

Kaiser-Meyer-Olkin 量		0.770
Bartlett's 球形检验	近似卡方	1245.109
	df	36
	Sig.	0.000

因子分析显示，3 个因子解释的总方差的 79.835%，能够较好解释 9 个题项的方差，因此 9 个题项存在三因子结构，如表 10-98 所示。

表 10-98　解释的总方差

成分	初始特征值			提取平方和载入			旋转平方和载入		
	合计	方差的 %	累积 %	合计	方差的 %	累积 %	合计	方差的 %	累积 %
1	3.515	39.055	39.055	3.515	39.055	39.055	2.518	27.973	27.973
2	2.312	25.689	64.744	2.312	25.689	64.744	2.508	27.862	55.835
3	1.358	15.091	79.835	1.358	15.091	79.835	2.160	24.000	79.835
4	0.469	5.209	85.044						
5	0.388	4.312	89.356						
6	0.297	3.296	92.652						
7	0.263	2.927	95.580						
8	0.225	2.504	98.084						
9	0.172	1.916	100.000						

提取方法：主成分分析。

旋转后的成分矩阵显示，3 个因子与 3 个变量对应，第一个因子主要解释消费者满意 1、消费者满意 2、消费者满意 3 的方差；第二个因子主要解释消费者原谅 1、消费者原谅 2、消费者原谅 3 的方差；第三个因子主要解释品牌信任 1、品牌信任 2、品牌信任 3 的方差，如表 10-99 所示。

表 10-99　旋转成分矩阵

	成分		
	1	2	3
消费者满意 1	0.906	0.134	0.133
消费者满意 2	0.896	0.024	0.110
消费者满意 3	0.926	−0.045	0.043
消费者原谅 1	0.054	0.883	0.165
消费者原谅 2	0.014	0.896	0.143
消费者原谅 3	0.041	0.894	0.212
品牌信任 1	0.133	0.117	0.841
品牌信任 2	0.023	0.274	0.777
品牌信任 3	0.120	0.125	0.851

提取方法：主成分分析法。
旋转法：具有 Kaiser 标准化的正交旋转法。
注：旋转在 4 次迭代后收敛。

综上，本书所测量的消费者满意、消费者原谅和品牌信任是 3 个变量，因此中介变量和因变量的测量效果较高，符合研究要求。

第三是相关矩阵。消费者满意、消费者原谅和品牌信任的相关矩阵如下。

相关系数矩阵显示，消费者原谅和消费者满意与品牌信任相关系数显著，而消费者原谅和消费者满意之间的相关系数不显著，符合本书研究假设预期，三者的具体关系在下文继续讨论。

（7）假设验证。

①研究假设 H8 的验证。

研究假设 H8 推测，对于两类产品伤害危机，CSR 策略都可以正向影响危机后的品牌信任。本书采用方差分析验证该假设。

表 10-100 显示，有 CSR 策略时的品牌信任均值为 2.69，无 CSR 策略时的品牌信任均值为 2.06，有 CSR 策略的均值略大于无 CSR 策略时的品牌信任均值，本书采用方差分析验证差异的显著性。

表 10-100　品牌信任的均值：H8

	N	均值	标准差	标准误
有 CSR 策略	125	2.69	1.251	0.112
无 CSR 策略	124	2.06	1.044	0.094
总数	249	2.37	1.193	0.076

表 10-101 显示，有 CSR 策略组和无 CSR 策略组的品牌信任均值存在显著差异，$F=18.691$，$p<0.01$。结合上表分析结果，本书认为对于两类产品伤害危机，CSR 策略都可以正向影响危机后的品牌信任，即研究假设 H8 得到验证。

表 10-101　方差分析：H8

	平方和	df	均方	F	显著性
组间	24.828	1	24.828	18.691	0.000
组内	328.104	247	1.328		
总数	352.932	248			

②研究假设 H9 的验证。

研究假设 H9 推测，与不可辩解型产品伤害危机相比，CSR 策略对可辩解型产品伤害危机的修复效果更好。为验证研究假设 H9，本书对有 CSR 策略组进行方差分析。

表 10-102 显示，都采用 CSR 策略时，不同类型的产品伤害危机情况下，品牌信任均值存在差异。可辩解型产品伤害危机情况下，品牌信任均值为 2.92；不可辩解型产品伤害危机情况下，品牌信任均值为 2.43。都采用 CSR 策略时，可辩解型产品伤害危机情况下的品牌信任好于不可辩解型产品伤害危机情况下的品牌信任。本书采用方差分析验证差异的显著性。

表 10-102　品牌信任的均值：H9

	N	均值	标准差	标准误
可辩解	65	2.92	1.213	0.150
不可辩解	60	2.43	1.252	0.162
总数	125	2.69	1.251	0.112

表 10-103 显示，都采用 CSR 策略时，可辩解型产品伤害危机情况下的品牌信任显著好于不可辩解型产品伤害危机情况下的品牌信任，$F=4.931$，$p<0.05$。结合上表分析结果，本书认为与不可辩解型产品伤害危机相比，CSR 策略对可辩解型产品伤害危机的修复效果更好，即研究假设 H9 得到验证。

表 10-103　方差分析：H9

	平方和	df	均方	F	显著性
组间	7.483	1	7.483	4.931	0.028
组内	186.682	123	1.518		
总数	194.165	124			

③研究假设 H10 的验证。

研究假设 H10 推测，产品伤害危机类型会调节 CSR 策略对品牌信任的影响。如图 10-10 所示，无论有 CSR 策略还是无 CSR 策略，可辩解型产品伤害危机情况下的品牌信任均值均大于不可辩解型产品伤害危机情况。

为了验证此关系是否显著，本书采用回归分析加以验证。本书检验产品伤害危机类型和 CSR 策略的交互项对品牌信任影响是否显著，如果交互项显著，结合上文分析结果，即证明产品伤害危机类型对 CSR 策略的影响具有调节作用。回归模型显示，R = 0.301，R^2 = 0.091，p < 0.01，即回归模型显著。危机类型和 CSR 策略的交互项的回归系数 r = –0.301，p < 0.01，因此研究假设 H10 得到验证。

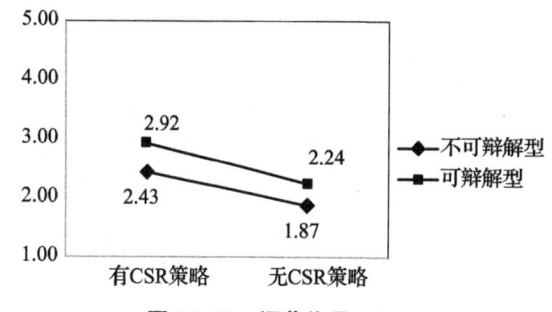

图 10-10　调节作用：H10

④研究假设 H11 的检验。

研究假设 H11 推测，价格促销策略会负向影响不可辩解型产品伤害危机后的品牌信任。为验证研究假设 H11，本书对不可辩解型产品伤害危机组进行方差分析。

表 10-104 显示，在不可辩解型产品伤害危机情况下，有价格促销和无价格促销时的品牌信任均值存在差异。有价格促销时，品牌信任均值为 2.18；无价格促销时，品牌信任均值为 2.12。在不可辩解型产品伤害危机情况下，有价格促销比无价格促销情况下的品牌信任均值略高。本书采用方差分析验证差异的显著性。

表 10-104　品牌信任的均值：H11

	N	均值	标准差	标准误
有价格策略	60	2.18	1.168	0.151
无价格策略	61	2.12	1.029	0.132
总数	121	2.15	1.096	0.100

表 10-105 显示，在不可辩解型产品伤害危机情况下，有价格促销和无价格促销时的品牌信任均值不存在显著差异，F=0.083，p=0.774，结合上表分析结果，在不可辩解型产品伤害危机情景下，价格促销策略会正向影响不可辩解型产品伤害危机后的品牌信任，这与研究假设不一致。因此，研究假设 H11 没有得到验证。

表 10-105　方差分析：H11

	平方和	df	均方	F	显著性
组间	0.100	1	0.100	0.083	0.774
组内	144.111	119	1.211		
总数	144.211	120			

⑤研究假设 H12 的检验。

研究假设 H12 推测，价格促销策略会正向影响可辩解型产品伤害危机后的品牌信任。为验证研究假设 H12，本书对可辩解型产品伤害危机组进行方差分析。

表 10-106 显示，在可辩解型产品伤害危机情况下，采用价格促销策略和不采用价格促销策略时的品牌信任略有差异，采用价格促销时的品牌信任均值为 2.57，不采用价格促销策略时的品牌信任均值为 2.60。为了验证有无价格促销策略时的品牌信任是否存在显著差异，本书采用方差分析进一步验证。

表 10-106　品牌信任均值：H12

	N	均值	标准差	标准误
有价格策略	62	2.57	1.324	0.168
无价格策略	66	2.60	1.176	0.145
总数	128	2.59	1.245	0.110

表 10-107 显示，在可辩解型产品伤害危机情况下，有价格促销和无价格促销时的品牌信任均值不存在显著差异，$F = 0.020$，$p = 0.888$，结合上表分析结果，在可辩解型产品伤害危机情景下，价格促销策略不影响不可辩解型产品伤害危机后的品牌信任，这与研究假设不一致。因此，研究假设 H12 没有得到验证。

表 10-107　方差分析：H12

	平方和	df	均方	F	显著性
组间	0.031	1	0.031	0.020	0.888
组内	196.802	126	1.562		
总数	196.832	127			

⑥研究假设 H13 的检验。

研究假设 H13 推测，产品伤害危机类型会调节价格促销策略对品牌信任的影响。如图 10-11 所示，无论有价格策略还是无价格策略，可辩解型产品伤害危机情况下的品牌信任均高于不可辩解型产品伤害危机情况下的品牌信任均值。

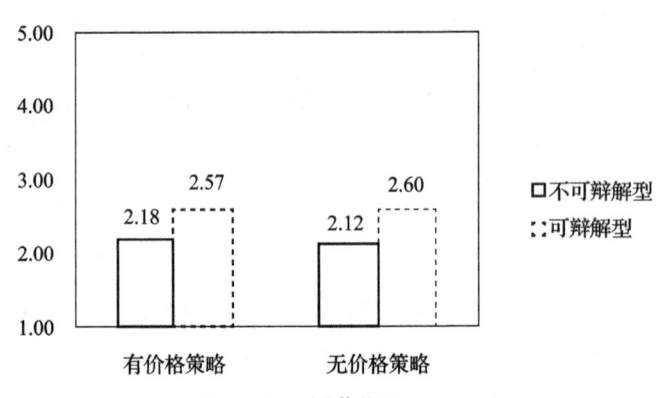

图 10-11　调节作用：H13

为了验证此关系是否显著，本书采用回归分析加以验证。本书检验产品伤害危机类型和价格促销策略的交互项对品牌信任影响是否显著，如果交互项显著，结合上文分析结果，即证明产品伤害危机类型对价格促销策略的影响具有调节作用。回归模型显示，$R = 0.134$，$R^2 = 0.018$，$p < 0.05$，即回归模型显著。危机类型和价格促销策略的交互项的回归系数 $r = -0.148$，$p < 0.05$，因此研究假设 H13 得到验证，如表 10-108、表 10-109、表 10-110 所示。

表 10-108　回归分析模型汇总：H13

模型	R	R^2	调整 R^2	标准估计的误差
1	0.134	0.018	0.014	1.185

预测变量：常量，危机类型 × 价格促销策略。

表 10-109　回归模型显著性：H13

	平方和	df	均方	F	显著性
回归	6.365	1	6.365	4.536	0.034
残差	346.567	247	1.403		
总计	352.932	248			

表 10-110　回归系数：H13

模型	非标准化系数 B	标准误差	标准系数	t	Sig.	共线性统计量 容差	VIF
截距项	2.705	0.173		15.666	0.000		
危机类型 × 价格促销策略	−0.148	0.069	−0.134	−2.130	0.034	1.000	1.000

⑦研究假设 H14 的检验。

研究假设 H14 推测，消费者满意在修复策略影响修复品牌信任过程中具有中介作用。

本书首先分析 CSR 策略和价格促销策略对消费者满意的影响。

CSR 策略对消费者满意的影响。表 10-111 显示，有 CSR 策略时的消费者满意均值为 3.03，无 CSR 策略时的消费者满意均值为 2.24，有 CSR 策略的均值略大于无 CSR 策略时的消费者满意均值，本书采用方差分析验证差异的显著性。

表 10-111　消费者满意均值：CSR 策略

	N	均值	标准差	标准误
有 CSR 策略	125	3.0347	1.23191	0.11019
无 CSR 策略	124	2.2446	1.10686	0.09940
总数	249	2.6412	1.23414	0.07821

表 10-112 显示，有 CSR 策略组和无 CSR 策略组的消费者满意均值存在显著差异，F = 28.32，p < 0.01。结合上表分析结果，本书认为对于两类产品伤害危机，CSR 策略都可以正向影响危机后的消费者满意。

表 10-112　消费者满意方差分析：CSR 策略

	平方和	df	均方	F	显著性
组间	38.854	1	38.854	28.320	0.000
组内	338.874	247	1.372		
总数	377.728	248			

价格策略对消费者满意的影响。表 10-113 显示，有价格策略时的消费者满意均值为 3.04，无价格策略时的消费者满意均值为 2.25，有价格促销策略的均值略大于无价格促销策略时的消费者满意均值，本书采用方差分析验证差异的显著性。

表 10-113　消费者满意均值：价格促销策略

	N	均值	标准差	标准误
有价格促销策略	122	3.0437	1.20448	0.10905
无价格促销策略	127	2.2546	1.13890	0.10106
总数	249	2.6412	1.23414	0.07821

表 10-114 显示，有价格促销策略组和无价格促销策略组的消费者满意均值存在显著差异，F = 28.23，p < 0.01。结合上表分析结果，本书认为对于两类产品伤害危机，价格促销策略都可以正向影响危机后的消费者满意。

表 10-114 消费者满意方差分析：价格促销策略

	平方和	df	均方	F	显著性
组间	38.748	1	38.748	28.234	0.000
组内	338.979	247	1.372		
总数	377.728	248			

消费者满意的中介作用。本书参照 Baron 和 Kenny（1986）建议分析中介作用的程序和 Peine、Heitmann 和 Herrmann（2009）的操作方法，进行进一步分析。

Baron 和 Kenny（1986）指出，通过构建 3 个回归方程、检验 4 个参数的显著性验证来验证作用。具体过程如下：

第一个回归方程是以自变量对因变量进行回归，得到系数 c；

第二个回归方程是以自变量对中介变量进行回归，得到系数 a；

第三个回归方程是以自变量和中介变量对因变量进行回归，得到自变量到因变量的回归系数 c' 和中介变量到因变量的回归系数 b。

中介变量满足以下条件：如果 a、b、c 显著，则中介作用得到支持；同时，如果 c' 不显著，则为完全中介作用，如果 c' 依然显著、但小于 c，则为部分中介作用。

根据 Baron 和 Kenny（1986）指出的一般过程，本书验证消费者满意的中介作用过程如下。

首先是以 CSR 策略和价格促销策略为自变量，以品牌信任为因变量的回归方程。回归模型显示，$R = 0.265$，$R^2 = 0.007$，$p < 0.01$，即回归模型显著。CSR 策略和价格促销策略的回归系数分别为：$r_{CSR策略} = -0.265$，$p < 0.01$，$r_{价格促销策略} = 0.000$，$p = 0.996$。因此 $c_{CSR策略}$ 显著，$c_{价格促销策略}$ 不显著，与上文采用方差分析的结果一致，如表 10-115、表 10-116、表 10-117 所示。

表 10-115 回归分析模型汇总：品牌信任

模型	R	R^2	调整 R^2	标准估计的误差
1	0.265	0.070	0.063	1.155

预测变量：常量，CSR 策略和价格促销策略。

表 10-116 回归模型显著性：品牌信任

	平方和	df	均方	F	显著性
回归	24.828	2	12.414	9.308	0.000
残差	328.103	246	1.334		
总计	352.932	248			

表 10-117 回归系数：消费者满意

模型	非标准化系数 B	标准误差	标准系数	t	Sig.
截距项	3.319	0.318		10.434	0.000
CSR 策略	−0.632	0.146	−0.265	−4.314	0.000
价格促销策略	0.001	0.146	0.000	0.005	0.996

其次是以 CSR 策略和价格促销策略为自变量，以消费者满意为因变量的回归方程。回归模型显示，$R = 0.451$，$R^2 = 0.203$，$p < 0.01$，即回归模型显著。CSR 策略和价格促销策略的回归系数分别为：$r_{CSR策略} = -0.317$，$p < 0.01$，$r_{价格促销策略} = -0.316$，$p < 0.01$。因此 $a_{CSR策略}$ 显著，$a_{价格促销策略}$ 显著，如表 10-118、表 10-119、表 10-120 所示。

表 10-118 回归分析模型汇总：消费者满意

模型	R	R²	调整 R²	标准估计的误差
1	0.451	0.203	0.197	1.10626

预测变量：常量，CSR 策略和价格促销策略。

表 10-119 回归模型显著性：消费者满意

	平方和	df	均方	F	显著性
组间	76.672	2	38.336	31.325	0.000
组内	301.056	246	1.224		
总数	377.728	248			

表 10-120 回归系数：消费者满意

模型	非标准化系数 B	标准误差	标准系数	t	Sig.	共线性统计量 容差	VIF
截距项	4.988	0.305		16.372	0.000		
CSR 策略	−0.781	0.140	−0.317	−5.567	0.000	1.000	1.000
价格促销策略	−0.780	0.140	−0.316	−5.559	0.000	1.000	1.000

最后是以 CSR 策略、价格促销策略消费者满意为自变量，以品牌信任为因变量的回归方程。回归模型显示，R = 0.304，R² = 0.092，p < 0.01，即回归模型显著。CSR 策略和价格促销策略的回归系数分别为：$r_{CSR策略}$ = −0.213，p < 0.01，$r_{价格促销策略}$ = 0.053，p = 0.815，$r_{消费者满意}$ = 0.165，p < 0.01。因此 $c'_{CSR策略}$ 显著，$c'_{价格促销策略}$ 不显著，$b'_{消费者满意}$ 显著，如表 10-121、表 10-122、表 10-123 所示。

表 10-121 回归分析模型汇总：H14

模型	R	R²	调整 R²	标准估计的误差
1	0.304	0.092	0.081	1.144

预测变量：常量，CSR 策略、价格促销策略、消费者满意。

表 10-122 回归模型显著性：H14

	平方和	df	均方	F	显著性
回归	32.519	3	10.840	8.288	0.000
残差	320.413	245	1.308		
总计	352.932	248			

表 10-123 回归系数：H14

模型	非标准化系数 B	标准误差	标准系数	t	Sig.	共线性统计量 容差	VIF
截距项	2.521	0.455		5.538	0.000		
CSR 策略	−0.507	0.154	−0.213	−3.295	0.001	0.888	1.126
价格促销策略	0.125	0.154	0.053	0.815	0.416	0.888	1.126
消费者满意	0.160	0.066	0.165	2.425	0.016	0.797	1.255

综上，上述分析结果显示，$c_{CSR策略}$ 显著，$c_{价格促销策略}$ 不显著，$a_{CSR策略}$ 显著，$a_{价格促销策略}$ 显著，$c'_{CSR策略}$ 显著，$c'_{价格促销策略}$ 不显著，$b'_{消费者满意}$ 显著。结合 Baron 和 Kenny（1986）提出的判断标准，消费者满意在 CSR 策略对品牌信任中的中介作用得到验证，而消费者满意在价格促销策略对品牌信任影响过程中的中介作用没有得到验证，因此，研究假设 H14 得到部分支持。

⑧研究假设 H15 的检验。

研究假设 H15 推测，消费者原谅在修复策略影响修复品牌信任过程中具有中介作用

本书首先分析 CSR 策略和价格促销策略对消费者原谅的影响。

CSR 策略对消费者原谅的影响。表 10-124 显示，有 CSR 策略时的消费者满意均值为 2.97，无 CSR 策略时的消费者满意均值为 2.13，有 CSR 策略的均值大于无 CSR 策略时的消费者满意均值，本书采用方差分析验证差异的显著性。

表 10-124　消费者原谅均值：CSR 策略

	N	均值	标准差	标准误
有 CSR 策略	125	2.97	1.260	0.113
无 CSR 策略	124	2.13	0.966	0.087
总数	249	2.55	1.196	0.076

表 10-125 显示，有 CSR 策略组和无 CSR 策略组的消费者原谅均值存在显著差异，F=34.279，p<0.01。结合上表分析结果，本书认为对于两类产品伤害危机，CSR 策略都可以正向影响危机后的消费者原谅。

表 10-125　消费者原谅方差分析：CSR 策略

	平方和	df	均方	F	显著性
组间	43.257	1	43.257	34.279	0.000
组内	311.698	247	1.262		
总数	354.956	248			

价格策略对消费者原谅的影响。表 10-126 显示，有价格策略时的消费者原谅均值为 2.49，无价格策略时的消费者原谅均值为 2.61，有价格促销策略的均值略小于无价格促销策略时的消费者原谅均值，本书采用方差分析验证差异的显著性。

表 10-126　消费者原谅均值：价格促销策略

	N	均值	标准差	标准误
有价格促销策略	122	2.49	1.229	0.111
无价格促销策略	127	2.61	1.166	0.104
总数	249	2.55	1.196	0.076

表 10-127 显示，有价格促销策略组和无价格促销策略组的消费者原谅均值不存在显著差异，F=0.569，p=0.451。结合上表分析结果，本书认为对于两类产品伤害危机，价格促销策略无法影响危机后的消费者。

表 10-127　消费者原谅方差分析：价格促销策略

	平方和	df	均方	F	显著性
组间	0.816	1	0.816	0.569	0.451
组内	354.140	247	1.434		
总数	354.956	248			

消费者原谅的中介作用。本书参照 Baron 和 Kenny（1986）建议分析中介作用的程序和 Peine、Heitmann 和 Herrmann（2009）的操作方法，进行进一步分析。

Baron 和 Kenny（1986）指出，通过构建 3 个回归方程、检验 4 个参数的显著性验证来验证作用。

具体过程如下。

第一个回归方程是以自变量对因变量进行回归,得到系数 c;

第二个回归方程是以自变量对中介变量进行回归,得到系数 a;

第三个回归方程是以自变量和中介变量对因变量进行回归,得到自变量到因变量的回归系数 c' 和中介变量到因变量的回归系数 b。

中介变量满足以下条件:如果 a、b、c 显著,则中介作用得到支持;同时,如果 c' 不显著,则为完全中介作用,如果 c' 依然显著、但小于 c,则为部分中介作用。

根据 Baron 和 Kenny(1986)指出的一般过程,本书验证消费者满意的中介作用过程如下。

首先是以 CSR 策略和价格促销策略为自变量,以品牌信任为因变量的回归方程。回归模型显示,$R = 0.265$,$R^2 = 0.070$,$p < 0.01$,即回归模型显著。CSR 策略和价格促销策略的回归系数分别为:$r_{CSR策略} = -0.265$,$p < 0.01$,$r_{价格促销策略} = 0.000$,$p = 0.996$。因此 $c_{CSR策略}$ 显著,$c_{价格促销策略}$ 不显著,与上文采用方差分析的结果一致,如表 10-128、表 10-129、表 10-130 所示。

表 10-128 回归分析模型汇总:品牌信任

模型	R	R^2	调整 R^2	标准估计的误差
1	0.265	0.070	0.063	1.155

预测变量:常量,CSR 策略和价格促销策略。

表 10-129 回归模型显著性:品牌信任

	平方和	df	均方	F	显著性
回归	24.828	2	12.414	9.308	0.000
残差	328.103	246	1.334		
总计	352.932	248			

表 10-130 回归系数:消费者满意

模型	非标准化系数 B	非标准化系数 标准误差	标准系数	t	Sig.
截距项	3.319	0.318		10.434	0.000
CSR 策略	−0.632	0.146	−0.265	−4.314	0.000
价格促销策略	0.001	0.146	0.000	0.005	0.996

其次是以 CSR 策略和价格促销策略为自变量,以消费者原谅为因变量的回归方程。回归模型显示,$R = 0.353$,$R^2 = 0.125$,$p < 0.01$,即回归模型显著。CSR 策略和价格促销策略的回归系数分别为:$r_{CSR策略} = -0.350$,$p < 0.01$,$r_{价格促销策略} = 0.052$,$p = 0.383$。因此 $a_{CSR策略}$ 显著,$a_{价格促销策略}$ 不显著,如表 10-131、表 10-132、表 10-133 所示。

表 10-131 回归分析模型汇总:消费者原谅

模型	R	R^2	调整 R^2	标准估计的误差
1	0.353	0.125	0.117	1.124

预测变量:常量,CSR 策略和价格促销策略。

表 10-132 回归模型显著性:消费者原谅

	平方和	df	均方	F	显著性
回归	44.224	2	22.112	17.506	0.000
残差	310.732	246	1.263		
总计	354.956	248			

表 10-133　回归系数：消费者原谅

模型	非标准化系数 B	标准误差	标准系数	t	Sig.	共线性统计量 容差	VIF
截距项	3.613	0.310		11.673	0.000		
CSR 策略	−0.835	0.142	−0.350	−5.862	0.000	1.000	1.000
价格促销策略	0.125	0.142	0.052	0.875	0.383	1.000	1.000

最后是以 CSR 策略、价格促销策略消费者原谅为自变量，以品牌信任为因变量的回归方程。回归模型显示，R = 0.412，R^2 = 0.170，p < 0.01，即回归模型显著。CSR 策略和价格促销策略的回归系数分别为：$r_{CSR策略}$ = −0.147，p < 0.05，$r_{价格促销策略}$ = −0.017，p = 0.767，$r_{消费者满意}$ = 0.337，p < 0.01。因此 $c'_{CSR策略}$ 显著，$c'_{价格促销策略}$ 不显著，$b'_{消费者原谅}$ 显著，如表 10-134、表 10-135、表 10-136 所示。

表 10-134　回归分析模型汇总：H15

模型	R	R^2	调整 R^2	标准估计的误差
1	0.412	0.170	0.160	1.094

预测变量：常量，CSR 策略、价格促销策略、消费者原谅。

表 10-135　回归模型显著性：H15

	平方和	df	均方	F	显著性
回归	59.896	3	19.965	16.693	0.000
残差	293.036	245	1.196		
总计	352.932	248			

表 10-136　回归系数：H15

模型	非标准化系数 B	标准误差	标准系数	t	Sig.	共线性统计量 容差	VIF
截距项	2.105	0.375		5.606	0.000		
CSR 策略	−0.351	0.148	−0.147	−2.372	0.018	0.877	1.140
价格促销策略	−0.041	0.139	−0.017	−0.297	0.767	0.997	1.003
消费者原谅	0.336	0.062	0.337	5.415	0.000	0.875	1.142

综上，上述分析结果显示，$c_{CSR策略}$ 显著，$c_{价格促销策略}$ 不显著，$a_{CSR策略}$ 显著，$a_{价格促销策略}$ 不显著，$c'_{CSR策略}$ 显著，$c'_{价格促销策略}$ 不显著，$b'_{消费者原谅}$ 显著。结合 Baron 和 Kenny（1986）指提出的判断标准，消费者满意在 CSR 策略对品牌信任中的中介作用得到验证，而消费者满意在价格促销策略对品牌信任影响过程中的中介作用没有得到验证，因此，研究假设 H15 得到部分支持。

10.1.10　研究结果

10.1.10.1　研究结果

本书观察现实中的产品伤害危机案例，回顾了产品伤害危机相关理论和现有研究，基于 Belk（1975）提出的 R-S-O-R 模型，构建了产品伤害危机负面影响的模型，并提出了危机感知、心理反应、产品态度、企业声誉和产品相似性等变量间的关系。研究模型包括 3 个部分、5 个要素，描述了产品伤害危机负面影响购买决策的过程和涉及的主要变量。第一部分是刺激（S），是外部信息构成的刺激因素，包含危机感知和企业声誉两个要素，其中，危机感知是自变量，企业声誉是调节变量；第二部分是机体（O），是消费者对产品伤害危机的认知和情感反应，包含感知风险和负面情绪，是模型中的中介变量；第三部分是反应（R），是消费者行为结果，包括产品相似性和购买决策两个要素，其中购买决策是因变量，产品相似性有调节作用。

本文分四个部分验证研究假设和理论模型。第一部分，界定产品伤害危机感知内涵，识别出产品伤害危机感知维度及其影响差异，即产品伤害危机感知的负面影响；第二个部分，发现不同企业声誉下产品伤害危机感知的影响，揭示产品伤害危机感知产生影响的企业情境条件，即企业声誉的调节作用；第三个部分，探索产品伤害危机感知对非危机产品的影响，识别产品伤害危机感知维度负面溢出的差异，即产品相似性的调节作用；第四个部分，挖掘产品伤害危机感知影响消费者行为的心理过程，即心理反应的中介作用。具体研究结果如下。

第一是产品伤害危机感知的负面影响。本书根据危机沟通的最新研究进展，再次界定了产品伤害危机的概念，并提出产品伤害危机感知的5个维度，即感知危害性、感知违约性、感知责任性、感知偶发性和感知无良性。本书基于相关理论和现有研究，预测感知危害性、感知违约性、感知责任性、感知偶发性和感知无良性会影响危机产品态度，进而提出研究假设H1a、H1b、H1c、H1d和H1e。上述5个子假设构成研究假设H1，即消费者对产品伤害危机的感知负面影响危机产品态度。本书实证研究支持了以上假设，即感知危害性、感知违约性、感知责任性、感知偶发性和感知无良性会影响危机产品态度，H1、H1a、H1b、H1c、H1d和H1e均得到支持。

第二是企业声誉的调节作用。企业声誉会形成晕轮效应（Balzer和Sulsky，1992；Nisbett和Wilson，1977；方正、杨洋、江明华、李蔚和李珊，2011），导致消费者有偏向的信息处理（Roberts和Dowling，2002）、降低消费者不确定性（Keh和Xie，2009；Rindova，Williamson，Petkova和Sever，2005），产生调节作用。本书基于相关理论和现有研究，预测企业声誉能够调节感知危害性、感知违约性、感知责任性、感知偶发性和感知无良性对产品态度的影响，进而提出研究假设H2a、H2b、H2c、H2d和H2e。上述5个子假设构成研究假设H2，即消费者对产品伤害危机的感知负面影响危机产品态度。本书实证研究部分支持了研究假设H2。数据分析结果显示，企业声誉能够负向调节感知违约性（H2b）和感知责任性（H2c）对危机产品态度的影响，而企业声誉对感知危害性（H2a）、感知偶发性（H2d）和感知无良性（H2e）影响危机产品态度的调节作用没有得到支持，即研究假设H2得到部分支持。

第三是产品相似性的调节作用。产品伤害危机不仅会影响危机产品，还可以影响非危机产品。产品伤害危机影响非危机产品的条件需符合"可接近性—可诊断性"框架。就产品伤害危机对非危机产品态度的影响而言，产品相似性是满足该框架的关键变量（Broniarczyk和Alba，1994；Dahlen和Lange，2006；Roehm和Tybout，2006）。本书基于相关理论和现有研究，预测产品相似性能够调节感知危害性、感知违约性、感知责任性、感知偶发性和感知无良性对非危机产品态度的影响，进而提出研究假设H3a、H3b、H3c、H3d和H3e。上述5个子假设构成研究假设H3，即当产品与危机产品相似性较高时，产品伤害危机感知对产品态度的负面影响更大。结合企业声誉和产品相似性的作用，本书认为企业声誉和产品相似性交互项显著影响非危机产品态度，提出研究假设H4。本书实证研究部分支持研究假设H3。数据分析结果显示，当产品与危机产品相似性较高时，产品伤害危机感知危害性对非危机产品态度的负面影响更大；当产品与危机产品相似性较高时，产品伤害危机感知责任性对非危机产品态度的负面影响更大。即研究假设H3a和H3c得到支持，而产品相似性对感知违约性、感知偶发性和感知无良性负面影响非危机产品态度的调节作用没有得到支持，即研究假设H3b、H3d和H3e没有得到支持。数据分析结果还显示，企业声誉和产品相似性存在双重调节作用，即企业声誉和产品相似性交互项显著影响非危机产品态度，研究假设H4得到支持。

第四是心理反应的中介作用。产品伤害危机发生后，消费者也会形成认知反应和情感反应。本书根据相关理论和现有研究，认为感知风险和负面情绪可以较好地描述消费者对产品伤害危机的心理反应。借鉴Keh和Pang（2010）的研究，本书重点研究绩效风险和心理风险的中介作用及其差异。即本书认为绩效风险、心理风险和负面情绪可以中介产品伤害危机感知的负面影响，进而提出研究假设H5、H6

和 H7。本书实证研究基本支持绩效风险、心理风险和负面情绪的中介作用。数据分析结果显示，在产品伤害危机感知危害性（H5a）、感知违约性（H5b）、感知责任性（H5c）、感知偶发性（H5d）和感知无良性（H5e）影响危机产品态度的过程中，绩效风险充当了中介变量，即研究假设 H5 得到支持；在产品伤害危机感知危害性（H6a）、感知违约性（H6b）、感知责任性（H6c）和感知无良性（H6e）影响危机产品态度的过程中，心理风险在感知偶发性（H6d）负面影响危机产品态度过程中的中介作用没有得到支持，即研究假设 H6 得到部分支持；在产品伤害危机感知危害性（H7a）、感知违约性（H7b）、感知责任性（H7c）、感知偶发性（H7d）和感知无良性（H7e）影响危机产品态度的过程中，负面情绪充当了中介变量，即研究假设 H7 得到支持。

第五是两类产品伤害危机的修复策略对品牌信任的影响。产品伤害危机后，消费者是否愿意继续购买？消费者是否相信企业做出了产品无害保证？关键看消费者是否持续信任该品牌。因为品牌信任是在消费者面临风险时，对品牌可信度和品牌陈述持有确信的展望（Gürhan-Canli 和 Batra，2004），并且品牌信任是消费者在购买过程中对购买或使用某品牌能够降低风险的预期（于春玲等 2004）。如何修复危机后的品牌？现有研究尚未给出答案。尽管产品伤害危机应对研究是近年来的热点，研究重点主要集中在即时沟通策略或沟通机制（Cleeren、Heerde 和 Dekimpe，2013；Siomkos 和 Malliaris，2011；Chen、Peng 和 Kou 等，2012；Fang、Jiang 和 Yang 等，2010；Fang、Yang 和 Jiang 等，2011；Jing Zhou，2013；Lu，2012；Qing、Tao 和 Yan，2012；Ren 和 Jing，2013；Xiong 和 Qian，2012），尚未涉及产品伤害危机后的品牌修复问题。本书根据相关理论和研究，构建了 CSR 策略和价格促销策略影响品牌信任的概念模型，推测产品伤害危机类型可能会调节两类修复策略的效果，消费者满意、消费者原谅可能起到中介作用。本书研究通过实验法收集研究数据，验证相关假设。研究结果发现，对于两类产品伤害危机，CSR 策略都可以正向影响危机后的品牌信任；CSR 策略对可辩解型产品伤害危机的修复效果更好；产品伤害危机类型会调节价格促销策略对品牌信任的影响；消费者满意和消费者原谅的中介作用得到部分验证。

10.1.10.2 研究讨论

本书根据现有研究和现实观察，基于 R-S-O-R 模型，构建了产品伤害危机感知负面影响模型，并提出研究假设。本书中多数研究假设得到支持，少数未得到支持，或部分得到支持。根据以上研究结果，本书进一步讨论研究假设未被支持的原因。在本书中，研究假设 H2 得到部分支持，其中 H2b 和 H2c 得到支持，而 H2a、H2d、H2e 未得到支持；研究假设 H3 得到部分支持，其中 H3a 和 H3c 得到支持，而 H3b、H3d 和 H3e 未得到支持；研究假设 H6 得到部分支持，其中 H6a、H6b、H6c 和 H6e 得到支持，而 H6d 未得到支持。

第一是研究假设 H2。研究假设 H2 推测企业声誉能够负向调节产品伤害危机感知对危机产品态度的影响。现有研究指出，企业声誉会形成晕轮效应（Balzer 和 Sulsky，1992；Nisbett 和 Wilson，1977；方正、杨洋和江明华等，2011）导致消费者有偏向的信息处理（Zinkhan、Ganesh 和 Jaju 等，2001）、降低利益相关者对企业的不确定性评价（Keh 和 Xie，2009；Rindova、Williamson 和 Petkova 等，2005）。产品伤害危机相关研究也发现，企业声誉能够调节产品伤害危机使消费者感知危险（Siomkos 和 Kurzbard，1994）。根据以上认识，本书提出了研究假设 H2。数据分析结果显示，企业声誉能够负向调节感知违约性对危机产品态度的影响、企业声誉能够负向调节感知责任性对危机产品态度的影响，即研究假设 H2b 和 H2c 得到支持；企业声誉对感知危害性、感知偶发性、感知无良性影响危机产品态度的调节作用不显著，即研究假设 H2a、H2d 和 H2e 没有得到支持。企业声誉不能调节感知危害性、感知偶发性和感知无良性对危机产品态度的影响，可能是因为感知危害性、感知偶发性和感知无良性主要是消费者基于客观事实的判断。感知危害性是消费者感知到的引起产品伤害危机的产品缺陷对身心的危害程度，涉消费者对产品伤害危机危及人数的多少、负面结果的严重程度等；感知偶发性是消费者认为类似产品伤害危机的发生频率，强调产品伤害危机横向和纵向的发生频率；感知无良性是消费者认为产品伤害危机是因为企业道德水平过低造成的程度，强调产品伤害危机中企业违背企业道德的程度。尽管企业声誉能够形成晕轮效应、导致消费者有偏向的信息处理、降低利益相关者对企业的不确定性评价，但是企业声誉并不能改变消费者对基本事实的认知。因此，企业声誉对感知危害性、感知偶发性、感知无良性影响危机产品态度的调节作用不显著。企业声誉之所以能够调节感知违约性和感知责任性对危机产品态度的影响，是因为感知责任性是消费者认为产品伤害危机责任应归于危机企业的程度。现有研究已经证实，企业声誉能够改变消费者归因（Laufer 和 Coombs，2006），同时由于晕轮效应存在，企业声誉较高时，消费者对企业形成了正面印象，容易忽略与这一良好印象相对立的负面信息（Balzer 和 Sulsky，1992；Nisbett 和 Wilson，1977；方正、杨洋和江明华等，2011），因此消费者可能忽略企业以往的违约行为。综上，企业声誉对产品伤害危机感知负面影响危机产品态度的调节作用是有限的，企业声誉仅能调节感知责任性和感知违约性的负面影响。

第二是研究假设H3。研究假设H3推测当产品与危机产品相似性较高时，产品伤害危机感知对产品态度的负面影响更大。现有研究指出，相似性是影响溢出效应发生的关键变量（Broniarczyk 和 Alba，1994；Dahlen 和 Lange，2006；Roehm 和 Tybout，2006）。现有研究已经证实，无论在产品危机（Roehm 和 Tybout，2006），还是在服务危机（Dahlen 和 Lange，2006）中，危机会向高相似性品牌溢出。据此，本书推测，非危机产品与危机产品相似性越高，非危机产品受到的负面影响越大。根据以上认识，本书提出了研究假设H3。数据分析结果显示，当产品与危机产品相似性较高时，产品伤害危机感知危害性对非危机产品态度的负面影响更大；当产品与危机产品相似性较高时，产品伤害危机感知责任性对非危机产品态度的负面影响更大。即H3a和H3c得到支持。数据分析结果显示，感知违约性、感知偶发性和感知无良性对非危机产品的影响与对危机产品的影响无明显差异，即研究假设H3b、H3d和H3e未得到支持。这可能是因为，感知违约性、感知偶发性和感知无良性较高时，消费者对危机产品和危机品牌的评价都较低；而感知危害性和感知责任性较高时，消费者对危机产品的评价较低，但是对危机品牌的评价下降较少。本书中非危机产品与危机产品共用品牌，如果产品伤害危机对品牌的负面影响较大，消费者对同品牌的非危机产品的评价也会较低。相反，如果产品伤害危机仅负面影响危机产品，而对品牌的负面影响不大；那么，数据分析结果才会符合可接近—可诊断性模型，即非危机产品与危机产品相似程度越高，可接近性和可诊断性越高，非危机产品受到产品伤害危机负面影响越大。综上，当产品伤害危机感知仅影响危机产品而对危机品牌的影响较小时，产品伤害危机对非危机产品的负面影响不总是可接近性—可诊断性模型的条件，产品相似性较高时，产品伤害危机才具有可接近和可诊断性，因此，此时产品相似性会调节产品伤害危机感知对非危机产品态度的影响；当产品伤害危机感知不仅影响危机产品还影响危机品牌时，产品伤害危机对同品牌非危机产品总是满足可接近性—可诊断性模型的条件，因此，此时产品相似性不再会调节产品伤害危机感知对非危机产品态度的影响。

第三是研究假设H6。研究假设H6推测，在产品伤害危机感知影响危机产品态度的过程中，心理风险充当了中介变量。现有研究指出，产品伤害危机信息能够增加消费者对危机产品的感知风险，进而影响消费者对危机产品的购买意愿（Siomkos 和 Kurzbard，1994）。在产品伤害危机研究中，现有研究已经发现感知风险或心理风险的中介作用，如王晓玉和晁钢令（2008）研究发现感知风险在口碑方向和消费者态度间具有中介作用（王晓玉和晁钢令，2008）；方正、杨洋和江明华等（2011）研究发现，心理风险在企业应对策略和外界澄清间具有中介作用（方正、杨洋和江明华等，2011）。本书借鉴 Keh 和 Pang（2010）的研究，从绩效风险和心理风险两个维度研究感知风险的中介作用。数据分析结果显示，在产品伤害危机感知危害性（H6a）、感知违约性（H6b）、感知责任性（H6c）和感知无良性（H6e）影响危机产品态度的过程中，心理风险充当了中介变量，即研究假设 H6a、H6b、H6c 和 H6e 得到支持；而心理风险在感知偶发性（H6d）和危机产品态度间的中介作用没有得到证实，即研究假设 H6d 没有得到支持。这可能与产品伤害危机频繁出现有关。目前，产品伤害危机非常频繁，据本书统计，2008 年至今，影响较大的产品伤害危机发生上百次。消费者已经对产品伤害危机非常敏感，心理风险处于较高水平。危机企业爆发产品伤害危机的频率对心理风险的影响力较低。因此，心理风险在感知偶发性和危机产品态度间的中介作用没有得到验证。

10.1.11 研究结论

通过现实观察、理论分析和实证研究，本书得到 9 个有价值的结论。

第一，本书从危机的感知性本质视角出发，认为产品伤害危机本质上是消费者的感知。尽管 Siomkos 和 Kurzbard（1994）的产品伤害危机定义被广泛引用，由于该定义被提出时，危机的本质属性是什么还没有统一的认识。Siomkos 和 Kurzbard（1994）将产品伤害危机界定为，偶尔出现并被广泛宣传的关于某个产品是有缺陷或是对消费者有危险的事件。从该定义可以看出，Siomkos 和 Kurzbard（1994）认为产品伤害危机的本质属性是事件或现象。11 年后，在美国国家沟通协会举办的专门研讨会，危机沟通领域的权威专家们形成共识，认为感知性本质（Perceptual Nature）是危机的本质属性。也就是说，类似于产品伤害危机的危机事件的本质，是消费者对危机事件的感知，而非危机事件本身。因此，产品伤害危机的概念需要遵照危机研究的最新进展进一步完善。本书从产品伤害危机的感知性本质视角出发，再次界定了产品伤害危机，认为产品伤害危机是在消费者群体中广泛形成的某产品存在缺陷或危害性的感知。

第二，本书发现产品伤害危机感知具有感知危害性、感知违约性、感知责任性、感知偶发性和感知无良性 5 个维度。现有研究多采用分类法研究危机属性，已经识别出 13 种危机属性。然而，这 13 种危机属性间存在相互涵盖，较少从危机的感知性本质出发识别危机属性。为了弥补以上局限，本书根据现有研究成果和理论分析，从产品伤害危机的感知性本质出发，提出了产品伤害危机感知的 5 个维度。通过比较产品伤害危机感知维度和已识别出的危机属性，本书发现，产品伤害危机感知的 5 个维度，能够较好涵盖以识别出的 13 个属性中的 12 个。由于阎骏和佘秋玲（2009）提出的关联性强调消费者与事件的关联程度，而不是消费者对危机的评价，本书提出的产品伤害危机感知没有将其包含在内。

第三，本书发现产品伤害危机感知的 5 个维度对危机产品影响显著，并且感知无良性的负面影响相对较大。本书实证研究发现，感知危害性、感知违约性、感知责任性、感知偶发性和感知无良性显著影响危机产品态度。这证实，本书提出的产品伤害危机感知维度能够有效预测产品伤害危机的负面影响，消费者对产品伤害危机的确存在感知危害性、感知违约性、感知责任性、感知偶发性和感知无良性的感知。本书提出的产品伤害危机感知维度得到数据支持。同时，通过模型比较，本书发现感知无良性的负面影响大于其他维度。感知无良性对危机产品态度的影响显著大于感知危害性、感知违约性、感知责任性和感知偶发性对危机产品态度的影响。这个发现有较大价值，暗示产品伤害危机一旦触发消费者感知无良性，产品伤害危机会产生非常大的负面影响，提升应对难度。

第四，本书发现企业声誉只能调节感知违约性和感知责任性的负面影响，不能调节感知危害性、感知偶发性和感知无良性的负面影响。虽然现有研究证实企业声誉在产品伤害危机中的调节作用，然而本书发现企业声誉仅能降低感知违约性和感知责任性对危机产品态度的负面影响，不能降低感知危害性、感知偶发性和感知无良性对危机产品态度的负面影响。这暗示，高声誉企业面对产品伤害危机时，也不能存在侥幸心理。感知危害性、感知偶发性和感知无良性对高声誉企业的危机产品态度也具有较大的负面影响。

第五，本书发现感知危害性和感知责任性对危机产品的负面影响大于非危机产品，而感知违约性、感知偶发性和感知无良性对非危机产品同样具有较大的负面影响。在品牌延伸战略广泛使用的背景下，产品伤害危机可能会危机同牌的非危机产品。本书发现产品伤害危机感知对危机产品和非危机产品的负面影响存在差异。感知危害性和感知责任性对危机产品的负面影响大于非危机产品，而感知违约性、感知偶发性和感知无良性对非危机产品同样具有较大的负面影响。一旦感知违约性、感知偶发性和感知无良性被触发，产品伤害危机可能损害品牌，进而对同品牌非危机产品形成较严重影响。因此，本书提出的产品伤害危机的5个感知维度，可以用来预测产品伤害危机负面影响的范围。如果产品伤害危机触发了感知违约性、感知偶发性和感知无良性，企业应尽最大努力应对，以减少产品伤害危机对危机产品和非危机产品的影响。

第六，本书发现产品伤害危机是否向非危机产品溢出受到企业声誉和产品相似性的双重调节。具体而言，当企业声誉较好时，产品伤害危机对低相似产品的影响较弱，而当企业声誉较差时，产品伤害危机对低相似产品的负面影响也较强。产品相似性和企业声誉的交互项显著，说明产品相似性和企业声誉对产品伤害危机的负面影响存在双重调节作用。这说明，企业声誉具有降低产品伤害危机负面影响范围的作用，企业声誉较高时，产品伤害危机对非危机产品的影响相对较小；企业声誉较低时，产品伤害危机对非危机产品同样具有较大负面影响。

第七，本书发现绩效风险、心理风险和负面情绪是产品伤害危机感知负面影响危机产品态度过程中的中介变量，它们完全中介了产品伤害危机感知的负面影响。现有研究重点讨论了产品伤害危机及其负面影响，少有研究关注产品伤害危机负面影响机制。尽管王晓玉和晁钢令（2008），方正、杨洋和江明华等（2011）研究了产品伤害危机中的中介变量，但是没有揭示产品伤害危机属性与消费者心理反应的对应关系。本书通过检索相关理论，发现感知风险和负面情绪是产品伤害危机中消费者的主要心理反应。借鉴Keh和Pang（2010）的研究，本书从绩效风险和心理风险两个方面考察感知风险的中介作用。本书研究发现绩效风险、心理风险和负面情绪能够完全中介产品伤害危机感知对危机产品态度的影响，因此降低产品伤害危机的负面影响关键是降低消费者的绩效风险、心理风险和负面情绪。

第八，本书构建了产品伤害危机负面影响模型揭示了产品伤害危机负面影响形成的规律。本书基于Belk（1975）提出的R-S-O-R模型，构建了产品伤害危机负面影响模型。该模型包括3个部分、5个要素，描述了产品伤害危机负面影响购买决策的过程和涉及的主要变量。第一部分是刺激（S），是外部信息构成的刺激因素，包含危机感知和企业声誉两个要素；第二部分是机体（O），是消费者对产品伤害危机的认知和情感反应；第三部分是反应（R），是消费者行为结果，包括产品相似性和购买决策两个要素。具体而言，从危机的感知性本质视角来看，产品伤害危机的本质是消费者对其形成的危机感知，进而触发感知风险和负面情绪，然后影响消费者态度。同时，产品伤害危机感知的负面影响受到企业声誉和产品相似性的调节作用。

第九，本书根据相关理论和研究，构建了CSR策略和价格促销策略影响品牌信任的概念模型，推测产品伤害危机类型可能会调节两类修复策略的效果，消费者满意、消费者原谅可能在中介作用。本书研究通过实验法收集研究数据，验证相关假设。研究结果发现，对于两类产品伤害危机，CSR策略都可以正向影响危机后的品牌信任；CSR策略对可辩解型产品伤害危机的修复效果更好；产品伤害危机类型会调节价格促销策略对品牌信任的影响；消费者满意和消费者原谅的中介作用得到部分验证。

10.1.12 研究价值及局限

10.1.12.1 研究价值

本书从理论价值和现实价值两个方面阐释本书研究价值。

（1）理论价值。

本书根据危机研究的最新进展，从危机的感知性本质视角再次界定了产品伤害危机的内涵，提出产品伤害危机感知的 5 维度，识别出企业声誉和产品相似性的调节作用，证实绩效风险、心理风险和负面情绪的中介作用，构建了产品伤害危机负面影响模型。本书有以下 7 个方面的研究价值。

第一，本书从危机的感知性本质再次界定了产品伤害危机的本质属性，深化了对产品伤害危机本质的认知。现有研究认为，产品伤害危机是偶尔出现并被广泛宣传的关于某个产品是有缺陷或是对消费者有危险的事件（Siomkos 和 Kurzbard，1994）。这一界定从现实角度出发，定义了产品伤害危机。尽管这个界定得到广泛引用，然而，该定义忽视了危机的感知性本质。学术界对危机本质的分歧由来已久。特别是危机沟通研究中，直到 2005 年美国国家沟通协会举办的专门讨论会，感知性本质（Perceptual Nature）是危机的根本属性，才成为危机沟通领域普遍认可的观点。随着危机本质属性认知的加深，产品伤害危机的定义也需要进一步发展、深入，突出产品伤害危机的感知性本质。产品伤害危机研究属于广义上的危机沟通研究范畴，因此产品伤害危机的根本属性也是感知性本质。所有，本书从危机的感知性本质出发，借鉴危机本质的最新认识，将产品伤害危机界定为，在消费者群体中广泛形成的某产品存在缺陷或危害性的感知。这加深了我们对产品伤害危机本质的认知。

第二，本书提出产品伤害危机感知的 5 个维度，进一步完善了对产品伤害危机属性的认知。产品伤害危机相关研究多从危机分类视角研究产品伤害危机属性，通过 8 类危机分类方式、识别出 13 种危机属性。现有研究中的危机属性从企业视角出发，没有从消费者感知视角出发，并且存在相互涵盖的问题。这使得产品伤害危机属性的认识尚不统一。本书结合现有研究成果和现实观察，从危机的感知性本质出发，提出了产品伤害危机感知的 5 个维度，能够较好综合现有研究成果，描述产品伤害危机属性，进一步完善了对产品伤害危机属性的认知。

第三，本书探索了危机属性对溢出效应的影响，探索了产品伤害危机感知对非危机产品的影响和产品相似性的调节作用，加深了产品伤害危机溢出效应的研究。现有溢出效应研究，主要遵循 Feldman 和 Lynch（1988）提出的可接近性—可诊断性理论（Accessibility-Diagnosticity Frame）展开研究，重点研究溢出效应的发生条件，尚没有研究关注哪些危机属性更容易向非危机产品溢出，进而明确产品伤害危机属性的影响范围。本书首次同时研究了产品伤害危机对危机产品和非危机产品的影响，识别出 5 个产品伤害危机感知对危机产品和非危机产品影响的差异，并探索了产品伤害危机感知在不同企业声誉情况下对高相似性和低相似性非危机产品的影响，加深了产品伤害危机溢出效应的研究。

第四，本书研究企业声誉在产品伤害危机感知影响产品态度时的作用，推进了企业声誉研究。企业声誉可以通过晕轮效应、有偏向的信息处理和降低消费者不确定性，发挥调节作用。然而，本书发现，企业声誉对产品伤害危机感知维度的调节作用具有不一致性，企业声誉能够调节感知违约性和感知责任性的影响，但是无法调节感知危害性、感知偶发性和感知无良性的影响。本书研究结论增进对企业声誉调节作用的认识。

第五，本书研究了产品相似性在产品伤害危机感知影响产品态度时的作用，证实了产品伤害危机感知影响非危机产品的条件，扩展了品牌延伸相关研究。本书指出产品伤害危机不仅负面影响危机产品，还会负面影响非危机产品。产品伤害危机对非危机产品的负面影响受到产品相似性的调节作用。本书研究结论强化了品牌延伸的潜在风险，扩展了品牌延伸研究。

第六，本书研究了感知风险和负面情绪在产品伤害危机感知影响产品态度时的作用及其差异，增进了产品伤害危机负面影响机制研究。产品伤害危机负面影响机制是重要而关注较少的问题。产品伤害危机负面影响的现象需要通过机制研究进一步解释。本书根据现有研究成果和相关理论，发现感知风险和负面情绪是产品伤害危机感知负面影响中的关键中介变量，能够较好涵盖产品伤害危机引起的认知反应和情感反应，能够较好解释产品伤害危机的负面影响。不仅如此，本书还比较了感知风险和负面情绪中介作用的差异，识别出产品伤害危机感知维度与中介变量间的对应关系，增进了产品伤害危机负面影响机制研究。

第七,本书提出了产品伤害危机负面影响理论模型,加深了对产品伤害危机负面影响的认识。尽管产品伤害危机是近20年来营销研究的热点问题之一,出现了诸多有价值的研究成果,然而现有研究重点探讨了个别变量间的关系,没有全面、系统的探明产品伤害危机的负面影响及其影响机制。本书基于Belk(1975)提出的R-S-O-R模型,建立产品伤害危机负面影响模型,厘清了产品伤害危机感知的负面影响及其影响机制,加深了对产品伤害危机负面影响的认识。

(2)实践价值。

本书提出的产品伤害危机负面影响模型,以及实证研究验证的变量间关系,可以为企业认识产品伤害危机,预判产品伤害危机负面影响,理解产品伤害危机影响机制,提供理论借鉴。与本书的7个理论价值对应,本书存在7个实践价值。

第一,本书从危机的感知性本质视角界定了产品伤害危机,为企业认清产品伤害危机本质提供理论借鉴。本书对产品伤害危机概念的重新界定,帮助企业明确了产品伤害危机的本质是消费者感知,而非产品伤害危机本身,有利于企业认识到应对产品伤害危机的重点在于弱化消费者负面感知、保护或强化消费者正面感知。

第二,本书提出产品伤害危机感知的5个维度,为企业掌握产品伤害危机属性提供理论借鉴。前期研究从危机事件属性角度,通过分类研究法,提出了8种危机分类方法,识别出13个危机属性。现有研究提出的危机属性,忽视了消费者的感知,同时存在相互涵盖的情况,没能全面、系统地揭示产品伤害危机属性,使危机企业难以全面、准确地界定产品伤害危机。本书提出的产品伤害危机感知5维度,为企业把握产品伤害危机属性提供理论借鉴。

第三,本书提出产品伤害危机感知对产品态度负面影响的模型,并识别出5个产品伤害危机感知负面影响的差异,为企业认识产品伤害危机的负面影响提供理论借鉴。本书实证研究结果识别出的5个产品伤害危机感知维度对产品态度负面影响的差异,帮助危机企业明确哪些产品伤害危机负面影响较大、需要付出更大营销努力。

第四,本书不仅研究了产品伤害危机感知对危机产品态度的影响,还探索了产品伤害危机感知对非危机产品的影响,为危机企业确定产品伤害危机是否会向同牌非危机产品溢出提供理论借鉴。本书指出不同产品伤害危机感知对非危机产品态度影响的显著性存在差异,应特别注意感知无良性较高的产品伤害危机,因为这类危机对危机产品和非危机产品的影响都十分显著。这为企业如何确定区隔产品伤害危机对非危机产品的负面影响,保护产品态度,提供理论借鉴。

第五,本书研究发现企业声誉对产品伤害危机感知对产品态度的调节作用具有不一致性,为企业认清企业声誉的作用提供理论借鉴。本书研究结论证实了企业声誉能够降低感知违约性和感知责任性的负面影响,同时也证实企业声誉难以降低感知危害性、感知偶发性和感知无良性的影响。这为危机企业认清企业声誉的效果提供理论借鉴,特别是帮助高声誉企业减少侥幸心理,纠正企业声誉能够抵御产品伤害危机负面影响的错误认识。

第六,本书研究结论指出产品伤害危机感知不仅能够影响危机产品态度,还会影响非危机产品态度,为企业品牌延伸设计提供理论借鉴。企业挖掘品牌资产潜力,进行品牌延伸,已经成为最常见的营销活动之一。然而,延伸不当不仅会弱化母品牌资产,还可能在产品伤害危机发生时危及品牌存亡。因此,品牌延伸设计要特别审慎。本书细致分析了产品伤害危机感知和产品相似性对非危机产品的负面影响,为企业把握和预防产品伤害危机对非危机产品的负面影响提供理论借鉴。

第七,本书比较了感知风险和负面情绪的中介作用,揭示了产品伤害危机负面影响过程中感知风险和负面情绪的作用,为企业应对产品伤害危机提供理论借鉴。本书结论指出,产品伤害危机感知会通过感知风险和负面情绪影响产品态度。因此,危机企业应对产品伤害危机时不仅要降低消费者感知风险,还要降低负面情绪。然而,现有产品伤害危机应对研究,重点从降低消费者对产品伤害危机感知风险角度提出危机应对策略,而忽视了从降低负面情绪角度应对产品伤害危机。本书研究结论指出,应对产品伤害危机的重点是同时降低消费者感知风险和负面情绪,为企业应对产品伤害危机提供理论借鉴。

10.1.12.2 研究局限

本书遵循实证研究的一般范式,按照现实观察、理论分析、研究假设、数据收集、数据分析、假设验证、得出结论的一般过程,验证了本书提出的理论模型,得到了较有价值的研究结论。尽管如此,由于研究问题较为复杂、研究条件存在局限,本书存在4个方面的研究局限。

一是样本选择。本书采用样本为学生样本,外部效度有限,但是可以接受。从产品伤害危机领域的研究来看,学生样本同质性较高,常在消费者行为研究中被采用。在产品伤害危机和负面事件相关研究中,学生样本使用率比较高[如:Ahluwalia、Unnava和Burnkrant(2001),Ahluwalia、Burnkrant和Unnava(2000),Dawar和Lei(2009),Dawar和Pillutla(2000),Laufer和Gillespie(2004),Xie和Peng(2009),方正、江明华和杨洋等(2010),王晓玉和晁钢令(2008)]。从研究方法论来看,做研究时,不仅要考虑外部效度,要同时考虑两种效度:外部效度、内部效度。因为,内部效度和外部效度难以同时达到较高水平(Cook T D和Campbell D T,1976)。为了获得较高的内部效度,实验要尽量排除或减少干扰变量,强调自变量和因变量的因果唯一性,降低外部效度;相反,为了获得较高的外部效度,实验需要增加更多干扰变量来模拟真实环境,强调自变量和因变量关系的可推广性,而这会模糊自变量和因变量的关系,降低内部效度。综上,尽管学生样本存在局限,由于学生样本均质,差异小,无系统偏差,内部效度高,能有力佐证因果关系。

二是品类选择。本书考虑产品伤害危机多发生在食品业和餐饮业,并结合案例,选择饮用水行业作为受试行业。尽管选择饮用水行业作为受试行业,利于操控企业声誉、利于操控危机感知、利于操控产品相似性、利于降低产品差异干扰、利于增强刺激物真实性,然而饮用水行业是快消品的一个子类,研究结果是否能够扩展到耐用消费品还需要进一步验证。

三是感知风险维度选择。为了降低研究的复杂性,本书借鉴Keh和Pang(2010)的研究,以绩效风险和心理风险研究感知风险的中介作用。尽管上述方式能够代表感知风险,然而,传统上,学术界认为感知风险财务风险、绩效风险、身体风险、社会风险、心理风险和时间风险等(Chaudhuri,2000;Mitchell,1999;Stone和Granhaug,1993)。因此,本书用绩效风险和心理风险代表感知风险,无法精确揭示产品伤害危机中消费者的财务风险、绩效风险、身体风险、社会风险、心理风险和时间风险及其差异。未来研究需要进一步验证产品伤害危机感知对财务风险、绩效风险、身体风险、社会风险、心理风险和时间风险的影响及其结果。

四是因变量选择。本书选择产品态度作为因变量出于3个原因。①态度(Attitude)是个体对特定客体所持有的稳定的、评价性的内部心理倾向(Ajzen,1991),能够较好反应产品伤害危机是否对消费者产生了较为稳定的影响;②选择产品态度作为因变量,能够深化现有研究结论。产品伤害危机会负面影响消费者态度,已经得到学者的广泛认同(王晓玉和晁钢令,2008);③选择产品态度作为因变量,便于分析不同产品伤害危机感知影响范围的差异。然而,选择产品态度作为因变量,存在一定局限性。产品态度能够预测购买意愿和购买行为,但是不能完全决定购买意愿和购买行为。同时,这难以反映出消费者是因为拒绝购买还是推迟购买而降低产品评价。因此,未来研究还需要更多关注产品伤害危机感知对其他变量的影响,如购买意愿和购买行为,还要更多关注产品伤害危机感知对因变量当期影响和长期影响的差异。

11. 产品伤害危机对品牌的影响

11.1 研究背景与问题

产品伤害危机是指偶尔出现并被广泛宣传的关于某个产品是有缺陷或是对消费者有危险的事件（Siomkos 和 Kurzbard, 1994）。本书旨在研究产品伤害危机中危机伤害程度、危机伤害对象的差异对品牌资产的影响，这一研究既有市场背景，也有理论背景。

目前在国际学术界，对产品伤害危机的研究采取的主要方式都是模拟试验法，就是假设一个伤害事件，由消费者根据自己的体会来做出判断，然后进行研究。但这种方法毕竟不如真实事件更接近科学。

在理论背景上，在已有的研究中我们发现，在产品伤害危机中采取相同的应对策略会产生完全不同的结果，这是为什么？现有的研究都无法做出回答。我们的前期研究发现，品牌资产发生变化，不仅与应对策略有关，还与产品伤害危机的属性有关，不同的伤害对象、不同的伤害程度在相同的应对策略下会产生完全不同的结果。Niraj Dawar 和 Madan M. Pillutla（2000）研究了在伤害危机中消费者个体差异对品牌资产的影响，而没有对伤害危机本身的不同属性给品牌资产产生影响给予研究。

从总体上看，关于产品伤害危机性质的差异对品牌资产产生影响相关研究十分有限，在理论上存在很大的空白点，因此基于大的市场背景和理论背景，本书拟研究两个问题：首先，在产品伤害危机中，伤害程度的不同是否对品牌资产产生不同影响；其次，在产品伤害危机中，伤害对象的不同是否对品牌资产产生不同影响。

11.2 研究内容与目的

11.2.1 研究内容

本书从产品伤害危机自身属性的角度，从伤害危机的伤害程度和伤害对象两方面来研究其对品牌资产影响的差异。

从伤害危机的伤害程度来分，根据通过对大量危机案例的观察，同时结合理论研究的可实行性，我们将伤害程度分为低伤害和高伤害两种。

从伤害危机的对象来看，本书通过对伤害危机案例的观察，根据受害者年龄的不同，我们把危机伤害对象分为儿童、成年人、老年人，这三种情况由于伤害对象不同，消费者对危机持有的态度也会不同。

以上两个研究内容均是通过产品伤害危机的属性，从伤害对象和伤害程度角度进行研究，危机伤害对象不同，伤害程度不同，从心理学的角度看，消费者对危机的态度也会不同。而"品牌资产是因顾客的品牌知识而引起的对该品牌营销活动不同的反应"（Keller, 1993），品牌资产的产生正是由于消费者头脑中对该品牌的认知。不同的危机伤害对象、不同的危机伤害程度，导致消费者对危机的品牌的认知不同，因此导致对危机品牌的品牌资产影响程度不同。

因此，本书的两个研究模型，自变量分别为危机伤害对象、危机伤害程度，因变量为品牌资产，研究这两个变量之间的关系。

11.2.2 研究目的

本书的研究目的有两方面。

在理论上，探求伤害危机的不同属性是否对品牌资产产生不同影响，不同危机属性下对品牌资产产生的影响大小如何。

在实践中，把研究所得到的结论转化为企业可以实际借鉴的产品伤害危机的建议，为企业提供帮助。

11.3 研究思路与方法

为了解释现实和理论上存在的问题，实现本部分内容的研究目标，我们制定了研究思路并选择了研究方法。

11.3.1 研究思路

本书所遵循的总体思路就是解释和解决营销实践中的问题，具体来讲分为四个步骤。

首先，观察现实中的产品伤害危机，发现有哪些让营销主管和学术界迷惑的问题，初步把这些问题拟定为研究方向。

其次，基于这些问题检索相关文献，了解其他学者对这些问题的研究进展和不足。

再次，结合研究方向和已有的产品伤害危机研究成果，从中找到值得研究而尚未研究的"机会点"，确定本部分的研究内容和目标。

最后，基于研究内容和目标，展开正式研究，包括建立概念模型；形成研究假设；选择研究方法；设计研究变量；设计调查问卷；展开调研工作；进行数据分析；得出研究结果；分析研究结论。

关于本部分的研究思路的图解，可见图 11-1。

现实观察	文献检索	定义问题	正式研究
观察营销实践中的产品伤害危机存在哪些让企业界和学术界迷惑的问题，初步确定研究方向	检索国内外与产品伤害危机相关的文献，了解产品伤害危机的研究进展和不足所在	结合现实中的迷惑和国内外的研究成果，正式确立研究内容和研究目标	根据研究内容和目标： 1.建立概念模型 2.形成研究假设 3.选择研究方法 4.设计研究变量 5.设计调查问卷 6.展开调研工作 7.进行数据分析 8.得出研究结果 9.分析研究结论

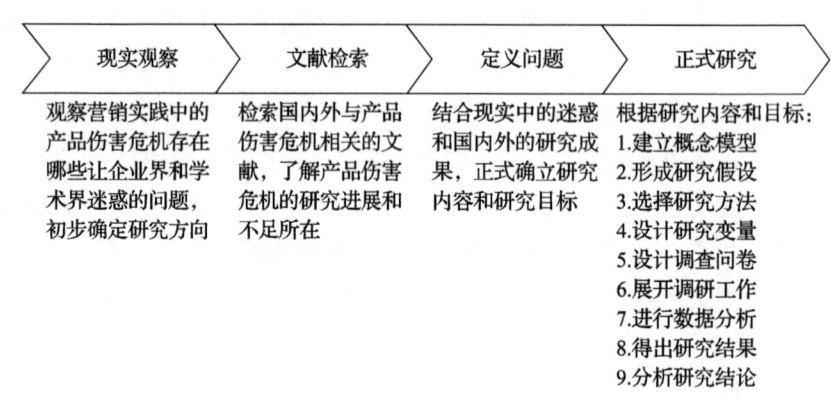

图 11-1 研究思路

本部分的框架也在很大程度延续、反映了这种研究思路，本部分的框架和逻辑可见图 11-2。

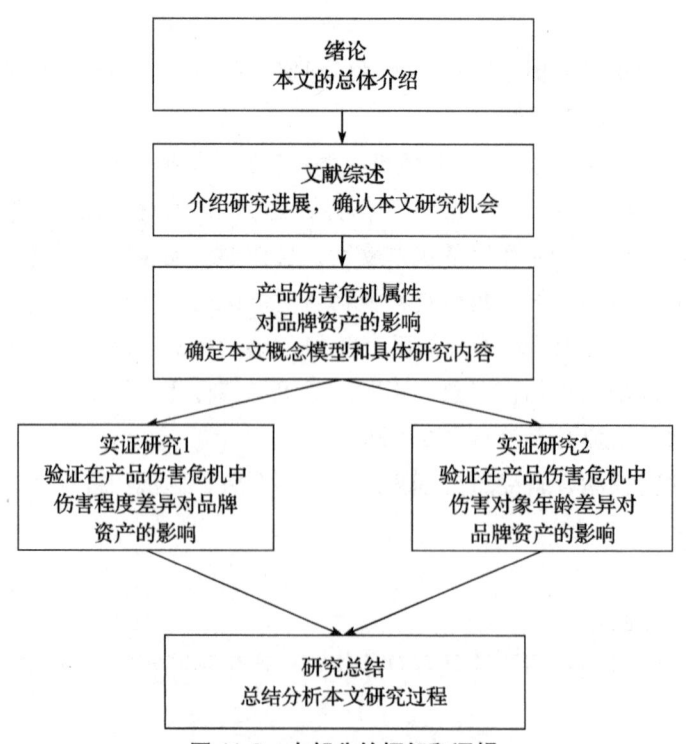

```
绪论
本文的总体介绍
    ↓
文献综述
介绍研究进展，确认本文研究机会
    ↓
产品伤害危机属性
对品牌资产的影响
确定本文概念模型和具体研究内容
    ↓                    ↓
实证研究1              实证研究2
验证在产品伤害危机中    验证在产品伤害危机中
伤害程度差异对品牌      伤害对象年龄差异对
资产的影响             品牌资产的影响
    ↓                    ↓
         研究总结
      总结分析本文研究过程
```

图 11-2 本部分的框架和逻辑

11.3.2 研究方法

参照产品伤害危机领域其他学者所使用的研究方法，以及通过对本部分的研究内容和研究目标的分析，我们选择了"实验法"作为本部分的主要研究方法。

在对营销问题进行研究的时候，需要遵循一个框架和计划，以便详细描述获取解决问题所需信息的必要程序，这就是研究设计。对于营销问题的研究，大体上可以分为探索性研究和结论性研究两大类；其中，结论性研究又分为描述性研究和因果研究两种。三种研究的一些具体区别，如表 11-1 所示。

表 11-1 研究设计的分类

项目	探索性研究	结论性研究	
		描述性研究	因果研究
目标	发现新的想法和观点	描述市场的特征和功能	确定因果关系
特征	灵活多变，通常是整个研究设计的起始	预先计划好的结构化设计	控制一个或多个自变量；控制其他变量
方法	专家调查；预调查；二手数据分析；定性研究……	二手数据；调查法；观察数据和其他数据……	实验法

在可辩解型产品伤害危机之中，营销主管依据所假设的因果关系做出决策，比如：营销主管认为专家澄清有助于降低消费者的感知危险，那么营销主管就可能采取主动送检的方式来应对危机。所以，本部分在研究产品伤害危机对品牌资产的影响时，必须采用因果研究（Causal Research），通过正式的因果研究来获取原因与结果关系的证据。通过表 11-1 的分析，我们可以得知因果研究的主要方法是实验法。实验法可以在相对可控的环境中对自变量进行控制和操纵，然后观察自变量的控制和操纵对一个或一个以上因变量的影响的测量结果，并以此作为判别因果关系的依据。

在进行实验设计的时候，本书主要选择"统计设计"方法中的"随机区组设计"。从实验方法上来分，实验设计可以分为四种：预实验设计、真实验设计、准实验设计和统计设计。预实验设计（Pre-experimental Design）没有利用随机化步骤来控制外部因素。真实验设计（True-experimental Design）中，研究人员随机地将测试单位和处理分派给各个实验组。当研究人员无法实现对测试单位进程安排的完全操纵或者处理的完全分配，但是仍然可以采用部分真实验措施时，就产生了准实验设计（Quasi-experimental Design）。统计设计（Statistical Design）是指一系列允许对外生变量进行统计控制和分析的基础实验。

根据上述四种实验设计的定义，本部分内容在实证研究上采用"统计设计"。之所以采用"统计设计"，是因为统计设计具有三大优点：可以测量一个以上变量的影响；特定外生变量可以在统计上受到控制；当每个测试单位被测量一次以上时，可以采用经济的设计。

统计设计又可以被分为随机区组设计（Randomized Block Design）、拉丁方设计（Latin Square Design）和因子设计（Factorial Design）。其中随机区组设计只能处理一个操纵自变量，拉丁方设计只能处理两个独立的操纵自变量，因子设计则能处理不同级别的两个或两个以上的自变量的影响。由于本书只需要分别处理一个自变量的影响，因此本书选择随机区组设计，如图 11-3 所示。

此外，从实验环境来分，实验法可以分为实验室实验（Laboratory Experiment）和现场实验（Field Experiment）。实验室实验需要研究人员构造出一个具备实验期望的一个人工环境，

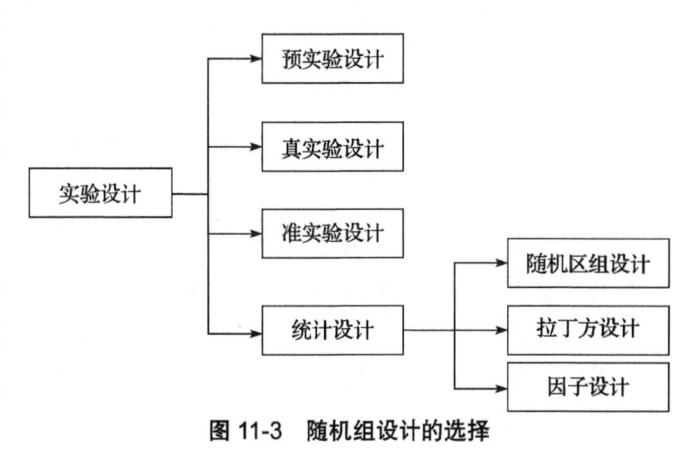

图 11-3 随机组设计的选择

但是现场实验就没有这样一种限制。实验室实验和现场实验各有其优缺点，具体如表 11-2 所示。

表 11-2 实验室实验和现场实验的对比

因素	实验室实验	现场实验
环境	人造的	现实的
控制	高	低
反应误差	高	低
迎合假象	高	低
内部效度	高	低
外部效度	低	高
时间	短	长
测试单位数目	小	长
执行容易程度	高	低
成本	低	高

通过表 11-2，我们可以分析出，两种实验各有其优点和缺点，没有一种实验方法明显优于另一种实验方法，因此选择两种实验法都是可行的。在两种方法没有明显优劣的背景下，为了尽可能模拟现实状态而获得较高的外部效度，本书选择了"现场实验法"。

此外，本书选择现场实验（Field Experiment）的另一个原因是对于产品伤害危机的大部分实证研究都采用了这种方法（Siomkos 和 Kurzbard，1994; Klein 和 Dawar，2004; Wang、Wu 和 Chao, 2005）。我们在实证研究时，在很大程度上借鉴了先前研究者的方法，在刺激物设计、实验设计和实验执行等多个方面都参考他们的实施步骤。

综上所述，通过对研究方法的分析，并借鉴前人的研究方法，本书选择采用"随机组设计"和"现场实验"来研究产品伤害危机对品牌资产的影响。

11.4 研究意义与创新

11.4.1 研究意义

从理论意义上看，本书推进了产品伤害危机的研究，丰富了产品伤害危机的研究理论。首先，本书从危机的属性入手，通过一种新的视角研究产品伤害危机，即通过伤害危机的伤害程度和伤害对象这样全新的视角去研究危机，这就为后来的研究拓宽了道路。其次，本书是在这样一种新的视角下，研究不同的伤害维度对品牌资产的影响，构建了伤害危机的伤害程度、伤害对象影响品牌资产的概念模型，并通过实证研究证实了受害者年龄大小、危机伤害程度的大小对品牌资产的影响的差异情况，同时进一步分析了伤害属性的差异对品牌资产各个子维度的影响情况，为后续的研究提供了一个理论框架。

从现实意义上来看，本书成果能够帮助企业更好地理解不同属性的产品伤害危机对品牌资产影响的差异，特别是对品牌资产各个子维度的影响差异，有利于企业根据伤害危机的属性做出正确的危机应对策略。

11.4.2 研究创新

通过对基于伤害程度、伤害对象年龄的产品伤害危机对品牌资产的影响的研究，本书主要有以下几个创新点。

第一，本书从伤害危机的属性入手去研究产品伤害危机，因为从现实生活中发现，不同的产品伤害危机发生后对企业的影响是不同的，因此本书从产品伤害危机的伤害对象、伤害程度入手去研究危机的影响。

第二，本书从一个全新的角度研究产品伤害危机发生后对品牌资产的影响，这是一个比较新的研究点，目前相关的研究较少。

第三，本书不仅研究产品伤害危机对整体品牌资产的影响，还研究了对品牌资产各个维度的影响差异，这样能够指导企业从更为具体品牌资产维度来维系危机品牌，维持其品牌资产，能够使企业做到对症下药，这也是本书的一大创新。

11.5 文献综述

11.5.1 品牌相关文献综述

11.5.1.1 品牌的概念

品牌的英文单词是"Brand"，其源于古代斯堪的纳维亚（Norse）语"Brandr"，其表面的意思是"发光"，它的原始含义是指在牲畜身上烙上标记，以起到识别和证明的作用。品牌真正兴起于美国，从20世纪30年代开始，品牌开始被应用到学术界、营销界和传播界。1950年美国的传播学者大卫·奥格威首先明确界定品牌概念后，品牌开始在全球成为热点问题之一。从那时起，国内外对于品牌的内涵并没有形成统一的认识，各种定义层出不穷。

Burleigh B Gardner（1955）从品牌名称来定义品牌，认为品牌不仅能区别于竞争者，而且能通过联想在一定时期内将特定的内涵传递给消费者；A1 Ries 和 Jack Traut（1969）在 *Positioning* 一书中指出，品牌就是要在顾客的脑海中建立一种定位；Chernatony 和 McWilliam（1989）认为，品牌是一种用于同竞争者相区别的工具；Alexander L Biel（1993）认为，品牌资产是来自企业本身的生产活动、产品销售和企业其他有形资产以外的溢价，品牌为一个企业带来的利益在于拥有品牌比不拥有品牌能够获取更高的利润和市场份额；Alvin A Achenbaum（1993）指出，品牌使一个产品与无品牌的同种产品相区别，并通过消费者对于产品特征、功能的感知而增值。

Philip Kotler（1997）认为，品牌从本质上说，是销售者向购买者长期提供的一组具有一定的特点、利益和服务的承诺；品牌还是一个更为复杂的符号标志，能表达出六层意思。

（1）属性。一个品牌首先给人带来特定的属性。例如，梅赛德斯汽车代表昂贵、优良制造、工艺精良、耐用。

（2）利益。属性需要转换成功能和情感利益。属性"耐用"可以转化为功能利益，"我可以几年不买车了"。属性昂贵可以转换成情感利益，"这车帮助我认识自我价值的重要性"。

（3）价值。品牌体现了制造商的某些价值感。梅赛德斯汽车体现了高性能、安全和威信。

（4）文化。品牌可以象征一定的文化。梅赛德斯意味着德国文化。

（5）个性。品牌代表了一定的个性。梅赛德斯可以使人想起一位不会无聊的老板。

（6）使用者。品牌还可以体现购买或使用这种产品的是哪一种消费者。我们希望坐梅赛德斯汽车的人是一位高级经理人。

Philip Kotler 同时认为：一个品牌最持久的含义是它的价值、文化和个性，它确定了品牌的基础。

Kevin Lane Keller（1998）认为，品牌来自消费者感知的差异，这种差异是消费者对于品牌理解的结果，品牌是一个产品区别于另一个产品的特征；Lynn B Upshaw（2001）从品牌定位的角度来定义品牌，他认为品牌定位决定了品牌在消费者生活中所扮演的角色，企业利用品牌定位将产品转化成品牌；Rik Riezebos、BasKist 和 Gert Kootstra（2004）将品牌定义为：品牌是能够使某个企业的产品或服务与其同类区别开来，并能在物质和非物质方面为消费者带来意义的一切标识。

根据美国市场营销协会的定义，品牌（Brand）是一个"名称、标记、标志、设计或是上述的综合，用于识别一个销售商或销售商群体的商品与服务，并且使之与其竞争的商品或服务区分开来"。

国内的研究者黄昌富（1999）认为：品牌是一个系统，一个包括产品与服务功能要素（如用途、品质、价格、包装等），厂商和产品的形象要素（如图案、色调、广告、音乐等）消费者的心理要素（如对企业及其产品和服务的认知、态度、感受、体验等）在内的三维综合体。品牌作为一个系统，具有系的一般特性：第一，它是一个整体，是产品与服务功能、企业与产品形象、消费者对企业及其产品与服务的认知、态度、感受的有机组合，是三个要素的综合表达；第二，品牌系统的三个要素相互关联和影响；第三，品牌系统的每个要素均可以分层，比如，作为产品功能要素内容之一的产品质量，就有设计质量、工艺质量等区分；又如企业及其产品形象，又有企业整体形象、产品形象等区分；第四，品牌具有目的性，品牌的存在、延续与维持，是企业生命力所在；第五，品牌与环境之间存在着相互作用的关系，适应市场变化要求的品牌能永葆青春，活力永存，相反，就会在无情的市场竞争浪潮中悄然消失。

另一位研究者王新新（2000）认为，品牌是一种关系性契约。品牌不仅包含物品之间的交换关系，而且还包括其他社会关系，如企业与顾客之间的情感关系。企业之所以要建立品牌，是为了维持一种长期、稳定的交易关系，着眼于与顾客在未来的合作；企业也不能固守对顾客的承诺，而应该随着情况的变化灵活地为顾客服务，以此赢得顾客忠诚；企业必须把顾客视为合作伙伴，在有条件的情况下，双方还可以组成利益和风险共同体。

创造一个品牌的关键是选择名称、标识、标志、包装设计或其他能识别一个产品，并同其他产品区别开来的要素。这些要素被称为品牌要素，它们被用来识别和区分品牌。

品牌与产品是两个既有区别又有联系的概念。根据菲利普·科特勒的一个著名的营销学观点，产品是能够引起市场注意、获取、使用，或能够满足某种消费需求和欲望的任何东西。产品可以是实物、服务、人、组织或地名。品牌给这些产品加上了其他各种特性，这些特性使它们以某种方式区别于其他用来满足相同需求的产品。这些差异也许是理性的和可见的——与产生品牌的产品的特点有关，或者更加具有象征性，更情感化，更不可见——与其所表现的品牌有关。Alvin A Achenbaum 认为品牌的这种特性是将一个品牌与其未品牌化的同类产品区别开，并且赋予它资产净值，是消费者对于该产品的特性、功能、品牌名声及相关企业的感觉。

从品牌定义的变迁我们可以看出，人们对其的理解由重视标识功能发展到重视品牌引起的联想，如它所传递的价值、文化、个性等。品牌成了连接品牌拥有者和品牌用户之间的纽带。现在，品牌对于企业具有举足轻重的作用，是现代企业最有价值的财富之一。它可以增加产品的附加值，有利于培养消费者的品牌忠诚，增加顾客购买的可能性，可以维系与顾客的关系，传达企业的经营理念，加深顾客对企业的认识和了解，品牌不仅可以区分开竞争对手，建立差别化优势，而且是公司竞争优势的来源，使企业能够长时间地稳住自己在行业中的竞争地位，是企业稳定的未来收益的来源之一。总之，品牌在企业的经营中发挥了越来越大的作用，正逐步成为企业获取竞争优势的关键因素之一。

11.5.1.2 品牌理论演变历程

自从 1950 年世界上著名的广告大师大卫·奥格威第一次提出"品牌"这个概念以来，国内外对于品牌理论的研究已经有 70 多年的历史。国内一位研究品牌理论的学者卢泰宏（2003）对品牌理论的演变历程进行了总结。该学者通过研究认为，品牌理论大致经历了如下五个发展历程。

品牌定义阶段（20 世纪 50 年代）。在这个阶段，研究者针对品牌的定义、名称、标识、商标等品牌内涵与外延进行了规范，使品牌研究成为营销理论研究的热点领域。

品牌战略阶段（20 世纪 60 年代至 20 世纪 80 年代）。从这个阶段开始将品牌经营提升到战略的高度，从品牌塑造的角度提出了许多战略性品牌理论，如 David Ogilvy（1963）提出的品牌形象论、Al Ries 和 Jack Traut（1969）的定位论、Kevin Lane Keller 和 David A Aaker（1993）的品牌延伸研究系列。

品牌资产阶段（20 世纪 90 年代）。该阶段对于品牌的市场价值非常重视，西方学者的主要研究成果表现为三类：一是著名的品牌价值评估公司 Interbrand 和 Finance World 的品牌资产评估模型，二是 Pitta 和 Katsanis 的《九十年代品牌资产管理计划》，三是 David A Aaker（1991）的品牌资产五星模型和 Kevin

L Keller（1993）的基于消费者的品牌资产模型。

品牌管理阶段（20世纪90年代中期至21世纪初）。这个阶段的研究者指出，应设立专门的组织机构以保证品牌资产的长期发展。该阶段的论著包括David A Aaker 的《管理品牌资产》（1991）和《品牌领导》（2000），以及Kevin Lane Keller（1993）的《战略品牌管理》。

品牌关系阶段（21世纪以来）。在该阶段，品牌与消费者的关系逐步成为品牌理论研究的重点，核心文献包括M. Blackston（1995）的品牌关系概念模型、Fournier（1998）的品牌关系分析框架、Aggarwal（2001）的品牌关系交往规范研究等。

11.5.2 品牌资产理论概述

在过去20年中，品牌资产（Brand Equity）一直是营销学术界和企业界关注的热点问题，国内外学者围绕品牌资产的构成维度、测量模型和影响因素展开了大量的研究。其中最具代表性的国外研究有Keller（1993）所提出的基于顾客的品牌资产概念和品牌资产金字塔模型、Aaker（1996）提出的品牌资产十要素模型，以及Yoo和Donthu（2001）的品牌资产三维度模型等。

国内学者的研究工作主要集中在将西方学者提出的这些概念和测量模型引入国内并加以修正，同时结合国内的品牌进行本土化的检验。如范秀成（2000）对品牌资产测评体系进行了分析，于春玲和赵平（2003）对品牌资产测评中的概念重新做了界定和解释。在这里我们首先对品牌资产的概念进行一个全面的梳理，然后对基于顾客的品牌资产进行全面的概述。

11.5.2.1 品牌资产的定义

西方的文献中与品牌资产有关的内容涉及Brand Asset、Brand Equity和Brand Value等三层含义。20世纪90年代初这几个概念引入我国，学者们给出了不同的翻译方法，由于缺乏对概念内涵的全面深入了解，在使用过程中出现了概念混用的问题，严重阻碍了这个问题的研究。因此，有必要界定清楚每个概念的内涵及它们之间的相互关系，以便在今后的研究中统一口径。

Brand Asset是会计学上的概念。由于强势品牌可以为所有者带来稳定的超额收益，人们对于品牌是企业无形资产的一个组成部分的说法已经达成共识。Stobart（1989）提出，从成本的角度看，品牌资产应为品牌重新建立的成本或是竞争对手模仿的成本。但是，品牌资产与企业其他资产存在太多差别，使用Asset并不能诠释其深刻内涵，为了探索品牌资产的本质和构成要素，强化企业对这个概念的理解和重视，从而更好地管理和利用品牌资产，学者提出了新的名词"Brand Equity"，将品牌资产从财务会计学领域中延伸出来。

Brand Value是经济学上的概念。研究人员参照会计学中对无形资产价格的评估方法，对品牌资产的价格进行评估。通常的做法是将品牌在未来的可能收益根据市场的风险进行折现，得出以货币表示的品牌资产的市场价格，也称为品牌资产的财务价值（Financial Value）。这是针对品牌的拥有者在当前使用情况下的价格，这个数值可以视为品牌资产交易时的基本参考价格，实际交易价格还会随交易中买卖双方谈判中的具体情况上下波动。品牌资产在目前的使用中已经远远超出了财务的范畴。

大多数文献都将Brand Equity译为品牌资产，也有少数学者为了与Brand Asset区分开，将其译为品牌权益，这是一个包容性概念。Brand Equity是西方广告学界从品牌管理的角度上提出的一个概念，他们为了提醒企业重视品牌对于企业长期发展的重要作用，避免价格促销对品牌所造成的负面影响，提出了Brand Equity这个概念，强调品牌资产是依靠企业长期的营销努力自创出来的特性。同时提醒人们将注意力放在品牌资产的创建和管理过程上，而不是财务上的一个数字或一个概念。

正是由于品牌资产概念的包容性，无论营销人员还是学者，都将注意力集中到Brand Equity，关注隐藏在表象下的本质，基于此，在本书中所提及的品牌资产均是指Brand Equity。

"品牌资产"（Brand equity）作为学术用语引入市场营销研究领域始于20世纪80年代初的美国。

1989年9月，Peter H Farquhar 在美国权威的营销刊物《营销研究》（MR）上发表了 Managing Brand Equity 一文。两年后，Aaker 的著作 Managing Brand Equity:Capitalizing on the Value of A Brand Name 于1991年出版。此后，品牌资产就成为营销研究的热点问题，"品牌资产"一词风靡全球，对品牌意识、品牌的知名度和品牌的质量现状进行比较的调查盛极一时。

从20世纪90年代开始，学者们开始从不同角度开展了大量品牌资产的研究，在丰富了相关理论的同时，也造成了这一领域观点林立的局面。

对于品牌资产的定义，不同学者从不同角度出发给出了不同形式的定义。

Farquher（1989）指出："品牌资产对消费者来说是对品牌产品的积极评价或态度，它是对于一个产品品牌所要赋予企业、贸易或顾客的增加值"。

David A Aaker（1991）指出，品牌资产是能够增加或者减少一种产品或者服务对于其公司及顾客所产生的价值的一系列品牌资产和负债，以及品牌名称与象征。

Wilkie（1992）认为，从品牌资产的市场产出角度出发，把源于特定品牌的价值增值和效用的增加看作是品牌资产。基于这种视角的品牌资产主要由品牌带来的超额利润、企业财物价值和收益等构成。

Keller（1993）提出了基于顾客的品牌资产的概念，他认为"品牌资产是因顾客的品牌知识而引起的对该品牌营销活动不同的反应"。这些反应主要体现在顾客忠诚度、对竞争者营销活动的抵抗能力、对降价更大的弹性反应、对涨价更小的弹性反应、对品牌延伸的正面评价等方面。

Keller 对品牌资产的这种理解从根本上揭示了品牌资产经济价值的内在驱动因素，具有重要的理论意义和实践意义。此后众多学者都从这一个基于顾客的品牌资产视角来研究问题。

本书研究的品牌资产也是从顾客的品牌资产出发进行的。

11.5.2.2 基于顾客的品牌资产的构成

对于基于顾客的品牌资产的构成，每个学者都有不同的认识，但是综合起来，主要有以下几种观点。

Aaker（1991）认为，基于顾客的品牌资产具有多个维度，并提出"品牌资产五要模型"，包括品牌忠诚度、品牌知名度、认知质量或者领导地位、品牌形象及其他品牌专有资产。Aaker（1998）又进一步提出"品牌资产十要模型"，将品牌资产分解为五个维度和十个要素，即忠诚度（溢价、满足度/忠诚度）、品牌认知（品牌认知、领导性/受欢迎性）、品牌联想（价值、品牌个性和企业组织联想）、品牌知名度、市场状况（市场价格和通路覆盖、市场占有率）。

这五个维度在选取上有四条严密的标准。首先，评估维度要反映被测量品牌资产的结构，品牌资产的概念内容及其结构是指导与发展评估维度的关键，尤其是测量维度应该反映品牌资产的价值，而且要关注到品牌所具有持久而不易被竞争对手所复制的优势，所以就不应该停留在像市场营销组合这样的战术层次。其次，测量维度要真正反映那些驱动市场与未来收益和销售关联的因素，品牌经理要确信测量维度的变动能够导致未来收益与销售的变动。再次，所选择的维度要足够敏感，当品牌资产发生变动时，测量维度也要跟着发生变动。例如，当品牌资产因为战术失误和竞争对手的行动而受损时，这些测量的维度也要反映出这些。最后，测量维度应该能够在不同的品牌、产品系列及市场中适用。由于 Aaker 对该模型的维度选取制定了严格的标准，该模型的维度也成为日后学者们建构基于消费者基础上的品牌资产模型的基础。

Yoo 和 Donthu（2001）从 Aaker 的"品牌资产五要模型"中提取了四个反映营销和顾客行为研究中常用的品牌资产维度，即品牌忠诚度、品牌知名度、认知质量和品牌形象。基于这四个维度，他们开发了分别衡量整体品牌资产和多维度品牌资产的量表。

Yoo、Donthu 的研究是对 Aaker 的品牌十要素模型的一次检验，他们开发的量表通过了检验，在不同的文化背景之下的可操作性也比较强,因而为后续研究的学者奠定了坚实的基础。并且在这篇论文的研究中还发现:品牌资产的各个维度之间可能存在着一定的层级及因果关系,并且在不同的文化背景之下,品牌资产的各个维度之间的重要性是不同的,例如:美国的消费者可能更加注重感知质量这一维度属性,而韩国的消费者更加注重品牌忠诚。但是该篇论文没有进一步去研究品牌资产各个维度之间具体的因果关系,并且品牌知名度这个维度的取舍还存在着一定的争议。

Keller(1993)提出品牌资产知识模型,建立品牌资产的关键是在消费者当中形成持久而又牢固的品牌知识,基于消费者基础上的品牌资产是基于消费者因掌握了品牌知识后对营销行为产生不同的反应。品牌资产来源于品牌知识(Brand Knowledge),而品牌知识又由品牌意识(Brand Awareness)和品牌形象(Brand Image)构成。其中品牌意识和品牌形象又由几个维度构成,如图11-4所示。

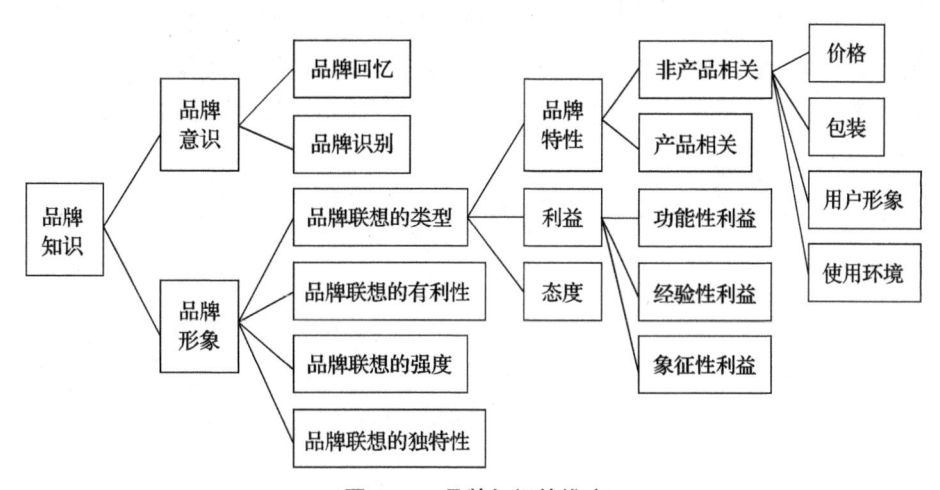

图 11-4 品牌知识的维度

Keller的品牌资产知识模型以消费者为基础,对品牌知识这一概念做了详尽的展开与描述,有利于对企业的实践经营活动做出指导,但是该模型缺少对学术上的指导性,许多工作与研究尚待补充完成,另外模型层次过多,使整个模型显得过于复杂,有的维度之间在概念上还存在一定的重叠。

Keller在提出基于顾客的品牌资产概念之后,又在2001年提出了品牌资产金字塔模型(2001)(如图11-5所示),他指出了构建品牌资产须经四个相互关联的有序步骤:品牌识别→品牌含义→顾客反应→品牌联系。这个模型相比较之前的品牌资产模型有了很大的进步,它提出了之前的品牌资产模型所没有的形成品牌资产的逻辑顺序,打破了以往品牌资产模型那种平行的模式,是品牌资产模型领域的一个进步。但是,所选取的品牌识别、品牌含义、品牌反应及品牌联系四个维度缺乏Aaker的品牌资产十要素模型的几个维度的严谨性,而且他没有进一步探讨各维度之间的关系,也没有进行实证检验。

国内学者对品牌资产的研究始于20世纪90年代,但多是对概念的引进和解释,目前国内对品牌资产的研究主要集中在对品牌资产概念解析、品牌资产测量体系、品牌延伸等领域。范秀成(2000)介绍了国外不同机构和学者对品牌资产的定义,将品牌资产界定为企业以往在品牌方面的营销努力产生的赋予产品或服务的附加值,使用品牌资产三维度模型将其细化为财务权益、顾客权益和延伸权益,并从这三

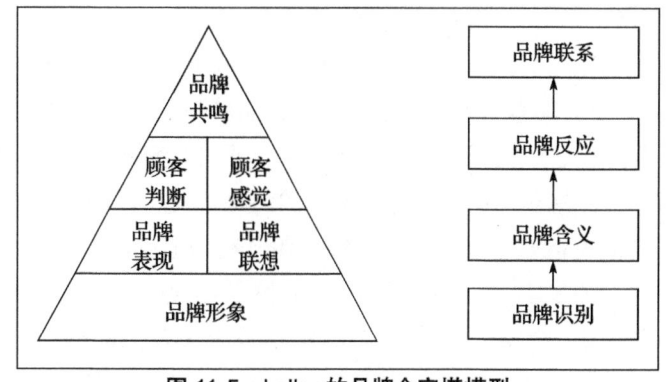

图 11-5 keller的品牌金字塔模型

个方面分别介绍了一套测评各个权益的指标。范秀成介绍了 Keller 的"基于顾客的品牌资产"的相关概念，着重阐述了品牌联想的类型，在 Krishnan 的基础上提出了研究品牌联想与品牌资产之间关系的品牌联想结构分析模型，并对中外品牌联想结构进行了实证研究。

卫海英、王贵明（2003）在对 100 家大中型企业的实证调查基础上，运用数理统计方法，分析了品牌资产各组成要素，提取了品牌资产五个最重要的构成因子，首次从量化角度提出品牌资产最重要的因子是品牌地位和顾客价值取向，其次为品牌定位、品牌创新能力和市场执行能力；并根据品牌资产的构成因子，对品牌资产进行了类型划分，按照品牌构成属性将企业分为领导型、成熟型、务实型、顾客导向型和创新型品牌企业。袁登华（2000）认为，品牌资产要素结构包括品牌知名度、品牌联想度、品牌美誉度、品牌忠诚度四个维度。余明阳（2002）基于 Aaker 的模型认为，品牌资产的构成因素包括品牌认知、品牌形象、品牌联想、品牌忠诚和附着在品牌上的其他资产五因素构成。丁家永（2006）提出品牌知名度、品牌知觉质量、品牌联想及品牌忠诚度是品牌资产构成的重要来源。

国内学者于春玲、赵平、王海忠（2004）提出了基于顾客的品牌资产模型，如图 11-6 所示。

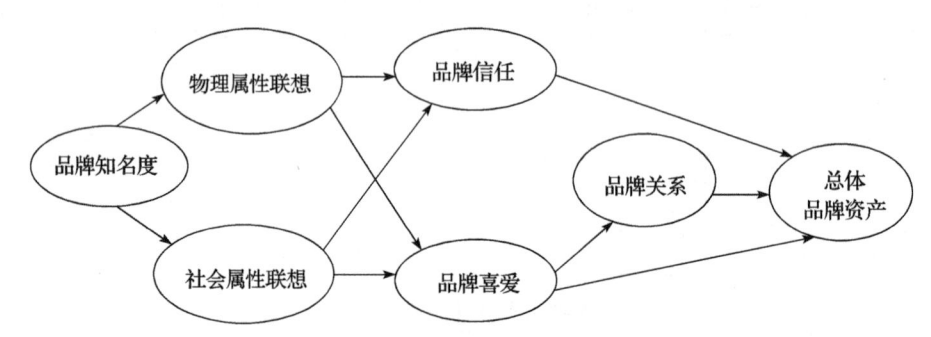

图 11-6 基于顾客的品牌资产模型

这个模型综合考虑了西方及我国学者的研究成果，设立了多个维度，并且各个维度之间层次分明，但是，该模型过于复杂，而且维度的提出缺少足够的理论上的依据，不同的维度物理属性联想与社会属性联想之间存在着一定的重叠，品牌信任与品牌喜爱及品牌关系三个维度不但存在重叠，而且似乎可以合为"品牌忠诚度"一个维度，同时在操作过程中存在一定难度。

11.5.2.3 影响品牌资产的相关研究

在现有国内外研究中，研究者重点关注对品牌资产有直接影响的一个或多个营销变量。研究单个营销变量对品牌资产影响的文献集中在广告、促销、公共关系等领域。

在对品牌资产影响中，学者们发现品牌名称对品牌资产有重要的影响，Alba 和 Hutchinson（1987）发现根据心理原则选择的品牌名称能够影响品牌的回想及识别过程。同时一些生动易记的品牌名称对品牌资产也能产生重要的影响。一些研究也表明，高频率词汇比低频率词汇更容易产生品牌回想，但是低频率词汇比高频率词汇更容易认知（Gregg，1976）。

各种营销活动也可以影响品牌资产，营销沟通对于创建一个良好的品牌形象是有好处的，Keller（1992）认为电视广告就能够加强品牌识别。Cobb-Walgren、Ruble 和 Donthu（1995）研究长期的广告支出对于品牌资产的影响，他们认为不同类型的广告也会影响品牌资产的高低。

有些学者重点探讨了不同的促销方式对品牌权益的影响，如 Bawa 和 Shoemaker（1989）。而 Jacoby 和 Mazursky（1984）的研究表明分销渠道也能够产生品牌次级联想，能够帮助建立品牌资产。

许多学者研究能够影响品牌权益的多个营销策略的组合。Aaker（1991）强调公共关系、广告语、品牌标识、包装等对品牌权益很重要。Simon—Sullivan（1990）认为广告支出、广告占有率、市场调研费用、品牌的年龄、销售队伍、进入市场的时机、产品组合等是能够影响品牌权益的营销活动。Keller（1993）提出公司形象、来源国、促销活动和品牌名称等是能够影响品牌权益的营销活动。而Yoo（2000）的研究则以价格、店面形象、通路强度、广告支出以及价格促销作为4P的代表，探讨这些活动对品牌权益的影响。Ailawadi等（2003）则提出竞争品牌营销组合、企业优势（如企业形象、产品线长度、研发能力等）、产品类别（如消费者感知风险、市场规模等）也会对品牌权益产生影响。

同时，利用次级杠杆也能对品牌资产产生影响，能够产生一种对品牌的信任联想。Hertel（1982）认为可以直接通过对产品和服务的体验，或者是通过公司的传播，口碑传播与品牌产生联系，来提升和建立品牌资产。Dick、Chakravarti和Biehal（1990）认为采取一些价格策略可以产生品牌利益，比如一些消费者就可能产生一种推论，认为某一类产品的价格较高，其质量就较好。

Erickson、Johansson、Chao（1984）和Hong、Wyer（1989）研究表明一些品牌利用原产国形象来产生品牌联想，比如法国的葡萄酒、德国的机械产品等。

在实证研究方面，国外个别学者选择了一些营销策略组合进行了实证研究，得到了一些结论，但是这些结论并不完全一致。Lasser、Mittal和Sharma（1995）首先利用调查问卷法结合文献研究的方法，发展品牌权益的五个构面（产品表现、社会形象、价值、信赖度、品牌认同/依恋感）及衡量问项，得到17个题的量表，可以用来衡量顾客基础的品牌权益。之后该研究者用17个问题来衡量两种不同的品类（电视、手表）。该研究也把不同品牌的市场价格与品牌权益水准做比较，发现价格与品牌权益间有正向关系，即拥有较高品牌权益水准的品牌，其市场价格相对较高。同时研究者认为推广活动是发展品牌权益的主要工具，运用推广活动可以提升各品牌权益构面的水准。Cobb-Walgren、Ruble和Donthu（1995）从消费者的观点比较不同品牌的资产分数，来获得相对性测量结果，该研究中使用了两种不同的产品或服务的品类（旅馆或清洁剂），该研究使用问卷调查方法取得分析资料，应用联合分析方法来衡量品牌权益对消费者偏好有何影响，最后再使用回归分析来衡量品牌权益对购买者的购买意图有何影响。

Yoo（2000）应用结构方程模型研究了广告投入、价格、分销密度、零售店形象、价格策略对品牌权益构成要素（感知质量、品牌忠诚、品牌联想）的影响，探究这些营销活动如何增加或减少品牌权益。Yoo和Donthu（2000）根据Aaker和Keller基于顾客角度的品牌权益概念，构建了基于消费者的多维品牌权益（MBE）模型。通过调查三种不同文化下的消费者对三类产品（运动鞋、胶卷和彩色电视机）共12个品牌的评价，作者试图建立一个有坚实心理学基础、跨文化、可推广的消费者品牌权益模型。作者对品牌权益纬度的理解不同于Keller和Aaker的初衷，他认为品牌权益由三个纬度构成：品牌忠诚度、品质认知、品牌联想/知名度，他将品牌联想和品牌知名度看作不可分割的同一维度。Yoo等人研究发现：频繁的价格促销将损害品牌权益，广告投入量、价格、分销密度、零售店的形象则与品牌权益正相关。其中，广告投入与品牌权益的正相关关系与Cobb-Walgren等的研究结论一致；但降价促销与品牌权益的负相关关系与Ailawadi等（2003）的研究结论是相反的。Yoo等人的研究对如何通过控制营销活动产生和管理品牌权益提供了深入线索。

近年来，中国在品牌权益方面的实证研究有所发展。江明华等（2003）研究了价格促销的折扣量对感知质量、购买意向和品牌忠诚三个维度的影响，发现深度折扣对感知质量、品牌忠诚有负面影响，但对购买意向有一定的积极作用；同时，深度折扣使消费者对品牌权益的评价明显降低。卫海英等（2003）研究了企业质量策略、促销策略、产品经营和延伸策略、进入市场时机等对品牌权益五要素的影响，发现上述经营策略与品牌权益各要素显著相关。仓平（2007）通过实证研究的方法验证了营销策略对品牌资产的影响，并且通过知名服装品牌进行了验证。

同时，品牌延伸也会对品牌资产产生影响。Pitta和Katsanis（1999）在其论文中指出，不成功的产品延伸将严重影响到原有的品牌，而成功的品牌延伸有助于企业改变品牌定位和积累品牌资产。他们认为，只有拥有丰厚的品牌资产的品牌才有进行延伸的必要条件，资产价值微弱的品牌根本没有延伸的价值。Smith 和 Park（1992）认为，品牌延伸的价值在于与独立品牌在新市场的市场导入期所产生的现金流的差异，并建立了以市场份额和广告效果为评估函数的统计分析模型。

Dacin 和 Smith（1994）的研究表明消费者并不信任质量变化太大的品牌。余明阳（2000）等人提出的品牌延伸过程理论模型则说明品牌延伸是实现品牌权益进一步积累和增值的过程，会对品牌资产产生正面影响。Czellar（2003）等学者也在西方关于品牌延伸对原品牌影响的研究基础上，指出学术界过多地着眼于负面影响的研究而忽略品牌延伸对原品牌的提升作用。

11.5.3 产品伤害危机文献综述

11.5.3.1 产品伤害的危机定义

产品伤害危机（Product Harm Crisis）是指偶尔出现并被广泛宣传的关于某个产品是有缺陷或是对消费者有危险的事件（Siomkos 和 Kurzbard，1994），目前对产品伤害危机这个概念学术界以 Siomkos 和 Kurzbard 的解释作为一种通用的概念，得到学者们的广泛认可。

在 Siomkos 和 Kurzbard 给出的这个定义以前，其他研究者也把产品伤害危机的相关研究纳入产品责任（Product Liability）、产品召回（Product Recall）、商业谣言（Commercial Rumor）的范畴。

在产品伤害危机与产品责任研究中，产品责任一词起源于民法和合同法的相关研究，后来由于产品责任问题涉及市场和消费者，1970 年以后，产品责任也逐渐成为营销领域的研究问题（John C Perham，1977；Friedson 和 James G,1987；Smith、Larry, 2003）。根据 Jack G Kaikati 的定义，产品责任是指制造商、批发商和零售商对其生产和销售的产品给消费者所造成的伤害和损失而应该负担的责任（Jack G Kaikati，1978），产品伤害危机是营销领域的研究问题，产品责任则同属于法律领域和营销领域，两者既有共同点，也有不同之处。

首先，从影响范围来看，产品伤害危机涉及的是一个消费人群，甚至整个社会人群；而产品责任则不一定，有时发生产品责任可能是因为个别消费者自身问题，但是消费者控告厂商，也会产生产品责任问题。

其次，从法律责任来看，产品责任危机会牵涉法律责任或民事诉讼，而产品伤害危机则不一定。产品责任本身就是源于法律领域的研究，会牵涉的法律问题，往往伴随消费者起诉，但是，现实中也存在很多产品伤害危机发生以后并不导致法律责任的，也就是说虽然发生产品伤害危机，但是其实产品是没有责任的，并不存在问题，因此不会导致法律责任。综上所述，产品伤害危机和产品责任的区别就在于影响范围和法律责任两个方面。

在产品召回的相关研究中，产品召回也与产品伤害危机存在关联性。产品召回就是企业对已出售的，但是出现了或可能出现质量、技术问题的产品实行公开或者隐蔽的回收措施，以便对这些问题产品进行相应的处理，避免酿成重大的市场事故的一种营销修复策略。从目前所发生的产品召回事件来看，产品召回的决策者就既可能是政府，也可能是企业。根据产品召回的决策者不同，产品召回通常分为主动召回（Voluntary Product Recall）和强制召回（Involuntary Product Recall）两种。强制召回通常是政府的决策结果，而主动召回则是企业自发的行为。

需要召回的产品通常有以下 4 种产品缺陷：①会对消费者造成事实伤害；②含有容易被消费者接触到的有害物质；③存在因消费者使用不当而导致严重伤害甚至死亡的危险因素；④违反了某些产品安全标准和法规。

根据上述文献介绍，可以发现产品伤害危机与产品召回之间的区别：导致产品召回的事件一定是产品伤害危机，产品召回是产品伤害危机可能导致的后果之一，但是产品伤害危机并不一定会导致产召回。

除了产品责任以外，另一个容易与产品伤害危机混淆的概念是"商业谣言"（Commercial Rumor）。商业谣言是指有关于产品、品牌、公司、商店和其他商业形象的广为传播但无从查证的说法。商业谣言分为两大类：阴谋型谣言和玷污型谣言。阴谋型谣言（Conspiracy Rumor）涉及对消费者有害或者在意识层面令人无法接受的公司政策和做法。玷污型谣言（Contamination Rumor）传播对某个产品或者商店对顾客不利的消息。

通过对两类商业谣言的分析，我们可以发现商业谣言和产品伤害危机其实有两大区别：①商业谣言是往往不知道谣言起源所在，但是产品伤害危机的起因通常很明确。②产品伤害危机只涉及公司的产品，但是商业谣言可能涉及公司意识形态等其他方面。

11.5.3.2　产品伤害危机分类

查阅国外文献，国外学者对于产品伤害危机分类一直没有一个分类标准，在产品责任危机的研究中，Smith、Larry（2003）曾从法律研究角度将产品责任危机分为两类：可辩解型（Defensible）和不可辩解型（Indefensible）。在此分类的基础上，Smith、Larry（2003）进一步指出，律师以及公共关系专家在处理这两种产品责任危机时，其应对方式也应该有所区别。

国内关于产品伤害危机中，方正（2007）参考Smith、Larry（2003）的研究结果，将产品伤害危机也分为两大类：可辩解型产品伤害危机和不可辩解型产品伤害危机。两类产品伤害危机的分类依据是：产品缺陷或伤害是否违反相关产品法规或安全标准。

首先，在不可辩解型产品伤害危机中，产品缺陷违反现有的产品法规和安全标准；而在可辩解型产品伤害危机中却相反。如果产品违反了某项产品法规或者安全标准，不管公司如何辩解和澄清，都逃不开"产品有害"或者"产品有缺陷"的事实。在这种情况下，公司实际上无法通过辩解而消除顾客对产品缺陷和伤害的感知危险，这种产品伤害危机属于不可辩解型产品伤害危机。

其次，在不可辩解型产品伤害危机中，产品缺陷可能会导致新的法规和安全标准的出现，进而使缺陷产品违反这一产品的法规与安全标准；而在可辩解型产品伤害危机中则不会。在某些情况下，政府及管制机构可能会突然颁布新的法律法规，宣布因为产品中的某些成分对人体有害，必须停止产品销售或者召回产品。这种产品伤害危机也是属于不可辩解型产品伤害危机，公司无法通过辩解而消除顾客对产品缺陷和伤害的感知危险。

根据方正对案例研究的分析，结合收集的媒体信息进行分类，发现不管在哪种情形下，不可辩解型产品伤害危机都有一个共同点，那就是：产品缺陷或伤害是否违反相关产品法规或安全标准；而可辩解型产品伤害危机则反之。这也就进一步说明"产品缺陷或伤害是否违反相关产品法规或安全标准"这一分类依据确实能够有效区分现实中的产品伤害危机。

11.5.3.3　产品伤害危机应对方式

产品伤害危机发生以后，企业一般都会采取措施来应对危机，防止危机的恶化和降低危机带来的损失。针对不同的危机，不同的企业会采取不同的措施，这些措施就形成各种各样的应对方式。

由于过去没有对产品伤害危机进行分类，因此所有的应对方式，不管是可辩解型产品伤害危机还是不可辩解型产品伤害危机，都统称为产品伤害危机的应对方式。本书使用方正的分类方式，对不同类型的产品伤害危机分别分析其应对方式。

对于不可辩解型产品伤害危机的应对方式，学者对其有两种主要分类。

Siomkos和Kurzbard（1994）提出了"公司应对方式连续集"的概念，并将公司对不可辩解型产品伤害危机的应对方式进一步细分为四类：①坚决否认。处在危机之中的公司否认对缺陷产品承担任何责任。②强制召回。处在危机之中的公司根据政府的要求召回产品。③主动召回。处在危机之中的公司在政府发出要求以前就召回产品。④积极承担责任。处在危机之中的公司通过宣称承担责任、在危机中提供真实信息来表现对消费者利益的关心。从坚决否认到积极承担责任的4种应对方式，就是所谓"公司反应连续集"。

Dawar 和 Pillutla（2000）认为，公司对于不可辩解型产品伤害危机的应对方式从坚决否认到积极承担责任、积极沟通并且无条件回收产品。而绝大多数公司对于危机事件的应对，则介于这两种极端情况之间。比如，A 公司的产品伤害危机被媒体曝光以后，该公司纽约分部和巴黎分部对于产品的苯污染原因做出了不同的解释，采取了不一致的补救措施，这就导致了公众对 A 公司的反应感到模糊和矛盾不解（Kurzbard 和 Siomkos, 1992）。从理论上讲，A 公司对危机事件的反应可以看作是从明确否认责任到明确承担责任之间的连续函数。明确承担责任意味着公司宣布承担责任、向消费者及利益相关者道歉并且采取某种补救措施，比如，主动回收产品并免费替换（Hearit, 1994）。

目前对可辩解产品伤害危机的应对方式的研究较少，王晓玉、吴纪元和晃钢令（2005）在研究产品伤害危机对中国消费者考虑集的影响时对不可辩解型产品伤害危机应对方式所做的分类。三位研究者认为，可辩解型产品伤害危机的应对方式分为四种：①企业无响应，专家无响应。②企业承诺产品安全，专家无响应。③企业无响应，专家证实产品无害。④企业承诺产品安全，专家同时证实产品无害。从上述分类可以看出，三位研究者的分类依据是企业和专家两大主体是否参与危机的澄清和解决。

方正在王晓玉、吴纪元和晃钢令的研究结果基础上，将可辩解产品伤害危机的应对方式进行细化，从两个层面进行分类，第一个层面是企业应对层面，第二个层面是外界应对层面。在企业层面，通过研究观察到四种不同的应对方式，即纠正措施、积极澄清、置之不理和对抗反驳。企业有可能采取其中一种应对方式，也有可能采取两种以上的应对方式。第一类应对方式是纠正措施（Rectificative Action），包括致歉（Apology）、赔偿（Remediation）、退货（Refundment）、换货（Exchange）等方式，这些行为方式的共同特征是企业似乎对危机存在过失，并正在采取措施予以纠正。第二类应对方式是积极澄清（Clarification），是指公司通过召开新闻发布会、发布公开信等方式，向媒体和大众提供真实的产品安全性证据和信息，澄清产品是符合相关标准的和安全的。第三类应对方式是置之不理（即企业无应对，No Response），这种应对方式包括不主动提供信息、拒绝接受采访、不参加消费者听证会等行为。第四类应对方式是对抗反驳，是指企业侧重于采取攻击指控者（Attack The Accuser）和简单否认（Simple Denial）的应对方式，不向媒体和公众提供详细的产品安全信息和背景资料，或者提供极少的产品安全信息。"对抗反驳"的特点是：不向媒体和公众提供详细的产品安全信息。

王晓玉、吴纪元和晃钢令（2005）三位学者认为，除了企业本身以外，"专家"也可能会参与危机的处理，而且专家对危机的应对方式有参与和不参与两种。

方正认为，参与危机应对的外部力量不仅仅只有专家一种，而是至少有三种力量，分别是专家及研究机构、政府及监管部门、行业团体与组织。需要说明的是，这三种力量既可能是企业邀请而介入危机应对的，也可能是自发介入的，但方正在研究中没有讨论外界力量介入危机应对的动机和原因。

在此基础上，方正将可辩解产品伤害危机的外界应对方式分为三种，而专家应对、政府应对、行业应对，在一次可辩解型产品伤害危机之中，可能同时有两种以上的外界应对。第一种是专家应对，是指有专家或研究机构参与了可辩解型产品伤害危机的应对，帮助企业澄清产品的安全性和无缺陷性。第二种是政府应对，是指有政府部门或监管机构参与了可辩解型产品伤害危机的应对，帮助企业澄清产品的安全性和无缺陷性。第三种是行业应对，是指有行业团体或协会参与了可辩解型产品伤害危机的应对，帮助企业澄清产品的安全性和无缺陷性。

11.6 研究设计与方法

11.6.1 研究假设

根据 keller 的理论，品牌资产的产生来源与消费者的知识，是消费者对各种品牌活动的反映，可见各种品牌活动影响消费者的认识，从而影响品牌资产。产品伤害危机会影响到消费者的心理认知，从而影响品牌资产。因而，产品伤害危机会对品牌资产造成影响，从目前研究来看，公众对于危险的或者是有缺陷的产品，总是持一种负面评价，进而对品牌资产造成负面影响。Niraj Dawar、Madan M Pillutla（2000）已经证实了产品伤害危机对品牌资产的影响。同时对于消费者个体差异，Siomkos 和 Kurzbard（1994），Laufer 和 Gillespie（2004）、Burger（1981）等研究者也做了研究。国内学者中，方正、吴旭明也进行了相关研究，都得到了一些有益的结论。

以前的研究重点在于消费者个体差异对品牌资产的影响，以及危机发生后不同处理策略造成的不同影响结果。但是，在实际的观察研究中我们发现，对于不同伤害危机事件，消费者的感情是不一样的。通过前面的文献研究，没有发现有关消费者心理学的理论，我们发现消费者都有一种规避风险的情感，发生危险了都有躲避的意识在其中，同时，危险的程度不同，消费者的反应也不同。而对于伤害危机而言，伤害危机的程度是不同的，对消费者造成的危害也是不同的，从而对消费者的品牌知识的影响也不同，最终对品牌资产的影响程度也不同。

从另一方面来讲，危机伤害程度高，事件影响程度大，消费者的关注程度就高，对消费者的品牌知识影响也就大，因此对品牌资产的产生的负面影响也就高。

基于此，我们提出假设。

H1：在产品伤害危机中，不同伤害程度，对危机品牌的品牌资产造成的影响是不同的；高伤害程度的危机事件，对品牌资产造成的负面影响要高于低伤害程度的危机事件。

H1a：高伤害程度的危机事件对感知质量造成的负面影响要高于低伤害程度的危机事件。

H1b：高伤害程度的危机事件对品牌信任造成的负面影响要高于低伤害程度的危机事件。

H1c：高伤害程度的危机事件对品牌态度造成的负面影响要高于低伤害程度的危机事件。

H1d：高伤害程度的危机事件对购买意愿造成的负面影响要高于低伤害程度的危机事件。

H1e：高伤害程度的危机事件对造成的负面影响要高于低伤害程度的危机事件。

另一方面，从心理学角度来看，消费者都有同情弱者的心理，对于弱势群体社会群众具有天然同情心理，因此，对于弱势群体的伤害更能引起社会的注意，也就更能激起消费者的负面反应，而这种反应也就作用于消费者的品牌知识，从而更能造成对品牌资产负面影响。在社会中，相比于成年人，儿童和老年人更缺乏自我保护的意识，属于社会的弱势群体，因此在受到伤害后，消费者反映更强烈。

基于此，我们提出第二个假设。

H2：在产品伤害危机中，不同的伤害对象，对危机品牌的品牌资产造成的影响是不同的；伤害对象为儿童的伤害事件对品牌资产造成的负面影响要高于伤害对象为成人的伤害事件，伤害对象为老年人的伤害事件对品牌资产造成的影响要高于伤害对象为成人的伤害事件。

H2a：在产品伤害危机中，伤害对象为儿童的产品伤害危机对感知质量造成的负面影响要高于伤害对象为成年人的产品伤害危机；伤害对象为老年人的产品伤害危机对感知质量造成的负面影响要高于伤害对象为成年人的产品伤害危机。

H2b：在产品伤害危机中，伤害对象为儿童的产品伤害危机对品牌信任造成的负面影响要高于伤害对象为成年人的产品伤害危机；伤害对象为老年人的产品伤害危机对品牌信任造成的负面影响要高于伤害对象为成年人的产品伤害危机。

H2c：在产品伤害危机中，伤害对象为儿童的产品伤害危机对品牌态度造成的负面影响要高于伤害对象为成年人的产品伤害危机；伤害对象为老年人的产品伤害危机对品牌态度造成的负面影响要高于伤害对象为成年人的产品伤害危机。

H2d：在产品伤害危机中，伤害对象为儿童的产品伤害危机对购买意愿造成的负面影响要高于伤害对象为成年人的产品伤害危机;伤害对象为老年人的产品伤害危机对购买意愿造成的负面影响要高于伤害对象为成年人的产品伤害危机。

H2e:在产品伤害危机中,伤害对象为儿童的产品伤害危机对品牌合意性造成的负面影响要高于伤害对象为成年人的产品伤害危机;伤害对象为老年人的产品伤害危机对品牌合意性造成的负面影响要高于伤害对象为成年人的产品伤害危机。

因此,通过以上的研究假设,得到本书的研究概念模型,见图11-7。

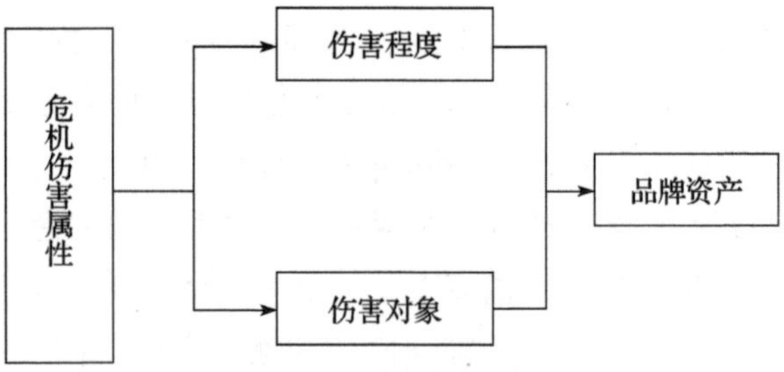

图 11-7 研究概念模型

11.6.2 实验设计

本书在实验设计时选择了"随即区组设计"方法,因为本书只需要分别对"危机伤害程度"和"危机伤害对象"这两个变量的变量取值进行统计控制和操控。从实验方法上来分,实验设计可以分为四种:预实验设计、真实验设计、准实验设计和统计设计。统计设计又可以被分为随机区组设计(Randomized Block Design)、拉丁方设计(Latin Square Design)和因子设计(Factorial Design)。其中随机区组设计只能处理一个操纵自变量,拉丁方设计和因子设计都能处理两个自变量的影响。由于本书是两个实验,分别控制伤害程度和伤害对象这两个变量,使用随机区组设计即可。

因此,基于以上的假设,我们将伤害对象划分为三类,儿童、成年人、老年人;将伤害程度划分为两类,高伤害程度、低伤害程度,共得到五个实验组,如表11-3所示。

表 11-3 实验组划分

伤害程度	高	EG_1
	低	EG_2
伤害对象	儿童	EG_3
	成年人	EG_4
	老年人	EG_5

注:EG 为 Experimental Group 的缩写,EG_i 为第 i 个实验组。

11.6.3 刺激物设计

消费者先前购买某一品牌或者某一产品的经历可能会影响他们在产品伤害危机中对感知危险的判断。因此,产品伤害危机的绝大多数研究(例如 Siomkos 和 Kurzbard,1994;Dawar 和 Pillutla,2000)都是通过虚拟和杜撰了一个产品品牌来尽可能保持因果关系的唯一性和排除其他因素的干扰。

同时我们发现,国内学者崔金欢、符国群(2002)在研究伤害危机对品牌资产的影响时也虚拟了一个品牌,因此,本书设计的刺激也是通过真事案例进行虚拟,采取了虚拟品牌进行测量。

在刺激物设计上,由于是两个不同实验,本书设计了两大类实验刺激,在实验一伤害程度设计上,分别设计如下刺激。

组一:高伤害程度。

北京某著名果汁饮料有限责任公司 A 成立于1990年代,是一个集果汁加工、销售于一体的大型企业,生产的果汁饮料分销到北京及华北诸多卖场、超市。A 公司成立10多年来,企业逐步发展壮大,于2000年获得"北京市著名商标"称号,2005年销售收入达到10亿元,连续五年荣获"中国食品饮料业百强"称号。

2007年12月,A 公司卷入了一场"转基因危机",其起因是绿色和平组织宣称在其产品中检测出了对人体有害的非法转基因成分——转Bt基因。据称接触该转基因成分可能会引起肝病，甚至引发癌症从而导致死亡，会对消费者造成巨大人身伤害。据食品卫生监督局研究员表示，目前并不能证明该转基因是引发肝病、癌症的罪魁祸首。目前该产品仍未在超市下架，所以如果消费者不放心的话，可以尽量避免购买该产品。

组二：低伤害程度。

北京某著名果汁饮料有限责任公司A成立于1990年代，是一个集果汁加工、销售于一体的大型企业，生产的果汁饮料分销到北京及华北诸多卖场、超市。A公司成立10多年来，企业逐步发展壮大，于2000年获得"北京市著名商标"称号，2005年销售收入达到10亿元，连续五年荣获"中国食品饮料业百强"称号。

2007年12月A公司卷入了一场"转基因危机"，其起因是绿色和平组织宣称在其产品中检测出了对人体有害的非法转基因成分——转Bt基因。据称长期接触该转基因会导致消费者出现疲劳、四肢乏力等症状，但是还没有发现其他并发症，可能会对消费者造成轻微的伤害。据食品卫生监督局研究员表示，目前并不能证明该转基因是引发消费者疲劳的罪魁祸首。目前该产品仍未在超市下架，所以如果消费者不放心的话，可以尽量避免购买该产品。

11.6.4 变量设计

危机的伤害程度和伤害对象是本书分别要控制的两个控制变量和自变量。伤害程度的划分标准有很多，但是目前国内、国际学者都没有对产品伤害危机这一事件进行伤害程度划分，因此，本书对国内多起产品伤害危机事件进行案例观察研究，特别是对伤害程度进行了逐一区分，在此基础上，我们针对消费者进行了访谈，发现传统的工伤事故轻、重、死亡三分法并不能完全适用，消费者普遍把死亡也归为是重事故，因此基于伤害程度的可辨别性，我们将伤害程度划分为高、低两种程度。

在年龄的划分上，国际上划分标准很多，但是前期的案例研究及消费者访谈、专家访谈表明将伤害对象年龄划分过细不具有现实意义和可区分性，因此本书将伤害对象的年龄划分为三组，儿童（0～14岁），成年人（15～60岁），老年人（60岁以上），这样的划分也便于受访者能够辨别区分。

本书的因变量是品牌资产，本书参照了Niraj Dawar和Madan M. Pilluta（1994）在调查可辩解性产品伤害危机对品牌资产的影响时使用的调查问题和相关量表，以便保持产品伤害危机这一领域的研究连续性。Niraj Dawar和Madan M Pilluta在研究中是以品牌态度、品牌信任、感知质量、购买意向、品牌合意性五个维度来测量品牌资产的。

因此，对于品牌资产的影响共有十个问题，涉及五个维度，我们采用里克特七级量表进行测量。

选择分值中，"1"代表完全同意，"2"代表基本同意，"3"代表稍微同意，"4"表示中立态度，"5"表示稍微不同意，"6"代表基本不同意，"7"代表完全不同意，分值越小表明对品牌资产的影响程度越大。

MBE1 A公司"×××危机"造成我对整个A公司产品安全的负面评价。

MBE2 A公司"×××危机"造成我对A公司产品质量的负面评价。

MBE3 A公司"×××危机"降低我对A公司的信任。

MBE4 A公司"×××危机"降低我对A公司的可信赖性评价。

MBE5 A公司"×××危机"降低我对A公司的可靠性评价。

MBE6 A公司"×××危机"降低我对A公司所提供的利益评价。

MBE7 A公司"×××危机"让我感觉A公司没有先前认为的那么优秀。

MBE8 A公司"×××危机"让我对A公司产生负面评价。

MBE9 A公司"×××危机"减低了未来我购买A公司产品的可能性。

MBE10 A公司"×××危机"使我认为A公司没有以前那么称心合意。

其中，题目1、2测量的是感知质量，题目3、4、5测量的是品牌信任，题目6、7、8测量的是品牌态度，题目9测量的是购买意愿，题目10测量的是品牌合意性。

11.6.5 问卷设计

从总体上，整个问卷设计包括两大部分的核心内容：刺激物和问题。在布局上，问题安排在刺激物之后，要求访问对象在阅读完刺激物后回答。

关于刺激物的设计我们已经在前一小节讲过，而问题的设计需要根据调查者期望从问卷中获得的信息来确定。通常来讲，期望从问卷中获得的信息可以分为两类：基础信息、分类信息。基础信息是与研究问题直接相关；分类信息用于对调查对象的分类和解释。

基本信息问题和分类信息问题的设计都是参照了其他研究者的调查表而设计的（Niraj Dawar和Madan M Pilluta），尽可能保持了研究的继承性。基本信息问题添加了一个样本甄别问题"您听说过含有'××基因的食品会致癌吗？"以便筛选样本，进而保持样本的一致性。

除了上述两大类问题以外，本书特别添加了一个"寒暄润滑问题"。"寒暄润滑问题"对研究结果没有直接帮助，但是由于"寒暄润滑问题"通常简单，不会咄咄逼人，所以，能赢得调查对象的合作和信任，促使调查对象进入思考状态。

对于6个实验组的问卷设计，如图11-8所示。

```
                        ┌─────────────────────────────────┐
                        │ 寒暄润滑问题：                    │
                        │ 1.您喝过果汁吗？                  │
                        ├─────────────────────────────────┤
                        │ 基本信息问题：                    │
                        │ 2.您听说过含有××转基因的果汁会致  │
                        │   癌吗？                         │
                        │ 3.A公司"××危机"造成我对整个      │
           ┌──────┐     │   A公司产品安全的负面评价。       │
           │刺激物│     │ 4.A公司"××危机"造成我对A公司    │
           └──────┘     │   产品质量的负面评价。           │
             ↑          │ 5.A公司"××危机"降低我对A公司    │
  ┌────┐     │          │   的信任。                       │
  │问卷│─────┤          │ 6.A公司"××危机"降低我对A公司    │
  └────┘     │          │   的可信赖性评价。               │
             ↓          │ 7.A公司"××危机"降低我对A公司    │
           ┌──────┐     │   的可靠性评价。                 │
           │ 问题 │─────│ 8.A公司"××危机"降低我对A公司    │
           └──────┘     │   所提供的利益评价。             │
                        │ 9.A公司"××危机"让我感觉A公司   │
                        │   没有先前认为的那么优秀。       │
                        │ 10.A公司"××危机"让我对A公司    │
                        │    产生负面评价。                │
                        │ 11.A公司"××危机"减低了未来我   │
                        │    购买A公司产品的可能性。       │
                        │ 12.A公司"××危机"使我认为A公司  │
                        │    没以前那么称心合意。          │
                        └─────────────────────────────────┘
                        ┌─────────────────────────────────┐
                        │ 分类信息问题：                    │
                        │ 12.你的年龄？                     │
                        │ 13.你的性别？                     │
                        │ 14.你的学历？                     │
                        └─────────────────────────────────┘
```

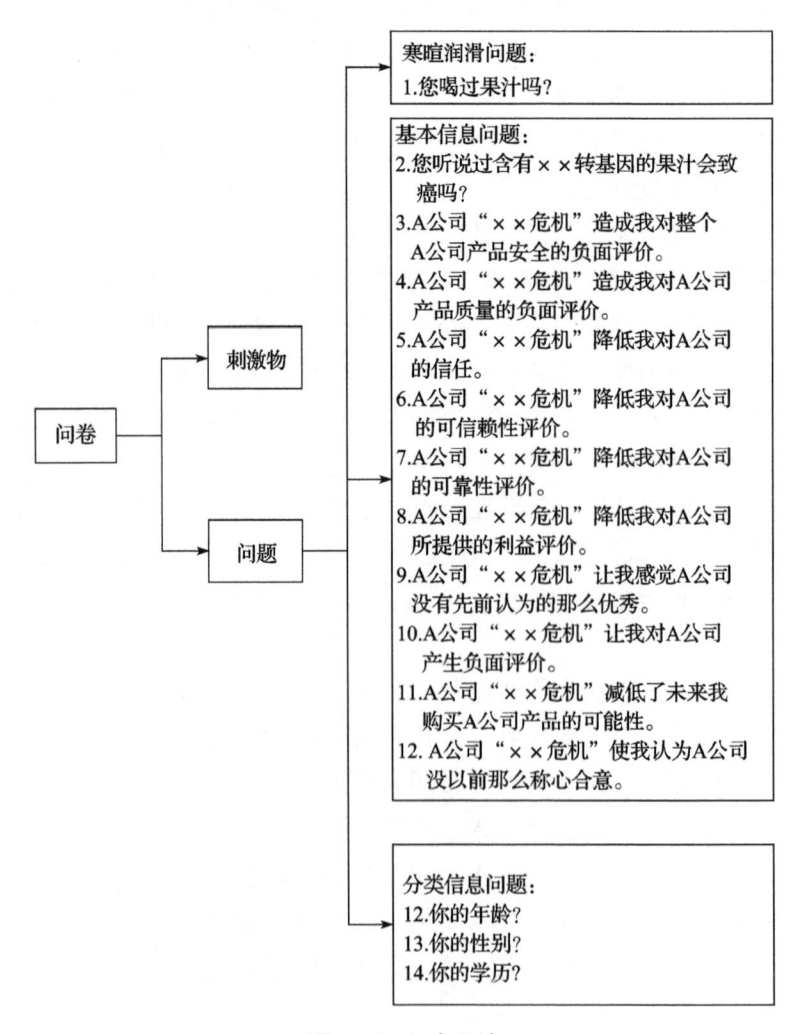

图 11-8 问卷设计

11.6.6 抽样设计

抽样设计包括4项工作：定义目标总体、选择抽样技术、确定样本数量和执行抽样过程。

第一是目标总体的定义。目标总体的界定通常需要从个体、抽样单位、范围和时间四个方面来界定。本书的目标总体界定如下：

个体：未曾经听说过"含有转Bt基因果汁可能会致癌"的个人。

抽样单位：单个个人。

范围：成都市。

时间：2006年5月。

第二是抽样技术的选择。本书同时研究选择配额抽样（Quota Sampling）和简单随机抽样技术（SRS）。对于每个试验组，指定发放50份问卷，占所有问卷的1/5。访问员在商业区、学校、公园等地随机进行拦截访问，如果被访者拿到问卷是"组1"，那么该被访者就属于EG；EG、EG、EG、EG的个体确定，依此类推。

第三是样本数量（Sample Size）的确定。通过对每个研究组发放了50份问卷，期望实验一得到100份有效问卷，实验二得到150份有效问卷，以保证足够的样本量。

第四执行抽样过程。整个抽样过程分别在成都的一所大学、一个公园和两个超市附近进行。对所有的调查对象，研究人员在征得其同意以后，让其阅读刺激物，并请其回答问题。

11.7 实证研究一

11.7.1 样本概况

本书共访问100个实验主体，共获得100份问卷，其中有效问卷73份，之所以提出部分问卷，是由于部分问卷不完整，同时部分受访者对含有××转基因的产品会产生疲劳做出了肯定回答，对于这一问题的肯定回答将会影响到本书的内部效度。根据"定势理论"（Accessibility and Priming），事先得知××转基因会产生疲劳的实验主体可能已经在一定程度上形成了思维定势和心理倾向，而这种思维定势和心理倾向会在一定程度上影响实验主体对刺激物的判断。

在73份问卷中，其中组一高伤害组34份，组二低伤害组39份，性别上男性28人，女性24人，具体样本情况见表11-4。

表 11-4 样本概况

		数目	比例/%
性别	男	29	39
	女	44	61
年龄	15岁<	1	1.4
	15～29岁	41	56.2
	30～44岁	9	12.3
	45～59岁	15	20.5
	>60岁	6	8.2
学历	初中级以下	9	12.3
	高中	7	9.6
	大专	13	17.8
	本科	19	26.0
	硕士及以上	23	31.5

11.7.2 信度分析

信度分析是一种测度综合评价体系是否具有一定的稳定性和可靠性的有效分析方式，而量表编制的合理性和有效性将决定着评价结果的可信性和可用性。内在信度高意味着一组评估项目的一致程度高，相应的评估项目有意义，外在信度分析指在不同时间对同批被评估对象实施重复测量时，评估结果是否有一致性。如果两次评估的结果相关性强，说明被评估对象没有故意隐瞒的前提下，评估项目的概念和内容是清晰的、不模糊的，没有二义性的，所得到的评估结果是可信的。

在本书中采用 Cronbach's α 系数作为信度检验的指标。根据多数学者的观点，任何测验或量表的信度系数如果在 0.9 以上，则该测验或量表的信度甚佳；信度系数在 0.8 以上都是可以接受的，如果在 0.7 以上则该量表应该进行较大的修改，但仍不失其价值如果低于 0.7，则应该放弃。见表 11-5。

表 11-5 量表整体信度

Cronbach's α	N of Items
0.877	10

通过信度检验发现，量表整体十个问题的信度达到了 0.877，信度较高。在检查完量表整体信度后，我们对量表的五个维度进行信度检验。其中感知质量由两个题项，品牌信任有三个题项，品牌态度有三个题项（见表 11-6、表 11-7、表 11-8），我们分别进行检验。而购买意愿和品牌合意性均只有一个题项，不需要进行检验。

表 11-6 感知质量信度检验

Cronbach's α	N of Items
0.707	2

表 11-7 品牌信任度检验

Cronbach's α	N of Items
0.786	3

表 11-8 品牌态度信任度检验

Cronbach's α	N of Items
0.747	3

从以上的信度检验可以看到，感知质量、品牌信任、品牌态度三个维度的 Cronbach's α 大于 0.7，均通过了信度检验。

11.7.3 因子分析

从上面分析可以看出，品牌资产及其三个维度都通过了信度检验，下面进行因子分析，期望得到品牌资产及其五个维度的相关因子。

首先对整体品牌资产进行因子分析。见表 11-9。

表 11-9 KMO 和巴特莱特球体检验（整体品牌资产）

Kaiser-Meyer-Olkin Measure of Sampling Adequacy		0.857
Bartlett's Test of Sphericity	Approx.Chi-Square	309.876
	df	45.000
	Sig.	0.000

从表 11-9 中看出，品牌资产整体量表 KMO 值达到 0.857，接近 1，十分适合进行因子分析。

从 Bartlett's 球形检验中可以发现，检验值为 309.8，自由度为（45），达到显著，表明变量之间并非独立，取值是有关系的，适合进行因子分析。

由于量表为延续前人研究的量表，因此我们在因子提取时将因子提取设定为1，采取主成分法进行因子提取。提取一个因子，即为品牌资产，共解释变差47.6%。见表11-10。

表 11-10　品牌资产变差解释

	Component	Initial Eigenvalues[a]			Extraction Sums of Squared Loadings		
		Total	% of Variance	Cumulative %	Total	% of Variance	Cumulative %
Raw	1	9.691	47.664	47.664	9.691	47.664	47.664
	2	2.341	11.513	59.177			
	3	2.228	10.960	70.137			
	4	1.445	7.108	77.246			
	5	1.096	5.391	82.637			
	6	1.054	5.185	87.822			
	7	0.822	4.041	91.862			
	8	0.628	3.088	94.951			
	9	0.552	2.715	97.665			
	10	0.475	2.335	100.000			

对感知质量进行因子分析，从表11-11中看出，企业责任量表KMO值达到0.800，接近1，十分适合进行因子分析。

从Bartlett's球形检验中可以发现，检验值为25.8，自由度为（1），达到显著，表明变量之间并非独立，取值是有关系的，适合进行因子分析。

通过主成分分析可以看出，提取一个公因子，解释变差为78.45%，即为感知质量，如表11-12所示。

表 11-11　KMO 和巴特莱特球体检验（感知质量）

Kaiser-Meyer-Olkin Measure of Sampling Adequacy		0.800
Bartlett's Test of Sphericity	Approx. Chi-Square	25.810
	df	1.000
	Sig.	0.000

表 11-12　感知质量变差解释

	Component	Initial Eigenvalues			Extraction Sums of Squared Loadings		
		Total	% of Variance	Cumulative/%	Total	% of Variance	Cumulative/%
Raw	1	3.254	78.458	78.458	3.254	78.458	78.458
	2	0.893	21.542	100.000			

对品牌信任进行因子分析，从表11-13中看出，企业责任量表KMO值达到0.789，适合进行因子分析。

从Bartlett's球形检验中可以发现，检验值为62，自由度为（3），达到显著，表明变量之间并非独立，取值是有关系的，适合进行因子分析。

通过主成分分析可以看出，提取一个公因子，解释变差为70.3%，即为品牌信任。如表11-14所示。

表 11-13　KMO 和巴特莱特球体检验（品牌信任）

Kaiser-Meyer-Olkin Measure of Sampling Adequacy		0.789
Bartlett's Test of Sphericity	Approx. Chi-Square	62.308
	df	3.000
	Sig.	0.000

表 11-14　品牌信任变差解释

Component		Initial Eigenvalues			Extraction Sums of Squared Loadings		
		Total	% of Variance	Cumulative/%	Total	% of Variance	Cumulative/%
Raw	1	3.888	70.318	70.318	3.888	70.318	70.318
	2	0.941	17.014	87.332			
	3	0.701	12.668	100.000			

对品牌态度进行因子分析，从表 11-15 中看出，品牌态度量表 KMO 值达到 0.751，适合进行因子分析。从 Bartlett's 球形检验中可以发现，检验值为 27，自由度为（3），达到显著，表明变量之间并非独立，取值是有关系的，适合进行因子分析。

通过主成分分析可以看出，提取一个公因子，解释变差为 59.3%，即为品牌态度，如表 11-16 所示。

表 11-15　KMO 和巴特莱特球体检验（品牌态度）

Kaiser-Meyer-Olkin Measure of Sampling Adequacy		0.751
Bartlett's Test of Sphericity	Approx. Chi-Square	27.865
	df	3.000
	Sig.	0.000

表 11-16　品牌态度变差解释

Component		Initial Eigenvalues[a]			Extraction Sums of Squared Loadings		
		Total	% of Variance	Cumulative/%	Total	% of Variance	Cumulative/%
Raw	1	4.063	59.396	59.396	4.063	59.396	59.396
	2	1.462	21.369	80.765			
	3	1.316	19.235	100.000			

购买意愿和品牌合意性依据量表均只有一个题项，两个均单独构成一个因子，这样，一共形成品牌资产及感知质量、品牌信任、品牌态度、购买意愿品牌合意性共六个因子。

11.7.4　伤害程度差异对品牌资产的影响分析

由于本书需要测试控制变量（伤害程度差异）的不同取值水平是否给观察变量（品牌资产及各个维度）造成显著差异，所以适合于方差分析来检验假设，如表 11-17 所示。

首先对方差分析的前提条件进行检验。方差分析的前提条件是各个水平下（组别）的总体服从方差相等的正态分布；其中对于正态分布的要求并不是很严格，但是对于方差相等的要求比较严格。对于方差相等的检验，采用的是 Homogeneity of Variance Test 方法。

表 11-17　方差齐性检验

	Levene Statistic	df1	df2	Sig.
品牌资产	1.760	1	71	0.189
感知质量	8.051	1	71	0.006
品牌信任	10.045	1	71	0.002
品牌态度	0.712	1	71	0.401
购买意愿	2.281	1	71	0.135
品牌合意性	0.229	1	71	0.634

通过检验发现，品牌资产、品牌态度、购买意愿、品牌合意性的显著水平均大于 0.05，由于 Homogeneity of Variance Test 的零假设为各水平总体下总体方差没有显著差异，因此可以认为两组在品牌资产、品牌态度、购买意愿、品牌合意性的总体方差相等，满足方差检验的前提条件。而感知质量、品牌信任没有通过方差齐性检验，使用独立样本 T 检验。

再进行描述性统计分析，以便了解每一组情况。见表 11-18。

表 11-18　品牌资产及各维度描述性统计

	组别	N	Mean	Std. Deviation	Std. Error Mean
品牌资产	1	34	−0.5585302	0.72787415	0.12482939
	2	39	0.4869238	0.95508849	0.15293656
感知质量	1	34	−0.5895108	0.58355032	0.10007805
	2	39	0.5139325	1.00846103	0.16148300
品牌信任	1	34	−0.4618122	0.68257130	0.11706001
	2	39	0.4026055	1.06440526	0.17044125
品牌态度	1	34	−0.5061028	0.79194047	0.13581667
	2	39	0.4412178	0.95974755	0.15368260
购买意愿	1	34	1.7353	1.18855	0.20383
	2	39	2.4872	1.37404	0.22002
合意性	1	34	2.3235	1.36450	0.23401
	2	39	2.7692	1.45930	0.23367

（组 1 为高伤害程度组，组 2 为低伤害程度组）

可以看到，重伤害组的品牌资产及其五个维度，其均值均小于轻伤害组，即随着伤害程度的提高，对品牌资产及其各维度的负面影响也随之提高。（注：根据量表，分值越小，品牌资产受损程度越高）

在此基础上，本书将对品牌资产及其五个维度进行检验。

首先对整体品牌资产进行检验，整体品牌资产通过方差齐性检验（见表 11-19），因此使用 ANOVA 检验，通过检验发现，其 F 值为 27，显著水平为 0，因此拒绝零假设，即轻伤害组和重伤害组在品牌资产上存在显著差异。

表 11-19　品牌资产方差检验

品牌资产	Sum of Squares	df	Mean Square	F	Sig.
Between Groups	19.853	1	19.853	27.031	0.000
Within Groups	52.147	71	0.734		
Total	72.000	72			

根据前面提出假设，即假设 1 成立，H1 得到验证。

再对感知质量进行验证，由于在感知质量这一维度上两组方差不等，因此采取独立样本 T 检验，如表 11-20 所示。

表 11-20　感知质量 T 检验

		t-test for Equality of Means			
		t	df	Sig. (2-tailed)	Mean Difference	Std. Error Difference
感知质量	Equal variances assumed	−5.611	71	0.000	−1.10344330	0.19666995
	Equal variances not assumed	−5.808	62.226	0.000	−1.10344330	0.18997994

可以看到，显著水平为 0，拒绝零假设，即高伤害程度组和低伤害程度组在感知质量上存在显著差异，因此 H1a 得到验证。

继续对品牌信任进行验证，采取独立样本 T 检验方法进行检验，如表 11-21 所示。

表 11-21　品牌信任 T 检验

		t-test for Equality of Means			
		t	df	Sig. (2-tailed)	Mean Difference	Std. Error Difference
品牌信任	Equal variances assumed	−4.061	71	0.000	−0.86441778	0.21284732
	Equal variances not assumed	−4.181	65.518	0.000	−0.86441778	0.20676863

可以看到，显著水平为0，拒绝零假设，即轻伤害组和重伤害组在品牌信任上存在显著差异，因此H1b得到验证。

对品牌态度进行检验，使用方差检验，如表11-22所示。

表 11-22 品牌态度方差检验

品牌态度	Sum of Squares	df	Mean Square	F	Sig.
Between Groups	16.301	1	16.301	20.779	0.000
Within Groups	55.699	71	0.784		
Total	72.000	72			

通过检验发现，P值为0，拒绝零假设，即轻伤害组和重伤害组在品牌态度上存在显著差异。因此H1c得到验证。

对购买意愿进行检验，发现P值为0.015（见表11-23），拒绝零假设，即轻伤害组和重伤害组在购买意愿上存在显著差异。即假设H1d得到验证。

表 11-23 购买意愿方差检验

购买意愿	Sum of Squares	df	Mean Square	F	Sig.
Between Groups	10.269	1	10.269	6.160	0.015
Within Groups	118.361	71	1.667		
Total	128.630	72			

对品牌合意性进行检验，发现P值为0.184，大于0.05（见表11-24），因此接受零假设，即轻伤害组和重伤害组在品牌合意性上不存在显著差异，因此H1e没有得到验证。

表 11-24 品牌合意性方差检验

品牌合意性	Sum of Squares	df	Mean Square	F	Sig.
Between Groups	3.608	1	3.608	1.800	0.184
Within Groups	142.364	71	2.005		
Total	145.973	72			

综上所述，本书的前六个假设，有五个得到证实，最后一个品牌合意性没有得到证实。

11.7.5 结果讨论

在实证研究一中，本书提出了六个假设。

H1：在产品伤害危机中，不同伤害程度，对危机品牌的品牌资产造成的影响是不同；高伤害程度的危机事件，对品牌资产造成的负面影响要高于低伤害程度的危机事件。

  H1a：高伤害程度的危机事件对感知质量造成的负面影响要高于低伤害程度的危机事件。
  H1b：高伤害程度的危机事件对品牌信任造成的负面影响要高于低伤害程度的危机事件。
  H1c：高伤害程度的危机事件对品牌态度造成的负面影响要高于低伤害程度的危机事件。
  H1d：高伤害程度的危机事件对购买意愿造成的负面影响要高于低伤害程度的危机事件。
  H1e：高伤害程度的危机事件对品牌合意性造成的负面影响要高于低伤害程度的危机事件。

通过实证研究发现，H1、H1a、H1b、H1c、H1d五个假设完全得到验证，而H1e没有得到验证。

在考察危机伤害程度对品牌资产的影响时，基本验证了本书的研究假设，即高伤害程度的产品伤害危机对品牌资产造成的负面影响要高于低伤害程度的产品伤害危机。在品牌资产以及感知质量、品牌信任、品牌态度、购买意愿四个维度上存在显著的差异,这也说明消费者具有较强的风险规避意识,消费者对这一事件认为伤害程度越高,风险越大,对品牌的负面评价也就越大,因此对感知质量、品牌信任、品牌态度的负面评价也就越大,表现在购买意愿上既为购买意愿的降低程度越高,相应的就表现为对整体品牌资产负面影响就大。而对于品牌合意性这一个因子没有通过检验,虽然高伤害程度对品牌合意性的伤害要大于低伤害程度,但是差异并不显著,可能有两点原因,一是虚拟品牌的合意性消费者不好直接感觉,特别是这种称心合意性不能直观感觉到,二是品牌合意性这一因子主观感觉性太强,消费者只要受到伤害了可能就认为不称心合意了,消费者不易区分,因此造成差异不显著。

因此实证研究一基本证明了本书的研究框架,验证了伤害危机伤害程度的差异对品牌资产造成的不同影响。

11.8 实证研究二

11.8.1 样本概况

本书共访问150个实验主体,共获得150份问卷,其中有效问卷132份。在132份问卷中,伤害对象的年龄分为4组,每组的有效问卷分别为97、16、15、4。性别上男性56人,女性76人,具体样本情况如表11-25所示。

表11-25 样本概况

		数目	比例 /%
性别	男	56	41
	女	76	56
年龄	15～29岁	97	73.5
	30～44岁	16	12.1
	45～59岁	15	11.4
	>60岁	4	3
学历	初中及以下	5	3.7
	高中	9	8.9
	大专	17	12.6
	本科	42	31.1
	硕士及以上	59	43.7

11.8.2 信度分析

信度分析是一种测度综合评价体系是否具有一定的稳定性和可靠性的有效分析方式,而量表编制的合理性和有效性将决定着评价结果的可信性和可用性。内在信度高意味着一组评估项目的一致程度高,相应的评估项目有意义;外在信度分析指在不同时间对同批被评估对象实施重复测量时,评估结果是否有一致性。如果两次评估的结果相关性强,说明被评估对象没有故意隐瞒的前提下,评估项目的概念和内容是清晰的、没有二义性的,所得到的评估结果是可信的。

在本书中采用Cronbach's α系数作为信度检验的指标。根据多数学者的观点,任何测验或量表的信度系数如果在0.9以上,则该测验或量表的信度甚佳;信度系数在0.8以上都是可以接受的,如果在0.7以上则该量表应该进行较大的修改,但仍不失其价值;如果低于0.7,则应该放弃。

从表11-26中看出,量表总体的α值为0.876,信度较高。

表11-26 量表整体信度检验

Cronbach's α	N of Items
0.876	10

在检查完量表整体信度后，我们对量表的五个维度进行信度检验。其中感知质量有两个题项，品牌信任有三个题项，品牌态度有三个题项（见表 11-27、表 11-28、表 11-29），我们分别进行检验。而购买意愿和品牌合意性均只有一个题项，不需要进行检验。

表 11-27　感知质量信度检验

Cronbach's α	N of Items
0.764	2

表 11-28　品牌信任信度检验

Cronbach's α	N of Items
0.805	3

表 11-29　品牌态度信度检验

Cronbach's α	N of Items
0.721	3

通过信度分析可以看出，感知质量、品牌信任、品牌态度三个维度的 Cronbach's α 值均大于 0.7，具有较高的信度。

11.8.3　因子分析

从上面的分析可以看出，品牌资产及其三个维度都通过了信度检验，下面进行因子分析，期望得到品牌资产及其五个维度的相关因子。

首先对整体品牌资产进行因子分析。从表 11-30 中可以看出，品牌资产整体量表 KMO 值达到 0.884，接近 1，十分适合进行因子分析。

从 Bartlett's 球形检验中可以发现，检验值为 521，自由度为（45），达到显著，表明变量之间并非独立，取值是有关系的，适合进行因子分析。

表 11-30　KMO 和巴特莱特球体检验（品牌资产）

Kaiser-Meyer-Olkin Measure of Sampling Adequacy		0.884
Bartlett's Test of Sphericity	Approx. Chi-Square	521.072
	df	45.000
	Sig.	0.000

由于量表为延续前人研究的量表，因此作者在因子提取时将因子提取设定为 1，采取主成分法进行因子提取。提取一个因子，即为品牌资产，共解释变差 48.8%，如表 11-31 所示。

表 11-31　品牌资产变差解释

	Component	Initial Eigenvalues[a]			Extraction Sums of Squared Loadings		
		Total	% of Variance	Cumulative/%	Total	% of Variance	Cumulative/%
Raw	1	9.145	48.813	48.813	9.145	48.813	48.813
	2	1.987	10.604	59.417			
	3	1.477	7.883	67.301			
	4	1.340	7.154	74.455			
	5	1.119	5.974	80.429			
	6	1.008	5.381	85.810			
	7	.777	4.149	89.959			
	8	.726	3.874	93.833			
	9	.581	3.101	96.934			
	10	.574	3.066	100.000			

接下来对感知质量进行因子分析，如表 11-32 所示。

表 11-32　KMO 和巴特莱特球体检验（感知质量）

Kaiser-Meyer-Olkin Measure of Sampling Adequacy		0.700
Bartlett's Test of Sphericity	Approx. Chi-Square	37.768
	df	1.000
	Sig.	0.000

可以看到 KMO 值为 0.7，适合进行因子分析。

从 Bartlett's 球形检验中可以发现，检验值为 37，自由度为（1），达到显著，表明变量之间并非独立，取值是有关系的，适合进行因子分析。

通过主成分分析可以看出，提取一个公因子，解释变差为 75%，即为感知质量，如表 11-33 所示。

表 11-33　感知质量变差解释

	Component	Initial Eigenvalues[a]			Extraction Sums of Squared Loadings		
		Total	% of Variance	Cumulative/%	Total	% of Variance	Cumulative/%
Raw	1	2.404	75.015	75.015	2.404	75.015	75.015
	2	0.801	24.985	100.000			

对品牌信任进行因子分析，从表 11-34 中可以看出，企业责任量表 KMO 值达到 0.710，适合进行因子分析。

从 Bartlett's 球形检验中可以发现，检验值为 128，自由度为（3），达到显著，表明变量之间并非独立，取值是有关系的，适合进行因子分析。

通过主成分分析可以看出，提取一个公因子，解释变差为 72.1%，即为品牌信任，如表 11-35 所示。

表 11-34　KMO 和巴特莱特球体检验（品牌信任）

Kaiser-Meyer-Olkin Measure of Sampling Adequacy		0.710
Bartlett's Test of Sphericity	Approx. Chi-Square	128.191
	df	3.000
	Sig.	0.000

表 11-35　品牌信任变差解释

	Component	Initial Eigenvalues[a]			Extraction Sums of Squared Loadings		
		Total	% of Variance	Cumulative/%	Total	% of Variance	Cumulative/%
Raw	1	3.967	72.146	72.146	3.967	72.146	72.146
	2	0.799	14.528	86.674			
	3	0.733	13.326	100.000			

对品牌态度进行因子分析，从表 11-36 中可以看出，品牌态度量表 KMO 值达到 0.775，适合进行因子分析。

从 Bartlett's 球形检验中可以发现，检验值为 78，自由度为（3），达到显著，表明变量之间并非独立，取值是有关系的，适合进行因子分析。

通过主成分分析可以看出，提取一个公因子，解释变差为 64.7%，即为品牌态度，如表 11-37 所示。

表 11-36　KMO 和巴特莱特球体检验（品牌态度）

Kaiser-Meyer-Olkin Measure of Sampling Adequacy		0.775
Bartlett's Test of Sphericity	Approx. Chi-Square	78.554
	df	3.000
	Sig.	0.000

表 11-37 品牌态度变差解释

	Component	Initial Eigenvalues[a]			Extraction Sums of Squared Loadings		
		Total	% of Variance	Cumulative/%	Total	% of Variance	Cumulative/%
Raw	1	4.174	64.754	64.754	4.174	64.754	64.754
	2	1.189	18.452	83.206			
	3	1.083	16.794	100.000			

11.8.4 伤害对象差异对品牌资产的影响分析

因为需要测试控制变量（伤害对象差异）的不同取值水平是否给观察变量（品牌资产及各个维度）造成显著差异，所以适合采用方差分析来检验假设。

首先对方差分析的前提条件进行检验。方差分析的前提条件是各个水平下（组别）的总体服从方差相等的正态分布；其中对于正态分布的要求并不是很严格，但是对于方差相等的要求比较严格。对于方差相等的检验，采用的是 Homogeneity of Variance Test 方法，如表 11-38 所示。

表 11-38 品牌资产及其子维度方差齐性检验

	Levene Statistic	df1	df2	Sig.
品牌资产	5.220	2	131	0.007
感知质量	3.673	2	132	0.028
品牌信任	1.726	2	132	0.182
品牌态度	3.547	2	131	0.032
购买意愿	1.792	2	131	0.171
品牌合意性	4.507	2	131	0.013

从方差齐性检验来看，品牌信任和购买意愿两个因子的显著水平大于 0.05，由于 Homogeneity of Variance Test 的零假设为各水平总体下总体方差没有显著差异，因此可以认为品牌信任和购买意愿通过了方差齐性检验，而品牌资产、感知质量、品牌态度和品牌合意性四项没有通过方差齐性检验，这就决定了下面观察的不同。

在方差齐性检验之后，我们进行描述性统计分析，以便了解三组的具体情况，如表 11-39 所示。

表 11-39 品牌资产及其子维度的描述性分析

组别		品牌资产	感知质量	品牌信任	品牌态度	购买意愿	品牌合意性
3（儿童）	Mean	−0.3824136	−0.3919928	−0.2994354	−0.3543437	1.6444	2.0000
	N	45	46	46	45	45	45
	Std. Deviation	0.72011660	0.76411889	0.76464296	0.74054702	0.98062	1.14812
4（成人）	Mean	0.5411980	0.5179624	0.5095688	0.4766668	2.1951	2.6098
	N	41	41	41	41	41	41
	Std. Deviation	0.87378220	0.93377784	0.84925205	1.05638116	1.16661	1.82863
5（老人）	Mean	−0.1037605	−0.0667664	−0.1482978	−0.0749557	1.8958	2.3125
	N	48	48	48	48	48	48
	Std. Deviation	1.13490937	1.07748641	1.15789753	1.02102159	1.05668	1.57313
Total	Mean	0.0000000	0.0000000	0.0000000	0.0000000	1.9030	2.2985
	N	134	135	135	134	134	134
	Std. Deviation	1.00000000	1.00000000	1.00000000	1.00000000	1.08211	1.54155

从表 11-39 中可以发现，这三个组在品牌资产及其五个维度之间是存在差异的，儿童组品牌资产及其各个维度受到负面影响最大，其次是老人组，而成人组受到的负面影响最轻。（注：根据量表，分值越小，品牌资产受损程度越高。）

在此基础上,对品牌资产及其五个维度进行检验。

由于品牌信任和购买意愿通过了方差齐性检验,因此我们使用方差相等的 LSD 法,而品牌资产及其他维度,我们采取方差不等的 Tamhane 法进行检验,如表 11-40 所示。

表 11-40　品牌资产及其子维度的方差检验

Dependent Variable		(I) 组别	(J) 组别	Mean Difference (I-J)	Std. Error	Sig.
品牌资产	Tamhane	3	4	-0.92361157*	0.17362479	0.000
			5	-0.27865311	0.19585062	0.404
		4	3	0.92361157*	0.17362479	0.000
			5	0.64495846*	0.21320312	0.010
		5	3	0.27865311	0.19585062	0.404
			4	-0.64495846*	0.21320312	0.010
感知质量	Tamhane	3	4	-0.90995524*	0.18428198	0.000
			5	-0.32522642	0.19204170	0.256
		4	3	0.90995524*	0.18428198	0.000
			5	0.58472882*	0.21319914	0.022
		5	3	0.32522642	0.19204170	0.256
			4	-0.58472882*	0.21319914	0.022
品牌信任	LSD	3	4	-0.80900425*	0.20321817	0.000
			5	-0.15113766	0.19522622	0.440
		4	3	0.80900425*	0.20321817	0.000
			5	0.65786659*	0.20121308	0.001
		5	3	0.15113766	0.19522622	0.440
			4	-0.65786659*	0.20121308	0.001
品牌态度	Tamhane	3	4	-0.83101059*	0.19850683	0.000
			5	-0.27938808	0.18413399	0.348
		4	3	0.83101059*	0.19850683	0.000
			5	0.55162251*	0.22121599	0.043
		5	3	0.27938808	0.18413399	0.348
			4	-0.55162251*	0.22121599	0.043
购买意愿	LSD	3	4	-0.55068*	0.23043	0.018
			5	-0.25139	0.22147	0.258
		4	3	0.55068*	0.23043	0.018
			5	0.29929	0.22697	0.190
		5	3	0.25139	0.22147	0.258
			4	-0.29929	0.22697	0.190
品牌合意性	Tamhane	3	4	-0.60976	0.33294	0.200
			5	-0.31250	0.28434	0.619
		4	3	0.60976	0.33294	0.200
			5	0.29726	0.36485	0.803
		5	3	0.31250	0.28434	0.619
			4	-0.29726	0.36485	0.803

* The mean difference is significant at the 0.05 level.

通过分析可以看出,对整体品牌资产而言,成人组与儿童组,成人组与老人组均存在明显差异,即假设得到验证。

感知质量、品牌信任、品牌态度这三个维度,成人组与儿童组,成人组与老人组均存在明显差异,即假设得到了验证。

对于购买意愿而言，成人组与儿童组存在显著差异，而与老人组无显著差异。假设得到了部分验证。

而对于品牌合意性，成人组与儿童组，成人组与老人组均无显著差异，假设没有得到验证。

11.8.5 结果讨论

在实证研究二中，提出了六个假设。

H2：在产品伤害危机中，不同的伤害对象对危机品牌的品牌资产造成的影响是不同的；伤害对象为儿童的伤害事件对品牌资产造成的负面影响要高于伤害对象为成人的伤害事件，伤害对象为老年人的伤害事件对品牌资产造成的负面影响要高于伤害对象为成人的伤害事件。

H2a：在产品伤害危机中，伤害对象为儿童的产品伤害危机对感知质量造成的负面影响要高于伤害对象为成年人的产品伤害危机；伤害对象为老年人的产品伤害危机对感知质量造成的负面影响要高于伤害对象为成年人的产品伤害危机。

H2b：在产品伤害危机中，伤害对象为儿童的产品伤害危机对品牌信任造成的负面影响要高于伤害对象为成年人的产品伤害危机；伤害对象为老年人的产品伤害危机对品牌信任造成的负面影响要高于伤害对象为成年人的产品伤害危机。

H2c：在产品伤害危机中，伤害对象为儿童的产品伤害危机对品牌态度造成的负面影响要高于伤害对象为成年人的产品伤害危机；伤害对象为老年人的产品伤害危机对品牌态度造成的负面影响要高于伤害对象为成年人的产品伤害危机。

H2d：在产品伤害危机中，伤害对象为儿童的产品伤害危机对购买意愿造成的负面影响要高于伤害对象为成年人的产品伤害危机；伤害对象为老年人的产品伤害危机对购买意愿造成的负面影响要高于伤害对象为成年人的产品伤害危机。

H2e：在产品伤害危机中，伤害对象为儿童的产品伤害危机对品牌合意性造成的负面影响要高于伤害对象为成年人的产品伤害危机；伤害对象为老年人的产品伤害危机对品牌合意性造成的负面影响要高于伤害对象为成年人的产品伤害危机。

根据实证研究发现，假设 H2、H2a、H2b、H2c 均得到完全验证，H2d 得到部分验证，而 H2e 没有得到验证。

在考察产品伤害危机不同的伤害对象时，基本验证了本书的构思，即伤害危机对象不同，对品牌资产产生的影响也是不同的。伤害对象为儿童、老人等弱势群体时，相比伤害对象为成年人对品牌资产及其子维度造成的负面影响更大。

在三个实验组中，我们通过研究发现，儿童组与成人组、老人组与成人组在品牌资产以及感知质量、品牌信任、品牌态度三个维度上均存在显著差异，这说明了伤害对象为儿童、老人时，消费者对这一弱势群体更关心，也对伤害这一群体的产品表现出更为负面的评价。在购买意愿上，儿童组与成人组存在显著差异，消费者对伤害对象为儿童的伤害危机表现得更为憎恶，购买意愿降低程度最为坚决，这是因为儿童是家庭的希望，消费者对其最为呵护，不能容忍儿童受一点伤害，因此负面评价最为强烈。而老人组与成年组在购买意愿上无显著差异，主要是由于一旦发生伤害危机事件，一般消费者在购买上会很谨慎，一般选择其他品牌，这是造成差异不显著的主要原因。而在品牌合意性上三组无显著差异，可能是因为虚拟品牌，受访者度量受限，同时可能在合意性上，伤害对象的差异确实对其影响不大。

同时本书还发现，伤害对象为儿童和伤害对象为老人，其对品牌资产及其五个维度的影响是不同的，伤害对象为儿童对品牌资产造成负面影响要高于老人组，但是差异不显著，可能虽然都是弱势群体，二者与成年人相比，受访者对此容易区分；而老人和儿童相比，因为儿童是每个家庭希望，同时我国传统而言一般都更疼爱下一代，受访者更为关切一些，所以造成影响略有不同，但是没有明显差异。

11.9 研究结论与展望

11.9.1 研究结论

本书的研究结果主要体现在产品伤害危机中伤害程度差异和伤害对象差异对品牌资产的影响,在这两方面,本部分共提出了12个假设,经过数据分析具体的实证结果如表11-41所示。在12个假设中,有9个假设得到完全验证,H2d得到部分验证,而H1e、H2e均未通过验证。

表 11-41 假设检验结果汇总

研究假设	验证结果
H1:在产品伤害危机中,不同伤害程度对危机品牌的品牌资产造成的影响是不同的;高伤害程度的危机事件对品牌资产造成的负面影响要高于低伤害程度的危机事件	√
H1a:高伤害程度的危机事件对感知质量造成的负面影响要高于低伤害程度的危机事件	√
H1b:高伤害程度的危机事件对品牌信任造成的负面影响要高于低伤害程度的危机事件	√
H1c:高伤害程度的危机事件对品牌态度造成的负面影响要高于低伤害程度的危机事件	√
H1d:高伤害程度的危机事件对购买意愿造成的负面影响要高于低伤害程度的危机事件	√
H1e:高伤害程度的危机事件对品牌合意性造成的负面影响要高于低伤害程度的危机事件	×
H2:在产品伤害危机中,不同的伤害对象对危机品牌的品牌资产造成的影响是不同的;伤害对象为儿童的伤害事件对品牌资产造成的负面影响要高于伤害对象为成人的伤害事件,伤害对象为老年人的伤害事件对品牌资产造成的负面影响要高于伤害对象为成人的伤害事件	√
H2a:在产品伤害危机中,伤害对象为儿童的产品伤害危机对感知质量造成的负面影响要高于伤害对象为成年人的产品伤害危机;伤害对象为老年人的产品伤害危机对感知质量造成的负面影响要高于伤害对象为成年人的产品伤害危机	√
H2b:在产品伤害危机中,伤害对象为儿童的产品伤害危机对品牌信任造成的负面影响要高于伤害对象为成年人的产品伤害危机;伤害对象为老年人的产品伤害危机对品牌信任造成的负面影响要高于伤害对象为成年人的产品伤害危机	√
H2c:在产品伤害危机中,伤害对象为儿童的产品伤害危机对品牌态度造成的负面影响要高于伤害对象为成年人的产品伤害危机;伤害对象为老年人的产品伤害危机对品牌态度造成的负面影响要高于伤害对象为成年人的产品伤害危机	√
H2d:在产品伤害危机中,伤害对象为儿童的产品伤害危机对购买意愿造成的负面影响要高于伤害对象为成年人的产品伤害危机;伤害对象为老年人的产品伤害危机对购买意愿造成的负面影响要高于伤害对象为成年人的产品伤害危机	√
H2e:在产品伤害危机中,伤害对象为儿童的产品伤害危机对品牌合意性造成的负面影响要高于伤害对象为成年人的产品伤害危机;伤害对象为老年人的产品伤害危机对品牌合意性造成的负面影响要高于伤害对象为成年人的产品伤害危机	×

通过对研究结果的综合分析,本书得出了以下有意义的结论。

首先,在产品伤害危机中,危机的伤害程度不同,对品牌资产造成的影响是不同的。产品伤害危机对消费者的伤害程度越高,危机对品牌资产造成的负面影响也就越大。

同时我们发现,在品牌资产、感知质量、品牌信任、品牌态度和购买意愿上,两组之间存在显著差异,而在品牌合意性这一维度上,不存在显著差异。这说明了伤害的程度不同,对品牌资产造成的影响是不同的,伤害程度高,品牌损失就大,但是在品牌合意性上,即这一品牌是否是消费者称心合意的,消费者不能区分两者之间的差异,可能是因为危机伤害程度差异对品牌合意性影响不大,同时也有部分原因是虚拟品牌,消费者对于合意性不能很好地感知。

在伤害危机中,危机的伤害对象不同,对品牌资产造成的影响也不同。伤害对象为儿童、老年人的伤害危机事件,对品牌资产的负面影响要高于伤害对象为成年人的危机事件。

在品牌资产、感知质量、品牌信任、品牌态度上,儿童组与成人组、老人组与成人组存在显著差异,说明了伤害对象为更为脆弱的弱势群体时,对品牌资产的负面影响更大。同时发现在购买意愿上,儿童组与成人组存在显著差异,只要是儿童受到伤害,消费者对购买意愿基本持完全否定态度,而老人组与成人组差异并不显著。在品牌合意性上,三组差异均不显著,一是因为在品牌合意性这一维度,伤害对象的差异对其影响不大,二是因为虚拟品牌消费者难以很确切地感知合意性。

同时本书还发现,对儿童的伤害危机对品牌资产造成的负面影响要高于老人组的,但是二者差异并不显著。对品牌资产造成负面影响高的原因,可能是相比老年人,消费者更在意孩子,这和中国传统有关，只是差异没有与成人组相比显著。

11.9.2 研究启示

根据本书的实证研究结果，把研究结果转化为现实当中产品伤害危机管理的建议与启示，为企业应对伤害危机提供一些借鉴和帮助。

第一，发生产品伤害危机之后，企业应该采取足够的重视，因为危机发生后，对企业的影响不仅体现在企业有形的销售数据上，也体现在无形的品牌资产上。因此，一旦企业发生了产品伤害危机，企业应当迅速应对，一方面是要在市场上采取措施提高产品销量，另一方面要做长久的工作，来修复公司受损的品牌资产。

第二，发生产品伤害危机之后，企业应该根据危机具体情况进行分析，不同的危机给企业带来的危害是不同的。要对危机的属性进行分析，针对不同的危机属性企业的应急机制应该是不同的。通过研究我们发现，如果伤害事件对消费者的伤害程度较大，那么企业品牌资产的受损程度就更为严重，因此修复起来将更加困难，企业的各种措施也要尽可能详尽，要有一个更为长远的规划。特别是在感知质量、品牌信任、品牌态度这些方面采取更为有效的营销手段，来修复受损的品牌资产。

伤害到儿童、老人的伤害危机事件对企业品牌资产造成的伤害要高于伤害到成人的危机事件。我们看到现实生活中，当××奶粉伤害到婴儿时，消费者对企业是一种完全的不信任，完全没有购买意愿，××品牌成了负资产，这一事件直接导致了该集团的破产。因此企业要充分认识到伤害危机对企业造成的巨大灾难。

第三，产品伤害危机对企业的品牌资产造成的负面影响是很大的，建立一个品牌很难，毁掉一个品牌却很简单。特别是发生危机后，对品牌资产的修复是如此困难，花费是如此巨大，因此，企业应该在各个方面严格把关，最大限度地确保公司的产品的安全，杜绝伤害危机事件的出现。根据相关的案例，这种事前的预防措施取得的效益要远远大于企业对危机的事后处理。

11.9.3 研究局限

首先，本书在某个实验中以一种产品（牙膏和果汁）作为测试产品，研究结果的普适性有待使用其他产品来验证。牙膏和果汁都属于替代品很多的快速消费品，同时对消费者的伤害都属于人身伤害，顾客感知到一点儿危险，都可能使他们转而购买其竞争产品，大大降低其对原用品的购买意愿，对品牌资产产生较大的负面评价。但是，顾客在购买必需品、耐用消费品时，其购买行为可能会有很大的不同，对品牌资产的影响可能也有不同，因此，本书的研究结论在其他行业的适用性有待通过行业间的比较研究来进一步验证。

其次，本书的三个实验均在成都地区实施，地域代表性不够全面。Choi、Nisbett、Norenzayan（1999）和 Laufer（2002）均已发现不同的社会价值观可能会使顾客对产品伤害危机的归因产生影响，因此，持有不同社会价值观的顾客很可能会对同一个可辩解型产品伤害危机产生不同程度的感知危险。因此，本书的研究结论在其他社会价值观体系下（比如西方文化）的普适性还有待考证。

再次，虽然本书的刺激物（Stimulus）都是依据现实危机精心改编而成的，但是仍然无法百分之百保证实验场景的合理性。这种实验场景与现实场景的偏差可能造成研究结论与现实的偏差。

最后，本研究只是基于产品伤害危机伤害对象年龄与伤害程度对品牌资产的影响差异进行研究，同时产品伤害危机的属性不止这一种，基于伤害归因等并未进行研究。而且本书只是进行研究的第一步，得出了一些具有探索性的结论，如果能够用不同的伤害属性与不同的应对策略结合进行实证研究的话，得到的结论将更具有指导意义，因此未来对这些领域进行深入研究，将会加深我们对产品伤害危机理论的认识，对企业的指导意义也更为直接。

12. 产品伤害危机对消费者的影响

12.1 产品伤害危机中顾客年龄与其购买意愿的差异性研究

以往的研究检验了产品伤害危机及其应对方式会对消费者考虑集（Wang、Wu 和 Chao，2005）、品牌资产（Dawar 和 Pillutla，2000）等营销变量的影响，但是尚未探讨年龄差异与顾客对产品伤害危机购买意愿的关系。在顾客对产品伤害危机购买意愿的研究方面，Siomkos 和 Kurzbard（1994）运用实验法验证了品牌声望会对顾客购买意愿产生维系作用，正面的外部反应（如媒体报道）也会保持顾客对产品的购买意愿（Siomkos、George J 和 Gary 等，1994）。在年龄差异对产品伤害危机中营销变量的影响研究方面，Laufer、Silvera 和 Meyer（2005）通过对市场营销、老年人医学和心理学 3 个领域的文献研究，从理论指出了"年龄"因素可能会对产品伤害危机的抱怨归因产生影响。方正（2006）证实了老年顾客（60 岁及以上）对于产品伤害危机的感知危险明显强于中年顾客（45～59 岁）和青年顾客（44 岁及以下）。通过以上的研究回顾，可以得知既有的研究尚未探讨产品伤害危机中"顾客年龄差异对顾客购买意愿的影响"，这一问题仍然需要继续探索和研究。

12.1.1 研究假设

基于人体生理和心理的差异，本书推测顾客年龄差异可能会影响产品伤害危机感知危险强度。

首先，从身体健康的角度来看。产品伤害危机是与消费者的健康因素相关的，通常都会对人体健康造成不同程度的损害。Laufer 和 Gillespie 等（2004）发现，如果顾客感觉自身比较脆弱，那么产品伤害危机就会使他感知到更多的危险并产生更强的心理体验。那么，年纪偏大的顾客是不是就会比年纪偏小的顾客感觉自己更脆弱一些，因而感知到更多的危险呢？在顾客对自身健康顾虑的研究方面，Schneider 和 Rowe 等（1991）证实了，由于年纪偏大者认为他们身体老化、患病可能性更高，对于健康和疾病的担忧正变得越来越严重；Heckhausen 和 Baltes 等（1991）进一步证实，社会各个年龄段的人都统一地认知到人一旦变老，他的心理、生理和精神都会衰弱退化。

其次，从心理学的角度来看。Heckhausen 和 Schulz 等（1995）指出人的第一控制过程和第二控制过程存在年龄差异。第一控制过程是行为性的、外向型的，指的是一个人为满足自己的欲望而改变外界环境的努力；第二控制过程是思想性的、内向型的，指的是一个人为了使自己更能接受外部环境的现实而改变自己的认知。Heckhausen 和 Schulz（1995）证实了第一控制过程不会随年龄增长而变化，但是第二控制过程会随着年龄增长而逐渐增强。这也就是说，为了让自己能够接受自己对外部失去控制的事实，老年人更有可能会扭曲理解、偏颇理解某些信息。而在 1981 年，Burger 和 Jerry M（1981）就曾经观察到老年人在评估危险的时候往往会扭曲理解信息，倾向于把自己看作是受害者。

此外，Tulin 和 Joffre（2004）证实了对产品的感知危险会对消费者购买一个产品或者一个品牌产生影响。因此，基于以上的文献分析，我们可得知：①顾客越是认为自己脆弱，他对产品伤害危机的感知危险就越高；②各个年龄阶段的人，都认为年纪偏大者的身体健康条件更脆弱；③年纪偏大者更容易扭曲理解信息，把自己看作是危机的受害者；④产品的感知危险会对消费者购买一个产品或者一个品牌产生影响。基于这 4 点，做出以下两个假设。

假设 1：在产品伤害危机中，顾客年龄差异会影响顾客对产品的购买意愿。

假设 2：在产品伤害危机中，顾客的年纪越大，其购买意愿受损程度越大。

12.1.2 实验设计

本书运用现场实验法来获取顾客年龄与顾客购买意愿的相关信息。现场实验法由于其实验环境能够使实验主体感到接近现实，因此与实验室实验相比，现场实验具有更高的外部效度。本书的现场实验分别在成都的一所大学、一个公园和两个超市附近进行。基于前面的两个假设，我们将实验主体分为3个对照组：青年组、中年组和老年组。对所有的实验主体，研究人员向其提供一段关于产品伤害危机的文字。这段文字是2005年4月中国市场上部分牙膏可能含有三氯生的媒体报道剪辑。在实验主体阅读完本段文字之后，研究人员要求其回答调查问题。

12.1.2.1 变量及量表

顾客年龄是本书的唯一控制变量和自变量。年龄段的划分标准有很多，由于本书的2个假设是基于顾客的健康和心理变化而提出的，因此本书选择了1994年联合国卫生组织根据现代人生理及心理结构上变化而制定的标准：44岁及44岁以下为青年人；45岁~59岁为中年人；60岁及60岁以上为老年人。根据此标准，本书把实验主体分成三个小组，即青年组、中年组、老年组。

本书的观察变量和因变量是顾客的购买意愿。对这一因变量，本书参照了1994年Siomkos在调查产品伤害危机对顾客购买意愿的影响时使用的调查问题和相关量表，以便保持产品伤害危机这一领域的研究连续性。参照Siomkos的研究，采用的问卷问题是：本次"A品牌牙膏涉嫌致癌事件"会不会阻碍您未来购买A品牌牙膏？Siomkos采用的量表是李克特7级量表，其中"1"代表绝对会阻碍，"7"代表完全不阻碍，"2"~"6"代表了中间的各种购买意愿受阻水平，分值越小代表顾客的购买意愿受损程度越高。

12.1.2.2 实验程序及刺激物

在访问实验主体时，调查员首先询问实验主体是否自愿参加本次调查。如果实验主体愿意，那么就请实验主体阅读刺激物并在阅读完刺激物以后回答问卷问题。

根据2005年4月发生的牙膏含致癌物事件，本书将2005年4月18号的某报道做了剪辑，使之成为实验的刺激物。为了避免实验主体先前购买某一品牌牙膏的体验可能会影响消费者对购买意愿的判断，从而降低整个研究的内部效度和外部效度，刺激物中没有具体指明哪些品牌牙膏含有三氯生。

12.1.2.3 样本概况

本次研究共访问300个实验主体，获得300份问卷，其中有效问卷252份。48份问卷之所以被剔除，是由于实验主体对"你曾经听说过'含有三氯生的A品牌牙膏可能会致癌'的消息和报道吗？"做出了肯定回答。对于这一问题的肯定回答将会影响到本书的内部效度。根据"定势理论"，事先得知牙膏致癌事件的实验主体可能已经在一定程度上形成了思维定式和心理倾向，而这种思维定式和心理倾向会在一定程度上影响实验主体对刺激物的判断。

在252份有效问卷中，青年组有90份，中年组有77份，老年组有85份。其中：

青年组共有样本90个。男性48个，占53%；女性42个，占47%。24岁及以下有17个，占19%；25~34岁有52个，占58%；35~44岁有21个，占23%。

中年组共有样本77个。男性46个，女性31个。45~49岁有42个，占55%；50~54岁有21个，占27%；55~59岁有14个，占18%。

老年组共有样本85个。男性51个，占58%；女性34个，占42%。60~64岁有54个，占67%；65~69岁有27个，占28%；70岁及以上有4个，占5%。

12.1.3 假设验证

由于本书需要测试控制变量（年龄）的不同取值水平是否给观察变量（顾客的购买意愿）造成显著差异，所以适合于采用单因数方差分析来检验假设。

本书首先对方差分析的前提条件进行检验。方差分析的前提条件是各个水平下（组别）的总体服从方差相等的正态分布,其中对于正态分布的要求并不是很严格,但是对于方差相等的要求比较严格。对于方差相等的检验,采用的是 Homogeneity of Variance Test 方法。通过 SPSS13.0 的分析,计算得到 Levene Statistic 值为 0.426,显著水平为 0.654,由于 Homogeneity of Variance Test 的零假设为各水平总体下总体方差没有显著差异,因此可以认为各个组的总体方差相等,满足方差检验的前提条件。

表 12-1 为描述性统计,描述了阅读完刺激物后三组顾客的购买意愿的平均值和标准差。表 12-2 是为推断年龄是否对"顾客的购买意愿"产生显著影响而做的 ANOVA 分析结果。表 12-3 是为推断究竟哪个组、哪些组和其他组有显著的均值差异而做的 LSD 分析结果。表 12-2 的数据用以验证假设 1,表 12-3 的数据用以验证假设 2。

表 12-1 描述性统计

组别	样本数	均值	标准差	标准误差
青年组	90	3.0333	1.28474	0.13542
中年组	77	2.8571	1.21085	0.13799
老年组	85	2.2118	1.11370	0.12080
总和	252	2.7024	1.25396	0.07899

表 12-2 ANOVA 分析

组别	离差平方和	自由度	平均离差平方和	P 值	显著水平
组间	32.162	2	16.081	11.045	0.000
组内	362.517	249	1.456	—	—
总和	394.679	251	—	—	—

根据表 12-2 的 ANOVA 分析结果,值为 11.045,显著水平为 0.000,这说明三个组中至少有一个组和其他两个组有显著区别,也有可能是 3 个组之间都存在显著区别。因此,假设 1 得到验证。

根据表 12-3 的 LSD 分析结果,青年组与老年组的均值差为 0.82157,显著水平为 0.000,这说明青年组的购买意愿显著高于老年组(注:分值越小,代表购买意愿越低,购买意愿受损程度越大);青年组与中年组的均值差为 0.17619,显著水平为 0.348,这说明青年组和中年组在购买意愿上不存在显著差异;中年组与老年组的均值差为 0.64538,显著水平为 0.001,这说明中年组的购买意愿显著高于老年组。综上所述,老年组的购买意愿受损程度显著大于青年和中年两个组,但是,青年组和中年组的购买意愿受损程度并不存在显著差异。因此,假设 2 没有得到完全验证。

表 12-3 LSD 分析

组别		均值差 (I-J)	标准误差	显著水平	95% 置信区间	
组 (I)	组 (J)				下限	上限
青年组	中年组	−0.17619	0.18731	0.348	−0.1927	0.5451
	老年组	−0.52157	0.18250	0.000	0.4621	1.1810
中年组	青年组	−0.17617	0.18731	0.348	−0.5451	0.1927
	老年组	−0.64538	0.18983	0.001	0.2715	1.0193
老年组	青年组	−0.82157	0.18250	0.000	−1.1810	−0.4621
	中年组	−0.64538	0.18983	0.001	−1.0193	−0.2715

综上所述,假设 1 得到完全验证;假设 2 只在老年组得到了验证,中年组的购买意愿均值虽然低于青年组,但是在统计意义上并不显著。

12.1.4 研究结论

本书以三氯生牙膏事件作为刺激物,运用实验法获得了实证数据,检验了顾客年龄差异对顾客购买意愿的影响。通过实证研究,得出两个有意义的结论:①顾客年龄差异将会影响产品伤害危机中的顾客购买意愿；②在产品伤害危机中，老年顾客的购买意愿受损程度明显大于其他年龄段的顾客。这两个研究结论对深入理解产品伤害危机中的消费者行为差异提供了有用的启示。

12.2 产品伤害事件对消费者品牌忠诚度的影响机制研究

近年来，如某化妆品铅含量超标、某洗衣粉洗涤能力不达标等产品伤害事件频繁发生，事件本身及企业采取的应对策略对品牌资产（Cui 和 Fu，2002）、产品的选择集（Wang、Chao 和 Wu，2006）、消费者的购买意愿、感知风险（Fang，2007）等都有明显的影响。消费者品牌忠诚度的重要标志就是消费者的重复购买行为，而消费者的重复购买行为必然受到其选择集、购买意愿、感知风险的影响。因此，产品伤害事件毋庸置疑地会对消费者品牌忠诚度起到明显作用。艾克（Aaker）、迪克（Dick）、巴苏（Basu）的研究成果都指出品牌忠诚对企业的营销绩效提升有诸多优势，如降低营销成本、获得更多的新顾客、积极的口碑传播及顾客对竞争对手营销策略的抗拒等。因此，有必要研究产品伤害事件对品牌忠诚度的影响机制，从而为企业在预防、应对、修复产品伤害事件时提供基础理论指导。

12.2.1 文献综述

对于品牌忠诚度的定义，目前比较典型的有以下几种：伊士曼（Eisman）、雷吉娜（Regina）认为是消费者很有规则性地购买同一个品牌的产品；Oliver 和 Richard（1999）认为是消费者在将来始终如一地重复购买其偏好的某产品／服务的一种深深秉持的心理承诺（Commitment），即使发生有可能引发转换行为的环境变化或营销活动，还是会引发对相同品牌或相同品牌系列的反复购买。对于品牌忠诚度的构面，贝丁格尔（Baldinger）、罗宾森（Rubinson）、郝丽斯（Hollis）认为应该包含行为及态度的忠诚。哈瑞思（Harris）和古德（Goode）进一步将品牌忠诚度划分为截然不同但又相互联系的4个部分，即认知忠诚、情感忠诚、意动忠诚与行为忠诚4个构面。Liu 和 Zhou（2006）研究了中国文化背景下品牌忠诚的维度，包括认知忠诚、态度忠诚与行为忠诚3个方面。

对于品牌忠诚度的影响因素，基于认知理论的观点，认为品牌忠诚可以看作经典的"认知→态度→行为"模式的典型代表。瑞奇福德、爱德蒙、安德鲁和马瑞佳等认为消费者的风险认知是影响品牌忠诚度的重要因素。奇德哈瑞与郝厄布鲁克认为消费者对品牌的信任程度、满意程度、消费时的情感、心境等都对忠诚度有明显的影响。佳可比等认为他人的推荐行为也会影响被推荐人的品牌忠诚度。古曼斯（Gommans）也基于网络技术的发展提出电子商务过程中的价值主张、品牌建设、安全信任、网络技术及客户服务对电子商务过程中的品牌忠诚度的影响。邹德强、王高、赵平等认为品牌象征意义对品牌忠诚度有显著影响，且其对于品牌忠诚度的影响存在性别差异，对女性的影响强于男性；形象风险会调节品牌象征意义对品牌忠诚的作用，即形象风险越高，品牌象征意义的作用越强。Odin Y 和 Odin N·（2001）研究了品牌敏感性对忠诚度的影响，认为在品牌敏感性高的情境下重复购买也是品牌忠诚的表现，反之则为习惯性购买。

关于产品伤害事件对消费行为的影响，崔金欢、符国群认为产品伤害事件对品牌资产有明显影响，出现产品危害事件时，不管公司采取何种反应措施，强预期条件下比弱预期条件下造成的品牌资产损失要小。王晓玉、晁钢令、吴纪元认为产品伤害事件会对消费者的选择集产生影响。方正认为可辩解性的产品伤害事件对消费者的风险认知、购买意愿具有明显影响，其中性别与感知风险具有显著的调节作用。

从现有研究成果来看，对品牌忠诚度的研究主要集中于一般营销活动所产生的品牌认知、识别因素及在此基础上产生的满意度、信任度与口碑、消费情境等因素上。对产品事件的研究则主要集中在产品的选择集、风险认知、购买意愿、品牌资产等相关领域。从推理的角度来看，产品伤害事件、品牌忠诚度相关的现有研究成果均能表明两者之间必然存在某种关系，但对此进行系统性验证的研究成果仍然欠缺。

12.2.2 研究假设

产品伤害事件发生以后，消费者通常会接收到关于公司和产品的各种负面信息，必然导致消费者对该产品的认知与信念发生转变。消费者的风险感知主要来自对消费对象相关的各种信息可靠性的不确定性认知，有关公司与产品的各项负面信息必然增大这种不确定性，必然使消费者对该产品的质量、功能、效用等产生更多的怀疑。因此，提出以下假设。

H1a：产品伤害事件发生后，消费者的产品伤害事件感知损失程度与消费者对该产品、品牌的感知风险程度正相关。感知损失程度越大，感知到的风险越大。

消费者对品牌的喜爱程度主要取决于消费者是否相信该产品，品牌所具有的属性、所表达的个性特征及功能效用是否符合消费者的审美观与需求。当消费者通过产品伤害事件感受到该产品（或品牌）更多的负面信息或不确定性信息时，必然触发消费者的自我保护意识，从而改变消费者对该品牌的情感与信任程度。因此，提出如下假设。

H1b：产品伤害事件发生后，消费者的产品伤害事件感知损失程度与品牌情感负相关，感知到的损失程度越大，越不喜欢该品牌。

H1c：产品伤害事件发生后，消费者的产品伤害事件感知损失程度与品牌信任负相关，感知到的损失程度越大，越不信任该品牌。

H2a：产品伤害事件发生后，消费者的产品伤害事件感知风险与品牌情感负相关，感知到的风险越大，越不喜欢该品牌。

H2b：产品伤害事件发生后，消费者的产品伤害事件感知风险与品牌信任负相关，感知到的风险越大，越不信任该品牌。

奇德哈瑞与郝厄布鲁克认为，品牌信任可以促进消费者对特定品牌的忠诚，而以态度测量的观点看，品牌忠诚也包含着信任的成分。在产品伤害事件中，消费者对品牌的信任程度会明显影响消费者对风险的认知，继而影响消费者的品牌忠诚度。因此，提出以下假设。

H3：产品伤害事件中，消费者对特定品牌的信任程度与忠诚度正相关，消费者对品牌的信任度越高，品牌忠诚度越高。

奇德哈瑞与郝厄布鲁克等的研究还发现，对品牌的正性情感反应与品牌忠诚度存在较强的正相关，并且很明显地降低消费者对价格的敏感性。因此，消费者对品牌的喜欢程度与好感程度对产品伤害事件中的品牌忠诚度改变具有明显影响。因此，提出以下假设。

H4：产品伤害事件中，消费者对特定品牌的喜爱程度与忠诚度正相关，消费者对品牌的信任度越高，品牌忠诚度越高。

动因性行为策略指出，男性与女性在信息处理上存在差异，人们在环境中对问题的解决更多是手段性的，是以任务和目标为导向的，这种行为男性强于女性。社群性行为则更加以社会关系为导向，在女性中更强，女性更倾向于情感决策。因此，消费者的性别特征会对产品伤害事件中的品牌情感与品牌忠诚度之间的关系有明显影响，因此提出以下假设。

H5：消费者的性别特征对产品伤害事件中的品牌情感与品牌忠诚度有明显影响，女性消费者的品牌情感对品牌忠诚度的改变有更明显的影响。

基于以上假设与先前的研究结论，提出本书模型，如图12-1所示。

12.2.3 实证研究

12.2.3.1 研究方法

对于因果关系的探索，使用最多的方法是实验法，即通过

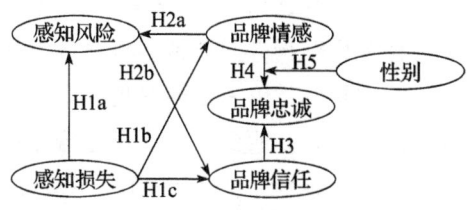

图 12-1 研究模型图

虚拟的刺激去测试被试者的反应，这种方法不可避免地存在虚拟刺激与真实刺激之间的差异而导致外部有效性降低的问题。另一类方法为通过对现实中发生的类似事件进行调查，通过受访者回忆当初的情况并针对现有情况进行回答来探查消费者的反应，这种方法也存在受访者通过回忆进行回答时可能已经受到相应的产品伤害事件的影响而导致回忆结果不准确等问题。考虑到产品伤害事件经常发生，所以有条件对刚刚发生不久的产品伤害事件进行调研，因为间隔时间很短，能在一定程度上提升该方法的效度。

本书采用调查法的形式进行研究，以2006年2月发生的××快餐反式脂肪酸事件作为调查研究对象。因为××快餐具有非常高的知名度，而且作为"洋快餐"的代表，消费者对与该品牌相关的事件均比较熟悉。

12.2.3.2　预先研究

（1）测项发展。

Keller和Lane（1998）认为品牌包含功能性利益、象征性利益与情感性利益。产品伤害事件发生后，消费者所感受到的必然是利益的损失与风险，因此，产品伤害事件发生后的感知损失程度与风险能够代表产品伤害事件的大小与感知风险的程度。基于以上推论，提出相应的感知损失程度与感知风险两个变量也应该包含以上3个维度的测项。对于品牌忠诚度采用哈瑞斯和古德的观点，即分为认知忠诚、情感忠诚、意动忠诚与行为忠诚4个构面（Liu Zhou，2006），以此为基础，吸收佳可比、西斯特鲁特等提出的量表，发展出下列测项：下次我会重复购买该品牌、我愿意花更高的价格购买该品牌、我仍然喜欢该品牌、我愿意向他人推荐该品牌；品牌情感采用一个测项，即对品牌的喜欢程度；品牌信任采用一个测项，即该品牌值得信赖。所有测项都采用7级利克特量表的形式测量，即"1"代表"完全不赞同"或"完全不可能"；"7"代表"完全赞同"或"完全可能"。

（2）测项优化。

为进行问卷的效度与信度分析，事先发放了50份初步设计的问卷进行试填。调查对象为对××快餐产品比较熟悉的大学生与中学生。运用SPSS13.0统计软件对尝试性访问的数据进行了可靠性分析，所有测项的Item to Total大于0.4的指标。通过探索性的因子分析（EFA）来验证问卷的因子结构，除品牌喜爱与信任程度两个单测项变量以外，KMO（Kaiser-Meyer-Olkin）值为0.621。采用主成分法提取3个因子后，累计可以解释的方差为75.70，第4个因子能够解释的方差降到0.746。对这3个因子的载荷进行斜交旋转，每个变量在相对应的因子上的因子载荷都大于0.50，在其他因子上的载荷都小于0.5，表明问卷的因子结构与预先的假设基本一致。在探索性研究当中，Cronbach's α值为0.689，每个因子的Cronbach's α值均大于0.5，结果表明量表是可靠的。

12.2.3.3　正式研究

（1）样本结构。

采用便利抽样法，在成都市的大学、中学及公共场所共发出问卷250份，收回有效问卷194份，回收率为77.6%，受访者结构为：男性52.1%；初中生29.2%，本科生26.6%，研究生31.3%；20岁以下的31.1%，20～29岁的26.4%，30～39岁的34.7%，40～50岁的6.7%，50岁以上的1%。

（2）影响机制。

采用LISREL8.70版软件对模型进行拟合，由于本次研究中品牌信任程度与品牌情感都是单测项变量，在进行结构方程模拟时将相应测项的负荷λ固定为1，误差方差θ固定为（1−信度）×指标的方差，其中指标的方差参照其他3个变量的信度均值确定。然后编写全模型程序，不断根据中间运算结果进行模型优化，直到产生的模型拟合程度较优，并且每一条路径都能得到合理解释的优化模型为止，模型拟合指数分别为$\chi^2/df = 4.12$、RMSEA = 0.10、NNFI = 0.89、CFI = 0.88、GFI = 0.86，模型精度基本符合要求。路径分析结果如表12-4所示。

表 12-4　路径系数

假设及路径	路径系数	T值	结论
H1a：感知损失—感知风险	0.22	5.36	支持
H1b：感知损失—品牌情感	0.12	2.38	支持
H1c：感知损失—品牌信任	0.16	3.88	支持
H2a：感知损失—品牌情感	0.11	2.65	支持
H2b：感知损失—品牌信任	0.20	4.88	支持
H3：品牌信任—品牌忠诚	0.13	2.89	支持
H4：品牌情感—品牌忠诚	0.11	2.65	支持

（3）性别的差异化影响。

H5假设：为验证消费者性别对产品伤害事件中品牌情感对品牌忠诚度两者之间关系的差异化影响，我们需要比较品牌情感与品牌忠诚度两者之间的回归系数在男性样本和女性样本之间是否存在显著差异。

我们采用多层线性模型（HLM，软件版本6.02a）来分析这个问题，以受访者个体作为模型中的第一层，其中品牌情感（BA）程度为自变量，品牌忠诚（BL）为因变量；以性别作为模型中的第二层，第二层方程不包括预测变量。模型为

Level-1 Model：

BL=B0+B1*（BA）+R

Level-2 Model：

B0=G00+U0

B1=G10

回归系数随机效应 χ^2 检验的结果（见表12-5）显示：回归模型的截距在性别之间不存在显著差异（p=0.323），即男性和女性品牌忠诚度的平均水平不存在显著差异；品牌情感的回归系数在性别之间不存在显著差异（p=0.378），即对于相同水平的品牌情感，品牌忠诚度在男女之间不存在显著差别，H5假设没有得到验证。

表 12-5　品牌情感对品牌忠诚度的多层线性分析模型

随机效应	编号	标准差	方差成分	df	P
截距	B0	0.03893	0.00086	1	0.323
品牌情感的斜率	B1	1.04704	0.00654	1	0.378

12.2.4　结果讨论

以××快餐发生的反式脂肪酸事件为例，通过问卷调查询问受访者在事件发生前后对该品牌的忠诚度变化来研究产品伤害事件对品牌忠诚度的影响。结果发现，消费者对产品伤害事件可能导致的损失感知程度与消费者对该品牌的感知风险呈明显的正相关关系，感知损失越大，感知风险越大，H1a假设得到验证；消费者在产品伤害事件中的感知损失与品牌情感呈负相关关系，感知损失越大，品牌喜爱程度越低，H1b假设得到验证；感知损失与品牌信任度呈负相关关系，产品伤害事件形成的感知损失越大，消费者越不信任该品牌，H1c假设得到验证；消费者通过产品伤害事件中得到的各项负面信息形成了对该品牌的感知风险，感知风险及品牌情感与品牌信任呈明显的负相关关系，感觉到的风险越大，越不喜欢、越不信任该品牌，H2a、H2b假设得到验证；产品伤害事件发生后的品牌情感及品牌信任与品牌忠诚度呈明显的正相关关系，产品伤害事件过后仍然喜爱、信赖该品牌，对该品牌的品牌忠诚度仍然能够维持，H3、H4假设得到验证；基于男性和女性在信息处理等方面的差异，推导出男性、女性在产品伤害事件中的品牌情感与品牌忠诚度之间应该存在明显差别，但本次研究没有能够验证该假设，即H5假设没有得到验证。原因应该

是相对于在产品伤害事件中非常明显的品牌功能性利益损失与基本自我保护机制的作用,男性和女性在产品伤害事件中的反应模式没有显著的差异。消费者的性别对品牌情感与品牌忠诚度之间的影响差异不明显。

综上所述,可以非常清楚地知道,产品伤害事件对品牌忠诚度改变的影响机制是:消费者通过产品伤害事件本身对其消费过程中可能受到的功能性、情感性、象征性利益损失进行主观判断,形成产品伤害事件的感知损失评价。同时,通过产品伤害事件本身造成的感知损失及其他与品牌相关的信息(如企业的应对策略)等形成对该品牌的感知风险认知。感知损失与感知风险两者之间的差别在于感知损失是对本次产品伤害事件可能造成的消费者利益损失的评价,感知风险则是对未来消费过程中消费者利益可能受到损害的可能性的主观评价。基于感知损失与感知风险,消费者可能改变对该品牌的喜爱与信任程度,并进而改变对该品牌的忠诚度。

对于营销实践工作者而言,从中可以得到的重要启示是:在产品伤害事件不幸发生后,最佳的处理方式是尽量通过各种可能的措施使消费者感到本公司值得信赖,相信公司能够在未来避免此类事件再次发生,能够确保消费者的利益,从而减少消费者对该品牌的疑虑,减弱对该品牌的感知风险,只有这样才能尽量维持消费者对该品牌的喜爱与信任,并进而维持对该品牌的忠诚度。

本次研究的不足之处在于研究的对象仅有××快餐,其他产品在这方面的特殊性是否一致还需要进一步通过对不同层次、不同消费行为、不同类型的品牌进行研究来消除顾虑,以进一步提升研究的外部有效性。

12.3 消费者个体差异对品牌资产的影响研究——基于可辩解型产品伤害危机

5·12汶川大地震发生后,由于传输中断、基站被毁、同时拨打电话的客户过多等原因,成都地区的各大运营商均出现严重的通信阻塞问题;由于亲人无法联系、安全情况无法沟通,客户的不满和抱怨情绪强烈。鉴于8.0级的大地震是不可抗力,法律法规也没有赋予运营商承担如此高等级的应急通信责任,因此,本次产品伤害危机属于可辩解型的。在成都地区的三大通信运营商中,由于成都A运营商的客户数量超过800万户,市场占有率接近80%,客户同时通话造成的网络拥堵较成都B运营商、成都C运营商更为严重,客户抱怨也更为强烈。因此,在地震发生之初,大家都曾预测成都A运营商的市场份额将遭遇重大损失。然而,真实的市场表现却出乎意料,成都A运营商在新增市场的占有率高达87%,维持在原有水平上。

对于以上案例,我们不禁产生疑问:对于这种销量大、消费者期望较高的危机品牌,在有形的市场销售得以维持的同时,无形的品牌资产将会受到什么影响呢?从文献研究来看,先前的研究还不能提供确切的答案。一是因为以往的研究虽已检验了不可辩解型产品伤害危机及其应对方式对品牌资产的影响(Niraj、Dawar和Pillutla,2000),但还没有学者研究可辩解型产品伤害危机对品牌资产的影响;二是有学者研究了在产品伤害危机中消费者个体差异对购买意愿等营销变量的影响,如Siomkos、George J、Kurzbard和Gary(1994),Laufer、Daniel和Gillespie(2004),Burger和Jerry(1981),Laufer、Silvera和Meyer(2005),方正(2009)等,却没有学者研究个体差异对品牌资产的影响。因此,可辩解型产品伤害危机中消费者个体差异对品牌资产的影响还是一个研究的机会点,仍需要继续探索和研究。

12.3.1 研究假设

对于品牌资产的形成,本书参照美国品牌专家凯勒等(1993)提出的品牌资产定义:品牌资产是因顾客的品牌知识而引起的对该品牌营销活动不同的反应,即品牌资产的产生是基于消费者头脑中对该品牌的知识,具体过程如图12-2所示。

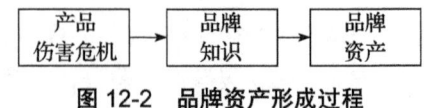

产品伤害危机 → 品牌知识 → 品牌资产

图12-2 品牌资产形成过程

对于品牌资产的构成,为保持产品伤害危机这一领域研究的连续性,本书参照了达瓦和曼单(2000)在研究不可辩解型产品伤害危机对品牌资产的影响时划分的5个维度——品牌态度、品牌信任、感知质量、购买意向和品牌合意性。

社会心理学对行为和态度的研究发现，在态度影响行为的同时，行为同样会影响态度。费斯汀格（1957）的认知不协调理论指出，一旦从事了与态度不一致的行为，特别是在自愿的条件下，为减少认知不协调感，我们经常会反过来调整自己先前的态度。布兰顿等（2001）的决策后不协调理论指出，当我们做出重要决策、实施重要行为后，经常会过高评价自己的选择而贬低或放弃先前的选择，以此来减少不协调感，最终使得决策和行为转换成为信念和态度。比如，即便是在错买一种产品之后，许多人还都喜欢说自己当初的决策是多么正确，并在心理上改变对产品的态度而逐渐接纳它。此外，近几年的其他心理学研究也同样证明：当行为与态度表现不一致时，行为可以改变认知，改变态度，改变情感（Johnson D W 和 Johnson R T，1995；Harmon-Jones E、Brehm J W、Greenberg J、Simon L 和 Nelson D E，1996；McGregor I、Newby-Clark I R 和 Zanna M P，1998）。

在市场营销领域，通常是以重度消费者（Heavy User）和轻度消费者（Light User）来区分衡量购买行为的高低程度。因此可以推测，由于重度消费者购买量大，行为程度高，在可辩解型产品伤害危机发生后，为了减少自身的焦虑情绪和不协调感，会在更大程度上维持对产品品牌的认知，维持自己的品牌知识构成。由此，我们推断出以下假设。

H0：在可辩解型产品伤害危机中，与轻度消费者相比，基于重度消费者的品牌资产受损程度更小。
H1：在可辩解型产品伤害危机中，与轻度消费者相比，重度消费者的品牌态度受损程度更小。
H2：在可辩解型产品伤害危机中，与轻度消费者相比，重度消费者的品牌信任降低程度更小。
H3：在可辩解型产品伤害危机中，与轻度消费者相比，重度消费者的感知质量降低程度更小。
H4：在可辩解型产品伤害危机中，与轻度消费者相比，重度消费者的购买意愿降低程度更小。
H5：在可辩解型产品伤害危机中，与轻度消费者相比，重度消费者的品牌合意性降低程度更小。

12.3.2　研究设计

本书运用实验法来获取可辩解型产品伤害危机中个体差异与品牌资产的相关信息。本书以5·12汶川大地震中A运营商通信阻塞问题为背景事件，以A运营商和C运营商两个品牌、每月不同通信消费额度的客户为实验对象，要求他们阅读一段启发性文字，回忆地震期间的通信阻塞情况，并根据情景信息回答问题，完成相应的态度测量。

12.3.2.1　实验及刺激物设计

本书在实验设计时采用了两个设计组，根据对通信行业的分析情况，将顾客分为轻度消费者组和重度消费者组，通过对比进行研究。

由于涉及品牌资产的度量，刺激物的设计基于真实的品牌和真实发生的产品伤害危机。本书在成都进行调查，所有的市民都经历了移动通信阻塞，只要提及当天通信中断的情景，实验主体都能很快回忆起来。因此，本书的刺激物是一段提醒性文字：5·12汶川大地震发生当天，我们的移动通信都受到了严重影响，电话打不通、短信发不出。通信不畅给我们抗震救灾、联系亲友和日常生活带来了诸多不便，也让我们感受到更多的焦虑、不安和担心。为了帮助各大通信运营商改善通信质量，提高突发事件发生后的通信保障能力，我们展开此项公益性的社会调查。您的意见对我们的研究具有非常宝贵的价值，对社会也具有非常重要的现实意义，希望您能抽出5~10分钟的时间在调查员的帮助下完成这份问卷，为社会贡献自己的一分力量。

12.3.2.2　变量及量表设计

就顾客购买量而言，通信行业计量客户购买量的单位是ARPU（Average Revenue Per User），即每个用户的平均收入（时间单位通常是一个月）。通常情况下，用户购买量越大，ARPU值越高。2007年，A运营商的ARPU值为89元；C运营商GSM的ARPU值为46元，CDMA的ARPU值为58元。在对以上数据适当调整、取整后，对顾客购买量的高低做出界定（见表12-6）。

12-6 顾客购买量

品牌	分类	特征
中国联通	重度消费者	ARPU 值 > 50 元
中国联通	轻度消费者	ARPU 值 < 50 元
中国移动	重度消费者	ARPU 值 > 90 元
中国移动	轻度消费者	ARPU 值 < 90 元

本书的观察变量和因变量是品牌资产。对这一因变量，本书参照了达瓦和曼单在调查可辩解型产品伤害危机对品牌资产的影响时使用的调查问题和相关量表（Dawar 和 Pillutla，2000），以便保持产品伤害危机这一领域研究的连续性。在达瓦和曼单的研究中，是以品牌态度、品牌信任、感知质量、购买意向、品牌合意性 5 个维度来测量品牌资产的。

12.3.2.3 样本概况及信度检验

在访谈了 289 个实验对象后，本书获得了与试验设计一致的两组（每组 100 份，共 200 份）有效问卷。两组样本概况如下。

高购买量组共 100 人，其中男性 43 人，女性 57 人；在年龄分布上，15～29 岁 38 人，30～44 岁 34 人，45～59 岁 24 人，60 岁及以上 4 人。

低购买量组共 100 人，其中男性 46 人，女性 54 人；在年龄分布上，15～29 岁 34 人，30～44 岁 37 人，45～59 岁 24 人，60 岁及以上 5 人。

在问卷设计上，测量题共 10 项，对整个品牌资产的整体及 5 个子维度进行测量，因此首先对整个量表进行信度检验。通过 SPSS16.0 软件进行检验，整体品牌资产克伦巴赫 α 系数（Cronbach's α）值为 0.982，品牌资产各个维度的克伦巴赫 α 系数值也都大于 0.9，说明量表的一致性较高。

12.3.3 假设验证

由于对观测变量我们根据前人研究用 10 个题项来测量，因此首先进行因子分析。通过 SPSS16.0 软件进行因子分析得到结果如下。

对于总体 10 个题项，KMO 值（相关系数与偏相关系数的比值）为 0.954，根据主成分法进行因子提取，提取了特征值大于 1 的因子一个，共解释方差 87%，即为品牌资产。同时，根据问卷的设置，对品牌资产的品牌态度、品牌信任、感知质量分别进行因子分析，都提取了一个因子，另外购买意愿、品牌合意性均只有一个题项测量，没有进行因子分析，这样问卷一共形成品牌资产及 5 个子维度品牌态度、品牌信任、感知质量、购买意向、品牌合意性。

然后我们对品牌资产及其 5 个维度进行描述性统计，分析不同的变化情况，具体结果见表 12-7。

表 12-7 品牌资产及其 5 个维度的描述性统计

消费者购买量差异	品牌资产	感知质量	品牌信任	品牌态度	购买意向	品牌合意性
高	0.2357302	0.3178785	0.0763970	0.3328159	4.1600	3.5700
	100	100	100	100	100	100
	1.01849430	1.00019290	1.00107814	0.99668952	1.22037	1.28122
低	−0.2357302	−0.3178785	−0.0763970	−0.3328159	3.7300	2.9900
	100	100	100	100	100	100
	0.92763698	0.89754131	0.99807447	0.89047203	1.11785	1.11460
合计	0.0000000	0.0000000	0.0000000	0.0000000	3.9450	3.2800
	200	200	200	200	200	200
	1.00000000	1.00000000	1.00000000	1.000000000	1.18702	1.23256

通过描述性统计可以看出，消费者购买量越高，品牌资产及其5个维度所受损失越小。

其次，本书选用"两独立样本的非参数检验"来推断样本来源的两个独立总体分布是否存在明显差异，因为高购买量组与低购买量组样本是独立的，事先不知道两组样本的总体分布。"两独立样本的非参数检验"通常有4种算法，本书选择的是最常用的曼·惠特尼（Mann Whitney）U检验，该检验主要通过平均值的研究来实现推断，具体结果见表12-8。

表12-8 品牌资产及其5个维度的非参数检验

	消费者购买量差异	样本数	平均秩次	U值	伴随概率
品牌资产	高	100	113.71	3679.000	0.001
	低	100	87.29		
感知质量	高	100	118.93	3157.000	0.000
	低	100	82.07		
品牌信任	高	100	106.68	4382.500	0.123
	低	100	94.32		
品牌态度	高	100	118.30	3219.500	0.000
	低	100	82.70		
购买意向	高	100	109.44	3725.000	0.024
	低	100	91.56		
品牌合意性	高	100	113.25	3725.000	0.001
	低	100	87.75		

从表中可以看出，在品牌资产及其5个维度的平均秩次上，高购买量组别均大于低购买量组别，且除品牌信任外，其余各项的伴随概率均小于0.05；因此假设H0、H1、H3、H4、H5均通过验证，H2没有通过验证。

12.3.4 结论与局限

基于6个假设的验证结果，进一步总结出以下研究结论。

在可辩解型产品伤害危机中，与轻度消费者相比，重度消费者会在更大程度上维持对品牌态度、感知质量、购买意向、品牌合意性的认知；因此，基于重度消费者的品牌资产受损程度也更小。这样的结果，可以从社会心理学的角度得到解释。社会心理学研究表明，行为会影响态度，所以，危机发生前的重度购买行为会形成对产品的正面态度；在可辩解型产品伤害危机发生以后，虽然客户接收到了负面信息，但为了减少自身的焦虑情绪和不协调感，重度消费者会在更大程度上维持对产品品牌的知识构成。

在获得以上研究结论的同时，本书也存在一些不足。第一，在研究方法上，以特殊地震通信阻塞事件为背景，以真实运营商品牌作为刺激物，外部效度有限，研究结果的普适性有待于在其他行业验证，尤其是代表性更广的快速消费品行业。第二，本次研究只探讨了在可辩解型产品伤害危机中消费者个体差异对品牌资产的影响，尚未研究媒体报道和企业应对方式等其他因素对品牌资产的影响。对于这一问题，将在后续研究中加以探讨。

12.4 产品伤害事件的感知损失程度对消费者品牌忠诚度的影响研究

品牌忠诚会给企业带来诸多的营销优势，比如降低营销成本、获得更多的新顾客、积极的口碑传播和顾客对竞争对手策略的抗拒等。产品伤害事件的发生必然会对消费者的品牌忠诚度产生明显的影响，现有的相关研究都集中在品牌忠诚度的相关领域，但还没有直接研究其对品牌忠诚度的影响。因此，下文以产品伤害事件的感知损失程度入手，研究其与品牌忠诚度变化之间的关系及相关因素对这种关系的影响，以便为企业的产品伤害事件及品牌管理实践提供一定的基本理论支持。

12.4.1 研究假设

Erdem（1998）的研究表明，当消费者感知到购买新产品的风险很高时，会更多地选择所熟悉的产品，即风险降低了多样化选择的倾向，巩固了品牌忠诚。Andrews和Manrai等的研究得到类似结果，因此，消费者的风险认知是影响品牌忠诚度的重要因素。方正（2007）认为在可辩解型产品伤害危机中，顾客年龄差异会影响顾客感知危险强度；"媒体对产品涉嫌存在危险的报道"和"媒体对公众采取防范措施的报道"两类媒体报道内容越多，顾客的感知危险越强。根据以上研究成果及生活常识可以判断，消费者认为产品伤害事件越严重，在该事件中受到的损失越大，其对该产品的感知风险将越大，消费者的感知风险越大越容易影响品牌忠诚度，因此，提出第一个假设。

H1：消费者对产品伤害事件可能造成的感知损失程度与品牌忠诚度呈负相关，即对潜在损失评价越高，品牌忠诚度下降越明显。

Chaudhuri、Holbrook（2001）认为品牌信任可以促进消费者对特定品牌的忠诚，而以态度测量的观点看，品牌忠诚也包含着信任的成分。在产品伤害事件当中，消费者对品牌的长期信任程度会明显影响消费者对风险的认知，继而影响消费者的品牌忠诚度。因此，提出以下假设。

H2：品牌信任程度对产品伤害事件中的品牌忠诚度改变有明显的调节作用，在高信任度情况下，产品伤害事件感知损失程度与品牌忠诚度改变低相关，反之则高相关。

Chaudhuri、Holbrook等（2001）的研究还发现，对品牌的正性情感反应，与品牌忠诚存在着较高的正相关，并且降低消费者对价格的敏感性很明显。因此，消费者对品牌的喜欢程度及好感程度对产品伤害事件中的品牌忠诚度改变有明显影响。所以，提出以下假设。

H3：品牌的喜爱程度对产品伤害事件中的品牌忠诚度改变有明显的调节作用，在高喜爱程度情况下，产品伤害事件感知损失程度与品牌忠诚度改变低相关，反之则高相关。

动因性行为策略指出男性与女性在信息处理上存在差异，人们在环境中对问题的解决更多是手段性的，以任务和目标为导向，在男性中更强。社群性行为则更加以社会关系为导向，在女性中更强。这从一个侧面体现了人们与他人之间关系的导向在性别间存在差异，这种差异也有可能存在于消费者—品牌关系中。因此，消费者的性别特征会对产品伤害事件中的品牌忠诚度改变有明显的影响，因此提出以下假设。

H4：消费者的性别特征对产品伤害事件中的品牌忠诚度改变有明显的调节作用，女性消费者的品牌忠诚度下降可能更大。

12.4.2 实证研究

12.4.2.1 研究方法

对于因果关系的探索，使用最多的方法是实验法，也就是通过虚拟的刺激去测试被试者的反应，这种方法不可避免地存在虚拟刺激与真实刺激之间的差异导致外部有效性降低的问题。另一类方法为通过对现实世界中发生的类似事件进行调查，通过受访者回忆当初的情况及针对现有的情况进行回答来探查消费者的反应，这种方法也存在受访者通过回忆进行回答时，其回答的结果可能已经受到相应的产品伤害事件的影响及回忆结果的不准确性等负面影响的问题。考虑到产品伤害事件经常都在频繁发生，有条件对刚刚发生不久的产品伤害事件进行调研，因为间隔时间很短，能在一定程度上提升该方法的效度。因此，采用调查法的形式来进行研究，以刚刚发生不久的××快餐反式脂肪酸事件作为调查研究的对象。××快餐具有非常高的知名度，而且作为"洋快餐"的代表，消费者对它的喜好程度存在明显的差异，能够有效测试品牌喜好程度的调节作用，因而是合适的研究对象。

（1）测项发展。

自变量：产品伤害事件的感知损失程度。Keller（1998）认为品牌包含功能性利益、象征性利益与情感性利益。产品伤害事件发生后,消费者所感受到的必然是利益的损失,因此,产品伤害事件发生后的感知损失程度能够代表产品伤害事件的大小,也必然包含以上3个测项,即产品质量、性能满足需求的程度、使用该产品个人形象受到的负面影响程度及消费过程中的愉悦程度。

因变量:品牌忠诚度。采用Harris和Goode(2004)的观点,分为认知忠诚、情感忠诚、意动忠诚与行为忠诚4个构面。以此为基础,吸收Jacoby、Chestnut(1978)等提出的量表,发展出下列的测项,即下次我会重复购买该品牌、我愿意花更高的价格购买该品牌、我仍然喜欢该品牌、我愿意向他人推荐该品牌。

调节变量:品牌情感采用一个测项,即对品牌的喜欢程度。品牌信任采用一个测项,即该品牌值得信赖。

所有的测项都采用7级利克特量表的形式测量:"1"代表"完全不赞同"或"完全不可能";"7"代表"完全赞同"或"完全可能"。

(2)测项优化。

为进行问卷的效度与信度分析,事先发放了50份初步设计的问卷进行试填。调查对象为对××快餐产品比较熟悉的大学生和中学生。运用SPSS13.0统计软件对尝试性访问的数据进行了可靠性分析,所有测项的Item to Total大于0.4的指标。通过探索性的因子分析(EFA)来验证问卷的因子结构,KMO值为0.638。采用主成分法提取4个因子后,累计可以解释的方差为71.70,第5个因子能够解释的方差降到0.719。对这3个因子的载荷进行斜交旋转。每个变量在相对应的因子上的因子载荷都大于0.50,在其他因子上的载荷都小于0.5,表明问卷的因子结构与预先的假设基本一致。在探索性研究当中,Cronbach's α值0.691,每个因子的Cronbach's α值均大于0.5,结果表明量表是可靠的。

12.4.2.2 实证分析

(1)样本结构。

采用便利抽样法,在成都市的大学、中学及公共场所总共发出问卷250份,有效问卷194份,回收率为77.6%,本量表测项数为8个,样本数量大于测项数的10倍,样本量足够。受访者结构为:男性为52.1%,初中生为29.2%,本科生为26.6%,研究生为31.3%,20岁以下的比例为31.1%,20~29岁的比例为26.4%,30~39岁为34.7%,40~50岁为6.7%,50岁以上为1%。

(2)假设检验。

问卷测项之间高度相关,具有共同的因子结构,因此取伤害事件感知损失的3个测项得平均值为总体感知损失程度(PH),取品牌忠诚度中的4个测项的平均值作为总体的品牌忠诚度(BL)。

H1假设:以感知损失程度为自变量,品牌忠诚度为因变量,建立一元线形回归方程进行回归分析。结果如表12-9所示。产品伤害事件的感知损失程度对品牌忠诚度有明显的负面影响,H1假设得到验证。

表12-9 产品伤害事件感知损失与品牌忠诚度回归分析结果

Model		Unstandardized Coefficients		Standardized Coefficients	Sig.
		B	Std.Error	Beta	Std.Error
1	感知损失(Constant)	3.104	0.215	—	0.000
		−0.244	0.067	−0.251	0.000

Dependent Variable:品牌忠诚度。

H2假设:为验证品牌信任程度对感知损失与品牌忠诚度之间关系的调节作用,以感知损失与品牌信任度为自变量,以品牌忠诚度为因变量,建立多元线形回归模型,结果如表12-10所示,假设得到验证。品牌信任程度对品牌忠诚度与感知损失之间有明显的调节作用。

表 12-10　感知损失、品牌信任度对品牌忠诚度的多元回归分析结果

Model		Unstandardized Coefficients		Standardized Coefficients	Sig.
		B	Std.Error	Beta	
1	感知损失（Constant）	3.291	0.341	—	0.000
		−0.267	0.068	−0.275	0.000
	品牌信任程度	0.127	0.075	0.126	0.042

Dependent Variable：品牌忠诚度。

H3 假设：为验证品牌喜爱程度对感知损失与品牌忠诚度之间关系的调节作用，以感知损失与品牌喜爱度为自变量，以品牌忠诚度为因变量，建立多元线形回归模型，结果如表 12-11 所示，假设没有得到验证。

表 12-11　感知损失、品牌信任度对品牌忠诚度的多元回归分析结果

Model		Unstandardized Coefficients		Standardized Coefficients	Sig.
		B	Std.Error	Beta	
1	感知损失（Constant）	3.126	0.336	—	0.000
		−0.244	0.067	−0.251	0.000
	品牌喜爱度	0.006	0.070	0.006	0.65

Dependent Variable：品牌忠诚度。

H4 假设：为验证消费者的性别对感知损失和品牌忠诚度两者之间关系的调节作用。需要比较感知伤害损失程度的回归系数在男性样本和女性样本之间是否存在显著差异。我们采用多层线性模型（HLM，软件版本 6.02a）来分析这个问题，以受访者个体作为模型中的第一层，其中感知伤害损失（PH）程度为自变量，品牌忠诚度（BL）为因变量；以性别作为模型中的第二层，第二层方程不包括预测变量。模型为

Level-1 Model：

$BL = B_0 + B_1 *(PH) + R$

Level-2 Model：

$B_0 = G_{00} + U_0$

$B_1 = G_{10}$

分析结果如表 12-12 所示，结果显示，回归系数随机效应 χ^2 检验的结果显示：回归模型的截距在性别之间不存在显著差异（p=0.298），即男性和女性品牌忠诚的平均水平不存在显著差异；感知损失程度的回归系数在性别之间不存在显著差异（p=0.353），即对于相同的感知损失水平，品牌忠诚度的下降在男女之间不存在显著的差别，H4 假设没有得到验证。

表 12-12　感知损失对品牌忠诚度的多层线形分析模型（性别为第二层）

随机效应	编号	标准差	方差成分	df	χ^2	p
截距	B_0	0.03149	0.00099	1	1.08287	0.298
感知损失的斜率	B_1	1.03708	0.00553	1	0.85672	0.353

12.4.3　结果讨论

本书以××快餐在不久前爆发的反式脂肪酸事件为例，通过问卷调查询问受访者在事件爆发前后对该品牌的忠诚度变化来研究产品伤害事件对品牌忠诚度的影响。研究发现，消费者对产品伤害事件可

能导致的损失感知程度与品牌忠诚度呈明显的负相关关系，感知损失越大，品牌忠诚度越明显，假设1得到验证。消费者对品牌的信任度对产品伤害事件感知损失程度与品牌忠诚度的改变有明显的调节作用且呈现明显的正向调节关系，假设2得到验证。根据Chaudhuri、Holbrook等（2001）的研究成果推断，消费者对品牌的喜爱程度对产品伤害事件感知损失程度和品牌忠诚度的影响应该有正向的调节作用，即假设3，但本次调查的结果对假设3没有能够得到验证。没有能够得到验证的原因应该是在产品伤害事件主要都是产品质量、性能方面的缺陷，这类产品本身的质量、性能缺陷可能直接影响到消费者对品牌的功能性利益感知，而功能性利益又是情感性利益的基础，因此，相对于功能性利益而言，代表品牌情感性利益的品牌喜爱在产品伤害事件中相对而言已经微不足道，因此，纵然以前对品牌有好感，但在产品伤害事件当中，对于品牌的重复购买、高价购买及推荐购买意愿仍然会出现明显下降的趋势，所以，调节作用不显著。对于假设4，基于男性、女性在信息处理等方面的差异推导出男性、女性在产品伤害事件中品牌忠诚度的改变程度应该存在差别，但本次研究没有能验证该假设，理由同上，即相对于在产品伤害事件中非常明显的品牌功能性利益损失，在基本自我保护机制的作用下，男性、女性在产品伤害事件中的反应模式没有显著的差异。

对于营销实践工作者而言，通过本次研究能够非常清楚地知道产品伤害事件对品牌忠诚度有非常明显的负面影响，因此，在企业的营销管理体系中应该建立、健全企业营销安全控制系统，尽力避免产品伤害事件的发生。同时，还必须注重公司与企业品牌的建设，承担企业应该承担的社会责任，遵守对消费者的各项诺言，妥善处理消费者的各项投诉，提升消费者对品牌的信任感，这样才能确保即使在发生产品伤害事件的情况下，尽可能避免消费者忠诚度的改变。

12.5 产品伤害危机后应对策略对购买意愿的影响研究

12.5.1 研究背景

12.5.1.1 研究的现实背景

（1）产品伤害危机频繁发生。

产品伤害危机，作为由媒体广泛报道的产品会给消费者带来伤害的事件，一开始只是偶尔出现在公众的视野中，然而在短短几年间，产品伤害危机的发生已经成为消费者挥之不去的消费阴影，也成为企业随时会不期而至的噩梦。

产品伤害危机频繁发生，成为市场高度关注的事件，产品伤害危机涉及不同领域的产品，从化妆品的成分可能致癌，到牛奶导致上万儿童住院的事件；从单一品牌的产品发生伤害危机，到数个甚至数十个品牌的同类产品发生伤害危机；从在一个地方发生伤害，到伤害波及全国甚至海外。产品伤害事件的危害程度越来越严重、发生的范围越来越大。

同时，引发产品伤害危机的方式也十分丰富。有由消费者使用产品出现伤害事件而引发的伤害危机，有检测部门公布的产品可能产生伤害而引发的伤害危机，有媒体通过调查而报告的可能产生伤害而引发伤害危机，也有专家学者提交调查报告而引发的伤害危机。

另外，伤害危机的责任者也各有不同。有的伤害危机是由于企业经营各环节上的有意或无意的管理问题造成的伤害，企业是责任者；有的伤害危机是由于消费者不当使用产品所致；还有的伤害危机是由于媒体在事实不清的情况下进行报道，而企业没有责任；甚至还有监管部门通告失误而造成的伤害危机。

不论产品伤害危机发生的具体原因如何，危机除了给消费者带来各种程度不同的伤害外，发生危机的企业也受到严重打击。有的产品在危机后黯然退出市场，更多的产品则通过一定的调整后仍在市场苦苦支撑。然而，销售量急剧下降，市场份额丧失，在面对竞争者的攻击时十分脆弱，这些产品伤害危机所造成的对企业的损害，不是在短时间内可以恢复的。

当危机发生时，媒体聚焦，消费者关注。然而当危机已经过去一段时间，人们不再谈论产品及其危机，发生危机的产品或企业也不再被媒体提及时，对于企业而言，危机带来的损害远未结束，对于消费者而言，由于危机所带来的感知风险仍在记忆中。企业经过危机的及时应对过程，接下来面对的，是销售额的降低，市场份额的丧失，如果减少消费者的感知风险，如何使产品重新吸引消费者，刺激其购买意愿，是一个长期的过程。

那么，在现实中，企业在产品伤害危机后，是如何进行市场恢复的呢？

（2）现实中的危机后市场策略。

2007年6月29日，××手机在美国正式上市。很快，××手机以其独特的功能和打眼的外观设计，吸引了不少消费者的目光。在××手机以新颖的设计成功占领市场的同时，关于××手机质量问题的报道就开始出现。在新一代××3G手机上市后，它更得到了"最时尚的炸弹"和"死亡之握"的"美称"。

以下是两则关于××手机质量问题的报道。

关于××手机"爆炸门"的报道：2009年9月，在经过了多次顾客指出××手机具有表面开裂、自燃、电池爆炸等产品问题后，由于在欧洲发生了好几起手机爆炸事件，欧盟委员会开始对其展开调查。

2009年9月，××公司热销全球的手机和视听产品在欧洲发生至少三起爆炸事件，其中两起发生在法国，一起发生在英国。在其中的一起事件中，一名女孩的手机突然爆裂，并且溅起的碎片伤到她的男朋友的眼睛。另外，2009年10月，在英国也发生了同类事件，事件是一名11岁女孩的视听产品屏幕爆裂，××公司同意退货，却要求受害人及其家属签署保密协议，承诺不对外透露此事。荷兰，一位用户的3G手机在汽车内自动燃烧起火，起火的手机在短短几分钟的时间内竟然烧穿了汽车座椅。

同时，其他报道也表明，该品牌的笔记本电脑、视听产品、手机都曾经发生过类似的产品自动燃烧事件。甚至，该公司被业内称为"当下最时尚的炸弹"。

欧委会一位发言者表示，欧委会就该公司产品屡屡发生的爆炸事件，已经展开调查。欧委会负责消费者权益保护的女发言人卡恩斯说，欧委会几天前已经书面通知××公司，要求其对近期发生的产品自燃和爆炸事件做出解释，××公司在回函中说明，自爆应该只是偶然事件，产品并没有存在普遍性的自燃问题。目前，欧盟已通过其非食品类消费品快速预警系统向成员国通报情况，同时要求成员国上报该公司产品的有关情况。

在早些时候，美国等其他国家也发生过××公司产品自爆事件，据行业技术人士分析可能是由于锂电池过热导致。他们认为，在3G时代，手机可以随时随地高速上网，通过手机在网上搜索信息和进行操作都十分方便，手机使用频率比单纯的通信时代要大得多，电池过热的可能性也相应提高了很多。

关于××手机"信号门"的报道：××新一代手机于2010年6月上市后，关于手机信号问题的抱怨便接连不断。不少顾客投诉说，在使用中用手握住手机左下部某个特定部位，会导致手机所接收的信号强度骤降4格甚至5格。由于这一代手机的不锈钢边框同时也具有天线功能，而手握的特定位置正是两段天线交汇处，由于紧握而引起信号强度降低，使得一些用户批评该款手机天线技术设计有问题。

同年7月2日，××公司就此发表公开信，说明其在接到有关消费者投诉后迅速进行了调查，结果"非常震惊地"发现，确定该手机显示信号强度的计算方法"完全是错误的"。也就是说，由于这一计算错误，很多时候屏幕上所显示的信号强度情况比实际的信号强度高出很多。比如，如果事实上仅有相当于 2 格的信号强度,但是手机屏幕上会错误地显示还有多达 4 格的信号强度。

该公司进一步解释说,当顾客用手握住该手机特定部位发现信号显示强度大幅下降时,很可能是由于手机本身处于通讯信号非常弱的地理位置。因为手机信号强度计算错误,而在初期显示了与真实信号强度不一样的错误信号强度,结果造成信号显示格数看上去马上降低,然而消费者并不了解其本来就处于信号弱的地理位置。

该公司承认,这样的软件计算错误问题从第一代手机推出时就已经存在。该公司还宣布,将在未来几周内推出免费升级软件供消费者下载,由于采用了新的计算方法,会使手机显示的信号强度与实际信息强度更接近。

从××公司的回应来看,信号强度骤降问题并不是天线功能设计的错误,而是手机信号强度计算方法上存在缺陷,会导致其手机显示的信号强度与实际水平相去甚远。该公司承诺将通过软件升级来解决这一问题,但日益升温的"信号事件"能否很快平息仍有待观察。

该公司在这次正式回应前,也有过建议用户采用正确握姿或购买手机套的方法来解决以上问题。目前该公司以发布公开信的方式对事件的回应表明,公司大概已经意识到原来的解释难以平息信号风波,信号接收问题给公司声誉和产品销售等带来的影响已难以回避。

一些消费者已将该公司手机信号接收问题称为"死亡之握"。这一事件已在美国引发多起针对该公司的诉讼,不少顾客指控该公司故意销售有缺陷的产品。另外,加利福尼亚州一家律师事务所宣布将就此事件发起集体诉讼后,目前有 1500 多名顾客表示愿意加入集体诉讼。

负责手机集体诉讼案的一名律师对新华社记者说,该公司的公开信并未消除消费者的核心问题,消费者用手握手机特定位置产生的信号问题还是没有得到解决。美国一些网民表示,他们非常怀疑通过软件升级能否解决问题,该公司的解释对消费者也没有说服力,倒使消费者怀疑其目的可能是掩盖设计和硬件等方面的核心问题。

通过该公司的案例我们可以看到,除了对产品问题进行回应,同时企业也对产品进行调整,以期望解决消费者的问题。一方面,2010 年第四代手机的推出,本身就是一种产品功能增强策略,并且宣称其改善了消费者此前抱怨的外壳裂纹问题,另一方面,该公司在针对"信号门"所做出的软件升级的决策,是对产品缺陷的一种尝试性改变。那么,这些策略,是否能得到市场的认可呢?在该公司产品将来的销售中,这些市场策略能否降低消费者的感知风险因而增加其购买意愿呢?

在现实中,更多发生产品伤害危机的企业,面临的是比该公司手机更加严峻的市场形势,产品伤害危机后企业产品重新进入市场,面临的首要问题是如何重新赢回消费者。由于伤害危机及其后的产品退市等的负面影响,消费者对产品的品牌态度有负面的变化,其购买意愿也迅速下降。因此,重入市场的产品采取一定的营销策略重新赢回消费者是大多数企业的选择。然而,采取何种营销策略,其效果如何、如何才能达到成本低而效果明显,是现实中企业必须考虑的问题。经历产品伤害危机的企业,产品伤害本身带来的财务损失巨大,而更严重的是面临市场失败导致更大的损失,不乏企业经历产品伤害危机后倒闭。在这种情况下,选择恰当的营销策略,对企业而言具有双重意义:一是减少成本,节省现有资金,二是尽可能快地赢回顾客,恢复市场,从而带来现金流,维持企业的运转而最终挽救企业。企业采取何种产品属性变化、价格策略、广告内容,能更好地恢复市场呢?这是本书试图回答的现实问题。

随着产品伤害危机事件的发展,在市场营销领域对于产品伤害危机的研究也经历了以下几个阶段。

第一阶段是 Simoks 等的早期研究,该阶段的研究主要是对产品伤害危机进行了定义,将产品伤害危机与产品失败、负面公众信息等概念区分开来,同时研究了企业对于产品伤害危机的响应分类,还对产品伤害危机的响应效果做了以定性为主的研究,研究方法以案例分析为主。

第二阶段是以 Dawar 等为主的对产品伤害危机前企业状态对于危机后消费者的品牌评价、归因、购买意愿等的研究。该阶段主要研究了企业声誉、企业社会责任对于企业在产品伤害危机后对消费者的认知上的影响，该阶段以定量研究为主，研究方法主要为实验法，得出了关于良好的企业声誉、积极的社会形象有助于企业更好地在危机中赢得消费者信任、得到消费者支持的重要结论。

第三阶段的研究主要分为两个部分，第一部分是以 Laufer 等为主的研究，基于消费者特征，以心理学和营销学的理论相结合，研究消费者在面对产品伤害危机时复杂的认知过程，进而研究其对企业的责备归因和其购买意愿的变化。研究得出了不同性别、不同年龄和不同文化特征的消费者对于危机的信息处理过程不同，对企业的责备归因不同，因而对企业的品牌评价和对产品的购买意愿也不同的重要结论，为企业针对不同的目标消费群体选择不同的危机应对方式提供了有意义的理论依据。第二部分，是以 Heeder 等为主的对于危机后的营销策略的研究。该部分研究主要以企业广告为研究对象，研究了危机后的企业广告作用的变化、发生危机的企业不同品牌间广告的交互作用、本企业广告对于竞争对手的销售影响等内容，指出危机后营销策略效用降低、品牌销量更易受其他企业广告影响等重要内容，向企业揭示了产品伤害危机所带来的深层次危害，并为企业进行市场恢复的营销策略选择提供了一定建议。

在国内，晁钢令、方正、李国峰等根据国内产品伤害危机的特点和我国消费者特征，一方面，验证了关于危机响应、消费者人口特征对于危机后的品牌资产、购买意愿等的影响，另一方面，为产品伤害危机的研究加入了关于响应主体、危机处理过程等新的危机响应特征对于消费者的认知的影响等内容。

虽然研究者们已经注意到，产品伤害危机后的营销策略选择是一个重要的研究方向，然而有关这方面的研究还不多，除了 Van Heeder 等对于危机后的广告效用进行了研究外，对危机后的产品属性变化、价格策略、促销策略对消费者认知和行为影响的方面，还没有较为系统的研究。

12.5.2 研究内容及目的

12.5.2.1 研究界定

根据以上对产品伤害危机的现实问题和理论发展的梳理，本书所做的研究为：以产品伤害危机后的企业市场恢复策略为研究对象，研究不同形式的产品属性变化、销售促进方式、广告内容对于消费者购买意愿的作用及其差别。

研究的内容界定为：研究快速消费品发生人身伤害危机后的市场恢复策略。其中，市场恢复策略内容非常广泛，本书主要研究以下市场恢复策略。

（1）危机后的产品属性变化。危机后产品属性变化包括的内容首先是产品维持，指企业不改变产品属性而重新销售的行为；其次是产品改进，指企业消除或改变可能造成伤害的产品属性；最后是功能增强，指企业增加产品的功能属性。

（2）危机后的销售促进形式。本书研究两种不同的销售促进形式，金钱性销售促进和非金钱性销售促进，金钱性销售促进以价格折扣为代表进行研究，而非金钱性销售促进以买赠为代表进行研究。

（3）危机后的广告内容。本书研究两种不同的广告内容，一种是企业形象广告，指宣传企业社会责任和价值观的广告，另一种是产品广告，指宣传产品具体的属性和功能的广告。

12.5.2.2 研究内容

具体的研究项目为以下 3 点。

（1）危机后产品属性变化对于消费者购买意愿的影响。研究危机后产品维持策略、产品改进策略和功能增强策略对于消费者购买意愿的影响，并找出合理的中间变量对其作用机理进行解释，同时研究消费者个体特征对于产品属性变化作用的调节作用。

（2）危机后销售促进方式对于消费者购买意愿的影响。研究危机后的金钱性销售促进（价格折扣）和非金钱性销售促进（赠品）对于消费者购买意愿的影响，并找出合理的中间变量对其作用机理进行解释，同时研究消费者个体特征对于销售促进方式的调节作用。

（3）危机后广告内容对于消费者购买意愿的影响。研究危机后企业广告和产品广告对于消费者购买意愿影响，并找出合理的中间变量，对其作用机理进行解释。

12.5.2.3 研究框架

研究框架如图 12-3。该框架表达了危机后的市场恢复策略对顾客购买意愿的作用。从现有的研究来看，销售促进、广告内容、产品属性变化都对消费者感知有直接的影响，同时，不同的销售促进方式（金钱性和非金钱性）、不同的广告内容（企业形象广告和产品广告）、不同的产品属性改变（产品维持、产品改进和功能增强），其对消费者感知的影响程度、影响内容都是不一样的，进而消费者感知又影响了其产品伤害危机后的购买意愿。本书所要解决的就是危机后不同的营销策略，影响了消费者感知的哪些内容，其影响的程度如何，最终如何影响了消费者购买意愿。

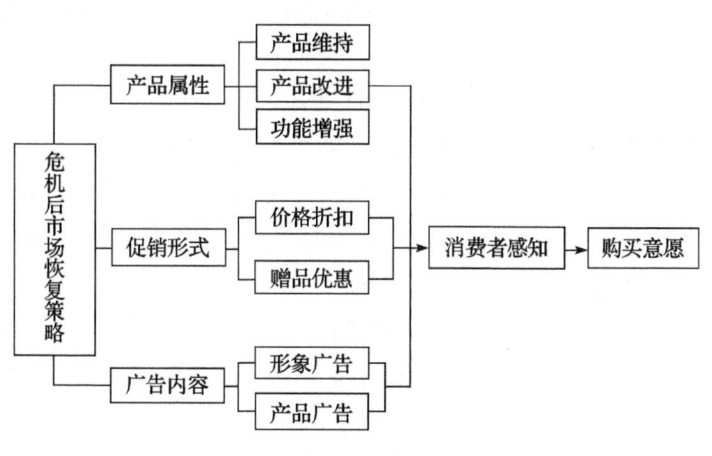

图 12-3 研究框架

对框架中每种市场策略的不同形式、其影响的消费者感知的具体内容和作用，将在本书的三个实证研究中一一进行探讨。

12.5.2.4 研究目的

通过对产品伤害危机后市场恢复策略的有效性及对不同策略的效果比较研究，寻找在产品伤害危机后有效提高基于消费者购买意愿的营销策略。对经历了产品伤害危机后的企业针对不同的目标消费者市场，为其提供能够有效提高消费者购买意愿的产品属性变化、销售促进方式、广告内容选择的决策依据。

12.5.3 研究设计

12.5.3.1 研究方法

（1）采用文献分析法对中西方学者们在产品伤害危机后企业策略对消费者行为的影响方面的理论与实证研究成果进行系统的总结与归纳整理，形成较为系统、全面的文献综述，并在此基础上发现前人研究的

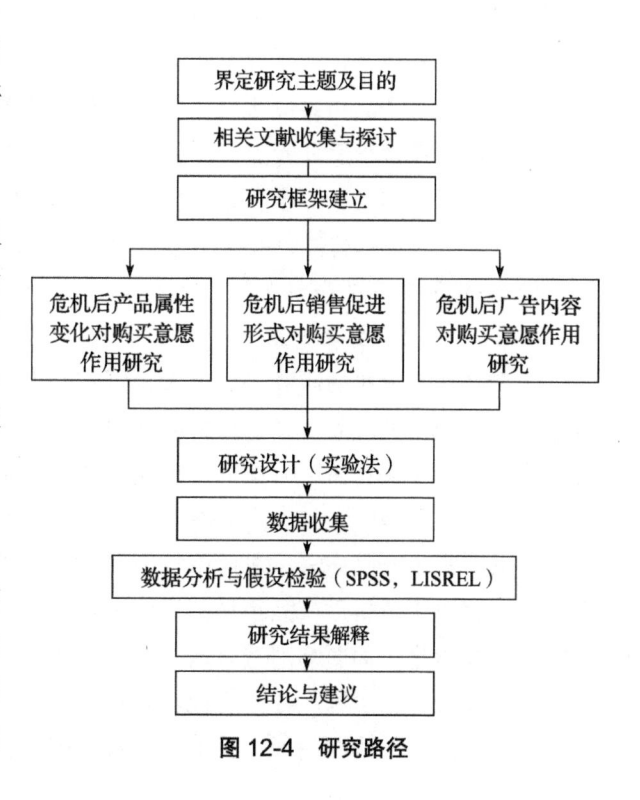

图 12-4 研究路径

空白点，确立自己的研究问题，构建相应的研究模型与方法。

（2）对我国企业在产品伤害危机后的营销实践进行了解与分析，采用的主要方法是运用内容分析法对我国企业在危机后的产品属性变化、销售促进、广告进行分析，从而对我国企业产品伤害危机后常用的营销策略的效果进行探讨。

（3）基于国内外已有的相关研究成果，结合我国企业的营销实践，对研究的问题进行进一步的明确与细分，提出自己的研究模型，确定研究变量，设计针对我国消费者的调查问卷，通过专家法对问卷进行分析，同时通过与若干应答者的深度访谈对问卷进行修改完善，并据此对问卷进行最后修正。

（4）以随机访问的方式对消费者进行调查，以三项设计实验来分别研究不同的危机后产品属性变化、销售促进方式和广告内容对消费者购买意愿的影响，通过运用描述性统计分析、方差分析等分析方法对调查结果进行分析，检验所提出的研究假设能否成立，并据此提出研究的结论和对营销管理者的启示，讨论研究的局限性与进一步的研究方向。

（5）基于本书及前人的研究成果，建立产品伤害危机后营销策略与购买意愿间作用的框架，分析企业的不同危机后营销活动是如何影响消费者的购买意愿，并对营销者提出有效开展营销的对策建议。

12.5.3.2 研究结构

本部分共分为6方面，第一是绪论，在对研究的现实背景和理论背景进行梳理的前提下，提出本书拟解决的问题、说明研究内容和研究目的，并说明研究的方法和路径。

第二是文献综述，通过对研究产品伤害危机定义、危机响应、影响危机后消费者行为的因素、危机后营销策略的现有的中、英文文献的梳理，描述目前产品伤害危机研究的主要内容和研究进程及趋势，为研究找出理论空间和研究的理论依据。

第三是关于产品伤害危机后产品属性变化对消费者购买意愿影响的研究，研究产品维持、产品改进和功能增强3种不同的危机后产品属性变化对于消费者购买意愿影响及其差异，并研究消费者特征对于产品属性变化影响的调节作用。

第四是关于产品伤害危机后销售促进方式对于消费者购买意愿影响的研究，研究金钱性销售促进（价格折扣）和非金钱性销售促进（赠品）两种不同的销售促进方式对于危机后消费者购买意愿的影响及其差异，并研究消费者特征对于销售促进方式的调节作用。

第五是关于产品伤害危机后广告内容对于消费者购买意愿影响的研究，研究企业形象广告和产品广告两种广告内容对于危机后消费者购买意愿的影响及其差异。

第六是研究结论和学术贡献，根据研究假设的检验结果进行讨论，对研究结论进行总结和说明，为企业提供管理对策和建议，并说明本书的学术贡献和不足之处，指出进一步研究的方向。

12.5.4 研究意义和创新

12.5.4.1 研究的理论意义

从产品伤害危机的研究进程来看，研究刚进入第三个阶段，以及对产品伤害危机后的市场策略进行研究。目前的研究文献不多，从大的方面来说仍然局限于对伤害危机后的市场策略的作用进行理论性探讨的阶段，利用实证研究方法的文献仅有两篇，集中在利用澳大利亚花生酱伤害事件的数据，探讨了其营销策略，主要是广告和价格策略对于危机后产品销售的影响及品牌间市场策略的交叉影响。

本书丰富了产品伤害危机后市场恢复策略的研究内容，研究了不同的产品属性变化、销售促进方式和广告内容对于危机后产品市场销售的影响。在产品属性变化的研究中，建立了产品属性变化通过责备归因、感知质量进而影响消费者购买意愿的作用路径，找出了有效的市场恢复产品属性变化策略，并对其作用机理进行了解释。在销售促进方式的研究中，建立了销售促进方式通过感知风险、感知价值影响消费者购买意愿的作用路径，找出了有效的销售促进方式，并对其作用机理进行了解释。在广告内容的研究中，建立了广告内容通过感知风险、品牌态度对消费者购买意愿的作用路径，找出了有效的广告内容，并对其作用机理进行了解释。

12.5.4.2 研究的现实意义

在产品伤害危机频繁发生的现实背景下，关于产品伤害危机后的市场恢复策略系统性的理论支持不足，企业在进行市场恢复时常常困惑于以下问题：在有限的资金情况下，如何使进行市场恢复的营销手段尽量达到最好的效果。本书为企业在伤害后如何进行产品属性变化、销售促进方式和广告内容的选择，提供了基于实证结果的指导性建议，有助于企业在危机后更有效率地恢复市场，避免不必要的成本支出。

12.5.4.3 研究创新点

第一，本书通过对危机后市场的市场特征进行分析，并结合市场营销学的传统策略，对危机恢复策略进行梳理和判断，提出了不同形式的产品属性变化、销售促进方式和广告内容会对危机后特定的市场状况下的消费者购买意愿产生不同的作用的论点，并且进行了验证，在本书领域开创了对于不同营销策略间的市场恢复效果的比较研究的空间。

第二，本书对危机后常用的不同形式的产品属性变化有产品维持、产品改进和功能增强三种策略，并进行了比较研究，指出产品属性变化主要是通过影响消费者责备归因和感知质量两个变量来影响消费者购买意愿，得出只有功能增强才能有效增加消费者的购买意愿的结论，并且对其作用机理进行了解释。

第三，本书对危机后常用的不同形式的销售促进——金钱性销售促进和非金钱性销售促进——进行了研究，指出销售促进主要通过影响消费者感知风险和感知价值这两个变量来影响消费者的购买意愿，得出非金钱性促销比金钱性促销对消费者购买意愿的增加作用更大的结论，并且对其作用机理进行了解释。

第四，本书对危机后常用的不同形式的广告——企业形象广告和产品广告——进行了比较研究，指出广告主要是通过影响消费者感知风险和品牌态度，进而影响消费者对产品的购买意愿，得出了危机后企业形象广告比产品广告能更有效地增加消费者购买意愿的结论，并且对其作用机理进行了解释。

12.5.5 产品伤害危机后产品属性变化对消费者购买意愿影响研究

产品伤害危机后企业产品重新进入市场，面临的首要问题是如何重新赢回消费者，恢复市场。由于伤害危机及其后的产品退市等的负面影响，消费者对产品的感知质量有负面的变化，其购买意愿也迅速下降。因此，重入市场的产品采取一定的产品属性变化策略从而提高消费者感知质量，进而提高其购买意愿是大多数企业的选择。然而，采取何种产品属性变化、其效果如何、如何才能达到策略执行成本低而效果明显，是现实中企业必须考虑的问题。经历产品伤害危机的企业，产品伤害本身带来的财务损失巨大，而更严重的是面临市场失败而导致更大的损失，不乏企业经历产品伤害危机后倒闭。在这种情况下，选择恰当的产品属性变化策略，对企业而言具有双重意义：一是提高效率，节省现有资金，二是尽可能快地提高消费者购买意愿，赢回顾客，从而带来现金流，维持企业的有效运转而最终挽救企业。

12.5.5.1 概念与范围界定

（1）危机后产品属性变化。

在科特勒（2001）对产品的定义中，产品包括 3 个层次：第一个层次是核心层次，指产品的基本功能、益处或服务。第二个层次是实物层次，包括所有与产品直接相关的因素，如商标、包装、质量和特性。第三个层次是扩充层次，包括与产品间接相关或特意附加在产品上的特性或服务。一个已经存在的产品，必然包括以上 3 个层次。不同的产品层次，是由不同的产品属性所构成。

在现实中，发生产品伤害危机后，企业在恢复市场时，会从其企业能力、市场情况等方面考虑，主要采用如下产品属性变化方式。

产品维持：是指不改变产品的 3 个层次的内容，以原有产品继续销售。在产品维持情形下，对于消费者来说，企业没有改变产品的任何属性。

缺陷改进：是指在改变可能引起产品伤害危机的相关因素之后，不再进行其他改变。缺陷改进是在产品属性的核心层进行变化，确认引起伤害的原因已经消失，并且在包装上向消费者明确说明引起伤害的因素已经被清除，产品已经改进。

功能增强：是指在原有产品基础上，增加产品功能。这也是对于产品核心层的改变，但是不再仅仅是消除原有的伤害诱因，而是强化了产品功能。

（2）产品伤害危机后的责备归因。

Wiener（1986）在人们需要对事件进行责任归因的假设下，建立了归因理论。归因模式是指人们对于自己和他人生活中的特定事件和问题的原因解释。他人的不幸会对人们自己的感情产生影响，驱使人们进行归因的最重要的原因是他们的期望被打破。也就是说，当那些与期望不符合的事件发生时，使人们产生了去寻求事件发生的解释的动机。早期的归因理论单纯从认知的角度进行探讨。也就是说，通过参与者及其行为的信息进行推理而得出责任的所属。Heider指出两种解释：一是外部归因，个体将原因归于外部环境。二是内部归因，即个体将原因归于内部因素。Heider发现人们更倾向于高估个体行为的个人责任而低估社会和经济压力可能产生的影响。

Dawar（2004）指出，被广泛运用的归因模型定义了责备归因的三个维度：①位置。引起伤害的事件所发生的空间位置，可能是公司内在的或外在的。②行为的稳定性。行为可能是稳定的或暂时的。③行为的可控制性。行为是可控的或超出了行为者的控制能力。

Laufer（2006）的研究表明，在产品伤害危机中，对于旁观者，其中很多是产品的使用者和潜在使用者来说，谁该为产品伤害危机负责是不清楚的，特别是对于最先由媒体报道的产品伤害危机，这种情况更明显。有时产品伤害危机的情况很复杂，可能需要几年的时间才能确定危机产生的原因。尽管产品伤害危机情况不明，但旁观者仍然通过自己的判断做出谁该为此负责的结论，这是因为人们对于事件总希望找出责任承担人，尤其是那些突发的、负面的事件，对此归因理论提出了完整的解释，而由于产品伤害危机与突发、负面这两个特征吻合，因此十分符合归因理论的解释。对于公众来说，一个关键问题是了解消费者如何在情况不明时对危机归因。如果消费者将危机归因于公司，则会对他们将来的购买意愿产生负面影响。

当消费者认为伤害行为的产生是由公司内部引起的，这种伤害行为可能是持久的，而且行为本应是公司可以控制的时候，消费者会更多地责备公司。相反，当消费者认为伤害行为更多的是由公司外部原因引起，这种伤害是偶然的，并且超出了公司的控制能力时，则会较少地责备公司。

（3）感知质量。

消费者缺少度量客观质量的标准，而客观质量本身，也很难有统一的度量维度。营销研究者从市场和消费者的角度看待质量，提出了感知质量的概念。Zeithaml（1988）提出了主要运用于服务产品的感知质量的概念，认为感知质量是顾客对于服务产品整体优良性的判断。Ophuis和Trijp（1998）则给出了影响消费者形成感知质量的要素，指出感知质量与产品的属性有关；感知质量与产品的地位，如消费者购买产品的用途等有关；感知质量是作为消费者的感知过程的产物；感知过程基于消费者的自我判断，因此与消费者的个人有关。

在本书中，我们定义感知质量为消费者基于其特定的使用产品目的，根据所获得的产品本身的信息和相关的外部信息，而产生的对于产品效用、价值的主观判断。

从感知质量的定义来看，基于消费者视角的感知质量是信息不对称的情况下产生的。消费者不可能穷尽判断产品的所有信息，而只能根据有限的信息对产品进行判断，因而感知质量是消费者的主观评价，他们只能利用内、外部信息去评价产品质量。这些信息在感知质量的评价中被称为"线索"。内部线索是产品固有的物理特征，包括产品的外观、颜色、形状、尺寸、功能，而外部线索是产品的相关特征,包括产品的价格、品牌、产地、销售者、成分、生产等的信息。外部线索包括营销组合产生的相关信号(王新新,2001)。

(4)购买意愿。

冯建英等(2006)指出,购买意愿即消费者愿意采取特定的购买行为的概率高低。购买意愿具有主观性,它反应的是消费者对产品的评价,对品牌的评价或者态度,购买意愿的产生与消费者个人特征有关,同时也与外部的环境因素有关;购买意愿具有不确定性,它仅仅反应的是消费者产生某种购买行为的概率,而不是行为本身。同时,购买意愿又与购买行为相联系。购买意愿是预测消费者行为的重要指标。消费者是否采取行动,是由他的意愿所决定的。Fishbein和Ajzen(1975)指出,当人对特定客体的态度是赞同的,那么他采取的行为的意愿就是积极的,意愿是最好的预测行为的变量。

购买意愿作为重要的营销研究变量,常被用于对各种营销变量对消费者行为的估计研究中。在产品伤害危机中,方正研究了性别、年龄等对伤害危机后消费者购买意愿的影响,Dawar等研究了企业社会责任形象对于危机后购买意愿的影响作用等。

本书引入购买意愿的目的,是为了研究危机后的产品属性变化对于消费者行为影响的作用。

12.5.5.2 研究模型及假设提出的理论逻辑

(1)研究模型。

研究模型见图12-5表达了危机后的产品属性变化对顾客购买意愿的作用机制。研究的自变量为"危机后产品属性变化",研究的因变量为"购买意愿";引入两个中间变量:"责备归因"和"感知质量"。从现有的研究来看,产品属性变化对购买意愿、归因、感知质量均有影响,而归因和感知质量,对危机后的消费者购买意愿产生直接作用。另外,性别和年龄会对危机后产品属性变化对责备归因的影响产生调节作用,进而通过对责备归因的调节作用对购买意愿产生影响。该框架建立的目的,是为了研究在不同的产品属性变化下,归因和感知质量是如何被改变,进而影响消费者购买意愿;同时,还要研究不同的产品属性变化,其对消费者购买意愿影响的效用,以找出最为有效的产品属性变化方式。

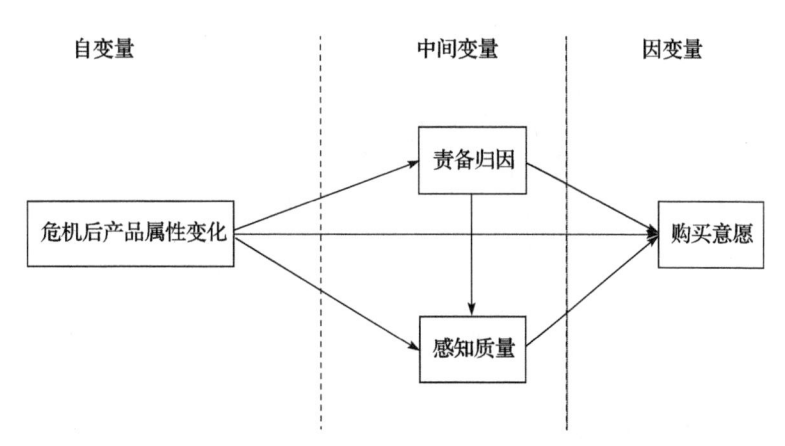

图 12-5 危机后产品属性变化对消费者购买意愿影响模型

(2)危机后产品属性变化与购买意愿的关系假设。

探讨产品伤害危机后产品属性变化对购买意愿的作用,应从不同产品属性变化方式所传达的产品属性内容、企业对伤害危机的态度两个方面来分析。

一方面,产品属性变化的不同,使消费者对于产品属性特别是可能是造成危机的产品属性的认识不同。在产品维持策略下,消费者对于造成伤害的可能的产品属性是否已经消除认识模糊;在产品改进策略下,明确向消费者传达了造成伤害的可能的产品属性已经消除;在功能改进策略下,向消费者传达了产品属性有所改变,能为消费者带来更多价值的信息。从这个方面的分析,我们有理由认为,产品属性变化越积极，其所传达的产品属性的内容越清晰，消费者购买意愿越高。

另一方面，产品属性变化的不同，传达了企业对于伤害危机的反应态度。产品维持方式，表达了企业对于危机不正面回应的态度，而产品改进方式，表达了企业对于危机正面回应并积极改进产品的态度；功能增强方式，表达了企业不仅对于危机正面回应，并且以增强了的产品功能进而为消费者提供更大的产品价值的态度。三种产品属性变化方式，产品维持方式态度不积极，产品改进态度较积极，则功能增强态度最为积极。根据方正（2007）的研究，在产品伤害危机中，对于顾客购买意愿的维持，企业有应对优于无应对，企业积极澄清优于对抗反驳。

根据以上两个方面的分析，本书做出以下假设H1。

H1：产品属性变化方式对购买意愿的影响有显著差异。产品改进下的消费者购买意愿高于产品维持，而功能增强下的消费者购买意愿高于产品改进。

（3）危机后产品属性变化与责备归因的关系假设。

影响产品伤害危机归因的因素包括危机事件的媒体信息，也包括了消费者群体特征，如年龄特征、性别特征等，同时，危机后产品属性变化，也反映了企业对于危机的态度。企业对于危机的态度，则会影响消费者的归因（Laufer，2006）。企业面对危机的反应越积极，则消费者的归因越有利于企业，而若企业进行消极的反应，如坚决否认伤害责任，则消费者更多地将伤害归因于企业。关于这方面的内容，可以从Weiner的归因理论中找到解释。Weiner（1986）将情感反应和事件结果、责任归因的3个维度联系起来，企业的积极反应能有效地增加消费者的自我控制感，进而增加其安全感，那么消费者会更多地归因于企业外部。消费者对回报或交换的期望的变化，他们对公司道歉的期望等，都会影响其责任归因，因而，公司在危机后的产品属性的改变，对消费者的归因具有重要的影响。

基于以上分析，我们认为，与消极的危机后产品属性变化相比，积极的产品属性变化更能使消费者做出有利于企业的归因，危机后产品属性变化越积极，顾客越会认为危机的原因是外部的、危机的发生是偶然的、公司对危机没有控制力。因而形成以下假设H2。

H2：产品属性变化对顾客归因的影响有显著差异。产品属性变化越积极，顾客越多地将伤害危机归因于企业外部。

（4）危机后产品属性变化与感知质量的关系假设。

对于发生伤害危机的产品来说，消费者在危机前后，感知质量是不一样的。产品发生伤害事件的信息，对于消费者来说，属于外部线索，这个外部线索极大地改变了消费者的感知质量，降低了消费者的感知质量。而危机后产品属性变化，则是给消费者提供了新的外部线索，在此线索下，消费者的感知质量又会有所改变。

如果采用产品维持，由于保持产品3个层次的属性特征不变，即没有新的内部线索提供给顾客，缺少提高感知质量的诱因，对危机后消费者感知质量的提高没有作用；缺陷改进策略，对于产品的物理特征进行了改进，消除了产品属性中可能造成消费者伤害的内容，因此是有利于增加感知质量的内部线索；功能增强策略，一方面改变了产品的特性，加强了产品功能方面的属性，提供了积极的内部线索，同时由于顾客获得了产品功能增强的信息，给消费者提供了更多的关于产品积极的外部线索，也有利于增强产品的感知质量。基于以上分析，本书得出以下假设H3。

H3：产品属性变化对感知质量的影响有显著差异，产品属性变化越积极，感知质量越高。

（5）责备归因与感知质量、购买意愿的关系假设。

产品属性变化影响顾客归因，而归因模式会影响消费者的行为。Folkes（1984）指出，归因之所以重要是因为它构成了持久而重要的顾客判断的基础。

Jorgensen（1994）在对一起严重的公司灾难（毁灭性的坠机事件）的研究中证明了Weiner的模型，

发现顾客对事故原因的归因改变了他们对公司的态度，同时也改变了他们的消费行为。Klein 等（2004）在对产品伤害的研究中指出，消费者对危机的责备归因会影响消费者的品牌评价，进而影响他们对于产品的购买意愿，对公司责备更重的消费者，其对公司产品的购买意愿也下降更多。以上研究表明，根据归因的 3 个维度来说，当顾客越认为伤害产生的原因是外部的、伤害的发生是偶然而非持久的、公司对伤害并没有控制力时，顾客对公司的归因越小，责备越少，因而其对公司产品购买意愿越高。基于此，我们做出如下假设 H4。

H4：消费者责备归因对购买意愿有显著影响。顾客越多地归因于企业外部，购买意愿越高。

Brucks 等（2000）认为，当顾客评估一个产品质量时，他可能不会评估关于产品质量的所有内容，而仅仅是关注与某些相关的维度。在产品伤害危机事件下，顾客在对产品进行评价，形成其感知质量时，一个重要的维度就是企业对伤害事件应该负多大的责任，如果顾客认为伤害事件是经常而非偶尔发生的，企业对伤害事件的控制力度不够，那么，顾客就会对产品的质量稳定性、企业对产品质量是否具有控制能力产生负面的评价。同时，根据控制理论，当顾客归因于企业外部时，他会认为企业对产品本身是具有较高的控制能力的，从而其感知质量也会提高。据此，本书做出以下假设 H5。

H5：责备归因对感知质量有显著影响，顾客越多地归因于企业外部，感知质量越高。

（6）感知质量与购买意愿的关系假设。

感知质量与购买意愿间的关系，前人已做了大量研究。感知质量是影响消费者购买意愿的一个主要的变量，Monroe 和 Krihnan（1985）提出了价格、感知质量、感知价格、感知付出和购买意向之间的关系模型。在这个模型中，感知价值是由消费者对感知质量与感知付出之间的衡量决定，当感知质量大于感知付出时，表明消费者对此产品或服务有正面的感知价值，因此感知质量会直接影响消费者的购买意向。同时，Carman 等（1990）也证实了感知质量与购买意愿间的直接正向关系，而 Cronin 等（1992）则证明感知质量与购买意愿间既有直接的正向关系，还有通过满意度等起作用的间接关系。消费者感知质量是影响其行为意向的一个重要决定因素，并且还直接影响了购买行为和向他人推荐意愿的产生。因此，得出如下假设 H6。

H6：感知质量对购买意愿有显著影响。感知质量越高，购买意愿越高。

（7）性别对产品属性变化影响的调节效应假设。

Laufer 的研究表明，女性消费者比男性消费者有更强的感知易受攻击性，因而其在产品伤害危机信息条件下所感到的个人容易受到伤害的威胁更大，而在此动机下，女性消费者更倾向于把伤害的责任归因到企业内部而不是外部。

在不同的产品属性变化下，当产品属性变化不积极时，女性更容易受到产品伤害危机信息的影响，而更多地归因于企业；从另一方面来说，当产品属性变化积极时，由于女性对于刺激的反应比男性强，因而其归因的变化会大于男性。

基于以上分析，本书得出以下假设 H7。

H7：性别对产品属性变化对消费者归因的影响具有调节作用。

（8）年龄对产品属性变化影响的调节作用。

从归因的动机来说，Fiske and Taylor（1991）认为其与感知的结果有关，人们认为伤害的结果越严重，越倾向于将伤害的原因归于一个特定的对象，这样会使不确定性减少，进而减少他们自己受伤害的可能。伤害程度的大小与个人的易受攻击性有关。Burger's（1981）指出当人们认为伤害与自己更有关时，更可能做出防卫性的归因。Heckhausen 和 Baltes（1991）的研究证明，人们认为老人面临着意志上、心理上和生理上的衰落，因而成为更易受攻击的人群。那么，老人可能因为其更易受攻击而更多地将伤害归因于企业。

从信息处理方式的因素来看,老人在归因中,对于信息处理的偏差更大,特别是当信息不清楚时,更容易选择简单的方式进行归因,因为产品属性变化所传递的关于产品属性和危机有关的信息不同,所以老人信息处理的偏差程度不同。

从先验信念来说,Laufer(2004)认为老人比年轻人更倾向于利用先验信念来进行责备归因,而较少地利用现有的信息进行归因。

综上所述,我们得出以下假设H8。

H8:年龄对于产品属性变化对消费者归因的影响具有调节作用。

12.5.5.3 研究设计

(1)实验设计。

本书采用实验法进行研究。我们采用茶饮料的产品伤害危机为刺激物。选择该产品的原因,一是食品类的产品,其伤害危机在消费者中会引起普遍的感知风险,二是该类产品伤害危机在现实中较为常见,有助于测试消费者的一般反应机制。我们设计了一个产品伤害危机的情景,包含了3种不同的企业产品属性变化(产品维持、缺陷改进、功能增强);相应地设计了3组问卷;每组问卷包括一个同样的产品伤害情景描述:某茶饮料产品由于氟含量超标而对人体有可能的伤害作用。为避免对被试现有品牌认知的干扰,采用了虚拟的品牌名称。在不同级别的问卷上,被试者会读到公司采取不同产品属性变化的文字描述。

(2)变量的测量。

本书的操纵变量为危机后产品属性变化,由实验控制,因变量包括责备归因、感知质量、购买意愿。量表设计出后经过了专家调查和预测试,最后对题项进行了文字调整和增删。

责备归因的测量。Winner提出的归因3项包括归因的位置、事件发生的频度和责任方对事件的可控性。Dawar(2004)在研究公司社会责任形象对产品伤害后危机的影响时,引入的归因变量包含了这3个测项,去检测消费者倾向于将危机的发生归因于公司的内部还是外部,他们认为这样的伤害是长期的还是暂时的,他们认为公司本应可以控制事件的发生或者是不可控的。Laufer等(2004)在研究男性和女性对产品伤害事件的责备归因差别时,仅用了关于事件发生的责任者的题项,让消费者判断伤害的责任应该更多地归于公司还是产品的使用者。本书采用了Winner所给出的测量维度,经过讨论,最后用了两个题项来测量消费者的责备归因:位置、事件发生的可能的频率。

感知质量的测量。Jacoby等(1971)指出感知质量与价格、产品内容特征、包装、品牌、生产者、广告、口碑、以往的消费经历有关。Stone-Romero等(1997)提出了一个包括产品无缺陷、耐用、外观和独特性的感知质量测量量表。Dodds等(1991)采用了5个题项来测量产品感知质量,包括可靠性、工艺、质量、可信度、耐用性,这个测量维度被很多研究者所采用。孙丽辉(2009)根据Dodds的量表,通过实验,重新设计了包括工艺、质量、可信度和耐用性的测项。

本书根据以上的量表进行调整,考虑到产品伤害危机的特殊情景,主要从产品质量的可靠性和稳定性两个方面来测量,形成3个测项:产品质量的可靠性、产品质量的稳定性、生产过程的可靠性。

购买意愿的测量。Fishbein从消费者态度的角度研究购买意愿,指出购买意愿受到消费者本人的态度和他人的态度两方面的影响,Dodds(1991)提出了购买意愿的测量包括考虑进行购买、购买的可能性、推荐他人购买的可能性3个题项。目前,学术界多数学者采用概念的延伸将购买意愿定义为消费者购买某种特定产品或品牌的主观概率或可能性(冯建英等,2006)。在本书中,购买意愿的测量,选用了进入消费者考虑集的可能性、购买的可能性两个测项。

(3)刺激物设计。

本书以2005年3月报道的××红茶含氟超标事件为基础事实,根据研究需要设计了一个茶饮料含氟超标的虚拟事件,在实验中隐去了真实的品牌以消除顾客品牌态度的差异。刺激物包含产品伤害危机事件和危机后产品属性变化两个部分，分别形成 3 种不同的模拟情景，每个情景包括相同的危机伤害事件和不同的危机后产品属性变化。刺激物内容如表 12-13 所示。

（4）问卷结构。

问卷分为两个部分，第一部分为在不同的情景下对消费者责备归因、感知质量和购买意愿的测量，第二部分包括对消费者性别、年龄、职业、教育程度和月收入的人口特征统计变量。问卷结构及题号如表 12-14 所示。

表 12-13　研究 1 刺激物设计

关于产品伤害危机的描述	关于危机后产品属性变化的描述
报纸报道： 氟是人体所必需的微量元素，它能促进骨骼发育、预防蛀牙。许多城市的自来水中都添加了一定量的氟化物，来促进市民的牙齿健康。但是物极必反，过量的氟化物会使人体骨骼密度过高、骨质变脆，从而导致疼痛、韧带钙化、骨质增生、脊椎黏合、关节行动不便等症状。 2008 年 1 月 22 日，有媒体称，经最新研究发现，某知名"AR"品牌的茶饮料里氟化物含量超标，过量饮用会引发骨骼氟中毒。其后"AR"茶饮料在中国宣布暂时退市，引起了市场的普遍关注	产品维持： 2008 年 3 月，"AK"茶饮料重新进入超市、便利店等进行销售，其产品成分含量、包装等并未改变 产品改进： 2008 年 3 月，"AK"茶饮料重新进入超市、便利店等进行销售，其产品成分含量并未改变，并在包装上以显著字体注明：本产品微量元素含量达到国家标准 功能增强： 2008 年 3 月，"AK"茶饮料重新进入超市、便利店等进行销售，其产品较原产品有两个改变，一是在包装上注明为维生素增强型产品，强调其产品较原产品增强了维生素摄入功能的饮料，二是注明本产品微量元素含量达到国家标准

表 12-14　研究 1 问卷结构

问卷项目	变量	测量维度	题号
第一部分	责备归因	位置	1
		频率	2
	感知质量	产品质量可靠性	3
		产品质量稳定性	4
		生产过程稳定性	5
	购买意愿	考虑的可能性	6
		购买的可能性	7
第二部分	人口统计	性别	1
		年龄	2
		职业	3
		教育	4
		月收入	5

（5）抽样设计。

本书目标总体为 18 岁以上消费者。出于对时间及成本考虑，采取便利抽样法，选定成都市 18 岁以上消费者为调查样本，进行问卷调查。

本问卷于 2008 年 5 月 1—31 日正式发送，在公园、超市等地对消费者进行了问卷调查。共发放问卷 350 份，回收 322 份，剔除 81 份填写不完整问卷和无效问卷，回收有效问卷 241 份，有效回收率为 68.8%。实验分组及被试者基本情况如表 12-15 所示。

表 12-15　实验分组情况

组别	A（产品维持）	B（缺陷改进）	C（功能增强）	合计
回收份数	70	83	88	241

12.5.5.4　数据分析

数据整体分析。有效样本 241 份人口统计变量描述如表 12-16 所示。

表 12-16 研究 1 样本特征

基本资料	项目	人数 / 人	百分比 /%
性别	男	123	51.04
	女	118	48.96
	合计	241	100.00
年龄	18～25 岁	50	20.75
	26～35 岁	93	38.59
	36～45 岁	54	22.41
	46～55 岁	15	6.22
	56～65 岁	18	7.47
	合计	241	100.00
学历	中学以下	6	2.49
	中学或中专	49	20.33
	大专	80	33.20
	本科	79	32.78
	硕士及以上	27	11.20
	合计	241	100.00

信度和效度检验。本书采用 Cronbach's α 系数法来检验问卷的信度。研究中的主要变量责备归因、感知质量和购买意愿的 Cronbach's α 值都在 0.731 以上，符合大于 0.700 的可接受标准，表明数据具有良好的信度。具体数据如表 12-17 所示。

表 12-17 测项信度及效度指标

变量	测量题项	Cronbach's α	因子负荷范围
责备归因	2	0.731	0.46～0.53
感知质量	3	0.779	0.66～0.79
购买意愿	2	0.868	0.87～0.89

效度包括内容效度和结构效度，本书各测项的建立均参照了前人的研究，对各测项与变量间的关系进行了整理，采用已经经过实证研究并已发表的量表为基础。在内容表达上，与 5 位博士以上学历的营销研究者进行了探讨，最终确定问卷题项，因而可以认为实验的内容效度比较理想。

结构效度又包括收敛效度和判别效度。本书利用 Lisrel 进行验证性因子分析，各参数 T 值大于 2，说明参数是显著的。同时因子负荷大于 0.46（因子负荷范围见表 12-17），可以认为量表具有较好的收敛效度。另外，各潜变量相关性显著低于 1，其置信区间内均不含有 1，表明本书中使用的测量具有良好的判别效度。

产品属性变化、责备归因、感知质量对购买意愿的作用检验。根据 Baron 等的建议，判断变量的中介作用往往根据 4 个条件，即自变量显

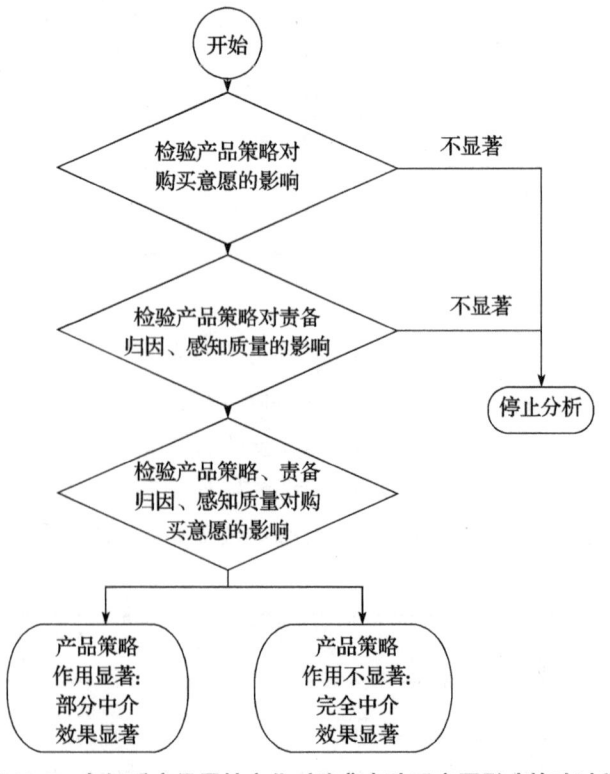

图 12-6 危机后产品属性变化对消费者购买意愿影响检验过程

著影响中介变量、中介变量显著影响因变量、自变量独立地显著影响因变量和当引入中介变量后自变量对因变量的影响变得不显著（完全中介作用）或显著度降低（部分中介作用）。

在本书中，具体的检验步骤如图 12-6 所示。

第一步，检验产品属性变化对购买意愿的影响。由于操纵变量"产品属性变化"为类别变量，因此本书采用方差分析。方差分析方法使用的前提是正态性和方差齐性。因此，首先进行归因、感知质量、购买意愿的正态检验。方差齐性的检验放在方差分析中进行。

利用 SPSS 的 Descriptive Statistics 对归因、感知质量、购买意愿进行偏度和峰度分析，得到的结果如表 12-18 所示。偏度系数和峰度系数都小于 1，可以认为近似正态分布。

表 12-18　研究 1 数据正态检验指标

	偏度系数	峰度系数	正态性
归因	−0.869	0.378	偏度系数和峰度系数都小于 1，可以认为近似正态分布
购买意愿	0.865	0.328	
感知质量	0.019	−0.459	

利用 SPSS16.0 的 AVONA 进行多元方差分析，检验危机后产品属性变化对购买意愿的影响，同时用 Homogeneity Tests 工具检验方差齐性。分析结果表明，Levene's Tests 检验的显著性为 0.072，大于 0.05，说明方差齐性，方差分析的结果可以采用。根据结果，危机后产品属性变化对于购买意愿具有显著的影响（df = 2，F = 13.788，Sig = 0.000），说明按产品属性变化分组的购买意愿差异显著，如表 12-19 所示。

表 12-19　产品属性变化下购买意愿的方差分析

自变量	因变量	df	F	Sig.
产品属性变化	购买意愿	2	13.788	0.000

按策略分组，各组购买意愿的均值如表 12-20 所示。根据均值分析结果显示，产品维持和产品改进，对于购买意愿的提高并没有太大差别，而功能增强产品对于购买意愿的增加明显高于前两者。分析结果说明，H1 部分地得到了验证。

表 12-20　产品属性变化下的购买意愿均值

策略	Mean of 购买意愿	N	Std.Deviation
产品维持	2.1286	70	1.37442
产品改进	2.1205	83	1.08085
功能增强	3.1365	88	1.75468
Total	2.4938	241	1.51553

第二步，检验危机后产品属性变化对责备归因、感知质量的影响。责备归因为因变量，产品属性变化为自变量，用 SPSS 的 Univariate 进行方差分析，Levene's Test 检验的显著性为 0.159，大于 0.05，说明方差齐性，方差分析的结果可以采用。方差分析结果如表 12-21 所示。产品属性变化对责备归因有显著影响（df = 2，F = 3.066，Sig. = 0.048）。

表 12-21　产品属性变化下责备归因方差分析

自变量	因变量	df	F	Sig.
产品属性变化	责备归因	2	3.066	0.048

以感知质量为因变量，以产品属性变化、责备归因为自变量，进行方差分析，Levene's Tests 检验的显著性为 0.054，大于 0.05，说明方差齐性，方差分析的结果可以采用。结果如表 12-22 所示。按产品属

性变化分组，感知质量的 P 值小于 0.05，说明产品属性变化对感知质量有显著影响，按归因分组，感知质量的 P 值小于 0.05，说明责备归因对感知质量有显著影响。

表 12-22 产品属性变化与责备归因下感知质量的方差分析

自变量	因变量	df	F	Sig.
产品属性变化	感知质量	2	19.847	0.000
责备归因	—	12	1.889	0.037

按策略分组，各组的责备归因、感知质量均值如表 12-23 所示。根据均值分析结果显示，产品维持、功能增强两组策略下消费者责备归因均值大于产品改进情况下责备归因，说明消费者在产品维持、功能增强两种策略下，更倾向于将危机的责任归于企业外部，因而较少地责备企业，相反，虽然产品改进明确地指出产品没有危机所涉及的伤害因素，但消费者更倾向于将危机的责任归于企业内部，因而较多地责备企业。这说明，H2 部分地得到验证。而不同策略情况下，消费者感知质量也有显著差别，根据产品属性变化的积极程度不同，产品维持策略其积极程度最低，因而感知质量也最低，产品改进策略积极程度高于产品维持策略，其感知质量均值也高于产品维持策略下的感知质量均值，所以功能增强最为积极，而其感知质量的均值也最高，H3 完全得到支持。责备归因对感知质量作用显著，H5 得到了验证。

表 12-23 产品属性变化下责备归因与感知质量均值

策略	Mean of 责备归因	Mean of 感知质量
产品维持	5.8875	3.0571
产品改进	5.4157	3.6542
功能增强	5.7784	3.4498
Total	5.6846	4.3220

第三步，检验产品属性变化、责备归因、感知质量对购买意愿的影响作用。以购买意愿为因变量，以产品属性变化、责备归因、感知质量为自变量，进行方差分析，Levene's Test 检验的显著性为 0.128，大于 0.05，说明方差齐性，方差分析的结果可以采用。方差分析结果如表 12-24 所示。产品属性变化、责备归因、感知质量对购买意愿的影响效果显著，说明中介效应和主效应同时存在。H4、H6 得到了验证。

表 12-24 产品属性变化、责备归因和感知质量对购买意愿影响的方差分析

自变量	因变量	df	F	Sig.
产品属性变化		2	5.555	0.004
责备归因	购买意愿	12	2.210	0.012
感知质量		18	5.759	0.000

性别、年龄对危机后产品属性变化影响的调节作用检验。根据温忠麟等（2006）对于有中介的调节效应的检验方法，第一步需要检验自变量、调节变量和两者的交互项对结果变量的影响，要求交互作用显著，以证明调节变量对自变量和结果变量之间的关系存在显著的调节效应。第二步需要检验自变量、调节变量和两者的交互作用对中间变量的关系，要求交互作用显著，以证明调节变量对自变量和中间变量的关系具有显著的调节效应。第三步应检验自变量、调节变量、中间变量、调节变量和自变量的交互项对结果变量的关系，要求中间变量的效应显著，说明中间变量对结果变量具有中介作用，而交互效应显著时，说明中介变量和交互效应同时对结果变量起作用，如果交互效应不显著，说明交互效应仅通过对中间变量的调节起作用。对于本书来说，检验的具体步骤如图 12-7 所示。

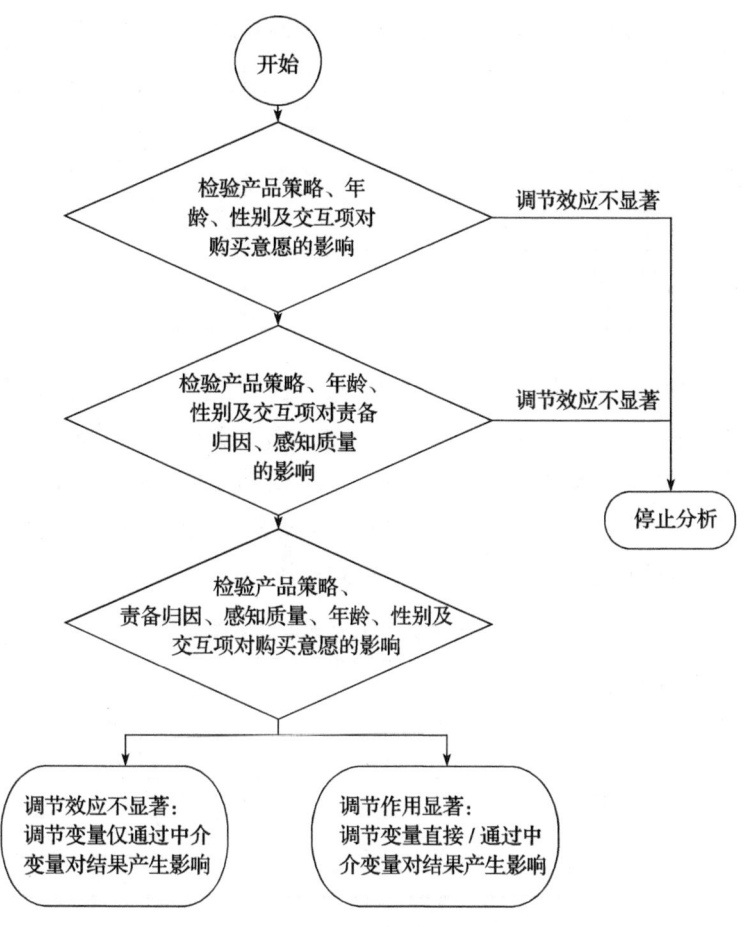

图 12-7 性别及年龄的调节效应检验过程

本书由于自变量（危机后策略）、调节变量（性别、年龄）均为类别变量，因此采用多因素方差分析进行估计。

首先，用多因素方差分析检验危机后策略与年龄、性别及策略与调节变量的交互项对购买意愿的作用。Levene's Test 检验的显著性为 0.289，大于 0.05，说明方差齐性，方差分析的结果可以采用。方差分析结果如表 12-25 在以购买意愿为因变量的方差分析中，我们发现策略与性别的交互项对购买意愿的影响显著，说明性别对危机后策略—购买意愿间的关系有显著的调节作用。策略与年龄的交互项对购买意愿没有显著影响，说明年龄的调节效应不显著，H8 不成立。

表 12-25 年龄、性别对购买意愿的影响方差分析

自变量	因变量	df	F	Sig.
策略	购买意愿	2	12.629	0.000
年龄		2	0.394	0.675
性别		1	2.776	0.097
策略 × 年龄		4	0.813	0.518
策略 × 性别		2	1.392	0.037

其次，我们以感知质量、责备归因为因变量，以策略、性别、策略与性别的交互项为自变量，进行方差分析，用 Box's Test 进行方差齐性检验，Box's Test 检验的显著性为 0.160，大于 0.05，说明方差齐性，方差分析的结果可以采用。结果如表 12-26 所示。根据分析结果，策略与性别的交互项对责备归因有显著影响，而对感知质量并无显著影响，说明性别调节了策略—责备归因的关系，H7 得到验证。

表 12-26 策略、性别对感知质量及责备归因影响方差分析

自变量	因变量	df	F	Sig.
策略	感知质量	2	17.659	0.000
	责备归因	2	3.152	0.045
策略 × 性别	感知质量	1	1.004	0.317
	责备归因	1	6.374	0.012
策略 × 性别	感知质量	2	0.251	0.778
	责备归因	2	4.763	0.009

最后，我们以购买意愿为因变量，以策略（自变量）、性别（调节变量）及策略与性别的交互项、再加责备归因、感知质量（中间变量）为自变量，进行方差分析，Levene's Test 检验的显著性为 0.051，大于 0.05，说明方差齐性，方差分析的结果可以采用。结果如表 12-27 所示。分析结果表明，感知质量、责备归因对购买意愿的影响显著，而策略与性别的交互项对购买意愿影响不显著，这说明性别对策略—购买意愿关系的调节效应只通过中间变量即责任归因起作用。

表 12-27 变量对购买意愿影响方差分析

自变量	因变量	df	F	Sig.
策略		2	5.331	0.006
感知质量		18	5.373	0.000
责备归因	购买意愿	12	2.115	0.017
性别		1	0.291	0.590
策略 × 性别		2	1.616	0.201

策略、性别交互效应：策略、性别对购买意愿的交互作用说明，当危机后产品属性变化越积极时，男性的购买意愿增加大于女性的购买意愿增加，如图 12-8 所示。

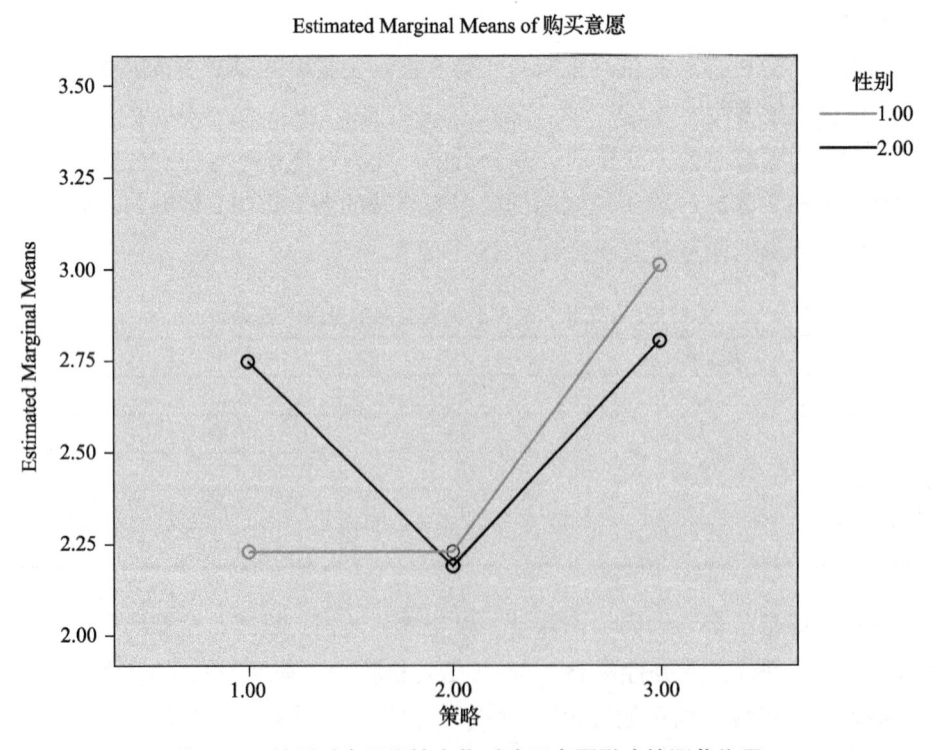

图 12-8 性别对产品属性变化对购买意愿影响的调节作用

12.5.5.5 结论与讨论

本书在实验1中检验了8个假设，其中H3（产品属性变化对感知质量的影响）、H4（归因对购买意愿的影响）、H5（责备归因对感知质量的影响）、H6（感知质量对购买意愿的影响）、H7（性别对产品属性变化—责备归因关系的调节作用）完全得到了验证，H1（产品属性变化对购买意愿的影响）、H2（产品属性变化对责备归因的影响）部分地得到了验证，H8（年龄对产品属性变化—责备归因的调节作用）没有得到验证。

（1）产品属性变化对购买意愿的影响有显著差异。

在对危机后产品属性变化对购买意愿的影响作用的研究中发现，第一，产品属性变化对购买意愿有显著的影响作用，产品维持和产品改进作用对购买意愿的影响差别不大，而功能增强策略对消费者购买意愿的提高明显高于前两者。第二，产品属性变化对责备归因有显著的影响作用，在产品维持和功能增强策略下，消费者更多地将危机归因于企业外部，而在产品改进策略下消费者更多地将危机归因于企业内部。第三，产品属性变化对感知质量有显著的影响，在产品维持策略下消费者感知质量最小，在产品改进策略下消费者感知质量较大，而在功能增强策略下消费者感知质量最大。第四，责备归因对购买意愿有显著影响，责备归因值越高，表明消费者越将危机的原因归于企业外部，消费者的购买意愿越强。第五，感知质量对购买意愿有显著影响，感知质量越高，购买意愿越强。

（2）性别对产品属性变化与购买意愿的关系有调节作用。

性别通过对产品属性变化—责备归因关系的调节，而对产品属性变化对购买意愿的作用有调节效应。首先，在产品维持策略下，女性和男性对于危机的责任归因明显不同，男性对于危机的责任更多地归于外部，而女性更多地归于企业，这是由于女性自我感知"易受攻击性"更强，因此更倾向于把责任归于企业有关；其次，在产品改进策略下，男性对于危机的责任与在产品维持策略下相比，反而更多地归于企业，这说明，产品改进策略虽然有助于强调"造成伤害的原因已经消失"这样一个事实，却在某种程度上反映了企业"反驳或对抗"的态度，因而引起消费者的反感，进而把责任更多地归因于企业。在功能增强策略下，消费者对企业的归因低于产品改进策略。心理学研究认为，无意反暗示是正面的暗示无意中起了相反的效果。在危机后的产品属性变化运用中，我们发现，产品属性变化对于消费者归因起到了无意反暗示的效应，这是由于对人们注意力的调动有关，消费者在接受了"造成伤害的原因已经消失"这样的信息的同时，也激起了消费者对于伤害本身的注意。

（3）只有功能增强策略能显著提高消费者的购买意愿。

根据数据分析结果，我们发现，一方面，消费者的感知质量与危机后策略显著相关，另一方面，我们发现，消费者的归因中，在产品改进策略下归因最低。其作用结果如表12-28所示。由此可知，产品维持策略，消费者对企业归责较少，但是感知质量最低；产品改进策略，消费者感知质量较高，但是对企业归责较多；功能增强策略，使消费者对企业归责较少，而感知质量最高，因此在此情况下的购买意愿最高。

表12-28 不同产品属性变化对消费者变量影响效果

危机后策略	产品维持	产品改进	功能增强
责备归因	归因于外部强	归因于外部弱	归因于外部较强
感知质量	最低	较高	高
购买意愿	低	低	高

（4）本书的启示。综合以上分析，将本书的结论进一步总结为三点：首先，既有助于引导消费者将危机责任归于企业外部，又有助于提高消费者感知质量的产品功能增强策略，才能有效提高消费者的购买意愿，有助于危机后的市场恢复。其次，企业在伤害后市场策略的采用中，应该避免无意反暗示效

应，使消费者出现归因偏差，将危机原因更多地归于企业。最后，对于不同性别的目标消费群体来说，企业应考虑到性别差异，女性消费者由于产品伤害危机的影响，其对企业的责备归因更多，对女性消费者对产品属性变化中的积极因素更不敏感，因而要考虑更有效的刺激方式来提高女性消费者的购买意愿。

12.5.5.6 本章小结

研究 1 主要讨论了产品伤害危机后的产品属性变化对于消费者购买意愿的影响。研究以产品伤害危机后产品属性变化作为操纵变量，以顾客归因和感知质量作为中间变量，研究不同产品属性变化对消费者购买意愿的影响。同时，引入了性别和年龄作为产品属性变化对购买意愿影响的调节变量。在厘清前人研究的基础上，结合产品伤害危机的特性和产品属性变化的作用，建立了本书的理论模型，并提出了有关变量间关系的 8 个假设，其中 6 个假设是关于主要研究变量间主效应和中介效应的假设，2 个假设是关于性别和年龄对于产品属性变化影响的调节效应的假设。

本书选择了实验法对假设进行验证。研究根据现实的产品伤害危机的实例为蓝本，设计了一个产品伤害危机的模拟情景，并根据研究需要，设计了对于不同的危机后产品属性变化的描述，以此作为刺激物，检验被试者在不同情景下责备归因、感知质量和购买意愿水平。

本书目标总体为 18 岁以上消费者。出于对时间及成本考虑，采取便利抽样法，选定成都市 18 岁以上消费者为调查样本，进行问卷调查。共发放问卷 350 份，回收 322 份，剔除 81 份填写不完整问卷和无效问卷，回收有效问卷 241 份，有效回收率为 68.8%。

在对数据进行了信度和效度检验的基础上，利用方差分析法，在检验了正态性和方差齐性的情况下，对主效应、中介效应和调节效应进行了检验。

研究得到的结论表明，首先，既有助于引导消费者将危机责任归于企业外部，又有助于提高消费者感知质量的产品功能增强策略，才能有效提高消费者的购买意愿。其次，伤害后市场策略的采用中，应该避免无意反暗示效应，使消费者出现归因偏差，将危机原因更多地归于企业。最后，对于不同性别的目标消费群体来说，女性消费者由于产品伤害危机的影响，其对企业的责备归因更多，女性消费者对产品属性变化中的积极因素更不敏感，因而要考虑更有效的刺激方式来提高女性消费者的购买意愿。

12.5.6 产品伤害危机后销售促进方式对消费者购买意愿影响研究

销售促进是企业经常采用的增加销售额的手段。在产品伤害危机后，产品重新进入市场，企业面对消费者对于产品感知风险增加，感知价值降低，这时，选用销售促进，为消费者提供更明显的刺激，从而激起消费者的购买意愿，不失为一种恢复市场的手段。然而，销售促进的形式多样，就算在同样的价格减让幅度的情况下，销售促进由于其形式的不同，因而对消费者也有不同的作用。什么形式的销售促进，能够有效地降低消费者感知风险，增加消费者感知价值呢？对于不同人口特征的目标消费者，销售促进的作用是一样的吗？本书通过对前人研究的梳理，同时根据产品伤害危机的特定情形，运用实验法，对销售促进形式对消费者购买意愿的影响、性别对销售促进形式影响的调节作用进行了探索。

12.5.6.1 概念与范围界定

（1）产品伤害危机后的销售促进形式。

科特勒（2000）定义销售促进为：包括各种多数属于短期性的刺激工具，用以刺激消费者和贸易商较迅速或较多地购买某一特定产品或服务。他指出，如果广告为消费者提供了购买的诱因，那么销售促进则提供了对于消费者购买的刺激。通常的促销工具包括样品、优惠券、现金折扣、特价包、赠品、奖品、光顾奖励、免费试用、产品保证、联合促销、交叉促销等形式及焦点陈列和商品示范等。总之，销售促进几乎包括了除人员推销、广告和公共关系以外的所有能够在短时间内刺激需求和鼓励购买的各种促销措施的总和。

根据不同的依据，研究者们对销售促进进行了不同的分类。根据诱因的时机和形式，Aaker（1973）

将销售促进分为短期诱因促销,比如价格折扣和赠品,长期诱因促销,如集点优惠券等。Davidson(1987)也据此将促销分为立即性销售促进和延缓性销售促进。Quelch(1989)综合了诱因提供的时间和形式,将销售促进分为立即降价、立即增加价值、延缓降价、延缓增加价值4种。Dommermuth(1989)、Campbell 和 Diamond(1990)按照刺激物是否能与产品单位价格直接比较,将销售促进工具分为金钱性的销售促进和非金钱性销售促进两种形式。金钱性的销售促进包括折扣、抵价券、优惠券等形式,而非金钱性的销售促进包括赠品促销、买赠、抽奖等形式。研究者们进一步发现,不一样的销售促进形式,对于消费者的刺激作用也是不同的。

在产品伤害危机后,企业为了尽快地吸引消费者重新购买产品,通常会采用销售促进的方式来试图刺激消费者,引起消费者的关注,并且通过给予消费者价格折扣或者更多价值来促进产品的销售。产品伤害危机后的销售促进方式,具有不同的形式,而常见的形式包括非金钱性的买赠(如买一赠一)或金钱性的折扣(如折价50%)。

本书将探索在相同的单位价格和总体价格的情况下,非金钱性的销售促进(买赠)和金钱性的销售促进(折价)对于产品伤害后的消费者购买意愿的影响。

(2)感知风险。

Shrivastava(1995)指出,与经济学中对风险的定义不同,心理学家将风险定义为人们对于可能遭遇的损失的感知。Mitchell(1999)认为感知风险是消费者对于预期的损失的主观判断。Bauer(1960)特别强调了感知风险的主观性,认为这与实际的风险是有差异的。用感知风险的理论来解释消费者的购买行为,则是指购买行为的后果是不确定的,消费者在做出购买决策时要承担不确定性的后果,而这种行为后果的不确定性,则包含消费中的感知风险。

Siomkos(1992)研究了产品伤害危机后的消费者感知危险,他指出,当产品伤害危机发生后,消费者的感知危险增加,同时,发生产品伤害危机的企业,企业声誉与消费者危机后感知危险有关,当企业声誉较高时,消费者危机后感知危险较小。Dawar 和 Pillutla(2000)研究了消费者期望对产品伤害危机后的感知风险的影响,其结论表明,顾客对企业的期望影响了他们对于危机后企业的态度,包括感知风险,进而影响了他们对于伤害后的产品的购买意愿。方正在研究中也引入了感知危险的概念,他的研究证实消费者的性别和年龄对产品伤害危机后的感知危险具有调节作用,同时企业和外界对于危机的不同应对主体和不同应对方式则在降低危机后感知危险的作用上具有差别。

本书采用 Rindfleisch 和 Crockett(1999)对感知风险的定义,感知风险是主观感知的财务风险、功能风险、身体风险、心理风险和社会风险的多维度风险组合。前人的研究表明,产品伤害危机会增加消费者的感知风险,因而会降低消费者的购买意愿。本书引入感知风险的目的,是为了探索危机后的销售促进方式在降低感知风险方面有什么样的作用,从而通过影响感知风险而影响购买意愿。

(3)感知价值。

研究者们早就注意到,顾客并不仅仅根据产品的质量或价格而做出购买决策。为此,研究者们提出了基于消费者主观感觉的感知价值这一概念。Zeithaml(1988)认为感知价值可以看作消费者对于产品或服务的总体效用评价,这种评价基于对感知到的获得和付出的衡量。基于这种定义的感知价值通常会用质量和价格之间的比较来体现,更倾向于对于金钱价值的衡量。同时,Zeithaml 也指出,不同的消费者的个体衡量是不一样的,有的消费者会更多地感知到低价产品的价值,而有的消费者会认为质量和价格处于某种平衡时有更高的感知价值。而 Schechter(1984)、Bolton 和 Drew(1991)等则认为仅仅用质量和价格的权衡来定义感知价值太简单。研究者们提出感知价值中应该包含更多的心理性因素。Holbrook 和 Hirschman(1982)提出应该注意消费过程中影响消费者的象征性因素、享乐性因素和审美性因素,而 Batra 和 Ahtola(1990)则认为独特性因素和享乐性因素,这些可以被看作是"想法或感觉"

的因素，应该作为衡量感知价值的一部分。Anderson 和 Narus（1998）定义感知价值是消费者在考虑供应者的供给物和其价格的基础上，付出供给者的要价而得到其所提供的经济、技术、服务和社会性利益的整体。

本书综合前人的结果，定义消费者感知价值是消费者通过衡量交易的成本，包括金钱、时间、体力、心理成本与所得到的利益包括功能、情感、社会利益之间的差别而对产品或服务的总体效用的主观评价。

本书引入消费者感知价值的目的，是为了探索消费者在产品伤害危机后，对企业的销售促进方式所提供的刺激的反应程度，进而研究销售促进方式对于购买意愿的影响。

12.5.6.2 研究模型与假设

（1）研究模型。

研究模型（见图 12-9）表达了危机后的销售促进对顾客购买意愿的作用机制。研究的自变量为"危机后销售促进"，研究的因变量为"购买意愿"；引入两个中间变量："感知风险"和"感知价值"。从现有的研究来看，销售促进方式对购买意愿、感知风险、感知价值均有影响，而感知风险和感知价值，对危机后的顾客购买意愿产生直接作用。另外，性别对危机后销售促进对感知风险、感知价值的影响产生调节作用，进而对购买意愿产生影响。该框架建立的目的，是为了研究在不同的销售促进形式下，感知风险和感知价值是如何被改变，进而影响消费者购买意愿；同时，还要研究不同的销售促进形式，其对消费者购买意愿影响的效用，以找出最为有效的销售促进工具。

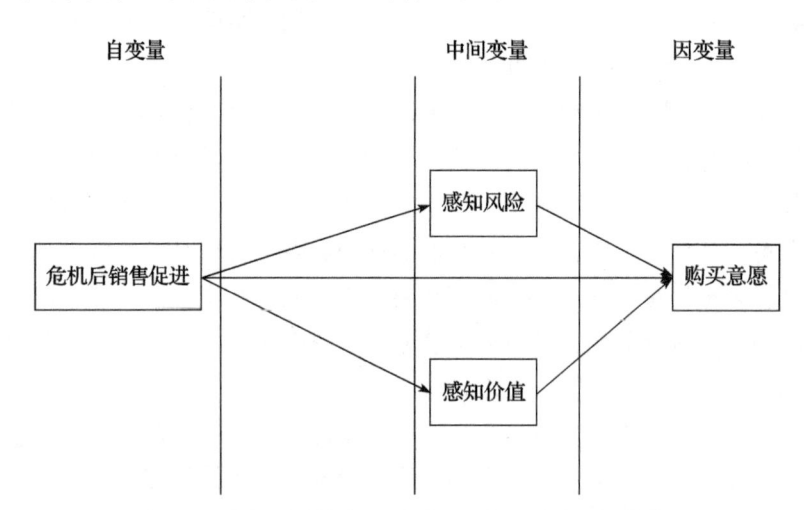

图 12-9 危机后销售促进对购买意愿影响研究模型

（2）销售促进与感知价值、购买意愿关系假设。

根据对销售促进分类及其作用的研究，研究者们认为价格折扣、买赠作为两种不同的销售促进方式，其作用是在不同的方面提高消费者的感知价值，价格折扣会让消费者直接感知到金钱方面的节省，而买赠则让消费者直接感知到产品数量方面的提高，从而提高其感知价值。这两种销售促进方式，其形式不同，一种是金钱形式，而另一种是非金钱形式，而其目的，都是为消费者提供刺激，促销消费者购买产品。

然而，由于刺激的不同，虽然是同样的价格减让幅度，却会使消费者的感知质量不同，从而其购买意愿也不同。

Thaler 等（1990）从心理账户的角度研究了消费者对交易的评价，通过对消费者评价不同的交易进而如何在记忆中对其编码的过程的探索。Thaler 指出，顾客对交易的获得或付出的心理计算建立在对于结果的不同反应上。从结果的角度，人们倾向于单独地看待获得而综合地看待付出。在面对销售促进时，当消费者将其理解为一种获得，因而单独地看待获得（如可以多得到一瓶洗发水），或者，当消费者将销售促进的结果仍然编码为付出，会综合地看待付出（如可以减少一半的价钱）。然而，有证据表明，到底消费者将促销视为一种获得还是对于付出的减少，似乎取决于促销的类型。Diamond 和 Campbell（1989）解释道，如果促销是金钱性的并且通过与价格本身相同的单位表现出来，那么消费者会更倾向于将其视为减少的付出，而当促销表现为非金钱的形式时（如附加的更多的产品），其表现的方式不同，会被视为一种获得。进而，他们的研究表明消费者更倾向于那些表现为获得的促销而不是表现为减少付出的促销。具体来说，当消费者面临"买一赠一"和"50%折扣"这两种不同的选择时，虽然两者的单位成本相同，然而消费者会将"买一赠一"视为一种获得，而将"50%"的折扣视为对付出的减少，这时，由于对"获得"的倾向性，消费者会更倾向于选择"买一赠一"的交易。

以上理论也得到了实证的证实，Munger 和 Grewal（2001）研究了买赠、价格折扣、返现这三种不同的销售促进方式对于对消费者的知觉质量、对价格的认可、感知价值、购买意愿的影响，其数据分析表明，在相同的单位价格下，消费者更倾向选择买赠这种销售促进方式，然后是价格折扣，而返现这种方式消费者的评价最差。

Chandon、Wansink 和 Laurent（2000）研究比较了"50%价格折扣""买一赠一"和"买二折扣50%"这三种不同的销售促进方式，在这三种方式的设计中，考虑到了单位成本和总成本两个内容，三种方式的单位成本是一样的，但是第一种方式，消费者只需要付出原价的一半就可以得到销售促进的利益，而后两种方式，消费者需要付出原价作为总成本，才能得到"原价一半"的单位成本的价格折扣。研究表明，"50%价格折扣"的消费者感知价值最大，"买一赠一"消费者感知价值次之，而"买二折扣50%"消费者感知价值最小。因此，研究中的买赠和价格折扣之间的差异，应该是在总成本和单位成本都相同的基础上（而不仅仅是单位成本相同）的比较。

在特定的产品伤害危机后消费者对产品价值感知风险增加、感知价值下降的双重作用下，对消费者的购买需要更明显的刺激，同时也是更有诱惑力的刺激。而"买赠"这种促销方式，消费者能够更积极地估计获得，因而成为更有效的销售促进手段。

在此基础上，本书做出以下假设。

H9：销售促进形式对消费者购买意愿的影响有显著差异，"买赠"形式下的购买意愿高于"价格折扣"形式下的购买意愿。

H10：销售促进形式对消费者感知价值的影响有显著差异，"买赠"形式下的感知价值高于"价格折扣"形式的感知价值。

感知价值对购买意愿的影响，已经有了很多研究。Snoj、Korda 和 Mumel（2004）指出，作为一种基本的逻辑，并体现在每个消费者身上的是，产品能满足消费者的期望价值是他采取交易行为的基本的动机。而 Mazumdar（2005）也明确指出，购买意愿一般是通过对可能付出的成本和可能获得的收益仔细权衡后所做出的。很多研究者在实证中也证实了感知价值与购买意愿间的关系。在本书中，感知价值作为为销售促进与购买意愿间的中间变量，我们提出以下假设。

H11：感知价值对购买意愿有显著影响，感知价值越高，购买意愿越高。

（3）销售促进与感知风险关系假设。

研究销售促进对感知风险的影响，可从消费者对销售促进的认知、消费者对销售促进的信息处理两个方面来探讨。

从消费者对销售促进的认知来说，Raghubir 和 Corfman（1999）的研究表明，价格折扣虽然可以创造出金钱性刺激，吸引消费者产生购买意愿，但关于产品价格折扣的信息同时也会让消费者联想到较差的质量，价格促销所预期因经济诱因的销售量增加也可能会被抵销，甚至对其品牌评价产生负面影响。这说明折扣提供了明显的经济诱因，但是折扣所提供的低价，同时也为消费者造成"产品质量不可靠""产品品牌较差"等联想，从而增加感知风险。Dickson 和 Sawyer（1990）也发现，当消费者认知到所购买的商品为特价促销品时，其对于该商品的品牌评价会降低。然而在非价格促销方面，Seipel（1971）发现赠品活动并不会影响消费者对产品的态度。

从消费者对销售促进信息的处理来看，不同的销售促进所要求消费者付出的处理精力是不一样的。Diamond 等（1989）的研究显示，对于买赠信息的评价难度要大于对于价格折扣信息的评价。而是否愿意对信息投入更多的精力进行处理则取决于产品购买的卷入程度。卷入程度越高，消费者愿意投入的精力更多。根据 Moore 和 Olshavsky（1989）的研究发现，他们认为消费者在面对不寻常的刺激时，消费者愿意投入较多的精力对销售促进信息进行处理，从而降低感知风险。

以上分析说明，在产品伤害危机发生后，消费者的感知风险增加，而买赠是比价格折扣更能够降低感知风险的销售促进方式，故而本书假设如下。

H12：销售促进形式对感知风险的影响有显著差异，消费者"买赠"形式下的感知风险低于在"价格折扣"下的感知风险。

Mitchell（1999）认为，感知风险和感知价值是影响消费购买的两个因素，同时他认为消费者对两者的重视程度是不同的，消费者更愿意降低风险而不是提高其感知价值，因而感知风险更能够解释消费者的购买决策。科特勒（1997）也指出，消费者改变、推迟或者取消购买决策，更大程度上是受到了感知风险的影响。据此，我们可以认为，感知价值是促使消费者做出购买决定的因素，而感知风险则在一定程度上使消费者重新衡量购买决策，因而影响其最终决策。

在本书中，感知风险作为销售促进与购买意愿关系的中间变量，提出以下假设。

H13：感知风险对购买意愿有显著影响，感知风险越大，购买意愿越低。

（4）性别对销售促进与购买意愿间关系的调节作用。

Iinucane、Slovic 等（2000）的研究表明，不同性别间的感知风险有显著差异，女性的感知风险高于男性。同时，当实际风险越高时，性别间的感知风险差异越高，也就是说，在面对高风险的情境时，女性的感知风险更加高于男性。

Campbell（1999）指出从生物学角度来说，进化的差异使得女性更表现为谨慎而非进取。Stets 和 Strauss（1990）指出女性身体比男性较弱，使得她们比男性更感到易受攻击。Harris 和 Miller（2000）指出女性从社会性的角度来说也更加地感到易受攻击，而在面对风险时女性更加害怕成为受害者。

以上理论说明，在产品伤害危机后，由于更害怕成为受害者，女性的感知风险增加更大，同时，女性对信息更加敏感，那么销售促进的信息有助于使女性更容易降低感知风险。所以，本书得出以下假设。

H14：性别对销售促进对感知风险的影响具有调节作用。

性别对感知价值的影响研究表明了性别间感知价值的差异。陈新辉、金鑫（2007）的研究表明，不同性别在经济性价值重要性评判方面有显著性差异，男性比女性更侧重于经济性价值，这也许是男性消费者更趋于理性，对经济支出比较敏感的缘故。而杨宜苗（2010）通过错过销售促进的研究表明，当消费者因为外界原因或自身原因，没有得到销售促进的利益时，女性消费者的感知价值的损失要大于男性消费者。

以上研究说明，首先女性更愿意细致地衡量销售促进的信息进而理解其意义，而男性对经济性的刺激反应明显。因此，我们假设如下。

H15：性别对销售促进对感知价值的影响具有调节作用。

12.5.6.3　研究设计

（1）实验设计。

本书采用实验法进行研究。与研究1同样采用茶饮料的产品伤害危机为刺激物。同时，我们设计了一个产品伤害危机后的情景，包含了两种不同的企业销售促进（买赠、价格折扣）；相应地设计了二组问卷；每组问卷包括一个同样的产品伤害情景描述：某茶饮料产品由于氟含量超标而对人体有可能的伤害作用。为避免对现有品牌认知的干扰，采用了虚拟的品牌名称。在不同组别的问卷上，被试者会读到公司采取不同销售促进的文字描述。

（2）变量的测量。

本书的操纵变量为危机后销售促进方式，由实验控制，因变量包括：感知风险、感知价值、购买意愿。量表设计出后经过了专家调查和预测试，最后对题项进行了文字调整和增删。

①感知风险的测量。

Dawar在研究消费者产品伤害危机后感知风险时，运用了直接询问的方式，要求消费者对其感受到的风险进行1～5点的打分。Siomkos研究消费者感知危险时也用了同样的方法。

Jacoby和Kaplan（1972）对风险认知的结构进行了操作化的研究，识别出了财务、功能、身体、心理和社会5种风险维度。加上Peter和Tarpey所提出的时间风险，所涵盖的范围较广，能够包含其他学者所提出的风险因素。因此，许多对感知风险的研究采用的都是这6个维度。

本书在Jacoby和Kaplan提出的5个维度的基础上，最后形成4个测项：财务风险、功能风险、身体风险、心理风险。利用1～7点进行打分，其中7为感知风险最高，1为感知风险最低。

②感知价值的测量。

Newman和Gross（1991）提出了关于感知价值的测量模型，他们提出了5个关于感知质量的维度：社会因素、情感因素、功能因素、认知因素和环境因素。Sweeneya和Soutarb在综合功能性因素和心理性因素中提出了包括质量、情感、价格、社会4方面因素的测量维度。

由于本书主要集中于对消费者感知价值的综合评价，因此采用直接询问的方式测量消费者感知价值的大小，让消费者对于"我认为很值得在赠品/折扣促销时购买AK产品"进行打分，7分为感知价值最高，1分为感知价值最低。

③购买意愿的测量。

Fishbein从消费者态度的角度研究购买意愿，指出购买意愿受到消费者本人的态度和他人的态度两方面的影响。Dodds（1991）提出了购买意愿的测量包括考虑进行购买、购买的可能性、推荐他人购买的可能性3个题项。目前学术界多数学者采用概念的延伸将购买意愿定义为消费者购买某种特定产品或品牌的主观概率或可能性（冯建英等，2006）。在本书中，购买意愿的测量，选用了进入消费者考虑集的可能性、购买的可能性两个测项。

（3）刺激物设计。

本书以2005年3月报道的××红茶含氟超标事件为基础事实，根据研究需要设计了一个茶饮料含氟超标的虚拟事件，在实验中隐去了真实的品牌以消除顾客品牌态度的差异。刺激物包含产品伤害危机事件和危机后销售促进两个部分，分别形成两种不同的模拟情景，每个情景包括相同的危机伤害事件和不同的危机后销售促进方式。刺激物内容如表12-29所示。

表 12-29 研究 2 刺激物设计

关于产品伤害危机的描述	关于危机后销售促进方式的描述
报纸报道： 氟是人体所必需的微量元素，它能促进骨骼发育、预防蛀牙。许多城市的自来水中都添加了一定量的氟化物，来促进市民的牙齿健康。但是物极必反，过量的氟化物会使人体骨骼密度过高、骨质变脆，从而导致疼痛、韧带钙化、骨质增生、脊椎黏合、关节行动不便等症状 2008年1月22日，有媒体称，经最新研究发现，某知名"AR"品牌的茶饮料里氟化物含量超标，过量饮用会引发骨骼氟中毒。其后"AR"茶饮料在中国宣布暂时退市，引起了市场的普遍关注	价格折扣： 2008年3月，"AK"茶饮料重新进入超市、便利店等进行销售，并有明显促销标志，写明买两瓶打五折 买赠策略： 2008年3月，"AK"茶饮料重新进入超市、便利店等进行销售，并有明显促销标志，写明买一赠一

（4）问卷结构。

问卷分为两个部分，第一部分为在不同的情景下对消费者感知风险、感知价值和购买意愿的测量，第二部分包括对消费者性别、年龄、职业、教育程度和月收入的人口特征统计变量。问卷结构及题号详见表 12-30。问卷的详细内容请参见附录 2。

表 12-30 研究 2 问卷结构

问卷项目	变量	测量维度	题号
第一部分	感知风险	财务风险	1
		功能风险	2
		心理风险	3
		身体风险	4
	感知价值	感知价值	5
	购买意愿	考虑的可能性	6
		购买的可能性	7
第二部分	人口统计	性别	1
		年龄	2
		职业	3
		教育	4
		月收入	5

（5）抽样设计。

本书目标总体为18岁以上消费者。出于对时间及成本考虑，采取便利抽样法，选定成都市18岁以上消费者为调查样本，进行问卷调查。

本问卷于2008年10月1—31日正式发送，在公园、超市等地对消费者进行了问卷调查。共发放问卷650份，回收589份，剔除57份填写不完整问卷和无效问卷，回收有效问卷534份，有效回收率为82.2%。实验分组及被试基本情况见表12-31。

表 12-31 研究 2 实验分组情况

组别	A（价格折扣）	B（买赠）	合计
回收份数	275	259	534

12.5.6.4 数据分析

（1）数据整体分析。

①样本资料描述。有效样本534份人口统计变量描述如表12-32所示。

表 12-32　研究 2 样本描述

基本资料	项目	人数/人	百分比/%
性别	男	310	58.05
	女	224	41.95
	合计	534	100.00
年龄	18～25 岁	210	39.33
	26～35 岁	140	26.22
	36～45 岁	107	20.04
	46～55 岁	56	10.49
	56～65 岁	21	3.93
	合计	534	100.00

②信度和效度检验。本书采用 Cronbach's α 系数法来检验问卷的信度。研究中的主要变量感知风险、购买意愿的 Cronbach's α 值都在 0.694 以上，基本属于可接受标准，表明数据具有良好的信度。具体数据见表 12-33。

表 12-33　测项信度效度指标

变量	测量题项	Cronbach's α	因子载荷取值范围
感知风险	4	0.807	0.573～0.626
购买意愿	2	0.694	0.533～0.586

效度包括内容效度和结构效度，本书各测项的建立均参照了前人的研究，对各测项与变量间的关系进行了整理，采用已经经过实证研究并已发表的量表为基础。在内容表达上，与 5 位博士以上学历的营销研究者进行了探讨，最终确定问卷题项，因而可以认为实验的内容效度比较理想。

结构效度又包括收敛效度和判别效度。本书利用 Lisrel 进行验证性因子分析，各参数 T 值大于 2，说明参数是显著的。同时，因子负荷大于 0.533，可以认为量表具有较好的收敛效度。另外，各潜变量相关性显著低于 1，其置信区间内均不含有 1，表明本书中使用的测量具有良好的判别效度。

（2）销售促进、感知风险、感知价值对购买意愿的影响研究。

如研究 1，仍然首先进行中介变量的检验，具体的检验步骤如图 12-10 所示。

第一步，检验销售促进对购买意愿的影响。由于操纵变量"销售促进"为类别变量，因此本书采用方差分析。方差分析方法使用的前提是正态性和方差齐性。因此，首先进行感知风险、感知价值、购买意愿的正态检验。方差齐性的检验放在方差分析中进行。

利用 SPSS 的 Descriptive Statistics 对归因、

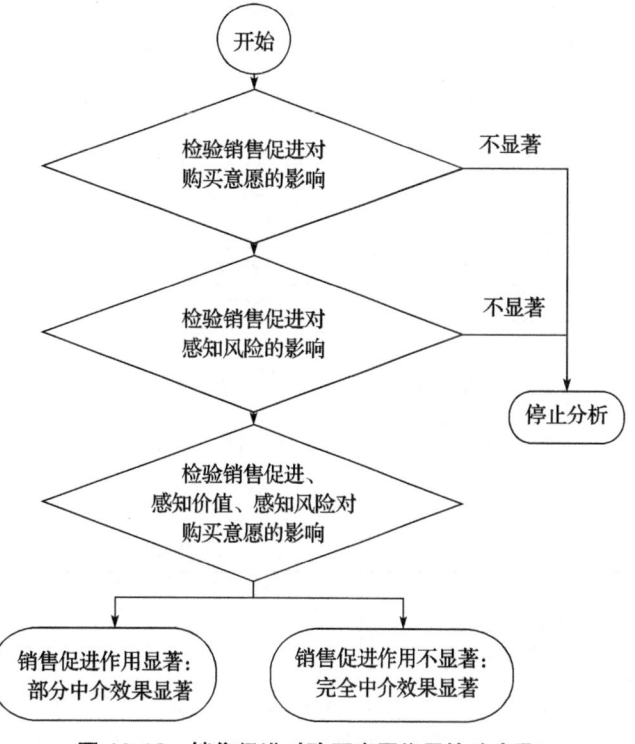

图 12-10　销售促进对购买意愿作用检验步骤

感知质量、购买意愿进行偏度和峰度分析，得到的结果如表12-34所示。偏度系数和峰度系数都小于1，可以认为近似正态分布。

表12-34 变量正态性检验指标

	偏度系数	峰度系数	正态性
感知风险	0.040	−0.709	偏度系数和峰度系数绝对值小于1，可以认为近似正态分布
感知价值	−0.338	−0.869	
购买意愿	0.064	−0.929	

利用SPSS16.0的AVONA进行多元方差分析，检验危机后销售促进对购买意愿的影响，同时用Homogeneity Tests工具检验方差齐性。分析结果表明，Levene's Tests检验的显著性为0.716，大于0.05，说明方差齐性，方差分析的结果可以采用。根据结果，危机后销售促进形式对于购买意愿具有显著的影响，说明按销售促进分组的购买意愿差异显著，如表12-35所示。

表12-35 销售促进下的购买意愿方差分析

自变量	因变量	df	F	Sig.
销售促进	购买意愿	1	5.686	0.017

按销售促进形式分组，各组购买意愿的均值如表12-36所示。根据均值分析结果显示，买赠的购买意愿明显高于价格折扣，H9得到了验证。

表12-36 不同策略下的购买意愿均值

策略	Mean of 购买意愿	N	Std.Deviation
价格折扣	2.7200	275	1.72036
买赠	3.0753	259	1.72114
Total	4.0660	534	1.72829

第二步，检验危机后销售促进对感知风险、感知价值的影响。

以感知价值为因变量，以销售促进为自变量，进行方差分析，Levene's Tests检验的显著性为0.063，大于0.05，说明方差齐性，方差分析的结果可以采用。结果如表12-37所示。按销售策略分组，感知价值的P值小于0.05，说明销售促进对感知价值有显著影响。

表12-37 销售促进下的感知价值方差分析

自变量	因变量	df	F	Sig.
销售促进	感知价值	1	6.782	0.009

以感知风险为因变量，销售促进为自变量，用SPSS的Univariate进行方差分析，Levene's Test检验的显著性为0.852，大于0.05，说明方差齐性，方差分析的结果可以采用。方差分析结果如表12-38所示。销售促进对感知风险有显著影响。

表12-38 销售促进下的感知风险方差分析

自变量	因变量	df	F	Sig.
销售促进	感知风险	1	14.270	0.008

按销售促进分组，各组的感知风险、感知价值均值如表12-39所示。根据均值分析结果显示，买赠的感知风险小于价格折扣，买赠的感知价值高于价格折扣。H10、H12得到了验证。

表 12-39　不同销售促进下的感知风险和感知价格均值

策略	Mean of 感知风险	Mean of 感知价值
价格折扣	3.8927	2.7818
买赠	3.5656	3.1931
Total	3.7431	2.9813

第三步，检验销售促进、感知风险、感知价值对购买意愿的影响作用。以购买意愿为因变量，以销售促进、感知风险、感知价值为自变量，进行方差分析，Levene's Test 检验的显著性为 0.116，大于 0.05，说明方差齐性，方差分析的结果可以采用。方差分析结果如表 12-40 所示。销售促进对购买意愿的影响效果不显著，感知风险和感知价值对购买意愿影响效果显著，对购买意愿的影响效果显著，说明销售促进对购买意愿的影响通过感知风险和感知价值的中介作用体现。H11、H13 得到了验证。

表 12-40　各变量下的购买意愿方差分析

自变量	因变量	df	F	Sig.
销售促进	购买意愿	1	0.687	0.408
感知风险		24	9.330	0.000
感知价值		6	2.220	0.040

（3）性别对危机后销售促进影响的调节作用检验。

与研究 1 一样，本书采用温忠麟等对于有中介的调节效应的检验方法，对性别对危机后销售促进影响的调节作用进行检验。本书检验的具体步骤如图 12-11 所示。

本书由于自变量（销售促进）、调节变量（性别）均为类别变量，因此采用多因素方差分析进行估计。

首先，用多因素方差分析检验销售促进、性别及其交互项对购买意愿的作用。Levene's Test 检验的显著性为 0.120，大于 0.05，说明方差齐性，方差分析的结果可以采用。方差分析结果如表 12-41 所示。在以购买意愿为因变量的方差分析中，我们发现策略与性别的交互项对购买意愿的影响显著，说明性别对危机后销售促进—购买意愿间的关系有显著的调节作用。

其次，我们以感知风险、感知价值为因变量，以销售促进、性别、销售促进与性别的交互项为自变量，进行方差分析，用 Box's Test 进行方差齐性检验，Box's Test 检验的显著性为 0.338，大于 0.05，说明方差齐性，方差分析的结果可以采用。结果如表 12-42 所示。根据分析结果，销售促进与性别的交互项对感知风险有显著影响，而对感知价值并无显著影响，说明性别调节了销售促进—感知风险的关系。H15 没有得到验证。

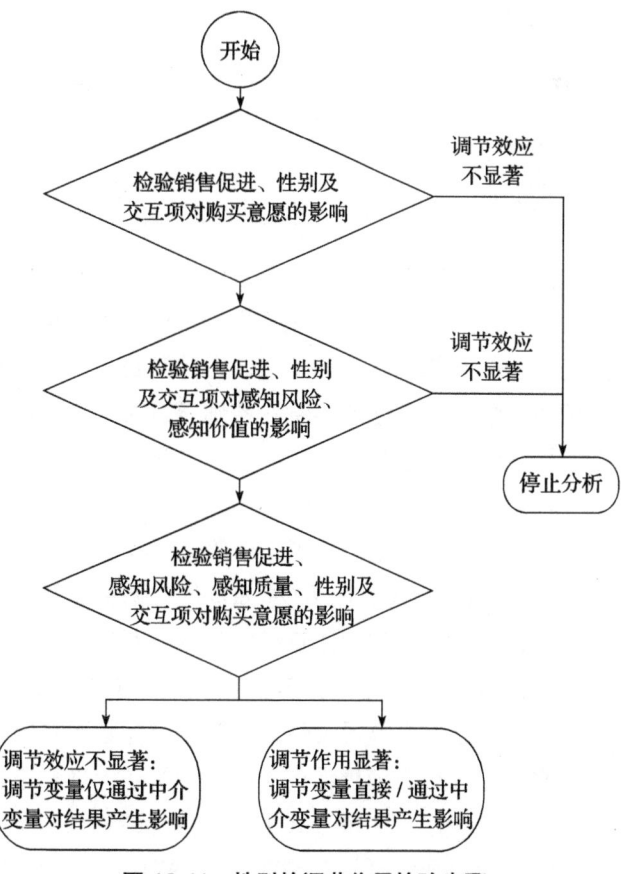

图 12-11　性别的调节作用检验步骤

表 12-41　性别对购买意愿的调节效应分析

自变量	因变量	df	F	Sig.
销售促进	购买意愿	1	3.879	0.049
性别		2	0.711	0.492
策略 × 性别		1	3.915	0.032

表 12-42　性别对感知风险和感知价值的调节效应分析

自变量	因变量	df	F	Sig.
销售促进	感知风险	1	4.257	0.040
	感知价值	1	4.247	0.040
性别	感知风险	2	2.579	0.077
	感知价值	2	1.452	0.235
销售促进 × 性别	感知风险	1	4.938	0.027
	感知价值	1	3.376	0.067

最后，我们以购买意愿为因变量，以销售促进、性别及销售促进与性别的交互项、再加感知风险、感知价值为自变量，进行方差分析，Levene's Test 检验的显著性为 0.315，大于 0.05，说明方差齐性，方差分析的结果可以采用。结果如表 12-43 所示。分析结果表明，感知风险、感知价值对购买意愿的影响显著，而销售促进与性别的交互项对购买意愿影响不显著，这说明，性别对销售促进—购买意愿关系的调节效应，只通过中间变量即感知风险起作用。H14 得到了验证。

表 12-43　各变量对购买意愿作用的方差分析

自变量	因变量	df	F	Sig.
销售促进	购买意愿	1	0.693	0.406
感知风险		24	9.343	0.000
感知价值		6	2.994	0.045
性别		2	0.398	0.672
销售促进 × 性别		1	0.162	0.688

性别的调节效应：销售促进、性别对感知风险的交互作用说明，销售促进的形式对男性的感知风险影响大于对女性的影响。在价格折扣形式下，男性与女性都处于较高的感知风险，而在买赠形式下，女性消费者的感知风险变化不大，男性消费者的感知风险明显下降。销售促进形式对男性购买意愿的影响大于对女性购买意愿的影响。性别通过对感知风险的调节，进而调节了消费者的购买意愿。在买赠形式下的男性的购买意愿大于在价格折扣形式下的女性购买意愿，如图 12-12 和图 12-13 所示。

12.5.6.5　结论与讨论

本书在实验 2 中检验了 7 个假设，其中 H9（销售促进形式对购买意愿的影响）、H10（销售促进形式对感知价值的影响）、H11（感知价值对购买意愿的影响）、H12（销售促进形式对感知风险的影响）、H13（感知风险对购买意愿的影响）、H14（性别对销售促进—感知风险关系的调节作用）完全得到了验证，H15（性别对销售促进—感知价值的调节作用）没有得到验证。

（1）销售促进形式对购买意愿影响有显著差异。

通过对危机后销售促进形式对购买意愿的影响作用的研究发现，首先，销售促进形式对购买意愿有显著的影响作用，买赠形式下，消费者的购买意愿较高，而价格折扣形式下，消费者购买意愿较低。其次，销售促进形式通过对消费者的感知风险和感知价值的作用而对购买意愿产生影响。在买赠形式下，消费者的感知风险低于价格折扣形式下的感知风险,而买赠形式下的消费者感知价值高于价格折扣形式下的感知价值。

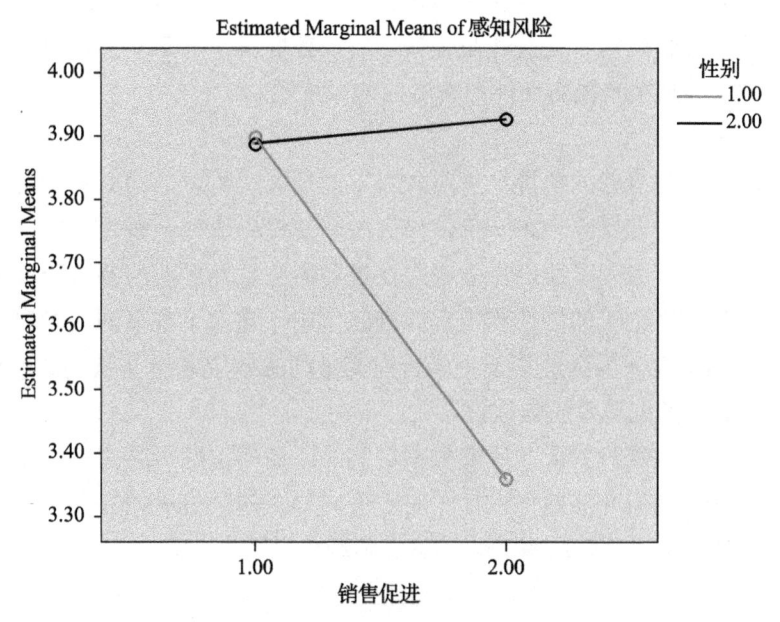

图 12-12　性别、销售促进对感知风险的交互作用

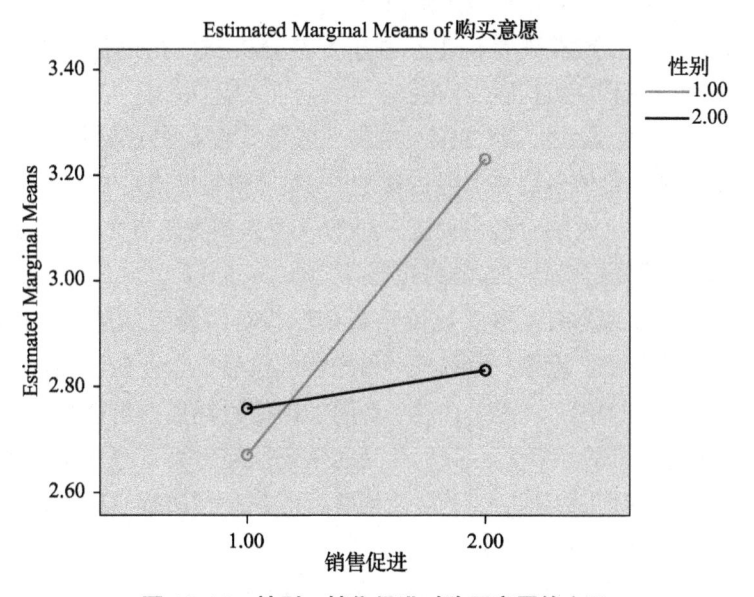

图 12-13　性别、销售促进对购买意愿的交互

(2)性别对销售促进与购买意愿的关系有调节作用。

性别通过调节感知风险而调节购买意愿。首先,性别对销售促进形式—感知风险间的关系有显著的调节作用,当使用价格折扣形式的销售促进时,男性和女性消费者感知风险相同,而当使用买赠的形式进行销售促进时,男性的感知风险明显降低,而女性的感知风险没有变化。其次,性别通过对感知风险的调节进而影响了不同性别消费者的购买意愿。当使用价格折扣形式的销售促进时,男性和女性消费者购买意愿差别不大,而当使用买赠形式的销售促进时,男性消费者购买意愿的增加明显大于女性。

(3)本书的启示。

综合以上分析,将本书的结论进一步总结为两点:第一,买赠形式比价格折扣形式对消费者的感知风险降低效果更强，同时其对消费者的感知价值提高效果也更强，因而在产品伤害危机后，企业应该更注意选择类似买赠形式的非金钱促销来重新获得消费者的信任。第二，对于不同性别的目标消费群体来说，企业应考虑到性别差异，女性消费者在产品伤害危机的影响下，对于产品的感知风险更高，感知价值更低，同时不论是非金钱性的销售促进还是金钱性的销售促进，对于女性消费者的购买意愿提高作用都不大，企业应该考虑其他途径来提高女性消费者的购买意愿。

12.5.6.6 本章小结

研究2讨论了产品伤害危机后的销售促进形式对于消费者购买意愿的影响。研究以产品伤害危机后销售促进作为操纵变量，以感知风险和感知价值作为中间变量，研究金钱性和非金钱性的销售促进对消费者购买意愿的影响。同时，引入了性别作为销售促进对购买意愿影响的调节变量。在对前人研究进行梳理的基础上，结合产品伤害危机的特性和销售促进的作用，建立了本书的理论模型，并提出了有关变量间关系的7个假设，其中5个假设是关于主要研究变量间主效应和中介效应的假设，2个假设是关于性别对于销售促进形式影响的调节效应的假设。

本书选择了实验法对假设进行验证。研究根据现实的产品伤害危机的实例为蓝本，设计了一个产品伤害危机的模拟情景，并根据研究需要，设计了对于不同形式的危机后销售促进的描述，以此作为刺激物，检验被试者在不同情景下的感知风险、感知价值和购买意愿水平。

本书目标总体为18岁以上消费者。出于对时间及成本考虑，采取便利抽样法，选定成都市18岁以上消费者为调查样本，进行问卷调查。共发放问卷650份，回收589份，剔除57份填写不完整问卷和无效问卷，回收有效问卷534份，有效回收率为82.2%。

在对数据进行了信度和效度检验的基础上，利用方差分析法，在检验了正态性和方差齐性的情况下，对主效应、中介效应和调节效应进行了检验。

本书在实验2中检验了7个假设，其中H1（销售促进形式对购买意愿的影响）、H2（销售促进形式对感知价值的影响）、H3（感知价值对购买意愿的影响）、H4（销售促进形式对感知风险的影响）、H5（感知风险对购买意愿的影响）、H6（性别对销售促进—感知风险关系的调节作用）完全得到了验证，H7（性别对销售促进—感知价值的调节作用）没有得到验证。

研究得到的结论表明，首先，买赠形式比价格折扣形式对消费者的感知风险降低效果更强，同时其对消费者的感知价值提高效果也更强，因而在产品伤害危机后，企业应该更注意选择类似买赠形式的非金钱促销来重新获得消费者的信任。其次，对于不同性别的目标消费群体来说，企业应考虑到性别差异，女性消费者在产品伤害危机的影响下，对于产品的感知风险更高，感知价值更低，同时不论是非金钱性的销售促进还是金钱性的销售促进，对于女性消费者的购买意愿提高作用都不大，企业应该考虑其他途径来提高女性消费者的购买意愿。

12.5.7 产品伤害危机后广告内容对消费者购买意愿影响研究

伤害危机后的广告通常要传达产品安全、企业责任等信息，而广告在危机后的效用比在危机前降低了。另外，通常产品广告传播的是产品特质的信息，对于消费者来说是更直接的刺激其购买行为的诱因，而企业广告传播的是企业形象，它通过增加消费者对企业的信任或好感，从而成为刺激消费者购买行为的间接诱因。在产品伤害危机后，消费者感知风险增加，而对品牌的态度转为消极时，两种广告是否仍然像在通常情况下一样起作用呢？这便是本书所要探讨的问题。

12.5.7.1 概念界定

（1）危机后广告内容。

①广告的定义。

广告是企业向消费者传递信息的重要手段，它具有引起消费者注意，引导消费者购买或传递某观念的作用。科特勒（2001）对广告的定义是由明确的主办人发起，通过付费的任何非人员介绍和促销其创意、商品或服务的行为。Bovee（1992）定义广告为一种非个人行为的信息沟通，通常是特定的主体通过付费而采用不同的媒体向大众传达关于产品、服务或创意的劝导性的信息。唐忠朴等在《实用广告学》一书中的定义为，广告是一种宣传方式，它通过一定的媒体，把有关商品、服务的知识或情报有计划地传递给人们，其目的在于扩大销售、影响舆论。营销意义上的广告是一种经济行为，广告的概念包括以下一些内容：首先，广告是付费行为。其次，它以促进销售或提高企业知名度、美誉度等为目标。再次，广告所传播的是关于产品、服务、创意、观念等的信息。最后，广告必须通过特定的媒体向消费者传播信息。

②广告的分类。

按广告目标进行分类。科特勒将广告按其目标分为通知性广告、说服性广告和提醒性广告。通知性广告主要功能用于一种产品的开拓阶段，其目的在于促进初级需求。说服性广告在竞争阶段十分重要，公司的目的在于建立对某一特定品牌的选择性需求。提醒性广告在产品的成熟期十分重要，目的在于提醒消费者想起企业品牌产品。该分类主要用于产品广告。

按信息表达方式的分类。信息的影响不仅取决于它说什么，还取决于它怎么说。按广告诉求的方式，将其分为理性广告和情感广告。理性定位广告通常设计成对理性观念的诉求并展现了鲜明的特点和利益；而情感定位广告倾向于间接地追求情感诉求，其表现的并非直接的产品本身，而是通过间接诉求使消费者产生情感的联系和反应。

按广告信息的内容进行的分类。Lewis C Winters（1986）将广告分为企业形象广告和品牌广告，后来研究者又将品牌广告分为品牌形象广告和产品形象广告。李东进（2000）指出，按广告客体（广告对象）可以把广告分为产品广告和企业形象广告。产品广告的目的是宣传产品具体的性能，力求得到直接的、即时的销售效果，以及在消费者心目中酝酿良好的产品形象。与产品广告相对应的就是企业形象广告。

③广告对消费者行为的影响。

广告对消费者的影响通常是多层次、多侧面的，对此广告研究者从20世纪初就开始进行了广泛的研究，至今已形成了一系列形形色色的广告对消费者购买行为影响的理论模式，其中以AIDA模式、Lavidge模式和Vakratsas模式等为研究者所常用。

AIDA模式：最为人们所熟悉的广告影响模型最早为Strong（1925）所提出的"爱达"（AIDA）模式，即Attention（吸引力）→Interest（兴趣）→Desire（欲望）→Action（行动），这是一种层次性的影响模型。这个模型在营销研究中经常被引用，主要适用于立即购买的产品，而消费者从看到产品的广告到产生购买行为，其中的心理过程会更加复杂。

Lavidge模式：R J Lavidge（1961）将广告对消费者之间的作用分为3个阶段，即认知阶段（知晓、了解）、情感阶段（喜欢、偏好）、意动阶段（确信、购买）。而在这3个阶段，广告所起的作用也是不同的，在认知阶段，消费者处于思考过程，广告为其提供了信息、事实等内容。在情感阶段，消费者处于情感形成过程，对广告的态度和感觉发生改变。在意动阶段，消费者处在动机形成阶段，广告则刺激或引导欲望。

Vakratsas（1999）模式：Vakratsas在总结前人研究的基础上，通过对广告信息的输入和消费者行为之间的介质的研究，提出广告作用的模型，包括广告的输入（信息内容、媒体选择、重复）、过滤（动机、能力、卷入）、消费者（认知、情感、经历）、消费者行为（选择、购买、忠诚、习惯等）。

④发生产品伤害危机时广告的作用。

通常，品牌广告被认为对消费者购买该品牌的产品具有劝说的影响（Doganuglu和Klapper，2006）。

然而，研究发现品牌广告的这种效应在成熟市场上非常小（Lodish 等，1995）。当产品伤害危机发生后，由于企业的信誉受到损害，危机后投入的品牌广告，其购买劝导作用就更小（Aaker、Fournier 和 Brasel，2004；Goldberg 和 Hartwick，1990）。另一方面，有研究者认为危机期间被提升的品牌知名度和媒体关注度事实上会导致广告投入的收益比其在常规广告中的投入收益增加（Dawar，1998）。

Kathleen Cleeren 分析了发生产品伤害危机的花生酱产品，指出在伤害危机后，广告的作用不是单独的，而是与危机期间的厂商沟通时起作用。同时，Kathleen Cleeren 的研究表明危机后竞争对手的竞争性广告会影响发生产品伤害危机的品牌销售。

Van Heerde、Kristiaan Helsen 的研究表明，广告的作用类似调节作用，企业自己的广告具有从显著有效到完全没有作用的情况。普遍来说，短期广告对将来的顾客购买的调节作用比长期广告的调节作用小。相关广告（其他受到危机影响的品牌的广告）对本品牌的作用从有正面效果到没有正面效果。

本书中，将根据 Lewis C Winters（1986）对广告的分类，研究企业形象广告和产品广告在产品伤害危机后对于消费者购买意愿的作用。

（2）品牌态度。

Fishbein 等（1975）指出品牌态度是消费者对产品期望价值的一种反应。Rossiter 和 Percy（1980）将品牌态度看成是消费者感知品牌满足他们的现实动机的能力的一个总体评价。Larry Percy 等（1992）指出品牌态度的含义包括以下几个方面，第一，品牌态度依赖于消费者的现实动机，当动机变化时，品牌态度也会变化。第二，品牌态度既包括认知的内容，也包括情感的内容。由认知而影响了情感，而认知和情感一起影响消费者的行为。第三，品牌态度中的认知成分可能会包括一系列对于特定的利益认识，这对于消费者本人来说，这应该是原因的部分而不是态度的部分。第四，品牌态度是一个相对的概念，消费者会将品牌与品牌之间对比，选出他们认为最符合其购买动机的品牌。因此，品牌态度意味着消费者在记忆中对品牌的联想，并且会影响他们的购买决策。

Aaker（1991）在其品牌联想的定义中提到了品牌态度，指出品牌印象、品牌态度、感知质量三者构成了可测量的品牌联想。Low 和 Lamb Jr（2000）进一步指出，品牌印象是消费者对品牌的功能或符号的感知，而品牌态度是对品牌的总体评价，感知质量是对产品的总体优点的判断。

本书采用 Low 的定义，所研究的品牌态度指消费者对品牌的总体评价。

本书中的感知风险与研究 2 的感知风险概念相同，指消费者主观感知的财务风险、功能风险、身体风险、心理风险和社会风险的多维度风险组合。

12.5.7.2 研究模型及假设提出的理论逻辑

（1）研究模型。

研究模型见图 12-14。模型表达了危机后广告内容对购买意愿的影响机理，危机后广告内容会影响消费者购买意愿，同时，研究引入了感知风险和品牌态度两个中间变量，广告内容会通过对感知风险和品牌态度的影响作用于购买意愿。

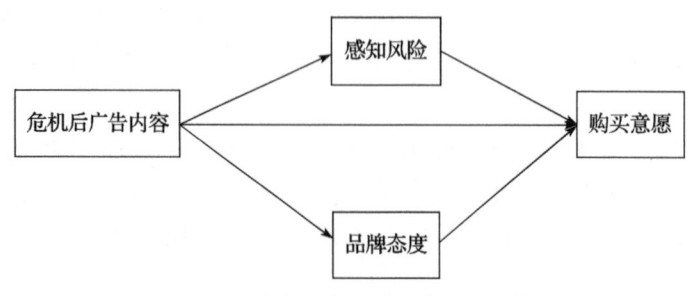

图 12-14　广告内容对购买意愿影响模型

（2）危机后广告内容与购买意愿的关系假设。

根据产品广告的作用，可以知道，产品广告是对产品本身的宣传，通过对产品的属性、优缺点等的宣传，使消费者认识产品，同时通过与其他产品比较或强化其产品优点和功能，进而起到劝说消费者购买的目的，另外产品广告也有提醒的功能，这种功能的产品广告是提醒性广告或加强性广告，目的在于提醒消费者，刺激消费者对于产品的持续需求。

企业形象广告的宣传并不是简单地直接劝说人们购买某种产品。企业形象广告的主要目的是树立商品信誉、扩大企业知名度、增强企业竞争力。企业形象广告的重要作用就是提高企业声誉。企业声誉对消费者购买行为起着重要的作用。良好的企业形象广告可以加快市场渗透。Porter（1985）指出好的声誉使行业领先者建立创新的形象并且与消费者建立忠诚的关系。Raj（1985）指出，好的企业声誉有强的溢出效应，使企业能获得更大的、更牢固的市场地位。

Rubel（2010）指出，在产品伤害危机的情况下，由于企业品牌受到伤害，广告等一系列营销措施的作用都减弱了，然而，好的广告内容能够使危机的影响降到最低。本书认为，产品伤害危机后，产品广告对消费者的劝说作用小于企业形象广告通过提高企业声誉而减少消费者的感知危机，因此，得到如下假设。

H16：广告内容对消费者购买意愿影响有显著差异，企业形象广告下的购买意愿高于产品广告下的购买意愿。

（3）危机后广告内容与感知风险、购买意愿的关系假设。

Shapiro（1983）的研究表明，当信息不完整时，企业声誉的重要性会增加，当产品的功能没有在消费者中得到足够的应用时，企业的声誉被消费者作为一种建立对于质量期望的指导。当信息搜寻成本高的时候更是如此。Schmalensee（1978）指出，企业声誉是一种财产，它可以加强消费者对于企业产品的期望并且减轻产品的不确定性。这种不确定性，在产品伤害危机发生后更大。消费者在信息不明的产品伤害危机中，对于信息搜寻的需求增加，而仅仅提供了产品本身信息的产品广告，不足以满足消费者对于降低感知风险的信息需求。这时，企业形象广告由于提供了关于企业声誉和企业社会责任的信息，因而能够更好地降低感知风险。

所以，本书提出假设 H17 如下。

H17：广告内容对消费者感知风险影响有显著差异，企业形象广告下的感知风险低于产品广告下的感知风险。

由于感知风险是作为广告内容与购买意愿间的中间变量，而感知风险与购买意愿间的关系已经在研究 2 中进行了讨论，因此我们基于模型结构的完整性，在此提出如下假设。

H18：感知风险对购买意愿有显著的负向影响。

（4）危机后广告内容与品牌态度、购买意愿的关系假设。

Mitchell 和 C Olson（1992）研究表明，对品牌的评价与消费者信任有直接关系，如果要求消费者对品牌进行评价，消费者记忆中的相关的语义和图像信息会参与消费者的评价过程，包括对产品属性的信任和对公司的信任。而当信息是一致的时候，消费者的态度改变则会大于信息不一致的情况。

对于产品伤害危机而言，当消费者看到的宣传产品属性的产品广告时，会更多地与产品发生的伤害危机的情况联系起来，因而形成不一致的信息，这种情况下，消费者对品牌的信任态度不容易形成。而当消费者看到宣传企业形象的企业形象广告时，虽然同样也会同时与记忆中的产品伤害危机信息联系起来，但是由于是两个信息并不会直接进行冲突，所以对品牌的信任态度容易形成。

同时，企业形象广告的目的是提高企业声誉，而在伤害危机的特定情况下，企业声誉对消费者态度的改变影响大于产品广告。

基于以上分析,我们得到如下假设。

H19:广告内容对消费者品牌态度的影响有显著差异,企业形象广告下的品牌态度高于产品广告下的品牌态度。

Mitchell 和 C Olson(1981)指出,广告影响消费者的信任,而信任影响消费者的品牌态度,进而影响消费者的购买行为。Rossiter 和 Percy(1983)也指出,虽然广告的最终目的是为了说服消费者购买产品,而这通常是通过强调品牌,形成对产品的态度之后,才会有购买行为的产生。Fishbein Martin 和 Ajzen Icek(1975)也指出了信任、态度和行为之间的关系,而品牌态度作为购买意愿的前置变量,也为其他学者所证实。

因此,我们提出以下假设。

H20:品牌态度对购买意愿有显著的正向影响。

12.5.7.3 研究设计

(1)实验设计。

本书采用实验法进行研究,我们仍然采用茶饮料的产品伤害危机为刺激物,同样包含了两种不同的企业形象广告内容(企业形象广告、产品广告),相应地设计了两组问卷,每组问卷包括一个同样的产品伤害情景描述:某茶饮料产品由于氟含量超标而对人体有可能的伤害作用。为避免对现有品牌认知的干扰,采用了虚拟的品牌名称。在不同组别的问卷上,被试者会看到包括不同信息的平面广告。

(2)变量的测量。

本书的操纵变量为危机后广告内容,由实验控制,因变量包括感知风险、品牌态度、购买意愿。量表设计出后经过了专家调查和预测试,最后对题项进行了文字调整和增删。感知风险、购买意愿的测量与研究1、研究2相同,在此主要设计了品牌态度的测量。其中,设计了三个指标来测量品牌态度:品牌的总体印象(好\坏)、情感(令人愉快的\令人不愉快的)、价值〔Low 和 Lamb Jr(2000)用有价值的\无价值的〕。本书采用了这3个维度来测量消费者看到广告后的品牌态度。

(3)刺激物设计。

本书以2005年3月报道的××红茶含氟超标事件为基础事实,根据研究需要设计了一个茶饮料含氟超标的虚拟事件,在实验中隐去了真实的品牌以消除顾客品牌态度的差异。刺激物包含产品伤害危机事件和危机后产品属性变化两个部分,分别形成三种不同的模拟情景,每个情景包括相同的危机伤害事件和不同的危机后产品属性变化。刺激物内容见表12-44及附录3。

表12-44 研究3刺激物内容

关于产品伤害危机的描述
报纸报道:
氟是人体所必需的微量元素,它能促进骨骼发育、预防蛀牙。许多城市的自来水中都添加了一定量的氟化物,来促进市民的牙齿健康。但是物极必反,过量的氟化物会使人体骨骼密度过高、骨质变脆,从而导致疼痛、韧带钙化、骨质增生、脊椎黏合、关节行动不便等症状
2008年1月22日,有媒体称,经最新研究发现,某知名品牌的茶饮料里氟化物含量超标,过量饮用会引发骨骼氟中毒。其后该茶饮料在中国宣布暂时退市,引起了市场的普遍关注

(4)问卷结构。

问卷分为两个部分,第一部分为在不同的情景下对消费者责备归因、感知质量和购买意愿的测量,第二部分包括对消费者性别、年龄、职业、教育程度和月收入的人口特征统计变量。问卷结构及题号详见表 12-45。问卷的详细内容请参见附录 3。

表 12-45 研究 3 问卷结构

问卷项目	变量	测量维度	题号
第一部分	感知风险	感知风险	1
	品牌态度	总体印象	2
		情感	3
		价值	4
	购买意愿	考虑的可能性	5
		购买的可能性	6
第二部分	人口统计	性别	1
		年龄	2
		职业	3
		教育	4
		月收入	5

（5）抽样设计。

本书目标总体为 18 岁以上消费者。出于对时间及成本考虑，采取便利抽样法，选定成都市 18 岁以上消费者为调查样本，进行问卷调查。

本问卷于 2009 年 1 月 1—31 日正式发送，在公园、超市等地对消费者进行了问卷调查。共发放问卷 280 份，回收 242 份，剔除 40 份填写不完整问卷和无效问卷，回收有效问卷 202 份，有效回收率为 72.1%。实验分组基本情况见表 12-46。

表 12-46 实验分组情况

组别	A（企业形象广告）	B（产品广告）	合计
回收份数	86	116	202

12.5.7.4 数据分析

（1）数据整体分析。

有效样本 202 份人口统计变量描述如表 12-47 所示。

表 12-47 样本基本情况

基本资料	项目	人数/人	百分比/%
性别	男	92	45.54
	女	110	54.46
	合计	202	100.00
年龄	18～25 岁	45	22.28
	26～35 岁	55	27.23
	36～45 岁	58	28.71
	46～55 岁	31	15.35
	56～65 岁	13	6.43
	合计	202	100.00

信度和效度检验。本书采用 Cronbach's α 系数法来检验问卷的信度。研究中的主要变量品牌态度量

和购买意愿的 Cronbach's α 值都在 0.786 以上，基本符合可接受标准，表明数据具有良好的信度。具体数据如表 12-48 所示。

表 12-48　信度及效度检验指标

变量	测量题项	Cronbach's α	因子负荷范围
品牌态度	3	0.786	0.790～0.820
购买意愿	2	0.806	0.614～0.711

效度包括内容效度和结构效度，本书各测项的建立均参照了前人的研究，对各测项与变量间的关系进行了整理，采用已经经过实证研究并已发表的量表为基础。在内容表达上，与 5 位博士以上学历的营销研究者进行了探讨，最终确定问卷题项，因而可以认为实验的内容效度比较理想。

结构效度又包括收敛效度和判别效度。本书利用 Lisrel 进行验证性因子分析，各参数 T 值大于 2，说明参数是显著的。同时，因子负荷大于 0.61，可以认为量表具有较好的收敛效度。另外，各潜变量相关性显著低于 1，其置信区间内均不含有 1，表明本书中使用的测量具有良好的判别效度。

（2）广告内容、感知风险、品牌态度对购买意愿的作用检验。

根据 Baron 等的建议，判断变量的中介作用往往根据 4 个条件，即自变量显著影响中介变量、中介变量显著影响因变量、自变量独立地显著影响因变量和当引入中介变量后自变量对因变量的影响变得不显著（完全中介作用）或显著度降低（部分中介作用）。

第一步，检验广告内容对购买意愿的影响。由于操纵变量"广告内容"为类别变量，因此本书采用方差分析。方差分析方法使用的前提是正态性和方差齐性。因此，首先进行感知风险、品牌态度、购买意愿的正态检验。方差齐性的检验放在方差分析中进行。

利用 SPSS 的 Descriptive Statistics 对感知风险、品牌态度、购买意愿进行偏度和峰度分析，得到的结果如表 12-49 所示。偏度系数和峰度系数都小于 1，可以认为近似正态分布。

表 12-49　变量正态性检验

	偏度系数	峰度系数	正态性
感知风险	−0.265	−0.434	偏度系数和峰度系数绝对值小于 1，可以认为近似正态分布
品牌态度	−0.698	−0.547	
购买意愿	−0.319	−0.434	

利用 SPSS16.0 的 AVONA 进行多元方差分析，检验危机后广告内容对购买意愿的影响，同时用 Homogeneity Tests 工具检验方差齐性。分析结果表明，Levene's Tests 检验的显著性为 0.133，大于 0.05，说明方差齐性，方差分析的结果可以采用。根据结果，危机后广告内容对于购买意愿具有显著的影响，说明按广告内容分组的购买意愿差异显著，如表 2-50 所示。

表 12-50　广告内容下的购买意愿方差分析

自变量	因变量	df	F	Sig.
广告内容	购买意愿	1	23.929	0.000

按策略分组，各组购买意愿的均值如表 12-51 所示。根据均值分析结果显示，企业形象广告和产品广告，对于购买意愿的影响有明显差别，受企业形象广告影响的消费者购买意愿大于受产品广告影响的消费者购买意愿。分析结果说明，H16 得到了验证。

表 12-51 不同广告内容下的购买意愿均值

策略	Mean of 购买意愿	N	Std.Deviation
企业形象广告	4.0988	86	0.84651
产品广告	3.5388	116	0.77221
Total	3.77772	202	0.84928

第二步，检验危机后广告内容对感知风险、品牌态度的影响。感知风险为因变量，广告内容为自变量，用 SPSS 的 Univariate 进行方差分析，Levene's Test 检验的显著性为 0.808，大于 0.05，说明方差齐性，方差分析的结果可以采用。方差分析结果如表 12-52 所示。广告内容对感知风险有显著影响。

表 12-52 广告内容下的感知风险方差分析

自变量	因变量	df	F	Sig.
广告内容	感知风险	1	5.059	0.026

以品牌态度为因变量，以广告内容为自变量，进行方差分析，Levene's Tests 检验的显著性为 0.183，大于 0.05，说明方差齐性，方差分析的结果可以采用。结果如表 12-53 所示。广告内容对品牌态度影响不显著。

表 12-53 广告内容下的品牌态度方差分析

自变量	因变量	df	F	Sig.
广告内容	品牌态度	1	3.154	0.077

按广告内容分组，各组的感知风险、品牌态度均值如表 12-54 所示。根据均值分析结果显示，企业形象广告内容下的感知风险明显低于产品广告下的感知风险，H17 得到验证。广告内容对品牌态度的影响不明显，H19 没有得到验证。

表 12-54 不同广告内容下的感知风险和品牌态度均值

策略	Mean of 感知风险	Mean of 品牌态度
企业形象广告	2.1860	3.8837
产品广告	2.4914	3.6379
Total	3.64	3.7426

第三步，检验广告内容、感知风险、品牌态度对购买意愿的影响作用。以购买意愿为因变量，以广告内容、感知风险、品牌态度为自变量，进行方差分析，Levene's Test 检验的显著性为 0.098，大于 0.05，说明方差齐性，方差分析的结果可以采用。方差分析结果如表 12-55。广告内容、感知风险、品牌态度对购买意愿的影响效果显著，说明中介效应和主效应同时存在。H18、H20 得到了验证。

表 12-55 变量对购买意愿的方差分析

自变量	因变量	df	F	Sig.
广告内容	购买意愿	1	19.540	0.000
感知风险		4	6.167	0.000
品牌态度		14	5.888	0.000

（3）模型修正。

通过以上数据分析，我们发现，广告内容对品牌态度没有直接影响，然而品牌态度的差异仍然显著，因此，我们考虑，是否广告内容通过对感知风险的影响而影响品牌态度，因此修正模型如图 12-15 所示。

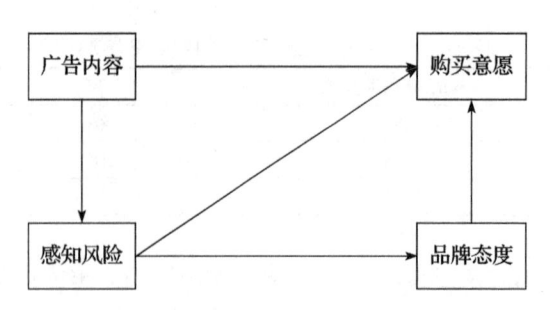

图 12-15　修正后的广告内容对购买意愿影响模型

运用方差分析，以广告内容和感知风险为自变量，以品牌态度为因变量，方差分析结果如表 12-56 所示。

表 12-56　广告内容、感知风险下的品牌态度方差分析

自变量	因变量	df	F	Sig.
广告内容	品牌态度	1	0.588	0.444
感知风险		4	19.072	0.000

结果可知，感知风险对品牌态度有显著影响，而广告内容对品牌态度没有直接影响，广告内容对感知风险具有显著影响，结合前面分析的其他变量间的关系，我们可以得出结论，感知风险是广告内容与品牌态度间的中介变量。

12.5.7.5　结论与讨论

本书在实验 3 中验证了 5 个假设，其中 H16（广告内容对购买意愿的影响）、H17（广告内容对感知风险的影响）、H18（感知风险对购买意愿的影响）、H20（品牌态度对购买意愿的影响）得到了验证，H19（产品属性变化对品牌态度的影响）没有得到验证。

（1）广告内容对购买意愿有显著影响。

在对危机后广告内容对购买意愿的影响作用的研究中发现，首先，广告内容对购买意愿有显著的影响作用，在企业形象广告内容下的消费者购买意愿，明显大于在产品形象广告下的消费者购买意愿。其次，广告内容对感知风险有显著的影响作用，企业形象广告下的消费者感知风险，明显低于产品广告下的消费者感知风险。消费者感知风险进而影响购买意愿。

（2）广告内容通过对感知风险的影响而间接影响品牌态度。

值得注意的是，不同广告内容对消费者品牌态度的影响没有直接的显著差异，然而消费者感知风险对品牌态度有显著的负向作用，这说明广告内容通过对消费者感知风险的作用间接地影响消费者对品牌的态度，进而影响消费者购买意愿。这说明，危机后企业形象广告所起的作用，主要在于降低消费者的感知风险。

（3）本书的启示。

综合以上分析，将本书的结论进一步总结为两点：第一，企业形象广告比产品广告在产品伤害危机后更能降低消费者的感知风险，增强消费者的购买意愿。第二，广告内容对产品伤害危机后消费者感知的影响，主要体现在对感知风险的降低上。不同的广告内容对品牌态度的影响没有显著差别，而是通过对感知风险的影响起作用。这对于企业的启示是，产品伤害危机后的营销组合战略的选择，首先应着眼于如何降低消费者感知风险。对于营销研究来说，可以进一步研究如何找到更适合的广告内容，既能降低感知风险，又能改善消费者品牌态度。

12.5.7.6 本章小结

研究 4 主要讨论了产品伤害危机后的广告内容对于消费者购买意愿的影响。研究以产品伤害危机后广告内容作为操纵变量，以感知风险和品牌态度作为中间变量，研究不同广告内容对消费者购买意愿的影响。在对不同类型的广告作用进行分析的基础上，结合产品伤害危机的特性和广告在危机后的特定效果，建立了本书的理论模型，并提出了有关变量间关系的 5 个假设。

本书选择了实验法对假设进行验证。研究根据现实的产品伤害危机的实例为蓝本，设计了一个产品伤害危机的模拟情景，并根据研究需要，设计了对于不同的危机平面广告，以此作为刺激物，检验被试者在不同情景下的感知风险、品牌态度和购买意愿水平。

本书目标总体为 18 岁以上消费者。出于对时间及成本考虑，采取便利抽样法，选定成都市 18 岁以上消费者为调查样本，进行问卷调查。共发放问卷 280 份，回收 242 份，剔除 40 份填写不完整问卷和无效问卷，回收有效问卷 202 份，有效回收率为 72.1%。

在对数据进行了信度和效度检验的基础上，利用方差分析法，在检验了正态性和方差齐性的情况下，对主效应、中介效应进行了检验。

本书在实验 3 中验证了 5 个假设，其中 H16（广告内容对购买意愿影响）、H17（广告内容对感知风险的影响）、H18（感知风险对购买意愿的影响）、H20（品牌态度对购买意愿的影响）完全得到了验证，H19（广告内容对品牌态度的影响）没有得到验证。

根据数据分析结果，对危机后广告对消费者购买意愿影响的模型进行了修正，经过分析，广告内容对品牌态度的影响没有显著差别，但是感知风险对品牌态度有显著的负向影响，因而我们认为，广告内容对品牌态度的影响差异主要是通过感知风险来起作用的。

研究得到的结论表明，首先，能更好地消除消费者感知风险的企业形象广告，在产品伤害危机后对于消费者的购买意愿有更大的提高作用。其次，企业形象广告和产品广告，对于消费者的品牌态度的直接作用没有显著差异，然而，感知风险对于消费者品牌态度有显著的负向影响，这说明，广告内容对于感知风险的影响有所不同，进而影响了消费者品牌态度，而感知风险和品牌态度对于购买意愿都有显著影响。对于企业来说，选择能更好地消除消费者感知风险的企业形象广告，对于提高消费者购买意愿和改变消费者品牌态度都有更积极的作用。

12.5.8 研究总结

本书在对产品伤害危机现有研究成果进行归纳总结的基础上，结合企业在产品伤害危机发生后的市场恢复中的现实问题，确定本书的研究对象为产品伤害危机后的市场恢复策略。本书对市场恢复策略进行了分类，研究了危机后产品属性变化、销售促进和广告内容对于危机后消费者购买意愿的影响。

12.5.8.1 研究结果

（1）危机后产品属性变化对于市场恢复的作用。

本书根据理论总结和现实调查，把产品伤害危机后的产品属性变化分为三种：产品维持、产品改进和功能增强。研究设计了一个产品伤害危机的模拟情境，设置了不同的危机后产品属性变化的操纵变量，利用问卷调查法，对 300 名消费者进行了问卷调查，得到 241 份有效样本。在对数据进行信度和效度检验后，利用方差分析法对假设进行了检验。研究表明，首先，研究通过对产品伤害危机后产品属性变化所影响的消费者感知变量进行分析，得出了危机后产品属性变化通过对消费者责备归因和感知质量的影响，从而影响消费者购买意愿的结论。其次，研究分析了三种产品属性变化对消费者感知变量的影响差异，证明功能增强策略对于危机后的消费者购买意愿的增加有较大作用，而产品维持和产品改进策略对于消费者购买意愿的增加作用较小。最后，研究发现，消费者性别特征对于产品属性变化对危机后消费者购买意愿的影响具有调节作用。假设及检验结果如表12-57所示。

表12-57 研究1假设检验情况

假设	检验结果
H1：产品属性变化方式对购买意愿的影响有显著差异。产品改进下的消费者购买意愿高于产品维持，而功能增强下的消费者购买意愿高于产品改进	部分验证
H2：产品属性变化对顾客归因的影响有显著差异。产品属性变化越积极，顾客越多地将伤害危机归因于企业外部	部分验证
H3：产品属性变化对感知质量的影响有显著差异，产品属性变化越积极，感知质量越高	完全验证
H4：消费者责备归因对购买意愿有显著影响。顾客越多地归因于企业外部，购买意愿越高	完全验证
H5：责备归因对感知质量有显著影响，顾客越多地归因于企业外部，感知质量越高	完全验证
H6：感知质量对购买意愿有显著影响。感知质量越高，购买意愿越高	完全验证
H7：性别对产品属性变化对消费者归因的影响具有调节作用	完全验证
H8：年龄对于产品属性变化对消费者归因的影响具有调节作用	未得验证

（2）危机后销售促进对消费者购买意愿的影响。

本书根据理论总结和现实调查，把产品伤害危机后的销售促进分为两类：金钱性销售促进和非金钱性销售促进。研究设计了一个产品伤害危机的模拟情境，设置了不同的危机后销售促进的操纵变量，其中金钱性销售促进为价格折扣，非金钱性销售促进为买赠。利用问卷调查法，对600名消费者进行了问卷调查，得到534份有效样本。在对数据进行信度和效度检验后，利用方差分析法对假设进行了检验。研究表明，首先，研究通过对产品伤害危机后销售促进所影响的消费者感知变量进行分析，得出了危机后销售促进通过对消费者感知风险和感知价格的影响，从而影响消费者购买意愿的结论。其次，研究分析了两种销售促进对消费者感知变量的影响差异，证明买赠形式的销售促进对于危机后的消费者购买意愿的增加有较大作用，而价格折扣形式的销售促进对于消费者购买意愿的增加作用较小。最后，研究发现，消费者性别特征对于销售促进对危机后消费者购买意愿的影响具有调节作用。假设及检验结果如表12-58所示。

表12-58 研究2假设检验情况

假设	检验结果
H9：销售促进形式对消费者购买意愿的影响有显著差异，"买赠"形式下的购买意愿高于"价格折扣"形式下的购买意愿	完全验证
H10：销售促进形式对消费者感知价值的影响有显著差异，"买赠"形式下的感知价值高于"价格折扣"形式的感知价值	完全验证
H11：感知价值对购买意愿有显著影响，感知价值越高，购买意愿越高	完全验证
H12：销售促进形式对感知风险的影响有显著差异，消费者"买赠"形式下的感知风险低于在"价格折扣"下的感知风险	完全验证
H13：感知风险对购买意愿有显著影响，感知风险越大，购买意愿越低	完全验证
H14：性别对销售促进对感知风险的影响具有调节作用	完全验证
H15：性别对销售促进对感知价值的影响具有调节作用	未得验证

（3）危机后广告内容对消费者购买意愿的影响。

本书根据理论总结和现实调查，把产品伤害危机后的广告内容分为两类：企业形象广告和产品广告。研究设计了一个产品伤害危机的模拟情境，设置了危机后企业形象广告和产品广告的操纵变量。利用问卷调查法，对280名消费者进行了问卷调查，得到202份有效样本。在对数据进行信度和效度检验后，利用方差分析法对假设进行了检验。研究表明，首先，研究通过对产品伤害危机后广告内容所影响的消费者感知变量进行分析，得出了危机后广告通过对消费者感知风险和品牌态度的影响，从而影响消费者购买意愿的结论。其次，研究分析了两种广告形式对消费者感知变量的影响差异，证明企业形象广告对于危机后的消费者购买意愿的增加有较大作用，而产品广告对于消费者购买意愿的增加作用较小。最后，研究发现，广告主要通过对消费者的感知风险起作用，进而通过感知风险影响消费者的品牌态度和购买意愿。假设及检验结果如表12-59所示。

表12-59 研究3假设检验情况

假设	检验结果
H16：广告内容对消费者购买意愿影响有显著差异，企业形象广告下的购买意愿高于产品广告下的购买意愿	完全验证
H17：广告内容对消费者感知风险影响有显著差异，企业形象广告下的感知风险低于产品广告下的感知风险	完全验证
H18：感知风险对购买意愿有显著的负向影响	完全验证
H19：广告内容对消费者品牌态度的影响有显著差异，企业形象广告下的品牌态度高于产品广告下的品牌态度	未得验证
H20：品牌态度对购买意愿有显著的正向影响	完全验证

12.5.8.2 研究结论

本书研究得出了以下结论。

第一，产品伤害危机后市场策略会受到危机影响，其刺激消费者产品需求的效果降低，同时，不同的危机后市场策略，对消费者需求的刺激效用有差异。

第二，危机后产品属性变化对于消费者的购买意愿有显著影响，功能增强策略对于危机后消费者购买意愿的作用明显高于产品维持和产品改进策略。对此结论的解释是，产品属性变化通过对消费者的责备归因和感知质量的影响而对购买意愿起作用，功能增强策略既能增加消费者的感知质量，又能有效地降低消费者对企业的责备归因，因而对于消费者购买意愿的作用较高。产品维持策略对于消费者的责备归因作用不强，而对于消费者的感知质量作用也不强，所以对于消费者购买意愿作用较低。值得注意的是产品改进策略，虽然产品改进策略有效地提高了消费者的感知质量，但是产品改进策略下的消费者责备归因最强大，责备归因增加减弱了感知质量提高的作用，两相抵消，产品改进对消费者购买意愿的增加作用较弱。

另外，消费者性别对于产品属性变化的作用有调节作用，在产品维持策略下，女性消费者购买意愿大于男性消费者，而在功能改进策略下，女性消费者购买意愿低于男性消费者，如表12-60所示。

表12-60 产品属性变化对消费者购买意愿的影响

产品属性变化	性别	责备归因	感知质量	购买意愿
产品维持	男性	低	低	低
	女性	高	低	低
产品改进	男性	高	较高	低
	女性	较高	较高	低
功能增强	男性	较高	高	高
	女性	低	高	较高

第三，危机后销售促进方式对消费者的购买意愿有显著影响，非金钱性促销对于危机后消费者购买

意愿的作用明显高于金钱性促销。对此结论的解释是，销售促进通过对消费者的感知风险和感知价值起作用，在非金钱性促销（买赠）策略下的消费者感知风险低于在金钱性促销（价格折扣）策略下的感知风险，而在非金钱性促销（买赠）策略下的消费者感知价值高于在金钱性促销（价格折扣）下的感知价值，非金钱性促销既能有效降低消费者感知风险，又能提高消费者感知价值，从两个方面对消费者的购买意愿产生了明显的积极影响，从而成为较为有效的危机后销售促进方式。

另外，性别对于销售促进对消费者购买意愿的影响具有调节作用，这种作用主要通过对消费者感知风险的影响而产生。这表现在销售促进的两种方式对于女性感知风险的降低并无太大差异，在金钱性销售促进和非金钱性销售促进下，女性的感知风险并没有显著差别，而非金钱性销售促进对于女性的积极作用仅表现在提高其感知价值上，因而，女性在非金钱性销售促进方式下的购买意愿增加低于男性，如表 12-61 所示。

表 12-61 销售促进方式对消费者购买意愿的影响

销售促进	性别	感知风险	感知价值	购买意愿
价格折扣	男性	高	低	低
	女性	高	低	低
买赠	男性	低	高	高
	女性	高	较高	较高

第四，危机后广告内容对于消费者购买意愿有显著影响，传播企业形象的企业形象广告形式对于危机后消费者购买意愿的提高大于传播产品特色和功能的产品广告。对此结论的解释是，企业形象广告对于消费者的感知风险降低作用比产品广告好，而感知风险对于消费者品牌态度、购买意愿都有正向影响，同时消费者品牌态度又影响了购买意愿。因而其成为危机后更为有效的销售促进形式。研究还表明，两种形式的广告对于消费者品牌态度的影响并无显著差异。研究结论总结如表 12-62 所示。

表 12-62 广告内容对消费者购买意愿的影响

广告内容	感知风险	品牌态度	购买意愿
企业形象广告	低	高	高
产品广告	高	低	低

12.5.8.3 研究的学术价值

（1）拓展了现有的产品伤害危机研究框架。

产品伤害危机自 Simoks 以来，经过 Dwar、Heeder、Laufer 等的发展，已经建立了相对清晰的研究框架，建立了从产品伤害危机的定义，到对其后果的分析，到对产品伤害危机的响应方式和效果的研究，再到伤害后的营销策略的效果的研究，同时，在我国，由于产品伤害危机的频繁发生，近年对产品伤害危机的研究也有了一定程度的重视，部分学者从中国市场的特征出发，对于产品伤害危机及其影响变量也做了一定研究。从产品伤害危机的发展过程来说，形成了根据产品伤害危机发生、发展及结束各过程的特征而进行的不同的从营销管理的角度的研究。同时，从目前的研究角度来说，也形成了基于消费者特征进行研究、基于企业响应方式进行研究、基于危机前企业状态进行研究、基于危机后的营销策略进行研究等各种不同的角度。然而，关于产品伤害危机的研究仍然处于探索阶段，整个研究离建立相对稳定成熟的理论体系还有一定的距离。特别是从危机后市场营销策略的角度来探讨伤害危机管理的有效性问题，这对于企业真正渡过危机，重新建立市场具有重要意义，企业只有重新恢复市场销售，达到一定的市场份额,危机才算真正地告一段落。这方面的研究方兴未艾,Heeder 等通过对危机后产品广告的研究,论证了危机后产品广告对于受伤害产品及相关产品的作用,并引起了一定的关注。然而,现有研究更多的是通过实证,说明危机后营销策略作用降低,排除了一些被企业所采用的方法。对于成熟的管理理论体系来说,找出解决问题的办法更加重要。

本书切入产品伤害危机后的营销策略这一角度,探讨了产品伤害危机后营销策略对于提高消费者购买意愿、提高销售额的作用,将营销策略类型引入了理论研究的框架中,探讨了不同类型的产品属性变化、销售促进和广告内容对于消费者购买意愿影响,并对其作用机理进行了说明,还利用实例进行了验证。这是对现有产品伤害危机管理理论的完善和补充。

对现有产品伤害危机管理理论的完善主要体现在以下几个方面。

①找出并实证了有效的危机后产品属性变化。梳理产品伤害危机领域对于产品属性变化的研究,研究者们仅仅提及了两种可能,那就是在产品召回后,重新上市或者推出新的产品或品牌。在现实中,企业所采用的产品属性变化包括产品维持、产品改进或者功能增强,这些不同策略的作用,在此前的研究中并没有提及。本书通过实验设计,进行问卷调查,数据分析的结果表明,功能增强策略是有效的提高消费者危机后购买意愿的产品属性变化,并且对其作用机理进行了剖析。

②找出并实证了有效的危机后销售促进方式。对于金钱性销售促进和非金钱性销售促进的作用差异的研究,目前仅限于一般性市场的研究,而在产品伤害危机情形下,关于销售促进此前还没有研究者提及。本书通过对企业实际应对策略的调查,找出了通常所用的非金钱性销售促进(买赠)和金钱性销售促进(价格折扣)这两种方式。仍然是通过实验法,本书得出了非金钱性销售促进更能有效提高产品伤害危机后消费者购买意愿的结论,并对其作用机理进行了剖析。

③找出并实证了有效的危机后广告内容。企业形象广告和产品广告,在常规的营销理论体系中,通常被用于不同的企业目标,形象广告更多地被作为一种间接的影响工具,主要应用于改变消费者的态度,而产品广告更多地被作为一种直接刺激,有助于提高产品的销量。本书经过对产品伤害危机所影响的消费者感知进行分析,指出企业形象广告在特定的危机情形下更有助于提高消费者购买意愿。同样经过实证研究,得出了企业形象广告比产品广告更能有效提高产品伤害危机后消费者购买意愿的结论,并对其作用机理进行了剖析。

④探讨了消费者性别对危机后营销策略影响的调节作用。在此前的研究中,对消费者性别特征的研究主要集中于其对消费者产品伤害危机后的责备归因的影响上。本书将消费者性别特征作为调节变量,引入产品属性变化和销售促进方式对危机后购买意愿的研究中,并且证实了性别特征作为一个重要的调节变量对于营销策略的影响。

(2)补充了现有营销策略理论。

现有营销策略理论已经有了大量的研究,然而在产品伤害危机这种特殊的情况下,营销策略的运用有其独特性,这主要体现在,营销策略在市场恢复中的运用更多地着眼于降低消费者感知风险和责备归因等由于伤害危机而带来的特定的消费者的负面感知,这与常规情形下营销策略着眼于提高顾客价值、降低顾客成本等目标不同。因此,营销策略在产品伤害危机领域,其作用有了独特的体现,因而不同的营销策略在危机情形下的作用与常规情形下有不一样的结果,本书通过对感知风险、责备归因等变量的引入,重新审视了营销策略所体现的独特作用。是对现有营销策略的一个补充。

12.5.8.4 管理启示

最好的危机管理,即是防止危机的发生。然而危机发生的风险总是存在。一个产品被市场所接受并不容易,企业所付出的努力和进行的投入十分可观;一个企业要长期生存也不容易,总是面临着各种各样的风险。产品伤害危机的发生,就是企业在经营中不得不面对的风险。产品伤害危机所带来的损失是巨大的，它具有多米诺骨牌的效应，可能使企业经营在短时间内就陷入困境。即使是那些有幸通过良好的危机反应渡过危机最初阶段的企业，也不得不面临漫长的市场恢复时期。相较消除产品本身的缺陷来说，重建消费者信心，重塑企业形象，重新赢回市场，则是一个更加复杂的过程。帮助企业迅速走出危机所带来的阴影，重新恢复市场，是本书的意义所在。本书给我们提供了危机后如何降低消费者感知风险，改变消费者态度，表达企业责任感和对待不同的消费群体的启示。

（1）从更广泛的角度考虑如何降低感知风险。

我们已经知道，产品伤害危机给消费者带来的感知风险包括财务风险、功能风险、身体风险、心理风险。而伤害危机的起因可能仅仅是以上风险中的一种，但它带来的后果则是感知风险的整体增加。具体来说，产品功能问题所带来的感知风险，如汽车轮胎的可靠性问题，从表面看只是消费者感知的功能风险的增加，但是事实上，通过消费者对危机信息的处理，它会使消费者感知身体风险增加，担心轮胎问题会引发伤害身体甚至危及生命的交通事故，它也会带来消费者感知心理风险的增加，认为选用曾经有过安全问题的汽车轮胎与消费者的自我价值不相符，当然，这种危机同样会造成感知财务风险的增加。而在现实中，企业所采取的营销策略通常是有限的，甚至是短视的，仅仅局限于对于危机起因的解释和改变。

而根据本书的结果，我们发现，仅仅采取传达产品已经安全，已经消除了最初的产品缺陷或隐患的信息这样的营销策略是不够的。产品改进策略仅仅传达了产品缺陷已经改进的信息，它能在一定程度上提高消费者的感知质量，然而却无法有效地改变消费者对危机的责备归因，甚至由于反暗示的作用，反而增强了消费者对于企业的责备归因；产品广告向消费者传递了产品质量可靠，产品独特性等信息，然而它却无法改变消费者对于品牌的态度，也不能降低消费者的感知风险。相反，功能增强策略向消费者传达的是企业更加积极地为消费者提供价值的态度，企业形象广告传递的是产品是由负责任的企业所生产的信息，这在改变消费者的感知风险上有更积极的作用，因而成为更有效的危机后市场恢复策略。

本书所得到的功能增强和企业形象广告更有利于市场恢复的结论，不仅是给企业提供了可供选择的具体的市场恢复策略，更重要的意义在于给企业提供了一个思路，即在危机后的市场恢复中，我们应该主动考虑到更多的影响消费者感知风险的因素，从而找出更好的切入点来降低消费者的感知风险。

（2）以更恰当的方式表达企业责任感。

在公众视野下的伤害总是被放大，而在面临可能会对自身也造成伤害的危机时，作为旁观者的消费者总是急于找到一个具体的责任者，因为这有助于增强他们的控制感，他们认为，责任者找到了，风险也就能得到控制，他们自己受到伤害的可能性就降低了。而消费者不太倾向于把责任更多地归因于与他们自己处于同样地位的危机中的受害者，因为这会使他们认为自己将来在面临同样危机时会承担更多的责任。因而，消费者更愿意责备企业。在伤害的原因明显是由于使用产品的顾客操作不当等原因引起时，消费者出于对顾客的同情，仍然会认为企业应该承担一定的责任；当伤害的原因不清楚时，消费者出于对自身的保护，会更多地归因于企业，因而责备企业；当伤害的原因明显是由于企业造成时，消费者不仅会归因于企业，而且对于企业的责备会超出理性的范围而上升成一种抗拒。因而，在产品伤害危机发生的情况下，企业经常会面临超出它本身应该承担的更多的责备归因，消费者对其产品和品牌的态度也变得消极。

现实中，企业总是陷入这样的困境：急于澄清自己的责任往往会适得其反，引出消费者更多的不满，甚至引起媒体更大的兴趣，曝光更多的负面消息；而全力应对，通常企业会认为自己承担了本不该承担的责任，付出了超出本应付出的更多的成本。伤害危机的发生本就是一场灾难，应该说，很难有企业能全身而退。只能在面对现实的基础上来考虑策略。此前的研究者已经不止一次地证实，只有积极的应对方能取得消费者的信任，而本书则从市场恢复的角度而不是从及时应对的角度再度证实了这样的命题，即只有体现了企业积极承担危机责任的市场恢复策略，才能降低消费者的责备，赢得消费者的好感，从而重新赢得市场。

本书所得到的结论是功能增强产品能更好地降低消费者责备归因，企业形象广告能更好地改变消费者品牌态度。这些策略都从这样的角度出发：不是纠缠于伤害危机本身的隐患是否消除，责任究竟在谁，而是从更高的角度体现企业对消费者的关心和企业承担责任的勇气。这便是本书对于管理者的又一启发，即在市场恢复中以更好的方式表达企业对消费者的关心和企业的责任感，就能更好地更快地恢复市场。

（3）以更有技巧的方式体现产品价值。

"买一赠一"和"买两件五折"，从经济衡量的角度是一样的，消费者都得到了买两个产品节省一半支出的经济利益。然而在消费者的感知中，这两者却不一样。从受到刺激，到形成认知，再到形成判断，最后形成行为意向，整个过程贯穿了消费者的主观成分。首先，人们主观上更乐于接受某种"获得"而不是某种"付出"，金钱性的折扣，给人的主观感受是"对于付出的节省"，非金钱性的买赠，给人的主观感受是"额外的获得"，消费者更倾向于哪一个，不言而喻。其次，价格折扣会使消费者产生"产品是廉价的，质量不可靠"等联想，从而增加其感知风险，而买赠则不会产生这样的联想。

市场恢复策略的目的是降低感知风险，提高感知价值。这两者都是主观的，企业的目的是通过影响消费者的感知而引导其行为。对消费者的理性劝说固然重要，而迎合消费者的主观感受则更见高明。本书的结论是，买赠能更好地降低消费者感知风险，提高消费者感知价值，从而提高其购买意愿。这个结论给了企业一个重要的销售促进选择思路：非金钱性的销售促进比金钱性的销售促进更加有助于市场恢复，然而其对于管理的启示则更进一步，即选择消费者主观乐于接受的表现方式，产品价值方能被消费者接受。

（4）以更慎重的态度对待不同的消费群体。

消费者是自我保护的，有时甚至保护过度。他们自我保护的程度取决于两点，一是感知伤害有多大，二是感知自身有多容易受伤害（脆弱性）。与男性相比，女性更多地感知自身脆弱性，在作为旁观者面对伤害危机时，也感知到更大程度的伤害。为了使自己免受这种伤害的影响，女性对自我有更强的保护意识，女性的不确定性规避比男性更大。

这种特性体现在危机后市场恢复策略的研究中，即女性比男性更多地责备企业，女性比男性有更高的感知风险。因而不论是产品属性变化还是销售促进，要说服女性重新购买发生危机的产品显然比说服男性更难。在本书中，仅仅在广告内容的影响上，性别差异没有对其作用有显著的影响。而研究对于管理者的启示则是：对于更具脆弱性的群体，需要有更强的措施来改变其感知。

12.5.8.5 研究限制与未来研究展望

（1）研究的限制。

产品伤害危机后的市场恢复策略研究是一个具有重要理论和实践价值的课题，本书较为系统地分析了市场恢复策略的类型和其对危机后购买意愿的影响，然而，研究存在以下限制。

一是没有按产品伤害危机性质分类进行研究。产品伤害危机按其是否违反相关标准，被分为可辩解型和不可辩解型；按其传播内容的清晰度，分为原因不明的伤害危机和原因明确的伤害危机。虽然大多数学者在研究产品伤害危机时并未对其进行分类，因为产品伤害危机都会增加消费者感知风险，改变消费者对品牌的态度，降低消费者购买意愿。然而不同类别的伤害危机，其对消费者感知的影响程度是不一样的，这会导致企业要选择的市场恢复策略有所不同，而在本书中，该部分的内容并未涉及。

二是没有研究市场恢复策略对于品牌资产的影响。在产品伤害危机的研究中，品牌资产是一个重要的结果变量，Dawar、Heeder等都指出了品牌资产受到产品伤害危机的影响，同时也会受到营销变量的影响。本书集中于对消费者购买意愿的研究，而没有对市场恢复策略对危机后品牌资产的影响进行研究。

三是没有对市场恢复策略的组合效果研究。本书对于单一的市场恢复策略的效果进行了研究，而没有对多种市场策略的组合效果进行研究，这是本书的另一个局限。

（2）研究的展望。

产品伤害危机的研究还不成熟，而产品伤害危机却在市场中越来越多地发生，危机本身的性质在发生演化，危机的表现形式也开始多样化，这使该领域的研究者有责任做出更大的努力，通过对现实的深入调查和对理论的不断探索，从实践中找出问题，又将研究结果运用于实践，不断完善产品伤害危机的研究体系。对于未来的研究，还有很多工作要完成。

第一，虽然产品属性变化、销售促进和广告是产品伤害危机后最重要的市场策略变量，然而仍然还有其他策略会对危机后的市场恢复产生影响。把更多的变量引入危机后市场恢复策略的研究中，是今后研究的一个重要命题。

第二，本书以快速消费品伤害危机后的市场恢复进行了实例研究，发现了危机后市场恢复的行业特性。在更多的行业进行研究，寻找更多的行业共性和特性，形成对于不同市场领域的危机后市场恢复策略研究，也是具有管理学意义的研究方向。

第三，对于危机后市场恢复策略的交叉影响研究还非常不足，危机后的市场恢复是否会受到竞争对手的影响？如何防止竞争对手利用危机所带来的机会给企业更严重的打击？这些问题，也是产品伤害危机研究的重要命题。

产品伤害危机是一个现实与理论紧密结合的课题，该领域的研究方兴未艾，对于该领域的不断探索，是营销管理在不断变化的环境中发展的需要，也体现了营销研究者的执着和使命感。

13. 产品伤害危机应对策略研究

13.1 产品伤害危机的管理模式研究

产品伤害危机的负面影响较大，但大多数企业并不知道如何有效应对。在危机未发生前，营销主管大多不会为应对潜在危机而制订预案；危机发生后，他们通常都是依靠经验、直觉来处理危机（Siomkos 和 Kurzbard，1994）。这种"临时抱佛脚"的做法通常收效甚微，比如在"××钙含致癌过氧化氢的危机"中，××钙公司简单模仿20世纪70年代某公司处理危机的做法，销售至今没有得到恢复。

针对这一问题，近20年来已有许多学者展开了深入研究，从产品伤害危机的感知危险、缓冲因素、应对方式等方面着手，探讨了危机对营销变量的影响。本书将以感知危险为线索，归纳分析最主要的研究成果，将其转化为管理启示、建立概念模型，以供企业参考。

13.1.1 产品伤害危机的感知危险——危机严重性和消费者个体差异

理解消费心理是制定营销策略的基础。产品伤害危机发生后，消费者最关心的问题是缺陷产品会给自己带来多大的危害。根据对危害大小的判断，消费者会进一步调整自己的购买行为。因此，消费者对产品伤害危机的感知危险是企业应该首先关注的问题。

13.1.1.1 危机严重性

产品缺陷越大，危机越严重，顾客的感知危险越大，这可以从经验判断。但是，危机严重性带来的负面影响不仅于此，危机的严重性还会影响危机的责任归因。如果消费者认为危机产生的负面结果越严重，他们越会在更大程度上将责任归结于危机企业（Laufer 和 Combs，2006），进而对危机企业及其产品产生更大的感知危险。

基于以上文献回顾和案例分析，得出如下管理启示。

P1：产品伤害危机越严重，消费者越有可能将危机责任归结于企业，对产品的感知危险也就越大；因此，只要企业被卷入危机，即便是确信自己的产品无缺陷，也不应该低估危机，而应小心谨慎应对。

13.1.1.2 消费者个体差异

不同的人可能会对同一个危机持不同的看法。先前的研究从年龄、性别、文化背景、风险偏好、品牌忠诚度、使用量、产地熟悉度共7个方面，探讨了消费者个体差异对感知危险的影响。

从年龄来看，老年消费者（60岁及以上）对于产品伤害危机的感知危险明显高于中年消费者（45～59岁）和青年消费者（44岁及以下）（Fang，2006）。从性别来看，女性认为自己更容易受类似危机的威胁，她们对企业的责任归因也更多（Laufer 和 Kate，2004），感知危险也更大。从文化背景来看，相对于处于集体主义社会中的消费者，处于个人主义社会中的消费者更可能把产品伤害危机的责任归咎于企业（Laufer 和 Daniel，2002）。从风险偏好来看，在不确定性规避高的国家（如比利时、法国、西班牙等），消费者对产品伤害危机的反应更激烈，更容易将责任归咎于企业（Laufer 和 Combs，2006）。从品牌忠诚度看，消费者品牌忠诚度越高，感知损失越少；感知损失越少，感知危险越小（Zeng 和 Li，2008）。从使用量看，如果对同类产品的使用量越多，消费者在使用的过程中不断熟悉产品，感知危险相对越小（Kathlen、Marnik 和 Kristian，2008）。从对产地的熟悉程度来看，当消费者不熟悉危机品牌时，如果产品具有负面原产国形象，消费者会将责任更多归咎于原产国，若消费者熟悉该品牌，原产国形象则不会影响消费者的责任归因，在同等情况下，消费者对著名品牌的责任归因要少于不知名品牌（Laufer 和 Gilespie 等，2009）。

基于以上文献回顾，我们得出如下管理启示。

P2：老年消费者、女性消费者、处于个体主义文化背景中的消费者、不确定性规避高的消费者、品牌忠诚度低的消费者、产品使用量较小的消费者、熟悉原产地的消费者对卷入产品伤害危机中的企业（产品）的感知危险更大。

13.1.2 产品伤害危机的缓冲因素——企业声誉与社会责任感的调节作用

由于先前的期望不同，人会选择性注意和解释客观信息，因而导致对客观现象的解释存在很大差异（Oliver、RichardL 和 RuselS 等，1987）。在事实与期望矛盾的情况下，人通常会对期望与事实打"折扣"，以便使期望与事实一致。如果期望强度高，主体会通过选择性注意对事实打折扣，而不是期望，如果期望强度低，主体则通常会进一步降低期望值（Marks、Lawrence 和 Michael 等，1988；Smith，1993）。先前的研究发现，企业声誉、社会责任感这两种因素都有助于形成较高的期望，缓冲产品伤害危机对企业的负面影响。

13.1.2.1 企业声誉

企业声誉是重要的潜在竞争优势来源之一，都能够有效缓解危机（Hall，2010）。具有良好信誉、深得消费者信赖的企业，消费者在接触对企业不利的信息尤其是那些模棱两可的信息或证据时，有可能朝着有利于企业的方向做出解释（Cui 和 Fu，2002），产品伤害危机发生后，公司声誉能够缓解顾客的感知危险，减少顾客购买意愿下降的程度（Siomkos、George 和 Kurzbard 等，1994）。可见企业声誉是重要的无形资产，既能提高企业的盈利能力，又能降低消费者对危机产品的感知危险。

因此，我们得出以下管理启示。

P3：如果企业声誉较低，则应在预防、应对产品伤害危机时更加积极主动，并在平时重视企业声誉的提升工作。

13.1.2.2 企业社会责任感

同声誉一样，企业社会责任感也是消费者感知危险的重要调节因素。从消费者归因看，产品伤害危机发生后，企业的社会责任感能够使危害最小化，促进消费者的正面归因，减少负面归因（Henderson，2007）。正面归因的增加和负面归因的减少，使消费者倾向于认为产品伤害危机是偶然因素造成的，因此对企业的感知风险较低，对以后的产品购买意向影响较小。除了历史累积的社会责任感外，企业在处理产品伤害危机时所表现出的责任感也能够缓冲危机影响，在不可辩解型产品伤害危机中，公司为承担社会责任而召回产品时，消费者对公司应对方式的反应更积极（Joly、David 和 Mowen 等，1985）。因此，企业的社会责任感水平越高，消费者的感知风险越小（Niraj 和 Pilutla，2000）。

因此，我们得出以下管理启示。

P4：如果消费者对企业的社会责任感感知水平较低，则应在预防、应对产品伤害危机时更加积极主动，并在平时重视企业声誉的提升工作。

13.1.3 产品伤害危机的化解处理——选择正确的应对方式

产品伤害危机及其应对方式是一种信号机制（Smith 和 Lary，2003）。因此，企业只有选择妥当的应对方式，才能向消费者传达合理的信号机制，消除消费者心中的感知危险，凭借直觉和经验，采取断然否认危机、表现出模棱两可的态度，通常都不会导致较好的结果（Niraj 和 Pilutla，2000）。

13.1.3.1 产品伤害危机的类型判断

产品伤害危机是异质的。Fang（2007）依据"能否在媒体或法庭上澄清和证明产品是无害的、没有缺陷的"将产品责任分为2类：可辩解型（Defensible）和不可辩解型（Indefensible）。借鉴以上思路，通过对国内2005—2006年发生的产品伤害危机的深度观察，Wang、Chao 和 Wu（2006）依据"产品缺陷或伤害是否违反相关产品法规或安全标准"也将产品伤害危机分为可辩解型和不可辩解型两类。不同类型的产品伤害危机，其对应的最优应对策略不同。因此，在选择应对方式之前，首先应该正确判断产品伤害危机的类型。

因此，得出以下管理启示。

P5：在选择应对方式之前，应首先判别产品伤害危机的类型，误判危机类型可能导致严重的负面效果。

13.1.3.2 可辩解型产品伤害危机的应对方式

产品存在缺陷但不违反相关产品法规或安全标准，是可辩型产品伤害危机的特点。由于没有违反相关法规，企业除了利用自身的力量，还可以借助行业协会、专家团体、政府机构等澄清产品的无害性。在研究可辩解型产品伤害危机对消费者考虑集的影响时，Fang（2007）将产品伤害危机的应对方式分为5种：没有产品伤害危机、有事件无应对、事件出现加企业应对、事件出现加专家应对、事件出现加企业和专家双重应对，并通过实验证实企业应对、专家应对、企业和专家双重应对对消费者考虑集呈正面影响。

在研究可辩解型产品伤害危机对感知危险的影响时，进一步将企业应对细分为"纠正措施、积极澄清、置之不理和对抗反驳"四大类，将外界应对细分为"无外界应对、专家应对、政府应对、行业应对"四大类，并证实外界应对优于企业应对、外界应对方式中最优的是专家应对或政府应对、企业应对方式中最优的是积极澄清。

因此，得出如下管理启示。

P6：对于可辩型产品伤害危机，最重要的是澄清产品的无害性，告诉消费者真相，企业最优的应对方式是积极澄清，既不应该与危机信息来源争论反驳，也不应该采取道歉、退货等措施，如果可以争取到外界协助，外界力量（如政府、专家）的澄清比企业澄清效果更好。

13.1.4 管理模型的提出

本书通过文献综述和案例分析，得出了8点管理启示。以感知危险为线索，本书将这8点启示串起来，形成了产品伤害危机的管理模式模型（如图13-1所示）。从图13-1中可知，产品伤害危机发生后，企业的管理模式是：判断产品伤害危机的类型和严重性，预估消费者的感知危险，对危机形成探索性的认识；考察目标客户的人口统计特征，评价企业的声誉和社会责任感水平，评估他们对消费者感知危险的调节作用，对危机形成全面深入的理解；选择正确的应对方式，缓解、消除消费者感知危险，有效化解危机。

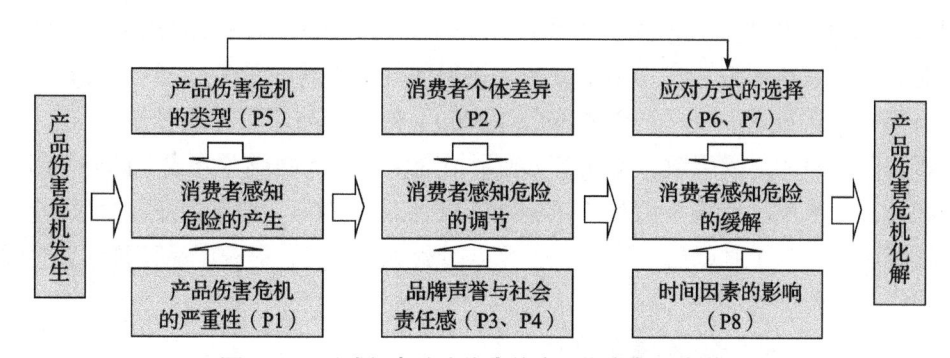

图 13-1 以感知危险为线索的产品伤害危机管理式

13.2 产品伤害危机的应对方式

产品伤害危机发生以后，企业必须采取补救措施，改变消费者的感知和态度，并设法把它们恢复到危机前水平（Jolly D Wtkg Mowen J C, 1985）。尽管危机具有潜在的破坏作用，但是，许多企业似乎没有为应对危机做好准备，大多数企业在应对危机的时候最多只采取一种模棱两可的态度（Mitroff 和 Pauehant, 1990）。为了解决这个问题，学者们提出了不同的应对策略，并采用实验和案例分析等方法验证了它们的效果。虽然前文已经提及产品伤害危机应对方式对相关变量的影响，但鉴于应对方式是产品伤害危机研究的核心所在，本书还是在这一节中单独评介应对方式研究的相关成果。

对产品伤害危机进行分类，有助于深化对产品伤害危机的理解，解释先前研究在产品伤害危机应对方式上的不同观点。在文献研究中，本书发现研究者对产品伤害危机的应对方式存在着不同的观点。其中，Siomkos 和 Kurzbard（1994），Niraj Dawar 和 Pillutla（2000）四位研究者都认为产品伤害危机的应对方式是由处于"坚决否认"到"积极承担责任"之间的诸多可能构成，但是，王晓玉、吴纪元和晁钢令（2005）依据平息危机可能会出现的两种主体———企业和专家，把产品伤害危机的应对方式分为四类。

本书着手对产品伤害危机进行分类，其研究目的是为进一步研究产品伤害危机及其应对方式对营销变量的影响做好铺垫。先前诸多研究已经讨论了产品伤害危机及其应对方式对顾客感知危险、顾客购买意愿、公司品牌资产、顾客抱怨行为等营销变量的影响。因此，深入研究产品伤害危机可以分别从两方面着手：产品伤害危机、营销变量。本书对产品伤害危机及其应对方式进行分类，研究各类的产品伤害危机及其应对方式对营销变量的影响，对比不同类型产品伤害危机及其应对方式对营销变量的影响，有助于推进和深入对产品伤害危机的研究，更加准确地解释现实生活中的产品伤害危机现象和指导现实生活中对产品伤害危机的处理及应对。

13.2.1 不可辩解型产品伤害危机的最优应对方式

在不可辩解型产品伤害危机中，产品缺陷或伤害的确违反了相关产品法规或安全标准，行业协会、专家团体不会帮助企业澄清产品的无害性，政府机构甚至还会以执法者的身份出面干预。因此，在不可辩解型产品伤害危机中不存在"外界应对"的问题，学者们也就只研究了各种"企业应对"方式的优劣。

在探讨企业应对相关变量的影响时，有多项研究都证实了主动召回缺陷产品、积极承担责任是最优应对方式。在研究危机对购买意愿的影响时，Siomkos 和 Kurzbard（1994）把企业的应对方式分为"坚决否认（Denial）""强制召回（Involuntary Recall）""主动召回（Voluntary Recall）""积极承担责任"四类应对方式，并通过实证研究证明"坚决否认""强制召回"是较差的应对方式，而"主动召回""积极承担责任"是较好的应对方式（Siomkos 和 Kurzbard，1994）。Hearit（1994）在研究危机公关时也指出，企业应该主动承担责任，并向一般消费者尤其是受影响的消费者道歉，并采取产品召回或退换的措施来进行补救（Hearit 和 Keith M，1994）。基于以上两项研究，Daniel 和 Coombs（2006）进一步对应对方式进行了细分并指出：如果企业不知名、有负面声誉且消费者以女性为主，宜采取积极承担责任的应对方式，如实发布产品缺陷信息，积极表达对消费者利益的关注，充分表现出高度的社会责任感；如果企业知名、有正面声誉且消费者以男性为主，则采用主动召回的应对方式即可（Laufer 和 Coombs，2006）。在研究危机对品牌资产的影响时，Dawar 和 Pillutla（2000）将企业的应对方式看作是从"明确否认责任"到"明确承担责任"之间的连续函数，也证实明确承担责任是最优的应对方式。此外，时间也可能是减少产品伤害危机负面影响的一个重要因素（Dawar 和 Pillutla，2000）。如果企业在危机中主动召回产品、表现出社会责任感，那么几个月以后，消费者通常会逐渐淡忘危机，提升产品评价，并且重新购买产品（Dawar 和 Pillutla，2000）。

13.2.2 可辩解型产品伤害危机的最优应对方式

在可辩解型产品伤害危机中，产品虽然存在缺陷，但没有违反相关产品法规或安全标准，行业协会、专家团体、政府机构都可能帮助企业澄清产品的无害性。因此，在研究可辩解型产品伤害危机的应对方式时，必须同时探讨外界和企业两类应对方式。

在研究可辩解型产品伤害危机对消费者考虑集的影响时，王晓玉、晁钢令和吴纪元（2006）将产品伤害危机的应对方式分为"没有发生产品伤害危机事件""有事件、无应对""有事件加企业应对""有事件加专家应对""有事件加企业和专家双重应对"五种并通过实验证实了企业应对、专家应对、企业和专家双重应对能够对消费者考虑集产生正面影响。在研究可辩解型产品伤害危机对消费者感知、购买意愿的影响时,方正(2007)进一步把企业应对细分为"纠正措施""积极澄清""置之不理"和"否认、反驳"四种,又把外界应对细分为"无外界应对""专家应对""政府应对""行业应对"四种,证实了外界应对优于企业应对,而外界应对方式中又以专家应对或政府应对为最优,企业应对方式中又以"积极澄清"为最优(Fang, 2007)。

13.2.3 研究展望与启示

企业必须为产品入市、抢占份额和创建品牌做出巨大的努力,耗费大量的时间,而一场产品伤害危机就可能让辛辛苦苦取得的市场业绩毁于一旦。鉴于产品伤害危机的危害性和重要性,从事相关研究的机构和学者及相关文献正呈上升趋势。本书在总结重要的研究结论和贡献的同时,也发现了一些研究机会,具体而言,有以下几方面。

第一,有些产品伤害危机是由产业链其他环节、行业内部分企业的过失引发的,但却造成整个行业销售下滑、产地品牌声誉扫地;消费者分不清"李鬼"和"李逵",就干脆停止或减少购买同类产品,株连了不少无辜的企业。因此,诚信守法的企业应该如何澄清自己、维护品牌,行业协会应该如何为保护市场而挺身而出,政府主管机构又应该如何在公正执法的同时减少危机对经济的负面影响等问题,都是值得研究的课题。

第二,危机发生后,消费者往往处于一种矛盾的心理。为了消除矛盾心理所造成的焦虑情绪,个体通常会偏向性地寻找、收集和处理信息,以最终形成更加一致的观点,进而形成比较确定的行为意向(Festinger, 1957)。已有产品伤害危机研究虽然已经探讨了哪些因素会影响消费者的行为意向,如专家应对有利于维持购买意愿,但没有回答企业应该在什么情境下以什么方式请专家传达什么信息,才能最大限度地触发有利于缓解危机的偏向性信息处理机制这个问题。因此,后续产品伤害危机研究应该在这方面多下功夫。

第三,随着互联网媒体的快速发展,Blog、BBS 等已经成为负面消息传播的主要途径。近几年发生的每一起产品伤害危机,都能在网上及时搜索到大量的媒体报道和消费者评论,网络口碑方向已经成为影响消费者态度的重要因素(Wang 和 Chao, 2008)。因此,在网络环境下,如何及时了解互联网上的危机信息、引导虚拟社区的评论、抑制网上负面信息的传播等,已成为应对产品伤害危机的重要一环。目前,国内外已有部分企业利用搜索引擎优化(Search Engine Optimization)技术来探索处理这些问题的方法,学术界当然也应该开展这方面的研究。

第四,危机平息以后,企业可能采取聘请代言人、加大广告投入、举行公关活动等方式来提升市场业绩。究竟哪些策略可行、哪些策略更加有效,目前还没人研究。已有研究主要集中在危机发生后的短期应对方式上,因此,长期修复策略是一个值得深入研究的问题。

第五,产品伤害危机是不同的,错误的类型判断会导致灾难性的后果。鉴于此,在研究产品伤害危机对相关变量的影响时,应该尽可能考虑两种产品伤害危机的差别,分类研究影响机制,才能为企业界提供更为准确的参考依据。

13.3 产品伤害危机市场恢复策略研究

产品伤害事件的发生,对消费者和企业都带来了严重的影响。目前的研究主要集中在企业在事件中如何应对危机,然而,事件的影响却是长久而深远的,对于企业来说,危机后仍有漫长的市场恢复道路要面对。产品伤害危机后企业产品重新进入市场,面临的首要问题是如何重新赢回消费者,以及恢复市场。由于伤害危机及其后的产品退市等的负面影响,消费者对产品的品牌态度有负面的变化,其购买意愿也迅速下降。因此,重入市场的产品采取一定的促销策略重新赢回消费者是大多数企业的选择。然而,采取何种促销方式、促销效果如何、如何才能达到促销成本低而效果明显,是现实中企业必须考虑的问题。经历产品伤害危机的企业,产品伤害本身带来的财务损失巨大,而更严重的是面临市场失败导致更大的损失，不乏企业经历产品伤害危机后倒闭。在这种情况下，选择恰当的促销方式，对企业而言具有双重意义：一是减少促销成本，节省现有资金，二是尽可能快地赢回顾客，恢复市场，从而带来现金流，维持企业的运转而最终挽救企业。作为市场经济中发生频率逐渐上升、总体危害巨大、受关注度极高的产品伤害危机，已有越来越多的学者对其形态、后果、管理方法等进行了一系列有益的探究。然而，在现有的产品伤害危机研究中，主要集中危机前企业形象、顾客关系等对于企业经历危机时的作用、企业对危机的及时应对方式、不同人口统计特征消费者对产品伤害的反应等研究。本书集中于产品伤害危机后重入市场的产品策略、销售促进策略、广告策略对于危机后市场恢复效果的影响，对于企业在考虑资金能力及企业形象的前提下进行市场恢复决策提供依据。

13.3.1 文献回顾

（1）对产品伤害危机的响应内容、响应主体在现实中，公司对危机事件的反应从坚决不承认到主动承担责任、无条件退货都是存在的，而多数的情况则介于这两个极端的中间。

Siomkos 和 Kurzbard 提出了"公司应对方式连续集"的概念，并将公司对产品伤害危机的应对方式进一步细分为 4 类：坚决否认、强制召回、主动召回、积极承担责任。从坚决否认到积极承担责任的 4 种应对方式，就是所谓"公司反应连续集"。王晓玉、吴纪元、晁钢令研究了企业响应和专家响应的作用。方正将危机应对分为企业自身应对和外界应对，研究了行业应对、专家应对、政府应对 3 种不同的应对主体对消费者感知危险和购买意愿的影响。

（2）危机前企业状态对危机后果的影响。

Siomkos 的研究表明公司声誉在成功处理危机中是一个重要的因素。Laczniak、DeCarlo 和 Ramaswami 发现公司声誉与产品失败中的顾客归因有关。Laufer、Coombs 和 Timothy 的研究指出，当产品伤害危机发生在高声誉的公司时，顾客更愿意将危机归因为使用者，而在低声誉的公司则相反。Kleina 和 Niraj Dawar 研究了企业社会责任形象对企业度过产品伤害危机的影响。Dean 的研究表明，好声誉的公司在应对适当或不适当的情况下都会得到尊重，同时指出在声誉、响应和社会责任这 3 个因素中，社会责任会在相关变量中占极大的比例。

（3）顾客变量对危机后果的调节作用。

Dawar 和 Pillutla 研究了顾客危机前期望对产品伤害危机后的品牌资产变化的调节作用。Laufer 研究了不同年龄和性别的消费者对产品伤害危机中的责备归因的差异。方正的研究表明，与青年顾客相比，产品伤害危机会使老年顾客感知到更多的危险。Taylor 提出在对不确定情况更希望避免的国家，消费者对产品伤害危机的反应更强。Jerry 和 Karen 研究了在易受攻击（Vulnerable）和不易受攻击的人群中，对产品伤害危机的归因和感知危害的影响。

（4）危机后营销策略与市场恢复。

Van Heerde、Kristia 和 Helsen 指出，最佳的策略是通过小心地建立商业程序，并建立监督机制以完全避免产品伤害危机。次佳方案是当所有事前工作不起作用而产品危机危及顾客的健康或福利时，选择合适的反应方式。Smith、Thomas 和 Quelch 认为营销手段可能具有说服顾客重新购买公司产品的作用。Simokos 对产品召回后的产品策略进行了探讨，企业在产品伤害危机中主动召回产品非常重要，然后，另一个问题需要立即解决，即公司必须决定是导入一个新的安全的产品来替代失败产品，还是仅仅在召回后放弃旧的产品。

13.3.2 框架概念

13.3.2.1 危机后产品策略

在科特勒对产品的定义中，产品包括 3 个层次。第一个层次是核心层次，指产品的基本功能，即顾客真正购买的基本服务或利益。第二个层次是实物层次，包括所有与产品直接相关的因素，如商标、包装、质量和特性。第三个层次是扩充层次，包括与产品间接相关或特意附加在产品上的特性或服务一个已经存在的产品。在现实中，当产品伤害危机后企业在恢复市场时，会从其企业能力、市场情况等方面考虑，主要采用如下产品策略：①产品维持。该策略是指不改变产品的3个层次的内容。②缺陷改进。该策略是指在改变引起产品伤害危机的相关因素之后，不再进行其他改变的策略。③功能增强。该策略是指在原有产品基础上，附加产品或潜在产品的内容，从而增加产品的顾客价值。

13.3.2.2　危机后市场恢复中的销售促进

销售促进是市场促销组合中5个主要沟通方式中的一种，Kolter指出促销活动主要在向消费者提供一个购买的诱因，达到吸引消费者购买的目的。当厂商进行诱因式促销活动，不但可吸引新的试用者及优惠忠诚的顾客，更可以吸引经济转换品牌的消费者。基于促销的最终对象为消费者，本书将探讨厂商对消费者的销售促进活动。销售促进的工具很多，可根据销售促进对象、销售促进内容等进行分类。Sawyer和Dickson认为，第一类促销方式是给产品增加价值，如加量装；第二类促销方式是为消费者减少成本，如打折。如果促销是以产品形式进行（如赠送免费小样），那么消费者不太容易将从中所得的好处与价格联系在一起。所以，这些促销被认为是获得的额外价值；相反，当促销是以金钱形式进行（如打折），消费者们则会很容易把它们和价格联系在一起，这些促销就被看作是为购买减少成本。Campbell和Diamond按照销售促进诱因是否与产品价格有关，将销售促进分为价格导向与价值导向两种。其中，价格导向的促销方法一般有折扣、现金券、退款优惠等，其中折扣最具代表性；而价值导向的促销方法一般有免费样品、赠品、抽奖、有奖竞赛、售点陈列等，其中赠品最具代表性。本书将销售促进分为价格促销与价值促销两种方式。

13.3.2.3　危机后市场恢复中的广告

广告是由明确的广告主在付费的基础上，采用非人际的传播形式，对观念、商品或服务进行介绍、宣传的活动。根据广告目的是发布品牌商品，或是传播品牌形象的不同，以品牌为中心的广告可以分为品牌产品广告和品牌形象广告两大类型。前者的意义在于推销商品，后者的意义在于推广形象。两类广告的主要区别，在于它们是否提供品牌商品与服务的具体信息，如性能、功用、质保、利益等。两者的联系在于，双方相互支持彼此呼应，企业经营者需要借助广告活动，塑造品牌形象，从而使品牌理念转化为社会交往过程中的大众文化现象，和商品交换过程中消费者的心理现实。品牌形象是品牌理念的感性表现，体现着品牌理念的文化与心理定位。以品牌为中心的广告的价值，就在于实现品牌形象的文化心理定位，使广告主的品牌购买建议转化为消费者的品牌购买行动。另外，根据科特勒的分类，非导入期的产品广告主要分为说服性广告和提醒性广告。说服性的广告在于说明产品的功能，让人认识此类产品，知道产品的作用，对顾客的价值。提醒性的广告，此类广告的目的是保持顾客对该产品的记忆，其目的在于让现有的消费者相信他们购买这种产品的决定是正确的。

13.3.2.4　购买意愿

Dodd定义购买意愿为消费者向企业购买产品的可能性。Fishbein认为，购买意愿即消费者愿意采用特定购买行为的概率高低。消费者通常根据内外信息的刺激而对产品进行评估。进一步发现产品内在提示与外在提示会影响消费者的感知风险、感知品质、感知价值及购买意愿，并促使其产生对产品正面或负面的评价。作为衡量产品伤害危机后果的结果变量，购买意愿频繁被消费者所使用，如Kleina和Niraj Dawar在研究企业社会责任形象时，使用购买意愿作为结果变量研究企业社会责任形象对顾客危机归因及行为变化的影响，而购买意愿也用在研究危机中的感知风险、品牌评价等方面。

13.3.2.5　研究框架

研究框架表达了危机后的市场恢复策略对顾客购买意愿的作用。从现有的研究来看，销售促进、广告、产品策略都对产品伤害危机后的购买意愿有影响，同时，不同的产品策略，其对消费者购买意愿的影响是不同的，而在不同的产品策略下，不同的促销和广告策略，对消费者购买意愿的影响也不同。该框架建立的目的，是为了研究在不同的产品策略下，消费者购买意愿被影响的程度如何；在不同的产品策略下，怎样的消费促进和广告策略，对消费者的购买意愿影响更大。

13.3.3 概念关系假设

13.3.3.1 危机后产品策略与购买意愿的关系和假设

根据产品的五层次理论，产品的五层次构成了顾客价值层级，那么，在3种产品策略的情况下，产品维持策略对顾客价值提高不大，而缺陷改进策略对顾客价值有一定的提高，而功能增强策略对顾客价值提高相对高于其他两种策略。

基于以上分析，提出如下假设。

（1）与维持策略相比，缺陷改进对消费者购买意愿有更显著的正向影响。

（2）与维持策略相比，功能增强对消费者购买意愿有更显著的正向影响。

（3）与缺陷改进相比，功能增强对消费者购买意愿有更显著的正向影响。

13.3.3.2 不同危机后产品策略下销售促进与购买意愿的关系和假设

过去关于销售促进作用机制的研究中，学者们已经达成的一个共识是：销售促进是通过影响顾客对所促销产品的价值感知而起作用的。Munger和Grewal比较了3种促销方式（选择免费赠品的权利、打折、现金返还）对消费者的感知质量、价格接受程度、感知价值、购买意向的影响，发现在价格减让幅度相同的情况下，消费者对提供可选择的免费赠品这种促销方式评价最好，打折次之，现金返还这种促销方式的评价最差。Laroche研究了消费者对两种零售促销方式（一种是优惠券，另一种是买一送一）的反应有何差异，结果发现在优惠券促销时消费者更加倾向于购买贮存备用，他解释这是因为优惠券一般都有到期期限，这会令消费者感到应抓住优惠时机购买，而买一送一促销时消费者往往倾向于等家里的存货用完后再购买。以上的研究有矛盾之处，而在特定的产品伤害危机后消费者对产品价值存疑的情况下，对消费者的购买需要更明显的诱因。在产品维持策略下，由于对消费者价值没有提高，价格促销作为更明显的诱因，对消费者购买意愿应有更显著的影响。

（1）在产品维持策略下，与价值促销相比，价格促销对于消费者购买意愿有更显著的正向影响。缺陷改进只是对造成产品伤害危机的产品缺陷部分进行了修正，这种修正可能是对产品本身的修正，也可能是对产品生产过程的修正。缺陷改进并没有在产品的5个层次上进行明显的改变，其对顾客价值的提高，也并不明显。因此，我们认为，在产品缺陷改进的情况下，价格促销仍然优于价值促销。

（2）在缺陷改进策略下，与价值促销相比，价格促销对于消费者购买意愿有更显著的正向影响。在产品功能增强策略下，产品的顾客价值有了提高，而顾客对该部分的价值提高有一定兴趣，一方面，由于顾客看到企业对产品的积极处理方式而减少因危机而产生的感知风险，另一方面，顾客可能有兴趣对更高的产品价值进行体验，因而，价值促销在购买意愿的影响上会高于价格促销。

（3）在产品功能增强策略下，与价格促销相比，价值促销对于消费者购买意愿有更显著的正向影响。

13.3.3.3 不同危机后产品策略下广告策略与购买意愿的关系和假设

有研究者认为危机期间被提升的品牌知名度和媒体关注度事实上会导致广告投入的收益比其在常规广告中的投入收益增加。Van Heerde、Kris tiaan Helsen的研究表明，广告的作用类似调节的作用。企业自己的广告具有从显著有效到完全没有作用的情况。平均来说，短期广告对将来的顾客购买的调节作用比长期广告的调节作用小。相关广告的作用从有正面效果到没有效果。形象广告的作用主要在于建立企业的良好形象，增加消费者对企业的信心，使消费者相信该企业的产品具有更高的价值，而在危机后产品维持策略的情况下，形象广告有助于消费者化解危机带来的感知风险的增加，因此，形象广告比产品广告对消费者购买意愿有更显著的影响。说服性广告更多的说明产品的价值，在产品伤害危机后，说服性广告的劝导作用大于提醒性广告。

基于以上分析，提出如下假设。

（1）在产品维持策略下，与产品说服性广告相比，形象广告对于消费者购买意愿有更显著的正向影响。

（2）在产品维持策略下，与产品提醒性广告相比，形象广告对于消费者购买意愿有更显著的正向影响。

（3）在产品维持策略下，与产品提醒性广告相比，产品说服性广告对于消费者购买意愿有更显著的正向影响。

缺陷改进只是对造成产品伤害危机的产品缺陷部分进行了修正，这种修正可能是对产品本身的修正，也可能是对产品生产过程的修正。缺陷改进并没有在产品的5个层次上进行明显的改变，其对顾客价值的提高，也并不明显。因此，在缺陷改进策略下，广告对消费者的作用仍然是以增强消费者信心、减少感知风险为主，因此，形象广告优于产品广告，产品广告中的说服性广告又优于提醒性广告。基于此，提出以下假设。

（4）在缺陷改进策略下，与产品劝导广告相比，形象广告对消费者购买意愿有更显著的正向影响。

（5）在缺陷改进策略下，与产品提醒广告相比，形象广告对消费者购买意愿有更显著的正向影响。

（6）在缺陷改进策略下，与产品提醒广告相比，产品劝导广告对消费者购买意愿有更显著的正向影响。

在产品功能增强策略下，产品的顾客价值有了提高，而顾客对该部分的提高并不了解，因此，此时广告的作用，一方面是增强消费者对企业的信心，另一方面是以更高的产品价值诱导消费者，由于说服性广告能更清楚地传达产品价值提高的内容，因而会更好地激起消费者的购买意愿。而一般的提醒性广告，却并不能起到这样的作用。相反，形象广告虽然不能对产品价值提高有更明确的传达，但却能减低消费者的感知风险。因而，在功能增强策略下，说服性广告优于形象广告，而形象广告又优于提醒性广告。基于此，提出以下假设。

（7）在产品功能增强策略下，与形象广告相比，产品劝导广告对消费者购买意愿有更显著的正向影响。

（8）在产品功能增强策略下，与产品提醒广告相比，形象广告对消费者购买意愿有更显著的正向影响。

（9）在产品功能增强策略下，与产品提醒广告相比，产品劝导广告对消费者购买意愿有更显著的正向影响。

13.3.4 结论与研究局限

本书提出了产品伤害危机后市场恢复的产品策略、价格促销策略、广告策略研究框架，探索在产品伤害危机后，不同的产品策略对消费者购买意愿的影响；在不同的产品策略下，不同的销售促进策略对消费者购买意愿的影响；在不同的产品策略下，不同的广告策略对消费者购买意愿的影响。在产品伤害危机后，企业会采用产品维持、缺陷改进和功能增强3种产品策略重新进入市场，这3种策略，产品维持对产品价值的提升没有作用，缺陷改进对产品价值的提升有一定作用，而功能增强是三者中最能提高产品价值的策略。由于产品伤害危机的发生，顾客对购买产品的感知风险增加，从顾客让渡价值的角度来看，顾客的心理成本增加，从而顾客让渡价值减少，此时，采用能提高产品价值的策略，能较好地增加顾客价值，从而增加顾客的购买意愿。然而，即使能提升产品价值的策略似乎是危机后企业的最佳产品策略，但由于种种原因，如企业基于成本的考虑，或者基于保护整个产品线的考虑，并不一定会采用功能增强的策略。现实中，这3种策略都是危机后企业经常采用的。同时，企业常会采用销售促进、广告促销等促销方式，以取得市场恢复的有效性。因此，研究在不同产品策略下的销售促进、广告促销的效果，也是十分必要的。基于以往的研究，价格促销和价值促销这两种销售促进方式，在不同的情形下，其对消费者购买意愿的影响作用效果比较是不一致的。在产品伤害危机后，由于消费者需要更明显的诱因，因此，价格促销作为更明显的诱因，在产品维持和缺陷改进策略下对消费者购买意愿应有更显著的影响。而在功能增强策略下，由于顾客能较明确地感知产品价值的提高，而价值促销能更好地吸引顾客进行尝试的兴趣,因此,价值促销对顾客购买意愿的影响高于价格促销。形象广告、劝导广告、提醒广告,三者的作用不同,在产品伤害危机情况下,吸引消费者总体来说需要减少其对产品的感知风险,因此,在产品维持策略下和缺陷改进策略下,形象广告的作用优于劝导广告,而劝导广告又优于提醒广告。在功能增强策略下,由于说服性广告能更清楚地传达产品价值提高的内容,因而会更好地激起消费者的购买意愿,形象广告虽然不能对产品价值提高有更明确的传达,但却能降低消费者的感知风险。因而,在功能增强策略下,说服性广告优于形象广告,而形象广告又优于提醒性广告。本书的假设应在将来的实证中进行验证。只有在对市场恢复策略对顾客购买意愿的影响进行充分测试之后才能就恢复策略的效果进行科学的评价。另外,本书并没有考虑两个问题,一个是产品目标消费者的统计学特征对市场恢复策略作用的影响,另一个是市场恢复策略对消费者持续的购买意愿的影响。这是在将来的研究中应进一步考虑的。

13.4 产品伤害危机后的产品策略对消费者购买意愿影响的实证研究

在现实中,当危机最初的负面影响过去后,有的产品重新占领市场,而有的产品却在苦苦支撑后黯然退场,其原因,除与产品在危机前的品牌声誉危机中的企业应对危机的危害程度有关外,与危机后企业的市场策略也有极大的关系。在危机后,选择恰当的产品策略重入市场,对企业而言具有双重意义:一是提高效率,节省现有资金;二是尽快地赢回消费者,恢复市场,维持企业的运转而最终挽救企业。

本书集中研究产品伤害危机后重入市场的产品策略对于危机后消费者购买意愿的影响机制和作用效果,为企业在考虑资金能力及市场效果的前提下进行市场恢复决策提供依据。

13.4.1 研究模型与假设

研究模型表达了危机后的产品策略对顾客购买意愿的作用机制(见图13-2)。该框架建立的目的,是为了研究在不同的产品策略下,归因和感知质量是如何被改变,进而影响消费者购买意愿。同时,还要研究不同的产品策略,其对消费者购买意愿影响的效用,以找出最为有效的产品策略。

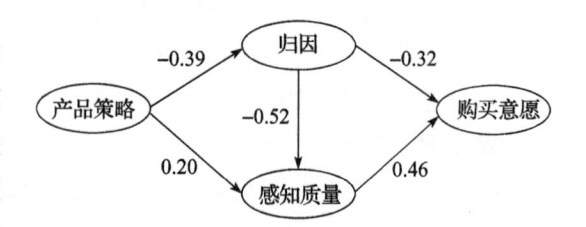

图 13-2 危机后产品策略对归因、感知质量、购买意愿研究

(1)危机后产品策略。

在现实中,当产品伤害危机后,企业在恢复市场时,会从企业能力、市场情况等方面考虑,主要采用如下产品策略。

产品维持:该策略是指不改变产品的3个层次的内容,以原有产品继续销售。

缺陷改进:该策略是指在改变可能引起产品伤害危机的相关因素之后,不再进行其他改变的策略。

功能增强:该策略是指在原有产品基础上,附加产品或挖掘潜在产品的内容,从而增加产品的顾客价值。

(2)危机后产品策略与顾客归因、购买意愿。

Wiener(1986)在人们需要对事件进行责任归置的假设下,建立了归因理论。如果消费者将危机归因于公司,则会对他们将来的购买意愿产生负面影响。当消费者认为伤害行为的产生是由公司内部引起的,这种伤害行为可能是持久的,而且行为本应是公司可以控制时,消费者会更多地责备公司。相反,当消费者认为伤害行为更多的是由公司外部原因引起,这种伤害是偶然的,并且超出了公司的控制能力时,则会较少地责备公司。进而,归因模式会影响消费者的行为。顾客对公司的责备越少,其对公司产品购买意愿越高。基于以上分析,形成以下假设。

H1:产品策略越积极,顾客越少归因于企业。

H2:顾客越少归因于企业,购买意愿越高。

（3）危机后产品策略与消费者感知质量、购买意愿。

Zeithaml（1988）定义感知质量是顾客对于产品或服务整体优良性的判断。根据线索利用理论，消费者利用一些线索作为判断产品质量的工具。产品维持策略，对于感知质量的提高没有帮助；缺陷改进和功能增强策略，改变了产品的特性，并给顾客提供了积极的外部线索。进而顾客感知质量是影响顾客行为意向的一个重要决定因素。因此，我们得出如下假设。

H3：产品策略越积极，感知质量越高。

H4：感知质量越高，购买意愿越高。

（4）顾客归因与感知质量。

如果顾客认为事件是经常而非偶尔发生的，企业对事件的控制力度不够，那么，顾客当然会对产品的质量稳定性、企业对质量的控制能力产生负面的评价，因此，我们做出以下假设。

H5：顾客越少归因于企业，感知质量越高。

13.4.2 实验设计与测量

（1）实验设计。

本书采用实验法进行研究。采用茶饮料的产品伤害危机为刺激物，设计了一个产品伤害危机的情景，包含了3种不同的企业产品策略，在不同组别的问卷上，被试者会读到公司采取不同产品策略的文字描述；相应地设计了三组问卷；每组问卷包括一个同样的产品伤害情景描述：某茶饮料产品由于氟含量超标而对人体可能有伤害作用。

（2）量表的设计与问卷发放。

本书的自变量由实验控制，因变量包括顾客归因、感知质量、购买意愿。顾客归因在Champ提出的3个归因维度的基础上，最后形成两个测项，即位置、可控性。感知质量参照了Dodds、Yoo等的量表进行调整，最后形成3个测项，即产品质量的可靠性、产品质量的稳定性、生产过程的可靠性。购买意愿的测量，选用了进入消费者考虑集、购买的可能性两个测项。正式实验中，在公园、超市等地对消费者进行了问卷调查。共发放问卷350份，回收322份，剔除81份无效问卷，回收有效问卷241份，有效回收率为68.8%。

（3）数据分析。

①信度检验。

对问卷结果进行信度检验，其中归因Cronbanch's α系数为0.67，感知质量Cronbanch's α系数为0.78，购买意愿Cronbanch's α系数为0.87。3个关键变量的信度均适合要求。

②模型拟合及假设检验。

对于研究模型进行的检验，本书运用LISREL-7，利用相关系数矩阵，使用全模型分析，对产品策略对购买意愿的影响路径进行了分析（见图13-2），并确认模型的拟合程度（见表13-1）。

表13-1 模型拟合度分析结果

评价指标	理想评价结果	本书结果	符合程度
χ^2	P值大于0.05	0.0014	否
RMSEA	小于0.08	0.076	是
CFI	大于0.9	0.96	是
ACFI	大于0.8	0.91	是
NFI	大于0.9	0.95	是
NNFI	大于0.9	0.91	是
CFI	大于0.9	0.97	是
IFI	大于0.9	0.97	是
RFI	大于0.9	0.92	是

根据以上数据，说明模型与数据拟合较好。

实证研究的结果表明，研究中所提出的假设均得到验证。产品策略对归因具有显著的负向影响（H1），归因对购买意愿具有显著的负向影响（H2），产品策略对感知质量具有显著的正向影响（H3），感知质量对购买意愿具有显著的正向影响（H4），归因对感知质量具有显著的负向影响（H5）。

③危机后产品策略效用检验。

根据以上分析，不同的危机后产品策略通过影响归因、感知质量，最终影响了消费者购买意愿。以上3种产品策略中，对消费者购买意愿的效用差别究竟如何呢？研究运用T检验，在对购买意愿进行倒数变换后，对产品策略对购买意愿影响效用进行了比较研究。其检验结果如下（见表13-2）。

表13-2　T检验结果

实验组别	购买意愿		
	中值比较（Means）	差异显著性（Sig.）	差异
1 产品维持 /2 缺陷改进	1.34/1.32	0.813	无明显差异
1 产品维持 /3 功能增强	1.34/1.64	0.000	差异显著
2 缺陷改进 /3 功能增强	1.32/1.64	0.000	差异显著

以上研究说明，产品维持和缺陷改进策略，对购买意愿的影响无明显差异，而功能增强策略与产品维持和缺陷改进策略相比，对购买意愿有明显的正向影响作用。

13.4.3　结论与讨论

通过对实验数据的分析可以验证，产品策略越积极，顾客将更少地将危机归因于企业本身，同时顾客感知质量越高；顾客越将危机归因于企业本身，购买意愿越低，同时感知质量越低；感知质量越高，购买意愿越高。另外，通过本书验证，功能增强策略与产品维持和缺陷改进策略相比，对购买意愿有明显的正向影响作用。本书的理论意义在于：第一，本书建立了研究危机后产品策略对购买意愿影响内部机制的研究模型；第二，本书发现，虽然缺陷改进策略比产品维持策略有更积极的意义，但两者对消费者的购买意愿正向影响远低于功能增强策略。

本书选用茶饮料的产品伤害危机为刺激物，是否能推广到其他产品领域，仍需要进一步的研究；本书对产品策略采用了文字描述而非实物展示的方法，不利于被试者做出对刺激物的真实反应，可靠性有待提高。

未来对于产品伤害危机的研究，一方面，可细化到对消费者根据人口特征进行细分，以及对根据产品特征进行细分，研究不同情况下产品策略的作用；另一方面，应该将危机后策略推广到促销、广告等策略，研究其他市场策略的影响。

13.5　可辩解型产品伤害危机应对策略对品牌资产的影响研究——调节变量和中介变量的作用

产品伤害危机（Product Harm Crisis）是指偶尔出现并被广泛宣传的关于某个产品是有缺陷或是对消费者有危险的事件（Siomkos 和 Kurzbard，1994）。依据"产品缺陷或伤害是否违反相关产品法规或安全标准"，可以将产品伤害危机分为可辩解型（Defensible）和不可辩解型（Indefensible）两类（Smith，2003）。由于产品伤害危机（包括可辩解型和不可辩解型）的发生越来越频繁，消费者、媒体变得更加敏感（Birch，1994）。而一旦产品伤害危机发生，就会对销售业绩、市场份额、股票价格和品牌资产造成负面影响（Pruitt 和 Peterson，1986）。

在可辩解型产品伤害危机中，企业的应对策略可能会影响一系列因素，如感知质量、购买意愿、品牌态度等，能在最大程度上涵盖这些因素的变量是品牌资产。因此，以品牌资产来评判应对策略的好坏具有较好的代表性。品牌资产是沉淀企业信誉、累积企业无形资产的重要载体，它构建于消费者的信念和品牌知识之上，是一种重要但却脆弱的无形资产（Keller，1993）。创建品牌资产需要多年的努力，但毁掉它却只需经历一场可辩解型产品伤害危机。因此，探讨哪种应对策略能在更大程度上保护品牌资产具有重要意义。本书以"企业声誉"和"外界澄清"为调节变量、"心理风险"为中介变量，探讨了自变量"应对策略"对因变量"品牌资产"的影响，丰富了产品伤害危机领域的理论内容。

13.5.1 理论和现实背景

13.5.1.1 产品伤害危机及其负面影响

学者们从8个方面对产品伤害危机及其负面影响展开了研究。

（1）产品伤害危机的分类。依据"产品缺陷或伤害是否违反相关产品法规或安全标准"，可以将产品伤害危机分为可辩解型（Defensible）和不可辩解型（Indefensible）或有过失（Commission）和无过失（Non-commission）两种类型（Smith，2003；Bradford和Garrett，1995）。因本质不同，两类产品伤害危机的应对策略也存在差异，例如，在可辩解型产品伤害危机中，由于产品缺陷和伤害没有违规，所以企业可以邀请外界机构协助澄清；但是在不可辩解型产品伤害危机中，外界机构就无法帮助澄清产品的无害性。

（2）感知危险和感知风险。社会责任水平（Vassilikopoulou、Siomkos和Chatzipanagiotou，2009）、产品召回举措（Siomkos和Kurzbard，1994）和外界澄清（Fang，2007）能降低感知风险；消费者忠诚度（Zeng和Li，2008）、消费者产品使用量（Cleeren、Dekimpe和Helsen，2008）与感知风险负相关，老年（60岁及以上）消费者的感知危险强于60岁以下的消费者（Fang，2006）。

（3）消费者抱怨行为。处于个人主义文化社会中的消费者抱怨企业更多，而处于集体主义文化社会中的消费者抱怨企业较少（Laufer，2002）。当责任不明时，女性消费者对企业的抱怨要比男性消费者更多（Laufer和Gillespie，2004）。

（4）消费者忠诚度。消费者的品牌忠诚度越高，越能维持对产品的认知价值判断（Siomkos和Kurzbard，1994；Smith，2003；Birch，1994；Pruitt和Peterson，1986），危机前的品牌忠诚度和熟悉度对产品伤害危机有重要的缓冲作用，但是该作用随时间而减弱（Cleeren、Dekimpe和Helsen，2008）。

（5）消费者考虑集。产品伤害危机会让消费者感知到危险，会对产品进入消费者的考虑集产生负面影响（Erdem、Swait和Iacobucci，2004）。

（6）消费者购买意愿。企业声誉越高、社会责任感水平越高，则消费者的购买意愿维持力度更强（Siomkos和Kurzbard，1994；Vassilikopoulou、Siomkos和Chatzipanagiotou，2009）。产品伤害危机后，重度消费者的购买意愿恢复更快（Cleeren、Dekimpe和Helsen，2008）。此外，老年消费者（60岁及以上）的购买意愿受损程度显著高于60岁以下的消费者（Fang、Li等，2007）。

（7）消费者态度。口碑方向对消费者的态度有显著影响，而负向口碑比正向口碑的影响力更大，即存在明显的"负向信息效应"；且企业应对危机时所表现的努力程度越低，"负向信息效应"越大（Wang和Chao，2008）。

（8）品牌资产。早期的研究发现，产品召回不仅仅会造成有形的产品损失，还会造成类似于品牌感知的无形资产损失（Davidson和Worrell，1992）。这是因为，产品伤害危机及其应对策略是一种信号机制，会影响构成品牌资产的品牌信念、品牌态度等心理因素（Dawar，1998）。消费者对企业品牌的期望越高，无论企业采用哪种应对策略，企业品牌资产的损失程度都相对较小（Dawar和Pillutla，2000）。在可辩解型产品伤害危机中，与轻度消费者相比，重度消费者的品牌资产更容易得到保持（Wu，2008）。

综合上述研究可以发现，对于本书要研究的问题，现有的研究还不能提供确切答案。一是部分研究没有对产品伤害危机进行分类（Siomkos和Kurzbard，1994；Cleeren、Dekimpe和Helsen，2008；Laufer，2002；Dawar，1998），研究时将产品伤害危机视为同质；二是对于可辩解型产品伤害危机的企业应对策略,仅探讨了其对公司形象(Bradford 和 Garrett, 1995)、消费者考虑集(Wang、Chao 和 Wu, 2006)和购买意愿(Fang, 2007)等变量的影响;三是对于可辩解型产品伤害危机中的品牌资产,仅探讨了消费者个体差异对品牌资产造成的感知差异(Wu, 2008),且没有考虑调节变量和中介变量。因此,企业应对策略对品牌资产的影响机制进一步展开探索。

13.5.1.2 产品伤害危机的应对策略

首先是企业应对策略的分类。有多位学者对危机(指广义的危机,包含但不局限于产品伤害危机)的应对策略分类展开了研究。有学者以"平息—恶化"(Mitigation—Aggravation)标准来分类应对策略,平息策略表达对受害者的关心并承认企业有过失,而恶化策略主要是保护企业形象并否认企业存在过失(McLaughun、Cody 和 O'hair, 1983)。有学者以"和解—辩解"(Accommodative—Defensive)标准对应对策略进行了分类,和解策略意味着承担责任、采取修复行动,而辩解策略否认存在问题、说明没有过错(Marcus 和 Goodman, 1991)。借鉴"和解—辩解"分类标准,有学者又以"否认—纠正"(Denial—Corrective)为标准,对应对策略进行了划分(Siomkos 和 Shrivastava, 1993)。通过对比可以发现,这 3 种分类标准没有实质区别,说明现实中的应对策略可以被统一到一个分类尺度。以此为基础,有学者将现实中的 7 种应对策略全面与以上标准进行对接,形成了完整的应对策略分类图(Coombs, 1998),具体如图 13-3 所示。与以上分类标准不同的是,有学者以"否认—道歉"标准,将应对策略分为否认(Denial)、缄默(Reticence)、道歉(Apology)3 类;增加考虑了缄默策略,即对危机没有反应或者声称"无可奉告""暂时无法评论"的情形(Griffin、Babin 和 Attaway, 1991)。综上所述,可以得知危机的应对策略共有 8 种,即 Coombs(1998)的 7 种策略,外加 Griffin 等(1991)补充的缄默策略。需要补充的是,在研究的国内案例中,没有观察到采用迎合策略(Ingratiation)和借口策略(Excuse)的情形。

辩解 ←————————————————————————→ 和解
(Defensive)   (Accommodative)

攻击指控者   否认   借口   辩解   迎合   纠正   道歉
(Attack Accusers) (Denial)(Excuse)(Justification)(Ingratiation)(Correction)(Apology)

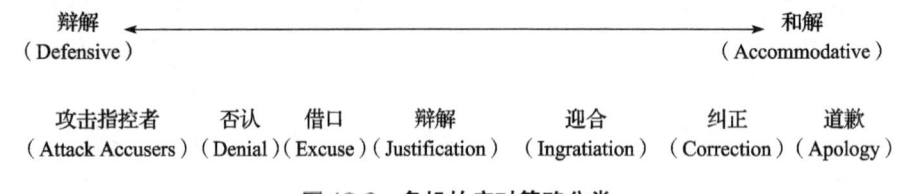

图 13-3 危机的应对策略分类

为了在完整涵盖企业行为的同时精简企业应对策略的分类,根据企业应对策略的相似性,本书在实证研究时将 8 种应对策略划分为 4 类:和解策略(包含 Ingratiation、Correction、Apology)、缄默策略(Reticence)、辩解策略(包含 Denial、Excuse、Justification)和攻击策略(Attack Accusers)。

其次是外界澄清的类型。王晓玉等的研究首次考虑了外界澄清——专家协助澄清的情形,是指专家出面证实产品无害性或合法性(Wang、Chao 和 Wu, 2006)。方正进一步将外界澄清的主体分为行业组织、专家团体和政府机构三大类,并且发现不管选择哪类外界澄清主体,外界澄清对感知危险的缓解效果都显著优于企业独自应对(Fang, 2007)。鉴于各种外界力量没有本质差别,为简化实验设计,本书只考虑"有、无"外界澄清的情形。

最后是对最优企业应对策略、外界澄清效果的理解,企业在现实中还存在较大的分歧,因此采取了截然不同的选择。这进一步说明,研究如何有效应对可辩解型产品伤害危机对现实的借鉴意义较大。

13.5.2 研究假设

本书以品牌资产为因变量来评判企业应对策略的好坏差异。就品牌资产而言,先前的研究通常从财务、购买行为和消费者心理 3 个角度来定义品牌资产(Keller, 1993;Aaker, 1991)。从消费者心理的角度来看,品牌资产是指由于品牌知识而引起的对该品牌营销的不同反应(Keller, 1993);具体到产品伤害危机中,有学者将品牌资产看作是与品牌相关信念的综合(Dawar 和 Pillutla, 2000)。

13.5.2.1 企业应对策略的影响

可辩解型危机的企业应对策略分为4个大类：和解、辩解、缄默和攻击。这4种应对策略可能会在不同程度上影响顾客的品牌信念，进而影响品牌资产，具体分析如下。

首先，分析对比和解、辩解两种策略。就和解、辩解两种策略的优劣而言，在心理学领域虽有较多的研究，但存在非常冲突的观点。一方面，有的研究指出和解策略更好，因为它表现出施害方的懊悔心态，有利于受害方积极判断施害方的动机和意图（Lewck和Bunker，1996；Ohbuchi、Kameda和Agarie，1989）。因此，在负面事件发生后，就修复合作意愿而言，和解策略比辩解策略更有效（Bottom、Gibson和Daniels，2002）。另一方面，有的学者指出辩解策略更优。他们发现，和解策略意味着承认过错、确认有伤害发生，这将不利于修复受害方对危机的负面认知（Riordan、Marlin和Kellogg，1983；Darby和Schlenker，1980）。对于以上两类冲突的结论，可以用Kim、Ferrin和Cooper，2004）的"双刃剑效应"给予解释：和解策略的优点是通过承认过失传递出不再犯错的诚意，缺点是让受害方确认了施害方的过失；辩解策略的优点是让受害方无法确认、只能怀疑施害方的过失，缺点是无法传递不再犯错的诚意。因此，究竟是和解策略好，还是辩解策略好，需要结合产品伤害危机的具体类型进行分析。

在可辩解型产品伤害危机中，产品缺陷没有违法违规，不存在犯错的问题。此时的关键是避免消费者形成产品有害的负面信念，因此，辩解策略可能比和解策略更有效。第一，辩解策略传递出产品无害的正面信息，让消费者接触到正、反两面信息，而不是只接触到负面信息，进而阻止负面信念的形成。第二，和解策略存在两大问题：一是和解策略虽然能够表达不再犯错的诚意，但在高感知风险下，消费者更重视的是能降低感知风险的信息（Gürhan-Canli和Batra，2004），所以和解策略并不是必然比辩解策略更有效；二是和解策略包含了道歉、召回等行为，这可能会让消费者更加相信产品有害、企业负有责任，进而强化了负面的品牌信念。由此，提出假设H1a。

H1a：在可辩解型产品伤害危机中，就保护品牌资产的效果而言，最优的是辩解策略，最差的是和解策略。

其次，分析缄默策略和攻击策略。与辩解策略相比，这两种策略都没有提供产品无害的信息，不能消除产品有害的负面信念，所以对品牌资产的维护作用更弱；与和解策略相比，都没有承认产品存在伤害，没有强化产品有害的负面信念，所以对品牌资产的维护作用更强。因此，这两种策略对品牌资产的保护效果，介于和解策略和辩解策略之间。由此，提出假设H1b。

H1b：在可辩解型产品伤害危机中，就保护品牌资产的效果而言，缄默策略和攻击策略的效果，居于和解策略和辩解策略之间。

再次，缄默策略和攻击策略之间仍然存在差异。以前的研究表明，在危机中采取类似于沉默的"缄默策略"，就代表了企业的疑虑与消极（Coombs，1998）。若企业既不确认、也不否认危机，公众就会认为企业是在隐瞒真相，反而会扩大危机的杀伤力（Pearson和Clair，1998）。因此，可辩解型产品伤害危机一旦发生，企业应该主动站出来应对，减少公众对产品安全的疑虑，降低危机对品牌信念造成的负面冲击；所以本书推测，攻击策略优于缄默策略。由此，本书提出假设H1c。

H1c：在可辩解型产品伤害危机中，与缄默策略相比，攻击策略更有利于保护品牌资产。

最后，综合H1a、H1b、H1c的分析，我们提出假设H1。

H1：在可辩解型产品伤害危机中，就保护品牌资产而言，最优的是辩解策略，其次是攻击策略，然后是缄默策略，最差的是和解策略。

13.5.2.2 外界澄清的影响和调节作用

根据社会心理学的研究结果，信息对人产生影响力通常决定于信息的4个因素：沟通者、信息内容、传播渠道和听众（Hovland和Lumsdaine，1949）。从沟通者这一因素来看，沟通者的可知觉专家性

(Olson 和 Cal, 1984) 和可知觉信赖性 (Hemsley 和 Doob, 1978) 将会影响到信息的说服力和影响力。在知觉专家性方面，政府管制机构（如质监部门、农业部等）、相关领域专家和行业组织是最常见的外界澄清主体，他们都具有相关领域的专业知识和专业能力，因此他们对消费者而言都具有较高的可知觉专家性。在可知觉信赖性方面，我们通常认为那些并不是为自身的某些利益而说话的人是真诚的，它们的可知觉信赖性更高 (Eagly、Wood 和 Chaiken, 1978)。根据以上分析，无论从可知觉专家性、还是从可知觉信赖性来看，有外界澄清都优于企业独自应对，更有利于说服消费者，保持较好的品牌信念。由此，本书提出假设 H2。

H2：在可辩解型产品伤害危机中，与无外界澄清相比，有外界澄清更有利于保持品牌资产。

鉴于外界澄清的可知觉专家性、可知觉信赖性更高，其说服力更强。因此，在企业应对策略和外界澄清同时出现时，外界澄清的影响较大，因此，企业说什么就可能变得没有那么重要，这就可能淡化不同企业应对策略对品牌资产造成的影响效果差异，特别是最优企业应对策略（辩解策略）与其他企业应对策略的差异。由此，本书提出假设 H3。

H3：在可辩解型产品伤害危机中，外界澄清会负向调节企业应对策略对品牌资产的影响。

13.5.2.3 企业声誉的影响和调节作用

企业声誉会产生晕轮效应 (Halo Effect)，因而会正向影响品牌资产。一旦人们对某人、某个组织形成了正面印象，人们就容易忽略与这一良好印象相对立的负面信息 (Balzer 和 Sulsky, 1992; Nisbett 和 Wilson, 1977)。实际上，过去的研究也已证实，良好企业声誉产生的晕轮效应可以带来一系列的好处：增加顾客忠诚、易化产品引入、强化广告效果、提升招聘效果等 (Allen 和 Caillouet, 1994; Druckenmiller, 1993; Gaines-Ross, 1997; Goldberg 和 Hartwick, 1990; Morley, 2002; Patterson, 1993)。因此我们推测，在可辩解型产品伤害危机中，企业声誉也会带来类似的好处。由此，提出假设 H4。

H4：在产品伤害危机中，企业声誉越好，则品牌资产受到负面影响越低。

企业声誉还可能导致有偏向的信息处理 (Biased-Processing)。良好的企业声誉，意味着消费者对企业持有积极的态度；而负面的企业声誉则反之。态度一旦形成，就会引导个体的信息处理过程 (Petty 和 Cacioppo, 1977)，与先前态度一致的信息会被赋予更多权重 (Kunda, 1990)。基于此，本书推测，如果企业声誉好，消费者就会更关注企业应对策略中隐含的、对企业有利的信息；如果企业声誉坏则反之。在上述过程中，就可能产生正向调节作用。由此，提出假设 H5。

H5：在可辩解型产品伤害危机中，企业声誉会正向调节企业应对策略对品牌资产的影响。

13.5.2.4 心理风险的中介作用

先前的研究发现，产品伤害危机会形成感知风险 (Wang 和 Chao, 2008)，而感知风险又是影响品牌资产的重要因素 (Erdem 和 Swait, 1998)。在此基础上，Erdem 和 Swait (1998) 进一步证实感知风险是品牌资产的中介变量。感知风险通常包括 6 种不同类型，即财务风险、绩效风险、身体风险、社会风险、心理风险和时间风险 (Chaudhuri, 2000; Stone 和 Granhaug, 1993; Mitchell, 1999)。然而，Fombrun 进一步发现心理风险是一个重要的中间变量，在其他风险类型与总风险水平之间起到了桥梁作用 (Fombrun 和 Van Riel, 1997)。因此，本书进一步推测，心理风险可能是自变量影响品牌资产的中介变量。由此，提出假设 H6。

H6：在可辩解型产品伤害危机中，在企业应对策略、外界澄清、企业声誉影响品牌资产的过程中，心理风险充当了中介变量。

13.5.3 实证研究

本书采用 2（企业声誉：好、坏）×2（外界澄清：有、无）×4（应对策略：辩解、攻击、缄默、和解）的组间设计 (Between-group Design)。

13.5.3.1 刺激物设计

共设计4种刺激物,并使用学生样本进行了前测,以提高在正式实验中的刺激稳定性和成功可能性。具体情况如下。

(1) 企业声誉。在网络上搜索5个牙膏生产企业的介绍,参照 Fombrun(1997)设计的刺激物进行调整。为排除已有消费经历的影响,我们将背景事件的企业,命名为"A 企业"。企业声誉好的刺激物描述为"A 企业是全球领先的日用消费品公司,在200多个国家雇佣40000多名员工……近8年来 A 企业的标准普尔信誉评级都在 A+以上,过去3年入选绩效最好、风险最低的全球100强企业……"企业声誉坏的刺激物描述为"A 企业前身成立于1968年,近年来麻烦不断。为不断降低成本以增加出口产品的竞争力,一直没有实施生产线改造,生产污水直排造成闽江水系污染,并多次与闽江下游的农民发生纠纷……2009年9月,某生产基地又因克扣怀孕员工薪酬而被起诉……"

(2) 可辩解型产品伤害危机。基于多个现实发生的产品伤害危机,着重考虑到产品的普适性、熟悉度、介入度,选择牙膏作为刺激物品类。组合多家网站的报道,精炼修改文字,形成刺激物。刺激物中声称:牙膏中含有物质"二甘醇",含量较小,不影响健康;但媒体报道说长期使用仍然有害,甚至会致癌。

(3) 企业应对策略。从多个典型采用"辩解策略""和解策略"和"攻击策略"的产品伤害危机中,摘录应对策略的报道原文,进行整合调整,以便与牙膏品类对接。对于辩解策略,侧重提供否认(Denial)、辩护(Justification)的信息;对于和解策略,主要提供纠正(Correction)、道歉(Apology)的信息。对于"缄默策略",则告诉被试者:"A 企业至今没有对该事件发表任何观点";对于攻击策略,则告诉被试者,企业声称整个危机是媒体误报新闻,是竞争对手煽风点火、有意中伤。

(4) 外界澄清。有外界澄清的刺激物描述如下:"××口腔医学会提供的报告称,长期使用二甘醇含量低于15.6%的牙膏不会对人体健康产生不良影响。目前,没有资料显示因使用二甘醇牙膏而直接导致人体中毒的案例。"在无外界澄清时,则不提供与之相关的文字。

13.5.3.2 实验程序

采用现场实验法(Field Experiment),以街头拦截、上门访问等方式,寻找相对空闲的访问对象。实验及答题程序如下:首先,请被试者阅读 A 企业的文字介绍,并请被试者为 A 企业的声誉评分(这些打分用于操纵检验);其次,阅读可辩解型产品伤害危机、企业应对策略和外界澄清的刺激物,并评价心理风险和品牌资产(这些打分用于假设检验);再次,请被试者从"应对策略、危机类型、危机真实性、消费者介入度"等方面回答刺激物中包含的信息(这些打分用于操纵检验);最后,请被试者回答与人口统计特征相关的问题(这些打分用于样本描述)。在操纵检验的题项中,之所以要将企业声誉的测量放在最前,是由于两个原因,一是避免产品伤害危机与企业声誉的交互影响,导致被试者对企业声誉的打分不准确(Dawar 和 Pillutla,2000);二是打分行为是一种行为承诺(Behavioral Commitment),而行为承诺有助于强化态度(Blanton、Pelham 和 DeHart,2001),即有助于强化被试者对企业声誉的评价。为减少现场实验的不可控性,安排访问员陪同被试者答题,并在实验完成后说明研究意图。

13.5.3.3 变量测量

本书的中介变量是心理风险,因变量是品牌资产。对于心理风险的测量,参考 Stone 等(Stone 和 Granhaug,1993)的研究,使用3个题项,即"使用 A 品牌牙膏让我产生焦虑感""使用 A 品牌牙膏让我觉得紧张""我在使用 A 品牌牙膏时会产生很多担心"(Cronbach's α 值为0.89)。关于品牌资产,考虑产品伤害危机的负面性,综合参考 Aaker(1991)、Keller(1993)、Dawar 等(2000)、Agarwal 等(1996)、江明华等(2003)的研究,从4个维度进行测量,即品牌态度、品牌信任、感知质量和购买意愿。量表也参考以上研究:品牌态度的测量包含3个题项(坏的—好的、消极的—积极的、不利的—有利的),品牌信任的测量包含3个题项(不值得信任—值得信任、不可信赖—可信赖、不可靠—可靠),感知质量的测量包含两个题项，分别从企业品牌、危机产品层面测量（低质量—高质量），对于购买意愿，使用两个题项（肯定不会购买—肯定购买、不希望使用—希望使用）（以上10个题项的Cronbach's α值为0.91）。

在完成对中介变量和因变量的测量后，被试者需要通过实验操纵的有效性、真实性检验。第一是企业声誉的测量。参考Fombrun的研究，使用3个题项，即"A企业是一家正直诚实的企业""A企业是一家关注消费者利益的企业""A企业是一家声誉很好的企业"（Cronbach's α值为0.94）。第二是危机的同质性判断。参考Dawar等（2000）的研究，以对问题严重性（Seriousness of Problem）的打分来判断，即"A品牌牙膏含有二甘醇是个严重问题"；此外，还设置了一个题项"A品牌牙膏的二甘醇含量是否超过中国现有的法规标准"，既为确认被试者对危机类型的判断，也为鉴别被试者是否仔细阅读、认真答题。第三是企业应对策略的测量。要求被试者判断企业应对策略属于以下哪一类：①澄清牙膏没有危险；②对危机表现出沉默；③承认过失，承担责任；④批评攻击指控者；⑤其他。第四是刺激物真实性的测量。使用3个题项，即"问卷中关于A企业的报道是真实的""问卷中关于A企业的报道是可信的""问卷中关于A企业的报道是源于现实的"（Cronbach's α值为0.83）。第五是消费者介入度的测量。参照Laurent等的研究，使用两个题项，即"买错牙膏对我来说是个大问题""牙膏对我来说非常重要"（Cronbach's α值为0.75）。

上述所有变量，除危机类型、应对策略的两个鉴别题项外，都使用11分Likert量表。对于英文题项，采用了"双盲"翻译方法，以确保表述准确。

13.5.3.4 分析和结果

（1）样本概况。

实验在成都实施。共发放问卷400份，16个实验组，每组25份；因危机类型、应对策略判断错误等原因剔除73个样本，获得有效样本327个。从整体来看，由于选择了现场实验方法，且提醒访问员注意被试者的性别、年龄均衡，样本的人口统计特征分布比较分散，具有较好的代表性，具体如表13-3所示。以品牌资产为因变量，以性别、年龄、教育程度、收入为自变量，构建回归模型，结果显示，回归模型不显著[$F(10, 316)=1.41, p=0.173$]，排除了人口统计特征变化可能给因变量带来的影响。

表13-3 样本概况

人口统计特征		样本数/人	百分比/%	累计百分比/%
性别	男	162	49.5	49.5
	女	165	515	100.0
年龄	16～29岁	163	49.9	49.9
	30～44岁	55	16.8	66.7
	45～59岁	54	16.5	83.2
	60岁及以上	55	16.8	100.0
教育程度	高中/中专	117	35.8	35.8
	大专	72	22.0	57.8
	本科	70	21.4	80.2
	研究生	68	20.8	100.0
收入	1000元及以下	25	7.7	7.7
	1001～2000元	118	36.1	43.8
	2001～4000元	117	54.1	97.9
	4001～7000元	7	2.1	100.0

（2）操控检验。

第一是企业声誉。通过因子分析，从3个题项中提取出一个因子，解释方差的90.3%，作为企业声誉的取值。对于接受好、坏企业声誉刺激物的被试者，他们对企业声誉的判断存在显著差异[$M_{企业声誉坏}=$

–0.96 和 M_{企业声誉好}=0.98；F（1，325）=6194.89，p<0.001］。对于接受好企业声誉刺激的8个实验组，他们对企业声誉的评价无显著差异［均值从0.93到1.03，F（7，157）=0.44，p=0.878］；对于接受坏企业声誉刺激的8个实验组，他们的评价也无显著差异［均值从–1.03到–0.95，F（7，154）=0.73，p=0.650］。以上方差分析说明，企业声誉的组间差异性、组内同质性被成功操控。第二是危机同质性。方差分析发现，各组对问题严重性判断无显著差异［均值从7.44到8.28，F（15，311）=0.93，p=0.536］，说明不可辩解型产品伤害危机的同质性被成功操控。第三是企业应对策略。共发放问卷400份；对于辩解、攻击、缄默、和解4种应对策略，每种策略对应100个原始样本；剔除误判企业类型、应对策略类型的73个样本，剩余有效样本数为80、80、85和82。第四是刺激物的真实性。从3个题项中提取一个因子，解释方差的74.7%，作为真实性得分；方差分析显示各组的真实性评价无差异［均值从–0.37到0.57，F（15，311）=1.11，p=0.343］。第五是消费者介入度。以两个题项的均值作为介入度得分，方差分析显示被试者对牙膏的介入度无显著差异［均值从5.97到6.91，F（15，311）=0.75，p=0.730］。综上所述，数据通过了所有的操控检验，可以进一步开展假设检验。

（3）因变量。

对品牌资产10个题项进行探索性因子分析，提出了一个因子，解释的方差变动量为78.3%，即为品牌资产。10个题项的Cronbach's α值为0.97，说明测量信度较好。由于采用的是多次使用的成熟量表，内容效度比较可靠。验证性因子分析显示测量模型拟合优度指标为［χ^2=82.48（df=35），CFI=0.99，NFI=0.99，RFI=0.98，RMSEA=0.074］，说明聚合效度较好。表13-4显示了各实验组对应的品牌资产测量结果。

表13-4 各组的品牌资产

		企业声誉好		企业声誉坏	
		有外界澄清	无外界澄清	有外界澄清	无外界澄清
辩解策略	样本量	18	23	22	17
	均值	1.44	0.83	0.28	–0.33
	标准差	0.58	0.68	0.63	0.47
攻击策略	样本量	21	18	17	24
	均值	1.17	–0.07	–0.03	–0.85
	标准差	0.50	0.71	0.73	0.59
缄默策略	样本量	24	20	23	18
	均值	1.32	–0.62	0.19	–1.17
	标准差	0.55	0.31	0.61	0.31
和解策略	样本量	24	17	22	19
	均值	0.19	–0.74	–0.81	–1.34
	标准差	0.36	0.25	0.53	0.33

（4）假设检验。

第一，讨论H1及其相关假设。H1推测，就保护品牌资产而言，最优的是辩解策略，其次是攻击策略，然后是缄默策略，最差的是和解策略。方差分析显示，辩解策略显著优于攻击策略［M_{攻击}=0.04和M_{辩解}=0.57；F（1，158）=12.98，p<0.001］，攻击策略并不显著优于缄默策略［M_{缄默}=0.03和M_{攻击}=0.04；F（1，163）=0.93，p=0.929］，而缄默策略又优于和解策略［M_{缄默}=0.03和M_{和解}=–0.63；F（1，165）=22.44，p<0.001］。因此，H1a、H1b得到验证，但H1c没有得到验证，所以H1仅得到部分支持。

第二，检验H2。H2推测，与无外界澄清相比，有外界澄清更有利于保持品牌资产；方差分析显示，有外界澄清时，品牌资产确实更高［M_{无外界澄清}=–0.51和M_{有外界澄清}=0.47；F（1，325）=103.34，p<0.001］。因此，H2得到完全支持。

第三，检验H3。H3推测，外界澄清会负向调节企业应对策略对品牌资产的影响。通过建立饱和回归模型，发现"无外界澄清"对企业应对策略的调节作用显著为正（$\beta_{无外界澄清 \times 和解}$=0.84，p=0.001；$\beta_{无外界澄清 \times 攻击}$=0.48，p=0.043；$\beta_{无外界澄清 \times 辩解}$=0.76，p=0.002；其余系数被回归模型默认为基准对照水平；回归模型R_2为0.662），这说明外界澄清起到的是负向调节作用。因此，H3得到完全支持。

为了进一步了解这种负向调节作用的效果，我们进一步分析：在有外界澄清的情况下，企业应对策略之间的优劣排序会有什么变化。在有外界澄清时，通过方差分析得知：辩解策略与攻击策略无显著差异[$M_{攻击}$=0.66和$M_{辩解}$=0.80；$F(1, 76)$=0.54，p=0.463]，攻击策略与缄默策略无显著差异[$M_{攻击}$=0.66和$M_{缄默}$=0.77；$F(1, 83)$=0.34，p=0.564]，缄默策略与辩解策略也无显著差异[$M_{缄默}$=0.77和$M_{辩解}$=0.80；$F(1, 83)$=0.04，p=0.840]；而三者中均值最小的攻击策略则仍然显著优于和解策略[$M_{和解}$=−0.29和$M_{攻击}$=0.66；$F(1, 82)$=33.82，p<0.001]。将以上分析与H1的检验结果相比，可以发现外界澄清使辩解策略的优势变得不再显著，淡化了它与攻击策略、缄默策略之间的差异。

随后，检验H4。H4推测，企业声誉越高，则品牌资产越高。方差分析显示，企业声誉好时，品牌资产确实更高[$M_{企业声誉坏}$=−0.49和$M_{企业声誉好}$=0.48；$F(1, 325)$=100.68，p<0.001]。因此，H4得到完全支持。

第四，检验H5。H5推测，在可辩解型产品伤害危机中，企业声誉会正向调节应对策略对品牌资产的保护效果。但方差分析却显示，这一调节作用不显著（$F_{企业声誉 \times 企业应对策略}$=1.44，p=0.230），这与H5的推测完全不一致。虽然H5没有得到支持，但在验证H3时我们已发现，外界澄清对企业应对具有显著的负向调节作用；因此，企业声誉的调节作用不显著，很可能是由于外界澄清的调节作用过于强烈，而抑制了企业声誉的调节作用。为验证这一推测，以有无外界澄清为标准，将总体数据分为两个子数据集，分别检验企业声誉的调节作用。由于方差分析无法判别调节作用的大小，所以在调节作用显著时，应用一般线性模型（GLM）做进一步分析。在有外界澄清的情形下，企业声誉的调节作用完全不显著（$F_{企业声誉 \times 企业应对策略}$=0.18，p=0.911）；但是在无外界澄清、企业采取辩解策略时，企业声誉的调节作用显著为正（$\beta_{企业声誉好 \times 辩解}$=0.61，p=0.008；$\beta_{企业声誉好 \times 攻击}$=0.23，p=0.314；$\beta_{企业声誉好 \times 和解}$=0.04，p=0.847；其余系数被回归模型默认为基准对照水平；回归模型R_2为0.657）。综合以上分析可以得知，企业声誉的正向调节作用，仅发生在无外界澄清、企业采取辩解策略的条件下。因此，H5仅得到部分支持。

第五，检验H6。H6推测，在可辩解型产品伤害危机中，心理风险是品牌资产的中介变量。为分析中介效应，构建了3个回归模型：回归a以企业应对策略、外界澄清、企业声誉及其交互项为自变量，以心理风险为因变量；回归b以心理风险为自变量，品牌资产为因变量；回归c以企业应对策略、外界澄清、企业声誉及其交互项为自变量，品牌资产为因变量，具体情况如表13-5所示。为计算中介效应，我们采用Sobel Test（Sobel, 1982），以作为统计量。计算中介作用的前提条件是回归b显著，且自变量在回归a和回归c中同时显著（Baron和Kenny，1986）。从表13-5的分析结果来看，对于满足这一前提条件的所有自变量（包括自变量的交互项），心理风险的中介作用都非常显著。因此，H6得到有力支持。

表13-5 基于饱和回归模型的Sobel检验

	回归a：心理风险			回归b：品牌资产			回归c：品牌资产			Sobel检验	
	系数	标准差	显著性	系数	标准差	显著性	系数	标准差	显著性	Z值	显著性
截距	0.24	0.11	0.034	0.00	0.02	1.000	0.19	0.11	0.082	—	—
企业应对（和解）	−1.05	0.16	<0.001	—	—	—	−1.01	0.16	<0.001	6.50	<0.001
企业应对（攻击）	−0.18	0.17	0.286	—	—	—	−0.16	0.17	0.350		
企业应对（辩解）	−0.01	0.16	0.930	—	—	—	0.09	0.16	0.583		

续表

	回归a：心理风险			回归b：品牌资产			回归c：品牌资产			Sobel 检验	
	系数	标准差	显著性	系数	标准差	显著性	系数	标准差	显著性	Z值	显著性
外界澄清（无）	−1.50	0.17	<0.001	—	—	—	−1.37	0.17	<0.001	8.67	<0.001
企业声誉（好）	1.02	0.16	<0.001	—	—	—	1.12	0.16	<0.001	6.32	<0.001
企业声誉 × 企业应对（好 × 和解）	−0.07	0.22	0.746	—	—	—	−0.12	0.22	0.580	—	—
企业声誉 × 企业应对（好 × 攻击）	0.13	0.24	0.579	—	—	—	0.02	0.23	0.945	—	—
企业声誉 × 企业应对（好 × 辩解）	0.22	0.23	0.354	—	—	—	0.04	0.23	0.874	—	—
外界澄清 × 企业应对（无 × 和解）	1.04	0.24	<0.001	—	—	—	0.84	0.24	0.001	4.31	<0.001
外界澄清 × 企业应对（无 × 攻击）	0.61	0.24	0.012	—	—	—	0.48	0.24	0.043	2.53	0.011
外界澄清 × 企业应对（无 × 辩解）	1.03	0.24	<0.001	—	—	—	0.76	0.24	0.002	4.27	<0.001
企业声誉 × 外界澄清（好 × 无）	−0.46	0.24	0.053	—	—	—	−0.37	0.23	0.093	—	—
企业声誉 × 外界澄清 × 企业应对（好 × 无 × 和解）	0.08	0.34	0.807	—	—	—	0.17	0.33	0.615	—	—
企业声誉 × 外界澄清 × 企业应对（好 × 无 × 攻击）	0.14	0.34	0.687	—	—	—	0.21	0.33	0.530	—	—
企业声誉 × 外界澄清 × 企业应对（好 × 无 × 否认）	0.28	0.34	0.410	—	—	—	0.57	0.33	0.090	—	—
心理风险	—	—	—	0.96	0.02	<0.001	—	—	—	—	—
F值	—	48.78	—	—	3683.60	—	—	51.35	—	—	—
显著水平	—	<0.001	—	—	<0.001	—	—	<0.001	—	—	—
R^2	—	0.651	—	—	0.919	—	—	0.662	—	—	—

注：心理风险的3个题项，提取一个因子解释方差81.9%，即为心理风险；在3个回归中，部分变量系数缺失，如企业应对（缄默）、外界澄清（有）、企业声誉（坏），是由于回归模型将其默认为基准对照水平（系数为零、标准差缺失），因此在表中就没有列出。

13.5.4 讨论

在可辩解型产品伤害危机中，虽然从法规上讲企业没有过失，但如果处理不好，仍然会对品牌造成非常负面的影响。因此，正确理解可辩解型产品伤害危机对品牌资产的影响具有重要意义。可辩解型产品伤害危机发生后，企业最关注的问题就是应对策略的选择；但在营销实践中，营销主管通常都是依靠经验和感觉来回答这些问题（Siomkos 和 Kurzbard, 1994）。而且他们的直觉判断也不统一，有的采取辩解策略，有的采取和解策略，有的干脆采取缄默策略或攻击策略；有的邀请外界机构协助澄清，有的却选择独自应对……不管营销主管如何看待上述问题，依靠经验和直觉得出的观点都有待于通过实证研究来验证。

为实现这一目的，本书运用实验法展开研究，得到4方面的研究结论。第一是关于企业应对策略，最优的是辩解策略，最差的是和解策略，缄默策略和攻击策略的效果居中。第二是关于外界澄清，有外界澄清的效果远远优于企业单独应对，而且还会负向调节企业应对策略对品牌资产的影响，淡化企业应对策略之间的差异，给企业更大的操作空间。第三是关于企业声誉，在"无外界澄清、采取辩解策略"的条件下，企业声誉将正向调节企业应对策略对品牌资产的影响作用。第四是关于心理风险，本书证实，心理风险是各种自变量影响品牌资产的中介变量。

在理论上，本书有4点贡献。一是从应对策略来看，通过两两对比的方式，验证了可辩解型产品伤害危机的最优应对策略是辩解策略。"双刃剑效应"（Kim、Ferrin和Cooper，2004）指出，辩解策略与和解策略各有优劣。但具体到可辩解型产品伤害危机中，辩解策略具有更多的积极作用，具体原因是：①辩解策略传递出产品无害的正面信息，让消费者接触到正、反两面信息，而不是只接触到负面信息，进而阻止负面信念的形成；②和解策略虽然能够表达不再犯错的诚意，但在高感知风险下，消费者更重视的是能降低感知风险的信息（Gürhan-Canli和Batra，2004），所以和解策略的效果不如辩解策略；③和解策略包含了道歉和召回等行为，这可能会让消费者更加相信产品有害，认为企业负有责任，进而强化了负面的品牌信念。二是从品牌资产来看，在可辩解型产品伤害危机中，探讨了企业声誉、外界澄清、企业应对策略、心理风险等变量对品牌资产的影响机制。三是从调节变量来看，发现了外界澄清的负向调节作用和企业声誉的正向调节作用。这将有助于解释为什么经历类似的危机、采取类似的应对策略，但各个企业遭受的损失却不一样。四是从中介变量来看，在可辩解型产品伤害危机中，证实了心理风险对品牌资产的强烈中介作用。以上4点，大多是可辩解型产品伤害危机领域的首次探索，也有部分与已有的研究发现契合；在探讨最优应对策略时，已有的研究发现澄清策略（即本书的辩解策略）有利于将产品保持在消费者考虑集内（Wang、Chao和Wu，2006），外界澄清有利于降低消费者的感知危险（Fang，2007）。

在实践上，本书为有效应对可辩解型产品伤害危机提供了参考依据。企业在应对可辩解型产品伤害危机上往往缺乏理论指导，实践环节上存在大量的问题；企业是人运作的，所以很多企业在应对危机的时候，会呈现出人应对危机的弱点——对危机的处理反应太过直接，缺乏整体性和系统性（Mitroff和Pauchant，1990）。要解决这一问题，可以从4个方面着手：一是在产品伤害危机发生后，尽快确认危机类型。如果企业自身不能确认产品是否违规，可以采取向质检部门送检的方式予以确认。二是选择正确的企业应对策略。和解策略能让企业显得更积极、更负责，但却无助于降低消费者的心理风险，并不利于保护品牌资产；坚持运用辩解策略才是最优选择。三是争取外界机构协助澄清。外界机构的可知觉专家性和可知觉信赖性更高，更有利于消除心理风险、保护品牌资产，应该积极争取。四是注重企业声誉的经营和累积。先前的研究已经发现，企业声誉能正向影响从股票价格到员工道德的一系列因素（Hearit，2001），但是它的积极意义不仅于此。在可辩解型产品伤害危机中，在没有外界澄清条件下，如果选择了最优的企业应对策略（即辩解策略），企业声誉还能正向调节应对策略对品牌资产的影响。所以，为有效应对可能出现的可辩解型产品伤害危机，还可以通过公益事业营销、社会责任活动等手段，塑造正面的企业声誉。

本书存在3个局限：一是实验中使用的是虚拟品牌，跟现实有差异。对于被试者而言，阅读一段文字而形成的品牌联想，与现实中多次接触的品牌相比，不管是在强度、独特性等方面都存在差异。二是研究结论的普适性有待验证。牙膏对快速消费品具有较好的代表性，其结论对于其他类型产品是否适用，有待通过对产品类型的比较研究来进一步验证。三是在研究中没有考虑时间滞后因素。实验中所有的刺激物都是同时提供给被试者。但是在现实中，可辩解型产品伤害危机、企业应对策略、外界澄清往往不是同时发生的，而先前的研究发现，时间因素可能会影响消费者在产品伤害危机中的认知（Cleeren、Dekimpe和Helsen，2008），因此，可能也会影响到品牌资产。深入讨论第三个问题，对企业的借鉴意义较大，值得继续展开研究。

13.6 产品伤害危机应对方式对顾客感知危险的影响——基于中国消费者的实证研究

产品伤害危机最关键的问题是如何处理危机，这不仅关系到企业的销售业绩，也涉及企业的社会责任感问题，因为在产品伤害危机中消费者通常都会出现焦虑情绪。不同的应对方式，反映了各方对产品伤害危机最优应对方式的不同认识。因此，下文尝试验证这样两个问题：由外界力量协助处理危机应对是否比没有外界力量介入更好？如是，那么哪种外界力量对缓解危机中的顾客感知危险效果最好？

对于这两个问题的回答，现有的国内外研究还不能提供确切的答案。以往的产品伤害危机研究虽然检验了产品伤害危机及其应对方式会对消费者考虑集（Wang、Wu和Chao，2005）、品牌资产（Niraj Dawar、Madan和Pillutla，2000）等营销变量的影响，但是并未探讨"政府应对"等外界力量对产品伤害危机中顾客感知危险的影响关系。在顾客对产品伤害危机感知危险的研究方面，Siomkos和Kurzbard（1994）运用实验法验证了品牌声望会对顾客感知危险产生缓冲作用，正面的外部反应（如媒体报道）也会缓和顾客对产品伤害危机的感知危险。在外界力量对产品伤害危机中营销变量的影响研究方面，王晓玉、吴纪元、晁钢令（2005）验证了"专家应对"对危机产品进入消费者考虑集起到了正面作用，但是考虑没有政府和行业力量介入的情形，也没有验证专家应对对顾客感知危险的影响。

通过对现实的分析和研究的回顾，对于"政府"和"专家"等企业外力量对产品伤害危机中顾客感知危险的影响，尚属于空白，这一问题仍然需要继续探索和研究。

13.6.1 研究假设

根据社会心理学的研究结果，信息对人产生影响力通常决定于信息的4个因素：沟通者、信息内容、传播渠道和听众（Hovland，1949）。从沟通者这一因素来看，沟通者的可知觉专家性（Olson和Cal，1988；Olson和Zanna，1996）和可知觉信赖性（Hemsley和Doob，1978）将会影响到信息的说服力和影响力。在可知觉信赖性方面，我们通常认为那些并不是为自身的某些利益而说话的人是真诚的，它们的可知觉信赖性更高（Eagly、Wood和Chaiken，1978；Eagly和Chaiken，1998）。

首先，本书尝试探讨企业应对与3种外界应对方式的关系。从可知觉专家性来看，政府的管制机构（如质监部门和农业部等）、相关领域的专家和行业组织都具有相应的专业知识和专业能力，因此它们对消费者而言，都具有较高的可知觉专家性。对于大多数企业而言，它的可知觉专家性通常都不会超过政府管理机构、相关领域的专家和行业组织，比如，消费者通常都会认为企业的质监部门不可能超越政府质监部门的技术实力，因此他们会更相信政府发布的质量公告。此外，从可知觉信赖性来看，企业的解释，容易被消费者归因为"保护自身利益的行为"，因此，企业应对行为较难被消费者所相信和接收。因此，综合可知觉专家性和可知觉信赖性的分析，"企业应对"对顾客感知危险的缓解作用可能不如"外界应对"。根据这一分析，本书做出假设H1。

H1：在产品伤害危机中，外界应对对消费者感知危险的缓解作用强于企业应对。

其次，本书尝试探讨3种外界应对方式之间的关系。从可知觉信赖性来看，行业组织与政府、专家相比，它的可知觉信赖性可能是相对较低的。这是由于行业组织通常是由行业的企业组成，是为行业内的企业而服务、维护其利益的；因此，这种相对较近的利益关系降低了行业组织的可知觉信赖性。根据这一分析，我们得出假设H2和假设H3。

H2：在产品伤害危机中，专家应对对消费者感知危险的缓解作用强于行业应对。

H3：在产品伤害危机中，政府应对对消费者感知危险的缓解作用强于行业应对。

13.6.2 研究设计

本书运用现场实验法来获取政府应对和外界应对与顾客对产品伤害危机感知危险的相关信息。现场实验法由于其实验环境能够使实验主体感到接近现实，因此与实验室实验相比，现场实验具有更高的外部效度。本书的现场实验分别在成都的一所大学附近、一个公园内进行。基于前面的两个假设，我们将实验主体分为4个对照组：企业应对组、行业应对组、专家应对组和政府应对组。对所有的实验主体，研究人员向其提供一段关于产品伤害危机的文字。这段文字是2005年4月中国市场上A品牌牙膏可能含有间接致癌化学物质"三氯生"的媒体报道剪辑。在实验主体阅读完本段文字之后，研究人员要求其回答调查问题。

13.6.2.1 变量及量表

应对方式是本书的唯一控制变量和自变量。根据现实观察的结果和总结分析，我们把应对方式分为4种：企业应对、政府应对、专家应对和行业应对。4种应对方式实际上代表了控制变量和自变量的不同取值。

本书的观察变量和因变量是顾客对产品伤害危机的感知危险程度（Perceived Degree of Danger）。对这一因变量，本书参照了1994年Siomkos在调查产品伤害危机对顾客购买意愿的影响时使用的调查问题和相关量表，以便保持产品伤害危机这一领域的研究连续性。参照Siomkos的研究，本书对"顾客对产品伤害危机的感知危险程度"采用的问卷问题是：你觉得含有三氯生的A品牌牙膏对人体健康的危险程度有多高？Siomkos采用的量表是李克特7级量表，其中"1"代表极端危险，"2"~"6"代表了中间的各种危险感知水平，"7"代表完全不危险。分值越小代表顾客对产品伤害危机的感知危险程度越高。

13.6.2.2 实验程序及刺激物设计

在访问实验主体时，调查员首先询问实验主体是否自愿参加本次调查。如果实验主体愿意，那么就请实验主体阅读刺激物并在阅读完刺激物以后回答问卷问题。

对于危机介绍的刺激物，根据2005年4月发生的牙膏含三氯生致癌事件，本书将2005年4月18日某报道做了剪辑。为了避免实验主体先前购买某一品牌牙膏的体验可能会影响消费者对感知危险的判断，从而降低整个研究的内部效度和外部效度，而用了一个杜撰的品牌"A品牌"。

对于应对方式的刺激物，根据不同企业在产品伤害危机中的应对方式差异，本书设计了4种不同应对方式的刺激物。首先，对于企业应对组，本试验以"××快餐油炸食品安全危机"为参照背景设计了刺激物。其次，对于政府应对组，本试验以"D企业涉嫌致癌危机"为参照背景设计了刺激物。再次，针对专家应对组，本试验以"G企业涉嫌致癌危机"为参照背景设计了刺激物。最后，针对行业应对组，本试验以"F企业涉嫌致癌危机"为参照背景设计了刺激物。

13.6.2.3 样本概况

本次研究共访问240个实验主体（每种应对方式60份），获得240份问卷，其中有效问卷209份。31份问卷之所以被剔除，是由于实验主体对"你曾经听说过含有三氯生的牙膏可能会致癌的消息和报道吗？"做出了肯定回答。对于这一问题的肯定回答将会影响到本书的内部效度。根据"定式理论"，事先得知牙膏可能会致癌事件的实验主体可能已经在一定程度上形成了思维定式和心理倾向，而这种思维定式和心理倾向会在一定程度上影响实验主体对刺激物的判断。在209份有效问卷中，企业应对组有51份、行业应对组有53份、专家应对组有53份，政府应对组有52份。其中，企业应对组共有样本51个。男性28个，占55%；女性23个，占45%。44岁及以下的有25个，占49%；45~54岁的有15个，占29%；55岁及以上的有11个，占22%。

行业应对组共有样本53个。男性33个，占62%；女性20个，占38%。44岁及以下的有30个，占57%；45~54岁的有15个，占28%；55岁及以上的有8个，占15%。

专家应对组共有样本53个。男性29个，占55%；女性24个，占45%。44岁及以下的有25个，占47%；45~54岁的有22个，占42%；55岁及以上的有6个，占11%。

政府应对组共有样本52个。男性30个，占58%；女性22个，占42%。44岁及以下的有24个，占46%；45~54岁的有21个，占40%；55岁及以上的有7个，占14%。

13.6.3 假设验证

本书的所有分析与检验运用的是SPSS11.0软件。

首先，我们对 4 组数据进行描述性统计分析。在企业应对组，"顾客对产品伤害危机的感知危险"的平均值为 2.67，标准差为 0.77；在行业应对组，"顾客对产品伤害危机的感知危险"的平均值为 4.02，标准差为 1.10；在专家应对组，"顾客对产品伤害危机的感知危险"的平均值为 4.19，标准差为 1.11；在政府应对组，"顾客对产品伤害危机的感知危险"的平均值为 4.77，标准差为 1.10。根据描述性统计的结果，可以得知企业应对组的感知危险水平明显高于外部应对组（注：在本书中，"1"代表极端危险，"7"代表完全不危险，平均值越低代表"顾客对产品伤害危机的感知危险"越高）。

其次，本书选用"两独立样本的非参数检验"来推断样本来自的两个独立总体分布是否存在明显差异。之所以选择"两独立样本的非参数检验"，是因为老年组样本和青年组样本是独立的，而且本书事先并不知道两组样本的总体分布。"两独立样本的非参数检验"通常有 4 种算法，本书选择的是最常用的 Mann-Whitney U 检验，该检验主要通过平均秩的研究来实现推断。Mann-Whitney U 检验的结果参见表 13-6、表 13-7 和表 13-8。

表 13-6 对假设 1 的验证结果

	组别	样本数	平均秩次	U值	伴随概率
企业应对与行业应对	企业应对	51	35.31	475.000	0.000
	行业应对	53	69.04		
企业应对与专家应对	企业应对	51	33.46	380.500	0.000
	专家应对	53	70.82		
企业应对与政府应对	企业应对	51	30.08	208.000	0.000
	政府应对	52	73.50		

表 13-7 对假设 2 的验证结果

	组别	样本数	平均秩次	U值	伴随概率
行业应对与专家应对	行业应对	53	51.40	1293.000	0.465
	专家应对	53	55.60		

表 13-8 对假设 3 的验证结果

	组别	样本数	平均秩次	U值	伴随概率
行业应对与政府应对	行业应对	53	43.58	879.000	0.001
	政府应对	52	62.60		

根据表 13-6，可得知在 3 组两两对比分析中，企业应对组的平均秩次都明显小于其他 3 个外界应对组，而且伴随概率为 0.000，小于 0.05 的显著性水平。因此，可以推断假设 1 得到了验证。

根据表 13-7，行业应对组的平均秩次接近于专家应对组，而且伴随概率为 0.465，大于 0.05 的显著性水平。因此，可以推断假设 2 没有得到验证。

根据表 13-8，行业应对组的平均秩次小于政府应对组，而且伴随概率为 0.001，小于 0.05 的显著性水平。因此，可以推断假设 3 得到了验证。

13.6.4 结论与局限

综合上述 3 个假设的验证情况，可以得出两个有意义的结论：①在产品伤害危机中，外界应对对消费者感知危险的缓解作用强于企业应对；②在产品伤害危机中，政府应对对消费者感知危险的缓解作用强于行业应对。这两个研究结论为各方化解产品伤害危机提供了重要的启示。

首先，对于企业而言，处理产品伤害危机最好的方式，就是在自己积极应对的同时，尽早争取到外界力量的协助，应对产品伤害危机，帮助自己澄清产品无害性和无重大缺陷性。由于外界力量通常具有更高的可知觉专家性、可知觉信赖性，消费者更愿意相信他们对于产品无害性和无缺陷性的澄清。正如假设验证中的数据结果显示，外界应对对于"顾客对产品伤害危机的感知危险"化解作用，在统计意义上明显优于企业应对。因此，外界应对的效率会大大高于企业应对的效率。但是，考虑到外界通常不可能在危机发生的第一时间就介入危机的应对，企业应该在自己应对的同时，尽快找到3种外界力量，帮助自己澄清产品的无害性和无缺陷性。

其次，对于企业而言，在选择外界力量协助处理产品伤害危机时，应当尽可能选择权威性较高的政府机构，由政府帮助其澄清产品无害性。这是由于政府的监管机构，通常具有更高的专家性、权威性和信赖性，具有更高的公信力，因而对顾客的购买行为具有更大的影响力。因此，从长远的角度来看，危机的发生总是不可预测的，企业平时就应该做好与相关部门的沟通工作，采取定期主动送检产品等方式与政府部门沟通相关信息。如果政府部门更熟悉企业的产品性能，这将有利于政府更及时、更主动地介入危机应对。

最后，对于政府、专家而言，应该尽早主动介入产品伤害危机的应对。如果通过政府和专家的鉴别，应该尽早主动向社会公布产品检查结果。这样做，不仅可以缓解消费者的恐惧情绪，也可以挽救一个企业的市场份额和生命。

在研究局限性方面，虽然本书得出的结论丰富了我们对产品伤害危机中消费者行为的认识，为进一步研究顾客年龄对产品伤害危机中营销变量的影响提供了铺垫，但是本书在外部效度方面仍然存在一些局限。首先，本书以牙膏这一种产品作为测试产品，研究结果的普适性有待使用其他产品来验证；其次，本书只是在成都做了实证实验，地域代表性不够全面。在对此问题进行进一步研究时，建议选择更多的产品种类和更多样化的样本。本书使用的测试产品是牙膏，而牙膏属于快速消费品；未来的研究可以选择一般消费品、耐用消费品等作为测试产品。此外，如果能在中国区域较远的地区，同时在农村和城市进一步开展研究，将会使研究结果的地域推广性大大增强。

13.7 产品伤害危机应对策略对品牌资产的影响研究——企业声誉与危机类型的调节作用

基于持续经营的假设，产品伤害危机的发生、缺陷产品的召回，对于任何一家企业而言只是个时间问题，难以准确预测、提前预防（Berman，1999）。而一旦产品伤害危机发生，就会对销售业绩、市场份额、股票价格和品牌资产造成负面影响（Pruitt，1986）。

品牌资产是沉淀企业信誉、累积企业资产的重要载体。它构建于消费者的信念和品牌知识之上，是一种重要但却脆弱的无形资产（Keller，1993）。创建品牌资产需要多年的努力，但毁掉它却只需经历一场产品伤害危机，迄今为止，对如何有效应对产品伤害危机这一问题，企业间仍然存在不同的理解，对于现实中差异如此大的应对策略，我们不禁思考：哪种应对策略能在更大程度上保护企业的品牌资产？

对于这一问题，过去的研究还不能提供确切答案。首先，就产品伤害危机的应对策略研究而言，Siomkos 和 Kurzbard（1994）、王晓玉等（2006）、方正（2007b）分别讨论了危机应对策略对购买意愿、消费者考虑集和感知危险的影响，但这些研究，一是对现实中的应对策略涵盖不够全面，二是没有将品牌资产作为研究的因变量。其次，就产品伤害危机对品牌资产的影响研究而言，Niraj 和 Madan（2000）探讨了消费者期望对品牌资产的调节作用，吴旭明和方正等（2008）探讨了行为承诺对品牌资产的影响机制，却没有对比不同应对策略对品牌资产的差异性影响。因此，如何应对产品伤害危机以有效保护品牌资产，仍然是需要探索的问题。

13.7.1 理论和现实背景

13.7.1.1 产品伤害危机及其负面影响

前期，学者们从8个方面对产品伤害危机及其负面影响展开了研究。

一是产品伤害危机的分类。"产品缺陷或伤害是否违反相关产品法规或安全标准"是产品伤害危机的分类标准（Bradford 和 Garrett，1995；Smith 和 Larry，2003；Fang，2007a）。结合案例，方正（2007c）进一步对两类产品伤害危机进行了举例说明。

一方面，如果产品违反了某项产品法规或者安全标准，不管公司如何辩解，都逃不开"产品有害"的事实。在这种情况下，公司无法通过辩解来消除顾客对产品缺陷和伤害的感知危机，这种产品伤害危机属于不可辩解型产品伤害危机，典型的案例类似于2006年的"××果汁菌落总数超标危机"。在"××果汁菌落总数超标危机"中，权威部门检测菌落总数超过国家标准上千倍，在这样的背景下，××集团是无法通过辩解和澄清来证明产品无害的，因此，该危机属于不可辩解型产品伤害危机。

另一方面，与"××果汁菌落总数超标危机"不同的是，在"F企业致癌危机"中，其产品最终通过了检验，因此，F公司仍然可以通过自己解释和行业组织澄清来降低消费者的感知危机、维持市场份额。通过自身澄清和行业协会的澄清，F公司顺利规避了本次可辩解型产品伤害危机的负面影响，这与××果汁在"××果汁菌落总数超标危机"的处境完全不相同。

二是感知危险。首先，从企业角度来看，在产品伤害危机中，企业的社会责任感水平越高，消费者的感知风险越小（Vassilikopoulou 等，2009）。在应对可辩解型产品伤害危机时，有外界澄清比企业独自应对更能缓解消费者的感知危险（Fang，2007b）。在应对不可辩解型产品伤害危机时，主动召回产品、积极承担责任能有效减低消费者感知危险（Siomkos 和 Kurzbard，1994）。其次，从消费者角度来看，在产品伤害危机中，消费者品牌忠诚越高，感知损失越少，感知危险越小（Zeng 和 Li，2008）；如果对同类产品的使用越多，消费者的感知危险越小（Kathleen 等，2008）；老年消费者（60岁及以上）对于产品伤害危机的感知危险明显高于中年消费者（45～59岁）和青年消费者（44岁及以下）(Fang，2006）。

三是消费者抱怨行为。处于个人主义社会中的消费者更可能会把产品伤害危机的责任归结给企业，而处于集体主义社会中的消费者更可能会把产品伤害危机的责任归结给企业以外的情境因素，从而在抱怨的对象和程度上表现出不同（Laufer，2002）。当大家不清楚是由企业、消费者还是情境因素造成产品伤害危机的时候，女性消费者对企业的抱怨要比男性消费者多一些（Laufer 和 Gillespie，2004）。

四是消费者忠诚度。消费者的品牌忠诚度越高，越能维持对产品的认知价值判断（Wu，2008）。Kathleen等（2008）进一步指出：①危机前的品牌忠诚度和熟悉度对产品伤害危机有重要的缓冲作用，但是该作用随时间而减弱；②重度使用者比轻度使用者的购买会更早受品牌影响，除非在危机中他们的使用量急剧减少；③品牌广告对强势品牌有效，对弱势品牌无效。

五是消费者考虑集。产品伤害危机会让消费者感知到危险；而感知危险会影响一个品牌能否进入消费者考虑集（Erdem 和 Swait，2004）。在此基础上，王晓玉、吴纪元和晁钢令（2006）通过实证研究发现：可辩解型产品伤害危机会对产品进入消费者的考虑集产生负面影响。

六是消费者购买意愿。企业声誉越高、社会责任感水平越高，则消费者的购买意愿维持力度更强（Siomkos 和 Kurzbard，1994；Vassilikopoulou 等，2009）。除非重度消费者的使用量急剧减，他们会比轻度使用者更早地受品牌影响，也就是说他们的购买意愿恢复够快（Kathleen 等，2008）。此外，老年消费者（60岁及以上）的购买意愿受损程度显著高于青年消费者（44岁及以下）和中年消费者（45～59岁)(Fang、Li 等，2007）。

七是消费者态度。在可辩解型产品伤害危机中，王晓玉、晁钢令（2008）研究了口碑方向对消费者态度的影响。他们认为口碑方向对消费者的态度有显著影响，而负向口碑比正向口碑的影响力更大，即存在明显的"负向信息效应"，且企业应对危机时所表现的努力程度越低，"负向信息效应"越大。

八是品牌资产。早期的研究发现，产品召回不仅仅会造成有形的产品损失，还会造成类似于品牌感知的无形资产损失（Davidson 和 Worrell，1992）。这是因为，产品伤害危机及其应对策略是一种信号机制，会影响构成品牌资产的品牌信念、品牌态度等心理因素（Niraj，1998）。消费者对企业品牌的期望越高，无论企业采用哪种应对策略，企业品牌资产的损失程度都相对较小（Niraj 和 Madan，2000）。在可辩解型产品伤害危机中，与轻度消费者相比，重度消费者的品牌资产更容易得到保持（Wu，2008）。

13.7.1.2 产品伤害危机的应对策略

从文献回顾来看，在企业的最优应对策略上，存在着冲突的观点，有的认为和解策略更好，有的认为辩解策略更好。Siomkos 和 Kurzbard（1994）通过实证研究发现和解策略（主动召回、积极承担责任）能有效挽回消费者的购买意愿。如果企业不知名或消费者以女性为主时，宜采用和解策略处理，比如积极承担责任的应对方式，诚实发布产品缺陷信息，积极表达对消费者的利益关注，充分表现出高度的社会责任感（Laufer 和 Coombs，2006）。如果企业在危机中采取和解策略（主动召回产品、表现出社会责任感），那么在几个月以后，消费者通常会逐渐淡忘危机、提升产品评价、重新购买产品（Vassilikopoulou 等，2009）。王晓玉、吴纪元和晁钢令（2006）通过实验证实，企业应对、专家应对、企业和专家双重应对对消费者考虑集呈正面影响。方正（2007c）证实：①外界应对优于企业应对；②外界应对策略中最优的是专家应对或政府应对；③企业应对策略中最优的是积极澄清。王晓玉等（2006）研究中所指的应对和方正（2007c）研究中所指的积极澄清是一致的，也就是说两者都认为辩解澄清是最优的策略。

在学界存在冲突观点的同时，企业在现实的产品伤害危机中也采取了差异很大的应对策略。这说明，就"哪种应对策略最优"这一问题，企业之间并没有达成共识。

13.7.1.3 产品伤害危机中的品牌资产

产品伤害危机的应对策略可能会影响一系列因素，如感知质量、购买意愿、品牌态度等，能在最大程度上囊括这些因素的就是品牌资产，因此，本书以品牌资产为因变量，来评判应对策略的好坏差异。先前的研究通常从金融财务、市场表现、消费心理 3 个角度来定义品牌资产（Aaker，1991；Keller，1998）。从消费心理的角度看，品牌资产是指由于品牌知识而引起的对该品牌营销的不同反应（Keller，1993）。具体到产品伤害危机中，Niraj 和 Madan（2000）将品牌资产看作是与品牌相关信念的综合。根据这一定义，在产品伤害危机情境下，影响到品牌信念的因素主要有 3 类。

一是产品伤害危机的特征。前期的研究发现，在评价事物时，负面信息的可诊断性更强（Maheswaran 和 Meyers-levy，1990），比正面信息有更强的说服力（Skowronski 和 Carlston，1989），会被赋予更高的权重（Fiske，1980；Klein，1996）。产品伤害危机一旦发生，就会触发负面信息的不对称影响效应，改变消费者的品牌知识结构，降低对产品或品牌的评价（Herr、Kards 和 Kim，1991；Wright，1993），进而损害品牌资产。通常来讲，产品伤害危机越严重，消费者的感知危险越高，负面影响就越大（Laufer 等，2005）。

二是危机企业的特征。当同时接触到正、负两面信息时，为尽量减少认知冲突，消费者不仅在接收信息时会选择性地注意与先前态度一致的信息（Kiesler，1971），而且在评价时也更加注重与先前态度一致的信息（Edwards 和 Smith，1999）。在产品伤害危机中，如果消费者原有的态度正面、积极、强烈，品牌资产的受损程度就可能更小；先前的研究也已证实这点，对于购买量较大的厂商，它们的品牌资产损失更少（Wu 和 Fang 等，2008）。此外，通过对最近 5 年产品伤害危机的观察，我们发现在食品和药品等市场上，对于那些企业声誉较好的品牌，在经历了产品伤害危机之后，市场表现依然良好、销售受损很小。这使得我们推测：好的企业声誉可能会缓冲产品伤害危机的负面影响。

三是应对策略的类型。什么样的应对策略对品牌资产修复作用更好，先前的研究尚未做过对比分析，但就已有的研究来看，应对策略会影响购买意愿（Kathleen 等，2008）、感知危险（Vassilikopoulou 等，2009；Siomkos 和 Kurzhard，1994）、消费者考虑集（Wang、Wu 和 Chao，2006）。而购买意愿、消费者考虑集等变量变化，正是 Keller（1993）所讲的"对该品牌营销的不同反应"，也与 Niraj 和 Madan

(2000)所讲的"消费者信念"的变化一致,因此有理由推测:不同的应对策略对品牌资产的修复作用是不同的,这也是本书的研究重点所在。

综上所述,产品伤害危机应对策略对品牌资产的影响机制,需要进一步深入研究。在开展研究时,需要考虑另外两种因素的影响——产品伤害危机的特征和危机企业的特征。为探讨这两种因素的影响,本书引入了产品伤害危机类型和企业声誉两个变量。

13.7.2 研究假设

假设推导分为两个部分,分别讨论危机类型、企业声誉的调节作用。

13.7.2.1 危机类型的调节作用

就和解、辩解两种策略的优劣而言,在心理学领域虽有较多的研究,但存在非常冲突的观点。一方面,有的研究指出和解策略更好。因为它表现出施害方的懊悔心态,有利于受害方正面判断施害方的动机和意图(Lewicki 和 Bunker,1996;Ohhuchi 等,1989)。因此,在负面事件发生后,就修复合作意愿而言,和解策略比辩解策略更有效(Bottom、Gihson 和 Murnighan 等,2002)。另一方面,有的学者指出辩解策略更优。他们发现,和解策略意味着承认过错、确认有伤害发生,这将不利于修复受害方对危机的负面认知(Riordan、Marlin 和 Kellogg,1983;Schlenker,1980)。公关管理领域的研究也证实了这一观点,在候选人面临财务丑闻时,就保持选民的投票意愿而言,辩解策略比和解策略更有效(Sigal 等,1988)。对于以上两类冲突的结论,可以用"双刃剑效应"(Kim 等,2004)给予解释:和解策略的优点是通过承认过失传递出不再犯错的诚意,缺点是让受害方确认了施害方的过失;辩解策略的优点是让受害方无法确认,只能怀疑施害方的过失,缺点是无法传递不再犯错的诚意。因此,究竟是和解策略好,还是辩解策略好,需要结合产品伤害危机的具体情形进行分析。

在可辩解型产品伤害危机中,关键是避免消费者形成产品有害的负面信念,因此,辩解策略比和解策略更有效。首先,辩解策略传递出产品无害的正面信息,让消费者接触到正、反两面信息,而不是只接触到负面信息,进而阻止负面信念的形成。其次,和解策略存在两大问题:一是和解策略虽然能够表达不再犯错的诚意,但在高感知风险下消费者更重视的是能降低感知风险的信息(Zeynep 和 Batra,2004),所以和解策略并不是必然比辩解策略更有效;二是和解策略不仅无法改变消费者认为产品有害的信念,反而还由于企业的和解策略,让消费者强化了这一不利。最后,缄默策略与辩解策略相比,它没有提供产品无害的信息,不能消除消费者认为产品无害的初始信念,所以对品牌资产的维护作用更弱;与和解策略相比,没有承认产品存在伤害,没有强化消费者认为产品无害的负面信念,所以对品牌资产的维护作用更强。根据以上推断,我们得出假设1a。

假设1a:在可辩解型产品伤害危机中,就保护品牌资产的效果而言,最优的是辩解策略,其次是缄默策略,最差的是和解策略。

在不可辩解型产品伤害危机中,产品缺陷已经违法违规,企业的确存在过失,已无法否认应该承担的责任。此时的关键是要尽早表达出不再犯错的诚意,维系消费者未来购买该品牌的意愿,阻止对品牌不利信念的形成。在这方面,和解策略是最有效的。而缄默、辩解两种策略,都没有这种"能表达不再犯错的诚意"的效果,所以二者没有显著差异。根据以上分析,我们得出假设1b。

假设1b:在不可辩解型产品伤害危机中,就保护品牌资产的效果而言,和解策略最优,辩解策略和缄默策略之间没有显著差异。

在以上两个假设中,两类产品伤害危机各自对应的最优应对策略恰好是相反的,因此,本书进一步推测产品伤害危机类型对应对策略存在调节作用。由此,形成假设1。

假设1:在产品伤害危机中,就保护品牌资产的效果而言,产品伤害危机的类型对应对策略存在调节作用。

13.7.2.2 企业声誉的调节作用

假设1没有讨论企业采取混合策略（同时采用辩解策略、和解策略）的情形。混合策略既包含了最优应对策略的优点，也包含了最差应对策略的缺点，向消费者传递出亦正、亦负的信息。对于这种特殊情形，需要结合企业声誉予以分析。

企业声誉可能导致选择性注意（Selective Attention）和偏向的信息处理（Biased Information Processing）。良好的企业声誉意味着消费者对企业持有积极的态度；而负面的企业声誉则反之。态度一旦形成，就会引导个体的信息处理过程（Petty 和 Cacioppo, 1977）。与先前态度一致的信息会被赋予更多权重（Kunda, 1990），因此，与先前态度一致的信息的说服力，强于与先前态度不一致的信息的说服力（Ahluwalia、Burnkrant 和 Unnava, 2000；Edwards 和 Smith, 1996）。对此，先前的诸多研究已经予以证实（Darley 和 Gross, 1983；Hoch 和 Deighton, 1989；Hoch 和 Young-Won, 1986；Young-Won 和 Hoch, 1989）。因此本书推测，对声誉较好的企业而言，如果采取混合应对方式，消费者更多关心其中包含的正面内容，比如，在可辩解型产品伤害危机中，消费者可能只关注企业对产品无害性所做出的辩解，并且将和解策略看作是企业有责任心的表现；对声誉较坏的企业而言，则反之，消费者会更多关注其中包含的负面内容。由此，我们得出假设2。

假设2a：在可辩解型产品伤害危机中，对声誉较好的企业而言，采取混合策略对品牌资产的保护效果与采取辩解策略接近；而声誉较坏企业则反之。

假设2b：在不可辩解型产品伤害危机中，对声誉较好的企业而言，采取混合策略对品牌资产的保护效果与采取和解策略接近；而声誉较坏企业则反之。

假设2：在产品伤害危机中，对声誉较好的企业而言，采取混合策略对品牌资产的保护效果与最优应对策略接近；而对声誉较坏的企业而言，则与最差应对策略接近。

除可能导致选择选择性注意和偏向信息处理外，企业声誉还可能产生晕轮效应（Halo Effect）。晕轮效应是指人们对他人的认知判断首先是根据个人的好恶得出的，然后再从这个判断推论出认知对象的其他品质（Thorndike, 1920）；因此，一旦人们对某人、某个组织形成了正面印象，就容易忽略与这一良好印象相对立的负面信息（Balzer 和 Sulsky, 1992；Nisbett 和 Wilson, 1977）。实际上，过去的研究也已证实，良好企业声誉产生的晕轮效应可以带来一系列的好处：增加顾客忠诚、易化产品吸引人、强化广告效果提升招聘效果等（Allen 和 Caillouet, 1994；Bromley, 1993；Druckenmiller, 1993；Gaines-Ross, 1997；Goldberg 和 Hartwick, 1990；Morley, 1998；Patterson, 1993）。综上所述，基于选择性注意晕轮效应理论及相关领域的研究成果，本书推测企业声誉会正向调节消费者在产品伤害危机中的品牌认知，进而对品牌资产形成正向调节作用，由此得出假设3。

假设3：在产品伤害危机中，企业声誉会正向调节应对策略对品牌资产的保护效果。

13.7.3 研究一：危机类型的调节作用

在研究一中，只考虑产品伤害危机类型的调节作用，采用2（产品伤害危机：可辩解型 & 不可辩解型）× 3（应对策略：辩解 & 缄默 & 和解）的组间设计（Between-group Design），并使用同质的学生样本。

13.7.3.1 刺激物设计

共设计3种刺激物，并使用学生样本进行了前测，以提高在正式实验中的刺激稳定性和成功可能性。具体情况如下。

（1）企业声誉。在网络上搜索了5个牙膏生产企业的介绍，将文字组合后，剔除可能导致声誉好、坏判断的文字，尽可能将企业声誉维持在一个稳定的中等水平。为了得出其他潜在因素对因变量的影响，统一将牙膏名称更改为"A品牌"将企业名称更改为"A企业"。

（2）产品伤害危机。基于多个现实发生的产品伤害危机，着重考虑到产品的普适性、消费者的熟悉度，本书选择牙膏作为刺激物品类。分别以 2005 年"××企业涉嫌致癌危机"和 2007 年"二甘醇牙膏危机"为原型，组合多家网站的报道，精炼修改文字，形成可辩解型产品伤害危机和不可辩解型产品伤害危机的刺激物。

（3）应对策略。从多个典型采用辩解策略、和解策略的产品伤害危机中，摘录应对策略的报道原文，进行整合，并调整描述，以便与牙膏品类对接。对于辩解策略，侧重提供否认（Denial）、辩护（Justification）的信息；对于和解策略，主要提供纠正（Correction）、道歉（Apology）的信息。对于"沉默策略"，则告诉被试者："A 企业至今没有对该事件发表任何观点"。

13.7.3.2 实验程序

实验在大学课堂上进行，所有被试者都是在校本科生。为避免被试者猜测研究意图、做出迎合性的回答，问卷声称是××大学正在做一个关于负面新闻的调查，并在题项展示顺序上做出调整：首先是新闻总体评价，请被试者从"实、新、短、畅"4 方面对新闻报道进行打分（这些打分在本书中没有使用）；其次是品牌评价，请被试者对品牌资产的题项打分（这些打分用于假设检验）；再次是新闻内容回忆，请被试者从"应对策略、企业声誉"等方面回答刺激物中包含的信息（这些打分用于刺激物的操纵检验）；最后是与被试人口统计特征相关的问题。

13.7.3.3 量表设计

首先，对于企业声誉的测量，借鉴 Fombrun 和 Van Riel（1997）的量表，询问被试者"您觉得 A 公司在消费者心中的声誉如何？"

其次，对于产品伤害危机的类型判断，参考 Siomkos 等（1994）和 Niraj 等（2000）的研究，以对产品危害的确定性判断来进行区分，如"在二甘醇事件中，您在多大程度上确认 A 公司的牙膏存在危害？"如果刺激物有效，那么可辩解型产品伤害危机的得分通常较低，而不可辩解型的得分通常更高，且两类危机存在显著区别。具体原因是：对于可辩解型产品伤害危机而言，现实的媒体报道类似于《××橙汁可能致癌》，用词不确定，语气不肯定，不给出结论性的判断；在实验中，刺激物做了类似模仿，声称有害物质含量极小，所以被试者对危害的确定性打分更低。而在不可辩解型产品伤害危机中，现实的媒体报道更加肯定，类似于《刹车存在隐患，××公司将召回 27.7 万辆汽车》，而且通常还有执法机构介入处理（比如强制召回）；在实验中，刺激物做了类似的模拟，声称有害物质严重超标，所以被试者对该题项的打分更高。

再次，对于应对策略的测量，要求被试者判断应对策略属于以下哪一类：否认牙膏存在危害、对危机表现出沉默、承认过失承担责任、其他。

最后，对于品牌资产，考虑产品伤害危机的负面性，综合参考江明华等（2003）、Aker（1991）、Agarwal 等（1996）、Niraj 等（2000）和 Keller（1993）的研究，从以下 4 个维度进行测量：品牌态度、品牌信任、感知质量、购买意愿。量表也沿用参考以上研究，品牌态度的测量使用 3 个题项（好的—坏的、积极的—消极的、有利的—不利的）；品牌信任的测量使用 3 个题项（值得信任—不值得信任、可信赖—不可信赖、可靠—不可靠）；对于感知质量，使用两个题项，分别从公司品牌、危机产品层面测量（高质量—低质量）；对于购买意愿，使用两个题项（肯定会购买—肯定不购买、希望使用—不希望使用）。

所有题项均采用 11 分 Likert 量表，对于英文题项，采用"双盲"翻译方法，以确保表述准确。

13.7.3.4 分析和结果

（1）样本概况。

某高校 180 名本科学生参加了此次实验，剔除回答有误、误判应对策略类型的样本，剩余有效样本 151 个。其中，有 52 位男性和 99 位女性，女性样本占 65.6%，比重较大；但方差分析显示，性别对品牌资产的判断并无显著差异[F（1，149）=1.09，p=0.299]。

（2）操控检验。

首先是企业声誉。6个实验组对企业声誉的评价无显著差异[均值从6.68到7.52，F（5，145）=0.95，p=0.453]，说明已成功控制企业声誉的变动。其次是危机类型，对两类产品伤害危机而言，被试者对危害的确定性判断存在显著差异[F（1，149）=4.79，p=0.030]，说明危机类型被成功操控；在可辩解型产品伤害危机中，3个实验组对危害的确定性判断无显著差异[均值从7.58到8.25，F（2，74）=0.71，p=0.496]，说明可辩解型产品伤害危机的同质性被成功操控；在不可辩解型产品伤害危机中，3个实验对危害的确定性判断也无显著差异[均值从8.28到9.00，F（2，71）=1.28，j>=0.285]，说明不可辩解型产品伤害危机的同质性被成功操控。再次是应对策略。共发放问卷180份，对于辩解、缄默、和解3种应对策略，每种策略对应60个原始样本；剔除回答有误和误判应对策略类型的样本后，剩余有效样本数为47、53和51。

（3）因变量。

品牌资产10个题项的Cronbach's α值为0.91，说明有较高信度。通过因子分析，提取出一个因子，解释了方差的54.0%，即为品牌资产。表13-9显示了各实验组对应的品牌资产测量结果。

表13-9 研究一的品牌资产

		可辩解型	不可辩解型
辩解策略	样本量	23	24
	均值	1.28	−1.02
	标准差	0.81	0.32
缄默策略	样本量	28	25
	均值	0.04	−0.84
	标准差	0.51	0.47
和解策略	样本量	26	25
	均值	−0.26	0.86
	标准差	0.55	0.72

（4）假设检验。

在可辩解型产品伤害危机中，辩解策略显著优于和解策略[$M_{accommodative}$=−0.26和$M_{defensive}$=1.28；F（1，47）=61.39，p<0.001；针对两组样本不对等的问题，以一般线性模型予以修正，以下分析类似]，辩解策略显著优于缄默策略[（$M_{reticence}$=0.04和$M_{defensive}$=1.28；F（1，49）=43.86，p<0.001]，而缄默策略又优于和解策略[$M_{accommodative}$=−0.26和$M_{reticence}$=0.04；F（1，52）=4.36，p=0.042]。这说明，在可辩解型产品伤害危机发生后，最有效的是辩解策略，传递出产品无害的正面信息，让消费者接触到正、反两面信息，而不是只接触到负面信息，进而阻止负面信念的形成，保护已建立的品牌资产；其次是缄默策略，再次是和解策略。因此，假设1a得到了支持。

在不可辩解型产品伤害危机中，和解策略显著优于辩解策略[$M_{defensive}$=−1.02和$M_{accommodative}$=0.86；F（1，47）=140.66，p<0.001]，和解策略显著优于缄默策略[$M_{reticence}$=−0.84和$M_{accommodative}$=0.86；F（1，48）=98.83，p<0.001]，但缄默策略与辩解策略没有显著差异[$M_{defensive}$=−1.02和$M_{reticence}$=−0.84；F（1，47）=2.55，p=0.117]。这与假设1b的推测一致：和解策略是最优的，否认策略和缄默策略之间没有显著区别。因此，假设1b得到支持。

假设1a和假设1b的验证已经说明两类产品伤害危机的最优应对策略存在差异。为了进一步确认产品伤害危机类型对应对策略的调节作用，本书将两类产品伤害危机的数据组合在一起进行方差分析，结果显示，产品伤害危机类型和应对策略的交互项统计显著［$F(5, 145)=59.68$，$p<0.001$］，证明了调节作用的存在。因此，假设1得到有力支持。

（5）讨论。

本书以学生样本验证了两类产品伤害危机的最优应对策略。研究结果发现：在可辩解型产品伤害危机中，就保护品牌资产而言，最优的是辩解策略，其次是缄默策略，最差的是和解策略；在不可辩解型产品伤害危机中，就保护品牌资产而言，最优的是和解策略，其次是缄默策略与辩解策略；这也就是说，产品伤害危机类型对应对策略具有调节作用。

研究一的意义在于支持了假设1及其相关假设，为假设2的检验提供了基础，因为假设2的推导是建立在假设1的基础上。但研究一存在两点缺陷：一是没有讨论企业声誉的影响，没有验证假设2和假设3；二是使用学生样本在课堂上实验，所得结果的代表性有限。研究二将着力于解决以上两个问题。

13.7.4　研究二：危机类型和企业声誉的调节作用

研究二采用2（企业声誉：好或坏）×2（产品伤害危机：可辩解型或不可辩解型）×4（应对策略：辩解或缄默或和解或混合）的组间设计。与研究一相比，研究二有5点不同，一是增加考虑企业声誉的影响，二是增加考虑混合策略的影响，三是采用现场实验法（Field Experiment），四是使用非学生样本，五是改变了实验程序和问卷结构。

13.7.4.1　刺激物和实验程序

对于产品伤害危机，沿用研究一的刺激物。对于企业声誉，则参照Fombrun和Van Riel（1997）对企业声誉的刺激物设计，结合生产牙膏的日化行业背景，形成包含好、坏企业声誉的企业介绍刺激物。对于辩解、缄默和和解策略，提供的刺激物与研究一类似。对于混合策略，同时提供辩解策略和和解策略两种信息。在文字编排上，对可辩解型产品伤害危机，和解在前、辩解在后，对不可辩解型产品伤害危机，辩解在前、和解在后。之所以这样编排，是基于对多个产品伤害危机的观察，企业操作的顺序通常都是如此——选错应对策略后，因外界环境变化或自己发觉不妥时，立即调整。由于新增了一种应对策略，对应对策略的判别问题也做了修改，增加了选项，以便与混合策略对应。

需要解释的是，企业选择混合策略可能是受外界环境影响；对外界环境造成的影响，我们应在实验中予以控制。从现实案例来看，在可辩解型产品伤害危机中，企业选择从"和解"到"辩解"的主要原因是专家机构对产品无害性的澄清，典型案例是2004年的"××含致癌过氧化氢危机"。过氧化氢是工业制剂，在药品、食品行业极少使用；起初××公司为保守起见，采取了和解策略，向顾客道歉，并允许退货；后来质检机构确认过氧化氢含量很低、产品对人无害后，企业又转而辩解说产品是合格的，对消费者无伤害。在不可辩解型产品伤害危机中，企业选择从"辩解"到"和解"的主要原因是专家机构对产品有害性的确认，典型案例是2008年的"三聚氰胺超标危机"。起初企业为保护声誉，一直否认产品有害；后来质检机构公布三聚氰胺严重超标的事实后，企业才转而采用和解策略，向消费者道歉。因此，混合策略的采用，往往伴随专家机构的介入。在本书的刺激物中，选择国家质检总局为专家机构，判别牙膏是否有害。对专家机构介入造成的潜在影响，仍然通过产品伤害危机类型的判别题项来检验；这是因为专家机构的权威评判，最终影响的是消费者对产品伤害的确定性判断，也就是对危机类型的判断。

研究二采用现场实验，采用街头拦截、上门访问等方式，寻找相对空闲的访问对象。在实验程序和问卷安排上，研究二有所变化：首先，请被试者阅读A企业的文字介绍，并请被试者为A企业的声誉评分；其次，请被试者阅读关于产品伤害危机和企业应对策略的负面新闻报道，并请被试者为品牌资产的题项打分；再次，是关于新闻内容回忆，请被试者从应对策略等方面回答刺激物中包含的信息；最后，是与被试者人口统计特征相关的问题。之所以要将企业声誉的测量提前，是由于两个原因：一是避免企业声誉与产品伤害危机的交互影响，导致被试者对企业声誉的打分不准确（Niraj和Madan，2000）；二是打分行为是一种行为承诺（Behavioral Commitment），而行为承诺有助于强化态度（Blanton等，2001），即有助于强化被试者对企业声誉的评价。

13.7.4.2 分析和结果

（1）样本概况。

共成功发放问卷640份，16个实验组，每组40份；因回答有误、应对策略判断错误剔除115个样本，获得有效样本525个。从整体来看，由于选择了现场实验方法，被试的人口统计特征分布比较均衡，具有较好的代表性，具体情况如表13-10。

表13-10 研究二的样本概况

人口统计特征变量		样本数	百分比/%	累计百分比/%
性别	男	225	42.8	42.8
	女	300	57.2	100.0
年龄	16～29岁	233	44.4	44.4
	30～44岁	122	23.2	67.6
	45～59岁	75	14.3	81.9
	60岁及以上	95	18.1	100.0
教育程度	高中/中专	185	35.2	35.2
	大专	107	20.4	55.6
	本科	147	28.0	83.6
	研究生	86	16.4	100.0
收入	1000元及以下	33	6.3	6.3
	1001～2000元	208	39.6	45.9
	2001～4000元	269	51.2	97.1
	4001～7000元	14	2.7	99.8
	7001元及以上	1	0.2	100.0

以品牌资产为因变量，以性别、年龄、教育程度、收入为自变量，构建回归模型，数据分析结果显示回归模型不显著[$F(11,513)=1.15$, $p=0.323$]，排除人口统计特征变化可能给因变量带来的影响。

（2）操控检验。

首先是企业声誉。对于接受好、坏企业声誉刺激物的被试者，他们对企业声誉的判断存在显著差异[$M_{bad}=2.91$和$M_{good}=8.29$；$F(1,523)=1667.17$, $p<0.001$]。对于接受好企业声誉刺激的8个实验组，他们对企业声誉的评价无显著差异[均值从7.96到8.80，$F(7,258)=1.28$, $p=0.260$]；对于接受坏企业声誉刺激的8个实验组，他们对企业声誉的评价也无显著差异[均值从2.50到3.21，$F(7,251)=1.34$, $p=0.231$]。以上方差分析说明，企业声誉的组间差异性、组内同质性被成功操控。

其次是危机类型。对两类产品伤害危机而言，被试者对产品危害的确定性评价存在显著差异[$M_{defensible}=7.92$和$M_{indefensible}=8.94$；$F(1,523)=76.62$, $p<0.001$]，说明危机类型差异性被成功操控。在可辩解型产品伤害危机中，8个实验组对危害的确定性判断无显著差异[均值从7.43到8.11，$F(7,247)=1.70$, $p=0.108$]，说明可辩解型产品伤害危机的同质性被成功操控。在不可辩解型产品伤害危机中，8个实验组对危害的确定性判断也无显著差异[均值从8.47到9.27，$F(7,262)=1.04$, $p=0.404$]，说明不可辩解型产品伤害危机的同质性被成功操控。

最后是应对策略。发放问卷640份；对于辩解、缄默、和解和混合4种应对策略，每种策略对应

160个原始样本。剔除回答有误、误判应对策略类型的样本，剩余有效样本数分别为128、132、128和137，共计525个。对于研究二的这525个品牌资产样本而言，企业应对策略被成功操控。

（3）因变量。

品牌资产10个题项的Cronbach's α值为0.96，说明具有较高信度。通过因子分析，解释了方差的73.9%。表13-11显示了各实验组对应的品牌资产测量结果。

表13-11 研究二的品牌资产

		可辩解型		不可辩解型	
		企业声誉好	企业声誉坏	企业声誉好	企业声誉坏
辩解策略	样本量	33	29	35	31
	均值	1.62	0.53	−0.42	−1.14
	标准差	0.65	0.48	0.27	0.28
缄默策略	样本量	33	28	36	35
	均值	0.08	−0.48	−0.41	−1.07
	标准差	0.35	0.30	0.25	0.24
和解策略	样本量	28	35	33	32
	均值	0.07	−0.71	1.19	−0.09
	标准差	0.28	0.37	0.85	0.28
混合策略（辩解+和解）	样本量	35	34	33	35
	均值	1.45	−0.48	0.95	−1.00
	标准差	0.66	0.49	0.92	0.20

（4）假设检验。

首先，检验假设1及其相关假设。在可辩解型产品伤害危机中，辩解策略显著优于和解策略 [$M_{accommodative}$=−0.36 和 $M_{defensive}$=1.11；$F(1, 123)$=153.32，$p<0.001$]；辩解策略显著优于缄默策略 [$M_{reticence}$=−0.18 和 $M_{defensive}$=1.11；$F(1, 123)$=153.32，$p<0.001$]；缄默策略优于和解策略 [$M_{accommodative}$=−0.36 和 $M_{reticence}$=−0.18；$F(1, 122)$=4.82，$p=0.030$]。因此，假设1a再次得到支持。在不可辩解型产品伤害危机中，和解策略显著优于辩解策略 [$M_{defensive}$=−0.76 和 $M_{accommodative}$=0.56；$F(1, 129)$=110.75，$p<0.001$]；和解策略显著优于缄默策略 [$M_{reticence}$=−0.74 和 $M_{accommodative}$=0.56；$F(1, 134)$=118.39，$p<0.001$]，缄默策略与辩解策略没有显著差异 [$M_{defensive}$=−0.76 和 $M_{reticence}$=−0.74；$F(1, 135)$=0.05，$p=0.818$]。因此，假设1b再次得到支持。假设1a和假设1b得到验证后，将两类产品伤害危机的数据组合在一起进行方差分析，结果显示，产品伤害危机类型和应对策略的交互项显著 [$F(7, 517)$=，$p<0.001$]，证明了调节作用显著存在。因此，假设1再次得到支持，如图13-4所示。

其次，检验假设2及其相关假设。在可辩解型产品伤害危机中，在企业声誉较好的条件下，混合策略与辩解策略没有显著差异 [M_{mixed}=1.45 和 $M_{defensive}$=1.62；$F(1, 66)$=1.22，$p=0.273$]；在企业声誉较坏的条件下，混合策略与和解策略存在显著差异 [$M_{accommodative}$=−0.71 和 M_{mixed}=−0.48；$F(1, 67)$=5.08，$p=0.028$]。也就是说，在可辩解型产品伤害危机中，如果采取混合的应对策略（辩

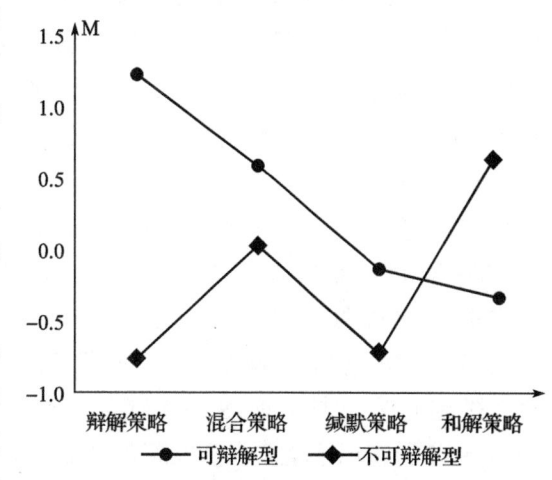

图13-4 不考虑企业声誉时危机类型的调节作用

解+和解），对好声誉企业而言，它的效果与采取最优策略（辩解）更接近；对于坏声誉企业，采取混合策略（辩解+和解）也优于最差的应对策略（和解）。这与假设 2a 的陈述不一致，因此假设 2a 只得到部分支持。在不可辩解型产品伤害危机中，在企业声誉较好的条件下，混合策略与和解策略没有显著差异 [M_{mixed}=0.96 和 $M_{accommodative}$=1.19；$F(1, 64)$=1.13，p=0.291]；在企业声誉较坏的条件下，混合策略与辩解策略存在显著差异 [M_{mixed}=-1.00 和 $M_{accommodative}$=-1.14；$F(1, 64)$=5.66，p=0.020]。也就是说，在不可辩解型产品伤害危机中，如果采取混合的应对策略（辩解+和解），对好声誉企业而言，它的效果与采取最优策略（和解）更接近；而对坏声誉企业而言，它的效果也优于最差的应对策略（辩解）。这与假设 2b 的陈述不一致，因此假设 2b 只得到部分支持。综合假设 2a 和假设 2b 的验证结果，可以发现：对于声誉较好的企业，采取混合策略对品牌资产的影响效果，与采取最优应对策略没有显著差异；对于声誉较差的企业，采取混合策略也可能优于最差策略。因此，假设 2 只得到部分支持，如图 13-5 和图 13-6 所示。

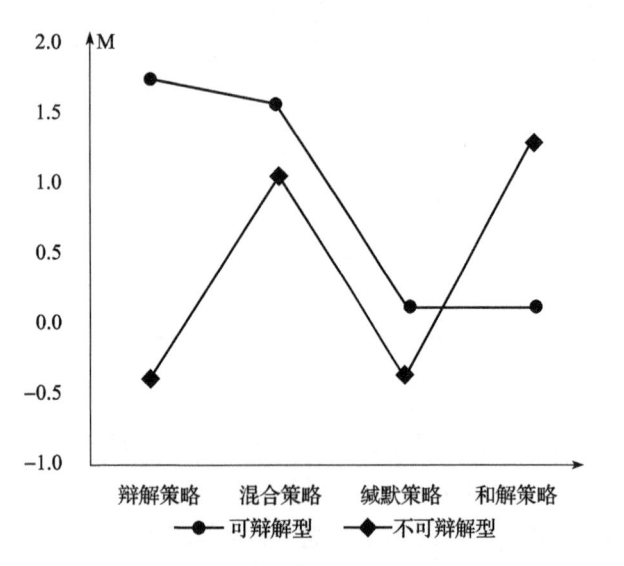

图 13-5 企业声誉较好时，危机类型的调节作用

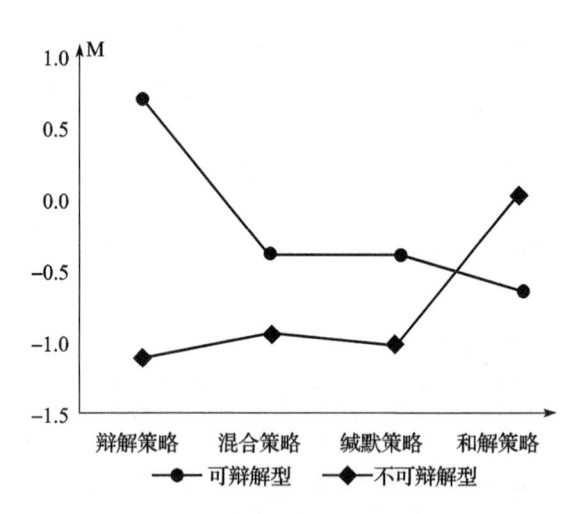

图 13-6 企业声誉较坏时，危机类型的调节作用

最后，检验假设 3。在可辩解型产品伤害危机中，企业声誉越好，其品牌资产效价越高 [M_{bad}=-0.31 和 M_{good}=0.84；$F(1, 253)$=142.69，$p<0.001$]。在不可辩解型产品伤害危机中，声誉较好的企业，其品牌资产显著高于声誉较差的企业 [M_{bad}=-0.83 和 M_{good}=0.30；$F(1, 268)$=143.14，$p<0.001$]。以上分析说明了，在产品伤害危机中，企业声誉显著正向影响品牌资产；但要验证假设 3 证明调节作用的存在，需要检验"企业声誉应对策略"这一交互项。为此，本书将两类产品伤害危机的数据合并，建立饱和回归模型，分析结果显示：显著的交互项回归系数全部为正（$\beta_{good \times accommodctive}$=0.62，$p<0.001$；$\beta_{good \times defensive}$=0.06，$p=0.073$；$\beta_{good \times mixed}$=1.29，$p<0.001$ 其余交互项的回归系数被回归模型默认为对照基准水平）。这说明在两类产品伤害危机中，企业声誉对应对策略对品牌资产的影响起到了正向调节作用。因此，假设 3 得到有力支持，如图 13-7 所示。此外，图 13-8 和图 13-9 分别表现了企业声誉在两类产品伤害危机中的调节作用。

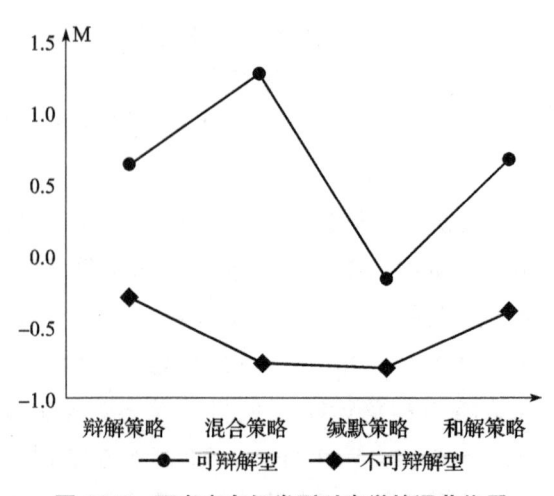

图 13-7 不考虑危机类型时声誉的调节作用

图 13-8 辩解型中企业声誉的调节作用　　　图 13-9 不可辩解型中企业声誉的调节作用

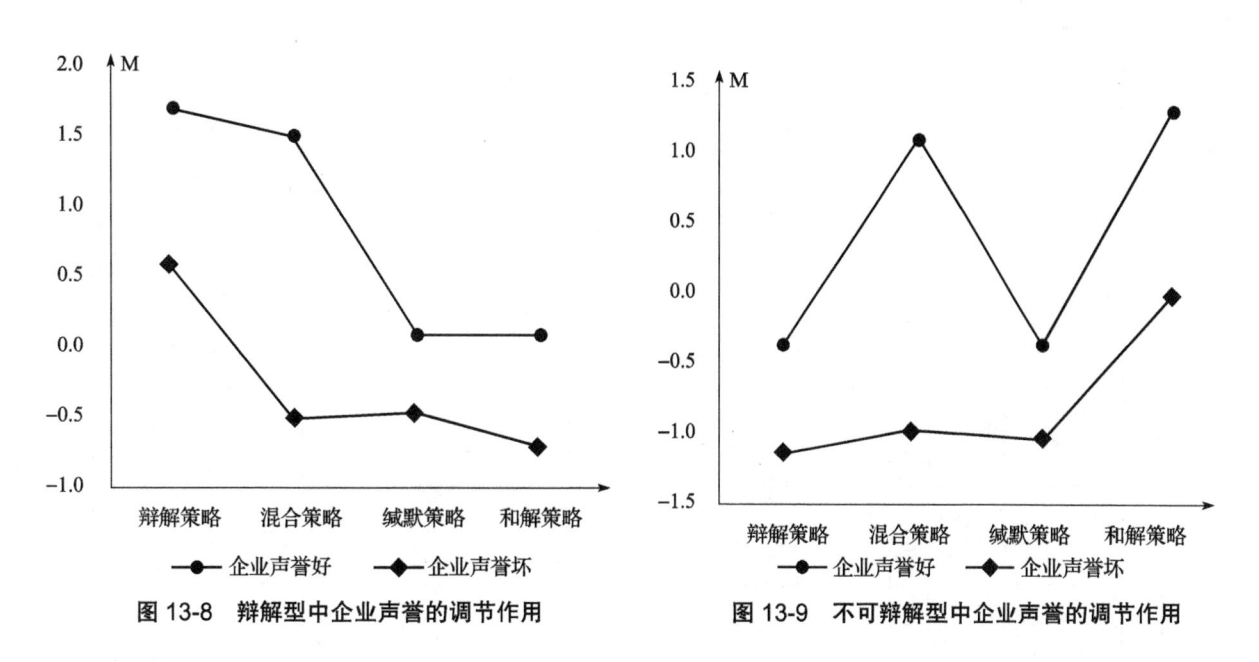

13.7.4.3　讨论

研究二检验了假设1、假设2和假设3，结果显示假设1、假设3得到完全验证，假设2仅得到部分验证。在企业声誉较坏的条件下，假设2推测：采取混合策略对品牌资产的保护效果与最差应对策略接近。但检验结果却发现，对声誉较坏的企业，采用混合策略也显著优于最差应对策略。导致这一结果的原因，可能在于混合策略的刺激物设计；我们都是将最差应对策略的文字放在前，将最优应对策略的文字放在后，或多或少会纠正负面应对策略带来的负面品牌信念，进而提升了被试者对品牌资产的打分。

在讨论了3个假设的检验结果后，如表13-12所示，本书以品牌资产的各个维度为因变量构建回归模型，进一步探讨品牌资产各维度的变化机制。第一，在可辩解型产品伤害危机中，辩解策略在4个维度上都是最优的，这与以总体品牌资产为因变量的方差分析结果一致；但是和解策略显著弱于缄默策略，仅在感知质量维度得到验证，没有在其他3个维度得到验证；这可能是因为，在负面事件中，个体对与感知风险相关的信息更敏感（Zeynep 和 Batra，2004），而感知风险是影响品牌感知质量的重要因素（Tulin 和 Joffre，2004），进而使得感知质量这一维度显著。第二，在不可辩解型产品伤害危机中，和解策略在4个维度上都显著优于其他两个策略，缄默策略和否认策略之间没有显著差异，这与以总体品牌资产为因变量的方差分析结果一致。第三，两类危机的最优应对策略在4个维度上都正好相反，则说明了危机类型对应对策略有调节作用，这与以总体品牌资产为因变量的方差分析结果一致。第四，企业声誉对应对策略具有显著的正向调节作用，但是仅发生在企业采取了最优应对策略和混合应对策略时。其中的原因可能是，与现实中每天真实接触的企业不同，在实验中通过刺激物而塑造的企业声誉形成的消费者期望强度有限。而根据"期望—事实"理论，在低期望条件下，当事实与期望比较一致时，更容易产生累加效应（Deighton，1984；Levin 和 Gaeth，1988）；当事实与期望矛盾时，期望的调节作用相对有限，甚至会因事实而降低期望（Marks 和 Kamins，1988；Smith，1993）。也就是说，在产品伤害危机中，采取最优应对策略和混合策略，都包含了或多或少的正面信息，使正面期望与正面事实更加一致，更容易产生累加效应，使调节作用变得显著。

表 13-12 对品牌资产各维度的回归分析

	可辩解型									不可辩解型							
	品牌态度		品牌信任		感知质量		购买意愿		品牌态度		品牌信任		感知质量		购买意愿	
	系数	显著性	系数	显著性	系数	显著性	系数	显著性	系数	显著性	系数	显著性	系数	显著性	系数	显著性
截距	-0.52	<0.001	-0.48	<0.001	-0.34	0.003	-0.47	<0.001	-0.9	<0.001	-1.04	<0.001	-1.05	<0.001	-1.07	<0.001
应对策略（和解）	-0.21	0.143	-0.19	0.132	-0.3	0.047	-0.15	0.295	0.79	<0.001	0.95	<0.001	0.97	<0.001	1.02	<0.001
应对策略（辩解）	1.01	<0.001	0.92	<0.001	0.86	<0.001	1.03	<0.001	-0.14	0.317	-0.06	0.683	0.01	0.955	-0.02	0.894
应对策略（混合）	-0.04	0.761	0.03	0.83	-0.02	0.905	0.08	0.586	0.01	0.924	0.13	0.35	0.06	0.654	0.08	0.587
应对策略（缄默）	0.00	—	0.00	—	0.00	—	0.00	—	0.00	—	0.00	—	0.00	—	0.00	—
企业声誉（好）	0.58	<0.001	0.53	<0.001	0.43	0.006	0.6	<0.001	0.54	<0.001	0.6	<0.001	0.74	<0.001	0.65	<0.001
企业声誉（坏）	0.00	—	0.00	—	0.00	—	0.00	—	0.00	—	0.00	—	0.00	—	0.00	—
企业声誉 × 应对策略（好 × 和解）	0.17	0.397	0.23	0.208	0.26	0.238	0.13	0.509	0.76	0.001	0.55	0.006	0.42	0.043	0.56	0.006
企业声誉 × 应对策略（坏 × 和解）	0.00	—	0.00	—	0.00	—	0.00	—	0.00	—	0.00	—	0.00	—	0.00	—
企业声誉 × 应对策略（好 × 辩解）	0.43	0.034	0.59	0.001	0.48	0.029	0.46	0.024	0.04	0.84	0.14	0.477	-0.1	0.64	0.1	0.615
企业声誉 × 应对策略（坏 × 辩解）	0.00	—	0.00	—	0.00	—	0.00	—	0.00	—	0.00	—	0.00	—	0.00	—
企业声誉 × 应对策略（好 × 混合）	1.36	<0.001	1.28	<0.001	1.38	<0.001	1.03	<0.001	1.32	<0.001	1.42	<0.001	0.95	<0.001	1.03	<0.001
企业声誉 × 应对策略（坏 × 混合）	0.00	—	0.00	—	0.00	—	0.00	—	0.00	—	0.00	—	0.00	—	0.00	—
企业声誉 × 应对策略（好 × 缄默）	0.00	—	0.00	—	0.00	—	0.00	—	0.00	—	0.00	—	0.00	—	0.00	—
企业声誉 × 应对策略（坏 × 缄默）	0.00	—	0.00	—	0.00	—	0.00	—	0.00	—	0.00	—	0.00	—	0.00	—
F 值	79.66		92.65		60.05		70.47		74.67		75.11		60.15		68.48	
显著水平	<0.001		<0.001		<0.001		<0.001		<0.001		<0.001		<0.001		<0.001	
R^2	0.69		0.72		0.63		0.67		0.66		0.67		0.62		0.64	

注：品牌资产 4 个维度 Cronbach's α 值均大于 0.80，提取一个因子的方差解释比例均大于 70.0%；部分变量系数为零，标准差缺失，是因被一般线性模型（GLM）默认为对照基准水平。

13.7.5 总体讨论与启示

品牌资产是一种脆弱的无形资产,创建它需要多年的时间,但毁掉它却只需要经历一场危机。因此,理解产品伤害危机对品牌资产的影响具有重要意义。产品伤害危机发生后,企业最关注的就是应对策略的选择问题;但在营销实践中,营销主管通常都是依靠经验和感觉来回答这些问题(Siomkos 和 Kurzbard,1994)。而且他们的直觉判断也不统一,有的采取辩解策略,有的采取和解策略,有的干脆采取缄默策略或混合策略……不管营销主管如何看待上述问题,依靠经验和感觉得出的观点都有待于通过实证研究来论证,他们之间的分歧也有待通过实证研究来鉴别。

为实现这一目的,本书运用实验法展开研究。结果显示:第一,在可辩解型产品伤害危机中,最优的是辩解策略,能在危机爆发后抑制负面信念的形成;最差的是和解策略,会增强消费者认为企业对危机负有责任的不利品牌信念,进而对品牌资产造成损害。第二,在不可辩解型产品伤害危机中,最优的应对策略是和解策略,它能传递出不再犯错的诚意,让消费者形成积极正面的品牌信念,而辩解策略和缄默策略则没有显著区别。第三,在两类产品伤害危机中采用混合策略(先最差策略、后最优策略),对声誉好的企业而言,效果与最优应对策略接近;对声誉坏的企业而言,效果也优于最差应对策略。第四,产品伤害危机发生后,如果选择了最优应对策略或混合策略,企业声誉就会对正向调节应对策略对品牌资产的保护作用,非常有利于化解危机。

理论上,本书有3点贡献。一是从产品伤害危机的应对策略来看,跨危机类型对比了应对策略的优劣,发现了产品伤害危机类型与企业声誉的调节作用,证明了两类危机的最优应对策略存在非常大的差异。这将有助于解释产品伤害危机中的迷惑现象,如为什么有的公司采用和解策略能有效应对危机,而其他公司却导致了非常负面的效果。二是从品牌资产来看,在不同危机类型和不同企业声誉条件下,探讨了应对策略对品牌资产的影响关系,有助于深入理解品牌资产在产品伤害危机中的变动机制。三是在有利于解释危机管理中关于最优应对策略的观点差异。在危机管理(包含但不局限于产品伤害危机)中,有的学者认为和解策略更优(Ihlen,2002),有的研究却发现辩解策略更优(Ware 和 Linkugel,1973),本书将危机类型进行分类研究,发现危机类型对最优策略具有调节作用,解释了两种观点的矛盾。

在实践上,本书为有效应对产品伤害危机提供了参考依据。企业在应对产品伤害危机上往往缺乏理论指导,实践环节上存在欠缺;企业是人运作的,所以很多企业在应对危机的时候,会呈现出人应对危机的弱点——对产品伤害危机的处理反应太过直接,缺乏整体性和系统性(Mitroff 等,1990)。要解决这一问题,可以从4个方面着手。一是在产品伤害危机发生后,尽快确认危机类型。如果自身不能确认产品伤害危机的类型,可以采取向质检部门送检的方式予以确认;在××奶粉转基因危机、××涉嫌致癌危机中,企业都向质检部门主动送检过产品。二是选择与产品伤害危机类型相匹配的最优应对策略。如果产品缺陷违法违规,和解策略更好;否则,应该采取辩解策略。三是如果错选应对策略,应尽快予以纠正。转而采用最优应对策略后,效果会优于坚持采用最差应对策略的情形,避免产生灾难性后果。四是在日常经营中注重企业声誉的经营和累计。先前的研究已经发现,企业声誉能正向影响从股票价格到员工道德的一系列因素(Hearit,1997),但是它的积极意义不仅于此。在产品伤害危机中,如果采取最优应对策略或混合策略,企业声誉还能正向调节应对策略对品牌资产的影响,有效消除产品伤害危机给消费者造成的负面信念。所以,为有效应对可能出现的产品伤害危机,还可以从平常入手,通过公益事业营销、社会责任活动等手段塑造正面的企业声誉。

此外,本书对政府质量安全工作有一点启示,即加快完善产品质量标准。以2009年发生的"××涉嫌含糖过高危机"为例,国家至今在这方面没有标准,无法判断危机类型,每当某些医学机构声称含糖过高可能导致不健康时，企业难以决策采取哪种应对策略。

13.7.6 局限和展望

本书存在3个局限。一是实验中使用的是虚拟品牌跟现实有差异。对于被试者而言，阅读一段文字而形成的品牌联想与现实中多次接触的品牌相比，不管是在强度、独特性等方面都存在差异。二是研究结论的普适性有待验证。在两个实验中，只以牙膏作为测试产品，对快速消费品具有较好的代表性；其结论对于在其他类型的产品是否适用，有待通过跨产品类型间的比较研究来进一步验证。三是在研究中没有考虑时间因素。在两个实验中，所有的刺激物都是同时提供给被试者。但是在现实的危机中，产品伤害危机、企业应对策略往往不是同时发生的，以2006年发生的"××涉嫌含重金属危机"为例，这场危机从爆发到彻底平息总共持续了约90天，同年发生的"××涉嫌致癌危机"仅持续了6天；而先前的研究发现，时间因素可能会影响消费者在产品伤害危机中的认知（Kathleen等，2008），因此，可能也会影响到品牌资产。深入讨论第三个问题对企业的借鉴意义较大，适合用组内设计（Within-group Design）继续开展研究。

13.8 可辩解型产品伤害危机及其应对方式对顾客购买意愿的影响研究

从市场背景来看，本书发现一个令人费解的现象，某些并不存在危险和缺陷的产品，在经历了可辩解型产品伤害危机后，其销售受到了不同程度的影响——有些产品维持销售，有些产品销售下降，有些产品销售停滞。这一现象使作者开始思考一些问题，为什么顾客会对事实上是安全的危机产品产生感知危险？为什么顾客对危机产品的购买意愿会呈现如此大的差异？从理论背景来看，文献回顾的结果显示先前的研究并不能完整地解释这些问题。因此，研究可辩解型产品伤害危机中的顾客购买意愿，对于企业深入了解、有效应对可辩解型产品伤害危机具有重要的意义。

为了解释研究背景中的问题，本书确立了研究内容、构建了概念模型。鉴于以往的学者在研究产品伤害危机时，主要都是从顾客因素、外界舆论和应对方式这三大方面研究产品伤害危机对营销变量的影响，因此，本书也从这三个方面入手，深入展开研究。在顾客因素方面，由于生理学和心理学领域的研究结果同时表明性别差异、年龄差异会在信息处理、责任归因、抱怨倾向等方面存在差异，因此，本书就从年龄差异和性别差异两个方面，考察可辩解型产品伤害危机中的顾客购买意愿差异。在外界舆论方面，由于在可辩解型产品伤害危机中，产品在事实上并不存在危险和缺陷，因此，媒体报道内容成为决定顾客购买意愿的关键外界舆论因素。通过案例研究，本书发现可辩解型产品伤害危机中的媒体报道内容主要可以分为两类媒体对产品涉嫌存在危险的报道、媒体对公众采取防范措施的报道。因此，作者就集中考察了这两种媒体报道内容对顾客购买意愿的影响。在应对方式方面，作者通过大量的文献研究对现实中的可辩解型产品伤害危机应对方式进行了分类，在此基础上，本书拟通过实证研究来验证究竟采取哪些应对方式对企业更加有利，更有助于维持顾客的购买意愿。此外，参考和双的研究，本书在研究顾客购买意愿时，添加了一个中间变量——"顾客感知危险"中间变量的添加，使概念模型的逻辑更加严密。

为了取得理想的研究成果，本书对研究方法进行了选择。首先，对于产品伤害危机及其应对方式的分类，本书主要采用了二手数据研究法和文献研究法，对已经发生的产品伤害危机进行界定和分类。其次，在考察顾客因素、外界舆论和应对方式三大类因素对顾客购买意愿的影响时，为了检验假设中内涵的因果关系，本书选择了与因果研究相匹配的实验法。在实验法中，为获得较高的外部效度，本书选择了现场实验。在实验设计时，由于需要考察不同级别的两个自变量的影响，本书选择了因子设计。

为了解释研究背景中的问题，本书依据概念模型展开了次实证研究，得出了研究结果。在研究个体差异对顾客购买意愿的影响时，本书通过对心理学和生理学方面的探索性文献研究，得出了4大假设——H1：在可辩解型产品伤害危机中，顾客年龄越大，其感知危险程度越高；H2：在可辩解型产品伤害危机中，顾客年龄越大，其购买意愿降低程度越大；H3：在可辩解型产品伤害危机中，女性顾客的感知危险程度高于男性顾客；H4：在可辩解型产品伤害危机中，女性顾客的购买意愿降低程度大于男性顾客。其中，H1和H2只得到了部分验证，而H3和H4则完全没有得到验证。

在研究外界舆论对顾客购买意愿的影响时，本书基于"常识性归因理论""基本归因错误理论"，推导出了H5和H6。H5：在可辩解型产品伤害危机中，媒体对产品涉嫌存在危险的报道越多，顾客的感知危险程度越高；H6：在可辩解型产品伤害危机中，媒体对产品涉嫌存在危险的报道越多，顾客的购买意愿降低程度越大。此外，根据"从众理论""规范形成理论"和"社会传染效应理论"，推导出了H7和H8。H7：在可辩解型产品伤害危机中，媒体对公众采取防范措施的报道越多，顾客的感知危险程度越高；H8：在可辩解型产品伤害危机中，媒体对公众采取防范措施的报道越多，顾客的购买意愿降低程度越大。数据分析结果显示H5、H6、H7和H8都得到了显著的验证。

在研究应对方式对顾客购买意愿的影响时，根据Coombs、Pearson和Clair等的相关研究结果推理，依据企业社会责任感的相关研究结果做出推理，本书做出了12个假设H9、H10、H11、H12、H13、H14、H15、H16、H17、H18、H19和H20。H9：在可辩解型产品伤害危机中，对于顾客感知危险的缓解，企业有应对优于企业无应对。H10：在可辩解型产品伤害危机中，对于顾客购买意愿的维持，企业有应对优于企业无应对。H11：在可辩解型产品伤害危机中，对于顾客感知危险的缓解，积极澄清优于对抗反驳。H12：在可辩解型产品伤害危机中，对于顾客购买意愿的维持，积极澄清优于对抗反驳。H13：在可辩解型产品伤害危机中，对于顾客感知危险的缓解，纠正措施优于对抗反驳。H14：在可辩解型产品伤害危机中，对于顾客购买意愿的维持，纠正措施优于对抗反驳。H15：在可辩解型产品伤害危机中，对于顾客感知危险的缓解，有外界应对优于无外界应对。H16：在可辩解型产品伤害危机中，对于顾客购买意愿的维持，有外界应对优于无外界应对。H17：在可辩解型产品伤害危机中，对于顾客感知危险的缓解，专家应对优于行业应对。H18：在可辩解型产品伤害危机中，对于顾客购买意愿的维持，专家应对优于行业应对。H19：在可辩解型产品伤害危机中，对于顾客感知危险的缓解，政府应对优于行业应对。H20：在可辩解型产品伤害危机中，对于顾客购买意愿的维持，政府应对优于行业应对。数据分析显示，H9、H10、H11、H12、H15、H16、H19和H20得到了验证，H13、H14、H17和H18没有得到验证。

通过对研究结果的综合分析，作者提炼出了本书的研究结论。首先，在可辩解型产品伤害危机中，顾客年龄差异会影响顾客感知危险强度，进而影响顾客的购买意愿；具体来讲，老年顾客的感知危险强度显著大于其他年龄段的顾客，其购买意愿降低程度也更大，但是，中年顾客和青年顾客之间并不存在显著区别。其次，在可辩解型产品伤害危机中，顾客性别差异并不会对顾客感知危险和购买意愿产生影响。再次，从外界舆论的角度来看，在可辩解型产品伤害危机中，"媒体对产品涉嫌存在危险的报道"和"媒体对公众采取防范措施的报道"两类媒体报道内容越多，顾客的感知危险越强，顾客购买意愿下降程度越大。最后，从应对方式的角度来看，可辩解型产品伤害危机发生以后，有外界力量协助企业应对会强于无外界应对企业在选择自身的应对方式时，最优的选择是"积极澄清"；企业在选择外界力量协助其应对时，最优的选择是"政府应对"。

13.8.1 研究背景与问题

本书着力于研究可辩解型产品伤害危机对顾客购买意愿的影响，既有其市场背景，也有其理论背景。

13.8.1.1 市场背景与问题

可辩解型产品伤害危机中，在现实中有两个重要的问题存在疑惑：第一是有哪些因素在影响着顾客的购买意愿；第二是危机公司采取什么样的应对方式有利于维持顾客购买意愿。这就是本书的市场背景所在。

对于一个公司而言,如果因为某个事件危机而使得公众和舆论怀疑、相信它的产品存在严重缺陷和对人体有害,那么即便它的产品不存在事实上违反相关产品法规和标准的重大缺陷和有害成分,即便是它的产品不需要召回,这个事件也可能对顾客的购买意愿和企业的销售业绩造成负面影响。

从现实来看,这种负面影响的损害程度高低不一,既可能导致顾客停止购买和企业销售停滞,也可能导致顾客减少购买和企业销售减少,也可能不会对顾客购买和企业销售造成负面影响。以下就是6个企业同样在经历了危机过后,却有着完全不同命运的案例。

(1)顾客停止购买。

湖南常德一消费者起诉××口服液,声称他的家人因口服了××口服液而导致死亡。虽然事后法院二审判决××胜诉,但是在媒体报道了该事件之后,消费者停止了购买××口服液。从此,××口服液退出了市场。2001年,有消费者向媒体投诉××手机存在质量。由于媒体的报道,导致了整个市场都传言××手机和××其他型号的手机存在质量问题。此事件发展到2001年年底,××在中国的市场份额已经下滑到了2%。

(2)顾客减少购买。

2004年11月17日,媒体报道××可能会致癌。通过近一个月企业公关努力,虽然事后证明了××不会致癌,但是××的销售额却从每月达到3000万元下降到几乎停滞的瘫痪状态。此后,××的上架率虽一度达到危机前的94.5%,但是××的销售业绩却一直未能恢复到危机前水平。

2005年4月15日,英国伦敦《标准晚报》声称牙膏中所含三氯生与自来水中的氯能生成致癌物质三氯甲烷的消息,在中国引起轩然大波,给××牙膏产品造成了很大的影响。虽然事后××证实了××并不含致癌的三氯生,根据媒体报道,××的牙膏销量比以前相比还是下降了30%~40%。

(3)顾客维持购买。

2006年3月2日,英国食品标准局在其官方网站公布消息称,一些软饮料可能产生致癌物苯。据中国台湾电视类媒体报道,××和××饮料同时含有这两种成分。该消息被大陆媒体转载以后,传到了中国大陆。由于××、××和外界力量的多方应对,两种饮料在中国的销售都没有受到负面影响。

上述的6个公司经历的可辩解型产品伤害危机似乎只是冰山一角,根据2005年新浪网的不完全统计,类似的危机事件中国仅仅在食品、药品领域就发生几十起。

对于上述6个公司所经历的可辩解型产品伤害危机,虽然不能从媒体报道中得知6种产品销售受损的确凿情况,但是我们仍然可以发现一个现象:部分危机产品仍在继续销售,而部分危机产品已经退出市场。这也就意味着,在经历了可辩解型产品伤害危机以后,顾客对某些产品的购买意愿几乎没有受到抑制,而顾客对另外一些产品的购买意愿却受到了严重抑制。

为什么会出现这种现象,是什么在影响着可辩解型产品伤害危机中的顾客购买意愿呢?是因为顾客的个体差异?是因为企业的品牌声望?是因为不同的外界舆论?是因为不同的政府反应?是因为不同的产品伤害危机应对式?

在营销实践中,营销主管通常都是依靠经验和感觉来回答这些问题(Siomkos、Kurzbard,1994)。而且他们的回答即可能一致,也可能大相径庭。比如,所有营销主管都会认同到外界舆论,尤其是媒体报道,是一个非常重要的影响因素;但是,对于危机的应对方式,各个营销主管的认知差别就很大了。不管营销主管如何看待上述问题,依靠经验和感觉得出的观点都有待于通过实证研究来论证其正确性。

实际上,先前的研究发现,企业在应对产品伤害危机上确实缺乏经验和理论指导,实践环节上存在大量的问题。企业是人运作的,所以很多企业在应对危机的时候,会呈现出人应对危机的弱点一对产品伤害危机的处理反应太过直接，缺乏整体性和系统性，更缺乏对社会心理的理解和考量。正如 Mitroff（2001）指出，企业往往和个人一样，会运用多种借口否认危机的存在，并因此认为其不需要危机管理；同时也有很多企业在危机事件发生后，往往低估危机的危害性以及采取行动的必要性（Siomkos, 1992）。而即便是做出应对的那些企业，也会往往出现前后自相矛盾的沟通结果，而这加重了危机的严重性（Pearson、Clair, 1998）。

综上所述，在频繁发生的可辩解型产品伤害危机中，我们可以发现营销实践中存在两个重要疑问：第一是企业并不知道采取什么样的应对方式最有利于维持顾客购买意愿；第二是还有什么其他因素会影响顾客的购买，现研究者对产品伤害危机的应对方式存在着的不同观点。其中，Siomkos 和 Kurzbard（1994），Dawar 和 Pillutla（2000）四位研究者都认为产品伤害危机的应对方式是由处于"坚决否认"到"积极承担责任"之间的诸多可能构成；但是，王晓玉、吴纪元和晁钢令（2005）依据平息危机可能会出现的两种主体——企业和专家，把产品伤害危机的应对方式分为四类。为什么王晓玉、吴纪元和晁钢令的分类结果明显不同于国外学者的分类结果呢？通过对产品伤害危机进行更加细致的分类，进而对产品伤害危机的应对方式进行分类，就能很好地解释这一疑问。因此，科学而准确地回答这两个问题，有助于在管理实践上对企业提供一些有用的建议和启示，降低企业在可辩解型产品伤害危机中的销售损失。

13.8.1.2 理论背景与问题

产品伤害危机的研究虽不是营销中的主流研究方向，但是也有数十位学者致力于其中的研究。在产品伤害危机的分类上，过去的研究并没有像本书一样区分可辩解型产品伤害危机和不可辩解型产品伤害危机之间的区别，但是这些研究却已经检验了两种产品伤害危机及其应对方式对一些营销变量的影响。

（1）产品伤害危机及其应对方式的分类。

在文献研究中，本书发现，王晓玉、吴纪元和晁钢令（2005）依据平息危机可能会出现的两种主体：企业和专家，把产品伤害危机的应对方式分为四类。这四类应对方式是：无公司应对、无专家应对；有公司应对、无专家应对；无公司应对、有专家应对；有公司应对、有专家应对。对于国内外研究者在产品伤害危机应对方式上的差异，如表 13-13 所示。

表 13-13　先前研究对产品伤害危机应对方式的观点差异

	产品伤害危机（类型 A）	产品伤害危机（类型 B）
典型研究者	Siomkos 和 Kurzbard（1994），Dawar 和 Pillutla（2000）	王晓玉、吴纪元和晁钢令（2005）
典型应对方式	Siomkos 和 Kurzbard 认为有四种应对方式：坚决否认；强制召回；主动召回；积极承担责任 Dawar 和 Pillutla 认为：在"坚决否认"到"积极承担责任"之间存在多种可能的应对方式	共四种应对方式： 企业和专家均无应对；企业单独应对；专家单独应对；企业和专家双重应对

为什么王晓玉、吴纪元和晁钢令的分类结果却明显不同于国外学者的分类结果呢？如果双方对产品伤害危机的分类差异只是应用不同分类标准对同一个总体进行划分，那很正常；但是，王晓玉等对产品伤害危机应对方式的分类却出现了 Siomkos 等的分类所不能涵盖的内容—专家应对。根据文献分析来看，双方都是通过案例观察而分析得到的结果。因此，作者初步推测双方之所以在产品伤害危机的应对方式有不同的见解，可能是他们观察到了不同类型的产品伤害危机。在正式研究中，本书会尝试通过对产品伤害危机进行更加细致的分类，进而对产品伤害危机的应对方式进行分类，来解释这一疑问。

此外，作者在现实中也观察到了很多"新"的产品伤害危机应对方式，这些应对方式并没有被先前的研究者所发现。例如，××采取的建议顾客暂停购买并向顾客致歉的方式，××则采取的置之不理方式，××采取的对抗反驳方式……可见，对于产品伤害危机的应对方式，还需要在进一步观察总结的基础上进行界定和分类。

（2）产品伤害危机及其应对方式对营销变量的影响。

对于产品伤害危机，先前的研究主要关注的是不可辩解型产品伤害危机及其应对方式对营销变量的影响。Siomkos 和 Kurzbard（1994）研究了不可辩解型产品伤害危机及其应对对顾客感知危险及购买意愿的影响。Niraj Dawar 和 Madan M.Pillutla（2004）研究了不可辩解型产品伤害危机及其应对方式对品牌资产的影响。Laufer（2002），Laufer 和 Gillespie（2004），Laufer、Silvera 和 Meyer（2005）分别研究了不同的消费人群细分对不可辩解型产品伤害危机的抱怨差异。研究了不可辩解型产品伤害危机及其应对方式对销售波动的影响。

对于可辩解型产品伤害危机，迄今只有王晓玉、吴纪元和晁钢令（2005）研究了可辩解型产品伤害危机的应对方式对消费者考虑集的影响。可辩解型产品伤害危机及其应对方式对其他营销变量的影响还相当缺乏，如购买意愿、品牌资产、顾客抱怨……因此，可辩解型产品伤害危机的其他相关因素对顾客购买意愿的影响，在理论上存继续深入研究的空间。

从总体上来看，对于产品伤害危机及其应对方式的研究相当有限，在理论上还存在很多研究空白点。首先，由于先前的研究对于产品伤害危机的应对方式还存在观点差异，因此还需要在进一步观察总结的基础上进行界定和分类。其次，对于可辩解型产品伤害危机及其应对方式对其他营销变量的影响也是非常缺乏的。因此，研究上述两个问题，有助于进一步丰富产品伤害危机的相关理论。

13.8.2 研究内容与目标

本书发现了现实和理论上对于产品伤害危机的一些疑问。为了解释这些疑问，本书进一步确定了研究内容与研究目标。

13.8.2.1 研究内容

本书的研究内容可以分为两个层次。第一个是产品伤害危机层次，第二个是可辩解型产品伤害危机层次。第一个层次的研究也是第二个层次的研究的支撑。

在第一个层次，即产品伤害危机层次，本书主要对产品伤害危机及其应对方式进行分类。本书通过对多个产品伤害危机案例的观察，根据"产品缺陷是否违反相关产品法规和安全标准"，把产品伤害危机分为两类可辩解型产品伤害危机和不可辩解型产品伤害危机。这两种产品伤害危机由于其危害程度不同、导致的后果也不相同，因此，外界舆论和应对方式也存在很大的区别。

在第二个层次，即可辩解型产品伤害危机层次，通过对前人研究的归纳和分析，本书发现了他们主要从个体差异、外界舆论和应对方式三个方面对产品伤害危机展开了研究，因此，本书也是从这三个方面来展开深入研究，来探讨可辩解型产品伤害危机中的顾客购买意愿。

研究个体差异对顾客感知危险和购买意愿的影响，是因为生理学和心理学领域的研究结果同时表明性别差异、年龄差异会在信息处理、责任归因、抱怨倾向等方面存在差异。所有的这些差异，都可能在可辩解型产品伤害危机中影响到顾客的认知，尤其是顾客的感知危险和购买意愿。研究媒体报道内容对顾客感知危险和购买意愿的影响是基于两个原因。首先，相较于媒体报道覆盖面，在可辩解型产品伤害危机中媒体报道内容是对顾客感知危险和购买意愿产生影响的重要因素。其次，从单个顾客的角度出发，不管媒体报道覆盖面还是媒体报道，两者对顾客的影响是殊途同归的。两者都是通过影响顾客接收到的关于危机的某种信息的数量多少，进而影响到顾客的感知危险和购买意愿。

研究危机应对方式，是因为本书观察到不同的企业在可辩解型产品伤害危机中采取了完全不同的应对方式，这就说明企业并不清楚应该采取什么样的应对方式才是最有效的。

在测量最终变量"顾客购买意愿"的同时，本书在概念模型中引入了一个中间变量"顾客感知危险"。这主要是因为使用"顾客购买意愿"和"顾客感知危险"两大因素的量表来同时测量可辩解型产品伤害危机中顾客的心理活动，要比单独使用"顾客购买意愿"的量表更为可靠。

13.8.2.2 研究目标

本书的目标主要有两个。

在理论上，解释3个问题。首先，在可辩解产品伤害危机中，为什么顾客会对事实上是安全的危机产品产生感知危险？为什么顾客对危机产品的购买意愿会呈现如此大的差异？其次，为什么王晓玉等学者对产品伤害危机应对方式的分类会包含"专家应对"，而Siomkos等的分类却并不包含这一应对方式？

在实践上，把研究得出结果和结论转化为现实中产品伤害危机管理的建议，为企业解决产品伤害危机提供借鉴。

13.8.3 研究思路与方法

为了解释现实和理论上存在的问题，实现本书的研究目标，本书制订了研究思路并选择了研究方法。

13.8.3.1 研究思路

本书所遵循的总体思路就是解释和解决营销实践中的问题，具体来讲分为四个步骤：

首先，观察现实中的产品伤害危机，发现有哪些问题让营销主管和学术界感到迷惑，初步把这些问题拟定为研究方向。

其次，基于这些问题检索相关文献，了解其他学者对这些问题的研究进展和不足。

再次，结合研究方向和已有的产品伤害危机研究成果，从中找到值得研究而尚未研究的"机会点"，确定本书的研究内容和目标。

最后，基于研究内容和目标，展开正式研究，包括建立概念模型形成研究假设选择研究方法设计研究变量设计调查问卷展开调研工作进行数据分析得出研究结果分析研究结论。

关于本部分内容的研究思路的图解，如图13-10所示。

现实观察	文献检索	定义问题	正式研究
观察营销实践中的产品伤害危机存在哪些让企业界和学术界迷惑的问题，初步确定研究方向	检索国内外与产品伤害危机相关的文献，了解产品伤害危机的研究进展和不足所在	结合现实中的迷惑和国内外的研究成果，正式确立研究内容和研究目标	根据研究内容和目标： 1. 建立概念模型 2. 形成研究假设 3. 选择研究方法 4. 设计研究变量 5. 设计调查问卷 6. 展开调研工作 7. 进行数据分析 8. 得出研究结果 9. 分析研究结论

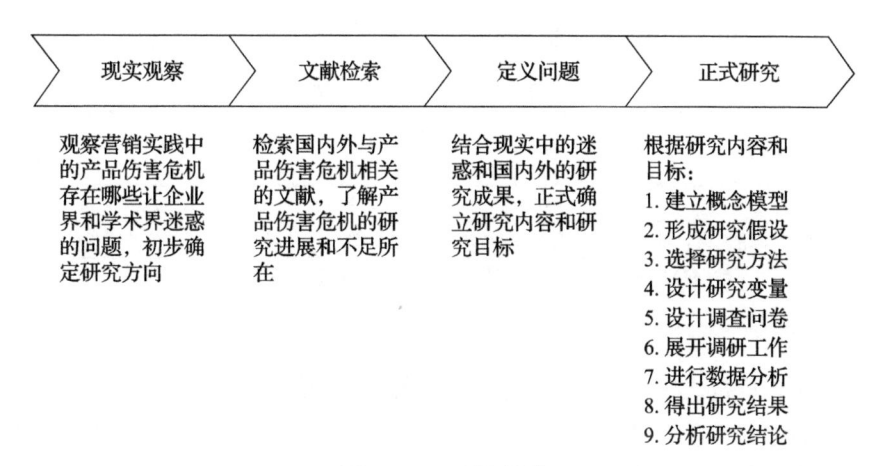

图13-10 研究思路

本部分内容的框架也在很大程度上延续、反映了这种研究思路，如图13-11所示。

13.8.3.2 研究方法

参照产品伤害危机危机领域其他学者所使用的研究方法，以及通过对本书研究内容和研究目标的分析，本书选择了"实验法"作为主要研究方法。

在对营销问题进行研究的时候，需要遵循一个框架和计划，以便详细描述获取解决问题所需信息的必要程序，这就是研究设计。对于营销问题的研究，大体上可以分为探索性研究和结论性研究两大类，其中，结论性研究又分为描述性研究和因果研究两种。三种研究的一些具体区别，如表13-14所示。

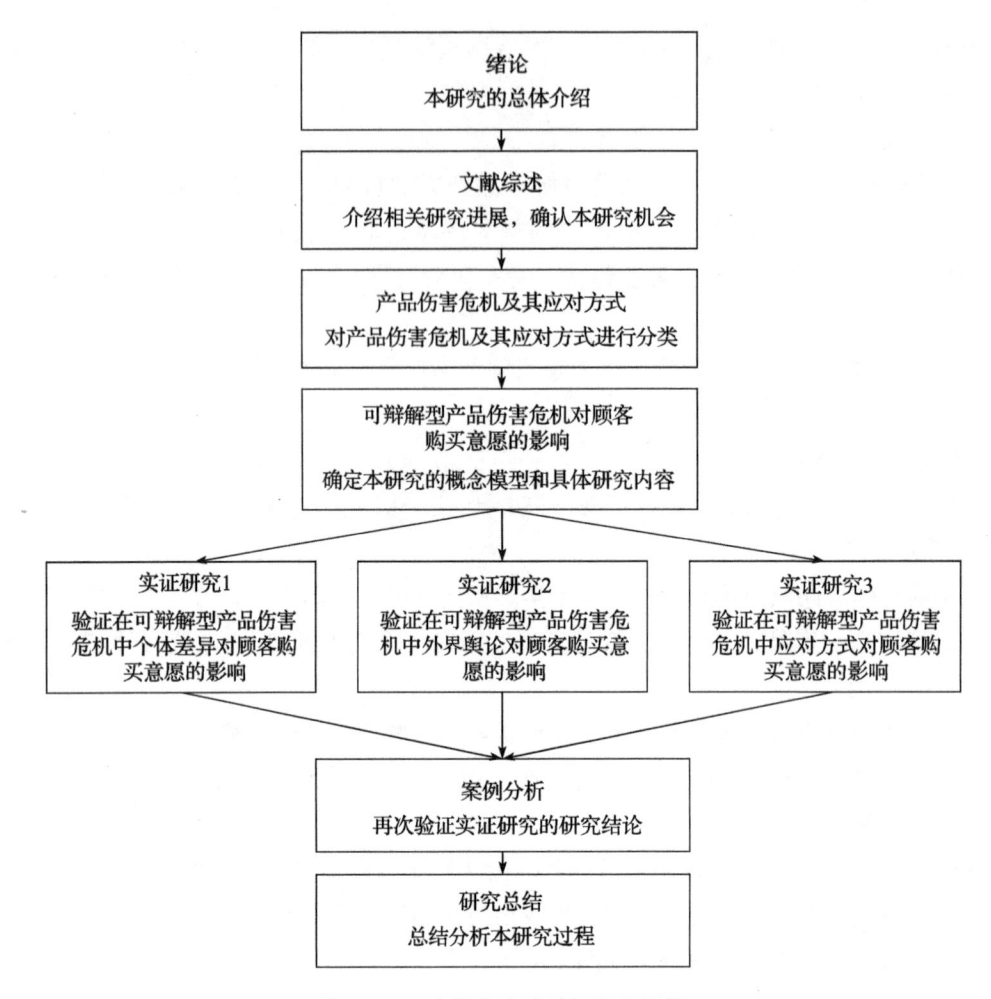

图 13-11 本部分内容的框架和逻辑

表 13-14 研究设计的分类

项目	探索性研究	结论性研究	
		描述性研究	因果研究
目标	发现新的想法和观点	描述市场的特征和功能	确定因果关系
特征	灵活多变，通常是整个研究设计的起始	预先计划好的结构化设计	控制一个或多个自变量；控制其他变量
方法	专家调查；预调查；二手数据分析；定性研究	二手数据；调查法；观察数据和其他数据	实验法

在可辩解型产品伤害危机之中，营销主管根据所假设的因果关系作出决策，如营销主管认为专家澄清有助于降低消费者的感知危险，那么营销主管就可能采取主动送检的方式来应对危机。所以，本书在研究不可辩解型产品伤害危机对顾客购买意愿的影响时，必须要采用因果研究，通过正式的因果研究来获取原因与结果关系的证据。通过表的分析，我们可以得知因果研究的主要方法是实验法。实验法可以在相对可控的环境中对自变量进行控制和操纵，然后观察自变量的控制和操纵对一个或一个以上因变量的影响的测量结果，并以此作为判别因果关系的依据。

在进行实验设计的时候，本书主要选择"统计设计"方法中的"因子设计"。从实验方法上来分，实验设计可以分为四种：预实验设计、真实验设计、准实验设计和统计设计。预实验设计（Pre-experimental Design）没有利用随机化步骤来控制外部因素。真实验设计（True-experimental Design）中，研究人员随机地将测试单位和处理分派给各个实验组。当研究人员无法实现对测试单位进程安排的完全操纵或者处理的完全分配，但是仍然可以采用部分真实验措施时，就产生了准实验设计（Quasi-experimental Design）。统计设计（Statistical Design）是指一系列允许对外生变量进行统计控制和分析的基础实验。

根据上述四种实验设计的定义，本书在实证研究采用"统计设计"，如图13-12所示。之所以采用"统计设计"，是因为统计设计具有3大优点：可以测量一个以上变量的影响；特定外生变量可以在统计上收到控制；当每个测试单位被测量一次以上时，可以采用经济的设计。

统计设计又可以被分为随机区组设计（Randomized Block Design），拉丁方设计（Latin Square Design）和因子设计（Factorial Design）。其中随机区组设计只能处理一个操纵自变量，拉丁方设计只能处理两个独立的操纵自变量，因子设计则能处理不同级别的两个或两个以上的自变量的影响。由于本书需要处理不同级别的两个自变量的影响，因此本书选择因子设计。

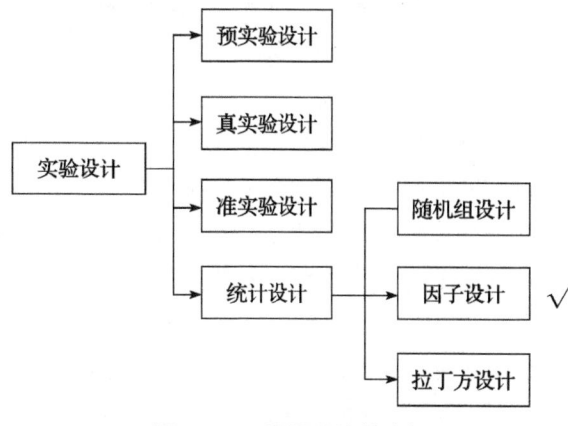

图 13-12 因子设计的选择

此外，从实验环境来分，实验法可以分为实验室实验（Atelier Experiment）和现场实验（Field Experiment）。实验室实验需要研究人员构造出一个具备实验期望的一个人工环境，但是现场实验就没有这样一种限制。实验室实验和现场实验各有其优缺点，如表13-15所示。

表 13-15 实验室实验和现场实验的对比

因素	实验室实验	现场实验
环境	人造的	现实的
控制	高	低
反应误差	高	低
迎合假象	高	低
内部效度	高	低
外部效度	低	高
时间	短	长
测试单位数目	小	长
执行容易程度	高	低
成本	低	高

通过上表，我们可以分析出，两种实验各有其优点和缺点，没有一种实验方法明显优于另一种实验方法，因此选择两种实验法都是可行的。在两种方法没有明显优劣的背景下，为了尽可能模拟现实状态而获得较高的外部效度，本书选择了"现场实验法"。

此外，本书选择现场实验（Field Experiment）的另一个原因是对于产品伤害危机的大部分实证研究都采用了这种方法（Siomkos 和 Kurzbard，1994；Klein 和 Dawar，2004；Wang、Wu 和 Chao 等，2005）。本书在实证研究时，在很大程度上借鉴了先前研究者的方法，在刺激物设计、实验设计和实验执行等多个方面都参考他们的实施步骤。

综上所述，通过对研究方法的分析，并借鉴前人的研究方法，本书选择采用"因子设计"和"现场实验"来研究不可辩解型产品伤害危机对顾客购买意愿的影响。

此外，本书在对产品伤害危机的概念、分类和应对方式进行研究的时候，主要使用的是二手数据研究法和文献研究法。

13.8.4 研究意义与创新

本书的内容来源于对现实现象的疑惑和先前的理论冲突,所以本书的意义和创新主要就在于澄清冲突、解释现象和指导实践。

13.8.4.1 研究意义

从理论意义上来看,本书的研究成果不仅推进了产品伤害危机的研究,而且为解释现实中的一些现象提供了理论支撑。首先,在产品伤害危机层面,本书通过对现实中产品伤害危机的观察,对产品伤害危机及其应对方式进行了分类。这些研究开拓了产品伤害危机的研究空间,丰富了产品伤害危机的理论,解释了为什么王晓玉等学者对产品伤害危机应对方式的分类会包含"专家应对",而 Siomkos 等的分类却并不包含这一应对方式?其次,在可辩解型产品伤害危机层面,本书构建了可辩解型产品伤害危机影响顾客购买意愿的概念模型,并通过3个实证研究验证了顾客个体差异、外界舆论、企业应对方式和外界应对方式对顾客感知危险和顾客购买意愿的影响关系。这些研究为解释"在可辩解产品伤害危机中,为什么顾客会对事实上是安全的危机产品产生感知危险?为什么顾客对危机产品的购买意愿会呈现如此大的差异"提供了一个理论框架。

从现实意义上来看,本书的研究成果能够帮助企业更好地了解可辩解型产品伤害危机中的顾客购买意愿影响因素,从而有利于企业做出正确的危机应对策略。通过实证研究1,本书发现了顾客年龄差异会影响可辩解型产品伤害危机中的顾客购买意愿,但是顾客性别差异却不存在这种影响;通过实证研究2,本书探讨了外界舆论是以什么样的方式在影响着可辩解型产品伤害危机中的顾客购买意愿;通过实证研究3,本书对比了不同的企业应对方式和外界应对方式对顾客购买意愿的影响,找到了最优的企业应对方式和外界应对方式。所有的这些研究成果,都有助于企业了解不同顾客群体的购买意愿变动情况,进而更有利于企业采取正确的应对措施以挽回丢失的市场份额和下降的销售业绩。

尤其在可辩解型产品伤害危机的应对方式上,本书发现了一个广为传播和认同的经典错误。自20世纪70年代以来,××的××事件已经成为危机管理的典范案例,××在××事件中富有社会责任感的做法已经成为某些公司应对危机的标准模板。而 Simokos(1994)的研究也证明,××公司采取的正是不可辩解型产品伤害危机的最优应对方式。但是,依据本书的实证研究结果,作者发现××公司所采用的应对方式并不适合于应对可辩解型产品伤害危机。在可辩解型产品伤害危机中,最紧要的是消除顾客感知危险和维持顾客购买意愿,而在这一点上"纠正措施"并不优于"积极澄清"。在可辩解型产品伤害危机中,企业应该把握好应对危机的"度",不要过度反应,没有必要采取道歉、退货、退款等措施,这样做只会适得其反,"积极澄清"才是最优的选择。

13.8.4.2 研究创新

通过研究可辩解型产品伤害危机对顾客购买意愿的影响,本书总共获得了五个创新点。

第一,本书对产品伤害危机及其应对方式进行了分类,发现了一个崭新的研究空间,解释了先前研究的观点差异。通过对现实案例的详细研究,根据"产品缺陷或伤害是否违反相关产品法规或安全标准"把产品伤害危机分为可辩解型产品伤害危机和不可辩解型产品伤害危机,开拓了可辩解型产品伤害危机这一新的研究空间,解释了为什么王晓玉等学者对产品伤害危机应对方式的分类会包含"专家应对",而 Siomkos 等的分类却并不包含这一应对方式。

第二,本书构建了可辩解型产品伤害危机对顾客购买意愿影响的概念模型。通过心理学、生理学和市场营销等领域的文献研究和对现实案例的观察,本书找到了在可辩解型产品伤害危机中可能会影响顾客购买意愿的三大类自变量——个体差异、外界舆论和应对方式,和一个中间变量—顾客感知危险;并依据这些变量构建了本书的概念模型。

第三,本书证实了在可辩解型产品伤害危机中,顾客某些个体差异会影响顾客的购买意愿。具体来讲，年龄差异会影响顾客购买意愿，但是性别差异并不会影响顾客的购买意愿。这一发现使得企业能够更加深入了解不同人口统计特征的顾客群在可辩解型产品伤害危机中会表现出什么样的消费行为。

第四，本书证实了在可辩解型产品伤害危机中，"媒体对产品涉嫌存在危险的报道"和"媒体对公众采取防范措施的报道"两种媒体报道的数量越多，顾客的感知危险越强，顾客的购买意愿降低越多。这一发现找到了可辩解型产品伤害危机中顾客感知危险产生和增强的原因，使企业能够了解可辩解型产品伤害危机中的外界舆论将会如何影响顾客的购买行为。

第五，最重要的一点创新是本书验证了各种可辩解型产品伤害危机应对方式的优劣。通过实证研究，本书证实了：在应对可辩解型产品伤害危机时，有外界应对的效果强于企业应对；企业在选择自身的应对方式时，最优的选择是"积极澄清"；企业在选择外界力量协助其应对时，最优的选择是"政府应对"。这一发现使得企业能够了解采用什么样的应对方式有助于减低顾客感知危险，维持顾客购买意愿，进而成功化解可辩解型产品伤害危机。此外，值得一提的是，本书通过实证研究3发现了一个危机管理中的经典错误。近30年来，企业界和学术界都认为是强生公司在泰诺事件中的应对方式是危机应对的典范案例。但是，根据本书的实证研究结果，强生公司当年采取的"纠正措施"只适合于应对不可辩解型产品伤害危机，并不适合于应对可辩解型产品伤害危机。在可辩解型产品伤害危机中，过多的社会责任感行为和责任承担行为无益于降低顾客感知危险和维持顾客购买意愿，"积极澄清"才是最优的选择。

13.8.5 文献综述

通过对产品伤害危机有关知识回顾，可辩解型产品伤害危机中的三大类自变量为顾客因素、外界舆论和应对方式，一个中间变量为顾客感知危险。

首先，由于生理学和心理学领域的研究结果同时表明性别差异、年龄差异会在信息处理、责任归因、抱怨倾向等方面存在差异。因此，下文将会从年龄差异和性别差异两个方面，考察顾客在可辩解型产品伤害危机中的感知危险和购买意愿差异。

其次，由于可辩解型产品伤害危机中，产品在事实上并不存在危险和缺陷，因此，外界舆论中的媒体报道内容（Media Reports）成为决定顾客感知危险和购买意愿的关键外界舆论因素。由于"媒体对产品涉嫌存在危险的报道""媒体对公众采取防范措施的报道"这两种媒体报道构成了外界舆论的主体，因此，本书将会通过实证研究来探讨这两种媒体报道在可辩解型产品伤害危机中对顾客感知危险和购买意愿的影响。

再次，由于本书观察到很多企业在可辩解型产品伤害危机中采取了完全不同的应对方式，这就说明企业在什么是最优的应对方式上尚未达成共识。针对这一问题，作者拟通过实证研究来验证哪一种应对方式最为有效，最能缓解顾客感知危险和维持顾客购买意愿。

最后，基于以上四大方面的分析，作者确立了本书的具体研究内容、构建了本书的概念模型。

13.8.6 实证研究1：可辩解型产品伤害危机中个体差异对顾客购买意愿的影响

以往的研究检验了产品伤害危机及其应对方式会对消费者考虑集、品牌资产等营销变量的影响，但是尚未探讨顾客个体差异与顾客对产品伤害危机购买意愿的关系。在个体差异对产品伤害危机购买意愿的研究方面，Siomkos和Kurzbard（1994）运用实验法验证了顾客先前的期望会对顾客购买意愿产生影响。在本章，笔者从性别差异和年龄差异考察可辩解型产品伤害危机中的顾客购买意愿。

在性别差异对产品伤害危机中营销变量的影响研究方面，Laufer和Gillespie（2004）、Burger（1981）等研究者发现，就同一个危机而言，女性比男性更倾向于认为危机会发生于他们身上，而且出于防卫性归因的动机，女性会对危机公司产生更多的抱怨。

在年龄差异对产品伤害危机中营销变量的影响研究方面，Laufer、Silvera和Meyer（2005）通过对市场营销、老人医学和心理学三个领域的文献研究，从理论指出了"年龄"因素可能会对产品伤害危机的抱怨归因产生影响。方正（2006）证实了老年顾客（60岁及以上）对于产品伤害危机的感知危险明显强于中年顾客（45～59岁）和青年顾客（44岁及以下）。

通过以上的研究回顾，我们可以了解到年龄差异和性别差异可能会影响产品伤害危机中的顾客购买行为，但是，年龄差异和性别差异会对顾客购买意愿产生什么样的影响仍然需要通过实证研究来探索。

13.8.6.1 研究假设

基于人体生理和心理的差异，本书推测顾客年龄差异可能会影响可辩解型产品伤害危机中的顾客感知危险和购买意愿。

首先，从身体健康的角度来看。可辩解型产品伤害危机是与消费者的健康因素相关的，通常都会对人体健康造成不同程度的损害。2004年，Laufer和Gillespie发现，如果顾客感觉自身比较脆弱，那么产品伤害危机就会使他感知到更多的危险并产生更强的心理体验。那么，年纪偏大的顾客是不是就会比年纪偏小的顾客感觉自己更脆弱一些，因而感知到更多的危险呢？在顾客对自身健康的顾虑研究方面，Schneider和Rowe（1991）证实了，由于年纪偏大者认为他们身体老化、患病可能性更高，他们对于健康和疾病的担忧正变得越来越严重，Heckhausen和Baltes（1991）进一步证实，社会各个年龄段的人都统一地认知到人一旦变的年老，他的心理、生理和精神都会衰弱退化。

其次，从心理学的角度来看。Heckhausen和Schulz（1995）指出人的第一控制过程（Primary Control Processes）和第二控制过程（Secondary Control Processes）存在年龄差异。第一控制过程是行为性的、外向型的，指的是一个人为满足自己的欲望而改变外界环境的努力。第二控制过程是思想性的、内向型的，指的是一个人为了使自己更能接受外部环境的现实而改变自己的认知。Heckhausen和Schulz（1995）证实第一控制过程不会随年龄增长而变化，但是第二控制过程会随着年龄增长而逐渐增强。这也就是说，为了让自己能够接受自己对外部失去控制的事实，老年人更有可能会扭曲理解、偏颇理解某些信息。而在1981年，就曾经观察到老年人在评估危险的时候往往会扭曲理解信息，倾向于把自己看作是受害者。

因此，基于以上的文献分析，我们可得知：①顾客越是认为自己脆弱，他对可辩解型产品伤害危机的感知危险就越强；②各个年龄阶段的人，都认为年纪偏大者的身体健康条件更脆弱；③年纪偏大者更容易扭曲理解信息，把自己看作是可辩解型产品伤害危机的受害者。根据这三点，本书得出假设1。

H_1：在可辩解型产品伤害危机中，顾客年龄越大，其感知危险程度越高。

此外，Tulin和Joffre（2004）证实了对产品的感知危险会对消费者购买一个产品或者一个品牌产生影响。由此，本书得出假设2。

H_2：在可辩解型产品伤害危机中，顾客年龄越大，其购买意愿降低程度越大。

近年来，一系列的研究表明，在可辩解型产品伤害危机中，不同性别的顾客对危机的认知可能不同。Laufer和Gillespie（2004）通过两次独立实验发现在公司、顾客和环境因素谁应该对产品伤害危机负责的背景下，女性顾客对于公司的抱怨会明显高于男性顾客。Laufer和Gillespie（2004）深入分析了这一现象，他们发现与男性相较，女性在遇到伤害时更倾向于认为自己是脆弱的、容易受到伤害的。Burger（1981）也指出，就同一个危机而言，女性比男性更倾向于认为危机会发生于他们身上，出于防卫性归因的动机，女性会对危机公司产生更多的抱怨。根据这些研究结果，本书得出假设3。

H_3：在可辩解型产品伤害危机中，女性顾客的感知危险程度高于男性顾客。

此外，Tulin和Joffre（2004）证实了对产品的感知危险会对消费者购买一个产品或者一个品牌产生影响，本书得出了假设4。

H_4：在可辩解型产品伤害危机中，女性顾客的购买意愿降低程度大于男性顾客。

13.8.6.2 研究设计

本书运用"现场实验法"来获取可辩解型产品伤害危机中个体差异与顾客感知危险和购买意愿的相关信息。本书首先寻找到真实生活状态下的实验对象,其次要求实验对象阅读关于特定情景的描述文字,最后根据情景中的信息完成相应的态度测量,具有变量操控容易、节约研究成本的特点。

本书在实验设计时选择了"因子设计"方法,因为本书需要对"年龄差异"和"性别差异"这两个变量的变量取值进行统计控制和操控。从实验方法上来分,实验设计可以分为四种:预实验设计、真实验设计、准实验设计和统计设计。统计设计又可以被分为随机区组设计(Randomized Block Design),拉丁方设计(Latin Square Design)和因子设计(Factorial Design)。其中随机区组设计只能处理一个操纵自变量,拉丁方设计只能处理两个独立的操纵自变量,因子设计则能处理不同级别的两个或两个以上的自变量的影响。由于本书需要处理不同级别的两个自变量的影响,因此本书选择因子设计。

基于前面的4个假设,我们将实验主体的年龄划分为3个阶段,青年、中年和老年,将实验主体的性别划分为男性、女性,总共得到6个试验组,具体的因子设计如表13-16所示。

表13-16 实证研究1的因子设计

		年龄差异		
		青年	中年	老年
性别差异	男	EG_1	EG_2	EG_3
	女	EG_4	EG_5	EG_6

注:EG 为 Experimental Group 的编写,EG_i 为第 i 个实验组。

13.8.6.3 刺激物设计

根据2005年4月发生的牙膏含三氯生致癌事件,本书将2005年4月18号《北京青年报》的报道做了剪辑,使之成为实验的刺激物。为了避免实验主体先前购买某一品牌牙膏的体验可能会影响消费者对感知危险的判断,从而降低整个研究的内部效度和外部效度,刺激物中没有具体指明有哪些牙膏品牌含有三氯生。这是刺激物对《北京青年报》的原始报道做过修改的地方,实验主体阅读的刺激物如下所示。

英国媒体称部分品牌牙膏接到致癌警告产品在超市下架。

A品牌是全球著名的牙膏品牌,其产品销售到包括中国在内的100多个国家。如今,在中国的每个商场、超市和夫妻店,都能看到该品牌的牙膏。

日前,英国的媒体报道称,市场上的A品牌牙膏接到了可能致癌的警告,被涉及的部分产品开始在英国的连锁超市下架,英国伦敦《标准晚报》科技记者马克·普里格和贝利卡·劳伦斯12月15日报道称,超市里出售的A品牌牙膏今天接到了癌症警告。除此之外,A品牌的抗菌清洁产品,包括洗碗液和洗手产品,也同样接到这种警告。研究人员发现,化学物质三氯生能够和经氯消毒的水反应生成三氯甲烷(俗称"哥罗芳")。人如果吸入大量三氯甲烷,就会导致消沉、肝病,有些时候甚至导致癌症。世界野生动物基金组织的毒理学专家贾尔斯·沃森警告说,长期接触三氯甲烷的结果是什么暂时还不知道,并建议消费者在买东西之前检查瓶子上的成分表。所以,消费者如果不放心的话,最好的建议就是避开含有这种化学物质的产品。

13.8.6.4 变量设计

年龄差异和性别差异是本书的两个控制变量和自变量。年龄段的划分标准有很多,由于本书的2个假设是基于顾客的生理和心理变化而提出的,因此本书选择了1994年联合国卫生组织根据现代人生理及心理结构上变化而制定的标准。44岁及44岁以下为青年人;45~59岁为中年人;60岁及60岁以上为老年人。根据此标准,本书把实验主体分成三个小组青年组、中年组、老年组。

本书的观察变量和因变量是顾客感知危险（Perceived Danger）和顾客购买意愿（Purchase Intent）。对这两个因变量，本书参照了 Siomkos 于 1994 年在调查产品伤害危机对顾客购买意愿的影响时使用的调查问题和相关量表，以便保持产品伤害危机这一领域的研究连续性。

参照 Siomkos 的研究，本书对"顾客感知危险"采用的问卷问题是：你觉得含有三氯生的 A 品牌牙膏对人体健康的危险程度有多高？ Siomkos 采用的量表是李克特级量表，其中"1"代表极端危险，"7"代表完全不危险，"2"~"6"代表了中间的各种危险感知水平。分值越小代表顾客对产品伤害危机的感知危险程度越高。本书对"顾客购买意愿"采用的问卷问题是：本次"A 品牌牙膏涉嫌致癌事件"会不会阻碍您未来购买 A 品牌牙膏？采用的量表是李克特 7 级量表，其中"1"代表绝对会阻碍，"7"代表完全不阻碍，"2"~"6"代表了中间的各种购买意愿受阻水平。分值越小代表顾客的购买意愿受损程度越高。

13.8.6.5 问卷设计

从总体上，整个问卷设计包括两大部分的核心内容刺激物和问题。在布局上，问题安排在刺激物之后，要求访问对象在阅读完刺激物后回答。

刺激物的设计已经在前一小节提出，而问题的设计需要根据调查者期望从问卷中获得的信息来确定。通常来讲，期望从问卷中获得的信息可以分为两类：基础信息、分类信息。基础信息是与研究问题直接相关的分类信息用于对调查对象的分类和解释。

基础信息问题和分类信息问题的设计都是参照了其他研究者的调查表而设计的（Siomkos、Kurzbard，1994；Dawar、Pillutla，2000），尽可能保持了研究的继承性。分类信息问题只涉及了年龄和性别，与基础信息问题有所重叠，这是本书的一个特殊之处。基础信息问题添加了一个样本甄别问题"你曾经听说过含有三氯生的牙膏可能会致癌的消息和报道吗？"以便筛选样本，进而保持样本的一致性。

除了上述两大类问题以外，本书特别添加了一个"寒暄润滑问题"，尽可能促使调查对象进入对问题的认真思考状态。"寒暄润滑问题"对研究结果没有直接帮助，但是，由于寒暄润滑问题通常简单，不会咄咄逼人，所以能赢得调查对象的合作和信任，促使调查对象进入思考状态。

对于 6 个实验组的问卷设计如图 13-13 所示。

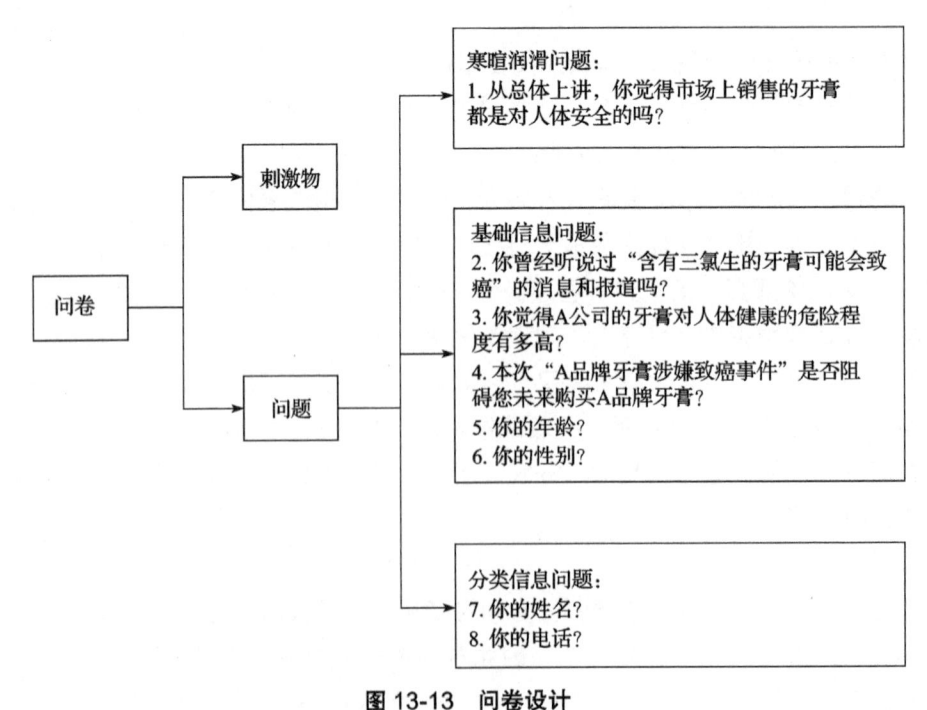

图 13-13 问卷设计

注：问题前的数字代表了布局的先后顺序，数字越小越靠前。

13.8.6.6 抽样设计

抽样设计包括4项工作：定义目标总体、选择抽样技术、确定样本数量和执行抽样过程。

第一是目标总体（Target Population）的定义。目标总体的界定通常需要从个体（Element）、抽样单位（Sample Unit）、范围（Scope）和时间（Time）四个方面来界定。本书的目标总体界定如下：

个体：未曾经听说过"含有三氯生的牙膏可能会致癌"的个人。

抽样单位：单个个人。

范围：成都市。

时间：2006年5月。

第二是抽样技术的选择。本书同时研究选择配额抽样（Quota Sampling）和简单随机抽样技术（SRS）。对于每个试验组，指定发放20份问卷，占所有问卷的1/6。访问员在商业区、学校、公园等地随机进行拦截访问，如果被访者拿到问卷是"组1"，那么该被访者就属于EG_1、EG_2、EG_3、EG_4、EG_5、EG_6的个体确定，依此类推。

第三是样本数量（Sample Size）的确定。通过对每个研究组发放了50份问卷，笔者期望获得每一个年龄段的问卷100份（青年、中年和老年各100份），每一性别的问卷150份（男性150份，女性150份）。

第四执行抽样过程。整个抽样过程分别在成都的一所大学、一个公园和两个超市附近进行。对所有的调查对象，研究人员在征的其同意以后，让其阅读刺激物，并请其回答问题。

13.8.6.7 数据分析

整个数据分析分为三个部分样本概况的介绍、个体差异对顾客感知危险的影响分析、个体差异对顾客购买意愿的影响分析。在数据分析中，为了检验假设1、假设2、假设3和假设4之中的"因果关系"，本书将采用多因素方差分析来进行检验。

（1）样本概况与信度分析。

本次研究共访问300个实验主体，获得300份问卷，其中有效问卷252份。48份问卷之所以被剔除，是由于实验主体对甄别问题"你曾经听说过含有三氯生的牙膏可能会致癌的消息和报道吗？"做出了肯定回答。对于这一问题的肯定回答将会影响到本书的内部效度。根据"定势理论"（Accessibility and Priming），事先得知牙膏致癌事件的实验主体可能已经在一定程度上形成了思维定势和心理倾向，而这种思维定势和心理倾向会在一定程度上影响实验主体对刺激物的判断。

在252份有效问卷中，青年组有90份，中年组有77份，老年组有85份；男性组142份，女性组110份。样本的年龄分布和性别分布如表13-17所示。

表13-17 样本概况

			数量		比率		累计比率
性别	男	青年组		48		19.0%	19.0%
		中年组	142	46	56.3%	18.3%	37.3%
		老年组		48		19.0%	56.3%
	女	青年组		42		16.7%	73.0%
		中年组	110	31	43.7%	12.3%	85.3%
		老年组		37		14.7%	100%
年龄	青年组	44岁及以下	90		35.7%		35.7%
	中年组	45～59岁	77		30.6%		66.3%
	老年组	60岁以上	85		33.7%		100%

此外，实证研究1的观察变量有两个——"顾客感知危险"和"顾客购买意愿"，所以其核心问题也有两个："你觉得公司的牙膏对人体健康的危险程度有多高？"和"本次品牌牙膏涉嫌致癌事件是否

阻碍您未来购买品牌牙膏"。虽然"顾客感知危险"是"顾客购买意愿"的中间变量,但是,根据冯建英、穆维松和傅泽田(2006)对顾客购买意愿的国外文献综述,度量顾客购买意愿可以分别通过测量4种营销变量来实现直接测量顾客购买意愿、测量顾客的感知价值(Dodds,Williams Syndrome)、测量顾客的感知危险(风险)(Bauer 等)、测量顾客的购买计划(Ajzen 等);因此,"顾客购买意愿"和"顾客感知危险"两个因素所对应的问题其实也都是在度量顾客对危机产品的购买态度。对于"顾客感知危险"和"顾客购买意愿"两个变量的问题和量表,本书对其进行了同质性信度分析通过 Support3.0 的计算,Cronbach's α 值为 0.910,内部一致性较高。

(2)个体差异对顾客感知危险的影响分析。

由于本书需要测试控制变量(年龄差异和性别差异)的不同取值水平是否给观察变量(顾客感知危险)造成显著差异,所以适合于采用多因数方差分析来检验假设。

首先,本书对方差分析的前提条件进行检验。方差分析的前提条件是各个水平下(组别)的总体服从方差相等的正态分布,其中对于正态分布的要求并不是很严格,但是对于方差相等的要求比较严格。对于方差相等的检验,采用的是 Homogeneity of Variance Test 方法。通过 SPSS13.0 的分析,计算得到 Levene Statistic 值为 0.884,显著水平为 0.492,如表 13-18 所示。由于 Homogeneity of Variance Test 的零假设为各水平总体下总体方差没有显著差异,因此可以认为各个组的总体方差相等,满足方差检验的前提条件。

表 13-18　Levene's Test of Equality of Error Variances

Dependent Variable:顾客感知危险程度

F	Df1	Df2	Sig.
0.884	5	246	0.492

Tests the null hypothesis that the error variance of the dependent variable is cqual across groups.

Design:Intercept + 年龄差异 + 性别差异 + 年龄差异 × 性别差异。

其次,本书进行描述性统计分析,以便了解每一组的概况。如表 13-19 所示,青年、中年和老年顾客的感知危险平均值分别为 2.8000、2.6494 和 2.1412。从各组的感知危险平均值来看,顾客感知危险伴随年龄增长呈递增趋势(注:分值越小,顾客感知危险程度越高)。男性顾客和女性顾客的感知危险平均值分别为 2.5634、2.4909,女性顾客的感知危险程度略高于男性顾客。

表 13-19　Descriptive Statistics

Dependent Variable:顾客感知危险程度

性别差异	年龄差异	组别	Mean	Std. Deviation	N
男性	青年	EG$_1$	2.8750	0.98121	48
	中年	EG$_2$	2.6087	1.06413	46
	老年	EG$_3$	2.2083	0.92157	48
	Total		2.5634	1.02081	142
女性	青年	EG$_4$	2.7143	0.99476	42
	中年	EG$_5$	2.7097	1.03902	31
	老年	EG$_6$	2.0541	0.99850	37
	Total		2.4909	1.04702	110
Total	青年		2.8000	0.98528	90
	中年		2.6494	1.04839	77
	老年		2.1412	0.95310	85
	Total		2.5317	1.03089	252

最后,本书进行 F 检验分析。表 13-20 为 F 检验的结果,是多因素方差分析的主要结果。由于指定建立了饱和模型,因此总的离差平方和分为 3 个部分多个控制变量对观察变量的独立作用部分,多个控

制变量的交叉作用部分以及随机变量影响部分。

表 13-20 Tests of Between-Subjects Effects

Dependent Variable：顾客感知危险程度

Source	Type III sum of Squares	df	Mean Square	F	Sig.
Corrected Model	21.772	5	4.354	4.373	0.001
Intercept	1570.851	1	1570.851	1577.432	0.000
性别差异	0.313	1	0.313	0.314	0.576
年龄差异	20.804	2	10.402	10.446	0.000
性别差异 × 年龄差异	0.868	2	0.434	0.436	0.647
Error	244.974	246	0.996		
Total	1882.000	252			
Corrected Total	266.746	251			

关于多个控制变量对观察变量的独立作用部分，性别差异的离差平方和均方为 0.313；年龄差异的离差平方和为 20.804，均方为 10.402，它们的 F 值和相伴概率分别为 0.314、0.576 和 10.446、0.000，这说明年龄差异对顾客感知危险产生了显著影响，而性别差异却没有对顾客感知危险造成显著影响。

关于多个控制变量的交叉作用部分，这里年龄差异和性别差异的交叉作用的离差平方和为 0.434，均方为 0.436。F 值和相伴概率分别为 0.436 和 0.647，这表明他们的交互作用没有对观察结果产生显著的影响。

关于随机变量影响部分（也就是 Error 部分），所贡献的离差平方和为 244.974，均方为 0.996，说明随机变量影响部分对顾客感知危险的影响是比较小的，随机变量在本次实验中得到了较好的控制。

本书以 LSD 方法比较不同年龄组对观察变量的影响。表 13-21 是 LSD 法多重比较的结果。从该结果可以看出，青年顾客和老年顾客之间，中年顾客和老年顾客之间，顾客感知危险都存在显著性的差异。但是，青年顾客和中年顾客的感知危险平均值不存在显著差异。

表 13-21 Multiple Comparisons

Dependent Variable：顾客感知危险程度

年龄		Mean Difference (I～J)	Std. Error	Sig.	95% Conifidence Interval	
年龄（I）	年龄（J）				Lower Bound	Upper Bound
青年	中年	0.1506	0.15491	0.332	−0.1545	0.4558
	老年	0.6588	0.15093	0.000	0.3615	0.9561
中年	青年	−0.1506	0.15491	0.332	−0.4558	0.1545
	老年	0.5082	0.15700	0.001	0.1989	0.8174
老年	青年	−0.6588	0.15093	0.000	−0.9561	−0.3615
	中年	−0.5082	0.15700	0.001	−0.8174	−0.1989

综上所述，老年顾客对可辩解型产品伤害危机的感知危险程度显著高于青年顾客和中年顾客，但是，青年顾客和中年顾客对产品伤害危机并不存在显著差异。与男性顾客相比，女性顾客对可辩解型产品伤害危机的感知危险并没有显著区别。因此，H1 没有得到完全验证；H3 则完全没有得到验证。

（3）个体差异对顾客购买意愿的影响分析。

由于本书需要测试控制变量年龄差异和性别差异的不同取值水平是否给观察变量顾客购买意愿造成显著差异，所以仍然适合于采用单因数方差分析来检验假设。

首先，本书对方差分析的前提条件进行检验。方差分析的前提条件是各个水平下组别的总体服从方差相等的正态分布，其中对于正态分布的要求并不是很严格，但是对于方差相等的要求比较严格。对于方差相等的检验，采用的是 Homogeneity Variance Test 方法。通过 SPSS 13.0 的分析，计算得到 Levene

Statistic 值为 0.443 科，显著水平为 0.818，如表 13-22 所示。由于 Homogeneity Variance Test 的零假设为各水平总体下总体方差没有显著差异，因此可以认为各个组的总体方差相等，满足方差检验的前提条件。

表 13-22 Levene's Test of Equality of Error Variances

Dependent Variable：顾客购买意愿降低程度

F	df1	df2	Sig.
0.443	5	246	0.818

Tests the null hypothesis that the error variance of the dependent variable is equal across groups.

Design：Intercept + 年龄差异 + 性别差异 + 年龄差异 × 性别差异。

其次，本书进行描述性统计分析，以便了解每一组的概况。如表 13-23 所示，青年、中年和老年顾客购买意愿降低程度的平均值分别为 3.0333、2.8571 和 2.2118。从各组的购买意愿降低程度平均值来看，购买意愿降低程度伴随年龄增长呈递增趋势（根据量表，分值越小），顾客购买意愿降低程度越大。男性顾客和女性顾客购买意愿降低程度的平均值分别为 2.6972、2.7091，女性顾客的购买意愿降低程度略低于男性顾客。

表 13-23 Descriptive Statistics

Dependent Variable：顾客购买意愿降低程度

性别差异	年龄差异	组别	Mean	Std. Deviation	N
男性	青年	EG_1	3.0625	1.24467	48
	中年	EG_2	2.7391	1.14377	46
	老年	EG_3	2.2917	1.11008	48
	Total		2.6972	1.20277	142
女性	青年	EG_4	3.0000	1.34346	42
	中年	EG_5	3.0323	1.30343	31
	老年	EG_6	2.1081	1.12506	37
	Total		2.7091	1.32267	110
Total	青年		3.0333	1.28474	90
	中年		2.8571	1.21085	77
	老年		2.2118	1.11370	85
	Total		2.7024	1.25396	252

再次，本书进行 F 检验分析。表 13-24 为 F 检验的结果，是多因素方差分析的主要结果。由于指定建立了饱和模型，因此总的离差平方和分为 3 个部分多个控制变量对观察变量的独立作用部分，多个控制变量的交叉作用部分以及随机变量影响部分。

表 13-24 Tests of Between-Subjects Effects

Dependent Variable：顾客购买意愿降低程度

Source	Type III sum of Squares	df	Mean Square	F	Sig.
Corrected Model	34.545	5	6.909	4.719	0.000
Intercept	1798.847	1	1798.847	1228.755	0.000
性别差异	0.015	1	0.015	0.010	0.919
年龄差异	33.279	2	16.639	11.366	0.000
性别差异 × 年龄差异	2.382	2	1.191	0.814	0.444
Error	360.134	246	1.464		
Total	2235.000	252			
Corrected Total	394.679	251			

关于多个控制变量对观察变量的独立作用部分，性别差异的离差平方和均方为 0.015；年龄差异的离差平方和为 33.279，均方为它们的 F 值和相伴概率分别为 0.010、0.919 和 11.366、0.000，这说明年龄差异对顾客购买意愿降低程度产生了显著影响，而性别差异却没有对顾客购买意愿降低程度造成显著影响。

关于多个控制变量的交叉作用部分，这里年龄差异和性别差异的交叉作用的离差平方和为 2.382，均方为 1.191。值和相伴概率分别为 0.814 和 0.444，这表明它们的交互作用没有对观察结果产生显著的影响。

关于随机变量影响部分也就是 Error 部分，所贡献的离差平方和为 360.134，均方为 1.464。与年龄差异的均方值 16.639 相比，随机变量影响部分对顾客购买意愿降低程度的影响是比较小的。因此，可以说随机变量在本次实验中得到了较好的控制。

最后，本书以 LSD 方法比较不同年龄组对观察变量的影响。表 13-25 是 LSD 法多重比较的结果。从该结果可以看出，青年顾客和老年顾客之间，中年顾客和老年顾客之间，顾客购买意愿降低程度都存在显著性的差异。但是，青年顾客和中年顾客的购买意愿降低程度平均值不存在显著差异。

表 13-25　Multiple Comparisons

Dependent Variable：顾客购买意愿降低程度

组		Mean Difference (I-J)	Std. Error	Sig.	95% Conifidence Interval	
组（I）	组（J）				Lower Bound	Upper Bound
青年组	中年组	0.1762	0.18783	0.349	−0.1938	0.5461
	老年组	0.8216	0.18300	0.000	0.4611	1.1820
中年组	青年组	−0.1762	0.18783	0.349	−0.5461	0.1938
	老年组	0.6454	0.19036	0.001	0.2704	1.0203
老年组	青年组	−0.8216	0.18300	0.000	−1.1820	−0.4611
	中年组	−0.6454	0.19036	0.001	−1.0203	−0.2704

综上所述，在可辩解型产品伤害危机中，老年顾客的购买意愿下降程度显著大于青年和中年两个组，但是，青年、中年两个年龄段的顾客之间并不存在显著差异。此外，与男性顾客相比，女性顾客的购买意愿变动情况并没有显著区别。因此 H2 没有得到完全验证；H4 则完全没有得到验证。

13.8.6.8　结果讨论

在实证研究 1 中，本书得出了 4 个假设。H1：在可辩解型产品伤害危机中，顾客年龄越大，其感知危险程度越高。H2：在可辩解型产品伤害危机中，顾客年龄越大，其购买意愿降低程度越大。H3：在可辩解型产品伤害危机中，女性顾客的感知危险程度高于男性顾客。H4：在可辩解型产品伤害危机中，女性顾客的购买意愿降低程度大于男性顾客。

在考察年龄差异是否会影响可辩解型产品伤害危机中的顾客购买行为时，本书发现老年顾客的感知危险显著强于青年顾客和中年顾客，因此，老年顾客的购买意愿下降程度也大于青年顾客和中年顾客，但是，青年顾客和中年顾客之间并不存在显著差异，虽然中年顾客的感知危险平均值仍然高于青年顾客。之所以出现这种现象，可能是因为中年顾客的生理和心理变化与青年顾客尚不存在显著区别，而老年顾客的心理和生理变化可能与青年顾客和中年顾客具有较大的区别。

在考察性别差异是否会影响可辩解型产品伤害危机中的顾客购买行为时，本书并未证实男性顾客和女性顾客的感知危险强度和购买意愿变化存在显著区别。而先前的研究者（Laufer、Gillespie，2004；Burger，1981），则发现与男性相较，女性在遇到伤害时更倾向于认为自己是脆弱的、容易受到伤害的，出于防卫性归因的动机，女性会对危机公司产生更多的抱怨。作者认为这可能是由于女性的抱怨倾向高于男性而导致的,而并不是由于女性感知到更多的危险而导致的,因为Moyer(1984)曾经证实了女性的抱怨行为明显多于男性。

根据上述,可以得出两个有意义的结论。首先,在可辩解型产品伤害危机中,顾客年龄差异会影响顾客感知危险强度,进而影响顾客的购买意愿。具体来讲,老年顾客的感知危险强度显著大于其他年龄段的顾客,其购买意愿降低程度也更大。其次,在可辩解型产品伤害危机中,顾客性别差异对于顾客感知危险和购买意愿的影响并不显著。

13.8.7 实证研究2:可辩解型产品伤害危机中外界舆论对顾客购买意愿的影响

Siomkos 和 Kurzbard(1994)曾经从三大方面,研究了在不可辩解型产品伤害危机中不同因素对顾客感知危险和购买意愿的影响。这三个方面分别是消费者先前的期望、外界作用和公司应对。在外界作用方面,Siomkos 和 Kurzbard(1994)主要研究了媒体报道的覆盖面对不可辩解型产品伤害危机中顾客感知危险和购买意愿的影响。但是在 Siomkos 和 Kurzbard(1994)的研究中,却没有指明是哪些外界舆论内容会导致顾客感知危险的产生和购买意愿的降低。

基于 Siomkos 和 Kurzbard(1994)的研究成果,本书旨在可辩解型产品伤害危机范围内,探讨外界舆论对顾客感知危险和购买意愿的影响。外界舆论有多种形式,例如口碑传播和媒体传播。由于口碑传播速度慢、影响面小,因此,实证研究2集中探讨媒体报道内容对顾客感知危险和购买意愿的影响。本书与 Siomkos 和 Kurzbard(1994)的研究存在两点:Siomkos 和 Kurzbard(1994)研究的是不可辩解型产品伤害危机,而本书的是可辩解型产品伤害危机外界舆论的研究侧重面不同,Siomkos 和 Kurzbard(1994)研究的是媒体报道覆盖面,而本书研究的是媒体报道内容。

在研究意思上,探讨媒体报道内容对顾客感知危险和购买意愿的影响,对于产品伤害危机的研究有两大贡献,理论上,解释可辩解型产品伤害危机之中顾客感知危险的起源之一和顾客购买意愿降低的原因之一;实践上,为危机企业管理可辩解型产品伤害危机,尤其是在防范和监测可辩解型产品伤害危机的影响扩大化提供了最基本的指导。

13.8.7.1 研究假设

首先,本书探讨类似于《消费者当心××有毒》《××被指含致癌成分》《××又传可能致癌》的媒体报道,是如何在危机中形成顾客感知危险并降低顾客购买意愿。这一类的媒体报道都有一个共同点——媒体往往站在"中立"的角度,至少措辞上是这样的角度报道事件,向公众讲述某个产品被怀疑存在缺陷和伤害的来龙去脉。通常这一类报道都很谨慎,不会断定产品确实存在缺陷和伤害,只是声称产品"涉嫌""可能""被指""被疑"存在伤害和缺陷。

向公众讲述某个产品被怀疑存在缺陷和伤害的来龙去脉,是否会引起顾客的感知危险,是否会降低消费者的购买意愿,进而对企业造成损失这一问题,媒体和企业一直存在不同的看法。以"××事件"为例,媒体一致强调自己声称××有毒,是自己的合理怀疑权,然而××公司认为《××报》的报道对消费者的购买意愿造成了负面影响,××公司总经理表示《××报》的报道会影响××的销售,公司一定会起诉该报。但是,现实问题是,××公司无法证明媒体的"合理怀疑"是否就和顾客购买意愿的降低存在着因果关系。这种因果关系的不明确,通常都会导致危机公司的利益受到损失,因为危机公司对媒体的诉讼难以推进。

媒体的"合理怀疑"是否会导致感知危险的产生和顾客购买意愿的降低,对于这一问题的假设推理如下。

人类努力想使自己面对的世界更合理,因此人们总是会对他人的行为作出解释,特别是在当人们经历了一些消极事件和预期之外的事件时,人类更是会无休止地分析和讨论事情为什么会发生(Bohner、Others,1988;Weiner,1985)。因此,在顾客知道某个产品涉嫌存在缺陷和伤害、卷入可辩解型产品伤害危机以后，顾客总是要作出一个基本分析和判断，是产品本身的缺陷和企业的责任导致了可辩解型产品伤害危机，还是由于外界原因的外界因素导致了可辩解型产品伤害危机？

研究顾客是如何对可辩解型产品伤害危机的责任作出判断的，需要结合归因理论（Attribution Theory）加以辅助判断，归因理论研究的就是人类如何解释其他个体的行为。与本书问题相关的归因理论有两个：常识性归因理论、基本归因错误。

常识性归因理论指出，在我们试图解释他人的行为时，我们通常会利用三种信息作出判断，共同反应、区别性和一致性（Kelley，1973）。共同反应是指，在某种情境下，个体是否总是表现出这种行为，区别性是指，不同的情境下个体是否表现出不同的行为，一致性是指，其他个体在同一情境下是否会表现出这种行为（Kelley，1973）。而可辩解型产品伤害危机是指偶尔出现并被广泛宣传的关于某个产品是有缺陷或是对消费者有危险的事件，这也就意味着可辩解型产品伤害危机发生以后，顾客就可能会利用"一致性"信息将可辩解型产品伤害危机的发生归罪于企业，因为只有这个企业卷入了可辩解型产品伤害危机或者卷入的最深，而别的企业却没有。具体到消费者层面，这种归因心理推理逻辑大概是既然媒体报道你的产品涉嫌有缺陷和伤害，或者对你的缺陷和伤害报道比别人多，这就说明你多多少少可能存在产品问题。因此，根据常识性归因理论，如果媒体报道某一家企业、某一个产品卷入了某一场可辩解型产品伤害危机，顾客往往会把危机的发生归罪于产品存在缺陷或者有害，而很少会认为是媒体的报道失实。这就是说，媒体一旦报道产品卷入可辩解型产品伤害危机，就可能会使顾客对产品产生感知危险。

基本归因错误是指个体在归因时存在低估情境作用的倾向（Ross，1977）。基本归因错误描述的是这样一种普遍现象，当人们在解释其他个体行为的时候，人们会低估情境因素造成的影响（Fiedler、others，1991；McGuire、MeGuire，1986；White、Younger，1988）。此外，基本归因错误是一个人类普遍存在的、在所难免的问题，即使人们可能会意识到这一问题，但仍然会低估外在因素的影响（Gilbert、Johns，1986）。因此，根据基本归因错误的研究结论，如果媒体报道某一家企业、某一个产品卷入了某一场可辩解型产品伤害危机，顾客会倾向于把危机的发生归罪于产品本身，而很少会认为是媒体的误报、误解和偏颇报道。

因此，通过上述两大归因理论的分析，我们可得知如果媒体报道某个产品卷入了可辩解型产品伤害危机、涉嫌存在缺陷或伤害，就会导致顾客把危机发生的部分责任归罪于企业和产品，从而引起顾客对产品的感知危险。根据这一分析结果，本书提出假设5和假设6。

H5：在可辩解型产品伤害危机中，媒体对产品涉嫌存在危险的报道越多，顾客的感知危险程度越高。

H6：在可辩解型产品伤害危机中，媒体对产品涉嫌存在危险的报道越多，顾客的购买意愿降低程度越大。

得出假设的推理过程，如图13-14所示。

其次，本书探讨类似于《消费者换牌子不认××了》和《京城部分药店自主下架××》的媒体报道，将会如何影响顾客对产品的感知危险。这一类的媒体报道有一个共同特点，就是媒体向公众描述了其他消费者和零售商是如何针对危机做出应急防范措施的，暗示了其他消费者和零售商已经对产品产生了感知危险。

那么，报道社会公众针对某一产品采取措施，会不会引起顾客的感知危险呢？对于这一问题的假设推理如下。

要想了解对于其他人行为的报道是如何影响了读者的信念和行为，我们就需要了解他人的行为是如何改变我们的信念和行为，这就需要"从众"的相关理论来加以判断。从众（Conformity）是指根据他人而做出的行为改变和信念改变。对本书问题有帮助的从众理论有：规范形成理论、心境连接理论、社会传染效应理论等。

```
现实疑问 →  类似于"××被指含致癌成分、
            ××又传可能致癌"的媒体报
            道，将会如何影响顾客的感知
            危险和购买意愿？
              ↓
相关原理    常识性归因理论指出，人      基本归因错误是指个体在
            们会根据三种信息作出归      归因时存在低估情境作用
            因判断：共同反应、区别      的倾向（Ross，1977）。
            性和一致性（Kelley，1973）。
              ↓                           ↓
假设推理    顾客可能会根据"一         顾客就可能会低估情境因
            致性"信息将可辩解型         素的影响，而将可辩解型
            产品伤害危机的发生归        产品伤害危机的发生归罪
            罪于企业。                  于企业。
              ↓
假设形成    假设5：在可辩解型产品伤害危机中，媒
            体对产品涉嫌存在危险的报道越多，顾客
            的感知危险程度越高。
            假设6：在可辩解型产品伤害危机中，媒
            体对产品涉嫌存在危险的报道越多，顾客
            的购买意愿降低程度越大。
```

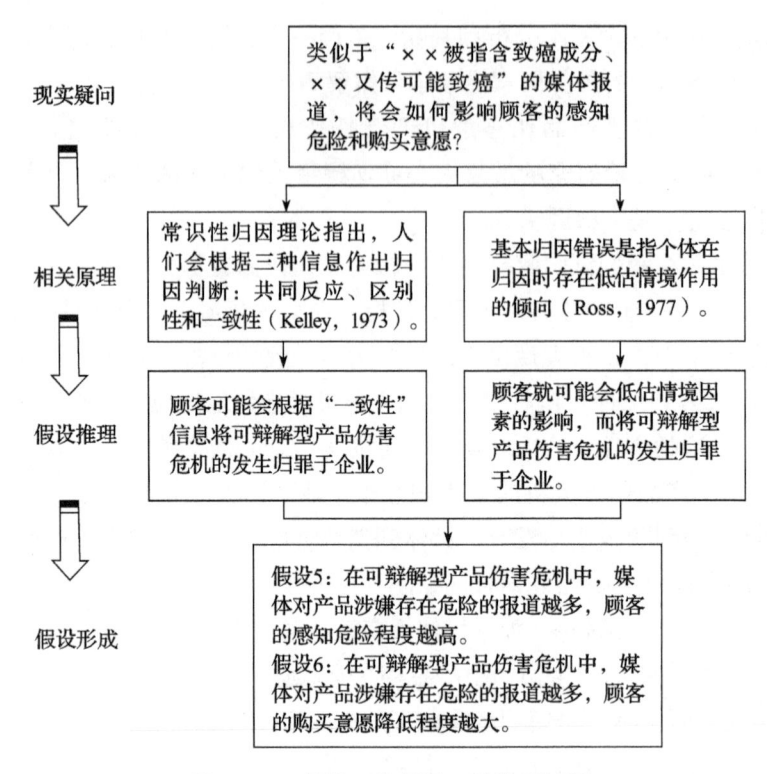

图 13-14　假设 5 和假设 6 的推理过程

规范形成理论指出人们会在听到别人的观点以后改变对事物的评价，该理论解释了为什么个体容易受到暗示的影响（Sherif，1935；1937）。1998 年，Peter Totterdell 提出"心境连接"（Mind Linkage）理论，再次指出个人非常容易受到周遭人群的行为影响。1999 年，Tanya Charter 和 John Barge 又进一步指出，人群中存在"变色龙效应"或者说"社会传染效应"，再进一步证实了周遭人群的行为和态度会"传染"给个体，并促使个体的行为和态度"变色"，朝着与群体一致的方向发生变化。人群暗示的极端现象就是越来越多的人感同身受，并自发地传播这一感受。此外，David Philips（1985）研究了媒体报道对人群暗示的促进作用，研究发现媒体报道越厉害，人群暗示作用就越明显。

根据规范形成、心境连接、社会传染效应等的一系列研究，我们可以推测，媒体对其他消费者和零售商停止购买和销售的报道，具有人群暗示作用，将会影响一般公众对产品的态度和行为。根据这一分析结果，本书提出假设 7 和假设 8。

H_7：在可辩解型产品伤害危机中，媒体对公众采取防范措施的报道越多，顾客的感知危险程度越高。

H_8：在可辩解型产品伤害危机中，媒体对公众采取防范措施的报道越多。

顾客的购买意愿降低程度越大。

假设 7 和假设 8 的推理过程如图 13-15 所示。

13.8.7.2 研究设计

在营销研究中，实验法是验证因果关系的最有效方

```
现实疑问 →  类似于"消费者换牌子不认××了、京
            城部分药店自主下架××"的媒体报道，
            将会如何影响顾客对产品的感知危险和
            购买意愿？
              ↓
相关原理    从众（Conformity）行为的一些研究：规范
            形成理论（Sherif，1935；1937）、心境连
            接理论（PeterTorterdell，1998）和社会传
            染效应理论（Tanya Charter 和 John Barge，1999）。
              ↓
假设推理    媒体对其他消费者和零售商停止购买和
            销售的报道，具有人群暗示作用，将会
            影响一般顾客对产品的态度和行为。
              ↓
假设形成    假设7：在可辩解型产品伤害危机中，媒体
            对公众采取防范措施的报道越多，顾客的
            感知危险程度越高。
            假设8：在可辩解型产品伤害危机中，媒体
            对公众采取防范措施的报道越多，顾客的
            购买意愿降低程度越大。
```

图 13-15　假设 7 和假设 8 的推理过程

法，这是本书选用实验法的原因。根据关于研究方法的论述，在实验法的范畴内，本书选择了"因子设计""现场实验法"。

本书同样运用"现场实验法"来获取可辩解型产品伤害危机中个体差异与顾客感知危险和购买意愿的相关信息。在执行时，本书首先寻找到真实生活状态下的实验对象，然后要求实验对象阅读关于特定情景的描述文字，扮演情景中的某个角色，最后根据情景中的信息完成相应的态度测量。

通常来讲，实验设计可以分为四种：预实验设计、真实验设计、准实验设计和统计设计。本书选择"统计设计"，因为本书需要对"媒体对产品涉嫌存在危险的报道"和"媒体对公众采取防范措施的报道"这一变量的变量取值进行"多""少"两种情况的统计控制和分析。统计设计又可以被分为随机区组设计，拉丁方设计和因子设计。其中随机区组设计只能处理一个操纵自变量，拉丁方设计只能处理两个独立的操纵自变量，因子设计则能处理不同级别的两个或两个以上的自变量的影响。由于本书需要处理不同级别的两个自变量的影响，因此本书选择因子设计。

根据"媒体对产品涉嫌存在危险的报道"和"媒体对公众采取防范措施的报道"的多和少，本书将实验对象分为4个小组，如表13-26所示。

表13-26 实证研究2的因子设计

		媒体对公众采取防范措施的报道	
		少	多
媒体对产品涉嫌存在危险的报道	少	EG_1	EG_2
	多	EG_3	EG_4

注：EG 为 Experimental Group 的编写，EG_i 为第 i 个实验组。

13.8.7.3 刺激物设计

为了验证两个假设存在的可能性，为了实施实验法，本书需要选择和设计刺激物（Stimulus）。

本书选择2006年3月发生的"××奶粉转基因危机"为背景事件来设计刺激物，具体原因有3个：第一是样本获取的容易性——熟悉牛奶的公众数量较大，样本获取容易。第二是相关研究的继承性——Siomkos 在1994年曾经选择食品中的变质果汁作为刺激物，本书选择牛奶，尽可能地保持了刺激物的相似性。第三是刺激调节的方便性——相对于其他产品而言，转基因问题的背景知识更为复杂，公众很少有深入了解，因此选择转基因事件为操控刺激物的强度提供了一个很大的操作空间。

最开始，本书会向实验对象介绍危机公司的一些基本信息，让实验对象对危机公司有个基本的了解。对于本书的4个实验小组，他们所获得的公司基本信息都是一样的。但是，由于本书选择了因子设计，因此在向实验对象提供的媒体报道数量上，4个小组有明显的不同。这种差别具体如表13-27所示。

表13-27 4个实验小组的刺激物提供情况

		媒体对公众采取防范措施的报道	
		1条报道	4条报道
媒体对产品涉嫌存在危险的报道	1条报道	EG_1	EG_2
	4条报道	EG_3	EG_4

（1）刺激物关于危机公司的基本信息。

消费者先前购买某一品牌或者某一产品的经历可能会影响到他们在产品伤害危机中对感知危险的判断。因此，产品伤害危机的绝大多数研究（如 Siomkos、Kurzbard，1994；Dawar、Pillutla，2000）都是通过虚拟和杜撰了一个产品品牌来尽可能保持因果关系的唯一性和排除其他因素的干扰。

因此，参照前人的研究经验，为了避免实验主体先前购买××奶粉和其他××产品的体验可能会影响消费者对感知危险的判断，从而降低整个研究的内部效度和外部效度，刺激物中将"××"品牌换成了一个杜撰的"上海雪蓝"品牌，并只向调查对象提供"上海雪蓝"公司的最基本信息。

以下就是针对"上海雪蓝"所做的公司介绍及危机报道导入介绍。

上海雪蓝牛奶有限责任公司成立于20世纪90年代，是一个集奶牛饲养、牛奶加工、销售于一体的企业。公司成立10多年来，日加工销售牛奶制品超过60吨，产品分销到上海的各大商超。

2006年12月上海雪蓝牛奶卷入了一场"转基因危机"，其起因是绿色和平组织宣称在其产品中检测出了对人体有害的非法转基因成分——"转Bt基因"。事件发生以后，上海媒体对本次危机进行了跟踪报道。《A晚报》《B晨报》《C日报》和《D报》是上海当地发行量最大的4种报纸，日发行量分别为110万份、65万份、35万份和33万份，以下是这四种媒体在事件发生一周之内对本次危机的报道。

上述刺激物仅仅包含了4种基本信息：公司历史、销售量、销售地点和产品线。这4种信息的设计都以非精确的形式（如十多年）出现，尽可能符合一般消费者对某个公司信息的回忆特征。

在给出上述刺激物时，为了增加调查的可信度，让调查对象相信真的存在上海雪蓝牛奶有限责任公司，本书采取了两大辅助措施：首先，提供了一幅经过Photoshop处理过的、伪造的"上海雪蓝"产品包装照片，告诉调查对象"上海雪蓝"的产品看起来就像图中那样；其次，声称四川大学营销工程研究所正在受政府委托，进行一项有关于"食品安全"的调查，请调查对象配合，回答问卷问题。当然，为了遵循"市场营销研究道德"，在调查完过后，访谈者都会告诉被访对象真相，本次产品伤害危机确实发生了，但是并不是发生在"上海雪蓝"公司。

（2）媒体对产品涉嫌存在危险的报道。

根据2006年3月发生的"××奶粉转基因"危机，本书以2006年3月《A晚报》《B晨报》《C日报》《D报》等媒体对这一危机的报道作为蓝本，结合其他相关的媒体报道加以编辑，增强刺激强度，使之成为实验的刺激物。

以下就是将这些原始报道做过编辑修改后的刺激物。

《A晚报》：《雪蓝牛奶被疑含转基因成分》。

……2006年12月5日，绿色和平组织宣布，在上海雪蓝的牛奶和奶粉中检测出非法转基因成分，其原因可能是上海雪蓝的奶牛食用了含有转Bt基因的抗虫稻草。转Bt基因抗虫稻草中含有一种能够杀死昆虫的蛋白质，根据2003年一项由墨西哥科学家所进行的研究显示，该种蛋白能够在小鼠体内引发免疫系统反应，是潜在的致敏原。如果人体长期服用转Bt基因食品，可能会出现血液构成变化、免疫系统受损和长出肿瘤等症状。

《B晨报》：《上海雪蓝牛奶含转基因成分绿色和平组织呼吁召回》。

……绿色和平组织曾于12月3日致信上海雪蓝，通报了这一发现，并要求上海雪蓝公司立即召回该批次产品，同时更换饲料供应商。12月4日，上海雪蓝正式回复绿色和平组织，称产品不存在任何安全问题。

《C日报》：《雪蓝牛奶被指含转基因农业部称正在检测》。

……12月5日，绿色和平组织宣布，在上海雪蓝牛奶和奶粉中发现未经政府批准的非法转基因，呼吁上海雪蓝公司即刻召回该批次产品。这一检测结果是由绿色和平组织上个月对上海市场上的19种奶制品及零食进行抽样后，经国际权威检测机构德国基因时代公司（Gene Scan）下属实验室进行独立检测后得出的。含有非法转基因成分的奶粉为保质期至2008年3月12日的"上海雪蓝低糖奶粉"……

《D报》：《上海雪蓝牛奶卷入非法转基因风波》。

……绿色和平组织怀疑上海雪蓝的奶牛食用了含有转Bt基因的抗虫稻草，绿色和平组织同时吁请政府有关部门加强对转基因水稻的控制，防止奶牛因食用非法转基因稻草而造成二次污染。另据中国农业部的消息，中国尚未批准一例转基因水稻安全证书，也没有转基因水稻进入商品化生产，农业部目前正在组织有关人员对雪蓝牛奶进行调查和检测，对违法行为一经核实，立即依法进行处理……

上述刺激物的设计和安排，符合了前面总结的"媒体对产品涉嫌存在危险的报道"的特点，媒体往往站在"中立"（至少措辞上是这样的）的角度报道事件，向公众讲述某个产品被怀疑存在缺陷和伤害的来龙去脉。在整个报道过程中，媒体通常会使用类似于"涉嫌""可能""被指""被疑"的口吻来报道危机，媒体不会直接断定产品存在危害。媒体报道的这一特点，在本书所涉及的16个可辩解型产品伤害危机中都有体现。

对于EG_1，我们仅仅提供杜撰的《A晚报》报道。对于EG_3和EG_4，我们同时提供4种报纸的4条报道。

（3）媒体对公众采取防范措施的报道。

媒体对公众采取防范措施的报道包括消费者采取防范措施的报道和中间商采取防范措施的报道。消费者和中间商所采取的防范措施都是针对产品涉嫌存在的伤害（缺陷）而做出的。

以下也是将多家媒体的原始报道做过编辑修改后，提升了刺激强度的刺激物。

《A晚报》：《消费者换牌子，无意再买上海雪蓝》。

……"听说上海雪蓝牛奶有问题，你要买就买这个吧！"×日，在延安路某大型超市的奶制品区，见记者正在看上海雪蓝，旁边的一位销售人员说。据她介绍，目前上海雪蓝牛奶因转基因一事而销量大挫，几乎无人前来选购。相反，许多消费者都把目光投向了其他品牌的同类商品。这使其他品牌的牛奶销量大增。

《B晨报》：《3.7万网民表示不再买上海雪蓝牛奶》。

……另据新浪上海财经始于上周五的调查显示，80.76%网民将不会考虑购买上海雪蓝牛奶。截至周一下午15：53分，共有36505人参加了本次网上调查，其中29481人表示将不再购买上海雪蓝牛奶，仅有1033人愿意继续购买该产品。

《C日报》：《数十家商超自动下架上海雪蓝牛奶并愿意接受退货》。

……当事双方在上海雪蓝牛奶是否涉及转基因问题上各执一词，国家相关部门检测结果又没有正式公布。昨天，为了安全起见，上海部分商家已陆续把涉嫌含有转基因成分的牛奶和奶粉撤下柜台。也有商家表示可以接受顾客退货……

《D报》：《部分商场撤下雪蓝问题牛奶有商家表示接受退货》。

……昨天记者获悉，莲花、家乐福、人人乐等商场，已经陆续将上海雪蓝牛奶撤柜。一直称要等"权威部门下达通知才撤架"的世纪联华，也已将上海雪蓝牛奶下架。即使是一些暂时没有将上海雪蓝撤柜的商场，如沃尔玛、百佳等，也对此次事件表示高度关注。

对于EG_1，我们仅仅提供《A晚报》的报道。对于EG_2和EG_4，我们同时提供4种报纸的4条报道。

13.8.7.4　变量设计

媒体对产品涉嫌存在危险的报道、媒体对公众采取防范措施的报道是本书的控制变量和自变量。这两大变量隐藏于刺激物当中，不需要量表的测量。

本书的观察变量和因变量是顾客感知危险（Perceived Danger）及顾客购买意愿（Purchase Intent）。对感知危险和购买意愿这两个因变量，本书参照了Siomkos于1994年在调查产品伤害危机对顾客购买意愿的影响时使用的调查问题和相关量表，以便保持产品伤害危机这一领域的研究连续性。

参照Siomkos的研究，本书对"顾客感知危险"采用的问卷问题是：你觉得上海雪蓝公司的牛奶和奶粉对人体健康的危险程度有多高？

Siomkos采用的量表是李克特7级量表，其中，"1"代表极端危险，"7"代表完全不危险，"2"~"6"代表了中间的各种危险感知水平。分值越小代表顾客对产品伤害危机的感知危险程度越高。

参照 Siomkos 的研究，本书对"顾客购买意愿"采用的问卷问题是：如果上海雪蓝牛奶明年开始在成都销售，本次"转基因牛奶事件"会不会阻碍您未来购买上海雪蓝牛奶？

Siomkos 采用的量表是李克特 7 级量表，其中，"1"代表肯定会阻碍，"7"代表肯定不会阻碍，"2"～"6"代表了中间的各种购买意愿受阻水平。分值越小代表顾客对产品的购买意愿受阻程度越高。

13.8.7.5 问卷设计

从总体上，整个问卷设计包括两大部分的核心内容：刺激物和问题。在布局上，问题安排在刺激物之后，要求访问对象在阅读完刺激物后回答。

刺激物的设计已经在前面叙述中提出，而问题的设计需要根据调查者期望从问卷中获得的信息来确定。通常来讲，期望从问卷中获得的信息可以分为三类：基础信息、分类信息和标识信息。基础信息是与研究问题直接相关的；分类信息用于对调查对象的分类和解释；标识信息包括姓名、地址和电话号码等。通常来讲，在安排问卷问题时，首先安排的是基础信息问题，其次是分类信息问题，最后是标识信息问题。这样安排的原因是，分类信息问题和标识信息问题涉及个人隐私，被调查者对这类问题的抵触性比较大，宜在调查对象开始认真参与以后再来获取。

基础信息问题和分类信息问题的设计都是参照了其他研究者的调查表而设计的（Siomkos 和 Kurzbard，1994；Dawar 和 Pillutla，2000）尽可能保持了研究的继承性。分类信息问题只涉及了年龄和性别。基本信息问题添加了一个样本甄别问题"你大概多久饮用一次牛奶？"以便筛选样本，进而保持样本的一致性。

标识信息问题的设计是为了方便追踪调查者，本书认为姓名和电话两大问题已经足够了。

除了上述三大类问题以外，本书特别添加了两个"寒暄润滑问题"，尽可能促使调查对象深入思考问卷问题。"寒暄润滑问题"对研究结果没有直接帮助，但是由于润滑寒暄问题通常简单、有趣，不会咄咄逼人，所以能赢得调查对象的合作和信任。

对于实验组（EG$_1$、EG$_2$、EG$_3$、EG$_4$）的问卷设计如图 13-16 所示。

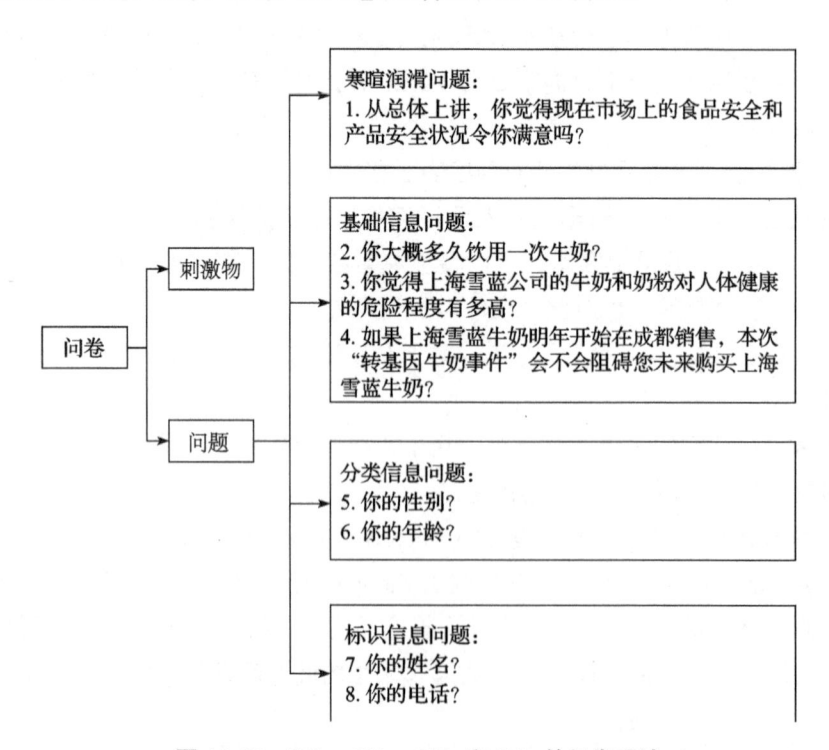

图 13-16 EG$_1$、EG$_2$、EG$_3$ 和 EG$_4$ 的问卷设计

注：问题前的数字代表了布局的先后顺序，数字越小越靠前。

13.8.7.6 抽样设计

抽样设计包括 4 项工作：定义目标总体、选择抽样技术、确定样本数量和执行抽样过程。

第一是目标总体（Target Population）的定义。目标总体的界定通常需要从个体（Element）、抽样单位（Sample Unit）、范围（Scope）和时间（Time）四个方面来界定。本书的目标总体界定如下。

个体：每周至少饮用一次牛奶（包括：新鲜牛奶和冲调奶粉）的男性和女性。

抽样单位：单个个人。

范围：成都市。

时间：2006 年 12 月—2007 年 1 月。

第二是抽样技术的选择。本书同时研究选择配额抽样（Quota Sampling）和简单随机抽样技术（SRS）。对于每个试验组，指定发放 81 份问卷，占所有问卷的 1/4。访问员在商业区、学校等地随机进行拦截访问，如果被访者拿到问卷是"组 1"，那么该被访者就属于 EG_1、EG_2、EG_3 和 EG_4 的个体确定，依此类推。

第三是样本数量（Sample Size）的确定。作者对每个实验组发放了 81 份问卷，以确保每个组能够收集超过 50 份的合格问卷，进而确保每个自变量（"媒体对产品涉嫌存在危险的报道"和"媒体对公众采取防范措施的报道"）在任意一种取值状态下（"多"和"少"）都有超过 100 份的样本。

第四是执行抽样过程。整个抽样过程由四川大学的 3 名本科学生和四川大学锦城学院的 1 名学生分别在成都市区及周边的商业区和学校进行。整个抽样分为两次进行，第二次补充访谈旨在弥补第一次抽样的缺陷。通过对第一次访谈的问卷检验发现，EG_3 的问卷年龄结构不符合要求，样本年龄分布不能和其他组匹配（Matching），中年组和老年组的样本几乎没有。因此，本书进行了第二次调研来解决这一问题，确保 EG_3 的问卷合格性。

13.8.7.7 数据分析

整个数据分析分为三个部分：样本概况的介绍、媒体报道对感知危险的影响分析、媒体报道对购买意愿的影响分析。在数据分析中，为了检验假设 5、假设 6、假设 7 和假设 8 之中的"因果关系"，即"媒体对产品涉嫌存在危险的报道"和"媒体对公众采取防范措施的报道"两大操控变动是否会影响到"顾客感知危险"和"顾客购买意愿"两大观察变量，本书将采用多因素方差分析来进行检验。

（1）样本概况与信度分析。

两次抽样共发出问卷 405 分，其中合格问卷 324 份，这是因为第一次调研获得的 EG_1 年龄结构不合理，而不得不重新调研一次。在合格的 324 份问卷中，有效问卷有 267 份，淘汰 57 份问卷的原因主要有 3 点：回答不完整，回答不符合逻辑，不属于目标总体（每周饮用一次牛奶以下）。表 13-28 描述这 267 份有效样本的概况。

表 13-28 样本概况

			数量	比率 /%	累计比率 /%
性别	男		128	47.9	47.9
	女		138	51.7	99.6
	隐私（不愿告诉）		1	0.4	100
年龄	青年组	29 岁及以下	78	29.2	29.2
	青年组	30～44 岁	63	23.6	52.8
	中年组	45～59 岁	62	23.2	76.0
	老年组	60 岁及以上	64	24.0	100
刺激物	媒体对产品涉嫌存在危险的报道	少	133	49.8	49.8
		多	134	50.2	100
	媒体对公众采取防范措施的报道	少	132	49.4	49.4
		多	135	50.6	100

续表

		数量	比率 /%	累计比率 /%
实验组	EG₁	65	24.3	24.3
	EG₂	68	25.5	49.8
	EG₃	67	25.1	74.9
	EG₄	67	25.1	100

由于在实证研究 1 中，我们已经发现年龄差异会对顾客感知危险造成影响。因此，在实证研究 2 中，本书强调了样本在各个年龄段的平均分布，尤其是强调各实验组之间各年龄段样本的成比例对称分布，以便尽可能控制年龄差异在实证研究 2 中对顾客感知危险和顾客购买意愿的影响，如表 13-29 所示：

表 13-29　各组样本的年龄分布

	EG₁	EG₂	EG₃	EG₄	总计	百分比 /%
29 岁及以下	19	22	18	19	78	29.2
30～44 岁	15	16	16	16	63	23.6
45～59 岁	15	15	16	16	62	23.2
60 岁及以上	16	15	17	16	64	24.0
总计	65	68	67	67	237	100

此外，实证研究 2 的观察变量有两个——"顾客感知危险"和"顾客购买意愿"，所以其核心问题也有两个："你觉得上海雪蓝公司的牛奶和奶粉对人体健康的危险程度有多高？"和"如果上海雪蓝牛奶明年开始在成都销售，本次'转基因牛奶事件'会不会阻碍您未来购买上海雪蓝牛奶？"。虽然"顾客感知危险"是"顾客购买意愿"的中间变量，但是，根据冯建英、穆维松和傅泽田（2006）对顾客购买意愿的国外文献综述，度量顾客的购买意愿可以分别通过测置四种营销变量来实现：直接度量顾客购买意愿、测量顾客的感知价值、测量顾客的感知危险（风险）、测量顾客的购买计划。因此，"顾客购买意愿"和"顾客感知危险"两个因素所对应的问题其实也都是在度量顾客对危机产品的购买态度。对于"顾客感知危险"和"顾客购买意愿"两个变量的问题和量表，本书对其进行了同质性信度分析，通过 SPSSl3.0 的计算，Cronbach's α 值为 0.967，内部一致性较高。

（2）外界舆论对顾客感知危险的影响分析。

首先，本书对方差分析的前提条件进行检验。方差分析的前提条件是各个水平下（组别）的总体服从方差相等的正态分布；其中对于正态分布的要求并不是很严格，但是对于方差相等的要求比较严格。对于方差相等的检验，采用的是 Homogeneity of Variance Test 方法，如表 13-30 所示。通过 SPSS13.0 的分析，计算得到 Levene Statistic 值为 1.332，显著水平为 0.264，由于 Homogeneity of Variance Test 的零假设为各水平总体下总体方差没有显著差异，因此可以认为各个组的总体方差相等，满足方差检验的前提条件。

表 13-30　Levene's Test of Equality of Error Variances

Dependent Variable：顾客感知危险程度

F	df1	df2	Sig.
1.332	3	263	0.264

Tests the null hypothesis that the error variance of the dependent variable is equal across groups.

Design：Intercept + 媒体对产品涉嫌存在危险的报道 + 媒体对公众采取防范措施的报道 + 媒体对产品涉嫌存在危险的报道 × 媒体对公众采取防范措施的报道。

其次，本书进行描述性统计分析，以便了解每一组的概况。表 13-31 为描述性统计，描述了 4 组顾客感知危险的平均值和标准差。组 1、组 2、组 3 和组 4 的感知危险平均值分别为 3.0000、2.3088、2.3284

和 1.7612。从各组的感知危险平均值来看，组 1、组 2、组 3 和组 4 的感知危险呈递增趋势（注：量表值越小，顾客感知危险程度越高）。

表 13-31　Descriptive Statistics

Dependent Variable：顾客感知危险程度

组别	媒体对产品涉嫌存在危险的报道	媒体对公众采取防范措施的报道	Mean	Std. Deviation	N
EG$_1$	少	少	3.0000	0.77055	65
EG$_2$	少	多	2.3088	0.73824	68
EG$_3$	多	少	2.3284	0.76650	67
EG$_4$	多	多	1.7612	0.67621	67
Total	少	少	3.0000	0.77055	65
		多	2.3088	0.73824	68
		Total	2.6466	0.82751	133
	多	少	2.3284	0.76650	67
		多	1.7612	0.67621	67
		Total	2.0448	0.77426	134
	Total	少	2.6591	0.83647	132
		多	2.0370	0.75713	135
		Total	2.3446	0.85466	267

其次，本书进行 F 检验分析。表 13-32 为 F 检验的结果，是多因素方差分析的主要结果。由于指定建立了饱和模型，因此总的离差平方和分为 3 个部分。

表 13-32　Tests of Between-Subjects Effects

Dependent Variable：顾客感知危险程度

Source	Type III sum of Squares	df	Mean Square	F	Sig.
Corrected Model	50.830	3	16.943	31.059	0.000
Intercept	1473.601	1	1473.601	2701.312	0.000
媒体对产品涉嫌存在危险的报道	24.801	1	24.801	45.464	0.000
媒体对公众采取防范措施的报道	26.416	1	26.416	48.425	0.000
媒体对产品涉嫌存在危险的报道 × 媒体对公众采取防范措施的报道	0.257	1	0.257	0.470	0.493
Error	143.470	263	0.546		
Total	1662.000	267			
Corrected Total	194.300	266			

多个控制变量对观察变量的独立作用部分，多个控制变量的交叉作用部分以及随机变量影响部分。

关于多个控制变量对观察变量的独立作用部分，"媒体对产品涉嫌存在危险的报道"的离差平方和和均方为 24.801；"媒体对公众采取防范措施的报道"的离差平方和和均方为 26.416；可见，"媒体对产品涉嫌存在危险的报道"对感知危险的影响与"媒体对公众采取防范措施的报道"对感知危险的影响在程度上比较近似。它们的 F 值和相伴概率分别为 45.464、0.000 和 48.425、0.000，这说明"媒体对产品涉嫌存在危险的报道"和"媒体对公众采取防范措施的报道"两个变量都对顾客感知危险造成了显著的影响。

关于多个控制变量的交叉作用部分，这里"媒体对产品涉嫌存在危险的报道"和"媒体对公众采取防范措施的报道"交叉作用的离差平方和和均方为 0.257。F 值和相伴概率分别为 0.470 和 0.493，这表明他们的交互作用没有对观察结果产生显著的影响。

关于随机变量影响部分（也就是 Error 部分）所贡献的离差平方和为 143.470，均方为 0.546，说明随机变量影响部分对感知危险的影响是比较小的，随机变量在本次实验中得到了较好的控制。

最后，本书以 LSD 方法比较不同组别对观察变量的影响。表 13-33 是 LSD 法多重比较的结果。从该结果可以看出，组1和组2、组3、组4之间，组2和组1、组4之间，组3和组1、组4之间，组4和组1、组2、组3之间，顾客的感知危险都存在显著性的差异。组2、组3和组4的顾客感知危险平均值显著高于组1，组4的顾客感知危险平均值显著高于组2和组3，但是，组2和组3的顾客感知危险平均值不存在显著差异。从 LSD 分析来看，"媒体对产品涉嫌存在危险的报道"与"媒体对公众采取防范措施的报道"两种媒体报道内容对顾客感知危险的影响并不存在显著差异。

表 13-33 Multiple Comparisons

Dependent Variable：顾客感知危险程度

	组（I）	组（J）	Mean Difference (I-J)	Std. Error	Sig.	95% Confidence Interval Lower Bound	95% Confidence Interval Upper Bound
LSD	EG_1	EG_2	0.6912	0.12812	0.000	0.4389	0.9434
		EG_3	0.6716	0.12859	0.000	0.4185	0.9248
		EG_4	1.2388	0.12859	0.000	0.9856	1.4920
	EG_2	EG_1	−0.6912	0.12812	0.000	−0.9434	−0.4389
		EG_3	−0.0195	0.12714	0.878	−0.2699	0.2308
		EG_4	0.5476	0.12714	0.000	0.2973	0.7980
	EG_3	EG_1	−.6716	0.12859	0.000	−0.9248	−0.4185
		EG_2	0.0195	0.12714	0.878	−0.2308	0.2699
		EG_4	0.5672	0.12761	0.000	0.3159	0.8184
	EG_4	EG_1	−1.2388	0.12859	0.000	−1.4920	−0.9856
		EG_2	−0.5476	0.12714	0.000	−0.7980	−0.2973
		EG_3	−0.5672	0.12761	0.000	−0.8184	−0.3159

通过上述分析，尤其是从表 13-32 和表 13-33 的分析中，研究2得到结论："媒体对产品涉嫌存在危险的报道"和"媒体对公众采取防范措施的报道"两个变量都对顾客感知危险造成了显著的影响，因此，H_1 和 H_2 都得到了证明。

（3）外界舆论对顾客购买意愿的影响分析。

由于本书需要测试控制变量（媒体对公众采取防范措施的报道和媒体对产品涉嫌存在危险的报道）的不同取值水平是否给观察变量（顾客购买意愿）造成显著差异，所以仍然适合于采用多因数方差分析来检验假设。

首先，本书对方差分析的前提条件进行检验。方差分析的前提条件是各个水平下（组别）的总体服从方差相等的正态分布；其中对于正态分布的要求并不是很严格，但是对于方差相等的要求比较严格。对于方差相等的检验，采用的是 Homogeneity of Variance Test 方法，见表 13-34。通过 SPSS13.0 的分析，计算得到 Levene Statistic 值为 1.363，显著水平为 0.254，由于 Homogeneity of variance test 的零假设为各水平总体下总体方差没有显著差异，因此可以认为各个组的总体方差相等，满足方差检验的前提条件。

表 13-34 Levene's Test of Equality of Error Variances

Dependent Variable：顾客购买意愿降低程度

F	df1	df2	Sig.
1.363	3	263	0.254

Tests the null hypothesis that the error variance of the dependent variable is equal across groups.

Design：Intercept + 媒体对产品涉嫌存在危险的报道 + 媒体对公众采取防范措施的报道 + 媒体对产品涉嫌存在危险的报道 × 媒体对公众采取防范措施的报道。

其次，本书进行描述性统计分析，以便了解每一组的概况。表 13-35 为描述性统计，描述了 4 组顾客购买意愿降低程度的平均值和标准差。组 1、组 2、组 3 和组 4 的顾客购买意愿降低程度平均值分别为 3.0462、2.4706、2.3134 和 1.8358。从各组的顾客购买意愿降低程度平均值来看组 1、组 2、组 3 和组 4 的顾客购买意愿降低程度呈递增趋势（注：根据量表，分值越小，购买意愿降低程度越大）。

表 13-35 Descriptive Statistics

Dependent Variable：顾客购买意愿降低程度

组别	媒体对产品涉嫌存在危险的报道	媒体对公众采取防范措施的报道	Mean	Std. Deviation	N
EG_1	少	少	3.0462	0.77924	65
EG_2	少	多	2.4706	0.80057	68
EG_3	多	少	2.3134	0.67888	67
EG_4	多	多	1.8358	0.70918	67
Total	少	少	3.0462	0.77924	65
		多	2.4706	0.80057	68
		Total	2.7519	0.83852	133
	多	少	2.3134	0.67888	67
		多	1.8358	0.70918	67
		Total	2.0746	0.73194	134
	Total	少	2.6742	0.81490	132
		多	2.1556	0.81832	135
		Total	2.4120	0.85550	267

再次，本书进行 F 检验分析。表 13-36 为 F 检验的结果，是多因素方差分析的主要结果。由于指定建立了饱和模型，因此总的离差平方和分为 3 个部分：多个控制变量对观察变量的独立作用部分，多个控制变量的交叉作用部分以及随机变量影响部分。

表 13-36 Tests of Between-Subjects Effects

Dependent Variable：顾客购买意愿降低程度

Source	Type III sum of Squares	df	Mean Square	F	Sig.
Corrected Model	49.267	3	16.422	29.702	0.000
Intercept	1558.718	1	1558.718	2819.129	0.000
媒体对产品涉嫌存在危险的报道	31.198	1	31.198	56.425	0.000
媒体对公众采取防范措施的报道	18.505	1	18.505	33.468	0.000
媒体对产品涉嫌存在危险的报道 × 媒体对公众采取防范措施的报道	0.160	1	0.160	0.290	0.591
Error	145.415	263	0.553		
Total	1748.000	267			
Corrected Total	194.682	266			

关于多个控制变量对观察变量的独立作用部分，"媒体对产品涉嫌存在危险的报道"的离差平方和和均方为 31.198；"媒体对公众采取防范措施的报道"的离差平方和和均方为 18.505；可见，"媒体对产品涉嫌存在危险的报道"对顾客购买意愿降低程度的影响要比"媒体对公众采取防范措施的报道"的影响更大。它们的 F 值和相伴概率分别为 56.425、0.000 和 33.468、0.000，这说明"媒体对产品涉嫌存在危险的报道"和"媒体对公众采取防范措施的报道"两个变量都对"顾客购买意愿降低程度"造成了显著的影响。

关于多个控制变量的交叉作用部分，这里"媒体对产品涉嫌存在危险的报道"和"媒体对公众采取防范措施的报道"交叉作用的离差平方和均方为 0.160。F 值和相伴概率分别为 0.290 和 0.591，这表明他们的交互作用没有对观察结果产生显著的影响。

关于随机变量影响部分（也就是 error 部分），贡献的离差平方和均方为 145.415，均方为 0.553。这说明，随机变量影响部分对"顾客购买意愿降低程度"的影响较小，随机变量在本次实验中得到了较好的控制。

最后，本书以 LSD 方法比较不同组别对观察变量的影响。表 13-37 是 LSD 法多重比较的结果。从该结果可以看出，组 1 和组 2、组 3、组 4 之间，组 2 和组 1、组 4 之间，组 3 和组 1、组 4 之间，组 4 和组 1、组 2、组 3 之间，"顾客购买意愿降低程度"都存在显著性的差异。组 2、组 3 和组 4 的"顾客购买意愿降低程度"平均值显著高于组 1，组 4 的"顾客购买意愿降低程度"平均值显著高于组 2 和组 3；但是，组 2 和组 3 的"顾客购买意愿降低程度"平均值不存在显著差异。从 LSD 分析来看，"媒体对产品涉嫌存在危险的报道"与"媒体对公众采取防范措施的报道"两种媒体报道内容对"顾客购买意愿降低程度"的影响并不存在显著差异。

表 13-37 Multiple Comparisons

Dependent Variable：顾客购买意愿降低程度

	组 (I)	组 (J)	Mean Difference (I-J)	Std. Error	Sig.	95% Confidence Interval Lower Bound	95% Confidence Interval Upper Bound
LSD	EG_1	EG_2	0.5756	0.12794	0.000	0.3236	0.8275
		EG_3	0.7327	0.12841	0.000	0.4799	0.9856
		EG_4	1.2103	0.12841	0.000	0.9575	1.4632
	EG_2	EG_1	−0.5756	0.12794	0.000	−0.8275	−0.3236
		EG_3	0.1572	0.12696	0.217	−0.0928	0.4072
		EG_4	0.6348	0.12696	0.000	0.3848	0.8848
	EG_3	EG_1	−0.7327	0.12841	0.000	−0.9856	−0.4799
		EG_2	−0.1572	0.12696	0.217	−0.4072	0.0928
		EG_4	0.4776	0.12743	0.000	0.2267	0.7285
	EG_4	EG_1	−1.2103	0.12841	0.000	−1.4632	−0.9575
		EG_2	−0.6348	0.12696	0.000	−0.8848	−0.3848
		EG_3	−0.4776	0.12743	0.000	−0.7285	−0.2267

通过上述分析，尤其是从表 13-36 和表 13-37 的分析中，研究 2 得到结论："媒体对产品涉嫌存在危险的报道"和"媒体对公众采取防范措施的报道"两个变量都对"顾客购买意愿降低程度"造成了显著的影响，因此，H_6 和 H_7 都得到了证明。

13.8.7.8 结果讨论

通过对 H_5、H_6、H_7、H_8 的假设检验，本书得出了四个有意义的结论：媒体对产品涉嫌存在危险的报道越多，顾客对产品的感知危险越强；媒体对产品涉嫌存在危险的报道越多，顾客对产品的购买意愿降低越多；媒体对公众采取防范措施的报道越多，顾客对产品的感知危险越强；媒体对公众采取防范措施的报道越多，顾客对产品的购买意愿降低越多。可见，在可辩解型产品伤害危机之中，"媒体对产品涉嫌存在危险的报道"和"媒体对公众采取防范措施的报道"都可能会引起顾客对产品的感知危险，并降低顾客对产品的购买意愿；而且这两种报道的数量越多，这种负面效果就越明显。

以上结论说明了现实中的两种媒体报道，都是可辩解型产品伤害危机中的顾客感知危险起源和顾客购买意愿降低原因。

首先，实证研究 2 验证了类似于《消费者当心：××有毒》《××被指含致癌成分》《××又传可能致癌》的媒体报道，将会导致顾客对产品的感知危险，并会降低顾客对产品的购买意愿。虽然这一类的媒体报道都有一个共同点，媒体往往站在"中立"（至少措辞上是这样的）的角度报道事件，向公众讲述某个产品被怀疑存在缺陷和伤害的来龙去脉。并且,这一类报道都很谨慎,不会断定产品确实存在缺陷和伤害,只是声称产品"涉嫌""可能""被指""被疑"存在伤害和缺陷。但是,根据常识性归因理论、基本归因错误理论的推导,根据本书的实证研究结果,我们发现,如果媒体报道某一家企业、某一个产品卷入了某一场可辩解型产品伤害危机,即便媒体只是以怀疑的眼光来看待整个事件,甚至是以中立的角度来报道整个事件,顾客仍然会倾向于把危机的发生归罪于产品本身,而很少会认为是媒体的误报、误解和偏颇报道。也就是说,顾客会倾向于认为凡是卷入本次危机的产品都是存在感知危险的,并进一步从心理上采取防范措施抑制自己的购买意愿。

其次,实证研究2验证了探讨类似于《消费者换牌子不认××了》《京城部分药店自主下架××》的媒体报道,将会如何影响顾客对产品的感知危险。虽然这一类的媒体报道有一个共同特点,就是媒体向公众描述了其他消费者和零售商是如何针对危机做出应急防范措施的。但是,根据"从众理论""规范形成理论""心境连接理论"和"社会传染效应理论"的推理,以及本书的实证结果分析,我们发现,媒体报道其他群体对危机采取的防范措施,会影响到读者的信念和行为,从而让顾客产生感知危险,并导致他们的购买意愿降低。

综合上面两方面的研究结论,本书发现和证实了,"媒体对产品涉嫌存在危险的报道"和"媒体对公众采取防范措施的报道"两种媒体报道内容(Media Reports)越多,"顾客感知危险"就越强烈,"顾客购买意愿"的降低程度就越大。这一实证发现,对于产品伤害危机的研究有两大贡献:理论上,在可辩解型产品伤害危机之中,证实和解释了某些媒体报道内容将会导致顾客感知危险的产生和顾客购买意愿的降低;实践上,为危机企业管理可辩解型产品伤害危机,提供了最基本的指导,例如,如何防范和监测可辩解型产品伤害危机的影响扩大化,如何展开媒体公关、引导媒体报道。

先前的研究已经证实了,在不可辩解型产品伤害危机中,媒体报道的覆盖面(Media Coverage)会对顾客感知危险和购买意愿的影响。而本书证实了,在可辩解型产品伤害危机中,媒体报道的内容(Media Reports)会对顾客感知危险和购买意愿的影响。

为了证实这一结论,本书基于"常识性归因理论""基本归因错误理论",推导出了两大假设——H_5:在可辩解型产品伤害危机中,媒体对产品涉嫌存在危险的报道越多,顾客的感知危险程度越高;H_6:在可辩解型产品伤害危机中,媒体对产品涉嫌存在危险的报道越多,顾客的购买意愿降低程度越大。此外,根据"从众理论""规范形成理论""心境连接理论"和"社会传染效应理论"推导出了假设7和假设8,即H_7:在可辩解型产品伤害危机中,媒体对公众采取防范措施的报道越多,顾客的感知危险程度越高;H_8:在可辩解型产品伤害危机中,媒体对公众采取防范措施的报道越多,顾客的购买意愿降低程度越大。这4个假设内涵的都是因果关系,所以本书必须采用实验法对假设进行验证。在实验法的范畴内,本书选择了"现场实验法"和"因子设计",选择现场实验法是为了获得较高的外部效度,选择因子设计是因为本书需要处理不同级别的两个或两个以上的自变量的影响。

方法确定以后,本书进行了刺激物的设计和选择。本书选择2005年3月发生的"××奶粉转基因危机"为背景事件来设计刺激物,具体原因有3个:样本获取的容易性;相关研究的继承性;刺激调节的方便性。

在问题和量表的设计上,本书期望获得3大类信息,并因此设计了4大类问题。期望从问卷中获得的信息可以分为三类:基础信息、分类信息和标识信息。设计的4大类问题分别为寒暄润滑问题、基本信息问题、分类信息问题和标识信息问题。基础信息问题和分类信息问题的设计都是参照了其他研究者的调查表而设计的(Siomkos和Kurzbard,1994;Dawar和Pillutla,2000),尽可能保持了研究的继承性和正确性。

抽样设计包括4项工作:定义目标总体、界定抽样框架、选择抽样技术和确定样本数量。目标总体主要是指每周饮用牛奶一次以上的男性和女性，抽样框架的界定采用了问卷编号的方式，抽样技术尽可能强调了抽样的随机性，样本数量为每组发放 81 份问卷。

在数据分析中，为了检验假设 5、假设 6、假设 7 和假设 8 之中的"因果关系"，即"媒体对产品涉嫌存在危险的报道"和"媒体对公众采取防范措施的报道"两大操控变量是否会影响到"顾客感知危险"和"顾客购买意愿"两大观察变量，本书采用多因素方差分析来进行检验。数据分析结果显示假设 5、假设 6、假设 7 和假设 8 都得到了显著的验证。

综合上面两方面的研究结论，本书发现和证实了在可辩解型产品伤害危机中产生"顾客感知危险"和降低"顾客购买意愿"的两种媒体报道内容（Media Reports）——"媒体对产品涉嫌存在危险的报道"和"媒体对公众采取防范措施的报道"；而且这两种报道的数量越多，这种负面效果就越明显。这一结论使得企业能够了解可辩解型产品伤害危机中的外界舆论是以什么样的方式在影响着顾客的购买意愿和公司的销售业绩。

13.8.8 实证研究 3：可辩解型产品伤害危机中应对方式对顾客购买意愿的影响

随着外部环境日益复杂化、产品不断复杂化、通信技术便利化、消费者需要多样化及大众传播媒体的推波助澜，产品伤害危机越来越呈现出多发性特征，而且它对企业的影响能力也在不断扩大。正如前面案例分析所介绍的那样，即便是世界知名的跨国公司，具备最强大的技术能力、生产能力、质监体系、营销能力和公关能力，也难免不会遇上产品伤害危机。

产品伤害危机似乎是不可避免，但至少在危机发生以后，可以减少它的危害（Mitroff, 2001），因此，企业除了要预防危机以外，还应该对危机应对手段加以关注，减少危机伤害和损失，化危机为转机。美国营销协会（AMA）研究显示，企业危机应对能力是影响消费者购买决策的第三重要因素（Marketing News, 1995）。因此，危机爆发后，对于危机事件的应对显得格外重要。对于危机应对，不同学者有着不同的定义，但是，较为普遍接受的危机应定义为：当危机发生时，企业以各种形式的行动来降低损失、修复品牌形象，并影响外界对企业应负责任的归因（Coombs, 1995）。

然而，企业是人运作的，所以很多企业在应对危机的时候，会呈现出人应对危机的弱点——对产品伤害危机的处理反应太过直接，缺乏整体性和系统性，更缺乏对社会心理的理解和考量。正如 Mitroff（2001）指出，企业往往和个人一样，会运用多种借口否认危机的存在，并因此认为其不需要危机管理，同时也有很多企业在危机事件发生后，往往低估危机的危害性以及采取行动的必要性（Siomkos, 1992），而即便是做出应对的那些企业，也会往往出现前后自相矛盾的沟通结果，而这加重了危机的严重性（Pearson 和 Clair, 1998）。

实践环节上问题的大量存在，在某种程度上也揭示了危机应对（Crisis Response）问题上理论研究的严重缺乏（Dawar 和 Pillutla, 2000）。在可辩解型产品伤害危机发生以后，企业可能会采取 4 种应对方式，企业也可能邀请 3 种外界力量参与（也可能是外界力量主动参与）解决问题。这么多种应对方式，实际上就反映出了企业在危机应对上有着相差甚远的认知。上海财大的王志良博士（2006）通过对国内多个产品伤害危机的研究后，也发现企业在应对产品伤害危机时有以下几个较为显著的特征：第一，普遍未能意识到危机的危害性，企业对于危机处理的原则、方法与效果缺乏了解，并且缺乏有效的应对措施；第二，企业往往都存在短视的倾向，对于危机往往采取矢口否认的态度，并且在沟通方式上相对单一，因而危机处理效果不佳，严重影响了消费者信任；第三，令人感到吃惊的是，尽管很多学者都认为良好的品牌声誉能够缓解危机带来的伤害，然而现实情况表明，目前的产品伤害危机大都集中于那些市场影响力巨大的跨国品牌。

所以，不管从理论层面还是从实践层面，可辩解型产品伤害危机的应对方式研究都具有重要的意义。

13.8.8.1 研究假设

社会心理学家指出，人类可以用我们现在的感觉和解释，将许多不连贯的信息整合起来重构我们对过去事物的看法（Hirt，1990；Ross 和 Buehler，1994），因此我们可能修正自己以前的看法，使其更加符合我们现在的知识水平。这一发现实际上证明了，在产品伤害危机发生以后，企业还可能通过各种手段来减轻顾客的感知危险和修复顾客的购买意愿。

（1）企业应对对顾客购买意愿的影响。

可辩解型危机的企业应对方式分为 4 个大类：纠正措施、积极澄清、对抗反驳和置之不理。这四种应对方式可能会在不同程度上影响顾客的购买意愿和感知危险，具体分析如下。

首先，采取"企业无应对"（即置之不理）的处理方式可能会导致最高的顾客感知危险，从而导致顾客购买意愿最大限度地降低。做出这样的推断，是因为以前的危机研究表明，在危机中采取类似于沉默的"置之不理"方式，就等于承认，代表了企业的疑虑与消极（Coombs，1999），若企业既不确认也不否认关于危机的信息，谣言会因此产生，或让公众认为企业是在隐瞒真相，因而扩大了危机的杀伤力（Pearson 和 Clair，1998），因此，可辩解型产品伤害危机一旦发生，企业应该主动站出来应对。根据此，本书做出假设 9 和假设 10。

H_9：在可辩解型产品伤害危机中，对于顾客感知危险的缓解，企业有应对优于企业无应对。

H_{10}：在可辩解型产品伤害危机中，对于顾客购买意愿的维持，企业有应对优于企业无应对。

得到假设 9 和假设 10 以后，我们继续探讨"积极澄清"和"对抗反驳"两种应对方式的差异。

1978 年，Langer 等证实了人的行为有固定反应模式；在别人向我们解释的时候，不管他的理由是否真实、可信，只要他给出一个理由，我们都会更相信他（Langer、Blank 和 Chanowitz，1978），而"积极澄清"和"对抗反驳"相比最大的差异就是在于前者提供了更加充足的信息进行解释和声明，而后者则只是简单否认（Simple Denial）或者反驳那些说存在危机的人（Attack the Accuser）。在"积极澄清"情况下，企业不仅向社会声明了没有危机发生，还向公众解释了具体原因，提供了更多的可供公众判断的真实信息和证据，有助于触发人的固定反应模式，有助于缓解公众的怀疑和焦虑。因此，根据 Langer 等人的研究结果，我们可以推测，采取"对抗反驳"的处理方式可能会导致更高的顾客感知危险，从而导致更大程度的顾客购买意愿降低。根据以上分析，我们可以得到假设 11 和假设 12。

H_{11}：在可辩解型产品伤害危机中，对于顾客感知危险的缓解，积极澄清优于对抗反驳。

H_{12}：在可辩解型产品伤害危机中，对于顾客购买意愿的维持，积极澄清优于对抗反驳。

得到假设 11 和假设 12 以后，我们继续探讨"纠正措施"和"对抗反驳"两种应对方式的差异。

"纠正措施"和"对抗反驳"相比，最大的差异就是在于前者采取了道歉、退货等措施，承担了企业所不应该承担的责任，付出了企业不应该付出的代价，这似乎在某种程度上体现了企业社会责任感（CSR）。而社会责任感行为可能使消费者对产品、品牌做出更高的评价，从而减低顾客的感知危险，增强顾客的购买意愿。

根据 McWilliams、Abagail（2001）的研究，企业社会责任感（CSR）是企业为社会利益而不仅是本公司利益，而做出的并非法律所强制要求的行为。McWilliams、Abagail（2001）进一步指出，这一定义强调 CSR 行为一定不是法律强制要求。基于 McWilliams。Abagail 对 CSR 的定义，本书从两个标准来衡量企业应对方式的 CSR 等级：第一，并非法律所强制要求；第二，不仅为本公司利益，也为社会利益。与"对抗反驳"相比，"纠正措施"似乎更加符合上述两条要求。以 ×× 含过氧化氢致癌危机为例，×× 公司就本次危机给消费者带来的不便进行了道歉，并建议消费者在权威机构没有给出鉴定结果以前暂停服用。这些行为，既非法律强制，亦非为公司利益，在一定程度上体现了 ×× 公司的社会责任感。

另外，近年来诸多关于企业社会责任感（CSR）的研究都发现，企业采取社会责任感行为可以给公司带来好处，如增加竞争力、提升股价；从市场营销的角度来看，企业社会责任感行为会在品牌评价、品牌选择和品牌推荐三方面对顾客产生积极作用（Bansal 和 Roth，2000；Drumwright，1996；Klassen 和 Mel，1996；Waddock 和 Smith，2000）。

综合以上分析，我们可以推断，与"对抗反驳"相比，"纠正措施"体现了企业社会责任感（CSR），可能使消费者对产品、品牌做出更高的评价，从而减低顾客的感知危险，增强顾客的购买意愿。根据此，我们可以得到假设 13 和假设 14。

H_{13}：*在可辩解型产品伤害危机中，对于顾客感知危险的缓解，纠正措施优于对抗反驳。*

H_{14}：*在可辩解型产品伤害危机中，对于顾客购买意愿的维持，纠正措施优于对抗反驳。*

（2）外界应对对顾客购买意愿的影响。

将可辩解型危机的外界应对方式分为 3 个大类：行业应对、专家应对和政府应对。为了形成对照组，本书中增加了一组"无外界应对"。这四种应对方式在影响顾客的感知危险和购买意愿上有何区别呢？

根据社会心理学的研究结果，信息对人产生影响力通常决定于信息的 4 个因素：沟通者、信息内容、传播渠道和听众（Hovland，1949），从沟通者这一因素来看，沟通者的可知觉专家性（Olson 和 Cal，1988）和可知觉信赖性（Hemsley 和 Doob，1978）将会影响信息的说服力和影响力。在可知觉信赖性方面，我们通常认为那些并不是为自身的某些利益而说话的人是真诚的，它们的可知觉信赖性更高（Eagly、Wood 和 Chaiken，1978）。

首先，从可知觉专家性来看，政府的管制机构（如质监部门和农业部）、相关领域的专家和行业组织都具有相关领域的专业知识和专业能力，因此它们对消费者而言，都具有较高的可知觉专家性，很难区分高低。而企业的可知觉专家性，一般情况都会低于政府管制机构和专家。其次，从可知觉信赖性来看，企业的解释，其动机是在为保护自身利益，因此，"企业应对"对顾客感知危险的缓解作用不如"外界应对"。根据这一分析，本书做出假设 15 和假设 16。

H_{15}：*在可辩解型产品伤害危机中，对于顾客感知危险的缓解，有外界应对优于无外界应对。*

H_{16}：*在可辩解型产品伤害危机中，对于顾客购买意愿的维持，有外界应对优于无外界应对。*

此外，行业组织的可知觉信赖性与政府、专家相比，它的可知觉信赖性可能也是相对较低的。这是由于行业组织通常是由行业的企业组成，是为行业内的企业而服务的，是维护企业利益的；因此，这种相对较近的利益关系降低了行业组织的可知觉信赖性。根据这一分析，我们得出假设 17、假设 18、假设 19 和假设 20。

H_{17}：*在可辩解型产品伤害危机中，对于顾客感知危险的缓解，专家应对优于行业应对。*

H_{18}：*在可辩解型产品伤害危机中，对于顾客购买意愿的维持，专家应对优于行业应对。*

H_{19}：*在可辩解型产品伤害危机中，对于顾客感知危险的缓解，政府应对优于行业应对。*

H_{20}：*在可辩解型产品伤害危机中，对于顾客购买意愿的维持，政府应对优于行业应对。*

13.8.8.2 研究设计

在实验法的范畴内，本书选择了"因子设计""现场实验法"。在实施"现场实验法"时，本书首先寻找到真实生活状态下的实验对象，其次要求实验对象阅读关于特定情景的描述文字，最后根据情景中的信息完成相应的态度测量。

此外，实证研究 3 选择"统计设计"，这是因为本书需要对"企业应对"和"外界应对"这两个变量的变量取值进行统计控制和分析。统计设计又可以被分为随机区组设计，拉丁方设计和因子设计。其中随机区组设计只能处理一个操纵自变量，拉丁方设计只能处理两个独立的操纵自变量，因子设计则能处理不同级别的两个或两个以上的自变量的影响。由于本书需要处理不同级别的两个自变量的影响，因此实证研究 3 同样选择了因子设计。

对于本书的因子设计，具体如表 13-38 所示。根据"企业应对"和"外界应对"的不同方式组合，实证研究 3 将实验对象分为 16 个小组（4×4）。

表 13-38 实证研究 3 的因子设计

		企业应对			
		置之不理 （即企业无应对）	对抗反驳	积极澄清	纠正措施
外界应对	无外界应对	EG_{11}	EG_{12}	EG_{13}	EG_{14}
	行业应对	EG_{21}	EG_{22}	EG_{23}	EG_{24}
	专家应对	EG_{31}	EG_{32}	EG_{33}	EG_{34}
	政府应对	EG_{41}	EG_{42}	EG_{44}	EG_{44}

注：EG 为 Experimental Group 的编写，EG_{ij} 为接受了"第 i 种外界应对方式"和"第 j 种企业应对方式"刺激的实验组。

13.8.8.3 刺激物设计

为了验证假设存在的可能性，为了实施实验法，本书需要选择和设计刺激物（Stimulus）。

在访谈的最开始，本书都会向实验对象介绍危机的一些背景信息，让实验对象对危机有个基本的了解。对于本书的 4 个实验小组，他们所获得的危机背景信息都是一样的。但是，由于本书选择了因子设计，因此在向实验对象提供应对方式的刺激物时，16 个小组得到的刺激物则完全不同。

（1）刺激物关于危机发生的背景介绍。

根据 2005 年 4 月发生的"××含三氯生致癌危机"，本书将 200×年×月×号《××报》的报道做了剪辑，使之成为实验的刺激物。消费者先前购买某一品牌或者某一产品的经历可能会影响到他们在产品伤害危机中对感知危险的判断。因此，产品伤害危机的绝大多数研究（如 Siomkos 和 Kurzbard，1994；Dawar 和 Pillutla，2000）都是通过虚拟和杜撰了一个产品品牌来尽可能保持因果关系的唯一性和排除其他因素的干扰。因此，在刺激物中没有具体指明是"××"牙膏含有三氯，而是用了一个杜撰的品牌"A 品牌"，这是刺激物对《××报》的原始报道做过修改的地方。实验主体阅读的刺激物如下所示。

英国媒体称部分 A 品牌牙膏接到致癌警告产品在超市下架。

A 品牌是全球著名的牙膏品牌，其产品销售到包括中国在内的 100 多个国家。如今，在中国的每个商场、超市和夫妻店，都能看到该品牌的药膏。

日前，英国的媒体报道称，市场上的 A 品牌牙膏接到了可能致癌的警告，被涉及的部分产品开始在英国的连锁超市下架。英国伦敦《标准晚报》科技记者马克普里格和贝利卡劳伦斯 12 月 15 日报道称，市里出售的 A 品牌牙膏今天接到了致癌警告。除此之外，A 品牌的抗菌清洁产品，包括洗碗液和洗手产品，也同样接到这种警告。研究人员发现，化学物质三氯生能够和经氯消毒的水反应生成三氯甲烷（俗称"哥罗芳"）。如果吸入大量三氯甲烷，就会导致消沉、肝病，有些时候甚至导致癌症。世界野生动物基金组织的毒理学专家贾尔斯·沃森警告说，长期接触三氯甲烷的结果是什么暂时还不知道，并建议消费者在买东西之前检查瓶子上的成分表。所以，消费者如果不放心的话，最好的建议就是避开含有这种化学物质的产品。

（2）刺激物关于企业应对的情景设计。

除了提供危机背景情况的介绍，为了模拟不同的企业应对方式，本书针对 4 种企业的应对方式还设计了 4 种不同的刺激物。

首先，针对"置之不理"，在问卷中则不向实验对象提供任何企业应对的信息。

其次，针对"对抗反驳"，本实验以"××相机质量危机"为参照背景，设计的刺激物是："A 公司新闻发言人在接受搜狐财经采访时显得颇为愤怒：企业在媒体面前完全是弱者。《标准晚报》和国内某些媒体的一些行为已经对 A 品牌造成了很大的伤害，A 公司绝不会就此完事，A 公司对媒体的报道感到非常失望和愤怒，一定不会善罢甘休，一定会有积极后续手段，只不过现在还不方便详细透露。"

再次，针对"积极澄清"，本实验以"××油炸食品安全危机"和"××牙膏涉嫌致癌危机"为参照背景，设计的刺激物是：事件爆发后，A 公司做出了立即回应。12 月 22 日，A 公司公布了媒体声明："市场销售的 A 品牌牙膏，不仅符合中国的食品标准，也符合最严格的欧盟和美国的食品标准。世界各地没有任何政府有关机构要求回收 A 品牌牙膏。大量的科学依据及长达十几年的全球消费者之使用，充分证明了 A 品牌牙膏的有效、有益及安全性。有关近期个别外国媒体报道中提及的实验室研究报告，该报告中并无涉及牙膏，或提出任何针对 A 品牌牙膏使用安全性的内容。"

最后，针对"纠正措施"，本实验以"××含致癌过氧化氢危机"为参照背景，设计的刺激物是："事件爆发后，A 公司给媒体发来一封致消费者的公开信，对于此次风波对消费者所造成的影响和不便，表示诚挚歉意。同时，如果您依然存有疑虑，建议您可考虑暂时停用，并恳请消费者对 A 产品继续给予支持，耐心等待政府权威部门评价结论。A 公司在信中称，将全力配合国家主管部门的有关调查工作，耐心等待最终报告。针对部分消费者提出的疑虑，公司开设了 24 小时咨询热线电话。"

（3）刺激物关于外界应对的情景设计。

对于外界应对，为了模拟不同的外界力量，本书针对 4 种具体的外界应对方式设计了 4 种不同的刺激物。

首先，针对"无外界应对"，在问卷中则不向实验对象提供任何外界应对的信息。

其次，针对"行业应对"，本实验以"××涉嫌致癌危机"为参照背景，设计的刺激物是："事件爆发以后，中国日用品工业协会对此事表示了极大的关注。12 月 22 日，中国日化用品工业协会称，根据英国和美国对市面上出售的十多种 A 品牌牙膏的研究结果，A 品牌牙膏中的三氯生含量是非常低的，长期使用不会对人体造成任何损害。"

再次，针对"专家应对"，本实验以"××涉嫌致癌危机"为参照背景，设计的刺激物是："事件爆发以后，国内的研究机构也立即做出了积极反应，开始抽检国内上市的牙膏品牌。12 月 23 日，中华口腔医学会，中华预防医学会同时发表声明，根据过去 3 天对 5 种 A 品牌牙膏的抽检结果发现，所有被检测的牙膏中检验出的三氯生成分极其微量，长期使用不会对人体造成任何损害。"

最后，对于"政府应对"，本实验以"××涉嫌致癌危机"为参照背景，设计的刺激物是："事件的爆发引起了中国政府的密切关注。12 月 26 日，中国质监总局公布了市场销售的 5 种 A 品牌牙膏的检测结果。结果表明，所有被检测的牙膏中检验出的三氯生成分极其微量，长期使用不会对人体造成任何损害。"

13.8.8.4 变量设计

企业应对和外界应对是实证研究 3 的控制变量和自变量。这两大变量隐藏于刺激物当中，不需要量表的测量。

本书的观察变量和因变量仍然是顾客感知危险（Perceived Danger）及顾客购买意愿（Purchase Intent）。对顾客感知危险和顾客购买意愿这两个因变量，本书参照了 Siomkos 于 1994 年在调查产品伤害危机对顾客购买意愿的影响时使用的调查问题和相关量表，以便保持产品伤害危机这一领域的研究连续性。参照 Siomkos 的研究，本书对"顾客感知危险"采用的问卷问题是："你觉得 A 品牌牙膏对人体健康的危险程度有多高？"

Siomkos 采用的量表是李克特 7 级量表，其中："1"代表极端危险，"7"代表完全不危险，"2"~"6"代表了中间的各种危险感知水平。分值越小代表顾客对产品伤害危机的感知危险程度越高。

参照 Siomkos 的研究，本书对"顾客购买意愿"采用的问卷问题是："本次'A 品牌牙膏涉嫌致癌事件'是否阻碍您未来购买 A 品牌牙膏？"

Siomkos 采用的量表是李克特 7 级量表,其中:"1"代表肯定会阻碍,"7"代表肯定不会阻碍,"2"~"6"代表了中间的各种购买意愿受阻水平。分值越小代表顾客对产品的购买意愿受阻程度越高。

13.8.8.5 问卷设计

从总体上,整个问卷设计包括两大部分的核心内容:刺激物和问题。在布局上,问题安排在刺激物之后,要求访问对象在阅读完刺激物后回答。

刺激物的设计已经在前一小节提出,而问题的设计需要根据调查者期望从问卷中获得的信息来确定。通常来讲,期望从问卷中获得的信息可以分为三类:基础信息、分类信息和标识信息。基础信息是与研究问题直接相关的;分类信息用于对调查对象的分类和解释;标识信息包括姓名、地址和电话号码等。通常来讲,在安排问卷问题时,首先安排的是基础信息问题,其次是分类信息问题,再次是标识信息问题。这样安排的原因是,分类信息问题和标识信息问题涉及个人隐私,被调查者对这类问题的抵触性比较大,宜在调查对象开始认真参与以后再来获取。

基础信息问题和分类信息问题的设计都是参照了其他研究者的调查表而设计的(Siomkos 和 Kurzbard,1994;Dawar 和 Pillutla,2000),尽可能保持了研究的继承性。分类信息问题只涉及了年龄和性别。在基础信息问题中,添加了两个样本甄别问题"你刷牙的频率是?"和"你曾经听说过'含有三氯生的牙膏可能会致癌'的消息和报道吗?"以便筛选样本,进而保持样本的一致性。

在本书中,目标总体为每天至少刷牙一次且未曾经听说过"含有三氯生的牙膏可能会致癌"的男性和女性。

标识信息问题的设计是为了方便追踪调查者,本书认为姓名和电话两大问题已经足够了。

除了上述三大类问题以外,本书特别添加了两个"寒暄润滑问题",尽可能促使调查对象积极思考问卷问题。"寒暄润滑问题"对研究结果没有直接帮助,但是由于寒暄润滑问题通常简单,容易回答,所以能赢得调查对象的合作和信任,更能促使调查对象开始思考产品安全问题。

对于实证研究 3 的 16 个实验组,其问卷设计如图 13-17 所示。

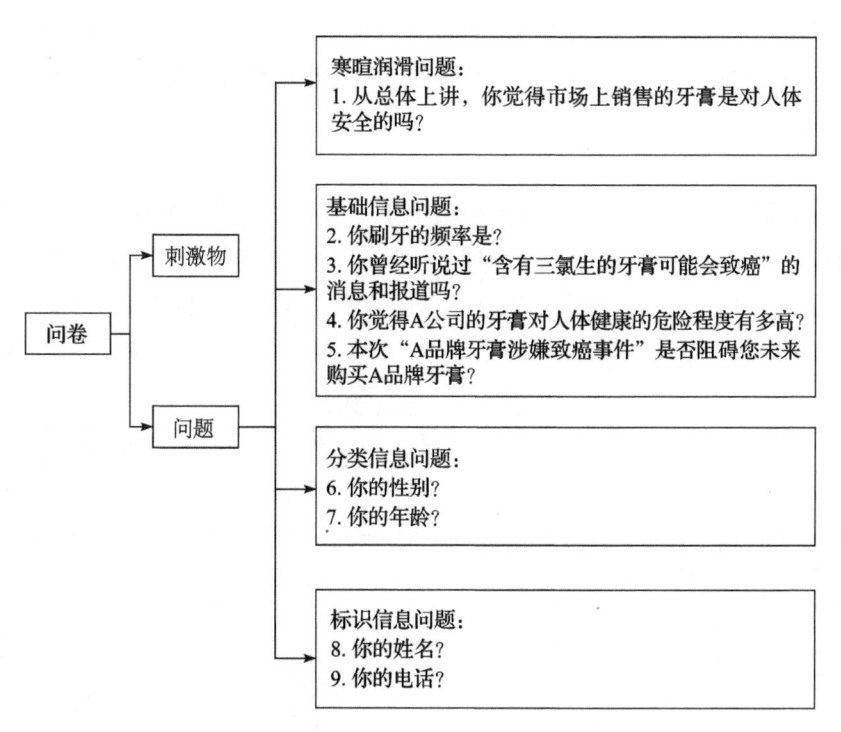

图 13-17 研究 2 的问卷设计

注:问题前的数字代表了布局的先后顺序,数字越小越靠前。

13.8.8.6 抽样设计

抽样设计包括4项工作：定义目标总体、选择抽样技术、确定样本数量和执行抽样过程。

第一是目标总体（Target Population）的定义。目标总体的界定通常需要从个体（Element）、抽样单位（Sample Unit）、范围（Scope）和时间（Time）四个方面来界定。本书的目标总体界定如下。

个体：每天至少刷牙一次且未曾经听说过"含有三氯生的牙膏可能会致癌"的男性和女性。

抽样单位：单个个人。

范围：成都市。

时间：2006年12月——2007年1月。

第二是抽样技术的选择。本书同时选择配额抽样（Quota Sampling）和简单随机抽样技术（SRS）。对于每个试验组，指定发放26份问卷，占所有问卷的1/16。访问员在商业区、学校等地随机进行拦截访问，如果被访者拿到问卷是"EG_{11}"那么该被访者就属于EG_{11}、EG_{12}、EG_{13}、EG_{14}…EG_{44}的个体确定依此类推。

第三是样本数量（Sample Size）的确定。在Siomkos和Kurzbard（1994）的平行研究中，二位研究者用384个样本来研究3个变量的16个试验组（3个变量的因子设计：$2 \times 2 \times 4$）。参照Siomkos和Kurzbard的研究，本书拟发放416份问卷（$26 \times 16=416$），这416份问卷均匀分布于16个试验组中（两个变量的因子设计：4×4），每个实验组发放26份问卷。

第四是执行抽样过程。整个抽样过程由四川大学锦城学院的4名学生分别在成都市区及周边的商业区和学校进行。整个抽样仍旧分为两次进行，第二次补充抽样旨在弥补第一次抽样的缺陷。通过对第一次访谈的问卷检验发现，EG_{11}、EG_{12}、EG_{13}、EG_{14}、EG_{31}、EG_{32}、EG_{33}和EG_{34} 8个实验组的问卷样本年龄分布不平均，中年组和老年组的样本数量较少。针对这一问题，本书重新进行了抽样，确保这8个实验组的年龄匹配性（Matching）。

13.8.8.7 数据分析

整个数据分析分为三个部分：样本概况的介绍、媒体报道对感知危险的影响分析、媒体报道对购买意愿的影响分析。在数据分析中，本书将采用多因素方差分析和两独立样本的非参数检验来进行检验假设中隐含的因果关系。

（1）样本概况与信度分析。

两次调研共获得问卷624份，其中合格问卷416份。舍弃208份问卷的原因是第一次调研获得问卷有8个小组的年龄结构不匹配（EG_{11}、EG_{12}、EG_{13}、EG_{14}、EG_{31}、EG_{32}、EG_{33}和EG_{34}），这208份不合格问卷已经通过第二次调研加以补充。在合格的416份问卷中，其中有效问卷385份。淘汰31份问卷的原因主要有3点：回答不完整，回答不符合逻辑，不属于目标总体。表13-39描述385份有效样本的概况。

表13-39 样本概况

			数量	比率/%	累计比率/%
性别	男		183	47.5	47.5
	女		202	52.5	100
年龄	青年组	29岁及以下	129	33.5	33.5
	青年组	30～44岁	84	21.8	55.3
	中年组	45～59岁	84	21.8	77.1
	老年组	60岁以上	88	22.9	100
企业应对	置之不理		96	24.9	24.9
	对抗反驳		98	25.5	50.4
	积极澄清		97	25.2	75.6
	纠正措施		94	24.4	100

续表

		数量	比率 /%	累计比率 /%
外界应对	无外界应对	96	24.9	24.9
	行业应对	96	24.9	49.8
	专家应对	98	25.4	75.2
	政府应对	95	24.8	100

由于在实证研究1中,我们已经发现年龄差异会对顾客感知危险造成影响。因此,在实证研究3中,本书特别强调了实验组在各个年龄段的分布概率一致,以便尽可能控制年龄差异在实证研究3中对顾客感知危险和顾客购买意愿的影响。本书尽可能将每一个实验组的老年顾客(60岁及以上)比率控制在1/5左右,如表13-40所示。

表13-40 各组样本的年龄分布

组别	29岁及以下	30～44岁	45～59岁	60岁及以上
EG_{11}	9	5	5	6
EG_{12}	9	4	6	5
EG_{13}	8	4	6	6
EG_{14}	7	6	5	5
EG_{21}	6	6	5	6
EG_{22}	8	6	5	5
EG_{23}	9	5	5	6
EG_{24}	8	6	5	5
EG_{31}	8	6	4	7
EG_{32}	9	6	5	5
EG_{33}	9	5	5	6
EG_{34}	7	6	5	5
EG_{41}	7	5	5	6
EG_{42}	9	5	6	5
EG_{43}	7	5	6	5
EG_{44}	9	4	6	5
总计	129	84	84	88

此外,实证研究3的观察变量有两个——"顾客感知危险"和"顾客购买意愿",所以其核心问题也有两个:"你觉得A公司的牙膏对人体健康的危险程度有多高?"和"本次'A品牌牙膏涉嫌致癌事件'是否阻碍您未来购买A品牌牙膏?"虽然"顾客感知危险"是"顾客购买意愿"的中间变量,但是,根据冯建英、穆维松和傅泽田(2006)对顾客购买意愿的国外文献综述,度量顾客的购买意愿可以分别通过测量4种营销变量来实现:直接度量顾客购买意愿、测量顾客的感知价值、测量顾客的感知危险(风险)、测量顾客的购买计划;因此,"顾客感知危险"和"顾客购买意愿"两个因素所对应的问题其实也都是在度量顾客对危机产品的购买态度。对于"顾客感知危险"和"顾客购买意愿"两个变量的问题和量表,本书对其进行了同质性信度分析;通过SPSS13.0的计算,Cronbach's α值为0.962,内部一致性较高。

(2)应对方式对顾客感知危险的影响分析。

由于本书需要测试控制变量(企业应对和外界应对)的不同取值水平是否给观察变量(顾客感知危险)造成显著差异。

首先,本书进行描述性统计分析,以便了解每一种应对方式的概况。表13-41为描述性统计,描述了16个组顾客感知危险的平均值和标准差。当企业应对分别为"1、2、3、4"时,即企业的应对方式分别为"置之不理、对抗反驳、积极澄清和纠正措施"时,顾客感知危险的平均值分别为:2.2604、2.9184、3.5155 和 2.7128。从顾客感知危险的平均值来看,采取"积极澄清"方式,可能顾客感知危险程度较低(注:根据量表,分值越小,顾客感知危险程度越高)。当外界应对分别为"1、2、3、4"时,即企业的应对方式分别为"无外界应对、行业应对、专家应对和政府应对"时,顾客感知危险的平均值分别为:1.8958、2.7813、2.8980 和 3.8526。从顾客感知危险的平均值来看,有外界应对(后三种情况)显然要好于无外界应对,此外"政府应对"的分值最高,这说明采取"政府应对"方式,顾客感知危险程度可能最低(注:根据量表,分值越小,顾客感知危险程度越高)。因此,从感知危险均值的分析来看,H_9、H_{11}、H_5,验证的可能性显得比较高。

表 13-41 Descriptive Statistics

Dependent Variable:顾客感知危险程度

企业应对	外界应对	Mean	Std. Deviation	N
置之不理	无外界应对	1.2400	0.52281	25
	行业应对	2.2609	0.86431	23
	专家应对	2.3200	0.80208	25
	政府应对	3.3043	0.87567	23
	Total	2.2604	1.05875	96
对抗反驳	无外界应对	1.7500	0.84699	24
	行业应对	3.0833	0.97431	24
	专家应对	2.8800	0.97125	25
	政府应对	3.9200	1.03763	25
	Total	2.9184	1.22410	98
积极澄清	无外界应对	2.6250	0.96965	24
	行业应对	3.2000	1.22474	25
	专家应对	3.7600	1.09087	25
	政府应对	4.5217	1.12288	23
	Total	3.5155	1.29191	97
纠正措施	无外界应对	2.0000	0.90453	23
	行业应对	2.5417	0.88363	24
	专家应对	2.6087	0.89133	23
	政府应对	3.6667	1.12932	24
	Total	2.7128	1.12281	94
Total	无外界应对	1.8958	0.95674	96
	行业应对	2.7813	1.05833	96
	专家应对	2.8980	1.07923	98
	政府应对	3.8526	1.12011	95
	Total	2.8545	1.25816	385

其次,本书对方差分析的前提条件进行检验。由于本书需要测试控制变量(企业应对和外界应对)的不同取值水平是否给观察变量(顾客感知危险)造成显著差异,所以仍然尝试使用多因数方差分析来检验假设。

方差分析的前提条件是各个水平下(组别)的总体服从方差相等的正态分布;其中对于正态分布的要求并不是很严格,但是对于方差相等的要求比较严格。对于方差相等的检验,采用的是 Homogeneity of Variance Test 方法,通过 SPSS13.0 的分析,计算得到 Levene Statistic 值为 1.800,显著水平为 0.033,由于 Homogeneity of Variance Test 的零假设为各水平总体下总体方差没有显著差异,因此可以认为各个组的总体方差不相等,不能满足方差检验的前提条件,见表 13-42。

表 13-42　Levene's Test of Equality of Error Variances

Dependent Variable：顾客感知危险程度

F	df1	df2	Sig.
1.800	15	369	0.033

Tests the null hypothesis that the error variance of the dependent variable is equal across groups.
Design：Intercept + 企业应对 + 外界应对 + 企业应对 × 外界应对。

因为方差分析不适合于本书，本书不得不尝试多次使用"两独立样本的非参数检验"来进行数据分析。两独立样本的非参数检验有多种检验方法，实证研究 3 选择使用最为常见的"两独立样本的 Mann-Whitney U 检验"，"两独立样本的 Mann-Whitney U 检验"主要通过对平均秩次的研究来实现推断。

对与 H_9 的检验，见表 13-43 和表 13-44。根据两表的数据可得知：①在置之不理与对抗反驳对比时，置之不理的平均秩次为 82.63，对抗反驳的平均秩次为 112.07，Z 值为 −3.765，相伴概率为 0.000，这表明置之不理与对抗反驳存在显著的区别；②在置之不理与积极澄清对比时，置之不理的平均秩次为 71.10，对抗反驳的平均秩次为 122.63，Z 值为 −6.577，相伴概率为 0.000，这表明置之不理与积极澄清存在显著的区别；③在置之不理与纠正措施对比时，置之不理的平均秩次为 85.21，对抗反驳的平均秩次为 106.01，Z 值为 −2.709，相伴概率为 0.007，因此，可以认为置之不理与纠正措施存在非常显著差异。综合上述 3 点的分析，H_9 得到了显著验证——企业有应对对于顾客感知危险的缓解显著优于企业无应对。

表 13-43　Ranks

	应对方式	N	Mean Rank	Sum of Ranks
顾客感知危险程度（对比 1）	置之不理	96	82.63	7932.50
	对抗反驳	98	112.07	10982.50
	Total	194		
顾客感知危险程度（对比 2）	置之不理	96	71.10	6825.50
	对抗反驳	97	122.63	11895.50
	Total	193		
顾客感知危险程度（对比 3）	置之不理	96	85.21	8180.50
	对抗反驳	94	106.01	9964.50
	Total	190		

表 13-44　Test Statistics

	顾客感知危险程度		
	置之不理 VS 对抗反驳	置之不理 VS 积极澄清	置之不理 VS 纠正措施
Mann-Whitney U	3276.500	2169.500	3524.500
Wilcoxon W	7932.500	6825.500	8180.500
Z	−3.765	−6.577	−2.709
Asymp. Sig.（2-tailed）	0.000	0.000	0.007

Grouping Variable：应对方式。

对于 H_{11} 的检验，见表 13-45 和表 13-46。根据两表的数据，可得知：在对抗反驳与积极澄清对比时，对抗反驳的平均秩次为 85.84，积极澄清的平均秩次为 110.29，Z 值为 −3.111，相伴概率为 0.002；这表明积极澄清对顾客感知危险的缓解，明显优于对抗反驳。因此，H_{11} 得到验证——在可辩解型产品伤害危机中，对于顾客感知危险的缓解，积极澄清优于对抗反驳。

表 13-45　Ranks

	应对方式	N	Mean Rank	Sum of Ranks
顾客感知危险程度	对抗反驳	98	85.84	8412.00
	积极澄清	97	110.29	10698.00
	Total	195		

表 13-46　Test Statistics

	顾客感知危险程度
	置之不理 VS 积极澄清
Mann-Whitney U	3561.000
Wilcoxon W	8412.000
Z	−3.111
Asymp. Sig.（2-tailed）	0.002

Grouping Variable：应对方式。

对于 H_{13} 的检验，见表 13-47 和表 13-48。根据两表的数据，可得知：在纠正措施与对抗反驳对比时，对抗反驳的平均秩次为 101.07，纠正措施的平均秩次为 91.73，Z 值为 −1.201，相伴概率为 0.230，这表明纠正措施与对抗反驳之间不存在显著的区别。因此，H_{13} 没有能得到验证——在可辩解型产品伤害危机中，对于顾客感知危险的缓解，纠正措施并不优于对抗反驳。

表 13-47　Ranks

	应对方式	N	Mean Rank	Sum of Ranks
顾客感知危险程度	对抗反驳	98	101.07	9905.00
	纠正措施	94	91.73	8623.00
	Total	192		

表 13-48　Test Statistics

	顾客感知危险程度
	置之不理 VS 纠正措施
Mann-Whitney U	4158.000
Wilcoxon W	8623.000
Z	−1.201
Asymp. Sig.（2-tailed）	0.230

Grouping Variable：应对方式。

对于 H_5 的检验，见表 13-49 和表 13-50。根据两表的数据，可得知：①在无外界应对与行业应对对比时，无外界应对的平均秩次为 74.78，行业应对的平均秩次为 118.22，Z 值为 −5.616，相伴概率为 0.000，这表明无外界应对与行业应对存在显著的区别；②在无外界应对与专家应对对比时，无外界应对的平均秩次为 73.03，行业应对的平均秩次为 121.47，Z 值为 −6.216，相伴概率为 0.000，这表明无外界应对与专家应对存在显著的区别；③在无外界应对与政府应对对比时，无外界应对的平均秩次为 58.78，行业应对的平均秩次为 134.12，Z 值为 −9.695，相伴概率为 0.000，因此，可以认为无外界应对与政府应对存在非常显著差异。综合上述 3 点的分析，H_{15} 得到了显著验证——有外界应对对于顾客感知危险的缓解显著优于无外界应对。

表 13-49　Ranks

	应对方式	N	Mean Rank	Sum of Ranks
顾客感知危险程度（对比1）	无外界应对	96	74.78	7178.50
	行业应对	96	118.22	11349.50
	Total	192		
顾客感知危险程度（对比2）	无外界应对	96	73.03	7011.00
	专家应对	98	121.47	11904.00
	Total	194		
顾客感知危险程度（对比3）	无外界应对	96	58.28	5594.50
	政府应对	95	134.12	12741.50
	Total	191		

表 13-50　Test Statistics

	顾客感知危险程度		
	无外界应对 VS 行业应对	无外界应对 VS 专家应对	无外界应对 VS 政府应对
Mann-Whitney U	2522.500	2355.000	938.500
Wilcoxon W	7178.500	7011.000	5594.500
Z	-5.616	-6.216	-9.695
Asymp. Sig.（2-tailed）	0.000	0.000	0.000

Grouping Variable：应对方式。

对于 H_{11} 的检验，见表 13-51 和表 13-52。根据两表的数据，可得知：在行业应对与专家应对对比时，行业应对的平均秩次为 94.49，专家应对的平均秩次为 100.45，Z 值为 -0.770，相伴概率为 0.441，这表明专家应对与行业应对之间不存在显著的区别。因此，H_{11} 没有能得到验证——在可辩解型产品伤害危机中，对于顾客感知危险的缓解，专家应对并不优于行业应对。

表 13-51　Ranks

	应对方式	N	Mean Rank	Sum of Ranks
顾客感知危险程度	行业应对	96	94.49	9071.00
	专家应对	98	100.45	9844.00
	Total	194		

表 13-52　Test Statistics

	顾客感知危险程度
	行业应对 VS 专家应对
Mann-Whitney U	4415.000
Wilcoxon W	9071.000
Z	-0.770
Asymp. Sig.（2-tailed）	0.441

Grouping Variable：应对方式。

对于 H_{19} 的检验，见表 13-53 和表 13-54。根据两表的数据，可得知：在行业应对与政府应对对比时，行业应对的平均秩次为 72.66，专家应对的平均秩次为 119.58，Z 值为 -6.060，相伴概率为 0.000；这表明政府应对对顾客感知危险的缓解，明显优于行业应对。因此，H_{19} 得到了验证——在可辩解型产品伤害危机中，对于顾客感知危险的缓解，政府应对优于行业应对。

表 13-53　Ranks

	应对方式	N	Mean Rank	Sum of Ranks
顾客感知危险程度（对比1）	行业应对	96	72.66	6975.50
	政府应对	95	119.58	11360.50
	Total	191		

表 13-54　Test Statistics

	顾客感知危险程度
	行业应对 VS 政府应对
Mann-Whitney U	2319.500
Wilcoxon W	6975.500
Z	−6.060
Asymp. Sig.（2-tailed）	0.000

综上所述，通过操纵"外界应对"和"企业应对"两大变量，本研究获得了16个小组顾客的顾客感知危险数据，与这些数据相关的假设有6个：H_9、H_{11}、H_{13}、H_{15}、H_5 和 H_{19}。通过对这些数据的分析，H_9、H_5、H_{15}、H_{19} 得到了验证，但是 H_{13}、H_{11} 没有得到验证。

（3）应对方式对顾客购买意愿的影响分析。

由于本书需要测试控制变量（企业应对和外界应对）的不同取值水平是否给观察变量（顾客购买意愿）造成显著差异，所以仍然首先尝试使用多因数方差分析来检验假设。

首先，本书对方差分析的前提条件进行检验。方差分析的前提条件是各个水平下（组别）的总体服从方差相等的正态分布；其中对于正态分布的要求并不是很严格，但是对于方差相等的要求比较严格。对于方差相等的检验，采用的是 Homogeneity of Variance Test 方法，见表13-55。通过SPSS13.0的分析，计算得到 Levene Statistic 值为0.963，显著水平为0.494，由于 Homogeneity of Variance Test 的零假设为各水平总体下总体方差没有显著差异，因此可以认为各个组的总体方差相等，满足方差检验的前提条件。

表 13-55　Levene's Test of Equality of Error Variances

Dependent Variable：顾客购买意愿降低程度

F	df1	df2	Sig.
0.963	15	369	0.494

Tests the null hypothesis that the error variance of the dependent variable is equal across groups.

Design：Intercept + 企业应对 + 外界应对 + 企业应对 × 外界应对。

其次，本书进行描述性统计分析，以便了解每一组的概况。表13-56为描述性统计，描述了16个组"顾客购买意愿降低程度"的平均值和标准差。当企业应对分别为"1、2、3、4"时，即企业的应对方式分别为"置之不理、对抗反驳、积极澄清和纠正措施"时，"顾客购买意愿降低程度"的平均值分别为：2.4375、2.8776、3.4742 和 2.8617。从"顾客购买意愿降低程度"的平均值来看，采取"积极澄清"方式，可能导致较小的顾客购买意愿降低程度（注：根据量表，分值越小，购买意愿降低程度越大）。当外界应对分别为"1、2、3、4"时，即企业的应对方式分别为"无外界应对、行业应对、专家应对和政府应对"时，顾客购买意愿的平均值分别为：2.0729、2.8125、3.0204 和 3.7579。从"顾客购买意愿降低程度"的平均值来看，有外界应对（后三种情况）显然要好于无外界应对，此外"政府应对"的分值最高，这初步说明采取"政府应对"方式，顾客购买意愿降低程度最小（注：根据量表，分值越小，购买意愿降低程度越大）。从"顾客购买意愿降低程度"均值的分析来看，H_{10}、H_{12}、H_{16}、H_{20} 被得到验证的可能性显得比较高。

表 13-56 Descriptive Statistics

Dependent Variable：顾客购买意愿降低程度

企业应对	外界应对	组别	Mean	Std. Deviation	N
纠正措施	无外界应对	EG_{11}	1.4000	0.57735	25
	行业应对	EG_{21}	2.3478	0.88465	23
	专家应对	EG_{31}	2.6400	0.86023	25
	政府应对	EG_{41}	3.4348	1.12112	23
	Total		2.4375	1.13149	96
对抗反驳	无外界应对	EG_{12}	1.8750	0.89988	24
	行业应对	EG_{22}	2.8333	0.81650	24
	专家应对	EG_{32}	3.0000	1.04083	25
	政府应对	EG_{42}	3.7600	1.12842	25
	Total		2.8776	1.17767	98
积极澄清	无外界应对	EG_{13}	2.8750	1.07592	24
	行业应对	EG_{23}	3.3600	0.86023	25
	专家应对	EG_{33}	3.5600	1.00333	25
	政府应对	EG_{43}	4.1304	1.25424	23
	Total		3.4742	1.12817	97
纠正措施	无外界应对	EG_{14}	2.1739	0.83406	23
	行业应对	EG_{24}	2.6667	0.81650	24
	专家应对	EG_{34}	2.8696	0.91970	23
	政府应对	EG_{44}	3.7083	1.08264	24
	Total		2.8617	1.06358	94
Total	无外界应对		2.0729	1.00781	96
	行业应对		2.8125	0.90974	96
	专家应对		3.0204	1.00493	98
	政府应对		3.7579	1.15515	95
	Total		2.9143	1.18164	385

再次，本书进行 F 检验分析。表 13-57 为 F 检验的结果，是多因素方差分析的主要结果。由于指定建立了饱和模型，因此总的离差平方和分为 3 个部分：多个控制变量对观察变量的独立作用部分，多个控制变量的交叉作用部分及随机变量影响部分。

表 13-57 Tests of Between-Subjects Effects

Dependent Variable：顾客购买意愿降低程度

Source	Type III sum of Squares	df	Mean Square	F	Sig.
Corrected Model	195.665	15	13.044	14.136	0.000
Intercept	3266.831	1	3266.831	3540.200	0.000
企业应对	51.865	3	17.288	18.735	0.000
外界应对	136.462	3	45.487	49.294	0.000
企业应对 × 外界应对	5.634	9	0.626	0.678	0.729
Error	340.506	369	0.923		
Total	3806.000	385			
Corrected Total	536.171	384			

关于多个控制变量对观察变量的独立作用部分,"企业应对"的离差平方和为51.865,均方为17.288;"外界应对"的离差平方和为136.462,均方为45.487;可见,"外界应对"对"顾客购买意愿降低程度"的影响要比"企业应对"的影响更大。它们的F值和相伴概率分别为18.375、0.000和49.294、0.000,这说明"企业应对"和"外界应对"两个变量都对"顾客购买意愿降低程度"造成了显著的影响。

关于多个控制变量的交叉作用部分,这里"外界应对"和"企业应对"交叉作用的离差平方和为5.634,均方为0.626。F值和相伴概率分别为0.678和0.729,这表明他们的交互作用没有对观察结果产生显著的影响。

关于随机变量影响部分(也就是error部分)所贡献的离差平方和均方为340.506,均方为0.923。这说明,相对于"企业应对","外界应对"随机变量影响部分对"顾客购买意愿降低程度"的影响较小,随机变量在本次实验中得到了较好的控制。

综上所述,通过F检验分析,我们可以得知:"企业应对"和"外界应对"两种应对方式都对"顾客购买意愿降低程度"产生了显著影响;"外界应对"对"顾客购买意愿降低程度"的影响要比"企业应对"的影响更大。

最后,本书以LSD方法比较不同组别对观察变量的影响。

表13-58是"企业应对"LSD法多重比较的结果。从该结果可以看出,置之不理和对抗反驳、积极澄清、纠正措施之间;对抗反驳和置之不理、积极澄清之间;积极澄清和置之不理、对抗反驳和纠正措施之间;纠正措施和置之不理、积极澄清之间,"顾客购买意愿降低程度"都存在显著的差异。但是,纠正措施和对抗反驳之间的差异性不显著。因此,从企业应对的LSD分析来看,H_{10}、H_{12}得到了显著验证,但是H_{14}没有得到验证。

表13-58 Multiple Comparisons

Dependent Variable:顾客购买意愿降低程度

	企业应对(I)	企业应对(J)	Mean Difference (I−J)	Std. Error	Sig.	95% Conifidence Interval Lower Bound	95% Conifidence Interval Upper Bound
LSD	置之不理	对抗反驳	−0.4401	0.13794	0.002	−0.7113	−0.1688
		积极澄清	−1.0367	0.13830	0.000	−1.3087	−0.7648
		纠正措施	−0.4242	0.13939	0.003	−0.6983	−0.1501
	对抗反驳	置之不理	0.4401	0.13794	0.002	0.1688	0.7113
		积极澄清	−0.5967	0.13758	0.000	−0.8672	−0.3261
		纠正措施	0.0158	0.13868	0.909	−0.2569	0.2886
	积极澄清	置之不理	1.0367	0.13830	0.000	0.7648	1.3087
		对抗反驳	0.5967	0.13758	0.000	0.3261	0.8672
		纠正措施	0.6125	0.13903	0.000	0.3391	0.8859
	纠正措施	置之不理	0.4242	0.13939	0.003	0.1501	0.6983
		对抗反驳	−0.0158	0.13868	0.909	−0.2886	0.2569
		积极澄清	−0.6125	0.13903	0.000	−0.8859	−0.3391

表13-59是"外界应对"LSD法多重比较的结果。从该结果可以看出,无外界应对和行业应对、专家应对、政府应对之间;行业应对和无外界应对、政府应对之间;专家应对和无外界应对、政府应对之间;政府应对和无外界应对、行业应对、专家应对之间,"顾客购买意愿降低程度"都存在显著的差异。但是,行业应对和专家应对之间不存在显著差异。因此,从外界应对的LSD分析来看,H_{16}、H_{20}得到了验证,但是H_{15}没有得到验证。

表 13-59 Multiple Comparisons

Dependent Variable：顾客购买意愿降低程度

	外界应对（I）	外界应对（J）	Mean Difference (I-J)	Std. Error	Sig.	95% Confidence Interval Lower Bound	Upper Bound
LSD	无外界应对	行业应对	-0.7396	0.13865	0.000	-1.0122	-0.4669
		专家应对	-0.9475	0.13794	0.000	-1.2187	-0.6762
		政府应对	-1.6850	0.13902	0.000	-1.9583	-1.4116
	行业应对	无外界应对	0.7396	0.13865	0.000	0.4669	1.0122
		专家应对	-0.2079	0.13794	0.133	-0.4792	0.0633
		政府应对	-0.9454	0.13902	0.000	-1.2188	-0.6720
	专家应对	无外界应对	0.9475	0.13794	0.000	0.6762	1.2187
		行业应对	0.2079	0.13794	0.133	-0.0633	0.4792
		政府应对	-0.7375	0.13831	0.000	-1.0095	-0.4655
	政府应对	无外界应对	1.6850	0.13902	0.000	1.4116	1.9583
		行业应对	0.9454	0.13902	0.000	0.6720	1.2188
		专家应对	0.7375	0.13831	0.000	0.4655	1.0095

综上所述，通过操纵"外界应对"和"企业应对"两大变量，本研究获得了 16 个小组的"顾客购买意愿降低程度"数据，与这些数据相关的假设有 6 个：H_{10}、H_{12}、H_{14}、H_{16}、H_{15} 和 H_{20}。通过对这些数据的分析，H_{10}、H_{12}、H_{16}、H_{20} 得到了验证，但是 H_{14}、H_{15} 没有得到验证。

13.8.8.8 结果讨论

通过对 H_9、H_{10}、H_{11}、H_{12}、H_{13}、H_{14}、H_{15}、H_{16}、H_{11}、H_{15}、H_{19} 和 H_{20} 的假设检验，本书证实了的假设有 8 个：H_9、H_{10}、H_{11}、H_{12}、H_{15}、H_{16}、H_{19}、H_{20}；没有证实的假设有 4 个：H_{13}、H_{14}、H_{11}、H_{15}；得出了 6 个有意义的结论。

第一，在可辩解型产品伤害危机中，企业有应对强于企业无应对。与纠正措施、积极澄清、对抗反驳三种方式相比，企业采取置之不理的应对方式，会导致最高的顾客感知危险，并在最大程度上降低顾客的购买意愿。

第二，在可辩解型产品伤害危机中，对于顾客感知危险的缓解和顾客购买意愿的维持，积极澄清显著优于对抗反驳。

第三，在可辩解型产品伤害危机中，对于顾客感知危险的缓解和顾客购买意愿的维持，纠正措施并不显著优于对抗反驳。

第四，在可辩解型产品伤害危机中，对于顾客感知危险的缓解和顾客购买意愿的维持，有外界应对显著优于无外界应对。

第五，在可辩解型产品伤害危机中，对于顾客感知危险的缓解和顾客购买意愿的维持，专家应对并不显著优于行业应对。

第六，在可辩解型产品伤害危机中，对于顾客感知危险的缓解和顾客购买意愿的维持，政府应对明显优于行业应对。

由于作者没有找到足够的理论支撑，实证研究 3 的 12 个假设并没有探讨"积极澄清"与"纠正措施"的优劣关系，以及"专家应对"与"政府应对"的优劣关系。但是，我们可以通过以上 6 点结论来推理得出这两组对比的优劣关系。首先，由于积极澄清显著优于对抗反驳，而纠正措施并不显著优于对抗反驳，且积极澄清的"顾客购买意愿降低程度"均值大于纠正措施，因此，本书推论认为积极澄清优于纠正措施（注：根据量表，分值越小，购买意愿降低程度越大）。其次，由于政府应对显著优于行业应对，而专家应对并不显著优于行业应对，且政府应对的"顾客购买意愿降低程度"均值大于专家应对，因此，本部分推论认为政府应对优于专家应对。

综合以上分析，我们进一步将本研究的发现成果总结成为3点：在应对可辩解型产品伤害危机时，有外界应对的效果强于无外界应对；企业在选择自身的应对方式时，最优的选择是"积极澄清"；企业在选择外界力量协助其应对时，最优的选择是"政府应对"。需要注意的是，基于两点，我们进一步可以推理得出，××在××事件中富有社会责任感的做法并不是可辩解型产品伤害危机中最优的应对方式。"积极澄清"已经足够，更多的社会责任感行为和承担责任行为并不利于减低顾客感知危机和维系顾客购买意愿。

通过上面对"企业应对"和"外界应对"的结论分析，本书证实了不同"企业应对"方式和"外界应对"方式会对"顾客感知危机"和"顾客购买意愿"产生完全不同的影响。在可辩解型产品伤害危机发生以后，企业除了利用自身的力量应对危机以外，还应该尽力寻求行业、专家和政府等外界力量的帮助。

在企业自身应对危机时，企业应该克服人本身所具有的缺点——否认危机、反驳媒体和指控者（Accuser），甚至认为不需要危机管理而对危机置之不理。在企业自身层面，最好的应对方式就是"积极澄清"，提供尽可能完备的信息和采用一些有信心的手段（如××邀请媒体参观工厂，以展示生产过程的安全性）。采取"纠正措施"的应对方式，并不能消除顾客的感知危机，"纠正措施"对可辩解型产品伤害危机的化解作用并不明显。如果企业可以邀请到外界力量帮助解决危机、澄清危机，其效果将会大大好于企业单独应对。外界力量的选择有其优先顺序。从本次实证研究的结果来看，政府是最好的选择，其次是专家和行业组织。

先前的研究已经证实了，在不可辩解型产品伤害危机中，企业有无应对和专家有无应对会对"消费者考虑集"造成显著的影响。而本书证实了，在可辩解型产品伤害危机中，4种企业的危机应对方式和4种外界的危机应对方式会对"顾客感知危机"和"顾客购买意愿"造成不同程度的影响。

本书根据Coombs（1999）、Pearson和Clair（1998）的相关研究结果推理，以及企业社会责任感（CSR）的相关研究结果推理，做出了12个假设：H_9、H_{10}、H_{11}、H_{12}、H_{13}、H_{14}、H_{15}、H_{16}、H_{17}、H_{18}、H_{19}和H_{20}。

为了证实这些假设，本书选择"实验法"对假设进行验证，因为这4个假设的内涵都是因果关系。在实验法的范畴内，本书选择了"现场实验法"和"因子设计"，选择现场实验法是为了获得较高的外部效度，选择因子设计是因为本书需要处理不同级别的两个或两个以上的自变量的影响。

在研究方法确定以后，本书进行了刺激物的设计和选择，选择2004年发生的"××牙膏涉嫌致癌危机"为背景事件来设计刺激物，具体原因有3个：刺激物的成熟性；探索性研究和相关研究的继承性。

在问卷和量表的设计上，本书仍然沿用其他研究者的问题和量表（Siomkos和Kurzbard，1994；Dawar和Pillutla，2000），尽可能保持了研究的继承性。

抽样设计包括4项工作：定义目标总体、界定抽样框架、选择抽样技术和确定样本数量。目标总体主要是指每周饮用牛奶一次以上的男性和女性，抽样框架的界定采用了问卷编号的方式，抽样技术尽可能强调了抽样的随机性，获得合格问卷416份，其中有效问卷385份。

本书在数据分析中同时采用了"多因素方差分析"和"两独立样本的非参数分析"。对于H_9、H_{11}、H_{13}、H_{15}、H_{17}和H_{19}的检验，因为原始数据无法通过方差同质性检验，而无法使用"多因素方差分析"。通过"两独立样本的非参数经验"分析，证实了4个假设：H_9、H_{15}、H_{17}和H_{19}；剩余2个假设没有得到验证：H_{13}和H_{11}。对于H_{10}、H_{12}、H_{14}、H_{16}、H_{18}和H_{20}的检验，由于原始数据能够通过方差同质性检验，因此采用"多因素方差分析"进行检验。数据分析结果显示，H_{10}、H_{12}、H_{16}和H_{20}四个假设通过了检验，H_{14}和H_{18}两个假设未能通过检验。

最后，通过对假设的进一步综合分析，我们进一步将本研究的发现成果总结成为3点：在应对可辩解型产品伤害危机时，有外界应对的效果强于无外界应对；企业在选择自身的应对方式时，最优的选择是"积极澄清"；企业在选择外界力量协助其应对时，最优的选择是"政府应对"。这一发现使得企业能够了解采用什么样的应对方式有助于减低顾客感知危险，维持顾客购买意愿，进而成功化解可辩解型产品伤害危机。

值得一提的是，实证研究3发现了一个危机管理中的经典错误。近30年来，企业界和学术界都认为××公司在××事件中的应对方式是危机应对的典范案例。但是，根据本书的实证研究结果，××公司当年采取的"纠正措施"并不适合于应对可辩解型产品伤害危机。在可辩解型产品伤害危机中，"纠正措施"无益于缓解顾客感知危险，"积极澄清"才是最优的选择。

13.8.9 案例研究

对于可辩解型产品伤害危机，本部分探讨了个体差异、外界舆论和危机应对方式三大因素对顾客感知危险和购买意愿的影响关系。探讨个体差异对顾客感知危险和购买意愿的影响，主要是为了进一步了解危机中不同消费群体的购买行为差异。而探讨外界舆论和危机应对方式对顾客感知危险和购买意愿的影响，则是为了解释顾客感知危险的产生、增加和缓解过程，进而解释购买意愿的变动情况。通过探讨外界舆论对顾客购买意愿的影响，本研究得出了两个有意义的结论："媒体对产品涉嫌存在危险的报道"越多，顾客的感知危险越强，顾客的购买意愿越低；"媒体对公众采取防范措施的报道"越多，顾客的感知危险越强，顾客的购买意愿越低。通过探讨危机应对方式对顾客购买意愿的影响，本研究发现，在应对可辩解型产品伤害危机时，有外界应对的效果强于企业应对；企业在选择自身的应对方式时，最优的选择是"积极澄清"；企业在选择外界力量协助其应对时，最优的选择是"政府应对"。

在本部分，作者将会运用上述研究结论来分析现实中的可辩解型产品伤害危机，通过对成功案例和失败案例的对比分析，进一步判别研究结论的正确性。

13.8.9.1 成功案例：××涉嫌致癌危机

××涉嫌致癌危机发生于2006年3月4日。从危机爆发到危机平息，总共持续了6天。在这6天之中，"媒体对产品涉嫌存在危险的报道"和"媒体对公众采取防范措施的报道"两类报道仅有32条，A公司和B公司采取了"积极澄清"的应对方式，行业组织、专家力量和政府力量也介入到本次危机的应对之中。负面报道的最小化、应对方式的最优化，在最大程度上降低危机中顾客的感知危险和维持了顾客的购买意愿。根据媒体的报道，在危机过后两种饮料的销售几乎都没有受到影响，这就使得"××涉嫌致癌危机"成为成功应对可辩解型产品伤害危机的典型案例。

（1）危机缘起。

2006年2月22日，新西兰一家新闻网站刊登了一条消息，声称包括××等众多流行软饮料在内，都含有防腐剂和抗氧化剂，可能构成致癌危险。文章还称，美国食品和药物管理局（FDA）1990年公布的测试报告显示，软饮料中包含的维生素C和苯甲酸钠相互作用，可形成苯。2006年3月2日英国食品标准局（Food Standards Agency）在其官方网站公布了一条消息，声称一些软饮料可能产生致癌物苯。文章中声称，大多数软饮料同时含有苯甲酸钠（防腐剂）与维生素C（抗氧化剂），这两种成分可能产生相互作用生成苯。而苯是一种致癌物；据电视类媒体报道，××饮料同时含有这两种成分。上述两条消息传到国内以后，××财经于2006年3月4日在其网站上连续刊登了名为：《××等软饮料有致癌危险》《××可能致癌中消协催监管机构早给说法》和《调查显示76.16%网民不会继续消费××》的三篇文章，触发了本次"××涉嫌致癌危机"。

（2）外界舆论。

对××涉嫌致癌的报道始于2006年3月4日。根据作者的统计，两类负面报道（仅限报纸和网络媒体，电视、广播等其他媒体无法统计），即"媒体对产品涉嫌存在危险的报道"和"媒体对公众采取防范措施的报道",总共持续了6天。根据××财经收集全国各大主要媒体的报道资料,在这6天内,各类媒体的两类负面报道数量总共大约有32条。这32条报道的具体分布如表13-60所示。

表13-60 ××涉嫌致癌危机中的媒体报道过程

	3月4日	3月5日	3月6日	3月7日	3月8日	3月9日
关键事件		1. 药监官员质疑饮料致癌的可能 2. ××向媒体解释产品符合中国、美国和欧洲标准	1. 中国饮料工业协会介入危机应对 2. ××发表关于媒体声明,解释产品的无害性	××向媒体解释微量苯无害健康	中国饮料工业协会澄清产品无害	国家质检总局澄清产品无害
负面媒体报道的数量	3条	15条	8条	2条	2条	2条

典型的"媒体对产品涉嫌存在危险的报道"类似于2006年3月5日《××报》刊登的《××可能致癌》报道:"新西兰一家新闻网站2月22日载文称,包括A公司旗下的××汽水、B公司旗下的××橙汁等软饮料,都含有防腐剂和抗氧化剂,可能构成致癌危险。××等电视类媒体近日也报道称,××饮料同时含有这两种成分。美国食品和药物管理局FDA,德国食品安全监督机构和英国食品标准局都展开过相应调查。英国媒体报道称,FDA早在一个月前就发出警告。而软饮料厂商早在七年前就已知道苯问题的存在。"

在××涉嫌致癌危机之中,类似于《××橙汁可能致癌》的媒体报道,虽然站在"中立"的角度报道事件,向公众讲述某个产品被怀疑存在缺陷和伤害的来龙去脉。但是,根据常识性归因理论、基本归因错误原理和本书实证研究2的结果,我们可以分析得知这就足以导致顾客感知危险的产生和购买意愿的降低。而且这一类媒体报道的数量越多,顾客的感知危险程度越强,顾客购买意愿的受损程度就越大。

典型的"媒体对公众采取防范措施的报道"类似于2006年3月6日《××晨报》刊登的标题名为《1.8万网民弃××》的报道"××汽水和××果汁被传出'可能'含致癌物质苯"的消息。接受××网调查的网民中,有1.8万人表示暂不会购饮这两种饮料。记者昨天走访了近10家超市、商店和饭店,发现已有不少人不再点用××。××财经在24175名网民中进行了调查,结果其中有18402人表示不会继续消费××等软饮料,占受调查网民的76.16%。另有18.67%的网民表示,将会减少消费××等软饮料。"

在××涉嫌致癌危机之中,类似于《1.8万网民弃饮××》的媒体报道向公众描述了其他消费者和零售商是如何针对危机做出应急防范措施的,暗示了其他消费者和零售商已经对产品产生了感知危险并采取了预防措施。

根据规范形成理论、心境连接理论、社会传染效应理论和实证研究2的结果,我们可以分析得知这些报道会强化顾客的感知危险和进一步降低顾客的购买意愿。而且这一类媒体报道的数量越多,这种负面效果就越是强烈。

对于A和B两家公司来讲,幸运的是在本次危机之中这两类媒体报道的数量都非常少、持续时间也比较短。因此,与其他企业在危机中遇到的大量媒体负面相比,顾客对××购买意愿的受损程度相对较小。如果再配合非常妥当的危机应对方式,那么A公司和B公司就可以把危机带来的损失降低到最低限度。

(3)应对方式。

自从2006年3月4日××涉嫌致癌危机爆发以后,A公司、B公司、行业组织、相关专家和政府机构都积极参与了该危机的应对。各方力量的具体应对措施如表13-61所示。

表 13-61 ××涉嫌致癌危机的危机应对过程

时间（2006 年） \ 应对方式	企业应对	行业应对	专家应对	政府应对
3月4日	各方均无应对			
3月5日	积极澄清：产品符合中国、美国、欧洲标准			上海市市食品药品监督所质疑饮料含苯致癌的可能性
3月6日	积极澄清：发表关于媒体声明，解释产品的无害性	中国饮料工业协会声明：将于两天内专门就此事进行详细的说明		
3月7日	积极澄清：向媒体解释极微量苯无害健康			
3月8日		中国饮料工业协会向媒体发表声明表示，饮料中的苯含量极低，不会对威胁公众健康		
3月9日				国家质检总局公布的软饮料产品检验结果表明，所有抽检样品的苯含量均在饮用水中苯限量标准以下
3月13日			中科院化学研究所教授表示，也是微不足道的，完全没必要引起恐慌	

对于表 13-61 中各种力量对"××涉嫌致癌危机"的应对细节，具体如下描述。

首先是企业应对，在本次危机中××都是采取了积极澄清的应对方式。2006 年 3 月 5 日，北京《××报》的报道如下："在接受记者采访时 A 公司公共事务部的一位负责人介绍说，此前美国及欧洲的相关部门已经就苯含量对饮料行业进行过抽查，抽查结果表明××产品完全符合当地的各项标准。同时，该负责人介绍说，英国食品标准局所言是针对整个行业存在的一些情况，并未特指某个公司．与 A 公司的表态一样，B 公司公共事务总监也表示，根据公司的综合评估和产品测试，B 公司所有的产品都是安全的，并且完全符合有关苯的所有规定。"

2006 年 3 月 6 日，"××财经"对 A 公司的应对方式报道如下："A 公司关于××汽水存在苯可能致癌问题的声明，A 公司的产品是安全的，也符合各地政府的规定。英国与美国卫生单位近日检验市场上之饮料，表明 A 公司的产品完全符合标准。A 公司在中国的产品，也符合所有有关安全规定。欧洲饮料协会指出，在欧美发现少数含有维生素 C（Ascorbic Acid）及苯甲酸钠（Sodium Benzoate）的饮料中可能含极微量之苯（Benzene）。由于可能存在于这些少数饮料的苯含量极微，对饮用者健康并无任何威胁。苯甲酸在饮料中广泛被使用作防腐剂，以防止对健康有威胁的细菌于饮料内生长。中国饮用水标准——苯含量应低于 10PPB，××汽水符合饮用水标准。"

2006 年 3 月 7 日，《××时报》的报道如下："A、B 公司同时发表媒体声明。报道备受市民关注的'软饮料苯含量超标'问题昨天又有新消息，涉嫌其中的××所属的 A、B 公司两大饮料巨头再次向本报发来郑重声明，重申他们的饮料没有问题的同时，称极微量的苯对人体健康无威胁，并一致表示，希望相关部门和组织能尽快就此事件有一个明朗的态度。"

其次是行业应对，中国饮料工业协会参与了"××涉嫌致癌危机"的应对。

2006 年 3 月 6 日，首先《××报》刊登了中国饮料工业协会参与危机应对的消息："昨天，中国饮料工业协会秘书长回复记者称，此事件已经引起了行业协会的关注，协会将于本周三专门就此事进行详细的说明，目前协会对此事不便发表评论。"

2006年3月8日，中国饮料工业协会开始发布英国食品标准局的检测结果，开始澄清饮料的安全性："3月7日该会对日前闹得沸沸扬扬的'饮料含苯问题'首次做出了回应。中国饮料工业协会称，英国食品标准局在对市面上出售的230种软饮料检测后发现，部分样品中苯含量非常低（最高8PPB），不会对公众健康造成威胁。"

再次是专家应对，中科院的化学专家也参与了"××涉嫌致癌危机"的应对。2006年3月13日，《××报》刊登了中科院化学研究所教授的观点："苯甲酸钠作为防腐剂使用已有很长的时间，应该说一直是安全的。"教授说："软饮料一般是常温甚至低温条件下饮用，如果不加热，即使同时含有这两种物质，也不太可能产生苯。另外，与家庭装修、汽车尾气带来的影响相比，也是微不足道的，完全没必要引起恐慌。对饮料中含苯这一说法，我们目前只能说有可能，但不会太大，除非在特殊的条件下。国内的食品专家目前也正在予以高度关注，一旦发现问题，将设法改进技术，让苯含量降到最低。食品监管部门同时表示，目前市场上的软饮料的各方面抽查总体合格，饮用是安全的，请国内广大消费者不要恐慌。"

最后是政府应对，各级政府先后都参与了"××涉嫌致癌危机"的应对。2006年3月5日，《××晚报》就率先刊登了地方政府对于本次危机的意见和观点："记者电话采访了××市食品药品监督所所长。所长告诉记者，苯甲酸钠（防腐剂）与维生素C（抗氧化剂）这两种成分，到底是否可能产生相互作用，是否可能生成苯，这点并不确定，值得怀疑。而美国媒体报道称，维生素C和苯甲酸钠通常情况下不会通过化学反应产生苯，但如果温度升高或者阳光照射，那么就可能催化产生苯。其实人们每天通过呼吸而进入体内的苯都要比喝软饮料而摄入的苯要多，水果、蔬菜和奶制品中都含有少量的苯。吸烟、汽车尾气以及油漆、洗衣粉都含有苯，长期接触苯会导致血癌以及白血病。"

2006年3月9日，××网又刊登了国家质量监督总局的产品检验结果，国家质检总局9日在此间公布的软饮料产品检验结果表明："在对170多批次软饮料产品的专项检验中，所有抽检样品的苯含量均在饮用水中苯限量标准以下。"

综上所述，我们可以分析得出A、B公司在"××涉嫌致癌危机"中采取了最为妥当和最为及时的应对方式。

首先，从企业层面来看，虽然面临极大的舆论压力，但是在危机爆发的高潮期（即2006年3月5日、6日、7日）两家公司都抑制住了反驳媒体和指控者的冲动，也没有作秀式地采取纠正措施等行为，而是采取最为妥当的"积极澄清"方式。

其次，从外部力量来看，外部力量在危机爆发的第二天（2006年3月5日）就介入了危机的应对。随即，在2006年3月6日和8日，行业组织介入了危机的应对；在2006年3月9日，政府组织又介入了危机应对；在2006年3月13日，专家又介入了应对。不论是行业应对、专家应对还是政府应对，其可知觉专家性和可知觉信赖性都大大强于企业单独应对，因此他们对产品无害性的澄清具有非常强的说服力和影响力，对于缓解顾客感知危险和维护顾客购买意愿都有非常积极的作用。

可见，在"××涉嫌致癌危机"中，可以说危机应对是非常成功的。不仅A、B两家公司自身采取了最优的危机应对方式；它们还争取了所有最有效的外界力量协助（也有可能是外界力量主动协助），并且这些外界力量在危机爆发第二天就开始介入危机应对。

13.8.9.2　失败案例：××涉嫌含重金属危机

"××涉嫌含重金属危机"发生于2006年9月14日。从危机爆发到危机彻底平息，总共持续了约90天。在这90天之中，"媒体对产品涉嫌存在危险的报道"和"媒体对公众采取防范措施的报道"两类报道竟然多达197条，而且××公司采取的傲慢姿态和"对抗反驳"应对方式，激怒了政府、媒体和广大公众，并使得政府力量在早期扮演了"惩罚者"的角色，××公司在事发一个半月以后才争取到政府力量出面协助澄清危机。

负面报道之多、应对方式失策,在最大程度上增加了危机中顾客的感知危险和降低了顾客的购买意愿。根据媒体的报道,在危机之中,××的销售几乎完全停滞;在危机过后,××就连进入商场都比较困难,这就使得"××涉嫌含重金属危机"成为失败应对可辩解型产品伤害危机的典型案例。

(1)危机缘起。

2006年9月14日,××网等网站刊登了××品牌多项化妆品被查出含有禁用成分的报道,从此引发了为期3个月的"××涉嫌含重金属危机"。××网的具体报道如下:"国家质检总局有关负责人14日向××证实,近日广东出入境检验检疫机构从来自日本××公司制造的××品牌系列化妆品中检出禁用物质铬和钕。检验检疫部门在对一批××重点净白素肌粉饼进行检验后发现,其钕成分含量高达4.5mg/kg。此外,××清透防晒乳液、××多元修护精华霜、××护肤洁面油、××护肤精华露、××重点净白肌粉底液OB-2、××护肤面膜、××重点净白素肌粉底液OD-3、××润采活肤粉凝霜OB-2系列进口产品中均被检出禁用物质铬,其含量为0.77mg/kg至2.0mg/kg。据了解,按照我国《化妆品卫生标准》(GB7916)的有关规定,化妆品中不能含有铬、钕等禁用物质。此外,欧盟等有关国家的相关规定中均把这两种元素列为化妆品禁用物质。"

(2)外界舆论。

对"××涉嫌含重金属危机"的报道始于2006年9月14日,终止于2006年12月15日前后,历时3个月。根据作者的统计,两类负面报道,即"媒体对产品涉嫌存在危险的报道"和"媒体对公众采取防范措施的报道",也总共持续了大约90天。

根据××财经收集的全国各大主要媒体报道资料,在这90天内,各类媒体(仅限报纸和网络媒体,电视、广播等其他媒体无法统计)的两类负面报道数量总共大约有197条。这197条报道的具体分布如表13-62所示。

表13-62 ××涉嫌含重金属危机的媒体报道过程

时间	关键事件	负面媒体报道的数量
2006年9月14日	××品牌多项化妆品被报查出含有禁用成分	3条
2006年9月15日	××称接受消费者退货。但退货协议被质疑为"霸王条款"	19条
2006年9月19日	韩国、新加坡等地区和国家的医药安全部门表示,将对××产品的成分进行检查。××风波蔓延亚洲	50条(9.16~9.19)
2006年9月22日	××美国总部通过了决定,××暂时撤出中国市场,销售人员带薪休假	70条(9.20~9.22)
2006年10月23日	国家质检总局和卫生部就××产品安全性问题做出澄清说明	43条(9.22~10.22)
2006年10月24日	××称在数周内恢复专柜销售	
2006年11月29日	京沪媒体爆出"××重返京城遇冷,众商家不愿首批开专柜"	8条(10.23~11.29)
2006年12月3日	××从广州开始重新返市销售	4条(12.03)

典型的"媒体对产品涉嫌存在危险的报道"类似于2006年09月15日《××时报》刊登的一篇名为《进口××查出违禁成分》的文章:"……来自国家质检总局的最新消息显示,来自日本的××品牌多项化妆品中被查出含有禁用成分铬和钕。……据介绍,铬为皮肤变态反应原,可引起过敏性皮炎或湿疹,病程长,久而不愈。针对眼睛和黏膜有很强的刺激性,对皮肤有中度刺激性,吸入还可导致肺栓塞和肝损害。我国和欧盟等有关国家的相关规定中均把这两种元素列为化妆品禁用物质。"

在××涉嫌含重金属危机之中,类似于《进口××查出违禁成分》的媒体报道越多,就会加重公众对铬和钕的恐惧情绪,让他们感觉到本次危机似乎非常严重。根据常识性归因理论、基本归因错误原理和本书实证研究2的结果,我们可以分析得知顾客不可能认为化妆品中含有微量的铬和钕是不可避免的,而会认为这是××产品的问题,这就足以导致顾客感知危险的产生和购买意愿的降低。

典型的"媒体对公众采取防范措施的报道"类似于2006年9月18日《××晨报》刊登的标题名

为《××遇退货潮，部分商场先赔》的报道："……××被国家质检部门查出含有违禁物质后，上周末，美美、太平洋、远东三大百货卖场遭遇了退货浪潮。太平洋和远东百货表示，对符合退货条件的消费者先行赔付。……"

在××涉嫌致癌危机之中，类似于《××遭遇退货潮，部分商场先赔》的媒体报道对危机升级起到促进作用。退货潮意味着许多的××的顾客已经感知到危险，并以退货的方式来采取防范措施和补救措施；而零售商接受退货，更是暗示了它们也在默认××的有害性。根据规范形成理论、心境连接理论、社会传染效应理论和实证研究2的结果，我们可以分析得知这些报道会大大强化顾客的感知危险和进一步降低顾客的购买意愿。

综上所述，非常遗憾的是，在本次危机中××公司没有能控制住整个外部舆论的舆论导向，致使两类负面媒体报道的数量高达197条、持续时间竟然长达90天。因此，顾客对××购买意愿收到了极大程度的损害。更加不幸的，××公司在本次危机中采取了一系列非常不妥的危机应对方式，进一步增加了本次危机的严重性和伤害性。

（3）应对方式。

自从2006年9月14日，××涉嫌含重金属危机爆发以后，××公司和政府机构参与了该危机的应对。但是，××公司一开始没有抑制住本能性的冲动，表现出了其固有的"傲慢"态度，不但连续发表声明，坚称其"产品的安全和质量有充分的保障""××产品在生产过程中并未添加文中所涉及的成分"，且对消费者退货设置了极端苛刻的"霸王条款条件"，刁难退货的消费者。××公司的所有应对措施，都起到了一个作用：激化升级危机、僵化了同政府和公众的关系，对于顾客感知危险的消除和顾客购买意愿的维护并无帮助。

此外，正是因为××僵化了与政府的关系，没有争取到政府应对的尽早出现。危机在没有外界应对的协助下，发展和传播一个多月，影响逐渐扩展到整个东亚地区，造成了后期危机的无法挽回，也是其失败之处。

在××涉嫌含重金属危机中，各方力量的具体应对措施如表13-63所示。

表13-63 ××涉嫌含重金属危机的危机应对过程

时间	企业应对	政府应对
2006年9月15日	对抗反驳：××发表媒体声明宣称"××产品在生产过程中并未添加文中所涉及的成分"；终端销售人员关于××报道"都是谣言"	
2006年9月16日	对抗反驳：××发表声明坚持声称"产品的安全和质量有充分的保障"	
2006年9月19日	对抗反驳：××接受消费者退货。但退货协议被质疑为"霸王条款"，退货协议书中赫然写着："尽管产品本身为合格产品，不存在质量问题。但本着对消费者负责的态度，我们决定为您做退货处理。经双方协议同意退款方××元，此处理方案为本案例一次性终结处理。"	
	对抗反驳：××对××报记者表示不清楚《化妆品卫生规范》，而后者是目前国家进行化妆品检测的主要依据	
	对抗反驳：××的代言人××表示会继续使用该护肤品；××也说："到目前为止，我不会停用。"	
	对抗反驳：对零售商的下架表示不接，称××产品是走私品	
2006年9月22日	纠正措施：××品牌22日发表声明，决定暂停其在中国的产品销售，并暂时停止××专柜的运作，直至确认符合中国有关在售化妆品所含微量铬和钕的规定	
2006年9月24日	置之不理：对于部分商场主动退货一事，中国公共关系经理表示自己并不知道此事，也不能对此事表态	
2006年10月23日		国家质检总局、卫生部联合发表声明称。××公司确认在生产过程中未添加铬和钕，产品被检出的铬和钕系原料带入所致

下面，本部分对于表13-63中各种力量的应对细节做更进一步的描述。

首先，从企业应对层面来看，在整个危机过程中，××公司主要采取的是"对抗反驳"的处理方式，否认政府的检测结果，与媒体和顾客对抗。

2006年9月15日，××公司向《××新闻》表示："《××新闻》昨日从××公司获悉，此次被查违禁化妆品均为××公司旗下全资子公司生产的产品。但其认为××产品在生产过程中并无违禁成分。"

2006年9月16日，××公司发表媒体声明表示："××所有产品在研发和生产过程中都经过了严谨的安全评估，并且在进入中国市场前都经过港口出入境检验检疫局的严格检验，产品的安全和质量有充分的保障，××产品在生产过程中并未添加文中所涉及的成分。"

2006年9月19日，××公司要求顾客在退货时不仅要备齐购物凭证、产品，还得签订一份名为《非健康相关非产品质量问题投诉快速退货处理简易协议书》的霸王协议，协议书中赫然写着"尽管产品本身为合格产品，不存在质量问题，但本着对消费者负责的态度，我们决定为您做退货处理，经双方协议同意退款××元。此处理方案为本案例一次性终结处理。"

2006年9月19日，××公司在接受××报记者采访时声称表示不清楚中国的《化妆品卫生规范》，而后者是目前国家进行化妆品检测的主要依据。

2006年9月19日，××产品的代言人顶风声称支持××，表示会继续使用该护肤品。

2006年9月19日，××对零售商下架其商品表示不解，并且怀疑"中国市场产品是走私品"。

2006年9月22日，××美国总部通过了决定，××暂时撤出中国市场，销售人员带薪休假，直至确认符合中国有关在售化妆品所含微量铬和钕的规定。

2006年9月24日，对于部分商场主动退货一事，××对媒体采访采取了置之不理的态度。《××晨报》的报道如下，"继22日××声明暂停退货后，昨日，沪部分商场主动承担起为消费者退货的责任，甚至当场支付退货款，而商场更没有让退货消费者签署前几日××主持退货时所要求的'霸王协议'。昨晚，当记者询问××是否计划与提供退货服务的商场协商退货款时，××中国公共关系经理表示，自己并不知道此事，也暂时不能对此事表态。"

其次，从企业外部力量来看，在整个危机过程中，虽然国家质检总局、卫生部发表了联合声明，但是，政府应对似乎出现的比较迟。如果××能够跟政府少一点对抗，早一个月争取到政府应对介入，那么消除顾客的感知危险和恢复顾客的购买意愿的效果可能要好得多。

2006年10月23日，国家质检总局、卫生部联合发表声明称："国家质检总局、卫生部联合发表声明称，××公司确认在生产过程中未添加铬和钕，产品被检出的铬和钕系原料带入所致。××公司表示将在中国继续销售××产品。……××公司对××产品进行了认真的检查和分析，确认在生产过程中未添加铬和钕，问题产品中被检出的铬和钕都是原料带入所致。经专家评估，正常使用含微量铬和钕的化妆品对消费者的健康危害风险较低。截至目前，未证实有化妆品因含微量铬和钕而损害消费者健康的情况发生。"

综上所述，根据实证研究3的研究结论，××在"××涉嫌含重金属危机"中是没有能够及时采取妥当应对方式。

第一，从企业层面来看，××公司没有能够克制住反驳媒体和指控者的冲动，多次采取对消除顾客感知危险和顾客购买意愿效果甚弱的应对方式——"对抗反驳"。一方面，这使得××公司错失了早期解决危机的黄金时机；另一方面，这也为媒体增加了更多的新闻点，增加了负面报道的出现数量，××公司否认国家检测结果的强硬态度，僵化了大众媒体和政府机构的关系。

第二，××的强硬态度引起各种外部力量的不满，使××公司一度处于"四面楚歌"的境地。

××对政府检测结果的质疑和否认,没有导致有利的"政府应对"出现,而是导致了政府机构采取更为强硬的措施。这就意味着在危机发生的早期,××公司不仅没有尝试争取政府力量的帮助,而且把政府力量推到了自己的对立面,这或许是××在本次危机中的最大失败之处。虽然××公司后来意识到这一问题,极力争取政府帮助,政府也在2006年10月23日澄清了××的无害性,但是,这已距离危机爆发超过1个多月,这时候××的销售已经停滞了,顾客已经不是怀疑而是深信××的有害性,"政府应对"对危机的应对效果已经大打折扣。另外,××的强硬态度似乎也引起了媒体的不满,在政府澄清××的无害性以后,国内帮助××报道此事的媒体极少,大多数媒体仍然倾向于报道××重新上市后,零售商和顾客不接受产品的消息。

可见,在"××涉嫌含重金属危机"中,不仅××公司自身没有能够采取比较妥当的应对方式;还僵化与媒体和政府的关系,一度处于媒体和政府的对立面,没有能够及时争取到外界力量的协助。因此,可以说××在本次危机中的应对方式是非常失败的。如果××一开始以温和的态度应对此事,解释"铬"和"钕"两种元素的来源,尽早争取行业组织、专家机构和政府力量的澄清,可能××的市场损失会减少一些。

13.8.9.3 案例对比分析

前面两部分详细介绍了成功和失败应对可辩解型产品伤害危机的两个案例,本部分对成功案例和失败案例进行对比分析,验证本部分的研究结论能否解释案例对比出现的差异——在可辩解型产品伤害危机中,为什么不同的企业会遭受不同程度的销售损失?

通过实证研究2,本部分得出了两个有意义的结论:"媒体对产品涉嫌存在危险的报道"越多,顾客的感知危险越强,顾客的购买意愿降低程度越大;"媒体对公众采取防范措施的报道"越多,顾客的感知危险越强,顾客的购买意愿降低程度越大。运用这两个结论分析两个危机中的媒体报道,可以发现这两个结论对于两个危机中的产品销售受损差异具有非常强的解释力。具体分析如表13-64所示。

表13-64 两个案例的媒体报道对比

	××涉嫌致癌危机	××涉嫌含重金属危机
媒体报道持续时间	6天	约90天
负责媒体报道的数量	32条	197条
企业的销售受损情况	非常小(销售仍然维持)	非常大(销售接近停用)
实证研究2的研究结论	媒体对产品涉嫌存在危险的报道越多,媒体对公众采取防范措施的报道越多,顾客的感知危险越强,顾客的购买意愿降低程度越大	
研究结论对案例的解释力	强	

通过实证研究3,本部分发现,在应对可辩解型产品伤害危机时,有外界应对的效果强于企业应对;企业在选择自身的应对方式时,最优的选择是"积极澄清";企业在选择外界力量协助其应对时,最优的选择是"政府应对"。运用这3个结论分析两个危机中的应对方式,可以发现这3个结论也能比较好地解释两个危机中的产品销售受损差异。具体分析如表13-65所示。

表13-65 两个案例的应对方式对比

		××涉嫌致癌危机	××涉嫌含重金属危机
企业应对	置之不理		√
	坚决反驳		√
	积极澄清	√	
	纠正措施		√

		××涉嫌致癌危机	××涉嫌含重金属危机
外界应对	无外界应对		
	行业应对	√	
	专家应对	√	
	政府应对	√	√*
企业的销售受限情况		非常小（销售仍然维持）	非常大（销售接近停用）
实证研究3的研究结论		在应对可辩解型产品伤害危机时，有外界应对的效果强于企业应对；企业在选择自身的应对方式时，最优的选择是"积极澄清"；企业在选择外界力量协助其应对时，最优的选择是"政府应对"	
研究结论对案例的解释力		较强	

* 由于××公司早期的强硬态度，某些地方政府早期曾经下令暂停××销售，这实际上对化解危机起到了反作用，成为危机恶化的强心针，本处所指的"政府应对"出现在2006年10月23日，即国家质检总局、卫生部联合发表声明澄清××的无害性。

表13-64和表13-65分别从媒体报道和应对方式两方面对现实案例进行了分析，发现根据本部分的研究结论做出的判断，跟现实现象能够很好地契合。这就进一步证实本书结论的正确性，也说明研究结论在较大程度上实现了研究目标，即"在可辩解型产品伤害危机中，为什么不同的企业会遭受不同程度的销售损失"。

最后，需要解释的是，对于实证研究1的结论，由于作者没有能在媒体报道和相关文献资料中找到确切的顾客个体差异数据，因此，无法通过案例研究对其进行再一次实证。

13.8.10 研究总结

本研究紧紧围绕"研究背景"中提出的问题，从最基本的产品伤害危机概念出发，抽丝剥茧，一层一层深入开展研究。首先，在产品伤害危机层面展开了研究，对产品伤害危机及其应对方式进行了分类。这些分类澄清了先前研究在产品伤害危机应对方式上的观点差异，并且开拓了一个全新的产品伤害危机研究空间。其次，在可辩解型产品伤害危机层面展开了研究，分别探索了个体差异、外界舆论和应对方式对顾客购买意愿的影响。最后，回顾和总结先前的所有研究。

13.8.10.1 研究结果

因为本研究的内容分为两个层次：产品伤害危机层次和可辩解型产品伤害危机层次，因此研究结果也分为两个层次。

（1）产品伤害危机层次。

在产品伤害危机层次，研究成果主要体现在三个方面：产品伤害危机的定义、产品伤害危机的分类和产品伤害危机应对方式的分类。

首先，在产品伤害危机的定义层面，本研究澄清了产品伤害危机和产品责任、产品召回和商业谣言的差别。产品伤害危机和产品责任的区别就在于影响范围和法律责任两个方面。产品伤害危机和产品召回的区别就在于产品召回是产品伤害危机可能导致的后果之一。产品伤害危机和商业谣言的区别就在于两点：商业谣言是往往不知道谣言起源所在，但是产品伤害危机的起因通常很明确；产品伤害危机只涉及公司的产品，但是商业谣言可能涉及公司意识形态等其他方面。

其次，借鉴Smith、Larry（2003）对产品责任危机的分类，本研究将产品伤害危机分为两大类：可辩解型产品伤害危机和不可辩解型产品伤害危机。两类产品伤害危机的分类依据是产品缺陷或伤害是否违反相关产品法规或安全标准。

再次，本研究对可辩解型产品伤害危机的应对方式进行了分类。从企业层面来看，观察到了可辩解型产品伤害危机的4类完全不同的危机应对方式，分别是纠正措施、积极澄清、置之不理和对抗反驳。从企业外部力量来看，据外界介入危机应对的主体不同，把外界对可辩解型产品伤害危机的应对方式分为三种，分别是专家应对、政府应对和行业应对。

（2）可辩解型产品伤害危机层次。

在可辩解型产品伤害危机层次，研究成果主要体现在三个方面：个体差异对顾客购买意愿的影响、外界舆论对顾客购买意愿的影响和应对方式对顾客购买意愿的影响。

本研究通过探索性研究共得到20个假设，具体证实情况如表13-66所示。在这20个假设中，有12个得到完全验证，有6个没有能够得到验证：H_3、H_4、H_{13}、H_{14}、H_{17}和H_{18}，另有两个得到部分验证：H_1和H_2。H_1和H_2只在老年顾客年龄段得到显著证实，即老年顾客的感知危险强度显著大于其他年龄段的顾客，其购买意愿降低程度也更大，但是中年顾客和青年顾客之间并不存在显著差异。

表13-66 假设验证情况汇总

研究假设	验证情况
H_1：在可辩解型产品伤害危机中，顾客年龄越大，其感知危险程度越高	√×
H_2：在可辩解型产品伤害危机中，顾客年龄越大，其购买意愿降低程度越大	√×
H_3：在可辩解型产品伤害危机中，女性顾客的感知危险程度高于男性顾客	×
H_4：在可辩解型产品伤害危机中，女性顾客的购买意愿降低程度大于男性顾客	×
H_5：在可辩解型产品伤害危机中，媒体对产品涉嫌存在危险的报道越多，顾客的感知危险程度越高	√
H_6：在可辩解型产品伤害危机中，媒体对产品涉嫌存在危险的报道越多，顾客的购买意愿降低程度越大	√
H_7：在可辩解型产品伤害危机中，媒体对公众采取防范措施的报道越多，顾客的感知危险程度越高	√
H_8：在可辩解型产品伤害危机中，媒体对公众采取防范措施的报道越多，顾客的购买意愿降低程度越大	√
H_9：在可辩解型产品伤害危机中，对于顾客感知危险的缓解，企业有应对优于企业无应对	√
H_{10}：在可辩解型产品伤害危机中，对于顾客购买意愿的维持，企业有应对优于企业无应对	√
H_{11}：在可辩解型产品伤害危机中，对于顾客感知危险的缓解，积极澄清优于对抗反驳	√
H_{12}：在可辩解型产品伤害危机中，对于顾客购买意愿的维持，积极澄清优于对抗反驳	√
H_{13}：在可辩解型产品伤害危机中，对于顾客感知危险的缓解，纠正措施优于对抗反驳	×
H_{14}：在可辩解型产品伤害危机中，对于顾客购买意愿的维持，纠正措施优于对抗反驳	×
H_{15}：在可辩解型产品伤害危机中，对于顾客感知危险的缓解，有外界应对优于无外界应对	√
H_{16}：在可辩解型产品伤害危机中，对于顾客购买意愿的维持，有外界应对优于无外界应对	√
H_{17}：在可辩解型产品伤害危机中，对于顾客感知危险的缓解，专家应对优于行业应对	×
H_{18}：在可辩解型产品伤害危机中，对于顾客购买意愿的维持，专家应对优于行业应对	×
H_{19}：在可辩解型产品伤害危机中，对于顾客感知危险的缓解，政府应对优于行业应对	√
H_{20}：在可辩解型产品伤害危机中，对于顾客购买意愿的维持，政府应对优于行业应对	√

13.8.10.2 研究结论

通过对研究结果的综合分析，本研究得出了4个有意义的研究结论。

首先，本研究通过案例分析认为，之所以王晓玉、吴纪元和晁钢令（2005）对产品伤害危机应对方式的分类会出现Siomkos和Kurzbard（1994）、Dawar和Pillutla（2000）四位研究者的分类所不能涵盖的内容——专家应对，是因为他们分别观察到了不同类型的产品伤害危机：可辩解型产品伤害危机和不可辩解型产品伤害危机。从企业力量和企业外部力量来看，可辩解型和不可辩解型产品伤害危机的应对方式存在巨大的差异。在不可辩解型产品伤害危机中，由于产品事实上存在缺陷和伤害，外界力量是无法帮助企业澄清危机的。

其次，本研究通过实证研究1认为，在可辩解型产品伤害危机，顾客的某些个体差异将会影响到顾客购买意愿的受损程度。第一，年龄差异将会影响到顾客的购买行为。老年顾客（60岁及以上）对可辩解型产品伤害危机的感知危险更为强烈，其购买意愿下降程度也较中年和青年顾客更大；但是，中年顾客和青年顾客之间却不存在这种显著区别。第二，性别差异对可辩解型产品伤害危机的感知危险和购买意愿不会产生显著影响。

再次,本研究通过实证研究2认为,在可辩解型产品伤害危机中,"媒体对产品涉嫌存在危险的报道"和"媒体对公众采取防范措施的报道"两种媒体报道的数量越多,顾客的感知危险越强,顾客的购买意愿降低越多。

最后,通过实证研究3,得出本研究最重要的一个结论:在应对可辩解型产品伤害危机时,有外界应对的效果强于企业应对;企业在选择自身的应对方式时,最优的选择是"积极澄清";企业在选择外界力量协助其应对时,最优的选择是"政府应对"。基于实证研究3的结论,我们进一步认为得出,××公司在××事件中富有社会责任感的做法可能只适合于应对不可辩解型产品伤害危机,并不适合于应对可辩解型产品伤害危机。"积极澄清"才是应对可辩解型产品伤害危机的最优方式,更多社会责任感行为和承担责任行为并不利于减低顾客感知危险和维系顾客购买意愿。

13.8.10.3 研究成果

基于研究结果和研究结论,本书获得了5个有意义的研究成果。

第一,本书澄清了产品伤害危机与产品责任、产品召回和商业谣言之间的区别。产品伤害危机和产品责任的区别就在于影响范围和法律责任两个方面。产品伤害危机和产品召回的区别就在于产品召回是产品伤害危机可能导致的后果之一。产品伤害危机和商业谣言的区别就在于两点,商业谣言是往往不知道谣言起源所在,但是产品伤害危机的起因通常很明确;产品伤害危机只涉及公司的产品,但是商业谣言可能涉及公司意识形态等其他方面。

第二,本书对产品伤害危机及其应对方式进行了分类,解释了为什么王晓玉等对产品伤害危机应对方式的分类会出现Siomkos等的分类所不能涵盖的内容——专家应对,Siomkos和Kurzbard(1994),Dawar和Pillutla(2000)四位研究者都认为产品伤害危机的应对方式是由处于"坚决否认"到"积极承担责任"之间的诸多可能构成;但是,王晓玉、吴纪元和晁钢令(2005)依据平息危机可能会出现的两种主体——企业和专家,把产品伤害危机的应对方式分为四类。这四类应对方式是:无公司应对,无专家应对;有公司应对,无专家应对;无公司应对,有专家应对;有公司应对,有专家应对。为什么王晓玉、吴纪元和晁钢令的分类结果却明显不同于国外学者的分类结果呢?

本书通过对产品伤害危机进一步地深入观察,观察和研究了更多的产品伤害危机,很好地解释这一疑问。如表13-67所示,国内外研究者之所以在产品伤害危机的应对方式有不同的见解,是因为他们研究的是不同类型的产品伤害危机。

表13-67 两类产品伤害危机及其应对方式

	不可辩解型产品伤害危机	可辩解型产品伤害危机
典型研究者	Siomkos和Kurzbard(1994),Dawar和Pillutla(2000)	王晓玉、吴纪元和晁钢令(2005)
典型应对方式	Siomkos和Kurzbard认为有四种应对方式:坚决否认;强制召回;主动召回;积极承担责任 Dawar和Pillutla认为,在"坚决否认"到"积极承担责任"之间存在多种可能的应对方式	共四种应对方式 企业和专家均无应对;企业单独应对;专家单独应对;企业和专家双重应对

从表13-67我们可以发现。对于"不可辩解型产品伤害危机",由于企业的产品确实违反了相关产品法规和安全标准,外界力量(如专家)是不可能帮助企业澄清产品危害性的,而且企业可能会面临产品召回的问题。但是,对于"可辩解型产品伤害危机",由于企业的产品缺陷尚未违反相关产品法规和安全标准,企业可能借助外界的力量来应对危机,澄清产品的无害性,而且企业也不会面临产品召回的问题。

综上所述,本书对产品伤害危机及其应对方式的分类,不仅丰富了产品伤害危机的相关理论,解释了先前研究的观点差异,而且开拓了产品伤害危机的研究空间,三个实证研究就是基于这一理论创新而开展的。

第三，本书验证了个体差异对顾客购买意愿的影响。通过实证研究1，发现在可辩解型产品伤害危机，顾客的某些个体差异将会影响到顾客购买意愿的受损程度。年龄差异将会影响到顾客的购买行为。老年顾客（60岁及以上）对可辩解型产品伤害危机的感知危险更为强烈，其购买意愿下降程度也较中年和青年顾客更大；但是，中年顾客和青年顾客之间却不存在这种显著区别。性别差异对可辩解型产品伤害危机的感知危险和购买意愿不会产生显著影响。实证研究1的研究结论对进一步研究产品伤害危机中的消费者行为提供了有用的启示。在未来的产品伤害危机研究中，后续研究应该从年龄上对样本比例进行严格控制，尽可能确保各个实验组中的老年顾客比例固定且相当。

第四，本书验证了外界舆论对顾客购买意愿的影响。通过实证研究2，发现媒体对产品涉嫌存在危险的报道越多，顾客对产品的感知危险越强，顾客对产品的购买意愿降低越多；媒体对公众采取防范措施的报道越多，顾客对产品的感知危险越强，顾客对产品的购买意愿降低越多。实证研究2的结论进一步解释了在可辩解型产品伤害危机之中，顾客的感知危险和购买意愿是如何逐渐恶化的。这也对企业提供了有用的启示，在危机之中应该如何通过媒体报道内容来预测顾客购买行为的变化，应该控制哪些媒体报道来阻止危机的恶化和升级。

第五，本书验证了应对方式对顾客购买意愿的影响。通过实证研究3，证实了在应对可辩解型产品伤害危机时，有外界应对的效果强于企业应对；企业在选择自身的应对方式时，最优的选择是"积极澄清"；企业在选择外界力量协助其应对时，最优的选择是"政府应对"。这一发现使得企业能够了解采用什么样的应对方式有助于减低顾客感知危险，维持顾客购买意愿，进而成功化解可辩解型产品伤害危机。上述研究结论，为企业成功应对可辩解型产品伤害危机提供了非常重要的启示。

13.8.10.4 研究启示

基于实证研究和案例研究，本部分把研究得出结果和结论转化为现实中产品伤害危机管理的建议和启示，为企业解决可辩解型产品伤害危机提供借鉴。这些建议和启示归纳起来有五大原则：速度第一原则、舆论主动原则、避免争论原则、权威应对原则和系统应对原则。

第一是速度第一原则，也即"把危机控制在萌芽状态"原则。危机发生后，能否首先控制住事态，使其不扩大、不升级、不蔓延，是处理危机的关键。

可辩解型产品伤害危机发生以后，企业和外部力量的介入都存在一定的时间间隔。在这段时间间隔中，实际上主要是媒体根据自己的推测和判断在向公众传达危机信息。产品没有伤害，危机就不具有"新闻性"，所以大多数媒体都倾向于报道危机最悲观和最不利的一面。媒体早期传播的时间越长，公众中充斥的猜测或谣言就越多，对公司越不利。

第二是舆论主动原则。舆论主动原则是指在危机应对过程中，危机公司应该尽可能引导社会舆论的方向，特别是引导媒体报道的方向。因此，公司应该尽早介入危机处理，尽早做出回应，主动地、积极地与媒体沟通，千万不要采取"置之不理"的方式。

在危机中，媒体和公众都会倾向于认为公司的沉默就是承认产品有害，若企业对于危机"置之不理"，顾客的感知危险就会产生，媒体的报道也会因此不断扩大，进而扩大了危机的杀伤力。对危机的迅速回应，能够在一定程度上引导媒体的报道方向，取得一定解释的空间，获取一定程度的主动。另外，迅速回应也是企业实力和信息的体现，公司的尽早积极介入体现了公司对产品质量的信心，公司对自己产品的信心也会加强公众对产品的信心。从某种意义上讲，公司尽早积极介入危机应对也体现了企业的社会责任感，让公众处于对健康的焦虑之中显然缺乏商业道德。因此，企业及时介入危机的应对，既可以引导媒体报道、转移媒体的报道方向，又可以树立公众对产品和公司的信心。

第三是避免争论原则。避免争论原则是指积极应对危机，避免本能性与媒体、指控者甚至政府发生任何争辩，不管这种争辩是旨在澄清产品无害性还是证明有人蓄意谋害企业。

根据心理学的研究结果，人受到攻击的第一反应就是正面反抗，这是人的本能。人的本能并不总是最优的行为选择，正面的反抗可能会激化危机和矛盾，使得问题更加尖锐。根据实证研究3的结论，我们发现在可辩解型产品伤害危机中这个道理同样正确。在可辩解型产品伤害危机中，攻击发布消息的媒体、组织和个人，一点也不会缓解公众对产品缺陷和有害性和怀疑，反而为媒体创造了更多的新闻点。如果公司不去攻击任何一方，而是积极地提供可靠的信息来证明自己产品的可靠性，效果会好得多。所以，在企业自身应对危机时，企业应该克服人本身所具有的缺点—否认危机、反驳媒体和指控者（Accuser）。

怎么样在危机应对中体现公司的"积极"性呢？过去的案例为我们提供了一些启示。在××牙膏涉嫌致癌危机中，××公司高调召开了新闻发布会，出席新闻发布会的是××公司副总裁及亚太区总裁。在××涉嫌致命危机中，日本××公司在事件中采用邀请媒体参观流水线的方式，将公司干净整洁的生产环境完整地展现给公众。不管是××公司的高层出面，还是××公司的开放生产线，都体现了两个公司处理危机的积极态度，这些行为对于感动公众、树立公众信心、转移媒体报道焦点都有非常好的效果。因此，在企业自身层面，最好的应对方式就是"积极澄清"，提供尽可能完备的信息和采用一些有信心的手段。

第四是权威应对原则。权威应对原则是指企业在可辩解型产品伤害危机中应对努力争取外界权威力量协助其应对危机，尤其是应该尽力争取引入政府力量。

通过实证研究3，本书证实如果企业可以邀请到外界权威力量帮助解决危机、澄清危机，其效果将会大大好于企业单独应对。因此，企业除了利用自身的力量应对危机以外，还应该尽力寻求行业、专家和政府等外界力量的帮助。实际上，从案例分析来看，我们发现那些成功应对可辩解型产品伤害危机的公司都非常成功地引入了外界力量协助应对。

以××涉嫌致癌危机为例，××邀请到了××为其澄清产品无害性，而××正是发表论文声称牙膏中含有的三氯生可能会致癌的研究人员，他本人的无害性澄清显然非常具有说服力。而且，××还表示，他们关于三氯生的研究没有涉及任何一种品牌的牙膏，并对其研究成果被炒作成"牙膏风波"表示不满，他本人使用的就是××牙膏。××涉嫌致癌危机是成功引入专家应对的案例。

以××米粉转基因危机为例，作为政府力量的农业部就参与了该危机的应对。在2006年3月31日新闻发布会上，是由农业部农业转基因生物安全管理办公室副主任向媒体和公众澄清，所有被检测的43个"××婴儿营养米粉"产品及其稻米原料样品均未检出外源基因成分，被检测的43个"××婴儿营养米粉"产品不含有外界所传的转基因稻米成分。××米粉转基因危机是成功引入政府应对的案例。

以××涉嫌致癌危机为例，中国饮料工业协会就参与了该危机的应对。中国饮料工业协会不仅在网站提供苯含量参考数据，还向媒体发来一份声明，向媒体和公众澄清了××的无害性气目前检测到含苯的饮料样品中，苯含量最高值为8PPB，大多数样品苯含量远远低于8PPB，这些样品的苯含量低于我国安全饮用水对苯的限量，不会对公众健康造成威胁。××涉嫌致癌危机是成功引入行业应对的案例。

第五是系统应对原则。系统应对原则是指企业应该不仅仅重视危机发生以后的应对方式，更应该在危机发生时就开始重视危机的监控、预警和预防。系统应对原则不仅适用于可辩解型产品伤害危机，也适用于不可辩解型产品伤害危机，因为后者的发生也相当频繁。

系统应对原则听起来像是在高呼某种不实在的口号，但是事实上，不论从可辩解型产品伤害危机的影响企业数量来看，还是从可辩解型产品伤害危机在单个企业的重复发生率来看，这似乎都是一个被忽视的市场营销问题和公关问题。

对于可辩解型产品伤害危机影响到的企业数量，只要我们上各大门户网站的财经版去看看，我们就会发现每周都会有类似的危机发生，每年都有无数的企业卷入其中，其销售收入和市场份额受到不同程度的损失。根据作者对××财经报道的不完全统计，2005年中国仅仅在食品、药品领域就发生超过15

起产品伤害危机，而这些企业全是世界知名的跨国公司，具备最强大的技术能力、生产能力、质监体系、营销能力和公关能力。在它们身上频繁发生可辩解型产品伤害危机，这在一定程度上体现了即便是世界一流的企业也对可辩解型产品伤害危机的重视不足，缺乏早期的监控、预警和预防。

综上所述，从近年来媒体上频繁报道的产品伤害危机可以看出，多数企业其实并没有真正重视对危机的预警和管理。首先，似乎大多数企业都回避产品伤害危机问题，认为产品伤害危机不会发生而不愿采取预警、预防措施。这正如Mitroff（2001）所言，企业其实和人一样，总是不愿承认自己可能会遭受危机，不愿接受它们会被危机攻击而遭受损失的事实，并因此认为其不需要危机管理。其次，从××对危机的失败应对可以看出，企业往往会低估产品伤害危机的危害性以及采取行动的必要性，因此很少企业能对危机进行有效回应（Siomkos，1992），因而采取了一些不适当的应对方式。

因此，如果企业想要避免危机发生，最好的方法就是在建立产品伤害危机的预警和管理体系，从一开始就对危机处理具体整体性和系统性的思考。在危机发生前，预警危机的发生；一旦危机发生，尽早采取行动；一旦采取应对方式，就应避免人的本能反应，不要选择错误的应对方式。

13.8.10.5 研究局限

本书以三氯生牙膏致癌事件和转基因牛奶事件作为刺激物，运用实验法获得了实证数据，检验了可辩解型产品伤害危机中顾客感知危险和顾客购买意愿的变动情况。虽然本书得出的结论丰富了我们对产品伤害危机中顾客购买行为的认识，为企业成功应对可辩解型产品伤害危机提供了有用的启示，但是在外部效度等方面仍然存在一些局限。

首先，本书在某个实验中以一种产品（牙膏和奶粉）作为测试产品，研究结果的普适性有待使用其他产品来验证。牙膏和奶粉都属于替代品很多的快速消费品，顾客感知到一点感知危险，都可能使得他们转向竞争产品，从而大大降低对危机产品的购买意愿，其感知危险的增加和购买意愿的降低是比较一致的。但是，顾客在购买必需品、耐用消费品时，其购买行为可能会有很大的不同，因此，本书的研究结论在其他行业的适用性有待通过行业间的比较研究来进一步验证。

其次，本书的三个实验均在成都地区实施，地域代表性不够全面。Choi、Nisbett、Norenzayan（1999），CD和Laufer（2002）均已发现不同的社会价值观可能会对顾客对产品伤害危机的归因产生影响，因此，有不同社会价值观的顾客很可能会对同一个可辩解型产品伤害危机产生不同程度的感知危险。因此，本书的研究结论在其他社会价值观体系下（如西方文化）的普适性还有待考证。

再次，虽然本书的刺激物（Stimulus）都是依据现实危机精心改编而成，但是仍然无法100%保证实验场景的合理性。这种实验场景与现实场景的偏差可能造成研究结论与现实的偏差。因此，有必要尝试通过对现实案例的分析来深入分析在可辩解型产品伤害危机中顾客购买意愿的变动。正是基于这一原因，本书通过两个案例的定性分析来验证实证研究结论的正确性，但是，两个案例的验证其代表性仍然有限。

最后，作为可辩解型产品伤害危机中顾客购买意愿的自变量，本书只分析了个体差异、外界舆论和应对方式，但实际上其他因素还可能影响顾客的购买意愿，如公司是否有强势品牌、产品是否完全垄断产品、竞争产品是否也存在同样的潜在危险、顾客先前的购买经验等。这些因素虽然不如个体差异、外界舆论和应对方式三个因素更为重要，但是也可能影响顾客的购买意愿。深入分析这些因素如何影响顾客感知危险并作用于顾客购买意愿，将会更加丰富我们对可辩解型产品伤害危机的认知。

14. 产品伤害危机溢出效应研究

品牌危机一旦发生，不仅会对品牌造成负面影响，还会影响行业中的其他品牌，形成溢出效应（Roehm 和 Tybout，2006）。在大多数情况下，这种溢出效应是负面的，轻则会影响企业的声誉，重则损害行业声誉，甚至可能毁掉其他品牌。然而，在某些情况下，品牌危机溢出效应也可能是正面，使其他企业从中获益。面对差异之大的品牌危机溢出效应，我们不禁思考：品牌危机的溢出效应何时发生，它的方向和大小取决于哪些因素？

鉴于品牌危机溢出效应的频发性和重要性，以上问题逐渐受到学界的关注，目前已经成为研究热点。3 个市场新趋势使危机溢出的研究越来越重要：一是品牌危机频发。法规变得更严格，媒体变得更敏感，品牌危机的发生越来越频繁（Birch，1994），增加了品牌危机溢出的可能性。二是品牌组合复杂化。采用单一品牌战略的公司和仅使用公司品牌的公司越来越少（Laforet 和 Saunders，1999），采用多品牌、子品牌、背书品牌和联合品牌的企业越来越多（Aaker 和 Joachimsthaler，2000），增加了品牌危机的溢出范围。三是消费者接触品牌危机的渠道不断增加。新媒体和社交网络的兴起，特别是用户生成内容（UGC）的影响与日俱增，消费者能够更及时地了解到各类公开事件，特别是品牌危机，增加了品牌危机溢出的影响力。

先前的研究主要从溢出效应的概念（Ahluwalia、Unnava 和 Burnkrant，2001）、影响结果（Janakiraman、Meyer 和 Morales，2006；Swaminathan、Fox 和 Reddy，2001）和发生条件（Roehm 和 Tybout，2006；Votola 和 Unnava，2006）3 个方面对以上问题展开了研究。

14.1 危机溢出效应的概念和分类

溢出效应是信息通过间接途径影响信念的现象（Ahluwalia、Unnava 和 Burnkrant，2001）。溢出效应能够间接影响消费者对产品属性（Ahluwalia、Unnava 和 Burnkrant，2001）、竞争品牌（Roehm 和 Tybout，2006）和产品类别（Dahlen 和 Lange，2006）的评价。品牌危机存在负面信息效应（Negativity Effect）（Maheswaran 和 Meyers-Levy，1990），比品牌正面信息更容易作为判断质量的依据（Herr、Kardes 和 Kim，1991），溢出效应也更容易发生（Ahluwalia、Unnava 和 Burnkrant，2001）。在品牌危机溢出效应研究中，学者们多借鉴 Ahluwalia 等（2001）的定义来研究相关问题。然而，溢出效应的结果变量并不只是消费者信念（Ahluwalia、Unnava 和 Burnkrant，2001）。Dahlen 和 Lange（2006）研究发现，品牌信任也会受到溢出效应的影响（Dahlen 和 Lange，2006）。这个发现扩展了品牌危机溢出效应的内涵，增进了人们对溢出效应的认识，暗示品牌危机溢出效应的概念需要进一步完善，以更好地界定这一现象。

就品牌危机溢出效应的分类而言，可以从品牌危机和溢出效价两个角度来分类。从品牌危机来看，品牌危机可以分为绩效相关品牌危机（Performance-related Brand Crisis）和价值相关品牌危机（Values-related Performance-related Brand Crisis）（Dutta 和 Pullig，2011；Pullig、Netemeyer 和 Biswas，2006）。前者强调因产品质量欠缺而导致的危机，后者强调因违背价值观而导致的危机。从溢出效价来看，品牌危机不仅会负面溢出，还可能会正面溢出（Dahlen 和 Lange，2006）。前者指品牌危机溢出降低了消费者对其他品牌的评价；后者指品牌危机溢出提高了消费者对其他品牌的评价。根据以上两个分类角度，可以将品牌危机溢出效应分为 4 个具体类型，如表 14-1 所示。

表 14-1 品牌危机溢出效应的分类

品牌危机 \ 溢出效价	正面溢出	负面溢出
绩效相关品牌危机	绩效相关品牌危机的正面溢出效应	绩效相关品牌危机的负面溢出效应
价值相关品牌危机	价值相关品牌危机的正面溢出效应	价值相关品牌危机的负面溢出效应

14.2 品牌危机溢出效应的影响结果

品牌危机溢出效应是一种普遍存在的现象。学者们从多个方面研究了品牌危机溢出的影响，重点聚焦在品牌危机溢出对产品属性评价、品牌评价和产品类别评价的影响。

一是品牌危机溢出效应对产品属性评价的影响。在由产品属性缺陷导致的品牌危机中，品牌危机可能会降低消费者对没有缺陷属性的评价（Ahluwalia、Unnava 和 Burnkrant，2001）。品牌的熟悉度和消费者承诺会调节品牌危机溢出效应，品牌的熟悉度和消费者承诺越低，溢出越可能发生。

二是品牌危机溢出效应对品牌评价的影响。现有研究发现，溢出效应会影响消费者对竞争品牌和联盟品牌的评价。对于竞争品牌而言，Roehm 和 Tybout（2006）发现，品牌危机可能会对消费者对竞争品牌的评价产生负面影响，即发生负面溢出效应（Roehm 和 Tybout，2006）。Dahlen 和 Lange（2006）的研究也发现了类似现象，他们指出品牌危机还可能提升消费者对竞争品牌的评价，即发生正面溢出效应（Dahlen 和 Lange，2006）。Zhao 和 Helsen（2011）通过分析市场的真实资料，进一步证实了正面溢出效应的存在，发现在品牌危机后竞争者的销量有所增加（Zhao 和 Helsen，2011）。就联盟品牌而言，品牌危机会向伙伴品牌溢出（Votola 和 Unnava，2006）。Votola 和 Unnava（2006）指出，品牌联盟类型和品牌危机归因会影响溢出结果（Votola 和 Unnava，2006）。在供货商—生产者的联盟中，如果消费者将供货商品牌危机归因为能力欠缺，那么这比归因为道德失范，对品牌危机溢出的负面影响更大；在代言人—生产者的联盟中则相反（Votola 和 Unnava，2006）。同时，代言人联系集（Association Set Size）越小，危机事件发生的时间越近，代言人和生产者的关联强度越高，代言人品牌危机越容易向生产者溢出（Till 和 Shimp，1998）。

三是品牌危机溢出效应对产品类别评价的影响。消费者会将不同品牌整合（Associative Networks）成为产品类别联想网络（Meyers-Levy 和 Tybout，1989）。Braun、Gacth 和 Levin（1997）指出，如果品牌危机能够启动该网络，那么产品类别认知可能会发生变化，即品牌危机向产品类别的溢出（Braun、Gacth 和 Levin，1997）。Dahlen 和 Lange（2006）、Roehm、Tybout（2006）的研究，都发现品牌危机可以向产品类别溢出，能够降低消费者对产品类别的评价。

14.3 品牌危机溢出效应的发生条件

在一定条件下，品牌危机溢出效应才会发生（Roehm 和 Tybout，2006）。因此，品牌危机溢出效应发生的条件是学者们研究的重点。在研究溢出发生的条件时，学者们基本遵循 Feldman 和 Lynch（1988）提出的可接近性—可诊断性分析框架（Accessibility-diagnosticity Frame）（Feldman 和 Lynch，1988）。按照该框架，发生品牌危机溢出效应必须满足两方面的条件：一是品牌危机具有可接近性（Accessibility），二是品牌危机具有可诊断性（Diagnosticity）。就可接近性而言，它是扩散启动理论（Spreading Activation Theory）的核心概念。该理论认为，人的记忆是以记忆节点的形式存在的。如果节点 A（耐克代工厂）能够扩散启动节点 B（耐克），那么节点 B（耐克）对节点 A（耐克代工厂）具有可接近性。就可诊断性而言，可诊断性源于消费者对事物间关系的内隐性思考，是信息用于认知和判断有效性的程度（Broniarczyk 和 Alba，1994）。如果消费者可以根据品牌 A（耐克代工厂）推测品牌 B（耐克），那么品牌 A（耐克代工厂）对品牌 B（耐克）具有可诊断性。例如，在"耐克血汗工厂危机"中，消费者由耐克代工厂的员工收入低和工作环境差，推测出耐克赚取暴利、欠缺社会责任感，降低了对耐克的评价。

从可接近性和可诊断性两个角度，现有研究已经发现，危机品牌因素、消费者因素、情景因素和竞争品牌因素会影响品牌危机的溢出。

14.3.1 危机品牌因素的影响

危机品牌的特点是影响品牌危机溢出的重要因素。3方面的危机品牌因素会影响品牌危机溢出：一是危机品牌的声誉；二是危机品牌的代表性；三是危机的严重性。

就危机品牌的声誉而言，Siomkos等（2010）指出，品牌声誉可以调节品牌危机溢出效应，品牌危机更容易从高声誉品牌向低声誉品牌溢出（Siomkos、Triantafillidou和Vassilikopoulou等，2010）。具体来说，危机品牌的声誉越高，可诊断性越强，消费者越倾向于降低对竞争品牌的评价，即发生溢出效应。

就危机品牌的代表性而言，代表性的品牌是产品类别的主要代表，与竞争品牌的联想关系非常紧密。消费者倾向于认为代表性品牌对竞争品牌具有可诊断性。Barsalou（1992）、Roehm和Tybout（2006）以及Dahlen、Lange（2006）都发现，如果危机品牌是品类中的代表性品牌，那么品牌危机更容易向竞争品牌溢出。

就危机的严重性而言，品牌危机越严重，消费者感知的危险越容易从品牌泛化到其他品牌（Roselius，1971；Siomkos和Kurzbard，1994）。Siomkos等（2010）的最新研究证实，品牌危机越严重，消费者的感知风险越高，品牌危机越容易溢出到竞争品牌（Siomkos、Triantafillidou和Vassilikopoulou等，2010）。

14.3.2 消费者因素的影响

消费者的因素也可能影响消费者对品牌危机的理解和泛化，会影响品牌危机溢出。现有研究发现消费者归因、品牌承诺和品牌联想是影响品牌危机溢出的3类消费者因素。

就消费者归因而言，消费者归因是消费者行为研究的重要课题，也是影响溢出效应的重要因素。Votola和Unnava（2006）研究发现，在不同情景下，品牌危机归因对溢出效应的影响不同（Votola和Unnava，2006）。他们发现，在供货商和生产者的品牌联盟中，如果消费者将供货商的品牌危机归因为能力欠缺，品牌危机更容易向生产者溢出；如果消费者将供货商的品牌危机归因为道德失范，品牌危机却不容易向生产者溢出。而在代言人和生产者的品牌联盟中，溢出条件则正好相反。

就品牌承诺而言，品牌承诺会使个体产生防御性动机（Defense Motivation）（Eagly和Chaiken，1995）。因此，如果竞争品牌的品牌承诺较高，品牌危机发生时，消费者会产生防御性动机，品牌危机就难以向竞争品牌溢出。因为品牌承诺可以降低消费者对可诊断性的评价（Ahluwalia、Unnava和Burnkrant，2001）。

就品牌联想而言，联想方向和联想强度都会影响品牌危机溢出。根据联想网络理论（Associative Network Theory）（Collins和Loftus，1975），联想强度和联想方向是联想的重要属性。在联想强度和联想方向不同时，品牌危机溢出发生的可能性也不同。Lei等（2008）研究发现，如果品牌A到品牌B的联想较强，品牌危机较容易从品牌A向品牌B溢出；如果品牌A到品牌B的联想较弱，品牌危机不容易从品牌A向品牌B溢出。他们还指出，如果消费者仅能从品牌B联想到品牌A，而难以从品牌A联想到品牌B，那么即使品牌B到品牌A的联想再强，品牌危机也难以从品牌A向品牌B溢出（Lei、Dawar和Lemmink，2008）。这是因为此时品牌B对品牌A不具有可接近性。

14.3.3 竞争品牌因素

竞争品牌的特点也会影响品牌危机溢出。已有的研究发现，竞争品牌的相似性、熟悉度和应对方式会影响品牌危机的溢出。如表14-12所示。

就相似性而言，相似性是影响溢出效应发生的关键变量。Broniarczyk和Alba（1994）指出，消费者认为相似性较高的品牌才具有可诊断性（Broniarczyk 和 Alba，1994；Dahlen 和 Lange，2006；Roehm 和 Tybout，2006）。如果竞争品牌与危机品牌的相似性越高，那么品牌危机越容易向竞争品牌溢出（Dahlen 和 Lange，2006；Roehm 和 Tybout，2006）。同时，不同层次的相似性对溢出效应的影响存在差异。Roehm 和 Tybout（2006）指出，如果竞争品牌的属性与引起品牌危机的属性的相似性较高，品牌危机较容易向竞争品牌溢出；而整体相似性对溢出效应的影响弱于属性相似性（Roehm 和 Tybout，2006）。因为属性层次的相似性比整体层次的相似性的可诊断性大（Broniarczyk 和 Alba，1994）。

就熟悉度而言，品牌熟悉度会导致偏信息处理（Biased Processing），从而影响品牌危机溢出（Petty 和 Cacioppo，1986）。根据 Ahluwalia 等（2001）的研究发现，如果品牌熟悉度较高，消费者会进行偏信息处理，降低品牌危机的可诊断性，品牌危机溢出效应就不容易发生；如果品牌的熟悉度较低，出于自我保护动机，消费者倾向于降低对竞争品牌的评价，品牌危机溢出效应发生的概率会增加（Ahluwalia、Unnava 和 Burnkrant，2001）。

就企业的应对方式而言，竞争品牌的应对方式可能为消费者提供思维启动线索，从而影响品牌危机溢出。Roehm 和 Tybout（2006）从启动线索的角度，研究了竞争品牌的否认策略对溢出效应的影响。他们发现，在品牌危机溢出效应没有发生的情况下，竞争品牌的否认策略为消费者提供了思维启动线索，使消费者将竞争品牌与品牌危机进行关联，反而为品牌危机溢出效应提供了条件（Roehm 和 Tybout，2006）。Roehm 和 Tybout（2006）称之为"自食其果效应"（Boomerang Effect）（Roehm 和 Tybout，2006）。

14.3.4 情景因素的影响

消费者在不同情景下的思考方式有所差异，也会影响品牌危机溢出效应的发生。不同的情景线索会启动消费者不同的思考方式。有的启动线索会使消费者侧重于品牌的相似性，例如，两个品牌出现在同一个货架上，两个品牌广告一起出现等。Roehm 和 Tybout（2006）研究发现，如果启动线索促使消费者进行相似性思考，使消费者更关注品牌的相似性，品牌危机的可诊断性升高，溢出效应更容易发生（Roehm 和 Tybout，2006）。

表 14-2 危机溢出效应研究回顾

编号	研究	研究方法	样本	自变量	调节变量	中介变量	因变量
1	Ahluwalia 等（2001）	实验法	运动鞋（学生样本，59）运动鞋（学生样本，360）	信息效价、相似性	消费者承诺		消费者的信念消费者的态度
2	Roehm 等（2006）	实验法	快餐（学生，81）快餐（学生，54）运动鞋（非学生，66）	代表性、相似性、启动线索、竞争企业应对			消费者的信念消费者的态度
3	Dahlen 和 Lange（2006）	实验法	银行（非学生，100）	相似性			品牌评价
4	Votola 和 Unnava（2006）	实验法	服装（学生，221）	负面事件类型、负面事件参与			消费者的态度
5	Lei、Dawar 和 Lemmink（2008）	实验法	甜品（学生，185）坚果（学生，185）甜品（学生，48）坚果（学生，132）	联想方向、联想强度、启动线索			品牌评价
6	Siomkos 等（2010）	实验法	手机（非学生，384）	危机严重性、公司声誉、外部效应、危机企业应对			继续使用的意愿
7	庄爱玲和余伟萍（2011）	实验法	食品和零售（非学生，160）	危机类型	认知需求		品牌评价、品类态度
8	汪兴东、景奉杰和涂铭	实验法	果汁（非学生，400）	单（群）发性	企业声誉和伤害程度		品类态度和购买意愿

14.4 产品伤害危机属性对横向溢出效应的影响研究——产品相似性和企业声誉的调节作用

产品伤害危机是市场营销研究中的热点问题之一。不同产品共享企业名或品牌名的情况日益增多，产品伤害危机横向溢出效应的危害性凸显，需要进一步研究，以指导企业和行业合理应对。下文将从产品伤害危机属性的视角，研究产品伤害危机属性对横向溢出效应的影响及其差异，并探讨产品相似性和企业声誉在横向溢出过程中的作用。

14.4.1 文献回顾与研究假设

14.4.1.1 产品伤害危机属性对横向溢出效应的影响

产品伤害危机属性是产品伤害危机的主要特征，目前学者们已识别出9个危机属性，包括危害性、可辩解性（Marcus和Goodman，1991）、严重性（Wang、Jing和Tu，2012; Yan和She，2009）、控制性（Coombs和Holladay，2002）、责任性（Coombs，1998; Coombs,和Holladay，2004）、道德/能力归因（Pullig、Netemeyer和Biswas，2006; Votola和Unnava，2006; Zhuang和Yu，2011）、法律违反（Fang、Jiang和Yang等，2010）、主张违反（Dawar和Lei,2009）和频发性（Lei、Dawar和Gürhancanli，2012）等。这9个危机属性的概况已经比较全面，但部分属性内涵相近，可进一步归纳精简。其中，危害性和严重性均指危机对消费者的危害程度。可辩解性指企业可以通过辩解推脱责任的程度，与责任性内涵一致。控制性是消费者归因的重要前置因素，重点突出危机的责任是否应归于企业，其结果即为责任性。道德/能力归因是消费者认为危机是企业能力或企业道德问题造成的，其包含了责任性和无德性。责任性和无德性可以描述道德/能力归因。法律违反和主张违反是企业违反约定的两个方面，前者是企业违反了与国家和主管部门的法律约定，后者是企业违反了与品牌主张给出的约定，二者可合并为违约性。

由此，剔除以上内涵重合、内涵复合的属性及合并有关属性，产品伤害危机的属性可进一步概括为危害性、责任性、无德性、违约性和频繁性等五大主要属性，具体见表14-3。其中，危害性是产品伤害危机对消费者身心的危害程度；责任性是企业在多大程度上要为产品伤害危机负责；无德性是产品伤害危机在多大程度上是由于企业缺乏道德造成的；违约性是产品伤害危机违反法律法规和企业主张的程度；频发性是企业发生产品伤害危机频率的高低。

从产品伤害横向溢出效应发生的条件看，按照溢出效应"可接近性—可诊断性模型"（Lei、Dawar和Lemmink，2008; Janakiraman、Sismeiro和Dutta，2009），产品伤害危机产生横向溢出效应需要满足以下两个条件：一是危机产品对非危机产品具有可接近性，即危机产品出现时，消费者能够从记忆中提取出非危机产品的信息；二是危机产品信息对非危机产品具有可诊断性，即危机产品的信息可有效用于判断非危机产品。也就是说，当出现产品伤害危机信息，消费者能够联想到非危机产品，并认为该信息可以用于推断非危机产品时，就会产生产品伤害危机横向溢出效应。现有研究还指出，与正面信息相比，负面信息的可诊断性更高（Ahluwalia、Unnava和Burnkrant，2001），可以作为消费者评价的依据（Herr、Kardes和Kim，1991）。

表 14-3 产品伤害危机属性

产品伤害危机属性	危机属性	危害性	可辩解性	严重性	控制性	责任性	道德/能力归因	法律违反	主张违反	频繁性
危害性		√		√						
责任性			√		√	√	√			
无德性							√			
违约性								√	√	
频发性										√

从危机产品信息的横向溢出传递机制看,王海忠、陈增祥和尹露(2009)指出,产品信息的横向溢出基于"关系网络记忆模型"的信息传递机制(Wang、Chen 和 Yin, 2009)。在消费者的记忆网络中,企业名是关键节点,连接着不同的产品。不同产品通过企业名传递信息。如果产品信息能够激活企业名,那么横向溢出效应就容易发生。他们还指出,旗舰产品可接近性较高,可以激活企业名称,进而产生横向溢出效应,影响非旗舰产品的评价;非旗舰产品可接近性较低,较难激活企业名,横向溢出产生的概率较小(Wang、Chen 和 Yin, 2009)。已有学者研究证实,产品伤害危机会降低受到伤害的企业或产品的品牌(Fang、Jiang 和 Yang 等, 2010; Fang, Yangtkg Jiang 等, 2011)。这会进一步激活非危机产品,对非危机产品的评价有负面影响,从而产生横向溢出效应。

据此,本书提出研究假设 H1、H2、H3、H4 和 H5。

H1:产品伤害危机的危害性越强,横向溢出效应越大。

H2:产品伤害危机的责任性越高,横向溢出效应越大。

H3:产品伤害危机的无德性越强,横向溢出效应越大。

H4:产品伤害危机的违约性越强,横向溢出效应越大。

H5:产品伤害危机的频发性越强,横向溢出效应越大。

14.4.1.2 企业声誉对横向溢出效应的调节作用

企业声誉能够调节消费者对信息的处理行为,进而改变产品伤害危机等外部信息对消费者行为的影响。企业声誉能够形成晕轮效应,一旦人们对某人、某个组织形成了正面印象,就容易忽略与这一良好印象相对立的负面信息(Fang、Yang 和 Jiang 等, 2011)。企业声誉还可以导致消费者有偏向地处理信息(Biased-Processing)。较好的企业声誉可使消费者偏向处理对企业有利的信息,降低负面信息的处理(Roberts 和 Dowling, 2002)。企业声誉还可以降低消费者对企业评价的不确定性。良好的声誉可降低消费者的不确定性,提升其对产品的评价(Keh 和 Pang, 2010)。因此,较好的企业声誉可以通过晕轮效应、消费者有偏向地处理信息和降低不确定性,降低产品伤害危机的可诊断性,减轻横向溢出效应;反之,较差的企业声誉可提高产品伤害危机的可诊断性,增强横向溢出效应。据此,本书提出研究假设 H6。

H6:企业声誉越好,产品伤害危机属性对横向溢出效应的影响越小;反之,产品伤害危机属性对横向溢出效应的影响越大。

14.4.1.3 产品的相似性对横向溢出效应的调节作用

根据"可接近性—可诊断性"的框架,相似性是影响溢出效应发生的关键变量(Roehm 和 Tybout, 2006; Janakiraman、Sismeiro 和 Dutta, 2009; Dahlén 和 Lange, 2006)。相似性越高,产品的记忆节点在消费者联想记忆网络中的联系越紧密,产品信息的可诊断性越高(Janakiraman、Sismeiro 和 Dutta, 2009)。产品伤害危机对非危机产品是否具有可诊断性,依赖于非危机产品和危机产品在消费者记忆联想网络中是否存在较强的连接。产品的相似性越高,危机产品和非危机产品的记忆节点的连接越紧密,产品伤害危机对非危机产品的可诊断性越高,横向溢出效应越大;反之,产品伤害危机对非危机产品的可诊断性越低,横向溢出效应越小。因此,产品的相似性能够调节产品伤害危机属性对非危机产品的影响。据此,本书提出研究假设 H7。

H7:产品的相似性越高,产品伤害危机属性对横向溢出效应的影响越大;反之,产品伤害危机属性对横向溢出效应的影响越小。

企业声誉还可以调节产品的相似性。企业声誉形成的晕轮效应(Fang、Yang 和 Jiang 等, 2011)及由此带来的消费者有偏向地处理信息(Roberts 和 Dowling, 2002; Ditto 和 Lopez, 1992)和消费者不确定性的降低(Keh 和 Pang, 2010),可降低产品伤害危机对非危机产品的可诊断性。所以,企业声誉较好时,良好的声誉可保护高相似和低相似的非危机产品，降低产品伤害危机的可诊断性，弱化消费者记忆联想网络中对产品相似性的联系，减轻横向溢出效应，产品伤害危机向高相似产品和低相似产品的横向溢出差异不大；企业声誉较差时，不能降低产品伤害危机的可诊断性，产品相似性的作用较大，产品伤害危机向高相似产品溢出相对较强，向低相似产品溢出相对较弱。据此，本书提出研究假设H8。

H8：企业声誉较好时，低相似的产品和高相似的产品受到的横向溢出效应没有显著差异，反之，低相似的产品受到的横向溢出效应小于高相似的产品。

14.4.2 研究设计

14.4.2.1 实验组设计

研究五大产品伤害危机属性对横向溢出效应的影响，并考虑产品的相似性和企业声誉的调节作用，如果完全采用组间设计，需要128个实验组，过于复杂。本书不考虑属性间的交互作用，参考Smith、Bolton和Wagner（1999）的方法，进行混合实验设计。首先，根据企业的高声誉和低声誉，进行组间设计，形成两个实验组。其次，在每个实验组中，对产品伤害危机属性进行正交设计（借助SPSS 16.0的Orthogonal Design功能），设定随机数为100，生成正交表，见表14-4。高声誉和低声誉情境各有8个实验组，共16个实验组。最后，在每个实验组中进行组内设计，操控产品的高相似性和低相似性。

表14-4 产品伤害危机属性的正交设计

实验组	危害性	违约性	责任性	频发性	无德性
1	高	低	低	高	高
2	低	高	低	高	低
3	高	低	高	低	低
4	低	高	高	低	高
5	高	高	高	高	高
6	低	低	高	高	低
7	高	高	低	低	低
8	低	低	低	低	高
随机数为100					

14.4.2.2 刺激物设计

实验设计三种刺激物，并通过前测验证，确保正式实验中刺激物操控的有效性和稳定性。

首先是企业声誉刺激物。考虑产品伤害危机的普适性和被试者的熟悉性，选择瓶装水企业作为刺激物企业。为降低被试者受前期品牌知识和偏好的干扰，本书统称危机企业为A企业。高声誉企业刺激物以×××矿泉水为原型，结合××山泉和××××等企业概况，剔除容易引起被误解和猜测到具体品牌的文字，重新组织文字表述。低声誉企业刺激物以B、C和D等企业为原型，剔除容易引起被试者误解和猜测到具体品牌的文字，也重新组织文字表述。二者都从企业规模、销售区域、企业声誉排名和消费者口碑等方面进行描述。为避免天花板效应和地板效应，声誉描述尽量保证高企业声誉评分在中等偏上水平，低企业声誉评分在中等偏下水平。

其次是产品伤害危机属性刺激物。危害性以矿物质水碘含量过高，引起碘中毒为背景，高危害性刺激物突出碘中毒导致多名消费者住院治疗；低危害性刺激物强调尚未发现因饮用问题矿物质水而发病的消费者。违约性突出危机事件是否违反企业承诺，高违约性刺激物强调危机企业广告口号为"安全有保证"；低违约性强调危机企业口号为"实惠看得到"。责任性突出企业应负责的程度，高责任性刺激物强调危机事件由企业管理混乱、质量检测设备老化导致；低责任性事件强调企业生产过程规范，而由水源的水质出现异常波动导致的。频发性突出企业曝出产品缺陷事件的频繁程度，高频发性刺激物强调危机企业在三年内多次曝出产品的质量问题；低频发性刺激物强调危机企业产品首次出现安全问题。无德性突出产品问题是否由于企业高层违背企业道德的决策导致的，高无德性刺激物强调企业高层知晓产品出现问题，刻意隐瞒真相，并继续销售产品；低无德性刺激物强调企业高层一直以消费者为中心，强化管理，确保产品的质量。

其次是产品相似性刺激物。本书搜集多家瓶装饮用水企业产品线分布，发现其产品线主要为饮品和食品。通过对 20 名大学生进行访谈，发现他们认为纯净水和果汁是与矿物质水相似度较高的产品，而方便面和饼干是与矿物质水相似度较低的产品。考虑到尽量增大产品相似性差异，实验选择纯净水和方便面分别作为高相似和低相似产品。

14.4.2.3 量表设计

量表设计主要参考产品伤害危机研究中较为成熟的量表，结合刺激物的具体情况稍做调整。危害性量表参考 Dawar 和 Pillutla（2000）、Siomkos、Kurzbard（1994）的量表，用"该矿物质水对消费者健康的影响很大""该矿物质水很不安全"和"该矿物质水的危害性很大"三个题项测量。违约性量表用"该事件会使人怀疑 A 企业承诺的真实性""该事件违背了 A 企业的承诺"和"该事件会降低人们对 A 企业承诺的信任"等三个题项测量。责任性量表参考 Coombs 和 Holladay（2002）的量表，用"A 企业违反了安全生产规范""A 企业产品安全监管很不到位"和"A 企业对此事件负有责任"等三个题项测量。频发性量表借鉴 Coombs（2007）对危机历史的界定，用"A 企业矿物质水的类似事件很多""A 企业矿物质水的安全问题很多"和"A 企业的矿物质水一直很不安全"三个题项测量。无德性用"该事件反映出 A 企业很不讲道德""该事件反映出 A 企业很没有良心"和"该事件反映出 A 企业很没有原则"等三个测项测量。产品相似性量表参考 Dahlen 和 Lange（2006）、Roehm、Tybout（2006）的相似性量表，用"就产品来说，纯净水（方便面）与矿物质水很相似"一个题项测量。企业声誉量表参照 Coombs 和 Holladay（2002）的量表，用"A 企业声誉很好""A 企业实力很强"和"A 企业业绩很好"等三个测项测量。横向溢出效应的测量，借鉴 Ahluwalia、Unnava 和 Burnkrant（2001）、Dahlen、Lange（2006）、Roehm、Tybout（2006）测量溢出效应的方式，用产品态度量表测量横向溢出效应，用"该企业生产纯净水（或方便面）很差""我会讨厌该企业生产的纯净水（或方便面）"和"该企业生产的纯净水（或方便面）不会合我心意"等三个题项测量。所有题项采用 7 分 Likert 量表测量，1 分表示非常不同意，7 分表示非常同意。

14.4.2.4 前测实验

前测实验在成都市某高校进行，有 30 名大学生参加，共收到有效样本 29 个，其中，女生样本 14 个，男生样本 15 个。前测实验使用两个实验组，第一组为高危害性、高违约性、高责任性、高频发性、高无德性和高企业声誉组；第二组为低危害性、低违约性、低责任性、低频发性、低无德性和低企业声誉组。两组同时对纯净水、方便面与矿物质水的相似性打分。方差分析结果显示，产品的伤害危机属性、产品的相似性和企业声誉得到成功操控。本书先计算变量均值，然后进行操控检验，发现被试者对产品伤害危机的危害性［$M_{高危害}=5.64, M_{低危害}=3.38; F(1, 27)=23.81, p<0.01$］、违约性［$M_{高违约}=6.09, M_{低违约}=3.69; F(1, 27)=30.50, p<0.01$］、责任性［$M_{高责任}=6.36, M_{低责任}=3.83; F(1, 27)=62.73, p<0.01$］、频发性［$M_{高频发}=5.31, M_{低频发}=2.00; F(1, 27)=79.39, p<0.01$］、无德性［$M_{高无德}=6.15, M_{低无德}=1.59; F(1, 27)=261.22, p<0.01$］和企业声誉［$M_{高声誉}=5.88, M_{低声誉}=2.87; F(1, 27)=65.85, p<0.01$］在两个实验组间存在显著差异。由于产品的相似性是组内因子，本书采用配对样本 T 检验验证产品相似性刺激物的有效性。结果显示，被试者认为纯净水与矿物质水的相似性显著高于方便面［$M_{高相似}=4.14, M_{低相似}=2.39; t(28)=3.06, p<0.01$］。以上说明，产品的伤害危机属性、产品的相似性和企业声誉刺激物比较合适。

14.4.2.5 正式实验

正式实验在成都市某高校课堂进行，所有被试者均为在校本科生。实验程序如下：首先，请被试者阅读 A 企业的文字介绍，并请被试者为 A 企业的声誉评分；然后阅读产品伤害危机刺激物，并对产品伤害危机属性打分；然后，请被试者表达对 A 企业纯净水产品（高相似产品）和方便面（低相似产品）的态度；最后是人口统计特征问题。实验将企业声誉量表物放在最前面，一是避免企业声誉评价受到危机信息的影响（Dawar 和 Pillutla,2000）；二是考虑到打分行为是一种行为承诺（Behavioral Commitment），有助于强化被试者对企业声誉的评价（Blanton、Pelham 和 Dehart 等，2001）。实验发放 880 份问卷，每组 55 份。删除缺失项过多（缺失项大于 3）、随意填答问卷（连续 5 个题项的打分相同）101 份，得到 779 份有效问卷。有效问卷和无效问卷的性别和年龄没有显著差异，不存在无回应偏差（NonResponse Bias）。

14.4.3 数据分析

14.4.3.1 操控检验

从全部样本来看，实验成功操控企业声誉和危机属性评价。高声誉组被试者的企业声誉评价显著高于低声誉组［$M_{高声誉}$ = 4.92，$M_{低声誉}$ = 2.68；$F(1, 777)$ = 874.493，$p < 0.01$］；高危害性组被试者的危害性评价显著高于低危害性组［$M_{高危害}$ = 5.03，$M_{低危害}$ = 3.38；$F(1, 777)$ = 328.331，$p < 0.01$］；高违约性组被试者的违约性评价显著高于低违约性组［$M_{高违约}$ = 4.78，$M_{低违约}$ = 4.09；$F(1, 777)$ = 54.315，$p < 0.01$］；高责任性组被试者的责任性评价显著高于低责任性组［$M_{高责任}$ = 5.30，$M_{低责任}$ = 3.90；$F(1, 777)$ = 236.131，$p < 0.01$］；高频发性组被试者的感知频发性评价显著高于低频发性组［$M_{高频发}$ = 4.53，$M_{低频发}$ = 3.19；$F(1, 777)$ = 266.546，$p < 0.01$］；高无德性组被试者的无德性评价显著高于低无德性组［$M_{高无德}$ = 5.16，$M_{低无德}$ = 3.03；$F(1, 777)$ = 560.338，$p < 0.01$］。不仅如此，在低声誉组和高声誉组中，产品伤害危机属性评价也得到成功操控，如表 14-5 所示。

表 14-5 因子相关系数矩阵

产品伤害危机属性	企业声誉	危害性	违约性	责任性	频发性	无德性	高相似产品态度	低相似产品态度
信度	0.94	0.92	0.90	0.88	0.88	0.94	0.91	0.94
企业声誉	0.91							
危害性	0.06（1.51）	0.89						
违约性	0.21（5.58）	0.51（17.00）	0.86					
责任性	−0.02（−0.45）	0.28（7.64）	0.24（6.26）	0.84				
频发性	0（0）	0.2（5.38）	0.18（4.59）	0.25（6.64）	0.84			
无德性	−0.06（−1.52）	0.08（2.1）	0.49（4.99）	0.2（5.22）	0.25（6.64）	0.91		
高相似产品态度	0.49（5.02）	−0.39（−11.48）	−0.3（−8.22）	−0.23（−6.14）	−0.41（12.44）	0.87		
低相似产品态度	0.39（11.86）	−0.24（−6.56）	−0.17（−6.56）	−0.16（−4.27）	−0.15（−3.93）	−0.33（−9.69）	0.61（23.58）	0.91

注：1. 对角线上数字为平均变异萃取量（Average Variance Extracted）的根。
　　2. 括号中数字为潜变量相关系数的 t 值。

14.4.3.2 量表信度与效度

量表的内部一致性检查确认量表信度较高：①整体量表内部一致性的信度为 0.86；②各潜变量量表内部一致性的信度均大于 0.80。量表的收敛效度和区别效度也较好。各题项在对应因子上的标准化路径系数在 0.79 到 0.94 之间，t 值在 25.32 到 34.88 之间，路径系数在 $p < 0.01$ 水平上显著，说明量表的收敛效度较好（Bagozzi 和 Yi, 1988）。因子平均变差提取量的根大于与其他因子的相关系数，说明量表区别效度较好（Fornell 和 Larcker, 1981）。测量模型拟合指标 χ^2 = 534.34, df = 224, χ^2/df = 2.39, RMSEA = 0.042, NFI = 0.97, NNFI = 0.98, CFI = 0.98, SRMR = 0.024, GFI = 0.95，均在可接受范围内，说明测量模型拟合较好。

14.4.3.3 假设检验

首先,分析产品伤害危机属性对横向溢出效应的影响,检验研究假设 H1、H2、H3、H4 和 H5。以危害性、责任性、无德性、违约性和频发性为自变量,以高相似产品和低相似产品为因变量,构建结构方程模型。结构模型拟合指标 $\chi^2 = 846.35$, df = 227, χ^2/df = 3.73, RMSEA = 0.059, NFI = 0.96, NNFI = 0.96, CFI = 0.97, SRMR = 0.083, GFI = 0.92, 均在可接受范围内,说明测量模型拟合较好。危害性显著影响高相似性产品态度 (r = −0.31, t = −7.28, p < 0.01) 和低相似产品态度 (r = −0.23, t = −5.14, p < 0.01), 假设 H1 得到支持; 责任性显著影响高相似产品态度 (r = −0.13, t = −3.54, p < 0.01), 对低相似产品态度的影响不显著, 假设 H2 得到部分支持; 无德性显著影响高相似性产品态度 (r = −0.35, t = −9.54, p < 0.01) 和低相似产品态度 (r = −0.32, t = −8.26, p < 0.01), 假设 H3 得到支持; 违约性对高相似产品态度 (r = −0.032, t = −0.77, p > 0.05) 和低相似产品态度 (r = −0.034, t = −0.78, p > 0.05) 的影响不显著, 假设 H4 没有得到支持; 频发性对高相似产品态度 (r = −0.047, t = −1.28, p > 0.05) 和低相似产品态度 (r = −0.023, t = −0.59, p > 0.05) 的影响不显著, 假设 H5 没有得到支持。如表 14-6 所示。

表 14-6 结构方程模型路径系数

路径	路径系数	t 值	路径	路径系数	t 值
危害性→高相似产品态度	−0.31**	−7.28	危害性→低相似产品态度	−0.23**	−5.14
责任性→高相似产品态度	−0.13**	−3.54	责任性→低相似产品态度	−0.049	−1.24
无德性→高相似产品态度	−0.35**	−9.54	无德性→低相似产品态度	−0.32**	−8.26
违约性→高相似产品态度	−0.032	−0.77	违约性→低相似产品态度	−0.034	0.78
频发性→高相似产品态度	−0.047	−1.28	频发性→低相似产品态度	−0.023	−0.59

注:*p<0.05(T>1.97);**p<0.01(T>2.58);NS:Non-significant。

然后,分析企业声誉的调节作用,检验研究假设 H6。通过结构方程模型多样本分析,比较五大产品伤害危机属性对产品态度的影响在高声誉样本和低声誉样本间是否存在显著差异。参照金立印(2007)的调节作用方法,逐个检验企业声誉在五个属性和产品态度间的调节作用,分别约束五个属性对产品态度的路径系数相等,然后比较约束模型与非约束模型间 $\Delta\chi^2/\Delta df$ 的大小。由表 14-7 可以看出,企业声誉能够调节违约性对高相似产品 [$\Delta\chi^2(1) = 6.47$, p < 0.01]、责任性对高相似产品 [$\Delta\chi^2(1) = 13.275$, p < 0.01] 的影响,对其他关系的调节不显著。如表 14-7 所示。因此,研究假设 H6 得到部分支持。

表 14-7 结构方程模型多样本分析

拟合指标		χ^2	df	$\Delta\chi^2(1)$	RMSEA	CFI	GFI
非约束模型 (Unrestricted Model)		880.634	352	—	0.044	0.96	0.91
危害性→高相似产品态度	γ_{11} 恒等	880.636	353	0.002	0.044	0.96	0.91
违约性→高相似产品态度	γ_{12} 恒等	887.104	353	6.47	0.044	0.96	0.91
责任性→高相似产品态度	γ_{13} 恒等	893.909	353	13.275	0.044	0.96	0.91
频发性→高相似产品态度	γ_{14} 恒等	880.691	353	0.057	0.044	0.96	0.91
无德性→高相似产品态度	γ_{15} 恒等	880.666	353	0.032	0.044	0.96	0.91
危害性→高相似产品态度	γ_{21} 恒等	880.672	353	0.038	0.044	0.96	0.91
违约性→高相似产品态度	γ_{22} 恒等	880.962	353	0.328	0.044	0.96	0.91
责任性→高相似产品态度	γ_{23} 恒等	880.829	353	0.195	0.044	0.96	0.91
频发性→高相似产品态度	γ_{24} 恒等	882.608	353	1.974	0.044	0.96	0.91
无德性→高相似产品态度	γ_{25} 恒等	881.328	353	0.694	0.044	0.96	0.91

注:*p < 0.05($\Delta\chi^2$/df > 3.84);**p < 0.01($\Delta\chi^2$/df > 6.64);NS:Non-significant。

最后,分析产品相似性的调节作用,检验研究假设 H7 和 H8。我们发现,企业声誉可以调节部分属性对高相似产品态度的影响,不能调节对低相似产品态度的影响。因此,可以初步判断企业声誉和产品相似性可能存在交互作用。接下来，进行数据分析检验。在实验中，企业声誉、危害性、责任性、无德性、违约性、频发性是组间因子，产品的相似性是组内因子，高相似产品态度和低相似产品态度相关，验证单因变量模型中调节作用的方法不再适用。借鉴 Horen 和 Pieters（2012）验证组内因子调节作用的方法，采用重复测量方差分析（Repeated Measures Analysis of Variance），先进行莫克球形检验（Mauchly's Test of Sphericity），确认高相似性产品态度和低相似性产品态度是否相关。如果检验结果显著性 $p < 0.05$，说明高相似性产品态度和低相似性产品态度相关，不符合 Huynh-Feldt 条件，不进行单因素方差分析，而需要采用重复测量方差分析。多变量检验结果显示，Pillai's Trace、Wilk's Lambda、Hotelling's Trace and Roy's Largest Root 检验结果的显著性一致，产品相似性（$p < 0.05$）、产品相似性与企业声誉交互项（$p < 0.01$）、产品相似性和危害性的交互项（$p < 0.05$）、产品相似性和责任性（$p < 0.05$）显著影响非危机产品态度，产品相似性和违约性的交互项（$p = 0.69$）、产品相似性和无德性交互项（$p = 0.31$）、产品相似性和频发性的交互项（$p = 0.584$）对非危机产品态度的影响不显著，见图 14-1。因此，假设 H7 得到部分支持，假设 H8 得到支持。

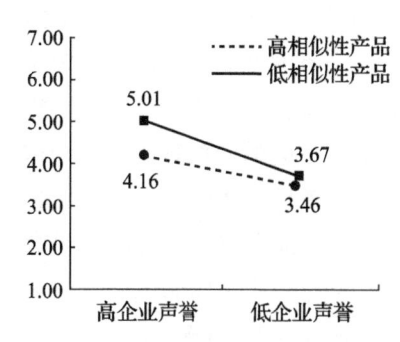

图 14-1 企业声誉和产品相似性的交互作用

14.4.4 研究结论与展望

本书重点研究了产品伤害危机属性对横向溢出效应的影响。本书通过回顾对现有危机的研究，归纳出产品伤害危机的五个主要属性，研究了五个属性对横向溢出效应的影响，并考虑了企业声誉和产品相似性的调节作用。产品伤害危机属性对横向溢出效应的影响存在差异，危害性和无德性的影响显著，违约性和频发性的影响不显著，责任性对高相似产品的影响显著，而对低相似产品的影响不显著。企业声誉能够调节违约性、责任性对高相似产品的影响；产品的相似性可以调节危害性、责任性对非危机产品态度的影响；产品的相似性和企业声誉还存在双重调节作用。基于以上研究结果，可以得出如下重要结论：产品伤害危机的横向溢出效应并不一定会产生，产品伤害危机属性是导致横向溢出效应产生的重要条件。产品伤害危机属性不仅会直接影响横向溢出效应的发生，还会通过影响企业的声誉和产品相似性的调节作用来影响横向溢出效应的发生。因此，本书通过识别产品伤害危机的属性，揭示了产品伤害危机属性对横向溢出效应的影响，增进了对产品伤害危机和横向溢出效应的认识。

本书有三个方面的创新，增进了对产品伤害危机及其横向溢出效应影响的认识。第一，归纳出产品伤害危机的五个特征，找出容易导致横向溢出效应的危机属性。产品伤害危机并非必然导致横向溢出，危害性、无德性和责任性较高的产品伤害危机更容易产生横向溢出，因此，通过分析产品伤害危机的属性可以预测横向溢出效应。第二，识别出企业声誉的调节作用及其作用条件。企业声誉在产品伤害危机横向溢出过程中起调节作用，但企业声誉的调节作用仅限于部分产品伤害危机属性。第三，识别出产品相似性的调节作用及其作用条件。产品的相似性可以调节产品伤害危机的危害性和责任性等两个属性对横向溢出的影响，但难以调节其他属性的影响。这说明无德性、违约性和频发性对整个品牌的负面影响较大，即使低相似性产品也会受到影响。

由此，产品伤害危机发生后，企业首先应明确产品伤害危机的属性，要特别关注危害性和无德性较高的产品伤害危机，类似危机形成横向溢出效应的可能性非常大。其次，企业需要谨慎看待企业声誉在产品伤害危机中的保护作用，企业声誉能够缓解部分产品伤害危机属性引起的横向溢出，并不能缓解所有产品伤害危机引起的横向溢出。最后，企业进行品牌延伸时，要特别关注延伸距离，因为延伸距离较小、产品相似性较高，产品伤害危机对整个产品组合会产生较大的负面影响。

本书存在以下研究局限。首先是品类选择。本书考虑产品伤害危机多发生在食品业和餐饮业，结合案例，选择饮用水行业作为受试行业。饮用水行业作为受试行业，便于操控企业声誉、危机感知和产品相似性，有利于降低产品差异的干扰，增强刺激物的真实性。然而饮用水行业是快消品的一个子类，研究结果能否扩展到耐用消费品，还需要进一步验证。其次是因变量的选择。产品态度能够预测消费者的购买意愿和购买行为，但不能完全决定购买意愿和购买行为，也难以反映出消费者因为拒绝购买还是推迟购买而降低产品评价。因此，未来研究要更多地关注产品伤害危机感知对其他变量的影响，如购买意愿和购买行为等，同时还要关注其对因变量当期影响和长期影响的差异。

14.5 预判和应对其他品牌引发的产品伤害危机

一是有的产品伤害危机引发了溢出效应，而有的产品伤害危机却没有；二是有的产品伤害危机不仅向竞争品牌负面溢出，还向品类溢出，而有的却只向竞争品牌溢出；三是溢出效应发生后，不同的竞争品牌采取不同的应对策略。对于这些现象，人们不禁思考两个问题：第一，危机品牌引发的产品伤害危机在什么条件下才会发生溢出效应？第二，否认策略和缄默策略，哪一个能更好地防止负面溢出？

这两个问题具有重要的实践意义。近年来，由于产品伤害危机事件越来越多（Birch, 1994），竞争品牌受到溢出效应影响的风险也越来越大，给企业和经济带来了较大的负面影响。

14.5.1 理论背景

产品伤害危机（Product Harm Crisis）是指偶尔出现并被广泛宣传的关于某个产品是有缺陷或是对消费者有危险的事件（Siomkos 和 Kurzbard, 1994）。产品伤害危机会影响许多重要的营销变量。现有研究发现，产品伤害危机会负面影响感知危险（Siomkos 和 Kurzbard, 1994; Vassilikopoulou、Siomkos、Chatzipanagiotou 等, 2009; Fang, 2007; Wang 和 Jing, 2011）、消费者的抱怨行为（Laufer, 2002; Laufer, 2004）、消费者的忠诚度（Cleeren、Dekimpe 和 Helsen, 2008）、消费者的考虑集（Wang、Chao 和 Wu, 2006）、消费者的购买意愿（Siomkos 和 Kurzbard, 1994; Vassilikopoulou、Siomkos 和 Chatzipanagiotou 等, 2009）、消费者的态度（Wang 和 Chao, 2008）、品牌资产（Dawar 和 Pillutla, 2000; Fang、Jiang 和 Yang 等, 2010; Fang、Yang 和 Jiang 等, 2011）、消费者的情感（Wang 和 Chao, 2008）和消费者的选择（Zhao、Zhao 和 Helsen, 2011）。且品牌声誉（Fang、Jiang 和 Yang 等, 2010; Fang、Yang、Jiang 等, 2011）、危机归因（Siomkos, 1999; Klein 和 Dawar, 2004）、危机类型（Fang、Jiang 和 Yang 等, 2010; Fang、Yang 和 Jiang, 2011）、个体差异（Laufer 和 Coombs, 2006）、应对策略（Siomkos 和 Kurzbard, 1994; Wang 和 Chao, 2008; Fang、Jiang 和 Li 等, 2010; Fang、Yang Li 等, 2011）、心理距离（Huang、Wang 和 Tong, 2011）和基础概率信息（Base-rate Information）（Lei、Dawar 和 Gürhan-Canli, 2012）会调节产品伤害危机的负面影响。

产品伤害危机的影响并不仅限于危机品牌，还可能影响到市场结构和竞争品牌。有学者通过构建NBD-DM模型研究了产品伤害危机的短期和长期影响，发现产品伤害危机不仅会影响危机品牌的市场地位，还会在短期对品类需求产生负面影响，在长期改变市场结构（Ma、Li 和 Wang 等, 2010; Siomkos、Triantafillidou 和 Vassilikopoulou 等, 2010）。产品伤害危机对竞争品牌的影响存在不确定性，既可能是威胁，也可能是机遇，也可能没有影响。Siomkos 等研究发现，当危机品牌的声誉较高且危机较严重时，产品伤害危机会对竞争品牌产生负面影响，对竞争品牌造成威胁；当危机品牌的声誉较低时，产品伤害危机会对竞争品牌产生正面影响，给竞争品牌带来市场机遇；当危机品牌的声誉较高且危机不严重时，产品伤害危机对竞争品牌不存在显著影响（Maheswaran 和 Meyers-Levy, 1990）。以上研究均证实，产品伤害危机可能影响竞争品牌，形成溢出效应。

尽管现实观察和实证研究均证实了产品伤害危机溢出效应的存在，但有两个重要问题尚未得到解决：一是产品伤害危机溢出效应何时会发生？二是企业应对策略如何影响产品伤害危机的溢出？弄清楚这两个问题既能够进一步推进产品伤害危机的研究，又可以对企业预判和应对产品伤害危机溢出效应具有重要的现实意义。本书重点研究产品伤害危机的溢出条件和竞争品牌的应对策略,主要有三个方面:一是分析了产品伤害危机对竞争品牌和品类的负面影响,拓展了产品伤害危机的研究范围;二是识别出产品伤害危机溢出效应的发生条件,为准确预判产品伤害危机溢出效应提供理论指导;三是探索了竞争品牌应对产品伤害危机溢出效应的最佳策略,为企业正确应对产品伤害危机溢出效应提供理论借鉴。

14.5.2 研究假设

产品伤害危机存在负面信息效应(Negativity Effect)(Herr、Kardes 和 Kim, 1991),比正面信息更容易作为判断质量的依据(Ahluwalia、Unnava 和 Burnkrant, 2001),溢出效应也更易发生(Feldman 和 Lynch, 1988)。Feldman 和 Lynch 认为,可接近性和可诊断性是消费者做出由此及彼推断的条件(Kotler 和 Keller, 2003)。当消费者能够由 A 品牌联想到 B 品牌时,B 品牌对 A 品牌具有可接近性;当消费者能够根据 A 品牌评价 B 品牌时,A 品牌对 B 品牌具有可诊断性。当可接近性和可诊断性同时满足时,消费者才可能根据危机品牌判断非危机的竞争品牌。在产品伤害危机中,如果某品牌的信息可以作为品类信息来处理,并且消费者认为发生在该品牌的产品伤害危机同样可以在该品类中发生,那么就可能发生产品伤害危机对品类的溢出效应;同样,如果危机品牌对竞争品牌具有可接近性、危机对危机品牌具有可诊断性,那么就可能发生产品伤害危机对竞争品牌的溢出效应。相反,如果某品牌对品类或竞争对手不具有可接近性,或是产品伤害危机对品类或竞争对手不具有可诊断性,那么产品伤害危机对品类和竞争品牌的溢出效应就难以发生。

根据产品伤害危机和溢出效应相关理论,可能有四类因素影响产品伤害危机溢出效应的发生,它们是危机品牌的品类代表性、竞争品牌与危机品牌的相似性、消费者的思考方式和竞争品牌的应对策略。

14.5.2.1 危机品牌的品类代表性对溢出效应的影响

产品伤害危机溢出效应的出现受信息可接近性和可诊断性的影响。从产品伤害危机信息的可接近性来看,品类代表性品牌出现的产品伤害危机信息具有可接近性。Keller 将品牌知识(Brand Knowledge)看作由品牌节点与品牌联想组成的网络(Keller 和 Lehmann, 2006)。由此可推测危机品牌与品牌或竞争品牌节点在记忆网络中关联性越高,则信息的可接近性越强,相连节点被激活的可能性更大(Morrin, 1999; Barsalou, 1992)。当品牌是品类的代表性品牌时,品牌与品类的关联性更强(Ng 和 Houston, 2009; Barsalou, 1985)。当品类中代表性品牌发生产品伤害危机时,在消费者处理危机信息时,品类的节点也可能被激活,即代表性品牌信息对品类具有可接近性。一般来说,有关代表品牌的信息对品类具有可诊断性(Joiner 和 Mason, 2007; Lei、Dawar 和 Lemmink, 2008)。由此可以推断,代表性品牌的产品危机信息对品类具有可接近性和可诊断性,溢出效应便会发生。

H1:如果危机品牌对品类的代表性越强,那么品类中的竞争品牌就越容易受到溢出效应的影响。

14.5.2.2 竞争品牌与危机品牌的相似性对溢出效应的影响

与品类相比,品牌与竞争品牌在记忆网络中的连接更密切。消费者在做购买决策时,往往是在几个竞争品牌之间评价、比较、决策,使消费者更容易将品牌与竞争品牌联系在一起。品牌联想的强度能够影响溢出效应(Broniarczyk 和 Alba, 1994)。因此,产品伤害危机信息可能同时激活竞争品牌在记忆网络中的节点,即信息具有可接近性。但是,信息的可诊断性依赖于品牌与竞争品类的相似性。有学者研究发现品牌间属性层面的相似性比整体层面的相似性更具可诊断性(Dwivedi 和 Merrilees 和 Sweeney, 2009; Xu 和 Wyer, 2010)。我们推测整体相似性并不足以产生溢出效应,因此只关注产品属性层面的相似性,即产品伤害危机溢出效应决定了产品属性层面的相似性。

H2:在危机的产品属性方面,竞争品牌与危机品牌的相似性越高,那么溢出效应越容易发生。

14.5.2.3 消费者的思考方式对溢出效应的影响

消费者的思考方式也可能影响产品伤害危机信息的可诊断性。如果产品伤害危机对消费者来说具有品牌代表性，就会使消费者更多思考品牌发生产品伤害危机的原因，而不会将产品伤害危机与具有差异性的竞争品牌联系起来。因此，当消费者思考品牌的差异时，产品伤害危机信息不具有可诊断性，溢出效应不会发生。相反，如果消费者进行品牌相似性的思考，消费者思考竞争品牌是否会发生类似的产品伤害危机，即产品伤害信息对竞争品牌具有可诊断性。因此，当品牌具有相似性，从而使产品信息具有可接近性时，如果消费者进行产品差异思考，那么溢出效应不会发生。

H3：如果启动消费者思考的是品牌差异，那么溢出效应将不会影响竞争品牌。

14.5.2.4 竞争品牌的应对策略对溢出效应的影响

当品类中某品牌发生产品伤害危机时，竞争品牌有时会主动否认本品牌产品也存在类似危机，以预防产品伤害危机的溢出效应（Kotler 和 Keller，2003）。但这种预防策略具有潜在风险。当消费者没有将产品伤害危机的信息与竞争品牌相联系时，竞争品牌给出的否认声明就不具有信息性，反而产生负面作用。这使得消费者推断否认声明的反面却可能是真的，改变消费者的原有信念（Byrne, Linz 和 Potter, 2009）。这类似于自食其果效应（Boomerang Effect）：否认的智慧在于根据目标群体是否相信品牌涉嫌危机而做出否认的决策（Moskowitz 和 Skurnik，1999）。由此，我们推测否认声明的效果受到溢出效应是否发生的影响。如果溢出效应发生了，竞争品牌的否认声明就具有信息价值，传递了消费者不知道的内容，将是一个有效的应对策略。这时否认声明会阻断产品伤害危机信息与竞争品牌的联系，防止消费者对竞争品牌负向信念的形成，使消费者对竞争品牌的评价更好（Schwarz 和 Bless，1992; Matos 和 Veiga, 2005）。相反，如果溢出效应没有发生，否认声明将会产生自食其果效应，那么消费者就会怀疑竞争品牌的否认声明暗示其产品也可能存在缺陷。

H4：如果溢出效应（没有）发生，且竞争品牌主动否认问题，那么消费者的态度会更正（负）面。

14.5.3 研究一

14.5.3.1 刺激物设计

（1）产品品类的选择。以20个学生为前测样本，确认笔记本电脑、手机是学生比较熟悉的两个产品品类（M=1.97，M=2.81；使用11分量表，分值从 –5 到 +5，分值越高，赞同度越高，0表示不确定，以下同）。

（2）产品伤害危机。电子消费类产品是学生比较熟悉的，也是产品伤害危机研究经常采用的刺激物，如 Dawar 和 Pillutla（2000）采用笔记本电脑作为刺激物，Matos 和 Veiga（2005）、王晓玉、晁钢令（2008）等采用手机作为刺激物。为了增加研究的外部效度，我们同时采用笔记本电脑和手机作为本书刺激物。我们以山寨手机爆炸，男子腰部着火被炸下摩托车和××笔记本电池发生爆炸，公司股价随即大幅下跌为原型，修改成为产品伤害危机的刺激物。将20个学生随即分为两组，评价产品伤害危机的严重性；通过方差分析显示，两组的评价无显著差异 [M1=2.50，M2=2.90，$F(1, 18)=0.74$，$p=0.400$]，说明产品伤害危机的同质性被成功操控。

（3）危机公司的选择。为了验证研究假设，同时减少涉及品牌的数量，我们至少需要三个品牌刺激物，一个是笔记本品类的代表性品牌而非手机品类的代表性品牌，第二个是手机品类的代表性品牌而非笔记本品类的代表性品牌，第三个同时是笔记本和手机品类的主要竞争品牌。以35个学生为前测样本，对多个IT品牌进行前测。结果发现，A是笔记本电脑品类的一家代表性品牌（$M_{A 笔记本}=2.51$；$M_{A 手机}=-1.20$），B是手机品类的一家代表性品牌（$M_{B 手机}=2.22$；$M_{B 笔记本}=-0.37$），C是一家跨品类品牌（$M_{C 笔记本}=1.52$；$M_{C 手机}=1.33$）。因此，在笔记本电脑品类中，A和C是同业竞争关系；在手机品类中，B和C是同业竞争关系。

14.5.3.2 实验程序

采用 2（A和B）×2（笔记本电脑和手机）的组间设计，共有130名本科生参与实验。学生样本的同质性较高，能够较好地降低个体差异对研究结果的影响，被广泛地应用到消费者行为研究中。产品伤害危机和溢出效应相关研究也多采用学生样本。因此,本书也采用学生样本。学生被随即分在四个小组,实验分为六个步骤进行:第一,测量五个因变量在危机前的基准水平:对笔记本电脑品类的品类质量信念(CQB,Category Quality Belief),对手机品类的品类质量信念,C的品牌态度(BA,Brand Attitude),C笔记本品类的质量信念(BQB,Brand Quality Belief),C手机品类的质量信念。第二,请被试者阅读一段关于A(B)笔记本电脑(手机)的媒体报道,促使他们思考笔记本电脑(手机)品类的相似性。具体操作参照Sujan(1985)的方法,在这段文字中,不仅描述A(B)产品的独特性,而且还插入一段文字,说明各个品牌的笔记本电脑(手机)在某些属性上是一致的。第三,请被试者阅读一段产品伤害危机(锂电池爆炸)的新闻报道。第四,请被试者从及时性、实时性、真实性、轰动性等方面评价以上新闻报道。第五,请被试者再次评价笔记本电脑品类的品类质量信念、手机品类的品类质量信念、C的品牌态度、C笔记本电脑的品类质量信念、C手机的品类质量信念。第六,关于人口统计特征的问题。在以上六步中,之所以设计第四步,是为了避免被试者猜测实验意图而做出迎合回答,这部分的打分并没有使用。

14.5.3.3 变量测量

在研究一和研究二中,共需测量八种变量,具体如表14-8所示。大部分量表沿用或修改先前的研究,如产品类别熟悉度(Roehm和Tybout,2006)、品牌间的相似性、品类质量信念和品牌质量信念(Sujan和Bettman,1989)、品牌态度和产品伤害危机的严重性(Dawar和Pillutla,2000)。

14.5.3.4 假设检验

首先检验H1。将品类质量信念(CQB)两个题项的打分取平均值,然后用危机后的平均值减去危机前的平均值,所得的差值即为品类质量信念的变动得分(即ΔCQB)。得分为正,表示存在溢出效应;分值越高,说明溢出效应越明显。通过对全体样本的方差分析发现,不仅危机品牌和产品类别的主效应显著($F_{危机品牌} = 12.83$,$p < 0.001$),危机品牌和产品类别的交互作用也显著($F_{危机品牌 \times 产品类别} = 11.45$,$p = 0.001$)。

表14-8 变量测量

变量	题项	用途
产品类别熟悉度	我熟悉各个笔记本电脑(手机)品牌 我了解笔记本电脑(手机)这种产品	刺激物设计
品牌对产品品类的代表性	A(B)是具有代表性的笔记本电脑(手机)品牌 A(B)是典型的笔记本电脑(手机)品牌	刺激物设计
品牌间的相似性	在采用锂电池方面,A(B)与C具有相似性 A(B)和C都以锂电池作为电源供电	刺激物设计
产品伤害危机的严重性	本次笔记本电脑(手机)电池爆炸是严重质量问题	刺激物设计
品类质量信念(CQB)	电池爆炸是笔记本电脑(手机)这种产品的常见质量问题 电池爆炸是笔记本电脑(手机)这种产品的典型质量问题	假设检验
品牌态度(BA)	A是优秀的品牌 A是大家喜欢的品牌 A在消费者心中有正面的形象	假设检验
品牌质量信念(BQB)	A笔记本电脑(手机)的电池偶尔会发生爆炸 A笔记本电脑(手机)的电池有时会发生爆炸 A笔记本电脑(手机)的电池经常会发生爆炸	假设检验
信息性评价	以上两段报道具有趣味性 以上两段报道具有知识性 以上两段报道具有信息性 以上两段报道具有相关性	假设检验(仅用于研究二)

具体而言,当产品品类为笔记本电脑时,A品牌在该品类中造成的溢出效应明显大于B品牌[$M_{A笔记本} =$

1.343，M$_{B笔记本}$ = 0.212；F(1, 66) = 22.08，p < 0.001］；当产品品类是手机时，B 品牌在该品类中造成的溢出效应明显大于 A 品牌［M$_{A手机}$ = 0.125，M$_{B手机}$ = 1.150；F(1, 60) = 13.09，p < 0.001］。当危机品牌为 A 时，被试者对笔记本电脑品类的信念发生了明显变化［M$_{A笔记本}$ = 1.343，M$_{A手机}$ = 0.125；F(1, 65) = 31.67，p < 0.001］，但对手机品类的信念却没有发生显著变化［M$_{A笔记本}$ = 0.043，M$_{A手机}$ = 0.131；F(1, 65) = 0.12，p = 0.728］。当危机品牌为 B 时，被试者对笔记本电脑品类的信念没有发生明显变化［M$_{B笔记本}$ = 0.212，M$_{B手机}$ = 0.117；F(1, 61) = 0.14，p = 0.708］，但对手机品类的信念却发生了显著变化［M$_{B笔记本}$ = 0.061，M$_{B手机}$ = 1.150；F(1, 61) = 17.51，p < 0.001］。综上所述，可以发现，危机品牌对所属品类的代表性越高，产品伤害危机在所属品类发生溢出效应的可能性越大。因此，H1 得到有力支持。

其次检验 H2。与竞争品牌（即 A）相关的因变量有三个：品牌态度和在两个品类的具体信念。对这三个因变量，依然先计算题项的平均值，然后用危机后的平均值减去危机前的平均值，得到最终取值，即为 ΔBA$_{竞争品牌}$、ΔBQB$_{竞争品牌笔记本电脑}$ 和 ΔBQB$_{竞争品牌手机}$。以 ΔBA 为因变量对所有样本的方差分析发现，危机品牌的主效应不明显（F$_{危机品牌}$ = 0.34，p = 0.562），产品类别的主效应不明显（F$_{产品类别}$ = 0.08，p = 0.772），但危机品牌和产品类别的交互效应明显（F$_{危机品牌 × 产品类别}$ = 28.05，p < 0.001）。且从均值来看，在危机品牌代表产品类别的条件下，品牌态度的不利变化越强烈，溢出效应发生的可能性越高（M$_{A笔记本}$ = −1.238，M$_{A手机}$ = −0.521，M$_{B笔记本}$ = −0.404，M$_{B手机}$ = −1.256）。因此，H2 得到完全支持。

为了进一步了解溢出效应的作用机制，以竞争品牌的两类质量信念的前后差异（ΔBQB$_{竞争品牌笔记本电脑}$ 和 ΔBQB$_{竞争品牌手机}$）为因变量，构建一般线性模型（GLM）。从表 14-9 中可以看出，不仅危机品牌、产品类别的回归系数显著（p < 0.1），而且交互项的回归系数也显著（p < 0.01）；当危机品牌为 A、产品品类为笔记本电脑时，ΔBQB$_{竞争品牌笔记本电脑}$ 最大；当危机品牌为 B、产品品类为手机时，ΔBQB$_{竞争品牌手机}$ 最大。这完全符合 H2 的推测，说明 H2 再次得到完全支持。

表 14-9 对 ΔBQB$_{竞争品牌}$ 的饱和回归分析

	ΔBQB$_{竞争品牌笔记本电脑}$			ΔBQB$_{竞争品牌手机}$		
	系数	标准差	显著性	系数	标准差	显著性
截距项	0.44	0.15	0.005	0.75	0.14	< 0.001
危机品牌（B）	−0.43	0.22	0.056	1.18	0.20	< 0.001
危机品牌（A）	0.00	—	—	0.00	—	—
产品类别（笔记本电脑）	1.71	0.21	< 0.001	−0.58	0.19	0.001
产品类别（手机）	0.00	—	—	0.00	—	—
危机品牌 × 产品类别（B × 笔记本电脑）	−0.88	0.31	0.005	−0.81	0.28	0.004
危机品牌 × 产品类别（B × 手机）	0.00	—	—	0.00	—	—
危机品牌 × 产品类别（A × 笔记本电脑）	0.00	—	—	0.00	—	—
危机品牌 × 产品类别（A × 手机）	0.00	—	—	0.00	—	—
F 值	37.83			33.08		
显著性	< 0.001			< 0.001		
R^2	0.473			0.441		

注：部分变量系数为 0，标准差缺失，是因被一般线性模型（GLM）默认为基准对照水平。

14.5.3.5 结果讨论

研究一证实了 H1 和 H2 的推测，其研究结果说明了两点：第一，如果危机品牌对所属品类的代表性越高，那么产品伤害危机就越容易发生溢出效应，影响消费者对整个品类的看法；第二，在危机属性上，如果竞争品牌与危机品牌越类似，那么产品伤害危机就越容易发生溢出效应，使消费者认为竞争品牌在危机属性上也存在类似的质量问题。但在研究一中，一是没有考虑背景线索（Contextual Cues）的影响，二是没有探讨竞争品牌的应对策略。对这两个问题，我们将在研究二中予以分析。

14.5.4 研究二

研究二主要是为验证 H3 和 H4，因此，实验程序增加了一些环节。为验证 H3 所讨论的背景线索，请被试者阅读一段广告文字；为了验证 H4 所讨论的竞争品牌应对策略，请被试者阅读一段竞争品牌关于否认产品有害的声明。

14.5.4.1 刺激物设计

实验二沿用实验一的产品伤害危机，以手机电池爆炸为背景事件。根据实验一的分析结果，在手机品类中，B 的产品伤害危机会溢出至 C，但不会溢出至 A；因此，我们将 B 看作是手机品类的代表性品牌，将 C 看作是与 B 类似的品牌，将 A 看作是与 B 不相似的品牌。

（1）启动线索。在实验的第二步，请被试者阅读一段关于手机品类介绍的媒体报道，促使他们思考手机产品的相似性或差异性。Sujan 和 Bettman（1989）指出，让被试者聚焦于单个品牌或产品，会导致他们更关注品牌或产品的差异性；反之，会导致他们关注品牌或产品的同质性。通过对 40 个学生的测验，我们确认了上述两种刺激物的有效性。分别阅读两种媒体报道后，他们对产品品牌的同质性评价存在显著差异 [$M_{品牌相似} = 2.67$, $M_{品牌差异} = -1.73$, $F(1, 38) = 45.52$, $p < 0.001$]。

（2）否认声明。在实验的第三步，在产品伤害危机的介绍中嵌入了一段文字，主要是竞争品牌的介绍。该介绍包含否认声明，否认自己品牌的手机电池存在问题。通过 40 个学生的前测，我们发现：阅读两种刺激物的被试者对信息性评价存在显著差异 [$M_{有否认声明} = 1.77$, $M_{无否认声明} = -1.63$, $F(1, 38) = 32.25$, $p < 0.001$]。

14.5.4.2 实验程序

采用 2（启动线索：关注品牌相似和品牌差异）×2（否认：有或无）的组间设计，共有 140 名本科生参与实验，学生被随即分在四个小组，实验过程如下：第一，阅读启动线索（Prime）。第二，阅读 B 手机电池爆炸的产品伤害危机报道。第三，测量对手机的品类质量信念（$CQB_{手机}$），测量对 C、A 的品牌态度（$BA_{竞争品牌}$）和品牌质量信念（$BQB_{竞争品牌}$）。第四，请被试者从及时性、实时性、真实性、轰动性等方面评价产品伤害危机的报道。第五，阅读 C 和 A 的否认声明。第六，评价否认声明的信息性。第七，再次测量对 C、A 的品牌态度（$BA_{竞争品牌}$）和品牌质量信念（$BQB_{竞争品牌}$）。之所以安排第四步，是为避免被试者猜测实验意图而做出迎合性回答。

14.5.4.3 操控检验

（1）启动线索。将 $CQB_{手机}$ 的两个题项取均值，即为 $CQB_{手机}$ 的得分。方差分析显示，主效应显著 [$M_{品牌差异} = 1.03$, $M_{品牌相似} = 2.40$; $F(1, 138) = 60.26$, $p < 0.001$]，说明启动线索被成功操控。

（2）否认声明。信息性评价共有四个题项，取其均值，即为最终得分。方差分析显示，在有、没有两种否认声明中，被试者对信息性评价的打分存在显著差异 [$M_{无否认声明(C)} = 1.35$, $M_{有否认声明(C)} = 2.02$, $F(1, 138) = 8.10$, $p = 0.004$；$M_{无否认声明(A)} = 1.47$, $M_{有否认声明(A)} = 2.15$, $F(1, 138) = 10.08$, $p = 0.001$]，说明否认声明被成功操控。

14.5.4.4 假设检验

首先检验 H3。H3 推测，如果消费者思考的是品牌的相似，那么溢出效应就会发生，竞争产品将会受影响；否则，溢出效应不会发生，竞争产品将不会受到影响。我们将从三方面检验 H3：品类质量信念（$CQB_{手机}$）、竞争品牌的品牌态度（$BA_{竞争品牌}$）、竞争品牌的品牌质量信念（$BQB_{竞争品牌}$）。

将品类质量信念（$CQB_{手机}$）的两个题项取均值，即为 $CQB_{手机}$ 的得分。方差分析显示，如果被试者思考的是品牌差异，那么被试者对整个手机品类的质量信念更好，溢出效应也就不容易发生 [$M_{品牌差异} = 2.40$, $M_{品牌相似} = 1.03$; $F(1, 138) = 60.26$, $p < 0.001$]。因此，H3 得到完全支持，见图 14-2。

将竞争品牌（C）品牌态度（$BA_{竞争品牌}$）的三个题项取均值，即为 $BA_{竞争品牌}$ 得分。方差分析显示，如果被试者思考的是品牌的差异，那么被试者对竞争产品的品牌态度的打分更高 [$M_{品牌差异} = 3.09$, $M_{品牌相}$

相似 = 1.46；F(1, 138) = 67.12，p < 0.001]。也就是说，溢出效应也就更不容易发生。因此，H3 再次得到完全支持，见图 14-3。

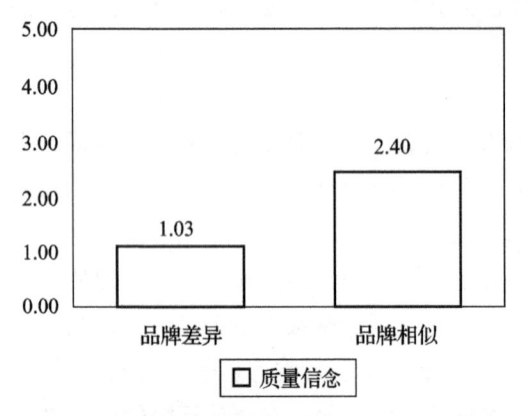

图 14-2 启动方式对溢出效应（品类）的影响

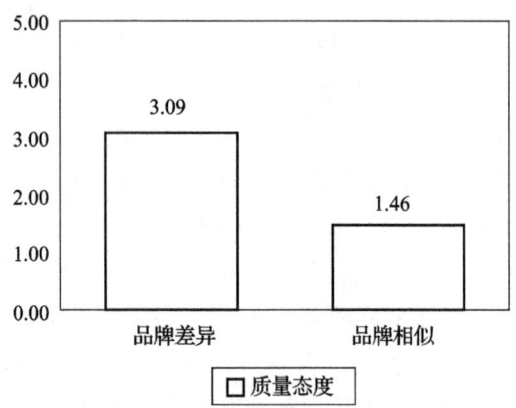

图 14-3 启动方式对溢出效应（竞品）的影响

将竞争品牌（C）品牌质量信念（BQB 竞争品牌）的两个题项取均值，即为 BQB 竞争品牌得分。方差分析显示，如果被试者思考的是品牌的差异，那么被试者对竞争产品的品牌态度的打分更高 [M 品牌差异 = 0.63，M 品牌相似 = 2.06；F(1, 138) = 63.14，p < 0.001]。因此，H3 又一次得到完全支持，见图 14-4。

然后检验 H4。H4 推测如果溢出效应（没有）发生，而竞争品牌主动否认问题，那么消费者的态度会更正（负）面。我们从两个方面来检验 H4：竞争品牌的品牌态度（BA 竞争品牌）与竞争品牌的品牌质量信念（BQB 竞争品牌）。将相关题项取均值后，即为以上两个变量的得分。以这两个变量为因变量，构建一般线性模型（GLM）。回归分析结果显示，启动线索（品牌差异）和否认声明（有）的交互作用显著，且均为正（注：品牌质量信念是负向量的，因此，回归系数为负说明交互作用为正），具体如表 14-10 所示。因此，H4 得到完全支持，见图 14-5 和图 14-6。

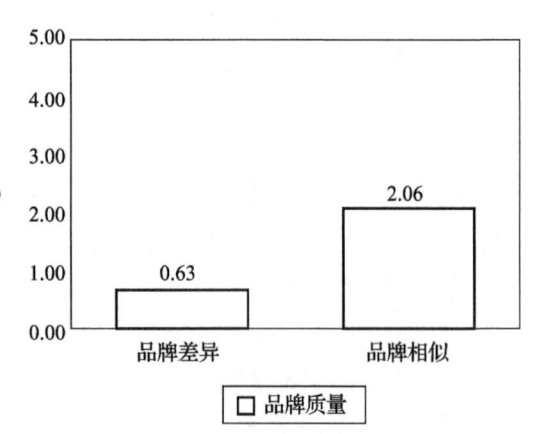

图 14-4 启动方式对溢出效应（竞品）的影响

表 14-10 对 BA 竞争品牌和 BQB 竞争品牌的饱和回归分析

	BA 竞争品牌			BQB 竞争品牌		
	系数	标准差	显著性	系数	标准差	显著性
截距项	2.00	0.92	0.034	1.06	0.20	< 0.001
启动线索（品牌差异）	−1.27	0.27	< 0.001	2.08	0.30	< 0.001
启动线索（品牌相似）	0	—	—	0	—	—
否认声明（有）	−2.82	1.11	0.012	1.47	0.52	0.005
否认声明（无）	0	—	—	0	—	—
启动线索 × 否认声明（品牌差异 × 有）	4.04	1.02	0.001	−5.11	2.55	0.043
启动线索 × 否认声明（品牌差异 × 无）	0	—	—	0	—	—
启动线索 × 否认声明（品牌相似 × 有）	0	—	—	0	—	—
启动线索 × 否认声明（品牌相似 × 无）	0	—	—	0	—	—
F 值	54.15			65.32		
显著性	< 0.001			< 0.001		
R^2	0.544			0.590		

注：部分变量系数为 0，标准差缺失，是因被一般线性模型（GLM）默认为基准对照水平。

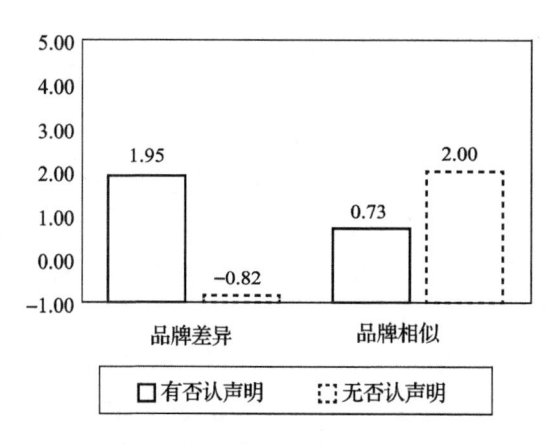

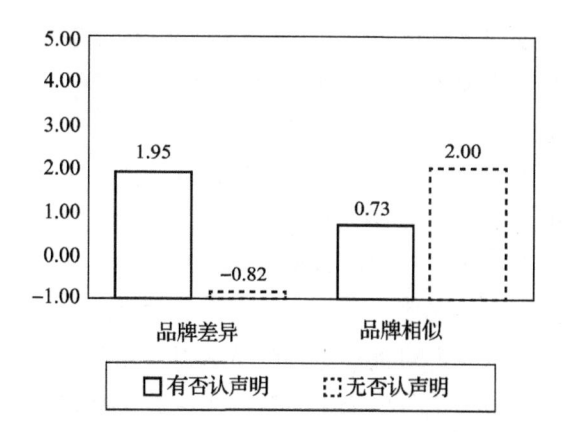

图 14-5　否认声明对溢出效应（竞品品牌态度）的影响　　图 14-6　否认声明对溢出效应（竞品品牌质量）的影响

为深入探讨否认声明的作用，进一步分析 $\Delta BA_{竞争品牌}$ 和 $\Delta BQB_{竞争品牌}$，即分析被试者在阅读 B 手机电池爆炸刺激物前后，"竞争品牌的品牌态度"和"竞争品牌的品牌质量信念"两个变量的变化值。$\Delta BA_{竞争品牌}$ 的均值 [$M_{启动线索（品牌差异）}$ = -1.66，$M_{启动线索（品牌相似）}$ = -0.83] 和 $\Delta BQB_{竞争品牌}$ 的均值 [$M_{启动线索（品牌差异）}$ = 0.43，$M_{启动线索（品牌相似）}$ = -0.29] 说明，如果启动线索是品牌差异，那么被试者对竞争品牌（三星）的评价更积极。

此外，本书也对与 B 不相似的品牌（即联想）进行分析。方差分析显示，当因变量为 $BA_{竞争品牌}$ 时，仅有否认声明的主效应显著 [$M_{品牌差异}$ = 2.20，$M_{品牌相似}$ = 1.93；$F(1, 138)$ = 77.15，$p < 0.001$]；当因变量为 $BQB_{竞争品牌}$ 时，也仅有否认声明的主效应显著 [$M_{品牌差异}$ = 1.89，$M_{品牌相似}$ = 2.26；$F(1, 138)$ = 228.42，$p < 0.001$]。这些分析再次证实了 H4 的推测。

14.5.5　研究结论与讨论

近年来，类似于三聚氰胺的品类性产品伤害危机频频爆发。危机发生后，竞争品牌关心的问题是自己是否会受影响，是否应该站出来做否认声明。在营销实践中，营销主管通常依靠经验和感觉来回答这些问题（Siomkos 和 Kurzbard，1994）。不管他们如何看待上述问题，依靠经验和感觉得出的观点都有待于通过实证研究来论证。

在理论上，本书有两点贡献：一是从产品伤害危机来看，首次探讨了危机品牌所引发的产品伤害危机对品类内竞争品牌的影响，以及竞争品牌应该采取的最优应对策略。二是从溢出效应来看，先前的研究主要探讨品牌属性之间的溢出效应，而本书主要探讨品牌与品牌之间在产品伤害危机条件下的溢出效应。在实践上，本书为竞争品牌有效应对由危机品牌所引起的产品伤害危机提供了参考依据。根据本书的研究结论，当由危机品牌所引起的产品伤害危机发生时，可以分两步操作：一是判断危机品牌对品类的代表性。代表性越高，整个品类越容易受到它的影响，业内的竞争品牌也将因消费者的误判被卷入产品伤害危机中，代表性低则反之。二是正确选择应对策略的类型。如果发生溢出效应，最好的策略是发表否认声明，这将有助于消费者纠正因溢出效应而形成的不利信念；如果溢出效应没有发生，还是保持沉默为好，否则发表否认声明会让消费者误认为竞争品牌也有过错——确实卷入了本次产品伤害危机。

尽管本书通过两次实验，验证了四个假设，得到了可信的结论，且与 Roehm 和 Tybout（2006）关于品牌丑闻的研究发现基本一致，但仍然存在一些局限：一是使用真实的品牌作为刺激物。对于真实的品牌，有些被试者先前可能有接触，甚至有消费经验。这些先前的体验可能会形成一定强度的态度，进而影响他们在实验中的判断。二是刺激物局限于电子产品。对 IT 品类的代表性较好，但对快速消费品等其他品类的代表性有限，会在一定程度上影响本研究的外部效度。三是研究样本局限于学生。尽管学生样本同质性高，常被用于消费者行为的研究，但是个体差异也可能会影响溢出效应。本研究得出的结论是否适用于其他人群，仍需要进一步研究。四是没有考虑品类中大部分品牌普遍卷入产品伤害危机的情形。

以后我们可以从三个方面拓展产品伤害危机溢出效应研究：一是品类特征对产品伤害危机溢出效应的影响。本书通过电子消费品类的实证研究支持了研究假设，但是，消费者对不同品类的介入和感知风险可能会影响溢出效应。品类特征对产品伤害危机溢出效应的研究可以使企业针对自身产品的具体情况来预判和应对溢出效应。二是消费者特征对产品伤害危机溢出效应的影响研究。危机品牌提高解释水平等可能会影响消费者对产品伤害危机可诊断性的判断，进而调节溢出效应。三是多品牌产品伤害危机引发的溢出效应与单品牌产品伤害危机引发的溢出效应有何差异。供应商集中化和行业同质化使多品牌同时产生产品伤害危机的可能增大，会不会影响可诊断性以及如何应对仍需要进一步研究。

14.6 竞争品牌两类区隔策略对负面溢出效应的影响研究

产品伤害危机不仅会给焦点品牌带来品牌形象、品牌资产和销售业绩上的影响，还会对行业中其他竞争品牌产生负面溢出效应。对竞争品牌而言，避免受到焦点品牌产品伤害危机波及的最有效的应对策略就是区隔策略（Fang、Jiang 和 Yang 等，2010）。区隔策略是指竞争品牌强调自身与焦点品牌的品牌属性或产品属性存在较大差异（Wang、Fang 和 Li，2014），从而降低焦点品牌与竞争品牌在消费者心中的相似性，并避免竞争品牌被"引火烧身"。我们观察到，对于竞争品牌而言，在现实中存在两类区隔策略，一类是"我不坏"——从正面回应自身与焦点品牌存在差别，强调自身与危机无关（规避区隔策略）；另一类是"我很好"——不对危机进行正面回应而强调自身产品品质的优良。

对于竞争品牌而言，两类区隔策略可能会产生不同的效果，当焦点品牌发生产品伤害危机时，若竞争品牌从正面回应自身与焦点品牌存在差别可能会改变消费者原有的信念，使消费者将焦点品牌与竞争品牌联系在一起（Xu 和 Wyer，2010），产生自食其果效应（Boomerang Effect）。若竞争品牌不对危机进行正面回应而强调自身产品品质的优良，则可能会加强消费者对竞争品牌的信心，从而避免遭受负面溢出效应（Byme、Linz 和 Potter，2009）。我们认为消费者对危机信息的处理模式会影响消费者对产品伤害危机以及竞争品牌两类区隔策略的判断，因此，我们引入消费者调节聚焦及其调节作用。综上所述，本书的创新之处在于界定了竞争品牌两类区隔策略——规避区隔策略与品质区隔策略，并将消费者调节聚焦引入研究当中，结合趋进型和规避型两种顾客调节聚焦属性，探讨竞争品牌两类区隔策略与消费者调节聚焦对负面溢出效应的共同影响。研究结论拓展了产品伤害危机溢出效应的研究范围，为竞争品牌在同行业焦点品牌发生产品伤害危机后制定应对策略提供了参考与借鉴。

14.6.1 文献回顾与研究假设

14.6.1.1 竞争品牌两类区隔策略：规避区隔策略和品质区隔策略

前期，学者们从以下两个方面对危机发生后竞争品牌的应对策略进行了分类与研究。

一是"否认——沉默"策略。方正等（2010）提出竞争品牌应对策略有发表否认声明与保持沉默两种，当焦点品牌对行业代表性越高并且与竞争品牌越相似时，竞争品牌发表否认声明越能够更好地规避溢出效应。王珏（Wang、Fang 和 Li，2014）聚焦于产品伤害危机溢出效应，将竞争品牌的溢出应对策略分为缄默、否认和区隔三种。Roehm 和 Tybout（2006）根据焦点品牌与竞争品牌产品种类的相似性以及丑闻归因的不同，认为竞争品牌应采取否认和沉默两种策略来分别应对。二是"积极回应——含糊回应——被动回应"策略。"积极回应——含糊回应——被动回应"策略的制定依据是替罪羊效应（Scapegoat Effect）与对比效应（Contrast Effect）。Cleeren 等（2013）认为，竞争品牌危机后的（Postcrisis）广告与价格调整会使消费者得到实际利益，从而降低对品牌的负面评价，与此相似的是，Zhang 等将被动回应归结为反驳,积极回应归结为承认错误,含糊回应归结为沉默,研究了这三类策略对公众责任归因的影响。

通过回顾竞争品牌应对策略的研究,我们发现,对竞争品牌应对策略的研究还不够深入。一是从研究的相关性来看,对竞争品牌应对策略的研究较少,且相关度不高。从搜索到的对产品伤害危机的研究来看,大部分研究聚焦于焦点品牌如何应对产品伤害危机,而忽视了对竞争品牌应对策略的研究,并且,在对竞争品牌应对策略的研究当中,大部分研究的刺激物均不是产品伤害危机,而是服务失败、品牌丑闻、产品失败等其他危机,说明从研究的相关性与准确性上来说有必要对竞争品牌危机应对策略进行更深入的研究。二是从研究的深入程度来看,目前还没有研究从实践角度对竞争品牌的区隔策略进行细分。因此,需要有研究来对上述问题提供更深入与更丰富的结论。

Coombs(1999)认为,危机沟通策略包括五大策略、十二项子策略,其中,五大策略包括否认、保持距离、迎合、遗憾和哀兵。否认策略认为,危机发生后,当事品牌应直接否认危机的存在或者自身与危机存在关联;保持距离策略认为,危机发生后,当事品牌应降低在危机当中的存在感,表明自身品质良好,与危机存在距离。Benoit(1997)提出了危机后的企业形象修复理论,该理论认为通过简单否认(Simple Denial)和强化支持(Bolstering)能够实现危机后的企业形象修复,简单否认意味着当事企业直接对自身与危机有关的信息进行否认,强化支持意味着当事企业挑好的说,对外宣传自身的优势,从而避免直接与危机产生联系。本书借鉴Coombs的危机沟通策略理论和Benoit的形象修复理论,并结合现实观察,将竞争品牌区隔策略分为两类:一类是规避区隔策略,一类是品质区隔策略。规避区隔策略的核心是"我不坏"——从正面回应自身与焦点品牌存在差别,强调自身与危机无关。品质区隔策略的核心是"我很好"——不对危机进行正面回应而强调自身产品品质的优良。尽管现实观察和理论研究均证实了产品伤害危机溢出效应的存在,越来越多的竞争品牌也正在采取区隔策略避免自身遭受负面溢出效应的威胁,但在危机发生后竞争品牌应采取哪种区隔策略没有得到清楚的回答,究竟是重在"泾渭分明"——采取规避区隔策略,强调自身与焦点品牌存在差别,强调自身与危机无关,还是应该重在"洁身自好"——采取品质区隔策略,不对危机进行正面回应,而强调自身产品品质的优良。本书重点研究产品伤害危机发生后竞争品牌的两类区隔策略,试图找出针对不同情境的最优区隔策略。

14.6.1.2 调节聚焦理论及其内涵

调节聚焦理论认为人类行动存在两种固有倾向,一种倾向是促进型(Promotion)的调节聚焦倾向,另一种是预防型(Prevention)的调节聚焦倾向,前者更关注通过争取而达到的正面效果,后者更关注通过预防而避免产生负面效果。促进型调节聚焦与预防型调节聚焦在动机导向、目标结果、情感体验等方面存在明显不同,具体如表14-11和图14-7所示。

表14-11 促进型调节聚焦与预防型调节聚焦的差异对比

	促进型调节聚焦	预防型调节聚焦
动机导向	追求利益与快乐	避免损失与痛苦
目标结果	实现自我理想	避免自我失败
情感体验	快乐与刺激	平静与安全
对创新的贡献	很有可能做出较大贡献	很难对创新做出贡献
体验角色	演员角色(全身心投入)	观察员角色(冷静思考,置身事外)
新事物接受程度	较易接受	较难接受

两种类型的调节聚焦分别对应两种类型的需要,促进型的调节聚焦对应进取的需要(Advancement

Needs），预防型的调节聚焦对应安全的需要（Security Needs）。比较而言，促进型调节聚焦的个体更关注自我实现层面的事物，对理想、志向、成绩、能力等"进取"词汇具有更积极的态度，而预防型调节聚焦的个体更关注安全层面的事物，对于稳定、保护、照顾等"保守"词汇具有更强烈的反应。

Avent（2006）认为，当调节聚焦类型与信息处理策略相匹配时，人们会感觉到信息处理过程更流畅，从而更容易形成消费意愿。Pula 等（2014）在研究不同类型的调节聚焦消费者在选择食品的过程中发现，与促进型的消费者相比，预防型的消费者更看重给感官带来刺激的食品（味觉、视觉或触觉）而非食品的自然属性或价格，并且，与促进型的消费者相比，预防型的消费者更容易受到情绪、健康状况等因素的影响从而改变购买意愿，说明预防型的消费者更容易受到自身因素的影响，并且更加关注产品带来的体验感受。陈江涛（2014）在其研究中发现，消费者调节聚焦会影响消费者的后悔体验，当消费者在购物时遭遇失败后，达成调节匹配的个体比没有达成调节匹配的个体会体验到更低程度的后悔。谢志鹏（2014）在研究拟人化营销的现象时发现，不同类型的调节聚集会影响到拟人化沟通的整体效果，具体而言，与预防型的消费者相比，拟人化对促进型的消费者会产生更好的营销效果。

图 14-7　促进型调节聚焦与预防型调节聚焦的关系

14.6.2　研究假设

首先，分析促进型调节聚焦的调节作用。促进型调节聚焦意味着消费者受到外界刺激时会倾向于使用"进攻"导向的回应策略，更多地考虑使用"进攻"策略所带来的收益与利益，具有"进攻"的思维定式（Fang、Yang 和 Li 等, 2013）。促进型的消费者关注通过争取而达到的正面效果，追求利益与快乐，强调实现自我理想，并期待快乐与刺激。促进型的消费者的独立思考能力更强，对信息的深度挖掘能力更强，具有较强的信息搜集能力与认知能力，善于对深层次的信息进行加工和联系（Ji 和 Xie, 2013）。因此，当焦点品牌发生产品伤害危机后，竞争品牌所采用的品质区隔策略强调消费者能获取优良品质的产品，其策略导向与促进型的消费者的"获取思维定势"相符合，并且促进型的消费者更善于对信息进行挖掘，更易受具有"获得"性质的策略影响（Friedman 和 Frster, 2002），在选择评估阶段提升对品质区隔策略的偏好程度；规避区隔策略强调自身品牌与产品伤害危机无关（Lavie, 1995），消费者选择竞争品牌的产品没有风险（在焦点品牌产品伤害危机的背景下），根据选择性注意（Selective Attention）理论，与先前态度一致的信息的说服力要明显强于与先前态度不一致的信息（Phamtkg Avnet, 2004），品质区隔策略与促进型消费者的先前态度相一致，因此，促进型的消费者对竞争品牌的品质区隔策略的评价会高于规避区隔策略。据此，我们提出假设 H1。

H1：焦点品牌发生产品伤害危机后，竞争品牌采取品质区隔策略比采取规避区隔策略更容易降低促进型的消费者对竞争品牌的负面溢出效应。

其次，分析预防型调节聚焦的调节作用。预防型调节聚焦意味着消费者受到外界刺激时会倾向于使用"防守"导向的回应策略，更多考虑运用"防守"策略来规避风险与损失，具有"防守"的思维定式。预防型的消费者关注的是如何规避而通过避免负面效果，强调避免损失与痛苦，期待平静与安全（Yang、Fang 和 Jiang, 2015），预防型个体更易受到具有"可靠"性质的策略影响，从而对"可靠与安全"的策略产生好感，在选择评估阶段提升对规避区隔策略的偏好程度（Peng, 2012）。当焦点品牌发生产品伤害危机后，竞争品牌所采用的规避区隔策略强调自身品牌与产品伤害危机无关，消费者选择竞争品牌的产品没有风险（在焦点品牌产品伤害危机的背景下），其策略导向与预防型消费者的"思维定式"相符合。有学者证实，当信息类型与消费者调节聚焦类型一致时，信息加工更流畅，消费者的评价更高（Kim、Ferrin 和 Cooper 等，

2004）。因此，预防型消费者对竞争品牌的规避区隔策略的评价会高于品质区隔策略。据此，我们提出假设H2。

H2：焦点品牌发生产品伤害危机后，竞争品牌采取规避区隔策略比采取品质区隔策略更容易降低预防型消费者对竞争品牌的负面溢出效应。

对于消费者调节聚焦对竞争品牌评价造成的影响，可以用"双刃剑效应"予以解释。一方面，消费者调节聚集类型与两类策略类型不匹配时会导致矛盾的态度，即消费者期望竞争品牌采取的策略与竞争品牌实际采取的策略不符，进而导致认知失调，无法提升消费者对竞争品牌的正面评价或降低消费者对竞争品牌的负面评价；另一方面，消费者调节聚焦类型与两类策略类型匹配时会造成选择性注意，先前与消费者态度一致的信息说服力要强于与消费者态度不一致的信息，从而提升消费者对竞争品牌的正面评价或降低消费者对竞争品牌的负面评价。综上所述，我们得出假设H3。

H3：在两类区隔策略影响竞争品牌负面溢出效应的过程中，消费者的调节聚焦会起到调节作用。

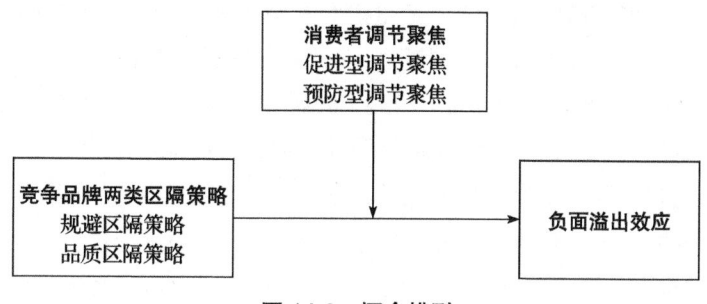

图 14-8 概念模型

14.6.3 研究设计与数据分析

本研究采用2（区隔策略：规避区隔策略或品质区隔策略）×2（调节聚焦：促进型或预防型）的组间设计，验证消费者调节聚焦的调节作用。如图14-8所示。

14.6.3.1 预测试

预测试的目的之一是为正式实验选取刺激品牌，并确认刺激材料的有效性。我们选取牙膏作为品类背景，因为大学生对牙膏比较熟悉，有利于提高信息材料的可信度。产品伤害危机的焦点品牌和竞争品牌均选取真实品牌，按照实验要求，危机焦点品牌和竞争品牌应具备两个条件：①被试者对危机焦点品牌和竞争品牌应相对比较熟悉，有利于提高信息材料的真实性；②被试者对焦点品牌和竞争品牌的品牌态度应该处于中等水平，以防止品牌态度过高或过低对实验结果的影响。

基于以上考虑，我们选择A牙膏和B牙膏作为产品伤害危机中焦点品牌和竞争品牌的备选品牌，并在成都选择了60名大学生，以7分Likert量表对A和B两个品牌的熟悉度和品牌态度进行评价。首先是选择危机焦点品牌，A牙膏的品牌态度均值（标准差）为4.19（1.59），品牌熟悉度均值（标准差）为4.56（1.80），从分析中可以看出，A牙膏品牌态度中等，品牌熟悉度较高，因此，选择A牙膏为危机焦点品牌。然后是选择竞争品牌，B牙膏的品牌态度均值（标准差）为4.08（1.67），品牌熟悉度均值（标准差）为4.53（1.85），从分析中可以看出，B牙膏品牌态度中等，品牌熟悉度较高，因此，选择B牙膏为竞争品牌。

在产品伤害危机事件中，我们以多次发生的"牙膏含三氯生事件"为原型，以A牙膏为背景，综合多家网站的报道，精炼修改文字，形成刺激物。利用7分语义差别量表对产品伤害危机事件的严重性、真实性、熟悉度以及焦点品牌的声誉进行了测评。60位被试者对这四个变量的评价均值（标准差）分别为4.11（1.62）、4.34（0.72）、3.06（1.13）和4.36（0.72），表明产品伤害危机具有适中的严重性和较高的真实性，同时，危机焦点品牌具有较高的信誉，满足了正式实验的要求。而较低的危机熟悉度能够减少被试者由对产品伤害危机事件的先前认识或态度带来的影响，确保了实验材料的效果。

关于竞争品牌两类区隔策略，均从现实案例中摘录并进行整合调整。对于品质区隔策略，主要强调不对危机进行正面回应而强调自身产品品质的优良，品质区隔策略的刺激物为："在A牙膏发生'三氯生'危机后，为了使广大消费者见证B牙膏的安全品质，B牙膏启动了为期两个月的'溯源一支好牙膏，见证全产业链——生产工厂零距离'活动。2014年8月至9月期间，B牙膏陆续邀请近千名渠道合作伙伴、媒体及消费者，实地考察B牙膏生产基地，目睹B牙膏生产的全过程，多维度、全方面地见证B牙膏的安全生产全产业链。"规避区隔策略主要强调从正面回应自身与焦点品牌存在的差别，强调自身与危机无关，规避区隔策略的刺激物为："在A发'三氯生'危机后，为了使消费者信任B牙膏的安全品质，B牙膏专门召开了新闻发布会，发布会上通过将自身产品的生产工艺、生产原料和生产流程与A进行对比，强调B牙膏与A牙膏有很大不同，B牙膏中绝对不含三氯生"。对于两类区隔策略的判断，用两个题项进行测量与区分，分别是"B牙膏对自身产品不存在'三氯生'问题做了积极澄清"和"B牙膏没有对'三氯生'危机进行回应，而是试图向消费者强调自身品质的优良"。结果显示，60位被试者中有57位能够准确识别两类策略。

预测试的目的之二是对消费者调节聚焦的操控与检验。参与预测试的60名被试者被分为两组，每组30人，一组被操控为促进型，一组被操控为预防型。研究二采用两种方式操控消费者的调节聚焦，第一是借鉴WAN和Sternthal（2009）的研究，对于促进型消费者的操控，先请被试者填写这学期他最可能得到最高分的课程，然后请他预计课程分数，再请他填写出为了获得这个好成绩他必须付出哪些努力，最后，请他对以下表示积极意义的词语进行中英文匹配连线（如图14-9所示）；对于预防型消费者的操控，先请被试者填写这学期他可能得到最低分的课程，然后请他预计课程分数，再请他填写为了避免这个最低分的出现，他必须付出哪些努力，最后，请他对以下表示消极意义的词语进行中英文匹配连线（如图14-10所示）。

进攻	acquired	提升	victory	促使	fight
侵略	aggression	上升	ascend	战斗	urge
获得	benifit	胜利	promote	努力	endeavour
利益	attack	财富	fortune	成功	success

图14-9 促进型调节聚焦操控——积极意义中英文连线题

防守	lost	失败	failure	责任	escape
谨慎	guarantee	花费	expenditure	使命	avoid
保证	defend	成本	protect	避免	mission
损失	caution	保护	cost	逃离	responsibility

图14-10 预防型调节聚焦操控——积极意义中英文连线题

对于调节聚焦类型的测量，采用"我更愿意做大家公认为正确的事情，而不是做自己愿意做的事情""如果有足够的钱，我更愿意一次性还清自己的贷款，而不是进行一次环球旅行""我更愿意做履行自己承诺的任何事情，而不是去内心想去的任何地方"3个题项（Pham和Avnet，2004），方差分析显示，预防型组平均得分显著高于促进型组平均得分 [$M_{预防型}=1.58$，$M_{促进型}=1.08$，$F(1,58)=15.39$，$P<0.05$]。

14.6.3.2 实验程序

实验在成都某高校进行，邀请298位同学参加实验。实验自变量为竞争品牌对产品伤害危机溢出效应的两类应对策略，因变量为产品伤害危机发生前后消费者对竞争品牌态度和购买意愿的变化（溢出效应），调节变量为消费者的调节聚焦。实验需要前后两次测量被试者对竞争品牌的品牌态度和购买意愿，如果前后测试间隔时间太短，容易使被试者推测实验目的，进而会影响测量的真实效果。因此，在主实验进行的前一周首先进行预实验，以提前测量被试者对竞争品牌的品牌态度和购买意愿。实验以班级为单位进行，为做到与第二次主实验的数据———对应，主持人在前后两次实验中均要求被试者填写学号作为标记。

主实验流程如下：首先，将被试者分为两组，每组 149 人，一组被操控为促进型消费者，一组被操控为预防型消费者，请被试者填答关于调节聚焦的问题，对其进行操控。然后阅读关于 A 牙膏的文字介绍，并请被试者分别对 A 牙膏的熟悉度和品牌态度进行评价（用于操控检验和假设检验）；然后，请被试者阅读 A 牙膏产品伤害危机事件和牙膏的应对策略，并由被试者分别对 A 牙膏产品伤害危机的严重性、刺激物的真实性以及危机的熟悉度进行评价（打分均用于操控检验），请被试者对 B 牙膏的熟悉度和品牌态度进行评价，对竞争策略进行判断，并对竞争品牌态度和购买意愿进行评分（该项打分用于假设检验）；最后，请被试者填写与人口统计特征相关的问题。

14.6.3.3 变量测量

该实验自变量是竞争品牌两类应对策略，调节变量是调节聚焦，因变量是溢出效应（竞争品牌的品牌态度与购买意愿的变化）。对于调节聚焦类型的测量，主要采用 Pham 和 Avnet（2004）的研究，包括"我更愿意做大家公认为正确的事情，而不是做自己愿意做的事情""如果有足够的钱，我更愿意一次性还清自己的贷款，而不是进行一次环球旅行""我更愿意做履行自己承诺的任何事情，而不是去内心想去的任何地方"3 个题项，Cronbach's α 值为 0.87；品牌态度的测量，采用 Ahluwalia（2013）使用的量表，包括"很差/很好，喜欢/不喜欢"两个题项，Cronbach's α 值为 0.85；对于购买意愿的测量，采用 Dawar 和 Pillutla（2013）使用的量表，包括"肯定不会购买/肯定购买，不希望使用/希望使用"两个题项，Cronbach's α 值为 0.89。对于竞争品牌熟悉度的测量，参照 Roehm 和 Tybout（2006）的测量，题项为"很熟悉/很不熟悉"1 个题项的测量。

完成对竞争品牌的品牌态度和购买意愿的测量后，被试者需要通过实验操控的有效性和真实性检验。一是对焦点品牌声誉的测量，参考 Coombs（1999）的量表，用"A 牙膏声誉很好"1 个测项测量；二是对危机严重性的测量，参考 Siomkos（1993）的量表，用"A 牙膏对消费者的健康伤害很大"和"A 牙膏很不安全"两个测项测量，Cronbach's α 值为 0.84；三是对竞争品牌两类区隔策略的测量，对两类策略的判断，用两个题项进行测量与区分，分别是"A（B）牙膏对自身产品不存在'三氯生'问题做了积极澄清"和"A（B）牙膏没有对'三氯生'危机进行回应，而是试图向消费者强调自身品质的优良"，结果显示，有 10 个人对策略判断错误，将其予以剔除；四是对产品伤害危机真实性的测量，参考方正等人的研究，使用两个题项："我觉得关于 A 牙膏的报道是真实的""我觉得关于 A 牙膏的报道是可信的"，Cronbach's α 值为 0.83；五是干扰题项，干扰题项为"A 牙膏是一款牙膏"，检验被试者是否认真填答问卷，结果有 9 个人判断错误，予以剔除；最后是情绪测试，参照 Yeo 等人的研究，检验被试者填答问卷时是否受情绪影响，分析显示实验组情绪状态无显著差异，不会对实验造成影响。

14.6.3.4 数据分析与结果

（1）样本概况。实验一共发放问卷 298 份，干扰项判断错误的问卷有 9 份，加上策略判断错误剔除的 10 份，一共剔除 19 份问卷，有效问卷为 279 份，问卷有效率为 93.6%。其中，男性样本 130 个，女性样本 149 个，平均年龄为 20.8 岁，方差分析显示：$F(1, 277) = 0.219$，$P = 0.640$，性别对溢出效应的判断无显著差异。

（2）操控检验。第一是调节聚焦类型的测量，方差分析显示，预防型组平均得分显著高于促进型组的平均得分 [$M_{预防型} = 2.09$, $M_{促进型} = 1.54$, $F(1, 277) = 8.32$, $P < 0.05$]。第二是焦点品牌声誉，方差分析显示，各组对焦点品牌声誉评价无显著差异，均值从 4.49 到 4.83，$F(3, 275) = 1.38$，$P = 0.57$，说明焦点品牌声誉被成功操控。第三是竞争品牌的熟悉度，方差分析显示，B 牙膏品牌熟悉度均值从 4.38 到 4.91，$F(3, 275) = 1.48$，$P = 0.74$，各组对 B 牙膏较为熟悉且无显著差异。第四是产品伤害危机的严重性，方差分析显示，各

组对 A 牙膏产品伤害危机严重性的评价无显著差异，均值从 3.86 到 4.68，F(3, 275) = 5.38，P = 0.31，说明 A 牙膏产品伤害危机严重性的组间同质性被成功操控。第五是产品伤害危机的真实性，方差分析显示，各组对 A 牙膏产品伤害危机真实性的评价无显著差异，均值从 3.74 到 4.72，F(3, 275) = 0.56，P = 0.29，说明 A 牙膏产品伤害危机真实性的组间同质性被成功操控。第六是危机熟悉度，方差分析显示，各组对 A 牙膏产品伤害危机熟悉度的评价无显著差异，均值从 2.85 到 3.74，F(3, 275) = 1.22，P = 0.15，说明 A 牙膏产品伤害危机熟悉度的组间同质性被成功操控。综上所述，数据通过了所有的操控检验，可以进行假设检验。

（3）因变量。溢出效应为竞争品牌态度及购买意愿在前后实验中的测量之差。Bartlett's 球检验是显著的，说明存在因子结构，另外 KMO = 0.83，较适宜因子分析，我们对 4 个题项进行探索性因子分析，提出一个因子，解释方差变动为 78.325%，即为溢出效应（Cronbach's α = 0.904），说明测量信度较好。由于采用的是多次使用的量表，内容效度可靠。

（4）假设检验。首先讨论假设 H1。H1 推测，焦点品牌发生产品伤害危机后，竞争品牌采取品质区隔策略比采取规避区隔策略更容易降低促进型消费者对竞争品牌的负面溢出效应。方差分析显示，对于促进型消费者而言，焦点品牌发生产品伤害危机后，竞争品牌采取品质区隔策略（$M_{品质区隔策略}$ = 1.15，SD = 1.96）比采取规避策略（$M_{规避区隔策略}$ = 1.38，SD = 1.92）更容易降低其负面溢出效应，F(1, 138) = 11.68，P = 0.03 < 0.05，因此，假设 H1 得到验证。

其次，检验假设 H2。H2 推测，焦点品牌发生产品伤害危机后，竞争品牌采取规避区隔策略比采取品质区隔策略更容易降低预防型消费者对竞争品牌的负面溢出效应。方差分析显示，对于预防型消费者而言，焦点品牌发生产品伤害危机后，竞争品牌采取规避区隔策略（$M_{规避区隔策略}$ = 1.26，SD = 1.38）比采取品质区隔策略（$M_{品质区隔策略}$ = 1.48，SD = 1.69）更容易降低其对竞争品牌的负面评价，F(1, 137) = 12.68，P = 0.045 < 0.05，因此，假设 H2 得到验证。

最后，检验假设 H3。H3 推测，在两类区隔策略影响竞争品牌评价的过程中，调节聚焦会起到调节作用。基于两类区隔策略与调节聚焦类型交互效应的多因素方差分析，发现 $F_{区隔策略 × 调节聚焦}$ = 4.25，P < 0.05，因此，消费者调节聚焦类型对溢出效应受到竞争品牌两类的应对策略影响的调节作用显著。

表 14-12　两类区隔策略与调节聚焦多元方差分析

因变量：溢出效应均值

源	III 型平方和	自由度	均方	F 值	P 值
校正模型	6.075*	3	2.025	2.412	0.000
截距	5923.967	1	5923.967	6265.893	0.000
调节聚焦	5.537	1	5.537	5.856	0.016
应对策略	0.151	1	0.151	0.160	0.026
调节聚焦 × 应对策略	0.297	1	0.297	4.250	0.035
误差	259.993	275	0.945		
总计	6202.875	279			
校正的总计	266.069	278			

注：R^2 = 0.023（调整 R^2 = 0.012）。

14.6.4　研究结论与讨论

本书采用实验法展开研究，重点研究了产品伤害危机背景下竞争品牌两类区隔策略对负面溢出效应的影响，并研究了消费者调节聚焦的调节作用。本书通过回顾现有危机应对策略的研究，归纳出两类区隔策略，发现焦点品牌发生产品伤害危机后，竞争品牌采取品质区隔策略比采取规避区隔策略更容易降低促进型消费者对竞争品牌的负面溢出效应，竞争品牌采取规避区隔策略比采取品质区隔策略更容易降低预防型消费者对竞争品牌的负面溢出效应。基于以上结论，我们可以看出，对于不同类型的消费者而言，产品伤害危机发生后，竞争品牌采取不同的区隔策略会产生不同的效果。

本书有两点理论贡献。一是本书依据危机沟通策略理论和形象修复理论提出了竞争品牌两类区隔策略——规避区隔策略与品质区隔策略，丰富了竞争品牌危机应对策略的理论内涵。二是对比了两类区隔策略的优劣，发现消费者调节聚焦类型在过程中的调节作用，这将有助于解释产品伤害危机中的迷惑现象，例如，为什么有的竞争品牌采用规避区隔能有效应对产品伤害危机，为什么有的竞争品牌采取品质区隔策略能有效应对产品伤害危机。

在实践上，本书为竞争品牌有效应对产品伤害危机的负面溢出效应提供了参考依据。一方面，本书发现，调节聚焦类型在两类区隔策略影响溢出效应的过程中起到调节作用，因此，在同行业其他品牌发生产品伤害危机后，竞争品牌可以通过采取不同的区隔策略来迎合不同调节聚焦属性的消费者，对于促进型消费者，应重点强调品质区隔策略，对于预防型消费者，应重点强调规避区隔策略。同时，竞争品牌在采取两类区隔策略的时候，可采取特定的沟通策略启动特定的消费者调节聚焦类型，从而达到更好地降低负面溢出效应的效果。

本书存在两个局限。一是研究结论的普适性有待验证。牙膏只能代表一类产品，其结论对于其他类型产品是否适用，有待通过跨产品类型的比较研究来进一步验证。二是研究样本选择。本书为提高样本的同质性、降低其他干扰变量的影响，选择学生样本。尽管学生样本在消费者行为研究领域非常普遍，仍然存在代表性不足的问题，后续研究可以通过采用非学生样本来验证研究模型和提升外部效度。

14.7 竞争品牌应对策略对产品伤害危机负面溢出效应的影响

对竞争企业而言，产品伤害危机是否会溢出到自己，主要取决于消费者对竞争品牌的信念（Roehm 和 Tybout，2006）。而消费者对竞争品牌的信念是否发生变化，属于溢出效应的研究范畴。但迄今为止，对于如何应对产品伤害危机的负面溢出效应这一问题，企业间还存在着不同的理解。对于现实中竞争品牌差异如此大的应对策略，我们不仅思考，哪种策略能在最大程度上阻止或降低危机的负面溢出？此外，为什么应对策略即使相同，危机的负面溢出在不同竞争品牌间却存在较大差异？

对于这些问题，现有研究还不能提供确切答案。对溢出应对问题的研究，Roehm 和 Tybout（2006）率先讨论了品牌丑闻后竞争品牌采用否认和沉默两种沟通策略在负面溢出效应是否发生情况下的溢出差异。但对于该研究，一是仅考虑了品牌丑闻的溢出，是否与产品伤害危机存在溢出差异需要进一步验证；二是研究结论的普适性有待进一步检验；三是对现实中竞争品牌应对策略的涵盖还不够全面；四是还存在其他因素会影响应对的效果。因此，如何应对产品伤害危机的负面溢出效应，仍然是需要探索的问题。

14.7.1 理论与现实背景

关于对危机负面溢出应对策略的研究，主要包括营销应对和沟通应对两个方面。Cleeren 等（2013）在危机发生后通过对大量家庭消费扫描数据的分析，评价了危机后企业广告策略和价格策略的调整对危机焦点品牌市场份额变化和品类购买水平变化的影响。研究发现，产品伤害危机发生后，媒体的负面报道强度以及焦点品牌是否公开否认或承认危机责任，对竞争品牌通过广告和价格调整应对产品伤害危机的负面溢出存在较大影响（Cleeren van Heerde 和 Dekimpe，2013）。为有效识别溢出效应的应对策略，本书从一般产品伤害危机的沟通战略出发，借鉴焦点品牌危机应对的理论基础，结合现实中产品伤害危机负向溢出应对的情景案例，以区分竞争品牌所采取的不同应对策略。对于产品伤害危机负向溢出应对策略的理解，现实中各竞争品牌还存在一定分歧，有的矢口否认，有的积极澄清，还有的则保持沉默。这说明，"哪种策略最优"这一问题，企业之间并未达成共识。Coombs 和 Holladay（2009）指出，危机沟通战略关键是保护和修复组织形象。依据此原则，基于 Roehm 和 Tybout（2006）的研究并借鉴危机品牌应对策略的分类和现实危机溢出的案例，可以将竞争品牌的溢出应对策略分为缄默、否认和区隔三种。从保护竞争品牌形象的态度来看，从缄默到否认再到区隔，三种策略可以看作是消极到积极的连续体，竞争企业的态度越来越积极，如图 14-11 所示。

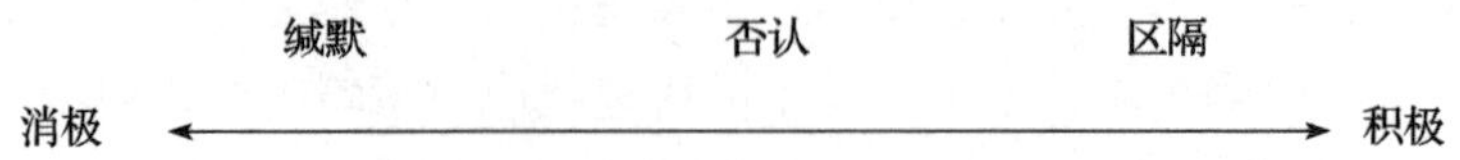

```
       缄默          否认         区隔
消极  ←─────────────────────────────→  积极
```

图 14-11　竞争品牌应对产品伤害危机溢出效应的策略分类

缄默策略：指竞争品牌不发表有关危机品牌及其危机的评论。

否认策略：指竞争品牌声明本品牌不存在危机品牌所存在的产品缺陷。

区隔策略：是指竞争品牌强调自身与危机品牌或产品属性存在较大差异。企业发生危机时，危机企业通常将未发生危机的产品与发生危机的产品区隔开来，把危机限制在一定范围之内，以避免危机进一步蔓延。竞争品牌为防止产品伤害危机蔓延到自身，也常采用区隔策略，突出本品牌的差异性，以防止受到不必要的牵连。

综上所述，进行竞争品牌应对策略对产品伤害危机负面溢出效应影响的研究，不仅可以丰富产品伤害危机及其溢出效应的相关理论，还对产品伤害危机中非危机企业沟通战略的制订具有重要的借鉴作用。

14.7.2　研究假设

就产品伤害危机的溢出效应而言，先前的研究通常从竞争品牌的态度和信念、品类信念、品类的市场结构、联合品牌的态度，以及产品属性的态度和信任来定义。本书以消费者对竞争品牌态度和购买意愿的变化为因变量来评判竞争品牌应对策略的效果差异。

14.7.2.1　竞争品牌应对策略的影响

竞争品牌应对产品伤害危机负面溢出效应的策略可分为三类：缄默、否认和区隔。这三种策略可能会在不同程度上影响顾客对竞争品牌的态度和购买意愿，进而影响负面溢出效应，具体分析如下。

首先，分析对比缄默、否认两种策略。产品伤害危机发生后，同一品类危机焦点品牌的竞争品牌为了免受危机负面溢出的影响，可能会通过声明"不存在危机焦点品牌的相关属性"或"不存在危机卷入品牌的相关行为"予以否认。依据信息性原则，沟通时要向信息接收者传达其不知道的信息。因此，危机发生后，相对于缄默策略，否认策略在内容上更具信息性和更容易被接受。Feldman 和 Lynch（1988）认为，竞争品牌公开信息对判断竞争品牌的实际可接近性具有诊断性，这将会让消费者降低基于丑闻品牌信息做出推断的动机。Roehm 和 Tybout（2006）发现，品牌丑闻发生时，如果消费者认为竞争品牌存在类似问题，则竞争品牌使用否认策略能起到提升消费者对其评价的作用，因为竞争品牌的否认策略具有诊断性，会对消费者已经形成的怀疑起到矫正作用；而如果消费者认为竞争品牌没有问题，否认策略反而会降低对竞争品牌的评价，因为消费者会怀疑竞争品牌的否认策略隐含着其产品存在问题的可能性。基于以上分析，本书仅考虑出现负面溢出效应的情况，我们推出以下假设。

H1a：产品伤害危机发生后，竞争品牌采取否认策略比缄默策略更容易降低危机焦点品牌带来的负面溢出。

其次，分析对比否认和区隔两种策略。由于新颖和意外的信息比预期的信息具有更高的可诊断性，因此，相对于否认信息，危机区隔信息的显著性会导致更多的注意力，并使它在评价上具有更多的影响力。此外，根据信息经济学的信号理论，产品伤害危机中竞争品牌和消费者之间存在信息不对称现象，竞争品牌拥有自己企业产品质量水平的真实信息，而消费者则不具备，这种情况下竞争品牌需要采用恰当的信号来传递这方面的信息。如果该信号容易被模仿，这种信号的作用会很有限，如仅通过媒体发表声明否认自己存在相关问题，由于否认策略是危机应对时比较常用的策略，其可信度就会降低，效果也会较差。因此，只有结合竞争品牌企业实际情况采取模仿者难以效仿的方式，如进行危机区隔、强调自身品牌的差异性等，才能对消费者发出更为积极可信的信号。基于此推出以下假设。

H1b：在产品伤害危机中，竞争品牌采用危机区隔策略比否认策略更容易降低危机焦点品牌的负面溢出效应。

最后，综合H1a、H1b的分析，我们提出假设1。

H1：在产品伤害危机中，就降低危机焦点品牌对竞争品牌的负面溢出效应而言，最优的是区隔策略，其次是否认策略，最差的是缄默策略。

14.7.2.2 消费者承诺的影响和调节作用

承诺被定义为对一个品牌的"心理黏度"（Kiesler，1971），是消费者在情感上和心理上对品牌的依赖，以及与品牌保持长期互动关系的愿望。承诺会使一个人产生防御动机的状态，而这种防御动机能够培育人们对威胁个人态度信息的选择性认知处理。Kruglanski和Webster（1996）发现，高承诺的消费者和品牌间存在强烈的情感依附关系和态度保护倾向，在面对与自己态度不一致的信息时会产生较高的认知闭合需求。Ahluwalia等（2000）也发现，在面对负面信息时高品牌承诺的消费者会产生抗辩心理，并可能拒绝接受危机对自身态度的影响，因此负面信息对高承诺消费者的可诊断性较低，危机事件不易对该品牌产生负面溢出效应；反之，由于低承诺的消费者没有强烈的品牌态度偏好，在评价负面信息时比较客观，此时负面信息可诊断性较高，危机事件容易对该品牌产生负面溢出效应。

基于以上分析，我们推出假设2。

H2：在产品伤害危机中，相对于高承诺的消费者，产品伤害危机更容易对竞争品牌低承诺的消费者产生负面溢出效应。

承诺的消费者对与自己态度不一致的负面信息具有较低的感知诊断性，他们能够区隔对目标属性产生联系的负面信息，并阻止其向其他相关属性溢出。当人们熟悉目标物时，他们会用最初的态度以期来指导新信息的处理（Petty和Cacioppo，1986）。相对于与自己态度不一致的信息，人们往往对自己态度一致的信息给予更多的关注，他们会欣然接受态度一致的信息并比态度不一致的信息感知更多的说服性，并表现出一种偏见处理的倾向（Edwards和Smith，1996）。基于此，本书推测，如果消费者对竞争品牌的承诺较高，消费者就会更关注企业应对策略中隐含的和自己态度一致的信息并采取带偏见的处理倾向；如果消费者对竞争品牌没有强烈的态度偏好，即承诺较低时，就会对竞争企业的应对策略表现出客观的信息处理倾向。在上述过程中，就可能会产生调节作用。由此，我们推出假设3。

H3：在产品伤害危机中，消费者对竞争品牌的承诺，会调节竞争品牌的应对策略对危机焦点品牌负面溢出效应的影响。

14.7.3 实证研究

研究采用3（应对策略：缄默或否认或区隔）×2（承诺：高或低）的混合设计（Mixed Design），主要考察竞争品牌应对策略对危机焦点品牌负面溢出效应的影响，并比较不同承诺水平的消费者对产品伤害危机中负面溢出效应的差异，以及竞争品牌承诺对应对策略的调节作用。

14.7.3.1 预测试

预测试的目的是为正式实验选取刺激品牌，并确认刺激材料的有效性。我们选取酸奶作为品类背景，因为大学生对酸奶产品比较熟悉，有利于提高信息材料的可信度。产品伤害危机的焦点品牌和竞争品牌均选取真实品牌，按照实验要求，危机焦点品牌应具备两个条件：①被试者对危机焦点品牌应相对比较熟悉，有利于提高信息材料真实性；②被试者对焦点品牌的品牌态度应该处于中等水平，以防止品牌态度过高或过低对实验结果的影响。竞争品牌的选择应具备三个条件：①该品牌是大学生样本熟悉的品牌，并且与危机焦点品牌比较相似；②消费者对该品牌承诺的分布范围应较广，即方差较大，在正式实验中能够通过测量区分出高、低两个承诺水平；③该品牌熟悉度的波动范围较小，对高、低承诺组品牌熟悉度无显著差异。

基于以上考虑，我们初步选择了酸奶中的 Y 品牌、Z 品牌、H 品牌和 W 品牌四个品牌作为产品伤害危机的危机焦点品牌和竞争品牌的备选品牌，并在郑州某高校随机选取了 55 名大学生，以 7 分 Likert 量表对 Y 品牌、Z 品牌、H 品牌和 W 品牌四个品牌的熟悉度、承诺度和品牌态度进行评价，各品牌承诺度、熟悉度和品牌态度的描述性统计，如表 14-13 所示。首先是选择危机焦点品牌，Z 品牌的品牌态度（标准差）为 4.39（1.69），品牌熟悉度（标准差）为 4.64（1.70），比较符合实验要求，因此，选择 Z 品牌为危机焦点品牌。然后是选择竞争品牌，对四个品牌的承诺度进行升序排列后，序号为 28 的中值分别为 3.0（Y 品牌）、3.67（H 品牌）、3.0（Z 品牌）、3.0（W 品牌），由于中值均包含多个数据，我们将其划入归属较多的一组（如 Y 品牌的数据中有 11 个承诺为 3.0，其中 9 个在序号 28 之前，1 个在序号 28 之后，我们全部将其纳入低承诺组，所以低承诺组有 29 个数据，而高承诺组有 26 个数据）。

将数据分为高、低承诺组后，H 品牌在承诺度的均值以及方差上比 Y 品牌和 W 品牌更加符合实验的要求，并且被试者对 H 品牌的熟悉度相对较高（均值为 5.33），H 品牌的熟悉度在高低承诺组之间不存在显著差异，$F(1, 54) = 1.07$, $p = 0.31$。因此，我们选定 H 品牌作为产品伤害危机焦点品牌的竞争品牌。

表 14-13　各品牌承诺度、熟悉度和品牌态度的描述性统计

品牌		人数	承诺组均值（标准差）	熟悉度均值（标准差）	态度均值（标准差）
Y 品牌酸奶	总和	55	3.05（1.26）	4.69（1.74）	4.71（1.45）
	低承诺组	29	2.92（0.54）	5.07（1.49）	4.62（1.29）
	高承诺组	26	4.28（0.53）	4.90（1.45）	4.47（1.39）
H 品牌酸奶	总和	55	3.32（1.25）	5.33（1.26）	5.17（1.42）
	低承诺组	27	2.34（0.88）	5.15（1.49）	4.56（1.47）
	高承诺组	28	4.25（0.72）	5.50（1.00）	5.28（1.12）
Z 品牌酸奶	总和	55	3.03（1.17）	4.64（1.70）	4.39（1.69）
	低承诺组	30	2.23（0.75）	4.40（1.83）	3.99（1.66）
	高承诺组	25	3.99（0.81）	4.94（1.52）	4.88（1.62）
W 品牌酸奶	总和	55	2.59（1.02）	3.60（1.94）	3.92（1.37）
	低承诺组	28	1.70（0.62）	3.41（1.82）	3.81（1.45）
	高承诺组	27	3.44（0.43）	3.79（2.06）	4.04（1.30）

产品伤害危机事件，我们以多次发生的"酸奶防腐剂超标事件"为原型，以 Z 品牌酸奶为背景，组合多家网站的报道，精炼修改文字，形成刺激物。利用 7 分语义差别量表对产品伤害危机事件的严重性、可信度、熟悉度以及焦点品牌的信誉进行了测评。29 位被试者对这四个变量的评价均值（标准差）分别为 4.01（0.86）、4.49（0.55）、2.83（1.69）和 4.66（0.60），表明产品伤害危机具有适中的严重性和较高的可信度，同时，危机焦点品牌具有较高的信誉，满足了正式实验的要求。而较低的危机熟悉度能够减少被试者对产品伤害危机事件的先前知识或态度带来的影响，确保了实验材料的效果。关于竞争品牌的应对策略，从多个采用"区隔策略""否认策略"和"缄默策略"的产品伤害危机中摘录应对策略的报道原文，进行整合调整，以便与酸奶产品进行对接。对于区隔策略，侧重于提供与危机焦点品牌在产品危机属性上存在较大差异的信息；对于否认策略，主要提供企业直接否认不存在危机焦点品牌所存在的产品缺陷的信息；对于"缄默策略"，则告诉被试者："H 品牌至今未对该事件发表任何观点"。12 位在校研究生参加了竞争品牌应对策略的评价，结果显示，12 位被试者均能准确判断花花牛三种应对策略的差异。

14.7.3.2　实验程序

实验在郑州某高校进行，自变量为竞争品牌对产品伤害危机负面溢出效应的应对策略，因变量为产

品伤害危机发生前后消费者对竞争品牌态度和购买意愿的变化（溢出效应），调节变量为消费者对竞争品牌的承诺。实验需要前后两次测量被试者对竞争品牌的品牌态度和购买意愿，如果前后测试间隔时间太短，容易使被试者推测实验目的，进而会影响测量的真实效果。因此，在主实验进行的前一周首先进行预实验，以提前测量被试者对竞争品牌的品牌态度和购买意愿。实验内容被设计为对L品牌（运动鞋）、H品牌（酸奶）、N品牌（矿泉水）、E品牌（运动装）、M品牌（纯牛奶）、K品牌（方便面）六个品牌的态度和购买意愿测试，除了H品牌酸奶，其他5个品牌均为混淆被试者的填充品牌。实验以班级为单位进行，为做到与第二次主实验的数据一一对应，主持人在前后两次实验中均要求被试者填写学号作为标记。

主实验在一周后进行，实验流程如下：首先，请被试者阅读Z品牌公司和H品牌公司的文字介绍，并请被试者分别对Z品牌的声誉和对H品牌酸奶的熟悉度及品牌承诺进行打分（用于操控检验和假设检验）；然后，请被试者阅读Z品牌酸奶的产品伤害危机事件以及危机后H品牌公司的应对策略，并由被试者对H品牌的品牌态度和购买意愿进行评分（该项打分用于假设检验）；其次，请被试者对H品牌公司的应对策略进行判断（该项用于操控检验）；再次，请被试者分别对Z品牌产品伤害危机的严重性、危机信息涉入度、刺激物真实性以及危机熟悉度进行评价（打分均用于操控检验）；最后，请被试者填写与人口统计特征相关的问题。主实验和预实验在相同的班级完成，两次实验中对被试者的学号进行了逐一比照。两次实验的研究环境均设置为大学课堂尾声，主要是为了保证在一个相对封闭、安静的环境下进行实验以减少外来干扰。

14.7.3.3 变量测量

该实验自变量是竞争品牌应对策略，调节变量为竞争品牌承诺，因变量是竞争品牌的品牌态度和购买意愿的变化。根据实验流程，对于品牌态度的测量，采用 Ahluwalia 等（2000）使用的量表，包括"很差/很好，正面/负面，喜欢/不喜欢"3个题项（前后两次品牌态度的 Cronbach's α 值分别为 0.89、0.91）；对于购买意愿的测量，采用 Dawar 和 Pillutla（2000）使用的量表，包括"肯定不会购买/肯定购买，不希望使用/希望使用"两个题项（前后两次购买意愿的 Cronbach's α 值分别为 0.89、0.84）。对于竞争品牌熟悉度的测量，参照 Roehm 和 Tybout（2006）"很熟悉/很不熟悉"1个题项的测量。对品牌承诺的测量，则参考 Raju 等（2009）的研究，使用"如果在商店买不到H品牌酸奶，我不会选择其他品牌的酸奶""我觉得我对H品牌酸奶很忠诚""在购买H品牌酸奶时，我不会受其他品牌促销的影响"3个题项（Cronbach's α 值分为 0.65）。

完成竞争品牌品牌态度、购买意愿和品牌承诺的测量后，被试者需要通过实验操控的有效性和真实性检验。一是对企业信誉的测量，参考 Coombs 和 Holladay（2002）的量表，用"Z品牌乳业实力很强""Z品牌乳业业绩很好"和"Z品牌乳业声誉很好"3个测项测量（Cronbach's α 值为 0.78）。二是危机严重性的测量，参酌 Siomkos 和 Kurzbard（1994）、Dawar 和 Pillutla（2000）的量表，用"Z品牌酸奶对消费者健康伤害很大""Z品牌酸奶很不安全"和"Z品牌酸奶的危害性很大"3个测项测量（Cronbach's α 值为 0.84）。三是竞争品牌应对策略的测量，要求被试者判断竞争品牌应对策略属于哪一类：对危机未发表任何观点；否认H品牌酸奶存在问题；强调H品牌的差异化并积极澄清；其他。四是危机信息涉入度的测量，参选 Zaichkowsky（1985）中"重要/不重要，关心/不关心，有意义/没意义，在乎/不在乎"4个题项（Cronbach's α 值为 0.91）。五是刺激物真实性的测量，参考方正等（2011）的研究，使用3个题项："问卷中关于Z品牌的报道是真实的""问卷中关于Z品牌的报道是可信的""问卷中关于Z品牌的报道是源于现实的"（Cronbach's α 值为 0.81）；六是危机熟悉度的测量，参照品牌熟悉度的测量。

以上所有变量，除品牌态度和购买意愿采用9分语义差别量表，其他变量均采用7分 Likert 量表。

对于英文题项，采用"双盲"翻译方法，以确保能够准确表达。

14.7.3.4 数据分析与结果

（1）样本概况。预实验发放问卷240份，回收235份；主实验发放问卷240份，回收问卷233份。通过学号比对两次实验共得到配对问卷232份，因竞争品牌应对策略判断错误、问卷漏答数过多、选项无变化等原因剔除37个样本，实验最后获得有效样本195个。其中男性样本91个，女性样本104个，平均年龄为20.5岁，月平均消费为656元。方差分析显示：$F(1, 193) = 1.08$，$P = 0.30$，性别对溢出效应的判断无显著差异。

（2）操控检验。一是品牌承诺。将H品牌的品牌承诺3个题项的均值作为其承诺度分数，并以该分数的中值为标准将承诺度分为低高两组，高低承诺组的均值（标准差）分别为3.99(0.61)和2.65(0.62)，存在显著差异：$F(1, 193) = 230.39$，$P < 0.001$。方差分析说明，品牌承诺的组间差异性被成功操控。二是企业声誉。方差分析发现，各组对企业声誉的评价无显著差异，均值从4.56到4.88，$F(5, 189) = 1.05$，$P = 0.39$，说明企业声誉的组间同质性被成功操控。三是竞争品牌熟悉度。方差分析显示，各组对花花牛品牌熟悉度的评价无显著差异，均值从5.13到5.65，$F(5, 189) = 1.31$，$P = 0.26$，说明竞争品牌熟悉度的组间同质性被成功操控。四是竞争品牌应对策略。共发放问卷240份，对于区隔、否认、缄默三种应对策略，每种策略对应80个样本，剔除各种无效样本后，最后每种应对策略有效样本数分别为62、64、69。五是产品伤害危机严重性。方差分析显示，各组对Z品牌酸奶产品伤害危机严重性的评价无显著差异，均值从3.73到4.06，$F(5, 189) = 0.71$，$P = 0.62$，说明产品伤害危机严重性的组间同质性被成功操控。六是危机信息涉入度。方差分析显示，各组对Z品牌酸奶产品伤害危机涉入度的评价无显著差异，均值从5.34到5.77，$F(5, 189) = 0.57$，$P = 0.72$，说明被试者危机信息涉入度的组间同质性被成功操控。七是刺激物真实性。方差分析发现，各组对刺激物真实性的评价无显著差异，均值从4.51到4.71，$F(5, 189) = 0.97$，$P = 0.44$，说明刺激物真实性的组间同质性被成功操控。八是危机熟悉度。方差分析显示，各组对危机熟悉度的评价无显著差异，均值从2.73到3.62，$F(5, 189) = 1.56$，$P = 0.17$，说明被试者对危机熟悉度的组间同质性被成功操控。综上所述，数据通过了所有的操控检验，可进一步展开假设检验。

（3）因变量。根据实验要求，溢出效应为竞争品牌态度及购买意愿在预实验、主实验中的测量之差。通过前后实验测量，对竞争品牌态度（前后差）和竞争品牌购买意愿（前后差）5个题项进行探索性因子分析，提出一个因子，解释的方差变动量为71.23%，即为溢出效应（Cronbach's α值为0.90），说明测量信度较好。由于采用的是多次使用的量表，内容效度也比较可靠。验证性因子分析显示测量模型拟合优度指标为：$\chi^2/df = 1.40 (< 3.0)$，$CFI = 1.00$、$NFI = 0.99$、$NNFI = 1.00$（均 > 0.90），$GFI = 0.99$、$AGFI = 0.96$（> 0.80）、$RMSEA = 0.045$（< 0.08），说明聚合效度较好。6个实验组对应的溢出效应的测量结果，如表14-14所示。

表14-14 实验各组的溢出效应

应对策略		承诺高	承诺低
沉默策略	样本量	32	37
	均值	2.07	2.23
	标准差	1.23	1.09
否认策略	样本量	30	34
	均值	1.54	1.97
	标准差	1.05	1.34
区隔策略	样本量	31	31
	均值	0.54	1.28
	标准差	1.30	1.21

（4）假设检验。首先讨论假设1。H1推测，在产品伤害危机中，就降低危机焦点品牌对竞争品牌的负面溢出效应而言，最优的是区隔策略，其次是否认策略，最差的是缄默策略。方差分析显示，竞争品牌不同应对策略的使用会引起负面溢出效应的变化，$F(2, 192) = 11.95$，$P < 0.001$，$\eta = 0.11$。Tukey事后检验程序表明使用区隔策略（$M_{区隔策略} = 1.13$，$SD = 1.26$）能显著比否认策略（$M_{否认策略} = 1.78$，$SD = 1.21$，$P < 0.01$）和缄默策略（$M_{缄默策略} = 2.17$，$SD = 1.16$，$P < 0.001$）降低更多的负面溢出。而否认策略和沉默策略之间在降低负面溢出效应上没有显著差异（$P = 0.15$）。因此，H1a没有得到验证，H1b得到验证，H1仅得到部分支持。

其次，检验假设2。H2推测，在产品伤害危机中，相对于高承诺的消费者，产品伤害危机更容易对竞争品牌低承诺的消费者产生负面溢出效应。方差分析显示，对竞争品牌高度承诺的消费者（$M_{高承诺} = 1.39$，$SD = 1.35$）比低承诺者（$M_{低承诺} = 1.99$，$SD = 1.14$）更容易抵御产品伤害危机的溢出效应，$F(1, 193) = 11.35$，$P = 0.001$，$\eta^2 = 0.06$，得到验证。

最后检验假设3，H3推测，在产品伤害危机中，消费者对竞争品牌的承诺会调节竞争品牌应对策略对危机焦点品牌负面溢出效应的影响。具体而言，消费者对竞争品牌的承诺水平越高，竞争品牌应对策略对降低溢出效应的负面影响越大。基于应对策略和承诺水平交互效应的多因素方差分析，如表14-15所示：$F_{应对策略 \times 品牌承诺} = 3.20$，$P < 0.05$，$= 0.03$，竞争品牌承诺积极影响应对策略对溢出效应的作用。因此，消费者对竞争品牌的承诺水平对溢出效应受到竞争品牌应对策略影响的调节作用显著。因此，得到验证。

表14-15　应对策略和品牌承诺的多元方差分析

因变量：溢出效应

方差来源	TyeIII 偏差平方和	自由度	均方	F值	P值
校正模型	60.162a	5	12.032	8.888	0.000
截距	550.416	1	550.416	406.582	0.000
应对策略	34.536	2	17.268	12.756	0.000
品牌承诺	17.264	1	17.264	12.753	0.000
应对策略 × 品牌承诺	8.672	2	4.336	3.203	0.043
误差	255.861	189	1.354		
总计误差	883.320	195			
校正的总偏差平方和	316.024	194			

注：$R^2 = 0.19$（调整 $R^2 = 0.17$）。

14.7.4　讨论

产品伤害危机在竞争品牌间的溢出，使危机的影响超越了焦点企业自身，甚至使一个企业的危机演变成波及危机焦点企业所有竞争对手的行业危机，这增加了危机影响的深度和广度。因此，基于竞争对手的视角，正确应对危机焦点企业的负面溢出具有重要意义。但在营销实践中，面对竞争企业的产品伤害危机，营销经理们更多凭借经验和感觉处理这些问题，有的采用否认策略，有的采取区隔策略，有的干脆采取缄默策略。不管营销经理如何看待上述问题，依靠经验和直觉的决断都有待于通过实证研究来验证。

为达到这一目标，本书运用实验法展开研究，得到两个方面的结论：一是关于竞争企业的应对策略。最优的是区隔策略，而否认策略和缄默策略无显著差异。这一结论与Roehm和Tybout（2006）研究的在品牌丑闻产生负面溢出效应时竞争品牌采取否认策略优于缄默策略的结论存在差异，这可能是因为近年来产品伤害危机频发，简单否认策略的信息可诊断性降低了。但值得说明的是，尽管否认策略和缄默策略无显著差异，但从溢出均值上来看（$M_{否认策略} = 1.78$，$M_{缄默策略} = 2.17$），否认策略还是比缄默策略减少了更多的负面溢出。二是消费者对竞争品牌的承诺。相对于高品牌承诺的消费者，产品伤害危机更容易对竞争品牌低承诺的消费者产生负面溢出效应，并且消费者对竞争品牌的承诺水平越高，竞争品牌应对策略对降低溢出效应的负向影响越大。

在理论上，本书有三个特点。一是从竞争品牌应对策略的分类来看，本书增加了"区隔策略"，这进一步拓展了 Roehm 和 Tybout（2006）关于危机溢出应对策略（否认和缄默）的研究，丰富了竞争品牌危机应对策略的理论基础。二是从竞争品牌应对策略的效果来看，通过两两比较，验证了竞争品牌应对危机焦点品牌负面溢出效应最优的策略为区隔策略。具体到产品伤害危机中，区隔策略具有更多的积极作用，主要原因是区隔策略具有更高的信息可诊断性和可信度，竞争品牌强调自身与危机品牌存在较大差异，促使消费者进行相异性检验的对比评价，进而阻止了危机负面溢出效应的蔓延。三是从消费者对竞争品牌的承诺来看，发现了消费者承诺的调节作用，其不仅能够抵御危机焦点品牌的负面溢出效应，维持消费者对竞争品牌的品牌态度和购买意愿，还有助于解释为什么历经同样的危机，采取类似的应对策略，但竞争品牌各企业遭受的损失却存在较大差异。以上三点，大多是产品伤害危机领域的首次探索，也存在对前人相关研究结论的进一步检验。

在实践上，本书为有效应对产品伤害危机的负面溢出提供了参考依据。一方面，由于竞争对手在应对危机焦点企业的负面溢出上缺乏参考依据，那么在实践环节就会经常出现决策太过率、缺乏整体性和系统性的危机应对反应。本书发现，产品伤害危机发生后，就降低危机焦点品牌对竞争品牌的负面溢出效应而言，最优策略是区隔策略，而否认策略和沉默策略对于降低负面溢出效应无显著差异。因此，面对危机，竞争企业应该尽量结合企业实际采用同行不易效仿的危机区隔策略，才能对消费者发出更为积极可信的信号，抵御危机焦点品牌负面溢出的侵扰，而不是简单地予以否认或者在沉默中等待危机的平息。另一方面，由于消费者对竞争品牌的承诺有利于维持消费者对竞争品牌的先前态度和购买意愿，降低危机焦点品牌的负面溢出，并且随着消费者对竞争品牌承诺水平的提高，采取积极的应对策略可以抵御更多的危机负面溢出。因此，对于营销经理，构建负面溢出抵御战略的一个最有效的工具就是建立品牌承诺，尽管这需要企业投资大量的营销资源，但无疑这是企业苦练内功"以不变应万变"的最佳方法。

14.8 产品伤害危机负面溢出效应的应对策略研究——基于竞争品牌视角

14.8.1 研究内容

本书从产品伤害危机的现实问题出发，通过回顾产品伤害危机、溢出效应以及危机应对策略的相关理论研究发现，基于非危机企业的竞争品牌视角研究产品伤害危机负面溢出效应的应对策略是研究机会，因此，本书内容对应这一研究机会。

14.8.1.1 应对条件研究——构建产品伤害危机负面溢出效应的预判模型

Marcus 和 Goodman（1991）发现，危机并非完全相同，其差异性是一个重要问题（Marcus 和 Goodman，1991）。通过对产品伤害危机和调节聚焦相关理论的深入研究，从危机和消费者角度入手，尝试构建能够快速预判产品伤害危机负面溢出效应的理论模型和方法体系。

14.8.1.2 应对策略研究——构建产品伤害危机负面溢出效应的应对模型

从现实问题出发，本书通过回顾现有危机应对策略的研究，基于调节聚焦理论、说服理论和营销战略模式的分类，归纳出竞争品牌应对负面溢出效应的规避型说服策略和趋近型说服策略，并试图探究不同应对策略的影响效果以及边界条件，为非危机企业从战略高度应对危机负面影响提供理论借鉴。

本部分的具体研究内容分为以下几个方面。

研究 1 以危机严重性、危机归因和危机关联性为危机特征变量来研究危机负面溢出效应的影响，以丰富预判产品伤害危机溢出效应的理论内容；

研究 2 主要探究竞争品牌规避型说服策略和趋近型说服策略两大类应对策略对危机负面溢出效应的影响，并验证调节聚焦和品牌承诺的调节作用；

研究 3 主要深化竞争品牌规避型说服策略的研究，探索规避型说服策略对危机负面溢出效应的影响，并验证品牌承诺的调节作用；

研究4主要深化竞争品牌趋近型说服策略的研究，探索趋近型说服策略对危机负面溢出效应的影响，并验证产品类型和品牌承诺的调节作用。

14.8.2 研究目的

本书的研究目的主要分为两个方面。

在理论上，提出竞争品牌应对产品伤害危机负面溢出效应的研究模型，丰富应对产品伤害危机负面溢出效应的策略集，识别危机负面溢出效应应对策略的边界条件，完善产品伤害危机及其溢出效应的相关理论。

在实践上，提出有效预判产品伤害危机负面溢出效应的基本方法，为非危机企业竞争品牌快速预判危机负面溢出效应带来的市场风险提供依据，形成帮助非危机企业有效应对焦点企业产品伤害危机负面溢出效应的管理模型。

14.8.3 研究思路与方法

14.8.3.1 研究思路

本书主要研究产品伤害危机负面溢出效应的应对策略，探讨两大类应对策略对危机负面溢出的影响，以解决营销实践问题。

首先，通过分析近几年来产品伤害危机负面溢出效应的案例，发现竞争企业在应对负面溢出效应的过程存在的难题，确定研究问题。

其次，以现实中存在的问题为研究出发点，搜索和分析相关文献，分析国内外学者对该问题的研究进展。

再次，结合现有对产品伤害危机负面溢出效应的应对策略的研究，从中找到研究的不足，从而确定研究机会，分析研究目的、内容、思路和方法。

最后，基于研究目的、内容，确定研究模型，形成研究假设，通过情景实验法，进行刺激物设计，确定实验程序，设计实验调查问卷，进行实验，汇总数据，通过数据分析，检验研究假设，得出研究结果和结论。

本研究的框架和逻辑在很大程度延续反映了这种研究思路，具体如图14-12所示。

14.8.3.2 研究方法

文献研究法。本书通过梳理和总结现有产品伤害危机负面溢出效应及其应对策略的相关文献，识别出了影响产品伤害危机负面溢出效应的关键危机特征变量，并根据调节聚焦理论、说服理论和营销模式的分类，提出了应对产品伤害危机负面溢出效应的策略分类，同时汇总为危机负面溢出效应的应对研究范式，形成产品伤害危机负面溢出效应应对策略研究的一般理论框架，并弥补现有研究的不足。

情景实验法。情景实验法是营销学和心理学的常用方法，可以使较复杂的操控变量变得较易控制，并获得较高的外部效度（Reeder等，2001）。由于本书是研究变量之间的因果关系，需要控制一个或多个自变量，并控制相关的控制变量，而营销经理主要是通过因果关系做出决策，所以，本书的研究结果将是因果性的，而要研究因果关系只能采用实验法。本书根据真实产品伤害危机的报道，精炼描述语言，形成产品伤害危机情景刺激物。本书在刺激物情景下研究各变量之间的关系，通过4个实证研究探讨产品伤害危机负面溢出效应的最佳应对策略和边界条件。

14.8.4 研究意义与创新

14.8.4.1 研究意义

产品伤害危机对非危机企业竞争品牌的溢出，使危机的影响超越了焦点企业自身，甚至使一个企业的危机演变成波及危机焦点企业所有竞争品牌的行业危机，这增加了危机影响的深度和广度，也增加了危机应对的难度。因此，基于竞争品牌视角，正确应对危机焦点企业的负面溢出效应具有重要的理论意义和实践意义。

```
                    设计研究方案
                         ↓
        ┌────────────┬───────────┐
     文献研究      案例分析      内容分析
        └────────────┼───────────┘
                     ↓
              提出研究机会
    根据案例分析和内容分析，提出现实存在而现在
    研究尚未解释的重要问题：竞争品牌该如何有效对
         产品伤害危机产生的负面溢出效应
                     ↓
         研究目标、任务、对象、内容和方法
                     ↓
                  研究准备 ──── 内容分析
                     ↓
              建立理论框架
    通过产品伤害危机理论、溢出理论、应对策略等，提出了
         产品伤害危机负面溢出效应应对的理论和研究体系
                     ↓
           产品伤害危机特征对竞争
           品牌负面溢出效应的影响研究
                     ↓
           竞争品牌应对策略对
           危机负面溢出效应的影响研究
            ↙              ↘
    规避型应对策略对危机      趋近型应对策略对危机
    负面溢出效应的影响研究    负面溢出效应的影响研究
            ↘              ↙
                  初步成果
                     ↓
                  专家咨询
                     ↓
                  最终成果
```

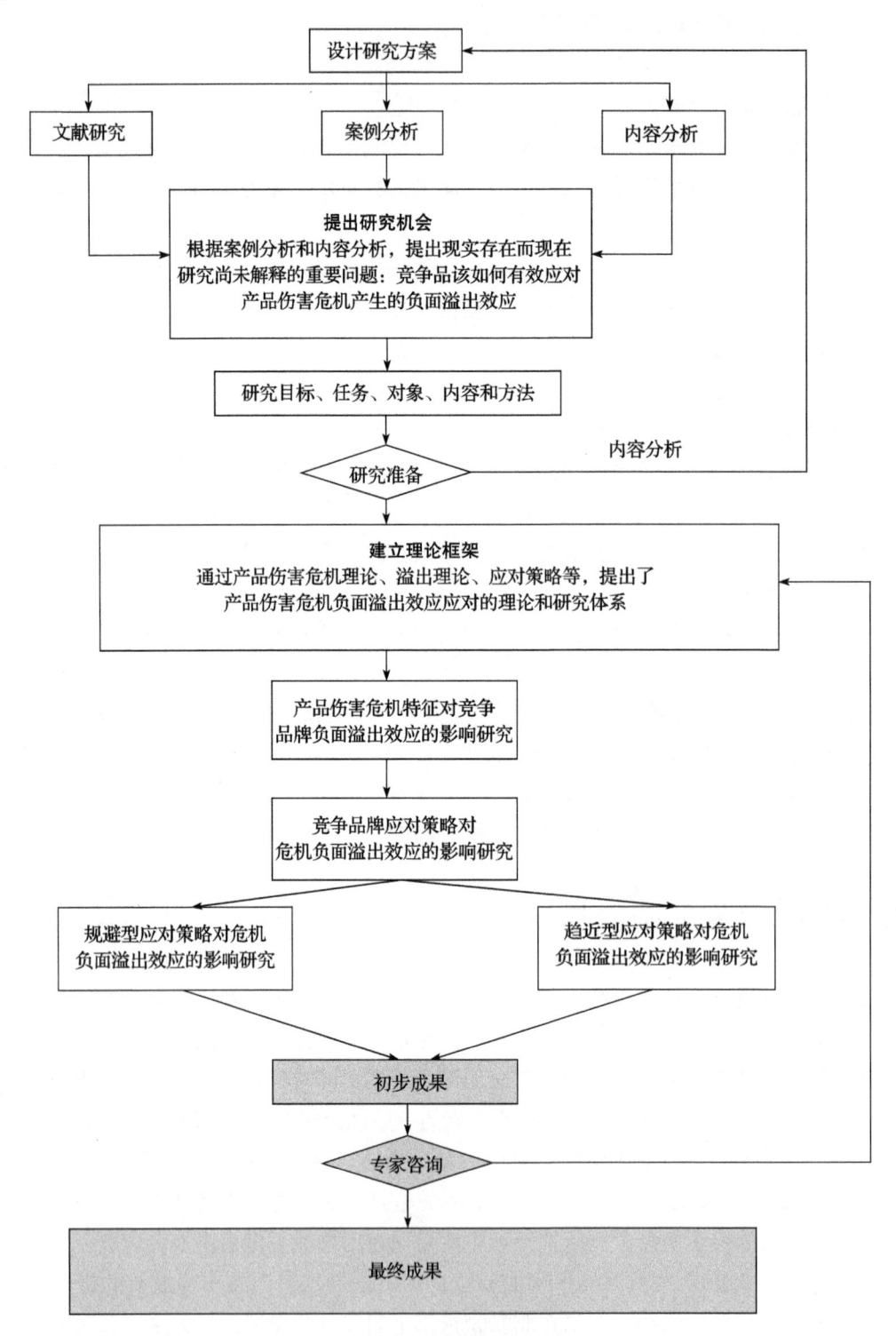

图 14-12 研究技术路线图

一是理论意义。理论意义包含六个方面：①本书探索了危机特征对危机负面溢出效应的影响，为竞争品牌正确评估焦点品牌的危机负面溢出效应提供了理论借鉴。②本书将危机负面溢出的应对策略分为规避型说服策略和趋近型说服策略，从战略上拓宽了竞争品牌应对危机负面溢出效应的策略分类研究。③本书探索了调节聚焦在竞争品牌应对危机负面溢出效应中的调节作用。④基于规避型说服策略，本书增加了竞争品牌的"区隔策略"，丰富了竞争品牌危机应对的策略集，深化了危机负面溢出效应应对策

略的理论基础。⑤本书研究了趋近型说服策略和产品类型的交互作用对危机负面溢出效应的影响,深化了危机负面溢出效应的理论研究。⑥本书研究了消费者品牌承诺在危机负面溢出效应中的调节作用,深层次地探索了竞争品牌危机负面溢出效应应对策略的理论基础。

二是实践意义。实践意义包括六个方面:①本书为竞争品牌基于危机特征视角有效预判产品伤害危机的负面溢出效应提供了参考依据。②本书为竞争品牌如何选择切合自身战略意图的危机负面溢出应对策略提供了理论指导。③本书为竞争品牌更好地使用两大类应对策略降低危机负面溢出效应提供了理论支撑。④本书为竞争品牌如何更好地使用规避型说服策略降低危机负面溢出效应提供了参考依据。⑤本书为竞争品牌如何合理地使用趋近型说服策略降低危机负面溢出效应提供了理论依据。⑥本书为竞争品牌从更深层次理解产品伤害危机的负面溢出效应应对策略提供了重要的战略指导。

14.8.4.2 研究创新

本书有四点创新。

(1)本书提出了产品伤害危机负面溢出效应的应对策略模型,为非危机企业的竞争品牌深入认知、系统管理危机负面溢出效应提供了理论借鉴。

(2)本书从调节聚焦理论出发,首次识别出了非危机企业应对产品伤害危机负面溢出效应的判断标准,为竞争品牌做到有的放矢提供了理论指导。

(3)本书深入探索了竞争品牌规避型说服应对策略对危机负面溢出效应的影响,首次提出了竞争品牌应对产品伤害危机负面溢出效应的"区隔策略"。

(4)本书深入探索了竞争品牌趋近型说服应对策略对危机负面溢出效应的影响,为竞争品牌针对产品类型选择合适的趋近说服策略提供了理论借鉴。

以上四点,大多是产品伤害危机负面溢出效应领域的首次探索,也存在对前人相关研究结论的进一步检验和延伸。

14.8.5 文献综述

14.8.5.1 焦点品牌应对策略

有多位学者对产品伤害危机(指广义的危机,包含但不局限于产品伤害危机)的应对策略分类展开了研究(方正等,2010;方正等,2011),如有学者以"平息—恶化"为标准来对应对策略分类(Mclaughun、Cody和O'hair,1983)。有学者以"和解—辩解"来分类(Marcus和Goodman,1991);借鉴"和解—辩解"分类标准,有学者又以"否认—纠正"为标准,对应对策略进行了划分(Siomkos和Shrivastava,1993)。与以上分类标准不同的是,有学者以"否认—道歉"标准,将应对策略分为否认(Denial)、缄默(Reticence)、道歉(Apology)三类,增加了缄默策略,即对危机没有反应或者声称"无可奉告""暂时无法评论"的情形(Griffin、Babin和Attaway,1991;方正等,2011;彭志红和熊小明,2014)。还有学者精简了企业应对策略的分类提出了和解、缄默、辩解和攻击四种策略(方正等,2011)。但以上分类主要基于危机企业的视角,与基于非危机企业视角应对危机溢出存在较大差异。

14.8.5.2 行业外部应对策略

王晓玉、晁钢令和吴纪元(2006)在研究产品伤害危机对消费者考虑集的影响时,将危机的应对方式分为企业应对、专家应对、企业与专家共同应对和无应对四种形式并发现:与有事件无应对比,企业应对、专家应对,以及他们的双重应对都会对危机产品进入消费者考虑集产生正向影响(王晓玉、晁钢令和吴纪元,2006)。在研究可辩解型产品伤害危机对消费者购买意愿的影响时,方正(2007)将企业的应对策略划分为置之不理、对抗反驳、纠正措施、积极澄清,并认为外部应对包括行业应对、政府应对、专家应对和无外部应对,并认为可辩解型产品伤害危机发生以后,有外界力量协助企业应对会强于无外界应对；企业在选择自身的应对方式时，最优的选择是"积极澄清"；企业在选择外界力量协助其应对时，最优的选择是"政府应对（方正，2007）"。

14.8.5.3 竞争品牌应对策略

基于非危机企业竞争品牌视角，现有主要文献中关于负面溢出效应应对的竞争品牌策略研究见表14-16，负面溢出效应的应对策略之间的比较研究如下。

表14-16 现有研究中关于负面溢出效应应对的竞争品牌策略研究

研究	应对策略比较
Roehm和Tybout（2006）	在品牌关联时否认策略优于沉默策略；在品牌差异时，沉默策略优于否认策略
方正等（2013）	如果溢出效应发生，那么最好的策略是发表否认声明；如果溢出效应没有发生，还是保持沉默为好
Cleeren、Heerde和Dekimpe（2013）	在产品危机发生后竞争品牌提高了广告的投放数量，最终提高了自身的市场占有率，对危机品牌的销售产生负向影响
王晓玉和吴婧（2014）	当危机行业溢出水平较高时，与促销策略相比，竞争品牌采取否认策略，对未应对的竞争品牌的消费者态度有显著负向影响；当行业溢出水平低时，两种策略的影响无差异
余伟萍、庄爱玲和段桂敏（2014）	从竞争品牌视角看，否认策略的效果最差，相对于主要竞争品牌，次要竞争品牌最适宜采取缄默策略
余伟萍、张啸和段桂敏（2015）	相较于否认策略，采取改进策略的竞争品牌显著提高消费者的购买意愿；消费者对采取缄默策略的竞争品牌的购买意愿介于否认策略和改进策略之间

（1）否认策略和缄默策略。

Roehm和Tybout（2006）发现，在一个品牌的产品危机期间，竞争品牌可能采取否认策略。如果消费者认为该竞争品牌也可能存在危机，则其否认策略能提升消费者对其的态度；而如果消费者不认为该竞争品牌也可能存在危机，则其否认策略反而会降低消费者对其的态度（Roehm和Tybout，2006）。

在危机行业溢出水平较高时，如果一个竞争品牌采取否认策略，会凸显未应对的竞争品牌没有应对"是否存在危机"的缺失信息，引发消费者推断（Simmons和Leonard，1990）。此时，竞争品牌的否认策略，在消费者推断未应对的竞争品牌是否存在危机这一缺失信息时有较高的诊断性。由于低资产品牌受竞争品牌的负向影响较大（Dahlen和Lange，2006；Zhao和Helsen，2011），因此在这个推断的过程中，竞争品牌的否认策略让消费者对未应对的竞争品牌产生的"没有出来否认，就可能存在危机"的信念更强，从而对低资产未应对的竞争品牌产生较大的负向影响（王晓玉和吴婧，2014）。

如果一个非危机企业采取否认策略，向消费者表明自己的产品没有这种危机，会凸显未应对的竞争品牌没有应对"是否存在危机"的状态，这形成未应对竞争品牌的缺失信息，引发消费者被促使的推断（Simmons和Leonard，1990）。此时竞争品牌的否认策略，在消费者推断未应对的竞争品牌是否存在危机这一缺失信息时有较高的诊断性，会让消费者对未应对的竞争品牌产生"如果没有危机，也应该出来否认"，以及"没有出来否认，可能就是存在危机"的怀疑和推断，这种推断会提升消费者对未应对的竞争品牌存在危机的可能性程度的感知，从而对其消费者态度产生负向影响（王晓玉和吴婧，2014）。

（2）否认策略和促销策略。

促销策略也是竞争品牌应对产品危机时经常实施的策略（Van Heerde、Helsen和Dekimpe，2007）。王晓玉和吴婧（2014）认为，当危机行业溢出水平较高时，与促销策略相比，竞争品牌采取否认策略，对未应对的竞争品牌的消费者态度有显著负向影响。

在竞争品牌应对策略对未应对的竞争品牌消费者态度的影响中，产品危机的行业溢出水平有调节效应：当危机行业溢出水平较高时，竞争品牌否认策略与促销策略相比，对未应对的竞争品牌的消费者态度有负向影响；当行业溢出水平较低时，两种策略的影响无差异（Van Heerde、Helsen 和 Dekimpe，2007；王晓玉和吴婧，2014）。

（3）否认策略和改进策略。

Lewicki 和 Bunker（1996）认为改进策略表现出了非危机企业的懊悔心态，有利于消费者正面判断非危机企业竞争品牌的动机和意图（Lewicki 和 Bunker，1996）。竞争品牌采用改进策略会向消费者传达企业及时改进的态度，能显著降低消费者感知风险（Gürhan-Canli 和 Batra，2004）。余伟萍、张啸和段桂敏（2015）认为企业单方的坚决否认并不能很好地消除消费者认为竞争品牌有害的先入信念，对消费者评价的改善作用也非常有限，因此，竞争品牌采取改进策略会比简单地采用否认策略能够显著地提高消费者的购买意愿，同时，消费者对采取缄默策略的竞争品牌的购买意愿介于否认策略和改进策略之间（余伟萍、张啸和段桂敏，2015）。Bottom 等（2012）发现品牌丑闻溢出效应发生后，改进策略比否认策略更有利于修复消费者的合作意愿（Bottom 等，2012）。

（4）广告调整和价格调整。

在今天的市场中，产品伤害危机无处不在。这样的危机会造成行业企业主要收入和市场份额的损失，导致昂贵的产品召回，破坏企业精心培育的品牌资产。此外，当品类中没有被影响的竞争品牌被联想是有罪的，这些影响可能溢出到这些竞争品牌。现存的文献缺乏对不同营销策略调整的有效性的普遍性知识，管理者经常考虑这些调整策略以减轻此类事件的后果。为了填补这一空白，Cleeren、Heerde 和 Dekimpe（2013）使用大型家用扫描仪式面板分析了发生在英国和荷兰并导致整个品种全部召回的 60 起快速消费品的产品危机，他们评估危机后广告和价格调整对消费者品牌市场份额和品类购买的改变的影响。此外，他们认为该影响程度受两个关键危机特征的调节作用：围绕事件的负面报道程度和该被影响品牌是否不得不公开承认责任，对于如何克服产品伤害危机，他们使用实证研究结果，提出内容具体的管理推荐意见并绘制了图 14-13（Cleeren、Heerde 和 Dekimpe，2013）。

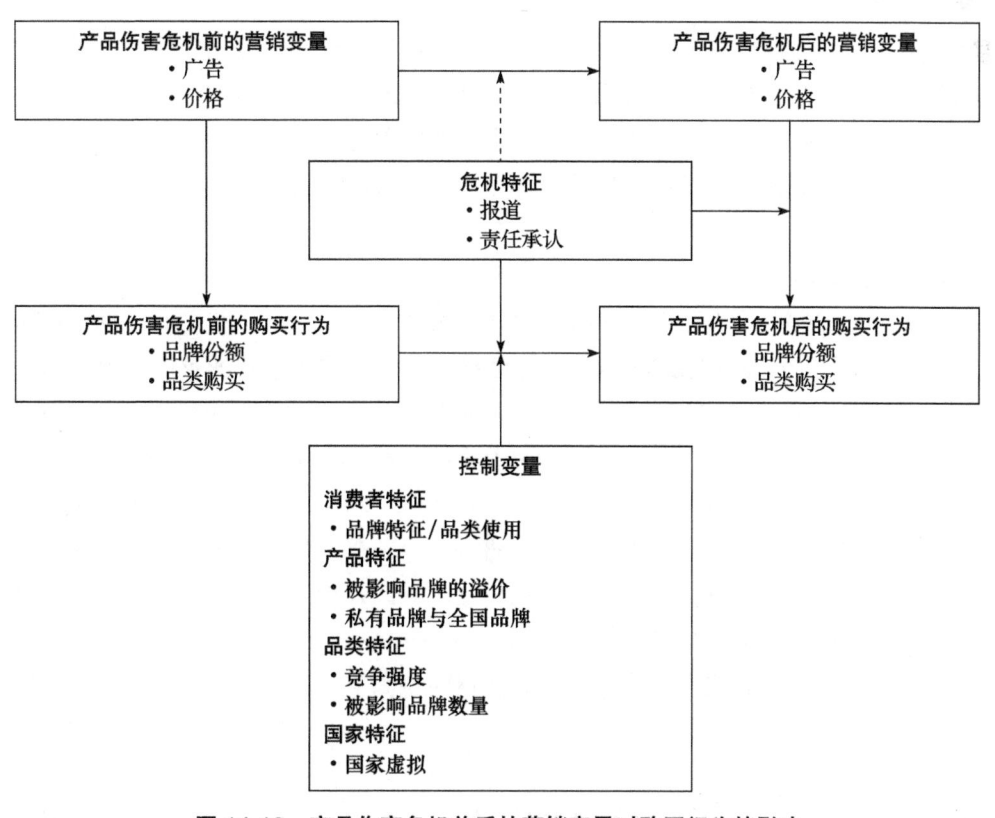

图 14-13 产品伤害危机前后的营销变量对购买行为的影响

围绕危机，Cleeren、Heerde 和 Dekimpe（2013）认为媒体负面报道的强度越高，危机焦点品牌和整个品类的广告效果会更大；危机焦点品牌公开承认与不公开承认责任相比，危机焦点品牌的广告效果和整个品类的广告效果都降低了。由于围绕危机的负面报道的强度越高，消费者对整个品类具有更高的价格敏感性，而对危机焦点品牌的价格敏感性没有增加；危机焦点品牌公开承认与不承认责任相比，焦点品牌的价格敏感性增加了，而整个品类的价格敏感性却没有增加。根据 Cleeren、Heerde 和 Dekimpe（2013）的研究，将其通过广告和价格策略应对产品伤害危机对品牌和品类的管理建议整理如表 14-17 所示。

表 14-17 品牌和品类如何克服伤害危机

产品伤害危机的类型			危机后对危机品牌的建议		危机后对品类竞争品牌的建议	
情景	媒体负面报道的强度	是否承认危机责任 b	广告策略	价格策略	品类广告（竞争品牌）	品类价格（价格品牌）
1a	低	否	增加品牌广告：有效工具	保持价格是一种有效的策略	增加广告：有效工具	降低价格：有效工具
2	低	是	不要增加广告：不如 1 有效	降低价格：比 1 更有效	不要增加广告：不如 1 有效	降低工具：比 1 更有效
3	高	否	增加更多广告：比 1 更有效	保持价格是一种有效的策略	增加更多广告：比 1 更有效	降低更多价格：比 1 更有效
4	高	是	增加广告可能会具有吸引力，取决于两种相反力量对广告效果的净影响 b	降低价格：比 1 更有效	增加广告可能会具有吸引力，取决于两种相反力量对广告效果的净影响 b	降低价格：比 1 更有效

注：a 为基本情况或参照情况；b 指承认危机责任产生的消极效果和广泛宣传产生的积极效果两种相反力量的净影响。

14.8.5.4 竞争理论

（1）竞争策略的定义。

竞争策略是指企业依据自己在市场上的地位，为实现竞争战略和适应竞争形势而采用的具体行动方式，而企业在市场上的竞争地位，决定其可能采取的竞争策略（朱力，2010）。竞争战略是企业的经营战略或商业战略，其中心内容是寻找在某一特定产业或市场中建立竞争优势，而所谓的竞争优势，不外是指企业具有某种其竞争品牌所无或相对缺乏的特殊能力，以便能更有效、更经济、更快捷地为顾客提供所需的产品和服务（罗珉，2000，2001）。

（2）竞争策略的分类。

Iyer 和 Soberman（2000）认为，营销战略可被分为两类，一类是保留模式（Retention Modification），另一类是竞争模式（Conquesting Modification），保留模式意味着该种模式的目的是保持对企业忠诚顾客的持续吸引（Iyer 和 Soberman，2000），是品牌增加和保住市场份额的主要手段。Kotler 和 Singh（1981）提出市场竞争有攻击和防御两部分，获得顾客（Customer Acquisition）和保留顾客（Customer Retention）是这两种策略的真正含义（Kotler 和 Singh，1981；Woodall，2004），也同样是品牌之间的攻防目的（富鹏飞，2014）。当一个新品牌或新产品（攻击品牌）进入一个充满竞争的市场中会引发这个市场中所有的已经存在的品牌（防御品牌）的应对性反应（Roberts，2005）。厂商可以有效地创立新品牌进入市场或使已有的品牌从对手那里获得更多的市场份额（Hauser 和 Shugan，2008）。牛永革和李蔚（2004）将竞争企业巩固市场地位、应对竞争的策略分为建立销售通路防御体系、积极主动的市场狙击策略两类（牛永革和李蔚，2004）。

（3）竞争策略的影响。

竞争策略是企业巩固市场地位、市场份额和抢占市场的重要手段（Kotler 和 Singh，1981；谢洪明等，

2003)。谢洪明等(2003)认为,企业面临竞争时通常有两种应对行为,一种是企业发动进攻性竞争行为,通常希望对手不回应;另一种是企业采取保护自己市场份额的竞争策略,希望建立竞争壁垒(谢洪明等,2003;张诚和林晓,2009),分为品牌防御策略和品牌进攻策略,可以改变消费者的品牌偏好(高宁,2007)。竞争品牌可以建立竞争壁垒来防止客户流失,也可以采取发动进攻性竞争行为,帮助企业在消费者心中建立优良的品牌形象,获取客户(谢洪明等,2003)。牛永革和李蔚(2004)在研究企业竞争策略过程中发现,企业巩固市场地位的最积极有效的方法是:建立销售通路防御体系,以避免已有市场份额或地位的损失(牛永革和李蔚,2004);采用积极的市场竞争策略,如使用推销津贴和价格折让的销售促进手段,提高企业的销货速度、动摇经销商经营竞争品牌的产品的信心;或者采取有力度的降价行为,使消费者体会到真正的实惠,在品牌形象不受损的情况下迅速扩大市场占有份额,打破原有的竞争格局,使市场朝己方有利的方向发展(牛永革和李蔚,2004)。

14.8.5.5 说服效应理论

(1)定义及分类。

说服是指在被说服者能够自由抉择的情况下,说服者通过沟通传递信息而成功影响被说服者心理状态的一种主观努力行为(O'Keefe,1990),它强调被说服对象能够自由选择,而不是被迫地接受(姚琦和黄静,2011)。说服作为一种影响方法,首先要改变信念和知识,即态度系统的认知成分,所呈现的说服性信息旨在改变信念。因为态度系统内各成分是相互联系的——态度通常是基于信念的——信念的改变会导致态度的改变。新的态度进而可能指导被说服者的行为(津巴多,2007;吴国庆和陈丽玫,2008)。

姚琦和黄静(2011)依据信息表述内容不同,将犯错品牌为再续品牌关系而进行的说服分为诊断型和反驳型(姚琦和黄静,2011)。反驳型说服和诊断型说服被认为是企业应对负面信息的两种最常用的说服方式(Ahluwalia、Burnkrant 和 Unnava,2000),反驳型说服主要是质疑负面信息的有效性,是对负面信息的直接反驳和对消费者能想到的问题的简单回应,而诊断型说服是通过将犯错的信息与同一产品类别其他品牌的比较,或给消费者提供额外的补充信息来降低负面信息的负面价值(Ahluwalia、Burnkrant 和 Unnava,2000)。反驳型说服重在关注负面信息数据的可信性、完整性和样本的有效性;诊断型说服主要侧重于说明目标品牌与其他品牌在关键属性上无差异,同类产品品牌具有同样的产品属性(姚琦,2010;姚琦和黄静,2011)。

(2)说服效应模型。

说服效应一直是心理学研究的重要主题,目前关于说服效应理论模型的研究主要有双加工模型和启发—系统式模型。

①双加工模型。精细可能性模型(The Elaboration Likelihood Model,简称 ELM)是解释说服效应的双加工模型中的核心(马向阳等,2012)。根据 ELM 理论,态度改变被归纳为中心路径(Central Route)、边缘路径(Peripheral Route)。其中,中心路径指通过仔细地认知加工过程,仔细审查信息中的论据和其他相关线索,即经过认真思考和综合分析而改变态度;边缘路径则是指通过便捷、快速的路径,不必考虑对象本身的论据和特征,从而改变态度(马向阳等,2012)。

Pierro 等(2004)认为在不同精细化信息水平下通过不同的心理加工路径影响态度改变(Pierro 等,2004)。ELM 模型的基本原则是不同的说服方法依赖于对传播信息的进行仔细思考和加工的可能性高低。说服效应"分心"(Detraction)认为注意力分散会降低说服效应的强度(Martin 等,2007;马向阳等,2012)。当被试者在接受说服性信息时注意力是分散的,其态度的改变比没有分心的被试者改变得更多(Strick 等,2010)。

②启发—系统式模型。启发—系统式模型(Heuristic-systematic Model,简称 HSM)认为,个体的认知

加工模式分为启发式和系统式两种模式,其加工的努力程度由动机、认知能力共同决定(Chaiken 和 Eagly,1989;马向阳等,2012)。系统式认知加工要求个体对相关的信息都进行细致的加工,从而进行态度判断,而启发式认知加工受"最小认知努力原则"(Principle of Least Cognitive Effort)的指导。HSM 模型认为,当个体进行信息加工的动机、能力水平处于较低水平时,个体会采用启发式加工;当个体的动机、能力水平处于较高水平时,个体会采用系统式加工。同时,该模型认为个体以两种加工模式影响个体的态度改变。

(3)自我功效理论。

Petty、Briñol 和 Tormala(2002)提出自我功效分析(Self-validation Analysis),并最终形成自我功效理论:在接受说服性信息后,个体形成第一水平的想法,还会对已形成的想法本身或者思考过程进行思考(Petty 等,2007;马向阳等,2012)。此外,这种思考的基础是个体对其所持有观点的信心程度(Petty 和 Brinol,2008)。如果两个个体对同样的说服性信息持有相同的观点,但由于一个人对其观点持有更强的信心,那么该信息对他们产生的说服效应存在差异,即个体已有的观点还不足以影响其态度和行为,还受到个体的信心程度的影响(马向阳等,2012)。

国内外学者通过自我功效理论研究说服的形成机制,Petty、Briñol 和 Tormala(2002)认为,态度、思考之间的相关性与人们对其观点的信心程度呈正相关关系,并进一步发现:如果人们的观点是积极的,个体对其观点的信心度会增强说服效应;如果观点是消极的,个体对其观点的信心度会削弱说服效应(Petty、Briñol 和 Tormala,2002)。此外,该理论可以解释情绪对说服效应的影响。Briñol、Petty 和 Barden(2007)指出,当被试者接受强论据的刺激时,情绪愉快的被试者比情绪悲伤的被试者更容易被说服(Briñol、Petty 和 Barden,2007)。当信息源具有较高可信度、被试者有控制感和较高的信息价值,个体被说服的程度受到对自有观点的信心的影响(Brinol 等,2007;Tormala、Briñol 和 Petty,2006)。

(4)说服策略的影响。

说服策略可以影响消费者的态度、购买意向、品牌关系再续意愿和感知信息可行度等。说服可以改变信念和知识,而呈现的说服性信息目的也可以改变信念,这是因为态度系统内各成分是相互联系的,信念的改变会导致态度的改变(黄静等,2012)。姚琦和黄静(2011)认为,企业应根据消费者负面情绪的特点,积极、主动地采取适当的说服策略,以挽回品牌关系断裂的消费者,并指出说服策略与消费者自我建构类型的交互作用对消费者有一定的影响(黄静和曾一凡,2011)。罗鑫(2014)认为,当消费者属于独立自我构念类型时,在理性说服策略的影响下购买意向最高;当消费者属于依存自我构念类型时,在感性说服策略的影响下购买意向最高(罗鑫,2014)。

14.8.5.6 调节聚焦理论

(1)调节聚焦定义及类型。

对人类行为动机的研究最早来源于享乐原理,享乐原理认为人类行为的目的是趋利避害——追求利益与快乐,避免损失与痛苦(Köbberling 和 Wakker,2000)。虽然享乐原理阐明了人类行为动机的来源,但没能解释清楚动机可以通过哪些方式以及途径来实现,并且享乐原理没有进一步探讨趋利与避害背后的作用机制。Higgins(1997)从进取—规避(Approcah-avoidanceprinciple)原理出发,从自我调节(Self-regulation)的角度对人类行为动机及其背后的作用机制进行了研究,并提出了调节聚焦理论(Higgins,1997)。

调节聚焦理论认为人类行动存在两种固有倾向,一种倾向是趋近型(Promotion)的调节聚焦倾向,另一种是规避型(Prevention)的调节聚焦倾向,前者更关注通过争取而达到的正面效果,后者更关注通过规避而避免负面效果(Higgins,1997)。趋近型调节聚焦与规避型调节聚焦在动机导向、目标结果、情感体验等方面存在明显不同,具体见表 14-18。

表 14-18 趋近型调节聚焦与规避型调节聚焦差异对比

	趋近型调节聚焦	规避型调节聚焦
动机导向	追求利益与快乐	避免损失与痛苦
目标结果	实现自我理想	避免自我失败
情感体验	快乐与刺激	平静与安全
对创新的贡献	很有可能做出较大贡献	很难对创新做出贡献
体验角色	演员角色（全身心投入）	观察员角色（冷静思考，置身事外）
新事物接受程度	较易接受	较难接受

资料来源：根据 Friedman 和 Förster（2001）、Higgins（1997）、Ku 等（2012）、Zhang 和 Yang（2015）等文献整理。

两种类型的调节聚焦分别对应两种类型的需要，趋近型的调节聚焦对应进取的需要（Advancement Needs），规避型的调节聚焦对应安全的需要（Security Needs）。相较而言，趋近型调节聚焦的个体更关注自我实现层面的事物，对于理想、志向、成绩、能力等"进取"词汇具有更积极的态度，而规避型调节聚焦的个体更关注安全层面的事物，对于稳定、保护、照顾等"保守"具有更强烈的反应。

由上述分析可以看出，调节聚集理论不仅根据动机导向的不一将人类行动倾向分为趋近型调节聚焦与规避型调节聚焦，还对两类调节聚焦类型的目标结果、情感体验、创新贡献、体验角色等进行了较深入的分析，并且对调节聚焦如何影响消费者意愿与行为及其背后的作用机制进行了研究，推动了动机理论的发展。

图 14-14 趋近型调节聚焦与规避型调节聚焦的关系

（2）调节聚焦与调节匹配。

Avent 和 Higgins（2006）认为，当调节聚焦类型与信息处理策略相匹配时，人们会感觉到信息处理过程更流畅，从而更容易形成消费意愿（Avnet 和 Higgins，2006）。消费意愿的形成会受到消费者自身调节聚焦类型的影响，例如，趋近型消费者倾向于使用"进攻"导向的策略，而规避型消费者倾向于使用"防守"导向的策略。然而，有的学者却认为，在一般风险的情况下，与以规避为导向的个体相比，以追求为导向的个体具有更高的行为意愿，而在高风险的情境下，与以追求为导向的个体相比，以规避为导向的个体具有较强的风险意识。例如，王文忠等（2005）通过实验发现，调节聚焦与后悔情绪具有联系，该研究对实质相同的一个事件——对癫痫病人的脑部手术的两种不同描述，创造了强调成功和强调失败两种不同刺激情景，探察不同调节倾向的个体在不同情景下的行为意愿和失败后的后悔情绪，发现趋近型个体比规避型个体具有更强的行动意愿与更高的风险意识（王文忠等，2005）。Pula、Parks 和 Ross（2014）在研究不同类型的调节聚焦消费者的食品选择过程中发现，与趋近型消费者相比，规避型消费者更看重给感官带来刺激的食品（味觉、视觉或触觉）而非食品的自然属性或价格，并且，与趋近型消费者相比，规避型消费者更容易受到心情、情绪、健康状况等因素的影响从而改变购买意愿，说明规避型消费者更容易受到自身因素的影响，并且更加关注产品带来的体验感受（Pula、Parks 和 Ross，2014）。陈江涛（2008）在其研究中发现，消费者调节聚焦会影响消费者的后悔体验，当消费者遭遇购物失败后，达成调节匹配的个体比没有达成调节匹配的个体会体验到更低程度的后悔（陈江涛，2008）。汪涛、谢志鹏和崔楠（2014）在研究拟人化营销的现象时发现，不同类型的调节聚集会影响到拟人化沟通的整体效果，具体而言，相比规避型消费者，拟人化对趋近型消费者会产生更好的营销效果（汪涛、谢志鹏和崔楠，2014）。

（3）调节聚焦的外部影响。

除了受自身因素的影响，外部因素也会对消费意愿产生影响。

①广告诉求的影响。Florack 和 Scarabis（2006）认为，广告诉求会对消费者购买意愿产生影响，具

体来说，广告诉求会被目标消费者的调节聚焦类型过滤，趋近型消费者往往会看到"利好与机会"的信息，规避型消费者则往往会看到"亏损与风险"的信息，经过过滤后的广告诉求才是消费者感受到的广告信息并对消费意愿产生影响（Florack 和 Scarabis，2006）。

②零售店自助服务特性的影响。Jia 等（2012）研究了零售店自助服务对不同类型的调节聚焦消费者的非对称效应（Asymmetric Effect），研究发现，趋近型消费者较看重自助服务的灵活性，并且更加关注自助服务设备是否足够智能；而规避型消费者较看重自助服务的稳定性，并且更加关注自主服务设备是否足够成熟（Jia 等，2012）。

③促销框架的影响。彭璐珞、孙鲁平和彭泗清（2012）发现两种促销框架——"减价"和"打折"对消费者感知以及消费意愿存在影响，具体而言，"减价"的促销框架对趋近型消费者具有更高的感知价值，而"打折"对规避型消费者具有更高的感知价值（彭璐珞、孙鲁平和彭泗清，2012）。

④定制模式的影响。Wang、Kandampully 和 Jia（2013）研究了定制模式与调节聚焦的关系，发现规避型消费者会对产品订制保留更多的意见（Options Retained），趋近型消费者则会倾向于增加定制化的丰富程度，任务的享乐性（Task Enjoyment）和消费者态度起到调节作用（Wang、Kandampully 和 Jia，2013）。

（4）调节聚焦的信息机制。

有研究发现消费者信息聚焦和信息处理方式受到调节聚焦的显著影响，信息调节聚焦框架能够显著影响调节聚焦消费者的信息处理机制。

①信息聚焦。在对品牌延伸的研究中，研究发现规避型消费者认为母品牌的质量更加重要，认为母品牌的质量是成功实现品牌延伸的关键，与此相对应的是，趋近型消费者更加关注母品牌与产品之间的匹配，造成这种局面的原因是规避型消费者较少关注品牌延伸之间的关联，缺乏对节点信息以及关联信息的聚焦（吴川等，2012）。在对消费者购买决策的研究当中，研究发现规避型消费者注意力更加聚焦于与产品有关的信息，对商品价格以及促销信息的变化更加敏感，而趋近型消费者更加关注与产品相关但又不直接联系的信息的变化，例如产品品牌、制造商、代言人等信息的变化，这是因为趋近型消费者对处理相关信息（不是直接的购买信息）更加擅长，更易于从相关信息进行推导而得出最终的购买结论。Idson、Liberman 和 Higgins（2000）指出趋近型消费者的聚焦过程是分步骤的，趋近型消费者面对外界刺激时第一个聚焦重点是"争取无损失"，其次是"争取获得"，而规避型消费者面对外界刺激时第一个聚焦重点是"避免损失"，其次是"避免无获得"，趋近型与规避型消费者的聚焦重点均呈现出递进的状态（Idson、Liberman 和 Higgins，2000）。Joseph、Heidi 和 E Tory（2004）从消费者感知价值的角度对信息聚焦重点进行了研究，发现对于趋近型消费者来说，信息聚焦的重点在于其自身有偏好和动力来完成特定行为，对于规避型消费者来说，信息聚焦的重点在于为了维系自我感知价值而采取的一系列规避措施（Joseph、Heidi 和 E Tory，2004）。

②信息处理方式。学者们发现不同类型调节聚焦信息主要通过调节关联和调节匹配效应引起消费者心理体验的微妙变化，进而影响消费者行为。当外界信息包含有调节聚焦关联信息时，个体往往会有一种"自然的"匹配（Natural Fit）感觉，这种匹配被称为"调节关联"（Aaker 和 Lee，2006；叶楠，2013）。当信息类型与消费者调节聚焦类型一致时，消费者更容易接受该信息，并采取一致的行动与策略（Avnet 和 Higgins，2006）。Aaker 和 Lee（2006）认为，当产品提供商的营销信息包含与趋近型聚焦目标有关联的要素时，即强调产品的积极性能或享乐属性时，对趋近型聚焦的个体说服效果更好；反之，当营销信息中强调避免消极结果的出现或强调实用等规避型聚焦相关的要素时，对规避型聚焦的个体说服效果更好（Aaker 和 Lee，2006；叶楠，2013）。当外界信息含有的调节聚焦目标和其应对策略——对应时，进而调节匹配（叶楠，2013）。Higgins（1997）提出了调节匹配理论，他认为两类调节聚焦消费者的需求不一致，某类目标趋近策略可能支持一类调节聚焦消费者的需求，而不支持另一类调节聚焦消

费者的需求，两类目标趋近策略对两类调节聚焦消费者的影响将会截然不同，当目标趋近策略与调节聚焦类型匹配时，人们追求目标的动机将会大大增强，情感体验也会更加强烈，当目标趋近策略与调节聚焦类型不匹配时，人们将会趋向保守，追求稳定与安全（Higgins，1997；叶楠，2013）。调节关联与调节匹配既有相似之处，也有不同之处，相似之处在于关联与匹配均描述了策略与需求或属性相对应时，营销效果或说服效果将会大大提升，不同之处在于调节关联为信息内容与个体调节需求寻求一致，而调节匹配为目标趋近策略与调节聚焦类型寻求一致（Aaker 和 Lee，2006；叶楠，2013）。

信息调节聚焦框架。Kahneman 和 Tversky（1979）运用不同的表达方式、呈现方式、逻辑顺序等来对相同内容的信息阐释，会对人们的感知产生截然不同的影响，这种现象被称为框架效应（Kahneman 和 Tversky，1979）。郑雯等（2015）将调节聚焦与信息框架的匹配问题运用到了对道歉的研究中，研究发现，向趋近型个体道歉时，积极框架的道歉信息往往能取得较好的道歉效果，向规避型个体道歉时，消极框架的道歉信息往往能取得较好的道歉效果（郑雯等，2015）。Labroo 和 Lee（2006）认为，广告播出顺序前后相邻的两个广告，其信息框架与调节聚焦类型是否一致（Labroo 和 Lee，2006；叶楠，2013），会影响广告受众对产品的评价与购买，广告播出时，当目标消费者的调节聚焦类型与前导广告一致时，消费者对目标广告的产品购买意向较强（叶楠，2013）。彭璐珞、孙鲁平和彭泗清（2012）研究了两种促销框架——"减价"和"打折"对消费者感知价值的影响，研究发现调节聚集和促销框架之间存在交互效应，"减价"的促销框架对趋近型消费者具有更高的感知价值，而"打折"的促销框架对规避型消费者具有更高的感知价值，其中，促销力度起到调节作用（彭璐珞、孙鲁平和彭泗清，2012）。李启庚等（2012）在研究品牌体验的形成以及品牌资产的影响时发现，购买和体验品牌之前，消费者调节聚焦类型与广告信息的框架匹配性能够影响消费者的购买意向，当调节聚焦类型与广告信息框架匹配时，消费者具有更高的购买意向（李启庚等，2012）。戴鑫、周文容和曾一帆（2015）研究了广告信息框架对受众亲社会行为的影响，发现"获取"信息框架对趋近型人群的亲社会行为有促进作用，而"损失"信息框架对规避型人群的亲社会行为有促进作用（戴鑫、周文容和曾一帆，2015）。

（5）调节聚焦的阶段影响。

不同的调节聚焦类型会在消费行为决策的各个阶段产生不同的影响。

①需求形成阶段。有学者认为，趋近型消费者更易关注享乐型产品，在同等情况下更容易产生享乐需求；而规避型消费者更易关注实用品，在同等情况下更易产生实用需求（Pham 和 Avnet，2004）。两类调节聚焦的消费者不仅会产生，还会将享乐与实用需求转化为消费行为。Werth 和 Foerster（2007）在其研究中发现，趋近型大学生更加注重享乐品的购买，如唇膏、面膜和其他护肤品，而规避型大学生对实用品的购买量较大，如鞋袜、食品和自行车等（Werth 和 Foerster，2007）。Lockwood、Jordan 和 Kunda（2002）在其研究中指出，消费者需求的形成受消费动机影响，而消费动机又受长期目标影响，趋近型的消费者更易形成积极的长期目标，从而形成积极的消费动机，进而形成积极的消费需求，具有较强的消费者欲望；规避型消费者更易形成保守的长期目标，从而形成保守的消费动机，进而形成保守的消费需求，消费欲望较弱并且决策困难（Lockwood、Jordan 和 Kunda，2002）。在此基础之上，Pham 和 Avnet（2004）对消费目标进行了细分，认为目标可以分为愿望（Ideals）与责任（Oughts），愿望指人们的希望、期望及愿景，责任指人们的职责、义务及使命，对于消费者的目标愿望以及责任的细分可以衡量消费者的感知差异（Perceived Diagnosticity），趋近型与规避型消费者的感知差异点集中在愿望与责任上，趋近型消费者更加重视自我愿望的实现，更有可能形成追求愿望的需求，规避型消费者更加注重责任承担，更有可能形成维护安全与稳定的需求（Pham 和 Avnet，2004）。

②信息搜集阶段。Safer（1998）发现，两类调节聚焦消费者对产品属性的关注重点不一致，趋近

型消费者的注意力较易被享乐属性所吸引，如产品的高端配置、升级可行性、赠品类型等，而规避型消费者更加关注产品的安全及实用属性，如产品的售后服务等（Safer，1998）。有学者发现，与趋近型消费者相比，规避型消费者独立思考能力较弱，对信息的深度挖掘能力不足，信息搜集能力与认知能力不强。与此相反，趋近型消费者独立思考能力更强，对信息的深度挖掘能力更强，具有较强的信息搜集能力与认知能力，善于对深层次的信息进行加工并进行联系（Friedman和Förster，2002）。在此基础之上，Wang和Lee（2006）将消费者涉入度引入了研究，指出低涉入度的消费者由于是被动地接收信息，消费者会更多地关注与自身相关的信息，因此，趋近型消费者会关注个体选择与成就，规避型消费者会关注个体安全与稳定；而在高涉入度的情境下，消费者由于是主动搜寻信息，趋近型消费者会更多地关注产品信息，规避型消费者关注点与在低涉入度情境下无太大变化（Wang和Lee，2006）。

③消费者考虑集的形成阶段。与规避型消费者相比，趋近型消费者更易形成更为丰富的考虑集，最明显的例子就是在相同的购物环境当中，趋近型消费者放入购物车的商品的种类和数量会多于规避型消费者，虽然最后趋近型消费者并不会购买在购物车中的所有商品（Ramanathan和Dhar，2010）。Pham等（2005）对此现象进行了分析，认为这是趋近型消费者搭建考虑集的原则是"追求"（Approach），规避型消费者搭建考虑集的原则是"躲避"（Avoidance）（Pham等，2005）。吴川等（2012）在研究调节聚焦对品牌延伸的影响的过程中指出，趋近型消费者按照深层次的阐述方式去思考问题，善于在购物过程中注意产品与产品之间的联系，规避型消费者拥有较少的认知能力，更加注重购物当中的细节问题（吴川等，2012）。

④选择评估阶段。前期学者们主要对新产品评价选择与影响消费者选择评估因素这两方面进行了研究。在对新产品的评价选择的研究方面，Chernev（2004）认为趋近型消费者具有冒险精神，对新生事物不排斥，且更愿意改变现在，因此更容易接受新产品；规避型消费者因为风险意识较强，对安全与规范的需求较强，因此较难接受还未经大众广泛验证的新产品（Chernev，2004）。Chernev（2004）的研究是从推测的角度来对不同类型的调节聚焦消费者对新产品的接受程度进行研究，Herzenstein、Posavac和Brakus（2007）经过实证后发现，趋近型消费者比规避型消费者拥有更多的新产品，在其研究中还指出，趋近型消费者更注重新产品的功能以及创新，因此在选择评估过程当中较为果断，规避型消费者更注重新产品可能产生的不稳定性，因此在选择评估阶段更为谨慎（Herzenstein、Posavac和Brakus，2007）。Spanjol等（2011）研究了调节聚焦对新产品购买决策的影响，研究发现，当新产品类型为享乐型产品时，趋近型消费者容易对新产品产生购买意愿，当新产品类型为实用品时，规避型消费者容易对新产品产生购买意愿（Spanjol等，2011）。关于影响消费者选择的评估因素，Pham和Avnet（2004）认为，广告中的情感因素会对趋近型消费者产生较大的影响，而广告中的产品信息会对规避型消费者产生较大的影响（Pham和Avnet，2004）。许雷平（2011）在研究调节聚焦如何受媒介的影响时发现，趋近型个体更易受具有"获得"性质的媒介影响，在选择评估阶段提升对商品的偏好程度，规避型个体更易受到具有"可靠"性质的媒介影响从而产生媒介最大化现象。在选择评估阶段提升对商品的偏好程度（许雷平，2011）。Trudel和Murray（2011）认为规避型的消费者在选择评估阶段更看重自我花费与付出的代价，而趋近型消费者在选择评估阶段更看重产品所带来的快乐（Trudel和Murray，2011）。Hassenzahl、Schöbel和Trautmann（2008）在其研究中指出，趋近型消费者在选择评估阶段更看重产品的享乐属性，而规避型消费者更看重产品的实用属性（Hassenzahl、Schöbel和Trautmann，2008）。

⑤购买决策阶段。调节聚焦会影响消费者正在面临多种情境下的决策行为，Mourali、Böckenholt和Laroche（2007）认为，在购买决策阶段，趋近型消费者更偏向具有某种属性较为突出的选项，而规避型消费者会选择各种属性都较为折中的选项（Mourali、Böckenholt和Laroche，2007；叶楠，2013）。在此基础上，丁瑛、徐菁和张影（2012）进一步指出，在购买决策阶段，将困难归因于选择本身重要性的消费者会更倾向于选择极端选项，而将困难归因于产品各属性重要性的消费者会更倾向于选择折中选项（丁瑛、徐菁和张

影，2012）。

14.8.5.7 品牌承诺

（1）品牌承诺的定义。

品牌承诺的概念由组织承诺延伸而来，指消费者对某个品牌的忠诚，有时甚至是在满意度较低的情况下（吴剑琳、代祺和古继宝，2011）。品牌承诺衡量了消费者停留在品牌关系中的意愿，是品牌关系存续过程中的核心变量，是消费者对于品牌的信任程度以及嵌入状态（Pillai 和 Goldsmith，2008）。品牌承诺是个人对品牌选择的承诺和约束，当关系被认为是重要而且持久的时候，承诺就会产生，是不管环境是可预见还是不可预见，消费者与品牌保持长久关系的行为意图（何佳讯，2006；谢礼珊、彭家敏和张春林，2010）。

（2）品牌承诺的分类。

根据消费者对品牌承诺评价均值的高低，将品牌承诺分为高低两组（Ahluwalia、Burnkrant 和 Unnava，2000）。高消费者承诺意味着消费者与品牌之间存在较强的情感联系与停留意愿，消费者会选择性忽视对品牌不利的信息；低消费者承诺意味着消费者与品牌之间不存在强的情感联系，消费者对品牌的情感易于改变，且较易接受对品牌不利的信息（Scammon 和 Mason，1999）。在 Raman（2000）的消费服务情境下顾客承诺模型中，顾客承诺包括情感承诺、客观承诺和道德承诺（Raman，2000；何鑫，2011）；消费服务情景下顾客承诺模型将顾客承诺分为持续性承诺、情感性承诺和规范性承诺（Bansal，Irving 和 Taylor，2004；蔡玲新，2013）。

（3）品牌承诺的影响。

品牌承诺影响消费者对品牌或产品的评价。Roehm 和 Tybout（2006）认为承诺调节了竞争品牌应对策略对负面溢出效应的影响（Roehm 和 Tybout，2006）。高消费者承诺容易产生晕轮效应（Beatson、Coote 和 Rudd，2004），并产生偏向处理倾向，消费者对品牌具有高度的包容性及宽容性，当焦点品牌发生产品伤害危机后，消费者会关注竞争品牌的两类应对策略中隐含的和自己态度一致的信息并进行偏向处理（Iniesta 和 Sánchez，2002），并且会强化对品牌的评价；低消费者承诺对竞争品牌没有较强的态度偏好，不会在两类竞争策略影响品牌评价的过程中对信息进行偏向处理，较难影响消费者对品牌的评价。

14.8.5.8 产品涉入度

（1）产品涉入度的定义。

产品涉入度是指一种产品与顾客的消费需求和价值观的契合度高且在顾客心中具有重要地位，从而触发消费者的无形的动机和兴趣（Rothschild，1984；吴剑琳、代祺和古继宝，2011）。产品涉入度被定义为消费者在品牌选择过程中的动机状态（Mittal 和 Lee，1989；Zaichkowsky，1985）。消费者因素、产品因素影响产品涉入度，其中消费者因素涉及消费者需求、动机、爱好、价值观等，产品因素涉及不同品牌产品之间的区别、传递的差异化信息内容等（吴剑琳、代祺和古继宝，2011）。

（2）产品涉入度的测量。

Zaichkowsky（1985）使用四个测项来测量产品涉入度：①对我而言，这个品牌是重要的；②这个品牌与我没什么关系；③对我而言，这个品牌是意义的；④这个品牌我所需要的（Zaichkowsky，1985）。Zaichkowsky（1986）选择这四个测项的理由是，该四个测项可有效测量认知涉入，如产品感知的相关性和重要性，不涉及情感和其他成分涉入，如感知的愉快或象征价值，这样可避免与其研究中的品牌情感概念、品牌象征概念发生意义重叠；而且，以往研究证实，它们具有较好的单维性质和内部一致性（Mittal 和 Lee，1989；Mittal，1995；Zaichkowsky，1986）。

（3）产品涉入度的影响。

研究认为，产品涉入度对消费者产品属性感知差异、特定品牌偏好产生影响（Zaichkowsky，1986；

吴剑琳、代祺和古继宝，2011）。高产品涉入度的顾客，只把少量的品牌列为备选品牌，低涉入度的顾客则更倾向于接受更多关于购买的广告信息，同时也会考虑到更多的品牌。因此，产品涉入度对品牌承诺、品牌敏感均会产生正向影响（吴剑琳、代祺和古继宝，2011）。

14.8.5.9 产品类型

（1）定义及分类。

享乐型产品和实用型产品是消费者行为研究公认的一种对产品的分类，是消费者行为研究中重要的调节变量（姚卿、陈荣和段苏桓，2013）。Hirschman 和 Holbrook（1982）认为，根据产品性质的不同，实用品是以理性认知、完成某种功能或实际任务为目标导向，以维持最低生活保障所不可或缺的产品，而享乐型产品是能让人在情感和感官上获得感性的愉悦、乐趣的产品或服务（Strahilevitz，1999；姚卿、陈荣和段苏桓，2013）。郭国庆、周健明和邓诗鉴（2015）认为，实用型产品是指消费者在进行产品购买时，侧重其解决问题的实际能力和效用的一类产品；而享乐型产品侧重可引起消费者感情、亲情、愉悦等主观情感，侧重产品所带来的精神愉悦和感受（郭国庆、周健明和邓诗鉴，2015）。

（2）调节作用。

享乐型产品和实用型产品是消费者行为研究公认的一种对产品的分类，是消费者行为研究中重要的调节变量（姚卿、陈荣和段苏桓，2013；朱翊敏，2013）。例如，在消费者在购买高涉入—理性产品时，感知网站投入和声誉影响其信任意图；在购买低涉入—理性产品时，消费者依照其信任倾向进行决策（陶晓波，2011）。姚卿、陈荣和段苏桓（2013）在研究产品类型对购物冲量效应的调节作用时认为：购买享乐品更可能激发内疚感、花钱的痛苦甚至负面自我形象和高层次目标，导致理由性思维占主导，前次购买引发的应用思维定式受到削弱；相比于实用品，购买享乐品引发购物冲量效应的可能性更低（姚卿，陈荣和段苏桓，2013）。华冉冉（2013）在研究产品类型调节品牌形象对品牌态度的调节作用，认为：和享乐型产品相比，功能型产品的产品形象与品牌态度正相关。

本书通过回顾产品伤害危机、溢出效应和危机应对等相关理论，从危机特征因素、消费者因素、危机焦点企业因素、非危机企业因素、外部第三方因素等对产品伤害危机及其溢出效应的影响进行了综合的研究，梳理了产品伤害危机领域的主要研究框架，如图 14-15 所示。

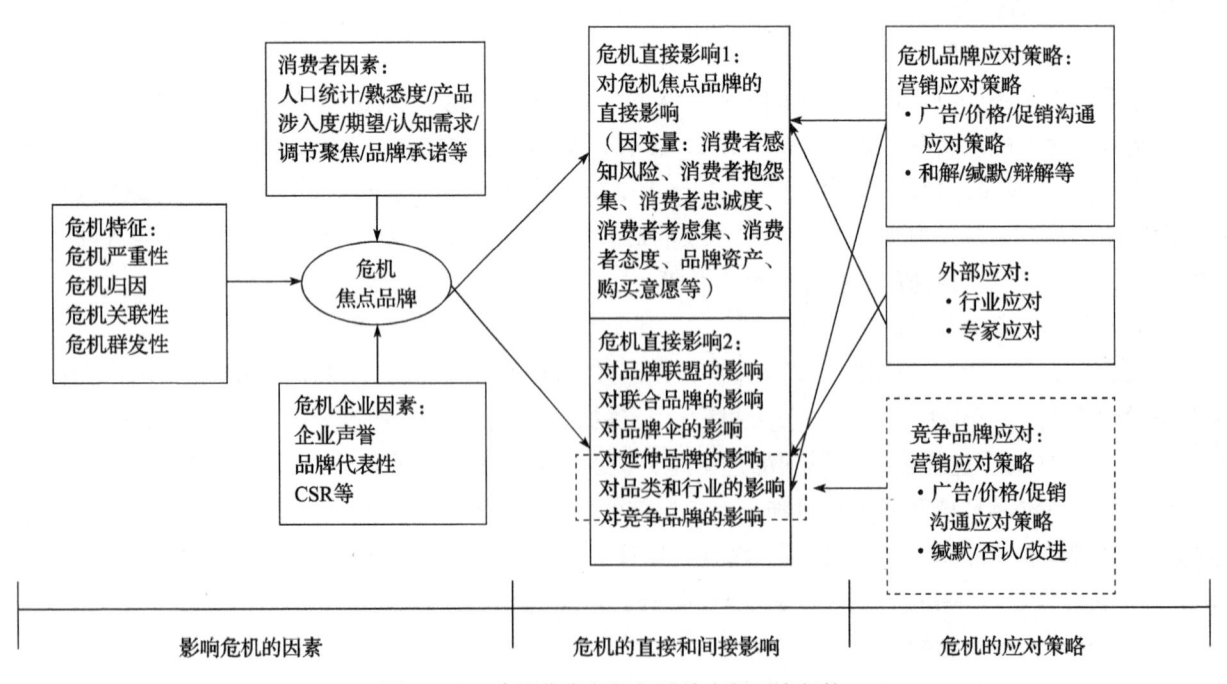

图 14-15　产品伤害危机领域的主要研究架构

首先，从危机特征看，产品伤害危机爆发，将会对危机企业乃至非危机企业产生深远影响，因危机特征的差异，危机将会对众多企业的消费者产生广泛影响，从而影响行业的竞争格局和发展。虽然很多学者基于产品伤害危机的分类来探索危机的相关特征，但由于这些危机特征之间的相互涵盖及众多类别的复杂性，很难将其所有作为预判产品伤害危机负面溢出效应的重要依据。因此，研究危机特征对溢出效应的影响，可以降低研究的干扰因素，提高研究结论的内部效度。

其次，从危机企业和消费者两个影响危机的因素看，一方面，现有研究多从企业声誉、品牌代表性和企业社会责任等角度研究危机企业因素对消费者风险感知的影响，这些影响因素多作为调节变量和控制变量，以控制危机企业因素对消费者感知的影响，降低个体感知差异，提高研究结论的有效性；另一方面，现有文献大多从人口统计、产品熟悉度、产品涉入度、消费者期望、认知需求和品牌承诺等角度研究消费者危机感知的影响，并且在以往的研究中消费者因素多作为调节变量和控制变量，但尚没有研究从消费者调节聚焦的角度来研究危机负面溢出效应的影响。

再次，从危机影响的角度看，现有产品伤害危机研究对危机直接影响的成果丰富、覆盖全面，但对危机间接影响的研究相对较少，尤其危机对竞争品牌应对策略的研究较为稀缺，研究不足。根据研究框架，产品伤害危机的影响研究主要分为两个方面：一是对危机直接影响的研究，多集中在危机对危机焦点品牌的影响和危机焦点品牌及外部第三方的应对策略；二是危机间接影响的研究，主要涉及危机对品牌联盟、联合品牌、品牌伞、延伸品牌、品类及行业的负面溢出影响研究，但危机对非危机企业竞争品牌影响的研究相对较少，特别是对非危机企业竞争品牌的溢出应对策略研究更少，且理论体系还不够完善，还有待进一步深入。

最后，从危机应对的策略看，现有研究对危机焦点品牌的应对策略和外部应对（行业应对和专家应对）的研究较多，但对竞争品牌的应对策略研究较少，存在一定的研究空间。具体来看：①对危机焦点品牌的应对策略的研究较多、覆盖面较广，重点研究了危机品牌的营销应对策略（包括广告、价格、促销等策略）和沟通应对策略（包括和解、缄默、辩解等策略），研究成果较为丰富；②对竞争品牌的应对策略研究较少，存在一定的研究不足，主要从竞争品牌的营销应对策略（包括广告、价格、促销等策略）和沟通应对策略（包括缄默、否认、改进等策略）出发，更偏重于从具体措施和策略目的的层面分析应对策略对负面溢出效应的影响，而缺乏战略高度，没有考虑到竞争品牌的应对策略战略选择，没有从战略层面保留顾客和抢占市场两个维度深入分析竞争品牌两类应对策略对溢出效应的影响，尚未识别出两大类应对策略之间分别对降低负面溢出效应的效果及其最佳应对策略。

因此，基于非危机企业竞争品牌视角，研究产品伤害危机负面溢出效应的应对策略还存在较大的机会点，尤其基于竞争品牌视角，研究竞争品牌两类应对策略对负面溢出效应的影响，不仅可以丰富产品伤害危机及溢出效应的相关理论，还可以对产品伤害危机中的非危机企业沟通战略的制订具有重要的指导价值。

14.8.6 研究模型与假设

14.8.6.1 理论基础

调节聚焦理论是近年来理论研究的热点，该理论认为人类行动存在两种固有倾向，一种倾向是趋近型（Promotion）的调节聚焦倾向，另一种是预防型（Prevention）的调节聚焦倾向。两种类型的调节聚焦倾向分别对应两种类型的需要，趋近型的调节聚焦对应进取的需要（Advancement Needs），更关注通过争取而达到的正面效果；规避型的调节聚焦对应安全的需要（Security Needs），更关注通过规避而避免负面效果（Higgins，1997）。相较而言，趋近型调节聚焦的个体更关注自我实现层面的事物，对于理想、志向、成绩、能力等"进取"词汇具有更积极的态度，而规避型调节聚焦的个体更关注安全层面的事物，对于稳定、保护、照顾等"保守"具有更强烈的反应。Idson、Liberman和Higgins（2000）指出，趋近型消费者的聚焦过程是分步骤的，趋近型消费者面对外界刺激时第一个聚焦重点是"争取无损失"，其次是"争取获得",而规避型消费者面对外界刺激时第一个聚焦重点是"避免损失",其次是"避免无获得",趋近型与规避型消费者的聚焦重点均呈现出递进的状态(Idson,Liberman和Higgins,2000)。

此外,学者们发现不同类型调节聚焦信息主要通过调节关联和调节匹配效应引起消费者心理体验的微妙变化,进而影响消费者的态度和行为。当外界信息包含有调节聚焦关联信息时,个体往往会有一种"自然的"匹配(Natural Fit)感觉,这种匹配被称为"调节关联"(Regulatory Relevance)(Aaker和Lee,2006;叶楠,2013)。当信息类型与消费者调节聚焦类型一致时,消费者更容易接受该信息,并采取一致的行动与策略(Avnet和Higgins,2006)。Higgins(1997)提出了调节匹配理论,他认为两类调节聚焦消费者的需求不一致,某类目标趋近策略可能支持一类调节聚焦消费者的需求,而不支持另一类调节聚焦消费者的需求,两类目标趋近策略对两类调节聚焦消费者的影响将会截然不同,当目标趋近策略与调节聚焦类型匹配时,人们追求目标的动机将会大大增强,情感体验也会更加强烈,当目标趋近策略与调节聚焦类型不匹配时,人们将会趋向保守,追求稳定与安全(Higgins,1997;叶楠,2013)。调节关联与调节匹配既有相似之处,也有不同之处,相似之处在于关联与匹配均描述了策略与需求或属性相对应时,营销效果或说服效果将会大大提升,不同之处在于调节关联为信息内容与个体调节需求寻求一致,而调节匹配为目标趋近策略与调节聚焦类型寻求一致(Aaker和Lee,2006;叶楠,2013)。

根据调节聚焦理论,面对产品伤害危机的负面溢出风险,趋近型调节聚焦倾向和规避型调节聚焦倾向的消费者的需求并不一致,采取某一类目标趋近策略可能只能支持其中一类调节聚焦消费者的需求(Higgins,1997;叶楠,2013)。由于不同目标趋近策略对两类调节聚焦倾向的消费者的影响截然不同,所以,当目标趋近策略与调节聚焦类型匹配时,消费者追求目标的动机将会大大增强,情感体验也会更加强烈,当目标趋近策略与调节聚焦类型不匹配时,人们将会趋向保守,追求稳定与安全(Higgins,1997;叶楠,2013)。Joseph、Heidi和E Tory(2004)从消费者感知价值的角度对信息聚焦重点进行了研究,发现对于趋近型消费者来说,信息聚焦的重点在于其自身有偏好和动力来完成特定行为,对于规避型消费者来说,信息聚焦的重点在于为了维系自我感知价值而采取的一系列规避措施(Joseph、Heidi和E Tory,2004)。因此,在应对危机负面溢出效应的过程中,作为非危机企业的竞争品牌,一方面要选择恰当的目标趋近策略与消费者的调节聚焦类型相匹配;另一方面,则要采取恰当的应对策略信息聚焦重点来影响消费者的态度和行为。以上调节聚焦理论的相关内容构成了本书的理论基础。

14.8.6.2 研究模型

"城门失火,殃及池鱼",作为非危机企业的竞争品牌究竟该如何应对危机负面溢出效应的影响,这已成为众多企业关注的问题。危机发生以后,作为非危机企业,首先关心的是危机事件带来的负面溢出影响到底有多大,其次是伴随负面溢出效应的发生是否还存在着一定的机会,最后是如何通过努力把握住机会规避风险降低危机负面溢出。基于非危机企业视角,根据调节聚焦理论的相关研究,遵循发现问题解决问题的逻辑,本书综合调节变量(策略条件)、自变量(应对策略)和因变量(策略效果)提出如下研究模型(如图14-16所示)。

首先,产品伤害危机爆发,将会对危机企业乃至非危机企业产生深远影响,因危机特征的差异,危机将会对众多企业的消费者产生广泛影响,从而影响行业的竞争格局和发展。虽然很多学者基于产品伤害危机的分类来探索危机的相关特征,但由于这些危机特征之间的相互涵盖以及众多类别的复杂性,很难将其所有作为预判产品伤害危机负面溢出效应的重要依据。阎俊和佘秋玲(2010)运用扎根理论对负面事件网评进行分析,提出了"负面刺激—情感反应—抵制意向"的机制模型,发现负面事件包含事件严重性、事件归因、事件群发性和事件关联性4个维度(阎俊和佘秋玲,2010),比较全面地概括了产品伤害危机的四个关键特征。基于非危机企业视角,考虑到群发性危机的波及面更广,焦点企业危机可能演变为一场行业危机，非危机企业应对的难度和要求进一步增大，因此，本书重点从危机严重性、危机责任归因和危机关联性三个重要特征变量进行危机负面溢出效应的研究，通过此三个变量，可以为非危机企业的竞争品牌快速对焦点品牌的危机负面溢出影响做出预判。由于确定危机特征是正确应对危机负面溢出的前提，所以准确地掌握焦点品牌的危机特征将会对竞争品牌采取的危机负面溢出应对策略产生重要的影响。

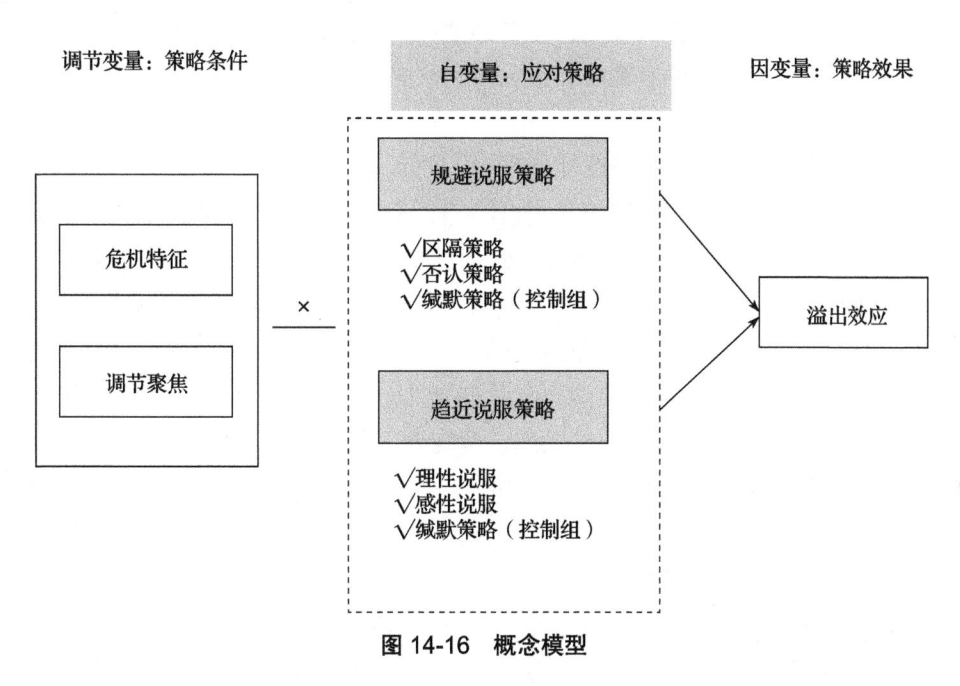

图 14-16 概念模型

其次，根据调节聚焦理论，非危机企业的竞争品牌只有采取与消费者调节聚焦倾向一致的目标趋近策略才能实现调节匹配。此时，消费者追求目标的动机将会大大增强，情感体验也会更加强烈，当目标趋近策略与调节聚焦类型不匹配时，消费者将会趋向保守，追求稳定与安全（Higgins，1997；叶楠，2013）。由于消费者自身的调节聚焦类型将会影响其消费意愿，因此，趋近型消费者倾向于使用"进攻"导向的目标趋近策略，而规避型消费者倾向于使用"防守"导向的目标趋近策略（Avnet 和 Higgins，2006）。针对目标趋近策略，Iyer 和 Soberman（2000）认为营销战略可被分为保留模式（Retention Modification）和竞争模式（Conquesting Modification）两类，保留模式意味着该种模式的目的是保持对企业忠诚顾客的持续吸引，竞争模式意味着该种模式的目的是尽可能地吸引竞争品牌的顾客（Iyer 和 Soberman，2000），即"防守"导向和"进攻"导向。说服理论是指在被说服者能够自由抉择的情况下，说服者通过沟通传递信息而成功影响被说服者心理状态的一种主观努力行为（O'Keefe，1990；姚琦，2010；姚琦和黄静，2011），说服作为一种影响方法，首先要改变消费者的信念和知识，即态度系统的认知成分，所呈现的说服性信息旨在改变信念（津巴多，2007）。因此，基于调节聚焦理论、说服理论和营销模式分类，本书将危机负面溢出效应的应对策略分为规避型说服应对策略和趋近型说服应对策略两大类。

再次，Aaker 和 Lee（2006）认为，当产品提供商的营销信息包含与趋近型聚焦目标有关联的要素时，即强调产品的积极性能或享乐属性时，对趋近型聚焦的个体说服效果更好；反之，当营销信息中强调避免消极结果的出现或强调实用等规避型聚焦相关的要素时，对规避型聚焦的个体说服效果更好（Aaker 和 Lee，2006；叶楠，2013）。相关研究还发现，规避型消费者独立思考能力较弱，对信息的深度挖掘能力不足，信息搜集能力与认知能力不强（Friedman 和 Förster，2002），更加聚焦于与产品有关的信息，对商品价格以及促销信息的变化更加敏感，更加关注产品的安全以及实用属性，如产品的售后服务等

(Safer，1998）。Pham 和 Avnet（2004）、Pham 等（2005）认为规避型消费者搭建考虑集的原则是"躲避"（Avoidance）（Pham 和 Avnet，2004；Pham 等，2005）。因此，针对与规避型调节聚焦倾向消费者一致的规避型目标趋近策略——规避型说服策略，本书基于危机溢出应对策略 Roehm 和 Tybout（2006）关于否认策略和缄默策略，以及余伟萍、张啸和段桂敏（2015）关于改进策略、否认策略和缄默策略的研究，结合现实产品伤害危机案例提出了"区隔策略"，即从产品属性将非危机企业与危机焦点企业在产品安全和实用属性上进行隔离。由于"否认策略"也是强调产品安全和实用属性的差异，因此，本书一并将区隔策略和否认策略均归为规避型说服策略，进而探讨规避型说服策略对产品伤害危机负面溢出效应的影响。

最后，当调节聚焦类型与信息处理策略相匹配时，消费者会感觉到信息处理过程更加流畅，从而更容易形成消费意愿，当产品提供商的营销信息包含与趋近型聚焦目标有关联的要素时，即强调产品的积极性能或享乐属性时，对趋近型聚焦的个体说服效果更好（Aaker 和 Lee，2006；叶楠，2013）。Pham 和 Avnet（2004）、Pham 等（2005）认为趋近型消费者搭建考虑集的原则是"追求"（Approach）（Pham 和 Avnet，2004；Pham 等，2005）。与规避型消费者相反，趋近型消费者独立思考能力更强，对信息的深度挖掘能力更强，具有较强的信息搜集能力与认知能力，善于深层次地对信息进行加工并进行联系（Friedman 和 Förster，2002）。Safer（1998）发现，两类调节聚焦消费者对产品属性的关注重点不一致，趋近型消费者的注意力较易被享乐属性所吸引，如产品的高端配置、升级可行性、赠品类型等（Safer，1998）。趋近型消费者更加关注与产品相关但又不直接联系的信息的变化，如产品品牌、制造商、代言人等信息的变化，这是因为趋近型消费者对处理相关信息（不是直接的购买信息）更加擅长，更易于从相关信息进行推导而得出最终的购买结论。因此，针对与趋近型调节聚焦倾向消费者一致的趋近型目标趋近策略——趋近型说服策略，本书基于广告诉求策略的研究，提出理性说服策略和感性说服策略，进而探讨趋近型说服策略对产品伤害危机负面溢出效应的影响。

14.8.6.3 研究假设

就溢出效应而言，先前的研究通常从竞争品牌的态度和信念（Roehm 和 Tybout，2006）、品类信念（Roehm 和 Tybout，2006）、联合品牌的态度（王海忠、田阳和胡俊华，2010），以及产品属性的态度和信任（Ahluwalia、Unnava 和 Burnkrant，2001；Dahlen 和 Lange，2006）来定义溢出效应。本书以消费者对品类或竞争品牌的态度和购买意愿的变化为因变量来研究负面溢出效应。根据理论基础和研究模型，本书从以下部分展开研究假设。

（1）产品伤害危机特征对危机负面溢出效应的影响。

由于确定危机特征是正确应对危机负面溢出的前提，所以，准确地掌握焦点品牌的危机特征将会对竞争品牌采取的危机负面溢出应对策略产生重要的影响。本书重点从危机严重性、危机责任归因和危机关联性三个重要特征变量进行危机负面溢出效应的研究，通过此三个变量，可以为非危机企业的竞争品牌快速对焦点品牌的危机负面溢出影响做出预判。

①危机严重性的影响。在产品伤害危机的研究中，危机严重性是一个重要特征，其被定义为消费者由于产品失败福利的减少（Su 和 Tippins，1998）。阎俊和佘秋玲（2010）认为，危机严重性是事件造成伤害的严重性、持久性以及事件性质的恶劣性（阎俊和佘秋玲，2010）。Coombs（1998）按财产损失数额和人员伤亡程度将危机分为轻微和严重两级（Coombs，1998；余伟萍、张琦和段桂敏，2012）；Park（2008）根据危机对消费者的伤害程度和影响时间将危机分为低、中、高三类（Park、Conca 和 Finger，2008）。本书借鉴 Coombs（1998），余伟萍、张琦和段桂敏（2012）的研究将产品伤害危机按程度划分为危机严重性低和危机严重性高两种。Siomkos 等（2010）发现，产品伤害危机的严重程度不仅会影响焦点企业消费者的购买意愿，还会影响竞争品牌的购买意愿（Siomkos 等，2010；汪兴东、景奉杰和涂铭，

2012；余伟萍、张琦和段桂敏，2012）。依据消费者风险规避理论，危机越严重，感知危险越高，消费者会努力去降低感知危险。在溢出效应研究中，Roehm 和 Tybout（2006）也指出，当品牌丑闻比较严重时，品牌丑闻更容易向竞争品牌溢出（Roehm 和 Tybout，2006）。结合以上研究，我们推测，在产品伤害危机对品类的溢出效应中也存在类似现象。据此，我们得出假设 H1。

H1：在产品伤害危机中，危机严重性越大，危机对竞争品牌的负面溢出效应就越强。

②危机归因的影响。危机归因是指消费者对事件责任方的判定，即主要责任归因于企业或是归因于外部第三方（阎俊和佘秋玲，2010）。产品伤害危机发生后，消费者会进行事件归因（Lei、Dawar 和 Gürhan-Canli，2012）。依据负面信息理论（Brown 和 Dacin，1997），对负面信息的归因差异，会引起消费者未来购买意愿的降低（Folkes，1988）。根据可接近—可诊断理论，关于品类态度，当外部第三方承担了危机责任，消费者将会认识到危机事件对品类的诊断性降低了，这不仅降低了错误点的不确定性，而且还暗含其他企业并不承担责任。Cleeren、Heerde 和 Dekimpe（2013）认为，一个行业成员承担责任比相对于第三方（或外部成员）犯错更严重，因为这会暗示行业管理在阻止问题发生方面存在漏洞（Cleeren、Heerde 和 Dekimpe，2013）。基于以上分析，我们推测，在产品伤害危机对竞争品牌的负面溢出效应中也存在类似现象。据此，我们得出假设 H2。

H2：在产品伤害危机中，当消费者将危机责任归因为焦点企业，与归因为外部第三方相比，产品伤害危机对竞争品牌的负面溢出效应更强。

③危机归因的调节作用。Jorgensen（1996）研究发现，越是内部归因的危机，焦点企业越是会被认为有责任（Jorgensen，1996）。Robbennolt（2000）认为，当一个事故源于更严重的结果，更多的谴责将会被事故的观察者归咎给事故的潜在责任方（Robbennolt，2000）。Lee（2004）研究发现，与阅读不太严重的企业危机的个体相比，阅读更严重企业危机的个体会判断企业对于危机有更多的责任，且危机越严重，受众更多的个人介入和关切被唤起，这进一步导致对企业责任更多的归因（Lee，2004）。基于以上分析，我们推测，危机归因将会调节危机严重性对竞争品牌负面溢出效应的影响。据此，我们得出假设 H3。

H3：在产品伤害危机中，消费者对危机责任的归因，将会调节危机严重性对竞争品牌负面溢出效应的影响。

④危机关联性的影响。品牌负面事件的关联性是消费者品牌抵制的最主要触发因素之一，触发愤怒、失望和厌恶等负面情绪的产生，从而导致消费者抵制（佘秋玲，2010）。阎俊和佘秋玲（2010）认为关联性是指所发生的事件与个别消费者的相关性主要包括两个方面：一是与该企业的关联程度，二是与该事件所涉及当事人的关联程度；当负面事件与自己的关联性更大时负面情感会更加强烈。对于关联性不大的事件消费者的关注度会比较低，也不会造成强烈的情感反应和负面形象感知（阎俊和佘秋玲，2010）。阎骏和佘秋玲（2010）提出的危机关联性强调消费者与危机事件的关联程度。由于消费者关心和自己关联程度高的事件信息、产品信息或企业信息，而这种信息关联性越高，其对危机事件的信息涉入度就越高。消费者就会在对危机信息注意、理解和精细加工的程度有所差异（Ahluwalia、Unnava 和 Burnkrant，2001），对危机讯息的注意程度和处理方式也会不同。所以，当信息关联性较高时，消费者对危机事件更加关注，对相关信息也会更敏感、更挑剔、更缺乏信任感和安全感，更容易把这种负面效应延伸到其他企业（费显政、李陈微和周舒华，2010；王方，2013）。即高危机关联水平的消费者更容易把危机事件视为一种普遍现象，将其延伸至整个品类或行业，从而产生溢出效应。因此，我们推出假设 H4。

H4：产品伤害危机中，危机关联性越高，危机对竞争品牌的负面溢出效应的影响就越强。

⑤危机关联性的调节作用。消费者与产品伤害危机之间的关联，对消费者的危机感知有着重要影响。产品伤害危机危害性的判断不是绝对的、客观的认知，它具有相当大的主观性和个体差异性（王新

宇，2013）。通常情况下，危机严重性越高，消费者会给予危机更多的注意力，受众更多的个人介入和关切被唤起（Lee，2004）。鉴于消费者对危机相关的负面信息无论在信息处理的内容上还是在信息处理的程度上均存在显著差别，那么，危机关联水平低的消费者会较少注意、理解和精细加工危机信息，同时会比较感性、主观地对待危机信息并最小化身体和心理的付出，而危机关联水平高的消费者则会高度注意、理解和精细加工危机信息，并对信息本身更加理性和客观（Quester和Lim，2003；陆卫平，2012）。在上述过程中，危机关联性就可能会产生调节作用。由此，得出假设H5。

H5：在产品伤害危机中，危机关联性将会调节危机严重性对竞争品牌负面溢出效应的影响。

（2）竞争品牌两大类应对策略对危机负面溢出效应的影响。

根据调节聚焦理论，针对目标趋近策略，Iyer和Soberman（2000）认为营销战略可被分为保留模式（Retention Modification）和竞争模式（Conquesting Modification）两类，保留模式意味着该种模式的目的是保持对企业忠诚顾客的持续吸引，竞争模式意味着该种模式的目的是尽可能吸引竞争品牌的顾客（Iyer和Soberman，2000）。说服理论是指在被说服者能够自由抉择的情况下，说服者通过沟通传递信息而成功影响被说服者心理状态的一种主观努力行为（O'Keefe，1990；姚琦，2010；姚琦和黄静，2011），说服作为一种影响方法，首先要改变消费者的信念和知识，即态度系统的认知成分，所呈现的说服性信息旨在改变信念（津巴多，2007）。因此，基于调节聚焦理论、说服理论和营销模式的分类，本书将危机负面溢出效应的应对策略分为规避型应对策略和趋近型说服策略应对两大类，为非危机企业的焦点品牌选择"明哲保身"还是"趁火打劫"提供了决策标准。

①趋近型调节聚焦的调节作用。趋近型调节聚焦意味着消费者受到外界刺激时会倾向于使用"进攻"导向的回应策略，更多考虑使用"进攻"策略所带来的收益与利益，具有"进攻"的思维定式（Higgins，1997）。趋近型消费者关注通过争取而达到的正面效果，追求利益与快乐，强调实现自我理想，并期待快乐与刺激（Ku等，2012）。当焦点品牌发生产品伤害危机后，竞争品牌所采用的趋近型策略强调通过竞争的行为与策略获取焦点品牌的市场份额，其策略导向与趋近型消费者的"思维定式"相符合；规避策略强调通过规避的行为与策略避免自身的损失。根据选择性注意（Selective Attention）理论，与先前态度一致的信息的说服力要明显强于与先前态度不一致的信息（Lavie，1995），趋近策略与趋近型消费者的先前态度相一致，因此，趋近型消费者对于竞争品牌的趋近型策略的评价会高于规避型策略。据此，本书提出假设H6。

H6：焦点品牌发生产品伤害危机后，竞争品牌采取趋近型策略比规避型策略更容易提升趋近型消费者对竞争品牌的正面评价。

②规避型调节聚焦的调节作用。规避型调节聚焦意味着消费者受到外界刺激时会倾向于使用"防守"导向的回应策略，更多考虑运用"防守"策略来规避风险与损失，具有"防守"的思维定势（Pham和Avnet，2004）。预防型消费者关注通过规避而避免负面效果，强调避免损失与痛苦，期待平静与安全（杨洋、方正和江明华，2015）。当焦点品牌发生产品伤害危机后，竞争品牌所采用的规避型策略强调通过规避的行为与策略避免自身市场份额的损失，其策略导向与预防型消费者的"思维定式"相符合。有学者证实，当信息类型与消费者调节聚焦类型一致时，信息加工更流畅，消费者评价更高（Avnet和Higgins，2006；彭璐珞、孙鲁平和彭泗清，2012）。因此，预防型消费者对于竞争品牌的规避型策略的评价会高于趋近型策略。据此，本书提出假设H7。

H7：焦点品牌发生产品伤害危机后，竞争品牌采取规避型策略比趋近型策略更容易降低预防型消费者对竞争品牌的负面评价。

③调节聚焦的调节作用。对于消费者调节聚焦对竞争品牌评价造成的影响，可以用"双刃剑效应"（Kim等，2004）予以解释。一方面，消费者调节聚集类型与两类策略类型不匹配时会导致矛盾态度，即

消费者期望竞争品牌采取的策略与竞争品牌实际采取的策略不符，进而导致认知失调（王大海、姚唐和姚飞，2015），无法降低消费者对竞争品牌的负面评价；另一方面，消费者调节聚焦类型与两类策略类型匹配时会造成选择性注意，先前与消费者态度一致的信息说服力要强于与消费者态度不一致的信息，从而降低消费者对竞争品牌的负面评价。综上所述，本书得出假设H8。

H8：在两类应对策略影响负面溢出效应的过程中，调节聚焦调节了两类应对策略对负面溢出效应的影响。

④品牌承诺的调节作用。

品牌承诺衡量了消费者停留在品牌关系中的意愿，是品牌关系存续过程中的核心变量，是消费者对于品牌的信任程度以及嵌入状态（Pillai和Goldsmith，2008）。高品牌承诺意味着消费者与品牌之间存在较强的情感联系与停留意愿，消费者会选择性忽视对品牌不利的信息；低品牌承诺意味着消费者与品牌之间不存在强的情感联系，消费者对品牌的情感易于改变，且较易接受对品牌不利的信息（Scammon和Mason，1999）。高品牌承诺容易产生晕轮效应（Beatson、Coote和Rudd，2004），并产生偏向处理倾向，消费者对品牌具有高度的包容性以及宽容性，当焦点品牌发生产品伤害危机后，消费者会关注竞争品牌的两类应对策略中隐含的和自己态度一致的信息并进行偏向处理（Iniesta和Sánchez，2002），并且会强化对品牌的评价；低品牌承诺对竞争品牌没有较强的态度偏好，不会在两类竞争策略影响品牌评价的过程中对信息进行偏向处理，较难影响消费者对品牌的评价。在上述过程中，品牌承诺可能会产生调节作用。据此，本书得出假设H9。

H9：焦点品牌发生产品伤害危机后，消费者对竞争品牌的承诺会调节两类应对策略和调节聚焦对负面溢出效应的影响。

（3）竞争品牌规避型说服策略对危机负面溢出效应的影响。

针对与规避型调节聚焦倾向消费者一致的规避型目标趋近策略——规避型说服策略，本书基于危机溢出应对策略Roehm和Tybout（2006）关于否认策略和缄默策略，以及余伟萍、张啸和段桂敏（2015）关于改进策略、否认策略和缄默策略的研究，结合现实产品伤害危机案例提出了"区隔策略"，即从产品属性将非危机企业与危机焦点企业在产品安全和实用属性上进行隔离。由于"否认策略"也是强调产品安全和实用属性的差异，因此，本书一并将区隔策略和否认策略均归为规避型说服策略，进而探讨规避型说服策略对产品伤害危机负面溢出效应的影响。结合缄默（控制组），本书将危机负面溢出效应的规避型说服策略可分为缄默、否认和区隔三类。这三种策略可能会在不同程度上影响顾客对竞争品牌的态度和购买意愿，进而影响负面溢出效应，具体分析如下。

①缄默和否认策略的影响。产品伤害危机发生后，同一品类危机焦点品牌的竞争品牌为了免受危机负面溢出的影响，可能会通过声明"不存在危机焦点品牌的相关属性"或"不存在危机卷入品牌的相关行为"予以否认。依据信息性原则，沟通时要向信息接收者传达其不知道的信息。因此，危机发生后，相对于缄默策略，否认策略在内容上更具信息性和更容易被接受。Feldman和Lynch（1988）认为，竞争品牌公开信息对判断竞争品牌的实际可接近性具有诊断性，这将会让消费者降低基于丑闻品牌信息做出推断的动机（Feldman和Lynch，1988；王晓玉，2012）。

Roehm和Tybout（2006）认为，当品牌丑闻发生时，如果消费者认为竞争品牌存在类似问题，则竞争品牌使用否认策略能起到提升消费者对其评价的作用，因为竞争品牌的否认策略具有诊断性，会对消费者已经形成的怀疑起到矫正作用；而如果消费者认为竞争品牌没有问题，否认策略反而会降低对竞争品牌的评价，因为消费者会怀疑竞争品牌的否认策略隐含着其产品存在问题的可能性（Roehm和Tybout，2006；王晓玉，2012）。基于以上分析，本书仅考虑出现负面溢出效应的情况，我们推出假设10a。

H10a：产品伤害危机发生后，在竞争品牌所采取的规避型应对策略中，否认策略降低负面溢出的效果比缄默策略更好。

②否认和区隔策略的影响。由于新颖和意外的信息比预期的信息具有更高的可诊断性（Fiske，1980；Skowronski和Carlston，1989），因此，相对于否认信息，危机区隔信息的显著性会导致更多的注意力，并使它在评价上具有更多的影响力。此外，根据信息经济学的信号理论，产品伤害危机中竞争品牌和消费者之间存在信息不对称现象，竞争品牌拥有自己企业产品质量水平的真实信息，而消费者则不具备，这种情况下竞争品牌需要采用恰当的信号来传递这方面的信息。如果该信号容易被模仿，这种信号的作用会很有限（费显政、李陈微和周舒华，2010），如仅通过媒体发表声明否认自己存在相关问题，由于否认策略是危机应对时比较常用的策略，其可信度就会降低，效果也会较差。因此，只有结合竞争品牌企业实际情况采取模仿者难以效仿的方式，如进行产品属性的区隔、强调自身产品的差异性等，才能对消费者发出更为积极可信的信号。基于此推出假设H10b。

H10b：在产品伤害危机中，在竞争品牌所采取的规避型策略中区隔策略低负面溢出的效果比否认策略更好。

综合H10a、H10b的分析，我们提出假设H10。

H10：在产品伤害危机中，就降低危机焦点品牌对竞争品牌的负面溢出效应而言，最优的是区隔策略，其次是否认策略，最差的是缄默策略。

③品牌承诺的影响。承诺被定义为对一个品牌的"心理黏度"，是消费者在情感上和心理上对品牌的依赖，以及与品牌保持长期互动关系的愿望（Ahluwalia、Burnkrant和Unnava，2000）。承诺会使一个人产生防御动机的状态（Eagly等，1995），而这种防御动机能够培育人们对威胁个人态度信息的选择性认知处理（Chaiken、Liberman和Akava等，1989；Pomerantz、Chaiken和Tordesillas，1995）。Kruglanski和Webster（1996）发现，高承诺的消费者和品牌间存在强烈的情感依附关系和态度保护倾向，在面对与自己态度不一致的信息时会产生较高的认知闭合需求（Kruglanski和Webster，1996）。Ahluwalia、Burnkrant和Unnava（2000）也发现，在面对负面信息时高品牌承诺的消费者会产生抗辩心理，并可能拒绝接受危机对自身态度的影响，因此，负面信息对高承诺消费者的可诊断性较低，危机事件不易对该品牌产生负面溢出效应；反之，由于低承诺的消费者没有强烈的品牌态度偏好，在评价负面信息时会比较客观，此时负面信息可诊断性较高，危机事件容易对该品牌产生负面溢出效应（Ahluwalia、Burnkrant和Unnava，2000；程娉婷，2011）。基于以上分析，我们推出假设H11。

H11：在产品伤害危机中，消费者的品牌承诺越低，产品伤害危机的负面溢出效应越强。

④品牌承诺的调节作用。承诺的消费者对与自己态度不一致的负面信息具有较低的感知诊断性（Ahluwalia、Burnkrant和Unnava，2000），他们能够区隔对目标属性产生联系的负面信息，并阻止其向其他相关属性溢出。当人们熟悉目标物时，他们会用最初的态度以期来指导新信息的处理（Petty和Cacioppo，1986）。相对于与自己态度不一致的信息，人们往往对自己态度一致的信息给予更多的关注，他们会欣然接受态度一致的信息并比态度不一致的信息感知更多的说服性，并表现出一种偏见处理的倾向（Edwards和Smith，1996）。基于此，本书推测，如果消费者对竞争品牌的承诺较高，消费者就会更关注企业应对策略中隐含的和自己态度一致的信息并采取偏见的处理倾向；如果消费者对竞争品牌没有强烈的态度偏好，即承诺较低时，就会对竞争企业的应对策略表现出客观的信息处理倾向。在上述过程中，就可能会产生调节作用。由此，我们推出假设H12。

H12：在产品伤害危机中，消费者的竞争品牌承诺在竞争品牌应对策略对危机负面溢出效应的影响中起到了调节作用。

（4）竞争品牌趋近型说服策略对危机负面溢出效应的影响。

针对与趋近型调节聚焦倾向消费者一致的趋近型目标趋近策略——趋近型说服策略，本书基于广告诉求策略的研究，提出理性说服策略和感性说服策略，进而探讨趋近型说服策略对产品伤害危机负面溢出效应的影响。

①趋近型说服策略的影响。说服策略是指说服者通过正确沟通信息的方法，以成功影响被说服者心理状态的一种主观行为（黄静等，2012）。本书的研究主要依据广告诉求方式不同将竞争企业为降低负面溢出效应进行的说服策略——趋近型应对策略分为理性说服策略、感性说服策略和缄默策略。一方面，理性说服策略是有助于强化消费者的传递产品功能、质量、产品成分和性价比等功能和特性，以引导消费者产品购买行为的一种说服策略，它可以使企业为消费者提供更多的产品功能、利益信息，可以增强消费者对其产品的购买意愿和态度。在危机发生后，竞争企业通过广告等措施传递本企业产品的功能成分、质量、性价比等信息，引导消费者更积极地看待本企业的产品，并减缓消费者对其产品的购买意愿的降低，以降低负面溢出效应，比没有采取任何行动的缄默策略更能缓解品牌态度和购买意愿的下降，故其降低负面溢出效应的效果比没有采取任何行动的缄默策略的更好。另一方面，感性说服策略是指通过广告等措施突出产品对消费者的情感效用，以满足情感诉求为立足点的一种说服策略，它可以唤起消费者的情感应对，加强消费者对其产品的记忆，最终使产品获得更多的购买意愿和行为。在危机发生后，竞争企业通过广告等措施突出产品对消费者的情感效用，传递产品的精神属性，减缓消费者的品牌态度下降，并减缓消费者对其产品的购买意愿的降低，以降低负面溢出效应，比没有采取任何行动的缄默策略更能缓解品牌态度和购买意愿的下降，故其降低负面溢出效应的效果比没有采取任何行动的缄默策略的更好。

综上，本书得出假设13。

H13：就降低负面溢出效应的效果而言，竞争品牌的趋近型应对策略中理性说服策略和感性说服策略的效果都优于缄默策略的效果。

H13a：就降低负面溢出效应的效果而言，竞争品牌的理性说服策略的效果都优于缄默策略的效果。

H13b：就降低负面溢出效应的效果而言，竞争品牌的感性说服策略的效果都优于缄默策略的效果。

②产品类型的调节作用。享乐型产品和实用型产品是消费者行为研究公认的一种对产品的分类，是消费者行为研究中重要的调节变量（姚卿、陈荣和段苏桓，2013）。Hirschman和Holbrook（1982）认为，根据产品性质的不同，实用品是以理性认知、完成某种功能或实际任务为目标导向，以维持最低生活保障所不可或缺的产品，而享乐型产品是能让人在情感和感官上获得感性的愉悦、乐趣的产品或服务（Strahilevitz，1999；姚卿、陈荣和段苏桓，2013）。郭国庆、周健明和邓诗鉴（2015）指出，产品类型调节了广告诉求对购买意愿的影响，并认为实用型产品主张消费者选购该类产品时主要看中产品解决问题的实际能力和功用；而享乐型产品一般能够引起消费者感情、愉悦、舒适等主观意识，侧重产品所带来的精神体验和感受（郭国庆、周健明和邓诗鉴，2015）。趋近型应对策略意味着消费者受到广告等外界刺激时会倾向于使用"进攻"导向的回应策略，更多地使用"进攻"策略以获取收益与利益（Higgins，1997）。当焦点品牌发生产品伤害危机后，竞争品牌所采用的趋近型应对策略强调通过竞争的行为与策略获取焦点品牌的市场份额。因此，在产品伤害危机溢出效应发生后，与购买享乐型产品相比，顾客在购买实用型产品时，其内在思维过程更为理性，而竞争企业采用理性说服策略时，所传递的信息能够更加清晰地表述产品所欲传递的核心功能和利益，并符合顾客对实用型产品购买的理性逻辑（郭国庆、周健明和邓诗鉴，2015），传递产品的功能属性和利益与实用型产品的产品性质匹配度较高，其作为生活必需品，比感性说服策略和缄默策略更容易缓解品牌态度的下降和引发消费者产生购买意愿，从而缓解负面溢出效应；反之，与购买实用型产品相比，顾客购买享乐型产品，其决策过程更趋向感性，选购产

品侧重于产品带来的情感体验、精神愉悦感和乐趣,故竞争企业通过感性说服策略突出产品对消费者的情感效用,传递产品的精神属性与享乐型产品的产品性质匹配度较高,减缓消费者对其产品的品牌态度恶化,并减缓消费者对其产品的购买意愿的降低,以降低负面溢出效应,比理性说服策略和缄默策略更能缓解品牌态度和购买意愿的下降,故其降低负面溢出效应的效果比没有采取任何行动的缄默策略更好。据此,本书提出假设H14。

H14:在危机负面溢出效应的应对中,产品类型调节了竞争品牌趋近型应对策略对负面溢出效应的影响。

H14a:对实用型产品有效降低危机负面溢出效应而言,竞争品牌采取理性说服策略优于感性说服策略。

H14b:对享乐型产品有效降低危机负面溢出效应而言,竞争品牌采取感性说服策略优于理性说服策略。

③品牌承诺的调节作用。承诺是消费者在情感、心理上对品牌的依赖,以及与品牌保持长期互动关系的愿望(Ahluwalia、Burnkrant和Unnava,2000;Raju、Unnava和Montgomery,2009)。它会使一个人产生防御动机的状态,而这种防御动机能够培育人们对威胁个人态度信息的选择性认知处理(Chaiken、Liberman、Akava等,1989;Pomerantz、Chaiken和Tordesillas,1995)。Kruglanski和Webster(1996)发现,高承诺的消费者和品牌间存在强烈的情感依附关系和态度保护倾向,在面对与自己态度不一致的信息时会产生较高的认知闭合需求(Kruglanski和Webster,1996)。品牌承诺衡量了消费者停留在品牌关系中的意愿,是品牌关系存续过程中的核心变量,是消费者对于品牌的信任程度以及嵌入状态(Pillai和Goldsmith,2008)。高品牌承诺意味着消费者与品牌之间存在较强的情感联系与停留意愿(Strahilevitz和Meyers,1994),消费者会选择性忽视对品牌不利的信息;低品牌承诺意味着消费者与品牌之间不存在强的情感联系,消费者对品牌的情感易于改变,且较易接受对品牌不利的信息(Scammon和Mason,1999)。高品牌承诺容易产生晕轮效应(Beatson、Coote和Rudd,2004),并产生偏向处理倾向,消费者对品牌具有高度的包容性及宽容性,当焦点品牌发生产品伤害危机后,消费者会关注竞争品牌的趋近型应对策略中隐含的和自己态度一致的信息并进行偏向处理(Iniesta和Sánchez,2002),并且会强化对品牌的评价;低品牌承诺对竞争品牌没有较强的态度偏好,不会在趋近型应对策略影响溢出效应的过程中对信息进行偏向处理,较难影响消费者对品牌的评价。在上述过程中,品牌承诺可能会调节趋近型应对策略和产品类型对负面溢出效应的影响。据此,本书得出假设H15。

H15:在危机溢出效应中,消费者的竞争品牌承诺将会调节趋近型说服策略和产品类型对危机负面溢出效应的影响。

14.8.7 实证研究

14.8.7.1 产品伤害危机特征对危机负面溢出效应的影响研究

产品伤害危机爆发,将会对危机企业乃至非危机企业产生深远影响,因危机特征的差异,危机将会对众多企业的消费者产生广泛影响,从而影响行业的竞争格局和发展。虽然很多学者基于产品伤害危机的分类来探索危机的相关特征,但由于这些危机特征之间的相互涵盖以及众多类别的复杂性,很难将其所有作为预判产品伤害危机负面溢出效应的重要依据。阎俊和佘秋玲(2010)运用扎根理论对负面事件网评进行分析,提出了"负面刺激—情感反应—抵制意向"的机制模型,发现负面事件包含事件严重性、事件归因、事件群发性和事件关联性4个维度(阎俊和佘秋玲,2010),比较全面地概括了产品伤害危机的四个关键特征。基于非危机企业视角,考虑到群发性危机的波及面更广,焦点企业危机可能演变为一场行业危机,非危机企业应对的难度和要求进一步增大,因此,本书重点从危机严重性、危机责任归因和危机关联性三个重要特征变量进行危机负面溢出效应的研究,通过此三个变量,可以为非危机企业的竞争品牌快速对焦点品牌的危机负面溢出影响做出预判。

(1) 研究设计。

本书采用2(危机严重性：高和低)×2(危机归因：内部归因和外部归因)×2(危机关联性：高和低)的混合设计(Mixed Design)。

刺激物设计。共设计3种刺激物，并使用学生样本进行了前测，以提高在正式实验中的刺激稳定性和成功可能性。具体情况如下。

第一是企业声誉。我们在网络上选择4家手机企业(品牌)的介绍精炼调整，并选择一个具有较高声誉的虚拟品牌A作为背景企业的名称，主要是为了消除被试者主观偏见的影响(Siomkos, 1999)。企业较高声誉的刺激物描述如下："A公司是世界500强企业……A公司凭借丰富创新的产品系列、深入的本地化战略和成功的渠道建设，赢得了中国市场的前三名。近年来A公司多次被评为'中国最受赞赏的企业'，A品牌手机也多次荣获'最受消费者喜爱商品''最受信赖品牌'……"

第二是危机严重性。基于多个现实中的产品伤害危机和先前的研究内容(Siomkos等, 2010；Vassilikopoulou等, 2009)，着重考虑产品的熟悉度、普适性和介入度，选择手机作为刺激物品类。危机严重性低以"A品牌手机在使用过程中发热烫手，经常导致手机频繁死机"为刺激材料。危机严重性高则以"手机自燃和爆炸事件，给用户造成了身体伤害或财产损失"为刺激材料。

第三是危机归因。结合多个产品伤害危机事件的归因原型，摘录部分危机归因的报道原文，进行整合调整，以便与手机品类对接。内部归因的刺激物描述如下："A公司两月前已发现手机电池存在自燃、爆炸风险，但考虑到主动召回会造成的负面影响，A公司严格封闭消息，迟迟没有采取措施……"对于外部第三方的归因则描述为："A公司的电池供应商LMC供应的某一批次的电池存在设计缺陷，从而导致了危机事件……"

②实验程序。实验采用比较被试者在接触产品伤害危机信息前后的品类态度变化的方式来衡量焦点品牌危机为竞争品牌的负面溢出效应。如果前后测试时间间隔太短容易让被试者推测实验目的，进而会影响测量效果的真实性，因此实验分为两步进行。在主实验进行的前一周先进行预实验，以提前测试被试者对目标品类的态度。实验内容被设计为纯奶、手机、笔记本电脑、矿泉水、运动鞋六个品类的态度测试，除了手机品类，其他五个品类均为混淆被试者的填充品类。实验以班级为单位进行，为了做到与第二次实验的数据一一对应，主持人在两次实验中均强调被试者要填写学号作为标记。

预实验在一周后进行。实验流程如下：首先，请被试者阅读A企业的文字介绍，并请被试者对A企业的声誉进行评分(这些打分用于操控检验)；然后，阅读危机严重性、危机归因的刺激物，并评价品类态度(该项打分用于假设检验)；其次，请被试者从"危机严重性、危机归因和危机真实性"等方面回答刺激物中包含的信息(这些打分用于操控检验)；最后是与被试者人口统计特征相关的问题。主实验和预实验在相同的班级完成，两次实验中对被试者的学号进行了逐一比照。两次实验的研究环境均设置为大学课堂，其主要目的是为了保证在一个相对封闭、安静的环境下进行实验，减少外来干扰因素对实验结果的影响。为了获得积极的配合，每个被试者由任课教师给予平时成绩5分的加分。

③变量测量。本书的因变量是品类态度(竞争品牌态度)的变化，即预实验和主实验品类态度的差值。对于品类态度的测量，采用Ahluwalia等(2000)使用的量表，包括"很差/很好，正面/负面，喜欢/不喜欢"3个题项(Ahluwalia、Burnkrant和Unnava, 2000)，前后两次品类态度的Cronbach's α值分别为0.76、0.73。完成品类态度的测量后，被试者需要通过实验操控的有效性和真实性检验。

一是对企业声誉的测量，参考Coombs和Holladay(2002)、Fombrun和Riel(1997)以及方正等(2011)的量表，用"A企业声誉很好""A企业实力很强"和"A企业业绩很好"3个测项测量(见表14-19)(Coombs

和 Holladay，2002；Fombrun 和 Riel，1997；方正等，2011），Cronbach's α 值为 0.681。

表 14-19 企业声誉的量表

题项编号	测量题项
题项 1	A 企业声誉很好
题项 2	A 企业实力很强
题项 3	A 企业业绩很好

二是危机严重性的测量，参考 Siomkos 和 Kurzbard（1994）、Dawar 和 Pillutla（2000）的量表，用"该手机对用户身体伤害很大""该手机很不安全"和"该手机的危害性很大"3 个测项测量（见表 14-20）（Dawar 和 Pillutla，2000；Siomkos 和 Kurzbard，1994），Cronbach's α 值为 0.819。

表 14-20 危机严重性的量表

题项编号	测量题项
题项 1	该手机对用户身体伤害很大
题项 2	该手机很不安全
题项 3	该手机的危害性很大

三是危机归因的测量，参考 Coombs（1998）、Coombs 和 Holladay（2002）、Coombs 和 Holladay（2004）的危机责任量表，用"危机责任在于企业外部环境""A 公司应该受到谴责""A 公司应该承担全部责任"3 个题项测量（见表 14-21）（Coombs，1998；Coombs 和 Holladay，2002；Coombs 和 Holladay，2004），Cronbach's α 值为 0.66。

表 14-21 危机归因的量表

题项编号	测量题项
题项 1	危机责任在于企业外部环境
题项 2	A 公司应该受到谴责
题项 3	A 公司应该承担全部责任

四是关于危机关联性的测量，参考 Zaichkowsky（1985）中"重要/不重要，关心/不关心，有意义/没意义，在乎/不在乎"4 个测量题项（Zaichkowsky，1985），Cronbach's α 值为 0.891。

五是信息真实性的测量，参考方正等（2011）的研究，使用 3 个题项："问卷中关于 A 企业的报道是真实的""问卷中关于 A 企业的报道是可信的""问卷中关于 A 企业的报道是源于现实的"（见表 14-22）（方正等，2011），Cronbach's α 值为 0.795。

表 14-22 刺激物的信息真实性的量表

题项编号	测量题项
题项 1	问卷中关于 A 企业的报道是真实的
题项 2	问卷中关于 A 企业的报道是可信的
题项 3	问卷中关于 A 企业的报道是源于现实的

以上所有变量，均采用 7 分 Likert 量表。对于英文题项，采用"双盲"翻译方法，以确保能够准确表达。

（2）数据分析。

①样本概况。实验在郑州某高校进行，预实验发放问卷 400 份，回收 380 份，主实验发放问卷 400 份，回收问卷 372 份。通过学号比对两次实验共得到配对问卷 360 份，最后因危机特征判断错误、问卷漏答数过多等原因剔除 47 个样本，获得有效样本 313 个。其中男性 148 个，女性 165 个，被调查者性

别描述统计见表 14-23，被试者的平均年龄为 20.3 岁，月平均消费为 670.30 元。方差分析显示，性别对品类溢出的判断并无显著差异，$F(1, 311) = 0.06$，$P = 0.70$。

表 14-23 被调查者的性别描述统计

性别	频率	百分比
男	148	47.3
女	165	52.7
合计	313	100.0

②操控检验。第一是危机关联性。首先将危机信息关联性 4 个题项的均值作为其关联性分数，并以该分数的中值为标准将危机关联性分为低高两组。两组的均值（标准差）分别为 4.65（0.85）和 6.34（0.49），存在显著差异（见表 14-24）；$F(1, 311) = 459.23$，$P < 0.001$，方差分析说明，危机关联性的组间差异性被成功操控。

表 14-24 危机关联性的描述统计

因变量：危机关联性

危机关联性	均值	标准差
低	4.65	0.85
高	6.34	0.49

第二是企业声誉。方差分析发现（见表 14-25、表 14-26、表 14-27），各组对企业声誉的评价无显著差异，均值从 4.93 到 5.24，$F(7, 305) = 0.873$，$P = 0.528 > 0.05$，说明企业声誉较高及声誉的组间同质性被成功操控。

表 14-25 各实验组的企业声誉的描述统计

因变量：企业声誉

危机严重性	危机关联性	危机归因	均值	标准差	样本量
严重性低	危机关联性低	外部归因	4.99	0.63	44
		内部归因	4.93	0.66	45
	危机关联性高	外部归因	5.06	0.64	43
		内部归因	4.98	0.88	37
严重性高	危机关联性低	外部归因	5.16	0.72	40
		内部归因	4.99	0.72	28
	危机关联性高	外部归因	4.99	0.64	42
		内部归因	5.24	0.65	34

表 14-26 企业声誉的方差齐性检验

因变量：企业声誉

F	df1	df2	Sig.
0.541	7	305	0.803

表 14-27 各实验组企业声誉的多元方差分析

因变量：企业声誉

	平方和	df	均方	F	显著性
组间	2.929	7	0.418	0.873	0.528
组内	146.23	305	0.479		
总数	149.159	312			

第三是危机严重性。方差分析表明（见表 14-28、表 14-29、表 14-30），危机严重性低组和严重性高

组的均值（标准差）分别为：4.21（1.18）和4.62（1.05），存在显著差异：F(1, 311) = 10.671，P < 0.01，说明危机严重性的组间差异被成功操控。

表 14-28　各实验组危机严重性的描述统计

因变量：危机严重性

危机严重性	样本量	均值	标准差	均值的95% 置信区间 下限	均值的95% 置信区间 上限	最小值	最大值
严重性低	157	4.21	1.18	4.02	4.39	1.00	6.67
严重性高	156	4.62	1.05	4.45	4.78	2.00	7.00
总数	313	4.41	1.13	4.29	4.54	1.00	7.00

表 14-29　各实验组危机严重性的方差齐性检验

因变量：危机严重性

F	df1	df2	Sig.
0.400	1	311	0.527

表 14-30　危机严重性的单因素方差分析

因变量：危机严重性

	平方和	df	均方	F	显著性
组间	13.214	1	13.214	10.671	0.001
组内	385.106	311	1.238		
总数	398.320	312			

第四是危机归因。方差分析显示（见表14-31、表14-32），危机内部归因和外部归因的均值（标准差）分别为：5.08（1.02）和4.11（0.86），存在显著差异：F(1, 311) = 83.762，P < 0.001，说明危机归因的组间差异被成功操控。

表 14-31　各实验组危机归因的描述统计

因变量：危机归因

危机归因	样本量	均值	标准差	均值的95% 置信区间 下限	均值的95% 置信区间 上限	最小值	最大值
外部归因	169	4.11	0.86	3.98	4.24	2.33	7
内部归因	144	5.08	1.02	4.91	5.25	1.67	7
总数	313	4.56	1.06	4.44	4.67	1.67	7

表 14-32　危机归因的单因素方差分析

因变量：危机归因

	平方和	df	均方	F	显著性
组间	73.819	1	73.819	83.762	0.000
组内	274.081	311	0.881		
总数	347.900	312			

第五是刺激物的信息真实性。方差分析发现（见表14-33、表14-34、表14-35），各组对刺激物真实性的评价无显著差异，均值从4.54到4.77，F(7, 304) = 0.663，P = 0.703，说明刺激物真实性的组间同质性被成功操控。

第二部分 产品安全

表 14-33 各实验组的信息真实性的描述统计

因变量：信息真实性

危机严重性	危机关联性	危机归因	均值	标准差	样本量
严重性低	危机关联性低	外部归因	4.59	0.51	44
		内部归因	4.67	0.68	45
	危机关联性高	外部归因	4.59	0.48	43
		内部归因	4.63	0.74	37
严重性高	危机关联性低	外部归因	4.59	0.60	40
		内部归因	4.54	0.59	28
	危机关联性高	外部归因	4.75	0.53	42
		内部归因	4.77	0.69	34

表 14-34 信息真实性的方差齐性检验

因变量：信息真实性

F	df1	df2	Sig.
1.131	7	305	0.343

表 14-35 各实验组刺激物信息真实性的多元方差分析

因变量：信息真实性

	平方和	df	均方	F	显著性
组间	1.690	7	0.241	0.663	0.703
组内	111.093	305	0.364		
总数	112.783	312			

综上所述，以上数据通过了所有设定的操控检验，可以进一步来展开假设检验。

③因变量测量。取预实验和主实验品类态度的差作为品类（竞争品牌）溢出效应的值，即：品类溢出效应 = △品类态度 = 品类态度$_{预实验}$—品类态度$_{主实验}$。表 14-36 显示了 8 个实验组对应的品类负（竞争品牌）面溢出的测量结果。Bartlett's 球形检验是显著的，说明存在因子结构，另外 KMO = 0.712，较适宜因子分析（见表 14-37），3 个题项进行探索性因子分析，提出 1 个因子（见图 14-17），解释方差变动为 72.665%（见表 14-38），即为溢出效应，Cronbach's α = 0.812，说明测量信度较好。由于采用的是多次使用的量表，内容效度可靠。

表 14-36 实验各组的品类负面溢出效应

因变量：溢出效应

危机严重性		内部归因		外部归因	
		关联性高	关联性低	关联性高	关联性低
危机严重性高	样本量	41	30	42	43
	均值	1.38	0.88	0.85	0.63
	标准差	0.74	0.76	0.60	0.59
危机严重性低	样本量	33	40	42	42
	均值	0.70	0.61	0.63	0.57
	标准差	0.59	0.55	0.47	0.56

表 14-37 研究 1 溢出效应的 KMO 和 Bartlett's 的检验

取样足够度的 Kaiser-Meyer-Olkin 度量		0.712
Bartlett's 的球形度检验	近似卡方	131.317
	df	3
	Sig.	0.000

表 14-38 研究 1 溢出效应的因子提取

成分	初始特征值 合计	初始特征值 方差的 %	初始特征值 累积 %	提取平方和载入 合计	提取平方和载入 方差的 %	提取平方和载入 累积 %
1	2.180	72.665	72.665	2.180	72.665	72.665
2	0.449	14.965	87.630			
3	0.371	12.370	100.000			

提取方法：主成分分析。

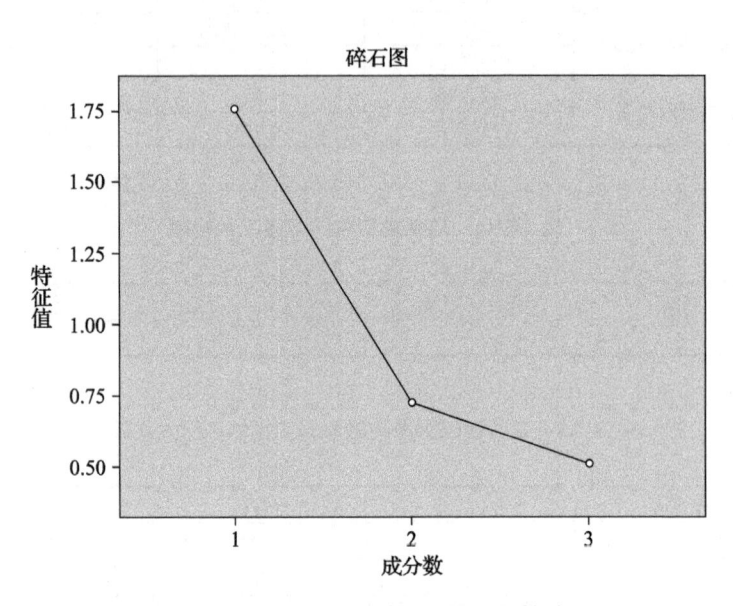

图 14-17 研究 1 溢出效应之因子分析的碎石图

④假设检验。首先，讨论假设 H1。H1 推测：产品伤害危机越严重，产品伤害危机对竞争品牌的负面溢出效应越强。方差分析显示（见表 14-39、表 14-40），危机越严重，竞争品牌的负面溢出效应越大 [$M_{严重性高} = 0.93$ 和 $M_{严重性低} = 0.62$；$F(1, 311) = 19.01$，$P < 0.001$]。因此，H1 得到验证。

表 14-39 危机严重性对溢出效应影响的描述统计

因变量：溢出效应

危机严重性	样本	均值	标准差	均值的 95% 置信区间 下限	均值的 95% 置信区间 上限	最小值	最大值
严重性低	157	0.62	0.54	0.54	0.71	0	2
严重性高	156	0.94	0.72	0.82	1.05	0	3
总数	313	0.78	0.65	0.71	0.85	0	3

表 14-40 危机严重性对溢出效应影响的单因素方差分析

因变量：溢出效应

	平方和	df	均方	F	显著性
组间	7.671	1	7.671	19.013	0.000
组内	125.481	311	0.403		
总数	133.153	312			

其次，讨论假设 H2。H2 推测：当消费者将危机责任归因于危机焦点企业，与归因为外部第三方相比，产品伤害危机对竞争品牌的负面溢出效应更容易发生。方差分析显示（见表 14-41），内部归因比外部归因会产生更多的竞争品牌负面溢出效应 [$M_{内部归因} = 0.91$ 和 $M_{外部归因} = 0.67$；$F(1, 311) = 10.02$，$P < 0.01$]。因此，H2 得到验证。

表 14-41 危机归因对溢出效应影响的描述统计

因变量：溢出效应

危机归因	样本	均值	标准差	均值的95% 置信区间 下限	均值的95% 置信区间 上限	最小值	最大值
外部归因	169	0.67	0.56	0.59	0.76	0.00	2.33
内部归因	144	0.91	0.73	0.79	1.03	0.00	3.00
总数	313	0.78	0.65	0.71	0.85	0.00	3.00

再次，检验假设 H3。H3 推测：在产品伤害危机中，消费者对危机责任的归因，将会调节危机严重性对竞争品牌负面溢出效应的影响。多元方差分析显示（见表 14-42、表 14-43、表 14-44），危机严重性组别和危机归因组别的交互效应 = 5.86，P = 0.02 < 0.05，表明交互效应的影响显著。从边际均值图（见图 14-18）可以看出，当消费者将危机责任归因于外部第三方时，高、低危机严重性的两组样本产生的品类竞争品牌负面溢出相对较少，当消费者将危机责任归因于焦点企业时，高危机严重性组的样本产生的竞争品牌负面溢出较大。因此，H3 得到验证。

表 14-42 危机严重性和危机归因对溢出效应的描述统计

因变量：溢出效应

危机严重性	危机关联性	危机归因	均值	标准差	N
严重性低	危机关联性	外部归因	0.57	0.56	42
		内部归因	0.61	0.55	40
	危机关联性	外部归因	0.63	0.47	42
		内部归因	0.70	0.59	33
严重性高	危机关联性	外部归因	0.63	0.59	43
		内部归因	0.88	0.76	30
	危机关联性	外部归因	0.86	0.60	42
		内部归因	1.38	0.74	41

表 14-43 危机严重性和危机归因对溢出效应的方差齐性检验

F	df1	df2	Sig.
1.448	7	305	0.186

表 14-44 危机严重性和危机归因、危机关联性的多元方差分析

因变量：溢出效应

方差来源	TypeIII 偏差平方和	自由度	均方	F 值	P 值
校正模型	20.269	7	2.896	7.823	0.000
截距	188.921	1	188.921	510.445	0.000
危机严重性	7.400	1	7.400	19.993	0.000
危机归因	3.647	1	3.647	9.853	0.002
危机关联性	3.651	1	3.651	9.864	0.002
危机严重性 × 危机归因	2.169	1	2.169	5.860	0.016
危机严重性 × 危机关联性	1.539	1	1.539	4.157	0.042
危机归因 × 危机关联性	0.425	1	0.425	1.148	0.285
危机严重性 × 危机归因 × 危机关联性	0.290	1	0.290	0.785	0.376
误差	112.884	305	0.370		
总计误差	323.769	313			
校正的总偏差平方和	133.153	312			

注：$R^2 = 0.15$（调整 $R^2 = 0.13$）。

之后，检验假设 H4。H4 推测：在产品伤害危机中，危机关联性越高，对竞争品牌负面溢出效应的影响就越大。方差分析显示，与关联性水平低的消费者相比，危机关联高的消费者的品类负面溢出效应

更大 [$M_{关联性高}=0.90$ 和 $M_{关联性低}=0.61$；$F(1,311)=11.02$，$P<0.01$]。因此，H4得到验证。

最后，检验危机关联性的调节作用。H5推测：在产品伤害危机中，危机关联性将会调节危机严重性对竞争品牌负面溢出效应的影响。危机严重性组别和危机关联性组别的交互效应 $F_{危机严重性 \times 危机关联性}=1.15$，$P=0.04<0.05$，表明交互效应的影响显著。其边际均值图（见图14-18、图14-19）显示，当危机信息关联性低时，高、低危机严重性的两组样本产生的品类负面溢出相对较少，当危机关联性高时，高危机严重性组的样本产生的竞争品牌负面溢出较大。因此，H5得到验证。

（3）研究小结。

近年来，产品伤害危机频发，特别是一些在行业内具有较高品牌声誉的企业，它们发生产品伤害危机造成的负面影响更大，有时对行业甚至是一场灾难。产品伤害危机发生后，不仅危机的严重性会影响非危机企业竞争品牌的溢出结果，消费者不同方式的危机归因和危机关联水平也会影响竞争品牌负面溢出的强度。因此，正确理解不同的危机特征对竞争品牌负面溢出的影响意义重大。

本书的研究采用实验法，得到三个结论。第一是关于危机严重性：产品伤害危机越严重，危机对竞争品牌的负面溢出就越强。第二是关于危机归因：当消费者将危机责任归因为焦点企业，与归因于外部第三方相比，产品伤害危机对竞争品牌的负面溢出效应更容易发生；同时，危机归因将会调节危机严重性对竞争品牌负面溢出效应的影响。第三是危机关联性越高，对竞争品牌负面溢出效应的影响就越大；同时，其将会调节危机严重性对竞争品牌负面溢出效应的影响。研究1的所有实验假设验证结果如表14-45所示。

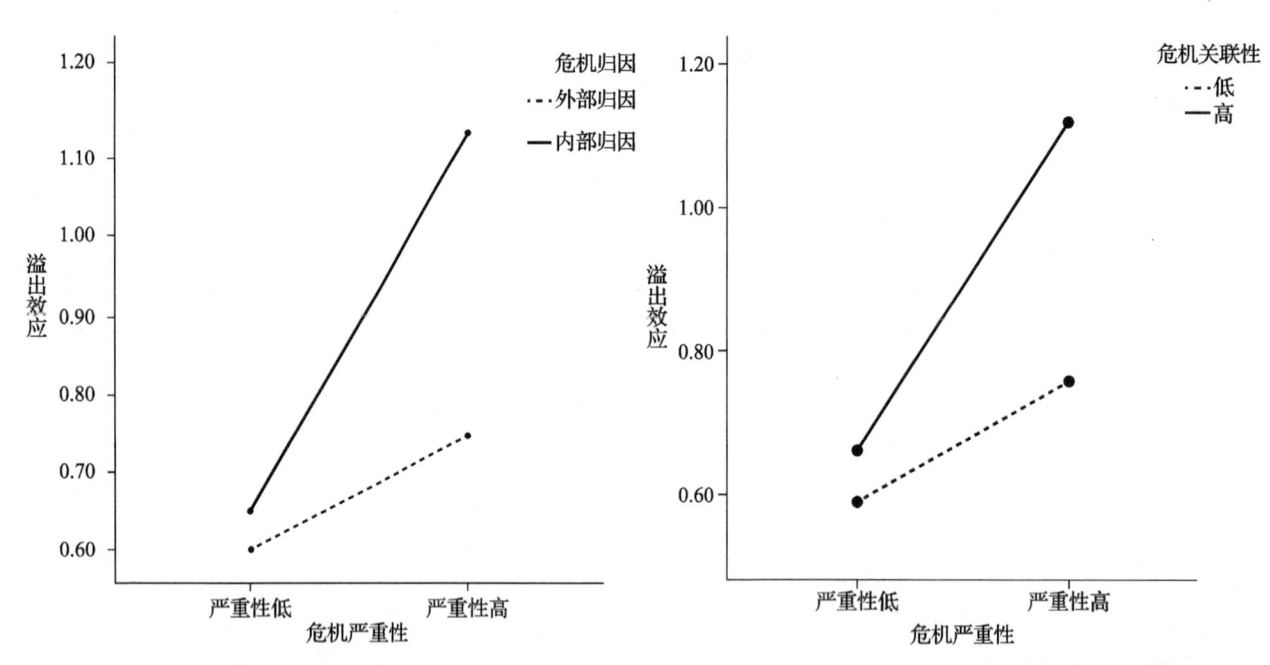

图14-18 危机严重性和危机归因对溢出效应的交互作用　　图14-19 危机严重性和危机关联性对溢出效应的交互作用

表14-45　研究1研究假设的检验结果

序号	研究假设	检验结果
1	H1：在产品伤害危机中，危机严重性越大，危机对竞争品牌的负面溢出效应就越强	支持
2	H2：在产品伤害危机中，当消费者将危机责任归因为焦点企业，与归因为外部第三方相比，产品伤害危机对竞争品牌的负面溢出效应更强	支持
3	H3：在产品伤害危机中，消费者对危机责任的归因，将会调节危机严重性对竞争品牌负面溢出效应的影响	支持
4	H4：在产品伤害危机中，危机关联性越高，对竞争品牌的负面溢出效应的影响就越强	支持
5	H5：在产品伤害危机中，危机关联性将会调节危机严重性对竞争品牌负面溢出效应的影响	支持

在理论上，本书在产品伤害危机中探讨了不同危机特征对非危机企业竞争品牌负面溢出的影响机制，主要有两点贡献：一是从危机特征来看，产品伤害危机越严重，危机关联水平越高，危机的诊断性就越强，产品伤害危机对竞争品牌的负面溢出越强；当由外部第三方承担责任时，降低了消费者对错误点的不确定性和危机的相对诊断性，危机对竞争品牌的负面溢出会减少。二是从调节变量来看，发现了危机归因和危机关联性的调节作用，这将有助于解释为什么历经类似的产品伤害危机，不同的消费群体在竞争品牌态度的变化上却存在着显著的差异。以上两点，进一步丰富了溢出效应的相关理论。

在实践上，本书为有效预判产品伤害危机对竞争品牌的负面溢出效应提供了参考依据。非危机企业可以根据危机严重性、危机归因、危机关联性等不同特征，进行多维度的危机情景评价和归类，实现对产品伤害危机溢出情景的细分，从而为正确判断、有效应对危机提供依据。危机爆发后，非危机企业应该首先确认产品伤害危机的严重程度和责任归因，如果事件是由焦点企业以外的因素造成的，行业企业也很有必要对消费者进行解释，使消费者对产品伤害危机有清楚的认识，从而减少消费者将事件归因于焦点企业的程度和可能性，进而降低危机对品类的负面溢出。对于危机关联水平高的消费者，由于他们更加关注信息的内容和质量，考虑信息本身的逻辑性和合理性，并有动机付出更大的认知努力对危机事件及信息进行细致地了解（Celsi 和 Olson，1988；王新宇，2013），作为竞争企业的营销者应给予他们更多的危机澄清信息，以降低危机带来的品类感知风险和负面溢出。

14.8.7.2 竞争品牌两大类应对策略对危机负面溢出效应的影响研究

本书通过对比焦点品牌危机应对策略与对竞争品牌应对策略的研究，发现：对竞争品牌应对策略的研究还不够深入。一是从研究相关性来看，搜索到的对焦点品牌危机应对策略研究的论文，其大部分研究的危机刺激物均为产品伤害危机，研究的都是在产品伤害危机背景下焦点品牌的应对策略；而在对竞争品牌应对策略的研究当中，仅有1篇文章的危机刺激物为产品伤害危机，其余的为服务失败、品牌丑闻、产品失败等危机，说明从研究的准确性上来说有必要对竞争品牌危机应对策略进行更深入的研究。二是从研究的深入程度来看，对竞争品牌危机应对策略的研究大多停留在具体措施和策略目的的层面上，而没有从战略层面对竞争品牌应对策略进行适应性研究。因此，需要有研究来对上述问题提供更深入与更丰富的结论。

根据调节聚焦理论，针对目标趋近策略，Iyer 和 Soberman（2000）认为营销战略可被分为保留模式（Retention Modification）和竞争模式（Conquesting Modification）两类，保留模式意味着该种模式的目的是保持对企业忠诚顾客的持续吸引，竞争模式意味着该种模式的目的是尽可能地吸引竞争品牌的顾客（Iyer 和 Soberman，2000）。说服理论是指在被说服者能够自由抉择的情况下，说服者通过沟通传递信息而成功影响被说服者心理状态的一种主观努力行为（O'Keefe，1990；姚琦，2010；姚琦和黄静，2011），说服作为一种影响方法，首先要改变消费者的信念和知识，即态度系统的认知成分，所呈现的说服性信息旨在改变信念（津巴多，2007）。因此，基于调节聚焦理论、说服理论和营销模式分类，本书将危机负面溢出效应的应对策略分为规避型说服策略和趋近型说服策略两大类，为非危机企业的焦点品牌选择"明哲保身"还是"趁火打劫"提供了决策标准。

规避策略意味着"明哲保身"——采取规避危机负面效应的措施来保护自身，避免受到危机过度的冲击；趋近策略意味着"趁火打劫"——采取针对性的竞争措施来争夺竞争品牌市场。规避策略来源于顾客保留，规避策略的核心为"保存量"——避免自身客户的流失。顾客保留研究的内容为采取怎样的措施来规避服务失败或产品失败所带来的顾客流失。有的学者认为，当发生服务失败后，企业可以通过内部驱动和外部驱动两种策略来实现顾客保留，内部驱动是指企业通过内部组织改变来实现顾客保留，外部驱动是指适应外界变化来实现顾客保留（吴兆龙和丁晓，2004）。相似的是，当产品伤害危机发生后，竞争品牌同样可以采取内部驱动与外部驱动两种方式来实现"溢出规避"，竞争品牌可以采取自身错误行为纠正与产品质量改良的措施，从自身内部做出变革，来规避危机负面效应并避免自身客户流失；竞争品牌也可以采取发表危机声明和采取专家解释等措施来适应外部环境，进而将产品伤害危机对自身的影响降到最低。趋近策略来源于对竞争策略，趋近策略的核心为"争增量"——争夺由于危机所造成的其他品牌的流失客户。竞争策略的研究内容为组织采取怎样的策略来最大限度地争夺市场。谢洪明等（2003）认为，企业面临危机时通常有两种应对行为，一种是企业发动进攻性竞争行为，通常希望对手不回应；另一种是企业采取保护自己市场份额的竞争策略，希望建立竞争壁垒（谢洪明等，2003；张诚和林晓，2009）。相似的是，竞争品牌同样可以采取发动进攻性竞争行为与建立竞争壁垒来争夺由于危机所造成的其他品牌的流失客户，竞争品牌可以在危机发生后，第一时间采取打折促销等方式来获取其他品牌流失的客户，也可以第一时间开展品牌拓展活动，在其他品牌流失的消费者心中建立优良的品牌形象，并进而形成竞争壁垒（谢洪明等，2003）。

尽管现实观察和理论研究均证实了产品伤害危机溢出效应的存在，但在危机发生后竞争品牌应采取哪种应对策略没有得到清楚的回答，尤其是在"明哲保身"和"趁火打劫"的两者选择之中，究竟是重在"保存量"——避免自身客户的流失，还是应该"争增量"——争夺由于危机所造成的其他品牌的流失客户？是重在撇清关系独善其身，还是重在趋近危机浑水摸鱼？本书重点研究产品伤害危机发生后竞争品牌的两大类应对策略，试图找出针对不同情境的最优应对策略。

（1）研究设计。

研究采用2（应对策略：趋近策略和规避策略）×2（调节聚焦：趋近型和预防型）×2（品牌承诺：高和低）的混合设计，主要考察两类竞争品牌应对策略对负面溢出效应的影响，并验证调节聚焦和品牌承诺的调节作用。

①刺激物设计。预测试的目的是为正式实验选取刺激品牌，并确认刺激材料的有效性。我们选取牙膏作为品类背景，因为大学生对牙膏产品比较熟悉，有利于提高信息材料的可信度。产品伤害危机的焦点品牌和竞争品牌均选取真实品牌，按照实验要求，危机焦点品牌应具备两个条件：被试者对危机焦点品牌应相对比较熟悉，有利于提高信息材料真实性；被试者对焦点品牌的品牌态度应该处于中等水平，以防止品牌态度过高或过低对实验结果的影响。竞争品牌的选择应具备3个条件：该品牌是大学生样本熟悉的品牌，并且与危机焦点品牌比较相似；消费者对该品牌承诺的分布范围应较广，即方差较大，在正式实验中能够通过测量区分出高、低两个承诺水平；该品牌熟悉度的波动范围较小，对高、低承诺组品牌熟悉度无显著差异。

基于以上考虑，本书选择Z品牌牙膏、G品牌牙膏和N品牌牙膏作为产品伤害危机中焦点品牌和竞争品牌的备选品牌，并在成都选择了60名大学生，以7分Likert量表对Z品牌、G品牌和N品牌三个品牌的熟悉度、承诺度和品牌态度进行评价。首先是选择危机焦点品牌，Z品牌牙膏的品牌态度均值（标准差）为4.28（1.68），品牌熟悉度均值（标准差）为4.59（1.82），品牌承诺均值（标准差）为3.85（1.57），从分析中可以看出，Z品牌牙膏品牌态度和品牌承诺中等，品牌熟悉度较高，因此，选择Z品牌牙膏为危机焦点品牌。然后是选择竞争品牌，G品牌牙膏的品牌态度均值（标准差）为4.32（1.77），品牌熟悉度均值（标准差）为4.60（1.92），品牌承诺均值（标准差）为4.92（1.63），从分析中可以看出，G品牌牙膏品牌态度中等，品牌承诺较高，品牌熟悉度较高，因此，选择G品牌牙膏为高承诺焦点品牌的竞争品牌。N品牌牙膏的品牌态度均值（标准差）为4.35（1.77），品牌熟悉度均值（标准差）为4.57（1.82），品牌承诺均值（标准差）为3.32（1.97），从分析中可以看出，N品牌牙膏品牌态度中等，品牌承诺较低，品牌熟悉度较高，因此，选择N品牌牙膏为低承诺焦点品牌的竞争品牌。

产品伤害危机事件。本书以多次发生的"牙膏含三氯生事件"为原型，以Z品牌牙膏为背景，组合多家网站的报道，精炼修改文字，形成产品伤害危机刺激物。利用 7 分语义差别量表对产品伤害危机事件的严重性、真实性、熟悉度以及焦点品牌的声誉进行了测评。6 位被试者对这四个变量的评价均值（标准差）分别为 4.06（1.53）、4.32（0.83）、2.96（1.23）和 4.26（0.60），表明产品伤害危机具有适中的严重性和较高的真实性，同时，危机焦点品牌具有较高的信誉，满足了正式实验的要求。而较低的危机熟悉度能够减少被试者对产品伤害危机事件的先前知识或态度带来的影响，确保了实验材料的效果。

两类竞争品牌应对策略。关于竞争品牌两类应对策略，均从现实案例中摘录（如 G 品牌牙膏护齿万里行等）并进行整合调整。对于趋近型策略，主要强调竞争品牌在产品伤害危机发生后试图抢夺焦点品牌的市场份额，对于规避型策略，主要强调竞争品牌在产品伤害危机发生后试图避免消费者对自身产生同样的认识，避免产品伤害危机对自身产生的负面溢出效应。对于两类策略的判断，用两个题项进行测量与区分，分别是"G 品牌（N 品牌）牙膏对自身产品不存在问题做了积极澄清"和"G 品牌（N 品牌）牙膏试图获取本来属于 Z 品牌牙膏的市场份额"。结果显示，60 位被试者中有 56 位能够非常准确地识别两类应对策略。

②实验程序。实验在成都某高校进行，邀请 298 位同学参加实验。实验自变量为竞争品牌对产品伤害危机负面溢出效应的两类应对策略，因变量为产品伤害危机发生后竞争企业采取应对策略前后消费者对竞争品牌态度和购买意愿的变化（溢出效应），调节变量为消费者调节聚焦和消费者对竞争品牌的承诺。

实验流程如下：首先，请被试者对测量调节聚焦类型的 3 个题项进行选择，然后阅读关于 Z 品牌牙膏的文字介绍，并请被试者分别对 Z 品牌牙膏的熟悉度、承诺度进行评价（用于操控检验和假设检验）；然后，请被试者阅读 Z 品牌牙膏产品伤害危机事件、G 品牌（N 品牌）牙膏简介，并由被试者分别对 Z 品牌牙膏产品伤害危机的严重性、刺激物真实性以及危机熟悉度进行评价（打分均用于操控检验），请被试者对 G 品牌（N 品牌）牙膏的品牌态度和购买意愿进行评价；再次，请被试者阅读危机后 G 品牌（N 品牌）牙膏的应对策略的刺激物，对竞争策略进行判断，并对竞争品牌态度和购买意愿进行再次评分（该项打分用于假设检验）；最后，请被试者填写与人口统计特征相关的问题。

③变量测量。该实验自变量是竞争品牌两类应对策略，调节变量是调节聚焦与竞争品牌承诺，因变量是负面溢出效应（竞争品牌品牌态度与购买意愿的变化）。对于品牌态度的测量，采用 Ahluwalia, Burnkrant 和 Unnava（2000）的研究，包括"很差/很好，喜欢/不喜欢"两个题项（Ahluwalia、Burnkrant 和 Unnava，2000），Cronbach's α 值为 0.85；对于购买意愿的测量，采用 Dawar 和 Pillutla（2000）使用的量表，包括"肯定不会购买/肯定购买，不希望使用/希望使用"两个题项（Dawar 和 Pillutla，2000），Cronbach's α 值为 0.89。对于竞争品牌熟悉度的测量，参照 Roehm 和 Tybout（2006）的测量，用"很熟悉/很不熟悉"1 个题项测量（Roehm 和 Tybout，2006）。对竞争品牌的品牌承诺的测量，则参考 Raju, Unnava 和 Montgomery（2009）的研究，使用"如果在商店买不到该牙膏，我不会选择其他品牌的牙膏""我觉得我对该牙膏很忠诚""在购买该牙膏时，我不会受其他品牌促销的影响"3 个题项（Raju, Unnava 和 Montgomery，2009），Cronbach's α 值为 0.75。

完成竞争品牌态度、购买意愿和品牌承诺的测量后，被试者需要通过实验操控的有效性和真实性检验。

一是对焦点品牌声誉的测量。参考 Coombs 和 Holladay（2002）的量表，用"Z 品牌牙膏声誉很好"1 个测项测量（Coombs 和 Holladay，2002）。

二是危机严重性的测量。参考 Siomkos 和 Shrivastava（1993）的量表，用"Z 品牌牙膏对消费者的健康伤害很大"和"Z 品牌牙膏很不安全"两个测项测量（见表 14-46）（Siomkos 和 Shrivastava，1993），Cronbach's α 值为 0.84。

表 14-46　危机严重性的量表

题项编号	测量题项
题项 1	Z 品牌牙膏对消费者的健康伤害很大
题项 2	Z 品牌牙膏很不安全

三是竞争品牌应对策略的测量。对于两类策略的判断，用两个题项进行测量与区分，分别是"G 品牌（N 品牌）牙膏对自身产品不存在问题做了积极澄清"和"G 品牌（N 品牌）牙膏试图获取本来属于 Z 品牌牙膏的市场份额"。结果显示，有 10 人对策略判断错误，将其予以剔除。

四是产品伤害危机刺激物的信息真实性的测量。参考方正等（2010）的研究，使用两个题项："我觉得关于 Z 品牌牙膏的报道是真实的""我觉得关于 Z 品牌牙膏的报道是可信的"（见表 14-47）（方正等，2010），Cronbach's α 值为 0.83。

表 14-47　刺激物的信息真实性的量表

题项编号	测量题项
题项 1	我觉得关于 Z 品牌牙膏的报道是真实的
题项 2	我觉得关于 Z 品牌牙膏的报道是可信的

五是干扰题项。干扰题项为"Z 品牌牙膏是一款牙膏"，检验被试者是否认真填答问卷，结果现实有 9 人判断错误，然后予以剔除；最后是情绪测试，参照 Yeo 和 Park（2006）检验被试者对问卷填答是否受情绪所影响（Yeo 和 Park，2006），分析显示实验组情绪状态无显著差异，不会对实验造成影响。

（2）数据分析。

①样本概况。实验一共发放问卷 298 份，干扰项判断错误的问卷有 9 份，加上策略判断错误剔除的 10 份，一共剔除 19 份问卷，有效问卷为 279 份，问卷有效率为 93.6%。其中，男性样本 130 个，女性样本 149 个，平均年龄为 20.8 岁，方差分析显示：$F(1, 277) = 0.219$，$P = 0.64$，性别对溢出效应的判断无显著差异。研究 2 被试者的描述性统计见表 14-48、表 14-49 和表 14-50。

表 14-48　研究 2 被试者的性别描述统计

性别	频率	百分比
男	130	46.6
女	149	53.4
合计	279	100.0

表 14-49　研究 2 被试者的学历描述统计

学历	频率	百分比
初中	7	2.5
高中	19	6.8
大专	38	13.6
本科	173	62.0
研究生	42	15.1
合计	279	100.0

表 14-50　研究 2 被试者的年龄描述统计

年龄	频率	百分比
17 岁及以下	2	0.7
18～22 岁	20	7.2

年龄	频率	百分比
23～28岁	89	31.9
29～35岁	109	39.1
36～50岁	58	20.8
51岁以上	1	0.4
合计	279	100.0

②操控检验。第一是品牌承诺，将品牌承诺的3个题项的均值作为承诺度分数，并以该分数的中值为区分高低承诺的标准，方差分析结果显示（见表14-51），高低承诺组的均值（标准差）分别为4.03（1.206）和3.95（1.415），存在显著差异：$F(1, 277) = 198.22$，$P < 0.05$，方差分析说明，品牌承诺的组间差异被成功操控。

表 14-51 品牌承诺的单因素方差分析

	平方和	df	均方	F	显著性
组间	0.389	1	0.302	198.22	0.039
组内	368.002	277	0.289		
总数	374.256	278			

第二是焦点品牌声誉，方差分析显示（见表14-52），各组对焦点品牌声誉评价无显著差异，均值从4.49到4.83，$F(3, 275) = 1.38$，$P = 0.57$，说明焦点品牌声誉被成功操控。

表 14-52 焦点品牌声誉的单因素方差分析

	平方和	df	均方	F	显著性
组间	0.453	3	0.403	1.38	0.570
组内	288.072	275	0.441		
总数	334.662	276			

第三是竞争品牌熟悉度，方差分析显示（见表14-53），G品牌牙膏品牌熟悉度为4.53，$F(1, 136) = 1.38$，$P = 0.74$，各组对G品牌牙膏较为熟悉且无显著差异；方差分析显示（见表14-54），N品牌牙膏熟悉度为4.28，$F(1, 139) = 2.86$，$P = 0.57$，各组对N品牌牙膏较为熟悉且无显著差异。

14-53 G品牌牙膏品牌熟悉度的单因素方差分析

	平方和	df	均方	F	显著性
组间	3.521	1	5.882	1.380	0.740
组内	228.367	136	6.493		
总数	558.371	137			

表 14-54 N品牌牙膏品牌熟悉度的单因素方差分析

	平方和	df	均方	F	显著性
组间	2.360	1	2.033	2.860	0.570
组内	320.026	139	3.966		
总数	428.559	140			

第四是产品伤害危机严重性，方差分析显示（见表14-55），各组对Z品牌牙膏产品伤害危机严重性的评价无显著差异，均值从3.86到4.68，$F(3, 275) = 5.38$，$P = 0.31$，说明Z品牌牙膏产品伤害危机严重

性的组间同质性被成功操控。

表 14-55　危机严重性的单因素方差分析

	平方和	df	均方	F	显著性
组间	0.693	3	0.326	5.38	0.310
组内	275.360	275	0.388		
总数	328.330	276			

第五是产品伤害危机真实性，方差分析显示（见表14-56），各组对Z品牌牙膏产品伤害危机真实性的评价无显著差异，均值从3.74到4.72，F(3, 275) = 0.56，P = 0.29，说明Z品牌牙膏产品伤害危机真实性的组间同质性被成功操控。

表 14-56　产品伤害危机真实性的方差分析

	平方和	df	均方	F	显著性
组间	0.720	3	0.423	0.56	0.293
组内	236.336	275	0.455		
总数	319.762	276			

第六是危机熟悉度，方差分析显示（见表14-57），各组对Z品牌牙膏产品伤害危机熟悉度的评价无显著差异，均值从2.85到3.74，F(3, 275) = 1.22，P = 0.15，说明Z品牌牙膏产品伤害危机熟悉度的组间同质性被成功操控。

表 14-57　Z品牌牙膏品牌熟悉度的单因素方差分析

	平方和	df	均方	F	显著性
组间	3.552	3	2.361	1.22	0.150
组内	362.004	275	3.632		
总数	411.365	276			

综上所述，数据通过了所有的操控检验，可以进行假设检验。

③因变量测量。溢出效应为产品伤害危机发生后消费者对竞争品牌态度及购买意愿的变化，Bartlett's球检验是显著的，说明存在因子结构，另外KMO = 0.827，较适宜因子分析（见表14-58），对4个题项进行探索性因子分析，提出1个因子（见表14-59，图14-20），解释方差变动为77.342%，即为溢出效应，Cronbach's α = 0.913，说明测量信度较好。由于采用的是多次使用的量表，内容效度也比较可靠。验证性因子分析显示测量模型拟合优度指标为：x^2/df = 1.82（< 3.0）、CFI = 1.00、NFI = 0.96、NNFI = 1.00（均 > 0.90），GFI = 0.96、AGFI = 0.95（> 0.80）、RMSEA = 0.073（< 0.08），说明聚合效度较好。

表 14-58　溢出效应的 KMO 和 Bartlett's 的检验

取样足够度的 Kaiser-Meyer-Olkin 度量		0.827
Bartlett's 的球形度检验	近似卡方	698.202
	df	6
	Sig.	0.000

表 14-59　溢出效应的因子提取

成分	初始特征值			提取平方和载入		
	合计	方差的 %	累积 %	合计	方差的 %	累积 %
1	3.094	77.342	77.342	3.094	77.342	77.342

成分	初始特征值			提取平方和载入		
	合计	方差的 %	累积 %	合计	方差的 %	累积 %
2	0.381	9.523	86.864			
3	0.301	7.537	94.401			
4	0.224	5.599	100.000			

提取方法：主成分分析。

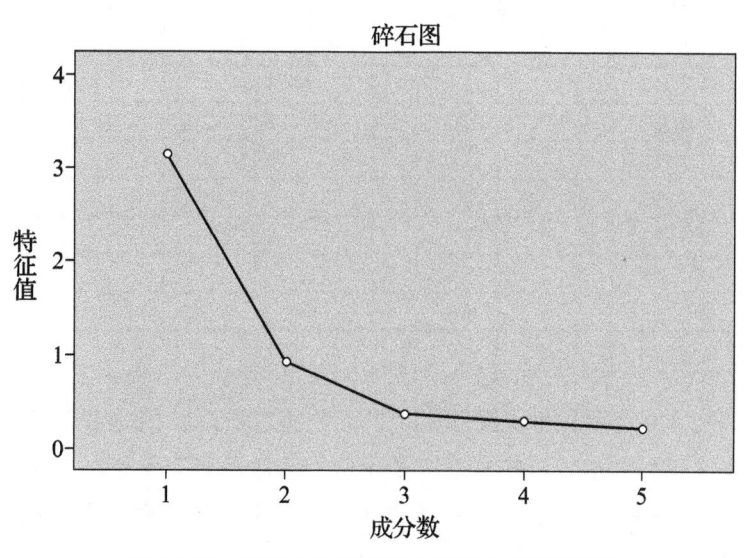

图 14-20　研究 2 溢出效应之因子分析的碎石图

④假设检验。首先，讨论假设 H6。H6 推测，焦点品牌发生产品伤害危机后，竞争品牌采取趋近型策略比规避型策略更容易提升趋近型消费者对竞争品牌的正面评价。方差分析显示（见表 14-60），对于趋近型消费者而言，焦点品牌发生产品伤害危机后，竞争品牌采取趋近策略（$M_{趋近策略}$ = 4.53，SD = 1.36）比采取规避策略（$M_{规避策略}$ = 4.36，SD = 1.82）更容易提升其对竞争品牌的正面评价，$F(1, 138)$ = 12.58，P = 0.03 < 0.05，因此假设 H6 得到验证。

表 14-60　竞争品牌两类应对策略对溢出效应影响的方差分析

因变量：溢出效应

	平方和	df	均方	F	显著性
组间	0.439	1	0.439	12.58	0.030
组内	126.697	138	0.918		
总数	127.136	139			

其次，检验假设 H7。H7 推测，焦点品牌发生产品伤害危机后，竞争品牌采取规避型策略比趋近型策略更容易降低预防型消费者对竞争品牌的负面评价。方差分析显示（见表 14-61），对于预防型消费者而言，焦点品牌发生产品伤害危机后，竞争品牌采取规避策略（$M_{规避策略}$ = 3.43，SD = 1.27）比采取趋近策略（$M_{趋近策略}$ = 3.28，SD = 1.58）更容易降低其对竞争品牌的负面评价，$F(1, 137)$ = 10.36，P = 0.045 < 0.05，因此假设 H_7 得到验证。

表 14-61　竞争品牌两类应对策略和调节聚焦对溢出效应的影响

	平方和	df	均方	F	显著性
组间	0.012	1	0.012	10.36	0.045
组内	133.296	137	0.973		

再次，检验假设 H8。H8 推测，在两类应对策略影响负面溢出效应的过程中，调节聚焦调节了两类应对策略对负面溢出效应的影响。基于两类应对策略与调节聚焦类型交互效应的多因素方差分析（见表 14-62），发现 $F_{应对策略 \times 调节聚焦} = 4.25$，$P < 0.05$，因此，消费者调节聚焦类型对溢出效应受到竞争品牌两类的应对策略影响的调节作用显著。

表 14-62　竞争品牌两类应对策略与调节聚焦交互的多元方差分析

因变量：溢出效应

方差来源	III 型平方和	自由度	均方	F 值	P 值
校正模型	6.075ª	3	2.025	2.142	0.000
截距	5923.967	1	5923.967	6265.893	0.000
调节聚焦	5.537	1	5.537	5.856	0.016
应对策略	0.151	1	0.151	0.160	0.026
调节聚焦 × 应对策略	0.297	1	0.297	4.250	0.035
误差	259.993	275	0.945		
总计	6202.875	279			
校正的总计	266.069	278			

注：$R^2 = 0.023$（调整 $R^2 = 0.012$）。

最后，检验假设 H9。H9 推测，焦点品牌发生产品伤害危机后，消费者对竞争品牌的承诺会调节两类应对策略和调节聚焦对负面溢出效应的影响。基于两类应对策略与承诺水平交互效应的多因素方差分析（见表 14-63），发现 $F_{应对策略 \times 承诺水平} = 6.38$，$P < 0.05$，因此，消费者对竞争品牌的承诺会调节竞争品牌两类应对策略对品牌评价的影响。

表 14-63　竞争品牌两类应对策略与品牌承诺的多元方差分析

因变量：溢出效应

方差来源	III 型平方和	df	均方	F	Sig.
校正模型	75.509a	3	25.170	36.323	0.000
截距	5939.181	1	5939.181	8570.954	0.000
应对策略	74.899	1	74.899	108.088	0.000
品牌承诺	0.089	1	0.089	0.128	0.000
应对策略 × 品牌承诺	0.461	1	0.461	6.381	0.041
误差	190.559	275	0.693		
总计	6202.875	279			
校正的总计	266.069	278			

注：$R^2 = 0.284$（调整 $R^2 = 0.276$）。

（3）研究小结。

本书重点研究了趋近策略与规避策略对负面溢出效应的影响，并研究了消费者调节聚焦与品牌承诺的调节作用。本书通过回顾现有危机应对策略的研究，根据调节聚焦理论、说服理论和营销模式的分类，提出了两大类应对策略，并发现对于趋近型消费者而言，焦点品牌发生产品伤害危机后，竞争品牌采取趋近策略比采取规避策略更容易提升其对竞争品牌的正面评价。对于预防型消费者而言，焦点品牌发生产品伤害危机后，竞争品牌采取规避策略比采取趋近策略更容易降低其对竞争品牌的负面评价。基于以上结论，我们可以看出，对于不同类型的消费者而言，产品伤害危机发生后，竞争品牌采取不同的应对策略会产生不同的效果。同时，消费者调节聚焦和消费者对竞争品牌的承诺会调节两类应对策略对负面溢出效应的影响。因此，本书通过归纳形成两类竞争品牌的应对策略，揭示了两类应对策略对负面溢出效应的影响，增加了对产品伤害危机和负面溢出效应的认识。本书的研究假设结果如表 14-64 所示。

表 14-64　研究 2 研究假设的检验结果

序号	研究假设	检验结果
1	H6：焦点品牌发生产品伤害危机后，竞争品牌采取趋近型策略比规避型策略更容易提升趋近型消费者对竞争品牌的正面评价	支持
2	H7：焦点品牌发生产品伤害危机后，竞争品牌采取规避型策略比趋近型策略更容易降低预防型消费者对竞争品牌的负面评价	支持
3	H8：在竞争品牌两大类应对策略影响负面溢出效应的过程中，调节聚焦调节了两类应对策略对危机负面溢出效应的影响	支持
4	H9：焦点品牌发生产品伤害危机后，消费者对竞争品牌的品牌承诺会调节两类应对策略和调节聚焦对负面溢出效应的影响	支持

在实践上，本书为非危机企业的竞争品牌有效应对产品伤害危机的负面溢出效应提供了参考依据。一方面，调节聚焦类型在两类应对策略影响负面溢出效应的过程中起到调节作用，对于趋近型消费者而言，焦点品牌发生产品伤害危机后，竞争品牌应根据自身产品所对应的消费者调节聚焦类型，选择适当的应对类型。具体而言：如果竞争品牌的目标客户更多的是预防型消费者，此时竞争品牌应更多地采取规避策略，避免与危机品牌产生更多的联系，如竞争品牌可以采取内部的改良措施来规避危机负面效应并避免自身客户流失，也可以采取发表声明和采取专家解释等措施来适应外部环境，进而将危机对自身的影响降到最低；如果竞争品牌的目标客户可能更多的是趋近型消费者，则宜采取趋近型应对策略，如竞争品牌在第一时间采取减价促销等方式来获取其他品牌流失的客户，也可以第一时间开展品牌拓展活动，在其他品牌流失的消费者心中建立优良的品牌形象，并进而形成竞争壁垒。可见，把消费者按调节聚焦倾向类型进行区别对待是竞争品牌应对危机负面溢出对症下药的关键。另一方面，本书发现，消费者对竞争品牌的承诺会调节竞争品牌两类应对策略对品牌评价的影响，高品牌承诺容易产生晕轮效应，并产生偏向处理倾向，因此，竞争品牌应着重建立与消费者的品牌承诺，当发生产品伤害危机时，高的品牌承诺能有效抵御焦点品牌所引起的负面溢出效应，并能在竞争品牌抢夺焦点品牌市场份额的过程中起到促进作用。

本书有三点贡献。一是在产品伤害危机发生后，竞争品牌应对策略的目的是重在抢夺焦点品牌市场份额还是重在避免自身遭受危机溢出的角度归纳形成了趋近与规避两类应对策略，丰富了竞争品牌危机应对策略的理论基础。二是识别了消费者调节聚焦的调节作用，这解释了为什么历经同样的危机，不同的消费者对同样的竞争品牌应对策略会产生不同的评价。三是识别了品牌承诺的调节作用，这解释了为什么历经同样的危机，不同非危机企业的竞争品牌采取类似的策略，但消费者却会对不同的竞争品牌产生不同的评价。

14.8.7.3　竞争品牌规避型应对策略对危机负面溢出效应的影响研究

产品伤害危机频发，危机不仅会对危机焦点企业的销售业绩、市场份额、股票价格和品牌资产造成巨大损害，还对非危机企业的竞争品牌乃至整个行业产生负面影响。Ahluwalia、Unnava 和 Burnkrant（2001）将这种因一个主体的某一特征或行为会影响到与该主体有一定关系，但本身不具有这一特征或行为的其他主体的现象称之为溢出效应（Spillover Effects）（Ahluwalia、Unnava 和 Burnkrant，2001；程娉婷，2011；汪兴东、景奉杰和涂铭，2012）。"城门失火，殃及池鱼"，产品伤害危机的负面溢出效应广泛存在已经成为常态，作为很多非危机企业的无辜竞争品牌，如何能够有效阻止或降低危机焦点企业带来的负面影响，这是众多企业现实中必须面临的问题。

通过归纳、分析现实中产品伤害危机负面溢出应对的相关案例，以区分非危机企业竞争品牌所采取的不同规避型说服应对策略。对于产品伤害危机负面溢出效应规避型说服应对策略的理解，现实中各竞争品牌还存在较大的分歧，危机发生后，有的企业直接矢口否认，有的企业则进行积极澄清，还有的企业则没有更好的选择方案，只能暂时保持沉默。这也说明"究竟哪种策略最优"这一问题，众多企业并没有达成一致的认识。

结合案例和梳理相关研究发现，对竞争企业而言，产品伤害危机是否会溢出到自己，主要取决于消费者对竞争品牌的信念（Roehm和Tybout，2006）。而消费者对竞争品牌的信念是否发生变化，属于溢出效应的研究范畴。但迄今为止，对于如何规避性地应对产品伤害危机的负面溢出效应这一问题，企业间还存在着不同的理解。对于现实中竞争品牌差异如此大的应对策略，我们不仅思考，哪种规避型应对策略能在最大程度上阻止或降低危机的负面溢出？此外，为什么规避型应对策略即使相同，危机的负面溢出在不同竞争品牌间却存在较大差异？

对于这些问题，现有研究还不能提供确切答案。对溢出应对问题的研究，Roehm和Tybout（2006）率先讨论了品牌丑闻后竞争品牌采用否认和沉默两种规避型说服策略在负面溢出效应是否发生情况下的溢出差异（Roehm和Tybout，2006），余伟萍、张啸和段桂敏（2015）则基于改进策略、否认策略和缄默策略对品牌丑闻的负面溢出效应进行了研究。但对于以上两个研究，一是仅考虑了品牌丑闻的溢出，是否与产品伤害危机存在溢出差异需要进一步验证；二是研究结论的普适性有待进一步检验；三是对现实中竞争品牌规避型应对策略的涵盖还不够全面；四是还存在其他因素会影响溢出的效果。因此，如何应对产品伤害危机的负面溢出效应，仍然是需要探索的问题。

针对与规避型调节聚焦倾向消费者一致的规避型目标趋近策略——规避型说服策略，本书基于危机溢出应对策略Roehm和Tybout（2006）关于否认策略和缄默策略，以及余伟萍、张啸和段桂敏（2015）关于改进策略、否认策略和缄默策略的研究，结合现实产品伤害危机案例提出了"区隔策略"，即从产品属性将非危机企业与危机焦点企业在产品安全和实用属性上进行隔离。由于"否认策略"也是强调产品安全和实用属性的差异，因此，本书一并将区隔策略和否认策略均归为规避型说服策略，进而探讨规避型说服策略对产品伤害危机负面溢出效应的影响。结合缄默策略（控制组）本书将危机负面溢出效应的规避型说服策略分为缄默、否认和区隔三类。这三种策略可能会在不同程度上影响顾客对竞争品牌的态度和购买意愿，进而影响负面溢出效应。

14.8.7.4 竞争品牌趋近型应对策略对危机负面溢出效应的影响研究

趋近策略来源于竞争模式（Iyer和Soberman，2000），趋近策略的核心为"争增量"——争夺由于危机所造成的其他品牌的流失客户。趋近型调节聚焦意味着消费者受到外界刺激时会倾向于使用"进攻"导向的回应策略，更多的考虑使用"进攻"策略所带来的收益与利益，具有"进攻"的思维定式（Higgins，1997）。趋近型调节聚焦倾向的消费者关注通过争取而达到的正面效果，追求利益与快乐，强调实现自我理想，并期待快乐与刺激（Ku等，2012）。当产品伤害危机爆发后，非危机企业的竞争品牌所采用的趋近型策略强调通过竞争的行为与策略获取焦点品牌的市场份额，其策略导向与趋近型消费者的"思维定式"相符合。

此外，竞争策略的研究内容为组织采取怎样的策略来最大限度地争夺市场。谢洪明、彭说龙和蓝海林（2003）认为，企业面临危机时通常有两种应对行为，一种是企业发动进攻性竞争行为，通常希望对手不回应；另一种是企业采取保护自己市场份额的竞争策略，希望建立竞争壁垒（谢洪明、彭说龙和蓝海林，2003）。相似的是，竞争品牌同样可以采取发动进攻性竞争行为与建立竞争壁垒来争夺由于危机所造成的其他品牌的流失客户，竞争品牌可以在危机发生后，第一时间采取打折促销等方式来获取其他品牌流失的客户，也可以第一时间开展品牌拓展活动，在其他品牌流失的消费者心中建立优良的品牌形象，并进而形成竞争壁垒。因此，产品伤害危机发生后，竞争品牌的趋近型应对策略是否将会引发"趁火打劫"的效果，是否能显著降低负面溢出效应，这问题尚未通过实证进行研究。

因此，本书主要探讨趋近型应对策略对负面溢出效应的影响，研究产品类型和品牌承诺的调节作用，探究为降低负面溢出效应，针对不同产品类型，竞争企业可以采用的最佳趋近型应对策略。针对与趋近型调节聚焦倾向消费者一致的趋近型目标趋近策略——趋近型说服策略，本书基于广告诉求策略的研究，提出理性说服策略和感性说服策略，进而探讨趋近型说服策略对产品伤害危机负面溢出效应的影响。

（1）研究设计。

本书主要探讨趋近型说服策略对溢出效应的影响。自变量是趋近型应对策略，调节变量是产品类型和品牌承诺，因变量是竞争品牌的品牌态度（前后差）和购买意愿（前后差）。

①实验程序。

实验采用随机抽取样本方式，在成都街头或小区采用拦截被试者邀请参与调查的方式，开展情景实验研究。实验自变量为竞争品牌对产品伤害危机负面溢出效应的趋近型应对策略，因变量为产品伤害危机发生后竞争企业采取趋近型应对策略前后消费者对竞争品牌态度和购买意愿的变化（溢出效应），调节变量为调节聚焦和品牌承诺。

实验流程如下：首先，请被试者对测量趋近型调节聚焦类型的3个题项进行选择，然后阅读关于焦点品牌的文字介绍，并请被试者分别对产品的熟悉度、产品类型、产品涉入度、品牌承诺进行评价（用于操控检验和假设检验）；然后，请被试者阅读危机品牌的产品伤害危机事件的简介，并由被试者分别对产品伤害危机的严重性、刺激物真实性进行评价（打分均用于操控检验），请被试者对竞争品牌的品牌态度和购买意愿进行评价；再次，请被试者阅读危机后消费者对竞争企业的应对策略的刺激物，对竞争策略进行判断，并请被试者对竞争品牌态度和购买意愿进行再次评分（该项打分用于假设检验）；最后，请被试者填写与人口统计特征相关的问题。

②变量测量。本书所涉及的量表大多采用成熟的量表，当所用变量没有成熟量表时，就结合本书进行修改，各量表均采用9点Likert量表进行测量，最小分值为1，最大分值为9。

调节聚焦量表。本书对被试者的调节聚焦属性进行了操控，翻译了Pham和Avnet（2004）及Sengupta和Zhou（2007）使用的操控方法，以增强操控效果。此外，本书进一步翻译了Pham和Avnet（2004）对趋近型调节聚焦属性的操控方法，使用"①请仔细回想您在儿童时代，有哪些梦想与渴望？请列举两点即可；②对您来说，您现在的梦想与渴望又是什么？请列举两个即可"两个题项（Pham和Avnet，2004）。

本书参考Sengupta和Zhou（2007）的研究，操控调节聚焦的类型，即趋近型聚焦，6个测量题项为："我情愿为好朋友做出奉献""为好朋友腾出时间，我不会忽略他们""我会对好朋友忠诚及爱护""与好朋友保持联络，我不会和他们失去联络""我会在情感上支持好朋友""为好朋友保守秘密，我不会在背后说他们闲话"（Sengupta和Zhou，2007；田阳等，2014；张黎、郑毓煌和吴川，2011）。

趋近型应对策略量表。本书对趋近型应对策略的测量的量表主要参考Phillips和McQuarrie（2004）的研究进行设计，采用2个测试题项："我觉得这广告能清晰地表达产品的核心性能、功能特征；我觉得这广告的表达是感性的，可激发我的愉悦感"（Phillips和McQuarrie，2004；郭国庆、周健明和邓诗鉴，2015）。

产品类型量表。本书首先向被试者介绍产品类型的定义，即"享乐型产品是指通过使用而能给人带来乐趣、愉悦感、刺激感的一种产品，会让消费者产生愧疚感或产品非必需感""实用性产品是指以目标和功能为导向的一种产品，个人消费此产品是满足日常生活基本需求，很少会让消费者产生愧疚感"（朱翊敏，2013）。然后请被试者评价牙膏产品应所属的类型，所用测试题项为"牙膏/巧克力是一种实用型产品/享乐型产品"。

品牌承诺量表。本书对品牌承诺的测量，主要参考Raju、Unnava和Montgomery（2009）的研究，使用"如果在商店买不到A牙膏（巧克力），我不会选择其他品牌的牙膏（巧克力）""我觉得我对A牙膏（巧克力）很忠诚""在购买A牙膏（巧克力）的时候，我不会受其他品牌促销的影响"3个题项（Raju、

Unnava 和 Montgomery，2009），Cronbach's α 值为 0.97。

品牌态度量表。本书对于品牌态度的测量，采用 Ahluwalia、Unnava 和 Burnkrant（2001）使用的量表，包括"很差/很好，正面/负面，喜欢/不喜欢"3个题项（Ahluwalia、Unnava 和 Burnkrant，2001），前后测品牌态度的 Cronbach's α 值分别为 0.968、0.974。

购买意愿量表。本书对于购买意愿的测量，采用 Dawar 和 Pillutla（2000）使用的量表，包括"肯定不会购买/肯定购买，不希望使用/希望使用"两个题项（Dawar 和 Pillutla，2000；方正等，2010；方正等，2011），Cronbach's α 值分别为 0.948、0.958。

危机严重性量表。对危机严重性的测量，采用 Dawar 和 Pillutla（2000）的量表，具体包括"该报道中 Z 品牌牙膏（Y 品牌巧克力）对消费者健康伤害很大""该报道中 Z 品牌牙膏（Y 品牌巧克力）很不安全""该报道中 Z 品牌牙膏（Y 品牌巧克力）危害性很大"3个题项（Dawar 和 Pillutla，2000），Cronbach's α 值为 0.927。

产品涉入度量表。本书对于产品涉入度的测量，采用 Zeithaml(1988) 的量表，包括"牙膏（巧克力）这种产品对我来说是很重要的""在购买牙膏（巧克力）前，我常常收集牙膏（巧克力）品牌相关信息""在购买牙膏（巧克力）前，我常常比较不同品牌产品的功能特点"3个题项（Zeithaml，1988；郭国庆、周健明和邓诗鉴，2015），Cronbach's α 值为 0.795。

信息真实性的量表。本书对于购买意愿的测量，采用方正等（2011）的量表，包括"该报道是真实的""该报道是可信的""该报道是源于现实的"3个题项（方正等，2011），Cronbach's α 值为 0.896。

以上各变量的量表都采用 9 分 Likert 量表。对于英文题项，采用"双盲"翻译方法，以确保能够准确表达。

（2）数据分析。

①样本概况。

在本书中总样本量设计为 420 个（3×2×2×35），通过街头拦截被试者，随机分配样本，开展实验，实际回收有效问卷 374 份，有效回收率为 89.05%。在 374 个有效样本中，男性占 52.9%，女性占 47.1%（见表 14-65）；年龄在 18～22 岁的占 25.9%，23～28 岁 55.6%，29～35 岁占 15.2%，36～50 岁占 2.9%，50 岁以上的占 0.3%（见表 14-66）；教育程度为高中/中专的为 5.1%，大专的为 17.6%，本科为 70.3%，研究生为 7.0%（见表 14-67）；月收入 800～1000 元的占 48.0%，1000～3000 元的占 11.8%，3000～5000 元的占 41.7%，5000 元以上的占 27.8%，5000 元以上的占 14.7%（见表 14-68）。

表 14-65　被调查者性别描述统计

性别	频率	百分比 /%
男	198	52.9
女	176	47.1
合计	374	100.0

表 14-66　被调查者年龄描述统计

年龄分布	频率	百分比 /%
16～25 岁	97	25.9
26～35 岁	208	55.6
36～45 岁	57	15.2
46～55 岁	11	2.9
56 岁以上	1	0.3
合计	374	100.0

表 14-67 被调查者学历描述统计

学历	频率	百分比 /%
高中/中专	19	5.1
大专	66	17.6
本科	263	70.3
研究生及其以上	26	7.0
合计	374	100.0

表 14-68 被调查者月收入描述统计

收入	频率	百分比 /%
1000 元以下	15	4.0
1001～2000 元	44	11.8
2001～4000 元	156	41.7
4001～7000 元	104	27.8
7001 元及以上	55	14.7
合计	374	100.0

② 变量描述。

本部分描述了自变量、调节变量、因变量的均值、方差等信息。

自变量。本书自变量是趋近型应对策略，其均值、标准差见表 14-69。

表 14-69 自变量的描述统计

趋近说服策略	样本量	均值	标准差	均值的 95% 置信区间 下限	均值的 95% 置信区间 上限	最小值	最大值
理性说服策略	124	7.20	1.23	6.98	7.42	5.00	9.00
感性说服策略	125	2.40	0.91	2.24	2.56	1.00	5.00
缄默策略	124	7.20	1.23	6.98	7.42	5.00	9.00

调节变量。在本书中，产品类型是调节变量，其均值、标准差见表 14-70。

表 14-70 产品类型的描述统计

产品类型	样本量	均值	标准差	均值的 95% 置信区间 下限	均值的 95% 置信区间 上限	最小值	最大值
享乐型产品	189	2.90	1.06	2.75	3.06	1.00	5.00
实用型产品	185	7.70	1.15	7.54	7.87	4.00	9.00
合计	374	5.28	2.65	5.01	5.55	1.00	9.00

在本书中，品牌承诺是调节变量，描述性统计见表 14-71，通过主成分分析法对品牌承诺进行因子分析。因子分析的结果显示，数据的 KMO 值为 0.785，Bartlett's 球形检验的显著性为 0.000，说明研究数据符合因子分析的要求（见表 14-72）。通过对溢出效应品牌承诺的 3 个测试题项，提出一个因子（见表 14-73），解释的方差变动量为 94.434%，即为品牌承诺，Cronbach's α 值为 0.97，说明测量信度较好。

表 14-71 品牌承诺的描述统计

品牌承诺	均值	标准差	最小值	最大值
品牌承诺 1	5.70	1.982	2	9
品牌承诺 2	5.80	1.896	2	9
品牌承诺 3	5.80	1.933	2	9

表 14-72 品牌承诺的 KMO 和 Bartlett's 的检验

取样足够度的 Kaiser-Meyer-Olkin 度量		0.785
Bartlett's 的球形度检验	近似卡方	1459.288
	df	3
	Sig.	0.000

表 14-73 品牌承诺的因子提取

成分	初始特征值			提取平方和载入		
	合计	方差的 %	累积 %	合计	方差的 %	累积 %
1	2.833	94.434	94.434	2.833	94.434	94.434
2	0.091	3.017	97.450			
3	0.076	2.550	100.000			

提取方法：主成分分析。

根据实验要求，溢出效应为消费者对竞争品牌的品牌态度及购买意愿在危机后竞争企业采取趋近型应对策略前后的测量之差。通过主实验的应对策略前后测量，对竞争品牌的品牌态度（前后差）和购买意愿（前后差）5个题项进行探索性因子分析。因子分析的结果显示，数据的 KMO 值为 0.921，Bartlett's 球形检验的显著性为 0.000，说明研究数据符合因子分析的要求（见表 14-74）。通过对溢出效应的 5 个测试题项，提出一个因子，解释的方差变动量为 90.16%，即为溢出效应（Cronbach's α 值为 0.973），说明测量信度较好（见表 14-75、表 14-76、表 14-77、图 14-21）。由于采用的是多次使用的量表，内容效度也比较可靠。验证性因子分析显示测量模型拟合优度指标为：$x^2/df = 2.194$（< 3.0），SRMR = 0.005（< 0.05），AGFI = 0.965，GFI = 0.988，CFI = 0.998，NFI = 0.996，TLI = 0.996，RMSEA = 0.057。

表 14-74 溢出效应的 KMO 和 Bartlett's 的检验

取样足够度的 Kaiser-Meyer-Olkin 度量		0.921
Bartlett's 的球形度检验	近似卡方	2631.163
	df	10
	Sig.	0.000

表 14-75 溢出效应的量表信度

基于标准化项的 Cronbach's α	Cronbach's α	项数
0.973	0.972	5

表 14-76 溢出效应的项总计统计量

	已删除的刻度均值	已删除的刻度方差	校正的项总计相关性	多相关性的平方	已删除项的 Cronbach's α 值
溢出效应 1	1.9064	41.243	0.945	0.901	0.962
溢出效应 2	1.8717	41.388	0.932	0.881	0.964
溢出效应 3	1.9064	41.002	0.934	0.874	0.964
溢出效应 4	1.893	41.200	0.894	0.806	0.970
溢出效应 5	1.877	41.518	0.896	0.805	0.970

表 14-77 溢出效应的因子提取

成分	初始特征值			提取平方和载入		
	合计	方差的 %	累积 %	合计	方差的 %	累积 %
1	4.508	90.164	90.164	4.508	90.164	90.164
2	0.176	3.522	93.686			

续表

成分	初始特征值			提取平方和载入		
	合计	方差的 %	累积 %	合计	方差的 %	累积 %
3	0.143	2.864	96.550			
4	0.100	2.004	98.554			
5	0.072	1.446	100.000			

提取方法：主成分分析。

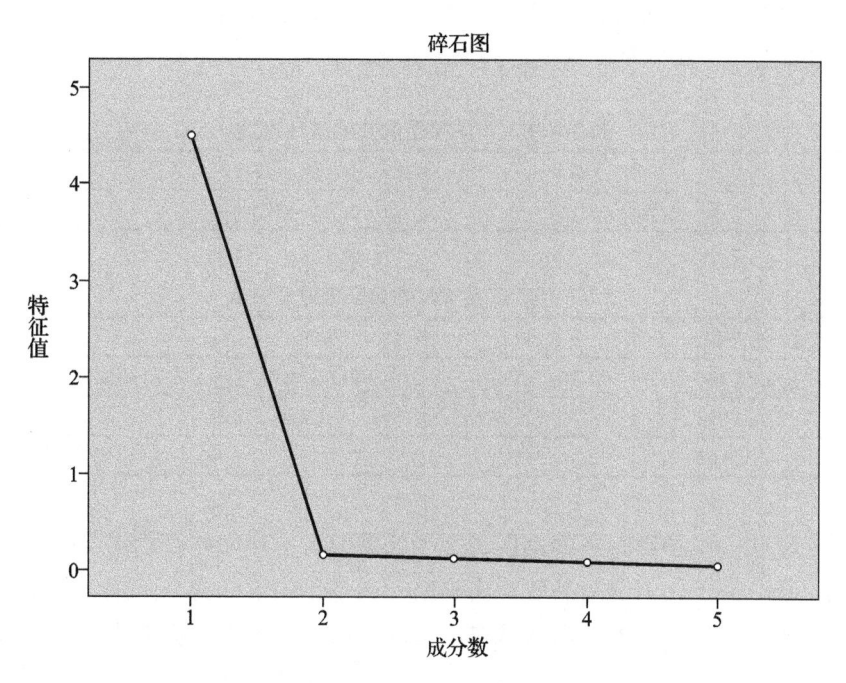

图 14-21　研究 4 溢出效应的因子分析之碎石图

③操控检验。

趋近型调节聚焦操控成功。本书采用了 Sengupta 和 Zhou（2007）和 Pham 和 Avnet（2004）使用的操控方法，这一操控方法早在若干个实验研究中被运用过（Sengupta 和 Zhou，2007）。考虑到样本对于问题项的熟悉程度及操控的便易程度，也为了增强操控效果，本书结合了这两种方法来对被试者进行操控，并指出：该调查是一个有关社会学的研究，需要被试者花费一些时间认真回答下列 2 个问题（Sengupta 和 Zhou，2007；张黎、郑毓煌和吴川，2011），具体包括"请仔细回想您在儿童时代有哪些梦想与渴望""对于现在的您来说，您的梦想与渴望又是什么"。

本书参考 Sengupta 和 Zhou（2007）检验调节聚焦的操控效果（Sengupta 和 Zhou，2007）。询问被试者"你在努力经营友谊时，从 6 条表述中，选择你最看重的 3 条"，并提供规避型和趋近策略表述各 3 条，其中对 3 条规避型表述的测项而言，选择一条规避型表述得 1 分，选择一条趋近型表述不得分，最高分为 3 分，最低分为 0 分；对 3 条趋近型表述的测项而言，选择一条趋近型表述得 1 分，选择一条规避型表述不得分，最高分为 3 分，最低分为 0 分（杨洋、方正和江明华，2015）。配对样本趋近型 3 个测项总得分的均值显著高于规避型 3 个测项总得分的均值 [$M_{趋近型测项均值}$ = 1.98，$M_{规避型测项均值}$ = 1.03，$t(373)$ = 11.613，$P < 0.05$]。

趋近型应对策略得到了成功操控。本书将趋近型应对策略分为理性说服策略、感性说服策略、缄默策略，其中缄默策略为控制组，通过广告来进行操控。本书参考 Phillips 和 McQuarrie（2004）的量表，使用"我觉得这广告能清晰地表达产品的核心性能、功能特征"和"我觉得这广告的表达是感性的，可激发我的愉悦感"两个题项(Phillips 和 McQuarrie, 2004)。相对于接受感性说服策略刺激物的被试者, 接受理性说服策略刺激物的被试者对该题项的评价存在显著差异[$M_{理性说服策略}$ = 1.23；$M_{感性说服策略}$ = 0.91, t(226) = 35.044, P < 0.05]；相对于接受理性说服策略刺激物的被试者, 接受感性说服策略刺激物的被试者对该题项的评价存在显著差异[$M_{理性说服策略}$ = 2.60, SD = 1.03；$M_{感性说服策略}$ = 7.14, SD = 1.22, F(1, 247) = 1011.984, P < 0.05]。因此,本书对说服策略类型的操控是成功的。

产品类型得到成功操控。单因素方差分析结果显示(见表14-78、表14-79), 享乐型产品的分数明显大于实用型产品的分数[$M_{实用型产品分数}$ = 7.70, SD = 1.15；$M_{享乐型产品分数}$ = 2.90, SD = 1.06；F(1, 372) = 1752.108, P < 0.05]。因此,本书对产品类型的操控是成功的。

表 14-78 产品类型的方差齐性检验

Levene 统计量	df1	df2	显著性
3.270	1	372	0.071

表 14-79 产品类型的单因素方差分析

	平方和	df	均方	F	显著性
组间	2152.146	1	2152.146	1752.108	0.000
组内	456.934	372	1.228		
总数	2609.08	373			

品牌承诺被操控成功。本书以将品牌承诺的3个题项的均值作为品牌承诺分数,并以该分数的中值为区分高低承诺的标准,高于中值的为品牌承诺高组,而低于中值的为品牌承诺低组。方差分析结果显示(见表14-80、表14-81、表14-82), 品牌承诺高组的均值显著大于品牌承诺低组的均值[$M_{品牌承诺高}$ = 7.41, SD = 0.98；$M_{品牌承诺低}$ = 4.12, SD = 0.84；F(1, 372) = 1223.313, P < 0.05]。因此,品牌承诺的组间差异被成功操控。

表 14-80 品牌承诺的描述统计

品牌承诺	样本量	均值	标准差	均值的95%置信区间 下限	均值的95%置信区间 上限	最小值	最大值
品牌承诺低	187	4.12	0.98	3.98	4.26	2.00	5.00
品牌承诺高	187	7.41	0.84	7.29	7.53	6.33	9.00
合计	374	5.77	1.88	5.57	5.96	2.00	9.00

表 14-81 品牌承诺的方差齐性检验

Levene 统计量	df1	df2	显著性
1.967	1	372	0.162

表 14-82 品牌承诺的单因素方差分析

	平方和	df	均方	F	显著性
组间	1013.337	1	1013.337	1223.313	0.000
组内	308.148	372	0.828		
总数	1321.485	373			

危机严重性被操控成功。方差分析显示(见表14-83、表14-84、表14-85), 各组对产品伤害危机严

重性的评价无显著差异，均值从 6.81 到 7.48，F(5, 189) = 1.083，P = 0.374，说明产品伤害危机严重性的组间同质性被成功操控。

表 14-83　危机严重性的描述统计

因变量：危机严重性

实验组	均值	标准差	样本量
1	6.81	1.58	31
2	7.33	1.28	32
3	7.02	1.51	28
4	7.48	1.24	33
5	6.86	1.63	28
6	7.40	1.09	35
7	6.86	1.72	27
8	7.37	1.05	35
9	6.85	1.56	38
10	7.36	1.33	25
11	6.83	1.43	34
12	6.98	1.96	28

表 14-84　危机严重性的方差齐性检验

Levene 统计量	df1	df2	显著性
1.502	11	362	0.128

表 14-85　危机严重性的多元方差分析

因变量：危机严重性

	平方和	df	均方	F	Sig.
组间	25.240	11	2.295	1.083	0.374
组内	767.078	362	2.119		
总数	792.318	373			

信息真实性被操控成功。方差分析发现（见表 14-86、表 14-87、表 14-88），各组对信息真实性的评价无显著差异，均值从 7.08 到 7.65，F(11, 362) = 1.418，P = 0.162，说明信息真实性的组间同质性被成功操控。

表 14-86　信息真实性的描述统计

因变量：信息真实性

实验组	均值	标准差	样本量
1	7.39	0.95	31
2	7.40	0.81	32
3	7.65	0.92	28
4	7.65	0.78	33
5	7.08	1.05	28
6	7.35	0.89	35
7	7.53	0.89	27
8	7.58	0.82	35
9	7.10	0.90	38
10	7.41	0.60	25
11	7.30	0.92	34
12	7.32	1.04	28

表 14-87　信息真实性的方差齐性检验

Levene 统计量	df1	df2	显著性
1.302	11	362	0.221

表 14-88　信息真实性的多元方差分析

因变量：信息真实性

	平方和	df	均方	F	Sig.
组间	12.297	11	1.118	1.418	0.162
组内	285.37	362	0.788		
总数	297.666	373			

产品涉入度被操控成功。方差分析发现（见表14-89、表14-90、表14-91），各组对产品涉入度的评价无显著差异，均值从 7.21 到 7.80，$F(11, 362) = 1.594$，$P = 0.098 > 0.05$，说明产品涉入度的组间同质性被成功操控。

表 14-89　产品涉入度的描述统计

因变量：产品涉入度

实验组	均值	标准差	样本量
1	7.31	0.85	31
2	7.80	0.67	32
3	7.36	0.80	28
4	7.47	0.84	33
5	7.21	1.02	28
6	7.52	0.94	35
7	7.23	0.54	27
8	7.51	0.83	35
9	7.46	1.01	38
10	7.80	0.91	25
11	7.23	0.79	34
12	7.49	0.90	28

表 14-90　产品涉入度的方差齐性检验

Levene 统计量	df1	df2	显著性
1.562	11	362	0.108

表 14-91　产品涉入度的多元方差分析

因变量：产品涉入度

	平方和	df	均方	F	显著性
组间	12.789	11	1.163	1.594	0.098
组内	264.034	362	0.729		
总数	276.824	373			

综上所述，数据通过了所有的操控检验，可进一步展开假设检验。

④假设检验。

首先，检验假设 H13。H13 推测，就降低负面溢出效应的效果而言，竞争企业的趋近型应对策略中理性说服策略和感性说服策略的效果都优于缄默策略的效果。方差分析显示（见表14-92、表14-93、表14-94、表14-95），竞争企业的趋近型应对策略的使用会引起负面溢出效应的变化，$F(2, 371) =$

84.242，P < 0.0005，η^2 = 0.31。Tukey 事后检验程序表明，使用区隔策略显著比缄默策略降低更多的负面溢出（M $_{理性说服策略}$ = 1.18，SD = 1.36；M $_{缄默策略}$ = −0.78，SD = 1.18，P < 0.0005），即就降低负面溢出效应的效果而言，竞争品牌的理性说服策略的效果都优于缄默策略的效果。因此，H13a 得到验证。感性说服策略能显著比缄默策略（M $_{感性说服策略}$ = 1.02，SD = 1.43；M $_{缄默策略}$ = −0.78，SD = 1.18；P < 0.0005）降低更多的负面溢出，即就降低负面溢出效应的效果而言，竞争品牌的感性说服策略的效果都优于缄默策略的效果。因此，H13b 得到验证。综上，H13 得到验证。

表 14-92　趋近型应对策略对溢出效应的影响的描述统计因变量：溢出效应

	样本	均值	标准差	标准误	均值的 95% 置信区间		最小值	最大值
					下限	上限		
理性说服策略	124	1.18	1.36	0.12	0.94	1.42	−4.00	4.60
感性说服策略	125	1.02	1.43	0.13	0.77	1.28	−3.20	5.00
缄默策略	125	−0.78	1.18	0.11	−0.99	−0.58	−6.20	2.00
总数	374	0.47	1.60	0.08	0.31	0.63	−6.20	5.00

表 14-93　趋近型应对策略对溢出效应的影响的方差齐性检验

因变量：溢出效应

Levene 统计量		df1	df2	显著性
1.010		2	371	0.365

表 14-94　趋近型应对策略对溢出效应的影响的单因素方差分析

因变量：溢出效应

	平方和	df	均方	F	显著性
组间	296.984	2	148.492	84.242	0.000
组内	653.953	371	1.763		
总数	950.936	373			

表 14-95　趋近型应对策略对溢出效应的影响的多重比较

趋近型应对策略	趋近型应对策略	均值差	标准误	显著性
理性说服策略	感性说服策略	0.15	0.17	0.63
	缄默策略	1.96142	0.17	0.00
感性说服策略	理性说服策略	−0.15	0.17	0.63
	缄默策略	1.80800	0.17	0.00
缄默策略	理性说服策略	−1.96142	0.17	0.00
	感性说服策略	−1.80800	0.17	0.00

其次，检验假设 H14。H14 推测，在危机溢出效应中，产品类型调节了趋近型应对策略对负面溢出效应的影响。方差分析显示（见表 14-96、表 14-97、表 14-98），趋近型应对策略和产品类型对溢出效应的交互作用的多因素方差分析，$F(5, 368)$ = 30.052，P = 0.000 < 0.05，产品类型影响了趋近型应对策略对负面溢出效应的作用。因此，在危机溢出效应中，趋近型应对策略对负面溢出效应的影响受到产品类型的调节作用显著。因此，H14 得到验证。

表 14-96　趋近型应对策略 × 产品类型对溢出效应影响的描述统计

因变量：溢出效应

趋近型应对策略	产品类型	均值	标准差	样本量
理性说服策略	享乐型产品	0.54	1.20	63
	实用型产品	1.83	1.21	61

续表

趋近型应对策略	产品类型	均值	标准差	样本量
感性说服策略	享乐型产品	1.54	1.48	63
	实用型产品	0.50	1.17	62
缄默策略	享乐型产品	−1.12	1.23	63
	实用型产品	−0.44	1.02	62

表 14-97　趋近型应对策略 × 产品类型对溢出效应影响的方差齐性检验

因变量：溢出效应

Levene 统计量	df1	df2	显著性
0.707	5	368	0.618

表 14-98　趋近型应对策略 × 产品类型对溢出效应影响的多元方差分析

因变量：溢出效应

方差来源	III 型平方和	df	均方	F	Sig.
校正模型	396.581a	5	79.316	52.653	0.000
截距	84.541	1	84.541	56.121	0.000
趋近型应对策略	297.358	2	148.679	98.698	0.000
产品类型	9.2120	1	9.2120	6.1160	0.014
趋近型应对策略 × 产品类型	90.541	2	45.270	30.052	0.000
误差	554.355	368	1.5060		
总计	1033.76	374			
校正的总计	950.936	373			

注：$R^2 = 0.417$（调整 $R^2 = 0.409$）。

为检验假设 H14a，即对实用型产品而言，竞争企业的趋近型应对策略降低负面溢出效应的效果而言，理性说服策略优于感性说服策略。单因素方差分析显示（见表 14-99、表 14-100、表 14-101），对实用型产品而言，竞争企业的趋近型应对策略中理性说服策略降低负面溢出效应的效果显著优于感性说服策略的效果 [$M_{理性说服策略} = 1.83$，$SD = 1.21$；$M_{理性说服策略} = 0.50$，$SD = 1.17$；$F(1, 121) = 38.257$，$P < 0.05$]。因此，假设 H14a 得到验证。

表 14-99　实用品中趋近型说服策略对溢出效应影响的描述统计

因变量：溢出效应

趋近说服策略	样本	均值	标准差	均值的 95% 置信区间 下限	均值的 95% 置信区间 上限	最小值	最大值
理性说服策略	61	1.83	1.21	1.52	2.14	−1.80	4.00
感性说服策略	62	0.50	1.17	0.21	0.80	−3.00	3.00
总数	123	1.16	1.36	0.92	1.41	−3.00	4.00

表 14-100　实用品中趋近型说服策略对溢出效应影响的方差齐性检验

因变量：溢出效应

Levene 统计量	df1	df2	显著性
0.284	1	121	0.595

表 14-101　实用品中趋近型说服策略对溢出效应影响的单因素方差分析

因变量：溢出效应

	平方和	df	均方	F	显著性
组间	54.354	1	54.354	38.257	0.000
组内	171.914	121	1.421		
总数	226.268	122			

为检验假设 H14b，就享乐型产品而言，竞争品牌的趋近型应对策略降低负面溢出效应的效果而言，感性说服策略优于理性说服策略。单因素方差分析显示（见表 14-102、表 14-103、表 14-104），对享乐型产品而言，竞争企业的趋近型应对策略中感性说服策略降低负面溢出效应的效果显著优于理性说服策略的效果 [$M_{理性说服策略} = 0.54$，SD = 1.20；$M_{理性说服策略} = 1.54$，SD = 1.48；$F(1, 124) = 17.117$，$P < 0.05$]。因此，假设 H14b 得到验证。

表 14-102　享乐品中趋近型说服策略对溢出效应影响的描述统计

因变量：溢出效应

趋近说服策略	样本	均值	标准差	均值的 95% 置信区间 下限	均值的 95% 置信区间 上限	最小值	最大值
理性说服策略	63	0.54	1.20	0.15	0.24	.84	−4.00
感性说服策略	63	1.54	1.48	0.19	1.16	1.91	−3.20
总数	126	1.04	1.43	0.13	0.79	1.29	−4.00

表 14-103　享乐品中趋近型说服策略对溢出效应影响的方差齐性检验

因变量：溢出效应

Levene 统计量	df1	df2	显著性
1.177	1	124	0.280

表 14-104　享乐品中趋近型说服策略对溢出效应影响的单因素方差分析

因变量：溢出效应

	平方和	df	均方	F	显著性
组间	31.101	1	31.101	17.117	0.000
组内	225.300	124	1.817		
总数	256.402	125			

综上，假设 H14 得到验证。

最后，为验证假设 H15，即在危机溢出效应中，消费者对竞争品牌的承诺会调节趋近型应对策略和产品类型对负面溢出效应的影响。多元方差分析显示（见表 14-105、表 14-106、表 14-107）：趋近型应对策略 × 产品类型 × 品牌承诺对溢出效应的影响存在显著差异，$F(11, 362) = 3.501$，$P = 0.031 < 0.05$。因此，假设 15 得到验证。

表 14-105　趋近型应对策略 × 产品类型 × 品牌承诺对溢出效应影响的描述统计

因变量：溢出效应

趋近型应对策略	产品类型	品牌承诺	样本	均值	标准差	95% 置信区间 下限	95% 置信区间 上限
理性说服策略	享乐型产品	低	31	0.43	1.42	0.01	0.84
		高	32	0.66	0.94	0.25	1.07
	实用型产品	低	28	1.16	0.87	0.72	1.60
		高	33	2.41	1.17	2.00	2.81

续表

趋近型应对策略	产品类型	品牌承诺	样本	均值	标准差	95% 置信区间 下限	95% 置信区间 上限
感性说服策略	享乐型产品	低	28	0.90	1.50	0.46	1.34
		高	35	2.05	1.27	1.65	2.44
	实用型产品	低	28	0.19	0.87	−0.25	0.62
		高	34	0.76	1.33	0.37	1.16
缄默策略	享乐型产品	低	38	−1.12	1.07	−1.49	−0.74
		高	25	−1.14	1.46	−1.60	−0.67
	实用型产品	低	34	−0.56	1.26	−0.96	−0.17
		高	28	−0.29	0.62	−0.72	0.15

表 14-106　趋近型应对策略 × 产品类型 × 品牌承诺对溢出效应影响的方差齐性检验

因变量：溢出效应

Levene 统计量	df1	df2	显著性
1.158	11	362	0.315

表 14-107　趋近型应对策略 × 产品类型 × 品牌承诺对溢出效应影响的多元方差分析

因变量：溢出效应

方差来源	III 型平方和	df	均方	F	Sig.
校正模型	447.812a	11	40.710	29.291	0.000
截距	75.785	1	75.785	54.527	0.000
趋近型应对策略	279.252	2	139.626	100.461	0.000
产品类型	9.123	1	9.123	6.564	0.011
品牌承诺	30.717	1	30.717	22.101	0.000
趋近型应对策略 × 产品类型	84.240	2	42.120	30.305	0.000
趋近型应对策略 × 品牌承诺	9.431	2	4.715	3.393	0.035
产品类型 × 品牌承诺	1.445	1	1.445	1.039	0.309
趋近型应对策略 × 产品类型 × 品牌承诺	9.732	2	4.866	3.501	0.031
误差	503.124	362	1.390		
总计	1033.760	374			
校正的总计	950.936	373			

注：$R^2 = 0.471$（调整 $R^2 = 0.455$）。

（3）研究小结。

首先，本书采用现场试验，试验检验了趋近型应对策略对溢出效应的影响。研究结果表明，不同的趋近型应对策略对溢出效应的影响具有显著差异。研究结果发现，就降低负面溢出效应的效果而言，竞争企业的趋近型应对策略中理性说服策略和感性说服策略的效果都优于缄默策略的效果；其中，就降低负面溢出效应的效果而言，竞争品牌的理性说服策略的效果都优于缄默策略的效果，竞争企业的感性说服策略的效果都优于缄默策略的效果；在危机溢出效应中，产品类型调节了趋近型应对策略对负面溢出效应的影响；对实用型产品而言，竞争品牌的趋近型应对策略降低负面溢出效应的效果，理性说服策略优于感性说服策略，更能显著提高消费者的品牌态度，更容易促使消费者产生购买意愿；就享乐型产品而言，竞争品牌的趋近型应对策略降低负面溢出效应的效果，感性说服策略优于理性说服策略，更能显著提高消费者的品牌态度，更容易促使消费者产生购买意愿；在危机溢出效应中，消费者对竞争品牌的承诺会调节趋近型应对策略和产品类型对负面溢出效应的影响。研究 4 研究假设的检验结果见表 14-108。

表 14-108　研究 4 研究假设的检验结果

编号	假设内容	验证结果
1	H13：就降低负面溢出效应的效果而言，在竞争品牌采取的趋近型应对策略中，理性说服策略和感性说服策略的效果都优于缄默策略	支持
2	H13a：就降低危机负面溢出效应的效果而言，竞争品牌采取理性说服策略优于缄默策略	支持
3	H13b：就降低危机负面溢出效应的效果而言，竞争品牌采取感性说服策略优于缄默策略	支持
4	H14：在危机负面溢出效应的应对中，产品类型调节了竞争品牌趋近型应对策略对负面溢出效应的影响	支持
5	H14a：对实用型产品有效降低危机负面溢出效应而言，竞争品牌采取理性说服策略优于感性说服策略	支持
6	H14b：对享乐型产品有效降低危机负面溢出效应而言，竞争品牌采取感性说服策略优于理性说服策略	支持
7	H15：在危机溢出效应中，消费者对竞争品牌的承诺会调节趋近型应对策略和产品类型对负面溢出效应的影响	支持

其次，本书的理论贡献有以下几点。①探讨了趋近型应对策略对负面溢出效应的影响，提出了理性说服策略和感性说服策略，丰富了竞争品牌应对负面溢出效应的应对策略集，拓展了现有说服策略的研究。②探讨理性说服策略、感性说服策略和缄默策略对品牌态度和购买意愿的影响，并证实：就降低负面溢出效应的效果而言，理性说服策略和感性说服策略都比缄默策略更好。③验证产品类型的调节作用，研究发现：当焦点品牌发生危机，为降低负面溢出效应，如果产品是实用型产品，竞争企业应采用理性说服策略，强调竞争企业产品给消费者带来的产品功效或功能，以降低负面溢出效应；当焦点品牌发生危机，为降低负面溢出效应，如果产品是享乐型产品，竞争企业应采用感性说服策略，强调竞争企业产品给消费者带来的情感体验，以降低负面溢出效应。④验证了品牌承诺的调节作用，深化了危机溢出效应应对策略的理论基础。本书发现消费者对竞争品牌的承诺将会调节竞争品牌趋近型应对策略对危机负面溢出效应的影响，同时也会调节产品类型对危机负面溢出效应的影响。

最后，本书的实践意义为：本书为竞争品牌如何更好地使用趋近型应对策略降低危机负面溢出效应提供了理论依据。产品伤害危机发生以后，为了可以"趁火打劫"，竞争品牌的战略意图就是通过趋近型应对策略来"争增量"，即抢夺其他品牌流失的客户。其中，对于实用型产品而言，竞争品牌理性说服应对策略优于感性说服应对策略；对于享乐型产品而言，竞争品牌采取感性说服应对策略则优于理性说服应对策略。这对竞争品牌针对产品类型选择合适的趋近应对策略具有重要的理论借鉴意义。

14.8.8　研究总结

14.8.8.1　研究结果

本书从产品伤害危机的现实问题出发，回顾了产品伤害危机、溢出效应及危机应对策略的相关理论研究。首先，本书根据危机情景沟通理论，基于竞争品牌视角，确定危机特征特别是危机责任归因是正确应对焦点品牌危机负面溢出的前提，只有准确掌握焦点品牌的危机特征特别是危机归因，竞争品牌才能制订出有效的应对策略；其次，根据说服理论和营销战略模式的分类，提出了规避型说服策略和趋近型说服策略两大类竞争品牌应对策略，并讨论了两大类应对策略的效果及消费者调节聚焦的影响机制；再次，在说服理论上进一步拓展了规避型说服策略的分类、策略效果和品牌承诺的影响；最后，基于说服理论把趋近型说服策略又分为理性说服应对和感性说服应对，并探索了两种策略的效果及产品类型和品牌承诺的影响。

本书通过四个实证研究来验证研究假设和理论模型。第一是产品伤害危机特征对竞争品牌负面溢出效应的影响研究；第二是竞争品牌两大类应对策略对危机负面溢出效应的影响研究；第三是竞争品牌规避型说服策略对危机负面溢出效应的影响研究；第四是竞争品牌趋近型说服策略对危机负面溢出效应的影响研究。具体研究结果如下。

首先，产品伤害危机特征对竞争品牌负面溢出效应的影响。本书通过产品伤害危机的分类来探索界定危机特征的研究，并明确指出危机严重性、危机归因和危机关联性是危机特征里影响危机负面溢出的最为重要的三个特征变量。本书基于相关理论和现有研究,预测危机严重性和危机归因将会对竞争品牌的负面溢出效应产生直接和交互影响,进而提出假设 H1、H2、H3,即危机严重性越大,危机对竞争品牌的负面溢出效应就越强;当消费者将危机责任归因为焦点企业,与归因为外部第三方相比,产品伤害危机对竞争品牌的负面溢出效应更强;危机归因将会调节危机严重性对竞争品牌负面溢出效应的影响。同时,针对消费者危机关联性的差异,预测了危机关联性将会对竞争品牌的负面溢出效应产生影响,进而提出假设 H4、H5,即消费者危机关联性越高,危机对竞争品牌的负面溢出效应的影响就越强;危机关联性将会调节危机严重性对竞争品牌负面溢出效应的影响。通过实证研究,H1、H2、H3、H4 和 H5 均得到了支持。

其次,竞争品牌两大类应对策略对危机负面溢出效应的影响。本书通过研究 Iyer 和 Soberman(2000)对营销战略"保留模式"和"竞争模式"的分类以及说服理论,第一次从战略高度将竞争品牌应对产品伤害危机负面溢出效应的策略分为规避型说服策略和趋近型说服策略两大类,同时基于对消费者承诺及消费者调节聚焦理论的深入研究,本书预测在焦点品牌发生产品伤害危机后,竞争品牌采取趋近型说服策略比规避型说服策略更容易提升趋近型消费者对竞争品牌的正面评价(即减少焦点品牌危机对竞争品牌的负面溢出),竞争品牌采取规避型说服策略比趋近型说服策略更容易降低预防型消费者对竞争品牌的负面评价(即减少焦点品牌危机对竞争品牌的负面溢出),在规避型说服和趋近型说服两大类应对策略影响竞争品牌评价的过程中,调节聚焦和品牌承诺将会起到调节作用,进而提出假设 H6、H7、H8、H9。实证研究的数据结果显示,H6、H7、H8、H9 全部得到了验证支持。

再次,竞争品牌规避型说服策略对危机负面溢出效应的影响。本书通过研究危机应对的现实案例和相关理论,基于 Roehm 和 Tybout(2006)提出的否认和缄默策略的分类,将竞争品牌规避型说服策略分为区隔策略、否认策略和缄默策略三种。由于三种策略可能会在不同程度上影响顾客对竞争品牌的态度和购买意愿,进而影响负面溢出效应,因此,本书重点比较了三种策略的应对差异及消费者品牌承诺的影响。由此,研究推出假设 H10a、H10b,即产品伤害危机发生后,在竞争品牌所采取的规避型说服策略中,否认策略比缄默策略更容易降低危机焦点品牌带来的负面溢出,区隔策略降低负面溢出效应的效果比否认策略更好。综合 H10a、H10b 的分析,提出假设 H10,即在产品伤害危机中,就降低危机焦点品牌对竞争品牌的负面溢出效应而言,规避型说服策略中最优的是区隔策略,其次是否认策略,最差的是缄默策略。数据分析结果显示,关于竞争品牌的规避型说服策略:最优的是区隔策略,而否认策略和缄默策略无显著差异,H10a 没有得到验证支持,H10b 得到了验证支持,但值得说明的是,尽管否认策略和缄默策略无显著差异,但从溢出均值上来看否认策略还是比缄默策略减少了负面溢出。因此,H10 得到验证支持。同时,本书预测相对于高品牌承诺的消费者,危机更容易对竞争品牌低承诺的消费者产生负面溢出效应,且消费者对竞争品牌的承诺水平越高,竞争品牌的应对策略对降低溢出效应的负面影响越大,进而推出假设 H11、H12。实证研究显示,H11、H12 得到支持。

最后,竞争品牌趋近型说服策略对危机负面溢出效应的影响。本书主要根据说服效应理论将竞争品牌为降低危机负面溢出效应所采取的趋近型说服策略分为理性说服应对策略、感性说服应对策略和缄默策略三种,同时尝试基于产品类型角度进一步探索三种应对策略的边界差异,并讨论品牌承诺的影响。本书预测竞争品牌就降低危机负面溢出效应的效果而言,理性说服策略和感性说服策略分别均优于缄默策略;进而提出研究假设 H13a、H13b,合并为 H13,数据结果显示,H13a、H13b、H13 均得到了验证。基于产品类型的角度,就有效降低危机负面溢出效应而言,本书推测对于实用型产品,竞争品牌采取理性说服策略优于感性说服策略;对于享乐型产品,感性说服策略优于理性说服策略,进而提出研究假设 H14a、H14b。数据分析结果显示,H14a、H14b 均得到了假设验证,即产品类型将会调节竞争品牌趋近型说服策略对危机负面溢出效应的影响,H14 得到验证。本书预测,消费者对竞争品牌品牌承诺将会调节趋近型说服策略和产品类型对危机负面溢出效应的影响，进而推出假设 H15，数据分析结果显示，H15 均得到了验证。本书所有研究假设的验证结果见表 14-109。

表 14-109 本书研究假设验证结果

编号	研究假设	验证结果
1	H1：在产品伤害危机中，危机严重性越大，危机对竞争品牌的负面溢出效应就越强	是
2	H2：在产品伤害危机中，当消费者将危机责任归因为焦点企业，与归因为外部第三方相比，产品伤害危机对竞争品牌的负面溢出效应更强	是
3	H3：在产品伤害危机中，消费者对危机责任的归因，将会调节危机严重性对竞争品牌负面溢出效应的影响	是
4	H4：在产品伤害危机中，危机关联性越强，危机对竞争品牌的负面溢出效应就越强	是
5	H5：在产品伤害危机中，危机关联性将会调节危机严重性对竞争品牌负面溢出效应的影响	是
6	H6：焦点品牌发生产品伤害危机后，竞争品牌采取趋近型策略比规避型策略更容易提升趋近型消费者对竞争品牌的正面评价	是
7	H7：焦点品牌发生产品伤害危机后，竞争品牌采取规避型策略比趋近型策略更容易降低预防型消费者对竞争品牌的负面评价	是
8	H8：在竞争品牌两大类应对策略影响负面溢出效应的过程中，聚焦调节了两类应对策略对危机负面溢出效应的影响	是
9	H9：焦点品牌发生产品伤害危机后，消费者对竞争品牌的品牌承诺会调节两类应对策略和调节聚焦对负面溢出效应的影响	是
10	H10a：产品伤害危机发生后，在竞争品牌所采取的规避型应对策略中，否认策略降低负面溢出的效果比缄默策略更好	否
11	H10b：在产品伤害危机中，在竞争品牌所采取的规避型应对策略中，区隔策略比否认策略更容易降低危机焦点品牌的负面溢出效应	是
12	H10：在产品伤害危机中，就降低危机焦点品牌对竞争品牌的负面溢出效应而言，最优的是区隔策略，其次是否认策略，最差的是缄默策略	是
13	H11：在产品伤害危机中，消费者的品牌承诺越低，产品伤害危机的负面溢出效应越强	是
14	H12：在产品伤害危机中，消费者的竞争品牌承诺在竞争品牌应对策略对溢出效应的影响中起到了调节作用	是
15	H13：就降低负面溢出效应的效果而言，在竞争品牌采取的趋近型应对策略中，理性说服策略和感性说服策略的效果都优于缄默策略	是
16	H13a：就降低危机负面溢出效应的效果而言，竞争品牌采取理性说服策略优于缄默策略	是
17	H13b：就降低危机负面溢出效应的效果而言，竞争品牌采取感性说服策略优于缄默策略	是
18	H14：在危机负面溢出效应的应对中，产品类型调节了竞争品牌趋近型应对策略对负面溢出效应的影响	是
19	H14a：对实用型产品有效降低危机负面溢出效应而言，竞争品牌采取理性说服策略优于感性说服策略	是
20	H14b：对享乐型产品有效降低危机负面溢出效应而言，竞争品牌采取感性说服策略优于理性说服策略	是
21	H15：在危机溢出效应中，消费者的竞争品牌承诺将会调节趋近型说服策略和产品类型对危机负面溢出效应的影响	是

14.8.8.2 研究结论

本书通过现实问题观察、相关理论分析和实证研究验证得到了如下 5 个结论。

（1）本书从 Coombs 和 Holladay（2002）危机情景沟通理论出发，认为竞争品牌可以从危机焦点品牌的关键危机特征来预判产品伤害危机负面溢出效应的影响。总体上来讲，危机严重性越大，内部归因越明确（归因于焦点品牌为内，归因于第三方为外）、消费者危机关联性越高，危机对竞争品牌的负面溢出效应就越强，并且危机归因和危机关联性调节了危机严重性对竞争品牌负面溢出效应的影响。虽然有学者从危机分类来探索产品伤害危机的相关特征，但由于这些危机特征之间的相互涵盖及众多类别的复杂性，很难将其所有作为预判产品伤害危机负面溢出效应的重要依据。本书结合阎俊和佘秋玲（2010）对负面事件严重性、事件归因、事件关联性和事件群发性的研究，考虑到群发性危机的波及面更广，焦点企业危机可能演变为一场行业危机，非危机企业应对的难度和要求进一步增大，因此，本书重点从危机严重性、危机归因和危机关联性三个重要特征变量进行危机负面溢出效应的研究，通过此三个变量，基本上可以为非危机企业的竞争品牌快速对焦点品牌的危机负面溢出做出预判。

（2）基于 Iyer 和 Soberman（2000）对营销战略"保留模式"和"竞争模式"分类的研究，本书发现在焦点品牌发生产品伤害危机后，竞争品牌可以选择规避型说服策略和趋近型说服策略来降低或减缓危机负面溢出效应的影响。同时，基于 Higgins（1997）的调节聚焦理论，本书进一步发现，在焦点品牌发生产品伤害危机后，对于不同类型的消费者而言，非危机企业的竞争品牌采取不同的应对策略会产生不同的效果。对于趋近型消费者，竞争品牌的最优策略是采取趋近型说服应对，对于预防型消费者，竞争品牌的最优策略是采取规避型说服应对，调节聚焦在两类应对策略对危机负面溢出效应的影响中起到了调节作用。虽然过去关于产品伤害危机溢出效应的应对较多，但更多是停留在具体措施和策略目的层面上。产品伤害危机发生后，竞争品牌可以从战略高度在"明哲保身"还是"趁火打劫"之间进行选择。所谓"明哲保身"即竞争品牌重在"保存量"——避免自身客户的流失；而"趁火打劫"则是"争增量"——争夺由于危机所造成的其他品牌的流失客户。研究为竞争品牌依据自己的战略意图选择更好的应对策略提供了理论指导。

（3）本书通过研究危机溢出应对的现实案例和相关理论发现，在焦点品牌发生产品伤害危机后，就非危机企业的竞争品牌采取规避型说服策略降低危机负面溢出效应的效果而言，区隔策略最优，其次是否认策略，最差的是缄默策略。由于近年来产品伤害危机频发，竞争品牌简单地采取否认策略对消费者而言信息可诊断性降低了，这会导致竞争品牌简单地采取否认策略不会比缄默不言有更大的优势，这与 Roehm 和 Tybout（2006）研究的在品牌丑闻产生负面溢出效应时"竞争品牌采取否认策略优于缄默策略"的结论存在一定差异。因此，危机发生后非危机企业竞争品牌为防止危机牵连到自己，采用区隔策略能够更好地突出本品牌的属性差异，以防"城门失火，殃及池鱼"。可见，区隔策略是非危机企业竞争企业"明哲保身""保存量"的最优规避型说服应对策略。

（4）通过对黄静等（2012）说服策略理论和 Hirschman 和 Holbrook（1982）的产品类型的研究，本书发现产品伤害危机发生后，就非危机企业的竞争品牌采取趋近型说服策略降低危机负面溢出效应的效果而言，理性说服策略和感性诉求策略均优于缄默策略。其中，对于实用型产品而言，竞争品牌理性说服策略优于感性说服策略；对于享乐型产品而言，竞争品牌采取感性说服策略则优于理性说服策略，竞争品牌趋近型说服策略对危机负面溢出效应的影响中产品类型将起到重要的调节作用。趋近策略来源于竞争策略，其核心为"趁火打劫""争增量"，即争夺由于危机所造成的其他品牌的流失客户。趋近型调节聚焦意味着消费者受到外界刺激时会倾向于使用"进攻"导向的回应策略，更多地考虑使用"进攻"策略所带来的收益与利益，具有"进攻"的思维定式（Higgins，1997）。因此，产品伤害危机后，产品类型判断是竞争品牌选择趋近型应对策略子策略的主要依据，对感性说服应对和理性说服应对的策略效果具有重要影响。

（5）基于对品牌承诺相关理论的深入研究及本书多个实证研究的验证，本书发现作为竞争品牌构建危机负面溢出抵御战略的一个最有效的工具就是建立品牌承诺。消费者对竞争品牌的承诺有利于维持消费者对竞争品牌的先前态度和购买意愿，降低危机焦点品牌带来的负面溢出。虽然，本书在实证研究中发现竞争品牌采取合适的规避型或趋近型说服策略（或子策略）对降低危机负面溢出效应有着很好的策略效果，但实证研究同时也发现，消费者对竞争品牌的承诺将会调节两大类应对策略对危机负面溢出效应的影响，同时也会调节产品类型及调节聚焦对危机负面溢出效应的影响，可见，品牌承诺的影响范围之广、强度之深。现实问题是，构建消费者的品牌承诺需要企业投入大量的资金资源和营销资源，并且需要一个长期坚持、苦练内功的过程，但毫无疑问，这才是竞争品牌应对产品伤害危机负面溢出效应"以不变应万变"的终极武器。

14.8.8.3 研究价值

本书研究价值从理论价值和实践价值两个方面进行阐释。

（1）理论价值。

本书从产品伤害危机的现实问题出发，回顾了产品伤害危机、溢出效应以及危机应对策略等相关理论研究的最新进展。从危机特征角度探索了危机对非危机企业竞争品牌负面溢出效应的影响，并以此为基础从战略高度提出了竞争品牌规避型说服策略和趋近型说服策略的两大类应对策略分类，并基于对调节聚焦、产品类型和品牌承诺的研究，构建了竞争品牌应对危机负面溢出效应的理论模型。具体来讲，本书有以下六个理论价值。

第一，本书探索了危机特征对危机负面溢出效应的影响，为竞争品牌正确评估焦点品牌的危机负面溢出效应提供了理论借鉴，深化了危机负面溢出效应的研究。关于溢出效应的现有研究，较多根据Feldman和Lynch（1988）的可接近性—可诊断性理论探讨溢出效应的发生条件，较少关注哪些关键危机特征更容易向竞争品牌溢出。本书结合阎骏和佘秋玲（2009）等对负面事件特征分类的研究，重点将危机严重性、危机归因和危机关联性作为预判危机负面溢出效应的三个重要特征变量，为竞争品牌界定危机特征和危机负面溢出效应提供了简效模型。

第二，本书首次将危机负面溢出的应对策略分为规避型说服策略和趋近型说服策略，进一步拓宽了竞争品牌应对危机负面溢出效应的策略分类研究。以往对竞争品牌应对危机负面溢出效应的研究，主要从否认、沉默、改进等沟通策略和价格、广告等营销策略出发，但更偏重于从具体措施和策略目的的层面，而对竞争品牌应对危机负面溢出效应的规避型说服策略和趋近型说服策略的分类，是第一次基于战略高度对竞争品牌应对策略的分类，这一分类丰富了危机负面溢出效应产生后竞争品牌的应对策略集，深化了危机负面溢出应对的理论基础。

第三，本书探索了调节聚焦在竞争品牌应对危机负面溢出效应的调节作用。调节聚焦理论是近年来的热点研究理论，一方面，消费者的聚焦类型与竞争品牌两大类应对策略不匹配时会导致消费者的认知失调，从而无法降低危机对竞争品牌的负面溢出；另一方面，消费者的聚焦类型与竞争品牌两大类应对策略匹配时会造成消费者的选择性注意，从而可以降低危机向竞争品牌的负面溢出。对调节聚焦理论的深入研究，丰富了竞争品牌危机应对的决策标准和边界条件，进一步拓展了危机负面溢出效应的应对策略研究。

第四，基于规避型说服策略本书增加了竞争品牌的"区隔策略"，这进一步拓展了危机溢出应对策略Roehm和Tybout（2006）关于否认策略和缄默策略，以及余伟萍、张啸和段桂敏（2015）关于改进策略、否认策略和缄默策略的研究，丰富了竞争品牌危机应对的策略集，深化了危机负面溢出效应应对策略的理论基础。具体到危机应对，区隔策略具有更高的信息可诊断性和可信度，竞争品牌强调自身与危机品牌存在较大差异，促使消费者进行相异性检验的对比评价，进而阻止了危机负面溢出效应的蔓延。

第五，本书研究了趋近型说服策略和产品类型的交互作用对危机负面溢出效应的影响，深化了危机负面溢出效应的理论研究。一方面，本书基于说服理论将趋近型应对策略分为理性说服应对策略和感性说服应对策略，拓宽了竞争品牌的应对策略分类，丰富了危机负面溢出效应的应对策略集；另一方面，本书从实用型、享乐型两种产品类型出发，发现了趋近型说服应对策略的决策标准和应用边界条件，为非危机企业的竞争品牌灵活应对危机负面溢出效应提供了理论指导。

第六，本书研究了消费者品牌承诺在危机负面溢出效应中的调节作用，深层次地探索了非危机企业竞争品牌应对产品伤害危机负面溢出的理论基础。由于品牌承诺衡量了消费者停留在品牌关系中的意愿，其即是品牌关系存续过程中的核心变量，又是消费者对于品牌的信任程度以及嵌入状态（Pillai和Goldsmith，2008）。本书发现消费者的承诺将会调节竞争品牌规避型说服和趋近型说服两大类应对策略对危机负面溢出效应的影响，同时消费者品牌承诺也会调节产品类型及调节聚焦对危机负面溢出效应的影响，这一研究深化了危机溢出效应应对策略的理论基础。

（2）实践价值。

产品伤害危机频发，危机带来的负面溢出效应已经成为一种普遍现象，作为无辜的竞争品牌，如何减少或阻止危机焦点品牌的负面溢出是重要的现实问题。本书基于非危机企业的竞争品牌视角提出了产品伤害危机负面溢出效应的应对模型，以及实证研究验证的变量之间关系，可以为竞争品牌快速预判、有效应对危机负面溢出效应的影响提供理论借鉴。本书存在六个实践价值。

第一，本书为竞争品牌基于危机特征有效预判产品伤害危机的负面溢出效应提供了参考依据。危机发生后，确定危机特征是非危机企业竞争品牌正确应对危机负面溢出的前提，只有准确掌握危机特征，才能制订出有效的应对策略。虽然，危机特征众多，但竞争品牌可以有的放矢、从简处理，从危机严重性、危机归因和危机关联度三个重要的特征变量对危机进行评价和归类（见图14-22判断1），实现对危机负面溢出情景的细分，从而为正确判断、有效应对危机负面溢出提供依据。如危机爆发后，竞争品牌应首先确认危机的责任归因，如果事件是由焦点企业以外的因素造成的，竞争企业一样有必要使消费者对危机有清楚的认识，减少消费者将事件归因于焦点企业可能性，进而降低危机对非危机企业竞争品牌的负面溢出。对于关联性较高的消费者，由于他们更多考虑信息本身的逻辑性和合理性，更加关注信息的内容和质量，并有动机付出更大的认知努力对危机及相关信息进行细致的了解（Celsi和Olson，1988；王新宇，2013），因此，作为非危机企业的竞争品牌，应积极进行信息澄清以降低危机带来的感知风险和负面溢出。

第二，本书为竞争品牌如何选择切合自身战略意图的危机负面溢出应对策略提供了理论指导。以往的研究中，不管是竞争品牌采取否认、缄默、改进等沟通策略或价格、广告等应对策略，多偏重于从具体措施层面来解决问题。现实中，焦点品牌发生危机后，竞争品牌可以从战略高度来选择规避型和趋近型应对策略（见图14-22应对1、2），规避策略的战略意图就是"保存量"，即避免自身客户的流失。趋近策略的战略意图就是"争增量"，即争夺因危机造成的其他品牌的流失客户。

第三，本书为竞争品牌如何更好地使用两大类应对策略降低危机负面溢出效应提供了理论支撑。产品伤害危机爆发后，作为竞争品牌应该首先认识到消费者调节聚焦的差异（见图14-22判断2），对于预防性调节聚焦倾向的消费者，竞争品牌宜采取规避型说服策略，如竞争品牌可以采取内部的改良措施来规避危机负面效应并避免自身客户流失，也可以采取发表声明和采取专家解释等措施来适应外部环境，进而将危机对自身的影响降到最低。而对于趋近型调节聚焦倾向的消费者，竞争品牌则宜采取趋近型说服策略，如竞争品牌第一时间采取减价促销等方式来获取其他品牌流失的客户，也可以第一时间开展品牌拓展活动，在其他品牌流失的消费者心中建立优良的品牌形象，并进而形成竞争壁垒。可见，把消费者按调节聚焦倾向进行区别对待是竞争品牌应对危机负面溢出对症下药的关键，也是非危机企业的关键决策标准。

第四，本书为竞争品牌如何更好地使用规避型说服策略降低危机负面溢出效应提供了参考依据。产品伤害危机发生以后，为了避免引火烧身，非危机企业竞争品牌的战略意图就是通过规避型应对"保存量"，避免自身客户流失（见图14-22应对1）。在营销实践中，非危机企业的经理们面对产品伤害危机时更多凭借感觉和经验来处理相关问题，比如，有的会在第一时间站出来否认，有的马上与危机企业进行必要的属性隔离，有的则干脆保持缄默。由于在产品伤害危机负面溢出效应的应对上缺乏理论指导，那么在企业的实践环节就会出现以偏概全、决策草率、策略不恰当等问题。本书发现产品伤害危机爆发后，应对危机对非危机企业竞争品牌的负面溢出效应，最优的策略是"区隔"策略，而"否认"策略和"缄默"策略在效果上并没有显著差异。因此，竞争企业面对危机首先要结合产品属性实际选择其他企业较难效仿的"区隔"策略，才能对预防型消费者发出更为积极可信的信号，抵御危机负面溢出的侵扰。

第五，本书为竞争品牌如何更好地使用趋近型说服策略降低危机负面溢出效应提供了理论依据。产品伤害危机发生以后，为了可以"趁火打劫"，非危机企业竞争品牌的战略意图就是通过趋近型说服策略来"争增量"，即抢夺其他品牌流失的客户（见图 14-22 应对 2）。本书发现在焦点品牌发生产品伤害危机后，就非危机企业的竞争品牌采取趋近型说服应对策略降低危机负面溢出效应的效果来看，理性说服应对策略和感性说服应对策略均优于保守的缄默策略，其中，对于实用型产品而言，竞争品牌理性说服应对策略优于感性说服应对策略；对于享乐型产品而言，竞争品牌采取感性说服应对策略则优于理性说服应对策略。这对竞争品牌针对产品类型选择合适的趋近应对策略具有重要的理论借鉴意义。

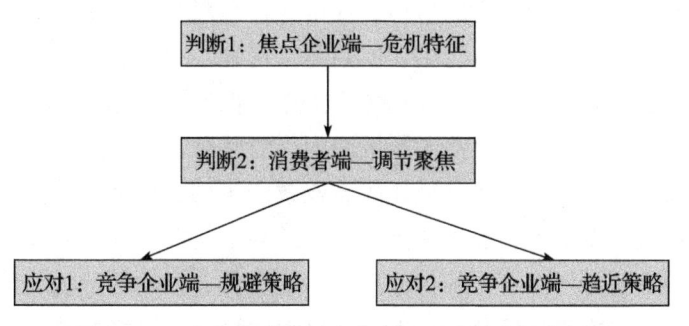

图 14-22　竞争企业应对危机负面溢出效应的路径图

第六，本书为竞争品牌从更深层次理解产品伤害危机的负面溢出效应应对策略提供了重要的战略指导。产品伤害危机发生以后，作为任何一个竞争品牌的营销经理，都不希望焦点品牌的危机牵连到自己。尽管现有研究以及本书从现实问题层面和理论高度层面提出了多个应对策略，丰富了竞争品牌应对危机负面溢出效应的策略集，拓宽了竞争品牌的策略应对选择空间，但每一种策略都有其一定的局限性。而构建消费者的品牌承诺无疑是竞争品牌构建危机负面溢出抵御战略的最有效工具，也是竞争品牌唯一一种可以"以不变应万变"的终极武器。这也解释了为什么历经同样的危机，不同非危机企业的竞争品牌采取相同或者类似的策略，但消费者却会对不同的竞争品牌产生不同的评价。对企业来说，构建消费者的品牌承诺需要投入大量的资金资源和营销资源，并且需要一个长期坚持、苦练内功的过程。但毫无疑问，构建品牌承诺是道，采用应对策略是术，以道驭术才是王道。本书细致分析了品牌承诺在危机负面溢出应对过程中对不同变量的作用影响，为企业从战略高度预防产品伤害危机的负面影响提供理论借鉴。

14.8.8.4　研究局限

基于实证研究的一般范式，本书遵循从现实问题提出、相关理论分析、研究假设推导、数据收集分析、假设结果验证到研究结论得出的过程，验证了竞争品牌应对危机焦点品牌负面溢出效应的理论模型，得到了有一定价值的研究结论。虽然研究对非危机企业解决危机负面溢出效应具有理论指导意义，但由于研究问题的复杂性，论文还存在以下局限。

一是本书为提高样本的同质性、降低其他干扰变量的影响，参考 Ahluwalia、Burnkrant 和 Unnava（2000），Ahluwalia、Unnava 和 Burnkrant（2001），Roehm 和 Tybout（2006），Lei、Dawar 和 Lemmink（2008）等多个文献选择学生样本的研究，主要也选择了大学生样本以提高内部效度。尽管学生样本在消费者行为研究和产品伤害危机研究领域非常普遍，仍然存在代表性不足的问题，后续研究可以通过更多的非学生样本来验证研究模型，同时增加更多干扰变量来模拟真实环境以提高外部效度。

二是研究结论的普适性有待跨品类做进一步检验。实验结合产品伤害危机的相关案例，选择了产品伤害危机中经常出现的几个快速消费品作为实验刺激物，如手机、酸奶、牙膏、巧克力等。尽管选择这些产品作为实验刺激物利于真实性操控检验具有较好的代表性，但实验结论对于其他类型的产品（如耐用消费品）是否适用，还有待于进行多品类的比较研究以更好地佐证研究的因果关系。

三是对于危机负面溢出效应的应对策略集,虽然本书基于调节聚焦、说服理论和营销战略模式的分类研究将竞争品牌的危机负面溢出效应的应对策略分为规避型说服策略和趋近型说服策略两大类,又基于现实案例研究将规避型说服策略分为区隔、否认和缄默三种,将趋近型说服策略分为理性说服应对和感性说服应对两种,但基于其他相关理论或现实研究,危机负面溢出效应的应对策略还存在其他的应对策略,这还有待于在未来进一步探索研究。

四是就竞争品牌应对产品伤害危机负面溢出效应的策略效果,本书主要从说服沟通策略出发,研究了规避型应对策略中否认、区隔和缄默的效果差异,以及趋近型应对策略中理性说服、感性说服和缄默的效果差异,而没有将营销实践中常用的价格、促销等营销策略一并纳入危机负面溢出应对策略的研究。但不可否认的是,现实中非危机企业价格、促销等营销策略的调整对降低危机负面溢出效应有着重要的影响,未来在可以将营销策略与说服沟通策略联合设计来研究危机负面溢出应对策略的效果。

五是就竞争品牌应对产品伤害危机负面溢出效应的应对效果,本书侧重于简单情境下的应对效果探讨,仅考虑了危机焦点品牌及外部第三方(行业协会或政府机构)在危机发生后的沉默状态,而现实的情况更为复杂。产品伤害危机发生后,危机焦点品牌、外部第三方、竞争品牌三者之间是一种典型的博弈关系,焦点品牌和外部第三方任何一方的行动或应对策略都会影响到危机负面溢出的强度,并进一步影响到竞争品牌所采取应对策略的实际效果。考虑到这种博弈,对更好地基于竞争品牌视角研究危机负面溢出应对策略具有重要的现实意义。

附录

产品伤害危机后营销策略对购买意愿的影响研究

附录1　产品伤害危机后的产品策略研究问卷 A

尊敬的女士/先生：

您好！我们是四川大学营销工程研究所，希望能得到您的配合，了解您对**产品伤害危机及其恢复策略**的一些看法。您对我们的帮助，我们将在未来的时间给予回报！请您根据从以下报纸报道中得到的信息，回答后面的问题，提出自己真实的看法，对您的回答我们将严格保密。

报纸报道：

氟是人体所必需的微量元素，它能促进骨骼发育、预防蛀牙。许多城市的自来水中都添加了一定量的氟化物，来促进市民的牙齿健康。但是物极必反，过量的氟化物会使人体骨骼密度过高、骨质变脆，从而导致疼痛、韧带钙化、骨质增生、脊椎黏合、关节行动不便等症状。

2008年1月22日，有媒体称，经最新研究发现，某知名"AR"品牌的茶饮料里氟的化物含量超标，过量饮用会引发骨骼氟中毒。其后"AR"茶饮料在中国宣布暂时退市，引起了市场的普遍关注。

2008年3月，"AK"茶饮料重新进入超市、便宜店等进行销售，其产品成分含量、包装等并未改变。

请根据以上信息回答下页问题，谢谢！

附录2　产品伤害危机后的产品策略研究问卷 B

尊敬的女士/先生：

您好！我们是四川大学营销工程研究所，希望能得到您的配合，了解您对**产品伤害危机及其恢复策略**的一些看法。您对我们的帮助，我们将在未来的时间给予回报！请您根据从以下报纸报道中得到的信息，回答后面的问题，提出自己真实的看法，对您的回答我们将严格保密。

报纸报道：

氟是人体所必需的微量元素，它能促进骨骼发育、预防蛀牙。许多城市的自来水中都添加了一定量的氟化物，来促进市民的牙齿健康。但是物极必反，过量的氟化物会使人体骨骼密度过高、骨质变脆，从而导致疼痛、韧带钙化、骨质增生、脊椎黏合、关节行动不便等症状。

2008年1月22日，有媒体称，经最新研究发现，某知名"AR"品牌的茶饮料里的氟化物含量超标，过量饮用会引发骨骼氟中毒。其后"AR"茶饮料在中国宣布暂时退市，引起了市场的普遍关注。

2008年3月，"AK"茶饮料重新进入超市、便宜店等进行销售，其产品成分含量并未改变，并在包装上以显著字体注明"本产品微量元素含量达到国家标准"。

请根据以上信息回答下页问题，谢谢！

附录3 产品伤害危机后的产品策略研究问卷 C

尊敬的女士/先生：

您好！我们是四川大学营销工程研究所，希望能得到您的配合，了解您对**产品伤害危机及其恢复策略**的一些看法。您对我们的帮助，我们将在未来的时间给予回报！请您根据从以下报纸报道中得到的信息，回答后面的问题，提出自己真实的看法，对您的回答我们将严格保密。

报纸报道：

氟是人体所必需的微量元素，它能促进骨骼发育、预防蛀牙。许多城市的自来水中都添加了一定量的氟化物，来促进市民的牙齿健康。但是物极必反，过量的氟化物会使人体骨骼密度过高、骨质变脆，从而导致疼痛、韧带钙化、骨质增生、脊椎黏合、关节行动不便等症状。

2008年1月22日，有媒体称，经最新研究发现，某知名"AR"品牌的茶饮料里的氟化物含量超标，过量饮用会引发骨骼氟中毒。其后"AR"茶饮料在中国宣布暂时退市，引起了市场的普遍关注。

2008年3月，"AK"茶饮料重新进入超市、便宜店等进行销售，其产品较原产品有两个改变，一是在包装上注明为"维生素增强型产品"，强调其产品较原产品增强了维生素的摄入功能，二是注明"本产品微量元素含量达到国家标准"。

请根据以上信息回答下页问题，谢谢！

研究 1　测量题项

以下的问题没有对错之分,请您根据自己的真实想法,在选定的数字上画"○",对您的支持与合作,我们表示真诚的感谢!
（1～7 表示您同意的程度：7 表示完全同意,1 表示完全不同意）

1. 我认为氟超标事件的原因在于公司内部管理不善	7 6 5 4 3 2 1
2. 我认为类似氟超标这种事件在 AK 企业再次发生的可能性很大	7 6 5 4 3 2 1
3. 我认为重入市场的 AK 茶饮料的质量是可靠的	7 6 5 4 3 2 1
4. 我认为重入市场的 AK 茶饮料在制造过程中对有害元素含量进行了有效控制	7 6 5 4 3 2 1
5. 我认为在较长一段时间内,AK 公司能保持茶饮料产品质量的稳定性	7 6 5 4 3 2 1
6. 在购买茶饮料产品时,我会考虑购买 AK 茶饮料产品	7 6 5 4 3 2 1
7. 我自己购买 AK 茶饮料产品的概率很高	7 6 5 4 3 2 1

请您提供简单的个人资料

1. 性别：（1）男 （2）女
2. 年龄：（1）18～25岁 （2）26～35岁 （3）36～45岁 （4）46～55岁 （5）56～65岁 （6）65岁以上
3. 职业：（1）政府机关或事业单位职工 （2）企业职工 （3）个体工商户 （4）农民 （5）学生 （6）其他
4. 受教育程度：（1）中学以下 （2）中学或中专 （3）大专 （4）本科 （5）硕士及硕士以上
5. 个人月收入：（1）800元以下 （2）800～1500元 （3）1500～2000元 （4）2000～3000元 （5）3000～4000元 （6）4000元以上

谢谢您的合作！

附录 4　产品伤害危机后的销售促进形式研究问卷 A

尊敬的女士 / 先生：

您好！我们是四川大学营销工程研究所，希望能得到您的配合，了解您对**产品伤害危机及其恢复策略**的一些看法。您对我们的帮助，我们将在未来的时间给予回报！请您根据从以下报纸报道中得到的信息，回答后面的问题，提出自己真实的看法，对您的回答我们将严格保密。

报纸报道：

氟是人体所必需的微量元素，它能促进骨骼发育、预防蛀牙。许多城市的自来水中都添加了一定量的氟化物，来促进市民的牙齿健康。但是物极必反，过量的氟化物会使人体骨骼密度过高、骨质变脆，从而导致疼痛、韧带钙化、骨质增生、脊椎黏合、关节行动不便等症状。

2008 年 1 月 22 日，有媒体称，经最新研究发现，某知名"AR"品牌的茶饮料里的氟化物含量超标，过量饮用会引发骨骼氟中毒。其后"AR"茶饮料在中国宣布暂时退市，引起了市场的普遍关注。

2008 年 3 月，"AK"茶饮料重新进入超市、便宜店等进行销售，并有明显促销标志，写明"买 2 瓶 5 折"。

请根据以上信息回答下页问题，谢谢！

附录5 产品伤害危机后的销售促进形式研究问卷 B

尊敬的女士/先生：

您好！我们是四川大学营销工程研究所，希望能得到您的配合，了解您对**产品伤害危机及其恢复策略**的一些看法。您对我们的帮助，我们将在未来的时间给予回报！请您根据从以下报纸报道中得到的信息，回答后面的问题，提出自己真实的看法，对您的回答我们将严格保密。

报纸报道：

氟是人体所必需的微量元素，它能促进骨骼发育、预防蛀牙。许多城市的自来水中都添加了一定量的氟化物，来促进市民的牙齿健康。但是物极必反，过量的氟化物会使人体骨骼密度过高、骨质变脆，从而导致疼痛、韧带钙化、骨质增生、脊椎黏合、关节行动不便等症状。

2008年1月22日，有媒体称，经最新研究发现，某知名"AR"品牌的茶饮料里的氟化物含量超标，过量饮用会引发骨骼氟中毒。其后"AR"茶饮料在中国宣布暂时退市，引起了市场的普遍关注。

2008年3月，"AK"茶饮料重新进入超市、便宜店等进行销售，并有明显促销标志，写明"买一赠一"。

请根据以上信息回答下页问题，谢谢！

研究2 测量题项

以下的问题没有对错之分，请您根据自己的真实想法，在选定的数字上画"○"，对您的支持与合作，我们表示真诚的感谢！	
（1～7表示您同意的程度：7表示完全同意，1表示完全不同意）	
1. 我认为购买该产品会使我有经济上的损失	7 6 5 4 3 2 1
2. 我认为该产品是不合格的产品	7 6 5 4 3 2 1
3. 我认为购买该产品会使我不安	7 6 5 4 3 2 1
4. 我认为购买该产品会给我造成身体伤害	7 6 5 4 3 2 1
5. 我认为购买AK茶饮料很值得	7 6 5 4 3 2 1
6. 在购买茶饮料产品时，我会考虑购买AK茶饮料产品	7 6 5 4 3 2 1
7. 我自己购买AK茶饮料产品的概率很高	7 6 5 4 3 2 1

请您提供简单的个人资料

1. 性别：（1）男 （2）女
2. 年龄：（1）18～25岁 （2）26～35岁 （3）36～45岁 （4）46～55岁 （5）56～65岁 （6）65岁以上
3. 职业：（1）政府机关或事业单位职工 （2）企业职工 （3）个体工商户 （4）农民 （5）学生 （6）其他
4. 受教育程度：（1）中学以下 （2）中学或中专 （3）大专 （4）本科 （5）硕士及硕士以上
5. 个人月收入：（1）800元以下 （2）800～1500元 （3）1501～2000元 （4）2001～3000元 （5）3001～4000元 （6）4001元以上

谢谢您的合作！

参考文献

参考文献

[1] Alba, Wesley Hutchinson. Dimensions of Consumer Expertise [J]. Journal of Consumer Research, 1987 (13).

[2] Alexander L Biel. How Brand Image Drives Brand Equity [J]. Journal of a Advertising Research, 1993 (6).

[3] Alfaro L, Chanda A, Kalemli-Ozcan S. FDI and Economic Growth: The Role of Local Financial Market [J]. Journal of International Economics, 2004 (64).

[4] Allen M W, Caillouet R H. Legitimation Endeavors: Impression Management Strategies Used by an Organization in Crisis [J]. Communication Monographs, 1994, 61 (1).

[5] Almeida R, Fernandes A M. Openness and Technological Innovations in Developing Countries: Evidence from Firm-Level Surveys [R]. Washington D. C, World Bank, Policy Research Working Paper, 2007.

[6] Alvin A Achenbaum. The Mismanagement of Brand Equity [R]. ARF Fifth Annual Advertising and Promotion Workshop, 1993.

[7] Amabile M. A Consensual Assessment Technique [J]. Journal of Personality & Social Psychology, 1982 (43).

[8] Anderson J C, Gerbing D W. Structural Equation Modeling in Practice: A Review and Recommended Two-step Approach [J]. Psychological Bulletin, 1988, 103 (3).

[9] Anderson J C, Narus A J. Understand What Customers Value [J]. Harvard Business Review, 1998 (11/12).

[10] Andrew A Mitchell, Jerry C Olson. Are Product Attribute Beliefs the Only Mediator of Advertising Effects on Brand Attitude? [J]. Journal of Marketing Research, 1981, 18 (3).

[11] Arnold M B. Emotion and Personality [J]. Psychological Aspects, 1960 (1).

[12] Arpan L M, Pompper D. Stormy Weather: Testing "Stealing Thunder" as a Crisis Communication Strategy to Improve Communication Flow between Organizations and Journalists [J]. Public Relations Review, 2003 (29).

[13] Assael H. Consumer Behavior and Marketing Action [M]. Boston: Kent Publishing Company, 1987.

[14] Augustine Norman. Managing the Crisis You Tried to Prevent [J]. Harvard Business Review, 1995 (5).

[15] B Mark. Relationships in Marketing: A Review of the Implications of Agency and Related Theories [J]. Journal of Market, 1992 (7).

[16] Bagozzi R P, Yi Y. On the Evaluation of Structural Equation Models [J]. Journal of the Academy of Marketing Science, 1988, 16(1).

[17] Bagozzi R P, Gopinath M, Nyer P U. The Role of Emotions In Marketing [J]. Journal of the Academy of Marketing Science, 1999, 27 (2).

[18] Balmer J. Revealing the Corporation: Perspectives on Identity, Image, Reputation, Corporate Branding, and Corporate Level Marketing [M]. London: Routledge, 2003.

[19] Balmer J, E Gray. Corporate Brands: What Are They? What of Them? [J]. European Journal of Marketing, 2003, 37 (7/8).

[20] Balzer W K, Sulsky L M. Halo and Performance Appraisal Research: A Critical Examination [J]. Journal of Applied Psychology, 1992, 77 (6).

[21] Bansal P, Roth K. Why Companies Go Green: A Model of Ecological Responsiveness [J]. Academy of Management Journal, 2000, 43 (4).

[22] Barach J A. Advertising Effectiveness and Risk in the Consumer Decision Process [J]. Journal of Marketing

Research, 1969, 6 (8).

[23] Barnett M, Jermier J, Lafferty B. Corporate Reputation: The Definitional Landscape [J]. Corporate Reputation Review, 2006, 9 (1).

[24] Barney J. Firm Resources and Sustained Competitive Advantage [J]. Journal of Management, 1991, 17 (1).

[25] Baron R M, Kenny D A. The Moderator-mediator Variable Distinction in Social Psychological Research: Conceptual, Strategic, and Statistical Considerations [J]. Journal of Personality and social Psychology, 1986, 51 (6).

[26] Barsalou W. Cognitive Psychology: An Overview for Cognitive Scientists [M]. Hillsdale, NJ: Lawrence Erlbaum Associates, 1992.

[27] Barsalou W. Ideals, Central Tendency, and Frequency of Instantiation as Determinants of Graded Structure in Categories [J]. Journal of Experimental Psychology: Learning, Memory, and Cognition, 1985, 11 (4).

[28] Barton L. Crisis in Organizations: Managing and Communicating in the Heat of Chaos [M]. Cincinnati: College Divisions South-Western, 2001.

[29] Bass F, N Bruce, S Majumdar, B Murthi. Wearout Effects of Different Advertising Themes: A Dynamic Bayesian Model of the Ad-Sales Relationship [J]. Marketing Science, 2007, 26 (2).

[30] Bateman J, K Willis. Valuing Environmental Preferences: Theory and Practice of the Contingent Valuation Method in the US, EU, and Developing Countries [M]. Oxford: Oxford University Press, 2001.

[31] Batra R, Ray L. Affective Responses Mediating Acceptance of Advertising [J]. Journal of Consumer Research, 1986 (13).

[32] Batra R, Stayman M. The Role of Mood in Advertising Effectiveness [J]. Journal of Consumer Research, 1990 (17).

[33] Batra R, Stephens D. Attitudinal Effects of Ad-evoked Moods and Emotions: The Moderating Role of Motivation [J]. Psychology and Marketing, 1994, 11 (3).

[34] Batra R, Olli T Ahtola. Measuring the Hedonic and Utilitarian Sources of Consumer Attitude [J]. Marketing Letters, 1990, 2 (2).

[35] Bauer R A. Consumer Behavior as Risk Taking: Dynamic Marketing for a Changing World [R]. Proceedings of the 43rd Conference of the American Marketing Association, 1964.

[36] Bauer R A, Cox D F. Rational vs Emotional Communications: A New Approach [M] // Cox D F, Risk Taking & Information Handling in Consumer Behavior, Graduate School of Business Administration. Boston: Harvard University, 1967.

[37] Carroll K, Coates D. Teaching Price Discrimination: Some Clarifification [J]. Southern Economic Journal, 1999, 66 (2).

[38] Carroll C E, M McCombs. Agenda-setting Effects of Business News on the Public's Images and Opinions about Major Corporations [J]. Corporate Reputation Review, 2003, 6 (1).

[39] Carte T A, C J Russell. In Pursuit of Moderation: Nine Common Errors and Their Solutions [J]. MIS Quarterly, 2003, 27 (3).

[40] Chaiken S, Eagly A H. Communication Modality as a Determinant of Persuasion: The Role of Communicator Salience [J]. Journal of Personality and Social Psychology, 1983 (45).

[41] Chaiken S, Maheswaran D. Neuristic Processing Can Bias Systematic Processing: Effects of Source Credibility, Argument Ambiguity, and Task Importance on Attitude Judgment [J]. Journal of Personality and Social Psychology, 1994 (66).

[42] Chaudhuri A, Holbrook M. The Chain Effects from Brand Trust and Brand Affect to Brand Performance: The Role of Brand Loyalty [J]. Journal of Marketing, 2001, 65 (2).

[43] Chaudhuri A. A Macro Analysis of the Relationship of Product Involvement and Information Search: The Role of Risk [J].

Journal of Marketing Theory and Practice, 2000, 8 (1).

[44] Chen F F, Kenrick D T. Repulsion or Attraction? Group Membership and Assumed Attitude Similarity [J]. Journal of Personality and Social Psychology, 2002 (83).

[45] Chen H C, Reardon R, Rea C. Forewarning of Content and Involvement: Consequences for Persuasion and Resistance to Persuasion [J]. Journal of Experimental Social Psychology, 1992 (28).

[46] Chen L H, Baker S P, Braver E R, et al. Carrying Passengers as a Risk Factor for Crashes Fatal to 16 and 17 year old Drivers [J]. Journal of the American Medical Association, 2000 (283).

[47] Chen Yiwei, Fredda Blanchard Fields. Age Differences in Stages of Attributional Processing [J]. Psychology and Aging, 1997 (12).

[48] Chernatony L D, McWilliam. Branding Terminology: The Real Debate [J]. Marketing Intelligence and Planning, 1989 (7).

[49] Chintagunta, Pradeep, Dipak C Jain. Dynamic Duopoly Models of Advertising Competition: Estimation and a Specifification Test [J]. Journal of Economics and Management Strategy, 1995, 4 (1).

[50] Choi, Incheol, Richard E. Nisbett, Ara Norenzayan. Causal Attribution Across Cultures: Variation and University [J]. Psychological Bulletin, 1999, 125 (1).

[51] Choi Y, Y H Lin. Consumer Responses to Mattel Product Recalls Posted on Online Bulletin Boards: Exploring Two Types of Emotion [J]. Journal of Public Relations Research, 2009, 21 (2).

[52] Christian. Moral Distance in Organizations: An Inquiry into Ethical Violence in the Works of Kafka [J]. Journal of Business Ethics, 2014 (5).

[53] Chu C S, M Stinchcombe, H White. Monitoring Structural Change [J]. Econometrica, 1996 (64).

[54] Chun R, Corporate Reputation: Meaning and Measurement [J]. International Journal of Management Reviews, 2005, 7 (2).

[55] Darley M J, Gross P H. A Hypothesis Confirming Bias In Labeling Effects [J]. Journal of Personality, Social, Psychology, 1983 (44).

[56] David A Aaker. Managing Brand Equity [M]. New York: Macmillan, 1991.

[57] David A Aaker. Measuring Brand Equity across Product and Markets [J]. California Management Review, 1996 (38).

[58] Davidow M. Organizational Responses to Customer Complaints: What Works and What doesn't [J]. Journal of Service Research, 2003, 5 (3).

[59] Davidson J Hugh. Offensive Marketing: How to Make Your Competitors Follow [M]. England: Gower Publishing Company Limited, 1987.

[60] Davidson W, Worrell D. The Effect of Product Recall Announcements on Shareholder Wealth [J]. Strategic Management Journal, 1992 (13).

[61] Davis M. Piecewise-Deterministic Markov Processes: A General Class of Non-Diffusion Stochastic Models [J]. Journal of the Royal Statistical Society, 1984, 46 (3).

[62] Dawar N, Lei J. Brand Crises: The Roles of Brand Familiarity and Crisis relevance in Determining the Impact on Brand Evaluation [J]. Journal of Business research, 2009, 62 (4).

[63] Dawar N. Pillutla M M. Impact of Product-harm Crises on Brand Equity: The Moderating Role of Consumer Expectations [J]. Journal of Marketing Research, 2000, 37 (2).

[64] Dawar N. Product-harm Crises and the Signaling Ability of Brands [J]. International Studies of Management & Organization, 1998, 28 (3).

[65] Dawar N. Brand Familiarity as a Moderator of Consumers' Attribution of Responsibility in a Corporate Crisis [R].

Working Paper, Richard Ivey School of Business, University of West Ontario, 1998.

[66] Dean D H. Consumer Reaction to Negative Publicity Effects of Corporate Reputation, Response, and Responsibility for a Crisis Event [J]. Journal of Business Communication, 2004, 41 (2).

[67] Deephouse D L. Media Reputation as a Strategic Resource: An Integration of Mass Communication and Resource-based Theories [J]. Journal of Management, 2000, 26 (6).

[68] Deighton J. The Interaction of Advertising and Evidence [J]. Journal of Consumer Research, 1984 (11).

[69] Demetrios Vakratsas, Tim Ambler. How Advertising Works: What Do We Really Know? [J]. Journal of Marketing, 1999, 63 (1).

[70] Derbaix C. Perceived Risk and Risk Relievers: An Empirical Investigation [J]. Journal of Economic Psychology, 1983, 3 (1).

[71] Dholakia. Evaluating Structural Equation Models with Unobservable Variables and Measurement Error [J]. Journal of Marketing Research, 2014 (2).

[72] Dwivedi A, Merrilees B, Sweeney A. Brand Extension Feedback Effects: A Holistic Framework [J]. Journal of Brand Management, 2009, 17 (5).

[73] Dwyer. Relationship Marketing of Services-Growing Interest, Emerging Perspectives [J]. Journal of the Academy of Marketing Science, 2010 (2).

[74] Eagly A H, Wood W, Chaiken S. Causal Inferences about Communicators and Their Effect on Opinion Change [J]. Journal of Personality and Social Psychology, 1978, 36 (4).

[75] Eagly A H, Chaiken S. Attitude Structure and Function [M] //D Gilbert, S Fiske, G Lindzey. The Handbook of Social Psychology. 4th ed. NewYork: McGraw-Hill, 1998.

[76] Eastwick P W, Finkel E J. Sex Differences in Mate Preferences Revisited: Do People Know What They Initially Desire in a Romantic Partner [J]. Journal of Personality & Social Psychology, 2008, 94 (2).

[77] Edwards K, Smith E E. A Disconfirmation Bias in the Evaluation of Arguments [J]. Journal of Personality and Social Psychology, 1996, 71 (1).

[78] Edwards J R, L S Lambert. Methods for Integrating Moderation and Mediation: A General Analytical Framework Using Moderated Path Analysis [J]. Psychological Methods, 2007, 12 (1).

[79] Edwards K, Edward E S. A Disconfirmation Bias in the Evaluation of Arguments [J]. Journal of Personality and Social Psychology, 1996 (71).

[80] Ehrenberg Andrew S C, Gerald J Goodhardt, T Patrick Barwise. Double Jeopardy Revisited [J]. Journal of Marketing, 1990, 54 (7).

[81] Ellsworth P C, C A Smith. From Appraisal to Emotion: Differences among Unpleasant Feelings [J]. Motivation and Emotion, 1988, 12 (3).

[82] Ellsworth P C, C A Smith. Shades of Joy: Patterns of Appraisal Differentiating Pleasant Emotions [J]. Cognition & Emotion, 1988, 2 (4).

[83] Erdem T, Swait J, Iacobucci D. Brand Credibility, Brand Consideration, and Choice [J]. Journal of Consumer Research, 2004, 31 (1).

[84] Erdem T, Swait J. Brand Equity as a Signaling Phenomenon [J]. Journal of Consumer Psychology, 1998, 7 (2).

[85] Erdem T. An Empirical Analysis of Umbrella Branding [J]. Journal of Marketing Research, 1998, 35 (8).

[86] Erickson G M. Dynamic Models of Advertising Competition [M]. 2nd ed. MA: Kluwer Norwell, 2003.

[87] Erickson G M, Johny K Johansson, Paul Chao. Image Variables in Multi-Attribute Product Evaluations: Country-of-

Origin Effects [J]. Journal of Consumer Research, 1984, 11 (9).

[88] Eugene F Stone-Romero, Dianna L Stone, Dhruv Grewal. Development of a Multidimensional Measure of Perceived Product Quality [J]. Journal of Quality Management, 1997, 2 (1).

[89] Eugene R Carrubba, Ronald D Gordon. Product Assurance Principles [M]. New York: McGraw-Hill Book Company, 1988.

[90] F Germann. Product Recalls and the Moderating Role of Brand Commitment [J]. Marketing Letters, 2013 (2).

[91] Farquhar, Peter H. Managing Brand Equity [J]. Marketing Research, 1989 (9).

[92] Fearn-Banks K. Crisis Communications: A Casebook Approach [M]. Mahwah NJ: Lawrence Erlbaum, 2007.

[93] Fediuk T A, K M Pace, I C. Botero, Crisis Response Effectiveness: Methodological Considerations for Advancement in Empirical Investigation into Response Impact [J]. The Handbook of Crisis Communication, 2010.

[94] Fedorikhin A, C A Cole. Mood Effects on Attitudes, Perceived Risk and Choice: Moderators and Mediators [J]. Journal of Consumer Psychology, 2004, 14 (1).

[95] Fei L W, Monroe K B, Kukar-Kinney M. Effects of Price Framing on Consumers' Perceptions of Online Dynamic Pricing Practices [J]. Journal of The Academy of Marketing Science, 2013, 41 (5).

[96] Feichtinger G, R Hartl, S P Sethi. Dynamic Optimal Control Models in Advertising: Recent Development [J]. Management Science, 1994, 40 (2).

[97] Feldman J M, Lynch J G. Self-generated Validity and other Effects of Measurement on Belief, Attitude, Intention, Behavior [J]. Journal of Applied Psychology, 1988, 73 (3).

[98] Festinger L. A Theory of Cognitive Dissonance [M]. Stanford: Stanford University Press, 1957.

[99] Fiedler F E. When to Lead, When to Stand Back [J]. Psychology Today, 1987 (9).

[100] Figlewicz R E, E Szwajkowski [J]. Systematic Risk Volatility and Corporate Reputation: A Longitudinal and Cross Sectional Analysis [J]. Organization Science Electronic Letters, 2002, 2 (1).

[101] Fink S. Crisis Management: Planning for the Inevitable [M]. New York: Prentice-Hall/Financial Times, 1986.

[102] Finkelstein S. When Bad Things Happen to Good Companies: Strategy Failure and Flawed Executives [J]. Journal of Business Strategy, 2005, 26 (2).

[103] Fishbein M, I Ajzen. Belief, Attitude, Intention and Behaviour: An Introduction to Theory and Research [M]. MA: Addison-Wesley, 1975.

[104] Fiske S T. Attention and Weight in Person Perception: The Impact of Negative and Extreme Behavior [J]. Journal of Personality and Social Psychology, 1980 (38).

[105] Flanagan D J, K C O Shaughnessy. The Effect of Layoffs on Firm Reputation [J]. Journal of Management, 2005, 31 (3).

[106] Foddy M, Platow M J, Yamagishi T. Group-Based Trust in Strangers: The Role of Stereotypes and Expectations [J]. Psychological Science, 2009, 20 (4).

[107] Folkes V S. Consumer Reactions to Product Failure: An Attributional Approach [J]. Journal of Consumer Research, 1984 (10).

[108] Folkes V S. Recent Attribution Research in Consumer Behavior: A Review and New Directions [J]. Journal of Consumer Research, 1988, 3 (14).

[109] Folkes V S, S Koletsky, J L Graham. A Field Study of Causal Inferences and Consumer Reaction: The View from the Airport [J]. Journal of Consumer Research, 1987 (13).

[110] Haurie A, F Moresino. A Stochastic Control Model of Economic Growth with Environmental Disaster Prevention [J].

Automatica, 2006 (42).

[111] Haws K L, Bearden W O. Dynamic Pricing and Consumer Fairness Perceptions [J]. Journal of Consumer Research, 2006, 33 (3).

[112] Hayes A F. Introduction To Mediation, Moderation, and Conditional Process Analysis: A Regression-Based Approach [J]. Journal of Educational Measurement, 2013, 51 (3).

[113] Hearit Keith M. Apologies and Public Relations Crises at Chrysler, Toshiba, and Volvo [J]. Public Relations Review, 1994, 20 (2).

[114] Hearit K M. Corporate Apologia: When an Organization Speaks in Defense of Itself [M] // R L Heath. Handbook of Public Relations, 2001.

[115] Hearit K M. On the Use of Transcendence as An Apologia Strategy [J]. Public Relation Review, 1997 (23).

[116] Heckhausen Jutta, Joachim Krueger. Developmental Expectations for the Self and Most Other People: Age-Grading in Three Functions of Social Comparison [J]. Developmental Psychology, 1993, 29 (5).

[117] Heckhausen Jutta, Paul B Baltes. Perceived Controllability of Expected Psychological Change across Adulthood and Old Age [J]. Journal of Gerontology: Psychological Sciences, 1991, 46 (7).

[118] Heckhausen Jutta, Richard Schultz. A Life-Span Theory of Control [J]. Psychological Review, 1995, 102 (4).

[119] Helm S, B Gray. Corporate Reputation as Anticipated Corporate Conduct-introduction to the AMJ Special Issue [J]. Australasian Marketing Journal, 2009, 17 (2).

[120] Helm S. Designing a Formative Measure for Corporate Reputation [J]. Corporate Reputation Review, 2005, 8(2).

[121] Helm S. One Reputation or Many? Comparing Stakeholders' Perceptions of Corporate Reputation [J]. Corporate Communications: An International Journal, 2007, 12 (3).

[122] Hemsley G D, Doob A N. The Effect of Looking Behavior on Perceptions of a Communicator's Credibility [J]. Journal of Applied Social Psychology, 1978, 8 (2).

[123] Henderson J C. Corporate Social Responsibility and Tourism: Hotel Companies in Phuket Thailand, after the Indian Ocean Tsunami [J]. International Journal of Hospitality Management, 2007, 26 (1).

[124] Herbig P, J Milewicz. The Relationship of Reputation and Credibility to Brand Success [J]. Journal of Consumer Marketing, 1993, 10 (3).

[125] Homburg C, M Klarmann, S Staritz. Customer Uncertainty Following Downsizing: The Effects of Extent of Downsizing and Open Communication [J]. Journal of Marketing, 2012 (1).

[126] Homburg C, N Koschate, W D Hoyer. The Role of Cognition and Affect in the Formation of Customer Satisfaction: A Dynamic Perspective [J]. Journal of Marketing, 2006 (2).

[127] Hoover R J, R T Green, J Saegert. A Cross-national Study of Perceived Risk [J]. The Journal of Marketing, 1978, 43 (2).

[128] Horen F, R Pieters. When High-Similarity Copycats Lose and Moderate-Similarity Copycats Gain: The Impact of Comparative Evaluation [J]. Journal of Marketing Research, 2012, 49 (1).

[129] Hovland C I. Lumsdaine A A, Sheffield F D. Experiments on Mass Communication: Studies in Social Psychology in World War II [M]. NJ: Princeton University Press, 1949.

[130] Hunt S D. Modern Marketing Theory: Critical Issues in the Philosophy of Marketing Science [M]. Cincinnati, OH: South-Western Publishing Company, 1991.

[131] Irwin W Kabak, George J Simokos. Monitoring Recovery after a Product Harm Crisis [J]. Industrial Management, 1991 (9).

[132] Isen A M, et al. Affect, Accessibility of Material in Memory, and Behavior: A Cognitive Loop? [J]. Journal of Personality and Social Psychology, 1978, 36 (1).

[133] Isen A M. Positive Affect and Decision Making [M] // M Lewis, J M Haviland. Handbook of Emotions. New York: Guilford Press, 1993.

[134] Iyer G R, Miyazaki A D, Grewal D, et al. Linking Web-Based Segmentation to Pricing Tactics [J]. Journal of Product & Brand Management, 2002, 11 (5).

[135] Izard C E. Four Systems for Emotion Activation: Cognitive and Noncognitive Processes [J]. Psychological Review, 1993, 100 (1).

[136] J K Robbennolt. Outcome Severity and Judgments of Responsibility: A Meta-analytic Review [J]. Journal of Applied Psychology, 2000, 30 (12).

[137] Jacob Jacoby, Jerry C Olson, Rafael A Haddock. Price, Brand, Name, and Product Composition Characteristics as Determinants of Perceived Quality [J]. Journal of Applied Psychology, 1971, 55 (6).

[138] Jacoby J, L B Kaplan. The Components of Perceived Risk [J]. Advances in Consumer Research, 1972, 3 (3).

[139] Janakiraman R, Sismeiro C, Dutta S. Perception Spillovers across Competing Brands: A Disaggregate Model of How and When [J]. Journal of Marketing Research, 2009, 46 (4).

[140] Javalgi R G, et al. Awareness of Sponsorship and Corporate Image: An Empirical Investigation [J]. Journal of Advertising, 1994, 23 (4).

[141] Jedidi K, C F Mela, S Gupta. Managing Advertising and Promotion for Long-run Profitability [J]. Marketing Science, 1999, 18 (1).

[142] Jerry, Karen. Ethical Decision-Making by Consumers: The Roles of Product Harm and Consumer Vulnerability [J]. Journal of Business Ethics, 2007 (70).

[143] Jill Klein, Niraj Dawar. Corporate Social Responsibility and Consumers' Attributions and Brand Evaluations in a Product Harm Crisis [J]. International Journal of Research in Marketing, 2004, 21 (3).

[144] Jillian C Sweeney, Geoffrey N Soutar. Consumer Perceived Value: The Development of a Multiple Item scale [J]. Journal of Retailing, 2001, (77).

[145] Krammer Sorin M S. Drivers of National Innovation in Transition: Evidence from a Panel of Eastern European Countries [J]. Research Policy, 2009 (38).

[146] Krippendorff K. Content Analysis: An Introduction to Its Methodology [M]. Beverly Hills, CA: Sage Publications, 2004.

[147] Krishna A, U Rajan. Cause Marketing: Spillover Effects of Cause-related Products in a Product Portfolio [J]. Management Science, 2009, 55 (9).

[148] Kruglanski A W, Webster D M. Motivated Closing of the Mind: "Seizing" and "Freezing" [J]. Psychological Review, 1996, 103 (2).

[149] Kucuka S U, Krishnamurthy B S. An Analysis of Consumer Power on the Internet [J]. Technovation, 2007, 27 (1).

[150] Kunda Z. The Case for Motivated Reasoning [J]. Psychological Bulletin, 1990, 108 (3).

[151] Kurzbard Gary, George J Siornokos. Crafting a Damage Control Plan: Lessons from Perrier [J]. Journal of Business Strategy, 1992, 13 (3).

[152] L Cross. Customer Intimacy: The Bonds that Go Beyond [J]. Graphics Arts Monthly, 2012 (2).

[153] Laarman J G, Gregersen H M. Pricing Policy in Nature Based Tourism [J]. Tourism Management, 1996 (17).

[154] Laczniak R N, De Carlo T E, Ramaswami S N. Consumers' Response to Negative Word-of-Mouth Communication:

An Attribution Theory Perspective [J]. Journal of Consumer Psychology, 2001, 11 (1).

[155] Laforet S, J Saunders. Managing Brand Portfolios: Why Leaders Do What They Do [J]. Journal of Advertising Research, 1999, 39 (1).

[156] Lai Mingyong, Hua Wang, Shujin Zhu. Double-Edged Effects of Technology Gap and Technology Spillovers: Theory and Chinese Industry Study [J]. China Economic Review, 2008, 20 (3).

[157] Langer E J, Blank A, Chanowitz B. The Mindlessness of Ostensibly Thoughtful Action: The Role of Placebic Information in Interpersonal Interaction [J]. Journal of Personality and Social Psychology, 1978 (36).

[158] Laroche M, Kim C, Zhou L. Brand Familiarity and Confidence as Determinants of Purchase Intention: An Empirical Test in a Multiple Brand Context [J]. Journal of Business Research, 1996, 37 (2).

[159] Laros F, E M Steenkamp. Emotions in Consumer Behavior: A Hierarchical Approach [J]. Journal of Business Research, 2005, 58 (10).

[160] Larry Percy, John R Rossiter. A Model of Brand Awareness and Brand Attitude Advertising Strategies [J]. Psychology & Marketing, 1992, 9 (4).

[161] Lassar W, Mittal B, Sharma. Measuring Customer-Based Equity [J]. Journal of Consumer Marketing, 1995 (12).

[162] Laufer Danie, Gillespie Kate, Silvera David H. The Role of Country of Manufacture in Consumers' Attributions of Blame in an Ambiguous Product-Harm Crisis [J]. Journal of International Consumer Marketing, 2009, 21 (3).

[163] Laufer Daniel, David Silvera, H Mayer Tracy. Exploring Differences between Older and Younger Consumers in Attributions of Blame for Product Harm Crisis [J]. Academy of Marketing Science Review, 2005, 7 (1).

[164] Laufer D, Gillespie K. Differences in Consumer Attributions of Blame Between Men and Women: The Role of Perceived Vulnerability and Empathic Concern [J]. Psychology and Marketing, 2004, 21 (2).

[165] Laufer D. Product Crisis and Consumers Assessment of Blame: Is there an Impact of Country of Origin [J]. University of Texas, 2002, 18 (2).

[166] Mahon J F and B M. Mitnick, Reputation Shifting [J]. Journal of Public Affairs, 2010, 10 (4).

[167] Mahon J F. Corporate Reputation Research Agenda Using Strategy and Stakeholder Literature [J]. Business & Society, 2002, 41 (4).

[168] Maidique M A, Zirger B J. A Study of Success And Failure in Product Innovation: The Case of the U. S. Electronics Industry [J]. IEEE Transactions on Engineering Management, 1984, 31 (4).

[169] Marcus A, Goodman R S. Victims and Shareholders: The Dilemmas of Presenting Corporate Policy during a Crisis [J]. Academy of Management Journal, 1991, 34 (2).

[170] Marks L J and Michael A K. The Use of Product Sampling and Advertising: Effects of Sequence of Exposure and Degree of Advertising Claim Exaggeration on Consumers' Belief Strength, Belief Confidence and Attitudes [J]. Journal of Marketing Research, 1988, 25 (3).

[171] Marks L J and M A Kamins. The Use of Product Sampling and Advertising: Effects of Sequence of Exposure and Degree of Advertising Claim Exaggeration on Consumers' Belief Strength, Belief Confidence, and Attitudes [J]. Journal of Marketing Research, 1988, 25 (3).

[172] Martin Srholec. A Multilevel Analysis of Innovation in Developing Countries [J]. TIK Working Paper on Innovation Studies, 2008, 12 (08).

[173] Martin Woerter, Stephen Roper. Openness and Innovation-Home and Export Demand Effects on Manufacturing Innovation: Panel Data Evidence for Ireland and Switzer land [J]. Research Policy, 2010, 39 (6).

[174] Mary. Decoding Customer-Firm Relationships: How Attachment Styles Help Explain Customers' Preferences [J].

Journal of Marketing Research, 2013, 50 (1).

[175] Matos A, Veiga T. How to Deal with Negative Publicity: The Importance of Consumer Involvement [J]. Brazilian Administration Review, 2005, 2 (1).

[176] Maxham J G. Modeling Customer Perceptions of Complaint Handling over Time: The Effects of Perceived Justice on Satisfaction and Intent [J]. Journal of Retailing, 2002, 78 (4).

[177] Mayer R C, Davis J H, Schoorman F D. An Integrative Model of Organizational Trust [J]. Academy of Management Review, 1995, 20 (3).

[178] Mazumdar T, Raj S P, Sinha I. Reference Price Research: Review and Propositions [J]. Journal of Marketing, 2005, 69 (10).

[179] Mccullough M E, Fincham F D, Tsang J A. Forgiveness, Forbearance, and Time: The Temporal Unfolding of Transgression-related Interpersonal Motivations [J]. Journal of Personality and Social Psychology, 2003, 84 (3).

[180] McDonald L, Hartel C E J. Applying the Involvement Construct to Organizational Crises, in Proceedings of the Australian and New Zealand Marketing Academy Conference [C]. Faculty of Business & Economics, Monash University: Gold Coast, Australia, 2000.

[181] McDonald L M, Sparks B and Glendon A I. Stakeholder Reactions to Company Crisis Communication and Causes [J]. Public Relations Review, 2010, 36 (3).

[182] Oliver, Richard L. Whence Consumer Loyalty [J]. Journal of Marketing, 1999, 63 (4).

[183] Olivier Rubel, Prasad A Naik, Shuba Srinivasan. Optimal Advertising When Envisioning a Product-harm Crisis [J]. Marketing Science, 2011, 6 (6).

[184] Olson J M, Cal A V. Source Credibility, Attitudes, and the Recall of Past Behaviours [J]. European Journal of Social Psychology, 1984, 14 (2).

[185] Olson J M, Roese N J, Zanna M P. Expectancies. In Kruglanski (Eds.), Social Psychology: Handbook of Basic Principles [M]. New York: Guil Ford Press, 1996.

[186] Olson J M, Cal A V. Source Credibility, Attitudes, and the Recall of Past Behave Ours [J]. European Journal of Social Psychology, 1984, 14 (2).

[187] Olson J M, Zanna M P. Attitudes and Attitude Change [J]. Annual Review of Psychology, 1993 (44).

[188] Ortony A, Clore G L, Collins A. The Cognitive Structure of Emotions [M]. Cambridge: Cambridge University Press, 1990.

[189] Park J, Lee H, Kim C. Corporate Social Responsibilities, Consumer Trust and Corporate Reputation: South Korean Consumers' Perspectives [J]. Journal of Business Research, 2013 (30).

[190] Park J, Lennon S J, Stoel L. On-line Product Presentation: Effects on Mood, Perceived Risk and Purchase Intention [J]. Psychology and Marketing, 2005, 22 (9).

[191] Park W, Lessig P. Familiarity and Its Impact on Consumer Decision Biases and Heuristics [J]. Journal of Consumer Research, 1981, 8 (2).

[192] Patterson, Bill. Crises Impact on Reputation Management [J]. Public Relations Journal, 1993.

[193] Patterson P G. Expectations and Product Per Formance as Determinants of Satisfaction with A High-involvement Purchase [J]. Psychology and Marketing, 1993 (2).

[194] Paul Shrivastava. Ecocentric Management for a Risk Society [J]. The Academy of Management Review, 1995 (1).

[195] Pearson C M, Clair J A. Reframing Crisis Management [J]. Academy of Management Review, 1998, 23 (1).

[196] Peeters G, Czapinski J. Positive-negative Asymmetry in Evaluations: The Distinction Between Affective and Informational Negativity Effects [J]. European Review of Social Psychology, 1990, 1 (1).

[197] Peine K, Heitmann M, Herrmann A. Getting A Feel for Price Affect: A Conceptual Framework and Empirical Investigation of Consumers' Emotional Responses to Price Information [J]. Psychology and Marketing, 2009, 26 (1).

[198] Pennings J M E, Wansink B, Meulenberg M T G. A Note on Modeling Consumer Reactions to A Crisis: The Case of The Mad Cow Disease [J]. International Journal of Research in Marketing, 2002, 19 (1).

[199] Peter J P, Ryan M J. An Investigation of Perceived Risk at The Brand Level [J]. Journal of Marketing Research, 1976 (2).

[200] Weiner B. Attributional Thoughts About Consumer Behavior [J]. Journal of Consumer Research, 2000, 27 (3).

[201] Weiner B. Social Motivation, Justice and The Moral Emotions: An Attributional Approach [M]. Mahwah: Lawrence Erlbaum, 2005.

[202] Weiner, Bernard, Sandra Graham. Understanding the Motivational Role of Affect: Life-Span Research from an Attributional Perspective [J]. Cognition and Emotion, 1989 (2).

[203] Weiner, Bernard. Human Motivation [M]. New York: Lawrence Erlbaum Associates Inc, 1980.

[204] Weiner, Bernard. Attributional Thoughts about Consumer Behavior [J]. Journal of Consumer Research, 2000 (2).

[205] Weiner, Richard. Collect Your PR Fringe Benefits: Look Again at the Media You're Not Using [J]. Public Relations Quarterly, 1985 (2).

[206] Weiner. An Attributional Theory of Achievement Motivation and Emotion [J]. Psychological Review, 1985 (92).

[207] Weiss A M, Anderson E, MacInnis D J. Reputation Management as A Motivation for Sales Structure Decisions [J]. Journal of Marketing, 1999, 64 (4).

[208] Westbrook R A, Oliver R L. The Dimensionality of Consumption Emotion Patterns and Consumer Satisfaction [J]. Journal of Consumer Research, 1991, 18 (1).

[209] Whetten D A. Part II: Where Do Reputations Come From? Theory Development and the Study of Corporate Reputation [J]. Corporate Reputation Review, 1997, 1 (1).

[210] Whetten D A. What Constitutes A Theoretical Contribution? [J]. The Academy of Management Review, 1989, 14(4).

[211] Williams, David E, Bolanle A, Olaniran. Exxon's Decision-Making Flaws: The Hypervigilant Response to the Valdez Grounding [J]. Public Relations Review, 1994, 20 (1).

[212] Winters, Lewis C. The Effect of Brand Advertising on Company Image: Implications for Corporate Advertising [J]. Journal of Advertising Research, 1986 (26).

[213] Wong A. The Role of Emotional Satisfaction in Service Encounters [J]. Managing Service Quality, 2004, 14(5).

[214] Woodside A G. Is There a Generalized Risky Shift Phenomenon in Consumer Behavior [J]. Journal of Marketing Research, 1974,11 (5).

[215] Wright P. The Harassed Decision Maker: Time Pressures, Distractions and the Use of Evidence Journal [J]. if Applied Psychology, 1974 (59).

[216] Xia L, Monroe K B, Cox J L. The Price is Unfair! A Conceptual Framework of Price Fairness Perceptions [J]. Journal of Marketing, 2004, 68 (4).

[217] Yi Xie, Siqing Peng. How to Repair Customer Trust After Negative Publicity: The Roles of Competence, Integrity, Benevolence and Forgiveness [J]. Psychology and Marketing, 2009, 26 (7).

[218] Ugur Yavas, Glen Riecken, Emin Babakus. Efficacy of Perceived Risk As a Correlate of Reported Donation Behavior: An Empirical Analysis [J]. Journal of the Academy of Marketing Science, 1993,21 (1).

[219] Xu J, Wyer S. Puffery in Advertisements: The Effects of Media Context, Communication Norms, and Consumer Knowledge [J]. Journal of Consumer Research, 2010, 37 (2).

[220] Yeung R M W,J Morris. Food Safety Risk: Consumer Perception and Purchase Behavior [J]. British Food Journal,

2001,103 (3).

[221] Yi S, Baumgartner H. Coping with Negative Emotions in Purchase-Related Situations [J]. Journal of Consumer Psychology, 2004, 3 (14).

[222] Yooa, Donthub. Developing and Validating a Multidimensional Consumer-based Brand Equity Scale [J]. Journal of Business Research, 2001 (52).

[223] Yoo B, Donthu N, Sungho Lee. An Examination of Selected Marketing Mix Elements and Brand Equity [J]. Academy of Marketing Science, 2000 (28).

[224] Carolyn Yoon. Age Differences in Consumers' Processing Strategies: An Investigation of Moderating Influences [J]. Journal of Consumer Research, 1997, 24 (12).

[225] Ha, Young-Won, Hoch, Stephen J. Ambiguity, Processing Strategy and Advertising-Evidence Interactions [J]. Journal of Consumer Research, 1989 (2).

[226] Zaichkowsky J L. Measuring the Involvement Construct [J]. Journal of Consumer Research, 1985, 12 (3).

[227] Zajonc R B. Feeling and Thinking: Preferences Need No Inferences [J]. American psychologist, 1980, 35 (2).

[228] Zajonc R B. On the Primacy of Affect [J]. American Psychologist, 1984, 39 (2).

[229] Valarie A Zeithaml. Consumer Perceptions of Price, Quality, and Value: A Means-End Model and Synthesis of Evidence [J]. Journal of Marketing, 1988, 52 (3).

[230] Zeithaml. Mediating, interactive and Non-linear Effects in Service Quality and Satisfaction with Services Research [J]. Canadian Journal of Administrative Sciences, 2008.

[231] Zeynep G, Batra R. When Corporate Image Affects Product Evaluations: The Moderating Role of Perceived Risk [J]. Journal of Marketing Research, 2004 (4).

[232] Zhao X, Chen Q. Reconsidering Baron and Kenny: Myths and Truths about Mediation Analysis [J]. Journal of Consumer Research, 2010, 37 (2).

[233] Zhao Y, Zhao Y, Helsen K. Consumer Learning in a Turbulent Market Environment: Modeling Consumer Choice Dynamics After a Product-harm Crisis [J]. Journal of Marketing Research, 2011, 48 (2).

[234] Zinkhan G M, K W Karande. Cultural and Gender Differences in Risk-taking Behavior Among American and Spanish Decision Makers [J]. Journal of Social Psychology, 1991, 131 (5).

营销安全研究

（中卷）

李蔚　杨洋　兰天◎主编

企业管理出版社

图书在版编目（CIP）数据

营销安全研究：全三卷 / 李蔚，杨洋，兰天主编 . —北京：企业管理出版社，2019.12
ISBN 978-7-5164-2081-2

Ⅰ.①营…　Ⅱ.①李…　②杨…　③兰…　Ⅲ.①市场营销学　Ⅳ.① F713.50

中国版本图书馆 CIP 数据核字（2019）第 275691 号

书　　名	营销安全研究（中卷）
作　　者	李　蔚　杨　洋　兰　天
责任编辑	郑　亮　徐金凤　黄　爽　田　天　宋可力
书　　号	ISBN 978-7-5164-2081-2
出版发行	企业管理出版社
地　　址	北京市海淀区紫竹院南路 17 号　　邮编：100048
网　　址	http://www.emph.cn
电　　话	编辑部（010）68701638　发行部（010）68701816
电子信箱	qyglcbs@emph.cn
印　　刷	北京虎彩文化传播有限公司
经　　销	新华书店
规　　格	210 毫米 × 285 毫米　大 16 开本　36 印张　1037 千字
版　　次	2019 年 12 月第 1 版　2019 年 12 月第 1 次印刷
定　　价	600.00 元（全三卷）

版权所有　翻印必究　·　印装有误　负责调换

《营销安全研究》(全三卷) 编委会

主　编　李　蔚　杨　洋　兰　天
副主编　李　珊　花海燕　王　虹

分卷主编

上卷：方　正　薛骄龙
中卷：刘晓彬　李陈卓尔
下卷：林雅军　尚　玮

目 录

第一部分 市场进入安全

1. 市场进入安全评价的基本理论研究 ········· 3
   1.1 市场进入安全评价界定 ········· 3
      1.1.1 市场进入安全评价的概念界定 ········· 3
      1.1.2 市场进入安全评价的核心模型界定 ········· 3
      1.1.3 市场进入安全评价的性质界定 ········· 4
      1.1.4 市场进入安全评价的范围界定 ········· 5
      1.1.5 市场进入安全评价的对象界定 ········· 5
      1.1.6 市场进入安全评价的出发点界定 ········· 5
      1.1.7 市场进入的主成分界定 ········· 5
   1.2 市场进入安全评价的研究意义 ········· 5
      1.2.1 对完善和发展营销科学的意义 ········· 5
      1.2.2 对我国进入WTO的企业安全地进入国际市场具有重要的战略意义 ········· 6
      1.2.3 对新企业的市场运作有重要的理论和实践意义 ········· 6
2. 市场进入安全评价文献综述 ········· 7
   2.1 关于企业经营安全及其评价问题的研究 ········· 7
      2.1.1 关于企业经营风险问题的研究 ········· 7
      2.1.2 关于企业经营危机问题的研究 ········· 7
      2.1.3 关于经济预警问题的研究 ········· 8
      2.1.4 关于企业经济安全问题的研究 ········· 8
   2.2 关于企业营销安全及其评价问题的研究 ········· 8
      2.2.1 营销评价问题的研究 ········· 8
      2.2.2 关于企业营销安全及其评价问题的研究 ········· 9
      2.2.3 关于市场进入安全评价问题的研究 ········· 10
   2.3 市场进入安全评价研究的发展趋势与需要进一步研究的问题 ········· 12
3. 对市场进入时序效应的影响因素的研究 ········· 14
   3.1 市场进入时序效应的问题提出 ········· 14
   3.2 市场进入时序效应的直接影响因素 ········· 15
      3.2.1 市场进入障碍 ········· 15
      3.2.2 消费者的学习 ········· 16
      3.2.3 营销组合 ········· 16
      3.2.4 资源和技能 ········· 17
      3.2.5 迟缓进入者优势 ········· 17
   3.3 市场进入时序效应模型 ········· 18
   3.4 市场进入时序效应的影响因素总结 ········· 19

4. 中国市场进入障碍与经典市场进入理论的一致性研究 ... 20
4.1 引言 ... 20
4.1.1 市场进入障碍的含义 ... 20
4.1.2 市场进入障碍结构和各个类别的重要性 ... 20
4.2 一致性研究的设计 ... 20
4.2.1 问卷设计 ... 20
4.2.2 样本与数据收集 ... 20
4.3 一致性研究的数据分析和结果 ... 21
4.3.1 题项纯化和因子分析 ... 21
4.3.2 验证性因子分析 ... 22
4.3.3 进入障碍各个构成要素的重要性 ... 23
4.4 市场进入障碍的先行变量和结果变量 ... 23
4.4.1 市场进入障碍形成的原因 ... 23
4.4.2 市场进入障碍的结果变量 ... 24
4.5 中国市场进入障碍与经典市场进入理论的一致性讨论 ... 24
4.6 一致性研究的贡献、局限与未来的研究方向 ... 25

5. 延迟进入者品牌强度和产品关联度对购买意愿的影响 ... 26
5.1 延迟进入者品牌强度和产品关联度问题的提出 ... 26
5.2 延迟进入者的品牌强度和产品关联度研究假设 ... 28
5.3 延迟进入者品牌强度和产品关联度的研究设计 ... 28
5.3.1 因子设计 ... 28
5.3.2 刺激物设计 ... 29
5.3.3 变量设计 ... 30
5.3.4 问卷设计 ... 30
5.3.5 抽样设计 ... 31
5.4 延迟进入者品牌强度和产品关联度数据分析 ... 32
5.4.1 样本概况分析 ... 32
5.4.2 品牌强度和新老产品关联度对顾客感知价值的影响分析 ... 33
5.4.3 品牌强度和新老产品关联度对顾客感知风险的影响分析 ... 35
5.4.4 品牌强度和新老产品关联度对顾客购买意愿的影响分析 ... 39
5.5 延迟进入者品牌强度和产品关联度结果讨论 ... 41
5.6 延迟进入者品牌强度和产品关联度小结 ... 42

6. 延迟进入者产品的创新层次对购买意愿的影响 ... 44
6.1 延迟进入者产品的创新层次问题的提出 ... 44
6.2 延迟进入者产品的创新层次研究假设 ... 44
6.3 延迟进入者产品的创新层次研究设计 ... 44
6.3.1 因子设计 ... 44
6.3.2 刺激物设计 ... 45
6.3.3 变量设计 ... 46
6.3.4 问卷设计 ... 46
6.3.5 抽样设计 ... 46

目　录

- 6.4 延迟进入者产品的创新层次数据分析 … 47
  - 6.4.1 样本概况分析 … 48
  - 6.4.2 新产品的创新层次对顾客感知价值的影响分析 … 48
  - 6.4.3 新产品的创新层次对顾客感知风险的影响分析 … 49
  - 6.4.4 新产品的创新层次对顾客购买意愿的影响分析 … 52
- 6.5 延迟进入者产品的创新层次结果讨论 … 53
- 6.6 延迟进入者产品的创新层次小结 … 53

7. 延迟进入者促销对购买意愿的影响 … 55
- 7.1 延迟进入者促销问题的提出 … 55
- 7.2 对延迟进入者促销研究的假设 … 56
- 7.3 延迟进入者促销研究设计 … 57
  - 7.3.1 因子设计 … 57
  - 7.3.2 刺激物设计 … 58
  - 7.3.3 变量设计 … 59
  - 7.3.4 问卷设计 … 59
  - 7.3.5 抽样设计 … 60
- 7.4 延迟进入者的促销数据分析 … 61
  - 7.4.1 样本概况分析 … 61
  - 7.4.2 促销对顾客感知价值的影响分析 … 61
  - 7.4.3 促销对顾客感知风险的影响分析 … 64
  - 7.4.4 促销对顾客购买意愿的影响分析 … 67
- 7.5 延迟进入者的促销结果讨论 … 70
- 7.6 延迟进入者的促销小结 … 71

8. 延迟进入者顾客感知价值、感知风险与购买意愿的关系研究 … 72
- 8.1 关系研究的提出及假设 … 72
- 8.2 关系研究方法 … 74
- 8.3 关系研究数据分析 … 74
- 8.4 相关分析研究结果 … 75
- 8.5 相关分析小结 … 75

9. 市场进入安全评价的主成分研究 … 76
- 9.1 市场进入安全的主成分理论问题的提出 … 76
- 9.2 市场进入安全的主成分理论文献综述 … 76
  - 9.2.1 生命周期理论 … 76
  - 9.2.2 市场进入理论 … 77
  - 9.2.3 营销安全理论 … 77
  - 9.2.4 新产品扩散理论 … 77
  - 9.2.5 影响因素理论 … 78
  - 9.2.6 阶段性突变理论 … 79
- 9.3 市场进入安全的主成分理论实证分析 … 79
  - 9.3.1 量表题项的生成 … 79
  - 9.3.2 受试产品的选择 … 80

            9.3.3 数据收集 80
            9.3.4 数据质量 80
            9.3.5 探索性因子分析 80
            9.3.6 验证性因子分析 81
            9.3.7 因子命名 82
            9.3.8 信度与效度检验 82
    9.4 不同阶段主因素的市场安全概念模型 83
            9.4.1 模型描述 83
            9.4.2 模型假设 83
            9.4.3 模型特点 83
    9.5 不同阶段主因素的市场安全模型的应用 83
            9.5.1 产品安全评估 83
            9.5.2 营销策略指导 84
            9.5.3 产品研发指导 84
    9.6 研究结论及研究局限 84
            9.6.1 研究结论 84
            9.6.2 研究局限性及未来研究方向 84
10. 产品预测阶段市场进入安全评价研究——基于产品需求安全评价的实证 86
    10.1 产品预测阶段需求问题的提出 86
    10.2 产品预测阶段需求文献综述 86
    10.3 产品预测阶段的需求实证研究 88
            10.3.1 量表题项的生成 88
            10.3.2 受试产品的选择 88
            10.3.3 数据收集 88
            10.3.4 测项纯化 89
            10.3.5 数据质量 89
            10.3.6 探索性因子分析 89
            10.3.7 验证性因子分析 89
            10.3.8 因子命名 90
            10.3.9 信度与效度检验 90
    10.4 需求安全模型的提出 91
    10.5 需求安全模型的应用 91
11. 尝试购买阶段市场进入安全评价研究——基于产品沟通安全评价的实证 93
    11.1 尝试购买阶段沟通问题的提出 93
    11.2 尝试购买阶段沟通文献综述 93
            11.2.1 营销沟通 93
            11.2.2 广告沟通 93
            11.2.3 人员推销沟通 94
            11.2.4 产品包装沟通 94
            11.2.5 公关活动沟通 95
            11.2.6 销售促进沟通 95

11.2.7　产品态度与购买意愿 95
　11.3　尝试购买阶段的沟通实证研究 96
　　　11.3.1　量表开发与构建 96
　　　11.3.2　研究设计与被试 97
　　　11.3.3　探索性因子分析 97
　　　11.3.4　验证性因子分析 97
　　　11.3.5　信度与效度检验 97
　11.4　沟通安全模型的提出 98
　11.5　沟通安全模型的应用 99

12. 重复购买阶段市场进入安全评价研究——基于产品质量安全评价的实证 100
　12.1　重复购买阶段体验质量问题的提出 100
　12.2　重复购买阶段体验质量的文献综述 100
　　　12.2.1　感知质量 101
　　　12.2.2　服务质量 101
　　　12.2.3　产品质量 102
　　　12.2.4　顾客满意 102
　　　12.2.5　其他文献指标 102
　12.3　重复购买阶段体验质量实证研究 102
　　　12.3.1　量表的研究设计过程 102
　　　12.3.2　数据收集 103
　　　12.3.3　探索性因子分析 104
　　　12.3.4　验证性因子分析 105
　　　12.3.5　信度与效度检验 105
　12.4　体验安全模型的提出 106
　12.5　体验安全模型的应用 107
　12.6　讨论 108

13. 持续购买阶段市场进入安全评价研究——基于产品品牌安全评价的实证 109
　13.1　持续购买阶段品牌问题的提出 109
　13.2　持续购买阶段的品牌文献综述 109
　　　13.2.1　品牌安全 109
　　　13.2.2　品牌个性 109
　　　13.2.3　品牌联想 110
　　　13.2.4　品牌认知 111
　　　13.2.5　持续购买意愿 111
　13.3　持续购买阶段的品牌实证研究 112
　　　13.3.1　测项发展 112
　　　13.3.2　受试行业与品牌选择 112
　　　13.3.3　数据收集 112
　　　13.3.4　测项调整 112
　　　13.3.5　探索性因子分析（EFA） 112
　　　13.3.6　验证性因子分析 113

　　　　13.3.7　因子命名 ………………………………………………………………… 113
　　　　13.3.8　信度和效度检验 ………………………………………………………… 113
　　13.4　品牌安全模型的提出 …………………………………………………………… 114
　　13.5　品牌安全模型的应用 …………………………………………………………… 114
14. 转移购买阶段市场进入安全评价研究——基于产品创新安全评价体系的实证 ……… 115
　　14.1　转移购买阶段创新问题的提出 ………………………………………………… 115
　　14.2　转移购买阶段创新文献综述 …………………………………………………… 115
　　　　14.2.1　产品与产品创新管理 …………………………………………………… 115
　　　　14.2.2　国外产品创新管理研究重点概述 ……………………………………… 116
　　　　14.2.3　国内产品创新管理研究重点概述 ……………………………………… 117
　　　　14.2.4　典型的产品创新评价工具 ……………………………………………… 118
　　14.3　转移购买阶段的创新实证研究 ………………………………………………… 118
　　　　14.3.1　量表开发与构建 ………………………………………………………… 119
　　　　14.3.2　研究设计与被试 ………………………………………………………… 119
　　　　14.3.3　数据收集 ………………………………………………………………… 119
　　　　14.3.4　测项纯化 ………………………………………………………………… 119
　　　　14.3.5　数据质量 ………………………………………………………………… 119
　　　　14.3.6　探索性因子分析（EFA） ……………………………………………… 120
　　　　14.3.7　验证性因子分析（CFA） ……………………………………………… 121
　　　　14.3.8　因子命名 ………………………………………………………………… 121
　　　　14.3.9　信度与效度检验 ………………………………………………………… 122
　　14.4　创新安全模型的提出 …………………………………………………………… 122
　　14.5　创新安全模型的应用 …………………………………………………………… 123
15. 卓越绩效的延迟进入者战略研究——基于创新的视觉 ………………………………… 124
　　15.1　卓越绩效的延迟进入者提出问题 ……………………………………………… 124
　　15.2　创新管理体系 …………………………………………………………………… 124
　　15.3　创新型战略 ……………………………………………………………………… 125
　　15.4　延迟进入者优势 ………………………………………………………………… 126
　　15.5　卓有成效的绩效创建体系 ……………………………………………………… 127
16. 企业创建经营绩效的战略路径研究——基于市场进入的视觉 ………………………… 128
　　16.1　企业创建经营绩效的问题提出 ………………………………………………… 128
　　16.2　企业创建经营绩效的理论综述 ………………………………………………… 128
　　　　16.2.1　市场进入时序优势 ……………………………………………………… 128
　　　　16.2.2　关键进入资源 …………………………………………………………… 129
　　　　16.2.3　创新管理系统 …………………………………………………………… 130
　　16.3　企业创建经营绩效的研究假设 ………………………………………………… 130
　　　　16.3.1　创新管理系统的差异性 ………………………………………………… 130
　　　　16.3.2　关键进入资源的差异性 ………………………………………………… 131
　　　　16.3.3　创新管理系统与关键进入资源的关系 ………………………………… 131
　　　　16.3.4　营销资源和技能与市场信息研究的关系 ……………………………… 131
　　　　16.3.5　关键进入资源与市场进入时序优势的关系 …………………………… 131

16.3.6 关键进入资源与市场份额的关系 132
16.3.7 市场进入时序优势与市场份额的关系 132
16.4 企业创建经营绩效的研究设计 132
16.4.1 样本与数据收集 132
16.4.2 样本稳定性检验 133
16.4.3 测量工具的定义和来源 133
16.5 企业创建经营绩效的数据分析与结果 134
16.5.1 变量的可靠性和有效性检验 134
16.5.2 创新管理系统和关键进入资源的差异性假设检验 135
16.5.3 路径关系假设检验 136
16.6 企业创建经营绩效的讨论和意义 138
16.6.1 讨论和结论 138
16.6.2 管理启示 139
16.6.3 研究贡献与局限性 140

第二部分 促销安全

17. 基于尝试购买期的新产品沟通安全研究 143
17.1 研究背景 143
17.2 现有的研究情况 143
17.3 沟通安全模型的提出 144
17.3.1 模型构成 144
17.3.2 因素内涵 145
17.4 沟通安全模型的应用 145

18. 明星代言人负面事件相关影响研究 146
18.1 文献回顾 146
18.1.1 代言人信源特性研究 146
18.1.2 代言人负面事件研究 146
18.2 研究变量 146
18.3 研究假设及研究模型 147
18.4 研究方法 149
18.4.1 问卷设计 149
18.4.2 数据收集 149
18.4.3 数据分析 150
18.5 研究结论及局限 153

19. 名人负面新闻对名人广告源喜爱度的伤害原因研究 155
19.1 文献回顾 155
19.2 伤害原因的因子构建 155
19.2.1 研究案例 155
19.2.2 研究资料 155
19.2.3 研究过程 155
19.2.4 因子构建 155

19.3 伤害原因的实证检验 ··· 156
    19.3.1 编制调查问卷 ··· 156
    19.3.2 收集调查数据 ··· 156
    19.3.3 检验因子结构 ··· 157
    19.3.4 验证因果关系 ··· 158
19.4 结果讨论与意义 ··· 159
    19.4.1 结果讨论 ·· 159
    19.4.2 研究意义 ·· 159

20. 代言人负面新闻对消费者购买决策的影响研究 ·· 160
20.1 文献回顾及问题提出 ··· 160
20.2 研究变量及研究假说 ··· 160
    20.2.1 研究变量 ·· 160
    20.2.2 研究假说及模型构建 ··· 161
20.3 数据收集及假说检验 ··· 163
    20.3.1 数据收集 ·· 163
    20.3.2 假说检验 ·· 163
20.4 研究结论及结果讨论 ··· 165
    20.4.1 研究结论 ·· 165
    20.4.2 结果讨论 ·· 166

21. 代言型企业家负面新闻对企业品牌形象的影响研究——基于利益相关者与消费者社会性格维度的分类研究 ········· 167
21.1 绪论 ··· 167
    21.1.1 研究背景及问题 ··· 167
    21.1.2 研究内容与目的 ··· 168
    21.1.3 研究思路与方法 ··· 169
    21.1.4 研究意义与创新 ··· 170
    21.1.5 本章小结 ·· 170
21.2 文献综述 ··· 171
    21.2.1 企业家相关研究 ··· 171
    21.2.2 企业家代言相关研究 ··· 172
    21.2.3 企业家负面新闻研究 ··· 175
    21.2.4 利益相关者理论研究 ··· 178
    21.2.5 心理学性格分类研究 ··· 178
    21.2.6 本章小结 ·· 180
21.3 研究假设与研究设计 ··· 181
    21.3.1 研究假设与概念模型 ··· 181
    21.3.2 研究设计 ·· 186
    21.3.3 本章小结 ·· 187
21.4 实证1：基于企业家代言身份分类的企业家负面新闻对企业品牌形象的影响 ················ 187
    21.4.1 研究假设 ·· 187
    21.4.2 实验与调查设计 ··· 188

21.4.3 实验与调查变量测量 … 189
21.4.4 实验程序 … 189
21.4.5 前测实验 … 189
21.4.6 正式实验 … 191
21.4.7 调查程序 … 193
21.4.8 预调查 … 193
21.4.9 正式调查 … 194
21.4.10 本章小结 … 195

21.5 实证2：代言型企业家经营相关与经营无关负面新闻对企业品牌形象的影响 … 196
21.5.1 研究假设 … 196
21.5.2 实验与调查设计 … 196
21.5.3 实验程序 … 197
21.5.4 前测实验 … 197
21.5.5 正式实验 … 199
21.5.6 调查程序 … 200
21.5.7 预调查 … 200
21.5.8 正式调查 … 202
21.5.9 本章小结 … 204

21.6 实证3：基于利益相关者分类的代言型企业家经营相关负面新闻对企业品牌形象的影响 … 205
21.6.1 研究假设 … 205
21.6.2 实验与调查设计 … 206
21.6.3 实验程序 … 206
21.6.4 前测实验 … 207
21.6.5 正式实验 … 209
21.6.6 调查程序 … 212
21.6.7 预调查 … 213
21.6.8 正式调查 … 215
21.6.9 本章小结 … 218

21.7 实证4：代言型企业家负面新闻对企业品牌形象的影响——基于利益相关者分类与消费者社会性格类型 … 219
21.7.1 研究假设 … 219
21.7.2 实验设计 … 221
21.7.3 实验程序 … 223
21.7.4 前测实验 … 223
21.7.5 正式实验 … 226
21.7.6 本章小结 … 234
21.7.7 章研究总结 … 235

22. "排"不掉的"他"：企业赞助溢出效应研究 … 238
22.1 理论背景与研究假设 … 238
22.1.1 赞助营销 … 238
22.1.2 溢出效应 … 239

  22.1.3 企业赞助对溢出效应的影响 ································· 239
  22.1.4 赞助商品牌代表性的调节作用 ····························· 240
 22.2 实证研究 ··· 240
  22.2.1 实验设计 ··· 240
  22.2.2 刺激物设计 ··· 240
  22.2.3 正式试验过程 ··· 241
  22.2.4 量表设计 ··· 241
  22.2.5 数据分析 ··· 242
 22.3 结论、启示与局限性 ·· 244
  22.3.1 研究结论 ··· 244
  22.3.2 营销启示 ··· 245
  22.3.3 局限性与未来研究方向 ····································· 245

23. 赛事赞助商品牌危机归因对赛事品牌评价的影响研究——品牌关系承诺的调节作用 246

 23.1 引言 ··· 246
 23.2 文献回顾与研究假设 ·· 247
  23.2.1 归因对品牌评价的影响 ····································· 247
  23.2.2 品牌关系承诺的调节作用 ··································· 248
 23.3 实证研究 ··· 248
  23.3.1 实验组设计 ··· 248
  23.3.2 刺激物设计 ··· 249
 23.4 数据分析 ··· 250
  23.4.1 样本描述 ··· 250
  23.4.2 操控检验 ··· 250
  23.4.3 变量描述 ··· 250
  23.4.4 假设检验 ··· 250
 23.5 研究结论与局限性 ·· 251
  23.5.1 结论 ··· 251
  23.5.2 局限性 ··· 251

24. 网店虚假促销对竞争网店溢出效应的发生机制研究 252

 24.1 绪论 ··· 252
  24.1.1 研究背景及问题 ··· 252
  24.1.2 研究内容与目的 ··· 255
  24.1.3 研究思路与方法 ··· 256
  24.1.4 研究意义与创新 ··· 256
  24.1.5 本章小结 ··· 258
 24.2 文献综述 ··· 259
  24.2.1 网店促销 ··· 259
  24.2.2 虚假促销 ··· 263
  24.2.3 社会距离理论 ··· 266
  24.2.4 调节定向理论 ··· 268
  24.2.5 本章小结 ··· 272

24.3 研究模型与假设 ... 273
24.3.1 理论基础 ... 273
24.3.2 研究模型 ... 277
24.3.3 研究假设 ... 278
24.3.4 本章小结 ... 282

24.4 研究设计 ... 283
24.4.1 实验组设计 ... 283
24.4.2 刺激物设计 ... 283
24.4.3 量表设计 ... 286
24.4.4 本章小结 ... 287

24.5 研究1：虚假促销类型对竞争网店溢出效应的影响 ... 288
24.5.1 实验设计 ... 288
24.5.2 实验程序 ... 289
24.5.3 变量测量 ... 289
24.5.4 前测实验 ... 289
24.5.5 正式实验 ... 292
24.5.6 本章小结 ... 295

24.6 研究2：虚假促销深度对竞争网店溢出效应的影响 ... 295
24.6.1 实验设计 ... 295
24.6.2 实验程序 ... 296
24.6.3 变量测量 ... 296
24.6.4 前测实验 ... 296
24.6.5 正式实验 ... 298
24.6.6 本章小结 ... 303

24.7 研究3：社会距离的调节作用 ... 304
24.7.1 实验设计 ... 304
24.7.2 实验程序 ... 304
24.7.3 变量测量 ... 305
24.7.4 正式实验 ... 305
24.7.5 本章小结 ... 312

24.8 研究4：调节定向对社会距离的调节作用 ... 313
24.8.1 实验设计 ... 313
24.8.2 实验程序 ... 314
24.8.3 变量测量 ... 314
24.8.4 研究4a前测实验 ... 314
24.8.5 研究4a正式实验 ... 319
24.8.6 研究4b前测实验 ... 330
24.8.7 研究4b正式实验 ... 336
24.8.8 本章小结 ... 345

24.9 研究总结 ... 345
24.9.1 研究结果 ... 345

    24.9.2 研究结论 ·· 346
    24.9.3 管理启示 ·· 347
    24.9.4 研究局限 ·· 348

25. 网店虚假促销对竞争网店溢出效应的影响研究——社交距离的调节作用 ········ 349
  25.1 研究背景 ·· 349
  25.2 研究问题 ·· 349
  25.3 理论基础与研究假设 ·· 349
    25.3.1 溢出效应 ·· 349
    25.3.2 网店虚假促销的溢出效应 ··· 349
    25.3.3 社交距离的调节作用 ·· 350
  25.4 研究1：虚假促销类型影响与社交距离的调节作用 ···························· 351
    25.4.1 实验设计 ·· 351
    25.4.2 刺激物设计 ·· 351
    25.4.3 量表设计 ·· 352
    25.4.4 数据分析 ·· 352
    25.4.5 小结 ·· 353
  25.5 研究2：虚假促销深度的影响与社交距离的调节作用 ························ 353
    25.5.1 实验设计 ·· 353
    25.5.2 刺激物设计 ·· 353
  25.6 结论与启示 ··· 354
    25.6.1 研究结论 ·· 354
    25.6.2 管理启示 ·· 355
    25.6.3 研究局限 ·· 355

26. 连锁超市促销伤害危机对消费者品牌忠诚的影响研究 ································· 356
  26.1 绪论 ·· 356
    26.1.1 研究背景与问题 ·· 356
    26.1.2 研究内容与研究目标 ·· 358
    26.1.3 研究思路、步骤及结构 ·· 359
    26.1.4 研究意义与创新 ·· 360
  26.2 文献综述 ·· 362
    26.2.1 促销与促销伤害 ·· 362
    26.2.2 与促销伤害相关的研究 ·· 364
    26.2.3 文献评价 ·· 374
  26.3 促销伤害危机及其企业应对 ··· 376
    26.3.1 促销伤害危机及其分类 ·· 376
    26.3.2 零售商促销伤害危机的分类与企业应对 ··································· 378
  26.4 理论基础与模型构建 ·· 380
    26.4.1 模型构建的理论基础 ·· 380
    26.4.2 模型构建 ·· 391
    26.4.3 变量关系与假说形成 ·· 391
  26.5 实证研究方法和问卷设计 ··· 399

  26.5.1 研究方法选择 ··· 399
  26.5.2 问卷设计 ··· 399
  26.5.3 抽样设计 ··· 401
  26.5.4 统计分析方法 ·· 401
26.6 数据分析与假设检验 ·· 403
  26.6.1 描述性统计分析 ·· 403
  26.6.2 促销人身伤害危机情景下的数据分析 ·· 404
  26.6.3 促销财务伤害危机情景下的数据分析 ·· 411
  26.6.4 性别、年龄的调节作用检验 ·· 414
  26.6.5 数据分析总结 ·· 415
26.7 研究结论与研究局限 ·· 417
  26.7.1 本书主要研究结论 ··· 417
  26.7.2 本书的学术价值和实践启示 ·· 418
  26.7.3 研究局限及今后的努力方向 ·· 420

27. 促销伤害危机中零售商对消费者的影响研究 ·· 421
27.1 研究背景与问题 ··· 421
27.2 理论假设 ·· 421
27.3 实验设计与测量 ··· 421
  27.3.1 实验设计 ··· 421
  27.3.2 量表设计 ··· 422
  27.3.3 问卷发放与回收 ·· 422
27.4 数据分析和假设检验 ·· 422
  27.4.1 零售商声望对顾客归因的影响分析 ··· 422
  27.4.2 零售商声望对顾客感知门店风险和企业风险的影响分析 ···································· 422
  27.4.3 顾客归因对顾客感知风险的影响研究 ·· 423
27.5 研究结论 ·· 423
  27.5.1 研究结论及其研究意义 ··· 423
  27.5.2 研究不足与未来方向 ·· 423

28. 促销伤害危机应对方式对消费者的影响研究 ·· 424
28.1 研究背景 ·· 424
28.2 促销伤害危机应对 ··· 424
28.3 研究假设 ·· 424
28.4 实验设计与测量 ··· 425
  28.4.1 实验设计 ··· 425
  28.4.2 量表设计 ··· 425
  28.4.3 问卷发放与回收 ·· 425
28.5 假设检验 ·· 425
  28.5.1 促销人身伤害危机中，企业的不同应对方式对消费者感知风险和购买意愿的影响
     情况 ·· 426
  28.5.2 促销财务伤害危机中，企业的不同应对方式对消费者感知风险和购买意愿的影响
     情况 ·· 426

29. 后危机时期促销路径模型的选择 ... 427
29.1 研究背景 ... 427
29.2 概念与范围界定 ... 427
29.2.1 产品伤害危机后的促销 ... 427
29.2.2 感知风险 ... 427
29.2.3 感知价值 ... 427
29.2.4 消费意愿 ... 427
29.3 研究模型与假设 ... 428
29.3.1 研究模型 ... 428
29.3.2 促销与感知价值、消费意愿关系假设 ... 428
29.3.3 促销与感知风险关系假设 ... 428
29.4 研究设计 ... 429
29.4.1 实验设计 ... 429
29.4.2 变量的测量 ... 429
29.4.3 刺激物设计 ... 429
29.4.4 抽样设计和问卷回收 ... 430
29.5 数据分析 ... 430
29.5.1 信度和效度检验 ... 430
29.5.2 促销、感知风险、感知价值对消费意愿的影响研究 ... 430
29.5.3 模型的修正 ... 431
29.6 结论与讨论 ... 431
29.6.1 假设检验结果 ... 431
29.6.2 研究结论 ... 432
29.6.3 管理启示 ... 432
29.6.4 研究的不足 ... 432

30. 产品伤害危机后销售促进对消费者购买意愿的影响研究 ... 433
30.1 研究背景 ... 433
30.2 研究问题 ... 433
30.3 研究模型与假设 ... 433
30.3.1 研究模型 ... 433
30.3.2 销售促进与感知价值、购买意愿关系假设 ... 433
30.3.3 销售促进与感知风险关系假设 ... 434
30.3.4 性别对销售促进与购买意愿间关系的调节作用 ... 434
30.4 研究设计 ... 434
30.4.1 实验设计 ... 434
30.4.2 变量的测量 ... 435
30.4.3 数据收集 ... 435
30.5 数据分析 ... 435
30.5.1 信度和效度检验 ... 435

（前文）
28.5.3 两类促销伤害危机中最佳应对方式的差异情况 ... 426
28.6 研究结论与展望 ... 426

30.5.2 销售促进、感知风险、感知价值对购买意愿的影响研究 ... 435
30.5.3 性别对危机后销售促进影响的调节作用检验 ... 436
30.6 结论与讨论 ... 437
30.6.1 研究结论 ... 437
30.6.2 管理启示 ... 437
30.6.3 研究的不足与进一步研究方向 ... 437

31. 促销伤害危机应对方式对消费者信任和感知风险的影响研究——基于连锁超市的实证 ... 438
31.1 研究背景 ... 438
31.2 理论框架与研究假设 ... 438
31.2.1 研究框架 ... 438
31.2.2 研究假设 ... 439
31.3 研究设计 ... 439
31.3.1 实验设计 ... 439
31.3.2 变量的测量 ... 440
31.3.3 刺激物设计 ... 440
31.3.4 问卷设计 ... 440
31.3.5 抽样设计 ... 440
31.4 数据分析和假设检验 ... 440
31.4.1 促销人身伤害危机中，不同应对方式对消费者信任和感知风险的影响检验 ... 441
31.4.2 促销财务伤害危机中，不同应对方式对品牌信任和感知风险的影响情况检验 ... 441
31.4.3 两类促销伤害危机中最佳应对方式的差异情况 ... 441
31.4.4 品牌信任与感知风险的关系 ... 442
31.5 研究结论与展望 ... 442

第三部分　渠道安全

32. 论渠道安全 ... 445
32.1 渠道安全的含义 ... 445
32.2 渠道安全与渠道危机 ... 445
32.2.1 渠道隐患 ... 445
32.2.2 渠道冲突 ... 445
32.2.3 渠道事故 ... 446
32.3 渠道安全的基本内容 ... 446
32.3.1 渠道节点安全 ... 446
32.3.2 渠道长度安全 ... 446
32.3.3 渠道宽度安全 ... 447
32.3.4 渠道结构安全 ... 447
32.3.5 渠道选择安全 ... 447
32.3.6 渠道控制安全 ... 447
32.3.7 渠道管理安全 ... 447
32.4 渠道安全的预警指标 ... 448
32.4.1 回款率 ... 448

32.4.2	回款周期	448
32.4.3	抱怨度	448
32.4.4	冲突频度与强度	448
32.4.5	合作性与对抗性	448
32.5	渠道安全管理	448
32.5.1	加强企业渠道决策的科学性	448
32.5.2	渠道安全审计表	449
32.5.3	定期的渠道安全审计	449
32.5.4	渠道的适时调整与创新	449

33. 渠道满意对渠道合作影响的实证研究 450

33.1	绪论	450
33.1.1	研究的意义	450
33.1.2	研究目的与研究内容	453
33.1.3	研究方法与技术路线	454
33.1.4	研究的主要结论	455
33.1.5	研究的创新点	456
33.2	文献综述	456
33.2.1	渠道合作	456
33.2.2	渠道满意	459
33.2.3	核心基础理论	460
33.2.4	渠道行为理论对渠道合作影响因素的研究	464
33.2.5	渠道关系理论对渠道合作影响因素的研究	469
33.2.6	关系价值	474
33.2.7	渠道合作的研究模型	476
33.2.8	文献综述结论	479
33.2.9	研究机会	480
33.2.10	本部分小结	481
33.3	经销商满意对渠道合作影响模型的构建	482
33.3.1	变量界定	482
33.3.2	概念模型提出的探讨	482
33.3.3	模型构建与理论假设	483
33.4	研究方法	488
33.4.1	测量方法与量表选择	488
33.4.2	问卷设计	490
33.4.3	调查过程与样本概况	492
33.4.4	数据分析方法	493
33.4.5	数据预处理	496
33.4.6	量表效度和信度检验	496
33.4.7	描述性统计与初步分析	503
33.4.8	本部分小结	504
33.5	实证研究1：经销商信任没有多维结构	504

- 33.5.1 研究假设 …… 504
- 33.5.2 研究过程 …… 505
- 33.5.3 结果讨论 …… 510
- 33.5.4 本部分小结 …… 511
- 33.6 实证研究2：经销商满意对渠道合作影响模型的实证研究 …… 511
  - 33.6.1 模型和假设 …… 511
  - 33.6.2 验证方法 …… 512
  - 33.6.3 模型验证 …… 512
  - 33.6.4 路径效应分析与假设验证 …… 520
  - 33.6.5 结果讨论 …… 521
  - 33.6.6 本部分小结 …… 522
- 33.7 研究总结 …… 522
  - 33.7.1 研究结果 …… 523
  - 33.7.2 研究结论 …… 524
  - 33.7.3 创新点 …… 526
  - 33.7.4 研究启示 …… 526
  - 33.7.5 研究局限 …… 527
  - 33.7.6 后续研究 …… 528

34. 论营销渠道模式转型 …… 529

- 34.1 企业营销渠道转型的原因 …… 529
  - 34.1.1 渠道出现了危机 …… 529
  - 34.1.2 企业产品发生了变革 …… 529
  - 34.1.3 产品生命周期的变化 …… 529
  - 34.1.4 市场的扩张 …… 529
  - 34.1.5 企业经营环境发生重大改变 …… 529
  - 34.1.6 政策的变动 …… 530
- 34.2 企业营销渠道转型的方式 …… 530
  - 34.2.1 由长渠道模式向短渠道模式转型 …… 530
  - 34.2.2 由直接渠道模式向间接渠道模式转型 …… 530
  - 34.2.3 由传统个体为主的批发、零售渠道模式向仓市、超市模式转型 …… 530
  - 34.2.4 由单一渠道模式向复合型渠道模式转型 …… 530
  - 34.2.5 由代理模式向交易模式转型 …… 530
  - 34.2.6 由助销模式向助营模式转型 …… 531
- 34.3 渠道模式转型应遵循的基本原则 …… 531
  - 34.3.1 安全性原则 …… 531
  - 34.3.2 稳定性原则 …… 531
  - 34.3.3 成本、效益原则 …… 531
  - 34.3.4 发展性原则 …… 531

参考文献 …… 533

第一部分
市场进入安全

1. 市场进入安全评价的基本理论研究

1.1 市场进入安全评价界定

1.1.1 市场进入安全评价的概念界定

（1）市场进入。

市场进入的概念有广义和狭义之分，广义的市场进入不仅包括产品的市场进入，还包括资本的市场进入，产品的市场进入属于营销学研究的范畴，而资本的市场进入属于经营战略的研究范畴。狭义的市场进入一般是指产品的市场进入（这里的产品包含了服务的概念）。本部分研究所涉及的市场进入概念是指狭义的市场进入，也就是指产品的市场进入，不包括资本的进入。

对什么是市场进入，国内外学者有不同的界定。王先庆在对西方的市场进入理论，尤其是科特勒、波特的市场进入理论进行归纳后，把市场进入概括为"企业根据自己的市场扩张战略而决定进入到一个本企业尚未开发和涉足的新区域或新产业领域的行为和过程"（王先庆，2002）。产品进入从对象和方式上看，可以组合成如表1-1的模式：

表1-1 产品进入的模式

进入的方式	新产业市场	新区域市场
同时进入	是	是
单面进入	是	否
单面进入	否	否

（2）市场进入安全、风险与安全评价。

安全是风险的对立面，它的含义通常被概括为"无危为安、无损为全"，是指一种远离危险和损失的状态（罗云，2004）。

市场进入安全是指产品在进入市场的过程中远离危险和损失的状态，是人们所追求的理想状态。

安全评价也称风险评价，欧美国家习惯称之为风险评价，日本、韩国和中国等亚洲国家则习惯称之为安全评价。在安全科学中，安全评价被概括成"运用定性和定量的方法对建设项目、生产项目、经营项目等存在的危险因素和有害因素进行辨识、分析和评估"（蒋军成，2004）。辨识是指对项目存在的危险、有害因素进行的辨认和区分，以确定谁是危险因素，谁不是危险因素；分析是指采用定性和定量分析方法对存在的危险因素或有害因素进行收集、汇总和辨析；评估就是根据定性和定量分析的结果对项目的危险程度和有害程度进行界定。

通过安全科学中关于安全评价的定义，可以把市场进入安全评价界定为"运用定性和定量的方法对市场进入过程中存在的危险因素和有害因素进行辨识、分析和评估"。鉴于安全评价也称风险评价，所以，市场进入安全评价也可以称为市场进入风险评价，也可以称为市场进入风险综合评价的理论、方法与应用。

1.1.2 市场进入安全评价的核心模型界定

安全评价有多种可供选择的模型，但安全评价的核心模型还是传统的经典风险模型，再加入不可控程度参数，提出如下模型来建立市场进入安全综合评价体系。

$$S = 1 - R$$

其中，S 代表市场进入系统的总体安全度，而 R 代表市场进入系统的总体风险度，通过公式，安全度研究可以转化为风险度研究。从风险的角度，首先设在市场进入过程中有 n 个风险因素 $x_1, x_2, \cdots, x_n$，每一个风险因素发生的概率分别为 $P_1, P_2, \cdots P_n$，每一个风险因素一旦发生，给企业造成的损失程度分别为 $l_1, l_2, \cdots l_n$，每一个风险因素的不可控程度分别为 $R_1, R_2, \cdots R_n$，则我们定义市场进入过程中的综合风险为

$$R = \sum_{i=1}^{n} L_i R_i P_i$$

从风险的角度，我们可以定义其移动偏离系数为

$$S_n = \sqrt{\sum_{i=1}^{T} \left(R_{t+1} - i^{2-et}\right)^2 / T}$$

式中

$$e_t = \frac{1}{n} \sum_{i=1}^{T} R_{t+1-i}$$

我们建立如下风险准则：

当 $S_{rt} < S_0$ 时，市场进入处于低风险状态；

当 $S_0 \leq S_{rt} < S_1$ 时，市场进入处于中风险状态；

当 $S_{rt} \geq S_1$ 时，市场进入处于高风险状态；

式中，S_0、S_1 为风险分级标准。

因此，本书就是要通过案例研究、实证研究、理论研究的方法，来确定市场进入过程中可能存在的风险因素 x，每个风险因素发生的概率 P，每个风险发生后可能造成的损失 L 和每一个风险因素的不可控程度 R。

在本模型中，我们引入了不可控程度的参数，这个参数主要表明的是企业在面对相同风险时所感受到的不同风险水平，对于抗风险能力强的企业，有较强的自适应和学习能力，面对的风险不可控程度低，因此，冒的风险小。而对于抗风险能力弱的企业，有较弱的自适应和学习能力，面对的风险不可控程度高，因此，冒的风险大。本模型的这一修正解决了不同企业面对同一环境得到的是相同风险水平的不正确结论。这也是目前有关营销风险评价中存在的普遍问题。

通过这个模型，只要我们能确定市场进入系统中每一个风险要素发生危险的概率、风险发生后可能造成的损失程度以及风险不可控程度，就可以评价出企业面对的整个市场进入系统的风险度，进而评价出系统的安全度。

对于风险度的综合统计问题，我们可采用模糊综合分析法来处理。

1.1.3 市场进入安全评价的性质界定

市场进入安全评价属于安全预评价中的综合评价。安全评价可以划分为安全预评价、安全验收评价、安全现状综合评价和安全专项评价四类。安全预评价是根据项目可行性研究报告和实施计划，分析和预测该项目存在的危险、有害因素的种类和程度的一种安全评价。实际上就是在项目运行前期应用安全评价的原理和方法对系统的危险性、危害性进行的预测性评价，其目的是预测系统的安全性。安全验收评价是对项目完成并进入正式运行后可能存在的危险、有害因素所进行的检测性评价，其目的是验证系统的安全性。安全现状综合评价也称安全状况评价。它是针对某项目的总体或局部的运作安全现状进行的一种全面的综合性安全评价，其目的是弄清目前项目整体的安全状况，以检测系统的安全。安全专项评价是针对某一项目的某一个侧面或方面所存在的危险、有害因素进行的一种安全评价，以检测项目

的某些局部安全状况。从安全评价的分类看，市场进入安全评价属于安全预评价范畴。市场进入安全主要是指要进入的市场和要进入所使用的战略和策略是否安全，而不是进入之后的安全，那属于市场生存安全问题研究的范畴，不在我们的研究之列。在产品进入的时候还不存在进入现状，所以，也不属于现状综合安全评价；市场进入安全评价是对市场进入过程中可能存在的危险和有害要素的全面分析与评估，所以，不属于专项评价的范畴，而是一种综合性预评价。因此，我们将本书研究的范畴界定为市场进入安全综合评价，是一种安全预评价，我们的研究也限定为"市场进入安全综合评价的理论、方法与应用研究"。

1.1.4　市场进入安全评价的范围界定

安全评价的范围包括固有危险评价和现实危险评价。固有危险是系统本身的危险，与系统本身有关，而与主观努力无关，这种危险只能回避而不能转化；现实危险是由系统现实状态所决定的，它产生于系统的管理、运作、维护的过程中，它可以经过主观努力得到转化。市场进入安全评价既包括市场进入中固有危险的评价，也包括现实危险评价，因为在市场进入过程中不仅要弄清楚来自市场的固有危险，也要弄清楚我们的目标市场选择、战略和策略制定、市场运作和进入保障等可能存在的危险，所以，市场进入安全评价在范围上属于综合评价，既包括固有危险评价，也包括现实危险评价。

1.1.5　市场进入安全评价的对象界定

安全评价从对象上看，可分为对"物"的评价和对"事"的评价，对"物"的评价称为硬件评价，对"事"的评价称为软件评价。市场进入安全评价的对象既包含有物，诸如产品，也包含有事，诸如目标市场、战略策略等，也就是既有硬件评价，也有软件评价，因此，我们界定为综合评价，包括硬件评价与软件评价的综合。

1.1.6　市场进入安全评价的出发点界定

安全评价的出发点可分为问题出发型评价和问题发现型评价。问题出发型评价是以问题为线索、以事故树、事件树等分析手段为基础的评价；问题发现型评价是利用系统工程的理论与方法，借助危险预设手段和预测技术所进行的评价。市场进入安全评价属于预评价，因此，它属于问题发现型评价，其评价的出发点是发现问题，也就是发现市场进入过程中的危险，是市场进入评价的关键，所以，我们研究怎样去发现问题，而不是怎样去分析已经发现的问题。

1.1.7　市场进入的主成分界定

通过前期的基础研究，我们发现，要做一个传统意义上的综合评价研究是没有意义的，综合评价必须建立在各个阶段的评价的基础上。

市场进入是要分阶段的，不同的阶段决定安全的因素完全不同，因此，评价安全的因素也不同。从主成分理论看，市场进入的每一个阶段都有自己的主成分，找出这些主成分，并对主成分进行评价，就能把握市场进入的安全状况。把各个阶段的主成分评价进行整合，就可以形成一个完整的市场安全评价体系。

1.2　市场进入安全评价的研究意义

1.2.1　对完善和发展营销科学的意义

美国市场营销学会会刊主编 Wagner Kamarican 研究认为（2001），市场营销有三个侧重面：侧重于管理学层面的叫市场营销学理论，侧重于行为科学层面的叫消费者行为学，侧重于定量分析层面的叫市场营销科学。市场营销理论和消费者行为理论侧重于讲理，解释为什么，而市场营销科学侧重于讲做，探求怎么做。在目前的市场营销基本理论上，不注重市场进入风险的研究，仅仅只是在市场分析中笼统地进行比较简单的 SWOT 分析，对市场进入风险研究没有完善的理论支持，在以营销工程为主要支撑的市场营销科学研究中，对市场进入安全评价也缺乏完整的操作性技术，目前关于市场风险评价问题的研究，大都局限于某些局部的专项风险分析，缺乏综合性的评价方法体系和技术体系。本书的研究不仅将有助于完善传统的营销学理论，还有助于完善新诞生的营销工程理论。

1.2.2 对我国进入 WTO 的企业安全地进入国际市场具有重要的战略意义

科特勒说："未来 20 年是中国企业大举进入国际市场的 20 年。"中国企业在过去 20 年中，虽有一些企业进入了国际市场，但依靠的都是间接方式进入，属于出口贸易型进入。只有少数企业通过直接方式打入了国际市场，而且多数是发展中国家市场，成功进入发达国家市场的企业则是凤毛麟角。如何辨识国际市场的风险？如何评估风险发生的概率？如何评估风险发生后的损失？这是中国企业进入国际市场必须面对的基本问题，本书就是要为企业进入市场，包括进入国际市场，提供一套完整的市场进入过程中的风险分析与确认模型和方法体系、风险发生概率界定模型和评估体系、风险发生危害程度定量分析模型和损失计算体系、风险不可控程度分析模型、可接受的安全标准确立模型和标准确立方法体系、安危水平的界定模型和界定方法体系，可以帮助企业对要进入和正在进入的市场进行评价，并根据评价结果采取风险防范措施，减少进入国际市场过程中的损失，提高国际市场进入的成功率。

1.2.3 对新企业的市场运作有重要的理论和实践意义

许多新企业的产品初次进入市场很不成功，而成功的企业开发的新产品进入市场时也屡遭失败。一项专门研究显示（冯渝，2003），在失败的 50 家中国企业中，45% 是因为进入新市场失败直接造成的。由此可以看出，市场进入风险控制对企业的生死成败至关重要。本书就是要通过系列研究，提出一套市场进入安全的评价理论与方法，为新创业企业的第一次入市和成功企业的产品入市提供理论指导和安全评价方法指导，以减少入市的盲目性，减少入市风险，增大入市成功的概率。

2. 市场进入安全评价文献综述

2.1 关于企业经营安全及其评价问题的研究

关于企业经营安全预警，目前有四个侧面。

2.1.1 关于企业经营风险问题的研究

风险预警研究起源于20世纪初。1901年美国的威雷特博士出版了他的《风险与保险的经济理论》，开始对风险问题进行系统研究。1919年美国的雷特出版了《风险与不确定性》一书，提出了风险预警的概念，开始对风险预警进行研究。1921年美国的奈特出版了《风险、不确定性与利润》对风险理论做了进一步的拓展。20世纪50年代以后，风险及其预警研究得到广泛重视，其中代表性的著作有Williams. C. Arther 出版的 *Risk Phanagement and Insurance*，美国的Mark R. Green、Oscar N. Serbein 出版的 *Risk Management: Text and Cases*，George L. Head Stephen Horn 出版的 *Essentials of Rise Management*，Emmett J. Raughan 出版的 *Fandamentals of Risk and Insureance*，英国的Gordon C. A. Dickson 出版的 *Risk Maragement*，美国的Ron S Dembo、Andrem Freeman 于1998年出版的 *Seeing Tomorrow: Rewriting the Rales of Risk*，日本的武勤勋出版的《风险管理》和2000年英国学者迈克尔出版的新著《经营风险与危机处理》。这些著作对风险的形成、类型、预防和预警进行了广泛的研究，但基本未对企业的营销风险进行系统研究，一些著作提到了营销风险，但都是一笔带过。只有美国学者James. P. Forkan 的新作《营销风险》一书，开始了对营销风险的系统研究。在这本书中，James 对营销风险的成因、类型、表现进行了研究，提出了营销风险防范的具体措施。

在国内学术界，1984年学者宋明哲出版了《风险管理》一书，1987年郭仲伟出版了《风险管理与决策》，1990年金润圭出版了《企业风险与管理》，林义出版了《风险管理》，1997年王诚出版了《竞争策略与风险管理》，1998年赵曙明出版了《国际企业风险管理》，1999年谢科范出版了《技术创新风险管理》，戴行信出版了《企业灾害风险管理》，谢科范、罗险峰出版了《市场风险预警管理》。与此同时，大量论文也见诸刊物，阮平南的《企业经营风险与预警研究》，唐晓东的《经济波动与企业预警研究》，胡晓华的《企业经营风险的成因与对策》等论文算是代表性论文。在这些研究中，主要的研究内容集中在财务风险研究上，直接面对营销风险的研究甚少，仅把营销风险作为企业风险之一做了介绍，缺乏系统分析，更未提出预警指标。只是在张南的《营销风险的成因与对策研究》、佘廉的《企业预警管理论》，佘廉、高凤彦、李东久的《企业营销预警管理》面世后，关于营销风险才有了系统的研究。《企业营销预警管理》一书对营销预警管理的对象、原理、对策问题做了全面研究，是目前关于营销风险预警研究比较全面的著作。

2.1.2 关于企业经营危机问题的研究

危机管理思想最早起源于企业界而不是学术界。20世纪80年代，一些跨国企业在遭受外部危机性打击时产生了"危机公关"的概念，并以此为基础发展为危机管理和危机预警思想。美国的Regester. M. 的 *Risk Issues and Crisis Management*，日本的野田武辉的《企业危机预警——中小企业倒闭的内幕探秘》和罗伯特·希斯的《危机管理》等著作，充分反映了国际学术界在危机管理和预警研究方面的成果。他们的研究重点是危机爆发的原因、类型、方式、预兆、控制方法和处理措施。因此，在危机管理中包括了风险管理。但这些研究是企业的整体危机研究，尚未专门针对营销危机做专门探讨，更未建立一套营销危机的预警指标体系来防止营销危机的发生。在野田武辉的研究中，提出了判断营销危机的征兆和营销危机危险度的自测方法，但这仅是理论框架和定性的研究，没有建立定量化的完整指标体系。

国内学术界于20世纪80年代后开始对危机公关进行研究，90年代开始了企业危机的研究，最权威的著作要算苏伟伦的《危机管理——现代企业实务手册》。在书中，苏伟伦分析了企业危机的八大征兆，包括对危机的监测、危机度的测试、危机的预控以及危机的处理等。值得一提的是，苏伟伦在书中提出了企业经营安全指标，并认为经营安全率 $= \dfrac{S - S_b}{S} \times 100\%$，同时还提出了企业危机预警的八个指标。在论文方面，肖东生的《企业组织管理危机的监测与预警的思考》，邱湘灵的《企业经营危机与财务预测模型》，肖东生与臧国荣的《论企业组织管理危机的成因和治理》，吴皑的《企业战略危机九种表现》等对企业危机预警管理进行了研究，也提出预警的征兆和部分指标，但未专门研究营销危机的具体指标。

2.1.3 关于经济预警问题的研究

经济预警概念与风险预警和危机预警无本质差别，但它已形成流派。经济预警实质上是运用经济学方法对经济风险和经济危机进行监测和预报。经济预警思想最早是由法国经济学家福里利（Alfred Fourille）提出的，1888年，他在巴黎统计学会上发表了《社会和经济的气象研究》，运用气象预报方法来预报经济危机和风险。1917年，哈佛大学的珀森斯（Warren Mileon Persous）提出把影响经济波动的指标分为先行指标、同步指标、滞后指标，并以此为基础构建经济预警体系。20世纪50年代，美国的穆尔（G. Moore）发明了警兆信息综合分析法——扩散指数（Diffusion Index）；20世纪60年代，美国的希斯金提出了合成指数（Composite Index）监测预警法；20世纪90年代，Jagdish N提出了系统预警理论，建立了宏观经济预警的指标体系。

在国内，顾海兵出版了《中国工农业经济预警》，来光贤出版了《我国宏观经济预测与预警系统建设》，胡健颖出版了《社会总供求状态的监测、预警和调控》，顾海兵出版了《宏观经济问题预警研究》，张泽厚出版了《中国经济波动与监测预警》等。

国内外这些关于经济预警的研究都集中在宏观经济预警上，对微观经济预警涉及甚少。直到1997年，美国学者Rose Rnotts出版了《企业经济安全》一书，关于企业经济安全预警的研究才得以展开。他在书中提出了企业经济安全预警的六大指标系统，其中涉及的营销指标主要集中在市场风险方面。

在国内学术界，佘廉主持了自然科学基金"企业危机的预警原理与方法"研究的课题，出版了《企业逆境管理丛书》《企业预警管理论》《营销预警管理》等著作，开创了微观经济预警管理研究的新局面。在《营销预警管理》一书中，佘廉提出了营销预警管理的五大指标，包括企业自然环境指标、企业竞争状态指标、顾客风险指标、供应风险指标、第三方风险指标。这是关于营销预警的最新和最权威的研究。

2.1.4 关于企业经济安全问题的研究

经济安全的研究起源于亚洲金融风波。经济安全的本质是经济风险和经济危机的另一种提法，本质上还是对经济风险和经济危机的研究。经济安全研究分为宏观经济安全——国家经济安全和微观经济安全——企业经济安全研究。关于国家经济安全的论文有很多，比较有代表性的是朱方明的《企业经济安全》（朱方明，2004）、张亿男的《入世与中国企业经济安全》（张亿男，2002）。国家经贸委和国家统计局成立了一个专家组，确立了一个"建立我国经济安全监测与预警系统"的研究课题，重点是建立国家经济安全指标体系、安全阈值和计量经济模型。在微观经济安全方面，已可见部分图书面世。而在企业经济安全中，营销安全的研究成果比较稀少。

2.2 关于企业营销安全及其评价问题的研究

2.2.1 营销评价问题的研究

我们通过中国学术期刊网、维普学术网、中国市场学会的专家网络和对中国500余所大学的营销学教师介绍和主要学术期刊的查阅，发现中国营销学者在营销评价方面的研究主要有如下成果：

南开大学范秀成教授关于品牌评价问题的研究。范秀成及其团队对品牌权宜、品牌综合形象、品牌价值等品牌评价问题进行了系列研究，提出了品牌权宜的三维度测评体系、模型和品牌形象的评价模型和评价指标体系（范秀成和陈洁，2003）。

中山大学的卢泰宏教授关于品牌资产评价的研究。卢泰宏及其团队对品牌资产的评价问题进行了系统研究，提出了品牌资产的三维度评价模型和相适应的评价方法（卢泰宏，2002）。

武汉大学的甘碧群教授关于营销道德评价的研究。甘碧群及其团队针对营销道德的评价问题发表了系列的研究成果，提出了企业营销道德的评价模型、评价指标体系（甘碧群、寿志刚和欧岩电平，2004）。

华中科技大学的田志龙教授关于客户价值评价方法的研究与评价考核体系。田志龙的研究团队对营销管理考核与评价和客户关系的价值评价问题进行了研究，提出了探索"三效两度"的评价方法在营销管理评价中的作用，同时，探索了客户价值品牌的多种方法（田志龙、韩睿和吴河红，2002）。

深圳大学的余明阳教授关于品牌延伸评价的研究。深圳大学的余明阳对品牌延伸评价问题进行了研究，提出了品牌延伸评价的基本模型和指数模型（余明阳，2000）。

北京大学的赵平教授关于顾客满意度和忠诚度的评价研究。赵平及其团队对顾客满意和忠诚问题进行了长时间的研究，提出了顾客满意的评价体系和顾客忠诚度的评价方法，并开发出一套顾客满意数据库（2004）。

上海交通大学的吕巍教授关于渠道有效性的评价研究。吕巍通过对销售网络的研究，提出了对网络有效性的评估模式和方法（吕巍，2000）。

郑州粮食学院的司胜林关于企业绿色营销绩效综合评价的研究，司胜林提出了现代企业绿色营销绩效综合评价的理论与方法，建立了绿色营销绩效评价的综合指标体系。

兰州大学的孙明贵教授关于顾客满足的评价方法研究，孙明贵提出了顾客满足的衡量标准与评价的基本方法（孙明贵，2003）。

南开大学的吴晓云教授关于全球营销战略模式的测度指标体系研究。吴晓云通过层次分析法构建了全球营销战略模式的测度方法，并建立了评价指标体系和方法体系（吴晓云，2002）。

华中农业大学的李崇光教授关于农产品营销渠道绩效评价研究。李崇光提出了农产品渠道评价的模型和指标体系（李崇光，2003）。

从这些评价研究可以看出，目前国内学术界在市场进入的研究方面还涉及甚少。

2.2.2 关于企业营销安全及其评价问题的研究

关于营销安全评价问题的研究，主要体现为对营销风险的评价研究，其代表性的研究主要有以下几个：

一是谢科范、罗险峰的关于市场风险评价问题的研究。他们是从市场风险预警的角度来研究评价的，提出了风险预警评价体系，建立了风险预警评价的指标，包括市场总体风险预警评价指标、需求预警指标、技术预警指标、竞争预警指标四部分（谢科范和罗险峰，1999）。

二是阮平南、王塑源的营销风险评价问题研究。他们把营销风险评价分为销售市场、营销能力、效益、销售渠道、商品供应、售后服务几个部分，并从这几个方面提出了具体的评价指标（阮平南和王塑源，1999）。

三是胡树华对产品开发风险的预警指标评价体系。胡树华把影响新产品成败的因素分为市场环境、新产品特征、新产品活动效率、产品商品化条件、产品开发信息几个方面，共77个因素，并提出了相应的评价指标，这是关于营销安全评价中对产品开发安全评价研究最为完善的指标（胡树华，1999）。

四是李东久、段建军对企业营销风险评价指标的研究。李东久、段建军的营销风险评价指标分为竞争风险指标、顾客风险指标、供应风险指标和第三方风险指标四大类，共37个指标。指标中区分了敏感指标、主要指标和辅助指标，还给出了值域（李东久和段建军，2000）。

五是肖东生对组织管理危机评价指标体系的研究。肖东生的组织管理危机评价指标体系是针对整个企业组织的，也包括营销组织。他把组织管理危机指标分为功能效率、组织功能秩序、组织协调状况和组织配置效率四大类型，共22个指标。他不仅区分了主观指标和客观指标，而且还给出了值域。在单一产出销量动态边际增长额、单一产出市场扩散度、产出普及率等三个指标上，不仅给出了值域，还根据企业的历史阶段给出了一系列警戒标准和安全阈值（肖东生，1999）。

六是佘廉、高风彦的企业营销预警评价指标系统。佘廉、高风彦将营销安全指标分为企业外部环境预警指标和企业内部管理预警指标两大部分。第一部分包括企业营销内部的管理结构、企业营销内部的运行状态、企业营销行为人三大部分，共10个子类。第二部分包括企业的自然环境、企业的竞争环境、顾客风险、供应风险、第三方风险五大部分，共10个子类，并给出了主要指标的值域确定方法，划分出了警级层次（佘廉和高风彦，1999）。

七是张云起对营销风险评价问题的研究。张云起提出了营销风险评价的指标体系，包括市场风险、顾客风险、供应风险和对手风险四个大类，共24个小类，并建立了风险综合评价模型（张云起，2001）。

2.2.3 关于市场进入安全评价问题的研究

（1）国外对市场进入安全评价问题的研究。

关于对市场进入安全评价问题的研究，最早可以追溯到1905年，市场营销的先驱者之一海杰蒂在美国俄亥俄州立大学开设了一门叫"产品分销"的课程，在课中，海杰蒂就提出了防范产品分销中的风险问题，并提出预估可能出现的风险是产品分销成功的关键。早期明确提出营销风险评价研究的是职能学派的阿奇萨奥，他把营销的职能划分为五类：风险承担、运输物品、融资、销售和对产品的集中、配货、转运，提出了营销风险的分析与分担方法（1916）。1921年，职能学派的另一个代表人物肯沃斯出版了他的《市场营销方法与政策》一书。在书中，他认为市场营销的职能有集中、分类、分级、运输、储存、融资、风险、配货、包装等，并明确提出了产品在进入市场过程中的风险评判与管理是营销的基本职能，提出了风险评判的主要方式，这是早期的市场进入安全评价体系。1934年，布莱耶在肯沃斯的基础上明确提出，应该用"任务"来代替肯沃斯的"职能"概念，也提出了"接触、谈判、储存、包装、运输、付款、融资、风险承担"等营销任务。他在书中对风险的评判与防范提出了新的方法，尤其提出了风险分散承担的概念。职能学派的其他学者则对几位学者的研究进行了归纳，提出营销职能应该包括集中、储存、承担风险、重新配置、销售、运输。对承担风险，综合为五个要素：价格风险、火灾风险、质量风险、时尚改变风险和金融风险。因此提出，产品要进入或者要持续进入一个市场，就必须分析与评估这些风险，并采取行之有效的决策措施。

对市场进入风险评价问题最为系统、明确的研究是阿贝·舒克曼的营销审计理论。营销审计不仅包括了营销过程中的审计，还包括营销活动之前的审计，审计的主题是对风险的觉察。用阿贝·舒克曼的说法，就是不要"等到公司濒临倒闭或走向死亡了还浑然不觉"（阿贝·舒克曼，1959）。阿贝·舒克曼的营销审计，核心是对营销绩效和风险的审计，包括营销环境审计、营销战略审计、营销组织审计、营销制度审计、营销功能审计等，这是早期较为全面的营销风险分析要素。阿贝·舒克曼的营销审计理论的出笼，加之对风险管理理论的研究深入，引发了学界对营销风险评价问题的研究。

20世纪60年代，随着系统理论的普及，营销引入了系统论的思想，学术界开始从系统论的角度研究营销问题，诞生了营销领域的系统学派，1967年，系统学派设计了市场竞争反应的计算机模型，用以预测市场竞争风险。该模型针对市场竞争风险的模拟研究，建立了定量化评价的体系。系统学派还使用模拟平衡评估技术对营销系统的风险进行模拟分析，提出了营销系统风险分析的基本方法。系统学派还建立了营销与环境关系的二维风险分析评价模型,将营销环境分为温和的随机、温和的密集、不正常的反应和激烈四种情况,而将风险界定为确定性的高低,包括低、中低、中高和高。企业营销也相应地划分为自动随机、战略战术操作和创立、系统改变四种反应。系统学派还界定了每种情况的分析方法、评价方法。这是最早对市场进入过程中和进入之后营销决策与环境风险关系的系统化研究。系统学派还研究了信息风险评价的问题,主要研究信息失败的成因与发现方法和解决方法,提出了自动平衡假设的理论(1970s)。

20世纪70年代,组织动力学派从动力学的角度对渠道风险问题进行了系统研究。渠道冲突造成营销危机,对渠道冲突的衡量成为渠道风险研究的关键。他们研究认为,渠道冲突可以概括为四种状态:潜在的不协调状态、可觉察状态、可感受状态和显露状态。因此,他们根据冲突出现的阶段提出了评价的具体方法。比如,他们通过监视在渠道关系中各方发生不和谐的频率,口头或书面冲突行为的强度,提出了渠道风险研究与评价的基本方法与体系(1970s)。

20世纪80年代以后,对市场营销风险的研究走向了微观领域,众多学者分别从不同的角度研究营销风险,尤其是市场进入风险评价问题。R. Kalman在他的 *Prevention of Marketing Risk*(1996)一书中,对营销风险进行了系统分析,并提出了营销风险分析的定性方法。L. Rose(2000)分析了市场进入中的五大风险因素,认为环境、竞争、政策等是市场进入的重要风险。他的研究偏向于市场进入的外部因素研究(2000)。而M. Kamien在他的 *Early-Waring of the New Market Exporation*(1999)一书中从风险预警的角度研究了出口市场的风险评价方法,提出了出口市场的风险评价模型。他的研究主要针对的是国际市场进入风险问题。S. Schwe在他的 *Early–Warning and Pre-contorl of Control of Controllable Risks in Management*(1999)一书中,也对市场进入过程中的风险进行了研究,尤其是竞争风险问题的研究,认为市场进入最大的风险是竞争风险,并据此提出了风险,尤其是竞争风险的预评价方法和预控制方法。William J. Stanton探讨了新产品进入市场的风险,建立了新产品进入市场的风险评价模型,

$$H(A_i) = -\sum_{i=1}^{n} P_{ij} Lg P_{ij} = -Lg \prod_{j=1}^{n} P_{ij}$$

(1996)。Mary Ann Cavallaro通过对有关市场进入风险评价问题的研究,提出了基于市场反应理论的风险评价模型。他认为,市场进入风险的大小取决于市场反应与预期之间的一致性的程度,一致性的程度越高,风险越小,否则越大,并以此为基础,建立了市场进入中的反应型风险评价模型(2003)。Cunningham和Beuman通过对市场进入风险的研究,提出了市场进入风险的构成要素。他把市场进入风险分为自然环境风险、竞争风险、顾客风险、供应风险和第三方风险等,并认为只要从这几个方面来评价风险就可以增加市场进入过程中的安全。从国外的这些研究可以看出,关于市场进入风险的评价,还处于相对分散的专项评价阶段,缺乏系统化的综合性评价。

(2)国内学者关于市场进入安全评价问题的研究。

国内学术界对于市场进入安全评价问题的研究还处于起步阶段,通过维普期刊网、中国学术期刊网等全国性的学术期刊网络和对1000余种专业刊物的查寻,我们发现研究市场进入的专业文献很多,但研究市场进入安全评价的极少,目前国内学术界对市场进入安全评价问题有如下研究:

一是张亿男、王恕立等关于国际市场进入安全评价问题的研究。在市场进入风险评价研究中,相对研究较多的是国际市场进入安全评价研究。张亿男在他的"入世与中国企业经济安全对策"(2004)研究中,提出了国际市场进入的风险分析与评价的一些方法,但没有建立完整的评价体系。王恕立从外贸的角度探讨了中国企业进入国际市场的风险与评价方法,提出了外贸风险及其预警管理的体系问题,提出了较为完善的国际市场进入评价方法(2000)。

二是谢范科、罗险峰关于市场进入过程中对市场风险问题的研究。这是目前对市场风险比较权威的研究。他们从风险预警的角度,对市场风险进行了系统研究,建立了市场风险的分析体系和预警

体系。他们的研究不是专门针对市场进入问题的研究，而是针对整个市场风险，也包括市场进入风险。用谢范科、罗险峰的研究结果可以对市场进入风险问题进行评价，但他们主要的评价方式是过程评价。

三是市场进入过程中对价格安全评价问题的研究。有代表性的研究是姬广坡"新型商品定价模型和价格安全指数评估体系"研究，李蔚、王良锦的"企业营销过程中的价格安全问题研究"，李蔚的"加入WTO与中国企业价格安全问题研究"和马琼的"价格安全策略研究"等，这些研究分别从不同角度探讨了产品在进入市场过程中的价格安全问题，并提出了相应的评价模型。

四是市场进入过程中的产品安全评价研究。有代表性的研究是胡树华的产品开发的风险预警体系。胡树华把影响新产品成败的因素分为市场环境、新产品特征、新产品活动效率、产品商品化条件、产品开发信息五个方面，共77个因素，这77个因素既是对产品开发评价与预警的因素，也是产品进入市场所面临的风险，因为新产品开发的风险一般在生产上较小，如果排除生产问题，剩下的几乎都是市场问题，面临的风险也都是市场及其由市场派生出来的风险。但胡树华的评价体系不完全是反映新品开发及其市场进入安危程度的指标体系，而主要是影响因素，这些因素既相互交叉，又都是主观的，比较难以量化，也无法统计，因此，比较难据此进行定量化评价与预警管理。

2.3 市场进入安全评价研究的发展趋势与需要进一步研究的问题

国内外在市场进入安全评价的研究，尤其是在具体的局部评价研究上已取得较多成果，特别是基于财务性的评价已较为成熟。当前国外研究的趋势已从传统的财务性评价转入战略性综合评价；从偏向于外部环境评价转入内部战略评价。这些趋势对市场进入安全综合评价的内容、指标体系和方法的发展产生着重大影响。综合国内外研究的现状，我们认为市场进入安全综合评价还存在以下几个需进一步探讨的问题：

（1）综合评价研究需要加强。从中外关于市场进入的评价研究看，都偏向于市场进入过程中某一个细节的研究，都注重从一个侧面去评价市场进入过程中的某一个或几个风险，并提出处理这些问题的具体方法，这些专题研究的一个重要特点就是力图将评价尽可能地简单化，使之能够服从于一个简单的模型，这对一个局部领域的评价是必要的，也是准确的，但市场进入活动是一个庞大的系统，仅仅指对某个局部领域进行风险评价是不够的，想靠一个简单的模型来对整个风险问题做出评价也是不现实的，作为一个企业，如何对这些评价体系、评价方法以及评价结果进行整合，是企业急迫需要解决的问题，也是理论上必须突破的问题。但市场进入必须考虑整体的风险，进行综合研究，因此，如何建立一个综合模型下的模型组合系统来对市场进入安全问题进行评价，是学术界急需解决的问题。

（2）实现外部评价与内部评价的整合。现在的风险评价偏向于对外部环境安全评价的研究，对内部决策的安全研究不足。从整个国内的研究现状看，市场进入安全评价研究还主要集中于对外部环境安全评价的研究，因为市场进入最不确定的就是环境问题。但针对相同的市场环境，不同的企业所面临的风险是不一样的，这是因为每一个企业的抗环境风险的能力不同，抗风险能力主要取决于企业正确的营销决策，所以，市场进入过程中的战略安全、策略安全和运作安全是必不可少的。现有的研究对外部环境评价和内部决策评价的关系并不是很清楚，因此，我们需要进一步研究这两种评价的关系，对二者进行有机地整合。

（3）偏向于定性化的研究，定量的研究不足。从市场进入安全评价的研究看，多偏向于定性化的研究，定量化的实证研究不足。定性化的研究可以对企业的市场进入提供理论上和方法上的帮助，但没有实证性研究，总会离实际有一些距离，所以，在定性化的理论研究基础上，加强理论与实证相结合的定量化评价研究，对完善市场进入安全评价的理论和方法，尤其是实现安全评价在理论、体系和方法上的整合是十分必要的，没有实证的检验，仅仅是理论上的整合，必然会与实际有一定距离。

（4）理论研究充分，但应用研究不足。目前许多对市场进入的研究都偏向于理论研究，这些研究也建立了非常漂亮的模型，但这些模型都建立在描述性的基础上，很难直接进行安全评价，企业要进行评价的操作成本和要求太高，以至于使评价失去意义。市场进入安全评价是一个操作性很强的研究，它不仅要解决市场进入安全综合评价的理论问题，更要解决操作问题，所以，建立一套能直接指导一个市场进入的企业建立安全评价的理论与方法体系，是企业现实的需求。

（5）现有的分析评价体系都是依据各评价指标的重要性给予一个权数，权数的研究主要采用专家经验确定法、德尔菲法等。但是，市场进入安全综合评价指标体系应该是一个有机的整体，因此，应进一步研究各指标之间的相互关系，并在此基础上采用新的计量方法，以使评价更为客观。

（6）目前的市场安全评价对企业的抗风险能力因素考虑不够。不同的企业针对同一市场采用相同的评价体系，评价出来的市场风险是相同的，这是因为没有考虑企业之间不同的抗风险能力、适应能力和学习能力的差异。对于具有不同抗风险能力、适应能力和学习能力的企业来说，他们面对相同的市场，所冒的是不同的风险。因此，市场进入风险的评价模型必须要反映这一因素，才能最为准确地反映企业所面临的风险，而不是统一的市场风险。

（7）市场进入安全综合评价的方法，如现有非财务性指标的评价主要采用观察性评价方法，受主观因素影响较大，如何解决定性指标的客观性有待进一步的研究；目前的主要评价方法基本都是一种线性评价法，不能反映市场进入过程中的复杂性，如何建立以非线性为基础的评价体系还需进一步的研究。从国内外的研究情况来看，市场进入安全评价主要是建立在比例法和计分法基础上的单项孤立评价，其通常运用的方法是财务评价、信用评价、效绩评价、概率评价等。20世纪90年代以后，随着科技水平和生产力的发展，特别是信息技术迅猛发展以后，企业的运作方式出现了新的变化，以及全球经济一体化，企业间的竞争更加激烈，企业的经营规模不断扩大，多角化经营，战略联盟，新的企业组织形态等各种特征，这些均要求将过去市场进入安全评价的经验和方法进行系统的管理和完善，加进新的评价内容，如战略安全评价、竞争安全评价、营销人力资本安全评价、营销决策安全评价以及营销组织运作效率安全等方面的评价，不仅需加入新的内容，使市场进入安全评价全面、系统，更重要的是使过去评价的各个孤立的子系统有机地整合成为整体，从而全面反映企业运作的成果和态势，以便企业作出长远的营销战略决策。由此，我们提出市场进入安全综合评价的概念、理论、方法，力图在研究中形成科学的理论和方法体系。

（8）很多评价研究都集中在一个时期，想用一个评价方案对所有的安全问题进行评价。但我们发现，在市场进入的不同阶段，风险与安全因素是不同的。因此，用一个安全评价量表来评价各个阶段的安全状况，会发现许多无效因素，无效因素太多，就会影响到评价的准确性。必须根据产品市场进入的不同阶段分别进行主成分评价，才能使评价更为准确。而且，更为关键的是，这样可以大大减少评价因素。

综上所述，市场进入安全综合评价理论与方法的研究符合国际研究发展趋势，并对我国企业完善风险管理体系，增强企业在国际和国内的竞争力，促进企业及国民经济的良性发展以及对学科建设均具有十分重大的理论意义与应用价值。

3. 对市场进入时序效应的影响因素的研究

3.1 市场进入时序效应的问题提出

从市场进入时序的角度，可以将企业划分为三种不同类型的进入者：即率先进入者，第一批建立现有产品或服务类别的先驱者之一；早期跟进者，在持续增长和活跃的市场状态下，跟随先驱者早期进入市场的企业之一；延迟进入者，在市场已经接近成熟和稳定的时期的进入者（Robinson 和 Fornell，1985）。出于研究目的的需要，研究者通常把第一个进入一个全新市场领域的企业称为先驱进入者，把率先进入者和早期跟进者合并为早期进入者，把早期跟进者和延迟进入者合并为迟缓进入者。

Abell 和 Hammond（1957）指出，率先进入者为随后进入者打开了一扇在不同时间进入市场的战略窗口。Romanelli（1987）认为，在竞争不存在的情形下，率先行动意味着有机会获得有效的资源，所以，是否率先进入就变得非常重要。由于较早熟悉环境，率先进入者能比迟缓进入者把握更多的机会，获得更多的优势。

在市场进入研究中最值得关注的是市场进入的时序效应。相对市场份额，随着市场进入时间的续延呈现下降的态势，而晚期进入者只有支付高昂的成本才可获得理想的市场份额，我们把这种市场进入的时序影响企业的市场份额的现象称之为市场进入时序效应。

许多学者证实了市场进入时序效应的存在。Robinson 和 Fornell（1985）分析了 371 个成熟消费品企业，做过一项关于市场进入时序和市场份额之间的比较研究，结果发现率先进入者的市场份额平均为 29%，早期跟进者的市场份额平均为 17%，延迟进入者的市场份额平均为 12%。同时发现后发进入效应（lateness Effects），即早期跟进者（Early Followers）的市场份额高于晚期跟进者的市场份额（Late Followers），然而，他们之间的差异明显小于率先进入者与早期跟进者之间的差异。Urban 等（1986）的研究也得到了相似的结论，随着进入时间顺序的延续，相对市场份额呈现出下降趋势。研究显示，第二个进入者如果定位与先驱进入者一致，并花费同样的广告费用，平均市场份额仅是先驱进入者的 71%，第三个进入者仅是先驱进入者的 58%，进入的时间越晚，相对的市场份额越低。如果迟缓进入者的定位和广告费用均劣于先驱进入者，则相对市场份额就更低。后来 Robinson（1988）又研究了成熟产业内的很多企业，继续证实了率先进入者的市场份额显著高于延迟进入者的市场份额。从平均值角度看，率先进入者的市场份额为 29%，早期进入者为 21%，延迟进入者为 15%，市场进入时序单独解释了市场份额 8.9% 的方差。Lambkin（1988）研究了很多新型企业和增长型企业，结果发现，市场进入时序对两种类型企业的市场份额存在显著的影响。在新型企业，平均意义上率先进入者的市场份额为 24%，早期进入者为 10%，延迟进入者为 10%；对成长型企业，平均意义上，率先进入者的市场份额为 33%，另外两类进入者分别为 19% 和 25%。

研究发现，当公司的专门型资产从一代产品保持到下一代的产业里，市场进入时序影响企业的市场份额和经营绩效（Mitchell，1991）。Bowman 和 Gatignon（1996）从两个耐用和三个非耐用产品类别中获取早期进入者和延迟进入者的数据研究市场反应的不对称性，结果发现，营销组合变量有效性的不对称特性是市场进入时序效应的本质来源。市场进入的时序效应不是低市场份额的必要条件，但延迟进入者克服这种效应需要支付实实在在的成本。在此基础上，Murthi 等（1996）系统控制了可观察和不可观察的管理技能，重新测试了率先进入对市场份额的影响，结果发现这种影响效应是稳健的。

研究者从不同角度发现了市场进入时序效应的存在，但由于研究方法矛盾、理论缺口和样本异质性（Frawley 和 Fahy，2005；Li 等，2003）三个方面未形成共识，致使这种效应形成的原因研究出现了矛盾，尤其是对市场进入时序效应全面的影响因素的研究现在还很少有人涉足。本书通过理论研究，试图达到这样三个方面的目的：一是形成市场进入时序效应的影响因素有哪些；二是通过对市场进入时序效应影响因素的文献研究可以演化的主张有哪些；三是市场进入时序效应理论对率先进入者保持卓越的经营绩效有何借鉴价值。

3.2 市场进入时序效应的直接影响因素

3.2.1 市场进入障碍

在非第一个进入市场的企业研究中，大量的进入障碍转化成率先进入者优势（Kerin 等，1992）。这些优势具体包括规模经济、学习曲线效应、产品质量和购买者风险厌恶的不对称信息、率先进入者和延迟进入者广告边际贡献的差异、声望效应、模仿率先进入者成功路径的不确定性、技术领导、优先占有稀缺资源和购买者的转换成本等 9 个方面。所谓率先进入者优势，是指首先进入市场者可以获得随后进入者（Subsequent Entrants）不具备的某种优势，可以给率先进入者带来持续竞争优势，进而赢得超额利润和较高的市场份额（Kerin 等，1992；Miller 等，1989）。

进入障碍为率先进入者阻止跟进者的追赶赢得了时间。在这个时间差里，率先进入者可以通过两条途径获得利益：①由于没有竞争，率先进入者可以运用定位战略获得有利的市场地位或者提高整体市场容量；②率先进入市场之后，有利的市场定位和学习曲线效应为率先进入者带来有支配权的市场份额和比较高的边际贡献。

关于进入障碍，Von Weizsacker（1980）的论述是，企图进入一个产业的企业必须承担而相反守成者不需要忍受的生产成本。Karakaya 和 Stahl（1989）对其的定义是，产业结构中多种因素如何向潜在进入者施加相对于守成者的不利影响。产业中的进入障碍，有些是由产业结构的自然属性造成的，如产业的市场容量影响企业的最小有效规模经济，也决定最终容纳企业的数量，但绝大部分进入障碍是守成者有意创建出来的，其目的是阻止潜在进入者进入，如潜在进入者对攻击性报复的预期等。守成者所构建的进入障碍，意味着潜在进入者必须支付额外的资源（相似的进入条件除外）才能有效地在市场中和前者进行竞争。进入障碍在某种程度上可使守成者获得超额利润（Yip，1982），Mann（1996）和 Shepherd（1979）的研究支持进入障碍影响利润率的观点。

Karakaya 和 Stahl（1989）在文献回顾的基础上归纳 19 种进入障碍：①守成者的成本优势；②守成者产品差异化；③资本需求；④顾客转换成本；⑤渠道资源；⑥政府政策；⑦广告；⑧竞争者数量；⑨研究与开发；⑩价格；⑪技术和技术变革；⑫市场集中度；⑬销售者集中度；⑭事业部制；⑮品牌名称与商标；⑯沉没成本；⑰销售费用；⑱守成者对市场进入的预期反应；⑲拥有稀缺型战略资源。

对于不同进入障碍的重要性问题，有以下一些重要的结论。Orr（1974）从加拿大制造业中抽选了 71 个样本。他发现，资本需求、广告强度和高集中度是最显著的进入障碍。Porter（1980）在广泛研究进入障碍的基础上提出了 6 种主要进入障碍：①守成者的成本优势；②守成者的产品差异化；③资本需求；④顾客转换成本；⑤销售渠道资源；⑥政府政策。Day（1984）的进入障碍只包括 Porter（1980）的前 5 种，把守成者的成本优势作为单一的障碍，包含规模经济、管理经验或者其他独特的要素。Karakaya 和 Stahl（1989）研究证实了在消费包装品和工业品两个领域迟缓进入者把 Porter（1980）提出的 6 种障碍作为重要的考虑因素，守成者的成本优势是其中最重要的进入障碍。

由此，我们提出如下主张。

P1：不同类型的进入障碍都会不同程度地对率先进入者的优势产生贡献，进入障碍越重要，转化的率先进入者的优势越显著。

P2：不同类型进入障碍的存在导致迟缓进入者必须支付实实在在的额外资源，由此会产生明显的成本劣势。进入障碍越重要，产生的迟缓进入者的成本劣势越显著。

P3：迟缓进入者越难克服的进入障碍，对早期进入者的保护时间就越长，导致早期进入者获取有利市场地位的可能性就越高。

3.2.2 消费者的学习

消费者对率先进入者产品使用方法的学习，是通过其提供市场教育获得的。这种学习会对率先进入者的信息产生信任和依赖，可以达到提升品牌知晓和品牌回忆两种效果，由此引发的信息优势可以帮助率先进入者减少广告和促销开支（Fornell 等，1985）。

在态度偏好形成过程中，消费者学习对率先进入者的优势有重要影响。消费者对产品属性的评估往往受率先进入者品牌的影响，这种影响使消费者按照率先进入者品牌所创建的特定产品属性集合去建立对这类产品的识别标准，这些识别标准最后可能演变为对这种产品类别的刻板的印象，而后进入者需要按照这些标准去对照自己的优劣势。由于消费者已经接受了率先进入者的标准，另寻途径建立差异化的产品特性通常很难改变消费者已经建立的产品印象（Baker 和 Becker，1997）。因此，一些学者把这种现象称为头羊效应。

半导体产业（Flaherty，1983；Spital，1983）和相关的研究（Maidique 和 Zeigar，1984）指出，购买双方的关系、技术应用和购买者实践三个因素增加了转换成本，减少了潜在进入者进入的可能性。而这三个要素的形成和演化与消费者的学习密不可分。在一定的时间内，消费者通过学习了解到率先进入者的企业概貌和战略意图，有助于建立长期的合作和信任关系，也是通过学习，消费者掌握了率先进入者的技术知识和使用方法，尤其通过长期的实践，消费者的学习动机会变得更加明确，加之双方的沟通更容易建立稳定的关系。

转换成本通常指一个时期内购买者从一个供应商转换到另一个供应商那里需要支付的成本，它包含员工的重新培训成本，购置新型辅助设备的成本，寻求新技术的帮助和产品重新设计等成本，它的存在通常阻止购买者转换为供应商。Schmalansee（1982）把其解释为在不确定环境下购买者的选择。研究发现，消费者在产品知名度高，质量经受市场考验，又给其带来愉悦体验的情形下，持续的重复购买可以降低消费者的感知风险和信息搜寻成本。在存在转换成本的情况下，率先进入者建立了品牌忠诚，预示着承诺和满意，此时，其他品牌是没有多大价值的，可能会产生让购买者失望的风险。

由此，我们提出如下主张。

P4：消费者在学习过程中对率先进入者产品属性的认识会转变为类别产品的刻板印象，而迟缓进入者改变这种刻板印象的难度和成本比较高。

P5：消费者学习对率先进入者优势产生最大贡献的是形成转换成本。

3.2.3 营销组合

在产品方面，首先，在与竞争者成本相同的情形下，率先进入者可以靠较低的质量获利（Abell 和 Hammond，1979；Yelle，1979）。其次，率先进入者创造了一个令消费者称赞的产品形象（Porter，1980）。再者，相比迟缓进入者而言，率先进入者可以发展更宽的产品线，把产品定位在最大而又回报丰厚的市场领域，而把小的、不值得开发的细分市场留给迟缓进入者（Prescottand Visscher，1977）。

在渠道方面，率先进入者如果经营便利品就更容易获得密集的销售渠道或者控制稀缺的零售货架，或者通过排他性协议和渠道成员建立亲密关系。

在促销方面，Comanor 和 Wilson（1979）研究了广告销售收入比率较高的产业，发现这种产业有着坚固的进入障碍。他们发现，广告效力依赖于谁先进入市场、消费者对产品的经验和竞争者广告信息的总量，这样，迟缓进入者由于必须投入更高的广告费用和产品缺乏消费者体验，使进入变得异常困难。

在价格方面，当迟缓进入者采取比率先进入者低的价格策略，或者率先进入者执行高价位政策，都会导致价格敏感性市场的出现（Bond 和 Lean，1977）。另外，由于消费者信息优势，率先进入者选择高价位策略的空间比较自由。Robinson 和 Fornell（1985）研究发现，率先进入者具备低价策略的条件，因为降低价格可以增加市场份额，即价格对市场份额的显著影响为 -0.25。

由此，我们提出如下主张。

P6：率先进入者营销组合变量的边际贡献比迟缓进入者的高。

P7：率先进入者营销组合变量的弹性比迟缓进入者的高。

3.2.4 资源和技能

资源积累和市场进入时序两者的相互作用成为我们考虑问题的基础（Lieberman 和 Montgomery，1988），即以前的资源把率先进入者带到市场的边沿，资源的积累让率先进入者走进了市场。识别率先进入者优势的内生型特征，重要的理论挑战是区别出运气和企业自身特性对优势来源的影响。Melville（1987）和 Lieberman、Montgomery（1990）指出，最终真正对率先行动者优势产生影响的是企业的技能（Skills）、定位、竞争者和环境的变化。

有关营销文献显示，资源在率先进入者优势中扮演着重要的角色。除非率先进入者拥有丰富的资源或者拥有获得资源的路径，不然，很难把环境机会转化为长期的定位优势。无形资源，如营销反应能力（Marketing Acumen）、渠道控制、优良的产品、创新技能等，和大量的有形资源，在企业获得定位优势中扮演着极其重要的角色（Chandler，1990；Schnaars，1986）。

已有的研究显示，卓越的管理技能正向影响市场份额（Vanhonacker 和 Day，1987），企业资源是企业竞争优势和绩效的主要影响因素（Jacobson，1990；Wernerfelt 和 Montgomery，1988）。研究指出率先进入者市场份额与产品的高品质、产品的差异化水平和产品线的宽度有着密切的关联（Srinivasan，1988；Miller 等，1989），而产品的品质、差异化和产品线的宽度是企业资源和能力的集中反映。

基于资源理论（Resource-based Theory）观点，不同资源的集合，使企业产生差异，即没有两个企业完全拥有相同的经历、相同的资产和技能、相同的文化，或者在同一时间、同一竞争领域具有相同的资源组合（Collis 和 Montgomery，1995）。PIMS 的数据研究证实了市场进入时序与市场份额之间存在显著的关系（Miller 等，1989；Robinson 和 Fornell，1985；Srinivasan，1988；Urban 等，1986），这种关系暗示出这样一个重要的结论，即率先进入者的资源和能力比后来者卓越。然而，Kerin 等（1992）指出，影响率先进入者优势的因素有很多，超越了简单的市场进入时序效应，认为定位战略的合适状况可以增强或减少率先进入者随身而来的时序优势，研究显示市场进入时序之外的其他因素会对市场份额产生更大的影响。Robinson（1992）推翻了早期的率先进入绝对优势的假说，即率先进入者之所以获得更多的成功，是由于他们拥有卓越的资源和能力；研究支持竞争优势假说，即市场演变改变了成功的必要条件。Boulding 和 Christen（2003）总结以往方法的缺陷，特别支持市场进入时序是管理决策的内生变量。在这里，市场进入时序成为企业重要能力的具体体现，使两种截然相反的结论在资源和能力方面得到了统一。其实，PIMS 数据研究已经展示出了率先进入者、早期跟进者和延迟进入者之间存在不同的资源与技能管理模式。由此，我们可以得出如下主张。

P8：率先进入者的市场份额优势以及随着进入时序的延续所展现的市场份额下降态势，其实是企业资源和能力差异所导致的结果。

3.2.5 迟缓进入者优势

率先进入者的优势还会受到迟缓进入者的影响。Kerin 等人（1992）研究认为，率先进入者获得竞争优势在一定程度上依赖于迟缓进入者以下行为的结果：①从创新和模仿成本差异中获得利益；②率先进入者的领先者成本（Pioneering Cost）所产生的搭便车效应（Free Rider Effect）；③对率先进入者错误的资本化；④从范围经济中获得利益；⑤能影响和引导消费者的偏好。

Lieberman 和 Montgomery（1988）指出，迟缓进入者可以通过以下方法获得成本和差异化优势：①

低成本模仿；②搭便车；③范围经济；④从早期进入者的错误中学习。迟缓进入者和率先进入者比较，可以省去领先者的成本，研究发现，模仿成本仅是创新成本的65%（Mansfield 和 Wagner，1981）。和早期进入者进行比较，迟缓进入者在新业务领域，或者通过与其他业务的相互关联，如在营销、制造和技术方面的相互关联，决定了他可以获得一定的成本优势。即早期进入者可以保护他的成本优势，迟缓进入者可以巧妙地影响和引导消费者偏好，进而获得差异化优势（Carpenter 和 Nakamoto，1990）。另外，迟缓进入者可以从早期进入者的错误中（如定位）吸取教训（Hauser 和 Shugan，1983）和通过产品设计获得差异化优势。或者仅是做事的方式不同，如通过改变价值链活动的结构（如设计、生产、营销、分配）获得差异化优势。固定资产投资的不可逆转特性增加了早期进入者调整战略的难度，而延迟进入者的优势就是后见之明（Hindsight）（Porter，1980）。再者，迟缓进入者的资源和技能可以抵消早期进入者的一部分成本和差异化优势。如果延迟进入者在消费者研究和企业创新战略之间建立起很强的联系，迟缓进入者的经营绩效可能会超越率先进入者（Aaker 和 Nowlis，1994；Shankar 等，1998）。由此，我们可以提出如下主张。

P9：迟缓进入者从市场中获得的优势越多，市场进入的时序效应就越不显著。

3.3 市场进入时序效应模型

市场进入时序研究通常显示早期进入者经营绩效胜过延迟进入者，纵然如此，一些研究也发现了延迟进入者的成功（Mitchell，1991）。率先进入者比迟缓进入者更能获得持续的竞争优势，赢得高水准的市场份额和收益率，但这种优势不是必然的结果（Golder 和 Tellis，1993）。在市场进入时序效应研究方面，行为理论主要集中于消费者学习和营销组合变量两个方面。行为理论研究者假定率先进入者具有以下特征：①向市场提供高品质的产品；②正确的市场定位；③追求和执行正确的竞争战略；④跟进者采取和率先进入者一样的战略进入市场。如果这些假定条件发生变化，市场进入时序就难以发挥效应。所以，Kerin 等人（1992）提醒我们：对所有的企业来讲，率先进入者并不是放之四海皆适用的战略，并不是所有的企业通过率先进入就可以获得卓越的经营绩效。

Hauser 和 Shugan（1983）研究显示，率先进入者如果不能选择正确的市场定位战略，将会导致竞争劣势。从行为理论理解，正确的市场定位战略来源于环境变化与企业资源和能力的最佳匹配，它通过消费者学习和营销组合变量影响和引导消费者。据此，我们提出如下主张。

P10：在环境变化中选择正确的市场定位战略是获取率先进入者优势的基础。

P11：率先进入者在环境变化中选择正确的市场定位战略是消费者学习和营销组合变量发挥作用的前提条件。

根据前面的理论研究，我们提出如下市场进入时序效应的理论模型。具体见下图。

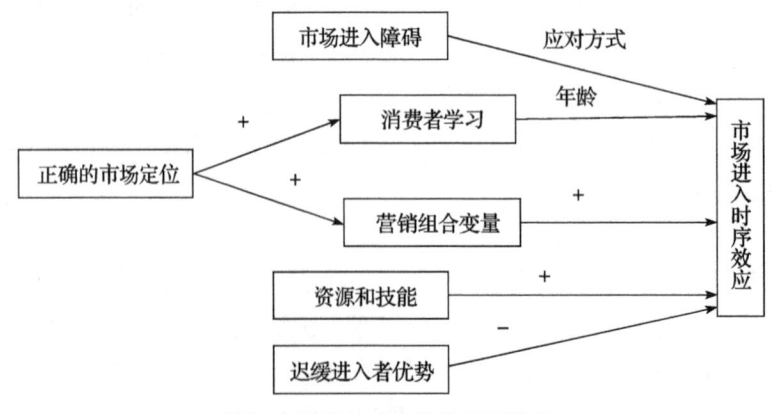

图 市场进入时序效应理论模型

注：+ 表示变量之间正相关，- 表示变量之间负相关。

3.4 市场进入时序效应的影响因素总结

市场进入时序效应使我们看到率先进入市场的重要性。首先，率先进入者需要有意识地构建多种进入障碍，尤其是潜在进入者克服难度大的进入障碍。其次，企业需要密切关注环境变化，掌握科学的方法，选择正确的战略，通过消费者学习和营销组合变量引导和影响消费者。再者，积极培养和积累卓越的资源和能力。只有这样，才能产生积极、正面的市场进入时序效应。同时，由于迟缓进入者的行为和优势会对市场进入时序效应产生负面影响，所以，率先进入者还需要密切关注迟缓进入者的行为和优势。卓越的经营绩效虽然不是率先进入战略的必然结果，但有效地识别市场进入时序效应将为企业创建持续竞争优势提供了条件。

在我国，许多产业领域不乏率先进入者失败的现象，许多学者从不同的角度揭示了它们失败的原因，但从市场进入时序效应理论上理解，人们就会彻悟这些现象产生的根本缘由。失败的率先进入者不能选择正确的战略，如目标市场过于宽泛和品牌承诺虚假，应该在着力发展自主产权技术之时却把更多的资源投放于扩张规模，诸多事例说明适时选择正确战略的重要性。另外，我们也可以看到，较早进入市场只是为企业创造卓越经营绩效提供了可能，但它绝不是必要条件。早期进入者要想建立卓越的经营绩效，除选择正确的战略外，还需要在以下几个方面做好工作：①有意识地积极建立产业进入障碍，尤其是守成者的成本优势、守成者的产品差异化、资本需求、顾客转换成本和销售渠道资源五种重要的进入障碍，通过构建高的进入障碍赢得市场控制权；②通过消费者学习和营销组合变量使顾客保持对品牌的忠诚，并充分利用营销组合变量边际贡献和弹性高的特点，扩充市场容量；③虽然率先进入者并不比迟缓进入者拥有卓越的组织资源和能力，但由于市场进入时序效应的存在，在迟缓者追赶的时间差里，率先进入者应积极、主动地培养和提升自身的资源和能力，尤其要形成核心的差异化能力；④积极关注迟缓进入者如何从市场进入行动中获得利益，尽量避免决策失误和错误，不能因为自己的原因而为迟缓进入者创造机会。

随着技术的不断变革和中国经济国际化步伐的加快，我国企业应密切把握环境变化，顺势在国内创造新的产业或者在国际市场上率先创造一个新兴产业，同时，识别和掌控市场进入时序效应的影响因素，并建立相应的管理体制，力争在竞争中拥有难以超越的优势。

4. 中国市场进入障碍与经典市场进入理论的一致性研究

4.1 引言

市场进入障碍的理论核心是进入障碍结构和各个构成要素的重要性，而我国正处于经济转轨和高速发展阶段，企业性质（如产权结构、组织形态）、外部的经济环境和法律体系与西方差异较大。这种差异是否会导致市场进入障碍结构和各个类别重要性的差异，现有的文献还未发现此方面的研究，因此，探寻中国经济环境中的市场进入障碍结构和各个构成要素的重要性是本部分的重点。

4.1.1 市场进入障碍的含义

进入障碍是指企图进入一个产业的企业必须承担而相反守成者不需要忍受的生产成本，在产业结构中，多种因素向潜在进入者施加相对于守成者的不利影响。有些进入障碍是由产业结构的自然属性造成的，如产业的市场容量影响企业的最小有效规模经济，也决定最终容纳企业的数量，但绝大部分进入障碍是守成者有意创建出来的，其目的是阻止潜在竞争者进入，如通过排他性协议和渠道成员建立亲密关系，潜在进入者对攻击性报复的预期等。守成者所构建的进入障碍意味着潜在进入者必须支付额外的资源（相似的进入条件除外）才能有效地在市场中和前者进行竞争。

4.1.2 市场进入障碍结构和各个类别的重要性

进入障碍一直是产业经济学和企业管理领域不可回避的核心问题。Bain 开创了市场进入障碍研究的先河，把规模经济、产品差异化和完全成本优势作为市场进入障碍。Orr 对加拿大制造业的样本企业进行研究时发现，资本需求、广告强度和高集中度是最显著的进入障碍。Porter 在广泛研究进入障碍的基础上提出了 6 种主要进入障碍：守成者的成本优势、守成者的产品差异化、资本需求、顾客转换成本、销售渠道资源和政府政策。Karakaya 和 Stahl 在总结前人研究的基础上更为全面地提出了 19 种进入障碍：守成者成本优势、守成者产品差异化、资本需求、顾客转换成本、渠道资源、政府政策、广告、竞争者的数量、研究与开发、价格、技术和技术变革、市场集中度、销售者集中度、事业部制、品牌名称与商标、沉没成本、销售费用、守成者对市场进入的预期反应和拥有稀缺型战略资源。同时，他们研究了 49 家美国大型公司，证实了 Porter 提出的 6 种障碍的重要性，但守成者成本优势是其中最重要的障碍，另外证实了早期进入者和延迟进入者对 Porter 提出的 6 种进入障碍的重要性评价存在显著差异。

4.2 一致性研究的设计

4.2.1 问卷设计

我们参照众多文献，最终以当前最为全面的 19 种进入障碍为蓝本对应设计出 19 个题项。为了确认文献归纳出的市场进入障碍与企业面临的是否一致，组织了 5 个企业中的 15 位高级管理人员参加了焦点小组访谈，舍弃了市场集中度，将事业部制更改为分公司建设，又增加进入障碍 4 项，这样产生了由 22 个题项组成的调查问卷。

4.2.2 样本与数据收集

在实施问卷调查之前，我们对受访企业进行了严格的甄别。甄别的条件有两个：①具体受访者是否为企业的高层管理人员，中低层管理岗位最好为营销管理人员；②从主力产品进入市场的时间看，企业必须是迟缓进入者。迟缓进入者包括两种类型，即早期跟进者和延迟进入者。早期跟进者是指在持续增长和活跃的市场状态下，跟随先驱者早期进入市场的企业之一；延迟进入者是指在市场已经接近成熟和稳定时期的进入者之一。企业到底归属哪种类型，由我们与企业受访者共同确定。

本部分研究采取判断抽样的方式从四川、江西、山西三省抽取了 300 个企业样本。除了抽样的方便性外，选择上述 3 个省份作为抽样框的主要原因是，这 3 个省份正处于由工业化初期向中期加速推进时期，进入市场的愿望迫切，迟缓进入的企业较多，市场进入障碍感受真切，容易测试市场进入障碍的结构和重要性。

本部分研究以人员访问为主、E-mail 发送为辅的方式调查样本企业，共收到问卷 221 份，剔除不完整或者填写错误的问卷，实际有效问卷有 204 份，有效回收率达 68.0%。其中，早期进入者为 69.1%（n=141），延迟进入者为 30.9%（n=63）；生产型企业为 76.9%，服务型企业为 23.1%；生产型企业涵盖的领域有电子、建筑、建材、矿产、食品、钢材、玻璃、天然气、包装、服装、通信器材、运输设备、化工、化肥、办公设备、饲料、医疗器械、药品、图书等 19 个行业；服务型企业涵盖的领域有金融、保险、旅游、咨询、房地产中介、中间商、维修、餐饮、旅馆、教育、通信服务、娱乐、医院等 13 个行业；样本企业在 2006 年度的销售收入分布情况如下：100 万～500 万元占 10.3%，500 万～1000 万元占 12.7%，1000 万～5000 万元占 45.1%，5000 万～1 亿元占 8.3%，1 亿～5 亿元占 17.6%，5 亿～10 亿元占 2.0%，10 亿元以上占 4.0%。企业样本在中国产业结构中有一定的广泛性和代表性。填写问卷人员的结构表现如下：高层管理人员占 83.2%，中层经理占 14.3%，基层经理占 2.5%，确保了研究数据的有效性。

4.3 一致性研究的数据分析和结果

4.3.1 题项纯化和因子分析

本部分研究对市场进入障碍的 22 项条目进行纯化，删除那些偏离测量目标以及与其他题项高度相关的条目，以形成精炼、准确、紧凑的计量条目。在题项纯化方面，主要采取的原则是：①题项与总体的相关系数小于 0.4 且删除后整体 Cronbach's a 值增加者删除；②主成分分析和方差旋转后，因子负荷小于 0.4 或者同时在两个因子上的负荷大于 0.4 者删除。依此原则删除的条目有以下 8 个：单位生产成本明显比主要竞争对手高；通过降低产品的价格，大规模增加销量的可能性很低；通过投入研究与开发的资金，降低产品单位成本的可能性很低；其他企业已经注册了好名字，很难再为品牌选一个称心的名称；政府制定的环境保护法律和法规，使我们投入了巨额资金；广告很难带来更大的销量；从当前产业内的企业数量来看，如果现在进入市场，经营可能更困难；主力产品的销量少，市场开发困难。最终形成了 14 个计量条目。总样本的 Cronbach's a 为 0.86，早期跟进者和延迟进入者的 Cronbach's a 依次为 0.84 和 0.87。

对余下的 14 个条目进行因子分析（主成分分析和方差最大旋转）。数据处理显示，KMO 值为 0.854，Bartlett's 的显著性水平为 0.000，表示这些数据适合做因子分析。根据碎石图反映的因子连线走向，发现前 3 个因子变动较大，并从第 4 个因子开始出现明显的下滑趋缓倾向，说明应该萃取 3 个因子。当因子的特征值大于 1 时，产生 3 个因子，这一点与碎石图的特征相一致，表示萃取 3 个因子有一定的合理性。各个因子方差解释能力见表 4-1。

表 4-1 市场进入障碍的 3 个维度

命名	指标个数	维度	特征值	旋转前的方差解释率（%）	旋转后的方差解释率（%）	方差累计解释（%）
资金障碍	5	1	5.016	35.830	21.166	21.166
竞争障碍	5	2	1.349	9.633	18.148	39.314
经营环境障碍	4	3	1.136	8.115	14.263	53.577

第一个因子关联的 5 个指标与企业自有资金数量和资金筹措能力有很强的联系，故命名为资金进入障碍；第二个因子关联的 5 个指标，只有通过与主要竞争对手的比较才可感知到这些指标真实的结果，命名为竞争进入障碍；第三个因子关联的 4 个指标与企业的外部环境感知和过去内部投资有很大联系，

命名为经营环境进入障碍。由于问卷中的指标是依据经典理论和中国企业在市场进入过程中面临的真实不利因素而设计的，因此，再把这些指标还原为理论上普遍认可的特性词。市场进入障碍结构具体见图 4-1。

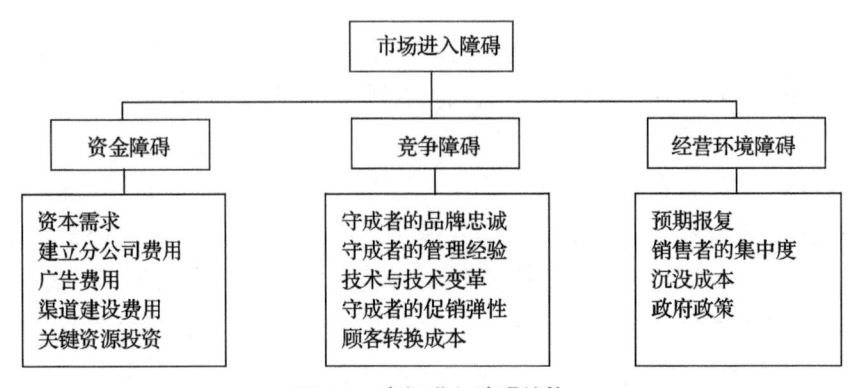

```
                          市场进入障碍
         ┌──────────────────┼──────────────────┐
      资金障碍            竞争障碍           经营环境障碍
    ┌─────────┐       ┌─────────────┐      ┌─────────┐
    │资本需求 │       │守成者的品牌忠诚│      │预期报复 │
    │建立分公司费用│   │守成者的管理经验│     │销售者的集中度│
    │广告费用 │       │技术与技术变革│       │沉没成本 │
    │渠道建设费用│    │守成者的促销弹性│      │政府政策 │
    │关键资源投资│    │顾客转换成本 │        │         │
    └─────────┘       └─────────────┘      └─────────┘
```

图 4-1 市场进入障碍结构

数据显示，早期跟进者关于资金、竞争和经营环境 3 种进入障碍的均值分别为 3.47(1.15)、3.26(1.02)、3.62(1.10)，延迟进入者关于 3 种进入障碍的均值分别为 4.25(1.38)、3.78(1.11)、3.88(1.26)（括号内数值为标准差）。保存 3 个因子得分，使用 One-Way ANOVA 分析程序，检验市场进入时序对 3 个因子均值的影响，结果发现，资金障碍和竞争障碍存在显著差异，方差分析分别为 $F(1, 202) = 12.645(p = 0.000 < 0.001)$，$F(1, 202) = 5.295(p = 0.022 < 0.05)$，经营环境障碍不存在显著差异 [$F(1, 202) = 0.101$，$p = 0.751 > 0.05$]。相对早期跟进者而言，延迟进入者认为在资金和竞争两个方面存在更大的困难，但对经营环境进入障碍，二者的评价没有显著差异。

4.3.2 验证性因子分析

使用 LISREL 8.70 估计程序，以 14 个指标的协方差矩阵作为输入矩阵，对因子分析产生的 3 个潜变量进行验证性因子分析。数据处理显示，各个指标在 3 个因子上的标准化负荷均在 0.48～0.78 之间，t 值在 6.45～12.24 之间，全部通过 t 检验，在 p<0.001 水平上显著，说明各因子具有较好的收敛效度，见表 4-2。另外，测量模型中各个潜变量的相关系数在 0.64～0.72 之间，其置信区间（$\phi \pm 2SE$）均不含 1.0，区别效度由此得到验证。

表 4-2 观测指标在因子上的标准化负荷

因子	符号	进入障碍命名	观测指标	标准化负荷	t 值
资金障碍	X_1	资本需求	我们的资金需求缺口非常大	0.71	10.77
	X_2	建立分公司的费用	我们难以承担在新地区设立分公司的费用	0.76	11.90
	X_3	广告费用	我们无法筹措更多的钱去做广告	0.78	12.24
	X_4	渠道建设费用	我们难以拿出钱来获得更多的零售货架和渠道空间	0.64	9.57
	X_5	关键资源投资	在和主要竞争对手抢夺关键性资源的时候，投入的资金很难让我们忍受	0.53	7.55
竞争障碍	X_6	守成者的品牌忠诚	与主要竞争对手相比，我们品牌的忠诚度比较低	0.68	9.76
	X_7	守成者的管理经验	与主要竞争对手相比，我们的经验比较缺乏	0.67	9.59
	X_8	技术与技术变革	我们很难跟上技术变革的步伐	0.66	9.38
	X_9	守成者的促销弹性	投入大量的促销费用，但我们的销售效果没有主要竞争对手的显著	0.53	7.29
	X_{10}	顾客转换成本	改善我们品牌的认知度非常困难	0.48	6.45
环境障碍	X_{11}	预期报复	我们担心产业里其他企业的报复性行动	0.52	6.99
	X_{12}	销售者的集中度	产业里大企业的市场份额越高，给我们造成的竞争压力就越大	0.57	7.76
	X_{13}	沉没成本	现在企业所出现的沉没成本已经让我们难以承受	0.70	9.75
	X_{14}	政府政策	政府制定的有关生产经营方面的规定，我们很难达到标准	0.53	6.99

模型拟合指标：$X_2 = 126.98$，$df = 74$，$X_2/df = 1.72$，$P = 0.00013$，$NFI = 0.93$，$NNFI=0.96$，$CFI = 0.97$，$IFI = 0.97$，$RFI = 0.91$，$GFI = 0.92$，$AGFI = 0.88$，$RMSEA = 0.059$。除P值显著外，其他指标均在规定的界值内，说明构建的进入障碍模型是可以接受的。

4.3.3 进入障碍各个构成要素的重要性

使用主成分分析法测评14种进入障碍的重要性。主成分分析法是依靠相关系数解决多属性权重分配的客观评价法，已得到学术界的认可。表4-3总结了主成分的初始因子负荷和特征向量，特征向量等于初始因子负荷除以特征值的方根。依据特征向量，主成分的表达式如下（这里的ZX_i是X_i的标准化数据）：

$$F_1 = 0.2871ZX_1 + 0.3206ZX_2 + 0.3259ZX_3 + \cdots + 0.2893ZX_{13} + 0.2304ZX_{14}$$
$$F_2 = -0.3539ZX_1 - 0.2135ZX_2 - 0.2247ZX_3 + \cdots - 0.0379X_{13} - 0.1076ZX_{14}$$
$$F_3 = -0.2665ZX_1 - 0.2711ZX_2 - 0.2120ZX_3 + \cdots + 0.2092ZX_{13} + 0.2308ZX_{14}$$

另外，应用综合主成分评价公式，写出综合主成分的函数表达式（主成分的系数为每个主成分的方差解释率）：

$$\begin{aligned}F_{综} &= 0.35830F_1 + 0.09633F_2 + 0.08115F_3 \\ &= 0.0472ZX_1 + 0.0723ZX_2 + 0.0780ZX_3 + 0.0639ZX_4 + 0.0796ZX_5 + 0.1336ZX_6 + 0.1346ZX_7 \\ &\quad + 0.1113ZX_8 + 0.1075ZX_9 + 0.1101ZX_{10} + 0.1227ZX_{11} + 0.1063ZX_{12} + 0.1169ZX_{13} + 0.0909ZX_{14}\end{aligned}$$

从主成分函数表达式中可以看出，与综合主成分相关系数最高的前六位指标依次为X_7、X_6、X_{11}、X_{13}、X_8和X_{10}，相关系数最低的三个指标依次为X_1、X_4和X_2。换而言之，最重要的进入障碍是守成者管理经验、守成者的品牌忠诚、预期报复、沉没成本、技术与技术变革和顾客转换成本，最次是资本障碍、渠道建设费用和建立分公司的费用。同时，检验市场进入时序对6个重要进入障碍的影响。数据显示，延迟进入者和早期跟进者对守成者管理经验的评价存在显著差异［$M_{延} = 3.79$，$M_{早} = 3.09$，$F(1, 203) = 8.289$，$p = 0.004$］，对顾客转换成本的评价也存在显著差异［$M_{延} = 4.06$，$M_{早} = 3.40$，$F(1, 203) = 7.239$，$p = 0.008$］，两类进入者对其他4种进入障碍的评价不存在显著差异。

表4-3 主成分分析的初始因子负荷和特征向量

指标	初始因子负荷 F_1	F_2	F_3	特征向量 F_1	F_2	F_3
X_3	0.730	−0.261	−0.226	0.3259	−0.2247	−0.2120
X_2	0.718	−0.248	−0.289	0.3206	−0.2135	−0.2711
X_{13}	0.648	−0.044	0.223	0.2893	−0.0379	0.2092
X_1	0.643	−0.411	−0.284	0.2871	−0.3539	−0.2665
X_4	0.638	−0.294	−0.181	0.2849	−0.2531	−0.1698
X_8	0.623	0.337	−0.214	0.2782	0.2902	−0.2008
X_7	0.596	0.463	0.005	0.2661	0.3986	0.0047
X_5	0.592	−0.094	−0.096	0.2643	−0.0809	−0.0901
X_9	0.545	0.291	−0.050	0.2433	0.2505	−0.0469
X_{14}	0.516	−0.125	0.246	0.2304	−0.1076	0.2308
X_{10}	0.505	0.236	0.127	0.2255	0.2032	0.1192
X_6	0.543	0.645	−0.089	0.2424	0.5553	−0.0835
X_{11}	0.497	−0.060	0.633	0.2219	−0.0517	0.5939
X_{12}	0.521	−0.221	0.543	0.2326	−0.1903	0.5095

4.4 市场进入障碍的先行变量和结果变量

4.4.1 市场进入障碍形成的原因

研究发现，率先进入者优势等同于市场进入障碍，其后的研究证明了这是一种竞争博弈的结果，主流的观点认为,进入障碍主要是由率先进入者为了创建和保护自己的利益而有意识构建起来的,因此,在一定程度上可以认为率先进入者优势形成的原因等同于进入障碍的形成原因。

在资金障碍方面,率先进入者对金融资本的争夺与控制使其在战略决策方面保持灵活性,可以把足够的资金投放在广告发布、渠道控制、关键资源、吸引和培养优秀人才、市场开发、技术进步与变革、引导政府政策等方面,迫使潜在进入者至少投入相当数量的资本才能进行有效竞争。如率先进入者高密度的广告投入提高了进入门槛,在提高顾客满意水平和增强重复购买方面起着关键性作用。同时,率先进入者的资金优势为竞争障碍和经营环境障碍创造了物质条件。

在竞争障碍方面,消费者信息的不对称性和不完备性给率先进入者创造长期的品牌优势。消费者往往按照对率先进入者产品属性的识别建立对某类产品的刻板印象,并以此标准评价迟缓进入者的产品质量,使迟缓进入者改变这种印象变得异常困难。再者,购买双方的关系、技术应用可增加转换成本,减少了潜在进入的可能性。

在经营环境方面,率先进入者对市场进入的反应一般表现三种方式,即攻击型、被动型和相机而动型。研究显示,守成者最容易对相似对手的创新战略做出积极反应,在市场增长的态势下,率先进入者往往采取报复性战略打击潜在进入者。预期的反应可以改变潜在进入者的战略,如果预估到攻击性和破坏性的反应,潜在进入者会因受到威胁而停止行动,或者选择较小的规模进入。另外,为了维持产业健康发展的秩序,政府通过营业执照、许可证和原材料控制等方式限制或阻止企业进入某个产业。

4.4.2 市场进入障碍的结果变量

进入障碍可使率先进入者在更长的时间内比迟缓进入者拥有比较高的市场份额。Robinson 和 Fornell 分析了 371 个成熟消费品企业,做过一项关于不同进入时序市场份额之间的比较研究,结果发现率先进入者、早期跟进者和延迟进入者的平均市场份额依次为 20%、17% 和 13%。后来,Robinson 又研究了成熟产业内的 1209 个工业企业,继续证实了率先进入者的市场份额显著高于迟缓进入者的市场份额,平均份额依次为 29%、21% 和 15%。Lambkin 研究了 129 个新型企业和 187 个增长型企业,结果发现,市场进入时序对两种类型企业的市场份额存在显著影响。对新型企业,平均意义上率先进入者的市场份额为 24%,早期进入者为 10%,延迟进入者为 10%;对成长型企业,率先进入者的市场份额为 33%,另外两类进入者分别为 19% 和 25%。Urban 等的研究也得到相似的结论,随着进入时间顺序的延续,相对市场份额呈现下降趋势。研究显示,第二个进入者如果定位与先驱进入者一致,并花费同样的广告费用,平均市场份额仅是先驱进入者的 71%,第三个进入者仅是先驱进入者的 58%,进入时间越晚,相对的市场份额越低。如果迟缓进入者的定位和广告费用均劣于先驱进入者的,则相对的市场份额就更低。

另外,研究显示,进入障碍给率先进入者带来迟缓进入者难以比拟的自然优势,在某种程度上可使守成者获得超额利润,也降低了潜在竞争者进入市场的机会和速度。

4.5 中国市场进入障碍与经典市场进入理论的一致性讨论

我们通过翔实的实证研究发现,中国的迟缓进入者的市场进入决策和实施市场进入过程中面临着 14 种不利因素。除守成者的品牌忠诚在一定程度上可以表达 Bain 的产品差异化外,本部分研究发现的进入障碍均未包含 Bain 所说的规模经济和完全成本优势。但是,它涵盖了 Orr 研究加拿大制造业所提出的资本需求、广告强度和高集中度 3 种进入障碍;也涵盖了 Porter 提出的 6 种进入障碍中的 5 种障碍,即守成者的产品差异化、资本需求、顾客转换成本、销售渠道资源和政府政策。这里的守成者的产品差异化是指,守成者从过去的广告、顾客服务、产品差异或者简单理解为率先进入市场所获得的品牌识别和顾客忠诚,与我们提出的守成者的品牌忠诚相一致,然而,却没有包含 Porter 提出的守成者的成本优势。守成者的成本优势,即产品的单位成本随着每个时期生产总量的增长而呈现下降趋势。Bain(1956)、

Karakaya、Stahl（1989）和 Porter（1980）等众多学者把它作为最重要的进入障碍，但在中国却不是一种进入障碍，主要源于我国企业的经营目标侧重于短期市场份额和短期利润，还未从产品知识、产品设计、原材料购买的便捷性、市场定位的有利性 4 个方面去赢得规模经济和学习曲线效应。

本部分研究发现了中国经济环境还拥有 Karakaya 和 Stah 提出的 119 种进入障碍不能囊括的种类，即建立分公司的费用、守成者的管理经验和守成者的促销弹性 3 个方面，除上述已经讨论过的相同的进入障碍外，也未涵盖他们提出的研究与开发、价格、竞争者数量、品牌名称与商标 4 个方面。对于研究与开发，可能由于本部分研究的高科技样本企业较少，或者由于我国守成者通过研究与开发产生破坏性创新的行业不多，所以，不是市场进入障碍。由于我国一些企业获取低成本的来源较多，如行业保护、低廉的劳动力、快速获取廉价的原材料等，所以，可以看到富有攻击性的价格政策也不是市场进入障碍。关于竞争者的数量，Harrigan 的论述是，随着企业数量的增加，进入预期的可能性也增加，如果进入的步伐落后，预期的可能性就会减少，当企业的数量增加到一定限度时，失败就会发生。这一点没有成为我国的进入障碍，可能是由于企业不注重相关行业投资信息的缘故。Krouse 认为品牌名称与商标是一种弱小的进入障碍，但这一点在本部分研究中没有反映出来。

关于进入障碍构成要素的重要性评价问题，本部分研究采取主成分分析法，比较客观地给出了不同进入障碍的权重。为了方便比较，按重要性排序列示了 6 种进入障碍，然而，与 Porter 理论相同的类型只有守成者的品牌忠诚和顾客转换成本，同时显示最重要的进入障碍是守成者的管理经验，说明中国企业进入决策的评价属性与西方发达国家有着显著的差异，反映了转型过程中中国经济的基本特征。

4.6 一致性研究的贡献、局限与未来的研究方向

本部分研究的贡献是显而易见的，主要存在于两个方面：①首次发现了中国经济环境中的进入障碍结构和构成类别的重要性；②通过对中国进入障碍与经典理论的比较，发现中国企业在市场进入决策过程中对进入障碍的评估与西方企业存在显著差异。

本部分研究获取的企业样本从行业分布和企业规模两个角度看，有广泛的代表性，得出的结论有一定的普适性。但同时也意味着一定的局限，就是单一行业样本量较少，不足以分析某一行业的市场进入障碍，在未来，我们将把本部分研究所获得的普适性结论应用到特定的行业以检验其合理性。

5. 延迟进入者品牌强度和产品关联度对购买意愿的影响

5.1 延迟进入者品牌强度和产品关联度问题的提出

品牌强度是企业品牌价值（或品牌资产）的重要体现，品牌价值是20世纪80年代在营销研究和实践领域新发现的一个重要的概念，20世纪90年代后，成为营销的热点问题，品牌价值的概念到现在还没有一个统一的定义，不同的学者从不同的角度对这个概念加以解释。

根据美国营销科学研究所的定义，品牌价值是一系列关于品牌顾客、渠道成员和母公司的联想和行为，这些联想和行为使该品牌比没有品牌名字的产品获得更多的利润，并给该品牌一个强的、实质性的和差异化的竞争优势。英特品牌集团公司（Interbrand Group）将品牌价值看作是价格—收益的倍率（反映将来风险和成长）乘以收益。Philip Kolter将品牌资产定义为：了解品牌的正面差异而导致顾客对该品牌名的产品和服务采取肯定的态度。当两种产品基本相同时，品牌价值使顾客对其中一种产品更加偏爱。顾客愿意为一个特定品牌多支付的程度，就是品牌资产的一个衡量尺度。著名的美国品牌管理教授David Aaker（1996）认为：品牌价值与一个品牌的名称及标识相关，是增加（或减少）由一项产品或服务为公司或公司顾客带来的价值的一系列资产（或负责）；品牌价值包括的主要资产项目有品牌知名度、品牌忠诚度、认知质量和品牌联想。1995年，美国学者Chuck Pettis在其《技术品牌》一书中进一步阐述了品牌价值的概念，他直接把品牌资产定义为"一种附加值"，认为品牌资产包括五个方面：品牌意识、品牌联想、产品高质量、品牌忠诚度、品牌专利（如商标权、品牌外观权利）。Keller提出基于顾客的品牌价值概念（Customer-based Brand Equity），认为品牌之所以对企业和经销商等有价值，根本原因在于品牌对顾客有价值；从本质上看，基于顾客的品牌资产就是指由于顾客头脑中已有的品牌知识导致的顾客对品牌营销活动的差异化反应，这种反应是相对于其他假想或未命名的品牌营销组合的反应而言的。当消费者对某品牌比较熟悉，并在记忆中对其有喜爱、强烈和独特的品牌关联时，基于消费者的品牌资产就形成了。西方学术界更趋向于这个概念。因为如果品牌对于消费者而言没有任何意义，那么它也不可能向投资者、生产商或零售商提供任何价值。

我国学者对品牌价值概念的理解也不一样。范秀成（2002）认为，品牌资产（他称为品牌权益）是企业以往在品牌方面的营销努力产生赋予产品或服务的附加值；符国群（2001）认为，品牌价值是附着于商标之上，能够为企业在未来带来额外收益的顾客关系；卢泰宏（2002）认为，品牌资产应该用概念模型来解释，他归纳了"财务会计概念模型""基于市场的品牌力概念模型"和"基于消费者的概念模型"来解释品牌资产的概念。

西方对品牌或品牌价值（Brand Equity）的评估方法之一就是着眼于从消费者的角度评估品牌强度，即品牌在消费者心目中处于何种地位。比如，消费者对品牌的熟悉程度、忠诚程度、品质感知程度、消费者对品牌的联想等。英特品牌集团公司是世界上最早研究品牌价值的机构，他们所提出的品牌价值评估模型（Interbrand方法）较为全面地考虑了主客观两方面的因素，如利用的客观数据包括市场占有率、产品销售量、利润状况等，主观判断则是确定品牌强度。此方法基于考虑的因素个数有所不同，先后提出了四因子加权综合法和七因子加权综合法计算品牌强度，所应用的基本公式都是品牌价值＝品牌净收益×品牌强度，对品牌强度的认定大部分都是靠专家或专业人士的主观判断。

根据Kevin L. Keller（1998）的观点，品牌形象的强弱可依据以下三个标准来评价：①品牌联想的强度（Strength）：是指消费者回忆品牌的难易程度，这一标准用以评价品牌传播是否能在消费者心目中留下印记。由此看来，品牌联想的强度只是反映了回忆品牌的难易程度，至于这种回忆是否正面则不得而知，所以，高强度的品牌联想是强势品牌的必要条件而非充分条件；②品牌联想的美誉度（Favorability）：是指消费者对品牌正面的态度，这种正面的态度来源于品牌满足消费者需求的能力；③品牌联想的独特性（Uniqueness）：是指品牌在消费者脑海中产生的异于竞争品牌的联想，这些差异的联想使品牌能在众多竞争品牌中脱颖而出，引起消费者的注意，在他们购买时产生影响力。由此看来，以上三个方面都是强势品牌形象的必要而非充分条件，如果仅仅是品牌联想的强度大，说明容易被消费者记忆；仅仅是美誉度高，说明品牌带给消费者的感觉好；仅仅是独特性强，也只能说明品牌与众不同，只有一个品牌联想的强度大、美誉度高、独特性强同时满足才是一个强势品牌的形象。

综上所述，品牌是企业向消费者提供的一种质量保证，同时也是与竞争对手进行区别的差异化标志，品牌价值体现了消费者对品牌反应的差异化程度，品牌强度是衡量品牌价值的主要因素，强势的品牌形象能够表现更多的品牌价值，在消费者心中形成正面、美好、独特的联想，影响消费者的评价。

其次，延迟进入者的新老产品关联度会影响消费者的购买意愿。市场进入行为从动态来看具有多元化的特征。企业多元化可以简单地分为两类：相关多元化和非相关多元化。相关多元化，又叫作关联型多元化。相关多元化战略是企业为了追求战略竞争优势，增强或扩展现有的资源、能力以及核心竞争力而有意识地采用的一种战略，它的优点是利用了不同业务之间的范围经济，对于在多个行业或多个产品市场上经营的公司来说，范围经济能节约成本，通过将能力和竞争力从一项业务传递到另一项业务上来实现。非相关多元化，又叫作非关联型多元化。许多选择非相关多元化战略的企业往往会进入有着丰厚利润机会的任何行业，企业的经营风险得以在不同行业进行分散，一个行业的经营困难阶段可以被其他行业的旺盛阶段部分抵消，企业业务的周期性下降可以与多元化进入的其他业务周期性上浮取得平衡。然而，非相关多元化的缺点也十分明显，由于不同业务的难以管理，使企业无法获得与战略匹配带来的竞争优势。

国内外大多数学者发现不同类型的多元化之间存在差距，他们基本都认为相关多元化优于非相关多元化，因为协同效应的存在可以为企业创造更大的价值，说明企业进入关联型行业的安全性可能更强，成功的机会更大。Rumelt（1974）通过对1949—1969年美国大企业多元化战略的分析认为，相关型和主导型多元化企业的绩效最好，绩效最差的是非相关型及垂直结合型多元化；由于核心能力的延伸作用或资源共享作用，向相关行业发展的多元化经营会使企业的绩效提高，过度的多元化经营会使协同作用下降，不利于企业提升。Hyland（1999）发现混合经营企业的业绩较差；Montgomery和Wernerfelt（1988）研究发现相关多元化是有利的。哈佛商学院M. Porter的研究表明，无关多元化的市场进入失败率高达70%以上。根据美国《财富》杂志的统计，在世界最大的200家企业中，有193家占93%的企业采取多元化战略，其中有164家占82%的企业采取关联型多元化战略，只有22家占11%的企业采取非关联型多元化战略。关联型多元化的内容包括很多，产品关联是其中的一种形式，无论是哪种关联形式，其目的都是想达到"1+1>2"的协同效果，因为协同效应的存在可以给企业创造更大的价值，说明企业进入关联型行业的安全性可能更强，成功的机会更大。

从品牌延伸或产品延伸的角度来理解关联型多元化，延迟进入者产品入市问题是企业业务的扩展，企业在市场竞争中，不断推出新产品，是赢得竞争优势的根本战略；把企业原有的品牌资产发扬光大，则是竞争战略的核心，这两者的结合就形成了品牌延伸的策略规划。品牌延伸决策要考虑的因素有很多，其中新老产品的关联度非常重要（张剑，2004）。韩国学者Jong-Won Park（2002）也指出产品种类的相似程度（关联程度）越高，其品牌质量越高，产品越能从品牌中获得效益支持，其协同效应表现更加明显。由此看来，新老产品关联度的高低也会影响消费者的感知，从而影响消费者的购买决策行为。

通过以上的文献研究回顾，我们可以了解到：品牌强度和新老产品关联度可能会影响延迟进入者产品入市的顾客感知和购买行为，但是，延迟进入者的品牌强度和新老产品的关联度会对顾客购买意愿产生什么样的影响仍然需要通过实证研究来探索。

5.2 延迟进入者的品牌强度和产品关联度研究假设

基于前面的总结，本部分内容推测品牌强度和产品关联度可能会影响延迟进入者的产品入市的顾客感知价值、感知风险和购买意愿。

首先，从品牌强度来看，延迟进入者的新产品成败与企业本身品牌的强弱有关系。品牌作为企业向消费者提供的一种质量承诺，有利于降低消费者的购买风险和减少消费者在购买过程中的搜索成本。对于企业把使用过的品牌名字用于新产品，Aaker（1990）曾经研究了品牌价值是支持消费者选择的重要指标，Keller认为品牌之所以对企业和经销商等有价值，其根本原因就在于品牌对顾客有价值（Customer-based Brand Equity）。根据美国营销科学研究所的定义，品牌价值是一系列关于品牌顾客、渠道成员和母公司的联想和行为，这些联想和行为给该品牌一个强的、实质的和差异化的竞争优势。西方对品牌或品牌价值的重要评估方法之一就是着眼于从消费者的角度评估品牌的强度，即品牌在消费者心目中处于何种地位；比如消费者对品牌的熟悉程度、忠诚程度、品质感知程度、消费者对品牌的联想等。根据英特品牌集团公司对品牌价值的研究所提出的品牌价值评估模型来看，品牌强度是品牌价值的主要体现，强势的品牌形象能够表现更多的品牌价值，强势品牌往往能让消费者感受到更好的质量和更高的保证。由此看来，延迟进入者的品牌强度将会影响消费者的感知和意愿。

其次，从新老产品的关联度来看，市场进入行为从动态角度来看具有多元化的特征，国外大多数学者发现不同类型的多元化之间存在着差距，他们认为相关多元化优于非相关多元化，因为协同效应的存在可以为企业创造更大的价值。

因此，基于品牌强度对品牌价值的贡献，以及品牌价值对消费者购买决策行为的影响，我们提出假设1、假设2和假设3。

H1：延迟进入者的产品在入市过程中，企业品牌越强势，顾客对新产品的感知价值越大。

H2：延迟进入者的产品在入市过程中，企业品牌越强势，顾客对新产品的感知风险越少。

H3：延迟进入者的产品在入市过程中，企业品牌越强势，顾客对新产品的购买意愿越强。

依据新老产品的关联度对企业产品扩展的重要影响，我们提出假设4、假设5和假设6。

H4：延迟进入者的产品在入市过程中，新老产品的关联度越高，顾客对新产品的感知价值越大。

H5：延迟进入者的产品在入市过程中，新老产品的关联度越高，顾客对新产品的感知风险越少。

H6：延迟进入者的产品在入市过程中，新老产品的关联度越高，顾客对新产品的购买意愿越强。

5.3 延迟进入者品牌强度和产品关联度的研究设计

5.3.1 因子设计

在营销管理的研究中，实验法是验证因果关系的最有效方法，这是本部分研究选用实验法的原因。根据前文关于研究方法的论述，在实验法的范畴内，本部分研究选择了"因子设计""现场实验法"。

本部分研究运用"现场实验法"来获取延迟进入者在产品入市中的品牌强度与产品关联度和顾客感知价值、感知风险、购买意愿的相关信息。本部分实证研究采用了2×2的设计，即研究中操纵的自变量有两个，分别是品牌强度和新老产品的关联度，每个自变量有两个取值，执行时，本部分研究首先寻找在真实生活状态下的实验对象，然后要求实验对象阅读关于特定情景的描述文字，扮演其中某个角色，最后根据情景中的信息完成相应的态度测量。

一般来讲，实验设计可以分为四种：预实验设计、真实验设计、准实验设计和统计设计。本部分研究选择"统计设计"，因为本部分研究需要对"品牌强度"和"新老产品关联度"这两个变量的变量取值进行"强"和"弱"或"高"和"低"两种情况的统计控制和分析。统计设计又可以分为随机区组设计、拉丁方设计和因子设计。其中，随机区组设计只能处理一个操纵自变量，拉丁方设计只能处理两个独立的操纵自变量，因子设计则能处理不同级别的两个或两个以上的自变量的影响。由于本部分研究需要处理不同级别的两个自变量的影响，因此，选择因子设计。

对于本部分研究的因子设计，根据"品牌强度"的强弱和"新老产品关联度"的高低，将品牌强度和新老产品关联度进行交叉就会产生四种情境，这四种情境可以用图5-1表示出来。

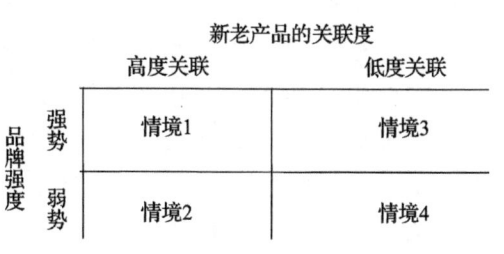

	新老产品的关联度	
	高度关联	低度关联
品牌强度 强势	情境1	情境3
品牌强度 弱势	情境2	情境4

图 5-1 实证研究设计的四种情境

5.3.2 刺激物设计

实验法中常常采用情景模拟刺激物的方法向被访者提供信息并观测被访者的态度。实验法的设计可分为简单实验设计和多组实验设计。根据研究目的，我们需要进行多组实验设计，把研究对象分成几个组，分别对每个组施以不同的刺激，我们从现实生活中选择实验的刺激物（Stimulus）。

我们选择两家手机生产商作为对比实验的背景企业，一个是知名手机品牌A，一个是弱势手机品牌B；选择笔记本电脑和空调作为对比实验的新产品，这是因为手机和笔记本电脑都是电子数码产品，具有较高的关联性，而空调是家电产品，其关联性则相对更低；并且笔记本电脑和空调这两类产品的市场都是较为成熟的竞争市场。

为了了解刺激物中涉及的A和B公司的品牌强度是否真有差异，以及所涉及的新产品（笔记本电脑和空调）与老产品（手机）之间的关联度是否有差异，我们首先设计了一套李克特7级量表来测量A、B公司的品牌强度在消费者心目中的差异，以及两种新产品与老产品的关联度在消费者心目中的差异。让消费者阅读关于A公司或B公司的文字描述段落，然后让他（她）在1~7的数字中选择1个来评价这家公司的品牌强度，数字越大代表感觉这家公司越强势，测量消费者态度的语句是"我认为这家公司实力很强"和"我认为这是一家强势品牌企业"。同样，在测量新老产品关联度差异时，也是给消费者一段文字，描述新老两种产品，然后让他（她）在1~7的数字中选择1个来评价新老产品之间的关联度高低，数字越大代表感觉关联度越高，测量消费者态度的语句是"我认为这两种产品属于同一行业"和"我认为新产品可以借用老产品的生产技术"。

本部分研究从网上抽选了126位调查者，t检验结果显示，A公司和B公司的品牌强度的平均值分别是6.3和3.2，P = 0.00，说明在消费者心目中A公司的品牌强度显著高于B公司；关于新老产品关联度的评价，检验结果显示笔记本电脑（新产品）、手机（老产品）的关联度和空调（新产品）、手机（老产品）的关联度平均值分别是5.9和2.3，P = 0.01，说明在消费者心目中前两者的关联度显著高于后两者。

在实验中，根据以上的设计，我们会向4组实验对象分别提供一段文字描述，4段文字描述分别表现了不同的品牌强度和产品关联度，即组1：强势品牌＋高度关联；组2：弱势品牌＋高度关联；组3：强势品牌＋低度关联；组4：弱势品牌＋低度关联。这种组间差别具体如表5-1所示。

表 5-1 因子设计

笔记本电脑		新老产品关联度	
		空调	
品牌强度	A（强）	EG_1	EG_3
	B（弱）	EG_2	EG_4

注：EG为Experimental Group的缩写，EG_i为第i个实验组。

实验组1的刺激物描述性文字为：

国际某著名手机品牌A企业近日宣布进军笔记本电脑市场。A公司是全球移动通信的领先者，推动着更广阔的移动性行业持续发展；A 公司的股票在全球五个主要证券市场上市，股东遍布世界各地，其品牌价值高达 264.52 亿美元，位居全球第 6 名；中国是 A 公司在全球重要的生产和研发基地之一，A 公司在中国建有六个研发机构和四个生产基地，办公机构遍布全国，员工逾 6000 人。

实验组 2 的刺激物描述性文字为：

国内某知名手机品牌 B 企业近日宣布进军笔记本电脑市场。B 公司旗下的手机产品曾在 2002 年荣获全国"用户满意品牌奖""用户满意外观设计奖"和"用户满意功能创新奖"等大奖。B 公司在 2005 年以 72.71 亿元的品牌价值荣获中国手机百强品牌，目前排名全国第 67 位。

实验组 3 的刺激物描述性文字为：

国际某著名手机品牌 A 企业近日宣布进军空调市场。A 公司是全球移动通信的领先者，推动着更广阔的移动性行业持续发展；A 公司的股票在全球五个主要证券市场上市，股东遍布世界各地，其品牌价值高达 264.52 亿美元，位居全球第 6 名；中国是 A 公司在全球重要的生产和研发基地之一，在中国建有六个研发机构和四个生产基地，办公机构遍布全国，员工逾 6000 人。

实验组 4 的刺激物描述性文字为：

国内某知名手机品牌 B 企业近日宣布进军空调市场。B 公司旗下的手机产品曾在 2002 年荣获全国"用户满意品牌奖""用户满意外观设计奖"和"用户满意功能创新奖"等大奖。B 公司在 2005 年以 72.71 亿元的品牌价值荣获中国手机百强品牌，目前排名全国第 67 位。

5.3.3 变量设计

本实证研究中关于延迟进入者的企业品牌强度、新老产品关联度是控制变量和自变量。这两大自变量隐藏于刺激物设计的描述性文字当中，不需要量表的测量。

本书的观察变量和因变量是顾客感知价值（Perceived Value）、顾客感知风险（Perceived Risk）以及顾客购买意愿（Purchase Intent）。分别采用李克特 7 级量表进行测量，我们对"顾客感知价值"采用的问卷问题是：您觉得 A（或 B）公司生产的笔记本电脑（或空调）会带给您多大的价值？在选择分值中："1"代表毫无价值，"7"代表非常有价值，"2"～"6"代表了中间的各种价值感知水平。分值越大，代表顾客对该公司新产品的感知价值程度越高。

我们对"顾客感知风险"采用的问卷问题是：如果购买 A（或 B）公司生产的笔记本电脑（或空调），您觉得会不会冒风险？在选择分值中："1"代表极其有风险，"7"代表绝对安全，"2"～"6"代表了中间的各种风险感知水平。分值越小，代表顾客对该公司新产品的感知风险程度越高。

我们对"顾客购买意愿"采用的问卷问题是：如果您未来要购买笔记本电脑（或空调），您会选择 A（或 B）公司生产的笔记本电脑（或空调）吗？在选择分值中："1"代表肯定不会购买，"7"代表肯定会购买，"2"～"6"代表了中间的各种购买意愿水平。分值越大，代表顾客对该公司新产品的购买意愿程度越强。

5.3.4 问卷设计

本部分研究的整个问卷设计主要包括两大核心内容：刺激物和问题。因为刺激物隐含了控制变量和自变量，而问题是对观察变量和因变量的测量。在问卷的布局上，问题安排在刺激物之后，要求访问对象在阅读完刺激物的描述性文字后回答。

关于刺激物的设计我们已经在前面讲过了，而问题的设计需要根据调查者的期望从问卷中获得的信息来确定。通常来讲，期望从问卷中获得的信息可以分为三类：基础信息、分类信息和标识信息。基础信息是与研究问题直接相关的；分类信息用于对调查对象的分类和解释；标识信息包括姓名、地址和电话号码等。在安排问卷问题时，首先安排的是基础信息问题，其次是分类信息问题，再次是标识信息问题。这样安排的原因在于分类信息问题和标识信息问题涉及个人隐私，被调查者对这类问题的抵触性比较大，适合在调查对象开始认真参与后再来获取。

基本信息问题和分类信息问题的设计都是按照常规测量设计的，分类信息问题则涉及了性别、年龄和收入。基本信息问题添加了一个样本甄别问题："您是否使用笔记本电脑（或空调）？"以便筛选样本，进而保持样本的一致性。

标识信息问题的设计目的是为了方便追踪调查者，我们认为设定姓名和电话两大问题已经足够了。

除了上述三大类问题以外，我们特别添加了一个"寒暄问题"，尽可能促使调查对象深入思考问卷问题。"寒暄问题"对研究结果没有直接帮助，但是，由于寒暄问题通常简单、有趣，不会咄咄逼人，所以能赢得调查对象的合作和信任。

对于实验组（EG_1、EG_2、EG_3、EG_4）的问卷设计如图 5-2 所示：

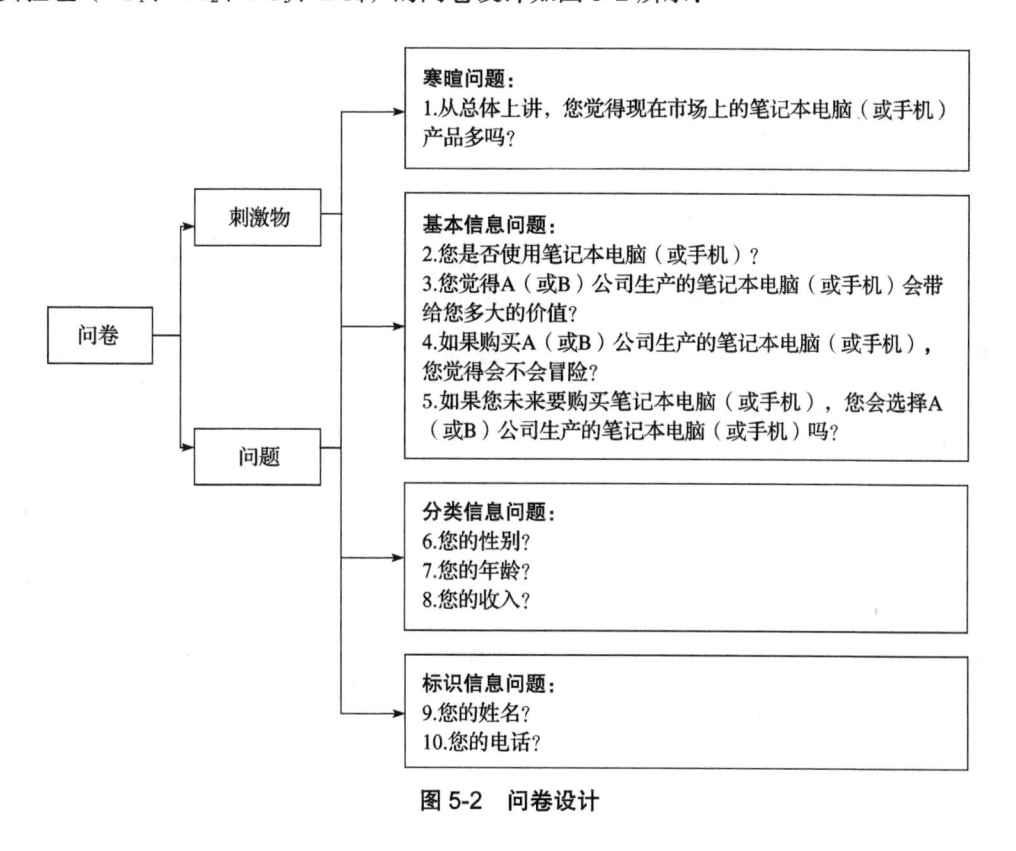

寒暄问题：
1. 从总体上讲，您觉得现在市场上的笔记本电脑（或手机）产品多吗？

基本信息问题：
2. 您是否使用笔记本电脑（或手机）？
3. 您觉得A（或B）公司生产的笔记本电脑（或手机）会带给您多大的价值？
4. 如果购买A（或B）公司生产的笔记本电脑（或手机），您觉得会不会冒险？
5. 如果您未来要购买笔记本电脑（或手机），您会选择A（或B）公司生产的笔记本电脑（或手机）吗？

分类信息问题：
6. 您的性别？
7. 您的年龄？
8. 您的收入？

标识信息问题：
9. 您的姓名？
10. 您的电话？

图 5-2　问卷设计

注：问题前的数字代表了布局的先后顺序，数字越小越靠前。

5.3.5　抽样设计

抽样调查是现代市场营销调查中的重要组织方式，是目前国际上公认和普遍采用的科学的调查手段。抽样调查的理论基础是概率论，概率论中诸如中心极限定理等一系列理论为抽样调查提供了科学的依据。

问卷调查中有许多重要环节，问卷设计、发放回收、数据编码和处理、统计分析等，而抽样是问卷调查的前提，抽样方法选择得正确与否直接决定着调查数据的可靠程度，同时也决定了调查的成败。抽样设计通常包括 4 项程序：确定调查总体、选择抽样方法、确定样本数量和执行抽样过程。

第一是确定调查总体（Target Population）的定义。调查总体的界定通常需要从个体（Element）、抽样单位（Sample Unit）、范围（Scope）和时间（Time）四个方面来界定。本书的目标总体界定如下。

个　　　体：可能使用笔记本电脑/空调的男性和女性
抽样单位：单个个人
范　　　围：成都市
时　　　间：2007 年 5 月

第二是抽样方法的选择。我们同时研究简单随机抽样技术（SRS）和配额抽样（Quota Sampling）。对于每个试验组，指定发放68份问卷，占所有问卷的1/4。访问员在商业区、学校等地随机进行拦截访问，如果被访者拿到的问卷是"组1"，那么该被访者就属于 EG_1；EG_2、EG_3 和 EG_4 的个体确定，依此类推。

第三是样本数量（Sample Size）的确定。我们为每个实验组发放了68份问卷，以确保每个组能够收集超过50份的合格问卷，进而确保每个自变量（"品牌强度"和"新老产品的关联度"）在任意一种取值状态下（"强"和"弱"；"高"和"低"）都有超过100份的样本。

第四是执行抽样过程。整个抽样过程由四川大学的4名本科学生（大一学生和大三学生各两名）分别在成都市区及周边的商业区和学校进行。调查过程主要采用街头拦截的方式，整个抽样分两次进行，第二次补充访谈旨在弥补第一次抽样的缺陷。通过对第一次访谈的问卷检验发现，EG_2 的问卷收入结构不符合要求，样本收入分布不能和其他组匹配（Matching），高收入的样本几乎没有。因此，我们进行了第二次调研来解决这一问题，确保 EG_2 的问卷合格性。

5.4 延迟进入者品牌强度和产品关联度数据分析

本实证研究的整个数据分析总共分为四个部分：样本概况的介绍、品牌强度和新老产品关联度对顾客感知价值的影响分析、品牌强度和新老产品关联度对顾客感知风险的影响分析、品牌强度和新老产品的关联度对顾客购买意愿的影响分析。在数据分析中，为了检验假设1、假设2、假设3、假设4、假设5和假设6之中的"因果关系"，即"品牌强度"和"新老产品的关联度"两大操控变量是否会影响到"顾客的感知价值""顾客的感知风险"和"顾客的购买意愿"三大观察变量，我们将主要采用多因素方差分析来进行检验。

5.4.1 样本概况分析

我们共发出调查问卷272份，收回有效问卷269份，剔除3份问卷的原因是受访者从来不使用笔记本电脑。表5-2描述了这269份有效样本的基本情况。

表5-2 样本概况

			数量	比率	累计比率
性别	男		131	48.7%	47.9%
	女		138	51.3%	100%
年龄	青年组	29岁及以下	98	36.4%	36.4%
	青年组	30～44岁	95	35.3%	71.7%
	中年组	45～59岁	54	20.1%	91.8%
	老年组	60岁及以上	22	8.2%	100%
收入	高收入	4000元以上	88	32.7%	32.7%
	低收入	1000元以下	76	28.3%	61.0%
	中等收入	1000～2000元	54	20.1%	81.1%
		2000～4000元	51	18.9%	100%
刺激物	品牌强度弱	强	135	50.2%	50.2%
		弱	134	49.8%	100%
	新老产品关联度低	高	136	50.6%	50.6%
		低	133	49.4%	100%
实验组	EG_1		68	25.3%	25.3%
	EG_2		68	25.3%	50.6%
	EG_3		67	24.9%	75.5%
	EG_4		66	24.5%	100%

此外，实证研究1的观察变量有三个，所以其核心问题也有三个："您觉得A（或B）公司生产的笔

记本电脑（或空调）会带给您多大的价值？""如果购买 A（或 B）公司生产的笔记本电脑（或空调），您觉得会不会冒风险？"和"如果您未来要购买笔记本电脑（或空调），您会选择 A（或 B）公司生产的笔记本电脑（或空调）吗？"对于这三个问题，为了检验其信度，本书对其进行了同质性信度分析。通过 SPSS13.0 的计算，如表 5-3 所示。

表 5-3 实证 1 的信度检验

Cronbach's α	N of Items
0.933	3

从表中可以看出，Cronbach's α 值为 0.933，信度较高。

5.4.2 品牌强度和新老产品关联度对顾客感知价值的影响分析

本实证研究选择多因素方差分析（ANOVA）进行数据分析和整理。在进行多因素方差分析之前，需要对方差分析的前提条件进行检验。数据检查方面需要因变量是间距测度等级的变量，这一要求在问卷中是通过李克特 7 级量表测量因变量来达到的。方差分析的假设前提条件有三个，分别是独立随机性、总体正态分布和因变量等方差。独立随机性要求组与组之间、本组之内的样本获得都遵循独立随机抽样的原则，对于这一点，抽样设计已经符合；对于正态性和方差齐性一般都是需要进行考察的。

首先通过绘制残差的 Q-Q 图来判断数据分布的正态性，因为在样本量不是特别大的情况下它比直方图更为清晰，见图 5-3。从图 5-3 中可以看出，标准化的残差基本上都落在期望分布的直线上，这表明数据具有较好的正态性。

本书通过 Levene Test 来检验因变量是否等方差，通过数据分析和计算得到 Levene Statistic 值为 3.251，显著水平为 Sig. = 0.122，由于 Homogeneity of Variance Test 的零假设为各水平总体下方差没有显著差异，因此可以认为各组的总体方差相等，满足方差检验的前提条件。

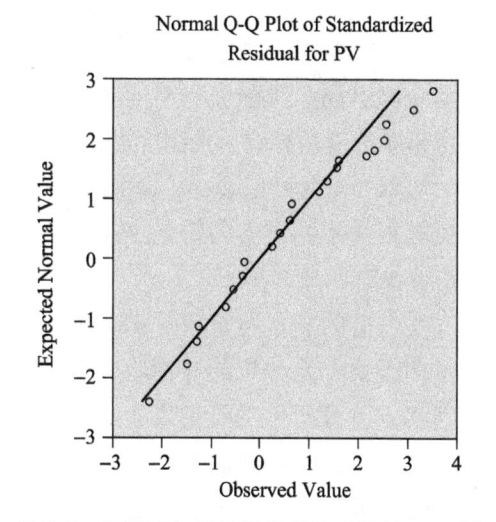

图 5-3 顾客感知价值的标准化残差的 Q-Q 图

Levene Test 检验的结果参见表 5-4。

表 5-4 Levene's Test of Equality of Error Variances Ⅰ

Dependent Variable：顾客感知价值

F	df1	df2	Sig.
3.251	3	265	0.122

Tests the null hypothesis that the error variance of the dependent variable is equal across groups.
Design：Intercept+ 品牌强度 + 新老产品关联度 + 品牌强度 × 新老产品的关联度。

为了了解实证中每一组的情况，我们选择进行描述性统计分析。表 5-5 是描述性统计的结果，分别显示了顾客感知价值的平均值和标准差。组 1、组 2、组 3 和组 4 的顾客感知价值的平均值分别为 4.57、3.36、2.32 和 1.74。从各组顾客感知价值的平均值来看，组 1、组 2、组 3 和组 4 的感知价值呈递减趋势，说明强势品牌＋高关联度带给顾客的感知价值最大，弱势品牌＋低关联度带给顾客的感知价值最小，而强势品牌＋低关联度与弱势品牌＋高关联度相比，后者带给顾客的感知价值较大，可以看出品牌强度与新老产品关联度相比，新老产品关联度对消费者的影响更大（根据量表的设计，分值越大，顾客的感知价值越大）。

表 5-5 Descriptive Statistics

Dependent Variable：顾客感知价值

组别	品牌强度	新老产品关联度	Mean	Std. Deviation	N
EG1	强	高	4.57	1.090	68
EG2	弱	高	3.36	1.188	68
EG3	强	低	2.32	1.029	67
EG4	弱	低	1.74	0.853	66
Total	强	高	4.57	1.090	68
		低	2.32	1.029	67
		Total	3.44	1.543	135
	弱	高	3.36	1.188	68
		低	1.74	0.853	66
		Total	2.57	1.317	134
	Total	高	3.96	1.287	136
		低	2.04	0.988	133
		Total	3.01	1.496	269

在进行多因素方差分析之前，可以再利用线形图观测不同品牌强度和不同新老产品关联度对顾客感知价值的影响，见图 5-4。

从图 5-4 也可以看出，不同品牌强度的感知价值有很大不同，不同新老产品关联度之间的感知价值也有明显差异。

在以上的基本检验和分析基础上，我们主要选择多因素方差分析的 F 检验来观察结果，这是多因素方差分析的主要结果。由于指定建立了饱和模型，因此总的离差平方和分为 3 个部分：多个控制变量对观察变量的独立作用部分，多个控制变量的交叉作用部分以及随机变量影响部分。具体结果见表 5-6。

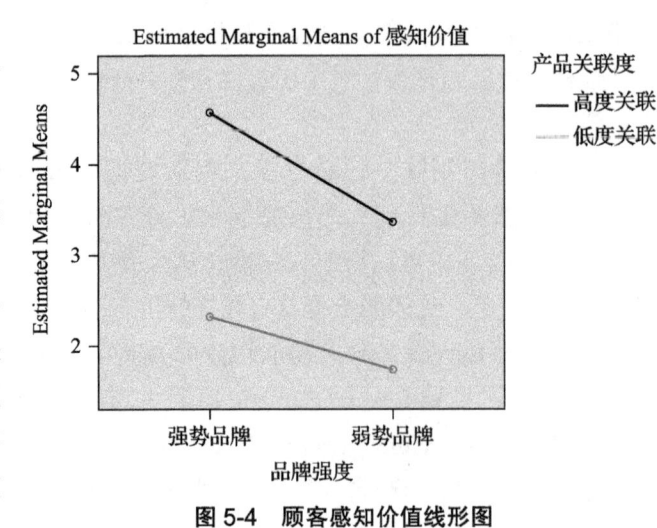

图 5-4 顾客感知价值线形图

表 5-6 Tests of Between-Subjects Effects

Dependent Variable：顾客感知价值

Source	Type III Sum of Squares	df	Mean Square	F	Sig.
Corrected Model	308.159(a)	3	102.720	93.277	0.000
Intercept	2416.380	1	2416.380	2194.255	0.000
品牌强度	53.837	1	53.837	48.888	0.000
新老产品的关联度	251.350	1	251.350	228.245	0.000
品牌强度 × 新老产品的关联度	6.455	1	6.455	5.862	0.016
Error	291.826	265	1.101		
Total	3033.000	269			
Corrected Total	599.985	268			

R Squared = 0.514 (Adjusted R Squared = 0.508)。

从以上结果分析中可以看出，关于多个控制变量对观察变量的独立作用部分，"品牌强度"的 F 值和相伴概率分别为 48.888 和 0.000；"新老产品的关联度"的 F 值和相伴概率分别为 228.245 和 0.000，可以看出 F 值都远远大于 1，其 Sig. 值都远小于 0.05，说明"品牌强度"和"新老产品的关联度"两个变量对顾客的感知价值造成了显著的影响。此外，"品牌强度"的均方差为 53.837，"新老产品的关联度"的均方差为 251.350，可见，"品牌强度"和"新老产品的关联度"对顾客的感知价值的影响程度有很大不同。

关于多个控制变量的交叉作用部分，这里"品牌强度"和"新老产品的关联度"交叉作用的均方差为 6.455。F 值和相伴概率分别为 5.862 和 0.016，这表明它们的交互作用对观察结果产生了显著的影响。

关于随机变量影响部分（也就是 Error 部分），所贡献的方差总和为 291.826，均方为 1.101，说明随机变量影响部分对顾客感知价值的影响是比较小的，随机变量在本次实验中得到了较好的控制。

表 5-6 的结果已经表明方差分析结果显著，也就是表明了在 4 组中至少有一个组与其他几组不同，但究竟是哪一组或者哪几组之间不同在该表中并没有说明，为此需要运用多重比较来具体考察各组之间的差别。我们以 LSD 方法比较不同组别对观察变量的影响。表 5-7 是 LSD 法多重比较的结果。

表 5-7 Multiple Comparisons Ⅰ

Dependent Variable：顾客感知价值

	组别（I）	组别（J）	Mean Difference (I-J)	Std. Error	Sig.	95%Confidence Interval Lower Bound	95%Confidence Interval Upper Bound
LSD	EG_1	EG_2	1.18(*)	0.180	0.000	0.83	1.54
		EG_3	2.24(*)	0.180	0.000	1.89	2.60
		EG_4	2.82(*)	0.181	0.000	2.47	3.18
	EG_2	EG_1	−1.18(*)	0.180	0.000	−1.54	−0.83
		EG_3	1.06(*)	0.179	0.000	0.71	1.41
		EG_4	1.64(*)	0.181	0.000	1.28	2.00
	EG_3	EG_1	−2.24(*)	0.180	0.000	−2.60	−1.89
		EG_2	−1.06(*)	0.179	0.000	−1.41	−0.71
		EG_4	0.58(*)	0.181	0.001	0.23	0.94
	EG_4	EG_1	−2.82(*)	0.181	0.000	−3.18	−2.47
		EG_2	−1.64(*)	0.181	0.000	−2.00	−1.28
		EG_3	−0.58(*)	0.181	0.001	−0.94	−0.23

Based on observed means.

* The mean difference is significant at the 0.05 level.

从表 5-7 的结果可以看出，在组 1、组 2、组 3、组 4 之间，"顾客的感知价值"都存在显著差异，组 1 "顾客的感知价值"的平均值显著高于组 2、组 3 和组 4；组 2 "顾客的感知价值"的平均值显著高于组 3 和组 4；组 3 "顾客的感知价值"的平均值显著高于组 4；说明 4 个组的顾客感知价值呈现递减的趋势；由于在组 2 和组 3 之间，顾客感知价值也有显著差异，从 LSD 分析来看，"品牌强度"和"新老产品关联度"两个变量对顾客感知价值的影响也存在显著差异。

通过上述的分析，特别是方差分析（表 5-6）和多重分析（表 5-7）的结果中得到结论："品牌强度"和"新老产品的关联度"两个变量对顾客感知价值都造成了显著的影响，因此，假设 H_1（延迟进入者的产品在入市过程中，企业品牌越强势，顾客感知价值越大）和 H_4（延迟进入者的产品在入市过程中，新老产品的关联度越高，顾客感知价值越大）都得到了证明。另外，还得到品牌强度与新老产品的关联度对顾客感知价值的影响存在显著差异，高关联度比强势品牌更能增加顾客的感知价值。

5.4.3 品牌强度和新老产品关联度对顾客感知风险的影响分析

由于本实证研究需要测试控制变量（品牌强度和新老产品的关联度）的不同取值水平（强或弱；高或低）是否给观察变量（顾客感知风险）造成显著差异，所以，仍然适合于采用多因素方差分析（ANOVA）来检验假设。

在进行多因素方差分析之前，仍然需要对数据的正态性和等方差性进行检验。

首先通过绘制残差的 Q-Q 图来判断数据分布的正态性，因为在样本量不是特别大的情况下，它比直方图更为清晰，见图 5-5。从图 5-5 中可以看出，标准化的残差基本上都落在期望分布的直线上，这表明数据具有较好的正态性。

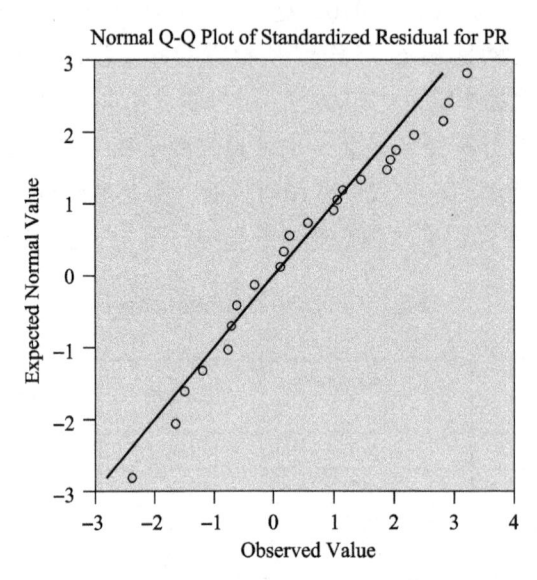

图 5-5　顾客感知风险的标准化残差的 Q-Q 图

我们仍旧通过 Levene Test 来检验因变量是否等方差，通过数据分析和计算得到 Levene Statistic 值为 3.355，显著水平为 Sig. = 0.219，由于 Homogeneity of Variance Test 的零假设为各水平总体下方差没有显著差异，因此，可以认为各个组的总体方差相等，满足方差检验的前提条件。Levene Test 检验的结果见表 5-8。

表 5-8　Levene's Test of Equality of Error Variances ‖

Dependent Variable：顾客感知风险

F	df1	df2	Sig.
3.355	3	265	0.219

Tests the null hypothesis that the error variance of the dependent variable is equal across groups.

Design：Intercept+ 品牌强度 + 新老产品关联度 + 品牌强度 × 新老产品关联度。

为了了解和实证每一组的情况，我们选择进行描述性统计分析。表 5-9 是描述性统计的结果，分别显示了顾客感知风险的平均值和标准差。组 1、组 2、组 3 和组 4 的顾客感知风险平均值分别为 4.87、3.70、2.35 和 1.80。从各组的顾客感知风险平均值来看，组 1、组 2、组 3 和组 4 的感知风险呈递增趋势（根据量表的设计，分值越小，顾客的感知风险越大）。

表 5-9　Descriptive Statistics ‖

Dependent Variable：顾客感知风险

组别	品牌强度	新老产品的关联度	Mean	Std. Deviation	N
EG₁	强	高	4.87	1.179	68
EG₂	弱	高	3.70	1.298	68
EG₃	强	低	2.35	1.062	67
EG₄	弱	低	1.80	0.955	66
Total	强	高	4.87	1.179	68

续表

组别	品牌强度	新老产品的关联度	Mean	Std. Deviation	N
Total		低	2.35	1.062	67
		Total	3.60	1.685	135
	弱	高	3.70	1.298	68
		低	1.80	0.955	66
		Total	2.78	1.485	134
	Total	高	4.27	1.369	136
		低	2.08	1.045	133
		Total	3.19	1.638	269

在进行多因素方差分析之前,可以再利用线形图观测不同品牌强度和不同新老产品关联度对顾客感知风险的影响,见图 5-6。

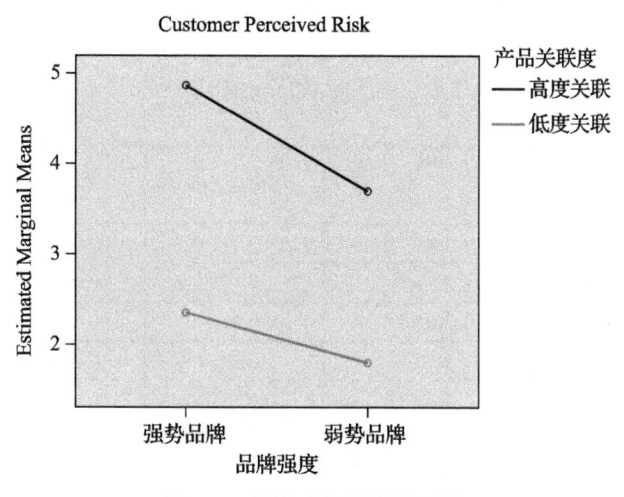

图 5-6 顾客感知风险线形图

从图 5-6 中也可以看出,不同品牌强度的感知风险有很大不同,不同新老产品的关联度之间的感知风险也有明显差异。

在以上基本检验和分析的基础上,我们主要选择多因素方差分析的 F 检验来观察结果,这是多因素方差分析的主要结果。由于指定建立了饱和模型,因此,总的离差平方和分为 3 个部分:多个控制变量对观察变量的独立作用部分,多个控制变量的交叉作用部分以及随机变量影响部分。具体结果见表 5-10。

表 5-10 Tests of Between-Subjects Effects Ⅱ

Dependent Variable:顾客感知风险

Source	Type III Sum of Squares	df	Mean Square	F	Sig.
Corrected Model	379.002(a)	3	126.334	98.371	0.000
Intercept	2716.456	1	2716.456	2115.190	0.000
品牌强度	49.885	1	49.885	38.843	0.000
新老产品的关联度	326.572	1	326.572	254.288	0.000
品牌强度 × 新老产品的关联度	6.399	1	6.399	4.983	0.026
Error	340.329	265	1.284		
Total	3456.000	269			
Corrected Total	719.331	268			

R Squared = 0.527 (Adjusted R Squared = 0.522)。

从以上结果分析中可以看出，关于多个控制变量对观察变量的独立作用部分，"品牌强度"的 F 值和相伴概率分别为 38.843 和 0.000；"新老产品的关联度"的 F 值和相伴概率分别为 254.288 和 0.000，可以看出 F 值都远远大于 1，其 Sig. 值都远小于 0.05，说明"品牌强度"和"新老产品的关联度"两个变量对顾客感知风险造成了显著的影响。此外，"品牌强度"的均方差为 49.885，"新老产品的关联度"的均方差为 326.572，可见，"品牌强度"和"新老产品的关联度"对顾客感知风险的影响程度有很大不同。

关于多个控制变量的交叉作用部分，这里"品牌强度"和"新老产品的关联度"交叉作用的均方差为 6.399。F 值和相伴概率分别为 4.983 和 0.026，这表明它们的交互作用对观察结果产生了显著的影响。

关于随机变量影响部分（也就是 Error 部分），所贡献的方差总和为 340.329，均方为 1.284，说明随机变量影响部分对顾客感知价值的影响是比较小的，随机变量在本次实验中得到了较好的控制。

表 5-10 的结果已经表明方差分析结果显著，也就是表明了在 4 组中至少有一个组与其他几组不同，但究竟是哪一组或者哪几组之间不同在该表中并没有说明，为此需要运用多重比较来具体考察各组之间的差别。我们以 LSD 方法比较不同组别对观察变量的影响。表 5-11 是 LSD 法多重比较的结果。

表 5-11　Multiple Comparisons Ⅱ

Dependent Variable：顾客感知风险

	组别（I）	组别（J）	Mean Difference (I-J)	Std. Error	Sig.	95%Confidence Interval Lower Bound	95%Confidence Interval Upper Bound
LSD	EG$_1$	EG$_2$	1.16(*)	0.195	0.000	0.78	1.54
		EG$_3$	2.51(*)	0.195	0.000	2.13	2.90
		EG$_4$	3.05(*)	0.197	0.000	2.66	3.43
	EG$_2$	EG$_1$	−1.16(*)	0.195	0.000	−1.54	−0.78
		EG$_3$	1.35(*)	0.195	0.000	0.97	1.74
		EG$_4$	1.89(*)	0.196	0.000	1.50	2.27
	EG$_3$	EG$_1$	−2.51(*)	0.195	0.000	−2.90	−2.13
		EG$_2$	−1.35(*)	0.195	0.000	−1.74	−0.97
		EG$_4$	0.53(*)	0.196	0.007	0.15	0.92
	EG$_4$	EG$_1$	−3.05(*)	0.197	0.000	−3.43	−2.66
		EG$_2$	−1.89(*)	0.196	0.000	−2.27	−1.50
		EG$_3$	−0.53(*)	0.196	0.007	−0.92	−0.15

Based on observed means.

* The mean difference is significant at the 0.05 level.

从表 5-11 中的结果可以看出，组 1、组 2、组 3、组 4 之间，"顾客感知风险"都存在显著差异，组 1 的"顾客感知风险"的平均值显著高于组 2、组 3 和组 4；组 2 的"顾客感知风险"的平均值显著高于组 3 和组 4；组 3 的"顾客感知风险"的平均值显著高于组 4；说明 4 个组的顾客感知风险呈现递减的趋势；由于在组 2 和组 3 之间，顾客感知风险也有显著差异，从 LSD 分析来看，"品牌强度"和"新老产品关联度"两个变量对顾客感知风险的影响也存在显著差异。

通过上述的分析，特别是方差分析（表 5-10）和多重分析（表 5-11）的结果中得到结论："品牌强度"和"新老产品的关联度"两个变量对顾客的感知风险都造成了显著的影响，因此，假设 H$_2$（延迟进入者的产品在入市过程中，企业品牌越强势，顾客感知风险越少）和 H$_5$（延迟进入者的产品在入市过程中，新老产品关联度越高，顾客的感知风险越少）都得到了证明；另外，还得到品牌强度与新老产品关联度对顾客在感知风险的影响存在显著差异，高关联度比强势品牌更能减少顾客的感知风险。

5.4.4 品牌强度和新老产品关联度对顾客购买意愿的影响分析

由于本实证研究需要测试控制变量(品牌强度和新老产品的关联度)的不同取值水平(强或弱;高或低)是否给观察变量(顾客的购买意愿)造成显著差异,所以仍然适合于采用多因素方差分析(ANOVA)来检验假设。

在进行多因素方差分析之前,仍然需要对数据的正态性和等方差性进行检验。

首先,通过绘制残差的 Q-Q 图来判断数据分布的正态性,因为在样本量不是特别大的情况下它比直方图更清晰,见图 5-7。从图 5-7 中可以看出,标准化的残差基本上都落在期望分布的直线上,这表明数据具有较好的正态性。

在进行多因素方差分析之前,仍然需要对方差分析的前提条件进行检验。我们通过 Levene Test 来检验因变量是否等方差,通过数据分析和计算得到 Levene Statistic 值为 2.947,显著水平为 Sig. = 0.233,由于 Homogeneity of Variance Test 的零假设为各水平总体下方差没有显著差异,因此,可以认为各个组的总体方差相等,满足方差检验的前提条件。Levene Test 检验的结果见表 5-12。

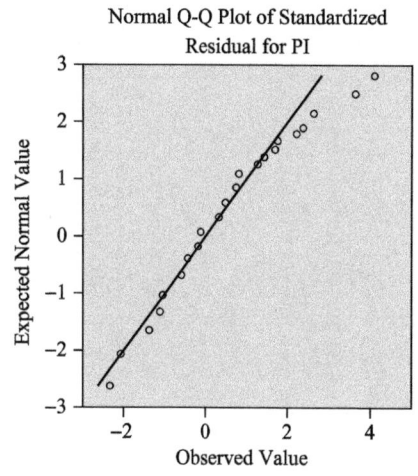

图 5-7 顾客购买意愿的标准化残差的 Q-Q 图

表 5-12 Levene's Test of Equality of Error Variances Ⅲ

Dependent Variable:顾客购买意愿

F	df1	df2	Sig.
2.947	3	265	0.233

Tests the null hypothesis that the error variance of the dependent variable is equal across groups.
Design:Intercept+ 品牌强度 + 新老产品的关联度 + 品牌强度 × 新老产品的关联度。

为了了解实证中每一组的情况,我们选择进行描述性统计分析。表 5-13 是描述性统计的结果,分别显示了顾客购买意愿的平均值和标准差。组1、组2、组3 和组4 的顾客购买意愿平均值分别为 4.48、3.20、2.13 和 1.65。从各组的顾客购买意愿平均值来看,组1、组2、组3 和组4 的感知风险呈递减趋势(根据量表的设计,分值越大,顾客的购买意愿越强)。

表 5-13 Descriptive Statistics Ⅲ

Dependent Variable:顾客购买意愿

组别	品牌强度	新老产品的关联度	Mean	Std. Deviation	N
EG_1	强	高	4.48	1.092	68
EG_2	弱	高	3.20	1.244	68
EG_3	强	低	2.13	0.991	67
EG_4	弱	低	1.65	0.891	66
Total	强	高	4.48	1.092	68
		低	2.13	0.991	67
		Total	3.30	1.570	135
	弱	高	3.20	1.244	68
		低	1.65	0.891	66
		Total	2.45	1.335	134
	Total	高	3.83	1.331	136
		低	1.89	0.971	133
		Total	2.87	1.516	269

在进行多因素方差分析之前,可以再利用线形图观测不同品牌强度和不同新老产品的关联度对顾客购买意愿的影响,如图 5-8 所示。

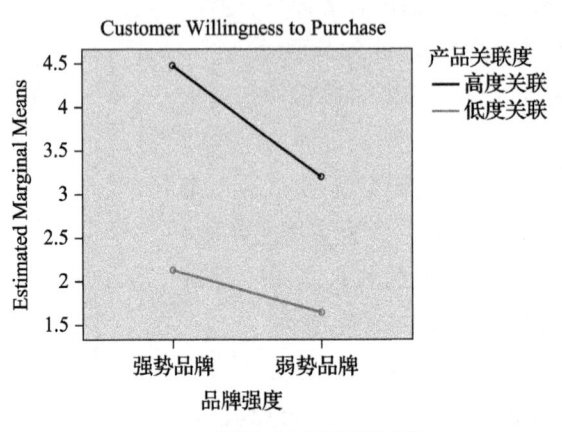

图 5-8 顾客购买意愿线形图

从图 5-8 中也可以看出,不同品牌强度的购买意愿有很大不同,不同新老产品关联度之间的购买意愿也有明显差异。

在以上基本检验和分析的基础上,我们主要选择多因素方差分析的 F 检验来观察结果,这是多因素方差分析的主要结果。由于指定建立了饱和模型,因此,总的离差平方和分为 3 个部分:多个控制变量对观察变量的独立作用部分,多个控制变量的交叉作用部分以及随机变量影响部分。具体结果见表 5-14。

表 5-14 Tests of Between-Subjects Effects Ⅲ

Dependent Variable:顾客购买意愿

Source	Type III Sum of Squares	df	Mean Square	F	Sig.
Corrected Model	315.156(a)	3	105.052	92.627	0.000
Intercept	2206.555	1	2206.555	1945.582	0.000
品牌强度	52.107	1	52.107	45.944	0.000
新老产品关联度	255.856	1	255.856	225.595	0.000
品牌强度 × 新老产品的关联度	10.448	1	10.448	9.212	0.003
Error	300.546	265	1.134		
Total	2837.000	269			
Corrected Total	615.703	268			

R Squared = 0.527 (Adjusted R Squared = 0.522)。

从以上结果分析中可以看出,关于多个控制变量对观察变量的独立作用部分,"品牌强度"的 F 值和相伴概率分别为 45.944 和 0.000;"新老产品的关联度"的 F 值和相伴概率分别为 225.595 和 0.000,可以看出 F 值都远远大于 1,其 Sig. 值都远小于 0.05,说明"品牌强度"和"新老产品的关联度"两个变量对顾客的购买意愿造成了显著的影响。此外,"品牌强度"的均方差为 52.107,"新老产品的关联度"的均方差为 255.856,可见,"品牌强度"和"新老产品的关联度"对顾客购买意愿的影响程度有很大不同。

关于多个控制变量的交叉作用部分,这里"品牌强度"和"新老产品的关联度"交叉作用的均方差为 10.448。F 值和相伴概率分别为 9.212 和 0.003,这表明它们的交互作用对观察结果产生了显著的影响。

关于随机变量影响部分(也就是 Error 部分)所贡献的方差总和为 300.546,均方为 1.134,说明随机变量影响部分对顾客购买意愿的影响是比较小的,随机变量在本次实验中得到了较好的控制。

表 5-14 的结果已经表明方差分析结果显著，也就是表明了在 4 组中至少有一个组与其他几组不同，但究竟是哪一组或者哪几组之间不同在该表中并没有说明，为此需要运用多重比较来具体考察各组之间的差别。我们以 LSD 方法比较不同组别对观察变量的影响。表 5-15 是 LSD 法多重比较的结果。

表 5-15　Multiple Comparisons III

Dependent Variable：顾客购买意愿

	组别（I）	组别（J）	Mean Difference (I-J)	Std. Error	Sig.	95%Confidence Interval Lower Bound	95%Confidence Interval Upper Bound
LSD	EG_1	EG_2	1.26(*)	0.183	0.000	0.90	1.62
		EG_3	2.35(*)	0.183	0.000	1.99	2.71
		EG_4	2.83(*)	0.184	0.000	2.46	3.19
	EG_2	EG_1	−1.26(*)	0.183	0.000	−1.62	−0.90
		EG_3	1.09(*)	0.182	0.000	0.73	1.45
		EG_4	1.57(*)	0.184	0.000	1.21	1.93
	EG_3	EG_1	−2.35(*)	0.183	0.000	−2.71	−1.99
		EG_2	−1.09(*)	0.182	0.000	−1.45	−0.73
		EG_3	0.48(*)	0.184	0.009	0.12	0.84
	EG_4	EG_1	−2.83(*)	0.184	0.000	−3.19	−2.46
		EG_2	−1.57(*)	0.184	0.000	−1.93	−1.21
		EG_3	−0.48(*)	0.184	0.009	−0.84	−0.12

Based on observed means.

* The mean difference is significant at the 0.05 level.

从表 5-15 中的结果可以看出，在组 1、组 2、组 3、组 4 之间，"顾客的购买意愿"都存在显著差异，组 1 "顾客的购买意愿"的平均值显著高于组 2、组 3 和组 4；组 2 "顾客的购买意愿"的平均值显著高于组 3 和组 4；组 3 "顾客的购买意愿"的平均值显著高于组 4；说明四个组的顾客购买意愿呈现递减的趋势；由于在组 2 和组 3 之间，顾客的购买意愿也有显著差异，从 LSD 分析来看，"品牌强度"和"新老产品的关联度"两个变量对顾客的购买意愿的影响也存在显著差异。

通过上述的分析，特别是方差分析（表 5-14）和多重分析（表 5-15）的结果中得到结论："品牌强度"和"新老产品的关联度"两个变量对顾客的购买意愿都造成了显著的影响，因此，假设 H3（延迟进入者的产品在入市过程中，企业品牌越强势，顾客的购买意愿越强）和 H6（延迟进入者的产品在入市过程中，新老产品的关联度越高，顾客的购买意愿越强）都得到了证明；另外，还得到品牌强度与新老产品关联度对顾客购买意愿的影响存在显著差异，高关联度比强势品牌更能加强顾客的购买意愿。

5.5　延迟进入者品牌强度和产品关联度结果讨论

通过以上数据分析，我们对 H1、H2、H3、H4、H5、H6 进行了假设检验，得到了六个有意义的结论：延迟进入者的品牌越强势，顾客的感知价值越大；延迟进入者的品牌越强势，顾客的感知风险越小；延迟进入者的品牌越强势，顾客的购买意愿越强；新老产品的关联度越高，顾客的感知价值越大；新老产品的关联度越高，顾客的感知风险越小；新老产品的关联度越高，顾客的购买意愿越强。从中可以看出，在延迟进入者的产品入市过程中，"品牌强度"和"新老产品的关联度"会显著影响顾客的感知价值和感知风险，进而影响消费者的购买意向。

以上结论说明了延迟进入者的强势品牌和新老产品的高度关联性都可能刺激消费者对新产品的感知，引发其购买意愿。

首先，品牌本身就是一种竞争手段，它形成了一种产品与另一种产品的差异，品牌不仅是企业向消费者提供的一种质量承诺，它有利于降低消费者的购买风险和减少消费者在购买过程中的搜索成本，提高消费者的效用比，它还帮助消费者在消费过程中形成社会群体认同。延迟进入者如果拥有强势的品牌，在消费者心目中就已经形成了有利的印象，强势品牌代表着较大的企业规模、较好的产品质量和生产技术、树立了较好的企业形象等，在强势品牌的保护下进入某个成熟市场相对于弱势品牌来说更容易得到消费者的认可，更容易在消费者心中形成正面的感知。

其次，延迟进入者在进入某个产品领域之前就已经有自己的现有业务，从动态角度来看，市场进入行为具有多元化的特征，关联型多元化能够形成协同作用，从品牌延伸或产品延伸的角度来理解关联型多元化，延迟进入者产品的入市问题是企业业务的扩展，企业在市场竞争中不断推出新产品是赢得竞争优势的根本战略；把企业原有的品牌资产发扬光大则是竞争战略的核心，这两者的结合就形成了品牌延伸的策略规划。品牌延伸决策要考虑的因素有很多，其中新老产品的关联度非常重要。企业通过选择与自身业务相关联的产品打入市场往往能更容易获得消费者的认同，降低消费者的风险感知，赢得消费者的青睐和好评。

综合以上两个方面的研究结论，本实证研究证实了以下结论：延迟进入者的产品在入市过程中，"品牌强度"和"新老产品的关联度"对顾客的感知价值、感知风险和购买意愿产生影响；品牌越强势，顾客的感知价值就越大，感知风险就减少，购买意愿也就会增强；新老产品的关联度越高，顾客的感知价值也越大，感知风险减少，购买意愿同样加强；"新老产品的关联度"与"品牌强度"相比，前者对消费者感知和意向的影响更大。这一实证研究的结果对延迟进入者的产品入市有以下贡献：在理论上，证实和解释了延迟进入者通过品牌的强度和新老产品的关联度获得消费者对其产品的认可，通过增加顾客的感知价值、减少顾客的感知风险来加强顾客的购买意愿；在实践上，为延迟进入者的进入战略提供了一定的借鉴，说明打造强势品牌有助于进入新产品领域，采取产品关联性进入会更加安全。

5.6 延迟进入者品牌强度和产品关联度小结

本实证研究基于先前的研究学者关于延迟进入者文献的理论结果，提出了六大假设。H1：延迟进入者的产品在入市过程中，企业品牌越强势，顾客的感知价值越大。H2：延迟进入者的产品在入市过程中，企业品牌越强势，顾客感知的风险越少。H3：延迟进入者的产品在入市过程中，企业品牌越强势，顾客的购买意愿越强。H4：延迟进入者的产品在入市过程中，新老产品的关联度越高，顾客的感知价值越大。H5：延迟进入者的产品在入市过程中，新老产品的关联度越高，顾客的感知风险越少。H6：延迟进入者的产品在入市过程中，新老产品的关联度越高，顾客的购买意愿越强。

这6个假设包含的都是因果关系，所以，我们在方法上采用实验法对假设进行验证。在实验法的范畴内，我们选择了"现场实验法"和"因子设计"，选择现场实验法是为了获得较高的外部效度，选择因子设计是因为我们需要处理不同级别的两个或两个以上的自变量的影响。

方法确定后，本实证研究进行了研究实验的设计。研究选择了两个手机生产企业作为背景资料，向消费者提供一段A（或B）公司的描述性文字，经过T检验显示两段描述能够显著代表强势品牌和弱势品牌；并且选择了笔记本电脑和空调作为新产品分别测量它们与老产品（手机）的关联度，T检验显示笔记本电脑和空调与手机的关联度有显著差异，前者高于后者。

在问卷的问题和量表的设计上，我们期望获得三大类信息，并因此设计了四大类问题。期望从问卷中获得的信息可以分为三类：基础信息、分类信息和标识信息。设计的四大类问题分别为：寒暄问题、基本信息问题、分类信息问题和标识信息问题。

研究的抽样设计包括4项工作：定义目标总体、界定抽样框架、选择抽样技术和确定样本数量。目标总体主要是指购买或使用笔记本电脑／空调的男性和女性。抽样框架的界定采用了问卷编号的方式，抽样技术尽可能强调抽样的随机性，样本数量为每组发放 68 份问卷，最后收回有效问卷 269 份。

在数据分析中，为了检验假设 1、假设 2、假设 3、假设 4、假设 5 和假设 6 之中的"因果关系"，即"品牌强度"和"新老产品的关联度"两大操控变量是否会影响到"顾客的感知价值""顾客的感知风险"和"顾客的购买意愿"三大观察变量，我们采用多因素方差分析来进行检验。数据分析结果显示假设 1、假设 2、假设 3、假设 4、假设 5 和假设 6 都得到了显著的验证。除此之外，通过"品牌强度"和"新老产品的关联度"的交叉影响得到，"新老产品的关联度"比"品牌强度"更能影响消费者的感知和意愿，数据分析结果显示，高关联度比强势品牌在延迟进入者的产品入市过程中更能增加顾客的感知价值，减少感知风险，加强顾客的购买意愿。

综合以上实证的研究结果，我们证实了在延迟进入者的产品入市的过程中，企业的"品牌强度"和"新老产品的关联度"会影响消费者的感知和购买意愿。说明企业原有品牌越强，顾客对新产品的购买意愿就越强；新老产品的关联度越高，顾客对新产品的购买意愿也越强。研究还发现在延迟进入者的产品入市的过程中，"新老产品的关联度"比企业的"品牌强度"还重要。高关联度、弱势品牌的市场进入比低关联度、强势品牌的市场进入更能加强顾客对新产品的购买意愿。这一结论为企业提供了一定的借鉴。

（1）依托强势母品牌进入市场。品牌作为企业向消费者提供的质量承诺，它是企业素质、形象、文化、信誉和特色的综合体，也是与竞争对手进行区别的差异化标志，它有利于增加消费者的感知价值，降低消费者的购买风险和减少消费者在购买过程中的搜索成本。品牌价值体现了消费者对品牌反应的差异化程度，品牌强度是衡量品牌价值的主要因素，强势品牌往往能让消费者感受到更好的质量和更高的保证，企业可以通过塑造强势品牌使消费者对企业提供的新产品产生好感，减少新产品与消费者之间的沟通障碍。企业进入一个成熟、稳定、替代品众多的竞争环境中，消费者面对日益多样化的产品，其品牌偏好也逐步增强，现在越来越多的消费者习惯于指名购买，因此，企业打造强势品牌是减少新产品入市风险、激发消费者购买的重要途径。

（2）选择关联性高的新产品进入市场。从多元化的角度来理解市场进入，静态来看是指企业的产品或服务跨一个以上产业的经营方式，动态来看是企业进入新产业的一种成长行为；从品牌延伸或产品延伸的角度来理解多元化，延迟进入者的产品的入市问题是企业业务的扩展，企业在市场竞争中不断推出新产品是赢得竞争优势的根本战略，选择关联性市场进入能够形成协同作用，达到"1+1>2"的协同效果。其中新老产品关联是一种重要的形式，企业通过选择与自身业务相关联的产品打入市场往往能更容易获得消费者的认同，降低消费者的风险感知，赢得消费者的青睐和好评。

（3）市场进入先解决新老产品的关联度后再考虑企业品牌的强度。现代企业应该都知道，塑造品牌形象会提升消费者的感知，但他们同时也认识到，要将企业打造成为强势品牌需要付出太多代价，而企业在发展过程中往往需要业务的扩展，需要进入到另一个产品领域。并不是说品牌更强就能成功，重要的是在于选择进入的领域，选择的新产品领域与之前公司产品的关联性高，其成功的机会将更大。通过实证研究 1 可以看出，新老产品的关联度比企业的品牌强度还重要，消费者宁愿选择高关联度、弱势品牌的新产品，也不愿意购买低关联度、强势品牌的新产品。这给现代企业在选择进入的产品领域提供了一定的借鉴，并且指出了其重要性。

6. 延迟进入者产品的创新层次对购买意愿的影响

6.1 延迟进入者产品的创新层次问题的提出

国内外许多文献都提到延迟进入者获得竞争优势的来源往往是产品创新。从目前越来越激烈的市场竞争和顾客消费方式的迅速变化来看，产品创新已成为现代企业打败竞争者、争取消费者的普遍方式之一。国外也有研究表明，延迟进入者如何获得竞争优势，有时为什么超过早期进入者，主要是延迟进入者在消费者决策研究和企业创新战略之间建立起很强的联系（Aaker 和 Nowlis，1994）。Shankar 等人（1998）通过两种药类产品、13 个品牌的数据分析三种不同市场进入战略的效果，即率先进入、创新型延迟进入（Innovative Late Entry）和非创新型延迟进入。结果显示，创新型延迟进入能创建持续的竞争优势，比其他两种进入战略拥有较高的市场份额和重复购买率，能产生比率先进入者更高的市场增长率，它可以减缓率先进入者的规模扩张，降低率先进入者的营销费用效率。创新型延迟进入在规模扩张方面有着其他进入战略不具备的非对称式优势，而且它的销售量并不被其他竞争者的扩张所影响，反而会打击其他企业的扩张。对比而言，非创新型延迟进入将不得不面临低市场份额、低重复购买率和更低的营销效率。

根据营销大师、美国西北大学 Philip Kotler 博士对现代产品的定义，产品应该包括核心、形式、附加三个层次，它们构成了产品整体。从产品层次上来看，产品创新表现为某项技术参数质或量的突破和提高带来功能的完善或更新，产品外观的改进以及服务方式的革新，它是功能创新、形式创新、服务创新等多维组织的组合创新，见图 6-1。基于 Philip Kotler 的产品层次理论和胡树华的产品结构维度，我们从延迟进入者的新产品创新层次出发，研究功能创新、形式创新、服务创新三个层次对消费者购买意愿的影响程度的差异。

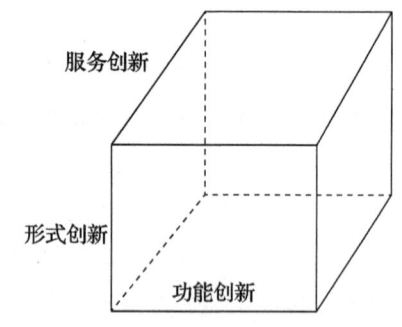

图 6-1 产品创新的三维层次结构

6.2 延迟进入者产品的创新层次研究假设

基于前文的总结，本实证推测新产品的不同创新层次可能会给消费者的感知和购买意愿带来不同的影响。根据 Philip Kotler 对现代产品的定义，产品应该包括核心、形式、附加三个层次。国内学者胡树华根据产品结构理论提出了产品创新的层次结构，说明新产品的创新包含 3 种方式，即形式创新、功能创新和服务创新。不同的创新层次可能带给消费者不一样的感知体会，位于核心层的功能创新提供给顾客功能性利益也许是最重要的，因此，提出以下三个假设。

H7：延迟进入者的产品在入市过程中，新产品的不同创新层次对顾客的感知价值有显著影响差异。

H8：延迟进入者的产品在入市过程中，新产品的不同创新层次对顾客的感知风险有显著影响差异。

H9：延迟进入者的产品在入市过程中，新产品的不同创新层次对顾客的购买意愿有显著影响差异。

6.3 延迟进入者产品的创新层次研究设计

6.3.1 因子设计

在营销管理的研究中，实验法是验证因果关系的最有效方法，这是我们选用实验法的原因。根据前文中关于研究方法的论述，在实验法的范畴内，我们选择了"因子设计"和"现场实验法"。

我们同样运用"现场实验法"来获取延迟进入者的产品在入市中新产品创新层次以及顾客的感知价值、感知风险、购买意愿的相关信息。在执行时，我们首先寻找到真实生活状态下的实验对象，然后要求实验对象阅读关于特定情景的描述文字，扮演情景中的某个角色，最后根据情景中的信息完成相应的态度测量，具有变量操控容易、节约研究成本的特点。

我们在实验设计时选择了"因子设计"的方法，因为本实证需要对"产品创新层次"这个变量的变量取值进行统计控制和操控。从实验方法上来分，实验设计可以分为四种：预实验设计、真实验设计、准实验设计和统计设计。统计设计又可以分为随机区组设计（Randomized Block Design），拉丁方设计（Latin Square Design）和因子设计（Factorial Design）。其中，随机区组设计能处理一个操纵自变量，拉丁方设计只能处理两个独立的操纵自变量，因子设计处理不同级别的两个或两个以上的自变量的影响。由于我们只需要处理一个自变量的影响，因此选择随机区组设计。

对于本书的因子设计，具体如表6-1所示。根据前面的假设，将产品创新按照层次划分为3个层次：形式创新、功能创新和服务创新，本书将实验对象分为3个小组。

表 6-1　因子设计

	形式创新	EG_1
产品创新	功能创新	EG_2
	服务创新	EG_3

注：EG 为 Experimental Group 的缩写，EG_i 为第 i 个实验组。

6.3.2　刺激物设计

实验法中常常采用情景模拟刺激物的方法向被访者提供信息并测量被访者的态度。实验法的设计可分为简单实验设计和多组实验设计。根据研究目的，我们需要进行多组实验设计，把研究对象分成几个组，分别对每个组施以不同的刺激，我们从现实生活中选择实验的刺激物（Stimulus）。

我们选择耐用消费品中的家电产品——空调作为实证对象，这是因为目前国内家电市场已是一个竞争激烈的成熟市场，陆续出现了许多后进者，根据搜集和观察市场上所出现的新产品发现，创新是后进者新产品的一大特点，并且不同的产品从不同的创新层次打入市场，通过选择市场上所出现的空调新产品在外观、功能和服务等方面的创新表现，编制如下的描述性文字。

实验组 1 的刺激物描述性文字为：

A 公司目前进军空调产业，新推出的 07 款空调外观设计富有创新，此款空调采用酒红色、宝石蓝等高档彩色玻璃钢材质将它的整体镜面感发挥到了极致；配备 UV 喷涂，有效防止刮花，令色彩更持久、更亮丽；此款空调高挑、纤长的身形，加上动感十足的滑动出风口设计，配以家居化的钻石角，在人性化之余尽显高雅、稳健的气息。此款空调一经上市，就因其时尚、新颖的外观设计赢得广大消费者的关注。

实验组 2 的刺激物描述性文字为：

A 公司目前进军空调产业，新推出的 07 款空调通过运用 MPI 活性健康粒子，为现代家居生活创造出不可多得的健康空间；此款空调在净化出口内置了 MPI 活性粒子发生器，MPI 活性粒子是氢粒子及负离子的集合体，大量的 MPI 活性粒子在有效的使用空间内，可以形成健康保护区，空气中浮游的有害菌经过该区域时，和 MPI 粒子相遇，MPI 粒子与有害菌细菌膜发生反应，可以杀死有害菌，剩下水分子和纯净的空气；通过 5 层的空气净化，整机空气自然菌消亡率高达 90.3%。这一功能也获得了英国 BAF 的认证。此款空调一经上市，就因其健康、环保的功能特性倍受广大消费者的关注。

实验组 3 的刺激物描述性文字为：

A 公司目前进军空调产业，新推出的 07 款空调提出了"恒运星（24 小时 ×365 天）"的服务理念。区别于传统售后服务的事后服务、发生故障后再来服务，"恒运星"服务是预防性服务，目的是降低故障频率，延长空调设备的使用寿命，提高系统的效率。A 公司率先在全国展开空调服务进入客户呼叫中心，建立客户服务管理系统，对服务的全过程进行 24 小时不间断地跟踪和管理，保证用户的需求随时得到满足。此款空调一经上市，就因其全新的预防性服务体系倍受广大消费者的关注。

6.3.3 变量设计

新产品创新层次是本书的唯一控制变量和自变量。

根据 Philip Kotler 的产品层次理论和胡树华的产品创新结构维度，本实证研究将产品创新的层次划分为 3 个：形式创新、功能创新和服务创新。关于新产品创新层次这一自变量隐藏于刺激物设计的描述性文字当中，不需要量表的测量。

本书的观察变量和因变量是顾客感知价值（Perceived Value）、顾客感知风险（Perceived Risk）以及顾客购买意愿（Purchase Intent）。分别采用李克特 7 级量表进行测量，我们对"顾客感知价值"采用的问卷问题是：如果您想买空调，您觉得 A 公司的 07 款空调对您价值大吗？在选择分值中："1"代表毫无价值，"7"代表非常有价值，"2"～"6"代表了中间的各种价值感知水平。分值越大，代表顾客对该公司新产品的感知价值程度越高。

我们对"顾客感知风险"采用的问卷问题是：如果购买使用 A 公司生产的空调，您觉得会不会冒险？在选择分值中："1"代表极其有风险，"7"代表绝对安全，"2"～"6"代表了中间的各种风险感知水平。分值越小，代表顾客对该公司新产品的感知风险程度越高。

我们对"顾客购买意愿"采用的问卷问题是：如果您未来要购买空调，您会选择 A 公司的 07 款空调吗？在选择分值中："1"代表肯定不会购买，"7"代表肯定会购买，"2"～"6"代表了中间的各种购买意愿水平。分值越大，代表顾客对该公司新产品的购买意愿程度越强。

6.3.4 问卷设计

本实证的整个问卷设计主要包括两大部分的核心内容：刺激物和问题。因为刺激物隐含了控制变量和自变量，而问题是对观察变量和因变量的测量。在问卷的布局上，问题安排在刺激物之后，要求访问对象在阅读完刺激物后回答。

关于刺激物的设计我们已经在前面的小节中提过了，而问题的设计需要根据调查者的期望从问卷中获得的信息来确定。通常来讲，期望从问卷中获得的信息可以分为三类：基础信息、分类信息和标识信息。基础信息是与研究问题直接相关的；分类信息用于对调查对象的分类和解释；标识信息包括姓名、地址和电话号码等。通常来讲，在安排问卷问题时，首先安排的是基础信息问题，其次是分类信息问题，再次是标识信息问题。这样安排的原因在于分类信息问题和标识信息问题涉及个人隐私，被调查者对这类问题的抵触性比较大，适合在调查对象开始认真参与后再获取。

基本信息问题和分类信息问题的设计都是按照常规测量设计的，分类信息问题则涉及了性别、年龄和收入。基本信息问题添加了一个样本甄别问题"您是否有购买空调的计划？"以便筛选样本，进而保持样本的一致性。

标识信息问题的设计目的是为了方便追踪调查者，我们认为设定姓名和电话两大问题已经足够了。

除了上述三大类问题以外，我们特别添加了一个"寒暄问题"，尽可能促使调查对象深入思考问卷问题。"寒暄问题"对研究结果没有直接帮助，但是，由于寒暄问题通常简单、有趣，不会咄咄逼人，所以能赢得调查对象的合作和信任。

对于实验组（EG_1、EG_2、EG_3）的问卷设计如图 6-2 所示。

6.3.5 抽样设计

抽样调查是现代市场营销调查中的重要组织方式，是目前国际上公认和普遍采用的科学的调查手段。抽样调查的理论基础是概率论，概率论中诸如中心极限定理等一系列理论为抽样调查提供了科学的依据。

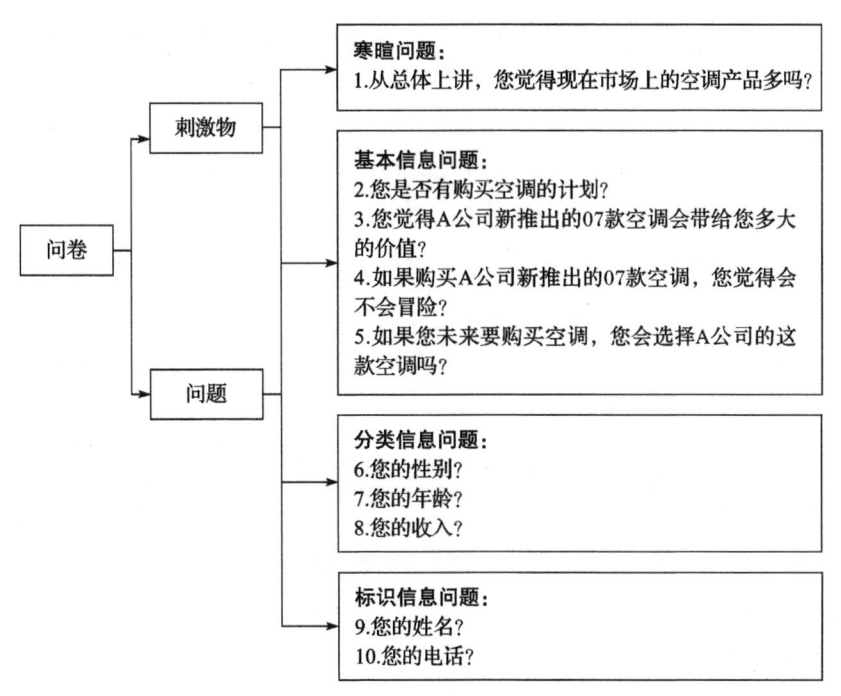

```
问卷 ──┬── 刺激物 ──┬── 寒暄问题：
       │             │   1.从总体上讲，您觉得现在市场上的空调产品多吗？
       │             │
       │             └── 基本信息问题：
       │                 2.您是否有购买空调的计划？
       │                 3.您觉得A公司新推出的07款空调会带给您多大的价值？
       │                 4.如果购买A公司新推出的07款空调，您觉得会不会冒险？
       │                 5.如果您未来要购买空调，您会选择A公司的这款空调吗？
       │
       └── 问题 ──┬── 分类信息问题：
                   │   6.您的性别？
                   │   7.您的年龄？
                   │   8.您的收入？
                   │
                   └── 标识信息问题：
                       9.您的姓名？
                       10.您的电话？
```

图 6-2 问卷设计

注：问题前的数字代表了布局的先后顺序，数字越小越靠前。

问卷调查中有许多重要环节，如问卷设计、发放回收、数据编码和处理、统计分析等，而抽样是问卷调查的前提，抽样方法选择的正确与否直接决定着调查数据的可靠程度，也决定了调查的成败。抽样设计通常包括4项程序：确定调查总体、选择抽样方法、确定样本数量和执行抽样过程。

第一是确定调查总体（Target Population）的定义。调查总体的界定通常需要从个体（Element）、抽样单位（Sample unit）、范围（Scope）和时间（Time）四个方面来界定。本书的目标总体界定如下。

个　　体：可能购买空调的男性和女性
抽样单位：单个个人
范　　围：成都市
时　　间：2007年6月

第二是抽样方法的选择。我们同时研究简单随机抽样技术（SRS）和配额抽样（Quota Sampling）。对于每个试验组，指定发放65份问卷，占所有问卷的1/3。访问员在商业区、学校等地随机进行拦截访问，如果被访者拿到问卷是"组1"，那么该被访者就属于EG_1；EG_2、EG_3的个体确定，依此类推。

第三是样本数量（Sample Size）的确定。我们为每个实验组发放了65份问卷，以确保每个组能够收集超过50份的合格问卷。

第四是执行抽样过程。整个抽样过程由四川大学的4名本科学生（大一学生和大三学生各两名）分别在成都市区及周边的商业区进行。调查过程主要采用街头拦截的方式，整个抽样分为两次来完成，第二次补充访谈旨在弥补第一次抽样的缺陷。因为我们通过对第一次访谈的问卷检验发现，EG_3的问卷性别结构不符合要求，样本性别分布不能和其他组匹配（Matching），男性样本太少。因此，我们进行了第二次调研来解决这一问题，确保EG_3的问卷合格性。

6.4 延迟进入者产品的创新层次数据分析

本实证研究的整个数据分析总共分为四个部分：样本概况的介绍、新产品创新层次对顾客感知价值的影响分析、产品创新层次与顾客年龄差异对顾客感知风险的影响分析、产品创新层次与顾客年龄差异对顾客购买意愿的影响分析。在数据分析中，为了检验假设7、假设8、假设9之中的"因果关系"，即

"产品创新层次"这一操控变量是否会影响到"顾客的感知价值""顾客的感知风险"和"顾客的购买意愿"三大观察变量,本书将主要采用方差分析来进行检验。

6.4.1 样本概况分析

本实证研究总共发出调查问卷 195 份,收回有效问卷 192 份,剔除其他 3 份问卷的原因是由于受访者的问卷不完整或信息填写不全。

此外,本实证研究的观察变量有三个,所以,其核心问题也有三个:"如果您想买空调,您觉得 A 公司的 07 款空调对您价值大吗?""如果购买使用这款空调,您会觉得冒险吗?"和"如果您未来要购买空调,您会选择 A 公司的 07 款空调吗?"对于这三个问题,为了检验其信度,本书对其进行了同质性信度分析。通过 SPSS13.0 的计算,如表 6-2。

表 6-2 实证 3 的信度分析

Cronbach's α 值	N of Items
0.902	3

由表 6-2 可以看出,Cronbach's α 的值为 0.902,信度较高。

6.4.2 新产品的创新层次对顾客感知价值的影响分析

由于本实证研究涉及的控制变量只有一个,即"产品创新层次",所以,选择用单因素方差分析进行数据分析和整理。在进行单因素方差分析之前,仍然需要对方差分析的前提条件进行检验。数据检查方面需要因变量是间距测度等级的变量,这一要求在问卷中是通过李克特 7 级量表测量因变量来达到的。方差分析的假设前提条件有三个,分别是独立随机性、总体正态分布和因变量等方差。独立随机性要求组与组之间、本组之内的样本获得都遵循独立随机抽样的原则,这一点抽样设计已经符合;对于正态性和方差齐性一般都是需要进行考察的。

我们通过绘制残差的 Q-Q 图来判断数据分布的正态性,因为在样本量不是特别大的情况下它比直方图更为清晰,见图 6-3。从图 6-3 中可以看出,标准化的残差基本上都落在期望分布的直线上,这表明数据具有较好的正态性。

本实证研究仍然通过 Levene Test 来检验因变量是否等方差,通过数据分析和计算得到 Levene Statistic 值为 0.155,显著水平为 Sig = 0.857,大 0.05,由于 Homogeneity of Variance Test 的零假设为各水平总体下方差没有显著差异,因此,可以认为各个组的总体方差相等,满足方差检验的前提条件。Levene Test 检验的结果见表 6-3。

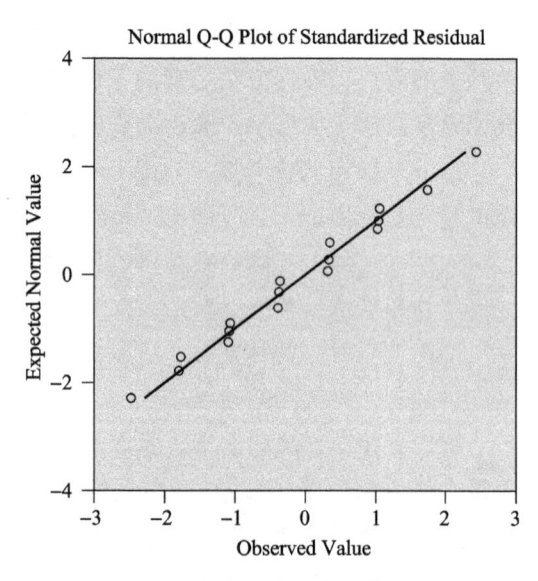

图 6-3 顾客感知价值的标准化残差的 Q-Q 图

表 6-3 Test of Homogeneity of Variances Ⅰ

Dependent Variable:顾客感知价值

Levene Statistic	df1	df2	Sig
0.155	2	189	0.857

为了了解实证中每一组的情况,我们选择描述性统计分析。表 6-4 是描述性统计的结果,分别显示了顾客感知价值的平均值和标准差。组 1、组 2 和组 3 的顾客感知价值平均值分别为 3.1905、5.2308 和 5.1563。从各组的顾客感知价值平均值来看,组 1 明显低于组 2 和组 3 的感知价值,说明新产品的功能创新和服务创新带给顾客的感知价值比形式创新大(根据量表的设计,分值越大,顾客感知价值越大)。

表 6-4　Descriptive Statistics

Dependent Variable：顾客感知价值

组别		N	Mean	Std. eviation	Std. Error	Between- Component Variance
形式创新		63	3.1905	1.40112	0.17652	
功能创新		65	5.2308	1.24711	0.15469	
服务创新		64	5.1563	1.33593	0.16699	
Totle		192	4.5365	1.62401	0.11720	
Model	Fixed Effects			1.32874	0.09589	
	Random Effects				0.66555	1.30107

在进行方差分析之前，可以利用均值图看出不同的产品创新层次对顾客感知价值是否有影响（见图 6-4），从图 6-4 中可以看出，形式创新与功能创新，形式创新与服务创新引起的顾客感知价值差别很大；而功能创新和服务创新给顾客的感知价值差别并不大。

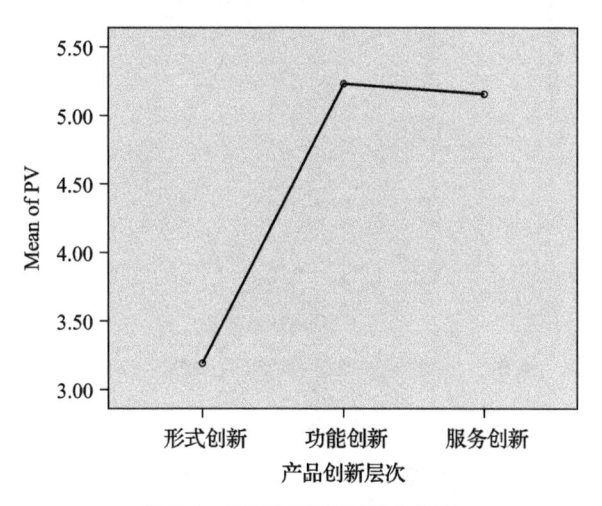

图 6-4　顾客感知价值的均值图

在以上基本检验和分析的基础上，我们主要选择单因素方差分析的 F 检验来观察结果，这是方差分析的主要结果。具体结果见表 6-5。

表 6-5　Tests of Between-Subjects Effects

Dependent Variable：顾客感知价值

Source	Sum of Squares	df	Mean Square	F	Sig.
Between Groups	170.055	2	85.027	48.159	0.000
Within Groups	333.690	189	1.766		
Total	503.745	191			

从表 6-5 中看出，F 值 = 48.159，远远大于 1，这说明组间方差远大于组内方差，由于分组造成的差异远远超过了抽样造成的误差。此外，观察的显著性水平 Sig.=0.000，远远小于 0.05，因此，可以认为新产品的形式创新、功能创新和服务创新这三个方面给顾客带来的感知价值的均值是有差异的。到底是哪一组或哪些组之间存在差异，以上的方差分析结果还没有表明，这就需要进行多重比较，具体考察各组之间的差别。

6.4.3　新产品的创新层次对顾客感知风险的影响分析

由于本实证研究涉及的控制变量同样只有一个，即"产品创新层次"，所以，选择用单因素方差分析进行数据分析和整理。在进行单因素方差分析之前，仍然需要对方差分析的前提条件进行检验。数据检查方面需要因变量是间距测度等级的变量，这一要求在问卷中是通过李克特 7 级量表测量因变量来达到的；方差分析的假设前提条件有三个，分别是独立随机性、总体正态分布和因变量等方差。独立随机性要求组与组之间、本组之内的样本获得都遵循独立随机抽样的原则，这一点抽样设计已经符合；对于正态性和方差齐性一般都是需要进行考察的。

我们通过绘制残差的 Q-Q 图来判断数据分布的正态性，因为在样本量不是特别大的情况下它比直方图更为清晰，见图 6-5。从图 6-5 中可以看出，标准化的残差基本上都落在期望分布的直线上，这表明数据具有较好的正态性。

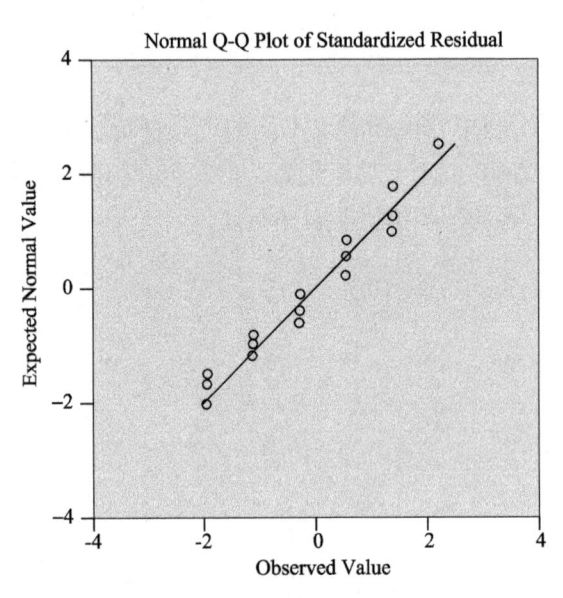

图 6-5　顾客感知风险的标准化残差的 Q-Q 图

本实证研究仍然通过 Levene Test 来检验因变量是否等方差，通过数据分析和计算得到 Levene Statistic 值为 1.976，显著水平为 Sig. = 0.141，大于 0.05，由于 Homogeneity of Variance Test 的零假设为各水平总体下方差没有显著差异，因此，可以认为各个组的总体方差相等，满足方差检验的前提条件。Levene Test 检验的结果见表 6-6。

表 6-6　Test of Homogeneity of Variances Ⅱ

Dependent Variable：顾客感知风险

Levene Statistic	df1	df2	Sig.
1.976	2	189	0.141

为了了解实证中每一组的情况，我们选择进行描述性统计分析。表 6-7 是描述性统计的结果，分别显示了顾客感知风险的平均值和标准差。组 1、组 2 和组 3 的顾客感知风险平均值分别为 3.0635、4.8308 和 5.0938。从各组顾客感知风险的平均值来看，组 1 明显低于组 2 和组 3 的感知风险，说明新产品的功能创新和服务创新带给顾客的感知风险比形式创新少（根据量表的设计，分值越大，顾客感知风险越少）。

表 6-7　Descriptive Statistics Ⅱ

Dependent Variable：顾客感知风险

组别		N	Mean	Std. eviation	Std. Error	Between- Component Variance
形式创新		63	3.0635	1.16221	0.14643	
功能创新		65	4.8308	1.05430	0.13077	
服务创新		64	5.0938	1.23081	0.15385	
Totle		192	4.3385	1.45616	0.10509	
Model	Fixed Effects			1.15085	0.08306	
	Random Effects				0.63474	1.18778

在进行方差分析之前,可以利用均值图看出不同的产品创新层次对顾客的感知风险是否有影响(见图 6-6),从图 6-6 中可以看出,形式创新与功能创新,形式创新与服务创新引起的顾客感知风险差别很大;而功能创新和服务创新引起的顾客感知风险差别并不大。

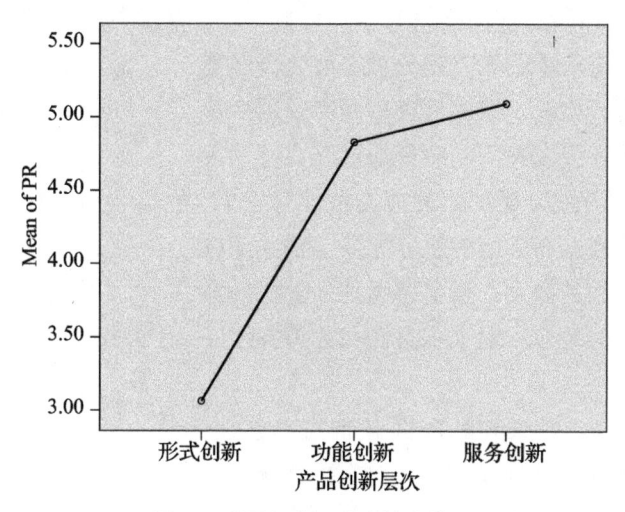

图 6-6 顾客感知风险的均值图

在以上的基本检验和分析基础上,我们主要选择单因素方差分析的 F 检验来观察结果,这是方差分析的主要结果。具体结果见表 6-8。

表 6-8 Tests of Between-Subjects Effects Ⅱ

Dependent Variable:顾客感知风险

Source	Sum of Squares	df	Mean Square	F	Sig.
Between Groups	154.673	2	77.336	58.391	0.000
Within Groups	250.322	189	1.324		
Total	404.995	191			

从表 6-8 中看出,F 值 = 58.391,远远大于 1,这说明组间方差远大于组内方差,由于分组造成的差异远远超过了抽样造成的误差。此外,观察的显著性水平 Sig.= 0.000,远远小于 0.05,因此,可以认为新产品的形式创新、功能创新和服务创新这三个方面给顾客带来的感知风险的均值是有差异的。到底是哪一组或哪些组之间存在差异,以上的方差分析结果还没有表明,这就需要进行多重比较,具体考察各组之间的差别。表 6-9 是多重比较的结果。

表 6-9 Multiple Comparisons Ⅱ

Dependent Variable:顾客感知风险

	组别(I)	组别(J)	Mean Difference (I-J)	Std. Error	Sig.	95%Confidence Interval Lower Bound	95%Confidence Interval Upper Bound
LSD	EG_1	EG_2	−1.76728(*)	0.20347	0.000	−2.1686	−1.3659
		EG_3	−2.03026(*)	0.20425	0.000	−2.4332	−1.6274
	EG_2	EG_1	1.76728(*)	0.20347	0.000	1.3659	2.1686
		EG_3	−0.26298	0.20266	0.196	−0.6627	0.1368
	EG_3	EG_1	2.03026(*)	0.20425	0.000	10.6274	2.4332
		EG_2	0.26298	0.20266	0.196	−0.1368	0.6627

*The mean difference is significant at the 0.05 level.

从表 6-9 中的结果可以看出,组 1 与组 2 之间、组 1 与组 3 之间,"顾客的感知风险"都存在显著差异，组 1 的"顾客感知风险"平均值明显低于组 2 和组 3；而组 2 和组 3 之间的感知风险并无太大差异，从 LSD 多重分析的结果来看，"产品创新层次"这一控制变量对顾客感知风险的影响存在显著差异。

6.4.4 新产品的创新层次对顾客购买意愿的影响分析

由于本实证研究涉及的控制变量同样只有一个，即"产品创新层次"，所以，选择用单因素方差分析进行数据分析和整理。在进行单因素方差分析之前，仍然需要对方差分析的前提条件进行检验。数据检查方面需要因变量是间距测度等级的变量，这一要求在问卷中是通过李克特 7 级量表测量因变量来达到的。方差分析的假设前提条件有三个，分别是独立随机性、总体正态分布和因变量等方差。独立随机性要求组与组之间、本组之内的样本获得都遵循独立随机抽样的原则，这一点抽样设计已经符合；对于正态性和方差齐性一般都是需要进行考察的。

我们通过绘制残差的 Q-Q 图来判断数据分布的正态性，因为在样本量不是特别大的情况下它比直方图更清晰，见图 6-7。从图 6-7 中可以看出，标准化的残差基本上都落在期望分布的直线上，这表明数据具有较好的正态性。

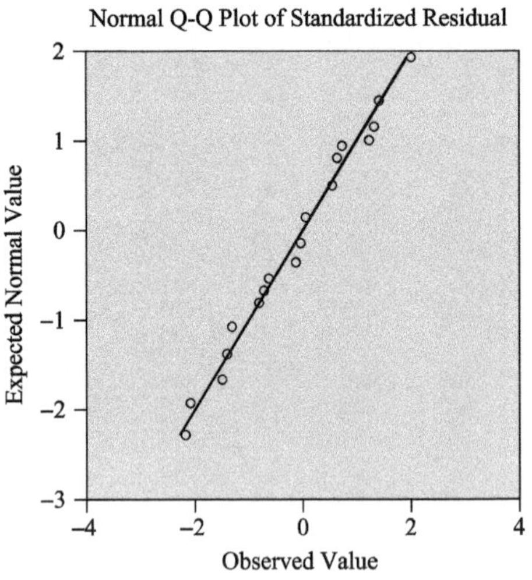

图 6-7 顾客感知风险的标准化残差的 Q-Q 图

本实证研究仍然通过 Levene Test 来检验因变量是否等方差，通过数据分析和计算得到 Levene Statistic 值为 3.795，显著水平为 Sig. = 0.024，小于 0.05，由于 Homogeneity of Variance Test 的零假设为各水平总体下方差没有显著差异，因此，可以认为各个组的总体方差并不相等，所以，不满足方差检验的前提条件。Levene Test 检验的结果参见表 6-10。

表 6-10 Test of Homogeneity of Variances Ⅲ

Dependent Variable：顾客的购买意愿

Levene Statistic	df1	df2	Sig.
3.795	2	189	0.024

有些研究并不能很好地满足方差分析的全部假设，各组方差相同这个假设可能经常得不到满足，本实证研究就出现了这种情况，根据 SPSS11.0 提供的方法说明，在各组方差不等的情况下使用不同的分析方法。

表 6-11 Robust Tests of Equality of Means

Dependent Variable：顾客的购买意愿

	Statistic(a)	df1	df2	Sig.
Welch	55.032	2	124.846	0.000
Brown-Forsythe	46.367	2	178.124	0.000

Asymptotically F distributed.

从表 6-11 看出，通过两种统计指标显示，从 Sig. 值来看，都等于 0.000，我们有充分把握得到"各组的均值不全等"这个结论。

在进行方差分析之前，可以利用均值图看出不同的产品创新层次对顾客的购买意愿是否有影响（见图 6-8）。从图 6-8 中可以看出，形式创新与功能创新，形式创新与服务创新引起顾客购买意愿的差别很大；而功能创新和服务创新引起顾客购买意愿的差别并不大。

同样在以上基本检验和分析的基础上，我们主要选择单因素方差分析的 F 检验来观察结果，这是方差分析的主要结果。具体结果见表 6-12。

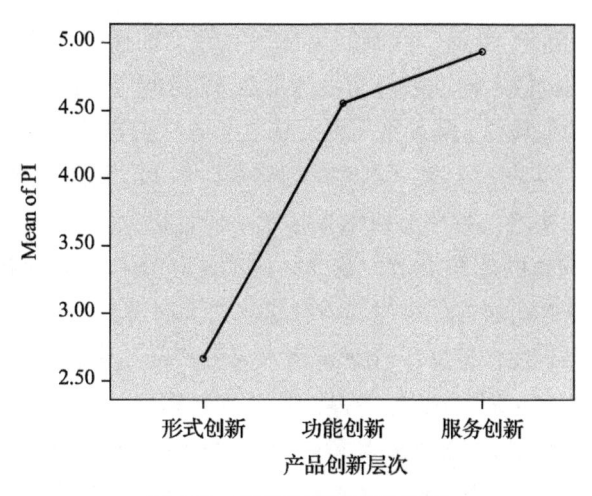

图 6-8 顾客购买意愿均值图

表 6-12 Tests of Between-Subjects Effects Ⅲ

Dependent Variable：顾客的购买意愿

	Sum of Squares	df	Mean Square	F	Sig.
Between Groups	187.438	2	93.719	46.150	0.000
Within Groups	383.812	189	2.031		
Total	571.250	191			

从表 6-12 中可以看出，F 值 = 46.150，远远大于 1，这说明组间方差远大于组内方差，由于分组造成的差异远远超过了抽样造成的误差。此外，观察的显著性水平 Sig. = 0.000，远远小于 0.05，因此，可以认为新产品的形式创新、功能创新和服务创新这三个方面给顾客带来的购买意愿的均值是有差异的。到底是哪一组或哪些组之间存在差异，以上的方差分析结果还没有表明，这就需要进行多重比较，具体考察各组之间的差别。

6.5 延迟进入者产品的创新层次结果讨论

通过以上数据分析，我们对 H7、H8、H9 进行了假设检验，得到了三个有意义的结论：延迟进入者的产品在入市过程中，新产品的功能创新和服务创新更能增加顾客的感知价值；延迟进入者的产品在入市过程中，新产品的功能创新和服务创新更能减少顾客的感知风险；延迟进入者的产品在入市过程中，新产品的功能创新和服务创新更能加强顾客的购买意愿。我们之前提出的三个假设都部分地得到了验证。

6.6 延迟进入者产品的创新层次小结

本实证研究基于先前的研究学者关于延迟进入者文献的理论结果，提出了三大假设。H7：延迟进入者的产品在入市过程中，新产品的功能创新比形式创新和服务创新更能增加顾客的感知价值。H8：延迟进入者的产品在入市过程中，新产品的功能创新比形式创新和服务创新更能减少顾客的感知风险。H9：延迟进入者的产品在入市过程中，新产品的功能创新比形式创新和服务创新更能加强顾客的购买意愿。

这三个假设包含的都是因果关系，所以，我们在方法上选择采用实验法对假设进行验证。首先进行研究实验的设计，研究根据目前市场上出现的空调新产品的创新方式，向消费者提供一段描述性文字，分别阐述空调新产品的形式创新、功能创新、服务创新的内容。

在问卷的问题和量表的设计上，我们期望获得 3 大类信息，并因此设计了 4 大类问题。期望从问卷中获得的信息可以分为三类：基础信息、分类信息和标识信息。设计的 4 大类问题分别为：寒暄问题、基本信息问题、分类信息问题和标识信息问题。

研究的抽样设计包括 4 项工作：定义目标总体、界定抽样框架、选择抽样技术和确定样本数量。目标总体主要是指购买或使用笔记本电脑、空调的男性和女性。抽样框架的界定采用了问卷编号的方式，抽样技术尽可能强调抽样的随机性，样本数量为每组发放65份问卷，最后收回有效问卷192份。

在数据分析中，为了检验假设7、假设8、假设9之中的"因果关系"，即"新产品的创新层次"这一操控变量是否会影响"顾客的感知价值""顾客的感知风险"和"顾客的购买意愿"三大观察变量，我们采用单因素方差分析来进行检验。数据分析结果显示：延迟进入者的产品在入市过程中，新产品的功能创新和服务创新更能增加顾客的感知价值；新产品的功能创新和服务创新更能减少顾客的感知风险；新产品的功能创新和服务创新更能加强顾客的购买意愿，三大假设都仅得到了部分验证。

综合以上实证的研究结果，我们证实了在延迟进入者的产品入市过程中，不同的"新产品的创新层次"对消费者的感知和意愿产生显著影响，新产品的功能创新和服务创新比形式创新更能提高顾客的感知和意向，而功能创新和服务创新对顾客的感知和意愿的影响并无太大差别，这一研究结论可以补充延迟进入者的产品入市的安全理论，对企业通过产品创新获得优势的结论进行深入补充，对企业新产品创新的层次有所帮助。创新不仅体现在功能上，服务创新同样重要。一直以来，许多企业都在强调产品的性能、功能。特别是对于后进者来说，利用技术创新打开市场，向消费者提供功能更加完备的新产品并以此获取竞争优势是众多企业已经认识到的问题，本书的实证研究2也说明了这一点。然而，我们研究的结果还指出新产品的服务创新同样能提高消费者的感知和意向，而这一点是我们的企业往往忽视的。应该说，企业要想在产品的功能上获得突破将是非常困难，付出的代价也会很大，而消费者越来越重视产品的服务，特别是耐用消费品的售后服务是众多顾客非常看重的，目前有些企业已经认识到售后服务的必要性，后进者更需要重视服务创新的作用，因为它和功能创新一样重要，而其实现成本可能还更小。

7. 延迟进入者促销对购买意愿的影响

7.1 延迟进入者促销问题的提出

延迟进入者的产品在入市过程中，企业会采用各种手段来达到自己的目的，促销当然是其中一个重要的形式，促销费用的继续攀升也是近年来营销实践的一个重要特点。延迟进入者进入的是一个成熟、稳定的市场，替代品众多，消费者对价格的敏感度也就比较高，许多企业正是抓住了这一特点利用促销来吸引消费者。所谓销售促进是指企业运用各种短期诱因，鼓励购买或销售本企业产品或服务的促销活动（李先国，1998），其特点是在短期内能达到促使销售额迅速增长的目的，所以又常常被简称为促销。美国营销协会定义委员会为销售促进所下的定义则是："销售促进是指除了人员推销、广告和宣传报道以外的，刺激消费者购买和经销商效益的种种企业市场营销活动。例如，陈列、演出、展览会、示范表演以及其他非经常发生的推销活动。"著名营销大师 Philip Kotler 曾说过："广告为消费者提供了购买的理由，而销售促进则是激发消费者购买的动因。"美国消费品生产企业用于促销活动的费用占企业营销费用的比例早已从 20 世纪 80 年代的 65% 上升到 74%，国内企业用于促销的费用也不断上涨，促销费和广告费的比例已从以前的 4∶6 变成现在的 6∶4。这种大幅度增长也让如何合理运用促销手段变得越来越重要和迫切。销售促进通过提供额外的购买动因，增加产品所能提供的利益，临时改变消费者所感知的品牌价格或价值，达到加快购买速度和加大购买数量的目的。销售促进的范围很广，形式也是多种多样，打折（Cents-off）、大减价（Sales）、优惠券（Coupons）、返券（Rebates/Refunds）、售点陈列（End-of-Aisle Displays）、买一赠一（Buy One-get-one-free）、演示、免费样品（Free Samples）、买赠（Free-gift-with-purchase）、特惠包装（Bonus Packs）、竞赛或抽奖（Contests/Sweepstakes）等都是销售促进的常见形式（Philip Kotler，2003），几乎包括了除人员推销、广告和公共关系以外的所有能够在短时间内刺激需求和鼓励购买的各种促销措施的总和。

促销的类型多种多样，按照是否提供了价格减让可以分为价格促销（Price Promotion）和非价格促销（Non-price Promotion）两种类型，或者 Pierre Chandon（2000）等人所说的"货币促销"（Monetary Promotion）和"非货币促销"（Non- Monetary Promotion）。按照一般的理解，价格性促销工具的竞争性要高于非价格性促销工具，这既可以从一些研究学者对促销的批评中看出来，也可以从实践中看出来。有学者早已经注意到不同的促销类型（Promotion Type）对消费者的感知会带来不同的影响，即使在相同的促销水平下，不同的促销类型对消费者交易价值的感知和行为意向的选择有着显著的影响。Chen（1998）等发现，在相同的让利幅度下，使用优惠券促销与打折相比，可以得到消费者更有利的交易感知评价，消费者对零售商所宣称的产品常规售价的信任度较高，优惠券被看作是一种永久价格下降的信号的可能性更小，对消费者购买意向改变的可能性要比打折更大一些。Hardesty 和 Bearden（2003）的研究引入促销利益水平这一调节变量，以观察打折和特惠包装两种促销形式的感知交易价值有何差异。结果表明在中、低促销利益水平下，消费者认为这两种促销方式提供的感知价值并无太大差别，而在高促销利益水平下，消费者认为打折提供了更大的交易价值。此外，英国学者 Folkes 和 Wheat（1995）从消费者的价格预期方面比较了打折、优惠券和现金返还三种促销形式对消费者价格感知影响的差异，结果显示打折和优惠券两种方式会显著降低消费者对未来价格的预期，而现金返还的影响效应并不明显。另外两位学者 Munger 和 Grewal（2001）比较了免费赠品、打折以及现金返还三种促销方式对消费者的感知质量、价格可接受程度、感知价值、购买意愿的影响，结果发现在促销幅度相同的情况下，消费者对商家提供免费赠品这种促销方式的评价最好,打折次之,而对现金返还的评价最差。此外,Laroche(2001)等人研究了消费者对优惠券和买一赠一两种零售促销方式的反应有何不同。结果发现,在面对优惠券促销时消费者更倾向于购买存储备用,因为优惠券一般都有期限,这会使消费者抓住优惠的时机购买,而买一赠一活动时消费者更倾向于家里存货用完了再购买。也有一些学者对不同促销类型顾客的感知和购买意向进行了比较。韩睿、田志龙(2005)以香皂和空调作为研究对象,比较了打折、买赠和返券三种促销方式的不同。研究结果表明打折促销最能降低消费者的内部参考价格,消费者对打折促销信息的信任度最高,消费者对打折促销的评价也明显高于买赠和返券,而消费者对返券促销的购买意向明显低于打折和买赠。

对于延迟进入者而言,促销往往是企业选择的主动竞争方式之一,企业的目的主要是吸引其他品牌的顾客转移。促销强度的概念最初是由竞争强度衍生出来的,已有学者在运用"促销强度"这一概念。其中有Vinod H.(2000)在研究有关制药行业时采用的广义促销强度;也有狭义的促销强度,比如黄小原等(2002)在研究供应链中委托代理关系模型时,将促销策略(广告与商业折扣)作为模型的控制变量。而John Philip在利用单一数据研究广告何时生效时,也多次用到促销强度和广告强度的比较,他利用的是零售商的数据记录,因此,其研究中的促销强度是通过单件产品的价格变化指数来表示的。延迟进入者的产品在入市后想要激发消费者的购买意愿,对于替代品众多的成熟市场而言也就意味着顾客可能需要转换品牌,他们也就不得不考虑转换成本的大小。对于新进入者来说,要想让消费者购买自己的产品,必须或者是至少能保证其产品价值大于在位者的产品价值并加上转换成本。在某种程度上,促销提供了这种机制。对于在位者来说,它可借助消费者促销来维护顾客的忠诚度;而对于新进入者来说,则必须提供大于顾客转换成本的销售促进利益,才能实现品牌转换。因此,对于转换成本高的产业来说,新进入者的消费者促销强度就会增大。国外许多学者(Hardesty,2003;Kalwani,1992;Grewal,1996)将促销强度分为三种水平,即低等促销利益水平(10%)、中等促销利益水平(20%)和高等促销利益水平(50%)。他们的研究说明三种水平相对来说比较可信,而且对消费者吸引力较高的是中等促销利益水平(20%)。

基于以上的文献研究和营销实践问题,本实证研究主要想探讨延迟进入者的产品在上市过程中,不同的促销方式和促销强度对消费者的感知和购买意愿的影响,在理论上解释延迟进入者的产品在上市过程中的促销如何影响顾客的感知和意愿;实践上希望对企业促销方式的选择和促销力度的把握上提供一些管理建议。

7.2 对延迟进入者促销研究的假设

基于前面的总结,我们推测促销方式和促销强度可能会影响延迟进入者的产品入市的顾客感知价值、感知风险和购买意愿。

首先,促销是大多数企业在进入某个产品领域时采用的竞争手段,现有的促销方式多种多样,企业期望通过打折、免费试用(品尝)、买赠、返还现金等方式去影响消费者的心理感知,让顾客觉得促销价格更划算或者得到的实惠更多,以此刺激顾客消费。Bowman和Gatignon(1996)在研究中提出延迟进入者要改变促销反应低下的局面需要花费比早期进入者更高的促销费用。而就目前我国市场上耐用消费品的新产品入市促销方式来看,主要有打折、买赠和返券等几种方式,根据促销是否提供了价格减让将促销划分为价格促销(Price Promotion)和价值促销(Nonprice Promotion)两种方式,分别以打折和买赠作为主要的代表。按照一般的理解,价格性促销工具的竞争性要高于非价格性促销工具。学者Munger和Grewal(2001)比较了免费赠品、打折以及现金返还三种促销方式对消费者的感知质量、价格可接受程度、感知价值、购买意愿的影响,结果发现在促销幅度相同的情况下,消费者对商家提供免费赠品这种促销方式的评价最好,打折次之,而对现金返还的评价最差。国内学者韩睿、田志龙(2005)从影响消费者内部参考价格的角度指出消费者对打折促销价格信息的信任度要明显高于买赠促销，消费者对打折促销的评价也相对更高。由于消费者对打折促销更加信任，他们从中感受到的风险也就更小，感知价值对应增加，如此更加促进了消费者的购买欲望，基于以上的研究说明，本实证提出以下三个假设。

H10：延迟进入者的产品在入市过程中，打折促销比买赠促销更能增加顾客的感知价值。

H11：延迟进入者的产品在入市过程中，打折促销比买赠促销更能减少顾客的感知风险。

H12：延迟进入者的产品在入市过程中，打折促销比买赠促销更能加强顾客的购买意愿。

其次，本实证研究考虑了促销的强度对消费者购买意愿的影响。延迟进入者为了吸引其他品牌的顾客，可以选择不同的促销强度。按照国外学者 Hardesty（2003）的划分方法，将促销分为三种水平，即低促销利益水平（10%）、中促销利益水平（20%）和高促销利益水平（50%）。对促销强度如何把握也是企业管理者关心的问题，促销力度太低，怕不能引起消费者的心理感知，无法刺激他们的购买行为；促销力度太高，不仅是企业利润的流失，更重要的是它可能会引起消费者对产品质量、性能的怀疑。延迟进入者的新产品进入市场要想激发消费者的购买意愿，对于替代品众多的成熟市场而言也就意味着顾客可能要转换品牌，所以，他们不得不考虑转换成本的大小。对新进入者来说，要想让消费者购买自己的产品，必须或者是至少能保证其产品价值大于在位者的产品价值并加上转换成本，在某种程度上，促销提供了这种机制。因此，新进入者的促销强度就会增大。Grewal（1996）在研究中说明中等促销利益水平相对来说更加可信，对消费者的吸引力更大。由此，本实证研究提出另外的三个假设。

H13：延迟进入者的产品在入市过程中，20% 的中促销利益水平比 10% 的低促销利益水平及 50% 的高促销利益水平更能增加顾客的感知价值。

H14：延迟进入者的产品在入市过程中，20% 的中促销利益水平比 10% 的低促销利益水平及 50% 的高促销利益水平更能减少顾客的感知风险。

H15：延迟进入者的产品在入市过程中，20% 的中促销利益水平比 10% 的低促销利益水平及 50% 的高促销利益水平更能加强顾客的购买意愿。

7.3 延迟进入者促销研究设计

7.3.1 因子设计

在营销管理的研究中，实验法是验证因果关系的最有效方法，这是本书选用实验法的原因。同样，根据前文中关于研究方法的论述，在实验法的范畴内，我们选择了"因子设计""现场实验法"。

我们运用 3×2 的实验研究设计来获取延迟进入者的产品在入市中的促销方式和促销强度及顾客的感知价值、感知风险、购买意愿的相关信息。"3"指的是三种促销水平，即低、中、高促销利益水平；"2"指的是两种促销方式，即价格促销和非价格促销。在产品选择上，为了整个研究的统一，本实证仍然选择耐用消费品中的空调作为实验对象。在执行时，我们首先寻找到真实生活状态下的实验对象，然后要求实验对象阅读关于特定情景的描述文字，扮演情景中的某个角色，最后，根据情景中的信息完成相应的态度测量，具有变量操控容易、节约研究成本的特点。

我们在实验设计时选择"因子设计"的方法，因为本实证需要对"促销方式"和"促销强度"这两个变量的变量取值进行统计控制和操控。从实验方法上来分，实验设计可以分为四种：预实验设计、真实验设计、准实验设计和统计设计。统计设计又可以分为随机区组设计（Randomized Block Design）、拉丁方设计（Latin Square Design）和因子设计（Factorial Design）。其中，随机区组设计只能处理一个操纵自变量，拉丁方设计只能处理两个独立的操纵自变量，因子设计则能处理不同级别的两个或两个以上的自变量的影响。由于我们需要处理不同级别的两个自变量的影响，因此选择因子设计。

根据前面的假设，本实证研究将促销方式分为两种形式：价格促销和非价格促销；将促销强度划分为三个水平：低促销利益水平、中促销利益水平和高促销利益水平，本书将实验对象分为六个小组，如图 7-1 所示。

7.3.2 刺激物设计

实验法中常常采用情景模拟刺激物的方法向被访者提供信息并测量被访者的态度。实验法的设计可分为简单实验设计和多组实验设计。根据研究目的，我们需要进行多组实验设计，把研究对象分成几个组，分别对每个组施以不同的刺激，我们从现实生活中选择实验的刺激物（Stimulus）。

根据目前大多数研究对促销类型的划分，本实证主要将促销划分为价格促销和非价格促销两个水平。为了了解我国市场上延迟进入者的产品在入市时常用的促销方式，我们采用了广告内容分析法，将促销广告按照相应所属类型进行分类统计，从而找出运用最多的促销方式。本书的对象是最终消费者，所以，选择了面向成都市居民消费者的《商报》和《晚报》；同时，组织两名四川大学的本科生到成都市几所大型家电商场（国美、苏宁）进行现场调查。通过促销广告分类和现场调查分类，我们发现，后进者的新产品上市采用最多的促销方式依次是打折、买赠、返券，其中打折是价格促销方式，而买赠和返券是价值促销方式，我们选择打折作为价格促销的代表，买赠作为价值促销的代表，分别表示了促销方式的两个水平。

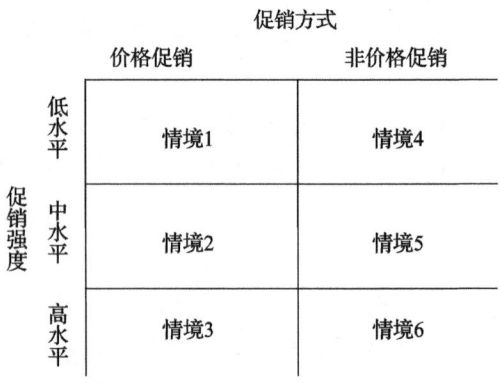

	促销方式	
	价格促销	非价格促销
低水平	情境1	情境4
中水平	情境2	情境5
高水平	情境3	情境6

图 7-1 设计的 6 种情境

促销强度是本实证研究的另一个控制变量和自变量，根据 Hardesty（2003）的划分方法，将促销强度分为三种水平，即低等促销强度（10%）、中等促销强度（20%）和高等促销强度（50%）。尽管目前市场上出现高促销水平的情况并不太多，但为了本实证研究的整体性和全面性，研究将考虑这三种水平的促销强度。

在实验中，根据以上的设计，本书会向六组实验对象分别提供一段文字描述，六段文字描述分别表现了不同的促销方式和促销强度，这种组间差别具体如表 7-1 所示。

表 7-1 实证研究 3 的因子设计

	打折	促销方式	
		买赠	
促销强度	10%	EG_1	EG_4
	20%	EG_2	EG_5
	50%	EG_3	EG_6

注：EG 为 Experimental Group 的缩写，EG_i 为第 i 个实验组。

实验组 1 的刺激物描述性文字为：

目前全国市场上 1.5P 挂式空调的市场平均价是 2000 元，A 公司今年进军空调市场，其生产的 07 款空调一经上市便在各大家电商场展开打折促销活动，打出"新品上市，打折优惠"的促销口号。该公司目前的让利幅度是 10%，也就是说一台原价 2000 元的 1.5P 挂式空调机现在售价是 1800 元。

实验组 2 的刺激物描述性文字为：

目前全国市场上 1.5P 挂式空调的市场平均价是 2000 元，A 公司今年进军空调市场，其生产的 07 款空调一经上市便在各大家电商场展开打折促销活动，打出"新品上市，打折优惠"的促销口号。该公司目前的让利幅度是 20%，也就是说一台原价 2000 元的 1.5P 挂式空调机现在售价是 1600 元。

实验组 3 的刺激物描述性文字为：

目前全国市场上 1.5P 挂式空调的市场平均价是 2000 元，A 公司今年进军空调市场，其生产的 07 款空调一经上市便在各大家电商场展开打折促销活动，打出"新品上市，打折优惠"的促销口号。该公司目前的让利幅度是50%，也就是说一台原价2000元的1.5P挂式空调机现在售价是1000元。

实验组4的刺激物描述性文字为：

目前全国市场上1.5P挂式空调的市场平均价是2000元，A公司今年进军空调市场，其生产的07款空调一经上市便在各大家电商场展开"新品上市，买一赠一"的促销活动，即消费者一旦购买一台价格为2000元的1.5P挂式空调，便可获赠一个价值为200元的风扇。

实验组5的刺激物描述性文字为：

目前全国市场上1.5P挂式空调的市场平均价是2000元，A公司今年进军空调市场，其生产的07款空调一经上市便在各大家电商场展开"新品上市，买一赠一"的促销活动，即消费者一旦购买一台价格为2000元的1.5P挂式空调，便可获赠一个价值为400元的空调风扇。

实验组6的刺激物描述性文字为：

目前全国市场上1.5P挂式空调的市场平均价是2000元，A公司今年进军空调市场，其生产的07款空调一经上市便在各大家电商场展开"新品上市，买一赠一"的促销活动，即消费者一旦购买一台价格为2000元的1.5P挂式空调，便可获赠一个价值达到1000元的高级空调风扇。

7.3.3 变量设计

本实证研究中关于延迟进入者的促销方式、促销强度是控制变量和自变量。这两大自变量隐藏于刺激物设计的描述性文字当中，不需要量表的测量。

本书的观察变量和因变量是顾客感知价值（Perceived Value）、顾客感知风险（Perceived Risk）以及顾客的购买意愿（Purchase Intent）。分别采用李克特7级量表进行测量，我们对"顾客感知价值"采用的问卷问题是：如果您想买空调，您觉得A公司目前打折/优惠的07款空调对您的购买有价值吗？在选择分值中："1"代表毫无价值，"7"代表非常有价值，"2"～"6"代表了中间的各种价值感知水平。分值越大，代表顾客对该公司新产品的感知价值程度越高。

我们对"顾客感知风险"采用的问卷问题是：如果购买这款打折/优惠的空调，您会觉得冒险吗？在选择分值中："1"代表极其有风险，"7"代表绝对安全，"2"～"6"代表了中间的各种风险感知水平。分值越小，代表顾客对该公司新产品的感知风险程度越高。

我们对"顾客的购买意愿"采用的问卷问题是：如果您想要购买空调，您会选择A公司的07款打折/优惠的空调吗？在选择分值中："1"代表肯定不会购买，"7"代表肯定会购买，"2"～"6"代表了中间的各种购买意愿水平。分值越大，代表顾客对该公司新产品的购买意愿程度越强。

7.3.4 问卷设计

本实证的整个问卷设计主要包括两大核心内容：刺激物和问题。因为刺激物隐含了控制变量和自变量，而问题是对观察变量和因变量的测量。在问卷的布局上，我们把问题安排在刺激物之后，要求访问对象在阅读完刺激物后回答。

刺激物的设计我们已经在前面的小节中提过，而问题的设计需要根据调查者期望从问卷中获得的信息来确定。通常来讲，期望从问卷中获得的信息可以分为三类（Naresh K Malhotra 2002）：基础信息、分类信息和标识信息。基础信息是与研究问题直接相关的；分类信息用于对调查对象的分类和解释；标识信息包括姓名、地址和电话号码等。通常来讲，在安排问卷问题时，首先安排的是基础信息问题，其次是分类信息问题，再次是标识信息问题。这样安排的原因在于分类信息问题和标识信息问题涉及个人隐私，被调查者对这类问题的抵触性比较大，适合在调查对象开始认真参与后再获取。

基础信息问题和分类信息问题的设计都是按照常规测量设计的，分类信息问题则涉及了性别、年龄和收入。基础信息问题添加了一个样本甄别问题："您是否有计划购买空调？"以便筛选样本，进而保持样本的一致性。

标识信息问题的设计目的是为了方便追踪调查者,我们认为设定姓名和电话两大问题已经足够了。

除了上述三大类问题以外,我们特别添加了一个"寒暄问题",尽可能促使调查对象深入思考问卷问题。"寒暄问题"对研究结果没有直接帮助,但是,由于寒暄问题通常简单、有趣,不会咄咄逼人,所以能赢得调查对象的合作和信任。

对于实验组(EG_1、EG_2、EG_3、EG_4、EG_5、EG_6)的问卷设计如图7-2所示:

```
                    ┌─── 刺激物 ───┤ 寒暄问题:
                    │              │ 1.从总体上讲,您觉得现在市场上的空调
                    │              │   产品多吗?
                    │
            问卷 ───┤              ┌ 基础信息问题:
                    │              │ 2.您是否有购买空调的计划?
                    │              │ 3.您觉得A公司新推出的空调打折/优惠
                    │              │   会带给您多大的价值?
                    │              │ 4.如果购买A公司打折/优惠的空调,您
                    └─── 问题 ─────┤   觉得会不会冒险?
                                   │ 5.如果您未来要购买空调,您会选择A
                                   │   公司的这款打折/优惠的空调吗?
                                   │
                                   ├ 分类信息问题:
                                   │ 6.您的性别?
                                   │ 7.您的年龄?
                                   │ 8.您的收入?
                                   │
                                   └ 标识信息问题:
                                     9.您的姓名?
                                     10.您的电话?
```

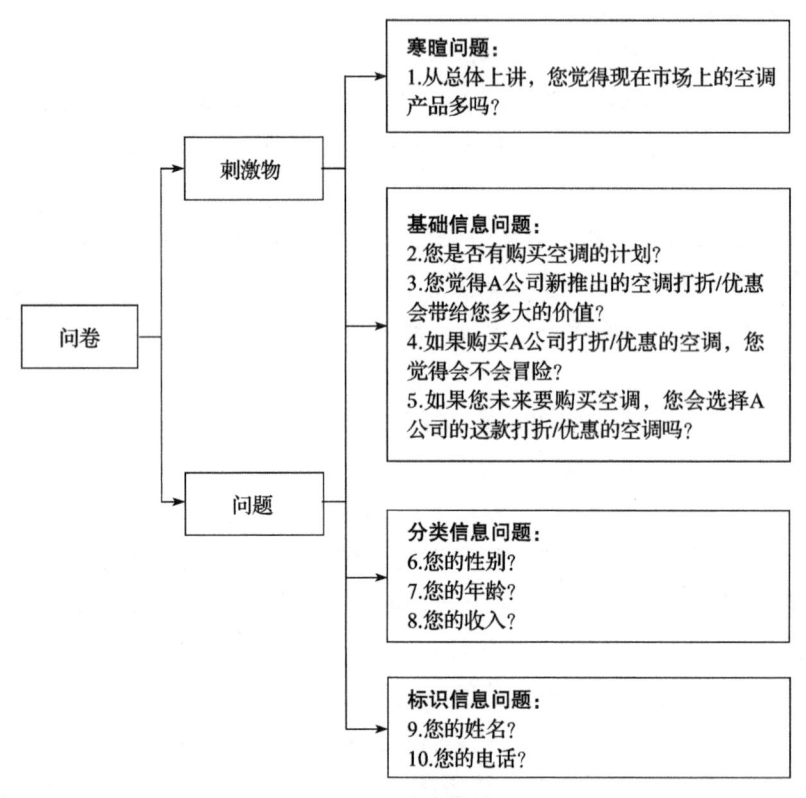

图 7-2 问卷设计

注:问题前的数字代表了布局的先后顺序,数字越小越靠前。

7.3.5 抽样设计

抽样调查是现代市场营销调查中的重要组织方式,是目前国际上公认和普遍采用的科学的调查手段。抽样调查的理论基础是概率论,概率论中诸如中心极限定理等一系列理论为抽样调查提供了科学的依据,所以,抽样设计同样是本实证研究不可缺少的部分。

问卷调查中有许多重要环节,问卷设计、发放回收、数据编码和处理、统计分析等,而抽样是问卷调查的前提,抽样方法选择的正确与否直接决定着调查数据的可靠程度,也决定了调查的成败。抽样设计通常包括4项程序:确定调查总体、选择抽样方法、确定样本数量和执行抽样过程。

第一是确定调查总体(Target Population)的定义。调查总体的界定通常需要从个体(Element)、抽样单位(Sample Unit)、范围(Scope)和时间(Time)四个方面来界定。本书的目标总体界定如下。

  个 体:可能购买空调的男性和女性
  抽样单位:单个个人
  范 围:成都市
  时 间:2007年7月

第二是抽样方法的选择。本书同时研究选择简单随机抽样技术(SRS)和配额抽样(Quota

Sampling)。对于每个试验组，指定发放 68 份问卷，占所有问卷的 1/6。调查访问员在商业区、商场附近等地随机进行拦截访问，如果被访者拿到问卷是"组 1"，那么该被访者就属于 EG_1；EG_2、EG_3、EG_4、EG_5 和 EG_6 的个体确定，依此类推。

第三是样本数量（Sample Size）的确定。我们为每个实验组发放了 60 份问卷，以确保每个组能够收集超过 50 份的合格问卷，进而确保每个自变量（"促销方式"和"促销强度"）在任意一种水平的取值状态下都有超过 100 份的样本。

第四是执行抽样过程。整个抽样过程由四川大学的 4 名本科学生（大一学生和大三学生各两名）分别在成都市区的主要家电市场（国美电器、苏宁电器）进行。调查过程主要采用街头拦截的方式，对于甄别问题"您是否有计划购买空调"的回答为"否"的便停止对这一受访者的调查。

7.4 延迟进入者的促销数据分析

本实证研究的整个数据分析总共分为四个部分：样本概况的介绍、促销方式和促销强度对顾客感知价值的影响分析、促销方式和促销强度对顾客感知风险的影响分析、促销方式和促销强度对顾客购买意愿的影响分析。在数据分析中，为了检验假设 13、假设 14、假设 15、假设 16、假设 17 和假设 18 之中的"因果关系"，即不同的"促销方式"和不同的"促销强度"是否会影响到"顾客感知价值""顾客感知风险"和"顾客的购买意愿"三大观察变量，我们将仍然采用多因素方差分析来进行检验。

7.4.1 样本概况分析

本实证研究总共发出调查问卷 360 份，收回有效问卷 356 份，剔除 4 份问卷的原因是受访者的问卷回答不完整。

此外，本实证研究的观察变量有三个，所以，其核心问题也有三个："如果您想买空调，您觉得 A 公司目前打折/优惠的 07 款空调对您的购买有价值吗？""如果购买这款打折/优惠的空调，您会觉得冒险吗？"和"如果您想要购买空调，您会选择 A 公司的 07 款打折/优惠的空调吗？"对于这三个问题，为了检验其信度，我们对其进行了同质性信度分析。

7.4.2 促销对顾客感知价值的影响分析

本实证研究仍然选择用多因素方差分析（ANOVA）进行数据分析和整理。在进行多因素方差分析之前，需要对方差分析的前提条件进行检验。数据检查方面需要因变量是间距测度等级的变量，这一要求在问卷中是通过李克特 7 级量表测量因变量来达到的；方差分析的假设前提条件有三个，分别是独立随机性、总体正态分布和因变量等方差。独立随机性要求组与组之间、本组之内的样本获得都遵循独立随机抽样的原则，这一点在抽样设计中已经符合；对于正态性和方差齐性一般都是需要进行考察的。

我们通过绘制残差的 Q-Q 图来判断数据分布的正态性，因为在样本量不是特别大的情况下它比直方图更清晰，见图 7-3。从图 7-3 中可以看出，标准化的残差基本上都落在期望分布的直线上，这表明数据具有较好的正态性。

我们通过 Levene Test 来检验因变量是否等方差，通过数据分析和计算得到 Levene Statistic 值为 2.698，显著水平为 Sig. = 0.221，由于 Homogeneity of Variance Test 的零假设为各水平总体下方差没有显著差异，因此，可以认为各个组的总体方差相等，满足方差检验的前提条件。

Levene Test 检验的结果参见表 7-2。

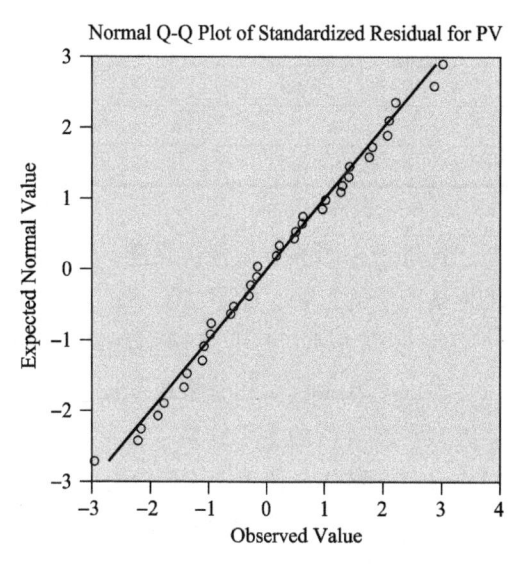

图 7-3 顾客感知价值的标准化残差的 Q-Q 图

表 7-2　Levene's Test of Equality of Error Variances

Dependent Variable：顾客感知价值

F	df1	df2	Sig.
2.698	5	350	0.221

Tests the null hypothesis that the error variance of the dependent variable is equal across groups.

Design：Intercept+促销方式+促销强度+促销方式×促销强度。

为了了解实证中每一组的情况，我们选择进行描述性统计分析。表7-3是描述性统计的结果，分别显示了顾客感知价值的平均值和标准差。组1、组2、组3、组4、组5和组6的顾客感知价值平均值分别为3.2373、4.7667、2.3390、3.2203、4.6333和2.3559。从各组的顾客感知价值平均值来看，组2和组5的感知价值明显高于其余几组（根据量表的设计，分值越大，顾客感知价值越大），说明20%的中等促销水平带给顾客的感知价值最大，而10%的低等促销水平比50%的高等促销水平带给消费者的感知价值稍大一些，从打折和买赠两种方式来看，感知价值的平均值没有明显差异。

表 7-3　Descriptive Statistics

Dependent Variable：顾客感知价值

组别	促销方式	促销强度	Mean	Std. Deviation	N
EG₁	打折	10%	3.2373	1.36885	59
EG₂	打折	20%	4.7667	1.34501	60
EG₃	打折	50%	2.3390	0.95791	59
EG₄	买赠	10%	3.2203	1.39046	60
EG₅	买赠	20%	4.6333	1.26178	59
EG₆	买赠	50%	2.3559	1.18558	59
Total	打折	10%	3.2373	1.36885	59
		20%	4.7667	1.34501	60
		50%	2.3390	0.95791	59
		Total	3.4551	1.59118	178
	买赠	10%	3.2203	1.39046	59
		20%	4.6333	1.26178	60
		50%	2.3559	1.18558	59
		Total	3.4101	1.58571	178
	Total	10%	3.2288	1.37382	118
		20%	4.7000	1.30029	120
		50%	2.3475	1.07319	118
		Total	3.4326	1.58637	356

在进行多因素方差分析之前，可以再利用线形图观测不同品牌的强度和不同新老产品的关联度对顾客感知价值的影响，见图7-4。

从图7-4也可以看出，不同促销强度的感知价值有很大不同，而不同促销方式之间的感知价值差异不大。

在以上基本检验和分析的基础上，本实证研究主要选择多因素方差分析的F检验来观察结果，这是多因素方差分析的主要结果。由于指定建立了饱和模型，因此，总的离差平方和分为3个部分：多个控制变量对观察变量的独立作用部分，多个控制变量的交叉作用部分以及随机变量影响部分。

从以上结果分析中可以看出，关于多个控制变量对观察变量的独立作用部分，"促销方式"的F值和相伴概率分别为0.111（<1）和0.740（>0.05）；"促销强度"的F值和相伴概率分别为105.903和

0.000，F 值都远远大于 1，其 Sig. 值都远小于 0.05，说明"打折促销"和"买赠促销"两种"促销方式"对顾客感知价值并没有造成显著的影响；而不同的"促销强度"水平对顾客感知价值造成了显著的影响。

关于多个控制变量的交叉作用部分，这里"促销方式"和"促销强度"两个变量的交叉作用均方差为 0.185。F 值和相伴概率分别为 0.117 和 0.890，这表明它们的交互作用对观察变量"顾客感知风险"没有产生显著的影响。

关于随机变量影响部分（也就是 Error 部分），所贡献的方差总和为 556.226，均方为 1.589，说明随机变量对顾客感知价值的影响比较小，随机变量在本次实验中得到了较好的控制。

本实证还采用了多重比较来具体考察各组之间的差别。本书以 LSD 方法比较不同组别对观察变量的影响。表 7-4 是 LSD 法多重比较的结果。

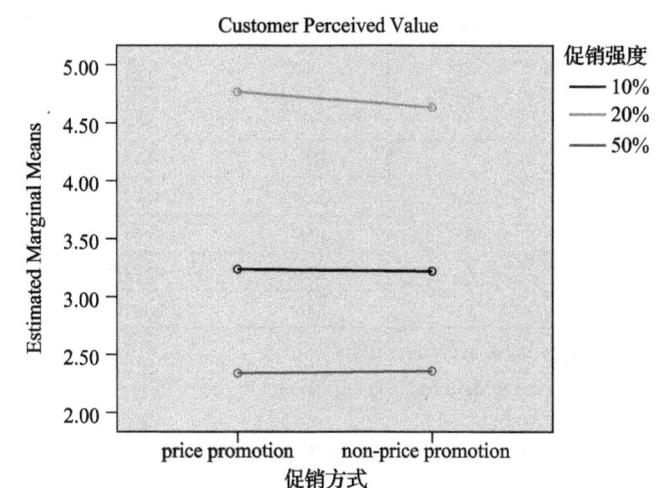

图 7-4 顾客感知价值线形图

表 7-4 Multiple Comparisons I

Dependent Variable：顾客感知价值

	组别 (I)	组别 (J)	Mean Difference (I-J)	Std. Error	Sig.	95%Confidence Interval Lower Bound	95%Confidence Interval Upper Bound
LSD	EG_1	EG_2	−1.5294(*)	0.23117	0.000	−1.9840	−1.0747
		EG_3	0.8983(*)	0.23214	0.000	0.4417	1.3549
		EG_4	0.0040	0.23117	0.986	−0.4507	0.4586
		EG_5	−1.4068(*)	0.23214	0.000	−1.8633	−0.9502
		EG_6	0.8814(*)	0.23214	0.000	0.4248	1.3379
	EG_2	EG_1	1.5294(*)	0.23117	0.000	1.0747	1.9840
		EG_3	2.4277(*)	0.23117	0.000	1.9730	2.8823
		EG_4	1.5333(*)	0.23020	0.000	1.0806	1.9861
		EG_5	0.1226	0.23117	0.596	−0.3321	0.5773
		EG_6	2.4107(*)	0.23117	0.000	1.9561	2.8654
	EG_3	EG_1	−0.8983(*)	0.23214	0.000	−1.3549	−0.4417
		EG_2	−2.4277(*)	0.23117	0.000	−2.8823	−1.9730
		EG_4	−0.8944(*)	0.23117	0.000	−1.3490	−0.4397
		EG_5	−2.3051(*)	0.23214	0.000	−2.7617	−1.8485
		EG_6	−0.0169	0.23214	0.942	−0.4735	0.4396
	EG_4	EG_1	−0.0040	0.23117	0.986	−0.4586	0.4507
		EG_2	−1.5333(*)	0.23020	0.000	−1.9861	−1.0806
		EG_3	0.8944(*)	0.23117	0.000	0.4397	1.3490
		EG_5	−1.4107(*)	0.23117	0.000	−1.8654	−0.9561
		EG_6	0.8774(*)	0.23117	0.000	0.4227	1.3321
	EG_5	EG_1	1.4068(*)	0.23214	0.000	0.9502	1.8633
		EG_2	−0.1226	0.23117	0.596	−0.5773	0.3321
		EG_3	2.3051(*)	0.23214	0.000	1.8485	2.7617

续表

	组别（I）	组别（J）	Mean Difference (I-J)	Std. Error	Sig.	95%Confidence Interval Lower Bound	95%Confidence Interval Upper Bound
LSD	EG$_5$	EG$_4$	1.4107(*)	0.23117	0.000	0.9561	1.8654
		EG$_6$	2.2881(*)	0.23214	0.000	1.8316	2.7447
	EG$_6$	EG$_1$	−0.8814(*)	0.23214	0.000	−1.3379	−0.4248
		EG$_2$	−2.4107(*)	0.23117	0.000	−2.8654	−1.9561
		EG$_3$	0.0169	0.23214	0.942	−0.4396	0.4735
		EG$_4$	−0.8774(*)	0.23117	0.000	−1.3321	−0.4227
		EG$_5$	−2.2881(*)	0.23214	0.000	−2.7447	−1.8316

Based on observed means.

*The mean difference is significant at the 0.05 level.

从表 7-4 中的结果可以看出，组 1、组 2 和组 3 之间及组 4、组 5 和组 6 之间，"顾客感知价值"都存在显著差异，组 2 的"顾客感知价值"平均值（值越大，感知价值越大）显著高于组 1 和组 3；而组 4、组 5 的"顾客感知价值"平均值显著高于组 4 和组 6。另外，组 1 与组 4 之间，组 2 与组 5 之间，组 3 与组 6 之间的"顾客感知价值"没有显著差异。从 LSD 分析来看，"促销方式"对顾客的感知价值并没有显著差异，而"促销强度"对顾客感知价值的影响存在显著差异，20% 的中等促销强度带给顾客的感知价值最大，10% 的低等促销强度次之，50% 的高等促销强度带给消费者的价值最小。

通过上述的分析，特别是方差分析和多重分析的结果中得到结论："促销方式"对顾客感知价值并没有显著差异，而"促销强度"对顾客感知价值的影响存在显著差异，因此，假设 13（延迟进入者的产品在入市过程中，中等促销强度比低等促销强度及高等促销强度更能增加顾客的感知价值）得到了检验证明，而假设 10（延迟进入者的产品在入市过程中，打折促销比买赠促销更能增加顾客的感知价值）并没有得到验证；除此之外，数据分析的结果还得到低等促销强度和高等促销强度对顾客感知价值的影响也有显著差异，低等促销强度比高等促销强度带给顾客的感知价值更大。

7.4.3 促销对顾客感知风险的影响分析

本实证仍然需要测试控制变量（促销方式和促销强度）的不同取值水平是否给观察变量（顾客的感知风险）造成显著差异，所以，仍然适合于采用多因素方差分析（ANOVA）来检验假设。

和之前的实证一样，在进行多因素方差分析之前，仍然需要对数据的正态性和等方差性进行检验。

我们通过绘制残差的 Q-Q 图来判断数据分布的正态性，因为在样本量不是特别大的情况下它比直方图更清晰，见图 7-5。从图 7-5 中可以看出，标准化的残差基本上都落在期望分布的直线上，这表明数据具有较好的正态性。

我们通过 Levene Test 来检验因变量是否等方差，通过数据分析和计算得到 Levene Statistic 值为 1.026，显著水平为 Sig. = 0.402，远大于 0.05，由于 Homogeneity of Variance Test 的零假设为各水平总体下方差没有显著差异，因此，可以认为各个组的总体方差相等，满足方差检验的前提条件。Levene Test 检验的结果参见表 7-5。

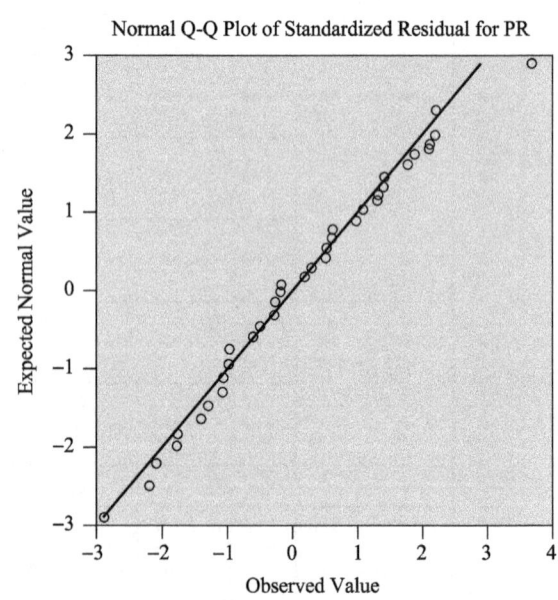

图 7-5 顾客感知风险的标准化残差的 Q-Q 图

表 7-5 Levene's Test of Equality of Error Variances

Dependent Variable：顾客感知风险

F	df1	df2	Sig.
1.026	5	350	0.402

Tests the null hypothesis that the error variance of the dependent variable is equal across groups.

Design：Intercept+ 促销方式 + 促销强度 + 促销方式 × 促销强度。

为了了解实证中每一组的情况，我们选择进行描述性统计分析。描述性统计的结果分别显示了顾客感知风险的平均值和标准差，其中组1、组2、组3、组4、组5和组6的顾客感知风险平均值分别为3.3559、4.7883、2.2034、3.2203、4.7167和2.3898。从各组的顾客感知风险平均值来看，组2和组5的感知风险明显低于其余几组（根据量表的设计，分值越小，顾客感知风险越大），说明20%的中等促销水平带给顾客的感知风险最小，而10%的低等促销水平比50%的高等促销水平带给消费者的感知风险稍小一些，从打折和买赠两种方式来看，感知风险的平均值没有明显差异。

在进行多因素方差分析之前，可以再利用线形图观测不同的品牌强度和不同新老产品的关联度对顾客感知风险的影响，如图7-6所示。

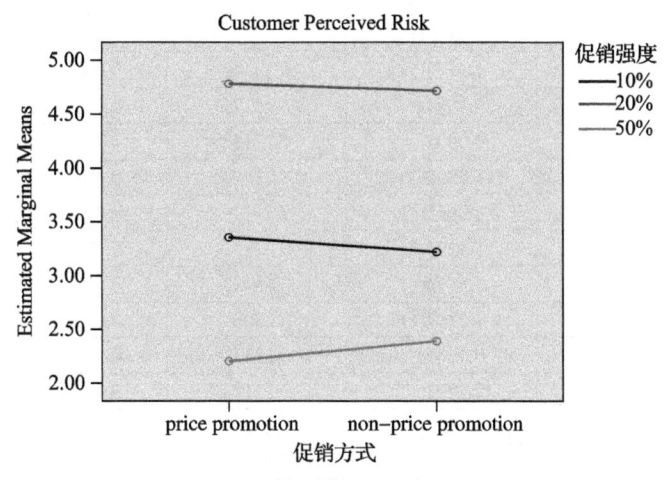

图 7-6 顾客感知风险线形图

从图7-6中也可以看出，不同促销强度的感知风险有很大不同，而不同促销方式之间的感知风险差异不大。

在以上基本检验和分析的基础上，本实证研究主要选择多因素方差分析的F检验来观察结果，这是多因素方差分析的主要结果。由于指定建立了饱和模型，因此，总的离差平方和分为3个部分：多个控制变量对观察变量的独立作用部分，多个控制变量的交叉作用部分以及随机变量影响部分。具体结果见表7-6。

表 7-6 Tests of Between-Subjects Effects

Dependent Variable：顾客感知风险

Source	Type III Sum of Squares	df	Mean Square	F	Sig.
Corrected Model	364.567(a)	5	72.913	46.096	0.000
Intercept	4224.544	1	4224.544	2670.763	0.000
促销方式	0.002	1	0.002	0.002	0.968
促销强度	362.866	2	181.433	114.702	0.000
促销方式 × 促销强度	1.698	2	0.849	0.537	0.585
Error	553.621	350	1.582		
Total	5161.000	356			
Corrected Total	918.188	355			

R Squared = 0.397 (Adjusted R Squared = 0.388)。

从以上结果分析中可以看出，关于多个控制变量对观察变量的独立作用部分，"促销方式"的 F 值和相伴概率分别为 0.002（<1）和 0.968（>0.05）；"促销强度"的 F 值和相伴概率分别为 114.702 和 0.000，F 值都远远大于 1，其 Sig. 值都远小于 0.05，说明"打折促销"和"买赠促销"两种"促销方式"对顾客感知风险并没有造成显著的影响；而不同的"促销强度"水平对顾客感知风险造成了显著的影响。

关于多个控制变量的交叉作用部分，这里"促销方式"和"促销强度"两个变量的交叉作用均方差为 0.849。F 值和相伴概率分别为 0.537 和 0.585，这表明它们的交互作用对观察变量"顾客感知风险"没有产生显著的影响。

关于随机变量影响部分（也就是 Error 部分），所贡献的方差总和为 553.621，均方为 1.582，说明随机变量影响部分对顾客感知风险的影响比较小，随机变量在本次实验中得到了较好的控制。

除了方差分析结果外，本实证还是采用多重比较来具体考察各组之间的差别。我们以 LSD 方法比较不同组别对观察变量的影响。表 7-7 是 LSD 法多重比较的结果。

表 7-7 Multiple Comparisons Ⅱ

Dependent Variable：顾客感知风险

	组别（I）	组别（J）	Mean Difference (I-J)	Std. Error	Sig.	95%Confidence Interval Lower Bound	95%Confidence Interval Upper Bound
LSD	EG_1	EG_2	−1.4274(*)	0.23182	0.000	−1.8833	−0.9715
		EG_3	1.1525(*)	0.23279	0.000	0.6947	1.6104
		EG_4	0.0893	0.23182	0.700	−0.3667	0.5452
		EG_5	−1.3390(*)	0.23279	0.000	−1.7968	−0.8811
		EG_6	0.9661(*)	0.23279	0.000	0.5083	1.4240
	EG_2	EG_1	1.4274(*)	0.23182	0.000	0.9715	1.8833
		EG_3	2.5799(*)	0.23182	0.000	2.1240	3.0359
		EG_4	1.5167(*)	0.23085	0.000	1.0626	1.9707
		EG_5	0.0884	0.23182	0.703	−0.3675	0.5444
		EG_6	2.3935(*)	0.23182	0.000	1.9376	2.8494
	EG_3	EG_1	−1.1525(*)	0.23279	0.000	−1.6104	−0.6947
		EG_2	−2.5799(*)	0.23182	0.000	−3.0359	−2.1240
		EG_4	−1.0633(*)	0.23182	0.000	−1.5192	−0.6073
		EG_5	−2.4915(*)	0.23279	0.000	−2.9494	−2.0337
		EG_6	−0.1864	0.23279	0.424	−0.6443	0.2714
	EG_4	EG_1	−0.0893	0.23182	0.700	−0.5452	0.3667
		EG_2	−1.5167(*)	0.23085	0.000	−1.9707	−1.0626
		EG_3	1.0633(*)	0.23182	0.000	0.6073	1.5192
		EG_5	−1.4282(*)	0.23182	0.000	−1.8842	−0.9723
		EG_6	0.8768(*)	0.23182	0.000	0.4209	1.3328
	EG_5	EG_1	1.3390(*)	0.23279	0.000	0.8811	1.7968
		EG_2	−0.0884	0.23182	0.703	−0.5444	0.3675
		EG_3	2.4915(*)	0.23279	0.000	2.0337	2.9494
		EG_4	1.4282(*)	0.23182	0.000	0.9723	1.8842
		EG_6	2.3051(*)	0.23279	0.000	1.8472	2.7629
	EG_6	EG_1	−0.9661(*)	0.23279	0.000	−1.4240	−0.5083
		EG_2	−2.3935(*)	0.23182	0.000	−2.8494	−1.9376
		EG_3	0.1864	0.23279	0.424	−0.2714	−.6443
		EG_4	−0.8768(*)	0.23182	0.000	−1.3328	−0.4209
		EG_5	−2.3051(*)	0.23279	0.000	−2.7629	−1.8472

Based on observed means.

* The mean difference is significant at the 0.05 level.

从表 7-7 中可以看出，组 1、组 2 和组 3 之间以及组 4、组 5 和组 6 之间，"顾客感知风险"都存在显著差异，组 2 的"顾客感知风险"平均值（值越大，感知风险越小）显著高于组 1 和组 3；而组 5 的"顾客感知风险"平均值显著高于组 4 和组 6。另外，组 1 与组 4 之间，组 2 与组 5 之间，组 3 与组 6 之间的"顾客感知风险"没有显著差异。从 LSD 分析来看，"促销方式"对顾客感知风险并没有显著差异，而"促销强度"对顾客感知风险的影响存在显著差异，20% 的中等促销水平带给顾客的感知风险最少，10% 的低等促销水平次之，50% 的高等促销水平带给消费者的风险最多。

通过上述的分析，我们可以得到结论："促销方式"对顾客感知风险并没有显著差异，而"促销强度"对顾客感知风险的影响存在显著差异，因此，假设 14（延迟进入者的产品在入市过程中，中等促销强度比低等促销强度及高等促销强度更能减少顾客的感知风险）得到了检验证明，而假设 11（延迟进入者的产品在入市过程中，打折促销比买赠促销更能减少顾客的感知风险）并没有得到验证。除此之外，数据分析的结果还得到低等促销强度和高等促销强度对顾客感知风险的影响也有显著差异，低等促销强度比高等促销强度更能减少顾客感知风险。

7.4.4 促销对顾客购买意愿的影响分析

本实证仍然需要测试控制变量（促销方式和促销强度）的不同取值水平是否给观察变量（顾客感知风险）造成显著差异，所以，仍然适合采用多因素方差分析（ANOVA）来检验假设。

和之前的实证一样，在进行多因素方差分析之前，仍然需要对数据的正态性和等方差性进行检验。

我们通过绘制残差的 Q-Q 图来判断数据分布的正态性，因为在样本量不是特别大的情况下它比直方图更清晰，见图 7-7。从图 7-7 中可以看出，标准化的残差基本上都落在期望分布的直线上，这表明数据具有较好的正态性。

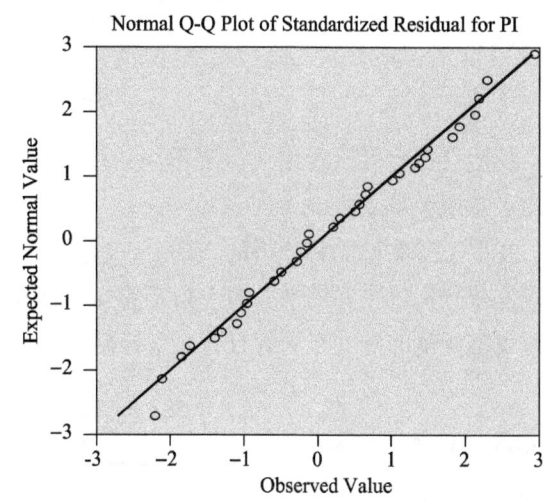

图 7-7　顾客购买意愿的标准化残差的 Q-Q 图（实证 3）

本书通过 Levene Test 来检验因变量是否等方差，通过数据分析和计算得到 Levene Statistic 值为 3.198，显著水平为 Sig. = 0.218，符合大于 0.05 的条件，由于 Homogeneity of Variance Test 的零假设为各水平总体下方差没有显著差异，因此，可以认为各个组的总体方差相等，说明满足方差检验的前提条件。Levene Test 检验的结果参见表 7-8。

表 7-8　Levene's Test of Equality of Error Variances Ⅲ

Dependent Variable：顾客购买意愿

F	df1	df2	Sig.
3.198	5	350	0.218

Tests the null hypothesis that the error variance of the dependent variable is equal across groups.
Design：Intercept+ 促销方式 + 促销强度 + 促销方式 × 促销强度。

为了进一步了解实证中每一组的情况，我们进行描述性统计分析。其中，组 1、组 2、组 3、组 4、组 5 和组 6 的顾客购买意愿平均值分别为 3.2712、4.7500、2.1864、3.1525、4.6667 和 2.3729。从各组的顾客购买意愿平均值来看，组 2 和组 5 的购买意愿明显低于其余几组（根据量表的设计，分值越大，顾客购买意愿越强），说明 20% 的中等促销水平带给顾客的购买意愿最强，而 10% 的低等促销水平比 50% 的高等促销水平带给消费者的购买意愿稍强一些，从打折和买赠两种方式来看，顾客购买意愿的平均值没有明显差异。

在进行多因素方差分析之前，可以再利用线形图观测不同品牌的强度和不同新老产品的关联度对顾客购买意愿的影响，见图 7-8。

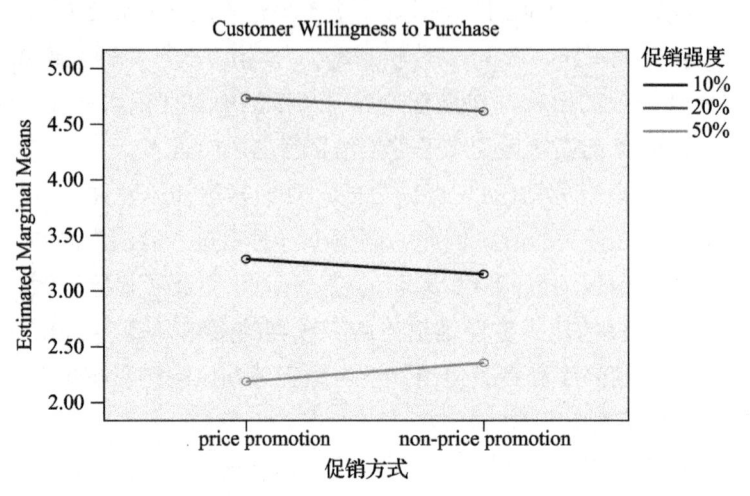

图 7-8 顾客购买意愿线形图

从图 7-8 也可以看出，对于不同的促销强度，顾客的购买意愿有很大不同，而不同的促销方式之间的购买意愿差异不大。

在以上基本检验和分析的基础上，本实证研究主要选择多因素方差分析的 F 检验来观察结果，这是多因素方差分析的主要结果。由于指定建立了饱和模型，因此，总的离差平方和分为 3 个部分：多个控制变量对观察变量的独立作用部分，多个控制变量的交叉作用部分以及随机变量影响部分。具体结果见表 7-9。

表 7-9　Tests of Between-Subjects Effects Ⅲ

Dependent Variable：顾客购买意愿

Source	Type III Sum of Squares	df	Mean Square	F	Sig.
Corrected Model	359.324(a)	5	71.865	45.516	0.000
Intercept	4114.988	1	4114.988	2606.227	0.000
促销方式	0.002	1	0.002	0.002	0.969
促销强度	357.675	2	178.837	113.267	0.000
促销方式 × 促销强度	1.646	2	0.823	0.521	0.594
Error	552.617	350	1.579		
Total	5045.000	356			
Corrected Total	911.941	355			

R Squared = 0.394 (Adjusted R Squared = 0.385)。

从以上结果分析中可以看出，关于多个控制变量对观察变量的独立作用部分，"促销方式"的 F 值和相伴概率分别为 0.002（<1）和 0.969（>0.05）；"促销强度"的 F 值和相伴概率分别为 113.267 和 0.000，F 值都远远大于 1，其 Sig. 值都远小于 0.05，说明"打折促销"和"买赠促销"两种"促销方式"对顾客的购买意愿并没有造成显著的影响；而不同的"促销强度"水平对顾客的购买意愿造成了显著的影响。

关于多个控制变量的交叉作用部分，这里"促销方式"和"促销强度"两个变量的交叉作用均方差为 0.823。F 值和相伴概率分别为 0.521 和 0.594，这表明它们的交互作用对观察变量"顾客的购买意愿"没有产生显著的影响。

关于随机变量影响部分（也就是 Error 部分），所贡献的方差总和为 552.617，均方为 1.579，说明随机变量影响部分对顾客购买意愿的影响比较小，随机变量在本次实验中得到了较好的控制。

本实证还采用了多重比较来具体考察各组之间的差别。我们以 LSD 方法比较不同组别对观察变量的影响。表 7-10 是 LSD 法多重比较的结果。

表 7-10 Multiple Comparisons Ⅲ

Dependent Variable：顾客购买意愿

	组别（I）	组别（J）	Mean Difference (I-J)	Std. Error	Sig.	95%Confidence Interval Lower Bound	95%Confidence Interval Upper Bound
LSD	EG_1	EG_2	−1.4452(*)	0.22783	0.000	−1.8933	−0.9971
		EG_3	1.1017(*)	0.22879	0.000	0.6517	1.5517
		EG_4	0.1215	0.22783	0.594	−0.3266	0.5696
		EG_5	−1.3390(*)	0.22879	0.000	−1.7890	−0.8890
		EG_6	0.9322(*)	0.22879	0.000	0.4822	1.3822
	EG_2	EG_1	1.4452(*)	0.22783	0.000	0.9971	1.8933
		EG_3	2.5469(*)	0.22783	0.000	2.0988	2.9950
		EG_4	1.5667(*)	0.22687	0.000	1.1205	2.0129
		EG_5	0.1062	0.22783	0.641	−0.3419	0.5543
		EG_6	2.3774(*)	0.22783	0.000	1.9293	2.8255
	EG_3	EG_1	−1.1017(*)	0.22879	0.000	−1.5517	−0.6517
		EG_2	−2.5469(*)	0.22783	0.000	−2.9950	−2.0988
		EG_4	−0.9802(*)	0.22783	0.000	−1.4283	−0.5321
		EG_5	−2.4407(*)	0.22879	0.000	−2.8906	−1.9907
		EG_6	−0.1695	0.22879	0.459	−0.6195	0.2805
	EG_4	EG_1	−0.1215	0.22783	0.594	−0.5696	0.3266
		EG_2	−1.5667(*)	0.22687	0.000	−2.0129	−1.1205
		EG_3	0.9802(*)	0.22783	0.000	0.5321	1.4283
		EG_5	−1.4605(*)	0.22783	0.000	−1.9085	−1.0124
		EG_6	0.8107(*)	0.22783	0.000	0.3626	1.2588
	EG_5	EG_1	1.3390(*)	0.22879	0.000	0.8890	1.7890
		EG_2	−0.1062	0.22783	0.641	−0.5543	0.3419
		EG_3	2.4407(*)	0.22879	0.000	1.9907	2.8906
		EG_4	1.4605(*)	0.22783	0.000	1.0124	1.9085
		EG_6	2.2712(*)	0.22879	0.000	1.8212	2.7212
	EG_6	EG_1	−0.9322(*)	0.22879	0.000	−1.3822	−0.4822
		EG_2	−2.3774(*)	0.22783	0.000	−2.8255	−1.9293
		EG_3	0.1695	0.22879	0.459	−0.2805	0.6195
		EG_4	−0.8107(*)	0.22783	0.000	−1.2588	−0.3626
		EG_5	−2.2712(*)	0.22879	0.000	−2.7212	−1.8212

Based on observed means.
*The mean difference is significant at the 0.05 level.

从表 7-10 中的结果可以看出，组 1、组 2 和组 3 之间以及组 4、组 5 和组 6 之间，"顾客的购买意愿"都存在显著差异，组 2 的"顾客的购买意愿"平均值（值越大，感知风险越小）显著高于组 1 和组 3；而组 5 的"顾客的购买意愿"平均值显著高于组 4 和组 6。另外，组 1 与组 4 之间，组 2 与组 5 之间，组 3 与组 6 之间的"顾客的购买意愿"没有显著差异。从 LSD 分析来看，"促销方式"对顾客的购买意愿并没有显著差异，而"促销强度"对顾客的购买意愿的影响存在显著差异，20% 的中等促销强度带给顾客的购买意愿最强，10% 的低等促销强度次之，50% 的高等促销强度带给消费者的购买意愿最弱。

通过上述的分析，我们可以得到结论："促销方式"对顾客的购买意愿并没有显著差异，而"促销强度"对顾客购买意愿的影响存在显著差异，因此，假设 15（延迟进入者的产品在入市过程中，中等促销强度比低等促销强度及高等促销强度更能加强顾客的购买意愿)得到了检验证明,而假设12(延迟进入者的产品在入市过程中,打折促销比买赠促销更能加强顾客的购买意愿)并没有得到验证;除此之外,数据分析的结果还得到低等促销强度和高等促销强度对顾客购买意愿的影响也有显著差异,低等促销水平比高等促销强度更能加强顾客的购买意愿。

7.5 延迟进入者的促销结果讨论

通过对以上几个部分的数据分析,我们对H10、H11、H12、H13、H14、H15进行了假设检验,得到了三个有意义的结论:延迟进入者的产品在入市过程中,中等促销强度比低等促销强度及高等促销强度更能增加顾客的感知价值;延迟进入者的产品在入市过程中,中等促销强度比低等促销强度及高等促销强度更能减少顾客的感知风险;延迟进入者的产品在入市过程中,中等促销强度比低等促销强度及高等促销强度更能加强顾客的购买意愿。从中可以看出,延迟进入者的产品在入市过程中,"促销强度"会显著影响顾客的感知价值和感知风险,进而影响消费者的购买意愿;此外,研究还得到低等促销强度比高等促销强度更能增加顾客的感知价值、减少感知风险,从而加强顾客的购买意愿。而本实证的另外3个假设没有得到验证,也就是说打折促销和买赠促销对顾客的感知价值、感知风险和购买意愿的影响没有显著差异。

首先,延迟进入者的产品入市时已经将促销作为一个重要的竞争手段,这是促销的四大功能(即沟通功能、激励功能、协调功能和竞争功能)的体现(李先国,1998)。柯武钢(2001)指出"消费者在寻找新的供应商时,一般对小幅价格变动只会做出轻微的反应,而当价格的变动幅度很大时,消费者的购买量就会不成比例地增长,因此客户的忠诚是有限度的"。由此看来,这就是通过促销获得"品牌转换"的理论依据。促销的类型是多种多样的,一般分为价格促销和非价格促销,打折和买赠分别是这两种促销类型的代表,本实证以这两种促销方式进行研究,期望发现它们对顾客的感知和购买意愿的差别,结果发现两者在影响顾客的感知价值、感知风险和购买意愿上并无显著差别,这与韩睿、田志龙(2005)的研究结论基本一致,说明尽管消费者对打折促销的信任度可能更高,只要赠品的价值与打折的幅度相当,消费者的感知和意愿就基本相同。

其次,延迟进入者的产品在入市时想要激发消费者的购买意愿,对于替代品众多的成熟市场而言也就意味着顾客可能需要转换品牌,他们也就不得不考虑转换成本的大小。对于新进入者来说,要想让消费者购买自己的产品,必须或者至少要保证其产品价值大于在位者的产品价值并加上转换成本。在某种程度上,促销提供了这种机制,而对于新进入者来说,必须提供大于顾客转换成本的销售促进利益,才能保证实现品牌转换。因此,对于转换成本高的产业来说,新进入者的产品的促销强度就会增大。按照Hardesty(2003)对促销强度的划分,将促销分为3种水平,即低促销利益水平(10%)、中促销利益水平(20%)和高促销利益水平(50%),本实证研究表明,20%的中促销利益水平是消费者感知价值最大、风险最小,购买意愿最强的一种促销强度。在产品价格和市场均价相当的情况下,由于延迟进入者进入的是一个替代品众多的成熟市场,消费者对价格的敏感性比较高,他们会偏好价格较低的产品,促销就给他们提供了这样的一个机会。从研究结果可以看出,低等促销强度不足以使消费者冒险去购买一个市场上出现的新产品,而高等促销强度会让消费者对新产品的质量、性能等产生怀疑,所以,中等促销强度是消费者认为最能接受的水平,在这样的促销强度下,他们的感知价值最大,购买意愿最强。

综合以上两个方面的研究结果,本实证证实了延迟进入者的产品在上市过程中,不同的"促销强度"对消费者的感知价值和购买意愿有显著影响,20%的中促销利益水平带给消费者的感知价值最大,感知风险最少,顾客的购买意愿最强;而"打折促销"和"买赠促销"两种促销方式对消费者的感知价值和购买意愿影响并无显著差异。这一研究结论从理论上说明了中促销利益水平最能打动消费者,激发其购买的促销强度,而打折和买赠(赠品的价值与打折的幅度相当)带给顾客的感知价值并无太大差别,从而在激发客户购买上作用相当。从实践上来看,本实证研究给延迟进入者如何选择恰当的促销力度提供了一定借鉴,对新产品入市安全提出了一些建议。

7.6 延迟进入者的促销小结

本实证研究基于先前的研究学者关于延迟进入者以及促销文献的理论结果,提出了六大假设。H10:延迟进入者的产品在入市过程中,打折促销比买赠促销更能增加顾客的感知价值。H11:延迟进入者的产品在入市过程中,打折促销比买赠促销更能减少顾客的感知风险。H12:延迟进入者的产品在入市过程中,打折促销比买赠促销更能加强顾客的购买意愿。H13:延迟进入者的产品在入市过程中,中等促销强度比低等促销强度及高等促销强度更能增加顾客的感知价值。H14:延迟进入者的产品在入市过程中,中等促销强度比低等促销强度及高等促销强度更能减少顾客的感知风险。H15:延迟进入者的产品在入市过程中,中等促销强度比低等促销强度及高等促销强度更能加强顾客的购买意愿。

这六个假设都是因果关系,所以,我们在方法上选择采用实验法对假设进行验证。在实验法的范畴内,我们选择了"现场实验法"和"因子设计",选择现场实验法是为了获得较高的外部效度,选择因子设计是因为我们需要处理不同级别的两个或两个以上的自变量的影响。

研究方法确定后,本实证进行了研究实验的设计。研究选择了A公司生产的07款挂式空调新进军空调行业作为背景资料,按照两种促销方式和三种促销水平将实验组分为6个组。

在问卷的问题和量表的设计上,我们期望获得3大类信息,并因此设计了4大类问题。期望从问卷中获得的信息可以分为三类:基础信息、分类信息和标识信息。设计的4大类问题分别为:寒暄问题、基本信息问题、分类信息问题和标识信息问题。

研究的抽样设计包括4项工作:定义目标总体、界定抽样框架、选择抽样技术和确定样本数量。目标总体主要是指使用笔记本电脑、空调的男性和女性。对抽样框架的界定采用了问卷编号的方式,抽样技术尽可能强调抽样的随机性,样本数量为每组发放60份问卷,最后收回有效问卷359份。

在数据分析中,为了检验假设10、假设11、假设12、假设13、假设14和假设15之中的"因果关系",即"促销方式"和"促销强度"两大操控变量是否会影响到"顾客的感知价值""顾客的感知风险"和"顾客的购买意愿"三大观察变量,我们采用多因素方差分析进行检验。数据分析结果显示假设13、假设14和假设15都得到了显著的验证,而假设10、假设11和假设12没有得到验证。此外,研究还得到高等和低等促销强度之间对顾客的感知和购买意愿的影响也有显著差异;10%的低等促销强度比50%的高等促销强度更能增加顾客的感知价值,减少顾客的感知风险,加强顾客的购买意愿。

综合以上实证的研究结果,本书证实了延迟进入者的产品在入市过程中,打折和买赠两种促销方式对消费者的感知和购买意愿并没有显著的差异影响;而不同的"促销强度"会对消费者的感知价值和购买意愿产生显著影响,20%的中等促销强度是企业应该选择的最佳促销强度,研究还发现50%的高等促销强度是消费者最不喜欢的促销强度,过高的促销强度不仅可能使消费者对产品的质量、性能产生怀疑,降低产品在消费者心目中的交易价值,也不利于行业的正常竞争。本实证的研究结论说明企业应该选择适度的促销方式,切忌过度促销。企业进入的是一个成熟、稳定的市场,替代品众多,消费者对价格的敏感度也就比较高,所以,企业要抓住这一特点利用促销来吸引消费者。对于新进入者来说,要想让消费者购买自己的产品,必须或者至少要保证其产品价值大于在位者的产品价值并加上转换成本。对于新进入者来说,则必须提供大于顾客转换成本的促销利益,才能保证消费者实现品牌转换,新进入者的促销强度就会增大。但促销力度不是越大越好,太高的促销强度可能会引起消费者对新产品的质量、性能等的怀疑,当然,太低的促销强度还不足以引起消费者的购买行为发生变化。总的来说,中等促销强度是消费者评价最好、信任度最高的促销强度,这一强度最能增强顾客的感知价值,刺激消费者转换购买行为,而高等促销强度只会在伤害消费者的同时伤害企业自身,是后进者最不应该选择的促销强度。

8. 延迟进入者顾客感知价值、感知风险与购买意愿的关系研究

8.1 关系研究的提出及假设

国内外许多研究结论都显示消费者的感知价值与购买意愿具有正相关关系，消费者在做购买决策时，往往会选择感知价值大的方案。Dodds 和 William 在研究中提到，消费者是否愿意购买决定于自己从想要购买的产品中所获得的与为此产品所要付出的代价二者的相对关系。也就是说，消费者对某产品的感知价值是源自该产品所带来的利得和为了得到该产品所需付出的代价。他们建立了关于感知价值的模型，把消费者的感知利得、感知价值和产品的价格纳入一个模型，认为购买意愿和感知价值正相关，而感知价值则受感知利得和感知的货币牺牲影响。Zeithaml（1988）从消费者心理的角度，展开了他的消费者感知价值理论。他通过大量的实证研究指出：消费者对产品或服务的感知利得越高时，对价值的感受也就随之提高，而高的感知价值则会提高消费者对产品的购买意愿。陈新跃等学者研究了基于顾客价值的消费者购买决策模型，认为顾客的感知价值受到顾客自身的心理、生理等个人因素以及所处社会、政治、文化等环境因素的影响，尤其与个人的成长经历和学习经历密切相关。他们提出用产品效用、顾客成本、顾客需求和顾客个性四个基本概念来评价顾客的感知价值。吴亮锦、糜仲春（2005）进行了珠宝的知觉价值与购买意愿的经济学分析，认为顾客的知觉价值直接影响了其购买意愿，价值是知觉利得与知觉牺牲之间的权衡；知觉利得与知觉牺牲之间的差额就是消费者获得的净价值，即消费者剩余，要使消费者产生购买意愿，就要使消费者的知觉利得大于知觉牺牲。

企业通过增加感知价值而提高消费者的购买意愿，从而争取一定的市场份额获取预期利润。而在增加感知价值的众多方法中，降价是最为常用的一个方法，可以说在各个行业中没有哪个企业没有领略过价格战的威力。企业利用更低的价格向消费者提供与竞争者相同的感知利得（Perceived Benefits，PB），实际上是通过减少感知利失（Perceived Sacrifices，PS）中的货币损失以达到增加顾客感知价值的目的。降价是否能够达到预期的效果还要取决于产品或服务的类型。在有些市场上，低价意味着较差的产品质量或服务水平。另外，在一个竞争激烈的成熟市场中，降价会给企业带来很大的压力和风险，可能促使竞争者采取自卫措施，使企业进入恶性循环。当然，要想在竞争中保持更强的竞争优势，就需要向消费者提供更多、更大的感知利得，并且增加的这一感知利得还要不容易被竞争者模仿，才能保证持续的竞争优势。在关于通过增加感知价值而提高消费者的购买意愿的研究中，将这一理论简单用图表示出来就是"圆木滚动"理论，如图 8-1 所示。

综上所述，在关于消费者的感知价值研究中，国内外学者普遍认为顾客的感知价值是顾客知觉的体现，它是消费者在获取一个产品或一项服务时对所能感知到的利得与所付出的成本进行权衡后对产品或服务效用的总体评价。感知价值与顾客满意、购买意愿都具有正相关关系，要想在一个竞争市场中占据有利地位、争夺市场份额、赚取利润，企业管理者不得不思考怎样增加顾客的感知价值的问题，这也一直是学术研究工作者关心的问题。

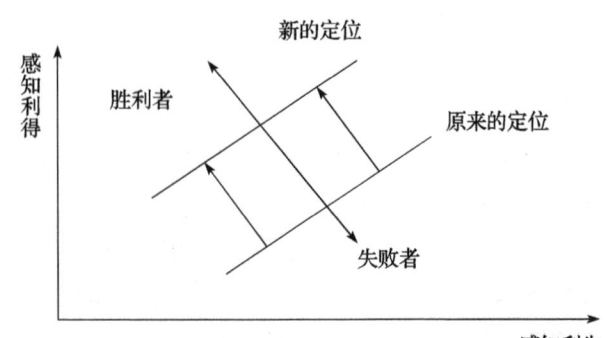

图 8-1 圆木滚动模型

关于消费者的感知风险与购买意愿之间的关系，国内外不少学者已经进行过一些研究，他们普遍都认为消费者的购买意愿与感知风险呈负相关关系，当感知风险降低到消费者可以接受的程度或者完全消失时，消费者就决定购买。在消费者理性决策的过程中，如果说追求价值最大化是正向的购买决策原则，那么追求感知风险最小化则是一种逆向决策原则。以 Bauer 为代表的学者认为消费者购买时会选择感知风险最小的方案。Wood 和 Scheer 把感知风险和对交易的整体评估加入感知价值模型中，将感知风险视为为获得某产品所必须付出的成本之一。他们认为感知利得、货币成本及感知风险会通过交易的整体评估来影响顾客的购买意愿，其中感知风险也会直接影响顾客的购买意愿，见图 8-2。

图 8-2 Wood 和 Scheer 的模式

根据 Wood 和 Scheer 的看法，感知风险是消费者在购买产品或服务时需要承担的精神成本，风险成本对消费者的购买行为的影响更加显著，感知风险除了直接影响顾客的购买意愿，还间接地通过顾客的感知价值影响其购买意愿。

综上所述，顾客的感知风险是由消费者的行为产生的。而他自己不能明确预期的后果。感知风险往往有功能风险、财务风险、社会风险、心理风险、身体风险以及时间风险等多种形态，而关于感知风险的测量有直接询问消费者对风险的感受程度和利用感知风险的不同维度，测量消费者在各个维度项目上的可能性和严重性乘积这两种方法。大部分消费者都是害怕损失，避免风险的，在做出购买决策时往往会选择风险最小的方案，所以，许多研究都表明顾客的感知风险会影响其购买意愿，感知风险与购买意愿之间是负相关关系。

在对延迟进入者的产品入市的购买意愿研究中，本书加入了顾客的感知价值和感知风险两个中间变量，以期能更可靠、准确地测量顾客的购买意愿。延迟进入者进入的是一个成熟、稳定的竞争市场，成熟市场上一旦出现一个新产品，顾客首先是判断和评估该产品可能给自己带来的价值，进而再考虑自己是否购买这一产品；同时，由于是在该产品领域出现的新品牌，市场上尚无该产品的信息，消费者可能会因为购买此产品带来功能、心理等方面的压力，所以在做出购买决策之前，顾客也会先判断该产品可能给自己带来的风险，从而考虑自己是否购买。由此看来，设置顾客的感知价值和感知风险这两个中间变量是合理的，在这一部分，主要验证顾客的感知价值、感知风险和购买意愿三大变量之间的关系。

顾客的购买意愿表达了消费者对某一产品或品牌的态度，它可视为消费者选择特定产品之主观倾向，并被证实可作为预测消费行为的重要指标，如今的大多数研究都以此来衡量消费者的购买决策行为。自从 20 世纪 90 年代开始，人们便从消费者的角度去认识和研究价值，当消费者在选择一个产品或一项服务时，会有一套常规的思考模式，这种模式是消费者对所面临的产品或服务的价值评价，是一个对产品或服务的关键要素进行自觉、感知的评价过程（William，1999）。因此，一个企业要想吸引或留住顾客，就必须测量消费者对所提供的产品或服务的感知价值，这样才能预测消费者的购买决策。Michael E. Porter（1985）曾在《竞争优势》一书中指出："竞争优势归根结底产生于企业能为顾客创造的价值。"国内外许多研究结论都显示消费者的感知价值与购买意愿具有正相关关系，消费者在做购买决策时，往往会选择感知价值大的方案。企业通过增加顾客的感知价值而提高消费者的购买意愿，从而争取一定的市场份额、获取预期利润。而自 1960 年，Bauer 将"感知风险"这一概念引入营销学以后，许多学者开始研究关于消费者的感知风险与购买意愿之间的关系，他们普遍认为消费者的购买意愿与感知风险呈负相关关系，当感知风险降低到消费者可以接受的程度或者完全消失时，消费者就决定购买。在消费者理性决策的过程中，如果说追求价值最大化是正向的购买决策原则，那么，追求感知风险最小化则是一种逆向决策原则。以 Bauer 为代表的学者认为消费者购买时会选择感知风险最小的方案。

由此看来，顾客的感知价值和感知风险都是消费者的知觉体现和心理表现，顾客的购买意愿则表达了消费者的主观倾向，对于市场上出现的新产品，消费者需要判断和评价自己从中可能得到的价值或可能承受的压力和风险，以此衡量自己的购买意愿。

基于以上的讨论，本书提出以下三个假设：

H16：延迟进入者的产品在入市过程中，顾客的感知价值越大，顾客的购买意愿就越强；

H17：延迟进入者的产品在入市过程中，顾客的感知风险越大，顾客的购买意愿就越弱；

H18：延迟进入者的产品在入市过程中，顾客的感知价值越大，顾客的感知风险就越少。

8.2 关系研究方法

为了考察顾客的感知价值、感知风险和购买意愿三个变量之间的相互关系，本书选择相关分析的方法。利用相关分析研究变量之间的相关关系，根据相关系数（Correlation Coefficient）确定一个变量对另一个特定变量的影响程度，本书正是讨论顾客的感知价值、感知风险与购买意愿之间的相互关系。常用的皮尔逊相关系数（Pearson Product Moment Correlation Coefficient）定义如下。

在真实计算中采用如下的计算公式

$$\gamma_{XY} = \frac{\sum X_i Y_i - (\sum X_i \sum Y_i)/n}{\sqrt{\sum X_i^2 - (\sum X_i)^2/n} \sqrt{\sum Y_i^2 - (\sum Y_i)^2/n}}$$

因为在上式中，不需要计算各个 $x_i - \bar{x}$ 与 $y_i - \bar{y}$ 的离差，因而四舍五入所产生的误差较少。由定义可以看出，相关系数的值介于 –1 和 +1 之间，符号表示正、负相关关系，若相关系数的值非常接近零，则表示 X 与 Y 基本无相关关系。

$\gamma_{XY} = \dfrac{S_{XY}}{S_X S_Y}$ 其中：γ_X = 样本相关系数

S_X = 样本共变系数

S_X = X 的样本标准差

S_Y = Y 的样本标准差

本部分的研究数据全部来源于前面的三个实证研究。

8.3 关系研究数据分析

由于本章的研究数据来源于前面的实证一、实证二和实证三，这三个实证的控制变量各不相同，为了统计分析的严谨性，本书采取对三个部分的数据分别进行相关检验的方法，以此来检查三个变量之间的关系。

根据实证中问卷量表的设计，关于顾客的感知风险的测量是数值越小代表感知风险越大，与顾客的感知价值和顾客的购买意愿的量表数字设置正好是相反的（数值越大，感知价值越大；数值越大，购买意愿越强），所以，为了检验三个变量的关系，在进行相关分析之前首先对顾客的感知风险的数据进行转换处理。根据量表设计的方式，关于顾客的感知风险是用李克特 7 级等距量表测量的，设 S_i 是受访者选择的分值，则用 8 – S_i 表示用于本部分数据分析的数据，以此实现了分值越大、感知风险越大的效果。

对于实证一中的 269 个样本数据之相关分析结果见表 8-1，从表中可以看出：顾客的感知价值与顾客的感知风险的相关系数是 –0.814；顾客的感知价值与顾客的购买意愿之间的相关系数是 0.833；顾客的感知风险与顾客的购买意愿之间的相关系数是 –0.830。说明三个变量的两两相关关系非常显著。

表 8-1 相关分析结果 I

		顾客感知价值	顾客感知风险	顾客购买意愿
顾客感知价值	Pearson Correlation	1	–0.814(**)	0.833(**)
	Sig. (2-tailed)		0.000	0.000
	N	269	269	269
顾客感知风险	Pearson Correlation	–0.814(**)	1	–0.830(**)

续表

		顾客感知价值	顾客感知风险	顾客购买意愿
顾客感知风险	Sig. (2-tailed)	0.000		0.000
	N	269	269	269
顾客购买意愿	Pearson Correlation	0.833(**)	−0.830(**)	1
	Sig. (2-tailed)	0.000	0.000	
	N	269	269	269

** Correlation is significant at the 0.01 level (2-tailed).

从实证二中的192个样本数据之相关分析结果中可以看出：顾客的感知价值与感知风险的相关系数是 −0.749；顾客的感知价值与购买意愿之间的相关系数是 0.763；顾客的感知风险与购买意愿之间的相关系数是 −0.765。同样说明三个变量的两两相关关系非常显著。

对于实证三中的356个样本数据之相关分析结果见表8-2，从表中可以看出：顾客的感知价值与感知风险的相关系数是 −0.817；顾客的感知价值与购买意愿之间的相关系数是 0.827；顾客感知风险与购买意愿之间的相关系数是 −0.859。同样说明三个变量的两两相关关系非常显著。

表8-2 相关分析结果 II

		顾客感知价值	顾客感知风险	顾客购买意愿
顾客感知价值	Pearson Correlation	1	−0.817(**)	0.827(**)
	Sig. (2-tailed)		0.000	0.000
	N	356	356	356
顾客感知风险	Pearson Correlation	−0.817(**)	1	−0.859(**)
	Sig. (2-tailed)	0.000		0.000
	N	356	356	356
顾客购买意愿	Pearson Correlation	0.827(**)	−0.859(**)	1
	Sig. (2-tailed)	0.000	0.000	
	N	356	356	356

** Correlation is significant at the 0.01 level (2-tailed).

8.4 相关分析研究结果

通过以上数据分析，本书对H16、H17、H18进行了假设检验，数据分析表明顾客的感知价值、感知风险、购买意愿三个变量之间的两两相关关系非常显著，得到了三个有意义的结论：延迟进入者的产品在入市过程中，顾客的感知价值越大，顾客的购买意愿就越强；延迟进入者的产品在入市过程中，顾客的感知风险越大，顾客的购买意愿就越弱；延迟进入者的产品在入市过程中，顾客的感知价值越大，顾客的感知风险就越少。说明了延迟进入者的产品在入市过程中，顾客的感知价值、感知风险、购买意愿三个变量之间具有高度的相关关系。

8.5 相关分析小结

我们对先前的研究结果进行分析和总结，提出了三个假设。H16：延迟进入者的产品在入市过程中，顾客的感知价值越大，顾客的购买意愿就越强；H17：延迟进入者的产品在入市过程中，顾客的感知风险越大，顾客的购买意愿就越弱；H18：延迟进入者的产品在入市过程中，顾客的感知价值越大，顾客的感知风险就越少。

假设检验的数据均来自之前的三个实证，对这三组数据分别进行相关性分析，结果都显示假设16、假设17和假设18均得到了很好的验证，说明延迟进入者的产品在入市过程中，顾客的感知价值与感知风险之间具有很强的负相关关系；顾客的感知价值与购买意愿之间具有很强的正相关关系；顾客的感知风险与购买意愿之间具有很强的负相关关系。由于本书同时考虑顾客的感知价值、感知风险和购买意愿，比以往单独考虑其中的两个因素更加全面地证实了三大变量之间的相关关系。证实了延迟进入者的产品在入市的过程中，顾客的感知价值越大，感知风险就越小，其购买意愿也就越强。这一结论有助于企业从提高顾客的感知价值、减少顾客的感知风险的角度去思考如何激发顾客的购买意愿。

9. 市场进入安全评价的主成分研究

9.1 市场进入安全的主成分理论问题的提出

产品是每一个企业的生命线，企业为了在市场中获得有利地位，必须不断地开发新产品，来代替那些已经不能适应市场需求的现有产品。如果新产品获得成功，就可以为企业带来可观的收入和利润（Cooper 和 Kleinschmidt，1995）。然而，企业开发新产品是一种高成本、高风险的活动，新产品的失败率非常高。Crawford 指出（1997），新产品开发过程管理较好的公司失败率可以控制在 10% 左右，其他公司，例如大型食品企业，新产品的失败率能控制到 60% 就已经很好了。因此，企业既要不断开发新产品以适应市场竞争和企业发展的需要，又要对新产品的开发和推广活动非常谨慎，以免新产品的开发失败给企业造成重大损失。所以，能够准确描述和预测新产品上市之后的销量变化规律，找到影响新产品销量的关键因素，企业就能更好地对新产品进行管理。

产品生命周期理论是一种基于产品特性建立起来的模型，把产品或产业的生命分为导入期、成长期、动荡期、成熟期与衰退期五个阶段。1957 年，美国的波兹、阿隆、海米尔通在出版的《新产品管理》一书中提出了产品的生命周期可分为投入期、成长期、成熟期、饱和期和衰退期五个阶段。也有的学者把产品的生命周期分为投入期、成长期、成熟期、衰退期四个阶段。后来很多学者致力于丰富和扩展产品的生命周期理论，以使其应用到更广阔的领域中，包括企业的生命周期、客户的生命周期、家庭的生命周期等。但这些理论都是针对产品和产业特性建立起来的。

随着企业管理观念的发展，顾客成为企业管理的中心。对顾客的研究基本是研究消费者的意愿（李蔚，1998）。消费者的购买意愿成为是否能够成功进入市场的核心因素，只有消费者真正接受，并愿意第二次购买、重复购买，产品进入市场才算获得成功。因此，将消费者的意愿融入产品的开发中，从消费者意愿的角度来评估产品进入市场的安全，已成为理论界和企业界的共识。最近国内学者对产品顾客的满意度（康大庆等，2002）、基于消费者心理的产品评价（郭涛，2004）及顾客需求科目分录（戴德宝等，2003）等问题进行了一系列深入的研究。

综观国内外消费者意愿对产品进入市场影响的相关文献，我们认为，目前对消费者意愿的评价指标研究还很缺乏。因此，从消费者意愿的角度出发，基于新产品市场进入阶段的评价研究已经成为企业营销安全的基础，本书提出一种全新的产品进入市场安全的评价体系——五阶段评价模型。

9.2 市场进入安全的主成分理论文献综述

9.2.1 生命周期理论

产品的生命周期理论是美国哈佛大学教授费农于 1966 年在其《产品周期中的国际投资与国际贸易》一文中首次提出的。他认为产品的生命是指市场上的营销生命，产品和人的生命一样，要经历形成、成长、成熟、衰退这样的周期。他把产品生命周期分为三个阶段，即新产品阶段、成熟产品阶段和标准化产品阶段（如图 9-1 所示）。

在此之后，很多学者在产品周期理论的基础上进行了大量的探索和研究，大大地扩展了这一理论，如产业生命周期（Hill 和 Jones，2001），用导入期、成长期、动荡期、成熟期与衰退期来分析不同阶段的产业特质。

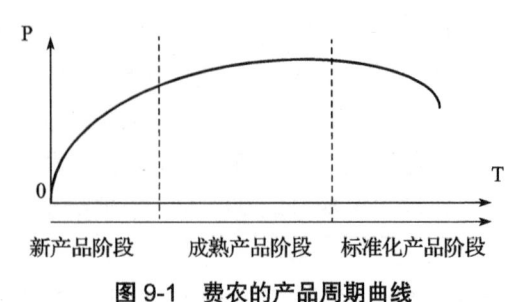

图 9-1 费农的产品周期曲线

Steven Fink 建立了一种四阶段危机管理分析模型：前症状期、敏锐的危机阶段、慢性痛苦的危机阶段、恢复阶段。Gonzalez-Herres 和 Pratt 提出了一种四阶段的危机管理模型：问题管理（包括对环境的扫描，收集数据，制定出一种信息交流的战略）；计划、阻止危机发生阶段（包括监控环境的信息变化，建立信息系统、预警系统，完善内部沟通的机制）；危机阶段（评估应对的方案，实施危机应对行动，清除对公司的负面影响和信息）；后危机阶段（注意各方对事件的反应，监控问题的动向，继续同媒体保持良好的沟通，评估整个危机计划）。罗伯特·希斯博士（Robert Heath）建立了一种危机的 4R 阶段模型（缩减 Reduction、预备 Readiness、反应 Response、恢复 Recovery）。

这些关于周期的研究主要偏重研究企业内外部的影响因素，通过对这些因素的评价来划分周期，对直接影响消费者购买意愿的因素没有过多探讨。同时，这些评价方法主要以定性研究为主，对实际操作很难有借鉴意义。

9.2.2 市场进入理论

市场进入是企业重要的战略决策（Frawley 和 Fahy，2005），是指企业进入一个从未服务过的产业市场领域，它重点研究企业是否进入或者什么时间进入这样的问题，它是基于不确定环境下的期望收获（Wernerfelt 和 Karnani，1987），或者是在相关费用支持下的结果（Kerin 等，1992）。该理论主要探讨产品在进入市场初期的安全问题，对产品是否能成功进入市场并获得生存空间没有作明确定义。学术界需要研究新产品进入市场后获得生命力，并能得以长期存活的条件。

9.2.3 营销安全理论

四川大学营销安全学派将产品表现出的市场安全状态分为五个阶段：安全、风险、威胁、危机、失败。现用 MS 代表企业营销安全（Marketing Security），MR 代表营销风险（Marketing Risk）；MT 代表营销威胁（Marketing Threaten）；MC 代表营销危机（Marketing Crisis）；MF 代表营销失败（Marketing Failure）。

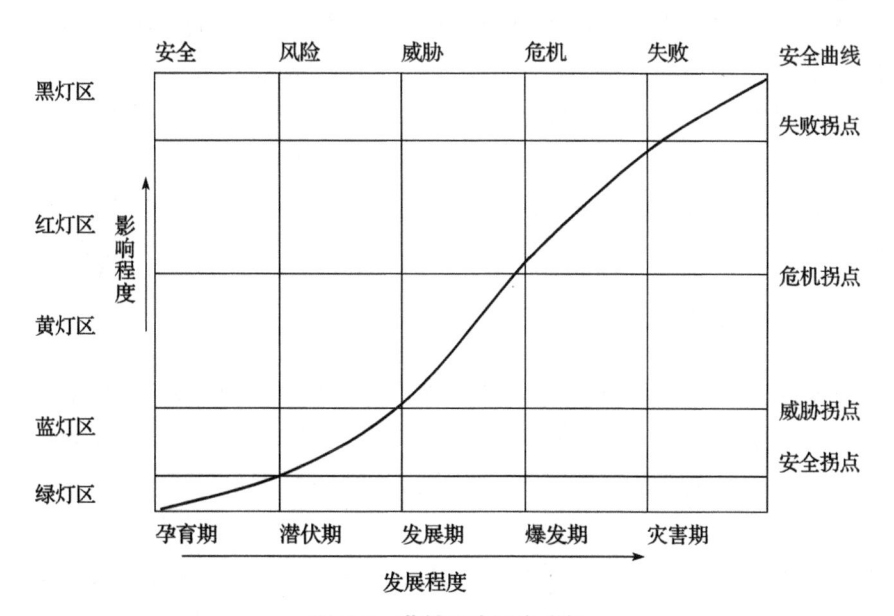

图 9-2 营销安全五态坐标

该理论对产品进入市场的五大方面的一百多个因素进行全因素安全性评估，评估参数多，评估所需要的数据不容易得到，而且，评价的工作量巨大，实际应用价值有限。

9.2.4 新产品扩散理论

新产品扩散 NPD（New Product Difusion），即新产品在人群中渗透，使用人数的增多。新产品扩散模型是一种基于特定扩散理论建立起来的数学模型，用以拟合新产品上市之后的销量变化。从影响扩散的因素角度，Roger（1983）认为，影响新产品扩散的因素是新产品本身的特性、消费者的特点、信息传播的效果。Bass 对 11 个耐用消费品市场扩散研究，提出新产品扩散模型（首次购买模型），该模型综合内部影响因素和外部影响因素两方面对消费者采用新产品的作用，共三个参数：创新系数（受大众传媒影响而采用新产品）、模仿系数（由于人际影响而采用新产品）、市场潜力（市场达到饱和时的总采用新产品）。以上关于影响因素的理论主要以研究耐用消费品为主，同时，研究重点为顾客首次购买新产品，对再次购买、持续购买、转移购买等阶段未做探讨。

另外，还有大量的学者致力于研究尝试-重购模型（Trial — repeat Model）的研究。LRK 模型（Lilien、Rao 和 Kaklish，1981）将消费者分为非购买者、购买者，消费者在购买新产品后，受到竞品的吸引，转而购买竞争对手的产品，又成为非购买者。类似的还有 MWS 模型（Mahajan、Wind 和 Sharma，1983），该理论的问题在于，没有把源于尝试购买的新产品销量和源于重复购买的新产品销量区分开。

HPKZ（Hahn、Park 和 Krishnamurthi 等，1994）模型区分了尝试购买者和重复购买者。假定消费者在受营销活动口碑的影响，尝试购买了新产品之后，就以固定的频率 ρ 重复购买。Hahn 等人认为，新产品（药物）被尝试之后，消费者的重复购买决策主要取决于其对产品的直接体验，营销活动及口碑等间接作用的影响很小，所以 ρ 被假定为常数。但是，HPKZ 模型是准线性模型，而营销组合变量对新产品的销量不是线性的，可能出现负的重购系数；其次，营销组合变量没有考虑营销中的沟通对消费者的作用。

9.2.5 影响因素理论

对产品进入市场安全产生影响的因素有很多，大量的学者对这些因素进行了研究。

（1）消费者需求。

Cooper（1975）认为，在产品投入期，与顾客需求度最强的是产品的独特性，其次是产品质量、产品价格、可获得性、购买时的服务。Bolton（2003）提出，消费者会从参考价格评价所购买物品价格的公平性。电子产品的行业报告（1994）中显示，消费者购买该类产品会主要考虑产品的质量、稳定性和价格。

Kotler（1999）提出，产品的需求分为实用需求和享受需求，实用需求是判断产品价值的标准，如优质、可靠、便于维护等，而与享受需求相联系的购买决策具有一定的主观体验和情绪化色彩。

（2）消费者沟通。

Kotler（2001）认为，营销主体试图针对其销售的产品对消费者进行直接或间接的告知、劝说、激励和提醒，通过刺激消费者购买而达到提升品牌价值的目的，就是营销沟通。Rogers（1983）的信息传播效果理论认为，营销主题的沟通效果是影响消费者购买的主要因素。

（3）质量体验。

伯德·施密特（Bernd H Schmitt）在他所写的《体验式营销》一书中认为消费者消费时是理性与感性兼具的，消费者在消费前、消费时、消费后的体验，是研究消费者是否重复购买的关键。学者们从感知质量、服务质量、产品质量等多个方面进行了论述，说明其对消费者购买意愿的影响。

（4）品牌。

菲利普·科特勒认为，消费者对某一品牌的信念就是消费者心中的品牌形象。对品牌的研究大多基于消费者的心理认知。许多学者认为，品牌反映了消费者对产品的总体看法、感觉和态度，影响了消费者持续购买产品的行为。Churchill（1979）、Gerbing 和 Anderson（1987）等人对品牌与消费者意愿的关系进行了深入研究。

（5）客户挽留。

顾客挽留CR（Customer Retention），即使用新产品的人继续使用这个产品。Reiehheld指出，顾客满意未必一定导致顾客保持或顾客挽留。因此，如何挽留消费者，使消费者持续购买，如何使消费者面对层出不穷的竞争品不转移购买，一直是学术界研究的热点。

9.2.6 阶段性突变理论

产品进入市场后，部分产品会受到短期的、巨大的冲击影响，其销量会发生骤变。这与动物种群数量的变化有相同之处。关于动物种群数量如何变化，有两种思想流派。澳大利亚的伯奇（Chares Birch）认为，大多数自然种群数量是由外部影响推动的，因此，他们会受到环境改变的推动，从而发生剧烈的涨落。科学家们通过研究发现，总体上看，种群数量是波动的，一个简单、确定的方程不可能作长期的预言，并由此提出了"混沌"的概念。

根据逻辑斯蒂方程（见图9-3）动态描述：生物或生态进化期间，生态参数K、r、m会发生变化。动态的社会不断地利用现存资源或开发新资源（即K增大），并不断地发现延长寿命或更快繁殖的新方法。因此，每个逻辑斯蒂上确定的小生境将被一系列物种相继地占有，每个物种都在利用这个小生境的"能力"（以数量 $K-\dfrac{m}{r}$ 来度量）变得更大时取代前一种物种。因此，逻辑斯蒂方程导致一个非常简单的情形的确定，在那里我们可以为"适者生存"这个理论给出一个定量的标书。"适者"就是给定时刻量 $K-\dfrac{m}{r}$ 最大的那个物种。

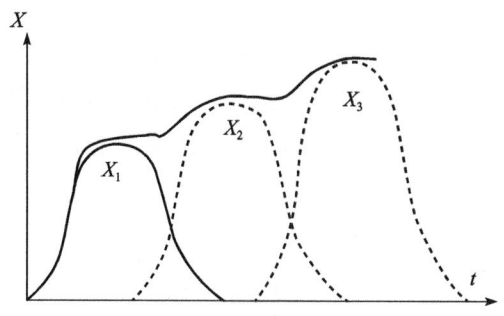

图9-3 逻辑斯蒂方程动态描述曲线

曲线表明具有增大的 $K-\dfrac{m}{r}$ 的一个给定的逻辑斯蒂方程族所确定的一系列增长和峰值，即总群体X的进化作为时间的函数，群体由X_1、X_2、X_3…组成，并相继出现，以 $K-\dfrac{m}{r}$ 不断增大为特征。

给定时刻 $K-\dfrac{m}{r}$ 最大的那个物种具有重要的经济学和营销学意义。经济学意义：社会利用现存资源，或者开发新资源（即K增大）。营销学意义：把系统的"运载能力"作为它被利用的方法函数，而不是给定的。

这个最大物种正如影响事物发展的主因素，就是在给定时刻决定消费者继续购买的主要因素，只有主因素起作用的时候，整个营销系统才得到"资源引入"，整个系统才得以在稳定中发展。

9.3 市场进入安全的主成分理论实证分析

本书的实证过程采用目前国内外营销管理研究中常用的几个步骤：测项开发构建量表、研究设计与受试产品选择、数据收集、因子分析、因子信度与效度检验、路径关系分析等。

9.3.1 量表题项的生成

本书的重点在于开发需求安全模型以及进行信度与效度的检验，为此，我们遵照Churchill和Iacobuoci（2002）的量表开发程序，首先对顾客需求、尝试购买、重复购买、持续购买、忠诚购买等国内外相关文献进行全面扫描，对现有的要素进行梳理。之后根据理论分析对要素进行归纳整理，并使用专家意见法（包括营销学教授和十余名博士、硕士组成的小组进行了十余次讨论）对要素进行调整和完善。对已形成的基本题项进行访谈，其主要目的是为了检测题项的适用程度。之后编制成问卷进行初测。通过对 50 名消费者的访谈,我们发现其中一些题项让受访者不易理解,为此,我们对问卷进行了修改和调整。最后形成了 5 个阶段,29 个测项的正式问卷。

9.3.2 受试产品的选择

受试产品的选择标准是:①代表性。受试产品必须是受访者尚未接触的新产品。②普及性。受试产品必须是本书的多数受访者有可能经常使用的产品。为此,我们查阅了相关产品的渠道信息,发现广州 A 公司生产的新产品防断洗发水尚未在成都、北京等地上市,代表性强。并且洗发水属于人们生活常用产品,普及性高。因此,确定 ×× 防断洗发水作为受试产品。

9.3.3 数据收集

本书使用的问卷由六部分构成:①产品预测阶段消费者购买意愿的评价量表;②尝试购买阶段消费者购买意愿的评价量表;③重复购买阶段消费者购买意愿的评价量表;④持续购买阶段消费者购买意愿的评价量表;⑤转移购买阶段消费者购买意愿的评价量表;⑥有关人口统计的问题,如性别、年龄、文化程度、月收入。

正式实测在成都、北京、广州等地先后进行了两次调查,获得了两个样本,历时一个月。本问卷采用 Likert 的 5 点尺度,5 代表"很重要",1 代表"很不重要"。实测时,要求受访者对新产品进行免费试用,然后让受访者根据对产品的实际感受打分。第一次调查共发放问卷 50 份,回收 50 份有效问卷;第二次调查共发放问卷 600 份,回收 421 份有效问卷。最后,确定的有效样本数 403 份,其样本结构如表 9-1 所示。

表 9-1 有效样本结构描述

分类标准	样本量的特征分布
性别	男性样本为 61.6%,女性样本为 38.4%
年龄	20 岁以下为 5.4%,20～29 岁为 40%,30～39 岁为 35%,40～49 岁为 9.9%,50 岁及以上为 9.7%
文化程度	初中及以下为 5.5%,高中、中专为 15.0%,专科为 28.4%,本科为 38.4%,研究生为 12.7%
月收入	1000 元以下为 25.1%,1001～2000 元为 19.6%,2001～3000 元为 22.7%,3001～4000 元为 12%,4000 元以上为 20.6%

9.3.4 数据质量

29 个测项的 Cronbach's α 值为 0.921,表明数据呈现了较好的内部一致性;外部一致性则体现为数据来源于 402 个受访者对产品的实际感受。量表的内容效度由专家和博士生小组来判断,修改少量字词表述后通过;建构效度通过单项和总和的相关系数来检验,经计算,29 个测项与总和的相关系数都超过了 0.45,说明测项的效度很好。

9.3.5 探索性因子分析

Nunnally(1978)认为,探索性因子分析的样本量应至少是量表测项数目的 10 倍。因此,本书通过 402 个有效样本对 29 个测项运用 SPSS17.0 统计软件中的因子分析来进行数据处理。数据显示,29 个测项的 KMO 值为 0.915,Bartlett's 球状检验的显著性水平小于 0.05,表示这些数据很适合做因子分析。

分析表明,在产品预测、尝试购买、重复购买、持续购买和转移购买五个阶段中,分别存在 1 个因子在该阶段起主导作用。从特征值来看,5 个因子的值均大于 1。从方差解释贡献率来看,5 个因子累计解释了 62.041% 的信息,超过了 60%(Malhotra,1999),说明 5 个因子可以接受。从定性来看,这 5 个因子之间有可能相关,因此,选择斜交旋转方法(卢纹岱,2000),结果 29 个测项很好地归属于 5 个成分因子,且每个测项的因子负荷值都大于 0.4(见表 9-2),表示效果很好。

表 9-2 斜交旋转的因子模式矩阵

测项序号	测项名称	因子1	因子2	因子3	因子4	因子5
A_1	核心效用需求度	0.50				
A_2	核心效用满足度	0.70				
B_1	辅助效用独特度	0.72				
B_2	辅助效用兴趣度	0.69				
B_3	辅助效用适用度	0.71				
C_1	广告安全度		0.64			
C_2	推销安全度		0.84			
C_3	包装安全度		0.85			
C_4	活动安全度		0.63			
C_5	促销安全度		0.53			
D_1	核心产品质量安全度			0.51		
D_1	形式产品质量安全度			0.76		
D_2	附加产品质量安全度			0.84		
E_1	个性特点				0.75	
E_2	个性认知				0.76	
E_3	产品联想				0.78	
E_4	态度联想				0.79	
E_5	组织联想				0.64	
E_6	品牌形象				0.67	
E_7	品牌知识				0.72	
E_8	品牌影响				0.76	
F_1	功能创新安全					0.83
F_2	质量创新安全					0.70
F_3	载体创新安全					0.67
F_4	包装创新安全					0.86
F_5	品牌创新安全					0.79
F_6	服务创新安全					0.86
F_7	情感/文化创新安全					0.91
F_8	成本创新安全					0.46

9.3.6 验证性因子分析

我们可以进一步利用结构方程模型软件 LISREL 8.70 版中的验证性因子分析进行结构稳定性的验证。其中，29个测项作为观测变量（x），5个因子作为潜在变量（ξ），由此可构造一个路径模型。评价路径模型的好坏需要依据各种拟合指数。模型拟合度高的指数要求是，χ^2/df 在 2.0 至 5.0 之间，RMSEA 低于 0.08，CFI 和 NNFI 均在 0.9 以上。（侯杰泰、温忠麟和成子娟，2004）该模型的拟合指数分别是：χ^2/df = 2.19，RMSEA = 0.08，CFI = 0.96，NNFI = 0.95，这说明本书中路径模型的拟合度较高。表 9-3 为各变量之间的路径系数和 t 值，其中所有 t 值均大于 2，表示路径关系显著，即探索性因子分析得出的 5 个因子与 29 个测项的关系是存在且稳固的。

表 9-3 路径关系与路径系数

路径	路径系数	t值	路径	路径系数	t值
x_1-A_1	0.75	13.06	x_4-E_3	0.42	11.25
x_1-A_2	0.50	11.66	x_4-E_4	0.39	10.94
x_1-B_1	0.52	11.76	x_4-E_5	0.37	10.72
x_1-B_2	0.49	11.50	x_4-E_6	0.59	12.54

续表

路径	路径系数	t值	路径	路径系数	t值
x_1-B_3	0.53	11.86	x_4-E_7	0.55	12.28
x_2-C_1	0.59	12.32	x_4-E_8	0.49	11.59
x_2-C_2	0.30	8.27	x_5-F_1	0.42	10.94
x_2-C_3	0.28	7.78	x_5-F_2	0.31	9.13
x_2-C_4	0.26	6.37	x_5-F_3	0.51	11.81
x_2-C_5	0.28	7.78	x_5-F_4	0.55	12.00
x_3-D_1	0.72	12.54	x_5-F_5	0.26	7.57
x_3-D_2	0.74	13.00	x_5-F_6	0.38	10.08
x_3-D_3	0.42	10.77	x_5-F_7	0.26	10.23
x_4-E_1	0.30	8.64	x_5-F_8	0.17	7.78
x_4-E_2	0.44	10.98			

9.3.7 因子命名

第1个因子下属的测项包括5项：核心效用需求度、核心效用满足度、辅助效用独特度、辅助效用兴趣度和辅助效用适用度，可以归纳为需求安全度；第2个因子下属的测项包括5项：广告安全度、推销安全度、包装安全度、活动安全度、促销安全度，可以归纳为沟通安全度；第3个因子下属的测项包括3项：核心产品质量安全度、形式产品质量安全度、附加产品质量安全度，可归纳为质量安全度；第4个因子下属的测项包括8项：个性特点、个性认知、产品联想、态度联想、组织联想、品牌形象、品牌知识、品牌影响，可归纳为品牌安全度；第5个因子下属的测项包括9项：功能创新安全、质量创新安全、载体创新安全、包装创新安全、品牌创新安全、服务创新安全、情感/文化创新安全、成本创新安全，可归纳为创新安全度。

9.3.8 信度与效度检验

本书信度分析主要考察内部一致性和外部一致性。其中，每个维度的Cronbach's α值均在0.65以上，表明数据呈现较好的内部一致性（见表9-4）。

表9-4 内部一致性分析

	Cronbach's α值	被计算Item数目
全部因子	0.94	19
K_1：产品需求安全度	0.83	6
K_2：产品沟通安全度	0.82	3
K_3：产品质量安全度	0.66	3
K_4：产品品牌安全度	0.84	3
K_5：产品创新安全度	0.84	4

本书根据5个变量划分了总体样本，根据性别分为男、女两组；根据年龄分为幼（年龄小于20岁）和长（大于及等于26岁）两组；根据文化程度分为本研（本科、研究生）和非本研（高中、专科等）两组；根据月收入低（低于2001元）和高（高于及等于2001）分为两组。为检验外部一致性，我们增加样本量（402个）以及将样本分群（根据4种分群方式分成5组），再进行因子分析，均得到5个维度，说明了五维的可信度。

如前所述，由29个测项构成的需求安全评价量表通过了效度分析，这说明29个测项可以用来测量需求安全的状况。而5个因子来自29个测项的因子分析，是这29个测项的抽象和归纳，从而说明了5个因子的确反映了产品进入安全的状况，即具有效度。

9.4 不同阶段主因素的市场安全概念模型

以上研究所得的产品进入市场安全评价结构的 5 个组成部分，是评价产品进入安全所需要的指标，故建立新产品市场进入的阶段性安全评价的概念模型（见图 9-4），引入产品进入市场的五个阶段，以及影响五个阶段产品安全的五大主因素：X_1 为需求因素，X_2 为沟通因素，X_3 为质量因素，X_4 为品牌因素，X_5 为创新因素。

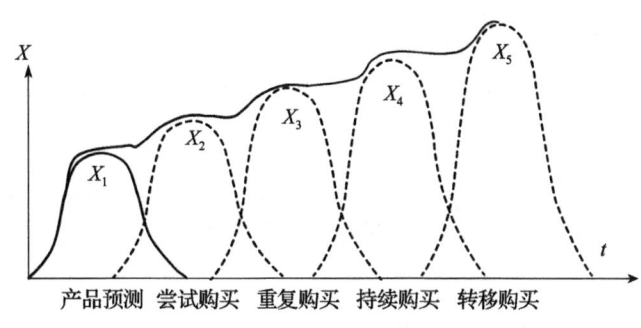

图 9-4 概念模型

9.4.1 模型描述

产品从研制到拥有了忠诚的消费者，一共经历产品预测、尝试购买、重复购买、持续购买和转移购买五个阶段。

产品预测阶段：产品首先要符合市场的需求，才能形成消费者购买意愿。

尝试购买阶段：如果产品符合消费者的需求，进入市场，首先需要通过与消费者沟通，才能吸引消费者首次购买，即达成尝试购买。

重复购买阶段：当消费者尝试购买产品，印证了沟通信息，需要通过首次使用产品，决定是否重复购买产品。

持续购买阶段：消费者重复购买之后，对产品产生信任感，进而长期购买，逐渐形成对产品的品牌意识。

转移购买阶段：在消费者持续购买过程中，竞争品牌推出类似新品，而消费者并不转移购买，意味着产品进入市场获得成功。

9.4.2 模型假设

产品预测阶段：影响顾客购买意愿的主因素是需求。

尝试购买阶段：影响顾客尝试购买的主因素是沟通。

重复购买阶段：影响顾客重复购买的主因素是质量。

持续购买阶段：影响顾客长期购买的主因素是品牌。

转移购买阶段：影响顾客忠诚购买的主因素是创新。

9.4.3 模型特点

该模型立足于消费者的购买意愿，认为消费者的购买意愿对新产品进入市场有决定性的意义。模型涵盖产品市场进入全过程，从进入到退出，包括产品预测、尝试购买、重复购买、持续购买、转移购买五个阶段。

该模型不是连续性函数，而是呈阶段性非连续增长。每个阶段受其主因素影响呈阶跃性增长。同时，每个主因素具有二级影响因素。

9.5 不同阶段主因素的市场安全模型的应用

9.5.1 产品安全评估

不同阶段主因素的市场安全模型方便对新产品进入市场的状态进行营销安全的预评估。从研究性质来看，本书属于应用理论研究中的评估研究（Miller 和 Salkind，2004）。因此，不同阶段主因素的市场安全模型最大的应用价值在于对产品进入市场的安全性进行评估，掌握市场动态。该模型解决了原来的评价体系中评价因素过多，或者仅局限于消费者尝试购买阶段评价的问题，使产品进入市场的安全评价具有了实际应用价值。

9.5.2 营销策略指导

不同阶段的主因素的市场安全模型可以为企业营销策略做依据。通过对新产品进入市场的主因素进行评估，可以发现消费者对产品最重要的评价，根据评价结果，判断该产品在投放市场时可能或者已经产生的不安全因素，通过及时、准确的营销策略来消除隐患，从而提升产品的市场竞争力。

9.5.3 产品研发指导

不同阶段的主因素的市场安全模型可以为企业持续改进提供保障。通过全面收集消费者对产品的购买意愿，评估出产品的不安全因素，对产品进行创新升级，形成循环，持续改进以延长产品的生命周期。

9.6 研究结论及研究局限

9.6.1 研究结论

本研究立足于不同阶段的主因素的市场安全评价将产品进入市场划分为 5 个阶段，分别为产品预测阶段、尝试购买阶段、重复购买阶段、持续购买阶段和转移购买阶段。

在产品预测阶段，消费者对产品的需求是影响产品进入市场的主因素。如果产品与消费者需求错位，则产品进入市场将出现危机或最终失败。因此，企业对开发出的新产品进行市场预测，关键是测试产品是否能满足消费者的需求。

在产品满足了消费者需求的情况下，产品一旦进入市场，则是消费者尝试购买阶段。影响消费者是否首次购买产品的主因素是沟通因素，即让消费者认知产品，并产生购买意愿和购买行动。如果该阶段沟通不成功，就算产品质量好、品牌好，消费者也不会尝试购买，最终导致产品进入失败。因此，企业在尝试阶段，关键是对营销沟通进行评估。

在消费者尝试购买产品之后，当消费者认同了企业的沟通内容和沟通方式，产品进入消费者重复购买阶段。随着沟通因素对消费者购买影响的逐渐递减，质量成为影响消费者的主因素。质量因素是消费者体验质量，包括对核心产品、形式产品和附加产品的质量感知和质量体验。因此，企业在重复购买阶段，关键是对产品的质量进行评估。

在消费者重复购买产品之后，当消费者认同了产品的质量，产品进入消费者持续购买阶段，品牌成为影响消费者的主因素，包括对产品品牌的个性特点、个性认知、产品联想、态度联想、组织联想、品牌形象、品牌知识、品牌影响等。因此，企业在持续购买阶段，关键在于对产品的品牌进行评估。

当消费者形成了品牌忠诚，持续购买产品后，产品进入转移购买阶段。在这个阶段，如果消费者对竞争产品的新功能、新服务等产生兴趣，可能失去忠诚度，转移购买竞争产品，因此，创新成为影响消费者的主因素。企业在转移购买阶段，关键是对产品的创新性进行评估。

9.6.2 研究局限性及未来研究方向

（1）产品分类问题。

本书主要是以研究质量不可感知的快速消费品作为研究重点，实证过程中采用了洗发水这一快速消费品。虽然在产品中具有相对较强的代表性，但是，产品领域还包括质量可感知的快速消费品、质量可感知的耐用品和质量不可感知的耐用品。由于这些产品具有相对独特的产品特性，消费者在选购产品的过程中具有不同的行为，因此，产品进入市场也会反映出不同的安全问题。在产品的尝试购买阶段、重复购买阶段、持续购买阶段将可能出现不同的主因素。例如，质量可感知的快速消费品在尝试购买阶段的主因素可能会是质量因素；耐用消费品在持续购买阶段的主因素可能也是质量因素。同理，不同的产品进入市场可能具有不同的产品阶段，例如：质量可感知的耐用品如家居等，可能会没有长期购买阶段。对此，由于时间和投入有限，我们未做分别探讨。

（2）影响程度问题。

本研究找出每个阶段的主因素，指出核心影响因素，但没有定量研究各个主因素相对其他因素，对消费者购买的影响程度。

（3）阶段划分问题。

本研究将产品进入市场划分为五个阶段，而具体的划分标准和指标也没有深入研究，有待完善。

（4）五个阶段各个主因素的影响变量。

在目前的研究阶段，按照产品进入市场的五阶段模型进行研究，分别找出每个阶段影响产品进入市场的主因素。而每个主因素受若干分变量的影响，我们对这些变量尚未深入研究，有待日后进一步完善。

10. 产品预测阶段市场进入安全评价研究——基于产品需求安全评价的实证

10.1 产品预测阶段需求问题的提出

近些年来，我们看到许多企业的新产品进入市场都出现了营销危机，有些甚至导致了完全的营销失败，关于市场进入的安全问题研究备受学术界和企业界的关注。基于主成分法的市场进入五阶段理论告诉我们，企业新产品进入市场时，在符合消费者需求的前提下，消费者才会产生首次购买。Quinn（1992）曾经指出要想理解和管理一个营销现象首先需要对它进行描述和测量，Harrington 也认为量化是管理的第一步。因此，基于新产品市场进入的需求安全评价量表的开发和评价体系的建立就显得十分必要了。

国内外不少学者都做过对顾客需求的研究，其主要理论都是在探讨需求理论、顾客需求、产品属性等。Cooper（1975）认为，在产品首次投入市场时，顾客对新产品的主要需求体现在产品的价格、质量、独特性、可获得性、购买产品时的服务。Cooper（1976）还认为，顾客在购买新产品时，首先是从关注产品的独特性开始的。Kotler（1988）提出，任何一种产品都可被分为三个层次，并认为这三个层次是相互联系的有机整体。1994 年，Kotler 将产品的概念由三层次结构说扩展为五层次结构说。Kotler（1999）提出，对产品的需求分为实用需求和享受需求两个层次。

企业管理的观念在不断改变，顾客成为企业管理的中心。对顾客的研究主要是顾客的需求（李蔚，1998）。将顾客需求融入产品开发中，使顾客需求转化为产品属性已成为理论界和企业界的共识。最近国内学者对顾客需求识别（荆志瑞，2005）、基于 KANO 模型的用户需求研究（王霜等，2006）、产品开发中 QFD 的运用（永野滋等，1970）、根据用户需求对产品创新（华尔天等，1999）、产品质量指标（吴昭同等，2004）、产品顾客满意度研究（康大庆等，2002）、基于消费者心理的产品评价（郭涛，2004）及顾客需求科目分录（戴德宝等，2003）等问题进行了一系列深入研究。也有学者认为企业在所提供的产品上造成足以引起购买者偏好的特殊性，可以达到在市场竞争中占据有利地位的目的（李太勇，1994）。企业的竞争焦点已经集中于如何更好地满足顾客的个性化需求（何雪峰，2005）。针对新产品开发，学者认为良好的产品需求设计决定了产品概念设计和整个项目的成败（徐洪刚，2006）。

综观国内外顾客需求的相关文献，我们认为，目前对顾客需求的评价指标研究还很缺乏。因此，从顾客需求的角度出发，基于新产品市场进入阶段的评价研究已经成为企业营销安全的基础，而量表的研究则是这一重要工作的开始，本书提出一种全新的顾客需求评价体系——需求安全模型。

10.2 产品预测阶段需求文献综述

从研究视角来看，现有的需求评价文献主要分为指标强度法和指标体系法两类。指标强度法着重于对顾客购买影响因素的强度分析，关注影响顾客需求度的主要因素；而指标体系法着重研究顾客关心的产品品质，关注顾客需求的指标体系研究。从文献的数量上来看，现有的指标强度法文献不多，主要包括顾客对产品需求情况分析（孔繁来，1999）、KANO 模型（卡诺，1970）、购买价格分析（Bolton，2003）等研究，而指标体系法的文献则主要集中 QFD 质量功能配置（永野滋等，1970）、用户需求分析（Kotler，1999）、顾客需求科目（戴德宝等，2003）、产品综合评价指标（郭涛，2004）、顾客满意度评价指标（康大庆等，2002）等研究，评估方法多使用 AHP 层次分析法或模糊聚类方法。指标体系法的思路和方法尚未达到统一认识，文献较多，体系也较多。这说明指标体系评估法还不够成熟，需要进一步研究。

研究顾客基本是研究顾客的需求。对消费者需求的研究，现有文献主要是对需求的类型和层次的探讨。

（1）消费者三层次论。根据恩格斯对消费资料的划分而产生的，相对应地将消费者的需求划分为三个层次，即生存需求、享受需求和发展需求（孔繁来，1999）。

（2）需求二层次论。小岛外宏等（1980）提出 HM 理论，可以将消费者对每种具体商品的需求划分为两个层次：保障需求和促进需求。

（3）卡诺模型。由日本人卡诺（1970）提出的，他把顾客需求分成三种类型：基本型、期望型与兴奋型。基本型需求是不需要顾客表达出来的，期望型需求一般是需要顾客表达出来的，兴奋型需求则很少会被顾客表达出来，甚至顾客自己也没有意识到，但一经满足，顾客会立即感到强烈的喜悦。

（4）T 战略结构。美国人雷蒙德·叶等（2002）认为，当今社会，时间已是顾客需求的基本要素，企业应将时间引入到识别顾客潜在需求的过程中去。基于识别潜在顾客的需求，企业才能形成核心竞争力和不断创新的能力。

以上研究多集中在对需求理论的研究，没有具体阐述各层次或各类型需求应该如何使顾客满足，没有企业可操作的细则。因此，大量学者展开了对顾客需求与产品属性对接的研究。

永野滋等（1970）提出质量功能配置（Quality Function Deployment），认为第一步将消费者（用户）所期望的功能要求转换成代用特性；第二步依据这些特性决定产品的设计质量；第三步再依据设计质量进一步开展至每一组件或零件制造过程的质量要求……这样以目的——手段到下一层目的——手段系统化进行展开，以确保该项产品（或工作）能满足消费者之期望。在顾客需求逐步展开过程中，QFD 采用了质量屋，它提供了将顾客需求转换为产品技术需求和零部件特性并配置到整个研制过程的结构。

国内外对 QFD 的研究主要侧重于 QFD 分解模型及其改进研究（赵丽影，2005）。针对传统的 QFD 理论与方法所存在的缺陷和不足，Cindy Adiano 等人利用质量屋的基本原理，提出了顾客屋的概念，并据此提出了动态的质量功能展开的概念，通过顾客屋将顾客的需求直接与生产过程联系起来，并利用顾客反馈信息来动态地进行产品和工艺的连续改进。Richard E Zultne 等意识到 QFD 过程中用离散的顺序标度作为评价刻度的不科学性，提出根据顾客需求的层次性，利用比例标度作为评价尺度进行相对判断，可以提高顾客需求权重评价的精确性。

我国学者刘鸿恩将层次分析法（AHP）应用于 QFD 中，提出了基于 AHP 理论的 QFD 分解模型，它以总的顾客满意程度为总体目标，建立了顾客满意递阶层次结构，使分解的精确性和判断的一致性得到改善。目前，寻求更为有效的新型 QFD 分解模型仍是 QFD 理论与方法研究的焦点。

王霜等人（2006）提出，分析用户对产品的实际需求，可以将需求分为时间、质量、费用、服务与社会性 5 个方面，并可参照 QFD 建立质量屋的方法，建立用户需求指标体系。为评价设计的产品质量，吴昭同等人（2004）提出了产品质量指标体系，包括功能和性能指标、经济指标和社会性指标。

Cooper（1975）认为，在产品投入期，与顾客需求度最强的是产品的独特性，其次是产品的质量、产品的价格、可获得性、购买时的服务。Bolton（2003）提出，消费者会从参考价格评价所购买物品价格的公平性。在关于电子产品的行业报告（1994）中显示，消费者购买该类产品会主要考虑产品的质量、稳定性和价格。

Kotler（1999）提出，对产品的需求分为实用需求和享受需求，实用需求是判断产品价值的标准，如优质、可靠、便于维护等，而与享受需求相联系的购买决策具有一定的主观体验和情绪化色彩。

岑咏霆（1999）提出，产品属性可以从产品的功能要素、物理要素、时间要素、经济要素、生产、市场、交货期等顾客可能有定制需求及产品本身所应具有的各个方面来考虑。

顾客的需求在实际中表现为产品的属性和由产品属性所引起的一切结果。产品属性就是产品的特点，产品结果就是顾客在拥有、使用或消费一个产品时所体会到的所有感觉。正是产品属性影响着顾客的购买决策和顾客的需求（荆志瑞，2005）。

郭涛（2004）提出，对产品评价的指标体系中，除了传统的产品评价体系相关指标（如质量指标、服务指标、使用价值指标、价格指标、外观指标等）以外，应突出能够充分反映消费者主观消费需求心理的情感性反应指标、购买兴趣及意向指标以及产品综合满意度评价指标。

李蔚（1998）提出，顾客需求结构不仅显示了消费需求的序位，也显示出顾客需求的内容，并将顾客需求分为功能需求、形式需求、外延需求与价格需求。康大庆和张旭梅（2002）提出，对产品的"评价指标"展开为品位、质量、功能、品种、价格、支付、交付和服务八个二级指标。

针对特定的产品，用户需求具有一个完备的体系，包括产品的实用性、安全性、舒适性、产品美度、经济性、服务性和维修性（华尔天等，1999）。戴德宝等人（2003）提出，顾客关心的是产品品质（外观、可靠性、功能等）、服务和价格，所以，一级需求科目可定义为产品、服务和价位3种，然后按照附表那样细化下去，最终形成一套比较完善的顾客需求科目体系。

就产品的差别而言，李太勇（1994）提出，产品差别化可以使企业达到在市场竞争中占据有利地位的目的，四种产品差别化为：选择更有利的方便消费者购买的地理空间；产品特质上的物理差异，即产品用途基本相同，但不同企业的产品在质量、性能等方面有所不同；销售服务上的差别；购买者的主观印象。

根据消费者需求与消费者信息搜寻两个维度，刘学等人（2002）提出将产品市场分为易识常用品市场、易识高档品市场、难识常用品市场、难识高档品市场。马骧骅（2007）认为，可以将消费者对产品的评价定义为三个层面：知觉态度、感知价值和购买意愿。

综上所述，多数研究者提出了顾客评价产品的指标，以及分析了顾客购买产品的主要因素，但系统性不强，指标体系对企业的可操作性及适用性不是太强。所以，量表的开发对企业在新产品进入市场阶段显得尤为重要。

10.3 产品预测阶段的需求实证研究

本书的实证过程采用目前国内外营销管理研究中常用的几个步骤：测项开发构建量表、研究设计与受试产品选择、数据收集、因子分析、因子信度与效度检验、路径关系分析等。

10.3.1 量表题项的生成

本书的重点在于开发需求安全模型以及进行信度效度检验，为此，我们遵照 Churchill 和 Iacobuoci（2002）的量表开发程序，首先对顾客需求、需求安全、产品属性等国内外相关文献进行全面整理，对现有的要素进行梳理。之后根据理论分析对要素进行归纳整理，并使用专家意见法（包括营销学教授和十余名博士、硕士组成的小组进行了十余次讨论）对要素进行调整和完善。对已形成的基本题项进行访谈，其主要目的是为了检测题项的适用程度。之后编制成问卷进行初测。通过对50名消费者的访谈，我们发现其中一些题项让受访者不易理解，为此，我们对问卷进行了修改和调整，最后形成了35个测项的正式问卷。

10.3.2 受试产品的选择

受试产品的选择标准是：①代表性。受试产品必须是受访者尚未接触的新产品。②普及性。受试产品必须是本书的多数受访者有可能经常使用的产品。为此，我们查阅了相关产品的渠道信息，发现广州A公司生产的新产品防断洗发水尚未在成都、北京等地上市，代表性强。并且洗发水属于人们生活常用产品，普及性高。因此，确定××防断洗发水作为受试产品。

10.3.3 数据收集

本部分研究使用的问卷由三部分构成：①需求安全评价量表；②用于测量购买意愿的三个题项；

③有关人口统计的问题，如性别、年龄、文化程度、月收入和职业。

正式实测在成都、北京、广州等地先后进行了两次调查，获得了两个样本，历时一个月。本问卷采用 Likert 5 点尺度，5 代表"完全同意"，1 代表"不同意"。实测时，要求受访者对新产品进行免费试用，然后让受访者根据对产品的实际感受打分。第一次调查共发放问卷 200 份，回收 141 份有效问卷；第二次调查共发放问卷 250 份，回收 239 份有效问卷。最后，确定的有效样本数 380 份，其样本结构如表 10-1 所示。

表 10-1 有效样本结构描述

分类标准	样本量的特征分布
性别	男性样本为 52.5%，女性样本为 47.5%
年龄	18 岁及以下为 6.6%，18～25 岁为 43%，26～35 岁为 31%，36～45 岁为 10.9%，46 岁及以上为 8.5%
文化程度	初中及以下为 6.4%，高中/中专为 13.4%，专科为 28.4%，本科为 40.6%，研究生为 11.2%
月收入	1000 元以下为 23.4%，1001～2000 元为 21.3%，2001～3000 元为 24.2%，3001～4000 元为 12%，4000 元以上为 19.1%
职业	学生为 20.7%，企业管理者为 11.7%，机关事业单位工作人员为 12.2%，外企工作人员为 9.8%，自由职业者为 13.5%，其他为 32.1%

10.3.4 测项纯化

测项纯化标准是：①测项与总体的相关系数小于 0.4 且删除项目后 Cronbach's α 值会增加者删除（Brasel，2001）；②旋转后因子负荷小于 0.4 或者同时在两个因子上的负荷值都大于 0.4 者删除（Nunnally，1978）；③如果一个测项同时在因子 A 和因子 B 上的负荷值都高于临界点，则应考虑删除（张绍勋，2001），但如果删除该测项后，因子 A 和因子 B 又合并了，则该测项不删除。根据以上 3 个标准，32 个测项最后删除了 1 个，剩下的 31 个测项形成了一个用于分析的量表。

10.3.5 数据质量

31 个测项的 Cronbach's α 值为 0.942，表明数据呈现了较好的内部一致性；外部一致性则体现为数据来源于 380 个受访者对产品的实际感受。量表的内容效度由专家和博士生小组来判断，修改少量字词表述后通过；建构效度通过单项和总和的相关系数来检验，经计算，31 个测项与总和的相关系数都超过了 0.45，说明测项的效度很好。

10.3.6 探索性因子分析

Nunnally（1978）认为，探索性因子分析的样本量应至少是量表测项数目的 10 倍。因此，本书通过 380 个有效样本对 31 个测项运用 SPSS 16.0 统计软件中的因子分析来进行数据处理。数据显示，31 个测项的 KMO 值为 0.915，Bartlett's 球状检验的显著性水平小于 0.05，表示这些数据很适合做因子分析。

从特征值来看，8 个因子的值均大于 1，说明应该存在 8 个因子。由方差解释贡献率来看，8 个因子累计解释了 65.433% 的信息，超过了 60%（Malhotra，1999），说明 8 个因子可以接受。从定性来看，这 8 个因子之间有可能相关，因此选择斜交旋转方法（卢纹岱，2000），结果 31 个测项很好地归属于 8 个成分因子，且每个测项的因子负荷值都大于 0.4，表示效果很好。

10.3.7 验证性因子分析

可以进一步利用结构方程模型软件 LISREL 8.70 版中的验证性因子分析进行结构稳定性的验证。其中，31 个测项作为观测变量（x），8 个因子作为潜在变量（ξ），由此可构造一个路径模型。评价路径模型的好坏需要依据各种拟合指数。模型拟合度高的指数要求是，χ^2/df 在 2.0 至 5.0 之间，RMSEA 低于 0.08，CFI 和 NNFI 均在 0.9 以上（侯杰泰、温忠麟和成子娟，2004）。该模型的拟合指数分别是：$\chi^2/df =$

2.19,RMSEA = 0.08,CFI = 0.96,NNFI = 0.95,这说明本书中路径模型的拟合度较高。表 10-2 为各变量之间的路径系数和 t 值,其中所有 t 值均大于 2,表示路径关系显著,即探索性因子分析得出的 8 个因子与 31 个测项的关系是存在且稳固的。

表 10-2 路径关系与路径系数

路径	路径系数	t 值	路径	路径系数	t 值
ξ_1--X_1	0.75	13.06	ξ_5--X_{17}	0.39	10.94
ξ_1--X_2	0.50	11.66	ξ_5--X_{18}	0.37	10.72
ξ_1--X_3	0.52	11.76	ξ_5--X_{19}	0.59	12.54
ξ_1--X_4	0.49	11.50	ξ_5--X_{20}	0.55	12.28
ξ_1--X_5	0.53	11.86	ξ_6--X_{21}	0.49	11.59
ξ_1--X_6	0.49	11.55	ξ_6--X_{22}	0.42	10.94
ξ_2--X_7	0.59	12.32	ξ_6--X_{23}	0.31	9.13
ξ_2--X_8	0.30	8.27	ξ_6--X_{24}	0.51	11.81
ξ_2--X_9	0.28	7.78	ξ_7--X_{25}	0.55	12.00
ξ_3--X_{10}	0.60	10.84	ξ_7--X_{26}	0.26	7.57
ξ_3--X_{11}	0.72	12.54	ξ_7--X_{27}	0.38	10.08
ξ_3--X_{12}	0.74	13.00	ξ_8--X_{28}	0.26	10.23
ξ_4--X_{13}	0.42	10.77	ξ_8--X_{29}	0.17	7.78
ξ_4--X_{14}	0.30	8.64	ξ_8--X_{30}	0.24	9.84
ξ_4--X_{15}	0.44	10.98	ξ_8--X_{31}	0.79	13.46
ξ_5--X_{16}	0.42	11.25			

10.3.8 因子命名

第 1 个因子下属的测项包括核心效用需求度、核心效用满足度、核心效用领先度、辅助效用独特度、辅助效用兴趣度和辅助效用适用度,可以归纳为效用安全度;第 2 个因子下属的测项包括生产者品牌知名度、生产者品牌喜爱度和生产者品牌信任度,可归纳为生产者品牌安全度;第 3 个因子下属的测项包括产品效用实现度、产品使用易用度和产品使用安全度,可归纳为质量安全度;第 4 个因子下属的测项包括载体新颖度、载体舒适度和载体品位度,可归纳为载体安全度;第 5 个因子下属的测项包括服务内容满意度、服务过程满意度、服务人员满意度、价值心理满足度和习惯心理满足度,可归纳为服务、心理安全度;第 6 个因子下属的测项包括身份心理满足度、审美文化认同度、价值观认同度和地域文化认同度,可归纳为文化安全度;第 7 个因子下属的测项包括性能价格比、定价合理度和价格接受度,可归纳为价格安全度;第 8 个因子下属的测项包括时间成本、金钱成本、体力成本和心理成本,可归纳为成本安全度。

前面提出的是 10 维的需求安全评价结构,而实证结论是 8 个因子,两者不一致的原因是在广义需求安全研究中,核心效用、辅助效用、生产者品牌、质量、载体、服务外延、心理外延、文化外延、价格和费用可能会交织起来共同对顾客产生作用,而且 10 个顾客需求指标并非完全独立,彼此之间也存在一定程度的相关性。这在数据分析上表现为 10 个维度中有紧密相关的维度合并重组,最终形成了 8 个维度。为了更贴切地反映因子内涵,因子命名还是根据下属测项的含义来确定的。

10.3.9 信度与效度检验

本部分研究的信度分析主要考察内部一致性和外部一致性。其中,每个维度的 Cronbach's α 值均在 0.65 以上,表明数据呈现较好的内部一致性,如表 10-3 所示。

表 10-3　内部一致性分析

	Cronbach's a 值	被计算 Item 数目
全部因子	0.94	31
K_1：效用安全度	0.83	6
K_2：生产者品牌安全度	0.82	3
K_3：质量安全度	0.66	3
K_4：载体安全度	0.84	3
K_5：服务/心理安全度	0.85	5
K_6：文化安全度	0.84	4
K_7：价格安全度	0.81	3
K_8：成本安全度	0.84	4

本书根据4个变量划分了总体样本，根据性别分为男、女两组；根据年龄分为幼（年龄小于26岁）和长（大于及等于26岁）两组；根据文化程度分为本研（本科、研究生）和非本研（高中、专科等）两组；根据月收入低（低于2001元）和高（高于及等于2001）分为两组。为检验外部一致性，我们增加了样本量（380个）以及将样本分群（根据4种分群方式分成8组），再进行因子分析，均得到8个维度，说明了八维的可信度。

如前所述，由31个测项构成的需求安全评价量表通过了效度分析，这说明31个测项可以用来测量需求安全的状况。而8个因子来自31个测项的因子分析，是这31个测项的抽象和归纳，从而说明了8个因子的确也反映了需求安全的状况，即具有效度。

10.4　需求安全模型的提出

以上研究所得的需求安全评价结构的8个组成部分正是评价需求安全所需要的指标，而31个测项就是测量这些指标的项目。8个指标的内涵分别为：指标1（效用安全度）反映的是顾客对新产品效用的需求安全评价，表现为需求程度、满足程度以及适用程度等；指标2（生产者的品牌安全度）反映的是顾客对新产品生产商品牌的需求安全评价，表现为知名、喜爱及信任程度；指标3（质量安全度）反映的是顾客在使用时对新产品质量的需求安全评价，表现为实现、易用和安全程度；指标4（载体安全度）反映的是顾客对新产品载体的需求安全评价，表现为新颖、舒适和品位程度；指标5（服务/心理安全度）反映的是顾客在对新产品的附加服务和心理外延的需求安全评价，表现为服务内容、过程和人员的满意度以及对价值和习惯的心理满足度；指标6（文化安全度）反映的是顾客对新产品所附加的文化外延的需求安全评价，表现为身份、审美文化、价值观和地域文化的认同度；指标7（价格安全度）反映的是顾客对新产品价格的需求安全评价，表现为性价比、定价合理度和价格接受度；指标8（成本安全度）反映的是顾客对购买和使用该新产品时所花费成本的需求安全评价。

由于本书的目的是想汇总若干指标来综合评价需求安全，因此，可以假设8个指标最终会汇总到1个因子上面。根据LISREL 8.70的计算，各拟合指数分别为：$\chi^2/df = 2.19$，在2.0至5.0之间，RMSEA低于0.08，CFI和NNFI均在0.9以上，表示模型拟合较好，说明8个指标可以用1个指标替代；而路径系数的t值均大于2，说明二阶因子与一阶因子的路径关系显著。根据系统效应权重法（邱东，1991），在计算过程中，得到的路径系数表示8个指标与1个因子之间的关系，系数越大，关系越强，将这些系数进行归一化就可以得到8个指标的权重。

10.5　需求安全模型的应用

（1）需求安全模型方便对新产品进入市场阶段进行营销安全的预评估。从研究性质来看，本书属于应用理论研究中的评估研究（Miller和Salkind，2004）。因此，需求安全模型最大的应用价值在于从产品投入市场阶段对产品的需求安全进行评估,以便企业管理者及时掌握新产品的营销安全程度,在符合顾客需求安全的前提下,实施进一步营销方案,从而扩大新产品的市场。

(2)需求安全模型为企业提供了一种新的市场预测方法。在创新意识逐渐盛行的今天,新产品开发成为许多企业追求的热点,新产品犹如雨后春笋般大量涌进市场,但最后能幸存的却所剩无几,大多数都死得无声无息。是新产品不好吗?答案还有待商榷。但如果企业在产品大规模推出前,先对消费者进行需求安全评估,其结果可能是另一番景象。

(3)需求安全模型可以为企业营销策略做依据。通过对新产品需求安全的评估,可以发现消费者对产品比较全面的评价,根据指标的分值来判断该产品在投放市场时可能产生的不安全因素,通过营销策略来消除安全隐患,从而提升产品的市场竞争力。

(4)需求安全模型可以为企业持续改进提供保障。通过全面收集消费者对产品的需求,评估出产品的不安全因素,对产品的弱势进行改进,形成循环,持续改进以延长产品的生命周期。

11. 尝试购买阶段市场进入安全评价研究——基于产品沟通安全评价的实证

11.1 尝试购买阶段沟通问题的提出

近些年来，我们看到许多企业的新产品进入市场时都出现了营销危机，有些甚至导致了完全的营销失败，关于市场进入的安全问题研究倍受学术界和企业界的关注。基于主成分法的市场进入五阶段理论告诉我们，在企业产品符合消费者需求的前提下，营销的沟通安全就显得尤其重要，因为它是决定消费者首次购买的最主要因素。Quinn（1992）曾经指出，要想理解和管理一个营销现象，首先需要对它进行描述和测量，Harrington 也认为量化是管理的第一步。因此，基于首次购买的沟通安全评价量表的开发和评价体系的建立就显得十分必要。

国内外不少学者做过关于营销沟通的研究，其主要理论都是在探讨营销沟通的某个方面，其中研究最多的就是广告效果评价、促销效果的比较等，而在其他诸如人员推销的沟通效果、产品包装的沟通效果等方面的研究还比较缺乏。就已有的一些研究结论而言，其可操作性也不强。对于沟通的学术研究而言，有必要建立健全营销沟通的整个评价体系，而对企业而言也将是非常有意义的，因此，从消费者的角度展开关于营销沟通的整体研究势在必行，其首要的基础就是开发一个基于首次购买的沟通安全评价量表，进而构建一个沟通安全评价体系。

11.2 尝试购买阶段沟通文献综述

11.2.1 营销沟通

营销沟通是营销主体试图针对其销售的产品对消费者进行直接或间接的告知、劝说、激励和提醒（keller，2001），也能通过刺激消费者购买而达到提升品牌价值的目的。传统的营销沟通理论提到了营销沟通的三级层次模型，也就是"认知（Cognitive）—情感（Affective）—意动（Conative）"的过程；也有学者提到针对不同类的产品，营销沟通的层次模型也有所不同，新产品/创新扩散类产品遵循"认知—情感—意动"的学习层级，对于供选品之间几乎没有区别的产品则遵循"意动—情感—认知"的不协调归因层级，而对于供选品之间有细微区别或低涉入程度的产品则遵循"认知—意动—情感"的低涉入层级。这些三级层次理论其实都在告诉我们消费者接受一个产品的过程，以达到促进销售的目的。许多研究都说明，营销主体可以通过多种途径达到这样的目的，其中包括广告、人员推销、产品包装、公关活动、销售促进等多种方式。

11.2.2 广告沟通

广告沟通是国内外学者研究最多的一种沟通方式。国外学者 Assmus、Farley 和 Lehmann 在 1984 年提出了基于广告弹性的短期效果评价模型，其研究结论主要有：广告弹性的变化范围介于 0～20 之间，耐用消费品的广告弹性高于非耐用消费品，促销弹性超过 20 元，高于广告弹性。国外学者 Tellis 和 Fornell（1988）指出广告是产品质量的象征，说明当消费者对广告反应比较低的情形下增长性广告将是提升产品质量的信号。学者 Aaker 和 Norris（1982）与 Heayl、Kassarjian（1983）先后研究了广告与情感反应，说明广告的情感与视觉元素将提升广告效果。Deighton（1986）、Franzon（1994）等学者研究了广告过程的交互作用，他们发现人们对产品的信任随着感知的深入而增加。Rechard Vaughn（1986）根据高（低）涉入程度和左右大脑控制的思考（感受）两个维度得到广告的基本四象限理论（FCB GRID）。学者 Demetrios Vakratsas 和 Tim Ambler（1999）基于对以往演剧者的总结提出应该利用"体验（Experience）、影响（Affect）、认知（Cognition）（the EAC Space）"三个维度来评价广告。

国内也有不少学者对广告沟通效果的评价进行了研究，不同的学者对广告效果的评价给出了不同的观点和看法，大部分学者从广告心理效果的角度给出了一定的评价指标，也有一些学者从广告销售效果的角度给出了一定的评价方法。马谋超等11位心理学研究者（1992）提出广告的心理效果评价可从广告的可信度、吸引力、适合性、感染力、认知力及必要信息提供性等方面来考虑；江波（2002）等三位心理学研究学者则建议从广告的行为度、趣味性、吸引力、感知度、感染力、易识易记性及信息针对性等7个方面来评价其心理效果。学者如吕鸿江、程明（2006）还专门研究了网络广告的效果评价；赵平等人（2003）还研究了非耐用消费品广告测评模型。除此之外，关于广告销售效果的评价方法和指标主要基于事后研究的角度，利用销售量和销售额作为两大衡量指标，由此产生了用广告费用指标、广告效果指标和广告效益指标来衡量广告的销售效果。由此可以看出，从消费者角度出发的心理效果评价指标多且复杂，而从公司利益出发的销售效果评价是事后判断，即使判断效果不好也不能在本次广告沟通中加以改进，并非学术界研究的主流。

11.2.3 人员推销沟通

人员推销是一种面对面的沟通方式（Terence A Shimp，2003），这种沟通方式与其他营销沟通方式的显著区别在于它是个人之间的交流，不像其他方式那样受众一般包括许多人。优秀的推销人员往往能达到令人愉悦的沟通效果，可能带来不菲的销售业绩。优秀的推销人员应该包括以下的个人特征：第一印象、知识的深度和广度、适应性、敏感性、积极性、自尊、长期的注意力、幽默感、创造性、承担风险的能力以及诚实和道德感（10 ways to sabotage a first impression，1994）。美国学者Terence A. Shimp在他的著作 Integrated Marketing communications 中讲到最被重视的推销人员素质分别是可靠性/可信度、职业素质/诚实、产品知识、解决问题的独创性、表达能力/准备程度五大方面。James E. Zemanek（1997）在其关于"推销人员的个人特征如何影响顾客满意"的研究中指出，推销人员的交际能力包括礼仪和沟通能力等，以及销售人员的恒心、热心等在很大程度将影响到顾客满意度。学者如James M Hunt、Michael F Smith和Jerome B Kernan的研究说明推销人员的待人诚实、提供有效性信息、知识丰富、值得信任、专业、令人喜爱以及整体印象等多方面都将会在很大程度上达到沟通的效果。

然而，国内关于人员推销沟通的效果评价还非常缺乏，基本停留在理论阐述的层面，极少有学者对此进行过实证研究。由此可以看出，关于人员推销的效果评价指标有待建立健全。

11.2.4 产品包装沟通

产品包装在沟通中的重要性已明显，以至于产生了"包装是花费最少的广告""每个包装都是一则5秒钟的广告""包装就是产品"等说法（Michael Gershman，1987）。越来越多的营销管理者认识到了产品包装的关键性作用。包装通过其象征性成分——颜色、设计、大小、材质及标签信息等传达有关产品品牌的信息。Terence A Shimp指出，良好包装的基本观念是格式塔原理，即人们对整体而不是对单独各部分做出反应。国外学者Dik Warren Twedt早在1968年就曾经在他的研究中提出运用四个一般特征来评价某个产品包装，这四个特征分别是可见性（Visibility）、信息（Information）、情感吸引力（Emotional Appeal）和可操作性（Workability），简称为VIEW模式。从消费者的角度研究产品包装的学者不多。Robert L Undewood、Noreen M Klein和Paymond R Burke在2001的理论研究中提出了关于产品包装图片化对品牌的沟通效果，说明包含图片的产品包装更能引起消费者对此品牌的注意，同时阐述了这一结论更适用于消费者不太熟悉的产品品牌。Robert L Undewood和Noreen M Klein（2003）在其研究中提出产品包装上的图片与消费者对品牌信任及对产品或品牌的评价之间的关系，实证研究说明，有图片的产品包装能够提供有效的品牌沟通信息，由此而改变消费者对品牌的态度；对于那些非常看重品牌信任的消费者来说，他们对于有图片的产品包装评价更好。由此看来，图识性对于包装沟通比较重要，但是，除此之外，很少有其他学者对于产品包装沟通的效果评价提出过更多的维度或指标，因此，基于实证研究的包装沟通量表开发还比较缺乏。

11.2.5 公关活动沟通

公关活动是公关关系（Public Relations，PR）活动的简称，它是一种在机构与公众之间建立好感的活动，广泛意义上它可能涉及企业与政府、员工、供应商、公众和消费者等。营销管理中所关心的公关活动往往是狭义的企业与消费者之间的关系，这种以营销为目的的公关称为营销公共关系（MPR）（Philip J Kitchen 和 Danny Moss，1995）。MPR 又可分为主动营销公关与被动营销公关，主动营销公关的主要作用是新产品的推出及老产品的改进，它与其他的营销沟通手段结合起来能够赋予产品更高的可信度。关于营销公关活动的评价指标研究几乎没有，有学者在其研究中曾经提到活动的适合性是企业应该非常关心的重点，一个好的活动不一定对每个企业都适用。

11.2.6 销售促进沟通

所谓销售促进是指企业运用各种短期诱因，鼓励购买或销售本企业产品或服务的促销活动（李先国，1998）。国内外关于销售促进的研究大多是关于不同促销类型的效果比较。Chen（1998）等学者发现，在相同的让利幅度下，使用优惠券促销与打折促销相比，可以得到消费者更有利于交易的感知评价，消费者对零售商所宣称的产品常规售价信任度较高，优惠券被看作是一种永久价格下降的信号的可能性更小，对消费者购买意向改变的可能性要比打折更大一些。Hardesty 和 Bearden（2003）的研究引入促销利益水平这一调节变量，以观察打折和特惠包装两种促销形式的感知交易价值有何差异。结果表明，在中、低促销利益水平下，消费者认为这两种促销方式提供的感知价值并无太大差别，而在高促销利益水平下，消费者认为打折提供了更大的交易价值。Munger 和 Grewal（2001）比较了免费赠品、打折以及现金返还三种促销方式对消费者的感知质量、价格可接受程度、感知价值、购买意愿的影响，结果发现在促销幅度相同的情况下，消费者对商家提供免费赠品这种促销方式的评价最好，打折次之，而对现金返还的评价最差。国内也有一些学者对不同促销类型的顾客感知和购买意向进行了比较。韩睿、田志龙（2005）以香皂和空调作为研究对象，比较了打折、买赠和返券三种促销方式的不同，研究结果表明，打折促销最能降低消费者的内部参考价格，消费者对打折促销的信息信任度最高，消费者对打折促销的评价明显高于买赠和返券，而消费者对返券促销的购买意向明显低于打折和买赠。此外，还有关于不同促销强度的比较研究，国外许多学者（Hardesty，2003；Kalwani，1992；Grewal，1996）将促销强度分为 3 种水平，即低等促销利益水平（10%）、中等促销利益水平（20%）和高等促销利益水平（50%）。他们的研究说明三种水平相对来说，比较可信而且对消费者吸引力较高的是中等促销利益水平（20%）。另外，也有实证研究表明销售促进可能提高或降低消费者对促销品牌产品的偏好（DelVecchio、Henard 和 Freling，2006）。总之，国内外关于销售促进的比较研究已经比较多了，基本上都是从不同促销类型或不同促销强度或者两者交叉进行的比较；然而，关于销售促进的评价指标还未建立，其效果评价维度还有待开发。

11.2.7 产品态度与购买意愿

态度不是天生的，消费者对产品或品牌的态度经历了营销沟通后而产生或改变，消费者的态度对购买行为或购买意愿的影响是很大的。Keller（1993）指出，产品或品牌态度能成为消费者购买行为的基础，因此，营销管理者致力于创造良好品牌态度的各种活动。Keller 在其研究中还指出，为了让消费者对一个产品或品牌产生正面的态度，我们一定要让他（她）相信这个产品或品牌能够满足其需求。Schiffman 和 Kanuck（1994）说明了产品或品牌态度也可被理解成与特殊社会群体、事件的关系。营销沟通正是试图创造正面、有利的态度，巩固现已存在的美好态度或改变负面的、不利的态度（Belch，1998）。尽管消费者对一个产品或品牌的正面态度并不足以导致其购买（Ajzen 和 Fishbein，1980），但是，也有学者 Rossiter 和 Percy（1998）指出，对于绝大多数的产品来说，正面的态度对于消费者考虑购买一个产品是必要的。关于消费者对产品或品牌的态度量表已经有比较成熟的研究，可以修改后使用（Batra 和 Ahtola，1988）。

意愿（Intent）是个人从事特定行为的主观概率，早期的科学理论将意愿归结为态度（看法、感动、意愿）结构中的关键因素之一；许多社会心理学家也都认为信念、态度及意愿三者之间关系密切，并且是许多行为理论的基础。将意愿这一概念延伸，购买意愿即消费者愿意采取特定购买行为的概率高低。国外学者 Mullet（1985）认为消费者对某一产品或品牌的态度，加上外在因素的作用，构成消费者的购买意愿，购买意愿可视为消费者选择特定产品之主观倾向，并被证实可作为预测消费行为的重要指标。Dodds（1991）等认为购买意愿指消费者购买某种特定产品的主观概率或可能性，也有学者认为购买意愿就是消费者对特定商品的购买计划。我国学者韩睿、田志龙（2005）认为购买意愿是指消费者购买该产品的可能性；朱智贤（1985）则认为购买意愿是消费者买到适合自己某种需要的商品的心理顾问，是消费心理的表现，是购买行为的前奏。总的来说，国内外大部分学者认为购买意愿表明了消费者选择产品的主观倾向。关于消费者购买意愿的量表已经有非常成熟的研究，可以修改后使用（Baker 和 Churchill，1977）。

从以上的文献综述可以发现，国内外不同的学者从不同的沟通角度提出了一些指标或方法的实证与建议，其中的一些评价指标对企业的可操作性及适用性不是太强；并且发现营销沟通的整体评价体系还未完全建立，一个新产品在进入市场过程中，在满足顾客需求的前提下，要想激发顾客的首次购买，沟通安全就显得非常重要了，所以，基于顾客首次购买的沟通安全的量表开发和评价体系的建立十分必要。

11.3 尝试购买阶段的沟通实证研究

本书的实证过程采用目前国内外营销管理研究中常用的几个步骤：测项开发构建量表、研究设计与受试品牌选择、数据收集、因子分析、因子信度与效度检验、路径关系分析等。

11.3.1 量表开发与构建

为了探索产品进入市场过程中基于首次购买的沟通安全之维度及测项，本书根据国外学者 Churchill（1979）、Gerbing 和 Anderson（1988）等人的建议以及实证研究的需要，主要通过以下四个步骤来进行测项开发与量表构建：

（1）文献分析。

尽可能地对近年以来和营销沟通相关的文献进行全面扫描，其中包括广告沟通、人员推销沟通、产品包装沟通、公关活动沟通及销售促进沟通五个方面的文献资料，找出 31 个适合的测项。

（2）理论补充。

根据沟通安全的需要，并且结合相关理论概念，本书自行发展了 18 个测项，以弥补现有测项的不足和研究框架的需要。

（3）专家讨论。

将文献分析和理论补充两个步骤得到的共计 49 个测项提交给四川大学营销工程研究所，请专家在此基础上进行补充和修改。该研究所共组织了 1 名博导、3 名博士和 5 名硕士进行了三次正式讨论，形成了 49 个测项的量表初稿。

（4）初测修改。

将现已形成的量表初稿发给周围的朋友填写，遇到措辞不准确或者含糊不清的词句进行适当调整，以追求更高的有效性，最终形成了量表初稿。

11.3.2 研究设计与被试

本书选择的受试品牌为一个国内日化品牌 A。选择这一品牌的原因有两个。

（1）合理性。

A 品牌在 2008 年 5 月推出新产品——"A 牌防断洗发水"，这一产品是在前期做过需求测试的，测试结果表明这一产品是符合消费者需求的安全产品，在需求安全的基础上能否进入成功市场，其关键就在于沟通是否安全，所以，选择这一产品作为受试是合理的。

（2）方便性。

A 品牌入市营销策划是四川大学营销工程研究所承担的一个研究课题，所以，选择这一品牌旗下的新产品作为受试对象对于展示广告、销售人员、产品包装以及公关、促销活动等都有很方便的资料来源。

本书采用滚雪球和配额抽样相结合的方式，分两个阶段进行抽样。首先，采用方便抽样的方法，通过面对面或者网络投递的方式向身边的亲戚或朋友共发出问卷 342 份，收回 312 份，有效样本 305 份；其次，为了保证样本的分散性和代表性，并且保证最终的有效样本量在 490 以上，采用街头拦截的方式进行配额补充抽样，此次抽样共发出问卷 300 份，剔除不合格问卷后有效样本为 37 份。结合两阶段的抽样结果，最终得到的有效样本量为 568 份，样本分别来自广州、上海、深圳、北京、成都等地，具有跨地区特征，人口统计变量特征的分布也比较均衡。

11.3.3 探索性因子分析

测项纯化标准是：①测项与总体的相关系数小于 0.4 且删除项目后 Cronbach's α 值会增加者删除（Brasel，2001）；②旋转后因子负荷小于 0.4 或者同时在两个因子上的负荷值都大于 0.4 者删除（Nunnally，1978）；③如果一个测项同时在因子 A 和因子 B 上的负荷值都高于临界点，则应考虑删除（张绍勋，2001），但如果删除该测项后，因子 A 和因子 B 又合并了，则该测项不删除。根据以上 3 个标准，49 个测项中有一个因为因子负荷小于 0.4 而删除，剩下的 48 个测项形成了一个较为稳定的分析量表。

Nunnally（1978）认为，探索性因子分析的样本量应至少是量表测项数目的 10 倍。因此，本书通过 568 个有效样本对 48 个测项运用 SPSS 16.0 统计软件中的因子分析来进行数据处理。数据显示，48 个测项的 KMO 值为 0.815，Bartlett's 球状检验的显著性水平小于 0.05，表示这些数据很适合做因子分析。

采用主成分法通过最大变异转轴法差进行最大斜交旋转，48 个测项很好地归属于 11 个成分因子，且每个测项的因子负荷值都大于 0.4，表明效果很好。由方差解释贡献率来看，这 11 个因子累计解释了 70.334% 的信息，超过了 60%（Malhotra，1999），说明 11 个因子可以接受。

11.3.4 验证性因子分析

为了进一步验证沟通安全的 11 个因子结构稳定性，可以进一步利用结构方程模型软件 LISREL 8.70 版中的验证性因子分析对沟通安全的 11 个因子进行结构稳定性的验证。其中，48 个测项作为观测变量（x），11 个因子作为潜在变量（ξ），由此可构造一个路径模型。评价路径模型的好坏需要依据各种拟合指数。模型拟合度高的指数要求是，χ^2/df 在 2.0 至 5.0 之间，RMSEA 低于 0.08，CFI 和 NNFI 均在 0.8 以上。本书模型的拟合指数分别是 χ^2/df = 3.57，RMSEA = 0.077，CFI = 0.88，NNFI = 0.87，这说明本书中路径模型的拟合度比较高。

各变量之间的路径系数和 t 值，所有的 t 值均大于 2，表示路径关系显著，即探索性因子分析得出的 11 个因子与 48 个测项的关系是存在且稳固的。

11.3.5 信度与效度检验

本书的信度分析主要考虑内部一致性和外部一致性。

本部分内容关于沟通安全的评价量表的整体 Cronbach's α 值为 0.923，而 11 个因子的每个维度的 Cronbach's α 值均在 0.70 以上（见表 11-1），表明数据呈现较好的内部一致性；为了检验外部一致性，通过增加样本量到899个以及将样本进行分群（按照性别、年龄、收入及学历分成8组），再进行因子分析，最终得到了11个因子，说明了11个因子的可信度。

表11-1　内部一致性分析

	Cronbach's α 值	被计算 Item 数目
全部因子	0.923	48
K_1：广告认知安全度	0.877	4
K_2：广告情感安全度	0.862	4
K_3：推销礼仪安全度	0.878	6
K_4：推销专业安全度	0.739	4
K_5：推销可靠安全度	0.803	3
K_6：推销接受安全度	0.797	3
K_7：包装图识安全度	0.785	4
K_8：包装新颖安全度	0.860	5
K_9：公关适宜安全度	0.857	6
K_{10}：促销利益安全度	0.775	5
K_{11}：促销动机安全度	0.794	4

根据前面的说明，由48个测项组成的沟通安全结构量表通过了效度分析，说明了48个测项可以用来测量沟通效果，11个因子来自48个测项的因子分析，确实是这48个测项的抽象和归纳，从而说明了11个因子的确反映了沟通的安全状况，也就是说具有较好的效度。

另外，为了检验消费者对于本书所开发量表的评价是否可以很好地预测消费者首次购买的态度与意愿，本书选择"劣质的—优良的""令人不快的—讨人喜欢的""厌恶的—惬意的""讨厌的—舒适的""否定的—肯定的""不喜欢—喜欢"等六个测项来测量消费者对产品的态度，得到的Spearman相关系数为0.620；再选择"我很想想试一试这个产品""如果在逛超市时看到这个产品我肯定会买""我会在逛超市时主动寻找这个产品"等三个测项来测量消费者的购买意愿，得到的Spearman相关系数为0.701（$p<0.01$，2-tailed），说明本书的沟通安全量表具有很好的预测效度。

11.4　沟通安全模型的提出

通过以上研究得到的基于首次购买的沟通安全评价结构之11个因子组成部分正是评价沟通安全所需要的因素，而48个测项就是测量这些因素的指标。这11个因子的内涵分别为：因子1（广告认知安全度）反映的是顾客对新产品入市的广告沟通的认知安全评价，表现为广告注意力、广告非凡力、广告吸引力、广告印象力等4个指标；因子2（广告情感安全度）反映的是顾客对新产品入市的广告沟通的情感安全评价，表现为广告记忆力、广告兴趣力、广告信任力、广告感染力等4个指标；因子3（推销礼仪安全度）反映的是新产品入市时人员沟通的交际礼仪的安全评价，表现为推销热情度、推销表达力、推销敏感度、推销印象力、推销专注度、推销喜爱度等6个指标；因子4（推销专业安全度）反映的是新产品入市时人员沟通的专业性安全评价，表现为推销丰富力、推销知识力、推销信息力、推销有效度等4个指标；因子5（推销可靠安全度）反映的是新产品入市时人员沟通的可靠性安全评价，表现为推销素养力、推销诚实力、推销真诚力等3个指标；因子6（推销接受安全度）反映的是新产品入市时人员沟通的内容安全评价，表现为推销理解度、推销赞同度、推销接受度等3个指标；因子7（包装图识安全度）反映的是消费者对新产品外包装的图识性安全评价，表现为包装图识性、包装联想力、包装吸引力、包装舒服度等4个指标；因子8（包装新颖安全度）反映的是消费者对新产品外包装的新颖性安全评价，表现为包装非凡力、包装相似性、包装区别度、包装搭配力、包装适合度等5个指标；因子9（公关适宜安全度）反映的是消费者对企业为了促进新产品销售而开展的公关活动的安全评价，表现为活动联想力、活动相关性、活动体现力、活动表现力、活动协调力、活动适合性等 6 个指标;因子 10(促销利益安全度)反映的是销售促进对消费者利益吸引的安全评价,表现为促销实惠性、促销超值性、促销纵对比、促销横对比、促销对味性 5 个指标;因子 11(促销动机安全度)反映的是消费者对企业采取销售促进手段的动机安全评价,表现为促销合理性、促销单纯性、促销充分力、促销情感性 4 个指标。

本书的目的是想汇总若干指标来综合评价沟通安全,因此,可以假设 11 个因子(48 个指标)最终会汇总到 1 个因子上面。前面的数据分析结果已经表明模型拟合较好,说明 11 个因子可以用 1 个因子替代;而路径系数的 t 值均大于 2,说明二阶因子与一阶因子的路径关系显著。根据系统效应权重法(邱东,1991),在计算过程中,得到的路径系数表示 11 个因子与 1 个因子之间的关系,系数越大,关系越强,将这些系数进行归一化就可以得到 11 个因子、48 个指标的权重。

11.5 沟通安全模型的应用

沟通安全量表的开发和模型的建立有助于新产品进入市场在需求阶段安全的情况下对消费者是否首次购买产品的沟通安全进行预评估。从研究的性质来看,本书属于应用理论研究中的评估研究(Miller 和 Salkind,2004),因此,沟通安全模型最大的应用价值在于从产品投入市场阶段对产品的沟通是否安全进行评估,以便企业管理者及时掌握新产品的沟通效果和营销安全程度,在沟通手段符合顾客需求安全的前提下,实施进一步营销方案。

沟通安全量表的开发和模型的建立为健全新产品入市的安全评价体系贡献一分力量。新产品进入市场的过程是复杂而漫长的,新产品入市的安全评价体系也是企业和理论界关心的话题,安全评价指标和评价体系也是讨论的焦点,本书所建立的沟通安全评价量表和模型是整个安全评价体系不可缺少的一部分。

沟通安全量表的开发和模型的建立为企业提供了一种新的市场沟通效果测量方法。在新产品大量涌入市场的今天,很多产品都在进入市场的过程中失败了,是产品不好吗?其实不是,有很多产品的失败在于与消费者的沟通不好,如果能在新产品进入市场之前对其采取的沟通手段进行效果评价,其结果可能会更令人满意。

沟通安全量表的开发和模型的建立可以为企业营销策略做依据。通过对新产品沟通安全的评估,可以发现消费者对沟通手段比较全面的评价,根据指标的分值来判断该沟通手段投放市场时可能产生的不安全因素,通过营销策略来消除安全隐患,从而提升产品的市场竞争力。

12. 重复购买阶段市场进入安全评价研究——基于产品质量安全评价的实证

12.1 重复购买阶段体验质量问题的提出

所谓体验"Experience"就是人们响应某些刺激"Stimulus"的个别事件"Private Events"。体验通常是由于人们对事件的直接观察或是参与造成的。体验会涉及顾客的感官、情感、情绪等感性因素，也包括知识、智力、思考等理性因素，同时也可因身体的一些活动。而我们所探讨的体验质量就是人们对这些刺激物的感受结果。随着体验式营销在全球的兴起，关于产品体验的研究备受企业界和学术界的关注，"体验"逐渐变成了可以销售的经济商品，"体验式消费"的旋风开始席卷全球。

近年来，许多新产品花了高成本成功打入市场，但由于没有给消费者带来良好的体验感觉，往往在市场上昙花一现，很快就被市场无情淘汰了，且不说给企业带来的利润，很多新产品连最初的广告费和策划费都没有赚回来。鉴于此，基于主成分法的市场进入五阶段理论告诉我们，在企业产品成功进入市场的前提下，产品的体验质量安全显得尤其重要，它决定消费者是否重复购买该产品。

目前，也有很多的学者在研究影响消费者重复购买因素的问题，现在已有的研究成果多是从消费者的感知价值、产品质量、服务质量以及顾客满意等几方面来讨论，从体验质量的角度来研究的文献还很少，更是缺乏可量化的指标，对企业具体操作的指导性不是很强。因此，从消费者的角度展开关于体验质量的整体研究很必要，首要解决的问题就是开发一个基于消费者重复购买的体验安全评价量表。本书旨在从产品体验质量安全出发来讨论影响消费者重复购买产品的因素，通过吸取前人的研究成果，开发出用于衡量产品体验质量的结构量表，通过问卷调查检验量表的有效性和可靠性，为以后从体验质量方面研究消费者重复购买问题提供参考。

12.2 重复购买阶段体验质量的文献综述

在现有的营销学和质量管理学文献中，国内外学者对消费者体验质量价值进行了大量的探讨。美国俄亥俄州的战略地平线（Strategic Horizons LLP）顾问公司的共同创办人约瑟夫·派因第二（B. Joseph Pine II）与詹姆斯·吉尔摩（James H Gilmore）在美国《哈佛商业评论》双月刊中指出：体验式经济（Experience Economy）时代已来临。

伯德·施密特博士（Bernd H Schmitt）在他所写的《体验式营销》一书中指出，体验式营销（Experiential Marketing）站在消费者的感官、情感、思考、行动、关联五个方面，重新定义、设计营销的思考方式。此种思考方式突破传统上"理性消费者"的假设，认为消费者消费时是理性与感性兼具的，消费者在消费前、消费时、消费后的体验才是研究消费者是否重复购买的关键。

英国学者多伊尔（Peter Doyle）指出，消费价值并不是企业在产品中投入的价值，而是顾客从产品中获得的价值（Doyle，1989）。

目前，基于消费者重复购买研究最多的文献资料是对顾客感知质量的研究。而这种研究又分别从产品和服务两方面进行论述。下面我们分别从感知质量、服务质量、产品质量和顾客满意等方面进行评述。

12.2.1 感知质量

国际标准化组织（1990）综合具体产品和服务的特点，把质量定义为"一种产品或服务满足明确和隐含需要能力特性的总和"。由于服务质量的无形、易逝等特性，迄今为止，服务质量还没有统一标准的定义。

感知质量通常被定义为："对产品质量的'评价判断'"。Holbrook 和 Corfman 把感知质量定义为 3 个部分：①一种评价性的偏好或判断。②一种产品与消费者间的互动结果。质量判断是个别消费者针对特定的产品而形成的，一项产品的特性在不同消费者间会有不同的差别。③相对性的消费者经验概念。Zeithaml 把质量定义为优势和优越性，从而感知质量可以被视为消费者对产品总体优势或优越性的评价。他把可靠性、响应性、准确性、移情性、有形性五个方面作为衡量产品质量的五个维度。

芬兰学者 Gronroos 根据认知心理学提出了顾客感知质量的模型。他认为顾客感知的质量是顾客对产品或服务期望的质量和经验质量比较的结果，并指出了影响顾客感知质量的诸多因素。Gronroos（2000）将产品或服务的质量分为两个组成部分：一是与产品生产有关的技术质量，主要指产品能传递给顾客的利益，对它的评价是顾客在使用产品之后做出的；二是与产品使用有关的服务质量，对它的评价是在产品使用过程中形成的。他还提出了衡量好的感知服务质量的七大标准：专业和熟练的技巧、态度和行为、可得性和灵活性、可靠性和可信任性、服务补救、服务环境、名声和可信性。

12.2.2 服务质量

由于许多服务都是无形的（Bateson，1977；Berry，1980；Lovelock，1981；Shostak，1977），因此，公司很难把握消费者是如何感知和估量他们提供的服务（Zeithaml，1981）。Gronroos 认为服务质量有两种存在的类型：技术质量和服务质量（1982）。Lehtinen 则把服务质量看成是消费者和提供服务的组织之间相互作用的结果，他用三个维度来衡量服务质量：实体质量，公司质量，公司和用户的交互质量（1982），并提出决定服务质量的因素有可得性、互动、服务能力、礼貌、可信度、可靠性、响应性、安全性、有形性、移情性等十个方面，共包含 97 个测试项目，同时指出这些因素和项目可能有相互重叠的部分，需要进一步的实证研究。1988 年、1991 年，通过两个阶段的实证研究和再修正后，PZB 最终把量表简化为 5 个维度、22 个项目。5 个维度分别是：有形性、可靠性、响应性、保证性和移情性，即随后被广泛使用的 SERVQUAL 模型，该模型被认为有很好的信度和效度，可以用于改善服务质量，可以阶段性地考察服务质量变化趋势，可以评估企业的每个维度的服务质量，并且能明确服务质量感知维度的相对重要程度。

Groninand 和 taylor（1992）在服务质量的测评方面提出了 SERVPERF 测量模型，SERVPERF 量表所涵盖的五大构面与 22 个问题都与 SERVQUAL 量表相似。随后，他们选择银行、牙医、干洗店及素食店四个行业进行实证研究。经过统计分析，他们认为 SERVPERF 的测量效果比 SERVQUAL 要好。

1995 年，四川大学的李蔚教授在他的《推销革命——超越 CI 的 CS 战略》一书中，从产品满意度和服务满意度两个方面来讨论顾客满意的问题，其中产品满意从品质、设计、数量、时间、价格、服务和品位几个方面来讨论，服务满意可以通过绩效、保证、完整性、便于适用以及情绪/环境等指标来衡量。

William F Maloney（2002）认为企业在提供实体产品的时候也提供服务，这种服务由三部分组成：服务产品、服务环境以及服务的传达方式。他认为服务产品是需要传递给被服务对象的，因此有具体的规定和目标，包括时间表、进度报告、质量保障以及担保等要素。他进一步指出，顾客感知到的服务质量的好坏和顾客期望的服务质量有很大的关系。他采用了 Lehtinen 衡量服务质量的十个指标，提出了影响顾客期望的服务是与个人或公司的需求、过去的经历以及服务人员的语气密切相关的，顾客对服务的感知质量是期望质量和接收到的服务共同作用的结果。他还提出了衡量顾客满意的六大指标：顾客关系、专案管理、安全、良好的环境、成本和大体满意。

12.2.3 产品质量

"现代营销之父"菲利普·科特勒在他的《营销管理》一书中指出，整体产品概念从三个方面共同满足消费者的需要，核心产品是消费者购买某一特定产品时追求的基本效用和利益；形式产品是核心产品的存在形式和载体，通常向消费者展现出以下一些可以使人感知的特征，如产品的质量水平、档次、款式、特色、包装以及品牌等；附加产品，指的是消费者或用户在购买某一特定的形式产品时所得到的其他方面利益的总和，包括咨询服务、送货、安装调试、技术培训、产品保证等。

Olson 和 Jacoby 讨论了消费者用一系列暗示来推断产品的质量，这些暗示包括外在的暗示和内在的暗示。外在的暗示没有直接与产品性能相联系，不是产品的物理组成部分，像价格、品牌名称、原产地等都是产品的外在暗示；内在的暗示来自产品本身，与产品相关，像颜色、气味、形状、大小、技术含量、营养成分和产品信息等都是产品的内在暗示。

1984 年，美国著名学者 David A Garvin 在他的 *What Does "Product Quality" Really Mean* 一文中从五个方面来研究产品的质量，其分别是：可靠性、易于维护、满足消费者的需求、真实性、便携性。随后他在 *Competing on the Eight Dimensions of Quality*（1987）中进一步把产品质量的维度扩大到八个维度，即绩效、特性、可靠性、一致性、耐用性、服务性、美学性和感知质量。

12.2.4 顾客满意

国内研究者康大庆在《顾客对产品满意度评价指标体系和方法研究》一文中提出了顾客满意度的评价指标体系展开为品位、质量、功能、品种、价格、支付、交付和服务八个二级指标。"品位"展开为品牌知名度、品牌信誉度、风格化、个性化、时尚感和身份感六个三级指标。"质量"展开为用料、寿命、可靠性、安全性、外观、包装和说明书七个三级指标。"功能"展开为适用性、适应性、方便性、完善性、兼容性、定制性、升级性和维护性八个三级指标。"品种"展开为系列性和多样性两个三级指标。"价格"展开为性价比、价格弹性、获取费用、安装费用、使用费用和维护费用六个三级指标。"支付"展开为灵活性和方便性两个三级指标。"交付"展开为及时性和可靠性两个三级指标。"服务"展开为网络、设施、人员态度、及时性、有效性、方便性、延续性和配套性八个三级指标。

12.2.5 其他文献指标

2002 年，约瑟夫·派恩和詹姆斯·吉尔摩在他们所著的《体验经济》一书中强调顾客满意是顾客期望值和体验值之间的一种差额，当顾客的期望值大于体验值时，顾客就会感觉不满意，只有当某个产品或服务给顾客带来了大于期望值的体验时，顾客才会对该产品或服务感觉很满意，从而影响顾客是否重复购买该产品或服务。

综上所述，现有的研究主要是从以上几方面来研究顾客重复购买行为的，从体验质量的角度进行研究的文献还很少，而且多数研究成果都还是一种假设，缺乏实证检验，影响了指标的稳定性和可操作性。另外，很多研究成果都集中研究产品和服务本身，忽视了消费者的体验感受，即大多数研究集中在消费者使用前和使用中，对使用后的感受研究较少。因此，本书将消费者使用前、使用中和使用后的感受结合起来，研究其体验质量的好坏是如何影响消费者是否重复购买某种产品的行为。

12.3 重复购买阶段体验质量实证研究

12.3.1 量表的研究设计过程

在研究大量文献的基础上，我们将概念界定在对产品消费前、消费中以及消费后的体验质量上，通过测试消费者的体验感觉以及重复购买的意愿来衡量新产品进入市场后是否安全。本书的设计步骤基本采用了 Churchill、Gerbing 和 Anderson 等人提出的量表开发生成步骤：测项发展、数据收集、因子分析、效度和信度检验。

（1）收集文献。

通过对近几年相关文献进行收集，主要为（David A Aaker 和 Alexander L Biel，1993；David A Garvin，1987；Slaiin，1984；Frank Huber，2007；Valarie A Zeithaml，1985）尽可能多地找出可适用的测项，吸收对研究对象有用的维度和项目，其中以比较权威的外文文献为主要参考对象，初步形成了可测指标，然后在告知待研究对象定义的基础上，采用试验、访谈等研究方法，获得一手资料及相关人员定义的测量项目，将两步获得的所有项目汇总，从而得到最初的项目指标。

（2）完善理论分析。

为了弥补现有测项的不足和研究框架的需要，我们结合相关的理论概念自理了一些测项，初步形成了比较完整的量表结构框架。

（3）调整专家意见法。

将前面两步得到的共 18 个测项提交给四川大学营销工程研究所，请专家团进行补充和修正，该专家团组织了 1 位著名教授博导和 3 名博士、5 名硕士进行了多次正式讨论，最终形成了 17 个测项、54 个指标的量表初稿。

（4）修正问卷。

根据已有文献显示，量表基本上以 5～9 级为宜，结合在调研中的经验来看，过多的分级将会导致受访对象的不适应和答案的模糊化，所以，本书中采用 5 级量表（"1"表示完全不同意；"2"表示不太同意；"3"表示无所谓；"4"表示比较同意；"5"表示非常同意）。问卷形成之初，我们预调查 50 个四川大学在校大学生，根据受测者在测试过程中所面临的问题以及回收问卷进行分析后，对我们的调查对象进行了修改，由之前的洗发水转为大家更为熟知的手机进行调查，我们也对问卷的提示部分进行了简单的修改，最终形成了我们的调查问卷。

12.3.2 数据收集

基于以往的研究以及有关专家的提议，本书使用的问卷由 4 部分组成。第一，以被测者目前适用的手机品牌为问题来甄别有效的抽样人群。第二，体验质量安全初始量表，问卷初步设计了 51 个问项。第三，用三个问题（"假如我现在需要手机，我依然会选择购买这款手机""如果朋友要买手机，我会向他/她推荐这款手机""即使这款手机涨价，我依然会选择购买"）来测量消费者重复购买的意愿。第四，基本信息问题，如性别、年龄、学历、月收入、职业等。量表的形式为 5 级，量表中每个问项都有 1～5 的数字可供选择，如果被测者对量表中的描述表示完全同意，则在数字"5"后面打钩，完全不同意在数字"1"后面打钩，数字"2、3、4"分别表示对题项持不太同意、无所谓和比较同意的态度。

本书采用抽样调查的方法，抽样分两个阶段进行：第一，为了抽样方便，在全国范围内发出 550 份书面问卷，共收回 411 份，有效回收率为 74.73%，其中无效问卷 34 份。按照 Nunnally（1978）的说法，样本数要大于测项数目的 10 倍所测结果才能接收，本书所用量表的测项数目为 54，所以，样本数必须大于 540，之后，为了保证最终样本数量超过 540 以及增强样本的代表性，第二个阶段通过电子邮件方式发出 300 份问卷，收回 198 份，其中无效问卷 24 份。书面问卷与电子邮件问卷合计 551 份有效问卷。对样本的基本信息，我们没有对被测者所在城市进行统计，但我们的样本在全国很多城市都有分布，其中为抽样方便，以成都、广州和深圳三地为主要抽样城市，其中北京、上海、西安、太原、桂林、长沙等城市都有样本分布。

12.3.3 探索性因子分析

本书的初始量表共包含 51 个测项,根据数据分析方法,我们利用 SPSS16.0 中的因子分析命令对这 51 个测项进行数据处理。结果显示,51 个测项中问题 G3、N2 由于因子载荷小于 0.4 被删除,最终量表保留了 49 个符合因子分析的测项。49 个测项的 KMO 值为 0.973,Bartlett's 球状检验的显著性水平小于 0.05,表示这些数据很适合做因子分析。通过方差最大斜交旋转,测项并没有按原假设归属 17 个因子,而是归属于 12 个因子。其原因在于,预设属于"耐用性"维度的三个测项与"可靠性"维度的三个测项合并为一个因子,预设属于"兼容性"维度的三个测项与"完备性"维度的三个测项合并为一个因子,原设"美学性"和"特色性"合并为一个因子,"稳定性"和"舒适性"合并为一个因子,"社交性"和"移情性"合并为一个因子。分析结果显示,从特征值可以看出,12 个因子的值都大于 1,很好地说明了应该存在 12 个因子,49 个测项很好地归属于 12 个成分因子,且每个测项的因子负荷值都大于 0.4(见表 12-1),表明汇聚效果较好。

表 12-1 斜交旋转后的因子负荷矩阵

测项	测项名称	1	2	3	4	5	6	7	8	9	10	11	12
A_1	产品安全	0.80											
A_2	承诺保障	0.72											
A_3	产品信任	0.60											
B_1	使用寿命	0.79											
B_2	结构牢固	0.77											
B_3	不易损坏	0.78											
C_1	功能完善		0.69										
C_2	品质齐全		0.67										
C_3	信息完备		0.68										
D_1	兼容程度		0.62										
D_2	兼容保障		0.62										
D_3	兼容效果		0.64										
E_1	说明书易读			0.73									
E_2	设计灵活度			0.73									
E_3	产品复杂度			0.70									
F_1	存放				0.66								
F_2	处理				0.67								
F_3	移动				0.82								
G_1	可维修性					0.87							
G_2	可维护性					0.83							
H_1	色彩						0.73						
H_2	造型						0.81						
H_3	用料质地						0.47						
I_1	视觉						0.45						
I_2	嗅觉						0.75						
I_3	触觉						0.72						
J_1	部件							0.44					
J_2	包装							0.40					
J_3	外观							0.82					

续表

测项	测项名称	因子											
		1	2	3	4	5	6	7	8	9	10	11	12
K_1	质量								0.67				
K_2	性能								0.61				
K_3	效能								0.58				
L_1	大小								0.66				
L_2	重量								0.70				
L_3	使用舒适度								0.82				
M_1	身份感									0.73			
M_2	时尚感									0.74			
M_3	归属感									0.65			
N_1	咨询服务									0.59			
N_3	了解顾客需求									0.56			
O_1	服务效率										0.82		
O_2	服务需求度										0.79		
O_3	服务实用性										0.76		
P_1	技术创新											0.44	
P_2	设计创新											0.42	
P_3	功能创新											0.64	
Q_1	商值												0.72
Q_2	性价比												0.76
Q_3	成本费用												0.62

12.3.4 验证性因子分析

为了进一步验证产品体验质量五维度结构的稳定性，本书采用结构方程模型软件 LISREL8.51 版中的验证性因子分析进行验证，以 49 个测项作为观测变量（X），12 个因子作为潜在变量（ε）构造了一个路径系数模型。评价路径模型的好坏需依据各种拟合指数。评价路径模型拟合度高的指标包括：χ^2/df 小于 3，GFI 大于 0.90，SRMR 小于 0.06，RMSEA 小于 0.08，NNFI 大于 0.95，CFI 大于 0.95（Hair 等，1998；侯杰泰、温忠麟和成子娟，2004）。本书拟合指标为：χ^2/df 为 2.69，RMSEA 为 0.05，CFI 为 0.97，NNFI 为 0.96，GFI 为 0.81，可以看出，除了 GFI 的拟合指数略低于 0.90 以外，其余各指标都达到了优度的标准，表明模型与数据的拟合度相当好。

12.3.5 信度与效度检验

信度分析主要考察内部一致性和外部一致性，Cronbach's α 值是信度检验中大家普遍采用的验证值（黄芳铭，2005）。Hair 等（1998）指出，每个维度的 Cronbach's α 值均在 0.75 以上，表示数据是可靠的。通过计算，12 个维度子量表的 Cronbach's α 值除个别数值小于 0.75 外，其余基本达到了要求（详见表 12-2），可见测量模型具有较好的内部一致性，从而量表的信度得到检验。

表 12-2 内部一致性分析

	Cronbach's α	被计算测项数目
全部因子	0.941	49
因子 1	0.880	6
因子 2	0.818	6
因子 3	0.762	3
因子 4	0.737	3
因子 5	0.838	2

续表

	Cronbach's α	被计算测项数目
因子 6	0.773	6
因子 7	0.805	3
因子 8	0.830	6
因子 9	0.787	5
因子 10	0.835	3
因子 11	0.743	3
因子 12	0.740	3

Mueller（1996）提出收敛效度水平可以由 CFA 模型的拟合指数和因子负荷系数来检验，即可以从观测变量因子负荷的显著性程度（t 值）来判断，观测变量的因子负荷应达到显著水平，且其值须大于 0.45（JÓreskog 和 SÓrbom，1988）。由表 12-3 可以看出，除少数因子的载荷小于 0.45 外，大多都在 0.45 以上，且其 t 值均都达到显著性水平，并且组成信度也高于建议值 0.7 以上，意味着量表具有良好的收敛效度（Fornell 和 Larcker，1981）。由于 49 个测项构成的体验质量安全结构量表通过了效度分析，12 个因子来源于 49 个测项的因子分析，即量表具有效度。

表 12-3 路径系数模型

路径	路径系数	t 值	路径	路径系数	t 值
ξ_1--X_1	0.36	13.40	ξ_6--X_{26}	0.48	14.14
ξ_1--X_2	0.48	14.61	ξ_7--X_{27}	0.81	15.65
ξ_1--X_3	0.64	15.58	ξ_7--X_{28}	0.84	15.84
ξ_1--X_4	0.37	13.54	ξ_7--X_{29}	0.33	6.39
ξ_1--X_5	0.41	13.96	ξ_8--X_{30}	0.55	15.11
ξ_1--X_6	0.39	13.80	ξ_8--X_{31}	0.62	15.48
ξ_2--X_7	0.53	14.37	ξ_8--X_{32}	0.66	15.65
ξ_2--X_8	0.55	14.54	ξ_8--X_{33}	0.57	15.21
ξ_2--X_9	0.53	14.42	ξ_8--X_{34}	0.51	14.83
ξ_2--X_{10}	0.62	15.07	ξ_8--X_{35}	0.33	12.69
ξ_2--X_{11}	0.61	15.04	ξ_9--X_{36}	0.47	14.25
ξ_2--X_{12}	0.58	14.83	ξ_9--X_{37}	0.46	14.16
ξ_3--X_{13}	0.47	12.37	ξ_9--X_{38}	0.58	15.18
ξ_3--X_{14}	0.47	12.39	ξ_9--X_{39}	0.65	15.53
ξ_3--X_{15}	0.50	12.89	ξ_9--X_{40}	0.69	15.71
ξ_4--X_{16}	0.56	14.36	ξ_{10}--X_{41}	0.33	10.79
ξ_4--X_{17}	0.55	14.18	ξ_{10}--X_{42}	0.37	11.82
ξ_4--X_{18}	0.34	10.43	ξ_{10}--X_{43}	0.42	12.70
ξ_5--X_{19}	0.24	7.78	ξ_{11}--X_{44}	0.81	14.94
ξ_5--X_{20}	0.32	9.97	ξ_{11}--X_{45}	0.83	15.13
ξ_6--X_{21}	0.47	13.98	ξ_{11}--X_{46}	0.60	10.87
ξ_6--X_{22}	0.34	13.98	ξ_{12}--X_{47}	0.48	12.43
ξ_6--X_{23}	0.78	15.94	ξ_{12}--X_{48}	0.42	11.27
ξ_6--X_{24}	0.80	16.01	ξ_{12}--X_{48}	0.61	14.21
ξ_6--X_{25}	0.44	13.69			

12.4 体验安全模型的提出

通过以上分析，我们得到了关于产品进入市场后决定消费者重复购买的体验质量的 12 个因子的结构量表，49个测项就是测量这些维度的项目。第一个因子（可靠性和耐用性）由产品安全、承诺保障、产品信任、使用寿命、结构牢固和不易损坏等测项组成。第二个因子（完备性和兼容性）由功能完善、品种齐全、信息完备、兼容程度、保障和效果等测项组成。第三个因子（易用性）由说明书易读、设计灵活度和产品复杂度等测项组成。第四个因子（灵活性）由存放、移动和处理灵活等测项组成。第五个因子（可维护性）由可维修和可维护的程度两个测项构成。这五个因子与产品的核心质量密切相关，可以归结为核心产品的体验质量安全要素。第六个因子（特色和美学性）由色彩、造型、用料质地方面的独特之处以及给人的视觉、嗅觉、触觉方面的感受等测项构成。第七个因子（新颖性）由部件、包装和外观的新颖度三个测项构成。第八个因子（稳定和舒适性）由质量、性能、效能、大小、重量和使用时的舒适度等测项组成。这三个因子和产品的形式质量关系很密切，因此，我们把它们归为形式产品的体验质量安全要素。第九个因子（社交和移情性）由身份感、时尚感、归属感以及是否提供咨询服务、是否了解顾客的需求等测项构成。第十个因子（有效性）由服务的效率、顾客对服务的需求度，以及提供服务的实用性等测项组成。第十一个因子（创新性）由产品技术、设计和功能的创新三个测项构成。第十二个因子（经济性）由产品的商值、性价比以及购买或收集产品信息时所花费的成本费用三个测项组成。最后四个因子与产品的附件质量有关，可解释为附加产品体验质量安全要素。

由于本书是基于主成分法的市场进入五阶段理论中的体验质量阶段，研究的目的在于开发出一个新的量表，用于衡量产品的哪些要素指标影响消费者拥有一个良好的体验质量，从而决定消费者是否重复购买该产品。和其他影响消费者重复购买的因素相比，本书从目前备受企业界和学术界关注的"体验"出发，从消费者自身的体验感觉来研究其是否重复购买某一种产品。

本量表的结构从文献收集到最后修订成形历经数月，期间参考了目前比较权威的美国学者David A. Garvin（1984）的产品"质量八要素"模型，由于我们所提供的产品包含了实体产品和服务两个方面，David的模型主要用于衡量实体产品的质量，而用于衡量服务略显不足，因此，我们还参考了很多有关服务的衡量指标进行补充。根据著名营销学家科特勒的提法，产品由核心产品、形式产品和附加产品三大部分组成，其中产品质量和服务质量只是分属核心和形式产品的一小部分，还有很多诸如安全、功能、性能、包装、材料、心理、技术、创新、特征等因素未包含在内，鉴于此，我们采用了科特勒对产品的分法，把质量体验分为核心产品质量体验、形式产品质量体验以及外延产品质量体验。初步题项成立后，我们提交给了多位营销方面的专家进行讨论，大家一致认为这种分法较为科学，通过大量的文献收集，我们丰富了题项的内容，最后形成了由17个因子、51个指标以及3个收敛性问题组成的关系矩阵假设。通过对问卷的数据进行统计分析得出，由于51个指标中有两个测项的因子负荷小于0.4被剔除，最后留下49个测项，其总体的Cronbach's α值高达0.941。但49个测项并没有归因于预设的17个因子，而是收敛为12个因子，收敛后的因子通过了一致性检验，信度和效度都较好。

12.5 体验安全模型的应用

（1）体验安全模型是在产品安全背景下提出的，是市场进入五阶段理论的重要一环，是消费者是否重复购买某种产品的重要决定因素。从研究性质来看，本书属于应用理论研究当中的评估研究（Miller和Salkind，2004），该模型的价值在于为产品体验质量的好坏提供了评估的依据，该模型也为五阶段理论的量化提供了参考依据，从而增强了五阶段理论的可操作性，使理论和现实的联系更加紧密。

（2）在"体验经济"风靡的今天，如何有效地让消费者参与到企业安排的体验活动当中，以及如何让消费者有个良好的体验质量都是摆在管理者面前的难题。以往管理者都是靠自己的经验来开展一系列的体验活动，其带来的效果难以量化，本模型的提出恰好为企业管理者提供了一个参考，方便其了解消费者的需求心理，从而对症下药，给消费者带来一个良好的体验质量，进一步影响其重复购买企业的产品，因此，基于顾客重复购买的产品质量体验量表在营销管理中具有广泛的应用前景。

（3）随着我们逐渐进入到体验经济时代，"体验"开始成为企业界和学术界普遍关注的问题，围绕"体验"的研究也开始引起很多学者的关注，关于体验质量还是一个全新的理论话题，除了模型外，还有很多问题值得研究，不仅研究内容还可以创新，研究的方法也值得我们去完善。因此，本书对体验质量的进一步研究提供了一个参考。

12.6 讨论

本书运用所编制的产品质量体验安全问卷，通过对样本的调查，采用数据分析方法，对数据进行探索性因子和验证性因子分析，得出了由核心产品质量体验、形式产品质量体验和附加产品质量体验构成的产品质量体验安全指标体系。本模型提出了比较成熟的衡量指标，比定型化的描述具有较强的操作性，对现实的指导性也更强，因为是在全面和系统的研究框架下提出该模型，研究过程更加规范。

本书的不足之处在于：第一，本书的研究样本比例的分布不是很合理，由于时间和精力的不足，我们的抽样样本主要集中在自己比较熟悉的城市，样本中学生占了较大的比例，且年龄段较高和较低的样本都不是很足，没有做到随机抽样。第二，为了调查的方便，我们采用了拥有度较高的手机作为受试对象，因此，模型的结构对测量拥有度和普及度不是很高的产品的指导性就不是很强，模型具有一定的针对性。第三，一般做验证性因子分析时，为确保结构的稳定性应采用新的数据，由于数据收集比较耗时，我们依旧采用原数据进行分析。第四，虽然样本的数量超过了Nunnally（1978）所要求的最低样本数量，但想要保障高质量的测量量表，我们的样本数量还是不足的。

在我国关于质量体验的研究还处于起步阶段，还有很多的问题值得我们进行深入研究和探讨。本书初步构建并验证了产品质量体验安全的结构模型和测量方法，但该模型的完备性和可靠性还需要进一步得到验证，今后的研究还应该增加样本量和受试的产品，不断改进样本的结构，为更好地衡量产品的质量体验及相关的研究提供保障。

13. 持续购买阶段市场进入安全评价研究——基于产品品牌安全评价的实证

13.1 持续购买阶段品牌问题的提出

近些年来，我们看到许多企业的新产品进入市场都出现了营销危机，有些甚至导致了完全的营销失败，关于市场进入的安全问题研究备受学术界和企业界的关注。基于主成分法的市场进入五阶段理论告诉我们，产品满足顾客的需求、沟通刺激消费者接触和首次购买以及良好的质量解决消费者再次购买问题后，如何使消费者持续购买、成为忠诚顾客就成为营销人员要面临的最大问题。营销品牌安全是决定消费者首次购买的最主要因素，因此，如何评价一个品牌是否是好品牌就成为这一阶段的首要任务。Quinn（1992）曾经指出，要想理解和管理一个营销现象，首先需要对它进行描述和测量。Harrington 也认为量化是管理的第一步。因此，基于持续购买的品牌安全评价量表的开发和评价体系的建立就显得十分必要了。

长期以来，无论是在理论界还是企业界，品牌问题都是一个热点问题。正是由于品牌十分重要，大量的学者把主要精力放在这一领域，得出大量的理论成果。在与实践相结合的过程中，很多理论和观点取得了很好的效果。综观有关品牌的研究方向和成果，大都从顾客忠诚和品牌溢价入手，研究有关的影响因素及它们间的相互关系。但是，从营销安全的视角，研究品牌是否安全，还没得到应有的关注。为此，我们从消费者的角度，结合现有的理论成果，试图构建一个品牌安全的评价体系，其首要的基础就是开发一个基于持续购买的品牌安全评价量表，进而构建一个品牌安全评价体系。

13.2 持续购买阶段的品牌文献综述

13.2.1 品牌安全

品牌安全是企业营销安全的主要内容之一，包括品牌内涵安全、品牌形式安全和品牌策略安全等内容。企业必须建立品牌安全管理机构和品牌安全预警系统，加强品牌安全管理，防止因发生品牌危机而影响企业整个营销安全。根据消费者决策圈理论，品牌安全可理解为一个品牌给消费者带来的品牌联想是高强度的、高赞誉度的、高独特性的。

13.2.2 品牌个性

自有关专家提出"品牌个性"的理论以来，品牌个性在过去的几十年间在理论和实践中都取得了较大的进展，尤其是在品牌个性如何驱动品牌资产方面（Aaker，1996）。Bettinger（1979）提出了产品"成人"和"孩童"形象。Sirgy（1985）进一步将品牌形象扩展为产品像人一样具有个性形象。美国著名学者 Jenniffer Aaker 第一次根据西方人格理论的"大五"模型，以个性心理学维度的研究方法为基础，以西方著名品牌为研究对象，发展了一个系统的品牌个性维度量表（Brand Dimensions Scales，BDS），归纳出品牌个性的五个维度，纯真、刺激、称职、教养和强壮，有 15 个层面，包括有 42 个品牌人格特性（Jenniffer Aaker，1997）。

品牌个性维度问题同样来自心理学个性维度问题。而个性与文化之间的关系一直都是困扰着心理学家研究个性维度的重要因素。

2003 年，我国学者黄胜兵和卢泰宏提出我国的品牌个性的五个维度，"仁""智""勇""乐"和"雅"。中国的品牌个性一方面继承了中国文化传统，保留了本土化的特点；另一方面，随着中国与世界经济文化的交流和融合，中国的品牌个性也不可避免地受到西方文化的影响（黄胜兵和卢泰宏，2003）。

本书采用黄胜兵和卢泰宏的品牌个性的五个维度，作为测量品牌个性的指标，用以测量消费者对产品的品牌个性的认知，考察品牌在其个性方面的安全性。本书不仅考察品牌个性的维度，还考察了品牌个性的强度，比较全面地反映了品牌的个性问题。

13.2.3 品牌联想

对品牌联想最早的相关研究始于 20 世纪 50 年代，广告大师奥格威在这一时期通过提出品牌形象引入了品牌联想的概念。Keller、Yoo、Donthu 以及 Lvidge、Steine 等对基于顾客的品牌资产有深入研究的学者都将品牌联想作为品牌资产的重要组成部分之一。

所谓品牌联想，就是指顾客由品牌名称联想到的事物，品牌名称的价值在于一系列的联想，它是制定品牌决策和建立品牌忠诚的基础。Aaker（1991）指出，品牌联想是对消费者购买行为作用最强的感知维度，因为品牌联想一旦进行了有意义的组合之后就构成了消费者认知的品牌形象，从而直接影响到消费者的品牌选择。Keller（1993）同样把品牌联想定义为消费者记忆中存在的和品牌节点连接的信息节点。他认为，品牌联想是除感知之外的、只对消费者有意义的信息节点。品牌联想决定了品牌形象的内容和品牌在消费者心目中的地位，是顾客与品牌长期接触后才形成的，反映了顾客对品牌的认知、态度以及情感。

从联想网络记忆理论出发，Krishnan（1996）对于品牌联想与品牌权益之间的关系进行了开创性研究，他认为从四个方面考察品牌联想是有帮助的，由品牌名称激发的联想数量、联想的净值、联想的独特性和联想的来源。Low George S 和 Lamb Charles W 将品牌形象、品牌态度和追求的质量视为品牌联想的三个分析维度，搭建了品牌联想的体系。Rodolfo Vazquez、A Belendel Rio 和 Victor Iglesias 所构建的品牌联想结构将产品和品牌区分开来，并指出，在加强品牌名称联想的同时企业应加强消费者对具体产品的联想。这个结论的可信性和有效性得到了证明，并且该结论是与 Bhat 和 Reddy 在 1998 年的研究结论完全一致的。

在本书中，我们以 Keller 的品牌联想维度为基础，综合其他研究成果和专家的建议，对其进行扩展和补充，来考察品牌联想对品牌安全的影响。

（1）产品联想。

Keller 认为，属性的联想是有关于产品或服务的描述性特征。属性联想又分为产品相关属性联想以及非相关属性联想两类。产品相关属性指能决定产品性能和本质的产品物理组成或对服务的要求，它根据产品或服务种类的不同而有所差异。非产品相关属性能影响采购和消费过程，但不会直接影响产品性能。非产品相关属性来自营销组合与产品营销方式。在本书中，我们对 Keller 的属性联想进行扩展，成为产品本身密切相关的产品联想。

（2）利益联想。

Keller 认为，利益（benefits）联想为消费者给予产品或服务属性的个人价值，也就是消费者心目中认为此产品或服务能够为他们做些什么。利益联想可进一步分为三类：①功能性价值；②经验性价值；③象征性价值。功能性价值是指产品或服务的内在优势，与产品属性相关。经验性价值是指能引起消费者使用产品或服务兴趣的价值。它同时对应于产品相关属性与非产品相关属性。象征性价值是指产品或服务的外在优势，其通常与产品属性无关，而是有关社会认同的需求或是个人表现以及自尊。

（3）态度联想。

Keller 认为态度联想是品牌态度中最抽象、最高层次的品牌联想。品牌态度是消费者对品牌的整体评价，是形成消费者行为的基础。心理学多属性态度模型显示，总体品牌态度依赖于品牌和突出属性，或价值间联想的强度，以及这些属性或价值的受喜爱程度。

(4) 组织联想。

除上述三个维度外，产品的生产者或服务的提供者对消费者也产生巨大影响，对我国消费者更是如此。Aaker 指出，国家或地区、竞争者的产品档次、企业能力等方面也会影响品牌联想。也有学者把这些归为次级联想的主要内容。

13.2.4 品牌认知

品牌认知指人们对品牌名称、企业名称、商品标志、品牌特定符号、专有产品名称等方面的认知状态，品牌认知度是指消费者对品牌的了解、记忆和识别程度。具体表现为消费者在想到某一类别的产品时，在脑海中想起或辨别某一品牌的程度。品牌认知度是评价品牌社会影响力大小的重要指标。品牌认知度是品牌资产的重要组成部分，是衡量消费者对品牌内涵及价值的认识和理解度的标准。

Aaker 认为，品牌联想是任何与品牌记忆相联结的事物，是人们对品牌的想法、感受及期望等一连串的集合，可反映出产品人格或产品的认知。Sweeney 和 Soutar（2001）通过研究提出了消费者认知价值的四个维度：情感价值、社会价值、质量价值、价格价值。情感价值指产品体现的情感或情绪状态所产生的效用；社会价值指产品增强社会自我形象的能力所产生的效用；价格价值指产品的短期或长期成本降低带来的效用；质量价值指感知质量或期望产品绩效带来的效用。

(1) 品牌形象。

菲利普·科特勒认为，消费者对某一品牌的信念就是消费者心中的品牌形象。对消费者而言，品牌不仅用以区别商品，它还是一种象征，超出了文字本身的意义。对生产者而言，品牌也不仅是区别工具，更是在技术和功能的支持下建立起来的商品和消费者之间的关系：消费者对商品的知晓、喜爱甚至尊重，即品牌形象。大卫·奥格威认为，品牌形象是社会公众及消费者在长期了解品牌的基础上形成的对品牌的评价，存在于社会公众及消费者的头脑中。

对品牌形象的研究大多基于消费者的心理认知。许多学者认为，品牌形象反映了消费者对品牌的总体看法、感觉和态度。这部分学者从消费者认知的角度讨论了品牌形象的构成要素。以 Aaker 和 Keller 等为代表的一批学者认为，品牌形象是一组有意义的品牌联想的集合，这些联想组织在一起形成消费者对这一品牌的整体印象，称为品牌形象（Aaker，1991；Keller，1998）。

在以往的研究中，学者们大多单独考察品牌形象的有关问题。在本书中，我们把品牌形象当作消费者对品牌的认知，从认知的角度考察品牌形象对品牌安全的影响。

(2) 转换成本。

根据 Thibaut 和 Kelley（1959）的社会交易理论和 Rusbult（1980）的投资模型理论，转换成本是影响消费者重复购买的三个关键因素之一。Jones 等证明感知的转移成本也会影响消费者重复购买。消费者在评价自己的转换成本时并不那么理性，往往是根据自己的效用和偏好予以评价，可能高估，也可能低估。所以，在考察消费者的转换成本时从消费者认知的角度来衡量是比较合理的。Burnham 等（2003）指出，程序损失、经济损失和关系损失是考察转换成本的三个重要方面。

Girish N Punj（2004）指出，品牌知识（Brand Knowledge），即对品牌的了解程度，也会对消费者的品牌偏好产生影响。由于消费者的精力是有限的，他们往往去选择那些自己了解的品牌，陌生的品牌常常难以引起消费者的注意。同时，当我们用品牌的销售额的数据衡量一个品牌的影响力时，往往忽视了消费者对这种影响力的感知程度。只有消费者感知到的品牌的影响力才是真正的影响力，才是能够产生品牌溢价的影响力。因此，我们把品牌知识和消费者感知的品牌影响力也作为考察品牌认知安全的重要指标。

13.2.5 持续购买意愿

根据基于主成分法的市场进入五阶段理论，我们分为重复购买和持续购买，我们把重复购买定义为两次以上的购买，产品质量是解决再次购买的关键。当产品的质量满足顾客的需求时，顾客是否持续购买，关键看品牌。因此，我们将持续购买定义为三次以上的购买。与重复购买意愿对应，我们提出持续购买意愿。两者既有联系，又有区别，而联系大于区别。所以，我们可以用衡量重复购买意愿的指标来衡量持续购买意愿。

13.3 持续购买阶段的品牌实证研究

实证过程采纳当前西方研究中常用的几个步骤：测项发展、受试行业与品牌选择、数据收集、数据质量、测项纯化、因子分析、因子命名、因子信度效度检验（石贵成、王永贵、邢金刚等，2005）。

13.3.1 测项发展

本部分研究的重点是开发品牌安全的测量模型和进行效度检验，根据Churchill（1979）、Gerbing和Anderson（1988）等人的建议，我们通过以下几个步骤获得测项：①对近年来相关的主要文献进行全面扫描，找出尽可能多的适用测项；②根据10维度框架的需要，结合相关的理论概念自行发展一些测项，以弥补现有文献的不足和适应新框架的需要；③将这些测项提交四川大学营销工程研究所，请专家在此基础上进行补充和修改。该研究所共组织了1名博导、3名博士和5名硕士进行了三次正式讨论；④编制问卷试调查，对题项进行修改。经过以上步骤，量表初稿包含了36个测项。

13.3.2 受试行业与品牌选择

受试行业选择的标准是：①合理性。受试行业必须存在多种品牌，强势品牌和弱势品牌较为鲜明，并且品牌及偏好有较大差异；②普及性。受试行业必须是大部分受试者较容易接触的行业；③可行性。受试行业在不同类人群间应无较大差异。根据以上规则和专家建议，本书采用洗发水行业作为受试行业。

13.3.3 数据收集

本书使用的问卷由三部分组成：①通过问题"我常用的洗发水是×××"来确定被测者使用的洗发水品牌；②品牌安全结构初始量表包含36个测项；③用以测量收敛度和预测效度的三个问题，分别是"下次我还会购买×××洗发水""我会把×××洗发水推荐给他人"和"如果×××洗发水稍微贵一点，我还是会选择它"；④有关人口统计的问题，如性别、年龄、学历、收入和职业。

本部分研究采用分层抽样和配额抽样相结合以及实地抽样和网络抽样相结合的方法。实测主要在成都和深圳两地，网络问卷分布在北京、青岛和济南等地。由于我们在实地调查的过程中，没有大规模地分发问卷，多采用一对一（多）的方式，并在一旁监督，所以，有效问卷回收率较高。调查抽样分两个阶段进行：首先，根据被测者所在地点的不同进行分层，如学校、车站、银行和街头访问；其次，根据样本的分布情况进行分散抽样，以增强样本的代表性，保证最终的样本量超过360 [Nunnally（1978）指出，样本数只要大于测项数目的十倍就可以接受，本部分研究的量表测项数目为36，样本数大于360]。样本量的分布主要是按年龄和职业相结合来划分的，这样可以较准确地反映总体的情况。

13.3.4 测项调整

测项调整的标准是测项与总体的相关系数（Item-total Correlation）小于0.4且删除项目后Cornbach's α值会增加者删除（Yoo和Dibthu，2001）；旋转后因子负荷值小于0.4或者同时在两个因子上的负荷值都大于0.4者删除（Nunnally，1978）；如果一个测项同时在两个因子上的负荷值都高于临界点，则应考虑删除（张绍勋，2001），但如果删除该测项后，两个因子又合并了，则该测项不删除。根据以上3个标准，36个测项最后删除了3个（测项广告熟悉度、形象提高度、关系损失量，因子载荷小于了0.4被删除），剩下的33个测项形成了一个较为稳固和有效的量表。

13.3.5 探索性因子分析（EFA）

数据分析方法是对剩下的33个测项，利用统计软件spss13.0中的因子分析命令来进行数据处理。

数据显示，33个测项的KMO值为0.909，Bartlett's球状检验的显著性水平小于0.05，表示这些数据适合做因子分析。

13.3.6 验证性因子分析

利用结构方程模型软件LISREL8.70版中等验证性因子分析进行结构稳定性验证。其中，33个测项作为观测变量（x），9个因子作为潜在变量（ε），由此可构造一个路径模型。χ^2/df在2.0至5.0之间，RMSEA低于0.08，NNFI和CFI在0.9以上时，模型的拟合度较好（侯杰泰、温忠麟、成子娟，2004）。在本模型中，χ^2/df = 2.46，RMSEA = 0.075 < 0.08，CFI = 0.93>0.9，NNFI = 0.92>0.9，说明本书路径模型的拟合度较高。其中，所有t值均大于2，表示路径关系显著，即探索性因子分析得出的9个因子和33个测项的关系是存在且稳固的。

13.3.7 因子命名

第1个因子下属的测项包括品牌仁义度、品牌智慧度、品牌勇气度、品牌快乐度和品牌典雅度，可归纳为个性特点；第2个因子下属测项包括个性显著度、个性符合度和个性认同度，是消费者对品牌个性的认知，可归纳为个性认知；第3个因子包括价格合理度、品质优异度、特色鲜明度和功能增加度，是与产品有关的品牌联想，归纳为产品联想；第4个因子下属测项包括体验满意度、认知清晰度、情感强烈度和意向强弱度，可归纳为态度联想；第5个因子下属测项包括关系融洽度、实力强弱度、声誉优良度和形象鲜明度，可归纳为组织联想；第6个因子下属测项包括功能优劣感、市场地位感、情感亲近感、形象差异感和身份一致感，可归纳为品牌形象；第7个因子下属测项包括知识丰富度、知识深入度、记忆清晰度，可归纳为品牌知识；第8个因子下属测项包括品牌知名度、品牌美誉度和品牌忠诚度，可归纳为品牌影响；第9个因子下属测项包括程序损失量和经济损失量，可归纳为转换成本。

13.3.8 信度和效度检验

本部分研究检验了内部一致性和外部一致性。侯杰泰等（2004）认为：Cornbach's α值低于0.6不可接受；Cornbach's α值在0.6到0.65之间，不理想；Cornbach's α值在0.65到0.75之间，最低程度接受；Cornbach's α值在0.70到0.80之间，较可观；Cornbach's α值在0.80到0.90之间，非常好；Cornbach's α值超过0.90，应考虑缩减量表。在本书中，3个因子的Cornbach's α值在0.80到0.90之间，4个因子的Cornbach's α值在0.70到0.80之间，两个因子的Cornbach's α值在0.65到0.70之间，表明数据呈现了较好的内部一致性（见表13-1）；外部一致性的检验是增加样本量以及将样本分群，因子分析的结果也是这9个因子。可见，这9个因子是可信的。

本书考察了4类效度：内容效度、建构效度、收敛效度和预测效度。内容效度由专家来判断，我们将量表呈现给四川大学营销工程研究所的一位博导和一位博士审核，稍做修改后通过；33个测项与总和的相关系数都超过了0.4，说明测项的建构效度很好；为分析收敛效度和预测效度，我们分别计算出9个因子汇总得分与问题"我下次还会买×××洗发水""如果×××洗发水稍微贵一点，我还是会选择它的"和"我会把×××洗发水推荐给其他人"，从中得到的Pearson相关系数表明显著相关。由上可知，数据效度令人较满意，说明广义品牌关系的确存在9个因子。

表13-1 内部一致性分析

	Cornbach's α值	被计算测项数
全部因子	0.932	33
因子1（k_1）	0.689	5
因子2（k_2）	0.801	3
因子3（k_3）	0.691	4
因子4（k_4）	0.842	4
因子5（k_5）	0.777	4

续表

	Cornbach's α 值	被计算测项数
因子 6（k_6）	0.787	5
因子 7（k_7）	0.703	3
因子 8（k_8）	0.730	3
因子 9（k_9）	0.887	2

13.4 品牌安全模型的提出

以上研究得出的品牌安全模型结构的 9 个组成部分是评估品牌安全所需要的指标，33 个测项就是测量这些指标的项目。本书的目的是想汇总若干指标来综合评估品牌安全。合并后的第 1 个因子和第 2 个因子都与品牌个性有关，所以，可进一步归纳为品牌个性安全；第 3 个因子、第 4 个因子和第 5 个因子，其实都是品牌联想的某个方面，可进一步归纳为品牌联想安全；由于第 6 个因子、第 7 个因子、第 8 个因子和第 9 个因子及其下属因子，都是从消费者认知的视角设计的测项，每一个测项都是反映消费者对品牌某一方面的感知，所以，可进一步归纳为品牌认知安全。因此，9 个因子最终可以汇总到 1 个因子上面。

13.5 品牌安全模型的应用

本书借鉴品牌资产理论和其他相关理论，从消费者购买的角度，构建了品牌安全评价模型。本书运用编制的品牌安全问卷，进行了样本调查，通过探索性因子分析和验证性因子分析的实证研究过程，提出了 9 维度的品牌安全指标体系，并得出了指标权重，最终提出品牌安全评价模型。

（1）本书提出了比较全面的品牌安全评价模型，并通过实证研究证明了信度和效度，丰富和完善了营销安全理论。近年来，品牌问题一直是研究的热点，重点主要集中在品牌资产理论、品牌资产管理理论和品牌资产管理运作模型等，各国学者对品牌资产的构建也有着深入的研究，其核心在于研究品牌溢价问题。基于这些理论形成了一系列的品牌建设和管理的战略、策略和方法，并在实际操作中收到了良好的效果。但是，从安全角度研究品牌问题还没有得到应有的重视。对于新产品进入的品牌安全研究更是寥寥无几。本书弥补了这部分的理论空白。

（2）品牌安全模型可以对品牌安全现状进行综合评估，从定量的角度考察品牌安全的现状。本书属于应用理论研究当中的评估研究（Miller 和 Salkind，2004；米勒和萨尔金德，2004）。因此，品牌安全评价模型最大的价值就是对品牌的现状进行全面评估，可以了解品牌整体的安全性和各组成部分的安全性以及各组成部分在整体安全性中的重要程度，能够让品牌管理者全面了解品牌安全的现状，并及时进行有的放矢地改进。

（3）品牌安全模型为品牌建设和管理提供参考。该模型不仅可以评估品牌安全的现状，还可以为品牌建设和管理提供指导。从品牌安全模型可以看出，品牌安全是由不同侧面构成的一个 9 维度模型。任何一个维度上出现问题，都会影响品牌的安全性。所以，在建设和管理品牌时，要从 9 个方面入手，针对每个方面的不同特点，制订全面的品牌管理策略和计划。

由于主观和客观的原因，本部分研究仍存在一些不足之处。首先，本部分研究采用分层抽样和配额抽样的方式，并配以网络调查，在一定程度上保证了样本的代表性，但由于时间和经费的问题尚不能做到随机抽样。样本的代表性存在一定的局限性。未来的研究可以进一步增加样本的数量，以进一步验证结果和提高量表的测量质量，为未来品牌安全的测量以及相关实证研究提供保障。其次，一般做验证性因子分析时最好用新的数据，以确保结构的稳定性，本书采用了探索性因子分析时的数据。最后，品牌安全量表尚未在营销管理实践中应用，其外部有效性还有待检验。量表测项本身的可靠性和有效性也需要得到进一步的检验。

14. 转移购买阶段市场进入安全评价研究——基于产品创新安全评价体系的实证

14.1 转移购买阶段创新问题的提出

随着社会生产力的发展以及企业营销活动的日益活跃，企业纷纷推出了数量庞大的新产品。然而，很多新产品在经历了短暂的生命周期便夭折了。关于产品忠诚购买的创新安全问题研究备受学术界和企业界的关注。基于主成分法的市场进入五阶段理论告诉我们，顾客在已经购买了某种产品的前提下，企业需要不断进行产品的创新研究，以跟进消费者不断变化的需求，从而实现消费者的忠诚购买。Quinn（1992）曾经指出，要想理解和管理一个营销现象，首先需要对它进行描述和测量。Harrington 也认为量化是管理的第一步。因此，基于顾客忠诚购买的产品创新安全评价量表的开发和评价体系的建立就显得十分必要。

国内外学者和研究机构都做过很多关于产品创新评价的研究，但这些评价理论都是站在新产品开发的角度，从市场、财务、组织、技术等方面来评价新产品，而缺乏顾客视角下的产品创新性评价。就现有的一些研究结论而言，其操作性不强，并不能直接用于指导企业的生产经营实践。因此，从消费者的角度对产品创新安全进行一次系统的梳理势在必行，其首要的任务就在于建立产品创新安全的评价量表，进而构建一个创新安全评价体系。

14.2 转移购买阶段创新文献综述

14.2.1 产品与产品创新管理

研究产品的创新管理，首先需要对产品的含义有比较准确的理解。工业产品是指企业通过对各种资源的消耗生产出来的，能够满足客户需求的、具有使用价值和价值的商品。产品具有两种形式：一种是具有实体形态的物质产品，一种是没有实体形态的服务产品。对消费者来说，产品包括一切能满足消费者需求和欲望的物质和非物质因素的总和。物质因素包括产品实体及其品质、特色、式样、品牌和包装等，是产品的一种自然属性，能满足消费者对使用价值的需要；而非物质性因素则包括产品能给消费者提供的利益，以及售后服务、产品形象、企业信誉等对消费者具有象征性的价值，这些价值不是产品本身所具有的特征，而是附加在产品之上的。

现代营销理论提出了产品的整体概念。美国西北大学的科特勒教授认为，现代产品包括核心、形式、附加三个层次，它们构成了产品的整体。核心产品是产品最基本的层次，它提供满足顾客需要的最根本的使用价值；形式产品是产品的第二个层次，是核心产品的载体，是满足顾客需要的各种具体的产品形式；附加产品是产品的第三个层次，指顾客在购买产品时所得到的附加服务或利益，如送货上门、安装、保修、售后服务等。认识并建立整体产品概念，可以使产品创新真正从消费者需要的角度，从各个层面对产品进行全面考虑和设计，从而在根本上促进和提升产品的市场竞争能力，有效保障企业在市场中获得收益。

对于产品创新，不同的学者也有不同的定义。经济合作与发展组织（OECD）对产品创新的定义是：为了给产品用户提供新的或更好的服务而产生的产品技术变化。曼斯费尔德认为，产品创新是从企业对新产品的构思开始，以新产品的销售和交货为终结的探索性活动。浙江大学的许庆瑞教授认为，凡是由技术活动引向开发新产品的，称之为产品创新。清华大学的傅家骥教授认为，产品创新是指技术上有变化的产品的商业化，产品创新的目的是得到创新的或有某种改进、改善的产品。武汉理工大学的胡树华教授建立在产品整体概念的基础上提出，产品创新是以市场为导向的系统工程，从产品单个项目看，它表现为产品某些技术及经济参数质和量的突破与提高，包括新产品开发和老产品改进；而从整体考察，它贯穿了产品构思、研究、设计、试制、生产、营销、服务等全过程，是功能创新、形式创新、服务创新多维交织的组合创新。

基于用户的产品创新如何定义呢？David Garvin（1984）对产品质量的定义提出过同样的问题。在对产品质量的定义中，他用了以下四种方法：卓越法、基于产品法、基于用户法和基于制造法。同时，他强调了将这些方法统一起来进行定义的必要性，这样才可以囊括产品质量的多样性。仿效 David Garvin 对产品质量的定义方法，也可以对产品创新进行系统地定义。从卓越法来定义，产品创新可以看作是一种富有想象力的天赋。产品创新是高原创性和强解决问题能力的一种反映，在辨别上具有普遍性和绝对性。尽管如此，该方法认为对产品创新的精确定义是不存在的。只有当用户接触到的产品具有以上特征的时候，产品创新的概念才被真正识别。根据基于产品法，产品创新是一种精确到可以计量的变量。这些变量是与产品的具体属性或特征的不同等级程度相关联。该方法导致了产品创新纵向研究的发展和需求属性的等级划分。产品创新程度的高低取决于属性的量值。该方法认为产品创新不仅是用户的主观判断，更是客观属性的评价。基于用户法以用户对产品有着丰富的体验和迫切的期待为前提，这些前提反过来也会影响用户对产品创新的评价。该方法与产品创新评价的交感法相吻合，交感法认为对产品创新的评价只能是主观的，与"美丽取决于观察者的眼睛"这一信念相一致。该方法的难点在于如何将用户对产品创新的评价与功能化的定义结合起来运用到设计的实践过程中。与基于用户法从用户需求的角度看产品创新的观点相反，基于制造法从产品供应的角度出发，相应的研究重心也从用户的评价转到开发者的决策上来。产品创新是根据资源的限制和利用来定义的。在设计过程中，问题解决的程度和发散思维的广度对产品的创新也有重要的影响。基于制造法是以降低成本和提高生产力为核心。

14.2.2 国外产品创新管理研究重点概述

自从熊彼特 1912 年提出创新理论以来，学术界对创新的研究经历了 20 世纪 50 年代创新理论的分解研究及技术创新理论的创立阶段，20 世纪 70 年代技术创新理论的系统开发阶段，20 世纪 80 年代以来的技术创新理论的综合化、专门化研究阶段。

产品创新管理早期起步于新产品管理。1957 年，美国的 Booz、Allen 和 Halnjlton 所著的《新产品管理》一书，首次较为完整地提出了产品寿命周期理论，后来英国的 Gopert 等人又建立了它的生长曲线数学模型。1976 年，美国成立了主要致力于产品创新管理研究的组织——产品开发管理协会（PDMA: Product Development and Management Association），1984 年，创办了《产品创新管理》杂志（The Journal of Product Innovation Management），这标志着产品创新管理系统化研究的开始。归纳起来，研究的重点主要集中在以下五个方面。

（1）新产品战略与评价理论研究。

自 20 世纪 70 年代末以后，评价理论一直是新产品管理研究的重点。美国密歇根大学教授 C Merle Crawford 是《产品创新管理》杂志的文摘编辑，他在 1983 年出版的《新产品管理》一书中，详细讨论了新产品从构思产生到商业化的整个过程，强调合理的战略与严密的评价程序是产品创新的可靠保证，提出了新产品概念检验、预评价、评价、样品测试、产品试用、市场评价、财务分析、市场投放准备、总评价与反思的评价体系。Pessemier 则强调市场与销量分析、利益机会搜寻分析，据此比较各种产品战略的市场结构、效率和财务效果。Eugene R. Carr Ubba 和 Ronald D. Gordon 提出了以统一、计划、组织、控制、评价、改善等为原则的产品精益化保证体系。George Gruenwald 细分了产品开发的"需要、确认、探索、构思、营销、评价"的基本程序。

(2) 新产品成败研究。

加拿大 McMaster 大学的 Cooper 教授通过研究发现：推动成功的关键是产品独一无二的优势、市场信息与营销效率、技术与生产的协同效率；导致失败的主因是价高、市场变化快、市场竞争激烈。Cooper 等人认为成败问题存在一定规律，可以在因素调查的基础上通过建立数学模型来分析。美国 Tennessee 大学的 X Michael Song 和 Virginia 大学的 Mark E Parry，就高新技术产品创新问题，运用 GRW 方法调查并得出研究结论，认为成功的产品创新来源于八大因素。美国斯坦大学的 Maidique 等人调查了美国电子工业 158 种产品的全周期情况和 118 种产品的市场投放情况，并总结了在电子类高新技术产业中影响新产品成效的八大因素。

(3) 产品开发绩效研究。

Kleinschmidt 和 Cooper 提出了依据时间、绩效两个维度对产品进行分类的理论，同时经过研究，他们证明了产品创新程度与产品成功呈 U 形关系，即高度创新和低度创新都易于实现产品成功，而介于两者之间的中度创新却很难取得成效。

(4) 创新组织理论研究。

创新组织理论将产品看成是组织流程的产物，其典型的绩效测度是项目的成功。组织学派认为产品成功的关键因素是组织的联盟和团队。Brown 和 Eisenhard 的文献综述和理论模型是从组织视角看待产品开发的经典文献。

(5) 产品设计功能成本研究。

除了进行传统的价值工程研究外，国外正致力于功能成本估算优化的工程研究方法。产品设计的功能成本研究运用量化的方法，将功能设计的成本进行计算，以此来探讨和考核单项功能设计的合理性和经济性。

14.2.3 国内产品创新管理研究重点概述

国内的产品创新管理主要是在研究和学习国外的产品创新。在近些年的科学研究中，也产生了一些研究成果，主要集中在如下一些方面。

关于新产品评价。薛韬认为新产品论证应遵循市场可行性论证→技术可行性论证→经济可行性论证的论证顺序。柯常忠等提出了绝对评价和相对评价两种产品优先改进方法。路耀华依据六类指标，运用标准值法、综合决策等方法建立了评选产品的动态模型。邓小清认为创新产品选择受到市场、技术和产业三类因素的影响和制约，提出实施创新产品的动态选择。

关于功能规划。潘承烈认为产品的多样化与个性化正在成为市场的一种发展趋势，企业应由市场导向向顾客导向转变，去创造新市场。陈树公认为产品特性组合应由使用层、外观层、附加层三部分组成，提出了在不同市场条件下的产品特性组合策略。林冠文在分析了传统的产品质量水平定位方法后提出了应进行市场定位的观点。姚德民等认为新产品概念的开发是新产品开发的第一步，应从多种来源激发概念设想，并科学地进行筛选、评价。

宁波大学的华尔天、李国富等人在《面向用户的产品创新评价体系研究》一文中提出，产品创新评价可通过对用户需求的评价实现，用户需求与产品的实用性、安全性、舒适性、产品美度、经济性、服务性和维修性等因素有关。

哈尔滨工业大学的英爽认为，高新技术产品创新是建立在现代企业产品创新的基础上，是以现代营销理论提出的对产品整体概念的创新。核心、形式、附加三个层次构成了现代产品的整体概念，产品创新相应地可分为核心产品层次的创新、形式产品层次的创新、附加产品层次的创新。

哈尔滨工业大学的杨东奇将产品创新的内容划分为产品技术条件的创新、产品整体性能的创新和产品外围的创新，见图 14-1。

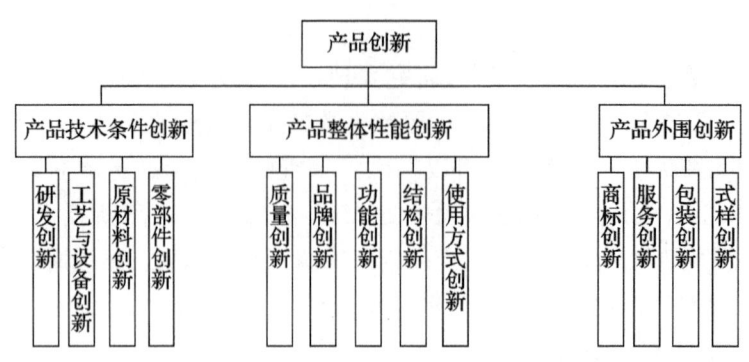

图 14-1 产品创新的内容体系示意图

14.2.4 典型的产品创新评价工具

1950 年，Guilford 给美国心理学协会的一封信揭开了该理论发展的序幕。在信中 Guiford 强调了对创新的研究和创新与发散思维关联研究的必要性。到 20 世纪 60 年代，对创新的结构性的研究方法成为研究的重点。Rhode 提出了关于创新的"4P"理论：Person（人）、Process（过程）、Press（环境）和 Product（产品）。他认为，要客观性地评价产品的创新，须首先从产品本身开始，然后推及到人、过程以及环境。也就是说，为了了解人和过程，必须首先了解产品本身。Donald Mackinnon 在 1968 年提出了产品创新性评价的五个标准：原创性、功用性（可解决问题）、美观性以及其他的一些美学要求、超越性（对现实的改造）、识别性。他也支持对创新的评价具有潜意识性，人们通过潜意识就能评价出人或物的创新。20 世纪 80 年代，产品创新的具体分类和评价的工具开始发展。在这个时期产生了两个主要的产品创新评价方法。Amabile（1982）提出了同感评估技术（Consensual Assessment Technical，CAT），并进行了相关试验。该方法以创新只有被发现时才被理解为基础，认为公认的评价标准并不存在。因此，创新仅仅取决于评价者的主观判断。另一个评价产品创新的方法就是产品语义尺度法，由 Besemer 和 O'Quin（1986，1987）提出，以创新产品分解矩阵（Creative Product Analysis Matrix，CPAM）为基础。该矩阵和尺度认为产品的创新可以从以下三个方面进行认知：新颖、功用、精进与统合。

因为创造性产品语义量表（Creative Product Semantic Scale，CPSS）和同感评估技术（CAT）是两个以具体产品为对象的评价工具，所以，这里仅对它们进行介绍。CPSS 是由 Besemer 和 O'Quin 提出的，是运用尺度评定量表和七个尺度来评价产品的创新性。对产品创新定义的第一部分是产品的新颖性和恰当性，恰当性由功用性、精进与统合组成，所以，前三个产品创新的尺度应为：新颖、功用性和精进与统合。如前所述，创新产品分解矩阵（CPAM）也是从这三个因素来评估产品创新的。构成产品创新定义的第二部分的愉悦和唤醒，属于产品对消费者的情感影响。产品的情感评价最重要的尺度是愉悦和唤醒（Cohen 和 Areni，1991）。Christiaans（2002）的最新研究表明产品对消费者的情感影响与产品创新的评价极为重要，一个创新的设计能够引起用户的注意力，唤起其情感上的愉悦。An 和 Low（2000）在创新的评价尺度研究中，也提出和上面一样的观点。所以，愉悦和唤醒是产品创新中产品情感评价的尺度。用户的主观偏好是产品创新定义的最后一部分，产品创新与用户的偏好是通过以下两种方式连接的：用户对该创新的兴趣（向心性）和该创新在用户眼中的重要性（适用性）。Christinans（2002）的最新研究也表明产品创新和主观偏好之间有着密切的联系。Bloch 关于产品外观美学的研究也表明个人对于美学价值的重视性会影响其对产品外观的评价。

14.3 转移购买阶段的创新实证研究

本书的实证过程采用目前国内外营销管理研究中常用的几个步骤：测项开发构建量表、研究设计与受试品牌选择、数据收集、因子分析、因子信度与效度检验、路径关系分析等。

14.3.1 量表开发与构建

为了探索产品在进入市场的过程中基于忠诚购买的创新安全的维度及测项,本书根据国外学者 Churchill（1979）、Gerbing 和 Anderson（1988）等人的建议以及实证研究的需要,主要通过以下四个步骤来进行测项开发与量表构建：

（1）文献分析。

我们对近年来相关的主要文献进行了较为全面的扫描,找出尽可能多的适用测项（Donald Mackinnon、Amabile,1982；Besemer 和 O'Quin,1986,1987）。

（2）理论补充。

根据科特勒整体产品概念的划分,结合相关的理论概念自行发展一些测项,以弥补现有文献的不足和适应新框架的需要。

（3）专家讨论。

将这些测项提交四川大学营销工程研究所的 1 位博导级教授、5 位博士生和 6 位硕士生,请他们在此基础上再进行修改和补充。

（4）初测修改。

在经过前述步骤以后,总共确定了 39 个测项。在这些测项被制成问卷进行大规模测试之前,我们在四川大学的学生中进行了小规模的初测。根据测试情况,我们对问卷测项进行了合理的修正和补充。

14.3.2 研究设计与被试

受试产品的选择标准是：①合理性。受试产品必须是消费者正在使用,且已经有过重复购买行为的产品。其目的在于测试产品进一步创新时,消费者的重复购买意愿。②普及性。受试产品必须是人群分布较为广泛,使用频率较大的产品,以方便调查研究。因此,本次测试选取手机作为测试产品,通过询问被访者所使用手机品牌,并虚拟一个与被访者所用品牌相竞争的品牌 X,从而测试当竞争品牌 X 进行相应的产品创新时,被访者对这些创新方面重要程度的评分。

14.3.3 数据收集

本书使用的问卷由三部分构成：①产品创新安全评价量表,共 39 个测项；②用于测量忠诚购买意愿的三个问题；③有关人口统计的问题,如性别、年龄、学历、月收入和职业。本问卷采用 Likert 5 点尺度,5 代表"完全同意",1 代表"极不同意",2、3、4 则依次代表不同的中间状态。测试时,要求受访者对虚拟手机品牌 X 的创新进行评价,根据其实际感受打分。

实测在成都、北京、广州等地先后进行了两次调查,获得了两次样本数据,历时一个月。第一次调查采用方便样本法,让各地亲友找更多朋友帮忙填写,共发放问卷 200 份,回收 135 份有效问卷；第二次调查采用分散性原则选择样本,以增强样本的代表性,并保证最终的样本总量超过 300。本次调查共发放问卷 300 份,回收 263 份有效问卷。最后,确定的有效样本总数为 398 份。

14.3.4 测项纯化

测项纯化标准是：①测项与总体的相关系数（Item-total Correlation）小于 0.4 且删除项目后 Cronbach's α 值会增加者删除（Yoo and Donthu,2001）；②旋转后因子负荷小于 0.4 或者同时在两个因子上的负荷值都大于 0.4 者删除（Nunnally,1978）；③如果一个测项同时在因子 A 和因子 B 上的负荷值都高于临界点,则应考虑删除（张绍勋,2001）,但如果删除该测项后,因子 A 和因子 B 又合并了,则该测项不删除。根据以上 3 个标准,39 个测项最后删除了 1 个,剩下的 38 个测项形成了一个用于分析的量表。

14.3.5 数据质量

38 个测项的 Cronbach's α 值为 0.937,表明数据呈现了较好的内部一致性；外部一致性则体现为数据来源于 398 个受访者的评价。量表的内容效度由专家来判断,修改少量字词表述后通过；建构效度通过单项与总和的相关系数来检验，经计算，38 个测项与总和的相关系数都超过了 0.5，说明测项的效度很好。

14.3.6 探索性因子分析（EFA）

本书采用的数据分析方法是利用 SPSS 16.0 统计软件中的因子分析命令对剩下的 38 个测项进行数据处理。数据显示，38 个测项的 KMO 值为 0.915，Bartlett's 球状检验的显著性水平为 0.00，明显小于 0.05，表示这些数据很适合做因子分析。从特征值来看，8 个因子的值均大于 1，说明应该存在 8 个因子。由方差解释贡献率来看，8 个因子累计解释了 64.943% 的信息，超过了 60%（Malhotra，1999），说明 8 个因子可以接受。从定性来看，这 8 个因子之间有可能相关，因此，选择斜交旋转方法（卢纹岱，2000），结果 38 个测项很好地归属于 8 个成分因子，且每个测项的因子负荷值都大于 0.5（见表 14-1），表示效果很好。

表 14-1 斜交旋转的因子模式矩阵

测项序号	测项名称	因子1	因子2	因子3	因子4	因子5	因子6	因子7	因子8
Q_1	功能独特性创新	0.74							
Q_2	功能喜好性创新	0.50							
Q_3	功能先进性创新	0.77							
Q_4	功能齐备性创新	0.70							
Q_5	质量稳定性创新		0.70						
Q_6	质量功效性创新		0.75						
Q_7	维修性创新		0.69						
Q_8	可操作性创新		0.64						
Q_9	产品视觉创新			0.65					
Q_{10}	产品听觉创新			0.75					
Q_{11}	产品触觉创新			0.77					
Q_{12}	包装外观创新			0.68					
Q_{13}	包装语言创新				0.77				
Q_{14}	包装功能创新				0.79				
Q_{15}	品牌形象创新				0.73				
Q_{16}	品牌联想创新				0.68				
Q_{17}	品牌认知创新				0.69				
Q_{18}	售前服务创新					0.77			
Q_{19}	售中服务创新					0.74			
Q_{20}	售后服务创新					0.64			
Q_{21}	审美情趣创新						0.65		
Q_{22}	环保价值创新						0.57		
Q_{23}	情感价值创新						0.80		
Q_{24}	价值观创新						0.79		
Q_{25}	语言文化创新						0.83		
Q_{26}	地域文化创新						0.77		
Q_{27}	购买货币成本创新							0.59	
Q_{28}	使用货币成本创新							0.71	
Q_{29}	性价比创新							0.66	
Q_{30}	购买时间成本创新							0.68	
Q_{31}	使用时间成本创新							0.65	
Q_{32}	维修时间成本创新							0.78	
Q_{33}	身体成本创新							0.69	

续表

测项序号	测项名称	因子1	因子2	因子3	因子4	因子5	因子6	因子7	因子8
Q_{34}	使用体力成本创新							0.61	
Q_{35}	购买、维修体力成本创新							0.77	
Q_{36}	身份感创新								0.51
Q_{37}	消费习惯创新								0.71
Q_{38}	安全感创新								0.81

14.3.7 验证性因子分析（CFA）

可以进一步利用结构方程模型软件 LISREL 8.70 版中的验证性因子分析进行结构稳定性的验证。其中，38 个测项作为观测变量（x），8 个因子作为潜在变量（ξ），由此可构造一个路径模型。评价路径模型的好坏需要依据各种拟合指数。模型拟合度高的指数要求是，ka方/df 在 2.0 至 5.0 之间，RMSEA 低于 0.08，CFI 和 NNFI 均在 0.9 以上。（侯杰泰、温忠麟和成子娟，2004）该模型的拟合指数分别是：ka方/df = 2.78，RMSEA = 0.082，CFI = 0.95，NNFI = 0.94，这说明本书中路径模型的拟合度较高。表 14-2 为各变量之间的路径系数和 t 值，其中所有 t 值均大于 2，表示路径关系显著，即探索性因子分析得出的 8 个因子与 38 个测项的关系是存在且稳固的。

表 14-2 路径关系与路径系数

路径	路径系数	t 值	路径	路径系数	t 值
$\varepsilon_1\text{--}X_1$	0.45	9.09	$\varepsilon_5\text{--}X_{20}$	0.59	11.56
$\varepsilon_1\text{--}X_2$	0.75	11.90	$\varepsilon_6\text{--}X_{21}$	0.58	11.94
$\varepsilon_1\text{--}X_3$	0.40	8.31	$\varepsilon_6\text{--}X_{22}$	0.68	12.26
$\varepsilon_1\text{--}X_4$	0.51	9.96	$\varepsilon_6\text{--}X_{23}$	0.36	10.62
$\varepsilon_2\text{--}X_5$	0.51	10.35	$\varepsilon_6\text{--}X_{24}$	0.37	10.72
$\varepsilon_2\text{--}X_6$	0.44	9.59	$\varepsilon_6\text{--}X_{25}$	0.31	10.05
$\varepsilon_2\text{--}X_7$	0.53	10.54	$\varepsilon_6\text{--}X_{26}$	0.41	11.05
$\varepsilon_2\text{--}X_8$	0.59	11.06	$\varepsilon_7\text{--}X_{27}$	0.66	12.24
$\varepsilon_3\text{--}X_9$	0.58	11.17	$\varepsilon_7\text{--}X_{28}$	0.49	11.62
$\varepsilon_3\text{--}X_{10}$	0.44	9.90	$\varepsilon_7\text{--}X_{29}$	0.56	11.93
$\varepsilon_3\text{--}X_{11}$	0.41	9.51	$\varepsilon_7\text{--}X_{30}$	0.53	11.81
$\varepsilon_3\text{--}X_{12}$	0.54	10.88	$\varepsilon_7\text{--}X_{31}$	0.57	11.96
$\varepsilon_4\text{--}X_{13}$	0.40	10.49	$\varepsilon_7\text{--}X_{32}$	0.40	11.04
$\varepsilon_4\text{--}X_{14}$	0.38	10.21	$\varepsilon_7\text{--}X_{33}$	0.53	11.78
$\varepsilon_4\text{--}X_{15}$	0.47	11.08	$\varepsilon_7\text{--}X_{34}$	0.63	12.17
$\varepsilon_4\text{--}X_{16}$	0.54	11.50	$\varepsilon_7\text{--}X_{35}$	0.40	11.08
$\varepsilon_4\text{--}X_{17}$	0.52	11.40	$\varepsilon_8\text{--}X_{36}$	0.74	11.83
$\varepsilon_5\text{--}X_{18}$	0.41	9.82	$\varepsilon_8\text{--}X_{37}$	0.49	9.77
$\varepsilon_5\text{--}X_{19}$	0.45	10.42	$\varepsilon_8\text{--}X_{38}$	0.35	7.24

14.3.8 因子命名

第 1 个因子下属的测项包括功能独特性创新度、功能喜好性创新度、功能先进性创新度、功能齐备性创新度，可以归纳为功能创新度；第 2 个因子下属的测项包括质量稳定性创新度、质量功效性创新度、维修性创新度、可操作性创新度，可归纳为质量创新度；第 3 个因子下属的测项包括产品视觉创新度、产品听觉创新度、产品触觉创新度，可归纳为产品载体创新度；第 4 个因子下属的测项包括包装外观创新度、包装语言创新度、包装功能创新度，可归纳为包装创新度；第 5 个因子下属的测项包括品牌形象创新度、品牌联想创新度、品牌认知创新度，可归纳为品牌创新度；第 6 个因子下属的测项包括售前服务创新度、售中服务创新度、售后服务创新度，可归纳为服务创新度；第 7 个因子下属的测项包括审美情趣创新度、环保价值创新度、情感价值创新度、价值观创新度、语言文化创新度、地域文化创新度，可归纳为情感/文化创新度；第 8 个因子下属的测项包括购买货币成本创新度、使用货币成本创新度、性价比创新度、购买时间成本创新度、使用时间成本创新度、维修时间成本创新度、身体成本创新度、使用体力成本创新度、购买维修体力成本创新度、身份感创新度、消费习惯创新度、安全感创新度，可归纳为成本创新度。

前面提出的是 12 维的需求安全评价结构，而实证结论是 8 个因子，两者不一致的原因是在广义创新安全研究中，辅助功能创新、品牌创新、质量创新、载体创新、包装创新、服务外延、情感创新、文化创新、货币成本创新、时间成本创新、体力成本创新、心理成本创新可能会交织起来共同对顾客产生作用，而且 12 个顾客需求指标并非完全独立，彼此之间也存在一定程度的相关性。这在数据分析上表现为 12 个维度中有紧密相关的维度合并重组，最终形成了 8 个维度。为了更贴切地反映因子内涵，因子命名还是根据下属测项的含义来确定的。

14.3.9 信度与效度检验

本书对信度分析主要考察内部一致性和外部一致性。其中，每个维度的 Cronbach's α 值均在 0.65 以上，表明数据呈现了比较好的内部一致性（见表 14-3）。为检验外部一致性，我们增加样本量以及将样本分群，再进行因子分析，均得到 8 个维度，说明了八维的可信度。

表 14-3　内部一致性分析

	Cronbach's a 值	被计算 Item 数目
全部因子	0.937	38
K_1：功能创新度	0.785	4
K_2：质量创新度	0.759	4
K_3：载体创新度	0.771	4
K_4：包装创新度	0.847	5
K_5：品牌创新度	0.724	3
K_6：服务创新度	0.859	6
K_7：情感/文化创新度	0.882	9
K_8：成本创新度	0.698	3

14.4　创新安全模型的提出

以上研究所得的需求安全评价结构的 8 个组成部分正是评价需求安全所需要的指标，而 31 个测项就是测量这些指标的项目。8 个指标的内涵分别为：指标 1（功能创新度）反映的是顾客对新产品效用的功能创新度安全评价，表现为功能独特性创新度、功能喜好性创新度、功能先进性创新度等；指标 2（质量创新度）反映的是顾客对新产品质量创新安全评价，表现为质量稳定性创新度、质量功效性创新度、维修性创新度、可操作性创新度；指标 3（载体创新度）反映的是顾客在使用时对新产品载体创新安全的评价，表现为产品视觉创新度、产品听觉创新度、产品触觉创新度；指标 4（包装创新度）反映的是顾客对新产品包装创新安全评价，表现为外观创新度、包装语言创新度、包装功能创新度；指标 5（品牌创新度）反映的是顾客在对新产品品牌创新安全评价，表现为品牌形象创新度、品牌联想创新度、品牌认知创新度；指标 6（服务创新度）反映的是顾客对新产品所附加的服务安全评价，表现为售前服务创新度、售中服务创新度、售后服务创新度；指标 7（情感/文化创新度）反映的是顾客对新产品附加的文化、情感价值安全评价，表现为环保价值创新度、情感价值创新度、价值观创新度等；指标 8（成本创新度）反映的是顾客对购买和使用该新产品时所花费成本的创新安全评价。

由于本书目的是想汇总若干指标来综合评价需求安全，因此可以假设 8 个指标最终会汇总到 1 个因子上面。根据 LISREL 8.70 的计算，各拟合指数分别为：$\chi^2/df = 2.19$，在 2.0 至 5.0 之间，RMSEA 低于 0.08，CFI 和 NNFI 均在 0.9 以上，表示模型拟合较好，说明 8 个指标可以用 1 个指标替代；而路径系数的 t 值均大于 2，说明二阶因子与一阶因子的路径关系显著。根据系统效应权重法（邱东，1991），在计算过程中，得到的路径系数表示 8 个指标与 1 个因子之间的关系，系数越大，关系越强，将这些系数进行归一化就可以得到 8 个指标的权重。

对于需求安全模型指标体系和指标权重，采用加权平均法可以得到一个评价新产品的需求安全水平的分值。

14.5 创新安全模型的应用

（1）创新安全模型方便对已有产品的创新进行营销安全的预评估。从研究性质来看，本书属于应用理论研究当中的评估研究（Miller 和 Salkind，2004；米勒和萨尔金德，2004）。因此，创新安全模型最大的应用价值在于对准备进行创新的现有产品的创新安全性进行评估，以便企业管理者及时掌握已有产品创新的营销安全程度，在符合产品创新安全的条件下，实施进一步创新方案，从而有效降低新产品创新所带来的市场风险。

（2）创新安全模型为企业提供了一种新的市场预测方法。在市场竞争日趋激烈的今天，产品创新已成为许多企业不得不积极应对的事实。但众多的企业创新失败的事实也提醒我们：创新是有风险的。如何将创新的风险降至最低？如果在创新之前能够对产品创新的安全进行预评估，将能够有效地降低风险。因此，产品创新安全评价模型的开发能够在企业进行已有产品创新之前预测创新的安全程度。

（3）创新安全模型可以为企业营销策略做依据。通过对新产品创新安全的评估，可以发现顾客对产品比较全面的评价，根据指标的权重来判断该产品在创新之后可能产生的不安全因素。企业则可以通过调整自身的营销策略来消除安全隐患，从而确保企业营销安全。

（4）创新安全模型可以为企业持续改进提供保障。通过持续收集顾客对产品的创新关注内容，评估创新产品的不安全因素，并采取措施进行改进。

15. 卓越绩效的延迟进入者战略研究——基于创新的视觉

15.1 卓越绩效的延迟进入者提出问题

市场进入是企业重要的战略决策（Frawley 和 Fahy，2005），是指企业进入一个从未服务过的产业市场领域，它重点研究企业是否进入或者什么时间进入这样的问题，它是基于不确定环境下的期望收获（Wernerfelt 和 Karnani，1987），或者是相关费用支持下的结果（Kerin 等，1992）。从市场进入时序角度，可以将进入者划分为三种类型，即率先进入者、早期跟进者和延迟进入者。每一个企业在更多的情况下是迟缓进入者（包括早期跟进者和延迟进入者）而不是率先进入者（Kerin 等，1992）。早期跟进者是指在持续增长和活跃的市场状态下，跟随先驱者早期进入市场的企业之一，延迟进入者是在市场已经接近成熟和稳定的时期的进入者（Robinsonand 和 Fornell，1985）。自 Bain（1956）开创进入障碍研究先河以来，已经有足够多的文献研究率先进入者现象。由于早期跟进者在市场不确定性逐渐减少的时机进入市场，紧跟率先进入者并与其时间间隔较小，对其研究的结果与率先进入者有相类似的地方，因此，本书把延迟进入者作为研究对象以期有所贡献。检索有关研究进入者文献，虽然研究者从不同的视觉提出了不同的战略，但终因这些战略相互隔离，缺乏系统连贯的逻辑框架，使得在实际操作中延迟进入者难以建立有效的市场进入路径。本书基于创新视觉试图通过理论研究发现延迟进入者获取卓越经营绩效的市场进入路径。

15.2 创新管理体系

创新管理体系是延迟进入者实现创新战略的保证和基础。发展有驱动性的创新管理系统是市场进入的基础和核心。根据现有文献，我们对创新管理系统的界定如下：它是这样一种持久而又坚定的思想，即企业有意识地关注环境的变化，注重知识在企业内部的学习和传播，倡导内部交流和合作，建立态度平等的沟通氛围，致力于在提升能力中把握市场机会。

文化是组织成员共享的不需要明示的精神图景（Mental Models），精神图景是一种重要的价值观，它附着于规则、章程、习惯、管理过程、假设、情绪、范例、传统的行为、产业视野、风俗、制度等要素，并由这些要素综合体现。组织精神图景是通过惯例和潜规则在文化上的明确反映（Barker，1992；Grinyer 和 McKiernam，1994；Spender，1990）。值得注意的是，占优的精神图景往往引导和控制着组织的行为。

一个组织应该具备创新的思想，在组织内部构建创新的氛围（Cribbin，1967），拥有创新价值观念的企业将鼓励个体和集体努力开展创造性活动，以保持企业永恒旺盛的运行活力。因此，致力于永续经营和持续营销的企业，需要在企业内部构建创新管理系统。

创新不仅仅是新现象的发现、新产品的开发和新市场的创造，而是几个关联机构的整体协同机制。在创新管理方面，企业管理者的重要职能就是为复杂的信息处理建立系统性驱动力。管理者需要设计一个富有创造而又适应环境的系统，它将是充满活力的动态组织，是在变化的世界中学习、创新和成长的组织，而不是注重细节或者事先规划项目。组织的系统性在两个方面帮助技术专家：①在技术专家每一个接触点创建共同的哲学思想和语言；②驱动技术专家和外部世界进行广泛的联系（Morton，1967）。

创新管理系统可以理解为企业各个部门之间，以及企业与其他机构之间在知识创造和扩散过程中的相互作用所形成的一系列思想（Fischer，2001）。从企业内部看，创新的实质是生产部门、科研部门、服务部门和管理部门之间相互作用过程中知识的创造、扩散和使用。但内部的创新活动与宏观环境、中介机构、产品市场和要素市场四个外部环境要素有着密切的联系。换而言之，企业的创新系统只有时刻关注环境变化，而且创新活动的出发点和立足点是环境的变化，只有这样，新的思想和意识才能形成和演化，创新才有价值和意义。由此可见，创新管理系统的基本点是密切关注环境的变化。

知识以显性和隐性两种表现形式而存在。显性知识以特定的编码和书写形式表现出来，容易复制、转换和感知；隐性知识存在于个体意识之中，只有通过交流、合作和完善才能转化为显性知识，进而被大家共享。知识是创新活动重要的输入要素，也就是讲，创新系统嵌入了知识的储备和开发（Werker，2001），创新系统是知识在生产过程中所产生的思想（Fischer，2001），因此，注重知识在企业内部的学习和传播，是创新管理系统的重要组成部分。

从宏观的角度看，人们脑海中的价值观可以促进创新，也可能阻止创新（Shane，1992），因此，摆在企业管理者面前最重要的任务是培育支持创新的企业文化（Nakata 和 Sivakumar，1996）。创新的程度依赖于文化（Abdullah 等，2002），并归根结底来源于多元化的思想（Malaviya 和 Wadhwa，2005），在企业内部形成多元化的思想，需要建立上下平等的沟通机制，也需要倡导各个部门之间及部门内部的交流和合作。相反，以不平等的态度压制下级部门和员工的意见，或者各部门之间相互隔离，只能导致一言堂和奴性思维，无法产生多元化思想，更难以产生创新。由此可见，在企业内部倡导交流和合作，建立态度平等的沟通氛围，是开展创新活动的重要保障。

企业进入一个从未服务过的产业市场领域，进入者最重要的使命是识别市场机会。环境变化引发的市场机会吸引力，是市场进入有利可图的必要条件。良好的环境趋势鼓励产品和工艺创新，驱使企业建立营销先知（Marketing Prescience）机制（Melville，1987）识别市场机会。市场机会是指企业能力与顾客需求之间的交汇点。守成者可利用现有的和不断成长的技术去满足已知的顾客需求，但剧烈的技术变革和顾客需求的演变可以创造新的市场机会（Galunic 等，1996）。市场机会并非是一眼就能看穿的东西，但训练有素的管理人员可以通过特定的技能去识别它（Jolly，1997）。创新活动的目标是把握市场机会，并愿意也有能力投入相应的资源使得市场机会资本化。

15.3 创新型战略

有研究表明，延迟进入者优势有时为什么超过早期进入者，主要是延迟进入者在消费者决策研究和企业创新战略之间建立起很强的联系（Aaker 和 Nowlis，1994）。Shankar 等（1998）通过两种药类产品13 个品牌的数据分析三种不同市场进入战略效果，即率先进入、创新型延迟进入（Innovative Late Entry）和非创新型延迟进入。结果显示，创新型延迟进入能创建持续的竞争优势，比其他两种进入战略更拥有较高的市场份额和重复购买率，有着比率先进入者更高的市场增长率，它可以减缓率先进入者的规模扩张，降低率先进入者的营销费用效率。创新型延迟进入在规模扩张方面有着其他进入战略不具备的非对称优势，而且它的销售量并不被其他竞争者的扩张所影响，反而会打击其他企业的扩张。对比而言，非创新型延迟进入将不得不面临低市场份额、低重复购买率和更低的营销效率。

即使早期进入者可以保护它的成本优势，延迟进入者可以巧妙地影响和引导消费者偏好进而获得差异化优势（Carpenter 和 Nakamoto，1990）。另外，延迟进入者可以从早期进入者的错误那里（如定位）吸取教训（Hauser 和 Shugan，1983）和通过产品设计获得差异化优势。或者仅是做事的方式不同，如通过改变价值链活动的结构（如设计、生产、营销、分配）获得差异化优势。

据此，我们提出如下主张。

P1：延迟进入者创新型战略的核心是获得差异化优势。延迟进入者获得差异化优势的方法包括营销方法的改进、产品设计、价值链的变化，以及汲取早期进入者的教训。

产业领域的技术变革不单纯是内生性的，也有来自外部的力量推动技术变化。技术的变革和新技术的出现会使产业的竞争规则发生变化，它会给延迟进入者带来极有价值的机会。用新技术武装的延迟进入者使得已有的产业标准发生变化，侵蚀守成者的既得利益（Tushman 和 Anderson，1986）。随着技术的扩散，模仿的成本降低。同时，溢出效应（Spillover）也使得延迟进入者的研究与开发（R 和 D）成本明显降低（Mansfield 和 Wagner，1981）。

据此，我们提出如下主张。

P2：延迟进入者创新型战略的突破点是技术变革，卓有成效的技术变革会改变产业竞争规则，并形成对延迟进入者极为有利的局面。

Bowman 和 Gatignon（1996）的研究和以前的研究一样支持率先进入者市场份额优势理论，同时提出了延迟进入者的战略原则：市场进入时序会减少对质量和促销的反应，要获得理想的市场份额，延迟进入者需要质量变革和花费更多的促销费用。

据此，我们提出如下主张。

P3：延迟进入者的创新型战略应该集中于产品质量改进，产品质量相比早期进入者改进的程度越高，延迟进入者的经营绩效将越显著。

P4：延迟进入者改变促销反应低下的局面，需要创新促销方法，并花费比早期进入者更高的促销费用。

Zhang 和 Markman（1998）的研究发现，新品牌可以通过延迟进入者与早期进入者属性之间的比较获得非常重要的知识。三次实验得到的结论是，如果消费者对属性的判断，是沿着共同面（如在同类别上的差异）而不是符合早期进入者的属性进行比较，延迟进入者与早期进入者属性上的差异则更好地被人记住，或者提高属性回忆能力。同类别上的差异所形成记忆，会超过非同一类别上的差异所形成的记忆，当延迟进入者创造出同一类别属性而不是非同一类别属性上差异的时候，延迟进入者的属性会超越早期进入者成为消费者偏爱的对象。

据此，我们提出如下主张。

P5：创造出与早期进入者产品属性同类别方面的差异，是延迟进入者建立品牌偏好的重要战略。

15.4　延迟进入者优势

守成者成本优势，对延迟进入者来讲是最重要的市场进入障碍（Porter，1980；Karakaya 和 Stahl，1989）。关于进入障碍，Von Weizsacker（1980）的论述是，企图进入一个产业的企业必须承担而相反守成者不需要忍受的生产成本。Karakaya 和 Stahl（1989）对其的定义是，产业结构中多种因素如何向潜在进入者施加相对于守成者的不利影响。尽管如此，延迟进入者可以通过以下方法获得成本优势，进而在一定程度上克服最重要的进入障碍：①低成本模仿；②搭便车；③范围经济；④从早期进入者的错误中学习（Lieberman 和 Montgomery，1988）。延迟进入者和率先进入者比较，可以省去领先者成本，研究发现，模仿成本仅是创新成本的 65%（Mansfield 和 Wagner，1981）。和早期进入者进行比较，延迟进入者在新业务领域，或者通过与其他业务的相互关联，如在营销、制造和技术方面的相互关联，决定了它可以通过范围经济获得成本优势。固定资产投资的不可逆转特性增加了早期进入者调整战略的难度，而延迟进入者的优势就是后见之明（Hindsight）（Porter 1980）。另外，延迟进入者的资源和技能可以抵消早期进入者的一部分成本优势。

据此，我们提出如下主张。

P6：延迟进入者克服守成者成本优势这一重要进入障碍的程度与延迟进入者对自身成本优势来源的识别和掌控有密切联系。

市场进入时序研究通常显示早期进入者经营绩效胜过延迟进入者，纵然如此，一些研究也发现了延迟进入者的成功（Mitchell，1991）。其实，延迟进入者的优势通常来源于三个方面：市场、产业竞争体系和延迟进入者本身（Cho 等，1998）。

在市场方面，市场不是静态的，市场的不断演化为延迟进入者打开了机会之门。原有竞争优势可能会随消费者口味的变化而中断,守成者(率先进入者和早期跟进者)忽略或者没有迎合这种变化,延迟进入者就可能抓住这个机会(Richardson,1996)。当市场发生变化和不确定性增加时,新进入者往往是风险偏好者,通常采取破坏性的战略获得成功(D'Aveni,1994),而守成者往往固守已经建立好的标准和惯例,采用创新性战略的动机和倾向减少。据此,我们提出如下主张。

P7:延迟进入者实施创新型战略的关键是密切关注环境的变化。当早期进入者忽略或没有迎合环境变化而延迟进入者能把这种变化资本化时,延迟进入者则为通向卓越经营性绩效奠定了良好的基础。

产业竞争体系是延迟进入者一个优势来源。具体表现为两种类型,一种是守成者存在高的退出障碍,另一种是守成者组织内部僵化的管理体制。这两种优势来源为延迟进入者提供了另一种新的机会。对于高的退出障碍,其主要原因在于守成者的资源是基于早期市场需求建立起来的,尤其是专门型固定资产(生产设备、销售渠道等),如果存在规模经济,就会呈现增长的投资趋势,进而扩大了守成者的沉没成本。当应对环境变化时,这些沉没成本将变成巨大的退出障碍。对于管理体制,组织的持续运行会在内部逐渐形成"硬线"(Hard Wired)式的惯性(Nelson和Winter,1982),当组织面临变革的时候,这种惯性会变成一股强大的阻力。据此,我们提出如下主张。

P8:当早期进入者沉没成本增大和管理体制僵化时,余留给延迟进入者的创新空间就会增加。

关于延迟进入者本身,延迟进入者能看到守成者战略行动的市场反应,在做出判断之前市场的不确定性减少了,具体而不模糊的信息增加了。如果延迟进入者具备某种特定的能力,多样化丰富的信息就会转化成利益。大量的有实力的企业就是先让早期进入者测试市场,当得到明确的市场信号后,便通过强大的资源投入使得守成者望尘莫及。另外,延迟进入者可以观察和发现守成者的市场定位,从守成者那里汲取失败的教训,采取更好的定位战略赢得消费者偏好。据此,我们提出如下主张。

P9:市场不确定性减少后,延迟进入者选择正确战略的可能性增加。

15.5 卓有成效的绩效创建体系

纵然一些研究者发现了延迟进入者的优势来源,但这些来源只是提供了获取基本延迟进入者优势的途径,并不能保证延迟进入者获得卓越的经营绩效(包括市场份额、资产收益率和时间寿命等)。基于文献回顾和研究发现,本书提出延迟进入者创建卓越经营绩效的战略路径,具体见图15-1。由于早期进入通过抢先占位和占有稀缺资源等方式获得早期进入者优势,而这些优势往往转变为延迟进入者劣势和进入障碍,在这种情境下,延迟进入者要获得超越早期进入者优势的经营绩效,单纯依赖低成本模仿和搭便车等行为已无法完成企业的使命,因此,建立以创新管理系统为支撑的创新战略,是延迟进入者追求卓越经营绩效的唯一路径。在追求经营绩效的管理过程中,延迟进入者需要建立一条反馈环路,如果经营绩效不显著,企业就需要研究在创新管理系统、创新战略、识别延迟进入者优势来源三个方面存在的问题和不足,及时纠正,确保卓越经营使命的完成。

相比西方企业而言,从全球的角度看,我国企业在绝大多数产业领域是延迟进入者,建立以创新管理系统为支撑的创新战略对我国企业实现卓越的经营绩效有着十分重要的现实意义。

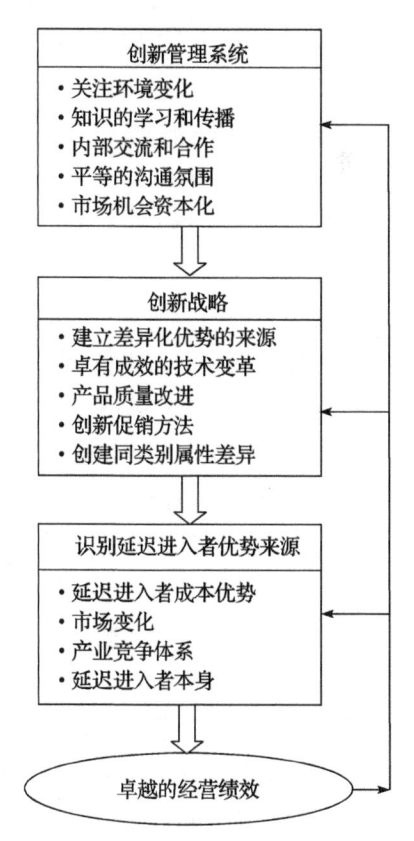

图15-1 延迟进入者创新战略路径

创新管理系统
- 关注环境变化
- 知识的学习和传播
- 内部交流和合作
- 平等的沟通氛围
- 市场机会资本化

创新战略
- 建立差异化优势的来源
- 卓有成效的技术变革
- 产品质量改进
- 创新促销方法
- 创建同类别属性差异

识别延迟进入者优势来源
- 延迟进入者成本优势
- 市场变化
- 产业竞争体系
- 延迟进入者本身

卓越的经营绩效

16. 企业创建经营绩效的战略路径研究——基于市场进入的视觉

16.1 企业创建经营绩效的问题提出

市场进入是企业重要的战略决策，指企业进入一个从未服务过的产业市场领域，重点研究企业是否进入或者什么时间进入这样的战略问题。企业经常遭遇现有经营产品类别和产业领域之外的各种市场机会，然而在市场机会面前，不同企业表现的战略方式和行为结果却是不同的。有些企业快速调整资源和能力迅速开发市场机会进入了一个新的产业领域，有些企业却没有识别市场机会的能力，等发现大家都赚钱之后才敢涉足这个领域；有些企业连续进入不同的新产业都能成功；有些企业进入新产业之后却损失了原有的利润甚至陷入了经营困境。因此，如何建立以资源和能力为基础的市场机会捕捉机制，以及以新的市场进入为契机建立持续稳定的经营绩效战略管理体制，是摆在所有企业面前的长程管理问题。

从进入时序角度，对市场进入者的类别进行识别和划分，存在着一定的争议。众多学者遵从研究结果的可比性、重复检验性，以及现实操作性这样的划分标准，把市场进入者划分为三种类型：①率先进入者（Entry Pioneers, EP），第一批建立现有产品或服务类别的先驱者之一；②早期跟进者（Early Followers, EF），在持续增长和活跃的市场状态下，跟随先驱者早期进入市场的企业之一；③延迟进入者（Late Entrants, LE），在市场已经接近成熟和稳定时期的进入者之一。另外，根据研究的需要，通常把率先进入者和早期跟进者合并为早期进入者（Early Entrants），把早期跟进者和延迟进入者合并为迟缓进入者（Laggard Entrants）。

由于时序上的差异，不同进入者会产生随身而来的自然优势，我们称之为市场进入时序优势，如率先进入者优势（Entry Pioneers Advantages, EPA）、早期跟进者优势（Early Followers Advantages, EFA）和延迟进入者优势（Late Entrants Advantages, LEA）。理论研究发现了市场进入时序优势，指出时序优势是企业内生性结果，肯定了资源和能力对这些优势的影响。

就资源和能力而言，当前一致的观点是，不同进入时序上的企业拥有不同的关键资源，关键资源和能力可以帮助企业获得持续竞争优势，然而，不同进入时序上的企业各自拥有什么样的关键资源和能力却存在巨大分歧，这些资源和能力之间的关系，以及资源和能力是如何通过时序优势影响经营绩效的，却鲜有学者研究。因此，Aaker 和 Day 指出市场进入的高失败率是由于不同类型的进入者并没有明白应该掌控的资源和技能。

在本书中，我们致力于发现不同类型进入者拥有何种关键资源和能力，探究这些资源和能力的相互关系，以及不同进入者创建经营绩效的战略路径迥异之处。

16.2 企业创建经营绩效的理论综述

16.2.1 市场进入时序优势

市场进入时序优势（Order of Market Entry Advantages, OMEA）是不同类型进入者竞争博弈和相互比较后的结果。进入障碍为率先进入者创建了迟缓进入者不具备的某种优势，同时迟缓进入者由于后期进入而获得率先进入者不具备的其他优势。然而，在这场时序优势的争论中，市场进入时序效应，即进入时序与市场份额之间存在显著关系，随着进入时序的推延，前期进入者的相对市场份额高于后期进入者，回答了率先进入者优势比迟缓进入者优势更突出，但它并不能产生必然的持续竞争优势，相反，迟缓进入者可以通过非凡的创新战略在经营绩效方面超越率先进入者。

关于率先进入者优势，大量的进入障碍转化为率先进入者优势，并在阻止跟进者追赶的过程中赢得了时间，消费者学习所建立的偏好会形成产品类别的刻板印象消费者体验、感知风险和信息搜集成本导致转换成本的出现，进而产生品牌忠诚。从不同角度命名的率先进入者优势繁杂多样，但广泛认可的有五个方面的优势：①长期市场份额优势；②防护型定位优势；③成本和经验壁垒优势；④门槛优势；⑤企业形象优势。在这五种优势中最显著的是长期份额优势。

在早期跟进者优势研究中，最精辟的当属 Cho 等的研究。他们指出早期跟进者有三个方面的优势来源：市场、竞争和早期跟进者本身。①市场方面，早期跟进者的市场不确定性在逐渐减少，消费者通过启发式判断在学习过程中建立了产品偏好；②竞争方面，抢先占位使得早期跟进者的竞争优势受到了庇护，优先获得了市场中有限的机会，可开发利用原材料、地产、供应商和训练有素的员工等投入要素；③关于其本身，早期跟进者更长远的优势是通过干中学获得的。早期跟进者在营销和 R&D 两个方面的支出要比率先进入者低，在产品生命周期的早期阶段相比后者拥有较高的利润。早期跟进者优势主要集中在这样几个方面：①知道市场已经确实存在；②从率先进入者那里学习成功经验汲取失败教训；③引入先进的生产技术；④通过卓越的设计为产品添加新的属性；⑤比较好地调节营销组合变量。

关于延迟进入者优势，Cho 等提出了与早期跟进者优势来源相似的三个来源，即市场、竞争和延迟进入者本身。但 Lieberman 和 Montgomery 的观点得到了大多数人的认同，即延迟进入者可以通过以下方法获得延迟进入者优势：①低成本模仿；②搭便车；③范围经济；④从早期进入者的错误中学习。延迟进入者和率先进入者比较，可以省去领先者成本。研究发现，模仿成本仅是创新成本的 65%。通过与其他业务的相互关联，如在营销、制造和技术方面的相互关联，决定了它可以通过范围经济获得成本优势。即使早期进入者拥有成本优势，延迟进入者也可以巧妙地影响和引导消费者偏好获得差异化优势。固定资产投资的不可逆转性增加了早期进入者调整战略的难度，而延迟进入者的优势就是后见之明。同时，延迟进入者的资源和技能可以抵消早期进入者的一部分成本和差异化优势。延迟进入者优势具体体现在这样几个方面：①战略决策空间大；②迎合市场变化的创新性趋向高；③通过关联获得范围经济；④更容易引入先进的技术。

市场进入时序优势本质上是一种定位优势（成本和差异化），定位战略的合适状况可以增强或减少进入者随身而来的时序优势，所以这三种优势是相互依存此消彼长的。理论上看，在同一行业中，率先进入者优势等同于迟缓进入者的进入障碍或者劣势。同时这些优势随时间或竞争状况发生变化，率先进入者优势越强，或者率先进入者努力消除本身的劣势，迟缓进入者的优势就越弱，反之亦然。

16.2.2 关键进入资源

资源和能力提供了捕捉进入时序优势的宽广视野，但并不是所有的资源和能力都可以使得企业产生持续竞争优势，因此，有学者提出关键资源这一理论。关键资源，指可产生价值的、不可模仿的、适当的和不可复制的能产生优势的资源。Barney（1991）明确指出市场进入时序效应的存在，是由于企业控制着不同种类的资源，换句话讲，如果相互竞争的企业控制着相同的资源，相比率先进入者而言，迟缓进入者就不可能在某一方面获得竞争优势。问题是我们在肯定这种资源存在差异的同时，处于不同进入时序上的企业必须构建何种类型的关键资源。

营销和技术是市场进入的关键资源。Frawley 和 Fahy 指出，不像市场进入时序那样简单，资源理论为不同进入者优势提供了丰富的解释。在文献研究基础上，提出两个重要观点：①率先进入者拥有卓越的 R&D 技能；②迟缓进入者拥有卓越的营销资源。还有一些学者提出与此相悖的结论：PIMS 数据研究发现，管理技能与率先进入者的决策呈显著相关关系。通过测量不同进入时序的自我报告管理技能，发现率先进入者营销技能比迟缓进入者高，拥有营销组合的比较优势；迟缓进入者可以在 R 和 D 和与此关联的活动方面积累经验获得技术领先，也可以通过产品设计或者改变价值链活动的结构获得差异化优势。虽然研究者对不同进入者拥有的卓越资源权重存在差异，但有一点可以肯定，营销和技术都是不同类型进入者的关键进入资源。

沿着这种思路，市场信息研究也是关键的进入资源。把握环境机会是企业内生性结果；品牌通过重新定位和转换成本为率先进入者带来优势；在消费者研究与企业创新战略之间建立很强的联系，可使得延迟进入者经营绩效超越早期进入者。需要强调的是，把握环境机会、品牌重新定位和建立转换成本，都必须依赖于市场信息研究。也就是讲，离开了市场信息研究，以上这些战略的合理性和效果无法得到保证。

因此，在市场进入中扮演关键角色的资源和技能存在于三个方面：营销资源和技能，技术资源和技能，市场信息研究。

16.2.3 创新管理系统

任何组织在追求卓越的过程中需要具备创新的思想，构建创新的氛围。拥有创新价值观念的企业鼓励个体和集体努力开展创造性活动，以保持企业永恒旺盛的运行活力。因此，致力于永续经营和持续营销的企业，需要在企业内部构建创新管理系统。

企业进入一个从未服务过的产业领域，进入者最重要的使命是在关注环境变化的基础上识别市场机会。良好的企业文化鼓励产品和工艺创新，驱使企业创建营销先知机制识别市场机会。守成者可利用现有的和不断成长的技术去满足已知的顾客需求，但同时把握剧烈的技术变革和顾客需求的演变方向也可以创造新的市场机会。市场机会并非是一眼就能看穿的东西，但训练有素的管理人员可以通过特定的技能去识别它。创新活动的目标是把握市场机会，并愿意也有能力投入相应的资源使得市场机会资本化。

知识以显性和隐性两种形式存在于企业日常管理之中。显性知识以特定的编码和书写形式表现出来，容易复制、转换和感知；隐性知识存在于个体意识之中，只有通过交流、合作和完善才能转化为显性知识，进而被大家共享。知识是创新活动重要的输入要素，也就是讲，创新系统嵌入了知识的储备和开发，创新系统是知识在生产过程中所产生的思想，因此，注重知识在企业内部的学习和传播，是创新管理系统的重要组成部分。

从宏观角度看，人们脑海中的价值观可以促进创新，也可能阻止创新，因此，摆在管理者面前最重要的任务是培育和支持创新的企业文化。创新的程度依赖于文化，并归根结底来源于多元化的思想，在企业内部以不平等的态度压制下级意见，或者各部门之间相互隔离，只能导致一言堂和奴性思维，无法产生多元化思想，更难以产生创新。因此，在企业内部倡导交流和合作，建立态度平等的沟通氛围，是开展创新活动的重要保障。

由此可见，发展有驱动性的创新管理系统是市场进入的基础和核心。据此，对创新管理系统界定如下：它是这样一种持久而又坚定的思想，即企业有意识地关注环境变化，注重知识在内部的学习和传播，倡导内部交流和合作，建立态度平等的沟通氛围，致力于在提升能力中把握市场机会。

16.3 企业创建经营绩效的研究假设

16.3.1 创新管理系统的差异性

率先进入者需要在产品、工艺方面实施创新管理才可创建一个全新的产品类别，或者使用新的方法进入市场。率先进入者优势转变成进入障碍，使得潜在进入者的成本增加，但率先进入者保持进入时序优势的同时会受到迟缓进入者在创新中获得利益的影响。在市场进入路径方面，Jain的研究指出，迟缓进入者通过研究率先进入者市场层面存在的问题，做创新性思考后采取非凡的战略进入市场。另外，通过卓越的设计为产品添加新的属性可以为迟缓进入者增加优势。由此可见，每个企业都可以采用创新战略，而不能阻隔别的企业在自己内部开展创新活动。据此，提出如下假设。

H1：不同类型的进入者在创新管理方面不存在显著性差异。

16.3.2 关键进入资源的差异性

三种类型进入者资源和能力是否存在差异，存在争议。PIMS 的数据研究证实了市场进入时序与市场份额之间存在显著关系，这种关系暗示出一个重要的结论，即率先进入者的资源和能力比迟缓进入者卓越。然而，Robinson 等的研究却得到相反的结论，即率先进入者的资源和能力虽然呈现出不同的表现形式，但它们并不会比迟缓进入者卓越。Kerin 等人指出，融入影响率先进入者优势的多种因素，认为定位战略的合适状况可以增强或减弱率先进入者随身而来的时序优势，研究显示市场进入时序之外的其他因素会对市场份额产生更大的影响。Boulding 和 Christen 的研究规避了以往方法的缺陷，特别支持市场进入时序是管理决策的内生变量。在这里，市场进入时序成为企业重要能力的具体体现，使得两种截然相反的结论在资源和能力方面得到了统一。由此可以看出，率先进入者的市场份额优势，以及随着进入时序的延续所展现的市场份额下降态势，其实是企业资源和能力差异所导致的结果。据此，提出如下假设。

H2：三种类型进入者的关键进入资源和技能存在差异，并呈下降趋势。

16.3.3 创新管理系统与关键进入资源的关系

创新管理系统是关于创新的思想，集中体现在组织整合、组织实践和管理技能三个方面，创新有利于创造新的生产组织方式，提高资源的配置效率。在市场进入之前和持续市场进入之中，创新意识强烈和创新管理完备的企业，就会积极培育和积累资源和能力，尤其特别重视关键进入资源的培育和积累。在这个过程中，创新可能促进技能的开发和利用，以及各种资源的整合和效率。据此，提出如下假设。

H3：对所有进入者而言，创新管理系统正向影响营销资源和技能。

H4：对所有进入者而言，创新管理系统正向影响市场信息研究。

H5：对所有进入者而言，创新管理系统正向影响技术资源和技能。

16.3.4 营销资源和技能与市场信息研究的关系

营销资源和技能，本书采取 AMA 的定义，即能被组织控制和利用以实现营销目标的一切经营性要素的总和，具体包括营销研究人员、销售力量、分销渠道、广告与促销的充足性及其技能，及其相关的管理技能。而市场信息研究重点反映企业应该向消费者提供何种利益，强调顾客响应和满足顾客需求的重要性。有关营销方面的研究显示，企业获得成功经营绩效的关键是明白消费者的欲望，并由此提供比竞争对手更优质的利益。明白消费者的欲望，依托于市场信息研究，而信息研究的质量可能受到资源和技能的影响，所以提出如下假设。

H6：对所有进入者而言，营销资源和技能正向影响市场信息研究。

16.3.5 关键进入资源与市场进入时序优势的关系

资源积累和市场进入时序两者的相互作用成为我们考虑问题的基础，即以前的资源把率先进入者带到市场的边沿，资源的积累让率先进入者走进了市场。研究显示，除非率先进入者拥有坚实的资源或者有能力获得资源，否则不可能把环境机会转化为长期的定位优势。同理，我们也可以把这样一个结论拓展到迟缓进入者身上，即资源的培育和积累，是所有进入者成功实现市场进入的重要保障。当这种资源和能力与市场需求之间建立最佳动态匹配模式的时候，就可能更加有效地克服进入障碍和实现进入时序优势。

Bowman 和 Gatignon 的研究发现，市场进入时序效应并不遏制迟缓进入者营销组合的有效性，迟缓进入者可以运用充足的营销资源弥补时间上的迟延。结合文献回顾，营销资源不仅对率先进入者优势有积极的促进作用，而且对迟缓进入者优势的影响也不能低估。

企业通过特定的组织机构透视环境，收集信息，为管理者的决策提供帮助。信息系统是鼓励还是抑制市场进入，关键依赖于信息是否直接关注还是远离了市场机会。企业建立市场信息系统评估进入障碍，分析企业资源能否实现最基本的进入时序优势，如可以，就转变为真实的市场机会，此时，企业将选择合理的进入模式。

技术是企业重要的战略资源。技术资源投资的目的是为将来的竞争优势创建杠杆。由此可见，技术在市场进入中扮演着非常重要的角色。

结合上述对整体资源和三个关键资源的论述，提出如下假设。

H7：对所有进入者而言，营销资源与技能正向影响进入时序优势。

H8：对所有进入者而言，市场信息研究正向影响进入时序优势。

H9：对所有进入者而言，技术资源与技能正向影响进入时序优势。

有关非第一个进入市场的企业研究中，大量的进入障碍转化成率先进入者优势，从另一个角度看，率先进入者优势等价于迟缓进入者的进入障碍。既然假设关键资源对率先进入者优势存在正向作用，那么就可以从相反的方向提出如下假设。

H10：对迟缓进入者而言，营销资源与技能负向影响市场进入障碍。

H11：对迟缓进入者而言，市场信息研究负向影响市场进入障碍。

H12：对迟缓进入者而言，技术资源与技能负向影响市场进入障碍。

16.3.6 关键进入资源与市场份额的关系

已有的研究显示，卓越的管理技能正向影响市场份额，企业资源是企业竞争优势和绩效的主要影响因素。研究指出率先进入者市场份额与产品品质、产品的差异化水平和产品线的宽度有密切的关联，而产品的品质、差异化和产品线的宽度是企业资源和能力的集中反映。依据关键进入资源理论，提出如下假设。

H13：对所有进入者而言，营销资源与技能正向影响市场份额。

H14：对所有进入者而言，市场信息研究正向影响市场份额。

H15：对所有进入者而言，技术资源与技能正向影响市场份额。

16.3.7 市场进入时序优势与市场份额的关系

研究显示，率先进入者优势，可以给率先进入者带来持续竞争优势进而赢得超额利润和高的市场份额，率先进入者从行为方面所获得的优势突出体现在率先进入者形象和消费者偏好两个方面，它们都会对市场份额产生积极的影响。同理，根据迟缓进入者优势的内涵和构成要素，我们认为这些构成要素都会对市场份额产生正向作用，据此，提出如下假设。

H16：对所有进入者而言，进入时序优势正向影响市场份额。

依据率先进入者优势等同于市场进入障碍的理论，提出如下假设。

H17：对迟缓进入者而言，进入障碍负向影响市场份额。

16.4 企业创建经营绩效的研究设计

16.4.1 样本与数据收集

本书采取判断抽样从四川、江西、山西三省抽取了400个企业样本。除了抽样的方便性外，选择上述三个省份作为抽样框的主要原因是，这三个省份正处于由工业化初期向中期加速推进时期，经济发展和改变现状的愿望迫切，在寻求市场机会方面积极主动，较能反映市场进入的活跃状态。

本书采取人员访问为主，E-mail发送为辅的方式调查样本企业，共收到问卷307份，剔除不完整或者填写错误的问卷，实际有效问卷269份，有效回收率67.3%。其中率先进入者24.2%（n = 65），早期进入者52.4%（n = 141），延迟进入者23.4%（n = 63）；生产型企业83.2%，涵盖电子、建筑、建材、矿产、食品、钢材、玻璃、天然气、包装、服装、通信器材、运输设备、化工、化肥、办公设备、饲料、医疗器械、药品、图书等 19 个行业；服务型企业 16.8%，涵盖金融、保险、旅游、咨询、房地产中介、中间商、维修、餐饮、旅馆、教育、通信服务、娱乐、医院等 13 个行业；营业规模分布情况如下：100 万元～500 万元占 21.9%，500 万元～1000 万元占 13.9%，1000 万元～5000 万元占 27.6%，5000 万元～1 亿元占 19.2%，1 亿元～5 亿元占 8.1%，5 亿元～10 亿元占 7.8%，10 亿元以上占 1.5%。企业样本在中国的产业结构中有一定的广泛性和代表性。受访者结构表现如下：高层管理人员 78.2%，中层经理 16.5%，基层经理 5.3%，确保了本书数据的有效性。

16.4.2 样本稳定性检验

为了确保回收的问卷具有母体代表性，本书根据回收的中间日期将样本分为两组进行无回应偏差检验，主要检验企业类型和营业规模两个企业特性。卡方检验的结果显示，企业类型（两种类型，即生产和服务型）likelihood ratio = 1.091，p = 0.296；营业规模（7 个级别分布）likelihood ratio = 7.966，p = 0.538。两组样本在企业特性方面无显著性差异，表示前后回收的样本通过同质性检验，对于母体具有一定的代表性，本书可以排除无回应偏差。

16.4.3 测量工具的定义和来源

根据理论综述关于各个概念的定义及其构成要素，明确界定概念的操作变量，结合相关文献发展出本书的问卷初稿。其后，与 5 家企业的 15 位高管分别进行了深度交流，听取他们的意见，重新调整量表使其更能反映中国企业的特性，同时修正量表中的一些措辞，确保问卷的内容效度。为了确保研究的准确和可靠，在成都采取方便抽样选取了 30 家企业，使用修订后的问卷对它们进行预测试，检验量表的信度和效度，依据预测试的结果对问卷的措辞和内容做了进一步的修改，形成最终的正式研究问卷。所有定距计量尺度均采取 7 点 Likert 量表（1 = 非常不同意；7 = 非常同意）。

（1）市场进入时序（OME）。不同企业进入同一产业市场的时间顺序。本书采取 Robinson 和 Fornell 对不同进入者的定义和划分标准，由访员和受访者共同确定企业样本归属于哪种类型。

（2）创新管理系统（IMS）。是一种持久而又坚定的与创新有关的管理思想。本书采取 Cribbin、Malaviya、Wadhwa、Melville、Werker 等人对创新内涵和外延的界定，在深度访谈的基础上自行设计而成。由以下 5 个条目组成：①我们非常注重在公司内部传播知识；②我们非常注重环境的变化；③我们倡导跨部门的交流和合作；④我们下级向上级反映的意见都会得到尊重；⑤我们有足够的能力把握新出现的机会。

（3）营销资源与技能（MRS）。指营销研究人员、销售力量、分销渠道、广告与促销的充足性及其技能，及其与此相关的管理技能。本书在 Calantone 等量表的基础上结合中国企业特性改编而成。由以下 5 个条目组成：①我们的营销研究人员非常充足；②我们的营销研究人员通常运用专业的工具作市场分析；③我们每年都会在年初规划充足的营销费用；④我们拥有快速的市场反应能力；⑤我们的营销管理技能非常高。

（4）市场信息研究（MIR）。本书从顾客视觉界定市场信息研究，即企业针对顾客需求、意愿、价格弹性、购买决策、购买行为等方面的研究。依据 Calantone、di Benedetto、Calantone 等的量表，结合中国企业特性改编而成。由以下 4 个条目组成：①我们知道主力产品顾客的具体要求；②我们知道顾客将愿意为这种产品多付多少价格（价格弹性）；③我们知道顾客的购买决策和购买行为（买谁的、买什么、何时买、在哪儿买、怎么买）；④整体而言，我们拥有详细准确的顾客信息。

（5）技术资源与技能（TRS）。研究与开发、生产工艺有关人员的充足性和技能的高低状况。本书根据 Calantone 等的量表，结合中国企业特性改编而成。由以下 4 个条目组成：①我们的研究与开发人员非常充足；②我们的研究与开发技能非常高；③我们的生产工艺设计人员非常充足；④我们的生产工艺设计技能非常高。

（6）市场进入障碍（MEB）。企图进入一个产业的企业必须承担而相反守成者不需要忍受的生产成本。本书采用牛永革针对中国经济环境所开发的市场进入障碍量表，该量表由 14 个计量条目反映的资金需求、竞争和经营环境 3 种障碍组成。分别对早期跟进者（n = 141）和延迟进入者（n = 63）两个样本数据进行市场进入障碍的可靠性分析，Cronbach's a 依次为 0.84 和 0.87。由于市场进入障碍计量条目为 14 个，而企业样本较少，为了保证结构方程分析的稳定性，以 3 种进入障碍对应指标的平均值，作为进入障碍的子尺度。

（7）率先进入者优势（EPA）。率先进入市场可以获得迟缓进入者不具备的某种优势，为企业赢得超额利润和高的市场份额。本书采用"贵公司主力产品进入市场时，您感觉存在哪些困难？"这样的问项和关联指标测量三种类型进入者。这些指标针对早期进入者和延迟进入者而言，是市场进入障碍。依据率先进入者优势等同于市场进入障碍的理论，这些指标的反向测量相对率先进入者而言则是率先进入者优势。根据牛永革市场进入障碍的因子分析结果，对应而言，率先进入者优势应该暗含资金需求、竞争和经营环境三种优势，这样才能和 Nicholls 理论相一致，于是需要通过验证性因子分析判定三种优势对应的指标是否描述了各自的潜变量。针对率先进入者，把原有 Likert 量表的计量方向做了对换，资金需求优势与竞争和经营环境优势的相关系数分别为 0.54、0.59；竞争优势与经营环境优势的相关系数为 0.68。三个潜变量的 AVE 的平方根均大于各自变量与其他变量的相关系数，说明有一定的区别效度；潜变量在各自对应指标上的标准化载荷大于 0.55 且高度显著，另外潜变量的 AVE 均大于 0.50，于是收敛效度得到验证。潜变量的复合信度均大于界值 0.70，说明三种子优势的可靠性是比较高的。由此可见，市场进入障碍等价于率先进入者优势。为了保持结构方程分析的稳定性，以三种优势对应指标的平均值作为率先进入者优势子尺度。

（8）早期跟进者优势（EFA）。早期跟进者从市场、竞争和早期跟进者本身三个方面所获得的优势。关于早期跟进者优势计量条目，本书依据 Cho、Haines 等对早期跟进者优势的界定和范围划分，结合深度访谈设计而成。由以下条目组成：①根据率先进入者的市场反应，我们已经正确地判断了市场的变化趋势；②我们引进了比率先进入者更先进的技术；③相比率先进入者，我们改善了产品属性设计；④根据率先进入者的市场特点，我们非常好地调整了营销策略。

（9）延迟进入者优势（LEA）。延迟进入者从市场、竞争和延迟进入者本身三个方面所获得的优势。关于延迟进入者优势计量条目，本书根据 Carpenter、Nakamoto、Cho、Lieberman、Montgomery 和 Porter 等人对延迟进入者优势的界定，结合深度访谈设计而成。由以下条目组成：①和前期进入者相比，我们的战略具备非常高的自由决策空间；②和前期进入者相比，我们采取了更创新性的战略；③我们实现了主力产品与其他产品之间的相互关联（主要指营销、生产和技术领域）；④和前期进入者相比，我们采取了更先进的技术。

（10）市场份额（SOM）。采取自我报告法，通过企业主力产品销售量相对自身目标和与主要竞争者对比两个方面计量企业的经营绩效。它由两个条目组成：①我们的主力产品总能完成年初制订的目标销售量；②主要竞争对手的同类产品销售量一直没有我们好。

16.5 企业创建经营绩效的数据分析与结果

16.5.1 变量的可靠性和有效性检验

由于偏最小二乘法（PLS）在抽样分布假设上的弹性、仅需要相对较少的样本数量和分析复杂模型的优势，使它相对其他结构方程模型而言更适合本书的数据分析。考虑三种进入者理论模型之间的比较问题，需要压缩早期跟进者进入 PLS-graph 软件分析的样本量。按照早期跟进者问卷回收顺序对样本单位进行编号，通过随机表随机抽选了 65 个样本单位，这样早期跟进者的样本量与率先进入者相同，与延迟进入者（n = 63）贴近。上述三种企业样本量符合 PLS 最低样本量的要求。

使用 SPSS13.0 软件对调整后的三种进入者样本数据分别进行可靠性分析，数据显示，各潜变量的 Cronbach's a 值和观测指标与整体指标相关系数均通过了可靠性验证，在此基础上又使用 PLS-Graph3.0 版本 bootstrap 重新抽样方法（N = 500）对变量的可靠性进行检验。在表 16-1～表 16-3 中，本书构建的构念在三种类别市场进入者样本中的复合信度居于 0.75～0.95 之间，均大于学术界普遍认可的 0.70 界值。说明构建的各种构念对三种进入者来讲都是可靠的。

关于构念的效度，本书使用区别效度和收敛效度对其进行测量。数据处理显示，潜变量 AVE 的平方根均大于与其他潜变量的相关系数，说明构念之间存在显著的差异，具体见表 16-1、表 16-2、表 16-3，区别效度得到了验证。关于收敛效度，首先，潜变量的 AVE 均大于界值 0.50；其次，CFA 分析显示，所有指标在各自计量构念上的因子负荷均大于界值 0.55 并高度显著，说明构建的构念具有收敛效度。

表 16-1 潜变量的复合信度、平均提炼方差的平方根、相关系数和 R^2（率先进入者）

潜变量	Cronbach's a	复合信度	IMS	MRS	MIR	TRS	EPA	SOM
IMS	0.820	0.873	0.733					
MRS	0.826	0.877	0.564	0.769				
MIR	0.754	0.846	0.500	0.536	0.762			
TRS	0.899	0.930	0.548	0.641	0.405	0.873		
EPA	0.819	0.893	0.260	0.188	0.150	0.219	0.857	
SOM	0.724	0.882	0.234	0.339	0.299	0.310	0.569	0.888
R^2	—	—	—	0.225	0.372	0.243	0.146	0.329

注：平均提炼方差的平方根在对角线上，矩阵的左下角为相关系数。

表 16-2 潜变量的复合信度、平均提炼方差的平方根、相关系数和 R^2（早期跟进者）

潜变量	Cronbach's a	复合信度	IMS	MRS	MIR	TRS	MEB	EFA	SOM
IMS	0.822	0.873	0.762						
MRS	0.860	0.899	0.510	0.802					
MIR	0.821	0.882	0.405	0.456	0.807				
TRS	0.922	0.945	0.269	0.649	0.318	0.901			
MEB	0.680	0.842	−0.278	−0.307	−0.358	−0.282	0.801		
EFA	0.723	0.830	0.487	0.283	0.408	0.256	−0.317	0.742	
SOM	0.749	0.861	0.410	0.539	0.421	0.465	−0.383	0.442	0.870
R^2	—	—	—	0.261	0.248	0.072	0.165	0.186	0.424

注：平均提炼方差的平方根在对角线上，矩阵的左下角为相关系数。

表 16-3 潜变量的复合信度、平均提炼方差的平方根、相关系数和 R^2（延迟进入者）

潜变量	Cronbach's a	复合信度	IMS	MRS	MIR	TRS	MEB	LEA	SOM
IMS	0.820	0.869	0.758						
MRS	0.814	0.872	0.648	0.762					
MIR	0.821	0.883	0.491	0.621	0.809				
TRS	0.814	0.874	0.521	0.721	0.327	0.797			
MEB	0.728	0.782	−0.227	−0.232	−0.364	−0.122	0.753		
LEA	0.806	0.873	0.469	0.532	0.615	0.357	−0.174	0.798	
SOM	0.612	0.752	0.312	0.344	0.448	0.313	−0.264	0.355	0.777
R^2	—	—	—	0.420	0.399	0.271	0.133	0.414	0.253

注：平均提炼方差的平方根在对角线上，矩阵的左下角为相关系数。

16.5.2 创新管理系统和关键进入资源的差异性假设检验

以潜变量对应指标的算术平均数分别计量率先进入者、早期跟进者和延迟进入者三类企业关于创新管理系统（IMS）、营销资源与技能（MRS）、市场信息研究（MIR）、技术资源与技能（TRS）4个潜变量的平均值和标准差。具体数值见表16-4。对上述4个潜变量对应的指标进行主成分分析，可发现4个潜变量在特征根（Eigenvalues）大于1时均由一个主成分反映。保留主成分得分，使用one-way ANOVA分析工具检验各个潜变量的主成分在市场进入时序三个水平分组上均值的差异是否具有统计意义。数据显示，在0.05水平上，进入时序并不显著影响创新管理系统，H1得到验证；在0.05水平上，三类进入者的营销资源与技能、市场信息研究两个变量没有呈现显著差异，技术资源与技能在0.01水平上差异显著。

表16-4 不同进入者关于4个潜变量的均值、标准差和方差分析

	IMS	MRS	MIR	TRS
EP	5.545(1.040)	4.455(1.226)	5.496(0.905)	4.531(1.312)
EF	5.471(1.028)	4.157(1.295)	5.358(0.909)	3.958(1.585)
LE	5.371(0.945)	4.041(1.209)	5.103(1.109)	3.714(1.194)
ANOVA	$F_{(2, 192)}$=0.473（p=0.624>0.05）	$F_{(2, 192)}$=1.811（p=0.166>0.05）	$F_{(2, 192)}$=2.628（p=0.075>0.05）	$F_{(2, 192)}$=6.029（p=0.003<0.01）

表16-4显示技术资源与技能存在显著差异，但是否随着进入时序的推延，技术资源与技能的均值呈现显著下降趋势呢？需要进一步做独立样本T检验。把技术资源与技能变量的主成分作为分析对象，按组别两两进行独立样本T检验，EP-EF两组对比：t = 2.243(df = 128)，p = 0.027 < 0.05；EP-LE两组对比：t = 3.705(df = 126)，p = 0.000 < 0.001；EF-LE两组对比（两组方差不相等）：t = 1.004(df = 118.736)，p = 0.317 > 0.05。可得知，率先进入者与迟缓进入者的技术资源与技能存在显著差异，并明显高于后者，而早期跟进者与延迟进入者之间不存在显著差异。所以H2一小部分得到验证。

16.5.3 路径关系假设检验

使用PLS-Graph软件，采取bootstrap重新抽样方法（N = 500）对三种市场进入者各变量的路径系数进行显著性检验。PLS主要通过R^2验证模型的解释能力，R^2表示外生变量对内生变量变异的解释水平，R^2和路径系数共同反映结构模型和实际数据的契合程度。除早期跟进者模型中TRS的R^2 = 0.072小于0.10外，其他模型中的各内生变量的R^2均大于学术界普遍认可的界值0.10，说明构建的模型对三种进入者都有一定的解释力。假设检验结果见表16-5。

表16-5 三种进入者模型假设检验结果

变量之间的关系	率先进入者 路径系数/T	检验结果	早期跟进者 路径系数/T	检验结果	延迟进入者 路径系数/T	检验结果
IMS → MRS	0.474***/5.39	支持H3	0.510***/5.67	支持H3	0.648***/9.91	支持H3
IMS → MIR	0.328***/2.67	支持H4	0.232/1.59	拒绝H4	0.153/1.16	拒绝H4
IMS → TRS	0.493***/7.95	支持H5	0.269**/2.35	支持H5	0.521***/6.16	支持H5
MRS → MIR	0.382***/2.95	支持H6	0.337***/2.76	支持H6	0.522***/4.57	支持H6
MRS → OMEA	0.165/0.90	拒绝H7	0.051/0.41	拒绝H7	0.159/1.24	拒绝H7
MIR → OMEA	0.151/0.87	拒绝H8	0.350***/2.87	支持H8	0.490***/4.04	支持H8
TRS → OMEA	0.145/0.91	拒绝H9	0.112/0.83	拒绝H9	0.082/0.84	拒绝H9
MRS → MEB	—	—	−0.097/0.83	拒绝H10	−0.015/0.07	拒绝H10
MIR → MEB	—	—	−0.272***/2.84	支持H11	−0.357*/2.02	支持H11
TRS → MEB	—	—	−0.133/1.13	拒绝H12	0.006/0.04	拒绝H12
MRS → SOM	−0.043/0.27	拒绝H13	0.291*/1.90	支持H13	−0.116/0.59	拒绝H13
MIR → SOM	−0.030/0.19	拒绝H14	0.091/1.10	拒绝H14	0.334/1.63	拒绝H14
TRS → SOM	0.084/0.57	拒绝H15	0.145/1.16	拒绝H15	0.236*/1.73	支持H15
OMEA → SOM	0.566***/6.28	支持H16	0.239*/2.12	支持H16	0.105/0.95	拒绝H16
MEB → SOM	—	—	−0.143/1.44	拒绝H17	−0.122/0.68	拒绝H17

注：*Statistically significant at p<0.05；** p<0.01；***p<0.005（单尾）。

根据 t 检验状态下的自由度，表 16-5 显示了在显著性水平小于 0.05（单尾）情形下通过验证的假设。在此基础上，我们得到了三种进入者最终的模型图。具体见图 16-1～图 16-3。

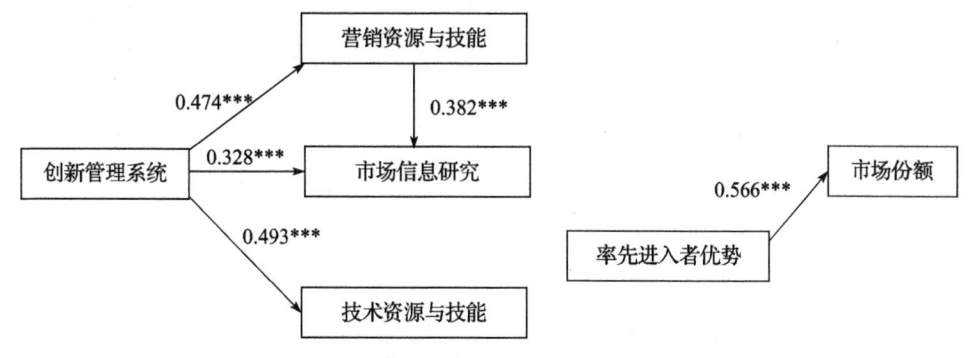

图 16-1　率先进入者创建经营绩效的战略路径

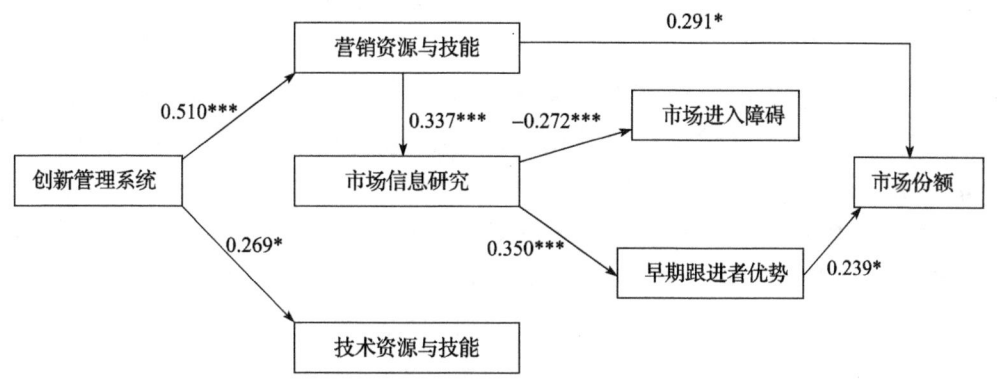

图 16-2　早期跟进者创建经营绩效的战略路径

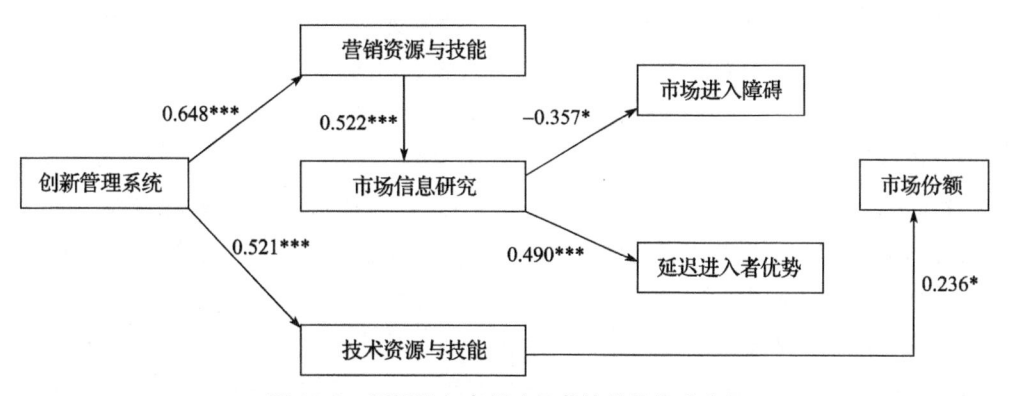

图 16-3　延迟进入者创建经营绩效的战略路径

以市场份额对应的两个观测指标的算术平均值分别计量率先进入者、早期跟进者和延迟进入者的经营绩效表现，平均值和标准差分别为 5.29(1.29)、4.71(1.35) 和 4.44(1.21)。另外对这两个指标进行主成分分析，KMO = 0.500，Sig. = 0.000，方差解释率为 72.677%，保留主成分得分，使用 one-way ANOVA 分析工具检验市场份额的主成分在市场进入时序三个水平分组上的均值的差异是否具有统计意义。数据显示，在 0.01 水平上，$F(2, 192) = 7.100$($p = 0.001 < 0.01$)，三组均值的差异具有统计显著性。在此基础上做独立样本 T 检验。把市场份额的主成分作为分析对象，按组别两两进行独立样本 T 检验，EP-EF 两组对比：$t = 2.504$(df = 128)，$p = 0.014 < 0.05$；EP-LE 两组对比：$t = 3.767$(df = 126)，$p = 0.000 < 0.001$；EF-LE 两组对比：$t = 1.122$(df = 126)，$p = 0.263 > 0.05$。可得知，率先进入者与迟缓进入者的市场份额存在显著差异，并明显高于后者，而早期跟进者与延迟进入者之间不存在显著差异。本书采取自我报告法，通过中国企业样本数据部分证实了市场进入时序效应的存在。

16.6 企业创建经营绩效的讨论和意义

本书的目的是从市场进入视觉探寻在中国经济环境中企业创建经营绩效的基本战略路径，试图发现不同类型进入者战略路径的相同与差异之处。下面就数据结果做进一步的总结和讨论，以明确本书的意义和贡献。

16.6.1 讨论和结论

H1得到支持，说明市场进入时序并不影响企业的创新管理体系。任何企业均可以不受所处进入时序的干扰而自主地观测环境，通过在企业内部建立创新管理体系捕捉各种市场机会。

检验H2可使我们发现不同进入时序上的企业关键进入资源之间是否存在差异，以探寻哪些资源是企业成为不同时序进入者的必要条件。方差分析发现，三种进入者在营销资源与技能、市场信息研究两种关键资源上没有表现出显著性差异，相比而言，只有技术资源与技能表现出率先进入者比迟缓进入者较高的情形。可见，成为率先进入者而不是其他类型进入者，关键是企业拥有了相对其他企业较高的技术资源与技能。

方差分析所产生不同时序上的企业各自拥有资源的异同，不能得到哪种资源相比其他进入者更卓越这样的结论。比如跑得快是成为NBA运动员的必要条件，但能否把这种能力用在进球上，就是评价这种能力是否具有客观价值的重要指标。本书遵循Robinson等通过资源与市场份额之间的相关关系发现资源的相对卓越水平的研究路线，路径模型显示，率先进入者不存在关键资源对市场份额的显著影响关系，率先进入者不具备相比其他进入者更卓越的关键资源；早期跟进者的营销资源与技能显著直接正向影响市场份额（B = 0.291，$p < 0.05$）（H13成立)，延迟进入者的技术资源与技能显著直接正向影响市场份额（B = 0.236，$p < 0.05$）（H15成立)，由此可知早期跟进者的卓越资源是营销资源与技能，延迟进入者的卓越资源是技术资源与技能。

关于不同时序上的企业拥有何种卓越资源的问题，我们为这个极富有争论的领域增加了中国样本书的新视觉。Frawley和Fahy认为率先进入者拥有卓越的R&D技能，而本书所看到的它只是成为率先进入者而不是其他进入者的必要条件，并没有为经营绩效带来贡献，故而不是卓越资源；Robinson等发现率先进入者的营销技能比迟缓进入者高，或者拥有营销组合的比较优势，对本书来说均没有得到验证。相反却验证了Frawley和Fahy另外一个研究成果，即迟缓进入者拥有卓越的营销资源。同时本书获得的延迟进入者拥有卓越的技术资源与技能的结论也与Lieberman强调迟缓进入者拥有技术领先的潜质有密切的联系。本书为这场争论增添了新的佐证，意味着这个领域仍处于继续争论之中。

通过经营绩效自我报告法得出了率先进入者的市场份额比迟缓进入者高，与PIMS数据研究证实的进入时序与市场份额之间存在显著关系相一致，在一定程度上证实了市场进入时序效应的存在。但整个研究不认同时序效应暗含的结论，即率先进入者的资源和能力比迟缓进入者卓越。因为针对率先进入者而言，H7、H8、H9、H13、H14、H15不成立，关键资源与能力并没有对经营绩效产生直接正向影响，包括差异显著的技术资源与技能也是如此。从资源角度没法解释市场进入时序的先行行为（关键资源没有对率先进入者优势产生直接正向影响)，和显著较高的市场份额这两个方面的现象。那么到底是哪些因素使企业成为率先进入者并获得了显著的经营绩效呢？关于这一点，我们从Szymanski等的结论中可能得到启发。他们通过Meta-Analysis发现市场进入时序对市场份额存在显著直接的正向影响，率先进入者优势依赖于产品线的宽度和营销费用对市场份额产生影响。也就是讲，率先进入者优势和卓越的经营绩效更多来源于市场进入时序本身，而非资源和能力，资源和能力（在此表现为产品线的宽度和营销费用）更多地表现为正向调节作用而不是直接影响作用。换而言之，时序效应暗含的结论，是部分研究者对率先进入者资源与能力的误解。为了进一步求证这个问题，探寻创新管理体系是否对率先进入者优势和市场份额两个变量产生了直接影响，按照 PLS-graph 软件分析程序，前者的路径系数为 0.076(T = 0.473)，后者为 0.166(T = 1.190)，直接正向影响均不显著，说明创新管理体系以外的因素对它们产生了影响。通过率先进入者路径图，可以看到率先进入者经营绩效的显著影响因素是率先进入者优势（H16 成立，B = 0.566，p < 0.005）。结合 Szymanski 等的研究，我们认为率先进入者卓越的经营绩效更多地来源于市场进入时序和率先进入者优势两个要素，而非创新管理和关键资源与能力。

PLS 没有提供 χ^2 检验功能，不适用于比较不同样本之间参数估计的高低情况，虽然存在此方面的缺陷，但不影响我们对三个模型两个变量之间是否共同存在显著相关关系的判断。对比三个模型显著的路径系数，可以发现，H3、H5 和 H6 对三个模型都成立。可见创新管理体系对不同进入时序上的企业的营销和技术两个关键进入资源都产生直接正向影响。虽然迟缓进入者不像率先进入者那样存在创新管理直接正向影响市场信息研究的情况，但它们都存在营销资源与技能直接正向影响市场信息研究的路径关系。率先进入者不存在关键资源对时序优势和经营绩效的影响，而迟缓进入者却表现出与此显著差异的路径关系。尤其是迟缓进入者的市场信息研究均直接正向影响进入时序优势，并直接负向影响进入障碍。对迟缓进入者来讲，以创新管理为源头的关键资源管理体系，对获取时序优势、规避进入障碍和创建经营绩效方面均产生了积极作用。有趣的是早期跟进者的经营绩效的来源有两个方面，即营销资源与技能和早期跟进者优势，而延迟进入者只有技术资源与技能。这种比较使得我们发现了不同进入时序上的中国企业创建经营绩效的关键路径。

16.6.2 管理启示

通过上述研究，在实践上可以得到如下管理启示。

（1）率先进入市场可获得显著的经营绩效。也就是讲，要想获得显著的经营绩效，企业应努力成为第一批建立现有产品或服务类别的先驱者之一。这种情形下，市场进入时序和率先进入者优势将对经营绩效发生随之而来的正向作用，而迟缓进入者却不得不忍受市场进入障碍的额外成本，致使率先进入者在行业中保持得天独厚的自然优势和显著的领导地位。在我国行业中的领袖企业大多是该行业的率先进入者，如乳制品的伊利、彩电行业中的长虹、冰箱行业的海尔、电信网络行业的华为等，如划小行业单位，更是不胜枚举。

（2）建立以创新管理为源头的资源与能力管理体系是率先进入者保持卓越经营绩效的战略导向。市场进入时序和率先进入者优势，不能保证率先进入者获得持续竞争优势，因此，企业应最终建立以培育持续竞争优势为目标的核心能力管理体系，这样，率先进入者的先天优势将变得牢固和坚强。我国那些明星似流星的企业（如巨人、爱多等）开始依托率先进入者获得显著的市场份额，但好运不长久的重要原因是，没有把率先进入者优势转变为持续竞争优势。

（3）识别进入障碍并发挥时序优势是迟缓进入者不能回避的战略问题。企业晚于率先进入者进入市场，不是无法创建经营绩效的天然屏障。相反，迟缓进入者通过识别率先进入者构建的进入障碍，可发现规避这些障碍的重要路径，如率先进入者在品牌忠诚方面所创建的障碍，迟缓进入者可对率先进入者的产品进行革新，或者通过发现新的品牌定位方法，创造新的空白市场以赢得经营绩效。甚至有些情况下采取我和你一样的方法也能创造经营佳绩，如王老吉在品牌定位方面强调"怕上火，喝王老吉"，而"和其正"则和其如出一辙，强调"喝了不上火"也取得了卓越的经营绩效。另外，迟缓进入者也可以通过发挥时序优势创造经营绩效。不同进入时序优势是竞争博弈的结果，迟缓进入者优势强，则率先进入者优势就弱，反之亦然。迟缓进入者可通过研究已经存在的市场特性，从率先进入者那里学习成功经验，汲取失败教训，引入先进的技术或变革现有的技术，或者增加产品之间的关联等诸多方法，减少进入市场的风险，培育迟缓进入者优势，削弱率先进入者优势而获得卓越的经营绩效。

（4）创建以创新管理为源头的资源与能力管理体系是迟缓进入者建立经营绩效和培育持续竞争优势

的必由之路。如果率先进入者没有此项条件，市场进入时序和率先进入者优势也能为其带来可观的经营绩效，相反，迟缓进入者没有此项条件，经营绩效则成了缘木求鱼。

16.6.3 研究贡献与局限性

本书对市场进入理论的完善、中国企业的经营绩效管理有一定的理论贡献。①本书以创新管理体系为基点探寻不同类型进入者创建经营绩效的战略路径，发现创新管理是所有进入者建立卓越经营绩效的核心来源，拓展了市场进入理论研究的视野。②发现了对率先进入者而言，关键进入资源和经营绩效没有任何联系，说明我国率先进入者过度依赖市场进入时序效应，不注重关键资源对经营绩效的贡献。③关于不同进入者的关键进入资源争论问题，以往的研究结论是基于西方发达国家提出来的，本书从中国经济环境的视觉为这场争论增加了新的元素，产生了与西方学者不同的结论，丰富了对此领域进一步的认识。

和所有的研究一样，本书也存在一些局限性，为将来的研究提供了新的方向。总结起来主要表现在如下两个方面：①竞争博弈过程中既可产生市场进入时序优势，同样也可产生市场进入时序劣势。然而关于进入时序劣势问题，文献争论颇大，目前还未形成一致性的结论，代表性的观点是，早期进入者的劣势与延迟进入者的优势是等价的，这样就需要获取大量同行业进入者的数据。在后续的研究中，我们可以获取充足的同一行业进入者数据，把市场进入时序劣势纳入研究框架。②没有对同行业三种类型的进入者战略路径进行配对比较，主要缘于同一行业的样本数量无法达到可以做配对比较的容量，在将来的研究中，可以把本书提出的战略路径模型应用到不同的行业进行对比分析，由此可以发现不同行业的市场进入路径。

第二部分
促销安全

17. 基于尝试购买期的新产品沟通安全研究

17.1 研究背景

近些年来，我们看到许多企业的新产品进入市场都出现了营销危机，有些甚至导致了完全的营销失败，关于市场进入的安全问题研究备受学术界和企业界的关注。基于主成分法的市场进入五阶段理论告诉我们，在企业产品符合消费者需求的前提下，营销沟通安全就显得尤其重要，因为它是决定消费者首次购买的最主要因素。Quinn曾经指出要想理解和管理一个营销现象首先需要对它进行描述和测量，Harrington也认为量化是管理的第一步。因此，基于首次购买的沟通安全评价量表的开发和评价体系的建立就显得十分必要。

国内外不少学者做过关于营销沟通的研究，其主要理论都是在探讨营销沟通的某个方面，其中研究最多的是广告效果评价、促销效果的比较等，而在其他诸如人员推销、产品包装的沟通效果等方面的研究还比较缺乏。就已有的一些研究结论而言，其可操作性也不强。关于沟通的学术研究很有必要建立健全营销沟通的整个评价体系，而对企业而言也将是非常有意义的，因此，从消费者的角度展开关于营销沟通的整体研究势在必行，其首要的基础就是开发一个基于首次购买的沟通安全评价量表，进而构建一个沟通安全评价体系。

17.2 现有的研究情况

除广告、公共关系以外，人员推销是一种面对面的沟通方式（TerenceA Shimp，2003），这种沟通方式与其他营销沟通方式的显著区别在于它是个人之间的交流。美国学者TerenceA.Shimp在他的著作 Integrated Marketing Communications 中讲到，推销人员最重要的素质分别是可靠性/可信度、职业素质/诚实、产品知识、解决问题的独创性、表达能力/准备程度五大方面。Kenneth Anselmi James E Zemanek, Jr.（1997）在其关于"推销人员的个人特征如何影响顾客满意"的研究中指出，推销人员的交际能力和强度等在很大程度影响顾客满意度。

产品包装在沟通中的重要性已经日益增加，越来越多的营销管理者认识到了产品包装的关键性作用，以至于产生了"包装是花费最少的广告""每个包装都是一则5秒钟的广告""包装就是产品"等说法（Michael Gershman，1987）。包装通过其象征性成分——颜色、设计、大小、材质和标签信息等，传达有关产品品牌的信息。国外学者 Dik Warren Twedt 早在1968年就曾经在他的研究中提出，运用四个一般特征来评价某个产品包装，这四个特征分别是可见性（Visibility）、信息（Information）、情感吸引力（Emotional Appeal）和可操作性（Work Ability），简称为VIEW模式。从消费者角度研究产品包装的学者不太多，主要有 Robert L Undewood、Noreen M Klein 和 Paymond R Burke。2001年，他们的理论研究中提出了关于产品包装图片化对于品牌的沟通效果影响，说明包含图片的产品包装更能引起消费者对此品牌的注意，同时阐述了这一结论更是适用于消费者不太熟悉的产品品牌。

所谓销售促进是指企业运用各种短期诱因，鼓励购买或销售本企业产品或服务的促销活动（李先国，1998）。国内外关于销售促进的研究大多是关于不同促销类型的效果比较研究。Chen（1998）等学者发现，在相同的让利幅度下，使用优惠券促销与打折促销相比，可以得到消费者更有利的交易感知评价，消费者对零售商所宣称的产品常规售价信任度较高，优惠券被看作是一种永久价格下降的信号的可能性更小，对消费者购买意向改变的可能性要比打折更大一些。Hardesty 和 Bearden（2003）的研究引入促销利益水平这一调节变量以观察打折和特惠包装两种促销形式的感知交易价值有何差异，结果表明在中、低促销利益水平下，消费者认为这两种促销方式提供的感知价值并无太大差别，而在高促销利益水平下，消费者认为打折提供了更大的交易价值。另外两位学者 Munger 和 Grewal（2001）比较了免费赠品、打折和现金返还三种促销方式对消费者的感知质量、价格可接受程度、感知价值、购买意愿的影响。结果发现在促销幅度相同的情况下，消费者对商家提供免费赠品这种促销方式的评价最好，打折次之，而对现金返还的评价最差。国内也有一些学者对不同促销类型的顾客感知和购买意向进行了比较。韩睿、田志龙（2005）以香皂和空调作为研究对象，比较了打折、买赠和返券三种促销方式的不同。研究结果表明，打折促销最能降低消费者的内部参考价格，消费者对打折促销的信息信任度也最高，消费者对打折促销的评价也明显高于买赠和返券，而消费者对返券促销的购买意向明显低于打折和买赠。此外，还有关于不同促销强度的比较研究，国外许多学者（Hardesty，2003；Kalwani，1992；Grewal，1996）将促销强度分为3种水平，即低等促销利益水平（10%），中等促销利益水平（20%）和高等促销利益水平（50%），他们的研究说明三种水平相对来说，比较可信而且对消费者吸引力较高的是中等促销利益水平（20%）。另外，也有实证研究表明销售促进可能提高、也可能降低消费者对促销品牌产品的偏好（DelVecchio、Henard 和 Freling，2006）。可以看出，国内外关于销售促进的比较研究已经比较多，基本上都是从不同促销类型或不同促销强度或者两者交叉进行的比较；然而，关于销售促进的评价指标还未建立，其效果评价维度还有待开发。

态度不是天生的，消费者对产品或品牌的态度经历了营销沟通后而产生或改变，消费者态度对购买行为或购买意愿的影响是有重要作用的。Keller（1993）指出产品或品牌态度能形成消费者购买行为的基础。因此，营销管理者致力于创造良好品牌态度的各种活动，Keller 在其研究中还指出，为了让消费者对一个产品或品牌产生正向的态度，我们一定要他（她）相信这个产品或品牌能够满足其需求。Schiffman 和 Kanuck（1994）说明了产品或品牌态度也可被理解成与特殊社会群体、事件的关系。营销沟通正是试图创造正面、有利的态度，巩固现已存在的美好态度或改变负面的、不利的态度（Belch，1998）。尽管消费者对一个产品或品牌的正向美好态度并不足以导致其购买（Ajzen 和 Fishbein，1980），但是也有学者 Rossiter 和 Percy（1998）指出，对于绝大多数的产品来说，正向的态度往往对于消费者考虑购买一个产品是非常必要的。

意愿（Intent）是个人从事特定行为的主观概率，早期的科学理论将意愿归结为态度（看法、感动、意愿）结构中的关键因素之一。许多社会心理学家也都认为信念、态度及意愿三者之间关系密切并且是许多行为理论的基础。将意愿这一概念延伸，购买意愿即消费者愿意采取特定购买行为的概率高低。国外学者 Mullet（1985）认为消费者对某一产品或品牌的态度，加上外在因素的作用，构成消费者的购买意愿，购买意愿可视为消费者选择特定产品之主观倾向，并被证实可作为预测消费行为的重要指标。Dodds（1991）等认为购买意愿指消费者购买某种特定产品的主观概率或可能性。也有学者认为购买意愿就是消费者对特定商品的购买计划。我国学者韩睿、田志龙（2005）认为购买意愿是指消费者购买该产品的可能性。朱智贤（1985）则认为购买意愿是消费者买到适合自己某种需要的商品的心理顾问，是消费心理的表现，是购买行为的前奏。

从以上的文献综述发现，国内外不同的学者从不同的沟通角度提出了一些指标或方法的实证与建议，其中的一些评价指标对企业的可操作性及适用性不是太强，我们发现营销沟通的整体评价体系还未完全建立。在新产品市场进入过程中，在新产品满足顾客需求的前提下，要想激发顾客的首次购买，沟通安全就显得十分重要，所以基于顾客首次购买的沟通安全的评价体系的建立十分必要。

17.3 沟通安全模型的提出

通过以上理论分析和专家意见（专家组由营销专业的1名博导级教授、3名博士、6名硕士组成）讨论，以及实证研究（探索性因子分析、信度与效度检验及验证性因子分析），本书提出了沟通安全模型，以下将对此模型进行详细介绍。

17.3.1 模型构成

沟通安全模型由11个因素构成，分别为广告认知安全度、广告情感安全度、推销礼仪安全度、推销专业安全度、推销可靠安全度、推销接受安全度、包装图识安全度、包装新颖安全度、公关适宜安全度、促销利益安全度、促销动机安全度。某企业想了解其某个新产品进入尝试购买阶段的沟通是否安全，那么可从这 11 个因素进行测量，其评价结果将反映出该新产品的沟通安全程度。

17.3.2 因素内涵

（1）广告认知安全度反映的是顾客对新产品入市的广告沟通的认知安全评价，包括广告注意力、广告非凡力、广告吸引力、广告印象力等 4 个指标。

（2）广告情感安全度反映的是顾客对新产品入市的广告沟通的情感安全评价，包括广告记忆力、广告兴趣力、广告信任力、广告感染力等 4 个指标。

（3）推销礼仪安全度反映的是新产品入市时人员沟通的交际礼仪的安全评价，包括推销热情度、推销表达力、推销敏感度、推销印象力、推销专注度、推销喜爱度等 6 个指标。

（4）推销专业安全度反映的是新产品入市时人员沟通的专业性安全评价，包括推销丰富力、推销知识力、推销信息力、推销有效度等 4 个指标。

（5）推销可靠安全度反映的是新产品入市时人员沟通的可靠性安全评价，包括推销素养力、推销诚实力、推销真诚力等 3 个指标。

（6）推销接受安全度反映的是新产品入市时人员沟通的内容安全评价，包括推销理解度、推销赞同度、推销接受度等 3 个指标。

（7）包装图识安全度反映的是消费者对新产品外包装的图识性安全评价，包括包装图识性、包装联想力、包装吸引力、包装舒服度等 4 个指标。

（8）包装新颖安全度反映的是消费者对新产品外包装的新颖性安全评价，包括包装非凡力、包装相似性、包装区别度、包装搭配力、包装适合度等 5 个指标。

（9）公关适宜安全度反映的是消费者对企业为了促进新产品销售而开展的公关活动的安全评价，包括活动联想力、活动相关性、活动体现力、活动表现力、活动协调力、活动适合性等 6 个指标。

（10）促销利益安全度反映的是销售促进对消费者利益吸引的安全评价，包括促销实惠性、促销超值性、促销纵对比、促销横对比、促销对位性 5 个指标。

（11）促销动机安全度反映的是消费者对企业采取销售促进手段的动机安全评价，包括促销合理性、促销单纯性、促销充分力、促销情感性 4 个指标。

17.4 沟通安全模型的应用

在新产品进入市场的需求阶段安全的情况下，沟通安全模型的建立有助于预评估消费者是否首次购买产品的沟通安全。从研究性质来看，本书属于应用理论研究中的评估研究，因此，沟通安全模型最大的应用价值在于从产品投入市场阶段对产品的沟通是否安全进行评估，以便企业管理者及时掌握产品的沟通效果和营销安全程度，在沟通手段符合顾客需求安全的前提下，实施进一步营销方案。

沟通安全模型的建立为健全新产品入市的安全评价做出了贡献。新产品进入市场的过程是一个复杂而漫长的过程，新产品入市的安全评价体系也是企业和理论界关心的话题，安全评价指标和评价体系也是讨论的焦点，本书所建立的沟通安全模型是整个安全评价体系中不可缺少的一部分，将有助于该体系建立和健全。

沟通安全模型的建立为企业提供了一种新的市场沟通效果测量方法。在新产品大量涌入市场的今天，很多产品都在进入市场的过程中失败，是产品本身不好吗？其实多数情况并非如此。很多产品由于跟消费者的沟通不好，而遭到失败。如果能在新产品进入市场之前就对采取的沟通手段进行效果评价，结果可能会大为改善。

沟通安全模型的建立可以为企业营销策略做依据。通过对新产品沟通安全的评估，我们可以发现不同的沟通手段对消费者影响存在差异。根据指标分值可以识别该沟通手段投放市场后可能产生的不安全因素，营销人员通过营销策略消除安全隐患，从而提升产品的市场竞争力。

18. 明星代言人负面事件相关影响研究

18.1 文献回顾

18.1.1 代言人信源特性研究

McCracken、Langmeyer 等对名人代言的定义是指，有较高公众认知的个人，利用这种认知，通过和消费品一起在广告中出现的方式来代表某一消费品。明星代言人的使用最早可追溯到 20 世纪 20 年代的力士香皂广告。1987 年，在美国播放的广告中每 6 个广告就有 1 个明星代言广告，到了 1997 年这一比例已经增加到每 4 个广告中有 1 个明星代言广告。代言人信源特性研究呈现以下三种基本书模型。

（1）信源可信性模型。美国心理学家 Hovland 等人发现，信息源可信度包括专业性和可靠性。专业性的来源是信息传播者对所传播信息或事务的精通程度；可靠性的来源是信息传播者具备良好的品质，例如正直、关心他人、诚信等，以及信息传播者传播信息的正面动机。专业性和可靠性越强，传播者的可信度越强，对受众的说服能力越好。

（2）信源相似性理论。McGuire 提出信息接收者对信息源的熟悉度、喜好度二者的相似性是信息传递有效性的影响因素。目标受众对信源的熟悉程度和喜欢程度，表明信源与目标受众拥有共同的价值观，从而对信息受众产生积极、正面的影响。

（3）信源吸引力理论。Baker 的研究发现，具有外表吸引力的模特对于消费者对广告及产品的评价有正面影响。但是 Rappleye 发现，信源的外貌对于购买产品的意图并没有明显的影响。这说明外貌能促使消费者产生积极的态度，但是这种态度不一定能转变为购买意愿。

18.1.2 代言人负面事件研究

明星有犯罪行为或有严重的社会错误时会给企业带来严重的负面影响。目前代言人负面事件研究分为两个方面：一是代言人负面事件对公司品牌形象的影响；二是代言人负面事件对代言人自身价值的影响。

（1）代言人负面事件对公司品牌形象的影响。Brian 和 Shimp 采用虚拟品牌、虚拟明星通过实验法证明代言人负面事件会降低公司品牌形象，但是随后的虚拟品牌和真实名人实验却没有证明这个结论。Louie 等发现了代言人在事件中的责任轻重和公司股票市场反映存在关系，代言人责任越重，股票价格下滑越快。Louie 和 Obermiller 用实验法检查了代言人事件责任轻重两种条件下消费者反映和企业应对措施之间的关系，提出代言人无责任时企业应采取维持策略，代言人责任高时企业应采取放弃策略。Money 等采用吸毒事件报道和吸毒对家人、朋友造成伤害的事件报道的对比实验发现，当代言人负面信息仅能影响代言人本人时，消费者的态度是欢迎的；当代言人负面信息还能影响其他人时，消费者的欢迎态度较低。Bailey 通过座谈法发现，73.4% 的人认为负面事件不会影响他们对代言品牌的评价；其余的人认为负面事件的性质、产品的好坏、品牌和代言人之间契合关系将影响他们对品牌的态度；舆论的覆盖范围能产生显著影响；同时 Bailey 还通过实验法发现，消费者中高怀疑和低怀疑主义者对代言人负面信息的态度高度一致。

（2）代言人负面事件对代言人自身价值的影响。Behr 和 Beeler Norrholm 通过收集的 8 个著名的代言人负面事件案例，总结出杀人和强奸事件会产生有强烈的负面影响；意外身故可能有好的影响。戴维.比德的研究表明，消费者对体育明星的不同种类的丑闻所反映出的态度大相径庭。

18.2 研究变量

我们对 135 名在校大学生及 142 名成年工作者展开访谈，并在百度论坛搜索网民对明星负面事件的评论，结果发现：相同性别、相同学历、相同年龄段的被调查者，对不同性质的明星丑闻事件的重要性排序有很大差异，对同一性质的明星丑闻认识不统一。这说明事件性质只能作为一个研究的前提条件，因此将事件性质改为消费者能回忆的代言人负面事件。我们认为，负面事件对代言人原型的损害应归属影响方向。被调查者关心明星所属行业的印象，例如，虽然我自己喜欢踢足球，但是我不看足球甲A联赛，醉酒闹事的人还能踢好足球。我们认为，负面事件对代言人从事行业的损害属于影响方向的范畴。消费者获取明星丑闻的信息主要来源于网络和周围人的评论，代言人负面事件报道的频率和时长应归属于影响范围。

综上所述，我们根据文献变量和消费者访谈中涉及的问题提出了五个变量，见表18-1。

表 18-1 文献变量、拟定变量及解释拟定变量

文献变量	拟定变量	解释拟定变量
事件责任	外部个人归因感知	消费者将事件产生归结为代言人自身原因导致
	事件角色感知	消费者对事件中代言人角色的感知
影响方向	行业损害感知	消费者感觉到事件对代言人从事行业的伤害程度
	原型损害感知	消费者感觉到事件中代言人形象和代言人原型之间的冲突程度
影响范围	报道时频感知	消费者感觉到媒体\周围人对该代言人所有负面事件的报道时长和报道频率

18.3 研究假设及研究模型

对事件的归因一直被认为是影响人们评价他人的因素之一。Ickesa 等在20世纪40年代第一次提出，人们对于事件或他人行为的结果，总是倾向于把它归因于一些内部的（个人的）和外部的（环境的）因素。归因分为情境归因和个人倾向归因，情境归因是把个人行为的根本原因归为外部力量；个人倾向归因是把个人行为的根本原因归结为个人的自身特点。Weiner 和 Magnusson 的研究发现，当一个人不应该对令人不愉快的事件负责时，人们对这个人充满同情、喜爱，甚至愿意帮助他，反之当由于一个人自身原因产生令人不愉快的事件时，人们对这个人持有愤怒，拒绝帮助甚至会降低对他的喜爱程度。这表明如果代言人是事件的始作俑者，人们会降低对代言人的正面评价；如果代言人事件的受害者或无辜牵连者，人们会同情、更加喜欢这个代言人。

Pyszczynski 等提出，当人们看见一个人正在经受不幸事件时，人们会产生自我心理保护。由于人们有一种信念，不幸的事不应该发生在无辜者的身上，因此当不幸的事件发生时，人们会降低对无辜者的评价以保护这种信仰。这表明代言人在事件中的角色无论是始作俑者还是受害者、无辜牵连者，人们都会降低对代言人的正面评价。

可以发现，Pyszczynski 等提出的自我心理保护理论，Weiner、Magnusson 和 Ickesa 的归因理论之间存在矛盾，这也许符合人们认为"无论事件因何而发生，但是外因总是通过内因起作用"的哲理，即两种理论共同起作用。为探索作用机制，我们提出了两组竞争假设，第一组假设 H1 检查个人归因理论，即消费者降低对代言人的正面评价，是因为消费者认为事件是由于代言人个人因素导致；第二组 H2 假设检查归因理论和自我心理保护理论的协作效果，即无论代言人在事件中处于始作俑者还是受害者的角色，消费者都会降低对他/她的正面评价。

H1a：消费者的事件外部个人归因感知对代言人可信度降低会产生正面影响。

H1b：消费者的事件外部个人归因感知对代言人相似性降低会产生正面影响。

H2a：消费者的事件代言人事件角色感知对代言人可信度降低会产生正面影响。

H2b：消费者的事件代言人事件角色感知对代言人相似性降低会产生正面影响。

Totterdell 等的心境连接理论指出，个人非常容易受到周围人群的行为影响。Charter 指出人群中存在社会传染效益，周围人群的行为和态度会传染给个体，使个体的态度和行为向周围人群靠近。Philip 的

研究发现媒体报道越厉害，对人群暗示作用越强。这表明媒体和周围人对事件的评论和报道时长和频率会降低人们对事件当事人的评价。由此可以提出如下假设 H3。

H3a：媒体、周围人群的事件报道时长和频率对代言人可信度降低会产生正面影响。

H3b：媒体、周围人群的事件报道时长和频率对代言人相似性降低会产生正面影响。

Oliver 的期望失验理论指出，消费者会将产品的实际绩效与事前期望做比较，当实际绩效小于事前期望时，将产生负向期望失验并导致不满意。行业形象可以被视为人们对该行业期望的一种表现形式，即人们对某个行业有较好的形象才会期望加入该行业、期望该行业的代表队或代表人物获得良好的成绩等。如果人们心中的行业形象因负面事件受损，那么人们会因失望而责怪当事人。人们之所以喜欢某个明星，正是因为该明星在人们心目中留下了良好的形象，人们自然期望他一直以这种形象出现。当明星在人们心目中的原有形象和事件中表现的形象不一致时，即期望的形象和事件中的形象出现冲突和对立，人们会产生负面期望失验。由此，可以得到假设 H4 和 H5。

H4a：消费者的代言人原型损害程度感知对代言人可信度降低会产生正面影响。

H4b：消费者的代言人原型损害程度感知对代言人相似性降低会产生正面影响。

H5a：消费者的行业形象损害程度感知对代言人可信度降低会产生正面影响。

H5b：消费者的行业形象损害程度感知对代言人相似性降低会产生正面影响。

注意规律是影响人们记忆的规律之一。事件报道的时频属于注意规律的强度律，媒体和周围人报道、评论越多越能引起人们注意。代言人原型、行业形象的损害程度属于注意规律的对比律，代言人和该行业在人们记忆中的形象与事件新形成的代言人形象、行业新形象之间不一致程度越大越能促使人们注意。本书的负面联想是指人们将代言人姓名和负面事件联系在一起，而事件角色感知和个人归因感知都属于负面事件的一个组成部分，因此事件角色感知和个人归因感知不应对负面联想产生影响。由此可以提出代言人原型损害感知、行业损害感知、报道时频感知都能促使人们记忆该负面事件和代言人姓名，得出假设 H6。

H6a：报道时频感知对负面联想产生正面影响。

H6b：代言人原型损害程度感知对负面联想产生正面影响。

H6c：行业形象损害程度感知对负面联想产生正面影响。

联想学习理论的基础是消费者记忆中不同事物之间的相互作用和相互联系。不断重复同时出现的两个事物，将激活消费者记忆中对这两个事物的记忆单元，最终建立记忆单元之间的记忆联系。将代言人和负面事件作为记忆联系的两个端点，看见代言人将激活人们对负面事件回忆，提及负面事件使人们想到事件当事人是谁，本书将这一过程称为负面联想。回忆负面事件和事件当事人姓名应该同步发生，因此负面联想可以被看作一个整体作为一个新的记忆联想端点，把当事人因负面事件在人们心目中形成的印象作为另一个端点。提及负面事件时人们会想到当事人是谁，进而加深人们对该代言人的厌恶、不信任、不喜欢的印象，反之当人们再次看见代言人时，这种厌恶、不信任、不喜欢的印象会促使人们回忆该负面事件，同时加深对当事人姓名的记忆。

McCracken 沿着联想学习理论，指出信源特性所具有的文化意义可以转移给产品（品牌）。当明星和企业品牌、企业产品同时出现时，就能在人们的记忆中形成某种联系，这是企业选择明星代言的主要原因。由于回忆负面事件和回忆代言人姓名应该同时发生，因此将负面联想和与企业品牌、企业产品作为因代言而产生记忆联系的两个端点，负面联想导致了人们感觉代言人的可信性和相似性下降，也应该促使人们降低对代言品牌形象的评价以及对代言产品的购买意愿。由此，可以得到假设 H7。

H7a：负面联想和代言人可信度降低存在相关关系。

H7b：负面联想和代言人相似性降低存在相关关系。

H7c：负面联想对购买意愿减损产生正面影响。

H7d：负面联想对企业品牌形象减损产生正面影响。

信源特性研究来源于社会心理学的说服理论。信源可信性模型和信源相似性理论都是探讨信源特性的因素及其对说服的影响，研究人们对信源的认知陈述。这两种认知陈述应该具有相关关系，由此提出了假设 H8。

H8：代言人可信度降低和代言人相似性降低存在相关关系。

信源可信性模型认为传播者的可信度越强，对受众的说服能力越好；信源相似性模型认为受众对信息源越喜欢、能分享共同价值，受众就能产生正面、积极的态度。反之，代言人的可信度和相似性降低应该会减少受众对代言产品的购买意愿并降低对代言品牌的正面评价。由此得到了假设 H9。

H9a：相似性降低对购买意愿减损产生正面影响。

H9b：相似性降低对企业品牌形象减损产生正面影响。

H9c：可信度降低对购买意愿减损产生正面影响。

H9d：可信度降低对企业品牌形象减损产生正面影响。

当代言人负面事件发生后，我们假设消费者因代言人负面形象而降低对品牌形象的评价，品牌形象的降低会促使消费者减少购买意愿。根据消费者行为理论，消费者购买商品的过程经历了知、情、意、行四个阶段，对一种商品的购买意愿降低，表明消费者会将这种产品归于不受喜欢的类别，不受喜欢产品的构成要素之一是该产品的品牌形象较差。购买意愿减损和品牌形象减损之间会相互影响，存在相互关系。由此提出了假设 H10。

H10：购买意愿减损和品牌形象减损存在相关关系。综上所述，基于文献回顾、拟定变量和研究假设提出了概念模型，如图 18-1 所示。

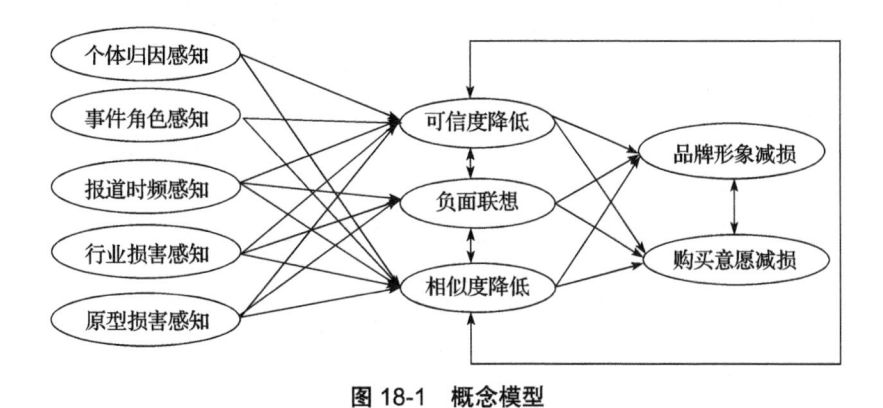

图 18-1 概念模型

18.4 研究方法

18.4.1 问卷设计

首先邀请 5 位营销学专家评论问卷初稿文件，对 44 名本科生和研究生进行测试，初步修正了问卷中的不适合测项，然后逐次采用 20、40、60 人，40、60、80 人的消费者进行问卷测试。对前三个批次中发现的问题测项再邀请该批次被调查人进行访谈，以调整问卷；后三个批次调查结果的因子分析非常稳定，各测项的信度较高。所有测项均采用李克特 5 级量表来衡量被访者的态度，5 代表完全同意，3 表示说不清，1 表示完全不同意。

18.4.2 数据收集

2009 年 10 月在成都市城区发放问卷 600 份，剔除答案重复或明显有误、漏选题项的问卷，回收有效问卷 558 份，结构如表 18-2 所示。

表 18-2 有效样本结构描述

人口统计特征	样本特征	频数/人	百分比/%	人口统计特征	样本特征	频数/人	百分比/%
性别	男	304	54.48	学历	专科及以下	58	10.39
	女	254	45.52		本科	298	53.41
年龄	17岁以下	57	10.22		研究生	178	31.90
	17～20岁	127	22.76		博士	24	4.30
	20～25岁	118	21.15	收入	500元以下	58	10.39
	25～30岁	85	15.23		500～1000元	86	15.41
	30～35岁	84	15.05		1000～1500元	187	33.51
	35～40岁	55	9.86		1500～2000元	109	19.53
	40岁以上	32	5.73		2000～3000元	75	13.44
					3000元以下	43	7.72

18.4.3 数据分析

（1）探索性因子分析。

运用 SPSS 16.0 统计软件中的因子分析来进行数据处理 791 个有效样本，采用四次最大正交旋转的统计结果显示，30 个测项很好地归属于 10 个成分因子，且每个测项的因子负荷值都大于 0.4，表明效果很好。正式量表的总体 KMO 值为 0.856，并通过了 Barlett's 球形检验（$p<0000$），累计方差解释度为 70.47%，该量表可划分为 10 个变量。分析结果见表 18-3。

表 18-3 正式量表的载荷、信度、效度检验结果

因子	均值	标准差	载荷	t值	R^2	信度/α
事件角色感知 α=0.77						
Q_1	4.05	0.90	0.85	22.74	0.77	0.67
Q_2	3.99	0.90	0.74	20.90	0.72	0.59
Q_3	4.08	0.93	0.76	20.59	0.71	0.59
个人归因感知 α=0.81						
Q_4	3.89	0.93	0.76	21.91	0.74	0.63
Q_5	3.81	0.99	0.80	22.97	0.77	0.66
Q_6	3.70	0.98	0.83	23.55	0.78	0.67
原型损害感知 α=0.73						
Q_7	3.86	0.97	0.74	17.73	0.64	0.53
Q_8	3.81	0.98	0.77	18.77	0.68	0.56
Q_9	3.73	1.01	0.73	21.14	0.75	0.58
报道时频感知 α=0.81						
Q_{10}	3.73	1.00	0.80	24.16	0.79	0.67
Q_{11}	3.67	1.04	0.83	24.86	0.81	0.70
Q_{12}	3.44	1.05	0.73	21.43	0.72	0.63
行业损害感知						
Q_{13}	3.94	0.95	0.78	18.31	0.66	0.55
Q_{14}	3.71	0.97	0.81	21.24	0.75	0.61
Q_{15}	3.62	1.01	0.73	19.69	0.71	0.56
可信度下降 α=0.80						
Q_{16}	3.75	0.93	0.79	22.18	0.75	0.63
Q_{17}	3.89	0.90	0.82	23.04	0.77	0.66
Q_{18}	3.68	1.02	0.78	22.10	0.74	0.63
负面联想 α=0.79						

续表

因子	均值	标准差	载荷	t值	R^2	信度/α
Q_{19}	3.84	0.98	0.81	25.40	0.83	0.68
Q_{20}	3.75	0.97	0.80	24.01	0.79	0.67
Q_{21}	3.89	0.91	0.77	17.91	0.62	0.55
相似度下降 α=0.64						
Q_{22}	3.33	0.95	0.60	22.01	0.79	0.51
Q_{23}	3.61	1.74	0.82	13.03	0.49	0.54
Q_{24}	3.61	1.08	0.71	18.8	0.66	0.51
品牌形象减损 α=0.85						
Q_{25}	3.35	1.11	0.80	25.62	0.81	0.71
Q_{26}	3.34	1.10	0.85	27.80	0.85	0.76
Q_{27}	3.42	1.05	0.83	24.18	0.77	0.70
购买意愿减损 α=0.88						
Q_{28}	3.35	1.14	0.85	30.20	0.89	0.79
Q_{29}	3.48	1.09	0.87	27.10	0.82	0.76
Q_{30}	3.11	1.18	0.84	26.89	0.82	0.75

（2）验证性因子分析。

本书进一步利用结构方程模型软件LISREL8.70版中的验证性因子分析进行量表的稳定性验证。其中，30个测项作为观测变量（x），10个因子作为潜在变量，两类变量的归属关系可见表18-3。评价路径模型的好坏需要依据各种拟合指数。模型拟合度高的指数要求是，X^2/df 在2.0～5.0之间，RMSEA低于0.08，CFI和NNFI均在0.9以上。该模型的拟合指数分别是：X^2/df=2.78，RMSEA=0.021，CFI=0.99，NFI=0.97，NNFI=0.99，这说明本书中路径模型的拟合度较高。即探索性因子分析得出的10个因子与30个测项的关系存在且关系稳固。

（3）信度检验。

从表18-3可以看出正式量表的Cronbach's α系数为0.89，10个因子的Cronbach's α值都处于0.64～0.88之间，均大于0.6；所有变量测项与变量的相关系数值（Item-total Correlation）均高于公认的门槛值0.50；此外，检验信度指标之一的复平方相关系数（R^2）也接近在0.6～0.9之间，量表信度因此得到检验。

（4）效度检验。

我们首先利用验证性因子分析的结果，检查各个因子的平均变异抽取量（AVE）是否超过0.5，即每个测度变量指标在其测度的潜伏因子是否具有显著性。如表18-3所示，所有的因子载荷都在0.6以上，各因子的AVE值均超过0.6，这表明了量表具有良好的收敛效度。另外，我们通过比较各因子本身AVE值的算术平方根是否大于其与其他因子的相关系数做区分效度的检验。从表18-4可以看出，各因子的AVE值的算术平方根明显大于其与其他因子的相关系数，说明了量表具有良好的区分效度。

表18-4 结构效度检验

	ξ_1	ξ_2	ξ_3	ξ_4	ξ_5	ξ_6	ξ_7	ξ_8	ξ_9	ξ_{10}
ξ_1	0.832									
ξ_2	0.62	0.848								
ξ_3	0.42	0.43	0.807							
ξ_4	0.26	0.30	0.55	0.855						
ξ_5	0.31	0.37	0.52	0.45	0.815					
ξ_6	0.21	0.20	0.29	0.33	0.24	0.7843				
ξ_7	0.16	0.19	0.30	0.33	0.28	0.54	0.383			

续表

	ξ_1	ξ_2	ξ_3	ξ_4	ξ_5	ξ_6	ξ_7	ξ_8	ξ_9	ξ_{10}
ξ_8	0.14	0.10	0.30	0.35	0.31	0.58	0.54	0.786		
ξ_9	0.15	0.18	0.24	0.25	0.32	0.37	0.37	0.43	0.878	
ξ_{10}	0.13	0.13	0.26	0.25	0.23	0.33	0.28	0.48	0.55	0.899

注：对角线上的数字是各因子 AVE 值的算术平方根，对角线以下的数字是各因子间的相关系数。

（5）结构方程模型的评价与假设检验。

在确认了测量模型的信度和效度之后，本书对图 18-1 所示的结构方程进行计算。采用 LISREL8.70 软件计算模型拟合指标和各种路径系数的估计值，表 18-5 显示具体分析结果，图 18-2 显示最终路径图。分析结果显示结构方程的各项拟合指数指标为：$X^2=0.0578$，RMSEA=0.058，NFI=0.980，NNFI=0.957，CFI=0.986，SRMR=0.0407，BIC=-36.36，说明模型同数据拟合良好。具体分析结果归纳总结如表 18-5 所示。

表 18-5 结构方程全模型分析结果

变量之间的关系	标准化路径系数	标准误差	t 值	显著性水平	结论
H_{1a} 个人归因感知—可信度降低	—	—	—	—	不支持
H_{1b} 个人归因感知—相似性降低	—	—	—	—	不支持
H_{2a} 事件角色感知—可信度降低	—	—	—	—	不支持
H_{2b} 事件角色感知—相似性降低	0.094	0.030	3.149	1.64E-03	支持
H_{3a} 报道时频感知—可信度降低	0.235	0.040	5.880	4.12E-09	支持
H_{3b} 报道时频感知—相似性降低	0.241	0.040	6.064	1.33E-09	支持
H_{4a} 原型损害程度感知—可信度降低	—	—	—	—	不支持
H_{4b} 原型损害程度感知—相似性降低	0.104	0.041	2.506	1.22E-02	支持
H_{5a} 行业损害程度感知—可信度降低	0.130	0.034	3.837	1.24E-04	支持
H_{5b} 行业损害程度感知—相似性降低	0.118	0.041	2.857	4.27E-03	支持
H_{6a} 报道时频感知—负面联想	0.214	0.040	5.303	1.14E-07	支持
H_{6b} 原型损害程度感知—负面联想	0.133	0.042	3.170	1.53E-03	支持
H_{6c} 行业损害程度感知—负面联想	01095	01035	21714	6164E-03	支持
H_{7a} 负面联想—可信度降低	01393	01033	111768	0100E+00	支持
H_{7b} 负面联想—相似性降低	01406	01034	111951	0100E+00	支持
H_{7c} 负面联想—购买意愿减损	—	—	—	—	不支持
H_{7d} 负面联想—品牌形象减损	01151	01036	41235	2129E-05	支持
H_8 可信度降低—相似性降低	01442	01034	121895	0100E+00	支持
H_{9a} 相似性降低—购买意愿减损	01078	01038	21035	4119E-02	支持
H_{9b} 相似性降低—品牌形象减损	01130	01040	31224	1128E-03	支持
H_{9c} 可信度降低—购买意愿减损	01435	01038	111380	0100E+00	支持
H_{9d} 可信度降低—品牌形象减损	01273	01040	61756	1142E-11	支持
H_{10} 品牌形象减损—购买意愿减损	01334	01030	111156	0100E+00	支持

综合表 18-5 结果可以看出，文中提到的十类共 23 个假设中，有 18 个假设得到了证实，还有 5 个被完全排除。分析结果表明：第一，报道时频感知、行业损害程度感知对可信度降低、相似性降低，负面联想的影响效果得到证实，即假设 H3a、H3b、H5a、H5b、H6a、H6c 成立。第二，原型损害程度感知对相似性降低、负面联想有影响效果，即假设 H4b、H6b 成立。第三，事件角色感知与相似性降低有较弱的影响关系，假设 H2b 通过检验。相似性降低、可信度降低、负面联想这三个中间变量之间的关系呈高度显著效果，假设 H7a、H7b、H8 成立。第四，除负面联想对购买意愿减损的影响效果没有证实外，三个中间变量对因变量之间的影响效果显著，H7d、H9a、H9b、H9c、H9d 得到证实。第五，购买意愿

减损和品牌形象减损这两个因变量之间的关系显著，H10 得证实。

原型损害程度感知和事件角色感知都与可信度降低不产生联系，假设 H2a、H4a 没有通过检验，随后我们要求部分被调查者写明具体的代言人负面事件，结果发现被调查者所回忆的负面事件发生后，所有的代言人都有道歉、解释并承认错误的行为。跟踪访谈和调查网络评论发现，被调查者认为人都会犯错，只要承认了错误就可以获得原谅，既可以重新获得人们的信任。

负面联想对购买意愿减损的影响效果没有被证实，H_{7c} 不成立。这也符合 Langmeyer、Walker 和 Simonin 关于明星的直观形象能直接迁移到品牌上，从而增加消费者的购买意愿的研究结论。说明负面事件不直接对购买意愿产生影响，而是通过代言人影响购买意愿。

个人归因感知完全没有得到证实，H1a、H1b 不成立。虽然我们在假设中已经提出事件角色感知和个人归因感知中是一组竞争假设，但是我们仍需弄清其中的究竟。从被调查写明能回忆的具体负面事件中可以发现一个现象，除不雅照事件、XX 退赛事件被 91% 的人提到外，其余列明的事件都非常分散，因此个人归因感知没有得到证实也许应归结于归因的一致性。一致性是指其他个体在同一情境下是否会表现出这种行为。随着网络的发展，代言人负面事件已经属于经常出现的事件，这也就意味着代言人负面事件发生以后，消费者可能会利用一致性信息将代言人负面事件看成一件也会发生在其他明星身上的事件，从而不会责怪代言人。因为这个代言人有负面事件，其他代言人也有负面事件。将不成立的变量关系剔除后，本书得到最终的变量关系图（如图 18-2 所示）。

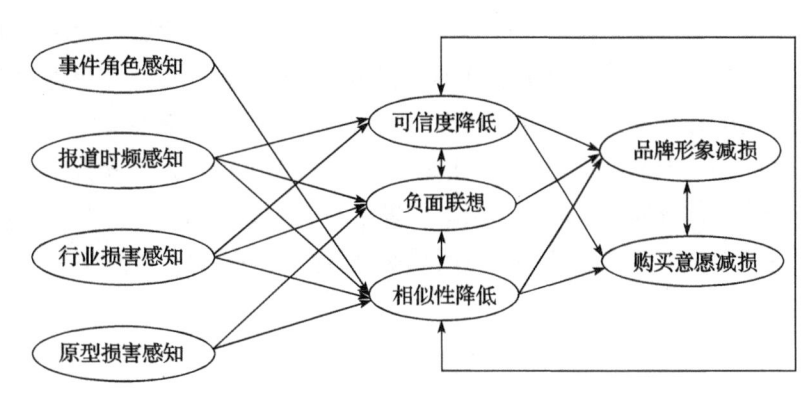

图 18-2　对概念模型进行检验后的结果

18.5　研究结论及局限

（1）研究结论。

第一，报道时频感知和行业损害感知对代言人相似性降低和可信度降低的影响效果最为显著，代言人原型损害感知对代言人相似性影响效果比较显著，事件角色感知对代言人相似性降低有较弱的影响。

第二，可信度降低对购买意愿减损和品牌形象的影响高于相似性降低的影响。其原因可能是消费者购买产品的顾虑之一是产品品质信赖和品牌信任，因此可信度可能比相似性在显示产品品质、品牌信任方面更具说服效果。

第三，负面联想、可信度降低、相似性下降之间的显著关系，说明消费者已经将整个事件的记忆和对代言人评价结论联系起来。

第四，可信度降低、相似性下降之间存在显著的相关关系，再一次证实了代言人信源特质理论的研究结论。

第五，负面联想只对品牌形象减损产生影响，说明负面事件的影响能直接迁移到品牌上。

第六，可信度降低和相似性降低对购买意愿和品牌形象均产生影响，反证了明星的直观形象能直接迁移到品牌，进而增加购买意愿的研究。

第七，个人归因感知没有被证实，这与 Louie 和 Obermiller 在 2002 年的实验设计不一致。这也许是因为有太多代言人负面事件被报道，消费者已经将其归于一个普遍现象。

从以上的研究结论看，本书最直接的管理意义是代言人负面事件发生后企业应分析网络报道时频和评估对代言人所属行业的影响。当媒体报道较多、预计的行业形象影响越严重时，企业应该立即采用放弃或暂停对代言人的使用。

（2）理论意义。

第一，建立了研究代言人负面事件的研究框架和模型，并证明代言人负面事件对消费者购买意愿和企业品牌形象有负面影响。

第二，补充解释代言人负面事件对企业品牌形象影响各纵向研究之间的矛盾，并解决了代言人负面事件对企业品牌形象影响和代言人负面事件对代言人形象影响两类横向研究之间的不一致。

第三，提出了负面事件中对代言人效力来源产生影响的因素。

第四，开发测量代言人负面事件的测量量表，并讨论了量表的信度和效度。

局限性和未来研究方向。本书的研究局限在于：第一，仅考虑代言人负面事件对品牌形象和购买意愿的影响，没有考虑代言人和企业产品、形象之间匹配关系。第二，本书选择了消费者自我回忆负面事件，如果将负面事件分为体育明星负面事件和娱乐明星负面事件可能会更加全面。第三，本书设计的量表不能用于测量单个代言人负面事件发生后消费者行为反映，这在未来的个案研究中还需要调整。

基于研究结论和局限性可以提出以下研究方向。首先，从研究结论中我们发现，事件角色感知和原型损害感知对代言人可行性降低的影响效果没有得到证实，也许说明代言人在事件后采取的道歉、解释等措施对消费者起到一定的作用，因此研究代言人修复措施应该是一个有意义的方向。其次，将体育明星、娱乐明星和娱乐产品、功能产品进行配对，以研究匹配关系下代言人负面事件对企业品牌和购买意愿的影响，也是一个有价值的方向。最后，负面事件发生后企业如果采用放弃策略，消费者可能会认为企业是背弃合约，也可能会损害企业品牌形象，因此研究放弃策略对企业的影响同样是一个可以探讨的方向。

19. 名人负面新闻对名人广告源喜爱度的伤害原因研究

19.1 文献回顾

Amos 提出名人代言广告的效果受名人负面新闻的影响,但是也有学者持不同意见,认为名人负面新闻未必会削弱其所代言广告的效果,例如 Choueke 指出:名人负面新闻使名人更受消费者的追捧,广告效果更佳。

Friedman 指出,企业选择某个名人作为广告代言人的原因是消费者喜欢这个名人,并将名人广告源喜爱度界定为消费者对广告中名人的喜爱程度。继而 Louie 认为有必要对名人负面新闻发生后伤害名人广告源喜爱度的因素做一番探究。Louie 在探究中发现,消费者对事件责任高的名人持否定态度,但是 Money 的研究结果则表明,名人事件责任高并未降低消费者对该名人的喜爱度。

随着研究的深入,学者们提出了新的观点。Hughes 认为名人负面新闻的负面影响程度才是伤害名人广告源喜爱度的关键性因素,并将对体育行业产生显著负面影响的业内名人负面新闻定义为体育丑闻。Bailey 则认为新闻舆论对人群有巨大的暗示作用,舆论的覆盖范围对名人的受喜爱程度有显著的影响。

归纳学者们的研究发现,探究名人负面新闻对名人广告源喜爱度的伤害原因,是研究名人负面新闻的重点之一。虽然学者们提出了名人负面新闻对行业的显著负面影响和新闻舆论的覆盖范围这两个伤害原因,但研究结果还未经过实证检验,这方面的研究仍有待进一步深入。

19.2 伤害原因的因子构建

19.2.1 研究案例

本书搜集了 2006 年 10 月至 2009 年 4 月期间 1148 条名人负面新闻,然后以真实发生、持续报道、转载较多为标准,在其他网站上进行了更广泛的搜索查询,最终选择了 6 个名人负面新闻作为研究案例。

19.2.2 研究资料

本书的研究资料主要来源于网友评论,之所以这样选择,是因为它们代表着消费者最自由的言论。当然,本书在资料的搜集过程中做了慎重的筛选和整理,比如排除了那些仅有粗暴语言、缺失理性认知的言论,因为它们无法表达消费者产生负面评论的原因;对于那些既清楚表达消费者意见,又能说明产生意见原因的评论,我们认真细致地予以编号,以便每条记录都能被追溯和再度分类。本书从上述 6 个名人负面新闻的评论论坛中,共搜集了 312 条有助于探寻名人广告源喜爱度伤害原因的评论。

19.2.3 研究过程

23 名四川大学本科生被分成 5 个小组。在仔细阅读 312 条网友评论后,首先在小组内部完成整体性归纳,其后进行归纳结果的小组间互检,对有分类争议的评论进行了深入的讨论,最终完成了对评论的整体性分类。本书还将整体性分类的结果与熟悉上述 6 个名人负面新闻的 26 位消费者进行了一对一的深度访谈,以确保分类结果的正确性。

19.2.4 因子构建

通过对网友针对名人的负面评论研究和对消费者的深度访谈,结合心理学的相关理论,本书拟定并构建了 5 个名人喜爱度的伤害原因因子,见表 19-1。

(1)消费者认为事中的名人形象与事前的名人形象有较大差异。这说明,消费者对名人的形象认知在负面新闻事件前后存在差异。Festinger 认为当两种想法或信念在认知心理上不一致时人们会感到紧张,从而产生不舒适和不愉快感,为了减少这种不舒适和不愉快感,人们会调整自己的态度。Festinger

将两种想法或信念在认知心理上不一致称为认知失调。因此，消费者对事件名人的形象认知失调是假定的伤害因子之一。

（2）消费者认为名人负面新闻伤害了名人从业圈的形象。Sherman 提出，针对某一特定的社会群体，由于给定的经验非常少，人们容易回忆这个群体身上所发生的生动案例并由此概括出对该群体的印象，人们会用由生动案例概括出的群体印象来描述这群体及所属个体的特征。因此，名人负面新闻对名人从业圈形象的伤害是假定的伤害因子之二。

（3）有部分消费者倾向性地将事件的起因归于外部情景的作用。虽然 Weiner 认为当一个人不应该对令人不愉快的事件负责时，人们对这个人充满同情、喜爱的态度，但是 Lemer 发现人们更有一种恶人有恶报、好人有好报的信仰，所以人们认为不幸的事不应该发生在无辜者的身上，当不幸的事件发生时，人们会降低对无辜者评价以保护这种信仰。本书采用 Lemer 的研究成果，认为消费者将事件起因归于外部因素的作用是假定的伤害因子之三。

（4）消费者产生了"人"与"事"的对偶记忆。Anderson 发现，不断重复同时出现的两个事物，将激活消费者对这两个事物的记忆单元，最终建立记忆单元之间的联接机制。McCracken 进一步指出记忆单元之间的有效连接，将使一个记忆单元的文化含义传递到另一个单元上。"××门"寓意为丑闻、不光彩的事件，因此，"××门"的这种负性文化含义将通过消费者的人事对偶记忆传递到"人"的身上。消费者的人事对偶记忆是假定的伤害因子之四。

（5）有5名消费者曾多次在媒体网页浏览过"××门"等名人负面新闻。Philips 发现媒体对某社会现象的报道越广泛，对新闻受众的暗示作用就越明显。由于"××门"的负面含义对消费者有负面的暗示作用，因此媒体对事件的报道时长和频率是假定的伤害因子之五。

表 19-1　学者们以往的研究成果与本书研究的成果对比

以前研究者提出的伤害原因		本次研究假定的伤害原因	因子界定
研究者	伤害原因		
Shank(2005)	显著负面影响	从业形象受损	消费者感知到事件伤害了名人从业圈的形象
Bailey(2007)	舆论覆盖范围	事件展露时期	消费者感知到的事件报道时长和频率
本次研究的新发现		形象认知失调	消费者认为事中的名人形象与事前的名人形象有较大差异
^		人事对偶联接	消费者已经将事件当事人的姓名与事件紧密联系在一起，形成了一对记忆联系单元
^		情景归因倾向	消费者认为是其他原因导致事件产生

19.3　伤害原因的实证检验

19.3.1　编制调查问卷

在5位营销学专家评论了问卷初稿后，我们对44名本科生和研究生进行测试，初步修正了问卷中的不适合测项，而后采用2阶段6批次的方式进行问卷测试。第1个阶段，初步对20人、40人、60人3个人数不同的消费者群体进行问卷测项的语义修订，就该阶段出现的问题测项邀请该批次被调查人进行回访，以调整问卷。第2个阶段，分别对40人、60人、80人3个人数不同的消费者群体进行问卷测项的信度稳定性测试。本阶段的调查结果显示，测项的因子载荷非常稳定，各测项的信度均较高。所有测项均采用李克特5级量表标准来衡量被调查人的态度，5代表完全同意，1代表完全不同意。

19.3.2　收集调查数据

2009年7月至8月共正式发放问卷350份，收回了312份，收回率为89%。扣除答案明显有错等情况的问卷，获得有效问卷286份，有效率为81.7%。286份有效问卷中，男性164人，女性121人；从年龄结构看，18～25岁的134人，26～35岁的108人，36～50岁的42人，51～60岁的2人；从学历结构看，15人为高中及以下学历，42人为专科学历，173人为本科学历，56人为研究生及博士学历。

19.3.3 检验因子结构

首先是显著性水平检查。Bartlett's球显著性水平介于0.00和0.05之间，或KMO值超过0.7时适合做因子分析。从表19-2中，可以看出问卷的KMO值为0.739，且Bartlett's球显著性水平符合要求。

表 19-2　KMO and Bartlett's 检验

KMO 值		0.739
Bartlett's Teat of Sphericity	Approt. Chi-Square	1194.335
	df	105.00
	Sig.	0.000

其次是验证性因子分析。模型拟合度的指数要求是，X^2/df小于2.0，RMSEA低于0.05，且CFI和NNFI均在0.9以上。结果显示，$X^2/df=1.12$，小于给定的2的参考标准，RMSEA=0.022，小于0.05的较优模型标准，CFI=0.99，NNFI=0.99，大于0.9的规定标准。结构方程的拟合指标说明5个因子均通过验证性因子分析。

最后是模型的内部拟合检查，整个检查共分5步完成。

第1步，违规估计。如表19-3所示，各个测项均无负的误差方差，标准化负荷小于0.95，说明无违规现象发生。

表 19-3　验证性因子分析检查

变量	参数	标准化系数	标准误差	t 值	Cronbach's α	AVE
情景归因倾向	λ_1	0.69	0.060	11.43	0.79	0.61
	λ_2	0.78	0.063	12.25		
	λ_3	0.86	0.064	13.33		
事件展露时频	λ_4	0.69	0.073	9.49	0.70	0.51
	λ_5	0.72	0.075	9.67		
	λ_6	0.74	0.073	10.11		
从业形象受损	λ_7	0.57	0.072	7.95	0.69	0.49
	λ_8	0.76	0.075	10.13		
	λ_9	0.75	0.080	9.39		
形象认知失调	λ_{10}	0.77	0.059	16.59	0.80	0.59
	λ_{11}	0.68	0.057	9.92		
	λ_{12}	0.85	0.060	13.7		
人事对偶连接	λ_{13}	0.88	0.059	13.06	0.80	0.59
	λ_{14}	0.82	0.059	11.64		
	λ_{15}	0.56	0.067	12.68		

第2步，t检验。所有的t值都大于1.98，表明所有的标准化负荷系数都是有统计意义的。

第3步，负荷检验。所有测项的标准化系数都大于经验建议值0.50，有较好的收敛效度。

第4步，结构效度检验。5个因子的决断值内部一致性（Cronbach's α）都高于0.6的建议值，有4因子的方差萃取量（AVE）都高于0.50的经验建议值。当$\lambda \geq 0.71$时，AVE=0.50，但在社会科学研究领域建议采用Tabachnick和Fiedell的标准。Tabachnick和Fiedell（2007）认为λ的负荷达到0.55时即可宣称良好，因此从业形象受损的AVE虽略低于规定标准，但所有λ的负荷已达到社会科学研究的要求。

第5步，区别效度检验。从潜变量的相关系数矩阵（见表19-4）可以看出，平均方差萃取量的根大于其他潜变量的相关系数，说明具有较好的区别效度。

表19-4 潜变量的相关系数矩阵

	情景归因倾向	事件展露时频	从业形象受损	形象认知失调	人事对偶连接
情景归因倾向	0.80				
事件展露时频	0.30	0.72			
从业形象受损	0.14	0.37	0.70		
形象认知失调	0.13	0.36	0.14	0.77	
人事对偶连接	0.03	0.26	0.17	0.55	0.77

对角线的数据为平均方差萃取量（AVE）的根

19.3.4 验证因果关系

在因子的构建中，本书已经指出依据网络评论、消费者访谈和心理学理论提出的因子是假定的名人喜爱度伤害原因，因此所有因子应该对名人广告源喜爱度产生负面影响，由此形成因果关系的检验模型，见图19-1。

应用LISREL8.70软件，输入相关数据后得到如下参数估计。如图19-2所示，从拟合度分析来看 $X^2/df = 1.2$，RMSEA = 0.028，CFI = 0.99，NNFI = 0.98，模型的拟合优度较为理想。

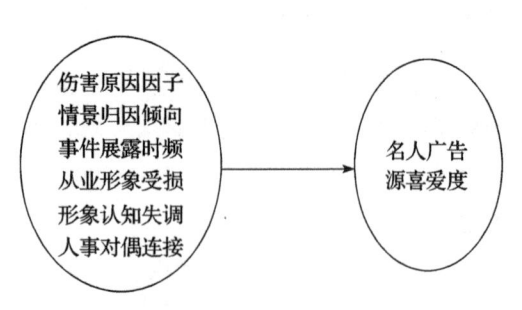

图19-1 因果关系验证模型

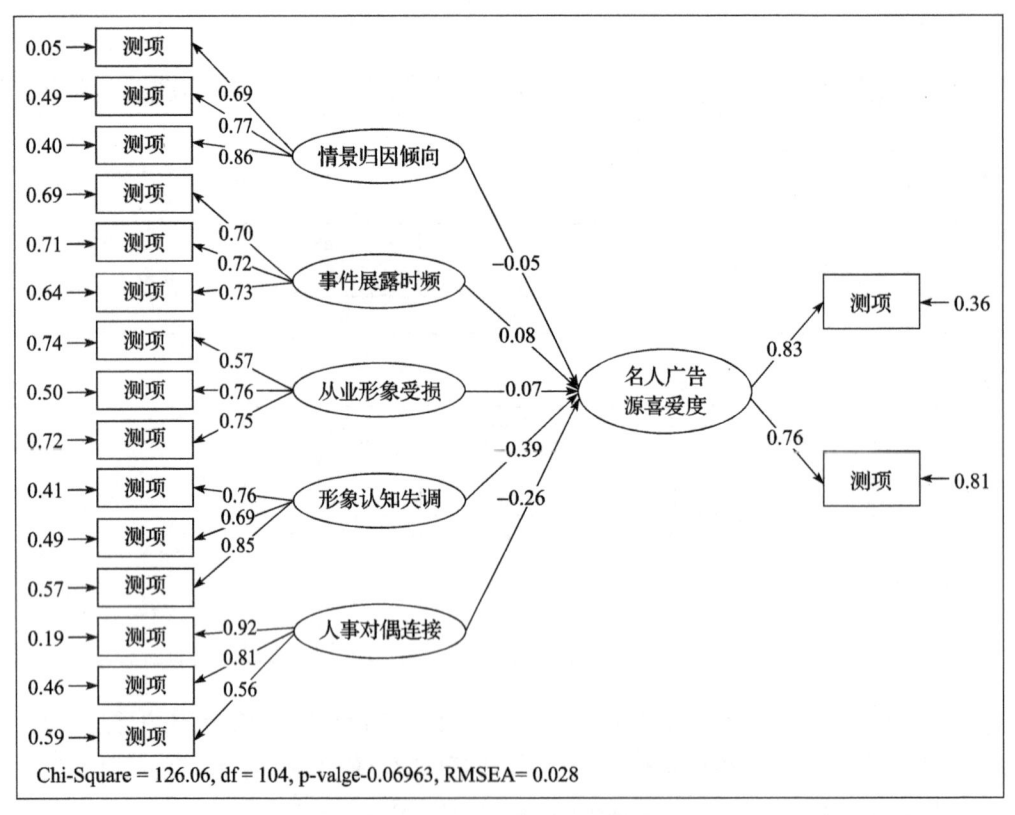

图19-2 因果关系验证结果

由于本书假定所有因子应该对名人广告源喜爱度产生负面影响，因此当t值都大于-1.98时，潜变量之间的路径系数具有统计上显著意义。如表19-5所示，从业形象受损、形象认知失调、人事对偶连接能显著伤害消费者对名人的喜爱度。

表 19-5 各路径系数的 t 检验值

因变量	自变量				
	情景归因倾向	事件展露时频	从业形象受损	形象认知失调	人事对偶连接
名人广告源喜欢度	0.82	−0.82	−2.48	−3.86	−2.77

19.4 结果讨论与意义

19.4.1 结果讨论

（1）名人的形象变化是伤害名人广告源喜爱度的主要原因。实证检验证明形象认知失调对喜爱度的影响路径为 -0.39，对名人喜爱度的伤害程度最大。其原因可能是熟悉导致喜欢，而熟悉的人突然做出不寻常的举动时，人们会对这个人做出比较极端的评价。

（2）人事对偶连接是伤害名人喜爱度的重要原因。实证检验证明人事对偶连接对喜爱度的影响仅次于形象认知失调。消费者的人事对偶连接记忆会使"××门"负面的文化含义迁移到这个名人的身上。也就是说，消费者会用新闻标题中"××门"来表述该名人的品质和行为，并由此形成对该名人的负面刻板印象。

（3）从业形象受损是伤害名人喜爱度的原因之三。实证检验证明从业形象受损与喜爱度呈负相关关系，证明了 Shank 的推论。人们会用对某一群体的刻板印象来表述这个群体及其所属个体，因此消费者对名人从业圈的负性刻板印象越深刻，消费者越不喜欢这个名人。

（4）事件展露时频对名人喜爱度的影响不显著。虽然本书证明了事件展露时频与名人喜爱度之间的负相关关系，但是，从 t 检验来看，事件展露时频对名人喜爱度的影响并不大。这个结果否定了 Bailey 的推论，其原因可能是现实中不断出现的名人负面新闻使消费者产生了易得性直觉。易得性直觉是指那些鲜明的、更容易形象化的事件可能会被人误认为更容易发生。如果消费者将名人负面新闻归为正常的事件，新闻报道的暗示作用将极大程度地减弱。

（5）情景归因倾向对名人喜爱度的影响不显著。从实证可以看出，消费者的情景归因倾向与名人喜爱度之间的路径系数不显著，而且表现为正相关关系。正相关关系符合 Weiner 的研究结论，但是路径系数不显著表明，消费者目证事件起因和消费者推测事件起因之间应该有较大的差异。

19.4.2 研究意义

名人负面新闻伤害名人广告源喜爱度的原因主要有以下 3 点：从业形象受损、形象认知失调、人事对偶连接。在名人负面新闻发生后，建议企业从以上 3 个方面考虑此名人是否适合继续担当企业的广告代言人，以降低名人代言广告的风险。

20. 代言人负面新闻对消费者购买决策的影响研究

20.1 文献回顾及问题提出

Louie 等人认为，在突遭代言人负面新闻后企业的态度无论是与代言人划清界限、力挺支持代言人还是保持沉默，企业的应对行为最终可归结为两种：或保留该代言人，或放弃该代言人。他们认为企业应该选择放弃事件责任高的代言人，保留事件责任低的代言人。

但实际上，代言人的事件责任高并不能成为企业采取放弃的关键依据。为证实这一观点，本书以 Louie 的事件责任等级划分标准为依据，将学者们的研究案例或刺激物进行责任等级排序。如表 20-1 所示，Bailey 的研究结果却表明代言人伤害他人这类新闻降低了消费者对代言人形象的评价，而 Money 的研究结果表明这类新闻并未降低消费者对代言人形象的评价。Money 和 Bailey 均采用了代言人形象的变化来检验代言人负面新闻的影响，虽然他们也使用了购买意愿和品牌形象这两个因变量作为检验工具，但 Money 和 Bailey 的研究结果表明消费者对代言人负面新闻的反应是同步提升或同步降低对产品的购买意愿及对代言人形象、品牌形象的评价。因此学者们的研究结果存在不一致的现象，由此可以看出，Louie 的结论并不一定准确，进而他的研究结果并不能成为企业决定代言人去留的方向标。

Money 和 Bailey 同是采用刺激反应实验，实验操作过程也几乎相同，唯一的区别在于两位学者研究过程所使用的刺激物不同，正是这唯一的区别导致了不同结论的产生。Behr 的研究也表明了这一点：在代言人是中等责任的情况下，×××吸毒案和×××色情丑闻所产生的结果大相径庭。

现在的问题是，即使 Behr 从代言人形象的角度验证了 Louie 的部分结论，即在代言人事件责任低的情况下，企业应该采取保留策略，但是目前的研究并未对代言人事件责任高和责任中的情况给出明确答案。代言人负面新闻发生后，企业要避免品牌形象和产品购买意愿受到伤害，最安全的策略就是放弃该代言人。但采用放弃策略的后果是，企业要撤销所有此代言人的广告，并背负由此产生的巨额广告损失。

表 20-1 学者们的研究案例/刺激物和研究结论

研究学者	责任低：代言人受到伤害		责任中：		责任高：代言人伤害了他人	
	刺激物/案例	研究结论	刺激物/案例	研究结论	刺激物/案例	研究结论
Louie	车被撞了	品牌形象提升	两车同时相撞	无显著差别	撞了他人的车	品牌形象降低
Money			代言人吸毒	代言人形象提升 购买意愿提升	吸毒伤害家人	代言人形象不变 购买意愿不变
Bailey					家庭暴力	代言人形象下降 品牌形象下降
Behr	×××车祸 ×××被殴	代言人形象下降	×××吸毒案 ×××色情丑闻	代言人形象下降 代言人形象提升	×××杀妻案	代言人形象提升
结论	提升代言人形象和品牌形象				学者们未形成一致的意见	

因此在频繁发生的代言人负面新闻中，始终存在着一个无法回避的问题，同时出现在消费者面前，什么因素会导致消费者降低对代言产品的购买意愿，降低对代言人形象和代言品牌形象的评价？如果回答了这个问题，那么企业只需在代言人负面新闻发生后考量这些因素，就能做出更为有利的决策。

20.2 研究变量及研究假说

20.2.1 研究变量

孙晓强、McCracken 等研究者将代言界定为名人代言，即通过和消费品一起在广告中出现的方式来代表某一消费品并具有较高公众认知的个人。

McCracken 的代言人文化意义迁移模型指出，名人首先被社会环境赋予一定的文化意义，再通过产品与名人同时出现的方式将这种文化意义迁移到产品上。在名人负面新闻发生后，社会环境将赋予名人新的文化意义，这种文化意义来源于消费者对名人的新评价。因此本书将所有检索到的网友评论进行分类汇集，以探析导致消费者重新对该名人评价的根源。但本书排除了那些仅有粗暴语言、缺失理性认知的言论，因为它们无法表达评论者产生评论的原因。本书将所有案例的网评分类结果交给 23 位本科生予以讨论后，再与 26 位消费者进行一对一深度访谈，最终归纳出 5 个影响消费者对代言人做出评价的因素。

Singer 和 Friedman 均指出企业选择某个名人作为代言人的原因是消费者喜欢这个名人，消费者对该名人的喜欢意愿代表着该名人在消费者心目中的地位，Money 和 Bailey 在测量代言人形象时所考核的标准之一就是消费者对该代言人的喜欢意愿。此外，Bailey 用消费者对代言品牌的总体评价测量品牌形象，Money 用推荐可能性和购买可能性测量购买意愿。本书遵循 Money 等学者的研究传统，将消费者对代言人的喜欢意愿、对代言产品的购买意愿和对代言品牌形象的评价作为检验代言人负面新闻是否对消费者购买决策构成影响的工具。

表 20-2 本书涉及的变量及界定

变量名称		变量界定
因变量	形象认知失调	消费者认为事前事后名人形象有变化
	从业形象受损	消费者感到事件损害了名人从事的行业形象
	情景归因倾向	消费者倾向性地认为是外部情景因素导致事件产生
	人事对偶连接	消费者已经将事件当事人的姓名与事件紧密联系在一起，形成了一对记忆联系单元
因变量	事件展露时频	消费者感知到的事件报道时长和频率
	喜欢意愿	消费者喜欢代言人的可能性
	品牌形象	消费者对代言品牌的总体评价
	购买意愿	消费者购买代言产品的可能性

20.2.2 研究假说及模型构建

Dion（1978）指出负面评价是偏见的标志，其根源是负性刻板印象。Brown（1989）和 Etaugh（1999）发现，负性刻板印象的认知根源之一是人们对独特事件比较敏感且容易由独特事件形成对事件人物的某种刻板印象，人们会用独特事件中这个人身上最独特的品质和行为来描述这个人。将代言人与负面事件紧密联系在一起的新闻标题，将导致消费者形成代言人姓名与事件名称紧密联系的记忆单元。消费者会用新闻标题中"××门"来描述代言人这一独特的品质和行为，并由此形成对代言人的负性刻板印象。因此人事对偶的连接记忆越深刻，人们越不喜欢这个代言人。

H1：人事对偶连接对喜欢意愿有负面影响。

Quattrone（1980）发现人们对一个群体了解得越少，就越容易受少数生动案例的影响。Sherman（1996）提出针对某一特定的社会群体，由于给定的经验非常少，人们容易回忆这个群体身上所发生的生动案例并由此概括出结论。由此 Sherman（1998）提出，负性刻板印象的认知根源之二是将人归入不同的群体时，人们常常用对其他群体认知的刻板印象来描述他人的行为。由此可以推测名人负面新闻这种生动化的案例将引起消费者的关注，消费者将由这些案例形成对代言人从业圈的负面刻板印象。这种负面刻板印象越深刻，人们越不喜欢这个代言人。

H2：从业形象受损对喜欢意愿有负面影响。

Lerner（1978）发现人们有一种坏人有坏报、好人有好报的信仰，所以人们认为不幸的事不应该发生在无辜者的身上，因此当不幸的事件发生时人们会降低对无辜者的评价以保护这种信仰。Pyszczynski（1993）正式提出了自我心理保护的理论，他发现当人们看见一个人正在经受不幸事件时，人们会产生自我心理保护，保护方式是降低对这个人的评价并从心理层面疏远他。因此可以推测当负面新闻的产生被归因于外界情景因素后，消费者会利用自我心理保护机制降低对该代言人的评价。

H3：情景归因倾向对喜欢意愿有负面影响。

Lean Festinger（1957）的认知失调理论指出，当两种想法或信念在认知心理上不一致时人们会感到紧张，从而产生不舒适和不愉快感，为了减少这种不舒适和不愉快感人们会调整自己的态度。Betten Court（1997）发现当熟悉的人突然做出了不同寻常的举动时，人们会产生认知上的不一致，进而会对这个人做出比较极端的评价。由此可以推测，负面新闻中代言人的形象与事前人们心目中的形象不一致时，人们会因认知失调而不愉快，会对这个代言人做出极端评价以释放这种情绪。

H4：形象认知失调对喜爱意愿有负面影响。

Peter（1998）的心境连接理论指出个人容易受到暗示性问题的影响。Jones（2000）发现受到暗示的人越多，越多的人感同身受并自发地传播这一感受，他将其称为群体臆想症。媒体的出现助长了这种现象，David Philips（1985）发现媒体对某社会现象的报道越广泛，对新闻受众的暗示作用就越明显。由此推论出媒体报道对代言人负面事件的报道越广泛，对受众的负面暗示越强，消费者喜欢代言人的可能性越低。

H5：事件展露时频对喜欢意愿有负面影响。

Kaikati（1987）发现名人代言能有效增加代言品牌形象和代言产品购买意愿。McCracken（1989）指出，产生这种效果的作用机制是通过名人与产品同时出现的方式将名人所具有的"文化意义"迁移到品牌（产品）上。由此可以推测，一个受人喜欢的代言人与企业品牌或产品同时出现时，人们有可能会因"文化意义迁移"而提升对代言品牌的好感并产生对代言产品的购买意愿。

H6：喜欢意愿对品牌形象有正面影响。

H7：喜欢意愿对购买意愿有正面影响。

Fournier（1998）和 Kapferer（1992）发现品牌形象是顾客决策的重要依据，品牌所带来的利益之一是吸引新顾客、增加购买意愿。由此可以得到假设 H8。

H8：品牌形象对购买意愿有正面影响。

Anderson（1976）发现，不断重复同时出现的两个事物，将激活消费者对这两个事物的记忆单元，最终建立记忆单元学习机制的实现是来自两个事物之间已知记忆点之间的强路径，这种强路径取决于消费者对该记忆点的记忆提取速度，其来源可能是产生这个记忆时该记忆点对消费者的影响程度。Ito（1998）发现负面新闻能引发人们强烈的关注，激发人们的长期记忆，也容易被人们回忆。因此消费者对代言人负面新闻应该是有显著记忆，当代言人与产品同时出现能引发人们对代言人负面新闻的回忆，如果这 5 个影响消费者对代言人做出评价的因素能被作为记忆信息被消费者快速提取，就应该对代言品牌形象产生负面影响。由此得到了假设 H9～H12。

H9：人事对偶连接对品牌形象有负面影响。

H10：从业形象受损对品牌形象有负面影响。

H11：情景归因感知对品牌形象有负面影响。

H12：形象认知失调对品牌形象有负面影响。

H13：事件展露时频对品牌形象有负面影响。

Money 在其研究中以购买意愿的变化来检验代言人负面新闻对消费者决策的影响，但是他并未指出代言人负面新闻是通过代言人形象来改变消费者购买意愿，还是代言人负面新闻对购买意愿起直接影响作用。但是 Money 采用的"刺激－反应"实验是证明"因果关系"的最有利方法，因此本书只能推测代言人负面新闻对代言产品购买意愿有负面影响。为了进一步明确代言人负面新闻对购买意愿的作用机制，本书提出以下假设，如果假设通过验证，说明代言人负面新闻对购买意愿产生直接影响，反之亦然。

H14：人事对偶连接对购买意愿有负面影响。
H15：从业形象受损对购买意愿有负面影响。
H16：情景归因倾向对购买意愿有负面影响。
H17：形象认知失调对购买意愿有负面影响。
H18：事件展露时频对购买意愿有负面影响。

由所有假说形成了本书的研究模型，见图 20-1 所示。

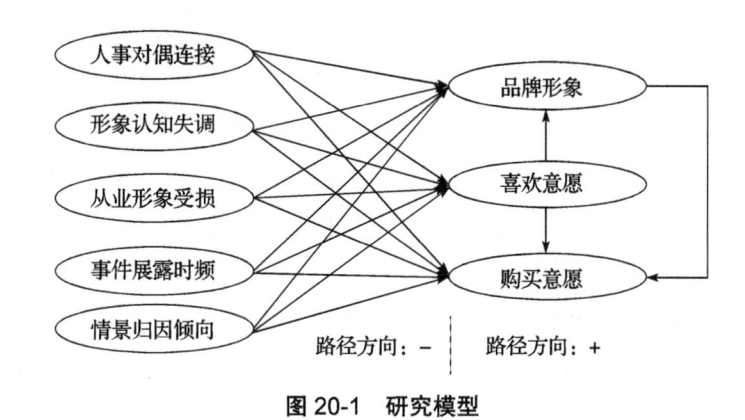

图 20-1 研究模型

20.3 数据收集及假说检验

20.3.1 数据收集

依据张燕玲的研究成果，出生于 20 世纪 80 年代、高学历的年轻群体更关注媒体对名人本人的宣传，并且是明星代言广告的重度受众群。本书采用了"判断抽样"的形式，选择年龄 18～35 岁的消费者为本次调查的重点对象，一共获取了 784 份有效问卷。

20.3.2 假说检验

本书采用 LISREL8.70 进行验证性因子分析检查，整个检查共分五步完成。

首先是违规估计。如表 20-3 所示，各个测项均无负的误差方差，标准化负荷小于 0.95，说明无违规现象发生。

表 20-3 信度效度检验

变量	参数	标准误差	t值	标准化负荷	Cronbach's α	AVE
情景归因倾向	A1	0.032	23.18	0.73	0.777	0.45
	A2	0.032	19.72	0.63		
	A3	0.033	19.28	0.64		
事件展露时频	A4	0.034	25.04	0.85	0.795	0.63
	A5	0.034	25.04	0.85		
	A6	0.036	21.26	0.75		
从业形象受损	A7	0.035	18.25	0.63	0.791	0.48
	A8	0.035	21.19	0.74		
	A9	0.037	18.95	0.70		
形象认知失调	A10	0.032	22.14	0.69	0.815	0.51
	A11	0.030	23.05	0.69		
	A12	0.035	22.16	0.76		

续表

变量	参数	标准误差	t值	标准化负荷	Cronbach's α	AVE
人事对偶连接	A13	0.033	25.41	0.82	0.789	0.52
	A14	0.033	24.08	0.77		
	A15	0.032	17.62	0.56		
喜欢意愿	A16	0.037	13.21	0.87	0.673	0.61
	A17	0.034	21.67	0.75		
	A18	0.041	18.14	0.71		
品牌形象	A19	0.035	25.50	0.89	0.851	0.78
	A20	0.034	27.94	0.94		
	A21	0.034	24.27	0.81		
购买意愿	A22	0.039	26.67	0.93	0.847	0.80
	A23	0.038	22.98	0.87		

其次是 t 检验。所有的 t 值都大于 1.98，表明所有的标准化负荷系数都是有统计意义的。

再次是负荷检验。所有测项的标准化系数都大于经验建议值 0.50，有较好的收敛效度。

然后是结构效度检验。八个因子的决断值内部一致性度都高于 0.6 的建议值，有 6 个维度的方差萃取量（AVE）都高于 0.50 的经验建议值。当 λ 0.71 时，AVE = 0.50，但在社会科学研究领域建议采用 Tabachnick 和 Fiedell 的标准。Tabachnick 和 Fiedell（2007）认为 λ 的负荷达到 0.55 时即可宣称良好，因此情景归因倾向和从业形象受损的 AVE 虽略低于规定标准，但所有 λ 的负荷已达到社会科学研究的标准。

最后是区别效度检验。从潜变量的相关系数矩阵（见表 20-4）可以看出，平均方差萃取量（AVE）的根大于其他潜变量的相关系数，这说明具有较好的区别效度。

表 20-4　潜变量的相关系数矩阵

	ξ1	ξ2	ξ3	ξ4	ξ5	ξ6	ξ7	ξ8
ξ1	0.67							
ξ2	0.26	0.79						
ξ3	0.31	0.44	0.69					
ξ4	0.21	0.32	0.24	0.71				
ξ5	0.15	0.33	0.28	0.54	0.73			
ξ6	0.14	0.34	0.31	0.60	0.55	0.78		
ξ7	0.15	0.25	0.32	0.37	0.43	0.88		
ξ8	0.12	0.25	0.22	0.31	0.27	0.45	0.53	0.90

对角线的数据为平均方差萃取量（AVE）的根

从表 20-4 中所显示的结果验证性检验通过后，本书对图 20-1 所示的研究模型进行计算，将主要拟合指标与较为理想的经验标准进行对比。模型拟合度高的指数要求是，X^2/df 小于 2.0，RMSEA 低于 0.05，且 CFI 和 NNFI 均在 0.9 以上。结果显示 $X^2/df=1.52$，小于给定的 2 的参考标准，RMSEA=0.026，小于 0.05 的较优模型标准，其余指标 NNFI=0.99，CFI=0.99，均达到较为理想的标准。具体分析结果归纳总结如表 20-5 所示。

表 20-5　标准化路径系数和假设检验

假设路径链	假设关系	路径系数	T值	是否支持
人事对偶连接→喜欢意愿	H1	0.27	5.19	支持
从业形象受损→喜欢意愿	H2	0.12	2.42	支持

续表

假设路径链	假设关系	路径系数	T值	是否支持
情景归因倾向→喜欢意愿	H3	-0.05	-1.04	不支持
形象认知失调→喜欢意愿	H4	0.39	7.33	支持
事件展露时频→喜欢意愿	H5	0.08	1.64	不支持
喜欢意愿→品牌形象	H6	0.23	3.65	支持
喜欢意愿→购买意愿	H7	0.26	4.34	支持
喜欢意愿→购买意愿	H8	0.42	9.59	支持
人事对偶连接→品牌形象	H9	0.13	2.36	支持
从业形象受损→品牌形象	H10	0.18	3.60	支持
情景归因倾向→品牌形象	H11	0.02	0.37	不支持
形象认知失调→品牌形象	H12	0.11	1.98	支持
事件展露时频→品牌形象	H13	0.01	0.21	不支持
人事对偶连接→购买意愿	H14	-0.04	-0.87	不支持
从业形象受损→购买意愿	H15	-0.04	-0.79	不支持
情景归因倾向→购买意愿	H16	0.02	0.44	不支持
形象认知失调→购买意愿	H17	0.03	0.51	不支持
事件展露时频→购买意愿	H18	0.07	1.64	不支持

从表 20-5 中所显示的结果中可以看出，18 个假说中共有 9 条假说通过 t 检验，事件展露时频和情景归因倾向未得到证实。将不成立的变量关系剔除后，本书得到最终的变量关系图，见图 20-2。

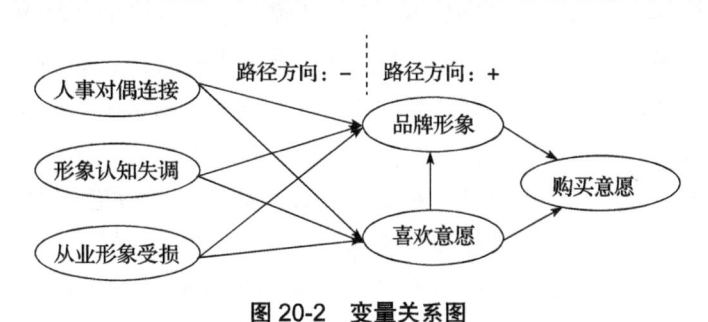

图 20-2 变量关系图

从图 20-2 中，本书获取了以下 4 条有意义的研究结果。

（1）假设 H1、H2、H4 的证实表明，人事对偶连接、从业形象受损、形象认知失调是消费者对代言人回忆的强记忆点，当代言人和品牌同时呈现在消费者面前时，能显著影响消费者对品牌形象的评价。

（2）假设 H9、H10、H11 的证实表明，人事对偶连接、从业形象受损、形象认知失调能降低消费者对代言人的喜欢意愿。

（3）假设 H6、H7 的证实表明，消费者对代言人的喜欢意愿对代言产品购买意愿和代言产品形象有直接的显著影响。

（4）未通过检验的假设 H14～H18 则表明，代言人负面新闻不会直接损害消费者对代言产品的购买意愿。

20.4 研究结论及结果讨论

20.4.1 研究结论

本书一共获取了 4 条有意义的研究结论。

（1）当消费者将事件当事人和事件名称有效地联系记忆后，继续使用该代言人会伤害品牌形象进而损害消费者的购买意愿，企业应该采用放弃策略。新闻媒体使用"××门"来表示事件名称，而"××门"本具有负面词汇意义，因此当消费者将代言人与"××门"有效连接后，代言人也背负了负性的文化意义。

（2）继续使用代表行业负性刻板印象的代言人会直接伤害品牌形象进而损害购买意愿，企业应该采用放弃策略。这是因为代言人本人是新闻的组成要素之一，消费者会将心目中形成的代言人从业形象负面刻板印象归结于这个代言人的行为结果，或认为这个代言人是这种负面刻板印象的代表。

（3）使用事件前后形象不一的代言人会直接伤害品牌形象进而损害购买意愿，企业应该采用放弃策略。消费者会因头脑中事前形成的代言人形象和事中展现的代言人形象之间的差异而产生认知失调。认知失调会导致消费者产生不愉快的感觉，为了减少这种不愉快的感觉，人们会调整自己的态度并释放不满情绪，产生对代言人的负面评价。

（4）由于代言人负面新闻不会直接伤害对代言产品购买意愿，因此企业在发现上述3个因素后立即采取放弃策略将避免销售上的损失。

20.4.2 结果讨论

情景归因倾向和事件展露时频两个因子也未被证实，需要予以说明。

情景归因倾向未被证实的结果也符合 Louie 和 Behr 的研究结果，即代言人被伤害这类被归于外部情景的新闻不会降低消费者对代言人形象的评价，但与 Louie 和 Behr 的研究结果不同的是，情景归因倾向也未提升消费者对代言人形象和代言产品形象评价。其原因可能是 Louie 和 Behr 的实验刺激物中，消费者明确可以发现事件的起因并将之归结为外部情景，而情景归因倾向指的是消费者倾向性认为是其他原因导致事件产生，消费者目证事件起因和消费者推测事件起因两者之间存在一定的差异。但是消费者只要将事件起因归结于外部情景就不会降低消费者对代言人形象和代言产品形象的评价。

不过，事件展露时频未被证实这一结果的确有些令人费解。心理学的"易得性直觉"理论可以对这个问题予以部分解释。易得性直觉是指，与那些较难形象化的事件相比，那些鲜明的、更容易形象化的事件可能会被人认为更容易发生。事件展露时频对喜欢意愿产生负面影响的假设，来自新闻报道对消费者的暗示作用，当"××门"等新闻报道不断出现在消费者面前时，消费者会利用"易得性直觉"将其归入正常的、经常性的事件，自然不会产生对代言人的负面评价。"注意规律"也可以解释这个问题，事件展露时频属于注意规律的强度率，时长和频率越高越能引起注意。但是这仅仅是注意而已，让人们记住了这件事；要产生对代言人的负面评价，需要引发人们的认知，注意规律中的对比律是主导规律，诸如从业形象受损、形象认知失调等。因此仅仅是报道频率的提高，很难产生对代言人的负面评价。

21. 代言型企业家负面新闻对企业品牌形象的影响研究——基于利益相关者与消费者社会性格维度的分类研究

21.1 绪论

21.1.1 研究背景及问题

21.1.1.1 市场背景与问题

近年来，越来越多的企业家成为代言型企业家。以往，企业家作为企业发展的革新者、经营管理的决策者和企业文化的塑造者，他们的行为往往体现在对于企业的创新和管理方面，不能直接为大众所感知（Graham，1997）然而，近几年来，越来越多的企业家频繁出现于公众面前和媒体上，许多企业家的知名度迅速飙升，大量的企业不惜花费重金，提高企业家媒体的曝光率和企业家的声誉，努力将企业家塑造成名人和媒介明星。同时，企业家为自己企业代言具有无与伦比的优势，他们被称为天生的"意见领袖"（Gillin，2007），因此，有的企业家也开始取代娱乐明星为自己的产品和品牌代言或背书，或这类企业家通过自身的影响力，为自身企业带来了额外关注，如格力空调的董明珠、创新工场的李开复、万科的王石、SOHO 的潘石屹与张欣、聚美优品的陈欧等，这类企业家自身拥有庞大的粉丝群体。企业家代言，也叫总裁代言，总裁背书（Company Presidentsas Endorser），或者 CEO 背书（CEO Endorser）等，企业家代言是指通过企业家的形象与行为对品牌或企业进行宣传代言的一种代言形式。代言型企业家指与企业具有高度关联与联想，曝光度高，并且通过自身强大影响力为自身企业带来额外强烈关注的企业家（Dong Jin 和 Bruce，2004）。

近年来，代言型企业家负面新闻逐渐增多，已严重影响企业品牌形象。随着网络信息时代的到来，越来越多企业家私生活或者关于经营层面的负面新闻受到了越来越多消费者的关注（Budd，2010）。与正面信息相比，人们更倾向于关注负面信息，且同等情况下，负面信息对人们的影响更大（Skowronski，1989）。比代言型企业家新闻更值得我们关注的是，代言型企业家自身的负面新闻所带来的负面效应会迁移到其企业品牌形象上，对企业品牌形象造成不可避免的"误伤"。

代言型企业家负面新闻对企业品牌形象带来的影响不一。通过现实中的代言型企业家负面新闻案例发现，不同的代言型企业家发生负面新闻给品牌带来的负面影响可能完全不同。

21.1.1.2 理论背景与问题

首先，代言人负面新闻研究较少且无统一结论，这与目前广泛发生的代言人负面新闻现实不符。本书对以往研究成果进行回顾，发现代言人负面新闻与品牌形象、购买意愿之间的关系尚无一致结论。Mon（2006）认为并不是所有的代言人负面新闻都会降低消费者的购买意愿，代言人负面新闻的类型与严重程度会影响消费者对品牌的评价；Bailey（2008）认为代言人负面新闻对品牌形象存在负面影响，品牌与消费者之间的品牌关系规范会起到调节作用，影响品牌形象。Loui（2014）提出事件责任的高低是代言人负面新闻对品牌形象产生负面影响的关键影响因素。由此可见，对代言人负面新闻的研究较为分散，且结论不一，无法解释广泛发生的各类代言人负面新闻对品牌的不同影响。

其次，对企业家负面新闻的研究还不够深入，无法指导企业应对现实中日益增多且越趋复杂的企业家负面新闻。企业家是企业天然的代言人，相较于其他品牌代言人，企业家发生负面新闻会给企业带来更严重的负面影响（Erdogan，1999）。然而，相比较于学术界关于明星代言人负面新闻的研究，企业家负面新闻的研究较少。通过文献整理发现，现有对企业家负面新闻的研究沿用了以明星为主体的品牌代言人负面新闻的研究思路，主要是从负面新闻的分类（道德型/能力型或者违情型/违法型）（Ferrin, 2007）、企业家应对策略（和解、缄默、辩解）等维度进行研究。以往的关于企业家负面新闻的研究结论与明星代言人负面新闻的研究结论较为类似，且缺乏对企业家负面新闻的细分研究，无法指导企业应对企业家负面新闻。

最后，还没有研究涉及代言型企业家负面新闻对企业品牌形象的影响。现实中我们看到，越来越多的企业家热衷于台前活动，通过微博、微信等自媒体和网络等渠道将自身打造成为拥有庞大粉丝团体的企业家明星，这类企业家一旦发生负面新闻，其对企业品牌的影响巨大，且其影响与非代言型企业家负面新闻对企业产生的影响不一。目前，关于代言型企业家负面新闻的研究，主要集中在品牌代言研究、企业家负面新闻研究，还没有研究将两者结合起来，现有研究还无法对代言型企业家负面新闻频发的现实做出解释，更无法为企业应对代言型企业家负面新闻提供理论借鉴。

21.1.2 研究内容与目的

21.1.2.1 研究内容

本书有四个研究内容。首先，基于企业家代言身份分类的企业家负面新闻对企业品牌形象的影响。大众营销传播包含四种工具，广告、销售促进、事件和公共关系（Kotler, 2015），以往占主导地位的广告传播的效果正在逐渐降低，事件和公共关系的影响力正在逐渐提升，作为一种典型的公共关系影响事件，代言型企业家发生负面新闻对企业品牌形象的影响是显而易见的，代言型企业家作为拥有庞大社会影响力以及粉丝影响力的特殊企业家团体，其个人的负面新闻所带来的负面效应会溢出到其对应企业。针对于此，本书首次提出代言型企业家负面新闻与非代言型企业家的负面新闻的分类方法，探索代言型企业家负面新闻与非代言型企业家的负面新闻对企业品牌形象造成的不同负面影响。

其次，代言型企业家经营相关与经营无关负面新闻对企业品牌形象的影响。代言型企业家之所以区别于其他明星代言人，在于其具有较强的经营属性，本书发现代言型企业家负面新闻可以分为经营相关负面新闻与经营无关的负面新闻，并探索哪一类代言型企业家负面新闻会给企业品牌形象造成更加负面的影响。

再次，基于利益相关者分类的代言型企业家经营相关负面新闻对企业品牌形象的影响。现有理论无法阐明针对不同的利益相关者，代言型企业家发生经营相关负面新闻后会对企业的品牌形象造成怎样的负面影响。针对于此，本书以利益相关者理论为基础，对代言型企业家发生经营相关负面新闻进行细分，探讨了五类代言型企业家经营相关负面新闻对企业品牌形象的影响。

最后，代言型企业家负面新闻对企业品牌形象的影响——基于利益相关者分类与消费者社会性格类型。本书引入了消费者社会性格类型，研究五类基于利益相关者分类的代言型企业家经营相关负面新闻，针对六类不同性格的消费者，在企业品牌形象影响方面产生怎样的影响。

21.1.2.2 研究目的

本书拟达到以下4个研究目标。

一是本书首次将企业家负面新闻分为代言型企业家负面新闻与非代言型企业家负面新闻，并探究代言型企业家负面新闻与非代言型企业家负面新闻对企业品牌形象的负面影响，识别出上述哪一类负面新闻对企业品牌形象负面影响较大。

二是探究代言型企业家经营相关与经营无关负面新闻对企业品牌形象的影响，识别出上述哪一类负面新闻对企业品牌形象负面影响较大。

三是探究基于利益相关者分类的代言型企业家经营相关负面新闻对企业品牌形象的影响，识别出五类代言型企业家经营相关负面新闻对企业品牌形象的不同影响。

四是引入消费者社会性格类型，探究针对不同的社会性格类型的消费者，五类不同的代言型企业家经营相关负面新闻对企业品牌形象的不同影响。

21.1.3 研究思路与方法

21.1.3.1 研究思路

```
设计研究方案
├── 文献分析
├── 案例分析
└── 理论分析
        ↓
找出研究机会
根据案例分析和理论分析，找出现实存在而现有研
究尚未解释的重要问题——代言型企业家负面新闻
对企业品牌形象的影响
        ↓
研究目标、任务、对象、内容和方法
        ↓
研究假设与设计
        ↓
实证1：基于企业家代言身份分类的企业家负面新闻对企
业品牌形象的影响
        ↓
实证2：代言型企业家经营相关与经营无关负面新闻对企业
品牌形象的影响
        ↓
实证3：基于利益相关者分类的代言型企业家经营相关负面
新闻对企业品牌形象的影响
        ↓
实证4：代言型企业家负面新闻对企业品牌形象
的影响——基于利益相关者分类与消费者社会性格类型
        ↓
最终成果：代言型企业家负面新闻对企业品牌形象影响研究
```

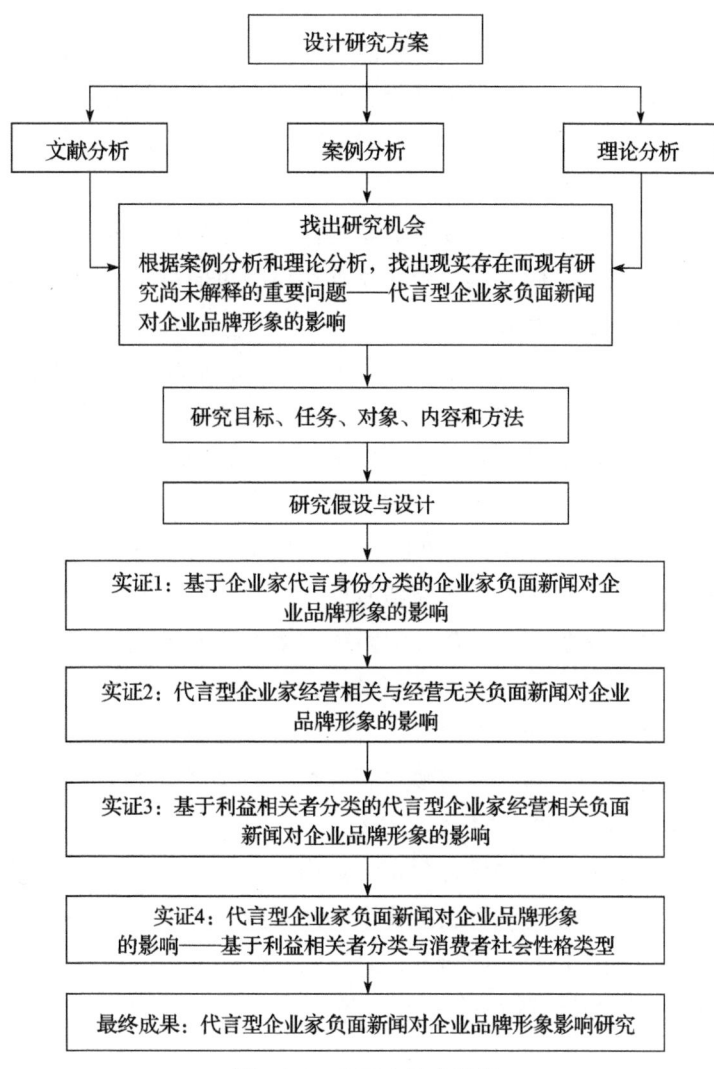

图 21-1 本研究技术路线

21.1.3.2 研究方法

本书主要采用文献研究方法、情景实验方法和调查法。

文献研究方法是查阅与本书主题相关的文献，并对收集的文献进行系统的研读，对不同研究进行分析整合，为实证研究提供理论基础。本书主要对企业家相关研究、企业家代言相关研究、企业家负面新闻相关研究、利益相关者理论、消费者性格分类相关研究进行了回顾。

本书采用了调查法。调查法主要拓展了研究的外部效度，并采用问卷形式来搜集研究数据，可以较为便捷地收集本书所需的数据资料。本书运用计算机软件对调查结果进行效度、信度、方差、相关和检验处理。

情景实验是消费者行为研究中的常用方法，能够较好操控消费者对情景的反应，并减少无关变量的干扰（Brewer，2000），在营销研究中广泛采用。本书主要使用情景实验的方法来收集所需数据。研究共采用4个实验，分别检验了理论模型中各变量之间的影响以及作用机制。实验采用组间设计，在可控的实验情景中，依据逻辑分析的理论假设，控制无关因素，测试不同调节变量情况下因变量的结果。情景

实验包括前测实验和正式实验，并使用独立样本检验统计分析方法处理分析数据，以验证本书提出的分析假设，并对研究结果可能与已有文献产生的差异进行解释，据此提出本书的结论。

21.1.4 研究意义与创新

21.1.4.1 研究意义

一是推进代言人负面新闻研究。代言人负面新闻研究并不是代言人研究领域的主流方向，这与目前广泛发生的代言人负面新闻现实不符。本书从基于企业家代言身份分类的企业家负面新闻出发，研究了其对企业品牌形象的负面影响，拓展代言人负面新闻研究，丰富代言人负面新闻理论内涵，为企业应对代言型企业家负面新闻提供理论借鉴。

二是为企业制定代言型企业家负面新闻预警机制提供给理论依据。本书从基于利益相关者分类的代言型企业家经营相关负面新闻出发，研究其对企业品牌形象的负面影响，为企业在营销现实中制定代言型企业家负面新闻预警机制提供理论依据。

三是为企业进行精准营销修复提供理论依据。本书从基于利益相关者分类的代言型企业家经营相关负面新闻出发，研究各类代言型企业家负面新闻会对六类社会性格类型消费者关于企业品牌形象的认识产生怎样的负面影响，为企业在营销现实中对代言型企业家负面新闻进行精准营销修复提供理论依据。

21.1.4.2 研究创新

首先，本书基于企业家代言身份，对企业家身份进行分类，提出了代言型企业家与非代言型企业家。

其次，基于企业家代言身份，对企业家负面新闻进行分类，提出了代言型企业家负面新闻与非代言型企业家负面新闻；本书基于负面新闻经营属性，对代言型企业家负面新闻进行分类，提出代言型企业家经营相关负面新闻与代言型企业家经营无关负面新闻；本书基于利益相关者理论，提出与消费者利益相关的代言型企业家经营相关负面新闻、与股东利益相关的代言型企业家经营相关负面新闻、与社会利益相关的代言型企业家经营相关负面新闻、与政府利益相关的代言型企业家经营相关负面新闻、与员工利益相关的代言型企业家经营相关负面新闻。

最后，本书从基于利益相关者分类的代言型企业家经营相关负面新闻出发，研究其对企业品牌形象的负面影响，为企业在营销现实中制定代言型企业家负面新闻预警机制提供给理论依据；从基于利益相关者分类的代言型企业家经营相关负面新闻出发，研究六类社会性格类型消费者对企业品牌形象的负面影响，为企业在营销现实中进行精准营销修复提供理论依据。

21.1.5 本章小结

本章主要介绍了论文研究的背景与问题、研究内容与目的、研究思路与方法，以及研究意义与创新。

第一，市场背景与问题。近年来，越来越多的企业家成为代言型企业家。以往，企业家作为企业发展的革新者、经营管理的决策者和企业文化的塑造者，他们的行为往往体现在对于企业的创新和管理方面，不能直接为大众所感知（Graham，1997）。然而，近几年来，越来越多的企业家频繁出现于公众面前和媒体上，许多企业家的知名度迅速飙升，大量的企业不惜花费重金，提高企业家媒体的曝光率和企业家的声誉，努力将企业家塑造成名人和媒介明星。代言型企业家指通过自身强大影响力为自身企业带来额外强烈关注的企业家（Dong Jin 和 Bruce，2004）。近年来，代言型企业家负面新闻逐渐增多，已严重影响企业品牌形象。随着网络信息时代的到来，越来越多企业家私生活或者关于经营层面的负面新闻受到了越来越多消费者的关注（Budd，2010）。企业需要客观评估代言型企业家负面新闻对企业品牌形象带来的影响。通过现实中的企业家负面新闻案例发现，不同的企业家发生类似的负面新闻给品牌带来的负面影响可能完全不同。

第二，理论背景与问题。首先，代言人负面新闻并不是代言人研究领域的主流方向，这与目前广泛发生的代言人负面新闻现实不符。其次，对企业家负面新闻的研究还较为缺乏，这与目前广泛发生的企业家负面新闻现实不符。最后,还没有研究涉及代言型企业家负面新闻对企业品牌形象的影响。关于代言型企业家负面新闻的研究,主要集中在代言人负面新闻研究、企业家负面新闻研究,还没有研究将两者结合起来,现有研究还无法对代言型企业家负面新闻频发的现实做出解释与指导。

第三,研究内容。首先是非代言型企业家负面新闻对企业品牌形象的影响。其次是代言型企业家经营相关与经营无关负面新闻对企业品牌形象的影响。再次是基于利益相关者分类的代言型企业家经营相关负面新闻对企业品牌形象的影响。最后是代言型企业家负面新闻对企业品牌形象的影响——基于利益相关者分类与消费者社会性格类型。

第四,研究目的。本书拟达到以下4个研究目标,一是探究代言型企业家负面新闻与非代言型企业家负面新闻对企业品牌形象的负面影响,识别出上述哪一类负面新闻对企业品牌形象负面影响较大。二是探究代言型企业家经营相关与经营无关负面新闻对企业品牌形象的影响,识别出上述哪一类负面新闻对企业品牌形象负面影响较大。三是探究基于利益相关者分类的代言型企业家经营相关负面新闻对企业品牌形象的影响,识别出五类代言型企业家经营相关负面新闻对企业品牌形象的不同影响。四是引入消费者社会性格类型,探究针对五类不同的代言型企业家经营相关负面新闻,不同的消费者社会类型对企业品牌形象的不同影响。

第五,研究思路与方法。本书以案例收集与分析、文献回顾为研究基础,提出研究模型与研究假设,通过四个实证研究,对假设进行验证,并最终得到研究结论。本书主要采用文献研究方法、情景实验方法和调查法。

第六,研究意义。一是推进代言人负面新闻研究。代言人负面新闻研究并不是代言人研究领域的主流方向,这与目前广泛发生的代言人负面新闻现实不符。二是为企业制定代言型企业家负面新闻预警机制提供给理论依据。本书从基于利益相关者分类的代言型企业家经营相关负面新闻出发,研究其对企业品牌形象的负面影响,为企业在营销现实中制定代言型企业家负面新闻预警机制提供给理论依据。三是为企业进行精准营销修复提供理论依据。本书从基于利益相关者分类的代言型企业家经营相关负面新闻出发,研究六类社会性格类型消费者对企业品牌形象的负面影响,为企业在营销现实中进行精准营销修复提供理论依据。

21.2 文献综述

21.2.1 企业家相关研究

第一,企业家概念。企业家"Entrepreneur"一词是从法语中借来的,其原意是指"冒险事业的经营者或组织者"。在现代企业中企业家大体分为两类,一类是企业所有者企业家,作为所有者他们仍从事企业的经营管理工作;另一类是受雇于所有者的职业企业家。在更多的情况下,企业家只指第一种类型,而把第二种类型称作职业经理人。企业家在多个学科有着不同的界定,代表性的观点是:企业家是冒险家(Marshall,1890)、创新者(Schumpeter,1934)、经营管理者(J Bsay,1803),提高企业效率的组织者和决策者(Lejbenstein,1968)。在企业家相关研究中,多数学者把企业的所有者和经营者都界定为企业家,具体指企业的董事长、总经理、CEO、总裁等职位的人。1942年"创新主义经济学之父"美籍奥地利经济学家熊比特在《资本主义、社会主义与民主主义》中,使"企业家"这一独特的生产力要素成为最重要要素。熊比特指出,所谓创新就是企业家对新产品、新市场、新的生产方式、新组织的开拓以及新的原材料来源的控制调配,企业家被称为"创新的灵魂"。

第二,企业家形象及其影响因素。Goodman和Ruch(1981)认为企业家形象,就是个体或公众对企业家的总体感知。影响企业家媒体形象的因素包括能力、真诚、可靠性、魅力和私人五个方面。其中在公众心目中,企业家的诚实与可靠在众多维度中最为突出(Miller等,1986)。Gardner和Avoli(1998),House和Shamir(1993)认为企业领导人的身份形象特征有:可靠、有道德、创新、受人尊敬和有影响力，这些方面也构成了魅力型领导的基础。DongJin 和 Berger（2004）总结企业家形象包含五个维度，分别是能力、诚信、可靠、魅力和个性。葛建华、冯云霞（2011）研究了我国民营企业家的公众形象，归纳了理念、能力、行为三个方面的九个特征维度。企业家形象问题涉及了管理学、传播学、公共关系学和社会学等多个学科。从目前资料的搜集结果来看，管理学对企业家形象问题的研究成果相对丰富一些。研究的议题主要有：①企业家形象的管理；②企业家形象和产品形象、企业形象之间的关系③企业家形象的塑造及驱动因素，企业家应该具备什么样的形象素质。国外在企业家的媒体形象研究早有涉及，James T Hamilton（1994）通过对纽约时报近 30 年的研究发现，CEO 的报道的数量及基调取决于记者和执行官的动机；而且 CEO 所在公司的报道数量会随着 GDP 的下降而增加；规模越大的公司出现在纽约时报的频率越多；CEO 个人生活日益受到媒体的关注，且伴随着企业丑闻的增多而变本加厉。企业家形象对企业品牌形象的影响。企业家形象会对企业形象产生影响，研究发现，企业家品质、企业家魅力、企业家与产品匹配度对企业品牌有正向联系（Lazear，2005）。企业家在媒体上越被正面曝光，其越有可能提升企业的品牌形象及绩效，企业家与企业品牌的关联度在企业家形象感知对品牌形象影响中起调节作用。当企业家与企业品牌高关联时，企业家形象对企业品牌形象的正向影响会显著增强，反之则减弱。同时，企业家形象会影响外部资源的获取，魅力型企业家更能攫取外部投资，并且能够持续获得这类投资。

第三，企业家对企业品牌形象影响。企业家进行了前台化行为以后，因为企业的这一社会角色的特殊身份，消费者会将企业家形象与企业品牌形象密切地联系在一起，两者之间形成了类似于品牌联合的关系。王海忠等（2009）在品牌联合的负面溢出效应的研究中发现，当品牌联合中的某一品牌出现负面事件时，该负面事件产生的负面效应是否溢出到另一品牌，取决于消费者在判断时采用的核心假设：当消费者采用相似性检验时，会更多地关注两者之间的相似之处，此时负面效应溢出；当采用相异性检验时，会更多地关注两者之间的不同之处，此时负面效应不会溢出。由于企业家形象与企业品牌形象联系较为紧密，当企业家的负面行为被曝光时，消费者会采用相似性检验，该负面影响会溢出到企业品牌形象。企业家形象对企业品牌形象的影响已经被许多研究证明，和在品牌形象构成要素的研究当中均已暗示企业家及其行为会对品牌形象产生影响。企业家是企业品牌形象的代言人或品牌拟人化的象征。

21.2.2 企业家代言相关研究

21.2.2.1 品牌代言相关研究

第一，品牌代言相关概念。使用名人作为代言人已经成为企业重要的营销策略。20 世纪 20 年代，美国的 J W Thompson 广告公司已经在力士香皂的广告招贴画中加入电影明星使用力士香皂的照片。1936 年美国田径名将欧文斯穿着阿迪达斯运动鞋获得四枚奥运金牌，他的代言造就了今天最为成功的运动品牌之一阿迪达斯。Joseph M Kamen（1975）根据人在广告中的表现形式划分出了四种广告。第一种是证言人（Testimonial）广告，即证言人依据亲身经历，向公众证明产品或服务所宣称优点的真实性；第二种是背书人（Endorser）广告，即通过背书人与被背书品牌展示在公众面前的形式，使背书人和被背书品牌相互联系，从而达到背书人为品牌背书的目的；第三种是发言人（Spokesman）广告，即获得公司授权的个人，依据公司的要求向公众发表官方性质的信息；第四种是演员（Actor）广告，即在广告中出现的个人，他在广告中的角色更像是一位戏剧演员。Frieden J B（1984）认为消费者、专家、公司 CEO、虚构生物等都可以是代言人的表现形式。徐卫华（2004）将代言人界定为，代表品牌（企业、组织、产品）传播品牌信息的个人、动物、虚构生物或团体组织。BeauBlackwell、Click Bank（2009）在 New FTC Endorsement Rules 一文中注明美国联邦贸易委员会（FTC）使用英文单词"endorsement"表述"代言"一词。FTC 对"代言"一词的界定是，代言人从自身角度而非赞助商的角度，向消费者表述消费者可能相信的信息，这些信息应该是代言人的观点或经历。根据美国联邦贸易委员会（FTC）对

"Endorsement"的表述，代言人是一个不受代言公司控制且能自主发言的人，因此公司职员、广告演员、虚拟生物、团体组织都不是代言人。苏勇（2003）指出名人就是品牌形象代言人，是在产品广告中出现并利用自身知名度和魅力价值宣传品牌形象的影视明星和体育明星。孙晓强（2008）在其研究中把品牌形象代言人界定为，在企业广告或其他营销活动中出现，以帮助提升品牌形象，传播品牌信息为目的，具有一定知名度的个人。McCracken（1989）、Langmeyer（1991）对名人代言（Celebrity Endorser）的定义是，通过和消费品一起在广告中出现的方式来代表某一消费品并具有较高公众认知的个人。

与普通消费者、技术专家等其他类型的代言人相比，名人代言对品牌形象有积极性的作用，也能增加消费者的购买意愿（Friedman，1979；Petty，1983；练乃华，1990；李镇邦，2007；凌卓，2008；孙晓强，2008）。当产品与名人能匹配时，名人代言对品牌形象的提升效果更好，例如名人代言珠宝比名人代言吸尘器的作用大（Friedman，1979）。如果名人代言能使消费者产生名人更有趣、更有活力的评价，产品也会获得更好的评价（Atkin和Bolck，1983）。其实，即使是名人代言与自身形象不一致的产品，也能提高产品的购买意愿，当然提高的程度会因产品与名人的组合方式而不同（Walker，1992；王怀明、马谋超，2004）。名人代言之所以能产生这种效果是因为，当消费者将品牌和名人联系在一起后，消费者能把对名人的联想转化到品牌之中（Aaker，1991）。因此名人的作用是减少信息传播过程干扰的噪声从而增加广告沟通的能力，尤其是当企业品牌正在衰退时，采用名人代言可能是一个比较好的解决方案（Sherman，1985）。

第二，品牌代言效果相关研究。企业选择一个名人作为代言人并围绕这个名人设计产品的策略能产生巨大的经济效益，因为名人能给予这个产品瞬时的个性；如果企业采用与产品有必然意义联系的名人能为已存在的产品创造新的定位（Dickenson，1996）。当前全球市场营销的难题之一是如何才能抓住不同文化的消费者，名人代言能为企业破除许多文化路径从而为进入全球市场提供帮助，例如PizzaHut使用全球知名名人作为代言人就增加了全球市场份额（Mooij，1994）。Erdogan（1999）及Tom等（1992）的研究指出使用名人能帮助品牌赢得消费者关注及美好的声誉。还有学者提出明星代言人将会引起消费者对广告的正面态度，并增加购买意愿（Petty等，1983）。Aaker（1991）解释了明星代言人之所以能产生说服效果是因为，消费者能把对名人的正面联想转化到品牌当中。因此，名人代言的作用是减少信息传播过程干扰的噪声从而增加广告沟通的能力，尤其是当企业品牌正在衰退时，使用明星代言人可能是一个比较好的解决方案（Sherman，1985）。有学者通过事件研究发现使用名人代言会产生异常积极的股票回报（Agrawal和Kamakura，1995；Mathur等，1997）。Farrell（2000）以泰格·伍兹为例，证明了使用名人代言的广告策略能给企业带来经济回报。

第三，代言人特征对代言效果的影响。Debevec和Kernan（1984）发现有外表吸引力的女性代言人比有外表吸引力的男性代言人更能改变广告受众的态度，但是就个体而言统计上并不显著。Freiden（1984）发现性别并不能使消费者产生对广告的反应。Petroshius和Crocker（1989）也发现代言人的性别并不会对广告态度和购买意愿产生显著影响。Agrawal和Kamakura（1995）指出在代言人的职业生涯中，代言人的流行性、受欢迎性取决于其职业生涯表现水平的高低。当消费者认为代言人未达到可接受的表现时，降低了名人代言的效果。

第四，代言人对消费者作用机制。代言人对消费者的作用机制重在说服，说服的过程是在高低两种信息卷入程度下进行的（Petty，1980）。在信息的高等级卷入条件下，信息中的关键论点对信息接收者的说服效果有强烈影响；在信息的低等级卷入条件下，信息中的边缘信息对信息接收者的说服效果有强烈影响。Petty将这一个过程称作为信息精密加工模型，简称ELM。ELM把说服的途径归纳为两个路径。说服的中心路径（Central Routeto Persuasion）和说服的外周路径（Peripheral Routeto Persuasion）。当人们在某种动机的引导下并且有能力全面系统地对某个问题进行思考时，人们会更多采用中心路径，即信息受众会对信息进行认真综合判断。当人们没有仔细推敲信息所包含的信息时人们会使用外周路径，即信息受众关注那些可能令人不假思索就接受的外部线索。按照 ELM 的说服途径，态度的转变实际取决于信息受众选择何种路径，而这又取决于消费者对信息的卷入程度。信息卷入程度高的信息受众会选择中枢路径，认真分析信息中传递的与产品相关的内容，信息卷入程度低的信息受众会被信息中的一些边缘信息所吸引。

21.2.2.2 企业家代言研究

作为品牌代言的特殊形式，企业家代言也得到了众多学者的关注。

第一，企业家代言的概念。企业家代言也叫总裁代言（Company Presidents Spokesperson）（Rubinetal，1982），总裁背书（Company Presidentsas Endorser）（Maronick，2005），或者 CEO 背书（CEO Endorser）（Freiden，1984）等，企业家代言是指通过企业家的形象与行为对品牌或企业进行宣传代言的一种代言形式。代言型企业家包含在品牌代言人中，品牌个性化和差异化的要求使得企业家在品牌传播过程中的独特意义被逐渐重视（胡晓云和翁泽益，2006）。企业家利用自己的良好的公众形象，通过各种形式为本企业或者其他品牌代言。

第二，企业家代言目标。其目标是在塑造企业家个人品牌的基础上。建立企业家与企业、品牌一对一的联想，从而深化并优化公众对企业和品牌的认知。胡晓云、翁泽益（2006）认为，企业家的知名度是企业家成为代言人的前提。另外，并非每个企业家都适合代言，仅有具备一定知名度和美誉度及气质形象的企业家才适合代言。例如美国"家政女皇"玛莎·斯图尔特，代言自己的公司和产品。她展现出的是优雅得体的形象，与其所倡导的女性家政形象相符（罗巍和王旭，2011）。

第三，企业家代言形式。何春晖和毛佳瑜（2007）将企业家代言分为三种形式：一是企业家为其他企业品牌或产品做广告代言；二是企业家以广告的形式，向消费者推介本企业或产品；三是企业家不直接推介本企业或产品，而是以捐助、体育活动、宣传、出版等社会活动，间接宣传自我、本企业及本企业产品，例如，王石参加各种论坛活动、登山、极地探险、出书等。总的来说，企业家代言的方式可以是直接的，也可以是间接的；既可以为其他企业代言，也可以为本企业代言。黄静等（2012）将代言型企业家的慈善行为分为捐时间（如义工）和捐钱两种。研究发现，两种慈善行为使得消费者对企业家形象的感知不同：捐时间使消费者感知企业家更有亲和力，而捐钱使消费者感知其更有能力。

第四，企业家代言优势。在企业家代言中，企业家作为成功人士承担了品牌的杠杆作用，影响消费者的购买意向（Simmers、Datha 和 Haytko，2009）。企业家作为品牌形象代言人或品牌拟人化的象征（Eichhol，1999），其行为将会对消费者的购买行为产生重要的影响。这一方面是因为企业家代表着整个组织（Pincus、Rayfield 和 Debonis，1991），其形象深刻地影响着消费者（Mazur，1999）；另一方面是因为消费者通过对企业家的联想来认知和理解品牌的个性特征（Plummer，1985）。企业家通过个人品牌在各种场合中传递给受众正面的丰富联想。最终，受众会将对企业家的信任与关注转移到企业品牌本身，提高企业品牌的认知度，影响消费者的购买意向。此外，不同类型的名人代言效果不尽相同，相对于其他类型的名人代言，企业家代言技术性或复杂产品更有效（Frieden，1984）。因为代言型企业家能够提升消费者主观上的信任度（Rubin，1982），在激发产品联系上比其他类型的名人代言更有效。Friedman 等（1976）以虚拟品牌的汽酒广告为例，分别使用电影明星、典型消费者、专家、公司 CEO 作为广告中的代言人来测试代言效果。结果发现：与其他类型代言人相比，以 CEO 为广告代言人，消费者对产品的购买意向得分更高，同时代言人类型对产品预期价格及感知质量没有影响。Rubin 等（1982）比较了使用公司 CEO 和无名专家作为代言人对广告、代言人及品牌评价的影响。研究发现企业家作为代言人使被试者对广告的评价更高，并且被试者对代言型企业家的信任评价显著更高。

第五，企业家代言评价与效果。名人代言是代言人个人品牌与代言品牌的合作，也被视为一种品牌联合的行为。品牌联合是指两个或两个以上的独立品牌在一段时间内的联合或组合行动。企业家个人品牌区别于一般的个人品牌，不仅体现在其个人形象属性上，还体现在其企业品牌属性上，因此，企业家个人形象和其自身企业品牌都会影响消费者对企业家代言广告的评价。消费者对名人形象的认知是一个动态变化的过程，名人的一言一行都可能改变消费者对其固有的认知信息。当人们受到新信息的刺激后大脑的认知记忆会把已有的记忆和新刺激信息进行有效的整合，形成新的态度或观点，名人的代言行为能使消费者更全面地了解名人形象。

Freidman（1979）和 Freiden（1984）等认为代言型企业家作为信源，其吸引力、可信度、诚实性和专业性，信源的相似度和匹配度是影响受众广告态度的主要因素。Friedman（1979）研究了三种类型的代言人、明星、专家和典型消费者，代言不同类型产品的效果的差异，认为代言人与所代言产品的行业相关性非常重要。虽然 Friedman 没有将企业家作为代言人进行研究，但 Rubinetal（1982）认为企业家具有专家的人格特征，明星则具有受喜爱的和具有吸引力的人格特征，而且 Freiden（1984）的研究表明企业家和专家在产品知识和可信度方面非常接近，在不同类型代言人的吸引力与广告态度关系方面，Freiden（1984）认为在几类代言人明星、企业家、专家和典型消费者中影视明星因为其形象气质更具有吸引力，其代言的广告更为受众所喜欢。

Levy（1959）发现当代言人与代言产品的形象高度一致时，受众对广告和代言人将产生更高信任感。Friedman（1978）理论性提出了代言人类别和代言产品类别的交互作用，发现在推动购买具有社会和心理危险的产品时，使用名人作为代言人非常恰当。Friedman（1979）证明要想获得发挥好的代言效果，企业或广告商必须使消费者感知到代言人的形象与代言产品之间有良好的匹配性。后续学者在 Friedman 的研究基础上逐渐形成了匹配假设，并围绕匹配假设展开了研究。

21.2.3 企业家负面新闻研究

21.2.3.1 负面新闻相关研究

第一，负面新闻的概念。在营销学和心理学文献中，与负面新闻有关的词语包括"Bad Thing""NegativeIn formation""Negative News""Bad News""负面报道""消极信息"等。Scott Tybout（1981）用"Negative Information"表述负面新闻，并认为商业领域的负面新闻包括产品召回、产品本身缺陷引发的悲剧性报道、散布很广的毁灭性谣言。Weinberger、Romeo 和 Piracha（1991）用"Negative Product Safety News"表述产品安全负面新闻。Haskings（1981）用"Bad News"表述负面新闻并认为负面新闻是令当事人（对象）不愉快的新闻。

负面新闻的词汇实际来源于传播学，并采用"Negative News"表述负面新闻。学者们比较一致地认为，负面新闻是让新闻受众感到消极和不愉快的新闻，它往往展露的是与现行社会秩序和道德标准相冲突的反常事件。张威（2003）认为使公众震惊，违背社会秩序和道德标准的反常性事件新闻就是负面新闻，例如犯罪、性侵犯、事故等事件新闻。李涛（2004）认为负面新闻是指对消极、不好、有害信息的报道，它聚焦于那些与现行社会秩序和道德标准相冲突的事件及一切反常现象。魏任尧（2005）认为负面新闻信息是指一种处于原始状态的消极变动事实，就本身的价值判断而言它是负面的：一是"天灾"，例如地震、瘟疫、海啸；二是人祸，例如厦门远华案。刘建明（2008）认为负面新闻是指有悖于人类安宁、利益或理性与道德追求的，带有危害性的事实新闻，包括对人们的挫折、失败、社会丑恶、天灾人祸、犯罪、暴力和观点极端的新闻。

第二，负面新闻分类。按责任度高低分类。Louie（2001）、Jacobson（2001）、Obermiller（2002）等，根据代言人（当事人）的责备程度将负面新闻分为高责任事件（High Blame Event，High Culpability Incidents）和低责任度事件（Low Blame Event、Low Culpability Incidents）。高责任度的特征是过失事件多数可控，个人过失责任大（Blame Worthiness）。按照归因分类。Pulling（2006）把负面新闻归结为两类，绩效相关（企业产品的性能存在缺陷），和与价值观相关（企业的社会形象或伦理表现是负面的）。Votolato（2006）把品牌联盟中的负面信息分为与能力相关及与道德相关两个方面，并且特别指出这种分法同样也适合代言人。

第三，负面新闻影响。负面新闻会致使人们对某个事件及人物更多的评价，尤其是关于名人的负面新闻更容易引发人们的关注，产生更大范围的影响，并且也更容易被人们回忆（Wojciszke、Bryce 和 Borkenau，1993；Ybarra，1996）。与正面新闻相比，负面新闻能引发人们的关注和注意力，并且能产生更为广泛的影响，这取决于信息到达的实际顺序和人们难以预期哪种信息（Smith 和 Petty，1996，Ito、Larsen 和 Smith 等，1998）。人们在回忆各种历史性事件时，也容易回忆起那些负面新闻所报道的事件，这是因为负面新闻比中性新闻和正面新闻更容易激发人们的长期记忆（Kensinger 和 Corkin，2000）。负面新闻发生后，消费者对同性别的代言人可信度更高。当感觉代言人对负面事件是不可控制的、非稳定的，顾客认为代言人不该受到责备（Tomas，2016）。消费者对事件报道的时频感知和行业损害程度感知对代言人信源特性、负面联想的影响效果最强，代言人信源特性降低和负面联想对品牌形象、购买意愿的影响非常显著。不同类型的品牌丑闻会不同程度地对丑闻品牌及其关联方带来不同程度的影响（Anderson，2014）。能力型品牌丑闻的负面溢出效应比道德性更强。体育明星的负面新闻会显著地降低公众对广告代言人的信任度，也会降低公众对其所代言广告的信任度。负面新闻可能（不）影响消费者对代言人的感知（Gorden，2010）。Behr（2004）认为，不同的负面事件对代言人影响不同。杀人和强奸事件会产生有强烈的负面影响，色情新闻可能有好的影响，吸毒可能有坏的影响，意外身故可能有好的影响。Money（2008）发现，并非所有的代言人负面新闻都有害的。当代言人负面新闻仅能影响代言人本人时，能明显提升消费者的购买意愿和消费者对代言人的评价。无论是高怀疑主义者还是低怀疑主义者，消费者对代言人负面新闻的反应高度一致，降低了对代言产品和代言人的评价（Bailey，2007）。名人负面新闻会降低消费者对代言产品的评价，而产品负面新闻比一定会降低人们对代言人的评价（Black，2016）。

第四，负面新闻与代言人自身价值。2005 年，Shank 试图界定体育丑闻的定义。在与 10 位新闻媒体代表和体育业务运营商首席执行官的访谈之后，Shank 提出非法、非道德并能对体育产生显著负面影响的负面事件可以定义为体育明星丑闻，事件性质和事件影响范围对体育丑闻的界定有显著影响。但是非法、非道德的丑闻不一定会降低代言人的自身价值，有时反而会增加代言人的价值，甚至会增加代言产品的形象。

第五，负面新闻应对策略。Till（1998）认为，代言人与品牌有强关联下，负面信息会降低品牌评价；代言人负面新闻出现在广告活动前比在之后更降低品牌评价；然而使用真实名人时，不一定影响品牌评价。Louie（2001）认为，高责任的负面新闻对公司价值有负面影响，低责任的反而会增加公司价值。Harden（2014）认为，企业应该放弃责任高的代言人，保留责任低的代言人，企业可以选用低责任的名人作为代言人，拒绝选用责任高的名人作为广告代言人。

21.2.3.2 企业家负面新闻相关研究

第一，企业家负面新闻的类型。企业家是企业天生的代言人，彭志红、熊小明（2014）也同样把企业家负面新闻分为道德型、能力型。黄静等（2014）把企业家负面新闻分为违情与违法。违情行为主要指企业家的行为与消费者内心的价值观准则相冲突，违背了消费者内心的情理准则，违情的企业家在消费者眼里是恶人。违法行为主要指企业家的行为违反了国家现行法律规定，从而给企业或消费者造成某种危害的有过错的行为，违背了法理准则。违法的企业家在消费者眼里是罪人。

第二，企业家负面新闻发生原因。Ferrin（2007）认为，企业家负面新闻的发生原因可以分为两种，能力的不足与道德的违背。有学者认为，企业家违情与违法是企业家负面新闻发生的直接原因，而且就目前当下的中国环境而言，企业家违情发生的概率远比违法发生的概率高，而且违情对企业家形象损害更大（黄静，2010）。Smith（2015）把负面新闻分为与绩效相关和与价值观相关，前者指与企业经营管理相关的负面新闻，后者指企业社会形象或价值观不相符的负面新闻。Jerry（2014）认为企业家负面新闻是媒体对企业家在战略能力、经营管理能力及学习能力方面不足事件的新闻，或是在缺乏责任意识或诚信操守等方面的负面新闻。

第三，企业家负面新闻的影响研究。目前国外没有针对企业家负面新闻的影响研究，仅仅从媒体视角对企业家负面新闻的简单统计，并未深入分析企业家负面新闻对企业品牌形象影响的背后深层次的关系。企业家负面新闻会影响企业家在消费者心中形象（Bull，2012），消费者在对企业家形成印象时，负面信息可诊断性更强（Reed等，2007），被赋予更高的影响，因此，消费者对于企业家负面新闻具有更高的敏感度，并且，企业家负面信息对消费者新产品购买意愿影响较大（Monin和Miller，2001）。国内对企业家负面新闻（负面曝光事件、负面行为）的研究也仅最近时间，极少数学者开始涉入。对于影响对象，只有一篇是品牌形象，多数是企业家形象。具体如表21-1所示。

表21-1 企业家负面新闻研究现状

自变量	调节变量	因变量	结论
负面新闻的简单统计			Chen和Meindl（1991）研究表明，企业家媒体报道的正面信息多是企业家个性特征方面，而负面信息则多是与经营能力相关 Park Berger（2004）对美国10年间CEO媒体曝光信息进行编码发现在正面和中性的媒体曝光中，依所占比重进行排序依次是能力、个人信息、魅力、可靠性和诚实；在负面曝光中，依所占比重排序是能力、诚实、个人信息、可靠性和魅力
企业家负面新闻类型（道德型、能力型）	应对策略（和解、辩解）	消费者对企业家形象的评价	彭志红和熊小明（2014）认为，相对于企业家能力的负面曝光，当企业家道德负面曝光时，消费者对企业家形象的评价会更低。企业家能力负面曝光后，相比较于辩解策略，和解策略更能减少消费者对企业家的负面评价。企业家道德负面曝光后，相比较于和解策略、辩解策略更能减少消费者对企业家的负面评价
企业家的应对策略（和解、缄默、辩解）	企业家负面新闻类型（道德型、能力型）	消费者对企业家形象的评价	彭志红和熊小明（2014）认为，当企业家遭受能力负面曝光时，就减少消费者对企业家的负面评价而言，和解策略最优，缄默策略和辩解策略之间没有显著差异；当企业家遭受道德负面曝光时，辩解策略最优，缄默策略次之，和解策略最差。因此，不论出现哪种类型的负面曝光，除了能够找寻到最优的应对策略之外，缄默策略都是比较保险的选择，而且在道德负面曝光事件的应对中表现尤为明显
企业家负面新闻类型（道德型、能力型）	企业家形象特质的类型（专业型、可靠型、吸引力型）	消费者对企业家形象的评价	彭志红、黄静（2014）认为，当企业家形象特质是专业型时，企业家遭遇能力型负面新闻和道德型负面新闻，消费者对其形象的评价没有显著差异；当企业家的形象特质是可靠性和吸引力型时，相对于遭遇能力型负面新闻，企业家遭遇道德型负面新闻时消费者对其形象的评价更差
企业家负面新闻类型（违情、违法）	1.事件严重程度 2.企业家—品牌关联度	消费者对企业品牌形象的评价	黄静等（2011）认为，相对于企业家违法行为来说，当企业家出现违情行为时，消费者对企业家形象会产生更差的评价。当企业家出现违法行为时，不论违法行为事件的严重程度是高还是低，消费者对企业家形象的评价并没有显著的差异。相对于企业家—企业品牌关联度较低的情况，当企业家—企业品牌关联度较高时，企业家形象评价对企业品牌形象评价的正向影响会显著地提高
企业家社会责任行为（超规范行为，低规范行为）	1.消费者道德意识形态分类（理想主义者、现实主义者）2.企业家—品牌关联度	消费者对企业品牌形象的评价	王新刚、黄静（2014）认为，企业家的社会责任超规范行为或低规范行为会对企业品牌产生显著影响。理想主义者消费者相比现实主义者更容易积极评价，企业家—企业品牌关联度较高时，企业家形象评价对企业品牌形象评价的正向影响会显著提高

21.2.4 利益相关者理论研究

首先是利益相关者概念。弗里曼（1984）明确提出了利益相关者管理理论，与传统的股东至上主义相比较，该理论认为任何一个公司的发展都离不开各利益相关者的投入或参与，企业追求的是利益相关者的整体利益，而不仅仅是某些主体的利益。Freeman（1984）认为，利益相关者由于所拥有的资源不同，对企业产生不同影响。他从三个方面对利益相关者进行了细分。

（1）持有公司股票的一类人，如董事会成员、经理人员等，称为所有权利益相关者。

（2）与公司有经济往来的相关群体，如员工、债权人、内部服务机构、雇员、消费者、供应商、竞争者、地方社区、管理结构等称为经济依赖性利益相关者。

（3）与公司在社会利益上有关系的利益相关者，如政府机关、媒体及特殊群体，称为社会利益相关者。

第二是利益相关者分类。Frederick（1988）从利益相关者对企业产生影响的方式来划分，将其分为直接的和间接的利益相关者。直接的利益相关者就是直接与企业发生市场交易关系的利益相关者，主要包括股东、企业员工、债权人、供应商、零售商、消费商、竞争者等；间接的利益相关者是与企业发生非市场关系的利益相关者，如中央政府、地方政府、外国政府、社会活动团体、媒体、一般公众等。Wheeler（1998）从相关群体是否具备社会性及与企业的关系是否直接由真实的人来建立两个角度，比较全面地将利益相关者分为四类。

（1）主要的社会利益相关者，他们具备社会性和直接参与性两个特征。

（2）次要的社会利益相关者，他们通过社会性的活动与企业形成间接关系，如政府、社会团体、竞争对手等。

（3）主要的非社会利益相关者，他们对企业有直接的影响，但却不作用于具体的人，如自然环境等。

（4）次要的非社会利益相关者，他们不与企业有直接的联系，也不作用于具体的人，如环境压力集团、动物利益集团，等等。

米切尔评分法是由美国学者 Mitchell 和 Wood 于 1997 年提出来的，它将利益相关者的界定与分类结合起来。企业所有的利益相关者必须具备以下三个属性中至少一种：合法性、权力性及紧迫性。依据他们从这三个方面对利益相关者进行评分，根据分值来将企业的利益相关者分为三种类型。

（1）确定型利益相关者，同时拥有合法性、权力性和紧迫性。他是企业首要关注和密切联系的对象，包括股东、雇员和顾客。

（2）预期型利益相关者，由于三种属性中任意两种同时拥有合法性和权力性，如投资者、雇员和政府部门等；有合法性和紧急性的群体，如媒体、社会组织等；同时拥有紧急性和权力性的，却没有合法性的群体。

（3）潜在型利益相关者，他们只具备三种属性中的其中一种。

米切尔评分法，能够用于判断和界定企业的利益相关者，操作起来比较简单，是利益相关者理论的一大进步。国内一些学者也从利益相关者的其他属性对其进行了界定和划分。国内方面，万建华（1998）、李心合（2001）从利益相关者的合作性与威胁性两个方面入手，将利益相关者分为支持型利益相关者、混合型利益相关者、不支持型利益相关者以及边缘的利益相关者。陈宏辉（2003）则从利益相关者的主动性、重要性和紧急性三个方面，将利益相关者分为核心利益相关者、蛰伏利益相关者和边缘利益相关者三种类型。

21.2.5 心理学性格分类研究

性格是指一类人身上所共有的性格特征的独特结合。按一定原则和标准把性格加以分类，有助于了解一个人性格的主要特点和揭示性格的实质。由于性格结构的复杂性，在心理学的研究中至今还没有大家公认的性格类型划分的原则与标准。有代表性的性格分类观点有以下几种。

第一，性别差异对性格的影响。性格存在男性性格和女性性格两种，这里的男性性格和女性性格指的是心理而非生理差异，也就是说一个生理上是男人的人也许心理上可能是个女性性格，反之亦然。事实上，任何一个人在心理上都是雌雄同体的，只是各自所偏向男性化还是女性化的程度不同而已。Carol（1988）在分析集体无意识时发现无论男女于无意识中都好像有另一个异性的性格潜藏在背后，男人的女性化一面为阿尼玛 anima，而女人的男性化一面为阿尼姆斯 animus，所以，男人往往看上去很坚强，其实内心也许非常脆弱，而一个弱女子内心却可能非常强大。可见，确实存在男性性格和女性性格这两种典型类型。

第二，Sheldon（2000）认为形成体型的基本成分胚叶与人的气质关系密切。他根据人外层、中层和内层胚叶的发育程度将气质分成三种类型。丰满、肥胖的内胚叶型，特点是图舒服、好美食、好睡觉、会找轻松的事干；好交际、行为随和、肌肉发达、结实、体型呈长方形的中胚叶型，特点是武断、过分自信、体格健壮、主动积极、咄咄逼人、高大细挑；体质虚弱的外胚叶型，特点是善于自制，对艺术有特殊爱好，并倾向于智力活动，并且敏感、反应迅速、工作热心负责，但是睡眠差、易疲劳。

第三，四液说。被西方尊为医学之父的古希腊著名医生希波克拉底最先提出体液学说认为人体由血液（Blood）、黏液（Phlegm）、黄胆（Yello Wbile）和黑胆（Black Bile）四种体液组成。这四种体液的不同配合比例使人们有不同的体质，后来古罗马医学大师盖伦 Galen 提出了气质这一概念，用气质代替了希波克拉底体液理论中的体质形成了4种气质。四液说把人分为四种气质类型，即黏液质、抑郁质、多血质和胆汁质。此分类方式一直在心理学中沿用至今。

第四，血型说。古川竹二等（2001）认为气质是由不同血型决定的。血型有 A 型、B 型、AB 型、O 型。与之相对应气质也可分为 A 型、B 型、AB 型与 O 型四种。这两种观点都是把性格分类建立在人体的体液而非大脑的神经系统基础上的，因此，可能有一定参考性，但太笼统。

第五，DISC 性格类型理论。这是美国心理学家 Dr William Moulton Marston 在 20 世纪 20 年代的研究成果，DISC 理论将人的性格分为支配（Dominance）、影响（Influence）、稳健（Steadiness）与服从（Compliance）四种类型，而这套方法也是以这四项因子的英文名第一个字母而命名为 DISC，这就是 DISC 的由来。除此之外，还有众多学者对性格进行了四分法。

表 21-2　性格四分法分类

	Taylor（2001）	Gale（2014）	乐嘉（2014）	Roger（2005）	Dan（2015）
快乐	黄	多血质	红	红	橙
完美	蓝	抑郁质	蓝	蓝	蓝
支配	红	胆汁质	黄	黄	金
安稳	白	黏液质	绿	绿	绿

来源：本书整理。

第六，以人的社会活动方式分类。E Spranger（1922）认为，社会生活有 6 个基本领域：经济、理论、审美、宗教、权力和社会。人会对这 6 个基本领域中的某一个领域产生特殊的兴趣和价值观。从文化社会学的角度出发，根据人生活方式的价值取向，把人的性格分类为六种：经济型、理论型、审美型、宗教型、权力型、社会型。

经济型的人，一切以经济观点为中心，追求财富，获取利益为个人生活目的，实业家居多。

理论型的人，以探索事物本质为最大价值，但结局实际能力时常无能为力，哲学家和理论家居多。

审美型的人，以感受事物的美为人生最高价值，他们生活目的是追求自我实现和自我满足，不太关心现实生活，艺术家居多。

宗教型的人，把信仰宗教作为生活的最高价值，相信超自然的力量，坚信永存生命，以爱人爱物为行为目标，神学家是代表。

权力型的人，以获得权力为生活的目的，并有较强的权力意识与权力支配欲，以掌握权力为最高价值，领袖人物居多。

社会型的人，重视社会价值，以爱社会和关心他们为自我实现的目标，并有志于从事社会公益事业，慈善、文教等职业人士居多。

21.2.6 本章小结

本书文献综述部分回顾了与本书相关的研究，为本书奠定理论基础，包括企业家相关研究、企业家代言、企业家负面新闻、利益相关者、心理学性格分类等相关文献的回顾。本书梳理出以下规律，对文献做出评述并发现主要存在以下研究机会。

第一，企业家相关研究。本书从企业家概念、企业家形象、企业家形象构建维度和企业家对企业品牌形象影响四方面进行了回顾。本书指出，企业家是指"冒险事业的经营者或组织者"。在现代企业中企业家大体分为两类，一类是企业所有者企业家，作为所有者他们仍从事企业的经营管理工作；另一类是受雇于所有者的职业企业家。企业家形象是个体或公众对企业家的总体感知。影响企业家媒体形象的因素包括能力、真诚、可靠性、魅力和私人五个方面。由于企业家形象与企业品牌形象联系较为紧密，当企业家的负面行为被曝光时，消费者会采用相似性检验，该负面影响会溢出到企业品牌形象。

第二，企业家代言相关研究。本书从品牌代言与企业家代言两方面进行回顾，发现就品牌代言而言，与普通消费者、技术专家等其他类型的代言人相比，名人代言对品牌形象有积极作用，也能增加消费者的购买意愿。企业选择一个名人作为代言人并围绕这个名人设计产品的策略能产生巨大的经济效益，因为名人能给予这个产品瞬时的个性；如果企业采用与产品有必然意义联系的名人能为已存在的产品创造新的定位。代言人对消费者说服过程的关键，在于说服的过程是在高低两种信息卷入程度下进行的。在信息的高等级卷入条件下，信息中的关键论点对信息接收者的说服效果有强烈影响；在信息的低等级卷入条件下，信息中的边缘信息对信息接收者的说服效果有强烈影响。

第三，利益相关者理论研究。本书从利益相关者概念和利益相关者分类两个方面对文献进行了回顾。利益相关者由于所拥有的资源不同，对企业产生不同影响。从三个方面对利益相关者进行了细分：①持有公司股票的一类人，如董事会成员、经理人员等，称为所有权力利益相关者；②与公司有经济往来的相关群体，如员工、债权人、内部服务机构、雇员、消费者、供应商、竞争者、地方社区、管理结构等称为经济依赖性利益相关者；③与公司在社会利益上有关系的利益相关者，如政府机关、媒体及特殊群体，称为社会利益相关者。从利益相关者对企业产生影响的方式来划分，将其分为直接的和间接的利益相关者。

第四，心理学性格分类研究。本书按照体液说、性别说、血型说、DISC说心理机能优势、心理活动的倾向、个体独立性程度和人的社会活动方式对性格进行了分类讨论。

通过对以上文献的回顾，本书发现主要存在以下问题以及研究机会。

（1）基于代言人不同特征的研究较少，尤其是针对代言型企业家。现有研究大多数都是针对体育明星与娱乐明星的负面新闻，其他类型的明星代言人研究不多。代言人的其他可能产生差异性影响的特征（如名人类型等）未被研究，因此，针对不同类型尤其是代言型企业家的研究应该得到重视。

（2）代言人负面新闻的预警和应对策略研究缺乏。现有的研究仅有提到企业应该放弃负面事件责任高的代言人，保留责任低的代言人，这一结论却无法解释市场现象（Louie和Obermiller，2001）。如何监控代言人负面新闻，并选择有效的应对策略是有待研究的问题。

（3）目前，针对代言型企业家负面新闻的研究不够聚焦，不足以指导现实发展。具体而言，目前对代言型企业家负面新闻的研究较为笼统，集中在代言型企业家个性特质对消费者影响机制方面，还没有对代言型企业家负面新闻进行分类，研究不同类型的代言型企业家负面新闻对消费者的影响，更没有研究对消费者进行分类，研究针对不同类型的消费者，不同类型的代言型企业家负面新闻对企业品牌形象的影响。

21.3 研究假设与研究设计

21.3.1 研究假设与概念模型

研究模型是实证研究的基础，本章将对研究变量之间的逻辑关系进行梳理，构建研究模型，为下一步的实证研究工作作准备。本书实证研究部分的目的在于以下四点：一是基于企业家代言身份分类的企业家负面新闻对企业品牌形象的影响；二是研究代言型企业家经营相关与经营无关负面新闻对企业品牌形象的影响；三是基于利益相关者分类的代言型企业家经营相关负面新闻对企业品牌形象的影响；四是研究代言型企业家负面新闻对企业品牌形象的影响——基于利益相关者分类与消费者社会性格类型。

21.3.1.1 基于企业家代言身份分类的企业家负面新闻对企业品牌形象的影响

基于企业家代言身份，企业家负面新闻可被分为代言型企业家负面新闻与非代言型企业家负面新闻。根据意义迁移模型（Meaning Transfer Model），消费者会将对一个具体事物的评价迁移到另一个事物上，前提是两者相关且具有某种相似特征。代言人负面新闻发生后，消费者对代言人评价会降低，同时也对企业品牌产生负面迁移影响（Jeong等，2012）。尤其是负面事件前后形象不一的代言人更是会直接伤害品牌。实证研究表明，消费者会因事前形成的代言人形象和事后展现的代言人形象之间的差异而产生认知失调，而认知失调会导致消费者产生不愉快的感觉（Gans和Stern，2003）。代言型企业家由于具备一定知名度和美誉度及美好气质形象，若发生负面新闻，相比知名度、美誉度、气质形象基础较弱的非代言型企业家（Okada，2014），消费者对代言型企业家评价上的认知失调会更严重，因此对企业品牌的负面迁移程度更高。因此，本书提出如下假设H1。

H1：相比非代言型企业家，代言型企业家发生负面新闻后对企业品牌形象的负面影响程度更高。

综上所述，研究1概念模型如图21-2所示。

21.3.1.2 代言型企业家经营相关与经营无关负面新闻的影响

根据匹配理论，当消费者对两件事物进行比较时，若事物间匹配性较强，则消费者对比较信息的加工流畅性较高，高的信息加工流畅性容易加深信息评价程度，会加深消费者对信息的评价（好的更好，差的更差）（Wunker，2012）。基于匹配理论，Cury等（2009）认为代言人发生负面新闻的类型与代言人特点或身份相匹配时，负面新闻对代言人的负面影响较大。当代言型企业家发生经营相关负面新闻时，相较于经营无关负面新闻，企业家的身份与经营负面新闻匹配度较高，经营相关负面新闻造成的代言型企业家负面影响更高。根据意义迁移模型，代言人较高程度的负面评价会对企业品牌产生较大程度的负面影响。因此，本书提出如下假设H2。

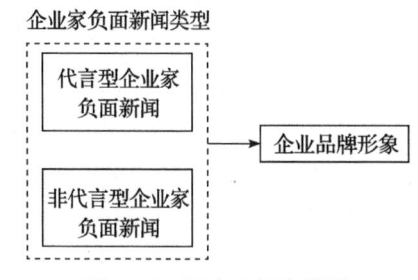

图21-2 研究1概念模型

H2：对于代言型企业家而言，发生与经营相关的负面新闻，相比于发生与经营无关的负面新闻，前者对企业品牌形象的负面影响程度高于后者。

研究2概念模型如图21-3所示。

21.3.1.3 基于利益相关者分类的代言型企业家经营相关负面新闻对企业品牌形象的影响

根据利益相关者理论，Frederick（1988）从利益相关者对企

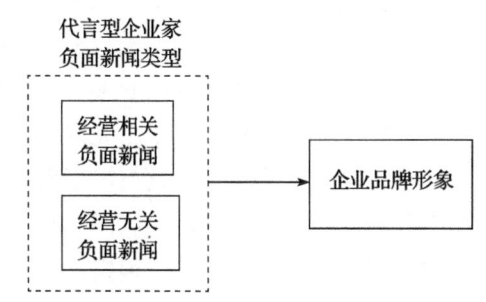

图21-3 研究2概念模型

业产生影响的方式来划分，将其分为直接的和间接的利益相关者。直接的利益相关者就是直接与企业发生市场交易关系的利益相关者，主要包括股东、企业员工、债权人、供应商、零售商、消费商、竞争者等；间接的利益相关者是与企业发生非市场关系的利益相关者，如中央政府、地方政府、外国政府、社会活动团体、媒体、一般公众等。基于此，针对现实当中存在的代言型企业家负面现象，运用此理论分类，本书认为，代言型企业家经营相关的负面新闻可以分为与消费者利益相关的经营相关负面新闻、与员工利益相关的经营相关负面新闻、与政府利益相关的经营相关负面新闻、与社会利益相关的经营相关负面新闻和与股东利益相关的经营相关负面新闻。

Artist（2000）从信息和整合视角（Informational and Integrative）出发，提出了一个理论框架——利己排他模型（Self-interest and Exclusive Model）。该模型最基本的假设是，消费者对信息的判断依赖于比较信息与自身之间的相关性，当比较信息与自身越相关时，消费者越容易启动自身利益判断，当比较信息与自身越不相关，消费者越容易启动排他利益判断。当启动自身利益判断时，消费者对信息态度的判断程度更高。当启动排他利益判断时，消费者对信息态度的判断程度越低。利己排他模型见图21-4。

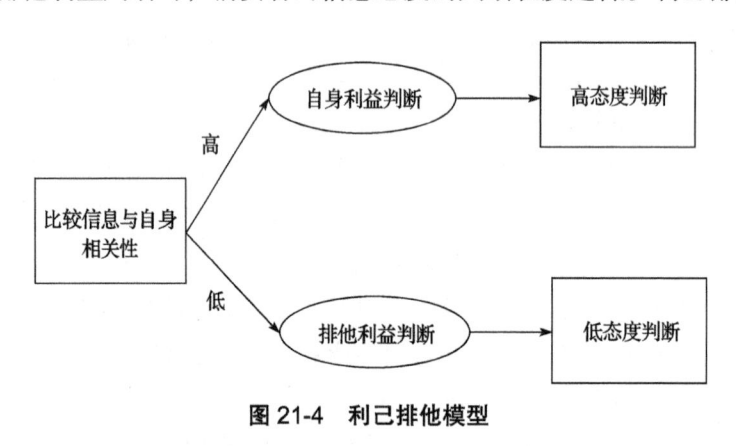

图 21-4 利己排他模型

根据利己排他模型，对于与自身相关度越高的信息，消费者对其态度更激烈。据此，本假设组将按照信息与消费者相关利益大小的顺序，对假设进行排序与比较。在五种基于利益相关者分类的代言型企业家经营相关的负面新闻而言，与股东利益相关的代言型企业家经营相关的负面新闻需要特别注意，因为具体来说，股民也属于股东的概念范畴当中，但在权力大小及市场地位等方面与大股东差别较大，因此，在本假设组当中，与股东（特指大股东）利益相关的代言型企业家经营相关的负面新闻和与股民利益相关的代言型企业家经营相关的负面新闻将被分开讨论。

第一，与消费者利益相关的经营相关负面新闻指与消费者切身利益相关的负面新闻，如代言型企业家否认产品质量问题等，其与消费者相关程度最高；第二，股民作为消费者的一部分，其本身与消费者的经济利益有关，并且也会对非股民的普通消费者造成影响，因此其与消费者的相关程度次高；第三，与社会利益相关的经营相关负面新闻指代言型企业家发生的与社会公众利益相关的负面新闻，如代言型企业家拒绝公益行为等，该类负面新闻与社会公众利益与消费者相关，但是小于消费者自身利益与经济利益，因此其与消费者的相关程度第三高；第四是与政府利益相关的经营相关负面新闻，如代言型企业家偷税漏税等，与消费者关系不大，因此与消费者相关程度第四高；第五是与员工利益相关的经营相关负面新闻，该负面新闻属于企业内部的负面新闻，与消费者无关，消费者可能会基于同情心理对企业品牌形象产生负面评价，因此与消费者相关程度第五高；第六是与大股东相关的经营相关负面新闻，该负面新闻属于企业内部的负面新闻，与消费者无关，并且消费者对企业大股东无利益关系与特殊情感，因此与消费者相关程度最低。根据利己排他模型，消费者对代言型企业家的负面评价程度与负面新闻和消费者相关性有关，而根据意义迁移模型，企业品牌形象又与代言型企业家评价有关，因此，本书得出以下假设。

H3a：与股东（股民）、社会、政府、员工、股东（大股东）利益相关的经营相关负面新闻，相比于与消费者利益相关的经营相关负面新闻，后者对企业品牌形象的负面影响程度高于前者。

H3b：与社会、政府、员工、股东（大股东）利益相关的经营相关负面新闻，相比于与股东（股民）利益相关的经营相关负面新闻，后者对企业品牌形象的负面影响程度高于前者。

H3c：与政府、员工、股东（大股东）利益相关的经营相关负面新闻，相比于与社会利益相关的经营相关负面新闻，后者对企业品牌形象的负面影响程度高于前者。

H3d：与员工、股东（大股东）利益相关的经营相关负面新闻，相比于与政府利益相关的经营相关负面新闻，后者对企业品牌形象的负面影响程度高于前者。

H3e：与股东（大股东）利益相关的经营相关负面新闻，相比于与员工利益相关的经营相关负面新闻，后者对企业品牌形象的负面影响程度高于前者。

研究 3 概念模型如图 21-5 所示。

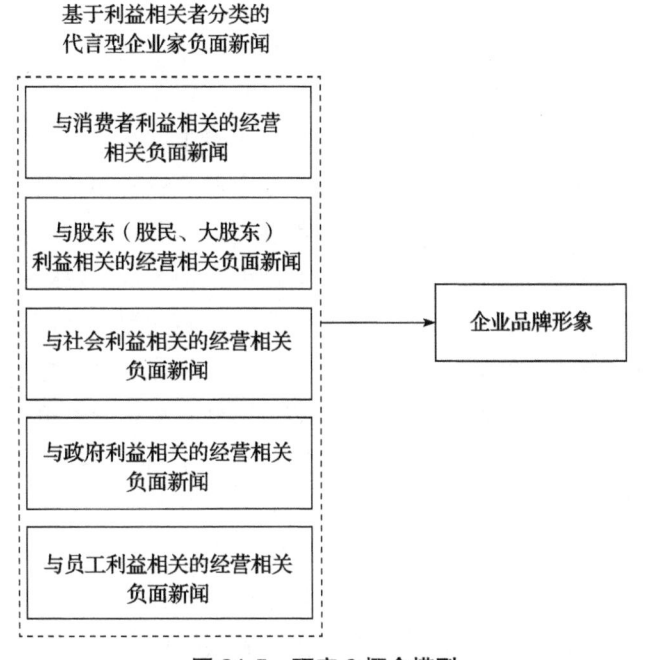

图 21-5　研究 3 概念模型

21.3.1.4　代言型企业家负面新闻对企业品牌形象的影响——基于利益相关者分类与消费者社会性格类型

对于同一条信息，消费者性格的不同，会对信息产生不同的处理过程与处理结果（Matos，Pedro Verga 和 Vale，Rita Coelho Do，2015）。以人的社会活动方式分类，E. Spranger（1922）认为，社会生活有 6 个基本领域：经济、理论、审美、宗教、权力和社会。人会对这 6 个基本领域中的某一个领域产生特殊的兴趣和价值观。从文化社会学的角度出发，根据人生活方式的价值取向，把人的性格分类为六种：经济型、理论型、审美型、宗教型、权力型、社会型。

经济型的人，一切以经济观点为中心，追求财富，获取利益为个人生活目的，实业家居多。

理论型的人，以探索事物本质为最大价值，但结局实际能力时常无能为力。

审美型的人，以感受事物的美为人生最高价值，他们生活目的是追求自我实现和自我满足，不太关心现实生活。

宗教型的人，把信仰宗教作为生活的最高价值，相信超自然的力量，坚信永存生命，以爱人爱物为行为目标。

权力型的人，以获得权力为生活的目的，并有较强的权力意识与权力支配欲，以掌握权力为最高价值。

社会型的人，重视社会价值，以爱社会和关心他们为自我实现的目标，并有志于从事社会公益事业。

E. Spranger 对消费者的性格分类在之后的关于消费者行为的研究中被广泛应用，因此，本书采用此办法对消费者进行分类。

首先，讨论消费者社会性格类型在代言型企业家发生与消费者利益相关的经营相关负面新闻影响企业品牌形象中起到的作用。与消费者利益相关的经营相关负面新闻指与消费者切身利益相关的负面新闻，如代言型企业家否认产品质量问题等。根据匹配理论，当消费者对两件事物进行比较时，若事物间匹配性较强，则消费者对比较信息的加工流畅性较高，高的信息加工流畅性容易加深信息评价程度，会加深消费者对信息的评价（好的更好，差的更差）（Wunker，2012）。当发生与消费者利益相关的经营相关负面新闻时，经济型的消费者与该类负面新闻匹配度较高，经济型消费者对代言型企业家负面评价较高，根据意义迁移模型，代言人较高程度的负面评价会对企业品牌产生较大程度的负面影响。因此，得出假设 H4a。

H4a：对于代言型企业家而言，发生与消费者利益相关的经营相关负面新闻时，经济型消费者相比于其他五类性格的消费者，其对企业品牌形象的负面影响程度更高。

其次，讨论消费者社会性格类型在代言型企业家发生与股东利益相关的经营相关负面新闻影响企业品牌形象中起到的作用。除了研究三，本书其余部分提到与股东利益相关的代言型企业家经营相关负面新闻均指与股民利益相关的代言型企业家经营相关负面新闻。与股东利益相关的经营相关负面新闻可能与消费者的经济利益相关，根据匹配理论，当消费者对两件事物进行比较时，若事物间匹配性较强，则消费者对比较信息的加工流畅性较高，高的信息加工流畅性容易加深信息评价程度，会加深消费者对信息的评价（好的更好，差的更差）（Wunker，2012）。当发生与股东利益相关的经营相关负面新闻时，经济型的消费者与该类负面新闻匹配度较高，经济型消费者对代言型企业家负面评价较高，根据意义迁移模型，代言人较高程度的负面评价会对企业品牌产生较大程度的负面影响。因此，得出假设 H4b。

H4b：对于代言型企业家而言，发生与股东利益相关的经营相关负面新闻时，经济型消费者相比于其他五类性格的消费者，其对企业品牌形象的负面影响程度更高。

再次，讨论消费者社会性格类型在代言型企业家发生与社会利益相关的经营相关负面新闻影响企业品牌形象中起到的作用。与社会利益相关的经营相关负面新闻指代言型企业家发生的与社会公众利益相关的负面新闻，如代言型企业家拒绝公益行为等，根据匹配理论，当消费者对两件事物进行比较时，若事物间匹配性较强，则消费者对比较信息的加工流畅性较高，高的信息加工流畅性容易加深信息评价程度，会加深消费者对信息的评价（好的更好，差的更差）（Wunker，2012）。当发生与社会利益相关的经营相关负面新闻时，社会型与宗教型的消费者与该类负面新闻匹配度较高，社会型与宗教型消费者对代言型企业家负面评价较高，根据意义迁移模型，代言人较高程度的负面评价会对企业品牌产生较大程度的负面影响。因此，得出假设 H4c。

H4c：对于代言型企业家而言，发生与社会利益相关的经营相关负面新闻时，社会型消费者和宗教型消费者相比于其他四类性格的消费者，其对企业品牌形象的负面影响程度更高。

之后，讨论消费者社会性格类型在代言型企业家发生与政府利益相关的经营相关负面新闻影响企业品牌形象中起到的作用。与政府利益相关的经营相关负面新闻指代言型企业家发生的与政府相关的负面新闻，如代言型企业家偷税漏税等，根据匹配理论，当消费者对两件事物进行比较时，若事物间匹配性较强，则消费者对比较信息的加工流畅性较高，高的信息加工流畅性容易加深信息评价程度，会加深消费者对信息的评价（好的更好，差的更差）（Wunker，2012）。当发生与政府利益相关的经营相关负面新闻时，权力型的消费者与该类负面新闻匹配度较高，其对代言型企业家负面评价较高，根据意义迁移模型，代言人较高程度的负面评价会对企业品牌产生较大程度的负面影响。因此，得出假设 H4d。

H4d：对于代言型企业家而言，发生与政府利益相关的经营相关负面新闻时，权力型消费者相比于其他五类性格的消费者，其对企业品牌形象的负面影响程度更高。

最后讨论消费者社会性格类型在代言型企业家发生与员工利益相关的经营相关负面新闻影响企业品牌形象中起到的作用。根据匹配理论，当消费者对两件事物进行比较时，若事物间匹配性较强，则消费者对比较信息的加工流畅性较高，高的信息加工流畅性容易加深信息评价程度，会加深消费者对信息的评价（好的更好，差的更差）（Wunker，2012）。当发生与员工利益相关的经营相关负面新闻时，社会型与宗教型的消费者与该类负面新闻匹配度较高，社会型与宗教型消费者对代言型企业家负面评价较高，根据意义迁移模型，代言人较高程度的负面评价会对企业品牌产生较大程度的负面影响。因此，得出假设 H4e。

H4e：对于代言型企业家而言，发生与员工利益相关的经营相关负面新闻时，社会型和宗教型消费者相比于其他四类性格的消费者，其对企业品牌形象的负面影响程度更高。

研究 4 概念模型如图 21-6 所示。

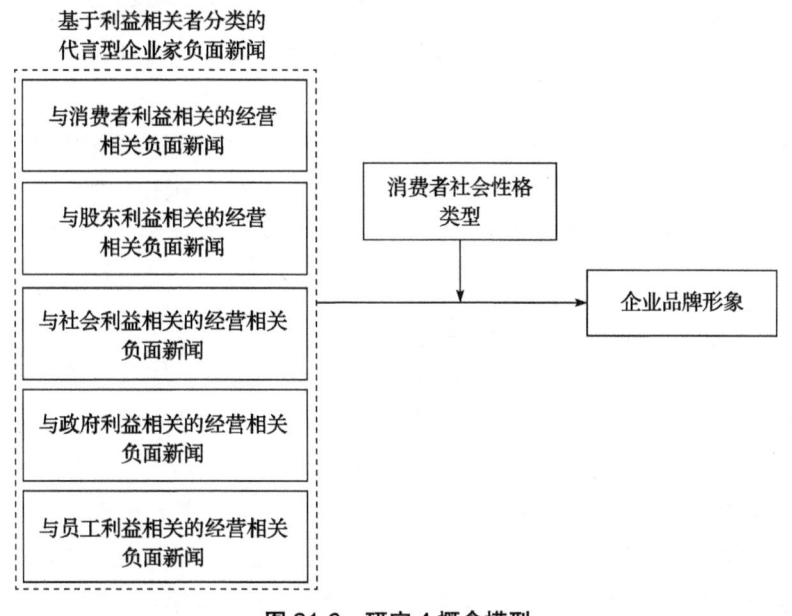

图 21-6　研究 4 概念模型

综上所述，本书不断对研究问题进行细分研究，不断聚焦，最终聚焦到核心研究问题。各个子研究在研究范围与研究构念上遵循"由大到小，由概括到细分"的原则，上一个研究是下一个研究的研究前提与基础。本书总的实证研究思路（四个研究之间的关系）如图 21-7 所示。

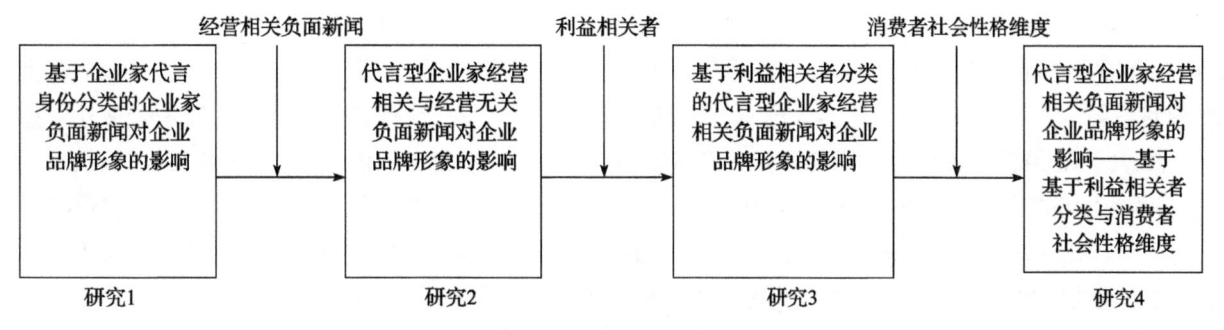

图 21-7　实证研究思路

21.3.2 研究设计

21.3.2.1 研究方法设计

本书采用实验法和调查法，分别对四个研究进行验证。实验法与调查法同时采用，其原因主要有以下3点。

（1）每一个小研究，都采用实验法与调查法对同一假设进行验证，研究结论的外部效度能得到提升。

（2）实验法中，代言型企业家均采用虚拟人物与虚拟事件，在调查法中，所有刺激物均是真实人物与虚拟事件，因此能够拓宽外部效度。

（3）实验法所采用的均是学生样本，调查法问卷均经网络向样本发放，被试的样本来源完全随机，不受到人口统计学因素影响。因此拓宽了外部效度。

由于以上4个部分具有逻辑上的连续性和研究重点的一致性，为保证研究数据的一致性，本书在同一个实验背景与调查背景下验证以上4部分内容。

21.3.2.2 刺激物设计

本书刺激物包含三类：一是（非）代言型企业家刺激物，二是负面新闻刺激物（研究1与研究2），三是代言型企业家五类利益相关者的经营相关负面新闻刺激物（研究3与研究4）。

首先是（非）代言型企业家刺激物。对于（非）代言型企业家刺激物的设计，主要把握以下3个原则。

（1）在实验法中，企业家与企业均采用的是虚拟刺激物。为避免行业及产品属性对企业品牌的影响，因此本刺激物中会模糊该公司业务经营、行业属性等信息。

（2）在调查法中，企业家与企业均采用的是真实刺激物。为了保证刺激物的有效性，本书将对真实刺激物的企业家声誉、消费者对企业家态度、企业声誉、消费者对企业态度进行测量，保证其强度中等。

（3）代言型企业家刺激物设计的重点是构建企业家到企业的"强连接"与"强形象转移"。

21.3.2.3 量表设计

本书采用莱克特7级量表对各变量进行测量。

第一，对代言型企业家的测量，本书参考Pham和Avnet的研究，题项包括"我认为××的行为充分代表了××企业""我认为××会很容易使我联想到××""××的行为会给××带来很大程度的影响"。第二，对企业家负面新闻判断的测量，参考Ahluwalia等的研究，包括三个题项"我认为该新闻会对该企业家造成负面影响""我认为该新闻会使人们对该企业家产生不好的联想""我认为该新闻会降低消费者对该企业家的好感"。第三，对负面新闻涉入度的测量，主要参考杨洋等（2015）的研究，题项包括"我经常看到此类新闻"和"此类新闻对于我来说不陌生"。第四，对负面新闻程度的测量，主要参考Reed和Morgan（2006）的研究，题项包括"该类负面新闻给人造成了很坏的印象"和"该类负面新闻让人印象深刻"。第五，对企业家声誉的测量。参考Lei（2013）的研究，测量题项包括"我对该企业家印象不错""该企业家拥有不错的声誉"和"人们对该企业家评价还不错"。第六，消费者对企业家态度的测量，参考Roberts和Dowling（2000）的研究，测量题项包括"我喜欢该企业家"和"我觉得该企业家比较感兴趣"。第七，对企业声誉的测量，参考Pieters（1995）的研究，测量题项包括"我对该企业印象不错""该企业拥有不错的声誉"和"人们对该企业评价还不错"。第八，消费者对企业态度进行操控。参考Aggarwal（2004）的研究，测量题项包括"我喜欢该企业"和"我对该企业比较感兴趣"。第九，对经营相关负面新闻的测量，参考Bhattacharya（2003）的研究，测量题项为"该负面新闻与企业经营相关度很高"和"该负面新闻会让企业遭受经营方面的损失"。第十，对企业品牌形象的测量。参考Till（1998）和Therese A.louie（2001）的研究，测量题项包括"我认为该企业的形象不错""我认为该企业的形象是好的"和"该企业在我心中留下了良好的印象"。

基于利益相关者负面新闻的测量。第一，对与消费者利益相关的经营相关负面新闻的测量，主要参考 Hildebrand（2010）的研究，测量题项包括"该负面新闻对消费者影响较大"和"该负面新闻会使消费者的损失较大"。第二，对与股东（股民）利益相关的经营相关负面新闻的测量，参考 Gillespie 和 Dietz（2009）的研究，测量题项包括"该负面新闻对该企业的股东影响较大"和"该负面新闻会使该企业的股东损失较大"。第三，对与社会利益相关的经营相关负面新闻的测量，参考 Sivanathan 和 Murnighan（2008）的研究，测量题项包括"该负面新闻的社会影响较大"和"该负面新闻具有较大意义的社会价值"。第四，对与政府利益相关的经营相关负面新闻的测量，参考 Bagley（2005）的研究，测量题项包括"该负面新闻对政府影响较大"和"该负面新闻会使政府损失较大"。第五，对与员工利益相关的经营相关负面新闻的测量，参考 Wesley（2012）的研究，测量题项包括"该负面新闻对该企业员工影响较大"和"该负面新闻会使该企业员工损失较大"。第六，对与股东（大股东）利益相关的经营相关负面新闻的测量，参考 Gillespie 和 Dietz（2009）的研究，测量题项包括"该负面新闻对该企业的股东影响较大"和"该负面新闻会使该企业的股东损失较大"。

消费者社会性格类型的测量。第一，针对经济型人格的测量，参考 Bull（2012）的研究，测量题项包括"在日常生活中，我很看重经济利益""追求财富是我人生最大的乐趣"和"我喜欢和有经济实力的人交往"。第二，关于理论型人格的测量，参考 Marticotte（2016）的研究，测量题项包括"我觉得理论探索是一件很有意思的事情""探求事物的本质能给我带来快乐"和"我乐于了解事物的真相"。第三，审美型人格的测量，同样参考 Marticotte（2016）的研究，测量题项包括"我乐于感受事物的美好""我认为美藏于事物的细节"和"我生活的目的是追求自我实现"。第四，宗教型人格的测量，参考 Andersson 和 Lundberg（2013）的研究，测量题项包括"我认为爱是我生命的第一追求""我生活的重要组成部分是关爱他人"和"我对这个世界充满爱"。第五，权力型人格的测量，参考 Martin，H.San 和 Bosque（2008）的研究，测量题项包括"我渴望权力""我最敬佩拥有权力的人"和"我人生的目标就是获取权力"。第六，社会型人格的测量，参考 Andersson 和 Lundberg（2013）的研究，测量题项包括"我有志于从事社会公益事业""我以爱社会和关爱他人为自我实现的目标"和"我愿意为了这个社会付出自我"。

21.3.3 本章小结

本章着重介绍了本书的研究假设与研究设计，包括四个小研究的研究假设情况、研究方法设计、刺激物设计和量表设计。

首先是研究假设。本书不断对研究问题进行细分研究，不断聚焦，最终聚焦到核心研究问题。各个子研究在研究范围与研究构念上遵循"由大到小，由概括到细分"的原则，上一个研究是下一个研究的研究前提与基础。具体而言，四个子研究分别为：一是基于企业家代言身份分类的企业家负面新闻对企业品牌形象的影响；二是研究代言型企业家经营相关与经营无关负面新闻对企业品牌形象的影响；三是基于利益相关者分类的代言型企业家经营相关负面新闻对企业品牌形象的影响；四是研究代言型企业家负面新闻对企业品牌形象的影响——基于利益相关者分类与消费者社会性格类型。

其次是研究方法设计。本书采用实验法和调查法，分别对四个研究进行验证。实验法与调查法同时采用。

再次是刺激物设计。本书刺激物包含三类：一是（非）代言型企业家刺激物，二是负面新闻刺激物（研究1与研究2），三是代言型企业家五类利益相关者的经营相关负面新闻刺激物（研究3与研究4）。

最后是量表设计。主要包括代言型企业家的测量量表、基于利益相关者负面新闻的测量量表、消费者社会性格类型的测量量表。

21.4 实证1：基于企业家代言身份分类的企业家负面新闻对企业品牌形象的影响

21.4.1 研究假设

基于企业家代言身份，企业家负面新闻可被分为代言型企业家负面新闻与非代言型企业家负面新闻。根据意义迁移模型（Meaning Transfer Model），消费者会将对一个具体事物的评价迁移到另一个事物上，前提是两者相关且具有某种相似特征。代言人负面新闻发生后，消费者对代言人评价会降低，同时也对企业品牌产生负面迁移影响（Jeong等，2012）。尤其是负面事件前后形象不一的代言人更是会直接伤害品牌。实证研究表明，消费者会因事前形成的代言人形象和事后展现的代言人形象之间的差异而产生认知失调，而认知失调会导致消费者产生不愉快的感觉（Gans和Stern，2003）。代言型企业家由于具备一定知名度和美誉度及美好气质形象，若发生负面新闻，相比知名度、美誉度、美好气质形象基础较弱的非代言型企业家（Okada，2014），消费者对代言型企业家评价上的认知失调会更严重，因此对企业品牌的负面迁移程度更高。因此，本书提出如下假设H1。

H1：相比非代言型企业家，代言型企业家发生负面新闻后对企业品牌形象的负面影响程度更高。

21.4.2 实验与调查设计

本书采用实验法和调查法对研究1进行验证。实验法与调查法同时采用，其原因主要有以下3点。

（1）采用实验法与调查法对同一假设进行验证，研究结论的外部效度能得到提升。

（2）实验法中，代言型企业家均采用虚拟人物与虚拟事件，在调查法中，所有刺激物均是真实人物与虚拟事件，因此，能够拓宽外部效度。

（3）实验法所采用的均是学生样本，调查法问卷均经网络向样本发放，被试的样本来源完全随机，不受到人口统计学因素影响。因此，拓宽了外部效度。

具体而言，首先是实验组与调查组设计。本书采用2（代言型企业家 vs 非代言型企业家）的实验组设计与调查组设计。

其次是刺激物设计。对于（非）代言型企业家刺激物的设计，主要把握以下3个原则。

（1）在实验法中，企业家与企业均采用的是虚拟刺激物。为避免行业及产品属性对企业品牌的影响，因此本刺激物中会模糊该公司业务经营、行业属性等信息。

（2）在调查法中，企业家与企业均采用的是真实刺激物。为了保证刺激物的有效性，本书将对真实刺激物的企业家声誉、消费者对企业家态度、企业声誉、消费者对企业态度进行测量，保证其强度中等。

（3）代言型企业家刺激物设计的重点是构建企业家到企业的"强连接"与"强形象转移"。

基于以上分析，在实验法中使用代言型企业家刺激物的案例如下。

A公司是一家多业务集团公司，它经营范围广泛，涉及多个领域，也参与合作多个海外项目。凭借雄厚的实力及让人耳熟能详的成功项目运作，A公司成了行业内和消费者心目中有良好知名度的企业品牌。

×××是A公司的董事长兼CEO。从业20年来，×××在业内荣获多项荣誉，例如"中国优秀企业家金牛奖""中国十大创业企业家"等。×××爱好写作，目前已经出版了5部个人著作。此外，×××活跃在慈善捐赠领域中。平时，×××爱好爬山，登顶过世界许多高峰。

实验法中非代言型企业家刺激物的案例如下。

A公司是一家多业务集团公司，它经营范围广泛，涉及多个领域，也参与合作多个海外项目。凭借雄厚的实力及让人耳熟能详的成功项目运作，A公司成了行业内和消费者心目中有良好知名度的企业品牌。

×××是A公司的董事长兼CEO。虽然×××在胡润富豪榜上有名，但他一直以来都刻意保持低调，极少参加社会活动，也极少接受媒体对于个人的采访，大众对他的名字都感到十分陌生。

在调查法中使用代言型企业家刺激物的案例如下。

××，A企业股份有限公司创始人，现任集团董事会主席。××热衷公益活动，与一些知名企业老总成立了 B 基金公益资助机构。

调查法中非代言型企业家刺激物的案例如下。

×××，任 C 地产总经理、董事长。她为人低调谦和，除了能在与 C 地产有关的新闻中看到她，她基本没有其他场外新闻。2016 年 9 月，××× 在《财富》全球 50 大最具影响力女性中排第 × 名。

对于研究 1 中负面新闻的设计，主要把握以下 4 个原则。

（1）对于研究 1 的负面新闻刺激，应避免具体指向性。

（2）选取该类型中具有代表性的负面新闻。

（3）负面新闻的熟悉度与负面程度控制在中等。

（4）企业家负面新闻应充分展现"企业家参与""对企业家造成负面影响""该负面新闻归因于企业家"三个设计前提。

21.4.3 实验与调查变量测量

第一，对代言型企业家的测量，本书参考 Pham 和 Avnet 的研究，题项包括"我认为周先生的行为充分代表了嘉臣企业""我认为周先生会很容易使我联想到嘉臣""周先生的行为会给嘉臣带来很大程度的影响"。第二，对企业家负面新闻判断的测量，参考 Ahluwalia 等的研究，包括三个题项"我认为该新闻会对该周先生造成负面影响""我认为该新闻会使人们对周先生产生不好的联想""我认为该新闻会降低消费者对周先生的好感"。第三，对负面新闻涉入度的测量，主要参考杨洋等（2015）的研究，题项包括："我经常看到此类新闻"和"此类新闻对于我来说不陌生"。第四，对负面新闻程度的测量，主要参考 Reed 和 Morgan（2006）的研究，题项包括"该类负面新闻给人造成了很坏的印象"和"该类负面新闻让人印象深刻"。第五，对企业家声誉的测量。参考 Lei（2013）的研究，测量题项包括"我对该企业家印象不错""该企业家拥有不错的声誉"和"人们对该企业家评价还不错"。第六，消费者对企业家态度的测量，参考 Roberts 和 Dowling（2000）的研究，测量题项包括"我喜欢该企业家"和"我对该企业家比较感兴趣"。第七，对企业声誉的测量，参考 Pieters（1995）的研究，测量题项包括"我对该企业印象不错""该企业拥有不错的声誉"和"人们对该企业评价还不错"。第八，消费者对企业态度进行操控。参考 Aggarwal（2004）的研究，测量题项包括"我喜欢该企业"和"我对该企业比较感兴趣"。第九，对企业品牌形象的测量。参考 Till（1998）和 Therese A.louie（2001）的研究，测量题项包括"我认为该企业的形象不错""我认为该企业的形象是好的"和"该企业在我心中留下了良好的印象"。第十，对被试者情绪的考察，题项分别为"我现在心情不错"和"我很高兴参加此次调查"。

21.4.4 实验程序

实验在成都市某高校课堂进行，实验的研究环境均设置为大学课堂尾声，主要是为了保证在一个相对封闭、安静的环境下进行实验以减少外来干扰。所有被试者均为在校本科生。研究实验程序如下：首先进行前测实验，验证刺激物的有效性，然后进行正式实验，以检验研究假设。正式实验在前测实验一周后进行。问卷包括以下部分。

第一，刺激物描述；

第二，变量测量；

第三，人口统计特征题项。

21.4.5 前测实验

21.4.5.1 前测实验样本

前测主要在四川某高校进行，共有 50 人参加，一组人员（25 人）参加代言型企业家组实验，一组人员（25 人）参加非代言型企业家组实验。前测样本中男生 35 人，女生 15 人（见表 21-3）。

表 21-3　前测实验样本性别分布

性别	频率	百分比 /%	有效百分比 /%	累积百分比 /%
男	35	70.0	70.0	70.0
女	15	30.0	30.0	100.0
合计	50	100.0	100.0	

为了检验性别是否会显著影响研究变量和操控变量，本书采取单因素方差分析进行检验，结果显示性别差异没有对各种变量造成显著影响（P>0.05）（见表21-4）。

表 21-4　性别对各变量单因素方差分析

		平方和	df	均方	F	显著性
代言型企业家判断	组间	2.743	1	2.743	1.054	0.310
	组内	124.904	48	2.602		
	总数	127.647	49			
企业家负面新闻判断	组间	.115	1	0.115	0.043	0.836
	组内	128.305	48	2.673		
	总数	128.420	49			
负面新闻涉入度	组间	1.200	1	1.200	0.486	0.489
	组内	118.505	48	2.469		
	总数	119.705	49			
负面新闻程度	组间	0.005	1	0.005	0.002	0.964
	组内	112.196	48	2.337		
	总数	112.201	49			
企业家声誉	组间	0.765	1	0.765	0.268	0.607
	组内	136.847	48	2.851		
	总数	137.611	49			
企业家态度	组间	.089	1	0.089	0.025	0.875
	组内	171.691	48	3.577		
	总数	171.780	49			
企业声誉	组间	0.089	1	0.089	0.025	0.875
	组内	12.36	48	2.669		
	总数	125.36	49			
企业态度	组间	0.005	1	0.005	0.002	0.964
	组内	112.196	48	2.337		
	总数	112.201	49			
企业品牌形象	组间	2.274	1	2.274	0.678	0.413
	组内	261.704	48	3.355		
	总数	263.978	49			

21.4.5.2　前测实验测量质量

测项信度分析（Cronbach's α）显示，代言型企业家判断的信度为0.856，企业家负面新闻判断的信度为0.852，负面新闻涉入度信度为0.777，负面新闻程度的信度为0.823，企业家声誉的信度为0.885，消费者对企业家态度的信度为0.758，企业声誉的信度为0.895，消费者对企业态度的信度为0.869，企业品牌形象的信度为0.888，整体量表信度为0.805，前测实验表明，本书信度较高。由于本书量表均参考前人的成熟量表，因此量表效度有保障。

21.4.5.3 前测结果

第一,代言型企业家的判断。数据分析发现,对代言型企业家的判断在(非)代言型企业家组间存在显著差异[$M_{代言型企业家}$= 5.03, $M_{非代言型企业家}$= 3.80;$F(1, 48)$= 1.754,p = 0.002<0.05]。因此,(非)代言型企业家操控成功。

第二,企业家负面新闻判断。数据分析发现,对负面新闻的判断两组均大于平均值且不存在显著差异,因此负面新闻操控成功[$M_{代言型企业家}$= 4.38,$M_{非代言型企业家}$= 4.88;$F(1, 48)$ = 13.03,p = 0.065 > 0.05]。

第三,负面新闻涉入度检验。数据分析发现,负面新闻涉入度在代言型企业家类型间程度中等且不存在显著差异[$M_{代言型企业家}$= 4.61,$M_{非代言型企业家}$= 4.35;$F(1, 48)$= 3.625,p = 0.063>0.05]。因此,负面新闻涉入度操控成功。

第四,负面新闻程度的检验。数据分析发现,负面新闻程度在代言型企业家类型间程度中等且不存在显著差异[$M_{代言型企业家}$=4.30,$M_{非代言型企业家}$=4.62;$F(1, 48)$=5.176,p = 0.067>0.05]。因此,负面新闻程度操控成功。

第五,企业家声誉的检验。数据分析发现,企业家声誉在代言型企业家类型间程度中等且不存在显著差异[$M_{代言型企业家}$= 4.71,$M_{非代言型企业家}$= 4.83;$F(1, 48)$ = 6.330,p = 0.088>0.05]。因此,企业家声誉操控成功。

第六,消费者对企业家态度的检验。数据分析发现,消费者对企业家态度在代言型企业家类型间程度中等且不存在显著差异[$M_{代言型企业家}$= 4.40,$M_{非代言型企业家}$= 4.82;$F(1, 48)$ = 0.225,p = 0.225 > 0.05]。因此,消费者对企业家态度操控成功。

第七,企业声誉的检验。数据分析发现,企业声誉在代言型企业家类型间程度中等且不存在显著差异[$M_{代言型企业家}$= 4.75,$M_{非代言型企业家}$= 4.62;$F(1, 48)$ = 0.880,p = 0.165 > 0.05]。因此,企业声誉操控成功。

第八,消费者对企业态度的检验。数据分析发现,两组对企业态度的评分不存在显著差异[$M_{代言型企业家}$=4.60,$M_{非代言型企业家}$=4.75;$F(1, 48)$=0.741,p=0.092>0.05]。因此,消费者对企业态度操控成功。

综上所述,刺激物设计成功,量表设计合理,可以进行正式实验。

21.4.6 正式实验

21.4.6.1 正式实验样本

正式实验主要在四川某高校进行,共对156名被试者进行实验,剔除甄别项填答错误、漏答题项等样本,最后获得有效样本123个,实验分为两组进行,分别为代言型企业家组和非代言型企业家组。其中男性83人,女性40人。样本的人口统计分布较为均衡。

为了检验性别是否会显著影响研究变量和操控变量,本书采取单因素方差分析进行检验,结果显示性别差异没有对各种变量造成显著影响($P>0.05$)(见表21-5)。

表 21-5 性别对各变量单因素方差分析

		平方和	df	均方	F	显著性
代言型企业家判断	组间	0.089	1	2.743	1.054	0.060
	组内	171.691	121	2.602		
	总数	171.780	122			
企业家负面新闻判断	组间	3.854	1	0.105	0.043	0.676
	组内	200.884	121	2.683		
	总数	278.008	122			
负面新闻涉入度	组间	3.450	1	1.462	0.006	0.109
	组内	118.505	121	2.009		
	总数	119.705	122			

续表

		平方和	df	均方	F	显著性
负面新闻程度	组间	2.335	1	0.005	0.662	0.104
	组内	128.305	121	2.337		
	总数	128.420	122			
企业家声誉	组间	0.765	1	0.765	0.559	0.117
	组内	112.196	121	2.337		
	总数	112.201	122			
企业家态度	组间	3.450	1	0.089	0.411	0.115
	组内	118.505	121	3.577		
	总数	119.705	122			
企业声誉	组间	0.089	1	0.089	0.125	0.095
	组内	12.36	121	2.669		
	总数	125.36	122			
企业态度	组间	0.005	1	0.005	0.632	0.114
	组内	112.196	121	2.337		
	总数	112.201	122			
企业品牌形象	组间	2.274	1	2.274	0.106	0.111
	组内	261.704	121	3.355		
	总数	263.978	122			

21.4.6.2 正式实验测量质量

测项信度分析（Cronbach's α）显示，代言型企业家判断的信度为0.802，企业家负面新闻判断的信度为0.832，负面新闻涉入度信度为0.810，负面新闻程度的信度为0.841，企业家声誉的信度为0.811，消费者对企业家态度的信度为0.822，企业声誉的信度为0.805，消费者对企业态度的信度为0.847，企业品牌形象的信度为0.822，整体量表信度为0.825，正式实验表明，本书信度较高。由于本书量表均参考前人的成熟量表，因此量表效度有保障。

21.4.6.3 操控检验

第一，代言型企业家的判断。数据分析发现，对代言型企业家的判断在（非）代言型企业家组间存在显著差异[$M_{代言型企业家}=4.62$，$M_{非代言型企业家}=3.82$；$F(1, 121)=1.336$，$p=0.044<0.05$]。因此，（非）代言型企业家操控成功。

第二，企业家负面新闻判断。数据分析发现，对负面新闻的判断两组均大于平均值且不存在显著差异，因此，负面新闻操控成功[$M_{代言型企业家}=4.18$，$M_{非代言型企业家}=4.38$；$F(1, 121)=8.306$，$p=0.103>0.05$]。

第三，负面新闻涉入度检验。数据分析发现，负面新闻涉入度在代言型企业家类型间程度中等且不存在显著差异[$M_{代言型企业家}=4.44$，$M_{非代言型企业家}=4.35$；$F(1, 121)=3.625$，$p=0.063>0.05$]。因此，负面新闻涉入度操控成功。

第四，负面新闻程度的检验。数据分析发现，负面新闻程度在代言型企业家类型间程度中等且不存在显著差异[$M_{代言型企业家}=4.45$，$M_{非代言型企业家}=4.63$；$F(1, 121)=0.336$，$p=0.588>0.05$]。因此，负面新闻程度操控成功。

第五，企业家声誉的检验。数据分析发现，企业家声誉在代言型企业家类型间程度中等且不存在显著差异[$M_{代言型企业家}=4.63$，$M_{非代言型企业家}=4.83$；$F(1, 121)=8.036$，$p=0.114>0.05$]。因此，企业家声誉操控成功。

第六，消费者对企业家态度的检验。数据分析发现，消费者对企业家态度在代言型企业家类型间程度中等且不存在显著差异 [$M_{代言型企业家}$ = 4.44，$M_{非代言型企业家}$ = 4.69；$F(1, 121)$ = 8.669，p = 0.055 > 0.05]。因此，消费者对企业家态度操控成功。

第七，企业声誉的检验。数据分析发现，企业声誉在代言型企业家类型间程度中等且不存在显著差异 [$M_{代言型企业家}$ = 4.66，$M_{非代言型企业家}$ = 4.62；$F(1, 121)$ = 15.300，p = 0.225>0.05]。因此企业声誉操控成功。

第八，消费者对企业态度的检验。数据分析发现，两组对企业的态度不存在显著差异 [$M_{代言型企业家}$ = 4.82，$M_{非代言型企业家}$ = 4.78；$F(1, 121)$ = 3.200，p = 0.692 > 0.05]。因此，消费者对企业态度操控成功。

第九，对被试者情绪的考察，数据分析发现，两组被试者情绪良好且不存在显著差异 [$M_{代言型企业家}$ = 4.62，$M_{非代言型企业家}$ = 4.58；$F(1, 121)$ = 6.338，p = 0.170>0.05]。因此，被试者的情绪不会影响本次实验。

综上所述，正式实验操控成功，可以进行假设检验。

20.4.6.4 假设检验

假设 H1 推测，相比非代言型企业家，代言型企业家发生负面新闻后对企业品牌形象的负面影响程度更高。单因素方差分析显示，相比非代言型企业家组，代言型企业家组对企业品牌形象打分更低且存在显著差异 [$M_{代言型企业家}$ = 3.42，$M_{非代言型企业家}$ = 3.88；$F(1, 121)$ = 3.200，p = 0.042 < 0.05]。因此，假设 H1 成立。

为了保证研究结论的外部效度，本书采用调查法对假设 H1 进行重复检验。

21.4.7 调查程序

调查问卷均经网络向样本发放，被试的样本来源完全随机，不受到人口统计学因素影响，故可认为样本来源符合选取要求。调查程序如下：首先进行预调查，验证刺激物的有效性，然后进行正式调查，以检验研究假设。正式文本包括以下部分。

第一，刺激物描述；

第二，变量测量；

第三，人口统计特征题项。

21.4.8 预调查

21.4.8.1 预调查样本

本书共邀请 46 人参与预调查，一组人员（23 人）参加代言型企业家组调查，一组人员（23 人）参加非代言型企业家组调查。预调查中男性 30 人，女生 16 人。

为了检验性别是否会显著影响研究变量和操控变量，本书采取单因素方差分析进行检验，结果显示性别差异没有对各种变量造成显著影响（P>0.05）。

21.4.8.2 预调查测量质量

测项信度分析（Cronbach's α）显示，代言型企业家判断的信度为 0.823，企业家负面新闻判断的信度为 0.799，负面新闻涉入度信度为 0.801，负面新闻程度的信度为 0.781，企业家声誉的信度为 0.803，消费者对企业家态度的信度为 0.811，企业声誉的信度为 0.827，消费者对企业态度的信度为 0.840，企业品牌形象的信度为 0.839，整体量表信度为 0.825，预调查表明，本书信度较高。由于本书量表均参考前人的成熟量表，因此量表效度有保障。

21.4.8.3 预调查结果

一是代言型企业家的判断。数据分析发现，对代言型企业家的判断在（非）代言型企业家组间存在显著差异 [$M_{代言型企业家}$ = 4.77，$M_{非代言型企业家}$ = 3.76；$F(1, 44)$ = 8.336，p = 0.048<0.05]。因此，（非）代言型企业家操控成功。

二是企业家负面新闻判断。数据分析发现，对负面新闻的判断两组均大于平均值且不存在显著差异，因此负面新闻操控成功 [$M_{代言型企业家}$ = 4.44，$M_{非代言型企业家}$ = 4.80；$F(1, 44)$ = 9.33，p = 0.089 > 0.05]。

三是负面新闻涉入度检验。数据分析发现，负面新闻涉入度在代言型企业家类型间程度中等且不存在显著差异 [$M_{代言型企业家}$ = 4.56, $M_{非代言型企业家}$ = 4.74; $F(1, 44)$ = 2.822, p = 0.075 > 0.05]。因此，负面新闻涉入度操控成功。

四是负面新闻程度的检验。数据分析发现，负面新闻程度在代言型企业家类型间程度中等且不存在显著差异 [$M_{代言型企业家}$ = 4.24, $M_{非代言型企业家}$ = 4.79; $F(1, 44)$ = 19.032, p = 0.067 > 0.05]。因此，负面新闻程度操控成功。

五是企业家声誉的检验。数据分析发现，企业家声誉在代言型企业家类型间程度中等且不存在显著差异 [$M_{代言型企业家}$ = 4.22, $M_{非代言型企业家}$ = 4.36; $F(1, 44)$ = 19.320, p = 0.185 > 0.05]。因此，企业家声誉操控成功。

六是消费者对企业家态度的检验。数据分析发现，消费者对企业家态度在代言型企业家类型间程度中等且不存在显著差异 [$M_{代言型企业家}$ = 4.26, $M_{非代言型企业家}$ = 4.62; $F(1, 44)$ = 0.298, p = 0.225 > 0.05]。因此，消费者对企业家态度操控成功。

七是企业声誉的检验。数据分析发现，企业声誉在代言型企业家类型间程度中等且不存在显著差异 [$M_{代言型企业家}$ = 4.75, $M_{非代言型企业家}$ = 4.42; $F(1, 44)$ = 0.362, p = 0.885 > 0.05]。因此，企业声誉操控成功。

八是消费者对企业态度的检验。数据分析发现，两组对企业态度的评分不存在显著差异 [$M_{代言型企业家}$ = 4.36, $M_{非代言型企业家}$ = 4.75; $F(1, 44)$ = 0.899, p = 0.441 > 0.05]。因此，消费者对企业态度操控成功。

综上所述，刺激物设计成功，量表设计合理，可以进行正式调查。

21.4.9 正式调查

21.4.9.1 正式调查样本

调查问卷均经网络向样本发放，被试的样本来源完全随机，不受到人口统计学因素影响，故可认为样本来源符合选取要求。剔除甄别项填答错误、漏答题项等样本，最后获得有效样本125个，调查分为两组进行，分别为非代言型企业家组和代言型企业家组。其中男性73人，女性52人。样本的人口统计分布较为均衡。

为了检验性别是否会显著影响研究变量和操控变量，本书采取单因素方差分析进行检验，结果显示性别差异没有对各种变量造成显著影响（$P > 0.05$）。

21.4.9.2 正式调查测量质量

测项信度分析（Cronbach's α）显示，代言型企业家判断的信度为0.788，企业家负面新闻判断的信度为0.793，负面新闻涉入度信度为0.821，负面新闻程度的信度为0.767，企业家声誉的信度为0.833，消费者对企业家态度的信度为0.827，企业声誉的信度为0.830，消费者对企业态度的信度为0.846，企业品牌形象的信度为0.800，整体量表信度为0.811，正式调查表明，本书信度较高。由于本书量表均参考前人的成熟量表，因此量表效度有保障。

21.4.9.3 操控检验

一是代言型企业家的判断。数据分析发现，对代言型企业家的判断在（非）代言型企业家组间存在显著差异 [$M_{代言型企业家}$ = 4.82, $M_{非代言型企业家}$ = 4.06; $F(1, 123)$ = 5.330, p = 0.031 < 0.05]。因此，（非）代言型企业家操控成功。

二是企业家负面新闻判断。数据分析发现，对负面新闻的判断两组均大于平均值且不存在显著差异，因此负面新闻操控成功 [$M_{代言型企业家}$ = 4.32, $M_{非代言型企业家}$ = 4.20; $F(1, 123)$ = 0.996, p = 0.101 > 0.05]。

三是负面新闻涉入度检验。数据分析发现，负面新闻涉入度在代言型企业家类型间程度中等且不存在显著差异 [$M_{代言型企业家}$ = 4.60, $M_{非代言型企业家}$ = 4.54; $F(1, 123)$ = 10.663, p = 0.778 > 0.05]。因此，负面新闻涉入度操控成功。

四是负面新闻程度的检验。数据分析发现，负面新闻程度在代言型企业家类型间程度中等且不存在显著差异[$M_{代言型企业家}=4.33$，$M_{非代言型企业家}=4.65$；$F(1, 123)=25.330$，$p=0.057>0.05$]。因此，负面新闻程度操控成功。

五是企业家声誉的检验。数据分析发现，企业家声誉在代言型企业家类型间程度中等且不存在显著差异[$M_{代言型企业家}=4.30$，$M_{非代言型企业家}=4.30$；$F(1, 123)=6.391$，$p=0.635>0.05$]。因此，企业家声誉操控成功。

六是消费者对企业家态度的检验。数据分析发现，消费者对企业家态度在代言型企业家类型间程度中等且不存在显著差异[$M_{代言型企业家}=4.29$，$M_{非代言型企业家}=4.42$；$F(1, 123)=0.996$，$p=0.105>0.05$]。因此，消费者对企业家态度操控成功。

七是企业声誉的检验。数据分析发现，企业声誉在代言型企业家类型间程度中等且不存在显著差异[$M_{代言型企业家}=4.35$，$M_{非代言型企业家}=4.32$；$F(1, 123)=0.887$，$p=0.300>0.05$]。因此，企业声誉操控成功。

八是消费者对企业态度的检验。数据分析发现，两组对企业态度的评分不存在显著差异[$M_{代言型企业家}=4.26$，$M_{非代言型企业家}=4.25$；$F(1, 123)=12.003$，$p=0.822>0.05$]。因此，消费者对企业态度操控成功。

综上所述，刺激物设计成功，量表设计合理，可以进行假设检验。

21.4.9.4 假设检验

假设 H1 推测，相比非代言型企业家，代言型企业家发生负面新闻后对企业品牌形象的负面影响程度更高。单因素方差分析显示，相比非代言型企业家组，代言型企业家组对企业品牌形象打分更低且存在显著差异[$M_{代言型企业家}=3.58$，$M_{非代言型企业家}=3.98$；$F(1, 123)=6.302$，$p=0.033<0.05$]。因此，假设 H1 成立，假设 H1 得到第二次验证。

21.4.10 本章小结

本小节着重介绍了本章的研究设计，包括实验与调查设计、前测实验、正式实验、预调查、正式调查，描述了研究 1 的实证过程。

第一，实验与调查设计。本书采用实验法和调查法对研究 1 进行验证。实验法与调查法同时采用，原因主要有三点。一是采用实验法与调查法对同一假设进行验证，研究结论的外部效度能得到提升。二是实验法中，代言型企业家均采用虚拟人物与虚拟事件，在调查法中，所有刺激物均是真实人物与真实事件，因此，能够拓宽外部效度。三是实验法所采用的均是学生样本，调查法问卷均经网络向样本发放，被试的样本来源完全随机，不受到人口统计学因素影响。因此，拓宽了外部效度。

第二，前测实验。实验在成都市某高校课堂进行，实验的研究环境均设置为大学课堂尾声，主要是为了保证在一个相对封闭、安静的环境下进行实验以减少外来干扰。所有被试者均为在校本科生。研究实验程序如下：首先进行前测实验，验证刺激物的有效性，然后进行正式实验，以检验研究假设。正式实验在前测实验一周后进行。前测主要在四川某高校进行，共有 50 人参加，一组人员（25 人）参加代言型企业家组实验，一组人员（25 人）参加非代言型企业家组实验。前测实验结果显示刺激物设计有效，量表设计合理，可以进行正式实验。

第三，正式实验。正式实验主要在四川某高校进行，共对 156 名被试者进行实验，剔除甄别项填答错误、漏答题项等样本，最后获得有效样本 123 个，实验分为两组进行，分别为代言型企业家组和非代言型企业家组。其中男性 83 人，女性 40 人。样本的人口统计分布较为均衡。单因素方差分析显示，相比非代言型企业家组，代言型企业家组对企业品牌形象打分更低且存在显著差异[$M_{代言型企业家}=3.42$，$M_{非代言型企业家}=3.88$；$F(1, 121)=3.200$，$p=0.042>0.05$]。因此，假设 H1 得到第一次验证。

第四，预调查。调查问卷均经网络向样本发放，被试的样本来源完全随机，不受到人口统计学因素影响，故可认为样本来源符合选取要求。调查程序如下：首先进行预调查，验证刺激物的有效性，然后进行正式调查，以检验研究假设。本书共邀请46人参与预调查，一组人员（23人）参加代言型企业家组调查，一组人员（23人）参加非代言型企业家组调查。预调查中男性30人，女生16人。预调查结果显示刺激物设计有效，量表设计合理，可以进行正式调查。

第五，正式调查。调查问卷均经网络向样本发放，被试的样本来源完全随机，不受到人口统计学因素影响，故可认为样本来源符合选取要求。剔除甄别项填答错误、漏答题项等样本，最后获得有效样本125个，调查分为两组进行，分别为非代言型企业家组和代言型企业家组。其中男性73人，女性52人。样本的人口统计分布较为均衡。单因素方差分析显示，相比非代言型企业家组，代言型企业家组对企业品牌形象打分更低且存在显著差异 [$M_{代言型企业家}$ = 3.58，$M_{非代言型企业家}$ = 3.98；$F(1, 123)$ = 6.302，p = 0.033 < 0.05]。因此，假设H1得到第二次验证。

21.5 实证2：代言型企业家经营相关与经营无关负面新闻对企业品牌形象的影响

21.5.1 研究假设

根据匹配理论，当消费者对两件事物进行比较时，若事物间匹配性较强，则消费者对比较信息的加工流畅性较高，高的信息加工流畅性容易加深信息评价程度，会加深消费者对信息的评价（好的更好，差的更差）（Wunker，2012）。基于匹配理论，Cury等（2009）认为代言人发生负面新闻的类型与代言人特点或身份相匹配时，负面新闻对代言人的负面影响较大。当代言型企业家发生经营相关负面新闻时，相较于经营无关负面新闻，企业家的身份与经营负面新闻匹配度较高，经营相关负面新闻造成的代言型企业家负面影响更高。根据意义迁移模型，代言人较高程度的负面评价会对企业品牌产生较大程度的负面影响。因此，本书提出如下假设H2。

H2：对于代言型企业家而言，发生与经营相关的负面新闻，相比于发生与经营无关的负面新闻，前者对企业品牌形象的负面影响程度高于后者。

21.5.2 实验与调查设计

本书采用实验法和调查法对研究2进行验证。实验法与调查法同时采用，其原因主要有以下3点。

（1）采用实验法与调查法对同一假设进行验证，研究结论的外部效度能得到提升。

（2）实验法中，代言型企业家均采用虚拟人物与虚拟事件，在调查法中，所有刺激物均是真实人物与虚拟事件，因此能够拓宽外部效度。

（3）实验法所采用的均是学生样本，调查法问卷均经网络向样本发放，被试的样本来源完全随机，不受到人口统计学因素影响。因此拓宽了外部效度。

具体而言，首先是实验组与调查组设计。本书采用2（经营相关负面新闻 vs 经营无关负面新闻）的实验组设计与调查组设计。

一是代言型企业家刺激物。对于代言型企业家刺激物的设计，主要把握以下3个原则。

（1）在实验法中，企业家与企业均采用的是虚拟刺激物。为避免行业及产品属性对企业品牌的影响，因此本刺激物中会模糊该公司业务经营、行业属性等信息。

（2）在调查法中，企业家与企业均采用的是真实刺激物。为了保证刺激物的有效性，本书将对真实刺激物的企业家声誉、消费者对企业家态度、企业声誉、消费者对企业态度进行操控，保证其强度中等。

（3）代言型企业家刺激物设计的重点是构建企业家到企业的"强连接"与"强形象转移"。

二是负面新闻刺激物。对于负面新闻刺激物的设计，主要把握以下4个原则。

（1）对于研究的负面新闻刺激，应避免具体指向性。

（2）选取该类型中具有代表性的负面新闻。

（3）负面新闻的熟悉度与负面程度控制在中等。

（4）企业家负面新闻应充分展现"企业家参与""对企业家造成负面影响""该负面新闻归因于企业家"三个设计前提。

21.5.3 实验程序

实验在成都市某高校课堂进行，实验的研究环境均设置为大学课堂尾声，主要是为了保证在一个相对封闭、安静的环境下进行实验以减少外来干扰。所有被试者均为在校本科生。研究实验程序如下：首先进行前测实验，验证刺激物的有效性，其次进行正式实验，以检验研究假设。正式实验在前测实验一周后进行。问卷包括以下部分。

第一，刺激物描述；

第二，变量测量；

第三，人口统计特征题项。

21.5.4 前测实验

21.5.4.1 前测实验样本

前测主要在四川某高校进行，共有60人参加，一组人员（30人）参加代言型企业家经营相关负面新闻组实验，一组人员（30人）参加代言型企业家经营无关负面新闻组实验。前测样本中男生35人，女生25人，并且性别没有对其他变量认识造成显著影响（p>0.05），如表21-6所示。

表21-6 前测实验样本性别分布

性别	频率	百分比/%	有效百分比/%	累积百分比/%
男	35	58.3	58.3	58.3
女	25	32.7	32.7	100.0
合计	60	100.0	100.0	

为了检验性别是否会显著影响研究变量和操控变量，本书采取单因素方差分析进行检验，结果显示性别差异没有对各种变量造成显著影响（P>0.05），如表21-7所示。

表21-7 性别对各变量均值影响

		平方和	df	均方	F	显著性
代言型企业家判断	组间	0.196	1	0.196	0.076	0.784
	组内	208.851	58	2.578		
	总数	209.047	59			
企业家负面新闻判断	组间	.577	1	0.577	0.168	0.683
	组内	278.092	58	3.433		
	总数	278.669	59			
负面新闻涉入度	组间	8.376	1	8.376	2.611	0.110
	组内	259.865	58	3.208		
	总数	268.241	59			
负面新闻程度	组间	1.323	1	1.323	0.397	0.530
	组内	269.962	58	3.333		
	总数	271.285	59			
经营相关负面新闻判断	组间	.632	1	0.632	0.230	0.633
	组内	222.811	58	2.751		
	总数	223.443	59			
企业家声誉	组间	2.600	1	2.600	0.823	0.367
	组内	255.732	58	3.157		
	总数	258.332	59			

续表

		平方和	df	均方	F	显著性
企业家态度	组间	0.010	1	0.010	0.003	0.959
	组内	288.454	58	3.561		
	总数	288.464	59			
企业声誉	组间	0.354	1	0.354	0.091	0.764
	组内	269.365	58	3.669		
	总数	298.665	59			
企业态度	组间	2.922	1	3.883	2.110	0.150
	组内	314.890	58	2.922		
	总数	314.555	59			
企业品牌形象	组间	2.373	1	1.385	0.707	0.403
	组内	115.102	58	2.373		
	总数	119.181	59			

21.5.4.2 前测实验测量质量

测项信度分析（Cronbach's α）显示，代言型企业家判断的信度为 0.866，企业家负面新闻判断的信度为 0.812，负面新闻涉入度信度为 0.797，负面新闻程度的信度为 0.823，经营相关企业家负面新闻判断的信度为 0.799，企业家声誉的信度为 0.805，消费者对企业家态度的信度为 0.758，企业声誉的信度为 0.805，消费者对企业态度的信度为 0.809，企业品牌形象的信度为 0.808，整体量表信度为 0.805，前测实验表明，本书信度较高。由于本书量表均参考前人的成熟量表，因此量表效度有保障。

21.5.4.3 前测结果

一是代言型企业家的判断。数据分析发现，对代言型企业家的判断在（非）经营相关负面新闻组间不存在显著差异 [$M_{经营相关负面新闻}$ = 4.63，$M_{经营无关负面新闻}$ = 4.33；$F(1, 58)$ = 7.020，p = 0.058 > 0.05]。因此，代言型企业家操控成功。

二是企业家负面新闻判断。数据分析发现，对负面新闻的判断两组均大于平均值且不存在显著差异，因此，负面新闻操控成功 [$M_{经营相关负面新闻}$ = 4.56，$M_{经营无关负面新闻}$ = 4.67；$F(1, 58)$ = 9.336，p = 0.071 > 0.05]。

三是负面新闻涉入度检验。数据分析发现，负面新闻涉入度在（非）经营相关负面新闻类型间程度中等且不存在显著差异 [$M_{经营相关负面新闻}$ = 4.55，$M_{经营无关负面新闻}$ = 4.96；$F(1, 58)$ = 12.930，p = 0.051 > 0.05]。因此，负面新闻涉入度操控成功。

四是负面新闻程度的检验。数据分析发现，负面新闻程度在（非）经营相关负面新闻类型间程度中等且不存在显著差异 [$M_{经营相关负面新闻}$ = 4.05，$M_{经营无关负面新闻}$ = 4.37；$F(1, 58)$ = 15.330，p = 0.066 > 0.05]。因此，负面新闻程度操控成功。

五是（非）经营相关负面新闻的检验。单因素分析发现，（非）经营相关负面新闻在两类实验组间存在显著差异，经营相关负面新闻组评分显著大于经营无关负面新闻组评分 [$M_{经营相关负面新闻}$ = 4.72，$M_{经营无关负面新闻}$ = 3.25；$F(1, 58)$ = 0.363，p = 0.032 < 0.05]。因此，经营相关负面新闻操控成功。

六是企业家声誉的检验。数据分析发现，企业家声誉在（非）经营相关负面新闻类型间程度中等且不存在显著差异 [$M_{经营相关负面新闻}$ = 4.82，$M_{经营无关负面新闻}$ = 4.33；$F(1, 58)$ = 15.960，p = 0.630 > 0.05]。因此，企业家声誉操控成功。

七是消费者对企业家态度的检验。数据分析发现，消费者对企业家态度在（非）经营相关负面新闻类型间程度中等且不存在显著差异 [$M_{经营相关负面新闻}$ = 4.63，$M_{经营无关负面新闻}$ = 4.03；$F(1, 58)$ = 15.363，p = 0.068 > 0.05]。因此，消费者对企业家态度操控成功。

八是企业声誉的检验。数据分析发现，企业声誉在（非）经营相关负面新闻类型间程度中等且不存在显著差异[$M_{经营相关负面新闻}=4.36$，$M_{经营无关负面新闻}=4.22$；$F(1, 58)=23.336$，$p=0.561>0.05$]。因此，企业声誉操控成功。

九是消费者对企业态度的检验。数据分析发现，消费者对企业态度在（非）经营相关负面新闻类型间程度中等且不存在显著差异[$M_{经营相关负面新闻}=4.68$，$M_{经营无关负面新闻}=4.03$；$F(1, 58)=19.003$，$p=0.778>0.05$]。因此，消费者对企业态度操控成功。

综上所述，刺激物设计成功，量表设计合理，可以进行正式实验。

21.5.5 正式实验

21.5.5.1 正式实验样本

正式实验主要在四川某高校进行，共对168名被试者进行实验，剔除甄别项填答错误、漏答题项等样本，最后获得有效样本147个，实验分为两组进行，分别为经营相关组和经营无关组。其中男性90人，女性57人。样本的人口统计分布较为均衡。

为了检验性别是否会显著影响研究变量和操控变量，本书采取单因素方差分析进行检验，结果显示性别差异没有对各种变量造成显著影响（$P>0.05$）。

21.5.5.2 正式实验测量质量

测项信度分析（Cronbach's α）显示，代言型企业家判断的信度为0.788，企业家负面新闻判断的信度为0.806，负面新闻涉入度信度为0.887，负面新闻程度的信度为0.856，企业家声誉的信度为0.805，消费者对企业家态度的信度为0.758，企业声誉的信度为0.805，消费者对企业态度的信度为0.809，企业品牌形象的信度为0.808，整体量表信度为0.805，前测实验表明，本书信度较高。由于本书量表均参考前人的成熟量表，因此量表效度有保障。

21.5.5.3 操控检验

一是代言型企业家的判断。数据分析发现，对代言型企业家的判断在（非）经营相关负面新闻组间不存在显著差异[$M_{经营相关负面新闻}=4.00$，$M_{经营无关负面新闻}=4.26$；$F(1, 145)=0.669$，$p=0.072>0.05$]。因此，代言型企业家操控成功。

二是企业家负面新闻判断。数据分析发现，对负面新闻的判断两组均大于平均值且不存在显著差异，因此，负面新闻操控成功[$M_{经营相关负面新闻}=4.60$，$M_{经营无关负面新闻}=4.37$；$F(1, 145)=8.303$，$p=0.077>0.05$]。

三是负面新闻涉入度检验。数据分析发现，负面新闻涉入度在（非）经营相关负面新闻类型间程度中等且不存在显著差异[$M_{经营相关负面新闻}=4.25$，$M_{经营无关负面新闻}=4.45$；$F(1, 145)=29.336$，$p=0.143>0.05$]。因此，负面新闻涉入度操控成功。

四是负面新闻程度的检验。数据分析发现，负面新闻程度在（非）经营相关负面新闻类型间程度中等且不存在显著差异[$M_{经营相关负面新闻}=4.85$，$M_{经营无关负面新闻}=4.37$；$F(1, 145)=2.336$，$p=0.996>0.05$]。因此，负面新闻程度操控成功。

五是（非）经营相关负面新闻的检验。单因素分析发现，（非）经营相关负面新闻在两类实验组间存在显著差异，经营相关负面新闻组评分显著大于经营无关负面新闻组评分[$M_{经营相关负面新闻}=4.89$，$M_{经营无关负面新闻}=3.13$；$F(1, 145)=15.330$，$p=0.000<0.05$]。因此，经营相关负面新闻操控成功。

六是企业家声誉的检验。数据分析发现，企业家声誉在（非）经营相关负面新闻类型间程度中等且不存在显著差异[$M_{经营相关负面新闻}=4.24$，$M_{经营无关负面新闻}=4.87$；$F(1, 145)=6.029$，$p=0.077>0.05$]。因此，企业家声誉操控成功。

七是消费者对企业家态度的检验。数据分析发现，消费者对企业家态度在（非）经营相关负面新闻类型间程度中等且不存在显著差异 [$M_{经营相关负面新闻}$ = 4.84, $M_{经营无关负面新闻}$ = 4.63; $F(1, 145) = 9.990$, $p = 0.269 > 0.05$]。因此,消费者对企业家态度操控成功。

八是企业声誉的检验。数据分析发现,企业声誉在(非)经营相关负面新闻类型间程度中等且不存在显著差异 [$M_{经营相关负面新闻}$ = 4.18, $M_{经营无关负面新闻}$ = 4.57; $F(1, 145) = 0.336$, $p = 0.065 > 0.05$]。因此,企业声誉操控成功。

九是消费者对企业态度的检验。数据分析发现,消费者对企业态度在(非)经营相关负面新闻类型间程度中等且不存在显著差异 [$M_{经营相关负面新闻}$ = 4.38, $M_{经营无关负面新闻}$ = 4.83; $F(1, 145) = 19.003$, $p = 0.059 > 0.05$]。因此,消费者对企业态度操控成功。

十是对被试者的情绪进行操控。两组被试者的情绪良好且不存在显著差异 [$M_{经营相关负面新闻}$ = 4.88, $M_{经营无关负面新闻}$ = 5.02; $F(1, 145) = 6.338$, $p = 0.663 > 0.05$]。因此,被试者的情绪不会影响本次实验。

综上所述,正式实验操控成功,可以进行正式实验。

21.5.5.4 假设检验

假设 H2 推测,相比经营无关的代言型企业家负面新闻,代言型企业家发生经营相关的负面新闻对品牌形象的负面影响程度更高。单因素方差分析显示,相比经营无关负面新闻,经营相关负面新闻组对企业品牌形象打分更低且存在显著差异 [$M_{经营相关负面新闻}$ = 3.36, $M_{经营无关负面新闻}$ = 3.98; $F(1, 145) = 8.360$, $p = 0.032 < 0.05$]。因此,假设 H2 成立。

为了保证研究结论的外部效度,本书采用调查法对假设 H2 进行重复检验。

21.5.6 调查程序

调查问卷均经网络向样本发放,被试的样本来源完全随机,不受到人口统计学因素影响,故可认为样本来源符合选取要求。调查程序如下:首先进行预调查,验证刺激物的有效性,然后进行正式调查,以检验研究假设。正式文本包括以下部分。

第一,刺激物描述;

第二,变量测量;

第三,人口统计特征题项。

21.5.7 预调查

预调查样本。本书共邀请 58 人参与预调查,一组人员(30 人)参加经营相关负面新闻组调查,一组人员(28 人)参加经营无关负面新闻组调查。预调查中男性 22 人,女生 36 人,如表 21-8 所示。

表 21-8 前测实验样本性别分布

性别	频率	百分比 /%	有效百分比 /%	累积百分比 /%
男	22	37.9	37.9	37.9
女	36	62.1	62.1	100.0
合计	58	100.0	100.0	

为了检验性别是否会显著影响研究变量和操控变量,本书采取单因素方差分析进行检验,结果显示性别差异没有对各种变量造成显著影响($P > 0.05$),如表 21-9 所示。

表 21-9 性别对各变量单因素方差分析

		平方和	df	均方	F	显著性
代言型企业家判断	组间	1.280	1	0.552	0.325	0.064
	组内	222.086	56	6.332		
	总数	232.422	57			

续表

		平方和	df	均方	F	显著性
企业家负面新闻判断	组间	12.228	1	6.009	4.078	0.210
	组内	233.461	56	5.336		
	总数	253.123	57			
负面新闻涉入度	组间	22.703	1	3.234	4.195	0.395
	组内	233.144	56	0.291		
	总数	222.847	57			
负面新闻程度	组间	12.999	1	3.666	3.355	0.222
	组内	107.473	56	4.375		
	总数	168.472	57			
经营相关企业家负面新闻判断	组间	15.965	1	3.621	3.666	0.642
	组内	133.473	56	4.455		
	总数	122.332	57			
企业家声誉	组间	3.171	1	6.057	0.554	0.221
	组内	150.665	56	1.380		
	总数	153.665	57			
企业家态度	组间	6.070	1	1.550	0.855	0.337
	组内	146.397	56	6.926		
	总数	151.467	57			
企业声誉	组间	7.089	1	3.089	0.025	0.835
	组内	12.36	56	6.669		
	总数	125.36	57			
企业态度	组间	6.602	1	0.557	0.550	0.801
	组内	205.664	56	2.207		
	总数	208.666	57			
企业品牌形象	组间	11.554	1	3.228	1.055	0.302
	组内	253.507	56	3.825		
	总数	305.952	57			

预调查测量质量。测项信度分析（Cronbach's α）显示，代言型企业家判断的信度为 0.753，企业家负面新闻判断的信度为 0.785，负面新闻涉入度信度为 0.822，负面新闻程度的信度为 0.831，企业家声誉的信度为 0.898，消费者对企业家态度的信度为 0.820，企业声誉的信度为 0.826，消费者对企业态度的信度为 0.889，企业品牌形象的信度为 0.909，整体量表信度为 0.865，预调查表明，本书信度较高。由于本书量表均参考前人的成熟量表，因此量表效度有保障。

预调查结果。一是代言型企业家的判断。数据分析发现，对代言型企业家的判断在（非）经营相关负面新闻组间不存在显著差异 [$M_{经营相关负面新闻}$ = 4.82，$M_{经营无关负面新闻}$ = 4.74；$F(1, 56)$ = 8.330，p = 0.092 > 0.05]。因此，代言型企业家操控成功。

二是企业家负面新闻判断。数据分析发现，对负面新闻的判断两组均大于平均值且不存在显著差异，因此，负面新闻操控成功 [$M_{经营相关负面新闻}$ = 4.33，$M_{经营无关负面新闻}$ = 4.96；$F(1, 56)$ = 12.005，p = 0.993 > 0.05]。

三是负面新闻涉入度检验。数据分析发现，负面新闻涉入度在（非）经营相关负面新闻类型间程度中等且不存在显著差异 [$M_{经营相关负面新闻}$ = 4.48，$M_{经营无关负面新闻}$ = 4.88；$F(1, 56)$ = 8.147，p = 0.103 > 0.05]。因此，负面新闻涉入度操控成功。

四是负面新闻程度的检验。数据分析发现，负面新闻程度在（非）经营相关负面新闻类型间程度中等且不存在显著差异 [$M_{经营相关负面新闻}$ = 4.32，$M_{经营无关负面新闻}$ = 4.66；$F(1, 56)$ = 7.330，p = 0.051 > 0.05]。

因此，负面新闻程度操控成功。

五是（非）经营相关负面新闻的检验。单因素分析发现，（非）经营相关负面新闻在两类实验组间存在显著差异，经营相关负面新闻组评分显著大于经营无关负面新闻组评分［$M_{经营相关负面新闻}$ = 4.88，$M_{经营无关负面新闻}$ = 3.80；$F(1, 56) = 12.669$，$p = 0.000 < 0.05$］。因此，经营相关负面新闻操控成功。

六是企业家声誉的检验。数据分析发现，企业家声誉在（非）经营相关负面新闻类型间程度中等且不存在显著差异［$M_{经营相关负面新闻}$ = 4.00，$M_{经营无关负面新闻}$ = 4.45；$F(1, 56) = 4.238$，$p = 0.087 > 0.05$］。因此，企业家声誉操控成功。

七是消费者对企业家态度的检验。数据分析发现，消费者对企业家态度在（非）经营相关负面新闻类型间程度中等且不存在显著差异［$M_{经营相关负面新闻}$ = 4.26，$M_{经营无关负面新闻}$ = 4.51；$F(1, 56) = 3.029$，$p = 0.058 > 0.05$］。因此，消费者对企业家态度操控成功。

八是企业声誉的检验。数据分析发现，企业声誉在（非）经营相关负面新闻类型间程度中等且不存在显著差异［$M_{经营相关负面新闻}$ = 4.44，$M_{经营无关负面新闻}$ = 4.70；$F(1, 56) = 8.302$，$p = 0.556 > 0.05$］。因此，企业声誉操控成功。

九是消费者对企业态度的检验。数据分析发现，消费者对企业态度在（非）经营相关负面新闻类型间程度中等且不存在显著差异［$M_{经营相关负面新闻}$ = 4.07，$M_{经营无关负面新闻}$ = 4.62；$F(1, 56) = 22.026$，$p = 0.114 > 0.05$］。因此，消费者对企业态度操控成功。

综上所述，刺激物设计成功，量表设计合理，可以进行正式调查。

21.5.8　正式调查

21.5.8.1　正式调查样本

调查问卷均经网络向样本发放，被试的样本来源完全随机，不受到人口统计学因素影响，故可认为样本来源符合选取要求。剔除甄别项填答错误、漏答题项等样本，最后获得有效样本144个，调查分为两组进行，分别为经营无关负面新闻组和经营相关负面新闻组。其中男性90人，女性57人。样本的人口统计分布较为均衡，如表21-10所示。

表 21-10　前测试验样本性别分布

性别	频率	百分比 /%	有效百分比 /%	累积百分比 /%
男性	90	62.9	62.9	62.9
女性	57	37.1	37.1	100.0
合计	143	100.0	100.0	

为了检验性别是否会显著影响研究变量和操控变量，本书采取单因素方差分析进行检验，结果显示性别差异没有对各种变量造成显著影响（P>0.05），如表21-11所示。

表 21-11　性别对各变量均值影响

		平方和	df	均方	F	显著性
代言型企业家判断	组间	0.141	1	0.141	0.047	0.829
	组内	144.581	142	3.012		
	总数	144.722	143			
企业家负面新闻判断	组间	0.110	1	0.110	0.038	0.846
	组内	138.335	142	2.882		
	总数	138.445	143			
负面新闻涉入度	组间	0.077	1	0.077	0.020	0.888
	组内	182.503	142	3.802		
	总数	182.580	143			

续表

		平方和	df	均方	F	显著性
负面新闻程度	组间	0.078	1	0.009	0.003	0.955
	组内	163.503	142	2.837		
	总数	165.580	143			
经营相关负面新闻判断	组间	0.017	1	0.017	0.007	0.902
	组内	112.883	142	2.553		
	总数	182.980	143			
企业家声誉	组间	0.663	1	0.067	0.019	0.300
	组内	175.933	142	3.226		
	总数	175.008	143			
企业家态度	组间	0.556	1	0.057	0.037	0.096
	组内	163.923	142	3.690		
	总数	165.980	143			
企业声誉	组间	0.181	1	0.181	0.064	0.669
	组内	682.003	142	5.021		
	总数	692.006	143			
企业态度	组间	0.996	1	0.704	0.205	0.636
	组内	622.308	142	3.136		
	总数	626.012	143			
企业品牌形象	组间	2.310	1	2.310	0.092	0.407
	组内	697.795	142	3.449		
	总数	700.104	143			

21.5.8.2 正式调查测量质量

测项信度分析（Cronbach's α）显示，代言型企业家判断的信度为 0.811，企业家负面新闻判断的信度为 0.830，负面新闻涉入度信度为 0.795，负面新闻程度的信度为 0.833，经营相关负面新闻判断的信度为 0.891，企业家声誉的信度为 0.895，消费者对企业家态度的信度为 0.888，企业声誉的信度为 0.804，消费者对企业态度的信度为 0.869，企业品牌形象的信度为 0.844，整体量表信度为 0.865，正式实验表明，本书信度较高。由于本书量表均参考前人的成熟量表，因此量表效度有保障。

21.5.8.3 操控检验

一是代言型企业家的判断。数据分析发现，对代言型企业家的判断在（非）经营相关负面新闻组间不存在显著差异 [$M_{经营相关负面新闻}=3.99$, $M_{经营无关负面新闻}=4.12$；$F(1,143)=8.229$，$p=0.054>0.05$]。因此，代言型企业家操控成功。

二是企业家负面新闻判断。数据分析发现，对负面新闻的判断两组均大于平均值且不存在显著差异，因此，负面新闻操控成功 [$M_{经营相关负面新闻}=4.02$, $M_{经营无关负面新闻}=4.26$；$F(1,143)=12.507$，$p=0.127>0.05$]。

三是负面新闻涉入度检验。数据分析发现，负面新闻涉入度在（非）经营相关负面新闻类型间程度中等且不存在显著差异 [$M_{经营相关负面新闻}=4.23$, $M_{经营无关负面新闻}=4.46$；$F(1,143)=38.620$，$p=0.103>0.05$]。因此，负面新闻涉入度操控成功。

四是负面新闻程度的检验。数据分析发现，负面新闻程度在（非）经营相关负面新闻类型间程度中等且不存在显著差异 [$M_{经营相关负面新闻}=3.98$, $M_{经营无关负面新闻}=4.09$；$F(1,143)=8.522$，$p=0.880>0.05$]。因此，负面新闻程度操控成功。

五是（非）经营相关负面新闻的检验。单因素分析发现，（非）经营相关负面新闻在两类实验组间存在显著差异，经营相关负面新闻组评分显著大于经营无关负面新闻组评分[$M_{经营相关负面新闻}$ = 4.57，$M_{经营无关负面新闻}$ = 3.56；$F(1, 143) = 4.023$，$p = 0.045 < 0.05$]。因此，经营相关负面新闻操控成功。

六是企业家声誉的检验。数据分析发现，企业家声誉在（非）经营相关负面新闻类型间程度中等且不存在显著差异[$M_{经营相关负面新闻}$ = 4.15，$M_{经营无关负面新闻}$ = 4.35；$F(1, 143) = 16.089$，$p = 0.087 > 0.05$]。因此，企业家声誉操控成功。

七是消费者对企业家态度的检验。数据分析发现，消费者对企业家态度在（非）经营相关负面新闻类型间程度中等且不存在显著差异[$M_{经营相关负面新闻}$ = 4.36，$M_{经营无关负面新闻}$ = 4.50；$F(1, 143) = 12.653$，$p = 0.069 > 0.05$]。因此，消费者对企业家态度操控成功。

八是企业声誉的检验。数据分析发现，企业声誉在（非）经营相关负面新闻类型间程度中等且不存在显著差异[$M_{经营相关负面新闻}$ = 4.11，$M_{经营无关负面新闻}$ = 4.43；$F(1, 143) = 8.026$，$p = 0.122 > 0.05$]。因此，企业声誉操控成功。

九是消费者对企业态度的检验。数据分析发现，消费者对企业态度在（非）经营相关负面新闻类型间程度中等且不存在显著差异[$M_{经营相关负面新闻}$ = 4.13，$M_{经营无关负面新闻}$ = 4.50；$F(1, 143) = 16.032$，$p = 0.111 > 0.05$]。因此，消费者对企业态度操控成功。

十是对被试者的情绪进行操控。两组被试者的情绪良好且不存在显著差异[$M_{经营相关负面新闻}$ = 5.08，$M_{经营无关负面新闻}$ = 5.02；$F(1, 143) = 18.625$，$p = 0.503 > 0.05$]。因此，被试者的情绪不会影响本次实验。

综上所述，正式调查操控成功，可以进行假设检验。

21.5.8.4 假设检验

假设 H2 推测，对于代言型企业家而言，发生与经营相关的负面新闻，相比于发生与经营无关的负面新闻，前者对企业品牌形象的负面影响程度高于后者。单因素方差分析显示，相比经营无关负面新闻，经营相关负面新闻组对企业品牌形象打分更低且存在显著差异[$M_{经营相关负面新闻}$ = 3.42，$M_{经营无关负面新闻}$ = 4.01；$F(1, 143) = 15.003$，$p = 0.004 < 0.05$]。因此，假设 H2 成立，假设 H2 得到第二次验证。

21.5.9 本章小结

本小节着重介绍了本章的研究设计，包括实验与调查设计、前测实验、正式实验、预调查、正式调查，描述了研究 2 的实证过程。

第一，实验与调查设计。本书采用实验法和调查法对研究 2 究进行验证。实验法与调查法同时采用，原因主要有三点。一是采用实验法与调查法对同一假设进行验证，研究结论的外部效度能得到提升。二是实验法中，代言型企业家均采用虚拟人物与虚拟事件，在调查法中，所有刺激物均是真实人物与真实事件，因此，能够拓宽外部效度。三是实验法所采用的均是学生样本，调查法问卷均经网络向样本发放，被试的样本来源完全随机，不受到人口统计学因素影响。因此，拓宽了外部效度。

第二，前测实验。前测主要在四川某高校进行，共有 60 人参加，一组人员（30 人）参加代言型企业家经营相关负面新闻组实验，一组人员（30 人）参加代言型企业家经营无关负面新闻组实验。前测样本中男生 35 人，女生 25 人，并且性别没有对其他变量认识造成显著影响（$p>0.05$）。前测实验结果显示刺激物设计有效，量表设计合理，可以进行正式实验。

第三，正式实验。正式实验主要在四川某高校进行，共对 168 名被试者进行实验，剔除甄别项填答错误、漏答题项等样本，最后获得有效样本 147 个，实验分为两组进行，分别为代言型企业家组和非代言型企业家组。其中男性 90 人，女性 57 人。样本的人口统计分布较为均衡。单因素方差分析显示，相比经营无关负面新闻，经营相关负面新闻组对企业品牌形象打分更低且存在显著差异[$M_{经营相关负面新闻}$ = 3.36，$M_{经营无关负面新闻}$ = 3.98；$F(1, 145) = 8.360$，$p = 0.032 < 0.05$]。因此，假设 H2 得到第一次验证。

第四，预调查。本书共邀请 58 人参与预调查，一组人员（30 人）参加经营相关负面新闻组调查，一组人员（28人）参加经营无关负面新闻组调查。预调查中男性22人，女生36人。预调查结果显示刺激物设计有效，量表设计合理，可以进行正式调查。

第五，正式调查。调查问卷均经网络向样本发放，被试的样本来源完全随机，不受到人口统计学因素影响，故可认为样本来源符合选取要求。剔除甄别项填答错误、漏答题项等样本，最后获得有效样本144个，调查分为两组进行，分别为经营无关负面新闻组和经营相关负面新闻组。其中男性58人，女性86人。样本的人口统计分布较为均衡。假设H2推测，对于代言型企业家而言，发生与经营相关的负面新闻，相比于发生与经营无关的负面新闻，前者对企业品牌形象的负面影响程度高于后者。单因素方差分析显示，相比经营无关负面新闻，经营相关负面新闻组对企业品牌形象打分更低且存在显著差异[$M_{经营相关负面新闻}=3.42$，$M_{经营无关负面新闻}=4.01$；$F(1, 143)=15.003$，$p=0.004<0.05$]。因此，假设H2成立，假设H2得到第二次验证。

21.6 实证3：基于利益相关者分类的代言型企业家经营相关负面新闻对企业品牌形象的影响

21.6.1 研究假设

根据利益相关者理论，Frederick（1988）从利益相关者对企业产生影响的方式来划分，将其分为直接的和间接的利益相关者。直接的利益相关者就是直接与企业发生市场交易关系的利益相关者，主要包括股东、企业员工、债权人、供应商、零售商、消费商、竞争者等；间接的利益相关者是与企业发生非市场关系的利益相关者，如中央政府、地方政府、外国政府、社会活动团体、媒体、一般公众等。基于此，本书认为，代言型企业家经营相关的负面新闻可以分为与消费者利益相关的经营相关负面新闻、与员工利益相关的经营相关负面新闻、与政府利益相关的经营相关负面新闻、与社会利益相关的经营相关负面新闻和与股东利益相关的经营相关负面新闻。

Artist（2000）从信息和整合视角（Informational and Integrative）出发，提出了一个理论框架——利己排他模型（Self-interest and Exclusive Model）。该模型最基本的假设是，消费者对信息的判断依赖于比较信息与自身之间的相关性，当比较信息与自身越相关时，消费者越容易启动自身利益判断，当比较信息与自身越不相关，消费者越容易启动排他利益判断。当启动自身利益判断时，消费者对信息态度的判断程度更高。当启动排他利益判断时，消费者对信息态度的判断程度越低。

根据利己排他模型，对于与自身相关度越高的信息，消费者对其态度更激烈。据此，本假设组将按照信息与消费者相关利益大小的顺序，对假设进行排序与比较。在五种基于利益相关者分类的代言型企业家经营相关的负面新闻而言，与股东利益相关的代言型企业家经营相关的负面新闻需要特别注意，因为具体来说，股民也属于股东的概念范畴当中，但在权力大小及市场地位等方面与大股东差别较大，因此，在本假设组当中，与股东（特指大股东）利益相关的代言型企业家经营相关的负面新闻和与股民利益相关的代言型企业家经营相关的负面新闻将被分开讨论。第一，与消费者利益相关的经营相关负面新闻指与消费者切身利益相关的负面新闻，如代言型企业家否认产品质量问题等，其与消费者相关程度最高；第二，股民作为消费者的一部分，其本身与消费者的经济利益有关，并且也会对非股民的普通消费者造成影响，因此其与消费者的相关程度次高；第三，与社会利益相关的经营相关负面新闻指代言型企业家发生的与社会公众利益相关的负面新闻，如代言型企业家拒绝公益行为等，该类负面新闻与社会公众利益与消费者相关，但是小于消费者自身利益与经济利益，因此其与消费者的相关程度第三高；第四，与政府利益相关的经营相关负面新闻，如代言型企业家偷税漏税等，与消费者关系不大，因此与消费者相关程度第四高，第五，与员工利益相关的经营相关负面新闻，该负面新闻属于企业内部的负面新闻，与消费者无关，消费者可能会基于同情心理对企业品牌形象产生负面评价，因此与消费者相关程度第五高；第六，与大股东相关的经营相关负面新闻，该负面新闻属于企业内部的负面新闻，与消费者无关，并且消费者对企业大股东无利益关系与特殊情感，因此与消费者相关程度最低。根据利己排他模型，消费者对代言型企业家的负面评价程度与负面新闻和消费者相关性有关，而根据意义迁移模型，企业品牌形象又与代言型企业家评价有关，因此，本书得出以下假设。

H3a：与股东（股民）、社会、政府、员工、股东（大股东）利益相关的经营相关负面新闻，相比于与消费者利益相关的经营相关负面新闻，后者对企业品牌形象的负面影响程度高于前者。

H3b：与社会、政府、员工、股东（大股东）利益相关的经营相关负面新闻，相比于与股东（股民）利益相关的经营相关负面新闻，后者对企业品牌形象的负面影响程度高于前者。

H3c：与政府、员工、股东（大股东）利益相关的经营相关负面新闻，相比于与社会利益相关的经营相关负面新闻，后者对企业品牌形象的负面影响程度高于前者。

H3d：与员工、股东（大股东）利益相关的经营相关负面新闻，相比于与政府利益相关的经营相关负面新闻，后者对企业品牌形象的负面影响程度高于前者。

H3e：与股东（大股东）利益相关的经营相关负面新闻，相比于与员工利益相关的经营相关负面新闻，后者对企业品牌形象的负面影响程度高于前者。

21.6.2　实验与调查设计

本书采用实验法和调查法对研究3进行验证。实验法与调查法同时采用，其原因主要有以下3点。

（1）采用实验法与调查法对同一假设进行验证，研究结论的外部效度能得到提升。

（2）实验法中，代言型企业家均采用虚拟人物与虚拟事件，在调查法中，所有刺激物均是真实人物与虚拟事件，因此能够拓宽外部效度。

（3）实验法所采用的均是学生样本，调查法问卷均经网络向样本发放，被试的样本来源完全随机，不受到人口统计学因素影响，因此拓宽了外部效度。

具体而言，首先是实验组与调查组设计。本书采用6（与消费者利益相关的经营相关负面新闻 vs 与股民利益相关的经营相关负面新闻 vs 与社会利益相关的经营相关负面新闻 vs 与政府利益相关的经营相关负面新闻 vs 与员工利益相关的经营相关负面新闻 vs 与股东利益相关的经营相关负面新闻）的实验组设计与调查组设计。

第一，代言型企业家刺激物。对于代言型企业家刺激物的设计，主要把握以下3个原则。

（1）在实验法中，企业家与企业均采用的是虚拟刺激物。为避免行业及产品属性对企业品牌的影响，因此本刺激物中会模糊该公司业务经营、行业属性等信息。

（2）在调查法中，企业家与企业均采用的是真实刺激物。为了保证刺激物的有效性，本书将对真实刺激物的企业家声誉、消费者对企业家态度、企业声誉、消费者对企业态度进行操控，保证其强度中等。

（3）代言型企业家刺激物设计的重点是构建企业家到企业的"强连接"与"强形象转移"。

第二，代言型企业家五类利益相关者的经营相关负面新闻刺激物。对于该刺激物的设计主要把握以下4个原则。

（1）保持指向利益相关者的负面新闻与企业的强联系。

（2）负面新闻的负面程度和熟悉度控制在中等。

（3）选取在该类指向中具有代表性的负面新闻。

（4）企业家负面新闻应充分展现"企业家参与""对企业家造成负面影响""该负面新闻归因于企业家"三个设计前提。

21.6.3　实验程序

实验在成都市某高校课堂进行，实验的研究环境均设置为大学课堂尾声，主要是为了保证在一个相对封闭、安静的环境下进行实验以减少外来干扰。所有被试者均为在校本科生。研究实验程序如下：首先进行前测实验,验证刺激物的有效性;其次进行正式实验,以检验研究假设。正式实验在前测实验一周后进行。问卷包括以下部分。

第一,刺激物描述。

第二,变量测量。

第三,人口统计特征题项。

21.6.4 前测实验

21.6.4.1 前测实验样本

前测主要在四川某高校进行,共有190人参加,一组人员(32人)参加与消费者利益相关的经营相关负面新闻组实验,一组人员(30人)参加与股东(股民)利益相关的经营相关负面新闻组实验,一组人员(33人)参加与社会利益相关的经营相关负面新闻组实验,一组人员(31人)参加与政府利益相关的经营相关负面新闻组实验,一组人员(32人)参加与员工利益相关的经营相关负面新闻组实验,一组人员(32人)参加与股东(大股东)利益相关的经营相关负面新闻组实验。前测样本中男生80人,女生110人,并且性别没有对其他变量认识造成显著影响(p>0.05)。

为了检验性别是否会显著影响研究变量和操控变量,本书采取单因素方差分析进行检验,结果显示性别差异没有对各种变量造成显著影响(P>0.05)。

21.6.4.2 前测实验测量质量

测项信度分析(Cronbach's α)显示,代言型企业家判断的信度为0.820,企业家负面新闻判断的信度为0.833,负面新闻涉入度信度为0.801,负面新闻程度的信度为0.800,企业家声誉的信度为0.785,消费者对企业家态度的信度为0.766,企业声誉的信度为0.795,消费者对企业态度的信度为0.745,企业品牌形象的信度为0.799,与消费者利益相关的经营相关负面新闻信度为0.781,与股东(股民)利益相关的经营相关负面新闻信度为0.842,与社会利益相关的经营相关负面新闻信度为0.804,与政府利益相关的经营相关负面新闻信度为0.824,与员工利益相关的经营相关负面新闻信度为0.800,与股东(大股东)利益相关的经营相关负面新闻信度为0.842,整体量表信度为0.808,前测实验表明,本书信度较高。由于本书量表均参考前人的成熟量表,因此量表效度有保障。

21.6.4.3 前测结果

一是代言型企业家的判断。单因素方差分析发现,对代言型企业家的判断在指向不同利益相关者相关负面新闻组间不存在显著差异[$M_{与消费者利益相关的经营相关负面新闻}=4.58$,$M_{与股东(股民)利益相关的经营相关负面新闻}=4.36$,$M_{与社会利益相关的经营相关负面新闻}=4.30$,$M_{与政府利益相关的经营相关负面新闻}=4.68$,$M_{与员工利益相关的经营相关负面新闻}=4.52$,$M_{与股东(大股东)利益相关的经营相关负面新闻}=4.33$;$F(5,184)=14.032$,$p=0.102>0.05$]。因此,代言型企业家操控成功。

二是企业家负面新闻判断。单因素方差分析发现,对负面新闻的判断六组均大于平均值且不存在显著差异,因此,负面新闻操控成功[$M_{与消费者利益相关的经营相关负面新闻}=4.96$,$M_{与股东(股民)利益相关的经营相关负面新闻}=4.67$,$M_{与社会利益相关的经营相关负面新闻}=4.98$,$M_{与政府利益相关的经营相关负面新闻}=4.77$,$M_{与员工利益相关的经营相关负面新闻}=4.58$,$M_{与股东(大股东)利益相关的经营相关负面新闻}=4.49$;$F(5,184)=8.023$,$p=0.082>0.05$]。

三是负面新闻涉入度检验。单因素方差分析发现,负面新闻涉入度在指向不同利益相关者相关负面新闻组间程度中等且不存在显著差异[$M_{与消费者利益相关的经营相关负面新闻}=4.65$,$M_{与股东(股民)利益相关的经营相关负面新闻}=4.96$,$M_{与社会利益相关的经营相关负面新闻}=4.68$,$M_{与政府利益相关的经营相关负面新闻}=4.85$,$M_{与员工利益相关的经营相关负面新闻}=4.70$,$M_{与股东(大股东)利益相关的经营相关负面新闻}=4.36$;$F(5,184)=16.002$,$p=0.201>0.05$]。因此,负面新闻涉入度操控成功。

四是负面新闻程度的检验。单因素方差分析发现,负面新闻程度在指向不同利益相关者相关负面新闻组间程度中等且不存在显著差异 [M_{与消费者利益相关的经营相关负面新闻} = 4.46, M_{与股东（股民）利益相关的经营相关负面新闻} = 4.37, M_{与社会利益相关的经营相关负面新闻} = 4.26, M_{与政府利益相关的经营相关负面新闻} = 4.69, M_{与员工利益相关的经营相关负面新闻} = 4.65, M_{与股东（大股东）利益相关的经营相关负面新闻} = 4.33; $F(5, 184) = 5.223$, $p = 0.509 > 0.05$]。因此，负面新闻程度操控成功。

五是企业家声誉的检验。单因素方差分析发现，企业家声誉在指向不同利益相关者相关负面新闻组间程度中等且不存在显著差异 [M_{与消费者利益相关的经营相关负面新闻} = 4.85, M_{与股东（股民）利益相关的经营相关负面新闻} = 4.36, M_{与社会利益相关的经营相关负面新闻} = 4.56, M_{与政府利益相关的经营相关负面新闻} = 4.56, M_{与员工利益相关的经营相关负面新闻} = 4.77, M_{与股东（大股东）利益相关的经营相关负面新闻} = 4.82; $F(5, 184) = 19.029$, $p = 0.059 > 0.05$]。因此，企业家声誉操控成功。

六是消费者对企业家态度的检验。单因素方差分析发现，消费者对企业家态度在指向不同利益相关者相关负面新闻组间程度中等且不存在显著差异 [M_{与消费者利益相关的经营相关负面新闻} = 4.63, M_{与股东（股民）利益相关的经营相关负面新闻} = 4.45, M_{与社会利益相关的经营相关负面新闻} = 4.56, M_{与政府利益相关的经营相关负面新闻} = 4.85, M_{与员工利益相关的经营相关负面新闻} = 4.68, M_{与股东（大股东）利益相关的经营相关负面新闻} = 4.44; $F(5, 184) = 18.005$, $p = 0.100 > 0.05$]。因此，消费者对企业家态度操控成功。

七是企业声誉的检验。单因素方差分析发现，企业声誉在指向不同利益相关者相关负面新闻组间程度中等且不存在显著差异 [M_{与消费者利益相关的经营相关负面新闻} = 4.66, M_{与股东利益相关的经营相关负面新闻} = 4.58, M_{与社会利益相关的经营相关负面新闻} = 4.98, M_{与政府利益相关的经营相关负面新闻} = 4.77, M_{与员工利益相关的经营相关负面新闻} = 4.58, M_{与股东（大股东）利益相关的经营相关负面新闻} = 4.52; $F(5, 184) = 11.055$, $p = 0.067 > 0.05$]。因此，企业声誉操控成功。

八是消费者对企业态度的检验。单因素方差分析发现，消费者对企业态度在指向不同利益相关者相关负面新闻组间程度中等且不存在显著差异 [M_{与消费者利益相关的经营相关负面新闻} = 4.85, M_{与股东利益相关的经营相关负面新闻} = 4.77, M_{与社会利益相关的经营相关负面新闻} = 4.85, M_{与政府利益相关的经营相关负面新闻} = 4.66, M_{与员工利益相关的经营相关负面新闻} = 4.85, M_{与股东（大股东）利益相关的经营相关负面新闻} = 4.55; $F(5, 184) = 5.320$, $p = 0.888 > 0.05$]。因此，消费者对企业态度操控成功。

九是与消费者利益相关的经营相关负面新闻的检验。通过题项得分均值与中间值（4分）做单样本T检验发现，与消费者利益相关的经营相关负面新闻得分均值显著高于中间值（4分）[M_{与消费者利益相关的经营相关负面新闻} = 4.85, $SD = 0.81$, $t = 12.93$, $p = 0.033 < 0.05$]。因此，与消费者利益相关的经营相关负面新闻操控成功。

十是与股东（股民）利益相关的经营相关负面新闻的检验。通过题项得分均值与中间值（4分）做单样本T检验发现，与股东（股民）利益相关的经营相关负面新闻得分均值显著高于中间值（4分）[M_{与股东利益相关的经营相关负面新闻} = 4.78, $SD = 0.69$, $t = 13.88$, $p = 0.012 < 0.05$]。因此，与股东（股民）利益相关的经营相关负面新闻操控成功。

十一是与社会利益相关的经营相关负面新闻的检验。通过题项得分均值与中间值（4分）做单样本T检验发现，与社会利益相关的经营相关负面新闻得分均值显著高于中间值（4分）[M_{与社会利益相关的经营相关负面新闻} = 4.88, $SD = 1.26$, $t = 15.02$, $p = 0.002 < 0.05$]。因此，与社会利益相关的经营相关负面新闻操控成功。

十二是与政府利益相关的经营相关负面新闻的检验。通过题项得分均值与中间值（4分）做单样本T检验发现，与政府利益相关的经营相关负面新闻得分均值显著高于中间值（4分）[M_{与政府利益相关的经营相关负面新闻} = 4.77, $SD = 1.00$, $t = 18.33$, $p = 0.045 < 0.05$]。因此，与政府利益相关的经营相关负面新闻操控成功。

十三是与员工利益相关的经营相关负面新闻的检验。通过题项得分均值与中间值（4分）做单样本T检验发现，与员工利益相关的经营相关负面新闻得分均值显著高于中间值（4分）[M_{与员工利益相关的经营相关负面新闻} = 4.54, $SD = 0.75$, $t = 13.12$, $p = 0.005 < 0.05$]。因此，与员工利益相关的经营相关负面新闻操控成功。

十四是与股东（大股东）利益相关的经营相关负面新闻的检验。通过题项得分均值与中间值（4分）

做单样本T检验发现，与股东（大股东）利益相关的经营相关负面新闻得分均值显著高于中间值（4分）[$M_{与股东（大股东）利益相关的经营相关负面新闻}$ = 4.52，SD = 0.88，t = 13.47，p = 0.002 < 0.05]。因此，与股东（大股东）利益相关的经营相关负面新闻操控成功。

综上所述，刺激物设计成功，量表设计合理，可以进行正式实验。

21.6.5 正式实验

21.6.5.1 正式实验样本

正式实验主要在四川某高校进行，共对350名被试者进行实验，剔除甄别项填答错误、漏答题项等样本，最后获得有效样本317个，其中，一组人员（54人）参加与消费者利益相关的经营相关负面新闻组实验，一组人员（53人）参加与股东（股民）利益相关的经营相关负面新闻组实验，一组人员（53人）参加与社会利益相关的经营相关负面新闻组实验，一组人员（50人）参加与政府利益相关的经营相关负面新闻组实验，一组人员（54人）参加与员工利益相关的经营相关负面新闻组实验，一组人员（53人）参加与股东（大股东）利益相关的经营相关负面新闻组实验。前测样本中男生154人，女生163人，并且性别没有对其他变量认识造成显著影响（p>0.05），如表21-12所示。

表21-12 正式实验样本性别分布

性别	频率	百分比/%	有效百分比/%	累积百分比/%
男	154	48.5	48.5	48.5
女	163	51.5	51.5	100.0
合计	317	100.0	100.0	

为了检验性别是否会显著影响研究变量和操控变量，本书采取单因素方差分析进行检验，结果显示性别差异没有对各种变量造成显著影响（P>0.05），如表21-13所示。

表21-13 性别对各变量均值影响

		平方和	df	均方	F	显著性
代言型企业家判断	组间	27.354	1	6.838	3.179	0.078
	组内	157.045	315	2.151		
	总数	184.398	316			
企业家负面新闻判断	组间	17.950	1	4.487	1.728	0.153
	组内	189.550	315	2.597		
	总数	207.499	316			
负面新闻涉入度	组间	5.992	1	1.498	0.477	0.753
	组内	229.380	315	3.142		
	总数	235.372	316			
负面新闻程度	组间	2.723	1	0.681	0.288	0.885
	组内	172.572	315	2.364		
	总数	175.295	316			
企业家声誉	组间	14.607	1	3.652	1.001	0.413
	组内	266.264	315	3.647		
	总数	280.872	316			
企业家态度	组间	9.337	1	2.334	0.794	0.533
	组内	214.550	315	2.939		
	总数	223.887	316			
企业声誉	组间	2.989	1	0.747	0.475	0.754
	组内	206.365	315	1.336		
	总数	210.225	316			

续表

		平方和	df	均方	F	显著性
企业态度	组间	3.043	1	3.043	1.360	0.244
	组内	380.429	315	2.238		
	总数	383.472	316			
企业品牌形象	组间	1.127	1	1.127	0.335	0.563
	组内	282.314	315	3.363		
	总数	283.441	316			
与消费者利益相关的经营相关负面新闻	组间	2.010	1	2.010	1.025	0.312
	组内	320.330	52	1.962		
	总数	325.340	53			
与股东（股民）利益相关的经营相关负面新闻	组间	0.033	1	0.033	0.009	0.926
	组内	183.405	51	3.893		
	总数	183.438	52			
与社会利益相关的经营相关负面新闻	组间	1.678	1	1.678	0.849	0.358
	组内	300.835	51	1.976		
	总数	302.513	52			
与政府利益相关的经营相关负面新闻	组间	0.724	1	0.724	0.072	0.788
	组内	143.153	48	10.010		
	总数	143.878	49			
与员工利益相关的经营相关负面新闻	组间	0.031	1	0.031	0.016	0.899
	组内	287.888	52	1.934		
	总数	287.919	53			
与股东（大股东）利益相关的经营相关负面新闻	组间	0.752	1	0.336	0.045	0.054
	组内	193.256	52	1.558		
	总数	194.336	53			

21.6.5.2 正式实验测量质量

测项信度分析（Cronbach's α）显示，代言型企业家判断的信度为0.832，企业家负面新闻判断的信度为0.811，负面新闻涉入度信度为0.781，负面新闻程度的信度为0.780，企业家声誉的信度为0.805，消费者对企业家态度的信度为0.816，企业声誉的信度为0.875，消费者对企业态度的信度为0.775，企业品牌形象的信度为0.788，与消费者利益相关的经营相关负面新闻信度为0.801，与股东（股民）利益相关的经营相关负面新闻信度为0.802，与社会利益相关的经营相关负面新闻信度为0.794，与政府利益相关的经营相关负面新闻信度为0.800，与员工利益相关的经营相关负面新闻信度为0.800，与股东（大股东）利益相关的经营相关负面新闻信度为0.832，整体量表信度为0.799，前测实验表明，本书信度较高。由于本书量表均参考前人的成熟量表，因此量表效度有保障。

21.6.5.3 操控检验

一是代言型企业家的判断。数据分析发现，对代言型企业家的判断在指向不同利益相关者相关负面新闻组间不存在显著差异 [$M_{与消费者利益相关的经营相关负面新闻}$ = 4.33，$M_{与股东（股民）利益相关的经营相关负面新闻}$ = 4.53，$M_{与社会利益相关的经营相关负面新闻}$ = 4.43，$M_{与政府利益相关的经营相关负面新闻}$ = 4.68，$M_{与员工利益相关的经营相关负面新闻}$ = 4.52，$M_{与股东（大股东）利益相关的经营相关负面新闻}$ = 4.48；$F(5, 312) = 8.036$，$p = 0.224 > 0.05$]。因此，代言型企业家操控成功。

二是企业家负面新闻判断。数据分析发现，对负面新闻的判断六组均大于平均值且不存在显著差异，因此，负面新闻操控成功 [$M_{与消费者利益相关的经营相关负面新闻}$ = 4.90，$M_{与股东（股民）利益相关的经营相关负面新闻}$ = 4.84，$M_{与社会利益相关的经营相关负面新闻}$ = 4.80，$M_{与政府利益相关的经营相关负面新闻}$ = 4.77，$M_{与员工利益相关的经营相关负面新闻}$ = 4.58，

M$_{与股东（大股东）利益相关的经营相关负面新闻}$ = 4.33；F(5, 312) = 14.332，p = 0.052 > 0.05]。

三是负面新闻涉入度检验。数据分析发现，负面新闻涉入度在指向不同利益相关者经营相关负面新闻组间程度中等且不存在显著差异[M$_{与消费者利益相关的经营相关负面新闻}$ = 4.20，M$_{与股东（股民）利益相关的经营相关负面新闻}$ = 4.44，M$_{与社会利益相关的经营相关负面新闻}$ = 4.30，M$_{与政府利益相关的经营相关负面新闻}$ = 4.85，M$_{与员工利益相关的经营相关负面新闻}$ = 4.70，M$_{与股东（大股东）利益相关的经营相关负面新闻}$ = 4.35；F(5, 312) = 11.885，p = 0.066 > 0.05]。因此，负面新闻涉入度操控成功。

四是负面新闻程度的检验。数据分析发现，负面新闻程度在指向不同利益相关者经营相关负面新闻组间程度中等且不存在显著差异[M$_{与消费者利益相关的经营相关负面新闻}$ = 4.12，M$_{与股东利益相关的经营相关负面新闻}$ = 4.24，M$_{与社会利益相关的经营相关负面新闻}$ = 4.20，M$_{与政府利益相关的经营相关负面新闻}$ = 4.69，M$_{与员工利益相关的经营相关负面新闻}$ = 4.65，M$_{与股东（大股东）利益相关的经营相关负面新闻}$ = 4.44；F(5, 312) = 15.087，p = 0.055 > 0.05]。因此，负面新闻程度操控成功。

五是企业家声誉的检验。数据分析发现，企业家声誉在指向不同利益相关者相关负面新闻组间程度中等且不存在显著差异[M$_{与消费者利益相关的经营相关负面新闻}$ = 4.84，M$_{与股东（股民）利益相关的经营相关负面新闻}$ = 4.99，M$_{与社会利益相关的经营相关负面新闻}$ = 4.91，M$_{与政府利益相关的经营相关负面新闻}$ = 4.75，M$_{与员工利益相关的经营相关负面新闻}$ = 4.66，M$_{与股东（大股东）利益相关的经营相关负面新闻}$ = 4.85；F(5, 312) = 11.022，p = 0.059 > 0.05]。因此，企业家声誉操控成功。

六是消费者对企业家态度的检验。数据分析发现，消费者对企业家态度在指向不同利益相关者相关负面新闻组间程度中等且不存在显著差异[M$_{与消费者利益相关的经营相关负面新闻}$ = 4.52，M$_{与股东（股民）利益相关的经营相关负面新闻}$ = 4.63，M$_{与社会利益相关的经营相关负面新闻}$ = 4.88，M$_{与政府利益相关的经营相关负面新闻}$ = 4.63，M$_{与员工利益相关的经营相关负面新闻}$ = 4.44，M$_{与股东（大股东）利益相关的经营相关负面新闻}$ = 4.33；F(5, 312) = 22.145，p = 0.068 > 0.05]。因此，消费者对企业家态度操控成功。

七是企业声誉的检验。数据分析发现，企业声誉在指向不同利益相关者相关负面新闻组间程度中等且不存在显著差异[M$_{与消费者利益相关的经营相关负面新闻}$ = 4.66，M$_{与股东（股民）利益相关的经营相关负面新闻}$ = 4.55，M$_{与社会利益相关的经营相关负面新闻}$ = 4.66，M$_{与政府利益相关的经营相关负面新闻}$ = 4.44，M$_{与员工利益相关的经营相关负面新闻}$ = 4.69，M$_{与股东（大股东）利益相关的经营相关负面新闻}$ = 4.58；F(5, 312) = 19.663，p = 0.087 > 0.05]。因此，企业声誉操控成功。

八是消费者对企业态度的检验。数据分析发现，消费者对企业态度在指向不同利益相关者相关负面新闻组间程度中等且不存在显著差异[M$_{与消费者利益相关的经营相关负面新闻}$ = 4.38，M$_{与股东（股民）利益相关的经营相关负面新闻}$ = 4.15，M$_{与社会利益相关的经营相关负面新闻}$ = 4.42，M$_{与政府利益相关的经营相关负面新闻}$ = 4.28，M$_{与员工利益相关的经营相关负面新闻}$ = 4.33，M$_{与股东（大股东）利益相关的经营相关负面新闻}$ = 4.63；F(5, 312) = 15.114，p = 0.474 > 0.05]。因此，消费者对企业态度操控成功。

九是与消费者利益相关的经营相关负面新闻的检验。通过题项得分均值与中间值（4分）做单样本T检验发现，与消费者利益相关的经营相关负面新闻得分均值显著高于中间值（4分）[M$_{与消费者利益相关的经营相关负面新闻}$ = 4.75，SD=1.20，t=9.82，p=0.005<0.05]。因此，与消费者利益相关的经营相关负面新闻操控成功。

十是与股东（股民）利益相关的经营相关负面新闻的检验。通过题项得分均值与中间值（4分）做单样本T检验发现，与股东利益相关的经营相关负面新闻得分均值显著高于中间值（4分）[M$_{与股东（股民）利益相关的经营相关负面新闻}$ = 4.88，SD = 0.86，t = 17.99，p = 0.002 < 0.05]。因此，与股东（股民）利益相关的经营相关负面新闻操控成功。

十一是与社会利益相关的经营相关负面新闻的检验。通过题项得分均值与中间值（4分）做单样本T检验发现，与社会利益相关的经营相关负面新闻得分均值显著高于中间值（4分）[M$_{与社会利益相关的经营相关负面新闻}$ = 4.71，SD=0.99，t=18.44，p=0.007<0.05]。因此，与社会利益相关的经营相关负面新闻操控成功。

十二是与政府利益相关的经营相关负面新闻的检验。通过题项得分均值与中间值（4分）做单样本T检验发现，与政府利益相关的经营相关负面新闻得分均值显著高于中间值（4分）[M_{与政府利益相关的经营相关负面新闻} = 4.87，SD = 1.84，t = 15.32，p = 0.005 < 0.05]。因此，与政府利益相关的经营相关负面新闻操控成功。

十三是与员工利益相关的经营相关负面新闻的检验。通过题项得分均值与中间值（4分）做单样本 T 检验发现，与员工利益相关的经营相关负面新闻得分均值显著高于中间值（4分）[M_{与员工利益相关的经营相关负面新闻} = 4.81，SD = 0.82，t = 19.14，p = 0.047<0.05]。因此，与员工利益相关的经营相关负面新闻操控成功。

十四是与股东（大股东）利益相关的经营相关负面新闻的检验。通过题项得分均值与中间值（4分）做单样本 T 检验发现，与股东（大股东）利益相关的经营相关负面新闻得分均值显著高于中间值（4分）[M_{与股东（大股东）利益相关的经营相关负面新闻} = 4.63，SD = 0.54，t = 14.25，p = 0.007 < 0.05]。因此，与股东（大股东）利益相关的经营相关负面新闻操控成功。

十五是对被试者的情绪进行操控。六组被试者的情绪良好且不存在显著差异[F(5，312) = 12.225，p = 0.077 > 0.05]。因此，被试者的情绪不会影响本次实验。

综上所述，正式实验操控成功，可以进行假设检验。

21.6.5.4 假设检验

单因素方差分析显示，相比于其他五组，与消费者利益相关的经营相关负面新闻组对企业品牌形象评分更低且差异显著[M_{与消费者利益相关的经营相关负面新闻} = 2.98，M_{与股东（股民）利益相关的经营相关负面新闻} = 3.28，M_{与社会利益相关的经营相关负面新闻} = 3.50，M_{与政府利益相关的经营相关负面新闻} = 3.67，M_{与员工利益相关的经营相关负面新闻} = 3.78，M_{与股东（大股东）利益相关的经营相关负面新闻} = 4.02；F(5，3120 = 25.336，p = 0.007 < 0.05]，因此，假设 H3a 得到验证。

单因素方差分析显示，相比于其他四组，与股东（股民）利益相关的经营相关负面新闻组对企业品牌形象评分更低且差异显著[M_{与股东利益相关的经营相关负面新闻} = 3.28，M_{与社会利益相关的经营相关负面新闻} = 3.50，M_{与政府利益相关的经营相关负面新闻} = 3.67，M_{与员工利益相关的经营相关负面新闻} = 3.78，M_{与股东（大股东）利益相关的经营相关负面新闻} = 4.02；F(4，258) = 12.336，p = 0.003 < 0.05]，因此，假设 H3b 得到验证。

单因素方差分析显示，相比于其他三组，与社会利益相关的经营相关负面新闻组对企业品牌形象评分更低且差异显著[M_{与社会利益相关的经营相关负面新闻} = 3.50，M_{与政府利益相关的经营相关负面新闻} = 3.67，M_{与员工利益相关的经营相关负面新闻} = 3.78，M_{与股东（大股东）利益相关的经营相关负面新闻} = 4.02；F(3，206) = 16.325，p = 0.035 < 0.05]，因此，假设 H3c 得到验证。

单因素方差分析显示，相较于与员工、股东（大股东）利益相关的经营相关负面新闻组，与政府利益相关的经营相关负面新闻组对企业品牌形象评分更低且差异显著[M_{与政府利益相关的经营相关负面新闻} = 3.67，M_{与员工利益相关的经营相关负面新闻} = 3.78，M_{与股东（大股东）利益相关的经营相关负面新闻} = 4.02；F(2，154) = 14.256，p = 0.045 < 0.05]。因此，假设 H3d 得到验证。

单因素方差分析显示，相较于与股东（大股东）利益相关的经营相关负面新闻组，与员工利益相关的经营相关负面新闻组对企业品牌形象评分更低且差异显著[M_{与员工利益相关的经营相关负面新闻} = 3.78，M_{与股东（大股东）利益相关的经营相关负面新闻} = 4.02；F(1，102) = 12.336，p = 0.005 < 0.05]。因此，假设 H3e 得到验证。

为了保证研究结论的外部效度，本书采用调查法对实证3进行重复检验。

21.6.6 调查程序

调查问卷均经网络向样本发放，被试的样本来源完全随机，不受到人口统计学因素影响，故可认为样本来源符合选取要求。调查程序如下：首先进行预调查，验证刺激物的有效性，然后进行正式调查，以检验研究假设。正式文本包括以下部分。

第一，刺激物描述。

第二，变量测量。

第三，人口统计特征题项。

21.6.7 预调查

21.6.7.1 预调查样本

共有192人参加，一组人员（30人）参加与消费者利益相关的经营相关负面新闻组调查，一组人员（30人）参加与股东（股民）利益相关的经营相关负面新闻组调查，一组人员（36人）参加与社会利益相关的经营相关负面新闻组调查，一组人员（34人）参加与政府利益相关的经营相关负面新闻组调查，一组人员（32人）参加与员工利益相关的经营相关负面新闻组调查，一组人员（30人）参加与股东（大股东）利益相关的经营相关负面新闻组调查。预调查样本中男生93人，女生99人，并且性别没有对其他变量认识造成显著影响（$p>0.05$）。

为了检验性别是否会显著影响研究变量和操控变量，本书采取单因素方差分析进行检验，结果显示性别差异没有对各种变量造成显著影响（$P>0.05$）。

21.6.7.2 预调查测量质量

测项信度分析（Cronbach's α）显示，代言型企业家判断的信度为0.780，企业家负面新闻判断的信度为0.783，负面新闻涉入度信度为0.791，负面新闻程度的信度为0.806，企业家声誉的信度为0.785，消费者对企业家态度的信度为0.758，企业声誉的信度为0.815，消费者对企业态度的信度为0.815，企业品牌形象的信度为0.822，与消费者利益相关的经营相关负面新闻信度为0.813，与股东（股民）利益相关的经营相关负面新闻信度为0.811，与社会利益相关的经营相关负面新闻信度为0.826，与政府利益相关的经营相关负面新闻信度为0.814，与员工利益相关的经营相关负面新闻信度为0.780，与股东（大股东）利益相关的经营相关负面新闻信度为0.791，整体量表信度为0.788，预调查表明，本书信度较高。由于本书量表均参考前人的成熟量表，因此量表效度有保障。

21.6.7.3 预调查结果

一是代言型企业家的判断。数据分析发现，对代言型企业家的判断在指向不同利益相关者相关负面新闻组间不存在显著差异[$M_{与消费者利益相关的经营相关负面新闻}=4.60$，$M_{与股东（股民）利益相关的经营相关负面新闻}=4.57$，$M_{与社会利益相关的经营相关负面新闻}=4.62$，$M_{与政府利益相关的经营相关负面新闻}=4.66$，$M_{与员工利益相关的经营相关负面新闻}=4.72$，$M_{与股东（大股东）利益相关的经营相关负面新闻}=4.55$；$F(5,186)=7.226$，$p=0.52>0.05$]。因此，代言型企业家操控成功。

二是企业家负面新闻判断。数据分析发现，对负面新闻的判断六组均大于平均值且不存在显著差异，因此，负面新闻操控成功[$M_{与消费者利益相关的经营相关负面新闻}=4.55$，$M_{与股东（股民）利益相关的经营相关负面新闻}=4.36$，$M_{与社会利益相关的经营相关负面新闻}=4.68$，$M_{与政府利益相关的经营相关负面新闻}=4.44$，$M_{与员工利益相关的经营相关负面新闻}=4.68$，$M_{与股东（大股东）利益相关的经营相关负面新闻}=4.46$；$F(5,186)=15.003$，$p=0.090>0.05$]。

三是负面新闻涉入度检验。数据分析发现，负面新闻涉入度在指向不同利益相关者相关负面新闻组间程度中等且不存在显著差异[$M_{与消费者利益相关的经营相关负面新闻}=4.55$，$M_{与股东（股民）利益相关的经营相关负面新闻}=4.55$，$M_{与社会利益相关的经营相关负面新闻}=4.44$，$M_{与政府利益相关的经营相关负面新闻}=4.35$，$M_{与员工利益相关的经营相关负面新闻}=4.55$，$M_{与股东（大股东）利益相关的经营相关负面新闻}=4.57$；$F(5,186)=22.914$，$p=0.490>0.05$]。因此，负面新闻涉入度操控成功。

四是负面新闻程度的检验。数据分析发现，负面新闻程度在指向不同利益相关者相关负面新闻组间程度中等且不存在显著差异[$M_{与消费者利益相关的经营相关负面新闻}=4.71$，$M_{与股东（股民）利益相关的经营相关负面新闻}=4.77$，$M_{与社会利益相关的经营相关负面新闻}=4.85$，$M_{与政府利益相关的经营相关负面新闻}=4.71$，$M_{与员工利益相关的经营相关负面新闻}=4.85$，$M_{与股东（大股东）利益相关的经营相关负面新闻}=4.66$；$F(5,186)=18.336$，$p=0.422>0.05$]。因此，负面新闻程度操控成功。

五是企业家声誉的检验。数据分析发现，企业家声誉在指向不同利益相关者相关负面新闻组间程度中等且不存在显著差异[M$_{与消费者利益相关的经营相关负面新闻}$ = 4.50,M$_{与股东（股民）利益相关的经营相关负面新闻}$ = 4.56,M$_{与社会利益相关的经营相关负面新闻}$ = 4.50,M$_{与政府利益相关的经营相关负面新闻}$ = 4.51,M$_{与员工利益相关的经营相关负面新闻}$ = 4.68,M$_{与股东（大股东）利益相关的经营相关负面新闻}$ = 4.56;F(5,186) = 13.221,p = 0.088 > 0.05]。因此，企业家声誉操控成功。

六是消费者对企业家态度的检验。数据分析发现，消费者对企业家态度在指向不同利益相关者相关负面新闻组间程度中等且不存在显著差异[M$_{与消费者利益相关的经营相关负面新闻}$ = 4.00,M$_{与股东（股民）利益相关的经营相关负面新闻}$ = 4.28,M$_{与社会利益相关的经营相关负面新闻}$ = 4.36,M$_{与政府利益相关的经营相关负面新闻}$ = 4.42,M$_{与员工利益相关的经营相关负面新闻}$ = 4.33,M$_{与股东（大股东）利益相关的经营相关负面新闻}$ = 4.56;F(5,186) = 28.002,p = 0.226 > 0.05]。因此，消费者对企业家态度操控成功。

七是企业声誉的检验。数据分析发现，企业声誉在指向不同利益相关者相关负面新闻组间程度中等且不存在显著差异[M$_{与消费者利益相关的经营相关负面新闻}$ = 4.25,M$_{与股东（股民）利益相关的经营相关负面新闻}$ = 4.33,M$_{与社会利益相关的经营相关负面新闻}$ = 4.26,M$_{与政府利益相关的经营相关负面新闻}$ = 4.44,M$_{与员工利益相关的经营相关负面新闻}$ = 4.36,M$_{与股东（大股东）利益相关的经营相关负面新闻}$ = 4.48;F(5,186) = 9.336,p = 0.092 > 0.05]。因此，企业声誉操控成功。

八是消费者对企业态度的检验。数据分析发现，消费者对企业态度在指向不同利益相关者相关负面新闻组间程度中等且不存在显著差异[M$_{与消费者利益相关的经营相关负面新闻}$ = 4.28,M$_{与股东（股民）利益相关的经营相关负面新闻}$ = 4.44,M$_{与社会利益相关的经营相关负面新闻}$ = 4.36,M$_{与政府利益相关的经营相关负面新闻}$ = 4.55,M$_{与员工利益相关的经营相关负面新闻}$ = 4.45,M$_{与股东（大股东）利益相关的经营相关负面新闻}$ = 4.48;F(5,186) = 15.099,p = 0.637 > 0.05]。因此，消费者对企业态度操控成功。

九是与消费者利益相关的经营相关负面新闻的检验。通过题项得分均值与中间值（4分）做单样本T检验发现，与消费者利益相关的经营相关负面新闻得分均值显著高于中间值（4分）[M$_{与消费者利益相关的经营相关负面新闻}$ = 4.83,SD = 1.71,t = 17.25,p = 0.000 < 0.05]。因此，与消费者利益相关的经营相关负面新闻操控成功。

十是与股东（股民）利益相关的经营相关负面新闻的检验。通过题项得分均值与中间值（4分）做单样本T检验发现，与股东（股民）利益相关的经营相关负面新闻得分均值显著高于中间值（4分）[M$_{与股东（股民）利益相关的经营相关负面新闻}$ = 4.73,SD = 1.86,t = 18.02,p = 0.012 < 0.05]。因此，与股东（股民）利益相关的经营相关负面新闻操控成功。

十一是与社会利益相关的经营相关负面新闻的检验。通过题项得分均值与中间值（4分）做单样本T检验发现，与社会利益相关的经营相关负面新闻得分均值显著高于中间值（4分）[M$_{与社会利益相关的经营相关负面新闻}$ = 4.81,SD = 1.39,t = 18.30,p = 0.007 < 0.05]。因此，与社会利益相关的经营相关负面新闻操控成功。

十二是与政府利益相关的经营相关负面新闻的检验。通过题项得分均值与中间值（4分）做单样本T检验发现，与政府利益相关的经营相关负面新闻得分均值显著高于中间值（4分）[M$_{与政府利益相关的经营相关负面新闻}$ = 4.91,SD = 1.33,t = 16.21,p = 0.005 < 0.05]。因此，与政府利益相关的经营相关负面新闻操控成功。

十三是与员工利益相关的经营相关负面新闻的检验。通过题项得分均值与中间值（4分）做单样本T检验发现，与员工利益相关的经营相关负面新闻得分均值显著高于中间值（4分）[M$_{与员工利益相关的经营相关负面新闻}$ = 5.01,SD = 0.78,t = 19.10,p = 0.007 < 0.05]。因此，与员工利益相关的经营相关负面新闻操控成功。

十四是与股东（大股东）利益相关的经营相关负面新闻的检验。通过题项得分均值与中间值（4分）做单样本T检验发现，与股东（大股东）利益相关的经营相关负面新闻得分均值显著高于中间值（4分）[M$_{与股东（大股东）利益相关的经营相关负面新闻}$ = 4.77,SD = 0.54,t = 16.33,p = 0.035 < 0.05]。因此，与股东（大股东）利益相关的经营相关负面新闻操控成功。

综上所述，刺激物设计成功，量表设计合理，可以进行正式调查。

21.6.8 正式调查

21.6.8.1 正式调查样本

调查问卷均经网络向样本发放，被试的样本来源完全随机，不受到人口统计学因素影响，故可认为样本来源符合选取要求。剔除甄别项填答错误、漏答题项等样本，最后获得有效样本 328 个，调查分为五组进行，一组人员（56 人）参加与消费者利益相关的经营相关负面新闻组实验，一组人员（61 人）参加与股东（股民）利益相关的经营相关负面新闻组实验，一组人员（58 人）参加与社会利益相关的经营相关负面新闻组实验，一组人员（53 人）参加与政府利益相关的经营相关负面新闻组实验，一组人员（50 人）参加与员工利益相关的经营相关负面新闻组实验，一组人员（50 人）参加与股东（大股东）利益相关的经营相关负面新闻组实验。其中男性 146 人，女性 182 人。样本的人口统计分布较为均衡，并且性别没有对其他变量认识造成显著影响（p>0.05），如表 21-14 所示。

表 21-14 正式实验样本性别分布

性别	频率	百分比 /%	有效百分比 /%	累积百分比 /%
男	146	44.5	44.5	44.5
女	182	55.5	55.5	100.0
合计	328	100.0	100.0	

为了检验性别是否会显著影响研究变量和操控变量，本书采取单因素方差分析进行检验，结果显示性别差异没有对各种变量造成显著影响（P>0.05）如表 21-15 所示。

表 21-15 性别对各变量均值影响

		平方和	df	均方	F	显著性
代言型企业家判断	组间	15.868	1	3.967	1.987	0.099
	组内	309.420	326	1.996		
	总数	325.287	327			
企业家负面新闻判断	组间	65.871	1	16.468	1.862	0.120
	组内	1371.085	326	8.846		
	总数	1436.956	327			
负面新闻涉入度	组间	10.144	1	2.536	1.217	0.306
	组内	322.950	326	2.084		
	总数	333.094	327			
负面新闻程度	组间	14.970	1	3.742	1.172	0.326
	组内	495.124	326	3.194		
	总数	510.094	327			
企业家声誉	组间	23.387	1	5.847	3.086	0.059
	组内	293.652	326	1.895		
	总数	317.038	327			
企业家态度	组间	18.769	1	4.692	1.687	0.156
	组内	431.225	326	2.782		
	总数	449.994	327			
企业声誉	组间	18.336	1	0.747	0.475	0.054
	组内	366.365	326	1.336		
	总数	388.225	327			
企业态度	组间	19.336	1	3.043	1.360	0.034
	组内	380.429	326	2.238		
	总数	383.472	327			

续表

		平方和	df	均方	F	显著性
企业品牌形象	组间	21.127	1	1.127	0.335	0.063
	组内	282.314	326	3.363		
	总数	283.441	327			
与消费者利益相关的经营相关负面新闻	组间	22.010	1	2.010	1.025	0.222
	组内	320.330	54	1.962		
	总数	325.340	55			
与股东（股民）利益相关的经营相关负面新闻	组间	15.367	1	0.033	0.009	0.116
	组内	383.405	59	3.893		
	总数	393.438	60			
与社会利益相关的经营相关负面新闻	组间	15.678	1	1.678	0.849	0.068
	组内	388.835	56	1.976		
	总数	392.513	57			
与政府利益相关的经营相关负面新闻	组间	15.724	1	.724	0.072	0.088
	组内	388.153	51	10.010		
	总数	389.878	52			
与员工利益相关的经营相关负面新闻	组间	16.031	1	0.031	0.016	0.099
	组内	389.888	48	1.934		
	总数	389.919	49			
与股东（大股东）利益相关的经营相关负面新闻	组间	14.840	1	0.055	0.446	0.069
	组内	315.336	48	1.558		
	总数	316.335	49			

21.6.8.2 正式调查测量质量

测项信度分析（Cronbach's α）显示，代言型企业家判断的信度为0.812，企业家负面新闻判断的信度为0.822，负面新闻涉入度信度为0.791，负面新闻程度的信度为0.832，企业家声誉的信度为0.884，消费者对企业家态度的信度为0.763，企业声誉的信度为0.777，消费者对企业态度的信度为0.844，企业品牌形象的信度为0.803，与消费者利益相关的经营相关负面新闻信度为0.840，与股东（股民）利益相关的经营相关负面新闻信度为0.806，与社会利益相关的经营相关负面新闻信度为0.806，与政府利益相关的经营相关负面新闻信度为0.811，与员工利益相关的经营相关负面新闻信度为0.780，与股东（大股东）利益相关的经营相关负面新闻信度为0.806，整体量表信度为0.800，正式调查表明，本书信度较高。由于本书量表均参考前人的成熟量表，因此量表效度有保障。

21.6.8.3 操控检验

一是代言型企业家的判断。数据分析发现，对代言型企业家的判断在指向不同利益相关者相关负面新闻组间不存在显著差异 [$M_{与消费者利益相关的经营相关负面新闻} = 4.44$，$M_{与股东（股民）利益相关的经营相关负面新闻} = 4.63$，$M_{与社会利益相关的经营相关负面新闻} = 4.45$，$M_{与政府利益相关的经营相关负面新闻} = 4.36$，$M_{与员工利益相关的经营相关负面新闻} = 4.42$，$M_{与股东（大股东）利益相关的经营相关负面新闻} = 4.54$；$F(5, 322) = 25.734$，$p = 0.078 > 0.05$]。因此，代言型企业家操控成功。

二是企业家负面新闻判断。数据分析发现，对负面新闻的判断六组均大于平均值且不存在显著差异，因此，负面新闻操控成功 [$M_{与消费者利益相关的经营相关负面新闻} = 4.56$，$M_{与股东（股民）利益相关的经营相关负面新闻} = 4.44$，$M_{与社会利益相关的经营相关负面新闻} = 4.63$，$M_{与政府利益相关的经营相关负面新闻} = 4.56$，$M_{与员工利益相关的经营相关负面新闻} = 4.36$，$M_{与股东（大股东）利益相关的经营相关负面新闻} = 4.35$；$F(5, 322) = 12.003$，$p = 0.077 > 0.05$]。

三是负面新闻涉入度检验。数据分析发现，负面新闻涉入度在指向不同利益相关者相关负面新闻组间程度中等且不存在显著差异 [$M_{与消费者利益相关的经营相关负面新闻} = 4.25$，$M_{与股东（股民）利益相关的经营相关负面新闻} = 4.36$，

M$_{与社会利益相关的经营相关负面新闻}$ = 4.36，M$_{与政府利益相关的经营相关负面新闻}$ = 4.69，M$_{与员工利益相关的经营相关负面新闻}$ = 4.45，M$_{与股东（大股东）利益相关的经营相关负面新闻}$ = 4.42；$F(5, 322) = 19.914$，$p = 0.663 > 0.05$]。因此，负面新闻涉入度操控成功。

四是负面新闻程度的检验。数据分析发现，负面新闻程度在指向不同利益相关者相关负面新闻组间程度中等且不存在显著差异[M$_{与消费者利益相关的经营相关负面新闻}$ = 4.36，M$_{与股东利益相关的经营相关负面新闻}$ = 4.34，M$_{与社会利益相关的经营相关负面新闻}$ = 4.46，M$_{与政府利益相关的经营相关负面新闻}$ = 4.55，M$_{与员工利益相关的经营相关负面新闻}$ = 4.65，M$_{与股东（大股东）利益相关的经营相关负面新闻}$ = 4.33；$F(5, 322) = 12.743$，$p = 0.072 > 0.05$]。因此，负面新闻程度操控成功。

五是企业家声誉的检验。数据分析发现，企业家声誉在指向不同利益相关者相关负面新闻组间程度中等且不存在显著差异[M$_{与消费者利益相关的经营相关负面新闻}$ = 4.49，M$_{与股东（股民）利益相关的经营相关负面新闻}$ = 4.36，M$_{与社会利益相关的经营相关负面新闻}$ = 4.30，M$_{与政府利益相关的经营相关负面新闻}$ = 4.41，M$_{与员工利益相关的经营相关负面新闻}$ = 4.58，M$_{与股东（大股东）利益相关的经营相关负面新闻}$ = 4.36；$F(5, 322) = 27.332$，$p = 0.065 > 0.05$]。因此，企业家声誉操控成功。

六是消费者对企业家态度的检验。数据分析发现，消费者对企业家态度在指向不同利益相关者相关负面新闻组间程度中等且不存在显著差异[M$_{与消费者利益相关的经营相关负面新闻}$ = 4.55，M$_{与股东（股民）利益相关的经营相关负面新闻}$ = 4.43，M$_{与社会利益相关的经营相关负面新闻}$ = 4.46，M$_{与政府利益相关的经营相关负面新闻}$ = 4.58，M$_{与员工利益相关的经营相关负面新闻}$ = 4.46，M$_{与股东（大股东）利益相关的经营相关负面新闻}$ = 4.48；$F(5, 322) = 18.571$，$p = 0.333 > 0.05$]。因此，消费者对企业家态度操控成功。

七是企业声誉的检验。数据分析发现，企业声誉在指向不同利益相关者相关负面新闻组间程度中等且不存在显著差异[M$_{与消费者利益相关的经营相关负面新闻}$ = 4.33，M$_{与股东（股民）利益相关的经营相关负面新闻}$ = 4.45，M$_{与社会利益相关的经营相关负面新闻}$ = 4.50，M$_{与政府利益相关的经营相关负面新闻}$ = 4.50，M$_{与员工利益相关的经营相关负面新闻}$ = 4.42，M$_{与股东（大股东）利益相关的经营相关负面新闻}$ = 4.35；$F(5, 322) = 15.698$，$p = 0.114 > 0.05$]。因此，企业声誉操控成功。

八是消费者对企业态度的检验。数据分析发现，消费者对企业态度在指向不同利益相关者相关负面新闻组间程度中等且不存在显著差异[M$_{与消费者利益相关的经营相关负面新闻}$ = 4.35，M$_{与股东（股民）利益相关的经营相关负面新闻}$ = 4.45，M$_{与社会利益相关的经营相关负面新闻}$ = 4.48，M$_{与政府利益相关的经营相关负面新闻}$ = 4.46，M$_{与员工利益相关的经营相关负面新闻}$ = 4.53，M$_{与股东（大股东）利益相关的经营相关负面新闻}$ = 4.37；$F(5, 322) = 24.189$，$p = 0.457 > 0.05$]。因此，消费者对企业态度操控成功。

九是与消费者利益相关的经营相关负面新闻的检验。通过题项得分均值与中间值（4分）做单样本T检验发现，与消费者利益相关的经营相关负面新闻得分均值显著高于中间值（4分）[M$_{与消费者利益相关的经营相关负面新闻}$ = 4.99，$SD = 1.91$，$t = 16.25$，$p = 0.032 < 0.05$]。因此，与消费者利益相关的经营相关负面新闻操控成功。

十是与股东（股民）利益相关的经营相关负面新闻的检验。通过题项得分均值与中间值（4分）做单样本T检验发现，与股东（股民）利益相关的经营相关负面新闻得分均值显著高于中间值（4分）[M$_{与股东（股民）利益相关的经营相关负面新闻}$ = 4.79，$SD = 1.86$，$t = 17.88$，$p = 0.041 < 0.05$]。因此，与股东（股民）利益相关的经营相关负面新闻操控成功。

十一是与社会利益相关的经营相关负面新闻的检验。通过题项得分均值与中间值（4分）做单样本T检验发现，与社会利益相关的经营相关负面新闻得分均值显著高于中间值（4分）[M$_{与社会利益相关的经营相关负面新闻}$ = 4.74，$SD = 1.25$，$t = 14.01$，$p = 0.000 < 0.05$]。因此，与社会利益相关的经营相关负面新闻操控成功。

十二是与政府利益相关的经营相关负面新闻的检验。通过题项得分均值与中间值（4分）做单样本T检验发现，与政府利益相关的经营相关负面新闻得分均值显著高于中间值（4分）[M$_{与政府利益相关的经营相关负面新闻}$ = 4.32，$SD = 1.07$，$t = 18.33$，$p = 0.001 < 0.05$]。因此，与政府利益相关的经营相关负面新闻操控成功。

十三是与员工利益相关的经营相关负面新闻的检验。通过题项得分均值与中间值（4分）做单样本T检验发现，与员工利益相关的经营相关负面新闻得分均值显著高于中间值（4分）[$M_{与员工利益相关的经营相关负面新闻}$ = 4.71，SD = 1.58，t = 8.21，p = 0.024 < 0.05]。因此，与员工利益相关的经营相关负面新闻操控成功。

十四是与股东（大股东）利益相关的经营相关负面新闻的检验。通过题项得分均值与中间值（4分）做单样本T检验发现，与股东（大股东）利益相关的经营相关负面新闻得分均值显著高于中间值（4分）[$M_{与股东（大股东）利益相关的经营相关负面新闻}$ = 4.84，SD = 1.23，t = 15.48，p = 0.032 < 0.05]。因此，与股东（大股东）利益相关的经营相关负面新闻操控成功。

十五是对被试者的情绪进行操控。六组被试者的情绪良好且不存在显著差异[$F(5, 322)$ = 8.047，p = 0.082 > 0.05]。因此，被试者的情绪不会影响本次实验。

综上所述，刺激物设计成功，量表设计合理，可以进行假设检验。

21.6.8.4 假设检验

单因素方差分析显示，相比于其他五组，与消费者利益相关的经营相关负面新闻组对企业品牌形象评分更低且差异显著[$M_{与消费者利益相关的经营相关负面新闻}$ = 2.55，$M_{与股东（股民）利益相关的经营相关负面新闻}$ = 3.05，$M_{与社会利益相关的经营相关负面新闻}$ = 3.37，$M_{与政府利益相关的经营相关负面新闻}$ = 3.67，$M_{与员工利益相关的经营相关负面新闻}$ = 3.94，$M_{与股东（大股东）利益相关的经营相关负面新闻}$ = 4.32；$F(5, 322)$ = 18.552，p = 0.000 < 0.05]，因此，假设H3a得到验证。

单因素方差分析显示，相比于其他四组，与股东（股民）利益相关的经营相关负面新闻组对企业品牌形象评分更低且差异显著[$M_{与股东（股民）利益相关的经营相关负面新闻}$ = 3.05，$M_{与社会利益相关的经营相关负面新闻}$ = 3.37，$M_{与政府利益相关的经营相关负面新闻}$ = 3.67，$M_{与员工利益相关的经营相关负面新闻}$ = 3.94，$M_{与股东（大股东）利益相关的经营相关负面新闻}$ = 4.32；$F(4, 267)$ = 17.994，p = 0.000 < 0.05]，因此，假设H3b得到验证。

单因素方差分析显示，相比于其他三组，与社会利益相关的经营相关负面新闻组对企业品牌形象评分更低且差异显著[$M_{与社会利益相关的经营相关负面新闻}$ = 3.37，$M_{与政府利益相关的经营相关负面新闻}$ = 3.67，$M_{与员工利益相关的经营相关负面新闻}$ = 3.94，$M_{与股东（大股东）利益相关的经营相关负面新闻}$ = 4.32；$F(3, 218)$ = 19.227，p = 0.022 < 0.05]，因此，假设H3c得到验证。

单因素方差分析显示，相较于与员工、股东（大股东）利益相关的经营相关负面新闻组，与政府利益相关的经营相关负面新闻组对企业品牌形象评分更低且差异显著[$M_{与政府利益相关的经营相关负面新闻}$ = 3.67，$M_{与员工利益相关的经营相关负面新闻}$ = 3.94，$M_{与股东（大股东）利益相关的经营相关负面新闻}$ = 4.32；$F(2, 151)$ = 13.110，p = 0.040 < 0.05]。因此，假设H3d得到验证。

单因素方差分析显示，相较于与员工、股东（大股东）利益相关的经营相关负面新闻组，与政府利益相关的经营相关负面新闻组对企业品牌形象评分更低且差异显著[$M_{与政府利益相关的经营相关负面新闻}$ = 3.67，$M_{与员工利益相关的经营相关负面新闻}$ = 3.94，$M_{与股东（大股东）利益相关的经营相关负面新闻}$ = 4.32；$F(2, 151)$ = 13.110，p = 0.040 < 0.05]。因此，假设H3d得到验证。

21.6.9 本章小结

本小节着重介绍了本章的研究设计，包括实验与调查设计、前测实验、正式实验、预调查、正式调查，描述了研究3的实证过程。

第一，实验与调查设计。本书采用实验法和调查法对研究3进行验证。实验法与调查法同时采用，原因主要有三点。一是采用实验法与调查法对同一假设进行验证，研究结论的外部效度能得到提升。二是实验法中，代言型企业家均采用虚拟人物与虚拟事件，在调查法中，所有刺激物均是真实人物与真实事件，因此，能够拓宽外部效度。三是实验法所采用的均是学生样本，调查法问卷均经网络向样本发放，被试的样本来源完全随机，不受到人口统计学因素影响。因此，拓宽了外部效度。

具体而言，本书采用6（与消费者利益相关的经营相关负面新闻 vs 与股民利益相关的经营相关负面新闻 vs 与社会利益相关的经营相关负面新闻 vs 与政府利益相关的经营相关负面新闻 vs 与员工利益相关的经营相关负面新闻 vs 与股东利益相关的经营相关负面新闻）的实验组设计与调查组设计。

第二，前测实验。前测主要在四川某高校进行，共有190人参加，一组人员（32人）参加与消费者利益相关的经营相关负面新闻组实验，一组人员（30人）参加与股东（股民）利益相关的经营相关负面新闻组实验，一组人员（33人）参加与社会利益相关的经营相关负面新闻组实验，一组人员（31人）参加与政府利益相关的经营相关负面新闻组实验，一组人员（32人）参加与员工利益相关的经营相关负面新闻组实验，一组人员（32人）参加与股东（大股东）利益相关的经营相关负面新闻组实验。

第三，正式实验。正式实验主要在四川某高校进行，共对350名被试者进行实验，剔除甄别项填答错误、漏答题项等样本，最后获得有效样本317个，其中，一组人员（54人）参加与消费者利益相关的经营相关负面新闻组实验，一组人员（53人）参加与股东（股民）利益相关的经营相关负面新闻组实验，一组人员（53人）参加与社会利益相关的经营相关负面新闻组实验，一组人员（50人）参加与政府利益相关的经营相关负面新闻组实验，一组人员（54人）参加与员工利益相关的经营相关负面新闻组实验，一组人员（53人）参加与股东（大股东）利益相关的经营相关负面新闻组实验。检验结果表明，正式实验发现假设 H3a、H3b、H3c、H3d、H3e 成立。

第四，预调查。共有192人参加，一组人员（30人）参加与消费者利益相关的经营相关负面新闻组调查，一组人员（30人）参加与股东（股民）利益相关的经营相关负面新闻组调查，一组人员（36人）参加与社会利益相关的经营相关负面新闻组调查，一组人员（34人）参加与政府利益相关的经营相关负面新闻组调查，一组人员（32人）参加与员工利益相关的经营相关负面新闻组调查，一组人员（30人）参加与股东（大股东）利益相关的经营相关负面新闻组调查。预调查显示刺激物设计合理，量表设计合理，可以进行正式调查。

第五，正式调查。调查问卷均经网络向样本发放，被试的样本来源完全随机，不受到人口统计学因素影响，故可认为样本来源符合选取要求。剔除甄别项填答错误、漏答题项等样本，最后获得有效样本278个，调查分为五组进行，一组人员（56人）参加与消费者利益相关的经营相关负面新闻组实验，一组人员（61人）参加与股东利益相关的经营相关负面新闻组实验，一组人员（58人）参加与社会利益相关的经营相关负面新闻组实验，一组人员（53人）参加与政府利益相关的经营相关负面新闻组实验，一组人员（50人）参加与员工利益相关的经营相关负面新闻组实验。其中男性146人，女性132人。样本的人口统计分布较为均衡，并且性别没有对其他变量认识造成显著影响。正式调查发现假设 H3a、H3b、H3c、H3d、H3e 成立。假设 H3a、H3b、H3c、H3d、H3e 得到第二次验证。

假设结果说明消费者会根据与自身利益大小来对代言型企业家负面新闻进行排序，考查其是否会对自身利益造成显著损害。研究结果从另一方面验证了匹配理论和利己排他模型在企业家负面新闻研究领域的适应性。

21.7 实证4：代言型企业家负面新闻对企业品牌形象的影响——基于利益相关者分类与消费者社会性格类型

21.7.1 研究假设

对于同一条信息，消费者性格的不同，会对信息产生不同的处理过程与处理结果（Matos, Pedro Verga 和 Vale, Rita Coelho Do, 2015）。以人的社会活动方式分类，E. Spranger（1922）认为，社会生活有6个基本领域：经济、理论、审美、宗教、权力和社会。人会对这6个基本领域中的某一个领域产生特殊的兴趣和价值观。从文化社会学的角度出发，根据人生活方式的价值取向，把人的性格分类为六种：经济型、理论型、审美型、宗教型、权力型、社会型。

经济型的人，一切以经济观点为中心，追求财富，获取利益为个人生活目的，实业家居多。

理论型的人，以探索事物本质为最大价值，但结局实际能力时常无能为力。

审美型的人，以感受事物的美为人生最高价值，他们生活目的是追求自我实现和自我满足，不太关心现实生活。

宗教型的人，把信仰宗教作为生活的最高价值，相信超自然的力量，坚信永存生命，以爱人爱物为行为目标。

权力型的人，以获得权力为生活的目的，并有较强的权力意识与权力支配欲，以掌握权力为最高价值。

社会型的人，重视社会价值，以爱社会和关心他们为自我实现的目标，并有志于从事社会公益事业。

首先讨论消费者社会性格类型在代言型企业家发生与消费者利益相关的经营相关负面新闻影响企业品牌形象中起到的作用。与消费者利益相关的经营相关负面新闻指与消费者切身利益相关的负面新闻，如代言型企业家否认产品质量问题等。根据匹配理论，当消费者对两件事物进行比较时，若事物间匹配性较强，则消费者对比较信息的加工流畅性较高，高的信息加工流畅性容易加深信息评价程度，会加深消费者对信息的评价（好的更好，差的更差）（Wunker，2012）。当发生与消费者利益相关的经营相关负面新闻时，经济型的消费者与该类负面新闻匹配度较高，经济型消费者对代言型企业家负面评价较高，根据意义迁移模型，代言人较高程度的负面评价会对企业品牌产生较大程度的负面影响。因此，本书得出假设H4a。

H4a：对于代言型企业家而言，发生与消费者利益相关的经营相关负面新闻时，经济型消费者相比于其他五类性格的消费者，其对企业品牌形象的负面影响程度更高。

其次讨论消费者社会性格类型在代言型企业家发生与股东利益相关的经营相关负面新闻影响企业品牌形象中起到的作用。与股东利益相关的经营相关负面新闻可能与消费者的经济利益相关，根据匹配理论，当消费者对两件事物进行比较时，若事物间匹配性较强，则消费者对比较信息的加工流畅性较高，高的信息加工流畅性容易加深信息评价程度，会加深消费者对信息的评价（好的更好，差的更差）（Wunker，2012）。当发生与股东利益相关的经营相关负面新闻时，经济型的消费者与该类负面新闻匹配度较高，经济型消费者对代言型企业家负面评价较高，根据意义迁移模型，代言人较高程度的负面评价会对企业品牌产生较大程度的负面影响。因此，本书得出假设H4b。

H4b：对于代言型企业家而言，发生与股东利益相关的经营相关负面新闻时，经济型消费者相比于其他五类性格的消费者，其对企业品牌形象的负面影响程度更高。

再次讨论消费者社会性格类型在代言型企业家发生与社会利益相关的经营相关负面新闻影响企业品牌形象中起到的作用。与社会利益相关的经营相关负面新闻指代言型企业家发生的与社会公众利益相关的负面新闻，如代言型企业家拒绝公益行为等，根据匹配理论，当消费者对两件事物进行比较时，若事物间匹配性较强，则消费者对比较信息的加工流畅性较高，高的信息加工流畅性容易加深信息评价程度，会加深消费者对信息的评价（好的更好，差的更差）（Wunker，2012）。当发生与社会利益相关的经营相关负面新闻时，社会型与宗教型的消费者与该类负面新闻匹配度较高，社会型与宗教型消费者对代言型企业家负面评价较高，根据意义迁移模型，代言人较高程度的负面评价会对企业品牌产生较大程度的负面影响。因此，本书得出假设H4c。

H4c：对于代言型企业家而言，发生与社会利益相关的经营相关负面新闻时，社会型消费者和宗教型消费者相比于其他四类性格的消费者，其对企业品牌形象的负面影响程度更高。

然后讨论消费者社会性格类型在代言型企业家发生与政府利益相关的经营相关负面新闻影响企业品牌形象中起到的作用。与政府利益相关的经营相关负面新闻指代言型企业家发生的与政府相关的负面新闻，如代言型企业家偷税漏税等，根据匹配理论，当消费者对两件事物进行比较时，若事物间匹配性较强，则消费者对比较信息的加工流畅性较高，高的信息加工流畅性容易加深信息评价程度，会加深消费者对信息的评价（好的更好，差的更差）（Wunker，2012）。当发生与政府利益相关的经营相关负面新闻时，权力型的消费者与该类负面新闻匹配度较高，其对代言型企业家负面评价较高，根据意义迁移模型，代言人较高程度的负面评价会对企业品牌产生较大程度的负面影响。因此，本书得出假设H4d。

H4d：对于代言型企业家而言，发生与政府利益相关的经营相关负面新闻时，权力型消费者相比于其他五类性格的消费者，其对企业品牌形象的负面影响程度更高。

最后讨论消费者社会性格类型在代言型企业家发生与员工利益相关的经营相关负面新闻影响企业品牌形象中起到的作用。根据匹配理论，当消费者对两件事物进行比较时，若事物间匹配性较强，则消费者对比较信息的加工流畅性较高，高的信息加工流畅性容易加深信息评价程度，会加深消费者对信息的评价（好的更好，差的更差）（Wunker，2012）。当发生与员工利益相关的经营相关负面新闻时，社会型与宗教型的消费者与该类负面新闻匹配度较高，社会型与宗教型消费者对代言型企业家负面评价较高，根据意义迁移模型，代言人较高程度的负面评价会对企业品牌产生较大程度的负面影响。因此，本书得出假设H4e。

H4e：对于代言型企业家而言，发生与员工利益相关的经营相关负面新闻时，社会型和宗教型消费者相比于其他四类性格的消费者，其对企业品牌形象的负面影响程度更高。

21.7.2 实验设计

由于本实证涉及的实验较多，因此将只采用实验法对实证4进行验证。由于实证3中表明，与股东（大股东）利益相关的经营相关负面新闻不会对企业品牌产生负面影响（均值大于4），因此，实证4中不再对其讨论。本书采用5（与消费者利益相关的经营相关负面新闻 vs 与股东利益相关的经营相关负面新闻 vs 与社会利益相关的经营相关负面新闻 vs 与政府利益相关的经营相关负面新闻 vs 与员工利益相关的经营相关负面新闻）×6（经济型 vs 理论型 vs 审美型 vs 宗教型 vs 权力型 vs 社会型）的实验组设计。

首先是代言型企业家刺激物。对于代言型企业家刺激物的设计，主要把握以下3个原则。

（1）在实验法中，企业家与企业均采用的是虚拟刺激物。为避免行业及产品属性对企业品牌的影响，因此本刺激物中会模糊该公司业务经营、行业属性等信息。

（2）在调查法中，企业家与企业均采用的是真实刺激物。为了保证刺激物的有效性，本书将对真实刺激物的企业家声誉、消费者对企业家态度、企业声誉、消费者对企业态度进行操控，保证其强度中等。

（3）对代言型企业家是指通过企业家的形象与行为对品牌或企业进行宣传代言的一种代言形式，代言型企业家刺激物设计的重点是构建企业家到企业的"强连接"与"强形象转移"。

其次是代言型企业家五类利益相关者的经营相关负面新闻刺激物。对于该刺激物的设计主要把握以下4个原则。

（1）保持指向利益相关者的负面新闻与企业的强联系。

（2）负面新闻的负面程度和熟悉度控制在中等。

（3）选取在该类指向中具有代表性的负面新闻。

（4）企业家负面新闻应充分展现"企业家参与""对企业家造成负面影响""该负面新闻归因于企业家"三个设计前提。

最后是消费者社会性格的操控及测量。由于实验法可对被试者的背景、实验环境、实验程序进行操控，因此，在实验法中，本书对被试者进行操控，控制每组被试者在短时间内表现出该种类型性格，操控完成后对性格类型进行测量,保证操控的成功。

具体而言,实验法中经济型性格类型操控材料的设计参考 Bahar 和 Kozak(2007)的研究,具体材料如下。

(1)请阅读如下材料,并根据材料提示进行想象。

你刚刚大学毕业,找到一份薪资普通但是较有发展前途的工作,你一直安慰自己,眼前的一般薪资只是暂时的,通过自己的努力终将提升自己的收入,虽然这样安慰自己,但是每到月底,生活总是捉襟见肘,特别是临发工资前的最后两天,特别怕收到朋友的婚礼邀请、聚会邀请与其他会产生意外花费的邀请。请想象,现在的你正处于临发工资前的最后两天,一切的花费你都需要精打细算才能度过这两天。

(2)请根据左边的中文,连线右边对应的英文。

金钱	gold	讨价还价	frugal
现金	cash	节俭	poverty
支票	cheque	贫穷	bargain
黄金	money	奢侈	luxury

实验法中理论型性格类型操控材料的设计参考 Li 和 Sun(2007)的研究,具体材料如下。

(1)请根据提示,回答下列问题。

A. 请写出您最感兴趣的一门关于自然科学的课程名称。

B. 请写出您学习或了解这门课程做出了怎样的努力。

C. 请大概写出这门课程您最了解的一个知识点,尽量详细,100字以上。

(2)请根据左边的中文,连线右边对应的英文。

本质	essence	理论	explore
真相	nature	事实	seek
自然	truth	探索	fact
存在	being	寻找	theory

实验法中审美型性格类型操控材料的设计参考 Jin 等(2012)的研究,具体材料如下。

(1)请根据提示回答问题:

星月夜是荷兰后印象派画家文森特·梵高于1889年在法国圣雷米的一家精神病院里创作的一幅著名油画,是梵高的代表作之一,现藏纽约现代艺术博物馆。有种普遍的说法,由于这是梵高在精神病时期所作,世人普遍认为这是梵高想象出来的美妙情景。

A. 看到这幅画作,您的感受如何?

B. 有人认为弯曲并拉长的白云是梵高对世间丑陋的憎恨,如烈日般明媚的月亮是对世间纯良的向往,对于画作中夸张的白云和月亮,您认为梵高想表达什么,您有怎样的感受?

C. 您认为这幅画中,呈现出的二次元般的扭曲感,有何寓意,您怎样理解?

(2)请根据提示回答问题。

A. 您的人生目标是什么?

B. 您打算如何实现您的人生目标?

实验法中宗教型性格类型操控材料的设计参考 Huang 等(2008)的研究,具体材料如下。

(1)请阅读如下材料,并根据材料提示进行想象。

请想象,你是一位孤儿,从小在孤儿院中长大,沐浴着众多陌生人的关爱与关心,面临被亲生父母抛弃的命运,幸运的你,还好有大家的陪伴,现在的你,学业有成,前途美好,你励志用自己的行动回馈社会，把自己的爱撒播到世界各地。

（2）请根据左边的中文，连线右边对应的同义词。

关爱善心	平安做好事
爱心慈爱	行善安全
快乐进取	责任贡献

实验法中权力型性格类型操控材料的设计参考 Kumar（2015）的研究，具体材料如下。

（1）请根据提示，回答下列问题。

A.请写出您作为组织者或领导完成的一件事情或者任务。

B.在您作为组织者或领导完成的这件事情或者任务，您具体承担了怎样的领导或者组织任务。

C.请写出您认为组织和领导最重要的三项原则。

（2）请根据左边的中文，连线右边对应的英文。

领导	govern	独裁	power
组织	manage	责任	occupy
管理	organized	占有	responsibility

实验法中社会型性格类型操控材料的设计参考 Lwin 和 May（2007）的研究，具体材料如下。

（1）请根据提示，回答下列问题。

A.请写出您做过的一件最具有社会责任的事情。

B.是什么想法或者动力驱使您做这件具有社会责任的事情。

C.为了完成这件具有社会责任感的事情，您做出了什么样的牺牲或付出了怎么样的劳动。

（2）请根据左边的中文，连线右边对应的英文。

社会责任	commonweal	道德	rule
公益	socialresponsibility	秩序	moral
慈善	charity	公德	socialmorality

21.7.3 实验程序

实验在成都市某高校课堂进行，实验的研究环境均设置为大学课堂尾声，主要是为了保证在一个相对封闭、安静的环境下进行实验以减少外来干扰。所有被试者均为在校本科生。研究实验程序如下：首先进行前测实验，验证刺激物的有效性，然后进行正式实验，以检验研究假设。正式实验在前测实验一周后进行。问卷包括以下部分。

第一，刺激物描述。

第二，变量测量。

第三，人口统计特征题项。

21.7.4 前测实验

21.7.4.1 前测实验样本

前测主要在四川某高校进行，共有185人参加，分为六个实验组，一组人员（28人）参加经济型性格与消费者利益相关的经营相关负面新闻组实验，一组人员（30人）理论型性格参加与股东利益相关的经营相关负面新闻组实验，一组人员（32人）参加审美型性格与社会利益相关的经营相关负面新闻组实验，一组人员（32人）参加宗教型性格与政府利益相关的经营相关负面新闻组实验，一组人员（32人）

参加权力型性格与员工利益相关的经营相关负面新闻组实验，一组人员（31人）参加社会型性格与消费者利益相关的经营相关负面新闻组实验。前测样本中男生86人，女生99人，并且性别没有对其他变量认识造成显著影响（p>0.05）。

为了检验性别是否会显著影响研究变量和操控变量，本书采取单因素方差分析进行检验，结果显示性别差异没有对各种变量造成显著影响（P>0.05）。

21.7.4.2 前测实验测量质量

测项信度分析（Cronbach's α）显示，代言型企业家判断的信度为0.807，企业家负面新闻判断的信度为0.836，负面新闻涉入度信度为0.801，负面新闻程度的信度为0.800，企业家声誉的信度为0.785，消费者对企业家态度的信度为0.766，企业声誉的信度为0.795，消费者对企业态度的信度为0.745，企业品牌形象的信度为0.799，与消费者利益相关的经营相关负面新闻信度为0.781，与股东利益相关的经营相关负面新闻信度为0.802，与社会利益相关的经营相关负面新闻信度为0.804，与政府利益相关的经营相关负面新闻信度为0.824，与员工利益相关的经营相关负面新闻信度为0.800，针对经济型人格的测量信度为0.841，针对理论型人格的测量信度为0.784，针对审美型人格的测量信度为0.804，针对宗教型人格的测量信度为0.763，针对权力型人格的测量信度为0.832，针对社会型人格的测量信度为0.811，整体量表信度为0.784，前测实验表明，本书信度较高。由于本书量表均参考前人的成熟量表，因此量表效度有保障。

21.7.4.3 前测结果

由于研究4研究变量较多，因此不对变量进行单独描述。

一是代言型企业家的判断。单因素方差分析发现，对代言型企业家的判断在组间不存在显著差异 [$M_{经济型性格·与消费者利益相关的经营相关负面新闻} = 4.64$，$M_{理论型性格·参加与股东利益相关的经营相关负面新闻} = 4.54$，$M_{审美型性格·与社会利益相关的经营相关负面新闻} = 4.55$，$M_{宗教型性格·与政府利益相关的经营相关负面新闻} = 4.78$，$M_{权力型性格·与员工利益相关的经营相关负面新闻} = 4.43$，$M_{社会型性格·与消费者利益相关的经营相关负面新闻} = 4.68$；$F(5, 179) = 16.002$，$p = 0.444 > 0.05$]。因此，代言型企业家操控成功。

二是企业家负面新闻判断。单因素方差分析发现，对负面新闻的判断每组均大于中间值且不存在显著差异，因此，负面新闻操控成功 [$M_{经济型性格·与消费者利益相关的经营相关负面新闻} = 4.33$，$M_{理论型性格·参加与股东利益相关的经营相关负面新闻} = 4.64$，$M_{审美型性格·与社会利益相关的经营相关负面新闻} = 4.58$，$M_{宗教型性格·与政府利益相关的经营相关负面新闻} = 4.62$，$M_{权力型性格·与员工利益相关的经营相关负面新闻} = 4.55$，$M_{社会型性格·与消费者利益相关的经营相关负面新闻} = 4.55$；$F(5, 179) = 21.068$，$p = 0.077 > 0.05$]。

三是负面新闻涉入度检验。单因素方差分析发现，负面新闻涉入度在组间程度中等且不存在显著差异 [$M_{经济型性格·与消费者利益相关的经营相关负面新闻} = 4.44$，$M_{理论型性格·参加与股东利益相关的经营相关负面新闻} = 4.57$，$M_{审美型性格·与社会利益相关的经营相关负面新闻} = 4.36$，$M_{宗教型性格·与政府利益相关的经营相关负面新闻} = 4.59$，$M_{权力型性格·与员工利益相关的经营相关负面新闻} = 4.68$，$M_{社会型性格·与消费者利益相关的经营相关负面新闻} = 4.75$；$F(5, 179) = 12.047$，$p = 0.188 > 0.05$]。因此，负面新闻涉入度操控成功。

四是负面新闻程度的检验。单因素方差分析发现，负面新闻程度在组间程度中等且不存在显著差异 [$M_{经济型性格·与消费者利益相关的经营相关负面新闻} = 4.69$，$M_{理论型性格·参加与股东利益相关的经营相关负面新闻} = 4.74$，$M_{审美型性格·与社会利益相关的经营相关负面新闻}$

第二部分 促销安全

4.69,$M_{\text{宗教型性格·与政府利益相关的经营相关负面新闻}} = 4.48$,$M_{\text{权力型性格·与员工利益相关的经营相关负面新闻}} = 4.72$,$M_{\text{社会型性格·与消费者利益相关的经营相关负面新闻}} = 4.75$;$F(5,179) = 18.026$,$p = 0.222 > 0.05$]。因此,负面新闻程度操控成功。

五是企业家声誉的检验。单因素方差分析发现,企业家声誉在组间程度中等且不存在显著差异,[$M_{\text{经济型性格·与消费者利益相关的经营相关负面新闻}} = 4.25$,$M_{\text{理论型性格·参加与股东利益相关的经营相关负面新闻}} = 4.32$,$M_{\text{审美型性格·与社会利益相关的经营相关负面新闻}} = 4.44$,$M_{\text{宗教型性格·与政府利益相关的经营相关负面新闻}} = 4.25$,$M_{\text{权力型性格·与员工利益相关的经营相关负面新闻}} = 4.51$,$M_{\text{社会型性格·与消费者利益相关的经营相关负面新闻}} = 4.32$;$F(5,179) = 14.256$,$p = 0.092 > 0.05$]。因此,企业家声誉操控成功。

六是消费者对企业家态度的检验。单因素方差分析发现,消费者对企业家态度在组间程度中等且不存在显著差异[$M_{\text{经济型性格·与消费者利益相关的经营相关负面新闻}} = 4.81$,$M_{\text{理论型性格·参加与股东利益相关的经营相关负面新闻}} = 4.64$,$M_{\text{审美型性格·与社会利益相关的经营相关负面新闻}} = 4.74$,$M_{\text{宗教型性格·与政府利益相关的经营相关负面新闻}} = 4.83$,$M_{\text{权力型性格·与员工利益相关的经营相关负面新闻}} = 4.57$,$M_{\text{社会型性格·与消费者利益相关的经营相关负面新闻}} = 4.62$;$F(5,179) = 8.144$,$p = 0.081 > 0.05$]。因此,消费者对企业家态度操控成功。

七是企业声誉的检验。单因素方差分析发现,企业声誉在组间程度中等且不存在显著差异[$M_{\text{经济型性格·与消费者利益相关的经营相关负面新闻}} = 4.22$,$M_{\text{理论型性格·参加与股东利益相关的经营相关负面新闻}} = 4.50$,$M_{\text{审美型性格·与社会利益相关的经营相关负面新闻}} = 4.34$,$M_{\text{宗教型性格·与政府利益相关的经营相关负面新闻}} = 4.65$,$M_{\text{权力型性格·与员工利益相关的经营相关负面新闻}} = 4.71$,$M_{\text{社会型性格·与消费者利益相关的经营相关负面新闻}} = 4.55$;$F(5,179) = 21.004$,$p = 0.055 > 0.05$]。因此,企业声誉操控成功。

八是消费者对企业态度的检验。单因素方差分析发现,消费者对企业态度在组间程度中等且不存在显著差异[$M_{\text{经济型性格·与消费者利益相关的经营相关负面新闻}} = 4.34$,$M_{\text{理论型性格·参加与股东利益相关的经营相关负面新闻}} = 4.48$,$M_{\text{审美型性格·与社会利益相关的经营相关负面新闻}} = 4.62$,$M_{\text{宗教型性格·与政府利益相关的经营相关负面新闻}} = 4.44$,$M_{\text{权力型性格·与员工利益相关的经营相关负面新闻}} = 4.57$,$M_{\text{社会型性格·与消费者利益相关的经营相关负面新闻}} = 4.64$;$F(5,179) = 18.117$,$p = 0.071 > 0.05$]。因此,消费者对企业态度操控成功。

九是与消费者利益相关的经营相关负面新闻的检验。通过题项得分均值与中间值(4分)做单样本T检验发现,与消费者利益相关的经营相关负面新闻得分均值显著高于中间值(4分)[$M_{\text{与消费者利益相关的经营相关负面新闻}} = 4.61$,$SD = 1.24$,$t = 18.33$,$p = 0.032 < 0.05$]。因此,与消费者利益相关的经营相关负面新闻操控成功。

十是与股东利益相关的经营相关负面新闻的检验。通过题项得分均值与中间值(4分)做单样本T检验发现,与股东利益相关的经营相关负面新闻得分均值显著高于中间值(4分)[$M_{\text{与股东利益相关的经营相关负面新闻}} = 4.55$,$SD = 0.77$,$t = 8.99$,$p = 0.012 < 0.05$]。因此,与股东利益相关的经营相关负面新闻操控成功。

十一是与社会利益相关的经营相关负面新闻的检验。通过题项得分均值与中间值(4分)做单样本T检验发现,与社会利益相关的经营相关负面新闻得分均值显著高于中间值(4分)[$M_{\text{与股东利益相关的经营相关负面新闻}} = 4.66$,$SD = 1.47$,$t = 14.20$,$p = 0.000 < 0.05$]。因此,与社会利益相关的经营相关负面新闻操控成功。

十二是与政府利益相关的经营相关负面新闻的检验。通过题项得分均值与中间值(4分)做单样本T检验发现,与政府利益相关的经营相关负面新闻得分均值显著高于中间值(4分)[$M_{\text{与政府利益相关的经营相关负面新闻}} = 4.51$,$SD = 1.46$,$t = 13.69$,$p = 0.005 < 0.05$]。因此,与政府利益相关的经营相关负面新闻操控成功。

十三是与员工利益相关的经营相关负面新闻的检验。通过题项得分均值与中间值(4分)做单样本T检验发现,与员工利益相关的经营相关负面新闻得分均值显著高于中间值(4分)[$M_{\text{与员工利益相关的经营相关负面新闻}} = 4.05$,$SD = 0.88$,$t = 17.06$,$p = 0.000 < 0.05$]。因此,与员工利益相关的经营相关负面新闻操控成功。

十四是经济型性格的检验。通过题项得分均值与中间值（4分）做单样本T检验发现，经济型人格得分均值显著高于中间值（4分）[$M_{经济型性格}$ = 4.83，SD = 1.49，t = 20.45，p = 0.045 < 0.05]。因此，经济型性格操控成功。

十五是理论型性格的检验。通过题项得分均值与中间值（4分）做单样本T检验发现，理论型人格得分均值显著高于中间值（4分）[$M_{理论型人格}$ = 4.77，SD = 2.14，t = 15.07，p = 0.000 < 0.05]。因此，理论型性格操控成功。

十六是审美型性格的检验。通过题项得分均值与中间值（4分）做单样本T检验发现，审美型人格得分均值显著高于中间值（4分）[$M_{审美型人格}$ = 4.82，SD = 1.47，t = 9.87，p = 0.000 < 0.05]。因此，审美型性格操控成功。

十七是宗教型性格的检验。通过题项得分均值与中间值（4分）做单样本T检验发现，宗教型人格得分均值显著高于中间值（4分）[$M_{宗教型人格}$ = 4.16，SD = 0.74，t = 15.47，p = 0.044 < 0.05]。因此，宗教型性格操控成功。

十八是权力型性格的检验。通过题项得分均值与中间值（4分）做单样本T检验发现，权力型人格得分均值显著高于中间值（4分）[$M_{权力型人格}$ = 5.14，SD = 1.99，t = 20.47，p = 0.000 < 0.05]。因此，权力型性格操控成功。

十九是社会型性格的检验。通过题项得分均值与中间值（4分）做单样本T检验发现，社会型人格得分均值显著高于中间值（4分）[$M_{社会型人格}$ = 4.98，SD = 0.73，t = 13.22，p = 0.000 < 0.05]。因此，社会型性格操控成功。

综上所述，刺激物设计合理，量表设计合理，消费者性格操控成功，可以进行正式实验。

21.7.5 正式实验

21.7.5.1 正式实验设计

正式实验主要在四川某高校进行，分为五组进行，第一组是与消费者利益相关的经营相关负面新闻组，该组实验的被试者又被分为六个小组，一小组被试者被操控为经济型性格，一小组被试者被操控为理论型性格，一小组被试者被操控为审美型性格，一小组被试者被操控为宗教型性格，一小组被试者被操控为权力型性格，一小组被试者被操控为社会型性格，每一小组被试者均阅读与消费者利益相关的经营相关负面新闻刺激物。同样的，其余四组为与股东利益相关的经营相关负面新闻组、与社会利益相关的经营相关负面新闻组、与政府利益相关的经营相关负面新闻组、与员工利益相关的经营相关负面新闻组，每个实验组均被分为六个小组，每个小组均按照六类不同的消费者社会性格类型进行操控。

21.7.5.2 正式实验组1：与消费者利益相关的经营相关负面新闻组

舒华、张亚旭（2008）认为，通常在心理学实验中，每个组20～30个被试者可以得到显著的效果。共对202名被试者进行实验，剔除甄别项填答错误、漏答题项等样本，最后获得有效样本196个，其中，一小组被试者（32人）被操控为经济型性格，一小组被试者（35人）被操控为理论型性格，一小组被试者（35人）被操控为审美型性格，一小组被试者（31人）被操控为宗教型性格，一小组被试者（33人）被操控为权力型性格，一小组被试者（30人）被操控为社会型性格，每一小组被试者均阅读与消费者利益相关的经营相关负面新闻刺激物。

一是信度分析。测项信度分析（Cronbach's α）显示，代言型企业家判断的信度为0.784，企业家负面新闻判断的信度为0.719，负面新闻涉入度信度为0.823，负面新闻程度的信度为0.811，企业家声誉的信度为0.814，消费者对企业家态度的信度为0.799，企业声誉的信度为0.795，消费者对企业态度的信度为0.825，企业品牌形象的信度为0.811，与消费者利益相关的经营相关负面新闻信度为0.846，针对经济型人格的测量信度为0.800，针对理论型人格的测量信度为0.798，针对审美型人格的测量信度为

0.784，针对宗教型人格的测量信度为 0.848，针对权力型人格的测量信度为 0.824，针对社会型人格的测量信度为 0.822，整体量表信度为 0.804，本书信度较高。由于本书量表均参考前人的成熟量表，因此量表效度有保障。

二是操控检验。第一是代言型企业家的判断。单因素方差分析发现，对代言型企业家的判断在组间不存在显著差异 [$M_{经济型性格}$ = 4.52，$M_{理论型性格}$ = 4.48，$M_{审美型性格}$ = 4.48，$M_{宗教型性格}$ = 4.38，$M_{权力型性格}$ = 4.53，$M_{社会型性格}$ = 4.68；$F(5, 190) = 16.002$，$p = 0.582 > 0.05$]。因此，代言型企业家操控成功。

三是企业家负面新闻判断。单因素方差分析发现，对负面新闻的判断每组均大于中间值且不存在显著差异 [$M_{经济型性格}$ = 4.08，$M_{理论型性格}$ = 4.58，$M_{审美型性格}$ = 4.25，$M_{宗教型性格}$ = 4.16，$M_{权力型性格}$ = 4.33，$M_{社会型性格}$ = 4.44；$F(5, 1900) = 9.219$，$p = 0.582 > 0.05$] 因此，负面新闻操控成功。

四是负面新闻涉入度检验。单因素方差分析发现，负面新闻涉入度在组间程度中等且不存在显著差异 [$M_{经济型性格}$ = 4.75，$M_{理论型性格}$ = 4.58，$M_{审美型性格}$ = 4.66，$M_{宗教型性格}$ = 4.74，$M_{权力型性格}$ = 4.81，$M_{社会型性格}$ = 4.77；$F(5, 190) = 14.046$，$p = 0.088 > 0.05$]。因此，负面新闻涉入度操控成功。

五是负面新闻程度的检验。单因素方差分析发现，负面新闻程度在组间程度中等且不存在显著差异 [$M_{经济型性格}$ = 4.22，$M_{理论型性格}$ = 4.44，$M_{审美型性格}$ = 4.47，$M_{宗教型性格}$ = 4.35，$M_{权力型性格}$ = 4.36，$M_{社会型性格}$ = 4.75；$F(5, 1900) = 16.378$，$p = 0.070 > 0.05$]。因此，负面新闻程度操控成功。

六是企业家声誉的检验。单因素方差分析发现，企业家声誉在组间程度中等且不存在显著差异 [$M_{经济型性格}$ = 4.55，$M_{理论型性格}$ = 4.68，$M_{审美型性格}$ = 4.63，$M_{宗教型性格}$ = 4.29，$M_{权力型性格}$ = 4.52，$M_{社会型性格}$ = 4.36；$F(5, 190) = 18.039$，$p = 0.054 > 0.05$]。因此，企业家声誉操控成功。

七是消费者对企业家态度的检验。单因素方差分析发现，消费者对企业家态度在组间程度中等且不存在显著差异 [$M_{经济型性格}$ = 4.82，$M_{理论型性格}$ = 4.68，$M_{审美型性格}$ = 4.72，$M_{宗教型性格}$ = 4.77，$M_{权力型性格}$ = 4.86，$M_{社会型性格}$ = 4.90；$F(5, 1900) = 20.368$，$p = 0.348 > 0.05$]。因此，消费者对企业家态度操控成功。

八是企业声誉的检验。单因素方差分析发现，企业声誉在组间程度中等且不存在显著差异 [$M_{经济型性格}$ = 4.72，$M_{理论型性格}$ = 4.71，$M_{审美型性格}$ = 4.73，$M_{宗教型性格}$ = 4.88，$M_{权力型性格}$ = 4.62，$M_{社会型性格}$ = 4.66；$F(5, 190) = 17.098$，$p = 0.171 > 0.05$]。因此，企业声誉操控成功。

九是消费者对企业态度的检验。单因素方差分析发现，消费者对企业态度在组间程度中等且不存在显著差异 [$M_{经济型性格}$ = 4.66，$M_{理论型性格}$ = 4.63，$M_{审美型性格}$ = 4.73，$M_{宗教型性格}$ = 4.47，$M_{权力型性格}$ = 4.71，$M_{社会型性格}$ = 4.46；$F(5, 190) = 9.145$，$p = 0.106 > 0.05$]。因此，消费者对企业态度操控成功。

十是与消费者利益相关的经营相关负面新闻的检验。单因素方差分析发现，与消费者利益相关的经营相关负面新闻在组间程度中等且不存在显著差异 [$M_{经济型性格}$ = 4.74，$M_{理论型性格}$ = 4.68，$M_{审美型性格}$ = 4.66，$M_{宗教型性格}$ = 4.69，$M_{权力型性格}$ = 4.75，$M_{社会型性格}$ = 4.66；$F(5, 190) = 15.887$，$p = 0.054 > 0.05$]。

十一是经济型性格的检验。通过题项得分均值与中间值（4分）做单样本T检验发现，经济型人格得分均值显著高于中间值（4分）[$M_{经济型性格}$ = 4.55，$SD = 1.69$，$t = 19.05$，$p = 0.005 < 0.05$]。因此，经济型性格操控成功。

十二是理论型性格的检验。通过题项得分均值与中间值（4分）做单样本T检验发现，理论型人格得分均值显著高于中间值（4分）[$M_{理论型人格}$ = 4.85，$SD = 2.58$，$t = 18.07$，$p = 0.000 < 0.05$]。因此，理论型性格操控成功。

十三是审美型性格的检验。通过题项得分均值与中间值（4分）做单样本T检验发现，审美型人格得分均值显著高于中间值（4分）[$M_{审美型人格}$ = 4.72，$SD = 1.88$，$t = 16.55$，$p = 0.000 < 0.05$]。因此，审美型性格操控成功。

十四是宗教型性格的检验。通过题项得分均值与中间值（4分）做单样本T检验发现，宗教型人格得分均值显著高于中间值（4分）[M_{宗教型人格} = 4.55，SD = 1.58，t = 16.47，p = 0.004 < 0.05]。因此，宗教型性格操控成功。

十五是权力型性格的检验。通过题项得分均值与中间值（4分）做单样本 T 检验发现，权力型人格得分均值显著高于中间值（4分）[M_{权力型人格} = 4.99，SD = 2.54，t = 16.28，p = 0.000 < 0.05]。因此，权力型性格操控成功。

十六是社会型性格的检验。通过题项得分均值与中间值（4分）做单样本 T 检验发现，社会型人格得分均值显著高于中间值（4分）[M_{社会型人格} = 5.36，SD = 1.25，t = 8.22，p = 0.000 < 0.05]。因此，社会型性格操控成功。

综上所述，正式实验组 1 刺激物设计合理，量表设计合理，消费者性格操控成功，可以进行假设检验。

十七是假设检验。假设 H4a 推测，对于代言型企业家而言，发生与消费者利益相关的经营相关负面新闻时，经济型消费者相比于其他五类性格的消费者，其对企业品牌形象的负面影响程度更高。单因素方差分析显示，相较于其他五类性格的消费者，经济型消费者对企业品牌形象评分最低且存在显著差异 [M_{经济型性格} = 2.95，M_{理论型性格} = 3.56，M_{审美型性格} = 3.66，M_{宗教型性格} = 3.69，M_{权力型性格} = 3.66，M_{社会型性格} = 3.66；F(5, 190) = 21.589，p = 0.044 < 0.05]，因此，假设 H4a 得到验证。

21.7.5.3 正式实验组 2：与股东利益相关的经营相关负面新闻组

舒华、张亚旭（2008）认为，通常在心理学实验中，每个组 20～30 个被试者可以得到显著的效果。共对 198 名被试者进行实验，剔除甄别项填答错误、漏答题项等样本，最后获得有效样本 189 个，其中，一小组被试者（30人）被操控为经济型性格，一小组被试者（33人）被操控为理论型性格，一小组被试者（31人）被操控为审美型性格，一小组被试者（32人）被操控为宗教型性格，一小组被试者（33人）被操控为权力型性格，一小组被试者（30人）被操控为社会型性格，每一小组被试者均阅读与股东利益相关的经营相关负面新闻刺激物。

一是信度分析。测项信度分析（Cronbach's α）显示，代言型企业家判断的信度为 0.824，企业家负面新闻判断的信度为 0.736，负面新闻涉入度信度为 0.823，负面新闻程度的信度为 0.834，企业家声誉的信度为 0.798，消费者对企业家态度的信度为 0.787，企业声誉的信度为 0.841，消费者对企业态度的信度为 0.838，企业品牌形象的信度为 0.806，与股东利益相关的经营相关负面新闻信度为 0.898，针对经济型人格的测量信度为 0.746，针对理论型人格的测量信度为 0.785，针对审美型人格的测量信度为 0.793，针对宗教型人格的测量信度为 0.891，针对权力型人格的测量信度为 0.786，针对社会型人格的测量信度为 0.802，整体量表信度为 0.781，本书信度较高。由于本书量表均参考前人的成熟量表，因此量表效度有保障。

二是操控检验。第一是代言型企业家的判断。单因素方差分析发现，对代言型企业家的判断在组间不存在显著差异 [M_{经济型性格} = 4.44，M_{理论型性格} = 4.58，M_{审美型性格} = 4.48，M_{宗教型性格} = 4.51，M_{权力型性格} = 4.53，M_{社会型性格} = 4.49；F(5, 183) = 14.247，p = 0.087 > 0.05]。因此，代言型企业家操控成功。

三是企业家负面新闻判断。单因素方差分析发现，对负面新闻的判断每组均大于中间值且不存在显著差异 [M_{经济型性格} = 4.14，M_{理论型性格} = 4.28，M_{审美型性格} = 4.18，M_{宗教型性格} = 4.21，M_{权力型性格} = 4.33，M_{社会型性格} = 4.19；F(5, 183) = 20.374，p = 0.051 > 0.05] 因此，负面新闻操控成功。

四是负面新闻涉入度检验。单因素方差分析发现，负面新闻涉入度在组间程度中等且不存在显著差异 [M_{经济型性格} = 4.84，M_{理论型性格} = 4.78，M_{审美型性格} = 4.78，M_{宗教型性格} = 4.71，M_{权力型性格} = 4.83，M_{社会型性格} = 4.89；F(5, 183) = 9.241，p = 0.072 > 0.05]。因此，负面新闻涉入度操控成功。

五是负面新闻程度的检验。单因素方差分析发现，负面新闻程度在组间程度中等且不存在显著差异 [M_{经济型性格} = 4.99，M_{理论型性格} = 5.00，M_{审美型性格} = 4.74，M_{宗教型性格} = 4.64，M_{权力型性格} = 4.78，M_{社会型性格} =

4.77；F(5，183) = 17.741，p = 0.055 > 0.05]。因此，负面新闻程度操控成功。

六是企业家声誉的检验。单因素方差分析发现，企业家声誉在组间程度中等且不存在显著差异[$M_{经济型性格}$ = 4.74，$M_{理论型性格}$ = 4.74，$M_{审美型性格}$ = 4.76，$M_{宗教型性格}$ = 4.71，$M_{权力型性格}$ = 4.83，$M_{社会型性格}$ = 4.71；F(5，183) = 18.459，p = 0.072 > 0.05]。因此，企业家声誉操控成功。

七是消费者对企业家态度的检验。单因素方差分析发现，消费者对企业家态度在组间程度中等且不存在显著差异[$M_{经济型性格}$ = 4.33，$M_{理论型性格}$ = 4.24，$M_{审美型性格}$ = 4.26，$M_{宗教型性格}$ = 4.21，$M_{权力型性格}$ = 4.13，$M_{社会型性格}$ = 4.21；F(5，183) = 29.025，p = 0.072 > 0.05]。因此，消费者对企业家态度操控成功。

八是企业声誉的检验。单因素方差分析发现，企业声誉在组间程度中等且不存在显著差异[$M_{经济型性格}$ = 4.73，$M_{理论型性格}$ = 4.74，$M_{审美型性格}$ = 4.66，$M_{宗教型性格}$ = 4.71，$M_{权力型性格}$ = 4.63，$M_{社会型性格}$ = 4.61；F(5，183) = 15.995，p = 0.068 > 0.05]。因此，企业声誉操控成功。

九是消费者对企业态度的检验。单因素方差分析发现，消费者对企业态度在组间程度中等且不存在显著差异[$M_{经济型性格}$ = 4.43，$M_{理论型性格}$ = 4.44，$M_{审美型性格}$ = 4.46，$M_{宗教型性格}$ = 4.51，$M_{权力型性格}$ = 4.43，$M_{社会型性格}$ = 4.51；F(5，183) = 16.248，p = 0.092 > 0.05]。因此，消费者对企业态度操控成功。

十是与股东利益相关的经营相关负面新闻的检验。单因素方差分析发现，与股东利益相关的经营相关负面新闻在组间程度中等且不存在显著差异[$M_{经济型性格}$ = 4.56，$M_{理论型性格}$ = 4.74，$M_{审美型性格}$ = 4.66，$M_{宗教型性格}$ = 4.61，$M_{权力型性格}$ = 4.63，$M_{社会型性格}$ = 4.61；F(5，183) = 18.479，p = 0.054 > 0.05]。

十一是经济型性格的检验。通过题项得分均值与中间值（4分）做单样本T检验发现，经济型人格得分均值显著高于中间值（4分）[$M_{经济型性格}$ = 4.78，SD = 1.55，t = 11.05，p = 0.000 < 0.05]。因此，经济型性格操控成功。

十二是理论型性格的检验。通过题项得分均值与中间值（4分）做单样本T检验发现，理论型人格得分均值显著高于中间值（4分）[$M_{理论型人格}$ = 5.14，SD = 2.32，t = 14.07，p = 0.000 < 0.05]。因此，理论型性格操控成功。

十三是审美型性格的检验。通过题项得分均值与中间值（4分）做单样本T检验发现，审美型人格得分均值显著高于中间值（4分）[$M_{审美型人格}$ = 4.88，SD = 1.96，t = 21.25，p = 0.000 < 0.05]。因此，审美型性格操控成功。

十四是宗教型性格的检验。通过题项得分均值与中间值（4分）做单样本T检验发现，宗教型人格得分均值显著高于中间值（4分）[$M_{宗教型人格}$ = 4.69，SD = 1.99，t = 16.88，p = 0.000 < 0.05]。因此，宗教型性格操控成功。

十五是权力型性格的检验。通过题项得分均值与中间值（4分）做单样本T检验发现，权力型人格得分均值显著高于中间值（4分）[$M_{权力型人格}$ = 5.14，SD = 1.65，t = 17.45，p = 0.007 < 0.05]。因此权力型性格操控成功。

十六是社会型性格的检验。通过题项得分均值与中间值（4分）做单样本T检验发现，社会型人格得分均值显著高于中间值（4分）[$M_{社会型人格}$ = 4.75，SD = 1.76，t = 18.36，p = 0.000 < 0.05]。因此，社会型性格操控成功。

综上所述，正式实验组2刺激物设计合理，量表设计合理，消费者性格操控成功，可以进行假设检验。

十七是假设检验。假设H4b推测，对于代言型企业家而言，发生与股东利益相关的经营相关负面新闻时，经济型消费者相比于其他五类性格的消费者，其对企业品牌形象的负面影响程度更高。单因素方差分析显示，相较于其他五类性格的消费者，经济型消费者对企业品牌形象评分最低且存在显著差异[$M_{经济型性格}$ = 2.87，$M_{理论型性格}$ = 3.77，$M_{审美型性格}$ = 3.81，$M_{宗教型性格}$ = 3.72，$M_{权力型性格}$ = 3.84，$M_{社会型性格}$ = 3.69；F(5，183) = 15.369，p = 0.003 < 0.05]，因此，假设H4b得到验证。

21.7.5.4 正式实验组3：与社会利益相关的经营相关负面新闻组

舒华、张亚旭（2008）认为，通常在心理学实验中，每个组20～30个被试者可以得到显著的效果。共对190名被试者进行实验，剔除甄别项填答错误、漏答题项等样本，最后获得有效样本184个，其中，一小组被试者（31人）被操控为经济型性格，一小组被试者（28人）被操控为理论型性格，一小组被试者（29人）被操控为审美型性格，一小组被试者（35人）被操控为宗教型性格，一小组被试者（31人）被操控为权力型性格，一小组被试者（30人）被操控为社会型性格，每一小组被试者均阅读与社会利益相关的经营相关负面新闻刺激物。

一是信度分析。测项信度分析显示，代言型企业家判断的信度为0.784，企业家负面新闻判断的信度为0.799，负面新闻涉入度信度为0.811，负面新闻程度的信度为0.834，企业家声誉的信度为0.777，消费者对企业家态度的信度为0.801，企业声誉的信度为0.879，消费者对企业态度的信度为0.877，企业品牌形象的信度为0.836，与社会利益相关的经营相关负面新闻信度为0.898，针对经济型人格的测量信度为0.755，针对理论型人格的测量信度为0.763，针对审美型人格的测量信度为0.784，针对宗教型人格的测量信度为0.756，针对权力型人格的测量信度为0.786，针对社会型人格的测量信度为0.786，整体量表信度为0.789，本书信度较高。由于本书量表均参考前人的成熟量表，因此量表效度有保障。

二是操控检验。第一是代言型企业家的判断。单因素方差分析发现，对代言型企业家的判断在组间不存在显著差异 [$M_{经济型性格}$ = 4.02，$M_{理论型性格}$ = 4.13，$M_{审美型性格}$ = 4.17，$M_{宗教型性格}$ = 4.09，$M_{权力型性格}$ = 4.13，$M_{社会型性格}$ = 4.09；$F(5, 178) = 18.036$，$p = 0.074 > 0.05$]。因此，代言型企业家操控成功。

三是企业家负面新闻判断。单因素方差分析发现，对负面新闻的判断每组均大于中间值且不存在显著差异 [$M_{经济型性格}$ = 4.11，$M_{理论型性格}$ = 4.24，$M_{审美型性格}$ = 4.26，$M_{宗教型性格}$ = 4.33，$M_{权力型性格}$ = 4.05，$M_{社会型性格}$ = 4.07；$F(5, 178) = 14.259$，$p = 0.111 > 0.05$] 因此，负面新闻操控成功。

四是负面新闻涉入度检验。单因素方差分析发现，负面新闻涉入度在组间程度中等且不存在显著差异 [$M_{经济型性格}$ = 4.44，$M_{理论型性格}$ = 4.69，$M_{审美型性格}$ = 4.51，$M_{宗教型性格}$ = 4.36，$M_{权力型性格}$ = 4.47，$M_{社会型性格}$ = 4.39；$F(5, 178) = 9.248$，$p = 0.222 > 0.05$]。因此，负面新闻涉入度操控成功。

五是负面新闻程度的检验。单因素方差分析发现，负面新闻程度在组间程度中等且不存在显著差异 [$M_{经济型性格}$ = 4.63，$M_{理论型性格}$ = 4.67，$M_{审美型性格}$ = 4.41，$M_{宗教型性格}$ = 4.58，$M_{权力型性格}$ = 4.69，$M_{社会型性格}$ = 4.77；$F(5, 178) = 19.273$，$p = 0.354 > 0.05$]。因此，负面新闻程度操控成功。

六是企业家声誉的检验。单因素方差分析发现，企业家声誉在组间程度中等且不存在显著差异 [$M_{经济型性格}$ = 4.84，$M_{理论型性格}$ = 4.74，$M_{审美型性格}$ = 4.69，$M_{宗教型性格}$ = 4.75，$M_{权力型性格}$ = 4.69，$M_{社会型性格}$ = 4.78；$F(5, 178) = 28.061$，$p = 0.336 > 0.05$]。因此，企业家声誉操控成功。

七是消费者对企业家态度的检验。单因素方差分析发现，消费者对企业家态度在组间程度中等且不存在显著差异 [$M_{经济型性格}$ = 4.78，$M_{理论型性格}$ = 4.54，$M_{审美型性格}$ = 4.78，$M_{宗教型性格}$ = 4.66，$M_{权力型性格}$ = 4.87，$M_{社会型性格}$ = 4.75；$F(5, 178) = 16.356$，$p = 0.071 > 0.05$]。因此，消费者对企业家态度操控成功。

八是企业声誉的检验。单因素方差分析发现，企业声誉在组间程度中等且不存在显著差异 [$M_{经济型性格}$ = 4.63，$M_{理论型性格}$ = 4.54，$M_{审美型性格}$ = 4.66，$M_{宗教型性格}$ = 4.74，$M_{权力型性格}$ = 4.49，$M_{社会型性格}$ = 4.48；$F(5, 178) = 18.498$，$p = 0.088 > 0.05$]。因此，企业声誉操控成功。

九是消费者对企业态度的检验。单因素方差分析发现，消费者对企业态度在组间程度中等且不存在显著差异 [$M_{经济型性格}$ = 4.63，$M_{理论型性格}$ = 4.54，$M_{审美型性格}$ = 4.66，$M_{宗教型性格}$ = 4.74，$M_{权力型性格}$ = 4.49，$M_{社会型性格}$ = 4.48；$F(5, 178) = 18.498$，$p = 0.088 > 0.05$]。因此，消费者对企业态度操控成功。

十是与社会利益相关的经营相关负面新闻的检验。单因素方差分析发现，与社会利益相关的经营相关负面新闻在组间程度中等且不存在显著差异 [$M_{经济型性格}$ = 4.26，$M_{理论型性格}$ = 4.34，$M_{审美型性格}$ = 4.26，

$M_{宗教型性格} = 4.34$,$M_{权力型性格} = 4.49$,$M_{社会型性格} = 4.40$; $F(5, 178) = 24.129$, $p = 0.400 > 0.05$]。

十一是经济型性格的检验。通过题项得分均值与中间值（4分）做单样本T检验发现，经济型人格得分均值显著高于中间值（4分）[$M_{经济型性格} = 4.83$, $SD = 1.55$, $t = 18.25$, $p = 0.044 < 0.05$]。因此，经济型性格操控成功。

十二是理论型性格的检验。通过题项得分均值与中间值（4分）做单样本T检验发现，理论型人格得分均值显著高于中间值（4分）[$M_{理论型人格} = 4.84$, $SD = 1.56$, $t = 22.07$, $p = 0.000 < 0.05$]。因此，理论型性格操控成功。

十三是审美型性格的检验。通过题项得分均值与中间值（4分）做单样本T检验发现，审美型人格得分均值显著高于中间值（4分）[$M_{审美型人格} = 4.36$, $SD = 1.88$, $t = 18.54$, $p = 0.000 < 0.05$]。因此，审美型性格操控成功。

十四是宗教型性格的检验。通过题项得分均值与中间值（4分）做单样本T检验发现，宗教型人格得分均值显著高于中间值（4分）[$M_{宗教型人格} = 4.77$, $SD = 1.58$, $t = 16.88$, $p = 0.000 < 0.05$]。因此，宗教型性格操控成功。

十五是权力型性格的检验。通过题项得分均值与中间值（4分）做单样本T检验发现，权力型人格得分均值显著高于中间值（4分）[$M_{权力型人格} = 4.51$, $SD = 1.82$, $t = 15.20$, $p = 0.014 < 0.05$]。因此，权力型性格操控成功。

十六是社会型性格的检验。通过题项得分均值与中间值（4分）做单样本T检验发现，社会型人格得分均值显著高于中间值（4分）[$M_{社会型人格} = 4.44$, $SD = 1.82$, $t = 15.36$, $p = 0.000 < 0.05$]。因此，社会型性格操控成功。

综上所述，正式实验组3刺激物设计合理，量表设计合理，消费者性格操控成功，可以进行假设检验。

十七是假设检验。假设H4c推测，H4c：对于代言型企业家而言，发生与社会利益相关的经营相关负面新闻时，社会型消费者和宗教型消费者相比于其他四类性格的消费者，其对企业品牌形象的负面影响程度更高。单因素方差分析显示，相较于其他五类性格的消费者，社会型与宗教型消费者对企业品牌形象评分最低且存在显著差异[$M_{经济型性格} = 3.85$, $M_{理论型性格} = 3.56$, $M_{审美型性格} = 3.69$, $M_{宗教型性格} = 3.02$, $M_{权力型性格} = 3.84$, $M_{社会型性格} = 2.98$; $F(5, 178) = 19.351$, $p = 0.041 < 0.05$]，因此，假设H4c得到验证。

21.7.5.5 正式实验组4：与政府利益相关的经营相关负面新闻组

舒华、张亚旭（2008）认为，通常在心理学实验中，每个组20~30个被试者可以得到显著的效果。共对186名被试者进行实验，剔除甄别项填答错误、漏答题项等样本，最后获得有效样本179个，其中，一小组被试者（28人）被操控为经济型性格，一小组被试者（28人）被操控为理论型性格，一小组被试者（29人）被操控为审美型性格，一小组被试者（34人）被操控为宗教型性格，一小组被试者（30人）被操控为权力型性格，一小组被试者（30人）被操控为社会型性格，每一小组被试者均阅读与政府利益相关的经营相关负面新闻刺激物。

一是信度分析。测项信度分析显示，代言型企业家判断的信度为0.804，企业家负面新闻判断的信度为0.789，负面新闻涉入度信度为0.756，负面新闻程度的信度为0.754，企业家声誉的信度为0.766，消费者对企业家态度的信度为0.823，企业声誉的信度为0.800，消费者对企业态度的信度为0.835，企业品牌形象的信度为0.849，与政府利益相关的经营相关负面新闻信度为0.800，针对经济型人格的测量信度为0.784，针对理论型人格的测量信度为0.796，针对审美型人格的测量信度为0.778，针对宗教型人格的测量信度为0.796，针对权力型人格的测量信度为0.811，针对社会型人格的测量信度为0.811，整体量表信度为0.809，本书信度较高。由于本书量表均参考前人的成熟量表，因此量表效度有保障。

二是操控检验。第一是代言型企业家的判断。单因素方差分析发现，对代言型企业家的判断在组

间不存在显著差异 [$M_{经济型性格}=4.36$, $M_{理论型性格}=4.23$, $M_{审美型性格}=4.33$, $M_{宗教型性格}=4.49$, $M_{权力型性格}=4.43$, $M_{社会型性格}=4.33$; $F(5, 173)=15.174$, $p=0.154>0.05$]。因此,代言型企业家操控成功。

三是企业家负面新闻判断。单因素方差分析发现,对负面新闻的判断每组均大于中间值且不存在显著差异 [$M_{经济型性格}=4.52$, $M_{理论型性格}=4.66$, $M_{审美型性格}=4.74$, $M_{宗教型性格}=4.46$, $M_{权力型性格}=4.55$, $M_{社会型性格}=4.34$; $F(5, 173)=20.174$, $p=0.222>0.05$] 因此,负面新闻操控成功。

四是负面新闻涉入度检验。单因素方差分析发现,负面新闻涉入度在组间程度中等且不存在显著差异 [$M_{经济型性格}=4.13$, $M_{理论型性格}=4.06$, $M_{审美型性格}=4.07$, $M_{宗教型性格}=4.21$, $M_{权力型性格}=4.13$, $M_{社会型性格}=4.13$; $F(5, 173)=11.223$, $p=0.088>0.05$]。因此,负面新闻涉入度操控成功。

五是负面新闻程度的检验。单因素方差分析发现,负面新闻程度在组间程度中等且不存在显著差异 [$M_{经济型性格}=4.78$, $M_{理论型性格}=4.65$, $M_{审美型性格}=4.66$, $M_{宗教型性格}=4.74$, $M_{权力型性格}=4.69$, $M_{社会型性格}=4.81$; $F(5, 173)=17.363$, $p=0.071>0.05$]。因此,负面新闻程度操控成功。

六是企业家声誉的检验。单因素方差分析发现,企业家声誉在组间程度中等且不存在显著差异 [$M_{经济型性格}=4.36$, $M_{理论型性格}=4.23$, $M_{审美型性格}=4.33$, $M_{宗教型性格}=4.49$, $M_{权力型性格}=4.43$, $M_{社会型性格}=4.33$; $F(5, 173)=15.174$, $p=0.055>0.05$]。因此,企业家声誉操控成功。

七是消费者对企业家态度的检验。单因素方差分析发现,消费者对企业家态度在组间程度中等且不存在显著差异 [$M_{经济型性格}=4.87$, $M_{理论型性格}=4.74$, $M_{审美型性格}=4.77$, $M_{宗教型性格}=4.79$, $M_{权力型性格}=4.83$, $M_{社会型性格}=4.83$; $F(5, 173)=21.363$, $p=0.084>0.05$]。因此,消费者对企业家态度操控成功。

八是企业声誉的检验。单因素方差分析发现,企业声誉在组间程度中等且不存在显著差异 [$M_{经济型性格}=4.06$, $M_{理论型性格}=4.14$, $M_{审美型性格}=4.13$, $M_{宗教型性格}=4.08$, $M_{权力型性格}=4.21$, $M_{社会型性格}=4.14$; $F(5, 173)=19.330$, $p=0.073>0.05$]。因此,企业声誉操控成功。

九是消费者对企业态度的检验。单因素方差分析发现,消费者对企业态度在组间程度中等且不存在显著差异 [$M_{经济型性格}=4.42$, $M_{理论型性格}=4.34$, $M_{审美型性格}=4.66$, $M_{宗教型性格}=4.34$, $M_{权力型性格}=4.51$, $M_{社会型性格}=4.34$; $F(5, 173)=21.025$, $p=0.626>0.05$]。因此,消费者对企业态度操控成功。

十是与政府利益相关的经营相关负面新闻的检验。单因素方差分析发现,与政府利益相关的经营相关负面新闻在组间程度中等且不存在显著差异 [$M_{经济型性格}=4.75$, $M_{理论型性格}=4.64$, $M_{审美型性格}=4.76$, $M_{宗教型性格}=4.84$, $M_{权力型性格}=4.79$, $M_{社会型性格}=4.88$; $F(5, 173)=18.224$, $p=0.400>0.05$]。

十一是经济型性格的检验。通过题项得分均值与中间值(4分)做单样本T检验发现,经济型人格得分均值显著高于中间值(4分) [$M_{经济型性格}=4.68$, $SD=1.84$, $t=14.03$, $p=0.008<0.05$]。因此,经济型性格操控成功。

十二是理论型性格的检验。通过题项得分均值与中间值(4分)做单样本T检验发现,理论型人格得分均值显著高于中间值(4分) [$M_{理论型人格}=4.77$, $SD=1.34$, $t=9.27$, $p=0.000<0.05$]。因此,理论型性格操控成功。

十三是审美型性格的检验。通过题项得分均值与中间值(4分)做单样本T检验发现,审美型人格得分均值显著高于中间值(4分) [$M_{审美型人格}=4.54$, $SD=1.32$, $t=12.54$, $p=0.000<0.05$]。因此,审美型性格操控成功。

十四是宗教型性格的检验。通过题项得分均值与中间值(4分)做单样本T检验发现,宗教型人格得分均值显著高于中间值(4分) [$M_{宗教型人格}=4.34$, $SD=1.11$, $t=9.34$, $p=0.045<0.05$]。因此,宗教型性格操控成功。

十五是权力型性格的检验。通过题项得分均值与中间值(4分)做单样本T检验发现,权力型人格得分均值显著高于中间值(4分) [$M_{权力型人格}=4.76$, $SD=1.53$, $t=15.20$, $p=0.014<0.05$]。因此,权

力型性格操控成功。

十六是社会型性格的检验。通过题项得分均值与中间值（4分）做单样本T检验发现，社会型人格得分均值显著高于中间值（4分）[$M_{社会型人格}=4.38$, $SD=1.47$, $t=14.25$, $p=0.000<0.05$]。因此，社会型性格操控成功。

综上所述，正式实验组4刺激物设计合理，量表设计合理，消费者性格操控成功，可以进行假设检验。

十七是假设检验。假设H4d推测，H4d：对于代言型企业家而言，发生与政府利益相关的经营相关负面新闻时，权力型消费者相比于其他五类性格的消费者，其对企业品牌形象的负面影响程度更高。单因素方差分析显示，相较于其他五类性格的消费者，权利型消费者对企业品牌形象评分最低且存在显著差异[$M_{经济型性格}=3.76$, $M_{理论型性格}=3.69$, $M_{审美型性格}=3.82$, $M_{宗教型性格}=384$, $M_{权力型性格}=2.84$, $M_{社会型性格}=3.98$; $F(5,173)=20.554$, $p=0.035<0.05$]，因此，假设H4d得到验证。

21.7.5.6　正式实验组5：与员工利益相关的经营相关负面新闻组

舒华、张亚旭（2008）认为，通常在心理学实验中，每个组20～30个被试者可以得到显著的效果。共对191名被试者进行实验，剔除甄别项填答错误、漏答题项等样本，最后获得有效样本178个，其中，一小组被试者（30人）被操控为经济型性格，一小组被试者（26人）被操控为理论型性格，一小组被试者（29人）被操控为审美型性格，一小组被试者（32人）被操控为宗教型性格，一小组被试者（32人）被操控为权力型性格，一小组被试者（30人）被操控为社会型性格，每一小组被试者均阅读与员工利益相关的经营相关负面新闻刺激物。

一是信度分析。测项信度分析显示，代言型企业家判断的信度为0.784，企业家负面新闻判断的信度为0.769，负面新闻涉入度信度为0.814，负面新闻程度的信度为0.808，企业家声誉的信度为0.798，消费者对企业家态度的信度为0.811，企业声誉的信度为0.823，消费者对企业态度的信度为0.844，企业品牌形象的信度为0.806，与员工利益相关的经营相关负面新闻信度为0.868，针对经济型人格的测量信度为0.799，针对理论型人格的测量信度为0.811，针对审美型人格的测量信度为0.793，针对宗教型人格的测量信度为0.866，针对权力型人格的测量信度为0.846，针对社会型人格的测量信度为0.846，整体量表信度为0.817，本书信度较高。由于本书量表均参考前人的成熟量表，因此量表效度有保障。

二是操控检验。第一是代言型企业家的判断。单因素方差分析发现，对代言型企业家的判断在组间不存在显著差异[$M_{经济型性格}=4.32$, $M_{理论型性格}=4.22$, $M_{审美型性格}=4.38$, $M_{宗教型性格}=4.34$, $M_{权力型性格}=4.44$, $M_{社会型性格}=4.38$; $F(5,172)=16.225$, $p=0.244>0.05$]。因此，代言型企业家操控成功。

三是企业家负面新闻判断。单因素方差分析发现，对负面新闻的判断每组均大于中间值且不存在显著差异[$M_{经济型性格}=4.14$, $M_{理论型性格}=4.28$, $M_{审美型性格}=4.18$, $M_{宗教型性格}=4.21$, $M_{权力型性格}=4.33$, $M_{社会型性格}=4.19$; $F(5,172)=7.336$, $p=0.062>0.05$]因此，负面新闻操控成功。

四是负面新闻涉入度检验。单因素方差分析发现，负面新闻涉入度在组间程度中等且不存在显著差异[$M_{经济型性格}=4.84$, $M_{理论型性格}=4.74$, $M_{审美型性格}=4.69$, $M_{宗教型性格}=4.78$, $M_{权力型性格}=4.88$, $M_{社会型性格}=4.83$; $F(5,172)=16.002$, $p=0.069>0.05$]。因此，负面新闻涉入度操控成功。

五是负面新闻程度的检验。单因素方差分析发现，负面新闻程度在组间程度中等且不存在显著差异[$M_{经济型性格}=4.35$, $M_{理论型性格}=4.47$, $M_{审美型性格}=4.51$, $M_{宗教型性格}=4.53$, $M_{权力型性格}=4.39$, $M_{社会型性格}=4.44$; $F(5,172)=18.224$, $p=0.078>0.05$]。因此，负面新闻程度操控成功。

六是企业家声誉的检验。单因素方差分析发现，企业家声誉在组间程度中等且不存在显著差异[$M_{经济型性格}=4.35$, $M_{理论型性格}=4.47$, $M_{审美型性格}=4.51$, $M_{宗教型性格}=4.53$, $M_{权力型性格}=4.39$, $M_{社会型性格}=4.44$; $F(5,172)=18.224$, $p=0.078>0.05$]。因此，企业家声誉操控成功。

七是消费者对企业家态度的检验。单因素方差分析发现，消费者对企业家态度在组间程度中等且

不存在显著差异 [$M_{经济型性格}=4.74$, $M_{理论型性格}=4.68$, $M_{审美型性格}=4.68$, $M_{宗教型性格}=4.57$, $M_{权力型性格}=4.67$, $M_{社会型性格}=4.74$; $F(5, 172)=18.224$, $p=0.084>0.05$]。因此,消费者对企业家态度操控成功。

八是企业声誉的检验。单因素方差分析发现,企业声誉在组间程度中等且不存在显著差异 [$M_{经济型性格}=4.24$, $M_{理论型性格}=4.28$, $M_{审美型性格}=4.28$, $M_{宗教型性格}=4.37$, $M_{权力型性格}=4.47$, $M_{社会型性格}=4.34$; $F(5, 172)=26.374$, $p=0.128>0.05$]。因此,企业声誉操控成功。

九是消费者对企业态度的检验。单因素方差分析发现,消费者对企业态度在组间程度中等且不存在显著差异 [$M_{经济型性格}=4.55$, $M_{理论型性格}=4.68$, $M_{审美型性格}=4.74$, $M_{宗教型性格}=4.57$, $M_{权力型性格}=4.67$, $M_{社会型性格}=4.55$; $F(5, 172)=14.271$, $p=0.888>0.05$]。因此,消费者对企业态度操控成功。

十是与员工利益相关的经营相关负面新闻的检验。单因素方差分析发现,与员工利益相关的经营相关负面新闻在组间程度中等且不存在显著差异 [$M_{经济型性格}=4.34$, $M_{理论型性格}=4.34$, $M_{审美型性格}=4.47$, $M_{宗教型性格}=4.35$, $M_{权力型性格}=4.68$, $M_{社会型性格}=4.57$; $F(5, 172)=9.334$, $p=0.068>0.05$]。

十一是经济型性格的检验。通过题项得分均值与中间值(4分)做单样本T检验发现,经济型人格得分均值显著高于中间值(4分)[$M_{经济型人格}=4.34$, $SD=1.81$, $t=18.16$, $p=0.000<0.05$]。因此,经济型性格操控成功。

十二是理论型性格的检验。通过题项得分均值与中间值(4分)做单样本T检验发现,理论型人格得分均值显著高于中间值(4分)[$M_{理论型人格}=5.04$, $SD=2.54$, $t=16.24$, $p=0.000<0.05$]。因此,理论型性格操控成功。

十三是审美型性格的检验。通过题项得分均值与中间值(4分)做单样本T检验发现,审美型人格得分均值显著高于中间值(4分)[$M_{审美型人格}=4.39$, $SD=1.88$, $t=16.24$, $p=0.000<0.05$]。因此,审美型性格操控成功。

十四是宗教型性格的检验。通过题项得分均值与中间值(4分)做单样本T检验发现,宗教型人格得分均值显著高于中间值(4分)[$M_{宗教型人格}=4.84$, $SD=1.86$, $t=18.87$, $p=0.007<0.05$]。因此,宗教型性格操控成功。

十五是权力型性格的检验。通过题项得分均值与中间值(4分)做单样本T检验发现,权力型人格得分均值显著高于中间值(4分)[$M_{权力型人格}=4.63$, $SD=1.84$, $t=21.04$, $p=0.003<0.05$]。因此,权力型性格操控成功。

十六是社会型性格的检验。通过题项得分均值与中间值(4分)做单样本T检验发现,社会型人格得分均值显著高于中间值(4分)[$M_{社会型人格}=4.87$, $SD=1.88$, $t=23.42$, $p=0.035<0.05$]。因此,社会型性格操控成功。

综上所述,正式实验组5刺激物设计合理,量表设计合理,消费者性格操控成功,可以进行假设检验。

十七是假设检验。假设H4e推测,对于代言型企业家而言,发生与员工利益相关的经营相关负面新闻时,社会型和宗教型消费者相比于其他四类性格的消费者,其对企业品牌形象的负面影响程度更高。单因素方差分析显示,相较于其他四类性格的消费者,社会型与宗教型消费者对企业品牌形象评分不是最低且不存在显著差异 [$M_{经济型性格}=3.45$, $M_{理论型性格}=3.65$, $M_{审美型性格}=3.68$, $M_{宗教型性格}=3.44$, $M_{权力型性格}=3.74$, $M_{社会型性格}=3.51$; $F(5, 183)=13.036$, $p=0.112>0.05$],因此,假设H4e没有得到验证。本书认为,与员工利益相关的代言型企业家经营相关负面新闻对企业品牌的负面影响程度较小,导致六类社会性格维度的消费者对其负面评价不具有显著性差异。

21.7.6 本章小结

本小节着重介绍了本章的研究设计,包括实验设计、前测实验、正式实验,描述了研究4的实证过程。

首先是实验设计。由于本实证涉及的实验较多,工作量较大,因此将只采用实验法对实证4进行验证。本书采用 5（与消费者利益相关的经营相关负面新闻 vs 与股东利益相关的经营相关负面新闻 vs 与社会利益相关的经营相关负面新闻 vs 与政府利益相关的经营相关负面新闻 vs 与员工利益相关的经营相关负面新闻）×6（经济型 vs 理论型 vs 审美型 vs 宗教型 vs 权力型 vs 社会型）的实验组设计。

具体而言，本书采用 5（与消费者利益相关的经营相关负面新闻 vs 与股东利益相关的经营相关负面新闻 vs 与社会利益相关的经营相关负面新闻 vs 与政府利益相关的经营相关负面新闻 vs 与员工利益相关的经营相关负面新闻）的实验组设计与调查组设计。

其次是前测实验。前测主要在四川某高校进行，共有185人参加，分为六个实验组，一组人员（28人）参加经济型性格与消费者利益相关的经营相关负面新闻组实验，一组人员（30人）参加理论型性格，与股东利益相关的经营相关负面新闻组实验，一组人员（32人）参加审美型性格与社会利益相关的经营相关负面新闻组实验，一组人员（32人）参加宗教型性格与政府利益相关的经营相关负面新闻组实验，一组人员（32人）参加权力型性格与员工利益相关的经营相关负面新闻组实验，一组人员（31人）参加社会型性格与消费者利益相关的经营相关负面新闻组实验。前测样本中男生86人，女生99人，并且性别没有对其他变量认识造成显著影响（p>0.05）。

最后是正式实验。正式实验主要在四川某高校进行，分为五组进行，第一组是与消费者利益相关的经营相关负面新闻组，该组实验的被试者又被分为六个小组，一小组被试者被操控为经济型性格，一小组被试者被操控为理论型性格，一小组被试者被操控为审美型性格，一小组被试者被操控为宗教型性格，一小组被试者被操控为权力型性格，一小组被试者被操控为社会型性格，每一小组被试者均阅读与消费者利益相关的经营相关负面新闻刺激物。同样的，其余四组为与股东利益相关的经营相关负面新闻组、与社会利益相关的经营相关负面新闻组、与政府利益相关的经营相关负面新闻组、与员工利益相关的经营相关负面新闻组，每个实验组均被分为六个小组，每个小组均按照六类不同的消费者社会性格类型进行操控。经过正式实验组1、正式实验组2、正式实验组3、正式实验组4、正式实验组5、正式实验组6，假设 H4a、H4b、H4c、H4d 得到验证，假设 H4e 没有得到验证。本书认为，与员工利益相关的代言型企业家经营相关负面对企业品牌的负面影响程度较小，导致六类社会性格维度的消费者对其负面评价不具有显著性差异。

研究结果六类消费者社会性格维度理论适合应用于本书，并且具有一定的解释力，说明本书的消费者性格分类合理。不同性格类型的消费者对不同的基于利益相关者的代言型企业家经营相关负面新闻具有显著的认知差异，说明本书变量分类依据可靠，研究结论显著。

21.7.7 章研究总结

21.7.7.1 研究结果

本书阐述了四个方面的问题。首先，基于企业家代言身份分类的企业家负面新闻对企业品牌形象的影响。大众营销传播包含四种工具，广告、销售促进、事件和公共关系（Kotler，2015），以往占主导地位的广告传播的效果正在逐渐降低，事件和公共关系的影响力正在逐渐提升，作为一种典型的公共关系影响事件，代言型企业家发生负面新闻对企业品牌形象的影响是显而易见的，代言型企业家作为拥有庞大社会影响力以及粉丝影响力的特殊企业家团体，其个人的负面新闻所带来的负面效应会溢出到其对应企业。针对于此，本书首次提出代言型企业家负面新闻与非代言型企业家的负面新闻的分类方法，探索代言型企业家负面新闻与非代言型企业家的负面新闻对企业品牌形象造成的不同的负面影响。本书采用实验法与调查法，两次验证了假设 H1。

其次，代言型企业家经营相关与经营无关负面新闻对企业品牌形象的影响。代言型企业家之所以区别于其他明星代言人，在于其具有较强的经营属性，针对于此，本书对实证1进行细分研究，本书发现代言型企业家负面新闻可以分为经营相关的代言型企业家负面新闻与经营无关的代言型企业家负面新闻，并试图探索哪一类代言型企业家负面新闻会给企业品牌形象造成更加负面的影响。本书采用实验法与调查法，两次验证了假设 H2。

再次，基于利益相关者分类的代言型企业家经营相关负面新闻对企业品牌形象的影响。现有理论无法阐明针对不同的利益相关者，代言型企业家发生经营相关负面新闻后会对企业的品牌形象造成怎样的负面影响。针对于此，本书在实证 2 的基础上，以利益相关者理论为基础，对代言型企业家发生经营相关负面新闻进行细分，探讨了五类代言型企业家发生经营相关负面新闻对企业品牌形象的影响。本书采用实验法与调查法，两次验证了假设 H3a、H3b、H3c、H3d、H3e。

最后，代言型企业家负面新闻对企业品牌形象的影响——基于利益相关者分类与消费者社会性格类型。实证 4 在实证 3 的基础上，引入了消费者社会性格类型，研究五类基于利益相关者分类的代言型企业家经营相关负面新闻，会分别对六类不同性格的消费者，在企业品牌形象影响方面产生怎样的影响。本书采用实验法，验证了假设 H4a、H4b、H4c、H4d，H4e 没有得到验证。研究结果汇总见表 21-16。

表 21-16 研究结果汇总

研究假设	验证情况
H1：相比非代言型企业家，代言型企业家发生负面新闻对企业品牌形象的负面影响程度更高	验证
H2：对于代言型企业家而言，发生与经营相关的负面新闻，相比于发生与经营无关的负面新闻，前者对企业品牌形象的负面影响程度高于后者	验证
H3a：与股东（股民）、社会、政府、员工、股东（大股东）利益相关的经营相关负面新闻，相比于与消费者利益相关的经营相关负面新闻，后者对企业品牌形象的负面影响程度高于前者	验证
H3b：与社会、政府、员工、股东（大股东）利益相关的经营相关负面新闻，相比于与股东（股民）利益相关的经营相关负面新闻，后者对企业品牌形象的负面影响程度高于前者	验证
H3c：与政府、员工、股东（大股东）利益相关的经营相关负面新闻，相比于与社会利益相关的经营相关负面新闻，后者对企业品牌形象的负面影响程度高于前者	验证
H3d：与员工、股东（大股东）利益相关的经营相关负面新闻，相比于与政府利益相关的经营相关负面新闻，前者对企业品牌形象的负面影响程度高于后者	验证
H3e：与股东（大股东）利益相关的经营相关负面新闻，相比于与员工利益相关的经营相关负面新闻，后者对企业品牌形象的负面影响程度高于前者	验证
H4a：对于代言型企业家而言，发生与消费者利益相关的经营相关负面新闻时，经济型消费者相比于其他五类性格的消费者，其对企业品牌形象的负面影响程度更高	验证
H4b：对于代言型企业家而言，发生与股东利益相关的经营相关负面新闻时，经济型消费者相比于其他五类性格的消费者，其对企业品牌形象负面影响程度更高	验证
H4c：对于代言型企业家而言，发生与社会利益相关的经营相关负面新闻时，社会型消费者和宗教型消费者相比于其他四类性格的消费者，其对企业品牌形象的负面影响程度更高	验证
H4d：对于代言型企业家而言，发生与政府利益相关的经营相关负面新闻时，权力型消费者相比于其他五类性格的消费者，其对企业品牌形象的负面影响程度更高	验证
H4e：对于代言型企业家而言，发生与员工利益相关的经营相关负面新闻时，社会型和宗教型消费者相比于其他四类性格的消费者，其对企业品牌形象的负面影响程度更高	未验证

21.7.7.2 管理启示

首先，对于具有明星光环、有自己粉丝群体与强有力发声渠道的代言型企业家负面新闻，企业应格外重视并采取针对性的应对措施。相较于非代言型企业家，代言型企业家由于自身具有较强影响力，其自身负面新闻更容易对企业品牌形象造成更强的负面影响。因此，对于代言型企业家发生的负面新闻应更加重视。并且，在日常经营与管理当中，对于代言型企业家，企业应制定专项的政策或监督机制，预防代言型企业家负面新闻的发生，将代言型企业家的日常行为管理列为企业管理的重点事项。

其次，代言型企业家区别于明星代言人，最重要的一点就是其具有经营属性。因此，当代言型企业家发生经营相关的负面新闻时，其经营属性与负面类型相匹配，企业应更加重视此类负面新闻。因此，相较于明星代言人负面新闻，企业应更加重视代言型企业家发生的负面新闻，并且，相较于代言型企业家自身的花边负面新闻或生活负面新闻，企业更加重视对代言型企业家经营相关负面新闻的防范。

再次，企业应更加重视对与消费者与股东利益相关的代言型企业家负面新闻，因为这类负面新闻与消费者利益直接相关，消费者自身信息加工更加流畅，更容易造成深刻的负面影响。因此，企业在日常的经营当中，可以制定代言型企业家负面新闻预警管理机制，对其负面新闻进行分级管理，通过一级预警、二级预警、三级预警层层传递的方式，将代言型企业家负面新闻对企业的冲击降到最小，如图21-8所示。

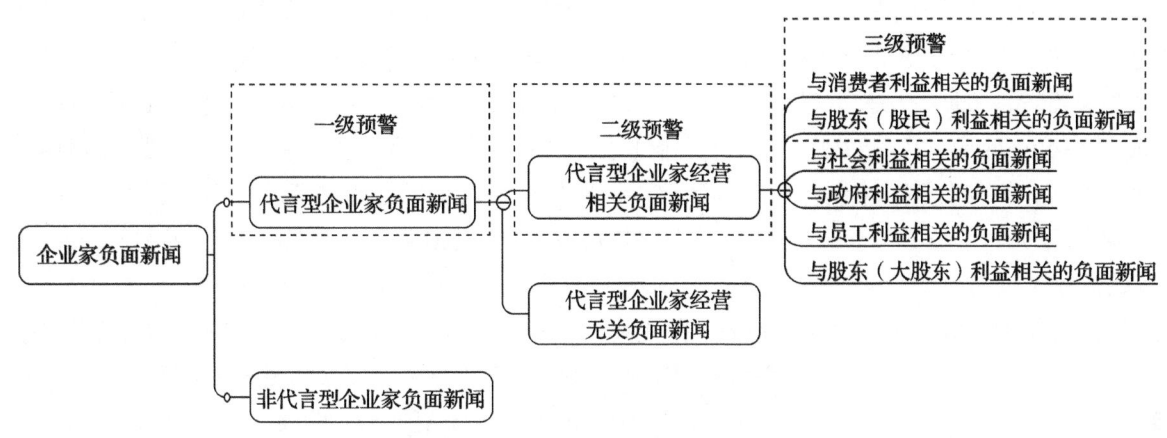

图 21-8　企业家负面新闻预警机制

最后，本书研究结论可以为企业进行精准营销修复提供依据。针对不同类型的消费者，不同类型的企业应采取不同的重视程度。具体而言，发生与消费者利益或股东利益相关的经营相关负面新闻时，企业应更加关注经济型消费者，此类消费者在面对与消费者利益相关的经营相关负面新闻时，对企业品牌形象负面评价最高。经济型的消费者指一切以经济观点为中心，追求财富，获取利益为个人生活目的，快消品的消费者和家庭产品的消费者等更有可能是经济型消费者（Anne-Kathrin Klesse 等，2015），有鉴于此，当快消品与家庭产品企业发生与消费者或股民利益相关的代言型企业家经营相关负面新闻时，该类企业应更加重视。并且，有研究表明，经济型消费者一般为35岁以上的家庭女性（Vanitha，2011），当企业的主要消费者为这一群体并且发生了与消费者利益或股东利益相关的代言型企业家经营相关负面新闻时，应采取针对性的措施对该类消费者进行挽回。发生与社会利益相关的经营相关负面新闻时，社会型消费者和宗教型消费者相比于其他四类性格的消费者，其对企业品牌形象的负面影响程度更高。社会型与宗教型的消费者强调关爱他人与自我实现，这两类消费者所包含的群体大多是慈善团体工作者与社会公共服务提供者等（Brasel 和 Gips，2013），因此，当与慈善机构与社会公共服务机构有业务合作的企业发生与社会利益相关的经营相关代言型企业家负面新闻时，这类企业应更加重视。对于代言型企业家而言，发生与政府利益相关的经营相关负面新闻时，权力型消费者相比于其他五类性格的消费者，其对企业品牌形象的负面影响程度更高。权力型消费者以获得权力为生活的目的，并有较强的权力意识与权力支配欲，以掌握权力为最高价值。权力型消费者更多地出现在政府机构与国有企业（Elder、Ryan S 和 Aradhnakrishna，2012），因此，当与政府机构或国有企业有业务合作的企业或者目标消费者为此类机构群体的企业发生与政府利益相关的经营相关代言型企业家负面新闻时，这类企业应更加重视。

21.7.7.3　研究局限

本书存在两个局限。一是调查法中使用的企业家真实刺激物为同一人，虽然对该企业家的前置态度均进行了测量，中等合适，但还是存在外部效度不足的问题。二是由于工作量及研究体量原因，实证4只采用了实验法对研究假设进行了验证，后续研究可通过采用其他实证方法来对其研究假设进行验证。

22. "排"不掉的"他"：企业赞助溢出效应研究

赞助（Sponsorship）是以金钱或物质的形式对某一特定活动事件进行投资，所获回报是通过这些活动事件产生的商机（Meenaghan，1991）。赞助营销的良好效果促使企业持续加大赞助投入，2018年全球企业赞助费用支出预计将达到658亿美元，同比增长率将达到历史新高4.9%（IEG，2018）。优质赞助对象稀缺，赞助费用持续攀升（董丽玲，2016）。高企的赞助成本使得企业愈发重视赞助排他性（Category Exclusivity）：IEG（2018）指出，排他性已成为赞助商最关注的赞助权益。赞助排他性规则设定已细致入微，不仅有等级限制，还有具体要求。例如，伦敦奥运会要求运动员不佩戴××耳机以排除××品牌曝光；索契冬奥会开幕式上使用非赞助商品牌手机拍照的运动员必须遮挡手机Logo，以排除非赞助商品牌的曝光（Neo，2018）。

通过赞助排他条款禁止竞争品牌曝光，能否完全实现赞助排他性？现实并非如此！如，阿迪达斯是2008年北京奥运会运动品类排他性赞助商，消费者对李宁的品牌评价却得到提升（王国怀，2009）；又如，Polo Ralph Lauren是2010年温哥华冬奥会美国队的服装品牌排他性赞助商，但是Polo Ralph Lauren的消费者品牌评价未得到提升，耐克的品牌评价却得到提升（Jed，2010）。可见，企业赞助可能间接影响消费者对非赞助商竞争品牌的评价，其影响效价可正可负。

尽管现有研究主要基于埋伏营销理论解释企业赞助对竞争品牌营销的影响，却无法较好解释以上现象。首先，埋伏营销需要有竞争品牌的埋伏营销活动（Han等，2013），而上述现象在竞争品牌没有埋伏营销时发生，如南非世界杯期间中国光伏品牌并未在欧洲进行大规模的埋伏营销活动，而英利赞助世界杯依然使得中国光伏品牌评价得到普遍提升；其次，埋伏营销一般有利于竞争品牌评价，而英利赞助世界杯却降低了欧洲光伏品牌的消费者评价。因此，需要有新理论框架来解释上述现象，溢出效应理论可能是较好的理论视角。溢出效应是指消费者对相关联品牌中的一个评价发生变化，而对其他品牌的评价也发生变化的程度（Roehmand Tybout，2006）。也就是说，在赞助活动中，即使竞争品牌因排他条款不能出现在消费者眼前，赞助品牌与竞争品牌在消费者头脑中仍存在已有关联（如，消费者看到可口可乐时，即使百事可乐未出现在眼前，企业赞助依然可以间接影响消费者对竞争品牌的评价，依然可以想到百事可乐），可以使未出现的竞争品牌受到影响。据此，本书从赞助企业视角探索企业赞助溢出效应问题，研究企业赞助对竞争品牌溢出效应的形成机制，重点回答以下3个问题。①企业赞助是否存在溢出效应？②事件质量如何影响溢出效应？③赞助企业代表性如何影响溢出效应？厘清以上问题，将产生3个方面的理论贡献。第一是证实企业赞助溢出效应的存在，拓展企业赞助影响研究的范围；第二是识别出赞助事件质量对赞助溢出效应的影响，探索企业赞助溢出效应的形成原因；第三是识别出赞助品牌代表性的调节作用，识别企业赞助溢出效应的形成条件。

22.1 理论背景与研究假设

22.1.1 赞助营销

赞助是以联想为基础，通过品牌形象转移将人们对某一实体（赞助相关活动）的感知转移到品牌上，让消费者将其对赞助事件精神内涵的理解与赞助品牌联系起来，从而改变消费者对赞助商的品牌评价（Gwinner，1997）。相关研究证实，企业赞助可以提升品牌资产（Groza等，2012）、提升赞助商形象（Grohsand Reisinger，2014）、实现品牌整合（Jensen等，2015）和建立顾客与其他利益相关者关系（Walraven等，2012）。赞助已成为企业战略层面的一项重要竞争行为，从竞争角度对赞助进行研究也已成为赞助研究的新趋势，而作为一项重要赞助竞争行为的赞助营销，也得到了越来越多学者的关注。

现有研究主要通过讨论埋伏营销问题，探索企业赞助对竞争品牌的影响。埋伏营销，是非官方赞助商试图创建与赞助对象间的感知联想，让其品牌信息"入侵"消费者对真正赞助商品牌的信息加工，从而获取利益或品牌价值的营销行为（Han等，2013）。埋伏营销者都是赞助商的竞争对手，他们会干扰消费者的注意力，和赞助商展开消费者注意力的争夺战，一旦获得消费者的关注，就会将注意力转化成消费者对埋伏营销品牌的参与，使消费者在回忆或识别官方赞助商时产生混淆，大幅降低赞助价值，提高消费者对埋伏营销品牌的喜好度和购买意向（Séguin等，2005）。

然而，埋伏营销理论并不能解释在竞争品牌未采用埋伏营销策略时，消费者的注意力同样受到竞争品牌干扰并获得消费者关注的现象；同时，也不能解释在消费者的回忆或识别产生混淆后，反而降低消费者对竞争品牌喜好度和购买意向的现象。为了解释这一问题，本书在赞助研究中引入溢出效应理论。

22.1.2 溢出效应

埋伏营销难以解释的企业赞助对竞争品牌的影响，可以借助溢出效应理论解释。溢出效应是指消费者对相关联品牌中的一个评价发生变化，而对其他品牌的评价也发生变化的程度（Roehmand Tybout，2006），可接近性和可诊断性是产生溢出效应的理论基础，是产生这种由此及彼推断的条件（Ahluwalia等，2001）。当消费者由A品牌联想到B品牌时，B品牌对A品牌具有可接近性；当消费者根据A品牌来评价B品牌时，A品牌对B品牌具有可诊断性。当同时满足可接近性和可诊断性时，消费者就可根据信息来判断竞争品牌，由此产生溢出效应（方正等，2013）。在大众营销传播领域，学者们在信息传播方面已关注产品信息（Ahluwalia等，2001）和企业信息的溢出效应（王海忠等，2009）；在广告方面已关注延伸品广告（Balachander和Ghose，2003）和在线广告（Sahni，2016）的溢出效应；在促销方面已关注产品非预期质量和价格变化的溢出效应（Janakiraman和Morales，2006）；在公共关系方面也已关注善因营销（Krishna和Rajan，2009）、品牌丑闻（Roehm和Tybout，2006）、品牌伤害危机（Dahlen和Lange，2006）和品牌代言的溢出效应（何浏和王海忠，2014），然而在企业赞助这一特殊营销传播方式领域的溢出效应研究却较少涉及，还有待进一步探讨。

因此，溢出效应理论可以解释在竞争品牌未采用埋伏营销时，企业赞助为什么依然可以影响竞争品牌评价。接下来，本书将着重讨论其中机理。

22.1.3 企业赞助对溢出效应的影响

企业赞助溢出效应的出现需要满足两个条件，第一个条件是赞助信息的可接近（Keller，2001）将品牌知识看作由品牌节点与品牌联想构成的网络，由此可以推断赞助商品牌与竞争品牌节点在记忆网络中关联性越高，信息的可接近性越强，相连节点激活的可能性越大（Keller和Lehmann，2006）。消费者的决策过程，是在选定品类后，在品类中进行对比来选择品牌的过程（Loken和Ward，1990），所以品类是关键节点，连接着消费者记忆中的各个品牌。因此，当赞助信息促使消费者进行品牌联想时，会同时激活记忆中同品类竞争品牌的节点（Loken和Ward，1990），即赞助信息对同品类中的竞争品牌具有天然的可接近性。

H1：品牌进行赞助时，可能产生溢出效应，改变消费者对竞争品牌的评价。

另外，赞助事件质量可能强化赞助溢出效应。事件质量是消费者对赞助事件整体质量水平的主观感知（Gwinner，1997），无论消费者是否真正喜欢该项事件，高质量事件都会提升消费者对赞助信息的重视度（Stipp，1998）。高质量赞助事件具有强有力的形象，会更易于激发联想实现赞助事件形象的转移（Gwinner和Eaton，1999）。由此推测，消费者对高质量事件关注程度更高，更容易激活赞助品牌和竞争品牌之间的联想，使得赞助信息对品类中其他竞争品牌更具有可接近性，会提升溢出效应的强度。

H2：与事件质量较低时相比，事件质量较高时，赞助事件质量对竞争品牌的溢出效应更大。

22.1.4 赞助商品牌代表性的调节作用

赞助溢出效应出现的第二个条件是赞助信息的可诊断性。社会比较理论认为，人们在对客体进行评估时，会不自觉地通过与周围相似客体的比较来获得判断，而这种比较过程既可能产生对比效应，使评价与比较标准背离，也有可能产生同化效应，使评价与比较标准趋同（Mussweiler，2003）。正向溢出效应会提升消费者对关联品牌的评价，而负向溢出效应则会降低消费者对关联品牌的评价（杨晶等，2012）。当消费者同时接触到赞助品牌和同品类的竞争品牌时，会自发地进行比较，而由赞助信息所产生的品牌联想会增强这种比较，使得赞助信息对同品类竞争品牌具有可诊断性。

高代表性品牌具有更多的品类共有属性、更高的价值属性、更高的认知度和曝光度（Joiner，2007）。同品类中品牌代表性的差异会导致品牌间的非对称品牌关系，不同品牌在消费者心中占有不同的心智区域，消费者通过非对称品牌关系将这些品牌联系起来。如果 B 品牌具有的较高的品类品牌代表性并显现更加突出的品类特征，那么，当消费者接触品牌 A 时，会由此及彼地由 A 品牌联想到 B 品牌，联想的相关内容包括品牌形象、品牌属性、品牌名称、品牌印象，以及品牌评价等各方面因素。在品牌丑闻（Roehm 和 Tybout，2006）、产品信息（Ahluwalia 等，2001）、企业信息（王海忠等，2009）和品牌代言（何浏和王海忠，2014）的溢出效应中，溢出品牌代表性越高，消费者更可能借助溢出品牌信息评价被溢出品牌。但是，赞助溢出与之不同，如前所述，赞助溢出是通过激活竞争品牌与赞助对象在消费者头脑中的联想。因此，赞助品牌信息是否用来评价竞争品牌并不是赞助溢出的关键条件，消费者是否能通过赞助品牌形成竞争品牌与赞助对象间的关联是赞助溢出的关键条件。Lei 等（2008）证实，品牌间联想存在非对称关系，消费者更容易从非代表性品牌联想到代表性品牌，不容易从代表性品牌联想到非代表性品牌。Matzler 等（2011）也发现类似现象。因此，低代表性赞助品牌更容易在消费者头脑中激活高代表性竞争品牌，也更容易建立竞争品牌与赞助对象间的关联，提升赞助信息的可诊断性，从而调节影响赞助事件质量对竞争品牌溢出效应的强度。

H3：与赞助企业代表性较高时相比，赞助企业代表性较低时，赞助事件质量对竞争品牌产生的溢出效应更大。研究模型如图 22-1 所示。

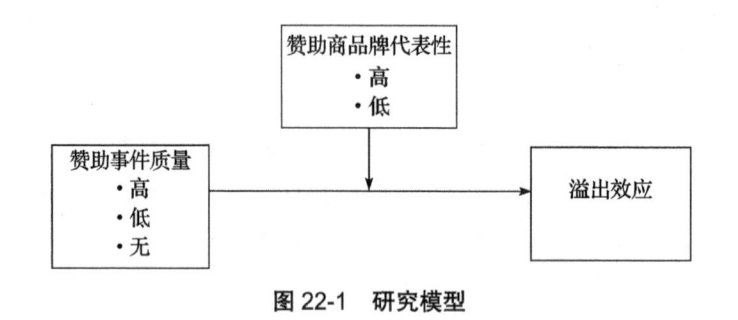

图 22-1 研究模型

22.2 实证研究

22.2.1 实验设计

本书重点分析事件质量对赞助溢出效应影响以及赞助商品牌代表性的调节作用。采用（无赞助、高事件质量赞助、低事件质量赞助）×2（高品牌代表性、低品牌代表性）的组间实验设计。选择两个真实竞争品牌作为溢出品牌，先对两个品牌的均值进行检验，然后再分别对两个溢出品牌进行检验，来验证假设，以提高研究的外部效度。

22.2.2 刺激物设计

本书选择足球联赛作为不同质量水平的赞助事件刺激物，主要考虑：①足球联赛影响力较大，消费者群体比较熟悉，有助于消除消费者对事件类型熟悉度的影响（杨洋等，2015）；②国际足联对各国专业足球联赛有官方排名信息，赛事质量和影响力容易区分。选取与正式实验来自同一总体的35名本科生采用7点Likert量表进行前测（量表与正式实验一致）。

（1）事件质量。以国际足联官方积分排名第一的专业足球联赛"西甲"（西班牙足球甲级联赛）和排名22位的"中超"（中国足球协会超级联赛）为备选刺激物。以事件质量4个题项均值作为变量评分，方差分析显示，西甲的事件质量显著高于中超 [$M_{西甲}=5.48$，$M_{中超}=4.44$，$F(1, 34)=17.02$，$P=0.032<0.05$]；同时，被试者对西甲和中超的熟悉度 [$M_{西甲}=4.78$，$M_{中超}=4.82$；$F(1, 34)=14.98$，$p=0.72>0.05$] 没有显著差异。因此，西甲和中超分别作为高质量事件和低质量事件刺激物。

（2）产品品类。向前测被试者提供5种经常开展赞助的产品品类：乳制品、运动鞋、笔记本电脑、空调和瓶装水，并要求被试者在每个品类中列出7～8个比较熟悉的品牌。通过前测，确认瓶装水好感度（$M=5.69$）和涉入度（$M=4.9$）较高，熟悉度适中（$M=4.2$）。因此，选择瓶装水作为品类刺激物。

（3）品牌刺激物。研究实验需要三类品牌刺激物：高代表性品牌刺激物、低代表性品牌刺激物和竞争品牌刺激物。瓶装水品类的多个品牌前测发现，康师傅是代表性品牌（$M=5.40$），今麦郎是非代表性品牌（$M=4.59$），乐百氏（$M=4.87$）和统一（$M=4.82$）的品牌代表性适中。同时，四个品牌的熟悉度 [$M_{康师傅}=5.21$，$M_{乐百氏}=5.17$，$M_{统一}=5.02$，$M_{今麦郎}=5.04$；$F(3, 136)=14.92$，$P=0.32>0.05$] 适中，且没有显著差异；被试者对不同品牌赞助不同事件的接受度，不存在显著差异 [$M_{西甲×康师傅}=5.12$，$M_{中超×康师傅}=4.99$，$M_{西甲×今麦郎}=5.11$，$M_{中超×今麦郎}=5.02$；$F(3, 136)=5.02$，$p=0.167>0.05$]。另外，统一为中国台湾地区品牌，乐百氏为儿童类产品品牌，根据品牌相似性的维度（高宁，2007）可以操控溢出品牌与康师傅和今麦郎之间的品牌相似性。因此，选择康师傅作为代表性品牌刺激物，今麦郎作为非代表性品牌刺激物，乐百氏和统一作为竞争（溢出）品牌刺激物。

22.2.3 正式试验过程

本实验共有6个实验组，分6个步骤进行。

第一，请被试者阅读各个品牌的信息，对各品牌的熟悉度、赞助商的品牌代表性，以及因变量在赞助信息刺激前的基准水平（乐百氏和统一的品牌态度）题项作答。

第二，请被试者阅读一段关于专业足球联赛（西甲/中超）的相关介绍，随后请被试者对题项作答，以测量赞助事件熟悉度和赞助事件质量。

第三，使用情景实验法，请被试者想象："自己在超市购物，打算购买一瓶瓶装水，在货架上看到'康师傅/今麦郎''乐百氏'和'统一'三个品牌的瓶装水。同时看到，热烈庆祝'康师傅/今麦郎'成为'西甲/中超'官方合作伙伴的宣传横幅，以及印有'康师傅/今麦郎'和'西甲/中超'品牌的标识"。无赞助两组仅有场景信息，无任何赞助信息。

第四，在阅读完上述信息后，请被试者就此次赞助的接受度进行评价。

第五，请被试者再次评价溢出品牌"乐百氏"和"统一"的品牌态度。

第六，请被试者回答关于识别赞助商品牌的甄别项和人口统计特征问题。

22.2.4 量表设计

本书采用成熟量表。赞助事件质量的测量借鉴（Jin等，2013；徐玖平和朱洪军，2008）等的量表，采用4个题项。品牌代表性的测量借鉴（Joiner，2007）的研究，采用3个题项。品牌态度的测量借鉴（Chanavat等，2009）的量表，采用3个题项。溢出效应的测量参照（Roehm和Tybout，2006；方正等，2013）相关研究，通过对因变量在信息刺激前后变化的测量实现，溢出效应 = △消费者对溢出品牌的品牌态度 = 企业赞助后消费者对竞争品牌的品牌态度（均值）- 企业赞助前消费者对竞争品牌的品牌态度

（均值）。

22.2.5 数据分析

22.2.5.1 样本概况

本实验共回收 540 份问卷，剔除没有正确填写赞助商而无法构建赞助商与赞助事件关联的无效问卷 25 份，最后剩余有效样本总量 515 份。其中，男性占 52.4%，女性占 46.8%。被试者被随机分配到 6 个组中，每组人数在 84～87 人之间波动。

22.2.5.2 信度和效度

本书量表均参考以往研究的成熟量表，各变量前测信度分析度均大于 0.7（品牌熟悉度 0.750、赞助接受度 0.722、事件质量 0.884、品牌代表性 0.777、品牌态度 0.906），问卷信度较高，量表效度有保证。

22.2.5.3 操控检验

首先，品牌熟悉度操控成功。赞助品牌熟悉度组间评价不存在显著差异 [$F(5, 509)=0.587$, $p=0.710>0.05$]，均值从 5.06 到 5.27；乐百氏品牌熟悉度组间评价不存在显著差异 [$F(5, 509)=0.130$, $p=0.986>0.05$]，均值从 5.05 到 5.14；统一品牌熟悉度组间评价不存在显著差异 [$F(5, 509)=1.066$, $p=0.378>0.05$]，均值从 4.91 到 5.22。其次，事件质量操控成功。独立样本 T 检验的结果显示，西甲的事件质量显著高于中超 [$M_{西甲}=5.44$, $M_{中超}=4.40$；$t(235)=-9.816$, $p<0.05$]。再次，赞助接受度操控成功。赞助接受度在不同数据组间不存在显著差异 [$M_{西甲×康师傅}=5.22$, $M_{中超×康师傅}=4.91$, $M_{西甲×今麦郎}=5.23$, $M_{中超×今麦郎}=5.08$；$F(3, 337)=1.985$, $p=0.116>0.05$]。然后，品牌代表性操控成功。独立样本 T 检验的结果显示，康师傅的品牌代表性显著高于今麦郎 [$M_{康师傅}=5.43$, $M_{今麦郎}=4.63$；$t(462)=-10.491$, $p<0.05$]。最后，竞争品牌的前测品牌态度操控成功。单因素方差分析结果显示，以被试者对乐百氏和统一的品牌态度均值为因变量，均值从 5.00 到 5.26，各实验组被试者对竞争品牌的前测品牌态度的评价不存在显著差异 [$F(5, 509)=1.620$, $p=0.153>0.05$]；以被试者对乐百氏的品牌态度均值为因变量，各实验组被试者对竞争品牌（乐百氏）的前测品牌态度的评价不存在显著差异 [$F(5, 509)=1.614$, $p=0.155>0.05$]，均值从 4.99 到 5.29；以被试者对统一的品牌态度均值为因变量，均值从 5.00 到 5.36，各实验组被试者对竞争品牌（统一）的前测品牌态度的评价不存在显著差异 [$F(5, 509)=1.775$, $p=0.116>0.05$]。

22.2.5.4 假设检验 H1：品牌进行赞助时，可能产生溢出效应，改变消费者对竞争品牌的评价

先以乐百氏和统一溢出效应的均值为因变量，以事件质量为自变量，构建 3 事件质量（无赞助 vs 低 vs 高）的单因素完全随机组间设计。单因素方差分析的结果显示，赞助事件质量对溢出效应的主效应显著 [$M_{高}=-0.89$, $M_{低}=-0.50$, $M_{无}=0.08$, $F(2, 512)=56.738$, $p<0.05$]，即赞助事件质量对乐百氏和统一的溢出效应的影响存在显著组间差异。数据分析结果显示，与无赞助相比，低赞助事件质量（$M_{低}=-0.50$, $M_{无}=0.08$, $p<0.05$）和高赞助事件质量（$M_{高}=-0.89$, $M_{无}=0.08$, $p<0.05$）对乐百氏和统一均值的溢出效应影响存在显著组间差异。

再单独以乐百氏溢出效应均值为因变量，赞助事件质量对乐百氏溢出效应的主效应显著 [$M_{高}=-0.86$, $M_{低}=-0.54$, $M_{无}=0.08$, $F(2, 512)=43.688$, $p<0.05$]，数据分析结果显示，与无赞助相比，低赞助事件质量 [$M_{低}=-0.54$, $M_{无}=0.08$, $p<0.05$] 和高赞助事件质量 [$M_{高}=-0.86$, $M_{无}=0.08$, $p<0.05$] 对乐百氏的溢出效应影响存在显著组间差异。同理，再单独以统一溢出效应均值为因变量，赞助事件质量对乐百氏溢出效应的主效应显著 [$M_{高}=-0.92$, $M_{低}=-0.47$, $M_{无}=0.08$, $F(2, 512)=46.673$, $p<0.05$]，数据分析结果显示，与无赞助相比，低赞助事件质量（$M_{低}=-0.47$, $M_{无}=0.08$, $p<0.05$）和高赞助事件质量（$M_{高}=-0.92$, $M_{无}=0.08$, $p<0.05$）对统一的溢出效应影响存在显著组间差异，如图 22-2 所示。

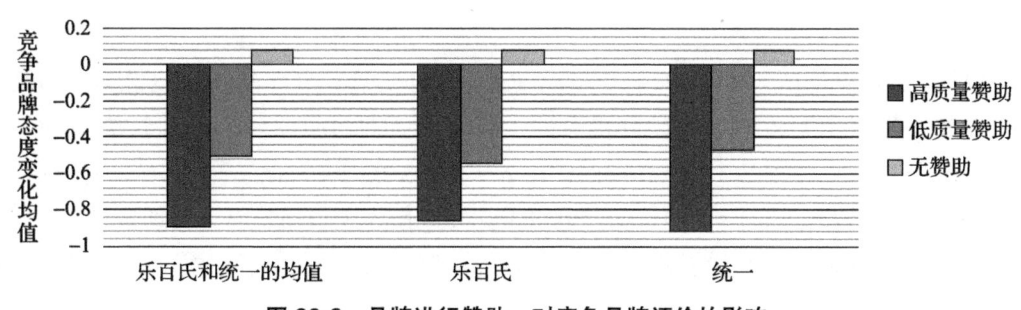

图 22-2　品牌进行赞助，对竞争品牌评价的影响

实验很好地验证了假设 H1 的推断，品牌进行赞助时，可能产生溢出效应，改变消费者对竞争品牌的评价。

22.2.5.5　检验假设 H2：与事件质量较低时相比，事件质量较高时，赞助事件质量对竞争品牌的溢出效应更大

以事件质量为自变量，品牌代表性为调节变量，溢出效应为因变量，构建 2（事件质量：高 vs 低）×2（品牌代表性：高 vs 低）的单因素完全随机组间设计。单因素方差分析结果显示，先从乐百氏和统一两个溢出品牌的均值来看，不同赞助事件质量对竞争品牌的溢出效应影响存在显著差异［$M_{高质量事件}=-0.89$，$M_{低质量事件}=-0.50$；$F(1,339)=18.145$，$p=0.001<0.05$］；再单独将乐百氏作为溢出品牌，不同赞助事件质量对竞争品牌的溢出效应影响存在显著差异［$M_{高质量事件}=-0.86$，$M_{低质量事件}=-0.54$；$F(1,339)=11.249$，$p=0.001<0.05$］；同理，单独将统一作为溢出品牌，不同赞助事件质量对竞争品牌的溢出效应影响存在显著差异［$M_{高质量事件}=-0.92$，$M_{低质量事件}=-0.47$；$F(1,218)=19.647$，$p=0.006<0.05$］。

实验很好地验证了假设 H2 的推断，与事件质量较低时相比，事件质量较高时，赞助事件质量对竞争品牌的溢出效应更大。

22.2.5.6　检验假设 H3：与赞助企业代表性较高时相比，赞助企业代表性较低时，赞助事件质量对竞争品牌产生的溢出效应更大

以溢出效应为因变量，赞助事件质量为自变量，赞助品牌代表性为调节变量，构建 2（赞助事件质量：高 vs 低）×2（赞助品牌代表性：高 vs 低）的组间设计。首先，从两个溢出品牌的均值来看，单因素方差分析的结果显示，赞助事件质量与赞助品牌代表性交互对溢出效应的影响存在显著差异，$F(3,337)=10.698$，$p=0.001<0.05$。简单效应检验的结果显示，当赞助品牌代表性高时，高赞助事件质量和低赞助事件质量对竞争品牌产生的溢出效应不存在显著差异［$M_{高赞助品牌代表性 \times 高赞助事件质量}=-0.57$，$M_{高赞助品牌代表性 \times 低赞助事件质量}=-0.47$；$F(1,169)=0.62$，$p=0.43>0.05$］，当赞助品牌代表性低时，高赞助事件质量和低赞助事件质量对竞争品牌产生的溢出效应存在显著差异［$M_{低赞助品牌代表性 \times 高赞助事件质量}=-1.21$，$M_{低赞助品牌代表性 \times 低赞助事件质量}=-0.53$；$F(1,168)=28.35$，$p=0.000<0.05$］。

其次，以乐百氏作为溢出品牌来看，当赞助品牌代表性高时，高赞助事件质量和低赞助事件质量对竞争品牌产生的溢出效应不存在显著差异［$M_{高赞助品牌代表性 \times 高赞助事件质量}=-0.54$，$M_{高赞助品牌代表性 \times 低赞助事件质量}=-0.50$；$F(1,169)=0.62$，$p=0.79>0.05$］，当赞助品牌代表性低时，高赞助事件质量和低赞助事件质量对竞争品牌产生的溢出效应存在显著差异［$M_{低赞助品牌代表性 \times 高赞助事件质量}=-1.17$，$M_{低赞助品牌代表性 \times 低赞助事件质量}=-0.57$；$F(1,170)=20.62$，$p=0.000<0.05$］。

同理，以统一作为溢出品牌来看，当赞助品牌代表性高时，高赞助事件质量和低赞助事件质量对竞争品牌产生的溢出效应不存在显著差异［$M_{高赞助品牌代表性 \times 高赞助事件质量}=-0.61$，$M_{高赞助品牌代表性 \times 低赞助事件质量}=-0.45$；$F(1,169)=1.32$，$p=0.252>0.05$］；当赞助品牌代表性低时，高赞助事件质量和低赞助事件质量对竞争品牌产生的溢出效应存在显著差异［$M_{低赞助品牌代表性 \times 高赞助事件质量}=-1.24$，$M_{低赞助品牌代表性 \times 低赞助事件质量}=-0.50$；

F（1，170）=26.96，p=0.000<0.05］。

以竞争品牌溢出效应均值为因变量，赞助事件质量为自变量，赞助品牌代表性为调节变量，构建2（赞助事件质量：高 vs 低）×2（赞助品牌代表性：高 vs 低）的组间设计，单因素方差分析结果显示：当分别以乐百氏和统一均值［F(3, 337) = 8.939, p = 0.003<0.05］、乐百氏［F(3, 337) = 9.462, p = 0.002 < 0.05］和统一［F(3, 337) = 8.416, p = 0.004<0.05］作为溢出品牌时，赞助事件质量与赞助品牌代表性交互对溢出效应的影响存在显著差异，证明赞助品牌代表性存在调节作用，如图22-3 所示。

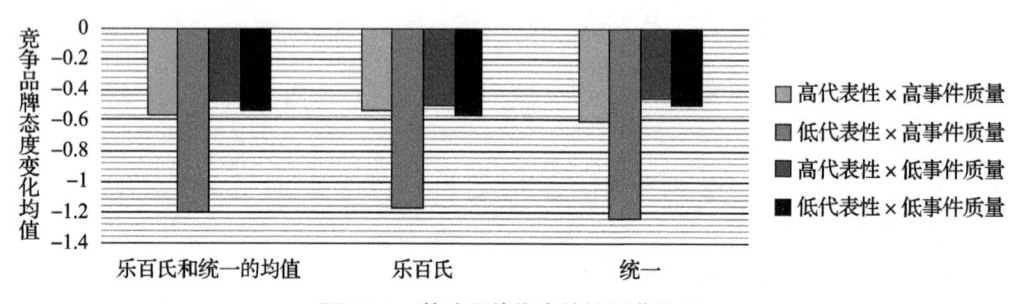

图 22-3 赞助品牌代表性的调节作用

22.3 结论、启示与局限性

22.3.1 研究结论

通过排他条款保护赞助权益是赞助商最为关注的问题，但是排他条款难以实现赞助商独占赞助权益却是无法回避的现实问题。然而，现有企业赞助研究主要关注了赞助对品牌资产（Grohs 和 Reisinger，2014）、品牌认知（Bennett，1999）、品牌情感（Mazodier 和 Merunka，2012）、品牌依恋（Chanavat 等，2009）、品牌忠诚度（Mazodier 和 Merunka，2012）、品牌态度（Chanavat 等，2009）、购买意愿（Gwinner 和 Bennett，2008）、品牌形象（Crompton，2004）、销售和管理兴趣（Hoek 等，1997）等的影响。虽然已有研究基于埋伏营销理论探索了企业赞助对竞争品牌的影响（Han 等，2013；Ellis 等，2016；Séguin 等，2005），却无法解释竞争品牌未采用埋伏营销策略时依然出现企业赞助影响竞争品牌评价的问题。为填补这一理论空白，本书在赞助营销领域引入溢出效应理论，探索企业赞助溢出效应，回答排他条款难以"排他"的理论机理。

研究结果发现：首先，品牌进行赞助时，可能产生溢出效应，改变消费者对竞争品牌的评价。品类是消费者记忆网络中的关键节点，连接着消费者记忆中的各个品牌，赞助信息会激活消费者记忆中同类品牌的节点。即使赞助举办方设置了严密的排他性条款和操作细则，采取防止竞争品牌采用埋伏营销对赞助品牌赞助效果产生影响的措施，但由于赞助信息对同品类中的其他竞争品牌具有天然的可接近性，使得赞助信息不仅会对赞助品牌自身的评价产生直接影响，同时还会溢出到同一品类内部的其他竞争品牌，改变消费者对竞争品牌的评价。

其次，与事件质量较低时相比，事件质量较高时，赞助事件质量对竞争品牌的溢出效应更大。事件质量是消费者对赞助事件整体质量水平的主观感知，无论消费者是否真正喜欢该项事件，高质量事件都更容易获得消费者的关注。因此，高质量事件更易于激发消费者联想而实现赞助事件形象的转移，更容易激活赞助品牌和竞争品牌之间的联想，从而提升赞助信息的可接近性，强化企业赞助溢出效应。

最后，与赞助企业代表性较高时相比，赞助企业代表性较低时，赞助事件质量对竞争品牌产生的溢出效应更大。当消费者同时接触到赞助品牌和同品类的竞争品牌时，会自发地进行比较，而由赞助信息所产生的品牌联想会增强这种比较，使得赞助信息对同品类竞争品牌具有可诊断性。赞助品牌在同一品类中不同的代表性将导致同品类品牌之间的不对称性，低代表性品牌向高代表性品牌更容易产生品牌联想，而提升赞助信息的可诊断性，进而调节赞助事件质量对溢出效应影响的强度，即低代表性品牌赞助更高质量事件所产生的溢出效应会更加显著。这与品牌丑闻（Roehm 和 Tybout，2006）、产品信息（Ahluwalia 等，2001）、企业信息（王海忠等，2009）和品牌代言（何浏和王海忠，2014）的溢出效应恰好相反，主要是因为赞助溢出效应是通过形成赞助对象而非赞助品牌与竞争品牌的关联而间接影响竞争品牌评价。由于低代表性赞助品牌更容易激活高代表性竞争品牌的联想，进而建立竞争品牌与赞助品牌间的关联，形成溢出效应。

22.3.2 营销启示

根据本书的研究结论，涉及赞助营销的各类主体应根据企业赞助溢出效应的形成原因和发生条件采取应对策略。

第一，赞助品牌需要注意弱化赞助溢出效应。竞争品牌没有采用埋伏营销策略时，依然可能产生天然的赞助溢出效应，影响消费者对竞争品牌的评价。因此，作为高投入开展赞助营销的赞助品牌，应更加全面地考虑赞助溢出效应影响因素，在进行营销宣传时尽可能地与竞争品牌进行区分、隔离并降低关联，以弱化企业赞助的正向溢出效应，保障赞助商赞助权益。

第二，竞争品牌可以考虑利用赞助溢出效应。作为竞争品牌，当发现同品类品牌在争取高质量的赞助事件时，企业不能坐视不理，一方面应增加与赞助品牌的关联，利用赞助天然的正向溢出效应为品牌自身创造利益；另一方面应更加全面地谋划自身品牌的战略利益，防范赞助负面溢出效应的影响。高代表性品牌管理者，不应忽视同品类中低代表性品牌不计血本对高质量对象的赞助投入，因为在提升赞助品牌评价和赞助负向溢出效应影响的共同作用下，可能会实现低代表性品牌评价的逆袭；而低代表性品牌管理者，也不应忽视高代表性品牌凭借强有力的资金实力，不断开展赞助营销对自身品牌持续产生的负面溢出效应的影响，应采取措施予以降低或考虑利用其来保护自身的市场地位，并且恰当地选择具有影响力的高质量赞助事件进行投入，以提升在品类品牌中的地位。

第三，赞助对象运营方需隔离赞助溢出效应。虽然赞助对象运营方为保证赞助"排他性"所设计的规则已细致入微，但企业赞助天然溢出效应的存在，难以保证赞助商独占赞助权益，进而需要运营方设计隔离赞助溢出效应的措施以更全面地保护赞助商权益。尤其作为高质量赞助对象的运营方，更应全面设计隔离赞助溢出效应的系统方案，通过对赞助权益更全面的保障来增强赞助对象对赞助商的吸引力。

22.3.3 局限性与未来研究方向

本书存在以下研究局限。一是被试者的选择——本书选择在校生作为被试者以降低其他干扰变量的影响，虽然在消费者行为领域研究非常普遍，但因各年龄段及各层次消费者存在差异，而存在代表性不足的问题。因此，还需要进一步采用其他被试者群体进行相关实验和推广。二是品类选择——本书考虑被试者的品类好感度、熟悉度和涉入度而选择瓶装水作为受试品类，便于操控品牌熟悉度和品牌代表性，并有利于降低产品差异干扰，增强刺激物真实性，然而瓶装水只是快消品的一个子类，其结论能否对其他品类适用还需通过跨品类的比较研究进行验证。未来的相关研究可以在本书的基础上进一步拓展，从赞助品牌自身因素和竞争品牌相关因素两个方面更多地关注企业赞助溢出效应的影响因素及作用效果，同时还可以从时间的维度关注企业赞助溢出效应当期影响和长期影响的差异。

23. 赛事赞助商品牌危机归因对赛事品牌评价的影响研究——品牌关系承诺的调节作用

23.1 引言

赛事赞助商品牌危机指的是对赞助商品牌整体形象造成负面影响，引起社会公众对品牌产生信任危机的负面事件（Benoit，1997）。赛事赞助商品牌危机一旦发生，消费者会对赛事赞助商品牌危机形成两种归因，一种归因是认为品牌的能力欠缺，一种归因是认为品牌道德败坏，依据消费者对赛事赞助商品牌危机发生原因的不同认识，可以将赛事赞助商品牌危机归因分为能力归因与道德归因（Ren 和 Gray，2009）。能力归因是指消费者认为危机是由企业能力有限而导致的（方正，2007），如典型的属于能力归因的赛事赞助商品牌危机有××汽车作为"丝绸之路"汽车拉力赛的赞助品牌，在2012年发生了"××汽车变速箱故障危机"；道德归因是指消费者认为危机是由企业道德败坏或试图进行不当获利而导致的，典型的属于道德归因的赛事赞助商品牌危机有××作为奥运会的赞助品牌，在2014年发生了"××福喜腐肉危机"。

近年来，赛事赞助商品牌危机频发，影响范围广且影响程度深的赛事赞助商品牌危机已发生数十起，消费者对各个赛事赞助商品牌危机的归因不尽相同，相对应的是，我们观察到，赛事赞助商品牌危机对赛事品牌评价的影响也不尽相同，同样是道德归因，"××福喜腐肉危机"与"三聚氰胺毒奶粉危机"发生后分别对其赞助的赛事产生了不同的影响；同样是能力归因，"××汽车变速箱故障危机"与"××品牌瘦肉精危机"发生后分别对其赞助的赛事产生了不同的影响。对于现实中差异如此大的情形，我们不禁思考：赛事赞助商品牌危机归因是如何影响赛事品牌评价的？

Kevin 和 Bergh（1999）的研究发现，在赛事赞助商品牌与赛事之间存在的相似性会导致赛事赞助商品牌与赛事品牌之间的联想转移。赞助商与消费者之间存在的固有的信任、评价与互动模式，即赞助商品牌关系，会影响消费者对赞助商品牌评价，进而通过联想转移影响消费者对赛事品牌的评价，而品牌关系承诺是衡量消费者与品牌之间的关系的一个重要指标，是消费者与品牌之间的互为重视程度，以及维系这段品牌关系的所需花费的成本（王晓玉和晁钢令，2008）。在 Sung 和 Kim（2010）提出的社会交易理论中，承诺衡量了人们停留在一段关系中的原因以及程度，相对应的，高品牌关系承诺代表消费者高度相信品牌，对品牌具有高度的包容性及宽容性（Balmer 和 Gray，2003；Cornwell，2016；Walsh 和 Beatty，2007）。在低品牌关系承诺中，消费者对品牌的宽容性及容忍性相对较低（Grohs，2016；Nisbett 等，1973；Cornwell 和 Kwk，2015），当品牌出现产品伤害危机时，高品牌关系承诺所带来的品牌包容性和宽容性会抵消消费者的负面反应，即引起消费者的"错误稀释性"，而低品牌关系承诺则会进一步降低消费者的品牌包容性和宽容性，加深消费者对危机品牌的负面评价（Musteen 等，2010；Friedman 和 Frster，2002；Boerman 等，2015）。

由此我们推测，赛事赞助商品牌危机发生后，消费者会对危机进行归因，赛事赞助商品牌关系会调节赛事赞助商品牌危机归因对赛事品牌评价的影响。作为衡量品牌关系的一项重要指标，品牌关系承诺可能会在赛事赞助商品牌危机归因影响赛事品牌评价的过程中起到调节作用。因此，作者以归因理论为基础，以赛事赞助商危机为具体研究对象，以品牌关系承诺为调节变量，运用实验法研究在高、低品牌关系承诺中，两类危机归因对赛事品牌评价的影响，为赛事组织方在选择赛事赞助商以及发生赛事赞助商品牌危机后采取应对措施提供借鉴。

23.2 文献回顾与研究假设

23.2.1 归因对品牌评价的影响

归因理论认为在出现意外情况时,人们会倾向于寻找共性的原因来解释相应事件(Zhang 和 Yang,2015;Siomkos 和 Shrivastatva,1993)。归因可以概括为个体尝试理解和预测自己或他人行为、动机或特质的过程(Callaway 等,1996;Shankar 和 Liu,2015;Griffin 等,1991)。Lin 和 Lee(2017)从基本归因的错误性分析出发,从观察者与行动者的视角,阐释行动者倾向归因于情境因素,而观察者倾向归因于内在的、不变动的个人内在品质,如性格、学识和过往经历等(MA,2002;Iyer 和 Soberman,2000)。行动者往往会把自身表现出的差异解释为外部环境变化的复杂程度,而观察者将同样的差异归因于行动者的能力(Wang 等,2013;Kim 等,2004;HsuanHsuan 等,2012)。

对于不同类型的归因,消费者对品牌的评价不尽相同。有学者从动机出发,将危机分为积极归因与消极归因,积极归因指的是有利于自己或有利于他人的归因(Smith 等,1999;Somasundaram,1993),即在归因过程当中,倾向于将自己或他人的行为向着有利于自己或他人的方向来解释(Yeo 和 Park,2006)。消极归因指不利于自己或他人的归因,在归因过程中,倾向于把自己或他人的行为朝着不利于自己或他人的方向来解释(Chein 等,2016;Peien 等,2009),相较于积极归因,消极归因引起的品牌评价更为负面。有学者从合理性角度出发,认为归因可分为合理性归因与偏差性归因,合理性归因是指在寻找行为事件原因的过程中,其推论符合正确的逻辑推理,而偏差性归因指消费者在原因寻找过程中发生偏差,归因错误。相较于合理性归因,偏差性归因更易引起较为严重的品牌负面评价,因为偏差性归因是一种错误归因,错误归因容易引起认知失调,进而引起品牌负面评价。

在对危机归因的探讨中,学者们也指出不同的危机归因会产生不同的品牌评价。Tucker 等(2005)认为,危机归因主要是责任归因,责任归因具有稳定性和可控性,通过责任归因,消费者会将注意力从危机的具体情境迁移到危机的原因思考。当危机责任不明确的情况下,消费者对其品牌评价较低。Lewicki(1998)认为,危机归因与消费者自身因素息息相关,年龄、性别、文化、道德观念与消费者产品知识等会对危机归因造成影响,一般来说,年龄越大,越容易形成较严重的危机归因并且不易消解,年龄越大的消费者,其对品牌的评价越低;相比于男性而言,女性更容易形成深层次的危机归因,并且持续时间更长,因此女性面对危机更容易形成较低的品牌评价;相较于西方文化来说,东方文化的消费者更容易产生危机归因并形成较低的品牌评价;道德观念越强的消费者,越容易形成稳固的危机归因和不易消解的较低的品牌评价;产品知识越高的消费者,越不容易形成深刻的危机归因与不易消解的较低的品牌评价(Barnett,2006;Aiken 等,2015)。Tomlinson 和 Mryer(2009)将归因分为能力归因与道德归因。能力归因是指对于行为实施者所做出的事件的成败,其根源都可以追溯到能力。能力的高低强弱,决定了事情处理的角度、方向与力度,直接决定了事情的成败。道德归因是指对于行为实施者所做出的事件的成败,其根源都可以追溯到道德。道德描述做事情的对与错、世人的接受程度与认可程度,直接决定了事情处理的标准、情操与后续处理程度,间接决定了事情的成败。道德归因深藏于每一个人的心底,当人们不能将某一件事情完全归因于能力时,便会产生道德归因。一般而言,从对品牌评价的影响程度上来说,道德归因对品牌评价的影响大于能力归因对品牌评价的影响。

从对以往的关于归因影响品牌评价的文献回顾中,作者发现,以往的关于归因对品牌评价的影响的研究,多是从消费者的角度出发,研究消费者的各种要素是如何影响归因的,进而影响品牌评价。还没有研究从品牌关系的角度,研究品牌与消费者之间的关系是如何影响归因并进而影响品牌评价。以往的研究认为,道德归因与能力归因受到品牌关系的影响程度较大且能与品牌关系形成交互,基于此,作者以道德归因和能力归因为自变量,品牌关系承诺为调节变量,赞助危机为具体研究背景,研究赛事赞助商品牌危机归因对赛事品牌评价的影响。

23.2.2 品牌关系承诺的调节作用

在Sung和Kim（2010）提出的社会交易理论中，承诺衡量了人们停留在一段关系中的原因，并对这个原因对关系伙伴满意水平和替代关系水平的高低进行了测量。从这个定义出发，学者们相继对品牌之间的关系承诺做出了定义。有的学者认为，品牌关系承诺是消费者对发展与品牌之间关系的主观意愿以及对品牌的信心程度，从品牌关系承诺我们更能看出消费者愿意花多大代价与机会成本来维持与品牌间的这段关系（Xie和Peng，2009；Chein等，2016）。还有的学者认为，品牌关系承诺是维持有价值的消费者与品牌之间关系的方式。从以上的分析我们可以看出，品牌关系承诺是消费者基于感知到的可能终止的品牌关系的一种挽救措施，品牌关系承诺一种维持交易关系的状态（Yeung和Morris，2001）。消费者与品牌之间的关系承诺还可以定义为消费者与品牌之间关系的重视，以及维系这段关系所需花费的成本（Boyd等，2010）。

高品牌关系承诺意味着消费者高度相信品牌，对品牌高度包容以及宽容，当品牌出现产品伤害危机时，对品牌的包容性及宽容性会转化为"错误稀释性"（Zdravkovic等，2010），在一定程度上减轻品牌因为产品伤害危机对消费者造成的心理创伤（Lee和Mazodier，2015）。同样的，当出现不同的产品伤害危机归因时，道德归因与能力归因都会受到高品牌关系承诺所带来的"错误稀释性"的调节（Aggarwal，2004），从这个层面上来说，道德归因所导致的对于赞助商品牌负面评价与能力归因所导致的对于赞助商品牌负面评价的差别并不显著，因此对赛事品牌评价的负面影响也不显著，据此，提出研究假设H1。

H1：在高品牌关系承诺当中，道德归因与能力归因引起的消费者对赛事品牌的负面评价没有显著差异。

在低品牌关系承诺中，消费者对品牌的宽容性及容忍性相对较低，当品牌出现产品伤害危机时，低品牌关系承诺不具备缓解与减轻品牌因为产品伤害危机对消费者造成的心理创伤的功能（Schwaiger和Raithel，2014）。因此，道德归因与能力归因自身带给消费者的负面评价感知决定了消费者对于该品牌的负面评价。危机相关研究指出，危害性和严重性是危机的重要属性。危害性较为具体，严重性比较抽象，而对于危机严重性的认识是形成负面评价的关键因素，因为危害性属于表象认识，严重性属于深层认识，能力归因聚焦于表象认识，形成的负面评价不易长期维持，而道德归因聚焦于危机的外围和延伸而非危机的本身，更易形成经过思考后的深程度负面评价（Aiken等，2015）。从以上的分析中可以看出，道德归因较能力归因更易引起赛事赞助商品牌的负面评价，进而形成赛事品牌的负面评价。据此，提出研究假设H2。

H2：在低品牌关系承诺当中，相较于能力归因，道德归因引起的消费者对赛事品牌的负面评价程度更深。

品牌关系承诺是衡量消费者与品牌之间的关系的一个重要指标，指消费者与品牌之间的互为重视程度，以及维系这段品牌关系的所需花费的成本。当赛事赞助商品牌产生危机时，消费者对赛事赞助商品牌的初始感知和关系会影响不同的危机归因所导致赛事赞助商品牌评价的变化，进而影响赛事品牌评价，据此，提出研究假设H3。

H3：品牌关系承诺具有调节作用。本研究的概念模型如图23-1所示。

23.3 实证研究

23.3.1 实验组设计

本书以道德归因和能力归因为自变量，品牌关系承诺为调节变量，赞助危机为具体研究背景，因此采用2（赛事赞助商品牌危机归因：道德归因、能力归因）×2（品牌关系承诺：高承诺、低承诺）的组间实验设计。情景实验法能够较好操控消费者的情景反应，并减少无关变量，在消费者行为研究领域广泛采用，因此，本书采用情景实

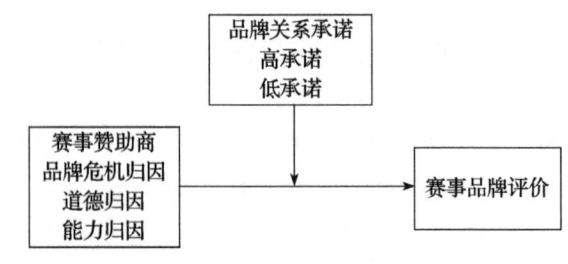

图23-1 本研究的概念模型

验法对假设进行验证。

23.3.2 刺激物设计

考虑到日常生活中消费者经常会使用到的产品以及实际赞助情况，饮用水被选为了本书的危机产品刺激物。本书首先通过前测实验来对刺激物进行检验，以保证正式实验中刺激物的有效性以及准确性。本书选用 CBA 联赛作为赛事刺激物，主要因为其满足以下两个要求：一是 CBA 传播广泛，能够提升刺激物的真实性；二是 CBA 品牌态度中等，可以避免品牌态度过高或过低对实验造成的不利影响。

（1）赛事赞助商品牌危机道德归因刺激物。

CBA（中国男子职业篮球联盟，简称中职篮），是中国男子篮球最高级别的职业联赛，联赛采用常规赛＋季后赛的比赛赛制，每一年决出一支冠军球队，CBA 不仅是中国最高级别的篮球赛事，同时也是亚洲范围内水平最高的几大联赛之一。据报道，A 品牌饮用水已连续三年赞助 CBA 联赛。

2014 年 4 月，食品药品监督管理局发布警示，称 A 品牌饮用水碘化物超标，比《食品添加剂使用卫生标准》规定每升不大于 0.05 毫克的标准高 20%，达到每升 0.06 毫克，可能导致食用者中度腹泻，但目前没有病例报告。某记者就此进行暗访，发现 A 品牌为节约成本，外包给几个小厂家生产，其中竟有一家三无小厂，还减去了国家规定的碘化物常规检测。该记者测算，A 品牌通过外包和减去常规检测，削减了 30% 的生产成本。

（2）赛事赞助商品牌危机能力归因刺激物。

CBA（中国男子职业篮球联盟，简称中职篮），是中国男子篮球最高级别的职业联赛，联赛采用常规赛＋季后赛的比赛赛制，每一年决出一支冠军球队，CBA 不仅是中国最高级别的篮球赛事，同时也是亚洲范围内水平最高的几大联赛之一。据报道，A 品牌饮用水已连续三年赞助 CBA 联赛。

2014 年 4 月，食品药品监督管理局发布警示，称 A 品牌饮用水碘化物超标，比《食品添加剂使用卫生标准》规定每升不大于 0.05 毫克的标准高 20%，达到每升 0.06 毫克，可能导致食用者中度腹泻，但目前没有病例报告。某记者就此进行暗访，发现 A 品牌饮用水的生产均按照国家标准进行，生产设备虽然未到报废年限，但是因长期超负荷运转，已严重老化。A 品牌在事发前两个月已制订设备更新计划，但是银行贷款迟迟未到账，减缓了更新进度，导致了事件发生。

根据 Aggarwal（2004）、Pu 和 Chen（2007）的研究以及现实当中饮用水品牌的要素提炼，形成了高品牌关系承诺刺激物和低品牌关系承诺刺激物。

①高品牌关系承诺刺激物。国际权威市场研究公司 AC 尼尔森最新调研报告显示，A 品牌饮用水的市场份额 18%，行业排名第 3，其购买者看重 A 品牌饮用水关注消费者互动和公益事业，并且价格敏感度较低；同时，A 品牌饮用水满意度居行业第 2，忠诚客户占 63%，居行业第 1，忠诚客户对竞争品牌的满意度和购买意愿都较低。

②低品牌关系承诺刺激物。国际权威市场研究公司 AC 尼尔森最新调研报告显示，A 品牌饮用水的市场份额为 8%，行业排名第 7，其购买者看重 A 品牌饮用水的优惠活动，并且价格敏感度较高；同时，A 品牌饮用水满意度居行业第 10，忠诚客户占 20%，居行业第 9，忠诚客户对竞争品牌的满意度和购买意愿都较高。

（3）变量设计。

对于赛事熟悉度的测量，参考 Roehm 和 Tybout（2006）的研究，题项为"我对 CBA 赛事很熟悉"。对于赛事品牌态度的测量，参考 Pitt 等（2006）的量表，题项包括"我认为 CBA 赛事很好""我认为 CBA 赛事很正面""我很喜欢 CBA 这项赛事"。由于本书不研究能力归因和道德归因同时存在的情况，因此只设计能力归因或道德归因量表之一。本书设计道德归因量表，道德归因测项得分大于 4 时为道德归因，道德归因测项得分小于 4 时为能力归因。本书采用 7 点 likert 量表，危机归因的测量借鉴 Aggarwal（2004）设计的量表，使用三个题项："该事件说明 A 品牌很不道德""该事件是由 A 品牌缺乏道德引起的""A品牌为了获取利益而忽视消费者健康"。对于品牌关系承诺的测量，本书采用Sung和Kin（2010）的量表，题项为"A品牌对消费者比较有吸引力""A品牌的忠诚消费者所占比例较高""A品牌的消费者满意度比较高""我觉得A品牌的消费者较为认同A品牌"。对于赛事品牌评价的测量，参照王虹等（2016）的研究，测量题项为"由于A品牌赞助CBA赛事，我更愿意关注CBA""作为A品牌的一名消费者，我会持续关注CBA赛事""由于A品牌的赞助，CBA更令人满意"。

（4）前测实验。

前测实验的目的在于检测刺激物是否设计有效。前测实验在成都某高校进行，38名本科生参与前测实验，将38名本科生随机平均分为两组，一组阅读道德归因高品牌关系承诺刺激物，一组阅读能力归因低品牌关系承诺刺激物。第一，对赛事的熟悉度和品牌态度进行了测评，发现被试者对这两个变量的评价均值（标准差）分别为4.48（1.55）和4.26（1.68），说明赛事熟悉度较高，品牌态度一般，符合实验要求；第二，单因素方差分析显示，各类变量均被操控成功。赛事赞助商品牌危机归因存在显著差异[$M_{道德归因 \times 高品牌关系承诺}$=4.67，$M_{能力归因 \times 低品牌关系承诺}$=3.43；$F(1,36)$=9.25，$p<0.05$]；第三，品牌关系承诺操控成功，被试者对高低程度认知差异显著[$M_{道德归因 \times 高品牌关系承诺}$=5.13，$M_{能力归因 \times 低品牌关系承诺}$=3.82；$F(1,36)$=13.44，$p<0.05$]。

23.4 数据分析

23.4.1 样本描述

正式实验在四川某高校进行，共298名本科生参与实验，学生样本同质性较高，能够较好地降低个体差异的干扰，因此被广泛用于消费者行为的研究当中。剔除无效问卷，最终获得270份有效问卷。其中，男性146人，占54%，女性124人，占46%。学生样本平均年龄为20.4岁，平均月生活费为1125.6元。

23.4.2 操控检验

操控检验的目的是各类变量是否操控成功。方差分析结果表明，各类变量操控成功。首先，对赛事的熟悉度和品牌态度进行了测评，发现被试者对这两个变量的评价均值（标准差）分别为4.45（1.42）和4.23（1.55），说明赛事熟悉度较高，品牌态度一般，符合实验要求；其次，被试者对危机归因认知存在显著差异[$M_{道德归因}$=4.58，$M_{能力归因}$=3.52；$F(1,268)$=7.988，$p<0.05$]；最后，被试者对高低品牌关系承诺认知存在显著差异[$M_{高品牌关系承诺}$=4.82，$M_{低品牌关系承诺}$=3.90；$F(1,268)$=16.32，$p<0.05$]。

23.4.3 变量描述

测项信度（Cronbach's α）分析显示，危机归因Cronbach's α值为0.88，品牌关系承诺Cronbach's α值为0.82，赛事品牌评价Cronbach's α值为0.86，整体量表Cronbach's α值为0.82，因此本书信度较高。量表均来源于前人研究的成熟量表，可认为量表效度有保障。综上所述，本书可以进行假设检验。

23.4.4 假设检验

首先，检验H1。H1推测，在高品牌关系承诺当中，道德归因与能力归因引起的关于赛事品牌的负面评价没有显著差异。单因素方差分析显示，在高品牌关系承诺当中，道德归因所引起的关于赛事品牌的负面评价与能力归因所引起的对赛事品牌的负面评价无显著差异[$M_{道德归因 \times 高品牌关系承诺}$=3.76，$M_{能力归因 \times 低品牌关系承诺}$=3.84；$F(1,268)$=18.33，$p>0.05$]。因此，假设H1成立。其次，检验H2。H2推测，在低品牌关系承诺当中，相较于能力归因，道德归因引起的对赛事品牌的负面评价程度更深。方差分析显示，在低品牌关系承诺当中，道德归因所引起的关于赛事品牌的负面评价比能力归因所引起的对赛事品牌的负面评价严重且差异显著[$M_{能力归因 \times 低品牌关系承诺}$=3.92，$M_{道德归因 \times 低品牌关系承诺}$=3.36；$F(1,268)=5.33$，$p<0.05$]。因此，假设H2成立。最后，检验H3。H3推测，品牌关系承诺具有调节作用。检验品牌关系承诺与赛事赞助商品牌危机归因的交互项对赛事品牌评价的影响，回归分析显示，

回归模型显著（P<0.05），交互项回归系数显著（r=-0.77，p<0.05）。因此，假设H3成立，如表23-1所示。

表23-1 假设检验结果

假设	检验结果
H1：在高品牌关系承诺当中，道德归因与能力归因引起的消费者对赛事品牌的负面评价没有显著差异	成立
H2：在低品牌关系承诺当中，相较于能力归因，道德归因引起的消费者对赛事品牌的负面评价程度更深	成立
H3：品牌关系承诺具有调节作用	成立

23.5 研究结论与局限性

23.5.1 结论

近年来，赛事赞助商品牌危机频繁发生，使赛事组织方经受了严峻的考验。发生赛事赞助商品牌危机后，采取怎样的应对措施能使危机对赛事品牌的负面影响降到最低，是赛事组织方最为迫切需要解决的问题。以往对赛事赞助商品牌危机影响赛事品牌的研究，大多从危机溢出的角度进行研究，鲜有从危机归因对赛事品牌影响的角度进行研究。因此，本书从危机归因和品牌关系承诺的角度，研究赛事赞助商品牌危机对赛事品牌评价的影响，是一种新的尝试，研究结论也可以为赛事组织方在选择赛事赞助商以及发生赛事赞助商品牌危机后采取应对措施提供借鉴。

首先，在高品牌关系承诺当中，道德归因与能力归因引起的关于赛事品牌的负面评价没有显著差异。该结论说明高品牌关系承诺代表消费者高度相信品牌，对品牌具有高度的包容性及宽容性，当品牌出现产品伤害危机时，对品牌的包容性及宽容性会转化为"错误稀释性"，在一定程度上减轻品牌因为产品伤害危机对消费者造成的心理创伤。因此，赛事组织方在进行赞助商品牌选择时，应尽量选择与消费者品牌关系良好，并具有高品牌关系承诺的品牌，原因在于这类赞助商品牌具有天然的高度的包容性及宽容性，当赞助商品牌危机发生后能够较好地对赛事品牌形成保护，避免赛事品牌受到较大程度的波及。

其次，低品牌关系承诺当中，相较于能力归因，道德归因引起的对赛事品牌的负面评价程度更深。该结论说明在低品牌关系承诺中，消费者对品牌的宽容性及容忍性相对较低，当品牌出现产品伤害危机时，低品牌关系承诺不具备缓解与减轻品牌因为产品伤害危机对消费者造成的心理创伤的功能。能力归因聚焦于表象认识，形成的负面评价不易长期维持，而道德归因聚焦于危机的外围和延伸而非危机的本身，更易形成经过思考后的深程度负面评价。因此，在发生赛事赞助商品牌危机后，赛事组织方应第一时间明确该危机的归因属性，若是道德归因，则可与赞助商联合采取归因沟通策略，如采取公开澄清和主动解释等方法，将道德归因向能力归因引导，降低赞助商品牌危机对赛事品牌的负面影响。

最后，品牌关系承诺具有调节作用。该研究结果说明品牌关系承诺会影响赞助危机发生后消费者对赛事品牌的评价，消费者对赛事赞助商品牌的初始感知和关系会影响不同的危机归因所导致的赛事赞助商品牌评价的变化，进而影响赛事品牌评价。对于赞助商来说，企业应与消费者形成高品牌关系承诺，以此为赛事品牌提供"危机屏蔽壁垒"，为自身竞争优质赞助资源创造条件，对于赛事组织方来说，在选择赞助商时应重点考虑其品牌关系承诺情况。

23.5.2 局限性

本书存在以下三个研究局限。一是在实验中，本书使用的刺激物均为虚拟品牌，后续研究应使用真实品牌，增强研究外部效度；二是实验样本为学生样本，尽管学生样本同质性较高，便于实验操控，但仍然存在代表性不足的问题，后续研究实验部分可以通过使用真实品牌刺激物、跨产品类别刺激物和采用非学生样本等方法来提升外部效度；三是实证手段为实验法，后续研究可以通过采用其他研究方法如调查法和案例研究法等来提升外部效度。

24. 网店虚假促销对竞争网店溢出效应的发生机制研究

24.1 绪论

24.1.1 研究背景及问题

24.1.1.1 市场背景与问题

首先，促销已经成为网店的营销手段，但是虚假促销普遍存在，产生溢出效应。2135亿元人民币是2018年天猫"双十一"全球购物狂欢节总交易额，相较于2017年的1682亿元增长了近27%，较之2009年的交易额增长了4000多倍。然而，漂亮成绩单下，隐藏的却是大量虚假促销现象。近年来，"双十一"成了网络购物者的集体狂欢节，但潜藏在热闹促销"外衣"之下的则是先提后降、质量低劣、延长促销时间等促销陷阱让人防不胜防。通过对"双十一"网购的调查发现，受访者中表示虚假促销是最担心的问题的占比超过54.2%。例如，在11月初，某电商平台就开始了促销的前奏。在这之前，某女士把自己常用的一款洗发水加入了购物车，等着"双十一"的促销优惠。让她感到意外的是，这款商品的价格不降反升了。商品网页上的价格走势图显示，前两个月，这款商品的价格在45、46元，但快到"双十一"的时候，价格涨至63.9元。该女士认为这样的促销不参加也罢。无独有偶，某先生反映，在某电商平台，某品牌的烘焙烤箱原价标着1799元，"双十一"当天5折促销，仅为900元，而且还赠送电热水壶一台。在电热水壶使用一周之后，发现壶盖连接出现裂缝。他认为网店促销更多的是噱头，实际赠送的产品都是些质量有问题、卖不出去的产品。再比如，某电商平台网店里卖的某品牌充电宝原价是138元，网店以69元降价促销，并且在页面上标上"仅限一天"。但是"仅限一天"这四个字在"双十一"结束后还在网店里"挂着"。"假打折""促销赠品质量有问题""延长促销期限"等形式繁多的虚假促销，不仅在"双十一"出现，而且已经成为电商平台的普遍现象。虚假促销会导致消费者对网店促销的怀疑、抱怨，不仅降低了当事网店的销售量，而且还降低了消费者对同品类网店促销参与的积极性。尽管网店虚假促销普遍存在，但是业界没有给予足够的重视，更多关心的是在其他网店进行促销时，自己如何确定促销额度、促销时间等策略问题，忽视了自身网店会因为其他网店的虚假促销而受到负面牵连。

其次，虚假促销方式较为多样，但是目前尚不清楚当事网店虚假促销对竞争网店溢出效应的差异化影响。随着媒体对网店虚假促销的持续曝光，消费者维权意识的提高以及政府部门对网店虚假促销监管力度的加强，业界开始关注网店虚假促销。通过对相关新闻报道的梳理，我们发现业界对网店虚假促销的概念及类型有了一定了解。业界认为网店虚假促销主要是指网店促销存在欺诈行为，表现形式主要有两个方面：一是假优惠、假打折。几乎每年"双十一"促销，消费者都会发现"先提价后减价"问题。二是假货品。网店商品"以次充好""以假乱真"备受消费者诟病。虚假促销不仅损害消费者的利益，最终损害社会信誉度，而商家本身的利益也将因此受到损害。尽管业界对网店虚假促销的概念及类型有了一定认识，但对虚假促销概念的认识更多地停留在具体事实的描述上，不具有一般性；对网店虚假促销特征的认识也比较零散，存在相互涵盖的情况，难以形成体系。更重要的是，为了分析网店虚假促销对竞争网店产生差异化的溢出效应，必须先清楚认识虚假促销的特征及其维度，基于此，竞争网店才能更好地做出差异化应对。

再次，网店需要预判当事网店虚假促销对本网店的溢出情况，但是目前还没有预判的方法。网店虚假促销越来越普遍，不仅影响当事网店销售，还可能负面影响其他网店，甚至电商平台，形成负面溢出效应。与传统零售不同，消费者可以在不同网店间快速跳转，对某网店的负面印象可能影响其对下一家网店的评价。因此，网店虚假促销不仅会让当事网店自食其果，带来负面影响，还可能殃及其他网店。也就是说，虚假促销可能降低消费者对其他网店的评价，形成负面溢出效应。网店虚假促销可以降低竞争网店经营绩效，损害行业声誉，甚至可以降低消费者对整个电商平台的信任。有分析指出，大量虚假促销降低了"双十一"的美誉度。然而，有的网店的虚假促销引发了较强的溢出效应，但也有网店进行了虚假促销，发生的溢出效应却相对较弱。因此，业界对当事网店虚假促销对竞争网店溢出效应的发生条件尚不明确。只有清楚了网店虚假促销对竞争网店溢出效应的发生条件，才能更有效地做出应对，避免不必要的管理成本损失。

最后，网店需要知晓网店虚假促销对竞争网店溢出效应的心理机制，以便为制定弱化当事网店虚假促销对竞争网店溢出效应的应对策略提供理论借鉴。虚假促销会损害网店信誉，降低消费者对网店的信任，使当事网店"自食其果"。但是，"城门失火，殃及池鱼"，网店虚假促销作为一种负面事件也会产生溢出效应。网店虚假促销负面溢出效应的存在已经成为常态，这是众多网店面临且必须解决的客观问题。因此，对于开展正常促销的网店来说，需要有效的应对策略来阻隔或减缓虚假促销带来的负面影响。然而，制定应对策略的前提是弄清楚虚假促销溢出效应的心理机制。因此，网店虚假促销与心理反应的关系需要明确揭示。

24.1.1.2 理论背景与问题

首先，网店促销理论相对充分，但对虚假促销研究较为不足。网店促销十分常见，是营销领域的研究热点。现有研究主要关注了3个方面：一是对网店促销定义及类型的研究。虽然，网店促销与传统实体店促销在实施的环境和对象方面有所不同，但它们的性质、目的及采用的活动形式是一样的。因此，网店促销的本质特征和传统促销活动是一致的。二是网店促销对消费者的影响。促销可以提高消费者对网店的忠诚度（Kotler和Philip，2007）。网店促销可以促进消费者的购买行为，提高消费者的购后满意度（Darke和Dahl，2003）。网店促销对消费者产品认知评价和购买决策是一个有用的线索（Raghubir，2004）。网购者普遍认为产品在网店的价格要比实体店低（Grewal和Munger等，2003）。网店促销会影响消费者的冲动性购买（Larose，2001；王伶俐和闫强等，2015）。三是促销对网店的影响。网络零售商通过多种促销方式，如免费赠品、折扣、免费送货等，吸引网购者光顾他们的网站。促销成了消费者购买网店产品的一个直接的经济刺激（Oliver和Shor，2003；Honea和Dahl，2005）。网店促销也是提升商店形象的重要因素（Collins-Dodd和Lindley，2003；Thang和Tan，2003）。然而，虚假促销普遍存在，是网店促销中重要而常见的现象，其研究成果却相对匮乏（卢长宝与秦琪霞等，2013）。学界对网店促销做了大量有益的研究，但对网店虚假促销的研究还存在局限：对网店虚假促销对竞争网店的溢出效应没有专门进行研究。一般情况下，虚假促销被大多数研究人员习惯性地视为一种虚假广告，一种欺骗性的营销策略工具（卢长宝和秦琪霞等，2013）。例如Grewal和Compeau（1992）从竞争性广告的角度，探究了企业的信息欺诈行为（Grewal和Compeau，1992）。Estelami（1998）指出，消费者做出不理性的错误决策来自企业对产品进行的欺骗性定价（Deceptive Pricing）；Baker和Saren（2010）将企业欺骗消费者的方式分为两类：欺骗性广告（Deceptive Advertising）及误导性广告（Misleading Advertising）。

其次，溢出效应是网络购物研究的热点问题，但对网店虚假促销的溢出效应还需进一步探究。Carmi、Oestreicher-Singer和Sundararajan（2012）探究了消费者某种产品需求对其他产品需求的溢出效应（Carmi和Oestreicher-Singe等，2010）；Lewis、Dan（2015）以及Rutz、Bucklin（2013）研究了消费者在线搜索品牌时，线上广告对搜索竞争品牌产生的溢出效应；Gensler、Verhoef和Böhm（2012）研究了消费者渠道选择的溢出效应。但是，学者们并没有深入研究当事网店虚假促销对竞争网店的溢出效应。有学者给出了虚假零售促销的定义：为了在短期内吸引消费者购买，增加销售收入，大型零售超市采用虚假的促销依据、促销品类限制、促销持续时间或促销类型（田玲，2007）。促销的目的是在短时间内通过向消费者提供额外的物质利益来诱惑其产生即刻购买的行为，因此，正常促销的设计原理包含两大特征："物质激励"和"时间限制"，二者是促销策略设计的核心（卢长宝，2004）。很明显，实施虚假促销者同样设计了促销活动的"物质激励"和"时间限制"，不同的是，虚构了促销活动的基本特征信息，例如，虚构了商品原价或促销的持续期限，从而使这些带有广告性质的信息具有了欺骗消费者的能力（卢长宝和秦琪霞等，2013）。田玲（2007）按照促销依据、促销品类、促销持续时间、促销类型将大型超市虚假促销分为四个方面。虽然，有学者对虚假促销类型的研究做了探索，但对虚假促销概念的认识更多地停留在对具体事实的描述上，不具有一般性；对网店虚假促销类型的认识也比较零散，存在相互涵盖的情况，难以形成体系。更重要的是，只有清楚认识网店虚假促销特征的维度，才能分析不同网店虚假促销特征对竞争网店溢出效应的差异化影响，基于此，竞争网店才能更好地做出差异化应对。因此，需要对虚假促销特征进行界定，并对比分析不同网店虚假促销特征对竞争网店影响的强度差异。

再次，网店虚假促销会产生溢出效应，但尚不清楚溢出效应发生的边界条件。负面曝光事件是企业在经营过程中，发生的有关企业产品、服务、员工个人、企业家乃至企业整体等方面的具有伤害性且散播广泛的事件（Menon 和 Jewell 等，1999）。负面曝光事件是一个总称，体现两个重要特征：一是该事件会产生不同程度的负面影响；二是该事件通过媒体等形式传播，扩散速度快且范围广。根据定义和特征可知，网店虚假促销属于一种企业营销负面曝光事件。因此，网店虚假促销也可能会像其他负面曝光事件一样产生溢出效应。网店虚假促销可以使当事网店销售大幅下滑。不仅如此，网店虚假促销还会影响其他网店，形成溢出效应。网店虚假促销可以降低竞争网店经营绩效，损害行业声誉。网店虚假促销甚至可以降低消费者对整个电商平台的信任。根据网店虚假促销的影响范围，现有研究主要研究了网店虚假促销对当事网店的影响，尚不清楚网店虚假促销对非当事网店的影响。

网店虚假促销对非当事网店的影响主要为溢出效应研究。溢出效应是一种由此及彼的现象，指个体信念会通过非直接途径、渠道受到有关信息的影响（Ahluwalia 和 Unnava 等，2001）。现有溢出效应研究主要依照 Feldman 和 Lynch 在 1988 年提出的可接近性—可诊断性理论展开研究（Feldman 和 Lynch，1988）。现有研究重点在于，识别影响可接近性和可诊断性的因素，即溢出效应发生的条件。虽然负面曝光事件溢出效应的发生条件已经逐渐清晰，但尚不清楚网店虚假促销对竞争网店产生溢出效应的边界条件。很多条件因素会影响负面曝光事件的溢出效应。从可接近性和可诊断性两个角度，现有研究已经发现，焦点产品/品牌/企业因素、消费者因素、情景因素和竞争品牌因素都会影响负面曝光事件溢出。网店虚假促销属于一种企业营销负面曝光事件。识别出网店虚假促销对竞争网店溢出效应的发生条件，可以帮助企业预判网店虚假促销的影响范围。因此，网店虚假促销对竞争网店溢出效应的发生条件有待深入探讨。

最后，负面事件溢出效应和促销的心理机制研究已较为充分，但对网店虚假促销溢出效应的心理机制还不清楚。现有研究发现，消费者面对负面事件时，会出现两种主要心理反应：负面情感和风险感知。比如方正和杨洋等（2011）研究发现，在产品伤害危机应对策略影响品牌资产过程中，心理风险是中介变量。还有研究发现，在口碑对消费者态度的影响过程中，感知风险起中介作用（王晓玉和晁钢令，2008）。Bougie 和 Pieters 等（2003）证明消费者产品性能期望和消费者满意引起消费者情绪，进而对消费后的行为产生影响，同时研究结果显示，在不满意对负面口碑的影响中，愤怒情绪会起调节作用。还有学者对促销的心理机制做了研究。比如郝辽钢和曾慧（2017）的研究证实，感知价值和预期后悔是促销框架影响购买意愿的中介变量（郝辽钢和曾慧，2017）。虽然负面事件和促销涉及的主要变量及其关系已经逐步清晰，但仍存在两点局限：一是网店虚假促销对竞争网店溢出效应的影响机制尚不明确。尽管现有研究涉及负面事件溢出效应和促销的心理机制问题，然而没有将两者结合研究虚假促销溢出效应的心理机制问题。二是网店虚假促销特征与心理反应的对应关系尚不清晰。不同虚假促销特征会触发认知反应还是情感反应？虚假促销特征与心理反应的关系如何？负面事件溢出效应和促销的心理机制是否适合虚假促销？对于以上问题需要进一步揭示，从而为网店制订有效的虚假促销应对策略提供理论借鉴。

根据以上现实背景和理论背景，本书发现，还有以下4个重要问题有待解答。

第一，网店虚假促销特征对竞争网店溢出效应的强度有何差异？

第二，网店虚假促销对竞争网店溢出效应的发生条件是什么？

第三，不同消费者对网店虚假促销溢出效应的反应有何差异？

第四，网店虚假促销对竞争网店溢出效应的心理机制是什么？

24.1.2 研究内容与目的

24.1.2.1 研究内容

本书研究内容主要包括以下4个方面。

一是界定虚假促销的不同特征，识别出当事网店虚假促销对竞争网店溢出效应的差异化影响。虚假促销的方式较为多样，但是目前尚不清楚虚假促销对竞争网店溢出效应的差异化影响。本书将基于虚假促销类型、虚假促销深度两大虚假促销特征，比较不同特征的网店虚假促销对竞争网店溢出效应的差异化影响。就虚假促销类型而言，基于"物质激励"和"时间限制"的设计原理（卢长宝，2004），网店虚假促销类型包括：价格虚假、赠品虚假和时长虚假。有研究发现，促销类型对消费者的购买意愿会产生差异化影响（王海忠和田阳等，2009），那么，不同类型的虚假促销对竞争网店溢出效应的影响是否也存在差异？因此，清楚认识网店虚假促销类型的维度，才能分析不同类型网店虚假促销的影响差异。从虚假促销深度来看，促销深度是消费者参与促销活动的物质激励条件（卢长宝和秦琪霞等，2013），因此，虚假促销的严重性可以通过虚假促销深度来衡量。虚假促销严重程度如何影响对竞争网店的溢出效应，这也是竞争网店需要了解的问题。

二是验证网店虚假促销对竞争网店溢出效应的发生条件。对负面事件的研究证实，社会距离会调节负面事件的溢出效应，但是没有研究社会距离对虚假促销溢出效应的影响。黄静和王新刚等（2011）研究发现社会距离会调节消费者对犯错品牌的评价。王财玉（2012）探究了社会距离对口碑信息接收者的差异化影响。研究发现，在近社会距离情景下，提高口碑信息内容的可得性比提高口碑信息内容的价值，对接收者说服效果的影响更显著；而在远社会距离情景下，相比提高口碑信息的可得性，提高口碑信息的价值对说服效果的影响更显著（王财玉，2012）。熊艳和李常青等（2012）证实，社会距离会调节危机事件溢出效应的差异性，处于与危机事件企业远社会距离的对立企业集团在危机事件中获利，而处于与危机事件企业近社会距离的中立企业集团、联盟企业集团则在危机事件中受损。因此，本书推测，社会距离也是影响网店虚假促销对竞争网店溢出效应的重要调节变量，是识别网店虚假促销对竞争网店溢出效应的发生条件。

三是探究消费者个人特质对网店虚假促销溢出效应的差异化影响。已有研究指出，消费者购买决策的不同阶段（需求识别、信息搜集、选项评估、购买决策及购后行为）都会受到调节定向的影响（Pham和Higgins，2004）。因此，有必要从消费者个体心理特征出发，考量调节定向对网店虚假促销对竞争网店溢出效应的影响。

四是揭示网店虚假促销对竞争网店溢出效应的心理机制。现有研究涉及负面事件溢出效应和促销的心理机制的问题，但是没有将两者结合起来研究虚假促销溢出效应的心理机制问题。以往研究已经证实，在促销框架影响购买意愿的过程中，感知价值及预期后悔会起中介作用。在负面事件溢出效应的心理机制研究中,学者们认为感知风险和负面情绪是消费者面对负面事件时出现的两种主要心理反应。本书认为,当虚假促销发生后,消费者会启动心理防御系统,不会对虚假促销做过多的认知加工,唤起的不是对感知价值或感知风险等的认知,而是一种负面情感。因此,本书认为感知不信任是网店虚假促销作为一种负面事件激活的负面情感,消费者对当事网店虚假促销做出的情感反应会迁移至竞争网店。本书将验证感知不信任在当事网店虚假促销对竞争网店溢出效应的影响过程中的中介作用。

24.1.2.2 研究目的

本书的研究目的主要分为两个方面。

理论方面,一是从溢出效应角度推进网店虚假促销研究,界定虚假促销特征,揭示虚假促销不同特征的差异化影响;二是识别虚假促销对竞争网店溢出效应的发生条件;三是揭示不同消费者对网店虚假促销溢出效应影响的反应差异;四是解释虚假促销溢出效应的心理机制。

实践方面,从构建网店虚假促销对竞争网店溢出效应影响模型的角度为企业提供理论借鉴,帮助竞争网店认清虚假促销特征,提供竞争网店预判虚假促销溢出效应影响强度的工具,指出竞争网店及其所在电商平台应对虚假促销的关键。

24.1.3 研究思路与方法

24.1.3.1 研究思路

本书所遵循的总体研究思路就是"发现问题、定义问题、研究问题、解释问题",具体分四个步骤,如图24-1所示。

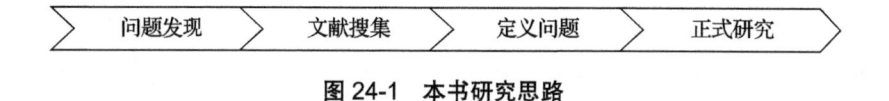

> 问题发现 > 文献搜集 > 定义问题 > 正式研究 >

图 24-1 本书研究思路

24.1.3.2 研究方法

文献研究法。本书通过梳理、归纳现有文献,找出研究机会,识别出虚假促销的主要特征以及影响结果,汇总为虚假促销的研究范式,构建虚假促销溢出效应研究的一般理论框架。

情景实验法。情景实验法是心理学和消费者行为学常用方法,控制复杂操控变量较容易,因此,可获得较高的外部效度(Reeder 和 Hesson-Mcinnis 等,2001)。现有负面事件溢出效应研究主要采用实验法,探讨负面事件对产品属性、竞争品牌、联合品牌、产品类别、延伸品牌等的溢出影响(Roehm 和 Tybout,2006;程娉婷,2011;程霞,2016)。因此,本书也采用情景实验法,根据真实网店虚假促销的报道,精炼描述语言,形成网店虚假促销刺激物,模拟网店虚假促销,测量消费者心理变量,得到研究数据,验证研究假设,论证理论模型。

24.1.4 研究意义与创新

24.1.4.1 研究意义

网店虚假促销对竞争网店的溢出效应是一个现实普遍存在,但在理论上却是一个研究不足的问题。本书基于促销设计核心原理,研究了虚假促销类型及深度对竞争网店溢出效应的影响,同时,探究了调节定向和社会距离的调节作用及虚假促销对竞争网店溢出效应的心理机制。

第一,虚假促销类型对竞争网店的溢出效应存在差异化影响。与赠品虚假相比,价格虚假、时长虚假对竞争网店的溢出效应更显著。本书归纳了三类虚假促销,比较了它们对竞争网店溢出效应的影响差异,基于虚假促销的视角,充实了网店溢出效应理论。

第二,虚假促销深度会影响网店虚假促销对竞争网店的溢出效应。高深度的网店虚假促销对竞争网店溢出效应的影响更大。在产品伤害危机中,严重性是影响危机溢出效应强度的重要因素(Siomkos 和

Triantafillidou 等，2010），而虚假促销的严重性可以通过虚假促销深度来衡量。由此，在网店虚假促销对竞争网店溢出效应的领域中，本书再次验证了严重性的重要影响，既呼应了以往的研究结论，同时，又揭示出其在网店虚假促销溢出效应中的重要作用。

第三，社会距离在虚假促销类型及深度对竞争网店溢出效应的影响过程中起调节作用。对于虚假促销类型而言，当处于远社会距离情景时（接受的是陌生人遭遇虚假促销的信息），价格虚假和时长虚假相比于赠品虚假，对竞争网店产生的溢出效应更大；当处于近社会距离情景时（接受的是好朋友遭遇虚假促销的信息），赠品虚假相比于价格虚假和时长虚假，对竞争网店产生的溢出效应更大。由于手机品类存在高同质性、高品牌集中度等特点，导致虚假促销类型的影响被削弱，但是社会距离在其中的调节作用仍然较为明显。对于虚假促销深度而言，当处于近社会距离情景时，不管虚假促销深度高低，虚假促销对竞争网店的溢出效应的影响没有显著差异；当处于远社会距离情景时，高深度虚假促销对竞争网店产生的溢出效应更大。这表明，社会距离对虚假促销深度具有调节作用，是促销深度形成溢出效应的重要条件，尽管虚假促销信息的可诊断性会被促销深度强化。但是，还需要再次验证这一结论的普适性，即负面信息的严重性对溢出效应的影响皆会如此。该结论也表明，低严重性的负面信息可能会产生较大的溢出效应，因为受到社会距离的影响。这一研究结果增进了对溢出效应理论中负面事件严重性作用的认识。

第四，在社会距离调节虚假促销类型及深度对溢出效应的影响过程中，调节定向会进一步调节社会距离的作用。当消费者处于促进定向时，会弱化虚假促销类型对竞争网店的溢出效应，且无论社会距离远近的虚假促销信息，虚假促销类型对竞争网店的溢出效应不存在显著差异。当消费者处于防御定向，接受的是近社会距离他人遭遇虚假促销的信息时，各类型虚假促销对竞争网店的溢出效应不存在显著差异；当消费者处于防御定向，接受的是远社会距离他人遭遇虚假促销的信息时，与赠品虚假相比，价格虚假和时长虚假对竞争网店的溢出效应更大。研究结果表明，虚假促销溢出效应的影响不仅受到信息来源的影响，还受到消费者自身心理特征的影响。虽然，调节定向理论主要在网络购物领域研究广泛，但是没有研究其在网店虚假促销对竞争网店溢出效应中的作用。本书证实了调节定向对网店虚假促销对竞争网店溢出效应的影响，扩展了调节定向理论在网络购物负面事件研究领域的应用。

第五，本书验证了感知不信任在网店虚假促销对竞争网店溢出效应影响过程中的中介作用，增进了网店虚假促销负面影响机制研究。网店虚假促销负面影响机制是重要而关注较少的问题。网店虚假促销对竞争网店溢出效应的现象需要通过机制研究进一步解释。本书根据现有研究成果和相关理论，发现感知不信任是网店虚假促销对竞争网店溢出效应的关键中介变量，能够较好地解释网店虚假促销的负面影响，增进了网店虚假促销负面影响机制研究，为竞争网店制定应对虚假促销溢出效应策略提供了理论借鉴。

24.1.4.2 研究创新

本书包括以下5个方面的研究创新。

第一，本书系统地将溢出效应理论引入网店虚假促销研究领域，深入研究了网店虚假促销对竞争网店产生的溢出效应，从虚假促销视角推进了网络购物溢出效应理论。溢出效应是网络购物研究的热点问题，现有研究主要关注了在线广告对搜索竞争品牌的溢出效应（Lewis 和 Dan，2015）、产品需求对其他产品需求的溢出效应（Carmi 和 Oestreicher-Singer 等，2010）、渠道选择的溢出效应（Gensler 和 Verhoef 等，2012）等。然而，网店虚假促销溢出效应并未得到深入研究。因此，本书从虚假促销类型及虚假促销深度两大虚假促销特征出发，来研究网店虚假促销对竞争网店溢出效应的差异化影响，从虚假促销视角推进了网络购物溢出效应理论。

第二，本书以虚假促销特征为自变量，系统研究网店虚假促销特征对竞争网店溢出效应的差异化影响，增进了对虚假促销特征作用的理解，弥补了以往研究主要关注虚假促销对当事网店、消费者心理等影响的局限。本书通过梳理虚假促销研究领域的文献，发现虚假促销研究主要在实体零售领域分析虚假促销对当事商家的影响，研究虚假促销中的消费者心理。虚假促销研究还停留在其对消费者情感、购买意愿和企业营销道德感知等方面的影响。尽管虚假促销溢出效应是普遍存在的现象，但是尚没有得到足够关注。本书基于促销理论以及以往对网店虚假促销的研究，从定性和定量两个方面界定网店虚假促销特征，证实虚假促销类型和虚假促销深度对网店虚假促销溢出效应的差异化影响，提出预判和评估网店虚假促销溢出效应的关键变量，弥补了之前对网店虚假促销研究的局部性。

第三，本书将社会距离理论引入网店虚假促销研究，识别出网店虚假促销溢出效应作用的边界条件，弥补了以往研究未关注社会距离这一信息来源情景影响虚假促销溢出效应的局限。消费者做出购买决策时，经常暴露在他人的主张或者建议中（Zhao和Xie，2010）。信息来源会影响消费者的决策，消费者的购买决策离不开朋友，甚至是陌生人的评价。因此，不同社会距离来源的虚假促销信息可能会影响其对竞争网店溢出效应的影响。本书证实了不同社会距离的虚假促销信息通过影响个体解释水平，进而影响虚假促销对竞争网店溢出效应的强度，识别出网店虚假促销溢出效应作用的边界条件，弥补了以往虚假促销研究未关注社会距离这一信息来源情景影响虚假促销溢出效应的局限，亦拓展了心理距离理论关于社会距离的研究内容。

第四，本书将调节定向理论引入网店虚假促销研究，全面揭示了溢出效应的发生条件，不但从虚假促销信息本身角度，还从消费者个人特质角度进一步深入探讨虚假促销溢出效应的作用边界，而这也是已有研究所忽略的，亦丰富了对消费者调节定向理论的理解。以往研究证实，对于不同调节定向倾向的消费者，其认知乃至行为也存在差别。根据Pham和Higgins（2004）研究，调节定向对消费者购买决策的不同阶段（需求识别、信息搜索、选项评估、购买决策及购后行为）都存在影响（Pham和Higgins，2004）。因此，本书研究了个体不同调节定向倾向对不同社会距离来源的网店虚假促销信息的差异化反应，更加全面地揭示了溢出效应的发生条件，使研究结论更符合网络购物的实际情景。同时，本书还证实了调节定向理论和心理距离理论的对应关系，与之前的研究结论一致（Pennington和Roese，2003；Lee和Keller等，2010），亦丰富了对消费者调节定向理论的理解。

第五，本书揭示了网店虚假促销溢出效应的心理机制，亦拓展了感知不信任理论在网络购物负面事件研究中的应用范围。网店虚假促销既具有负面事件和促销的一般特征，又包含网络购物决策高风险的特殊性。因此，负面事件溢出效应和促销的心理机制不一定适用于网店虚假促销对竞争网店溢出效应的情景。根据前景理论，面对风险（虚假促销感知损失）和收益（促销感知价值）时，人们更倾向于规避风险。因此，当接收到虚假促销信息时，人们会唤起防御心理，对当事网店的负面情感会迁移至其他网店。本书证实了感知不信任在网店虚假促销对竞争网店溢出效应影响过程中的中介作用，揭示了网店虚假促销溢出效应的心理机制，亦拓展了感知不信任理论在网络购物负面事件研究中的应用范围。

24.1.5 本章小结

本章重点阐释了研究背景与问题、研究内容与目的、研究思路与方法及研究意义与创新。

一是研究背景与问题。本书探索预判网店虚假促销对竞争网店溢出效应影响强度的指标，提出预判溢出效应影响强度的关键因素，基于虚假促销的视角，充实了网店溢出效应理论。本书探索网店虚假促销对竞争网店溢出效应的发生条件，拓展社会距离理论和调节定向理论，为竞争网店预判虚假促销溢出效应提供理论借鉴。基于负面事件和促销心理机制研究，揭示网店虚假促销的心理机制，丰富网络购物负面事件的心理机制研究。

二是研究内容与目的。本书主要包括4个方面的研究内容，一是网店虚假促销对竞争网店溢出效应的差异化影响。二是网店虚假促销对竞争网店溢出效应的发生条件。三是消费者个人特质对网店虚假促销溢出效应的差异化影响。四是网店虚假促销对竞争网店溢出效应的心理机制。

三是研究思路与方法。首先，本书通过案例分析，梳理、归纳现有文献找出研究机会。其次，总结虚假促销的主要特征以及影响结果，归纳出虚假促销的研究范式。最后，确定研究目标、内容、方法，构建虚假促销溢出效应研究的一般理论框架，步步深入地研究网店虚假促销对竞争网店溢出效应的影响，最终形成论文。本书实证研究包括设计实验组、刺激物、量表、问卷前测、预实验、正式实验和数据分析等。本书采用情景实验法，通过组间实验设计来收集、分析数据。

四是研究意义。本书有5个方面的研究意义，一是比较了三类虚假促销对竞争网店溢出效应的影响差异，基于虚假促销的视角，充实了网店溢出效应理论。二是虚假促销深度会影响网店虚假促销对竞争网店的溢出效应。本书再次验证了严重性的重要影响，既呼应了以往研究结论，同时又揭示出其在网店虚假促销溢出效应中的重要作用。三是社会距离在虚假促销类型及深度对竞争网店溢出效应的影响过程中起调节作用。社会距离对虚假促销深度具有调节作用，是促销深度形成溢出效应的重要条件，尽管虚假促销信息的可诊断性会被促销深度强化。四是在社会距离调节虚假促销类型及深度对溢出效应的影响过程中，调节定向会进一步调节社会距离的作用。本书证实了调节定向对网店虚假促销对竞争网店溢出效应的影响，扩展了调节定向理论在网络购物负面事件研究领域的应用。五是本书验证了感知不信任在网店虚假促销对竞争网店溢出效应影响过程中的中介作用，增进了网店虚假促销负面影响机制研究。本书根据现有研究成果和相关理论，发现感知不信任是网店虚假促销对竞争网店溢出效应的关键中介变量，能够较好地解释网店虚假促销的负面影响，增进了网店虚假促销负面影响机制研究，为竞争网店制定应对虚假促销溢出效应策略提供了理论借鉴。

五是研究创新。本书有5个方面的创新，一是深入研究网店虚假促销对竞争网店的溢出效应，推进网络购物中的溢出效应研究。二是提出了两大虚假促销特征，并比较了其对竞争网店溢出效应的差异化影响，基于虚假促销的视角，充实了网店溢出效应理论。三是拓展了心理距离理论在社会距离维度的应用范围。四是拓展了调节定向理论的应用范围，验证了社会距离和调节定向两者之间的关系。五是揭示了网店虚假促销的心理机制，丰富了网络购物负面事件的心理机制研究。

24.2 文献综述

24.2.1 网店促销

24.2.1.1 网店促销的优缺点

网店是重要的销售渠道，通过在电商平台上开设虚拟店铺展示销售产品或服务，是电子商务的一种方式。与实体商店相比，网络商店有许多优点：方便、省时，不需要排队等候，降低出行成本。网店在任何时候都是开放的，随时随地都可以访问、购物。网店为消费者提供了免费、丰富的产品和服务信息。有的网店还嵌入了一些在线工具，可以帮助消费者在不同的产品和服务之间进行比较和购买决策。Hoffman和Novak（1996）指出，交互性（Interactivity）是网络营销传播和传统大众传媒的重要特征。与实体店购物相比，网络购物让消费者有更大的议价能力，因为互联网为消费者和产品/服务提供商之间提供了更多交互的可能，而且消费者可以获得大量的产品和服务信息。Geissler和Zinkhan（1998）认为，互联网改变了权力的平衡点，让消费者处于优势地位，因为消费者可以非常容易地对不同产品进行比较、评估，且不受销售人员的压力。网店降低了交易成本，对消费者和零售商都有好处（Limbu和Wolf等，2012）。从零售商角度看，网店销售是一种重要的商品交易渠道；对于消费者而言，网店销售不受时间、空间限制，交易更便捷（武瑞娟和王承璐，2014）。与实体店面相比，网络购物的消费者更容易了解商品的价格、外观形象和其他属性；低廉的转换成本使消费者很容易从一家网店跳转到另一家网店。然而，比起实体店，网店也存在缺点。消费者在网店搜索和购买产品时，对在互联网上看到的产品没有任何真实看、摸、尝、闻、听的感觉。虽然，网店可以通过某些软件工具来弥补这些缺点，如在线推荐代理（Häubl 和 Murray, 2003；Xiao 和 Benbasat, 2007），在线谈判代理（Huang 和 Sycara, 2002），但由于缺乏面对面的交流，消费者对零售商的信任低，感知风险高。网店促销的方式很多，通过梳理、归纳发现网店常见的促销手段有八种：一是打折促销。二是赠品促销。三是返现或返券促销。四是包邮促销。五是商品捆绑促销。六是摇奖促销。七是积分累计促销。八是联合促销。

随着电子商务的飞速发展，越来越多的企业或个人将电商平台作为销售产品或服务的渠道，通过寻求各种措施手段刺激消费者惠顾网店，诱导其产生购买行为（章璇和景奉杰，2012）。在网络虚拟环境下，消费者难以了解商品的体验属性，感知风险比在实体店购买商品要高，其潜在需求难以转化为购买行为（王秀芝和吴清津等，2008）。因此，为了吸引消费者光顾自己的网店并刺激购买，很多网店选择各种促销手段。随着网店竞争变得愈发激烈，促销也成为网店应对竞争压力的主要手段。因为促销是重要的线索，影响消费者对产品的评价及购买决定。不期而遇的促销在消费者看来是运气，会降低购物的内疚感。研究发现，价格促销会正向影响消费者对产品价格公平的评价，提高感知价值，增加购买满意度和购买意愿。促销对于消费者购买产品是一个直接经济刺激。为了吸引购物者光顾自己的网店，网络零售商提供了各种方式的促销，比如折扣、赠品、包邮等。促销也可以成为刺激消费者初次购买的手段，而且可以吸引消费者转换品牌购买。促销传递的是消费者可以更容易获得某件产品的信息，鼓励消费者再次光顾自己的网店，增加消费者忠诚度，可以作为一种对忠实消费者的回报。此外，促销还有助于形成正面的商店形象（Park 和 Lennon, 2009）。

24.2.1.2 促销理论

（1）促销的定义及分类。

销售促进是指企业采用各类短期激励措施、诱因促进消费者购买，达到销售企业产品或服务目的的营销活动（李先国，2002），其特点是短期销售额达到了快速增长，因此，通常被称为促销。美国营销协会对促销的定义是采取各种市场营销活动，除人员推销、广告和宣传报道之外，以达到刺激消费者购买，使销售商的收益迅速增长的目的。增加商品提供的物质利益这是促销的主要做法，可以提高消费者额外购物的动机，通过即时改变消费者对品牌的感知价格、感知价值、感知成本，从而达到加速购买和增加采购数量的目的。销售商经常使用销售促进的方式主要有：降价、打折、团购礼品、样品免费试用、包装特惠、抽奖、优惠券、销售点展示等。促销分为价格促销和非价格促销，依据是对商品的价格是否减价。降低价格、兑现优惠券、返还（现金返还、购物凭证返还）属于价格促销，而免费样品分发试用、销售点陈列展示，现场（广场、社区、门店）演示等属于非价格促销（Kotler 和 Philip, 2007）。

（2）促销的作用机制。

促销预算及消费者对促销的心理反应决定了促销效果。在相同促销预算的控制约束条件下，不同促销活动会引发消费者不同程度的利益感知，消费者心理反应、行为反应也会存在差异，因此，促销效果亦随之存在差别。因此，在促进预算控制的背景下，了解消费者对促销活动的反应，对于企业想达到促销活动的预期效果来说非常重要。消费者行为理论对促销活动的作用机制从不同角度进行了阐释。

行为学习理论。对于促销，该理论认为，通过调节或增强学习过程，促销作为一种物质激励刺激能引起特定的消费行为反应（郝辽钢，2008）。卢长宝（2006）发现促销学习的效果包括四个方面：第一，消费者的社会刻板印象，如"存货效应""价格效应"；第二是由企业的过度促销造成，让消费者认为促销是"常规事件"而忽视促销；第三，消费者对促销激励效果的认识，包括"正向激励效应"和"负向激励效应"；四是对促销规律的认知，消费者认为在新的商店开业、重要节假日等时间节点，商家都会推出促销活动（卢长宝，2006）。

态度行为关系理论。态度行为关系理论关注消费者从购买意愿到购买行为的转变过程。消费者是否会购买促销商品取决于消费者参与促销活动的意愿。两个因素决定了消费者参与促销活动的意愿，一是参与促销购物的态度，通过促销活动来确定购物的后果；二是主观行为规范，消费者对社会、他人参与促销的行为规范的关注，和消费者遵守这些规范信念的动机。以打折促销为例，消费者是否会参与一个品牌的折扣，取决于他们的意愿。而他们的行为将取决于两个方面，一是消费者自身对折扣活动的态度；二是消费者对参与促销购物的主流观点（规范性信念），和他们遵守这些规范性信念的动机强弱（Fishbein 和 Ajzen，1975）。

自我自觉理论。Dodson 和其他学者在 1978 年运用自我自觉理论来解释价格促销。基于这一理论，相对于他们自己对品牌的偏爱，人们认为促销刺激会显著影响他们的态度和行为。当促销活动取消后，外部激励效应消失，降低消费者回购促销商品的可能性。因此，该理论认为，促销会负面影响消费者的态度及行为，降低品牌形象、品牌感知质量、品牌忠诚度（杨德锋和王新新，2008）。

归因理论。根据归因理论，基本归因谬误是指对他人行为的解释往往归因于与人的内在或气质相关的因素，而不是归因于环境因素。根据归因理论，消费者认为品牌相关因素是品牌促销的原因，而非品牌所处的环境或行业相关的因素。因此，当消费者被问及为什么一个品牌会开展促销，消费者往往认为"因为品牌的质量不够好，所以他们选择促销"。也就是说，在对归因理论分析的基础上，促销对品牌质量和品牌资产的评价都有负面影响（杨德锋和王新新，2008）。

24.2.1.3 促销的效果研究

（1）对消费者的影响。

不同类型的促销活动对消费者价格知觉的影响是学者关注的重点。一系列研究表明，消费者对价格的感知会由于促销而发生显著改变。对于促销商品，消费者实际支付的成本低于商品的常规标签价格，因此，消费者感知交易价值的增加会提高购买意愿。Folkes 和 Wheat（1995）探究了消费者对折扣、优惠券、现金返还的价格感知及其差异化的影响。然而，与他们的期望不同的是，研究结果确认了现金返还的假设，但是在降低消费者对未来价格的预期上，没有发现折扣和优惠券差异化影响。Grewal 和 Munger（2001）比较了消费者感知质量、价格接受度、感知价值和购买意愿在三种促销方式（免费赠送、折扣、现金返还）下的差异。研究结果表明，当降价幅度相同时，消费者对免费赠品的评价最高，其次是折扣，评价最糟糕的是现金返还。Laroche 和 Pons（2003）研究了优惠券和买赠对消费者反应的差异化影响。结果表明，当优惠券被推广时，购买存储是消费者的购买目的。因为担心优惠券过期，消费者会提前使用优惠券购买。但对于买赠，消费者倾向于等待他们的备货耗尽后重购。Yan 和 Tian 等（2017）认为价格促销会促进消费者购买更多的健康食品。消费者为了遵循自己健康饮食的理念，对健康产品具有较高自我控制力的消费者，会减少购买垃圾食品而购买更多的健康食品。但是，对不健康产品的自我控制力较低的消费者认为，价格促销是一种说服诱惑策略。因此，价格促销对垃圾食品购买意愿的负面影响更显著。Cheng 和 Cryder（2017）研究发现，当一次性收益与多次成本有很强的关联性时，消费者在心理上会多次从感知成本中扣除收益。例如，在一些价格促销中（例如，现在花 200 美元，可以获得一个在未来消费 50 美元的礼品卡），消费者第一次购买时在心理上会扣除价格促销带来的收益，在第二次购买时也会从成本中扣除价格促销的收益。也就是说，基于一次性收益的多次心理上的成本扣除会促使消费者认为购买成本比实际花费要低，而且激发更多的消费支出。Kristofferson 和 Mcferran 等（2016）研究发现，稀缺性促销会激活消费者的进攻性（Aggression）购买行为。对于限定产品数量的促销广告会使消费者感知竞争威胁而购买产品。Xie 和 Keh（2016）探讨了不同类型的促销计划（即价格折扣与捐款促销）在产品伤害危机对品牌负面影响中的缓冲作用。基于归因理论，在不明原因产品危机发生后，考察了消费者对促销方案的差异化反应。这些效应通过促销深度和品牌声誉来调节。结果表明，对于低深度促销，产品伤害危机涉及中等声誉品牌，相比于价格促销，捐赠更有效。Mukherjee 和 Jha 等（2016）研究表明，折扣的积极效应取决于消费者的时间导向（Temporal Orientation）。研究结果表明，相对于未来时间导向（Present-oriented）的消费者，大幅折扣对当前时间导向（Future-oriented）的消费者积极影响更为显著。Cai 和 Bagchi 等（2016）研究表明，在没必要购买、购买量小的条件下，提供一个低深度的价格折扣可以降低低价产品的购买倾向。因为对于非必须购买，低深度价折扣降低了感知交易价值，进而降低消费者的购买倾向。然而，当购买量较大或购买必不可少时，会发生反转效应（Boomerang Effect）。

（2）对促销企业的影响。

①促销对销售额的影响研究。

企业进行促销的主要目的是促进销售增长。因此，学者们关注的首要问题是促销如何促进销售增长。近年来，随着超市广泛对光学扫描账款设备、条码的使用，大量翔实的销售数据被零售企业收集、储存。促销效果的研究需要这些销售数据作为研究人员分析研究的一手数据来源，为该问题的研究提供了便利。按照促销对销售额影响的时间节点范围，可分为三类：一是销售额的短期变化；二是销售额的长期变化；三是在促销期后，销售额的变化。

学者们得出了促销短期效应的一致结论，即商品销售额受临时促销效果明显。这一结论肯定了促销支出的价值，证明了企业促销是有利可图的。与之对应的是在短期内，广告成本的增长能否带来销售额的大量增长，却很难证实。Walters 和 Rinne（1986）还指出，对于零售商来说，广告促销可以吸引购物者，增加店铺流量，从而显著提高店铺销售额。这表明，研究哪种商品促销能有效地吸引其他商家的顾客，对零售商来说意义重大（Walters 和 Rinne，1986）。

这一领域中最具争议的问题是促销是否会对产品销售额产生长期负面影响。该问题的结论对促销支出的预算至关重要，但到目前为止还没有定论。但是，在促销结束一段时间之后，商品的销售量会下降，因为消费者在促销的诱导下会提前购买大量的商品进行储备。消费者因某次促销而大量购买商品，将在一段时间内使库存备货保持较高水平，而无须重复购买商品。由于消费者在某种程度上远离竞争对手的产品，这可能对品牌商是有益的，但是促销减少了消费者光顾商店的次数，因此，对零售商的情况却并非有利（Diamond 和 Campbell，1989）。

②促销对销售增量的影响研究。

促销会带来短期销售额的增长，从哪里增加的这些销售额，哪些销售额是对品牌未来销售的透支，哪些销售额是争夺竞争对手品牌的，哪些是由消费的增量引起的？对于评估促销的盈利能力及其对竞争的影响，这个问题的答案至关重要。Gupta 和 Van Heerde 等（2003）认为由促销带来的销售额的增长来源可分解为三个方面：转换品牌、加速购买和备用储存。对咖啡户的销售数据进行扫描分析，他们得出的结论是，大约 84% 的增量销售额由品牌转换提升带来，加速购买占 14%，备用储存占比不到 2%，这结论似乎表明，企业可以把促销用作有效的竞争手段。Mao（2016）探讨了一种违反直觉的定价方案，即"代金券促销定价"（Token Promotional Pricing）。研究表明，当以较小的代金券价格升级产品（例如，花费 1 美分可以升级蛋糕）而不是免费提供升级时，可以产生更大的销售。

③促销的交叉影响效应。

促销活动不仅影响促销产品本身及其商店自身的销售，而且还会交叉影响其他品牌和其他商店销售。Moriarty（1985）将交叉效应分为交叉影响本商店竞争产品和互补产品，交叉影响该地区其他商店同类产品的销售。研究发现，相比于低端品牌通过促销从高端品牌那里吸引的消费者的数量，高端品牌通过促销从低端品牌那里吸引的消费者更多，也就是说，不同档次品牌进行促销对彼此销量的影响是不对称的。相比于高端品牌促销对低端品牌销售的影响，低端品牌促销对高端品牌销售的影响更小。Tian

和 Bearden（2001）研究发现，相比于零售商自有品牌或没有产品品牌的报纸促销广告，消费者对制造商品牌产品的价格促销反应更积极。

④促销幅度和频率对促销效果的影响。

设计合适的促销幅度和促销频率是企业确定促销方案需要考虑的两大重要因素。Moriarty（1985）研究发现，消费者往往在商家大幅打折促销时，购买大量商品。同样，Krishna（1994）发现，消费者遇到商家大幅打折会大量购买进行储存备货。Jedidi 和 Mela 等（1999）发现，相比于频繁打折，深度折扣对消费者的品牌选择影响跟大，经常打折反而会降低销售量。主要有两个原因：一方面，参考价格会因频繁折扣而降低。一旦原始价格恢复，消费者将感到损失，会比较原价与降低了的参考价格，促销吸引力将在未来减少；另一方面，消费者会养成一种逢促销才购买的习惯。许多消费者可以探索、总结出促销的周期，并根据促销周期调整自己的购物时间、购物数量。因此，营销管理者应该尽量避免使用频繁促销。

24.2.2 虚假促销

24.2.2.1 虚假促销的概念

虚假促销是一个重要而普遍的现象，但对其研究的成果相对不足（卢长宝、秦琪霞和林颖莹，2013）。因此，目前对虚假促销并没有明确的定义，更多的定义是关于虚假零售促销和不规范促销。一些学者给出了虚假零售促销的定义：为了吸引消费者注意、购买，零售商为了在短时间内扩大销售额，开展的虚假促销幅度、促销时间范围或捏造不符合实情的促销依据的促销活动（田玲，2007）。一般情况下，虚假促销被大多数研究人员习惯性地视为一种虚假广告，一种欺骗性的营销策略工具（卢长宝，秦琪霞和林颖莹，2013）。例如，Grewal 和 Compeau（1992）从竞争性广告的角度，探究了企业如何采用虚假信息欺诈消费者的行为。Estelami（1998）探究了企业的信息欺诈行为。欺骗性定价（Deceptive Pricing）会使消费者做出不理性决策；Baker 和 Saren（2010）指出，根据企业是否被欺骗了消费者的最初购买意愿，可将虚假广告分为欺骗性广告（Deceptive Advertising）及误导性广告（Misleading Advertising）。虽然，网店和实体店在实施促销的环境和对象方面存在差别，但它们采用的活动方式，实施的目的、性质是一致的。因此，网店促销也必然具有传统促销活动的本质特征。

24.2.2.2 虚假促销的本质

我们可从有关欺骗性营销研究结论中，找到充分的依据证实欺骗是虚假促销的本质，虽然学界对虚假促销的探索还比较有限。在市场营销领域，对欺骗的研究主要集中在广告、个人销售和零售业。对欺骗性广告的研究主要是识别索赔类型及其后果。欺骗性广告不仅会导致消费者做出错误判断，而且会影响消费者的信念、情感、意图和行为（Darke 和 Ritchie, 2007; Darke 和 Ashworth 等, 2010）。对个人销售和零售业的研究，主要通过一般性的案例研究欺骗或操纵策略，比如夸大产品特性、利益及高压销售技巧等（Ingram 和 Skinner 等, 2005; Román 和 Ruiz, 2005; Ramsey 和 Marshall 等, 2007）。最近，研究人员开始关注网络零售欺骗。这些研究主要关注网络欺骗策略的方式（Grazioli 和 Jarvenpaa, 2001; Mavlanova、Benbunan-Fich 和 Kumar, 2008），诱使消费者做出错误判断的信号类型（如在线安全提示、信任机制）（Mitra 和 Raymond 等, 2008）。还有学者研究了欺骗对消费者相关变量的影响（Román 和 Cuestas, 2008; Román, 2010）。这些研究特别关注了消费者对产品相关信息的欺骗感知。如果消费者认为卖家操纵了产品信息内容或陈述方式，以诱导消费者在做决策时做出对自身不利但对商家有利的行为改变，该情况下消费者会感知到欺骗（Riquelme 和 Román, 2014）。由此看出，虚假促销作为欺骗性营销的一种工具，其本质在于欺骗。

有学者对欺骗做了界定。一些研究认为欺骗的定义包括 3 个特征：欺骗是一种故意行为；欺骗是通过某种方式操纵信息实现的；欺骗带有工具性的目的（Masip 和 Garrido 等, 2004）。Gardner（1975）从

3个方面界定欺骗性营销活动。一是营销活动引起了消费者有偏印象或信念；二是这些印象或信念与消费者在具备合理知识时所形成的印象或信念不同；三是这些印象或信念具有不真实性和潜在误导性。还有学者认为，营销活动一旦导致消费者产生明显错误的信念，即构成欺骗（Olson and Dover, 1978）。根据这些特征，Xiao和Benbasat（2011）将电子商务中与产品信息相关的欺骗性做法定义为，在线商家有意操纵与产品相关的信息以误导消费者，从而诱导消费者在态度和行为上做出对自身不利但对商家有利的改变。如果消费者从虚假促销中感知到促销活动的欺骗性，其心理和行为会随之变化。部分学者认为虚假促销引起的对产品价格/质量的怀疑效应会提高顾客的理性购买行为，因为真实或正常促销的感知价值降低了，最终导致企业正常促销失效。Darke和Ritchie（2007）也指出，感知欺骗不仅会影响消费者的当前行为，还存在延迟效应，即影响以后的行为。

基于以上论述，虚假促销作为欺骗性的营销活动会激发消费者对当事网店的欺骗感知（Darke和Ritchie, 2007）。基于学者们对营销领域欺骗的研究及界定，结合促销的典型方式及核心特征，本书将虚假促销定义为网店有意操纵促销利益幅度、促销产品质量、促销期限等信息以误导消费者，从而诱导、刺激消费者产生即刻购买的营销手段。

24.2.2.3 虚假促销的特征

（1）虚假促销的类型。

虚假促销的形式与正常促销一样。"时间限制"和"物质激励"是促销策略设计的核心，是正常促销设计原理的两大特征，通过短期物质激励达到诱导消费者即刻购买的目的（卢长宝，2004）。很明显，实施虚假促销的企业或商家同样对促销活动设计了"物质激励"和"时间限制"，不同的是，促销活动的基本特征信息是虚构的，例如，虚构了商品原价或促销的持续期限，从而使这些广告性质的信息可以欺骗消费者（卢长宝、秦琪霞和林颖莹，2013）。田玲（2007）按照促销依据、促销品类、促销持续时间、促销类型将大型超市虚假促销分为四个方面。

基于正常促销的设计原理，同时结合现有对虚假促销方式的研究，本书将网店虚假促销划分为3种类型：时长虚假促销、价格虚假促销及赠品虚假促销。其中，时长虚假促销是指网店卖家在某个特定时期开展促销活动，并在消费者不知情的情况下变动促销截止日期，比如，延长促销持续时间，从而诱导、刺激消费者在短期做出购买行为的一种促销方式。价格虚假促销是指网店卖家在某个特定时期，通过操纵产品价格信息向消费者实施让利，但实际并未让利或让利幅度与宣传不一致，比如，抬高原价，再以折扣形式降价，从而诱导、刺激消费者购买的一种促销方式。赠品虚假促销是指网店卖家在某个特定时期，通过免费赠送某一商品向消费者实施让利，但该赠品实际质量、功能等属性存在问题，比如，以次充好、以假乱真，从而诱导、刺激消费者购买某一特定产品的一种促销方式。

网店虚假促销如此普遍与网络购物的特点有关。一方面，买家不能与网店卖家进行面对面的互动沟通，因此，降低了消费者辨别虚假促销的可能性，导致卖家更容易产生投机行为。网店给人的感觉不如实体店熟悉、有人情味，而且缺乏面对面交流的机会，降低了消费者对虚假促销的甄别，而在线下门店，可以通过个人的非言语行为，比如眼神、肢体语言，判断是否存在欺骗。第二，网上商品触觉感知缺失（Peck和Childers, 2013），购买决策容易受自身现实认知、记忆的影响，加剧了虚假促销的欺骗性。第三，与实体店相比，开网店的准入门槛低，一些不良零售商在电商平台开网店相对更容易。一些小企业可以利用电商平台将自己包装成一个大企业，消费者很难通过网店显示的信息去判断企业的规模、实力、信誉（Román, 2010）。

（2）虚假促销深度。

严重性（Severity）是负面事件的重要属性（Coombs and Holladay, 2002），是影响负面事件溢出的重要因素（Siomkos和Kurzbard, 1994）。对产品伤害危机的研究表明，影响消费者态度、意愿的重要因素是感知严重性（Laufer 和 Silvera 等，2005）。负面事件的严重程度会增大消费者的感知风险（Slovic，1987），影响消费者的态度、意愿（Mcdonald 和 Hartel，2000）[91]。如果有缺陷的产品引起的伤害程度很高，会加剧消费者对当事公司的负面印象，负向影响购买意愿（Mowen，1980）。Siomkos 和 Triantafillidou 等（2010）的研究证实，危机事件的严重性程度越高，消费者的风险感知就越高，那么，危机事件就越容易对竞争品牌产生溢出效应。

严重的召回事件会损害召回品牌的品牌资产及购买意愿（Pons 和 Souiden，2009; Korkofingas 和 Ang，2011）。召回问题的严重性会增大消费者的风险感知，损害消费者信任（Byun and Dass，2015）。事件引起的后果严重性越高，消费者会对责任方做出更多的指责（Robbennolt，2000）。因此，产品召回事件的潜在后果越严重，对召回品牌的损害越大。比起母品牌广告，子品牌广告的效果会有更大程度下降。而且，被召回的子品牌对其广告效果、品牌选择、市场份额的负面影响会溢出到母品牌下的其他子品牌（Shankar 和 Liu，2015）。Fong 和 Wyer（2012）研究表明，名人负面事件对社会影响的严重程度会影响人们对名人的指责程度。当消费者将负面事件归因为名人本身所为而非情景所致，负面事件会对名人代言的品牌及购买意愿产生不利影响（Um，2013）。也就是说，名人负面事件对其代言的品牌会发生负面溢出效应。按照负面事件的定义及其特征，网店虚假促销也应属于负面事件。网店促销研究发现，欺骗严重性是影响溢出效应的重要因素（Shabbir 和 Thwaites，2007; Tipton 和 Robertson，2009）。严重性是影响危机溢出效应强度的重要因素，而虚假促销的严重性可以通过虚假促销深度来衡量。因此，本书推测，虚假促销深度是影响网店虚假促销溢出效应的重要因素。

24.2.2.4 虚假促销的影响

一般情况下，虚假促销被大多数研究人员习惯性地视为一种虚假广告，一种欺骗性的营销策略工具（卢长宝和秦琪霞等，2013）。学界对在线零售、广告、促销等欺骗性营销活动的影响做了大量研究。一是对消费者的负面影响。在线欺骗性营销活动不仅使消费者蒙受财产损失，还会受到心理伤害，为申诉、赔偿付出时间成本，泄露个人隐私（Grazioli 和 Jarvenpaa，2003; Friestad，2009）。Román（2010）也发现，网络零售商家的欺骗行为会引起消费者抱怨、不满意、行为改变、负面口碑、不信任，损害零售商的企业声誉。二是对当事网店及其平台整体的负面影响。消费者的负面反应会严重削弱营销沟通策略的效果，降低销售和企业声誉（Riquelme 和 Román，2014）。由于消费者可以通过网络快速传播对线上或线下存在欺骗可能性卖家的负面评价，零售商的声誉更容易受到伤害（Berry 和 Bolton 等，2010）。因此，误导性或欺骗性营销活动可导致消费者不信任的泛化效应，这种效应无论是在传统渠道（Darke 和 Ritchie，2007），还是在网络环境都会发生（Pavlou 和 Gefen，2005）。不仅如此，消费者因担心受骗不愿在网络购物，会降低网商整体的销售及声誉（Xiao 和 Benbasat，2011）。甚至还会通过影响消费者选择（Lord 和 Kim，1995），增加市场交易成本，扰乱市场竞争秩序（Gao，2008）。Peng 和 Cui 等（2016）研究发现，消费者对在线评论欺骗持否定态度，但消极程度在不同的操纵策略中有所不同。基于感知欺骗性、易检测性和不道德性，操纵不同类型的欺骗性在线评论，对消费者购买意愿和在线产品评论感知有用性的影响也存在差别。Riquelme 和 Román 等（2016）探讨了消费者对线上、线下零售商欺骗行为的评价。结果表明，感知欺骗通过产品满意度影响对零售商的满意度，而且线上和线下渠道具有调节作用（Riquelme 和 Román 等，2016）。Wilkins 和 Beckenuyte 等（2016）探究了包装"缩水"导致的认知失调和感知欺骗对消费者购后行为的负面影响。结果表明，对实际包装的认知失调会负面影响重购意愿，当事消费者更有可能转换品牌，告诉朋友避免购买这个产品。Agag 和 El-Masry（2016）研究发现，理想主义与消费者的感知欺骗正相关，而利己主义与消费者的感知欺骗负相关。消费者对在线零售商的感知欺骗会降低满意度（Agag 和 El-Masry，2016）。Schmuck 和 Matthes 等（2018）研究了环保产品、漂绿产品的误导性广告对消费者广告、品牌态度的影响。研究发现，无论消费者的环境知识、环境关注水平是高是低，模糊的广告主张不会提高消费者的漂绿感知，但是虚假的广告主张会损害消费者对广告、品牌的态度。

由此可看出，虽然学者们对虚假促销已经做了大量有意义的探索、研究，但这些研究没有对"网店虚假促销对竞争网店的溢出效应"给予足够的重视，因此，这为本书留下了研究空间。

24.2.3 社会距离理论

24.2.3.1 社会距离的概念

社会距离（Social Distance）是心理距离的其中一个维度（Liviatan 和 Trope et al., 2008）。心理距离是指在个体心理空间中，个体主观上对事件的距离感知，包括时间距离、空间距离、社会距离、结果确定程度四个维度。费孝通（1985）认为社会关系像水的波纹一样，一圈一圈向外延展、扩散，据此，黄静、王新刚、童泽林（2011）认为社会心理距离可借此定义，看作以"己"为中心，一圈一圈向外延展、扩散的差序格局，例如，当面对亲密的家人、朋友时，人们的社会距离感知一般较近；当面对陌生人时，人们的社会距离感知一般较远。

24.2.3.2 社会距离的维度

通过对现有社会距离研究的归纳，社会距离主要包括 4 种维度。

（1）相似性。Liviatan 和 Trope 等（2008）发现自己与他人的相似性是社会距离的一种形式。如果某人与自己不相似，则他们之间的社会距离就远。因此，研究者认为与自己相似的人的行为相比，人们对与自己不相似的人的行为可以做出更高水平的表征。

（2）关系。Zhao 和 Xie（2011）研究发现，在亲密伙伴提供建议的情景下，个体近期的消费行为受亲密伙伴建议的影响更显著；而在陌生的其他人提供建议的情境下，个体远期的消费行为受其建议的影响更明显。研究人员给出的解释是，社会距离（购买者和建议者的社会距离）与商品购买的时间距离存在匹配效应，因此，建议者有关购物的建议会对消费者的态度存在差异化的影响。研究结论的实践意义在于对网购评论、建议的管理。Kim 和 Kaufmann 等（2014）研究发现社会距离可以用买方与卖方的关系操控，增加买家与卖家的社会距离会降低买家的出价额度。

（3）群体。Kim 和 Zhang（2008）研究发现当与另外一个人社会距离增加，也就是另外一个人由内群体成员变为外群体成员，人们对这个人会采用抽象、核心概念进行表征，比如他的原型、个性。对目标对象形成评价时，更容易受到原型、个性的影响。

（4）权力。研究表明，高权力感知会使人们认为自己与他人有更远的社会距离，使个体更倾向加工抽象信息，更关注事物的核心特征，也就是说，高权力感知与高解释水平相关（Lammers 和 Galinsky 等，2012）。个体做出的利他行为随着高权力感知的增强而减少，因为社会距离会强化高权力感知（Lammers 和 Galinsky 等，2012）。另外，有研究者发现，对个体进行高解释水平操控，个体会进行抽象表征，个体的权力感知更强，更偏爱高权力职位，有更强烈的欲望去控制身边环境的人和事（Smith 和 Wigboldus 等，2008）。除此之外，还有研究发现，个体权力感知越高，其说话言辞的抽象、积极程度越高（Magee 和 Milliken 等，2010）。

24.2.3.3 社会距离对解释水平的影响

在过去几年里，学者们对心理距离展开了广泛研究。在解释水平理论（Construal Level Theory，CLT）研究的背景下，研究者发现该理论是一种关于社会认知的理论，强调个体感知和认知情景的重要性，核心观点是个体对事件的心理表征具有层次性，这决定了个体对事件的差别化反应（李雁晨和周庭锐等，2009）。事件的特性分为核心特征和外围特征，核心特征比外围特征更具解释力。不同抽象程度的心理表征使人们忽略那些感知不那么重要的特征，而关注那些重要、核心的特征，因为与具体心理表征相比，抽象的心理表征更为一般、明确和原型化（Liberman 和 Sagristano 等，2002）。遵循上述逻辑，解释水平理论认为，个体对世界事物的解释方式在心理表征上具有连续性层级（Alter和Oppenheimer，2008），但从理论上讲，个体的解释水平可以简化为两个层次：高、低水平的解释水平。事物的核心特征，去情景化的、图示化的特征由高解释水平反映；事物的表面特征，情景化的、非图示化的特征由低水平解释反映（Liberman和Sagristano等，2002）。大量的研究表明，个体解释水平的变化会影响个体的预测、判断、评估、决策等认知活动，由于解释水平受心理距离的影响，即个体的解释水平随心理距离感知的变化而不同（Yang和Ringberg等，2011）。因此，高、低层次的解释水平可由不同的心理距离触发。当个体感知心理距离较远时，会引发高层次的解释水平，人们往往采用抽象的、上位的、一般的、本质的、去情景化的特征来认知事物；触发的是低层次的解释水平，人物刻画事物往往采用具体的、下位的、特定的、边缘的、情景化的特征。在做评估、判断和决策时，人们更多关注的是与其解释水平相匹配的事物、经历、信息（李雁晨和周庭锐等，2009）。人们对事物建构的抽象程度随心理距离感知的增大而增大。当个体处于高解释水平，则认为与高解释水平相关的价值更重要，此时，随着时间距离的增加，抽象、核心特征的重要性程度会增大。当个体处于低解释水平，则认为与低解释水平相关的价值更重要，此时，随着时间距离的减小，具体、边缘特征的重要性的程度会增大（柴俊武和赵广志等，2011）。社会距离具有类似其他心理距离维度的影响（李雁晨与周庭锐等，2009）。因此，社会距离的远近会激发不同层次的解释水平，并对解释水平相匹配的信息赋予更高的权重。

24.2.3.4 社会距离的应用研究

目前关于心理距离的应用研究，较多涉及时间、空间两个心理距离维度。例如，随着时间距离或空间距离的改变，消费者的选择决策也会发生改变（Dhar和Kim，2007；Goodman和Malkoc，2012）。促销的类型具有不同的抽象程度：价格促销对应远时间距离的购买决策，而赠品促销对应近时间距离的购买决策。当促销类型与时间距离匹配时，消费者的购买意愿更高（刘红艳与李爱梅等，2012）。Martin和Gnoth等（2009）研究指出，在远时间距离情景下，消费者更偏爱主张核心属性的产品；而在近时间距离情境下，消费者更偏爱主张边缘属性的产品。消费者的调节定向倾向与时间距离会产生匹配效应，进而对事物或事件的价值赋予更高的权重，认为其更为重要（Steinhart和Mazursky等，2013）。吴思、廖俊云（2013）研究发现，在来源可信度对消费者感知风险的影响过程中，消费者对危机事件的心理距离会调节其对危机事件的感知风险。在来源可信度一定时，如果消费者对事件的心理距离较远，会降低消费者的感知风险；如果减小消费者的心理距离，则会增强消费者的感知风险。王骏旸和王海忠等（2011）研究发现，随着心理距离的增加，全国性品牌更易受到负面品牌信息的影响，而地方性品牌则不然。因为随着时间距离或空间距离的增大，消费者对事物的表征更为抽象，对品牌和其原产地的联结就越紧密。

尽管对社会距离的应用研究较少，但也有不少学者开始在解释水平理论的研究中探索社会距离的应用。黄静、王新刚、童泽林（2011）研究发现，社会距离会在消费者对犯错品牌的评价中起调节作用。王财玉（2012）探究了社会距离在口碑信息对信息接收者说服效果影响中的调节作用。研究结果表明，接收者与传播者处于较近的社会距离，相比提高口碑信息的价值，口碑信息可得性的提高对信息接收者说服效果的影响更显著。熊艳、李常青、魏志华（2012）证实，社会距离会导致危机事件溢出效应的差异性，处于远社会距离的对立企业集团在危机事件中获利，而处于近社会距离的中立企业集团、联盟企业集团则在危机事件中受损。Chen和Mitchell（2018）研究发现，随着社会距离的增大，企业家主要采取抽象行为，比如思考为什么要实现这个目标，而不是采取具体的行动如何达到这个目标。Schreiner和Pick等（2018）研究表明，在近社会距离情境下，人们的分享意愿更高。Mantovani和Andrade等（2017）研究表明，当消费者与品牌的社会距离近时，消费者感知公司参与企业社会责任的动机是利己时，消费者的亲社会行为会减弱；当消费者与品牌的社会距离远时，无论消费者感知公司参与企业社会责任的动机是利己还是利他，消费者的亲社会行为不受影响。

24.2.4 调节定向理论

24.2.4.1 调节定向的概念

调节定向理论由 Higgins（1997）提出，用来探索人的内在动机。调节定向理论突破以往认识行为动机的享乐原则，创新性地发现个体有不同倾向性，在趋利和避害两种动机间，识别出促进型调节定向和防御型调节定向。根据个体需要的类型、结果关注、目标达成及其体验的不同，个体调整定向包括促进定向和防御定向。促进定向关注是否获得，以最大化收益为目标，并采取渴望—趋近策略的欲望，以确保实现目标的积极结果。防御性定向关注是否损失，采取谨慎—规避策略，避免在实现目标过程中产生消极结果。研究者认为，调节定向有特质性和情境性之分。调节定向存在个性特征差异，可分为长期促进定向（Chronic Promotion Focus）和长期防御定向（Chronic Prevention Focus）。个体在社会生活过程中逐渐形成的较为稳定的调节定向倾向即为特质性调节定向。此外，通过情景来触发的促进调节定向或防御调节定向，称为当前促进定向（Current Promotion Focus）或当前防御定向（Current Prevention Focus）（Wang 和 Lee，2006）。由临时性的情景触发的是情景性调节定向。例如，通过收益/非收益信息框架，成就需要触发的是促进定向；通过损失/非损失信息框架，安全需要触发的是防御定向。Higgins（1997）指出，动机结果在由个性特征引起的特质性调节定向倾向以及由情景触发的调节定向下是相似的。

个体处于不同调节定向在思维与认知、信息加工和行为方面存在显著差异。在思维与认知方面：①思维方式——处于促进定向的个体相对于处于防御定向的个体更开放、包容（Liberman 和 Molden 等，2001）。②认知水平——处于促进定向的个体更易观察、处理事物间的关系，认知水平高；而处于防御定向的个体更易观察、处理事物具体的信息节点，认知水平低（RuiZhu 和 JoanMeyers-Levy，2007）。③结果关心——积极正面的结果、结果是否有收益更易被处于促进定向的个体关心、注意；消极负面的结果、行为后果是否有损失更易被处于防御定向的个体关心、注意（尹非凡和王咏，2013）。在信息处理与行为方面，一是信息搜索。对于收益相关的信息，处于促进定向的个体更愿意去搜索，搜索的内容更多样，形成较大的考虑集合；对于损失相关的信息，处于防御定向的个体更愿意去搜索，搜索的内容更单一，形成较小的考虑集合（Wang 和 Lee，2006）。二是信息加工处理。处于促进定向的个体的信息加工处理方式更开放、更快速；而处于防御定向的个体对信息的处理方式更谨慎、准确（Forster 和 Higgins 等，2003）。同时，正面效价的信息被处于促进定向的个体视为收益，而负面效价的信息被处于防御定向的个体视为损失（Lee 和 Keller 等，2010）。三是行动策略。处于促进定向的个体有明显的冒险倾向，为获得大量利益，甘愿冒重大损失的风险，渴望—趋近策略被倾向采用；而决策保守是处于防御定向的个体的明显倾向，为了安稳规避损失，甘愿牺牲重大收益，谨慎—规避策略被倾向采用（Molden 和 Finkel，2010）。

24.2.4.2 调节定向的测量及操控

（1）测量特质性调节定向的方法。

Higgins 和 Friedman 等（2001）认为，个体追求目标会受到与目标相关的过去自身经验、经历的影响。特质性促进定向倾向可以被成功经验、经历激发，特质性防御定向倾向可以被失败经验、经历激发。基于个体自身经验、经历，Higgins 等（2001）开发了测量个体特质性调节定向的量表，该量表包含 11 个测项，其中，涉及特质性促进定向倾向的有 6 个测项，测量特质性防御定向倾向的有 5 个测项。姚琦等（2008）翻译、修订了 Higgins 等（2001）的量表，采用中国样本对量表进行测试，获得 10 个项目的测量调节定向的问卷，并检验了信度、效度，可有效测量个体的促进定向和防御定向（姚琦和乐国安等，2008）。其中，促进定向的测量项目包含 6 项，"我无法得到生活中想要的东西""成功促使我更加努力""我感觉朝着成功又迈进了一步""对于看重的事情,我做得不理想""我没有兴趣,也没有爱好""对于想做的事做得很好";测量防御定向的测项包含四项,"我做事的方式在父母看来是不对的""对于父母定的规矩,我总是会遵从""对于父母无法忍受的事情,我经常做""我的所作所为经常让父母烦心"。

Lockwood 和 Jordan 等(2002)开发的量表,包含18个测项,其中,测量促进定向的题项有9个,"我常常思考如何实现理想的办法""对于未来自己想要成为的那种人,我经常想象""我通常会关注如何在未来取得成功""在学校时,我经常思考如何取得理想的成绩""在学校时,我的主要目标是实现学业抱负""我认为自己是一个把努力主要放在如何实现目标和愿望的人""我会关注如何实现积极的结果""我经常设想一些美好的事情会发生在自己身上""我更倾向于追求成功而不是防止失败";测量防御定向的项目有9个,"我通常会防范不好的事情在自己的生活中发生""我经常担心没有能力承担自己的责任和义务""我经常担心自己将来会变成一个自己不想成为的那种人""在学校时,我经常担心不能完成学业""我经常设想一些不好的事情会发生在自己身上""我经常会思考如何防止失败""我更倾向于避免损失而不是获得什么收益""我在学校的主要目标是避免成绩不理想""我认为自己是一个努力履行自己的责任和义务的人"。

(2)操控情景性调节定向的方法。

实验法可以根据个体在追求目标(获得/损失)和行为方式(趋近/规避)方面的不同启动情景性调节定向,通过设置相应的情景、任务操控促进定向和防御定向。具体的启动方式包括:自我指导类型法、任务框架启动法、情绪启动法、时间距离启动法、信息线索启动法、自传记忆任务法等。

①自我指导类型法。

启动促进定向是通过引导被试者关注理想自我,比如,要求被试者写出自己在成长经历中所树立的理想和目标;启动防御定向是通过引导个体关注应该自我,比如,要求被试者写出自己在成长经历中所承担的责任和义务(Higgins 和 Roney 等,1994)。

②任务框架启动法。

Crowe 和 Higgins(1997)启动促进定向时,向被试者描述有无收益的任务框架;启动防御定向时,向被试者描述有无损失的任务框架。

③情绪启动法。

Roese 和 Hur 等(1999)发现,高兴或受挫的经历通过引导由被试者写出,启动促进定向;平静或不安的经历通过引导由被试者写出,启动防御定向。

④时间距离启动法。

Pennington 和 Roese(2003)通过设置较远的时间距离的情景启动促进定向;通过设置较近的时间距离情景启动防御定向。

⑤信息线索启动法。

Dholakia 和 Gopinath 等(2006)要求被试者描写有关成就抱负的短文启动促进定向;要求被试者描写有关谨慎安全的短文启动防御定向。

⑥自传记忆任务法。

通过指示被试者回忆过去获得或未获得某一积极结果的经历以启动促进定向;通过引导被试者回忆过去避免或未避免某一消极结果的经历以启动防御定向(Baas 和 De Dreu 等,2011)。

24.2.4.3 调节匹配理论

基于调节定向理论,Higgins(2000)又发现了调节匹配理论(Regulatory Fit)。该理论认为,个体在一定情境下会产生正确感(Feeling Right)。也就是说,当个体的调节定向倾向与其行为方式一致时,那么，个体实现目标的动机就越强烈，同时，对任务参与度、情绪体验强度、对产品的评价也越高，特别是在调节匹配程度高的时候。个体对所做事情的价值感知因调节匹配而增加，与结果或成本的价值无关。研究发现，感觉正确是个体在获得调节匹配后对所做事情的感觉，此外，个体会更多地参与到目前所做的事情，也会付出更多（Hong 和 Lee，2008）。而且，可增强信息加工处理流畅性（Lee 和 Aaker，2004）。Aaker 和 Lee（2006）区分了两种调节匹配方式：基于过程的调节匹配和基于结果的调节匹配。当个体调节定向与信息框架匹配时，会强化信息说服力（Lee 和 Aaker，2004）。而且，情境性调节定向与信息框架同样会产生匹配效应（Avnet 和 Higgins，2003）。

24.2.4.4 调节定向与解释水平的关系

调节定向与解释水平存在匹配效应。Förster 和 Higgins（2005）研究结果发现，整体性（Global）信息更易被处于促进定向的个体加工，而局部性（Local）信息更易被处于防御定向的个体加工。不同调节定向的消费者具有不同的信息搜索方式，关注的信息类型也存在差别。局部性搜索更多被处于防御定向的个体所采用，整体性搜索更多被处于促进定向的个体所采用（Pham 和 Chang，2010）。根据解释水平理论，低水平解释的心理表征倾向局部性搜索，对局部性信息进行加工，搜索加工方式较复杂、具体；高水平解释的心理表征倾向全局性搜索，对整体性信息进行加工，搜索加工方式更为简单、抽象。渴望策略被处于促进定向的个体采用，用以追求目标，可能的替代选择被他们接受以提高获益机会，使用抽象、核心的高解释水平进行心理表征；而防御定向的个体会使用谨慎策略，为了达到目的，他们会放弃采用可能导致失败的其他替代选择，通过获取充足的信息以降低损失的可能性，使用具体、边缘的低解释水平进行心理表征（Lee 和 Keller 等，2010）。此外，Pennington 和 Roese（2003）的研究发现，远期的事情会触发促进定向的人的高解释水平表征，近期的事情会触发防御定向的人的低解释水平表征（Pennington 和 Roese，2003）。因此，不同调节定向倾向的个体在信息加工方式、追求目标策略方面会采取不同心理层次的解释水平表征客体。也就是说，处于促进定向的个体倾向于通过高水平解释加工信息和追求目标，而处于防御定向的个体则更加依赖低水平解释加工信息和追求目标。

社会距离与解释水平存在对应关系。按照感知社会距离的远近，可以把消费者区分为远社会距离的他人和近社会距离的他人（Zhao 和 Xie，2010）。远社会距离他人处于高解释水平，采用抽象的、去背景化、本质的特征表征客体；近社会距离他人处于低解释水平，采用具体的、背景化的、外围的特征表征客体（Zhao 和 Xie，2010）。基于以上研究结论，本书将探索验证调节定向与社会距离的匹配效应。根据 Zhao 和 Xie（2010）的研究，促进定向的人追求目标，信息加工采用高解释水平，可能在远社会距离情景下产生匹配效应；防御定向的人追求目标，信息加工采用低解释水平，则可能在近社会距离情景下产生匹配效应。据此，本书推断，在网络购物情境下，面对不同社会距离来源的虚假促销信息，处于不同调节定向倾向的网购者会产生差异化的反应。因此，当处于促进定向的消费者接受的是远社会距离他人遭遇虚假促销的信息，对其的负面影响更强烈。防御定向的消费者对目标的追求与低解释水平相关，更容易对近社会距离他人的虚假促销遭遇产生认同感，因此，当处于防御定向的消费者接受的是近社会距离他人遭遇虚假促销的信息，对其的负面影响更强烈。

24.2.4.5 调节定向理论在网络购物中的研究

调节定向理论作为有效理解人类行为动机的理论，一经提出受到学者普遍关注，并广泛应用于营销各领域的研究。

（1）广告。

Baek 和 Reid（2013）使用印刷广告，检验了不同调节定向的信息框架和情绪的匹配效应对利他行为的影响。当采用促进性的信息框架时，相比于消极情绪，积极情绪更加促进利他行为；当采用防御性的信息框架时，消极情绪和积极情绪对利他行为的影响减弱，不存在显著差异（Baek 和 Reid, 2013）。罗勇和周庭锐等（2013）研究了新产品态度和购买意愿如何受广告信息框架的影响。新产品广告在触发的调节定向和与新产品广告信息框架匹配时，消费者的产品态度更积极，对产品的购买意愿更高。对于渐进性新产品广告，相比防御性的信息框架，采用促进性的信息框架，消费者的产品态度更积极，有更高的购买意愿；而对于革新性新产品广告，上述研究结果刚好相反。郭帅和银成钺（2015）研究发现，面子观由消费者的调节定向决定。当个体处于促进定向倾向，对应的面子观是"想要面子"，促进型广告的说服效果更好；当个体处于防御定向倾向，对应的面子观是"怕掉面子"，防御型广告的说服效果更好。RuiZhu 和 Joan Meyers-Levy（2007）研究发现，广告构成是抽象的主题、模糊的图片对于促进定向的消费者说服效果更好；广告构成是具体的主题、明确的图片对于防御定向的消费者说服效果更好。Craciun 和 Shin 等（2017）研究了自我调节（Self-regulation）对青年驾驶者竞驶倾向以及他们对安全驾驶宣传广告态度的影响。研究表明，相对于防御定向的驾驶者，促进定向的驾驶者表现出更明显的竞驶倾向（Aggressive Driving Tendencies）。相对于损失框架的安全驾驶宣传广告，促进定向倾向的驾驶者对收益框架的安全驾驶宣传广告的态度更积极，而防御定向的驾驶者则呈现出相反的态度（Craciun 和 Shin 等, 2017）。Bhatnagar 和 Mckaynesbitt（2016）探讨了个人调节定向对环境责任的反应。促进定向的个体更关注环保，对环保广告的态度更积极，更愿意从事环保广告所主张的事情，对自己遵循了环保广告建议有更积极的情感；防御定向的个体不那么关注环保，对环保广告的态度不那么积极，更不太愿意从事环保广告所主张的事情，对自己或他人没有遵循环保广告建议的负面情感不显著。

（2）网络口碑。

黄敏学和王艺婷等（2017）研究发现，消费者的个人特质，即调节定向倾向会进一步对产品属性的调节作用产生调节效应。董颖和许正良等（2016）研究发现，当消费者处于促进定向，且触发的是自我提升动机，或当消费者处于防御定向，且触发的是利他动机，此两种情况都会提高消费者对口碑的传播意愿。杜晓梦和赵占波等（2015）研究发现，评论效价的有用性对于处于促进定向的个体不存在差异化的影响；而对于处于防御定向的个体，负面评论相比于正面评论的有用性更显著。Shin 和 Song 等（2014）指出调节定向的匹配会促进网络口碑的产生，特别是处于防御定向的消费者经历的是负面的服务体验时，相比于正面的服务体验，更愿意传播电子口碑。Roy 和 Naidoo（2017）研究了调节定向（促进 vs 防御）、属性类型（搜寻 vs 经验）和口碑效价（正面 vs 负面）对消费决策的影响。促进定向的消费者更偏爱经验属性，而防御定向的消费者更偏好搜寻属性。在正面口碑情景，无论是促进定向还是防御定向的消费者会加强对各自属性的偏好。在负面口碑情景，与他们的同行相比，促进定向的消费者仍然偏好经验属性，而防御定向的消费者会反转他们的偏好。

（3）促销。

施卓敏和李璐璐等（2013）研究发现，对消费者网购意愿的影响，消极负面的促销框架相比于积极正面的促销框架更显著。同时，消费者的调节定向倾向和产品价格会调节网上促销框架效应。积极促销框架相对于消极促销框架而言，对促进定向倾向消费者网络购物意愿的影响更显著；消极促销框架相比于积极促销框架对防御定向倾向消费者网购意愿的影响更显著。Das 和 Mukherjee 等（2018）探讨了流行或稀缺线索和产品类型对消费者感知风险、产品独特性和购买意向的影响。研究发现，实用性产品与防御定向倾向一致，因此，提供流行线索会增强消费者的购买意愿；享乐产品与促进定向倾向一致，因此，提供稀缺线索会增强消费者的购买意愿。Das（2016）研究发现，对于促进定向消费者和防御定向消费者，他们的网上购买意愿、产品评论和传播正面口碑的意愿存在差异。在遭遇不愉快的购物经历，无论是促进定向消费者和防御定向消费者，他们传播负面口碑的意愿没有差异。促销对促进定向消费者和防御定向消费者都有促进购买的作用。

（4）品牌延伸。

吴川和张黎等（2012）研究发现，母品牌与延伸产品的匹配程度对促进定向消费者的影响更显著；母品牌质量对防御定向消费者的影响更显著。Yeo 和 Park（2006）研究表明，新产品与母品牌的相似程度对品牌延伸的评价受到调节定向倾向的调节。当新产品与母品牌的相似程度高，防御定向倾向消费者对其评价更好；而当消费者处于促进定向倾向时，会减弱对新产品的评价，甚至给出负面评价。

（5）产品类型选择。

Zhang 和 Craciun 等（2010）研究发现，积极评价和促进型产品会产生匹配效应，进而增强产品吸引力，而消极评价和预防型产品会产生匹配效应，进而增强产品吸引力。Dam 和 Jonge（2015）研究了消费者调节定向对道德标签产品（Ethical Labelled Products）信息框架的影响。对于促进定向消费者，积极道德信息框架对产品偏好及选择的影响更显著；对于防御定向的消费者，负面道德信息框架对产品偏好及选择的影响更显著。Roy 和 Ng（2012）研究发现，对享乐性产品的态度及购买意愿，促进定向的消费者评价更高，而对实用性产品的态度及购买意愿，防御定向的消费者评价更高。Song 和 Morton（2016）探讨了信息线索与个人的动机状态在产品评价过程中的交互作用。产品属性和广告诉求是信息线索，调节定向是消费者的动机状态。促进定向的消费者更看重外在线索，并且对具有优良外部线索产品的评价更为积极；而防御定向的消费者则看重内部线索，对具有优良内部线索产品的评价更为积极。

（6）其他研究。

Ashraf 和 Thongpapanl（2015）研究发现，购物体验与消费者的调节定向存在匹配效应。当一个购物网站提供的是享乐性购物体验时，促进定向的购物者的态度更积极，购买意愿更高；当一个购物网站提供的是实用性购物体验时，防御定向的购物者的态度更积极，购买意愿更高。Arnold 和 Reynolds 等（2014）研究发现，消费者之所以会对同一零售商产生不同的评价，可通过调节定向理论来阐释。Jia 和 Wang 等（2012）借助调节定向理论研究零售环境自助技术的使用。研究发现，调节定向对使用自助服务技术的预期合意性（Desirability）和可行性（Feasibility）有不对称效应。促进定向可以增进消费者理解自助服务技术中有关合意性和可行性的属性，而防御定向会抑制消费者理解自助服务技术中有关可行性的属性。促进定向会减轻消费者的技术焦虑，而防御定向则会加剧技术焦虑。Lee 和 Choi 等（2014）指出，消费者的信息处理过程会受到不同调节定向的影响，进而对不同定价策略产生促进或削弱的效果。Westjohn 和 Arnold 等（2016）的研究发现，促进定向的消费者更偏好全球化的文化定位策略，而防御定向的消费者则偏好本土文化定位策略。

虽然调节定向理论在营销领域研究广泛，但本质上主要表现在两个方面：一是在受到不同信息框架刺激下，会触发消费者启动不同的调节定向，进而影响信息认知或处理过程，最终影响消费者的认知、态度、行为意向及行为；二是不同信息框架与自身的调节定向倾向发生匹配效应，最终强化消费者的认知、态度、意向及行为。

24.2.5 本章小结

本书文献综述部分回顾了与本书研究问题相关的研究，为本书奠定了理论基础，包括网店促销理论、虚假促销理论、社会距离理论和调节定向理论研究。

首先是网店促销理论研究。本书回顾了网店的优缺点，网店促销的形式及其积极影响，促销的定义、分类及其作用机制，促销的影响。通过对网店促销理论的梳理，为本书界定虚假促销特征提供了理论借鉴。

其次是虚假促销理论研究。现有研究从四个方面对虚假促销展开了研究：一是虚假促销的概念；二是虚假促销的本质；三是虚假促销的特征，包括虚假促销类型，虚假促销深度；四是虚假促销的影响。整理发现，目前对于虚假促销的研究重点是虚假促销对当事商家的影响及虚假促销中的消费者心理，但是对于虚假促销在网络购物溢出效应研究领域中仍然处于空白状态。

再次是社会距离理论研究。本书回顾了社会距离的概念、维度、对解释水平的影响以及社会距离的应用研究，同时重点厘清了社会距离的调节作用，为细化网店虚假促销特征对竞争网店的负面影响提供理论基础。现有研究指出，社会距离可以通过改变消费者的解释水平，影响消费者决策。因此，在研究模型中加入社会距离，可以很好解释网店虚假促销对竞争网店溢出效应对竞争网店的差异化影响。

最后是调节定向理论研究。本书梳理了调节定向的概念、测量及操控、调节匹配理论。同时，根据研究的问题，特别梳理了调节定向与解释水平的关系以及在网络购物情景下的应用研究，为本书证实网店虚假促销对竞争网店溢出效应的发生条件提供了理论借鉴。

综上所述，本书回顾了虚假促销理论、网店虚假促销理论、社会距离理论和调节定向理论研究，识别出虚假促销在网络购物溢出效应研究领域中的研究机会，并指出目前网店虚假促销对竞争网店溢出效应方面的研究尚处于空白。同时，本书还发现，在研究模型中纳入社会距离和调节定向，能够较好地描述网店虚假促销对竞争网店溢出效应的影响。

24.3 研究模型与假设

24.3.1 理论基础

24.3.1.1 溢出效应理论

（1）溢出效应的概念。

溢出效应是一种由此及彼的现象，指个体信念会通过非直接途径、渠道受到有关信息的影响（Ahluwalia 和 Unnava 等，2001）。面对信息，如果没有客观依据，消费者则采用启发式思维方式，此时，会产生认知偏差，进而发生溢出效应。溢出效应能够间接影响消费者对竞争品牌（Roehm 和 Tybout，2006）、产品属性（Ahluwalia 和 Unnava 等，2001）和产品类别（Dahlen 和 Lange，2006）的评价。虽然，国内外学者对溢出效应有各自的定义，但都遵循 Ahluwalia 和 Unnava 等（2001）对溢出效应的定义（Ahluwalia 和 Unnava 等，2001），并进行解读和完善。

（2）溢出效应的分类。

根据负面事件溢出效应的影响对象不同（Ahluwalia 和 Unnava 等，2001），危机溢出效应涉及的对象可以是同一产品的其他属性、主副品牌（段桂敏和余伟萍，2012），同一企业的其他品牌（Lei 和 Dawar 等，2008）、联合品牌（王海忠和田阳等，2009）、竞争品牌（Dahlen 和 Lange, 2006; Roehm 和 Tybout，2006）、联盟品牌（Votola 和 Unnava, 2006），甚至行业（汪兴东和景奉杰等，2012），以及产业链上下游企业（如供应商）。本书通过归纳发现溢出效应的类型主要有两种：一是根据溢出效应的效价，可分为正面溢出效应与负面溢出效应；二是根据溢出效应的产品层面差异，将溢出效应分为横向溢出效应和纵向溢出效应。

①正面溢出效应与负面溢出效应。

根据负面事件的溢出效价，正面、负面溢出效应都会由产品伤害危机引发（Dahlen 和 Lange, 2006）。前者是指负面事件发生之后，危机产生了正面影响，也就是说，危机提升了对竞争对手的品牌和产品属性的评价，以及提升了消费者对非焦点品牌的评价；后者是指负面事件发生之后产生了负面影响，也就是说，危机降低了消费者对竞争对手的产品属性和品牌的评价，降低了消费者对同一焦点品牌的评价。正面溢出效应，又称为对比效应、竞争效应（Gao 和 Zhang 等，2014），指同业对手因焦点企业危机而受益,市值上涨,而负面溢出效应,也称为同化效应、传染效应,指同业对手因焦点企业危机而受损,市值降低(王思敏和朱玉杰,2010)。

②横向溢出效应与纵向溢出效应。

根据负面事件溢出对产业链的影响对象不同,负面事件溢出效应分为横向溢出效应(对处于相同产品层面企业或产品之间的影响)和纵向溢出效应(对产业链上下游企业或产品的纵向影响)(王海忠和田阳等,2009)。

(3)溢出效应的形成原理。

①可接近性—可诊断性理论。

众所周知,溢出效应研究的理论基础是基于可接近性—可诊断性理论(Ahluwalia 和 Unnava 等,2001; Roehm 和 Tybout, 2006)。Roehm 和 Tybout(2006)认为,溢出效应可由可接近性—可诊断性分析框架来解释(Roehm 和 Tybout, 2006)。其中,可接近性(Accessibility)是指信息被消费者获得的容易程度;可诊断性(Accessibility)是指信息有助于消费者有效地做出判断(Gao 和 Zhang 等, 2014)。如果消费者能从记忆中同时提取品牌 A 和品牌 B 的信息(即可接近性),且品牌 A 对品牌 B 具有信息性(又称可诊断性),那么,品牌 B 的信息可由品牌 A 的信息经过推断得出。

②联想网络理论。

联想网络理论认为有关品牌的记忆节点可以通过一系列的品牌联想,如品牌功能、品牌利益、品牌价值、品牌形象、品牌个性、品牌评价、品牌口碑、品牌标志、品牌口号、品牌属性等联结起来构成品牌知识。消费者对母品牌与子品牌之间的联结,或者子品牌与子品牌之间的联结,通过曝光频率和学习得到强化(Lei 和 Dawar 等,2008)。此外,消费者可以通过相关品牌线索来推断对品牌组合的认知,因为产品质量水平、产品属性、品牌个性、品牌价值、品牌形象、广告内容在同一个品牌组合下往往比较相似(Lei 和 Dawar 等,2008),并且,在联想网络中,不同对象之间的联结很强,因此,其他对象可由一个对象的信息激活(Collins 和 Loftus, 1988)。

③选择性通达机制。

根据选择性通达机制,决策者选择什么样的检验方式来验证假设(相似性检验 vs 相异性检验)取决于比较对象之间相似性(或一致性)。决策者会选择目标与标准之间一些显著特征作为线索进行目标与标准之间的总体相似程度评估(Mussweiler, 2003);当检验的目标与标准是相似的或一致的,决策者会采用相似性检验来验证假设,引发同化效应(王海忠和田阳等,2009)。

综上所述,本书根据可接近性—可诊断性理论、联想网络理论和选择性通达机制推测,在虚假促销发生后,消费者会通过竞争网店和当事网店的可接近性和可诊断性特征,激活对竞争网店虚假促销的联想。本书以进行虚假促销的当事网店的产品品类作为比较标准,当竞争网店与当事网店产品品类具有较高的相似性时,即目标与标准具有一致性,消费者会采用相似性检验,进而认为竞争网店的促销也存在相同的问题,导致负面溢出效应(或同化效应、传染效应)的发生。

24.3.1.2 感知不信任理论

(1)感知不信任的概念和其与信任的区别。

①概念。

近年来,由于不信任导致网络零售商绩效遭受了破坏性的影响,学者们开始关注在线交易中出现的不信任(Distrust)(Mcknight 和 Choudhury 等,2002)。许多研究对不信任这一构念进行了操作化的定义,比如,不信任是一种一般性的倾向(Disposition)(Mcknight 和 Kacmar 等,2004)、信念或预期(Belief or Expectancy)(Chang and Fang, 2013)。然而,这些定义中的一个共同观点是,不信任就是个人不信任其他人(一个特定的网站、机构或一般人),因为他们发现其他人是不可信的(Untrustworthy)。通过分析这些定义就会发现，这些描述基本上围绕着两个主要方面：可靠性（Reliability）/能力（Competence）、正直（Integrity）/仁慈（Benevolence）。学者们通常用这两个维度去界定在线不信任，并认为它们在概念和使用情景上存在差别（Dimoka，2010）。基于可靠性或能力的不信任是对他人完成某人需要做的事情的负面判断（Mcknight 和 Chervany，2001），这种不信任与缺乏技术能力有关（Hsiao，2003）。基于正直或仁慈的不信任，指的是对对方的价值观或动机的消极信念，也就是说，它反映了一种高度情绪化的评估：另一方没有动机按照他人（委托方）的利益采取行动，并通常采取投机性或操纵性的行为（Dimoka，2010）。前一种不信任可以被认为是一个理性的期望，认为技术上不能胜任（Hsiao，2003），而后者意味着一种情感上的主观信念，与道德（Morality）和诚实（Honesty）等概念有重叠（Mcknight 和 Kacmar 等，2003）。还有研究指出，不信任是一种情感被激活的（Affectively Activated）建构（Construct）（Lee 和 Lee 等，2015），是对他人行为产生的一种强烈的负面感觉（Lewicki 和 Mcallister 等，1998），关注是否可能以侵害自身利益的方式行事，是一种紧张忙乱的（Frantic）、害怕的（Fearful）、沮丧的（Frustrated）、图谋报复（Vengeful）的感觉（Mcknight 和 Choudhury，2006）。激活情感的建构不需要经过高等级的认知加工（Zajonc，1980），因为在少许或没有认知加工的过程中，也可以频繁激发情感（Hoch 和 Loewenstein，1991）。例如，当怀疑某人有能力做有害的事情时，不信任就会产生（Sitkin 和 Roth，1993）。因此，不管有没有认知加工过程，激活情感的不信任这种观念（Notion）都可以产生。

综上所述，本书从情感视角出发，将消费者对网店（网络零售商）的感知不信任定义为一种主观信念或预期，当消费者察觉到网店有不良动机或故意从事侵害消费者利益的行为时，消费者对网店提供的产品或服务产生的一种情感上的负面信念。简而言之，感知不信任就是消费者对网店可能有的侵害意图或行为产生的一种怀疑或恐惧的感觉。

②与信任的区别。

一些学者认为，在线不信任（Online Distrust）比在线信任（Online Trust）更重要，因为不信任体现了这些负面情绪，如恐惧、担心或紧张（Mcknight 和 Kacmar 等，2004）。然而，很少有人研究网络购物环境下的不信任。尽管一些研究者在网络购物研究中讨论了信任和不信任在某些方面的区别（Komiak 和 Benbasat，2008），但对两者差异仍然没有做出区分。例如，Grazioli 和 Wang（2001）把怀疑（suspicion）当成不信任的同义词。Hoffman 和 Novak 等（1999）使用"不信任"（Mistrust）和"缺乏信任感"（lack of trust）来强调网络问题，但没有将不信任（Distrust）作为一个单独的概念与信任（Trust）进行区分（Hoffman 和 Novak 等，1999）。Lewicki 和 Mcallister 等（1998）认为信任被视为对他人行为积极预期的信心程度，不信任指的是对他人行为消极预期的信心程度（Lewicki 和 Mcallister 等，1998）。

一直以来，研究者认为不信任仅仅是信任的对立面（Lewicki 和 Mcallister 等，1998）。然而，目前有研究认为，信任和不信任不一定是对立相反的概念（Mcknight 和 Choudhury，2006）。事实上，信任和不信任有相当明显的认知维度：高度的信任由希望（Hope）、信心（Faith）或保证（Assurance）构成，而高度不信任的特征则是对消极结果的恐惧（Fear）、猜疑（Suspicion）或冷嘲热讽（Cynicism），以及对受托人消极行为的警惕或进行警惕性的监控（Mcknight 和 Chervany，2001）。两者可以由同一人在不同的心理机制作用下独立出现（Lewicki 和 Mcallister 等，1998；Cho，2006）。也就是说，不信任既是缺乏信任，也是激活了一种预期，即认为对方将以侵害自身安全、福利的方式行事（Kramer，1999）。

尽管信任和不信任都是风险应对机制，但不信任可能在消费者决策中发挥更加重要的作用（Singh 和 Sirdeshmukh，2000），特别是在高风险的网络购物环境中（Chang 和 Fang，2013）。此外，不信任之所以重要，不仅是因为它可以让人避免消极后果，而且还因为对其他人和机构的普遍不信任正变得越来越普遍，这意味着它在某种程度上可能会取代信任，成为处理风险的社会机制（Mcknight 和 Chervany，2001）。研究人员和从业者应该高度重视、理解信任和不信任，比如，它们如何出现和降低，如何相互关联，因为它们对企业具有至关重要的影响（Lee 和 Choi，2011）。已有研究从不同情景和视角讨论了信任和不信任的前因、中介变量及后果（Dimoka，2010），其目的是指导企业如何加强信任，避免不信任（Cho，2006）。

（2）感知不信任的属性。

在线感知不信任这一概念有四个重要属性。首先，在线感知不信任是一种主观信念。在线感知不信任并不是客观地描述网络零售商实际的机会主义行为的真实程度，而是反映了消费者个人对在线卖家潜在机会主义行为的风险预期（Pavlou 和 Gefen，2005）。感知不信任不是基于客观评估网店的能力或技能，而是与维系这种交易关系的诚意和动机有关。其次，在线不信任感知可以由情感激活。不信任感知是一种被激活的情感建构（Lee 和 Lee 等，2015），是对他人行为的强烈负面感觉（Lewicki 和 Mcallister 等，1998）。当察觉到对方有不良动机或故意从事侵害行为时，不信任感知就会产生。再者，在线不信任感知意味着道德判断。这种信念——网络零售商只是出于自身利益驱使，借助网络虚拟环境，通过故意使用模棱两可的，甚至欺骗性的策略，侵害消费者的利益——会唤起消费者对网络零售商正直和仁慈的感知（Cho，2006）。在线不信任感知隐含的主观信念和道德判断表明，不同的消费者可能对这些道德问题和在线交易风险有不同的感知。最后，在线不信任是一种泛化的信念。消费者不信任的目标对象可以是网络零售商群体，而不仅只是特定的零售商。

按照不信任所指的对象，Mcknight 和 Choudhury（2006）综合前期研究，形成了一个概念模型，认为不信任包含 3 个方面：不信任倾向、基于机构的不信任、人际不信任。①不信任倾向（Disposition to Distrust）描述的是一个人的一般特征，通常不信任其他人，包括不信任他人的立场和怀疑他人的人性。②基于机构的不信任（Institutional-based Distrust）包含两个方面。第一，不信任一个机构（比如公司、网站）里的人；第二，不信任与公司或网站进行商业交易。③人际不信任（Interpersonal Distrust）是指对他人或公司表现出不信任的信念或行为。能力不信任是委托人认为受托人没有能力履行职责和没有能力完成委托人委托的事务；正直不信任是委托人认为受托人没有遵守协议，隐藏信息、甚至采用欺骗的方式为自己谋利；仁慈不信任是委托人认为受托人不在乎委托人的利益，没有动机为了委托人的利益行事（Mcknight 和 Choudhury，2006）。

（3）感知不信任的影响因素。

许多学者对在线不信任的前因进行了研究，主要考察了几种风险削减机制（Risk-reducer Mechanisms）对不信任的影响。比如，有关网络零售商的安全线索——隐私政策（Privacy Policies）、安全披露（Security Disclosures）、担保（Warranties）、网站设计（Site Design）、品牌强度（Brand Strength）或零售商声誉（Retailer Reputation）（Chang and Fang，2013）、网络基础设施/结构化保障机制——认证（accreditation）、反馈（Feedback Mechanisms）、监测（Monitoring）、法规（Regulations）以及法定债券（Legal Bonds）（Mcknight 和 Choudhury，2006）。在如何通过技术、声誉或法律机制降低不信任方面，这些研究提供了有用的理论借鉴，但是还存在一定的局限。上述研究侧重于个体的外部变量，忽略了研究消费者特征对网络零售商不信任影响的重要性。此外，尽管这些技术、声誉或以法律为基础的机制可能为对特定的网络零售商和更广泛的互联网环境的安全性、可靠性和技术能力提供一定的保障，但这些机制并不一定能保证网络零售商不会从事不道德或操纵性的行为。换言之，虽然上述这些机制可以有效地解决在线不信任的可靠性方面（对能力或可靠性不信任的信念），但在处理道德层面（对仁慈或正直的不信任）的不信任时，这些机制可能是不够的（Clarke，2008）。例如，Sitkin 和 Roth（1993）认为，使用技术或法律补救办法会让人做出负面推断——由于过去在线不道德的行为才提高了技术保护和安全防范措施（Sitkin 和 Roth，1993）。因此，与可靠性或能力相关的网络问题相比，消费者对网络零售商的欺骗行为的负面信念才是更持久、更难以消除的在线不信任的根源（Clarke，2008）。

有研究指出，有两大因素可能导致了消费者对网络零售商的不信任。一是网络欺诈。网络欺诈（Web Fraud）是指网络用户通过网站交易进行的一系列犯罪。由于网上卖家和顾客之间的非人际性、匿名性以及信息不对称性（Turban 和 Lee 等，2000），网络环境容易受到各种欺诈行为的影响，如虚假陈述、发货失误以及其他不当处理（Chua 和 Wareham 等，2007）。网络欺诈不同于卖方的排印错误或因混淆而造成的简单信息错误，它指的是在基于网络的商业交易中以故意的不端行为欺骗消费者。大量的在线欺诈行为出现在拍卖中（Abbasi 和 Zhang 等，2010），事实上，只要涉及经济交易，欺诈行为就会存在于任何类型的网站中。欺诈的前提是卖家的不道德动机，这显然破坏了与消费者的关系。如果消费者察觉到任何欺诈或欺诈企图，他们会立即对交易感到恐慌，并担心随之而来的损害。欺诈与卖方非故意的错误不同，因为侵害消费者是恶意的动机，而不是缺乏能力。二是信息虚假。在购物平台，内容的真实性（Content Truthfulness）反映了展示的产品信息贴近产品客观特性的程度（Bauer 和 Cukier 等，2004）。它指的是感知承诺的实现水平，即实际的产品特性与客户在网站上看到的产品信息完全相同（Rust 和 Inman 等，1999）。在网络上呈现真实的产品信息可以帮助消费者更容易地找到想寻找的产品，避免做错误决定。相反，虚假的网站内容会唤起不信任。当消费者面临的是不真实的产品信息，如错误的尺寸大小和不准确的容量，消费者便无法准确估计产品价值，进而不能准确地做出购买决策。在产品信息不准确和不可靠的情况下，消费者会面临购买的不是自己想要的产品，承担交易后果。最终，消费者对卖方的能力和动机产生怀疑，并对卖方产生不信任。本书认为，感知不信任作为一种负面情感，不是基于客观评估，而是当消费者察觉到网店有不良动机或故意从事侵害消费者利益的行为时，不信任感知就会产生。

（4）感知不信任的负面影响。

不信任是一种包含强烈情感的观念。在决定后续行动的心理因素中，情感是最重要的心理状态之一（Mischel 和 Shoda，1995），因此，不信任可以对消费者的认知和行为产生负面影响，进而抑制交易双方之间的经济交易（Bigley 和 Pearce，1998），特别是没有人际交往的在线交易（Lee 和 Lee 等，2015）。此外，一些研究人员发现，在线不信任是一个与在线信任有关但又不同的独特构念，这两个构念通过不同的因素进行预测，并对行为产生不同的影响。与不信任相比，信任在预测消费者低风险相关的决策时有更强的作用，例如，预测消费者访问一个网络零售商网站的意愿（Mcknight 和 Kacmar 等，2004）。如果预测高风险消费行为，不信任非常重要，例如，接受网站推荐建议的态度、意愿（Mcknight 和 Choudhury，2006），向网络零售商提供个人信息的意愿或网购意愿（Chang 和 Fang，2013）。这些研究发现，在线不信任在网络购物相关活动的高风险环境中起关键作用，并表明不信任可以取代信任，作为消费者网络决策的基础。

24.3.2 研究模型

本书通过对网店虚假促销特征、社会距离、调节定向、溢出效应和感知不信任等理论进行了分析。最终确定以虚假促销特征为自变量，社会距离和调节定向为调节变量，以对竞争网店溢出效应为因变量，分析虚假促销特征对竞争网店溢出效应的差异化影响，并验证网店虚假促销对竞争网店溢出效应的发生条件。同时，为了竞争网店制定应对虚假促销负面溢出效应的策略提供理论借鉴，本书还将分析这一过程的心理机制。

本书研究模型如图24-2所示。

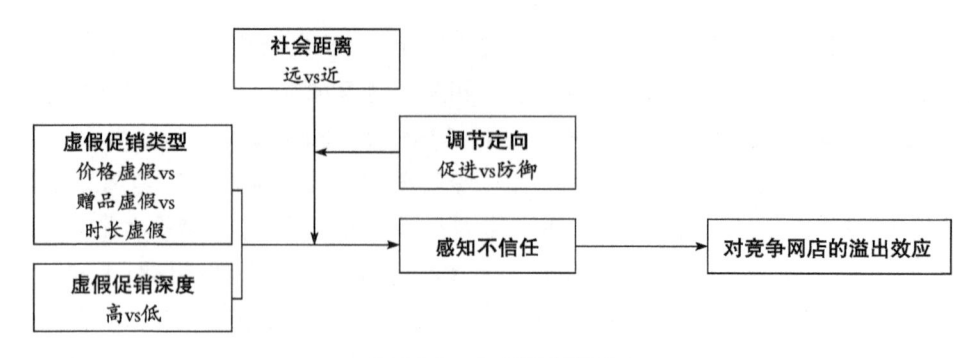

图 24-2 本书研究模型

24.3.3 研究假设
24.3.3.1 虚假促销类型对竞争网店溢出效应的影响

溢出效应是一种由此及彼的现象，指个体信念会通过非直接途径、渠道受到有关信息的影响（Ahluwalia 和 Unnava 等，2001）。研究溢出效应问题，学者们一般依照可接近性—可诊断性分析框架（Feldman 和 Lynch，1988）。该框架指出，溢出效应发生须满足两方面的条件：一是具有可接近性；二是具有可诊断性。当消费者能根据 A 网店联想到 B 网店时，B 网店对 A 网店具有可接近性；当消费者能通过 A 网店来评价 B 网店时，A 网店对 B 网店具有可诊断性。两者同时具备时，溢出效应就会发生。对于可接近性，消费者通过网店购物，在竞争网店间跳转更便捷，当事网店与竞争网店更容易被消费者联想在一起，便于形成消费者联想，进而形成溢出效应（Lei 和 Dawar 等，2008），因而，网店间的信息可接近性较高。对于可诊断性，消费者更容易做出由此及彼的推断，因为网店信息的呈现形式的相似程度较高，因此，网店间的信息可诊断性也相对较高。Darke 和 Ritchie（2007）研究发现，欺骗性广告不仅对焦点企业随后的广告产生负面影响，而且还殃及非焦点企业的产品信念。综上所述，与线下实体门店相比，网店更具备虚假促销溢出效应发生的条件（杨洋和杨锐等，2017）。

网店虚假促销已经成为普遍现象。一方面，买家不能与网店卖家进行面对面的互动沟通（Román，2010），因此，降低了消费者辨别虚假促销的可能性，导致卖家更容易产生投机行为。另一方面，网店商品无法获得触觉感知（Peck 和 Childers，2013），购买决策容易受自身现实认知、记忆的影响（Román，2010），加剧了虚假促销的欺骗性，提升了虚假促销的欺骗效果。尽管虚假促销是普遍且重要的现象，但对其做的研究却相对较少。虚假促销是商家利用促销原理设计的带有欺骗性质的促销活动（卢长宝和秦琪霞等，2013）。"时间限制"和"物质激励"是正常促销设计原理的两大特征，是促销策略设计的核心，通过短期物质激励诱导消费者快速做出购买决定（卢长宝，2004）。与之相应，网店虚假促销的主要方式是时长虚假、价格虚假及赠品虚假，达到提升销量的目的。时长虚假即虚构或夸大促销时间上的压力；价格虚假即虚构或夸大促销价格上的优惠；赠品虚假即虚构或夸大促销赠品上的价值。由于，促销深度是衡量促销对消费者的价值利益（Xie 和 Keh，2016），用于评价虚假促销欺骗性严重程度，因此，三种虚假促销类型的严重程度，可由虚假促销深度衡量。因此，本书将虚假促销类型及深度作为研究网店虚假促销的自变量。

Feldman 和 Lynch（1988）认为，消费者做出由此及彼推断的前提是可接近性和可诊断性。与实体店相比，通过网店购物，消费者在竞争网店间跳转更便捷。因此，竞争网店在消费者记忆网络中的信息节点，更可能同时被当事网店虚假促销信息激活，因此，网店虚假促销信息对网购者具有先天的可接近性。相比正面信息，负面信息的可诊断性高（Fiske 和 Cuddy 等，2007），因此，网店虚假促销信息可诊断性较高（杨洋和杨锐等，2017）。同时，不同类型的虚假促销会影响可诊断性。研究发现，抽象性信息更容易泛化，会引发人们产生较强的倾向性推断（Wigboldus 和 Semin 等，2006）；具体性信息容易启发特殊化思考，被认为只在特定情境下发生（Assilaméhou 和 Lepastourel 等，2012）。也就是说，抽象信息可诊断性更强，也更易导致溢出效应。研究发现，时间（Time）概念相比于金钱（Money）概念更加抽象（Macdonnell 和 White，2015），而价格促销相比于赠品促销更加抽象（刘红艳和李爱梅等，2012）。由此可推，相比于赠品促销，促销价格、促销时长的信息抽象程度更高；同理，价格虚假、时长虚假的信息抽象程度高于赠品虚假。也就是说，相比于赠品虚假，价格虚假、时长虚假的可诊断性更高，更容易导致溢出效应。据此，提出研究假设 H1。

H1：与赠品虚假相比，价格虚假（H1a）和时长虚假（H1b）对竞争网店的溢出效应更大。

24.3.3.2 虚假促销深度对竞争网店溢出效应的影响

严重性是负面事件的重要属性，是影响负面事件溢出的重要因素（Siomkos 和 Kurzbard，1994）。负面事件的严重性越高，越易产生溢出效应。Siomkos 和 Kurzbard（1994）发现，产品危机导致的伤害性包括经济因素、健康因素、安全因素。范宝财、杨洋和李蔚（2014）认为负面事件对消费者身心的伤害程度受危机严重程度的影响。余伟萍、张琦和段桂敏（2012）认为，消费者的负面情感受危机严重程度的影响，消费者更容易产生抵制行为。涂铭、景奉杰和汪兴东（2014）指出，伤害性是危机给消费者造成的损失程度，会正向影响感知严重性及感知易损性。消费者的感知风险受到品牌负面事件的影响，品牌负面事件严重性越高，就越容易溢出到竞争品牌（Siomkos 和 Triantafillidou 等，2010）；被召回产品潜在后果的负面影响越严重，越容易溢出到母品牌下的其他子品牌（Shankar 和 Liu，2015）。就虚假促销而言，虚假促销深度可作为衡量虚假促销严重性的方式。虚假促销深度越高，网店对价格优惠、时间限制和赠品价值的虚构程度就越高，进而触发消费者对虚假促销的严重性感知更高，进而引发更强的溢出效应。据此，提出研究假设 H2。

H2：虚假促销深度越高，其对竞争网店的溢出效应越大。

24.3.3.3 社会距离的调节作用

信息来源会影响消费者决策。消费者做出购买决策时，经常暴露在他人的主张或者建议中（Zhao 和 Xie，2010）。消费者的购买决策离不开同伴，甚至是陌生人的评价。因为人们做购买决策时，需要参考他人的意见以降低感知风险。研究表明，消费者对建议的接受偏好受建议类型、来源的影响（段锦云和周冉等，2013）。社会距离指感知自我和他人亲密程度的心理距离，比如朋友—陌生人、自我—他人、相似他人—不相似他人、群体内他人—群体外他人等存在不同的社会距离（Liberman 和 Trope 等，2007）。人际交往中，人们对他人社会距离远近的感知会影响其对事物的解释水平。社会距离（Social Distance）是心理距离之一（Liviatan 和 Trope 等，2008），会影响解释水平（Liberman 和 Förster，2009）。当处于远社会距离情景时，倾向采用抽象的、本质的特征来表征事物，即高水平解释；然而，当处于近社会距离情景时，则采用具体的、外围的特征来表征事物，即低水平解释（黄俊和李晔等，2015）。消费者进而对与解释水平相匹配的信息赋予更高的价值权重（李雁晨和周庭锐等，2009）。

就虚假促销类型来说，在不同类型虚假促销对溢出效应的影响过程中，社会距离起调节作用。根据前面的分析（刘红艳和李爱梅等，2012；Macdonnell 和 White，2015），赠品虚假更加具体，价格虚假和时长虚假则更加抽象。由此，当处于远社会距离情景时，如接受的是陌生人遭遇虚假促销的信息，消费者会赋予抽象性信息更高权重，因此，价格虚假和时长虚假导致的溢出效应会增加；反之，当处于近社会距离情景时，如接受的是好朋友遭遇虚假促销的信息，消费者会赋予具体性信息更高权重，因此，赠品虚假导致的溢出效应会增加。也就是说，社会距离会调节虚假促销类型对竞争网店溢出效应的影响。据此，提出研究假设 H3。

H3：社会距离会调节虚假促销类型对竞争网店的溢出效应。

H3a：当社会距离较远时（接受的是陌生人遭遇虚假促销的信息），与赠品虚假相比，价格虚假和时长虚假对竞争网店的溢出效应更大。

H3b：当社会距离较近时（接受的是好朋友遭遇虚假促销的信息），与价格虚假和时长虚假相比，赠品虚假对竞争网店的溢出效应更大。

对于虚假促销深度而言，在虚假促销深度对溢出效应的影响过程中，社会距离起调节作用。相比正面信息，负面信息的可诊断性更高（Fiske 和 Cuddy 等，2007），会被赋予更高权重（Fiske，1980），更容易形成溢出效应。因此，虚假促销深度越大，越容易导致溢出效应。然而，社会距离会调节负面事件中的感知风险，进而影响虚假促销溢出效应。现有研究发现，当负面事件的遭遇者是社会距离较近的人时，消费者对该事件的感知风险更显著（吴思和廖俊云，2013），更加愤怒（Yzerbyt 和 Dumont 等，2003）。由此推断，无论网店虚假促销深度高低，当遭遇者是社会距离较近的人时，产生的溢出效应均较强，此时，虚假促销深度对溢出效应的影响没有显著差异；当遭遇者是社会距离较远的人时，网店促销深度越高，信息可诊断性越强，此时，溢出效应会更强。据此，提出研究假设 H4。

H4：社会距离会调节虚假促销深度对竞争网店的溢出效应。

H4a：当社会距离较近时（接受的是好朋友遭遇虚假促销的信息），无论虚假促销深度高低，消费者认为虚假促销对竞争网店的溢出效应无显著差异。

H4b：当社会距离较远时（接受的是陌生人遭遇虚假促销的信息），与低深度虚假促销相比，消费者认为高深度虚假促销对竞争网店的溢出效应更大。

24.3.3.4 调节定向对社会距离的调节作用

前面我们从虚假促销信息来源（近社会距离他人 vs 远社会距离他人），也就是外部因素的角度解释了为什么消费者对虚假促销类型和虚假促销深度会有不同的感知，进而影响其对竞争网店的态度。值得注意的是，对于不同个性特质的消费者，其认知乃至行为也存在差别。例如，已有研究指出，消费者购买决策的不同阶段（需求识别、信息搜集、选项评估、购买决策及购后行为）都会受到调节定向的影响（Pham 和 Higgins，2004）。特别是当信息过载，消费者对信息的选择性加工取决于调节定向倾向（尹非凡和王詠，2013）。因此，在网络购物负面事件传播中，有必要从消费者个体心理特征出发，考量调节定向对网店虚假促销对竞争网店溢出效应的影响。

前面的分析已经指出，促进定向的消费者对目标的追求与高解释水平相关，更容易对远社会距离他人的虚假促销遭遇产生认同感，因此，当消费者处于促进定向，接受的是远社会距离他人遭遇虚假促销的信息时，该消费者受到的负面影响更强烈；防御定向的消费者对目标的追求与低解释水平相关，更容易对近社会距离他人的虚假促销遭遇产生认同感，因此，当消费者处于防御定向，接受的是近社会距离他人遭遇虚假促销的信息时，该消费者受到的负面影响更强烈。同时，在提取、认知信息属性方式上，不同调节定向倾向的消费者存在显著差异。积极信息更容易受到促进定向的人的关注，追求目标采用渴望策略；相反，消极信息更容易受到防御定向的人的关注，追求目标采用谨慎策略（Pham 和 Higgins，2004）。积极、正面的信息框架对处于促进定向的消费者说服力更强，会获得他们更高的信息评价及更积极的情绪体验；消极、负面的信息框架对于处于防御定向的消费者说服力更强，会获得他们更高的信息评价及更积极的情绪体验（Lee 和 Aaker，2004）。因此，处于促进定向的消费者，更愿意接受远社会距离他人的正面信息；而处于防御定向的消费者，更愿意接受近社会距离他人的负面信息。

本书推测调节定向在当事网店虚假促销对竞争网店溢出效应的影响过程中也存在类似的效应。对于处于防御定向的个体而言，一方面，他们对信息的开放性和包容性较低，思维比较封闭，倾向于使用谨慎的信息加工方式（Förster 和 Higgins 等，2003）。对于虚假促销信息，他们会更直截了当地将这种信息理解为网店的故意操纵、不诚实，认为参与促销可能存在风险；另一方面，他们对于虚假促销相关的信息更为敏感且会主动搜寻，受安全需要驱动，在意行为后果是否有损失（Wang 和 Lee，2006），因此，当事网店虚假促销更容易激发他们对促销的风险感知。对于处于促进定向的个体而言，一方面，他们在思维方式上更开放、包容，倾向于使用探索式的信息加工方式（Förster 和 Higgins 等，2003），另一方面，他们对于收益相关的信息更为敏感且会主动搜寻，受提高需要驱动，在意行为后果是否有收益（Wang 和 Lee，2006），因此，面对虚假促销信息，他们不会把虚假促销信息进行泛化。并且，对于两种定向的个体来说，一方面，当事网店的虚假促销信息会激发他们对促销的风险感知，另一方面，竞争网店的促销信息会激发他们对促销的收益感知，但是，处于防御定向的个体更关注风险，更在意结果是否损失，处于促进定向的个体更关注收益，更在意结果是否积极。所以，本书认为，对于防御定向的消费者，当事网店虚假促销更能激发其对竞争网店的风险感知，不惜以放弃重大收益为代价，偏好采用规避策略（Molden 和 Finkel，2010）。因此，对于防御定向的消费者而言，当事网店虚假促销更能激发其对竞争网店的风险感知，因此，为了避免损失而降低对竞争网店的态度。而对于促进定向的消费者，竞争网店的促销更能激发其对促销的收益感知，因为处于促进定向的个体有明显的冒险倾向，为获得收益最大化，不惜以重大损失为代价，偏好采用渴望策略（Molden 和 Finkel，2010）。因此，对于促进定向的消费者而言，竞争网店的促销更能激发其对竞争网店的收益感知，且为获得收益而端正态度。综上，提出研究假设 H5。

H5：调节定向会进一步调节社会距离在虚假促销类型对竞争网店溢出效应影响过程中的调节作用。

H5a：当消费者处于促进定向，社会距离在虚假促销类型对竞争网店溢出效应的影响过程中不具有调节作用，也就是说，无论虚假促销信息的社会距离远近，虚假促销类型对竞争网店的溢出效应不存在显著差异。

H5b：当消费者处于防御定向，社会距离在虚假促销类型对竞争网店溢出效应的影响过程中具有调节作用。具体表现为，当接受的是近社会距离他人遭遇虚假促销的信息时，各类型虚假促销对竞争网店的溢出效应不存在显著差异；当接受的是远社会距离他人遭遇虚假促销的信息时，与赠品虚假相比，价格虚假和时长虚假对竞争网店的溢出效应更大。

此外，当虚假促销深度高时，消费者会启动防御系统（Darke 和 Ritchie，2007），会强化对网店促销的感知操纵意图（Perceived Manipulative Intent）（Kirmani 和 Zhu，2007），此时消费者的调节定向处于防御状态。根据前景理论，面对可能存在操纵意图的竞争网店促销，消费者会采取规避策略以降低风险，因此，调节定向不与社会距离发生交互作用。然而，当虚假促销深度低时，按照前面的分析，调节定向会调节社会距离在虚假促销深度对竞争网店溢出效应影响过程中的调节作用。据此，本书提出研究假设 H6。

H6：调节定向会进一步调节社会距离在虚假促销深度对竞争网店溢出效应影响过程中的调节作用。

H6a：当虚假促销深度高时，调节定向对社会距离在虚假促销对竞争网店溢出效应的影响过程中不具有调节作用，也就是说，无论虚假促销信息的社会距离远近，当事网店虚假促销对竞争网店的溢出效应不存在显著差异。

H6b：当虚假促销深度低时，调节定向对社会距离在虚假促销对竞争网店溢出效应的影响过程中具有调节作用。具体表现为，当消费者处于促进定向，无论虚假促销信息的社会距离远近，当事网店虚假促销对竞争网店的溢出效应不存在显著差异；当消费者处于防御定向，相比于接受的是远社会距离他人遭遇虚假促销的信息，接受的是近社会距离他人遭遇虚假促销的信息时，虚假促销对竞争网店的溢出效应更大。

24.3.3.5 感知不信任的中介作用

负面事件会引发不同类型的负面情感。Jorgensen（1996）认为消费者受到负面事件刺激而触发的负面情感分为生气和同情。余秋玲（2010）将消费者的负面情感包括：愤怒、失望、麻木和怀疑。

Jorgensen（1996）研究表明，负面事件激发消费者负面情感，并作用于品牌态度。不信任感知是一种被激活的情感（Affectively Activated）（Lee 和 Lee 等，2015），是对他人行为的强烈负面感觉（Lewicki 和 Mcallister 等，1998）。当察觉到对方有不良动机或故意从事侵害行为时，不信任感知就会产生。因此，感知不信任也是一种可由负面事件激活的负面情感。同理，网店虚假促销作为一种负面事件也可激活负面情感。

负面情感在负面事件溢出效应的影响过程中起中介作用。Park 等（2005）研究发现，网购者对于网店品牌的积极情绪或情感反应会降低感知风险，提高对网店品牌的信任。段桂敏和余伟萍（2012）证实了在副品牌伤害危机对主品牌溢出效应的影响过程，消费者的负面情感起中介作用。Darke 和 Ashworth 等（2008）研究纠正性广告（Corrective Advertising）的负面作用时，发现感知不信任是其负面效应的作用机制。联想网络理论认为有关品牌的记忆节点可以通过一系列的品牌联想，如品牌功能、品牌利益、品牌价值、品牌形象、品牌个性、品牌评价、品牌口碑、品牌标志、品牌口号、品牌属性等联结起来构成品牌知识（Collins 和 Loftus，1988）。按照可接近性—可诊断性分析框架，信息是否具有可诊断性，是否能用作判断的依据取决于该信息与其他信息之间较高的关联性或相似性（Feldman 和 Lynch，1988）。对于网络购物，一方面，消费者可以更方便地在网店间跳转，可接近性更高；另一方面，网页展示信息的相似程度更高，当事网店与竞争网店之间存在一系列的联想，可诊断性更高，消费者更容易做出由此及彼的推断。类似地，消费者对当事网店虚假促销的刺激做出的情感反应也会迁移至竞争网店。也就是说，由虚假促销激活的感知不信任作为一种负面情感，在当事网店虚假促销对竞争网店的溢出效应影响过程中起中介作用。据此，提出研究假设 H7。

H7：感知不信任在当事网店虚假促销对竞争网店的溢出效应影响过程中起中介作用。

24.3.4 本章小结

本章共分 3 个小节，分别是理论背景、研究模型和研究假设，基于溢出效应和感知不信任理论，构建了网店虚假促销负面影响的总体模型，并提出了虚假促销特征（虚假促销类型、虚假促销深度）、感知不信任、社会距离、调节定向、溢出效应等变量间的关系。

首先是理论背景。本书从定义、类型、形成原理等方面梳理了溢出效应理论。通过细致分析，本书发现可接近性—可诊断性分析框架能够较好地描述虚假促销负面影响的一般过程，因此，本书遵照溢出效应理论构建模型。

其次是研究模型。本书整理负面事件相关研究后，发现消费者对购买对象和购买情景的感知和评价会影响心理反应，进而影响购买行为。本书结合负面事件和促销研究相关结论，提出了网店虚假促销负面影响模型。该模型包括三个部分、五个要素，描述了网店虚假促销负面影响过程和涉及的主要变量。第一部分是外部信息构成的刺激因素，包含虚假促销类型和虚假促销深度两个要素，是模型的自变量；第二部分是消费者对虚假促销的情感反应，即感知不信任，是模型的中介变量；第三部分是消费者的反应结果，即消费者对竞争网店促销评价的信念变化，是模型的因变量。

最后是研究假设。本书为了准确勾画出网店虚假促销的负面影响，在理论模型的基础上，对模型中的变量进行细化，理清变量间关系，提出具体模型和研究假设。本部分研究假设如表 24-1 所示。

表 24-1 本书研究假设汇总

研究假设
H1：与赠品虚假相比，价格虚假（H1a）和时长虚假（H1b）对竞争网店的溢出效应更大
H2：虚假促销深度越高，其对竞争网店的溢出效应越大
H3：社会距离会调节虚假促销类型对竞争网店的溢出效应
H3a：当社会距离较远时（接受的是陌生人遭遇虚假促销的信息），与赠品虚假相比，价格虚假和时长虚假对竞争网店的溢出效应更大

续表

研究假设
H3b：当社会距离较近时（接受的是好朋友遭遇虚假促销的信息），与价格虚假和时长虚假相比，赠品虚假对竞争网店的溢出效应更大
H4：社会距离会调节虚假促销深度对竞争网店的溢出效应
H4a：当社会距离较近时（接受的是好朋友遭遇虚假促销的信息），无论虚假促销深度高低，消费者认为虚假促销对竞争网店的溢出效应无显著差异
H4b：当社会距离较远时（接受的是陌生人遭遇虚假促销的信息），与低深度虚假促销相比，消费者认为高深度虚假促销对竞争网店的溢出效应更大
H5：调节定向会进一步调节社会距离在虚假促销类型对竞争网店溢出效应影响过程中的调节作用
H5a：当消费者处于促进定向，社会距离在虚假促销类型对竞争网店溢出效应的影响过程中不具有调节作用，也就是说，无论虚假促销信息的社会距离远近，虚假促销类型对竞争网店的溢出效应不存在显著差异
H5b：当消费者处于防御定向，社会距离在虚假促销类型对竞争网店溢出效应的影响过程中具有调节作用。具体表现为，当接受的是近社会距离他人遭遇虚假促销的信息时，各类型虚假促销对竞争网店的溢出效应不存在显著差异；当接受的是远社会距离他人遭遇虚假促销的信息时，与赠品虚假相比，价格虚假和时长虚假对竞争网店的溢出效应更大
H6：调节定向会进一步调节社会距离在虚假促销深度对竞争网店溢出效应影响过程中的调节作用
H6a：当虚假促销深度高时，调节定向对社会距离在虚假促销对竞争网店溢出效应的影响过程中不具有调节作用，也就是说，无论虚假促销信息的社会距离远近，当事网店虚假促销对竞争网店的溢出效应不存在显著差异
H6b：当虚假促销深度低时，调节定向对社会距离在虚假促销对竞争网店溢出效应的影响过程中具有调节作用。具体表现为，当消费者处于促进定向，无论虚假促销信息的社会距离远近，当事网店虚假促销对竞争网店的溢出效应不存在显著差异；当消费者处于防御定向，相比于接受的是远社会距离他人遭遇虚假促销的信息，接受的是近社会距离他人遭遇虚假促销的信息时，虚假促销对竞争网店的溢出效应更大
H7：感知不信任在当事网店虚假促销对竞争网店的溢出效应影响过程中起中介作用

24.4 研究设计

本书通过实证研究验证提出的研究模型和假设。从虚假促销特征出发，结合虚假促销相关研究成果，本书认为虚假促销特征包括2个维度，即虚假促销类型、虚假促销深度。当事网店虚假促销对竞争网店的溢出效应会影响消费者对竞争网店真实性的信念。本书实证研究分为以下4个部分。

首先，验证虚假促销特征对竞争网店溢出效应的影响，探究虚假促销对竞争网店溢出效应的差异化影响。

其次，验证社会距离的调节作用，探究不同社会距离情境下，虚假促销对竞争网店溢出效应的影响。

再次，验证调节定向对社会距离的调节作用，探究个体调节定向倾向、不同社会距离的信息来源及虚假促销特征三者的交互作用。

最后，验证感知不信任在网店虚假促销对竞争网店溢出效应影响过程中的中介作用，探究网店虚假促销对竞争网店溢出效应的心理机制。

由于以上4部分具有逻辑上的连续性，为确保研究数据的一致性，本书在同一实验背景下验证以上4部分内容。

24.4.1 实验组设计

本书通过4个实证研究，设计实验组，以服装网店和手机网店作为受试网店。经过刺激物设计、量表设计、问卷设计以及前测实验，进而得到了正式研究问卷，进行了正式实验。

24.4.2 刺激物设计

本书刺激物包含两类。一是网店虚假促销特征（虚假促销类型、虚假促销深度）刺激物；二是社会距离刺激物。

24.4.2.1 网店虚假促销特征刺激物

对虚假促销特征（虚假促销类型、虚假促销深度），本书共设有2种产品刺激物，分别为服装与手机。选择理由如下：

一是利于操控促销特征。服装网店与手机网店是竞争比较充分的网商，且品牌齐全，品类充足，有足够的、典型的促销特征可供操控。

二是利于增强刺激物真实性。服装与手机均为常见的消费品，消费者使用频率较高，知晓主要网店和特征，对上述两个行业的感知度均较强，利于增强刺激物的真实性。

三是利于提升实验外部效度，多个行业选择能够增强实验外部效度。

四是上述两种刺激物其虚假促销也经常发生，这为刺激物的模拟创造了良好的条件。

为降低消费者对网店熟悉度、美誉度等潜在因素的干扰（Chen 和 Dibb，2010），本书采用虚拟品牌描述刺激物网店，将网店统称为 A 网店、B 网店，A 网店为发生虚假促销的当事网店，B 网店为 A 网店的竞争网店。

（1）虚假促销类型刺激物。

本书结合多家报刊、网络媒体、电视、微博、微信等媒体对虚假促销的报道，经过提取、修改相关信息，重新组织语言表述，作为虚假促销类型刺激物。通过以上过程，本书设计出虚假促销类型刺激物，具体如下。

①服装网店。

价格虚假刺激物。假如你的一位好朋友和你谈起网购遭遇虚假促销的经历：看到一家服装网店（简称 A 服装网店，主要销售羽绒服）在进行"全场 5 折"的促销活动，就买了一款羽绒服。该款羽绒服标价 1100 元，促销期间只要 550 元，仅为原价的 5 折。而一周之后，发现该款产品的原价是 649 元，还享受直降 100 元优惠，价格较促销期间还便宜了 1 元。

赠品虚假刺激物。假如你的一位好朋友和你谈起网购遭遇虚假促销的经历：看到一家服装网店（简称 A 服装网店，主要销售羽绒服）在进行"买一赠一"的促销活动，就买了一款羽绒服。该款羽绒服标价 1100 元，促销期间购买赠送价值 1100 元的风衣一件。而一周之后，发现该风衣的质量有很大问题（面料起球）。

时长虚假刺激物。假如你的一位好朋友和你谈起网购遭遇虚假促销的经历：看到一家服装网店（简称 A 服装网店，主要销售羽绒服）在进行"全场 5 折，限期 1 天"的促销活动，就买了一款羽绒服。该款羽绒服标价 1100 元，促销当天只要 550 元，仅为原价的 5 折。而一周之后，该款产品并未恢复到原价，还是 550 元。

②手机网店。

价格虚假刺激物。假如你的一位好朋友和你谈起网购遭遇虚假促销的经历：看到一家手机网店（简称 A 手机网店，主要销售智能手机）在进行"全场 5 折"的促销活动，就买了一款手机。该款手机标价 1100 元，促销期间只要 550 元，仅为原价的 5 折。而一周之后，发现该款手机的原价是 649 元，还享受直降 100 元的优惠，价格较促销期间还便宜了 1 元。

赠品虚假刺激物。假如你的一位好朋友和你谈起网购遭遇虚假促销的经历：看到一家手机网店（简称 A 手机网店，主要销售智能手机）在进行"买一赠一"的促销活动，就买了一款手机。该款手机标价 1100 元，促销期间购买赠送价值 1100 元的智能手环一支。而一周之后，发现该智能手环的质量有很大问题（来电不提醒）。

时长虚假刺激物。假如你的一位好朋友和你谈起网购遭遇虚假促销的经历：看到一家手机网店（简称 A 手机网店，主要销售智能手机）在进行"全场 5 折，限期 1 天"的促销活动，就买了一款手机。该款手机标价 1100 元，促销当天只要 550 元，仅为原价的 5 折。而一周之后，该款手机并未恢复到原价，还是 550 元。

（2）虚假促销深度刺激物。

本书结合多家报刊、网络媒体、电视、微博、微信等媒体对虚假促销的报道，提取核心信息，修改部分边缘信息，删除可能引起被试者误解和猜测到具体品牌的文字，重新对新闻报道的表述进行组织，以此作为虚假促销深度刺激物。通过以上过程，本书设计出虚假促销深度刺激物，具体如下。

①服装网店。

第一类，低深度虚假促销刺激物。

低深度价格虚假刺激物。假如你的一位好朋友和你谈起网购遭遇虚假促销的经历：看到一家服装网店（简称A服装网店，主要销售羽绒服）在进行"全场5折"的促销活动，就买了一款羽绒服。该款服装标价1100元，促销期间只要550元，仅为原价的5折。而一周之后，发现该款产品的原价是680元还享受直降100元优惠，价格较促销期间上涨了30元。

低深度赠品虚假刺激物。假如你的一位好朋友和你谈起网购遭遇虚假促销的经历：看到一家服装网店（简称A服装网店，主要销售羽绒服）在进行"买一赠一"的促销活动，就买了一款羽绒服。该款服装标价1100元，促销期间购买赠送价值1100元的风衣一件。收到货之后，发现该风衣的质量有问题（做工粗糙有线头）。

低深度时长虚假刺激物。假如你的一位好朋友和你谈起网购遭遇虚假促销的经历：看到一家服装网店（简称A服装网店，主要销售羽绒服）在进行"全场5折，限期1天"的促销活动，就买了一款羽绒服。该款服装标价1100元，促销当天只要550元，仅为原价的5折。而一天之后，该款产品并未恢复到原价，还是550元。

第二类，高深度虚假促销刺激物。

高深度价格虚假刺激物。假如你的一位好朋友和你谈起网购遭遇虚假促销的经历：看到一家服装网店（简称A服装网店，主要销售羽绒服）在进行"全场5折"的促销活动，就买了一款羽绒服。该款服装标价1100元，促销期间只要550元，仅为原价的5折。而一周之后，发现该款产品的原价是649元还享受直降100元优惠，价格较促销期间还便宜了1元。

高深度赠品虚假刺激物。假如你的一位好朋友和你谈起网购遭遇虚假促销的经历：看到一家服装网店（简称A服装网店，主要销售羽绒服）在进行"买一赠一"的促销活动，就买了一款羽绒服。该款服装标价1100元，促销期间购买赠送价值1100元的风衣一件。而一周之后，发现该风衣的质量有很大问题（面料起球）。

高深度时长虚假刺激物。假如你的一位好朋友和你谈起网购遭遇虚假促销的经历：看到一家服装网店（简称A服装网店，主要销售羽绒服）在进行"全场5折，限期1天"的促销活动，就买了一款羽绒服。该款服装标价1100元，促销当天只要550元，仅为原价的5折。而一周之后，该款产品并未恢复到原价，还是550元。

②手机网店。

第一类，低深度虚假促销刺激物。

低深度价格虚假刺激物。假如你的一位好朋友和你谈起网购遭遇虚假促销的经历：看到一家手机网店（简称A手机网店，主要销售智能手机）在进行"全场5折"的促销活动，就买了一部手机。该款手机标价1100元，促销期间只要550元，仅为原价的5折。而一周之后，发现该款产品的原价是680元还享受直降100元优惠，价格较促销期间上涨了30元。

低深度赠品虚假刺激物。假如你的一位好朋友和你谈起网购遭遇虚假促销的经历：看到一家手机网店（简称A手机网店，主要销售智能手机）在进行"买一赠一"的促销活动，就买了一部手机。该款手机标价 1100 元，促销期间购买赠送价值 1100 元的智能手环一个。而一周之后，发现该智能手环的质量有问题（系扣不牢固）。

低深度时长虚假刺激物。假如你的一位好朋友和你谈起网购遭遇虚假促销的经历：看到一家手机网店（简称 A 手机网店，主要销售智能手机）在进行"全场 5 折，限期 1 天"的促销活动，就买了一部手机。该款手机标价 1100 元，促销当天只要 550 元，仅为原价的 5 折。而一天之后，该款产品并未恢复到原价，还是 550 元。

第二类，高深度虚假促销刺激物。

高深度价格虚假刺激物。假如你的一位好朋友和你谈起网购遭遇虚假促销的经历：看到一家手机网店（简称 A 手机网店，主要销售智能手机）在进行"全场 5 折"的促销活动，就买了一部手机。该款手机标价 1100 元，促销期间只要 550 元，仅为原价的 5 折。而一周之后，发现该款产品的原价是 649 元还享受直降 100 元优惠，价格较促销期间还便宜了 1 元。

高深度赠品虚假刺激物。假如你的一位好朋友和你谈起网购遭遇虚假促销的经历：看到一家手机网店（简称 A 手机网店，主要销售智能手机）在进行"买一赠一"的促销活动，就买了一部手机。该款手机标价 1100 元，促销期间购买赠送价值 1100 元的智能手环一个。而一周之后，发现该智能手环的质量有很大问题（来电不提醒）。

高深度时长虚假刺激物。假如你的一位好朋友和你谈起网购遭遇虚假促销的经历：看到一家手机网店（简称 A 手机网店，主要销售智能手机）在进行"全场 5 折，限期 1 天"的促销活动，就买了一部手机。该款手机标价 1100 元，促销当天只要 550 元，仅为原价的 5 折。而一周之后，该款产品并未恢复到原价，还是 550 元。

24.4.2.2 社会距离刺激物

本书借鉴 Kim 和 Zhang 等（2008）及黄静、王新刚和童泽林（2011）对社会距离的操控方法，用"被试者与网购者的关系是好朋友"表示社会距离近，具体描述："假如你的一位好朋友和你谈起网购遭遇虚假促销的经历……"，相反，"被试者与网购者是陌生人"则表示社会距离远，具体描述："假如你听到一个人谈起网购遭遇虚假促销的经历……"

24.4.3 量表设计

本书涉及虚假促销类型、虚假促销深度、社会距离、调节定向、感知不信任和溢出效应变量。本书一方面尽可能借鉴已有的成熟量表测量以上变量，另一方面，当没有成熟量表可借鉴时，本书根据相关研究采用的量表，结合本书研究内容进行修改。本书均采用李克特 9 点量表进行测量，最小值为 1，最大值为 9。数值越接近 1，表示被试者越不同意测项的表述；数值越接近 9，表示被试者越同意测项的表述。

24.4.3.1 虚假促销类型量表

虚假促销类型的测量，要求被试者判断当事网店虚假促销属于哪一类。价格虚假，虚构或夸大促销价格上的优惠；赠品虚假，虚构或夸大促销赠品的价值；时长虚假，虚构促销时间持续期。本书参考刘红艳和李爱梅等（2012）、Nunes 和 Park（2013）的促销类型量表，采用 3 个题项测量，分别是"我认为 A 网店先提价再打折降价""我认为 A 网店赠品的质量较差""我认为 A 网店在宣传的促销截止日期后还在继续促销"。

24.4.3.2 虚假促销深度量表

虚假促销深度量表综合借鉴 Ingram 和 Skinner 等（2005）及 Ramsey 等（2007）的研究，采用 1 个题项测量，具体描述为"A 网店宣称的促销优惠与真实的促销优惠差别程度很大"。

24.4.3.3 社会距离量表

社会距离量表采用黄静和王新刚等（2011）测量社会距离的方式，采用 2 个题项测量，分别是

"谈起在 A 网店遭遇虚假促销经历的人是一位好朋友""谈起在 A 网店遭遇虚假促销经历的人是一位陌生人"。

24.4.3.4 调节定向量表

借鉴姚琦和乐国安等（2008）针对中国样本修订开发的调节定向问卷，包含10个测项，其中，促进定向的测量项目包含6项："我无法得到生活中想要的东西""成功促使我更加努力""我感觉朝着成功又迈进了一步""对于看重的事情，我做得不理想""我没有兴趣，也没有爱好""对于想做的事做得很好"；测量防御定向的测项包含4项："我做事的方式在父母看来是不对的""对于父母定的规矩，我总是会遵从""对于父母无法忍受的事情，我经常做""我的所作所为经常让父母烦心"。同时，借鉴 Lockwood 和 Jordan（2002）的问卷，通过被试者对促进目标及防御目标的认可程度来测量调节定向倾向，包含18个题项，其中，测量促进定向的项目有9个："我常常思考如何实现理想的办法""对于未来自己想要成为的那种人，我经常想象""我通常会关注如何在未来取得成功""在学校时，我经常思考如何取得理想的成绩""在学校时，我的主要目标是实现学业抱负""我认为自己是一个把努力主要放在如何实现目标和愿望的人""我会关注如何实现积极的结果""我经常设想一些美好的事情会发生在自己身上""我更倾向于追求成功而不是防止失败"；测量防御定向的题项有9个："我通常会防范不好的事情在自己的生活中发生""我经常担心没有能力承担自己的责任和义务""我经常担心自己将来会变成一个自己不想成为的那种人""在学校时，我经常担心不能完成学业""我经常设想一些不好的事情会发生在自己身上""我经常会思考如何防止失败""我更倾向于避免损失而不是获得什么收益""我在学校的主要目标是避免成绩不理想""我认为自己是一个努力履行自己的责任和义务的人"。

24.4.3.5 感知不信任量表

感知不信任量表综合借鉴 Riquelme 和 Román（2014）及 Lee（2015）的研究，采用4个题项测量，具体描述为"我认为这家网店会夸大其产品的优点和特点""我认为这家网店会使用误导性的策略来说服消费者""我担心这家网店可能会损害消费者的利益""我怀疑这家网店会以不良意图来回应我对产品的兴趣"。

24.4.3.6 溢出效应量表

溢出效应反应消费者对竞争网店的信念变化，用被试者对竞争网店 B 促销的可信度测量，综合借鉴 Riquelme、Román 和 Iacobucci（2016），Pavlou 和 Gefen（2005）的研究，根据本书背景适当调整，采用3个题项测量，分别是"我认为 B 网店的促销信息是可信的""我认为 B 网店的促销信息是真实的""我认为 B 网店的促销信息是可靠的"。

24.4.4 本章小结

情景实验法是心理学和消费者行为学常用方法，可以使较复杂的操控变量变得较易控制，获得较高的外部效度（Reeder 和 Hesson-Mcinnis 等，2001）。现有负面事件溢出效应研究主要采用实验法，探讨负面事件对联合品牌、品牌联盟、产品属性、产品类别、延伸品牌、竞争品牌等的溢出影响（Roehm 和 Tybout，2006；程婷婷，2011；程霞，2016），主要研究负面事件对竞争品牌的负面溢出效应。本书根据真实网店虚假促销的报道，精炼描述语言，形成网店虚假促销情景刺激物。遵循负面事件研究采用的主要方法，本书借助刺激物，模拟网店虚假促销，测量消费者心理变量，得到研究数据。因此，本书也采用情景实验法，验证研究假设，论证理论模型。

本章主要介绍了研究设计，包括实验组设计、刺激物设计、量表设计。

首先是实验组设计。本书研究模型包括虚假促销类型、虚假促销深度、社会距离、调节定向、感知不信任、溢出效应等变量。模型中变量多、变量关系复杂，为了验证研究假设，本书采用混合设计，形成实验组，如表24-2所示。

其次是刺激物设计。本书共设计两类刺激物，包括虚假促销特征（虚假促销类型、虚假促销深度）刺激物、社会距离刺激物。本书考虑网店虚假促销多发生在服装、手机行业，结合案例，设计了虚假促销特征、社会距离刺激物。以上刺激物均根据现实中的网店虚假促销特征及其信息来源情景（社会距离）稍做调整，以适应本书研究需要。

最后是量表设计。本书采用或借鉴成熟量表，根据本书研究内容进行相应修改，设计了虚假促销类型量表、虚假促销深度量表、溢出效应量表、社会距离量表、调节定向量表、感知不信任量表，如表24-3所示。

表24-2 本书实验设计概要

序号	实验内容	实验设计	刺激物设计	样本设计
1	虚假促销类型对竞争网店溢出效应的影响	采用了3（虚假促销类型：价格虚假 vs 赠品虚假 vs 时长虚假）的实验组设计	品牌：虚拟品牌 行业：服装 虚假促销：某羽绒服网店发生虚假促销事件	居民样本
2	虚假促销深度对竞争网店溢出效应的影响	采用了2（虚假促销深度：高 vs 低）的实验组设计	品牌：虚拟品牌 行业：手机 虚假促销：某智能手机网店发生虚假促销事件	居民样本
3	社会距离的调节作用	采用3（虚假促销类型：价格虚假 vs 赠品虚假 vs 时长虚假）×2（虚假促销深度：高 vs 低）×2（社会距离：远 vs 近）的组间实验设计	品牌：虚拟品牌 行业：手机 危机：某智能手机网店发生虚假促销事件	居民样本
4	调节定向对社会距离的调节作用	实验4a：采用3（虚假促销类型：价格虚假 vs 赠品虚假 vs 时长虚假）×2（社会距离：远 vs 近）×2（调节定向：促进 vs 防御）的组间实验设计 实验4b：采用2（虚假促销深度：高 vs 低）×2（社会距离：远 vs 近）×2（调节定向：促进 vs 防御）的组间实验设计	品牌：虚拟品牌 行业：服装 虚假促销：某羽绒服网店发生虚假促销事件	居民样本

表24-3 本书量表设计

变量	变量名	变量来源	变量作用
自变量	虚假促销类型	刘红艳、李爱梅和王海忠等，2012；Nunes和Park，2003	操控和测量网店虚假促销类型
	虚假促销深度	Ingram、Skinner和Taylor，2005；Ramsey等，2007	操控和测量网店虚假促销虚假程度
因变量	溢出效应	Riquelme、Román和Iacobucci，2016；Pavlou和Gefen，2005	测量被试者对竞争网店的促销信息真实性的信念变化
调节变量	社会距离	黄静、王新刚和童泽林，2011	操控和测量不同社会距离的信息来源
	调节定向	Higgins等，2001；Lockwood、Jordan和Kunda，2002；Baas等，2011	操控和测量被试者的调节定向倾向
中介变量	感知不信任	Riquelme，2014；J Lee、JN Lee和BCY，2015	测量被试者对竞争网店的心理反应

24.5 研究1：虚假促销类型对竞争网店溢出效应的影响

24.5.1 实验设计

研究1采用了3（虚假促销类型：价格虚假 vs 赠品虚假 vs 时长虚假）的实验组设计，主要探讨虚假促销类型对竞争网店溢出效应的影响，即检验研究假设H1。根据研究假设设计了价格虚假、赠品虚假、时长虚假刺激物。

24.5.1.1 价格虚假刺激物

假如你的一位好朋友和你谈起网购遭遇虚假促销的经历：看到一家服装网店（简称A服装网店，主要销售羽绒服）在进行"全场5折"的促销活动，就买了一款羽绒服。该款羽绒服标注的原价是1100元，促销期间只要550元，仅为原价的5折。而一周之后，发现该款产品的原价是649元，还享受直降100元优惠，价格较促销期间还便宜了1元。

24.5.1.2 赠品虚假刺激物

假如你的一位好朋友和你谈起网购遭遇虚假促销的经历：看到一家服装网店（简称A服装网店，主要销售羽绒服）在进行"买一赠一"的促销活动，就买了一款羽绒服。该款羽绒服标价1100元，促销期间购买，赠送价值1100元的风衣一件。而一周之后，发现该风衣的质量有很大问题（面料起球）。

24.5.1.3 时长虚假刺激物

假如你的一位好朋友和你谈起网购遭遇虚假促销的经历：看到一家服装网店（简称A服装网店，主要销售羽绒服）在进行"全场5折，限期1天"的促销活动，就买了一款羽绒服。该款羽绒服标注的原价是1100元，促销当天只要550元，仅为原价的5折。而一周之后，该款产品并未恢复到原价，还是550元。

24.5.2 实验程序

问卷均通过网络渠道向样本发放，被试的样本来源完全随机，不受到人口统计学因素影响，故可认为样本来源符合选取要求。研究实验程序如下，先进行前测实验，验证刺激物的有效性；再进行正式实验，以检验研究假设。正式实验研究包括以下3个部分。

第一，虚假促销类型刺激物描述。

第二，对涉及该研究的变量进行测量。

第三，填写人口统计特征题项。

24.5.3 变量测量

本书采用9分Likert量表对刺激物进行了变量测量。首先是对溢出效应的测量，测量题项包括"我认为B网店的促销信息是可信的""我认为B网店的促销信息是真实的""我认为B网店的促销信息是可靠的"。其次是对虚假促销类型的测量，使用3个题项测量，分别是"我认为A网店先提价再打折降价""我认为A网店赠品的质量较差""我认为A网店在宣传的促销截止日期后还在继续促销"。最后是对控制变量（网店促销评价、网购经验、网购涉入度）的测量。

24.5.4 前测实验

24.5.4.1 样本描述

前测实验通过问卷平台编辑、分发及回收问卷，共有92人参与前测实验，其中，价格虚假促销组有30人，时长虚假促销组有31人，赠品虚假促销组有31人。男性样本有44人，女性样本有48人。为了检验性别是否会显著影响研究变量和操控变量，本书采取单因素方差分析进行检验，单因素方差分析显示，性别对各变量的影响不具备明显差异（$p > 0.05$）。

其中，高中学历有3人，大专学历有35人，本科学历有52人，研究生学历有2人。为了检验学历是否会显著影响研究变量和操控变量，本书采取单因素方差分析进行检验。单因素方差分析显示，学历对各变量影响不具备显著性差异（$p > 0.05$）。

其中，25岁及以下有10人，26～30岁有41人，31～35岁有21人，36岁及以上有20人。为了检验年龄是否会显著影响研究变量和操控变量，本书采取单因素方差分析进行检验。单因素方差分析显示，年龄对各变量影响不具备显著性差异（$p > 0.05$）。

24.5.4.2 变量描述

按照虚假促销类型，对实验各变量均值与标准差进行测量，结果如表24-4所示。

表 24-4　前测实验变量描述

虚假促销类型		溢出效应	网购经验	网店促销评价	网购涉入度
价格虚假促销	均值	−2.2333	7.7667	6.9000	7.3500
	N	30	30	30	30
	标准差	0.97143	1.47819	1.55586	1.73280
时长虚假促销	均值	−2.2097	7.8226	6.8548	7.3871
	N	31	31	31	31
	标准差	1.53717	1.35738	1.56095	1.73546
赠品虚假促销	均值	−2.6935	7.8621	6.9655	7.7241
	N	31	29	29	29
	标准差	1.04624	1.42614	1.48162	1.43668
总计	均值	−2.3804	7.8167	6.9056	7.4833
	N	92	90	90	90
	标准差	1.22108	1.40515	1.51749	1.63434

24.5.4.3　测量质量

测项信度（Cronbach's α）分析显示，网店促销评价信度为 0.742（见表 24-5），网购经验的信度为 0.842（见表 24-6），网购涉入度信度为 0.913（见表 24-7）。由于本书量表均参考前人的成熟量表，因此，量表信度有保障。

表 24-5　网店促销评价信度

Cronbach's α	项数
0.742	2

表 24-6　网购经验信度

Cronbach's α	项数
0.842	2

表 24-7　网购涉入度信度

Cronbach's α	项数
0.913	2

24.5.4.4　操控检验

一是虚假促销类型操控检验。剔除误判虚假促销类型的样本后，3 种促销类型刺激物有效样本数分别为 30、31、31（见表 24-8），能够准确判断虚假促销类型，因此，虚假促销类型操控成功。

表 24-8　虚假促销类型描述性统计

虚假促销类型	频率	百分比 /%	有效百分比 /%	累积百分比 /%
价格虚假促销	30	32.6	32.6	32.6
时长虚假促销	31	33.7	33.7	66.3
赠品虚假促销	31	33.7	33.7	100.0
合计	92	100.0	100.0	

二是网店促销评价操控检验。被试者对网店促销评价在 3 个实验组不存在显著差异 [$M_{价格虚假促销}$ = 6.23，$M_{时长虚假促销}$ = 6.25，$M_{赠品虚假促销}$ = 6.28，$F(2, 89)$ = 0.019，p = 0.981]，说明网店促销评价较高及网店促销评价的组间差异性被成功操控，如表 24-9 和表 24-10 所示。

表 24-9 网店促销评价描述性统计

网店促销评价

虚假促销类型	均值	N	标准差
价格虚假促销	6.2333	30	1.02750
时长虚假促销	6.2500	31	1.01858
赠品虚假促销	6.2823	31	0.95250
总计	6.2554	92	0.98893

表 24-10 网店促销评价单因素方差分析

网店促销评价

	平方和	df	均方	F	显著性
组间	0.038	2	0.019	0.019	0.981
组内	88.959	89	1.000		
总数	88.997	91			

三是网购经验操控检验。被试者的网购经验在 3 个实验组不存在显著差异 [$M_{价格虚假促销}$ = 7.77,$M_{时长虚假促销}$ = 7.82,$M_{赠品虚假促销}$ = 7.86,$F(2, 87)$ = 0.034,p = 0.967],说明网购经验较高及网购经验的组间差异性被成功操控,如表 24-11 和表 24-12 所示。

表 24-11 网购经验描述性统计

网购经验

虚假促销类型	均值	N	标准差
价格虚假促销	7.7667	30	1.47819
时长虚假促销	7.8226	31	1.35738
赠品虚假促销	7.8621	31	1.42614
总计	7.8167	92	1.40515

表 24-12 网购经验单因素方差分析

网购经验

	平方和	df	均方	F	显著性
组间	0.136	2	0.068	0.034	0.967
组内	175.589	87	2.018		
总数	175.725	89			

四是网购涉入度操控检验。网购涉入度在 3 个实验组不存在显著差异 [$M_{价格虚假促销}$ = 7.35,$M_{时长虚假促销}$ = 7.39,$M_{赠品虚假促销}$ = 7.72,$F(2, 87)$ = 0.463,p = 0.631],说明网购涉入度较高及网购涉入度的组间差异性被成功操控,如表 24-13 和表 24-14 所示。

表 24-13 网购涉入度描述性统计

网购涉入度

虚假促销类型	均值	N	标准差
价格虚假促销	7.3500	30	1.73280
时长虚假促销	7.3871	31	1.73546
赠品虚假促销	7.7241	31	1.43668
总计	7.4833	92	1.63434

表 24-14 网购涉入度单因素方差分析

网购涉入度

	平方和	df	均方	F	显著性
组间	2.502	2	1.251	0.463	0.631
组内	235.223	87	2.704		
总数	237.725	89			

综上所述，前测实验表明问卷刺激物设计成功，量表可靠，因此，可进行正式实验检验研究假设。

24.5.5 正式实验

24.5.5.1 样本描述

本书通过网络发放问卷的方式收集数据，共有330名被试者参加正式实验，有效样本总量为307个（见表24-15）。其中，男性样本有145人，占比47.2%，女性样本有162人，占比52.8%。为了检验性别是否会显著影响研究变量和操控变量，本书采取单因素方差分析进行检验。单因素方差分析显示，性别对各变量无显著影响（$p > 0.05$）。

表 24-15 虚假促销类型描述性统计

虚假促销类型	频率	百分比/%	有效百分比/%	累积百分比/%
价格虚假促销	103	33.6	33.6	33.6
时长虚假促销	102	33.2	33.2	66.8
赠品虚假促销	102	33.2	33.2	100.0
合计	307	100.0	100.0	

其中，高中学历有26人，大专学历有82人，本科学历有183，研究生学历有16人。为了检验学历是否会显著影响研究变量和操控变量，本书采取单因素方差分析进行检验。单因素方差分析显示，学历对各变量无显著影响（$p > 0.05$）。

其中，25岁及以下有45人，26～30岁有150人，31～35岁有69人，36岁及以上有43人。为了检验年龄是否会显著影响研究变量和操控变量，本书采取单因素方差分析进行检验。单因素方差分析显示，年龄对各变量无显著影响（$p > 0.05$）。

24.5.5.2 变量描述

按照虚假促销类型，对实验各变量均值与标准差进行测量，结果如表24-16所示。

表 24-16 正式实验变量描述

虚假促销类型		网购经验	网店促销评价	网购涉入度	溢出效应
价格虚假促销	均值	7.6748	7.0388	7.3447	-1.8738
	N	103	103	103	103
	标准差	1.33525	1.80099	1.57963	1.19992
时长虚假促销	均值	7.6667	7.0686	7.4216	-1.8235
	N	102	102	102	102
	标准差	1.42352	1.67397	1.47545	1.35092
赠品虚假促销	均值	7.5637	7.0441	7.4412	-1.4216
	N	102	102	102	102
	标准差	1.46860	1.57660	1.41122	1.65270
总计	均值	7.6352	7.0505	7.4023	-1.7068
	N	307	307	307	307
	标准差	1.40627	1.68128	1.48640	1.42299

24.5.5.3 测量质量

测项信度（Cronbach's α）分析显示，网店促销评价信度0.851（见表24-17），网购经验信度0.832（见表24-18），网购涉入度信度0.851（见表24-19）。由于本书量表均参考前人的成熟量表，因此，量表信度较高。

表24-17 网店促销评价信度

Cronbach's α	项数
0.851	2

表24-18 网购经验信度

Cronbach's α	项数
0.832	2

表24-19 网购涉入度信度

Cronbach's α	项数
0.851	2

24.5.5.4 操控检验

一是虚假促销类型操控检验。剔除误判虚假促销类型的样本后，3种促销类型刺激物有效样本数分别为103、102、102，能够准确判断虚假促销类型，因此，虚假促销类型操控成功，如表24-20所示。

表24-20 虚假促销类型操控检验

虚假促销类型	频率	百分比/%	有效百分比/%	累积百分比/%
价格虚假促销	103	33.6	33.6	33.6
时长虚假促销	102	33.2	33.2	66.8
赠品虚假促销	102	33.2	33.2	100.0
合计	307	100.0	100.0	

二是网店促销评价操控检验。被试者对网店促销评价在3个实验组不存在显著差异［$M_{价格虚假促销}$ = 6.10，$M_{时长虚假促销}$ = 6.00，$M_{赠品虚假促销}$ = 6.17，$F(2, 304)$ = 0.650，p = 0.523］，说明网店促销评价较高及网店促销评价的组间差异性被成功操控，如表24-21和表24-22所示。

表24-21 网店促销评价描述性统计

网店促销评价

虚假促销类型	均值	N	标准差
价格虚假促销	6.0971	103	1.11761
时长虚假促销	5.9975	102	1.15371
赠品虚假促销	6.1716	102	1.00493
总计	6.0888	307	1.09275

表24-22 网店促销评价单因素方差分析

网店促销评价

	平方和	df	均方	F	显著性
组间	1.555	2	0.778	0.650	0.523
组内	363.839	304	1.197		
总数	365.394	306			

三是网购经验操控检验。被试者的网购经验在3个实验组不存在显著差异[$M_{价格虚假促销}$ = 7.67，$M_{时长虚假促销}$ = 7.67，$M_{赠品虚假促销}$ = 7.56，$F(2, 304) = 0.197$，$p = 0.821$]，说明网购经验较高及网购经验的组间差异性被成功操控，如表24-23和表24-24所示。

表24-23 网购经验描述性统计

网购经验

虚假促销类型	均值	N	标准差
价格虚假促销	7.6748	103	1.33525
时长虚假促销	7.6667	102	1.42352
赠品虚假促销	7.5637	102	1.46860
总计	7.6352	307	1.40627

表24-24 网购经验单因素方差分析

网购经验

	平方和	df	均方	F	显著性
组间	0.783	2	0.392	0.197	0.821
组内	604.357	304	1.988		
总数	605.140	306			

四是网购涉入度操控检验。被试者的涉入度在3个实验组不存在显著差异[$M_{价格虚假促销}$ = 7.34，$M_{时长虚假促销}$ = 7.42，$M_{赠品虚假促销}$ = 7.44，$F(2, 304) = 0.120$，$p = 0.887$]，说明网购涉入度较高及网购涉入度的组间差异性被成功操控，如表24-25和表24-26所示。

表24-25 网购涉入度描述性统计

网购涉入度

虚假促销类型	均值	N	标准差
价格虚假促销	7.3447	103	1.57963
时长虚假促销	7.4216	102	1.47545
赠品虚假促销	7.4412	102	1.41122
总计	7.4023	307	1.48640

表24-26 网购涉入度方差分析

网购涉入度

	平方和	df	均方	F	显著性
组间	0.534	2	0.267	0.120	0.887
组内	675.534	304	2.222		
总数	676.068	306			

24.5.5.5 假设检验

检验研究假设H1，即与赠品虚假相比，价格虚假（H1a）和时长虚假（H1b）对竞争网店的溢出效应更大。首先，比较均值，发现价格虚假促销与时长虚假促销对溢出效应的影响大于赠品虚假促销（$M_{价格虚假促销}$ = -1.87，$M_{时长虚假促销}$ = -1.82，$M_{赠品虚假促销}$ = -1.42）。其次，单因素方差分析显示三者均值存在显著差异[$F(2, 304) = 3.145$，$p = 0.044<0.05$]，因此，假设H1得到验证，如表24-27和表24-28所示。

表 24-27　溢出效应描述性统计

因变量：溢出效应

虚假促销类型	均值	N	标准差
价格虚假促销	-1.8738	103	1.19992
时长虚假促销	-1.8235	102	1.35092
赠品虚假促销	-1.4216	102	1.65270
总计	-1.7068	307	1.42299

表 24-28　溢出效应单因素方差分析

因变量：溢出效应

	平方和	df	均方	F	显著性
组间	12.560	2	6.280	3.145	0.044
组内	607.055	304	1.997		
总数	619.616	306			

24.5.6　本章小结

虚假促销方式较为多样，但是目前尚不清楚网店虚假促销对竞争网店溢出效应影响的差异。有研究发现不同类型的促销方式对消费者的购买意愿的影响存在差异（王海忠和田阳等，2009），那么，不同类型的虚假促销对竞争网店溢出效应的影响是否也存在差异？因此，清楚认识网店虚假促销类型的维度才能分析网店不同类型虚假促销影响的差异，本书将从促销类型出发，来解答这一问题。

虚假促销是商家利用促销原理设计的带有欺骗性质的促销活动。"时间限制"和"物质激励"是促销策略设计的核心，是正常促销设计原理的两大特征，通过短期物质激励达到诱导消费者即刻购买的目的。与之相应地，价格虚假、赠品虚假和时长虚假是网店虚假促销的主要方式，达到提升销量的目的。因此，本书将分析不同类型虚假促销对溢出效应的差异化影响。

本章节以羽绒服为网店虚假促销产品，采用实验法获得的数据验证了假设 H1，即与赠品虚假相比，价格虚假（H1a）和时长虚假（H1b）对竞争网店的溢出效应更大。首先进行了前测实验，三类虚假促销类型刺激物模拟成功，然后进行了正式实验，主要通过方差分析等数理统计方法证实了与赠品虚假相比，价格虚假、时长虚假对竞争网店溢出效应的影响更显著。本书提出了三种虚假促销类型，并比较了其对溢出效应的差异化影响，基于虚假促销的视角，充实了网店溢出效应理论。

24.6　研究 2：虚假促销深度对竞争网店溢出效应的影响

24.6.1　实验设计

研究 2 采用了 2（虚假促销深度：低 vs 高）的实验设计，主要探讨虚假促销深度对竞争网店溢出效应的影响，即检验研究假设 H2。根据研究假设，本章节设计了低深度虚假促销和高深度虚假促销刺激物。

24.6.1.1　低深度虚假促销刺激物

假如你的一位好朋友和你谈起网购遭遇虚假促销的经历：看到一家手机网店（简称 A 手机网店，主要销售智能手机）在进行"全场 5 折"的促销活动，就买了一部手机。该款手机标价 1100 元，促销期间只要 550 元，仅为原价的 5 折。而一周之后，发现该款产品的原价是 680 元，还享受直降 100 元优惠，价格较促销期间上涨了 30 元。

24.6.1.2　高深度虚假促销刺激物

假如你的一位好朋友和你谈起网购遭遇虚假促销的经历：看到一家手机网店（简称 A 手机网店，主要销售智能手机）在进行"全场 5 折"的促销活动，就买了一部手机。该款手机标价 1100 元，促销期间只要 550 元，仅为原价的 5 折。而一周之后，发现该款产品的原价是 649 元，还享受直降 100 元优惠，价格较促销期间还便宜了 1 元。

24.6.2 实验程序

问卷均通过网络渠道向样本发放，被试的样本来源完全随机，不受到人口统计学因素影响，故可认为样本来源符合选取要求。研究实验程序如下，先进行前测实验，验证刺激物的有效性；再进行正式实验，以检验研究假设。正式实验研究包括以下 3 部分。

第一，虚假促销类型刺激物描述。

第二，涉及该研究的变量测量。

第三，填写人口统计特征题项。

24.6.3 变量测量

本书采用 9 分 Likert 量表对刺激物进行了变量测量。首先是对溢出效应的测量，测量题项包括"我认为 B 网店的促销信息是可信的""我认为 B 网店的促销信息是真实的""我认为 B 网店的促销信息是可靠的"。其次是对虚假促销深度的测量，使用 1 个题项测量，具体描述为"A 网店宣称的促销优惠与真实的促销优惠差别程度很大"。最后是对控制变量（网店促销评价、网购经验、网购涉入度）的测量。

24.6.4 前测实验

24.6.4.1 前测样本

前测实验通过问卷平台编辑、分发及回收问卷，共有 96 人参与前测实验，其中，价格虚假促销组有 32 人，时长虚假促销组有 32 人，赠品虚假促销组有 32 人。其中，男性样本有 43 人，女性样本有 53 人。为了检验性别是否会显著影响研究变量和操控变量，本书采取单因素方差分析进行检验。单因素方差分析显示，性别对各变量的影响不具备明显差异（p > 0.05）。

其中，高中学历有 4 人，大专学历有 19 人，本科学历有 66 人，研究生学历有 7 人。为了检验学历是否会显著影响研究变量和操控变量，本书采取单因素方差分析进行检验。单因素方差分析显示，学历对各变量影响不具备显著性差异（p > 0.05）。

其中，25 岁及以下有 13 人，26～30 岁有 34 人，31～35 岁有 34 人，36 岁及以上有 15 人。为了检验年龄是否会显著影响研究变量和操控变量，本书采取单因素方差分析进行检验。单因素方差分析显示，年龄对各变量影响不具备显著性差异（p > 0.05）。

24.6.4.2 变量描述

按照虚假促销类型，对实验各变量均值与标准差进行测量，结果如表 24-29 所示。

表 24-29 前测实验变量描述

虚假促销类型		溢出效应	网购经验	网店促销评价	网购涉入度
价格虚假促销	均值	−1.5000	7.7656	7.6875	7.7344
	N	32	32	32	32
	标准差	1.39122	0.67183	0.61892	0.82290
时长虚假促销	均值	−0.9062	7.8594	7.5000	7.8437
	N	32	32	32	32
	标准差	1.73873	0.82535	0.96720	1.07341
赠品虚假促销	均值	−0.6406	7.6250	7.4688	7.7500
	N	32	32	32	32
	标准差	1.26513	0.75134	0.75067	0.85194
总计	均值	−1.0156	7.7500	7.5521	7.7760
	N	96	96	96	96
	标准差	1.50692	0.75044	0.78967	0.91442

24.6.4.3 测量质量

测项信度(Cronbach's α)分析显示,网店促销评价信度为 0.733(见表 24-30),网购经验信度 0.748(见表 24-31),网购涉入度信度为 0.758(见表 24-32)。由于本书量表均参考前人的成熟量表,因此,量表信度有保障。

表 24-30　网店促销评价信度

Cronbach's α	项数
0.733	2

表 24-31　网购经验信度

Cronbach's α	项数
0.748	2

表 24-32　网购涉入度信度

Cronbach's α	项数
0.758	2

24.6.4.4 操控检验

一是虚假促销类型。剔除误判虚假促销类型的样本后,3 种促销类型刺激物有效样本数分别为 32、32、32,能够准确判断虚假促销类型,因此,虚假促销类型操控成功,如表 24-33 所示。

表 24-33　虚假促销类型描述性统计

虚假促销类型	频率	百分比 /%	有效百分比 /%	累积百分比 /%
价格虚假促销	32	33.3	33.3	33.3
时长虚假促销	32	33.3	33.3	66.7
赠品虚假促销	32	33.3	33.3	100.0
合计	96	100.0	100.0	

二是网店促销评价。网店促销评价在 3 个实验组不存在显著差异 [$M_{价格虚假促销} = 7.69$,$M_{时长虚假促销} = 7.50$,$M_{赠品虚假促销} = 7.47$,$F(2, 93) = 0.714$,$p = 0.492$],说明网店促销评价较高及网店促销评价的组间差异性被成功操控,如表 24-34 和表 24-35 所示。

表 24-34　网店促销评价描述性统计

网店促销评价

虚假促销类型	均值	N	标准差
价格虚假促销	7.6875	32	0.61892
时长虚假促销	7.5000	32	0.96720
赠品虚假促销	7.4688	32	0.75067
总计	7.5521	96	0.78967

表 24-35　网店促销评价单因素方差分析

网店促销评价

	平方和	df	均方	F	显著性
组间	0.896	2	0.448	0.714	0.492
组内	58.344	93	0.627		
总数	59.240	95			

三是网购经验操控检验。被试者的网购经验在3个实验组不存在显著差异 [$M_{价格虚假促销}$ = 7.77, $M_{时长虚假促销}$ = 7.82, $M_{赠品虚假促销}$ = 7.86, $F(2, 87) = 0.034$, $p = 0.967$],说明网购经验较高及网购经验的组间差异性被成功操控,如表24-36和表24-37所示。

表24-36 网购经验描述性统计

网购经验

虚假促销类型	均值	N	标准差
价格虚假促销	7.7667	30	1.47819
时长虚假促销	7.8226	31	1.35738
赠品虚假促销	7.8621	29	1.42614
总计	7.8167	90	1.40515

表24-37 网购经验单因素方差分析

网购经验

	平方和	df	均方	F	显著性
组间	0.136	2	0.068	0.034	0.967
组内	175.589	87	2.018		
总数	175.725	89			

四是网购涉入度。网购涉入度在3个实验组不存在显著差异 [$M_{价格虚假促销}$ = 7.73, $M_{时长虚假促销}$ = 7.84, $M_{赠品虚假促销}$ = 7.75, $F(2, 93) = 0.131$, $p = 0.877$],说明网购涉入度较高及网购涉入度的组间差异性被成功操控,如表24-38和表24-39所示。

表24-38 网购涉入度描述性统计

网购涉入度

虚假促销类型	均值	N	标准差
价格虚假促销	7.7344	32	0.82290
时长虚假促销	7.8437	32	1.07341
赠品虚假促销	7.7500	32	0.85194
总计	7.7760	96	0.91442

表24-39 网购涉入度单因素方差分析

网购涉入度

	平方和	df	均方	F	显著性
组间	0.224	2	0.112	0.131	0.877
组内	79.211	93	0.852		
总数	79.435	95			

综上所述,前测实验表明问卷刺激物设计成功,量表可靠,因此,可进行正式实验检验研究假设。

24.6.5 正式实验

24.6.5.1 样本描述

本书通过网络发放问卷的方式收集数据,共有669名被试者参加正式实验,有效样本总量为645个,其中,价格虚假促销组有219人,时长虚假促销组有212人,赠品虚假促销组有214人。男性样本有303人,占比47%,女性样本有342人,占比53%。为了检验性别是否会显著影响研究变量和操控变量,本书采取单因素方差分析进行检验。单因素方差分析显示,性别对各变量无显著影响($p > 0.05$),如表24-40、表24-41和表24-42所示。

表 24-40 虚假促销类型描述性统计

虚假促销类型	频率	百分比 /%	有效百分比 /%	累积百分比 /%
价格虚假促销	219	34.0	34.0	34.0
时长虚假促销	212	32.9	32.9	66.8
赠品虚假促销	214	33.2	33.2	100.0
合计	645	100.0	100.0	

表 24-41 性别描述性统计

性别	频率	百分比 /%	有效百分比 /%	累积百分比 /%
男	303	47.0	47.0	47.0
女	342	53.0	53.0	100.0
合计	645	100.0	100.0	

表 24-42 性别对各变量的单因素方差分析

		平方和	df	均方	F	显著性
溢出效应	组间	0.010	1	0.010	0.004	0.949
	组内	1534.651	643	2.387		
	总数	1534.661	644			
网购经验	组间	6.350	1	6.350	9.162	0.003
	组内	445.644	643	0.693		
	总数	451.994	644			
网店促销评价	组间	0.170	1	0.170	0.259	0.611
	组内	422.095	643	0.656		
	总数	422.265	644			
网购涉入度	组间	0.029	1	0.029	0.032	0.859
	组内	596.711	643	0.928		
	总数	596.740	644			

其中，高中学历有 33 人，大专学历有 116 人，本科学历有 437 人，研究生学历有 59 人。为了检验学历是否会显著影响研究变量和操控变量，本书采取单因素方差分析进行检验。单因素方差分析显示，学历对各变量没有显著影响（$p > 0.05$），如表 24-43 和表 24-44 所示。

表 24-43 学历描述性统计

学历	频率	百分比 /%	有效百分比 /%	累积百分比 /%
高中	33	5.1	5.1	5.1
大专	116	18.0	18.0	23.1
本科	437	67.8	67.8	90.9
研究生	59	9.1	9.1	100.0
合计	645	100.0	100.0	

表 24-44 学历对各变量的单因素方差分析

		平方和	df	均方	F	显著性
溢出效应	组间	36.572	3	12.191	5.216	0.081
	组内	1498.089	641	2.337		
	总数	1534.661	644			
网购经验	组间	13.875	3	4.625	6.767	0.070
	组内	438.118	641	0.683		
	总数	451.994	644			

续表

		平方和	df	均方	F	显著性
网店促销评价	组间	10.390	3	3.463	5.390	0.081
	组内	411.875	641	0.643		
	总数	422.265	644			
网购涉入度	组间	5.661	3	1.887	2.046	0.106
	组内	591.079	641	0.922		
	总数	596.740	644			

其中，25岁及以下有73人，26～30岁有227人，31～35岁有232人，36岁及以上有113人。为了检验年龄是否会显著影响研究变量和操控变量，本书采取单因素方差分析进行检验。单因素方差分析显示，年龄对各变量没有显著影响（p > 0.05），如表24-45和表24-46所示。

表24-45　年龄描述性统计

年龄	频率	百分比/%	有效百分比/%	累积百分比/%
25岁及以下	73	11.3	11.3	11.3
26～30岁	227	35.2	35.2	46.5
31～35岁	232	36.0	36.0	82.5
36岁及以上	113	17.5	17.5	100.0
合计	645	100.0	100.0	

表24-46　年龄对各变量的单因素方差分析

		平方和	df	均方	F	显著性
溢出效应	组间	23.494	3	7.831	3.322	0.059
	组内	1511.168	641	2.358		
	总数	1534.661	644			
网购经验	组间	4.877	3	1.626	2.331	0.073
	组内	447.116	641	0.698		
	总数	451.994	644			
网店促销评价	组间	13.104	3	4.368	6.843	0.90
	组内	409.161	641	0.638		
	总数	422.265	644			
网购涉入度	组间	3.755	3	1.252	1.353	0.256
	组内	592.986	641	0.925		
	总数	596.740	644			

24.6.5.2　变量描述

按照虚假促销类型，对实验各变量均值与标准差进行测量，结果如表24-47所示。

表24-47　正式调查样本描述性统计

虚假促销类型		溢出效应	网购经验	网店促销评价	网购涉入度
价格虚假促销	均值	-1.0068	7.7648	7.5936	7.5685
	N	219	219	219	219
	标准差	1.61521	0.91154	0.77912	1.01247
时长虚假促销	均值	-0.7476	7.8939	7.5542	7.7146
	N	212	212	212	212
	标准差	1.52351	0.85393	0.87250	0.96744

续表

虚假促销类型		溢出效应	网购经验	网店促销评价	网购涉入度
赠品虚假促销	均值	−0.6636	7.8528	7.5467	7.7313
	N	214	214	214	214
	标准差	1.47320	0.73514	0.77832	0.89940
总计	均值	−0.8078	7.8364	7.5651	7.6705
	N	645	645	645	645
	标准差	1.54370	0.83777	0.80975	0.96261

24.6.5.3 测量质量

测项信度（Cronbach's α）分析显示，网店促销评价信度为 0.702（见表 24-48），网购经验信度 0.714（见表 24-49），网购涉入度信度为 0.762（见表 24-50）。由于本书量表均参考前人的成熟量表，因此，量表信度有保障。

表 24-48　网店促销评价信度

Cronbach's α	项数
0.702	2

表 24-49　网购经验信度

Cronbach's α	项数
0.714	2

表 24-50　网购涉入度信度

Cronbach's α	项数
0.762	2

24.6.5.4 操控检验

一是虚假促销类型。剔除误判虚假促销类型的样本后，3 种促销类型刺激物有效样本数分别为 219、212、214，能够准确判断虚假促销类型，因此，虚假促销类型操控成功，如表 24-51 所示。

表 24-51　虚假促销类型描述统计

虚假促销类型	频率	百分比 /%	有效百分比 /%	累积百分比 /%
价格虚假促销	219	34.0	34.0	34.0
时长虚假促销	212	32.9	32.9	66.8
赠品虚假促销	214	33.2	33.2	100.0
合计	645	100.0	100.0	

二是网店促销评价。被试者对网店促销评价在 3 个实验组不存在显著差异 [$M_{价格虚假促销} = 7.59$，$M_{时长虚假促销} = 7.55$，$M_{赠品虚假促销} = 7.55$，$F(2, 642) = 0.209$，$p = 0.811$]，说明网店促销评价较高及网店促销评价的组间差异性被成功操控，如表 24-52 和表 24-53 所示。

表 24-52　网店促销评价描述性统计

网店促销评价

虚假促销类型	均值	N	标准差
价格虚假促销	7.5936	219	0.77912
时长虚假促销	7.5542	212	0.87250
赠品虚假促销	7.5467	214	0.77832
总计	7.5651	645	0.80975

表 24-53　网店促销评价单因素方差分析

网店促销评价

	平方和	df	均方	F	显著性
组间	0.275	2	0.138	0.209	0.811
组内	421.990	642	0.657		
总数	422.265	644			

三是网购经验。被试者对网购经验在3个实验组不存在显著差异[$M_{价格虚假促销}$ = 7.76，$M_{时长虚假促销}$ = 7.89，$M_{赠品虚假促销}$ = 7.85，F(2, 642) = 1.340，p = 0.263]，说明网购经验较高及网购经验的组间差异性被成功操控，如表 24-54 和表 24-55 所示。

表 24-54　网购经验描述性统计

网购经验

虚假促销类型	均值	N	标准差
价格虚假促销	7.7648	219	0.91154
时长虚假促销	7.8939	212	0.85393
赠品虚假促销	7.8528	214	0.73514
总计	7.8364	645	0.83777

表 24-55　网购经验单因素方差分析

网购经验

	平方和	df	均方	F	显著性
组间	1.879	2	0.940	1.340	0.263
组内	450.115	642	0.701		
总数	451.994	644			

四是网购涉入度。被试者的涉入度在3个实验组不存在显著差异[$M_{价格虚假促销}$ = 7.57，$M_{时长虚假促销}$ = 7.71，$M_{赠品虚假促销}$ = 7.73，F(2, 642) = 1.884，p = 0.153]，说明网购涉入度较高及网购涉入度的组间差异性被成功操控，如表 24-56 和表 24-57 所示。

表 24-56　网购涉入度描述性统计

网购涉入度

虚假促销类型	均值	N	标准差
价格虚假促销	7.5685	219	1.01247
时长虚假促销	7.7146	212	0.96744
赠品虚假促销	7.7313	214	0.89940
总计	7.6705	645	0.96261

表 24-57　网购涉入度单因素方差分析

网购涉入度

	平方和	df	均方	F	显著性
组间	3.483	2	1.741	1.884	0.153
组内	593.258	642	0.924		
总数	596.740	644			

五是虚假促销深度。虚假促销深度高低组间存在显著差异[$M_{虚假促销深度高}$ = 7.15，$M_{虚假促销深度低}$ = 3.11，F(1, 643) = 2055.639，p<0.05]，因此，虚假促销深度的组间差异性被成功操控，如表 24-58 和表 24-59 所示。

表 24-58 虚假促销深度描述性统计

虚假促销深度

虚假促销深度	均值	N	标准差
低	3.11	323	1.109
高	7.15	322	1.154
总计	5.13	645	2.317

表 24-59 虚假促销深度单因素方差分析

虚假促销深度

	平方和	df	均方	F	显著性
组间	2632.788	1	2632.788	2055.639	0.000
组内	823.531	643	1.281		
总数	3456.319	644			

24.6.5.5 假设检验

检验假设 H2，即虚假促销深度越高，虚假促销对竞争网店溢出效应的影响越大。分析结果表明，虚假促销深度对竞争网店的溢出效应的主效应显著 [$M_{虚假促销深度高}$ = −1.05，$M_{虚假促销深度低}$ = −0.56，$F(1, 643)$ = 16.811，$p<0.05$]。因此，研究假设 H2 得到验证，如表 24-60 和表 24-61 所示。

表 24-60 溢出效应描述性统计

溢出效应

虚假促销深度	均值	N	标准差
低	−0.5619	323	1.50801
高	−1.0543	322	1.54204
总计	−0.8078	645	1.54370

表 24-61 溢出效应单因素方差分析

溢出效应

	平方和	df	均方	F	显著性
组间	39.101	1	39.101	16.811	0.000
组内	1495.561	643	2.326		
总数	1534.661	644			

24.6.6 本章小结

负面事件严重程度，又称伤害性、危害性，是影响危机结果的重要因素，对消费者的认知和购买决策产生重要影响。Siomkos 和 Kurzbard（1994）认为产品危机造成的伤害性包括经济因素、健康因素、安全因素。Smith 和 Cooper-Martin（1997）认为产品质量伤害包括对身体、经济和心理方面的伤害。网店虚假促销发生之后，不仅负面影响当事网店的销售与品牌形象，还可能向竞争网店溢出，加剧虚假促销的影响。虚假促销严重程度如何影响竞争网店？这是竞争网店需要了解却尚不清楚的问题。虚假促销深度越高，网店对价格优惠、时间限制和赠品价值的虚构程度就越高，进而触发消费者对虚假促销的严重性感知更高，进而引发更强的溢出效应。

本章节以手机为网店虚假促销产品，采用实验法获得数据验证了假设 H2。先进行了前测实验，两种虚假促销类型刺激物模拟成功，再进行了正式实验，主要通过方差分析等数理统计方法证实了虚假促销深度越高，虚假促销对竞争网店溢出效应的影响越大。本书在网店虚假促销对竞争网店溢出效应领域验证了其重要作用。

24.7 研究3：社会距离的调节作用

24.7.1 实验设计

研究3采用3（虚假促销类型：价格虚假 vs 赠品虚假 vs 时长虚假）×2（虚假促销深度：高 vs 低）×2（社会距离：远 vs 近）的组间实验设计，研究社会距离在当事网店虚假促销特征对竞争网店溢出效应中的调节作用，即检验研究假设H3和H4。根据研究假设，本章节设计了虚假促销类型刺激物、虚假促销深度刺激物、社会距离刺激物。

24.7.1.1 低深度虚假促销刺激物

（1）低深度价格虚假刺激物。

假如你的一位好朋友（或一个人）和你谈起网购遭遇虚假促销的经历：看到一家手机网店（简称A手机网店，主要销售智能手机）在进行"全场5折"的促销活动，就买了一部手机。该款手机标价1100元，促销期间只要550元，仅为原价的5折。而一周之后，发现该款产品的原价是680元，还享受直降100元优惠，价格较促销期间上涨了30元。

（2）低深度赠品虚假刺激物。

假如你的一位好朋友（或一个人）和你谈起网购遭遇虚假促销的经历：看到一家手机网店（简称A手机网店，主要销售智能手机）在进行"买一赠一"的促销活动，就买了一部手机。该款手机标价1100元，促销期间购买赠送价值1100元的智能手环一个。而一周之后，发现该智能手环的质量有问题（系扣不牢固）。

（3）低深度时长虚假刺激物。

假如你的一位好朋友（或一个人）和你谈起网购遭遇虚假促销的经历：看到一家手机网店（简称A手机网店，主要销售智能手机）在进行"全场5折，限期1天"的促销活动，就买了一部手机。该款手机标价1100元，促销当天只要550元，仅为原价的5折。而一天之后，该款产品并未恢复到原价，还是550元。

24.7.1.2 高深度虚假促销刺激物

（1）高深度价格虚假刺激物。

假如你的一位好朋友（或一个人）和你谈起网购遭遇虚假促销的经历：看到一家手机网店（简称A手机网店，主要销售智能手机）在进行"全场5折"的促销活动，就买了一部手机。该款手机标价1100元，促销期间只要550元，仅为原价的5折。而一周之后，发现该款产品的原价是649元，还享受直降100元优惠，价格较促销期间还便宜了1元。

（2）高深度赠品虚假刺激物。

假如你的一位好朋友（或一个人）和你谈起网购遭遇虚假促销的经历：看到一家手机网店（简称A手机网店，主要销售智能手机）在进行"买一赠一"的促销活动，就买了一部手机。该款手机标价1100元，促销期间购买赠送价值1100元的智能手环一个。而一周之后，发现该智能手环的质量有很大问题（来电不提醒）。

（3）高深度时长虚假刺激物。

假如你的一位好朋友（或一个人）和你谈起网购遭遇虚假促销的经历：看到一家手机网店（简称A手机网店，主要销售智能手机）在进行"全场5折，限期1天"的促销活动，就买了一部手机。该款手机标价1100元，促销当天只要550元，仅为原价的5折。而一周之后，该款产品并未恢复到原价，还是550元。

24.7.2 实验程序

问卷均通过网络渠道发放，被试的样本来源完全随机，不受到人口统计学因素影响，故可认为样本来源符合选取要求。研究实验程序如下，先进行前测实验，验证刺激物的有效性；再进行正式实验，以检验研究假设。正式实验研究包括以下3个部分。

第一，虚假促销类型刺激物描述；

第二，对涉及该研究的变量进行测量；

第三，填写人口统计特征题项。

24.7.3 变量测量

本书采用9分Likert量表（最小分值为1分，最大分值为9分，分值越高表示越同意）对刺激物进行了变量测量。一是对溢出效应的测量，测量题项包括"我认为B网店的促销信息是可信的""我认为B网店的促销信息是真实的""我认为B网店的促销信息是可靠的"。二是对虚假促销类型的测量，使用3个题项测量，分别是"我认为A网店先提价再打折降价""我认为A网店赠品的质量较差""我认为A网店在宣传的促销截止日期后还在继续促销"。三是对虚假促销深度的测量，使用1个题项测量，具体描述为"A网店宣称的促销优惠与真实的促销优惠差别程度很大"。四是对社会距离的测量，采用2个题项测量，分别是"谈起在A网店遭遇虚假促销经历的人是一位好朋友""谈起在A网店遭遇虚假促销经历的人是一位陌生人"。五是对控制变量（网店促销评价、网购经验、网购涉入度）的测量。

24.7.4 正式实验

24.7.4.1 样本描述

本书通过网络发放问卷的方式收集数据，共有669名被试者参加正式实验，有效样本总量为645个。其中，男性样本303人，占比47.0%，女性样本342人，占比53.0%。单因素方差分析显示，性别对各变量无显著影响（p > 0.05），如表24-62和表24-63所示。

表24-62 性别描述性统计

	性别	频率	百分比/%	有效百分比/%	累积百分比/%
有效	男	303	47.0	47.0	47.0
	女	342	53.0	53.0	100.0
	合计	645	100.0	—	—

表24-63 性别对溢出效应的描述性统计

		平方和	df	均方	F	显著性
溢出效应	组间	0.010	1	0.010	0.004	0.949
	组内	1534.651	643	2.387	—	—
	总数	1534.661	644	—	—	—

其中，高中学历33人，大专学历116人，本科学历437人，研究生学历59人。单因素方差分析显示，学历对溢出效应显著影响（p<0.05），如表24-64和表24-65所示。

表24-64 学历描述性统计

	学历	频率	百分比/%	有效百分比/%	累积百分比/%
有效	高中	33	5.1	5.1	5.1
	大专	116	18.0	18.0	23.1
	本科	437	67.8	67.8	90.9
	研究生	59	9.1	9.1	100.0
	合计	645	100.0	100.0	—

表 24-65 学历对溢出效应的单因素方差分析

		平方和	df	均方	F	显著性
溢出效应	组间	36.572	3	12.191	5.216	0.001
	组内	1498.089	641	2.337	—	—
	总数	1534.661	644	—	—	—

其中，25 岁及以下 73 人，26～30 岁 227 人，31～35 岁 232 人，36 岁及以上 113 人。样本的人口统计分布较为均衡。单因素方差分析显示，年龄对各变量无显著影响（p＞0.05），如表 24-66 和表 24-67 所示。

表 24-66 年龄描述性统计

	年龄	频率	百分比 /%	有效百分比 /%	累积百分比 /%
有效	25 岁及以下	73	11.3	11.3	11.3
	26～30 岁	227	35.2	35.2	46.5
	31～35 岁	232	36.0	36.0	82.5
	36 岁及以上	113	17.5	17.5	100.0
	合计	645	100.0	100.0	—

表 24-67 年龄对溢出效应的单因素方差分析

		平方和	df	均方	F	显著性
溢出效应	组间	23.494	3	7.831	3.322	0.019
	组内	1511.168	641	2.358	—	—
	总数	1534.661	644	—	—	—

24.7.4.2 变量描述

按照虚假促销类型、虚假程度和社会距离的交互，本书对调查各变量均值与标准差进行测量，结果如表 24-68 所示。

表 24-68 正式调查样本描述性统计

组		溢出效应	网购经验	网店熟悉度	网店促销评价	网购涉入度
价格虚假·高虚假促销·远社会距离	均值	-1.3163	7.7143	8.0612	7.6837	7.6122
	N	49	49	49	49	49
	标准差	1.49197	0.84163	0.79473	0.63487	0.94243
价格虚假·高虚假促销·近社会距离	均值	-1.4100	7.7100	7.9400	7.5900	7.4400
	N	50	50	50	50	50
	标准差	1.42030	1.04046	0.78662	0.81247	1.02340
价格虚假·低虚假促销·远社会距离	均值	-0.9500	7.8500	7.8800	7.5900	7.6300
	N	50	50	50	50	50
	标准差	1.64828	0.84061	0.82413	0.81872	0.96790
价格虚假·低虚假促销·近社会距离	均值	-0.6078	7.8333	8.0392	7.6471	7.6373
	N	51	51	51	51	51
	标准差	1.74159	0.92014	0.65455	0.86194	1.11390
时长虚假·高虚假促销·远社会距离	均值	-0.7857	7.7755	7.9184	7.4286	7.7245
	N	49	49	49	49	49
	标准差	1.69865	0.88424	0.81871	0.87202	1.06586
时长虚假·低虚假促销·远社会距离	均值	-0.4038	7.9615	7.9904	7.4615	7.6538
	N	52	52	52	52	52
	标准差	1.44181	0.93853	0.81944	0.89578	.92640

续表

组		溢出效应	网购经验	网店熟悉度	网店促销评价	网购涉入度
时长虚假·高虚假促销·近社会距离	均值	-0.6442	7.8846	8.0865	7.5865	7.7212
	N	52	52	52	52	52
	标准差	1.38740	0.87792	0.82677	0.85590	1.02141
时长虚假·低虚假促销·近社会距离	均值	-0.6635	7.8269	8.0481	7.5481	7.6731
	N	52	52	52	52	52
	标准差	1.34208	0.77260	0.82995	0.85325	0.92294
赠品虚假·高虚假促销·远社会距离	均值	-1.0000	7.7407	8.1389	7.6111	7.7037
	N	54	54	54	54	54
	标准差	1.64833	0.80529	0.78558	0.78107	0.91383
赠品虚假·低虚假促销·远社会距离	均值	-0.9561	8.0000	8.2105	7.4649	7.8246
	N	57	57	57	57	57
	标准差	1.28272	0.54281	0.71930	0.86530	0.91852
赠品虚假·高虚假促销·近社会距离	均值	-0.3208	7.8962	8.1038	7.6981	7.8774
	N	53	53	53	53	53
	标准差	1.54451	0.66765	0.72296	0.69573	0.79606
赠品虚假·低虚假促销·近社会距离	均值	-0.7171	7.8224	7.8289	7.5066	7.5658
	N	76	76	76	76	76
	标准差	1.58395	0.87065	0.84677	0.77241	0.94988
总计	均值	-0.8078	7.8364	8.0163	7.5651	7.6705
	N	645	645	645	645	645
	标准差	1.54370	0.83777	0.79065	0.80975	0.96261

24.7.4.3 测量质量

测项信度分析显示，网购经验信度为 0.714（见表 24-69），网店促销评价信度为 0.702（见表 24-70），网购涉入度信度为 0.762（见表 24-71）。由于本书量表均参考前人的成熟量表，因此，量表信度有保障。

表 24-69 网购经验信度

Cronbach's α	项数
0.714	2

表 24-70 网店促销评价信度

Cronbach's α	项数
0.702	2

表 24-71 网购涉入度信度

Cronbach's α	项数
0.762	2

24.7.4.4 操控检验

（1）网购经验操控检验。

单因素方差分析结果显示，方差轻微不齐，各实验组被试者的网购经验组间不存在显著性差异 [$F(11,633) = 1.005$，$p = 0.440 > 0.05$]，因此，可以忽略网购经验的干扰，如表 24-72 和表 24-73 所示。

表 24-72　网购经验的描述统计

组别	N	均值	标准差	标准误	均值的95%置信区间 下限	均值的95%置信区间 上限	极小值	极大值
1	56	7.71	0.98	0.13	7.45	7.98	4.50	9.00
2	54	7.70	0.91	0.12	7.46	7.95	6.00	9.00
3	54	7.84	0.92	0.12	7.59	8.09	5.50	9.00
4	55	7.80	0.86	0.12	7.57	8.03	6.00	9.00
5	53	7.91	0.84	0.12	7.67	8.14	5.50	9.00
6	52	7.96	0.98	0.14	7.69	8.24	5.50	9.00
7	52	7.84	0.86	0.12	7.60	8.07	5.50	9.00
8	55	7.87	0.75	0.10	7.67	8.07	6.50	9.00
9	53	7.72	0.71	0.10	7.52	7.91	6.00	9.00
10	52	8.11	0.41	0.06	7.99	8.22	7.50	8.50
11	55	7.77	0.79	0.11	7.56	7.99	6.00	9.00
12	54	7.82	0.89	0.12	7.58	8.07	5.50	9.00

表 24-73　网购经验单因素方差分析

	平方和	df	均方	F	显著性
组间	7.762	11	0.706	1.005	0.440
组内	444.232	633	0.702	—	—
总数	451.994	644	—	—	—

（2）网店熟悉度操控检验。

单因素方差分析结果显示，方差齐性，各实验组被试者的网店熟悉度组间不存在显著性差异 [$F(11,633)=1.204$, $p=0.280>0.05$]，因此，可以忽略网店熟悉度的干扰，如表 24-74 和表 24-75 所示。

表 24-74　网店熟悉度分组统计

组别	N	均值	标准差	标准误	均值的95%置信区间 下限	均值的95%置信区间 上限	极小值	极大值
1	56	8.09	0.79	0.11	7.88	8.30	5.50	9.00
2	54	7.89	0.83	0.11	7.66	8.11	6.00	9.00
3	54	7.90	0.74	0.10	7.70	8.10	6.00	9.00
4	55	8.06	0.67	0.09	7.88	8.25	6.50	9.00
5	53	7.95	0.80	0.11	7.73	8.17	5.50	9.00
6	52	7.94	0.86	0.12	7.70	8.18	5.50	9.00
7	52	8.09	0.80	0.11	7.86	8.31	6.00	9.00
8	55	8.13	0.86	0.12	7.90	8.36	6.00	9.00
9	53	8.18	0.69	0.10	7.99	8.37	6.00	9.00
10	52	8.19	0.72	0.10	7.99	8.39	6.00	9.00
11	55	7.88	0.86	0.12	7.65	8.11	6.00	9.00
12	54	7.90	0.82	0.11	7.67	8.12	6.00	9.00

表 24-75　网店熟悉度单因素方差分析

	平方和	df	均方	F	显著性
组间	8.251	11	0.750	1.204	0.280
组内	394.328	633	0.623	—	—
总数	402.579	644	—	—	—

（3）网店促销评价操控检验。

单因素方差分析结果显示，方差齐性，各实验组被试者对网店促销评价不存在显著性差异[$F(11, 633) = 0.484$，$p = 0.913 > 0.05$]，因此，可以忽略网店促销评价的干扰，如表24-76和表24-77所示。

表24-76　网店促销评价分组统计

组别	N	均值	标准差	标准误	均值的95% 置信区间 下限	均值的95% 置信区间 上限	极小值	极大值
1	56	7.74	0.67	0.09	7.56	7.92	6.50	9.00
2	54	7.54	0.82	0.11	7.31	7.76	6.50	9.00
3	54	7.57	0.83	0.11	7.35	7.80	5.50	9.00
4	55	7.52	0.79	0.11	7.30	7.73	6.50	9.00
5	53	7.47	0.88	0.12	7.23	7.71	6.00	9.00
6	52	7.53	0.92	0.13	7.27	7.78	5.50	9.00
7	52	7.60	0.83	0.11	7.37	7.83	6.50	9.00
8	55	7.62	0.88	0.12	7.38	7.86	6.00	9.00
9	53	7.62	0.80	0.11	7.40	7.84	6.00	9.00
10	52	7.54	0.84	0.12	7.30	7.77	6.00	9.00
11	55	7.57	0.66	0.09	7.39	7.75	6.00	8.50
12	54	7.45	0.81	0.11	7.23	7.68	6.00	9.00

表24-77　网店促销评价单因素方差分析

	平方和	df	均方	F	显著性
组间	3.524	11	0.320	0.484	0.913
组内	418.742	633	0.662	—	—
总数	422.265	644	—	—	—

（4）社会距离操控检验。

方差分析结果显示，社会距离远近组间存在显著差异[$M_{社会距离近} = 7.85$，$M_{社会距离远} = 2.59$；$F(1, 643) = 4053.01$，$p<0.001$]。因此，社会距离操控成功。

（5）网购涉入度操控检验。

单因素方差分析结果显示，方差齐性，各实验组被试者的网购涉入度不存在显著性差异[$F(11, 633) = 0.759$，$p = 0.682 > 0.05$]，因此，可以忽略网购涉入度的干扰，如表24-78和表24-79所示。

表24-78　网购涉入度分组统计

组别	N	均值	标准差	标准误	均值的95% 置信区间 下限	均值的95% 置信区间 上限	极小值	极大值
1	56	7.62	1.00	0.13	7.35	7.88	5.50	9.00
2	54	7.51	0.99	0.13	7.24	7.78	5.50	9.00
3	54	7.50	1.12	0.15	7.20	7.80	3.50	9.00
4	55	7.65	0.97	0.13	7.38	7.91	5.50	9.00
5	53	7.75	0.97	0.13	7.49	8.02	5.00	9.00
6	52	7.66	1.00	0.14	7.39	7.94	5.50	9.00
7	52	7.77	1.01	0.14	7.49	8.05	5.50	9.00
8	55	7.67	0.91	0.12	7.43	7.92	6.00	9.00
9	53	7.74	0.85	0.12	7.50	7.97	6.00	9.00
10	52	7.85	0.92	0.13	7.59	8.10	5.50	9.00
11	55	7.87	0.80	0.11	7.66	8.09	6.00	9.00
12	54	7.47	0.99	0.14	7.20	7.74	5.00	9.00

表 24-79　网购涉入度单因素方差分析

	平方和	df	均方	F	显著性
组间	10.263	11	0.933	0.759	0.682
组内	586.478	633	0.927	—	—
总数	596.740	644	—	—	—

24.7.4.5　假设检验

检验研究假设 H3，即社会距离会调节虚假促销类型对竞争网店的溢出效应。分析结果表明，虚假促销类型的主效应显著 [$F(2, 642) = 2.95$，$p<0.10$]、社会距离的主效应显著 [$F(1, 643)=11.36$，$p<0.05$]，二者交互效应显著 [$F(5, 639) = 8.52$，$p<0.05$]，因此，社会距离调节虚假促销类型对竞争网店溢出效应的影响显著（见表 24-80）。

表 24-80　促销类型、社会距离对溢出效应的多因素方差分析

源	III 类平方和	自由度	均方	F	显著性
修正模型	79.378ª	5	15.876	6.971	0.000
截距	419.453	1	419.453	184.178	0.000
虚假促销类型	13.442	2	6.721	2.951	0.053
社会距离	25.868	1	25.868	11.358	0.001
虚假促销类型 × 社会距离	38.813	2	19.406	8.521	0.000
误差	1455.283	639	2.277	—	—
总计	1955.500	645	—	—	—
修正后总计	1534.661	644	—	—	—

对于假设 H3a，对社会距离远的样本进行方差分析，结果表明，价格虚假形成的溢出效应与赠品虚假相似 [$M_{价格虚假促销} = -0.54$，$M_{赠品虚假促销} = -0.66$；$F(1, 321) = 0.47$，$p = 0.49$；选择个案：虚假促销类型 = 1 & 社会距离 = 1]；时长虚假形成的溢出效应大于赠品虚假 [$M_{时长虚假促销} = -0.87$，$M_{赠品虚假促销} = -0.66$；$F(1, 319) = 1.40$，$p = 0.24$]；因此，假设 H3a 得到部分支持，如表 24-81、表 24-82、表 24-83、表 24-84 所示。

表 24-81　社会距离远时溢出效应描述性统计 1

虚假促销类型	个案数	平均值	标准偏差	标准错误
价格虚假促销	109	−0.5413	1.59154	0.15244
赠品虚假促销	214	−0.6636	1.47320	0.10071
总计	323	−0.6223	1.51280	0.08417

表 24-82　溢出效应单因素方差分析 1

	平方和	自由度	均方	F	显著性
组间	1.080	1	1.080	0.471	0.493
组内	735.840	321	2.292	—	—
总计	736.920	322	—	—	—

表 24-83　社会距离远时溢出效应描述性统计 2

虚假促销类型	个案数	平均值	标准偏差	标准错误
时长虚假促销	107	−0.8738	1.56026	0.15084
赠品虚假促销	214	−0.6636	1.47320	0.10071
总计	321	−0.7336	1.50362	0.08392

表 24-84　溢出效应单因素方差分析 2

	平方和	自由度	均方	F	显著性
组间	3.154	1	3.154	1.397	0.238
组内	720.322	319	2.258	—	—
总计	723.477	320	—	—	—

对于 H3b，对社会距离近的样本进行方差分析，赠品虚假形成的溢出效应大于价格虚假 [$M_{赠品虚假促销}$ = −0.66，$M_{价格虚假促销}$ = −1.47；$F(1, 322) = 21.321$，$p<0.05$]；赠品虚假形成的溢出效应小于时长虚假 [$M_{赠品虚假促销}$ = −0.66，$M_{时长虚假促销}$ = −0.62，$F(1, 317) = 0.064$，$p = 0.80$]；因此，假设 H3b 得到部分支持。综上所述，研究假设 H3、H3a、H3b 均得到部分支持，如表 24-85、表 24-86、表 24-87、表 24-88 所示。

表 24-85　社会距离近时溢出效应描述性统计 1

虚假促销类型	个案数	平均值	标准偏差	标准错误
价格虚假促销	110	−1.4682	1.50881	0.14386
赠品虚假促销	214	−0.6636	1.47320	0.10071
总计	324	−0.9367	1.53136	0.08508

表 24-86　溢出效应单因素方差分析 3

	平方和	自由度	均方	F	显著性
组间	47.039	1	47.039	21.321	0.000
组内	710.414	322	2.206	—	—
总计	757.453	323	—	—	—

表 24-87　社会距离近时溢出效应描述性统计 2

虚假促销类型	个案数	平均值	标准偏差	标准错误
时长虚假促销	105	−0.6190	1.48149	0.14458
赠品虚假促销	214	−0.6636	1.47320	0.10071
总计	319	−0.6489	1.47375	0.08251

表 24-88　溢出效应单因素方差分析 4

	平方和	自由度	均方	F	显著性
组间	0.140	1	0.140	0.064	0.800
组内	690.538	317	2.178	—	—
总计	690.677	318	—	—	—

检验研究假设 H4，即社会距离会调节虚假促销深度对竞争网店的溢出效应。分析结果表明，虚假促销深度显著 [$F(1, 643) = 17.41$，$p<0.05$]、社会距离影响显著 [$F(1, 645)=12.23$，$p<0.05$]，交互项显著 [$F(3, 631) = 7.68$，$p<0.05$]，因此，社会距离显著调节了虚假促销深度对竞争网店溢出效应的影响，如表 24-89 所示。

表 24-89　促销深度、社会距离对溢出效应的多因素方差分析

源	III 类平方和	自由度	均方	F	显著性
修正模型	84.231[a]	3	28.077	12.408	0.000
截距	420.978	1	420.978	186.046	0.000
虚假促销深度	39.404	1	39.404	17.414	0.000
社会距离	27.670	1	27.670	12.229	0.001
虚假促销深度 × 社会距离	17.385	1	17.385	7.683	0.006
误差	1450.430	641	2.263	—	—
总计	1955.500	645	—	—	—
修正后总计	1534.661	644	—	—	—

对于假设 H4a，对社会距离近的样本进行方差分析，结果显示，虚假促销深度高低对竞争网店的溢出效应的影响不存在显著差异 [$M_{虚假促销深度高} = -1.10$，$M_{虚假促销深度低} = -0.93$，$F(1, 318) = 0.989$，$p = 0.32$]。因此，假设 H4a 得到支持，如表 24-90 和表 24-91 所示。

表 24-90　社会距离近时溢出效应描述性统计 3

程度	个案数	平均值	标准偏差	标准错误
低	162	−0.9321	1.45161	0.11405
高	158	−1.0981	1.53459	0.12209
总计	320	−1.0141	1.49313	0.08347

表 24-91　溢出效应单因素方差分析 5

	平方和	自由度	均方	F	显著性
组间	2.204	1	2.204	0.989	0.321
组内	708.983	318	2.230	—	—
总计	711.187	319	—	—	—

对于检验研究假设 H4b，对社会距离远的样本进行方差分析，结果显示，虚假促销深度高时形成的竞争网店的溢出效应更大 [$M_{虚假促销深度高} = -1.01$，$M_{虚假促销深度低} = -0.19$，$F(1, 323) = 23.958$，$p<0.05$]。因此，假设 H4b 得到支持，如表 24-92 和表 24-93 所示。

表 24-92　社会距离远时溢出效应描述性统计 3

程度	个案数	平均值	标准偏差	标准错误
低	161	−0.1894	1.47579	0.11631
高	164	−1.0122	1.55271	0.12125
总计	325	−0.6046	1.56785	0.08697

表 24-93　溢出效应单因素方差分析 6

	平方和	自由度	均方	F	显著性
组间	54.995	1	54.995	23.958	0.000
组内	741.448	323	2.296	—	—
总计	796.443	324	—	—	—

24.7.5　本章小结

负面事件溢出效应会受到系列因素的影响。从可接近性和可诊断性两个角度，现有研究已经发现，危机属性因素、焦点品牌因素、消费者因素、竞争品牌因素、情景因素会影响负面事件溢出。对负面事件的研究证实，社会距离会调节负面事件的溢出效应，但是没有研究社会距离对虚假促销溢出效应的影响。黄静和王新刚等（2011）研究发现社会距离会调节消费者对犯错品牌的评价。熊艳和李常青等（2012）证实，社会距离会导致危机事件溢出效应的异质性，处于远社会距离的对立阵营在危机事件中获利，而处于近社会距离的中立阵营、联盟阵营则在危机事件中受损。心理距离的维度之一是社会距离，会影响解释水平的高低。当社会距离较远时，人们倾向使用抽象的、本质的特征来表征事物，即高水平解释；反之，当社会距离较近时，则使用具体的、外围的特征表征事物，即低水平解释。消费者进而对与解释水平相匹配的信息赋予更高权重。那么，社会距离是否也是影响网店虚假促销对竞争网店溢出效应的重要因素，是重要的调节变量？

本章节以手机为网店虚假促销产品，采用实验法验证了假设 H3 和 H4，即社会距离会调节虚假促销类型对竞争网店溢出效应的影响；社会距离会调节虚假促销深度对竞争网店溢出效应的影响。先进行了前测实验，虚假促销类型、虚假促销深度、社会距离刺激物模拟成功，再进行了正式实验，主要通过方差分析等数理统计方法证实了两个假设。但是，假设H3得到部分支持，这可能是因为刺激物为手机导致的。由于手机的不确定性高于服装，并且品牌集中度更高、价格更加透明。因此，消费者对服装品类的感知不确定性更高，虚假促销类型对溢出效应的影响相对弱化，导致H3在手机网店虚假促销情景下仅得到部分支持。

24.8 研究4：调节定向对社会距离的调节作用

24.8.1 实验设计

研究4目的是验证调节定向对社会距离的调节作用，即检验研究假设H5和H6，并检验感知不信任的中介作用，即检验研究假设H7。研究4分两个实验：实验4a检验调节定向、社会距离及虚假促销类型三者的交互作用，即研究假设H5，同时检验感知不信任的中介作用，即检验研究假设H7；实验4b检验调节定向、社会距离及虚假促销深度三者的交互作用，即研究假设H6，再次检验感知不信任的中介作用，即检验研究假设H7。

实验4a采用3（虚假促销类型：价格虚假 vs 赠品虚假 vs 时长虚假）×2（社会距离：远 vs 近）×2（调节定向：促进 vs 防御）的组间实验设计。

实验4b采用2（虚假促销深度：高 vs 低）×2（社会距离：远 vs 近）×2（调节定向：促进 vs 防御）的组间实验设计。

24.8.1.1 实验4a的刺激物

（1）价格虚假刺激物。

假如你的一位好朋友和你谈起网购遭遇虚假促销的经历：看到一家服装网店（简称A服装网店，主要销售羽绒服）在进行"全场5折"的促销活动，就买了一款羽绒服。该款服装原价1100元，促销期间只要550元，仅为原价的5折。而一周之后，发现该款产品的原价是680元，还享受直降100元优惠，价格较促销期间上涨了30元。

（2）赠品虚假刺激物。

假如你的一位好朋友和你谈起网购遭遇虚假促销的经历：看到一家服装网店（简称A服装网店，主要销售羽绒服）在进行"买一赠一"的促销活动，就买了一款羽绒服。该款服装标价1100元，促销期间购买，赠送价值1100元的风衣一件。收到货之后，发现该风衣的质量有问题（做工粗糙有线头）。

（3）时长虚假刺激物。

假如你的一位好朋友和你谈起网购遭遇虚假促销的经历：看到一家服装网店（简称A服装网店，主要销售羽绒服）在进行"全场5折，限期1天"的促销活动，就买了一款羽绒服。该款服装标价1100元，促销当天只要550元，仅为原价的5折。而一天之后，该款产品并未恢复到原价，还是550元。

24.8.1.2 实验4b的刺激物

（1）低深度虚假促销刺激物。

假如你的一位好朋友和你谈起网购遭遇虚假促销的经历：看到一家服装网店（简称A服装网店，主要销售羽绒服）在进行"全场5折"的促销活动，就买了一款羽绒服。该款服装标价1100元，促销期间只要550元，仅为原价的5折。而一周之后，发现该款产品的原价是680元，还享受直降100元优惠，价格较促销期间上涨了30元。

（2）高深度虚假促销刺激物。

假如你的一位好朋友和你谈起网购遭遇虚假促销的经历：看到一家服装网店（简称A服装网店，主要销售羽绒服）在进行"全场5折"的促销活动，就买了一款羽绒服。该款羽绒服标价1100元，促销期间只要550元,仅为原价的5折。而一周之后,发现该款产品的原价是649元,还享受直降100元优惠,价格较促销期间还便宜了1元。

24.8.2 实验程序

问卷均通过网络渠道向样本发放,被试的样本来源完全随机,不受到人口统计学因素影响,故可认为样本来源符合选取要求。研究实验程序如下,先进行前测实验,验证刺激物的有效性;再进行正式实验,以检验研究假设。正式实验研究包括以下4个部分。

第一,情境性调节定向操控。首先,要求被试者填写中文版的《调节定向问卷》(姚琦等,2008)。其次,完成操控问题,借鉴Baas等(2011)"自传式记忆"的范式,用记忆任务作为情境性调节定向的启动材料。实验要求被试者回忆自己的一段经历以启动不同类型的情境性调节定向,并且要求被试者用具体、形象的语言将这段经历在脑海中默念出来。要求情境性促进定向组被试者回忆"自己获得某一积极结果或未能获得某一积极结果的一次经历",要求情境性防御定向组被试者回忆"自己成功避免某一消极结果或未能避免某一消极结果的一次经历",并且要求被试者用具体、形象的语言将这段经历在脑海中默念出来,使被试者能够根据其描述想象该情境。最后,填写一般调节定向测量问卷(Lockwood、Jordan和Kunda,2002)。

第二,虚假促销情景刺激物描述。

第三,对涉及该研究的变量进行测量。

第四,填写人口统计特征题项。

24.8.3 变量测量

本书采用9分Likert量表(最小分值为1分,最大分值为9分,分值越高表示越同意)对刺激物进行了变量测量。

对于实验4a:一是情境性调节定向倾向的测量。二是对溢出效应的测量,测量题项包括"我认为B网店的促销信息是可信的""我认为B网店的促销信息是真实的""我认为B网店的促销信息是可靠的"。三是对虚假促销类型的测量,使用3个题项测量,分别是"我认为A网店先提价再打折降价""我认为A网店赠品的质量较差""我认为A网店在宣传的促销截止日期后还在继续促销"。四是对社会距离的测量,采用两个题项测量,分别是"谈起在A网店遭遇虚假促销经历的人是一位好朋友""谈起在A网店遭遇虚假促销经历的人是一位陌生人"。五是对控制变量(网店促销评价、网购经验、网购涉入度)的测量。

对于实验4b:一是情境性调节定向倾向的测量。二是对溢出效应的测量,测量题项包括"我认为B网店的促销信息是可信的""我认为B网店的促销信息是真实的""我认为B网店的促销信息是可靠的"。三是对虚假促销深度的测量,使用1个题项测量,具体描述为"A网店宣称的促销优惠与真实的促销优惠差别程度很大"。四是对社会距离的测量,采用两个题项测量,分别是"谈起在A网店遭遇虚假促销经历的人是一位好朋友""谈起在A网店遭遇虚假促销经历的人是一位陌生人"。五是对控制变量(网店促销评价、网购经验、网购涉入度)的测量。

24.8.4 研究4a前测实验

24.8.4.1 研究4a前测样本

本书通过网络渠道发放问卷调查数据,共发放246份问卷,在剔除16份问卷后,获得230个有效样本。其中,男性样本103人,女性样本127人,单因素方差分析显示,性别对各变量无显著影响($p>0.05$);初中学历2人,高中学历4人,大专学历45人,本科学历171人,研究生学历8人,单因素方差分析显示,学历对各变量没有显著影响($p>0.05$);18岁以下16人,18~25岁69人,26~33岁94人,34~41岁44人,42~49岁7人,单因素方差分析显示,年龄对各变量没有显著影响($p>0.05$)。

24.8.4.2 研究 4a 测量质量

测项信度分析显示,感知不信任信度为 0.737,网店促销评价信度为 0.718,网购经验信度为 0.774,网购涉入度信度 0.818。由于本书量表均参考前人的成熟量表,因此量表信度有保障,如表 24-94、表 24-95、表 24-96、表 24-97 所示。

表 24-94 感知不信任信度

Cronbach's α	项数
0.737	4

表 24-95 网店促销评价信度

Cronbach's α	项数
0.718	2

表 24-96 网购经验信度

Cronbach's α	项数
0.774	2

表 24-97 网购涉入度信度

Cronbach's α	项数
0.818	2

24.8.4.3 研究 4a 操控检验

(1)社会距离操控检验。

单因素方差分析结果显示,方差轻微不齐,社会距离远近组间存在显著差异[$M_{社会距离近}$ = 7.04,$M_{社会距离远}$ = 3.15;$F(1, 228)$ = 573.149,$p<0.001$]。因此,社会距离操控成功,如表 24-98 和表 24-99 所示。

表 24-98 社会距离的描述统计

	N	均值	标准差	标准误	均值的 95% 置信区间 下限	均值的 95% 置信区间 上限	极小值	极大值
社会距离近	112	7.04018	1.485877	0.140402	6.76196	7.31839	3.000	9.000
社会距离远	118	3.14831	0.929822	0.085597	2.97878	3.31783	1.000	5.500

表 24-99 社会距离单因素方差分析

	平方和	自由度	均方	F	显著性
组间	870.341	1	870.341	573.149	0.000
组内	346.224	228	1.519	—	—
总计	1216.565	229	—	—	—

独立样本 T 检验的结果显示,社会距离远近组间存在显著差异[$M_{社会距离近}$ = 7.04,$M_{社会距离远}$ = 3.15;$t(185)$ = 23.668,$p<0.001$]。因此,社会距离操控成功,如表 24-100 所示。

表 24-100 社会距离独立样本检验

		方差方程的 Levene 检验 Sig.	方差方程的 Levene 检验 t	均值方程的 t 检验 df	均值方程的 t 检验 Sig.(双侧)	均值差值	标准误差值	差分的 95% 置信区间 下限	差分的 95% 置信区间 上限
社会距离	假设方差相等	30.866	0.000	23.941	228	0.000	3.891873	0.162564	3.571553	4.212194
	假设方差不相等	—	—	23.668	184.647	0.000	3.891873	0.164437	3.567456	4.216291

（2）调节定向操控检验。

对于情境性促进定向实验组，操控前和操控后的调节定向得分进行配对样本T检验，结果表明，操控后的调节定向得分相对于操控前显著提高［$M_{操控前}=6.27<M_{操控后}=6.98$，$F(1, 226)=101.005$，$p<0.05$］，说明该实验组的情境性促进定向被激活，如表24-101和表24-102所示。

表24-101　促进定向分组统计

促进定向	平均值	个案数	标准偏差
操控前	6.2749	114	0.45277
操控后	6.9834	114	0.60140
总计	6.6292	228	0.63888

表24-102　促进定向单因素方差分析

	平方和	自由度	均方	F	显著性
组间	28.619	1	28.619	101.005	0.000
组内	64.035	226	0.283	—	—
总计	92.654	227	—	—	—

Welch检验的结果显示，6个实验组的促进定向组间不存在显著差异，近似$F_{统计量}=1.319$，$p=0.272>0.05$。因此，情境性促进定向的组间差异操控成功，如表24-103和表24-104所示。

表24-103　促进定向组间描述统计

组别	N	均值	标准差	标准误	均值的95%置信区间 下限	均值的95%置信区间 上限	极小值	极大值
2	18	6.78395	1.005051	0.236893	6.28415	7.28375	5.667	8.778
4	18	6.81481	0.455739	0.107419	6.58818	7.04145	6.222	7.667
6	19	7.11111	0.298602	0.068504	6.96719	7.25503	6.444	7.556
8	22	7.00505	0.586420	0.125025	6.74505	7.26505	5.667	8.000
10	18	7.10494	0.560724	0.132164	6.82610	7.38378	5.778	7.889
12	19	7.06433	0.474762	0.108918	6.83550	7.29316	6.222	7.667

表24-104　促进定向均值相等性检验

	统计量[a]	df1	df2	显著性
Welch	1.319	5	49.067	0.272
Brown-Forsythe	1.059	5	61.535	0.392

情境性防御定向操控检验。对于情境性防御定向实验组，操控前和操控后的调节定向得分进行配对样本T检验，结果表明，操控后的调节定向得分相对于操控前显著降低［$M_{操控前}=5.87>M_{操控后}=5.39$，$T(115)=7.386$，$p<0.05$］，说明该实验组的情境性防御定向被激活，如表24-105、表24-106、表24-107所示。

表24-105　防御定向操控前后描述统计

防御定向	平均值	个案数	标准偏差
操控前	5.8728	116	0.56095
操控后	5.3889	116	0.45324
总计	5.6309	232	0.56367

表 24-106 防御定向成对样本相关系数

	N	相关系数	Sig.
前防御定向 & 后防御定向	116	0.043	0.645

表 24-107 防御定向成对样本检验

	成对差分					t	df	Sig.（双侧）
	均值	标准差	均值的标准误	差分的95%置信区间				
				下限	上限			
前防御定向 − 后防御定向	0.483956	0.705731	0.065525	0.354163	0.613749	7.386	115	0.000

单因素方差分析的结果显示，情境性防御定向实验组组间不存在显著差异 [$F_{(5,110)} = 3.424$, $p<0.05$]。因此，情境性防御定向的组间差异操控成功，如表 24-108、表 24-109、表 24-110 所示。

表 24-108 防御定向组间描述统计

组别	N	均值	标准差	标准误	均值的95%置信区间		极小值	极大值
					下限	上限		
1	19	5.42690	0.679166	0.155811	5.09955	5.75425	3.667	6.111
3	17	5.47059	0.440134	0.106748	5.24429	5.69688	4.778	6.667
5	17	5.32026	0.339940	0.082448	5.14548	5.49504	4.556	5.778
7	21	5.11640	0.359142	0.078371	4.95292	5.27988	4.333	5.667
9	21	5.35979	0.312111	0.068108	5.21772	5.50186	4.333	5.778
11	21	5.64550	0.364504	0.079541	5.47958	5.81142	4.778	6.111

表 24-109 防御定向方差齐性检验

Levene 统计量	df1	df2	显著性
1.864	5	110	0.106

表 24-110 防御定向单因素方差分析

	平方和	df	均方	F	显著性
组间	3.181	5	0.636	3.424	0.006
组内	20.436	110	0.186	—	—
总数	23.617	115	—	—	—

（3）网店促销评价操控检验。

单因素方差分析的结果显示，12 组被试者对网店促销评价不存在显著性差异 [$F_{(11,218)} = 0.567$, $p = 0.854 > 0.05$]，因此，可以忽略网店促销评价的干扰，如表 24-111 和表 24-112 所示。

表 24-111 各实验组网店促销评价单因素方差分析

网店促销评价

	平方和	自由度	均方	F	显著性
组间	8.002	11	0.727	0.567	0.854
组内	279.585	218	1.283	—	—
总计	287.587	229	—	—	—

表 24-112 各实验组网店促销的描述统计

组别	N	均值	标准差	标准误	均值的95%置信区间		极小值	极大值
					下限	上限		
1	19	6.73684	1.294952	0.297082	6.11270	7.36099	5.000	9.000
2	18	6.66667	1.894264	0.446482	5.72467	7.60866	3.500	9.000

续表

组别	N	均值	标准差	标准误	均值的95%置信区间 下限	均值的95%置信区间 上限	极小值	极大值
3	17	6.64706	0.765766	0.185725	6.25334	7.04078	5.500	8.000
4	18	6.97222	1.130750	0.266520	6.40991	7.53453	4.000	8.500
5	17	6.94118	0.966345	0.234373	6.44433	7.43803	5.500	8.000
6	19	6.57895	0.886052	0.203274	6.15188	7.00601	5.000	8.000
7	21	6.73810	1.102486	0.240582	6.23625	7.23994	4.000	8.500
8	22	7.09091	1.098011	0.234097	6.60408	7.57774	5.000	9.000
9	21	6.90476	1.079572	0.235582	6.41335	7.39618	5.000	8.500
10	18	7.19444	0.909733	0.214426	6.74204	7.64684	5.000	9.000
11	21	6.85714	1.226202	0.267579	6.29898	7.41530	5.000	8.500
12	19	7.07895	0.786398	0.180412	6.69992	7.45798	6.000	9.000

（4）网购经验操控检验。

单因素方差分析结果显示，方差齐性，12组被试者的网购经验不存在显著性差异 [$F(11,218) = 0.962$，$p = 0.482 > 0.05$]，因此，可以忽略网购经验的干扰，如表24-113和表24-114所示。

表24-113 各实验组网购经验的描述统计

组别	N	均值	标准差	标准误	均值的95%置信区间 下限	均值的95%置信区间 上限	极小值
1	19	6.86842	1.460994	0.335175	6.16424	7.57260	4.500
2	18	7.08333	1.457738	0.343592	6.35842	7.80825	4.000
3	17	7.47059	1.022720	0.248046	6.94475	7.99642	6.000
4	18	7.50000	1.236694	0.291492	6.88501	8.11499	4.500
5	17	7.11765	1.053705	0.255561	6.57588	7.65941	5.500
6	19	7.02632	0.754131	0.173009	6.66284	7.38980	5.500
7	21	7.47619	0.993431	0.216784	7.02399	7.92839	6.000
8	22	7.31818	1.118518	0.238469	6.82226	7.81410	5.000
9	21	7.64286	0.937321	0.204540	7.21619	8.06952	6.000
10	18	6.91667	0.911527	0.214849	6.46337	7.36996	5.000
11	21	7.07143	1.121224	0.244671	6.56105	7.58180	5.000
12	19	7.23684	1.284182	0.294612	6.61789	7.85580	5.000

表24-114 网购经验单因素方差分析

	平方和	自由度	均方	F	显著性
组间	13.488	11	1.226	0.962	0.482
组内	277.817	218	1.274	—	—
总计	291.305	229	—	—	—

（5）网购涉入度操控检验。

单因素方差分析结果显示，方差轻微不齐，12组被试者的网购涉入度组间不存在显著性差异 [$F(11,218) = 0.648$，$p = 0.787 > 0.05$]，因此，可以忽略网购涉入度的干扰，如表24-115和表24-116所示。

表24-115 各实验组网购涉入度的描述统计

组别	N	均值	标准差	标准误	均值的95%置信区间 下限	均值的95%置信区间 上限	极小值	极大值
1	19	6.92105	1.718067	0.394152	6.09297	7.74913	3.500	9.000
2	18	7.05556	1.814070	0.427580	6.15344	7.95767	2.500	9.000

续表

组别	N	均值	标准差	标准误	均值的95%置信区间 下限	均值的95%置信区间 上限	极小值	极大值
3	17	7.44118	1.321485	0.320507	6.76173	8.12062	5.000	9.000
4	18	7.19444	1.362727	0.321198	6.51678	7.87211	5.000	9.000
5	17	7.38235	1.053705	0.255561	6.84059	7.92412	5.500	9.000
6	19	7.44737	1.212146	0.278085	6.86313	8.03160	5.000	9.000
7	21	7.47619	1.134418	0.247550	6.95981	7.99257	5.000	9.000
8	22	7.68182	0.957992	0.204245	7.25707	8.10657	6.000	9.000
9	21	7.33333	1.154701	0.251976	6.80772	7.85895	5.000	9.000
10	18	7.16667	0.985184	0.232210	6.67675	7.65659	5.000	9.000
11	21	7.04762	1.254041	0.273654	6.47679	7.61845	4.500	9.000
12	19	7.02632	1.136194	0.260661	6.47869	7.57394	5.000	8.500

表24-116 网购涉入度单因素方差分析

	平方和	自由度	均方	F	显著性
组间	11.622	11	1.057	0.648	0.787
组内	355.665	218	1.631	—	—
总计	367.287	229	—	—	—

24.8.5 研究4a正式实验

24.8.5.1 研究4a样本描述

共有623名被试者参加正式实验。本书通过网络发放问卷的方式收集数据,有效样本总量为590个。其中,男性样本266个,占比45.1%,女性样本324个,占比54.9%。单因素方差分析显示,性别对各变量无显著影响（p＞0.05）,如表24-117和表24-118所示。

表24-117 性别描述性统计

		频率	百分比/%	有效百分比/%	累积百分比/%
有效	男	266	45.1	45.1	45.1
	女	324	54.9	54.9	100.0
	总计	590	100.0	100.0	—

表24-118 性别对各变量的描述性统计

		平方和	自由度	均方	F	显著性
溢出效应	组间	2.402	1	2.402	1.503	0.221
	组内	939.516	588	1.598	—	—
	总计	941.917	589	—	—	—
感知不信任	组间	0.595	1	0.595	0.792	0.374
	组内	442.026	588	0.752	—	—
	总计	442.621	589	—	—	—
社会距离	组间	16.009	1	16.009	2.481	0.116
	组内	3794.229	588	6.453	—	—
	总计	3810.238	589	—	—	—
网购经验	组间	0.749	1	0.749	0.632	0.427
	组内	696.546	588	1.185	—	—
	总计	697.295	589	—	—	—
网购涉入度	组间	3.217	1	3.217	2.219	0.137
	组内	852.412	588	1.450	—	—
	总计	855.629	589	—	—	—

其中，初中学历 6 人，高中学历 23 人，大专学历 120 人，本科学历 418 人，研究生学历 23 人。单因素方差分析显示，学历对各变量无显著影响（p > 0.05），如表 24-119 和表 24-120 所示。

表 24-119　学历描述性统计

学历		频率	百分比 /%	有效百分比 /%	累积百分比 /%
有效	初中	6	1.0	1.0	1.0
	高中	23	3.9	3.9	4.9
	大专	120	20.3	20.3	25.3
	本科	418	70.8	70.8	96.1
	研究生	23	3.9	3.9	100.0
	总计	590	100.0	100.0	—

表 24-120　学历对各变量的单因素方差分析

		平方和	自由度	均方	F	显著性
溢出效应	组间	1.409	4	0.352	0.219	0.928
	组内	940.508	585	1.608	—	—
	总计	941.917	589	—	—	—
感知不信任	组间	1.450	4	0.362	0.481	0.750
	组内	441.172	585	0.754	—	—
	总计	442.621	589	—	—	—
社会距离	组间	0.541	4	0.135	0.209	0.934
	组内	379.006	585	0.648	—	—
	总计	379.546	589	—	—	—
网购经验	组间	3.922	4	0.980	0.827	0.508
	组内	693.373	585	1.185	—	—
	总计	697.295	589	—	—	—
网购涉入度	组间	11.356	4	2.839	1.967	0.098
	组内	844.273	585	1.443	—	—
	总计	855.629	589	—	—	—

其中，18 岁以下 46 人，18～25 岁 172 人，26～33 岁 239 人，34～41 岁 118 人，42-49 岁 14 人，50 岁及以上 1 人。样本的人口统计分布较为均衡。单因素方差分析显示，年龄对各变量无显著影响（p > 0.05），如表 24-121 和表 24-122 所示。

表 24-121　年龄描述性统计

年龄		频率	百分比 /%	有效百分比 /%	累积百分比 /%
有效	18 岁以下	46	7.8	7.8	7.8
	18～25 岁	172	29.2	29.2	36.9
	26～33 岁	239	40.5	40.5	77.5
	34～41 岁	118	20.0	20.0	97.5
	42～49 岁	14	2.4	2.4	99.8
	50 岁及以上	1	0.2	0.2	100.0
	总计	590	100.0	100.0	—

表 24-122　年龄对各变量的单因素方差分析

		平方和	自由度	均方	F	显著性
溢出效应	组间	9.585	5	1.917	1.201	0.307
	组内	932.332	584	1.596	—	—
	总计	941.917	589	—	—	—

续表

		平方和	自由度	均方	F	显著性
感知不信任	组间	1.287	5	0.257	0.341	0.888
	组内	441.334	584	0.756	—	—
	总计	442.621	589	—	—	—
社会距离	组间	10.451	5	2.090	0.321	0.900
	组内	3799.787	584	6.506	—	—
	总计	3810.238	589	—	—	—
网购经验	组间	1.169	5	0.234	0.196	0.964
	组内	696.126	584	1.192	—	—
	总计	697.295	589	—	—	—
网购涉入度	组间	14.190	5	2.838	1.970	0.081
	组内	841.439	584	1.441	—	—
	总计	855.629	589	—	—	—

24.8.5.2 研究 4a 变量描述

按照虚假促销类型、社会距离和调节定向的交互，本书对调查各变量均值与标准差进行测量，结果如表 24-123 所示。

表 24-123 正式调查样本描述性统计

组别		溢出效应	感知不信任	社会距离	网购经验	网购涉入度
1	平均值	-1.61905	6.91327	7.15306	7.32653	7.35714
	个案数	49	49	49	49	49
	标准偏差	1.152694	0.897843	1.551894	1.205677	1.361678
2	平均值	-1.87500	6.96875	6.86458	7.42708	7.26042
	个案数	48	48	48	48	48
	标准偏差	1.291223	0.920547	1.703375	1.241951	1.360497
3	平均值	-1.89362	6.90426	2.88298	7.63830	7.39362
	个案数	47	47	47	47	47
	标准偏差	1.214061	0.618011	1.043681	1.096943	1.246457
4	平均值	-1.74306	6.87500	2.93750	7.66667	7.45833
	个案数	48	48	48	48	48
	标准偏差	1.281325	0.775283	1.132804	1.145450	1.266732
5	平均值	-1.70213	6.83511	7.36170	7.47872	7.41489
	个案数	47	47	47	47	47
	标准偏差	1.280161	0.657888	1.354149	1.037123	1.328284
6	平均值	-1.80952	7.23469	7.19388	7.37755	7.37755
	个案数	49	49	49	49	49
	标准偏差	1.354006	1.043841	1.435474	1.161584	1.508761
7	平均值	-1.80392	6.88235	2.95098	7.52941	7.43137
	个案数	51	51	51	51	51
	标准偏差	1.233201	0.650678	1.045251	0.913300	1.179066
8	平均值	-1.64103	6.91346	2.76923	7.48077	7.64423
	个案数	52	52	52	52	52
	标准偏差	1.465428	0.998632	1.035931	1.057010	0.903894
9	平均值	-2.01307	7.10784	7.72549	7.41176	7.35294
	个案数	51	51	51	51	51
	标准偏差	1.070744	0.837041	1.180312	1.013439	1.087631

续表

组别		溢出效应	感知不信任	社会距离	网购经验	网购涉入度
10	平均值	-1.51389	7.17187	7.44792	7.42708	7.40625
	个案数	48	48	48	48	48
	标准偏差	1.164808	0.826998	1.329852	1.015778	1.024468
11	平均值	-0.56863	7.14706	2.84314	7.46078	7.33333
	个案数	51	51	51	51	51
	标准偏差	0.854515	0.896070	1.041586	1.080940	1.121011
12	平均值	-1.53741	7.06633	2.90816	7.56122	7.28571
	个案数	49	49	49	49	49
	标准偏差	1.226287	1.087064	1.049174	1.130232	1.065559
总计	平均值	-1.64011	7.00254	5.06525	7.48136	7.39407
	个案数	590	590	590	590	590
	标准偏差	1.264587	0.866879	2.543422	1.088054	1.205272

24.8.5.3 研究 4a 测量质量

测项信度分析显示，感知不信任信度为 0.730，网店促销评价信度为 0.706，网购经验信度为 0.764，网购涉入度信度为 0.771，量表整体信度为 0.747。由于本书量表均参考前人的成熟量表，因此量表信度有保障，如表 24-124、表 24-125、表 24-126、表 24-127 所示。

表 24-124　感知不信任信度

Cronbach's α	项数
0.730	4

表 24-125　网店促销评价信度

Cronbach's α	项数
0.706	2

表 24-126　网购经验信度

Cronbach's α	项数
0.764	2

表 24-127　网购涉入度信度

Cronbach's α	项数
0.771	2

24.8.5.4 研究 4a 操控检验

（1）社会距离操控检验。

单因素方差分析结果显示，社会距离远近组间存在显著差异［$M_{社会距离近}$ = 7.29，$M_{社会距离远}$ = 2.88；$F(1, 588) = 1802.566$，$p<0.001$］。因此，社会距离操控成功。如表 24-128、表 24-129 所示。

表 24-128　社会距离分组统计

社会距离	平均值	个案数	标准偏差
社会距离近	7.29452	292	1.446849
社会距离远	2.88087	298	1.050927
总计	5.06525	590	2.543422

表 24-129　社会距离单因素方差分析

	平方和	自由度	均方	F	显著性
组间	2873.046	1	2873.046	1802.566	0.000
组内	937.192	588	1.594	—	—
总计	3810.238	589	—	—	—

（2）情境性促进定向操控检验。

对于情境性促进定向实验组，操控前和操控后的调节定向得分进行配对样本T检验分析，结果表明，操控后的调节定向得分相对于操控前显著提高 [$M_{操控前}$ = 6.26 < $M_{操控后}$ = 6.95, t(293) = 17.143, p<0.05]，说明该实验组的情境性促进定向被激活，如表 24-130 和表 24-131 所示。

表 24-130　促进定向分组统计

促进定向	平均值	个案数	标准差
操控前	6.2636	294	0.45
操控后	6.9456	294	0.56

表 24-131　促进定向操控前后的配对样本T检验

		成对差分				t	df	Sig.（双侧）
		均值	标准差	均值的标准误	差分的95%置信区间 下限	差分的95%置信区间 上限			
对1	后促进定向 − 前促进定向	0.681973	0.682104	0.039781	0.603680	0.760266	17.143	293	0.000

单因素方差分析的结果显示，方差轻微不齐，6个促进定向实验组组间不存在显著差异，F(5, 288) = 0.865，p = 0.505 > 0.05。因此，促进定向操控成功，如表 24-132 和表 24-133 所示。

表 24-132　促进定向单因素方差分析

	平方和	df	均方	F	显著性
组间	1.381	5	0.276	0.865	0.505
组内	91.945	288	0.319	—	—
总数	93.327	293	—	—	—

表 24-133　各促进定向实验组的描述统计

组别	N	均值	标准差	标准误	均值的95%置信区间 下限	均值的95%置信区间 上限	极小值	极大值
2	48	6.86	0.82	0.12	6.62	7.10	5.56	8.78
4	48	6.91	0.45	0.06	6.78	7.04	6.11	7.89
6	49	6.92	0.37	0.05	6.81	7.02	6.00	7.67
8	52	6.92	0.61	0.08	6.75	7.09	5.67	8.00
10	48	7.07	0.56	0.08	6.91	7.24	5.78	8.00
12	49	6.99	0.48	0.07	6.86	7.13	6.11	8.00

对于情境性防御定向实验组，操控前和操控后的调节定向得分进行配对样本T分析，结果表明，操控后的防御定向得分相对于操控前显著降低 [$M_{操控后}$ = 5.42 < $M_{操控前}$ = 5.88, t(295) = −10.906, p<0.05]，说明该实验组的情境性防御定向被激活，如表 24-134 和表 24-135 所示。

表 24-134　防御定向分组统计

防御定向	平均值	个案数	标准偏差
操控前	5.88	296	0.58
操控后	5.42	296	0.47

表 24-135 防御定向操控前后的配对样本 T 检验

		成对差分					t	df	Sig.（双侧）
		均值	标准差	均值的标准误	差分的 95% 置信区间				
					下限	上限			
对 1	后防御定向 − 前防御定向	−0.467436	0.737372	0.042859	−0.551784	−0.383088	−10.906	295	0.000

单因素方差分析的结果显示，方差轻微不齐，6 个防御定向实验组组间不存在显著差异，F(5, 290) = 0.732，p = 0.600 > 0.05。因此，防御定向操控成功，如表 24-136 所示。

表 24-136 各防御定向实验组的描述统计

组别	N	均值	标准差	标准误	均值的 95% 置信区间		极小值	极大值
					下限	上限		
1	49	5.32	0.62	0.09	5.14	5.50	3.67	6.11
3	47	5.48	0.46	0.07	5.35	5.62	4.33	6.67
5	47	5.38	0.46	0.07	5.24	5.51	3.89	6.56
7	51	5.42	0.44	0.06	5.30	5.54	4.33	6.11
9	51	5.44	0.37	0.05	5.34	5.55	4.33	6.33
11	51	5.44	0.46	0.06	5.31	5.57	4.44	6.22
总数	296	5.42	0.47	0.03	5.36	5.47	3.67	6.67

（3）网店促销评价操控检验。

单因素方差分析的结果显示，方差轻微不齐，各实验组被试者对网店促销评价不存在显著性差异 [F(11,578) = 0.589，p = 0.838 > 0.05]，因此，可以忽略网店促销评价的干扰，如表 24-137 和表 24-138 所示。

表 24-137 网店促销评价分组统计

组别	N	均值	标准差	标准误	均值的 95% 置信区间		极小值	极大值
					下限	上限		
1	49	6.82	1.03	0.15	6.52	7.11	5.00	9.00
2	48	6.89	1.54	0.22	6.44	7.33	3.50	9.00
3	47	6.77	0.93	0.14	6.49	7.04	4.50	8.50
4	48	7.18	1.22	0.18	6.82	7.53	4.00	9.00
5	47	7.01	1.25	0.18	6.64	7.38	3.00	9.00
6	49	7.02	1.19	0.17	6.68	7.36	4.50	9.00
7	51	6.92	1.11	0.15	6.61	7.23	4.00	9.00
8	52	6.99	1.19	0.17	6.66	7.32	4.00	9.00
9	51	6.93	0.93	0.13	6.67	7.19	5.00	9.00
10	48	7.15	0.93	0.13	6.88	7.42	5.00	9.00
11	51	7.00	1.06	0.15	6.70	7.30	5.00	8.50
12	49	7.09	0.89	0.13	6.84	7.35	5.00	9.00

表 24-138 网店促销评价单因素方差分析

	平方和	自由度	均方	F	显著性
组间	8.137	11	0.740	0.589	0.838
组内	725.618	578	1.255	—	—
总计	733.756	589	—	—	—

（4）网购经验操控检验。

单因素方差分析的结果显示，方差齐性，各实验组被试者的网购经验在组间不存在显著性差异

[$F(11,578) = 0.417$,p = 0.949 > 0.05],因此,可以忽略网购经验的干扰,如表 24-139 和表 24-140 所示。

表 24-139 网购经验分组统计

组别	N	均值	标准差	标准误	均值的 95% 置信区间 下限	均值的 95% 置信区间 上限	极小值	极大值
1	49.00	7.33	1.21	0.17	6.98	7.67	4.50	9.00
2	48.00	7.43	1.24	0.18	7.07	7.79	4.00	9.00
3	47.00	7.64	1.10	0.16	7.32	7.96	4.50	9.00
4	48.00	7.67	1.15	0.17	7.33	8.00	4.50	9.00
5	47.00	7.48	1.04	0.15	7.17	7.78	5.00	9.00
6	49.00	7.38	1.16	0.17	7.04	7.71	3.00	9.00
7	51.00	7.53	0.91	0.13	7.27	7.79	5.50	9.00
8	52.00	7.48	1.06	0.15	7.19	7.78	4.50	9.00
9	51.00	7.41	1.01	0.14	7.13	7.70	5.00	9.00
10	48.00	7.43	1.02	0.15	7.13	7.72	5.00	9.00
11	51.00	7.46	1.08	0.15	7.16	7.76	5.00	9.00
12	49.00	7.56	1.13	0.16	7.24	7.89	5.00	9.00

表 24-140 网购经验单因素方差分析

	平方和	自由度	均方	F	显著性
组间	5.491	11	0.499	0.417	0.949
组内	691.804	578	1.197	—	—
总计	697.295	589	—	—	—

(5)网购涉入度操控检验。

单因素方差分析的结果显示,方差齐性,各实验组被试者的网购涉入度组间不存在显著性差异[$F(11,578) = 0.330$,p = 0.979 > 0.05],因此,可以忽略网购涉入度的干扰,如表 24-141 和表 24-142 所示。

表 24-141 研究 4a 各实验组网购涉入度的描述统计

组别	N	均值	标准差	标准误	均值的 95% 置信区间 下限	均值的 95% 置信区间 上限	极小值	极大值
1	49	7.36	1.36	0.19	6.97	7.75	3.50	9.00
2	48	7.26	1.36	0.20	6.87	7.66	2.50	9.00
3	47	7.39	1.25	0.18	7.03	7.76	4.50	9.00
4	48	7.46	1.27	0.18	7.09	7.83	4.50	9.00
5	47	7.41	1.33	0.19	7.02	7.80	4.00	9.00
6	49	7.38	1.51	0.22	6.94	7.81	2.00	9.00
7	51	7.43	1.18	0.17	7.10	7.76	3.50	9.00
8	52	7.64	0.90	0.13	7.39	7.90	6.00	9.00
9	51	7.35	1.09	0.15	7.05	7.66	5.00	9.00
10	48	7.41	1.02	0.15	7.11	7.70	5.00	9.00
11	51	7.33	1.12	0.16	7.02	7.65	4.50	9.00
12	49	7.29	1.07	0.15	6.98	7.59	5.00	9.00

表 24-142 网购涉入度单因素方差分析

	平方和	自由度	均方	F	显著性
组间	5.338	11	0.485	0.330	0.979
组内	850.291	578	1.471	—	—
总计	855.629	589	—	—	—

24.8.5.5 研究 4a 假设检验

检验研究假设 H1，即与赠品虚假相比，价格虚假（H1a）和时长虚假（H1b）对竞争网店的溢出效应更大。首先比较均值，发现价格虚假促销与时长虚假促销对溢出效应的影响大于赠品虚假促销（$M_{价格虚假促销}$ = -1.78，$M_{时长虚假促销}$ = -1.74，$M_{赠品虚假促销}$ = -1.41）。其次单因素方差分析显示三者均值存在显著差异 [$F(2, 587) = 5.306$，$p = 0.005 < 0.05$]，因此，研究假设 H1 成立，如表 24-143、表 24-144、表 24-145、表 24-146 所示。

表 24-143　溢出效应描述性统计

组别	N	均值	标准差	标准误	均值的 95% 置信区间 下限	均值的 95% 置信区间 上限	极小值	极大值
价格虚假促销	192	-1.78	1.23	0.09	-1.96	-1.61	-5.33	1.67
时长虚假促销	199	-1.74	1.33	0.09	-1.92	-1.55	-5.00	1.33
赠品虚假促销	199	-1.41	1.20	0.09	-1.57	-1.24	-4.67	1.00

表 24-144　方差齐性检验

Levene 统计量	df1	df2	显著性
1.872	2	587	0.155

表 24-145　溢出效应单因素方差分析

	平方和	df	均方	F	显著性
组间	16.725	2	8.363	5.306	0.005
组内	925.192	587	1.576	—	—
总数	941.917	589	—	—	—

表 24-146　促销类型对溢出效应影响的事后比较

促销类型	N	alpha = 0.05 的子集 1	alpha = 0.05 的子集 2
价格虚假促销	192	-1.78125	—
时长虚假促销	199	-1.73869	—
赠品虚假促销	199	—	-1.40536
显著性	—	0.737	1.000

（1）检验研究假设 H5。分析结果表明，虚假促销类型的主效应显著 [$F(2,587) = 5.521$，$p < 0.01$]、社会距离的主效应显著 [$F(1, 588) = 4.943$，$p < 0.05$]，定向调节影响不显著 [$F(1, 588) = 0.737$，$p = 0.391$]，虚假促销类型与社会距离交互项显著 [$F(2, 587) = 5.926$，$p < 0.01$]，社会距离与调节定向交互项不显著 [$F(2, 587) = 1.710$，$p = 0.191$]，虚假促销类型与调节定向交互项不显著 [$F(2, 587) = 0.600$，$p = 0.549$]，虚假促销类型、社会距离和调节定向三者交互项显著 [$F(2,587) = 8.996$，$p < 0.001$]，调节定向会进一步调节社会距离在虚假促销类型对竞争网店溢出效应影响过程中的调节作用，如表 24-147 所示。

表 24-147　促销类型、社会距离和定向调节对溢出效应的多因素方差分析

源	III 类平方和	自由度	均方	F	显著性
修正模型	76.082[a]	11	6.917	4.617	0.000
截距	1591.650	1	1591.650	1062.528	0.000
促销类型	16.540	2	8.270	5.521	0.004
社会距离	7.404	1	7.404	4.943	0.027

续表

源	III类平方和	自由度	均方	F	显著性
定向调节	1.105	1	1.105	0.737	0.391
促销类型 × 社会距离	17.754	2	8.877	5.926	0.003
促销类型 × 调节定向	1.797	2	0.898	0.600	0.549
社会距离 × 调节定向	2.562	1	2.562	1.710	0.191
促销类型 × 社会距离 × 调节定向	26.953	2	13.477	8.996	0.000
误差	865.835	578	1.498	—	—
总计	2529.000	590	—	—	—
修正后总计	941.917	589	—	—	—

（2）检验研究假设H5a，对促进定向、社会距离近的样本进行方差分析，结果表明，价格虚假、时长虚假和赠品虚假形成的溢出效应相似 [（$M_{价格虚假}$ = -1.88，$M_{时长虚假}$ = -1.81，$M_{赠品虚假}$ = -1.51，$F(2, 142)$ = 1.098，P = 0.336]，如表24-148和表24-149所示。

表24-148 促进定向、社会距离近时溢出效应描述统计

促销类型	平均值	个案数	标准偏差
价格虚假	-1.87500	48	1.291223
时长虚假	-1.80952	49	1.354006
赠品虚假	-1.51389	48	1.164808
总计	-1.73333	145	1.273907

表24-149 促进定向、社会距离近时溢出效应单因素方差分析

	平方和	自由度	均方	F	显著性
组间	3.559	2	1.780	1.098	0.336
组内	230.130	142	1.621	—	—
总计	233.689	144	—	—	—

随后对促进定向、社会距离远的样本进行方差分析，结果表明，价格虚假、时长虚假和赠品虚假形成的溢出效应相似 [$M_{价格虚假}$ = -1.74，$M_{时长虚假}$ = -1.64，$M_{赠品虚假}$ = -1.53，$F(2, 146)$ = 0.289，P = 0.749]，如表24-150和表24-151所示。

表24-150 促进定向、社会距离远时溢出效应描述统计

促销类型	平均值	个案数	标准偏差
价格虚假	-1.74306	48	1.281325
时长虚假	-1.64103	52	1.465428
赠品虚假	-1.53741	49	1.226287
总计	-1.63982	149	1.325153

表24-151 促进定向、社会距离远时溢出效应单因素方差分析

	平方和	自由度	均方	F	显著性
组间	1.025	2	0.513	0.289	0.749
组内	258.867	146	1.773	—	—
总计	259.893	148	—	—	—

因此，研究假设H5a得到支持，即当消费者处于促进定向，社会距离在虚假促销类型对竞争网店溢出效应的影响过程中不具有调节作用，也就是说，无论社会距离远近的虚假促销信息，虚假促销类型对

竞争网店的溢出效应不存在显著差异。

（3）检验研究假设 H5b，对防御定向、社会距离近的样本进行方差分析，结果表明，价格虚假、时长虚假和赠品虚假形成的溢出效应相似 [$M_{价格虚假}$ = -1.62，$M_{时长虚假}$ = -1.70，$M_{赠品虚假}$ = -2.01，$F(2, 144) = 1.584$, $P = 0.209$]，如表 24-152 和表 24-153 所示。

表 24-152　防御定向、社会距离近时溢出效应描述统计

促销类型	平均值	个案数	标准偏差
价格虚假	-1.61905	49	1.152694
时长虚假	-1.70213	47	1.280161
赠品虚假	-2.01307	51	1.070744
总计	-1.78231	147	1.172784

表 24-153　防御定向、社会距离近时溢出效应单因素方差分析

	平方和	自由度	均方	F	显著性
组间	4.324	2	2.162	1.584	0.209
组内	196.488	144	1.364	—	—
总计	200.812	146	—	—	—

随后对防御定向、社会距离远的样本进行方差分析，结果表明，价格虚假形成的溢出效应小于赠品虚假 [$M_{价格虚假}$ = -1.89，$M_{赠品虚假}$ = -1.41；$F(1, 244) = 6.255$，$p<0.05$]，并且时长虚假形成的溢出效应小于赠品虚假 [$M_{时长虚假}$ = -1.80，$M_{赠品虚假}$ = -1.41；$F(1, 248) = 4.421$，$p<0.05$]，如表 24-154、表 24-155、表 24-156、表 24-157 所示。

表 24-154　防御定向、社会距离远时溢出效应描述统计 1

促销类型	平均值	个案数	标准偏差
价格虚假	-1.89362	47	1.214061
赠品虚假	-1.40536	199	1.201315
总计	-1.49864	246	1.216570

表 24-155　防御定向、社会距离远时溢出效应单因素方差分析 1

	平方和	自由度	均方	F	显著性
组间	9.064	1	9.064	6.255	0.013
组内	353.547	244	1.449	—	—
总计	362.611	245	—	—	—

表 24-156　防御定向、社会距离远时溢出效应描述统计 2

促销类型	平均值	个案数	标准偏差
时长虚假	-1.80392	51	1.233201
赠品虚假	-1.40536	199	1.201315
总计	-1.48667	250	1.216079

表 24-157　防御定向、社会距离远时溢出效应单因素方差分析 2

	平方和	自由度	均方	F	显著性
组间	6.449	1	6.449	4.421	0.037
组内	361.785	248	1.459	—	—
总计	368.233	249	—	—	—

综上所述，假设 H5b 得到支持，即当消费者处于防御定向，社会距离在虚假促销类型对竞争网店溢出效应的影响过程中具有调节作用。具体表现为：当接受的是近社会距离他人遭遇虚假促销的信息时，

各类型虚假促销对竞争网店的溢出效应不存在显著差异;当接受的是远社会距离他人遭遇虚假促销的信息时,与赠品虚假相比,价格虚假和时长虚假对竞争网店的溢出效应更小。

检验感知不信任的中介效应,即检验研究假设H7。参照温忠麟、张雷和侯杰泰(2006)对检验中介效应分析的阐述,本书使用"依次检验回归系数法"检验感知不信任和感知质量的中介效应,分别建立3个回归方程,依次进行自变量到因变量、自变量到中介变量、自变量和中介变量到因变量的回归分析。

第一步,构建自变量(虚假促销类型)到因变量(溢出效应)的回归方程,数据显示回归方程显著(F = 8.831, P < 0.05),并且虚假促销类型到溢出效应的回归系数显著(β = 0.122, t = 2.972, P < 0.05),表明虚假促销类型与溢出效应存在显著相关关系,虚假促销类型正向影响消费者溢出效应,如表24-158和表24-159所示。

表24-158　虚假促销类型到溢出效应的回归方程

模型		平方和	自由度	均方	F	显著性
1	回归	13.938	1	13.938	8.831	0.003[b]
	残差	927.980	588	1.578	—	—
	总计	941.917	589	—	—	—

a. 因变量:溢出效应。
b. 预测变量:常量,促销类型。

表24-159　虚假促销类型到溢出效应的回归系数

模型		未标准化系数		标准化系数	t	显著性
		B	标准错误	Beta		
1	(常量)	−2.020	0.138	—	−14.649	0.000
	促销类型	0.189	0.064	0.122	2.972	0.003

因变量:溢出效应。

第二步,构建自变量(虚假促销类型)到中介变量(感知不信任)的回归方程,数据显示虚假促销类型到感知不信任的回归方程显著(F = 5.693, P<0.05),并且虚假促销类型到感知不信任的回归系数显著(β = 0.098, t = 2.386, P<0.05),如表24-160和表24-161所示。

表24-160　虚假促销类型到感知不信任的回归方程

模型		平方和	自由度	均方	F	显著性
1	回归	4.244	1	4.244	5.693	0.017[b]
	残差	438.377	588	0.746	—	—
	总计	442.621	589	—	—	—

a. 因变量:感知不信任。
b. 预测变量:常量,促销类型。

表24-161　虚假促销类型到感知不信任的回归系数

模型		未标准化系数		标准化系数	t	显著性
		B	标准错误	Beta		
1	(常量)	6.793	0.095	—	71.671	0.000
	促销类型	0.104	0.044	0.098	2.386	0.017

因变量:感知不信任。

第三步,构建自变量(虚假促销类型)和中介变量(感知不信任、感知质量)到因变量(溢出效应)的回归方程,数据显示虚假促销类型和感知不信任到溢出效应的回归方程显著(F = 8.021, P<0.05),虚

假促销类型到溢出效应的回归系数显著（β = 0.132，t = 3.234，p < 0.05），并且感知不信任到溢出效应的回归系数也显著（β = −0.109，t = −2.668，p < 0.05），因此，感知不信任在虚假促销类型影响溢出效应的过程中起到部分中介效应，中介效应部分成立，如表 24-162 和表 24-163 所示。

表 24-162　虚假促销类型和感知不信任到溢出效应的回归方程

模型		平方和	自由度	均方	F	显著性
1	回归	25.056	2	12.528	8.021	0.000[b]
	残差	916.861	587	1.562	—	—
	总计	941.917	589	—	—	—

a. 因变量：溢出效应。
b. 预测变量：常量，感知不信任，促销类型。

表 24-163　虚假促销类型和感知不信任到溢出效应的回归系数

模型		未标准化系数 B	标准错误	标准化系数 Beta	t	显著性
1	（常量）	−0.938	0.428	—	−2.192	0.029
	虚假促销类型	0.205	0.064	0.132	3.234	0.001
	感知不信任	−0.159	0.060	−0.109	−2.668	0.008

因变量：溢出效应。

24.8.6　研究 4b 前测实验

24.8.6.1　研究 4b 前测样本

前测实验通过问卷平台编辑、分发及回收问卷，共有 163 人参与前测实验，其中，低深度—近社会距离—防御组有 21 人，低深度—近社会距离—促进组有 21 人，低深度—远社会距离—防御组有 17 人，低深度—远社会距离—促进组有 21 人，高深度—近社会距离—防御组有 21 人，高深度—近社会距离—促进组有 22 人，高深度—远社会距离—防御组有 20 人，高深度—远社会距离—促进组有 20 人。男性样本有 78 个，女性样本有 85 个。为了检验性别是否会显著影响研究变量和操控变量，本书采取单因素方差分析进行检验。单因素方差分析显示，性别对各变量的影响不具备明显差异（p > 0.05），如表 24-164、表 24-165、表 24-166 所示。

表 24-164　样本分组统计

	频率	百分比 /%	有效百分比 /%	累积百分比 /%
低深度—近社会距离—防御	21	12.9	12.9	12.9
低深度—近社会距离—促进	21	12.9	12.9	25.8
低深度—远社会距离—防御	17	10.4	10.4	36.2
低深度—远社会距离—促进	21	12.9	12.9	49.1
高深度—近社会距离—防御	21	12.9	12.9	62.0
高深度—近社会距离—促进	22	13.5	13.5	75.5
高深度—远社会距离—防御	20	12.3	12.3	87.7
高深度—远社会距离—促进	20	12.3	12.3	100.0
总计	163	100.0	100.0	—

表 24-165　性别描述性统计

性别	频率	百分比 /%	有效百分比 /%	累积百分比 /%
男	78	47.9	47.9	47.9
女	85	52.1	52.1	100.0
总计	163	100.0	100.0	—

表 24-166　性别对各变量的描述性统计

		平方和	自由度	均方	F	显著性
网店促销评价	组间	0.031	1	0.031	0.050	0.824
	组内	101.748	161	0.632	—	—
	总计	101.779	162	—	—	—
溢出效应	组间	1.265	1	1.265	1.903	0.170
	组内	107.067	161	0.665	—	—
	总计	108.333	162	—	—	—
感知不信任	组间	0.004	1	0.004	0.012	0.915
	组内	53.225	161	0.331	—	—
	总计	53.229	162	—	—	—
虚假促销深度	组间	0.403	1	0.403	0.391	0.533
	组内	165.891	161	1.030	—	—
	总计	166.294	162	—	—	—
社会距离	组间	7.790	1	7.790	1.545	0.216
	组内	812.007	161	5.044	—	—
	总计	819.798	162	—	—	—
网购经验	组间	0.489	1	0.489	0.760	0.385
	组内	103.643	161	0.644	—	—
	总计	104.132	162	—	—	—
网购涉入度	组间	0.950	1	0.950	1.302	0.256
	组内	117.437	161	0.729	—	—
	总计	118.387	162	—	—	—

其中，高中学历有 15 人，大专学历有 37 人，本科学历有 99 人，研究生学历有 12 人。为了检验学历是否会显著影响研究变量和操控变量，本书采取单因素方差分析进行检验。单因素方差分析显示，学历对各变量没有显著影响（p > 0.05），如表 24-167 和表 24-168 所示。

表 24-167　学历描述性统计

学历	频率	百分比 /%	有效百分比 /%	累积百分比 /%
高中	15	9.2	9.2	9.2
大专	37	22.7	22.7	31.9
本科	99	60.7	60.7	92.6
研究生	12	7.4	7.4	100.0
总计	163	100.0	100.0	—

表 24-168　学历对各变量的单因素方差分析

		平方和	自由度	均方	F	显著性
网店促销评价	组间	2.301	3	0.767	1.226	0.302
	组内	99.478	159	0.626	—	—
	总计	101.779	162	—	—	—
溢出效应	组间	1.660	3	0.553	0.825	0.482
	组内	106.672	159	0.671	—	—
	总计	108.333	162	—	—	—
感知不信任	组间	0.554	3	0.185	0.558	0.644
	组内	52.674	159	0.331	—	—
	总计	53.229	162	—	—	—
虚假促销深度	组间	1.781	3	0.594	0.574	0.633
	组内	164.513	159	1.035	—	—
	总计	166.294	162	—	—	—

续表

		平方和	自由度	均方	F	显著性
社会距离	组间	17.217	3	5.739	1.137	0.336
	组内	802.581	159	5.048	—	—
	总计	819.798	162	—	—	—
网购经验	组间	3.076	3	1.025	1.613	0.188
	组内	101.056	159	0.636	—	—
	总计	104.132	162	—	—	—
网购涉入度	组间	2.042	3	0.681	0.930	0.428
	组内	116.344	159	0.732	—	—
	总计	118.387	162	—	—	—

其中，18岁以下有15人，18～25岁有67人，26～33岁有50人，34～41岁有31人。为了检验年龄是否会显著影响研究变量和操控变量，本书采取单因素方差分析进行检验。单因素方差分析显示，年龄对各变量没有显著影响（$p > 0.05$），如表24-169和表24-170所示。

表24-169　年龄描述性统计

年龄	频率	百分比/%	有效百分比/%	累积百分比/%
18岁以下	15	9.2	9.2	9.2
18～25岁	67	41.1	41.1	50.3
26～33岁	50	30.7	30.7	81.0
34～41岁	31	19.0	19.0	100.0
总计	163	100.0	100.0	—

表24-170　年龄对各变量的单因素方差分析

		平方和	自由度	均方	F	显著性
网店促销评价	组间	0.630	3	0.210	0.330	0.804
	组内	101.150	159	0.636	—	—
	总计	101.779	162	—	—	—
溢出效应	组间	1.037	3	0.346	0.512	0.674
	组内	107.296	159	0.675	—	—
	总计	108.333	162	—	—	—
感知不信任	组间	0.829	3	0.276	0.838	0.475
	组内	52.400	159	0.330	—	—
	总计	53.229	162	—	—	—
虚假促销深度	组间	0.883	3	0.294	0.283	0.838
	组内	165.412	159	1.040	—	—
	总计	166.294	162	—	—	—
社会距离	组间	2.658	3	0.886	0.172	0.915
	组内	817.139	159	5.139	—	—
	总计	819.798	162	—	—	—
网购经验	组间	2.794	3	0.931	1.461	0.227
	组内	101.338	159	0.637	—	—
	总计	104.132	162	—	—	—
网购涉入度	组间	4.846	3	1.615	2.262	0.083
	组内	113.541	159	0.714	—	—
	总计	118.387	162	—	—	—

24.8.6.2 研究 4b 变量描述

按照虚假促销深度、社会距离和调节定向的交互，对实验各变量均值与标准差进行测量，结果如表 24-171 所示。

表 24-171 前测实验变量描述

组别		网店促销评价	溢出效应	感知不信任	虚假促销深度	社会距离	网购经验	网购涉入度
1	平均值	6.90476	−2.52381	7.20238	6.52	7.33333	7.45238	7.19048
	N	21	21	21	21	21	21	21
	标准偏差	0.700340	0.764282	0.491293	0.680	1.099242	0.705421	0.967938
2	平均值	6.85714	−1.93651	7.07143	6.38	6.71429	7.52381	7.42857
	N	21	21	21	21	21	21	21
	标准偏差	0.792825	0.523015	0.798995	0.865	0.830232	0.641798	0.898411
3	平均值	6.79412	−1.27451	6.98529	7.00	3.17647	7.73529	7.61765
	N	17	17	17	17	17	17	17
	标准偏差	0.884923	0.756778	0.399908	0.935	0.846706	0.772934	0.600245
4	平均值	7.00000	−2.06349	6.97619	6.10	2.97619	7.47619	7.54762
	N	21	21	21	21	21	21	21
	标准偏差	1.140175	1.003433	0.460331	0.889	1.553031	0.813575	0.773058
5	平均值	7.21429	−2.53968	7.08333	7.19	6.90476	7.21429	7.47619
	N	21	21	21	21	21	21	21
	标准偏差	0.643650	0.510731	0.555278	0.750	1.113767	0.783764	0.901058
6	平均值	7.31818	−1.60606	7.04545	7.36	7.04545	7.88636	7.45455
	N	22	22	22	22	22	22	22
	标准偏差	0.838727	0.780966	0.697087	0.902	0.924650	0.999188	1.010765
7	平均值	7.12500	−2.16667	7.12500	7.35	2.92500	7.70000	7.82500
	N	20	20	20	20	20	20	20
	标准偏差	0.625658	0.662266	0.604261	0.933	0.544711	0.615587	0.748244
8	平均值	7.02500	−1.78333	7.02500	7.10	2.95000	7.70000	7.00000
	N	20	20	20	20	20	20	20
	标准偏差	0.549521	0.711435	0.499342	1.334	0.971976	0.923381	0.668856
总计	平均值	7.03681	−2.00204	7.06595	6.87	5.08589	7.58282	7.43865
	N	163	163	163	163	163	163	163
	标准偏差	0.792633	0.817753	0.573211	1.013	2.249551	0.801742	0.854857

24.8.6.3 研究 4b 测量质量

测项信度（Cronbach's α）分析显示，感知不信任信度为 0.709，网店促销评价信度为 0.758，网购经验信度为 0.799，消费者涉入度信度为 0.810。由于本书量表均参考前人的成熟量表，因此，量表信度有保障，如表 24-172、表 24-173、表 24-174、表 24-175 所示。

表 24-172 感知不信任信度

Cronbach's α	项数
0.709	4

表 24-173 网店促销评价信度

Cronbach's α	项数
0.758	2

表 24-174　网购经验信度

Cronbach`s α	项数
0.799	2

表 24-175　消费者涉入度信度

Cronbach`s α	项数
0.810	2

24.8.6.4　研究 4b 操控检验

一是网店促销评价操控检验。被试者对网店促销评价在虚假促销深度、虚假程度和社会距离 8 种交互的交互情况下不存在显著性差异［$F(7,155) = 1.057$，$p = 0.394 > 0.05$］，说明网店促销评价较高及网店促销评价的组间差异性被成功操控，如表 24-176 和表 24-177 所示。

表 24-176　网店促销评价分组统计

组别	平均值	N	标准偏差
1	6.90476	21	0.700340
2	6.85714	21	0.792825
3	6.79412	17	0.884923
4	7.00000	21	1.140175
5	7.21429	21	0.643650
6	7.31818	22	0.838727
7	7.12500	20	0.625658
8	7.02500	20	0.549521
总计	7.03681	163	0.792633

表 24-177　网店促销评价单因素方差分析

	平方和	自由度	均方	F	显著性
组间	4.635	7	0.662	1.057	0.394
组内	97.144	155	0.627	—	—
总计	101.779	162	—	—	—

二是网购经验操控检验。被试者对网购经验在虚假促销深度、虚假程度和社会距离 8 种交互的交互情况下不存在显著性差异［$F(7,155) = 1.472$，$p = 0.181 > 0.05$］，说明网购经验较高及网购经验的组间差异性被成功操控，如表 24-178 和表 24-179 所示。

表 24-178　网购经验分组统计

组别	平均值	N	标准偏差
1	7.45238	21	0.705421
2	7.52381	21	0.641798
3	7.73529	17	0.772934
4	7.47619	21	0.813575
5	7.21429	21	0.783764
6	7.88636	22	0.999188
7	7.70000	20	0.615587
8	7.70000	20	0.923381
总计	7.58282	163	0.801742

表 24-179　网购经验单因素方差分析

	平方和	自由度	均方	F	显著性
组间	6.493	7	0.928	1.472	.181
组内	97.639	155	0.630	—	—
总计	104.132	162	—	—	—

三是网购涉入度操控检验。被试者对网购涉入度在虚假促销深度、虚假程度和社会距离 8 种交互的交互情况下不存在显著性差异 [F(7,155) = 1.813，p = 0.088 > 0.05]，说明网购涉入度较高及网购涉入度的组间差异性被成功操控，如表 24-180 和表 24-181 所示。

表 24-180　网购涉入度分组统计

组别	平均值	N	标准偏差
1	7.19048	21	0.967938
2	7.42857	21	0.898411
3	7.61765	17	0.600245
4	7.54762	21	0.773058
5	7.47619	21	0.901058
6	7.45455	22	1.010765
7	7.82500	20	0.748244
8	7.00000	20	0.668856
总计	7.43865	163	0.854857

表 24-181　网购涉入度单因素方差分析

	平方和	自由度	均方	F	显著性
组间	8.958	7	1.280	1.813	0.088
组内	109.428	155	0.706	—	—
总计	118.387	162	—	—	—

四是社会距离操控检验。方差分析结果显示，社会距离远近组间存在显著差异 [$M_{社会距离近}$ = 7.00，$M_{社会距离远}$ = 3.00；F(1,161) = 619.991，p<0.001]。因此，社会距离操控成功，如表 24-182 和表 24-183 所示。

表 24-182　社会距离分组统计

社会距离	平均值	N	标准偏差
近	7.00000	85	1.005935
远	3.00000	78	1.044466
总计	5.08589	163	2.249551

表 24-183　社会距离单因素方差分析

	平方和	自由度	均方	F	显著性
组间	650.798	1	650.798	619.991	0.000
组内	169.000	161	1.050	—	—
总计	819.798	162	—	—	—

五是虚假促销深度操控检验。单因素方差分析结果显示，虚假促销深度高低组间存在显著差异 [$M_{虚假促销深度低}$ = 6.48，$M_{虚假促销深度高}$ = 7.25；F(1,161) = 28.029，p<0.001]。因此，虚假促销深度操控成功，如表 24-184 和表 24-185 所示。

表 24-184 虚假促销深度分组统计

虚假促销深度	平均值	N	标准偏差
低	6.48	80	0.886
高	7.25	83	0.986
总计	6.87	163	1.013

表 24-185 虚假促销深度单因素方差分析

	平方和	自由度	均方	F	显著性
组间	24.658	1	24.658	28.029	0.000
组内	141.637	161	0.880	—	—
总计	166.294	162	—	—	—

六是调节定向操控检验。对于情境性促进定向实验组，操控前和操控后的调节定向得分进行方差分析，结果表明，操控后的调节定向得分相对于操控前显著提高[$M_{操控前}=6.38<M_{操控后}=7.02$, $F(1, 166)=56.941$, $p<0.05$]，说明该实验组的情境性促进定向被激活。对于情境性防御定向实验组，操控前和操控后的调节定向得分进行方差分析，结果表明，操控后的调节定向得分相对于操控前显著降低[$M_{操控前}=5.83<M_{操控后}=5.59$, $F(1, 156)=5.845$, $p<0.05$]，说明该实验组的情境性防御定向被激活。因此，调节定向操控成功，如表 24-186、表 24-187、表 24-188、表 24-189 所示。

表 24-186 促进定向分组统计

	平均值	N	标准偏差
操控前	6.3790	84	0.64747
操控后	7.0158	84	0.42326
总计	6.6974	168	0.63199

表 24-187 促进定向单因素方差分析

	平方和	自由度	均方	F	显著性
组间	17.036	1	17.036	56.941	0.000
组内	49.665	166	0.299	—	—
总计	66.701	167	—	—	—

表 24-188 防御定向分组统计

	平均值	N	标准偏差
操控前	5.8259	79	0.71427
操控后	5.5935	79	0.46906
总计	5.7097	158	0.61349

表 24-189 防御定向单因素方差分析

	平方和	自由度	均方	F	显著性
组间	2.134	1	2.134	5.845	0.017
组内	56.956	156	0.365	—	—
总计	59.090	157	—	—	—

综上所述，前测实验表明问卷刺激物设计成功，量表可靠，因此，可进行正式实验检验研究假设。

24.8.7 研究 4b 正式实验

24.8.7.1 研究 4b 样本描述

本书通过网络发放问卷的方式收集数据，共有 456 名大学生参加正式实验，有效样本总量为 425

个。其中，低深度—近社会距离—防御组有56人，低深度—近社会距离—促进组有51，低深度—远社会距离—防御组有48人，低深度—远社会距离—促进组有55人，高深度—近社会距离—防御组有56人，高深度—近社会距离—促进组有53人，高深度—远社会距离—防御组有56人，高深度—远社会距离—促进组有50人。男性样本有208个，占比48.9%，女性样本有217人，占比51.3%。为了检验性别是否会显著影响研究变量和操控变量，本书采取单因素方差分析进行检验。单因素方差分析显示，性别对各变量无显著影响（$p > 0.05$）。

其中，初中学历有1人，高中学历有35人，大专学历有105人，本科学历有255人，研究生学历有29人。为了检验学历是否会显著影响研究变量和操控变量，本书采取单因素方差分析进行检验。单因素方差分析显示，学历对各变量无显著影响（$p > 0.05$）。

同时，18岁以下有36人，18～25岁有166人，26～33岁有131人，34～41岁有92人。为了检验年龄是否会显著影响研究变量和操控变量，本书采取单因素方差分析进行检验。单因素方差分析显示，年龄对各变量无显著影响（$p > 0.05$）。

24.8.7.2 研究4b变量描述

按照虚假促销深度、社会距离和调节定向的交互，对实验各变量均值与标准差进行测量，结果如表24-190所示。

表24-190 正式实验变量描述性统计

组别		溢出效应	网店促销评价	感知不信任	虚假促销深度	社会距离	网购经验	网购涉入度
1	平均值	-2.40476	6.95536	6.97768	6.52	7.26786	7.56250	7.45536
	N	56	56	56	56	56	56	56
	标准偏差	0.756692	0.669306	0.539943	0.660	1.163710	0.720243	0.838162
2	平均值	-1.89542	7.04902	7.01471	6.47	7.00000	7.30392	7.46078
	N	51	51	51	51	51	51	51
	标准偏差	0.681470	0.813971	0.673446	0.833	0.877496	0.775103	0.747283
3	平均值	-1.05556	6.84375	6.81771	6.37	2.81250	7.60417	7.35417
	N	48	48	48	48	48	48	48
	标准偏差	0.837460	0.923432	0.645647	1.003	0.878980	0.764633	0.811869
4	平均值	-1.89091	7.18182	6.95455	6.24	2.93636	7.56364	7.37273
	N	55	55	55	55	55	55	55
	标准偏差	0.855999	0.904534	0.538110	0.999	1.414392	0.822454	0.740484
5	平均值	-2.46429	7.09821	7.12500	7.34	7.38393	7.33929	7.53571
	N	56	56	56	56	56	56	56
	标准偏差	0.823097	0.709799	0.537249	0.837	1.144120	0.720525	0.761918
6	平均值	-1.96226	7.22642	7.12736	7.49	7.34906	7.58491	7.40566
	N	53	53	53	53	53	53	53
	标准偏差	0.916749	0.885601	0.690984	1.012	0.907156	0.875609	0.925372
7	平均值	-2.44048	7.13393	7.30357	7.46	2.93750	7.59821	7.56250
	N	56	56	56	56	56	56	56
	标准偏差	0.757740	0.621516	0.621059	0.894	0.654095	0.649613	0.894745
8	平均值	-1.92000	6.98000	7.19500	7.36	2.67000	7.48000	7.21000
	N	50	50	50	50	50	50	50
	标准偏差	0.866510	0.514682	0.510827	1.102	0.889909	0.782200	0.749762
总计	平均值	-2.02510	7.06235	7.06765	6.91	5.08588	7.50471	7.42353
	N	425	425	425	425	425	425	425
	标准偏差	0.912238	0.768786	0.608979	1.050	2.431910	0.767086	0.812295

24.8.7.3 研究 4b 测量质量

测项信度（Cronbach's α）分析显示，感知不信任信度为 0.712，网店促销信评价信度为 0.723，网购经验信度为 0.753，网购涉入度信度为 0.816。由于本书量表均参考前人的成熟量表，因此，量表信度有保障，如表 24-191、表 24-192、表 24-193、表 24-194 所示。

表 24-191 感知不信任信度

Cronbach's α	项数
0.712	4

表 24-192 网店促销评价信度

Cronbach's α	项数
0.723	2

表 24-193 网购经验信度

Cronbach's α	项数
0.753	2

表 24-194 网购涉入度信度

Cronbach's α	项数
0.816	2

24.8.7.4 研究 4b 操控检验

一是网店促销评价操控检验。被试者对网店促销评价在虚假促销深度、虚假程度和社会距离 8 种交互的交互情况下不存在显著性差异 [$F(7,417) = 1.425$，$p = 0.193 > 0.05$]，说明网店促销评价较高及网店促销评价的组间差异性被成功操控，如表 24-195 和表 24-196 所示。

表 24-195 网店促销评价分组统计

组别	平均值	N	标准偏差
1	6.95536	56	0.669306
2	7.04902	51	0.813971
3	6.84375	48	0.923432
4	7.18182	55	0.904534
5	7.09821	56	0.709799
6	7.22642	53	0.885601
7	7.13393	56	0.621516
8	6.98000	50	0.514682
总计	7.06235	425	0.768786

表 24-196 网店促销评价单因素方差分析

	平方和	自由度	均方	F	显著性
组间	5.853	7	0.836	1.425	0.193
组内	244.744	417	0.587	—	—
总计	250.598	424	—	—	—

二是网购经验操控检验。被试者对网购经验在虚假促销深度、虚假程度和社会距离 8 种交互的交互情况下不存在显著性差异 [$F(7,417) = 1.294$，$p = 0.252 > 0.05$]，说明网购经验较高及网购经验的组间差异性被成功操控，如表 24-197 和表 24-198 所示。

表 24-197　网购经验分组统计

组别	平均值	N	标准偏差
1	7.56250	56	0.720243
2	7.30392	51	0.775103
3	7.60417	48	0.764633
4	7.56364	55	0.822454
5	7.33929	56	0.720525
6	7.58491	53	0.875609
7	7.59821	56	0.649613
8	7.48000	50	0.782200
总计	7.50471	425	0.767086

表 24-198　网购经验单因素方差分析

	平方和	自由度	均方	F	显著性
组间	5.302	7	0.757	1.294	0.252
组内	244.188	417	0.586	—	—
总计	249.491	424	—	—	—

三是网购涉入度操控检验。被试者对网购涉入度在虚假促销深度、虚假程度和社会距离 8 种交互的交互情况下不存在显著性差异［$F(7,417) = 0.992$，$p = 0.436 > 0.05$］，说明网购涉入度较高及网购涉入度的组间差异性被成功操控，如表 24-199 和表 24-200 所示。

表 24-199　网购涉入度分组统计

组别	平均值	N	标准偏差
1	7.45536	56	0.838162
2	7.46078	51	0.747283
3	7.35417	48	0.811869
4	7.37273	55	0.740484
5	7.53571	56	0.761918
6	7.40566	53	0.925372
7	7.56250	56	0.894745
8	7.21000	50	0.749762
总计	7.42353	425	0.812295

表 24-200　网购涉入度单因素方差分析

	平方和	自由度	均方	F	显著性
组间	4.583	7	0.655	0.992	0.436
组内	275.181	417	0.660	—	—
总计	279.765	424	—	—	—

四是社会距离操控检验。方差分析结果显示，社会距离远近组间存在显著差异［$M_{社会距离近} = 7.25$，$M_{社会距离远} = 2.84$；$F(1, 423) = 1978.498$，$p < 0.001$］。因此，社会距离操控成功，如表 24-201 和表 24-202 所示。

表 24-201　社会距离分组统计

社会距离	平均值	N	标准偏差
近	7.25463	216	1.039891
远	2.84450	209	1.002871
总计	5.08588	425	2.431910

表 24-202　社会距离单因素方差分析

	平方和	自由度	均方	F	显著性
组间	2065.924	1	2065.924	1978.498	0.000
组内	441.692	423	1.044	—	—
总计	2507.615	424	—	—	—

五是虚假促销深度操控检验。方差分析结果显示，社会距离高低组间存在显著差异[$M_{虚假促销深度低}$ = 6.40，$M_{虚假促销深度高}$ = 7.41；$F(1, 423) = 128.850$，$p < 0.001$]。因此，虚假促销深度操控成功，如表 24-203 和表 24-204 所示。

表 24-203　虚假促销深度分组统计

虚假促销深度	平均值	N	标准偏差
低	6.40	210	0.881
高	7.41	215	0.957
总计	6.91	425	1.050

表 24-204　虚假促销深度单因素方差分析

	平方和	自由度	均方	F	显著性
组间	109.221	1	109.221	128.850	0.000
组内	358.558	423	0.848	—	—
总计	467.779	424	—	—	—

六是调节定向操控检验。对于情境性促进定向实验组，操控前和操控后的调节定向得分进行方差分析，结果表明，操控后的调节定向得分相对于操控前显著提高[$M_{操控前}$ = 6.34 < $M_{操控后}$ = 6.92，$F(1, 415) = 133.316$，$p < 0.05$]，说明该实验组的情境性促进定向被激活。对于情境性防御定向实验组，操控前和操控后的调节定向得分进行方差分析，结果表明，操控后的调节定向得分相对于操控前显著降低[$M_{操控前}$ = 5.88 > $M_{操控后}$ = 5.48，$F(1, 430) = 54.944$，$p < 0.05$]，说明该实验组的情境性防御定向被激活。因此，调节定向操控成功，如表 24-205、表 24-206、表 24-207、表 24-208 所示。

表 24-205　促进定向分组统计

	平均值	N	标准偏差	标准错误
操控前	6.3365	208	0.59812	0.04147
操控后	6.9155	209	0.40852	0.02826
总计	6.6267	417	0.58775	0.02878

表 24-206　促进定向单因素方差分析

	平方和	自由度	均方	F	显著性
组间	34.940	1	34.940	133.316	0.000
组内	108.766	415	0.262	—	—
总计	143.706	416	—	—	—

表 24-207　防御定向分组统计

	平均值	N	标准偏差	标准错误
操控前	5.8796	—	0.65679	0.04469
操控后	5.4779	216	0.45071	0.03067
总计	5.6788	216	0.59747	0.02875

表 24-208 防御定向单因素方差分析

	平方和	自由度	均方	F	显著性
组间	17.432	1	17.432	54.944	0.000
组内	136.421	430	0.317	—	—
总计	153.853	431	—	—	—

24.8.7.5 研究 4b 假设检验

检验研究假设 H2，即虚假促销深度越高，虚假促销对竞争网店促销的溢出效应越大。首先，比较均值，发现虚假促销深度高对溢出效应的影响大于虚假促销深度低（$M_{虚假促销深度高} = -2.21$，$M_{虚假促销深度低} = -1.84$）。其次，单因素方差分析显示三者均值存在显著差异 [$F(1, 423) = 18.150$，$p = 0.000 < 0.05$]，因此，假设 H2 得到验证，如表 24-209 和表 24-210 所示。

表 24-209 溢出效应描述性统计 1

虚假促销深度	平均值	N	标准偏差
低	−1.83810	210	0.914895
高	−2.20775	215	0.873780
总计	−2.02510	425	0.912238

表 24-210 溢出效应单因素方差分析 1

	平方和	自由度	均方	F	显著性
组间	14.517	1	14.517	18.150	0.000
组内	338.327	423	0.800	—	—
总计	352.843	424	—	—	—

检验研究假设 H6，即调节定向会进一步调节社会距离在虚假促销深度对竞争网店促销溢出效应影响过程中的调节作用。分析结果表明，虚假促销深度显著 [$F(1, 417) = 23.682$，$p < 0.01$]、社会距离影响显著 [$F(1, 590) = 20.119$，$p < 0.05$]，调节定向影响显著 [$F(1, 590) = 4.842$，$p < 0.05$]，虚假促销深度与社会距离交互项显著 [$F(1, 417) = 16.548$，$p < 0.01$]，社会距离与调节定向交互项显著 [$F(1, 417) = 17.555$，$p < 0.01$]，虚假促销深度与调节定向交互项显著 [$F(1, 417) = 18.150$，$p < 0.01$]，虚假促销深度、社会距离和调节定向三者交互项显著 [$F(1, 417) = 18.546$，$p < 0.001$]，因此，调节定向会进一步调节社会距离在虚假促销深度对竞争网店促销溢出效应影响过程中的调节作用，如表 24-211 所示。

表 24-211 虚假促销深度、社会距离和调节定向对溢出效应的多因素方差分析

	III 类平方和	自由度	均方	F	显著性
修正模型	76.266a	7	10.895	16.427	0.000
截距	1701.806	1	1701.806	2565.839	0.000
虚假促销深度	15.707	1	15.707	23.682	0.000
社会距离	13.344	1	13.344	20.119	0.000
调节定向	3.211	1	3.211	4.842	0.028
虚假促销深度 × 社会距离	10.976	1	10.976	16.548	0.000
社会距离 × 调节定向	11.644	1	11.644	17.555	0.000
虚假促销深度 × 调节定向	12.038	1	12.038	18.150	0.000
虚假促销深度 × 社会距离 × 调节定向	12.301	1	12.301	18.546	0.000
误差	276.577	417	0.663	—	—
总计	2095.778	425	—	—	—
修正后总计	352.843	424	—	—	—

检验研究假设 H6a，即当虚假促销深度高时，调节定向对社会距离在虚假促销对竞争网店促销溢出效应的影响过程中不具有调节作用，也就是说，无论社会距离远近的虚假促销信息，焦点网店虚假促销对竞争网店促销的溢出效应不存在显著差异。对促进定向、社会距离近的样本进行方差分析，结果表明，虚假促销深度高低形成的溢出效应相似 [$M_{虚假促销深度低}=-1.90$，$M_{虚假促销深度高}=-1.96$，$F(1, 102)=0.177$，$p=0.675$]，如表 14-212 和表 24-213 所示。

表 24-212 溢出效应描述性统计 2

虚假促销深度	平均值	N	标准偏差
低	−1.89542	51	0.681470
高	−1.96226	53	0.916749
总计	−1.92949	104	0.806758

表 24-213 溢出效应单因素方差分析 2

	平方和	自由度	均方	F	显著性
组间	0.116	1	0.116	0.177	0.675
组内	66.922	102	0.656	—	—
总计	67.038	103	—	—	—

对促进定向、社会距离远的样本进行方差分析，结果表明，虚假促销深度高低形成的溢出效应相似 [$M_{虚假促销深度低}=-1.89$，$M_{虚假促销深度高}=-1.92$，$F(1, 103)=0.030$，$p=0.863$]，如表 24-214 和表 24-215 所示。

表 24-214 溢出效应描述性统计 3

虚假促销深度	平均值	N	标准偏差
低	−1.89091	55	0.855999
高	−1.92000	50	0.866510
总计	−1.90476	105	0.856990

表 24-215 溢出效应单因素方差分析 3

	平方和	自由度	均方	F	显著性
组间	0.022	1	0.022	0.030	0.863
组内	76.359	103	0.741	—	—
总计	76.381	104	—	—	—

因此，研究假设 H6a 得到支持，即当虚假促销深度高时，调节定向对社会距离在虚假促销对竞争网店促销溢出效应的影响过程中不具有调节作用，也就是说，无论虚假促销信息的社会距离远近，焦点网店虚假促销对竞争网店促销的溢出效应不存在显著差异。

检验研究假设 H6b，即当虚假促销深度低时，调节定向对社会距离在虚假促销对竞争网店促销溢出效应的影响过程中具有调节作用。具体表现为：当消费者处于促进定向，无论虚假促销信息的社会距离远近，焦点网店虚假促销对竞争网店促销的溢出效应不存在显著差异；当消费者处于防御定向，相比于接受的是远社会距离他人遭遇虚假促销的信息，接受的是近社会距离他人遭遇虚假促销的信息时，虚假促销对竞争网店促销的溢出效应更大。对防御定向、社会距离近的样本进行方差分析，结果表明，虚假促销深度高低形成的溢出效应相似 [$M_{虚假促销深度低}=-2.40$，$M_{虚假促销深度高}=-2.46$，$F(1, 110)=0.159$，$p=0.691$]，如表 24-216 和表 24-217 所示。

表 24-216　溢出效应描述性统计 4

虚假促销深度	平均值	N	标准偏差
低	−2.40476	56	0.756692
高	−2.46429	56	0.823097
总计	−2.43452	112	0.787591

表 24-217　溢出效应单因素方差分析 4

	平方和	自由度	均方	F	显著性
组间	0.099	1	0.099	0.159	0.691
组内	68.754	110	0.625	—	—
总计	68.853	111	—	—	—

对防御定向、社会距离远的样本进行方差分析，结果表明，虚假促销深度高低形成的溢出效应相似[$M_{虚假促销深度低}$ = −1.06，$M_{虚假促销深度高}$ = −2.44，$F(1, 102)$ = 78.343，$p < 0.001$]，如表 24-218 和表 24-219 所示。

表 24-218　溢出效应描述性统计 5

溢出效应

虚假促销深度	平均值	N	标准偏差
低	−1.05556	48	0.837460
高	−2.44048	56	0.757740
总计	−1.80128	104	1.052576

表 24-219　溢出效应单因素方差分析 5

溢出效应

	平方和	自由度	均方	F	显著性
组间	49.573	1	49.573	78.343	0.000
组内	64.542	102	0.633	—	—
总计	114.115	103	—	—	—

综上所述，研究假设 H6b 得到支持，即当虚假促销深度低时，调节定向对社会距离在虚假促销对竞争网店促销溢出效应的影响过程中具有调节作用。具体表现为：当消费者处于促进定向，无论虚假促销信息的社会距离远近，焦点网店虚假促销对竞争网店促销的溢出效应不存在显著差异；当消费者处于防御定向，相比于接受的是远社会距离他人遭遇虚假促销的信息，接受的是近社会距离他人遭遇虚假促销的信息时，虚假促销对竞争网店促销的溢出效应更大。

检验研究假设 H7，即感知不信任在焦点网店虚假促销对竞争网店促销的溢出效应影响过程中起中介作用。参照温忠麟、张雷和侯杰泰（2006）对检验中介效应分析的阐述，本书使用"依次检验回归系数法"检验感知不信任和感知质量的中介效应，分别建立三个回归方程，依次进行自变量到因变量、自变量到中介变量、自变量和中介变量到因变量的回归分析。

第一步，构建自变量（虚假促销深度）到因变量（溢出效应）的回归方程，数据显示回归方程显著（F = 18.150，$p < 0.05$），并且虚假促销深度到溢出效应的回归系数显著（β = −0.203，t = −4.260，$p < 0.05$），表明虚假促销深度与溢出效应存在显著相关关系，虚假促销深度显著影响消费者溢出效应，如表 24-220 和表 24-221 所示。

表 24-220　虚假促销深度到溢出效应的回归方程

模型		平方和	自由度	均方	F	显著性
1	回归	14.517	1	14.517	18.150	0.000[b]
	残差	338.327	423	0.800	—	—
	总计	352.843	424	—	—	—

a. 因变量：溢出效应。
b. 预测变量：常量，虚假促销深度。

表 24-221　虚假促销深度到溢出效应的回归系数

模型		未标准化系数		标准化系数	t	显著性
		B	标准错误	Beta		
1	（常量）	−1.468	0.138	—	−10.666	0.000
	虚假促销深度	−0.370	0.087	−0.203	−4.260	0.000

因变量：溢出效应。

第二步，构建自变量（虚假促销深度）到中介变量（感知不信任）的回归方程，数据显示虚假促销深度到感知不信任的回归方程显著（$F = 17.777$，$p < 0.05$），并且虚假促销深度到感知不信任的回归系数显著（$\beta = 0.201$，$t = 4.216$，$p < 0.05$）。

表 24-222　虚假促销深度到感知不信任的回归方程

模型		平方和	自由度	均方	F	显著性
1	回归	6.342	1	6.342	17.777	0.000[b]
	残差	150.901	423	0.357	—	—
	总计	157.243	424	—	—	—

a. 因变量：感知不信任。
b. 预测变量：常量，虚假促销深度。

表 24-223　虚假促销深度到感知不信任的回归系数

模型		未标准化系数		标准化系数	t	显著性
		B	标准错误	Beta		
1	（常量）	6.700	0.092	—	72.865	0.000
	虚假促销深度	0.244	0.058	0.201	4.216	0.000

因变量：感知不信任。

第三步，构建自变量（虚假促销深度）和中介变量（感知不信任、感知质量）到因变量（溢出效应）的回归方程，数据显示虚假促销深度和感知不信任到溢出效应的回归方程显著（$F = 11.568$，$p < 0.05$），虚假促销深度到溢出效应的回归系数显著（$\beta = -0.181$，$t = -3.751$，$p < 0.05$），并且感知不信任到溢出效应的回归系数也显著（$\beta = -0.106$，$t = -2.196$，$p < 0.05$），因此，感知不信任在虚假促销深度影响溢出效应的过程中起到部分中介效应，中介效应部分成立，如表 24-224 和表 24-225 所示。

表 24-224　虚假促销深度和感知不信任到溢出效应的回归方程

模型		平方和	自由度	均方	F	显著性
1	回归	18.339	2	9.170	11.568	0.000[b]
	残差	334.504	422	0.793	—	—
	总计	352.843	424	—	—	—

a. 因变量：溢出效应。
b. 预测变量：常量，感知不信任，虚假促销深度。

表 24-225　虚假促销深度和感知不信任到溢出效应的回归系数

模型		未标准化系数		标准化系数	t	显著性
		B	标准错误	Beta		
1	（常量）	−0.402	0.505	—	−0.797	0.426
	虚假促销深度	−0.331	0.088	−0.181	−3.751	0.000
	感知不信任	−0.159	0.072	−0.106	−2.196	0.029

因变量：溢出效应。

24.8.8　本章小结

一系列研究表明，调节定向对消费者购买决策不同阶段（需求识别、信息搜索、形成考虑集合、选项评估、购买决策及购买后过程）都有影响。特别是，当信息负荷较大时，消费者更易依赖调节定向来选择性地进行信息加工（尹非凡与王咏，2013）。因此，本书从消费者个体心理特征出发，考量调节定向对网店虚假促销对竞争网店溢出效应的影响，验证调节定向、社会距离、虚假促销类型的交互作用及验证调节定向、社会距离、虚假促销深度的交互作用。为了探究虚假促销对竞争网店溢出效应的心理机制，本书通过理论分析发现，当消费者察觉到网店有不良动机或故意从事侵害行为时，不信任感知就会产生。因此，感知不信任也是一种可由负面事件激活的负面情感。本书认为虚假促销激活的感知不信任作为一种负面情感，在当事网店虚假促销对竞争网店的溢出效应影响过程中起中介作用。

本章节以羽绒服为网店虚假促销产品，采用实验法获得数据验证了假设 H5、H6、H7。先进行了前测实验，虚假促销情景刺激物模拟成功，再进行了正式实验，主要通过方差分析等数理统计方法证实了三个假设：一是调节定向会进一步调节社会距离在虚假促销类型对竞争网店溢出效应影响过程中的调节作用。当消费者处于促进定向时，虚假促销类型对竞争网店的溢出效应会被弱化，不管虚假促销信息来源的社会距离远近，虚假促销类型对竞争网店溢出效应的影响没有显著差异。当消费者处于防御定向，接受的是近社会距离他人遭遇虚假促销的信息时，虚假促销类型对竞争网店的溢出效应不存在显著差异；当消费者处于防御定向，接受的是远社会距离他人遭遇虚假促销的信息时，价格虚假和时长虚假相比于赠品虚假，对竞争网店的溢出效应更显著。二是调节定向会进一步调节社会距离在虚假促销深度对竞争网店溢出效应影响过程中的调节作用。当虚假促销深度高时，调节定向对社会距离不起调节作用。当虚假促销深度低时，调节定向对社会距离起调节作用。当消费者处于促进定向时，会弱化虚假促销对竞争网店的溢出效应，且无论虚假促销信息的社会距离远近，当事网店虚假促销对竞争网店的溢出效应不存在显著差异；当消费者处于防御定向，相比于接受的是远社会距离他人遭遇虚假促销的信息，接受的是近社会距离他人遭遇虚假促销的信息时，虚假促销对竞争网店的溢出效应更大。三是感知不信任在当事网店虚假促销对竞争网店的溢出效应影响过程中起部分中介作用，说明虚假促销溢出效应的心理机制较为复杂，还存在其他心理机制有待补充。

24.9　研究总结

24.9.1　研究结果

本书通过实验设计、变量操控和数据分析得到以下 5 个研究结果。

第一，验证了虚假促销类型对竞争网店溢出效应存在差异化影响。研究假设 H1 得到验证，即与赠品虚假相比，价格虚假（H1a）和时长虚假（H1b）对竞争网店的溢出效应更大。

第二，验证了虚假促销深度对竞争网店溢出效应存在差异化影响。研究假设 H2，即虚假促销深度越高，其对竞争网店的溢出效应越大。

第三，验证了社会距离在网店虚假促销对竞争网店溢出效应影响过程中的调节作用。研究假设 H3 得到部分验证，即社会距离会部分调节虚假促销类型对竞争网店溢出效应的影响；H4 得到验证，即社会距离会调节虚假促销深度对竞争网店溢出效应的影响。

第四，验证了调节定向倾向对社会距离的调节作用。研究假设 H5 和 H6 得到验证，即调节定向倾向会进一步调节社会距离在虚假促销类型对竞争网店溢出效应影响过程中的调节作用；调节定向倾向会进一步调节社会距离在虚假促销深度对竞争网店溢出效应影响过程中的调节作用。

第五，验证了感知不信任的中介作用。研究假设 H7 得到部分验证，即感知不信任在当事网店虚假促销对竞争网店的溢出效应影响过程中起部分中介作用。

本书提出的研究假设的验证情况如表 24-226 所示。

表 24-226　本书研究假设验证情况

研究假设	验证情况
H1 研究假设：与赠品虚假相比，价格虚假（H1a）和时长虚假（H1b）对竞争网店的溢出效应更大	验证
H2：虚假促销深度越高，虚假促销对竞争网店溢出效应的影响越大	验证
H3：社会距离会调节虚假促销类型对竞争网店溢出效应的影响	在研究 3 中，H3、H3a、H3b 得到部分验证
H3a：当社会距离较远时（接受的是陌生人遭遇虚假促销），与赠品虚假相比，价格虚假和时长虚假对竞争网店的溢出效应更大	
H3b：当社会距离较近时（接受的是好朋友遭遇虚假促销），与价格虚假和时长虚假相比，赠品虚假对竞争网店的溢出效应更大	
H4：社会距离会调节虚假促销深度对竞争网店的溢出效应	验证
H4a：当社会距离较近时（接受的是好朋友遭遇虚假促销的信息），无论虚假促销深度高低，消费者认为虚假促销对竞争网店的溢出效应无显著差异	验证
H4b：当社会距离较远时（接受的是陌生人遭遇虚假促销的信息），与低深度虚假促销相比，消费者认为高深度虚假促销对竞争网店的溢出效应更大	验证
H5：调节定向会进一步调节社会距离在虚假促销类型对竞争网店溢出效应影响过程中的调节作用	验证
H5a：当消费者处于促进定向，社会距离在虚假促销类型对竞争网店溢出效应的影响过程中不具有调节作用，也就是说，无论虚假促销信息的社会距离远近，虚假促销类型对竞争网店的溢出效应不存在显著差异	验证
H5b：当消费者处于防御定向，社会距离在虚假促销类型对竞争网店溢出效应的影响过程中具有调节作用。具体表现为：当接受的是近社会距离他人遭遇虚假促销的信息时，各类型虚假促销对竞争网店的溢出效应不存在显著差异；当接受的是远社会距离他人遭遇虚假促销的信息时，与赠品虚假相比，价格虚假和时长虚假对竞争网店的溢出效应更大	部分验证
H6：调节定向会进一步调节社会距离在虚假促销深度对竞争网店溢出效应影响过程中的调节作用	
H6a：当虚假促销深度高时，调节定向对社会距离在虚假促销对竞争网店溢出效应的影响过程中不具有调节作用，也就是说，无论虚假促销信息的社会距离远近，当事网店虚假促销对竞争网店的溢出效应不存在显著差异	

24.9.2　研究结论

本书通过现实观察、理论分析和实证研究得到以下 5 个研究结论。

第一，虚假促销类型对竞争网店的溢出效应存在差异化影响。现有研究发现，抽象性信息更容易泛化，会引发人们产生较强的倾向性推断；具体性信息容易启发特殊化思考，只在特定情境下发生。基于此，本书提出了三种虚假促销类型，并验证了其对溢出效应存在差异化影响，说明不同抽象程度的虚假促销信息对竞争网店的溢出效应存在差异影响，从虚假促销视角推进了网店溢出效应理论。

第二，虚假促销深度越高，虚假促销对竞争网店溢出效应的影响越大。负面事件的严重性越高，越易产生溢出效应。虚假促销深度越高，网店对价格优惠、时间限制和赠品价值的虚构程度就越高，进而触发消费者对虚假促销的严重性感知更高，进而引发更强的溢出效应。本书在网店虚假促销对竞争网店溢出效应领域验证了虚假促销严重性的重要作用，即与以往研究呼应，又证实其在网店虚假促销中的重要影响。

第三，社会距离在虚假促销类型和虚假促销深度对竞争网店溢出效应影响过程中会产生调节作用。一方面，社会距离会调节虚假促销类型对竞争网店溢出效应的影响。但是，假设 H3 得到部分支持，这可能是因为刺激物为手机导致的。由于手机的不确定性高于服装，并且品牌集中度更高、价格更加透明。因此，消费者对手机品类的感知不确定性较低，虚假促销类型对溢出效应的影响相对较弱，导致研究假设 H3 在手机网店虚假促销情景下仅得到部分支持。另一方面，社会距离会调节虚假促销深度对竞争网店溢出效应的影响。这说明，尽管促销深度会增加信息可诊断性，社会距离对其具有调节作用，是促销深度形成溢出效应的重要条件。对这一结论在负面信息严重性对溢出效应的影响中是否具有一般性有待进一步验证，但该结果说明负面信息严重性越大并不一定带来越大的溢出效应，还会受到社会距离的影响，增进了对溢出效应理论中严重性作用的认识。

第四，调节定向会进一步调节社会距离在虚假促销深度对竞争网店溢出效应影响过程中的调节作用。当虚假促销深度高时，调节定向对社会距离不起调节作用。当虚假促销深度低时，调节定向对社会距离起调节作用。当消费者处于促进定向时，会弱化虚假促销对竞争网店的溢出效应，且无论虚假促销信息的社会距离远近，当事网店虚假促销对竞争网店的溢出效应不存在显著差异；当消费者处于防御定向，相比于接受的是远社会距离他人遭遇虚假促销的信息，接受的是近社会距离他人遭遇虚假促销的信息时，虚假促销对竞争网店的溢出效应更大。研究结果说明，在网络购物负面事件传播中，不同消费者个体心理特征对网店虚假促销对竞争网店溢出效应的评价存在差异。虚假促销对竞争网店的溢出效应不仅受虚假促销信息来源这一外部因素的影响，还受到消费者个体心理特征的影响。

第五，感知不信任在当事网店虚假促销对竞争网店的溢出效应影响过程中起部分中介作用。本书认为，当虚假促销发生后，消费者会启动心理防御系统，不会对虚假促销做过多的认知加工，唤起的不是感知价值或感知风险等认知，而是一种负面情感。因此，本书认为感知不信任是网店虚假促销作为一种负面事件激活的负面情感，消费者对当事网店虚假促销的刺激做出的情感反应会迁移至竞争网店。研究结果发现，感知不信任在当事网店虚假促销对竞争网店的溢出效应影响过程中起部分中介作用，说明还存在其他心理机制有待补充完善。

24.9.3 管理启示

促销成为网店应对竞争压力的主要手段，"不促不销"已是普遍现象，而其中充斥着大量虚假促销问题。虚假促销不仅降低当事网店销售量，还可能产生溢出效应，降低竞争网店的促销效果。网店虚假促销是指网店有意操纵促销利益幅度、促销产品质量、促销期限等信息以误导消费者，从而诱导、刺激消费者产生即刻购买的营销手段。溢出效应是网络购物研究的热点问题。然而，网店虚假促销对竞争网店溢出效应并未得到深入研究。本书从促销原理出发，界定了两大虚假促销特征，研究了虚假促销类型及深度对竞争网店溢出效应的影响，并探索了社会距离和调节定向的调节作用，同时，探究了虚假促销对竞争网店溢出效应的心理机制，本书主要的管理启示如下。

第一，网店需提高营销道德意识，不能因一己私利而使用虚假促销。网店从业者必须意识到虚假促销带来的后果是损人不利己，甚至会对网店所在电商平台的整体促销效率、效果造成损害。网店须在合法合规的基础上，合情合理地使用各种促销方式。网店虚假促销不仅会对自身的网店产生负面影响，降低消费者态度、购买意愿，而且还会发生溢出效应，影响竞争网店的销售，甚至对整个电商平台产生负面影响。因此，电商行业要进一步加强正确的营销伦理理念引领，网店自身应强化营销伦理道德意识，树立正确的营销伦理理念。

第二，竞争网店不仅要关注自身的促销策略，还应重视、预防其他网店虚假促销对自身网店的负面影响。通过虚假促销类型、虚假促销深度、社会距离和个体调节定向倾向等因素综合判断溢出的可能性，及时识别和防范，避免负面溢出效应的影响。一方面，网店可以触发有利的消费者调节定向倾向，进而弱化虚假促销的负面影响。例如，蓝色会激发消费者的促进定向倾向，红色会激发消费者的防御定向倾向（JoanMeyers-Levy 和 RuiZhu，2007），因此，当发生虚假促销，竞争网店可通过调整网店背景颜色以启动消费者的促进定向倾向，以弱化虚假促销的溢出效应。另一方面，网店可以通过识别目标市场的特质性调节定向的类型，当发生虚假促销，竞争网店可向促进定向倾向的目标顾客推送促销信息。

第三，网店平台需建立促销识别机制，甚至建立促销认证评级制度，及时甄别并遏制网店虚假促销行为，降低虚假促销对其他网店溢出效应的影响，维护好网络经商的环境。由于信息不对称，仅仅依靠网店自律、伦理道德约束不足以规范网店的促销行为，必须采取相应的手段完善促销信息真伪的鉴别。通过事前管理，即建立促销活动认证制度，减弱信息不对称对消费者的不利影响。通过提高消费者的信任，提升消费者的感知价值，快速促成消费者购买，从而提高整个电商平台的交易效率。

第四，网店平台需制订应对策略弱化虚假促销带来的不信任问题。感知不信任作为一种负面情感，不是基于客观评估，而是当消费者察觉到网店有不良动机或故意从事侵害消费者利益的行为时，感知不信任就会产生，进而对竞争网店产生负面影响。网店平台需为平台促销等购物节建立专门的信任保障机制，为遭遇虚假促销的消费者设立专门的投诉、甄别、赔偿渠道等。除此之外，网店平台还要督促当事网店为消费者提供及时、公平的赔偿。作为事前认证管理的补充，通过事后建立专门的信任保障机制，形成平台促销等购物节的管理闭环，弱化当事网店虚假促销引起的对竞争网店的感知不信任，提高消费者对平台促销等购物节的感知信任。

24.9.4 研究局限

本书以网店虚假促销事件为背景，通过观察现实背景，提出研究问题，进行文献综述，提出研究模型和研究假设，通过情景实验法进行实证研究，检验研究假设，研究了虚假促销类型和虚假促销深度对溢出效应的影响，构建了竞争网店预测虚假促销溢出效应的理论模型，研究结论丰富了溢出效应研究，同时拓展了社会距离和调节定向研究，揭示了网店虚假促销对竞争网店溢出效应的心理机制，对竞争网店成功预判、应对网店虚假促销对竞争网店的溢出效应提供了一定的理论指导，但由于研究方法、研究条件等限制，导致本书主要存在如下4个方面的研究局限。

第一，本书研究主要采用情景实验法，且刺激物采用的均是虚拟网店，在外部效度的拓展上存在制约，后续研究可以通过采取不同的实证方法，比如通过大数据构建实证模型，对研究结论进行进一步验证，拓展外部效度。

第二，没有考察心理距离其他维度，即时间距离、空间距离及结果不确定性的影响。研究发现，除了社会距离外，时间距离、空间距离和结果不确定性等心理距离维度也可能会影响消费者对品牌态度的评价。因此，在以后的研究中，可进一步分析虚假促销发生后，时间距离、空间距离及结果不确定性等维度对消费者参与促销决策的影响及其交互效应。

第三，未研究网店熟悉度。网店刺激物采用的是虚拟网店，以后的研究可以考虑在不同网店熟悉度的情景下，再次检验社会距离、调节定向倾向对虚假促销溢出效应强度的影响。

第四，没有研究网络购物情景下的跨品类溢出效应。网络购物情景下，由于手机品类的感知不确定性低于服装，并且品牌集中度更高，价格更加透明。因此，对于手机网店而言，不同类型虚假促销对竞争网店溢出效应的影响相对较弱，导致研究假设H3仅得到部分支持，因此，以后研究可增进考虑品类间感知不确定性对溢出效应的影响，研究网络购物情景下的跨品类溢出效应。

25. 网店虚假促销对竞争网店溢出效应的影响研究——社交距离的调节作用

25.1 研究背景

按照可接近性可诊断性分析框架（Feldman 和 Lynch，1988），网店购物比线下购物更容易发生虚假促销溢出效应。一方面，消费者可以方便地在网店间跳转，可接近性更高；另一方面，网页展示信息的相似程度更高，消费者容易做出由此及彼的推断，可诊断性更高。因此，网店虚假促销溢出效应已是无法回避的普遍问题。那么网店虚假促销溢出效应如何发生的？现有研究并未深入探讨。

溢出效应是网上购物研究的热点问题。然而网店虚假促销溢出效应并未得到深入研究。因此，本书将从促销类型和促销深度两大促销特征出发来解答这一问题。就虚假促销类型而言，基于物质激励和时间限制的设计原理（卢长宝，2004），虚假促销类型包括价格虚假、赠品虚假和时长虚假。就虚假促销深度而言，促销深度是影响促销效果的物质激励因素（卢长宝、秦琪霞和林颖莹，2013），虚假促销深度可以作为其严重性衡量方式。同时，根据理论分析，社交距离可能调节虚假促销类型和虚假促销深度对溢出效应的影响，是重要的调节变量。

25.2 研究问题

本书着重研究虚假促销类型和虚假促销深度对网店虚假促销溢出效应的影响，并分析社交距离的调节作用。本书可能存在3个方面的理论贡献。一是深入研究网店虚假促销溢出效应，推进网上购物中的溢出效应研究；二是证实虚假促销类型和虚假促销深度对网店虚假促销溢出效应的影响，提出预判和评估虚假促销溢出效应的关键变量；三是揭示社交距离的调节作用，识别虚假促销溢出效应的作用边界条件，亦拓展了社交距离理论（不知是否需要）。

25.3 理论基础与研究假设

25.3.1 溢出效应

溢出效应是信息通过间接途径影响信念的现象（Ahluwalia、Unnavaa 和 Burnkrant，2013）。学者们一般遵循 Feldman 和 Lynch（1988）提出的可接近性－可诊断性分析框架（Accessibility-diagnosticity Frame）研究溢出效应问题。该框架指出，溢出效应发生须满足两方面的条件：一是具有可接近性；二是具有可诊断性。当消费者能够由 A 网店联想到 B 网店时，B 网店对 A 网店具有可接近性；当消费者能根据 A 网店来评价 B 网店时，A 网店对 B 网店具有可诊断性。两者同时具备时，溢出效应就会发生。就可接近性而言，消费者在网店购物时，可以方便地在几个竞争网店间跳转，消费者更容易将焦点网店与竞争网店联想在一起，便于形成消费者联想进而触发溢出效应（Lei、Dawar 和 Lemmink，2013），因而网店间的信息可接近性较高。就可诊断性而言，网店信息呈现形式的相似程度较高，消费者容易做出由此及彼的推断，因而网店间的信息可诊断性也相对较高。综上所述，网店比线下门店更易具备虚假促销溢出效应发生的条件。

25.3.2 网店虚假促销的溢出效应

网店虚假促销已经成为普遍现象。一方面，消费者不能与网店卖家进行面对面的互动沟通（Leung, Naple 和 Uffelman 等，2010），降低了辨别虚假促销的可能性，导致店家更容易产生机会主义行为；另一方面，网上商品触觉感知缺失（Peck 和 Childers，2003），基于现实的认知表征对购买决策的影响较大

(Leung 等，2010），这提升了虚假促销的欺骗效果。尽管虚假促销是重要而常见的现象，但研究成果却相对匮乏。虚假促销是商家利用促销原理设计的带有欺骗性质的促销活动（卢长宝等，2013）。正常促销的设计原理包含时间限制和物质激励两大特征，是促销策略设计的核心，其目的就是通过短期物质激励来诱发消费者即刻购买（卢长宝，2004）。与之相应地，网店虚假促销主要通过价格虚假、赠品虚假和时长虚假来实现，达到提升销量的目的。价格虚假即虚构或夸大促销价格上的优惠，赠品虚假即虚构或夸大促销赠品上的价值，时长虚假即虚构或夸大促销时间上的压力。促销深度是衡量促销对消费者的价值（Xie 和 Keh，2016），3 种虚假促销类型的严重程度可由虚假促销深度衡量，用于评价虚假促销欺骗性严重程度。因此，本书将虚假促销类型和虚假促销深度作为研究网店虚假促销的自变量。

Feldman 和 Lynch（1988）认为，可接近性和可诊断性是消费者进行由此及彼推断的条件。与实体店相比，消费者可以方便地在几个竞争网店间跳转。因此，焦点网店虚假促销信息更有可能同时激活竞争网店在记忆网络中的节点，因而网店虚假促销信息具有天然的可接近性。由于负面信息比正面信息更具可诊断性（Fiske、Cuddy 和 Glick，2007），因而网店虚假促销信息可诊断性较高。同时，虚假促销类型会影响可诊断性。现有研究发现，抽象性信息会促发较强的倾向性推断，更容易泛化（Wigboldus、Semin 和 Russell，2006）；具体性信息容易启发特殊化思考，被认为只在特定情境下发生（Assilamehou、Lepastourel 和 Teste，2012）。也就是说，抽象信息可诊断性更强，也更易导致溢出效应。一般而言，促销价格和促销时长比赠品的抽象程度更高，同理，价格虚假和时长虚假的抽象程度高于赠品虚假。也就是说，价格虚假和时长虚假比赠品虚假的可诊断性更高，更容易导致溢出效应。据此本书提出假设 H1。

H1：与赠品虚假相比，价格虚假（H1a）和时长虚假（H1b）对竞争网店的溢出效应更大。

另外，严重性是负面事件的重要属性，是影响负面事件溢出的重要因素（Simokos 和 Kurzbard，1994）。负面事件的严重性越高，越易产生溢出效应。例如，品牌负面事件越严重，消费者感知风险越高，品牌负面事件就越容易溢出到竞争品牌（Siomkos、Triantafillidou 和 Vassilikopoulou，2010）；被召回产品的潜在后果越严重，其负面影响会更容易溢出到母品牌下的其他子品牌（Liu 和 Shankar，2015）。就虚假促销而言，虚假促销深度可作为衡量虚假促销严重性的方式。虚假促销深度越高，网店对价格优惠、时间限制和赠品价值的夸大或虚构程度越大，导致消费者对虚假促销形成更为严重的感知，进而触发更强的溢出效应。据此，提出假设 H2。

H2：虚假促销深度越高，虚假促销对竞争网店溢出效应的影响越大。

25.3.3 社交距离的调节作用

社交距离（Social Distance）是心理距离的维度之一（Liviatan、Trope 和 Liberman，2008），会影响解释水平的高低（Liberman 和 Forster，2009；黄俊、李晔和张宏伟，2015）。当社交距离较远时，人们倾向使用抽象的、本质的特征来表征事物，即高水平解释；反之，当社交距离较近时，则使用具体的、外围的特征来表征事物，即低水平解释（Liberman 和 Trope，1988；Trope 和 Liberman，2003）。消费者进而对与之相匹配的信息赋予更高权重（李雁晨、周庭锐和周诱，2009）。

对于虚假促销类型而言，社交距离可以调节虚假促销类型对溢出效应的影响。价格虚假和时长虚假更加抽象，赠品虚假则更加具体。由此当社交距离较远时，如陌生人遇到的虚假促销，消费者会赋予抽象信息更高权重，因此价格虚假和时长虚假导致的溢出效应会增加；反之，当社交距离较近时，如好朋友遇到的虚假促销，消费者会赋予具体性信息更高权重，因此赠品虚假导致的溢出效应会增加。也就是说，社交距离会调节虚假促销类型对溢出效应的影响。据此，提出假设 H3。

H3：社交距离会调节虚假促销类型对竞争网店溢出效应的影响。

H3a：当社交距离较远时（如陌生人遇到虚假促销的信息），与赠品虚假相比，价格虚假和时长虚假对竞争网店的溢出效应更大。

H3b：当社交距离较近时（如好朋友遇到虚假促销的信息），与价格虚假和时长虚假相比，赠品虚假对竞争网店的溢出效应更大。

对于**虚假促销深度**而言，社交距离可以调节虚假促销深度对溢出效应的影响。由于负面信息的可诊断性更强（Maheswaran 和 Meyers，1990），会被赋予更高的权重（Fiske，1980），更容易形成溢出效应。因此虚假促销深度越大，越容易导致溢出效应。然而社交距离会调节负面事件中的感知风险，进而影响虚假促销溢出效应。现有研究发现，当负面事件发生在社交距离较近的人身上时，那么消费者的感知风险更大（吴思和廖俊云，2013），更加愤怒（Gordijn、Wigboldus 和 Yzerbyt，2012；Yzerbyt、Dumont 和 Wigboldus 等，2003）。由此推断，无论网店虚假促销深度高还是低，当发生在社交距离较近的人身上时，形成的溢出效应均较大，此时，虚假促销深度对溢出效应的影响没有显著差异；当虚假促销发生在社交距离较远的人身上时，网店促销深度较大时，信息可诊断性越强，此时，溢出效应会更强。据此，提出假设 H4。

H4：社交距离会调节虚假促销深度对竞争网店的影响。

H4a：当虚假促销欺骗的是好朋友时，无论虚假促销深度高低，消费者认为虚假促销对竞争网店的影响无显著差异。

H4b：当虚假促销欺骗的是陌生人时，与虚假促销深度低的网店相比，消费者认为虚假促销深度高的网店对竞争网店溢出效应的影响更大。

本书构建的研究模型如图 25-1 所示。

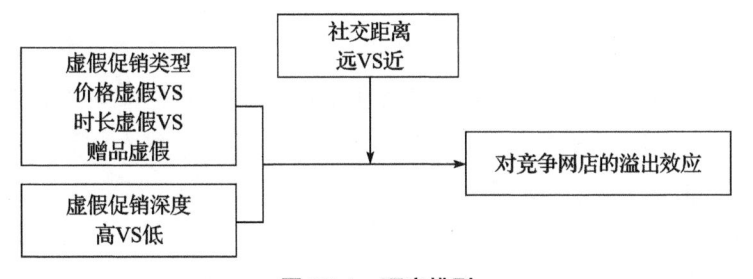

图 25-1 研究模型

25.4 研究 1：虚假促销类型影响与社交距离的调节作用

25.4.1 实验设计

研究 1 重点分析社交距离对虚假促销类型的调节作用，研究虚假促销类型对竞争网店溢出效应强度的差异，即检验研究假设 H1。研究 1 采用 3（虚假促销类型价格虚假 vs 时长虚假 vs 赠品虚假）×2（社交距离远 vs 近）的组间实验设计。

25.4.2 刺激物设计

25.4.2.1 网店虚假促销刺激物

研究 1 采用服装网店作为网店刺激物的原因有两个：一是服装是网购中的主要品类；二是服装是网店促销研究的常用品类（施卓敏、李潞潞和吴路芳，2013）。在此排除网店知晓度、美誉度等潜在因素的干扰，采用虚拟服装网店，命名为"A 网店"和"B 网店"；A 网店为发生虚假促销的焦点网店，B 网店为竞争网店。与正式实验样本来自同一总体的 29 名本科生参加了前测，采用 9 点 Likert 量表测量网购经验、网店熟悉度、促销信息评价、网购涉入度（量表与正式实验一致）。前测结果显示，被试者网购经验比较丰富（$M_{网购经验}=7.74$），对网店比较熟悉（$M_{网店熟悉度}=8.09$），对促销信息评论比较积极（$M_{促销信息评论}=6.91$），对网购的涉入度比较深（$M_{涉入度}=7.33$）。另外，本书结合多家报刊、网络媒体、电视对虚假促销的报道，提炼关键信息、修改部分信息形成虚假促销类型。价格虚假刺激物为先提价再打折降价，赠品虚假描述为赠品质量较差，时长虚假描述为在宣传的促销截止日期后继续促销。虚假促销类型刺激物均通过前测验证。

25.4.2.2 社交距离刺激物

本书参照 Kim 等（2011）和黄静等（2011）对社交距离的操控方法，用"被试者与网购者的关系是好朋友"表示社交距离近，相反，"被试者与网购者是陌生人"则表示社交距离远。与正式实验样本来自同一总体的 53 名本科生参加了前测。采用 9 点 Likert 量表测量社交距离（量表与正式实验一致）。方差分析显示对社交距离较近组而言，被试者对社交距离题项的评价显著大于对社交距离较远组的评价 [$M_{社交距离近}$ = 8.17, $M_{社交距离远}$ = 2.62, $F(1, 51)$ = 277.770, $P<0.05$]，对社交距离较远组而言，被试者对社交距离提项的评价显著大于对社交距离较近组的评价 [$M_{社交距离远}$ = 7.52, $M_{社交距离近}$ = 2.71, $F(1, 51)$ = 90.999, $P<0.05$]。因此，社交距离刺激物操作成功。

25.4.3 量表设计

研究 1 主要采用成熟量表。网购经验量表借鉴 Ling 等（2010）的量表，采用 3 个题项测量；网店熟悉度、促销信息评价量表借鉴 Sun 和 Wang（2010）的量表，各采用两个题项测量；涉入度量表借鉴 Michaelidou 和 Dibb（2006）的量表，采用 3 个题项测量；社交距离量表采用黄静等（2011）测量社交距离的方式，采用两个题项测量；溢出效应用被试者对竞争网店 B 促销的可信度测量，综合借鉴 Riquelme 等（2016）、Pavlou 和 Gefen（2005）的研究，采用两个题项测量；情绪状态量表借鉴 Yeo 和 Park（2006）的量表，采用两个题项测量，以剔除被试者在实验过程中情绪变化的干扰。

25.4.4 数据分析

25.4.4.1 样本概况

共有 360 名大学生参加正式实验。学生样本同质性较高，能够较好地降低个体差异的干扰，被广泛应用到消费者行为研究中。删除误判网店促销类型和社交距离等无效样本，共得到有效样本 307 个。男生 145 名，女生 162 名，男女比例基本均衡。

25.4.4.2 操控检验

首先是虚假促销类型。剔除误判虚假促销类型的样本后，3 种促销类型刺激物有效样本数分别为 103、102、102，能够准确判断虚假促销类型。其次是社交距离。社交距离远近组间存在显著差异 [$M_{社交距离近}$ = 7.73, $M_{社交距离远}$ = 2.71, $F(1, 305)$ = 1408.45, $P<0.001$]，因此，可以忽略情绪状态的干扰。另外，各量表的信度大于 0.7，说明量表的信度较高。

25.4.4.3 假设检验

首先检验 H1，即与赠品虚假相比，价格虚假、时长虚假对竞争网店溢出效应的影响更显著。参照 Roehm 和 Tybout（2006）的溢出效应计算方式，溢出效应得分为 A 网店虚假促销后 B 网店促销可信程度得分减去 A 网店虚假促销前 B 网店促销可信度的得分，差值越小溢出效应越大。方差分析的结果表明，价格虚假比赠品虚假形成的溢出效应更大 [$M_{价格虚假}$ = -1.87, $M_{赠品虚假}$ = -1.42, $F(1, 203)$ = 5.03, $P<0.05$]，H1a 得到支持；时长虚假比赠品虚假形成的溢出效应更大 [$M_{时长虚假}$ = -1.82, $M_{赠品虚假}$ = -1.42, $F(1, 202)$ = 3.62, $P<0.1$]，H1b 得到支持。因此，价格虚假和时长虚假形成的溢出效应大于赠品虚假，H1 得到支持。

然后检验 H3，分析结果表明，虚假促销类型显著 [$F(2, 301)$ = 4.42, $p<0.05$]，社交距离影响显著 [$F(1, 301)$ = 79.63, $p<0.05$]，交互项显著 [$F(2, 301)$ = 21.579, $p<0.05$]，因此，社交距离调节虚假促销类型对竞争网店溢出效应的影响。对于 H3a，对社交距离远的样本进行方差分析，结果表明，价格虚假形成的溢出效应大于赠品虚假 [$M_{价格虚假}$ = -1.59, $M_{赠品虚假}$ = -1.08, $F(1, 101)$ = 36.72, $P<0.05$]，时长虚假形成的溢出效应大于赠品虚假 [$M_{时长虚假}$ = -1.53, $M_{赠品虚假}$ = -0.1, $F(1, 100)$ = 36.72, $P<0.05$]，因此，H3a 得到支持。对于 H3b，对社交距离近的样本进行方差分析，赠品虚假形成的溢出效应大于价格

虚假 [$M_{赠品虚假}$ = −2.66, $M_{价格虚假}$ = −2.16, $F(1, 100) = 6.56$, $P<0.05$], 赠品虚假形成的溢出效应大于时长虚假 [$M_{赠品虚假}$ =−2.66, $M_{时长虚假}$ =−2.16, $F(1, 100)=4.63$, $P<0.05$], 因此, H3b 得到支持。综上所述, H3、H3a、H3b 均得到支持。虚假促销类型与社交距离的交互效应, 如图 25-2 所示。

25.4.5 小结

研究 1 的结果显示, 虚假促销类型对竞争网店溢出效应的影响存在差异, 并且受到社交距离的调节。与赠品虚假相比, 价格虚假、时长虚假对竞争网店的溢出效应更大。当社交距离远时, 与赠品虚假相比, 价格虚假和时长虚假对竞争网店的溢出效应更大; 当社交距离近时, 与价格虚假和时长虚假相比, 赠品虚假对竞争网店的溢出效应更大。尽管如此, 研究 1 存在两个局限: ①没有检验假设 H2 和 H4; ②网店品类仅采用服装, 为增强研究可靠性, 研究 2 采用实用品手机。

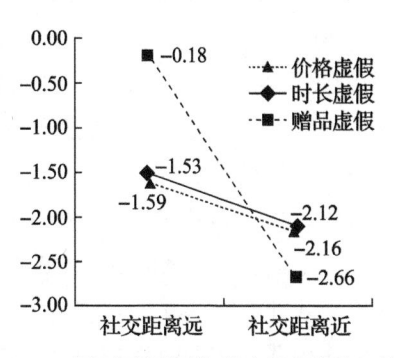

图 25-2 虚假促销类型与社交距离的交互效应

25.5 研究 2: 虚假促销深度的影响与社交距离的调节作用

研究 2 在研究 1 的基础上, 增加考虑虚假促销深度, 以检验假设 H2 和 H4。

25.5.1 实验设计

研究 2 采用 3 (虚假促销类型: 价格虚假 vs 时长虚假 vs 赠品虚假) ×2 (虚假促销深度: 高 vs 低) ×2 (社交距离: 远 vs 近) 的组间实验设计。

25.5.2 刺激物设计

25.5.2.1 网店虚假促销刺激物

研究 2 以虚拟的手机网店作为备选刺激物, 因为手机是较为常见的耐用消费品。本书为排除网店知晓度、美誉度等潜在因素的干扰, 采用虚拟手机网店, 命名为"A 网店"和"B 网店"; A 网店为发生虚假促销的焦点网店, B 网店为竞争网店。与正式实验样本来自同一总体的 54 名本科生参加了前测, 采用 9 点 Likert 量表测量网店熟悉度和促销信息评价 (量表与正式实验一致)。前测结果显示, 被试者的网购经验比较丰富 ($M_{网购经验}$ = 7.69), 对网店比较熟悉 ($M_{网店熟悉度}$ = 8.06), 对促销信息评价比较积极 ($M_{促销信息评价}$ = 7.76), 对网购的涉入度比较深 ($M_{涉入度}$ = 7.57)。虚假促销类型刺激物与研究 1 类似, 虚假促销深度刺激物, 通过网店宣称的促销优惠与真实优惠的差别程度判断虚假促销深度。与正式实验样本来自同一总体的 54 名本科生参加了前测, 采用 9 点 Likert 量表测量虚假促销深度 (量表与正式实验一致)。方差分析显示, 高和低虚假促销深度组间被试者对虚假促销深度的评分存在显著差异 [$M_{虚假促销深度低均值}$ = 3.09, $M_{虚假促销深度高均值}$ = 7.27, $F(1,51) = 200.385$, $p<0.05$]。

25.5.2.2 社交距离刺激物

研究 2 沿用研究 1 的社交距离刺激物, 内容与研究 1 一致。

25.5.2.3 量表设计

研究 2 的量表与研究 1 的相同, 仅增加测量虚假促销深度, 并采用 9 点 Likert 量表进行测量。虚假促销深度量表综合借鉴 Ingram 等 (2005) 和 Ramsey 等 (2007) 的研究。

25.5.2.4 数据分析

(1) 样本概况。

共有 720 名大学生参加正式实验, 删除误判网店促销类型和社交距离等无效样本, 共得到有效样本 645 个。男生 303 名, 女生 342 名, 男女比例基本均衡。

(2) 操控检验。

首先是虚假促销类型。剔除回答有误和误判虚假促销类型的样本后, 3 种促销类型刺激物有效样本数分别为219、212、214。因此，虚假促销类型操控成功。其次是虚假促销深度。虚假促销深度高低组间存在显著差异 [$M_{虚假促销深度高} = 7.15$，$M_{虚假促销深度低} = 3.11$，$F(1,643) = 2055.639$，$p<0.05$]，因此，虚假促销深度操控成功。再次是社交距离。社交距离远近组间存在显著差异 [$M_{社交距离近} = 7.85$，$M_{社交距离远} = 2.59$，$F(1, 643) = 4053.01$，$p<0.001$]，因此，社交距离操控成功。最后是情绪状态。各实验组被试者的情绪状态不存在显著差异 [均值从7.03到7.41，$F(11,633) = 0.503$，$p = 0.90$]，因此，可以忽略情绪状态的干扰。各量表的信度大于0.7，说明量表的信度较高。

（3）假设检验。

首先，再次检验H1。方差分析的结果表明，价格虚假比赠品虚假形成的溢出效应更大 [$M_{价格虚假} = -1.01$，$M_{赠品虚假} = -0.66$，$F(1, 431) = 5.33$，$p<0.05$]，H1a再次得到支持；时长虚假比赠品虚假形成的溢出效应更大 [$M_{时长虚假} = -0.75$，$M_{赠品虚假} = -0.66$，$F(1, 424) = 0.34$，$p = 0.56$]，H1b没有得到支持。因此，价格虚假形成的溢出效应大于赠品虚假，H1得到部分支持。

其次，再次检验H3。分析结果表明，虚假促销类型显著 [$F(2, 645) = 2.95$，$p<0.10$]，社交距离影响显著 [$F(1, 645) = 11.36$，$p<0.05$]，交互项显著 [$F(2, 645) = 8.52$，$p<0.05$]，因此，社交距离调节虚假促销类型对竞争网店溢出效应的影响。对于H3a，对社交距离远的样本进行方差分析，结果表明，价格虚假形成的溢出效应与赠品虚假相似 [$M_{价格虚假} = -0.54$，$M_{赠品虚假} = -0.40$，$F(1,216) = 0.42$，$p = 0.55$]；时长虚假形成的溢出效应大于赠品虚假 [$M_{时长虚假} = -0.87$，$M_{赠品虚假} = -0.40$，$F(1,214) = 5.01$，$p<0.05$]，因此，H3a得到部分支持。对于H3b，对社交距离近的样本进行方差分析，赠品虚假形成的溢出效应小于价格虚假 [$M_{赠品虚假} = -0.93$，$M_{价格虚假} = -1.47$，$F(1,213) = 7.39$，$p<0.05$]；赠品虚假形成的溢出效应小于时长虚假 [$M_{赠品虚假} = -0.93$，$M_{时长虚假} = -0.62$，$F(1,100) = 4.63$，$p<0.05$]，因此，H3b得到部分支持。综上所述，H3、H3a、H3b均得到部分支持。

再次，检验H2分析结果表明，虚假促销深度对竞争网店的溢出效应的主效应显著 [$M_{虚假促销深度高} = -1.05$，$M_{虚假促销深度低} = -0.56$，$F(1,643) = 16.811$，$p<0.05$]。因此，研究假设H2得到支持。

最后，检验H4分析结果表明，虚假促销深度显著 [$F(1,645) = 17.41$，$p<0.05$]，社交距离影响显著 [$F(1, 645) = 12.23$，$p<0.05$]，交互项显著 [$F(1, 645) = 7.68$，$p<0.05$]，因此，社交距离显著调节了虚假促销深度对竞争网店溢出效应的影响。对于H4a，对社交距离近的样本进行方差分析，结果显示，虚假促销深度高低组对竞争网店的溢出效应的影响不存在显著差异 [$M_{虚假促销深度高} = -1.10$，$M_{虚假促销深度低} = -0.93$，$F(1, 318) = 0.989$，$p = 0.32$]。因此，研究假设H4a得到支持。对于检验H4b，对社交距离远的样本进行方差分析，结果显示，虚假促销深度高时形成的竞争网店的溢出效应更大 [$M_{虚假促销深度高} = -1.01$，$M_{虚假促销深度低} = -0.19$，$F(1, 323) = 23.958$，$p<0.05$]。因此，研究假设H4b得到支持。虚假促销深度与社交距离的交互效应，如图25-3所示。

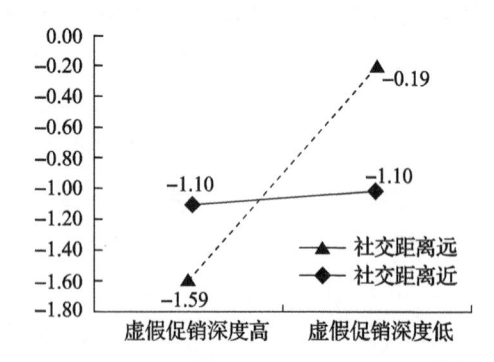

图25-3 虚假促销深度与社交距离的交互效应

25.5.2.5 小结

研究2验证了假设H2和H4，即虚假促销深度正向影响虚假促销对竞争网店的溢出效应，并且受到社交距离的调节。但是假设H1和H3均得到部分支持，这可能是因为刺激物为手机导致的。由于手机的不确定性高于服装，并且品牌集中度更高、价格更加透明，因此消费者对服装品类的感知不确定性更高，因此，虚假促销类型对溢出效应的影响相对弱化，导致H1和H3在手机网店虚假促销情景下仅得到部分支持。

25.6 结论与启示

25.6.1 研究结论

网店虚假促销溢出效应是普遍存在但研究不足的问题。本书基于促销原理，研究了虚假促销类型和虚假促销深度对溢出效应的影响，并探索了社交距离的调节作用。

第一，不同虚假促销类型对网店虚假促销溢出效应的影响存在差异。与赠品虚假相比，价格虚假、时长虚假对竞争网店的溢出效应更显著。本书提出了3种虚假促销类型，并比较了其对溢出效应的影响差异，从虚假促销视角推进了网店溢出效应理论。

第二，虚假促销深度会影响网店虚假促销溢出效应。虚假促销深度越高，虚假促销对竞争网店的溢出效应的影响越大。虚假促销深度是虚假促销严重程度的衡量，严重性是影响产品伤害危机溢出效应的重要变量（Siomkos等，1994），本书在网店虚假促销溢出效应领域再次验证了其重要作用，即与以往研究呼应，又证实其在网店虚假促销中的重要影响。

第三，社交距离会调节虚假促销类型和虚假促销深度对溢出效应的影响。当社交距离远时，与赠品虚假相比，消费者认为价格虚假和时长虚假溢出效应更显著。当社交距离近时，与价格虚假和时长虚假相比，消费者认为赠品虚假溢出效应更显著。由于手机品类的高同质性、品牌集中度高等特点，可能削弱了虚假促销类型的影响，但是社交距离在其中的调节作用较为明确。当社交距离较近时，无论虚假促销深度高低，虚假促销网店溢出效应有显著差异；当社交距离较远时，与虚假促销深度低的网店相比，虚假促销严重性较高时形成的溢出效应更大。这说明，尽管促销深度会增加信息可诊断性，社交距离对其具有调节作用，是促销深度形成溢出效应的重要条件。尽管这一结论是否能推广到负面信息严重性对溢出效应的影响，还需要进一步验证，该结果说明负面信息严重性与验证并不一定带来更大溢出效应，还会受到社交距离的影响，增进了对溢出效应理论中严重性作用的认识。

25.6.2 管理启示

第一，焦点网店应强化营销伦理道德意识，避免采用虚假促销这种损人不利己，甚至会损害网店平台整体促销效率的营销手段。网店须在合法合规的基础上，合情合理地使用各种促销方式。

第二，网商平台及其管理需建立促销甄别机制，及时发现并制止网店虚假促销行为，甚至建立促销活动认证制度，有效降低虚假促销对同类网店的溢出效应，维护好网商环境。

第三，竞争网店不仅要关注自身的促销策略，重视消费者的培育和满意度的提升（李光明和蔡旺春，2015），还应重视、预防其他网店虚假促销对自身网店的负面影响。通过虚假促销类型、虚假促销深度和社交距离等因素综合判断溢出可能性，及时识别和防范，避免负面溢出效应的影响。

25.6.3 研究局限

本书的局限性与未来的研究方向主要表现为以下3个方面：一是没有考察时间、空间及结果不确定性维度的影响。除了社交距离外，时间、空间和结果不确定性等心理距离维度也会影响消费者对品牌的评价。因此在以后的研究中，可进一步分析虚假促销发生后，时间、空间及结果不确定性等对消费者购买决策的影响及其交互效应。二是未研究网店熟悉度。网店刺激物采用的是虚拟网店，以后的研究可以在考虑不同网店熟悉度的情况下，再次检验社交距离对虚假促销溢出强度的影响。三是未研究品类间不确定性差异的影响。网上购物环境下，手机的感知不确定性低于服装，这可能导致了在手机品类下H1和H3仅得到部分验证，以后研究可增进考虑品类间感知不确定性对溢出效应的影响。

26. 连锁超市促销伤害危机对消费者品牌忠诚的影响研究

26.1 绪论

随着 2004 年中国零售业的全面开放，我国零售行业规模逐年扩大，根据国家统计局的统计数据，社会消费品零售总额从 2004 年的 53950 亿元增加到 2010 年的 156998 亿元，年均增长速度超过了 32%，零售业在国民经济中的地位和作用不断提高，零售业的迅速发展及其在流通渠道中的重要地位，已经使其成为关系国民经济发展的先导产业。与此同时，中国零售业也成为我国经济发展中变化最快、市场化程度最高、竞争最为激烈的行业之一。

根据商务部 2004 年颁布的《零售业态分类》标准，按照零售店铺的结构特点，根据其经营方式、商品结构、服务功能，以及选址、商圈、规模、店堂设施、目标顾客和有无固定营业场等分类要素，从整体上可将零售业划分为有店铺零售业态和无店铺零售业态两类，包括杂食店、便利店、折扣店、超市、大型超市、仓储会员店、百货店、专业店、专卖店、家居建材店、购物中心、厂家直销中心、电视购物、邮购、网上商店、自动售货亭、电话购物 17 种零售业态。

在新标准中，超市（Supermarket）是开架售货，集中收款，满足社区消费者日常生活需要的零售业态。根据商品结构的不同，可以分为食品超市和综合超市。大型超市（Hypermarket）是实际营业面积 6000 平方米以上，品种齐全，满足顾客一次性购齐的零售业态。根据商品结构，可以分为以经营食品为主的大型超市和以经营日用品为主的大型超市。

连锁超市和大型超市（以下统称为连锁超市）作为零售业态中出现较晚的一种，在我国发展的 10 多年历史中一直保持极高的增长速度，根据中华人民共和国国家统计局的统计数据，截至 2008 年，两类连锁超市实现社会消费品零售总额 4483.3 亿元，超市门店数占我国零售业门店总数的 22.7%，而超市零售额则占到了我国零售业总零售额的 26%，连锁超市和大型超市已经成为我国零售业的主流业态，为中国扩大内需、拉动经济增长做出了重大贡献。但是，相对其他零售业态而言，连锁企业面临更为激烈的市场竞争，据统计，截至 2008 年我国连锁超市门店数量达到了 38312 家，全球最有影响力的连锁超市均进入了我国，并将中国作为主要的业务增长点。

激烈的市场竞争使得越来越多的连锁企业将促销作为现代商战的利器频繁加以使用，促销手段和方式繁多，但是在这一过程中，由于企业促销失当而导致消费者人身、财务受到伤害的情况比比皆是。通过百度搜索及查询"重要报纸数据库"的不完全统计，自 2005 年以来，发生了大概 40 多起因为零售商促销不当导致消费者人身受到伤害的案例，因为虚假促销而导致消费者财务受到伤害的案例则更多，几乎每天都有发生，对这一问题展开研究既有其现实背景，也有其理论背景。

26.1.1 研究背景与问题

26.1.1.1 现实背景与问题

（1）促销伤害危机层出不穷。

连锁超市在我国发展以来的十多年时间里，一直保持快速增长势头，根据中华人民共和国国家统计局的统计数据，自 2003 年以来，连锁超市零售总额保持了平均 23.3% 的增长速度，截至 2008 年零售总额达到了 4483.3 亿元，门店数量也从最初的 11717 家增加到 2008 年的 38312 家，增长了 3 倍多。

在连锁超市高速发展的同时，连锁企业面临的竞争也不断加剧。中国加入世贸组织之后，跨国连锁企业纷纷加紧对华投资步伐，沃尔玛、家乐福、麦德龙、乐购、易初莲花等国际连锁零售巨头悉数抢滩中国市场,加之本土连锁企业纷纷加速扩张,从 2003 年到 2008 年的 6 年间,我国超市门店数量平均增长速度超过了 50%,加之门店选址缺乏规划,往往在一个区域集中了较多的店铺,各超市间只能通过竞争来分得市场份额,促销尤其是恶性的低价促销成为连锁企业惯用的市场手段。

连锁超市在促销的过程中,由于主、客观等种种原因导致了大量促销伤害案例,为了规范零售商的促销行为,我国于 2006 年 10 月颁布了《零售商促销行为管理办法》,但因为促销不当而导致消费者受到人身、财务伤害的案例仍然很多。据不完全统计,自 2005 年以来,有 40 多起连锁超市促销不当导致消费者人身受到伤害的案例见诸报端,由于发布不实促销信息、价格欺诈等导致消费者财务受到伤害的案例见诸报端则更多。

(2)促销伤害发生后消费者反应不一,企业应对方式选择艰难。

据媒体记者的采访调查,消费者对伤害危机的认识存在差异。消费者对伤害危机发生的原因及谁该承担责任的看法不一,对于后续是否愿意到事件超市及连锁企业其他超市购物的反映也不一,对引致伤害危机的促销方式的评价有赞成也有反对。

企业对促销伤害危机的认识也各不相同。苏宁电器率先向社会及同行发出倡议,规范促销行为,积极倡导依法促销、诚信促销、文明促销、安全促销,努力营造健康的市场环境,与此同时也有一些企业认为消费者"经不起诱惑""健忘",促销伤害危机对企业的影响有限。

危机发生后恰当的应对方式往往是化解危机的关键,但是从案例分析的情况看,促销伤害危机发生后企业在应对方式的选择上差别很大,有企业在危机后沉默不语、不予回应,寄希望于事态自然平息;有企业通过媒体对出现的问题与社会公众进行沟通、解释,希望消除公众对企业的负面看法;有企业对出现的问题加以纠正,包括道歉、积极救治、赔偿损失弥补促销对消费者造成的伤害;还有企业对出现的问题进行辩解,认为企业在促销中不存在任何过错等。

××知名连锁零售企业,自 2004 年以来就频频发生促销伤害危机,据不完全统计,××超市 2005 年以来发生了多起促销踩踏或挤压被媒体报道的案例。

2005 年 2 月 1 日,新开业的××超市成都市双桥店发生了促销踩踏事故。

2007 年 7 月 30 日,××超市西安小寨店引发众多群众抢购,现场混乱,造成很大的安全隐患。

2007 年 11 月 10 日,重庆市沙坪坝区××超市发生促销踩踏事故。

2007 年 11 月 28 日,××超市天通苑门店因促销引发挤压事故。

2008 年 12 月 20 日,北京石景山万达广场××超市在减价促销时因人多拥挤被要求歇业。

与此同时,××超市各连锁店在中国发生的由于价格欺诈、不实宣传等不当促销导致被媒体报道的案例则更是不胜枚举,仅仅 2010 年一年就发生了多起。

1 月 14 日,厦门思明区××超市促销价格高于标签价格。

5 月 11 日,武汉××超市洪山广场店促销售价高于标签价。

5 月 27 日,北京××超市中关村店虚假促销宣传。

5 月 29 日,武汉××超市建设大道店虚假折扣。

7 月 4 日,昆明××超市云纺店促销售价高于标签价。

7 月 7 日,福州××超市新店促销商品在活动的第一天就缺货。

9 月,天津××海光寺店以原价作为促销价格促销。

11 月 17 日,长沙××超市虚假促销宣传,五倍差价承诺不兑现。

12 月 17 日,昆明××超市白云店促销售价高于标签价。

××超市在中国市场频频出事的同时,2010 年该企业在中国市场遭遇了前所未有的危机。

3 月 22 日,大连新华绿洲店正式关店。

7月28日，西安小寨店经营仅3年。

2011年2月，广东佛山店即将关闭。

现实的很多问题迫切需要我们回答：危机发生后消费者的感知风险和购买意愿会不会受到影响？如何影响？是仅限于对事件门店的感知风险和购买意愿受到影响还是对整个连锁企业的感知风险和购买意愿均有影响？受哪些因素的影响？不同消费者个体受到的影响是否相同？面对危机发生后的多种应对方式，哪一种方式最为恰当？或者在何种情况下应该选择何种应对方式？

我国消费者对超市业的品牌忠诚度偏低，连锁超市在日益受到中国消费者青睐的同时，购物者对单个门店的忠诚度却很低，只有18%的顾客表示在通常情况下，自己固定去一家超市，固定去2～3家超市的顾客占到44.4%（文千锤，2009）。消费者对连锁超市的品牌忠诚度较低与超市不断出现伤害危机有无关系？××超市在中国的危机与其频繁发生促销伤害危机之间有无关系？这也需要我们弄清连锁超市促销伤害危机发生后消费者对品牌信任及品牌忠诚的影响情况。

26.1.1.2 理论背景与问题

营销安全研究已经成为中国营销的八大特色研究之一，主要涵盖隐患、威胁、危机、失败、重生5方面内容。而在对营销危机的研究中又包括了产品伤害危机、价格伤害危机、促销伤害危机等方面的研究，通过对国内外文献的检索发现，对促销伤害危机的研究较少，系统的研究基本没有。

（1）对促销伤害危机及其分类缺乏研究。

通过文献检索，目前只发现卢长宝（2005）、田玲（2007）从学术和理论角度对虚假促销进行了一定程度的分析和实证。卢长宝在《虚假促销对消费者认知和行为的影响》一文中提出，由于受到虚假促销长期的刺激与强化，消费者对企业正常促销产生了与虚假、欺骗同义的社会刻板印象，对产品价格的怀疑效应、对产品质量的怀疑效应不仅会降低顾客对正常促销效用，而且还会提高顾客的理性购买行为，最终导致企业正常促销失效。田玲在其硕士论文《大型超市虚假促销对消费情感与购买意愿的影响研究》一文中定义了虚假促销的概念，并实证分析了虚假促销对消费者情感和购买意愿的影响情况。

上述研究都是针对促销伤害中的虚假促销的，但是通过现实的伤害案例发现，不当促销往往导致消费者人身、财务、心理等受到伤害，虚假促销对消费者的伤害只是促销伤害中的一小部分。从消费者受到伤害的客观性标准看，促销伤害危机包括人身伤害危机和财务伤害危机两种，目前学术界还缺乏对促销伤害危机的系统研究，从促销伤害危机的概念界定到促销伤害危机的分类都还需要深入研究。

（2）对促销伤害危机及其应对方式对营销变量的影响缺乏实证。

对于促销伤害危机，以前的研究主要关注的是财务伤害危机中虚假促销对营销变量的影响。田玲（2007）主要研究了虚假促销中的价格虚假、赠品虚假和抽奖虚假对消费者消费情感和购买意愿的影响情况。促销人身伤害危机对营销变量的影响至今还没有学者进行过实证研究。因此，对于促销伤害危机及其相关因素对消费者感知风险、购买意愿、品牌信任、品牌忠诚的影响，在理论上还存在很多空白需要继续深入研究。

从总体上来看，对于促销伤害危机及其应对方式的研究相当有限，在理论上还存在很多研究空白点。首先，由于先前的研究对于促销伤害危机及其应对方式没有系统的论述，因此还需要在进一步观察总结的基础上进行界定和分类。其次，对于促销伤害危机及其应对方式对其他营销变量的影响也是非常缺乏的。因此，研究上述两个问题，有助于进一步丰富促销伤害危机的相关理论。

26.1.2 研究内容与研究目标

26.1.2.1 研究内容

研究内容可以分为3个层次。第一层次是促销伤害危机的定义及其影响范畴研究；第二层次是研究危机后连锁超市声望、应对方式对消费者心理和行为的影响，构建研究假设；第三层次是实证研究不同类型促销伤害危机发生后连锁超市声望、应对方式对消费者感知风险、品牌信任、购买意愿、品牌忠诚的影响情况，同时将消费者性别、年龄作为调节变量研究不同个体的影响情况。第一个层次的研究也是第二层次、第三层次研究的支撑。

第一层次研究促销伤害危机的定义及其影响范畴。由于以前对促销伤害危机没有系统研究，只对促销伤害危机中的虚假促销、虚假宣传等方面有少量研究，因此必须通过完备的事实观察、系统描述对促销伤害危机的定义进行界定，同时对促销伤害危机进行分类、总结、归纳，研究促销伤害危机发生后对消费者的影响主要有哪些方面，这是本书所有研究内容的基础。

第二层次研究危机后连锁超市声望、应对方式对消费者行为认知的影响，构建研究假设。根据文献查询的结果，危机发生后对消费者的感知风险、品牌信任、购买意愿、品牌忠诚都有影响，但是这种影响与连锁超市声望、应对方式、危机类型及消费者的个体差异均有关系。本书第二层次主要研究他们之间的关系，并构建研究假设。

第三层次实证研究不同类型促销伤害危机发生后连锁超市声望、应对方式对消费者感知风险、品牌信任、购买意愿、品牌忠诚的影响情况，同时将消费者性别、年龄作为调节变量研究不同个体的影响情况。本部分是研究的重点和难点，将在第一层次定性研究及第二层次研究基础上，通过实验法收集数据，最后应用BP神经网络算法验证假设关系的成立情况。

26.1.2.2 研究目标

在理论上，解决5个问题：促销伤害危机如何界定？应对方式如何分类？促销伤害危机发生后对消费者的感知风险、品牌信任、购买意愿和品牌忠诚有无影响、如何影响？危机发生后如何应对最为恰当或者在何种情况下选择哪一种应对方式？不同的消费者选择的应对方式有无差异？

在实践上，把实证研究得出结果和结论转化为现实中促销危机管理的建议，为政府促销监管提供理论依据，为企业解决促销危机提供借鉴。

26.1.3 研究思路、步骤及结构

为了解决现实和理论上存在的问题，实现本书的研究目标，本书采取了如下研究思路和方法。

26.1.3.1 研究思路

本书所遵循的总体思路就是解释和解决营销实施中的问题，具体来讲分为4个步骤。

首先，观察现实中的促销伤害危机，收集国内外由于促销而引致消费者受到人身或财务伤害的案例加以归纳、整理，发现那些让营销界和学术界迷惑的问题，初步把这些问题拟定为研究方向。

其次，基于这些问题检索相关文献，了解其他学者对这些问题的研究进展和不足。

再次，结合研究方向和已有的促销伤害危机研究成果，从中找到值得研究而尚未研究的问题所在，确定研究内容和目标。

最后，基于研究内容和目标，展开正式研究，包括建立概念模型、形成研究假设、选择研究方法、设计研究变量、设计调查问卷、展开调研工作、进行数据分析、得出研究结果、分析研究结论。

26.1.3.2 研究方法

（1）采用文献分析法对中外学者们在促销伤害危机相关研究领域的理论和实证研究成果进行系统的梳理，形成系统而较为全面的文献综述，找出现有文献的研究成果、研究结论、研究方法和研究局限，在此基础上找到前人研究的空白点，确立研究问题，构建基本理论框架及概念模型。

（2）采用二手数据研究法对从媒体收集到的零售企业发生的促销伤害危机进行研究，仔细分析其发生背景、对消费者的影响及企业的应对情况，从而清楚界定促销伤害危机的概念、分类，对企业在危机发生后的应对方式做到心中有数。

（3）消费者访谈和调查法——通过组织消费者焦点访谈和消费者调查，筛选和归纳影响其感知风险

及购买意愿变化的因素，完善概念模型。

（4）基于国内外已有的相关研究成果，结合我国企业的营销实施，对研究的问题进行进一步的明确与细分，提出自己的研究模型，确定研究变量，设计针对我国消费者的调查问卷，通过与若干应答者的深度访谈对问卷进行修改完善，并开展小样本的预先测试对问卷的信度和效度进行验证，并据此对问卷进行最后修正。

（5）以高校学生、企业从业人员、商场、公园随访的消费者为调查对象，以12项设计实验来分别研究不同的危机类型下、不同声望的零售企业在不同应对方式下消费者感知风险、购买意愿、品牌信任和品牌忠诚的变化情况，通过神经网络计算方法对调查结果进行分析，检验所提出的研究假设能否成立，并据此提出研究的结论和对营销管理者的启示，讨论研究的局限性与进一步的研究方向。

（6）基于本书及前人的研究成果，分析不同企业声望、不同危机应对方式下消费者对事件门店和连锁企业的感知风险、购买意愿、品牌信任和品牌忠诚的影响，对促销企业提出危机后的最佳应对方式及有效开展促销的对策建议。

26.1.3.3 结构安排

本书的逻辑思路和内容如下。

第一，绪论。从促销伤害危机发生后如何修复与消费者之间关系这一现实问题出发，结合促销伤害危机的研究现状，发现研究机会，提出本书要解决的问题，介绍了本书将要采用的研究方法、研究路线、结构安排、研究创新及本书将要取得的成果对理论和实践的重要意义。

第二，文献综述。在本章中通过对先前促销伤害危机相关文献的研究和综合分析，本书得到一些有价值的启示，确认研究机会和研究价值，为研究模型的建立与假设提出提供坚实的理论基础。

第三，促销伤害危机及其企业应对。从理论上科学界定促销伤害危机的定义及研究范畴，对促销伤害危机进行科学分类，对促销伤害危机中的企业应对方式进行全面归纳总结，丰富促销伤害危机理论同时为下一步研究打下理论基础。

第四，理论基础与模型构建。本章首先讨论研究模型形成的理论基础：感知风险理论、公平理论、品牌信任理论和期望—证据理论，并一一论述了这些理论在促销伤害危机中的作用机理。在此基础上形成了本书的概念模型，并提出有关变量之间关系的17个研究假设。

第五，实证研究方法和问卷设计。本章介绍实证研究方法的具体应用，问卷中感知风险、品牌信任、购买意愿、品牌忠诚4个变量如何测量、刺激物的具体设计、问卷结构、抽样设计、BP神经网络算法。

第六，数据分析与假设检验。本章通过BP神经网络计算方法，实证检验了本书理论基础与模型构建所提出的17个研究假设，并对相关的结果进行了讨论，得出本书的主要结论。

第七，研究结论与展望。本章主要讨论研究假设检验的结果并进行分析，研究管理结论对管理带来的启示，陈述本书的成果创新和理论贡献，总结本书的局限，展望未来的研究方向。

26.1.4 研究意义与创新

26.1.4.1 研究意义

（1）理论意义。

从理论意义上来看，研究成果不仅完善了营销安全研究的内容，推动了促销伤害危机的研究，而且为解释现实中的某些现象提供了理论支撑。

首先，本书通过对现实中出现的促销伤害危机案例的研究，定义促销伤害危机的概念，在对危机进行分类的基础上，对研究重点——零售商促销伤害危机进行科学划分，并对两类零售商促销伤害危机应对方式进行分析、归纳、总结、比较，这些研究拓展了促销伤害危机的研究空间，丰富了促销伤害危机的理论。

其次，本书构建了不同促销伤害危机中不同连锁超市声望、不同应对方式下影响消费者感知风险、购买意愿、品牌信任和品牌忠诚的概念模型，并通过实证研究验证连锁超市声望、顾客个体差异、企业应对方式对消费者感知风险、顾客购买意愿、品牌信任和品牌忠诚的影响情况。这些研究为弄清促销伤害危机发生后消费者行为认知的变化，以及企业选择恰当的应对方式提供了一个理论框架。

（2）现实意义。

从现实意义上来看，研究成果能够帮助企业更好地了解促销伤害危机对消费者行为认知的影响情况，为企业在危机后尽快修复与消费者之间的关系提供有益的参考，同时让企业进一步了解促销伤害带来的直接负面效应，从而更有助于规范其自身的促销行为，着眼于企业的长远发展，制订更加有效的促销组合，通过增进消费者的品牌信任，建立起消费者的品牌忠诚。

26.1.4.2 研究创新

通过研究促销伤害危机对消费者购买意愿和品牌忠诚的影响，本书共获得5个创新点。

第一，对促销伤害危机的概念进行界定，对促销伤害危机及其应对方式进行分类，拓展营销安全理论的研究领域，发现促销伤害危机研究的机会所在。通过对现实案例的详细研究，根据促销伤害危机造成消费者伤害的客观性标准，将零售商促销伤害危机分为人身促销伤害危机和财务促销伤害危机，并对两类促销伤害危机发生后企业的应对方式进行了归纳、分类。

第二，构建促销伤害危机对消费者购买意愿和品牌忠诚影响的概念模型。通过心理学、生理学和市场营销等领域的文献研究和对现实案例的观察，找到在促销伤害危机中可能会影响顾客购买意愿和品牌忠诚的两大类自变量——企业声望和应对方式，和两个中间变量——消费者感知风险和品牌信任，并构建本书的概念模型。

第三，证实了在促销产品伤害危机中，不同零售商声望会影响顾客的购买意愿和品牌忠诚。

第四，最重要的一点创新是验证了各种促销伤害危机应对方式的优劣。通过实证研究，本书证实了在促销人身伤害危机中，企业选择最佳的应对方式时还需要考虑企业声望，声望高的企业最佳的应对方式是纠正措施，低声望的企业最佳的应对方式是辩解；在促销财务伤害危机中，无论声望高低，企业最佳的应对方式都是纠正措施。

第五，本书证实在促销产品伤害危机中，消费者的某些个体差异会影响其购买意愿和品牌忠诚。

本章首先介绍了研究的理论背景和现实背景。现实背景是促销伤害危机近年来频繁发生，且发生后人们的认识不一，企业在应对方式的选择上困难重重。理论背景是理论界对促销伤害危机的范畴及其分类缺乏研究，对危机后企业采取的应对方式缺乏研究，以及对伤害危机对营销变量的影响缺乏实证等。

随后本章阐述了研究内容、目的。研究内容可以分为3个层次。第一层次是促销伤害危机的定义及其影响范畴研究；第二层次是研究危机后连锁超市声望、应对方式对消费者行为认知的影响，构建研究模型；第三层次实证研究不同类型促销伤害危机发生后连锁超市声望、应对方式对消费者感知风险、品牌信任、购买意愿、品牌忠诚的影响情况，同时将消费者性别、年龄作为调节变量研究不同个体的影响情况。第一个层次的研究也是第二层次、第三层次的研究支撑。研究目标是要解决理论上的5个问题和实践中的两个问题。

在阐述了研究的方法、步骤、文章结构之后，最后归纳了本书的创新在于5点：第一，本书对促销伤害危机的概念进行了界定，对促销伤害危机及其应对方式进行了分类，拓展了营销安全理论的研究领域，发现了促销伤害危机研究的机会所在；第二，本书构建了促销伤害危机对消费者感知风险、购买意愿、品牌信任和品牌忠诚影响的概念模型；第三，本书证实了在促销产品伤害危机中，不同零售商声望会影响顾客的购买意愿和品牌忠诚；第四，最重要的一点创新是本书验证了各种促销伤害危机应对方式的优劣；第五，本书证实了在促销产品伤害危机中，消费者的某些个体差异会影响其购买意愿和品牌忠诚。

26.2 文献综述

26.2.1 促销与促销伤害

26.2.1.1 零售促销的一般定义及分类

针对零售促销，Robert 等于 1993 年特别提出了解释，不同于制造型企业开展的厂商促销和贸易促销，零售促销是针对最终消费者的一种促销方式。零售型企业为达到刺激消费的目的而采取的包括发布信息、打折优惠等在内的方法都属于零售促销的范畴（美国市场营销协会）。而通过查阅国内相关资料，零售业中促销的含义往往都被涵盖于销售促进之中，邝鸿在《现代市场学》一书中也提到，美国零售业中的促销同样定位在这一层含义上。因此，为了使文章更加规范一致，本书所提及的促销均指狭义促销，即销售促进。

根据实际的案例调查，结合李先国在《商家如何运用折价促销》一文中的论述，以及曹小春在《零售企业营销实务》一书中的观点，零售商最普遍使用的促销手段共分为 5 类，具体内容如表 26-1 所示。

表 26-1 零售促销分类

零售促销类型	具体内容
气氛类促销	通过对色彩、音乐、气味、陈列、走道、地板、布局等的安排，创造一个对消费者有吸引力的氛围
事件类促销	通过周年庆典、节假日、清仓等具体事件开展促销活动
价格类促销	通过降价、返券、打折等形式形成价格优势吸引消费者
赠品类促销	通过满一定金额即奉送与购买产品相关或不相关的其他产品来吸引消费者
抽奖类促销	通过满一定金额即参加抽奖从而获得礼品或现金来吸引消费者

26.2.1.2 不规范促销行为的界定

通过文献检索发现，田玲在其硕士论文《大型超市虚假促销对消费情感与购买意愿的影响研究》一文中认为，虚假零售促销是指零售商在促销过程中，为吸引消费者、短期内扩大销售获利而使用的虚假的、与事实不符的促销借口、促销期限、促销范围和促销方式。2006 年商务部颁布了《零售商促销行为管理办法》，对零售商的不规范促销行为归纳为 5 个方面：一是不实宣传，指零售商在宣传时，不向消费者明示促销活动的限制性条件、例外商品等，损害了消费者的知情权；或以虚假的清仓、拆迁、停业等事由开展促销活动，欺骗消费者。二是价格欺诈，指零售商以频繁打折、降价等方式进行促销，以虚高原价迷惑、欺骗消费者，扰乱零售行业的竞争秩序。三是限制消费者合法权益。零售商往往规定促销商品不退不换，或以保留最终解释权等名义，免除自己的责任，消费者权利受到侵害。四是缺乏安全管理措施。一些零售商在开展限时、限量促销活动时，造成经营场所内人员大量聚集、秩序混乱，甚至引发人身伤亡事件。五是违反商业道德，开展有违社会善良风俗的促销活动。

26.2.1.3 促销伤害与消费者行为反应

顾客对商品的感知价值及其由此而产生的购买意愿很容易受到外界变量的影响，而虚假夸大的商品参考价格是其中一个很重要的因素。因此这个命题受到了国外诸多学者的关注，并相继进行了研究。根据 Monroe 和 Chapman（1987）、Grewal 和 Montoe（1991）所提出的关于对比价格广告的概念模型，企业通过广告向顾客传达的包括商品的参考及销售价格、顾客节省金额等方面的价格信息会对顾客产生一系列的连锁影响。顾客会据此对目标商品形成一种基于个人心理评价的质量及价格认知，这也是商品价值评判的依据，而这些主观感受最终都会体现在顾客的购买意愿上——是继续忠于该商品抑或是寻求更低价格的目标。简而言之，夸大商品参考价格的虚假广告在顾客心目中形成了一种购买该商品就可以创造更多节省空间的印象，以此来提高其对商品的感知价值，最终促进其购买意愿。这一点在很多学者的研究中都得到了证实（Bames，1975；Bearden 等，1984；Delia Bitta 等，1981；Friedman 等，1982；Inman 等，1990；Keiser 和 Krum，1976；Urbany 等，1988；Varadarajan，1986）。另外，通过夸大的虚假参考价格以误导顾客，进而达到促进顾客购买意愿的目标，这从另一个角度来说也就意味着减少顾客寻找更低折扣的意愿（Keiser 和 Krum，1976；Urbany 等，1998）。而且，广告所宣传的折扣越大，顾客感知到的价值越大、购买该商品的意愿越强烈，进而寻求更低价格商品的意愿就越不强烈（Berkowitz 和 Walton，1980；Burton 和 Lichtenstein，1988；Chapman，1987；Delia Bitta 等，1981；Friedman 等，1982；Fry 和 McDougall，1974；Lichtenstein 和 Bearden，1989；Lichtenstein 等，1989；Mobley 等，1988；Moore 和 Olshavsky，1989；Oglesby，1984；Raju 和 Hastak，1983）。在这些研究中，有一个前提即这种虚假的参考价格必须是顾客所信服的，那要是顾客心存疑虑并不完全相信呢，结果是否还会一样？ Urbany 等（1998）的研究给了我们答案，即使是在这种情况下，顾客对商品的感知价值依然会受到影响。而 Lichtenstein 和 Bearden（1986）与 Lichtenstein 等（1989）指出，如果是影响顾客购买决策的参考价格在顾客眼中很明显是虚假夸大的情况，顾客会对该品牌商品形成一种不好的印象，从而降低其感知价值及购买欲望。作为为终端消费者提供服务的零售商，在企图提供虚假的参考价格时，必须承受真相暴露时消费者可能会因受骗而气愤，最终影响其品牌忠诚与信赖的巨大风险，这对企业来说将会是致命且难以弥补的伤害，因此慎重考虑是必须的（Larry D Compeau、Dhruv Grewal 和 Diana S Grewal，1995）。这同样给了营销管理者一个重要的启示，采用广告传达价格信息要采用真实而非虚假的参考价格，这样不仅可以避免因欺骗产生的风险，最重要的是能正确引导顾客的购物倾向，使市场前景更为明亮（Moore 和 Olshavsky，1989），这也是企业社会责任与道德观所要求的。

与国外众多研究相比，国内的研究显得尤为稀少，卢长宝（2005）就针对虚假促销在理论上做了一定的研究分析，在《虚假促销对消费者认知和行为的影响》一文中，他指出，企业长时期以虚假的信息作为促销手段，会影响其在顾客心中的形象，在这种情况下，即使再采取任何诚信的促销手段，也无法扭转劣势，因为虚假欺骗的形象在顾客心中早已根深蒂固，疑价效应、疑质效应、库存效应和过时效应会使促销失效，更会导致消费者警觉性与理智性的提高，使得以后的促销更加难以执行。田玲（2007）在其硕士论文《虚假促销对消费情感和购买意愿的影响研究》一文中，通过实证分析方法，进一步验证了虚假促销对消费情感和购买意愿的负面影响。

26.2.1.4 促销伤害与法律政策

对于虚假促销广告，究其虚假性质、欺诈行为的界定问题，美国学者给出了较多的研究结论。近年来，关于反对零售商采用比照价格的各种诉讼案件大量涌现，如某百货公司通过广告向消费者传达虚假的、没有任何现实产品价格依据作为依托的对比价格，因而受到了马里兰州的起诉（Grewal，1991）。不同于这种蓄意性的欺诈，在遗漏了一些关键信息的情况下，也有可能被界定为欺诈性行为。如果在标价时仅仅着眼于推广价而遗漏了参考价格，会直接误导消费者，影响消费者对金钱节省度的考虑，导致实际节省并没有想象中的多，这种广告同样会被认为是具有欺骗性质的（Blair 等，1981）。通过对前任研究的总结归纳，存在以下几种情况：①如果企业通过广告向消费者提供的参考价格是真实的，而且消费者只是将此作为对产品质量评判的一个参照依据，而并非完全依赖，那么这个时候的参考价格就仅仅是起到一个传递信息的作用。②如果企业通过广告向消费者提供的参考价格是真实的，但是消费者并不是通过参考价格而是通过促销价格来评判产品的质量，那么在这种情况下，也不会存在欺诈性行为。但值得注意的是，消费者根据促销价格感知到的产品质量可能会较低，从而会对该产品品牌造成一定的负面影响（Sawyer 和 Dickson，1984）。③如果企业通过广告向消费者提供的参考价格是虚假夸大的，而且消费者确实是据此对产品的质量做出的评判，此时欺诈性行为确是存在的。④如果企业通过广告向消费者提供的参考价格是虚假夸大的，然而消费者是根据促销价格来对产品的质量进行评判，那么欺诈性行为从法律的角度上同样也是存在的。但是对于该欺骗性行为是否是实质性的，最终是否会受到法律起诉是由公平贸易委员会和律师综合办公室来决定的（Richards，1990）。

对于如何从法律上来界定促销伤害，目标企业是否应该承担责任，应该承担什么责任等相关问题的研究，国内的学者也很感兴趣，尤其是随着近年来大量虚假促销及促销引起的踩踏事件引起了社会各界普遍的关注，大量的研究不断涌现。在《论引人误解的虚假商业宣传行为的认定标准》一文中，刘博、向歆（2007）引进了外国关于促销研究的理论，并结合了我国于2007年开始施行的《最高人民法院关于审理不正当竞争民事案件应用法律若干问题的解释》的法律条例，从国外的法律制定角度出发，对如何认定虚假促销宣传行为进行了一定程度的分析。

26.2.2 与促销伤害相关的研究

在现有的研究中，与促销伤害有关的研究包括：企业营销道德研究、品牌危机研究、企业负面公众信息研究、产品伤害危机研究等内容。这些研究具有一些共通之处，如事件的发生造成对消费者直接或间接的伤害；信息的内容是负面的，对企业不利；信息具有广泛的传播性；信息的内容有时是模糊的等特征。

26.2.2.1 企业营销道德研究

文献检索发现，涉及促销伤害中的虚假促销、价格欺诈方面研究成果较多，但研究者认为这是企业营销中的不道德行为。

20世纪50年代末到20世纪60年代初，尽管美国实现了战后经济迅速发展，但随之而来的各种企业经营负面消息也不断涌现。在社会舆论的压力下，政府不得不做出调查，并于1962年给出了调查报告——《对企业伦理及相应行动的声明》（A Statement on Business Ethics and a Call for Action），这主要从企业伦理道德的角度进行了研究考虑。随后越来越多的学者开始关注这个问题，包括宗教学者、哲学学者、经济学者及企业管理者，而且研究的内容也越来越深入化，也越来越具有实际意义，其中最为重要的课题便是企业的社会责任与道德如何影响企业领导者的经济决策，以及企业在营销过程中道德性决策因素的构面研究。

在具体的营销过程中，究竟存在着哪些道德问题，对此是否存在着有效地应对策略。Earl A. Clasen（1967）着重探讨了企业的营销道德与目标顾客之间存在着怎样的关系，而Edwin T Boling（1978）则是从组织的角度对管理过程中可能出现的道德危机进行了一定程度的分析。

对影响营销者做出道德决策的因素和决策模型进行了探讨。罗伯特·巴特厄斯（1967）提出了营销的一个道德模型，阿兰·安德里森和阿瑟·贝斯特（1977）从顾客抱怨的角度探讨了企业的道德应对策略。营销管理者是否会考虑道德因素做出道德决策，这其中是否存在着一定的影响因素，而这又是一个怎样的决策模型。Robert Bartels（1967）首先提出了关于企业营销的道德模型，Alan Andreason和Anthur Best（1977）则提出了关于企业营销道德的评价模型，并且根据营销失误后，消费者不满的情绪和抱怨的态度出发，为营销管理者提供了一系列应对措施。随后针对不同的侧重点，各种不同角度的研究模型相继问世。例如，Gerald F Cavanagh、Dennis J Moberg和Manuel Velasquez（1981）的道德决策树模型，Gene R Laczniak（1983）的问题式模型，Shelby D Hunt和Scott J Vitell（1986）的"亨特－维特尔模型"，Kenneth Blanchard和Norman V Peale（1988）的道德核查模型。

这一问题同样得到了国内学者的关注，在《企业营销道德状况及其影响因素初探》一文中，甘碧群（1994）也对违反营销道德的现象进行了归纳总结，其中涉及了企业促销领域中的不道德营销行为，诸如设计与播送虚假广告、误导性广告及内容、形式不健康的广告、操纵及强迫顾客购买、在推销中实行贿赂、滥用有奖销售招徕顾客、虚设有奖销售欺骗顾客等。无论是其中的哪一条，都充分显示出企业牟取暴利的野心，这也是以牺牲社会大众的利益为代价的，提升企业的社会责任感与道德伦理观就显得尤为重要，而这一研究无论是在伦理界还是企业界都将会具有重要的意义。在这一背景下，我国学者从不同侧面研究了营销道德问题，到目前为止，发表了专门探讨企业营销道德的论文约有100多篇，这些研究成果主要探讨了营销道德的重要性、营销道德评价理论、企业营销道德失范的原因和对策、营销道德决策影响因素、具体营销领域的营销道德、企业营销行为的道德感知与测度等内容。在这些研究中有相当一部分涉及了企业促销中的道德问题。

有更多的学者致力于研究如何对企业的各项营销道德水平进行测试并予以评价，并且硕果累累。欧阳电平和甘碧群（1998）通过实证研究指出，一个企业的营销道德水平一般可以通过其各项营销决策（包括营销调研、产品决策、价格决策、分销决策和促销决策）表现出来，因此对这几个方面的综合考评是一条重要的途径；甘碧群和寿志刚（2004）通过各种调研方法发现企业营销行为的7个维度对企业营销道德水平的考评具有一定的影响力。而且，其研发的一套测评企业营销道德水平的方法，为以后全面测试评价系统地建立奠定了重要的基础。甘碧群和曾伏娥（2004）在研究企业营销行为的道德感知与测量方面，通过实证分析提出了新的见解，从不同的立场不同的角度来看这个问题，结果是会有一定差异的，这在两个不同的市场主体（生产者与消费者）上表现得很明显。他们着眼于消费者的视角，提出了考评企业营销道德水平的5个指标：企业向外界传播的产品信息的真实性与可靠性、企业制订的产品价格的公正性与公平性、企业实行的是否是高压强制性的促销、企业是否承担了其应有的社会责任、企业是否有能力有实力利用并发展其独有的技术优势。除此之外，2007年余云珠发表了《浅谈企业在促销中的营销道德问题》一文，其中分析了促销中存在的五大道德问题并提出了对策建议。

从总体上来看，相当一部分关于营销道德的研究成果中都包含了不道德促销行为，一般研究都将企业的不道德营销行为分为产品、价格、销售渠道、促销4方面进行论述。

26.2.2.2　企业负面公众信息研究

（1）负面公众信息定义。

Reidenbach等（1987）定义负面公众信息为"由印刷品、通讯媒体或口碑无补偿地传播的关于产品、服务或个人的可能有害的信息"。负面公众信息可能会与一个具体的产品有关，也可能与整个公司有关。负面公众信息不仅会使公众对于产品本身的功能产生问题，而且还会产生一些社会性的和伦理上的问题，影响到消费者对于公司或品牌价值的评判。

David H Henard（2002）则定义负面公众信息为关于公司的"不敬的"或"中伤性的"公众信息。

在现有的研究中，学者们在探讨负面公众信息时，将产品伤害危机、服务伤害危机、品牌危机等内容都与负面公众信息相联系。

（2）影响消费者处理负面公众信息的因素。

①负面偏见。

David H Henard（2002）指出，个体在评估信息时，相较于正面信息，会更多地关注那些负面信息。这种现象被称为负偏差。简单地说，负面信息较于正面信息，能够更大程度地捕捉到人们的注意力。作为一种宣传工具，负面的信息隐藏着两个陷阱，第一是个人会对负面信息支付比正面信息更多的注意力，第二是负面信息往往比正面信息萦绕在人们心中的时间更久。具有讽刺意味的是，即便在负面信息已经经过清晰和无可争议的驳斥后，一般公众仍会保留一些挥之不去的怀疑，仍然会对其宣传产生负面情绪。

②消息来源可靠性。

Eagly、Wood和Chaikeji（1978）指出，可靠性高的信息来源使得信息接收者对于信息的重视度更高，因而这样的信息对于信息接收者的态度有更大的影响。Richines（1984）认为对于可预料的正面信息，人们受其影响程度低，而负面信息在人们的意料之外，反而更容易被相信。Weiner和Mowen

(1986)发现当信息来源被认为会有偏向时,它们所传播的主要信息的作用被降低了。以上研究者认为信息来源越可靠,则信息对接收者的影响越大。然而,有研究者却得出了相反的结论。Wegner、Wenzlaff、Kerker和Beattie(1981)的研究表明,在不同可靠性的信息来源情形下,其对信息接收者的暗示作用是一样的。Rosenbaum和Levin(1969)也发现在负面信息的情形下,信息来源的可靠性并不能影响负面信息对信息接收者的作用。Mitch Griffin等(1991)的研究则表明,信息来源可靠性低时,负面信息对消费者态度的影响低于可靠性高的信息来源,但是负面信息对消费者购买意愿的影响则不受信息来源可靠性程度的影响。

③责任归因。

Mitch Griffin等(1991)在对负面公众信息的研究中引入了责任归因的一个维度:地点归因。他们的研究表明,当负面事件被更多地归因于应该由企业承担责任时,消费者对企业的态度会受到显著的负面影响,但是责任归因对于消费者购买意愿的影响则并不十分明显。

Dwane Hal Dean(2004)在研究调查的3个因素(声誉、反应、责任)对消费者态度的影响结果表明,企业对负面事件是否应当承担责任这一因素对消费者对公司的态度影响最大。研究结果显示,通过沟通努力取得的良好的信誉适当地应对危机并不能弥补其在悲惨事件中造成的罪责。如果一个声誉良好的企业需要对一个悲剧性事件负责,那么参与者会大幅度地降低他们对其的评价,即使目标公司采取了适当的回应。这一调查结果是与Bradford和Garrett(1995)的研究结果相一致的,他们指出公司会因自己的责任而引起的不幸事件而接受消费者很低的评价,除非他们接受该事件的惩罚。

④消费者动机。

David H Henard(2002)强调了公众信息过程中动机的作用。有一个相当大的心理因素影响着公众如何回应负面宣传。也就是说,负面宣传起作用的程度取决于每个人对评价负面消息的积极主动性水平。这一动机水平是一个关键因素,它源于个人与目标公司的相关性。这种相关性往往在一般的说服过程中起着关键作用。其产生作用的实质就是,相对更主动者(如忠实或潜在顾客)更关注信息的核心方面,而主动性相对较低者(如偶然或非客户)仅仅只是依靠简单的、带个人情绪的线索理解信息从而发展其对负面宣传的回应。非客户较他们相对更主动的客户更倾向于被负面宣传左右。相反,忠诚的客户就较少受公司负面宣传的影响,他们更容易拒绝与其现对公司持有的正面看法不符的信息,此外,这些人还有更大的倾向对负面宣传进行反驳。因此这是公司青睐的强大力量。然而,尽管这是些有利的事实,企业也必须注意到,负面宣传仍然会在一定程度上对忠实消费者的行为产生不利的影响。

(3)负面公众信息与公司声誉和企业社会责任形象。

①公司声誉。

Dwane Hal Dean(2004)对负面公众事件发生后不同的时间点,公司的早前声誉对消费者的态度影响进行了研究。他的研究表明,在事件发生的早期,事件责任问题仍然含糊不清时,而公司也没有进行应对时,由于消费者对好声誉的公司有更高的期望,因而消费者会产生偏见,但会继续支持该公司,而不论公司是否适当地回应负面事件。相对而言,消费者对于坏声誉的公司期望不大,在这个时间点消费者的期望不会给公司带来有利的偏见,因而,消费者将根据坏声誉公司的事件应对进行判断。而在公司进行了对负面事件的应对后,公司声誉对于消费者的态度影响则不同。如果公司进行了适当的应对,那么消费者不论对于好声誉的公司还是坏声誉的公司,其态度没有差别,但当应对不恰当时,消费者对于原来的好声誉的公司负面态度比对坏声誉的公司的负面态度增加大,这是由于,参与者将声誉良好的公司置于一个高标准,因而认为其不恰当的反应是不够的。相反,参与者不愿意再降低他们对已经处于一个很差评价的公司的期望了,因此他们会认为,目标公司不适当的反应是可以接受的。

同时,当好声誉的企业需要对一个悲剧性事件负责时,那么消费者会大幅度地降低他们对其的评价，即使目标公司采取了适当的回应。因此，良好的社会责任信誉可能是一把双刃剑。一个良好的声誉可以为公司带来福利，但它也意味着消费者会对其高期望，在有危机事件时，该公司就该采取适当的措施履行其社会责任，而不适当的行动将会对其良好的声誉造成巨大的打击。

Mitch Griffin 等（1991）的研究表明，没有产品失败经验的目标公司在发生负面公众事件时将获得更多积极态度的评级和消费者更高的购买意图。这说明了产品历史的重要性，也增强了保持强大的企业形象的重要性。消费者对以前曾出现过的产品问题的了解，以及一个不好的声誉都将使消费者对当前事件产生负面反应。因此，用一种积极和及时的方式面对今天负面宣传事件，不仅直接有利于目标公司，而且还能为明天可能发生的事提供保障。

②企业社会责任形象。

Joelle Vanhamme 和 Bas Grobben（2009）探讨了公司致力于社会责任的时间长短是否会作为一种有效的沟通工具而影响其在应对负面公众信息时的效果。在危机沟通交流中，那些拥有长期企业社会责任历史的公司会比那些只有短期企业社会责任历史的公司在使用企业社会责任宣传时更有效。

Joelle Vanhamme 和 Bas Grobben（2009）认为，当危机爆发时，若一个企业已经长期参与企业社会责任活动，那这个公司不仅不会被认为投机取巧，还可以享有比只有短期参与企业社会责任活动经历的企业更强大的声誉。因此，在危机沟通交流中，那些拥有长期企业社会责任历史的公司会比那些只有短期企业社会责任历史的公司使用企业社会责任宣传更有效。

Joelle Vanhamme 和 Bas Grobben（2009）指出当公司面临危机时，应该谨慎地使用企业社会责任作为一种工具来捍卫自己的名誉。长期参与企业社会责任活动的公司有权利向公众提起自己做过的善举而不会引起消费者的怀疑。然而，才开始参与企业社会责任项目的公司还没有获得这种权利。短期参与企业社会责任的企业使用企业社会责任宣扬其善举可能会触发大众怀疑其潜在的动机，从而导致大众对其公司及产品和诚信有更多负面的看法，因此，使用公司企业社会责任短期的经历作为一种手段来捍卫其声誉似乎只是一个噱头或捷径。与此相反，拥有长期企业社会责任历史的公司将危机当作一次偶然事件来处理，而不会引起消费者的怀疑。

（4）消费者品牌忠诚与负面公众信息。

Rohini Ahluwalia、Robert E Burnkrant 和 H Rao Unnava（2000）研究了消费者品牌忠诚对于负面公众事件中消费者反应的调节作用。他们指出，消费者的特征，尤其是目标品牌忠诚度，可以调节消费者负面宣传的处理过程及其影响。高/低忠诚度的消费者的反应模式有很大的不同。忠诚于一个品牌的消费者会本能地反驳关于该品牌的任何负面信息。这些防御过程减轻了负面信息的不良影响，因为它们减少了消费者态度降低的可能性。相反，低忠诚度的消费者只会在较小的程度上反驳负面信息。而且，尽管低忠诚度的消费者可能会表现出来与高忠诚度的消费者同样喜欢这个品牌，但是当他们接触到有关它的负面信息时，则会表现出更大的态度改变并且端正态度的矛盾性。这种态度的降低是由他们对负面信息的诊断性认知决定的。

具体地说，当消费者对目标产品的忠诚度较低时，由负面信息引起的负面效应更有可能出现。而当消费者的产品忠诚度较高时，不仅不会出现负面效应，消费者反而会认为该品牌的正面信息会比负面信息更具有认知诊断性价值。这一负面效应的逆转再一次证明了，忠诚度作为负面效应调节者的强大力量。它不仅使消费者抵制关于该公司的负面信息，而且还增强了其正面宣传的影响力。他们的研究还表明，在模棱两可的措施下，负面信息的影响力会表现得更加清楚。

（5）负面公众信息的应对方式研究。

①公司应对的类型和作用。

Mitch Griffin 等（1991）对企业负面公众信息情形下企业应对对公司形象恢复的作用进行了研究。

一方面，他们研究了公司应对中的否认、完全忽略无反应、进行补救3种应对状况，其研究的结果表明，公司应对对消费者的态度和购买意愿有显著的影响。另一方面，无论对于哪一个情境因素，对负面宣传的补救措施都可以帮助恢复公司的形象。承认自己的责任也许是没有必要的，但采取积极引导消费者的方法就另当别论了。大部分的实验主体为目标公司应如何处理负面宣传的事件提出了建议。当提到否认和无反应策略时，诚实是最常用到的一个词。在这种情况下，超过一半（56%）的受试者提出了一些目标公司诚实处理的建议。一般情况下，受试者希望目标公司面对而不是逃避问题。

Dwane Hal Dean（2004）的研究表明，负面事件后的公司应对对消费者态度有显著的作用。对那些危机受害者给予公平、同情的反应的公司会比那些缺乏公平、同情反应，反而试图转移责任的公司得到消费者更高的尊重和认可，这一结果与公平理论是一致的。

David H Henard（2002）将公司回应分为完全不回应、直接回应和合适的回应。负面宣传的目标公司有机会对攻击做出回应。在应对负面宣传时，组织的代言人必须要有能力去塑造公众对负面宣传的反应。个人往往会更加关注那些负面信息，这种影响也突出强调了公司回应任何负面宣传的重要性，因为该反应的性质会提高或降低负面宣传的心理影响。

一般来说，发言人有两种可供选择的战略。他们可以就负面消息选择回应或不回应公众。如果公司选择回应，就可以选择使用一个直接或合格的回应。直接的回应就是发表一个支持公司的声明，而合格的回应，除了要提出正面的信息，还必须了解负面宣传中一些对消费者来说可能不怎么重要的方面。在负面宣传领域，一方面，一个直接的回应可能只是涉及对负面消息的驳斥而没有任何关于对负面消息有效性的认识。另一方面，一个合格的回应，会承认负面信息中很少一部分的有效性而不是全盘否决。因为公司承认负面消息中一些方面的有效性是非典型的反应，因此它可能会导致一些个人认为该公司的回应更诚实、更真实。鉴于消极偏见的存在，公司没有回应或反驳负面信息可能会通过含蓄的加强原有的负面宣传效应来提高对忠诚客户运动的有害影响，因此，"无可奉告"，一般不被认为是一种可行的公司回应。

②公司回应应遵循的规则。

David H Henard（2002）提出了公司回应应当遵循的原则。首先，了解动态情况。了解客户不会按统一的方式回应负面宣传对公司管理很重要。负面宣传不应被视为一种普遍的伤害，它允许公司从一个完全知情的制高点清楚地衡量情况，并制订有效的战略回应。其次，始终保持对负面宣传的响应。公司发言人必须回应负面宣传，以重新树立潜在顾客的忠诚度和购买意愿。此外，该公司的应对策略应主要面向其最有可能的客户。最后，未雨绸缪，提前做好规划。一些学者认为企业面对危机应预先计划，以便其代言人在具体操作过程中可以处于相对强势的地位。提前规划有两种方式，一种是传统的方法，评估市场环境，为任何潜在的负面宣传提前制订应对策略。另一种是开展一系列活动以增加忠实客户和潜在客户的数量。

③公司应对中消费者的认知过程与情感过程。

Geeta Menon等（1999）研究了负面公众信息下的公司应对对消费者认知过程与情感过程的影响作用。公司应对的内容包括不提供关于负面事件的信息和对负面事件进行解释两种情况，公司应对的态度包括较弱应对和强烈的应对。研究表明，公司是否提供关于负面事件的信息会影响消费者的认知过程，而公司应对的态度会影响消费者的情感过程。

较之于做出较弱解释的情况，消费者对品牌的态度会在该品牌公司做出强烈解释的情况下表现得更积极，而在没有任何解释的情况下，消费者的态度会表现得最不积极。很显然，消费者很难原谅一个公司不对负面事件做出回应，即使公司有这样做的法律依据。公司若做出无可奉告回应会引起更多负面认知，强烈回应与较弱回应引起的负面认知量也有很大的差异。

总之，当一个公司遭受负面宣传时，消费者消极负面的认知反应和情感反应都会调节其对公司的态度变化。以公司强烈态度表明不对负面事件做回应，会让消费者产生消极负面的认知反应和情感反应；仅仅指出公司因法律诉讼而无法做出任何回应似乎是不够的；仅仅做出较弱的回应也会同没有做出回应一样损害公司及其品牌的形象。因此，如果要发表声明，最好就是强烈的而不是软弱的回应。

（6）负面公众事件后的消费者信任建立。

Yi Xie 和 Siqing Peng（2009）建立了一个结构模型来研究负面公众事件后的企业 3 种修复策略：情感修复、功能性修复和信息修复，对于企业诚信因素（能力、善意、正直）的影响，进而影响消费者的宽恕和信任。结果表明，情感的、功能性和信息化的努力都对重建一个诚信的企业形象并赢得消费者宽恕有促进作用。此外，在企业应对负面宣传所表现出来的诚信观念与调节后所形成的信任之间的链接部分，消费者宽恕发挥着一定的调节作用。研究得出了以下结论。

不同修复策略所影响的消费者态度的因素是不同的。情感性的修复有助于提高消费者对于企业正直、善意的评价，而功能性的修复有助于提高消费者对于企业能力的评价，而信息修复有助于提高消费者对于企业正直和能力的评价。

不同的修复策略，对于消费者的态度改变作用大小也是不同的。通过对能力、正直和善意与修复工作相关系数的比较，对于诚信各方面不同的影响因素形成了一个清晰地模式。具体来说，一方面，该模式显示出，在塑造一种正直善意的形象过程中，情感方面的倡议起着最主要的作用。另一方面，为了提高消费者对公司有关能力的判断，公司应当在信任修复期间注重提供足够的信息资料。功能性修复的作用并没有预期中的那么强大，如进行经济补偿和加强管理程序以避免事件复发，在提升公司能力方面都仅仅起到了轻微的积极作用，这比信息修复的效果弱。虽然在负面宣传发生后，关于目标公司采取了什么具体的和经济的修复都是消费者急需要知道的重要信息类型，但其他的如问题处理的细节及事实证据也是非常可取的。此外，尽管功能性修复对于提升企业的正直和善意形象有很显著的作用，但是仅仅通过这一种方式来表达企业的善意是没有效果的。相反，对于情感修复方式，比如说一个真诚的道歉，由于其本身的情感特质，它便可以作为一个强有力的方式来彰显企业的正直和善意。

重建一个值得信赖的形象，赢得消费者的宽恕是修复消费者信心至关重要的步骤。如果目标公司在危机处理过程中，成功地展示了其正直、善意、有能力的一面，人们更有可能会原谅他们的过错并重新信任他们。此外，企业通过情感修复方式来传达对消费者的善意，也完全是由消费者宽恕来调节的，这意味着，在信任修复过程中，要使应对消费者信心瓦解的情感性策略起作用，必须要在消费者宽恕存在且起推动作用的情况下。因此，公司在危机处理过程中展现的高能力才能直接促进信心的重建，而不是通过消费者宽恕，虽然能力也会创造宽恕。

（7）负面公众信息在品牌组合中的溢出效应研究。

Jing Lei、Niraj Dawar 和 Jos Lemmink 研究了负面公众信息在品牌组合中的溢出效应。研究表明，负面公众信息在品牌组合中的溢出效应与危机的严重程度、品牌关联的强度、危机责任归因有关。相较于与目标品牌联系较弱的品牌，目标品牌爆发的严重危机对与其关联性较强的品牌会产生较强的负面溢出效应，而并没有在不严重的危机中发现这种差异。相较于与目标品牌联系较弱的品牌，不管是由公司内部可以控制和不可以控制的原因引起的危机都会对与其关联性较强的品牌产生较强的负面溢出效应，而并没有在由外部不可控的原因引起的危机中发现这种差异。这些结果表明，品牌间的网络结构，即关联性的强度，会在危机被认为是由公司内部的原因引起的情况下影响溢出效应的大小。

另外，当这种危机的主要信息如归因呈现在大众面前时，其他危机信息的影响将减弱甚至消失。此外，这项研究还证实了信息的归因形成了更新消费者的判断（如对品牌的评价）的基础。

从管理角度来看，这项研究的结果，可以使管理人员不仅关注品牌间的关系，还可以通过负面信息本身的特征来预测品牌组合情况下的溢出效应模式。

26.2.2.3 品牌危机研究

(1) 品牌危机概论。

①品牌危机的定义。

在国内诸多学者的研究中均提到，品牌危机是指在经营管理、提供服务及公关关系等方面，由于各种因素的突变，包括企业自身、竞争对手、顾客或其他外部环境等因素，以及由于品牌运营或营销管理的失常，从而导致品牌整体形象受到负面影响，同时在很短的时间内波及广大社会公众，使其对品牌产生不信任感，进而大幅度降低企业品牌价值，甚至导致企业陷入一种危及生存的状态。

崔鑫生（2005）从另一个角度对品牌危机进行了阐述，即代表企业品牌高质产品和优质服务的"名称、术语、标记、符号、设计及其组合运用"的辨别功能的丧失，最直接的表现为企业产品的认可度下降、市场占有率降低，有时甚至会直接影响企业后续产品的推出。

②品牌危机的特性。

马克态（2007）提出，品牌危机具有如下特征：突发性、媒体的关注度高、危害大及来势猛烈。其中，突发性是主要也是首要特征。孟华兴、黄荣（2007）认为品牌危机的发生不是个别的偶然事件，因为企业不可能时刻保持对品牌各个方面的有力监控，因此在以上基础上提出了品牌危机的必然性。

陈湘青（2004）也提出了品牌危机另外两个特征，蔓延性与被动性。前者指在各种新兴通信方式的广泛应用之下，负面消息得以快速传播；后者则是由其突发性特征衍生出来的，由于品牌危机事发突然，企业往往仓促应战，因此带有较强的被动性。

③品牌危机的成因。

沈云林（2005）指出品牌危机的产生与近因效应有关。他从美国心理学家卢钦斯（A S Luchins）于1958年和1960年做的一个连续实验中发现近因效应正负之分，因此对于印象的改变有正和负两方面的意义，而实践中应当趋其利而避其害。他由此认为品牌危机产生的机理实际上就是负近因效应，即新出现的负面信息对良好的产品印象具有反转作用。

祝合良教授认为，造成品牌危机的原因很多，诸如产品出现质量问题、新产品更新不当、品牌延伸不当、品牌合并或兼并不当、品牌授权经营不当、品牌创新不足、品牌欺骗、品牌冲突，以及更换品牌名称与标识都会引起品牌危机。

李安云（2009）认为除了产品质量存在问题这一基本方面以外，由品牌的个性定位不正确、品牌的盲目延伸、品牌传播广告费的过度投入、过度的价格战所导致的品牌营销策略的失误，以及市场经济、技术、竞争等环境的改变同样会导致品牌危机的发生。张丽莲（2009）在此基础上进行了更深入的分析，并提出环境改变是品牌危机发生的直接诱因，而企业管理和品牌管理不善才是更深层次的原因，具体表现为：企业品牌文化淡薄、品牌核心价值缺乏、品牌战略规划缺失。

周智敏（2010）从3个方面阐述了品牌危机的形成原因：①从企业层面来说，包括企业缺乏品牌危机意识、产品质量存在缺陷、经营管理不善、自身沟通机制不够健全。②从行业层面来说，包括因同行竞争（尤其是排他性恶意竞争）及行业危机引发的品牌危机。③从环境层面来说，包括政府政策环境和市场大环境的变化所引发的品牌危机。

④品牌危机的类型。

李兴国（2006）从感受的视角对品牌危机进行了解析并将其分为3类：感受到的真实危机、感受到的虚假危机及未感受到的真实危机。

孙文（2003）把品牌危机分为系统性危机（不可控）和非系统性危机（可控）。前者作用于全体与之有关的品牌，是由品牌所处的大环境的变动而带来的危机，具有突发性。而后者则是指个案性问题导致的品牌危机，更为频繁，更为宽泛。

柳锦铭（2007）从几个不同的角度对品牌危机的类型进行了分析：①从危机表象上看，其表现为由各种对品牌不利的危机事件引发的社会公众的关注与抵制，从而给企业造成一系列的品牌关系压力，最终导致品牌忠诚度降低、品牌市场占有率减少、组织混乱等后果。②从形态来看，可分为突发性和渐进性两类。突发性品牌危机是某一突发事件对品牌造成的冲击，而其他原因所引起的大多为渐进性品牌危机，由于前者具有很大的新闻价值，因此人们更偏向于关注突发性品牌危机。③从程度上看，可分为严重破坏型和轻微损伤型两类。其实不管是哪一类，都会对该品牌产生负面甚至是毁灭性的影响。

韦晓菡（2007）对从形态上划分的突发型、渐进型两类品牌危机进行了更深入的分析说明。此外，还提出了从性质不同的角度来进行分类，包括产品质量问题引发的危机与非产品质量问题引发的危机。

（2）品牌危机反应。

①反应态度。

吴子敬（2007）指出，在品牌危机被曝光的情况下，企业应该采取积极主动的态度，诚实地面对社会公众，不要企图掩饰自己的错误。如果采取捂着压着，隐藏真相的错误做法，只会适得其反，从而造成负面影响的不断扩大。当然，在这个时候，危机沟通就显得极为重要，有效地沟通可以缓解事态，而沟通不当则会引起进一步猜疑，使事态恶化。

杨音（2005）认为品牌危机爆发以后，随之而来的政府部门和新闻媒体的介入会使企业处于不利的负面舆论之中，这时企业若是傲慢无礼或推脱责任只会引起社会各界更大的反感和指责，只有正确面对现实，将企业所掌握的真实情况如实地向社会各界予以公布，以诚挚的态度、负起责任的勇气、解决问题的决心，才能赢回消费者的信任。

崔鑫生（2005）也表示，面对品牌危机，最重要的是要有诚信精神，以诚恳的态度，向公众做出坦诚的回应。同时，企业还应表明积极的态度，向媒体和公众展示其社会责任心，扭转危机带来的负面影响。

②反应原则。

王靓（2007）在其研究中指出，应对品牌危机处理应坚持以下原则：快速反应原则、主动性原则、统一性原则、全员性原则、人道主义原则。

③反应管理。

李君（2010）指出，要对品牌危机反应进行有效管理，必须从以下几个方面做出努力：组建危机管理指挥中心；处理好与媒体的关系，尽量使媒体尽多表达对企业积极正面的报道，避免或减少媒体对负面新闻的烘托和炒作；处理好与企业内部员工及企业外部的沟通；做好形象管理，显示企业的社会责任感。

（3）品牌危机公关。

①品牌危机公关的定义及其分类。

刘怀宇、韩福荣（2005）指出，品牌危机公关是指在危机事件发生以后，该品牌企业与媒体、政府相关部门或权威机构等社会主体积极配合，保持和社会各界的适时真实沟通，并采取一系列有效的实际行动挽回危机事件带来的各方面损失，维护消费者权益，加强消费者与品牌之间的信任，最终达到重塑良好品牌形象的效果。

江富强（2007）也指出，企业品牌危机公关包括内部公关和外部公关。内部公关主要针对公司内部的员工；而外部公关的主要对象包括媒体、政府、行业协会、消费者，以及经销商、供应商、银行等战略合作伙伴。

②品牌危机公关策略。

孙文（2003）认为良好的公关态度必须是要反应迅速、态度诚恳并且能够立即消除危机源。想要进行成功地品牌危机公关，首先要利用媒体公关，尽快召开记者会澄清事实，借助于专家、学者、政府官员及媒体记者的力量挽回声誉；其次是进行形象公关，做好政府主管部门的公关活动，并通过一系列正面的公关行为，向社会展示企业的社会责任，也可以利用公关广告来树立形象。

吴子敬（2007）提出，品牌危机公关的成败一定程度上取决于危机公关传播是否成功。一旦危机爆发，企业必须坦诚地承认自己的错误，虚心地接受社会各界的批评，并展开积极的挽救措施，重塑社会各界对企业的信任。

杨音（2005）认为在进行危机公关的过程中，正确利用媒体的介入可以有效引导社会舆论，因此要特别注意处理好企业与媒介的关系，在品牌危机爆发后，主动借助媒体的力量与社会公众进行交流沟通，引导各界舆论向有利于缓和甚至解决危机的方向发展。

（4）品牌危机管理。

①品牌危机管理的定义。

品牌危机管理是指企业在品牌经营过程中针对该品牌可能面临或正在面临的危机，包括危机防范、危机的处理及危机的利用等一系列管理活动的总称（程劲芝，2004）。韦晓菡（2007）指出，品牌危机管理指在品牌生命周期中，采取恰当的管理活动，尽可能避免导致品牌价值损失事件的发生，以及在发生品牌危机后尽可能降低品牌价值的损失。李君（2010）则认为品牌危机管理，即企业对品牌的维护管理，包括预防危机的产生，危机产生时的解决行为，以及危机后期对品牌形象的修缮行为。

②品牌危机的防范。

张丽莲（2009）提出了品牌危机的防范策略：唤起全员危机意识，制定并严格实施品牌日常管理制度；建立有效的品牌危机预警系统，实施品牌自我诊断制度；改善企业管理，优化品牌管理体制；加强品牌全方位管理，制定品牌战略规划；科学实施品牌延伸战略，适当开发子品牌；树立良好的品牌形象，培养顾客忠诚度。

吴狄亚、卢冰（2002）认为，品牌危机的防范包含两层含义：避免品牌危机的发生，即排除可能潜伏的品牌危机，把危机消灭于萌芽之中；针对各种可能引发品牌危机的因素，制订好各种危机处理预案。

周智敏（2010）对建立品牌危机预警机制提出了一系列有效的措施。他从企业品牌危机产生的原因出发，提出一个高效、灵活的品牌危机预警机制需要同时立足于企业、行业、政府3个层面。

③品牌危机的处理。

韦晓菡（2007）认为品牌危机的处理应当着重于对已发生危机的处理，力图减少危机带来的伤害和扭转危机对品牌形象的冲击。在采取处理措施时，要坚持主动性原则、快捷性原则、诚意性原则、真实性原则、统一性原则、全员性原则及创新原则。

李安云（2009）提出品牌危机的处理模式由启动预案，制订品牌危机处理方案；应对品牌危机；恢复和重塑品牌形象，即制订方案、应对危机、恢复和重塑3个阶段组成。

周娜（2005）从品牌战略管理的角度，提出了品牌危机处理的要点：具有高度的危机管理意识；把握时机，建立健全危机反应机制；采取积极的态度应对；主动出击，将危机转化为机遇；积极利用已有的品牌文化。

孟华兴、黄荣（2007）认为品牌危机的实质是信任危机，不是产品本身的危机，而是消费者对整个品牌产生了不信任。品牌危机处理的本质就是重塑消费者品牌信任，关键就在于真诚和快捷。因此基于信任恢复，他们提出了品牌危机处理策略：快速反应，及时行动；真诚面对消费者，及时与媒体沟通；查清事实，用证据说话；恢复消费者信任；在危机中树立品牌。

④品牌危机的善后恢复工作。

吴子敬（2007）指出，品牌危机的善后工作主要包括遗留问题处理和滞后效应处理。关于遗留问题处理，就企业外部而言，企业要将危机相关的真实情况公之于众，并承担起应付的责任；就企业内部而言，企业管理人员应加强与员工的沟通，促进复原工作的开展。关于滞后效应处理，公司必须重塑利益相关者对公司的信心，时刻关注社会各界对公司的态度，采取积极的措施来维护品牌形象。

李君（2010）也指出品牌危机的恢复工作包括对内和对外两个部分。企业对内应及时加强员工教育，对外要具体问题具体分析。尤为重要的是继续开展企业形象宣传，重塑企业形象，切实落实兑现承诺、加大品牌促销力度、强化品牌形象、适应市场变化、进行品牌更新，这是品牌重生不可或缺的条件。这与王梅（2006）的理论一致，当危机事态得以控制之后，企业的首要目标就是恢复品牌形象。只要处理得当，危机同样可以带来正效应，增加品牌的曝光率和知名度。

根据以上所陈述的国内品牌危机的研究内容，可以发现关于品牌危机当前研究主要集中于以下3个方面。

一是对品牌危机的概念、特性的研究，在这方面的研究基本已形成体系，为下一步研究提供了基础。

二是结合品牌发展中遇到的各种实际问题，加以归纳总结，从而罗列出不同的品牌危机类型及危机的成因。

三是针对危机提出实务性对策，尤其是对品牌危机管理的研究。大多数学者对于品牌危机进行多角研究之后，提出各种实务性对策，对于企业品牌危机管理具有重要的借鉴意义。

26.2.2.4 产品伤害危机研究

（1）产品伤害危机的含义及分类。

产品伤害危机是指偶尔出现并被广泛宣传的关于某个产品是有缺陷或是对消费者有危险的事件（Siomkos 和 Kurzbard，1994）。方正（2007）在 Smith、Larry（2003）对产品责任危机分类的基础上，通过对现实产品伤害危机案例的观察，根据产品伤害危机中产品缺陷是否违反相关产品法规和安全标准，将产品伤害危机分为可辩解型产品伤害危机和不可辩解型产品伤害危机两大类。

（2）产品伤害危机的应对方式。

Siomkos 和 Kurzbard（1994）提出了处在危机之中的企业由坚决否认、强制召回、主动召回、积极承担责任4种应对方式组成的"公司应对方式连续集"的概念。

Niraj Dawar 和 Madan M Pillutla（2000）认为，在现实中，公司对于产品伤害危机的应对方式从坚决否认到积极承担责任，而绝大多数情况处于这两个可能之间。

王晓玉、吴纪元和晁钢令（2005）在研究产品伤害危机对中国消费者考虑集的影响时，认为产品伤害危机的应对方式是企业和专家共同作用的结果，他们将危机应对方式分为4类：①企业无响应，专家无响应；②企业承诺产品安全，专家无响应；③企业无响应，专家证实产品无害；④企业承诺产品安全，专家同时证实产品无害。

方正（2007）研究了可辩解产品伤害危机中行业应对、专家应对、政府应对3种应对主体对消费者感知危险和购买意愿的影响。指出在可辩解型产品伤害危机中，由于企业的产品未违反相关产品法规和安全标准，企业可以通过外界的力量来应对危机，澄清产品的无害性，实证结果表明，政府应对在可辩解产品伤害危机中优于行业应对。

（3）产品伤害危机对消费者的影响研究。

Siomkos 和 Kurzbard（1994）提出，由于产品危害事件通常涉及产品的缺陷或产品的安全隐患，它会对人身财产与安全造成伤害，因而自然会更多地受到媒体和社会的关注，传播得更为广泛。Birch（1994）和 Patterson（1993）也提出，随着产品复杂程度的深入、产品安全监督管理机构的增多，以及消费者自我保护意识和需求层次的不断提升，使得产品危害事件的发生反而更加频繁。

在产品伤害危机发生过程中，市场通常会接收到有关于公司和产品的各种负面信息，消费者的态度会在危机过后发生变化。因此，公司应该在危机中和消费者沟通信息，告知他们公司正在努力处理危机。上述行为的目的是为了改变消费者的感知和态度，并设法把这种感知和态度维持在危机前水平（Jolly 和 Mowen，1984）。

Siomkos（1989）认为有3大重要因素会影响公司成功地处理好产品伤害危机，即公司的声誉、外部效应（比如媒体影响）、公司对危机的反应。在此基础上，Siomkos 和 Kurzbard（1994）运用实验法对上述理论框架进行了实证研究，实证表明在产品伤害危机中，消费者对高声望企业的产品缺陷感知危险要小于对低声望企业；公司声望越高，那么消费者今后对该公司其他产品的购买意愿受到影响越小，如果公司的声誉较低，情况就会相反；外界对公司的危机应对方式做出正面回应，那么消费者对企业的产品缺陷感知危险会更小，消费者今后对该公司其他产品的购买意愿也较少受到影响。

Tulin 和 Swait（2004）提出对产品的感知危险会对品牌是否进入消费者考虑集产生影响。在此基础上，王晓玉、吴纪元和晁钢令（2005）基于中国消费者的现场试验法研究表明，在不同的产品伤害危机应对情况下，消费者的感知风险不同，在对消费者考虑集的影响上，事件无响应会对事件产品进入消费者考虑集产生负面影响；与危机事件出现而没有各方响应相比，企业响应、专家响应及他们的双重响应会对事件产品进入消费者考虑集产生正向影响。

研究还表明，消费者的品牌忠诚和对品牌的熟悉程度会影响对产品伤害危机的认知。Dawar 和 Pillutla（2000）认为，忠诚的消费者更倾向于对抗或者低估不利的或者敌意的信息，反驳他们喜欢的品牌的负面消息，以减少认知失调。Kathleen（2006）等的研究也证实，危机前忠诚度高的消费者，对负面信息的敏感度较低。同时，如果消费者对品牌非常熟悉，他们较少受到负面消息的影响，反之则更加容易受负面消息的影响（Ahluwalia，2002）。但是，消费者对于自己熟悉的品牌产生伤害危机更加关注，因而在危机情形下，消费者对品牌的熟悉也会给企业带来负面影响（Rhee 和 Haunschild，2006）。

（4）产品伤害危机与消费者统计特征变量。

Laufer、Silvera 和 Meyer（2006）的研究表明，不同年龄的消费者对产品伤害危机的责备归因不同，老人在没有时间限制时，通过媒体（如报纸）得到信息，他们做出的判断比年轻人更合理，从而更少地责备公司，在对产品伤害危机并不完全清楚的情况下，老人更倾向于信任公司，较少地表现出对公司的愤怒。但是如果在有时间限制时，情况则相反。

方正（2006）的研究表明，在产品伤害危机中，老年顾客比青年顾客感知到更多的危险，也即是产品伤害危机对老年顾客的购买意愿、消费者考虑集、品牌资产等营销变量产生程度更高的负面影响。

Laufer 和 Gillespie（2004）发现在产品伤害危机的责任划分不清楚时，女性消费者比男性消费者更多的将责任归因于公司，同时，女性顾客比男性顾客感知的危害更严重。

26.2.3 文献评价

从文献可以看出，目前理论界对促销伤害危机的研究还是零星的，没有形成深入而系统的研究成果，因此对促销伤害危机的研究还有很多可以深入的空间，但是在促销伤害危机相关领域的研究成果却非常丰富，这为促销伤害危机的理论研究提供理论依据和方向指导。

具体而言，首先，现有的文献很多都是针对促销伤害危机中的某一种伤害进行的研究，研究零星、不成系统。文献主要有两类，一类是研究促销中的虚假促销、夸大参考价格促销（即虚高原价）对消费者感知价值、感知风险、消费情感、购买意愿的影响，另一类是研究促销伤害发生后在法律法规上如何认定、责任如何划分等问题。在促销伤害危机对消费者行为反应影响方面的研究中，田玲研究了大型超市虚假促销中的价格虚假、赠品虚假和抽奖虚假这三类虚假促销事件对消费情感和购买意愿的影响情况并进行了实证分析；Monroe 和 Chapman（1987）、Grewal 和 Montoe（1991）、Bames（1975）、Bearden 等（1984）主要研究了虚高参考价格对消费者感知价值、购买意愿的影响并进行了实证分析；Larry D

Compeau、Dhruv Grewal 和 Diana S Grewal（1995）提出零售商发布的不实的比照价格完全暴露后消费者会变得愤怒从而影响品牌忠诚；卢长宝（2005）从学术和理论角度分析了虚假促销对消费者认知和行为的影响。上述学者的研究都主要集中在虚假促销领域，对促销伤害危机在理论上没有系统的界定和划分，研究变量的讨论上也还不全面，实证分析涉及的研究变量只有感知价值、消费情感、购买意愿，对促销伤害危机发生后对感知风险、品牌信任的影响没有研究，对品牌忠诚的影响没有实证分析，这些研究中的不足是本书的机会点。

其次，与促销伤害危机有关的企业营销道德、企业负面公众信息、品牌危机、产品伤害危机的研究成果较为丰富，这为本书提供研究依据和研究方向。

在企业营销道德研究中，研究者将虚假促销、价格欺诈的出现归咎于企业在营销中缺乏营销道德，因此大量的研究主要从如何评价、测试企业营销道德水准及如何提高企业营销道德展开。

在企业负面公众信息研究中，研究者不仅探讨了负面公众信息的定义、影响消费者处理负面公众信息的因素等内容，尤其是在负面公众信息与企业声誉、消费者品牌忠诚、应对方式、消费者品牌信任之间的关系上有深入研究，而且这些研究为促销伤害危机的研究指标选取及研究模型构建起到基础理论作用。

关于品牌危机当前研究主要集中于3个方面，即品牌危机的概念、特性的研究；品牌危机类型及危机的成因；品牌危机出现前的危机防范，出现危机后的危机公关、危机善后恢复等危机管理手段。

在产品伤害危机的研究中，现有研究主要从产品伤害危机的含义和分类、应对方式、危机对营销变量的影响、危机后的市场恢复等方面进行。在产品伤害危机对营销变量的影响方面，现有研究涉及的自变量有声望、应对方式、危机归因，中间变量和因变量有感知风险、购买意愿、品牌忠诚，现有研究还讨论了人口特征变量对消费者感知风险、抱怨和购买意愿的影响差异。

综上所述，通过对促销伤害危机相关文献的回顾，本书不仅总结了促销伤害危机中虚假促销对消费者心理及行为的影响，还总结了与本书相关的企业营销道德、企业负面公众信息、品牌危机、产品伤害危机的研究成果，并由此得到了一些研究机会和启示，如表26-2所示。

表26-2 基于文献综述的研究启示与机会

研究方向	研究者	主要研究成果	研究启示与机会
促销伤害与消费者行为反应	卢长宝、田玲、Monroe 和 Chapman、Grewal 和 Montoe、Bames 等	促销中的虚假促销、夸大参考价格促销（即虚高原价）对消费者感知价值、感知风险、消费情感、购买意愿的影响情况	促销伤害的范畴除了虚假促销还有些什么内容？它对上述营销变量的影响怎样？对其他哪些营销变量还有影响？怎样影响
促销伤害与法律政策	Grewal、Blair 和 Landon、刘博、向歆 等	国外、国内对虚假促销、促销踩踏的造成消费者伤害在法律上如何认定、承担何种责任	促销伤害危机可否从对消费者造成伤害的层面进行分类
企业营销道德研究	EarlA Clasen、Edwin Boling、甘碧群 等	如何评价、测试企业营销道德水准及如何提高企业营销道德	理论上如何定义促销伤害危机？如何分类？有哪些企业应对方式？企业声望、应对方式对消费者感知风险、购买意愿、品牌信任怎样影响？进而对品牌忠诚如何影响？在何种情况下采取何种应对方式最利于修复与消费者之间的关系
企业负面公众信息	David H Henard、Mitch Griffin、Dwane Hal Dean 等	企业声誉、应对方式、顾客忠诚度会影响负面公众信息对消费者态度的影响，同时恰当的应对有利负面公众信息产生后消费者信任的建立	
品牌危机	周智敏、沈云林、马克态 等	品牌危机的实质是信任危机，因此建立品牌信任是出现危机后的危机公关、危机善后恢复等危机管理手段的核心	
产品伤害危机	Siomkos 和 Kurzbard，Smith，Larry，王晓玉、吴纪元和晁钢令，方正 等	产品伤害危机的含义、分类、应对方式，产品伤害危机对营销变量的影响，危机后的市场恢复等	

通过对先前促销伤害危机相关文献的研究和综合分析，本书得到一些有价值的启示，确认了研究机会和研究价值。这就是：第一，从理论上科学界定促销伤害危机的定义及研究范畴，对促销伤害危机进行科学分类，对促销伤害危机中的企业应对方式进行全面归纳总结；第二，研究促销伤害危机在不同声望、不同应对方式下对消费者感知风险、购买意愿、品牌信任、品牌忠诚的影响情况。通过上述理论研究解决现实问题，即促销伤害危机发生后如何修复与消费者的关系。

26.3 促销伤害危机及其企业应对

26.3.1 促销伤害危机及其分类

26.3.1.1 促销的分类

以往的研究对促销从不同的标准进行了不同分类，常见的几种分类：一是从消费者心理层面分类，将促销分为价格促销和非价格促销；二是根据成本/利益原则角度，把促销分类为"价值增加"（Value Increasing）促销和"价值附加"（Value Adding）促销；三是以期望理论中的描述理论为基础将促销分成获得（Gain）和损失的减少（Reduced Losses）。另外，叶东发表在中国公共关系网上《促销解析》一文中对促销的分类为根据，销售促进主体和客体的不同，促销分为贸易促销、消费者促销和零售促销三种。贸易促销是指制造商对渠道中间商的销售促进；零售促销是指零售商针对消费者的销售促进活动；消费者促销是指制造商绕过中间商，直接针对消费者的销售促进活动。根据叶东这一促销分类及对各类促销的解释，本书认为其中的"消费者促销"改为厂商促销更为贴切，三种促销的主体、客体差异如表 26-3 所示。

表 26-3 促销分类表

促销客体 \ 促销主体	厂商	零售商
渠道中间商	贸易促销	—
终端消费者	厂商促销	零售商促销

26.3.1.2 促销伤害危机的概念

以往的研究虽然对虚假促销有涉及，但是并未对促销伤害危机的概念做出完整的界定，因此本书尝试解决这一问题。

本书首先收集了大量见诸媒体的促销伤害案例，并对它们从发生的原因、造成伤害的主体、责任归因、伤害情况、企业应对方式等进行了逐一分析。

通过案例收集、整理、分析情况看，对消费者造成促销伤害的主体既有厂商也有零售商；造成伤害的原因也有很多，既可能是企业主观故意，也可能是企业客观疏忽和管理不善；造成的伤害有大有小，有的造成消费者受伤或死亡，有的造成消费者预期收益减少或预期支出的增加，有些造成消费者心理不满；企业的应对方式也有很大差别，有的企业从道歉到赔偿积极应对，有的企业保持沉默，有的企业则从澄清事实到辩解、反驳。

通过文献检索发现，田玲在其硕士论文《大型超市虚假促销对消费情感与购买意愿的影响研究》一文中认为，虚假零售促销是指零售商在促销过程中，为吸引消费者、短期内扩大销售获利而使用的虚假的、与事实不符的促销借口、促销期限、促销范围和促销方式。国家商务部 2006 年出台《零售商促销行为管理办法》时对零售商的不规范促销行为进行了归纳，认为主要有 5 个方面：一是不实宣传，指零售商在宣传时，不向消费者明示促销活动的限制性条件、例外商品等，损害了消费者的知情权；或以虚假的清仓、拆迁、停业等事由开展促销活动，欺骗消费者。二是价格欺诈，指零售商以频繁打折、降价等方式进行促销，以虚高原价迷惑、欺骗消费者，扰乱零售行业的竞争秩序。三是限制消费者合法权益。零售商往往规定促销商品不退不换，或以保留最终解释权等名义，免除自己的责任，消费者权利受到侵害。四是缺乏安全管理措施。一些零售商在开展限时、限量促销活动时，造成经营场所内人员大量聚集、秩序混乱，甚至引发人身伤亡事件。五是违反商业道德，开展有违社会善良风俗的促销活动。

文献检索还发现，目前对营销危机中的产品伤害危机研究较多，Siomkos 和 Kurzbard（1994）认为，产品伤害危机是指偶尔出现并被广泛宣传的关于某个产品是有缺陷或是对消费者有危险的事件。

在案例分析、参考相关理论研究成果和国家行政机关对不规范促销行为总结的基础上，本书认为促销伤害危机有三大要素：是对消费者造成的伤害；对消费者造成的伤害，从衡量的客观性标准看有人身伤害和财务伤害两种；被媒体广泛报道。因此，本书认为，促销伤害危机是指偶尔出现并被媒体广泛报道的由于企业促销组织失误或虚假促销而出现的对消费者人身、财务等造成的伤害事件。

因此，促销伤害危机只存在于厂商促销和零售商促销两类促销中，贸易促销中出现的危机不属于本书所界定的促销伤害危机。

26.3.1.3 促销伤害危机的分类

从上述对促销伤害危机的案例分析和概念界定情况看，促销伤害危机可以从以下角度进行分类，其一是从造成伤害的主体不同分为厂商促销伤害危机和零售商促销伤害危机两类，其二是从对消费者造成伤害的客观性标准分为促销人身伤害危机和促销财务伤害危机两类。

（1）根据造成伤害的主体不同将促销伤害危机分为厂商促销伤害危机和零售商促销伤害危机。

从前文对促销的分类可以看到，针对消费者进行的促销有厂商促销和零售商促销两类，根据现实促销伤害案例分析的结果看，这两类促销都存在伤害危机。

案例1：××快餐秒杀门促销伤害危机

2010年4月6日，××快餐中国公司通过互联网开展了名为"超值星期二"的秒杀促销，64元的套餐"秒杀价"为32元，该促销活动在全国得到积极响应。但是，当顾客辛苦秒杀到半价优惠券后，××快餐忽然单方面宣布取消优惠兑现。消费者认为××快餐忽悠了大家，在各大论坛发表谴责帖子，××快餐陷入"秒杀门"危机。同年4月12日，××快餐发表公开信，承认此次秒杀促销考虑不周，没有充分估计可能出现的反应，公司应对不够及时。同年6月1日，借着公司新店开张的机会，公司高层管理人员首次就"秒杀"促销事件公开向顾客道歉。

案例2：农资促销伤害危机

2009年3月4日上午，××市当地一些农资厂商为促销，在某广场向农户免费派送化肥、农药等农资产品。派送人员刚刚拿出第一袋化肥，现场百余人就迅速围挤到免费赠送点。顷刻间，派送人员被层层包围，免费赠送点被围得水泄不通。负责现场治安的多位民警和治安协勤难抵人群围挤，被淹没在人群中。现场一片混乱，一位老太太的腿被踩伤，多人轻伤。旁观的市民不无担心："这也太混乱了，这样挤，很容易挤伤踩死人！"现场有人质疑厂家做法，厂家认为秩序混乱与他们无关，有民警维持秩序。

案例3：××超市踩踏门促销伤害危机

2007年10月26日，××超市低价促销，原价50.80元的豆油，现价30.80元销售，低价促销引得周围居民纷至沓来，由于预案估计不足，最终酿出事故，××超市三门店开业仅5分钟，排队购买低价豆油的数百名消费者因拥挤而发生踩踏事故。虽然民警接报后赶到现场，迅速平息了事态，但依然有19名消费者被陆续送往医院就诊，其中15人被确诊受伤，1人骨折。

案例4：××超市建设大道店虚假促销伤害危机

2010年5月29日，消费者黄先生在××超市建设大道店购物时看到，几天前他给儿子购买的某品牌合金遥控飞机在做减价促销活动。降价标签上标注活动时间为同年5月25日至6月2日的儿童节前后，原价为199元、现价为129元。黄先生明明记得他购买时就是129元，当时并没做什么活动。为此，黄先生怀疑××超市是忽悠消费者，于是向物价部门举报。市物价局执法人员调查后确认了黄先生的怀疑，该商品在此次降价促销活动前7日内，在其卖场内的最低成交价就是129元/个，根据规定，认定原价为129元/个。物价局认为，××超市乱标原价的行为，违反了《价格法》的规定，××超市"虚构原价"属于价格欺诈。

本书研究连锁超市和大型超市的促销伤害危机对消费者行为认知的影响，属于零售商促销伤害危机研究的范畴，而对于由于厂商直接针对消费者促销导致的促销伤害危机则不是本书重点研究的范畴。

（2）根据对消费者造成伤害的客观性标准分为促销人身伤害危机和促销财务伤害危机。

促销伤害危机发生后，有时候导致消费者受伤、死亡，人身安全受到伤害；有的时候消费者预期利得减少，或预期支出增加，财务安全受到伤害；这些伤害往往伴随着消费者受到惊吓，心中产生不满和怨气，心理受到伤害。根据《中华人民共和国侵权责任法》的规定，侵权行为造成的伤害有三种：人身伤害、财产伤害和精神损害。但是对于精神赔偿的说法是"侵害他人人身权益，造成他人严重精神损害的，被侵权人可以请求精神损害赔偿"，也就是说精神损害是伴随着人身伤害的。

同时，根据《中华人民共和国消费者权益法》的规定，损害消费者合法权益承担赔偿法律责任的有两类：经营者提供商品或者服务，造成消费者或者其他受害人人身伤的；经营者提供商品或者服务，造成消费者财产损害的。

美国侵权法规定损失赔偿分为两类，即特殊性赔偿和一般性赔偿。特殊性赔偿是指误工费、医疗费和其他费用，是以客观标准来衡量的经济损失；而一般性赔偿是指精神损害赔偿，是对非经济损失的赔偿。一般性赔偿通常由以下几方面组成：①生理（肉体）痛苦和精神痛苦；②恐惧；③享受生活乐趣方面的损失；④与家人共享生活的损失；⑤寿命缩短；⑥非正常死亡案件中的精神损害赔偿。

通过案例分析，再结合上述理论及法律内容，本书认为，根据促销伤害危机给消费者造成伤害用客观性标准衡量涵盖了两类：促销人身伤害危机和促销财务伤害危机。促销人身伤害危机是企业在促销中由于组织管理不严密等原因造成消费者人身受到伤害的促销伤害危机；促销财务伤害危机是由于企业虚假促销而导致消费者预期利得减少或预期支出增加的促销伤害危机。

（3）根据促销活动是否违反国家法律法规，分为可辩解促销伤害危机与不可辩解促销伤害危机。

在产品伤害危机的研究中，方正（2007）根据Smith、Lary（2003）对产品责任危机的分类将产品伤害危机分为可辩解型和不可辩解型两类，并通过多个案例进行了检验，其划分的标准是产品缺陷是否违反相关产品法规和安全标准。

基于方正的研究结果，本书通过对促销伤害危机的案例分析，发现促销伤害危机也可分为两大类：可辩解型促销伤害危机和不可辩解型促销伤害危机，两类促销伤害危机的分类依据是促销行为是否违反国家的法律法规及管理规章。可辩解型促销伤害危机没有违反国家的法律法规，企业可以在媒体或法庭上澄清；不可辩解型促销伤害危机违反了国家的法律法规及管理规章，企业无法澄清和证明自己，可能引致诉讼案件或政府处罚。

26.3.2 零售商促销伤害危机的分类与企业应对

26.3.2.1 零售商促销伤害危机的分类

零售促销（Robert C等，1993）是指零售企业面向终端消费者的促销，零售商普遍使用的促销手段可以划分为气氛类促销、事件类促销、价格类促销、赠品类促销、抽奖类促销共5类。同时，根据商务部就《零售商促销行为管理办法》的相关问题回答记者提问的说法，目前零售商的不规范促销行为主要集中在不实宣传、价格欺诈、限制消费者合法权益、缺乏安全管理措施、违反商业道德、开展有违社会善良风俗的促销活动 6 个方面。

根据商务部上述解释，再通过对报道比较详细的约 60 个零售商促销伤害危机案例的分析、归纳发现，除了气氛类促销不存在促销伤害外，事件类促销、价格类促销、赠品类促销、抽奖类促销均出现过促销伤害危机，出现危机频率最高的是价格欺诈，比如虚拟原价促销、假意打折等，不实宣传、残次品促销较多，缺乏安全措施而导致的促销踩踏危机也不少。

零售商促销伤害危机从造成消费者伤害的情况看，主要有两类，即零售商促销人身伤害危机和零售商促销财务伤害危机。

26.3.2.2 零售商促销伤害危机的应对

在可辩解型产品伤害危机的研究中，方正（2007）认为，企业的应对方式有 4 类：第一类应对方式是纠正措施，包括致歉、赔偿、退货、换货等方式，这些行为方式的共同特征是企业似乎对危机存在过失，并正在采取措施予以纠正；第二类应对方式是积极澄清，是指公司通过召开新闻发布会、发布公开信等方式，向媒体和大众提供真实的产品安全性证据和信息，澄清产品是如何符合相关标准的和安全的；第三类应对方式是置之不理（即企业无应对），这种应对方式包括不主动提供信息、拒绝接受采访、不参加消费者听证会等行为；第四类应对方式是对抗反驳，是指企业侧重于采取攻击指控者和简单否认的应对方式，不向媒体和公众提供详细的产品安全信息和背景资料，或者提供极少的产品安全信息。

归纳现有学者的研究发现，危机应对必须考虑危机情境，但是将促销伤害作为特定危机情境进行的应对策略研究目前还基本没有。本书在参考危机应对相关研究成果及分析零售商现实促销伤害危机具体应对方式的基础上，将零售商促销伤害危机分为人身伤害危机和财务伤害危机，并分别研究其应对方式。

（1）零售商促销人身伤害危机。

零售商促销人身伤害危机是由于零售商促销管理不当导致消费者身体受到伤害的伤害危机，主要指促销导致人群拥挤、踩踏并导致消费者伤亡的伤害危机。

通过对零售商人身伤害危机的案例总结，本书观察到了企业的三类完全不同的应对方式：纠正措施、辩解、沉默。本书中的三类应对方式是依据媒体报道得出的，但是现实中企业可能还会采取其他应对方式。

第一类应对方式是纠正措施，包括致歉、赔偿等方式，该应对方式往往是企业存在明显过失，并正在采取措施予以补救。2005 年成都××超市双桥店的促销踩踏事件导致了 5 名消费者不同程度受伤，事件发生后××超市管理人员马上拨打了 120 急救电话，将伤者送到医院，并承诺承担相关费用。

第二类应对方式是辩解、反驳，企业侧重于采取简单否认的应对方式，不主动承担补偿责任。2006 年 8 月，长沙市某本土连锁超市进行食品促销活动，由于促销让利幅度较大造成人流拥挤，长沙市民陈女士被抢购的人流挤压摔倒导致左股骨骨折。事件发生后超市认为，促销活动场地有员工维护秩序，陈女士是自己摔倒的，拒绝赔付。后来在工商管理部门出面干预的情况下，该超市才对消费者进行了赔偿。

第三类应对方式是沉默（即企业无应对），这种应对方式包括不主动提供信息、拒绝接受采访、不参加消费者听证会等行为。2008 年 11 月纽约长岛一家超市在促销时由于失控的购物者涌入而发生踩踏事故，事故导致一名促销员死亡，一名顾客受伤。事故发生后，消费者反映超市没有与他们联系过，也没有就事故做出解释。

（2）零售商促销财务伤害危机。

零售商促销财务伤害危机是指由于零售商价格欺诈、不实宣传、残次品促销等行为导致消费者预期利得减少或者预期支出增加的伤害危机。

通过对零售商财务伤害危机的案例总结，本书同样观察到了企业的三类完全不同的应对方式：纠正措施、辩解、沉默。本书中的三类应对方式也是依据媒体报道得出的，但是现实中企业可能还会采取其他应对方式。

第一类应对方式是纠正措施，包括致歉、赔偿、退货、换货等方式，该应对方式往往是企业存在明显过失，并正在采取措施予以补救。

第二类应对方式是辩解、反驳，企业侧重于采取简单否认的应对方式，不向媒体和公众提供详细的产品真实信息，或者提供极少的产品真实信息，不主动承担补偿责任。

第三类应对方式是沉默（即企业无应对），这种应对方式包括不主动提供信息、拒绝接受采访、不参加消费者听证会等行为。

从上述分析发现，两类零售商促销伤害危机的企业应对大体相同，都可以分为沉默、纠正措施、辩解三种。

本章首先对促销进行了分类，同时收集大量见诸媒体的促销伤害案例，对它们从产生背景、发生的原因、造成伤害的主体、责任归因、伤害情况、企业应对方式等进行了逐一分析，分析发现，虽然促销伤害危机的具体情况千差万别，但是它们都是对消费者造成的伤害；从对消费者造成伤害的客观性标准看主要有人身伤害和财务伤害两类；另外，要形成危机必然是被媒体广泛报道的。

在明确上述促销伤害危机的特征基础上，参考以往研究人员对"虚假促销""产品伤害危机"给出的定义及国家商务部对不规范促销行为的归纳，本书认为，促销伤害危机是指偶尔出现并被媒体广泛报道的由于企业促销组织失误或虚假促销而出现的对消费者人身、财务等造成的伤害事件。按照上述对促销伤害危机的定义，本书将促销伤害危机从两个角度进行分类，其一是从造成伤害的主体不同分为厂商促销伤害危机和零售商促销伤害危机两类，其二是从对消费者造成伤害的客观性标准分为促销人身伤害危机和促销财务伤害危机两类。同时，本章在案例分析基础上将零售商促销伤害危机分为了人身伤害危机和财务伤害危机两大类，并分别分析了两类零售商促销伤害危机的应对方式，分析发现，两类促销伤害危机的企业应对大体相同，都可以分为沉默、纠正措施、辩解三种。

26.4 理论基础与模型构建

26.4.1 模型构建的理论基础

26.4.1.1 感知风险理论

（1）感知风险的分类和内涵。

在消费者认知行为领域的感知风险已被界定为一个多构面的概念。Bettman（1973）将感知风险分为两种，即固有风险和操作风险。在此基础上，James R Bettm 通过一系列的假设验证得出一个产品类别的固有风险会受到以下因素影响：感知产品质量的差异性（包括该类产品质量的平均水平）、品牌（品牌在质量上可以接受的集大小）、自我感知价格与实际价格的差异。而操作风险，即通过信息，品牌的忠诚度修改的固有风险，会随着固有风险的增加而增加，但随有关产品类别信息掌握量的增加与由对感知有用的信息产生的信心的提高，加上对一流品牌的产品平均熟悉度的提升，操作风险便会减少。

类似于固有风险和操作风险的划分，Dowling 等将感知风险划分为：①产品类别风险。在一个给定的情况下，具有较高的产品类别风险的人会察觉到比一个低产品类别风险的人有更多的风险。②特定产品的风险。对于同等安全的产品，有些人可能会有风险的感知。

对于这两种风险的来历有如下解释：考虑具体产品的属性水平（如产品的价格、质量等级等）；导致消极后果产生的"失败"的可能性；个人的购买目标（如为自己或作为礼物使用）和其他与具体购买情况有关的条件，如产品是否是通过目录或在零售商店销售。

Bauer（1960）定义的感知风险是由两个部分组成，即不确定性和对购买的后果的严重性。而对于风险评估要求这两个部分相结合，其本身就分裂成几个方面。

Roselius（1971）根据不同的表现形式，将顾客感知到的风险进行了分类。第一种是时间损失，即当顾客认为其购买到的产品并不如自己预期的那么好时，就会选择对该产品进行修理、退还甚至是重新去购买，这个过程显然会消耗掉顾客大量的时间；第二种是危险损失，即顾客购买到的产品可能会在质量上有所偏差，对其的使用可能会对顾客的健康安全有一定的影响；第三种是自我损失，即顾客购买的产品会因其本身所存在的瑕疵在某些方面对使用者造成一定程度上名声的影响；第四种是金钱损失，这种损失跟我们之前提到的时间损失密切相关，顾客在对不满意产品进行修理、退还甚至是重新购买的过程中，浪费的不仅仅是时间，还有不必要的金钱重复支出。正是因为顾客感知到了以上这些不同性质、不同程度的风险的存在，他们在制订一项购买决策并将该决策付诸实际的购买行为的时候，本身就是冒着承担损失的风险所进行的，于是他们往往会变得小心翼翼，以免产生不必要的损失，就算会有风险，也会选择在可以承受的范围内尽量降低风险的程度。

Dowling（1986）和 Mitchell（1998）提出，从购买产生的后果看，感知风险可分为不同类型的损失，即财务、绩效、时间、身体和心理。

Stone 和 Gronhaug（1993）发现感知风险与财务、绩效、心理、身体、社会和时间有关。财务风险指货币用在一个不好的购买时期所产生的损失，绩效风险反映在相关的产品功能方面，心理风险反映在消费者个人的失望，身体风险是指购买的产品对使用者自身健康产生的负面影响，社会风险则是使用该产品可能会因超出社会各界可以接受的范围而引起一定的反对浪潮，时间风险体现为购买一个产品所花费的时间和一个坏采购案所浪费的时间。

Jacoby 和 Kaplan 确定了 7 个类型的风险：财务、功能、身体、心理、社会、时间和机会成本的风险。

（2）感知风险的影响因素。

在对风险感知的研究领域中，诸多学者都对影响顾客风险感知的因素予以了高度重视，由此我们可以看出其重要性。

从以往的研究中，我们可以发现大量的文献显示，顾客自身的个人特征是影响其风险感知的一个重要因素，而这些个人特征包括顾客的年龄、性别、种族及其受教育的程度。

我们同样还发现，除了从顾客自身的个人特征角度来研究风险感知的影响因素外，还可以从顾客自身的购买行为角度来考虑。一些学者从这个层面出发，得出顾客对自己购买行为的信心、经验、能力及参与度都会对其风险感知产生影响。

有研究显示，消费者的感知能力反映了消费者个人对自己选择优质商品能力的看法。Henson 和 Northen（1998）在将该结论运用于牛肉产业的研究，并进一步将感知能力定义为与牛肉相关的风险的判断能力。在这些研究中，都体现了消费者感知能力对其风险感知具有一定的影响力。

除此之外，Kapferer 和 Laurent（1993）认为，顾客对其购买行为的风险感知与其对该产品的信息了解程度高度相关。而在这两者中间，顾客对该产品的兴趣程度则起了一定的催化作用，也就是说，如果顾客对其即将购买的产品拥有高度的兴趣，那么他就会想办法去收集大量的与该产品相关的信息，从而增强对该产品的了解程度，因此这个过程就是顾客降低感知风险水平的过程。

针对不同的购物场所，学者们也进行了一系列的研究。Dash、Schiffman 和 Berenson（1976）认为长期流连于专营店的顾客比钟情于百货商场的顾客对自己的购买行为具有更强的自信心，因此他们所感知到的风险相对来说就更低一点。Dash 等（1976）也发现，专营店的顾客较百货商场的顾客更加注重产品质量，如果其关注甚至是有意愿购买的产品在质量上有了变数，在很大程度上会引起其对该产品的看法态度，最终导致风险感知的变化（Bettman，1973）。

在研究与牛肉行业相关的问题时，Henchion 和 O'Connell（1995）也指出，市场上所供应的牛肉是否保持一贯的高质性同样会对顾客感知风险产生影响。

Dowling 和 Stealin（1994）认为感知风险的决定因素包括：与消费者购买目标相关的使用情况、他们对这种类型的产品的了解及一个人的参与度，这些因素都会映射出一个不确定后果集（包括采购目标、有意的使用、先前的知识和参与）。当消费者感知到一定的成本与收益的差距时，便会选择具体的搜索活动，这种行为是与消费者的个人具体因素而不是个人感知到的产品类别风险相关的。消费者由此获得的具体信息可以改变个人的感知风险水平，它被认为是随消费者获得新信息的变化而变化的。另外，研究中也提出消费者承受金钱损失的能力也会影响感知风险。

另外在 Taylor J W 的研究中发现，自尊（自信）在两个方面影响消费者行为：首先，自尊引起一定量的来自对购买情况看法的焦虑情绪。Cooper Smith 指出具有低自尊的人抗压能力较低，也不能感知到威胁刺激；其次，在选择适当的风险减少策略工具时，Cooper Smith 解释，任何经验都可能是正面的自我评价的来源，同时也可以是贬值评估的来源。这种解释将随消费者个体处理痛苦的方式，不同的购买情况及个人的购买目标和愿望的变化而变化，从而引起不同程度的感知风险水平。

（3）消费者减少感知风险的策略。

Roselius T 指出针对不同类型的损失，消费者对风险减少策略的偏好不同。对于消费者在购买时感知到的风险，有 4 种不同的风险减少策略：①减少购买失败的可能性或降低购买确实失败时产生的真实或想象的感知风险程度；②将感知到的损失转化为另一种可以忍受的损失；③推迟购买，在这种情况下可以从一种风险转移到另一种风险；④购买并接受尚未解决的风险。可以由买方或卖方来执行上述前两个风险的策略。例如，买方可以依赖对品牌的忠诚度来获得较高的购买成功率，或在失败的情况下，采取一种可靠的方法来减少购买的金钱损失。

同时，他也提出了 11 种针对不同类型风险的具体风险后援：①背书。如果某一产品已经相关专家认证或由知名人士推荐，那么在选择时予以优先考虑。②品牌忠诚。形成一种产品维护，对一贯使自己满意的产品保持热衷。③主要品牌形象。购买专业知名的产品品牌，并依靠其品牌声誉。④私人测试。买已经过认可测试的品牌。⑤商店形象。在认为可靠的商店购买。⑥免费样品。在购买前使用免费试用样品。⑦退款保证。购买提供了退款保证的品牌。⑧政府测试。购买已经过政府部门批准的正式品牌。⑨购物。货比三家，比较几种品牌的产品特色。⑩昂贵的型号。购买最昂贵精确的产品类型。⑪口碑。咨询朋友或家人相关产品的信息。

这 11 种方法可通过 4 种损失来衡量，即时间、危害、自我和金钱损失。结果显示：品牌忠诚度和主要品牌形象诱发了最有利的反应，在 4 种损失中始终位居一二位；商店形象、购物、免费样品、口碑、政府测试引起了中性或稍微有利的反应（除危害损失）；背书、退款保证、私人测试引起了轻微不利最好也就是中性的反应；购买最昂贵的型号是最不利的。

风险释放的特殊用途：高风险感知者会比中低感知者对风险减少策略更感兴趣，其中主要品牌形象、商店形象、免费样品、口碑、政府测试会更适合高风险主体。

风险释放的一般用途：包括品牌忠诚、私人测试、购物、背书、昂贵的型号、退款保证。如果买方依靠这些方法，那他们则希望这些方法对那些较高感知风险者产生的效果是一样的。这些方法无论对哪种损失都可能同样有效或无效。消费者会先确定其感知风险类型，然后创建合适的购买者类型和损失类型相组合决策。

Dowling 和 Stealin（1994）提出了以下假设并予以证实：①消费者对一种产品愿意采取的风险减少活动总量会随其购买产品类风险水平、与预期购买场合相关的货币损失、利用现有的各种信息检索和风险减少活动而产生的感知利益增加，也会随各种信息检索和风险减少活动而产生的感知费用减少。②若特定产品的感知风险水平是可以接受的,那它不会对旨在减少风险的活动总量有显著影响。③若对特定产品的感知风险高于可接受的风险水平,那么消费者将进行更多风险减少活动。一个人的财富地位也是其产品购买行为的驱动力,即无法承受与购买相关的货币损失是一种影响风险减少活动的强大因素。

同时,对此提出了两种不同的一般性策略:正常开展减少风险活动,即消费者经常进行信息搜索以获得一般产品类信息;额外的风险减少活动,即在考虑到可接受风险水平的前提下,减少具体产品的具体感知风险,这可以通过收集关于考虑购买的品牌或其他相关品牌的新信息或通过修改自己的产品选择范围来实现。例如,损失概率的降低可通过从曾使用过该产品朋友处获得信息来实现,或将选择范围限制为知名品牌,或购买之前使用过的产品。另外,不良后果的严重性也可以通过改变购买目标,或针对任何不良后果投保来得以实现。

Taylor在研究中指出,消费者的选择情况总是涉及两方面的风险:对结果的不确定性(可通过获取和处理信息来减少)、对后果的不确定性(可通过减少与利害攸关的总量和延迟选择来减少)。风险会引起焦虑和不舒服,消费者会在选择时采取风险减少策略,以减少风险的内在焦虑。而在这方面最具创意和全面的结论是由Roselius研究得出的。基于其研究发现,Taylor提出经销商应在自己的交易领域与新的客户建立了灵活的关系,针对不同的购买群体和不同的感知风险类别设计不同的营销策略。例如,大量番茄酱的使用基本出现于低收入家庭,在这种情况下,选择适当的媒体实行广告策略更有效。对于重大设备的采购,具有高强度的不确定性,这时产品担保或保险政策就可能是更适合的营销方式。

Susan等提出如果消费者感知到的风险超过了可以容忍的水平,就会采取相应的风险减少策略,包括寻求信息,信息可以增加产品不会失败的确定性,并减少产生不良后果的可能性。而信息来源可以划分为市场主导的沟通渠道(产品、定价、包装、促销、广告)、消费者主导的渠道(朋友、家人、自己的经验)、中立的信息来源(政府、媒体、消费者报告)(Cox,1967;Schiffman和Kanuk,1994;Mitchell和McGoldrick,1996)。

Campbell也提出感知风险会使消费者产生戒心并规避风险,导致减少风险的各种活动,它已被证明对消费者行为有很大的影响,这种活动包括口碑信息、新产品采用、品牌忠诚度,以及知名品牌(Erdem,1998)。Montgomery和Wernerfelt(1992)推论说,品牌忠诚作为风险缓解措施在各种风险构面中十分重要,因为消费者策略使其坚持知名品牌,而不是探索新品牌。Erdem(1998)表明,当消费者感知到购买一种新产品的风险较高时,他们会更倾向于选择一个更知名的品牌。总体而言,研究表明高风险抑制探索性倾向会导致消费者更喜欢熟悉的选项而放弃不熟悉的。

Niraj Dawar和Philip Parker认为,在相互竞争的品牌选择时,消费者面临着对产品性能、质量的不确定性,因此他们经常使用品牌名称、价格、包装和零售商信誉作为相应的产品信号。无论是经济学和营销学文献都体现出,在有必要减少感知风险的购买中,产品信号大多为评估产品质量的启发式。信号的使用与风险厌恶水平呈正相关关系,更有可能承担风险的人往往也是使用信号最多的人。

James R Bettm指出,若营销人员希望减少风险,则可以试图影响消费者的决策规则或其产品类的重要性。由于重要性很难以影响,那相对来讲影响消费者就变得更加可行,尤其是通过强调产品品牌的可接受度。另外,有关品牌的信息也是有用的。但是当消费者选择模型中的风险较低时,价格在品牌的选择中变得更加重要。因此,若产品价格较高,营销人员应通过强调可接受的品牌数量较少,同时提高自己的品牌质量来强调产品类的无风险性。

(4)促销伤害危机中的感知风险。

图26-1表达了促销伤害危机后的消费者感知风险变化和处理过程,以及对消费者行为的影响作用。

促销伤害危机发生后,消费者的感知风险增加。消费者会采取减少感知风险的策略以降低感知风险,这些策略的一个重要方面就是进行更多的信息收集从而进行判断,以尽可能地降低购买的不确定性。信息的来源包括：消费者对公司先前的信息的记忆和收集，来自市场、媒体、消费者个人社交群体的信息等。从公司的立场，要想影响消费者降低风险感知的策略，就应当从危机前的公司形象建立、危机后的应对两个方面给消费者提供能帮助其降低感知风险的信息，进而影响消费者危机后的购买行为。

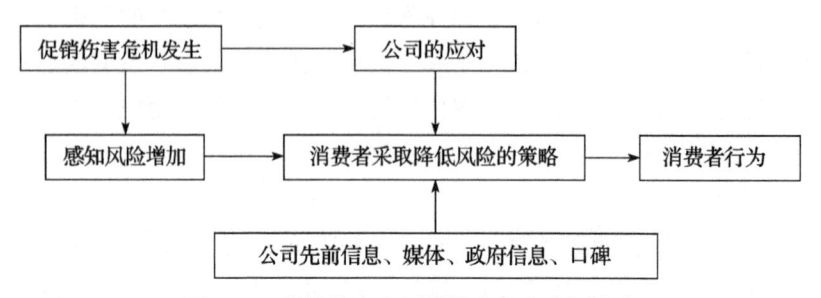

图 26-1 促销伤害危机后的消费者感知风险

26.4.1.2 公平理论

公平理论指出对于公平的负面感知（感知不公平）可能来源于由于责任所引起的程序公平、互动公平和分配公平方面的因素（Folger 和 Cropanzano，1998）。也就是说，当感知不公平时，一个愤怒的群体（如消费者）会试图判定引起不公平的责任方，并追究可能的过错方的动机和意图。

根据 Folger 和 Cropanzano 的公平理论，首先，负面事件发生后公众会试图找出责任方。当负面的状态或事件产生时，会对消费者造成伤害，至少消费者会认为某个对象应该会为此负责。其次，出于公平，会产生对于危机事件的行为的意志控制因素，如果消费者感知到责任方有其他选择和其是具有意志控制的，那么责任方会被认为在行为选择上是负有责任的。最后，责任方的行为被感知为是违反了常规或道德标准。在这样的情形下，消费者会认为责任方应该可以采取与不道德行为相反的行为。

同时，Folger 和 Cropanzano 对反事实思维在公平理论中的运用进行了阐述。简单地说，反事实思维是与感知到现实情形相反的"原本应该"是的情形的比较，也可称作对比思维（Roese，1997）。在反事实思维的情形下，个体可能重新调整事件的某些部分，对调整后情形下的事件后果进行评判（Roese 和 Olson，1995）。重要的是，Folger 和 Cropanzano（2001）指出，反事实思维会被用于对于事件的责任的评判。在发生负面事件的情况下，消费者可能会想象如果责任方采取的行动和实际发生的不一样，那么事件的后果会是如何。他们认为负面事件发生时，为了理解事件，会引起反事实推理。反事实推理是指个体对过去事件加以心理否定并构建出一种可能性假设的思维活动。这个认知过程导致对于负面事件负有主要责任的一方的"能够""应该"和"如果"产生的反事实。"能够"反事实认定负面事件是否在公司的实际控制之下，"应该"反事实将公司对负面事件所做出的相关反应与道德和社会标准进行比较，这两个因素决定了消费者认为公司对负面事件承担责任的可能性和道德公平性。

第三个因素，"如果"反事实，是对于受事件影响方状态和如果公司采取了其他行动而会产生的后果之间的比较，如果公司"能够"并且"应该"采取其他的行为，公司将会被用"如果"反事实进行评价，也即是将会想象"如果"公司采取了其他行为，则会使事件的危害降低。事实的真实情形和想象的状态之间的差异决定了对于事件负面影响的感知程度。

根据公平理论，如果公司反应降低了产生"能够"和"应该"的反事实推理的可能，那么这样的公司反应会增加感知公平。这样的推测说明公司在危机事件中的沟通应该表达公司对于负面事件的控制，对事件处理的过程和后果的内容，以向公众保证对于受影响的各方都得到了公平的对待。

总的来说，如果公司反应能够抑制引起公众产生"能够""应该"的反事实推理的倾向，那么会引起公众的感知公平和得到更高的公众评价。

公平理论在促销伤害危机的研究中，能用于解释公司反应、对公司的责任归因等因素对于消费者感知和态度的影响。当消费者认为危机的发生公司承担的责任小，则消费者反事实思维的可能性就越小，消费者的感知公平越高。公司的应对能不能有效地降低消费者的反事实思维，是能否有效提高消费者感知公平和消费者评价的关键，如图26-2所示。

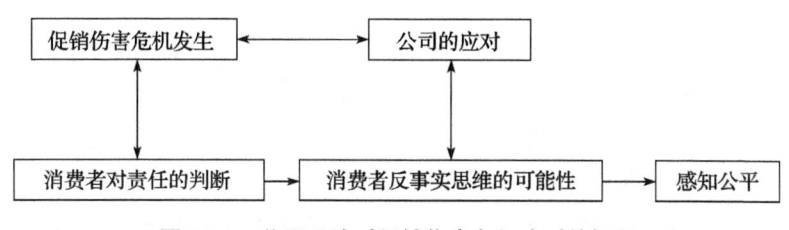

图 26-2 公平理论对促销伤害危机应对的解释

26.4.1.3 品牌信任理论

（1）品牌信任概述。

①信任。

信任是近年来顾客关系管理中的一个重要变量，它能促进买卖双方交易的完成最终形成消费者忠诚。信任是一个复杂而模糊的概念，从以往的文献中可以看到，信任在社会学、心理学、经济学和营销学的文献中均有大量的描述，然而不同的学术领域对信任的定义却不同。

Deutsch（1958）指出，当面对一件自己无法确知后果，而且该后果可能在很大的程度上会给自身带来损失的事件时，并没有根据具体情况并且经过深思熟虑做出理性选择，而信任就在这种非理性选择中诞生了。随后通过更深入的研究，他于1960年提出了其对信任的另一种理解，即消费者即使是在感知到风险的情况下，依然会从好的方面考虑，认为交易的对方可能会按照自己所期望的路线走下去，从而坚定自己对该产品的购买意愿，这就是所谓的信任。与该阐述类似，Sako（1992）将认为，交易的一方坚信另一方的行为方式会在自己的预期之内，而且该方式是双方都可以接受的，这种信心也就是我们所说的信任。

在已有研究成果的基础上，Bhattacharya（1998）指出，在不确定条件下形成的交易中，交易的一方会期望对方的行为可以增强出现令人满意的交易结果的可能性，从而从中获益，这种期望也可以被称为信任。由此我们也可以看出，信任是与风险息息相关的，也可以说，风险是信任产生的一个关键因素。只有存在了一定的风险，消费者才会产生不确定的情绪，才会期望结果朝着自己希望的方向发展。

对于以上学者对信任的定义，虽然阐述方式有所不同，但其中依然存在着一定的共通性。Roussean、Sitkin、Burt 和 Camerer 就对此进行了总结归纳，并给出了信任的一个广义范围内的定位，即信任是一种心理状态，并且是一种乐观的心理状态，是交易的一方认为对方会朝着自己预期并给自己带来利益的方向做出行为的心理状态。当然，这并不意味着绝对的乐观，其中也包含了对风险的感知，同时做好了接受损失的意愿（于春玲，2004）。

综上所述，我们可以看出，只有在存在风险，即不确定性的条件下，才会产生信任。因此，将风险（不确定性）定义为信任存在的前提并无不妥。

②品牌信任。

在以往的研究中，我们可以将各学者对品牌的研究归纳为从认知和情感两个角度出发的研究。认知即消费者对其选择产品质量的认知，购买风险的认知；而情感即消费者对购买产品的忠诚度与满意度。从情感这个角度出发，便衍生出了品牌信任这一概念，它是消费者基于对某一品牌的情感所产生的一种心理（Bhattachary 等，1998）。从这一定义出发，诸多国外学者纷纷对品牌信任给出了自己的认识。

新加坡学者Lau和Lee（1999）认为，在不确定的情况下，顾客为了减少风险而选择购买自己所依赖的品牌的这种心理就是品牌信任。Geok Theng Lau等（1999）也给出了类似的定义，只是界定了消费者依赖的品牌应该是预期可以带来令人满意的购买结果的品牌。由此，我们可以看出，要使消费者保持对某品牌的信任，该品牌预期可以为消费者购买行为带来利益的可能性必须达到一个可观的量上。

Arjun Chaudhuri和Morris B Holbrook（2001）通过研究发现，在现实的购买行为中，对于各界所宣扬的品牌产品功能，消费者固然会予以关注，他们同时也会关注该品牌是否有能力将其宣扬的产品功能付诸实践。据此，他们提出了品牌信任的另一种定义，即消费者选择信任某品牌产品可以实现并且有能力实现其被宣扬的各种功能的一种心理状态。

Elena Delgado-Ballester等（2003）认为，品牌信任是消费者对某品牌的一种期望指数，该期望是基于在不确定的条件下，消费者依然对该品牌的可靠性保持高度的信任并由此坚定对该品牌的购买意愿。从这个定义中，我们可以总结出3个要点：其一，品牌信任是一种心理期望；其二，品牌信任是基于消费者个人的一种主观判断，而且这种主观判断更倾向于往积极、正面的方向发展；其三，风险，即不确定性的存在，是品牌信任产生的前提条件。

此外，霍映宝等（2004）借鉴人际信任的概念，定义品牌信任为消费者在与品牌交互作用时所持有的一种安全感，并认为这种安全感是基于对品牌的可信赖性和友善性的感觉。金玉芳（2005）通过一系列相关的实证研究，指出品牌信任是一种态度，这种态度是消费者对某一自己所依赖的品牌保持信任的态度，而这种态度的产生来源于消费者相信该品牌是有能力实现相关产品功能的，相信该品牌是秉承着诚实善良作风的。袁登华、罗嗣明、李游（2007）基于前人的研究，对品牌信任的定义提出了一个较全面的阐释，即在存在不确定性的条件下，消费者依然选择相信购买该品牌会给自己带来期望中的积极效果。进一步来讲，这种相信包括消费者对该品牌品质（现有的产品质量）、善意（进一步改进产品质量的态度）、能力（履行产品功能的能力）的信任，并且来源于品牌对产品质量、履行承诺的保证，以及品牌行为的正面性。

从以上所阐述的内容可以看出，各个时期不同的学者对品牌信任的界定虽然在形式上呈现多样化，实质内容却大同小异。

③品牌信任的特性。

金玉芳（2005）提出，品牌信任具有动态性、条件性、脆弱性、比较性。消费者品牌信任的动态性体现在两方面：首先，信任的形成过程本身就是一个动态的过程；其次，在顾客购买某一品牌之前，对品牌的信任是一种期望和预测，而在购买之后，顾客对品牌的实际表现将会使其对之前的信任加以确认，而这种确认了的信任又形成下一次购买的期望与预测。

条件性是指并不是所有的交换都需要信任，对消费者来说，只有对其重要且未来结果不确定，或者具有多项选择的情况，信任才会起作用。

品牌信任的脆弱性决定其破坏的容易性，即品牌建立的信任机制并不是只有在品牌本身整体出现严重性失误的情况下才会发生，而是随着仅仅是某一环节的失误而发生，更为严重的是，信任机制一旦崩溃就很难再建立起来。

消费者对不同品牌的选择，不仅仅是信不信任更是信任程度的问题，消费者对品牌的信任是在对各品牌之间进行比较而来的，因此具有比较性。

（2）品牌信任的影响因素。

Hovl、Janis和Kelley（1953）首先提出了对信任影响因素的研究，随后通过对不同背景条件的研究，学者们纷纷提出了不同的影响因素。

在以服务行业为背景条件的研究中，Sirdeshmukh、Singh、Sabol 等指出，企业可以通过一系列行为来降低消费者的感知风险，从而提升消费者对该企业的信任度。这些行为包括提供优质的服务，施行高效的管理政策等。Devon Johnson、Kent Grayson 则从 3 个角度来阐释了信任的影响因素。首先，从认知信任的角度来看，企业提供的服务水平及其品牌绩效对消费者的认知信任产生正面的积极影响；其次，从情感信任的角度来看，产品与消费者兴趣、价值观的相似性则会对消费者的情感信任产生正面的积极影响；最后，被大众认可的企业形象与消费者对企业的满意度、忠诚度与这两种信任层面均呈正相关关系。

在以消费品市场为背景条件的研究中，Lau 和 Lee 则认为品牌发展潜力、品牌行为能力、品牌声誉、品牌喜好也会对消费者品牌信任产生显著的影响。

马明峰、陈春花（2006）指出影响品牌信任的主要方面包括顾客的品牌信任倾向、顾客的经济状况、品牌消费经验、品牌类型、品牌可信度。这几个方面共同发挥作用，顾客信任倾向越高、消费经验越好，对品牌可信度的要求就越低；顾客的人际信任倾向越强、经济状况越好，感知的品牌可信度越高。

柴俊武（2007）通过研究指出品牌态度与品牌信任呈正相关关系。

袁登华（2007）在前人研究的基础上提出品牌信任会受到品牌经验、品牌特征、公司特征及品牌与消费者互动特征，以及品牌熟悉度的影响。

龚振、莫露榭、王琪（2007）指出品牌信任受到 3 个方面的影响，包括经济价值、核心产品、顾客满意，即品牌产品带给顾客的经济价值越高，消费者对该品牌的信任度就越高；而高质核心产品意味着企业拥有极高的知名度，技术含量超高的产品，优势的市场份额和雄厚的经济效益，这些都会成为消费者品牌信任形成的重要源泉；另外，顾客对品牌产品越满意，其感知到的风险就越小，从而越容易形成品牌信任。

贺爱忠、郑帅、李钰（2009）的研究证实，公益营销会对顾客品牌信任产生影响。具体来说，包括顾客对公益营销的持久涉入度与情境涉入度、顾客感知的品牌和事件的拟合度都会对顾客品牌信任产生显著的正影响。

罗雪梅（2008）提出了影响顾客品牌信任的 4 个因素，即感知质量、顾客满意、感知风险及品牌声誉。马克态（2010）则提出了影响顾客品牌信任因素的 5 个要素，即感知质量、品牌形象、感知风险、企业价值观及品牌认同感。

①品牌声誉。

Doney 和 Cannon（1997）的研究认为，在买卖关系中，买方对卖方公司的信任会受到公司声誉的显著影响。不仅如此，企业合作伙伴之间相互的信任也是建立在良好的声誉基础上的（Das 和 Teng，1998）。在 Schoenbachler 和 Gordon（2002）、Siau 和 Shen（2003）、Koufaris 和 Hampton-Sosa（2004）、Walczuch 和 Lundgren 等（2004）的研究中，我们也可以发现，消费者对产品供应商的信任会受其声誉的影响。

Jarvenpaa、Tractinsky 和 Vitale（2000）通过实证研究指出，消费者感知到的网店声誉与其对网店的信任度有着密切的关系，即消费者对其良好声誉的感知度越高，对其所产生的信任度也就越高。Johnson 和 Grayson（2005）指出消费者对金融服务供应商的认知信任和情感信任均会受到供应商声誉的影响。

②产品质量。

Erickson、Johansson 和 Chao（1984）通过研究表明，无论是国产车还是进口车，汽车的功能和属性都会对其形象产生显著的影响，从而进一步改变顾客对汽车的态度，最终对顾客信任的产生形成一定的推力或者阻力。

③消费者满意。

Bennett、McColl-Kennedy 和 Coote（2000）指出对某一品牌有过满意购买经历的消费者在未来的购买行为中更容易产生品牌信任。这与 Delgado-Bellester 和 Munuera-Aleman（2001）的研究结果是一致的，总体来说，就是消费者的总体满意对品牌信任有显著影响。Johnson 和 Grayson（2005）针对金融服务的研究指出，消费者对供应商的信任无论是从认知上，还是情感上来说，都会受到之前交易满意度的影响。

（3）品牌信任结构。

从大量的文献中我们可以发现，为了厘清品牌信任的结构问题，国内外学者做了大量的研究，也存在着一定的分歧，通过归纳总结，大体上可以将品牌信任分成一维、二维、三维 3 种不同的思想。

①一维思想。

在早期的研究中，品牌信任大多被看为单维的变量。Larzelere 和 Huston（1980）通过对人际信任的研究，开发了一个包括企业诚信、品牌可靠性、消费者信心等 9 个项目的一维信任量表。在这一信任量表的基础上，Morgan 和 Hunt（1994）指出，各个企业组织间的相互信任关系也是一维的，不论是相互之间的真诚还是善行在本质上是没有什么区别的。与此相同，在研究消费者与品牌关系时，Fournier（1994）也指出品牌信任只是由消费者对其所依赖的品牌的信心程度这一个维度所构成的。

王文松（2007）根据 Elena 和 Jose 于 2001 年提出的品牌信任的两个构面观点，认为品牌信任应该包含品牌可靠度和品牌承诺两层含义。

李游（2008）在其研究中提到品牌信任存在于两个层面：一是使用价值层，即顾客表现出来的对企业产品和经营行为的质量、性能、服务、价格等的信任与认同；二是源于文化和价值观认同的信任，即企业针对不同市场定位提供不同文化内涵的产品，用情感营销方式来突出品牌的情感要素，从而达到建立企业与顾客之间信任与认同关系的效果。

②二维思想。

在不同的时期，学者们对品牌结构的两个维度有着不同的看法。最初是从 Erden T 和 Swait J（1998）的研究中体现出来，他们认为品牌信任的二维包括该品牌企业是否愿意并且是否有能力兑现其产品在功能、性质、质量、服务等方面的承诺。随后，Elena Delgado-Ballester 等（2003）也从理论的角度出发提出了他们的看法，认为品牌的可靠度及其行为意向同样构成了品牌信任的两个维度，从这两个维度出发，他们还形成了一个包括 8 个测量条目的量表。

Me Allister 把信任划分为认知型和情感型信任。他指出经过长时间持续交往，信任方和被信任方会在回报对方关心的基础上形成一种感情纽带，这种融入了感情的纽带也就是所谓的情感信任；与这种逐步建立起来的感情不同，认知信任更侧重于消费者对该品牌所形成的最初的认识，也就是第一印象，有一种先入为主的思想。

③三维思想。

总结以往的研究成果，我们发现，学者们较为普遍的将品牌信任的结构分为 3 个维度来分析理解。Hess（1995）开发的信任量表从品牌的真诚度、利他度、可靠度 3 个层面来阐释了品牌信任的结构。这也是品牌信任结构的三维思想首次被提出来。Geok Theng Lau 等（1999）则对品牌的声誉、能力及可预知性进行了研究。Arjun Chaudhuri 等（2001）也指出，品牌的可信度、诚实度、安全度构成了品牌信任的 3 个维度。

以上这 3 种提法均是从品牌本身出发，更侧重于对信任品牌的客观要求，而 Patricia Gurviez 等（2003）从消费者的角度出发，将品牌信任看作是一种主观的消费者心理变量。他们将品牌的可靠度、诚信度、善行度让消费者在心中予以衡量，并做出一种带有主观感情色彩的评价，从而据此来判定这 3 个层面是否组成了品牌信任结构的一部分。

Lewicki Bunker 也从消费者角度出发，提出了由消费者理性选择所形成的计算型信任、由消费者对目标品牌在情感和认知上均予以认同所形成的认同型信任，以及由消费者与目标品牌在长期交易过程所形成的知识型信任。贺爱忠、李钰（2008）通过对他们的研究成果进行整合，除了计算型信任、知识型信任，将认同型信任更加细化，分为了基于认知的信任和基于情感的信任。

金玉芳、董大海（2010）指出品牌信任包括对品牌的能力表现的信任、诚实善良的信任及总体信任3个维度。在此基础上，吕倩、杨培文（2007）提出顾客对品牌特征的信任包括对能力表现的信任和对诚实善良的信任。

④针对具体情境的研究。

孙菊娥（2008）针对服务业进行的研究显示，在服务行业，品牌经验是影响品牌信任的一个重要变量。顾客的直接性品牌经验不仅会直接影响消费者信任的形成，而且可以通过品质满意间接影响品牌信任的形成。再者，顾客的间接经验还可以通过信息满意对品牌信任产生间接的正向影响。

张正超、曹敏、刘芬（2008）针对80后消费者的实证研究证明，品牌表现、品牌形象、品牌声誉、品牌的广告与公共关系都会对80后消费者的品牌信任产生正面的积极效应。

于伟、倪慧君（2009）以物流企业为对象，通过实证研究发现，物流企业服务的可靠性、敏捷性和移情性能够通过感知价值来影响消费者的品牌信任，同时敏捷性和移情性还可以通过服务的满意感来影响消费者的品牌信任，而品牌的知名度可以直接作用于消费者的品牌信任。

（4）品牌信任对消费者行为的影响。

Ballester 和 Aleman（2001）从关系营销的角度，强调了信任对消费者未来行为倾向的作用。

Sichtmann（2007）对以往的研究成果进行总结发现：对企业而言，信任是促使企业营销活动成功的关键因素；对顾客而言，顾客品牌信任能够促使其对该品牌产生品牌忠诚。另外，他通过结合信任和消费者行为的相关理论得出结论，认为品牌的能力与可靠性能够影响顾客的品牌信任；反过来，品牌信任又能够影响顾客的当前选择和口碑传播。

另外，Ha（2004）通过实证研究得出：品牌信任能够影响顾客的品牌承诺。Zboja（2006）通过在零售行业的研究得出结论，认为顾客对品牌态度在一定程度上体现了其对品牌产品零售商的态度，最终会使得顾客对该品牌的再购买意愿与行为得以强化。

李钰（2008）在前人研究的基础上得出：顾客品牌信任能够对顾客行为产生积极的正面影响。随着顾客对品牌信任度的加深，其对该品牌产品购买的不确定性就会降低，从而感知到的风险就会下降，最终对顾客的购买行为产生影响，促使顾客进行再购买。

（5）如何建立品牌信任。

马克态（2010）通过研究指出，企业品牌可以通过提高品牌商品的内在质量、树立良好的品牌形象、降低品牌的可感知风险、树立顾客至上的服务理念、提高品牌的社会认同度等措施来获取顾客对其的信任。

于春玲、郑晓明、孙燕军、赵平（2004）指出，在消费品市场上，企业想要建立起顾客的品牌信任，应该从以下4个方面进行努力：保证质量水平、采取多种渠道和形式建立良好的品牌形象、树立消费者利益至上的价值观、强化品牌的社会认同度。

罗雪梅（2008）也提出了建立顾客品牌信任的思路：强化品牌的内在质量，保持品牌质量的稳定性、提高顾客满意度、降低品牌的可感知风险、提升品牌的经济价值、树立品牌良好的声誉。

王文松（2007）在研究基于顾客品牌信任的营销对策时，提到强化质量意识、实施精品工程、提升服务理念和升华品牌使用的精神感受是提高品牌信任度的基本措施。因此，想要建立有效的顾客品牌信任营销策略，就必须注意提高品牌商品的内在质量、树立良好的品牌形象及顾客至上的服务理念。

(6) 促销伤害危机中的品牌信任。

图 26-3 表达了促销伤害危机中消费者品牌信任的变化及其影响因素。品牌的先前状态（如产品质量、企业声誉等）、消费者与品牌的先前关系（如消费者满意、消费者品牌态度等）决定了消费者的品牌信任，而促销伤害危机的产生，导致消费者对品牌的信任危机，应对方式是化解信任危机的工具，而品牌先前状态和消费者关系对信任危机具有调节作用。

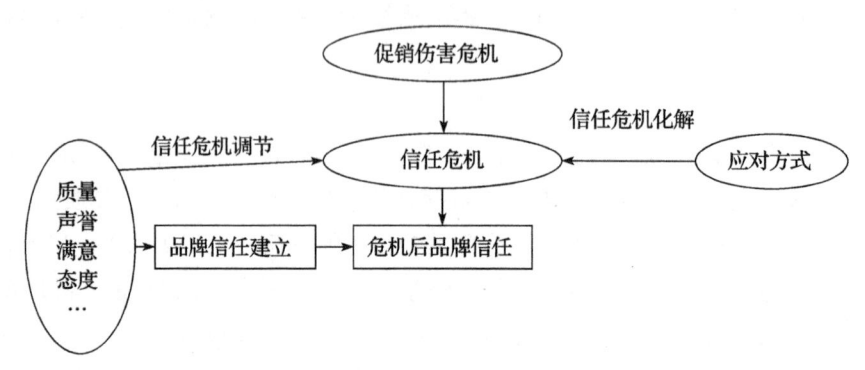

图 26-3　促销伤害危机中消费者品牌信任的变化机理

26.4.1.4　期望—证据理论

Jain 和 Maheswaran（2000）的研究表明，消费者倾向于将新的信息进行偏差性的处理以得到他们所希望的结论。Darley 和 Gross（1983）的研究说明了这种情形产生的原因。

Oliver 和 Winer（1987）指出证据在不同的期望下会有不同的解释。Darley 和 Gross（1983）的研究表明，消费者倾向于有选择地寻找与他们的期望相符合的证据，并对这些证据加以更重的评价。在市场营销研究中，很多学者通过广告的展示，并配合独立的确定性或非确定的证据来操控消费者的先前期望。这些研究表明在证据不确定或不清晰的情况下，证据和期望之间有交互作用。

Dawar（2000）对于证据和期望之间的交互作用进行了归纳和总结，他将期望的程度和证据与期望的符合程度进行了分类。消费者的先前期望被分为两个水平（强的正向期望和弱的正向期望）；证据与期望的符合程度则被分成了3个水平（一致、模糊、矛盾）。关于期望—证据之间的关系，Dawar 做了如下总结，如表 26-4 所示。

表 26-4　期望—证据理论框架

期望	证据		
	一致	模糊	矛盾
强	正面的 确定的 证据和期望之间的交互关系导致对信任的增加的影响	正面的 不正确的 消费者会进行有选择地信息处理，选择符合他们期望的证据，从而证据和期望之间的关系导致对信任增加的影响	负面的 不确定的 由于证据和期望之间的矛盾，消费者需要进行选择，或是降低先前期望，或是降低负面证据的影响
弱	证据导向明确：消费者信任会因为证据的主要作用而改变	证据导向不清：如果消费者认为在模糊的证据中能找到对其判断有用的部分，那他们的信任有可能改变	证据导向不清：由于证据与期望的矛盾作用，消费者会在失望或进一步降低期望中左右为难

期望—证据理论有助于我们在研究中理解发生促销伤害危机的企业在危机前的企业声誉对于消费者态度的影响作用。企业声誉与消费者期望呈一致性，当企业声誉高时，消费者期望也高，并且，这与消费者是否有过与企业的交易历史没有关系。当发生促销伤害危机时，可以认为消费者看到了模糊的证据或与其先前期望矛盾的证据，这时，消费者对于企业的态度变化会受其对于企业的先前期望的影响。这种关系可用图 26-4 进行解释。

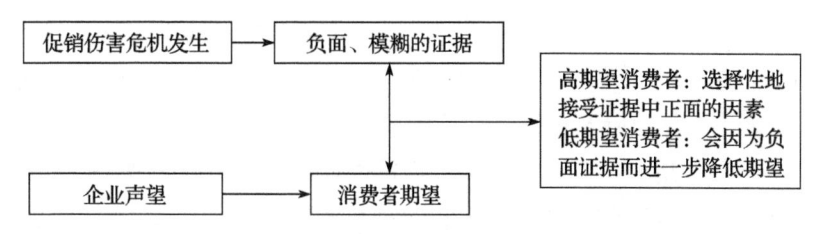

图 26-4　期望—证据理论在促销伤害危机中的作用机理

26.4.2　模型构建

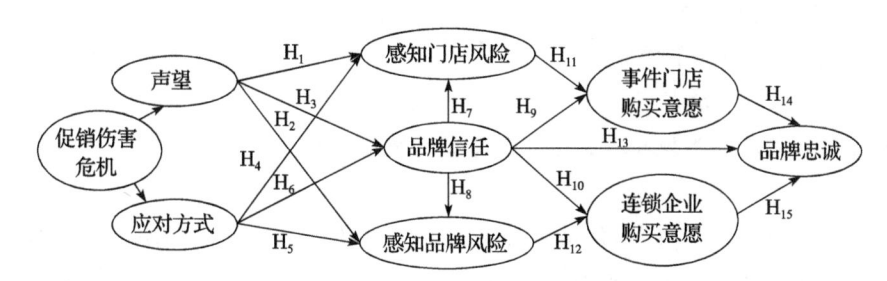

图 26-5 是本书所构建的促销伤害危机对消费者品牌忠诚影响模型。模型的形成是基于通过对感知风险、消费者信任、公平理论、期望—证据理论等已有的理论在促销伤害危机中的应用而得到的。我们以危机前企业声望、企业应对方式为自变量，以消费者品牌忠诚为结果变量，表达了在发生促销伤害危机后，企业声望和企业对危机的应对方式对消费者品牌忠诚的影响作用。同时，模型表达了企业声望和应对方式通过感知风险、消费者信任、购买意愿对品牌忠诚的作用机理，危机前企业声望和危机应对方式通过对消费者感知风险、消费者信任的影响作用，进一步影响了消费者购买意愿，最终影响消费者的品牌忠诚。同时，本书还将研究消费者性别、年龄对于危机应对对消费者品牌忠诚影响的调节作用。

图 26-5　促销伤害危机对消费者品牌忠诚影响模型

26.4.3　变量关系与假说形成

26.4.3.1　声望与感知风险

由于销售商的良好声望给消费者提供了其诚实或能够满足现有消费者期望的信息，因而是一个重要的降低风险、提高信任的因素。建立良好的声望是一个基于以往的交易的社会化过程。消费者认为，一个有良好声望的销售商会倾向于在现在的交易中保持其良好的行为。在正面声望的情形下，消费者会推断公司会忠诚地履行其特定的义务，因而认为该公司是值得信赖的。而在负面声望的情形下，消费者会认为销售商不愿意履行义务，因而认为其不值得信赖。那些认为社会责任重要的消费者，认为公司强调其社会责任方面的努力，会帮助公司建立良好的声望因而在负面事件中保护或恢复其形象。

Luhmann（1989）指出，当消费者认知有限时，他们会通过寻求精神上的途径来减少购买过程中的不确定性和复杂性，而一个有效的精神途径就是信任，它可以为消费者提供一种减少风险以应对不确定性的工具。Fischer 等（2004）指出，品牌形象是一个重要的降低感知风险的因素。

Nena Lim 的实验表明，很多被试验者对于高声望的公司感知风险较低，他们愿意相信其他人的反馈而不是通过自己进行的实验或失败中进行判断，例如，他们对于亚马逊商店的感知风险小，因为它有良好的声望。

Dutton 等认为，拥有良好声誉的公司一般都会伴随着出色的财务表现、优质的产品和服务及较高的媒体曝光率，再加上良好的声誉本身就代表了一定的声望，这不仅增加了该公司对顾客的吸引力，更在顾客心中建立了稳固的地位，从而促使顾客更倾向于信赖和认同其提供的信息，大大降低了感知风险。即使在面对危机时，改变其现有态度的可能性也较低。也就是说，企业声誉与顾客企业认同正相关，消费者感知的企业声誉越好，认同感越强，感知风险也越低。

Siomkos 和 Kurzbard（1994）发现，品牌声望可以减少顾客对风险的感知，品牌声望越高，顾客对其产品危害的感知风险就越小。即使是在面对相同的危机事件时，相较于声誉较低的品牌，顾客对声誉较高的品牌也会产生更低的感知风险及更强的购买意愿。

崔金欢、符国群（2002）指出，在产品危机事件发生以后，如果该企业本身就具有良好的信誉并深受顾客信赖，那么即使是顾客接触到了对企业不利的负面信息也会因此放出对企业有利的正面解释。杨洋、方正（2010）据此提出，声誉对于企业来说是重要的无形资产，它不仅可以促进企业更快捷地盈利，还可以在危机发生时降低顾客对危机产品的感知风险，减少顾客购买意愿的下降。

谢佩洪、周祖城（2009）认为，企业社会责任行为可以通过公司声誉和顾客认同对顾客购买意愿产生影响，这也就意味着企业社会责任感越强，其声誉就越好，也就更能够得到社会的认可与信赖，从而减少感知风险，对顾客的购买意愿产生正面的影响。

潘煜、张星、高丽（2010）在针对网络零售的调查研究中，发现品牌形象与顾客感知风险负相关，即顾客感知到的品牌形象越佳，品牌声誉越好，就越能够降低顾客对网上购物所产生的感知风险。

周伟忠、沈杰（2010）通过对济南某连锁超市进行实证研究，指出品牌作为企业的一种无形资产，其形象会对消费者品牌认知产生显著的影响。消费者越认可某品牌形象，就越满意该品牌，以至于从心理上感觉购买该品牌可以降低消费风险。

基于以上研究，我们得出如下假设。

H1：连锁超市声望越高，消费者感知事件门店的风险越小。

H2：连锁超市声望越高，消费者感知连锁企业品牌风险越小。

26.4.3.2　声望与品牌信任

Ballester 指出，品牌声望对品牌信任有重要的影响，对于不熟悉产品品类而难于判断品牌是否可信任的消费者来说，他们不知道哪些品牌是可信任的，而哪些品牌是不可信任时，这时品牌声望是一个重要的信号因素，品牌声望对于消费者的品牌信任建立起到了非常重要的作用。Gounaris 和 Stathakopoulos（2004）也指出，当对信息的直接搜索有困难时，品牌声望与品牌信任有密切的联系。

消费者对于公司以前所存在的问题的了解，或者是公司的低声誉，会在现有的危机事件中对消费者对危机的反应产生负面影响。

在负面公众信息的研究中，"期望—证据"模型认为，在对公司社会责任声望的不同描述下（好或坏），会生成不同的消费者对公司在如产品伤害危机这样的负面事件中的应对的期望。声望对公司反应的效果有影响，当好声望的公司进行不恰当的危机应对时，消费者仍然对其有好感，而坏声望的公司进行同样的应对则会失去消费者的好感。这可能是由于在公司进行危机应对时，事件的责任仍不清楚，而不恰当的公司应对增加了危机情形的不明朗，或者表达了公司将责任加于其他可能的责任人的企图。好声望的公司有可能从这种不明朗的情形中受益而保持其好声望，坏声望的公司会被认为是想误导消费者从而造成更严重的负面影响。

Bird 等（1970）经过研究发现，对某一品牌形象的认知，不同的消费群之间存在着明显的差异性，不论是现在正在购买该品牌的消费者，还是曾经购买过及从来没有购买过该品牌的消费者，对其形象认知都不同。由此我们可以看出，品牌形象会影响消费者对该企业的看法，拥有良好品牌形象的企业更容易获得顾客的好感，进而产生信任感和依赖感。

Doney 等（1997）指出，企业声誉不仅能够促使消费者形成对企业的仁爱、正直和诚信等方面的信任感知，更能够使其提高对企业的依赖性。因此，当一个企业拥有良好的声誉时，消费者对其信任会有明显的增强。

McKnight 等（2004）研究认为在顾客在对新的品牌的探索性阶段，因为之前没有对该品牌的直接体验和购买经历，一定程度上就会将其信任基于感知到的品牌声誉。

Resniek（2002）在对电子商务进行的研究中提到，顾客也会通过市场上所提供的声誉系统服务来获取企业的品牌信息，从而降低信息的不对称性，提高顾客对企业品牌的信任。方明珠、卢润德、吴伟平（2010）在对电子商务模式下消费者信任影响因素的研究中也提到，在目前的网购环境中，网上声誉体系应用得很广泛，它可以用来为卖家声誉进行评定和打分。该声誉体系的应用增强了顾客对网上购物的信任度。这就充分说明声誉对商家与品牌信任有着显著的影响力。

潘煜、张星、高丽（2010）也指出，网络零售商的品牌及其口碑与顾客进行网上购物时的信任正相关，也就是说，网络零售商品牌声誉越高，顾客对其良好形象的认可度就越高，就更能促进顾客对其信任度的提高。

杨志勇、刘东胜（2010）在以大学生品牌作为研究对象的调查中，充分体现了提升品牌的形象就意味着提高品牌的声誉，这不仅可以在一定程度上使品牌保持本身所具有的独特性与吸引力，更可以将其形象与目标市场上的广大客户所追求的个性融为一体，从而更有效地提高顾客对该品牌的信任度。

基于以上研究，我们得出如下假设。

H3：连锁超市声望越高，在危机后消费者对连锁超市的品牌信任越高。

26.4.3.3 应对与感知风险、品牌信任

Ulmer 和 Sellnow（2000）指出，在面对负面公众信息时，首先，如果公司被视为不负责任、不诚实、违法，或者表现得不重视沟通，那么公司会失去社会合法性。为确保其合法性，公司必须建立其所代表的价值和社会规范间的一致性。其次，危机会导致为了弄清事实真相而对证据的关注，这可能会需要长期的调查或法律程序。关于证据的问题通常是非常复杂而一般消费者会依赖于媒体来解释调查的发现，而这些发现的意义可能同样复杂。最后，有一个关于谁应该被责备的问题。公众需要明白原因，分清责任，而这与事件的严重程度、公司是否该对事情负责的明确程度有关。以上3个因素说明公司在危机中的沟通具有战略上的重要性。

Bradford 和 Garrett（1995）研究了在4种常见的危机情形下，5种不同的公司危机应对对于消费者对于公司感知形象的影响。主要的应对有：①不承担责任；②否认；③解释；④承认公司对于事件负有责任，但辩解说事件的严重性不如被报道的那样严重；⑤承认事件的严重程度并对事件承担责任。可能的4种情形是：①公司能够提供证据说明他们没有不道德行为；②公司能够提供证据说明他们对于事件的发生没有控制能力；③公司能够提供证据说明事件的严重程度没有媒体报道的那样严重；④公司承担事件的责任。研究表明，在不同的情形下，"承担责任"都是最优的沟通策略。

Dawar 和 Pillutla（2000）发现不同的公司在相同的反应下有不同的效果，同时这与消费者的期望有关。如果消费者对于产生危机的公司有良好的先前认识，那么公司负面信息对于消费者的影响会降低。而如果消费者对于产生危机的公司没有良好的先前认识，那么消费者会对公司有更多的负面认识。这样的影响在以下不同的公司应对中都存在：承认产品问题并道歉、召回和补偿，承认产品问题但不道歉、召回或补偿，公司无应对。

姚永平提到，在面对危机时，很多公司会选择隐瞒事实、推卸责任，殊不知这会将公司推至社会舆论的风口浪尖。因为在危机发生后，消费者对危机的了解并不多，却又急于了解事实，如果这时企业不能及时做出反应，而错过给大众灌输正面思想的最佳时机，就会导致负面影响迅速深入人心，让消费者感知到的风险迅速攀升。

产品伤害危机一般可分为可辩解型与不可辩解型两种类别。方正（2007）在研究可辩解型产品伤害危机对顾客考虑集的影响时，将产品伤害危机的应对方式分为4种，包括有事件无应对、事件出现加企业应对、事件出现加专家应对、事件出现加企业和专家双重应对；并通过一系列的实验研究证明目标企业在有应对、专家应对、企业和专家双重应对的情况下，会对给顾客带来对企业有利的积极影响，提高顾客对目标企业与品牌的信任度。他还指出对于可辩解型产品伤害危机的应对方式，相对于企业独自应对，外界如专家应对可以更有效地减少顾客的风险感知。如果是在没有外界应对作为援助的情况下，企

业采取积极强烈的回应会是最好的选择；而对于不可辩解型产品伤害危机的应对，Ssiomko（1994）则认为目标公司采取积极承担责任并主动召回缺陷产品的策略对减少顾客风险感知更有帮助。这都充分说明了，只有积极地应对危机，做出最强劲的回应，对于目标公司来说才是最好的选择。

杨洋、方正等（2010）得出，不论是对于可辩型产品伤害危机还是不可辩型产品伤害危机，在危机发生后采取妥当的应对方式都会带来积极的正面影响，促使顾客的产品评价、购买意愿、购买行为随着时间流逝而逐渐恢复。

基于以上研究，我们得出如下假设。

H4：应对方式越积极，消费者对事件门店的感知风险越小。

H5：应对方式越积极，消费者对连锁企业品牌的感知风险越小。

H6：应对方式越积极，消费者对连锁企业的品牌信任越高。

26.4.3.4 品牌信任与感知风险

普遍认为，信任和风险是不同的概念。Mayer 等认为，风险行为受到信任和感知风险的双重影响，他们定义信任为接受风险的意愿，而定义感知风险为正面或负面结果的可能，Mayer 认为信任是一个人基于对另一个人的特征的认识而做出的行为选择。在这个概念下，Mayer 提出了一个组织关系的二元信任模型，研究信任者和被信任者双方的特征对信任方式的影响。他在模型中提出，衡量被信任者是否值得信任的 3 个特征是：能力、善意和保证。模型的逻辑关系是，当信任者感知被信任者在能力、善意和保证这三者达到足够的水平时，信任者会建立对被信任者的信任，或者说愿意接受其不确定性。如果对于卖家的信任程度超过了感知风险的临界值，那么信任者会与卖家建立一种包含风险的关系。也就是说，在对可能的负面结果有感知风险的情形下，信任是一个决定行为的关键因素。

在感知风险和信任的关系上有很多不同的看法，研究者们从不同的角度研究了信任和风险的关系，如信任是风险的前置变量、平行变量或结果变量。Stewart 研究了消费者对网站的信任和网上购物的感知风险之间的关系，她认为感知风险是消费者信任和购买愿意的调节变量。Kim 等认为，消费者购买意愿是由信任和感知风险两个变量的权衡得到的。如果信任的程度大于感知风险的程度，那么消费者会做出信任销售商的行为，因而信任是风险的平行变量。Mitchell 认为感知风险和信任之间是相互影响而非递归的关系。

Cheung 和 Lee 认为，影响消费者对于网络卖家的信任有 4 个因素：感知的安全控制、感知的隐私控制、感知的诚实、感知的能力。而消费者对网络卖家的信任对于他们网络购物感知风险具有负向影响。

Das 和 Teng（2002）指出，信任是信任者在风险环境下对于被信任者的好感和依赖，良好的信任有助于降低信任者感知到的不确定性，因而将信任作为感知风险的前置变量之一。Luhmann（1989）指出，当消费者认知有限时，他们会通过寻求精神上的途径来减少购买过程中的不确定性和复杂性，而一个有效的精神途径就是信任，它可以为消费者提供一种减少风险以应对不确定性的工具。Grabner 和 Kaluscha（2003）认为，信任的重要结果就是对不确定情形或风险情形下的良好意愿或期望，也即是说，信任降低了不确定性。Fischer 等（2004）指出，品牌是一个重要的降低感知风险的因素，而品牌信任则是品牌功能中重要的二级变量。同时，当感知风险越高时，品牌信任的重要性也越高。

总体来说，信任从两个方面影响了感知风险。首先，在消费者必须承受风险而对于结果没有完全控制的情形下，信任起了重要作用。当信任增加，消费者的感知风险会降低，而信任减少时，感知风险会升高。感知风险是消费者信任对购买意愿的影响的作用间的调节变量。其次，一些研究者指出信任和购买意愿间有着直接的正向关系。

Carlos 等对网上购物环境的研究结果表明，顾客感知到的网站可用性与其满意度及信任度是正相关的，也就是说，可用性感知越高即风险感知越低，而满意度与信任度就越高。

根据社会交换理论，顾客先前信任会直接影响其购买后的满意度感知，因此顾客累计的信任感知会影响其满意感知。反过来,根据认知一致性理论,顾客会努力协调其信念和行为,当其对于信任的信念不够强烈时,他们对产品及品牌的满意度就会降低。Gwinner(1998)的研究就发现,顾客对产品及品牌的信心会降低其内心的焦虑与不安,增强其信任度,降低购买所带来的风险和不确定性,从而减少感知风险。

在心理学、社会学和经济学文献中我们都可以发现,诸多学者认为如果具备了确定性,就不会存在风险与应对风险的这种特定关系,因此不确定性是信任的一个必要条件,消费者感知风险的存在为消费者信任创造了条件,反过来,消费者信任令其本身在主观意愿上敢于承担感知到的不确定性风险。夏星、时勘、石密(2010)在对网络环境下的信任管理与风险感知的探讨中就提到了,诸多学者都认为信任与风险感知之间具有高度的联系,其中具有6种代表性的观点包括信任是风险感知的结果;风险感知是信任的前因;风险感知既是信任的前因又是信任的结果;风险感知与信任之间是一种对应关系;风险感知和信任互为因果关系;信任是风险感知的一个子集。

信息不对称性的存在,导致了顾客在购物过程中产生不确定性,也就是感知风险。因此,顾客在购物过程中都会想办法回避或减少这种风险。唐小飞、郑杰、孙洪杰(2010)提出,顾客会根据环境因素选择与之适应的回避机制,而最常见的外部解决机制就是法治和社会信用。由于目前我国市场法治还不够完善,社会信用体系还存在一定的缺陷,顾客就会转向将自己的购买决策依品牌印象而定,以品牌信任度高的产品为选择对象。同时,也要意识到,顾客据品牌进行购买决策的行为会随着感知风险急剧增加而受到质疑,并导致顾客品牌信任发生改变。

潘煜、张星、高丽(2010)也指出,感知风险与顾客网上购物时的信任负相关,这种信任能够让消费者减少在网络这种非真实的购物环境中感知到的风险。

基于以上研究,我们得出如下假设。

H7:品牌信任越高,消费者对事件门店的感知风险越小。

H8:品牌信任越高,消费者对连锁企业品牌的感知风险越小。

26.4.3.5 品牌信任与购买意愿

Lau 和 Lee(1999)指出,如果个体信任某个对象,那么他有可能产生对于这个对象的正面的、积极的行为意愿。Morgan 和 Hunts(1994)认为信任是任何长久关系中的重要因素,消费者对于品牌的信心表达了他们的行为意愿,品牌信任中隐含了类似品牌对消费者的承诺的意义,它能为消费者的将来的意愿提供解释。Elena Delgado-Ballester 指出,信任反映了消费者的意愿,也即信任表达了消费者对于现有证据以外的感知,他们认为品牌会是负责的,不论情况有何变化,将来会发生什么问题,都会对产品和消费者负责。消费者的这种基于品牌现有表现的信任会使他们对于品牌将来的表现有正面的期望,因为会使他们认为现在的决定是正确的,消费者相信品牌不会利用消费者的弱点。这种信任使得消费者产生正面的对于品牌的意愿。

Sherriff T K Luk(2008)认为品牌信任表达了消费者对于品牌的正面期望和信念,在此基础上消费者会决定是否完成交易,这说明品牌信任包含了消费者对于品牌相信的意愿,并且在购买过程中起到重要的作用。对于品牌的信任会导致消费者行为上的后果,如果说企业的能力、可靠性、可信度,满足消费者特定需求的愿望和善意等方面体现了品牌信任,那么品牌信任从心理层面则会激起消费者对品牌的承诺。例如,可靠性和可信性都表达了品牌的价值承诺,这两者会逐步建立起消费者对于通过购买而将得到满足的信心;而企业的能力会使消费者认为其有能力实现其承诺,善意及努力解决消费者的特定问题的意愿使消费者相信他们会得到额外的价值。所有这些积极的刺激使消费者对于品牌建立一种正面的购买意愿。

Ahluwalia(2000)发现,在发生负面宣传事件时,品牌信任度较高的顾客会首先质疑负面信息的可靠性,因此不会对该品牌的购买意愿有较大的影响;而品牌信任度较低的顾客却会倾向于接受该负面信息,从而可能导致其放弃对该品牌的购买行为。

张洪利(2010)对长春市某大型零售连锁店所售的带有自有标识的有机产品的顾客购买进行了研

究，顾客在企业社会责任基础上产生的品牌信任会转化为顾客对该品牌产品的购买意愿。

熊光泽、邓丹娟、杨伟文（2010）指出，顾客品牌信任会对其品牌情感产生积极的促进作用。也就是说，当顾客对某品牌极具好感并上升为强烈的信任感时，就会相应地产生一种品牌情感，这种情感会使顾客对该品牌产生一种倾向性与依赖性，减少与其他品牌建立购买关系的可能性，而坚定其购买意愿，不断重复对该品牌的购买行为。

潘煜、张星、高丽（2010）也指出，顾客网上购物时的信任与其购买意愿呈正相关关系，如果顾客对其选择的网络商家保持高度的信任，其购买意愿也同样会维持在一个很高的水平。

基于以上研究，我们得出如下假设。

H9：品牌信任越高，消费者到事件门店的购买意愿越高。

H10：品牌信任越高，消费者到连锁企业其他门店的购买意愿越高。

26.4.3.6 感知风险与购买意愿

大量研究表明，在消费者决策制定过程中，感知风险和购买行为之间具有联系。Mansour Samadi、Ali Yaghoob-Nejadi（2009）指出，感知风险理论解释了为什么消费者在购买决策时更愿意规避交易中的不利因素而不是寻求交易中的有利因素，这是由于消费者首先更倾向于最小化感知风险，然后才是最大化感知利得。当消费者感知到风险时，有证据表明消费者会采取某些与风险相对应的行为。Mitchell（1999）的研究也表明，感知风险对消费者行为有强烈的影响，这种影响使得消费者更加倾向于采取避免错误的行为而不是最大化购买的利益。

Kaushik Mitra、Michelle C Reiss、Louis M Capell 等（1999）将感知风险对消费者行为的影响分为信息收集的时间、对信息来源的信任、行为的意向3个方面，他的研究表明，随着感知风险的增加，消费者的行为意向有所变化。在低感知风险的情况下，消费者信息收集的时间少，信任主要媒体，有低的风险规避行为意愿；在中感知风险的情况下，消费者信息收集的时间较多，对主要媒体和个人渠道的信息同样看重，有中度的风险规避行为意愿；在高感知风险的情况下，消费者信息收集时间多，信任个人渠道的信息，有高度的风险规避行为意愿。

Ruth M W Yeung 和 Joe Morris（2006）也在对食品购买的消费者决策行为研究中，发现感知风险对于购买意愿具有显著的负向影响。

杨洋、方正（2010）指出，当危机发生以后，消费者最关心的问题就是危机品牌产品给自己带来的危害程度有多高。进而根据自己感知到的风险危害调整购买意愿，以及购买行为。当产品缺陷越大，危机越严重，消费者感知到风险就越大，这就会导致危机负面影响不断地延伸，最终引起消费者购买意愿的降低，终止对该品牌产品的购买行为。

李敏（2010）对农产品品牌价值进行了研究，指出顾客从农产品和品牌过去的购买经验形成的认知对其未来的购买决策有重要影响。要诱使顾客选择某一品牌，就必须保证该品牌能给顾客带来较高的满足感，从而树立优秀的品牌形象，减少顾客对该品牌的感知风险，对其形成持续而深入的购买意愿。

楼尊（2008）以商业银行的网上服务为研究素材，探讨了顾客对SSTs（自助服务技术）的评价与使用，指出顾客对SSTs的评价是对其所得（感知有用）和所失（感知风险）的综合评估与衡量。当顾客感知到网银具有快捷性、便利性和选择性，就会对其产生倾向性，加强对SSTs的使用；相反，当顾客感知到的只是网银的风险，比如担心网银会侵犯隐私与财产安全，对网银虚拟交易的陌生感与不确定性，都会对顾客的心理与态度造成负面影响，从而削弱顾客使用SSTs的意愿。

基于以上研究，我们得出如下假设。

H11：感知品牌风险越低，到事件门店的购买意愿越高。

H12：感知品牌风险越低，到连锁企业其他门店的购买意愿越高。

26.4.3.7 品牌信任、购买意愿与品牌忠诚

信任和忠诚的关系在消费者与公司、公司与公司间的关系中都被研究者们广泛地探讨。Dick 和 Basu（1994）认为如果有更加积极的影响，品牌忠诚度会更高。Chaudhuri 和 Holbrook（2001）认为，当品牌使消费者"幸福"或"快乐"或"温馨"时，会使消费者有更大的购买意愿和态度忠诚。Jacoby 和 Cbestnut(1978)、Pessemier(1959)、Reicbbeld（1996）等指出品牌忠诚的消费者愿意为一个品牌支付更多的价格是由于他们感知到该品牌某些独特的、其他品牌无法提供的价值。而这种独特性可能来自消费者对于品牌的更多的信任，或来自消费者使用产品时的偏好。

Arjun Chaudhuri 和 Morris B Hoibrook 将品牌忠诚分为行为忠诚和态度忠诚，他们认为，品牌信任对行为忠诚和态度忠诚都有直接的影响。这种影响产生的原因是，信任会导致高价值的交易关系（Morgan 和 Hunt，1994）。因此，忠诚或承诺是在持续地保持由信任所产生的价值和重要的关系基础上产生的，也即是，信任在交易中起到重要作用，而承诺也是这种重要关系的基础。Marcel Gommans、Krish S Krishnan 和 Katrin B Scheffold 等也指出，信任在行为忠诚和态度忠诚两个方面都起到重要的作用，而这又影响到公司的销售业绩和产品的价格弹性。Kurt Matzler 在对消费者手机消费的风险规避和品牌忠诚的研究中，也证实了信任与行为忠诚和态度忠诚间的显著正向关系。

Hess（1995）指出，在消费者与品牌的关系上，信任非常有助于消费者对于品牌产生情感上的承诺进而形成长期的忠诚。Garbarino 和 Johnson（1999）研究了不同类型的消费者中品牌忠诚的形成机制，认为倾向于建立关系的消费者在信任的情形下对品牌有更高的忠诚。

Jagdip Singh 和 Deepak Sirdeshmukh（2000）对顾客购买行为发生前后的信任、购买和忠诚间的关系进行了动态研究，他们指出，消费者在初次购买前，会通过对公司的能力、声望、产品等内容进行权衡，从而得到产品是否可信任的结论。如果消费者对公司和产品产生信任，则会形成购买的意愿。而在购买行为产生后，消费者会通过购买和使用行为进行体验，如果消费者满意，则会对企业和产品产生信任，而这种信任会形成消费者对企业的忠诚。

Oliver（1997）也提出了一个全面度量顾客忠诚度构念的框架，它包括 4 个有序的阶段：认知忠诚、情感忠诚、意念忠诚、行为忠诚。其中，情感忠诚反映了顾客出于对该品牌的满意信任会建立起相应的偏袒态度，这样长期累计的满意信任经验自然而然就会产生对该品牌的喜好态度，从而形成品牌忠诚。

Frenzen 和 Davis（1990）认为，消费者信任带来的心理收益与消费者从其购买的产品中得到的满意度是相互独立的。当消费者对其所购买的产品不够满意时，其之前由不同方式所建立的品牌信任就会中和这种不满意感，从而促使消费者继续维持对该品牌产品的购买行为，不至于让这种顾客关系破裂，因此我们有理由相信，消费者信任的不断加强会导致其重复购买行为的产生，这也是消费者忠诚度提高的过程。

Singh 和 Sirdeshmuckh（2000）在研究中利用消费者信任作为消费者满意与消费者忠诚之间的调节机制得出结论，认为消费者信任在很大的程度上会影响消费者满意与消费者忠诚之间的关系。消费者满意会影响消费者信任的能力和善意两个方面的维度，从而进一步影响到消费者忠诚。

Quelch 等（1996）研究表明，在电子商务中，促进顾客购买意愿的一个关键因素就是其对市场与卖家的信任，而且顾客忠诚直接依赖于顾客的信任程度。廖列法、王刊良（2010）也对网上购物进行了研究，结果表明，在提供高质量服务、信息透明度高的网上购物环境中，对市场与卖家的信任是顾客满意的前提条件，进而通过顾客满意来影响顾客忠诚。但是如果在网络市场上存在具有道德风险的卖家，顾客对其的满意则反过来成为建立信任的前提条件，结果依然是顾客信任影响顾客忠诚。

马全恩、刘丹、严雯青（2010）指出，消费者信任来源于消费者在对某一品牌的长期消费过程中所逐渐累积建立起来的满意度，它是消费者对品牌可用性的认可及凭借这种信任对该品牌所进行的购买支持行为。只有在消费者高度信任某一品牌的情况下，才会萌发出相应的认知满意和行为忠诚。因此，鉴

于信任对消费者品牌忠诚的决定性作用，想要成功地建立长期稳固的品牌关系，就必须想办法与消费者建立品牌信任，并在这个基础上与消费者发展更深层次的情感联系——品牌忠诚。

心理契约是社会交换理论的一个基本概念，它是以承诺为基础的责任观，而承诺的实质也就是心理契约。廖成林等（2010）基于心理契约对顾客重复购买意愿的影响研究，提出了消费者与品牌之间建立的有效心理契约可以促进消费者信任的加强，从而形成一种长期的购买关系，反过来这种长期的购买关系又会进一步加强消费者与品牌之间的有效心理契约，在其不断循环往复的过程中，在消费者的潜意识里就形成了所谓的顾客忠诚，就算出现了心理契约违背的情况，由消费者信任与长期购买交易关系引发的顾客忠诚也会在一定程度上抑制心理契约违背所带来的负面影响。

基于以上研究，我们认为，品牌忠诚表达了两个方面的内容，一是消费者的态度忠诚，在本模型中体现为品牌信任，二是行为忠诚，在本模型中体现为购买意愿，因此，我们得出如下假设。

H13：品牌信任越高，消费者的品牌忠诚越高。

H14：到事件门店的购买意愿越高，消费者的品牌忠诚越高。

H15：到连锁企业其他门店的购买意愿越高，消费者的品牌忠诚越高。

26.4.3.8　性别的调节作用

Stets 和 Strauss（1990）指出女性身体比男性弱，这使女性比男性更感到易受攻击。Campbell（1999）指出，从生理学角度来说，由于进化的差异，女性比男性更多地表现为谨慎而非进取。而 Harris 和 Miller（2000）则从社会性的角度解释了男、女间面对伤害时的差异，他指出女性自身的感知脆弱性更强，在面对风险时女性更加害怕成为受害者。

Laufer 的研究表明，从自然生理的角度来说，女性比男性对于攻击更具脆弱性，女性顾客由于比男性顾客有更强的认为自身易受攻击的可能，在接收到伤害危机信息时，女性顾客所感到的威胁更大，更容易把伤害的责任归因到企业而不是企业以外的其他原因，所以，她们对企业的责备更大。

Iinucane、Slovic 等（2000）的研究表明，在面对同样的情景时，不同性别间的感知风险有显著差异，女性消费者的感知风险高于男性消费者。另外，当现实的风险越高时，男、女间的感知风险差异越高，在面对高风险的情景时，女性的感知风险高于男性的感知风险。

根据以上理论，我们认为，在面对促销伤害危机时，女性的感知风险比男性更大，因而女性的品牌忠诚低于男性。因此，我们得出如下假设。

H16：性别对应对方式对品牌忠诚的影响具有调节作用。

26.4.3.9　年龄的调节作用

Burger`s（1981）指出当人们认为伤害与自己更有关时，更可能做出防卫性的归因。Heckhausen 和 Baltes（1991）的研究证明，人们认为老人面临着意志上、心理上和生理上的衰落，因而成为更易受攻击的人群。那么，老人可能因为其更易受攻击而更多地将伤害归因于企业。

方正（2006）的研究表明，与青年顾客相比，产品伤害危机会使老年顾客感知到更多的危险。这就意味着，产品伤害危机会对老年顾客的购买意愿、消费者考虑集、品牌资产等营销变量产生程度更高的负面影响。

同时，因为老人对于伤害有更大的脆弱性，因而他们更不愿意去冒险，也就是说，年龄越大的消费者品牌忠诚越高。Weber 和 Hansen（1972）的研究表明，消费者年龄越大，其品牌转换率越低，品牌忠诚度越高；而 Reynords、Darden Martin（1974）和 Aslope（1989）的研究也证实了消费者的品牌忠诚度与消费者的年龄正相关这一现象。

在促销伤害的情景下，一方面是伤害使得年龄大的消费者感知风险更高因而会更多地降低其品牌忠诚，另一方面是年龄大的消费者品牌忠诚度高，这使我们对于促销伤害情景下的年龄对于品牌忠诚的影响做出以下假设。

H17：年龄对应对方式对品牌忠诚的影响具有调节作用。

本章首先讨论了研究模型形成的理论基础：感知风险理论、公平理论、品牌信任理论和期望—证据理论，并一一论述了这些理论在促销伤害危机中的作用机理。在此基础上形成了本书的概念模型，并提出了有关变量之间关系的 17 个假设。

26.5 实证研究方法和问卷设计

26.5.1 研究方法选择

本书采用实验法进行研究。首先根据 2007 年 11 月重庆××超市促销踩踏事件及 2007 年 10 月北京××超市虚拟原价促销事件的相关新闻报道为原型，修改之后形成财务伤害和人身伤害两组促销伤害危机的情景，并以此作为试验的刺激物。

之所以选择这两个案例作为刺激物原型，是因为它们在人身促销伤害危机和财务促销伤害危机中较为常见的，带有普遍性，有助于测试消费者的一般反应机制。

在每类危机场景下又根据两种声望不同的连锁超市（国际知名大型连锁超市、地方性连锁超市）在 3 种不同应对方式（沉默、纠正措施、辩解）下的情况，相应地设计了 6 个对照组，并据此一共设计了 12 组问卷。详细分组情况如表 26-5 和表 26-6 所示。

表 26-5 人身促销伤害危机下的实验场景及问卷设计

应对方式 \ 声望	高声望	低声望
沉默	问卷一	问卷二
纠正措施	问卷三	问卷四
辩解	问卷五	问卷六

表 26-6 财务促销伤害危机下的实验场景及问卷设计

应对方式 \ 声望	高声望	低声望
沉默	问卷七	问卷八
纠正措施	问卷九	问卷十
辩解	问卷十一	问卷十二

另外刺激物中为避免现有连锁超市品牌认知对被试者的干扰，采用了虚拟的品牌名称。

26.5.2 问卷设计

26.5.2.1 变量的测量

本书的操纵变量有连锁超市声望、应对方式的变化，由实验控制，中间变量包括：感知风险、品牌信任、购买意愿，感知风险和购买意愿，既包括对事件门店的，也包括对整个连锁企业的，因变量为品牌忠诚。量表采用李克特 7 级量表，设计出后经过了专家调查和预测试，最后对题项进行了文字调整和增删。

（1）感知风险的测量。

感知风险在 Jacoby 和 Kaplan（1972）提出的 5 个维度的基础上，最后形成了一个测项，即心理风险。

参照产品伤害危机中 Siomkos 和方正的研究，本书对"顾客门店感知风险"采用的问卷描述是该次事件发生后，我认为到 A 连锁超市第三分店购物的风险增大。对"连锁零售商的感知风险"采用的问卷描述是该次事件发生后，我认为到 A 连锁超市其他分店购物的风险增大。采用的量表是李克特 7 级量表，"1"～"7"表示同意的程度，其中"7"表示完全同意，"1"表示完全不同意，分值越大代表顾客在促销伤害危机发生后的感知风险程度越高。

（2）品牌信任的测量。

品牌信任根据 McAllister（1995）的观点，测量了认知信任和情感信任两个维度，问卷描述分别是：该连锁企业的品牌值得信赖；我相信该连锁企业能够信守承诺。采用的量表是李克特 7 级量表，"1"～"7"表示同意的程度，其中"7"表示完全同意，"1"表示完全不同意，分值越大代表顾客在促销伤害危机发生后对零售商的品牌信任程度越高。

（3）购买意愿的测量。

本书对"顾客门店购买意愿"采用的问卷描述是，本次"A 连锁超市第三分店促销伤害事件"不会阻碍我未来到 A 连锁超市第三分店购物。对"顾客连锁超市购买意愿"采用的问卷描述是，本次"A 连锁超市第三分店促销伤害事件"不会阻碍我未来到 A 连锁超市其他分店购物。采用的量表是李克特 7 级量表，"1"～"7"表示同意的程度，其中"7"表示完全同意，"1"表示完全不同意，分值越大代表顾客在促销伤害危机发生后到事件门店和连锁超市其他门店的购买意愿越高。

（4）品牌忠诚的测量。

Zeithaml 等（1996）针对服务业提出了一个综合性、多维度的顾客行为意向构架。这个构架由以下 4 个维度构成，即口碑宣传、购买意向、价格敏感性、抱怨行为。结合文献资料，本书拟定对连锁超市的品牌忠诚测量维度为口碑宣传、购买意向和价格敏感度 3 个，问卷描述分别是：我愿意将该超市推荐给好友；我愿意经常光临该超市；如果该超市产品价格稍微上调，我依然会去该超市购物。采用的量表是李克特 7 级量表，"1"～"7"表示同意的程度，其中"7"表示完全同意，"1"表示完全不同意，分值越大代表顾客在促销伤害危机发生后的品牌忠诚越高。问卷中还包含了对被测试者的性别、年龄、收入水平等基本情况的调查内容。

26.5.2.2 刺激物设计

本书以 2007 年 11 月重庆××超市促销踩踏事件及 2007 年 10 月北京××超市虚拟原价促销事件的相关新闻报道为原型，修改之后形成财务伤害和人身伤害两组促销伤害危机，在实验中隐去了真实的零售商品牌以消除顾客品牌态度的差异。刺激物包含连锁超市声望描述、促销伤害危机事件和危机应对方式 3 方面内容，不同声望（高声望、低声望）、危机类型（促销财务伤害危机、促销人身伤害危机）、危机应对方式（沉默、纠正措施、辩解）组合形成 12 种不同的模拟情景。刺激物内容如表 26-7 所示。

表 26-7 刺激物设计

关于连锁超市声望的描述	关于危机事件的描述	关于危机应对方式的描述
报纸报道： 高声望： ——国际知名连锁超市 A 在中国国内各大中城市开设有多个连锁店，这些连锁店在消费者心中享有较高声誉	促销人身伤害危机： 某日上午，连锁超市 A 在重庆市的第三分店举行 10 周年店庆促销活动，其中特价食用油市场价为 50 元左右，而抢购特价 39.9 元一桶（5 升），由于人多拥挤，在第三分店现场促销时发生踩踏事故，最终造成 3 人死亡，31 人受伤的事故	沉默： 该伤害事故发生后，媒体进行了大量报道，企业未对该事故做出任何反应
		纠正措施： 该事件经媒体披露后，连锁超市 A 解释说造成本次事件的原因是第三分店工作疏忽所致，并向消费者致歉
低声望： 成都市本土连锁超市 A 在西南地区开设有多个连锁分店，其声誉不如国际性的知名连锁超市	促销财务伤害危机： 时值元旦来临，该连锁超市在成都的第三分店进行了大规模促销活动。由于促销力度较大，吸引了大量的消费者到第三分店抢购 但是，工商行政执法部门随后的检查发现，一款管道积木玩具在特价标签上标明原价 44 元，现价 23 元。经查询该商场销售记录证实：该产品从未以 44 元的价格销售过，一直售价为 23 元	辩解： 该伤害事故发生后，企业对外宣称事故是消费者本人造成的，企业在该次促销中采取了大量措施，对事故不承担责任

26.5.2.3 问卷结构

问卷分为两个部分，第一部分为在不同的情景下对消费者的感知风险、品牌信任、购买意愿和品牌忠诚的测量，第二部分包括对消费者性别、年龄、职业、教育程度和月收入的人口特征统计变量。问卷结构及题号如表 26-8 所示。

表 26-8 问卷结构

问卷项目	变量	问卷题目	测量维度	题号
第一部分	感知风险	该次事件发生后，我认为到 A 连锁超市第三分店购物的风险增大	心理风险	1
		该次事件发生后，我认为到 A 连锁超市其他分店购物的风险增大	心理风险	2
	品牌信任	该连锁企业的品牌值得信赖	认知信任	3
		我相信该连锁企业能够信守承诺	情感信任	4
	购买意愿	本次"A 连锁超市第三分店促销伤害事件"不会阻碍我未来到 A 连锁超市第三分店购物	购买可能性	5
		本次"A 连锁超市第三分店促销伤害事件"不会阻碍我未来到 A 连锁超市其他分店购物	购买可能性	6
	品牌忠诚	我愿意将该超市推荐给好友	口碑宣传	7
		我愿意经常光临该超市	购买意向	8
		如果该超市产品价格稍微上调，我依然会去该超市购物	价格敏感性	9
第二部分	人口统计	性别		1
		年龄		2
		职业		3
		教育		4
		月收入		5

26.5.3 抽样设计

本书目标总体为 18 岁以上消费者。出于对时间及成本考虑，采取便利抽样法，选定成都市 18 岁以上消费者为调查样本，进行问卷调查。

本问卷于 2009 年 5 月 1 — 31 日正式发送，在大学、公园、超市等地对消费者进行了问卷调查。对所有的调查对象，研究人员在征得其同意以后，让其阅读刺激物，并请其回答问题。访问分为 12 个组，每组发放问卷 70 份，共发放问卷 840 份，回收 765 份，剔除 26 份填写不完整问卷和无效问卷，回收有效问卷 739 份，有效回收率为 88%。739 份问卷分别按照伤害类型、连锁超市声望、应对方式实验分组和回收，情况如表 26-9 所示。

表 26-9 实验分组情况

组别	伤害类型		连锁超市声望		应对方式		
	人身伤害	财务伤害	高声望	低声望	沉默	纠正措施	辩解
回收份数	376	363	370	369	234	245	260
合计	739		739		739		

26.5.4 统计分析方法

本书将应用 BP 神经网络算法进行数据的训练，从而验证各变量之间的关系。

26.5.4.1 BP 神经网络理论

人工神经网络（Artificial Neural Networks）是受人类大脑生物神经网络的某些机理和功能激发灵感而创建的数学模型。国际著名神经网络研究专家 Hecht-Nielsen 给人工神经网络下的定义是："人工神经网络是由人工建立的有向图为拓扑结构的动态系统，它通过对连续或断续的输入进行信息处理。"目前常见的神经网络模型包括感知器模型、反向传播模型（BP 模型）、Hopfield 模型等。

BP 神经网络是一种由输入层、中间层、输出层组成的多层神经网络模型。

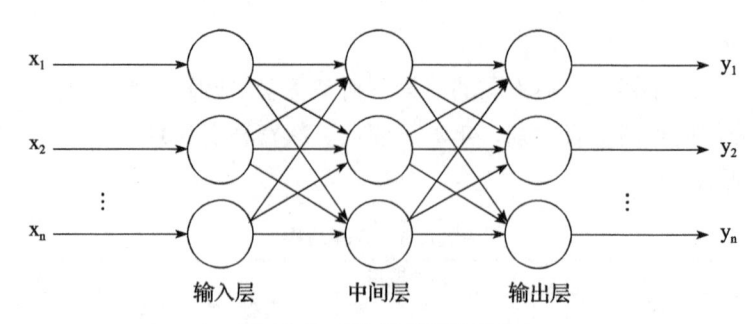

图 26-6　BP 神经网络结构

BP 神经网络思想是相邻层之间神经元进行全连接，同层的神经元之间无连接，采用输入样本数据、连接权重和阈值计算中间层各神经元的输入，通过传递函数计算各单元的输出，每次训练计算期望输出与实际输出的误差，按误差逐步减小的思想，将误差经各中间层逐层反向传递，修改神经元之间的连接权重，如此反复，直至全局误差满足限定值。

26.5.4.2　BP 神经网络模型计算

在利用神经网络模型进行计算之前，首先根据变量之间的关系建立 BP 神经网络模型，模型建立之后，就可以针对样本数据展开计算，包括如下内容。

（1）数据预处理。

数据预处理包括对样本数据进行分组和确定输入输出变量。一般将样本数据分成训练样本、验证样本和待测样本三部分。同时，为了消除量纲影响和方便处理，常对样本数据进行归一化处理。

（2）确定网络拓扑结构。

包括确定网络的隐层数、隐层节点数、传递函数等。多层神经网络常使用 log-sigmoid 传递函数，其输出值限定于 0 到 1 之间，如图 26-7 所示。

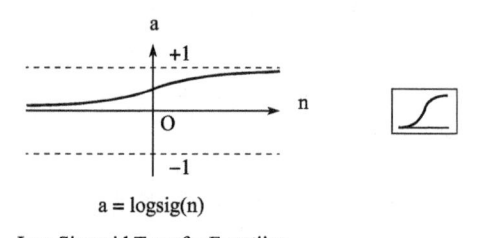

图 26-7　log-sigmoid 传递函数

（3）网络训练。

利用误差反向传播原理不断调整连接权值使网络输出值与训练样本输出值之间的误差平方和达到期望值，最终得到可用的网络结构。

（4）网络应用。

利用训练好的网络结构对待测样本进行处理，计算出预测值。

26.5.4.3　Matlab 神经网络工具箱介绍

Matlab 软件是美国 Mathworks 公司出品的一款数值计算软件，它以工具箱的形式综合了各种数据分析方法的应用实现，其中就包括神经网络工具箱 Neural Network Toolbox。

在 Matlab R2009a 中的 Neural Network Toolbox 提供了一系列命令来完成 BP 神经网络的计算。

（1）newff。

nesff 的作用是创建 BP 神经网络结构，使用方法如下：

net = newff([-1 2; 0 5],[3,1],{'tansig','purelin'},'traingd')。

这里输入是含有两个元素的向量，中间层有三个神经元，输出层有一个神经元。中间层的传递函数是 tan-sigmoid，输出层的传递函数是 linear，训练函数是 traingd。

（2）train。

train 的作用是对创建的神经网络进行训练，使用方法如下：

train(net,p,t);

表示对输入为 p，输出为 t 的数据进行训练。在训练前还需要对训练参数进行约定，如：

net.train Param.epochs = 10000；

net.train Param.goal = 0.01；

意指训练次数为 10000，训练的性能函数为 0.01，如果训练次数超过 10000，性能函数低于 0.01，训练就结束。

（3）sim。

sim 的作用是使用训练好的神经网络进行模拟，使用方法为：[y1,pf] = a = sim(net,p1)。

表示对输入为 p1 的样本数据进行模拟（预测），计算结果为 a。

本章介绍了实证研究采用的研究方法——实验法中实验的刺激物的形成过程及实验分组情况，阐明了在问卷中感知风险、品牌信任、购买意愿、品牌忠诚 4 个变量如何测量刺激物的具体设计及问卷结构等内容。

在抽样设计上，本书目标选择总体为 18 岁以上消费者，采取便利抽样法，进行问卷调查，问卷于 2009 年 5 月 1—31 日正式发送，在大学、公园、超市等地对消费者进行了问卷调查，回收有效问卷 739 份。

本书采用 BP 神经网络进行收集数据的训练，验证假设的成立情况。神经网络模型是模拟人类大脑的思维过程而建立的数学模型，能有效地反映样本数据之间内在的影响关系。在本书中处理的样本数据是带有人为因素的调查问卷数据，因此适合建立神经网络模型来反映人为数据之间影响关系；同时，通过对问卷数据进行训练，也即是将声望、应对方式、感知风险、购买意愿、品牌信任、品牌忠诚等变量之间的影响关系提炼，并且对影响大小进行量化。

26.6 数据分析与假设检验

26.6.1 描述性统计分析

本书目标总体为 18 岁以上消费者。出于对时间及成本考虑，采取便利抽样法，选定成都市 18 岁以上消费者为调查样本，在大学、公园、超市等地对消费者进行了问卷调查。调查分为 12 个组，每组发放问卷 70 份，共发放问卷 840 份，回收 765 份，剔除 26 份填写不完整问卷和无效问卷，回收有效问卷 739 份，有效回收率为 88%。有效样本 739 份人口统计变量描述如表 26-10 所示。

表 26-10 研究样本特征

基本资料	项目	人数	百分比
性别	男	364	49.3%
	女	375	50.7%
	合计	739	100.00%
年龄	18～25 岁	205	27.7%
	26～35 岁	128	17.3%
	36～45 岁	116	15.7%
	46～55 岁	143	19.4%
	56～65 岁	112	15.2%
	65 岁以上	35	4.7%
	合计	739	100.00%

回收样本实验分组情况如表 26-11 所示。

表 26-11 各实验分组问卷回收情况

组别	伤害类型		连锁超市声望		应对方式		
	人身伤害	财务伤害	高声望	低声望	沉默	纠正措施	辩解
回收份数	376	363	370	369	234	245	260
合计	739		739		739		

26.6.2 促销人身伤害危机情景下的数据分析

26.6.2.1 声望、应对方式对感知风险的影响

我们依据已有的人身伤害情景下的实验数据，建立初始的 BP 神经网络模型，对网络进行训练，利用训练好的网络预测不同声望、不同应对方式对顾客感知风险的影响。分析所使用的原始数据如表 26-12 所示。

表 26-12 人身伤害危机中声望、应对方式、感知风险变量关系原始分析数据表

样本序号	声望	应对方式	门店风险	品牌风险	…
1	1	1	4	4	…
2	1	2	7	7	…
3	2	3	6	4	…
4	2	2	3	3	…
5	2	1	4	3	…
6	1	3	5	3	…
…	…	…	…	…	…

建立不同声望和应对方式对感知风险影响的神经网络模型如图 26-8 所示。

声望　　输入层　　隐含层　　输出层　　门店风险　　品牌风险

图 26-8 声望和应对方式对感知风险影响的神经网络模型

从中选取 376 个样本数据对建立的网络模型进行训练，训练结果如图 26-9 所示。

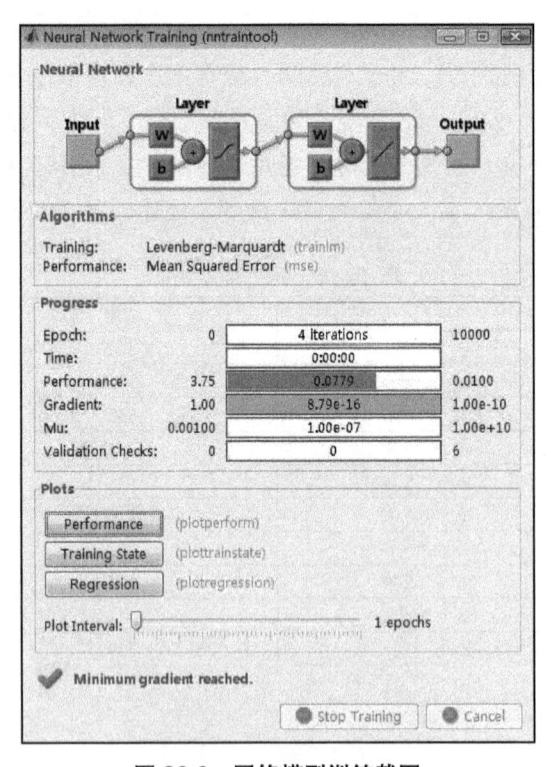

图 26-9 网络模型训练截图

模拟预测结果如下：

p1 = 声望和应对（其中第 1 行为声望，第 2 行为应对）

1 1 1 2 2 2 声望

1 2 3 1 2 3 应对
t1 = 风险（第 1 行为门店风险，第 2 行为品牌风险）
0.5526 0.5354 0.5436 0.5395 0.7161 0.5795
0.5177 0.4974 0.5117 0.4887 0.6484 0.5667

根据计算结果的变量间关系如表 26-13 所示。

表 26-13 人身伤害危机中声望、应对方式、感知风险之间变量关系

声望	高	高	高	低	低	低
应对	沉默	纠正措施	辩解	沉默	纠正措施	辩解
感知门店风险	0.5526	0.5354	0.5436	0.5395	0.7161	0.5795
感知品牌风险	0.5177	0.4974	0.5117	0.4887	0.6484	0.5667

结果表明，在促销人身伤害的情景下，企业危机前声望越高，消费者感知门店风险和感知品牌风险越小，H1、H2 得到了验证。

在高声望的企业发生促销人身伤害的情景下，企业采取道歉等纠正措施，消费者的感知风险最低，而在低声望的企业，企业采取沉默的方式，消费者感知风险最低；高声望的企业采取沉默和辩解这两种应对方式，对消费者感知风险的影响没有显著差异，而低声望企业在沉默应对方式下的消费者感知风险低于辩解方式下的消费者感知风险。H4、H5 部分得到验证。

这说明，不同声望的企业，在面对人身伤害的情景时，所应采用的应对方式是不一样的。高声望的企业由于有较高的关注度，特别是在发生伤害情形时，企业的关注度更高，而这时企业采用最积极的道歉和补救措施的反应方式更有助于得到消费者的关注而降低感知风险。低声望的企业，由于消费者的关注度较小，而进行道歉或辩解，都有更多的提高关注度的可能，而由于企业反应所带来的消费者关注更多集中于危机本身，因而反而使得消费者对企业和门店的感知风险增加。

26.6.2.2 声望、应对方式对品牌信任的影响

分析所使用的原始数据如表 26-14 所示。

表 26-14 人身伤害危机中声望、应对方式、感知风险变量关系原始分析数据集

样本序号	声望	应对方式	信任	…
1	1	1	6	…
2	1	2	7	…
3	2	3	5	…
4	2	2	1	…
5	2	1	3	…
6	1	3	4	…
…	…	…	…	…

数据说明：1 表示声望高，2 表示声望低；应对方式 1 为沉默，2 为纠正措施，3 为辩解。

建立不同声望和应对方式对品牌信任影响的神经网络模型，如图 26-10 所示。

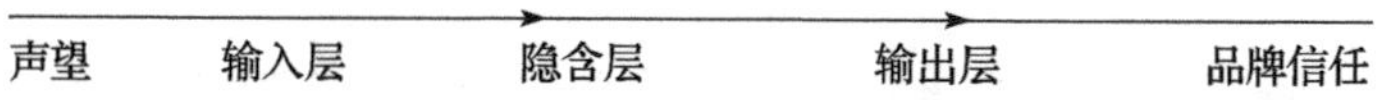

声望　输入层　→　隐含层　→　输出层　品牌信任

图 26-10 声望和应对方式对品牌信任影响的神经网络模型

模拟预测结果如下：
p1 = 声望
1 1 1 2 2 2

```
 1    2    3    1    2    3
t1 = 应对方式
0.6061  0.6642  0.6242  0.5956  0.5893  0.6352
```

计算结果如表 26-15 所示。

表 26-15　人身伤害危机中声望、应对方式、感知风险之间变量关系

声望	高	高	高	低	低	低
应对	沉默	纠正措施	辩解	沉默	纠正措施	辩解
品牌信任	0.6061	0.6642	0.6242	0.5956	0.5893	0.6352

结果表明：在促销人身伤害的情景下，企业声望越高，消费者品牌信任越高，H3 得到验证。

在高声望的情景下，企业采取道歉和承担责任等纠正措施，品牌信任最高；而在低声望的情景下，企业采取沉默的应对方式，品牌信任最高。H6 部分得到验证。

26.6.2.3　品牌信任对感知风险的影响

分析所使用的原始数据如表 26-16 所示。

表 26-16　人身伤害危机中品牌信任、感知风险变量关系原始分析数据表

样本序	品牌信任	感知门店风险	感知品牌风险	…
1	4	3	3	…
2	3	5	5	…
3	3	4	3	…
4	6	3	2	…
5	5	5	3	…
6	3	3	3	…
…	…	…	…	…

数据说明：品牌信任的测量为 1 表示最不信任，7 表示非常信任；感知门店风险、感知品牌风险的测量为 1 表示完全没有风险，7 表示风险非常高。

建立品牌信任对感知风险影响的神经网络模型，如图 26-11 所示。

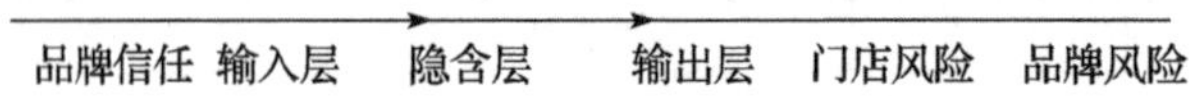

品牌信任　输入层　　隐含层　　输出层　门店风险　品牌风险

图 26-11　品牌信任对感知风险影响的神经网络模型

模拟预测结果如下：

p1 = 品牌信任

```
 1    2    3    4    5    6    7
t1 = 感知风险（第 1 行为感知门店风险，第 2 行为感知品牌风险）
0.7433  0.6576  0.5897  0.5938  0.5188  0.4957  0.4456
0.6548  0.6287  0.5756  0.5883  0.5175  0.3986  0.3872
```

计算结果如表 26-17 所示。

表 26-17　人身伤害危机中品牌信任、感知风险之间变量关系

信任	1	2	3	4	5	6	7
感知门店风险	0.7433	0.6576	0.5897	0.5938	0.5188	0.4957	0.4456
感知品牌风险	0.6548	0.6287	0.5756	0.5883	0.5175	0.3986	0.3872

由计算结果可知，品牌信任越高，感知门店风险越小，感知品牌风险越小，H7、H8 得到验证。

26.6.2.4 品牌信任对购买意愿的影响

分析所使用的原始数据如表 26-18 所示。

表 26-18 人身伤害危机中品牌信任、购买意愿变量关系原始分析数据表

样本序号	信任	门店意愿 1	企业意愿 1
1	6	5	3
2	7	1	3
3	5	5	4
4	1	1	2
5	3	4	3
6	4	6	6
…		…	…

建立品牌信任对顾客购买意愿的神经网络模型，如图 26-12 所示。

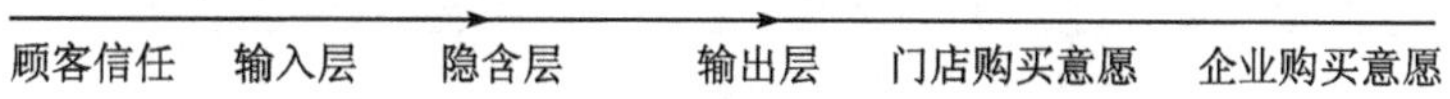

顾客信任　　输入层　　隐含层　　输出层　　门店购买意愿　企业购买意愿

图 26-12 品牌信任对购买意愿影响的神经网络模型

模拟预测结果如下：

p1 = 品牌信任

1　2　3　4　5　6　7

t1 = 购买意愿（第 1 行为门店购买意愿，第 2 行为品牌购买意愿）

0.2179　0.2308　0.6416　0.6653　0.6186　0.6667　0.7091

0.4872　0.5000　0.5319　0.5199　0.6536　0.6415　0.7848

计算结果如表 26-19 所示。

表 26-19 人身伤害危机中品牌信任、购买意愿之间变量关系

品牌信任	1	2	3	4	5	6	7
门店购买意愿	0.2179	0.2308	0.6416	0.6653	0.6186	0.6667	0.7091
品牌购买意愿	0.4872	0.5000	0.5319	0.5199	0.6536	0.6415	0.7848

结果表明：对于促销人身伤害危机，品牌信任越低，门店购买意愿和企业购买意愿越低；品牌信任越高，门店购买意愿和企业购买意愿越高。H9、H10 得到了验证。

26.6.2.5 感知风险对购买意愿的影响

分析所用原始数据如表 26-20 所示。

表 26-20 人身伤害危机中感知风险、购买意愿变量关系原始分析数据表

样本序号	门店风险	品牌风险	门店意愿 1	企业意愿 1	…
1	4	4	5	3	…
2	7	7	1	3	…
3	6	4	5	4	…
4	3	3	1	2	…
5	4	3	4	3	…
6	5	3	6	6	…
…	…	…	…	…	…

建立门店风险和品牌风险对顾客购买意愿的神经网络模型，如图 26-13 所示。

门店风险　　输入层　　隐含层　　输出层　　门店购买意愿　企业购买意愿

图 26-13　感知风险对购买意愿影响的神经网络模型

模拟预测结果如下：

p1 = 感知风险（第 1 行为感知门店风险，第 2 行为感知品牌风险）

　1　2　3　4　5　6　7
　1　2　3　4　5　6　7

t1 = 购买意愿（第 1 行为门店购买意愿，第 2 行为品牌购买意愿）

0.6727　0.6371　0.6245　0.5543　0.5759　0.5182　0.3942
0.8054　0.6954　0.6709　0.5403　0.6064　0.5477　0.4662

计算结果如表 26-21 所示。

表 26-21　人身伤害危机中感知风险、购买意愿之间变量关系

感知门店风险	1	2	3	4	5	6	7
感知品牌风险	1	2	3	4	5	6	7
门店购买意愿	0.6727	0.6371	0.6245	0.5543	0.5759	0.5182	0.3942
品牌购买意愿	0.8054	0.6954	0.6709	0.5403	0.6064	0.5477	0.4662

根据计算结果，可以看出：对于促销人身伤害危机，感知门店和品牌风险越低，门店购买意愿和企业购买意愿越高；感知门店和品牌风险越高，门店购买意愿和企业购买意愿越低。H11、H12 得到了验证。

26.6.2.6　品牌信任对品牌忠诚的影响

建立品牌信任对品牌忠诚的神经网络模型如图 26-14 所示。

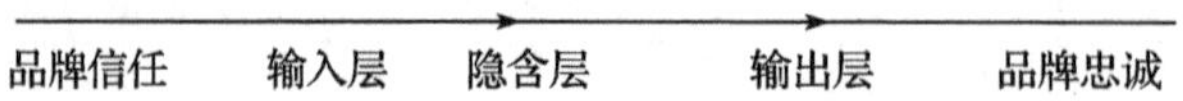

品牌信任　　输入层　　隐含层　　输出层　　品牌忠诚

图 26-14　品牌信任对品牌忠诚影响的神经网络模型

模拟预测结果如下：

p1 = 品牌信任

　1　2　3　4　5　6　7

t1 = 品牌忠诚

0.3402　0.4354　0.4579　0.5452　0.4812　0.5772　0.6061

计算结果如表 26-22 所示。

表 26-22　人身伤害危机中品牌信任、品牌忠诚之间变量关系

品牌信任	1	2	3	4	5	6	7
品牌忠诚	0.3402	0.4354	0.4579	0.5452	0.4812	0.5772	0.6061

由计算结果可知，品牌信任越高，品牌忠诚越高，H13 得到验证。

26.6.2.7　购买意愿对品牌忠诚的影响

分析所用原始数据如表 26-23 所示。

表 26-23 人身伤害危机中购买、品牌忠诚变量关系原始分析数据表

样本序号	门店意愿1	品牌意愿1	品牌忠诚	…
1	5	3	4	…
2	1	3	3	…
3	5	4	4	…
4	1	2	3	…
5	4	3	3	…
6	6	6	5	…
…	…	…	…	…

建立门店购买意愿和品牌购买意愿对品牌忠诚的神经网络模型，如图 26-15 所示。

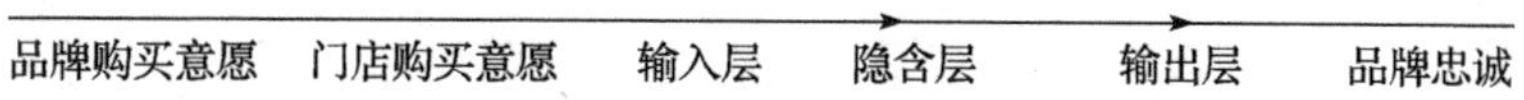

品牌购买意愿　门店购买意愿　输入层　隐含层　输出层　品牌忠诚

图 26-15　购买意愿对品牌忠诚影响的神经网络模型

模拟预测结果如下：
p1 = 购买意愿（第1行为门店购买意愿，第2行为品牌购买意愿）
1　2　3　4　5　6　7
1　2　3　4　5　6　7
t1 = 品牌忠诚
0.3375　0.3954　0.5238　0.5190　0.5534　0.5861　0.6123
计算结果如表 26-24 所示。

表 26-24　人身伤害危机中购买意愿、品牌忠诚之间变量关系

门店购买意愿	1	2	3	4	5	6	7
品牌购买意愿	1	2	3	4	5	6	7
品牌忠诚	0.3375	0.3954	0.5238	0.5190	0.5534	0.5861	0.6123

由计算结果可知，门店购买意愿和品牌购买意愿越高，品牌忠诚越高，H14、H15 得到验证。

26.6.2.8　不同声望和应对方式对顾客购买意愿的影响

分析用原始数据如表 26-25 所示。

表 26-25　人身伤害危机中声望、应对方式、购买意愿变量关系原始分析数据

样本序号	门店风险	品牌风险	门店意愿1	企业意愿1
1	1	1	5	3
2	1	2	1	3
3	2	3	5	4
4	2	2	1	2
5	2	1	4	3
6	1	3	6	6
…	…	…	…	…

数据说明：声望1表示声望高，2表示声望低；应对方式1为沉默，2为纠正措施，3为辩解。

建立不同声望和应对方式对顾客购买意愿的神经网络模型，如图 26-16 所示。

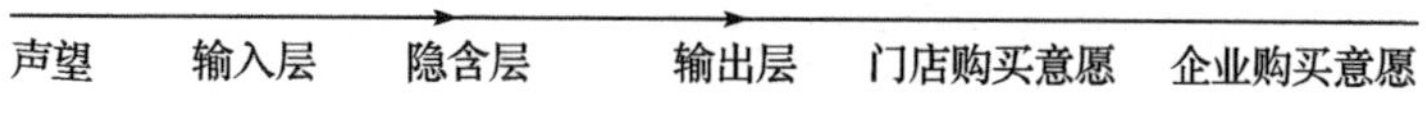

声望　输入层　隐含层　输出层　门店购买意愿　企业购买意愿

图 26-16　声望、应对方式对购买意愿影响的神经网络模型

模拟预测结果如下：

p1 = 声望和应对

 1 1 1 2 2 2

1 2 3 1 2 3

t1 = 购买意愿（第 1 行为门店购买意愿，第 2 行为品牌购买意愿）

0.5455 0.6410 0.6082 0.6159 0.5916 0.5039

0.5732 0.6641 0.6199 0.6497 0.6228 0.6259

计算结果如表 26-26 所示。

表 26-26 人身伤害危机中声望、应对方式、购买意愿之间变量关系

声望	高	高	高	低	低	低
应对方式	沉默	纠正措施	辩解	沉默	纠正措施	辩解
门店购买意愿	0.5455	0.6410	0.6082	0.6159	0.5916	0.5039
品牌购买意愿	0.5732	0.6641	0.6199	0.6497	0.6228	0.6259

结果表明：对于促销人身伤害危机，声望越高，门店购买意愿和企业购买意愿越高；声望越低，门店购买意愿和企业购买意愿越低。在高声望的企业中，道歉等纠正措施的应对方式下的消费者购买意愿最高；在低声望的企业中，沉默的应对方式下消费者购买意愿最高。

26.6.2.9 不同声望和应对方式对顾客品牌忠诚的影响

分析所用原始数据如表 26-27 所示。

表 26-27 人身伤害危机中声望、应对方式、品牌忠诚变量关系原始分析数据表

样本序号	门店意愿1	企业意愿1	品牌忠诚	…
1	1	1	5	…
2	1	2	1	…
3	2	3	5	…
4	2	2	1	…
5	2	1	4	…
6	1	3	6	…
…	…	…	…	…

数据说明：声望 1 表示声望高，2 表示声望低；应对方式 1 为沉默，2 为纠正措施，3 为辩解。

建立不同声望和应对方式对顾客品牌忠诚的神经网络模型，如图 26-17 所示。

应对方 输入层 隐含层 输出层 品牌忠诚

图 26-17 声望、应对方式对品牌忠诚影响的神经网络模型

模拟预测结果如下：

p1 = 声望和应对（第 1 行为声望，第 2 行为应对）

1 1 1 2 2 2

1 2 3 1 2 3

t1 = 品牌忠诚

0.4375 0.5934 0.4238 0.4790 0.2907 0.3314

计算结果如表 26-28 所示。

表 26-28　人身伤害危机中声望、应对方式、品牌忠诚之间变量关系

声望	高	高	高	低	低	低
方式	沉默	纠正措施	辩解	沉默	纠正措施	辩解
门店购买意愿	0.4375	0.5934	0.4238	0.4790	0.2907	0.3314

在高声望的企业发生促销人身伤害的情景下，企业采取纠正措施，消费者的品牌忠诚最高，而在低声望的企业，企业采取沉默的方式，消费者品牌忠诚最高；在高声望企业，沉默与辩解这两种应对方式，对消费者品牌忠诚影响没有显著差异；在低声望企业，纠正措施和辩解这两种应对方式，对消费者品牌忠诚的影响没有显著差异。本结果再次证实了在发生促销人身伤害的情景下，高声望的企业和低声望的企业所应采取的应对策略是不同的。同时，高声望企业的消费者品牌忠诚高于低声望企业的消费者品牌忠诚。

26.6.3　促销财务伤害危机情景下的数据分析

26.6.3.1　声望、应对方式对感知风险的影响

我们依据已有的促销财务伤害情景下的实验数据，建立初始的 BP 神经网络模型，对网络进行训练，利用训练好的网络预测不同声望、不同应对方式对顾客感知风险的影响。

建立不同声望和应对方式对感知风险影响的神经网络模型，并从中选取 363 个样本数据对建立的网络模型进行训练。

模拟预测结果如下：

p1 = 声望和应对（第 1 行为声望，第 2 行为应对）

1　1　1　2　2　2　声望
1　2　3　1　2　3　应对

t1 = 风险（第 1 行为门店风险，第 2 行为品牌风险）

0.7076　0.6278　0.7231　0.7656　0.7051　0.7333
0.5897　0.5667　0.6754　0.6603　0.5443　0.6641

根据计算结果如表 26-29 所示。

表 26-29　财务危机中声望、应对方式、感知风险之间变量关系

声望	高	高	高	低	低	低
应对	沉默	纠正措施	辩解	沉默	纠正措施	辩解
感知门店风险	0.7076	0.6278	0.7231	0.7656	0.7051	0.7333
感知品牌风险	0.5897	0.5667	0.6754	0.6603	0.5443	0.6641

结果表明，在促销财务伤害的情景下，企业危机前声望越高，消费者感知门店风险和感知品牌风险越小，H1、H2 得到了验证。

在高声望和低声望的企业发生促销财务伤害的情景下，企业进行道歉、赔偿等纠正措施，消费者的感知风险最低。在高声望的企业，沉默的应对方式优于辩解的应对方式，而低声望的企业沉默和辩解两者对消费者感知风险的影响没有明显差异。H4、H5 部分得到验证。

26.6.3.2　声望、应对方式对品牌信任的影响

建立不同声望和应对方式对品牌信任影响的神经网络模型，模拟预测结果如下：

p1 = 声望和应对（第 1 行为声望，第 2 行为应对）

1　1　1　2　2　2
1　2　3　1　2　3

t1 = 品牌信任

0.7056　0.8947　0.8333　0.7552　0.8173　0.6897

计算结果如表 26-30 所示。

表 26-30 财务伤害危机下声望、应对方式、品牌信任之间变量关系

声望	高	高	高	低	低	低
应对	沉默	纠正措施	辩解	沉默	纠正措施	辩解
品牌信任	0.7056	0.8947	0.8333	0.7552	0.8173	0.6897

结果表明：在促销财务伤害的情景下，企业声望越高，消费者品牌信任越高，H3 得到验证。在高声望和低声望的情景下，企业进行道歉和承担责任等纠正措施，品牌信任最高。H6 得到验证。

26.6.3.3 品牌信任对感知风险的影响

建立品牌信任对感知风险影响的神经网络模型，模拟预测结果如下：

$p1$ = 品牌信任

1 2 3 4 5 6 7

$t1$ = 感知风险（第 1 行为感知门店风险，第 2 行为感知品牌风险）

0.6659　0.5853　0.4742　0.5045　0.4064　0.3983　0.3367

0.5840　0.5508　0.4765　0.4067　0.5175　0.2867　0.3005

计算结果如表 26-31 所示。

表 26-31 财务危机下品牌信任、感知风险之间变量关系

品牌信任	1	2	3	4	5	6	7
感知门店风险	0.6659	0.5853	0.4742	0.5045	0.4064	0.3983	0.3367
感知品牌风险	0.5840	0.5508	0.4765	0.4067	0.5175	0.2867	0.3005

由计算结果可知，品牌信任越高，感知门店风险越小、感知品牌风险越小，H7、H8 得到验证。

26.6.3.4 品牌信任对购买意愿的影响

建立顾客信任对顾客购买意愿的神经网络模型，模拟预测结果如下：

$p1$ = 品牌信任

1 2 3 4 5 6 7

$t1$ = 购买意愿（第 1 行为门店购买意愿，第 2 行为品牌购买意愿）

0.3333　0.3924　0.4630　0.4686　0.4674　0.4839　0.5303

0.3333　0.4977　0.5370　0.5538　0.5536　0.5821　0.6364

计算结果如表 26-32 所示。

表 26-32 财务伤害危机下品牌信任、购买意愿之间变量关系

品牌信任	1	2	3	4	5	6	7
门店购买意愿	0.3333	0.3924	0.4630	0.4686	0.4674	0.4839	0.5303
品牌购买意愿	0.3333	0.4977	0.5370	0.5538	0.5536	0.5821	0.6364

结果表明：对于促销财务伤害危机，品牌信任越低，门店购买意愿和品牌购买意愿越低；品牌信任越高，门店购买意愿和品牌购买意愿越高。H9、H10 得到了验证。

26.6.3.5 感知风险对购买意愿的影响

建立门店风险和品牌风险对顾客购买意愿的神经网络模型，模拟预测结果如下：

$p1$ = 感知风险（第 1 行为感知门店风险，第 2 行为感知品牌风险）

1 2 3 4 5 6 7

1 2 3 4 5 6 7
t1 = 购买意愿（第 1 行为门店购买意愿，第 2 行为品牌购买意愿）
0.6389　0.7561　0.5991　0.6181　0.4669　0.4185　0.2653
0.6453　0.8108　0.6019　0.6544　0.5148　0.4878　0.3161
计算结果表示如表 26-33 所示。

表 26-33　财务伤害危机下感知风险、购买意愿之间变量关系

感知门店风险	1	2	3	4	5	6	7
感知品牌风险	1	2	3	4	5	6	7
门店购买意愿	0.6389	0.7561	0.5991	0.6181	0.4669	0.4185	0.2653
品牌购买意愿	0.6453	0.8108	0.6019	0.6544	0.5148	0.4878	0.3161

根据计算结果，可以看出：对于促销财务伤害危机，感知门店和品牌风险越低，门店购买意愿和品牌购买意愿越高；感知门店和品牌风险越高，门店购买意愿和品牌购买意愿越低。H11、H12 得到了验证。

26.6.3.6　品牌信任对品牌忠诚的影响

建立品牌信任对品牌忠诚的神经网络模型，模拟预测结果如下：
p1 = 品牌信任
1 2 3 4 5 6 7
t1 = 品牌忠诚
0.4362　0.4756　0.4769　0.5875　0.5812　0.6452　0.6809
计算结果如表 26-34 所示。

表 26-34　财务伤害危机下品牌信任、品牌忠诚之间变量关系

品牌信任	1	2	3	4	5	6	7
品牌忠诚	0.4362	0.4756	0.4769	0.5875	0.5812	0.6452	0.6809

由计算结果可知，品牌信任越高，品牌忠诚越高，H13 得到验证。

26.6.3.7　购买意愿对品牌忠诚的影响

建立门店购买意愿和品牌购买意愿对品牌忠诚的神经网络模型，模拟预测结果如下：
p1 = 购买意愿（第 1 行为门店购买意愿，第 2 行为品牌购买意愿）
1 2 3 4 5 6 7
1 2 3 4 5 6 7
t1 = 品牌忠诚
0.5223　0.4954　0.5545　0.5890　0.6478　0.6089　0.6933
计算结果如表 26-35 所示。

表 26-35　财务伤害危机下购买意愿、品牌忠诚之间变量关系

门店购买意愿	1	2	3	4	5	6	7
品牌购买意愿	1	2	3	4	5	6	7
品牌忠诚	0.5223	0.4954	0.5545	0.5890	0.6478	0.6089	0.6933

由计算结果可知，对于促销财务伤害危机，门店购买意愿和品牌购买意愿越高，品牌忠诚越高，H14、H15 得到验证。

26.6.3.8 不同声望和应对方式对顾客购买意愿的影响

建立不同声望和应对方式对购买意愿的神经网络模型,模拟预测结果如下:

p1 = 声望和应对(第 1 行为声望,第 2 行为应对)

1　1　1　2　2　2
1　2　3　1　2　3

t1 = 购买意愿(第 1 行为门店购买意愿,第 2 行为品牌购买意愿)

0.4372　0.4995　0.4585　0.4071　0.5282　0.3177
0.5322　0.5787　0.5406　0.4840　0.6256　0.4583

计算结果如表 26-36 所示。

表 26-36　财务伤害危机下声望、应对方式、购买意愿之间变量关系

声望	高	高	高	低	低	低
应对	沉默	纠正措施	辩解	沉默	纠正措施	辩解
门店购买意愿	0.4372	0.4995	0.4585	0.4071	0.5282	0.3177
品牌购买意愿	0.5322	0.5787	0.5406	0.4840	0.6256	0.4583

结果表明:对于财务伤害,声望越高,门店购买意愿和品牌购买意愿越高;声望越低,门店购买意愿和品牌购买意愿越低。高声望的企业和低声望的企业在纠正措施的应对方式下购买意愿最高,然而对于高声望的企业,辩解与沉默两种应对方式对购买意愿的影响没有显著差异;而对于低声望的企业,沉默优于辩解。

26.6.3.9 不同声望和应对方式对顾客品牌忠诚的影响

建立不同声望和应对方式对顾客品牌忠诚的神经网络模型,模拟预测结果如下:

p1 = 声望和应对(第 1 行为声望,第 2 行为应对)

1　1　1　2　2　2
1　2　3　1　2　3

t1 = 品牌忠诚

0.4472　0.5282　0.4385　0.4071　0.4795　0.3177

计算结果如表 26-37 所示。

表 26-37　财务伤害危机下声望、应对方式、品牌忠诚之间变量关系

声望	高	高	高	低	低	低
应对	沉默	纠正措施	辩解	沉默	纠正措施	辩解
品牌忠诚	0.4472	0.5282	0.4385	0.4071	0.4795	0.3177

在高声望和低声望的企业发生促销财务伤害的情景下,企业进行道歉等纠正措施,消费者的品牌忠诚最高。高声望的企业沉默的应对方式与辩解的应对方式对品牌忠诚的影响没有显著差异,而低声望的企业沉默的应对方式优于辩解应对方式。

26.6.4　性别、年龄的调节作用检验

26.6.4.1　性别的调节作用检验

建立不同应对方式和消费者性别对品牌忠诚的神经网络模型,如图 26-18 所示。

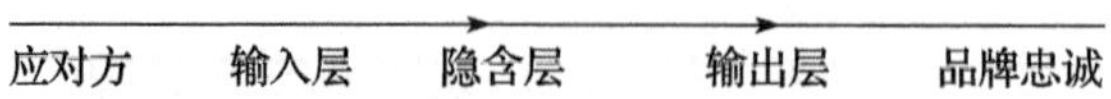

应对方　输入层　隐含层　输出层　品牌忠诚

图 26-18　应对方式、性别对品牌忠诚的调节

模拟预测结果如下：

p1 = 性别和应对（第 1 行为性别，第 2 行为应对）

1 1 1 2 2 2

1 2 3 1 2 3

t1 = 品牌忠诚

0.4286　0.4921　0.4433　0.3978　0.4453　0.3654

计算结果如表 26-38 所示。

表 26-38　性别、应对方式、品牌忠诚变量关系图

性别	男	男	男	女	女	女
应对	沉默	纠正措施	辩解	沉默	纠正措施	辩解
品牌忠诚	0.4286	0.4921	0.4433	0.3978	0.4453	0.3654

总体上，在发生促销伤害危机下，男性的品牌忠诚高于女性。在不同的企业应对方式上，首先，男性和女性在企业道歉等纠正措施的应对下品牌忠诚最高；其次，男性在企业辩解情形下的品牌忠诚高于企业沉默情形下的品牌忠诚，女性在企业沉默情形下的品牌忠诚高于辩解情形下的品牌忠诚。

26.6.4.2　年龄的调节作用检验

建立不同应对方式和消费者年龄对品牌忠诚的神经网络模型，如图 26-19 所示。

应对方式　年龄　输入层　隐含层　输出层　品牌忠诚

图 26-19　年龄、应对方式对品牌忠诚的调节

模拟预测结果如下：

p1 = 年龄和应对（第 1 行为年龄，第 2 行为应对）

1 1 1 2 2 2

1 2 3 1 2 3

t1 = 品牌忠诚

0.4021　0.4101　0.3987　0.3987　0.4053　0.4074

计算结果如表 26-39 所示。

表 26-39　年龄、应对方式、品牌忠诚变量关系图

年龄	45 岁以下	45 岁以上	45 岁以下	45 岁以上	45 岁以下	45 岁以上
应对	沉默	纠正措施	辩解	沉默	纠正措施	辩解
品牌忠诚	0.4021	0.4101	0.3987	0.3987	0.4053	0.4074

不同年龄段的消费者，品牌忠诚没有明显差别，不同应对方式下的消费者，品牌忠诚没有明显差别。

26.6.5　数据分析总结

26.6.5.1　假设检验结果

根据 BP 神经网络模型的计算方法，我们将促销伤害危机分为促销人身伤害危机和促销财产伤害危机两种情景，检验了两种不同情景下的假设情况，验证结果如表 26-40 所示。

表 26-40　假设验证情况表

假设	内容	人身伤害检验结果	财产伤害检验结果
H1	连锁超市声望越高，消费者对事件门店的感知风险越小	得到验证	得到验证

续表

假设	内容	人身伤害检验结果	财产伤害检验结果
H2	连锁超市声望越高,消费者对连锁企业其他门店感知风险越小	得到验证	得到验证
H3	连锁超市声望越高,在危机后消费者对零售商的品牌信任越高	得到验证	得到验证
H4	应对方式越积极,消费者对事件门店的感知风险越小	部分验证	部分验证
H5	应对方式越积极,消费者对连锁企业其他门店的感知风险越小	部分验证	部分验证
H6	应对方式越积极,消费者对连锁企业的品牌信任越高	部分验证	部分验证
H7	品牌信任越高,消费者对事件门店的感知风险越小	得到验证	得到验证
H8	品牌信任越高,消费者对连锁企业其他门店的感知风险越小	得到验证	得到验证
H9	品牌信任越高,消费者对事件门店的购买意愿越高	得到验证	得到验证
H10	品牌信任越高,消费者对连锁企业其他门店的购买意愿越高	得到验证	得到验证
H11	感知门店风险越低,到事件门店的购买意愿越高	得到验证	得到验证
H12	感知品牌风险越低,到连锁企业其他门店的购买意愿越高	得到验证	得到验证
H13	品牌信任越高,消费者的品牌忠诚越高	得到验证	得到验证
H14	到事件门店的购买意愿越高,消费者的品牌忠诚越高	得到验证	得到验证
H15	到连锁企业其他门店的购买意愿越高,消费者的品牌忠诚越高	得到验证	得到验证
H16	性别对应对方式对品牌忠诚的影响具有调节作用	部分验证	部分验证
H17	年龄对应对方式对品牌忠诚的影响具有调节作用	未得验证	未得验证

26.6.5.2 促销人身伤害危机情景下的检验结果

表 26-41 促销人身伤害危机情景下的假设验证情况表

连锁超市声望	高			低		
应对方式	沉默	辩解	纠正措施	沉默	辩解	纠正措施
感知风险	高	中	低	低	中	高
品牌信任	低	中	高	高	中	低
购买意愿	低	中	高	高	中	低
品牌忠诚	低	中	高	高	中	低

(1)高声望的连锁超市,选择道歉更能降低消费者感知风险,提高消费者购买意愿和品牌忠诚;低声望的企业,选择沉默更能降低消费者感知风险,提高消费者购买意愿和品牌忠诚。

(2)高声望的连锁超市,辩解比沉默好,而低声望的企业,纠正措施的作用比辩解更差。这是由于,低声望的企业进行道歉会使消费者认为是虚伪的,故意博得同情(Dwar,2000),而进行辩解反而有助于消费者认清事实,对企业进行理性的认识。

26.6.5.3 促销财务伤害危机情景下的检验结果

表 26-42 促销财务伤害危机情景下的假设验证情况表

连锁超市声望	高			低		
应对方式	沉默	辩解	纠正措施	沉默	辩解	纠正措施
感知风险	中	高	低	中	高	低
品牌信任	中	低	高	中	低	高
购买意愿	中	低	高	中	低	高
品牌忠诚	中	低	高	中	低	高

(1)道歉等纠正措施是最好的策略:不论是高声望的企业还是低声望的企业,进行道歉是最好的降低感知风险的办法。

(2)辩解导致消费者的负面认知:任何企业的辩解都只能导致最高的感知风险。这是由于,消费者会更多地将财务伤害归因于企业本身的主观行为，因而只有道歉才能使消费者认为企业可能停止引起伤害的行为，从而降低其感知风险。

26.6.5.4 连锁超市声望对危机后消费者感知风险的影响得到证实

根据实证分析结果，我们发现，危机前不同声望的企业在发生促销伤害危机时，消费者的感知风险和品牌信任有显著差别，与低声望的企业相比，高声望的企业在发生促销伤害危机时，消费者感知风险较低，而消费者品牌信任较高，感知风险和品牌信任进而影响了消费者的购买意愿和品牌忠诚。同时，声望还会影响消费者对于危机后企业应对的反应。

26.6.5.5 性别对应对方式的影响得到部分证实

根据实证分析结果，我们发现：

（1）总体上，在发生促销伤害危机下，男性的品牌忠诚高于女性。

（2）在不同的企业应对方式上，首先，男性和女性在企业采取纠正措施的应对下品牌忠诚最高；其次，男性在企业辩解情形下的品牌忠诚高于企业沉默情形下的品牌忠诚，女性在企业沉默情形下的品牌忠诚高于辩解情形下的品牌忠诚。

26.6.5.6 年龄对应对方式的影响没有调节作用

根据实证分析结果，我们发现，不同年龄段的消费者在各应对方式下的品牌忠诚没有显著差别。

26.7 研究结论与研究局限

本部分对研究进行归纳和总结，旨在阐明本书的结论、学术价值、实践意义、对连锁零售商的启示及本书存在的不足、以后继续深入研究的方向。

26.7.1 本书主要研究结论

26.7.1.1 研究结论一：在促销人身伤害危机情形下，不同声望的连锁超市应采取不同的应对方式

危机前不同声望的企业在发生促销人身伤害危机时，其应对方式对于消费者感知风险、品牌信任、品牌忠诚的影响是有差别的。高声望的企业采取纠正措施进行危机应对，消费者感知风险最低，品牌信任最高，品牌忠诚也最高；而低声望的企业在促销人身伤害的情景下，则采取沉默的应对方式，其消费者感知风险最低，品牌信任最高，品牌忠诚也最高。这在一定程度上印证了 Murray 和 Shohen（1992）的研究，即低声望的公司进行任何应对都有可能会被消费者认为是公司为了进行推卸责任而进行的误导，因而会引起消费者更多的负面反应。

同时，消费者对不同声望企业采取辩解和沉默的应对方式反应也有不同。对于高声望的企业来说，进行辩解，能够在一定程度上得到消费者的正面认可，沉默是最差的应对方式；而对于低声望的企业来说，采取辩解方式，不仅不能得到消费者的认可，反而会激起消费者的反感。

26.7.1.2 研究结论二：在促销财务伤害危机情形下，只有纠正措施是最好的应对

在促销财务伤害危机的情形下，由于消费者把促销伤害更多地归因于企业，认为是由于企业管理不善甚至有可能是企业主观故意误导消费者而造成了伤害，因此，只有企业进行道歉并做出赔偿，才能使消费者的感知风险降低，购买意愿和品牌忠诚提高。这印证了 Laufer（2003）对于产品伤害危机的研究，当消费者认为企业应该为伤害负责时，只有消费者认为企业受到了惩罚，才会缓解消费者的认知冲突。

同样基于消费者把促销财务伤害危机归因于企业的理由，消费者会认为不论是声望高的企业或是声望低的企业，进行辩解都是为了推卸责任，因而会对企业有更加负面的认知。

26.7.1.3 研究结论三：连锁超市声望对危机后消费者感知风险有显著影响

本书证实，不论是促销财务伤害危机还是促销人身伤害危机，连锁超市声望的高低会影响危机后消费者的感知风险和品牌信任，并进而影响消费者的购买意愿和品牌忠诚，声望高的零售商相对于声望低的零售商在危机后消费者的感知风险较低，而品牌信任较高。这说明，高的企业声望有助于企业在

发生促销伤害危机时得到利益，降低消费者的负面感知，使消费者品牌忠诚和购买意愿下降少于低声望企业。

在产品伤害危机的研究中，Siomkos 和 Kurzbard（1994）的实证研究表明，消费者对高声望企业的产品缺陷感知危险要小于对低声望企业，公司声望越高，那么消费者今后对该公司其他产品的购买意愿受到影响越小，如果公司的声誉较低，情况就会相反；而在企业负面公众信息的研究中，Dwane Hal Dean（2004）的研究却表明，当好声誉的企业需要对一个悲剧性事件负责时，那么消费者会大幅度地降低他们对其的评价，即使目标公司采取了适当的回应。

本书的结果表明，促销伤害危机发生后消费者的反应与产品伤害危机类似，声望高的企业处于更加有力的地位，这一研究结论和现实中人们的反应也是基本一致的，如在2010年出现的"价格欺诈"危机中，《××晚报》对消费者进行调查，很多消费者认为：这些全世界知名的大型连锁超市不会为了蝇头小利故意而为；它们都出现这种问题，其他知名度不高的超市一定也有；还是会去这些超市购物，但是会更关注标价签。

26.7.1.4　研究结论四：性别对危机后企业应对的反应有一定差别

由于女性的感知易受伤害性大于男性，因而不论在财务伤害还是人身伤害的情景下，女性的感知风险都高于男性。

男性和女性对于企业应对的反应有一定差别。两者都对于企业纠正措施这种应对方式的反应最好，品牌忠诚最高。然而，男性和女性对于企业辩解和沉默的应对方式反应则有不同，男性对于企业辩解的品牌忠诚高于沉默应对的品牌忠诚，女性则相反，在沉默应对下的品牌忠诚更高。

26.7.1.5　研究结论五：年龄对于危机后企业应对的反应没有差别

研究表明，不同年龄段的消费者，对于促销伤害危机后的企业应对的反应没有显著差别。

26.7.2　本书的学术价值和实践启示

26.7.2.1　学术价值

从理论意义上来看，本书对促销伤害危机理论的深入探讨不仅丰富了营销安全理论研究的内容，推进了促销伤害危机的研究，而且为解释现实中的一些现象提供了理论支撑。

营销安全研究已经成为中国营销的八大特色研究之一，营销安全的研究主要涵盖隐患、威胁、危机、失败、重生五方面内容，本书属于营销危机研究的内容。在对营销危机的研究中，产品伤害危机的研究成果相对较多而系统，但是在不当促销引致危机越来越多的今天，现有在促销伤害危机领域的研究主要集中于虚假促销（田玲，2007；卢长宝，2013）和虚拟参考价格促销两种伤害情境，研究成果很少且不系统，对这一危机领域深入研究显得迫切而必要。

本书从促销伤害危机发生后需要修复与消费者的关系这一现实问题出发，在梳理相关研究文献的基础上，结合大量的案例分析，对促销伤害危机进行了概念界定、类别划分和应对方式的归纳和总结，并实证检验了企业声望、应对方式的不同对消费者行为认知的影响，这是对现有营销安全理论的完善和补充。

对现有营销安全理论的完善主要体现在以下几个方面。

（1）首次完整提出了促销伤害危机的概念并对危机进行了分类。

对以往虚假促销、虚高参考价格促销及相关文献梳理的基础上，通过对现实案例的详细研究，首次完整给出了促销伤害危机的概念，并结合促销的分类及促销伤害危机造成消费者伤害的客观性标准，对促销伤害危机进行了分类。针对研究重点——零售商促销伤害危机又进行了深入研究，将其分为零售商人身促销伤害危机和零售商财务促销伤害危机，并对两类促销伤害危机发生后企业的应对方式进行了归纳、分类和比较，这极大地完善和丰富了促销伤害危机研究的内容。

（2）构建了促销伤害危机对消费者行为认知影响的概念模型。

本书通过心理学、生理学和市场营销等领域的文献研究和对现实案例的观察，找到了在促销伤害危机中可能会影响顾客购买意愿和品牌忠诚的两大类自变量——企业声望和应对方式，以及两个中间变量——消费者感知风险和品牌信任，并依据这些变量构建了本书的概念模型。

（3）实证了促销伤害危机对消费者行为认知的影响情况。

本书通过BP神经网络算法验证了不同连锁超市声望和应对方式对消费者感知风险、顾客购买意愿、品牌信任和品牌忠诚的影响情况，这些研究为弄清促销伤害危机发生后消费者心理和行为的变化及企业恰当的应对方式选择提供了一个理论框架。

26.7.2.2 实践启示

实证研究结果显示，促销伤害危机发生后，消费者的品牌信任下降、感知风险增加，并进而使得购买意愿和品牌忠诚下降，此时，企业在遵守国家法律法规认真处理伤害危机的同时，如何取得消费者的理解、修复与消费者之间的关系变得非常重要。实证研究及案例整理分析的结论给了我们如下实践启示。

（1）以更加审慎的态度对待促销。

在连锁超市面临激烈竞争而消费者品牌忠诚度不高的今天，企业将更多竞争获利的希望寄托在了促销上，总是试图通过"超低价"招徕顾客，增加销售收入，但是在这一过程中，由于企业管理疏忽或主观故意造成了促销伤害危机的发生。

本书实证的结果向我们证实了促销伤害危机的负面影响绝不仅仅局限于事件门店本身，而是会影响到整个连锁企业，导致消费者对连锁企业的感知风险增加，品牌信任、品牌忠诚降低。这一研究结论提醒企业，促销伤害危机发生后对企业的负面影响面大而深远，企业应该加强内部促销管理，采取合理的促销组合策略培养顾客的品牌忠诚，以更加审慎的态度对待促销。

（2）更科学的选择危机后的企业应对策略。

在产品伤害危机中，一般研究者认为，企业应对越积极，消费者的反应越好。但是研究表明，在促销伤害危机领域，消费者对于企业危机应对的反应与产品伤害危机领域不同，并不是积极地应对就是好的应对。

在促销伤害危机中应对方式的选择既要考虑危机情景，也要考虑企业声望。在人身伤害危机情景下，高声望企业的最佳应对方式是纠正措施，最差应对方式是沉默，低声望企业的最佳应对方式是沉默，而最差应对方式是道歉；在财务伤害危机情景下，无论企业声望高低，纠正措施都是最好的应对方式，而辩解都是最差的应对方式。

2011年1月，××公司促销财务伤害危机发生后，××公司也采取了"道歉"的应对方式，但是危机似乎越来越厉害，回顾××公司道歉的主要思想"××公司对广大消费者表示道歉，由于商品品类多，价签更换不及时导致了这一问题"，我们发现，××公司的道歉实际上并不是道歉，而是辩解，消费者认为××公司推卸责任，因而危机越演越烈，这也恰恰证明了本书实证的内容：在财务伤害危机中，辩解是最差的应对方式。

从上述案例中我们看到，在应对方式选择恰当的前提下，回应内容的确定和回应时机的把握也是非常重要的，真诚回应和迅速回应是纠正措施和辩解应对下的重要原则。

（3）更加重视危机前的防范与管理。

无论从近年来促销伤害危机涉及的企业数量还是发生频率看，危机的系统应对都是一个不能忽视的问题。系统应对是指企业不仅看重危机发生后的应对方式，更应该重视危机发生前的防范。

从本书第一部分的论述中我们看到，××公司在2011年被国家发改委处罚前，其实已经发生了影响程度不一的数起促销伤害危机，其销售收入和市场份额受到不同程度的损失，这说明企业内部管理上存在较大问题，应该及时防范。应该说，××公司作为一家世界知名的跨国公司，具备雄厚的管理实力、营销实力和公关实力，在它身上频繁发生的促销伤害危机是其重视不够，对危机危害性认识不足的表现，因为认识不够，所以缺乏早期的防范与管理。

因此，如果企业要想避免类似的危机发生，最有效的方法是建立起危机的防范和管理体系，在危机发生前，防止危机的发生；在危机发生后，迅速采取恰当的应对方式，将企业的损失降到最小，尽快修复与消费者的关系。

26.7.3 研究局限及今后的努力方向

本书以连锁超市促销踩踏和虚拟原价促销两类危机作为刺激物，运用实验法获得了实证数据，检验了人身伤害危机和财务伤害两类促销伤害危机后消费者感知风险、品牌信任、购买意愿和品牌忠诚的变动情况。虽然本书得出的结论增加了对促销伤害危机后顾客购买行为的认识，为企业恰当应对，以尽快修复与消费者之间的关系提供了有益的启示，但是本书仍然存在一些局限。

首先，本书在促销财务伤害危机中只选取了出现最频繁的虚拟原价促销伤害为测试场景，研究的普适性有待使用其他伤害场景加以验证。促销财务伤害危机的产生有很多种情形，除了虚拟原价促销外，虚假宣传、残次品促销等也会产生伤害危机，这些伤害发生后消费者的行为认知与虚拟原价促销危机是否相同，本书还没有涉及该方面的内容。

其次，本书的12个实验均在成都地区完成，地域代表性不够全面。以往的研究中已发现，持有不同社会价值观的顾客很可能会对同一个危机产生不同程度的感知风险。因此，研究结论在其他社会价值观体系下的普适性还有待考证。

最后，本书的自变量只选取了声望、应对方式，但实际上其他因素还可能影响危机后消费者的行为认知，如危机对消费者的伤害程度，危机产生的原因等。这些因素也可能影响消费者的行为认知，它们对消费者行为和认知有什么样的影响？本书还不能回答这些问题。

促销伤害危机是一个理论与实践紧密结合的课题，该领域的研究才刚刚起步，对于该领域的不断深入是营销管理在不断变化的市场环境中发展的需要，以上本书的局限也是促销伤害危机进一步研究的努力方向。

27. 促销伤害危机中零售商对消费者的影响研究

27.1 研究背景与问题

近年来，由于促销不当而导致消费者人身、财务受到伤害的事例不断增多，对于促销伤害危机发生后对企业的影响，人们的认识并不统一，部分专家认为促销伤害危机是偶然事件引起的，对消费者的感知风险和购买意愿影响不大，而部分专家的看法却相反。本书力图通过实验方法研究促销伤害危机发生后消费者感知风险的变化情况，以及不同零售商声望下，同样的危机事件对消费者归因、感知风险影响的差异情况。对这一问题的研究不仅丰富营销安全研究的内容，还让我们加深对促销伤害危机的认识，为企业制订更加有效的促销组合提供决策依据，也为企业处理促销伤害危机提供参考。

27.2 理论假设

从产品伤害危机现有的研究成果来看，零售商声望对消费者的事故归因、感知风险均有影响，而归因和感知风险，对危机后的顾客购买意愿产生直接作用。该假设建立的目的，是为了研究促销伤害危机发生后，不同的零售商声望下，同样的危机事件下，消费者的归因和感知风险有无差异，进而对消费者的购买意愿影响是否相同。

根据产品伤害危机的研究结论，当产品伤害危机发生在高声誉的公司时，顾客更愿意将危机归因为使用者，而在低声誉的公司则相反（Laufer、Coombs 和 Timothy，2006）。由于促销是零售商提供的一种无形产品，两种危机有一定的相似性，本书据此得到促销伤害危机后不同的零售商声望与顾客归因之间的假设关系。

H1：零售商声望越高，顾客越少地将危机归因于事件门店内部管理不善。

同时，在产品伤害危机中，消费者对具有高声望企业的产品缺陷感知危险要小于对具有低声望企业的产品缺陷感知危险（Siomkos 和 Kurzbard，1994），小品牌相对于大品牌有更大的危险（Ehrenberg、Goodhardt 和 Barwise）。由连锁企业某一门店促销不当引起的促销伤害危机，除了研究该危机对事件门店感知风险的影响，更有必要研究该危机对连锁企业其他门店感知风险的影响，根据感知风险理论及其在产品伤害危机中的研究成果，本书得到促销伤害危机后不同的零售商声望与顾客感知事件门店风险及感知连锁企业其他门店风险（简称为企业风险）之间的假设关系。

H2：零售商声望越高，顾客对事件门店感知风险越小。

H3：零售商声望越高，顾客对事件连锁企业感知风险越小，在上述假设的基础上，本书还将验证以下假设关系。

H4：顾客越少的归因于企业，感知风险越小。

27.3 实验设计与测量

27.3.1 实验设计

本部分采用实验法进行研究。首先以 2007 年 11 月重庆 ×× 超市促销踩踏事件及 2007 年 10 月北京 ×× 超市虚拟原价促销事件的相关新闻报道为原型，修改之后形成财务伤害和人身伤害两组促销伤害危机的情景，并以此作为试验的刺激物。刺激物中每个伤害危机场景又根据两种不同声望的企业（国际知名大型连锁超市、地方性连锁超市），相应地设计了两个对照组。为避免对现有连锁超市品牌认知的干扰，问卷中采用了虚拟的品牌名称。

27.3.2 量表设计

本书的量表采用李克特7级量表,设计出后经过了专家调查和预测试,最后对题项进行了文字调整和增删。顾客归因在Winner提出的3个归因维度的基础上,最后形成2个测项——位置、可控性。感知风险在Jacoby和Kaplan(1972)提出的5个维度的基础上,最后形成了1个测项——心理风险。因为本书涉及的研究对象为连锁超市,所以问卷在设计时,不仅测量了危机后消费者对直接引致危机的事件门店的感知风险的变化情况,还测量了消费者对整个连锁企业的感知风险的变化情况。问卷中还包含了对被试消费者的性别、年龄、收入水平等基本情况的调查内容。

27.3.3 问卷发放与回收

正式实验中,在公园、超市、广场等地对消费者进行了问卷调查。共发放问卷720份,回收602份,剔除38份填写不完整问卷和无效问卷,回收有效问卷564份,有效回收率为78.3%。

实验分组情况为:A组(高声望),回收问卷287份,其中男性130名,女性157名;B组(低声望)回收问卷277份,其中男性132份,女性145份。

27.4 数据分析和假设检验

本书的所有分析运用的SPSS14.0软件,通过方差分析,以零售商声望为控制变量,以顾客归因和感知风险为因变量,主要检验不同零售商声望对顾客归因和感知风险的影响是否显著,如何影响。

27.4.1 零售商声望对顾客归因的影响分析

首先,对方差分析的前提条件进行检验,通过SPSS14.0的分析,采用Homogeneity of Variance Test方法,计算得到Sig值为0.143,显著性水平大于0.05,各组总体方差相等,满足方差检验的前提条件。

其次,本书对顾客归因进行F检验分析,检验结果它的相伴概率为0.002<0.05,这说明零售商声望对顾客归因产生了显著影响。

最后,进行描述性统计分析,分析结果显示,零售商声望高时归因于企业的值为5.2143,而零售商声望低时归因于企业的值为5.6232。从顾客归因平均值来看,零售商声望越低,顾客越是倾向于将促销伤害危机归因于企业(注:根据量表,分值越大,顾客越是倾向于将事件归因于企业内部管理不善)。

从上述分析可以看出,H1得到验证:零售商声望越高,顾客越少地归因于事件门店内部管理不善。

27.4.2 零售商声望对顾客感知门店风险和企业风险的影响分析

首先,通过SPSS14.0的分析,计算得到感知门店风险和感知企业风险的P值分别为0.488和0.432,显著性水平均大于0.05,满足方差检验的前提条件。

其次,进行F检验分析,检验的结果如表27-1所示,它的相伴概率分别为0.000和0.040,均小于0.05,这说明零售商声望对顾客感知门店风险及感知企业风险均产生了显著影响。

最后,进行描述性统计分析,如表27-2所示,零售商声望高时顾客感知门店风险和感知企业风险的值分别为4.5714和4.5393,而零售商声望低时两者的值分别为5.3768和4.8239。对比各组门店感知风险和企业感知风险平均值可以看出,促销伤害危机发生后顾客感知门店风险及企业风险均大大增加,但是零售商声望越低,促销伤害危机发生后消费者的门店感知风险和对整个企业的感知风险越大(注:根据量表,分值越大,顾客感知风险越大)。

表27-1 方差分析数据

控制变量	因变量	F值	P值
零售商	门店风险	38.603	0.000
声望	企业风险	4.244	0.040

表 27-2 感知风险组间中值比较

零售商声望	门店风险	企业风险
高声望	4.5714	4.5393
低声望	5.3768	4.8239
Total	4.9770	4.6826

从上述分析可以看出，H2 和 H3 均得到验证，即下述假设关系成立。

H2：促销伤害危机发生后，零售商声望越高，顾客对事件门店感知风险越小。

H3：促销伤害危机发生后，零售商声望越高，顾客对事件连锁企业感知风险越小。

27.4.3 顾客归因对顾客感知风险的影响研究

根据 H1、H2、H3 验证的结果，H4 也间接得到了验证，即以下假设关系成立。

H4：顾客越少的归因于企业，感知风险越小。

27.5 研究结论

27.5.1 研究结论及其研究意义

本书为了明确促销伤害危机发生后消费者归因及感知风险的变化规律，在归因理论及产品伤害危机相关研究结论的基础上，建立了相应的假设关系，并采用实验法对研究假设进行了验证。

经过实验数据的分析，本书的四个研究假设均得到了验证，基于这一研究结果，可以得到如下结论。

首先，在促销伤害危机发生后的顾客归因上，声望低的零售企业比声望高的零售企业处于更加不利的地位，声望越低，顾客越倾向于将事故归因于企业自身管理不善。

其次，促销伤害危机发生后，顾客对直接引致危机的事件门店的感知风险及对整个连锁企业的感知风险均大大增加，但是，相对于声望高的零售企业而言，顾客对声望低的零售企业的感知风险更大，低声望企业仍然处于不利的地位。

最后，在顾客归因及感知风险的关系上，研究表明，顾客越少地归因于企业，感知风险越小。

27.5.2 研究不足与未来方向

由于研究条件的限制，本书只在成都进行了实证实验，地域代表性不够全面；另外，财务促销伤害危机的类型很多，本书也只是选取了其中最具代表性的一种（虚拟原价促销）加以实证，研究结果在其他财务促销伤害危机上的可靠性还需进一步验证。

对于未来的研究方向，除了改进上述研究局限以外，促销伤害危机对顾客感知风险的影响随时间的变化情况，也是未来一个重要的研究方向，弄清楚在促销伤害危机发生后，顾客感知风险何时最大，何时开始下降，对于促销伤害危机对顾客感知风险的影响将会有更为全面的认识。

28. 促销伤害危机应对方式对消费者的影响研究

28.1 研究背景

在我国，由于长期忽视安全问题，每年因促销引发的商业安全事故所造成的损失非常惊人，如2004年年初××商场大火，财产损失上千万元。国际上每年因各种损耗所造成的超市经济损失为1600亿美元，其中因促销等造成意外事件和员工偷窃占经济损失的88%。这类促销伤害事件经过媒体广泛报道就形成了促销伤害危机。按照这一界定，促销伤害危机近年来发生频次不断上升、发生范围不断扩大，给企业、消费者均带来了较大影响。促销伤害危机发生后，除了导致事件企业的直接经济损失外，消费者的感知风险往往不可避免会增加，购买意愿将下降。此时，恰当的应对方式有利于降低消费者感知风险，增加购买意愿，减少危机事件给企业带来的不利影响。因此，对促销伤害危机中不同应对方式对消费者感知风险及购买意愿的影响进行研究具有重要的现实意义。通过实验及统计分析的方法，得到促销伤害危机不同应对方式下消费者感知风险和购买意愿的变化情况，可以找出促销伤害危机发生后企业的最佳应对方式。

虽然"顾客感知危险"是"顾客购买意愿"的中间变量，但是，根据冯建英、穆维松和傅泽田（2006）对顾客购买意愿的国外文献综述，度量顾客的购买意愿可以分别通过测量4种营销变量来实现：直接度量顾客购买意愿、测量顾客的感知价值、测量顾客的感知危险（风险）、测量顾客的购买计划，因此，"顾客购买意愿"和"顾客感知危险"两个因素所对应的问题其实也都是在度量顾客对危机产品的购买态度，同时使用两个指标可以使其互相检验，增加结果的真实性。

28.2 促销伤害危机应对

花海燕（2009）提出，促销伤害危机发生后零售企业采取的应对方式主要有：沉默不语、不予回应，寄希望于事态自然平息；企业诚恳地就促销伤害危机中反映的问题进行积极解释、澄清，以消除公众及媒体对企业的误解；企业采取积极措施应对伤害危机，对出现的问题加以纠正，同时对造成的伤害进行弥补，事后检讨事件反映出来的问题并向公众致歉；企业否认存在伤害行为，并为出现的问题进行辩解，力图说明企业在危机中不存在责任及过错等。

28.3 研究假设

在危机的处理中，迅速回应被认为是危机处理成功的决定性因素。危机发生后，沉默等于承认，代表了企业的疑虑与消极（Coombs，1999），若企业既不确认也不否认关于危机的信息，谣言便会因此产生，或认为企业是在隐瞒真相，因而扩大了危机的杀伤力（Pearson和Clair，1998）。因而形成以下假设。

H1：在促销伤害危机中，企业有应对优于无应对，有应对时消费者感知风险的增加小于无应对，购买意愿的下降小于无应对。

Weiner（1986）的归因理论认为，一个危机发生后可能在较长的时间内不能确定其产生的原因，但是旁观者会根据个人的判断做出谁该为此负责的结论，如果消费者将危机归因于企业时，则会对他们将来的购买意愿产生负面影响。对公司责备更重的顾客，其对公司产品的购买意愿也下降。也就是说，当顾客越认为危机的原因是外部的、危机的发生是偶然的、公司对危机没有控制力时，顾客对公司的责备越少，而其对公司产品购买意愿越高。

同时，Weiner（1986）认为，企业面对危机的反应越积极，则顾客的归因越有利于企业，而若企业进行消极的反应，如坚决否认伤害责任，则顾客更多地将伤害归因于企业。基于上述研究成果，我们得到以下假设。

H2：在促销伤害危机中，积极承担责任并致歉的应对方式优于否认辩解的应对方式，积极承担责任并致歉对消费者感知风险的增加小于否认辩解，购买意愿的下降小于否认辩解。

研究还发现，危机发生的情境影响危机处理策略的选择，Coombs 和 Holladay（1996）认为，危机情境与危机处理策略紧密相关的原因，在于公众对危机发生的责任归因不同。若责任归因为企业内部，但是纯属意外，就必须要采用强调企业无心之过的应变策略，唯一的解决方法就是修复策略，道歉并尽快修复企业的形象。如果危机是因为外在因素引起的，则应强调企业是受害者的形象来博取外界的同情；至于由外界指控企业的过失，假设没有相当的证据可以证明其指控的真实性，最佳策略为否认危机存在。

从产品伤害危机发生后媒体对顾客的采访及本书非正式调查阶段对部分顾客的了解发现，消费者对人身伤害危机和财务伤害危机的归因有明显不同，人身伤害危机下消费者对事件的归因认识上存在较大分歧，一些人认为是企业的责任，一些人认为是消费者本人的责任，一些人又认为是政府监管不到位，而对财务伤害危机的归因认识大部分人认为是企业有意欺骗所致。因此得出以下假设。

H3：不同类型的促销伤害危机，企业的最佳应对方式不同。

28.4 实验设计与测量

28.4.1 实验设计

本书采用实验法。首先根据 2007 年 11 月重庆××超市促销踩踏事件及 2007 年 10 月北京××超市虚拟原价促销事件的相关新闻报道为原型，修改之后形成财务伤害和人身伤害两组促销伤害危机的情景，并以此作为试验的刺激物。刺激物中每个伤害危机场景又根据 3 种不同应对方式（无应对、承担责任并致歉、否认辩解），相应地设计了 3 个对照组。为避免对现有连锁超市品牌认知的干扰，问卷中采用了虚拟的品牌名称。

28.4.2 量表设计

本书的量表采用李克特 7 级量表，设计出后经过了专家调查和预测试，最后对题项进行了文字调整和增删。感知风险在 Jacoby 和 Kaplan（1972）提出的 5 个维度的基础上，最后形成了一个测项：心理风险。购买意愿的测量主要集中在购买的可能性上，分别测量促销状态下和非促销状态下购买的可能性。因为本书涉及的研究对象为连锁超市，所以问卷在设计时，不仅测量了危机后消费者对直接出事的事件门店的感知风险和购买意愿的变化情况，还测量了消费者对整个连锁企业的感知风险和购买意愿的变化情况。

问卷中还包含了对被试者的性别、年龄、收入水平等基本情况的调查内容。

28.4.3 问卷发放与回收

正式实验中，在公园、超市等地对消费者进行了问卷调查。共发放问卷 720 份，回收 602 份，剔除 38 份填写不完整问卷和无效问卷，回收有效问卷 564 份，有效回收率为 78.3%。

实验分组情况为：A 大组（人身伤害危机），回收问卷 287 份，其中男性 130 名，女性 157 名，其中又分为 3 个对照小组，即 a 小组（无应对）99 份，b 小组（积极承担责任并致歉）95 份，c 小组（否认辩解）93 份；B 大组（财务伤害危机）回收问卷 277 份，其中男性 132 份，女性 145 份，其中又分为 3 个对照小组，即 a 小组（无应对）89 份，b 小组（积极承担责任并致歉）94 份，c 小组（否认辩解）94 份。

28.5 假设检验

本书所有分析均运用的是 SPSS14.0 软件，主要检验不同应对方式对顾客感知风险和购买意愿的影响是否显著及各种应对方式孰优孰劣，检验既包括消费者对直接导致危机的事件门店（简称门店风险、门店意愿）的感知风险和购买意愿的变化，也包括对连锁企业其他门店（简称企业风险、企业意愿）的感知风险和购买意愿的变化。

28.5.1 促销人身伤害危机中，企业的不同应对方式对消费者感知风险和购买意愿的影响情况

通过分析发现，H_1和H_2在促销人身伤害危机中均得到验证，门店风险、企业风险、门店意愿、企业意愿的值均在企业积极承担责任并致歉的应对方式下最小，在企业无应对下最大，说明企业积极承担责任并致歉的应对方式最优，而在伤害危机出现后沉默不语、无应对的方式引致消费者感知风险最大，购买意愿下降最多，是最不好的应对方式（注：根据量表，分值越大，顾客感知风险越大，购买意愿下降越多）。

28.5.2 促销财务伤害危机中，企业的不同应对方式对消费者感知风险和购买意愿的影响情况

通过分析发现：H1及H2在促销财务伤害危机中不成立，门店风险、门店意愿、企业风险、企业意愿的值均在企业无应对时最小，门店风险及门店意愿的值在企业积极承担责任并致歉时最大，企业风险、企业意愿的值在否认辩解这一应对下最大，这说明在促销财务伤害危机中，企业面对危机沉默不语，无应对是最佳应对方式，而积极承担责任并致歉和否认辩解的应对方式各有优劣。

28.5.3 两类促销伤害危机中最佳应对方式的差异情况

上述分析结果表明促销人身伤害危机和促销财务伤害危机在最佳应对方式上存在较大差异，促销人身伤害危机的最佳应对方式是积极承担责任并致歉，而促销财务伤害危机的最佳应对方式是沉默不语，不予回应，H_3得到验证。

28.6 研究结论与展望

综合上述3个研究假设的验证情况，可以得出如下结论。

首先，促销伤害危机的类型不同，企业采取的最佳应对方式也不同，普遍认为面对危机的积极处理方式——承担责任并致歉不完全是促销伤害危机中的最佳应对方式。研究表明，由于促销不当导致消费者人身伤害的危机中，企业最佳的应对方式是积极承担责任并致歉，而由于促销不当导致消费者财务受到伤害的危急中，企业最佳的应对方式则是沉默不语，不予回应。这一研究结果告诉企业，促销伤害危机的最佳处理策略和危机情境、危机类型密切相关，企业要根据具体的危机类型制订应对方式，不能一概而论。

其次，促销伤害危机类型不同，最佳应对方式不同这一结果的出现与消费者对危机的归因息息相关，促销人身伤害危机的出现消费者往往认为是企业无心之举，而促销财务伤害危机的出现消费者普遍认为是企业故意所为，归因不同，消费者的感知风险和购买意愿变化也不相同，企业的最佳应对策略也不同。这一研究结论与前人的研究结果吻合，归因理论中关于顾客归因对消费者感知风险及购买意愿的研究结论在促销伤害危机中依然成立。

最后，感知风险与购买意愿之间呈负相关关系在本书中再次得到验证。感知风险和购买意愿之间关系的研究较多，一般认为感知风险是购买意愿的中间变量，但是二者都可以作为测量消费者购买意愿的指标，本书两个指标同时使用，可以多侧面反应研究结论的可靠性，也再次验证了感知风险和购买意愿之间的负相关关系。

但是，由于研究条件及水平的限制，本书仍存在不足之处，如样本抽取时局限于成都地区，地域代表性不够；未区分促销伤害危机中伤害程度对消费者感知风险、购买意愿的影响情况等，这些研究局限也是进一步研究的方向，今后可对伤害危机在现有分类基础上进一步根据伤害程度进行细化研究。

29. 后危机时期促销路径模型的选择

29.1 研究背景

最好的危机管理，即是防止危机的发生。然而危机发生的风险总是存在。近来频频发生的产品伤害危机，已经使企业普遍认识到产品伤害危机的危害。一个产品被市场所接受并不容易，企业所付出的努力和进行的投入十分可观；一个企业要长期生存也不容易，总是面临着各种各样的风险，产品伤害危机的发生，就是企业在经营中不得不面对的风险。产品伤害危机所带来的损失是巨大的，它具有多米诺骨牌的效应，可能使企业经营在短时间内就陷入困境。即使是那些有幸通过良好的危机响应渡过危机最初阶段的企业，也不得不面临漫长的市场恢复时期。相较消除产品本身的缺陷来说，重建消费者信心，重塑企业形象，重新赢回市场，则是一个更加复杂的过程。在特定的危机后营销策略选择方面，价格折扣和赠品促销，是企业通常所采用的危机后促销方式。本书试图探索两个命题：价格折扣和赠品促销，哪种促销方式能更好地提高消费者的消费意愿，促销方式在产品伤害危机后对消费者的心理感知作用如何。

29.2 概念与范围界定

29.2.1 产品伤害危机后的促销

科特勒（2000）将促销定义为包括各种多数属于短期性的刺激工具，用以刺激消费者和贸易商较迅速或较多地购买某一特定产品或服务。

本书将探索在相同的单位价格和总体价格的情况下，非金钱性的促销（赠品促销）和金钱性的促销（折价）对于产品伤害后的消费者消费意愿的影响。

29.2.2 感知风险

本书采用 Rindfleisch 和 Crockett（1999）对感知风险的定义，感知风险是主观感知的财务风险、功能风险、身体风险、心理风险和社会风险的多维度风险组合。前人的研究表明，产品伤害危机会增加消费者的感知风险，因而会降低消费者的消费意愿。本书引入感知风险的目的，是为了探索危机后的促销策略降低感知风险方面有什么样的作用，从而通过影响感知风险而影响消费意愿。

29.2.3 感知价值

由上述学者的研究定义可以看出，消费者行为的核心问题是选择，由于选择的结果只能在未来才能得知，消费者不得不面对不确定性或风险。因此，研究人员经常利用消费者对其购买产品（或服务）的不确定性和不良后果来定义感知风险。

研究者们早就注意到，顾客并不仅仅根据产品的质量或价格而做出购买决策。为此，研究者们提出了基于消费者主观感觉的感知价值这一概念。

本书综合前人的结果，定义消费者感知价值是消费者通过衡量交易的成本，如金钱、时间、体力、心理成本与所得到的利益，包括功能、情感、社会利益之间的差别而对产品或服务的总体效用的主观评价。

本书引入消费者感知价值的目的，是为了探索消费者在产品伤害危机后，对企业的促销策略所提供的刺激的反应程度，进而研究促销策略对于消费意愿的影响。

29.2.4 消费意愿

消费意愿作为重要的营销研究变量，常被用于对各种营销变量对消费者行为的估计研究中。在产品伤害危机中 Dawar 等研究了企业社会责任形象对于危机后消费意愿的影响作用等。

本书引入消费意愿的目的，是为了研究危机后的促销策略对于消费者行为影响的作用。

29.3 研究模型与假设

29.3.1 研究模型

研究模型（见图 29-1）表达了危机后的促销对顾客消费意愿的作用机制。研究的自变量为"危机后促销"，研究的因变量为"消费意愿"；引入两个中间变量："感知风险"和"感知价值"。从现有的研究来看，促销方式对消费意愿、感知风险、感知价值均有影响，而感知风险和感知价值，对危机后的顾客消费意愿产生直接作用。该模型建立的目的，是为了研究在不同的促销形式下，感知风险和感知价值是如何被改变，进而影响消费者消费意愿，如图 29-1 所示。

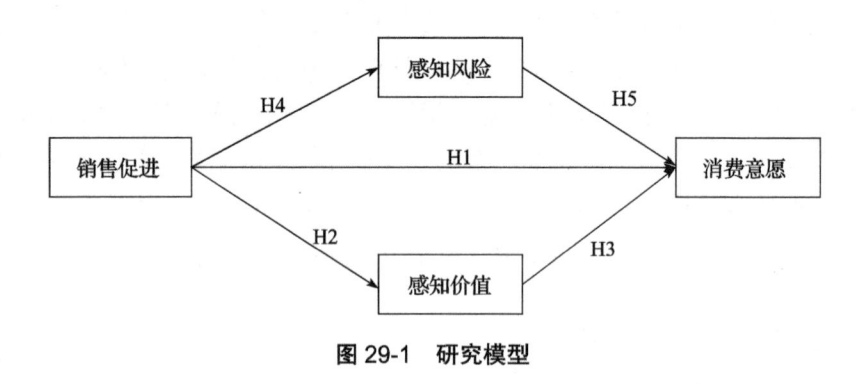

图 29-1 研究模型

29.3.2 促销与感知价值、消费意愿关系假设

根据对促销分类及其作用的研究，研究者们认为消费者对价格折扣、赠品促销这两种方式的感知是不同的。消费者认为价格折扣是金钱方面的节省，而赠品促销是产品数量方面的提高。由于刺激的不同，虽然从经济的角度来说优惠幅度相同，但刺激方式不同，消费者的感知价值和感知风险却不同，消费意愿也有不同。

在特定的产品伤害危机后消费者对产品价值感知风险增加、感知价值下降的双重作用下，对消费者的购买需要更明显的刺激，同时也是更有诱惑力的刺激。而"赠品促销"这种促销方式，消费者能够更积极地估计获得，因而成为更有效的促销手段。

在此基础上，本书得出以下假设。

H1：不同促销方式对危机后消费意愿的影响有显著差别，"赠品促销"形式下的消费意愿高于"价格折扣"形式下的消费意愿。

H2：不同促销方式对危机后感知价值的影响有显著差别，"赠品促销"形式下的感知价值高于"价格折扣"形式的感知价值。

感知价值对消费意愿的影响，已经有了很多研究。Snoj、Korda 和 Mumel（2004）指出，作为一种基本的逻辑，并体现在每个消费者身上的是，产品能满足消费者的期望价值是他采取交易行为的基本的动机。而 Mazumdar（1993）也明确指出，消费意愿一般是通过对可能付出的成本和可能获得的收益仔细权衡后所做出的。很多研究者在实证中也证实了感知价值与消费意愿间的关系。在本书中，感知价值作为为促销与消费意愿间的中间变量，我们提出以下假设。

H3：感知价值对消费意愿有显著正向影响。

29.3.3 促销与感知风险关系假设

研究促销对感知风险的影响，可从消费者对促销的认知、消费者对促销的信息处理两个方面来探讨。

在产品伤害危机发生后，消费者的感知风险增加，而赠品促销是比价格折扣更能够降低感知风险的促销方式，故而本书假设如下。

H4：不同促销方式对感知风险的影响有显著差别，"赠品促销"形式下的消费者感知风险低于在"价格折扣"下的消费者感知风险。

Mitchell（1999）认为，消费者更愿意降低风险而不是提高其感知价值，因而感知风险更能够解释消费者的购买决策。科特勒（1997）也指出，消费者改变、推迟或者取消购买决策，更大程度上是受到了感知风险的影响。据此，我们可以认为，感知价值是促使消费者做出购买决定的因素，而感知风险则在一定程度上使消费者重新衡量购买决策，因而影响其最终决策。

在本书中，感知风险作为促销与消费意愿关系的中间变量，提出以下假设。

H5：感知风险对消费意愿有显著负向影响。

29.4 研究设计

29.4.1 实验设计

本书采用实验法，采用茶饮料的产品伤害危机为刺激物。选择该产品的原因，一是食品类的产品，其伤害危机在消费者中会引起普遍的感知风险；二是该类产品伤害危机在现实中较为常见，有助于测试消费者的一般反应机制。同时，我们设计了一个产品伤害危机后的情景，包含了两种不同的企业促销（买一赠一、买两件以上五折）；相应地设计了两组问卷，每组问卷包括一个同样的产品伤害情景描述：某茶饮料产品由于氟含量超标而对人体有可能的伤害作用。为避免对现有品牌认知的干扰，采用了虚拟的品牌名称。在不同组别的问卷上，被试者会读到公司采取不同促销的文字描述。

29.4.2 变量的测量

本书的操纵变量为危机后促销策略，由实验控制，因变量包括：感知风险、感知价值、消费意愿。量表设计出后经专家调查和预测试，最后对题项进行文字调整和增删。

29.4.2.1 感知风险的测量

Jacoby 和 Kaplan（1972）对风险认知的结构进行了操作化的研究，识别出了财务、功能、身体、心理和社会5种风险维度。本书在 Jacoby 和 Kaplan 提出的5个维度的基础上，最后形成4个测项：财务风险、功能风险、身体风险、心理风险。利用1~7点进行打分，其中7为感知风险最高，1为感知风险最低。

29.4.2.2 感知价值的测量

Newman 和 Gross（1991）提出了关于感知价值的测量的模型，他们提出了5个关于感知质量的维度：社会因素、情感因素、功能因素、认知因素和环境因素。Sweeneya 和 Soutarb 综合功能性因素和心理性因素，提出了包括质量、情感、价格、社会4方面因素的测量维度。

由于本书主要集中于对消费者感知价值的综合评价，因此采用直接询问的方式测量消费者感知价值的大小，让消费者对于"我认为很值得在赠品/折扣的促销时购买AK产品"进行打分，7分为感知价值最高，1分为感知价值最低。

29.4.2.3 消费意愿的测量

Fishbein 从消费者态度的角度研究消费意愿，指出消费意愿受到消费者本人的态度和他人的态度两方面的影响，Dodds（1991）提出了消费意愿的测量包括考虑进行购买、购买的可能性、推荐他人购买的可能性3个题项。目前学术界多数学者采用概念的延伸将消费意愿定义为消费者购买某种特定产品或品牌的主观概率或可能性（冯建英等，2006）。在本书中，消费意愿的测量，选用了进入消费者考虑集的可能性、购买的可能性两个测项。

29.4.3 刺激物设计

本书以2005年3月由《××报》首先报道的"××红茶含氟超标"事件为基础事实，根据研究需要设计了一个茶饮料含氟超标的虚拟事件,在实验中隐去了真实的品牌以消除顾客品牌态度的差异。刺激物包含产品伤害危机事件和危机后促销两个部分,分别形成两种不同的模拟情景,每个情景包括相同的危机伤害事件和不同的危机后促销策略。

问卷分为两个部分:第一部分为在不同的情景下对消费者感知风险、感知价值和消费意愿的测量;第二部分包括对消费者性别、年龄、职业、教育程度和月收入的人口特征统计变量。

29.4.4 抽样设计和问卷回收

本书目标总体为 18 岁以上消费者。出于对时间及成本考虑,采取便利抽样法,选定成都市 18 岁以上消费者为调查样本,进行问卷调查。

本问卷于 2008 年 10 月 1—31 日正式发送,在公园、超市等地对消费者进行了问卷调查。共发放问卷 650 份,回收 589 份,剔除 55 份填写不完整问卷和无效问卷,回收有效问卷 534 份,有效回收率为 82.2%,其中价格促销组问卷 275 份,赠品促销组问卷 259 份;男性被试者为 310 人,女性被试者为 224 人。

29.5 数据分析

29.5.1 信度和效度检验

采用 Cronbach's α 系数法来检验问卷的信度。研究中的主要变量感知风险、消费意愿的 Cronbach's α 值都在 0.694 以上,基本属于可接受标准,表明数据具有良好的信度。具体数据如表 29-1 所示。

表 29-1 信度检验

变量	测量题项	Cronbach's α	因子载荷取值范围
感知风险	4	0.807	0.573~0.626
消费意愿	2	0.694	0.533~0.586

效度包括内容效度和结构效度,本书各测项的建立均参照了前人的研究,对各测项与变量间的关系进行了整理,采用已经经过实证研究并已发表的量表为基础。在内容表达上,与 5 位博士以上学历的营销研究者进行了探讨,最终确定问卷题项,因而可以认为实验的内容效度比较理想。

利用 Lisrel 进行验证性因子分析,其参数估计如表 29-1 所示,各参数 T 值大于 2,说明参数是显著的。同时因子负荷大于 0.533,可以认为量表具有较好的收敛效度。另外各潜变量相关性显著低于 1,其置信区间内均不含有 1,表明本书中使用的测量具有良好的判别效度。

29.5.2 促销、感知风险、感知价值对消费意愿的影响研究

根据 Baron 等的建议,判断变量的中介作用往往根据 4 个条件,即自变量显著影响中介变量、中介变量显著影响因变量、自变量独立地显著影响因变量和当引入中介变量后自变量对因变量的影响变得不显著(完全中介作用)或显著度降低(部分中介作用)。本书对中介变量的检验过程如下。

第一步,检验促销对消费意愿的影响。由于操纵变量"促销"为类别变量,因此本书采用方差分析。方差分析方法使用的前提是正态性和方差齐性。因此,首先进行感知风险、感知价值、消费意愿的正态检验。利用 SPSS 的 Descriptive Statistics 对归因、感知质量、消费意愿进行偏度和峰度分析,偏度系数和峰度系数都小于 1,可以认为近似正态分布;方差齐性的检验放在方差分析中进行。

利用 SPSS16.0 的 AVONA 进行多元方差分析,检验危机后促销对消费意愿的影响,同时用 Homogeneity Tests 工具检验方差齐性。分析结果表明,Levene's Tests 检验的显著性为 0.716,大于 0.05,说明方差齐性,方差分析的结果可以采用。根据分析结果,Sig. = 0.017,说明按促销分组的消费意愿差异较为显著,危机后促销形式对于消费意愿具有显著的影响。

按促销形式分组,各组消费意愿的均值如表 29-2 所示。根据均值分析结果显示,赠品促销的消费意愿明显高于价格折扣,H1 得到了验证。

表 29-2　消费意愿检验

策略	Mean of 消费意愿	N
价格折扣	2.7200	275
赠品促销	3.0753	259
Total	4.0660	534

第二步，检验危机后促销对感知风险、感知价值的影响。以感知价值为因变量，以促销为自变量，进行方差分析，Levene's Tests 检验的显著性为 0.063，大于 0.05，说明方差齐性。按销售策略分组，Sig. = 0.009<0.05，说明促销对感知价值有显著影响。

以感知风险为因变量，促销为自变量，用 SPSS 的 uni-variate 进行方差分析，Levene's Test 检验的显著性为 0.852，大于 0.05，说明方差齐性，Sig. = 0.008<0.05，促销对感知风险有显著影响。

按促销分组，各组的感知风险、感知价值均值如表 29-3 所示。根据均值分析结果显示，赠品促销的感知风险小于价格折扣，赠品促销的感知价值高于价格折扣。H2、H4 得到了验证。

表 29-3　感知风险检验

策略	Mean of 感知风险	Mean of 感知价值
价格折扣	3.8927	2.7818
赠品促销	3.5656	3.1931
Total	3.7431	2.9813

第三步，检验促销、感知风险、感知价值对消费意愿的影响作用。以消费意愿为因变量，以促销、感知风险、感知价值为自变量，进行方差分析，Levene's Test 检验的显著性为 0.116，大于 0.05，说明方差齐性。方差分析结果如表 29-4 所示。促销对消费意愿的影响效果不显著，感知风险和感知价值对消费意愿影响效果显著，对消费意愿的影响效果显著，说明促销对消费意愿的影响通过感知风险和感知价值的中介作用体现。H3、H5 得到了验证。

表 29-4　消费意愿方差分析

自变量	因变量	Df	F	Sig.
促销	消费意愿	1	0.687	0.408
感知风险		24	9.660	0.000
感知价值		6	2.220	0.040

29.5.3　模型的修正

根据以上的检验结果，促销对于感知风险、感知价值都有显著的影响。价格折扣情形下的感知风险大于赠品促销形式下的感知风险；价格折扣下的感知价值低于赠品促销形式下的感知价值。同时，当直接以消费意愿为因变量，以促销为自变量进行方差分析时，促销对于消费意愿的影响显著，价格折扣形式下的消费意愿明显低于赠品促销形式下的消费意愿；然而，当以促销、感知风险、感知价值同时作为自变量，而以消费意愿为因变量进行分析时，促销对于消费意愿的作用不明显。这说明，促销对消费意愿的影响作用，主要是经由对感知风险、感知价值的影响而起作用的。因此，我们将模型修正如图 29-2 所示。

29.6　结论与讨论

29.6.1　假设检验结果

根据以上分析，假设检验结果如表 29-5 所示。

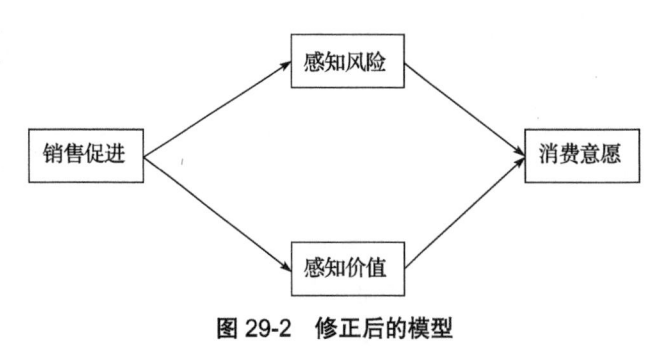

图 29-2　修正后的模型

表 29-5　假设检验结果

假设	检验结果
H1：不同促销方式对危机后消费意愿的影响有显著差别，"赠品促销"形式下的消费者意愿高于"价格折扣"形式下的消费意愿	完全验证
H2：不同促销方式对危机后感知价值的影响有显著差别，"赠品促销"形式上的感知价值高于"价格折扣"形式的感知价值	完全验证
H3：感知价值对消费意愿有显著正向影响	完全验证
H4：不同促销方式对感知风险的影响有显著差别，"赠品促销"形式下的消费者感知风险低于在"价格折扣"下的消费者感知风险	完全验证
H5：感知风险对消费意愿有显著负向影响	完全验证

29.6.2　研究结论

研究表明促销形式对消费意愿有显著影响。赠品促销形式下，消费者的消费意愿较高，而价格折扣形式下，消费者消费意愿较低；促销形式通过对消费者的感知风险和感知价值的作用，而对消费意愿产生影响。在赠品促销形式下，消费者的感知风险低于价格折扣形式下的感知风险，而赠品促销形式下的消费者感知价值高于价格折扣形式下的感知价值。研究结论总结如表29-6所示。

表 29-6　促销形式对消费意愿的影响

促销	感知风险	感知价值	购买意愿
价格折扣	高	低	低
买赠	低	高	高

29.6.3　管理启示

本书发现，买赠能更好地降低消费者感知风险，提高消费者感知价值，从而提高其购买意愿。这给企业一个重要的危机后促销选择思路：非金钱性的促销比金钱性的促销更加有助于市场恢复；然而，其对于管理的启示则更进一步，只有选择消费者主观乐于接受的表现方式，产品价值才能被消费者更好地认识。

29.6.4　研究的不足

研究的不足表现在对于促销方式的表述，由于是使用"买一赠一"和"买两件以上五折"这样的语言表达，消费者在接受刺激时的信息处理差异并没有考虑到。同时，单纯文字表述而非实物的促销，也使测验结果可能存在一定偏差。

30. 产品伤害危机后销售促进对消费者购买意愿的影响研究

30.1 研究背景

产品伤害危机作为"被广泛报道的,产品可能对消费者造成伤害"的危机事件,会造成消费者对产品购买意愿的急剧下降。销售促进作为一种最为直接的刺激方式,对消费者的感知风险和感知价值都能产生影响,因而促销不失为一种可行的危机后营销策略。然而,销售促进的形式多样,就算在同样的价格减让幅度的情况下,销售促进由于其形式的不同,因而对于消费者也有不同的作用。什么形式的销售促进,能够有效地降低消费者感知风险,增加消费者感知价值呢?对于不同人口特征的目标消费者,销售促进的作用是一样的吗?

30.2 研究问题

本书通过对前人研究的梳理,同时根据产品伤害危机的特定情形,运用实验法,就销售促进形式对消费者购买意愿的影响、性别对销售促进形式影响的调节作用进行了探索。

30.3 研究模型与假设

30.3.1 研究模型

研究模型(见图30-1)表达了危机后的销售促进对顾客购买意愿的作用机制。研究的自变量为"危机后销售促进",研究的因变量为"购买意愿";引入两个中间变量"感知风险"和"感知价值";引入一个调节变量"性别"。

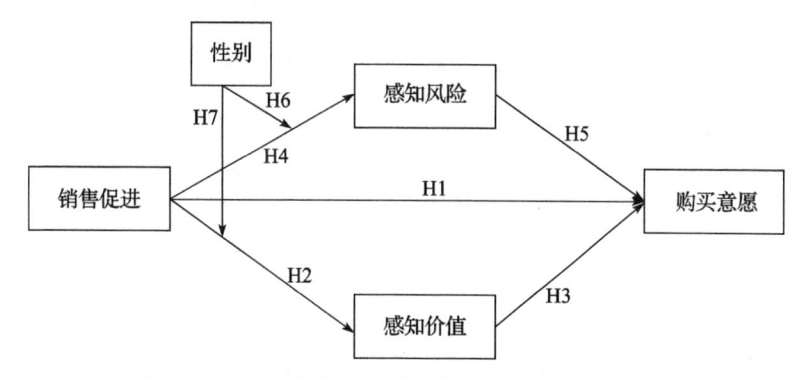

图 30-1 产品伤害危机后销售促进对购买意愿影响

30.3.2 销售促进与感知价值、购买意愿关系假设

Thaler等(1985)指出,从结果的角度,人们倾向于单独地看待获得而综合地看待付出,到底消费者将促销视为一种获得还是对于付出的减少,取决于促销的类型。Diamond和Campbel(1990)的理论表明,当消费者面临"买一赠一"和"50%折扣"这两种不同的选择时,消费者会将"买一赠一"视为一种获得增加,而将"50%折扣"视为对付出的减少,这时,由于对"获得"的倾向性,消费者会更倾向于选择"买一赠一"的交易。

通过以上分析,在特定的产品伤害危机后消费者对产品价值感知风险增加、感知价值下降的双重作用下,对消费者的购买需要更明显的刺激,同时也是更有诱惑力的刺激。"买赠"这种促销方式,因而成为更有效的销售促进手段。

在此基础上,得出以下假设。

H1：产品伤害危机后，销售促进形式对消费者购买意愿有显著影响，"买赠"形式下的购买意愿高于"价格折扣"形式下的购买意愿。

H2：产品伤害危机后，销售促进形式对消费者感知价值有显著影响，"买赠"形式下的感知价值高于"价格折扣"形式的感知价值。

感知价值对购买意愿的影响，已经有了很多研究。作为一种基本的逻辑，并体现在每个消费者身上的是，产品能满足消费者的期望价值是他采取交易行为的基本的动机。本书提出以下假设。

H3：感知价值对购买意愿有显著影响，感知价值越高，购买意愿越高。

30.3.3 销售促进与感知风险关系假设

从消费者对销售促进的认知来说，Raghubir 和 Corfman（1999）的研究表明，折扣提供了明显的经济诱因，但是低价也造成"产品质量不可靠""产品品牌较差"等联想，从而增加感知风险。而在非价格促销方面，赠品活动并不会影响消费者对产品的态度。从消费者对销售促进信息的处理来看，不同的销售促进所要求消费者付出的处理精力是不一样的。Diamond 等的研究显示，对于买赠信息的评价难度要大于对价格折扣信息的评价。而是否愿意对信息投入更多的精力进行处理则取决于产品购买的卷入程度。卷入程度越高，消费者愿意投入的精力越多。

以上分析说明，在产品伤害危机发生后，消费者的感知风险增加，而买赠是比价格折扣更能够降低感知风险的销售促进方式，故而本书假设如下。

H4：销售促进形式对感知风险有显著影响，消费者"买赠"形式下的感知风险低于在"价格折扣"下的感知风险。

Mitchel（1981）认为，消费者更愿意降低风险而不是提高其感知价值，因而感知风险更能够解释消费者的购买决策。科特勒也指出，消费者改变、推迟或者取消购买决策，更大程度上是受到了感知风险的影响。据此，我们可以认为，感知价值是促使消费者做出购买决定的因素，而感知风险则在一定程度上使消费者重新衡量购买决策，因而影响其最终决策。因此，提出以下假设。

H5：感知风险对购买意愿有显著影响，感知风险越大，购买意愿越低。

30.3.4 性别对销售促进与购买意愿间关系的调节作用

Slovic 等（2000）的研究表明，不同性别间的感知风险有显著差异，女性的感知风险高于男性。Haris 和 Miler（2000）指出女性从社会性的角度来说也更加地感到易受攻击，而在面对风险时女性更加害怕成为受害者。

以上理论说明，在产品伤害危机后，由于更害怕成为受害者，女性的感知风险增加更大，而同时，女性对信息更加敏感，那么销售促进的信息有助于使女性更容易降低感知风险。而不同性别在经济性价值重要性评判方面有显著性差异，男性比女性更侧重于经济性价值。所以，本书得出以下假设。

H6：性别对销售促进对感知风险的影响具有调节作用。

H7：性别对销售促进对感知价值的影响具有调节作用。

30.4 研究设计

30.4.1 实验设计

本书采用实验法，采用茶饮料的产品伤害危机为刺激物。选择该产品的原因，一是食品类的产品，其伤害危机在消费者中会引起普遍的感知风险。二是该类产品伤害危机在现实中较为常见，有助于测试消费者的一般反应机制。同时，我们设计了一个产品伤害危机后的情景，包含了两种不同的企业销售促进（买赠、价格折扣）；相应地设计了两组问卷，每组问卷包括一个同样的产品伤害情景描述：某茶饮料产品由于氟含量超标而对人体有可能的伤害作用。为避免对现有品牌认知的干扰，采用了虚拟的品牌名称。在不同组别的问卷上，被试者会读到公司采取不同销售促进的文字描述。

30.4.2 变量的测量

本书的操纵变量为危机后销售促进策略，由实验控制。因变量包括感知风险、感知价值、购买意愿。量表设计出后经过了专家调查和预测试，最后对题项进行了文字调整和增删。本书在 Jacoby 和 Kaplan 提出的 5 个维度的基础上，最后形成 4 个测项：财务风险、功能风险、身体风险、心理风险。由于本书主要集中于对消费者感知价值的综合评价，因此采用直接询问的方式测量消费者感知价值的大小，让消费者对于"我认为很值得在赠品/折扣的促销时购买 AK 产品"进行打分。购买意愿的测量，选用了进入消费者考虑集的可能性、购买的可能性两个测项。

30.4.3 数据收集

本问卷于 2008 年 10 月 1—31 日正式发送，在公园、超市等地对消费者进行了问卷调查。共发放问卷 650 份，回收 589 份，剔除 55 份填写不完整问卷和无效问卷，回收有效问卷 534 份，有效回收率为 82.2%，其中价格促销组问卷 275 份，买赠促销组问卷 259 份；男性被试者为 310 人，女性被试者为 224 人。

30.5 数据分析

30.5.1 信度和效度检验

采用 Cronbach's α 系数法来检验问卷的信度。研究中的主要变量感知风险、购买意愿的 Cronbach's α 值都在 0.694 以上，基本属于可接受标准，表明数据具有良好的信度。具体数据如表 30-1 所示。

表 30-1 测试信度效度指标

变量	测量题项	Cronbach's α	因子载荷取值范围
感知风险	4	0.807	0.573～0.626
购买意愿	2	0.694	0.533～0.586

本书各测项的建立均参照了前人的研究，对各测项与变量间的关系进行了整理，采用已经经过实证研究并已发表的量表为基础。在内容表达上，与 5 位博士以上学历的营销研究者进行了探讨，最终确定问卷题项，因而可以认为实验的内容效度比较理想。利用 Lisrel 进行验证性因子分析，其参数估计如表 30-1 所示，各参数 T 值大于 2，说明参数是显著的。同时，因子载荷大于 0.533，可以认为量表具有较好的收敛效度。另外，各潜变量相关性显著低于 1，其置信区间内均不含有 1，表明本书中使用的测量具有良好的判别效度。

30.5.2 销售促进、感知风险、感知价值对购买意愿的影响研究

根据 Baron 等的建议，判断变量的中介作用往往根据 4 个条件，即自变量显著影响中介变量、中介变量显著影响因变量、自变量独立地显著影响因变量和当引入中介变量后自变量对因变量的影响变得不显著（完全中介作用）或显著度降低（部分中介作用）。由于本书的操纵变量是类别变量，因此采用方差分析法。在分析中，都根据方差分析法的前提检验了数据的正态性和方差齐性。研究对中介变量的检验过程如下。

第一步，检验销售促进对购买意愿的影响。利用 SPS16.0 的 AVONA 进行多元方差分析，根据分析结果，Sig. = 0.017，说明按销售促进分组的购买意愿差异较为显著，危机后销售促进形式对于购买意愿具有显著的影响。

按销售促进形式分组，各组购买意愿的均值如表 30-2 所示。根据均值分析结果显示，买赠的购买意愿明显高于价格折扣，H1 得到了验证。

表 30-2 不同销售促进形式下的购买意愿均值

策略	Mean of 购买意愿	N
价格折扣	2.7200	275
买赠	3.0753	259
Total	4.0660	534

第二步，检验危机后销售促进对感知风险、感知价值的影响。以感知价值为因变量，以销售促进为自变量，进行方差分析，Sig. = 0.009<0.05，说明销售促进对感知价值有显著影响；以感知风险为因变量，销售促进为自变量，根据方差分析结果，Sig. = 0.008<0.05，销售促进对感知风险有显著影响。

按销售促进分组，各组的感知风险、感知价值均值如表 30-3 所示。根据均值分析结果显示，买赠的感知风险小于价格折扣，买赠的感知价值高于价格折扣。H2、H4 得到了验证。

表 30-3　不同销售促进下感知风险和感知价值均值

销售促进	Mean of 感知风险	Mean of 感知价值
价格折扣	3.8927	2.7818
买赠	3.5656	3.1931
Total	3.7431	2.9813

第三步，检验销售促进、感知风险、感知价值对购买意愿的影响作用，结果如表 30-4 所示。销售促进对购买意愿的影响效果不显著，感知风险和感知价值对购买意愿的影响效果显著，说明销售促进对购买意愿的影响通过感知风险和感知价值的中介作用体现。H3、H5 得到了验证。

表 30-4　各变量下的购买意愿方差分析

自变量	因变量	Df	F	Sig.
销售促进	购买意愿	1	0.687	0.408
感知风险	购买意愿	24	9.330	0.000
感知价值	购买意愿	6	2.220	0.040

30.5.3　性别对危机后销售促进影响的调节作用检验

首先，用多因素方差分析检验销售促进、性别及其交互项对购买意愿的作用。方差分析结果如表 30-5 所示。在以购买意愿为因变量的方差分析中，我们发现策略与性别的交互项对购买意愿的影响显著，说明性别对危机后销售促进—购买意愿间的关系有显著的调节作用。

表 30-5　性别对购买意愿的调节效应分析

自变量	因变量	Df	F	Sig.
销售促进	购买意愿	1	3.879	0.049
性别	购买意愿	2	0.711	0.492
策略 × 性别	购买意愿	1	3.915	0.032

其次，我们以感知风险、感知价值为因变量，以销售促进、性别、销售促进与性别的交互项为自变量，进行方差分析，根据分析结果，销售促进与性别的交互项对感知风险有显著影响，而对感知价值并无显著影响，说明性别调节了销售促进—感知风险的关系，如表 30-6 所示。H7 没有得到验证。

表 30-6　性别对感知风险、感知价值的调节效应分析

自变量	因变量	Df	F	Sig.
销售促进	感知风险	1	4.257	0.040
销售促进	感知价值	1	4.247	0.040
性别	感知风险	2	2.579	0.235
性别	感知价值	1	1.452	0.027
策略 × 性别	感知风险	1	4.938	0.027
策略 × 性别	感知价值	1	3.376	0.067

最后，我们以购买意愿为因变量，以销售促进、性别及销售促进与性别的交互项、再加感知风险、感知价值为自变量，进行方差分析，结果如表 30-7 所示。分析结果表明，性别对销售促进—购买意愿关系的调节效应，只通过中间变量即感知风险起作用。H6 得到了验证。

表 30-7　各变量对购买意愿作用的方差分析

自变量	因变量	Df	F	Sig.
销售促进		1	0.693	0.406
感知风险		24	9.343	0.000
感知价值	购买意愿	6	2.994	0.045
性别		2	0.398	0.672
销售促进 × 性别		1	0.162	0.688

性别的调节效应：销售促进、性别对感知风险的交互作用说明，销售促进的形式对男性的感知风险影响大于对女性的影响。在价格折扣形式下，男性与女性都处于较高的感知风险，而在买赠形式下，女性消费者的感知风险变化不大，男性消费者的感知风险明显下降。销售促进形式对男性购买意愿的影响大于对女性购买意愿。性别通过对感知风险的调节，进而调节了消费者的购买意愿。

30.6　结论与讨论

30.6.1　研究结论

数据分析表明，除 H7 未被验证外，其他假设都得到了验证。研究得出了两个方面的结论，首先，销售促进形式对购买意愿有显著影响。买赠形式下，消费者的购买意愿较高，而价格折扣形式下，消费者购买意愿较低；销售促进形式通过对消费者的感知风险和感知价值的作用而对购买意愿产生影响。其次，性别对销售促进形式—感知风险间的关系有显著的调节作用，当使用价格折扣形式的销售促进时，男性和女性消费者感知风险相同，而当使用买赠的形式进行销售促进时，男性的感知风险明显降低，而女性的感知风险仍然较高，性别通过对感知风险的调节进而影响了不同性别消费者的购买意愿。

30.6.2　管理启示

综合以上分析，将本书的结论进一步总结为两点：第一，买赠形式比价格折扣形式对消费者的感知风险降低效果更强，同时其对消费者的感知价值提高效果也更强，因而在产品伤害危机后，企业应该更注意选择类似买赠形式的非金钱促销来重新获得消费者的信任。第二，对于不同性别的目标消费群体来说，企业应考虑到性别差异，女性消费者在产品伤害危机的影响下，对于产品的感知风险更高，感知价值更低，企业应该考虑其他途径来提高女性消费者的购买意愿。

30.6.3　研究的不足与进一步研究方向

研究的不足：一是实验设计存在局限，本书对产品策略采用了文字描述而非实物展示的方法，不利于被试者做出对刺激物的真实反应，可靠性有待提高。二是刺激物局限于食品类快速消费品，研究所得出的结论是否适用于更多的产品类别还有待进一步检验。

未来可以在以下方面进行深入研究：一是针对不同类型的产品伤害危机，进一步探讨其危机后营销策略的作用；二是可使用更多的危机后营销策略变量，探讨其对消费者购买意愿的影响。

31. 促销伤害危机应对方式对消费者信任和感知风险的影响研究——基于连锁超市的实证

31.1 研究背景

近年来由于市场竞争激烈，促销被越来越多的企业作为现代商战的利器频繁加以使用，促销手段和方式繁多，但是在这一过程中，由于企业管理上的疏忽或者故意行为等多方面的原因，企业促销失当而导致消费者人身、财务受到伤害的情况比比皆是。通过百度搜索及查询"重要报纸数据库"的不完全统计，自2005年以来，发生了大概40多起促销不当导致消费者人身受到伤害的案例，因为促销失当而导致消费者财务受到伤害的案例则更多，几乎每天都有发生。

促销伤害危机发生后，消费者的心理面临变化，通常对企业的信任下降、感知风险增加，此时，企业在按照国家法律法规认真处理伤害危机的同时，如何取得消费者的理解，修复与消费者之间的关系变得非常重要。也就是说，促销伤害危机发生后，一方面，企业根据国家的法律法规认真处理危机善后，另一方面，面对大众和传媒企业采取恰当的应对方式，努力降低消费者感知风险，减少危机事件给企业带来的不利影响。从案例分析的情况看，促销伤害危机发生后企业采取的应对方式各有不同，有的企业在危机后沉默不语、不予回应，寄希望于事态自然平息；有的企业诚恳地就问题进行积极解释、澄清，以消除公众及媒体对企业的误解；有的企业采取积极措施应对伤害危机，对出现的问题加以纠正，同时对造成的伤害进行弥补，事后检讨事件反映出来的问题并向公众致歉；还有的企业否认存在伤害行为，并为出现的问题进行辩解，力图说明企业在危机中不存在责任及过错等。上述哪一种应对方式更有利于修复危机企业和消费者之间的关系，这一现实问题迫切需要得到答案。

31.2 理论框架与研究假设

31.2.1 研究框架

本书旨在通过实验及统计分析的方法，得到促销伤害危机不同应对方式下消费者品牌信任和感知风险的变化情况，从而找出促销伤害危机发生后企业的最佳应对方式。由于本书是基于连锁超市的实证，现实中我们也发现，一个门店出现了促销伤害，消费者对整个连锁企业的认知也会发生变化，因此本书主要研究的是危机发生后，消费者对连锁企业品牌信任和感知风险的变化情况，研究结构模型如图31-1所示。

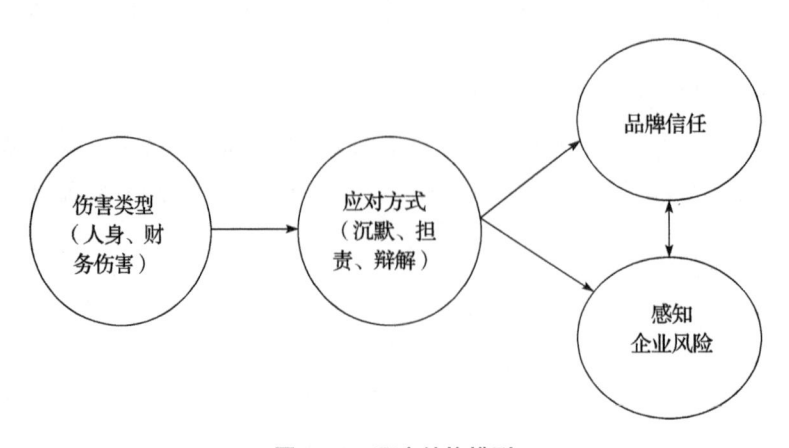

图 31-1 研究结构模型

31.2.2 研究假设

信任是一个复杂的、涵盖多层意思的概念,以往的研究表明,消费者的品牌信任能降低感知风险,形成积极的购买态度和意愿。

在危机的处理中,迅速回应被认为是危机处理成功的决定性因素。危机发生后,沉默等于承认,代表了企业的疑虑与消极(Coombs,1999),若企业既不确认也不否认关于危机的信息,谣言便会因此产生,或认为企业是在隐瞒真相,因而扩大了危机的杀伤力(Pearson 和 Clair,1998)。因而形成以下假设。

H1:在促销伤害危机中,企业有应对优于无应对,有应对时消费者对企业的信任下降小于无应对,感知风险的增加小于无应对。

Weiner(1985)的归因理论认为,一个危机发生后,可能在较长的时间内不能确定其产生的原因,但是旁观者会根据个人的判断,做出谁该为此负责的结论,如果消费者将危机归因于企业时,则会对他们将来的购买意愿产生负面影响,对公司责备更重的顾客,其对公司产品的购买意愿也下降。也就是说,当顾客越认为危机的原因是外部的、危机的发生是偶然的、公司对危机没有控制力时,顾客对公司的责备越少,而其对公司产品购买意愿越高。

同时,Weiner 认为(1985),企业面对危机的反应越积极,则顾客的归因越有利于企业,而若企业进行消极的反应,如坚决否认伤害责任,则顾客更多地将伤害归因于企业。基于上述研究成果,得到以下假设。

H2:在促销伤害危机中,积极承担责任并致歉的应对方式优于否认辩解的应对方式,积极承担责任并致歉这一应对方式下,消费者对企业的信任下降小于否认辩解,对消费者感知风险的增加小于否认辩解。

研究还发现,危机发生的情境影响危机处理策略的选择,Coombs 和 Holladay(1996)认为,危机情境与危机处理策略紧密相关的原因,在于公众对危机发生的责任归因不同。若责任归因为企业内部,但是纯属意外,就必须要采用强调企业无心之过的应变策略,唯一的解决方法就是修复策略,道歉并尽快修复企业的形象。如果危机是因为外在因素引起的,则应强调企业是受害者的形象来博取外界的同情;至于由外界指控企业的过失,假设没有相当的证据可以证明其指控的真实性,最佳策略为否认危机存在。

从产品伤害危机发生后媒体对顾客的采访及本书非正式调查阶段对部分顾客的了解发现,消费者对人身伤害危机和财务伤害危机的归因有明显不同,人身伤害危机下消费者对事件的归因认识上存在较大分歧,一些人认为是企业的责任,一些人认为是消费者本人的责任,一些人又认为是政府监管不到位,而对财务伤害危机的归因认识大部分人认为是企业有意欺骗所致。因此,得出以下假设。

H3:不同类型的促销伤害危机,企业的最佳应对方式不同。

组织间交易的研究表明,信任可以降低感知风险,人们信任企业,会认为企业不会进行投机性交易行为,与之交易的风险会显著降低。由此得到以下假设。

H4:品牌信任对感知风险有负面影响。

31.3 研究设计

31.3.1 实验设计

本书采用实验法。首先根据 2007 年 11 月重庆××超市促销踩踏事件及 2007 年 10 月北京××超市虚拟原价促销事件的相关新闻报道为原型,修改之后形成财务伤害和人身伤害两组促销伤害危机的情景,并以此作为试验的刺激物。

之所以选择这两个案例作为刺激物原型,是因为它们在人身促销伤害危机和财务促销伤害危机中较为常见的,带有普遍性,有助于测试消费者的一般反应机制。

在每类危机场景下又根据 3 种不同应对方式(沉默、积极承担责任并致歉、否认辩解)下的情况,相应地设计了 3 个对照组,并据此一共设计了 6 组问卷。另外刺激物中为避免现有连锁超市品牌认知对被试者的干扰，采用了虚拟的品牌名称。

31.3.2 变量的测量

本书的操纵变量有伤害类型、应对方式的变化，由实验控制，因变量为感知风险、品牌信任。

（1）感知风险的测量。

感知风险在 Jacoby 和 Kaplan 等提出的 5 个维度的基础上（Kaplan、Szybillo 和 Jacoby，1974），最后形成了一个测项，即心理风险。参照产品伤害危机中方正（2007）的研究，本书对"感知风险"采用的问卷描述是：该次事件发生后，我认为到 A 连锁超市所有门店购物的风险增大。采用的量表是李克特 7 级量表，"1"～"7"表示同意的程度，其中"7"表示完全同意，"1"表示完全不同意，分值越大代表顾客在促销伤害危机发生后的感知风险程度越高。

（2）品牌信任的测量。

品牌信任根据 Mcallister 的观点，测量了认知信任和情感信任两个维度（1995），问卷描述分别是：该连锁企业的品牌值得信赖；我相信该连锁企业能够信守承诺。采用的量表是李克特 7 级量表，"1"～"7"表示同意的程度，其中"7"表示完全同意，"1"表示完全不同意，分值越大代表顾客在促销伤害危机发生后对零售商的品牌信任程度越高。

问卷中还包含了对被测试者的性别、年龄、收入水平等基本情况的调查内容。

31.3.3 刺激物设计

本书刺激物包含促销伤害危机事件和危机应对方式的内容，分别形成 6 种不同的模拟情景，刺激物内容如表 31-1 所示。

表 31-1　刺激物设计

危机事件描述	危机应对方式描述
人身伤害危机：某日上午，连锁超市 A 的第三分店举行 10 周年店庆促销活动，其中特价食用油市场价为 50 元左右，而抢购特价 39.9 元一桶（5 升），由于人多拥挤，在第三分店现场促销时发生踩踏事故，最终造成 3 人死亡，31 人受伤的事故	沉默：该伤害事故发生后，媒体进行了大量报道，企业未对该事故做出任何反应
	承担责任：该事件经媒体披露后，连锁超市 A 解释说造成本次事件的原因是第三分店工作疏忽所致，并给消费者致歉
财务伤害危机：时值元旦来临，连锁超市 A 的第三分店进行了大规模促销活动。由于促销力度较大，吸引了大量的消费者到第三分店抢购。但是，工商行政执法部门随后检查发现，此款管道积木玩具在特价标签上标明原价 44 元，现价 23 元。经查询该商场销售记录证实，该产品从未以 44 元的价格销售过，一直售价均为 23 元	否认辩解：该伤害事故发生后，企业对外宣称事故是消费者本人造成的，企业在此次促销中采取了大量措施，对事故不承担责任

31.3.4 问卷设计

问卷分为两个部分，第一部分为在不同的情景下对消费者的感知风险、品牌信任的测量，第二部分包括对消费者性别、年龄、职业、教育程度和月收入的人口特征统计变量。

31.3.5 抽样设计

出于对时间及成本考虑，本书采取便利抽样法，在大学、公园、超市等地对成都市 18 岁以上的消费者进行了问卷调查。对所有的调查对象，研究人员在征得其同意以后，让其阅读刺激物，并请其回答问题。正式实验中，共发放问卷 800 份，回收 758 份，剔除 38 份填写不完整问卷和无效问卷，回收有效问卷 720 份，有效回收率为 90%。

31.4 数据分析和假设检验

本书所有分析均运用的是 SPSS14.0 软件，主要检验不同应对方式对消费者信任和感知风险的影响是否显著及各种应对方式孰优孰劣。

31.4.1 促销人身伤害危机中，不同应对方式对消费者信任和感知风险的影响检验

首先，我们对方差分析的前提条件进行检验，通过 SPSS14.0 的分析，采用 Homogeneity of Variance Test 方法计算得到 Sig. 值，检验方差齐性。在不同的应对方式下，感知企业风险 Sig. 为 0.334，满足方差检验的前提条件，品牌信任显著性水平小于 0.05，不满足方差检验的条件。

因为感知风险满足方差分析的条件，所以以感知风险为因变量，应对方式为控制变量进行方差分析，结果显示不同的应对方式对顾客感知企业风险产生了显著影响（P 为 0.042，小于 0.05）。

由于品牌信任不满足方差检验的条件，因此采用非参数分析法进行结果检验，利用 SPSS 中的 Independent Samples 进行分析，结果表明品牌信任 Sig. 的值分别为 0.045，说明不同应对方式对品牌信任产生显著影响。

进行描述性统计分析，如表 31-2 所示，通过组间中值比较发现，在企业积极承担责任并致歉的应对方式下，消费者对企业的信任度最大，感知风险最小，说明在促销人身伤害危机中企业积极承担责任并致歉的应对方式最优，否认辩解的应对方式次之，最不好的应对方式是危机发生后沉默不语、无应对。

表 31-2 促销人身伤害危机中组间中值比较

应对方式	品牌信任	企业风险
无应对	2.7273	4.7447
积极承担责任并致歉	6.1875	4.1667
否认辩解	5.9767	4.7179
合计	6.0144	4.5656

从上述分析可见，H1 和 H2 在促销人身伤害危机中完全得到验证。

31.4.2 促销财务伤害危机中，不同应对方式对品牌信任和感知风险的影响情况检验

首先，通过 SPSS14.0 的分析，采用 Homogeneity of Variance Test 方法进行方差齐性检验，计算得到 Sig. 值，品牌信任为 0.127 符合方差检验的条件，感知风险变量显著性水平小于 0.05，不满足方差检验的前提条件。

其次，以品牌信任为因变量，应对方式为控制变量，利用 SPSS 的 ANOVA 进行分析，检验结果 P 值为 0.028，这说明不同的应对方式对品牌信任产生了显著影响。

再次，由于不同应对方式与感知风险不适用方差分析，因此采用非参数分析法。利用 SPSS 中的 Inde-pendent Samples 分析不同应对方式对感知风险的影响是否显著，分析结果显示不同应对方式对感知风险的影响显著（P 值为 0.000<0.05）。

最后，进行描述性统计分析，如表 31-3 所示，在企业积极承担责任并致歉的应对方式下，品牌信任值最大、感知风险值最小，说明这仍是促销财务伤害危机中的最佳应对方式，无应对次之，最不好的应对方式是否认辩解。

在财务伤害危机应对中，H1 没有得到验证，H2 得到了验证。

表 31-3 促销财务伤害危机中组间中值比较

应对方式	品牌信任	企业风险
无应对	5.6716	4.2500
积极承担责任并致歉	6.1642	3.9459
否认辩解	5.5625	5.1636
合计	5.8037	4.5078

31.4.3 两类促销伤害危机中最佳应对方式的差异情况

上述分析结果表明，积极承担责任并致歉的应对方式，无论是在促销人身伤害危机还是在促销财务

伤害危机中都是最佳应对方式，H3 没有得到验证。

31.4.4 品牌信任与感知风险的关系

采用相关分析对品牌信任与感知风险的相关关系进行检验，Pearson Correlation 值为 -0.395，Sig. 值为 0.005，验证了品牌信任和感知风险之间呈现显著的负相关关系，H4 得到验证。

31.5 研究结论与展望

综合上述 4 个研究假设的验证情况，可以得出如下结论。

首先，连锁企业某一门店发生促销伤害危机后，不仅增加消费者对事件门店的感知风险，还会使得消费者对整个连锁企业的品牌信任下降，从而增加对整个连锁企业的感知风险。这一研究结论提醒企业，促销伤害危机发生后对企业的影响面大而深远，企业应该加强内部管理，尽量避免危机的发生。

其次，无论是何种类型的促销伤害危机，从长远来看，承担责任并致歉都是危机发生后的最佳应对方式。现实案例中我们经常看到促销伤害危机发生后企业三缄其口，不愿回应关于危机一切问题，这种处理方式短期内对于事件门店尽快平息事态或许有益，但是从长远来看会使得消费者对企业的品牌信任下降，感知风险增加，不利于企业长远发展，因此，危机发生后，企业应该在第一时间对事件做出回应，并采取勇于承担责任的应对方式。

最后，品牌信任和感知风险之间呈负相关关系在本书中得到验证。品牌信任和感知风险之间关系的研究较多，但是学者们对此的认识并不统一，有的研究认为信任和感知风险是平行关系，共同影响购买意愿，有的认为信任直接影响购买意愿，有的认为信任通过感知风险影响。本书实证的结果是品牌信任影响感知风险，他们之间是负相关关系，因此企业发生伤害危机后，应对方式的选择应该考虑如何最大限度地取得消费者的信任。

但是，由于研究条件限制，本书仍存在不足之处，如样本抽取时局限于成都地区，地域代表性不够；未区分促销伤害危机中伤害程度对消费者感知风险、购买意愿的影响情况等，这些研究局限也是进一步研究的方向，今后可对伤害危机在现有分类基础上进一步根据伤害程度进行细化研究。

第三部分
渠道安全

32. 论渠道安全

32.1 渠道安全的含义

渠道安全是指渠道能正常行使转换和流通功能，不会因为各种不确定性因素的影响而发生渠道危机。在市场经济下，不确定性因素总是客观存在的，因此任何渠道都可能潜伏着一定的风险。如果企业能把这种风险控制在一定的范围，渠道风险就不会转化成渠道危机，渠道就会处于安全运行状态。但是当风险超过一定限度，转化成渠道危机时，渠道就不安全了。渠道安全是企业营销安全的重要组成部分，是企业市场竞争策略的全面支撑力量。一种安全的渠道对企业的持续发展具有十分重要的意义。

渠道安全是企业获取市场的根本保障。尽管企业建立渠道需要一定的时间，但一旦建立起来它又具有独特性，不像产品、广告、促销等方式易为人模仿。有了安全的渠道，企业就能使产品顺畅地流入市场，并不断地扩展其市场份额，而且可获得源源不断的信息和市场动力。因此在激烈的市场竞争条件下，谁拥有了安全的渠道，谁就拥有了市场。

渠道安全是企业无形资产的安全。渠道一旦建立起来后，现代市场经济就把企业的生存与发展完全系在了营销渠道这张"网"上，没有这张网，企业将寸步难行，便谈不上竞争和发展。因此安全的渠道网络在企业中是与资本，技术、品牌等一样重要甚至超越其上的无形资产，渠道安全即企业无形资产的安全，渠道安全与否也是衡量一个企业生命活力和成长性的重要标志。

渠道安全是企业营销流持续畅通运行的根本保障。当出现渠道危机时，营销流流速就会减慢，流量就会减少；当出现渠道事故时，营销流运行通道就会受阻；当出现渠道崩溃时，营销流就会完全中断，企业也已处于破产的边缘了。因此，渠道安全是保证企业营销流流速最快化、最大化的全面支撑力量，是企业营销流畅通流动的根本保障。

32.2 渠道安全与渠道危机

渠道危机是由于各种不确定因素和意外情况而引起企业营销渠道出现异常，使渠道运行与管理陷入困境的一种状态。它是对渠道安全的挑战。如果出现渠道危机，渠道就处于不安全状态。因此研究渠道的安全，必须研究渠道危机。渠道危机一般有三种表现形态。

32.2.1 渠道隐患

渠道隐患是营销渠道潜伏着的重大风险，任何企业不论把渠道管理得多么好，渠道风险总是存在的。企业只要能把风险控制在一定范围内，渠道风险就不会对企业的渠道安全构成威胁。但是当各种不确定性因素导致风险大大增加并对企业营销安全构成直接威胁时，就形成了渠道隐患。渠道隐患随时都有可能转化为渠道冲突或渠道事故，是渠道危机产生的源泉。

32.2.2 渠道冲突

渠道冲突是渠道成员之间的矛盾或利益对立。渠道不论如何设计，总会有某些冲突发生。它分为水平冲突、垂直冲突和交叉冲突。

32.2.2.1 水平冲突

渠道水平冲突是指存在于营销渠道同一层次各中间商之间的冲击，如"窜货"，某些经营商为了追求地区性差价带来的利润或为了完成销售目标而把本该在本地销售的产品倒卖到外地越区销售，"窜货"会造成渠道的严重动荡，是渠道危机的根源之一。

32.2.2.2 垂直冲突

渠道垂直冲突是指同一渠道中前后环节之间的矛盾和关系的不协调性。垂直冲突十分常见，通常是生产企业与中间商之间（销售目标和利益）的冲突居多。因为生产企业和中间商都希望对方能让利和为刺激销售而贡献更多，产生冲突也就在所难免。

32.2.2.3 交叉冲突

渠道交叉冲突产生于企业已建立两个或更多渠道的情况，并且他们面向同一目标市场，因相互竞争而产生的冲突。如商场、超市这条渠道和专卖店这条渠道之间肯定会产生冲突。当每个渠道的成员或都降低价格，或都降低毛利时，交叉冲突又会变得特别强烈。

企业应分析渠道冲突产生的原因、经常检查渠道成员之间的合作关系，在冲突激烈化前采取措施加以控制，必要时通过渠道调整与重组来清除不可调和的渠道冲突。

32.2.3 渠道事故

渠道事故是由于渠道选择、建设、管理和控制失误所带来的渠道危机事件。渠道间大量窜货引起渠道混乱、渠道控制不当造成渠道阻塞、渠道管理不善导致渠道瘫痪等都是典型的渠道事故。

局部的渠道危机事件虽然造成了一定的损失，给销售工作增加了难度，但是危害不大，并不影响企业全面销售工作的正常进行，不会对渠道形成太大的冲突，我们称之为三级渠道事故，或称之为一般性营销事故。

如果渠道危机事件形成了全局性渠道混乱，给企业造成了重大的损失。由于没有超过企业承受能力，渠道还不至于瘫痪和崩溃，仍能继续运转。企业销售工作虽然十分困难，但还可继续开展，我们称之为二级渠道事故，或称之为重大营销事故。

如果渠道危机事件造成了渠道系统安全瘫痪或崩溃，给企业造成了无可挽回的重大损失，超过了企业的承受能力，企业已经无法开展营销活动，我们称之为一级渠道事故，或称之为特大营销事故。

32.3 渠道安全的基本内容

渠道安全作为企业营销安全的重要内容和组成部分，主要包括以下基本内容。

32.3.1 渠道节点安全

渠道节点是渠道通路上的各个中转层次或环节（大多数情况下就是各个渠道成员），它不仅是企业营销流运行的通道，更是企业营销流运行的动力和加油站。节点安全就是这些层次或环节不会因为某些因素的影响而出现故障，它分为节点链接安全和节点转换安全。

32.3.1.1 节点链接安全

节点链接是渠道各个节点之间的对接，节点链接安全就是指各节点能紧密衔接，营销流能在渠道各节点之间畅通运行，营销流不会在渠道某个节点上发生中断。如果上一节点与下一节点之间没有很好地链接上，或链接不好，渠道节点链接就不安全了。

32.3.1.2 节点转换安全

企业营销流在渠道上每经过一个节点就发生一次转换，而每一次节点转换，都会产生流体的耗散。节点转换次数越多，耗散也越大。但是，各节点也是企业营销流增强的动力和加油站，营销流经过各节点的增强作用，又会弥补部分耗散的能量。因此，渠道节点转换安全就是要求企业营销流在各个节点之间转换时，流体不会损失，不会减少，更不会消失；或是增强作用远远大于耗散作用。

32.3.2 渠道长度安全

渠道长度是渠道垂直方向通路中的节点数量，即是指产品从生产者流向最终顾客的整个过程中所经过的中间层次或流通环节的数量。节点越多，渠道越长；节点越少，渠道越短。一般而言，渠道越长，环节越多，控制就越难，因此出问题的概率越大，安全性越差；相反，渠道越短，出问题概率越小，安全性会越好，所以现代企业营销都在追求缩短渠道长度。大型连锁超市的兴起，使许多渠道环节消失了，企业产品直接进入商店，商店直接与顾客见面，渠道节点减少到只有一个，安全性自然增强。

32.3.3 渠道宽度安全

渠道宽度是指渠道通路中同一层级上各节点的数量。同一层级上节点越多，渠道越宽；节点越少，渠道越窄。渠道过宽，渠道不安全，因为各横向节点（同一层级中间商）之间可能发生冲突，导致渠道危机；而渠道窄，横向冲突概率小，因而渠道安全性好。但渠道宽度安全不能仅从一点考虑，对于一个要求宽渠道销售的产品，如建立窄渠道，就会出现产品特性与渠道性质的冲突，出现渠道危机。因此渠道宽度安全还要结合产品等因素来综合考查。

32.3.4 渠道结构安全

渠道结构是渠道长度与渠道宽度、直接渠道与间接渠道在功能上的一种组合关系。一个企业可能采取间接渠道加直接渠道结合的方式，也可采取长—宽结构、长—窄结构、短—宽结构或短—窄结构等方式。至于什么样的结构模式更安全可靠，是完全由产品性质、企业能力和目标市场特点来决定。不适合的渠道结构，就是不安全的渠道结构，因此渠道安全还必须考查渠道结构的安全。

32.3.5 渠道选择安全

渠道选择完全主要是渠道模式选择安全、渠道成员选择安全和渠道空间选择安全。

32.3.5.1 渠道模式选择安全

渠道的基本模式一般有五种：生产者→消费者；生产者→零售商→消费者；生产者→批发商→零售商→消费者；生产者→代理商→零售商→消费者；生产者→代理商→批发商→零售商→消费者。每种渠道模式各有其适应的产品及消费者类型。渠道模式选择安全就是企业渠道模式选择一定要对位，要根据产品特点、企业自身实力做出最佳选择，不能发生渠道选择错位现象，否则企业渠道模式选择就不安全了。

32.3.5.2 渠道成员选择安全

渠道成员即组成渠道通路的各个中间商，渠道是否通畅，关键在于各渠道成员的分销能力和他们之间的相互协调性。因此渠道成员选择安全就是企业要选择合适的渠道成员，各成员的组织能力、铺货能力、协调性是企业选择渠道成员的主要依据。如果企业渠道成员选择不当，那么，企业的营销渠道就是不安全的。

32.3.5.3 渠道空间选择安全

渠道空间是指渠道的地理位置。选择什么样的区域建立自己的销售渠道，在每一个区域中如何确定合理的渠道布局，也是渠道安全的重要考虑内容。渠道空间选择错误，或空间内布局不合理，会造成渠道过宽或过窄，形成渠道空白或目标市场竞争过度。渠道空白是市场浪费，而竞争过度又会引起渠道冲突或抱怨，对企业而言，渠道空白和渠道竞争过度则属于不安全的因素。

32.3.6 渠道控制安全

渠道控制是企业对渠道成员的影响力支配力。许多企业走向衰落的一个重要原因就是因为渠道的失控，这种失控不仅使企业销售成绩下降，而且可能毁掉整个渠道网络和产品市场。因此渠道控制安全就是企业能有效地影响或控制渠道成员的行动，不致出现逆控制现象（渠道成员以其掌握的渠道网络而反控制企业）；企业能迫使各渠道成员按照统一的政策行动，能防止渠道的流失；企业能让渠道成员把产品按照企业的战略计划及时、通畅地进入终端零售市场，迅速与消费者见面；企业能根据生产规模的大小和市场需求的变化来控制产品流向市场的节奏和速度等。

32.3.7 渠道管理安全

渠道管理安全就是企业的渠道理念、要求、政策、措施等本身是否合理、完善，是否会引起渠道成员的不满，造成渠道的混乱或冲突，从而引起渠道危机威胁渠道安全。如果企业的要求、销售政策、措施能充分考虑各个渠道成员的利益,不会引起中间商的不满,不会造成渠道的混乱和冲突;如果管理制度和危机预防措施本身没有漏洞,能维护渠道网络的正常运行,有效防止渠道事故和渠道崩溃的出现,那么企业的渠道管理就是安全的。

32.4 渠道安全的预警指标

渠道是否处于安全运行状态,可以通过几个重要的预警指标来考核。"大学营销工程研究所营销安全课题组"对全国50多家企业的调查后得出渠道安全预警指标研究的一些初步成果。这些指标主要是回款率、回款周期、抱怨度、冲突频度和强度、合作性与对抗性等。企业可通过定期与不定期地对渠道安全预警指标的检视来诊断渠道的安全状况。

32.4.1 回款率

回款率是企业从中间商那里收回的货款同应收货款的比值。回款率高表明渠道运行安全;回款率低,预示渠道正走向危机,渠道处于不安全状态。

32.4.2 回款周期

回款周期是从企业把货物发给中间商到收到中间商返回的货款为止所经过的时间。回款周期短,表明渠道运行良好,回款周期正逐步缩短也预示着渠道安全;回款周期长或是回款周期越来越长,预示渠道正处于危机状态。

32.4.3 抱怨度

抱怨度是渠道成员对企业销售政策、渠道管理措施等产生抱怨的人数比例。如果渠道成员的抱怨度低或没有抱怨,则表明渠道很安全;如果渠道成员抱怨度很高,则预示着渠道危机正开始出现。

32.4.4 冲突频度与强度

渠道的垂直冲突、水平冲突和交叉冲突偶尔发生是在所难免的。只要正确处理,是不会产生大的营销事故。但是,如果冲突频率高强度大,或冲突的频度和强度正逐渐增加时,就预示着渠道危机产生了,企业必须立即采取措施予以纠正。

产品流流速流量是渠道安全与否的一个十分重要的预警指标。通过对产品流流速和流量的监测,企业能方便地对渠道安全做出较为准确的评估。如果产品流流速慢、流量小,则证明渠道不畅、渠道节点存在问题,企业需要对此做出相应的处理。

32.4.5 合作性与对抗性

渠道成员的合作性、对抗性如何(可用高、中、低三个级度表示),直接影响渠道的安全性。如果企业的要求、政策和管理措施等能在每个环节完全得到贯彻实施,表明合作性高、对抗性小,渠道很安全;如果得不到贯彻实施,则表明合作性低、对抗性高。企业对渠道的控制力减弱或控制力已基本消失,渠道处于危机之中。

回款率、回款周期是界定渠道成员选择安全的度量指标;产品流流速与流量是界定渠道节点安全、渠道长度和宽度安全、渠道结构安全的指标;冲突频度与强度是界定渠道宽度安全、渠道结构安全的指标;抱怨度是界定渠道选择安全、渠道管理安全的指标;合作性与对抗性是界定渠道控制安全、渠道管理安全的指标。

32.5 渠道安全管理

分销渠道作为连接企业与市场的通道,是企业的一条十分重要的生命线。但在这条生命线上却时时潜伏着许多隐患和危机,企业能否及时预测、发现并排除这些隐患和危机对企业的正常运转十分关键。因此对分销渠道的管理显得特别重要,企业必须实施专门的渠道安全管理。

32.5.1 加强企业渠道决策的科学性

渠道决策的科学性即渠道设计与选择的科学性,它是保证渠道安全的决定性因素,一旦决策失误,渠道就会处于危机之中，渠道安全就不可能得到保障。因此渠道决策必须以市场的特点、产品的特性、企业能力三个维度，结合通畅高效、重叠适度、稳定可控、协调平衡和发挥优势五个原则来综合考虑。

渠道网络不健全、不通畅及运行效率低下是制约许多企业进一步发展的主要瓶颈。因此加强渠道网络设计与选择的科学性对于重构一个完整、成熟的渠道网络，保证渠道的安全性至关重要。

32.5.2 渠道安全审计表

渠道安全审计表是对渠道可能出现危机的地方预先编制的审计计量表和审计日程表，它是企业定期的渠道安全审计的依据。根据渠道安全的内容来说，渠道安全审计表主要包括渠道节点安全审计表、渠道长度安全审计表、渠道宽度安全审计表、渠道结构安全审计表、渠道选择安全审计表、渠道控制安全审计表和渠道管理安全审计表七大类。对可能出现危机的任何一个地方都要考虑到，编制的每一类审计表都要明确相应的审计人员、管理主体、责任主体，要有比较完善的预防措施和基本的处理措施。

32.5.3 定期的渠道安全审计

渠道安全审计是指企业专门的营销安全机构或市场部依据渠道安全审计表，从不同层面、不同角度定期地对渠道安全的七大方面（七个内容）及渠道网络的环境监测系统、管理控制系统、沟通协调系统、信息传递与反馈系统等诸方面做全面、系统、独立、综合检查、诊断和评价。目的在于及时发现存在的问题和渠道安全隐患，找出渠道运行过程中的薄弱环节，及时采取必要的纠正措施，从根本上减少乃至消除渠道危机发生的诱因，从制度上保障渠道运行的安全。从实证的角度看，整个渠道系统安全的全面审计，至少应半年一次；局部性的审计至少每月一次，甚至半月一次；对一些重要的环节随时都应有审计活动。

32.5.4 渠道的适时调整与创新

当有新竞争对手的兴起或竞争对手采取新策略、消费者购买方式发生变化、企业自身资源条件（如产品趋于成熟）、竞争地位发生变化（如市场份额扩大）和发展战略发生变化、有更有效的渠道系统出现时，就有必要对渠道系统作适时的调整和创新，以适应新的市场动态，维护渠道安全。

32.5.4.1 渠道成员调整

即是调整渠道成员职能分工、业务范围、培训渠道成员或派人帮助提高渠道成员素质、增减渠道成员数量（调整渠道长度和宽度）等，以优化渠道系统、提高渠道运行效率。

32.5.4.2 渠道目标市场调整

即是对渠道目标市场的调整和再定位。如企业营销流不能在某目标市场的现有渠道上正常运行时，就应考虑选择新的销售渠道；如某目标市场的渠道不能很好地联结该目标市场时，不必急着剔除该渠道，而是考虑该渠道是否能有其他用处。

32.5.4.3 渠道结构的调整

即是对整个渠道系统的调整，如对渠道节点、渠道长度和宽度等的调整，它是渠道调整的最高层次。由于渠道系统的各因素相互关联和影响及市场因素的复杂性，对渠道结构的调整必将影响企业的营销战略和策略，难度十分大，处理不好不仅会造成渠道冲突，而且会严重危害渠道安全，因此企业应十分慎重。

企业营销渠道还应随着环境和自身的发展而不断地改进和创新，及时采用有效的、新的营销渠道形式。但企业在渠道改进与创新过程中一定要注意减少或避免新老渠道网络的冲突，避免老渠道成员的抱怨，争取他们最大限度的合作与支持，使新渠道能顺畅地运行。只有新老渠道协调发展，才能保证渠道运行的安全性，渠道创新才有意义。

33. 渠道满意对渠道合作影响的实证研究

33.1 绪论

近年来，分销渠道经历着重大变革，同经销商的渠道合作成为中国许多制造商营销成败的关键点。中国许多制造商处于与经销商渠道合作低迷的困境中。对此，制造商有两种应对倾向，一种是控制与反控制，渠道管理的重点是渠道权力使用和渠道冲突治理；另一种是渠道关系管理，渠道管理的重点是与经销商之间建立长期和互信的渠道关系。这给理论界提出一个值得研究的问题：制造商和经销商之间渠道合作的影响因素是什么？

为了把握渠道合作的发展态势，制造商普遍重视渠道沟通工作，经常对经销商进行渠道走访。渠道沟通是渠道成员关系的黏结剂和决策依据（庄贵军、周南，2008）。在渠道沟通和渠道走访中，制造商关注对经销商的满意状况的调查和了解，并以此来预测和把握渠道合作的发展态势。许多制造商认为，有效的渠道沟通就是关心经销商利益的沟通。对于利益沟通，许多制造商（如宝洁、联合利华等）通常采用的一种沟通工具是 ROI 分析，即投资回报率分析。这给理论界提出一个值得研究的问题：经销商满意如何影响渠道合作？经销商经济满意和非经济满意对渠道合作的影响有什么差异？对经销商满意的调查在预测渠道合作的发展态势时有什么作用？

对于渠道满意，学术界普遍将渠道满意作为渠道合作的结果变量，证实了渠道合作对渠道满意有正面影响，但是，缺乏实证来研究渠道满意对渠道合作的影响作用和影响路径，缺乏实证来研究渠道经济满意和渠道非经济满意对渠道合作影响的差异。

渠道合作的影响因素是学术界在渠道研究中的一个重点。从 20 世纪 70 年代至今，国外学术界对此进行了大量研究。在渠道行为理论中，研究重点集中在渠道冲突和渠道权力上。在渠道关系理论中，研究重点集中在信任与承诺等关系要素上。其中，Morgan 和 Hunt（1994）提出了 KMV 模型，其研究思路是渠道关系中的前提变量通过关键中介变量来影响结果变量。借鉴 KMV 模型的研究思路，作者构建了"经销商满意对渠道合作影响"模型，探讨了经销商满意对渠道合作的影响作用和影响路径，取得了一些创新性成果。

本部分主要探讨研究的实践意义和理论意义，介绍研究目的与研究内容，介绍研究方法与技术路线，提出研究结论，归纳研究的创新点。

33.1.1 研究的意义

近年来，中国的许多制造商处在同经销商合作低迷的困境中。制造商在增强渠道合作的策略上存在明显分歧，制造商需要知道影响渠道合作的重要因素。对于制造商渠道沟通和渠道走访这些增强渠道合作的管理措施，学术界应该提供相应的理论指导。

33.1.1.1 实践意义

近年来，中国的市场竞争在加剧，产品生命周期在缩短，市场需求在快速变化，渠道在经历变革，制造商面临着巨大挑战。制造商意识到在市场中的生存和发展再也无法通过自己一方的努力来实现。为了减少环境不确定性对企业的负面影响，为了取得核心资源并且获得竞争优势，制造商需要同经销商建立起更加紧密和长期的渠道合作关系。

近年来，互联网、电子数据系统等先进网络信息技术在中国分销管理中得到运用，制造商对经销商的管理能力得到加强。同时，目前中国的分销渠道正在向扁平化方向发展。为此，制造商普遍性地对经销商进行了削减和集中重组。2005年,联想采用集成分销计划对全国8000多家经销商进行了削减。2007年,方正科技将直接签约的经销商由原来的1500家削减并集中重组为几百家。对经销商进行了数量削减和集中重组后,制造商需要增强同经销商的渠道合作,需要同经销商建立起更加紧密和长期的渠道合作关系。例如,思科公司过去同经销商之间的合作只是局限在产品销售方面,目前同经销商的合作涉及产品、技术服务和客户解决方案等各个方面。IBM公司为增强渠道合作,在2007年投入巨资建立了IBM中国渠道大学,为经销商提供全方位的支持。

为了掌握渠道合作的发展态势,制造商普遍重视对经销商的沟通和走访。有的制造商将渠道走访和渠道沟通作为加强渠道合作的重大举措。2005年,联想推出渠道管理新方案,要求公司分销伙伴总经理完成对核心渠道合作伙伴的一次全面走访。方正科技在2007年建立了渠道服务客户制,同每个经销商建立一对一的沟通交流机制。方正科技还设立了专业团队来保证同经销商进行及时和有效的沟通,从而为提高渠道合作提供决策依据。此外,方正科技还建立了固定的总经理接待日制度和核心渠道沟通会制度。

在渠道走访和渠道沟通中,制造商通常会调查和了解经销商对双方关系的满意程度。为此,作者开始思考这个问题:经销商满意对双方的渠道合作有何影响作用?

经销商满意是经销商对其与制造商的关系产出进行评价后形成的一种正面的感受。经销商对关系产出的评价涉及两个方面,一是对经济产出的评价,二是对非经济性产出的评价;与此对应,经销商满意可以分为经济满意和非经济满意。许多制造商认为,有效的渠道沟通就是关心经销商利益的沟通。对于利益沟通,宝洁、联合利华等企业通常采用的沟通工具是ROI分析(即投资回报率分析)。ROI分析反映的是经销商对关系的经济产出的评价,反映的是经销商经济满意程度。为此,作者开始思考这个问题:在对渠道合作的影响中,经销商经济满意和经销商非经济满意有何差异?

近10年来,中国许多制造商和经销商处于控制与反控制的博弈状态。渠道控制是对渠道权力、利益和渠道领导地位的争夺。作为博弈和反控制的结果,许多制造商对分销渠道进行了激烈的渠道变革,出现了制造商自建渠道的现象。TCL为了摆脱经销商牵制和控制分销过程首先自建渠道。但是,因为不堪费用和管理的重负,在2004年对渠道合作体系进行重构,并于2007年提出"重视渠道合作伙伴,开拓务实,合作共赢"的渠道合作理念,将渠道合作纳入企业的战略目标。乐华和波导等制造商在自建渠道后也出现了营销危机。

近10年来,在消费品行业中,制造商同经销商间合作低迷成为一个较为普遍的现象。1998年,济南7家大商场联合拒售长虹彩电。2004年,国美公司清理和停售格力空调。2005年,联想通过集成分销计划对经销商进行削藩。2006年,英特尔大中华区渠道商Ingram Micro倒戈AMD。2006年和2007年,因为出现摩擦,宝洁撤销多家年销售额过亿元的专营经销商。中国分销渠道中,"削藩""抵制""倒戈""法律式离婚"等控制与反控制举措给渠道双方都造成了重大损失。

为了增强渠道合作,一些制造商近年来推出新的渠道合作计划。2007年,REDHAT中国与长虹佳华宣布正式建立全面的"渠道战略合作伙伴关系"。2006年,思科推出"增强渠道合作伙伴计划",推行价值激励计划、新机遇拓展计划和合作方案激励计划等渠道激励计划。2007年,以"整合资源,协同渠道,传递价值"为主题,IBM与渠道伙伴召开IBM首届渠道合作环境论坛,并将平等作为IBM新型渠道合作关系的核心定义。这些新理念和新的渠道合作计划的提出和运用,体现出部分制造商对渠道关系理论的关注和运用。

针对制造商在对渠道合作的影响因素的认识上存在明显分歧,作者做出了以下思考:影响渠道合作的因素是什么?制造商推出的管理举措是否把握了渠道合作的重要因素?Ganesan(1994)认为,企业对渠道关系的时间导向的误会将导致出现问题,如果当交易市场关系更适合时,企业不应该错误地采用关系营销方式。为此，作者做出思考，信任和承诺是否是目前渠道合作的影响因素？经销商经济满意和经销商非经济满意对信任和承诺有何影响，进而对渠道合作有何影响。

33.1.1.2 理论意义

渠道满意是渠道成员对其与另一渠道成员之间的关系进行全面评价后所形成的一种正面的感受。学术界普遍将渠道满意作为渠道关系的结果变量，证实了渠道合作促进渠道满意，但是，缺少实证来研究渠道满意对渠道合作的影响作用。

根据关系契约理论，渠道关系应该从过去和将来这两个角度来看待。作者认为，在某一时点上，渠道满意是渠道合作的结果变量，但是，从一个过程的角度来看，渠道满意可能成为渠道合作的影响因素。然而学术界缺少实证研究来从一个过程的角度研究渠道满意对渠道合作的影响作用和影响路径。根据渠道满意的近期研究成果，渠道满意可分为渠道经济满意和渠道非经济满意。渠道经济满意和渠道非经济满意对渠道合作的影响差异也还有待研究。

20世纪70年代起，随着渠道行为理论的兴起，学术界对渠道进行了大量的研究。国内外渠道理论研究集中在三大领域：一是研究渠道的结构；二是研究渠道的行为；三是研究渠道的关系。渠道结构研究主要是以渠道的效率和效益为研究重点，基本没有涉及对渠道合作影响因素的研究。渠道行为理论一直将渠道冲突与渠道权力作为研究的重点，遵循的思路是"通过运用权力，减少渠道冲突，从而提高渠道合作"，核心理念是控制与反控制。然而，因为学术界在渠道冲突和渠道权力的内涵、分类、测量和影响作用上有许多分歧，渠道冲突和渠道权力研究对于渠道合作所提供的理论支持非常有限。

20世纪80年代起，随着关系营销理论的兴起，以渠道冲突和渠道权力为核心的研究思路受到学术界的普遍质疑。许多实证研究否定了"渠道合作就是没有渠道冲突""渠道合作和渠道冲突是渠道行为的两个主要维度"的观点。同时，还有学者指出，以渠道冲突和渠道权力为核心的研究导致制造商更多地采取"控制与反控制"思路来处理渠道关系，这就会导致制造商和经销商之间形成不健康的渠道关系，从而背离制造商增强渠道合作的初衷。

20世纪80年代中期后，国外学术界将渠道研究的重点转移到信任和承诺等渠道关系要素上。其中，Morgan和Hunt（1994）构建了信任承诺关键中介变量模型，即KMV模型，如图33-1所示。KMV模型将影响渠道关系的变量分为三类：结果变量、前提变量和关键中介变量，前提变量通过关键中介变量来影响结果变量。因为重点突出和简明有效，KMV模型的研究思路得到了许多学者的认同。此后有许多学者基本上以此模型为思路，深入探讨渠道关系保持的相关问题。

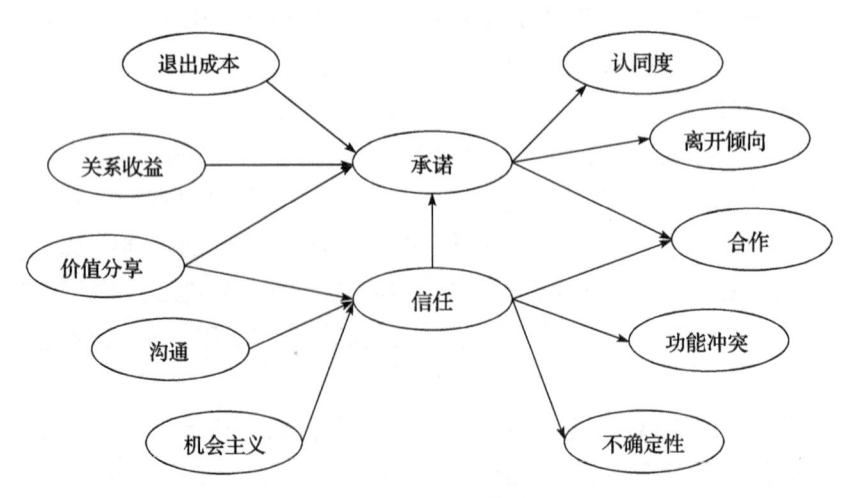

图 33-1 KMV 模型

在 Morgan 和 Hunt（1994）的 KMV 模型中，关系收益对信任和承诺的影响没有得到验证，因此，社会交换理论中的核心要素"关系价值"没有得到全面和直接的体现。作者认为，渠道满意作为阶段性渠道关系价值的集中体现，能够代替关系收益这一变量，从而弥补 KMV 模型对"关系价值"这一个核心要素的论证的不足。同时，有的学者提出信任应分为善意信任和可靠信任两个变量，认为这两个变量同其他关系要素的关系有明显差异。然而，KMV 模型中没有区分善意信任和可靠信任。

相比较而言，国内学术界对渠道的研究起步较晚。国内学者对西方渠道冲突和渠道权力理论做了许多介绍并进行了部分的实证研究。近年来，国内学术界开始关注渠道关系理论。但是，在渠道关系理论中，学术界对渠道合作的影响因素的实证研究还处于起步阶段。

作者在中国知识网（CNKI）上对渠道冲突、渠道权力和渠道合作的文献数量进行了检索，检索结果如表 33-1 和图 33-2 所示。检索的文献数目大致表明了，国内学术界对渠道冲突和渠道权力的实证研究较多，对渠道合作、渠道信任和渠道承诺的实证研究较少。

表 33-1　CNKI 上对各主题词的文献数目的检索结果　　　　　　　　　　　　　单位（篇）

文献来源	渠道冲突	渠道权力	渠道治理	渠道合作	渠道承诺	渠道信任
中文期刊数据库	141	32	63	32	6	14
优秀硕士学位论文全文数据库	42	7	3	5	1	2
重要报纸全文数据库	29	13	34	13	19	0
重要会议全文数据库	3	1	3	1	0	0
博士学位全文数据库	1	1	1	1	0	0

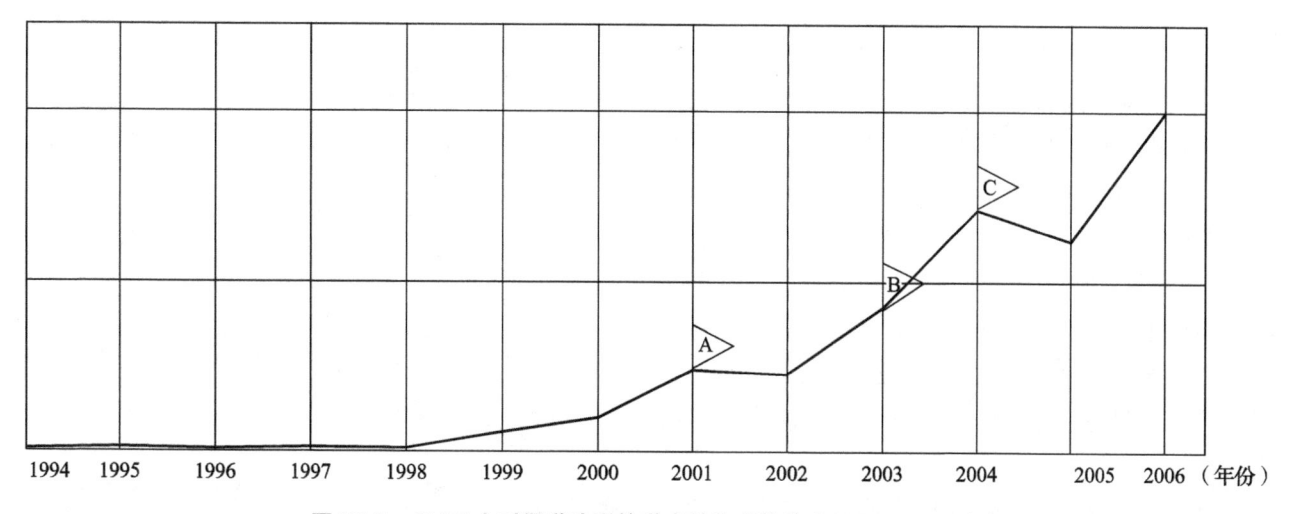

图 33-2　CNKI 上对渠道冲突的学术关注度趋势（1994—2006 年）

注：在 CNKI 上检索渠道合作的学术关注度，CNKI 显示"因数据不足，无法绘制趋势"。

综合上述分析，作者认为，对渠道满意对渠道合作的影响进行实证研究具有较大的理论意义。首先，如果不对渠道合作的影响因素进行实证研究，那么制造商就会对渠道关系理论的适用性产生疑虑，控制与反控制仍会成为其渠道管理的主导思路。其次，实证研究经销商满意对渠道合作的影响关系能为制造商的渠道沟通和渠道走访提供相应的理论支持。最后，通过把经销商满意细化为经济满意和非经济满意两个维度并对它们对渠道合作的影响差异进行深入细致的研究，也能为渠道管理走向精细化管理提供一定的理论支持和指导。

33.1.2　研究目的与研究内容

本书以消费品行业的制造商和经销商的合作关系为研究对象。本书的目的主要有两个：一是在理论上，探究经销商的渠道满意对经销商和制造商之间渠道合作的影响作用和影响途径，确定经销商经济满意和非经济满意这两个维度对渠道合作影响的差异，从而为制造商增强渠道合作提供理论支持。二是在实践上，把研究得出的结果转化为现实中渠道管理的建议，从而为制造商增强渠道合作提供借鉴。

本书的目标是：①研究经销商满意对渠道合作的影响路径，研究经销商满意通过什么中介变量来影响渠道合作。②研究将经销商满意分为经济满意和非经济满意后，两者对渠道合作的影响差异。③研究经销商信任和经销商关系承诺是否是渠道合作的重要影响因素。

为了达成研究目标，作者构建了一个"经销商满意对渠道合作影响"模型，如图 33-3 所示。通过数据收集和数据分析，通过模型修正和竞争模型比较，得出了"经销商满意对渠道合作影响"优化模型，如图 33-4 所示。

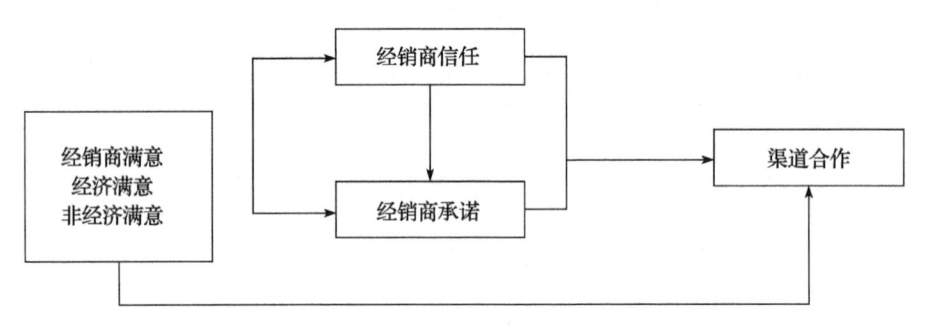

图 33-3 "经销商满意对渠道合作影响"概念模型

根据本书的目的，研究内容主要有以下几个方面：一是对渠道合作和渠道满意的研究成果进行回顾，分析将渠道满意作为渠道合作的前提变量的原因，分析在经销商的渠道满意对渠道合作的影响中，将信任和承诺作为中介变量的原因；二是构建"经销商满意对渠道合作影响"概念模型，提出相应的理论假设，探讨变量的测量方法和选择测量量表；三是通过规范的研究程序和方法获得所需的数据和信息；四是通过数据分析来验证理论假设和优化模型。

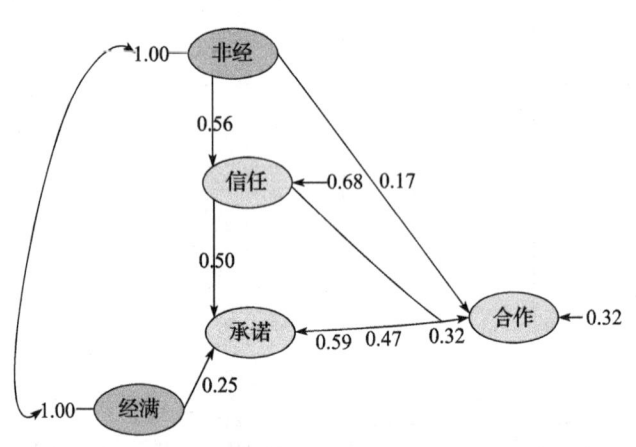

图 33-4 "经销商满意对渠道合作影响"优化模型
注：经满＝经销商经济满意；非经＝经销商非经济满意。

根据上述的研究内容，研究结构如图 33-5 所示。第一，介绍整个研究概况；第二，综述研究文献，分别回顾了渠道行为理论和渠道关系理论中的相关研究成果，探析研究机会；第三，构建"经销商满意对渠道合作影响"概念模型，提出理论假设；第四，介绍研究方法，包括测量方法与量表选择、问卷设计、调查过程和样本概况、数据分析方法、数据预处理、量表信度效度检验，数据描述性统计与分析；第五，实证经销商信任的结构维度；第六，实证概念模型并对假设进行检验；第七，总结研究成果，提出研究结论，归纳研究创新点和研究启示，并探讨研究局限和后续研究。

33.1.3 研究方法与技术路线

通过对本书的目标和研究内容的分析，本书选择实证研究作为主要的研究方法。数据收集采用的是问卷调查法，数据分析工具采用的是 SPSS13.0 和 LISREL8.7 统计软件。本书采用的技术路线如图 33-6 所示。

图 33-5　篇章结构

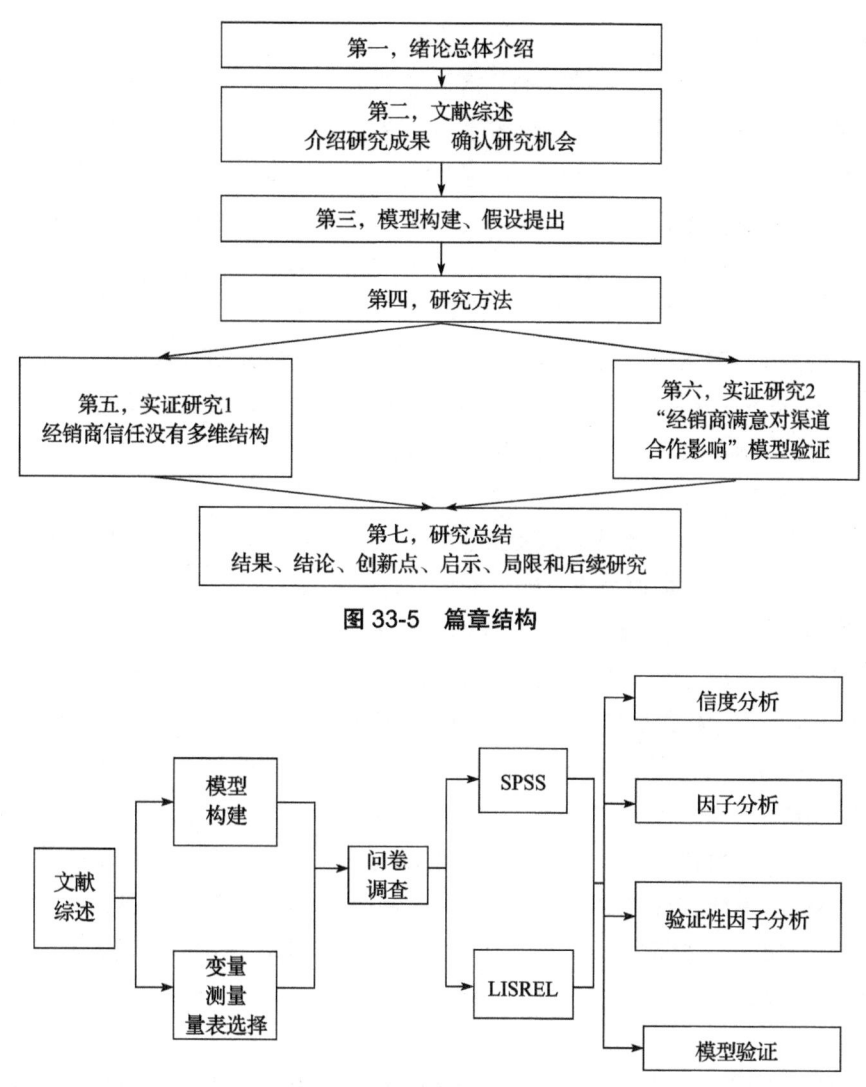

图 33-6　研究采用的技术路线

本书分为以下两个阶段：

第一阶段通过文献回顾构建理论模型，界定研究变量、提出理论假设，确定变量的测量方法和选择量表，编制和修订调查问卷。

第二阶段通过问卷调查收集数据，对数据进行预处理，进行量表的信度和效度分析，用处理后的数据进行假设验证。

本书的数据分析方法有：采用 Cronbach's α 系数验证量表的信度，使用的是 SPSS13.0 中的信度分析工具；采用结构方程模型中的验证性因子分析方法（CFA）来验证量表的效度和信度，使用的是 LISREL8.7 统计软件；采用因子分析和验证性因子分析来验证信任结构的结构维度，使用的是 SPSS13.0 统计软件和 LISREL8.7 统计软件；采用结构方程模型的产生模型法（MG）来验证"经销商满意对渠道合作影响"概念模型，使用的是 LISREL8.7 统计软件。

本书的调查问卷采用的是国内外学者开发的成熟量表，在完成数据收集后对量表进行了条目分析、α 系数验证和验证性因子分析（CFA）。根据验证性因子分析结果，删除了量表中未达到要求的测项的数据。调查过程分为三个阶段：一是业内人士访谈；二是试样调查；三是正式调查。

33.1.4　研究的主要结论

第一，经销商满意对渠道合作有正面影响。因此，制造商应该循序渐进地推动渠道合作，制造商应着力提高经销商目前的渠道满意程度，从而为将来的渠道合作创造有利条件。

第二，在对渠道合作的影响中，经销商的经济满意和非经济满意存在明显差异，经销商非经济满意的影响作用明显大于经济满意。因此，在渠道沟通和渠道走访时，制造商应关注经销商的非经济满意。

第三，在经销商满意对渠道合作的影响中，经销商的信任和承诺有关键的中介作用。其中，在经销商经济满意对渠道合作的影响中，经销商的承诺有完全中介作用。在经销商非经济满意对渠道合作的影响中，经销商的信任和承诺有部分中介作用。因此，为了增强渠道合作，制造商在提高经销商的渠道满意程度的同时，还应该关注经销商信任和经销商承诺。

第四，经销商对制造商的信任没有多维结构，其中，经销商善意信任与经销商可靠信任的区别不显著。因此，为了提高经销商的信任程度，制造商就必须对经销商表现善意，就必须对经销商恪守信用并且提高自身的专业能力。制造商应同时加强这几方面的管理。

33.1.5 研究的创新点

通过对渠道合作现状的思考，经过文献检索、研究机会解析、模型构建、理论假设、数据取样和假设检验，作者对"经销商满意对渠道合作影响"模型进行了实证。归纳起来，本书有以下五个创新点：

第一，构建并验证了"经销商满意对渠道合作影响模型"。在对渠道合作的研究中，将渠道满意作为自变量，从一个过程的角度证实了渠道满意对渠道合作的影响作用和影响路径。

第二，证实了在对渠道合作的影响中，经销商非经济满意的影响作用明显大于经销商经济满意。

第三，证实了在经销商满意对渠道合作的影响中，经销商的信任和承诺有关键的中介作用，证实了经销商满意对渠道合作的影响路径。

第四，证实了经销商经济满意对经销商承诺有直接的正面影响，而对经销商信任没有显著影响；经销商非经济满意对经销商信任有直接的正面影响，对经销商承诺有间接的正面影响。

第五，证实了经销商信任没有多维结构。尽管经销商善意信任和经销商可靠信任在概念上有区别，但是两者间的区别度不显著。

33.2 文献综述

文献综述主要从以下四个方面进行：一是探析渠道合作和渠道满意；二是简要回顾学术界在对渠道合作进行研究时沿用的基本理论，即社会交换理论、关系契约理论和关系营销理论；三是分别在渠道行为理论和渠道关系理论的框架下，对渠道合作影响因素的相关研究进行评析；四是解析研究机会。

33.2.1 渠道合作

在渠道研究中，渠道合作是指渠道成员为了共同目标而采取共同行动。渠道合作是渠道关系存在的必然条件，渠道合作提高了渠道成员的满意程度，促使渠道成员获得竞争优势，促使渠道成员间形成和发展良好的渠道关系。

33.2.1.1 渠道合作的内涵

营销渠道（Marketing Channels）是指产品或服务转移所经过的路径，由参与产品或服务转移活动以使产品或服务方便于使用或消费的所有组织构成，分销渠道（Distribution Channels）是指某种产品从生产者向消费者转移过程中所经过的一切取得所有权或协助转移所有权的组织或团体。分销渠道是营销渠道的重要组成部分。营销渠道包括分销渠道，也包括采购渠道。本书中"渠道"一词界定为分销渠道，不包括采购渠道。

营销渠道的参与者可分为两种，一种是成员性参与者，另一种是非成员性参与者。两者的区别在于参与者是否需要对商品的买卖或所有权转移进行谈判及商品所有权是否发生实际转移。其中，成员性参与者包括制造商、批发商、零售商和其他形式的经销商，非成员性参与者包括储运机构、市场调研机构、广告代理机构、银行和保险机构等（Rosenbloom，1987）。学术界在渠道研究中所涉及的渠道成员绝大多数都是成员性参与者。本书中的渠道成员界定在渠道的成员性参与者内，不包括渠道的非成员性参与者。

　　Cooperation（合作）在拉丁语中是 Operari，意指"一起劳动"（Togther to Work）。学术界对渠道合作的定义主要有三种类型。第一种是将渠道合作定义为没有渠道冲突的一种状态（Stern 等，1979；Robicheaux 和 El-Ansary，1976），这种定义出现在对渠道合作的早期研究中。第二种是将渠道合作定义为渠道成员为了共同及各自的目标而采取的共同且互利性的行动和意愿（Skinner，1992），这种定义将渠道合作既定义为行动的同时又定义为行动意愿。第三种是将渠道合作定义为渠道成员间采取共同行动的状态，此类定义将渠道合作界定为一种行为状态，没有涉及行动的意愿。

　　第一种定义，即渠道合作就是没有渠道冲突的定义常出现在早期对渠道行为的研究中，随后被学术界逐渐否定，许多学者认为渠道合作与渠道冲突是并存的（Anderson 和 Narus，1990；Stern 和 Reve，1980）。另外，这个定义使用的前缀否定词定义方式违背了概念定义的基本规则。假设两个渠道成员从未发生联系，那么他们之间根本不存在渠道冲突，然而，依照这个定义就会得出他们之间存在渠道合作这一个错误结论。

　　根据第二种定义，渠道合作被认为是渠道成员为了共同及各自的目标而采取的共同且互利性的行动和意愿。这种定义也未在实证研究中得到普遍采纳，因为渠道成员的意愿和行动两者存在明显区别，并且经常出现不一致的情况。有时，渠道成员可能有同渠道伙伴采取共同行动的意愿，但是，因为某些客观情况，该渠道成员并没有将这种意愿付诸行动。有时，渠道成员间的共同行动并非出自渠道成员的意愿，而是出于客观条件的压力。意愿和行动的区别和不一致给实证研究中准确地测量渠道合作带来了困难。在实证研究中，学者们对渠道合作测量方法的分歧使相关的研究结果存在一定的局限性。

　　根据第三种定义，渠道合作被认为是渠道成员间的共同行动。这种定义是学术界普遍采用的定义。在这种定义中，渠道合作被认为是渠道成员为了共同目标而采取共同行动。学者们在强调共同行动的目标时各有侧重。有的学者认为合作是关系双方为了达到共同目标；有的学者认为合作是为了达到理想的改善状况和双赢格局而采取共同行动；有的学者认为渠道合作是基于互惠期望，致力于伙伴关系的渠道成员为了产生相互的或单边的产出而采取的共同行动。

　　在第三种定义中，早期定义体现的是渠道成员为了达到具体目标而在具体业务上采取的共同行动，与此相对应，渠道合作的衡量指标是渠道成员之间在价格制定、渠道地理分布、促销活动、存货政策等具体业务方面所采取的共同行动的程度。20 世纪 80 年代中期起，随着关系营销理论的兴起，许多学者扩展了渠道合作的内涵，将渠道合作定义为渠道成员为了建立和发展长期伙伴关系，以及为了达成长期互惠目标而采取的共同行动。根据此定义，渠道合作的衡量指标是渠道成员在市场策略协调、提高渠道效率和开发商业机会等市场策略方面所采取的共同行动的程度。随着经济发展，渠道成员的功能在不断丰富，学术界对渠道关系的研究也在不断深化。渠道合作的内涵从销售等业务层面发展到营销策略层面，着眼点从当前利益发展到长远关系，出发点从单个成员利益发展到互惠利益。这种深化表现在渠道合作的定义中"为了"一词后面用语的变化上。综上所述，渠道合作的实质是渠道成员间的共同行动。

33.2.1.2　渠道合作的作用

　　渠道合作是渠道研究的一个主题。渠道合作的重要性体现在两个方面。

（1）渠道合作的必要性。

　　商业伦理学家 Solomon（1992）指出，在商业上（包括分销渠道）存在竞争，但是商业是建立在共同利益分享的基础上和建立在共同约定的规则上。商业竞争不是发生在丛林中，而是发生在社会中，这就要求成员相互依存和合作。商业生命不像神话中的丛林生命，它的前提条件就是合作。与人人为己这种隐喻相反，商业通常都涉及大量的合作性群体，这种合作涉及企业的供应商、客户、投资者等各个方面。

　　有的学者指出，合作是行为系统达到一体化所必需的条件。如果没有渠道合作，渠道成员将不知道对方的期望从而造成渠道无法运行（Anderson，1965）。Stern 和 El-Ansary（1992）指出，"在渠道研究中，渠道合作一直是研究的主题，渠道合作是渠道存在的必要条件。在渠道中，渠道成员被推入彼此依赖的关系中，因为他们需要资金、专业化分工及市场进入能力等资源。渠道成员在功能上的相互依赖性要求他们进行最低程度的渠道合作，否则渠道便不可能存在"。

学术界普遍认为渠道合作是渠道关系得以存在的前提因素（Brown 等，1981；Frazier 和 Rody，1991）。为了获得满意的渠道关系，渠道成员就必须理解渠道合作是如何提高和如何维持的（Childers 和 Ruekert，1984）。

近年来，市场竞争在加剧，科技在快速变迁，产品生命周期在缩短，市场需求在快速变化，企业面临了前所未有的挑战。企业意识到再也无法通过自己单方的努力来维持在市场的生存和发展。企业需要减少外在环境的不确定性并取得核心资源，并且需要同渠道伙伴建立起更加紧密和更加长期的合作关系（Kale 等，2000）。

（2）渠道合作的结果。

渠道合作产生竞争优势。获取竞争优势是企业的核心目标，战略研究的根本关注点是企业之间的不同的经营绩效（Rumelt 等，1991）。战略理论主要有两个理论，一个是 Porter（1980）提出的行业结构理论，另一个是资源基础理论。行业结构理论认为，高效的绩效回报主要来源于企业在行业成员关系中所具有的功能，来源于企业所在的行业是否具有一个有比较优势的结构性特征，如相对谈判优势、进入壁垒等。战略研究中的许多学者借鉴行业结构理论将行业特征作为首要的研究对象。

同行业结构理论不同的是，资源基础理论将企业本身特质作为首要的研究对象，认为企业的经营绩效主要来源于企业的不同特质，而不是行业结构（Barney，1991；Rumelt，1991；Pernerfelt，1984）。资源基础理论为企业获取竞争优势提供了有力的理论支持。根据资源基础理论，企业必须拥有某些资源和特点来达到持续的竞争优势，这种持续的竞争优势将为企业带来经济利润。如果企业具有独特的、有价值的和稀缺的及能够持续性地产生经济回报的资源和能力，那么相对于竞争对手而言，企业就拥有了竞争优势和核心资源（Amit 和 Choemaker，1993）。

资源基础理论认为，一个企业的竞争力不仅仅建立在内部的资源上，同时也建立在企业同其他企业的关系上。一个企业的内部核心资源将产生边界，在对众多资源的多边竞争中，一家企业不能完全控制那些被允许自由竞争的资源和能力，这就要求企业寻求和管理那些能产生竞争优势的合作关系（Dyer 和 Singh，1997）。资源基础理论认为成功的渠道合作关系能产生更大的并且是任何一方不能单独产出的经济利润，渠道合作产生了"1+1>2"的产出效应。在渠道中，拥有互补性资源的渠道成员需要通过渠道合作来交换和利用这些资源（Peteraf，1993）。

在渠道研究中，有的学者认为，渠道合作所产生的竞争优势还体现在，一些渠道关系要素只能通过渠道合作才能产生和发展，而这些关系要素是维护渠道成员关系的纽带和渠道成员关系发展的动力。这些渠道关系要素包括能够产生扩展性效率的特殊资产投资，以及用来保证和聚集特殊资产投资的渠道管理机制（Dyer 和 Singh，1998）。有的学者认为，渠道关系中的双方为了获得相互的利益应该积极地参与渠道合作，渠道合作促成了成功的渠道关系，渠道合作为双方带来了比独自经营更大的利益，渠道合作的收益明显大于渠道合作所需的成本（Morgan 和 Hunt，1994）。Jap（2001）对渠道双边关系的研究表明，渠道合作提高了渠道成员满意程度，加快了企业的产品循环，为企业建立了良好的品牌形象，给客户带来更好的价值体验，促使企业提供更能满足客户需求的产品，这些利益的结合将形成企业的竞争优势。Andaleeb（1996）和 Selnes（1998）的研究表明，渠道合作提高了渠道成员的经济满意程度和非经济满意程度。Rodolfo Vázquez 等（2005）的研究表明，渠道合作在提高渠道成员的经济满意程度和非经济满意程度的同时能促成渠道关系双方获得竞争优势。

综上所述，学术界普遍证实了渠道合作在渠道中对于维护和发展成功的渠道关系有着关键作用，证实了渠道合作对渠道满意的促进作用。

33.2.1.3 渠道合作的研究内容

根据不同的目的和重点，渠道合作可分为两种类型。一种是地域型渠道合作，主要体现在有着高频率和大批量的物流的渠道中，体现在有着明显的地域性布局要求的渠道中（如存货布局、自动订单系统等），体现在有着高效率的信息流程处理的渠道中（如电子数据交换、电子货币、数字管理）。地域型渠道合作的主要目的和重点是提高渠道的运行效率和降低运营成本。另一种是与市场策略相关的营销型渠道合作，渠道合作的主要目的和重点是提高渠道成员的市场地位、品牌形象、销量和市场份额等，双方的合作涉及新产品开发、销售激励、产品决策、提升市场形象和提升市场地位等市场营销方面的内容。

渠道合作具有过程特征和状态特征。对于渠道合作的研究，学术界主要有两个方向，一是研究渠道合作的前提和产出，二是研究总体上的合作关系。前一个研究方向主要集中在信任、承诺、关系持续和接触频率等影响渠道合作的因素上，集中在渠道合作对竞争优势、渠道绩效和渠道满意等结果要素的影响作用上。后一个研究方向主要集中在渠道合作紧密度、渠道合作持续度、渠道合作稳定度和渠道合作发展阶段等表现渠道合作关系状态和进程状态的要素上。

33.2.2 渠道满意

在渠道研究中，学术界普遍关注对渠道满意的研究。渠道满意（Channel Satisfaction）被认为是渠道关系的重要组成部分（Crosbyet 等，1990; Dwyer, 1980; Frazier, 1983; Stern 和 Reve, 1980）。渠道满意使渠道成员做出保持关系的决定，降低渠道中各方中止或退出关系的可能性（Singh, 1988）。渠道满意是渠道关系质量的重要体现（Scheer 和 Stern, 1992; Anderson 和 Narus, 1990; Dwyer 和 Oh, 1987）。

渠道满意是理解渠道关系的一个重要概念。Stern 和 Reve（1980）在运用政治经济构架分析渠道关系时认为，渠道满意是渠道成员的情感因素。渠道情感因素作为渠道内部政治的一个重要组成部分，对渠道的外部运作效率有重要影响，学术界应加大对渠道成员的情感因素的研究。

同样，Ruekert 和 Churchill（1984）提出，渠道满意尽管是渠道关系的一个重要概念，但是却没有得到学术界的重视，学术界应加大对渠道满意的研究。此后，学术界对渠道满意进行了大量的实证研究，研究涉及渠道满意的内涵、构成、影响因素和影响作用上。

33.2.2.1 渠道满意的内涵

Gaski 和 Nevin（1985）认为，渠道满意是渠道成员的总体的正面的感受，反映其对与渠道伙伴之间关系的总体满足程度。Anderson 和 Narus（1990）认为，渠道满意是渠道成员对其与另一渠道成员之间的关系进行全面评价后所形成的一种正面的感受。Mohr 等（1996）认为，渠道满意是渠道成员对其与渠道伙伴之间的渠道关系总体特征的评价。由此可见，渠道满意有以下内涵。

首先，渠道满意是一种感受，是一种情感状态（Crosby、Evans 和 Cowels, 1990; Anderson 和 Narus, 1990; Andaleeb,1996; Price, 1991）。渠道满意可以被认为是与理性或客观的关系产出相对的概念，受渠道成员的主观因素影响较大（Anderson 和 Narus, 1990）。

其次，渠道满意是对某一段时期的渠道关系的总体评价。渠道满意是渠道间关系经历一段时期后的结果（Anderson 和 Narus, 1990）。渠道满意是累积性的满意，与特定交易的满意是相对的。特定交易的满意是对特殊体验的评价，而累积性的满意更加倾向于一种抽象的概念，是基于过去的体验所做出的全面评价。尽管渠道成员可能对个别的事件表现出一种不满意的心理状态，但还是可能对总体的关系感到满意（Ping, 1993）。

33.2.2.2 渠道满意的构成

在早期的渠道研究中，学术界通常将渠道满意作为一个单一指标进行测量。有些研究者通过受访者对是否会继续选择该渠道成员的回答来测量渠道满意，并将肯定性回答作为"渠道满意"，将否定性回答作为"渠道不满意"（Hunt 和 Nevin，1974）。有些研究者用受访者对一个测项所做出的从"很满意"到"很不满意"间的选项来测量渠道满意（Rosenberg 和 Stem，1971；Wilkinson，1979）。

随着研究的深入，单一指标的测量方法开始受到研究者的质疑。有学者主张用多个指标来测量渠道满意（Dwyer，1980）。有些学者只是从经济方面的内容来测量渠道满意程度，将渠道满意界定为渠道成员对渠道伙伴的预期利润和实际利润之间差异的感知（Brown 和 Lusch，1991），或者将渠道满意界定为渠道成员在经济期望和渠道目标这两方面达成的程度（Brown 和 Frazier，1978），或者将渠道满意界定为渠道成员对渠道伙伴的角色绩效的认可程度（Skinner 和 Guiltinan，1985）。另外，有些学者强调从社会方面来衡量渠道满意，认为渠道满意是个社会性概念，是对关系互动体验的评价（Crosby 等，1990；Scheer 和 Stern，1992），是对关系互动的舒服程度（Dwyer 和 Gassenheimer，1992；Gassenheimer 和 Ramsey，1994）。

在渠道研究中，对渠道满意的构成有以下几种分类。

Ruekert 和 Churchill（1984）首先研究了渠道满意的构成，将渠道满意分为产品满意、财务满意、社会关系满意、协助满意和政策支持满意。该项研究对单一指标测量和多维度测量这两种测量方法进行了比较，证实了渠道满意单一指标的测量方法存在信度低、效度低和估计粗略等弱点，研究结果支持对渠道满意采用多维度测量方法。

Gassenheimer 等（1994）将渠道满意分为经济满意和非经济满意两个方面。Geyskens 等（1999）认为，渠道满意不是单一维度，渠道满意应分为渠道经济满意（Economic Satisfaction）和渠道非经济/社会满意（Non-economic Satisfaction/Social Satisfaction）。其中，渠道经济满意是渠道成员对渠道关系的经济产出进行评价后形成的一种正面的感受，表示渠道成员对于渠道关系的总体效率和经济产出的满意程度，以及对于渠道关系的目标达成的满意程度；渠道非经济满意是渠道成员对渠道关系的非经济方面进行评价后形成的正面的感受，表示渠道成员在心理方面的满足程度、舒服程度与随和程度。

Geyskens 等（1999）在归纳对渠道满意的研究后指出，渠道满意可以用经济产出来衡量，也可以更大程度地采用社会观点来衡量。理解渠道经济满意和渠道非经济满意之间的区别非常重要。从两个角度来理解渠道满意对于建立更加长期有效的渠道关系有重要意义。渠道成员的经济活动不仅产生经济满意，而且产生非经济满意，如果只从一个角度来理解渠道满意，将会阻碍渠道满意理论研究的发展。

33.2.2.3 渠道满意的作用

渠道满意能提高渠道成员的道德感，减少渠道关系中止的可能性，减少渠道成员间法律诉讼的可能性，减少渠道成员为了取得法律保护而进行的精力投入（Hunt 和 Nevin，1974）。渠道满意与渠道绩效两者之间有相互促进的作用（Robicheaux 和 El-Ansary，1975）。渠道满意提高渠道绩效（Lusch，1976b）。渠道满意影响渠道成员的道德感，进而影响渠道成员加入渠道合作行动的动机（Schul 等，1985）。渠道满意使渠道成员做出保持关系的决定（Anderson，1994），降低渠道成员退出关系的可能性（Singh，1988）。

33.2.2.4 与渠道合作的关系

在渠道研究中，渠道满意一直被视作渠道关系的一个结果变量，被视作渠道合作的结果变量（Anderson 和 Narus，1990）。渠道合作通过提高渠道成员的效率和促成渠道成员达成目标来提高渠道成员的满意程度（Anderson 和 Narus，1990）。Jap（2001）针对买卖双边关系的研究表明，渠道合作对渠道成员的满意程度有正面影响。渠道合作对渠道成员的经济满意和非经济满意都有正面影响（Andaleeb，1996；Selnes，1998；Rodolfo Vázquez 等，2005）。

33.2.3 核心基础理论

渠道合作研究涉及的理论较多，有社会交换理论、关系契约理论、公平理论、组织理论、归因理论、政治经济理论、博弈理论和关系营销理论等等。其中有三个理论在对渠道合作的研究中有着阶段性和基础性贡献，这三个基础理论分别是社会交换理论、契约关系理论和关系营销理论。

33.2.3.1 社会交换理论

交换是营销学的核心概念。在营销理论和实践中，营销与交换是两个不可分割的概念。市场营销学关注的是交换关系，是寻求解释交换关系行为的科学（Hunt，1983）。社会交换在政治经济学理论中占据中心的位置，将社会交换作为营销学的核心概念是众多学者所接受的观点（Achrol 等，1983；Stern 和 Reve，1980）。

Dwyer 等（1987）认为，许多研究将社会交换理论作为基础是基于以下四个方面：首先，交换是市场中各个主体之间关系的焦点。其次，交换为确定环境背景提供了框架式参考。再次，交换提供了机会以检查那些介入交换的客观的和心理上的领域。最后也是最重要的是，作为市场中的关键事件，它允许对市场买卖行为的过程和前提因素进行进一步的研究。尽管交换有着如此重要的作用，但是市场研究在很大程度上忽视了对买卖行为中关系方面的关注，倾向于将交换作为离散型交换来进行研究。

营销学起源于经济学。20 世纪 70 年代起，学术界将营销学从经济学领域拓展到了社会学领域，从而形成了现代营销学。社会学者提出的社会交换理论正是实现这一拓展的理论基础。在营销学中，渠道研究和渠道理论起源于 20 世纪 70 年代，从这一时期开始，营销学从经济学领域向社会学领域拓展。在渠道研究中，多数学者都将社会交换理论作为研究的核心基础理论。按照社会交换理论的观点，社会交换的进程可以被设想为一种至少是在两个人之间的交换活动，无论这种活动是有形或无形，有多少报酬或代价。社会交换理论提出了以下主要观点（张剑渝，2003）：一是社会原则，社会交换体现在一定的社会结构中。二是双向原则，社会交换认同自我利益动机，同时也认为只有当行为者的行为公正并为合作伙伴带来最大利益时，个人的最大利益才能实现。由于经济组织的决策受到特定社会结构、社会条件及对关系会在长时期内存在的预期等因素的影响，从长期来看，关系双方的利益和负担会是均衡的。三是从社会交换的角度来看，企业之间的边界会日益模糊化。在一个网络型的社会结构中，企业之间通过社会交换相互连接在一起。四是价值原则。社会互动发生的原因在于有些人控制着有价值的东西或必需品，并因此能够给他人以报酬。一个人为了使他人给自己报酬，往往不得不给他人提供报酬。一切社会行为都能依照报酬这一标准进行解释。

33.2.3.2 契约关系理论

在社会交换理论的基础上，契约关系理论进一步将社会交换划分为离散型交换和关系型交换。（Macneil，1978；1980）离散型交换与新古典经济学的假设相符合，假设单个交易与合作双方过去的关系以及未来的关系没有联系，只是一种产品和服务的所有权转移。在离散型社会交换中，交易的各方积极地追求自身的利益，其义务在很大程度上是通过经济与法律的手段来保证。与此相反，关系型交换明确地将交易置于一定的历史与社会环境氛围中，交易的产生与义务的执行均需遵照关系双方利益上的互利原则。离散型交换与关系型交换的主要区别如表 33-2 所示。

表 33-2　离散型交换与关系型交换的主要区别

	结构	离散型	关系型
定位性因素	时间	明确的开始和结束点，没有持续性	一个持续的过程
	交换方	交易双方	涉及多方，如管理方
	规则	简明声明，基本的商业规则	法律、传统商业规范、双方关系
	期望	涉及现时性利益冲突，未涉及未来	涉及未来
过程性因素	人身关系	最小性人身关系，涉及礼节性交流	人身关系强，涉及非经济性心理性满意，存在正式和非形式沟通
	规则	主要依据社会规划，受利己主义影响	规则随法律、自我规范、心理满意等影响而调整
	交换的能力	不涉及身份，不关注由谁来承担责任	高度身份化，特定对象
	处理利益冲突的机制	不涉及未来	涉及未来
	影响力	开始于许诺的开始，结束于许诺完成	影响力在过程中不断调整
	权利和义务的划分	交换双方划分明显	涉及共同利益和义务，并随着时间不断调整
	共同性行为	没有	共同致力于成效，并且不断调整

注：来源于 Macneil（1978，1980）。

Macneil（1980）认为，离散型交换的原型就是直接的钱物交易，与交换方的过去和将来在某一时间点是分离的。而关系型交换有几个关键的构成，其中最重要的是关系交换经历一个过程和一个时期，每个交换根据历史和对未来的预期来看待，对于将来合作的基础必须受到暗示或者清楚的假设所支持，或者必须得到信任支持和计划支持。关系型交换的参与者在社会交换中被认为有复杂的、个体的和非经济性的满意因素。参与交换方会投入更多的精力来定义和衡量交换的内容，第三方可能参与仲裁，同时还有一些机制设计来促成合作和解决冲突。

离散型交换与关系型交换的根本区别在于，关系型社会交换有一个时间期（Transpires over Time），每一个交换性行为都要从历史的和未来的两个角度来看待。同时，参与交换的双方希望能够得到复杂的、经济性的和社会性的交换成果。离散型交换是渠道关系概念得以建立的基础（Dwyer 等，1987）。

社会交换两种类型的划分在理论上直接促成了营销学理论从行为理论范式转向到关系营销范式，从而促成了关系营销理论的兴起，与之相对应，渠道研究热点也从渠道行为理论转向渠道关系理论。

33.2.3.3 关系营销理论

在服务领域，关系营销是指吸引、维持和提升客户关系的一系列活动（Berry, 1983）。在工业市场领域，关系营销是指一种持续的、长期的和互利的关系导向（Jackson, 1985）。

Morgan 和 Hunt（1994）指出，关系营销是一个对各行业都适用的概念，对工业品领域、服务领域和分销渠道领域都有适用性。他们将关系营销定义为所有旨在建立、发展和保持成功交易关系的一切活动，这一定义得到了学术界的普遍认同。Gronross（1996）提出"价值，交互和对话过程"理论，认为关系营销是识别、建立、保持并增强同客户以及其他主体的关系，同时在必要的时候终止这种关系，其目标是使各主体的经济和其他方面的利益得以实现，这一目标是通过相互交换和履行诺言来实现的。

关系的多边性和多维性导致了学者们对关系营销的多种理解。有的学者从微观角度研究关系营销的内涵，认为关系营销研究应该侧重研究企业与其终端客户的关系，他们提出的模型与古典双边关系模型相近。同时，许多学者认为古典双边关系模式只是各种关系模式的一种，关系营销从宏观角度上讲可以研究多种关系，如公司内部关系、公司横向关系（公司与竞争对手、政府部门、非营利性组织的关系）、公司与购买者的关系（公司与经销商的关系、公司与终端用户的关系）。

关系营销是对先前市场营销理论中的离散型交换的一种理念发展。Dwyer 等（1987）指出，理解关系营销的关键在于区别两种交换。一种是离散型交换，这种交换有一个明确的开始，持续时间较短，随着绩效迅速结束。另一种是关系型交换，这种交换需要追溯双方合作的历史，持续时间较长，是一个持续发展的过程。

为了构建一个可操作的应用体系，在关系营销理论中形成了两个重要的理论：一是 Morgan 和 Hunt（1994）提出的信任承诺理论，认为关系营销是所有的旨在建立、发展和维持成功的关系交换的营销活动。Morgan 和 Hun 认为，建立和维持关系交换的关键是信任与承诺，并且建立了一个以信任和承诺为关键中介变量的关系营销模型。二是 Gumsung（1997）提出的关系网络互动理论，认为关系营销是一种把营销看作关系、网络、互动的意识，其中，关系是各方之间的联系，网络是关系的集合，互动是关系和网络相互影响的活动。

学术界中有一个基本共识，即关系营销不局限于 B-B（Business to Business）交换活动，但却最适合于 B-B 交换活动。渠道合作是典型的、互依性很高的 B-B 交换活动，所以关系营销理论在对渠道合作的研究中有重要作用。

33.2.3.4 渠道研究的理论范式

社会交换理论、契约关系理论和关系营销理论是营销学发展历程中的核心基础理论，也是渠道合作研究的重要的基础理论。三种理论形成了渠道合作研究的理论主线。

首先，社会交换理论将营销学的研究从经济学领域拓展到社会学领域中。从交换行为的划分和归类上可见，社会交换理论将合作作为主要的研究对象。因此在社会交换理论下，渠道合作成了渠道研究的重点。在社会交换理论的指导下，渠道成员间的社会交换被标上渠道合作的标记。社会交换理论中的双向原则、利益原则、平等和嵌入社会结构等原则是渠道合作研究从开始到目前都一直遵循的基本原则。

其次，在社会交换理论的基础上，契约关系理论进一步将社会交换划分为离散型交换和关系型交换这两种类型，这就使营销学研究从行为理论范式转变到关系营销理论范式，渠道合作研究也从行为理论范式转变到关系营销理论范式。契约关系理论对时间维度的强调使渠道研究有了"从历史和未来的角度来考虑"这一指导原则。契约关系理论提出，离散型交换与关系型交换的过程性区别要素之一就是交换双方是否有共同的协调行动。基于此理论，渠道研究具有了"关注合作"的内涵特征，渠道关系研究具有了关注渠道合作的内涵特征。

最后，关系营销理论是社会交换理论和契约关系理论相互结合的成果。关系营销理论在社会交换理论和契约关系理论指导原则的基础上，形成了相互利益、合作、长期性和过程性等指导原则。在关系营销理论中，渠道合作的研究得到关注，研究着眼点得到转变。

营销渠道理论研究已有几十年历史，其中，涉及渠道合作的研究成果很多，难以从时间上进行文献解析。作者认为，只有在一个更高层次的理论框架下，才能对涉及渠道合作的影响因素的研究成果进行一个历程性、对比性和重点性的解析。本书采用渠道研究范式作为文献解析的主线。

渠道理论研究的每一次重大的发展都与研究范式的转换高度相关。范式（Paradigm）源自希腊词"Paradegima"，意指"共同显示"，并由此引申出模型、模式、范例、规范等含义。1962年，美国科学史学家库恩在《科学革命的结构》中提出了范式这一个核心概念，并将范式作为科学活动展开的基础和科学研究的思想工具。

传统的营销渠道研究主要有微观经济学范式（结构范式）和行为经济学范式（行为范式）这两个范式（Stern 和 Reve, 1980），随着关系营销理论的兴起，现代的营销渠道研究进入了关系范式。三个范式具体如下。

（1）结构范式。

结构范式的研究（二十世纪五六十年代）产生于经济学，从传统经济学角度出发，运用经济理论来研究渠道中的经济问题（涉及渠道分工、渠道成本降低、提高渠道经济产出、外部经济环境等问题），其缺陷在于无法解释渠道成员之间以关系为特征的过程。结构范式只考虑企业间功能上的相互依赖，没有考虑企业间的互动关系与社会性关系。结构范式主要是用营销学理论来解释营销渠道职能如何在各个渠道成员之间进行分配并且以此提高企业的经济效率，企业的渠道关系治理决策仅仅是在交易内部化还是外部化上进行选择。

（2）行为范式。

Anderson（1965）首创性地强调了研究商业合作的重要性，他认为，合作在经济行为中被传统性地当作一种竞争手段，经济学家眼中的竞争理论把竞争当成一种绝对而纯粹的竞争，缺少一种对商业合作的研究，甚至还缺少一种真正意义上的合作理念。由于结构范式的上述局限，行为经济学从1970年开始兴起。行为经济学以社会交换理论为基础，在心理学、社会学和组织理论中借鉴概念和理论，对渠道关系影响因素的研究涉及承诺、信任、沟通、权力、合作和冲突等行为因素。行为经济学主要着眼于研究控制各个渠道成员的绩效的机制设置，这种范式里的渠道治理主要指的是渠道权力的建立、应用及渠道冲突的解决（Frazier, 1983; Gaski, 1984; Hunt、Ray 和 Wood, 1985; Reve 和 Stern, 1979）。

（3）关系范式。

关系营销研究的兴起使渠道研究转向关系范式并形成了现代营销渠道研究。关系范式更关注商业活动的关键的社会方面，强调的是买方和卖方的长期关系和互利关系，强调对信任、合作、承诺和依赖等变量的关注（Styles 和 Ambler，2003）。

由上述可见，营销渠道研究可分为结构范式、行为范式和关系范式，营销渠道理论大体上可分为渠道结构理论、渠道行为理论与渠道关系理论。因为结构理论很少涉及对渠道合作的研究，渠道合作研究主要置于渠道行为理论和渠道关系理论中。随后，本书将分别在渠道行为理论与渠道关系理论这两个理论框架下对渠道合作的影响因素进行文献综述。

33.2.4 渠道行为理论对渠道合作影响因素的研究

在渠道行为理论中，对渠道的研究涉及渠道冲突、渠道权力、渠道依赖、渠道绩效等方面，研究重点是渠道冲突和渠道权力。

33.2.4.1 渠道冲突

渠道冲突是一个渠道成员察觉到另一个渠道成员正在进行妨碍或阻止他实现目标的行为，是渠道成员间一种敌对的或者不和谐的状态（Stern 和 El-Ansary，1992）。庄贵军认为，渠道冲突是一个渠道成员意识到另一个渠道成员正在阻挠或干扰自己实现目标或有效运作，或一个渠道成员意识到另一个渠道成员正在从事某种伤害、威胁其利益或以损害其利益为代价获取稀缺资源的活动。从 20 世纪 70 年代后期起，近 10 年的时间中，国外学术界对渠道冲突进行了大量的研究。

（1）内涵和分类。

早期的渠道冲突理论将渠道冲突作为渠道合作的对立面。早期的渠道研究通常采用两个维度的指标来测量渠道行为，将渠道行为分为渠道合作与渠道不合作这两个维度，或者将渠道行为分为功能性冲突和非功能性冲突这两个维度（Stern 和 Heskett，1965；Pearson，1972；Robicheaux 和 El-Ansary，1976）。有些学者将渠道冲突作为渠道合作的对立面（Gattoma，1978；Pearson 和 Monoky，1976）。

渠道冲突是一个动态发展的过程。Pondy（1967）对组织间的冲突进行了研究并且提出动态冲突模型。Pondy 认为，冲突应该是由一组具有次序的情景所组成，每一个情景建立在前一个情景的基础上，并且为随后的一个情景提供背景。其中，每一个情景又包括几个状态，它包括潜在冲突、感知冲突、情感冲突和显现冲突。渠道冲突也是一种紧张状态，这种紧张状态产生于对事实状态或希望的回应状态的一种不安，因此渠道冲突可分为行为状态和感觉状态（Raven 和 Kruglanski，1970）。学术界对渠道冲突的研究主要集中在渠道成员间的感知冲突和显形冲突上。

根据作用的不同，渠道冲突可分为渠道功能性冲突和渠道非功能性冲突（Anderson 和 Narus，1990）。渠道非功能性冲突对渠道关系有负面作用，与之相反，渠道功能性冲突的后果和产出对渠道成员的长期利益有正面作用。渠道功能性冲突对渠道成员提出了沟通改善和冲突解决等要求，在渠道成员间形成了更加公平的权力和资源的分配，促使渠道成员提高渠道绩效，促使渠道成员对渠道政策进行再评价并且增加渠道成员对环境的快速反应。

根据表现形式的不同，渠道冲突还可分为情感冲突和显现冲突。情感冲突是关系成员的敌对、失望和愤怒等负面情绪。有的研究中用慷慨、敌对和有害等情绪性测项来反映渠道冲突，有的研究用愤怒、失望、愤恨和敌对等项目来测量渠道冲突（Kumar，1998）。渠道显现冲突是一种行为反应，包括渠道成员间公开表达不赞同、或通过公开的行为来阻止渠道另一方的目标达成。显现渠道冲突的测量指标主要涉及冲突强度、冲突频率和冲突重要性三个内容。这三个指标的不同组合又形成了不同的渠道冲突程度的测量方法。

在渠道冲突研究中，学者们选择了不同的测量方法来测量渠道冲突。有的学者用冲突强度来测量渠道冲突，有的学者用冲突频率来测量渠道冲突，有的学者用强度和频度的综合指标来测量渠道冲突。有的学者认为，渠道冲突水平也依赖于冲突测项的重要性，对于渠道冲突，不重要的测项贡献小于重要的测项，因此应该考虑测项的重要性等级（Cadotte 和 Stern, 1979; Brown 和 Frazier, 1978）。Brown 和 Day（1981）指出在对渠道冲突的研究中，测量方法的混乱是一个普遍情况。

（2）成因和作用。

渠道成员间的相互依赖是渠道冲突的根源。如果没有相互依赖，渠道成员间就没有联系从而失去冲突发生的基础，渠道冲突是营销渠道中相互依赖关系的一个固有方面。许多学者认为渠道冲突来源于渠道成员间功能上的相互依赖，渠道成员专业化的趋势导致了渠道成员间更多的依赖性，从而增加了渠道冲突的可能性（Stern 和 El-Ansary, 1982）。

渠道冲突来源于渠道成员间有相互排斥或不相容的目标、价值或者利益等方面。Rosenbloon（2002）对渠道冲突的原因进行了归纳总结，认为渠道冲突原因可以归于以下7种基本原因中的一种或几种：角色对立、资源稀缺、感知差异、期望差异、决策领域有分歧、目标不一致和沟通障碍。同时，环境因素也可能导致渠道冲突，渠道冲突环境成因包括渠道成员不能控制的宏观经济状况、竞争环境、技术环境和社会文化环境等环境因素（Michman 和 Sibley, 1980）。庄贵军和席酉民（2004）证实了，在中国社会文化环境中，个人关系对渠道冲突有显著影响，渠道成员之间良好的私人关系可以化解渠道冲突。

33.2.4.2 渠道权力

（1）渠道权力的概念。

渠道权力是某一渠道成员对在不同分销层次水平上的另一渠道成员的经营决策变量的控制力和影响力（El-Ansary 和 Stern, 1972），是某一渠道成员控制另一个渠道成员行为的能力（Wilkinson, 1979）。在渠道行为理论中，渠道权力是理解渠道成员关系的一个基本概念。

在早期的渠道权力研究中，学术界认为渠道权力提供了渠道系统中的可预见性，是一种协调渠道成员合作行为和对渠道成员进行控制的手段（Etgar, 1978），通过渠道权力可以影响渠道合作和渠道冲突。基于这一原因，学术界对渠道权力进行了大量的研究。

El-Ansary 和 Stern（1972）最先对渠道权力进行了实证研究，虽然未能证实渠道权力、渠道依赖与渠道权力之间的假设关系，但是推动了渠道权力的实证研究。在对渠道权力的实证研究中，学术界主要得到以下结论：渠道满意与强制性权力负相关而与非强制性权力正相关（Hunt 和 Nevin, 1974; Wilkinson, 1980）。Etgar（1978）的研究表明，奖励性权力和强制性权力因素与渠道权力正相关。Wilkinson 和 Kipnis（1978）的研究发现，多数商业机构更多地使用非强制性权力因素和更少地使用强制性权力因素，同时非强制性权力因素的使用更有效。Brown 和 Frazier（1978）的研究表明，制造商对零售商的渠道权力与某些权力因素之间负相关（奖励权力、强制性权力因素），制造商对零售商的渠道权力越大，就会越少地使用渠道权力。Wilkinson（1979）的研究表明渠道权力与渠道满意之间没有相关关系。Etagar（1976）的研究表明渠道权力对渠道绩效有正面影响作用。Phillips（1981）的研究表明，批发商的依赖度与供应商对它的渠道权力正相关，供应商对批发商的渠道权力与批发商的对应渠道权力负相关。

Lusch（1976）认为渠道冲突与零售商的运作绩效负相关。然而，Pearson（1973）的研究认为，渠道冲突与渠道绩效之间没有相关关系。Dwyer（1980）的实验性研究表明，渠道满意与渠道合作正相关，渠道冲突与渠道满意负相关，渠道合作与渠道非强制性权力来源正相关，渠道权力与渠道满意负相关。

Gaski（1984）在归纳先前的渠道权力研究时指出，渠道权力研究有下列的局限性。

首先，在以前的渠道权力研究中，有些研究并未对渠道权力是否运用进行区分。例如，在渠道中，渠道成员对渠道伙伴的粗鲁式制裁是一种强制性权力使用，会导致渠道伙伴不满意和渠道冲突。但是，不使用粗鲁式制裁可能会被渠道伙伴认为是一种善意的克制，会提高渠道伙伴的满意程度，并减少渠道冲突。协助（非强制性权力使用）会被渠道伙伴接受，但是协助的停止则不被渠道伙伴接受。因此可见，渠道权力的使用与否对渠道满意和渠道冲突有不同的影响作用，在先前的渠道权力研究中，有些研究未对渠道权力的是否运用进行区分。

其次，在渠道权力研究中，许多学者都采用了强制性权力与非强制性权力的分类法。但是，如果要考虑权力是否使用这一问题，对渠道权力的测量就会变得很复杂，如提供服务可作为一种奖励性权力因素，但是不提供这种服务又会作为一种处罚性权力。及时交付是一种奖励性权力使用，但是迟延交付却表达了一种惩罚。先前许多学者在研究时没有考虑强制性权力和非强制性权力的相互转换性。

最后，在学术界，渠道权力通常有两种定义，第一种定义将渠道权力视为改变渠道伙伴行为的能力，第二种定义将渠道权力视为改变渠道伙伴行为的事实。在先前渠道权力研究中，许多学者采用第一种定义，同时又用第二种定义来进行渠道权力的测量，或者在一项研究中同时测量了渠道权力的两种定义。

（2）渠道权力的内涵和分类。

在对渠道权力概念的界定上，学术界有两个分支。一个分支认为渠道权力的内涵是能力，认为渠道权力是某个渠道成员为了自身目标而影响另一个渠道成员行为的能力，另一个分支认为渠道权力的内涵是依赖，认为渠道权力是某个渠道成员对另一个渠道成员的依赖程度（Gaski, 1984）。

依照社会心理学家 French 和 Raven（1959）提出的权力来源因素，渠道权力可分为奖赏因素、惩罚因素、法律因素、感召力因素和专长因素这五种因素。奖赏因素是指对渠道成员满足其要求的奖赏；惩罚因素是指对不按其要求行事的渠道成员的惩罚与威胁；感召力因素是社会形象或产品形象对渠道成员的影响能力；专长因素是专有知识和技术对渠道成员的影响能力；法律因素是合同和传统的法律观念对渠道成员的影响能力。有的学者将信息因素也作为一种权力因素，权力因素是向渠道成员提供有用信息，或者向渠道成员解释其无法理解的信息。

因为权力因素的划分不利于对渠道权力开展实证研究，所以，学者们根据研究的环境和行业的不同，对渠道权力进行了以下分类。

第一，依据渠道权力来源因素的强制性与否，有的学者将渠道权力分为强制性权力和非强制性权力。其中，强制性权力包括惩罚因素和法律因素，非强制性渠道权力包括奖赏因素、专长因素及感召力因素（Hunt 和 Nevin, 1974; Dwyer, 1980; Wilkson, 1981; Gaski, 1984; Gaski 和 Nevin, 1985）。Kasulis 和 Spekman（1980）又将法律因素分为不成文的法律因素（渠道成员在观念上认为有义务遵循渠道伙伴的某些要求）和成文的法律因素（同法律合同相关的法律因素）。

第二，依据权力来源因素是否对渠道成员的观念产生影响，有的学者将渠道权力分为直接权力和间接权力。其中，直接权力包括奖赏因素、成文的法律因素和惩罚因素，间接权力包括信息因素、感召力因素和不成文的法律因素（Brown 和 Frazier, 1978; Johnson 和 Brown, 1995）。

第三，依据渠道权力来源因素的经济性，有的学者将渠道权力分为经济性权力和与非经济性权力。其中，经济性权力包括奖赏因素和惩罚因素，非经济性权力包括法律因素、专家力因素和感召力因素（Lusch 和 Brown, 1982）。

第四，根据日本经销商对渠道权力的理解，Johnson Sakano 和 Onzo（1983）将渠道权力分为培养式权力和命令式权力，前者包括惩罚因素、感召力因素和法律因素，后者包括奖赏因素、专长力因素和信息因素。

第五，根据中国经销商对渠道权力的理解，张黎和 Marsha A. Dickson（2004）将渠道权力分为侵略性权力和非侵略性权力，前者包括惩罚因素、奖赏因素和法律因素，后者包括专家力因素、感召力因素和信息因素。中国经销商习惯将法定法律因素和传统法律因素归为一种法律因素，并将其作为侵略性权力的一种来源因素。

33.2.4.3 渠道权力与渠道冲突的研究小结

渠道冲突与渠道权力研究兴起于美国，研究主要集中在1970—1985年，此后，美国学术界中对渠道权力和渠道冲突的研究出现下降趋势，而在欧洲、日本、印度和中国等国家出现上升趋势。许多学者，如 Kale（1986）、Frazier 和 Kale（1989）、Don Y. Lee（2001）和庄贵军（2004）等学者都根据所在国家和行业的情况，对渠道冲突和渠道权力进行了深入的研究，主要集中在对渠道权力的重新分类和渠道冲突的原因细分研究上，集中在渠道权力与渠道冲突之间影响关系的验证上。

（1）成果集中在渠道冲突与渠道权力的关系研究上。

在渠道行为理论中，渠道权力与渠道冲突的研究成果主要集中在两者间的相关关系上。主要的研究结论有：渠道冲突与奖赏性和惩罚性因素使用正相关，与感召性和专家性因素使用负相关（Stern, 1970）；强制性权力与渠道冲突正相关，与渠道满意负相关，而非强制性权力恰好相反（Hunt 和 Nevin, 1974; Lusch, 1976; Gaski 和 Nevin, 1985）；经济性权力会加剧渠道冲突（Brown 等，1980）；间接权力会缓解渠道冲突，直接权力会加剧渠道冲突（Johnson, 1990）。

为了获得详尽的研究成果，Graski 和 Nevin（1985）对渠道权力、渠道权力使用和渠道冲突的关系进行了研究，研究结果发现，渠道权力与渠道奖励性权力因素与奖励性权力因素的使用正相关，与强制性权力因素大小无关，与强制性权力因素的运用负相关。渠道冲突与强制性权力因素正相关，与强制性权力因素的运用正相关，与非强制性权力因素负相关，与非强制性权力因素的使用负相关。渠道满意与强制性权力因素和强制性权力因素的运用负相关，渠道满意与奖励性权力因素与奖励性权力因素的使用正相关。渠道权力的使用对其他变量的作用明显高于权力因素的大小。

（2）在分类和测量上存在明显分歧。

首先，学术界在渠道冲突的测量上也有明显分歧。渠道冲突可分为功能性冲突和非功能性冲突（Anderson 和 Narus, 1990），同时，也可分为情感冲突和显现冲突。在学术界，一些学者研究的是渠道冲突感觉，认为渠道冲突是渠道成员的敌对、失望和愤怒等负面情绪，然而，一些学者研究的是渠道冲突行为，认为渠道冲突是渠道成员公开表达不赞同、公开阻止另一方目标达成等行为。学术界在渠道冲突的内涵上的分歧导致了测量方法上的分歧，从而导致了研究结论上的差异。

其次，学术界在渠道权力的测量上也有明显分歧。在渠道权力研究中，一些学者测量的是渠道权力的使用情况，一些学者测量的是渠道权力因素，一些学者测量的是渠道权力。Gaski（1984）指出，渠道权力有两个定义，一个是有能力改变渠道伙伴的行为，另一个是事实上的改变渠道伙伴的行为，而许多实证研究在将前者作为渠道权力的定义的同时，却又用第二种定义来进行变量的测量，或者同时测量两种定义。

由于学术界在渠道权力和渠道冲突的分类和测量上存在分歧，渠道冲突和渠道权力的研究朝着复杂化的方向发展。渠道权力研究从渠道权力状态研究发展为渠道权力使用状态的研究，渠道冲突研究发展为在不同经济文化背景下的具体研究，渠道冲突和渠道权力研究中涉及的变量越来越多，研究越来越复杂。

（3）在研究方法上有一定的局限性。

在先前对渠道冲突和渠道权力的研究中，许多研究采用的数据分析方法是 t 检验、相关分析和回归分析。例如，Dwyer（1980）以学生作为样本对象，采用实验法来研究渠道权力、渠道权力对称、渠道冲突和渠道满意的关系。Wilkinson 和 Kipnis（1978）通过对学生的访谈来研究渠道权力因素与对称性渠道权力的相关关系。Etgar（1978）以 99 家啤酒零售商作为访谈对象，研究了渠道权力与渠道权力因素的相关关系。Brown 和 Frazier（1978）以 26 家汽车零售商作为访谈对象，研究了渠道权力因素、渠道权力、渠道冲突和渠道满意之间的相关关系。Wilkinson（1974）以 50 多名耐用消费品的供应商、制造商和零售商作为访谈对象,研究了渠道权力与渠道权力因素的关系。

渠道权力、渠道冲突、渠道满意等变量都是涉及心理和行为的变量都是潜变量(Latent Variable),不能准确和直接地测量。传统的统计方法不能妥善地处理这些潜变量,传统回归方法在分析时,虽然允许因变量含测量误差,但需要假设自变量是没有测量误差的。实际上,涉及心理的变量都多少存在测量误差。

在渠道冲突和渠道权力研究中,关键信息者是一个突出问题。社会研究如要取得组织信息,其研究对象应该在组织中占有相应的位置并对关键性信息有全面的了解,对此,Phillips(1981)指出,对渠道权力、渠道冲突的信息的报告依赖于报告者在组织所处的位置是否能获得关键的信息,这是渠道权力与渠道冲突研究中普遍存在的局限问题,Phillips认为先前渠道权力和渠道冲突研究的结论有很大的可质疑性。

(4)涉及渠道合作的实证结果有局限。

在渠道行为理论中,有些学者认为渠道合作与渠道冲突是管理渠道交换关系的两个方面,渠道冲突是阻碍渠道双方共同目标的达成,与之相反,渠道合作是为达成双方目标的一种努力(Stern和Reve,1980)。有些学者将渠道合作看作是渠道满意的一种现象(Anderson和Narus,1990),有些学者将渠道合作看作是渠道冲突的反面(Lusch和Brown,1982)。

渠道合作与渠道冲突是相对立的两种渠道行为,减少渠道冲突将会导致渠道合作。这个观点是以渠道冲突和渠道权力为研究中心的渠道行为理论的理论前提。然而通过文献检索,作者发现,这个观点并未得到可靠的实证研究支持。在渠道权力与渠道合作的关系上缺乏有力的实证研究支持,同样,在渠道冲突与渠道合作的关系上也缺乏有力的实证研究的支持。作者发现仅有两项研究对渠道冲突、渠道权力同渠道合作的关系进行了直接的实证研究。

第一项是Skineer(1992)的实证研究。Frazier(1983)认为,渠道合作与渠道冲突(尤其是显形冲突)之间有反向关系,认为渠道冲突的解决导致渠道合作的增强。为了验证这一假设,Skineer(1992)对电器经销商进行了实证研究。研究结果表明,渠道冲突对渠道合作有直接的负面影响,强制性权力因素对渠道合作有直接的负向影响,非强制性权力因素对渠道合作有直接的正面影响,非强制权力因素对渠道冲突有显著的直接正面影响,强制性权力因素对渠道冲突有直接的反向影响。但是,在此项研究中,Skinner将渠道合作定义为某一渠道成员同渠道伙伴采取的共同行动和意愿,然而,渠道合作的测项却大多数是表现渠道合作的意愿程度,因而未真正体现渠道合作的"共同行为程度"的本质内涵。

第二项是庄贵军和周筱莲(2004)的实证研究。该研究对中国工商企业之间的行为关系进行了实证研究。研究结果表明,在中国工商企业的渠道行为中,一个渠道成员的渠道权力越大,它将越倾向于少使用强制性权力,而更多地使用非强制性权力;使用强制性权力会导致较高水平的渠道冲突,而使用非强制性权力对渠道冲突没有显著影响;强制性权力使用对渠道合作有负面影响,而非强制性权力使用对渠道合作有正面影响。但是,此项研究把渠道合作定义为渠道成员所采取的共同行动或共同行为的意愿,研究时却主要是从渠道成员的渠道合作意愿方面来测量渠道合作。

(5)不利于对渠道合作的研究。

1972—1985年,学术界对渠道的研究的重点是渠道冲突和渠道权力。对渠道冲突的关注来源于这样一个理论假设:渠道冲突是渠道合作的对立面。在渠道冲突研究的初期,学术界就主张通过控制和减少渠道冲突来增强渠道合作,Frazier(1983)明确提出渠道冲突的解决将会导致渠道合作。基于以上原因,对于渠道合作,学术界的研究是以渠道冲突入手,研究如何有效地通过渠道权力控制和权力使用,从而实现渠道关系控制位置的占优。对此,Frazier(1983)指出,渠道合作绝不单纯地是一种低度渠道冲突状态。渠道成员尽管有较高的渠道冲突，但是还会进行渠道合作，这或许是因为退出成本太高等多种原因，渠道冲突的研究绝不能够取代对渠道合作的研究。

对于渠道行为理论，Stern 和 El-Ansary（1992）认为，渠道理论和研究的主格调一直是渠道冲突。他们主张，渠道权力的使用对渠道合作至关重要，因此，渠道权力必须得以使用以获得较高的渠道合作效果和取得满意的渠道绩效。

对于渠道冲突和渠道权力研究，Stern 和 Reve（1980）、Sheth 和 Gardner（1982）批评性地指出，解析渠道交换行为的进展已经被不完整和不恰当的概念架构所阻碍，在渠道研究上，实证研究被局限于一个范围中，在这个范围中，实证研究主要集中在渠道成员如何认知和运用权力上和渠道冲突的前因和后果研究上。Frazier（1983）也提出了同样的观点，并主张学术界建立一个对渠道交换更为系统的概念框架，主张在以社会交换理论为基础的框架下，通过对渠道中多种关系要素的解析，对渠道交换行为进行更加系统和全面的研究。

对于渠道冲突和渠道权力研究，Young 和 Wilkinson（1989）认为，在对渠道冲突的研究中，将权力和冲突作为关键点，将会损害对渠道运作的理解，因为这会强调渠道间病态关系，而不是健康的渠道关系。

Mongan 和 Hunt（1994）认为，信任和承诺是关系营销的关键，成功的渠道关系与信任和承诺密切相关，而不是与渠道权力或其他控制性因素密切相关，先前的渠道研究以渠道权力和渠道冲突为中心的原因在于缺少一种更好的理论来理解和分析渠道合作。Mongan 和 Hunt（1994）还指出，信任承诺理论不是要忽视渠道权力理论的重要性，而是因为在渠道关系中存在病态的和健康的渠道关系，存在有功能性和非功能性的渠道关系。如果研究目标是成功的渠道关系，那么渠道权力就绝对不是个关键变量。

33.2.5 渠道关系理论对渠道合作影响因素的研究

20 世纪 80 年代中期至 90 年代中期，营销研究出现了一个根本性的变化，即营销理论由行为范式向关系范式转变。Webste（1992）将之称为营销领域的根本性变革。一些学者将这种变化称为一种真正范式意义上的改变（Kolter, 1991; Parvatiyar、Sheth 和 Whittington, 1992）。在渠道关系理论中出现了关系契约（MacNeil, 1980）、关系营销（Anderson 和 Narus, 1990）、共生营销（Varadarajan 和 Rajaratnam, 1986）、战略协同（Day, 1990）、市场性协同（Arndt, 1983; Berry 和 Parasuraman, 1991）等概念。

在渠道关系理论中，对渠道的研究主要涉及渠道合作、信任、承诺、渠道满意、关系化、特殊资产投资和长期关系导向等渠道关系要素。尽管信任和承诺的概念在 20 世纪 70 年代就已提出，然而在渠道行为理论中，并没有得到学术界的关注，直到 20 世纪 80 年代中期后，随着渠道关系理论的兴起，信任和承诺才成为渠道研究中的重点。

33.2.5.1 信任

20 世纪 80 年代中期起，西方的营销渠道发生了一个根本性变化。企业普遍相信，通过及时生产系统（JIT）和电子数据交换系统（EDI）等先进技术，可以有效地减少供应商或经销商数量，从而明显地降低运作成本，因此，企业开始削减供应商或经销商的数量。渠道合作伙伴数量的减少有助于企业与渠道合作伙伴之间更加深入地开展新产品开发和市场扩张等渠道合作活动（Johanson 和 Mattson, 1985）。渠道伙伴数量的减少增加了企业所面临的渠道伙伴的机会主义行为的风险程度，在此情况下，渠道成员之间的信任对渠道关系的维护和发展的作用显得尤为重要。在美国，大型公司如高露洁等实施渠道变革，建立了以信任为基础的分销体系；在欧洲，如喜力啤酒、荷兰阿霍德集团等公司都分别与经销商或供应商建立起了相互信任的渠道关系。

信任在社会交换理论中被广泛研究。社会交换理论一直将信任作为社会交换中的一个基本和不可或缺的要素，认为从不信任再到不信任将会降低承诺并且促使交换行为走向短期交易（McDonald, 1981）。

信任是社会交换理论的核心概念。在组织行为学中，信任被作为区别传统组织经济学和组织管理学的关键性特征（Barney, 1990; Donaldson, 1990）。在服务市场，Berry 和 Parasuraman（1991）认为顾客和公司关系需要信任。在战略协同领域，Shernan（1992）认为战略协同最大的阻碍就是没有信任。Schurr 和 Ozanne（1985）对买卖双方谈判的研究发现，信任是导致谈判双方合作性解决问题和进入建设性谈判阶段的关键要素。

Dwyer（1987）首先主张渠道理论界关注对信任的研究。此后，渠道研究者们对信任进行了大量的研究（Andaleeb, 1991; Andaleeb 等, 1995; Anderson 等, 1987; Anderson 和 Weitz, 1988; Anderson 和 Narus, 1990; Crosby 等, 1990; Dahlstrom 和 Nygaad, 1995; Dion, 1991; Ganesan, 1994; Geyskens 和 Steenkamp, 1995; Kumar 等, 1995; Rose 和 Young, 1991; Scheer 和 Stern, 1992），研究主要集中在信任的内涵、构成、影响因素和影响作用上。

（1）定义与内涵。

在渠道研究中，Anderson 和 Narus（1990）将信任定义为公司对另一方公司的一种信心，这种信心是相信另一方公司将采取对我方有利结果的行为，而不会采取对我方不利结果的行为。Moorman 等（1992）认为信任的行为意愿是信任概念的关键。如果一方相信另一方是值得信任的，但是却没有去依赖对方的意愿，那么信任就受到了限制。因此，Moorman 等（1992）提出，信任是一种愿望并且将信任定义为"交换的一方对于那些他具有信心的交换伙伴的一种依赖的愿望"。对此，Morgan 和 Hunt（1994）认为，依赖只是信任的一种结果，信任的本质还是信心的意愿，而不是意愿的行为结果。据此，Morgan 和 Hunt（1994）将信任定义为"关系一方对交易伙伴的可靠性和正直性的信心"。

在渠道研究中，还有许多学者对信任进行了解释。Sabei（1993）认为信任就是合作各方坚信没有一方会利用另一方的脆弱点去获取利益。Rousseau（1998）认为信任是一种基于对他人意图和行为的正面预期而产生的一种愿意接受伤害性的心理状态。Jap 和 Weitz（2000）认为信任是渠道中的一方可靠地预测另一方的行动的能力，相信对方即使拥有机会也不会采取机会主义行为。

Doney 和 Cannon（1997）认为，信任是信任对象表现出来的可察觉的可靠性和善意，其中，可靠主要是指交易方的可信赖程度，即相信交易方的承诺与行为是可依赖的和值得信赖的；善意则是指交易方会考虑对方的利益，即有善意的交易动机。

Geyskens 等（1998）对渠道信任的研究成果进行了归纳总结，指出在渠道研究中，大多数学者将信任定义为渠道成员相信渠道伙伴的可靠性和善意性的程度。其中，可靠信任是相信渠道伙伴是可靠的、诚信的并且能完成其承诺的义务（Anderson 和 Narus, 1990; Dwyer 和 Oh, 1987）；而善意信任是相信渠道伙伴真正地关心他的利益（福利），并且愿意为了共同的利益而努力。善意信任体现在相信有善意的渠道成员会将单方面的既得利益置于双方的长远利益下（Anderson 等, 1987; Crosby 等, 1990），不会采取会对另一方不利的意外行动（Anderson 和 Narus, 1990; Andaleeb, 1995）。善意信任关注渠道伙伴的动机和意图，这种动机和意图更多地来源于渠道伙伴的自身因素，而不是渠道伙伴的特定行为（Rempel 等, 1985），主要涉及稳定性、持续性和控制性等由渠道伙伴的行为表现出来的行为模式因素。

由上述可见，渠道中的信任有两个内涵。第一，承担不确定性和风险是信任的先决条件，信任反映出对他人行为的正面期望。Dwyer 等（1987）指出，在义务履行方面，信任是指关系中一方的文字或诺言会被履行的程度，在风险承担方面，信任包含了信赖和风险这两个主要的内涵。第二，信任的最终指向是利益保证。信任是相信伙伴一般不会实施对企业有负面产出的行动（Anderson 和 Narus, 1990; Anderson 和 Weitz, 1992）。信任是相信他方会以最佳行动带给己方利益的信念，或是相信己方的需求在未来会被对方满足（Anderson 和 Weitz, 1989）。Anderson 和 Narus（1990）指出，一旦建立了信任，企业共同努力的结果将超过建立在自身利益最大化行为上的结果。

（2）信任的测量。

尽管大多数学者在信任的内涵和定义的看法上较为一致，但是在信任的测量方法上存在分歧。在渠道实证研究中，许多学者都采用一个总体指标即单一维度的指标来测量信任（Anderson 和 Narus, 1990; Anderson 和 Weitz, 1989）。采用单一维度测量的方法是基于 Larzelere 和 Huston (1980) 的观点。Larzelere 和 Huston (1980) 认为，尽管善意与可靠在概念上存在区别，但是在实际中，他们之间往往是结合在一起，以至于不能分别地发生作用。Geyskens 和 Steenkamp (1995) 和 Kumar (1995) 的研究将信任分为两个维度，但是在分析时将两个维度的平均分作为总的信任测量分。在对信任的研究中，一些研究只包括了信任中的善意信任（Anderson 和 Narus, 1990）。也有一些研究采用两个维度（Childers 等, 1984; Crosby 等, 1990），还有部分学者将信任作为多维度的变量（Ganesan,1994; Geyskens 和 Steenkamp, 1995; Kumar, 1995）。

Ganesan（1994）在研究中对信任同时采用一维、两维和三维的测量方法，研究结果发现把信任作为两维变量的测量方法的验证拟合度较好，信任的两个维度与渠道关系的其他变量之间有不同的关系。其中，卖主的名声对经销商的可靠信任有显著的正面影响，而对经销商的善意信任没有显著的影响。零售商的特殊资产投资对于卖主的可靠信任有正面影响，但是对卖主的善意信任没有影响。可靠信任对于渠道的长期关系导向有显著的正面影响，而善意信任对于渠道的长期关系导向没有显著的影响。

Geyskens 等（1998）对渠道信任的研究指出，对信任采用一维变量还是二维变量，还是一个有待检验的问题，检验的标准主要是看哪一种分法为研究带来实质性的好处。

（3）信任的影响因素。

信任是关系营销中的一个重要变量，有许多学者对影响信任的因素进行了研究，认为以下因素影响渠道成员之间的信任。

渠道经济绩效。Anderson 和 Narus（1990）在研究中用比较水平的产出（Outcomes Given Comparison Level）来表示渠道经济绩效；Kumar（1995）的研究用给定比较水平产出（Outcomes Given Comparison Level for Alternative）来表示渠道经济绩效；Crosby（1990）在研究中用渠道伙伴的销售业绩来表示渠道经济绩效。尽管表达方式不同，学者们普遍认为，经济绩效产生信任，经济绩效与信任有较强的相关关系。（Anderson 和 Narus, 1990; Ganesan, 1994; Scheer 和 Stern, 1992）。许多学者认为较高的渠道经济绩效增加渠道成员的信任程度，当渠道经济绩效较低时，渠道成员会产生失败感并且会责备渠道伙伴，从而降低对渠道伙伴的信任程度。过去的渠道绩效高时，企业更加倾向于认为渠道伙伴会遵守当时的承诺，企业会更加信任渠道伙伴（Anderson 和 Narus, 1990; Scheer 和 Stern, 1992; Frazier, 1983; Kumar, 1995; Scheer 和 Stern, 1992）。其中，Frazier（1983）强调，当经济产出高时，企业会将功劳归于渠道伙伴，从而更加为渠道伙伴所吸引并且更加信任渠道伙伴；当经济成果低时，企业会受挫并将原因归于渠道伙伴并且降低对渠道成员的信任度。

渠道合作是信任的前提性影响变量，对信任有正面影响作用（Anderson 和 Weitz, 1989; Anderson 和 Narus, 1990; Crosb, 1990）。Geyskens 等（1998）认为，渠道中的结构性变量和行为性变量对信任有显著的正面影响作用，环境不确定性对信任有较轻的正面影响作用。

（4）信任的作用。

信任是战略性合作关系中的中坚基石（Spekman, 1988）。社会交换理论对信任的理解是通过互惠收益这个概念来把握的，认为从不信任到不信任将降低对交换关系的承诺度，同时使交换关系朝着更加短期的方向发展（McDonald, 1981）。信任是承诺的主要决定性因素（Achrol, 1991）。

信任是关系营销研究领域广泛考察和确认的架构之一（Crosby、Evans 和 Cowles, 1990; Morgan 和 Hunt, 1994; Wilson, 1995）和企业间关系的核心要素。许多研究（Dwyer 等, 1987; Andaleeb 等, 1992;

Morgan 和 Hunt, 1994; Ganesan, 1994) 都证实了信任在渠道关系的建立和维持中起到了中心的作用。有研究表明，信任是前提变量与结果变量的中介变量 (Anderson 和 Narus, 1990; Ganesan, 1994)。这些研究认为，信任虽然在其中没有完全的中介作用，但是起到关键的中介作用。Ganesan (1994) 实证了依赖和信任在各种前提因素对长期关系导向的影响作用中存在关键中介作用，研究还指出，依赖和关系投资对长期关系导向的解释是不完整的，必须要考虑信任在其中所发挥的关键中介作用。

许多研究证明了信任与渠道合作正相关，信任提高了渠道合作，渠道合作是关系营销成功的关键 (Anderson 和 Narus, 1990; Andaleeb, 1991; Ganesan, 1994; Morgan 和 Hunt, 1994)。一旦信任建立起来，渠道成员将了解到通过渠道合作可以达到任何单独一方的自利性行动 (Anderson 和 Narus, 1990)。

许多研究表明，信任正面影响渠道满意 (Anderson 和 Narus, 1990; Dwyer 等, 1987; Syed Saad Andaleeb, 1996)。其中，Anderson 和 Narus (1990) 认为，渠道满意是工作关系的集中性结果，渠道满意是信任的结果性变量，渠道满意是对关系的完成情况的总体评价，信任正面影响渠道满意。长期来看，信任性的渠道关系很有价值，有助于提高渠道成员对渠道关系的承诺程度 (Ganesan, 1994; Morgan 和 Hunt, 1994)。

Geyskens 等 (1998) 对渠道满意的研究进行了归纳，指出在环境不确定性、强制性权力使用、沟通和经济产出这四个变量对渠道满意的作用中，有 49% 的效果是通过信任来实现的。他们的研究表明，渠道关系不是环境和权力结构的囚徒，而更多地取决于信任是否能有效地建立。在渠道关系中更应该关注信任的作用。研究同时指出，渠道中对信任的研究都是以美国和欧洲等西方国家为主要的研究对象，缺少对东方国家的研究，缺少对发展中国家的研究。

在近期的渠道研究中，信任被看作是企业与经销商间进行社会交换的重要资产，成为企业运作和发展的重要前提 (Payan, 2006; Razzaque 等, 2003)。信任不仅是渠道关系交换的重要特征，也是一种有效的关系治理策略，是用于管理和增强渠道伙伴合作关系的有效方式 (Yilmaz 等, 2005; Lusch 等, 2003)。信任可以保持渠道的健康与和谐 (Liu 等, 2006)。

33.2.5.2 承诺

承诺是社会交换理论中的一个核心概念，是区别社会交换理论与经济交换理论的一个核心概念 (Cook 和 Emerson, 1978)。McDonald (1981) 认为，各种类型的交换关系的主要区别在于，有无相互信任和承诺来建立和维持这种交换关系。

承诺也是组织理论中的关键概念。对于组织而言，组织承诺在员工激励和组织文化积累等方面起到有益作用 (Farrell 和 Rusbult, 1981; Williams 和 Anderson, 1991)。

20 世纪 80 年代末期，欧美市场的渠道关系发生了显著变化，随着市场竞争的加剧，制造商需要经销商帮助他们在市场中获取竞争优势，从而为市场提供良好的产品和客户服务。制造商需要通过一个较长的时期来建立一个高效的分销体系。制造商日益看重这种需要较长时期才能建立起来的渠道关系。Anderson 和 Weitz (1992) 用承诺来代表这种长期关系导向，认为承诺增强渠道合作，并且提高渠道双方的经济收益。Ganesan (1994) 认为，在渠道关系中，长期关系导向与短期关系导向有着根本区别，短期关系导向关注通过高效率的市场交换来增加交换利润，而长期关系导向关注通过关系交换来增加交换利润。关系交换是通过联合性的协同效应来保证效率，关系交换建立在双方系列的交换行为基础上。

从 20 世纪 80 年代末期起，欧美国家的许多制造商逐步放弃了对渠道权力的经常使用，更多地将渠道成员看作渠道伙伴，以长期关系为导向来协调渠道关系 (Anderson 和 Wetitz, 1992; Anderson 和 Narus, 1990; Dwyer 等, 1987; Heide 和 John, 1990; Spekman, 1988)。承诺体现一种长期的渠道关系定位 (Narus 和 Anderson, 1986)，承诺的动机在于提升渠道的客户价值和降低渠道的总体成本，进而提高渠道绩效 (Stern 和 El-Ansary, 1992)。渠道关系发展的一个重要阶段就是渠道成员增加对渠道关系的承诺程度

(Dwyer 等, 1987; Anderson 和 Weitz, 1992), 承诺程度的增加提高了渠道成员对渠道关系的预见性和处理的灵活性, 保证了渠道成员对渠道关系采用具有建设性的处理策略 (Buchanan, 1992)。

(1) 承诺的内涵。

Dwyer (1987) 认为, 承诺是交换一方对双方关系持续性的一种显形的或者是隐形的保证。Anderson 和 Weitz (1992) 认为, 承诺是发展稳定关系的渴望, 是为了维持关系而愿意付出短期利益损失的意愿, 是对未来关系稳定的信心。Gundlach 等 (1995) 认为, 承诺是与合作伙伴维持长期关系并愿意投入努力来维持这种长期关系的一种意愿。Moorman 等 (1992) 认为, 承诺是保持有价值的关系的一种愿望。Morgan 和 Hunt (1994) 认为, 承诺是交换一方认为与另一方目前的关系是如此重要, 以至于愿意付出最大的努力来维持这种关系。在学术界中, 对承诺的主流研究是从态度或意向的角度来阐述承诺。

承诺超越了关系成员从当前收益和成本角度上考虑的对关系另一方的评估。承诺意味着承诺的一方愿意从一个长时间的角度来对待关系, 承诺超越了对渠道伙伴的当前关系利益和关系成本的简单评价, 承诺的含义是稳定和牺牲 (Anderson 和 Weitz, 1992)。

承诺是一种着眼于未来的态度, 反映出一种将与对方建立长期关系并从长期关系中受益的意愿。承诺是积极地建立一个稳定的商业关系的意愿, 承诺减小了关系解散的可能性。在渠道中, 承诺是渠道成员将会克服不可预料的问题并努力维持渠道关系的一种态度 (Ganesan, 1994)。

承诺包括态度成分 (Attitudinal Component) 和时间成分 (Temporal Dimension), 态度成分表示企业愿意尽力投入与维持渠道关系, 时间成分表示企业希望渠道关系能够得到持续和发展 (Gundlach 等, 1995)。

综上所述, 承诺的实质是一种关系长期导向。这种长期导向表示, 渠道成员愿意做出短期牺牲以实现渠道关系的长期利益。在渠道关系中, 承诺表现在为渠道伙伴雇用更专业的员工、允许渠道伙伴进入排他性的市场区域、为渠道伙伴提供排他性的分销渠道以及对渠道伙伴进行特殊资产投资等方面 (Anderson 和 Narus, 1987; Anderson 和 Weitz, 1992)。

(2) 承诺的分类。

根据承诺动机的不同, Kumar 等 (1994) 将承诺分为情感承诺 (Affective Commitment) 和权衡承诺 (Calculative Commitment)。其中, 情感承诺表明一方对延续关系的愿望, 是对交易伙伴的总体正面感觉, 表明了一方喜欢去维持关系的程度。权衡承诺表示一种负面导向的动机, 表示企业延续关系的动机是由于它不能容易地更换其现有的伙伴, 或者它不能在现有关系外获得同样的资源和收益。权衡承诺是一种工具性的承诺, 它是渠道成员感受到需要维持关系的程度, 感受到的终止或转换成本。因此在对权衡承诺的衡量中必须考察成本和收益。

有的学者将承诺分为情感承诺 (Affective Commitment)、工具承诺 (Instrumental Commitment) 和时间承诺 (Temporal Commitment)。情感承诺是对未来关系的正面态度, 工具承诺是对关系进行的时间和其他资源的投资, 时间承诺则是对关系持续性的期望 (Goodman 和 Dion, 2001)。

有的学者将承诺分为态度承诺 (Attitudinal Commitment) 和行为承诺 (Behavioral Commitment)。态度承诺是为维护关系而竭尽全力的意愿, 也就是认识到关系中的长期利益并愿意接受短期损失的意愿, 行为承诺是为继续保持关系而进行的特定资源投资 (Anderson 和 Weitz, 1992)。

(3) 承诺的作用。

承诺是保持长期的、成功的渠道关系的一个基本要素 (Achrol 和 Mentzer, 1995)。承诺能促进渠道成员之间的渠道合作, 增加渠道成员的互惠性收益, 增加制造商对市场信息的了解, 减少经销商经营竞争性品牌产品的兴趣 (Anderson 和 Weitz, 1992)。承诺有助于降低渠道成员退出的可能性, 增强渠道关系的稳定性, 增加对渠道伙伴的认同感, 承诺正面影响渠道合作 (Morgan 和 Hunt, 1994)。Jap 和

Ganesan（2000）的研究发现，供应商承诺对于经销商的满意度有正面影响，对渠道冲突有负面影响。在供应商控制机制和特殊资产投资对渠道绩效、渠道满意和渠道冲突的作用中，承诺有关键的中介作用。承诺影响渠道关系控制机制的选择和渠道绩效（Brown，1995），提高渠道成员的满意程度（Selnes，1998）。

综上所述，在渠道关系理论中，承诺（Relation Commitment）是成功的长期关系的基本要素，也是关系质量的重要驱动要素。承诺为渠道合作提供了精神基础，是区分社会交换和经济交换的重要变量，是成功的渠道关系的关键特征（Selnes，1998；Achrol 和 Mentzer，1995；Morgan 和 Hunt，1994）。

33.2.6 关系价值

价值原则是社会交换理论中的一个基本原则。关系营销理论与传统营销理论一样重视交换概念，关系营销理论实质上是将关系作为实现交换的一个中介变量，其真正的内涵和目的仍然是交换。依据社会交换理论，渠道成员之间通过交换来满足双方需求，只不过这种交换不仅包含传统的商品或服务交换，还包括具有象征意义的、更为复杂的社会交换。因此，关系可视为达成社会交换目的的一个中介变量。关系营销理论和营销行为理论可以整合在一个以社会交换为核心概念的营销理论框架中。

价值是所有交易的基础（Holbrook，1994）。Walter 和 Ritter（2001）认为，客户价值是客户关系研究中一个重要变量，学术界需要加深对客户价值的研究，以了解客户关系的真正内涵。Ravald 和 Grönroos（1996）认为，成功的买卖关系是建立在能提供阶段性价值（Episode Value）和持续性价值的基础上，阶段性价值将提高关系满意度和降低关系利失（Sacrifice），只有这样，买卖双方才会形成信任，关系营销的目的就是建立和维护一种有价值的关系，以实现关系成员的目标。

在关系营销理论中，许多学者从关系营销角度出发，把客户价值作为关系价值进行研究（Payne 和 Holt，1999）。Anderson 等（1993）提出产业关系价值的概念，认为产业关系价值是在考虑关系替代的价格和利益所得的基础上，客户在价格付出与产品所得交易中以货币作为计算单位所得到的经济、技术、服务和社会收益的感知价值。这个定义首次将社会收益和服务收益作为关系价值的构成要素。Ravald 和 Gronroos（1996）提出客户感知价值分析框架，将关系成本和关系收益作为客户感知价值的决定因素，主张企业不能把关系利得与关系利失权衡局限于单个情节交易层面上，价值评估应该把情节得失与整体关系得失结合起来。总体而言，关系价值学说可以分为以下几类。

第一类是成本收益学说。Jackson（1985）首先提出成本收益学说，将关系价值定义为感知到的利益与价格之间的比率，认为价格包括购买价格、运输安装成本和承担的风险。Miggins（1998）把客户价值定义为客户获得的利益和付出的成本之间的差额。其中，客户获得的利益包括产品价值、服务价值、技术价值和承诺价值；客户付出的成本包括价格成本和客户付出的各种内部成本。Slater 和 Narver（2000）将客户价值定义为客户购买的产品的价值与所付出的所有成本之间的净收益。成本收益学说强调关系价值是投入成本与所得收益的差额。成本收益学说的优势在于其在实践中比较容易操作，并且突出了关系收益在关系价值管理中的重要性。

第二类是感知评价学说。Zeithmal（1988）提出感知评价学说，提出了利用客户感知价值测评服务质量的新思路。Zeithma 将客户感知价值定义为客户感知所得和感知所失后形成的对产品效用的总体评价。Dodds（1990）认为，客户感知价值是感知质量与感知心理和货币付出之间的权衡。Woodruff（1993）认为，客户感知价值是期望从卖方得到的属性和所付出的属性之间的一种权衡。Monroe（1991）认为，感知价值是感知到的收益与感知到的付出之间的权衡。无论是评价还是权衡，都是一种主观感知。与成本收益学说不同，感知评价学说认为，客户不能准确地感知其得失，只能在主观上对总体效用进行大致评价。

第三类是感知满足学说。Albrecht（1994）提出感知满足学说，认为关系价值是关系一方对某一特定需求被满足的程度的感知。Albrech 认为特定需求可分为四个层次：第一层次是基本需求层，是关系一方认为必须提供的基本价值要素;第二层次是预期需求,是关系一方预先认为另一方应该提供的需求;第三层次是期望需求,是关系一方期望得到但是又不抱有太多希望的价值构成要素;第四层次是意外惊喜需求,是在关系一方的意料之外并且让对方感到惊喜的价值构成要素。

第四类是多因素学说。Woodruff(1997)提出多因素学说,认为关系价值是在一定情景中对产品属性、产品功能及使用结果的感知偏好和评价。Woodruff认为,关系价值应引入环境因素。在不同环境下,关系的需求和内涵存在差异。"感知偏好"是一种主观态度和习惯行为,受到环境、文化和价值观的影响。

在以上四个关系价值学说中,作者比较认同感知满足学说。价值是一个主观性的评价,成本收益说只关注了关系价值的客观性,忽略了关系价值的主观性,感知评价学说和感知满足学说都强调了关系价值的主观性。评价是一个动作性概念,这样给开发一个成熟的操作变量带来了困难,增加了对关系价值的测量难度。依据感知满足学说,可以用关系满意程度来测量和表现关系价值。与感知满足学说相比,多因素学说的区别在于强调了价值的情境性,关系一方在对具体关系价值进行感知时,情境因素已经自动地发挥了作用。

以上四个关系价值学说都是从客户与企业之间的关系角度来论证关系价值,对于企业之间的关系价值缺少论证。就作者检索到的文献而言,有两项研究直接将关系价值运用到企业间的关系研究。但是,这两项研究只是一种假想性研究,缺少实证性支持。以下对这两项研究做一个简要介绍。

第一项研究是Hong(2001)提出的期望关系价值理论(Expected Relationship Value,ERV)。在此项研究中,期望关系价值被定义为关系一方得到的可感知的有形收益的净值。期望关系价值中的收益包括现金收益、产品收益、技术转让收益、提高效率等各项收益;期望价值中的成本包括获得收益所付出的资金投入、管理投入、交换成本、产品成本和运行成本等各项成本。ERV用期望来表现价值的时间维度,认为企业行为受将来产出的驱使,企业根据将来的产出来进行决策。Hong认为,商业关系在本质上是有风险的,将来的收益可能会随着价格变动、机会主义行为(供应商的质量欺骗)和资金的时间价值的变化而变化,因此,将来收益对企业而言是个不能确定的感知状态。为了研究企业之间的关系,Hong在研究中以两家假想的企业作为研究对象,其中一家是准备采购模具生产线的制造商(Alpha),另一家是该制造商的供应商(Beta)。在此项研究中,Hong假定该制造商的管理团队在ERV的指导下,通过确定价值中心(一个成本降低计划,一个及时生产体系计划)、评估不确定性(评估两家公司关系将来的动向)、确定成本投入和分析核心变量这四个步骤,对同供应商之间的关系的期望价值进行了评定,并以评定的期望关系价值作为双方关系的决策依据。期望关系价值模型如图33-7所示。

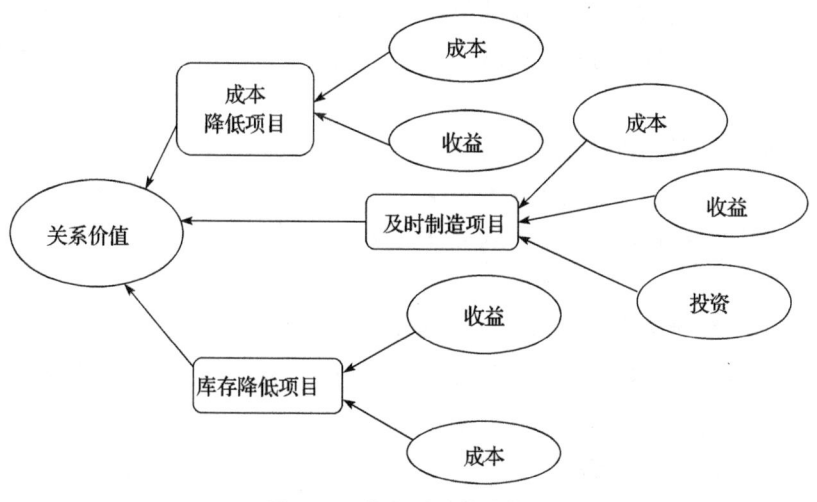

图33-7 期望关系价值模型

在制造商和供应商的买卖关系中，期望关系价值模型直接地提出了关系价值这一变量，全面地分析了关系价值的各项要素，并且主张关系价值对关系决策有重要的影响作用。但是，该项研究存在以下几点局限性：首先，期望关系价值模型采用的是假想公司和假想数据，因此，研究不具有实证性。其次，该项研究只是一个假想的个案研究，因此不具备普适性。最后，该项研究也没有对关系中的社会性因素进行分析。

第二项研究是 Penny M. Simpon（2000）提出的价值创造理论模型（Value Creation Model）。该理论模型认为供应商的市场定位（市场策略导向）将影响供应商的价值创造（Value Creation），价值创造包括渠道关系要素、质量要素、渠道体系要素和渠道服务要素。市场定位对价值创造的影响作用分别体现在对承诺行为、信任行为、沟通行为和谈判频度等渠道关系要素的影响上，体现在对产品质量、产品质量保证、产品技术和产品竞争优势等产品质量要素的影响上，体现在对渠道支持、订单送货和存货周转等渠道体系要素的影响上，体现在对人员培训、技术支持和技术转让等服务要素的影响上。该理论模型认为，价值创造行为影响经销商的经济收益，经济收益影响经销商的感知价值，经销商感知价值影响对供应商的承诺、双方的渠道合作。

价值创造理论模型在渠道研究中明确和直接地引入了关系价值，分析了渠道中关系价值的影响因素和影响作用。但是，此项研究仅仅是一种理论分析，没有实证支持。同时，此项研究中提出了多个没有成熟量表的概念，导致研究结论难以得到实证。

33.2.7 渠道合作的研究模型

本部分主要介绍了一些涉及渠道合作的研究模型。作者对这些研究模型进行简介是出于以下几点考虑：首先，在早期的渠道研究中，许多实证研究采用的是相关分析和回归分析，得出的结论只是说明了两个变量之间存在同向或反向的同增或同减关系，而不能说明变量间的路径关系和结构关系。实际上，渠道关系中的前提要素往往通过多个影响路径来影响结果要素。相比于相关分析和回归分析，路径分析和结构分析更能准确地展示各个要素之间的关系。在渠道研究中，有的学者主张通过结构性框架来研究渠道现象（Stern 和 Reve，1980）。在渠道中，影响渠道合作的各个因素之间存在复杂的路径关系。与相关分析和回归分析相比，结构方程模型研究更能简洁和有效地展示这些因素间的影响关系。其次，本部分将要介绍的模型都直接涉及渠道合作，对渠道合作的各个影响因素进行综合分析，对渠道合作进行了比较深入的研究。总之，这些研究模型为本书的研究思路和研究方法提供了较好的借鉴。

33.2.7.1 制造商与经销商的合作关系模型

Stern 和 Reve（1980）主张通过结构性的框架来理解渠道现象。为此，Anderson 和 Narus（1990）收集了 249 个经销商和 213 个供应商样本数据，分别从经销商和供应商两个角度对渠道关系进行了实证研究。

研究结果显示，从经销商角度考虑，经销商对供应商的相对依赖正面影响经销商的影响策略，负面影响供应商的影响策略。给定比较水平结果对渠道合作有直接的正面影响，沟通对渠道合作有直接的正面影响，渠道合作对渠道功能性冲突有直接的正面影响，信任对渠道合作有直接的正面影响。

从制造商角度考虑，渠道依赖与给定比较水平结果之间有较强的相关关系。渠道依赖对经销商影响策略有直接的正面影响，沟通对渠道合作和信任有直接的正面影响，渠道合作对信任有直接的正面影响，信任对渠道满意有直接的正面影响，渠道冲突对渠道满意有直接的负面影响。从制造商和经销商两个角度考虑，沟通对渠道合作有直接的正面影响，依赖对渠道合作有直接的正面影响。此项研究取得了一些突出的研究成果。制造商与经销商合作关系模型如图 33-8 所示。

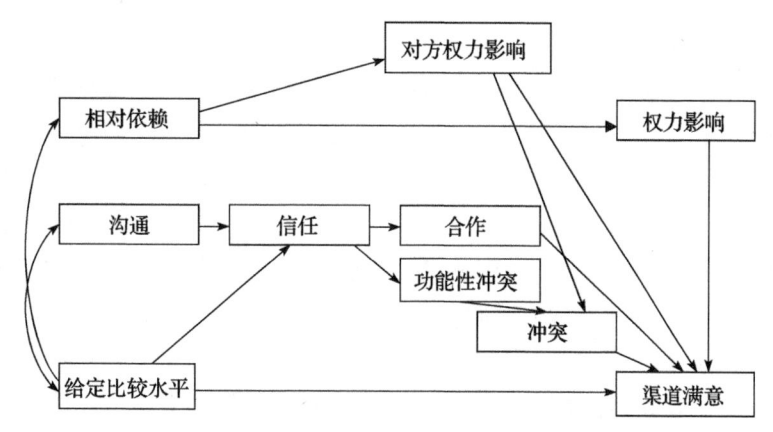

图 33-8 制造商与经销商合作关系模型

首先，该模型表明了，给定比较水平结果与相对依赖是决定信任、渠道冲突、渠道合作与渠道满意的基本因素。研究结果说明，给定比较水平结果对信任、渠道合作和渠道满意有正面影响。所以，一个企业获得的比较水平结果越大，该企业对渠道关系的信任程度越高，合作的意愿就越强，对关系的满意程度就越高。模型中将给定比较水平结果定义为一个企业将其从关系中获得的绩效或利益与预期相比较后的结果。根据关系价值的感知评价学说，价值是期望收益与现实收益的差距。给定比较水平结果在一定程度上体现了渠道关系价值，体现了社会交换理论中的价值原则。

其次，该模型关注渠道成员双方的不对等关系，认为相互依赖的状况会影响渠道关系，会影响渠道冲突、信任和渠道满意。研究结果表明，要减少渠道冲突和提高渠道满意，需要渠道双方在依赖程度上的平衡与对称。因此，渠道双方在选择渠道伙伴时，或者尽量达到"门当户对"，或者尽量提高自己的实力来增强对渠道关系的话语权。

根据其他学者的研究成果，作者认为该模型没有考虑承诺这一个重要因素。在渠道关系中，承诺是表现关系持续性的核心变量。在此模型中，承诺的缺失使得模型没有从长期关系导向的角度来研究制造商与经销商间的合作关系。

33.2.7.2 信任承诺关键中介变量模型（KMV 模型）

Morgon 和 Hunt（1994）对美国汽车市场的渠道关系进行了实证研究。此项研究通过结构方程模型方法，构建了承诺信任关键中介变量模型（KMV），如图 33-9 所示。在 KMV 模型中，渠道关系变量被分为前提变量（关系收益、价值分享、关系终止成本、机会主义和与沟通）、关键中介变量（信任与承诺）和结果变量（合作、功能性冲突、认同、离开倾向和不确定性）。Morgon 和 Hunt 的研究结果表明，承诺与信任是渠道关系中的关键中介变量，渠道合作是承诺和信任共同作用的结果。

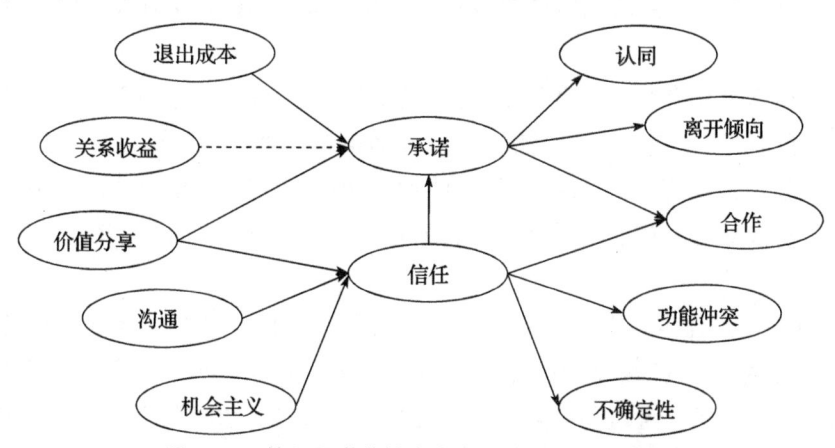

图 33-9 信任承诺关键中介变量模型（KMV 模型）

KMV 模型取得了突出的研究成果。模型从众多的关系要素的路径中，将关键中介变量作为联结前提变量和结果产量的环节，并实证了信任和承诺是两个关键的中介变量。该模型把握了渠道关系中的核心要素，在渠道的多个关系要素之间构建了一个清晰结构。此外，模型将关系收益和退出成本作为前提变量，提出关系价值要素对渠道关系的影响作用，这也体现了社会交换理论中的价值原则。

33.2.7.3 渠道合作的前因结果模型

Rodolfo 等（2005）对西班牙分销渠道中的渠道合作进行了实证研究。该研究在总结关系营销理论的相关成果的基础上，以渠道长期关系为导向，运用结构方程模型方法实证了渠道合作的影响因素和影响作用。研究结果表明，渠道合作的影响因素包括：共同目标、资源与能力互补性、善意信任和特殊投资；渠道合作提高了渠道经济满意程度和渠道非经济满意程度，提高了渠道成员的竞争优势。渠道合作的前因和结果模型如图 33-10 所示。

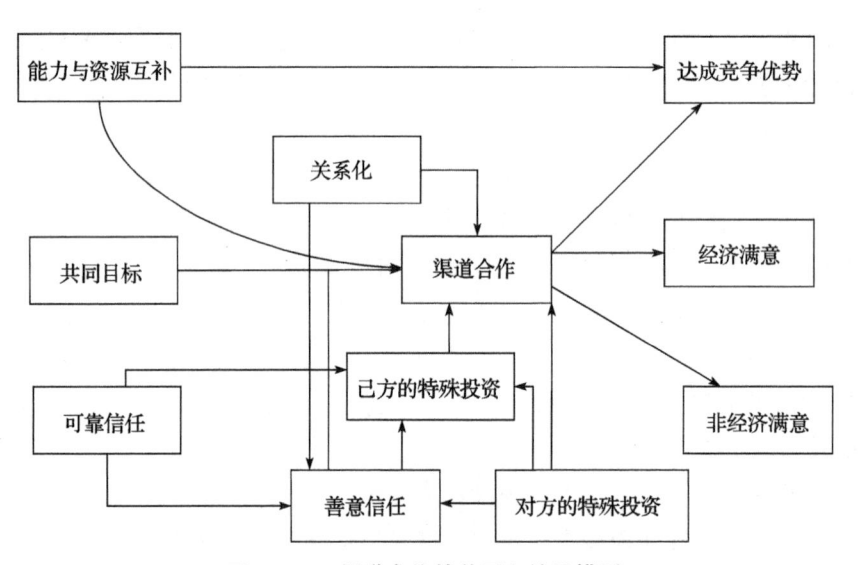

图 33-10 渠道合作的前因和结果模型

此项研究是近期一个以渠道合作为主题的研究。此项研究有以下几项比较突出的特点。首先，研究模型中不再涉及渠道冲突和渠道权力等渠道行为性要素，该研究中采用的变量全部都是渠道关系性要素。其次，研究模型中的渠道合作在内涵上不仅涉及渠道双方的业务性合作，同时还涉及渠道双方在营销策略方面的合作，这就体现了营销型合作的内涵。再次，模型中将关系化和特殊投资作为渠道合作的影响因素，体现了渠道关系的长期关系导向。最后，该模型采用了双边研究视角，同时考虑了制造商与经销商双方的特殊投资，证实了双方的特殊投资对信任和渠道合作的影响作用，这就体现了社会交换理论中关系互动原则。

此项研究证实了渠道合作有利于渠道关系双方，有利于制造商和经销商双方获得竞争优势。此研究将渠道合作提升到了获取竞争优势的战略高度，实证了资源基础理论中的相关观点。

此项研究将信任分为善意信任与可靠信任，将渠道满意分为渠道经济满意和渠道非经济满意，证实了竞争优势与渠道经济满意和渠道非经济满意间的关系有差异，证实了善意信任和可靠信任在渠道合作的影响上存在差异。

但是，作者认为此项研究也存在一些局限，模型没有探讨承诺对渠道合作的影响作用。尽管模型中探讨了特殊投资对渠道合作的影响作用，但是，特殊投资只是承诺的一个表现形式。即使渠道成员对渠道关系只有少量的特殊投资，考虑到渠道伙伴有良好的经营状况和经营能力，渠道成员也可能愿意发展同该渠道伙伴的合作关系，渠道成员对渠道伙伴也会有较高程度的承诺。因此，在对渠道合作的研究中，特殊的投资并不能完全代替承诺。

33.2.7.4 研究模型小结

通过对以上三个模型的回顾和研究，作者得到了以下启示。

首先，在上述三个研究模型中都有中介变量。在渠道合作前因结果模型中，渠道合作是中介变量。在 KMV 模型中，信任与承诺是中介变量。在合作关系模型中，渠道合作、渠道冲突和信任是中介变量。三个模型都采用了以"前提变量—中介变量—结果变量"为路径结构的研究构架。这种研究构架的形成，一方面是因为结构方程模型分析技术的发展，另一方面是渠道关系中各要素间存在环环相扣的路径关系。

其次，上述三个模型都将关系营销理论中的变量作为关键中介变量。在合作关系模型中，信任是关键中介变量。在 KMV 模型中，信任和承诺是关键中介变量。在渠道合作前因结果模型中，信任、关系化和特殊投资是关键中介变量。三个模型中都有渠道结构变量，在合作关系模型中是相对依赖性，在 KMV 模型中是关系退出成本，在渠道合作前因结果模型中是资源与能力互补性。在三个模型中，渠道冲突和渠道权力不再是核心变量。在制造商与经销商合作模型中，渠道权力只是一个前提性的行为变量，渠道冲突只是一个结果性行为变量。在 KMV 模型中，渠道功能性冲突是一个结果性变量，没有渠道权力变量。在渠道合作前因结果模型中不再有渠道权力和渠道冲突变量。这在一定程度上表明关系营销理论已成为主流的渠道理论。

最后，作者发现，渠道满意在以上三个模型中都是结果变量，这与学术界的普遍认识是一样的，即渠道满意是渠道关系的一种结果体现。

33.2.8 文献综述结论

通过文献检索，作者分别对渠道合作和渠道满意进行了解析，对渠道合作的影响因素进行了解析，对渠道合作的研究模型进行了解析。文献检索的总体结论如下。

33.2.8.1 学术界在渠道合作的作用上达成共识

学术界在对渠道合作的作用的认识上已达成共识。研究者们普遍认为，渠道合作是渠道存在的必然条件，渠道合作有助于渠道成员获得竞争优势，渠道合作促进渠道满意，渠道合作促进渠道成员间的关系承诺和相互信任，渠道合作促成渠道成员的长期关系定位。总之，渠道合作对渠道关系要素有重要的影响作用，对渠道关系质量有重要的影响作用。

33.2.8.2 渠道合作对渠道满意有正面影响

早期的渠道研究都是采用单一指标来测量渠道满意，而近期的渠道研究发现渠道满意有多维结构。早期的渠道研究普遍使用销售收入和利润等客观的财务评价来衡量渠道满意，而近期的渠道研究普遍从主观的角度，用心理指标来衡量渠道满意。有的学者在渠道研究中将渠道满意分为产品满意、财务满意和服务满意，在近期的渠道研究中，学术界普遍将渠道满意分为渠道经济满意和渠道非经济满意。

在渠道研究中，渠道满意一直是渠道合作的结果变量。学术界普遍认为，渠道满意是对某一段时期的渠道关系的总的评价，是一种累积性满意，是各种渠道行为和渠道关系的结果反映。尽管有些学者提出，渠道满意对其他渠道关系要素和渠道行为要素有影响作用，但都仅限于理论认识，缺少实证研究的支持。

33.2.8.3 渠道关系理论成为渠道合作研究的前沿

渠道行为理论的研究重点是渠道权力和渠道冲突。就渠道合作而言，渠道行为理论中有以下两个观点：一是渠道冲突与渠道合作相对立，二是运用渠道权力可以减少渠道冲突，并且增强渠道合作。在渠道权力和渠道冲突的研究中，学术界主要研究了各种渠道权力、各种渠道权力使用、渠道情感冲突、渠道显形冲突等变量之间的相关关系。

随着渠道研究的发展，学术界对"运用渠道权力，减少渠道冲突，从而提高渠道合作"这一观点提出了越来越多的质疑。有研究发现，渠道冲突与渠道合作并不存在对立关系；渠道权力的使用并不能有效地增强渠道合作。学术界在渠道权力和渠道冲突的内涵、分类和变量的测量上存在明显分歧，采用的研究方法是相关分析和回归分析。在如何增强渠道合作上，渠道权力研究和渠道冲突研究没有提供有力的理论支持。

国外渠道关系研究已从运用渠道权力进行市场谈判的阶段发展到建立和维护成功的渠道合作关系的阶段，渠道研究的着眼点从离散型的渠道交换发展到了关系型渠道交换（Weitz 和 Jap，1995）。学术界对渠道合作影响的研究重点是关系承诺和信任等渠道关系要素。

33.2.8.4 结构方程模型方法成为主流的研究方法

在早期渠道研究中，学术界普遍采用相关分析和回归分析这两种实证分析方法。但是，渠道关系中的变量大都是涉及心理上的变量，存在测量误差，因此，相关分析和回归分析不能有效解决这一问题。此外，渠道关系中的要素较多，并且各个要素之间还存在着相互影响关系和路径关系，相关分析和回归分析也不能有效地研究各个渠道要素之间的路径关系和结构关系。目前，在渠道研究中，学术界普遍用结构性框架来研究渠道现象。

目前，在渠道研究中，学术界普遍采用结构方程模型方法对渠道关系进行研究，普遍采用的是前提变量到中介变量再到结果变量的模型结构，其中，KMV 研究思路值得借鉴。

33.2.9 研究机会

通过对相关文献的回顾和分析，作者发现了以下研究机会。

33.2.9.1 缺少实证来研究渠道满意对渠道合作的影响

在对渠道合作的研究中，学术界普遍将渠道满意作为渠道合作的结果变量，证实了渠道合作对渠道满意的正面影响作用。根据契约关系理论，渠道关系应该从过去和将来这两个角度来看待。在一个时点上，渠道满意是渠道合作的结果变量，但是从一个过程的角度来看，渠道满意就可能成为渠道合作的影响因素。如果要研究过去某一时点上的渠道满意与目前渠道合作的关系，那么渠道满意可以作为渠道合作的前提变量。这就出现一个有待研究的问题，渠道满意对渠道合作有何影响作用？渠道满意对渠道合作的影响路径是什么？根据先前学者的研究，渠道满意可分为渠道经济满意和渠道非经济满意。这就出现一个有待研究的问题，渠道经济满意和渠道非经济满意分别对渠道合作有何影响作用？渠道经济满意和渠道非经济满意分别通过什么路径来影响渠道合作？

学术界研究渠道时普遍将渠道满意作为信任的结果变量。在一个时点上，渠道满意是信任的结果变量，但是从一个过程的角度来看，渠道满意就可能成为信任的前提变量。从一个过程化的角度来看，渠道满意可以作为信任的前提变量。这就出现一个有待研究的问题，渠道满意对信任有何影响？通过文献检索，作者发现只有两项实证研究将满意作为信任的影响因素。Fred Selnes（1996）证实了满意对信任有正面影响作用，但是，此项研究以食品商同餐厅、咖啡馆等用户之间的买卖关系为研究对象，在严格意义上不是渠道关系研究。Ganesan（1994）研究了渠道满意对信任的影响作用，此项研究对渠道满意使用的测项是"请指出在过去一年中对于双方关系产出的评价"，测量指标是"满意—不满意，高兴—不高兴，舒服—厌烦"。该项研究采用单一指标的测项来测量渠道满意。根据渠道满意的相关研究成果，渠道满意可分为渠道经济满意和渠道非经济满意，因此，此项研究在对渠道满意的测量上存在一定的局限性。

33.2.9.2 关系价值在 KMV 模型中没有得到全面体现

在 Morgon 和 Hunt 提出的 KMV 模型中，"关系收益"和"关系终止成本"分别表示了关系价值的关系收益和关系成本两个方面。KMV 模型证实了关系终止成本对承诺、信任和渠道合作的影响作用，但是未能证实关系收益对信任、承诺和渠道合作的影响作用。渠道关系是一种社会交换关系,必然要遵循社会交换理论的价值原则,因而,渠道收益也应该对信任、关系承诺和渠道合作产生影响作用。关系收益对信任、承诺和渠道合作的影响作用没有得到验证,Morgon 和 Hunt 认为这个结论比较奇怪,其原因可能是,在关系收益的测项上存在以下两个问题:首先,对关系收益采用的是 3 个比较性问题来测量,这 3 个测项不能全面地反映关系收益;其次,对关系收益的测量采用的是比较性问题,导致有些受访者在回答时的困难。

在 KMV 模型中,共享价值中虽有价值一词,但是,价值分享的定义是渠道双方对于某些行为、目标和政策的重要性、适当性和正误等方面的一致性信念,其测项分别是"是否认为信守道德规范很有必要"和"对于某个员工如果违反道德是否应受到惩罚的赞同与否"。该定义借鉴的是组织文化和组织行为学中对价值的定义,并不是对渠道关系价值的体现。

Morgon 和 Hunt 采用关系退出成本和关系收益这两个变量的目的是为了在 KMV 模型中体现关系价值原则,但是,研究成果只反映了关系价值中的成本方面,没有全面反映关系价值在 KMV 模型中的作用。

Ravald 和 Gronross(1996)认为成功的买卖关系是一种互利关系,是建立在卖方能够持续地提供阶段性价值和关系价值的基础上。阶段性价值增加买方的利益并且减少买方的牺牲,这将会提高买方的满意程度并激发买方的再次购买行为,并且促使买方尽力保持这种买卖关系。

渠道满意是渠道成员对其与另一渠道成员之间的关系进行全面评价后所形成的一种正面的感受。全面评价包括对关系成本和关系收益的评价。依据关系价值的感知满足学说,关系价值是关系一方对某一特定需求被满足程度的感知。作者认为,渠道满意是渠道关系价值的一个全面体现。这就产生了一个问题,渠道满意作为关系价值的全面体现,是否也通过关系承诺和信任这两个中介变量来影响渠道合作?渠道满意是否能成为 KMV 模型中的一个前提变量?

33.2.9.3 信任和承诺是否是目前渠道中影响渠道合作的重要因素

Morgon 和 Hunt 提出的信任承诺理论是关系营销理论中的一个重要的研究成果,此后,国外的学术界对信任和承诺进行了深入的研究。在国内学术界,渠道研究主要集中在对渠道权力和渠道冲突的研究上,缺乏实证研究来证实信任和承诺对渠道合作的影响作用。从文献检索中可见,以渠道权力和渠道冲突为中心的渠道研究可以归于渠道行为理论中,以信任和承诺为中心的渠道研究可以归于关系营销理论研究中。

Ganesan(1994)认为,企业对渠道关系的时间导向的误会将导致问题的出现,如果当交易市场关系更适合时,企业不应该错误地采用关系营销方式。这就出现一个有待研究的问题,在中国目前的渠道中,信任和承诺是否是影响渠道合作的重要因素?

在渠道研究中,多数实证研究采用一个综合性测量指标来测量信任。Ganesan(1994)认为,信任应明确地分为两个维度,信任的两个维度在与渠道关系的其他变量之间的关系上存在明显的差异。Geyskens 等(1998)在对渠道信任研究作了归纳总结后指出,对信任采用一维变量还是二维变量,还是一个有待检验的问题,检验的标准主要是看哪一种分法为研究带来实质性的好处。由此出现了一个有待研究的问题:如果将信任分为善意信任和可靠信任两个变量,那么这两个变量分别对承诺和渠道合作有何影响作用?

33.2.10 本部分小结

在本部分中,作者对渠道合作和渠道满意进行了解析;简要回顾了涉及渠道研究的三个基本理论;分别在渠道行为理论和关系营销理论框架下,对涉及渠道合作的研究成果进行了简要回顾和分析;简要讨论了涉及渠道合作的三个研究模型。通过对相关文献的回顾,作者对涉及渠道合作影响因素的学术研究历程和主要成果有了理论上的认识,了解了渠道合作的学术研究前沿,得到了一些有价值的研究启示并确认了本部分的研究机会。作者决定借鉴 KMV 模型的思路,就渠道满意对渠道合作的影响作用和影响路径进行实证研究,将在下一部分构建"经销商满意对渠道合作影响"概念模型,分析概念模型中的变量关系并提出理论假设。

33.3 经销商满意对渠道合作影响模型的构建

在上一部分,作者通过对相关文献的回顾和解析得到研究启示并找到了研究机会。本部分将在此基础上构建"经销商满意对渠道合作影响"概念模型,分析变量之间的关系并形成理论假设。

在探讨模型之前,先对模型所涉及的主要变量进行界定。

33.3.1 变量界定

33.3.1.1 渠道合作

Morgan 和 Hunt(1994)将合作定义为关系双方为了达到共同目标而采取共同行动。根据这一定义,本部分将渠道合作定义为制造商和经销商为了达到共同目标而采取共同行动。

33.3.1.2 经销商满意

Anderson 和 Narus(1990)将渠道满意定义为渠道成员对其与另一渠道成员之间的关系进行全面评价后所形成的一种正面感受。根据这一定义,本部分将经销商满意定义为经销商对其与制造商之间的关系进行全面评价后所形成的一种正面感受;将经销商经济满意定义为经销商对其与制造商之间的关系的经济产出进行评价后所形成的一种正面感受;将经销商非经济满意定义为经销商对其与制造商之间的关系的非经济性产出进行评价后所形成的一种正面感受。

33.3.1.3 经销商信任

Geyskens 等(1998)将信任定义为渠道成员对另一渠道成员的善意性和可靠性的相信程度。根据这一定义,本书将经销商信任定义为经销商对制造商的善意性和可靠性的相信程度。根据 Geyskens 等(1998)对善意信任和可靠信任的定义,将经销商善意信任定义为经销商相信制造商是真正地关心他的利益(福利),并且愿意为了共同的利益而努力;将经销商可靠信任定义为经销商相信制造商是可靠的、诚信的并且能完成其承诺的义务。

33.3.1.4 经销商承诺

Morgan 和 Hunt(1994)将承诺定义为交换一方认为与另一方目前的关系是如此重要,以至于愿意付出最大的努力来维持这种关系。根据这一定义,本部分将经销商承诺定义为经销商认为自己与制造商目前的关系是如此重要,以至于愿意付出最大的努力来维持这种关系。

33.3.2 概念模型提出的探讨

在本部分中,作者首先对概念模型提出的背景进行探讨。探讨集中在两个方面:①经销商满意是制造商和经销商之间渠道关系价值的阶段性和集中性体现;②经销商信任与经销商承诺在渠道关系中的重要作用。

33.3.2.1 经销商满意是渠道关系价值的阶段性和集中性体现

经销商满意是经销商对其与制造商之间的关系进行全面评价后所形成的一种正面的感受。渠道满意有两个基本内涵。第一个基本内涵是:渠道满意是一种情感状态(Crosby 等,1990;Anderson 和 Narus,1990;Andaleeb,1996;Price,1991),是对关系的全面评价,是对关系结果产出与关系期望进行权衡的结果。渠道满意可以被认为是与理性或客观的关系产出相对的概念,受渠道成员的主观因素影响较大(Anderson 和 Narus,1990)。关系价值学说中的满足感知学派将关系价值定义为关系一方对某一特定需求被满足程度的感知。同样,经销商满意作为经销商对制造商的渠道满意,也是经销商的一种主观性感受,并且是经销商对其与制造间之间的关系进行全面评价后形成的主观性感觉,因此,经销商满意是经销商和制造商之间的渠道关系价值的集中性体现。

渠道满意的第二个内涵是:渠道成员对某一段时期的渠道关系的总体评价,是渠道关系经历一段时期后的结果（Anderson 和 Narus, 1990）。

契约关系理论认为，社会交换可分为离散型交换与关系型交换两种类型。离散型交换与新古典经济学的假设相符合，即单个交易与双方过去的关系及未来的关系没有联系，仅是一种产品或服务的所有权的转移。在离散型社会交换中，进行交易的个体积极地追求自身的利益，合同义务在很大程度上是通过经济与法律的手段来保证。与此相反，关系型社会交换关系明确地将交易置于一定的历史与社会环境氛围之中，交易的产生与合同义务的执行均需遵照关系双方利益上的互利原则。Dwyer 等（1987）认为，离散型交换维持期短，以绩效作为交换结束的依据，具有较强的间断性。而关系型交换是要将交易追溯到先前的经历，并且关系的维持期较长。在社会交换理论和契约关系理论基础上发展起来的渠道关系理论，与渠道行为理论的一个根本性区别在于，渠道关系理论强调渠道关系的时间维度。

Anderson 和 Narus（1990）在研究制造商和经销商之间的渠道关系时提出了"过去经历"（Prior Experience）这一个概念。过去经历是经销商对过去双方关系经历的总结。经销商对制造商有所期望，这种期望是建立在对过去经历的总结的基础上。假如经销商对过去经历有一个正面的评价，那么，他将更加乐观地看待与制造商的未来关系，并且期望提高与制造商的关系质量，经销商对关系质量的评价是建立在高质量的过去经历中。

Ravald 和 Grönroos（1996）认为，成功的买卖关系是一种互利关系，是建立在卖方能提供阶段性价值（Episode Value）和持续性价值的基础上。阶段性价值提高买方的满意程度，降低买方的关系利失（Sacrifice），并且促使买方尽力维持这种成功关系。

经销商满意作为经销商对制造商的渠道满意，是经销商在对其与制造商之间一段时期的关系进行总体评价后形成的感受。关系价值中的感知满足学说认为关系价值是关系一方对某一特定需求被满足程度的感知（Albrecht, 1994）。根据关系价值的感知满足学说，作者认为，经销商满意是经销商和制造商之间的渠道关系价值的阶段性和集中性的体现。

33.3.2.2　经销商信任和经销商承诺在渠道关系中的重要作用

许多学者证实了信任在渠道关系的建立和维护中有关键作用，信任导致渠道成员间的合作行为（Dwyer 等, 1987; Morgan 和 Hunt, 1994）。在 Morgan 和 Hunt（1987）的 KMV 模型中，信任成为一个关键因素，是关系前提变量与结果变量之间的中介变量。另外还有一些学者将信任作为渠道关系中前提变量与结果变量之间的中介变量。他们的研究结果表明，信任虽然不能完全解释前提变量与结果变量之间的关系，但是作为渠道关系中的中介变量，对渠道关系有重要作用（Anderson 和 Narus, 1990; Ganesan, 1994）。

承诺是区别社会交换理论与经济交换理论的核心概念（Cook 和 Emerson, 1978）。承诺是保持成功的长期渠道关系的一个基本要素（Achrol 和 Mentzer, 1995）。承诺为渠道合作提供精神基础，是区分社会交换和经济交换的重要变量，是成功的渠道关系的关键特征（Selnes, 1998; Achrol 和 Mentzer, 1995; Morgan 和 Hunt, 1994; Dwyer 等, 1987）。Morgan 和 Hunt（1994）证实了承诺是关系前提变量与结果变量之间的关键中介变量。Jap 和 Ganesan（2000）证实了供应商承诺正面影响经销商满意，在供应商控制机制和特殊投资对渠道绩效、渠道满意和渠道冲突的作用中，承诺有关键的中介作用。

Morgan 和 Hunt（1994）证实了信任与承诺是关系前提变量与结果变量之间的关键中介变量。Mohr 和 Spekman（1994）的研究说明，保持长期合作关系的核心在于信任和承诺，若买卖双方关系中具有高度的信任与承诺，将有助于增强双方合作的意愿，降低结束关系的倾向。

综上所述，经销商信任和经销商承诺在经销商与制造商的关系中有着重要作用。

33.3.3　模型构建与理论假设

33.3.3.1　模型构建

基于前面的研究分析，结合本部分的研究目的和研究内容，作者提出了"经销商满意对渠道合作影响"概念模型,如图33-11所示。概念模型借鉴了KMV模型的思路,将经销商满意作为前提变量,经销商信任与经销商承诺作为中介变量,渠道合作作为结果变量。此模型反映出经销商满意对经销商信任和经销商承诺有影响作用,并且通过对中介变量的影响作用来影响渠道合作。

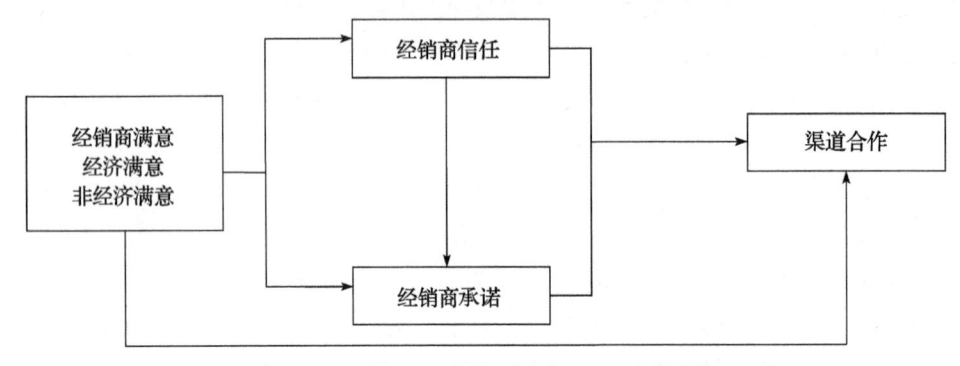

图 33-11 经销商满意对渠道合作影响概念模型

在图33-11中,经销商满意指向经销商信任的单向箭头表示经销商满意对经销商信任有直接影响,经销商满意指向经销商承诺的单向箭头表示经销商满意对经销商承诺有直接影响,经销商满意指向渠道合作的单向箭头表示经销商满意对渠道合作有直接影响,经销商信任指向经销商承诺的单向箭头表示经销商信任对经销商承诺有直接影响,经销商信任指向渠道合作的单向箭头表示经销商信任对渠道合作有直接影响,经销商承诺指向渠道合作的单向箭头表示经销商承诺对渠道合作有直接影响。在图33-11中,经销商满意指向经销商信任和经销商承诺,同时,经销商信任和经销商承诺指向渠道合作,这反映出经销商满意通过经销商信任和经销商承诺对渠道合作有间接影响作用。

如图33-11所示,这个模型表示了以下构想:经销商满意作为渠道关系价值的阶段性和集中性的体现,对渠道合作有直接影响,并且通过经销商承诺和经销商信任这两个关键中介变量来对渠道合作产生间接影响。

33.3.3.2 假设提出

在概念模型构建后,本书根据相关理论和先前学者的研究结果,提出以下理论假设。

(1) 经销商满意、经销商信任和经销商承诺的分类。

在渠道研究中,承诺有以下几种分类。有的学者将承诺分为情感承诺和权衡承诺。有的学者将承诺分为情感承诺和工具承诺,认为情感承诺是对未来关系的正面态度,工具承诺是对关系进行的时间等多种资源的投资(Goodman 和 Dion,2001)。有的学者将承诺分为态度承诺和时间承诺,认为态度承诺表示企业愿意尽力维持关系,而时间承诺表示企业希望关系能够得到持续和发展。有的学者将承诺分为态度承诺和行为承诺,认为态度承诺是为维护关系而竭尽全力的意愿,是因意识到关系的长期利益而愿意接受短期损失的意愿,而行为承诺是为了保持关系而进行的特定资源投资(Anderson 和 Weitz,1992;Dwyer 等,1987)。

在渠道研究中,也有学者没有对承诺进行分类。Spekman(1988)、Heide 和 George(1990)、Ganesan(1994)、Morgan 和 Hunt(1994)、Achrol 和 Mentzer(1995)等许多学者将承诺作为一个单一维度的变量进行研究。

在本书中,不对经销商承诺进行分类。经销商承诺是一种保持同制造商之间关系的意愿,而经销商保持意愿的行为只是这种意愿的行为表现方式。在渠道中,经销商的行为与意愿之间经常出现不一致的情况,如果将经销商承诺分为态度承诺和行为承诺,将会影响承诺的概念内涵在本书中的稳定性。经销商情感和经销商权衡都是经销商承诺的原因,将经销商承诺分为情感承诺和权衡承诺或者工具承诺,将会导致经销商承诺的概念本身和概念因素出现一定程度的混淆,不利于本书的开展。经销商承诺是一种关系发展的意愿,其概念已经强调了关系发展的时间性,将经销商承诺分为态度承诺和时间承诺对本书没有明显意义。结合以上分析,在本书中不对经销商承诺进行分类。

在早期的渠道研究中,渠道满意被当作一个单一指标。随着研究的深入,学术界主张用多个指标来测量渠道满意程度。Ruekert 和 Churchill(1984)首先对渠道满意的构成及测量进行了实证研究,将渠道满意分为产品维度、财务维度、社会关系维度、协助维度和政策支持维度。该研究指出,渠道满意的单一指标测量方法存在信度低、效度低和粗略估计等弱点,主张采用多维度指标的测量方法来测量渠道满意。Geyskens 等(1999)将渠道满意分为渠道经济满意和渠道非经济满意,并指出如果只从渠道满意中的某个方面来理解渠道满意,将会阻碍渠道满意理论研究的发展;因而,从渠道经济满意和渠道非经济满意两个方面来理解渠道满意,对于建立更长期的和有效的渠道关系有重要意义。

目前,学术界普遍认同将渠道满意分为渠道经济满意和渠道非经济满意的分类方法。在渠道满意中,渠道经济满意是渠道成员对渠道关系的经济产出方面进行评价后所形成的正面感受;渠道非经济满意是渠道成员对渠道关系的非经济产出方面进行评价后所形成的正面感受,是渠道成员在心理方面的满足程度、舒服程度与随和程度(Rodolfo Vázquez 等,2005)。因此,本书将经销商满意分为经销商经济满意和经销商非经济满意,从一个更加深入的角度来研究渠道满意对渠道合作的影响。

学术界在渠道信任的分类上存在两种观点。Ganesan(1994)代表其中一种观点,认为信任应分为善意信任和可靠信任,信任的两个维度和其他渠道关系变量有着不同的关系。Larzelere 和 Huston(1980)代表另一种观点,认为善意信任与可靠信任在概念上尽管存在区别,但是,两者在实际中往往是结合在一起的,以至于不能分别地发生作用。

Geyskens 等(1998)在归纳了对渠道信任的相关研究后指出,对信任采用一维变量还是二维变量测量还是一个有待检验的问题,检验的标准主要是看哪一种分法能为研究带来实质性的好处。作者认为,如果将经销商信任分成两个维度并且能够求证这两个维度对经销商渠道满意、经销商承诺和渠道合作有不同的影响作用,将有利于深入地探讨经销商满意对渠道合作的影响作用,从而为制造商的渠道管理提供比较具体的理论支持。因此,本书做出如下假设。

H1:经销商信任有多维结构。

(2)经销商满意与渠道合作。

营销学的基本问题就是交换关系,营销学是解释交换关系行为的科学(Hunt,1983)。

学术界普遍将交换作为营销学的核心概念。根据社会交换理论,一切交换性的社会互动都必须遵循价值原则。

根据 Macneil(1978/1980)的契约关系理论,社会交换可分为离散型交换和关系型交换两种类型。离散型社会交换假设单个交易与双方过去的及未来的关系没有联系,仅是一种产品和服务的所有权的转移。关系型社会交换则明确地将交易置于一定的历史氛围中。

渠道满意有两个基本内涵。首先,渠道满意是一种情感状态(Crosby 等,1990; Anderson 和 Narus,1990; Andaleeb,1996; Price,1991)。渠道满意可以被认为是与理性或客观的关系产出相对的概念,受渠道成员主观因素的影响较大。其次,渠道满意是一种累积性满意,是对某一段时期的渠道关系的总体评价,是渠道成员之间关系经历一段时期后的结果(Anderson 和 Narus,1990)。

经销商满意是经销商对制造商的渠道满意,是经销商对其与制造商之间的关系进行全面评价后所形成的一种正面感受。其中,经销商对关系的评价是对从关系中获得的收益和付出的成本进行均衡后的评价。根据关系价值的感知满足学说,关系价值就是关系一方对某一特定需求被满足程度的感知(Albrecht)。由此可见,经销商满意是经销商与制造商之间的渠道关系价值的阶段性和集中性的体现。历史的关系价值会对当前的关系存在影响作用。当经销商感知的阶段性关系价值越大时,经销商越愿意同制造商采取共同行动,经销商与制造商之间的渠道合作程度也就越高。Schul 等(1985)认为,渠道满意影响渠道成员的道德感,影响其参与渠道共同行动的积极性。Hunt 和 Nevin(1974)认为,渠道满意会降低渠道关系中止的可能性,减少渠道成员间法律诉讼的可能性。Anderson 和 Narus(1990)认为,买方公司过去的经历是其对与供应商未来关系期望的基础。如果买方对卖方的过去经历有一个正面的评价,他将更为乐观地看待双方的未来关系并期望提高双方的关系质量。因此,本书做出如下假设。

H2:经销商满意对渠道合作有直接的正面影响。

H3:经销商满意对渠道合作有间接的正面影响。

(3)经销商满意与经销商信任和经销商承诺。

渠道满意是信任的一个影响因素(Ravald 和 Grönroos, 1996; Selnes, 1998)。信任反映渠道成员对渠道伙伴将来如何行动的一个总体期望(Anderson 和 Narus, 1990; Moorman 等, 1993; Morgan 和 Hunt, 1994; Rotter, 1967)。这种总体期望基于对方如何行事的这一历史背景,这种历史背景源于关系的阶段性价值(Sabel, 1993)。

Anderson 和 Narus(1990)认为,买方公司的过去经历是其对与供应商未来关系期望的基础。如果买方对卖方的过去经历有一个正面的评价,他将更为乐观地看待双方的未来关系,并期望提高双方的关系质量。结果比较水平对信任有直接的正面影响,如果渠道成员对过去的产出有正面的评价,那么就会对渠道伙伴将会实现自己诺言有较高的信任程度。

经销商对制造商的信任是对制造商将来如何行动的一种期望。这种信任不是凭空产生,它受到经销商和制造商之间阶段性关系价值的影响。经销商会根据自己的阶段性得失来对制造商的可信性进行评估,对制造商的善意、是否守信和是否具备较高的专业能力等进行评价,并对制造商将来如何行动进行估计。

承诺是对关系维持和发展的愿望,这种愿望是建立在认为关系有价值的基础上(Morgan 和 Hunt, 1994)。经销商满意作为渠道关系价值的表现,会对经销商承诺产生影响作用,当经销商满意程度越高时,越愿意维持和发展与制造商的关系。因此,本书做出假设。

H4:经销商满意对经销商信任有直接的正面影响。

H5:经销商满意对经销商承诺有直接的正面影响。

(4)经销商信任、经销商承诺和渠道合作。

根据社会交换理论,不信任将会导致不信任,进而降低渠道成员的承诺,导致双方关系的短期化(McDonald, 1981)。信任是影响承诺的关键因素(Achrol, 1991)。信任使关系双方减少对渠道伙伴投机行为的担心,降低因避免对方投机而增加的双方的交易成本,并增加双方保持和发展关系的意愿(Dyer, 1997)。在渠道关系中,信任是承诺的基础,没有信任,承诺无法建立起来(Siguaw 等, 1998)。

Ganesan(1994)指出,经销商对制造商的信任通过以下三个方面来影响经销商的长期关系导向,一是减少了经销商对制造商可能采取投机行为(自利行为)的认知风险;二是增加了经销商保持关系的信心,使经销商认为即使与制造商的短期交易不太公平,但是制造商会在将来进行弥补;三是降低了与制造商间的交易成本(Transaction Cost)。

Morgan 和 Hunt(1994)认为,承诺是一种保持和发展与另一方业务关系的愿望,这种发展关系的愿望建立在对对方的信心上,信任是影响承诺的一个关键因素。Morgan 和 Hunt(1994)认为,在可供选择的合作对象中,渠道成员会选择信任度较高的渠道伙伴来发展渠道关系。如果经销商愿意维持和发展同制造商的关系,那么经销商就会在双方的共同行动中采取配合的态度,就会采取措施来提高渠道合作。信任降低了经销商对未来的感知风险,降低了与制造商之间的交易成本,从而增加了保持和发展同制造商的渠道关系的愿望。因此,本书做出如下假设。

H6：经销商信任对经销商承诺有直接的正面影响。

对于信任与渠道合作之间的关系，学术界普遍证实了信任对渠道合作有正面影响（Dwyer 等,1987; Anderson 和 Narus, 1990; Morgan 和 Hunt, 1994; Goodman 和 Dion, 2001; Rodolfo Vázquez 等，2005）。Coughlan（2001）认为渠道管理联盟的实质是承诺和信任。信任使制造商与经销商之间具有高度合作之意愿并致力于维护双方的合作关系（Doney 和 Cannon, 1997; Smith 和 Barclay, 1997; Barringer, 1997; Ganesan, 1994）。

根据对已有研究结果的总结，如果经销商对制造商的信任程度越高，那么经销商对于渠道合作将给自己带来预期收益的信心就越强，参与渠道合作的动力也就越强，就越会采取措施来提高渠道合作。如果经销商信任程度越低，经销商对渠道合作带来的预期收益的信心就会越不足，对预期收益的风险感知程度就会增加，就会降低对渠道合作的参与程度。因此，本书做出如下假设。

H7：经销商信任对渠道合作有直接的正面影响。

H8：经销商承诺对渠道合作有直接的正面影响。

（5）经销商信任与经销商承诺的中介作用。

承诺和信任在渠道关系中处于核心的地位。Spekman（1988）认为信任是营销渠道中战略性合作关系的中坚基石。多项研究表明信任是渠道关系中前提变量与结果变量的中介变量，尽管信任在其中不是起到完全的中介作用，但是起到关键的中介作用（Dwyer 等，1987; Andaleeb 等，1992; Morgan 和 Hunt, 1994）。Ganesan（1994）的研究也表明，信任在各种前提因素对长期关系导向的影响作用中存在着关键中介作用，依赖和关系投资对长期关系导向的解释是不完整的，必须要考虑信任在其中所发挥的关键中介作用。Geyskens 等（1999）的研究表明，在环境不确定性、强制性权力使用、沟通和经济产出这四个变量对渠道满意的影响作用中，有49%的效果是通过信任来实现的。

承诺是成功的渠道关系的一个关键特征（Dwyer 等，1987; Morgan 和 Hunt, 1994）。Jap 和 Ganesan（2000）的研究发现，供应商承诺对于经销商满意有正面影响作用，而对渠道冲突有反面的影响作用。在控制机制和特殊资产投资对渠道绩效、渠道满意和渠道冲突的影响中，承诺起到关键的中介作用。

Morgan 和 Hunt（1994）的信任承诺理论提出，信任和承诺是渠道关系前提变量和结果变量之间的关键中介变量。他们认为信任和承诺从以下三方面来发挥关键的中介作用，一是信任和承诺降低了渠道伙伴的机会主义的风险；二是信任和承诺增加了对渠道伙伴对短期不公平情况在一个较长时期得到解决的信心；三是信任和承诺降低了双方渠道交换关系的交换成本。

交易成本是组织研究中的核心概念。交易成本涉及达成双边满意所付出的成本，涉及双方对于不可预知的将来进行合约变更所付出的成本，涉及双方推动合约履行所付出的成本。因为有限理性和谈判成本的存在，关系双方在短时期内很难达成一个完全合约并完全理解合约内容。最好的情况是通过一个不完全合约来达成交易效果。因为关系双方不能轻易中止关系，所以机会主义行为的危险性增加。信任和承诺能够降低这种机会主义出现的危险性。在信任性的渠道关系中，不完全合约意味着渠道成员双方同意对未来的持续的不确定性采取互利的态度。在信任性的渠道关系中，渠道双方成员可能会对不公平的争议采取长期的解决态度，而不是机会主义态度。信任和承诺降低了长期关系的机会主义行为的风险，使得渠道双方的不完全合约得到顺利运行，从而降低了渠道双方的交易成本。因此，承诺和信任在渠道合作与其他前提变量之间处于关键中介变量的地位。

经销商承诺和经销商信任都体现了对制造商的一种预期。经销商作为一种组织具有目标性，会以目标来指导目前的行为。经销商满意体现的是对过去关系的评价，过去的评价通过对制造商的预期对渠道合作发挥影响作用。如果经销商对过去有较高的满意程度，那么，经销商会对其与制造商的将来关系产出会有较高程度的预期。较高程度的预期引导经销商积极地参与到与制造商的共同行动中，并引导经销商采取多种措施来加强与制造商的合作关系,从而增强与制造商的渠道合作程度。因此,本书做出如下假设。

H9:在经销商满意对渠道合作的影响中,经销商信任有中介作用。

H10:在经销商满意对渠道合作的影响中,经销商承诺有中介作用。

33.3.3.3.3 本部分小结

在本部分,作者对本书所涉及的重要变量进行了界定,构建了"经销商满意对渠道合作影响"概念模型,对模型构建的出发点进行了探讨,在对概念模型中各个变量之间的关系进行分析的基础上提出了相应的理论假设。

在下一部分,作者将根据概念模型和理论假设进行研究设计。

33.4 研究方法

上一部分构建了经销商满意对渠道合作影响模型,分析了模型中变量之间的关系并构思了理论假设。为了验证理论假设,本部分将对研究进行设计。第一,介绍测量方法及量表选择;第二,介绍本书的问卷设计;第三,介绍调查过程和样本概况;第四,介绍本书采用的数据分析方法;第五,进行数据的预处理;第六,进行量表的信度和效度检验;第七,进行数据的描述性统计和初步分析;第八,进行研究设计小结。

33.4.1 测量方法与量表选择

国外学术界对渠道合作、渠道满意、信任和承诺的研究已有20多年的历史,现已开发出了具有较高信度和效度水平的研究量表。为了保证变量属性和尺度的信度和效度,本书主要借鉴国外学者使用的量表,在采用国外学者开发的量表时均进行了翻译—回译程序。在本书所采用的量表中,经销商满意量表、经销商信任量表和渠道合作量表借鉴的是国外学者开发的成熟量表,而经销商关系承诺量表借鉴的是国内学者开发出来的本土化量表。

33.4.1.1 经销商满意量表

本书中的经销商满意是经销商对制造商的渠道满意。渠道满意的量表主要有两种,一种是单一维度量表,一种是多维度量表。

Skinner等(1992)的单一维度量表包括"对方是个生意上的好伙伴""不会向其他经销商推荐该供应商""对方提供的服务提高了我方效率""不愿继续双方的业务关系"等条目,采用类似条目内容的还有 Gaski 和 Nevin(1985)等学者的研究。Syed Saad Andaleeb(1996)的单一维度量表有"两个公司之间的关系令人愉快""我方对两个公司之间的关系的评价是正面的""对方令我方很满意"等条目。

Ruekert 和 Churchill(1984)和 Jap 和 Ganesan(2000)的多维量表包括财务满意、产品满意和人员满意这三个维度,财务满意的条目有"产品销售收入"和"产品利润";产品满意的条目有"产品优于竞争对手""产品满足顾客需要"和"产品有良好的市场前景";人员满意的条目有"该销售人员的订单处理能力""该销售人员与我方的个人关系"和"该销售人员处理产品质量问题的能力"。

Geyskens 和 Steenkamp(2000)的两维量表涉及经济满意与社会/非经济满意两个维度。经济满意的条目有"利润""产品性能""对方提高我方工作效率的政策"和"对方的市场支持";社会/非经济满意的条目有"双方关系令人感到不友善""对方表达批评的方式很策略""双方互相尊重""对方隐瞒信息"和"对方拒绝向我方解释政策"。

Rodolfo Vázquez 等(2005)在借鉴多项研究的量表的基础上(Ganesan, 1994; Jap, 1999; Cannon 等, 2000; Jap 和 Ganesan, 2000),开发了一个两维渠道满意量表,该量表包含了渠道经济满意和渠道非经济满意。其中,渠道经济满意的条目有"销量和销售收入""利润""降低成本费用"和"提高对客户的服务水平";渠道非经济满意的条目有"对方的服务""双方的日常业务""双方的私人关系""双方的整体关系""时间和精力投入的回报"和"会继续选择对方"。

本书的一个重要内容就是探究渠道经济满意和渠道非经济满意这两个维度对渠道合作影响的差异。在上述的量表中，Rodolfo 等（2005）开发的量表是一个近期开发的量表，该量表包含了测量渠道经济满意和渠道非经济满意两个维度的条目，全面反映了渠道成员对渠道关系的整体评价。该量表包含了10个条目，内容全面和具体，适合本书对渠道满意的测量，因此，本书采用此量表来测量经销商满意。

33.4.1.2　经销商信任量表

在渠道研究中，信任量表主要有两种，一种是单维量表，一种是两维量表。

在信任的单维量表中，Syed Saad Andaleeb（1996）的单维量表的具体条目有"相信对方提出的购买建议""在处理双方关系时，我方保持较高的警惕性""对方值得我方信赖""对方诚实地履行诺言""对方乐于助人"和"对方的可信性"。

在信任的两维量表中，Rodolfo Vázquez 等（2005）在借鉴多项量表的基础上（Jap, 1999; Kumar 等，2001; Ganesan, 1994; Kumar 等，1995; Doney 和 Cannon，1997; Selnes, 1998），开发了一个两维信任量表，该量表将信任分为善意信任和可靠信任。其中，善意信任的条目有"对方关心我方的利益和福利""对方会在我方出现困难时提供帮助""感觉对方站在我方一边"和"对方不会做出对我方不公正的决策"；可靠信任的条目有"对方信守诺言""对方可靠并且会按照别人的希望行事""对方不会隐瞒对我方决策有影响的信息""对方有足够的能力去实现他的承诺"。

Rodolfo Vázquez 等（2005）开发的信任量表充分地表达了本书对经销商信任的定义且内容全面，因此，本书采用此量表来测量经销商信任。

33.4.1.3　经销商承诺量表

根据本书对经销商承诺的定义，笔者借鉴的是承诺量表中的单维量表。

Anderson 和 Weitz（1992）研究中的承诺量表包括以下条目：①当其他人批评该供应商时，我公司会维护该供应商。②对该供应商不忠诚（反向计分）；③寻找其他的供应商来代替该供应商（反向计分）；④希望继续发展双方间业务；⑤尽管会引起对方不满，我方也不会采用对方提供的新产品（反向计分）；⑥对该供应商承诺度低（反向计分）；⑦愿意长期投资；⑧愿意从长期的角度来开展双方业务；⑨当对方造成麻烦时，我方有足够的耐心；⑩愿意向对方介绍其他经销商。

Syed Saad Andaleeb（1996）的承诺量表包括以下条目："将会加强双方业务关系的紧密度""两个公司之间的关系受到肯定""双方关系可能会中止"和"不会转向其他供应商"。

根据 Anderson & Weitz（1992）的承诺量表，庄贵军（2004）开发了一个本土化的承诺量表，具体条目有：①希望能够进行长期的业务往来；②在其他人做有损于他们的事情时，我们会捍卫他们的利益；③愿意花足够的时间与他们一起解决问题和解释误会；④我们对他们很忠诚；⑤我们愿意与他们继续发展业务关系；⑥对于他们所犯的错误，甚至带来的麻烦，我们有足够的耐心；⑦我们愿意针对他们进行长期投资并耐心等待回报；⑧鼓励增进双边业务发展的行为或个人关系；⑨不会寻找其他的组织来作为替代者；⑩即使有其他组织提供更优惠的条件下，我们也不会放弃与他们的合作。

庄贵军（2004）开发的本土化量表充分体现了本书中承诺的内涵，从保持双方业务、捍卫对方利益、容忍对方错误及长期投资等多个属性来测量承诺。因此，本书对经销商承诺的测量采用的是庄贵军（2004）开发的本土化量表。

33.4.1.4　渠道合作量表

在渠道研究中，对渠道合作的测量大都采用单维量表。Skinner 等（1992）使用的渠道合作量表的条目有：①如果我方提高业绩，对方会关心我方；②我方的主要目标的达成需要对方的合作；③我方将来的利润建立在与对方保持一个良好的工作关系上；④与别的经销商从供应商处获得的支持相比，不相信对方会给我方更多的支持。采用类似条目内容的还有 Childers、Rueckert 和 Boush（1984）等学者的研究。

庄贵军（2001）使用的渠道合作量表的条目有：①我们未来的目标只有通过与对方的共同努力才能够更好地达到；②我们的利润取决于我们与对方保持良好的工作关系；③不相信能够从对方得到从其他零售商那里能得到的支持（反向计分）；④如果能够帮助改善对方的业绩表现，对方会照顾我们；⑤与对方保持良好关系对双方都有利；⑥对方如果知道我们为销售产品所做出的努力，就会对我们提供帮助；⑦如果对方达到了他们的竞争目标，我们在与竞争对手的竞争中会处于有利的位置；⑧对方只是在利用我们达到他们的目标，而不是真正与我们合作，对方很少关心我们的目标；⑨与对方的合作是很成功的；⑩我们与其他一些零售商的合作与我们和对方的合作同样成功（反向计分）。

Rodolfo Vázquez 等（2005）在借鉴 Jap（1999）、Joshi 和 Stump（1999）的量表的基础上，开发的渠道合作量表条目有：①在影响业绩的方面（如市场布局，产品管理，效率提高，市场策略等），双方很合作；②双方对合作性行为很关注，很合作；③双方在谋求共同利益的项目中的参与度较高；④合作使双方感觉成为一体；⑤双方一起致力于开发新的机会。

本书对渠道合作的定义是经销商与制造商为了达到共同目标而采取共同行动。该定义未涉及参与共同行动的主观意愿。由于 Skinner 等（1992）和庄贵军（2001）的渠道合作量表中包含了意愿性条目，所以，本书不采用他们的量表。

Rodolfo Vázquez 等（2005）的渠道合作量表全部界定在渠道双方的共同行为上，这与本书对渠道合作的定义相一致。同时，该量表是渠道研究中涉及渠道合作的一个近期量表，量表条目中涉及渠道双方在营销策略和商机开发上的合作，体现了渠道合作类型中的营销型渠道合作，这与目前渠道合作内涵的发展相一致。因此，本书采用此量表来测量经销商与制造商之间的渠道合作程度。

33.4.2 问卷设计

本书是一项普适性研究，以制造商和经销商的合作关系为研究对象，研究范围确定在消费品分销渠道。本书从经销商的角度来收集数据，调查内容确定为：消费品行业中，经销商对制造商的经济满意程度、经销商对制造商的非经济满意程度、经销商对制造商的信任程度、经销商对其与制造商之间关系的承诺程度，以及经销商和制造商之间的渠道合作程度。

在对量表进行分析和选择后，作者根据本书的研究内容和理论假设进行了问卷设计。问卷设计共有三个步骤：第一步是进行问卷初步设计；第二步是对业内人士进行深度访谈和问卷试测；第三步是根据业内人士的意见进行问卷修订。

33.4.2.1 试样问卷设计

作者在采用国内外学者开发的成熟量表的基础上，设计了调查问卷。调查问卷分为两个部分，第一部分是对概念模型中的变量进行综合考察；第二部分是背景资料，包括填写人所代表企业的所属行业和渠道合作时间等属性。

在试样问卷中，对经销商经济满意采用语义差别 7 点尺度计量，对概念模型中的其他变量均采用李克特（Likert）7 点计量尺度。语义差别量表中，7 表示非常具有某种属性，1 表示非常不具有该属性，4 代表中性的判断。在李克特量表中，1～7 表示受访者赞同的程度：7 表示完全同意，1 表示完全不同意。

调查问卷草案设计好后，作者把问卷草案交付给四川大学营销专业的教授及 3 名营销专业的博士生，并且就问卷的设计和内容进行了深入仔细的讨论。之后，作者根据他们的建议对问卷进行了修改并确定了试样调查问卷。

33.4.2.2 深度访谈和问卷试测

在确定了试样调查问卷之后，作者对消费品行业内人士进行了深度访谈和问卷试测，其目的有两个：一是通过问卷测试进一步审核调查问卷的可靠性；二是与业内人士讨论最佳的调查方法及如何确定和找到调查对象，希望他们提供建议和帮助。

作者分别选择了5位消费品行业内人士作为深度访谈和试测的对象。在受访的专业人士中，有三位是公司总经理，另两位是营销经理。他们都具有相当丰富的营销渠道管理经验，并对公司情况和行业情况非常了解。

首先，作者请5位业内人士在不经任何提示的情况下填写问卷。在填写中，如发现问卷中有语义不清、填答困难的问题时，随时向作者表达意见。填完后，作者又进一步与他们逐题进行讨论，检查问卷中各个问题的语义是否清晰以及措辞是否准确，以确认被测人员对问卷的理解与问卷欲表达的意思是否相同。对于试样问卷，受访业内人士提出了一些宝贵的意见和修改建议。对于问卷中经销商非经济满意的第1个题项（对于该制造商给我公司提供的服务），受访业内人士认为"服务"一词的针对性较弱，其原因是，在目前的渠道关系中，制造商为经销商提供的服务内容较多，该题项没有明确服务的内容。对于问卷中经销商非经济满意的第3个题项（您对双方的私人关系），受访业内人士认为私人关系的针对性较弱，其原因是该题项没有明确私人关系的主体；对于问卷中经销商信任的第5个题项（该制造商不会对我公司隐瞒重要的信息），受访业内人士认为"重要"一词的针对性太弱。对于问卷中渠道合作的第1个题项，受访业内人士认为"共同行动"一词表意不明，其原因是，该题项没有明确"行动的目的是共同的"还是"行动的行为是共同的"。对于问卷中渠道合作的第3个题项和第5个题项，受访业内人士认为这两个题项没有很好地反映出渠道合作本身的含义。问卷修订意见如表33-3所示。

表33-3 受访专业人士的问卷修订意见

变量	题项序号	试样问卷的题项用语	受访业内人士的意见	调整后的题项用语
经销商非经济满意	1	对于该制造商给我公司提供的服务，我公司很满意	"服务"一词表意不明	该制造商给我公司的政策和支持让我公司感到满意
经销商非经济满意	3	您对双方的私人关系	"私人关系"的针对性较弱	您对双方的商情关系
经销商信任	1	平心而论，该制造商是与我公司站在一起的	"站在一起"一词的含义模糊	感到该制造商是支持我公司的
经销商信任	5	该制造商不会对我公司隐瞒重要的信息	"重要"一词表意不明	对于影响我公司决策的关键信息，该制造商不会隐瞒
经销商承诺	3	在其他人做有损于该制造商事情时，我公司会捍卫他们的利益	敏感性问题	当有人损害该制造商的声誉时，我公司会维护该制造商的声誉
渠道合作	2	为达成双方的目标，双方往往采取统一行动	"行动"一词的表意不明确	目前，为了实现共同目标，双方统一制订计划和制订统一方案
渠道合作	3	双方合作使我们感到成了共同体	表意不明	目前，双方很合作，以至于彼此都感到成了对方的一分子
渠道合作	5	为了开发特有的商机，双方协调行动	没有明确是制造商的商机还是经销商的商机	目前，双方正在一起努力开发新商机

作者认为，受访业内人士对问卷的调整建议，既保持了概念的本义，同时又让问卷的表达更明确，更贴近当前分销渠道内人士的用语，更易于问卷填写人做出准确回答。

其次，为了顺利圆满地完成本书将要进行的试样调查和正式调查，作者就调查方法及如何确定和找到调查对象和5位业内人士进行了探讨。他们提出了一些好的建议并都表示愿意根据本书的要求协助找到调查对象，并在此后进行的调查中给予了大力的支持和帮助。

最后，关于调查问卷中的背景信息，受访业内人士提出了以下一些看法和建议：①本问卷的受访对象需要限定在经销商中那些能全面地了解公司与制造商的整体关系的高级管理人员中，他们往往很忙，所以背景信息应尽可能简化。②调查问卷的填写需要受访者的高度配合。经销商和制造商之间的合作关系很微妙，而问卷中的有些问题却比较敏感，有些经销商（尤其是那些只代理了一个厂家产品的经销商）会担心填写真实的情况会影响自己和制造商的合作关系。出于安全考虑，有些经销商会不愿意接受这种调查，或者即便是接受了调查，在填写时也不会按自己真实的情况填写。鉴于此种情况，业内人士的建议是背景信息中尽量避免涉及调查对象所敏感的信息。

根据以上5位行业内人士的建议，作者对问卷进行了修改，确定了最终使用的调查问卷。

33.4.3 调查过程与样本概况

作者根据本书的目标和内容确定了研究范围和样本，随后进行了问卷调查。

33.4.3.1 研究范围和样本确定

本书是一项普适性研究，以制造商和经销商的合作关系为研究对象，研究范围确定在消费品分销渠道。本书在消费品行业中的通信行业、家用电器行业、计算机行业、家具行业、化妆品行业、药品行业和食品与饮料行业7个行业中确定样本。关于抽样方法，正如之前5位业内人士所言，本书的抽样具有较大的难度，因此，考虑到研究条件限制，在试样调查和正式调查两个阶段，均采取判断抽样（Judgmental Sampling）的方法获取样本。

本书采用了结构方程模型分析技术。对于结构方程模型，Boomsma（1982）发现不论是模型参数估计的精确性，还是χ^2统计量的分布，研究结果都显示样本容量越大越好，他建议样本容量最少大于100，大于200更好。就因子分析而言，Nunnally（1967）的建议是，受访人数是变量的10倍。因此本书将样本容量定在150至200之间，符合Boomsma和Nunnally的建议。

针对本调查的需要，作者必须严格甄别受访对象。受访对象必须符合以下条件：①必须是消费品经销商中那些能全面地了解公司与制造商的整体关系的公司的主要负责人（总经理、营销副总及营销经理），因为只有他们才全面了解和制造商合作的情况并对合作关系做出评判。②受访经销商和其制造商的合作时间必须在两年以上。

在试样调查和正式调查两个阶段，作者先在确定的7个行业中找到一些有影响力的关键人物，如电脑城、家具城、通信城等的高级管理人员和经销化妆品、药品和食品饮料的一些企业的高级管理人员。通过他们了解情况，根据调查需要分析筛选出合格的受访对象。在他们的协助下，作者和另一名四川大学的MBA学生亲自将问卷发放到每位受访对象那里。为了保证问卷的有效性，尽可能向每一位受访者说明本次问卷调查的学术意义，向他们保证一定会为他们填写的问卷保密以打消他们怕影响和制造商合作关系的顾虑，此外，如有需要还就问卷的一些问题进行说明。本书采取的调查方式是实地调查。实地调查中，尽量当场回收问卷，但也有一些受访者表示，因当时很忙要事后才能返回问卷。对此情况，作者和另一访问员进行了后期问卷回收。

33.4.3.2 调查过程

调查共分为三个阶段：第一阶段是小规模试样调查；第二阶段是对试样调查的数据进行试探性分析；第三阶段是正式调查。

（1）试样调查。

2007年6月初，作者进行了试样调查，共发放调查问卷83份，现场回收问卷27份，事后回收问卷32份。共回收调查问卷59份，除去废卷（有多个问题完全一样的回答和问卷中有多项漏答）3份后，取得有效问卷56份，有效回收率为67.47%。

（2）数据试探性分析。

作者对试样调查回收的56份有效问卷的数据进行了试探性分析，使用SPSS13.0软件中的信度分析和相关分析。分析结果见表33-4和表33-5。如表33-4所示，除了善意信任变量的Cronbach's α值小于建议值0.70以外，其余变量的Cronbach's α值都大于建议值0.70。如表33-5所示，除去经销商经济满意与经销商信任的相关系数不具有统计显著性外，其他变量之间都显著相关。试样分析结果说明，概念模型中的变量间有显著的相关关系，同时量表的信度较好。作者将试样调查的数据纳入了之后正式的数据分析中。

表 33-4　试样数据的信度分析

	经销商可靠信任	经销商善意信任	经销商承诺	渠道合作	经销商经济满意	经销商非经济满意
Cronbach's α	0.782	0.644	0.877	0.838	0.841	0.858
测项（个）	4	4	10	5	4	6

表 33-5　试样数据的相关分析

	经销商可靠信任	经销商善意信任	经销商承诺	渠道合作	经销商经济满意	经销商非经济满意
经销商可靠信任	1	0.696 (**)	0.550 (**)	0.440 (**)	0.232	0.318 (*)
经销商善意信任	0.696 (**)	1	0.559 (**)	0.551 (**)	0.233	0.429 (**)
经销商承诺	0.550 (**)	0.559 (**)	1	0.743 (**)	0.328 (*)	0.561 (**)
渠道合作	0.440 (**)	0.551 (**)	0.743 (**)	1	0.374 (**)	0.496 (**)
经销商经济满意	0.232	0.233	0.328 (*)	0.374 (**)	1	0.602 (**)
经销商非经济满意	0.318 (*)	0.429 (**)	0.561 (**)	0.496 (**)	0.602 (**)	1

**Correlation is significant at the 0.01 level (2-tailed).
* Correlation is significant at the 0.05 level (2-tailed).

（3）正式调查。

在 2007 年 7 月至 2007 年 9 月初，作者在成都地区进行了正式调查。正式调查和试样调查使用的是同一份调查问卷，问卷具体见附录 1。此次问卷调查主要针对通信行业、家用电器行业、计算机行业、家具行业、化妆品行业、药品行业和食品与饮料行业等行业的经销商。共发放问卷 164 份，现场回收 47 份，后期回收 94 份。除去废卷（有多个问题完全一样的回答或多项漏答）8 份后，正式调查共获得有效问卷 133 份，有效回收率为 81.10%。

33.4.3.3　样本概况

两次调查的问卷回收情况和样本概况见表 33-6 和表 33-7。

表 33-6　问卷发放与回收情况表

	发放问卷/份	现场回收/份	后期回收/份	有效问卷/份	有效回收率/%
试样调查	83	27	32	56	67.47
正式调查	164	47	94	133	81.10
合计	247	74	126	189	76.52

表 33-7　问卷概况

问卷填写人所属行业	频率	百分比/%
通信行业	21	11.11
家用电器行业	18	9.52
计算机行业	24	12.70
家具行业	51	26.98
化妆品行业	23	12.17
食品与饮料行业	16	8.47
医药行业	8	4.23
其他行业	28	14.81
双方合作时间		
2～3 年	63	33.33
3～5 年	65	29.39
大于 5 年	49	25.93

33.4.4　数据分析方法

本书采用的是定量数据分析方法。数据预处理和信度效度分析时采用的统计方法是内部一致性信度检验、因子分析和验证性因子分析（CFA）。验证经销商满意、经销商信任、经销商承诺和渠道合作之间的关系时，主要采用结构方程模型中的路径分析方法。本书在验证性因子、路径分析和模型验证时，采用结构方程模型是出于下列原因。

首先，渠道研究中很多涉及心理和行为的变量都是潜变量（Latent Variable），不能准确和直接地测量。本书中的经销商满意程度、经销商信任程度、经销商承诺程度和渠道合作程度都是经销商的一种感知，都是涉及心理的变量，不能准确和直接地测量。一个解决办法就是用一些外显指标（Observable Indicators）去间接测量这些潜变量。传统的统计方法不能妥善地处理这些潜变量，而结构方程模型能同时处理潜变量和测量指标。其次，结构方程可分析潜变量之间的复杂关系。传统回归方法在分析时，虽然允许因变量含测量误差，但需要假设自变量是没有测量误差的。实际上，涉及心理的变量都多少存在测量误差。而结构方程模型允许自变量和因变量都存在测量误差，并能估计出测量误差。再次，结构方程可以比较性地分析不同的理论模型。采用结构方程模型，不仅可以判断提出的假设是否通过统计判断，同时还可以通过所收集的样本数据从整体上对各个假设模型进行修正。最后，结构方程模型在渠道研究中逐渐成为一个被广泛运用的分析技术，得到学术界的普遍认可。同传统分析方法相比，结构方程模型得出的结论更具有合理性。有些研究在同时采用结构方程模型和传统回归分析方法后，发现运用两种分析方法会得出有明显差异的研究结论。例如，Morgan和Hunt（1994）的研究发现，采用结构方程模型得出了"关系收益"与"承诺"之间没有相关关系的结论，然而，采用传统的回归分析方法所得出的结论却是"关系收益"与"承诺"有显著的相关关系，对此，Morgan和Hunt强调指出，这种差异反映出在渠道关系研究中结构方程模型分析技术比传统的回归分析技术更具有优越性。

本部分的上述数据分析方法通过SPSS13.0和LISREL8.7这两个统计软件完成。用SPSS13.0进行均值t检验、内部一致性信度检验和因子分析；用LISREL8.7进行验证性因子分析与结构方程模型分析。

结构方程模型分析技术的合理运用有许多限制性前提条件，这些限制性前提条件涉及该技术运用的成功与否，直接影响数据分析的质量。因为本书采用了结构方程模型，所以有必要对结构方程的样本容量、缺失值、数据正态性、数据类型和拟合指标进行简要说明。

33.4.4.1 样本容量

对于结构方程模型，Boomsma（1982）发现不论是模型参数估计的精确性，还是χ^2统计量的分布，研究结果都显示样本容量越大越好，他建议样本容量最少大于100，但大于200更好。就因子分析而言，Nunnally（1967）被人经常引用的建议是，被试人数是变量的10倍。因此，本书的样本容量在150至200是比较合适的，本书的样本数量是189个，大于150个并且接近200个理想样本容量，因此本书的样本容量达到了结构方程模型的要求。

33.4.4.2 数据正态性

结构方程模型中最常使用和最稳健的估计方法是最大似然估计法（ML），ML要求样本符合多元正态分布。但是绝大多数需要心理测量的研究都不能满足这个要求，如Micceri（1989）检查了440个大样本的心理测验，发现全部不是一元正态分布的，更不用说多元正态分布了。如果样本容量很大，West等（1995）建议，在1000～5000个样本的情况下，可考虑采用不需要正态假设的加权最小二乘法（WLS）估计。如果样本不够大，也可以通过取平方根，进行数据对数转换或将数据转换为正态分布数据，但是，转换后数据的原始量纲（标尺）已经改变，可能会带来理解和解释上的困难。同时也有研究（Hu、Bentler和Kano, 1992）显示，就算变量不是正态分布，在结构方程模型中采用最大似然估计法（ML）仍然是合适的。根据侯侯杰泰（2004）的介绍，数据正态性的判断方法有三个：偏度（Skewness）和峰度（Kurtosis）、非参数检验中正态分布检验PP图。当偏度绝对值大于3.0时，一般被视为极端的偏态；而峰度的绝对值大于10.0时表示峰度存在问题，若是大于20.0时，则是极端的峰度

(Kline, 1998)。

33.4.4.3 数据类型

绝大部分结构方程模型分析是基于等距（Interval）或等比（Ratio）数据所计算的皮尔逊相关系数。从严格意义上讲，李克特量表获得的是等序数据（Ordinal Data）。理论上讲，定序数据应用多项相关系数，并与渐近方差矩阵（Asymptotic Covariance Matrix）合用，用最小二乘法来拟合模型。但除非样本很大，ACM 矩阵不稳定，故使用这种方法处理定序数据的研究不多。尤其是每级人数相差不大时（量表问卷中，每级选择均有相当比例人数），许多结构方程模型分析都简单地将数据作为正态等距数据分析处理（侯杰泰，2004）。

33.4.4.4 结构方程模型拟合指数的选择

根据侯杰泰（2004）的介绍，结构方程模型的拟合指数可分为绝对拟合指数与相对拟合指数两大类。模型是否与数据拟合的问题，其核心是比较再生协方差 E 和样本协方差 S 的差异。大多数基于拟合函数的拟合指数反映这两个矩阵之间的差异。其中，绝对拟合指数是将理论模型 Mt 和饱和模型 Ms 比较得到的统计量；相对拟合指数是通过将理论模型 Mt 与基准模型 Mn 比较得到的统计量。一般评判计量模型和数据之间的拟合指标有 13 个，拟合指标可以鉴定概念模型和数据之间的拟合程度。关于这些指标的识别，有这样几个看法。

一般情况下，常用的估计方法得到 χ^2 渐进服从卡方分布。给定显著水平，如果 χ^2 值大于对应的临界值，表示 E 和 S 差异过大，模型和数据拟合不好。反之，如果 χ^2 值小于临界值，表明模型与数据拟合较好。但 χ^2 值的大小与样本容量 N 有关，容易受 N 的波动而波动。因此，在模型比较中，许多学者提出 χ^2/df 更有参考价值。关于 χ^2/df 值在多大的范围内模型和数据是拟合比较好的问题，存在较大争议。美国社会统计学家 Carmines 和 McIver 认为，χ^2/df 值在 2.0 至 3.0 之间，模型和数据的拟合程度是可以接受的。侯杰泰认为，当 χ^2/df 值在 2.0 至 5.0 之间时，可以接受模型。刘益和钱丽萍对此的评价标准是 1.0～3.0。

近似误差（Error of Approximation）指数包括 SRMR、RMR、RMS、RMSEA、MSEA 和 RMSEAP。一般来讲，近似误差指数是越小越好。通常情况下使用的评价指标是 SRMR、RMR 和 RMSEA。对于标准化残差均方根（SRMR），Hu 和 Bentler（1998）的研究发现，SRMR 对误设模型敏感，Hu 和 Bentler（1998）对 SRMR 推荐的界值是 0.08，即当 SRMR 大于 0.08 时，模型拟合得不好。RMR 反映残差的大小，其值越小表示模型的适配愈佳。近似均方根残差（RMSEA），被人广泛使用，与 RMR 相比，RMSEA 受样本量 N 的影响较小，对参数过少的误设模型稍微敏感一些。Steiger（1990）认为，RMSEA 低于 0.1 表示好的拟合；低于 0.05 表示非常好的拟合；低于 0.01 表示非常出色的拟合。

相对拟合指数（Comparative Fit Index）是通过将理论模型（Mt）和基准模型（Baseline Model）比较得到的统计量。考虑到一系列嵌套（Nested）模型 Mn……Mt……Ms，其中 Mn 为虚模型（Null Model）是限制最多、拟合最不好的模型，Ms 为饱和模型，拟合程度最好，Mt 介于两者之间。相对拟合指数就是将理想模型与虚模型进行比较，看看拟合程度改进了多少。相对拟合指数一般常用的指标有 7 个：规范拟合指数（NFI）、不规范拟合指数（NNFI）、比较拟合指数（CFI）、增量拟合指数（IFI）、拟合优度指数（GFI）、调整后的拟合优度指数（AGFI）和相对拟合指数（RFI）。这些指标的取值范围是 0～1，学术界一般认为：这 7 个指标大于 0.90，就表明模型和数据之间的拟合程度比较好。相对拟合指数中，温忠麟（2004）推荐使用 NNFI 和 CFI。NNFI 和 CFI 的取值在 0～1 之间，取值越高模型的拟合程度越好。

根据以上观点，本书选择 NNFI、CFI、RMR、SRMR 和 RMSEA 等拟合优度指数来评价模型，评价标准值如表 33-8 所示。

表 33-8 本研究选择的模型拟合优度指数评价标准

指标名	取值范围	判断标准
χ^2/df	-	$2\sim 5$
NNFI	$0\sim 1$	>0.90
CFI	$0\sim 1$	>0.90
SRMR	$0\sim 1$	<0.08
RMSEA	$0\sim 1$	<0.1

33.4.5 数据预处理

在用统计方法验证理论假设时，原始数据本身的特征对分析结果的质量有重要影响。因此在进行正式的数据分析之前，需要对所收集的数据进行初步的检查和必要的筛选、调整或转换。根据本书的需要，在正式的数据分析之前进行的分析主要是条目分析和正态分布检验。

33.4.5.1 条目分析

条目分析是根据测验总分区分出高分组（前 27%）和低分组（后 27%）后，再用 t 检验求高低分两组在每个条目的均值差异是否显著。高低分两组进行均值差异检验的 t 值被称为决断值（CR 值），又称临界比。条目分析完成后可将未达到显著性水平的条目删除。

本书对所有用李克特量表设计的问题进行了条目分析，分析分为五个步骤：第一步求出每个量表的总分；第二步将量表总分高低排列；第三步分出前 27% 和后 27% 的被研究者的得分；第四步根据前后 27% 被调查者的得分将样本分为两组，前 27% 到最高分为高分组，后 27% 到最低分为低分组；第五步用 t 检验分析两组在每个条目上的均值差异。分析结果发现，所有调查问卷的条目的区分度很高，均值差异的 P 值检验均小于 0.001。条目分析的结果详见附录 2。

33.4.5.2 缺失值

根据邱皓政（2004）的分析，数据缺失可分为系统缺失（Systematic Missing）和随机缺失（Missing at Random）两类。系统缺失是指缺失值可能是有规则或次序的，随机缺失则是无规则与逻辑的。Rubin (1976) 将随机缺失分为完全随机缺失和随机缺失两类。完全随机缺失完全是随机产生，和自身和其他变量的取值无关；随机缺失与变量本身的取值无关，但可能与其他变量的取值相关。一般情况下，随机性缺失在样本总量的 5%～10% 间是可以接受的 (Cohen, 1983)。本书回收的有效问卷中仅有个别缺失值，作者对这些缺失值用均值替代法进行了处理。

33.4.5.3 正态分布检验

在完成条目分析之后，对所有条目进行了 K-S（Kolmogorov-Smirnov）正态分布检验，发现所有条目的偏度的绝对值都小于 2.5，峰度的绝对值都小于 5.7，都不属于极端偏态分布。同时有研究（Hu、Bentler 和 Kano, 1992）显示，即使变量不是正态分布，在结构方程模型中采用最大似然估计法（ML）仍然是合适的。因此本书不再进行数据的正态化处理，并在结构方程分析时采用最稳健的 ML 法进行参数估计。

33.4.6 量表效度和信度检验

Anderson 和 Gerbing（1988）认为，在测试结构方程模型之前研究者首先应该评估它的测量模型（验证性因子分析），即验证性因子分析是检验结构方程（Structural Equation Model, SEM）研究的基础和前提。该两阶段分析程序被其后的许多学者应用在营销研究领域，被学术界广泛接受和认可。验证性因子分析（Confirmatory Factor Analysis, CFA），用以描述观测变量如何反映潜变量和假设构念，测量观测变量的信度和效度，也可用以描述潜变量与观测变量之间的关系。

量表的效度可分为内容效度、效标效度和结构效度三类；信度可分为外在信度（主要是重设信度）和内在信度（同部一致性信度）两类（吴明隆，2003）。本书使用的调查问卷在正式调查前请在营销管理和采购管理方面有丰富的实际工作经验的业内人士对问卷的条目进行了逐一的审查，再根据他们的建议对问卷的条目语句进行了修改，以使本书的量表具有良好的内容效度。本书所使用的量表是成熟的量表，这些量表在多项实证研究中使用过，具有良好的效度和信度。因研究条件的限制，本书未进行同一样本的重测，也未在问卷中设计效标量表。但过去的研究已经证明了这些量表的重测信度和效标效度，由此本部分将主要确认各量表在本书中的结构效度和内部一致性信度。

检验结构效度的方法是通过验证性因子分析（CFA）考察模型是否有违规现象，考察模型的拟合度、收敛效度和区分效度。检验内部一致性信度的方法是Cronbach's α系数，单条目信度、结构信度。黄芳铭（2005）认为结构效度的检验包括三个步骤：①违规估计，即从三个方面判断是否有违规现象，第一有无负的误差方差，第二是否有标准化系数超过或太接近于1，第三是否有太大的标准误差；②整体模型的拟合优度；③单一变量的效度检验，即观察变量在潜变量上的标准化负荷。

由于上述检验不能反映出，在对多维度量表进行验证性因子分析时，两个以上的潜变量是否能有效区分，因此还有必要进一步进行区别效度检验。区别效度可以通过比较个别维度方差萃取量（Variance Extracted, VE）的平方根与各维度之间的相关系数来判断，其准则是个别维度方差萃取量的平方根大于各维度之间相关系数。其中，方差萃取量的作用与结构信度类似，显示潜变量的各观察变量对该潜变量的平均方差解释力，其值必须大于0.3（Bagozzi和Yi, 1988）。方差萃取量的计算公式如下

$$AVE = Sum(loadings)/[Sum(loadings)^2 + Sum(residual\ variance)]$$

AVE：某一潜变量的平均提炼方差。

Loadings：标准化负荷量。

Residual Variance：观察变量的测量误差。

在李克特量表中常用的内部一致性信度检验方法为"Cronbach's α"系数，根据吴明隆（2003）的总结，先导性研究的信度系数在0.50至0.60已足够，以发展测量工具为目的的信度系数应大于0.70，以基础研究为目的的信度系数应大于0.80。结构信度（Construct Reliability, CR）主要是评价一组潜在结构指标（Latent Contruct Indications）的一致性程度，即观察变量分享潜变量的程度，属于内部一致性信度指标。潜变量的结构信度应大于0.60。结构信度的计算公式如下

$$CR = [Sum(loadings)]/\{[Sum(loadings)]^2 + Sum(residual\ variance)\}$$

CR：潜变量的复合信度。

Loadings：标准化负荷量。

Residual Variance：观察变量的测量误差。

综上所述，本部分将分四步逐一考察各量表的效度，即是否有违规现象，拟合优度，模型的收敛效度和区别效度。其中单维度量表不需考察区别效度，从三方面逐一考察各个量表的内部一致性信度，即Cronbach's α系数、单条目信度和结构信度。作者在下面将分别报告各量表的效度和信度分析结果。

33.4.6.1 经销商满意量表

本书采用Rodolfo Vázquez等（2005）的量表来测量经销商满意。该量表包括渠道经济满意和渠道非经济满意两个维度，与之相对应，经销商满意也包括经销商经济满意和经销商非经济满意两个维度。其中，经销商经济满意有4个条目，经销商非经济满意有6个条目。作者对此量表进行Cronbach's α系数分析和验证性因子分析，结果如表33-9、表33-10、表33-11、表33-12、表33-13和图33-12所示。

表33-9　经销商经济满意量表的α系数检验

Reliability Statistics

Cronbach's α	N of Items
0.833	4

表 33-10　经销商经济满意量表的 α 系数分析

Item-Total Statistics

	Scale Mean if Item Deleted	Scale Variance if Item Deleted	Corrected Item-Total Correlation	Cronbach's Alpha if Item Deleted
jm1	14.10	12.097	0.614	0.810
jm2	14.38	11.640	0.677	0.782
jm3	14.01	11.521	0.707	0.768
jm4	13.96	12.078	0.650	0.794

表 33-11　经销商非经济满意量表的 α 系数检验

Reliability Statistics

Cronbach's α	N of Items
0.848	6

表 33-12　经销商非经济满意量表的 α 系数分析

Item-Total Statistics

	Scale Mean if Item Deleted	Scale Variance if Item Deleted	Corrected Item-Total Correlation	Cronbach's α if Item Deleted
fjm1	24.79	27.963	0.586	0.831
fjm2	24.99	26.452	0.682	0.813
fjm3	24.72	27.586	0.587	0.831
fjm4	24.95	27.529	0.582	0.832
fjm5	24.88	26.161	0.658	0.817
fjm6	24.53	26.527	0.686	0.812

表 33-13　经销商满意量表的信度和效度分析

条目	标准化负荷	负荷标准误差	负荷 t 值	测量误差	R^2	CR 与 VE
jm1	0.71	0.09	10.41	0.50	0.50	α = 0.83
jm2	0.78	0.09	11.79	0.40	0.61	CR = 0.83
jm3	0.76	0.09	11.55	0.42	0.58	VE = 0.56
jm4	0.74	0.09	11.03	0.45	0.55	VE 平方根 = 0.75
fjm1	0.66	0.09	9.61	0.56	0.44	
fjm2	0.76	0.09	11.71	0.42	0.58	α = 0.85
fjm3	0.63	0.09	9.00	0.61	0.40	CR = 0.85
fjm4	0.63	0.10	9.14	0.60	0.40	VE = 0.48
fjm5	0.74	0.09	11.15	0.46	0.55	VE 平方根 = 0.70
fjm6	0.74	0.09	11.20	0.45	0.55	

CFA 拟合优度指数：
Chi-Square = 74.57
Df = 34
RMSEA = 0.080
SRMR = 0.052
NNFI = 0.96
CFI = 0.97

首先，分四步看量表效度。第一步进行违规估计，各个测量条目均无负的误差方差，标准化负荷介于 0.63 至 0.78 之间，没有大于 0.95，没有超过或太接近 1，说明无违规现象发生。第二步根据拟合指数判断验证性因子分析模型的整体效度，各拟合指数表示模型拟合度比较好（RMSEA = 0.080, SRMR = 0.052, NNFI = 0.96, CFI = 0.97）。第三步观察标准化负荷系数和 t 值，发现所有的 t 值都大于 1.98，即所有的标准化负荷系数都是有统计意义的,而且所有条目的标准化负荷系数都大于0.4,说明该量表的收敛效度很好。第四步考察该量表的区别效度,发现两个维度方差萃取量(VE)的平方根值分别是0.75和0.70,都大于两维度的相关系数0.70,这说明该量表具有较好的区别效度。

其次,从三个方面考察量表信度。两维度的Cronbach's α系数值分别是0.83和0.84,大于0.7的要求值。考察各条目的信度,发现各个条目的R^2高于0.40。考察结构信度,两个维度的决断值(CR)值分别是0.83和0.85,都高于0.6的建议值,两个维度的方差萃取量(VE)值分别是0.56和0.48,都高于0.30的建议值。结果显示量表的结构信度较好。

33.4.6.2 经销商信任量表

本书采用Rodolfo Vázquez等(2005)的信任量表来测量经销商信任。该量表包括善意信任和可靠信任两个维度,两个维度变量分别有4个条目。笔者对该量表进行Cronbach's α系数分析和验证性因子分析,结果如表33-14、表33-15、表33-16和图33-13所示。

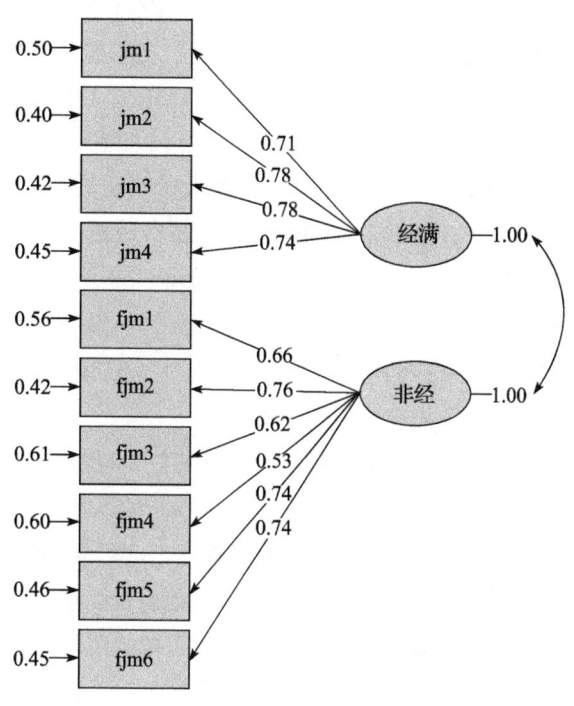

图33-12 经销商满意量表的CFA分析结果输出

表33-14 可靠信任量表的α系数检验

Reliability Statistics

Cronbach's α	N of Items
0.759	4

表33-15 善意信任量表的α系数检验

Reliability Statistics

Cronbach's α	N of Items
0.748	4

表33-16 经销商信任量表的信度和效度分析

条目	标准化负荷	负荷标准误差	负荷t值	测量误差	R^2	CR与VE
tru21	0.71	0.08	10.31	0.50	0.50	α = 0.759
tru22	0.72	0.09	10.45	0.49	0.52	CR = 0.76
tru23	0.54	0.09	7.38	0.71	0.29	VE = 0.58
tru24	0.67	0.09	9.65	0.55	0.45	VE平方根 = 0.76
tru11	0.66	0.09	9.50	0.56	0.44	α = 0.748
tru12	0.63	0.09	8.97	0.60	0.40	CR = 0.57
tru13	0.63	0.10	8.88	0.60	0.40	VE = 0.76
tru14	0.73	0.09	10.70	0.47	0.53	VE平方根 = 0.77

CFA拟合优度指数:
Chi-Square = 31.27
Df = 19
RMSEA = 0.059
SRMR = 0.037
NNFI = 0.98
CFI = 0.99

首先，分四步看量表效度。第一步进行违规估计，各个测量条目均无负的误差方差。标准化负荷介于 0.84 至 0.91 之间，没有大于 0.95，没有超过或太接近 1，说明无违规现象发生。第二步根据拟合指数判断验证性因子分析模型的整体效度，各拟合指数表示模型拟合度非常好（RMSEA = 0.059, SRMR = 0.037, NNFI = 0.98, CFI = 0.99）。第三步观察标准化负荷系数和 t 值，发现所有的 t 值都大于 1.98，即所有的标准化负荷系数都是有统计意义的，而且所有条目的标准化负荷系数都大于 0.4，说明该量表的收敛效度很好。第四步考察该量表的区别效度，发现两个维度方差萃取量（VE）的平方根值分别为 0.76 和 0.77，都小于两维度的相关系数 0.94，这说明该量表两个维度间的区别效度未达到要求。

其次，从三个方面考察量表信度。两维度的 Cronbach's α 值分别是 0.759 和 0.748，都大于 0.7。各条目的信度，除去可靠信任第 3 题以外，R^2 均在 0.40 以上。可靠信任的第 3 个条目是"对于影响我公司决策的关键信息，该制造商不会隐瞒"，尽管在问卷修订时，受访业内人士提议的用词"关键信息"比试样问卷中的"重要信息"一词更清楚，但是，受访者回答时还是存在一些困难。因为此条目有实际意义，且条目的标准化负荷系数有统计意义，未在研究中将其删除。

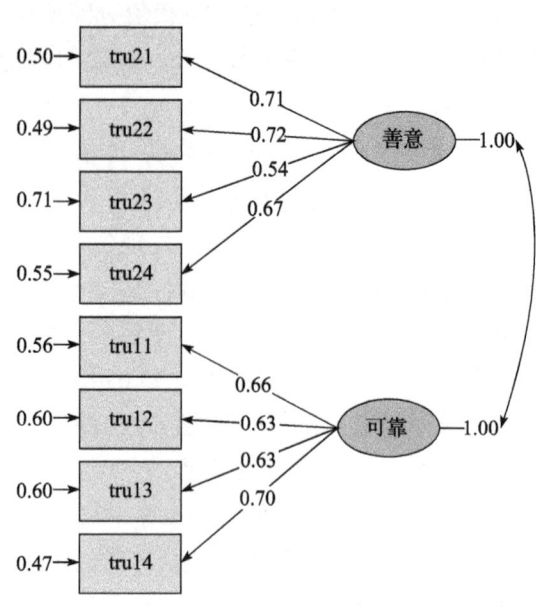

图 33-13　经销商信任量表的 CFA 分析结果输出

33.4.6.3　经销商承诺量表

本书采用庄贵军（2004）开发的本土化的承诺量表。该量表共有 10 个条目。作者对该量表进行 Cronbach's α 系数分析和验证性因子分析，结果如表 33-17、表 33-18 和图 33-14 所示。

表 33-17　承诺量表的 α 系数检验

Reliability Statistics

Cronbach's α	N of Items
0.883	10

表 33-18　承诺量表的信度和效度分析

条目	标准化负荷	负荷标准误差	负荷 T 值	测量误差	R^2	CR 与 VE
comi1	0.64	0.08	9.76	0.59	0.41	
comi2	0.70	0.08	11.11	0.50	0.49	
comi3	0.75	0.09	12.04	0.44	0.56	
comi4	0.79	0.08	12.97	0.38	0.62	α = 0.883
comi5	0.79	0.08	12.97	0.38	0.62	CR = 0.90
comi6	0.58	0.08	8.72	0.66	0.34	VE = 0.47
comi7	0.61	0.09	9.32	0.62	0.37	
comi8	0.74	0.08	11.90	0.45	0.55	
comi9	0.62	0.10	9.33	0.62	0.38	
comi10	0.59	0.09	8.92	0.65	0.35	

CFA 拟合优度指数：
Chi-Square = 111.54
Df = 35
RMSEA = 0.11
SRMR = 0.058
NNFI = 0.95
CFI = 0.96

首先，分三步看量表效度。第一步进行违规估计，各个测量条目均无负的误差方差。标准化负荷介于0.58至0.79之间，没有大于0.95，没有超过或太接近1，说明无违规现象发生。第二步根据拟合指数判断验证性因子分析模型的整体效度，各拟合指数表示模型拟合度不好（RMSEA = 1.11，大于了0.1的建议界值，SRMR = 0.058，NNFI = 0.95，CFI = 0.096）。第三步观察标准化负荷系数和t值，发现所有的t值都大于1.98，即所有的标准化负荷系数都是有统计意义的。量表所有条目的标准化负荷系数都大于0.4，说明量表的收敛效度很好。

其次，三个方面考察量表信度。Cronbach's α值是0.883，超过了要求的0.7。考察各条目的信度，发现第6个、第7个、第9个和第10个条目的 R^2 小于0.40。结构信度达到了标准，CR系数均高于0.6，VE高于0.3。因为量表的拟合指数中的RMSEA等于1.11，大于了0.1的建议界值，所以作者对该量表进行了调整。

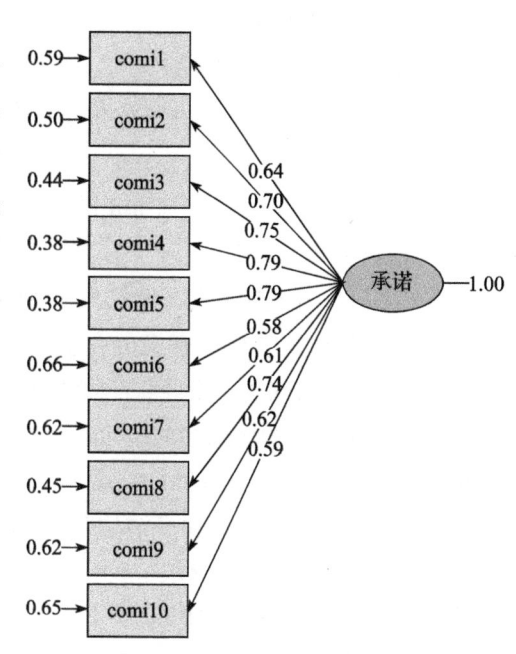

图33-14 经销商承诺量表CFA分析结果

作者在调查过程中了解到，有些受访者反映第6个条目"对该制造商犯的错误，甚至带来的麻烦，我公司有足够的耐心"中的"错误"一词的界定不明确，认为有无足够的耐心要取于该制造商所犯错误的性质和大小；有些受访者认为第7个条目"愿意对该制造商进行长期投资，并耐心等待回报"中"长期投资"一词的界定不太明确，作者认为此题目中长期投资也不适合问卷所调查的行业特征；第9个条目"不会寻找另外的公司来替代该制造商"的问题比较敏感。有些受访者认为第10个条目"即使有其他的公司提供更优惠的条件，也不会放弃该制造商而转向其他的公司"的界定不明确，认为是否会转向其他公司要取决于优惠条件的大小。

根据受访者的反映和作者的分析，作者对量表进行修改，删除了第6个、第7个、第9个、第10个条目，重新对删除了4个条目的量表进行α系数分析和验证性因子分析，结果如表33-19、表33-20和图33-15所示。

表33-19 删除4个条目后的经销商承诺量表α系数检验

Reliability Statistics

Cronbach's α	N of Items
0.861	6

表33-20 删除4个条目后的经销商承诺量表信度和效度分析

条目	标准化负荷	负荷标准误差	负荷T值	测量误差	R^2	CR与VE
comi1	0.70	0.09	10.32	0.51	0.49	
comi2	0.70	0.09	10.34	0.51	0.49	α = 0.861
comi3	0.79	0.09	12.16	0.38	0.62	CR = 0.86
comi4	0.73	0.09	10.90	0.47	0.53	VE = 0.51
comi5	0.73	0.09	10.97	0.47	0.53	
comi8	0.64	0.09	9.14	0.60	0.41	

CFA拟合优度指数：
Chi-Square = 14.42
Df = 9
RMSEA = 0.057
SRMR = 0.028
NNFI = 0.99
CFI = 0.99

首先，分三步看修改后的量表的效度。第一步进行违规估计，各个测量条目均无负的误差方差。标准化负荷介于 0.64 至 0.79 之间，未大于 0.95，没有超过或太接近 1，说明无违规现象发生。第二步根据拟合指数判断验证性因子分析模型的整体效度，各拟合指数表示模型拟合度很好（RMSEA = 0.057，小于 0.1 的建议值，SRMR = 0.028，小于 0.08 的界值，NNFI = 0.99，CFI = 0.099，都接近于 1）。第三步观察标准化负荷系数和 t 值，发现所有的 t 值都大于 1.98，即所有的标准化负荷系数都是有统计意义的，量表所有条目的标准化负荷系数都大于 0.4，说明量表的收敛效度很好。

其次，从三个方面考察修改后的量表信度。Cronbach's α 值是 0.883，超过了要求的 0.7。看各条目的信度，发现第各个条目的 R^2 大于 0.40。结构信度达到了标准，CR 系数大于 0.6，VE 大于 0.3。

最后，作者发现，同删除了 4 个条目数据之前的经销商承诺量表相比，删除 4 个条目数据后的经销商承诺量表的模型拟合度有很大的改善，达到了理想的拟合优度。因此，作者对本书两次调查问卷收集的数据中经销商承诺的第 6 个、第 7 个、第 9 个、第 10 个条目进行了删除。在此后的数据分析中，采用的数据不再包括这 4 个条目的数据。

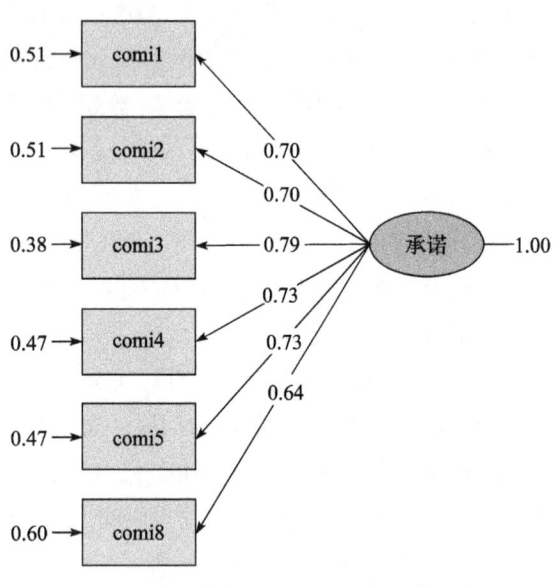

图 33-15　删除 4 个条目后的经销商承诺量表 CFA 分析结果

33.4.6.4　渠道合作量表

本书采用 Rodolfo Vázquez 等（2005）开发的渠道合作度量表。该量表共有 5 个条目。作者对该量表进行了 α 系数分析和验证性因子分析，结果如表 33-21、表 33-22 和图 33-16 所示。

表 33-21　渠道合作量表的 α 系数检验

Reliability Statistics

Cronbach's α	N of Items
0.835	5

表 33-22　渠道合作量表的信度和效度分析

条目	标准化负荷	负荷标准误差	负荷 t 值	测量误差	R2	CR 与 VE
coo1	0.75	0.09	11.19	0.44	0.56	α = 0.835
coo2	0.82	0.08	12.59	0.33	0.67	CR = 0.84
coo3	0.72	0.09	10.71	0.47	0.52	VE = 0.61
coo4	0.64	0.09	9.06	0.60	0.41	
coo5	0.62	0.09	8.80	0.61	0.38	

CFA 拟合优度指数：
Chi-Square = 9.89
Df = 5
RMSEA = 0.074
SRMR = 0.028
NNFI = 0.98
CFI = 0.99

首先，分三步看量表效度。第一步进行违规估计，各个测量条目均无负的误差方差。标准化负荷介于 0.62 至 0.82 之间，没有大于 0.95，没有超过或太接近 1，说明无违规现象发生。第二步根据拟合指数判断验证性因子分析模型的整体效度，各拟合指数表示模型拟合度非常好（RMSEA = 0.0741, SRMR = 0.028, NNFI = 0.98, CFI = 0.99）。第三步观察标准化负荷系数和 t 值，发现所有的 T 值都大于 1.98，即所有的标准化负荷系数都是有统计意义的。所有条目的标准化负荷系数都大于 0.4，说明该量表的收敛效度很好。

其次，从三个方面考察量表信度。Cronbach's α 值是 0.835，明显超过了要求的 0.7。看各条目的信度，仅有第 5 个条目的 R^2 等于 0.38，小于 0.40。结构信度达到了标准，CR 系数大于 0.6，VE 大于 0.3。第 5 个条目的内容是"共同开发新的商业机会"，R^2 低于 0.4 的原因可能是，在中国的渠道中，经销商与制造商之间的合作内容中普遍地不涉及此方面的内容。因为该条目的 R^2 的接近 0.4，标准化负荷系数高于 0.4，且有统计意义，因此在本书以后的数据分析中没有将其删除。

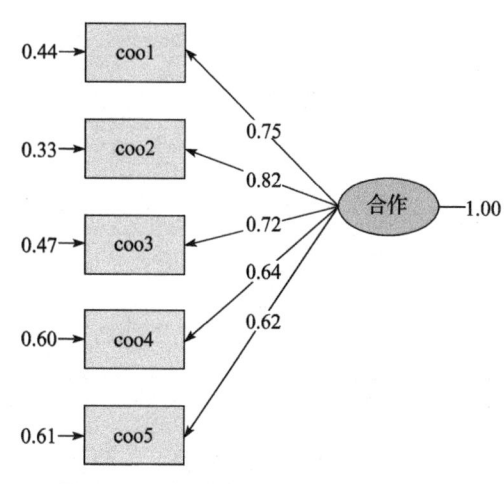

图 33-16　渠道合作量表 CFA 分析结果

33.4.6.5　验证性因子分析结果小结

在本部分中，作者对经销商满意的两维量表、经销商信任的两维量表、经销商承诺量表和渠道合作量表分别地进行了验证性因子分析。

分析结果说明，经销商满意的两维量表、经销商承诺量表和渠道合作量表都通过了验证性因子分析，分析结果说明量表的信度和效度较好。

作者对经销商承诺量表进行了两次验证性因子分析。在第一次验证性因子分析中，发现其中有 4 个条目的信度没有达到要求，验证性因子分析的拟合度没有达到要求指数（RMSEA = 1.11，大于了 0.1 的临界值）。对其进行分析后，删除了未通过信度分析的 4 个条目。然后，对经销商承诺量表进行了第二次验证性因子分析。第二次验证性因子分析结果说明，在删除 4 个条目后，量表的信度和效度较好，因子模型拟合度有很大的改善，达到了理想的拟合优度。

经销商信任两维量表有较好的内容效度，但是，两个维度方差萃取量（VE）的平方根值分别为 0.76 和 0.77，都小于两维度的相关系数 0.94，这说明该量表两个维度间的区别效度未达到要求。

为了保证实证研究的数据分析质量，在此后的数据分析中采用的数据，都是在两次问卷调查中所收集的并删除了经销商承诺中 comi6、comi7、comi9、comi10 这四个条目后的数据。

33.4.7　描述性统计与初步分析

作者通过 SPSS 中的数据描述工具和相关分析来对各个变量进行描述性统计。把各变量的平均分作为因子得分，输入 SPSS13.0，计算出各变量的平均值、方差如表 33-23 所示，计算出各变量的相关系数如表 33-24 所示。根据输入结果，在此进行初步的描述性统计和初步的相关分析。

表 33-23　Statistics 变量描述性统计

			经销商信任	经销商承诺	渠道合作	经销商经济满意	经销商非经济满意
N		Valid	189	189	189	189	189
		Missing	0	0	0	0	0
Mean			4.87	5.29	4.93	4.70	4.96
Std. Deviation			0.895	0.980	0.987	1.116	1.024
Skewness			0.067	−0.956	−0.423	−0.218	−0.406
Std. Error of Skewness			0.177	0.177	0.177	0.177	0.177
Kurtosis			−0.516	2.395	−0.173	0.047	0.135
Std. Error of Kurtosis			0.352	0.352	0.352	0.352	0.352

表 33-24　相关矩阵 Correlations

		经销商信任	经销商承诺	渠道合作	经销商经济满意	经销商非经济满意
经销商信任	Pearson Correlation	1	0.509（**）	0.606（**）	0.333（**）	0.480（**）
	Sig. (2-tailed)		0.000	0.000	0.000	0.000
经销商承诺	Pearson Correlation	0.509（**）	1	0.645（**）	0.358（**）	0.413（**）
	Sig. (2-tailed)	0.000		0.000	0.000	0.000
渠道合作	Pearson Correlation	0.606（**）	0.645（**）	1	0.397（**）	0.482（**）
	Sig. (2-tailed)	0.000	0.000		0.000	0.000
经销商经济满意	Pearson Correlation	0.333（**）	0.358（**）	0.397（**）	1	0.595（**）
	Sig. (2-tailed)	0.000	0.000	0.000		0.000
经销商非经济满意	Pearson Correlation	0.480（**）	0.413（**）	0.482（**）	0.595（**）	1
	Sig. (2-tailed)	0.000	0.000	0.000	0.000	

**Correlation is significant at the 0.01 level (2-tailed).

首先，如表 33-23 所示，各变量偏度的绝对值都小于 2.5，峰度的绝对值都小于 5.7，都不属于极端偏态分布。

其次，如表 33-24 所示，渠道合作与经销商经济满意、经销商非经济满意相关，相关系数分别为 0.397 和 0.482，相关系数具有 p<0.01 的统计显著性。这一结果初步证实了渠道满意正面影响渠道合作。渠道合作与经销商承诺、经销商信任的相关程度都比较高，相关系数分别是 0.606 和 0.645，相关系数具有 p<0.01 的统计显著性。与之相比，渠道合作与经销商经济满意、经销商非经济满意的相关程度较低，相关系数分别是 0.358 和 0.413。同时，经销商信任、经销商承诺分别与经销商经济满意、经销商非经济满意之间有显著的相关关系。这一结果初步显示，在经销商满意与渠道合作之间，经销商承诺与经销商信任可能有一定的中介作用。

最后，变量的以上相关关系只是用各变量的平均分来进行描述性统计和相关分析。从下一部分起，本书将用因子分析方法、结构方程模型分析方法来逐一验证本书的理论假设。

33.4.8　本部分小结

本部分选择了概念模型中各变量的测量量表，介绍了调查过程和样本概况，探讨了数据分析方法，在数据预处理后，进行了量表的效度和信度分析，对数据进行了描述性统计，并对各变量之间的相关关系进行了简要分析。

从下一部分起，作者使用两次问卷调查所收集到的，经过预处理和删除了经销商承诺 4 个条目数据的样本数据进行实证研究。

33.5　实证研究 1：经销商信任没有多维结构

在验证本书提出的概念模型之前，作者先采用因子分析和验证性因子分析方法，对经销商信任的结构维度进行实证分析。研究结果说明经销商信任没有多维结构，尽管经销商善意信任和经销商可靠信任在概念上有所区别，但是两者间的区别度不显著。

33.5.1　研究假设

在渠道研究中，学术界在将信任作为两维结构还是单维结构这一问题上有明显分歧。

在渠道研究中，多数实证研究对善意信任和可靠信任在内容上进行了区分，但是，在实证时却采用综合性测量指标来测量信任。将信任作为单维变量是基于 Larzelere 和 Huston（1980）的以下观点："尽管善意信任与可靠信任在概念上存在区别，但是在实际中，他们往往是结合在一起，以至于不能分别地发生作用"。

在渠道研究中，有些研究（Ganesan, 1994; Geyskens 和 Steenkamp, 1995; Kumar 等, 1995; Rodolfo Vázquez 等, 2005）将信任作为两维变量。其中，Geyskens 和 Steenkamp（1995）与 Kumar 等（1995）

的研究都将信任的两个维度的平均值作为信任的测量值。

在将信任作为单一维度的研究中,有些研究只测量了渠道成员对另一渠道成员在善意方面的信心(Anderson 和 Narus,1990);有些研究分别测量了善意方面的信心和可靠方面的信心,但是将两个方面结合起来测量信任(Childers 等,1984; Crosby 等,1990);还有一些研究不考虑善意信任和可靠信任的区别,对信任进行直接测量(Anderson 和 Weitz,1989)。

Ganesan(1994)在研究信任对渠道长期关系导向的影响时,对信任分别进行了一维结构、两维结构和三维结构的测量,通过主成因子分析和验证性因子分析发现,将信任作为两维变量的测量方法的验证拟合度较好,善意信任和可靠信任与渠道关系的其他变量之间有不同的关系。其中,供应商的名声对经销商的可靠信任有显著的正面影响,而对经销商的善意信任没有明显的影响;经销商的特殊投资对于供应商的可靠信任有显著的正面影响,但是对供应商的善意信任没有显著影响;可靠信任对于渠道长期关系导向有显著的正面影响,而善意信任对于渠道长期关系导向的影响不显著。

Geyskens 等(1998)在运用"Meta-Analysis"技术对渠道中的信任研究进行归纳总结时提出,对信任采用一维变量还是二维变量,还是一个有待检验的问题,检验的标准主要是看哪一种分法为研究带来实质性的好处。

根据社会嵌入原理,任何交换行为都要在一定的社会环境中来进行分析,在对中国分销渠道的研究中,对信任采用两维变量还是单一维度变量还没有实证研究上的结论。如果经销商信任能显著地分为经销商善意信任和经销商可靠信任两个维度,那么将为本书带来更加详细的研究成果,有助于深入探讨经销商满意对渠道合作的影响作用,从而为制造商的渠道管理提供更加具体的理论指导。因此,在概念模型构建时,作者提出了理论假设H1:经销商信任有多维结构。

作者在对经销商信任量表进行两维量表的验证性因子分析时发现,经销商善意信任与经销商可靠信任两个因子间的相关系数达到0.94,远远超出了两个因子的方差萃取量(VE)的平方根值(其中,经销商可靠信任因子的 VE 平方根值是 0.76,经销商善意信任因子的 VE 平方根值是 0.77)。

经销商信任两维量表的验证性因子分析结果说明,经销商善意信任和经销商可靠信任这两个因子的区别效度较低。因此,在对本书的概念模型进行验证之前,需要对信任的结构维度做出进一步的实证研究。

33.5.2 研究过程

首先,对经销商信任进行因子分析,对经销商信任量表的8个条目进行因子分析。其次,对调查问卷中包括经销商满意、经销商信任、经销商承诺和渠道合作等变量测项的29个条目进行因子分析。再次,对比分析以上两步的因子分析结果,从而来考察经销商信任的结构维度。最后,对经销商信任进行了单一维度的验证性因子分析,通过验证性因子分析结果来确定经销商信任的结构维度。

33.5.2.1 经销商信任的因子分析

作者将经销商信任的8个条目的数据输入SPSS进行因子分析。在分析时,在不限定因子数量的前提设定下,采用的因子分析方法是主轴分析法和斜交因子旋转法。在此采用斜交因子旋转的原因是如果经销商信任可分为善意信任与可靠信任这两个因子,根据先前学者的研究结论,那么这两个因子之间也不是无关的而是具有相关关系。因子分析后,因子分析的变异解释输出结果如表33-25所示,输出的因子矩阵如表33-26所示,因子分析所输出的碎石图如图33-17所示。

表 33-25 Total Variance Explained 经销商信任因子的变异解释

Component	Initial Eigenvalues			Extraction Sums of Squared Loadings		
	Total	% of Variance	Cumulative %	Total	% of Variance	Cumulative %
1	3.969	49.610	49.610	3.969	49.610	49.610
2	0.774	9.677	59.287			

续表

Component	Initial Eigenvalues			Extraction Sums of Squared Loadings		
	Total	% of Variance	Cumulative %	Total	% of Variance	Cumulative %
3	0.716	8.954	68.241			
4	0.651	8.135	76.376			
5	0.589	7.367	83.743			
6	0.510	6.379	90.122			
7	0.447	5.591	95.713			
8	0.343	4.287	100.000			

Extraction Method: Principal Component Analysis.

表 33-26　Component Matrix 经销商信任的因子矩阵

	Component
	1
tru21	0.740
tru22	0.739
tru23	0.602
tru24	0.713
tru11	0.712
tru12	0.685
tru13	0.674
tru14	0.758

Extraction Method: Principal Component Analysis.

1 components extracted.

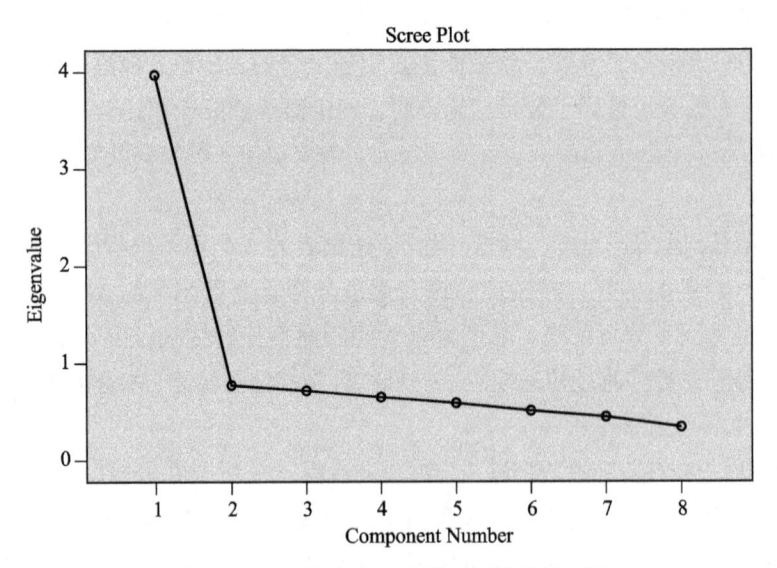

图 33-17　经销商信任的因子分析的碎石图

如表 33-25 所示，经销商信任的因子分析结果只能抽取一个因子，因为只能抽取一个因子，SPSS 不能对经销商信任在分析时进行因子旋转，因子分析的变异解释结果说明，如果要对经销商信任抽取第二因子，那么，抽取的第二个因子的特征值等于 0.774，小于 1 的要求值。如图 33-17 所示，经销商信任因子分析的碎石图表明，从第二个因子起，因子之间的曲线比较平滑，没有显著的区别。

33.5.2.2　调查问卷 29 个条目的因子分析

在本书中，调查问卷共有 33 个条目，测量的变量包括了经销商满意、经销商承诺、经销商信任和渠道合作。在验证性因子分析时，作者根据经销商量表验证性因子分析的结果，删除了其中4个未通过检验的经销商承诺条目数据。因此，在进行实证研究时，使用的是调查问卷29个条目的数据。

作者将调查问卷的29个条目的数据输入SPSS进行因子分析。在分析时，在不限定因子数量的前提设定下，采用的因子分析方法是主轴分析法和斜交因子旋转法。在此采用斜交因子旋转的原因是：根据先前学者的研究成果，渠道合作、经销商满意、经销商信任和经销商承诺之间有相关关系。因子分析后，因子变异解释输出结果如表33-27所示，输出的因子矩阵如表33-28所示，输出的碎石图如图33-18所示。

表33-27 Total Variance Explained 调查问卷中29个条目的因子变异解释

Component	Initial Eigenvalues			Extraction Sums of Squared Loadings		
	Total	% of Variance	Cumulative %	Total	% of Variance	Cumulative %
1	9.894	34.117	34.117	9.894	34.117	34.117
2	2.778	9.581	43.698	2.778	9.581	43.698
3	2.093	7.218	50.916	2.093	7.218	50.916
4	1.378	4.750	55.667	1.378	4.750	55.667
5	1.290	4.449	60.116	1.290	4.449	60.116
6	0.954	3.291	63.407			
7	0.851	2.936	66.343			
8	0.801	2.761	69.104			
9	0.768	2.649	71.753			
10	0.688	2.373	74.127			
11	0.661	2.281	76.407			
12	0.613	2.112	78.519			
13	0.576	1.985	80.504			
14	0.566	1.950	82.454			
15	0.521	1.797	84.252			
16	0.502	1.729	85.981			
17	0.477	1.644	87.625			
18	0.457	1.576	89.202			
19	0.400	1.381	90.583			
20	0.389	1.343	91.925			
21	0.341	1.177	93.102			
22	0.333	1.149	94.252			
23	0.325	1.120	95.372			
24	0.282	0.972	96.344			
25	0.259	0.892	97.236			
26	0.222	0.766	98.001			
27	0.215	0.740	98.742			
28	0.194	0.668	99.410			
29	0.171	0.590	100.000			

Extraction Method: Principal Component Analysis.

When components are correlated, sums of squared loadings cannot be added to obtain a total variance.

表33-28 Pattern Matrix 调查问卷中29个条目的因子矩阵

	Component				
	1 经销商承诺	2 经销商信任	3 经销商非经济满意	4 渠道合作	5 经销商经济满意
tru21	0.127	0.708	−0.080	0.035	−0.060
tru22	0.032	0.929	0.060	−0.330	0.053
tru23	−0.002	0.621	−0.227	0.099	0.142

续表

	Component				
	1 经销商承诺	2 经销商信任	3 经销商非经济满意	4 渠道合作	5 经销商经济满意
tru24	−0.101	0.571	0.070	0.284	−0.055
tru11	−0.053	0.425	−0.024	0.439	0.061
tru12	0.180	0.604	0.108	−0.103	0.023
tru13	−0.022	0.318	0.118	0.509	−0.101
tru14	−0.043	0.738	−0.005	0.114	−0.041
comi1	0.727	0.055	0.004	0.023	−0.052
comi2	0.748	0.014	−0.142	0.148	−0.077
comi3	0.791	0.029	0.100	−0.089	0.078
comi4	0.638	0.043	−0.069	0.191	0.095
comi5	0.796	0.006	0.212	−0.166	0.003
comi8	0.630	−0.002	0.097	0.109	−0.097
coo1	0.184	−0.160	0.155	0.709	−0.109
coo2	0.151	−0.060	0.067	0.711	0.024
coo3	0.066	0.093	0.020	0.763	−0.155
coo4	0.366	−0.004	−0.275	0.465	0.272
coo5	−0.117	−0.024	−0.038	0.809	0.101
jm1	−0.109	−0.047	0.243	0.005	0.679
jm2	−0.088	−0.076	0.127	0.173	0.731
jm3	0.015	0.064	−0.080	−0.106	0.906
jm4	0.131	0.094	0.054	−0.098	0.748
fjm1	−0.012	−0.093	0.590	0.100	0.189
fjm2	−0.033	0.051	0.674	0.027	0.164
fjm3	0.111	−0.105	0.798	−0.119	−0.019
fjm4	−0.148	0.350	0.637	0.036	−0.064
fjm5	−0.104	−0.021	0.645	0.293	0.064
fjm6	0.216	−0.060	0.777	−0.016	−0.045

Extraction Method: Principal Component Analysis.
Rotation Method: Promax with Kaiser Normalization.
a rotation converged in 7 iterations.

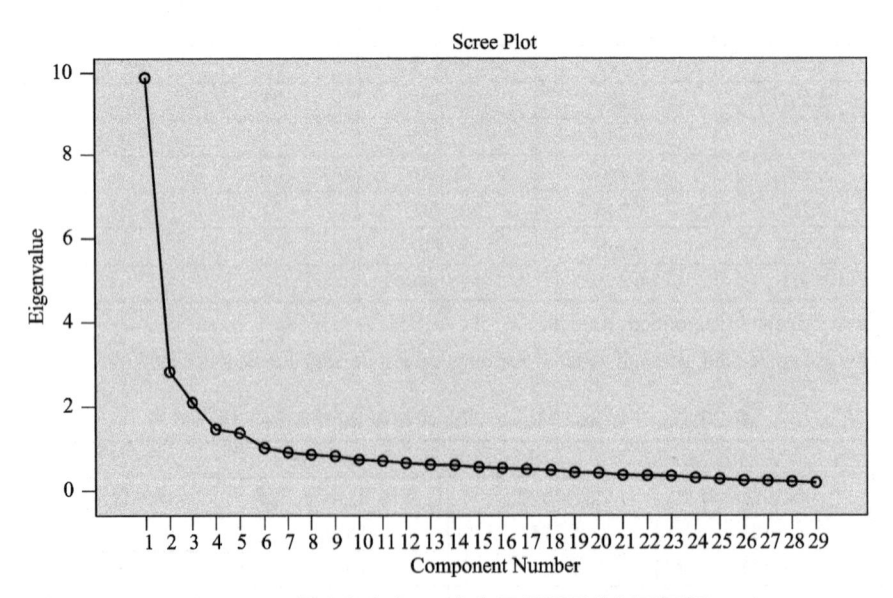

图 33-18　调查问卷中 29 个条目的因子分析碎石图

首先，如表 33-27 所示，全部 29 个条目进行因子旋转后，因子分析抽取了 5 个因子，这 5 个因子的累计差异解释度是 60.116%，超出了 60%，说明这 5 个因子保留了调查问卷的大部分信息。因子分析抽取的 5 个因子的因子特征值大于 1，从第 6 个因子起因子特征值小于要求值 1。

其次，所抽取的 5 个因子正好与本书事先所设定的 5 个变量相一致，5 个变量所包含的条目正好明确反映出了渠道合作、经销商经济满意、经销商非经济满意、经销商信任和经销商承诺这 5 个变量。

最后，如图 33-18 所示，从第 6 个因子开始，图形趋于平滑，因子间显著差别消失，而前 5 个因子间图形不平滑，5 个因子间有显著差别。

综上所述，问卷 29 个条目的因子分析结果说明，调查问卷收集的数据支持调查问卷中有渠道合作、经销商经济满意、经销商非经济满意、经销商信任和经销商承诺这 5 个因子。因子分析没有能抽取出 6 个因子（将信任因子分为善意信任因子和可靠信任因子）。因此，调查问卷收集的数据不支持将经销商信任分为经销商善意信任和经销商可靠信任。

33.5.2.3 经销商信任的单一维度结构的验证性因子分析

作者将经销商信任作为单一维度变量，并进行了单一维度的 Cronbach's α 系数分析和验证性因子分析。Cronbach's α 系数分析的结果如表 33-29 所示，验证性因子分析的结果如表 33-30 和图 33-19 所示。

表 33-29　经销商信任单一维度结构的 α 系数检验

Reliability Statistics

Cronbach's α	Cronbach's α Based on Standardized Items	N of Items
0.853	0.854	8

表 33-30　经销商信任单一维度结构的信度和效度分析

条目	标准化负荷	负荷标准误差	负荷 T 值	测量误差	R^2
Tru11	0.65	0.09	9.36	0.58	0.42
Tru12	0.63	0.09	8.92	0.61	0.39
Tru13	0.62	0.10	8.77	0.62	0.38
Tru14	0.72	0.09	10.70	0.48	0.52
Tru21	0.69	0.08	10.21	0.52	0.48
Tru22	0.70	0.08	16.53	0.51	0.49
Tru23	0.54	0.08	14.86	0.71	0.29
Tru24	0.66	0.08	17.80	0.56	0.44

Degrees of Freedom = 20
Chi-Square = 35.54
RMSEA = 0.058
SRMR = 0.039
NNFI = 0.98
CFI = 0.98

首先，分三步看量表的效度。第一步进行违规估计，各个测量条目均无负的误差方差，标准化负荷介于 0.54 至 0.72 之间，未大于 0.95，没有超过或太接近 1，说明无违规现象发生。第二步根据拟合指数判断验证性因子分析模型的整体效度，各拟合指数表示模型拟合度非常好（RMSEA = 0.058，小于 0.1 的界值，SRMR = 0.039，小于 0.08 的界值，NNFI = 0.98，CFI = 0.98，接近理想值 1）。第三步观察标准化负荷系数和 t 值，发现所有的 t 值都大于 1.98，即所有的标准化负荷系数都是有统计意义的，而且所有条目的标准化负荷系数都大于 0.4，说明收敛效度很好。

其次，从三个方面考察量表的信度。Cronbach's α 系数值是 0.835，明显超过了 0.7 的要求值。考察量表的信度发现，4 个条目的 R^2 大于 0.40，第 5 个条目的 R^2 等于 0.38。结构信度达到了标准，CR 系数均高于 0.6，VE 高于 0.3。

综上所述，经销商信任的单一维度结构有很好的信度和效度。

33.5.3 结果讨论

Geyskens 等（1998）指出，在渠道中对信任采用一维变量还是二维变量，还是一个有待检验的问题，检验的标准主要是看哪一种分法为研究带来实质性的好处。为了深入地分析经销商满意对渠道合作的影响路径，本书提出了理论假设 H1：经销商信任有多维结构。

作者在对经销商信任量表进行信度和效度检验时发现，经销商善意信任和经销商可靠信任两个维度之间的结构区别效度很低。于是，在本部分中对经销商信任的结构维度进行了进一步的检验。本部分的检验结果没有支持理论假设 H1。

本研究结果没有支持 Ganesan（1994）的观点。Ganesan（1994）认为，渠道中，善意信任和可靠信任同渠道关系中的其他变量之间有不同的关系。本研究结果支持 Larzelere 和 Huston（1980）的以下观点：尽管善意方面的信任和可靠方面的信任在概念上存在区别，但是，在实际中他们往往结合在一起地对渠道关系产生作用。

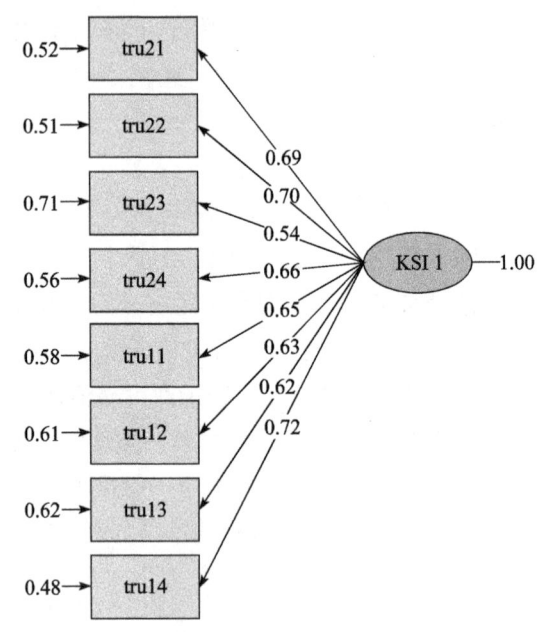

图 33-19 经销商信任单一维度结构的 CFA 分析

作者认为，可能是以下几个方面的原因导致了经销商信任不能显著地分为善意信任和可靠信任。

首先，承担不确定性和风险是信任的本质内涵。Dwyer 等（1987）认为，在义务履行方面，信任是指相信关系另一方的文字或诺言会被履行的程度。经销商善意信任主要涉及制造商对经销商的善意表示方面，经销商的可靠信任主要涉及制造商的专业能力和信用方面。经销商对制造商的总体风险感知受到制造商的专业能力、信用和善意表示的综合影响。制造商在这三个方面中任何一方面的欠缺都会增加经销商对制造商的总体风险感知，从而降低经销商对制造商的信任程度。

其次，经销商信任具有目标指向。根据社会交换理论，交换是市场中各个主体之间关系的焦点。经销商信任指向的焦点还是交换，其目标是为了从制造商处获取利益以满足自身需要。信任是相信他方会以最佳行动带给己方利益的信念（Wilson, 1990）。信任是相信己方的需求在未来会被对方满足（Anderson 和 Weitz, 1989）。信任是愿意承受对方未来行为的不确定性并且愿意承担相应的行为后果，相信另一方会自觉地做出对己方有利的事（Mayer, 1995）。一旦建立了信任，企业共同努力的结果将超过建立在自身利益最大化行为上的结果（Anderson 和 Narus, 1990）。因此，制造商的善意表示、专业能力和信用都对经销商的利益有影响作用。如果制造商的专业能力不足，那么就难以向经销商提供有力的产品、市场策略和服务等方面的专业化支持，这就会阻碍经销商目标的达成，进而降低经销商对制造商的信任程度。如果制造商对经销商不遵守信用或善意不足，那么，制造商就可能在双方利益发生冲突时，采取损害经销商利益的举措，从而阻碍经销商的目标达成，进而降低经销商对制造商的信任程度。

最后，经销商信任具有均衡性。在选择供应商时，经销商会从善意、专业能力和信用等多个方面均衡地对制造商做出评估和选择。在渠道合作中，经销商可能从制造商的专业能力和信用上来推断制造商的关系动机。当制造商的专业能力不足时,经销商可能认为制造商是有意不愿发挥专业能力,并将之视作为制造商不关心经销商利益甚至是对经销商怀有不良动机的表现,从而降低对制造商的善意性的信任程度。当制造商不恪守信用时,经销商可能将之视作为制造商的利己主义或者不良关系动机的表现,从而降低对制造商的善意性的信任程度。经销商也可能从制造商的关系动机上来判断制造商是否会恪守信用。当经销商对制造商的善意性的信任不足时,经销商会认为在双方出现利益冲突时,制造商为了单方利益会对经销商失信,进而降低对制造商的可靠性的信任程度。经销商也可能会从制造商的关系动机上来判断制造商的专业能力,并将制造商的善意作为制造商专业能力的体现。

33.5.4 本部分小结

作者在构建"经销商满意对渠道合作影响"模型时,为了深入地探讨经销商满意对渠道合作的影响路径,在先前学者的研究基础上提出理论假设 H1:经销商信任有多维结构。但是,作者在对经销商信任量表进行信度和效度检验时发现,善意信任和可靠信任两个维度的结构区别效度低。对此,作者在本部分中对信任的结构维度进行了验证,探讨了理论假设 H1 没有得到验证的原因。在实证研究 2 中,作者将信任作为单一维度的变量来进行本书概念模型的验证和分析。

33.6 实证研究 2:经销商满意对渠道合作影响模型的实证研究

在实证研究 1 的基础上,本部分对构建的概念模型进行验证。本部分采用结构方程建模法中的产生模型法(MG),通过模型构建、模型修正、模型选择、竞争模型比较来验证概念模型和相关的理论假设。

33.6.1 模型和假设

实证研究 1 证实了经销商信任是一个单一维度变量。因此,在对概念模型的验证中,不再考虑将信任分为善意信任和可靠信任两个变量。要实证的概念模型如图 33-20 所示。

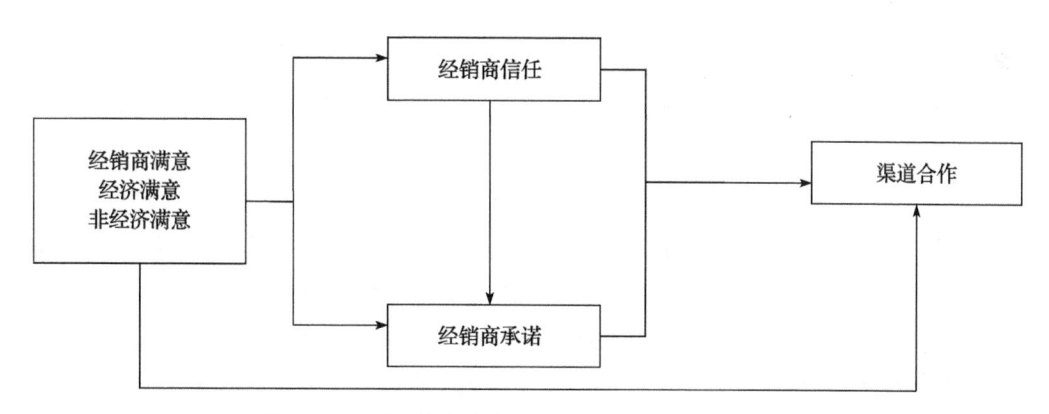

图 33-20 "经销商满意对渠道合作影响"概念模型

针对前文提出的概念模型,作者进行了研究设计,结合实证研究 1 的研究结果,本部分要验证的理论假设如下。

H2:经销商满意对渠道合作有直接的正面影响;

H2.1:经销商经济满意对渠道合作有直接的正面影响;

H2.2:经销商非经济满意对渠道合作有直接的正面影响;

H3:经销商满意对渠道合作有间接的正面影响;

H3.1:经销商经济满意对渠道合作有间接的正面影响;

H3.2:经销商非经济满意对渠道合作有间接的正面影响;

H4：经销商满意对经销商信任有直接的正面影响；

H4.1：经销商经济满意对经销商信任有直接的正面影响；

H4.2：经销商非经济满意对经销商信任有直接的正面影响；

H5：经销商满意对经销商承诺有直接的正面影响；

H5.1：经销商经济满意对经销商承诺有直接的正面影响；

H5.2：经销商非经济满意对经销商承诺有直接的正面影响；

H6：经销商信任对经销商承诺有直接的正面影响；

H7：经销商信任对渠道合作有直接的正面影响；

H8：经销商承诺对渠道合作有直接的正面影响；

H9：在经销商满意对渠道合作的影响中，经销商信任有中介作用；

H9.1：在经销商经济满意对渠道合作的影响中，经销商信任有中介作用；

H9.2：在经销商非经济满意对渠道合作的影响中，经销商信任有中介作用；

H10：在经销商满意对渠道合作的影响中，经销商承诺有中介作用；

H10.1：在经销商满意对渠道合作的影响中，经销商承诺有中介作用；

H10.2：在经销商非经济满意对渠道合作的影响中，经销商承诺有中介作用。

33.6.2 验证方法

本部分使用的验证方法是结构方程模型中的模型验证法。根据侯杰泰（2004）的介绍，从研究者对自己所提出的模型的信心和把握来看，结构方程建模分析主要分为纯粹验证（Strictly Confirmatory, SC）、选择模型（Alternative Model, AM）和产生模型（Model Generatin, MG）这 3 个大类的分析。

在纯粹验证（SC）中，研究者心目中只有一个模型去拟合一个样本数据，整个分析的目的在于验证模型是否拟合样本数据，从而决定是接受还是拒绝这个模型。这类分析不多，因为无论是接受还是拒绝这个模型，研究者没有更佳的选择。

在选择模型（AM）中，研究者提出数个不同的可能模型（替代性模型或竞争性模型），从各模型拟合样本数据的优劣，决定哪个模型最可取。这类分析较 SC 类多，但仍需做一些轻微的修改并成为 MG 类分析。

研究中最常见的是产生模型（MG）。在 MG 中，研究者先提出一个或多个基本模型，检查这些模型是否拟合数据，基于理论或样本数据，分析找出模型中拟合欠佳的部分并修改模型，从而使整个模型产生一个最佳的模型。

根据先前学者对信任、承诺和渠道合作的研究成果，作者对本书概念模型的理论假设具有较强的信心，因此采用产生模型法（MG）进行概念模型验证。首先，提出一个基本模型；其次，根据模型对样本数据的拟合情况和结果分析修正基本模型；最后，在比较基本模型和修正模型的基础上得出一个优化的概念模型。

33.6.3 模型验证

模型验证采用以下步骤：测量模型拟合，基本模型结构拟合，模型修正，修正模型的再拟合，模型比较和选出优化模型，提出竞争性模型，对优化模型和竞争模型进行比较分析。

33.6.3.1 测量模型拟合

根据侯杰泰（2004）的总结，在结构方程模型分析中，首先应该进行测量模型的拟合。如果测量模型的拟合不好，强行检查因子间的结构模型，会徒劳无功并且产生不合理的结果。作者在检查结构模型前，首先进行了测量模型的拟合。在进行测量模型拟合前，根据 t 规则（t-value）来识别测量模型。本书中，测量模型研究中模型中的估计系数（未知数）$t = 68$，模型中的已知数为 $(p+q) \times (p+q+1)/2 =$

29×30/2 = 435，满足了模型可识别的必要条件〔t<p（p + 1）/2〕，保证了测量模型不是过小识别模型（Under-identified Model），保证了计算出来的系数估计值是唯一解。

使用 LISREL8.7 版本软件，采用极大似然估计法（ML），对测量模型进行拟合，拟合结果如表 33-31 和图 33-21 所示。拟合结果说明，所有衡量条目在其变量上的标准化负荷系数均大于 0.50，且在统计上具有高度的显著性（t > 6.225, p<0.01）。测量模型的拟合优度指标说明测量模型的拟合度相当好（Chi-Square = 607.30，Degrees of Freedom = 367，CFI = 0.96，NNFI = 0.96，RMSEA = 0.059，SRMR = 0.063）。测量模型的验证性因子输出的协方差矩阵如表 33-32 所示。

表 33-31 测量模型标准化负荷系数和拟合指数

	经销商信任	经销商承诺	渠道合作	经销商经济满意	经销商非经济满意
tru21	0.67	—	—	—	—
tru22	0.65	—	—	—	—
tru23	0.53	—	—	—	—
tru24	0.67	—	—	—	—
tru11	0.69	—	—	—	—
tru12	0.63	—	—	—	—
tru13	0.66	—	—	—	—
tru14	0.70	—	—	—	—
comi1	—	0.69	—	—	—
comi2	—	0.70	—	—	—
comi3	—	0.77	—	—	—
comi4	—	0.75	—	—	—
comi5	—	0.72	—	—	—
comi8	—	0.65	—	—	—
coo1	—	—	0.73	—	—
coo2	—	—	0.80	—	—
coo3	—	—	0.73	—	—
coo4	—	—	0.66	—	—
coo5	—	—	0.63	—	—
jm1	—	—	—	0.70	—
jm2	—	—	—	0.77	—
jm3	—	—	—	0.76	—
jm4	—	—	—	0.75	—
fjm1	—	—	—	—	0.65
fjm2	—	—	—	—	0.76
fjm3	—	—	—	—	0.61
fjm4	—	—	—	—	0.65
fjm5	—	—	—	—	0.75
fjm6	—	—	—	—	0.74

Chi-Square = 607.30 Df = 367 卡方 / 自由度 = 1.65
RMSEA = 0.059
NFI = 0.92 NNFI = 0.96 CFI = 0.96
SRMR = 0.063

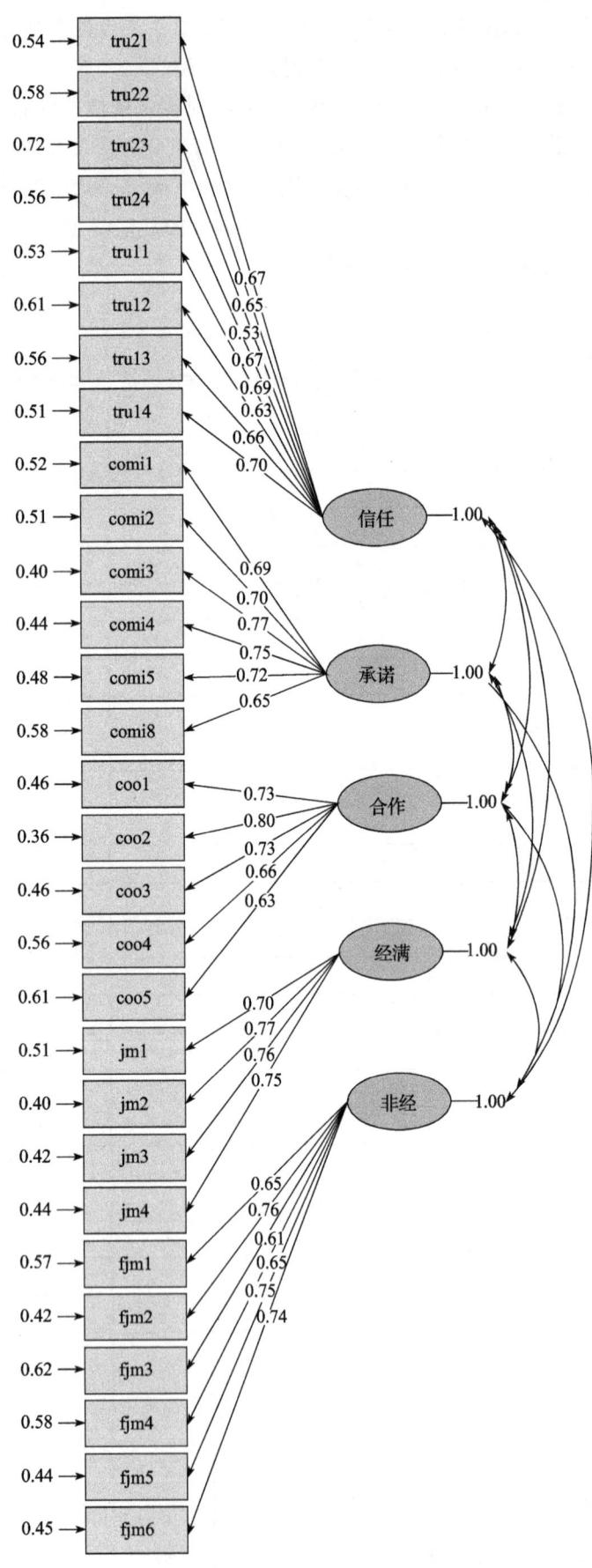

图 33-21 测量模型的拟合输出结果

表 33-32 协方差矩阵

	经销商信任	经销商承诺	渠道合作	经销商经济满意	经销商非经济满意
经销商信任	1.00				
经销商承诺	0.59	1.00			
渠道合作	0.71	0.75	1.00		
经销商经济满意	0.39	0.44	0.47	1.00	
经销商非经济满意	0.56	0.50	0.58	0.70	1.00

33.6.3.2 基本模型的拟合

根据对概念模型的理论假设，构建了一个基本模型 M1。在 M1 模型中，作者做了如下设定：经销商经济满意和经销商非经济满意都分别对经销商信任和经销商承诺有直接影响，经销商信任对经销商承诺有直接影响，经销商经济满意、经销商非经济满意、经销商信任和经销商承诺这 4 个变量都对渠道合作有直接影响。

作者使用 LISREL8.7 版本软件，采用极大似然估计法（ML），以 M1 模型结构为基准编写全模型程序。基本模型 M1 拟合的输出结果如图 33-22 和图 33-23 所示，各个变量之间的关系标准化估计值和模型拟合指数如表 33-33 所示。

表 33-33 基本模型 M1 的拟合指数与标准化路径系数和 t 值系数表

Chi-Square = 607.30 df= 367
RMSEA = 0.059 SRMR = 0.063
NFI =0.92 NNFI = 0.96 CFI = 0.96

路径	路径系数	t 值	是否通过检验
经销商经济满意→经销商信任	−0.00	−0.04	×
经销商经济满意→经销商承诺	0.18	1.53	×
经销商经济满意→渠道合作	0.04	0.41	×
经销商非经济满意→经销商信任	0.56	4.07	√
经销商非经济满意→经销商承诺	0.11	0.88	×
经销商非经济满意→渠道合作	0.13	1.23	×
经销商信任→经销商承诺	0.46	4.40	√
经销商信任→渠道合作	0.34	3.64	√
经销商承诺→渠道合作	0.46	4.94	√

33.6.3.3 模型修正

根据结构模型的拟合情况，作者对模型进行了修正。修正的依据是 LISREL8.7 输出的修正指数及对需要修正的路径的理论分析。

（1）修正模型 M2。

作者从两个方面对基本模型 M1 进行模型修正。一方面，对结构方程给出的修正指数进行分析并修正模型。结构模型拟合的输出结果显示，对于路径没有非零修正值。另一方面，对未通过 t 值检验的路径系数进行分析和修正。基本模型 M1 中没有通过 t 检验的路径系数有几个，其中路径系数和 t 值最小的两个路径分别是：经销商经济满意→经销商信任（$r = -0.00$，$t = -0.04$，$p > 0.05$），经销商经济满意→渠道合作（$r = 0.04$，$t = 0.41$，$p > 0.05$）。

首先，对路径"经销商经济满意→经销商信任"进行分析。经销商经济满意对经销商信任的影响路径没有统计显著性。其原因可能在于归因选择的不同。当经销商经济满意程度较高时，经销商归因于市场环境良好或者自身努力，而不是归因于制造商。当经销商经济满意程度较低时，经销商将之归因于市场环境欠佳或自身不够努力，而不是归因于制造商。相对于经销商经济满意，经销商非经济满意主要考查的是双方关系的社会性行为层面。对于经销商的非经济满意，经销商容易把它归因于制造商从而影响其对制造商的信任程度。

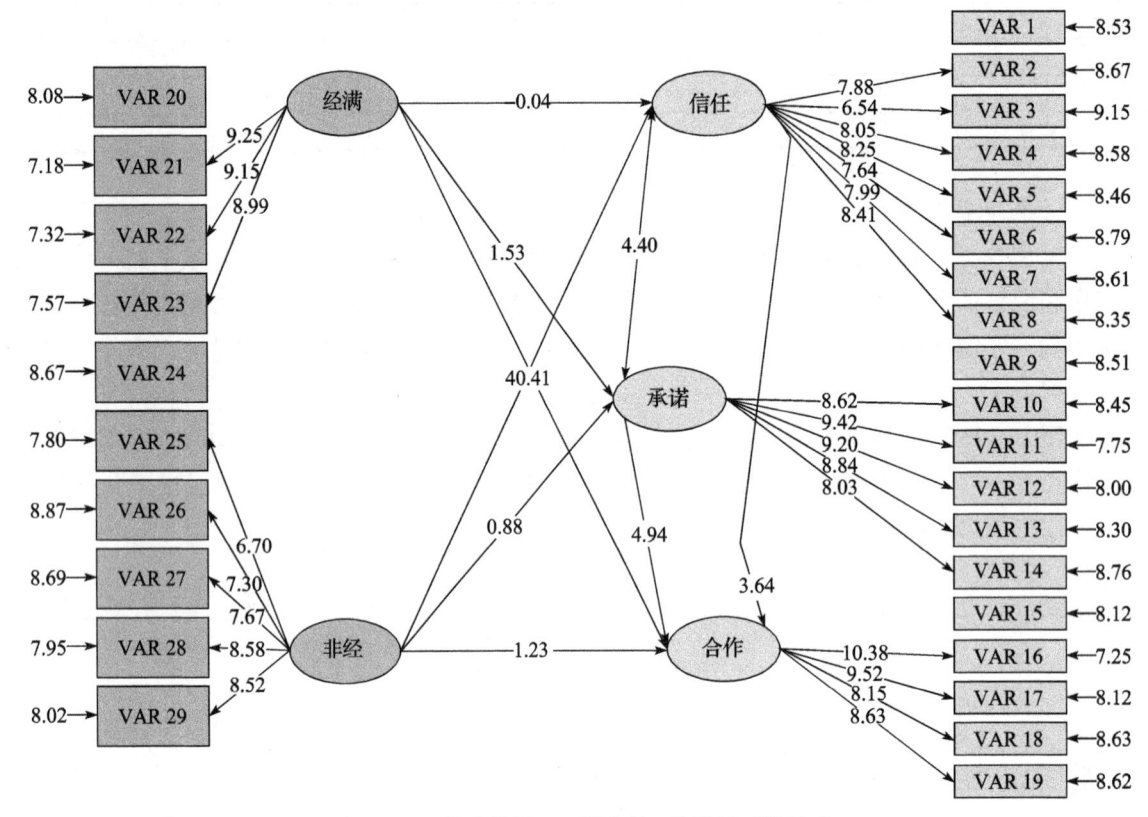

图 33-22　基本模型 M1 拟合的 t 值检验系数输出

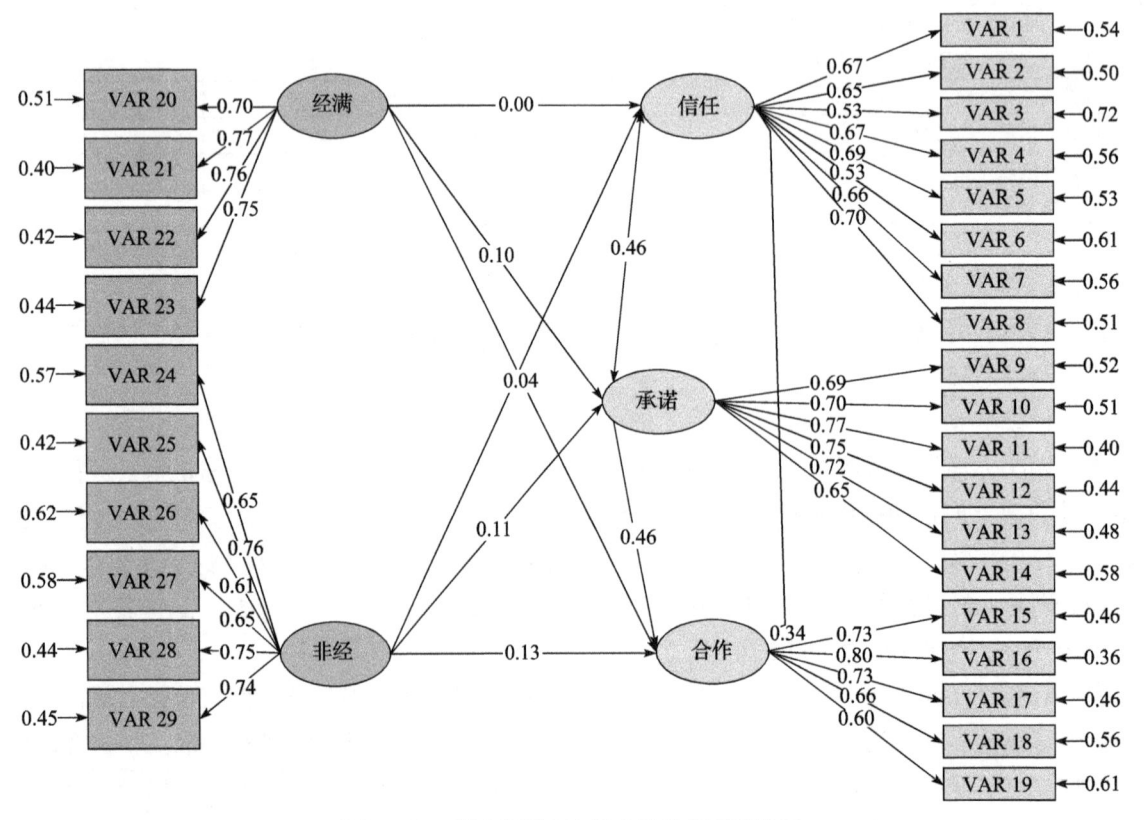

图 33-23　基本模型 M1 拟合的路径系数输出

其次，对路径"经销商经济满意→渠道合作"进行分析。经销商经济满意对渠道合作的影响路径没有统计显著性。其原因可能是，当经销商经济满意程度较低时，制造商和经销商都可能采取措施来改善状况，进而会提高双方的渠道合作程度。当经销商非经济满意程度较低时，经销商会因感觉与制造商之间存在业务运作障碍而降低对制造商的信任程度，进而影响双方的渠道合作程度。当经销商非经济满意程度较高时，经销商感觉与制造商之间的业务运作良好，这就会增强经销商与制造商之间渠道合作的动因，从而提高双方的渠道合作程度。

根据以上分析，作者对基本模型 M1 进行修正，删除了两条不显著路径：经销商经济满意→经销商信任，经销商经济满意→渠道合作，形成修正模型 M2。采用极大似然估计法，将数据输入 LISREL8.7，对数据进行重新拟合。修正模型 M2 拟合的输出结果如图 33-24 和图 33-25 所示，各个变量之间的关系标准化估计值和模型拟合指数如表 33-34 所示。

表 33-34　修正模型 M2 的拟合指数、路径系数和 t 值系数

Chi-Square=606.90 df=369
RMSEA = 0.059 SRMR = 0.063
NFI = 0.92 NNFI = 0.96 CFI = 0.96 RFI = 0.92

路径	路径系数	t 值	是否通过检验
经销商经济满意→经销商承诺	0.18	1.56	×
经销商非经济满意→经销商信任	0.56	5.62	√
经销商非经济满意→经销商承诺	0.11	0.87	×
经销商非经济满意→渠道合作	0.19	2.08	×
经销商信任→经销商承诺	0.46	4.40	√
经销商信任→渠道合作	0.34	3.63	√
经销商承诺→渠道合作	0.47	5.04	√

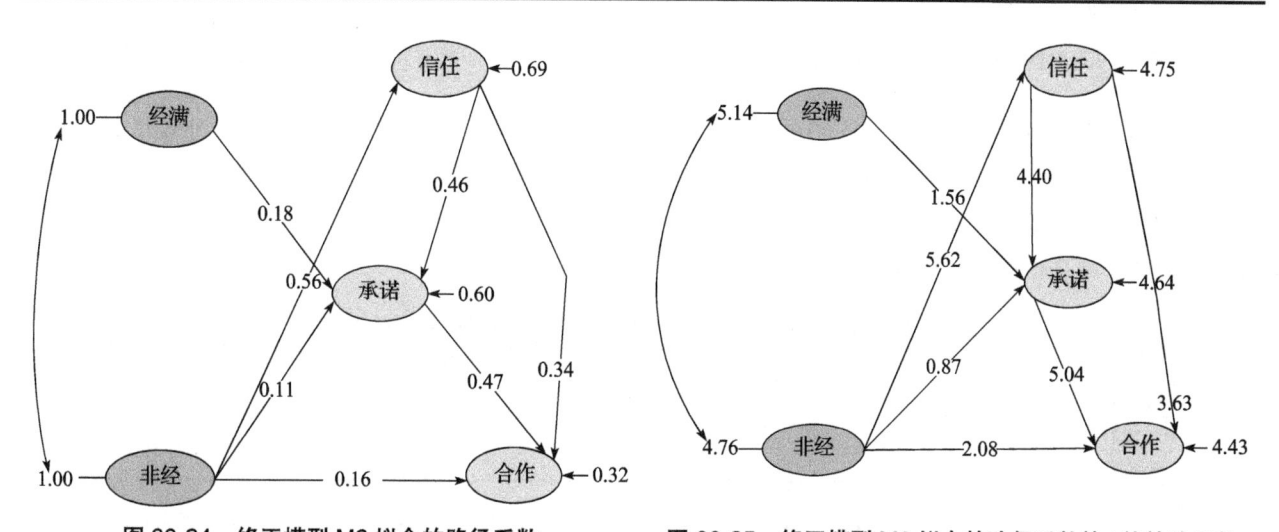

图 33-24　修正模型 M2 拟合的路径系数

图 33-25　修正模型 M2 拟合的路径系数的 t 值检验系数

（2）修正模型 M3。

作者从两个方面对模型 M2 进行修正。根据模型 M2 拟合的输出结果，对 t 值最小的路径"经销商非经济满意→经销商承诺"进行修正。经销商承诺是经销商对其与制造商之间关系价值的认可，是维持有价值的渠道关系意愿。经销商非经济满意主要体现在双方的行为或社会方面，与经销商经济满意相比，经销商非经济满意对关系价值的体现更具有间接性和隐含性，因而对经销商承诺的影响不显著。

作者删除"经销商非经济满意→经销商承诺"路径并形成修正模型 M3。将数据输入 LISREL8.7 后，修正模型 M3 拟合的输出结果如图 33-26 和图 33-27 所示，各个变量之间的关系标准化估计值和模型拟

合指数如表 33-35 所示。

表 33-35　修正模型 M3 的拟合指数、路径系数和路径 t 值系数

拟合度指数
Chi-Square = 607.23 df= 370
RMSEA = 0.058 SRMR = 0.064
NFI = 0.92 NNFI = 0.96 CFI = 0.96 RFI = 0.92

路径	路径系数	t 值	是否通过检验
经销商经济满意→经销商承诺	0.25	2.99	√
经销商非经济满意→经销商信任	0.56	5.65	√
经销商非经济满意→渠道合作	0.17	2.15	√
经销商信任→经销商承诺	0.50	5.13	√
经销商信任→渠道合作	0.33	3.54	√
经销商承诺→渠道合作	0.47	5.09	√

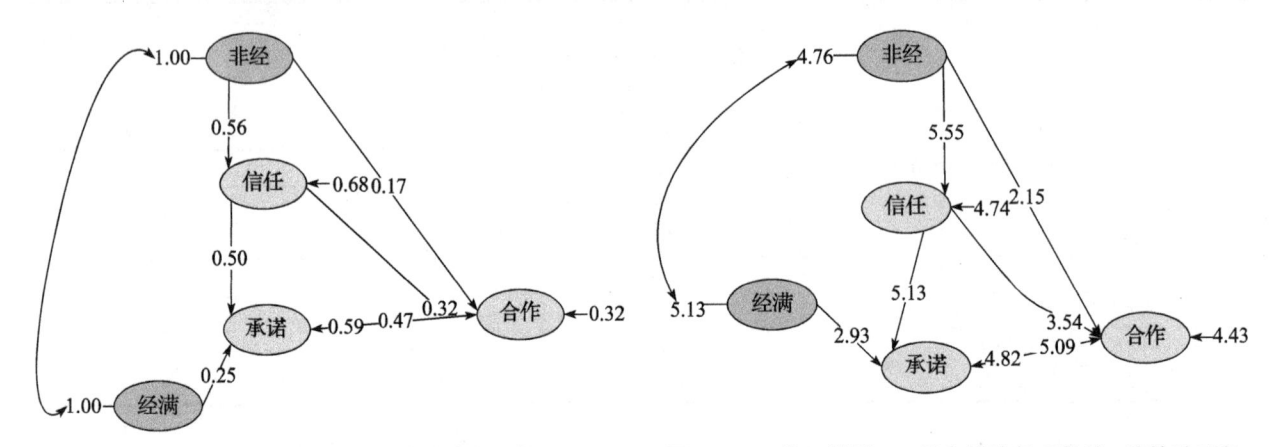

图 33-26　修正模型 M3 拟合的路径系数

图 33-27　修正模型 M3 拟合的路径系数的 t 值检验系数

模型 M3 输出的修正指数如表 33-36 和表 33-37 所示。结果显示，修正系数全部小于建议值 6.63（若增加该路径，df 增加 1 个单位，在取 $\alpha = 0.01$ 时的卡方值）。所以，不再对这些路径进行修正。作者通过对基本模型 M1 的两次模型修正，在提高拟合优度的同时得到简化模型 M3，将简化模型 M3 确定为"经销商满意对渠道合作影响"的优化模型。

表 33-36　Modification Indices for BETA 内生变量的路径修正指数

	经销商信任	经销商承诺	渠道合作
经销商信任	—	0.58	0.58
经销商承诺	—	—	0.10
渠道合作	—	—	—

表 33-37　Modification Indices for GAMMA 外生变量对内生变量的路径修正指数

	经销商经济满意	经销商非经济满意
经销商信任	0.01	—
经销商承诺	—	0.72
渠道合作	0.02	—

33.6.3.4　竞争模型的提出与比较

为了分析经销商承诺和经销商信任在概念模型中的中介作用，使用模型比较来分析经销商满意如何通过经销商信任和经销商承诺来影响渠道合作，作者提出一个竞争模型 MB 如图 33-28 和图 33-29 所示，这个竞争模型是优化模型的嵌套模型（与原模型相比，自由估计的路径较少）。在竞争模型中，取消经销

商信任和经销商承诺这两个中介变量,也就是说,在竞争模型中取消经销商信任与经销商承诺的中介作用,仅仅考虑经销商满意对渠道合作的直接作用。

竞争模型的拟合结果如表33-38所示,取消经销商承诺与经销商信任的中介作用后的"经销商满意对渠道合作影响"竞争模型对于渠道合作的解释度只有35%,只能解释渠道合作35%的变异。

与竞争模型相比,优化模型M3考虑了经销商信任和经销商承诺的中介作用,模型对渠道合作的解释度达到69%,模型对渠道合作的变异的解释力度提高了近一倍。优化模型M3比竞争模型MB更能解释渠道合作。

竞争模型与优化模型的比较结果证实了,在经销商满意对渠道合作的影响中,经销商承诺和经销商信任有关键的中介作用。

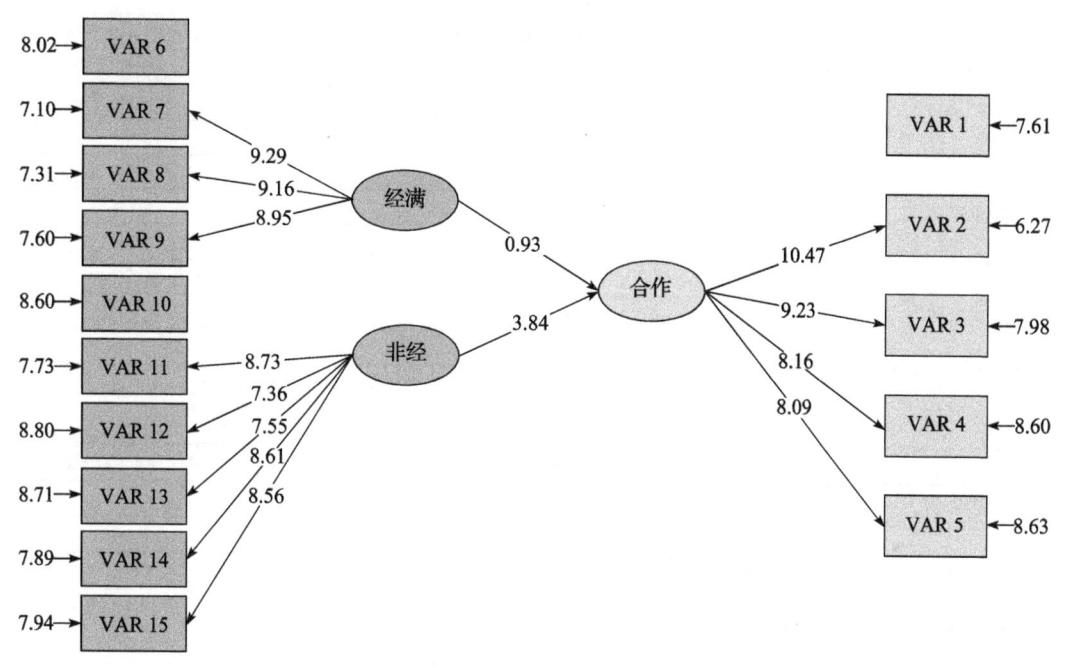

图33-28 竞争模型MB数据拟合的路径系数t值

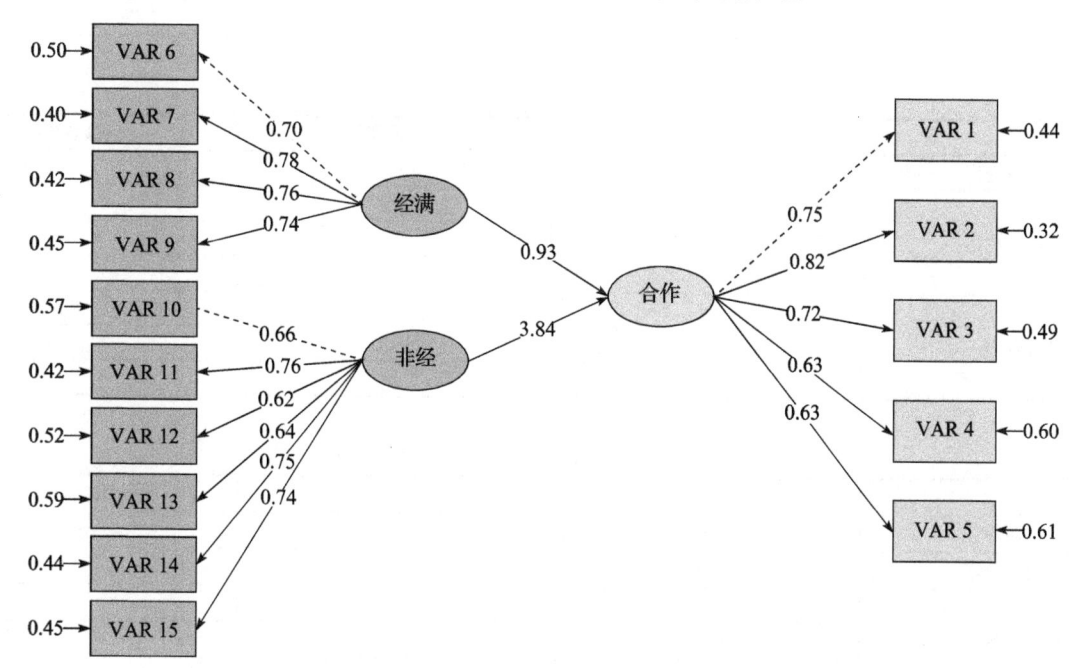

图33-29 竞争模型MB数据拟合的路径系数

表 33-38　竞争模型的拟合指数表

	Chi-Square	df	Chi-Square/df	RMSEA	SRMR	NNFI	CFI	R^2
竞争模型 MB	158.12	87	1.817	0.063	0.053	0.97	0.97	0.35
优化模型 M3	607.23	370	1.641	0.058	0.064	0.96	0.96	0.69
								增加 0.34

33.6.4　路径效应分析与假设验证

根据优化模型，可以确定"经销商渠道对渠道合作影响"概念模型中各个变量之间的路径关系和路径效应，如表 33-39、表 33-40、表 33-41、表 33-42 和表 33-43 所示。

表 33-39　Total Effects of KSI on ETA

	经销商经济满意	经销商非经济满意
经销商信任	—	0.50
		（0.09）
		5.65
经销商承诺	0.23	0.29
	（0.08）	（0.07）
	2.99	4.26
渠道合作	0.12	0.54
	（0.04）	（0.10）
	2.67	5.34

表 33-40　Indirect Effects of KSI on ETA

	经销商经济满意	经销商非经济满意
经销商信任	—	—
经销商承诺	—	0.29
		（0.07）
		4.26
渠道合作	0.12	0.36
	（0.04）	（0.08）
	2.67	4.52

表 33-41　Total Effects of ETA on ETA

	经销商信任	经销商承诺	渠道合作
经销商信任	—	—	—
经销商承诺	0.57		
	（0.11）		
	5.13		
渠道合作	0.71	0.51	—
	（0.13）	（0.10）	
	5.59	5.09	

表 33-42　Indirect Effects of ETA on ETA

	经销商信任	经销商承诺	渠道合作
经销商信任	—	—	—
经销商承诺	—	—	—
渠道合作	0.29	—	—
	（0.07）		
	4.03		

表 33-43 优化模型的路径效应分解表

路径	总效应	直接效应	间接效应	间接效应比
经销商经济满意→经销商信任	×	×	×	×
经销商经济满意→经销商承诺	0.23	0.23	×	×
经销商经济满意→渠道合作	0.12	×	0.12	100%
经销商非经济满意→经销商信任	0.50	0.50	×	×
经销商非经济满意→经销商承诺	0.29	×	0.29	100%
经销商非经济满意→渠道合作	0.54	0.18	0.36	66%
经销商信任→渠道合作	0.71	0.42	0.29	40%
经销商信任→经销商承诺	0.57	0.57	×	×
经销商承诺→渠道合作	0.51	0.57	×	×

根据表 33-43 的分析结果，结合优化模型的数据拟合情况，提出的理论假设大部分得到了支持，数据拟合结果对各假设的支持情况如表 33-44 所示。

表 33-44 本章假设的检验情况表

假设	支持与否
H2：经销商满意对渠道合作有直接的正面影响	部分支持
H2.1：经销商经济满意对渠道合作有直接的正面影响	×
H2.2：经销商非经济满意对渠道合作有直接的正面影响	√
H3：经销商满意对渠道合作有间接的正面影响	√
H3.1：经销商经济满意对渠道合作有间接的正面影响	√
H3.2：经销商非经济满意对渠道合作有间接的正面影响	√
H4：经销商满意对经销商信任有直接的正面影响	部分支持
H4.1：经销商经济满意对经销商信任有直接的正面影响	×
H4.2：经销商非经济满意对经销商信任有直接的正面影响	√
H5：经销商满意对经销商承诺有直接的正面影响	部分支持
H5.1：经销商经济满意对经销商承诺有直接的正面影响	√
H5.2：经销商非经济满意对经销商承诺有直接的正面影响	×
H6：经销商信任对经销商承诺有直接的正面影响	√
H7：经销商信任对渠道合作有直接的正面影响	√
H8：经销商承诺对渠道合作有直接的正面影响	√
H9：在经销商满意对渠道合作的影响中，经销商信任有中介作用	部分支持
H9.1：在经销商经济满意对渠道合作的影响作用中，经销商信任有中介作用	×
H9.2：在经销商非经济满意对渠道合作的影响作用中，经销商信任有中介作用	√
H10：在经销商满意对渠道合作的影响中，经销商承诺有中介作用	√
H10.1：在经销商经济满意对渠道合作的影响中，经销商承诺有中介作用	√
H10.2：在经销商非经济满意对渠道合作的影响中，经销商承诺有中介作用	√

33.6.5 结果讨论

首先，作者将本部分结论与先前学者的研究成果进行比较，证实了经销商信任和经销商承诺都对渠道合作有直接的正面影响，经销商信任对经销商承诺有直接的正面影响，这个研究结论与国外多数学者的研究结论一致（Andaleeb, 1991; Ganesan, 1994; Morgan 和 Hunt, 1994; Anderson 和 Narus, 1990）。

本部分证实了在经销商满意对渠道合作的影响中，经销商信任和经销商承诺有中介作用。研究结论支持了以下观点：承诺是保持长期的渠道关系成功的基本要素（Achrol 和 Mentzer, 1995）；信任在渠道关系中发挥着中心作用（Dwyer 等, 1987; Morgan 和 Hunt, 1994; Anderson 和 Narus, 1990; Ganesan,

1994);信任在渠道关系中存在关键中介作用,渠道关系不是环境和权力结构的囚徒,它取决于信任是否能有效地建立(Geyskens 等,1998)。

其次,研究结果证明了信任承诺理论在中国具有一定的适用性。在分销渠道管理中,制造商应该关注经销商的信任和承诺。在实践中,一些制造商将渠道关系管理的策略重点确定为"关系平等"或"渠道激励"等,"关系平等"和"渠道激励"等策略还没有完全体现渠道关系管理的内涵。制造商和经销商之间的关系平等可能会在一定程度上提高经销商的信任程度,对经销商的渠道激励也可能会在一定程度上提高经销商的承诺程度。但是,制造商还应该加深对渠道关系理论的实际运用,从多个方面来增强经销商对企业的信任程度和承诺程度,从而为增强渠道合作创造有利条件。

再次,研究结果证实了经销商经济满意和经销商非经济满意对渠道合作、经销商信任、经销商承诺的影响有明显差异。在对渠道合作的影响中,经销商非经济满意的影响明显大于经销商经济满意。此项研究结果与当前国内的一些制造商的观点有明显差异。这些制造商在渠道管理中将关注重点放在经销商经济满意上,并认为经销商经济满意对渠道合作有重要影响。例如,近年来,A 公司对渠道进行了多次变革,但是与经销商的渠道合作状态一直还是比较低迷。A 公司在近期对经销商提出了"盈利才是关键"的渠道关系管理观念,将渠道管理的关注点放在经销商的经济满意上。根据研究结果,A 公司如果不抛弃"盈利才是关键"的观念,仅把关注点放在经销商的经济满意上而不关注经销商的非经济满意,不尽力提高经销商的信任程度和承诺程度,那么 A 公司难以增强与经销商的渠道合作。B 公司在 2007 年的中国渠道合作伙伴大会上,出台了许多针对经销商的优惠政策,并且对经销商恢复了业绩返点政策,承诺向经销商提供 100% 的合作市场基金。除了对经销商的公司进行专项奖励之外,还对经销商中的个人进行"里程积分"奖励。根据本部分研究结果,作者认为,这些优惠政策只是关注了经销商的经济满意,而并没关心经销商的非经济满意,因此,难以切实有效地增强与经销商的长期的渠道合作。

最后,根据研究结果,作者赞同 C 公司对渠道沟通的改进措施。在 2006 年之前,C 公司把与经销商的合作更多地看作是一种纯粹的商务合作。C 公司根据双方的合作协议对经销商每年完成的销售任务给予相应的奖励。除此之外,在双方的合作过程中,C 公司很少提出其他更多的要求。从 2006 年起,C 公司开始改变以往"只看结果,不问过程"的做法。在与经销商的沟通中更加关注过程指标,关注经销商的风险管理能力、经销商二级渠道商的满意程度、经销商开拓下级渠道的数量和质量、经销商的培训情况、经销商对客户的服务等情况。作者认为,C 公司对经销商非经济满意的关注有助于增强其与经销商的渠道合作。同时,应该关注经销商对 C 公司的经济满意。

33.6.6 本部分小结

根据本书的设计,在实证研究 1 的基础上,作者开展了实证 2 的研究,采用结构方程模型中的产生模型法,通过模型数据拟合、模型修正和理论分析,对提出的概念模型进行了实证,得出了"经销商满意对渠道合作影响"的优化模型。

随后,提出了一个没有经销商信任和经销商承诺作为中介变量的竞争模型,对优化模型和竞争模型进行了比较分析,得出了在经销商满意对渠道合作的影响中,经销商承诺和经销商信任有关键中介作用的结论。

接下来,对优化模型中的各种路径效应进行了分析,对理论假设的检验情况进行了总结。最后,根据本研究结论,以 A 和 C 两家公司为例,就当前中国制造商所采取的不同的渠道管理举措进行了简要的讨论。

33.7 研究总结

围绕研究背景中提出的问题,作者通过文献检索发现在渠道满意对渠道合作的影响上还存在研究机会。为了达到研究目标,作者构建了一个"经销商满意对渠道合作影响"概念模型,提出了相应的理论假设,进行了研究设计,通过问卷调查收集样本数据,用因子分析和结构方程模型等分析方法进行了两次实证研究,实证了经销商满意对渠道合作的影响作用和影响路径,为制造商增强渠道合作提供了相应的理论支持。本部分回顾和总结研究结果,提出研究结论、研究启示和研究的创新点,提出相应的管理建议,总结研究的不足并提出后续研究的方向。

33.7.1 研究结果

通过两次实证研究,作者对本书提出的理论假设进行了检验。提出的10个一级假设中,1个没有得到验证,4个得到部分验证,5个得到完全验证。提出的12个二级假设中,8个得到完全验证,4个没有得到验证,理论假设的验证结果如表33-45所示。

表33-45 全部理论假设的验证结果

假设	支持与否
H1:经销商信任有多维结构	×
H2:经销商满意对渠道合作有直接的正面影响	部分支持
H2.1:经销商经济满意对渠道合作有直接的正面影响	×
H2.2:经销商非经济满意对渠道合作有直接的正面影响	√
H3:经销商满意对渠道合作有间接的正面影响	√
H3.1:经销商经济满意对渠道合作有间接的正面影响	√
H3.2:经销商非经济满意对渠道合作有间接的正面影响	√
H4:经销商满意对经销商信任有直接的正面影响	部分支持
H4.1:经销商经济满意对经销商信任有直接的正面影响	×
H4.2:经销商非经济满意对经销商信任有直接的正面影响	√
H5:经销商满意对经销商承诺有直接的正面影响	部分支持
H5.1:经销商经济满意对经销商承诺有直接的正面影响	√
H5.2:经销商非经济满意对经销商承诺有直接的正面影响	×
H6:经销商信任对经销商承诺有直接的正面影响	√
H7:经销商信任对渠道合作有直接的正面影响	√
H8:经销商承诺对渠道合作有直接的正面影响	√
H9:在经销商满意对渠道合作的影响中,经销商信任有中介作用	部分支持
H9.1:在经销商经济满意对渠道合作的影响作用中,经销商信任有中介作用	×
H9.2:在经销商非经济满意对渠道合作的影响作用中,经销商信任有中介作用	√
H10:在经销商满意对渠道合作的影响中,经销商承诺有中介作用	√
H10.1:在经销商经济满意对渠道合作的影响中,经销商承诺有中介作用	√
H10.2:在经销商非经济满意对渠道合作的影响中,经销商承诺有中介作用	√

本部分从5个方面来归纳研究结果:一是经销商信任的结构维度;二是经销商满意对经销商信任和经销商承诺的影响;三是经销商信任和经销商承诺对渠道合作的影响;四是经销商满意对渠道合作的影响;五是经销商信任与经销商承诺的中介作用。

33.7.1.1 经销商信任的结构维度

经销商信任变量的8个条目的因子分析结果显示,因子分析所抽取的第1个因子特征值是3.969,大于标准建议值1,从第2个因子起因子特征值都小于标准建议值1,因子分析结果仅仅抽取出1个因子,并且不能进行因子斜交旋转。经销商信任的8个条目的因子负荷值在0.602~0.758内,各个条目的因子负荷值没有明显差异。经销商信任变量的8个条目的因子分析结果说明,经销商信任不能显著地分为善意信任和可靠信任两个结构因子。

调查问卷的29个条目的因子分析结果显示,从29个条目中可以显著地抽取5个因子,5个因子的特征值在 1.290 与 9.894 之间，大于标准建议值 1，累计方差贡献率达到 60.116%，大于 60% 的标准建议值。5 个因子保留了原始数据中较多的信息。从第 6 个因子起，因子特征值开始小于标准建议值 1，6 个因子的累计方差贡献率是 63.407，仅比 5 个因子的累计贡献率增加了 3.2%。斜交旋转后的因子载荷矩阵结构表明，29 个条目分别属于 5 个因子，5 个因子的负荷系数显著，分别对应问卷预先构建的"经销商经济满意""经销商非经济满意""经销商信任""经销商承诺"和"渠道合作"这 5 个变量，因子的相关矩阵说明，5 个因子间的相关系数值在 0.260 和 0.530 的范围内，有显著的区分度。对调查问卷 29 个条目的因子分析支持将经销商信任作为单一维度变量。

作者将经销商信任设为单一维度变量后，对经销商信任进行了 Cronbach's α 信度检验和验证性因子分析。经销商信任的 Cronbach's α 值是 0.85，大于 0.70 的要求，说明经销商信任的 8 个条目有较好的内部一致性信度。验证性因子分析的拟合指数说明，经销商信任的单一维度结构有非常好的因子拟合优度（RMSEA = 0.058，小于临界值 0.1；SRMR = 0.039，小于临界值 0.08；CFI = 0.98，接近于理想值 1；NNFI = 0.98，接近于理想值 1），并且各条目的因子载荷都在 0.50 以上，并且全部通过了 t 检验，在 $p<0.01$ 的水平上显著，这表明单一维度经销商信任有较好的收敛效度。

综上所述，因子分析和验证性因子分析结果表明，经销商信任是个单一维度变量，经销商善意信任与经销商可靠信任的区分不具有统计显著性。

33.7.1.2 经销商满意对经销商信任和经销商承诺的影响

经销商经济满意对经销商信任没有直接影响（r = −0.00, t = −0.04, p > 0.1）。经销商经济满意对经销商承诺有直接的正面影响（r = 0.23, t = 2.99, 0.01<p<0.05）。经销商非经济满意对经销商信任有直接的正面影响（r = 0.50, t = 5.65, p<0.01），经销商非经济满意对经销商承诺没有直接影响，只有间接的正面影响（r = 0.29, t = 4.26, p<0.01）。

33.7.1.3 经销商信任和经销商承诺对渠道合作的影响

经销商信任对经销商承诺有直接的正面影响（β = 0.57, t = 5.13, p<0.01）。经销商信任对渠道合作有直接的正面影响（β = 0.42, t = 3.54, p<0.01）。经销商信任对渠道合作的总体影响效应是 0.71（t = 5.59, p<0.01），间接效应占总体影响效应的 40%。经销商承诺对渠道合作有直接的正面影响（β = 0.51, t = 5.09, p<0.01）。

33.7.1.4 经销商满意对渠道合作的影响

经销商经济满意对渠道合作没有直接影响（r = −0.04, t = 0.41, p > 0.05），只有间接影响（r = 0.12, t = 2.67, 0.01<p<0.05）。经销商非经济满意对渠道合作有直接的正面影响（r = 0.18, t = 2.15, 0.01<p<0.05）和间接的正面影响（r = 0.36, t = 4.51, p<0.01）。经销商非经济满意对渠道合作的总计影响效应是 0.54（r = 0.54, t = 5.34, p<0.01），其中间接效应占 66%。

33.7.1.5 经销商信任与经销商承诺的中介作用

在经销商经济满意对渠道合作的影响中，经销商承诺有 100% 的中介作用。经销商非经济满意对渠道合作的总体影响效应是 0.54，其中 66% 的间接影响效应是通过经销商信任与经销商承诺这两个中介变量来实现。

如果不考虑经销商承诺和经销商信任的中介作用，那么经销商满意对渠道合作影响模型对渠道合作变异的解释度只有 35%。在考虑经销商承诺和经销商信任的中介作用的情况下，经销商满意对渠道合作的影响模型对渠道合作变异的解释度达到了 69%。

综上所述，在经销商满意对渠道合作的影响中，经销商信任与经销商承诺发挥着关键的中介作用。

33.7.2 研究结论

通过对以上研究结果的分析，本书得出了以下几个主要的结论。

33.7.2.1 经销商非经济满意对渠道合作的影响明显大于经销商经济满意

经销商经济满意对经销商信任和渠道合作没有直接影响，但通过经销商承诺对渠道合作有较弱的和间接的正面影响。因此，经销商经济满意对渠道合作的影响明显小于经销商非经济满意。此项结论同学术界的一些观点有明显差异。有学者认为，当企业获得的渠道绩效越高，企业对渠道成员的信任程度就越高（Anderson 和 Narus, 1990; Scheer 和 Stern, 1992）。有的学者认为，当获得的经济产出较高时，企业会将功劳归于渠道成员并且更加信任该渠道成员；当获得的经济产出低时，企业会在情绪上受挫并归罪于渠道成员，还会降低对该渠道成员的信任程度（Frazier, 1983b）。Schul 等（1985）认为渠道满意影响渠道成员的道义，影响其参与渠道共同行动的积极性。本书结果表明，经销商经济满意对经销商信任和渠道合作没有直接影响。

Morgan 和 Hunt（1994）的研究发现，渠道收益对信任、承诺和渠道合作没有显著影响。根据 Morgan 和 Hunt 的分析，导致这种结论的原因可能是渠道收益的测量方法存在局限性，除了测量方法以外，可能还存在其他原因。

经销商非经济满意对经销商信任有直接的正面影响。这说明制造商和经销商的日常业务运作和日常关系会影响经销商信任，说明经销商对制造商的信任更多地来源于经销商对双方关系的业务行为的评价，而不是来源于对经济性结果的评价。因此，经销商获得了较高的经济产出就会提高对制造商的信任程度的观点值得商榷。

在目前分销渠道中，经销商通常从一个长远的角度来看待和处理渠道关系。经销商时常对制造商进行短期内无利可图甚至是短期亏损的投资，这种短期亏损并不影响经销商对制造商的信任，并不影响双方之间的渠道合作。同短期经济效益相比，经销商更看重从制造商中获取能够产生竞争优势的隐性收益，而这些隐性收益往往不能通过经济指标来体现。

33.7.2.2 经销商信任和经销商承诺与渠道合作的关系

本书证实了经销商信任对经销商承诺有直接的正面影响，证实了经销商信任对渠道合作有直接的正面影响，这两项结论是与 Ganesan（1994）、Morgan 和 Hunt（1994）等多数学者的研究结论相一致。本书证实了经销商承诺对渠道合作有直接的正面影响，这与 Morgan 和 Hunt（1994）的研究结论相一致。

本书结果支持了以下观点：承诺是保持成功的长期的渠道关系的基本要素（Achrol 和 Mentzer, 1995）；信任在渠道关系中发挥着中心作用，是渠道关系中前提变量与结果变量之间的中介变量（Dwyer 等, 1987; Morgan 和 Hunt, 1994; Anderson 和 Narus, 1990; Ganesan, 1994）；渠道关系不是环境和权力结构的因徒，而是取决于信任是否能有效地建立（Geyskens 等, 1998）；承诺是成功的渠道关系的一个关键特征（Dwyer 等, 1987; Morgan 和 Hunt, 1994）。

本书证实了在经销商满意对渠道合作的影响中，经销商信任与经销商承诺有关键的中介作用。这说明了，即使经销商对制造商有较高的满意程度，如果经销商因为其他原因导致对制造商的信任程度或承诺程度较低，那么，制造商与经销商之间也难有较高程度的渠道合作。因此，在渠道走访和渠道沟通中，制造商不能仅仅因为经销商的经济满意程度较高，就判断与经销商在将来会有较高程度的渠道合作，制造商还必须关注经销商的信任和经销商的承诺。

33.7.2.3 信任承诺理论在目前渠道管理中有适用性

渠道行为理论关注对渠道权力和渠道冲突的研究。而在渠道关系理论中，Morgan 和 Hunt（1994）提出了信任承诺理论，提出以信任和承诺作为关键中介变量来研究渠道关系。Morgan 和 Hunt（1994）的 KMV 模型中，5 个前提变量分别是退出成本、关系收益、沟通、机会主义和共享价值。Morgan 和 Hunt 证实了，除去关系收益以外的其他 4 个变量通过信任和承诺两个关键中介变量对渠道合作有影响作用。

本书证实了经销商满意通过经销商信任和经销商承诺这两个中介变量影响经销商和制造商之间的渠道合作，这表明 KMV 模型的前提变量还存在拓展空间。

国内学术界普遍关注对渠道权力和渠道冲突的研究。Ganesan（1994）认为，企业对渠道关系时间导向的误会将导致出现问题。如果当交易市场关系更适合时，企业不应该错误地采用关系营销方式。作者证实了，经销商信任对渠道合作有直接的正面影响；经销商承诺对渠道合作有直接的正面影响；在经销商满意对渠道合作的影响中，经销商信任和经销商承诺是重要的中介变量。这个结论在一定程度上说明，在目前的分销渠道中，信任和承诺对渠道合作有重要的影响作用，说明了 Morgan 和 Hunt（1994）的信任承诺理论对中国目前分销渠道的理论研究和管理实践具有重要的借鉴作用。

33.7.2.4　经销商信任不能分为善意信任和可靠信任

本书表明，经销商信任不能分为善意信任和可靠信任。本书结论与 Ganesan（1994）的观点不一致。Ganesan（1994）认为信任作为两维变量的测量方法比作为一维变量的测量方法好，信任的两个维度同渠道关系的其它变量之间有不同的关系。

本书支持 Geyskens 等（1998）在归纳渠道中的信任研究时提出的观点：对信任采用一维变量还是二维变量还是一个有待检验的问题，检验的标准主要是看哪一种分法能为研究带来实质性的好处。

本书支持 Larzelere 和 Huston（1980）的观点：尽管善意信任与可靠信任在概念上存在区别，但他们往往是结合在一起以至于不能分别地发生作用。本书认为，制造商的善意表示、制造商信用和制造商的专业能力往往结合在一起，共同决定经销商对制造商的信任程度。

33.7.3　创新点

本书通过对渠道合作现状的思考、文献检索、研究机会解析、模型构建、理论假设、数据取样和假设检验，对"经销商满意对渠道合作影响"模型进行了实证。归纳起来，本书有以下五个创新点。

第一，构建并验证了"经销商满意对渠道合作影响模型"。在对渠道合作的研究中，将渠道满意作为自变量，从一个过程的角度证实了渠道满意对渠道合作的影响作用和影响路径。

第二，证实了在对渠道合作的影响中，经销商非经济满意的影响作用明显大于经销商经济满意。

第三，证实了在经销商满意对渠道合作的影响中，经销商的信任和承诺有关键的中介作用，证实了经销商满意对渠道合作的影响路径。

第四，证实了经销商经济满意对经销商承诺有直接的正面影响，而对经销商信任没有显著影响；经销商非经济满意对经销商信任有直接的正面影响，对经销商承诺只有间接的正面影响。

第五，证实了经销商信任没有多维结构。尽管经销商善意信任和经销商可靠信任在概念上有区别，但是两者间的区别度不显著。

33.7.4　研究启示

根据本书结果，制造商应该在以下四个方面加强管理，从而为增强渠道合作创造有利条件。

33.7.4.1　制造商应该循序渐进地提高渠道合作

本书的成果说明，过去的渠道关系结果影响目前的渠道合作。制造商应该从历史和未来两个角度来分析渠道合作。对于渠道合作低迷的现状，制造商应该从历史的角度来分析原因，分析在过去有何不恰当措施降低了经销商的满意程度，进而降低了经销商的信任程度和承诺程度，最终对目前的渠道合作造成了负面影响。制造商应该思考采取哪些措施来消除这些负面影响。

为了增强将来的渠道合作，制造商必须以务实认真的态度来处理与经销商目前的渠道关系。制造商应该充分地认识到加强目前渠道关系管理对将来渠道合作的重要性。制造商应该认识到，企业在与经销商的业务关系中任何不重细节或不规范的业务行为都可能影响经销商目前的满意程度，进而对将来的渠道合作造成负面影响。制造商必须加强目前的渠道关系管理，尽力提高经销商的满意程度，从而为将来的渠道合作创造有利条件。

33.7.4.2　在渠道管理中关注经销商信任和经销商承诺

通过文献检索，作者发现渠道权力和渠道冲突研究没有对企业增强渠道合作提供有力的理论支持。在中国分销渠道中，许多制造商仍然倾向于渠道权力的使用和渠道冲突的治理，倾向于对经销商实施控制。许多制造商将渠道管理的重点放在为经销商提供销售政策支持和培训支持方面，放在对经销商进行资金限制、存货限制和区域限制等方面，这些支持和限制措施在实质上是对渠道权力的使用，对增强渠道合作的作用非常有限。

20世纪90年代起，因为渠道权力和渠道冲突研究不能为增强渠道合作提供有力的理论支持，并且，渠道扁平化和渠道成员集中化这两个渠道发展趋势要求渠道成员之间建立起长期互信的渠道合作关系，渠道研究的关注点从渠道权力和渠道冲突上向信任和承诺等渠道关系要素上转移。尽管在中国目前的分销渠道中，渠道扁平化和渠道集中化趋势日益明显，但是，许多制造商仍然质疑渠道关系理论的适用性，仍然倾向于渠道权力使用和渠道冲突治理。

在研究中实证了经销商信任和经销商承诺对渠道合作有重要的影响作用，制造商在渠道管理中应减少对渠道权力和渠道冲突的关注，确立以信任和承诺为重点的渠道关系管理理念，建立以信任和承诺为中心的渠道监控体系和渠道管理体系。

33.7.4.3　制造商应多方并举地提高经销商信任程度

为了提高经销商的信任程度，制造商应该在善意表示、信用和专业能力等多个方面来加强管理。首先，制造商不应该仅仅从某个方面来片面地考察经销商信任，而应该从多个方面来考察经销商信任。制造商应认识到，片面地强调对经销商的善意关心或者片面地强调自身的专业能力，都不能切实有效地提高经销商的信任程度，都不能切实有效地增强渠道合作。为了提高经销商的信任程度，从而为增强双方的渠道合作创造有利条件，在对经销商的关系管理、渠道走访和渠道沟通中，制造商应真诚地关心经销商的利益，让经销商感受到制造商在处理双方关系时坚持的是共赢原则，而不是自利原则。制造商应加强自身的信用管理，信守承诺。制造商应通过内部培训、管理改进等措施来增强自身的专业能力。制造商在处理与经销商的关系时，应同时加强以上几个方面的管理。

33.7.4.4　制造商在渠道沟通和走访中应关注经销商的非经济满意

在制造商中普遍存在这样一种观念，即有效的渠道沟通就是关心经销商利益的沟通。对于利益沟通，许多制造商常采用一种沟通工具——ROI分析，即投资回报率分析（投资回报率＝总收入／总投资，总收入包括固定毛利和经销商所得的提前付款折扣收入，总投资包括库存金额、市场放贷、应收账款和其他费用）。

作者认为，ROI分析只是关注了经销商的经济满意，没有关注经销商的非经济满意。作为一种渠道沟通工具，ROI分析存在一定的局限性。本书证实了在对渠道合作的影响中，经销商非经济满意的影响明显大于经济满意。因此，建议制造商关注经销商的非经济满意。为了促进渠道合作，制造商在进行渠道走访和渠道沟通时，应关注经销商的非经济满意。制造商还可以尝试开发经销商非经济满意的分析工具，从而使渠道管理从粗放式管理走向精细化管理。

33.7.5　研究局限

本书在消费品分销渠道制造商和分销商的渠道合作关系研究上取得了一些有意义的成果。但由于研究条件和时间有限，存在以下一些局限性。

首先，研究中没有考虑环境变量的影响。有研究表明渠道环境不确定性对渠道关系有调节作用，调节变量的论证需要进行分层次的结构方程模型验证，所需样本数量大，因此本书没有在模型中考虑渠道环境不确定性的调节作用。

其次，本书以消费品分销渠道制造商和分销商的关系为研究对象，但只是从分销商的角度来收集数据，研究的是分销商满意对分销商和制造商合作关系的影响。至于制造商对分销商的满意对双方之间渠道合作的影响作用，并没有进行探讨。所以，今后可以从制造商的角度进行相似的研究，也可从制造商和分销商双方的角度进行相似的研究。

最后，由于研究条件有限，本书的问卷调查均在成都地区进行，地域代表性不够全面。

33.7.6 后续研究

将来可以进行以下两方面的研究。

首先，可以对本书的概念模型进行权变模式研究。Dwyer（1987）认为关系是一个持续发展的过程。他提出了基于社会交换理论的关系发展模型并将关系发展过程分为五个阶段。第一个是关系注意阶段。在此阶段，关系一方注意到另一方期望建立关系的意图，不仅具有了解合作伙伴的冲动，同时还努力去识别关系建立的可行性。第二个是关系探索阶段。在此阶段，关系成员搜寻有用信息，考验对方信用，建立关系与期盼规范，此阶段需要解决的首要问题是信任。第三个是关系扩展阶段。第四个是承诺阶段。在此阶段，为了保证关系长期发展，关系双方都必须做出显性和隐性保证。第五个是关系解体阶段。

关系发展模型得到了学术界的广泛认同，许多学者用该模型来解释渠道关系的发展与互动过程。在渠道关系发展的五个阶段中，本书提出的模型中的各个变量之间的路径关系是否会出现差异？有什么样的差异？这些问题有待继续进行研究。

其次，可以研究经销商期望收益对渠道合作的影响。本书将渠道满意作为阶段性的渠道关系价值的体现，从过程的角度探讨了渠道满意对渠道合作的影响作用。关系契约理论和关系营销理论认为，应该从历史和未来两个角度来看待渠道关系。从未来的角度考虑，渠道关系价值还可以用期望价值来体现。在对渠道合作的影响中，渠道满意和期望价值有何差异？渠道满意与期望价值之间的关系是什么？这些问题也有待进行后续研究。

34. 论营销渠道模式转型

任何营销渠道都不是一成不变的，随着市场环境的变化和企业的发展，营销渠道常常需要由一种模式转化为另一种或几种模式，或由几种模式合并、压缩为一种模式。这种随环境变化和企业发展而对渠道模式进行的全面调整称为渠道模式转型。

34.1 企业营销渠道转型的原因

企业营销渠道转型有六大基本原因。

34.1.1 渠道出现了危机

渠道通畅才能保证企业产品流、信息流、资金流的通畅，当渠道出现危机严重影响企业产品流、信息流、资金流的正常流动时，就要考虑对原有渠道模式进行调整而实施新的渠道模式。1997年，××在济南遭到几大商场集体罢售，使××在济南的销售陷入困境，市场被竞争者趁机占领，企业遭受巨大经济损失；1998年，部分中间商渠道出现危机，甚至有的中间商开始"跳货"，这进一步加剧了××的渠道危机，使××的销售业绩出现了大幅滑坡。于是××不得不考虑改变渠道模式，开始在全国各地设直销店，把过去单一的渠道模式转型为间接、直接相结合的复合渠道模式，以促进销售，减缓业绩下滑。

34.1.2 企业产品发生了变革

在营销组合中，渠道模式必须与产品相适应。当产品发生变化，渠道不适应产品的销售时，必须对渠道进行转变。如××公司过去主要生产的是婴儿用品，它的主要销售渠道是医院代销。但当××公司推出成人用品后，其营销渠道不得不走大众道路，建立自己的间接渠道，通过分销来实现产品的销售。

34.1.3 产品生命周期的变化

在产品的整个生命周期中始终保持竞争力的渠道是没有的。早期产品的采用者可能愿意通过增值高的渠道来购买，但后期的采用者转向低成本渠道购买。具体来讲，在引入期，新产品或新款式一般经由专业的渠道（如业余爱好者商店）进入市场，这样来发现流行趋势并吸引早期的使用者；在成长期，随着购买者兴趣的增长，高销售额渠道会被逐渐采用（如专用连锁商店、百货商店）；在成熟期，随着销售增长变缓，一些竞争者便会将其产品转入低成本渠道（如大型综合商场）销售；在衰退期，成本更低的渠道（如邮购商店、大减价商店）会应运而生。例如，手机、计算机最初由专业商店进行经销，现在商场、超市也有出售。

34.1.4 市场的扩张

企业市场扩张是企业增加市场占有率，获取更大足够市场份额、实现更多盈利的重要方式。市场扩张的过程中，现存渠道模式已不能满足市场扩张的要求，就必须对现存渠道模式进行转型。广州好迪化妆品公司早期是以城市市场为主，所以其中间商是直接面对零售商，实施短渠道模式。随着企业的发展、市场的重心向农村发展，就必须建立二级和三级经销商，实施长渠道模式。

34.1.5 企业经营环境发生重大改变

当我们的经营环境由计划经济向市场经济和商品经济转变时，企业过去一直赖以生存的供销社渠道系统开始向以个体为特色的批发系统转移，大量的个体代理商、批发商成了企业产品销售的主渠道。当我国加入WTO，国外批发巨头涌入，经营环境再一次发生改变时，我们这种以个体为特色的批、零渠道网络将逐渐被规模化经营的仓市和超市渠道所代替——产品的销售渠道将由过去的长渠道模式向未来的短渠道模式转型。

34.1.6 政策的变动

国家政策的变动也将直接引起渠道模式的改变。如××，过去的营销模式为多层直销即传销，在国家政策规定不允许传销时，××的渠道模式便转向了单层直销。

34.2 企业营销渠道转型的方式

企业营销渠道转型的方式概括起来主要有如下六种。

34.2.1 由长渠道模式向短渠道模式转型

传统的观点认为一些商品，如日用品，渠道可以适当长一些，以期获得更广阔和更深入的市场覆盖。但现在，随着交通的改善，电信的发展，因特网的兴起和大型仓市、超市的出现，长渠道模式开始向短渠道模式转型。在国外，商品的渠道环节平均为1.5个，而国内多达4个。环节太多导致流通费用增加，效率降低，给假冒伪劣产品进入市场提供了空间。随着竞争的加剧，必然导致渠道环节减少，企业销售不得不从长渠道销售模式改为短渠道销售模式。

34.2.2 由直接渠道模式向间接渠道模式转型

在企业的初创阶段，由于品牌知名度不高，实力不强，为了打开市场，企业集中自身资源在某一区域市场进行直接营销。随着企业的壮大、市场的拓展，仅靠自身资源无法满足市场，此时要借助经销商的网络，更好地覆盖市场，减少管理幅度，提高效率。如四川××酒业，在产品投入期，为集中资源打开市场，在苏杭地区采用直接营销渠道，由企业把产品直接提供给酒楼、饭店和零售店，取得了巨大成功，但造成的直接后果是400名长期在外的营销人员给管理带来巨大困难，并造成了一系列难以解决的矛盾。于是公司总结经验，建立了一批经销商队伍，并把苏杭经验在经销商中推广，同时把苏杭经销权转给中间商。企业终于由直接营销模式向间接营销模式转化，企业销售人员由400人减至50人，但销售业绩却突破了亿元。

34.2.3 由传统个体为主的批发、零售渠道模式向仓市、超市模式转型

目前，我国的批发、零售企业基本上是以个体为主，各自为政，缺乏规模，管理落后，信息不灵，成本偏高，优势不突出，且由于企业众多，恶性竞争在所难免。以连锁为特征的仓市和超市有许多方面的优势：全国甚至全球统一采购，可以以较低的价格获得较好的产品；连锁企业网点众多，可以占领更多市场，且有较好覆盖。随着我国进入世贸组织，国外巨型连锁企业的进入，将迫使我国以个体为主的传统批发、零售渠道向以连锁为主的现代批发、零售渠道转型。

34.2.4 由单一渠道模式向复合型渠道模式转型

企业的发展壮大离不开多元化战略，多元化战略将导致企业产品的多元化，不同种类的产品要求不同的营销渠道，这必然导致企业原有渠道模式的转型。如××集团，最初仅生产洗衣机（白色家电），后来生产包括电视机（黑色家电）在内的多种家用电器，现在又进入了IT行业，生产电脑。随着新产品的出现，原有的渠道已不能满足新产品销售的需要，必须开发新渠道，由单一渠道模式向复合渠道模式转型。另外，随着企业的发展，市场越分越细，同一商品为了达到不同的细分市场也必须采用多种渠道模式。如计算机，最初仅在专业市场针对专业爱好者出售，随着计算机消费的大众化和竞争的加剧，百货商场、超市也开始销售，并逐渐成为一个热点。

34.2.5 由代理模式向交易模式转型

代理模式是产销双方达成合作关系，产品进销实行事后结账，交货时不发生所有权转移的一种渠道合作模式。这种模式对中间商的好处是分销商风险小，流动资金占用少，缺点是折旧低。对生产商的好处是渠道拓展容易，但易形成呆账、坏账。交易模式则是产销双方达成合作关系，但产品进销实行交货结账，要发生产品所有权转移的一种渠道合作模式。这种模式对中间商的好处是进货成本低，坏处是流

动资金占用多，市场风险大。对生产商的好处是回收资金快，缺点是开拓渠道较困难。随着现代物流巨头的形成，许多大型零售商为了控制进货成本增强竞争力，均采用买断经营模式，这就导致了企业过去的代理模式开始向交易模式转化。

34.2.6 由助销模式向助营模式转型

助销是指企业派出人员参与各地经销商的具体销售活动，助营则是指企业帮助经销商制订整体的营销计划，培训营销人员，协助、指导营销实施，对经销商进行智力上的支持。助营模式是通过提高中间商的营销能力来实现产品销售业绩提升的，是一种造血机制。而助销模式是生产商直接参与经销商的销售活动，帮助其促销，是一种输血机制。采用输血方法会增加生产商的费用和管理难度。因此，现代的生产商便开始转向助营模式，帮中间商造血，而不是输血。中国化妆品行业的新星××公司，其产品的销售完全由各地经销商承担，企业没有一个助销人员，但有6个助营人员，企业在营销方面所做的大部分工作就是制订全国计划和各片区营销计划并对经销商进行全面培训，指导经销商营销，通过提高经销商的营销能力来使业绩显著提升，企业则在广告宣传上给予大力配合。××公司几年便由一个几百万元资本的企业达到现在几亿元资产的企业，并在化妆品行业中位列民族化妆品企业的前茅。

34.3 渠道模式转型应遵循的基本原则

渠道在动态调整过程中必须遵循一些基本原则。

34.3.1 安全性原则

安全性原则是指企业渠道转型时不会引起新的渠道危机。因此，首先，安全性原则要求转型后的渠道要符合国家的法律、法规和政策，不能建立违背法规的灰色营销渠道，导致企业受到法规的处罚。其次，转型后不能引发新旧渠道冲突，也不会引发渠道垂直冲突和水平冲突。最后，不能削弱企业对渠道的控制力，出现生产商无力控制市场的局面。

34.3.2 稳定性原则

渠道转型必然带来渠道在一定时期内的振荡，势必影响渠道顺畅。稳定性原则要求在渠道转型中尽量减少振荡，在保持相对稳定的前提下缩短转型时间。首先，企业的渠道策略要保持相对稳定，在并不需要时，不要随便进行渠道转型。其次，渠道转型后应该有一个相对的稳定期，能发挥较长时间的作用。最后，必须保持经销商队伍的相对稳定。一方面，在转型过程中人员要稳定，尽可能采用企业在长期经营中已经长期合作、有信誉、有敬业精神的经销商。另一方面，对经销商的政策保持相对稳定，与经销商搞好协作关系，避免经销商流失。

34.3.3 成本、效益原则

企业作为经济实体，任何经济活动永远离不开对成本的控制，对效益的追求，渠道转型也不例外。这就要求企业在进行渠道转型时，首先要考虑转型是否有必要性。其次要考虑转型成本和转型收益是否对称，如果转型成本远大于转型收益，这种转型就没有意义。最后要考虑转型后是否会导致外部不经济问题，损害社会效益。灰色营销渠道必将付出更大代价，不利于企业的长远发展。

34.3.4 发展性原则

企业的迅速成长，要求渠道转型的过程中要有发展的观点，在渠道设计时有超前意识，使企业渠道转型后符合企业发展的需要。这就要求我们在渠道转型时要考虑渠道发展规律。现在，长渠道向短渠道、宽渠道向合理渠道、间接渠道向直接渠道、代理渠道向交易渠道、浅渠道向深渠道发展，企业渠道转型必须适应这些发展趋势。另外，渠道转型还应考虑企业发展要求。如果企业走向多元化，转型后的渠道最好能兼容这种多元化产品销售的需要。与此相反，如果企业要走专业化道路，转型后的渠道也不需做出大的调整。渠道的建设是动态的，始终能满足企业需要的渠道模式是没有的。加强对渠道转型的研究，对帮助企业建立合适的渠道是十分必要的。

参考文献

参考文献

[1] 方正,杨洋,李蔚,等.产品伤害危机溢出效应的发生条件和应对策略研究——预判和应对其它品牌引发的产品伤害危机[J].南开管理评论,2013,16(6).

[2] 高宁.基于品牌相似性的品牌进攻与防御策略研究[D].成都:西南交通大学硕士学位论文,2007.

[3] 韩睿,田志龙.促销类型对消费者感知及行为意向影响的研究[J].管理科学,2005,18(2).

[4] 何佳讯.品牌关系质量本土化模型的建立与验证[J].华东师范大学学报,2006(3).

[5] 何浏,王海忠.品牌组合代言溢出效应研究——名人崇拜的调节作用[J].商业经济与管理,2014(4).

[6] 侯杰泰,温忠麟,成子娟.结构方程模型及其应用[M].北京:教育科学出版社,2004.

[7] 李国峰.产品伤害危机对品牌声誉与品牌忠诚关系的影响研究[J].中国软科学,2008(1).

[8] 李海亮.品牌关系规范与品牌声誉对消费者感知风险的影响研究[D].长春:吉林大学硕士学位论文,2011.

[9] 李先国.促销管理[M].北京:清华大学出版社,1998.

[10] 刘春野.品牌替代关系、品牌关系投资对品牌关系承诺的影响研究[D].长春:吉林大学硕士学位论文,2011.

[11] 邱皓政,林碧芳.结构方程模型的原理与应用[M].北京:中国轻工业出版社,2018.

[12] 邱雪.关于我国体育明星品牌代言人的现状研究[D].北京:北京体育大学硕士学位论文,2002.

[13] 黄静,熊巍.消费者品牌关系的断裂与再续[J].外国经济与管理,2007(10).

[14] 孙晓强.品牌代言人对品牌资产的影响研究[D].上海:复旦大学博士学位论文,2008.

[15] 王海忠,陈增祥,尹露.公司信息的纵向与横向溢出效应:公司品牌与产品品牌组合视角[J].南开管理,2009,12(1).

[16] 王鑫.我国英利集团通过体育营销打造国际品牌的经验与启示[J].对外经贸实务,2014(11).

[17] 徐玖平,朱洪军.赛事赞助对企业品牌资产影响的实证研究[J].体育科学,2008,28(9).

[18] 徐卫华,朱鹏飞.西方品牌代言人研究综述[J].商场现代化,2008(4).

[19] 杨晶,刘春林,崔玮."池鱼之殃"还是"渔翁得利"——组织危机溢出效应的实证分析[J].科学学与科学技术管理,2012,33(12).

[20] 杨洋,方正,江明华.赛事赞助沟通对感知匹配的影响研究[J].上海体育学院学报,2015,39(2).

[21] 张燕玲.明星广告影响力指数研究[D].四川:四川大学硕士学位论文,2006.

[22] 周志民.品牌关系评估研究:BRI模型及其应用[M].北京:中国文联出版社,2006.

[23] 肯卡瑟.体育与娱乐营销[M].北京:电子工业出版社,2002.

[24] 柴俊武.品牌信任对品牌态度、契合感知与延伸评价关系的影响[J].管理学报,2007(4).

[25] 柴俊武,赵广志,等.解释水平对品牌联想和品牌延伸评估的影响[J].心理学报,2011,43(2).

[26] 晁钢令,王志良.企业危机处理策略、传递方式与评价问题研究[J].市场营销导刊,2006(4).

[27] 陈莉莉,陈信康.e-SQ的消费者信任模型研究[J].生产力研究,2009(1).

[28] 陈湘青.浅议品牌危机的特征与管理[J].江苏商论,2004(7).

[29] 程劲芝.论品牌危机的管理[J].广西轻工业,2004(6).

[30] 崔金欢,符国群.产品危害事件对品牌资产变动的影响[J].南开管理评论,2002(5).

[31] 张太海,程媛婧.消费者感知风险理论研究综述[J].市场营销导刊,2008(4).

[32] 崔洋为,杨洋,等.CSR策略修复产品伤害危机后品牌信任的效果研究——调节变量和中介变量的作用[J].中

央财经大学学报，2015（2）.
[33] 崔鑫生. 论企业品牌危机的成因及对策［J］. 内蒙古统计，2005（5）.
[34] 董亚妮，李蔚，花海燕，等. 产品伤害危机后的产品策略对消费者购买意愿影响的实证研究［J］. 管理现代化，2009（1）.
[35] 范宝财，杨洋，等. 产品伤害危机属性对横向溢出效应的影响研究——产品相似性和企业声誉的调节作用［J］. 商业经济与管理，2014（11）.
[36] 方明珠，卢润德，吴伟平. 电子商务模式下消费者信任影响因素研究综述［J］. 情报杂志，2010（6）.
[37] 方正. 产品伤害危机应对方式对顾客感知危险的影响——基于中国消费者的实证研究［J］. 经济体制改革，2007（3）.
[38] 方正，杨洋，李蔚，等. 产品伤害危机溢出效应的发生条件和应对策略研究——预判和应对其他品牌引发的产品伤害危机［J］. 南开管理评论，2013，16（6）.
[39] 方正. 可辩解型产品伤害危机对顾客购买意愿的影响研究［D］. 成都：四川大学博士学位论文，2007.
[40] 方正. 论不同消费群体对产品伤害危机的感知危险差异［J］. 社会科学家，2006，5（1）.
[41] 方正，江明华，等. 产品伤害危机应对策略对品牌资产的影响研究——企业声誉与危机类型的调节作用［J］. 管理世界，2010（12）.
[42] 方正，杨洋，等. 可辩解型产品伤害危机应对策略对品牌资产的影响研究：调节变量和中介变量的作用［J］. 南开管理评论，2011，14（4）.
[43] 菲利浦·科特勒. 市场营销原理［M］. 北京：清华大学出版社，2001.
[44] 费显政，李陈微，等. 一损俱损还是因祸得福？——企业社会责任声誉溢出效应研究［J］. 管理世界，2010（4）.
[45] 冯建英，穆维松，傅泽田. 消费者的购买意愿研究综述［J］. 现代管理科学，2006（11）.
[46] 高鸿业.《西方经济学》教学大纲［M］. 北京：中国经济出版社，1996.
[47] 高维和，陈信康，任声策. 企业声誉、两级信任与组织间关系［J］. 财贸研究，2010（2）.
[48] 龚振，莫露樨，王琪. 品牌信任影响因素的三维度框架研究［J］. 商业时代，2007（32）.
[49] 郭国庆. 市场营销学通论［M］. 北京：中国人民大学出版社，2000.
[50] 韩辉，刘晓文. 信任、感知风险与网络购物意愿的关系研究［J］. 经济论坛，2009（8）.
[51] 韩睿，田志龙. 促销类型对消费者感知及行为意向影响的研究［J］. 管理科学，2005，18（2）.
[52] 郝辽钢. 企业促销活动如何影响消费者行为：理论综述［J］. 华东经济管理，2008，22（4）.
[53] 何佳讯. 品牌关系质量本土化模型的建立与验证［J］. 华东师范大学学报，2006.
[54] 何浏，王海忠. 品牌组合代言溢出效应研究——名人崇拜的调节作用［J］. 商业经济与管理，2014（4）.
[55] 贺爱忠，李钰. 论品牌关系生命周期中消费者品牌信任与心理契约的建立［J］. 商业研究，2008（11）.
[56] 贺爱忠，郑帅，李钰. 公益营销对消费者品牌信任及购买意愿的影响［J］. 北京工商大学学报（社会科学版），2009（3）.
[57] 贺远琼，唐漾一，等. 消费者心理逆反研究现状与展望［J］. 外国经济与管理，2016，38（2）.
[58] 侯杰泰，温忠麟，成子娟. 结构方程模型及其应用［M］. 北京：教育科学出版社，2004.
[59] 花海燕. 促销伤害危机及其应对方式研究［J］. 商业研究，2009.
[60] 黄静，姚琪. 品牌关系倾向对消费者品牌态度的影响［J］. 营销科学学报，2009（2）.
[61] 黄静，王新刚，等. 空间和社交距离对犯错品牌评价的影响［J］. 中国软科学，2011（7）.
[62] 黄俊，李晔，等. 解释水平理论的应用及发展［J］. 心理科学进展，2015，23（1）.
[63] 霍映宝，韩之俊. 一个品牌信任模型的开发与验证［J］. 经济管理，2004（9）.
[64] 纪雯. 中国连锁超市发展现状及其对策［J］. 经济与管理，2006（10）.
[65] 江富强. 安内抚外——企业应慎重应对品牌危机［J］. 中国品牌，2007（3）.

[66] 金玉芳, 董大海. 中国消费者品牌信任内涵及其量表开发研究 [J]. 预测, 2010 (5).

[67] 金玉芳. 消费者品牌信任研究 [D]. 大连: 理工大学博士学位论文, 2005.

[68] 井淼, 周颖. 产品伤害危机中危机反应策略对品牌资产的影响——基于企业社会责任的视角 [J]. 工业工程与管理, 2013, 18 (2).

[69] 肯卡瑟. 体育与娱乐营销 [M]. 北京: 电子工业出版社, 2002.

[70] 李安云. 品牌危机的成因、防范及处理模式探讨 [J]. 商场现代化, 2009 (2).

[71] 李海亮. 品牌关系规范与品牌声誉对消费者感知风险的影响研究 [D]. 长春: 吉林大学硕士学位论文, 2011.

[72] 李君. 品牌危机管理研究 [J]. 中小企业管理与科技 (上旬刊), 2010 (2).

[73] 李敏. 基于消费者行为理论的农产品品牌价值研究 [J]. 江苏农业科学, 2010 (5).

[74] 李先国. 促销管理 [M]. 北京: 清华大学出版社, 1998.

[75] 李想, 余敬. 中国连锁超市行业的 SCP 模式分析 [J]. 中国软科学, 2003 (12).

[76] 李兴国. 从"感受"的视角解析品牌危机 [J]. 国际新闻界, 2006 (3).

[77] 李雁晨, 周庭锐, 等. 解释水平理论: 从时间距离到心理距离 [J]. 心理科学进展, 2009, 17 (4).

[78] 李游. 用心理学概念诠释消费者品牌信任的形成 [J]. 湖南财经高等专科学校学报, 2008 (1).

[79] 廖成林, 李菌, 石刚. 信任视角下心理契约对顾客重复购买意向的影响研究 [J]. 商业时代, 2010 (19).

[80] 廖列法, 王刊良. C2C 电子商务消费者满意、信任与忠诚之间关系的实证研究 [J]. 信息系统学报, 2010 (1).

[81] 林剑萍. 网络购物势不可挡 [J]. 中国对外贸易 2012 (12).

[82] 刘春野. 品牌替代关系、品牌关系投资对品牌关系承诺的影响研究 [D]. 长春: 吉林大学硕士学位论文, 2011.

[83] 刘红艳, 李爱梅, 等. 不同促销方式对产品购买决策的影响——基于解释水平理论视角的研究 [J]. 心理学报 2012, 44 (8).

[84] 刘华. 连锁超市顾客保留策略分析 [J]. 企业活力, 2010 (10).

[85] 刘怀宇, 韩福荣. 品牌危机公关策略分析 [J]. 商场现代化, 2005 (22).

[86] 刘金平, 周广亚, 等. 情境启动和认知需要对决策中信息加工的影响 [J]. 心理科学 2008, 31 (2).

[87] 刘磊, 陈信康. 描述视角下促销的分类及其效果研究 [J]. 现代管理科学, 2011 (2).

[88] 楼尊. 消费者对 SSTS 的评价与使用——企业形象、自我效能的调节作用 [J]. 管理评论, 2010 (1).

[89] 卢长宝. 虚假促销对消费者认知及行为的影响 [J]. 当代教育理论与实践, 2005, 27 (4).

[90] 卢长宝. 消费者学习对销售促进使用行为影响的实证研究 [J]. 管理评论, 2006, 18 (5).

[91] 卢长宝, 秦琪霞, 等. 虚假促销中消费者购买决策的认知机制: 基于时间压力和过度自信的实证研究 [J]. 南开管理评论, 2013, 16 (2).

[92] 陆卫平. 忠诚顾客对竞争性营销说服的抵制——信息涉入度和产品知识的调节作用 [J]. 经济经纬, 2012 (1).

[93] 罗雪梅. 浅析消费者品牌信任 [J]. 沿海企业与科技, 2008 (12).

[94] 吕倩, 杨培文. 基于品牌信任机制的购买行为分析 [J]. 技术与市场, 2007 (7).

[95] 马克态. 品牌危机的处理 [J]. 商场现代化, 2007 (4).

[96] 马克态. 品牌信任——品牌管理的基石 [J]. 中华商标, 2010 (4).

[97] 马明峰, 陈春花. 品牌信任、品牌可信度与品牌忠诚关系的实证研究 [J]. 经济管理, 2006 (11).

[98] 马全恩, 刘丹, 严雯青. 基于转换成本的顾客满意与忠诚实证研究 [J]. 西安理工大学学报, 2010 (2).

[99] 孟华兴, 黄荣. 基于信任恢复的品牌危机处理策略 [J]. 产业与科技论坛, 2007 (8).

[100] 孟昭兰. 当代情绪理论的发展 [J]. 心理学报, 1985, 17 (2).

[101] 潘黎, 吕巍. 负面拥有效应对产品伤害危机溢出的影响 [J]. 现代管理科学, 2014 (3).

[102] 潘煜, 张星, 高丽. 网络零售中影响消费者购买愿因素研究——基于信任与感知风险的分析 [J]. 中国工业经

济，2010（7）.

[103] 乔建中. 当今情绪研究视角中的阿诺德情绪理论［J］. 心理科学进展，2008，16（2）.

[104] 邱皓政，林碧芳. 结构方程模型的原理与应用［M］. 北京：中国轻工业出版社，2009.

[105] 沈云林. 论近因效应与品牌危机的应对［J］. 长沙大学学报，2005（6）.

[106] 孙文. 品牌危机公关［J］. 经理人，2003（1）.

[107] 孙晓强. 品牌代言人对品牌资产的影响研究［D］. 上海：复旦大学博士学位论文，2008.

[108] 唐小飞，郑杰，孙洪杰. 消费者品牌信任瓦解与重塑对策研究［J］. 预测，2010（6）.

[109] 田玲. 大型超市虚假促销对消费情感与购买意愿的影响研究［C］. 成都：四川大学硕士学位论文，2007.

[110] 田阳，黄韫慧，等. 品牌丑闻负面溢出效应的跨文化差异研究——基于自我建构视角［J］. 营销科学学报，2013，9（2）.

[111] 涂铭，景奉杰，等. 危机产品的购买行为研究：威胁评估和不确定规避的作用［J］. 商业经济与管理，2014（11）.

[112] 汪兴东，景奉杰，等. 单（群）发性产品伤害危机的行业溢出效应研究［J］. 中国科技论坛，2012（11）.

[113] 王财玉. 社会距离与口碑传播效力研究：解释水平的视角［J］. 财经论丛（浙江财经大学学报），2012，166（4）.

[114] 王海忠，陈增祥，尹露. 公司信息的纵向与横向溢出效应：公司品牌与产品品牌组合视角［J］. 南开管理评论，2009，12（1）.

[115] 王珏，方正，等. 竞争品牌应对策略对产品伤害危机负面溢出效应的影响［J］. 当代财经，2014（7）.

[116] 王骏旸，王海忠，等. 品牌原产地联结的时空维度对负面信息的抑制作用［J］. 中大管理研究，2011（3）.

[117] 王靓. 品牌危机处理原则及其启示［J］. 商业时代，2007（18）.

[118] 王伶俐，闫强，等. 大型网络促销活动中非计划性消费影响因素分析——以淘宝"双11"促销活动为研究情境［J］. 北京邮电大学学报（社会科学版），2015（6）.

[119] 王梅. 突发性品牌危机的防范与处理［J］. 商场现代化，2006（26）.

[120] 王思敏，朱玉杰. 公司危机的传染效应与竞争效应——以国美事件为例的小样本实证研究［J］. 中国软科学，2010（7）.

[121] 王文松. 消费者品牌信任及其营销对策［J］. 河南科技大学学报（社会科学版），2007（3）.

[122] 王晓玉，晁钢令，等. 产品伤害危机及其处理过程对消费者考虑集的影响［J］. 管理世界，2006（5）.

[123] 王秀芝，吴清津，等. 消费者网店感知对信任感和忠诚度影响的实证研究［J］. 消费经济，2008（5）.

[124] 王志良. 谈企业危机处理任务及实施［J］. 商业时代，2007（8）.

[125] 王新宇，余明阳. 基于消费者信任行为的品牌危机动态演化机制研究［J］. 现代管理科学，2010（6）.

[126] 王鑫. 我国英利集团通过体育营销打造国际品牌的经验与启示［J］. 对外经贸实务，2014（11）.

[127] 韦晓菡. 浅论品牌危机管理的对策［J］. 经济与社会发展，2007（6）.

[128] 韦晓菡. 浅析品牌危机的成因与类型［J］. 经济与社会发展，2007（5）.

[129] 卫海英，张蕾，等. 多维互动对服务品牌资产的影响——基于灰关联分析的研究［J］. 管理科学学报2011，14（10）.

[130] 文千锤. 中国零售市场品牌忠诚度现状与成因研究——我国大型连锁超市品牌忠诚提升策略研究［J］. 企业技术开发，2009（7）.

[131] 吴狄亚，卢冰. 企业品牌危机防范［J］. 经营管理者，2002（2）.

[132] 吴锦峰，常亚平，等. 网络商店形象对情感反应和在线冲动性购买意愿的影响［J］. 商业经济与管理，2012，1（8）.

[133] 吴清. 中小型连锁超市的现状与竞争对策［J］. 上海管理科学，2004（1）.

[134] 吴思，廖俊云. 产品伤害信息来源可信度对感知风险的影响［J］. 商业研究，2013，55（12）.

[135] 吴子敬. 品牌危机管理：态度决定一切［J］. 中国品牌，2007（3）.

[136] 武瑞娟，王承璐. 网店专业性对消费者情感和行为影响效应研究——一项基于大学生群体的实证研究［J］. 管理评论，2014，26（1）.

[137] 夏星, 时勘, 石密. 网络环境下的信任与风险感知 [J]. 微计算机信息, 2010 (30).
[138] 谢佩洪, 周祖城. 中国背景下 CSR 与消费者购买意向关系的实证研究 [J]. 南开管理评论, 2009 (1).
[139] 熊光泽, 邓丹娟, 杨伟文. 品牌形象对消费者购买决策的影响研究 [J]. 现代物业（中旬刊）, 2010 (2).
[140] 熊艳, 李常青, 等. 危机事件的溢出效应：同质混合还是异质共存？——来自"3Q 大战"的实证研究 [J]. 财经研究, 2012 (6).
[141] 徐惊蛰, 谢晓非. 解释水平视角下的自己——他人决策差异 [J]. 心理学报, 2011, 43 (1).
[142] 徐玖平, 朱洪军. 赛事赞助对企业品牌资产影响的实证研究 [J]. 体育科学, 2008, 28 (9).
[143] 徐卫华, 朱鹏飞. 西方品牌代言人研究综述 [J]. 商场现代化, 2008 (4).
[144] 杨德锋, 王新新. 价格促销对品牌资产的影响：竞争反应的调节作用 [J]. 南开管理评论, 2008, 11 (3).
[145] 杨宜苗. 错过价格促销情境下消费者感知价值损失及其对负向消费意愿的影响 [J]. 商业经济与管理, 2010 (2).
[146] 杨志勇, 刘东胜. 大学生品牌信任消费成因及营销对策 [J]. 销售与市场（管理版）, 2010 (10).
[147] 姚晓霞. 我国零售业发展现状及路径 [J]. 技术经济与管理研究, 2007 (2).
[148] 姚永平. 关于企业危机公关的分析与思考 [J]. 经营管理者, 2010 (19).
[149] 于春玲, 郑晓明, 孙燕军, 等. 品牌信任结构维度的探索性研究 [J]. 南开管理评论, 2004 (2).
[150] 于伟, 倪慧君. 基于顾客认知的物流企业品牌信任形成机制研究 [J]. 现代管理科学, 2009 (11).
[151] 于志涛, 刘芬. 对商业零售企业促销引发安全事故的思考 [J]. 重庆教育学院学报, 2008 (3).
[152] 余伟萍, 张琦, 等. 产品伤害危机程度对消费者负面情感及抵制意愿的影响研究 [J]. 中大管理研究, 2012 (3).
[153] 袁登华, 罗嗣明, 李游. 品牌信任结构及其测量研究 [J]. 心理学探新, 2007 (3).
[154] 袁登华. 品牌信任研究脉络与展望 [J]. 心理科学, 2007 (2).
[155] 张洪利. 企业社会责任对消费者信任的影响 [J]. 长春理工大学学报（社会科学版）, 2010 (1).
[156] 张丽莲. 企业品牌危机及其防范策略 [J]. 中外企业家, 2009 (10).
[157] 张太海, 程媛婧. 消费者感知风险理研究综述论 [J]. 市场营销导刊, 2008 (4).
[158] 张燕玲. 明星广告影响力指数研究 [C]. 成都：四川大学硕士学位论文, 2006.
[159] 张正超, 曹敏, 刘芬. "80 后"消费者品牌信任和品牌倾向的实证研究 [J]. 全国商情（经济理论研究）, 2008 (11).
[160] 章璇, 景奉杰. 网购商品的类型对在线冲动性购买行为的影响 [J]. 管理科学, 2012, 25 (3).
[161] 赵冬梅, 纪淑娴. 信任和感知风险对消费者网络购买意愿的实证研究 [J]. 数理统计与管理, 2010 (3).
[162] 赵丽, 罗亚. 网络促销活动对消费者购物意愿影响的实证研究 [J]. 商业经济研究, 2008 (28).
[163] 周娜. 雀巢奶粉事件的启示：品牌危机如何管理 [J]. 现代企业教育, 2005 (8).
[164] 周伟忠, 沈杰. 品牌形象、顾客满意和顾客忠诚关系研究——以济南银座连锁超市为例 [J]. 兰州商学院学报, 2010 (3).
[165] 周星, 雷俊杰, 等. 网络环境下促销及口碑对冲动购买的影响——基于情景模拟法的因子探析 [J]. 经济管理, 2011 (3).
[166] 周志民. 品牌关系评估研究：BRI 模型及其应用 [M]. 北京：中国文联出版社, 2006.
[167] 周智敏. 品牌危机预警机制的建立 [J]. 企业改革与管理, 2010 (10).
[168] 庄爱玲, 余伟萍. 道德关联品牌负面曝光事件溢出效应实证研究——事件类型与认知需求的交互作用 [J]. 商业经济与管理, 2011 (10).
[169] 菲利普·科特勒. 市场营销管理 [M]. 梅清豪, 译. 亚洲版, 第二版. 北京：中国人民大学出版社, 2001.
[170] 迈克尔·波特. 竞争论 [M]. 高登第, 等译. 北京：中信出版社, 2003.
[171] Burns Alvin C, Ronald F Bush. 营销调研 [M]. 梅清豪, 周安柱, 徐炜熊, 译. 第二版. 北京：中国人民大学出版社, 2001.
[172] 卜妙金. 分销渠道决策与管理 [M]. 济南：山东人民出版社, 1984.

[173] 蔡静,方正,李珊.中国家具业风雨欲来[J].企业管理,2006(4).
[174] 蔡静,李蔚.企业营销安全管理的三维结构模型[J].经济体制改革,2007(2).
[175] 蔡双立.价值导向的客户关系通路研究[M].天津:南开大学出版社,2006.
[176] 段志敏,张艳.国美全国卖场清理格力,两老大上演"激情碰撞"[J].京华时报,2004(3).
[177] 利春雄.宝洁猜想[J].销售与市场,2005(9).
[178] 何晓群.元统计分析[M].北京:中国人民大学出版社,2004.
[179] 贺和平.零售商霸权下的渠道关系管理[J].销售与市场,2005(2).
[180] 侯杰泰,温忠麟,成子娟.结构方程模型及其应用[M].北京:教育科学出版社,2004.
[181] 胡在新,汪纯孝.关系质量模型实证研究[J].商业研究,1998(11).
[182] 林文莺,侯杰泰.结构方程分析:模式之等同及修正[J].教育学报,1995(23).
[183] 黄芳铭.结构方程模式理论与应用[M].北京:中国税务出版社,2005.
[184] 刘益,钱丽萍.零售商的态度与供应商权力使用间的关系研究[J].营销科学学报,2005(1).
[185] 李怀组.管理研究方法论[M].西安:西安交通大学出版社,2004.
[186] 刘宇伟.营销渠道理论发展及其重心演变[J].审计与经济研究,2000(9).
[187] 卢泰宏,贺和平.渠道理论中的相互依赖新模式[J].财贸经济,2004(12).
[188] 卢纹岱.SPSS for Windows 统计分析(第三版)[M].北京:电子工业出版社,2006.
[189] 邵兵家,杨霖华.个人网上银行使用意向影响因素的实证研究[J].营销科学学报,2006,2(1).
[190] 苏勇,陈小平.关系型营销理论及实证研究[J].营销管理,2000(1).
[191] 王蔷.战略联盟内部的相互信任及其建立机制[J].南开管理评论,2000(3).
[192] 王钦.关系营销:市场营销的新视角[J].经济管理,2002(1).
[193] 王颖,王方华.营销渠道理论研究的范式演变与最新进展[J].营销理论,2006(6).
[194] 王永贵,张炜.关系活动、关系质量和关系收益:基于顾客视角的实证研究[J].营销科学学报,2006,2(1).
[195] 王泽华,虞晓君,李怀祖.营销渠道成员承诺价值研究[J].商业研究,2003,29(9).
[196] 吴明隆.SPSS统计应用实务——问卷分析与应用统计[M].北京:科学出版社,2003.
[197] 于坤章,梁承献.渠道权力理论研究动态探析[J].北京工商大学学报(社会科学版),2005,20(5).
[198] 许苏明.论社会交换行为的类型及其制约因素[J].南京大学学报(哲学·人文科学·社会科学),2000,37(135).
[199] 张黎,Marsha A Dickson.渠道权力理论与国外服装品牌在我国的营销渠道[J].南开管理评论,2004(8).
[200] 张新皙.21世纪关系营销发展新趋势[J].中国财经政法大学学报,2002(6).
[201] 朱玉童.渠道冲突[M].北京:企业管理出版社,2004.
[202] 庄贵军,周筱莲.关系营销的动态组合模型[J].北京工商大学学报(社会科学),2007,22(1).
[203] 庄贵军,席酉民.中国营销渠道私人关系对权力使用的影响[J].管理科学学报,2004,7(6).
[204] 庄贵军,周南,周筱莲.营销渠道中依赖的感知差距对渠道冲突的影响[J].系统工程理论与实践,2003(7).
[205] 庄贵军,周南.社会资本与关系导向对于营销渠道中企业之间沟通方式与策略的影响[J].系统工程理论与实践,2008,28(3).
[206] 庄贵军,周筱莲.权力、冲突与合作:中国工商企业之间渠道行为的实证研究[J].管理世界,2000(3).
[207] 庄贵军.关于关系营销的几个问题[J].企业销售,1997(6).
[208] 庄贵军.权力、冲突与合作:西方的渠道行为理论[J].北京商学院学报,2000(1).
[209] Ahluwalia, Rohini, Burnkrant, et al.The Moderating Role of Commitment on the Spillover Effect of Marketing Communications [J]. Journal of Marketing Research, 2001, 38(4).

[210] Aaker D A.Managing Brand Equity: Capitalizing on the Value of A Brand Name [M]. New York: Free Press New York, 1991.

[211] Aaker D A, Keller KL. Consumer Evaluations of Brand Extensions [J]. Journal of Marketing, 1990, 54(6).

[212] Ahluwalia R, Burnkrant R E, Unnava H R.Consumer Response to Negative Publicity: The Moderating Role of Commitment [J]. Journal of Marketing Research, 2000, 37(2).

[213] Aiken L S, West S G and Reno R R. Multiple Regression: Testing and Interpreting Interactions [M]. Newbury Park, CA: Sage Publications, 1991.

[214] Ainsworth Anthony Bailey.Public Information and Consumer Skepticism Effects on Celebrity Endorsements: Studies Among Young Consumers [J]. Journal of Marketing Communications, 2007(9).

[215] Ajzen I. The Theory of Planned Behavior [J]. Organizational Behavior and Human Decision Processes, 1991, 50(2).

[216] Alan Behr, Andria Beeler-Norrholm.Fame, Fortune, and the Occasional Branding Misstep: When Good Celebrities Go Bad [J]. Intellectual Property & Technology Law Journal, 2006(11).

[217] Anderson J C, Gerbing D W. Structural Equation Modeling in Practice: A Review and Recommended Two-step Approach [J]. Psychological Bulletin, 1988, 103(3).

[218] Arnold M B. Emotion and Personality [M]. Vol.I. Psychological Aspects, New York: Columbia University Press, 1960.

[219] Bmark. Relationships in Marketing: A Review of the Implications of Agency and Related Theories[J]. Journal of Market, 1992, 56(3).

[220] Bagozzi R P, Yi Y. On the Evaluation of Structural Equation Models[J]. Journal of the Academy of Marketing Science, 1988, 16(1).

[221] Bagozzi R P, Gopinath M and Nyer P U. The Role of Emotions in Marketing [J]. Journal of the Academy of Marketing Science, 1999, 27(2).

[222] Bailey.Public Information and Consumer Skepticism Effects on Celebrity Endorsements: Studies among Young Consumers[J]. Journal of Marketing Communications, 2007, (6).

[223] Balachander S, Ghose S.Reciprocal Spillover Effects: A Strategic Benefit of Brand Extensions [J]. Journal of Marketing, 2003, 67(1).

[224] Balmer J.Revealing the Corporation: Perspectives on Identity, Image, Reputation, Corporate Branding, and Corporate Level Marketing [M]. London: Routledge, 2003.

[225] Balmer J M T, Gray E R.Corporate Brands: What Are They? What of Them? [J]. European Journal of Marketing, 2003, 37(7/8).

[226] Balzer W K, Sulsky L M. Halo and Performance Appraisal Research: A Critical Examination [J]. Journal of Applied Psychology, 1992, 77(6).

[227] Barach J A.Advertising Effectiveness and Risk in the Consumer Decision Process [J]. Journal of Marketing Research, 1969, 6(8).

[228] Barnett M, Jermier J, Lafferty B. Corporate Reputation: The Definitional landscape [J]. Corporate Reputation Review, 2006, 9(1).

[229] Barney J. Firm Resources and Sustained Competitive Advantage [J]. Journal of Management, 1991, 17(1).

[230] Baron R M, Kenny D A. The Moderator–mediator Variable Distinction in Social Psychological Research: Conceptual, Strategic, and Statistical Considerations [J]. Journal of Personality and Social Psychology, 1986, 51(6).

[231] Barton L. Crisis in Organizations: Managing and Communicating in the Heat of Chaos [M]. Cincinnati: College Divisions South-Western, 2001.

[232] Bateman I J, Willis K G.Valuing Environmental Preferences: Theory and Practice of the Contingent Valuation Method in the US, EU, and Developing Countries [M]. Oxford: Oxford University Press, 2001.

[233] Batra R, Ray M L. Affective Responses Mediating Acceptance of Advertising [J]. Journal of Consumer Research, 1986(13).

[234] Batra R, Stayman D M.The Role of Mood in Advertising Effectiveness[J]. Journal of Consumer Research, 1990(17).

[235] Batra R, Stephens D. Attitudinal Effects of Ad-evoked Moods and Emotions: The Moderating Role of Motivation [J]. Psychology and Marketing, 1994, 11(3).

[236] Bearden W O, Teel J E.Selected Determinants of Consumer Satisfaction and Complaint Reports [J]. Journal of Marketing Research, 1983, 20(1).

[237] Bearden W O, Etzel M J.Reference Group Influence on Product and Brand Purchase Decisions [J]. Journal of Consumer Research, 1982, 9(9).

[238] Beatty R P, Ritter JR. Investment Banking, Reputation, and the Underpricing of Initial Public Offerings [J]. Journal of Financial Economics, 1986, 15(1).

[239] Belk R W. Situational Variables and Consumer Behavior [J]. Journal of Consumer Research, 1975, 2(3).

[240] Bennett P D, Harrell G D.The Role of Confidence in Understanding and Predicting Buyers' Attitudes and Purchase Intentions [J]. Journal of Consumer Research, 1975, 2(9).

[241] Bennett R. Sports Sponsorship, Spectator Recall and False Consensus [J]. European Journal of Marketing, 1999, 33(3/4).

[242] Benoit W L.Image Repair Discourse and Crisis Communication [J]. Public Relations Review, 1997, 23(2).

[243] Ben-Ze'Ev A. Understanding Emotions [J]. History of European Ideas, 1994, 18(1).

[244] Berens G, Van Riel C B M. Corporate Associations in the Academic Literature: Three Main Streams of Thought in the Reputation Measurement Literature [J]. Corporate Reputation Review, 2004, 7(2).

[245] Berens G A J M. Corporate Branding: the Development of Corporate Associations and Their Influence on Stakeholder Reactions [M]. Rotterdam: Erasmus University, 2004.

[246] Berman B. Planning for the Inevitable Product Recall [J]. Business Horizons, 1999, 42(2).

[247] Bettman J.R. Perceived Risk and Its Components: A Model and Empirical Test [J]. Journal of Marketing Research, 1973, 10(5).

[248] Blanton H, et al. Overconfidence as Dissonance Reduction [J]. Journal of Experimental Social Psychology, 2001, 37(5).

[249] Bougie R, Pieters R, Zeelenberg M.Angry Customers Don't Come Back, They Get Back: The Experience and Behavioral Implications of Anger and Dissatisfaction in Services[J]. Journal of the Academy of Marketing Science, 2003, 31(4).

[250] Bower G H.Mood and Memory [J]. American Psychologist, 1981, 36(2).

[251] Boyd B K, Bergh D D, Ketchen D J.Reconsidering the Reputation—Performance Relationship: A Resource-Based View [J]. Journal of Management, 2010, 36(3).

[252] Bradford J L, Garrett D E.The Effectiveness of Corporate Communicative Responses to Accusations of Unethical Behavior [J]. Journal of Business Ethics, 1995, 14(11).

[253] Brady A. How to Generate Sustainable Brand Value from Responsibility[J]. The Journal of Brand Management, 2003, 10(4).

[254] Brady M K, et al. Strategies to Offset Performance Failures: The Role of Brand Equity[J]. Journal of Retailing, 2008, 84(2).

[255] Brian, Shimp.Endorsers in Advertising: The Case of Negative Celebrity Information [J]. Journal of Advertising, 1998(9).

[256] Bromley D B.Relationships Between Personal and Corporate Reputation [J]. European Journal of Marketing, 2001, 35(3/4).

[257] Broniarczyk S M, Alba J W.The Importance of the Brand in Brand Extension [J]. Journal of Marketing Research, 1994, 31(2).

[258] Brooker G. An assessment of An Expanded Measure of Perceived Risk [J]. Advances in Consumer Research, 1984, 11(1).

[259] Brown B, Perry S.Removing the Financial Performance Halo from Fortune's Most Admired Companies [J]. Academy of Management Journal, 1994, 37(5).

[260] Brown R, Smith A.Perceptions of and By Minority Groups: The Case of Women in Academia [J]. European Journal of Social Psychology, 1989, 19(1).

[261] Chanavat N, Martinent G, Ferrand A.Sponsor and Sponsees Interactions: Effects on Consumers' Perceptions of Brandimage, Brand Attachment, and Purchasing Intention [J]. Journal of Sport Management, 2009, 23(5).

[262] Chen Shih-Fen, Monroe Kent B, Lou Yung-Chien. The Effects of Framing Price Promotion Messages on Consumers'Perceptions and Choice Decisions [J]. Journal of Retaining, 1998, 74（3）.

[263] Crompton J L.Conceptualization and Alternate Operationalizations of the Measurement of Sponsorship Effectiveness in Sport [J]. Leisure Studies, 2004, 23(3).

[264] Dahlen M, Lange F.A Disaster is Contagious: How a Brand in Crisis Affects Other Brands [J]. Journal of Advertising Research, 2006, 46(4).

[265] Dion K K. Young Children's Stereotyping of Facial Attractiveness [J]. Developmental Psychology, 1973(9).

[266] Ellis D L, Parent M M, Séguin B. Olympic Ambush Marketing Networks and Knowledge Transfer: Examining Their Impact on the Institutionalization of Anti-Ambush Marketing Legislation [J]. Journal of Sport Management, 2016, 30(5).

[267] Etaugh C E, Bridges J S, Cummings-Hill M, et al.Names Can Never Hurt Me: The Effects of Surname Use on Perceptions of Married Women [J]. Pschology of Women Quarterly, 1999(23).

[268] Fgermann.Product Recalls and the Moderating Role of Brand Commitment [J]. Marketing letters, 2013(6).

[269] Fournier, Susan.Consumers and Their Brands : Developing Relationship Marketing Theory in Consumer Research [J]. Journal of Consumer Research, 1998, 24 (3).

[270] Friedman, Hershey H, Friedman L.Does the Celebrity Endorser Image Spill Over the Products [J]. Journal of the Academy of Marketing Science, 1978 (4).

[271] Grewal Dhruv, Marmorstein Howard, Sharma Arun.Communicating Price Information through Semantic Cues: the Moderating Effects of Situation and Discount Size [J]. Journal of Marketing Research, 1996（9）.

[272] Grohs R, Reisinger H. Sponsorship Effects on Brand Image: The Role of Exposure and Activity Involvement [J]. Journal of Business Research, 2014(67).

[273] Groza M D, Cobbs J, Schaefers T. Managing A Sponsored Brand: The Importance of Sponsorship Portfolio Congruence [J]. International Journal of Advertising, 2012, 31(1).

[274] Gwinner K, Bennett G. The Impact of Brand Cohesiveness and Sport Identification on Brand Fit in A Sponsorship Context [J]. Journal of Sport Management, 2008, 22(4).

[275] Gwinner K. A Model of Image Creation and Image Transfer in Event Sponsorship [J]. International Marketing Review, 1997, 14(3).

[276] Gwinner K P, Eaton J. Building Brand Image Through Event Sponsorship: The Role of Image Transfer [J]. Journal of Advertising, 1999, 28(4).

[277] Han S, Kim J C, Hyunchil, et al. The Effectiveness of Image Congruence and the Moderating Effects of Sponsor Motive and Cheering Event Fit in Sponsorship [J]. International Journal of Advertising, 2013, 32(2).

[278] Hardesty Bearden. Consumer Evaluations of Different Promotion Types and Price Presentations [J]. The Moderating Role of Promotion Benefit Level Journal of Retailing, 2003（79）.

[279] HoekJ, Gendall P, Jeffcoat M, et al. Sponsorship and Advertising: A Comparison of Their Effects [J]. Journal of Marketing Communications, 1997, 3(1).

[280] Hovland, Weiss. The Influence of Source Credibility on Communication Effectiveness [J]. The Public Opinion Quarterly, 1951, 15(4).

[281] Jensen J A, Walsh P, Cobbs J, et al. The Effects of Second Screen Use on Sponsor Brand Awareness: A Dual Coding Theory Perspective [J]. International Journal of Advertising the Review of Marketing Communications, 2015(32).

[282] Jin N, Lee H, Lee S.Event Quality, Perceived Value, Destination Image, and Behavioral Intention of Sports Events: The Case of the IAAF World Championship, Daegu [J]. Asia Pacific Journal of Tourism Research, 2013,18(8).

[283] Joiner C. Brands as Categories:Graded Structure and Its Determinants [J]. Advances in Consumer Research, 2007(34).

[284] Kaikati J G.Celebrity Advertising:A Rreview and Synthesis.International Journal of Advertising, 1987 (2).

[285] Keller K L Building Customer-based Equity [J]. International Journal of Advertising the Review of Marketing Communications, 2001(7).

[286] Keller K L, Lehmann D R.Brands and Branding:Research Findings and Future Priorities [J]. Marketing Science, 2006, 25(6).

[287] Klein. Learning: Principles and Applications [M]. New York: McGraw-Hill, 1991.

[288] Krishna A, Rajan U. Cause Marketing:Spillover Effects of Cause-Related Product Sina Product Portfolio [J]. Journal of Travel& Tourism Marketing, 2009, 55(9).

[289] Lei J, Dawar N, Lemmink J.Negative Spillover in Brand Portfolios:Exploring the Antecedents of Asymmetric Effects [J]. Journal of Marketing, 2008, 72(3).

[290] Lerner M J, Miller D T.Just World Research and the Attribution Process: Looking Back and Ahead [J]. Psychological Bulletin, 1978(85).

[291] Lewicki R J, Mcallister D J, Bies R J. Trust and Distrust: New Relationships and Realities [J]. Academy of Management Review, 1998, 23(3).

[292] Loken B, Ward J.Alternative Approaches to Understanding the Determinants of Typicality [J]. Journal of Consumer Research, 1990, 17(2).

[293] Lount R B, Zhong C, Sivanathan N, et al. Getting off on the Wrong Foot: The Timing of a Breach and the Restoration of Trust [J]. Personality and Social Psychology Bulletin, 2008, 34(12).

[294] Matos C A, Veiga R T. How to Deal with Negative Publicity: the Importance of Consumer Involvement [J]. Brazilian Administration Review, 2005, 2(1).

[295] Matzler K, Stieger D, Füller J.Consumer Confusionin Internet-Based Mass Customization:Testinga and Consequences [J]. Journal of Consumer Policy, 2011, 34(2).

[296] Maxham J G. Modeling Customer Perceptions of Complaint Handling over Time: the Eeffects of Perceived Justice on Satisfaction and Intent [J]. Journal of Retailing, 2002, 78(4).

[297] Mayer R C, Davis J H, Schoorman F D. An Integrative Model of Organizational Trust [J]. Academy of Management Review, 1995, 20(3).

[298] Mazodier M, Merunka D. Achieving Brand Loyalty Through Sponsorship: The Role of Fit and Self-congruity [J].

Journal of the Academy of Marketing Science, 2012, 40(6).

[299] McCracken.Who Is the Celebrity Endorser? Cultural Foundations of the Endorsement Process [J]. Journal of Consumer Research, 1989, 3(16).

[300] Mccullough M E, Fincham F D, Tsang J A. Forgiveness, Forbearance, and Time: The Temporal Unfolding of Transgression Related Interpersonal Motivations [J]. Journal of Personality and Social Psychology, 2003, 84(3).

[301] McDonald L, Härtel C E J. Applying the Involvement Construct to Organizational Crises [C]// Proceedings of the Australian and New Zeal and Marketing Academy Conference. Faculty of Business & Economics, Monash University: Gold Coast, Australia, 2000.

[302] McDonald L M, Sparks B, Glendon A I. Stakeholder Reactions to Company Crisis Communication and Causes [J]. Public Relations Review, 2010, 36(3).

[303] Melewar T C, Jenkins E. Defining the Corporate Identity Construct [J]. Corporate Reputation Review, 2002,5（1）.

[304] Mellers B, Schwartz A, Ritov I. Emotion-based Choice [J]. Journal of Experimental Psychology: General, 1999, 128(3).

[305] Menon G, R D Jewel, Rao Unnava H. When A Company Does Not Respond to Negative Publicity: Cognitive Elaboration Vs. Negative Affect Perspective [J]. Advances in Consumer Research, 1999（26）.

[306] Metzger M J.Effects of Site, Vendor, and Consumer Characteristics on Web Site Trust and Disclosure [J]. Communication Research, 2006, 33(3).

[307] Mitchell V W.Consumer Perceived Risk: Conceptualizations and Models [J]. European Journal of Marketing, 1999, 33(1/2).

[308] Mitroff I I, Pauchant T C.We're So Big and Powerful Nothing Bad Can Happen to Us: An Investigation of America's Crisisprone Corporations [M]. New York: Carol, 1990.

[309] Mitroff I I, Anagnos G.Managing Crises Before They Happen: What Every Executive and Manager Needs to Know About Crisis Management [M]. New York: AMACOM/American Management Association, 2001.

[310] Moorman C, Zaltman G, Deshpande R.Relationships Between Providers and Users of Market Research: The Dynamics of Trust Within and Between Organizations [J]. Journal of Marketing Research, 1992, 29(3).

[311] Morgan R M, Hunt S D.The Commitment-trust Theory of Relationship Marketing [J]. Journal of Marketing, 1994, 58(3).

[312] Mowe J C.The Time and Outcome Valuation Model: Implications for Understanding Reactance and Risky Choices in Consumer Decision Making [J]. Advances in Consumer Research, 1992(19).

[313] Mowen J C.Further Information on Consumer Perceptions of Product Recalls [J]. Advances in Consumer Research, 1980, 7(1).

[314] Muller D, Judd C M, Yzerbyt V Y. When Moderation is Mdiated and Mediation is Moderated [J]. Journal of Personality and Social Psychology, 2005, 89(6).

[315] Mullet E, Girard M, Bakhshi P. Conceptualizations of Forgiveness [J]. European Psychologist, 2004, 9(2).

[316] Munger, Grewal.The Effects of Alternative Price Promotional Methods on Consumers Product Evalations and Purchse Intentions. The Journal of Product and Brand Management, 2001, 10（3）.

[317] Murphy P E, Enis B M. Classifying Products Strategically [J]. The Journal of Marketing, 1986, 50(7).

[318] Musteen M, Datta D K, Kemmerer B.Corporate Reputation: Do Board Characteristics Matter? [J]. British Journal of Management, 2009, 21(2).

[319] Nakayachi K, Watabe M.Restoring Trustworthiness After Adverse Events: The Signaling Effects of Voluntary "Hostage Posting" on Trust [J]. Organizational Behavior and Human Decision Processes, 2005, 97(1).

[320] Nguyen Nand Leblanc G. Corporate Image and Corporate Reputation in Customers'Retention Decisions in Services [J]. Journal of Retailing and Consumer Services, 2001, 8(4).

[321] Nisbett R E and Wilson T D.The Halo Effect: Evidence for Unconscious Alteration of Judgments [J]. Journal of Personality and Social Psychology, 1977, 35(4).

[322] Nyer P U.A Study of the Relationships Between Cognitive Appraisals and Consumption Emotions [J]. Journal of the Academy of Marketing Science, 1997, 25(4).

[323] Nygren TE, et al. The Influence of Positive Affect on the Decision Rule in Risk Situations: Focus on Outcome (and Especially Avoidance of Loss) Rather than Probability [J]. Organizational Behavior and Human Decision Processes, 1996, 66(1).

[324] Oliver. Response Determinants in Satisfaction Judgments [J]. Consumer Research, 1998(14).

[325] Okimoto T G, Tyler T R.Is Compensation Enough? Relational Concerns in Responding to Unintended Inequity [J]. Group Processes &Intergroup Relations, 2007, 10(3).

[326] Oliver R L.Cognitive, Affective, and Attribute Bases of the Satisfaction Response [J]. Journal of Consumer Research, 1993, 20(3).

[327] Park J, Lee H, Kim C. Corporate Social Responsibilities, Consumer Trust and Corporate Reputation: South Korean Consumers' Perspectives [J]. Journal of Business Research, 2013(30).

[328] Park J, Lennon S J and Stoel L. On-line Product Presentation: Effects on Mood, Perceived Risk, and Purchase Intention [J]. Psychology and Marketing, 2005, 22(9).

[329] Peeters G, Czapinski J.Positive-negative Asymmetry in Evaluations: The Distinction Between Affective and Informational Negativity Effects [J]. European Review of Social Psychology, 1990, 1(1).

[330] Peine K, Heitmann Mand Herrmann A.Getting a Feel For Price Affect: A Conceptual Framework and Empirical Investigation of Consumers' Emotional Responses to Price Information [J]. Psychology and Marketing, 2009, 26(1).

[331] Pennings J M E, Wansink B, Meulenberg M T G.A Note on Modeling Consumer Reactions to a Crisis: The Case of the Mad Cow Disease [J]. International Journal of Research in Marketing, 2002, 19(1).

[332] Peter J P, Ryan M J.An Investigation of Perceived Risk at the Brand Level [J]. Journal of Marketing Research, 1976(13).

[333] Peter Totterdell P, Kellett S, Briner R B, et al.Evidence of Mood Linkage in Work Groups [J]. Journal of Personality and Social Psychology, 1998(74).

[334] Peterson R A, Wilson W R.Measuring Customer Satisfaction: Fact and Artifact [J]. Journal of the Academy of Marketing Science, 1992, 20(1).

[335] Plutchik R Emotion. A Psychoevolutionary Synthesis [M]. New York: Harper & Row, 1980.

[336] Podnar K, Tuškej Uand Golob U.Mapping Semantic Meaning of Corporate Reputation in Global Economic Crisis Context:A Slovenian Study [J]. Public Relations Review, 2012, 38(5).

[337] Popielarz D T.An Exploration of Perceived Risk and Willingness to Try New Products [J]. Journal of Marketing Research, 1967, 4(11).

[338] Popper K R.The Logic of Scientific Discovery [M]. London: Routledge Classics,2002.

[339] Pras B, Summers J O.Perceived Risk and Composition Models for Multiattribute Decisions [J]. Journal of Marketing Research, 1978, 15(3).

[340] Preacher K J, Rucker D D, Hayes A F.Addressing Moderated Mediation Hypotheses: Theory, Methods and Prescriptions [J]. Multivariate Behavioral Research, 2007, 42(1).

[341] Pruitt S W, Peterson D R.Security Price Reactions Around Product Recall Announcements [J]. Financial Review, 1985, 20(3).

[342] Pu P, Chen L.Trust-inspiring Explanation Interfaces for Recommender Systems[J]. Knowledge-Based Systems, 2007, 20(6).

[343] Pullig C, Netemeyer R G, Biswas A.Attitude Basis, Certainty and Challenge Alignment: A Case of Negative Brand Publicity [J]. Journal of the Academy of Marketing Science, 2006, 34(4).

[344] Pyszczynski, Tom, Jeff Greenberg, et al.Emotional Expressionand the Reduction of Motivated Cognitive Bias: Evidence from Cognitive Dissonance and Distancing from Victims'Paradigms [J]. Journal of Personality and Social Psychology, 1993, 64(2).

[345] Quattrone G A, Jones E E.The Perception of Variability Within Groups and Out- groups: Implications for the Law of Small Numbers [J]. Journal of Personality and Social Psychology, 1980(38).

[346] Vanessa Ann Quintal, Julie Anne Lee, Geoffrey N Soutar. Risk, Uncertainty and the Theory of Planned Behavior: A Tourism Example [J]. Tourism Management, 2010, 31(6).

[347] Money R Bruce, Terence A Shimp, Tomoaki Skano.Celebrity En- dorsements in Japan and the United States: Is Negative Information All That Harmful [J]. Journal of Aouertising Research, 2006(3).

[348] Ranaweera C, Prabhu J.On the Relative Importance of Customer Satisfaction and Trust as Determinants of Customer Retention and Positive Word of Mouth [J]. Journal of Targeting, Measurement and Analysis for Marketing, 2003, 12(1).

[349] Rappleye C.Cracking the Church- State: Early Results of the Revolution at the Los Angeles Times [J]. Columbia Journalism Review, 1998, (1).

[350] Ren H, Gray B.Repairing Relationship Conflict: How Violation Types and Culture Influence the Effectiveness of Restoration Rituals [J]. Academy of Management Review, 2009, 34(1).

[351] Roehm M L, Tybout A M.When Will a Brand Scandal Spill Over, and How Should Competitors Respond? [J]. JournalofMarketingResearch, 2006, 43(3).

[352] Rousseau D M, Sitkin S B, Burt R S, et al. Not so Different After All: A Cross-discipline View of Trust [J]. Academy of Management Review, 1998, 23(3).

[353] Sahni N S.Advertising Spillovers: Evidence from Online Field Experiments and Implications for Returns on Advertising [J]. Journal of Marketing Research, 2016, 53(4).

[354] Schneider B, Bowen D E. Understanding Consumer Delight and Outrage[J]. Sloan Management Review, 1999, 41(1).

[355] Schweitzer M E, Hershey J C, Bradlow E T.Promises and Lies: Restoring Violated Trust[J]. Organizational Behavior and Human Decision Processes, 2006, 101(1).

[356] Sherman J W, Lee A Y, Bessenoff G R, et al.Stereotype Efficiency Reconsidered: Encoding Flexibility Undercognitive Load [J]. Journal of Personality and Social Psychology, 1998(75).

[357] Shuptrine F K.On the Validity of Using Students as Subjects in Consumer Behavior Investigations [J]. Journal of Business, 1975, 48(3).

[358] Singer, Benjamin D.The Case for Using "Real People" in Adverting [J]. Business Quarterly, 1983(4).

[359] Siomkos G J, Kurzbard G.The Hidden Crisis in Product-harm Crisis Management[J]. European Journal of Marketing, 1994, 28(2).

[360] Siomkos G J, Malliaris P G. Consumer Response to Company Communications During a Product Harm Crisis [J]. Journal of Applied Business Research, 1992, (8).

[361] Siomkos G, Shrivastava P. Responding to Product Liability Crises [J]. Long Range Planning, 1993, 26(5).

[362] Sitkin S B, Roth N L.Explaining the Limited Effectiveness of Legalistic "Remedies" for Trust/Distrust [J].

Organization Science, 1993, 4(3).

[363] Slovic P. Perceived risk, Trust, and Democracy [J]. Risk Analysis, 1993, 13(6).

[364] Smeltzer L R. The Meaning and Origin of Trust in Buyer - Supplier Relationships [J]. Journal of Supply Chain Management, 1997, 33(1).

[365] Smith A K, Bolton R N, Wagner J. A Model of Customer Satisfaction with Service Encounters Involving Failure and Recovery [J]. Journal of Marketing Research, 1999（9）.

[366] Smith L. Media Strategies in Product Liability Crises [J]. American Business Review, 2003, 22(9).

[367] Stephanie H, Shank M.Defining Scandal in Sports:Media and Corporate Sponsor Perspectives [J]. Sport Mar Heting Quarterly, 2005, 14(4).

[368] Sung Y, Kim J.Effects of Brand Personality on Brand Trust and Brand Affect [J]. Psychology & Marketing, 2010, 27(7).

[369] Sztompka P.Trust: A Sociological Theory [M]. Cambridge:Cambridge University Press, 1999.

[370] Tabachnick B G, Fidell L S.A General Coefficient of Determination for Covariance Structure Models Under Arbitrary GLS Estimation [J]. British Journal of Mathematical and Statistical Psychology, 1989(42).

[371] Tax S S, Brown S W, Chandrashekaran M.Customer Evaluations of Service Complaint Experiences: Implications for Relationship m Marketing [J]. The Journal of Marketing, 1998, 62(2).

[372] Theresa L, Obermller C.Consuner Response to a Finn' s Endorser (Dis) Association Decisions [J]. Journal of Advertising, 2002, 31(4).

[373] Thibaut.The Effect of Brand Commitment on the Evaluation of Non Preferred Brands: A Disconfirmation Process [J]. Journal of Consumer Research，2009, 35(5).

[374] Tomlinson E C, Mryer R C. The Role of Causal Attribution Dimensions in Trust Repair [J]. Academy of Management Review, 2009, 34(1).

[375] Totterdel, Kellett, Teuchmann, et al. Evidence of Mood Linkage in Work Groups [J]. Journal of Personality & Social Psychology, 1998, 6(74).

[376] Tsiros M, Heilman C M.The Effect of Expiration Dates and Perceived Risk on Purchasing Behavior in Grocery Store Perishable Categories [J]. Journal of Marketing, 2005, 69(2).

[377] Tucker L, Melewar T C.Corporate Reputation and Crisis Management: The Threat and Manageability of Anti Corporatism [J]. Corporate Reputation Review, 2005, 7(4).

[378] Turban D B, Greening D W.Corporate Social Performance and Organizational Attractiveness to Prospective Employees [J]. Academy of Management Journal, 1997, 40(3).

[379] Turner M M.Using Emotion in Risk Communication: The Anger Activism Model[J]. Public Relations Review, 2007, 33(2).

[380] Tversky A, Kahneman D. Advances in Prospect Theory: Cumulative Representation of Uncertainty [J]. Journal of Risk and Uncertainty, 1992, 5(4).

[381] Urbany J E, Dickson P R, Wilkie W L.Buyer Uncertainty and Information Search [J]. Journal of Consumer Research, 1989, 16(9).

[382] Vassilikopoulou A, et al. Product-harm Crisis Management: Time Heals All Wounds? [J]. Journal of Retailing and Consumer Services, 2009, 16(3).

[383] Vassilikopoulou A, et al. The Role of Consumer Ethical Beliefs in Product-harm Crises [J]. Journal of Consumer Behaviour, 2011, 10(5).

[384] Venkatraman M P.Involvement and Risk [J]. Psychology and Marketing, 1989, 6(3).

[385] Votola N L, Unnava H R.Spillover of Negative Information on Brand Alliances [J]. Journal of Consumer Psychology, 2006, 16(2).

[386] Walker K.A Systematic Review of the Corporate Reputation Literature: Definition, Measurement, and Theory [J]. Corporate Reputation Review, 2010, 12(4).

[387] Wals G, Dinnie K, Wiedmann K P. How Do Corporate Reputation and Customer Satisfaction Impact Customer Defection? A Study of Private Energy Customers in Germany [J]. Journal of Services Marketing, 2006, 20(6).

[388] Walsh G, Beatty S E. Customer-based Corporate Reputation of a Service Firm: Scale Development and Validation [J]. Journal of the Academy of Marketing Science, 2007, 35(1).

[389] Walsh G, Beatty S E, Shiu E M K.The Customer-based Corporate Reputation Scale: Replication and Short Form [J]. Journal of Business Research, 2009, 62(10).

[390] Wartick S L. Measuring Corporate Reputation Definition and Data [J]. Business & Society, 2002, 41(4).

[391] Watson L, Spence M T.Causes and Consequences of Emotions on Consumer Behaviour: A Review and Integrative Cognitive Appraisal Theory [J]. European Journal of Marketing, 2007, 41(5/6).

[392] Weinberger M G, Romeo J B, Piracha A.Negative Product Safety News: Coverage, Responses and Effects [J]. Business Horizons, 1991, 34(3).

[393] Weiner, Perry, Magnusson.An Attributional Analysis of Reactions to Stigmas [J]. Journal of Personality and Social Psychology, 1988, 55(5).

[394] Weiner, B Attribution, Emotion, et al. In Richard M.Sorrentino, Edward Tory Higgins's Handbook of Motivation and Cognition [M]. New York: Guilford Press, 1986.

[395] Weiner B. Attributional Thoughts About Consumer Behavior [J]. Journal of Consumer Research, 2000, 27(3).

[396] Weiner B. Judgments of Responsibility: A Foundation for a Theory of Social Conduct [M]. New York: Guilford Publication, 1995.

[397] Weiner B. Social Motivation, Justice and the Moral Emotions: An Attributional Approach [M]. Mahwah, N J:Lawrence Erlbaum, 2005.

[398] Weiss A M, E Anderson, Mac Innis D J. Reputation Management as a Motivation for Sales Structure Decisions [J]. Journal of Marketing, 1999, 64(4).

[399] Westbrook R A and Oliver R L.The Dimensionality of Consumption Emotion Patterns and Consumer Satisfaction [J]. Journal of Consumer Research, 1991, 18(1).

[400] Whetten D A. Part II: Where Do Reputations Come From? Theory Development and the Study of Corporate Reputation [J]. Corporate Reputation Review, 1997, 1(1).

[401] Whetten D A. What Constitutes a Theoretical Contribution?[J]. The Academy of Management Review, 1989, 14(4).

[402] Wong A. The Role of Emotional Satisfaction in Service Encounters [J]. Managing Service Quality, 2004, 14(5).

[403] Woodside A.G. Is There a Generalized Risky Shift Phenomenon in Consumer Behavior?[J]. Journal of Marketing Research, 1974, 11(5).

[404] Xie Y, Peng S. How to Repair Customer Trust After Negative Publicity: The Roles of Competence, Integrity, Benevolence and Forgiveness [J]. Psychology and Marketing, 2009, 26(7).

[405] Yavas U, Riecken Gand Babakus E. Efficacy of Perceived Risk as a Correlate of Reported Donation Behavior: An Empirical Analysis [J]. Journal of the Academy of Marketing Science, 1993, 21(1).

[406] Yeung R M W, Morris J. Food Safety Risk: Consumer Perception and Purchase Behaviour [J]. British Food Journal, 2001, 103(3).

[407] Yi S, Baumgartner H.Coping with Negative Emotions in Purchase-related Situations [J]. Journal of Consumer Psychology, 2004, 3(14).

[408] Moorman C, Zaltman G, Deshpande R.Relationships Between Providers and Users of Market Research:The Dynamics of Trust Within and Between Organizations [J]. Journal of Marketing Research, 1992, 29(3).

[409] Roehm M L, Tybout A M.When Will a Brand Scandal Spill Over, and How Should Competitors Respond? [J]. JournalofMarketingResearch, 2006, 43(3).

[410] Aaker David A.Toward a Normative Model of Promotional Decision Making [J]. Management Science, 1973(19).

[411] Achrol R.Evolution of the Marketing Organization: New Forms for Turbulent Environments [J]. Journal of Marketing, 1991(55).

[412] Achrol R S, Stern L W.Environmental Determinants of Decision-making Uncertainty in Marketing Channels [J]. Journal of Marketing Research, 1988(25).

[413] Achrol R S.Changes in the Theory of Inter-Organizational Relations in Marketing: Toward a Network Paradigm [J]. Journal of the Academy of Marketing Science, 1997(25).

[414] Achrol R S, Reve T, Stern L W.The Environment of Marketing Channel Dyads: A Framework for Comparative Analysis [J]. Journal of Marketing, 1983(47).

[415] Aditya R N.The Psychology of Deception in Marketing: A Conceptual Framework for Research and Practice [J]. Psychology & Marketing, 2001, 18(7).

[416] Ahluwalia Rohini.Examination of Psychological Processes Underlying Resistance to Persuasion [J]. Journal of Consumer Research, 2000, 27(2).

[417] Ailawadi K L and D R Lehmann, et al.Market Response to a Major Policy Change in the Marketing Mix:Learning from Procter & Gamble's Value Pricing Strategy [J]. Journal of Marketing, 2013, 65(1).

[418] Ailawadi K L, S A Neslin.The Effect of Promotion on Consumption: Buying More and Consuming It Faster [J]. Journal of Marketing Research, 1998, 35(3).

[419] Ailawadi K L, S A Neslin, et al.Pursuing the Value-Conscious Consumer: Store Brands Versus National Brand Promotions [J]. Journal of Marketing, 2001, 65 (1).

[420] Alba J W, S M Broniarczyk, et al.The Influence of Prior Beliefs, Frequency Cues, and Magnitude Cues on Consumers' Perceptions of Comparative Price Data [J]. Journal of Consumer Research, 1994, 21 (2).

[421] Albrecht K.Customer Value, Executive Excellence [J]. Journal of Marketing Research, 1994(9).

[422] Alford B L, B T Engelland.Advertised Reference Price Effects on Consumer Price Estimates, Value Perception, and Search Intention [J]. Journal of Business Research, 2000, 48 (2).

[423] Allen N J, Meyer J P.The Measurement and Antecedents of Affective, Continuance and Normative Commitment to the Organization [J]. Journal of Occupational Psychology, 1991(63).

[424] Alter A L, D M Oppenheimer.Effects of Fluency on Psychological Distance and Mental Construal (Or Why New York Is a Large City, but "New York" Is a Civilized Jungle) [J]. Psychological Science, 2008, 19 (2).

[425] Aminilari M, Pakath R.Searching for Information in a Time-pressured Setting: Experiences with a Text Based and an Image-based decision support system [J]. Decision Support Systems, 2005, 41(1).

[426] Amit R, Schoemaker P J H.Strategic Assets and Organizational Rent [J]. Strategic Management Journal, 1993(14).

[427] Ana M Angulo, José M Gil.Risk Perception and Consumer Willingness to Pay for Certified Beef in Spain [J]. Food Quality and Preference, 2007(18).

[428] Andaleeb S S.Dependence Relations and the Moderating Role of Trust: Implications for Behavioral Intentions in

Marketing Channels [J]. International Journal of Research in Marketing, 1995(12).

[429] Andaleeb S S.An Experimental Investigation of Satisfaction and Commitment in Marketing Channels: The Role of Trust and Dependence [J]. Journal of Retailing, 1996, 72(1).

[430] Anderson J C, Gerbing D W.Structural Equation Modeling in Practice: A Review and Recommended Two-step Approach [J]. Psychological bulletin, 1988, 103(3).

[431] Anderson J C, J A Narus A Model of Distributor Firm and Manufacturer Firm Working Partnerships [J]. Journal of Marketing, 1990, 54(1).

[432] Anderson E, Weitz B.Determinants of Continuity in Conventional Industrial Channel dyads [J]. Marketing Science, 1989, 8(4).

[433] Anderson E, Weitz B.The Use of Pledges to Build and Sustain Commitment in Distribution Channels [J]. Journal of Marketing Research, 1992, 29(2).

[434] Anderson E, Lodish L M, Weitz B A.Resource Allocation Behavior in Conventional Channels [J]. Journal of Marketing Research, 1987, 24(2).

[435] Anderson J R.A Spreading Activation Theory of Memory [J]. Journal of Verbal Learning & Verbal Behavior, 1983, 22(3).

[436] Anderson James C, David W Gerbing.Structural Equation Modeling in Practice: A Review and Recommended Two-Step Approach [J]. Psychological Bulletin, 1988(103).

[437] Anderson J R.Language, Memory, and Thought [M]. Hillsdale, N J: Erlbaum, 1976.

[438] Anderson J C, Narus J A.A Model of the Distributor's Perspective of Distributor-manufacturer Working Relationships [J]. Journal of Marketing, 1984, 48(4).

[439] Anne T Coughlan.Competition and Cooperation in Marketing Channel Choice: Theory and Application [J]. Marketing Science, 1985(4).

[440] Anne-Sophie Cases. Perceived Risk and Risk Reduction Strategies in Internet Shopping [J]. The International Reviewof Retail, Distribution and Consumer Research, 2002(10).

[441] Antia Kersi D, Gary L Frazier.The Severity of Contract Enforcement in Interfirm Channel Relationships [J]. Journal of Marketing, 2001, 65 (4).

[442] Arjun Chaudhuri, Morris B Holbrook. The Chain of Effects from Brand Trust and Brand Affect to Brand Performance: The Role of Brand Loyalty [J]. Journal of Marketing, 2001, 65(2).

[443] Arndt J.The Political Economy Paradigm: Foundation for Theory Building in Marketing [J]. Journal of Marketing, 1983 (47).

[444] Arnold M B. Emotion and Personality, Vol.1: Psychological Aspects [M]. New York: Columbia University Press, 1960.

[445] Assael H.Consumer Behavior and Marketing Action[M]. Boston: Kent Publishing Company, 1984.

[446] Assael, Henry.The Political Role of Trade Associations in Distributive Conflict Resolution [J]. Journal of Marketing, 1968, 32(4).

[447] Assilaméhou Y, N Lepastourel, et al.How the Linguistic Intergroup Bias Affects Group Perception: Effects of Language Abstraction on Generalization to the Group [J]. Journal of Social Psychology, 2012, 153 (1).

[448] Lee B K. Audience-oriented Approach to Crisis Communication: A Study of Hong Kong Consumers'Evaluation of an Organizational Crisis [J]. Communication Research, 2004, 31(5).

[449] B R Amaseshan, Leslie S C Yip, Jae H Pae.Power, Satisfaction, and Relationship Commitment in Chinese Store–tenant Relationship and Their Impact on Performance [J]. Journal of Retailing, 2006, 82(1).

[450] Balakrishnan, Srinivasan, Birger Wemerfelt.Technical Change, Competition, and Vertical Integration [J]. Strategic Management Journal, 1986, 7 (7/8).

[451] Barney J B, Hansen M H.Trustworthiness as a Source of Competitive Advantage [J]. Strategic Management Journal, 1995(15).

[452] Barsalou L W, D R Sewell. Contrasting the Representation of Scripts and Categories [J]. Journal of Memory & Language, 1985, 24 (6).

[453] Bawa K, R W Shoemaker.The Coupon-Prone Consumer: Some Findings Based on Purchase Behavior Across Product Classes [J]. Journal of Marketing, 1987, 51 (4).

[454] Becerra E P, P K Korgaonkar.Effects of Trust Beliefs on Consumers' Online Intentions [J]. European Journal of Marketing, 2011, 45(6).

营销安全研究

（下卷）

李蔚　杨洋　兰天◎主编

图书在版编目（CIP）数据

营销安全研究：全三卷 / 李蔚，杨洋，兰天主编 . —北京：企业管理出版社，2019.12
ISBN 978-7-5164-2081-2

Ⅰ.①营… Ⅱ.①李… ②杨… ③兰… Ⅲ.①市场营销学 Ⅳ.① F713.50

中国版本图书馆 CIP 数据核字（2019）第 275691 号

书　　名：	营销安全研究（下卷）
作　　者：	李 蔚　杨 洋　兰 天
责任编辑：	郑 亮　徐金凤　黄 爽　田 天　宋可力
书　　号：	ISBN 978-7-5164-2081-2
出版发行：	企业管理出版社
地　　址：	北京市海淀区紫竹院南路 17 号　　邮编：100048
网　　址：	http://www.emph.cn
电　　话：	编辑部（010）68701638　发行部（010）68701816
电子信箱：	qyglcbs@emph.cn
印　　刷：	北京虎彩文化传播有限公司
经　　销：	新华书店
规　　格：	210 毫米 × 285 毫米　大 16 开本　34.5 印张　994 千字
版　　次：	2019 年 12 月第 1 版　2019 年 12 月第 1 次印刷
定　　价：	600.00 元（全三卷）

版权所有　翻印必究　·　印装有误　负责调换

《营销安全研究》(全三卷) 编委会

主　编　李　蔚　杨　洋　兰　天
副主编　李　珊　花海燕　王　虹

分卷主编

上卷：方　正　薛骄龙
中卷：刘晓彬　李陈卓尔
下卷：林雅军　尚　玮

目　　录

第一部分　品牌安全

1. 论品牌安全 ··· 3
   - 1.1 论中国企业的品牌安全管理 ··· 3
     - 1.1.1 中国企业品牌建设现状 ··· 3
     - 1.1.2 品牌安全管理的内容 ·· 3
     - 1.1.3 中国企业品牌安全的预警指标体系 ···································· 5
     - 1.1.4 中国企业品牌安全管理措施 ··· 6
   - 1.2 论品牌法律权力的安全 ·· 6
     - 1.2.1 研究背景 ·· 6
     - 1.2.2 品牌名称的安全 ·· 7
     - 1.2.3 品牌标志的安全 ·· 7
     - 1.2.4 品牌商标的安全 ·· 8
   - 1.3 从品牌泛化看我国企业的品牌安全管理 ······································ 8
     - 1.3.1 研究背景 ·· 8
     - 1.3.2 品牌泛化的形式及原因 ··· 8
     - 1.3.3 品牌泛化对企业的危害 ··· 9
     - 1.3.4 防止品牌泛化的品牌安全管理措施 ··································· 10
   - 1.4 品牌延伸安全研究 ··· 11
     - 1.4.1 研究背景 ··· 11
     - 1.4.2 品牌延伸综述与品牌延伸安全的基本理论 ························· 14
     - 1.4.3 影响品牌延伸安全的关键因素 ··· 23
     - 1.4.4 品牌延伸安全模型与关键因素安全等级的测定 ·················· 27
     - 1.4.5 结论 ··· 39

2. 品牌评价与修复研究 ·· 40
   - 2.1 影响品牌关系再续因素的理论性探索 ······································· 40
     - 2.1.1 研究背景 ··· 40
     - 2.1.2 品牌关系再续的价值 ··· 40
     - 2.1.3 品牌关系再续的影响因素 ··· 40
     - 2.1.4 研究结论与展望 ··· 42
   - 2.2 基于消费者持续购买的品牌安全评价指标体系研究 ···················· 43
     - 2.2.1 文献综述 ··· 43
     - 2.2.2 品牌安全结构实证研究 ·· 45
     - 2.2.3 品牌安全模型的提出 ··· 46
     - 2.2.4 品牌安全模型的运用 ··· 46
     - 2.2.5 研究总结 ··· 46

2.3 相似性对危机溢出效应的影响研究——基于竞争品牌视角 ... 47
2.3.1 绪论 ... 47
2.3.2 文献综述 ... 52
2.3.3 研究模型与假设 ... 84
2.3.4 实证研究 ... 89
2.3.5 案例研究 ... 152
2.3.6 研究总结 ... 160

2.4 品牌形象代言人负面新闻对品牌形象和购买意愿的伤害因素研究——基于6个名人负面新闻娱乐化的案例 ... 164
2.4.1 绪论 ... 164
2.4.2 文献综述 ... 169
2.4.3 研究总结 ... 204

2.5 营销伦理对品牌重生影响的实证研究 ... 207
2.5.1 研究背景 ... 207
2.5.2 研究问题 ... 207
2.5.3 理论基础 ... 207
2.5.4 研究假设与建构模型 ... 209
2.5.5 研究设计 ... 211
2.5.6 研究结果 ... 212
2.5.7 研究结论与启示 ... 214

2.6 负面事件修复策略对品牌资产的影响 ... 215
2.6.1 引言 ... 215
2.6.2 研究问题 ... 215
2.6.3 理论基础 ... 215
2.6.4 研究假设 ... 216
2.6.5 研究方法 ... 217
2.6.6 数据分析 ... 218
2.6.7 研究结论 ... 219

3. 休眠品牌的复活探索 ... 220
3.1 休眠品牌与企业品牌融合的作用机制及激活路径研究 ... 220
3.1.1 研究概述 ... 220
3.1.2 文献综述 ... 227
3.1.3 研究设计 ... 233
3.1.4 休眠品牌的激活域的测度研究量表的开发与检验 ... 237
3.1.5 休眠品牌的激活域的作用机理模型的实证研究 ... 251
3.1.6 从休眠品牌激活域的衍化机理到激活路径之间链接式的一体化应用模式研究 ... 260
3.1.7 案例剖析 ... 284
3.1.8 研究贡献、局限性及展望 ... 290

3.2 休眠品牌激活的影响因素及激活策略研究 ... 293
3.2.1 研究概述 ... 293
3.2.2 文献综述 ... 304

- 3.2.3 休眠品牌的品牌关系再续意愿的影响因素——量表的开发与检验 ... 325
- 3.2.4 休眠品牌的品牌关系再续意愿影响因素的理论模型和理论假设 ... 341
- 3.2.5 休眠品牌的品牌关系再续意愿影响因素的理论模型检验与验证 ... 344
- 3.2.6 研究对象性别/年龄差异性研究 ... 358
- 3.2.7 研究结论、贡献、局限性及展望 ... 368
- 3.3 休眠品牌的品牌关系再续意愿影响因素的量表开发及测度检验 ... 374
  - 3.3.1 研究对象的界定 ... 374
  - 3.3.2 量表的开发与检验 ... 374
  - 3.3.3 研究结论 ... 378

第二部分　预警安全

4. 企业营销安全研究现状 ... 383
- 4.1 经济安全问题的研究现状 ... 383
- 4.2 经济预警问题研究现状 ... 383
- 4.3 企业经营风险问题研究现状 ... 384
  - 4.3.1 佘廉的企业预警问题研究 ... 384
  - 4.3.2 谢科范的企业生存风险问题研究 ... 384
  - 4.3.3 戴行信和王友顺的企业灾害风险问题研究 ... 384
  - 4.3.4 张富生和程艳霞的企业改革预警问题研究 ... 385
  - 4.3.5 曾国安、李正发等的企业经济环境预警问题研究 ... 385
  - 4.3.6 王恕立的企业对外贸易预警问题研究 ... 385
- 4.4 企业危机预警问题研究现状 ... 385
  - 4.4.1 英国 M Regester 的问题危机研究 ... 385
  - 4.4.2 美国劳伦斯·巴顿（Laurence Barton）的组织危机研究 ... 385
  - 4.4.3 日本野田武辉的危机预警研究 ... 385
  - 4.4.4 哈佛大学的危机管理研究 ... 385
- 4.5 营销风险预警问题研究现状 ... 386
  - 4.5.1 谢范科、罗险峰的市场风险预警问题研究 ... 386
  - 4.5.2 张云起的营销风险问题研究 ... 386
  - 4.5.3 佘廉的营销预警问题研究 ... 386
- 4.6 目前企业预警研究中存在的问题 ... 386
  - 4.6.1 偏重外部风险研究 ... 386
  - 4.6.2 偏重销售风险研究，轻视营销风险研究 ... 386
  - 4.6.3 主观性太强，客观性不足 ... 387
  - 4.6.4 移植色彩太重，营销特色不足 ... 387
  - 4.6.5 没有分清风险、威胁、危机、失败与安全的关系 ... 387
  - 4.6.6 尚未形成企业营销安全预警管理的体系 ... 387

5. 运营风险监控体系研究 ... 388
- 5.1 运营监控单元（OCU） ... 388
- 5.2 风险识别 ... 388
- 5.3 风险监测 ... 389

- 5.4 风险分析 389
- 5.5 风险预警 389
- 5.6 风险控制与决策 389

6. 企业营销安全结构体系 390
- 6.1 企业营销安全的基本界定 390
- 6.2 企业营销安全三维结构模型 390
  - 6.2.1 要素维度——五要素结构模式 391
  - 6.2.2 模型的形态维度——五态结构 391
  - 6.2.3 模型的属性维度——五属性结构 394
- 6.3 营销环境安全三维结构模型 395
  - 6.3.1 政治环境安全要素 395
  - 6.3.2 经济环境安全要素 395
  - 6.3.3 法律环境安全要素 396
  - 6.3.4 文化环境安全要素 396
  - 6.3.5 技术环境安全要素 396
  - 6.3.6 自然环境安全要素 396
- 6.4 营销市场安全三维结构模型 397
  - 6.4.1 行业市场安全要素 397
  - 6.4.2 消费市场安全要素 397
  - 6.4.3 竞争市场安全要素 398
  - 6.4.4 协作市场安全要素 399
  - 6.4.5 大众市场安全要素 399
- 6.5 营销战略安全三维结构模型 399
  - 6.5.1 战略定位安全 400
  - 6.5.2 战略目标安全 401
  - 6.5.3 战略分析安全 401
  - 6.5.4 战略计划安全 401
  - 6.5.5 战略控制安全 401
- 6.6 营销策略安全三维结构模型 402
  - 6.6.1 品牌安全 402
  - 6.6.2 产品安全 404
  - 6.6.3 价格安全的内容 405
  - 6.6.4 渠道安全 406
  - 6.6.5 促销安全 407
- 6.7 营销运作安全三维结构模型 408
  - 6.7.1 组织运作安全 408
  - 6.7.2 人力资源运作安全 409
  - 6.7.3 资金运作安全 409
  - 6.7.4 信息运作安全 410

7. 企业营销安全预警体系 412
- 7.1 企业营销安全预警原理 412

- 7.1.1 企业营销安全预警监测系统 ……………………………………………………… 412
- 7.1.2 确认预警对象的指标和原则 …………………………………………………… 412
- 7.1.3 确定临界区域 ……………………………………………………………………… 413
- 7.1.4 识别、诊断和评价 ………………………………………………………………… 413
- 7.1.5 输出企业营销安全值 …………………………………………………………… 413
- 7.1.6 企业营销安全管理决策 ………………………………………………………… 413

7.2 企业营销安全预警管理程序 ……………………………………………………………… 413
- 7.2.1 警素分析 …………………………………………………………………………… 413
- 7.2.2 警指确立 …………………………………………………………………………… 413
- 7.2.3 警源监测 …………………………………………………………………………… 414
- 7.2.4 警兆分析 …………………………………………………………………………… 414
- 7.2.5 警度预报 …………………………………………………………………………… 415
- 7.2.6 警策制定 …………………………………………………………………………… 416

7.3 企业营销安全预警体系 …………………………………………………………………… 416
- 7.3.1 营销环境安全预警体系 ………………………………………………………… 417
- 7.3.2 营销市场安全预警体系 ………………………………………………………… 418
- 7.3.3 营销战略安全预警体系 ………………………………………………………… 418
- 7.3.4 营销策略安全预警体系 ………………………………………………………… 419
- 7.3.5 营销运作安全预警体系 ………………………………………………………… 420

8. 企业营销安全预警原理与三维结构模型 …………………………………………………… 421

8.1 企业营销安全预警原理 …………………………………………………………………… 421
- 8.1.1 企业营销安全预警监测系统 …………………………………………………… 421
- 8.1.2 确认预警对象的指标和原则 …………………………………………………… 421
- 8.1.3 确定临界区域 ……………………………………………………………………… 421
- 8.1.4 识别、诊断和评价 ………………………………………………………………… 421
- 8.1.5 输出企业营销安全值 …………………………………………………………… 422
- 8.1.6 企业营销安全管理决策 ………………………………………………………… 422

8.2 企业营销安全预警结构模型 ……………………………………………………………… 422
8.3 营销安全预警警素系统 …………………………………………………………………… 422
8.4 企业营销安全预警警态系统 ……………………………………………………………… 423
8.5 企业营销安全预警警控系统 ……………………………………………………………… 424
- 8.5.1 警源系统 …………………………………………………………………………… 424
- 8.5.2 警兆系统 …………………………………………………………………………… 424
- 8.5.3 警策系统 …………………………………………………………………………… 425

9. 企业营销安全预警指标体系 ………………………………………………………………… 426

9.1 企业营销安全预警指标体系的研究现状与问题 ……………………………………… 426
- 9.1.1 研究现状 …………………………………………………………………………… 426
- 9.1.2 指标研究中存在的问题 ………………………………………………………… 427

9.2 企业营销安全预警指标的功能 …………………………………………………………… 428
9.3 企业营销安全预警指标体系的建立 …………………………………………………… 428
- 9.3.1 指标选择原则 ……………………………………………………………………… 428

9.3.2 指标选择方法 429
9.3.3 指标因素分析 429
9.4 企业营销安全预警指标体系的基本内容 430
9.4.1 营销环境安全预警指标子系统 431
9.4.2 营销市场安全预警指标子系统 432
9.4.3 营销战略安全预警指标子系统 433
9.4.4 营销策略安全预警指标子系统 434
9.4.5 营销运作安全预警指标子系统 438
9.5 企业营销安全管理预警指标值的确定 441
9.6 不同指标值的标准分转换 442
9.7 企业营销安全预警指标的警限确立方法 442
9.8 企业营销安全预警指标的模糊综合统计方法 443
9.8.1 建立测评专家小组 443
9.8.2 指标重要性评判 443
9.8.3 构造判断矩阵 443
9.8.4 计算单一准则的重要性排序 443
9.8.5 对一致性的检验 444
9.8.6 计算综合权重排序 444
9.8.7 指标的隶属度确定 444
9.8.8 计算评价值 444

10. 企业营销安全预警管理措施 446
10.1 企业营销安全预警管理的一般措施 446
10.1.1 树立企业营销安全的观念 446
10.1.2 加强企业营销安全审计 446
10.1.3 建立企业营销安全预警系统 447
10.1.4 建立企业营销安全预警管理制度 447
10.2 企业营销风险预警管理措施 448
10.2.1 营销风险管理目标 448
10.2.2 营销风险分析 448
10.2.3 营销风险避免 449
10.2.4 营销风险控制 450
10.2.5 营销风险预警管理 450
10.3 企业营销威胁预警管理措施 451
10.3.1 分析营销威胁 451
10.3.2 营销威胁识别方法 452
10.3.3 营销威胁分析报告 453
10.3.4 营销威胁的防范与化解 453
10.3.5 营销威胁预警管理 454
10.4 企业营销危机预警管理措施 454
10.4.1 营销危机的识别 455
10.4.2 营销危机分析 455

- 10.4.3 营销危机监测 ... 456
- 10.4.4 营销危机评价 ... 456
- 10.4.5 危机预控 ... 457
- 10.4.6 营销危机处理 ... 458
- 10.4.7 危机总结与免疫 ... 458
- 10.5 企业营销事故预警管理措施 ... 459
  - 10.5.1 营销事故的等级界定 ... 459
  - 10.5.2 营销事故的损失指数 ... 459
  - 10.5.3 营销事故的管理 ... 459
- 10.6 企业营销失败预警管理措施 ... 460
  - 10.6.1 认知营销失败管理 ... 460
  - 10.6.2 营销失败的管理目标 ... 460
  - 10.6.3 营销失败的表现 ... 461
  - 10.6.4 营销失败的原因分析方法 ... 461
  - 10.6.5 营销失败过程管理 ... 462
  - 10.6.6 营销失败的修复管理 ... 462

11. 企业营销策略安全研究 ... 464
- 11.1 企业营销策略安全问题的提出 ... 464
  - 11.1.1 理论背景 ... 464
  - 11.1.2 现实背景——韩国企业、中国企业的营销策略危机 ... 464
- 11.2 企业营销策略安全研究的现状 ... 466
  - 11.2.1 经济安全问题的研究 ... 466
  - 11.2.2 经济预警问题的研究 ... 466
  - 11.2.3 企业经营风险问题的研究 ... 466
  - 11.2.4 企业危机预警问题的研究现状 ... 467
  - 11.2.5 企业营销安全预警指标体系的研究 ... 467
  - 11.2.6 企业营销策略安全问题的研究现状 ... 467
- 11.3 企业营销策略安全的结构 ... 468
  - 11.3.1 品牌策略安全 ... 468
  - 11.3.2 产品策略安全 ... 469
  - 11.3.3 价格策略安全 ... 471
  - 11.3.4 渠道策略安全 ... 473
  - 11.3.5 促销策略安全 ... 476
- 11.4 企业营销策略安全预警指标体系的构建 ... 477
  - 11.4.1 指标的分类 ... 477
  - 11.4.2 指标选择原则 ... 477
  - 11.4.3 指标选择方法 ... 478
  - 11.4.4 指标体系的内容 ... 478
- 11.5 企业营销策略安全预警指标值的模糊综合评价 ... 486
  - 11.5.1 基本公式 ... 486
  - 11.5.2 计算步骤 ... 486

11.6	企业营销策略安全预警管理措施		488
	11.6.1 树立企业营销策略安全的观念		488
	11.6.2 建立企业营销策略安全预警系统		488
	11.6.3 企业营销策略安全管理对策		488
11.7	结论		490

12. 工业企业营销安全预警指标体系的理论研究 492

12.1	营销安全与营销安全预警指标体系		492
12.2	工业企业营销安全预警原理		492
	12.2.1 营销环境与营销实况		492
	12.2.2 收益与成本		493
	12.2.3 营销安全预警指标体系		493
	12.2.4 指标的度量与计算		493
	12.2.5 营销安全预警指标值与安全阈值常模的比较		493
	12.2.6 营销安全管理决策		493
	12.2.7 反馈与评价		493
12.3	工业企业营销安全预警指标体系的建立方法		493
	12.3.1 指标选择方法		493
	12.3.2 指标因素分析		493
	12.3.3 指标析取		494
12.4	工业企业营销安全预警指标体系的基本框架		494
12.5	工业企业营销安全预警指标的模糊综合评价方法		496
	12.5.1 建立测评专家小组		496
	12.5.2 指标重要性评判		496
	12.5.3 构造判断矩阵		496
	12.5.4 计算单一准则的重要性排序		496
	12.5.5 对一致性的检验		496
	12.5.6 计算综合权重排序		497
	12.5.7 指标的隶属度确定		497
	12.5.8 计算评价值		497

附录 499

附录1	消费者相关部分问卷	501
附录2	非消费者相关部分问卷	503
附录3	正式问卷	505
附录4	访谈提纲	507
附录5	休眠品牌结构体内激活域的调研	508
附录6	休眠品牌结构体外激活域的调研	512
附录7	休眠品牌的融合域强度调研	515
附录8	K-S 正态分布	516
附录9	量化研究正式问卷	518

参考文献 521

后记 535

第一部分
品牌安全

1. 论品牌安全

1.1 论中国企业的品牌安全管理

1.1.1 中国企业品牌建设现状

1.1.1.1 中国企业品牌建设取得了巨大成就

经过近 20 年的努力，中国已形成了一批著名的民族品牌，如"红塔山""长虹""海尔""联想""康佳""科龙""TCL"……这些品牌在 15 年前还基本没影子，而现在已成为消费者十分喜爱的名牌。更多的地方名牌也应运而生，成了当地经济发展的支柱。

各类知名品牌产品市场占有率迅速提升。"长虹""康佳""TCL"三个品牌占据彩电市场的半壁江山；"海尔""小天鹅"两个品牌夺去全自动洗衣机市场 50% 的份额；"海尔""容声""美菱"三种品牌冰箱占整个市场份额的 60%；仅"海尔"一个品牌冷柜的市场份额就达 40%。

主要品牌的消费规模也迅速扩大。1995 年，80 个主要品牌的平均销售额为 19.58 亿元，而 1999 年，30 个主要品牌的平均销售额为 52.62 亿元。1999 年仅 30 个品牌的销售总额就比 1995 年的 80 个品牌的销售总额高 12.2 亿元，可见品牌消费时代正在到来。

各类品牌的无形资产迅速递增。1999 年前十大著名品牌价值已在 1995 年的基础上增长了 1～4 倍，"红塔山"价值达 423 亿元，"海尔"价值达 265 亿元，"长虹"价值达 260 亿元，"五粮液"价值达 86 亿元，"一汽"价值达 70.98 亿元，"康佳"价值达 78.87 亿元，"联想"价值达 76.8 亿元，"TCL"价值达 75.6 亿元，"科龙"价值达 59.16 亿元，"三九"价值达 49.18 亿元。

1.1.1.2 中国企业品牌建设潜伏着危机

中国企业品牌建设虽然取得了不小的成就，但也潜伏着巨大的危机，如 ×× 集团在火腿肠上的夭折，××× 在市场上的危机等，已让人强烈感觉到中国企业品牌建设中的问题。还有一些知名品牌商标被境内外其他企业抢注，从中可以看到中国企业对自己品牌安全保护的缺陷。从一批知名品牌的轰然陨落中，我们可以看到中国企业品牌成长中的风险。还有一些企业虽然保持着表面的繁荣，但是，从营销安全学的角度看，已处于高危运行之中，随时都有崩溃的危险。如无休止的品牌延伸；不顾实力地扩展品牌；无控制标准地分享品牌；无节制地对品牌进行广告投入；盲目地追求品牌发展……这些行为的背后都隐藏着十分可怕的品牌危机。如果中国的企业不注意这些危机，不注意加强品牌安全管理，将会有更多的品牌要倒下。

1.1.2 品牌安全管理的内容

企业的品牌安全管理包括对品牌的三个层次的安全管理，只有当品牌的三个层次都是安全的，品牌才是安全的。

1.1.2.1 品牌内涵的安全

（1）品牌理念的安全。

品牌理念是企业创建品牌时赋予的核心价值观念，它既是企业经营思想的集中反应，又是企业战略思维的高度概括，对企业的经营发展起着导向作用。如我们从"海尔，真诚到永远"的这个广告词中知道"真诚到永远"是海尔的品牌理念，即追求永远对消费者真诚服务的品牌概念。这种品牌理念具有巨大的亲和力，消费者容易在心理上产生认同感和亲切感。

（2）品牌联想的安全。

品牌联想的安全就是让消费者产生美好的、具有购买动机的联想，即消费者产生的联想要符合企业的需要，而不要产生负面的、有歧义的、错误的联想。

（3）品牌个性的安全。

品牌个性即品牌特征。品牌要脱颖而出，必然要有差异，有一个或几个明显的特征以示区别，但品牌个性又要与企业形象相吻合，不能与之有冲突，具备了这些条件，品牌个性才算安全。万宝路的"自由、奔放、原野、力量"的男子汉形象的品牌个性就迷倒了一代又一代的年轻人。但是，许多企业恰恰忽视了品牌的个性安全。因为没有品牌个性或品牌个性模糊，就不能区别于其他品牌，就会让消费者无从选择。

1.1.2.2 品牌形式的安全

（1）品牌商标的安全。

品牌商标指经过登记注册、受到法律保护的整个品牌或品牌的某一部分，即注册了品牌名称、品牌标志、图案、符号、字体等，或是品牌名称和品牌标志一起注册就成了受法律保护的品牌商标。而品牌商标安全指品牌商标注册的范围和领域是否安全。如果注册范围太窄、注册领域太少，品牌商标就会存在安全隐患。因为注册范围太窄、注册领域太少，品牌商标的使用范围就很小，整个品牌缺少拓展的空间，长此发展，品牌必然走向衰亡。

例如，由于A公司的"××"品牌商标最初仅在冰箱上注册，因此当××冰箱成名后，许多企业为搭"××"品牌商标的便车而抢先在服务领域和其他家电领域注册了"××"品牌商标。A公司在进入空调行业时不得不改用另外的商标，花巨资重塑一个全新品牌。再如成都的B集团一直赞助四川足球事业，"×××"品牌商标可以说是家喻户晓，但是由于B集团忽视品牌商标的注册范围和注册领域，没有为将来的发展做准备，结果"×××"足球、排球、篮球图文商标却被另一家公司捷足先登，抢先注册，因而B集团也就痛失在运动球类产品使用"×××"品牌商标的权力。A公司和B集团的教训说明企业在进行品牌商标登记注册时一定要做长远考虑，为企业品牌的延伸和品牌的扩张留下足够的市场拓展空间，否则会悔之晚矣。

由于品牌商标无法覆盖所有行业市场，因此，品牌商标在某些行业的所有权会被别的公司注册，这就会发生品牌无形资产相互转移的情况，使企业的品牌商标资产遭受损失。一旦某一行业的品牌商标出现重大挫折，就会牵连到其他行业的同名品牌商标，使所有使用同名品牌商标的企业都受到损伤。如××诈骗案曝光后，许多叫"××"的公司形象都受到了不同程度的影响，甚至著名的"××"电脑也受到牵连，××电脑公司花了很大的代价才挽回了损失。因此，企业的品牌商标一旦获得了一定的知名度后，就要积极争创驰名品牌商标，利用驰名品牌商标的特殊保护权力和注册防御品牌商标对自己的品牌商标进行全方位的保护。

品牌商标安全还指企业的品牌商标不会被别人非法使用，能有效防止其他企业假冒、盗用本企业商标。品牌商标一旦被假冒和盗用，就会出现严重的品牌危机，甚至被假冒、盗用者拖垮品牌，企业一定要建立商标安全监控系统和品牌商标危机预警系统，搜集各种损害和有可能损害企业品牌商标安全的行为，尽可能在实际损害发生之前消除有损品牌商标安全的各种诱因，做好品牌商标安全的防御工作，防止别人有机可乘。即使出现了别的企业假冒、盗用本企业商标的情况，企业应立即运用各种合法手段制止侵害本企业品牌商标的行为。

（2）品牌产品的安全。

品牌产品的安全就是指品牌赖以生存和发展的产品不存在危及产品营销的质量、技术、功能、设计、包装等问题。例如，曾在3个月内风靡全国的"×××"品牌，由于很多消费者起诉使用换肤霜产品后造成了皮肤过敏，导致了×××品牌在一夜之间崩溃。

（3）品牌服务的安全。

要创造、培育和维系一个优秀的品牌，必须要有与之相匹配的良好服务。如果服务质量与服务数量达不到支持品牌美誉度的要求，就会损害品牌的形象。"一流的产品、三流的服务"会严重破坏品牌的服务安全。

1.1.2.3 品牌策略的安全

（1）品牌生命周期策略的安全。

品牌是有生命周期的，如何维护品牌使之长盛不衰是品牌管理的终极目的。总的说来，企业应当在一个品牌发展到成熟期时及时推出该品牌产品的换代产品或全新产品，把品牌效应及时移植到新产品上，让源源不断的新产品来支撑品牌的长期发展。品牌好比是一棵大树，产品是树叶，叶子可以不断地枯萎、更新，大树却要长期不倒。

（2）品牌延伸策略的安全。

品牌延伸使用得当不仅能使新产品迅速进入市场，取得事半功倍的效果，而且可以利用品牌优势扩大产品线，壮大品牌支持体系。但是，企业一定要注意品牌延伸安全，否则，就会进入品牌延伸误区，出现品牌危机。这主要有三种情况：一是品牌本身还未被广泛认知就急躁、冒进地推出该品牌新产品，结果可能是新老产品一起死亡。二是品牌延伸后出现新产品的品牌形象与原产品的品牌形象定位互相矛盾，使消费者产生心理冲突和障碍，从而导致品牌危机。比如由于"××"火腿肠与"××"饲料品牌形象发生冲突，××集团不得不放弃耗资巨大的"××"火腿肠，而给火腿肠改名；又如"××"冰啤与消费者熟知的"××"胃药的品牌产品定位的冲突，一边劝人喝酒，一边劝人呵护胃，叫人们怎么接受？三是品牌延伸的速度太快，延伸链太长。有的企业一年就推出几个甚至十几个延伸产品，延伸得太快、太多，超过了品牌的支持力。

（3）品牌扩张策略安全。

品牌扩张是企业在多元化经营中常使用的品牌策略，企业可利用品牌的知名度、美誉度进入全新领域，节省市场导入费用。但是，不讲原则地进行大跨度品牌扩张是十分危险的，许多著名的企业之所以倒闭，主要原因就是进行无关联的品牌过度扩张。如"C"集团从×汉卡大跃进式地进入医药保健、房地产等全新领域，进行无任何关联的品牌扩张。由于技术、资金、管理力量跟不上，结果品牌也很快死亡。

1.1.3 中国企业品牌安全的预警指标体系

品牌安全预警指标体系是对品牌的安全状况进行监控的参数体系，我们通过对全国50多家企业的调查和分析，给出品牌安全最基本的预警指标，企业可以通过不定期对品牌安全预警指标的检视来诊断品牌的安全状况。

1.1.3.1 品牌美誉度与毁誉度

品牌美誉度是指褒扬品牌的顾客人数的比例，其公式为：美誉度（X_1%）= 褒扬者人数/知晓人数 ×100%（X_1从1～100）；品牌毁誉度是指贬抑品牌的顾客人数的比例，其公式为：毁誉度（Y_1%）= 贬抑者人数/知晓人数 ×100%（Y_1从1～100）。$X_1>70$，$Y_1<5$属于品牌安全线，而$X_1<50$，$Y_1>10$属于品牌危机预警线。

1.1.3.2 品牌指名度与负指名度

品牌指名度是指指名购买某品牌产品的顾客人数的比例，其公式为：指名度（X_2%）= 指名购买者人数/知晓人数 ×100%（X_2从1～100）；负指名度是指指名不购买某品牌产品的顾客人数的比例，其公式为：负指名度（Y_2%）= 指名不购买者人数/知晓人数 ×100%（Y_2从1～100）。$Y_2<2$就属于品牌安全线，而$Y_2>5$就属于品牌危机预警线。

1.1.3.3 品牌满意度与抱怨度

品牌满意度是指消费了某品牌的产品后感到满意的顾客人数的比例，公式为：满意度（X_3%）= 满

意人数 / 消费人数 ×100%（X_3 从 1 ～ 100）；品牌抱怨度是指消费了某品牌产品后产生抱怨的顾客人数的比例，抱怨度（Y_3%）= 抱怨人数 / 消费人数 ×100%（Y_3 从 1 ～ 100）。$X_3>60$，$Y_3<5$ 就属于品牌安全线，而 $X_3<50$，$Y_3>10$ 就属于品牌危机预警线。

1.1.4 中国企业品牌安全管理措施

品牌的创建、培育和维护是一项系统的管理工程，其中任何一个环节出现危机都会危及品牌安全。市场又处处都是陷阱，随着各种未知因数的无常变化，品牌危机形式也会越来越多，因此，企业必须实施专门的品牌安全管理，把维护企业的品牌安全作为企业管理的一项系统工程来抓。

1.1.4.1 树立品牌安全意识

品牌安全意识的缺乏是最大的品牌危机。一个优秀的"百年品牌"，不可能一蹴而就，它需要科学的管理、踏实的工作、积极的探索，更需要精心的呵护。企业必须要有立足于塑造一个优秀的"百年品牌"的意识，才有可能最终建立一个优秀的"百年企业"。因此，企业的领导者必须要有健全的品牌安全理念，正确处理好品牌发展与品牌安全的辩证关系；必须认识到品牌危机随时都会发生在企业身上，随时做好充分准备以应付各种品牌安全的突发事件，抓住控制事态发展的主动权，控制品牌危机的影响范围，及时进行补救。

1.1.4.2 建立品牌安全管理机构

没有专门的品牌安全管理机构和管理人员，企业就不可能对品牌危机做出迅速的反应，采取及时有效的措施。因此，企业应该组建一个由具有较高专业素质和较高领导职位人士组成的品牌安全管理小组，制定品牌危机预防措施和处理方案，清除品牌危机险情，尽量减小品牌危机对品牌形象和企业形象的损害。国外一些大公司早就设立"品牌经理"便于专门负责品牌管理，国内企业也应尽快建立品牌经理制，让每一个品牌都有人专职负责。品牌经理既然是公司内外营销力量的组织调动者，当然也就要对他所管理的品牌的产品或产品线的成功与否、安全与否负最终责任。

1.1.4.3 建立品牌安全预警系统

品牌安全预警系统是对品牌的创建、培育和维护实施全过程、全方位、全纵深的监控，并对可能出现的危机预先发出报警的管理系统，也是现代企业必须具备的安全管理系统，包括品牌安全管理信息采点系统、品牌安全管理信息中央处理系统和品牌安全管理快速反应系统。企业通过品牌安全管理预警系统及时收集相关信息并加以分析、研究和处理，全面、准确预测品牌危机的各种情况、捕捉危机征兆，为处理各种潜在危机制定对策方案，尽可能在危机爆发之前消除危机。

1.1.4.4 建立品牌安全自我诊断制度

企业应建立一套品牌安全自我诊断制度，从制度上规定品牌安全管理机构和管理人员要从不同层面、不同角度对品牌运行状况进行检视和诊断，找出薄弱环节，及时采取措施予以纠正，从根本上减少乃至消除品牌危机发生的诱因，从制度上保障品牌运行的安全。

1.1.4.5 慎重使用企业的品牌

创建一个品牌是十分不容易的，需要花费巨大的心血。因此，企业一定要爱惜自己的品牌，注意对品牌的维护。企业一定要遵循品牌生命周期的规律，保证品牌效应的延续性和持久性；要慎重运用品牌延伸策略，尤其是品牌扩张策略，保证品牌策略运用的安全性。

1.2 论品牌法律权力的安全

1.2.1 研究背景

美国营销学家菲利普·科特勒认为，品牌就是一个名词、名字、符号或设计，或是上述的总和，其目的是要使自己的产品或服务有别于其他竞争者。这个定义表明品牌只是一个笼统的总名词，从不同角度理解，其包含内容会有所不同。从法律角度看，品牌可主要归为由品牌名称、品牌标志和品牌商标组成，而品牌名称和品牌标志单独注册或是同时注册后就变成了品牌商标。其具体关系如下：品牌名称是品牌中可用语言表达，即有可读性的部分，如"长虹""海尔"等，它既是品牌的指代称谓，也是品牌所有权的指向；品牌标志指品牌中可通过视觉识别、辨认，但不能用语言表达的部分，包括图案、符号、色彩或字体等，如海尔的"海尔兄弟"图案、劳斯莱斯的自由女神图标等；品牌商标指经过登记注册、受到法律保护的整个品牌或品牌的某一部分，如注册了的品牌名称、品牌标志（图案、符号、字体等）或是品牌名称和品牌标志一起注册就成了受法律保护的品牌商标。

因此，品牌的法律权力安全就是指企业在设计和使用品牌过程中不会因为各种涉及品牌所有权关系的因素影响而出现品牌危机，不会因为有关品牌法律方面的危机而影响企业品牌市场控制权力和品牌市场竞争权力的安全。品牌法律权力的安全内容主要是指品牌名称的安全、品牌标志的安全、品牌商标的安全。

1.2.2 品牌名称的安全

品牌名称的安全指企业设计的品牌名称是否具有独占性（是否可以登记注册成为注册商标），企业是否对该品牌名称享有所有权。如果企业设计的品牌名称不具有独占性，不能登记注册，就不具有该品牌名称的所有权，因此就可能出现品牌危机，甚至丧失企业多年来花费巨大代价辛辛苦苦培育出来的品牌，使企业蒙受巨大损失。

现在国内许多企业其品牌名称并不真正为企业所有，不是其品牌效应带动的市场被别人免费分享，就是其创建品牌的努力完全是在为别人做嫁衣裳。如一家公司开发的新型超低盐、风脱水榨菜使传统的榨菜上了一个新台阶，公司为与传统涪陵榨菜相区别，命名为"D榨菜"。"D榨菜"刚一推出即彻底抢占了传统涪陵榨菜的市场。正当公司准备向全国推进时，市场上一下子涌现出了数十种"D榨菜"，有的质量十分低劣，一下子让"D榨菜"的良好形象受损，导致该公司生产的正宗榨菜迅速滞销，公司不得已便更名为"××榨菜"，但是这一更名市场并不接受，于是公司便丧失了市场发展的大好局面。这家榨菜公司之所以会出现这场营销危机，主要是由于他们忽视了品牌名称安全，因为"D榨菜"这个品牌名称不具有独占性，不能登记注册，公司不具有所有权和专用权，任何企业都可以分享使用。因此，如果企业把自己的全部营销建立在一个不是自己的专用品牌名称上是十分危险的，必然会引起企业全面的经营危机。

品牌名称安全还指企业设计的品牌名称既要具有新颖性和独特性，更要具有合法性，既不会侵犯他人的品牌名称权（因设计与他人的品牌名称相似而侵权），也不会因品牌名称违背法律规定而遭到强制取缔（如品牌名称不能与国家、国旗名等相同的禁止性规定）。企业必须通过各种渠道搜集其他企业的信息，一方面是为了防止他人侵犯自己品牌名称的专用权，另一方面是为了避免无意中侵犯他人品牌名称的专用权，给企业造成不必要的麻烦和损失。

1.2.3 品牌标志的安全

品牌标志的安全是指品牌的图案、符号、色彩或字体等品牌视觉认知部分构思、设计是否违背了法律有关品牌标志设计的禁止性规定（如品牌标志不能与国旗、国徽等图案相似），以及是否与其他企业的品牌标志相同或相似。如果企业设计的品牌标志违背了法律禁止性规定或与其他企业设计的品牌标志相同或相似，那么企业设计出来的品牌标志不是不被准予注册，就是因侵犯他人品牌标志所有权而被强制取缔。

品牌标志是一种经过提炼和美化的图案造型与色彩组合的具体形象，用于表现品牌名称的丰富内涵，是品牌形象的直接代表。品牌标志能创造品牌认知、品牌联想和消费者的品牌偏好，进而影响品牌在顾客心中体现的品牌个性与顾客对品牌的忠诚度。企业在设计品牌标志时既要认真考虑品牌标志所代表的象征意义和品牌形象的关系，更要考虑品牌标志的合法性。否则，品牌标志不安全，需重新设计品牌标志。

完整的品牌概念由品牌名称和品牌标志共同构成。品牌名称的使用权有领域限制，它只在注册的领域具有独占权，别的企业也可在其他领域注册与之相同的品牌名称，即相同的品牌名称可由不同的企业注册不同的领域而合法享有和使用。而品牌标志则没有领域限制，它一经注册就在所有领域具有独占性，即只要企业在一个领域注册了该品牌标志，则在其他任何一个领域，别的企业都不能注册与之相同的品牌标志。因此，从品牌形象角度讲，不仅要有品牌名称，而且要有品牌标志；从品牌安全角度讲，不仅要注册品牌名称，更要注册品牌标志。

1.2.4 品牌商标的安全

品牌商标的安全是指作为品牌的主要组成部分的商标是否受到法律保护以及是否会被假冒。如果企业的品牌商标不能或没有登记注册成为注册商标，就不会受到法律的保护。企业花巨大心血培育出来的品牌就会被他人免费分享，甚至危及品牌生存。如某公司生产的风靡全国的"D榨菜"，由于无法注册商标，与其他公司生产的劣质、低质"D榨菜"相混淆，严重损害了正宗"D榨菜"的品牌形象，而最终被鱼目混珠的低劣产品拖垮，从市场中消失了。品牌商标安全还指企业品牌商标的注册范围和注册领域安全。如果品牌商标注册范围太狭窄、注册领域太小，品牌延伸和品牌扩张就会受到限制，缺少必要的拓展空间，品牌商标就不安全。

1.3 从品牌泛化看我国企业的品牌安全管理

1.3.1 研究背景

泛化（Generalization）原本是一个心理学名词，通俗的理解就是一个初始刺激在引起一个反应后，与初始刺激相类似的其他刺激也会产生与初始刺激相同或相似的反应，这种现象称为泛化。从品牌安全理论的角度讲，当一个原创品牌成为名牌或强势品牌后，由于在消费者心中留下了较强的正面品牌联想，因此，一些竞争企业就经常模仿或借用原创品牌的名称或包装等刺激物，在消费者心目中产生与原创品牌类似的品牌联想，从而导致原创品牌可能被指代或误认为某类产品类别或属性的通称，甚至在事实上造成原创品牌专用权丧失的情形发生，企业辛辛苦苦创建的品牌资产也随之流失，品牌安全理论把这种现象称为品牌泛化（Brand Generalization），它是危害企业品牌安全的一种品牌危机的具体表现。

1.3.2 品牌泛化的形式及原因

市场上越来越多的品牌泛化行为正困扰着企业的品牌安全管理，严重影响企业的正常经营，而由于品牌泛化问题引起的法律诉讼问题终于使"品牌泛化"问题公开化、社会高度关注化。市场上常见的品牌泛化行为主要有四种形式。

1.3.2.1 品牌名称泛化为产品类别名称

日本索尼公司原创的"Walkman"品牌泛化成每个企业都在用的"随身听"产品的通用名称，复印机发明者施乐公司的"Xerox"品牌已经成为一个大众英语单词，词意即为"复印"。

1.3.2.2 原创品牌被竞争企业故意模仿使用

同行竞争企业有意使自己的产品在名牌名称、产品包装、广告宣传策略等方面都同原创品牌具有较强相似之处，借以误导消费者，搭原创品牌创建的知名度和美誉度的便车，从而导致了原创品牌在受众心理认知结构上开始出现离散和模糊化倾向，损害了原创品牌在消费者心中形成的独特的心理联想。

具有近七十年历史的中华老字号品牌"××葡萄酒"，是以长白山脉野生山葡萄为主要原料，采用独特的传统工艺精制而成的系列葡萄酒产品，占目前国内合格山葡萄酒销售额的80%以上。"酒以城命名，城以酒传世"，葡萄酒的生产地和葡萄酒成了一对无法拆分的绝世品牌组合，但也正是这样的酒与城的"绝世"品牌组合给不法企业以品牌泛化的可乘之机。一些根本没有储存葡萄能力和发酵工艺的小酒厂，基本上都使用"三精一水"（酒精、糖精、葡萄香精，再拌上自来水）的加工方式高效生产假葡萄酒。同时，他们也在注册商标，在产品外观的设计上极力模仿××葡萄酒股份有限公司生产的正宗葡萄酒"。这些企业一般在产品外包装显眼位置用大号字体标明"××"二字，其真正品牌名称和企业名称却放在不起眼的角落。消费者一般不会注意这些差别，多数是在购买后才发现上当受骗。这些企业的行为对正宗的××葡萄酒品牌产生了恶劣的影响。

1.3.2.3 品牌名称以产品主要原料命名

由于原创品牌以产品主要原料来命名其品牌名称，在受法律保护方面存在一些缺陷，所以，采用这种命名方式的原创品牌基本上都是主要依靠企业品牌的名称（即企业名称）来加以识别。但是，如果企业品牌知名度和品牌忠诚度不高，那么其开创的新市场就会受到竞争企业的致命侵略。×××"冰茶"成功推出并开创一片新市场后，市场上立即出现数家实力企业以其良好的企业品牌形象推出主打"红茶""绿茶""冰红茶""冰绿茶"产品而成为市场新宠。从品牌安全理论角度看，这是×××"冰茶"在给品牌命名时就没有注意到的问题，留下了品牌泛化的安全隐患。

1.3.2.4 企业主动实施品牌泛化策略

有时企业主动纵容竞争企业进行品牌泛化，但是，由于品牌安全监控管理失败，导致了原创品牌企业失去对品牌的独家使用权，产生品牌不安全问题。许多原创品牌开发的全新产品在上市初期利润较为丰厚，引起一些企业跟进。跟进企业通过品牌泛化策略故意让消费者误认为原创品牌名称即为产品（类别）名称，有意借用原创品牌创出来的产品认知度和美誉度提高自己产品的销售。

由于原创品牌企业推出的是一种全新产品，面对的是全新市场，没有成熟的消费者群体，上市初期产品本身的认知度不高、市场容量比较小，单个企业的实力难以投入巨资培育市场。因而在初期对那些跟进企业采取听之任之策略，客观上纵容竞争对手泛化原创品牌推出新产品，希望暂时借助跟进企业的参与力量，共同培育新产品的市场规模。但发展到后来，原创品牌泛化事实既成，企业对竞争对手泛化品牌的行为失去控制，导致原创品牌事实上成了通用的产品名称，而原创品牌企业的品牌名称反而不怎么被消费者所知晓，原创品牌企业遭受品牌资产巨大损失。

1.3.3 品牌泛化对企业的危害

品牌泛化常常是同行一些竞争企业有意识利用消费者对该行业内某一强势品牌产品的高认知度和高美誉度来销售自家产品的不规范行为，品牌泛化行为既损害了消费者的合法权益，也损害了原创品牌在消费者心目中的良好形象，原创品牌原有的市场定位、品牌认知度和美誉度将会因此而受到严重损害，甚至原创品牌可能因此彻底从市场上消失。

1.3.3.1 品牌泛化损害了消费者的合法权益

由于品牌泛化效应，相近的刺激物会让人将某些方面的特性，从一个方面联想到另一个方面，好的品牌自然会对消费者产生好的品牌联想效应。在品牌名称和品牌标识等方面模仿知名的原创品牌，会获取原创品牌在消费者心中的良好印象，从而扩大自己产品的销售。所以，××县的一些小葡萄酒厂纷纷搭上"××"地理品牌的便车，借助因"××葡萄酒股份有限公司"而出名的"××"地理品牌，肆意模仿和假冒真正的"××"原创品牌，销售自己的假冒伪劣产品，损害消费者的合法权益。

1.3.3.2 品牌泛化造成原创品牌的品牌资产流失

作为企业无形资产最重要组成部分的品牌资产，由品牌知名度、品牌认知度、品牌忠诚度、品牌美誉度等构成。品牌泛化会造成原创知名品牌在消费者心理上认知结构里开始出现离散和模糊化倾向，淡化品牌在消费者心目中的良好形象，破坏消费者的品牌认知，降低品牌的美誉度和品牌忠诚度，从而造成企业的品牌资产大量流失。同时，由于原创品牌被泛化，竞争企业大肆滥用原创品牌在消费者心目中所取得的高认知度和美誉度销售自己的仿冒或质量低劣产品，极有可能导致原创品牌失信于消费者，因而企业在该类产品上的销量大大滑坡，甚至使产品生命周期提前终结，原创品牌和原创企业都可能被市场所遗弃。

1.3.3.3 品牌泛化危害民族品牌生存和社会经济的发展

民族知名品牌被泛化后，可能存在两个方面的危险：一是有可能从中高档产品品牌下滑至低档品牌，从而失去对抗外国同类产品品牌冲击国内市场的能力。二是市场的压力迫使原创品牌企业无力维护品牌的所有权，这样原创品牌企业辛辛苦苦培育起来的知名品牌带来的市场，因为同时出现多种仿冒和伪劣品牌产品而令消费者失去辨别能力，而最终失去消费市场的信任，在市场份额大幅萎缩下自然消亡。而民族品牌的消失不仅损害了地方的经济利益，更为严重的是使民族企业失去了国际竞争力，失去了参与国际竞争的重要条件。

1.3.4 防止品牌泛化的品牌安全管理措施

品牌是一个有机生命体，在其创建、培育和成长过程中会遇到各种障碍，需要企业密切关注各种品牌安全隐患。而要做到"正本清源"，彻底防止品牌泛化现象的发生，既需要积极寻求政府司法部门的大力支持，更需要企业实施全过程的品牌安全管理。

1.3.4.1 从政府角度看

对原产地品牌和民族品牌的法律保护是本土品牌健康成长、获取国际竞争力的重要保障。如果政府司法部门和行业管理部门考虑的只是地方的短期经济利益，迁就搭顺风车的众多厂家，对他们实施品牌泛化的不正当竞争行为不闻不问，而漠视对原创企业创新的保护，其结果可能只会导致市场竞争的失序和早衰，地方政府的长期经济利益反而得不到有效保证。所以，为保护知名民族品牌，行业管理机构和政府部门一方面必须联手用高标准的技术准则强化市场准入制度，规范市场竞争秩序和行业行为，彻底铲除假冒伪劣产品的生存土壤；另一方面，要按照市场经济规则的要求，严格行政执法，严罚企业的假冒伪劣行为，给原创品牌企业创造一个良好的生存和发展环境，为他们把民族品牌做大、做强保驾护航。

1.3.4.2 从企业角度看

引入健全的品牌安全管理体系才是防止品牌泛化的根本保障。防止品牌泛化主要得依靠企业自身的品牌安全管理体系，只有从品牌设计创建时就导入品牌安全管理体系，才能从根本上防止品牌泛化隐患的产生或扩大。

（1）注意品牌命名安全。

大量企业利用原创品牌广泛的认知效应销售自己的产品，既有当地经济环境、竞争秩序方面的问题，更有原创品牌在品牌创建过程中存在品牌名称不安全的问题。一些知名品牌，特别是一些传统品牌在品牌设计时其品牌名称常以消费者容易记忆和理解的地名、主要原料名等来命名企业品牌名称，这虽然能让消费者快速认知企业及其产品，大大节约广告宣传等费用，却遗留下了原创品牌知名后易被泛化的隐患。所以，企业在给品牌命名时最好不要以地名做品牌名称，以免将来同一区域内其他企业搭便车，损害企业的品牌形象。即使由于历史原因形成驰名的地理命名品牌，也需要企业及时申请原产地品牌保护和驰名商标保护，并在品牌个性塑造上形成区隔，不留下任何品牌泛化的机会。同样，品牌命名时最好也不要以产品包含的主要原料名来命名，特别是不能以产品通用名称命名品牌名称，因为这种命名的品牌是不能申请注册商标，即使通过注册申请也不能得到最有效的法律保护。

（2）注意品牌的法律保护。

品牌创建过程中的一个必要过程就是品牌的及时注册，获取法律保护问题。不论原创品牌多知名、与竞争产品市场区域、品牌形象和品牌联想区隔有多明显，也不论原创品牌的影响力有多大，只有及时申请成为注册商标品牌，原创品牌的安全才能有法律保障，企业才可能利用法律武器有效防止品牌泛化。另外，原创品牌逐渐成为强势品牌后，要及时向国家商标局申请"中国驰名商标"称号，向国家质检总局申请"原产地标记保护"认定，或国务院中国名牌战略推进委员会及国家质检总局授予"中国名牌"称号等，以扩大原创品牌的保护范围和保护力度，维护自身合法权益，同时也是为原创品牌进一步扩展生存空间提供保障。

（3）注意品牌的安全监控。

品牌安全监控是品牌日常管理的重要工作内容，防止品牌泛化需要企业品牌安全管理部门或人员定期或不定期地对品牌的市场安全状况做调查和诊断，及时发现安全隐患或存在的问题，把各种安全隐患和存在的问题尽可能消除在萌芽状态。同时，需要企业及时维护品牌，更新或提升品牌形象，保证品牌在消费者心目中持续保持美好的印象，这样才能全面保护企业品牌，消除品牌泛化的危险。

1.4 品牌延伸安全研究

1.4.1 研究背景

1.4.1.1 研究的背景

随着中国市场经济体制建设的不断深入，中国已经告别了商品短缺的时代，部分行业甚至出现了供严重大于求的局面，由此带来的一个重要的现象就是市场竞争空前激烈，消费者的需求日益多样化，眼光日益挑剔，这迫使越来越多的企业不断推出新产品来迎合和满足消费者的需求。然而，据统计，在美国，新产品上市的成功率只有5%左右。而在中国，《消费日报》的一篇文章指出，根据调查显示，我国快速消费品行业的国有企业新产品上市成功率同样只有5%左右，这造成了企业大量资源的严重浪费，并严重威胁到企业的生存。

为了解决上述问题，越来越多的企业开始运用品牌延伸这一工具，即利用企业现有的品牌名称和品牌资产，通过延伸转移到新的产品和服务。根据加州大学品牌大师戴维·阿克（David A. Aaker）教授的研究，凡是业绩优秀的快速消费品公司，在新产品的市场开拓上，有95%是通过品牌延伸进行的。美国的宝洁公司就是成功的典范，其洗护产品在飘柔、海飞丝、沙宣、潘婷等品牌下不断推出新产品，并大获成功，但是，品牌延伸之路并不是人们想象的那样是一条金光大道，在一些企业品牌延伸成功的背后，更多的是大多数企业品牌延伸失败的苦涩，如美国派克公司向低端产品市场延伸的失败等。

品牌延伸对于企业和品牌来说是一把双刃剑，在品牌延伸为企业带来提高了新产品上市的成功率、降低营销费用等利益的同时，也存在着巨大的风险，会对品牌带来损害，如降低原有品牌形象、淡化品牌个性、带来消费者的心理冲突、造成品牌的"株连"效应等，因此，如何提高品牌延伸的成功率，降低品牌延伸对原有品牌的伤害，甚至强化原有的品牌，提高原有品牌的品牌资产等品牌延伸的安全问题是一个具有现实意义并且迫切需要解决的重要课题。

本书正是在这样一个背景下，在吸收和借鉴国内外重要的研究成果和实践经验的基础上，结合我国的国情和企业的实际情况，探索和建立一套品牌延伸安全的控制体系，以期能对该重要课题的研究和我国企业品牌延伸的安全提供一些参考和借鉴。

1.4.1.2 研究的目的

品牌延伸的安全是关系着企业生存和发展壮大的大事，对于企业品牌的决策者来说，要正确运用品牌延伸这一有力的工具，需要解决以下三个关键问题：首先，要正确判断哪些是影响品牌延伸安全的关键因素，各个关键因素之间的关系及重要程度如何。其次，如何判断这些关键因素自身是否安全，它们是否有足够的力量来支撑品牌延伸。再次，如何通过对这些关键因素所处的状态，即它们的安全等级，以及它们对品牌延伸安全影响的相对重要程度来给出相应的控制这些关键因素的措施。

基于以上的分析，我们研究的主要目的就是在国内外对影响品牌延伸成败的关键因素研究的基础上，通过建立品牌延伸安全的层次分析模型、制定影响品牌延伸安全的关键因素的安全等级调查问卷来探寻这些关键因素对于品牌延伸安全影响的相对重要程度和其自身所处的安全等级，并运用这两个指标建立品牌延伸安全的控制模型，研究如何对这些关键因素所处的类别进行相应的控制，使企业的品牌延伸能够在安全的轨道上运行。

1.4.1.3　国内外研究现状

（1）国外品牌延伸及国外品牌延伸安全的研究现状。

①国外品牌延伸的研究现状。

国外关于现代品牌的研究起始于20世纪60年代，而对于品牌延伸的研究则更晚，1981年Edward Tauber发表的重要论文《品牌授权延伸，新产品得益于老品牌》（Tauber，1981）首次对品牌延伸进行了系统的研究。20世纪80年代，随着学术界对品牌的日益重视和研究的日益深入，关于品牌延伸安全的研究也有了很大的发展，但是，在营销核心期刊 Journal of Marketing Research 和 Journal of Marketing 上，尚未形成以"Brand Extension"为关键词的独立研究领域。1990年和1992年，戴维·阿克和凯文·莱恩·凯勒共同发表了《消费者对品牌延伸的评价》（Aaker和Keller，1990）和《品牌延伸连续性引入的影响》（Keller和Aaker，1992）两篇重要的文章，将品牌延伸的研究引入了一个新的阶段。

在西方营销学界，品牌延伸研究自20世纪80年代以来持续升温。Laforet在其博士论文《公司品牌层次》中指出，西方有关品牌的学术文献中有一半以上涉及品牌延伸（Laforet，1995）。1993年，欧洲最著名的营销杂志IJRM推出了品牌研究专刊，其中大部分文章也与品牌延伸有关。与此同时，美国的重要营销杂志如JM、JMR、JBR等均大量刊载有关品牌延伸的文献，从1993年至2000年间，JM和JMR杂志共刊登以"Brand Extension"为关键词的论文16篇。

国外学者对品牌延伸的研究主要集中在以下四个方面：

影响品牌延伸成功的因素。Reddy教授在总结阿克教授等研究的基础上于1994年发表论文指出，影响品牌延伸成功的因素主要有：原有品牌的特性，包括品牌强度、品牌属性；延伸品牌及产品特性，包括新产品类别属性、进入顺序、广告及促销支持等；公司特性，包括企业资产、员工人数、品牌管理能力、消费者认定之企业转移能力等（Reddy L Holak和Bhat，1994）。

品牌延伸对原品牌的影响。Loken和John等学者以"簿记模型（Bookkeeping Model）"和"分类模型（Category-based Model）"为基础，做出了品牌延伸对原品牌影响的预测（Loken和John，1993）。

影响消费者评价品牌延伸的因素。阿克（Aaker）教授和凯勒（Keller）教授在1990年发表的《消费者对品牌延伸的评价》一文中最先在其品牌延伸模型中将消费者对品牌整体质量的感知作为测量消费者品牌延伸评价的指标，文章认为原有品牌的感知质量越高，消费者对品牌延伸的评价也越高，反之亦然。随后，Tauber在研究了276个实际的延伸后发现，消费者是否视新产品与原品牌一致是预测品牌延伸成功与否的关键因素（Tauber，1988）。Broniarczyk和Alba也在随后的研究中发现，品牌联想在很多情况下，对消费者的品牌延伸评价起决定性作用（Broniarczyk、Susan和Alba，1994）。

品牌延伸对市场份额和广告效果的影响。Park和Smith通过数据调查和回归分析的方法，得出以下结论：品牌延伸比新品牌策略能获得更大的市场份额和更高的广告效率；延伸产品的市场份额与原品牌强度、消费者购买延伸产品时对经验属性的依赖程度正相关，与市场竞争者数量、消费者关于延伸产品的知识负相关；延伸产品的广告效率则与延伸产品和核心品牌下的其他产品的相似性和广告受众对延伸产品的经验属性正相关，与消费者知识负相关；随着市场日趋成熟，采用延伸策略和采用新品牌策略所造成的广告效果和市场份额差异会逐步消失（Smith和Park，1992）。

②国外品牌延伸安全的研究现状。

由于国外学者并没有明确提出品牌延伸安全的概念，因此，对于国外品牌延伸安全现状的研究，我们只能从与安全相关的方面着手，国外学者对这方面的研究主要集中在品牌延伸对于原品牌的负面影响上面。

国外学术界对品牌延伸给原品牌带来的负面影响进行了多方面的探究。Remeo、Keller)和Aaker最先开始了这方面的研究,他们最初的研究采用简单实验方式,通过实验组和控制组的对比,观察接触品牌延伸信息的实验组与未接触延伸信息的控制组在对原品牌的评价上是否存在差别,以此识别淡化影响的存在。然而,这类研究几乎没有发现任何显示淡化或负面影响的线索(Keller和Aaker,1992;Romeo,1991)。而Loken和John则在研究方法上做了改进,而且将这种淡化作用的对象集中于原品牌的某些独特信念,而不是整个品牌上,由此获得了新的证据和对这一问题的更深刻的理解。

Loken和John所做的研究,以"簿记模型"(Bookkeeping Model)和"分类模型"(Category-based Model)为基础,做出关于品牌延伸对原品牌信念的预测。根据"簿记模型",消费者在接收到不一致的信息后,会逐步调整关于原品牌的信念。也就是说,只要延伸产品在某些属性上与消费者关于原品牌在这些属性上的信念相抵触,延伸对原品牌信念的淡化就会发生。

为了检验上述假设,Loken和John选用一个在"质量"和"柔软性"两属性上得分很高的香波品牌作为原品牌,以餐巾纸和一种新的香波作为延伸产品,进行了实验。通过对实验结果的统计分析发现,当原品牌的信念测度在先,典型性测度在后,簿记模型理论得到支持,也就是说,只要延伸产品的某一属性与原产品的相应属性不一致,延伸就会对原品牌的具体属性造成负面影响。当测量顺序发生变化,即先测量典型性、后测量关于原品牌的信念时,分类模型理论得到支持,此时,延伸所具有与原品牌不一致的信念,品牌延伸是否对原品牌产生负面影响,取决于消费者是否将延伸产品视为原品牌下的典型成员,如果不是,负面影响就可能发生,否则就不一定发生。

(2)国内品牌延伸及国内品牌延伸安全的研究现状。

①国内品牌延伸的研究现状。

国内关于品牌延伸的研究真正开始于20世纪90年代中期,1994年11月,韦福祥发表在《企业研究》上的论文《品牌延伸研究现状》拉开了国内品牌延伸研究的序幕。1995年1月,武汉大学教授符国群在《武汉大学学报(哲学社会科学版)》发表了《品牌延伸策略研究》一文,系统介绍了品牌延伸的相关知识和如何选择延伸产品。1997年中山大学的卢泰宏教授在《中山大学学报》发表《品牌延伸的评估模型》一文,提出了用品牌延伸成功率的评估模型来分析各种影响品牌延伸成功率的主要因素对于品牌延伸影响的权重(卢泰宏与谢飘,1997)。2001年,符国群教授又在《中国管理科学》杂志上发表《消费者对品牌延伸的评价:运用残差中心化方法检验Aaker和Keller模型》一文,第一次运用中国消费者数据,检验了美国学者Aaker和Keller提出的品牌延伸评价模型在我国的适用性。研究结果证实了Aaker和Keller提出的大部分假设,但同时也发现了由于文化背景差异所导致的不同,认为Aaker和Keller模型运用到发展中国家时需要在测度方法和概念构造上加以改进(符国群,2001)。2003年,薛可、余明阳在《南开管理评论》上发表《品牌延伸:资产价值转移与理论模型创建》一文,通过对品牌延伸(Brand Extension)的研究综述和实证研究,提出决定品牌延伸的三大因子,并在此基础上构成品牌资产价值(Brand Asset Value),进而研究其在品牌延伸过程中的价值转移,从而构成了评估品牌延伸成败的标准,最终将各种因子和评估标准进行整合,提出了品牌延伸的理论模型(薛可与余明阳,2003)。

通过上述对国内关于品牌延伸有代表意义的研究成果的回顾,我们可以看到,国内关于品牌延伸的研究大都停留在案例分析、对国外模型的检验和理论建模的阶段,如上述所提及的卢泰宏、符国群、薛可、余明阳等学者的研究。而对于建立在实验基础上的实证研究则相对较少。

②国内品牌延伸安全的研究现状。

品牌安全的概念首先由四川大学的李蔚教授及其研究团队在关于营销安全的论文中提出,2000年,李蔚教授在《商业研究》《商业经济与管理》等杂志上发表了一系列关于营销安全的论文,指出品牌安全是营销安全的一部分。而品牌延伸安全的概念则以另一个名称的形式由李蔚教授在其2002年的博士论文中提及。李教授在其博士论文中系统地阐述了营销安全的理论，其中指出品牌延伸策略安全是品牌策略安全的一部分，文章还提出了出现品牌延伸不安全的几种情况。李教授在文章中所指的品牌策略安全其实就是品牌延伸安全（李蔚，2002）。

而国内其他学者对于品牌延伸安全的研究，则没有明确使用安全这个概念，他们多使用譬如"风险""陷阱"之类的概念。国内学者关于品牌延伸风险、陷阱的研究，多从国外的文献翻译并加以补充而成。

1.4.1.4 研究的方法及主要内容

（1）研究的方法。

本书主要采用了模型分析法、定性分析法、层次分析法。

模型分析法：本书理论的主体框架是建立在品牌延伸安全的层次分析模型和品牌延伸安全的控制模型这两大模型的基础上的，通过对这两个模型的建立和分析，我们提出了如何计算影响品牌延伸安全的关键因素对于品牌延伸安全影响的相对重要程度及如何对处于不同类别的关键因素进行控制。

定性分析法：定性分析法是一种以描述性为主的分析方法，是社会科学研究的基本方法之一。我们在对影响品牌延伸安全的关键因素、品牌延伸安全层次模型的分析中大量采用了定性分析法。

层次分析法：层次分析法是美国著名的运筹学家、匹兹堡大学萨第（T. L. Saaty）等人于20世纪70年代提出的一种简便、灵活而又实用的多准则决策方法，主要用于确定综合评价的决策问题。这种方法既考虑数学分析的精确性，又考虑人类决策思维过程及思维规律，即定性与定量相结合，是管理决策中常用的方法。本书在品牌延伸安全的层级分析模型中采用了层次分析法来测定影响品牌延伸安全的关键因素对品牌延伸安全影响的权重大小。

（2）研究的主要内容。

本书以影响品牌延伸安全的关键因素为切入点，通过构建品牌延伸安全的层次分析模型来探讨如何有效地判断影响企业品牌延伸安全的关键因素对品牌延伸安全影响的相对重要程度（权重），通过制定影响品牌延伸安全的关键因素的安全等级调查问卷来测定它们自身的安全等级，并在此基础上，以影响品牌延伸安全的关键因素对品牌延伸安全影响的相对重要程度和其自身的安全等级这两个指标来构建品牌延伸安全的决策模型，通过对该模型的分析给出了不同类别下影响品牌延伸安全的关键因素的控制方法。

1.4.2 品牌延伸综述与品牌延伸安全的基本理论

1.4.2.1 品牌延伸综述

（1）品牌延伸的概念及内涵。

研究品牌延伸，首先要对品牌延伸有个明确的定义，即什么是品牌延伸，对于这个问题，诸多的营销大师和品牌大师都给出了自己的定义。

著名的营销大师、美国西北大学教授菲利普·科特勒认为，品牌延伸是指品牌名扩展到新产品目录中（科特勒，2001）。科特勒还指出，以品牌名称是新的还是原有的，以及产品目录是新的还是原有的为指标，品牌战略可以分为产品线扩展、品牌延伸、多品牌、新品牌四种。显然，科特勒并没有将产品线扩展作为品牌延伸的一种。

表1-1说明了科特勒描述的产品类型与品牌类型的关系。

表1-1　产品类型与品牌类型的关系

产品类型 \ 品牌类型	现有品牌	新品牌
原产品目录（扩大、同一）	产品线扩展（扩大）	多品牌（同一）
新产品目录	品牌延伸	新品牌

美国著名的品牌战略管理大师凯文·莱恩·凯勒认为，如果公司采用一个已有的品牌作为刚推出的新产品的品牌，这种做法就叫作品牌延伸。品牌延伸大致分为线延伸和大类延伸两类，线延伸是指用母品牌作为原产品大类中针对新细分市场开发的新产品的品牌，而大类延伸是指母品牌被用来从原产品大类进入一个不同的大类（Keller，2003）。凯文·莱恩·凯勒显然认为线延伸是品牌延伸的一种，而且他认为最成功的新产品都是延伸产品。

而美国著名的品牌大师戴维·阿克则认为品牌延伸分为三类，即将品牌延伸进入一个新的产品市场和延伸进入现有的品牌市场及类似问题，将品牌延伸进入现有的品牌市场又可以分为纵向品牌延伸和产品线延伸（Aaker，2005）。

国内著名的营销学者，中山大学管理学院的卢泰宏教授认为，品牌延伸是指借助企业原有的已建立的品牌地位，将原有品牌转移使用于新进入市场的其他产品或服务（包括同类的和异类的），以及运用于新的细分市场之中，以达到以更少的营销成本占领更大市场份额的目的。

综合以上国内外著名学者对品牌延伸的定义，我们可以看出，品牌延伸的内涵实际上是品牌、市场和产品之间的一种组合关系，它的最终目的是为了扩大市场份额、减少营销成本和增加原有品牌的品牌资产。

就品牌来说，品牌延伸就是要借助现有品牌的力量，使现有品牌在品牌延伸中为新的产品和新的业务提供支撑，它包括几种情况：直接采用现有品牌作为新产品的品牌；现有品牌与新品牌相结合作为新产品品牌，现有品牌叫作母品牌，而新品牌叫作子品牌；用现有品牌作担保，为新产品的品牌提供背书作用。

就市场来说，按照不同的标准可以划分为不同的细分市场，按照企业占有的细分市场情况可以分为原市场和新市场。对于原市场，企业可以利用原有的品牌开发新产品或扩充新的产品品目；对于新的市场，企业既可以利用原产品，也可以开发新的产品。

就产品而言，品牌延伸既可以使用原产品，也可以开发新产品，新产品包括从企业原有的产品大类跳到新的产品大类和原产品线上新的产品品目。

（2）品牌延伸的类型。

根据以上各位专家、学者对品牌延伸概念的定义，我们可以看出，营销学界的专家、学者对品牌延伸的分类有着各自不同的看法。品牌延伸主要的类型有大类延伸、线延伸和纵向品牌延伸。

①大类延伸。

所谓大类延伸，是指母品牌被用来从原产品大类进入另一个不同的产品大类，如海尔将其品牌从最初的电冰箱延伸到彩电、电脑、洗衣机等产品类别上。而大类延伸根据其最初产品的类别与其延伸到达产品类别的关系，又可以分为相关延伸与非相关延伸两类。

相关延伸是指将品牌延伸到与原来产品类别在技术、市场等具有一定相关的产品类别上，这种延伸可以使新的产品类别与原来的产品类别使用相同的渠道、销售队伍、促销手段等资源，使之与原有的产品类别起到相互支持、相互协助的作用，为品牌满足目标消费群多样的需求提供更多的支持，从而产生战略协同的效应，比单一产品类别获得更多的收益。通过相关延伸，可以使原有品牌覆盖更大的相关市场，可以改变品牌在消费者心中的形象和感知。如海尔集团通过将品牌进行相关延伸，使海尔在消费者心目中的形象由电冰箱品牌扩大到家电品牌。通过相关延伸，还可以使品牌的资产、广告宣传费用、促销费用得以更大程度的共享。根据Tauber等人的研究，消费者是否视新产品与原品牌一致是预测品牌延伸成功与否的关键因素（Tauber，1988）。这里的新产品与原产品的一致就是指产品延伸的相关性，所以说，原有产品类别与延伸产品类别的相关性越大，则延伸成功的可能性越大。

非相关延伸是指品牌脱离现有的行业，延伸到与现有产品类别在技术、市场等方面完全不同或者相关程度很低的产品类别上，实施非相关延伸的依据是在共同的品牌核心价值下，寻求各产品类别之间的协同效应。当然，非相关延伸不能是品牌各个业务单元或产品之间的杂乱无章的组合，而是在服从品牌整体战略的前提下，各个不同的业务单元或产品在其不同的品牌经营策略下，共同为增强品牌的核心价值和品牌资产的增值服务。所以说，非相关延伸应当是在非相关的表面下的实质相关的延伸。例如，百事公司的品牌从可乐延伸到运动鞋，从表面上看是非相关的延伸，而实际上，它的延伸都是围绕着百事这个品牌"年轻一代的选择"这个核心价值进行的。但是，企业在进行非相关延伸时应当看到，由于非相关延伸跨越了不同的产品类别，因而使企业先前在经营过程中所积累的经验和资源无法有效共享，也增加了企业经营管理的难度，存在着较大的风险。许多著名的企业在进行非相关延伸时都以失败而告终，如××品牌在向制药、餐饮延伸时就遭遇了"滑铁卢"。

②线延伸。

线延伸是指用母品牌作为原产品大类中针对新细分市场开发的新产品的品牌（Keller，2003），线延伸的结果是产生了品牌不同的口味、包装、构成、形式、大小和用途的产品。

线延伸会增加成本，分散品牌的集中度，从而使消费者产生混淆，如××饮料企业刚推出鲜橙多时只有600ml一种规格，而经过产品线的延伸，鲜橙多现在有300ml、600ml、1.25L、2.0L等多种规格，当消费者告诉商店营业员买鲜橙多时，营业员不得不问消费者要多大规格的。

线延伸会为企业带来以下利益：扩大用户基础，满足消费者多样的需求，增加品牌的活力，阻击竞争对手，增加创新能力。

扩大用户基础：通过线延伸，可以满足品牌忠诚消费者的独特的、特殊的需求，增加消费者对该品牌的忠诚度，如可口可乐公司通过推出健怡可乐，满足了怕过多摄入糖分而长胖的可口可乐忠诚消费者的需求。

满足消费者多样的需求：线延伸为消费者提供了更多的选择，可以使目标消费者不必为了无法满足的需求而求助其他品牌，如统一推出的2.0升的鲜橙多就可以满足统一的忠诚消费者对于大瓶装橙汁的需求。

增加品牌的活力：线延伸可以使品牌更具有活力，更贴近大众，如可口可乐通过不断地推出各种中国传统节日和重大事件的喜庆装，使可口可乐的品牌形象更加朝气蓬勃和贴近中国的消费者。

阻击竞争对手：线延伸是实施市场竞争战略的有力工具，通过线延伸，可以阻击竞争对手对自己市场份额的蚕食。如飘柔洗发水通过不断地推出具有不同功效的产品的线延伸，阻击竞争对手对细分市场的蚕食。

增加创新能力：线延伸本身为产品创新提供了一个明确的途径，也是企业获得竞争优势的一个有力工具。

③纵向品牌延伸。

当一个企业推出一个品牌时，他总是针对一定的市场，或高端，或中端，或低端，或他们之间的组合，随着企业业务的增长、对利润追求的不断增加和竞争的不断加剧，品牌原有的定位不能满足企业业务不断增长的要求，或者从原来锁定的市场中不能获取足够的利润，又或者品牌锁定的市场竞争不断加剧时，部分企业可能会改变品牌原来的定位，使品牌向高于当前定位（高端）或低于当前定位（低端）的市场延伸。这就是纵向品牌延伸，根据其延伸方向的不同，又可以分为向上品牌延伸和向下品牌延伸两种类型。

向上品牌延伸是指企业通过将品牌进行向上延伸，可以在提高销量的同时，获得高额的利润，通过与高质量、尊贵的产品相联系而有力提升品牌的形象，如宝马公司通过设计最新款的劳斯莱斯来向人们展示他们超一流的设计能力，为宝马的品牌形象提升注入了强劲的动力。

但是，向上品牌延伸也存在着风险，例如，企业对于高端市场的不熟悉以及企业缺乏必要的组织结构和企业文化而容易导致延伸的失败。如果企业延伸失败并引起消费者的注意，则会对品牌形象和企业形象都带来损害。在大多数情况下，向上品牌延伸都会遭遇无法在消费者心目中建立对应的品牌与产品联想的困扰，因为消费者无法相信这个品牌能够传递必要的认知品质和情感利益，而这点对于高端产品来说是致命的，因为绝大多数的奢侈品消费都是以自我情感的表现为纽带来实现的。

当企业发现自己所在的中高端市场日渐饱和，业务增长缓慢，销售量和利润降低以及随着新技术的不断出现，产品的成本不断地降低时，往往会考虑将品牌向下延伸，因为低端市场往往容量巨大、竞争相对较弱而且充满活力。

同样，对于品牌的向下延伸，也是危险与机遇并存。品牌的向下延伸将会影响和改变消费者对品牌的认知，使消费者感受到品牌传递的自我情感表现的利益大大降低，这会带来品牌声望和形象的损害；而延伸后的低端产品与原有产品可能会自相残杀，新产品可能会吞噬企业自己原来占据的市场份额，而不是从竞争对手手里抢到新的市场份额。如××公司推出了低价S系列，希望占领低端洗发水市场，然而调查发现，绝大多数的低价S的购买者都是S产品的忠诚客户，而不是其他低价洗发水品牌客户，这些消费者只是从一种S转向了另一种更低价的S。品牌的向下延伸还容易给消费者造成产品定价过高的印象，而且对于向下延伸的品牌的产品，消费者对于产品的期望相对较高，如果产品无法达到消费者的期望，则容易造成延伸的失败。和向上品牌延伸一样，如果品牌延伸不成功而被消费者感知，会对品牌形象和企业形象造成巨大的负面影响。

无论是品牌的向下延伸还是向上延伸，总是收益与风险并存的，因此，企业在进行纵向品牌延伸决策时，需要慎重考虑以下三个方面的内容：

一是市场机会。企业在延伸前，首先要对市场的容量、竞争对手的状况以及该市场的利润空间进行后续的调查和研究，许多纵向品牌延伸失败的案例往往是过高地估计了目标市场的容量和利润以及低估了市场的竞争状况所造成的。

二是企业自身的竞争能力。面对一个新的市场，企业要考虑自己是否有足够的资源和能力来开发，企业的组织结构、企业文化、人力资源是否能够胜任品牌的这种延伸。

三是品牌战略。在进行纵向品牌延伸的决策时，企业要考虑自己的品牌战略平台是否预留了延伸的空间，如果没有，则是否采取新品牌战略。

（3）品牌延伸的原则与步骤。

品牌延伸是风险和机遇并存的，因此，在进行品牌延伸时，要把握以下原则，以增加延伸成功的几率。

相关性原则：延伸后的产品与原产品在成分和技术上要具有相似性，这样，消费者才能比较容易对品牌延伸产生积极、正面的评价。

资源共享原则：从组织结构到企业文化，从人力资源到服务体系，从营销渠道到促销组合，品牌延伸后的产品与原产品要能共享这些资源，否则，品牌的延伸将为企业带来太重额外的负担。比如，雅戈尔从衬衫延伸到西服，正是共享了这些资源，所以，很容易延伸成功。

目标消费群相似原则：品牌延伸后的产品与原产品锁定相似的目标消费群，是线延伸和相关大类延伸成功的重要原则，相似的消费心理、熟悉的运营方式使企业能够对进行中的品牌延伸轻车熟路。如金利来从领带到皮带到衬衣到皮包，都紧盯白领和绅士阶层的消费，延伸得比较成功。

品牌名称联想性原则：作为品牌延伸支撑的母品牌要与延伸的产品具有"联想"关系，即消费者由这一品牌名称能成功地联想到延伸的产品。如DELL这个品牌会让人联想起电脑类产品，因此，DELL可以轻易地实现从台式机到笔记本电脑和服务器的延伸。

质量相当原则：消费者感知的延伸的产品质量要与消费者的期望相当或更高，消费者对于品牌延伸后的产品都有自己的期望质量,而只有当消费者对品牌延伸后产品的感知质量与消费者的期望一致时,消费者才能接受品牌延伸后的产品。

企业进行品牌延伸时,要进行详细的调查、仔细的研究,并制定可行的方案,一般来说,品牌延伸可以按照图1-1所示步骤进行。

一是找到可供利用的品牌联想。明确现有的品牌联想和品牌识别,常见的品牌联想有许多来源,包括使用者的类型、产地、产品的成分和象征意义等,企业要用调查的方法,找出哪些品牌联想有可能帮助品牌实现延伸。

二是识别可供选择的产品类型,使它们能够与品牌联想相匹配。根据品牌的主要联想,在有限的范围内进行筛选,提出品牌延伸的产品类型的建议方案。

三是评价该产品类别的业务吸引力,包括是否存在未满足的需求,竞争环境及竞争对手如何,什么会阻碍品牌延伸的成功,利润空间如何,是否存在生产能力过剩的情况,是否有替代品等都是企业需要考虑的问题。

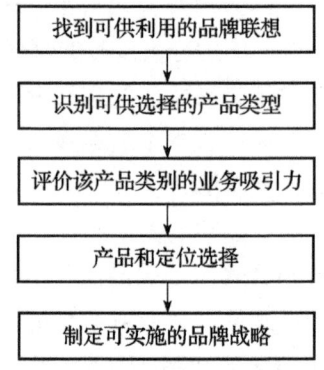

图1-1 品牌延伸步骤图

四是考虑产品和定位选择,考虑产品的优势和劣势,哪些产品和定位是可行的。在确定了可用联想、可选择的产品类型和对产品类型进行评价后,就要开发一种具体的产品并制定相应的定位策略来走向市场,这时企业需要注意的是,新产品要有足够的产品利益和差别点,只有这样,才能获取成功。对于产品的定位,企业要进行充分的调研和测试,确定最终的产品定位。

五是制定可实施的品牌战略。延伸的产品需要一个品牌战略。一般来说,可供选择的品牌方案有以下四种:母品牌加上描述性品牌;母品牌加子品牌;母品牌担保的新品牌;新品牌。在选择品牌方案时,最优的品牌延伸选择要考虑以下三个问题:该品牌是否有助于这个延伸;这个延伸是否会提升这个品牌;是否有充分的理由创建一个新品牌。

1.4.2.2 品牌延伸安全的基本理论

品牌延伸策略安全是品牌安全的一个部分,而品牌安全则是营销安全所包括的环境安全、市场安全、战略安全、策略安全、运作安全五大安全内容中策略安全的一部分,它们之间的关系如图1-2所示。

因此,在讨论品牌延伸安全之前,我们先对安全做一个界定,并介绍一下有关营销安全和品牌安全的内容。

(1)与品牌延伸安全相关的理论概述。

①安全的界定。

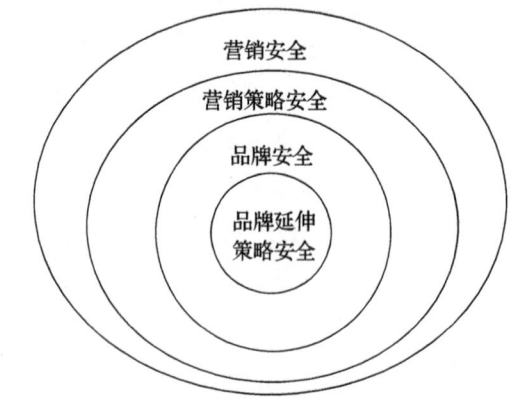

图1-2 品牌延伸安全与品牌安全及营销安全的关系

从广义上来说,安全包括狭义安全、隐患、威胁、危机、事故、失败等一系列概念,而狭义安全指的是没有隐患的一种状态,隐患是内外在的不确定性对主体构成威胁的一种可能性;威胁是指内外在的不确定性对主体造成破坏的可能性,是一种不安全的状态;危机和事故是一种严重不安全状态;而失败则是安全彻底被破坏。本书所指的安全是狭义的安全,即没有隐患的状态。

②营销安全概述。

我们对营销安全的定义为:在企业营销过程中,企业不会因为来自企业内部和外部的营销隐患或营销威胁的影响,引发严重的营销事故或营销危机,造成企业的营销损失,从而保持可持续的营销状态

（李蔚，2002）。

企业营销安全可用公式表示如下

$$MS = f(p \times c) \ (p \to 0, c \to 0)$$

式中，MS代表企业营销安全，它是Marketing Safty的英文缩写。p代表营销事故、营销危机或营销失败发生的概率，c代表营销事故、营销危机或营销失败发生后的损失程度。$p \to 0$表示营销事故、营销危机或营销失败发生的概率趋近于0，$c \to 0$表示营销事故、营销危机或营销失败发生后的损失趋近于0，如果营销管理能满足$p \to 0$和$c \to 0$，则表明营销是安全的，否则就不安全。

企业营销安全是对营销隐患、营销威胁、营销事故、营销危机和营销失败的一种反映状态，其关系式可以写为

$$MS = 1/(MH \cdot MT \cdot MA \cdot MC \cdot MF)$$

MS：企业营销安全；MH：营销隐患；MT：营销威胁；MA：营销事故；MC：营销危机；MF：营销失败。

营销隐患是指在企业营销过程中，由于内外界不确定因素的影响，给企业营销带来危机或事故，造成企业营销损失或失败的可能性。

营销威胁是指在企业营销过程中，可能引发企业营销事故、营销危机或营销失败的各种危险因素及其对企业正常营销形成的压力。营销威胁是营销隐患的组成要素之一，是营销隐患中有破坏性的那一部分。

营销危机是指由严重营销威胁或营销事故引发的营销紧急状态。营销危机直接起源于营销威胁或营销事故。当营销威胁未及时被控制，或营销事故未能很好地得到处理，就很容易引发全面性的营销危机。

营销事故是营销威胁失去控制的结果。威胁对企业营销而言是客观存在的，如果这种威胁未得到有效控制，当各种条件成熟时，它就会发生突变，造成营销事故，使正常的营销活动被破坏，并形成直接的有形与无形资产的损失。

营销失败是指由于营销危机未能被有效控制引发的损失状态，相对营销事故来讲，营销失败是一种结果损失，而营销事故是一种过程损失（李蔚，2002）。

从公式中我们可以看出，要推进企业营销安全管理，就必须推进企业的MH管理、MT管理、MA管理、MC管理和MF管理。

营销安全的内容包括环境安全、市场安全、战略安全、策略安全、运作安全五大部分。

环境安全包括政治环境、经济环境、法律环境、文化环境、技术环境和自然环境的安全。

市场安全包括行业要素安全、消费要素安全、竞争要素安全、协作要素安全和大众要素安全。

战略安全包括战略定位安全、战略目标安全、战略分析安全、战略计划安全、战略控制安全五大部分。

策略安全包括品牌策略安全、产品策略安全、价格策略安全、渠道策略安全和促销策略安全五大部分。

运作安全包括组织安全、人力资源安全、财务安全和信息安全四大部分。

③品牌安全概述。

品牌包含三个主要的层次，分别为核心层、形式层和策略层。核心层主要由品牌理念、品牌联想和品牌个性所组成；而形式层则主要包括品牌产品、品牌商标和品牌服务；策略层则包括品牌的生命周期策略、品牌延伸策略、新品牌策略。它们之间的关系如图1-3所示：

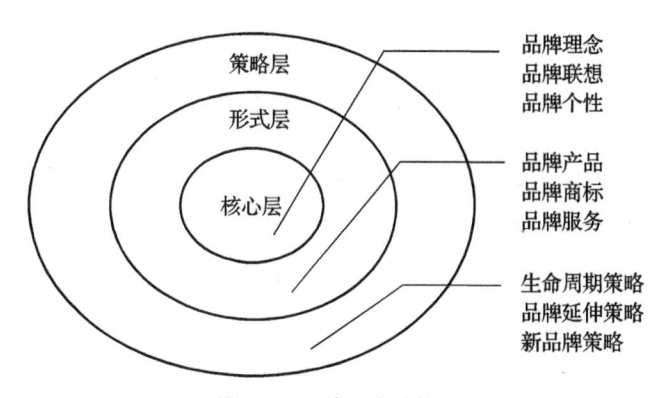

图1-3 品牌层次结构图

品牌安全就是要保证品牌的三个主要层次的安全,即品牌核心的安全、品牌形式的安全和品牌策略的安全。

品牌核心的安全:品牌的核心由品牌理念、品牌联想与品牌个性组成,因此,品牌核心的安全包括品牌理念、品牌联想和品牌个性的安全。

品牌理念安全:品牌理念是指对品牌核心价值的高度概括,它是品牌能为消费者带来的利益点和相对于其他品牌的竞争优势的表达,也是消费者购买决策的主要驱动因素。一个拥有好的品牌理念的品牌,能够促进销售和消费的实现。如诺基亚"科技以人为本"的品牌理念,让消费者感受到了诺基亚在先进科技外衣下的温暖的人性化关怀,使消费者对诺基亚品牌具有亲切感,因此,诺基亚的品牌理念是安全的。

品牌联想安全:品牌联想是指消费者心目中对于品牌的印象和认同程度,品牌联想安全就是要让消费者产生美好的、具有购买动机的联想,即消费者产生的联想要符合企业的需要,而不要产生负面的、歧义的、错误的联想。

品牌个性安全:品牌个性是指品牌所拥有的特定的人性化特色,如有的品牌的个性为健康的,有的则为活泼的。品牌个性安全就是要使品牌个性与目标消费者所认同的个性相一致,并且要与企业的形象相一致。

品牌形式安全:品牌形式包括品牌产品、品牌商标、品牌服务三大部分,因此,该三大部分的安全则代表了品牌形式的安全。

品牌产品安全:产品是品牌的载体,产品安全就是指品牌所依附的产品不存在质量、包装、设计、工艺等缺陷。

品牌商标安全:品牌商标安全是指作为品牌的主要组成部分的商标是否受到法律保护以及是否会被假冒。如果企业的品牌商标不能或没有登记注册成为注册商标,就不会受到法律保护。企业花巨大心血培育出来的品牌就会被他人免费分享,甚至危及品牌生存。品牌商标安全还指企业品牌商标的注册范围和注册领域安全。如果品牌商标注册范围太狭窄、注册领域太小,品牌延伸和品牌扩张就会受到限制,缺少必要的拓展空间,品牌商标就不安全(王良锦,2001)。

品牌服务的安全:服务是除产品之外品牌的又一个载体,服务质量的好坏直接影响着消费者对于品牌认知质量的形成。因此,品牌服务安全就是要保证品牌提供的服务质量要与消费者对于品牌的期望服务质量相一致或者更高。

品牌策略的安全:品牌策略包括品牌生命周期策略、品牌延伸策略、新品牌策略等方面,因此,品牌策略安全就包含了品牌生命周期策略、品牌延伸策略和新品牌策略的安全。

品牌生命周期策略的安全:任何一个品牌都要经历引入期、成长期、成熟期、衰退期四个阶段。品牌的生命周期安全就是要尽可能推迟品牌衰退期的到来,使品牌之树能够"长青",企业可以通过建立品牌家族,不断将品牌移植到新产品上来,以提高品牌的生命周期安全。

品牌延伸策略的安全:品牌延伸策略主要是指品牌延伸的时机选择、资源分配、速度和延伸链的长度的选择方法。品牌延伸策略安全就是指要在恰当的时机,分配合理的资源、选择合适的延伸速度和长度来进行品牌延伸。

新品牌策略安全:对于不能进行品牌延伸的企业,新品牌策略是其另一个选项,在企业做出新品牌决策时,必须要满足以下理由中的至少一条,才能保证新品牌策略的安全。一是所有现有品牌所具有的品牌联想都与新产品不协调;二是该产品将损害原有的品牌形象;三是需要一个新名字才能创造或者拥有一个联想;四是只有一个新名字才能说明产品的新颖性;五是从外部购买的品牌拥有很高的忠诚度,如果改变名字就有损失忠诚度的危险;六是渠道冲突要求有新的名字;七是该业务具有很大的规模和期限，值得投资一个新品牌（Aaker，2005）。

（2）品牌延伸安全的概念、特点及基本形态。

①品牌延伸安全的概念。

对于品牌延伸安全，目前学术界尚未给出明确的定义，我们根据品牌延伸安全的概念，再结合自己的研究成果，将品牌延伸安全定义为：企业在进行品牌延伸的过程中，不会受内外因素的威胁而导致品牌延伸事故、延伸危机或延伸失败，从而达到期望的延伸目标的状态。

品牌延伸安全可以用以下公式来表示：

$$BES = \lim(pI) \ (p \to 0, I \to 0)$$

公式中的 BES 表示品牌延伸安全，是 Brand Extension Safty 的缩写，p 表示导致品牌延伸事故、品牌延伸危机或品牌延伸失败发生的概率，I 表示品牌延伸事故、延伸危机或延伸失败后给企业带来损失的程度。$p \to 0$ 表示导致品牌延伸事故或品牌延伸失败发生的概率趋近于 0，$I \to 0$ 表示品牌延伸事故、品牌延伸危机或品牌延伸失败后给企业带来的损失的程度趋近于 0。如果 p 或 I 两者中有任一个趋近于 0，则根据求极限的结果，品牌延伸就是安全的。

②品牌延伸安全的特点。

品牌延伸安全具有以下三个特点：

品牌延伸的第一个特点是相对性。品牌延伸安全是一个相对的安全，而不是绝对的安全，绝对安全的品牌延伸是不存在的。

品牌延伸安全的相对性，首先是相对于品牌延伸事故、品牌延伸危机和品牌延伸失败发生的概率以及品牌延伸发生事故、危机和失败后给企业带来的损失而言的。从品牌延伸安全的公式中我们可以看到，只要发生品牌延伸事故、危机和失败的概率趋近于 0 或品牌延伸事故、危机、失败给企业带来的损失趋近于 0，品牌延伸就是安全的。因此，企业只要能保证在品牌延伸的过程中尽量避免发生品牌延伸事故、品牌延伸危机或品牌延伸失败，或将品牌延伸事故、品牌延伸危机、品牌延伸失败所带来的损失控制在尽可能小的程度上，品牌延伸就是安全的。

品牌延伸安全的相对性，其次是相对于收益而言的。如果企业品牌延伸事故、危机或失败所带来的损失远小于品牌延伸带来的收益，我们也认为企业的品牌延伸是安全的。

品牌延伸安全的相对性，也是相对于竞争对手而言的。我们在讨论营销问题时，竞争对手总是我们不可忽略的一个重要因素，品牌延伸也不例外，如果企业在品牌延伸上发生的事故、危机或失败比竞争对手在强度和频次上都要低，则我们也认为企业的品牌延伸是安全的。

品牌延伸的第二个特点是不确定性。品牌延伸的安全与否受很多因素的影响，这些因素的不确定性及它们之间错综复杂的关系，构成了品牌延伸安全的不确定性。如市场环境的变幻莫测以及竞争对手的不确定性决策决定了企业在进行品牌延伸决策前，不能对市场的因素进行确定的判断。而正是这种不确定性，才使得对品牌延伸的安全研究变得更有意义。

品牌延伸的第三个特点是可控性。虽然品牌延伸是一个复杂的系统工程，而且它又具有不确定性的特点，但是，品牌延伸安全是可控的，因此，企业才能对品牌延伸进行科学的决策和对品牌延伸的过程进行科学的控制。

品牌延伸安全的可控性主要表现在四个方面：隐患、威胁可测，事故可防，危机可化解，失败可避免。

一是品牌延伸隐患和威胁是可预测的。虽然隐患和威胁有不确定性，但通过监测、分析是可以预测的。

二是品牌延伸事故是可以预防的。品牌延伸事故有积累性，因此在事故发生前会形成一个积累区间，在这个区间我们只要采取恰当的措施，就可以防止品牌延伸事故的发生。

三是品牌延伸危机是可以化解的。品牌延伸危机有前兆性，也有应急性，只要我们及时识别危机的前兆，化解正在爆发的品牌延伸危机，只要我们在危机时刻抓住机会，就可以将已发生的危机转化为安全。

四是失败可以避免。失败总是由事故和危机演化而来的，只要我们能有效地预防事故和化解危机，品牌延伸失败就可以避免。

③品牌延伸安全的基本形态。

在对品牌延伸安全进行定义时，我们使用了品牌延伸事故、品牌延伸危机、品牌延伸失败等概念，这些都是与品牌延伸安全相关的基本形态，其他与品牌延伸安全相关的基本形态还包括品牌延伸隐患、品牌延伸威胁，下面，我们对这几个基本形态进行分别阐述。

品牌延伸隐患。品牌延伸隐患是指企业在进行品牌延伸的过程中，由于内外界不确定因素的影响，给企业品牌延伸带来危机或事故，造成企业品牌延伸失败的可能性。

在理解品牌延伸隐患这个概念时，我们需要注意：第一，品牌延伸隐患是一种可能性，而不是确定性，如果品牌延伸注定要失败，那就不是品牌延伸隐患，而是品牌延伸危机或品牌延伸事故；第二，品牌延伸隐患发生的诱因是"不确定性因素"，如果品牌延伸隐患发生的因素已经确定，那么结果就是确定的，也就不存在隐患；第三，品牌延伸隐患是一种品牌延伸事故、延伸危机或延伸失败的可能性，因此，品牌延伸隐患并没有带来损失，而是一种潜在损失的可能性，把隐患与损失等同是不科学的。隐患再大，也不能称为损失，只有隐患转换成事故或失败时才形成损失。

品牌延伸威胁。品牌延伸威胁是指在进行品牌延伸的过程中，可能引发企业品牌延伸事故、品牌延伸危机或品牌延伸失败的各种危险因素及其对企业品牌延伸所要达到的期望延伸目标所形成的压力。品牌延伸威胁是品牌延伸隐患的组成要素之一，是品牌延伸隐患中有破坏性的那一部分。

品牌延伸事故。所谓的品牌延伸事故，是指企业在品牌延伸的过程中，给企业品牌、财务甚至整个企业的发展带来重大损失的事件。品牌延伸事故是品牌延伸威胁失去控制的结果。威胁对品牌延伸而言是客观存在的，如果这种威胁未得到有效控制，当各种条件成熟时，它就发生突变，造成品牌延伸事故，使正常的品牌建设被破坏，并形成直接的有形与无形资产的损失。

品牌延伸危机。品牌延伸危机是指由严重品牌延伸威胁或品牌延伸事故所引发的紧急状态。品牌延伸危机直接起源于品牌延伸威胁或品牌延伸事故。当品牌延伸威胁未及时控制，或品牌延伸事故未能很好处理，就很容易引发全面性的品牌延伸危机。因此，要防止品牌延伸危机的发生，最行之有效的方法就是防止品牌延伸威胁和品牌延伸事故的出现和对已经出现的品牌延伸威胁和局部的品牌延伸事故进行及时、正确的处理。

品牌延伸失败。品牌延伸失败是指由于品牌延伸危机未能被有效控制引发的损失状态。品牌延伸失败，从某种意义上来讲，也是一种品牌延伸事故，但是，两者之间并不是等同的关系。品牌延伸事故是一种过程损失，而品牌延伸失败是一种结果损失。品牌延伸事故经常是品牌延伸失败的原因，而品牌延伸失败经常是品牌延伸事故的结果。

品牌延伸失败会给品牌带来一系列的损失：

品牌延伸会损害品牌联想和品牌形象。品牌延伸失败会让消费者产生不适宜的品牌联想，降低品牌的认知质量，改变现有的品牌联想，从而对品牌形象产生损害。如美国的派克钢笔，本来是高贵、绅士的象征，但其向下的品牌延伸严重损害了它的品牌联想，使人们无法将派克笔同高贵、绅士结合起来，导致了派克公司的巨大损失。

延伸的品牌联想可能会使原来清晰的品牌形象变得模糊起来。如××将其品牌延伸至快餐业时，它的品牌形象显然受到了削弱，人们无法将××快餐独立起来，消费者对于××家电优质的产品形象和良好的服务的品牌联想变得模糊。

品牌延伸通常会产生新的品牌联想，其中一些会损害品牌在原有环境中的可信度。

品牌延伸还有引起消费者的心理冲突。一个成功的品牌必定会在消费者心中产生一个关于该品牌的特定功能、质量和特征的心理定位，当企业对这个品牌进行不相关的大类延伸时，消费者会对原先形成的优先效应进行否定，就有悖于消费者的品牌心理定位。如著名的制药企业××制药，当其将品牌延伸至啤酒时，消费者的心理冲突就产生了，消费者在拿起××啤酒的同时，就会想到××胃药，消费者就会产生心理阴影，怀疑自己是在喝酒还是在喝药？这种延伸忽视了消费者的心理定位，对××品牌造成了很大的损伤，怎么可能会成功呢？

品牌延伸会引发"跷跷板"效应。《定位》的作者，著名的品牌定位专家艾·里斯指出：一个名称如果同时代表两种有差异的产品，那么当一种上来时，另一种就要下去，这就是著名的"跷跷板"效应。根据该理论，企业在进行品牌延伸时，如果延伸产品获得了成功，那么消费者有可能将品牌的心理定位转到品牌延伸至的新产品身上，这样，虽然新产品获得成功，却在无形中削弱了老产品的竞争优势，态势的交替升降变化，即为"跷跷板"现象。如A牌腌菜曾在市场上占有最大的份额，而当公司把A品牌延伸到番茄酱市场后，A番茄酱成为该市场的领导产品，而与此同时，A却丧失了腌菜市场上的头把交椅，其在腌菜市场上的领导地位被另一品牌所代替。A品牌的腌菜曾经成功抵御了其他品牌的无数次进攻，最后却因品牌延伸而丧失了领导地位，"跷跷板"效应对于品牌的影响由此可见一斑。

品牌延伸会导致"株连"效应。将企业众多的产品集中于一个品牌的翅膀之下，固然可以充分利用母品牌的资源，节约营销成本，但是，这种品牌管理方式也容易导致"一颗老鼠屎坏了一锅粥"的情况发生，品牌中的某一个环节或某一个产品出现问题后，容易波及其他产品，容易导致消费者对该品牌下所有产品的否定。

1.4.3 影响品牌延伸安全的关键因素

确定品牌延伸安全受哪些因素的影响，是进行安全的品牌延伸的基础，国内的卢泰宏和余明阳等学者都对这个问题进行过研究。卢泰宏在其《品牌延伸的评估模型》一文中将影响品牌延伸的因素分为5大类，分别为消费者因素、市场因素、公司因素、核心品牌因素、营销因素（其他）。而余明阳在其《论品牌延伸的评估模型》一文中则将影响品牌延伸的因素分为品牌的强势度、核心品牌与延伸产品的相关性、环境因素3大类（余明阳，2000）。卢泰宏教授在其文章中将其他营销因素又分解为价格因子、传播力因子、销售力因子。我们认为，如果用营销力中的产品力、销售力和形象力来代替这些因子更为完整，因为价格因子是产品力中的一部分，而传播力因子则是销售力的一个组成部分，形象力则可以将公司因素包括进去，这样就可以用营销力因素来代替公司因素和其他营销因素。而余明阳教授在分类时，则将消费者、营销力和市场因素都用环境因素替代了，显得过于笼统，有点分类不清，因此，我们在研究包括卢教授和符教授等国内外其他学者成果的基础上，结合自己的研究认为，品牌延伸安全受如图1-4所示的四类关键因素的影响。

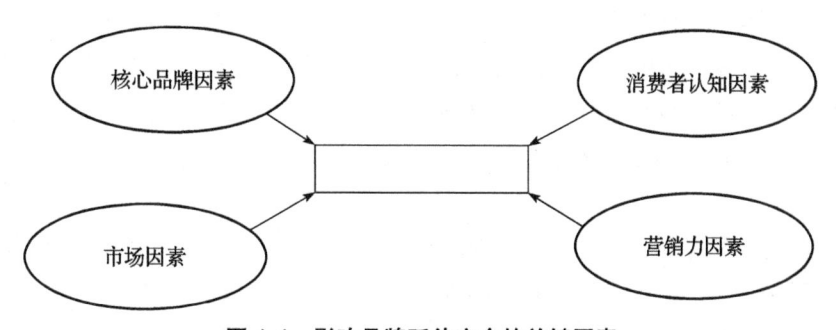

图1-4 影响品牌延伸安全的关键因素

1.4.3.1 核心品牌因素

核心品牌（Core Brand）又称为原品牌，是指已建立市场地位的、作为品牌延伸出发点的原有品牌。品牌延伸的目的就是要利用原品牌的强势地位，为新产品或进入新的市场保驾护航，因此，核心品牌对于品牌延伸安全的地位举足轻重，如果将品牌延伸比作一台隆隆前进的机器，那么核心品牌就是这台机器的发动机。

通过对核心品牌因素的进一步剖析，我们还可以将核心品牌因素分为以下 5 个因素：相似度、强势度、品牌理念、延伸空间、延伸次序。

（1）相似度。

相似度指的是核心品牌所代表的原产品与延伸后产品之间的关联程度。一般来说，相似度高的延伸，成功的概率高，这样的延伸就是安全的延伸。相似度从类型上来看，又可以分为技术相似度、类别相似度和可替代度。技术相似度是指核心品牌下的原产品与延伸产品在技术上、成分上和制造工艺上是否有相似性；类别相似度是指核心品牌下原产品与延伸产品在功用上是否属于相似的类别；可替代度指的是延伸产品是否可以替代核心品牌下的原产品。

核心品牌下的原产品与延伸产品的相似度越高，消费者对于核心品牌和品牌延伸后的产品之间相互适合的感知越强烈。消费者会认为，公司拥有制造延伸产品所必需的技术和资产的能力。因此，消费者就容易接受延伸的新产品。如消费者对于 IBM 大型机的感知，有助于 IBM 推出和计算机相关的产品。

为了保证核心品牌与延伸产品的相似性，可以采取以下措施：

①技术密切相关。如果核心品牌下的原产品与延伸产品在技术上密切相关，那么有助于提高消费者对于延伸产品的认同。如海尔从最开始的电冰箱延伸到空调，两者都使用了制冷技术，具有很强的技术相似性，因此，延伸容易成功。而××从空调延伸到了汽车，两者之间的技术相关性就非常差，因此，××的核心品牌对于品牌延伸并没有提供有力的支撑，容易导致延伸的失败。

②主要成分一致或相似。核心品牌下的原产品与延伸产品在主要成分上的一致或相似，使消费者更容易理解为什么二者使用相同的品牌，特别是在产品属性、使用群体等都不同的情况下，核心品牌下的原产品与延伸产品在主要成分上的一致或相似，将有助于品牌的安全延伸。

③制造工艺相同或相似。大多数消费者认为，相同的制作工艺保证了相同的产品质量，使核心品牌下原产品的优质品质能够延伸到延伸产品身上。如 Intel 在对其低端产品赛扬（Celeron）进行宣传时，就宣称赛扬和 Intel 的高端产品奔腾（Pentimu）使用了相同的生产工艺，以提高 Intel 对延伸的赛扬系列产品的延伸安全性。

④使用相同的销售渠道。销售渠道不仅是销售产品的通道，也是塑造品牌形象的窗口。如果不利用相同的分销渠道，企业就无法充分发挥品牌延伸降低营销费用的优势。另外，相同的销售渠道还能维持品牌形象的延续性和一致性，反之则可能危及品牌整体形象。

⑤使用相同的服务体系。服务是品牌除产品之外的另一个重要载体，核心品牌下的延伸产品如果与原产品使用相同的售前、售中和售后服务，则能让消费者感觉到延伸产品和核心品牌之间的关联性，品牌延伸安全将会多一份保障。如×××从饮料行业延伸到童装，这二者之间无法共享相同的服务体系，因此，消费者对于二者之间关联性的感知就弱，这样的品牌延伸较为勉强。

（2）强势度。

强势度是指核心品牌的品牌力大小，是品牌资产大小的集中体现，也是品牌延伸安全与否的关键指标。一般来说，品牌越强势，品牌所积累的品牌力越大，则品牌延伸越安全。如果一个核心品牌没有很"强势"的品牌力，则没有必要进行品牌延伸。品牌强势度可以进一步分解为品牌忠诚度和品牌认知质量。

①品牌忠诚度。品牌忠诚度是指消费者对于品牌的满意程度并坚持使用该品牌的承诺程度。品牌忠诚度是品牌资产的关键因素，因为具有高忠诚度的消费群能够产生可以预期的销售额和利润，同样，具有高忠诚度的消费群能够将他们对于品牌的忠诚移植到该品牌延伸到的新产品上。因此，拥有高忠诚度的品牌对于品牌延伸安全是至关重要的。

为了提高品牌的忠诚度，可以采取以下措施：通过加强顾客与品牌的联系，如与顾客进行品牌知名度、认知质量，以及有效的品牌识别的沟通；频繁的购买计划能直接加强顾客的忠诚行为，这类计划不仅能加强品牌的核心价值传递和差异化定位，而且还能体现企业对忠诚消费者的承诺；顾客俱乐部也是提高顾客对品牌忠诚度的有力工具之一，顾客俱乐部体现了企业对忠诚消费者的关心，顾客俱乐部为消费者提供了品牌识别，让顾客与有共同语言的人们共同参与品牌建设。

②认知质量。认知质量是消费者对品牌所传达的质量、信誉、档次等信息与同类产品相比的优势的综合体验，是消费者对品牌的主观质量评价，也是消费者购买的核心。当消费者对核心品牌的认知质量提高时，他们对该核心品牌所做的延伸通常也更容易接受。

为了提高品牌的认知质量，通常采取创造品质感知的策略。企业为消费者提供高品质的产品和服务是品牌成功的重要因素，然而，由于各种原因，消费者对产品的认知质量与真实质量也许会存在一定的偏差，因此，创造高品质的感知也是提高品牌认知质量的重要步骤，通过与消费者的沟通，向消费者传达品牌的高质量是建立高品质感知的重要手段。

（3）品牌理念。

品牌理念是对品牌核心价值的高度概括，也是品牌之于消费者核心利益的准确表达。品牌理念是品牌的核心，因此，品牌理念也是决定品牌延伸安全与否的核心要素。一般来说，品牌理念更有利于品牌的延伸。为了提高品牌延伸安全，企业在进行品牌理念的提炼时，要注意不要过多地将品牌理念同产品的功能、技术结合起来，如果是这样的话，将为品牌的延伸造成很大的困难。

（4）延伸空间。

企业在创建核心品牌时，要注意预留日后品牌延伸的空间。品牌的延伸空间是日后将核心品牌作为新产品的品牌或将核心品牌作为新产品担保品牌的基础，如果核心品牌没有预留的延伸空间，那么新产品就无法利用核心品牌形成的强势资源。预留核心品牌的延伸空间最主要的是企业在创建品牌时，要对最终产品范围的构成做出判断，如果最终产品范围比开始时的产品范围大的话，不要将核心品牌与开始时的产品做太过紧密的关联。如四川本地主要生产方便粉丝的品牌××，其××就是肥肠粉丝的品牌，定位固然可以抢占一定的消费者的心理空间，但是这种将产品同品牌等同的定位，就没有为日后××品牌的延伸预留出空间，为品牌的发展人为地设置了障碍。

（5）延伸次序。

根据Reddy等人对20年中34种香烟75次的线延伸数据的分析，我们找到了一些促使线延伸成功的因素，包括较早进入某一产品大类的线延伸会比后进入的延伸成功（Reddy、Holak和Bhat，1994）。因此，企业在进行品牌的线延伸时，要对新产品的市场容量和利润率进行深入的研究，对于那些市场容量大、获利高的产品要优先进行延伸。

1.4.3.2 *消费者的知识因素*

品牌延伸的成败最终取决于消费者对这次品牌延伸的态度和评价，因而，消费者的知识因素是影响延伸结果的另一个重要因素。著名的品牌战略大师凯文·莱恩·凯勒在其《战略品牌管理》中指出，品牌知识由品牌意识和品牌形象两部分特性组成（2003）。因此，消费者的知识因素又可以分为品牌意识和品牌形象两个分因素。

品牌意识是指消费者在各种不同的情况下确认品牌的能力，它反映的是品牌在消费者头脑中的牢固程度。品牌形象是指消费者对于品牌的感觉，是消费者头脑内对于该品牌的联想。一般来说，消费者对于核心品牌的认识越深，记得越牢，消费者对于该品牌的联想越丰富，以及消费者心目中该品牌的形象越光辉，则品牌延伸安全越容易得到保障。

为了充分利用消费者关于核心品牌的知识因素，促进品牌延伸安全的提高，企业可以采取以下措施：

（1）通过广告、人员等沟通手段，使消费者认识和加深关于延伸品牌的品牌意识，增加消费者回忆起核心品牌及其延伸产品的能力。

（2）用名称联系法等方法激发消费者的品牌联想，使消费者能够在第一时间快速反应出核心品牌与延伸产品之间的关系，增加延伸产品的销售力。

（3）持续进行品牌建设，提高消费者对于品牌的满意度和忠诚度，使消费者能够将对核心品牌的喜爱和忠诚顺延到延伸的新产品身上。

1.4.3.3 市场竞争因素

品牌延伸后的产品最终要在市场上销售，在市场上与其他产品展开激烈的市场竞争，因此，市场竞争因素也是品牌延伸安全的关键因素。市场竞争因素可以进一步细分为市场机会因素和竞争对手因素，市场机会因素包括市场容量、市场成长性、行业利润率，而竞争对手因素包括竞争对手的数量、竞争对手的实力、竞争对手的反应模式、竞争产品的定位。因此，企业在做出品牌延伸的决策前，一定要对市场的竞争环境做出细致而准确的调查，特别是对市场的容量、成长性以及竞争对手的情况等做出准确评估。通常来说，竞争越激烈的市场，品牌延伸的意义越大，因为一个新品牌进入市场更容易引起竞争对手的警觉和对新品牌的攻击，而且一个新品牌要想成功所花费的费用比品牌延伸要大得多。品牌延伸要进入新的市场，对于新市场的竞争状况的研究显得尤为重要，因为详细而准确的市场竞争状况研究，使企业更加了解将要进入的市场并制定相应的营销策略。

1.4.3.4 营销力因素

营销力是指推动企业营销活动的动力，它由产品力、销售力和形象力所组成，这三种力作用于企业的营销链条，推动企业营销活动的正常开展和不断前进，因此，这三种力量对于品牌延伸来说，也是推动品牌延伸活动正常开展和不断前进的力量。营销力越强，则品牌延伸安全的可能性越大。

（1）产品力。

产品力包括产品的感知质量、感知价格、服务质量和生命周期，这里的产品力是指品牌延伸后新产品的产品力。

品牌延伸的载体是产品，因此，产品的质量特别是消费者对于产品的感知质量，是品牌延伸能够获得成功的基础，如果企业不能为消费者提供新颖、实用或者满足消费者需求的产品，则品牌延伸在一开始就注定了失败。

价格是产品的重要组成部分，而消费者对于延伸后产品的感知价格会影响他们的购买行为，如果消费者认为品牌延伸后产品的价格是合理的，则品牌延伸后产品的价格就具有竞争力，具有竞争力的价格为品牌延伸成功提供了保障。

服务质量是消费者感知品牌的另一个重要渠道，特别是在目前竞争日益激烈的商战中，服务对于提升产品力，促进产品的销售起着重要的作用。消费者日益重视产品以外的附加值，消费者对服务的感知质量可以增强消费者的满意度。满意的消费者才能对品牌忠诚，对品牌忠诚才能更加有助于品牌延伸的安全。

产品所处的生命周期阶段也是产品力的重要组成部分，产品的生命周期反映了产品处于哪一个阶段,是萌芽期还是衰退期。研究表明,如果在核心品牌下的原产品处于萌芽期或成长期进行品牌延伸,效果比起进入成熟期或衰退期再进行延伸要好得多,因此,企业在进行品牌延伸决策时,要注意宜早不宜晚。

(2)销售力。

销售力是推动产品快速流动的力量,销售力大的品牌,其产品销售快、销量大,因此,获利就高,抗风险的能力就强。销售力主要包括企业的渠道建设和管理能力、企业营销人员的战略和策略制定及执行能力、促销组合的合理性。一个合理而强大的渠道,是实现企业产品快速到达消费者,使消费者能够便利地购买产品以实现产品销售的通道。如果一个企业拥有了这样的渠道,则其品牌延伸后的新产品能够快速到达消费者的面前,使消费者能够轻松地实现消费,这为安全的品牌延伸提供了基础保证。同样,一支具有很强的战略和策略制定及执行能力的营销队伍,能够制定合理的品牌延伸的营销战略和策略并有效地执行,能够快速抓住消费者对于品牌延伸后产品的反应并反馈到企业的营销战略和策略制定中去,这对于品牌延伸的开展是非常重要的。而通过制定和执行合理的促销组合,则可以让消费者了解并记住品牌延伸后的产品和品牌,告诉消费者购买延伸后产品的理由,让消费者产生消费的欲望,并最终实现消费。

(3)形象力。

形象力包括品牌形象力和企业形象力两个部分。对于品牌形象力部分,我们在前文已经做出讨论,这里不再赘述。企业形象力包括企业的信誉度和消费者认为的企业的品牌延伸能力。企业的信誉度是消费者对于公司满意和信赖的程度。这种对于公司的信赖可以顺延到公司的产品和品牌身上。消费者认为企业品牌延伸的能力是指消费者通过各种渠道了解的公司与延伸产品之间是否具有关联以及公司是否储备了足够进行品牌延伸的资源,以确定公司是否具有生产质量可靠的、满足自己需求的新产品的能力。

1.4.4 品牌延伸安全模型与关键因素安全等级的测定

1.4.4.1 品牌延伸安全的层次分析模型

(1)品牌延伸安全的层次分析模型的构建。

从前文对影响品牌延伸安全的关键因素的分析,我们可以看出,对于影响品牌延伸安全的关键因素很难进行精确的数学定量,因此,对此问题难以采取定量的数学分析方法。我们将建立层次分析模型,采用层次分析法来评价这些关键因素对品牌延伸安全的影响。层次分析法采用定性和定量相结合的方法来解决复杂的社会问题的决策,该分析方法既考虑了数学分析的精确性,又考虑了人类决策思维过程及思维规律,是目前社会学研究特别是社会学决策问题研究广泛采用的方法。

下面我们将用影响品牌延伸安全的关键因素为变量来构建品牌延伸安全的层次分析模型。假设品牌延伸安全的几率为 W,影响品牌延伸安全的关键因素为变量,则

$W = f(B, K, M, P)$

$= f(B_1, B_2, B_3, B_4, B_5, K_1, K_2, M_1, M_2, P_1, P_2, P_3)$

$= f(B_{11}, B_{12}, B_{13}, B_{21}, B_{22}, B_3, B_4, B_5, K_1, K_2, M_{11}, M_{12}, M_{13}, M_{21}, M_{22}, M_{23}, M_{24}, P_{11}, P_{12}, P_{13}, P_{14}, P_{21}, P_{22}, P_{23}, P_{31}, P_{32})$

由此我们可以看到,品牌延伸安全的几率是一个以影响品牌延伸安全的关键因素作为变量的函数,因此,研究品牌延伸能否安全需要分析这些关键因素对品牌延伸安全影响的相对重要程度。

(2)用层次分析法计算关键因素对品牌延伸安全影响的权重。

为了计算出各关键因素对于品牌延伸安全影响的权重,即各关键因素对品牌延伸安全的相对重要程度排序,我们运用层次分析法。

第一步：构造递阶层次结构。构造递阶层次结构是进行层次分析法的基础，在前文分析的基础上，我们梳理出如下的层次关系。

目标层：品牌延伸安全（A）。

准则层一：核心品牌因素（B）、消费者知识因素（K）、市场竞争因素（M）、营销力因素（P）。

准则层二：相似度（B1）、强势度（B2）、品牌理念（B3）、延伸空间（B4）、延伸次序（B5）；品牌意识（K1）、品牌形象（K2）；市场机会（M1）、竞争对手（M2）；品牌延伸后新产品的产品力（P1）、销售力（P2）、形象力（P3）。

最底层：技术相似度（B11）、类别相似度（B12）、可替换度（B13）；品牌忠诚度（B21）、品牌认知质量（B22）；市场容量（M11）、市场成长性（M12）、行业利润率（M13）；竞争对手的数量（M21）、竞争对手的实力（M22）、竞争对手的反应模式（M23）、竞争产品的定位（M24）；产品的感知质量（P11）、产品的感知价格（P12）、产品的服务质量（P13）、产品的生命周期（P14）；渠道的建设和管理能力（P21）、营销人员的战略和策略制定及执行能力（P22）、促销组合的合理性（P23）；企业信誉度（P31），消费者认为的企业品牌延伸能力（P32）。

图1-5为影响品牌延伸安全的关键因素层次结构示意图。

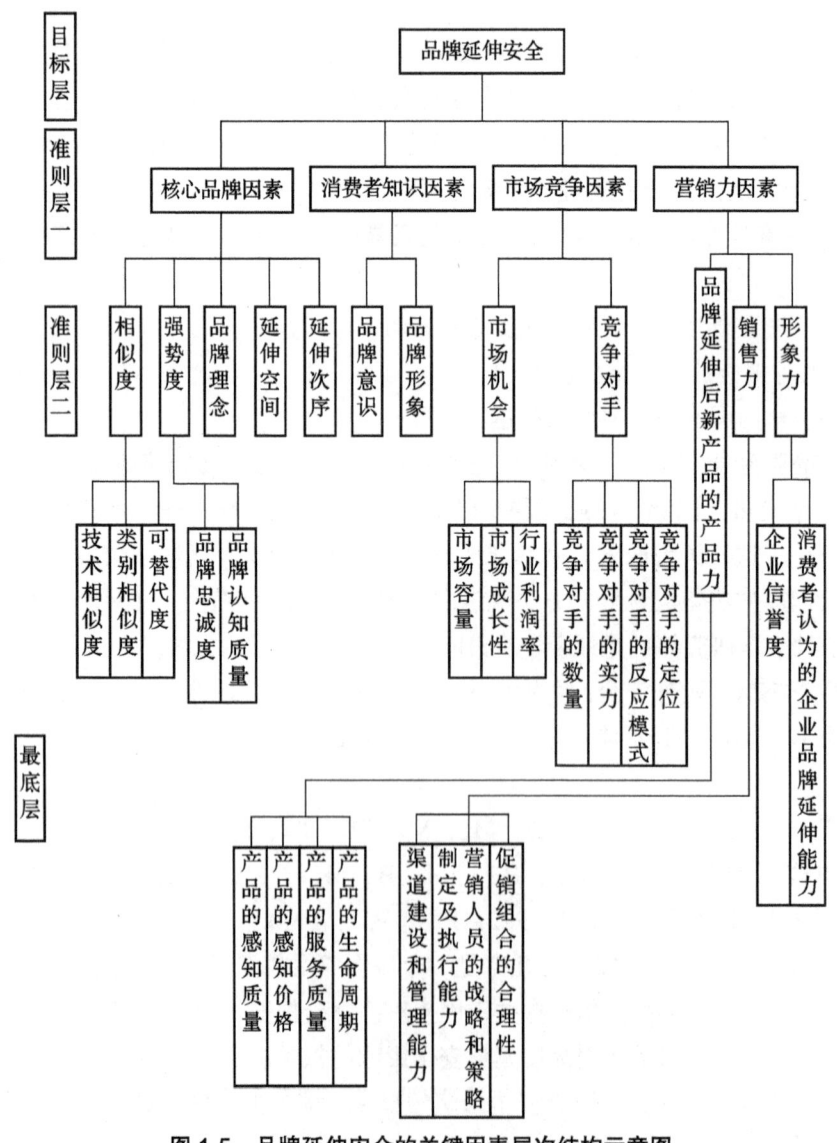

图 1-5　品牌延伸安全的关键因素层次结构示意图

第二步，构建判断矩阵并请专家填写判断矩阵。根据影响品牌延伸安全因素的层次结构示意图来构建判断矩阵，构建的方法是：每一个具有向下隶属关系的元素作为判断矩阵的第一个元素（位于左上角），隶属于它的各个元素依次排列在其后的第一行和第一列。如对目标层的 A 元素构建判断矩阵如下：

$$Z = \begin{bmatrix} 1 & K/B & M/B & P/B \\ B/K & 1 & M/K & P/K \\ B/M & K/M & 1 & P/M \\ B/P & K/P & M/P & 1 \end{bmatrix}$$

判断矩阵构建完成后，邀请专家来填写判断矩阵，方法为向专家反复询问：针对判断矩阵中的每两个元素两两比较哪个重要，重要多少，对重要性程度按 1～9 赋值（重要性标度值见表 1-2）。

表 1-2 重要性标度含义表

重要性标度	含义
1	表示两个元素相比，具有同等重要性
3	表示两个元素相比，前者比后者稍重要
5	表示两个元素相比，前者比后者明显重要
7	表示两个元素相比，前者比后者强烈重要
9	表示两个元素相比，前者比后者极端重要
2，4，6，8	表示上述判断的中间值
倒数	若元素 I 与元素 j 的重要性之比为 a_{ij}，则元素 j 与元素 I 的重要性之比为 $a_{ji}=1/a_{ij}$

设填写后的判断矩阵为 $A=(a_{ij})n \times n$，判断矩阵具有如下性质

$$a_{ij} > 0$$
$$a_{ji} = 1/a_{ij}$$
$$a_{ii} = 1$$

根据上面性质，判断矩阵具有对称性，因此在填写时，通常先填写 $a_{ii}=1$ 部分，然后再判断及填写上三角形或下三角形的 n(n-1)/2 个元素就可以了。

当上式对判断矩阵所有元素都成立时，我们称该判断矩阵为一致性矩阵。

第三步，层次单排序和检验。单排序是指每一个判断矩阵各因素针对目标的相对权重。

在决策问题中，通常要把变量 Z 变成变量 X1，X2…Xn 的线性组合

$$Z = W_1X_1 + W_2X_2 + \cdots\cdots + W_nX_n$$

其中 $W_i > 0$，$\sum_{j=1}^{n} w_i = 1$，则 W1，W2…Wn 叫各因素对于目标 Z 的权重。

计算权重的方法有和法、根法、幂法等，这里简要地介绍和法的计算原理。和法的原理是，对于一致性判断矩阵，每一列归一化后就是相应的权重。

对于非一致性判断矩阵，每一列归一化后近似其相应的权重，再对这 n 个列向量求取算术平均值作为最后的权重。具体的公式是

$$W_i = \frac{1}{n}\sum_{j=1}^{n}\frac{a_{ij}}{\sum_{k=1}^{n}a_{ki}}$$

需要注意的是，在层次单排序中，要对判断矩阵进行一致性检验。

①一致性检验的步骤如下。

计算一致性指标 CI（Consistency Index）

$$CI = \frac{\lambda_{max-n}}{n-1}$$，λmax 表示判断矩阵的最大特征根。

②查表确定相应的平均随机一致性指标 RI（Random Index）。

据判断矩阵不同阶数，见表 1-3，得到平均随机一致性指标 RI。例如，对于 5 阶的判断矩阵，查表得到 RI=I.12。

表 1-3 平均随机一致性指标 RI 表

矩阵阶数	1	2	3	4	5	6	7	8
RI	0	0	0.52	v	1.12	1.26	1.36	1.41

矩阵阶数	9	10	11	12	13	14	15
RI	1.46	1.49	1.52	1.54	1.56	1.58	1.59

③计算一致性比例 CR（Consistency Ratio）并进行判断

$$CR = \frac{CI}{RI}$$

当 CR<0.1 时，认为判断矩阵的一致性是可以接受的，CR>0.1 时，认为判断矩阵不符合一致性要求，需要对该判断矩阵进行重新修正。

第四步，层次总排序和检验。总排序是指每一个判断矩阵各因素针对目标层（最上层）的相对权重。这一权重的计算采用从上而下的方法，逐层合成。

很明显，第二层的单排序结果就是总排序结果。假定已经算出第 k−1 层 m 个元素相对于总目标的权重 $w^{(k-1)} = (w_1^{(k-1)}, W_2^{(k-1)} \cdots W_m^{(k-1)})^T$，第 K 层 n 个元素对于上一层（k−1 层）第 j 个元素的单排序权重是 $P_j^{(k)} = (p_{1j}^{(k)}, P_{2j}^{(k)}, \cdots, P_{nj}^{(k)})^T$，其中不受 j 支配的元素的权重为零。令 $p^{(k)} = (p_1^{(k)}, p_2^{(k)}, \cdots, p_n^{(k)})$，表示第 K 层元素对第 k−1 层所有元素的单排序结果，则第 k 层元素对于总目标的总排序结果为

$$w^{(k)} = (w_1^{(k)}, w_2^{(k)}, \cdots, w_n^{(k)})^T = p^{(k)} w^{(k-1)}$$

或

$$w_i^{(k)} = \sum_{}^{m} pij^{(k)} wj^{(k-1)} \quad I=1, 2, n$$

同样，也需要对总排序结果进行一致性检验。

假定已经算出针对第 k−1 层第 j 个元素为准则的 $CI_j^{(K)}$、$RI_j^{(K)}$ 和 $CR_j^{(K)}$，j=1，2，…，m，则第 k 层的综合检验指标为

$$CI_j^{(k)} = (CI_1^{(k)}, CI_2^{(k)}, \cdots, CI_m^{(k)}) w^{(k-1)}$$
$$RI_j^{(k)} = (RI_1^{(k)}, RI_2^{(k)}, \cdots, RI_m^{(k)}) w^{(k-1)}$$
$$CR^{(k)} = \frac{CI^{(k)}}{RI^{(k)}}$$

当 $CR^{(K)} < 0.1$ 时，认为判断矩阵的整体一致性是可以接受的。

第五步，结果分析。通过对排序结果的分析，得出最后的各个关键因素及分关键因素对于品牌延伸安全的影响权重，即相对重要程度。

由上面的分析，我们可以看到，要想计算出影响品牌延伸安全的各关键因素对于品牌延伸安全的重要性，我们首先要构建判断矩阵，然后对判断矩阵的具体数值进行填写，也就是对判断矩阵中同一层级的各个关键因素的重要程度进行对比。而这种对比的数据将直接影响到最后的结果。根据上面的分析，我们目前一般采用专家询问的方法，由专家来确定判断矩阵中具体的数值。

1.4.4.2 影响品牌延伸安全的关键因素安全等级的测定

通过建立品牌延伸安全的层次分析模型，邀请专家对模型计算中的判断矩阵的数值进行填充，我们

可以计算出各个关键因素对于品牌延伸安全的相对重要程度。然而，要想对品牌延伸做出正确的控制，我们还必须对各个关键因素的安全状态做出正确的评估，这样，才能制定相应的措施，确保影响品牌延伸安全的关键因素在延伸的过程当中发挥其应有的作用，而不会因为某个关键因素发生事故、危机或失败而导致整个品牌延伸的事故、危机或延伸失败。特别是那些对于品牌延伸安全起决定作用的关键因素，如果不能对其安全状态进行正确的评估和制定正确的控制措施，则有可能因为这个关键因素的不安全而导致整个品牌延伸的不安全。

对于影响品牌延伸安全的关键因素自身安全等级的测定，我们采用问卷调查的方法，具体的操作办法为：

（1）将影响品牌延伸安全的26个关键因素［技术相似度（B11）、类别相似度（B12）、可替换度（B13）、品牌忠诚度（B21）、品牌认知质量（B22）、品牌理念（B3）、延伸空间（B4）、延伸次序（B5）、品牌意识（K1）、品牌形象（K2）、市场容量（M11）、市场成长性（M12）、行业利润率（M13）、竞争对手的数量（M21）、竞争对手的实力（M22）、竞争对手的反应模式（M23）、竞争产品的定位（M24）、产品的感知质量（P11）、产品的感知价格（P12）、产品的服务质量（P13）、产品的生命周期（P14）、渠道的建设和管理能力（P21）、营销人员的战略和策略的制定及执行能力（P22）、促销组合的合理性（P23）、企业信誉度（P31）、消费者认为的企业品牌延伸能力（P32）］进行分类，分为消费者相关类（B11、B12、B13、B21、B22、B3、B4、K1、K2、P11、P12、P13、P31、P32）和非消费者相关类（B5、M11、M12、M13、M21、M22、M23、M24、P14、P21、P22、P23），并对所有的经过分解的关键因素编写关于调查问题，然后按照消费者相关和非消费者相关分别编辑成调查问卷，即消费者相关类调查问卷和非消费者相关类调查问卷。

（2）对于消费者相关类调查问卷，采用简单随机抽样的方法，在目标消费者聚集的场所随机抽取消费者对问卷上的问题进行调查，而对于非消费者相关类的问卷，则请企业市场部门或专业的咨询公司采用访谈法进行调查。

（3）对问卷调查结果进行统计，并计算出每个关键因素的安全等级。具体的方法为：

设影响品牌延伸安全的关键因素的安全等级为X，则0<X<1，其中X=0表示绝对不安全，而X=1表示绝对安全，所以X只能趋近0和1，而不能等于0和1。

按照公式：$X = \frac{1}{n}\sum_{i=1}^{n} r_i$ 来计算，其中 r_i 表示问卷中该关键因素的第 i 个问题回答"是"的百分比，n 表示问卷中该关键因素的问题的总数。

下面，我们分别为技术相似度（B11）、类别相似度（B12）、可替换度（B13）、品牌忠诚度（B21）、品牌认知质量（B22）、品牌理念（B3）、延伸空间（B4）、延伸次序（B5）、品牌意识（K1）、品牌形象（K2）、市场容量（M11）、市场成长性（M12）、行业利润率（M13）、竞争对手的数量（M21）、竞争对手的实力（M22）、竞争对手的反应模式（M23）、竞争产品的定位（M24）、产品的感知质量（P11）、产品的感知价格（P12）、产品的服务质量（P13）、产品的生命周期（P14）、渠道的建设和管理能力（P21）、营销人员的战略和策略的制定及执行能力（P22）、促销组合的合理性（P23）、企业信誉度（P31）、消费者认为的企业品牌延伸能力（P32）设计相应的安全等级测定问题，如表1-4所示：

表1-4　关键因素安全等级测定问题表

关键因素	安全等级评估问题
技术相似度	你认为A公司的×××（品牌延伸后的新产品或子品牌、副品牌名称）是否继承了××（核心品牌名称）（核心品牌下的原产品的名称）先进的×××技术呢

续表

关键因素	安全等级评估问题
技术相似度	你是否认为A公司的××××（品牌延伸后的新产品或子品牌、副品牌名称）和××（核心品牌名称）（核心品牌下的原产品的名称）的核心技术都是×××呢
	你知道A公司的××××（品牌延伸后的新产品或子品牌、副品牌名称）与××（核心品牌名称）的（核心品牌下的原产品的名称）都是采用×××工艺生产的吗
类别相似度	你是否认为A公司的××××（品牌延伸后的新产品或子品牌、副品牌名称）和××（核心品牌名称）（核心品牌下的原产品的名称）都是××××类别的产品呢
	你是否认为A公司的××××（品牌延伸后的新产品或子品牌、副品牌名称）和××（核心品牌名称）（核心品牌下的原产品的名称）的主要成分都是××呢
	你认为A公司的××××（品牌延伸后的新产品或子品牌、副品牌名称）和××（核心品牌名称）（核心品牌下的原产品的名称）都是给哪类人使用的吗
可替换度	你认为A公司的××××（品牌延伸后的新产品或子品牌、副品牌名称）和××（核心品牌名称）（核心品牌下的原产品的名称）的功能是一样的吗
	你如果买了A公司的××××（品牌延伸后的新产品或子品牌、副品牌名称），是不是还会买××（核心品牌名称）（核心品牌下的原产品的名称）
品牌忠诚度	××××（核心品牌名称）是否是你最喜欢和经常购买的品牌（如果核心品牌下有多个产品则可以选取两到三个有代表性的主要产品所在的产品类别提问）
	你是否认为××××（核心品牌名称）的产品在同行业中都是最好的
	你是否会推荐你的朋友购买××××（核心品牌名称）的产品
	当别人说不利于××××（核心品牌名称）的言论时，你是否会感到不舒服或想跟他理论
	你在购买××××（核心品牌名称）的产品时，是不是想过为什么要买××××（核心品牌名称）的产品呢
	如果××××（核心品牌名称）的××（核心品牌下的原产品的名称）加价10%你还会购买它吗
	你是不是不会在购买其他品牌和××××（核心品牌名称）的产品之间犹豫而选择××（核心品牌名称）呢
品牌认知质量	你认为××××（核心品牌名称）的××（核心品牌下的原产品的名称）的质量是否令你满意呢
	你是否对××××（核心品牌名称）的服务满意呢
品牌理念	你知道××××（核心品牌名称）的广告语吗
	你是否认为××××（核心品牌名称）的广告语能够作为Y（品牌延伸后的新产品成子品牌、副品牌名称）的广告语呢
延伸空间	你认为××××（核心品牌名称）是否是一个Z行业品牌（Z行业是指覆盖核心品牌原产品和延伸后产品的行业，如格兰仕原来为微波炉行业，现在格兰仕将品牌延伸到空调，则行业为家电行业）
延伸次序	N（品牌延伸后的新产品或子品牌，副品牌名称）是否是××××（核心品牌名称）的第3个以前的延伸产品或品牌呢
品牌意识	请被调查者说出一个×××产品类别的一个品牌名称（核心品牌所在的产品类别），如果××××（核心品牌名称）是顾客说出的第一个，则表示是，其他表示否
	你觉得××××（核心品牌名称）是一个知名品牌吗
品牌形象	请被调查者说明提到××××（核心品牌名称）会想到什么产品？如果顾客的问答和公司的产品类别一致，则表示是，其他表示否
	××××（核心品牌名称）是否会让你感到满意
市场容量	N（品牌延伸后的新产品成子品牌、副品牌名称）进入的市场，其市场容量是否能够支持公司的短期和长期发展战略目标
市场成长性	品牌延伸到的市场是否是一个还在不断扩大中的市场
	该市场是否会受到宏观因素或国际市场因素的影响而陷入低迷
行业利润率	市场的利润率是否高于××（核心品牌下的原产品的名称）所在市场的平均利润率
	该行业的利润率会不会受到其他因素的影响而很快会降低（如受国家宏观调控的影响）
竞争对手的数量	该市场的竞争对手数量是否少于5家
竞争对手的实力	该市场是不是没有行业垄断者呢
	该市场的竞争对手是否没有本公司的实力强呢
竞争对手的反应模式	竞争对手是否属于从容型竞争者

续表

关键因素	安全等级评估问题
竞争产品的定位	竞争产品的定位和本公司××××（品牌延伸后的新产品或子品牌、副品牌名称）的定位是不是没有重合度
	竞争产品的定位没有抢占本行业非常有利的或具有占位性质的定位
产品的感知质量	××××（品牌延伸后的新产品或子品牌、副品牌名称）的质量是否令您满意呢
产品的感知价格	你是否觉得××××（品牌延伸后的新产品或子品牌、副品牌名称）的价格合理呢
产品的服务质量	你对××（品牌延伸后的新产品或子品牌、副品牌名称）的服务质量满意吗
产品的生命周期	××（核心品牌下的原产品的名称）是否处于萌芽期或成长期
渠道的建设和管理能力	公司是否能够掌控终端
	公司的产品在A类终端的铺货率是否在95%以上
	公司的产品在B类终端的铺货率是否在90%以上
	公司的产品在C类终端的铺货率是否在85%以上
	公司是否能够掌控经销商和核心二批商
	渠道的回款率是否在98%以上
营销人员的战略和策略的制定及执行力	公司是否有完善的、高素质的营销组织
	公司的营销队伍是否具有制定合理的营销战略的能力
	公司的营销队伍是否具有制定合理的营销策略的能力
	公司的营销队伍是否具有很强的执行能力
促销组合的合理性	公司是否为××××（品牌延伸后的新产品或子品牌、副品牌名称）提供了足够的广告费用预算
	公司的广告投放的媒体和时间选择是否合理
	公司是否为××××（品牌延伸后的新产品或子品牌、副品牌名称）制定了完善的人员推销方案
	公司是否严格执行了已制定的人员推销方案
	人员推销是否达到了预期的效果
	公司是否为××××（品牌延伸后的新产品或子品牌、副品牌名称）制定了完善的营业推广方案
	公司是否严格执行了已制定的营业推广方案
	营业推广方案是否达到预期的效果
	公司是否设立了专门的、高效的公关部门
	公司是否制定了突发事件应急公关方案
企业信誉度	你是否认为A公司是一个讲信用的企业
	你是否认为A公司很重视消费者的利益
消费者认为的企业品牌延伸能力	你是否认为A公司为生产（品牌延伸后的新产品或子品牌、副品牌名称）做了足够的准备
	你是否认为A公司能够生产出高质量的品牌延伸后的新产品或品牌、副品牌所在物类别的产品

根据关键因素安全等级评估问题表和我们确定的消费者相关类和非消费者相关类的分类，我们分别编制消费者相关类影响品牌延伸安全的关键因素安全等级评估调查问卷和非消费者相关类影响品牌延伸安全的关键因素安全等级评估调查问卷。

1.4.4.3　品牌延伸安全的控制模型

（1）品牌延伸安全控制模型的构建。

品牌延伸安全的几率是一个以影响品牌延伸安全关键因素为变量的函数，每一个关键因素或多或少影响着品牌延伸的安全，所以，对于这些因素的控制是每一个进行品牌延伸企业必须要做的事情，但是，通过以上的研究我们发现，影响品牌延伸安全的关键因素对于品牌延伸安全的影响权重各不相同，其自身所处的安全状态也不相同，因此，我们不能对所有的关键因素采取相同的控制策略，我们必须对这些关键因素进行分类，对于不同的类别采取不同的控制方法。

通过前面的分析，我们得出了每个影响品牌延伸安全的关键因素对品牌延伸安全影响的相对重要程度和其自身所处的安全等级，为了更好地表示各个关键因素对品牌延伸安全影响的相对重要程度在所有关键因素中所处相对位置的量数，我们将各个关键因素对品牌延伸安全影响的相对重要程度转化为标准

分数 Z

$$Z_i = (w_i - \bar{w}) / \sqrt{\frac{1}{n}\left[(w_1-\bar{w})^2 + (w_2-\bar{w})^2 + \cdots + (w_n-\bar{w})^2\right]}$$

其中，Z_i 表示第 i 个关键因素的标准分数，W_i 表示第 i 个关键因素对品牌延伸安全影响的权重，$\bar{w}$ 表示所有关键因素对品牌延伸安全影响的权重的平均数。

从公式中可以看出，Z_i 的值有正有负，为了便于构建模型，我们对 Z 值进行如下处理：

$Z_i' = \{Z_i + [Int(Z_{min}) + 1]\} / \{Int(Z_{max}) + [Int(Z_{min}) + 1] + 1\}\ 0 \leq Z_i' \leq 1$

其中 Z_i' 表示经处理后的第 i 个关键因素的标准分数，Z_{min} 表示 Z 中最小的值，Z_{max} 表示 Z 中最大的值，$Int(Z_{min})$ 表示对 Z 中最小的值取整，$Int(Z_{max})$ 表示对 Z 中最大的值取整。

下面，我们就以各个关键因素对品牌延伸安全影响的经过处理的相对重要程度和其自身的安全等级作为判断指标，构建品牌延伸安全的控制模型，如图 1-6 所示：

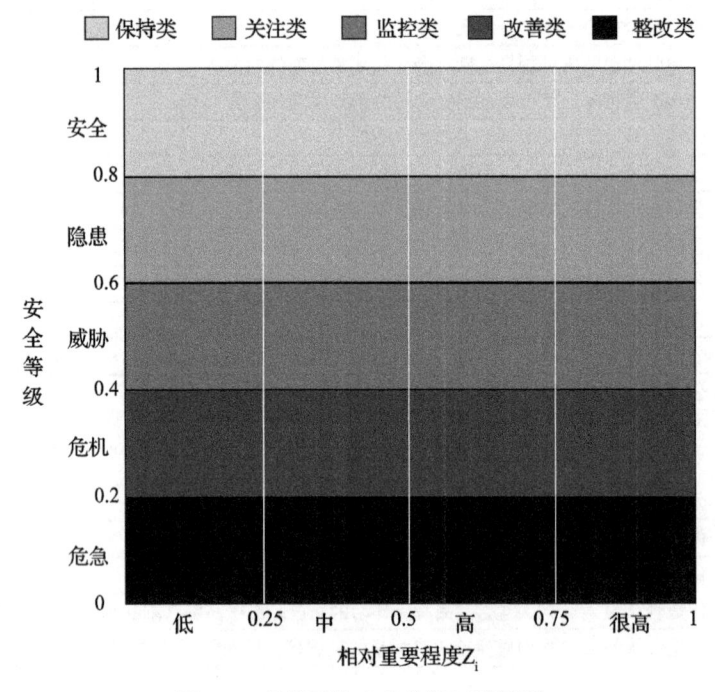

图 1-6 品牌延伸安全的控制模型图

在图 1-6 中，纵坐标表示影响品牌延伸安全的关键因素自身的安全等级，其刻度从 0～1，共分为安全、隐患、威胁、危机、危急 5 个等级，用 X 来表示影响品牌延伸安全的关键因素的安全等级，则取值区间分别为，$0.8 \leq X < 1$，$0.6 \leq X < 0.8$，$0.4 \leq X < 0.6$，$0.2 \leq X < 0.4$，$0 < X < 0.2$；横坐标表示经过处理的影响品牌延伸安全的相对重要程度的标准分数，共分为低、中、高、很高 4 个等级，用 W 表示相对重要程度，则其值的区间分别为 $0 < W < 0.25$，$0.25 \leq W < 0.5$，$0.5 \leq W < 0.75$，$0.75 \leq W < 1$。由图 1-6 可以看到，品牌延伸安全的控制模型分为 5×4=20 个格子，因此，影响品牌延伸安全的关键因素被分为 20 个小类，按照安全等级的由高到低，品牌延伸安全的控制模型又分为 5 种控制类别，分别为保持类、关注类、监控类、改善类、整改类，即影响品牌延伸安全的关键因素被分为 5 个大类，图 1-6 中分别用 5 种不同颜色的色块来表示。

保持类。保持类关键因素处于安全等级，因此，这类关键因素的安全程度很高，通常是企业营销的竞争优势所在，是推动企业营销前进的动力。

关注类。关注类影响品牌延伸安全的关键因素处于隐患等级，因此，该类关键因素由于受企业内外界不确定因素的影响,存在着给企业品牌延伸带来危机或事故,造成企业品牌延伸失败的可能性。

监控类。监控类关键因素处于威胁等级,因此,该类关键因素相对于关注类关键因素来说,其对品牌延伸安全形成破坏,造成品牌延伸事故或失败的部分占据了主导地位,对达到企业品牌延伸安全的预期目标形成了很大的压力。

改善类。改善类关键因素处于危机等级,这些关键因素如果得不到及时的处理,使其转换为安全等级更高的关键因素,则会引起品牌延伸事故或品牌延伸失败,对于这类关键因素,企业要引起足够的重视和采取必要的措施。

整改类。整改类关键因素处于危急的等级,这类关键因素正在对品牌延伸的安全构成破坏,是影响品牌延伸安全的关键因素中已经开始破坏品牌延伸安全的那部分,这部分关键因素如果不立即采取措施加以整改,则会导致品牌延伸的失败,如果该类关键因素无法在短时间内得到整改且数量大于 2 的话,企业应该考虑是否终止品牌延伸。

一个企业在品牌延伸时,要及时对影响品牌延伸安全的关键因素的安全等级及其对品牌延伸安全影响的相对重要程度进行定时的监测,并将结果标注在品牌延伸安全的控制模型当中,并按照品牌延伸安全控制模型的控制策略进行管理。

(2)品牌延伸安全控制模型下各类别的控制策略。

对于处于不同类别的关键因素,我们要采取不同的控制措施,以避免盲目地采取一些市场营销策略,浪费企业的资源和错过消除品牌延伸安全隐患、威胁的时机,在介绍具体的控制策略前,我们首先介绍一个运用控制策略时常用的工具——如图 1-7 所示的关键因素状态监测图。

图 1-7 关键因素状态监测图

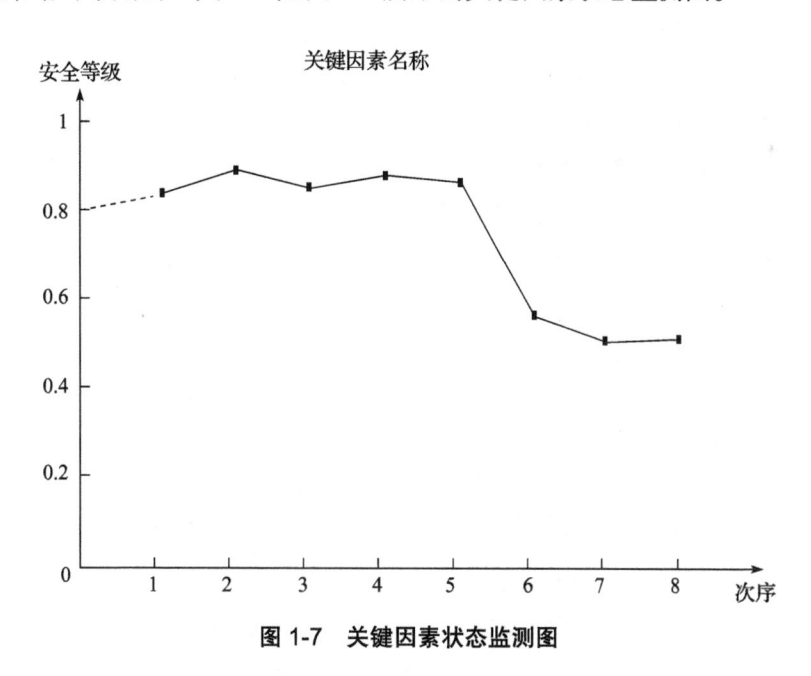

图 1-7 是由安全等级和次序两个坐标所构成的二维图形,纵坐标表示所监控的关键因素的安全等级,其值从 0 到 1,横坐标表示第几次监控,即监控的次序,该坐标可以随着监控次数的增加而无限延长。如图 1-7 所示,我们可以根据每次监控的关键因素的安全等级和监控次序在图中得到相应的点,将点用直线连起来,可以得到一条关键因素安全等级变化的状态曲线,根据曲线的平滑度,可以看出该关键因素的安全等级的波动情况,为实施对影响品牌延伸安全的关键因素所采取的控制措施提供参考。如图 1-7 所示的曲线为一处于保持类的关键因素的安全等级的状态监控曲线,其在第 6 次监控中安全等级突然由安全级变为威胁级,属于异常情况。下面我们分别分析处于不同类别的关键因素的控制措施。

保持类。处于保持类的关键因素，其自身的安全等级为安全，是企业的营销优势所在，因此，对于这类关键因素，企业只要保持其目前所处的安全等级即可，不需要采取任何特别的改进措施，企业在进行品牌延伸的过程中，如果企业的营销战略和竞争环境没有发生大的改变，则不需要对该类关键因素的安全等级进行监测，如果企业的营销战略或者竞争环境发生了较大的变化，则需要对这类关键因素的安全等级进行重新测定。

关注类。关注类的关键因素处于隐患的安全等级，也就是说，这类关键因素存在着造成品牌延伸不安全的可能性，对于这类关键因素，企业如果能够制定一定的控制措施，将其中有可能造成品牌延伸不安全的不确定性进行隔离或者转移，就有可能不会对品牌延伸造成损失。企业如果对这类关键因素放任自流，则其中的不确定性就有可能转化为破坏的确定性，造成品牌延伸事故或者失败，给企业的品牌延伸造成不可挽救的损失。对于这类关键因素，企业应该采取关注的控制措施，而按照这类关键因素对品牌延伸安全影响的相对重要程度的不同，企业采取的关注的力度也不相同，对于相对重要程度处于低和中的关键因素，企业只需定时对这些关键因素所处的安全等级进行调查，并将调查的结果记录在关键因素的状态监控图中。如果这些关键因素没有转化为监控类关键因素或者安全等级更低类别的关键因素，则不需要对这些关键因素采取其他的改进措施。对于相对重要程度处于高和很高的关键因素，企业除了定时对这些关键因素进行安全等级的调查外，还需要采取有限度的改进措施。这里所指的有限度是指在企业正常的预算和工作计划内，对这些关键因素制定改进的方案并组织实施，并对实施的结果进行调查，对于经过改进转化为保持类的关键因素，则终止执行改进的方案，并按保持类关键因素的控制措施处理。

监控类。监控类的关键因素处于威胁的安全等级，处于该类别的关键因素，对品牌延伸的安全构成了压力，是将品牌延伸推向失败的无形力量，这种力量如果未能被及时控制，当积累到一定的强度，就会发生突变，引发品牌延伸事故或品牌延伸危机。这种突变性为企业对这些关键因素进行控制，防止其转化为品牌延伸事故或品牌延伸失败制造了很大的障碍，因此，企业必须对这些关键因素进行严密的监控，并及时制定改进的措施，及时而有效地执行，在其引发品牌延伸事故或失败前及时将其向更高的安全等级转化。当然，根据这类关键因素对品牌延伸安全影响的相对重要程度的不同，企业监控和改进的措施应该有所不同。对于影响品牌延伸安全的相对重要程度处于低和中的关键因素，由于这些关键因素对品牌延伸安全的影响相对较小，因此，其造成品牌延伸事故或失败给品牌延伸带来的损失也相对较小，对于这些关键因素，企业可以将对其所处安全等级的调查时间的间隔设定较长一些，并且在制定改进措施和执行的优先级上设定得比相对重要程度较高的关键因素低。也就是说，对于这类关键因素的监测和改进，要在保证对品牌延伸安全的影响相对重要程度较高的关键因素得到及时监控和改进的基础上进行。对于这类关键因素，企业要指定专人负责统筹监测和改进，企业要对这些关键因素定时地进行安全等级的调查，并将调查的结果记录在关键因素的状态监控图上，同时，企业要制定合理的改进方案并有效地执行，如果负责统筹这些关键因素监测和改进的人员一旦发现这些关键因素在执行改进方案后三次之内未能向更高安全等级转变或者向更低安全等级转变，则应该立即向品牌管理部门的负责人汇报，品牌管理部门的负责人则需要及时组织人员对这些关键因素的改进方案进行调整。

改善类。改善类的关键因素的安全等级处于危机阶段，这时，这些关键因素已经对品牌延伸安全构成了严重的威胁并使品牌延伸处于紧急状态，相对于处于隐患和威胁阶段的关键因素，处于危机等级的因素已经显示出对品牌延伸安全的破坏态势了，而处于隐患和威胁阶段的关键因素，它们对品牌延伸安全的破坏仅仅是一种可能性。改善类的关键因素对品牌延伸安全的破坏具有前兆性，企业应该及时发现这些前兆并采取有效的措施加以控制，因为这些关键因素如果没有得到及时的控制，等它们到了危急的阶段，就会导致品牌延伸的事故或者失败，给企业的品牌延伸带来损失，因此，处于危机等级的关键因素留给企业制定改善措施和实施的时间比较有限，企业应该抓住良机，有力、有效地对这些关键因素进行改善。当然，对于这类关键因素，根据其影响品牌延伸安全的相对重要程度的不同，也要采取不同的控制措施，对于那些影响品牌延伸安全的重要程度处于低和中的关键因素，由于其相对于品牌延伸安全的重要性较小，其爆发导致的品牌延伸损失也较小，而且，由于处于危机阶段的关键因素留给企业的改善时间非常紧迫，因此，企业应该先对影响品牌延伸安全的相对重要程度处于高和很高的关键因素进行改善，而对于相对重要程度处于低和中的关键因素，则应该给予严密的监测，在影响品牌延伸安全重要程度相对高和很高的关键因素向较高的安全等级转化后，再对这些关键因素制定改善的措施并执行。

  对于这类关键因素，企业应该成立由企业品牌管理部门的负责人领导的改善工作组，对这些关键因素所处的安全等级进行高频次的调查，将调查的数据绘制到关键因素状态监测图中并向企业的决策层进行定时地汇报；同时，改善工作组应该集中力量，快速制定改善方案，并由改善工作组负责监督实施。对于那些经过改善方案的实施向更高安全等级转化的关键因素，改善工作组应该对它们进行连续两次的监控调查。如果两次的调查结果都显示这些关键因素的确已经向更高安全等级转化，则将这些关键因素放入相应的类别并采取对应类别的控制措施。如果连续两次调查的结果不一致或都显示它们并没有向更高安全等级转化，则改善工作组应该对改善的方案进行调整，直到这些关键因素向更高安全等级转化。其流程如图 1-8 所示：

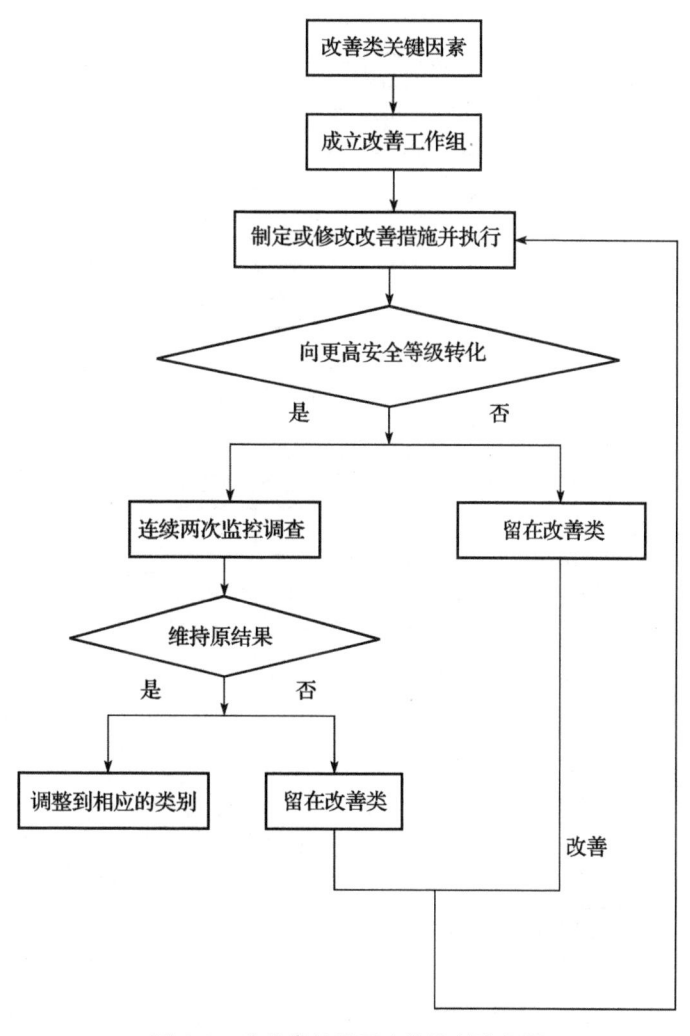

图 1-8　改善类关键因素的控制流程图

整改类。整改类的关键因素其安全等级处于危急状态，是危机状态的更进一步发展，处于这类的关键因素，已经对品牌延伸安全造成破坏。对于这类关键因素采取整改措施，是为了使这种破坏在开始的阶段就得到及时、有效的控制，并将这种破坏所带来的损失控制在最小的程度上，而不会对品牌延伸安全造成全面的负面影响并导致品牌延伸的全面失败。由于处于该类别的关键因素对品牌延伸安全的破坏已经开始，随时可能导致品牌延伸的全面失败并对品牌造成全面的损失，因此，企业应该投入一切可以投入的资源，包括启动应急预算，建立由企业的决策层负责市场或品牌管理的负责人领导的整改团队，集中企业最强势的营销力量，及时地制定整改措施并组织最强的实施力量负责实施。并且，对于处于该类别的关键因素，企业应该先对影响品牌延伸安全的相对重要程度很高的关键因素进行整改，当这些关键因素向更高安全等级转化后，再依次对影响品牌延伸安全的相对重要程度处于高、中和低的关键因素进行整改，整改团队在实施整改措施时，要高频次地对整改的效果进行调查，随时讨论调查的结果并对需要改进的措施进行改进，其整改的流程如图 1-9 所示：

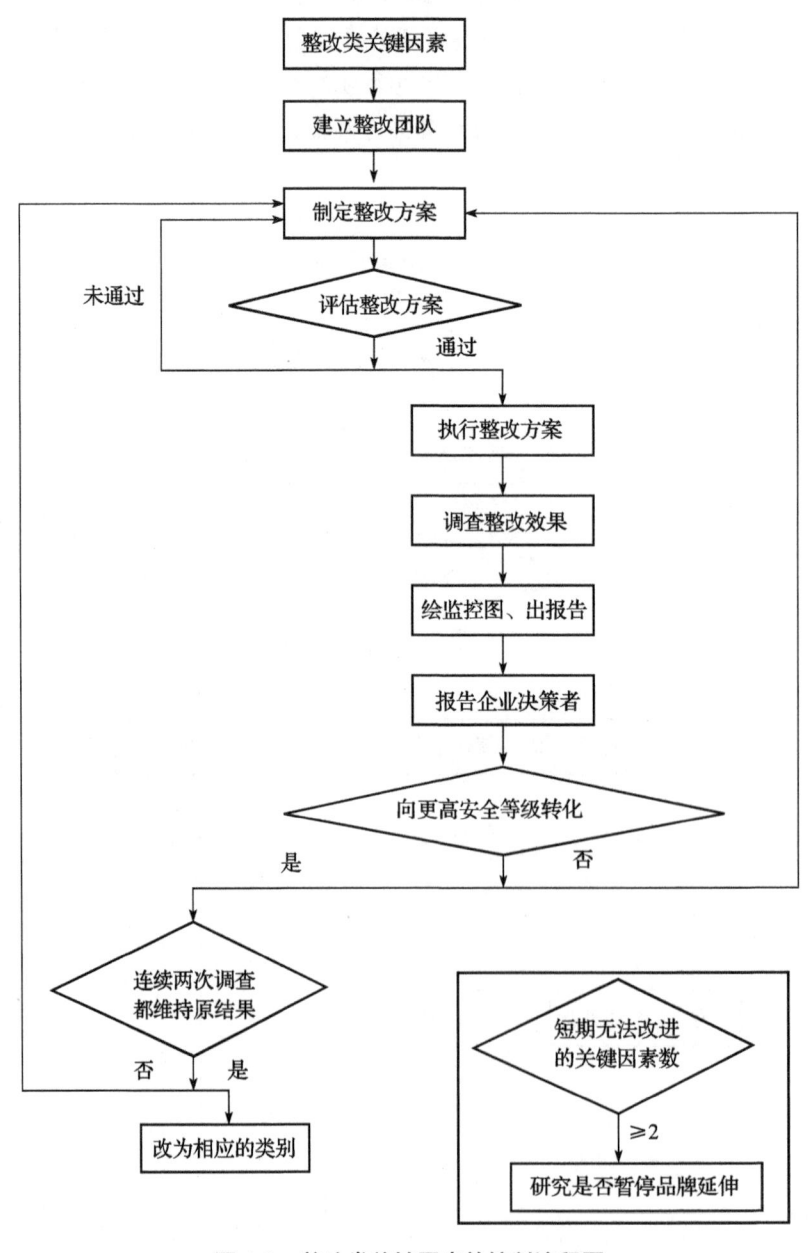

图 1-9　整改类关键因素的控制流程图

从图1-9中我们可以看出，对于处于整改类的关键因素，整改团队要及时、快速、高质量地制定详尽可行的改进方案，并由整改团队的负责人负责对整改方案进行审查，对于审查不合格的方案要及时退回、重新制定或修改，对于审查通过的方案，企业要利用一切可以利用的资源加以执行，在执行的过程中，企业要高频次地对改进的效果进行调查，并将调查结果绘制在关键因素状态监测图上，调查的结果要同时向公司决策层报告。对于经过整改向更高安全等级转化的关键因素，企业需要对这些关键因素进行连续两次的安全等级调查，如果在这两次调查中，其所处的状态都维持向更高等级转化的结果，则将该关键因素列为相应的类别，而对于不是两次调查都维持原来调查结果的关键因素，则需要继续制定整改方案进行整改。如果企业发现某些关键因素在短时间内没有办法改进，而且这些关键因素的数量大于2的话，应该仔细研究是否该终止品牌延伸，直到这些关键因素经过整改向更高安全等级转移才继续进行品牌延伸。

企业在对影响品牌延伸的安全因素进行控制的过程中，要先对整改类和改善类的关键因素进行控制，如果企业在品牌延伸的过程中，在这两个类别都存在关键因素的话，则可以成立两个不同的团队，分别对这两类关键因素进行控制。对于关注类和监控类关键因素，企业要在保证整改类和改善类优先权的基础上进行控制。

对于影响品牌延伸安全的关键因素来说，它们对于品牌延伸安全的权重大小是相对的，因为这些关键因素都是我们根据国内外学者和我们的研究成果，从其他许许多多的因素中挑选出来的比较重要的因素，它们权重的大小只是它们对于品牌延伸安全影响的重要程度的比较结果，而不是绝对的结果。而且，随着消费者的日益成熟和市场的不断变幻，它们之间的权重关系也不是一成不变的，它们的安全等级也随着企业经营活动的不断开展而不断地变化。总的来说，这些关键因素的状态是动态的。因此，企业在品牌延伸的过程中，要关注这些变化，并及时调整对这些关键因素所采取的控制措施。

企业在品牌延伸过程中，常犯的错误就是对于哪些因素会影响品牌延伸的安全不能做出准确的判断，对于影响品牌延伸安全的关键因素不知道它们自身所处的状态及如何应对品牌延伸过程中出现的威胁。企业通常采取拍脑袋或漫无目的的讨论来做出品牌延伸的决策和制定品牌延伸的方案，而这种方式是直接导致企业品牌延伸失败的原因。本书所提供的两大模型：品牌延伸安全的层次分析模型和品牌延伸安全的控制模型提供了品牌延伸过程中解决实际问题的工具。

1.4.5 结论

本书通过对品牌延伸及营销安全理论的介绍，正式提出了品牌延伸安全的定义、特点和基本形态，并为品牌的安全延伸建立了品牌延伸安全的层次分析模型和品牌延伸安全控制模型。通过品牌延伸安全的层次分析模型，可以分析影响品牌延伸安全的各个关键因素对于品牌延伸安全的重要程度。我们认为，仅仅计算出关键因素对于品牌延伸安全的重要程度还不够，因为各个关键因素自身的安全也将直接影响品牌延伸的安全，为此，我们为每个关键因素设立了不同的测定该因素自身安全等级的问题，并以此为基础提出了评价影响品牌延伸安全的关键因素自身的安全等级的调查问卷。该问卷分为消费者相关的和非消费者相关的两个部分，从品牌延伸的两个不同的角度探讨影响品牌延伸安全的关键因素自身的安全状况，因为品牌延伸的安全与否一方面是由消费者的态度来决定的，另一方面还与企业投入的资源等一些消费者无法正确感知的因素有关，本书从消费者和专业人士两个角度来调查，能够更加合理地得出结论。根据上述关于影响品牌延伸安全的关键因素的两个重要指标的相对重要程度和安全等级而设立的品牌延伸安全的控制模型，给出了处于各个不同状态的关键因素的控制方法，为企业品牌延伸安全的控制提供了重要的工具和方法。

2. 品牌评价与修复研究

2.1 影响品牌关系再续因素的理论性探索

2.1.1 研究背景

一个企业要想生存和发展必须与时俱进，在瞬息万变的市场竞争环境下，抓住有利时机，建立健全多角度、全方位的危机预警和防患机制，及时应对由于外界竞争和自身内部问题引起的危机。因此，企业在创建品牌过程中，许多顾客不断更换品牌，或者中止与品牌的关系，品牌关系再续就会成为企业营销管理中的重中之重。基于此，本书拟对影响品牌关系再续的因素做一探索，并对企业在面对各种品牌关系的问题时提出一点建议。

2.1.2 品牌关系再续的价值

2.1.2.1 品牌关系再续的理论价值

品牌理论的研究先后经过了4个阶段：品牌概念阶段、品牌战略阶段、品牌管理阶段和品牌资产阶段，现在已经进入了一个新的阶段——品牌关系阶段。品牌关系这一概念是 Blackstone（1992）基于关系营销理论与社会心理学中的人际关系理论最早提出的，从而开辟了品牌—消费者关系研究的先河。他认为，消费者—品牌关系（Consumer-brand Relationship）是消费者对品牌的态度与品牌对消费者的态度之间的互动。继此之后，品牌关系的建立与维护成了热门话题，理论和实证研究也日趋成熟。直到20世纪90年代，由 Fajer 和 Schouten（Fajer 等，1995）率先开始进行个人—品牌关系断裂的研究，围绕这一线索，学者们展开了品牌关系断裂过程、品牌关系断裂影响因素、品牌关系断裂类型等的研究。直到 Aaker 和 Fournier（Aaker 等，2001）根据 Levinger 提出的人际关系五阶段（起始、成长、维持、恶化、瓦解）和 Dwyer 等提出的买卖关系五阶段（知晓、探索、扩展、承诺、断裂）理论提出了品牌关系发展的6个阶段——注意、了解、共生、相伴、断裂和再续，开创性地提出了品牌关系再续的概念，揭开了品牌关系再续研究的序幕。但是，Aaker 和 Fournier 等人并没有对品牌关系的循环即断裂后的再续进行深入研究。我国学者黄静等（黄静等，2007）将品牌关系断裂与再续理论作了系统的回顾，并提出了今后理论发展的展望。对品牌关系的再续研究是理论发展的迫切需要。

2.1.2.2 品牌关系再续的实践价值

品牌是一个企业的长期战略性资产，一个企业如果不能长久保持好品牌和与顾客的良好关系，就会遭受品牌资产价值的侵蚀，造成利润的减损，甚至面临灭顶之灾，如某某婴幼儿奶粉事件等。因此，品牌关系再续成了企业在关系营销阶段的重要战略。它不仅给企业带来利润和无形资产的增值，而且关系断裂之后如果不及时再续，将使企业付出巨大的成本代价。大量的证据表明，实现消费者—品牌关系的再续能够给企业带来丰厚的回报。Reicheld 和 Sasser（Reicheld 等，1990）的研究发现，消费者背叛每降低5%，能够带来公司长期利润上涨25%～80%。Stauss 和 Friege（Stauss 等，1999）的研究表明，在一些利润空间较大的行业，对一个新顾客进行投资的回报率是23%，而对一个已流失顾客进行投资，回报率可高达214%。Tokman 等学者（Tokman 等，2007）认为，重新唤回消费者能够给企业带来较高的经济回报。Giller 和 Matear（Giller 等，2002）在对关系断裂成本的研究中发现，关系破裂的成本包括投资成本、寻找替代的搜寻成本、协商成本和建立关系的成本以及可能的高昂诉讼费用。

2.1.3 品牌关系再续的影响因素

品牌关系再续的影响因素有很多，国内外学者分别从单个因素和多个因素进行了实证和理论性探索。比如品牌因素，Aaker 等学者（Aaker 等，2004）采用实验法提出不同的类别品牌，进行不同的补救，会得到不同的效果。在竞争因素方面，Thorbjornsen（Thorbjornsen 等，2002）提出竞争性品牌的质量、竞争对手的强弱等因素也会对品牌关系产生影响。同时，他认为消费者对品牌的信任度、满意度投资规模会对品牌关系产生影响。关于品牌关系断裂还有一些相关研究，比如 Keaveney（Keaveney 等，2001）指出服务行业中消费者更换服务商的原因：价格较高、不方便、核心服务失败、雇员对服务失败的反应、被竞争对手吸引、道德问题、无意的转移等。我国学者黄静等（黄静等，2007）以断裂时间维度为分界点，将品牌关系再续的影响因素分为历史因素和现实因素。历史因素包括初始品牌关系质量和关系断裂原因。现实因素包括5个方面：品牌因素、消费者与品牌的互动、企业因素、消费者因素、竞争对手因素。但基本上是总结国内外的一些现有经过实证过或没有实证过的因素，并没有明确提出和详细解释影响品牌关系再续的因素。本书据此对品牌关系再续的影响因素进行以下分类探讨。

2.1.3.1 从影响因素的破坏程度来分类

（1）导致品牌危机的因素。

品牌危机指的是企业由于外部环境的变化或者企业品牌运营管理过程中的失误，而对企业品牌形象造成不良影响并在很短的时间内波及社会公众，进而大幅度降低企业品牌价值，甚至危及企业生存的窘困状态（杨延东，2007）。品牌危机按照性质可分为两类：第一类是产品质量问题引发的危机；第二类是非产品质量问题引发的危机。比如负面信息的报道和曝光，Fajer 和 Schouten（Fajer 等，1995）也认为企业负面信息的曝光和处理不当是导致原有消费者—品牌关系断裂的重要原因。即使是所谓的强势品牌也难以阻挡负面信息披露而造成的消费者—品牌关系的破坏，比如某某快餐店的"苏丹红事件"。企业应该根据危机性质的不同有针对性地采取不同的策略再续品牌关系。

（2）非导致品牌危机的因素。

影响品牌危机的因素如果破坏程度没有达到引起品牌危机的状态，但仍然暗含着使品牌关系破裂的因子，比如品牌管理缺陷、企业管理不善、外界环境变化和消费者特性等都会导致品牌关系的断裂，进而影响品牌关系再续。

2.1.3.2 从驱动因素的不同类型来分类

品牌关系断裂和品牌关系再续是对等的概念，影响品牌关系断裂的因素就是影响品牌关系再续的因素。因此，探索影响关系断裂的因素对企业品牌关系再续起着至关重要的关键作用。目前有关品牌关系断裂影响因素的研究还比较零散。Fajer 和 Schouten（Fajer 等，1995）总结出4个导致品牌关系断裂的因素：先前存在的缺失（原有品牌—消费者关系契合度不高）、操作失误（产品缺陷）、过程缺失（品牌管理策略失误）、突然死亡（负面信息导致的品牌关系停止）。Tahtinen 和 Halinen（Tahtinen 等，2002）将影响品牌断裂的因素归结为诱导因素、紧急事件和衰减因素。这些研究均采用归纳演绎的方法，着重对影响因素进行概括性归类，并没有指出具体的影响因素。本书根据驱动力量的不同将品牌关系再续因素分为以下五类。

（1）顾客驱动型因素。

顾客驱动型因素包括消费者性格特质（思维方式、感情依赖程度等）和消费者素质（产品知识、教育、收入、年龄等）。消费者由于多样化的追求和自主需要以及社会环境的压力影响，长期忠于一个品牌是很难做到的，品牌关系随时会中断。品牌关系是脆弱的，随着时间的推移，或中断与已有品牌的关系，甚至中止、终止或消亡。有时消费者也会因为收入的改变而更换品牌，比如收入提高后可以购买更高档次的品牌。因此，如果产品的花样、品种不断更新，档次分明，那么消费者与品牌的关系即使在短期内中断，那么最终还是能够再续的。消费者心理契约的违背也是品牌关系断裂的重要因素。消费者心理契约是源自组织行为学的心理契约的应用研究。心理契约的界定有广义和狭义之说，广义是雇佣双方基于各种形式的（书面的、口头的、组织制度和组织惯例约定的）承诺对交换关系中彼此义务的主观理解，狭义的是雇员出于对组织政策、实践和文化的理解和各级组织代理人做出的各种承诺的感知而产生的，对其与组织之间的、并不一定被组织各级代理人所意识到的彼此的责任和义务的一系列信念。而在本书中消费者心理契约主要是狭义的理解，即"消费者基于社会常识、行业潜规则或者以企业所做出的或暗示的承诺为基础对企业和自身的义务和权利的感知或信念"（魏峰等，2004）。消费者对企业品牌所暗示的权利和义务如果没有达到期望，必然会有心理落差，由此有可能造成心理契约的破裂，继而违背消费者心理契约，形成品牌关系的断裂。有学者在互联网环境下，验证了顾客心理契约违背与信任的负相关，与感知风险正相关，与购买倾向负相关。

（2）品牌驱动型因素。

品牌驱动型因素包括品牌失误行为、品牌品质因素、品牌个性因素等。如果该品牌的产品具有不可替代性和产品的贡献性很大，而且对消费者而言在生活中占据必不可少的地位，那么品牌关系再续也是很容易实现的。品牌在管理过程中也会出现各种各样的失误行为，导致品牌管理的失败，品牌形象的损毁，进而导致品牌关系断裂，成为影响品牌关系再续的驱动因素。

（3）企业驱动型因素。

任何一个企业都不可能做到长青不倒，在消费者—品牌关系中都会出现各种各样的失误，因此，企业应该及时应对，沟通讲究效率和力度，并且预警机制要完备，根据不同级别的预警和品牌关系断裂的程度、断裂点所在位置，采取不同的措施，积极展开危机公关，实施关系投入或者价格策略，使再续品牌关系成为可能，而不至于事态蔓延。

（4）品牌顾客关系驱动型因素。

消费者与品牌关系的强弱也影响着消费者再续品牌关系的意愿。如果消费者对品牌有着深厚的情感和嗜好，那么再续品牌的意愿就会强烈些；反之，就会弱些。Fournier（Aaker等，2001）认为品牌关系质量是一种基于顾客的品牌资产，反映顾客与品牌之间持续联结的强度和发展潜力。她将品牌关系归纳为爱与激情、自我联结、相互依赖、承诺、亲密性和品牌伴侣品质6个维度。

（5）竞争对手驱动型因素。

如果竞争对手推出质量更高、服务更优、创新的产品，那么消费者与品牌关系就有可能发生改变。企业并购也会使消费者原来的惯用品牌不复存在，如果并购方利用消费者的怀旧情愫继续维持消费者和品牌的关系，对于企业而言仍然会使顾客的资产增值。

另外，品牌关系断裂的范围、程度、断裂持续时间的长短也决定着品牌关系能否再续，如果断裂的影响范围广泛、断裂程度较深、断裂持续的时间较长，品牌关系再续的可能性就会降低，反之，品牌关系再续的可能性就会加大。

2.1.4 研究结论与展望

因为影响因素是复杂的，涉及个人、组织、部门、公司、关系、网络和时间维度，所以，企业在面对各种品牌关系的问题时，应该根据驱动关系断裂的主要因素，剖析企业内部问题和消费者的消费心理，及时、有针对性地解决问题，实现品牌关系再续，并且在面临重大变故和危机事件时保持冷静的头脑，建立、健全品牌关系断裂预警机制、品牌关系再续评估机制和品牌关系再续执行机制，提出再续企业品牌关系的策略，努力提升企业的品牌资产。

（1）品牌关系断裂预警机制。

对于一个企业而言，危机要素随时随处隐藏，只要在外界环境压力下和内部因素裂变时，就有可能引发品牌关系的断裂。因此，一个完备的品牌关系断裂预警机制对于企业品牌关系管理举足轻重。品牌关系断裂是一个过程，包括在品牌关系发展过程的任何阶段，注意、了解阶段发生认知分裂，相伴或共生阶段会发生情感、行为分裂，当品牌关系发生分裂时，公司应该根据预警指标提示，准确确定预警级别，及时、积极地采取相应的措施，使品牌关系得以修复，这样品牌关系就可以再续，重新回到相伴或共生阶段，使企业品牌保持青春活力，品牌的寿命周期得以延长，实现企业的可持续发展。

（2）品牌关系再续评估机制。

品牌关系再续的首要问题是要评估哪些品牌关系值得再续，因为对于企业而言并不是所有断裂的品牌关系都能够再续。关系再续如果不能给企业带来足够的回报，那么企业就应该主动放弃再续的努力。关系再续的评估不仅要从消费者的再续意愿方面评估，还要从企业成本付出和利益获得方面考虑。品牌关系再续评估应该在企业财务部门设置专门的机构，根据可操作的指标来衡量现在利益、未来利益与付出成本和机会成本，如果能够给企业带来稳定、持续的盈利能力，那么断裂的品牌关系就值得再续。

（3）品牌关系再续执行机制。

品牌关系再续不仅能赢回随时准备离开的顾客，而且能唤回彻底离开的顾客。因此，企业应该有完备的再续策略实施、执行机构，一个好的策略需要企业上下一致真正地去执行。应该在企业设有专门的品牌关系再续管理机构，一般其主管应由公司首席执行总裁兼任，其中绝大多数应该是公司部门主管以上的人员，这样的组织结构保证了企业在面临危机时的反应速度和效率，从而确保关系断裂后的再续措施的执行力。

2.2 基于消费者持续购买的品牌安全评价指标体系研究

2.2.1 文献综述

市场竞争日益加剧，顾客需求多样化和差异化的程度不断提高，基于主成分法的市场进入五阶段理论告诉我们，产品满足顾客的需求、沟通刺激消费者接触和首次购买、以良好的质量解决消费者再次购买的问题后，如何使有价值的顾客持续不断地重复购买成为企业至关重要的竞争优势和利润来源。丘吉尔（Churchill）、吉宾和安德森（Gerbing 和 Anderson）等学者对品牌与消费者意愿的关系进行了深入研究，大部分学者认为品牌反映了消费者对产品的总体看法、感觉和态度，影响了消费者持续购买产品的意向和行为。本书区分了产品重复购买和持续购买，将持续购买定义为消费者在最近几年连续使用三次以上，现在仍在使用或仍愿意使用特定品牌。持续购买的消费者已经形成了习惯性购买，目标产品已经成为首选，对产品产生信任感。这一区分为新产品进入持续购买阶段的品牌安全研究界定清楚了研究范围。

品牌安全是企业营销安全的主要内容之一，包括品牌内涵安全、品牌形式安全和品牌策略安全等内容。李蔚和王良锦（李蔚与王良锦，2000）根据消费者决策圈理论认为，品牌安全可理解为一个品牌给消费者带来的品牌联想是高强度的、高赞誉度的、高独特性的，并且这个品牌还要具有高强度的品牌意识，从而具有高度的黏性。

2.2.1.1 品牌联想

凯勒（Keller，1993）认为，品牌联想决定了品牌的内涵和品牌在消费者心目中的地位，是顾客与品牌长期接触形成的，反映了顾客对品牌的认知、态度和情感。凯勒（Keller）将品牌联想分为三类：产品特性、利益和态度联想。另外，派克（Park）综合尼科西亚（Nicosia 和 Mayer）和麦卡利斯特（McAlister 和 Pessemier）等人的观点，在《品牌形象管理》一文中详细指出：象征性需要包括自我提升、角色地位、群体认同、自我认同；而体验性需要指对感官享受、丰富性和求知欲的追求。

艾克（Aaker）认为品牌联想指顾客由品牌名称联想到的事物品牌名称，其价值在于一系列的联想是品牌决策和建立品牌忠诚的基础。影响消费者购买行为的感知维度就是管理者要寻找的品牌联想，而这些品牌联想构成了消费者认知的品牌形象。斯南（Krishnan，1996）从联想网络记忆理论出发，对品牌联想与品牌权益之间的关系进行了开创性研究，他认为从四个方面考察品牌联想是有帮助的，即由品牌名称激发的联想的数量、净值、独特性和来源。鲁道夫（Rodolfo、Rio和Iglesias，2002）所构建的品牌联想结构将产品和品牌区分开来，提出了由产品的功能和象征性价值与品牌名称的功能和象征性价值共同组成的4要素品牌联想结构。

2.2.1.2 品牌认知

凯勒（1993）认为，品牌认知是由品牌认同和品牌回想率组成的。他认为识别出一个品牌要比从记忆中找出该品牌容易。因此，品牌认知应该涉及较高识别层次的品牌知晓度和品牌美誉度。艾克（Aaker，1996）则认为，品牌认知反映了从过去的接触中产生的熟悉感。品牌认知并不一定涉及曾在何处接触过此品牌，为什么此品牌与其他品牌不同，或者这个品牌的产品分类是什么等问题，而只是表明过去曾经见过这一品牌。因此，艾克（Aaker）认为的品牌认知只涉及较低的识别层次，即品牌知名度。勒特米尔（Netemeyer等，2004）等认为，品牌认知应同时包含品牌知名度、品牌知晓度和品牌美誉度，而品牌联想通过感知价值、感知质量和品牌独特性等关键维度对顾客重购意愿产生影响。

蓬吉（Punj和Hillyer，2004）指出，品牌知识即对品牌的了解程度也会对消费者的品牌选择产生影响。由于消费者的精力是有限的，他们往往去选择那些了解的品牌，对自己不了解的品牌常常难以引起注意。同时，当我们用品牌的销售额的数据衡量一个品牌的影响力时，往往忽视了消费者对这种影响力的感知程度。只有消费者感知到的品牌的影响力才是真正的影响力，才是能够产生品牌溢价的影响力。

本书主要借鉴凯勒（Keller）和勒特米尔（Netemeyer）的观点，并整合蓬吉（Punj）等人的品牌知识内容，认为品牌认知由品牌知识、品牌回想构成。

2.2.1.3 顾客满意

自从达多（Dardozo）在1965年将顾客满意的概念引入营销领域以来，学者们从不同的角度对顾客满意下了定义，分析各位学者对顾客满意的定义可以发现，顾客满意的界定存在着两种不同的观点。

以伍德拉夫（Woodruff，2002）为代表的交易导向的顾客满意观点认为，"顾客满意是顾客于特定情景下，对试用产品所获得的价值的一种立即性的情感反应"。另一种是累积性的顾客满意。累积性的顾客满意定义又分为两种，一种是以菲利普·科特勒（Philip Kotler）为代表的"预期—感知"论，其观点为"购买者在购买后是否满意取决于与这次购买的期望值相联系的供应物的效果，满意是指一个人通过对一个产品的可感知的效果或结果与期望值比较后所形成的愉快或失望的感觉状况"。同样持这一观点并进一步做出理论贡献的还有加尔巴黎里诺（Garbarino）、萨博尔（Sabol）等人。

2.2.1.4 品牌信任

信任度的概念由霍华德等人（Howard和Sheth）首次提出的，他们认为信任度是消费者购买意向的决定因素之一。他们假设信任度与购买意向呈正相关。贝内特等人（Bennett和Harrell）也证明信任度在测试购买意向时发挥着主要作用。列斯特尔（Elena Delgado-Ballester）等人通过对由173位购买者构成的样本进行回归分析和多变量分析，结果表明：品牌信任的关键作用是产生顾客承诺，与全面满意相比它具有更强的作用。

2.2.1.5 转换障碍

琼斯（Jones）等人把转换障碍定义为顾客在转换产品或服务提供者时所遭遇到的种种困难和成本的支出。他们还把转换障碍分为三种类型：人际关系纽带的强度（指员工与顾客之间形成的人际关系）、转换成本（顾客在转换提供商时对所花费的时间、金钱、体力与脑力支出的感知）和其他替代提供商的吸引力（市场上是否存在大量可供选择的替代品供应商）。

福内利（Fornell，1992）没有对转换障碍给出具体的定义，但他提出了构成转换障碍的一系列要素：

搜寻成本、交易成本、学习成本、忠诚顾客折扣、顾客购物习惯、情绪成本、认知力以及财务、社会和心理风险。

2.2.2 品牌安全结构实证研究

实证过程采纳当前西方研究中常用的几个步骤：测项发展、受试行业与品牌选择、数据收集、数据质量、测项纯化、因子分析、因子命名、因子信度和效度检验。

2.2.2.1 测项发展

本书研究重点在于开发品牌安全模型以及进行信度效度检验，我们遵照丘吉尔（Churchill）的量表开发程序，通过文献分析、理论补充、专家讨论和初测修改，最后形成了42个测项的初始调查问卷。

2.2.2.2 数据收集

本书采用实地抽样和网络抽样相结合，以及分层抽样和配额抽样相结合的方法。实测主要在上海、深圳、成都、西安等四地进行，网络问卷分布在北京、大连和武汉等地。南奈利（Nunnally）指出，样本数应大于测项数目的10倍，本书量表的测项数目为42，有效样本数为432，符合研究要求。

2.2.2.3 测项纯化

本书通过删除测项与总体的相关系数小于0.4的和旋转后因子负荷小于0.4，或者同时在两个因子上的负荷值都大于0.4的测项，进行了测项纯化，得到了41个测项的分析量表。

2.2.2.4 探索性因子分析（EFA）

数据显示，41个测项的KMO值为0.914，Bartlett's球状检验的显著性水平小于0.05，表示这些数据很适合作因子分析。本书运用SPSS13.0进行探索性因子分析，结果显示，41个测项很好地归属于11个成分因子，累计解释了67.74%的信息，超过了60%，说明11个因子可以接受。

因子1包括综合功效强化度（0.78）、质量稳定强度（0.70）、整体品质强化度（0.78）、核心功能强化度（0.63）、附加功能强化度（0.63）；因子2包括特效功能强化度（0.73）、创新功能强化度（0.71）；因子3包括形象气质突出度（0.75）、时尚品位突出度（0.85）、个性风格突出度（0.86）、身份地位突出度（0.79）、否定群体区分度（0.74）、目标群体认可度（0.68）、专家领袖认同度（0.59）、朋友亲人影响度（0.51）；因子4包括审美享受增值度（0.69）、轻松愉悦增值度（0.71）、潇洒自信增值度（0.72）；因子5包括产品种类丰富度（0.67）、沟通内容丰富度（0.54）、包装变化丰富度（0.63）；因子6包括用户友好贴心度（0.68）、环境友好责任感（0.80）、服务响应及时度（0.58）；因子7包括品类回想强化度（0.67）、特点回想强化度（0.72）、品牌辨认强化度（0.68）；因子8包括相关信息了解度（0.66）、必要信息熟知度（0.51）、信息搜寻乐意度（0.69）；因子9包括承诺表现一致性（0.61）、期望表现符合度（0.72）、质量服务稳定性（0.78）、品牌能力满意度（0.74）、品牌诚实公平度（0.72）；因子10包括品牌信心保持度（0.76）、品牌未来乐观度（0.69）、购买使用习惯度（0.66）；因子11包括转换风险担忧度（0.77）、转换成本损失度（0.75）、品牌关系损失度（0.63）。

2.2.2.5 验证性因子分析

进一步利用结构方程模型软件LISREL8.70版中的验证性因子分析进行结构稳定性的验证。该模型拟合度高的指数要求是，X^2/df在2.0~5.0之间，RMSEA低于0.08，CFI和NNFI均在0.9以上（侯杰泰、温忠麟与成子娟等，2004）。该模型的拟合指数分别是：$X^2/df=2.78$，RMSEA=0.067，CFI=0.95，NNFI=0.95，这说明本书中路径模型的拟合度较高。得出的各变量之间的路径系数和t值均大于2，表示路径关系显著，即探索性因子分析得出的11个因子与41个测项的关系是存在而且稳固的。

2.2.2.6 信度与效度检验

（1）量表信度检验。

侯杰泰等（侯杰泰等，2004）认为，内部一致性系数α值（Cornbach's α）低于0.6不可接受；在

0.6～0.65之间，不理想；在0.65～0.75之间，最低程度接受；在0.70～0.80之间，较可观；在0.80～0.90之间非常好；大量超过0.90，应考虑缩减量表。在本书中，3个因子的Cornbach's α值在0.80～0.90之间，5个因子的Cornbach's α值在0.70～0.80之间，3个因子的Cornbach's α值在0.65～0.70之间，表明数据呈现了较好的内部一致性。可见，11个因子是可信的。

（2）量表效度检验。

所有的因子载荷都在0.5以上，各因子的平均变异抽取量（AVE值）都超过0.5，t值达到显著水平，其信度也都高于建议值0.65，这表明量表具有良好的收敛效度。另外，我们通过比较各因子本身AVE值的算术平均根是否大于其与其他因子的相关系数作区分效度的检验，得出各因子的AVE值的算术平均根明显大于其与其他因子的相关系数，说明量表具有良好的区分效度。

2.2.3 品牌安全模型的提出

因子1（品质优异强化度）反映的是顾客对产品的一般功能性利益评价对持续购买特定品牌产品的强化度；因子2（功能创新强化度）反映的是消费者对产品的创新特殊功能利益评价对持续购买特定品牌产品的强化度。因子1和2可进一步归纳为品质功能安全。

因子3（社会价值提升度）反映的是品牌符号价值带来的个人认同和群体认同提高度对持续购买特定品牌的影响；因子4（享受性增值度）反映的是消费者在特定品牌使用过程中得到的体验性增值对持续购买的影响；因子6（亲密性增值度）反映的是消费者对特定品牌产品的移情性评价对持续购买的影响。因子3、因子4、因子5和因子6综合归纳为符号体验安全。

因子7（品牌回想强化度）反映的是品牌回想对持续购买的影响；因子8（品牌知识丰富度）反映的是消费者的品牌认知深度与广度对持续购买的影响。因子7和因子8都涉及品牌认知方面内容，可以进一步归纳为品牌认知安全。

因子9（品牌满意强化度）反映的是消费者对特定品牌满意度对持续购买的影响；因子10（品牌信任强化度）反映的是消费者与品牌联系深度对持续购买的影响；因子11（转移障碍强化度）反映的是消费者对特定品牌产品的风险态度对持续购买的影响。因子9、因子10和因子11都与品牌态度评价有关，可以进一步归纳为品牌态度安全。

数据分析结果表明模型拟合度较好，说明11个因子可以很好地说明一个变量；而路径系数的t值均大于2，说明二阶因子与一阶因子的路径关系显著。根据系统效应权重法，在计算过程中，得到的路径系数表示11个因子与这个变量之间的关系，系数越大，关系越强，将这些系数进行归一化就可以得到11个因子、41个指标的权重。

2.2.4 品牌安全模型的运用

提出品牌安全模型的最终目的是弄清新产品在进入市场的过程中，品牌因素是否会成为顾客持续购买的障碍并有效地清除这些障碍。

品牌安全模型是从消费者的角度评价品牌的安全状况，可以对品牌安全现状进行综合评估。本书属于应用理论研究中的评估研究。因此，品牌安全评价模型最大的价值就在于，通过对品牌现状的全面评估，了解品牌整体和各个维度的安全性，结合企业具体情况实施更有针对性的改进策略方针。

品牌安全模型由11个维度组成，可以为品牌建设和制定预防品牌危机方案提供参考。品牌管理者可以从这11个方面入手，对影响消费者持续购买本品牌的因素采取积极的应对措施，制定全面的品牌危机管理计划。

2.2.5 研究总结

基于时间、人力和成本考虑，本书只验证了品牌安全模型在快速消费品（洗发水）市场中的适用性，对耐用消费品、工业品及服务性商品未做验证，未来的研究可考察本书的研究结果在其他市场中的应用程度，从而提高理论模型的适用性，拓展研究结论的应用范围。

本书问卷调查采用事后追溯的研究设计，在信息的收集上可能因为被调查者的记忆、认知、判别等因素，从而影响调查资料的准确性。同时，本书在定义品牌安全时仅从消费者特定时期的持续购买次数着手，由于获取成本以及操作局限并没有将消费者持续购买时所付出的花费考虑在内，未来的研究可以从两个方面，即购买次数和持续购买花费来进行新的验证。

2.3 相似性对危机溢出效应的影响研究——基于竞争品牌视角

2.3.1 绪论

2.3.1.1 研究背景与问题

（1）市场背景。

溢出效应是指信息引起消费者对该信息未提及的属性或品牌的信念、态度的发生变化的程度（Ahluwalia等，2001）。具体而言，如果A品牌有关事件间接影响到消费者对B品牌的评价，则发生溢出效应。

首先，危机溢出效应普遍存在，但发生条件尚不清楚。溢出效应在多个领域广泛存在，但有关其发生条件的研究尚少。

其次，危机存在不同的溢出方向，但没有明确的预判方法。产品伤害危机发生之后，产生不同方向的溢出效应，不仅影响危机品牌，还会影响竞争品牌甚至整个行业。2015年的"某某汽车排放造假门危机"即是典型案例。该危机爆发后，消费者降低了对某某品牌的评价，该品牌A1等柴油车销量下滑，形成传染效应；然而，B汽车却因此销量大涨，产生竞争效应或替代效应。在2012年的"某国外奶粉问题有毒危机"中，C奶粉不存在产品缺陷，但消费者可以从危机品牌奶粉联想到竞争品牌B，并对B的产品做出间接的联想、推断、评价。这说明，尽管某一行业的其他同类产品（品类）没有质量问题，但消费者通过自己的联想和推断，认为行业产品普遍存在仿冒造假的嫌疑，对行业的其他同类产品（品类）不信任，继而减少或终止购买其产品，引发行业危机。

我们对2008—2014年发生的部分产品伤害危机溢出效应的案例进行搜集和整理，通过对比分析这些案例，归纳出两个现象：①有的产品伤害危机引发了溢出效应，而有的却没有；②即使发生产品伤害危机的溢出效应，溢出的方向也有差异，有的是正面溢出（即竞争品牌受到危机的有利影响），也可能是负面溢出（即竞争品牌受到危机的不利影响）。以2008年×××毒奶粉危机为例，某些品牌婴幼儿奶粉含×××而引发的危机，导致消费者对国产奶粉的信心下降，国产品牌奶粉的市场份额从70%下降到10%以下（任耀东，2010）。但面对这次行业性危机，其他国产乳业却能幸免，2008年×公司实现营业收入14.14亿元，同比增长28.2%，实现净利润4075万元，同比增长87.2%（向南，2009）。此外，除了×××毒奶粉危机之外，溢出效应还出现在某某瘦肉精危机、某某刹车门危机等一系列危机之中。可见，危机对不同的竞争品牌产生不同方向或类型的溢出效应，但竞争企业尚缺乏预判危机溢出方向和强度的方法。

再次，危机溢出效应过程复杂，但其形成机制尚不清楚。产品伤害危机一旦发生，不仅对危机产品的销售与品牌形象造成负面影响，还可能向竞争品牌的产品发生溢出，对竞争企业造成负面或正面的影响。竞争企业如何预判危机对其品牌是否产生溢出效应？产品伤害危机何时会影响到竞争品牌？何时又会影响到整个产品品类，引发行业性危机？在什么条件下对竞争产品的溢出效应是正面的？在什么条件下对竞争产品的溢出效应是负面的？竞争品牌应该采取何种预测机制，在危机发生第一时间预测溢出，提前准备应对，以减少负面溢出、增加正面溢出？这是竞争企业需要了解却尚不清楚的问题。

（2）理论背景。

首先，现有危机溢出效应研究主要关注负面溢出效应，对正面溢出效应的研究很少。尽管产品伤害危机是近20年来营销领域研究的热点之一，且多从溢出相关现象或理论出发，研究危机负面溢出效应的影响因素和应对策略（Ahluwalia 等，2001；Roehm 等，2006），对正面溢出效应的研究稀缺。

其次，虽然现有的溢出效应研究关注了相似性，但没有对品牌相似性和属性相似性进行区分，导致相似性对溢出效应的影响尚有争议。在现有溢出效应的研究中，相似性既可以导致负面溢出效应，也可以导致正面溢出效应，且有的研究认为品牌不相似会导致正面溢出效应，有的却认为不会发生溢出效应，存在结论上的冲突，这是因为没有区分品牌相似性和属性相似性。一方面，相似性既可以导致负面溢出效应（Roehm 等，2006），也可以导致正面溢出效应。例如，Ahluwalia、Burnkrant 和 Unnava（Ahluwalia 等，2000）认为，属性的相似性越高，属性间的负面溢出效应越有可能发生；Roehm 和 Tybout（Roehm 等，2006）认为相似性越高，危机对竞争品牌的负面溢出效应越强。程婷婷也认为竞争品牌与危机品牌越相似，负面溢出效应越有可能发生（程婷婷，2011），方正、杨洋、李蔚和蔡静（方正等，2013）也认为竞争品牌与危机品牌的相似性越高，越容易发生负面溢出效应。但 Janakiraman、Sismeiro 和 Dutta（Janakiraman 等，2009）指出，如果感知两个竞争产品是相似的，竞争产品之间越容易发生正面溢出效应，这是因为产品的相似性导致了更高的可诊断性和更高的可接近性。另一方面，有的研究认为品牌不相似会导致正面溢出效应（Dahlen 等，2006），有的却认为不会发生溢出效应（王海忠等，2009；方正等，2013）。Dahlen 和 Lange（Dahlen 等，2006）认为危机品牌与竞争品牌不相似，危机对竞争品牌越容易发生正面溢出效应。然而，王海忠、田阳和胡俊华（王海忠等，2009）指出，当消费者在联合品牌之间采用相异性检验时，不会发生溢出效应。

再次，现有研究关注了负面溢出效应发生的条件，尚不清楚正面溢出方向的发生条件。现有溢出效应研究主要遵循 Feldman 和 Lynch（Feldman 等，1988）提出的可接近性—可诊断性理论（Accessibility-Diagnosticity Frame）。研究重点在于识别出影响可接近性和可诊断性的因素，即溢出效应发生的条件，研究结论集中在危机品牌、竞争品牌和消费者之间的关系对溢出效应的影响。虽然危机负面溢出效应发生的条件已经逐渐清晰，但对正面溢出效应的研究仍然较少，尚不清楚属性相似性和品牌相似性对危机溢出方向的影响，尚不清楚危机严重程度对溢出强度的影响。因此，还需要继续探讨危机中属性相似度和品牌相似性对溢出方向的影响，识别出正面溢出效应的发生条件，探究危机严重程度对溢出强度的影响。

最后，相似性可以影响溢出效应，尚不清楚不同溢出方向的形成机制。虽然危机正、负面影响和正、负面溢出效应都会导致消费者态度的变化，但两者在消费者心理上的反应却可能不同。因此，探索危机溢出的形成机制，不仅有利于加深对两个现象的认识，还有利于制定适当的预测模型。

根据以上现实背景和理论背景，我们认为至少3个方面的理论问题至今没有得到回答：

一是属性相似性和品牌相似性如何影响危机对竞争品牌的溢出方向和溢出强度？

二是危机严重程度如何影响属性相似性、品牌相似性对溢出效应的影响？在什么条件下，危机严重程度越高，危机对竞争品牌的正面溢出越强？

三是危机对竞争品牌发生溢出效应的心理机制是怎样的？两类相似性和危机严重程度是如何影响消费者的心理反应，从而引发不同类型的溢出效应？

2.3.1.2 研究的内容与目的

（1）研究的内容。

通过对国内外文献资料的搜集和整理，可以发现如何预测产品伤害危机的溢出效应存在研究机会，这也是本书的重点。

在理论上，我们研究两类相似性对溢出效应的影响及其机制，探讨产品伤害危机对竞争品牌的溢出效应的发生条件和预测机制，尤其分析影响溢出方向的关键影响因素，构建竞争品牌预测溢出效应的模型。

在实践上，把研究结论转化为现实中竞争企业预测溢出效应的管理建议，为其预测产品伤害危机溢出效应提供理论借鉴。

（2）研究的目的。

在理论上，研究目的主要分为两个方面：

①溢出条件研究——构建危机溢出效应的理论模型。

通过对国内外文献的回顾和案例研究，从品牌相似性、属性相似性、危机严重程度的角度入手，分析产品伤害危机对竞争品牌的溢出效应，探究正面溢出效应和负面溢出效应的发生条件，尝试构建危机溢出效应理论模型，解释正、负面溢出效应的发生条件，探究危机严重程度如何影响溢出强度。

②溢出机制研究——构建危机溢出效应的预测模型。

在理论模型基础上，开展实证研究，基于可接近—可诊断理论、品牌认知网络和相似性等相关理论，分析产品伤害危机溢出效应的发生机制，尤其是产品售后危机对竞争品牌的溢出方向和溢出强度的影响，探讨危机对竞争品牌发生溢出效应的心理机制，打开溢出效应的"黑匣子"，进而构建产品伤害危机溢出效应的预测模型。

在实践上，把研究结果和研究结论转化为竞争企业预测危机溢出方向和强度的管理建议，为竞争企业预测和管理溢出效应提供理论指引。

2.3.1.3 研究思路与方法

（1）研究思路。

本研究的总体思路就是发现、定义、研究、解释现实营销实践中的问题，构建溢出效应的预测机制模型，具体分为如图 2-1 所示的四个方面：

一、现实观察	二、文献分析	三、定义问题	四、正式研究
观察我国企业当前市场营销实践中的危机溢出效应存在哪些让企业界和学术界困惑的管理难题，初步拟定研究问题	阅读和归纳与危机溢出效应相关的国内外文献，分类整理危机溢出效应的研究进度和不足之处	结合企业界在现实营销活动中的管理难题和国内外学者对危机溢出效应、相似性最新研究成果，正式确认研究机会和研究内容	根据研究内容和目的： 1.构建研究模型 2.形成研究假设 3.确定研究方法 4.拟定研究变量 5.设计调查问卷 6.进行问卷调查 7.进行数据分析 8.得出研究结果 9.归纳研究结论 10.得出管理启示

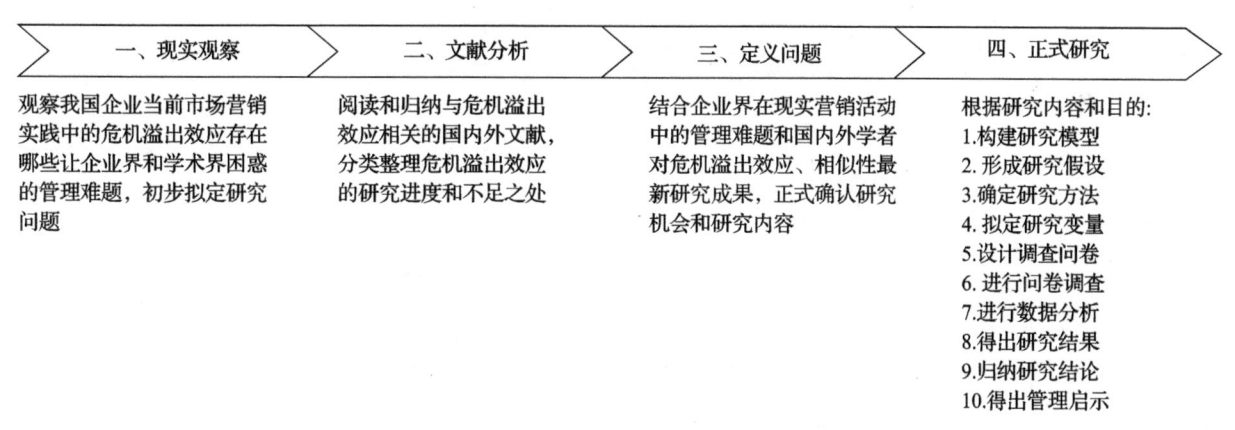

图 2-1 研究思路

首先，现实观察。观察我国企业当前市场营销实践中的危机溢出效应现象，分析其存在哪些让企业界和学术界困惑的管理难题，初步拟定研究问题。

其次，文献分析。阅读和归纳与危机溢出效应相关的国内外文献，分类整理危机溢出效应的研究进度和不足之处。

再次，定义问题。结合企业界在现实营销活动中的管理难题和国内外学者对危机溢出效应、相似性等研究发现，确认研究机会和研究内容。

最后，正式研究。基于研究的问题，通过模型构建、假设推导、研究设计、实验研究、数据分析等，进行正式研究。

为进一步明确具体的研究技术和路径，基于总体研究思路，拟定了本研究的技术路线图（如图 2-2

所示）。

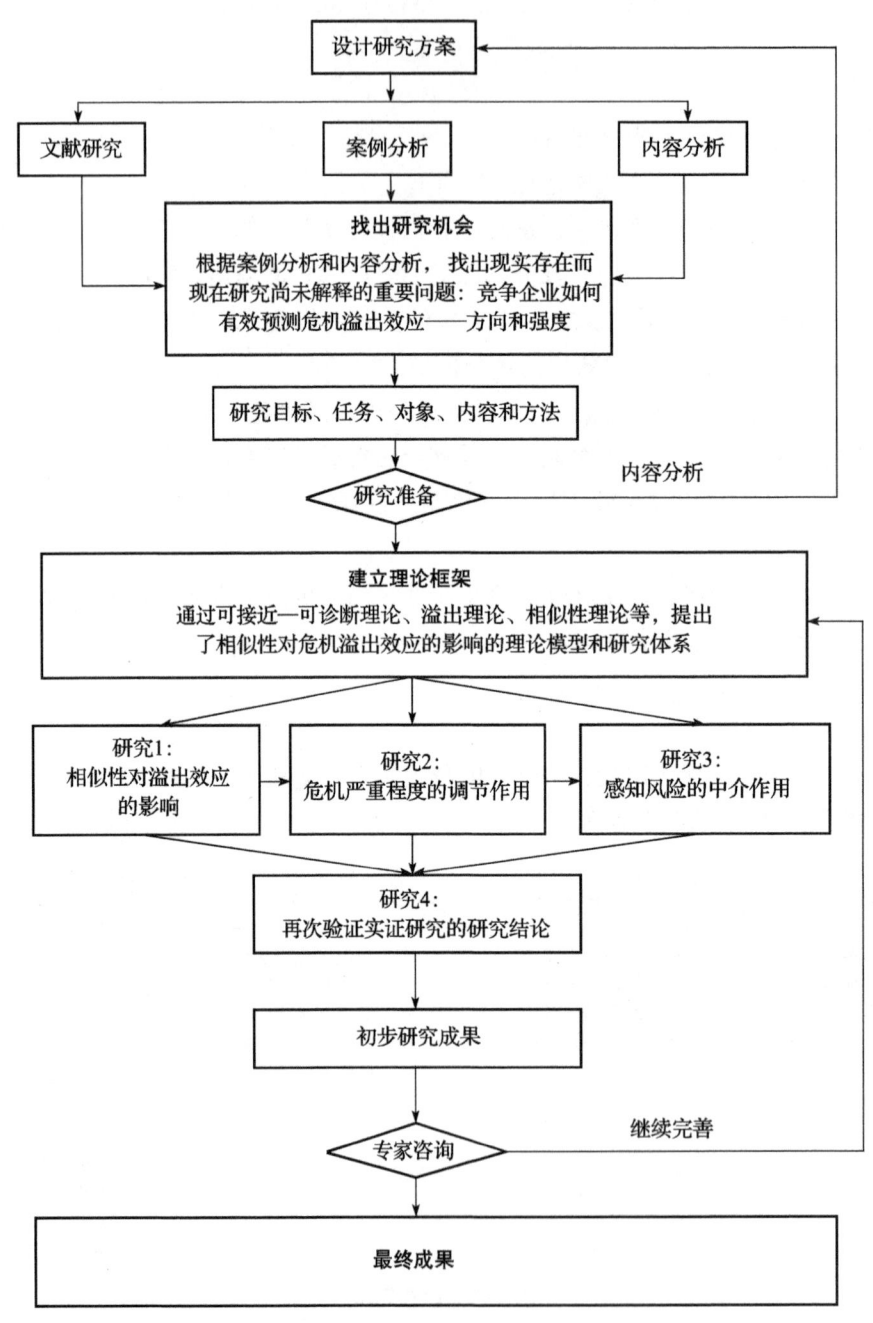

图 2-2 研究技术路线图

（2）研究方法。

①文献研究法。本书通过整理和分析国内学术界关于危机溢出效应的研究文献，识别出现危机溢出效应的主要特征和发生机制，以及影响的结果，分析其研究进展，汇总为危机溢出效应研究范式，形成产品伤害危机溢出效应研究的一般理论框架。

②情景实验法。情景实验法是心理学、消费者行为学的常用研究方法，可以使较复杂的操控变量变得较易控制，可以获得较高的外部效度（Reeder、Hesson-McInnis 和 Krohse 等，2001）。本书根据现实的产品伤害危机的报道，形成危机严重程度的情景刺激物。本书借助刺激物，模拟产品伤害危机及其危机严重程度，测量研究变量，分析数据，得出相应的研究结果。

③Bootstrap方法。本书使用Hayes、Preacher（2012）和陈瑞等（2014）对中介效应的检验方法，本书以属性相似性和品牌相似性为自变量，危机严重程度为调节变量，以绩效风险和心理风险为中介变量，以溢出效应为因变量，分析了有调节的中介效应检验，计算出中介变量的中介效应的具体大小。

④案例分析。本书通过搜集危机溢出效应的相关案例，并对之进行归纳、分析，以验证实证研究的相关结论。

2.3.1.4 研究意义与创新

（1）研究意义。

①理论意义。

目前，国内外学者对产品伤害危机的研究主要集中在定义、分类、消费者负面情绪、消费者考虑集、消费者购买意愿、品牌态度、品牌信念、品牌资产、应对策略等方面，但对产品伤害危机的溢出效应研究不足、研究成果少，如Ahluwalia、Unnava和Burnkrant（2001）以承诺为调节变量研究了营销沟通的溢出效应，Roehm和Tybout（2006）探讨了品牌丑闻的溢出效应，并发现品牌相似性和消费者启发性思维会影响溢出效应的结果。但是，他们并没有研究这些问题：如何对相似性进行分类，如何区分属性相似性和品牌相似性，进而研究相似性对溢出方向和溢出强度的影响？危机发生时，在什么条件下危机对竞争品牌发生正面溢出效应，在什么条件下危机对竞争品牌发生负面溢出效应？危机的严重程度如何影响溢出效应？危机发生时，在什么条件下危机的严重程度越高，危机对竞争品牌的正面溢出效应越强？在什么条件下危机的严重程度越高，危机对竞争品牌的负面溢出效应越强？危机溢出效应的心理机制是什么样的？相似性如何影响消费者的心理反应？

因此，本研究主要探讨两类相似性对溢出效应的影响，深入研究危机溢出效应的发生条件和发生机制，从竞争品牌的视角构建危机溢出效应的预测模型。

本研究的理论意义包括以下4个方面：首先，在相似性方面，根据现实案例和现有研究结论，对相似性进行了分类，区分了属性相似性和品牌相似性等两类相似性，丰富了相似性理论的研究，丰富了相似性的分类集；其次，本研究探讨了两类相似性对溢出效应的影响，识别出正面溢出效应和负面溢出效应的发生条件，构建相似性影响危机溢出效应的概念模型，拓展了危机对竞争品牌溢出效应的发生条件研究；再次，识别出了危机严重程度的调节作用，从危机特征的角度探讨危机严重程度对溢出强度的影响，证实在属性相似性低、品牌相似性高的情况下，危机的严重程度越高，危机对竞争品牌的正面溢出效应越强，而不是负面溢出效应越强，解释了以往研究结论的冲突；最后，研究了两类相似性对竞争品牌溢出效应的影响，探讨了溢出效应的发生机制，研究产品伤害危机溢出效应的消费心理机制，完善消费者信息处理理论，构建了竞争品牌预测溢出效应的理论模型，深化了竞争品牌对危机溢出效应的预测机制的理论基础，完善溢出效应理论。

②实践意义。

本研究的实践意义包括4个方面：第一，本研究为竞争企业从属性相似性和品牌相似性的角度快速、有效地识别出其与危机品牌的差异和危机发生后进行品牌差异化提供了参考依据；第二，本研究明确溢出效应的发生条件，为竞争品牌及时、准确预测危机溢出的方向，确定危机溢出的类型，提供了理论指导；第三，本研究从危机本身的角度，指导竞争品牌及时跟踪和监控危机的严重程度，准确、及时预测溢出强度及其方向，及时根据危机的严重程度对溢出强度的影响，及时调整应对策略和应对资源的投入方向（如非直接比较广告等措施），为监控溢出的发生方向和强度提供理论指导；第四，本研究从差异化竞争战略的角度，为竞争品牌深层次地进行品牌差异化经营提供借鉴，从产品的外观设计、关键产品原件的设计和质量控制、关键原料供应商的选择和监控、品牌建设的角度进行差异化经营，为竞争企业有效预测和预防溢出效应提供重要的战略指导。

（2）研究创新。

本研究有以下四点创新：

首先，本研究对相似性进行重新认识，将相似性区分为品牌相似性和属性相似性，丰富了相似性分类集的研究。

其次，本研究识别出了溢出效应发生的关键条件，验证了属性相似性和品牌相似性是影响溢出方向的关键变量，构建了竞争企业预判溢出效应的理论模型，为竞争企业提供了预测危机溢出方向的工具，具体来看：一方面，证实属性相似性和品牌相似性共同影响溢出效应的方向和强度，即当属性相似性低时，品牌相似性越高，危机对竞争品牌的正面溢出效应越强；当属性相似性高时，品牌相似性越高，危机对竞争品牌的负面溢出效应越强；当属性相似性低、品牌相似性低时，危机对竞争品牌不存在溢出效应。该部分研究拓展了 Gao（2015）、Roehm、Tybout（2006）和方正等（2013）对相似性对溢出效应的研究，丰富了溢出效应的研究。另一方面，解释了王海忠、田阳、胡俊华（2010）、Dahlen、Lange（2006）、Janakiraman、Sismeiro、Dutta（2009）、田阳（2013）和方正等（2013）的研究结论之间的冲突——危机品牌与竞争品牌的相似性既可能导致负面溢出效应，也可能导致正面溢出效应。Roehm 和 Tybout（2006）认为，相似性越高，危机对竞争品牌的负面溢出效应越强。王海忠、田阳和胡俊华（2010）认为消费者选择相异型检验时，负面溢出效应不会发生。方正等（2013）指出危机品牌与竞争品牌不相似时，负面溢出效应就不会发生。但 Dahlen 和 Lange（2006）在研究品牌危机时认为，品牌相似时，危机对竞争品牌会产生负面溢出效应，而品牌不相似时，危机对竞争品牌会产生正面溢出效应。本研究证实其原因是现有研究没有区分两类相似性，没有厘清属性相似性和品牌相似性对溢出效应的影响之间的差异。

再次，本研究识别出危机严重程度对溢出效应强度的调节作用，证实了如下几点：当属性相似性低、品牌相似性高时，危机严重程度越高，危机对竞争品牌的正面溢出效应越强；当属性相似性高、品牌相似性高时，危机严重程度越高，危机对竞争品牌的负面溢出效应越强，拓展了 Dahlen 和 Lange（2006）、方正等（2013）对相似性影响溢出效应的研究。

最后，识别出心理风险和绩效风险等感知风险的中介作用，识别出溢出效应的发生机制，构建危机溢出效应的发生机制的预测模型，丰富了溢出效应中对消费者信息处理机制的研究，延伸了 Roehm、Tybout（2006）和方正等（2013）对溢出效应的研究，为竞争品牌及时、有效地预测危机对其溢出类型和溢出强度提供一定理论借鉴。

以上四点，大多是危机溢出效应领域的首次探索，也是对前人相关研究结论的进一步检验和延伸。

2.3.2 文献综述

2.3.2.1 产品伤害危机研究

（1）产品伤害危机的定义与分类。

①产品伤害危机的定义。

产品伤害危机（Product Harm Crisis）是指偶然出现并被广泛宣传的、关于某产品存在缺陷或对消费者具有危险的事件（Siomkos 和 Kurzbard, 1994；方正，2007；马宝龙、李飞和孙瑛，2009）。这一概念得到大多数国内外学者的认同。Dawar 和 Pillutla（2000）认为，产品伤害危机是指产品是有缺陷的和危险的并被广泛报道的事件；杨洋（2013）指出，产品伤害危机是在消费者群体中广泛形成的某产品存在缺陷或危害性的感知（杨洋，2013）。

产品伤害危机的其他概念有产品危机（Product crisis）、产品责任（Product Liablility）、产品负面报道（Product Negative Publicity）、产品负面信息（Product Negative Information）、产品失败（Product Failure）、

品牌丑闻（Brand Scandal）、品牌危机（Brand Crisis）等（赖俊明，2014）。

②产品伤害危机的分类。

目前，国内外学者对产品伤害危机的分类标准不同，分类方法多样。根据能否在媒体或法庭上证明产品是无害的、没有缺陷的，Smith（2003）将产品责任分为可辩解型产品责任（Defensible Product Liablility）、不可辩解型产品责任（Indefensible Product Liablility）(Smith，2003）。

根据产品缺陷或产品伤害是否违反相关法律法规和安全标准，方正（2007）将产品伤害危机分为可辩解型产品伤害危机（Defensible Product Harm Crisis）、不可辩解型产品伤害危机（Indefensible Product Harm Crisis）（方正，2007）。在不可辩解型产品伤害危机中，产品缺陷违反现有的产品法规和安全标准（方正，2007）。在可辩解型产品伤害危机中，产品缺陷没有违反现有的产品法规和安全标准（方正，2007）。

根据产品是否被证实存在问题或危险，Grunwald 和 Hempelmann（2010）将产品伤害危机分为三种情景，即未被证实投诉情景（Non-substantiated Complaints Situations）、已被证实投诉情景（Substantiated Complaints Situations）、产品召回情景（Product-recall Situations）。未被证实投诉情景是指消费者或消费者权益保护组织公开声明他们对企业所提供产品的质量所感到的不满或不爽的情景；已被证实投诉情景是指负面报道中包含公司产品对消费者造成了功能风险的证据；产品召回情景是指企业遭遇极端负面信息，即企业产品对消费者的健康和安全造成严重危险，而召回其产品的情景（Grunwald 和 Hempelmann，2010）。虽然 Grunwald 和 Hempelmann（2010）分析这三种危机情景，但其分类标准存在重叠部分，如同一危机事件有可能同时包含这三种情景。

（2）产品伤害危机影响中的调节因素。

①危机特征因素的调节作用。

目前，国内外学者对危机本身进行研究，分析危机特征因素如何影响消费者对危机的认知，从而改变其行为，是产品伤害危机研究的一个重要变量。现有的国内外研究主要从危机类型、危机的严重程度（伤害性）、群发性、持续性、危机归因等危机特征对产品伤害危机进行研究。

危机信息影响消费者的认知。根据企业是否违反法律法规和安全标准，将产品伤害危机分为可辩解型和不可辩解型两种危机（方正，2007；雷蕾，2010）。危机类型不同，所产生的影响不同，应对方式也不同。Votola 和 Unnava（2006）在研究负面信息对品牌联盟的溢出时将危机类型分为道德缺失型和联盟企业能力不足型，并认为当联盟的合作品牌是一个代言人，相对于面对道德缺失型负面信息，当消费者面对联盟企业能力不足的负面信息时对合作品牌的态度更消极（Votola 和 Unnava，2006）。

现有的国内外研究主要从危机的严重程度（伤害性）、群发性、持续性、危机归因等危机属性对产品伤害危机进行研究。

危机的严重程度，又称伤害性、危害性，是影响危机结果的重要因素，对消费者的认知和购买决策产生重要影响。Siomkos 和 Kurzbard（1994）认为产品危机造成的伤害性包括经济因素、人身健康、安全感（Siomkos 和 Kurzbard，1994）。Smith 和 Cooper-Martin（1997）认为产品质量伤害包括身体伤害、经济伤害和心理伤害（Smith 和 Cooper-Martin，1997；涂铭、景奉杰和汪兴东，2014）。卫海英等（2011）认为，危机的严重程度是危机事件造成伤害的严重性、持久性，其中造成的伤害主要有生理健康（损害健康或生命）和心理感受（如损毁信任）。范宝财、杨洋和李蔚（2014）指出，危机的严重程度是产品伤害危机对消费者身心的伤害程度（范宝财、杨洋和李蔚，2014）。余伟萍、张琦和段桂敏（2012）认为危机的严重程度越高，消费者的负面情感越强烈，消费者产生抵制行为的可能性也越高（余伟萍、张琦和段桂敏，2012）。

危机群发性的调节作用。涂铭、景奉杰和汪兴东（2014）认为，群发性会增加消费者对产品危机的感知风险,也会造成对其他企业或产品的负面溢出效应(涂铭、景奉杰与汪兴东,2014)。

危机持续性的调节作用。危机持续性是指产品危机发生的时间长短,并认为危机持续性会增加消费者的感知严重性和感知易损性(涂铭、景奉杰和汪兴东,2014)。

②人口统计因素的调节作用。

现有的研究主要验证了年龄、性别、文化背景等人口统计特征对危机结果的调节作用。其中,吴剑琳、古继宝和代祺(2012)发现,在产品伤害危机对消费者购买意愿的负面影响过程中,消费者个人特征起调节作用(吴剑琳、古继宝与代祺,2012)。

消费者年龄的调节作用。Wissler等(1997)在分析年龄对消费者态度的影响时发现,在责任不明时,老年人比年轻人对产品伤害危机的态度更积极,对企业的责任归因更少(Wissler等,1997)。当产品伤害危机的责任来自企业,年老的消费者比年轻的消费者更少责备企业;当产品伤害危机的责任来自消费者自身,年老的消费者比年轻的消费者更多责备企业(Laufer、Silvera和Meyer,2006)。方正、李蔚和李珊(2007)指出,在产品伤害危机中,消费者的年龄差异可能会影响其购买意愿,且老年的消费者购买意愿的受损程度显著高于青年消费者、中年消费者(方正、李蔚和李珊,2007)。Silvera、Meyer和Laufer(2012)再次验证了:与年轻的消费者相比,老年消费者认为产品伤害危机的威胁较小,将更少责怪公司,并具有较强的购买意愿、更愿意推荐卷入危机的产品(Silvera、Meyer和Laufer,2012)。

消费者性别的调节作用。Laufer和Gillespie(2004)研究性别对归因的影响,认为当产品伤害危机的责任尚不明确时,女性消费者比男性消费者更容易受到产品伤害危机的威胁,对企业的责任归因更多;在面对产品伤害危机时,女性消费者比男性消费者更害怕自身受到伤害,感知的危机严重程度比男性消费者的要高(Laufer和Gillespie,2004)。董亚妮等(2009)指出,产品伤害危机发生后,由于女性的自我感知的"易受攻击性"更强,女性更倾向于对企业进行责备归因,因此,对危机产品的购买意愿低于男性(董亚妮等,2009;董亚妮,2010)。吴剑琳、古继宝和代祺(2012)指出在汽车产品伤害危机中,男性的购买意愿受损程度显著高于女性,这是因为汽车属于男性高涉入的产品,而且归因明确,因此,男性的购买意愿受损程度显著高于女性(吴剑琳,2011;吴剑琳、古继宝和代祺,2012)。

消费者文化背景的调节作用。消费者文化背景调节了消费者对危机的感知归因。Laufer(2002)指出,个人主义社会中的消费者更可能把产品失败归因为危机企业,而集体主义社会中的消费者更可能要考虑与公司无关的情境因素(Laufer,2002;方正等,2010)。

消费者收入的调节作用。吴剑琳、古继宝和代祺(2012)认为,与高收入消费者相比,负面信息更能降低低收入消费者的购买意愿,这是因为低收入消费者在面对危机信息时更脆弱,他们着重关注负面信息,导致其购买意愿下降得更快(吴剑琳,2011;吴剑琳、古继宝与代祺,2012)。

消费者归因的调节作用。当产品伤害危机发生后,消费者对危机事件责任的归因影响其对危机的认知和对危险的感知,进而影响消费者的情感和购买决策(吴剑琳,2011)。归因方式指的是人们对发生在自身或他人生活中的具体事件或对问题产生的原因进行解释的方式。Weiner(1986)提出,人们需要确定对事件的责任,尤其是突发的负面事件(董亚妮,2010),即使事件的实际原因不明确,也会对谁是事件的责任人做出判断。Laczniak、DeCarlo和Ramaswami(2001)使用归因理论解释了消费者对负面口碑沟通的反应,归因在负面口碑沟通对品牌评价的影响中起到了中介作用,接受者的归因取决于负面口碑沟通的表达方式,且品牌名字影响归因;当消费者将负面口碑沟通信息归咎于品牌自身,消费者对品牌的评价降低;当消费者将负面口碑沟通信息归咎于企业,消费者对品牌的评价增加(Laczniak、DeCarlo和Ramaswami,2001)。

在责任主体不明的情况下，了解消费者的归因路径，有助于避免消费者对企业的误解和对危机信息的误判（杨洋，2013）。如果发生危机时消费者认为危机企业对危机负有责任，将会降低消费者对其产品的品牌态度、品牌资产、购买意愿，因此，管理者应分析产品伤害危机责任主体不明的情形，并确定恰当的应对方式（董亚妮，2010）。

企业社会责任的调节作用。Klein 和 Dawar（2004）使用 Weiner（1986）的归因理论进行研究，认为归因在企业的社会责任对危机企业的影响中起到了中介作用。他们将产品伤害危机的危机归因分为三个维度：发生位点、稳定性、可控性，并研究了在不同的归因情景下企业的社会责任对企业责备、品牌评价和购买意愿的影响存在显著差异（Klein 和 Dawar，2004）。他们的研究表明，当企业先前的社会责任很大（小）时，消费者将感知危机发生的原因在企业外（内）部，将感知危机事件是不稳定（稳定的），将感知危机是不可控制的（可控制的）；消费者对企业的责备与品牌评价负相关，而品牌评价与购买意愿正相关（Klein 和 Dawar，2004）。

企业声誉的调节作用。企业声誉有助于危机企业防御和缓和危机对危机责任归因、品牌资产的影响。Siomkos 和 Kurzbard（1994）的研究表明，较高的企业声誉可以帮助企业降低危机对危机企业或竞争企业的影响，维持消费者的购买意愿（Siomkos 和 Kurzbard，1994）。Laczniak、DeCarlo 和 Ramaswami（2001）指出，较高的品牌知名度会降低消费者对危机企业的责任归因。在产品伤害危机中，企业声誉会正向调节消费者在产品伤害危机中的品牌认知，进而对品牌资产形成正向调节作用，从而企业声誉会正向调节应对策略对品牌资产的保护作用（方正等，2010）。

危机应对策略的调节作用。产品伤害危机发生之后，危机可能会造成危机企业的产品销售量和市场份额的大幅下降。发生危机的企业必须采取有效的应对措施，及时沟通企业的内外部信息，降低消费者因信心不对称、风险规避而减少对危机品牌的购买，以维持危机企业自身的市场份额。首先，从营销伦理的角度讲，产品伤害危机发生以后，危机企业要优先采取危机沟通策略，如 Sturges（1994）认为危机企业应提供指导性信息（Instructing Information）和调整性信息（Adapting Information），以防止利益相关者受到生理、心理上的伤害（Sturges，1994；庄爱玲，2012）。其次，危机企业还应该采取应对策略，以修复产品伤害危机对危机企业声誉的损害，降低危机对危机企业的销售额、市场占有率的消极影响，以及防范消费者的负面行为发生（Coombs，2007）。针对应如何应对危机，国内外学者提出了差异化的应对策略。目前，国内外学者对产品伤害危机应对策略的研究主要从危机沟通策略、企业形象维护策略、市场修复策略三个方面展开。

危机沟通策略的调节作用。产品伤害危机发生之后，对于危机企业而言，最迫切的是在第一时间对危机进行反应，与消费者和媒体进行沟通，制度合理、有效的沟通策略，以取得消费者的信任，降低危机扩散的速度和消费者的感知风险，削弱危机对品牌形象的负面影响。制定和实施合理、有效的沟通策略是危机企业应对危机的第一要务，这是因为有效的沟通策略不仅可以维持甚至提升消费者的购买意愿（Peterson 和 Wilson，1992），而且还可以减少危机发生后顾客的流失（Schneider 和 Bowen，1999），进而减弱危机对企业的负面影响。此外，相对于企业的产品缺陷或服务失败而言，危机企业不合理的沟通策略更容易导致顾客的流失（Hoffman、Kelley 和 Rotalsky，1995；崔泮为，2014；崔泮为、杨洋与李蔚，2015）。因此，不同类型的产品伤害危机，其危机的影响范围和机制、影响后果都不同，需要不同的沟通策略。危机发生后，危机企业通过制定有针对性、差异化的、有效的沟通策略，可以削弱产品伤害危机的负面影响（崔泮为，2014），而危机企业采取的沟通策略的目的在于取得消费者的信任（Xie 和 Peng，2009），维护企业的品牌形象（徐和清，2013）。

目前，国内外学者对现实中不同类型的产品伤害危机的应对方式进行研究，如（方正，2007）根据产品缺陷是否违反现有的产品法规和安全标准，将产品伤害危机分为两类（即不可辩解型产品伤害危机和可辩解型产品伤害危机)并对现实中的危机应对方式进行归纳,详见表 2-1 所示。

表 2-1 现实中两类产品伤害危机的应对方式

应对方式	危机类型	不可辩解型产品伤害危机				可辩解型产品伤害危机			
政府	应对措施	对危机企业进行调查,采取警告和惩罚性措施,比如:强制召回				可能会帮助企业澄清产品的无害性			
	典型案例	A 产品奶粉含碘超标危机				H 产品钙含致癌过氧化氢危机			
专家	应对措施	通常不会采取任何措施				可能会帮助企业澄清产品的无害性			
	典型案例	E 产品护理液致病危机				Z 产品涉嫌致癌危机			
行业	应对措施	通常不会采取任何措施				可能会帮助企业澄清产品的无害性			
	典型案例	G 产品出售回炉牛奶危机				B 产品涉嫌致癌危机			
企业	应对措施	坚决否认	强制召回	主动召回	积极承担责任	公开致歉	积极澄清	置之不理	否认反驳
	典型案例	A 产品奶粉含碘超标危机	A 产品奶粉含碘超标危机	C 产品菌落总数超标危机	某某快餐店含致癌苏丹红危机	X 产品含致癌过氧化氢危机	D 产品婴儿奶粉质量危机	E 产品止痛贴涉嫌致命危机	F 产品相机质量危机

不可辩解型危机的沟通策略。在不可辩解产品伤害危机中,危机起因是产品伤害或产品缺陷违法了法律法规或安全标准(方正,2007),政府会对危机企业进行安全执法和审查,行业协会和专家不会帮助企业澄清产品的有害性,所以,目前国内外学者主要研究该类产品伤害危机的危机企业应对方式。

Siomkos 和 Kurzbard(1994)在研究不可辩解型产品伤害危机的应对策略时,将危机企业的应对策略分为否认、超级努力、强制召回、自愿召回等,并发现:自愿召回和积极承担责任是应对该类危机的最优策略(Siomkos 和 Kurzbard,1994;杨洋,2013)。Hearit(1994)认为,在公共关系危机中,如果组织有过错,组织应主动道歉,并应主动召回产品或进行产品退换(Hearit,1994)。在产品伤害危机对品牌资产的影响中,明确承担责任是最佳策略(Dawar 和 Pillutla,2000)。Laufer 和 Coombs(2006)进一步推进上述研究,并提出,当不知名的、有负面企业声誉的且顾客是以女性为主的企业遭遇产品伤害危机时,该危机企业应该积极承担责任,及时地、真诚地公布引发危机的产品缺陷信息,关心消费者的利益,体现出企业较高的企业社会责任感;当知名的、企业声誉较高的且以男性顾客为主的企业遭遇产品伤害危机时,该危机企业应主动召回存在产品缺陷的产品(Laufer 和 Coombs,2006;吴思,2011)。在产品伤害危机发生后,当危机企业是一家具有社会责任感的企业且危机发生后自愿召回存在缺陷的产品,消费者往往几个月后会忘记该危机及其影响(Vassilikopoulou 等,2009)。崔泮为(2014)研究不可辩解型产品伤害危机的危机沟通策略,并指出,补偿策略通过消费者满意和消费者原谅间接影响品牌信任、情感策略(崔泮为,2014)。

可辩解型危机的沟通策略。可辩解产品伤害危机的典型特点是危机中产品缺陷没有违反相关的法律法规或安全标准,虽然从法律角度讲企业不需承担相关法律责任,但危机企业应积极应对,防止危机蔓延至整个市场,造成巨额损失;政府、行业协会、专家从各自的责任角度会帮助危机企业澄清其产品是没有安全问题的,以削弱危机对危机企业的影响,防止危机蔓延至整个行业或社会,导致消费者恐慌和社会不安定。因此,国内外学者在研究危机企业如何应对可辩解型产品伤害危机时,主要从危机企业内部应对和外部应对两个角度开展研究。

王晓玉、晁钢令和吴纪元(2006)在研究产品伤害危机对消费者考虑集的影响时,将危机应对方式分为企业应对、专家应对、企业与专家共同应对、无应对四种形式,并发现:与有事件无响应比,企业响应、专家响应,以及他们的双重响应会对危机产品进入消费者考虑集产生正向影响(任金中与景奉杰,

2013；王晓玉、晁钢令与吴纪元，2006）。方正（2007）将企业的应对策略分为置之不理、对抗反驳、纠正措施、积极澄清四种，并认为外部应对包括行业应对、政府应对、专家应对和无外部应对，认为可辩解型产品伤害危机发生以后，有外界力量协助企业应对会强于无外界应对；企业在选择自身的应对方式时，最优的选择是"积极澄清"；企业在选择外界力量协助其应对时，最优的选择是"政府应对"。崔洋（2014）进一步推进该研究，并认为在可辩解型产品伤害危机中，就维护品牌信任而言，最优的策略是辩解，其次是缄默，最差的是和解。

形象修复策略的调节作用。Xie 和 Peng（2009）研究了负面报道发生后企业如何修复消费者对品牌及其产品的信任的修复策略，并发现修复顾客信任以获得消费者的原谅，以重建消费者的信任，恢复消费者对其品牌和产品的信念和购买意愿。他们提出信息性修复、情感性修复和功能性修复三种策略，以重建企业形象的可信任感，获得消费者的原谅，其中，情感修复策略是塑造正直和仁慈形象的最重要的措施，信息修复策略是在信任修复期间通过提供充足的信息增强消费者对危机企业正直性判断的策略，而功能性策略（如提供经济赔偿、出台管理程序以避免危机再次发生）将提升消费者对企业的信任，只是作用弱于信息修复策略。徐和清（2013）研究了危机企业在食品安全事故中的形象维护策略，并指出：第一，真相调查策略、互动交流策略可以增强品牌企业形象的可信度，并可以对稳定消费者的购买行为产生积极影响；第二，互动交流策略、完善管理制度策略、责任追究策略能有效减少消费者的感知风险，并对稳定消费者购买的行为产生积极影响；第三，消费者对危机企业形象的可信度可以降低消费者的感知风险，并稳定消费者的购买行为。崔洋为（2014）研究了两类产品伤害危机的修复策略对品牌信任的影响，其研究发现，对于两类产品伤害危机，CSR 策略都可以正向影响危机后的品牌信任；CSR 策略对可辩解型产品伤害危机的修复效果更好；产品伤害危机类型调节了价格促销策略对品牌信任的影响。

市场修复策略的调节作用。产品伤害危机事件对危机企业及其品牌的影响是长期的，危机企业需要调整自身的市场策略，以应对消费者信心的缓慢调整和修复品牌形象，实现市场的修复，将企业的损失降至最低。

产品伤害危机发生之后，危机企业应该采取市场修复策略，以恢复消费者对危机企业的产品的信心，如采用产品策略、销售促进策略、广告策略等市场营销组合策略，以降低危机企业的市场损失。董亚妮（2010）研究了产品伤害危机后的危机企业的市场修复策略，分析不同形式的产品属性变化、销售促进方式、广告内容对消费者购买意愿的影响，并指出：一是危机后危机企业修复市场的产品策略有产品维持（不改变产品属性）、产品改进（改变可能会带来伤害的产品属性）、功能增强策略（改变产品属性以提高产品性能）三个方面，其中功能增强策略对消费者购买意愿的提高要好于产品维持和产品改进策略；二是危机发生后，促销形式显著影响消费者对危机产品的购买意愿，消费者在买赠条件下的购买意愿比价格折扣条件下要高，其促销形式通过对消费者的感知风险和感知价值的作用对消费者的购买意愿产生影响；三是广告内容对消费者购买意愿有显著影响，且危机后企业形象广告对产品广告更能有效地增加消费者的购买意愿（董亚妮，2010）。董亚妮和李蔚（2011）发现，危机发生后，非金钱性促销能更好地降低消费者的感知风险，增加感知价值，进而提高消费者在危机后的购买意愿。

（3）产品伤害危机影响中的心理机制。

现有研究表明，感知风险是产品伤害危机研究中一个重要的心理变量，其中包括产品伤害危机对品牌信任、品牌态度、品牌资产、购买意愿等的影响。如感知风险在口碑方向和消费者态度中发挥中介作用（王晓玉与晁钢令，2008），而危机信息增加了消费者对危机产品的感知风险，降低了其对危机产品的购买意愿。现有的研究表明，感知风险是一个多维度的变量，包括心理风险、财务风险、绩效风险、身体风险、社会风险和时间风险（Bettman，1973；Chaudhuri，2000；Mitchell，1999；Slovic，1993；Sweeney、Soutar 和 Johnson，1999；杨洋，2013）。然而，这 6 种风险存在显著的相关性。绩效风险是对不利后果的发生概率的测量，而不是发生后的结果，在逻辑前后顺序上应该优先于其他风险（Keh 和 Pang，2010；Stone 和 Grønhaug，1993；杨洋，2013）；心理风险在其他风险类型与总风险水平之间发挥的是桥梁作用，是一个重要的中介变量（Stone 和 Grønhaug，1993）。

因此，绩效风险和心理风险是感知风险中最重要的两个风险类型，能完全代表感知风险的内涵（杨洋，2013）。绩效风险是因为产品或服务没有达到消费者的预期而无法满足消费者的需求所产生的风险感知（Keh 和 Pang，2010；杨洋，2013）；心理风险是指消费者由于购买或使用产品或服务而导致的可能的心理幸福感降低（Keh 和 Pang，2010；杨洋，2013）。

综上所述，可以发现，产品伤害危机的危机特征、分类、影响因素、影响机制、应对策略和消费者反应是研究的焦点。总体来看，现有产品伤害危机研究存在以下特点：①产品伤害危机的研究重点在于负面影响和应对策略。②产品伤害危机情景会影响负面结果的程度和应对策略的选择。③消费者的个体特征、经验、类型等都会调节危机的负面影响。然而，现有对危机溢出效应的研究相对较少，尚未识别出溢出效应的发生条件和发生机制。

（4）产品伤害危机的影响结果。

①产品伤害危机的危机扩散过程。

花海燕和于玮（2009）通过非正式访谈，利用重大突发事件动力源与其扩散关系的相关理论，研究了产品伤害危机通过媒体进行扩散的过程，归纳、分析影响产品伤害危机的媒体扩散因素，并通过案例进行研究，明确产品伤害危机在媒体扩散中的衡量标准，绘制了产品伤害危机的媒体扩散趋势图，分析了在产品伤害危机中扩散因素与媒体扩散趋势之间的关系（花海燕和于玮，2009）。

②产品伤害危机对危机企业和行业的影响。

关于产品伤害危机的直接影响，现有的研究主要集中在危机对危机焦点品牌的品牌态度（田虹与袁海霞，2013）、购买意愿（方正，2007）、品牌资产（方正等，2010；吴旭明，2008）、品牌绩效（马宝龙等，2010）、品牌再续意愿（黄静等，2012；林雅军等，2010）、应对策略（方正等，2010；方正等，2011；方正、杨洋和李蔚，2012；方正等，2013；余伟萍、庄爱玲和段桂敏，2014；余伟萍、张啸和段桂敏，2015）等方面。

产品伤害危机对行业企业的间接影响。关于产品伤害危机的间接影响，现有的研究主要集中在危机对品类市场结构（马宝龙、李飞和孙瑛，2009）、品类态度（Dahlen 和 Lange，2006；Roehm 和 Tybout，2006）、应对策略（方正，2007）等方面。例如马宝龙等（2010）分析了××奶粉碘超标事件，研究了产品伤害危机对品类市场竞争结构的影响，并发现同一产品类别内危机品牌所发生的产品伤害危机会对危机品牌自身在市场竞争结构中的市场地位产生负面影响（马宝龙等，2010）。群发性危机的行业负面溢出效应比单发性的更强，企业声誉和伤害程度在单（群）发性对行业负面溢出效应的影响中起到调节作用（汪兴东、景奉杰和涂铭，2012），但调节方向不同，在单发性危机中，企业声誉对行业负面溢出效应的影响差异较小，伤害程度的影响差异较大；而在群发性危机下，企业声誉对行业负面溢出效应的影响差异较大，伤害程度的影响差异较小（汪兴东、景奉杰和涂铭，2012）。

综上所述，通过对产品伤害危机的文献梳理（见表 2-2），发现现有产品伤害危机溢出效应的研究主要集中在定义与分类、调节因素、应对方式、心理机制和影响结果等方面，明确了危机的最优应对策略和顾客的反应机制等关键问题。同时，产品伤害危机的研究侧重于危机的直接影响，以及应对方式，强调情景信息影响危机结果和最优相异策略的选择，识别出感知风险、消费者情绪等的中介作用，但对危机的间接影响的研究成果相对较少，尚未识别危机对竞争品牌在不同方向上的溢出效应的发生条件和发生机制，这有待进一步深入研究。

表 2-2 国内外产品伤害危机的主要研究

序号	研究	研究方法	研究样本	自变量	调节变量	中介变量	因变量
1	Siomkos 和 Kurzbar（1994）	实验法	吹风机（非学生，384）	公司声誉、外部影响、企业应对			感知危险、购买意愿
2	Dawar（1998）	文献分析		企业应对（产品召回、建立热线、补偿、否认）	消费者的经验	品牌资产	
3	Dawar 和 Pillutla（2000）	实验法	速溶咖啡（学生，178）软饮料（学生，195）电脑（学生，64）	企业应对（明确承认、模糊应对、明确否认）	消费者的期望		
4	Laufer 和 Gillespie（2004）	实验法	橙汁（学生，44）轮胎（学生，54）	性别	个人脆弱性、同理心	消费者归因	
5	Klein 和 Dawar（2004）	实验法	橄榄油（非学生，150）橄榄油（非学生，150）	企业的社会责任感	消费者归因、消费者对企业社会责任的关注度		品牌评价、购买意愿
6	王晓玉、晁钢令和吴纪元（2006）	实验法	牙膏（非学生，311）	企业应对、专家应对			考虑集
7	Laufer 和 Coombs（2006）	文献分析		企业应对、消费者特征			应对效果
8	Van HeerdeHelsen 和 Dekimpe（2007）	营销模型	花生酱	产品伤害危机			营销绩效
9	方正（2007）	实验法	牙膏（非学生，252）	年龄			购买意愿
10	方正、李蔚和李珊（2007）	实验法	牙膏（非学生，252）	年龄			购买意愿
11	曾旺明和李蔚（2008）	实验法	快餐（非学生，194）	感知风险、感知损失	性别	品牌情感、品牌信任	品牌忠诚
12	吴峰（2008）	实验法	牙膏（非学生，477）	口碑方向、口碑来源	企业应对	感知风险、负向情绪	消费者的态度
13	王晓玉（2008）	实验法	方便面（学生，144）手机（学生，360）	口碑方向、口碑来源	企业应对	感知风险、负向情绪	消费者的态度
14	Cleeren、Dekimpe 和 Helsen（2008）	营销模型	花生酱	使用量、品牌广告	品牌忠诚、品牌熟悉度		品牌资产
15	Vassilikopoulou 等（2009）	实验法	手机（非学生，384）	危机强度、社会责任感、企业应对、时间			感知危险、购买意愿
16	方正等（2010）	实验法	牙膏（学生，151）牙膏（非学生，525）	企业应对	危机类型、企业声誉		品牌资产
17	马宝龙等（2010）	营销模型	奶粉	产品伤害危机			品牌绩效
18	方正等（2010）	实验法	牙膏（非学生，327）	企业应对、外界澄清	企业声誉	心理风险	品牌资产
19	黄静、王新刚和童泽林（2011）	实验法	饮料（学生，96）手机（学生，144）	品牌犯错	心理距离		品牌评价
20	汪兴东和景奉杰（2011）	实验法	果汁（非学生，210）果汁（非学生，140）	网络响应、信息呈现方式、企业响应			感知风险
21	Zhao、Zhao 和 Helsen（2011）	营销模型	花生酱	产品伤害危机			顾客选择、感知不确定性
22	Lei、Dawar 和 Lemmink（2008）	实验法	啤酒（学生，192）	先前信念、行业频发性、相似信息			品牌信任、品牌评价、责任归属

续表

序号	研究	研究方法	研究样本	自变量	调节变量	中介变量	因变量
23	Cleeren、VanHeerde 和 Dekimpe（2013）	计量模型	60个产品召回（英国36个、荷兰24个）	危机特征、营销变量			品牌份额的变化、品类购买的变化
24	徐和清（2013）	问卷调查	（323，非学生）	品牌企业形象维护策略		品牌可行度、感知风险	购买行为
25	涂铭、景奉杰和汪兴东（2014）	问卷调查	快餐（学生，315）	伤害性、群发性、持续性	不确定规避	感知严重、感知易损	购买意愿
		实验法	牙膏（学生，249）	价格促销策略、危机类型	企业声誉		品牌信任
26	崔泮为（2014）	实验法	牙膏（学生，266）	情感策略、信息策略		消费者满意、消费者原谅	品牌信任
		实验法	牙膏（学生，247）	沟通策略	企业声誉、外界澄清	消费者满意	品牌信任
27	崔泮为、杨洋和李蔚（2015）	实验法	牙膏（学生，249）	CSR 修复策略	企业声誉、外界澄清	消费者满意	品牌信任

2.3.2.2 危机溢出效应研究

（1）溢出效应的定义。

溢出是指提供的信息引起消费者对（此消息中没有提到的）属性的信念的变化程度（Ahluwalia、Burnkrant 和 Unnava，2000；Ahluwalia、Unnava 和 Burnkrant，2001），而溢出效应是指信息通过间接途径影响信念的现象（Ahluwalia、Unnava 和 Burnkrant，2001）。溢出效应的研究已经成为营销研究的热点，现有实证研究也发现溢出效应能够影响相关产品、品牌和经销商未提及的属性。溢出效应产生于消费者面对信息时的启发式思考，是一种在没有客观根据下的认知偏差。对于溢出效应而言，如果消费者喜欢一个品牌时，则会对信息中未提及的属性增加好感（Ahluwalia、Unnava 和 Burnkrant，2001）；如果品牌与另一声誉较高品牌结成联盟，则消费者对该品牌的感知质量会提高（Rao、Qu 和 Ruekert，1999）。汪兴东、景奉杰和涂铭（2012）的研究表明，溢出效应是指一个主体的某一特征或行为会影响到与该主体有一定关系，但本身不具有这一特征或行为的其他主体的现象（王艺，2015）。杨晶、刘春林和崔玮（2012）认为，企业发生危机后不但自身会受到重创，负面效应还会扩散至行业内的其他企业，学术界将这种现象称为危机溢出效应（杨晶、刘春林和崔玮，2012）。综上所述，虽然国内外学者对溢出效应有各自的定义，但都遵循 Ahluwalia、Unnava 和 Burnkrant（2001）对溢出效应的定义，并进行解读和完善。

（2）溢出方向的分类。

根据产品伤害危机溢出效应的影响对象不同，产品伤害危机溢出效应分为同一产品的其他属性溢出效应（Ahluwalia、Burnkrant 和 Unnava，2000）、同一企业的其他品牌溢出效应（Lei、Dawar 和 Lemmink，2008；杨洋，2013）、联合品牌溢出效应（王海忠、田阳与胡俊华，2010）、联盟品牌溢出效应（Votola 和 Unnava，2006）、同业竞争品牌溢出效应（Broniarczyk 和 Alba，1994；Dahlen 和 Lange，2006；Roehm 和 Tybout，2006；范宝财、杨洋和李蔚，2014；田阳等，2013；王珏、方正和李蔚，2014；王晓玉和吴婧，2014；余伟萍、庄爱玲和段桂敏，2014；余伟萍、张啸和段桂敏，2015；庄爱玲和余伟萍，2011；庄爱玲，2012），乃至整个行业溢出效应（汪兴东、景奉杰和涂铭，2012），以及产业链上下游企业间的溢出效应（如供应商）。本书通过归纳发现溢出方向主要有两种：一是依据溢出效价的差异，将溢出分为正面溢出效应（又称竞争效应、对比效应）与负面溢出效应（又称传染效应、同化效应);二是依据溢出影响产品层面差异,将溢出分为横向溢出效应和纵向溢出效应。

① 正面溢出效应与负面溢出效应。

国内外学者对溢出效应分类的研究主要依据溢出效价,即产品伤害危机不但会产生正面溢出效应,还会产生负面溢出效应(Dahlen 和 Lange,2006)。前者是指产品伤害危机发生之后,危机提升了消费者对同一危机品牌的其他非危机产品属性和非危机品牌、同一企业的其他非危机产品属性和品牌、竞争对手的危机产品属性和品牌的评价;后者是指产品伤害危机发生之后,危机降低了消费者对同一危机品牌的其他非危机产品属性和非危机品牌、同一企业的其他非危机产品属性和品牌、竞争对手的危机产品属性和品牌的评价。此外,在研究竞争品牌之间的负面溢出效应时,王思敏和朱玉杰(2010)认为传染效应是指行业内某家公司的危机,尤其是大公司的危机,对其他竞争对手的波及,使竞争对手的公司价值受到损失(王思敏和朱玉杰,2010)。

通过对关于溢出效应文献的整理和分析,我们发现现有研究依据危机对竞争品牌评价的影响是消极的还是积极的,将溢出效应分为正面溢出效应和负面溢出效应,但多独立地研究负面溢出效应,对正面溢出效应的研究较少。

部分研究专家还发现了危机对竞争品牌的正面溢出效应,但仅为定性分析,且对正面溢出效应的发生条件仍存在争议。Reilly 和 Hoffer(1983)认为产品危机影响顾客对竞争对手产品购买的正面溢出效应,但仅为定性研究。Dahlen 和 Lange(2006)在研究品牌危机时认为,竞争品牌与危机焦点品牌不相似,危机对竞争品牌产生正面溢出效应,会提升消费者对竞争品牌的品牌态度、购买意愿、品牌信任、品牌选择。Gao 等(2015)指出,危机发生后对比联想会提升消费者对竞争品牌的信任,保护竞争品类免于品牌损害,产生对比效应,即正面溢出效应。综上所述,目前国内外学者对产品伤害危机的正面溢出效应的研究局限于定性分析,没有探明正面溢出的发生条件和发生原理。

现有对产品伤害危机溢出效应的研究主要采用可接近—可诊断理论(Feldman 和 Lynch,1988)。根据可接近—可诊断理论,如果消费者从关于品牌 A 的信息中了解到品牌 B 的信息,即品牌 A 的信息对品牌 B 具有可诊断性,那么在消费者的思维活动中,消费者关于品牌 A 和品牌 B 联系的记忆节点就同时被这些信息激活,消费者就可以利用品牌 A 的信息推断品牌 B。Ahluwalia 等(2000,2001)认为消费者对危机品牌的承诺会影响顾客对丑闻品牌的品牌态度。Roehm 和 Tybout(2006)认为品牌丑闻信息对竞争品牌的负面溢出是否会发生取决于两个产品属性相似性,但无法解释现实中丑闻对竞争品牌的正面溢出。Roehm 和 Tybout(2006)的研究扩展了以前的工作,通过检验在一个产品类别内一个品牌丑闻的溢出发现,一方面,丑闻品牌的竞争对手可能会被认为是有罪的;另一方面,对于一个丑闻品牌来说,一个丑闻可能被解释为独特的,导致破坏而被隔离,甚至使竞争对手受益(Roehm 和 Tybout,2006)。田阳等(2010)认为,在面对关联品牌的负面丑闻时,互依型自我建构的消费者倾向于采用整体性的思维方式,负面效应更易扩散到其他品牌。在研究中,丑闻溢出效应体现在消费者在丑闻前后的品牌态度、品牌信念之差的均值;差值越大,溢出效应越强(田阳等,2010)。

综上所述,现有溢出效应研究基本上将危机溢出而引发的负面溢出效应(传染效应或同化效应)、正面溢出效应(竞争效应或对比效应)视为相互独立发生的现象,即便是同时考虑存在负面溢出效应和竞争效应,也只认为负面溢出效应和竞争效应发生在不同时段(杨晶、刘春林和崔玮,2012),没有研究为什么两种效应对竞争品牌会同时发生及其发生机制。本书遵循现有主流研究对溢出效应的分类,依据溢出效价的差异,将溢出分为正面溢出效应与负面溢出效应两个方向。

② 横向溢出效应与纵向溢出效应。

根据产品伤害危机溢出对产业链的影响对象不同,产品伤害危机溢出效应分为横向溢出效应(对处于相同产品层面企业或产品之间的影响)和纵向溢出效应(对产业链上的上下游企业或产品的纵向影响)(王晓玉和夏茵,2012)(范宝财、杨洋和李蔚,2014;王海忠、陈增祥和尹露,2009)。其中,纵向溢出效应是指公司层的信息影响产品层评价的信息机制,而横向溢出效应是指在相同产品层不同信息间的流动(王海忠、陈增祥和尹露,2009)。

③竞争效应与传染效应。

竞争效应—对比效应。对比效应,又称替代效应、正面溢出效应、竞争效应(Gao等,2015),是指一家公司的危机使同行业其他竞争对手获益,竞争对手的公司价值因其危机而上升(王思敏与朱玉杰,2010)。

在研究竞争效应时,Janakiraman、Sismeiro 和 Dutta(2009)认为,如果消费者认为两个产品是相似的,竞争性溢出效应将会发生,因为产品相似性导致较高的可诊断性和较高的可接近性。以往的研究提供了支持这一论点的证据。例如,以往的研究已经证实,可诊断性更多地取决于属性层面相似性而非品牌全面、整体相似感知(Broniarczyk 和 Alba,1994;Roehm 和 Tybout,2006)。此外,分类理论在评估各竞争品牌产品时,如果消费者认为所有的竞争产品是相似性的,并将其划分在一个品类内,那么消费者对一个竞争品牌的经验和信念可能会溢出到其余相似的竞争产品。这是因为如果在记忆中消费者对其他相似的竞争品牌被同时激活,这种感知的转移将会发生,这可能是由于显著的共享属性(Janakiraman、Sismeiro 和 Dutta,2009)。

Janakiraman、Sismeiro 和 Dutta(2009)认为,当消费者认为两个竞争品牌是相似的时,从一个品牌对其一个竞争品牌的溢出效应将发生。因为其相似性,消费者对品牌中一个的质量感知可以被认为是其他相似的竞争品牌的质量的标志。此外,在消费者的记忆中,如果两个竞争品牌是相似的,那么两个竞争品牌将拥有可诊断性,以及更强大、更可接近的节点,当另一个品牌被激活时,使一个品牌的信息更具可接近性;相反,当两个竞争品牌被认为是不相似的,导致二者之间缺乏可诊断性和可接近性,这将阻止消费者对一个品牌的质量感知与信息溢出到另一个竞争品牌(Janakiraman、Sismeiro 和 Dutta,2009)。

Gao 等(2015)也认为,危机对进口的竞争品牌产生对比效应,提升消费者对进口品牌的信任;危机对国内竞争品牌产生同化效应,损害消费者对国内品牌的信任。

综上所述,本书根据可接近性—可诊断理论和 Mussweiler(2003)提出的选择性通达机制,危机发生后,消费者会选择目标(竞争品牌的产品属性)与标准(引发危机的产品属性)之间一些显著特征作为线索,进行目标与标准之间的总体相似程度评估;当初步评估结果表明目标与标准是不一致的,即属性相似性低,危机信息对竞争品牌的可诊断性较低,判断者会采用相异性检验,而消费者对竞争品牌的评价和购买意愿会相对危机品牌有所提高,引发对比效应(Becerra 和 Korgaonkar,2011;Gao 等,2015),引发正面溢出效应。

传染效应—同化效应。目前,国内外学者将传染效应也称为同化效应、负面溢出效应,用于研究负面溢出效应。王思敏和朱玉杰(2010)认为传染效应是指行业内某家公司的危机,尤其是大公司的危机,对其他竞争对手的波及,使竞争对手的价值受到损失(刘兴翠,2011;王思敏和朱玉杰,2010)。

在研究联合品牌间的负面溢出效应时,王海忠、田阳和胡俊华(2010)将选择性通达理论引入溢出效应的研究,主张在研究联合品牌之间的负面溢出效应时借鉴该机制,并认为当初步评估结果表明目标与标准是一致的,判断者会采用相似性检验,引发同化效应(Becerra 和 Korgaonkar,2011;Gao 等,2015),发生负面溢出效应。

综上所述,本书以危机品牌引发危机的产品属性作为比较标准,当竞争品牌与危机品牌在引发危机的产品属性具有较高的相似性,即目标与标准具有一致性,消费者会采用相似性检验,进而认为竞争品牌的产品也存在相同的问题,导致同化效应或传染效应的发生。

(3)溢出的调节变量。

① 危机属性因素的调节作用。

危机属性因素是影响产品伤害危机溢出效应的重要因素。目前,国内外学者对产品危机的危机属性的内涵定义仍存在争议,但已识别的危机属性有:危机严重程度(又称危害性、伤害性);频发性;群发性;违约性;无德性;可控性;责任性;持续性;违法性等。涂铭、景奉杰和汪兴东(2014)认为危机属性为消费者的认知和购买决策提供了判断的依据和背景条件,其研究发现伤害性、群发性和持续性等三大危机属性。范宝财、杨洋和李蔚(2014)通过剔除属性间的内涵重合和复合,合并相关重复属性,将产品伤害危机属性概况为危害性、责任性、无德性、违约性和频发性等五大属性(范宝财、杨洋和李蔚,2014)。

本书对产品伤害危机的危机属性进行进一步的归纳,并得出危机的严重程度(又称危害性、伤害性)、群发性、持续性、违约性、无德性、责任性六大属性,影响溢出效应。

危机的严重程度。Siomkos等(2010)指出,产品伤害危机会影响消费者对竞争品牌、品类的购买意愿,当危机伤害程度低,消费者把危机归因是危机企业的责任,并认为行业内其他竞争企业没有责任,消费者会购买竞争品牌的产品以规避风险,行业负面溢出效应较小(Siomkos等,2010;汪兴东、景奉杰和涂铭,2012);反之,危机伤害越大,消费者对其他竞争企业无法进行有效的无责判断,会谨慎购买甚至拒绝购买,以减低风险,危机对行业的负面溢出效应较大(Siomkos等,2010)。汪兴东、景奉杰和涂铭(2012)认为,危机的严重程度调节了单(群)发性危机对行业的负面溢出效应的影响,在单发性产品伤害危机下,伤害程度越高,行业负面溢出效应越大,但在群发性产品的伤害危机中,危机对行业负面溢出效应较大(汪兴东、景奉杰和涂铭,2012)。范宝财、杨洋和李蔚(2014)认为,产品伤害危机的危害性是指产品伤害危机对消费者身心的危害程度,危机的危害性越强,产品伤害危机的横向负面溢出效应越大(Siomkos等,2010;范宝财、杨洋和李蔚,2014)。涂铭、景奉杰和汪兴东(2014)指出,危机的伤害性会负向影响消费者的购买意愿(涂铭、景奉杰和汪兴东,2014)。

危机的群发性。危机的群发性是指产品伤害危机所影响的企业数目的多少(涂铭、景奉杰与汪兴东,2014)。危机事件的群发性越高,对竞争品牌的负面外溢效应越大(程娉婷,2011)。汪兴东、景奉杰和涂铭(2012)认为,相对于单发性的产品伤害危机,群发性的产品伤害危机的行业溢出效应更强。危机的群发性越严重,消费者对品类的信任越低,对行业内其他企业或产品产生的负面溢出效应越强。产品伤害危机的群发性会正向影响消费者的感知危机严重程度和感知易损性(涂铭、景奉杰和汪兴东,2014)。

危机的持续性。产品伤害危机的持续性会正向影响消费者的感知危机严重性和感知易损性(涂铭、景奉杰和汪兴东,2014)。危机持续的时间越长,产品伤害危机所产生的溢出效应越强(汪兴东、景奉杰和涂铭,2012)。

危机的违约性。违约性是指产品伤害危机违反法律法规、安全标准、企业自身承诺的程度,产品伤害危机的违约性越强,危机的横向溢出效应越大(范宝财、杨洋和李蔚,2014)。

危机的无德性。无德性是指产品伤害危机在多大程度上是由于企业缺乏道德造成的,产品伤害危机的无德性越强,危机的横向溢出效应越大(范宝财、杨洋和李蔚,2014)。

危机的责任性。责任性是指企业在多大程度上对产品伤害危机的结果负责,产品伤害危机的责任性越强,危机的横向溢出效应越大(范宝财、杨洋和李蔚,2014)。

② 危机品牌因素的调节作用。

危机品牌特点是影响品牌危机溢出效应的重要因素（杨洋，2013），尤其产品伤害危机。现有的研究表明，影响产品伤害危机溢出效应的危机品牌因素有危机企业的声誉和危机品牌的代表性。

就企业的声誉而言，Siomkos 等（2010）指出，企业声誉可以调节产品伤害危机溢出效应，产品伤害危机更容易从高声誉危机品牌向低声誉的非危机品牌溢出（Siomkos 等，2010）。汪兴东、景奉杰和涂铭（2012）认为，企业声誉在单（群）发性产品伤害危机对行业负面溢出效应的影响中起到调节作用，在单发性产品伤害危机下，企业声誉对行业负面溢出效应的影响差异较小，伤害程度的影响差异较大（汪兴东、景奉杰和涂铭，2012）；而在群发性危机下，企业声誉对行业负面溢出效应的影响差异较大，伤害程度的影响差异较小（汪兴东、景奉杰和涂铭，2012）。范宝财、杨洋和李蔚（2014）认为，企业声誉可以调节消费者的信息处理方式，进而改变产品伤害危机等外部信息对消费者行为的影响，而较好的企业声誉可以通过晕轮效应以影响消费者对产品伤害危机信息的偏向处理，降低不确定性，降低产品伤害危机的可诊断性，减轻横向溢出效应；反之，较差的企业声誉可以提高产品伤害危机的可诊断性，增强横向溢出效应（范宝财、杨洋和李蔚，2014）。

就危机品牌的代表性而言，Roehm 和 Tybout（2006）认为，当一个品牌是产品类别的代表品牌时，即该属性是品类所共有的属性，有关该属性的丑闻很可能对品类产生溢出效应，并影响对产品类别的信念，这是因为该丑闻品牌很容易满足对产品品类的溢出条件，即可接近性和感知可诊断性（Roehm 和 Tybout，2006）。

③ 竞争对手因素的调节作用。

竞争品牌因素会影响产品伤害危机溢出。目前，国内外现有研究表明，竞争品牌与危机品牌的品牌相似性、竞争品牌与危机品牌的产品属性相似性、消费者承诺、竞争品牌应对策略都会影响产品伤害危机的溢出方向和溢出强度。

竞争品牌与危机品牌的相似性。相似性是影响产品伤害危机对竞争品牌的溢出效应发生的关键因素（Dahlen 和 Lange，2006；范宝财、杨洋和李蔚，2014）。Broniarczyk 和 Alba（1994）的研究表明，品牌相似性影响危机对竞争品牌的可诊断性，且品牌相似度高，危机对品牌才具有可诊断性（Broniarczyk 和 Alba，1994）。竞争品牌与危机品牌的品牌整体相似性越高，伤害危机对竞争品牌的可诊断性越强，那么产品伤害危机对竞争品牌越容易发生溢出（Dahlen 和 Lange，2006）。产品伤害危机发生后，竞争品牌的属性与危机品牌的引发产品伤害危机的属性的相似性越高，产品伤害危机对竞争品牌越容易发生负面溢出效应，且可诊断性更多依赖于属性水平的相似而非全面、整体的品牌相似，溢出取决于危机属性的感知相似（Roehm 和 Tybout，2006）。综上所述，现有研究没有对品牌的相似性、属性相似性进行区分，大都局限于研究直接竞争对手间的负面溢出效应。

消费者对竞争品牌的承诺。王珏、方正和李蔚（2014）认为，消费者承诺会影响竞争品牌的应对策略，降低负面溢出的效果。

竞争对手的应对策略。针对非危机的竞争品牌，现有研究关于危机对竞争品牌的负面溢出效应的应对策略研究。产品伤害危机对竞争品牌的溢出可能引发竞争对手的应对策略，包括沟通策略和营销策略。这些响应策略可能会为消费者提供背景线索，以影响消费者的思维方式和思考焦点，从而影响产品伤害危机对竞争品牌的溢出方向和强度。

沟通策略。Roehm 和 Tybout（2006）指出，竞争品牌的否认策略会使危机信息对竞争产品产生溢出效应，即"自食恶果效应"。这是因为在产品伤害危机没有对竞争品牌产生溢出的效应的情况下，竞争对手的否认策略为消费者的决策提供了背景线索，这启发消费者思考竞争品牌与危机品牌的关联性，建立了品牌联系,从而为产品伤害危机对竞争品牌的溢出提供了发生条件,导致负面溢出效应的发生。总体来看,Roehm 和 Tybout(2006)认为,竞争品牌间相似时否认策略优于沉默策略;在品牌差异时,沉默策略优于否认策略。方正等(2013)认为,如果危机对竞争品牌发生负面溢出效应,那么竞争品牌的最优应对策略是否认策略;如果溢出效应没有发生,竞争品牌的最优应对策略是沉默策略。王珏、方正和李蔚(2014)认为,就竞争品牌降低负面溢出的策略的效果而言,区隔策略优于否认策略,而否认策略优于缄默策略(王珏、方正和李蔚,2014)。余伟萍、庄爱玲和段桂敏(2014)认为,负面溢出效应发生后,在竞争品牌的应对策略中否认策略的效果最差,且不同于主要竞争品牌,次要竞争品牌的最优应对策略是缄默策略(余伟萍、庄爱玲和段桂敏,2014)。余伟萍、张啸和段桂敏(2015)指出,就竞争品牌应对负面溢出效应的策略而言,改进策略优于否认策略,更能提高消费者的购买意愿,而缄默策略优于否认策略,但比改进策略的效果差(余伟萍、张啸和段桂敏,2015)。程霞(2016)认为,消费者对危机进行内部归因时,就降低危机对竞争品牌的负面溢出的效果而言,竞争品牌应对策略中缄默策略最优;当消费者对危机进行外部归因时,竞争品牌应对策略中区隔策略最优(程霞,2016)。

营销策略。在营销策略中,广告和价格策略对产品伤害危机溢出效应起到调节作用。VanHeerde、Helsen 和 Dekimpe(2007)发现,危机发生后,竞争对手的广告、价格策略对危机品牌的负面影响比危机之间要强(VanHeerde、Helsen 和 Dekimpe,2007)。Cleeren、Dekimpe、Helsen(2008)、Cleeren、VanHeerde、Dekimpe(2013)、Zhao,Zhao 和 Helsen(2011)都研究了广告策略对竞争品牌的影响,发现在产品危机发生后竞争对手提高了广告的投放数量,最终提高了自身的市场占有率,对危机品牌的销售产生负向影响(王晓玉和吴婧,2014)。王晓玉和吴婧(2014)的研究发现,一个竞争对手的响应策略可能对自身产生影响,也可能对引发产品伤害危机的品牌产生影响,还可以对为响应的竞争对手产生溢出效应(王晓玉和吴婧,2014)。王晓玉和吴婧(2014)认为,当危机行业溢出水平较高时,竞争品牌采取否认策略优于促销策略,负向影响消费者对未应对的竞争品牌的品牌态度;当行业溢出水平较低时,否认策略和促销策略的影响无显著差异(王晓玉和吴婧,2014)。王晓玉和吴婧(2014)认为,与否认加促销策略相比,否认策略对竞争品牌的品牌态度有更强的负向影响(王晓玉和吴婧,2014)。

④ 消费者因素的调节作用。

消费者因素影响消费者对产品伤害危机的认知和信息加工方式,会影响产品伤害危机的溢出。目前,国内外研究表明,消费者的危机归因、品牌关系承诺、品牌联想、消费者的认知需求、自我建构和思维方式是影响产品伤害危机溢出的消费者因素。

消费者的危机归因。归因影响消费者的认知和信息加工方式,影响消费者的决策机制,也会影响产品伤害危机溢出效应。Votola 和 Unnava(2006)研究了负面信息对品牌联盟的影响,发现对不同的危机归因消费者的反应存在差异,对溢出效应的影响差异较大。

品牌关系承诺。根据 Eagly 和 Chaiken(1995)的防卫动机理论(Defense Motivation),品牌关系承诺是影响溢出效应的关键变量之一,高水平的承诺容易引发消费者的防御动机,以帮助个体对威胁个人现有态度的信息进行选择性认知加工,削弱消费者对负面信息进行目标属性和其他属性的负面影响(Eagly 和 Chaiken,1995;Ahluwalia、Unnava 和 Burnkrant,2001)。因此,产品伤害危机发生后,对竞争品牌的品牌关系承诺较高的消费者会产生防御性动机,对危机信息进行选择性的加工,降低对负面信息的感知可诊断性,产品伤害危机难以对竞争品牌产生溢出效应(Ahluwalia、Unnava 和 Burnkrant,2001)。

品牌联想。品牌联想是影响溢出效应的重要变量,尤其是品牌联想的方向和联想强度(Collins 和

Loftus, 1975)。Lei、Dawar 和 Lemmink（2008）指出，品牌联想强度和品牌联想方向是（子品牌与母品牌之间、子品牌之间）溢出效应的预测指标，且品牌联想的方向影响溢出的方式，尤其当子品牌—母品牌联结强度与母品牌—子品牌的品牌联结强度不同时，在产品伤害危机发生后，子品牌向母品牌的溢出是子品牌—母品牌的联结强度的函数而非母品牌—子品牌的函数。此外，子品牌之间的溢出效应是子品牌之间联想方向性强度的函数，当品牌 A 与品牌 B 之间的联想强度是非对称的，品牌 A 和品牌 B 之间的溢出效应也是非对称的（Lei、Dawar 和 Lemmink，2008）。庄爱玲（2012）认为，消费者的联想在品牌负面曝光事件溢出的过程中发挥中介作用，且消费者的品牌联想、竞争品牌联想、品类联想呈两两正相关关系（庄爱玲，2012）。

消费者的认知需求。庄爱玲和余伟萍（2011）通过实验法研究道德关联的两类品牌负面曝光事件对品类和竞争品牌溢出效应的影响，并得出结论：对于低认知需求者而言，道德引致产品性能型负面曝光事件对品类态度和竞争品牌购买意愿的负面溢出效应强于公司道德型事件；道德引致产品性能型负面曝光事件对低认知需求者品类和竞争品牌评价的影响大于高认知需求者，而公司道德型负面事件溢出对不同认知需求水平消费者的影响无显著差异（庄爱玲和余伟萍，2011）。庄爱玲（2012）指出，消费者的认知需求在品牌负面曝光事件溢出的过程中发挥调节作用，即与高认知需求者相比，低认知需求者在品牌负面曝光事件下的品类态度和竞争购买意愿更为消极。

消费者的自我建构。田阳等（2013）认为，互依型建构消费者面临危机信息时，会采用整体性思维，导致危机对竞争品牌发生负面溢出效应，而独立性消费者采用分析性思维，危机不会对竞争品牌发生溢出（田阳等，2013）。

⑤背景线索因素的调节作用。

背景线索因素会影响消费者的思考方式，是影响产品伤害危机溢出效应发生的重要因素（杨洋，2013）。不同的背景线索会启发消费者思考的焦点不同，影响消费者的思考内容，从而影响消费者的认知和购买决策。Roehm 和 Tybout（2006）指出，背景影响消费者的直觉判断，影响品牌丑闻信息的可诊断性。当用背景线索启发消费者思考品牌之间的差异时，消费者会认为该品牌丑闻行为是该品牌为获取竞争优势或使自身与竞争品牌差异化而所做出的努力，即该品牌丑闻对品类（竞争品牌）是不具有可诊断性的，即使品类或竞争对手是具有可接近性的，该丑闻也不会对品类或竞争品牌产生溢出效应（Roehm 和 Tybout，2006）。根据 Roehm 和 Tybout（2006）的研究成果，如果背景线索启发消费者思考危机品牌和竞争品牌在危机产品属性（即引发产品伤害危机的产品属性）之间的相似性，引发消费者将思考的焦点放在属性相似性上，这将增强产品伤害危机对品类或竞争品牌的可诊断性，使消费者认为其他产品也存在该危机行为或潜在风险，从而引发对品类或竞争品牌的负面溢出效应。

（4）溢出效应的影响。

由于危机溢出效应是频繁发生、普遍存在、影响较大的，现有研究主要研讨了危机溢出对产品属性、竞争品牌、联合品牌、品牌联盟、产品类别、品牌伞和延伸品牌七个方面的影响（详细见表2-3），具体包括同一产品的其他属性（Ahluwalia 等，2000）、同一企业的其他品牌（Lei 等，2008；杨洋，2013）、联合品牌（王海忠、田阳和胡俊华，2010）、联盟品牌（Votola 和 Unnava，2006）、同业竞争品牌（Broniarczyk 和 Alba，1994；Dahlen 和 Lange，2006；Roehm 和 Tybout，2006；范宝财、杨洋和李蔚，2014；田阳等，2013；王珏、方正和李蔚，2014；王晓玉和吴婧，2014；余伟萍、庄爱玲和段桂敏，2014；余伟萍、张啸和段桂敏，2015；庄爱玲和余伟萍，2011；庄爱玲，2012），乃至整个行业（汪兴东、景奉杰和涂铭，2012），以及产业链上下游的企业（如供应商），既是机遇，也可能是威胁，如表2-3所示。

表 2-3 竞争品牌应对危机溢出效应的应对策略研究

研究学者	竞争品牌应对策略							应对效果
	沟通策略				营销策略			
	缄默	区隔	否认	改进	价格	广告	促销	
Roehm 和 Tybout（2006）	√		√					品牌相似：否认策略 > 沉默策略 品牌差异：沉默策略 > 否认策略
方正等（2013）	√		√					负面溢出效应发生：否认策略 > 沉默策略 负面溢出没有发生：沉默最佳
Cleeren、Heerde 和 Dekimpe（2013）					√	√		广告增加，提高市场占有率
王珏、方正和李蔚（2014）	√	√	√					区隔策略 > 否认策略 > 缄默策略
王晓玉和吴婧（2014）			√				√	行业溢出较高：否认策略 > 促销策略 行业溢出较低：否认策略、促销策略效果无差异
余伟萍、庄爱玲和段桂敏（2014）	√		√					次要竞争品牌：缄默策略 > 否认策略
余伟萍、张啸和段桂敏（2015）	√		√	√				改进策略 > 缄默策略 > 否认策略
程霞（2016）	√	√	√					内归因：缄默策略最优 外归因：区隔策略最优

① 危机溢出影响消费者对产品属性的评价。

现有研究发现，由产品属性缺陷引发危机会降低消费者对同一品牌的同一产品不存在缺陷的产品属性的品牌态度和品牌信念（Ahluwalia、Burnkrant 和 Unnava，2000；Ahluwalia、Unnava 和 Burnkrant，2001；Ahluwalia，2002）。其中，属性间的溢出是指一则信息会影响与属性相关的信念程度，而这些属性却不包含在该信息中（Ahluwalia、Unnava 和 Burnkrant，2001）。消费者对焦点产品的属性的信念可能会溢出或转移到相关产品、不可观测的产品属性（Ahluwalia、Unnava 和 Burnkrant，2001；Roehm 和 Tybout，2006）。Roehm 和 Tybout（2006）的研究还表明，属性相似会引发负面溢出效应，而独特的、不能在产品间直接进行比较的属性，更容易被消费者选择遗忘和不太可能影响其产品选择（Zhang 和 Markman，1998）。

② 危机溢出影响对竞争品牌的评价。

现有研究发现，溢出效应影响消费者对竞争品牌的评价。对竞争品牌而言，Dahlen 和 Lange（2006）认为，危机能负面影响消费者对相似的竞争品牌的品牌态度、品牌信任、购买意愿等品牌评价，也能提升消费者对不相似的竞争品牌的品牌态度、品牌信任、购买意愿等品牌评价（Dahlen 和 Lange，2006）。Roehm 和 Tybout（2006）指出，危机会降低消费者对与危机焦点品牌相似的竞争品牌的品牌态度和品牌信念，即发生负面溢出效应。Zhao 和 Helsen（2011）发现，危机能增加竞争品牌的产品销量，产生正面溢出效应。庄爱玲与余伟萍（2011）认为，危机会降低消费者对相似的竞争品牌的评价，降低品牌态度，产品产生负面溢出效应。方正等（2013）主张，危机会降低消费者对相似的竞争品牌的品牌态度、品牌信念、感知质量，发生负面溢出效应，但对不相似的竞争品牌没有影响。Cleeren、VanHeerde 和 Dekimpe（2013）认为，危机溢出会降低行业或竞争品牌的市场占有率和产品销量。Gao 等（2015）发现，危机会从焦点品牌（国产品牌）溢出到竞争品牌（进口品牌），降低消费者对竞争品牌的信任。

③ 危机溢出影响对联合品牌的评价。

王海忠、田阳和胡俊华（2010）在研究联合品牌之间的负面溢出效应时认为，负面溢出相似性是否会发生取决于消费者在判断时所采用的核心假设，当消费者选择相似性检验时，会降低消费者对联合品牌的品牌态度，发生负面溢出效应，而当消费者选择相异性检验时，溢出效应不会发生（王海忠、田阳和胡俊华，2010）。

④危机溢出影响对品牌联盟的评价。

Votola 和 Unnava（2006）发现，如果品牌联盟的伙伴是一家供应商公司，与供应商的道德失败相比，该供应商的能力欠缺更能降低消费者对合作品牌的积极态度，更容易向该合作品牌发生溢出效应；当品牌联盟的伙伴是一个发言人时，该发言人的道德失败比能力欠缺更能降低消费者对该合作品牌的积极态度，更容易向该合作品牌发生溢出效应（Votola 和 Unnava，2006）。

⑤危机溢出影响对产品品类的评价。

Meyers-Levy 和 Tybout（1989）认为，消费者会将多个品牌组合成产品联想网络，而危机将能启动该联想网络，导致消费者对产品类别认知发生变化，即产生负面溢出效应（Brauti、GAEth 和 Levin，1997）。Dahlen 和 Lange（2006）主张，危机溢出效应会增加消费者对品类的感知风险，降低消费者对品类的态度。王晓玉和吴婧（2014）认为，产品危机的行业溢出水平会调节竞争品牌响应策略对未响应的竞争对手的溢出（王晓玉与吴婧，2014）。汪兴东、景奉杰和涂铭（2012）认为，危机伤害程度在单（群）发性产品伤害危机对行业负面溢出效应的影响中起到调节作用：在单发性产品伤害危机下，伤害程度越高，行业负面溢出效应越大，但在群发性产品伤害危机中，无论伤害程度如何，行业负面溢出效应都较大（汪兴东、景奉杰与涂铭，2012）。

⑥危机溢出影响对品牌伞内品牌的评价。

品牌伞策略是将相关或非相关的产品、品牌或企业纳入某个具有巨大营销力的品牌旗下，通过对品牌伞的营销获得优势以达到目标。品牌伞不仅是一个产品命名策略，更是一种产品的营销策略（周运锦、郭晓莉和吴水龙，2010）。Lei、Dawar 和 Lemmink（2008）在研究品牌伞之内的溢出效应时发现，溢出是消费者对产品的态度和看法从核心产品向其他相关产品或产品在一个产品线或家族产品的延伸（Lei、Dawar 和 Lemmink，2008）。

⑦危机溢出影响对延伸品牌的评价。

Swaminathan、Fox 和 Reddy（2001）发现，当品牌延伸失败时，品牌之间可能出现负面溢出，减少消费者对延伸品牌的评价，降低母品牌的品牌资产。当公司引入产品延伸时，在品牌丑闻期间负面溢出可能对产品态度有显著影响。如果他们不仔细监控组织内的关系和在市场上的竞争对手，负面溢出会严重损害其产品、企业和品牌。潘黎和吕巍（2014）指出，延伸品牌的负面溢出效应对拥有者影响更大，而对非拥有者影响较小，但是，当公司的响应策略越偏向积极承担责任时，非拥有者比拥有者更容易受到社会责任感的影响对危机产品的延伸品牌表现出更好的态度（潘黎和吕巍，2014）。

综上所述，现有危机溢出效应研究主要采用实验法，使用学生样本，探讨了危机对产品属性、竞争品牌、联合品牌、品牌联盟、产品类别、品牌伞和延伸品牌七个方面的溢出影响，主要研究危机对竞争品牌的负面溢出效应；此外，杨洋（2013）、范宝财和李蔚（2014）也研究了危机产品对非危机产品的溢出效应，并认为当产品的相似性度高时，危机降低了消费者对非危机产品的产品态度，详见表 2-4。

表 2-4 危机溢出效应的相关研究

序号	研究	方法	编号	行业与样本	自变量	调节变量	中介变量	因变量	溢出影响分类	正面溢出	负面溢出
1	Ahluwalia、Unnava 和 Burnkrant（2001）	实验法	（1）	运动鞋（学生，59）	信息效价、目标属性联想			品牌态度、品牌信念	对同一产品的属性的溢出		√
			（2）	运动鞋（学生，360）	信息效价、目标属性联想	消费者承诺		品牌态度、品牌信念			√
			（3）	运动鞋（学生，120）	信息效价、目标属性联想	消费者承诺		品牌态度、品牌信念			√

续表

序号	研究	方法	编号	行业与样本	自变量	调节变量	中介变量	因变量	溢出影响分类	正面溢出	负面溢出
2	Roehm 和 Tybout（2006）	实验法	（1）	快餐（学生，81）	品类信念	品牌联想		品类信念、品牌态度、品牌信念	对竞争品牌的溢出		√
			（2）	快餐（学生，54）	广告启发（属性相似性）	否认策略		品牌态度、品牌信念			√
			（3）	运动鞋（非学生，66）	分类任务启发（属性相似性）	否认策略		品类信念、品牌态度、品牌信念			√
3	Dahlem 和 Lange（2006）	实验法		银行（非学生，100）	品牌相似性			品牌评价	对竞争品牌的溢出	√	√
4	Votola 和 Unnava（2006）	实验法		服装（学生，221）	负面事件类型、负面事件参与			消费者态度	对品牌联盟内品牌的溢出	√	√
5	Lei、Dawar 和 Lemmink（2008）			甜品（学生，185）坚果（学生，185）甜品（学生，48）坚果（学生，132）	联想方向、联想强度、启动线索			品牌评价	对品牌伞品牌的溢出		√
6	Janakiraman、Sismeiro 和 Dutta（2009）	营销模型		医药（面板数据：125名医生的11233条处方）				先前感知溢出效应；动态感知溢出效应	对竞争品牌的溢出	√	√
7	王海忠、陈增祥和尹露（2009）	实验法	（1）	运动鞋（学生，70）	信息类型、产品组合			感知品质、产品态度	对联合品牌的溢出		√
			（2）	运动鞋（学生，46）	信息类型、产品组合			感知品质、产品态度			
8	Sicmkos 等（2010）	实验法		手机（非学生，384）	危机的严重程度，公司声誉、外部效应、危机企业应对			继续使用意愿	对竞争品牌的溢出		√
9	王海忠、田阳和胡俊华（2010）	实验法	（1）	运动鞋（学生，34）	相似性检验、相异性检验			品牌相似性、品牌态度	对联合品牌的溢出		√
			（2）	运动鞋（学生，60）	品牌承诺			品牌相似性、品牌态度			√
10	庄爱玲和余伟萍（2011）	实验法		食品和零售（非学生160）	危机类型		认识需求	品牌评价、品牌态度	对竞争品牌的溢出		√
11	程婷婷（2011）	实验法		豆奶（学生，100）豆奶（非学生，98）豆奶（非学生，104）	危机事件属性、危机企业属性、危机产品	口碑方向		品牌态度	对竞争品牌的溢出		√
12	汪兴东、景奉杰和涂铭（2012）	实验法		饮料（学生，364）	伤害属性、企业声誉、严重程度			品类态度、购买意愿	对产品品类的溢出		√
13	田阳等（2013）	实验法	（1）	快餐（学生，49）	自我构建		品牌相似性	品牌态度	对竞争品牌的溢出		√
			（2）	服装（学生，60）	自我构建		品牌相似性	品牌态度			√

续表

序号	研究	方法	编号	行业与样本	自变量	调节变量	中介变量	因变量	溢出影响分类	正面溢出	负面溢出
14	杨洋（2013）	实验法		饮用水（学生，779）	感知危害性、感知违约性、感知责任性、感知偶发性、感知无量性	产品相似性、企业声誉		危机产品态度、非危机产品态度	对非危机产品的溢出		√
15	范宝财、杨洋和李蔚（2014）	实验法		矿物质水（学生，779）	危害性、违约性、责任性、频发性、无德性	产品相似性、企业声誉		产品态度	对非危机产品的溢出		√
16	王晓玉和吴婧（2014）	实验法	（1）	手巾纸（学生，133）	危机行业溢出水平	竞争对手响应策略		品牌态度	对竞争品牌的溢出		√
			（2）	薯片（学生，136）	品牌资产	竞争企业响应策略	未响应的竞争对手存在危机溢出可能性	品牌态度			√
17	Gao 等（2015）	实验法		牛奶（非学生，2156）	混合品类	危机严重程度、品类归因、品牌的典型性		信任	对竞争品牌的溢出	√	√
18	余伟萍、张啸和段程敏（2015）	内容分析法		微博评论数据	竞争品牌应对策略	危机史		购买意愿	对竞争品牌的溢出		√
19	程霞（2016）	实验法		酸奶（学生，194）	竞争品牌应对策略	危机归因		品牌态度、购买意愿	对竞争品牌的溢出		√

（5）溢出的形成原理。

① 可接近—可诊断理论。

可接近性—可诊断性理论已成为溢出效应研究的一个理论基础（Ahluwalia、Unnava 和 Burnkrant，2001；Roehm 和 Tybout，2006）。Roehm 和 Tybout（2006）认为，Feldman 和 Lynch（1988）提出的可接近性—可诊断框架（Accessibility-diagnosticity Framework）可以解释溢出效应（Ahluwalia、Unnava 和 Burnkrant，2001；Roehm 和 Tybout，2006）。根据可接近性—可诊断性理论，如果消费者从关于品牌 A 的信息中了解品牌 B，即品牌 A 的信息对品牌 B 具有可诊断性，那么在消费者的思维活动中，消费者关于品牌 A 和品牌 B 联系的记忆节点就同时被这些信息激活，消费者就可以利用品牌 A 的信息推断品牌 B。根据该理论，如果消费者能从记忆中同时提取产品 A 和产品 B 及其质量感知（即可接近性），且产品 A 对产品 B 具有可诊断性（又称信息性），那么消费者可以用对产品 A 的质量感知去推断产品 B 的质量（Janakiraman、Sismeiro 和 Dutta，2009）。其中，可接近性（Accessibility）是指信息的可获得性；可诊断性（Accessibility）是指信息有助于消费者认知判断的有效性（Ahluwalia、Unnava 和 Burnkrant，2001；Feldman 和 Lynch，1988）。如果一个品牌被认为是信息性品牌 A，A 品牌的信息适用于 B 品牌，那么在消费者的记忆网络中两个品牌被同时激活；当竞争对手的消费者可以访问危机信息的时候，危机被认为对其他竞争品牌具有可诊断性；相反，当两个品牌之间的联合访问没有实现或危机不被认为对类别（竞争对手）是可诊断的，溢出是不可能发生的（Roehm 和 Tybout，2006）。

此外，广告中的信息聚焦会影响消费者的评价，从而发生溢出效应（Hasford，2009）。广告聚焦是指广告是以产品或品牌为焦点。其中，在以产品为焦点的广告中，广告聚焦是关于焦点产品的信息或服务；在一个以品牌为焦点的广告中，广告聚焦是提供有关品牌的使命和地位等信息（Hasford，2009）。

过去的研究已经表明，消费者处理广告信息的不同方式取决于如何在广告中提出与竞争对手相关的信息（Hasford，2009；Thompson 和 Hamilton，2006）。

由于消费者对信息使用不同的加工模式，导致消费者对广告中的产品进行不同程度的比较（Thompson 和 Hamilton，2006），所以，溢出也应依赖于广告呈现给消费者的方式。MacInnis 和 Price（1987）发现，当对象不能通过属性进行评价时，消费者将更少依赖分析和理性的处理；当消费者无法系统地评估替代方案，他们要依靠先前形成的启发方式，以评估产品和品牌属性（Hasford，2009；Maheswaran，Mackie 和 Chaiken，1992）。

② 图式理论。

Magnusson 等（2014）认为通过图式可以建构有组织的认知结构。认知心理学家使用该思想开发出联想网络理论、分类理论、原型理论等相关理论视角。其中，联想网络理论认为，消费者形成被联想对象的分类，使消费者在思考其中一个对象时会想到其他对象（Collins 和 Loftus，1975；Magnusson 等，2014）。分类理论指出人们通过组织信息进行信息分类，将加快人们对信息的处理速度和优化对环境的理解（Fiske 和 Taylor，1984）。原型理论是为提高认知效率而进行分类的，并指出人们以把一个类别内对象间的相似性最大化的方式，把对象和事件分类，以提高认知效率（Magnusson 等，2014；Rosch 和 Lloyd，1978）。

③ 图式调整的转换模型。

与缓慢的、渐进的图式调整不同的是，一个原型品牌的过错是一个动态事件。Rothbart（1981）提出转换模型，以描述刻板印象的改变。转换模型认为，一个典型品牌的前后不一致的行为会导致人们对该类别的感知的显著变化（Magnusson 等，2014）。现有研究表明，基于一次或两次恶性犯错事件，人们会改变对该类别的感知或认知（Crocker 和 Weber，1983）。当犯错品牌是一个品类的代表性成员时图式很可能发生（Loken，2006）。例如，Roehm 和 Tybout（2006）发现，一个典型品牌发生丑闻，会对其竞争品牌产生负面溢出效应。Janakiraman、Sismeiro 和 Dutta（2009）证实这一研究；Dawar 和 Lemmink（2008）发现，品牌之间的关联强度影响溢出效应的大小。

虽然 Magnusson 等（2014）讨论了图式变化理论和原型理论，作为认知结构和分类的差异化视角，进一步指出，通过可接近—可诊断模型（Feldman 和 Lynch，1988）可将两者联系在一起。根据该模型，如果它使建构具有高度的可接近性和信息具有可诊断性，人们将根据新的信息修改记忆的建构（Magnusson 等，2014）。

④ 选择性通达机制。

Mussweiler（2003）提出了选择性通达机制（Selective Accessibility Process），并指出在评价时决策者会根据比较对象之间的相似性（或一致性）来选择核心假设（相似性检验、相异性检验）。在检验假设的过程中，决策者会选择目标与标准之间的一些显著特征作为线索进行目标与标准之间的总体相似程度评估；当初步评估结果表明目标与标准是一致的（即相似的），判断者会采用相似性检验，引发同化效应（Mussweiler 和 Strack，1999；Strack 和 Mussweiler，1997；王海忠、田阳和胡俊华，2010）。

Herr（1989）认为，品牌联想之间的重叠程度决定了一个品牌是同化还是对比背景下的品牌（Herr，1989）。高程度的重叠，促进同化效应，和低程度的重叠形成对比效应（Meyers-Levy 和 Sternthal，1993）。产品危机影响品牌认知。在产品危机期间，如果非危机品牌和危机品牌之间存在高度的关联性，危机品牌就可以溢出。相反，如果非危机品牌和危机品牌之间不存在关联性，非危机品牌可以被豁免，甚至可以从危机中受益，这是因为它与危机品牌的重叠低，产生一个低程度的关联。在某些情况下，如果非危机品牌与一个卓越的品牌相比，危机品牌甚至可能会受益于危机（Ma 等，2010）。然而，当消费者认为非危机品牌之间存在差异，危机对非危机品牌产生积极影响（Dahlen 和 Lange，2006）。

⑤ 分类理论。

分类理论会影响消费者的认知,影响对象之间的相似性。分类理论使消费者的认知表述具有层次性,且根据语义特征的相似性强调某品牌是某个品类具有代表性的一个成员(Loken 和 Ward, 1990; Sujan, 1985),重点研究的是一个品类、品牌或品牌、产品之间的关系,而不仅是品牌与品牌的关系(Lei、Dawar 和 Lemmink, 2008)。在一个品牌组合中,品牌可以通过母品牌名称、语音相似、空间邻近性和目标一致性等方式建立品牌联结(Ratneshwar、Pechmann 和 Shocker, 1996),构成一定的相似性(Alba 等,1994)。根据该理论,现有研究表明危机负面溢出效应是否发生,取决于消费者对竞争品牌的比较与分类,当竞争品牌与危机品牌在引发危机的产品属性方面相似,消费者将竞争品牌与危机归为一类,认为竞争品牌也存在相同的产品缺陷,导致负面溢出效应的发生(方正等,2013)。

⑥ 联想网络理论。

联想网络理论认为品牌之间的相似性或关联性影响联想强度和联想方向。联想网络理论(Collins 和 Loftus, 1975)认为,品牌知识是由一个品牌节点到各种联想组成的,这些联想(包括品牌诉求、品牌评价、属性)被联结起来(Keller, 1993; Lei、Dawar 和 Lemmink, 2008; Morrin, 1999)。在一个品牌组合,公司的家族品牌化的活动可以被看作是试图建立母品牌与子品牌之间或子品牌之间的认知联系。在这种认知联系建立后,这些联结可以通过反复曝光和额外的学习机会以加强联结的强度(Lei、Dawar 和 Lemmink, 2008)。此外,因为在同一个品牌组合的子品牌往往有着相似的质量标准、品牌形象、广告元素,消费者也可以使用这些线索来组织他们对品牌组合的心理表征(Lei、Dawar 和 Lemmink, 2008),且在联想网络中对象之间的联系是很强的,那么一个对象的信息可以激活另一个对象(Anderson, 1983; Collins 和 Loftus, 1975)。

品牌的关联强度与溢出效应。品牌的关联性,即品牌之间联想的强度,体现在品牌检索的概率和对目标品牌的激活水平(Morrin, 1999; Nedungadi, 1990)。在一个品牌网络中,溢出效应是由两个连续程序组合而成,这两个连续的程序就是相关节点的检索和更新。检索是通过联想网络激活扩散的结果(Collins 和 Loftus, 1975)。在品牌组合的背景下,一个品牌节点被外部信息激活,并通过联想网络联结扩散到相关的品牌节点。当接触到信息时,消费者对品牌评价的更新,以及更新的程度取决于消费者对信息的反应。在品牌组合中,品牌联想强会使原始品牌的信息更加突出,与目标品牌的信息更加相关(Chapman, 1999)。目的节点的结果更新可用于衡量溢出效应(Morschett 等, 2008)。Roehm 和 Tybout(2006)发现属性相似性越相似,危机对竞争品牌的可诊断性越高,导致更多的负面溢出,其研究以产品属性相似性作为品牌间共享属性的函数(Lei 等, 2008)。

品牌关联方向与溢出效应。认知实体之间的联系强度可能是非对称的,这是因为频繁、定向的加工会形成更强的关联性(Barsalou 和 Sewell, 1985)。FarQuhar、Herr(1993)、Herr、FarQuhar 和 Fazio(1996)认为,品牌建设活动应着力构建和加强从该品牌到产品类别、产品的属性和使用情景的定向联想,而忽视品牌关联的方向性会导致错误地预测消费者的行为(Lei、Dawar 和 Lemmink, 2008)。

首先,品牌联想的方向影响溢出模式和溢出方向。同样,在一个品牌网络中,品牌节点之间的定向联想强度可能会有所不同,这种差异对于预测网络中的溢出模式是至关重要的。在研究品牌联想对溢出效应的影响时,Lei、Dawar 和 Lemmink(2008)认为,母品牌—子品牌的联结反映了从母品牌到子品牌的联想强度,可用于预测母品牌唤醒子品牌的程度;反之,该子品牌—母品牌的联结反映出子品牌引起母品牌的可能性。他们认为,如果两个联想方向之间存在差异,联想方向会影响溢出模式(Lei、Dawar 和 Lemmink, 2008)。由于产品伤害危机通常发生在子品牌中,所以,他们主要研究子品牌危机对母品牌的溢出效应。基于检索—更新加工模式,当一个子品牌被危机信息激活时,该子品牌—母品牌联结成为激活扩散、检索和更新母品牌节点的途径;因而,子品牌的负面信息对母品牌造成的溢出效应的强度是子品牌—母品牌之间联结强度的一个函数,而并非是母品牌—子品牌之间联结强度的函数(Lei、Dawar 和 Lemmink,2008)。

其次,联结的非对称性导致溢出的非对称性。Lei、Dawar 和 Lemmink(2008)进一步研究了子品牌—子品牌联结的非对称性。如果子品牌之间的联想强度是非对称的,那么溢出的大小也将是非对称的(Lei、Dawar 和 Lemmink,2008)。联想网络理论认为,一个联结的强度不仅取决于加工信息的数量和质量,而且取决于该联结对于一个节点的相对重要性(Lei、Dawar 和 Lemmink,2008)。在一个品牌网络中,一些子品牌占据更突出或主导的地位,获得的联结比其他子品牌要多,而这种非对称会导致子品牌之间的非对称的溢出(Lei、Dawar 和 Lemmink,2008)。

因此,Lei、Dawar 和 Lemmink(2008)认为,子品牌之间的溢出是一个定向性联想强度的函数,即当子品牌 A 和子品牌 B 之间的联想强度是非对称的,那么子品牌 A 和子品牌 B 之间的溢出效应是非对称的;当子品牌 A 和子品牌 B 之间的联想强度比子品牌 A 与子品牌 C 之间的联想强时,子品牌 A 的负面信息对子品牌 B 的溢出比子品牌 C 的溢出更大(Lei、Dawar 和 Lemmink,2008)。

⑦品牌信息缺失推论理论。

品牌信息缺失的推论理论是指当消费者评价品牌时,研究在缺失信息(如属性信息)情况下消费者如何进行推论的一种理论。比如对卫生纸的质量比较关心、产品安全意识比较强的消费者在购买卫生纸时,会考虑备选品牌或产品是否在产品包装或平面广告等其他载体上提供该产品是否含有荧光剂等有害物质等信息。

在品牌信息缺失的情况下,国内外学者认为消费者对缺失信息进行推论的策略有:根据该品牌的其他属性进行推论;根据同一行业内或相关行业内其他竞争品牌的相同属性进行推论。Creyer 等(1992)研究发现,消费者优先采用其他品牌的相同属性来进行推论,但当其他竞争或替代品牌的相同属性的可诊断性较低时,消费者会使用该品牌的其他属性进行推论。现有的研究表明,信息缺失会产生折扣效应,这是因为缺失信息为消费者的判断提供了平均或负向的线索(Simmons,1988;Simmons 和 LynchJr,1991)。

综上所述,相似性的判断贯穿以上理论,影响消费者对品牌网络的认知、联想、分类、推论和判断,整体上看消费者对品牌网络的认知和加工受到产品属性信息和品牌信息的影响,这些影响消费者对竞争品牌之间关联性或相似性或差异性的认知和加工结果,影响消费者对竞争品牌之间相似性信息的判断(Dahlen 和 Lange,2006;Janakiraman、Meyer 和 Morales,2006;Roehm 和 Tybout,2006;张伟亚,2013),影响溢出的强度和方向,所以,需要进一步分析两类相似性影响消费者对危机信息、产品属性信息、品牌信息等的认知加工,以及溢出方向和强度。

2.3.2.3 相似性理论

相似性是影响可接近性的关键变量(Roehm 和 Tybout,2006;Janakiraman、Sismeiro 和 Dutta,2009),是认知科学的一个核心概念(Medin、Goldstone 和 Gentner,1990)。国内外学者对溢出效应的研究主要从定义、测量、分类、影响等方面进行研究。

(1)相似性的定义。

相似性是什么?就该问题,国内外学者尚没有达成一致意见。相似性是心理学理论中心理认知的一个研究课题,是一个多样的思维判断过程,有助于促进知识和情感的转移,包括分类、解决问题、情感等(Gentner 和 Markman,1994),为研究品牌延伸、产品伤害危机溢出效应等实际问题中消费者的认知问题提供一个重要思路,是影响产品伤害危机溢出效应的重要变量(王海忠、田阳和胡俊华,2010)。如果相似性的定义和测量是模糊的,那么相似性在个体之间转移知识和情感的过程中的作用也是模糊的(Martin 和 Stewart,2001),因此,国内外学者对相似性进行了一系列定义(见表 2-5)。

表 2-5 相似性定义的主要研究

研究	定义
Goodman（1972）	相似性是对象间在所选属性上的相似或相异的程度
Tversky（1977）	相似性是物体之间共有特征
Johnson（1986）	相似性是指两个事物间有共同特征的函数
Medin、Goldstone 和 Gentner（1993）	相似性是指对象或物体之间共享的属性的程度
	相似性是基于匹配和不匹配的属性或谓词
Gentner 和 Markman（1994）	相似性是指物体之间的相同点以及与这些相同点相关的差异点，而不仅是指物体之间的相同点

Goodman（1972）认为，相似性是对象间在一些属性或特征的相似性（Goodman，1972；江林与郝婕，2010）。Tversky（1977）认为物体是一系列特征的集合，而相似性是一个特征的匹配过程，相似性判断是对比相同和差异的特征的结果。他建立特征对比模型，并指出相似性是人们对比、比较物体之间共有特征，提出了可诊断性原则。特征的显著性（或测量）由强度要素和诊断性要素决定，强度要素是增强信号或噪声的比率，可诊断要素是指基于这些特征进行分类的重要性或流行性（Tversky，1977）。其中，特征的强度是由跨背景且相对稳定的感知因素和认知因素决定，特征的可诊断性是由分类的重要性决定并随背景而改变。因此，他们认为，背景会影响相似性，即在对象的分组中通过替代或增加对象，从而改变特征的诊断值，进而使物体的分类发生变化，以改变物体间的相似性（Tversky，1977）。

在 20 世纪 80 年代，Johnson（1986）认为相似性是指两个事物间有共同特征的函数。

20 世纪 90 年代初期，部分学者对相似性的概念进行进一步完善和延伸。Park、Milberg、Lawson（1991）、Goldstone、Medin 和 Gentner（1991）认为，简单的归因特征和关系性特征在相似性判断中发挥的作用不同；如果一个特征改变发生在拥有许多表面属性的刺激物之间，那么会造成更多表面相似、关系性相似更少的刺激物特征发生改变，这将降低刺激物之间的相似性。Park、Milberg 和 Lawson（1991）认为，产品特征又称属性，包括具体属性和抽象属性。因此，产品属性相似又称为产品的特征相似性。Park、Milberg 和 Lawson（1991）认为产品特征相似性取决于延伸产品与品牌现存产品之间的关系，包括具体方面（如特征相关性、属性匹配性）和抽象方面（如共同的使用情景）。

Medin、Goldstone 和 Gentner（1993）指出，相似性是基于匹配和不匹配的属性或谓词；两个对象（物体）的相似性是指他们共享的谓词的程度，而两个对象的非相似性是谓词属于一个实体而不属于另外一个实体的程度。

Kentner 和 Markman（1994）指出，相似性是指物体之间的相同处以及与这些相同处相关的差异（即可对齐差异），而不仅指物体之间的相同处。他们认为相似性的特征包括对象的属性、对象、功能，以及属性之间的联系，而相似性比较是结构化对齐的过程（Gentner 和 Markman，1994）。

当对同一个产品类别的品牌进行选择时，消费者一般会面对具有相同属性的多个替代产品，这让消费者可以直接比较替代产品，如消费者比较电视的画面质量（Johnson，1984）。他们认为，那些具有相同属性的、被比较的备选品往往相当相似，这些备选品的相似性是指通过相同的属性描述或代表的备选品的相似性（Johnson，1984）。Bhat 和 Reddy（2001）的研究表明，相似度包括两个方面：一是产品匹配度；二是品牌匹配度。他们认为，相似替代品之间的选择受具体属性的约束。因此，相似性应分析有形的产品属性的相似性和无形的品牌相似性两个方面。

在此以后，品牌研究学者将相似性的相关概念、理论和测量方法引入消费者认知、品牌延伸等研究领域，进行品牌或产品之间的整体、属性、特征、形象等方面的比较，用于解决如何进行品牌或产品差异化、品牌延伸的营销难题，以构建品牌核心竞争力（Gentner 和 Markman，1994）。

① 产品相似性的定义。

Park、Milberg 和 Lawson（1991）认为，产品的相似性是指延伸产品与品牌现存产品在具体方面

(如特征相关性、属性匹配性)和抽象方面(如共同的使用情景)具有相似性。Bhat 和 Reddy(2001)的研究表明,相似性包括两个方面:一是产品的相似性;二是品牌的相似性。他们认为,相似替代品之间的选择受具体属性的约束(Bhat 和 Reddy,2001)。Walsh 和 Mitchell(2005)认为,产品相似性是指消费者视同一类内的产品是相似的一种自我倾向。

② 品牌相似性的定义。

Lehmann(1972)等学者将相似性的概念引入品牌研究领域,他们对一个品牌与另一个品牌之间产品或品牌相似性进行了诸多定义,具体如下:

品牌相似性是 Lehmann(1972)在研究消费者品牌转换意愿时,认为两个品牌的相似性是指消费者在两个品牌之间相互转换的概率的平均值,且认为品牌之间越相似,消费者的品牌转换意愿越容易发生。Johnson(1984)认为,在同一个产品类别的竞争品牌中进行选择时,消费者一般会面对具有相同属性的多个替代产品,这使消费者可以直接比较替代产品(Johnson,1984)。他们认为,那些具有相同属性的、被比较的备选品往往相当相似(Johnson,1984)。Loken 和 Hinkle(1986)也认为,面对市场竞争,许多公司会模仿行业中成功产品的特征。Park、Milberg 和 Lawson(1991)的研究表明,消费者在对延伸产品的评价过程中,不仅考虑产品特征的相似性,还注意原有品牌的品牌概念与延伸产品之间概念的一致性,并指出感知匹配度是感知产品特征相似性和感知品牌概念一致性的一个函数。品牌相似性是指两个品牌在名称语音或含义上的接近性(Howard、Kerin 和 Gengler,2000)。江林和郝婕(2010)在研究自有品牌与全国性品牌的品牌相似性时,认为相似性是自有品牌对全国性品牌进行外部线索模仿,从而形成与全国性品牌的相似,其维度包括包装相似和品牌名称相似。程娉婷(2011)将品牌相似性定义为两个品牌之间具有的品牌有形属性和品牌无形属性以及各属性之间联系的共有系统特征(见表 2-6)。

表 2-6 品牌相似性定义的相关研究

研究	定义
Lehmann(1972)	品牌相似性是两个品牌之间相互转换的概率的均值
Howard、Kerin 和 Gengler(2000)	品牌相似性是指两个品牌在名称语音或含义上的接近性
江林和郝婕(2010)	相似性是自有品牌对全国性品牌进行外部线索模仿,从而形成与全国性品牌的相似
王海忠、田阳和胡俊华(2010)	品牌相似性是指两个品牌在目标群体、品牌档次等方面是相似的
程娉婷(2011)	品牌相似性是指品牌之间具有的有形属性和无形属性以及各属性之间联系的共有系统特征

(2)相似性的测量。

综上可知,国内外学者对竞争品牌之间的相似性的研究尚未区分品牌相似性和产品属性相似性,概念之间存在交叉和重叠,对其定义存在较大争议,需要深入研究相似性的测量。

Lehmann(1972)在研究消费者品牌转换意愿时,通过计算消费者在两个竞争品牌之间相互转换的概率的平均值来测量品牌相似性。程娉婷(2011)使用 8 个题项测量相似性:很像、品质知觉是相似的、能满足我相似的使用需求、有相似的使用场合、有相似的形象、传递着相同的概念、给我相似的感觉(程娉婷,2011)。方正等(2013)以锂电池为产品属性,采用两个题项来测量危机品与竞争品牌之间的相似性。

(3)相似性的影响。

王海忠、田阳和胡俊华(2010)在研究相似性判断的过程中,采用了 Mussweiler(2003)提出的选择性通达机制(Selective Accessibility Process)。他认为,相似性判断取决于决策者在评价时所采用的核心假设(相似性检验、相异性检验)——决策者会根据比较对象之间的相似性(或一致性)来选择核心假设。在检验假设的过程中，决策者会选择目标与标准之间的一些显著特征作为线索进行目标与标准之间的总体相似程度评估（Mussweiler，2003）。当初步评估结果表明目标与标准是一致的（即相似的，具有较高的可接近性），判断者会采用相似性检验；当初步评估结果表明目标与标准是不一致的（即相异的），判断者会采用相异性检验。根据该理论，两个品牌（产品）之间任何表明二者相似或相异的显著特征都有可能作为线索，影响消费者在对二者进行比较和评价时选择何种核心假设（Mussweiler，2001；王海忠、田阳和胡俊华，2010）。

（4）相似性与溢出。

现有研究主要研究相似性对负面溢出效应的影响，较少关注相似性对正面溢出效应的影响。现有相似性对溢出的研究主要探讨：相似性负面影响消费者对竞争品牌的评价，即产生负面溢出效应；在非危机背景下相似性正面影响消费者对竞争品牌的评价，产生正面溢出效应；相似性影响危机对联合品牌的负面溢出效应。然而，现有研究尚未严格区分品牌相似性和属性相似性，尚未清楚二者对溢出效应的差异化影响，尚不明确相似性影响溢出效应的心理机制，这些都有待深入研究。

①相似性在消费者对竞争品牌的评价中的负面影响。

Roehm和Tybout（2006）研究了相似性对负面溢出效应的影响，证明了危机信息的可诊断性的推断取决于属性的相似性，而不是感知品牌全面的、整体的相似性。Roehm和Tybout（2006）认为，品牌丑闻信息对竞争品牌的负面溢出是否会发生取决于竞争品牌间的产品属性相似性，但无法解释现实中丑闻对竞争品牌的正面溢出。此外，当一个丑闻品牌与竞争对手在丑闻产品属性上相似时，丑闻对竞争品牌很可能会发生负面溢出效应（Roehm和Tybout，2006）。如果一个品牌丑闻与产品属性紧密联系，那么品牌丑闻通过该属性就可激活整个品类，让消费者通过该属性联想到该丑闻行为，即该丑闻对品类具有可诊断性（Roehm和Tybout，2006），但尚未能解释正面溢出效应的发生条件。

Dahlen和Lange（2006）认为，竞争品牌与危机焦点品牌相似时，危机对竞争品牌发生负面溢出效应，而当二者不相似时，危机对竞争品牌会发生正面溢出效应。田阳等（2010）认为，相似性在自我建构对溢出效应的影响中起到中介作用，即互依型自我建构的消费者倾向于采用整体性的思维方式，感知竞争品牌之间的相似性高于独立型自我建构的消费者，导致负面效应更易扩散到其他竞争品牌；其中，溢出效应体现在消费者在丑闻前后的品牌态度、品牌信念之差的均值；差值越大，溢出效应越强（田阳等，2010）。程娉婷（2011）将品牌相似性定义为两个品牌之间具有的品牌有形属性和品牌无形属性以及各属性之间联系的共有系统特征。方正、杨洋、李蔚和蔡静（2013）认为，在危机的产品属性方面，竞争品牌与危机品牌的相似性越高，越容易发生负面溢出效应。范宝财、杨洋和李蔚（2014）的研究表明，产品的相似度越高，产品伤害危机属性对横向溢出效应的影响越大，反之，产品伤害危机属性对横向溢出效应的影响越小，即产品相似性能够调节产品伤害危机属性对非危机产品的影响（范宝财、杨洋与李蔚，2014）。

② 相似性在消费者对竞争品牌的评价中的正面影响。

Dahlen和Lange（2006）认为，当竞争品牌间的品牌不相似时，危机提高消费者对竞争品牌的评价，产生正面溢出效应。Janakiraman、Sismeiro和Dutta（2009）认为，品牌A和品牌B之间的感知相似性可以表示为它们共同的和独有的特征的一个函数，它们依靠共同的属性来确定它们的产品是如何相似的，建立彼此之间的可诊断性（Janakiraman、Sismeiro和Dutta，2009）。根据激活扩散理论或联想网络理论（Collins和Loftus，1975），产品及其属性信息在消费者的知识网络中作为网络节点，通过节点之间的联系，可提高可接近性。这些联系可以是一个普通品牌名称作用的结果，也可能是许多其他因素共同作用的结果，如当消费者访问记忆中的一个产品时，如果该产品与品类是密切相关（即具有很高的代表性）或者该产品被看作是直接的竞争对手，也可以激活竞争产品，发生溢出效应，且溢出程度将取决于消费者感知产品之间的可诊断性（Janakiraman、Sismeiro 和 Dutta，2009）。Janakiraman、Sismeiro 和 Dutta（2009）依据可接近性—可诊断性理论指出：如果消费者认为产品 A 的信息对产品 B 具有信息性（诊断），消费者会使用他或她对产品 A 的感知质量来推断产品 B 的质量；在同一时间内，一个产品是否对其他产品具有可诊断性，取决于被访问的产品在消费者的记忆中是否被联想到，以及该联想有多强（Janakiraman 等，2009）。Janakiraman、Sismeiro 和 Dutta（2009）认为，如果消费者认为两个产品是相似的，竞争性溢出效应将会发生，因为二者之间的相似性能导致较高的可诊断性和可接近性。因为其相似性，消费者对品牌中一个的质量感知可以被认为是其他品牌的质量的标示。此外，在记忆中，两个品牌之间拥有可诊断性，即存在强大、更可接近的节点；如果两个品牌是相似的，当一个品牌被激活时，会使另一个品牌的信息更具可接近性；相反，当两个竞争品牌被认为是不同的，由于二者之间缺乏可诊断性和可接近性，这会阻止其中一个品牌的感知质量或信息溢出到其余竞争品牌（Janakiraman、Sismeiro 和 Dutta，2009）。

③ 相似性影响危机对联合品牌的负面溢出效应。

王海忠、田阳和胡俊华（2010）借鉴 Mussweiler（2003）提出的选择性通达机制（Selective Accessibility Process），研究联合品牌之间的负面溢出效应，并指出在评价时决策者会根据比较对象之间的相似性（或一致性）来选择核心假设（相似性检验、相异性检验）。

2.3.2.4 感知风险理论

感知风险是消费者行为的重要变量，这是因为在理论上其有助于了解消费者的消费行为特点，是影响消费者作出购买决策的重要因素，对消费者的行为的解释更客观，在实践上有助于企业等根据消费者的行为差异制定有效的营销策略（蔺丰奇和刘益，2007）。通过搜集和整理感知风险的相关文献，国内外学者主要从定义、维度、产生、影响和中介作用等方面展开对感知风险的研究。

（1）感知风险的定义。

Bauer 在 1960 年从心理学的角度延伸出了感知风险（Perceived Risk）。最初学者在研究市场营销领域时，都会检验在不完全信息情况下感知风险对顾客购买决策的影响。Bauer 还认为顾客在制定任何购买决策的时候，都不可能准确地预知该购买行为会带来怎样的结果，以及结果是好是坏，是预料之内的令人满意的结果，还是预料之外的令人不愉快的结果。由此可以看出，顾客这种对购买决策的不确定性包括两个方面，对购买决策所带来的结果是否在预期之内的不确定性，以及如果该结果不在顾客的满意范围之内，对其所造成的损失程度的不确定性。Bauer 将这种对购买决策结果的不确定性定义为风险，这是最早的风险概念。而这种通过对两种不确定性进行综合，从而得出的感知风险概念是在顾客主观个人评价基础上的风险，就是一种主观的风险（Bauer，1960）。

Stone 和 Gronhaug（1993）认为，从消费者个人的角度看，在制定购买决策时，他们会感受到该购买行为会产生不止一种结果，当然，其中某些结果还可能导致一定的损失。由此可见，感知风险可以从感知结果的可能性和感知结果损失的重要性两个角度进行理解。于是，得出了感知风险的另一种定义：消费者感知到的与其购买行为密切相关的可能会产生的损失，而这种损失在一定程度上是在消费者个人的预料之内的。

Cox 和 Rich（1964）指出，顾客的每一种购买行为不仅包含了他们期望达到的购买目标，还包含了他们所感知到的购买风险，甚至可以深入到风险的性质和程度。因此，当顾客个人的主观感受不能确定其购买行为可以满足其购买目标，或者其感知到的因无法满足其购买目标而产生的后果所导致的风险程度超过了他们可以承受的范围时，就会产生一种忧虑情绪，我们将其称之为感知风险。从这个角度看，感知风险就是对一种行为可能存在的潜在结果和由此可能产生的不愉快情绪综合形成的函数结果。

Murray（1991）也将感知风险定义为一种函数结果，他是从顾客购买行为中存在的对购买结果的不确定以及对购买结果是否在顾客的满意范围之内的不确定两个方面来定义的。如果具体到一个实际发生的交易中来看,我们便可以认为,感知风险是顾客对自己的购买行为产生的结果是带来损失还是利益的不确定。

Dowling 等认为消费者对产品购买决策的参与影响着人的风险感知。消费者对产品的评价通常涉及正面和负面的结果,这些结果都有可能会影响感知风险,感知风险的结果就是让消费者产生"不确定性""不适"和"焦虑"的感受。

Campbell M. C 在其研究中提出感知风险是一个非常重要的情境变量,消费者所涉及的产品和情况不同,他们感受到的风险也就不同。也有研究人员认为,消费者的感知风险涉及不确定性以及后果,它会随着不确定性的增加和结果负面影响的加强而不断提高(Ogiethorpe 和 Monroe,1987)。

Ana M. Angulo 和 Jose M. Gil 在研究中提到,在有潜在危害的情况下,风险在技术上被定义为一个确定的灾害发生的概率和频率以及其产生后果严重性的大小的组合。而对一种特定产品产生的感知风险是一个固定的组成部分的综合体,包括产品种类的风险、一个变量的组成部分、产品的具体风险(Dowling 和 St*AE*lin,1994)。

由上述学者的研究定义可以看出,消费者行为的核心问题是选择,由于选择的结果只能在未来才能得知,消费者不得不面对不确定性或风险。因此,研究人员经常利用消费者对其购买产品(或服务)的不确定性和不良后果来定义感知风险。

表 2-7 感知风险定义的相关研究

研究学者	定义
Bauer(1960)	感知风险是指当消费者作出选购产品的决策时,没有办法事先确定购买和使用该产品的结果的优缺点,而产生的一种不确定性的感知
Cox 和 Rich(1964)	感知风险是在特定购买决策过程中,消费者感知不确定性的大小
Cunningham(1967)	感知风险是消费者在进行特定购买决策时因其无法实现其目标所带来的不确定和后果
Peter 和 Ryan(1976)	感知风险是主观估计损失发生的可能性
Derbaix(1983)	感知风险是指在购物决策过程中,因消费者无法预料购买结果而感知到的一种不确定性后果
Baird 和 Thomas(1985)	感知风险是个体对某种情景的不确定性的概率估计和可控程度
Dowling 和 St*AE*lin(1994)	感知风险是在购买产品或服务的过程中,消费者所感知到的不确定性或后果的可能性
Ass*AE*l(1998)	感知风险是在行为过程中消费者所感知的负面结果的不确定程度和各种负面结果发生的可能性
Mitchell(1999)	感知风险是消费者对行为后果所产生的损失的主观预期
Gefen、Karahanna 和 Straub(2003)	感知风险是消费者追逐期望结果所带来的损失的可能性
Featherman 和 Pavlou(2003)	感知风险是在线购物的消费者主观认为可能发生的损失
井淼、周颖和王方华(2007)	感知风险是因为消费者在购买产品的过程中无法预料购物结果的好坏而产生的一种不确定性

综上所述,从 1960 年以来,现有研究多根据情境对感知风险进行定义(见表 2-7),尚无统一定义(Dowling,1986;Mitchell,1999),新的购买情景或技术的产生都会引发感知风险定义的变化。具体来看,现有研究基本认同感知风险是消费者感知的主观风险(Bauer,1964),包括两个基本要素:一是不确定性,即消费者主观认为事件发生的概率;二是后果,即事件发生所产生的危险程度(Cox 和 Rich,1964;Cunningham,1967;Dowling 和 St*AE*lin,1994)。

(2)感知风险的维度。

自此,国内外学者对感知风险的构成维度进行了大量研究,认为感知风险是一个多维构念(Havlena 和 DeSarbo,1991)。

对感知风险维度的研究起源于对风险的维度构成。Wallach、Kogan 和 Bem(1964)认为,风险包括机会和危险两个方面,前者侧重于发生的可能性,后者侧重于结果的严重性(Wallach、Kogan 和

Bem，1964）。由此，Cox 和 Rich（1964）认为感知风险包括社交—心理风险、财务风险两个维度。Cunningham（1967）认为感知风险包括损失和不确定性两个维度（Cunningham，1967），并对心理风险（Psychosocial Risk）和绩效风险（Performance Risk）（Cunningham，1967）进行了区别。Roselius（1971）指出，感知风险包括财务损失、时间损失、机会损失、自我身体损失 4 个方面。Jacoby 和 Kaplan（1972）认为感知风险包含心理风险、财务风险、绩效风险、时间风险和社交风险等 5 个方面（李远志，2008）；其中，心理风险是指因购买而导致的自我形象、自我概念的潜在损失；财务风险是指因购买行为而产生的潜在钱币损失，绩效风险是指因绩效低于预期而产生的潜在损失；时间风险是指因购买而发生时间、努力的潜在损失；社交风险是指因购买而发生的自尊、友谊的潜在损失（Jacoby 和 Kaplan，1972）。该五维度的相对权重不同，但可以用于测量感知风险。

Kaplan、Szybillo 和 Jacoby（1974）进一步推进研究，指出感知风险包括财务风险、社交风险、心理风险、身体风险和绩效风险 5 个方面（Kaplan、Szybillo 和 Jacoby，1974；高倩丽，2014；杨洋，2013）。Peter 和 TarpeySr（1975）进一步该研究，并增加时间风险。AssAEl（1987）推进了 Jacoby 和 Kaplan（1972）的研究，增加了绩效风险，认为感知风险包括财务风险、绩效风险、身体风险、社会风险、心理风险和时间风险等（AssAEl，1987）。

Stone 和 Gronhaug（1993）认为感知风险的心理风险、财务风险、绩效风险、时间风险、社交风险、身体风险等 6 个维度之间具有相关性，并指出：绩效风险是对不利后果发生概率的测量，在时间顺序上应产生于其他风险之前（Stone 和 Gronhaug，1993）；心理风险在其他风险类型与总风险水平之间起到了桥梁的作用（Stone 和 Gronhaug，1993；杨洋，2013），是一个重要的中间变量。

还有一些学者对感知风险的构成维度进行了研究。Dowling 和 StAElin（1994）主张，感知风险由以下两个维度构成：一是品类风险，即对整个品类所感知到的一般风险；二是产品特定风险，即消费者对某个产品所感知的特定风险（Dowling 和 StAElin，1994）。Jarvenpaa 和 Todd（1997）在研究在线购物的感知风险时，提出了隐私风险。Featherman 和 Pavlou（2003）认为，感知风险包括经济风险、绩效风险、实体风险、社交风险、隐私风险和时间风险 6 个方面。

董大海、李广辉和杨毅（2005）在研究消费者在线购物的感知风险时，认为感知风险包含网络零售商核心服务风险、网络购物伴随风险、个人隐私风险和假货风险 4 个维度。井淼、吕巍和周颖（2006）在研究网络购物时，认为感知风险包括经济、功能、隐私、身体、服务、心理风险等维度。杨永清等（2011）在研究移动服务中的消费者感知风险时，认为感知风险包括隐私风险、经济风险、功能风险、时间风险和心理风险 5 个方面（杨永清等，2011）。卓素燕（2012）认为感知风险包括财务风险、产品风险、服务风险和心理风险 4 个维度。张喆和胡冰雁（2014）在创新产品信息搜寻时，把感知风险分为功能风险、情感风险两个方面（张喆和胡冰雁，2014）。

综上所述，我们通过对关于 1964—2014 年感知风险的文献分析（见表 2-8）进行归纳，发现感知风险具体包括绩效风险、心理风险、社交风险、身体风险、时间风险、隐私风险等方面。

表 2-8 感知风险的维度相关研究

研究文献	绩效风险	心理风险	社交风险	身体风险	时间风险	隐私风险	个人风险	安全风险	财务风险	机会风险	品类风险	产品特定风险	经济风险	实体风险	功能风险	情感风险	服务风险
Bauer（1960）	√	√	√														
Cox 和 Rich（1964）		√	√						√								
Cunningham（1967）	√	√															
Roselius（1971）				√	√				√	√							
Jacoby 和 Kaplan（1972）	√	√	√						√								

续表

研究文献	绩效风险	心理风险	社交风险	身体风险	时间风险	隐私风险	个人风险	安全风险	财务风险	机会风险	品类风险	产品特定风险	经济风险	实体风险	功能风险	情感风险	服务风险
Lutz 和 Reilly（1974）	√			√													
Kaplan、Szybillio 和 Jacoby（1974）	√	√	√	√					√								
Ass*AE*l（1987）	√	√	√	√	√				√								
Stone 和 Grenhaug（1993）	√	√	√	√					√								
Dowling 和 St*AE*lin（1994）											√	√					
Jravenpaa 和 Todd（1997）							√										
Featherman 和 Pavlou（2003）	√		√		√								√	√			
董大海、李广辉和杨毅（2005）	√				√												
井淼、吕巍和周颖（2006）		√		√									√		√		√
Keh 和 Pang（2010）	√	√															
方正等（2010）	√																
杨永清等（2011）	√												√				
汪兴东和景奉杰（2011）			√														
杨辉（2011）		√	√		√						√	√					
卓素燕（2012）		√					√		√							√	
杨洋（2013）	√	√															
张喆和胡冰雁（2014）													√	√			
本书	√																

（3）感知风险的起因。

感知风险的起因有以下五个方面：一是知识储备不足。消费者在消费需求、购物目的、目标权重等方面的知识储备不足（Cox 和 Rich，1964）。二是不确定替代品范围。消费者在购买产品或服务时无法确定可选择的替代品的范围（Pras 和 Summers，1978）。三是不确定产品属性。在购物前，消费者无法准确评价产品属性的优劣（Cox 和 Rich，1964）。四是不确定结果的感知效能（Bennett 和 Harrell，1975）。五是预期结果与实际结果存在潜在差异的可能性（Kahneman 和 Tversky，1984）。这是因为评价标准和情景发生了改变（Dunn、Murphy 和 Skelly，1986）。Conchar 等（2004）提出感知风险加工概念化整合框架，指出感知风险的形成包括三个阶段，即风险建构、风险评估、风险评价（Conchar 等，2004）。张硕阳（2006）认为，在B2C电子商务中，消费者的风险来自网上交易界面的风险、真实保障的风险、产品相关的风险、时间方面的风险、信息搜索的风险、自主性的风险、退换的风险以及买卖方交互作用的风险8个方面（张硕阳，2006）。

（4）感知风险的影响。

感知风险是解释品牌忠诚、信息搜寻、参照群体和购买前的慎重考虑等现象的较好变量（张硕阳、陈毅文和王二平，2004）。它使消费者产生风险厌恶，使消费者在选购产品时更加谨慎（Bettman，1973），影响知名品牌依赖（Erdem，1998）、品牌偏好（Dunn、Murphy 和 Skelly，1986）、产品分类（Murphy 和 Enis，1986）、产品喜好（Cardello，2003）等。卓素燕（2012）认为，感知风险各构面对网络购买意愿的影响程度存在差异，其中财务风险、产品风险和服务风险对购买意愿的影响较为显著（卓素燕，2012）。

（5）风险的中介作用。

现有的研究表明，感知风险在产品伤害危机对消费者的信任、品牌态度、产品态度、品牌资产、购买意愿等的影响中起到了中介作用。如在产品涉入度对信息搜索的影响中感知风险发挥了中介作用（Chaudhuri，2000）。感知风险在口碑方向对消费者态度的影响中起到了中介作用（王晓玉和晁钢令，2008），而产品伤害危机信息增加了顾客对危机产品的感知风险，降低了消费者对危机产品的购买意愿。现有的研究表明，感知风险是一个多维度的变量，包括心理风险、财务风险、绩效风险、身体风险、社会风险和时间风险（Bettman，1973；Chaudhuri，2000；Mitchell，1999；Slovic，1993；Stone 和 Gronhaug，1993；Sweeney、Soutar 和 Johnson，1999），但这些风险存在显著的相关性。心理风险在其他风险类型与总风险水平之间发挥着桥梁的作用，是一个重要的中介变量（Stone 和 Grønhaug，1993；杨洋，2013）。

① 绩效风险的中介作用。

绩效风险是因为产品或服务没有达到消费者的预期功能而无法满足消费者的需求所产生的风险感知（Keh 和 Pang，2010；杨洋，2013）。在产品伤害危机的相关研究中，现有的研究已发现绩效风险的中介作用，如绩效风险在感知危害性、感知违约性、感知责任性、感知偶发性和感知无良性对危机产品的产品态度的影响中起到了中介作用（杨洋，2013）。然而，在产品伤害危机溢出效应中其中介作用是否存在，这尚未明确。

② 心理风险的中介作用。

心理风险是指消费者由于购买或使用产品或服务而导致的可能的心理幸福感降低（Keh 和 Pang，2010；杨洋，2013）。在产品伤害危机的相关研究中，现有的研究已发现心理风险的中介作用，如心理风险在感知危害性、感知违约性、感知责任性、感知偶发性和感知无良性对危机产品的产品态度的影响中起到了中介作用。然而，在产品伤害危机溢出效应中其中介作用是否存在，这尚未明确。如心理风险在危机企业应对策略、外界澄清与品牌资产之间具有中介作用（方正等，2011）。

综上所述，本书认为绩效风险和心理风险是感知风险中最重要的两个风险类型，能代表感知风险的内涵（杨洋，2013；Keh 和 Pang，2010）。

2.3.2.5 现有研究评述

通过回顾对产品伤害危机、相似性、溢出效应的相关研究，我们发现现有研究对产品伤害危机和危机企业的直接影响研究成果较为丰富，但对危机与竞争品牌的溢出效应的研究较少。回顾以往溢出效应的相关研究，本书总结了溢出效应的相关研究成果，详见表2-9和表2-10。通过对文献的梳理和分析，发现内外学者尚未对不同类型的相似性进行分类，关于相似性对溢出效应的影响尚存在争议，即相似性对溢出效应的影响尚待进一步深入研究。

（1）现有溢出效应研究尚未严格区分不同类型的相似性。

不同相似性对溢出效应的影响存在差异，而现有研究没有区分品牌相似性和属性相似性。Roehm 和 Tybout（2006）主张相似性是危机属性间的相似性。方正等（2013）则认为相似性是产品属性间的相似性，没有研究品牌相似性。Dahlen 和 Lange（2006）依据竞争品牌间的业务类型差异——是传统银行还是网络银行，对相似性进行划分，认为竞争品牌间的相似性是指品牌间的业务相似性，没有区分属性相似性和品牌相似性。程娉婷（2011）认为，相似性是指品牌之间具有的有形属性和无形属性以及各属性之间联系的共有系统特征，也没有区分属性相似性和品牌相似性。范宝财、杨洋和李蔚（2014）认为相似性是产品间相似性，也没有区分产品的有形维度和无形维度的相似性。综上所述，现有相似性研究对相似性的制定标准还存在争议，没有对属性相似性和品牌相似性进行严格的区分，概念之间存在交叉和重叠，需要进一步探讨。

（2）现有研究对相似性的影响仍存在争议。

虽然现有研究表明相似性影响溢出效应，但尚未区分品牌相似性和属性相似性，对相似性如何影响溢出效应仍存在争议。例如，Roehm、Tybout（2006）、Dahlen、Lange（2006）、方正等（2013）和 Janakiraman、Sismeiro、Dutta（2009）对相似性如何影响溢出效应仍存在不同看法，其中，Roehm、

Tybout（2006）和方正等（2013）在研究直接竞争品牌之间的溢出效应时，认为当产品属性相似时，负面溢出效应越有可能发生，当启发消费者思考竞争品牌之间的差异时，溢出效应不会发生。然而，Dahlen 和 Lange（2006）认为竞争品牌间品牌相似时，负面溢出效应会发生，但品牌相异时，正面溢出效应会发生。Janakiraman、Sismeiro 和 Dutta（2009）研究了品牌相似性对竞争性溢出效应的影响，并且当后进入者与已存在的竞争品牌之间的品牌相似时，正面溢出效应将会发生，而当品牌不相似时溢出效应不会发生。Gao 等（2015）认为国内品牌发生危机，对同是国内品牌的竞争品牌会发生负面溢出效应或同化效应，而对有差异化的进口品牌会发生正面溢出效应或对比效应，但无法解释为什么危机对部分国内的竞争品牌发生正面溢出效应，有待进一步研究。

（3）危机严重程度如何影响溢出强度，现有研究尚未回答。

Siomkos 等（2010）的研究发现，危机的严重程度是中等水平，危机会给竞争品牌带来机遇。随着危机严重程度的提高，消费者对危机品牌的替代选择比例将增加，但尚未明确危机的严重程度如何影响溢出强度？危机的严重程度如何影响负面溢出强度，又是如何影响正面溢出强度？

（4）尚未明确溢出发生的心理机制，有待进一步探讨。

感知风险是产品伤害危机研究中重要的中介变量，Siomkos 等（2010）通过定性研究认为危机的严重程度会正向影响消费者对危机产品的感知风险，增加对竞争产品的选择，但未有实证研究溢出效应中感知风险的中介作用，尚未明确溢出效应发生的心理机制，尚未探明不同方向的溢出效应的形成原理，尚未打开溢出效应的"黑匣子"。因此，有必要进一步通过实证研究，以探讨两类相似性如何通过感知风险影响溢出方向和溢出强度，探索不同方向的溢出效应发生的心理机制。

表 2-9　本书文献综述中文献结构化后的研究机会分析

研究发现	研究内容	研究学者	研究发现	研究启示和机会
溢出的发生条件	危机属性相似性与溢出效应	Roehm 和 Tybout（2006）	相似性影响危机信息的感知可诊断性；品牌间的危机属性越相似，负面溢出越容易发生	危机属性的相似性通过什么心理路径影响溢出效应的发生
	产品属性相似性与溢出效应	方正等（2013）	当产品属性相似时，负面溢出效应越有可能发生，当消费者思考竞争品牌间的差异时，溢出效应不会发生	产品属性的相似性是影响负面溢出效应发生的关键因素
	品牌相似性与溢出效应	Dahlen 和 Lange（2006）	品牌相似性负面影响消费者对竞争品牌的评价，是影响溢出的关键因素；品牌不相似时，危机对竞争品牌发生正面溢出效应	为什么 Roehm 和 Tybout、方正等认为竞争品牌间不相似时溢出效应不会发生，而 Dahlen 和 Lange 认为竞争品牌间不相似时会发生正面溢出效应
		王海忠、田阳和胡俊华（2010）	品牌相似性影响负面溢出效应的发生，当消费者选择相似性检验时，负面溢出效应会发生；当消费者选择相异性检验时，效应都不会发生	为什么王海忠等认为品牌不相似时，溢出效应不会发生，而 Dahlen 和 Lange 认为品牌不相似时会发生正面溢出效应
		程娉婷（2011）	品牌相似性是影响溢出效应发生的关键因素，品牌相似性包括有形属性和无形属性及其间联系，并认为品牌越相似，负面溢出应越容易发生	有形的属性相似性和无形的品牌相似性对溢出效应的影响有何差异
		Janakiraman、Sismeiro 和 Dutta（2009）	当品牌相似时，会引发对竞争品牌的竞争性溢出效应，即正面溢出效应，提高消费者对新进入的竞争品牌的接受速度和评价	在危机情景下，品牌相似性引发危机对竞争品牌的是负面溢出效应，还是正面溢出效应？品牌相似性如何引发对竞争品牌的正面溢出效应
溢出的心理机制	溢出形成原理	Siomkos 等（2010）	危机的严重程度会正向影响消费者对危机产品的感知风险，增加对竞争产品的选择	为什么危机的严重程度会影响消费者对非危机的竞争品牌的感知风险？是否还有其他心理因素会影响溢出效应的发生？实证研究两类相似性如何通过感知风险影响溢出方向和溢出强度，探索不同方向的溢出效应发生的心理机制

续表

研究发现	研究内容	研究学者	研究发现	研究启示和机会
影响溢出强度的因素	溢出强度的影响因素	Siomkoes 等（2010）	危机的严重程度是中等水平，危机会给竞争品牌带来机遇；危机的严重程度增加，消费者对危机品牌的替代选择比例将增加	危机的严重程度如何影响溢出强度？危机的严重程度在什么条件下会增强负面溢出效应？在什么条件下危机的严重程度会提升危机对竞争品牌的正面溢出强度？在什么条件下危机的严重程度会提升危机对竞争品牌的负面溢出强度
溢出方面与溢出影响	溢出方向与品牌态度、品牌信念	Roehm 和 Tybout（2006）	危机对具有相似的竞争品牌发生负面溢出，导致消费者对其的品牌态度和品牌信念的下降；当启发消费者思考竞争品牌之间的差异时，溢出效应不会发生；危机对相似的竞争品牌发生负面溢出，导致品牌质量信念和品牌态度的下降	消费者在进行产品选择、比较、判断时，要综合考虑产品属性等有形信息和品牌价值、品牌档次等无形信息，有形的危机产品属性的相似性负面影响品牌态度，非危机的、无形的品牌相似性信息是否影响危机对竞争品牌的正面溢出效应
	溢出方向与品牌评价	Dahlen 和 Lange（2006）	品牌危机负面影响消费者对相似性的竞争品牌的评价，产生负面溢出效应，正面影响消费者对不相似的竞争品牌的评价	危机提高了消费者对竞争品牌的品牌态度和品牌信任，是什么因素提高了消费者对竞争品牌的评价？为什么没有提高消费者对非竞争品牌的评价

表 2-9 归纳出以往文献中存在的研究机会。我们通过梳理和归纳现有溢出效应的相关研究，得出研究启示，并将其与本书的研究内容相结合，进而得出本书的研究机会（见表 2-10）。

表 2-10 本书研究机会的判定

本书的研究目标	文献综述得出的研究启示与机会	本书的研究机会
解释为什么 Roehm 和 Tybout、方正等与 Dahlen 和 Iange、王海忠等对相似性影响溢出效应的观点存在差异？如何区分两类相似性	为什么 Roehm 和 Tybout、方正等认为竞争品牌间不相似时溢出效应不会发生，而 Dahlen 和 Iange 认为竞争品牌间不相似时会发生正面溢出效应？为什么 Janakiraman、Sismeiro 和 Dutta 认为品牌相似会引发正面溢出效应，而 Dahlen 和 Lange 认为竞争品牌相似时会发生负面溢出效应	对两类相似性进行严格区分，品牌相似性和属性相似性对溢出效应的影响存在差异
	为什么相似性既会引发危机对竞争品牌的负面溢出效应，也会引发对竞争品牌的正面溢出效应	探讨品牌相似性和属性相似性对溢出效应的差异化影响，需要深入研究相似性如何影响溢出方向
解释为什么不同危机严重程度的产品伤害危机使竞争品牌遭受不同程度的溢出效应	危机的严重程度如何影响溢出强度？危机的严重程度在什么条件下会增强负面溢出效应？危机的严重程度如何影响危机对竞争品牌的正面溢出强度？危机的严重程度如何影响危机对竞争品牌的负面溢出强度	探索危机的严重程度对溢出强度的影响
	为什么危机的严重程度会影响消费者对非危机的竞争品牌的感知风险	研究危机的严重程度对竞争品牌的感知风险和品牌评价的影响
解释为什么相似性通过什么样的心理机制，影响溢出效应的发生，使竞争品牌遭受差异化的影响	相似性如何影响消费者对竞争品牌的评价，以往研究存在争议，那么相似性如何影响消费者的感知风险，进而影响消费者对竞争品牌的评价和购买行为	实证研究两类相似性如何通过感知风险影响溢出方向和溢出强度，探索不同方向的溢出效应发生的心理机制，明确溢出效应的发生机制，构建溢出效应的预测模型

综上所述，通过对以往产品伤害危机溢出效应的相关研究的整理和结构化分析，确认了本书的研究机会。首先，通过对现实市场实践分析，发现本书的市场问题仍没有得到完整解释。两类相似性对危机溢出效应的影响尚待进一步研究，存在一定的研究机会。其次，尽管现有研究不能完整、全面地解释本书的研究问题，但以往国内外学者对溢出效应的研究成果给本书指明了研究方向，提供了研究方法和研

究范式，给予本书大量的研究启迪和借鉴（如表2-9、表2-10所示），如品牌相似性有可能导致正面溢出效应的发生。

2.3.3 研究模型与假设

2.3.3.1 理论基础

（1）可接近—可诊断理论。

① 可接近—可诊断理论的内涵。

可接近性—可诊断性理论（Accessibility-diagnosticity Frame）是Feldman和Lynch（1988）提出的，指的是如果消费者从关于品牌A的信息中了解品牌B，即品牌A的信息对品牌B具有可诊断性，那么在消费者的思维活动中，消费者关于品牌A和品牌B联系的记忆节点就同时被激活，那么消费者就可以利用品牌A的信息推断品牌B。根据该理论，如果消费者能从记忆中同时提取产品A和产品B及其质量感知（即可接近性），且产品A对产品B具有可诊断性（又称信息性），那么消费者可以使用对产品A的质量感知去推断产品B的质量（Janakiraman、Sismeiro和Dutta，2009）。其中，可接近性（Accessibility）是指信息的可获得性；可诊断性（Accessibility）是指信息有助于消费者认知判断的有效性（Ahluwalia、Unnava和Burnkrant，2001；Feldman和Lynch，1988）。可接近性—可诊断性理论已成为溢出效应研究的一个理论基础（Ahluwalia、Unnava和Burnkrant，2001；Roehm和Tybout，2006）。根据该理论，产品伤害危机发生后，如果危机品牌对竞争品牌具有可接近性、危机对危机品牌具有可诊断性，那么就可能发生产品伤害危机对竞争品牌的溢出效应。相反，如果某品牌对竞争品牌不具有可接近性，或是产品伤害危机对竞争品牌不具有可诊断性，那么产品伤害危机对品类和竞争品牌的溢出效应就难以发生。综上所述，本书认为可接近性—可诊断性理论是溢出效应研究的基础理论之一，可以解释相似性对溢出效应的影响。

② 可接近—可诊断理论与溢出条件。

由于危机溢出效应只有在一定的条件下才会发生，所以，危机溢出效应的发生条件是国内外学者研究的重点。截至目前，国内外学者在研究溢出效应的发生条件时，使用Feldman和Lynch（1988）提出的可接近性—可诊断性理论。按照该理论，产品伤害危机发生之后，危机要发生溢出效应必须满足两个方面的条件：一是产品伤害危机必须具有可接近性（Accessibility），即信息的可获得性；二是产品伤害危机必须具有可诊断性（Diagnosticity），即信息有助于消费者认知判断的有效性。根据该理论，Janakiraman、Sismeiro和Dutta（2009）主张，如果感知两个竞争产品是相似的，竞争产品的溢出效应将会发生，这是因为品牌相似性导致了更高的可诊断性和可接近性。

（2）选择性通达理论。

Mussweiler（2003）提出了选择性通达机制（Selective Accessibility Process），并指出在评价时决策者会根据比较对象之间的相似性（或一致性）来选择核心假设（相似性检验、相异性检验）。在检验假设的过程中，决策者会选择目标与标准之间的一些显著特征作为线索进行目标与标准之间的总体相似程度评估。当初步评估结果表明目标与标准是一致的（即相似的），判断者会采用相似性检验，引发同化效应。田阳等（2013）将该理论应用于研究联合品牌间的负面溢出效应，当消费者选择相似性检验时，负面溢出效应将会发生，而当消费者选择相异性检验时，溢出效应将不会发生。

（3）相似性理论。

相似性是可接近—可诊断理论的基础理论，是影响可接近性和可诊断性的关键变量（Roehm和Tybout，2006；Janakiraman、Sismeiro和Dutta，2009），是认知科学的一个核心概念（Medin、Goldstone和Gentner，1990）。通过对文献的梳理，本书发现现有研究没有严格区分品牌相似性和属性相似性，二者概念之间存在重叠，需要对品牌相似性和属性相似性进行严格的区分，进而探讨其对溢出效应的影响,以解释现有研究结果的争议。

① 品牌相似性。

作为影响溢出效应发生的关键变量之一的品牌相似性,其影响信息的可接近性和可诊断性(Dahlen 和 Lange,2006)。通过对相似性定义的梳理(如表2-11所示),发现现有研究对品牌相似性的定义差异加大,定义交叉重叠。Lehmann(1972)认为,品牌相似性是两个品牌的相似性,是指消费者在两个品牌之间相互转换的概率的平均值,且认为品牌之间越相似,消费者的品牌转换意愿越容易发生。Park、Milberg 和 Lawson(1991)的研究表明,消费者在对延伸产品的评价过程中,不仅考虑产品特征的相似性,还要注意原有品牌的品牌概念与延伸产品之间的概念一致性,并指出感知匹配度是感知产品特征相似性和感知品牌概念一致性的一个函数。品牌相似性是指两个品牌在名称语音或含义上的接近性(Howard、Kerin 和 Gengler,2000)。程娉婷(2011)将品牌相似性定义为两个品牌之间具有的品牌有形属性和品牌无形属性以及各属性之间联系的共有系统特征。

表2-11 品牌相似性定义的相关研究

研究	定义	有形因素	无形因素
Lehmann(1972)	品牌相似性是两个品牌之间相互转换的概率的均值		√
Howard、Kerin 和 Gengler(2000)	品牌相似性是指两个品牌在名称语音或含义上的接近性	√	
王海忠、田阳和胡俊华(2010)	品牌相似性是消费者对品牌之间的品牌诉求、品牌来源国、品牌档次等方面的感知相似性		√
程娉婷(2011)	品牌相似性是指品牌之间具有的有形属性和无形属性以及各属性之间联系的共有系统特征	√	√

综上所述,现有研究对品牌相似性的定义存在争议,概念之间交叉重叠。因此,通过借鉴 Dahlen、Lange(2006)、王海忠、田阳和胡俊华(2010)的研究,经过修改、区分关键要素,我们认为品牌相似性是指竞争品牌之间在品牌无形因素方面的相似性。

② 属性相似性。

属性相似性是影响产品伤害危机负面溢出效应的关键因素之一(Roehm 和 Tybout,2006)。当对同一个产品类别的品牌进行选择时,消费者一般会面对具有相同属性的多个替代产品,这使消费者可以直接比较替代产品,如消费者比较电视的画面质量(Johnson,1984)。他们认为,那些具有相同属性的、被比较的备选品往往相当相似,这些备选品的相似性是指通过相同的属性描述或代表的备选品的相似性(Johnson,1984)。Park、Milberg 和 Lawson(1991)认为,产品特征又称属性,包括具体水平属性(如手机屏幕的尺寸)和抽象水平属性(如用户外活动)。因此,产品属性相似又称为产品的特征相似性。Park、Milberg 和 Lawson(1991)认为,产品特征相似性取决于延伸产品和母品牌现有产品的之间的关系,包括具体方面(如特征相关性、属性匹配性)和抽象方面(如共同的使用情景)。Bhat 和 Reddy(2001)的研究表明,匹配度(又称相似度)包括两个方面:产品匹配度和品牌匹配度。他们认为,相似替代品之间的选择受到具体属性的约束,且这些属性是感知空间的维度。Roehm、Tybout(2006)、Broniarczyk 和 Alba(1994)的研究也已证明了可诊断性的推断取决于属性水平的相似性,而不是感知品牌全面的、整体的相似性。此外,负面溢出取决于对丑闻产品属性的感知相似性,当一个丑闻品牌与竞争对手在丑闻产品的属性上相似时,丑闻对竞争品牌很可能会发生溢出效应(Roehm 和 Tybout,2006)。如果一个品牌丑闻具有一个与产品类别紧密联系的属性,即该属性是品类共有的属性,那么品牌丑闻通过该属性就可激活整个品类,这会让消费者通过该属性联想到该丑闻行为,即该丑闻对品类具有可诊断性(Roehm 和 Tybout,2006)。Janakiraman、Sismeiro 和 Dutta(2009)主张,如果感知两个竞争产品是相似的,竞争产品的溢出效应将会发生,这是因为产品相似性导致了更高的可诊断性和可接近性。方正、杨洋、李蔚和蔡静（2013）认为，在危机的产品属性方面，竞争品牌与危机品牌的相似性越高，越容易发生负面溢出效应。范宝财、杨洋和李蔚（2014）的研究表明，产品相似度越高，产品伤害危机属性对横向溢出效应的影响越大，反之，产品伤害危机属性对横向溢出效应的影响越小，即产品的相似性能够调节产品伤害危机属性对非危机产品的影响，但没有区分产品的有形层面和无形层面对溢出效应的影响的差异。

结合以上研究，通过借鉴 Ahluwalia、Unnava、Burnkrant（2001）、Roehm 和 Tybout（2006）对属性相似性的研究，经过修改、区分关键要素，我们认为属性相似性是指竞争品牌之间在具体的、物理形态、有形的、引发危机的产品属性水平上相同或具有相似性。

综上所述，通过对两类相似性进行了区分，即根据产品构成维度是有形的还是无形的，本书将竞争品牌之间的相似性归纳为两类：属性相似性和品牌相似性。其中，通过借鉴 Dahlen、Lange（2006）、王海忠、田阳和胡俊华（2010）的研究，经过修改、区分关键品牌的无形要素，我们认为品牌相似性是指竞争品牌之间在品牌无形因素方面的相似性；通过借鉴 Ahluwalia、Unnava、Burnkrant（2001）、Roehm 和 Tybout（2006）对属性相似性的研究，经过修改、区分关键产品的属性要素，我们认为属性相似性是指竞争品牌之间在具体的、物理形态、有形的、引发危机的产品属性水平上相同或具有相似性。

2.3.3.2 研究模型

产品伤害危机引发溢出效应，对竞争品牌而言是"殃及池鱼"，还是"百年机遇"？竞争企业究竟应该如何预判危机对其的溢出效应，包括溢出方向和溢出强度，这是竞争企业需要知晓，却尚未有答案的现实问题。在危机爆发的第一时间，竞争企业迫切关心的是：危机给自身带来的是机遇还是威胁？如何预判危机对其的正面溢出效应或负面溢出效应的强度？这是因为竞争企业准确预判危机的溢出方向和强度，将有助于企业提前进行市场布局、调整销售政策、准备应对方案，进而减少危机溢出带来的损失，甚至抓住机遇，抢占危机企业的市场份额。可见，如何预判危机对竞争品牌的溢出方向和强度，是第一要务。本书基于竞争品牌的视角，根据可接近—可诊断理论、相似性理论、选择性通达理论等理论，按照以往溢出效应研究的范式，采用情景实验法，拟研究两类相似性对溢出效应的影响，识别出溢出效应发生的条件，探讨溢出强度的影响因素的危机严重程度的调节作用，发掘感知风险的中介作用，研究溢出效应的溢出机制，打开溢出效应的"黑匣子"，提出本书的研究模型，如图 2-3 所示。

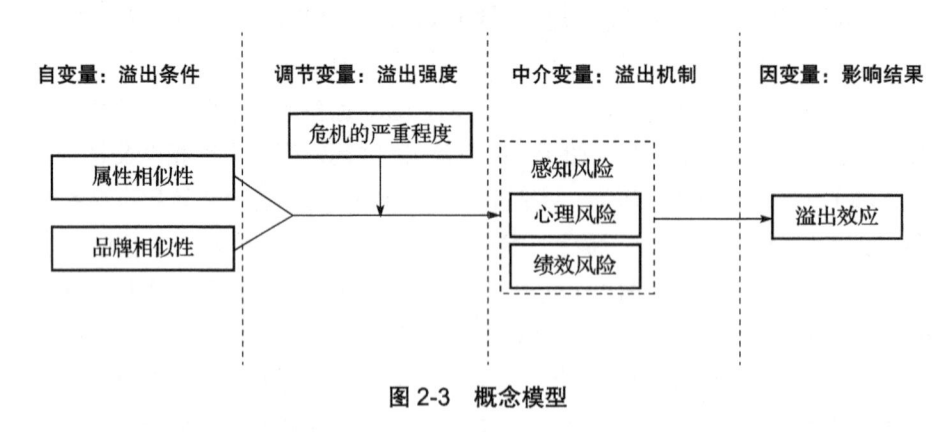

图 2-3 概念模型

本书主要从以下几个方面入手：

首先，本书研究了两类相似性对溢出效应的直接影响，识别出不同溢出方向的发生条件。通过文献综述和分析，区分了两类相似性，以属性相似性、品牌相似性为自变量，研究两类相似性对溢出效应的影响的差异，将丰富相似性分类集，丰富危机溢出效应发生条件的理论内容，为溢出强度和溢出机制的研究做了基础铺垫。

其次，本书考察了危机严重程度的调节作用。危机严重程度如何影响危机对竞争品牌的正面溢出效应？危机的严重程度如何影响危机对竞争品牌的负面溢出效应？通过考察属性相似性、品牌相似性、危机的严重程度对溢出效应的影响，探讨两类相似性对溢出效应的影响中危机的严重程度的调节作用，将识别出危机的严重程度对溢出强度的差异化影响。

再次，本书探讨了感知风险的中介作用。感知风险是产品伤害危机研究中重要的中介变量（方正等，2011），但没有区分不同相似性对感知风险的影响差异，尚不明确相似性与绩效风险和心理风险之间的关系。哪种相似性更能引起消费者的绩效风险和心理风险的变化？哪种感知风险对溢出效应的影响更大？为回答上述问题，我们将进一步拓展以往研究中相似性对溢出机制的影响的研究，验证两类相似性和危机的严重程度对溢出效应的影响中心理风险和绩效风险的中介作用，构建相似性影响溢出效应的预测模型。

最后，我们通过搜集和分析典型产品伤害危机溢出效应的现实案例，从案例中针对现实问题分析现象，总结溢出发生的规律，以验证实证研究结论的准确性。

综上所述，我们通过4个子研究探讨两类相似性对溢出效应的影响机制，先研究两类相似性对溢出效应的直接影响，识别出正面溢出效应和负面溢出效应的发生条件，然后研究危机的严重程度如何调节相似性对溢出效应的影响，识别出危机的严重程度对溢出强度的影响，再研究两类相似性影响溢出效应的心理机制，发掘溢出效应的溢出机制，打开溢出效应的"黑匣子"，最后通过案例分析，再次验证本书实证部分的研究结论。在明确研究问题和构建研究模型之后，本书提出研究假设。

2.3.3.3 研究假设

（1）两类相似性对危机溢出效应的影响。

根据选择性通达理论，产品伤害危机发生后，消费者在对竞争品牌进行评价时，会自发通过与危机品牌及其产品的比较来进行判断。这种比较既有可能产生对比效应（评价对象与比较标准背离），也可能会产生同化效应（评价对象与比较标准趋同）。Bhat和Reddy（1997）认为，这种相似度比较判断包括两个方面：产品相似度（有形层面）、品牌相似度（无形层面）。根据该理论，在竞争品牌和危机品牌的危机产品属性相似性低的情况下，即初步评估结果表明竞争品牌的产品属性（目标）与危机品牌的引发危机的产品属性（标准）是不一致的（即相异的），消费者对二者的危机产品属性采用相异性检验，导致产品伤害危机信息对竞争品牌没有可诊断性，进而消费者感知竞争品牌的产品质量更好，对其品牌态度更积极，导致产品伤害危机对竞争对手的正面溢出效应越强。据此，可得出假设H1。

H1：在属性相似性低的条件下，危机品牌和竞争品牌的品牌相似性越高，产品伤害危机对竞争品牌的正面溢出效应越强。

根据可接近性—可诊断性理论，无论危机品牌和竞争品牌整体是否相似，当二者之间的属性相似性越高，即危机品牌的信息对竞争品牌具有可诊断性，消费者关于危机品牌和竞争品牌联系的记忆节点被激活，那么消费者就可以利用危机品牌的信息推断竞争品牌。Mussweiler（2003）提出了选择性可接近机制（Selective Accessibility Process），并认为决策者在评价时会采用核心假设（相似性检验、相异性检验），决策者会根据比较对象之间的相似性（或一致性）来选择核心假设。在检验假设的过程中，决策者会选择目标与标准之间的一些显著特征（如产品属性）作为线索进行目标与标准之间的总体相似程度评估。根据该理论，无论竞争品牌与危机品牌是否相似，只要竞争品牌的产品属性与危机品牌引发危机的产品属性的相似性高，即表明竞争品牌的产品属性（目标）与危机品牌引发危机的产品属性（标准）是一致的（即相似的），消费者对二者的产品属性相似性采用相似性检验，导致产品伤害危机信息对竞争品牌具有可诊断性，使消费者产生认知的偏差，认为竞争品牌产品存在缺陷，导致产品伤害危机对竞争品牌产生负面溢出效应。因此，可得出假设2。

H2：无论危机品牌和竞争品牌是品牌相似性高还是品牌相似性低，只要二者属性相似越高，产品伤害危机对竞争品牌的负面溢出效应越强。

H2a：在危机品牌和竞争品牌的品牌相似性高的条件下，属性相似性越高，产品伤害危机对竞争品牌的负面溢出效应越强。

H2b：无论危机品牌和竞争品牌的品牌相似性低还是高，属性相似性越高，产品伤害危机对竞争品牌的负面溢出效应越强。

根据可接近性—可诊断性理论，产品伤害危机对竞争品牌的负面溢出效应是否会发生取决于产品属性相似性（Roehm 和 Tybout，2006）而不是品牌的整体相似性，这是因为属性相似性影响危机信息对竞争品牌的可诊断性。如果竞争品牌与危机品牌的危机产品属性相似性越低，使产品伤害危机信息对竞争品牌越不具负面可诊断性（没有对竞争品牌产生不利的判断），即消费者认为竞争品牌不存在类似缺陷，产品伤害危机不对竞争品牌产生负面溢出效应，而品牌相似性低，消费者对焦点品牌的积极的认知、态度、信念、意愿无法转移到竞争品牌，使产品伤害危机信息对竞争品牌不具正面可诊断性（对竞争品牌产生有利的判断）。因此，可得出假设3。

H3：在属性相似性低的条件下，危机品牌和竞争品牌的品牌相似性低，产品伤害危机对竞争品牌不存在溢出效应。

（2）危机的严重程度的调节作用。

Siomkos 等（2010）指出，产品伤害危机会影响消费者对竞争品牌及整个产品大类的购买意愿，当伤害程度（即危机的严重程度）低时，消费者会认为是危机企业的责任，并认为行业内其他企业没有责任，消费者会购买竞争品牌的产品以规避风险，行业负面溢出效应较小；反之，危机伤害越大，消费者对其他企业越无法进行有效的无责判断，会谨慎购买甚至拒绝购买，以减低风险，此时，危机对行业的负面溢出效应较大。汪兴东、景奉杰和涂铭（2012）认为，危机的伤害程度（危机的严重程度）在单（群）发性产品伤害危机对行业负面溢出效应的影响中起到调节作用，在单发性产品伤害危机下，伤害程度越高，行业负面溢出效应越大，但在群发性产品伤害危机中，无论伤害程度如何，行业负面溢出效应都较大。Siomkos（2010）、范宝财、杨洋和李蔚（2014）认为，危机的危害性越强，产品伤害危机的横向负面溢出效应越大。因此，可得出以下假设。

H4：危机的严重程度调节了属性相似性、品牌相似性交互对溢出效应的影响。

H4a：当危机品牌和竞争品牌的属性相似性和品牌相似性高时，危机的严重程度越高，产品的伤害危机对竞争品牌的负面溢出效应越强。

H4b：当危机品牌和竞争品牌的属性相似性和品牌相似性低时，危机的严重程度不影响产品伤害危机溢出效应对竞争品牌的作用。

H4c：当危机品牌和竞争品牌的属性相似性和品牌相似性高时，危机的严重程度越高，产品的伤害危机对竞争品牌的正面溢出效应越强。

H4d：当危机品牌和竞争品牌的属性相似性和品牌相似性低时，危机的严重程度越高，产品的伤害危机对竞争品牌的负面溢出效应越强。

（3）绩效风险的中介作用。

绩效风险是因为产品或服务没有达到消费者的预期而无法满足消费者的需求所产生的风险感知（Keh 和 Pang，2010；杨洋，2013）。根据激活扩散理论和可接近—可诊断理论，产品伤害危机发生之后，竞争品牌与危机品牌在引发危机的产品属性方面越相似，为消费者对竞争品牌的判断提供了越多线索，越容易激活消费者记忆中竞争品牌和危机品牌之间联系的记忆节点，使消费者可以从危机品牌的产品质量感知转移到竞争品牌，使危机信息对竞争品牌的可诊断性越高，导致消费者感知竞争品牌存在类似产品缺陷或威胁的可能性越大，消费感知绩效风险越高，从而显著降低消费者对竞争品牌的品牌态度，所产生的负面溢出效应也就越强。在属性相似性高的情况下，竞争品牌和危机品牌的品牌越相似，消费者得到的线索越多，感知危机信息对竞争品牌的可诊断性越高，绩效风险越高，导致产品伤害危机对竞争品牌的负面溢出效应越强。危机产品相似性和品牌相似性共同通过改变消费者的认知偏差，影响绩效风险，从而影响危机对竞争品牌的品牌态度，发生溢出效应。因此，得出研究假设H5。

H5：对竞争品牌而言，绩效风险中介了属性相似性和品牌相似性交互对溢出效应的影响。

产品伤害危机发生后，在属性相似性高的情况下，品牌相似越高，产品伤害危机的严重程度越高，危机信息对竞争品牌的可诊断性越高，消费者对竞争品牌的心理风险越高，危机对竞争品牌的负面溢出效应越强；在属性相似性低的情况下，危机信息对竞争品牌不具有负面可诊断性（即使消费者对竞争品牌产生不利的看法）。根据选择性接近机制，竞争品牌的目标产品属性与危机品牌引发危机的产品属性不一致，消费者会进行相异性检验，在产品之间发生对比效应（费显政、李陈微和周舒华，2010；邢淑芬和俞国良，2006）或竞争效应，产品伤害危机的严重程度越高，消费者对竞争品牌感知的绩效风险保持在较低水平，且品牌相似性越高，消费者的品牌转换意愿越强，对竞争品牌的态度越积极，对竞争品牌的正面溢出效应越强。因此，属性相似性、品牌相似性和危机的严重程度通过绩效风险对溢出效应产生显著影响。因此，本书推出假设H6。

H6：对竞争品牌而言，在属性相似性、危机的严重程度和品牌相似性交互对溢出效应的影响中绩效风险发挥了中介作用。

（4）心理风险的中介作用。

心理风险是指消费者由于购买或使用产品或服务而导致的可能的心理幸福感降低（Keh和Pang，2010；杨洋，2013）。在产品伤害危机的相关研究中，现有的研究已发现心理风险的中介作用，如在感知危害性、感知违约性、感知责任性、感知偶发性和感知无良性对危机产品的产品态度的影响中，心理风险起到了中介作用。然而，在产品伤害危机溢出效应中其中介作用是否存在尚未明确。如心理风险在危机企业应对策略、外界澄清与品牌资产之间具有中介作用（方正等，2011）。在属性相似的情况下，竞争品牌和危机品牌的品牌越相似，消费者得到的线索越多，感知危机信息对竞争品牌的可诊断性越高，心理风险越高，导致产品伤害危机对竞争品牌的负面溢出效应越强。属性相似性和品牌相似性共同通过改变消费者的认知偏差，改变其心理风险，从而影响危机对竞争品牌的溢出效应。因此，得出研究假设H7。

H7：对竞争品牌而言，心理风险在属性相似性和品牌相似性交互对溢出效应的影响中起到了中介作用。

产品伤害危机发生后，在属性相似性高的情况下，品牌相似性越高，产品伤害危机的严重程度越高，危机信息对竞争品牌的可诊断性越高，消费者对竞争品牌的心理风险越高，危机对竞争品牌的负面溢出效应越强；在属性相似性低的情况下，品牌相似性越高，产品伤害危机的严重程度越高，危机信息对竞争品牌不具有负面可诊断性（即消费者对竞争品牌的不利看法），消费者对竞争品牌感知的心理风险越低，消费者的品牌转换意愿越强，对竞争品牌的态度越积极，对竞争品牌的正面溢出效应越强。因此，属性相似性、品牌相似性和危机严重程度通过心理风险对溢出效应产生显著影响。因此，本书推出假设H8。

H8：对竞争品牌而言，在属性相似性、品牌相似性和危机严重程度交互对溢出效应的影响中心理风险起到了中介作用。

2.3.4 实证研究

2.3.4.1 研究1：相似性对溢出效应的影响

（1）现实背景。

产品伤害危机发生之后，不仅负面影响危机产品的销售与品牌形象，还可能向竞争产品溢出，加剧产品伤害危机的影响。竞争对手如何判断产品伤害危机对其品牌是否溢出？产品伤害危机何时会影响到竞争品牌？产品伤害危机在什么条件下对竞争产品发生正面溢出效应？在什么条件下对竞争品牌发生负面溢出效应？这是竞争企业需要了解却尚不清楚的问题。

我们对 2008—2014 年发生的部分产品伤害危机溢出效应的案例进行搜集和整理，通过对比分析这些案例，归纳出两个现象：一是有的产品伤害危机引发了溢出效应，而有的却没有；二是即使发生产品伤害危机的溢出效应，对竞争品牌的溢出方向也存在差异，有的是正面溢出（即竞争品牌受到有利影响），也可能是负面溢出（即竞争品牌受到不利影响）。

现有溢出效应研究主要遵循 Feldman 和 Lynch（1988）提出的可接近性—可诊断性理论展开研究。研究重点在于识别出影响可接近性和可诊断性的因素，即负面溢出效应发生的条件，但没有解释产品伤害危机为什么对竞争品牌产生正面溢出效应，以及尚未识别影响正面溢出强度的主要因素。虽然危机负面溢出效应发生的条件已经逐渐清晰，但是仍然存在两点研究空白：

一是尚不清楚属性相似性、品牌相似性对溢出效应的影响及差异，尚未明确两类相似性如何影响正面溢出效应。

二是尚不清楚正面溢出效应的发生条件。发生产品伤害危机的产品与不同竞争产品的相似度不同，品牌相似性和属性相似性如何影响消费者对不同竞争品牌的偏好？因此，还需要继续探讨产品伤害危机中相似性对正面溢出效应的影响，识别出更容易引起正面溢出效应的条件。

综上所述，本书首先区分两类相似性，然后主要探讨两类相似性对溢出效应的影响及其差异。因此，本书采用 2（属性相似性：高或低）×2（品牌相似性：高或低）的组间设计（Between-groupdesign），以回答理论问题：属性相似性、品牌相似性如何影响危机对竞争品牌溢出效应的溢出方向和溢出强度？

（2）研究模型。

本书采用 2（属性相似性：高或低）×2（品牌相似性：高或低）的组间设计（Between-groupdesign），研究两类相似性对溢出效应的影响及其差异。

① 研究模型。

本书的研究模型，如图 2-4 所示。

② 变量来源。

本书通过对国内外产品伤害危机的文献进行梳理分析，根据本书内容的要求对变量进行选择，为确保变量选择的合理性和严谨性，本书对国内外产品伤害危机溢出效应研究中变量的选择进行一一分析，主要分析其变量选择的渊源，确保本书是在前人研究的基础上进一步拓展产品伤害危机溢出效应研究的深度和广度，具体来看，本书的自变量、中介变量借鉴以往研究的成熟量表，如表 2-12 所示。

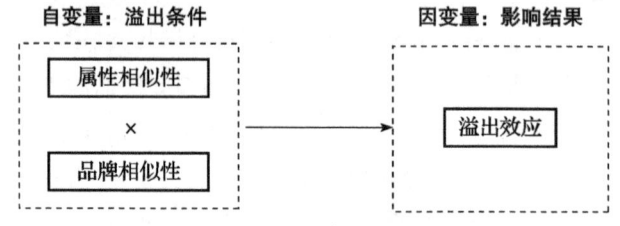

图 2-4 研究 1 的研究模型

表 2-12 研究 1 主要变量量表的来源分析

序号	研究	方法 实验法	样本 学生	自变量 属性相似性	自变量 品牌相似性	因变量 品牌态度
1	Ahluwalia 等（2001）	√	√			√
2	Roehm 和 Tybout（2006）	√	√	√		√
3	Dahlen 和 Lange（2006）	√	√		√	
4	Votola 和 Unnava（2006）	√	√			
5	Lei、Dawar 和 Lemmink（2008）	√	√			√
6	Janakiraman、Sismeiro 和 Dutta（2009）				√	

续表

序号	研究	方法	样本	自变量		因变量
		实验法	学生	属性相似性	品牌相似性	品牌态度
7	王海忠等（2010）	√	√		√	√
8	田阳等（2011）	√	√		√	√
9	张宁等（2011）	√	√		√	√
10	庄爱玲和余伟萍（2011）	√	√			√
11	程娉婷（2011）	√	√		√	
12	方正等（2013）	√	√	√		√
13	范宝财、杨洋和李蔚（2014）	√	√			√
14	本书	√	√	√	√	√

（3）研究方法。

本书主要探讨相似性对产品伤害危机（竞争品牌）溢出效应的影响。因此，本书采用2（属性相似性：高或低）×2（品牌相似性：高或低）的组间设计（Between-group Design）。

根据本书的研究模型，本书设计了三类刺激物：产品伤害危机严重程度刺激物、属性相似性刺激物、品牌相似性刺激物。

①危机严重程度刺激物设计。

通过对2000年以来产品伤害危机的案例进行分析，我们考虑到消费者对产品类别的严重程度、熟悉程度和介入程度，最终选择快餐作为刺激物。我们分别以"××快餐店速成鸡危机"和"××快餐店苏丹红危机"为原型，结合多家报社、网站、新闻媒体的报道，提炼关键信息和修改部分信息，形成产品伤害危机严重程度的刺激物为：

××快餐店陷45天速成鸡门，产品致耳聋、腹痛腹泻

2014年12月18日，×××曝光了××快餐店原料鸡供应商用抗生素喂大"速生鸡"，30克的小鸡在45天内能长到6～7斤，为避免鸡死亡，该供应商为"速成鸡"至少喂食了18种违禁抗生素，这些抗生素会损伤人的听力及生殖系统，造成青年耳聋、不孕不育、腹痛腹泻。目前，每月约有100吨的抗生素鸡肉供应到××快餐店，并加工以售给消费者。

②属性相似性刺激物设计。

本书研究了××速成鸡危机、××手机锂电池爆炸危机、××笔记本锂电池爆炸危机等产品伤害危机中引发产品伤害危机的关键产品属性（即危机产品属性），摘录各大新闻媒体对引发危机（对竞争品牌的）溢出的关键产品属性（即危机溢出的起因）相似性的报道，形成了"属性相似性"，并进行修改和完善，以便与快餐品类对接，具体分为属性相似性高的刺激物和属性相似性低的刺激物。

属性相似性高的刺激物为：目前，××快餐店、A品牌都采用速成鸡作为鸡肉原料，以速成鸡鸡肉加工成炸鸡腿、鸡肉汉堡等鸡肉产品。业内人士表示，45天出栏的"速成鸡"，从雏鸡到成品鸡只需要45天，高温封闭饲养，成长速度快，所以，速成鸡为××快餐店、A品牌等快餐企业所采用，以作为其鸡肉原料的来源。

属性相似性低的刺激物为：目前，××快餐店采用速成鸡作为鸡肉原料，以加工成炸鸡腿、鸡肉汉堡等鸡肉产品。业内人士表示，45天出栏的"速成鸡"，从雏鸡到成品鸡只需45天，高温封闭饲养，成长速度快；A品牌采用土鸡作为鸡肉原料，土鸡放养在山野林间、果园，成长周期为150天左右，具有抗病能力强的特点，肉质更鲜美，且营养更丰富。

③品牌相似性刺激物设计。

本书采用结合Markman、Gentner（1996）、王海忠、田阳和胡俊华（2010）对相似性的操控方法，设计品牌相似性的刺激物。

为了对品牌相似性进行思维启动的操控，本书采用Markman、Gentner（1996）、王海忠、田阳和胡俊华（2010）的研究方法，增加品牌相似性的思维启动的刺激物，将被试者随机分为品牌相似性高组和品牌相似性低组。然后，让所有被试者阅读危机品牌和竞争品牌的简介，并对竞争品牌的品牌态度进行评价。接下来，通过操纵引导两个组的被试者分别进入相似性检验或相异性检验过程，其方法是让不同组的被试者观察两幅一样的图片。图片内容来自Markman和Gentner（1996）的研究，其中一幅图片展示的是一个女人正在桌子旁，手里拿着一个杯子，图片右方有一棵圣诞树，树下有一些礼物，还有一个壁橱；另一图片展示的是一个男人站在桌子前，准备伸手去拿桌子中央的大碗，桌上有一个酒瓶和一些玻璃杯，壁橱在左方，上面有一个天使的挂饰（王海忠、田阳与胡俊华，2010），如图2-5和图2-6所示。

图2-5 1-A 　　　　　图2-6 1-B

品牌相似性高的组被要求根据图2-5、图2-6所示，尽可能地列出两幅图中的相似之处，强调至少写出两幅图的3处相似的地方；品牌相似性低的组被要求根据两幅图所示，尽可能地列出两幅图中的相异之处，强调至少写出图2-5、图2-6的3处相异的地方。

在相似性思维启动结束后，请被试者阅读危机品牌和竞争品牌的品牌简介和相关信息，具体品牌简介信息刺激物如下：我们对多起产品伤害危机溢出效应案例进行研究，搜集多家快餐企业的介绍，最终选择两个快餐企业作为研究原型企业，考虑到品牌来源国对消费者的快餐选择的影响较大（中式餐、西式餐、日式等），选产品质量、品牌来源国、品牌档次等作为品牌相似性的锚定标准，形成品牌相似性刺激物。为剔除已有的消费经历的干扰，我们对竞争品牌使用虚拟品牌，即将竞争品牌命名为A品牌。品牌相似性高的刺激物为："A品牌，起源于美国得克萨斯州，于1996年被×××集团收购，是中国西式快餐特许加盟第一品牌，与××快餐店并列为中国三大西式快餐，主要销售炸鸡、鸡肉汉堡、薯条等产品；××快餐店，起源于美国肯塔基州，于1930年创建，是美国跨国连锁西式餐厅，同时也是世界最大的炸鸡连锁企业之一，主要出售炸鸡、鸡肉汉堡、薯条等西式快餐食品"。品牌相似性低的刺激物为："A品牌，起源于中国××市，是中式连锁快餐餐厅，主营川渝口味米饭快餐，致力于打造最快捷服务的中式快餐第一品牌；××快餐店，起源于美国肯塔基州，于1930年创建，是美国跨国连锁西式餐厅，同时也是世界最大的炸鸡连锁企业之一，主要出售炸鸡、汉堡、薯条等西式快餐食品"。

（4）实验程序。

采用2（属性相似性：高或低）×2（品牌相似性：高或低）的组间设计，共316名本科生和研究生参与该实验。学生样本的同质性高，便于控制个体差异对实验结果的干扰，被国内外学者广泛应用到消费者行为的研究之中。此外，我们通过对国内外有关产品伤害危机及其溢出效应的研究发现，学生样本是首选样本。因此，借鉴国内外学者的研究经验，我们也选择学生样本开展研究。学生被随机分为八个小组，本实验分为七个步骤：

第一步，为了对品牌相似性进行思维启动的操控，本书采用Markman、Gentner（1996）、王海忠、田阳和胡俊华（2010）的研究方法，增加品牌相似性的思维启动的刺激物，将被试者随机分为品牌相似性高的组和品牌相似性低的组。让所有被试者阅读危机品牌和竞争品牌的简介，并对竞争品牌的品牌态度进行评价。接下来，通过操纵引导两个组的被试者分别进入相似性检验或相异性检验过程，其方法是让不同组的被试者观察两幅一样的图片，图片内容来自 Markman 和 Gentner（1996）的研究，其中一幅图片展示的是一个女人正在桌子旁，手里拿着一个杯子，图片右方有一棵圣诞树，树下有一些礼物，还有一个壁橱；另一图片展示的是一个男人站在桌子前，准备伸手去拿桌子中央的大碗，桌上有一个酒瓶和一些玻璃杯，壁橱在左方，上面有一个天使的挂饰（王海忠、田阳与胡俊华，2010）。品牌相似性高的组被要求根据两幅图所示，尽可能地列出两幅图中的相似之处，强调至少写出两幅图的3处相似的地方；品牌相似性低的组被要求根据两幅图所示，尽可能地列出两幅图中的相异之处，强调至少写出两幅图的3处相异的地方。然后，请被试者阅读有关竞争品牌（A品牌）与危机品牌（××快餐店）的品牌简介信息，促使被试思考竞争品牌（A品牌）与危机品牌（××快餐店）的品牌相似性，并请被试者对品牌相似性进行作答。

第二步，测量变量在产品伤害危机前的初始水平：消费者对竞争品牌（A品牌）的前测品牌态度（BA，即 Brand Attitude）、品牌熟悉度、产品涉入度。

第三步，请被试者阅读一段 ×× 快餐店陷45天速成鸡产品伤害危机的新闻报道。

第四步，在阅读完危机报道后，请被试者根据危机事件的严重程度评价该新闻报道。

第五步，在阅读完危机报道后，请被试者从真实性、可信性、源于现实性等方面评价危机报道的信息真实性。

第六步，请被试者阅读有关竞争品牌（A品牌）与危机品牌（××快餐店）二者之间的产品危机属性（引发产品社会危机的产品属性）一致性的媒体报道，促使被试者思考竞争品牌（A品牌）与危机品牌（××快餐店）之间的产品危机属性相似性。

第七步，请被试者再次对竞争品牌的品牌态度进行评价。

第八步，请被试者填写人口统计特征信息。

（5）变量测量。

① 品牌态度的测量。

品牌态度的测量采用 Dahlen 和 Lange（2006）的量表，并结合我国消费者的特点进行修改，具体包括四个题项：A品牌产品质量非常高；A品牌很好；我喜欢A品牌；A品牌比较合我心意。

② 溢出效应的测量。

根据实验要求，溢出效应 = △消费者对竞争品牌的品牌态度 = 危机后消费者对竞争品牌的品牌态度（均值）– 危机前对竞争品牌的品牌态度（均值）。

③ 属性相似性的测量。

属性相似性的测量沿用或修改、借鉴 Roehm、Tybout（2006）和方正等（2013）的研究，具体包括两个题项：A.在采用速成鸡鸡肉方面，××快餐店与A品牌具有相似性；B.××快餐店与A品牌都使用速成鸡鸡肉生产含鸡肉的产品。此外，本书还设置一个题项"在上述报道中，A品牌使用原料鸡是：A.速成鸡 B.土鸡"，既是被试者对危机产品属性的相似性的判断，也是鉴别被试者是否仔细阅读、认真参与实验。

④ 品牌相似性的测量。

参考王海忠等（2010）的研究，品牌属性相似性的测量使用三个测试题项：××快餐店与A品牌的品牌来源国相似；××快餐店与A品牌的品牌档次很相似；××快餐店品牌与A品牌很相似。

⑤ 危机严重程度测量。

参考 Dawar 等（1998）、方正等（2013）、崔泮为（2014）的研究，以对问题的严重程度来对危机严重程度进行评价，本书使用一个题项"××快餐店产品含有抗生素鸡肉是严重质量问题"。

⑥刺激物真实性的测量。

参照崔洴为（2014）的研究，本书使用3个题项来测试刺激物的真实性：该报道是真实的；该报道是可信的；该报道是源于现实的。

⑦消费者产品涉入度的测量。

借鉴Laurent、Kapferer（1985）、崔洴为（2013）的研究，本书使用两个题项来测量消费者产品涉入度："快餐这种产品对我很重要""快餐是我感兴趣的一种产品"。

本书对以上变量都采用9分Likert量表，并使用双盲翻译方法翻译英文量表，确保量表的合理性和准确性。

（6）数据分析。

①样本概况。

本书通过在街头拦截被试者，以随机抽取形式抽取样本，发放问卷200份，共回收182份，剔除无效问卷26份，有效样本总量为156个。其中男性97人，占62.2%；女性59人，占37.8%；样本的年龄在16～25岁的占23.1%，在26～35岁的占65.4%，在36～45岁的占5.8%，在46～55岁的占5.8%；教育程度在高中/中专的为8.3%，大专的15.4%，本科的占70.5%，研究生占5.8%；月收入在1000元及以下的占6.4%，1001～2000元的占14.7%，2001～4000元的占27.6%，4001～7000元的占32.1%，7001元及以上的占19.2%。

本书实验组的样本分配情况如表2-13所示。

表2-13 样本在各实验组中的分布

实验组	属性相似性×品牌相似性		样本	合计
	属性相似性	品牌相似性		
1	高	高	37	76
2	高	低	39	
3	低	高	42	80
4	低	低	38	

综合上述分析，样本在4个实验组的分布比较均匀。

②变量描述。

量表信度。我们对该研究的变量的信度进行分析，各变量的测试信度均大于0.8。因此，我们认为该研究的问卷信度较高。具体来看，本书中各变量的测试信度如表2-14、表2-15、表2-16、表2-17、表2-18、表2-19所示。

表2-14 属性相似性的测项信度

Cronbach's α	项数
0.970	2

表2-15 消费者产品涉入度的测项信度

Cronbach's α	项数
0.875	2

表2-16 品牌相似性的测项信度

Cronbach's α	项数
0.955	3

表 2-17 信息真实性的测项信度

Cronbach's α	项数
0.902	3

表 2-18 危机前品牌态度的测项题项

Cronbach's α	项数
0.934	4

表 2-19 危机后品牌态度的测项题项

Cronbach's α	项数
0.944	4

因子分析。根据本书的目的和研究假设，本书采用方差分析和回归分析验证研究假设。由于方差分析和回归分析无法处理潜变量，所以，本书对各变量进行因子分析，以因子得分作为潜变量的值（崔泮为，2013）。本书的 7 个变量的测项的 KMO 值和 Bartlett's 球形检验的结果证明，7 个变量适合进行因子分析。属性相似性能解释两个测项 97.081% 的变差，品牌相似性能解释 3 个测项 92.131% 的变差，消费者产品涉入度能解释两个测项 88.878% 的变差，信息真实性能解释 3 个测项 83.624% 的变差，危机前品牌态度能解释 4 个测项 83.544% 的变差，危机后品牌态度能解释 4 个测项 85.600% 的变差。综上所述，本书的各变量能够解释对应测项的变差大于 70%，表明，因子得分能够较好地反映各变量的量表的测量数值。各变量的 KMO 和 Bartlett's 球形检验、共同度、提取量如表 2-20、表 2-21、表 2-22 所示。

属性相似性。属性相似性的两个题项的 Bartlett's 球检验是显著的，说明存在因子结构，另外 KMO=0.500（见表 2-20），对两个题项进行探索性因子分析（见表 2-21），提出 1 个因子，解释方差变动为 97.081%（见表 2-22），表明因子得分能够较好地反映各变量的量表的测量数值。

表 2-20 属性相似性的 KMO 和 Bartlett's 球形检验

KMO		0.500
Bartlett's 的球形度检验	近似卡方	334.211
	自由度	1
	显著水平	0.000

表 2-21 属性相似性测项的共同度

	初始	提取量
PS1	1.000	0.971
PS2	1.000	0.971

表 2-22 属性相似性测项的因子提取

成分	初始特征值			取平方和载入		
	合计	方差的 %	累积 %	合计	方差的 %	累积 %
1	1.942	97.081	97.081	1.942	97.081	97.081
2	0.058	2.919	100.000			

品牌相似性。品牌相似性的 3 个题项的 Bartlett's 球检验是显著的，说明存在因子结构，另外 KMO=0.779，较适宜因子分析（见表 2-23），对 3 个题项进行探索性因子分析（见表 2-24），提出 1 个因子，解释方差变动为 92.131%（见表 2-25），表明因子得分能够较好地反映各变量的量表的测量数值。

表 2-23　品牌相似性的 KMO 和 Bartlett's 球形检验

KMO		0.779
Bartlett's 的球形度检验	近似卡方	499.196
	自由度	3
	显著水平	0.000

表 2-24　品牌相似性测项的共同度

	初始	提取量
BS1	1.000	0.925
BS2	1.000	0.920
BS3	1.000	0.918

表 2-25　品牌相似性测项的因子提取

成分	初始特征值			提取平方和载入		
	合计	方差的 %	累积 %	合计	方差的 %	累积 %
1	2.764	92.131	92.131	2.764	92.131	92.131
2	0.124	4.118	96.250			
3	0.113	3.750	100.000			

提取方法：主成分分析。

消费者产品涉入度。消费者产品涉入度的两个题项的 Bartlett's 球检验是显著的，说明存在因子结构，另外 KMO=0.500（见表 2-26），对两个题项进行探索性因子分析（见表 2-27），提出 1 个因子，解释方差变动为 88.878%（见表 2-28），表明因子得分能够较好地反映各变量的量表的测量数值。

表 2-26　消费者产品涉入度的 KMO 和 Bartlett's 球形检验

KMO		0.500
Bartlett's 的球形度检验	近似卡方	142.431
	自由度	1
	显著水平	0.000

表 2-27　消费者产品涉入度测项的共同度

	初始	提取量
PI01	1.000	0.889
PI02	1.000	0.889

表 2-28　消费者产品涉入度测项的共同度

成分	初始特征值			提取平方和载入		
	合计	方差的 %	累积 %	合计	方差的 %	累积 %
1	1.778	88.878	88.878	1.778	88.878	88.878
2	0.222	11.122	100.000			

信息真实性。信息真实性的 3 个题项的 Bartlett's 球检验是显著的，说明存在因子结构，另外 KMO=0.753，较适宜因子分析（见表 2-29），对 3 个题项进行探索性因子分析（表 2-30），提出 1 个因子，解释方差变动为 83.624%（见表 2-31），表明因子得分能够较好地反映各变量的量表的测量数值。

表 2-29　信息真实性的 KMO 和 Bartlett's 球形检验

KMO		0.753
Bartlett's 的球形度检验	近似卡方	290.081
	自由度	3
	显著水平	0.000

表 2-30 信息真实性测项的共同度

	初始	提取量
PR1	1.000	0.823
PR2	1.000	0.840
PR3	1.000	0.846

表 2-31 信息真实性测项的因子提取

成分	初始特征值 合计	方差的 %	累积 %	提取平方和载入 合计	方差的 %	累积 %
1	2.509	83.624	83.624	2.509	83.624	83.624
2	0.264	8.816	92.440			
3	0.227	7.560	100.000			

提取方法：主成分分析。

危机前的品牌态度的测项信度。危机前的品牌态度的 4 个题项的 Bartlett's 球检验是显著的，说明存在因子结构，另外 KMO=0.865，较适宜因子分析（见表 2-32），对 4 个题项进行探索性因子分析（见表 2-31），提出 1 个因子，解释方差变动为 83.544%（见表 2-34），表明因子得分能够较好地反映各变量的量表的测量数值。

表 2-32 危机前品牌态度的 KMO 和 Bartlett's 球形检验

KMO		0.865
Bartlett's 的球形度检验	近似卡方	515.887
	自由度	6
	显著水平	0.000

表 2-33 危机前品牌态度测项的共同度

危机前的品牌态度	初始	提取量
危机前的品牌态度 1	1.000	0.848
危机前的品牌态度 2	1.000	0.858
危机前的品牌态度 3	1.000	0.806
危机前的品牌态度 4	1.000	0.830

表 2-34 危机前品牌态度测项的因子提取

成分	初始特征值 合计	方差的 %	累积 %	提取平方和载入 合计	方差的 %	累积 %
1	3.342	83.544	83.544	3.342	83.544	83.544
2	0.258	6.456	90.000			
3	0.219	5.478	95.478			
4	0.181	4.522	100.000			

危机后的品牌态度。危机后的品牌态度的 4 个题项的 Bartlett's 球检验是显著的，说明存在因子结构，另外 KMO=0.864，较适宜因子分析（见表 2-35），对 4 个题项进行探索性因子分析（见表 2-36），提出 1 个因子，解释方差变动为 85.600%（见表 2-37），表明因子得分能够较好地反映各变量的量表的测量数值。

表 2-35 危机后品牌态度的 KMO 和 Bartlett's 球形检验

KMO		0.864
Bartlett's 的球形度检验	近似卡方	587.857
	自由度	6
	显著水平	0.000

表 2-36 危机后品牌态度测项的共同度

	初始	提取量
危机后的品牌态度 1	1.000	0.796
危机后的品牌态度 2	1.000	0.892
危机后的品牌态度 3	1.000	0.863
危机后的品牌态度 4	1.000	0.874

表 2-37 危机后品牌态度测项的因子提取

成分	初始特征值			提取平方和载入		
	合计	方差的 %	累积 %	合计	方差的 %	累积 %
1	3.424	85.600	85.600	3.424	85.600	85.600
2	0.272	6.796	92.396			
3	0.166	4.142	96.538			
4	0.138	3.462	100.000			

提取方法：主成分分析。

本书的 4 个实验组的溢出效应因子得分如表 2-38 所示。

表 2-38 各实验组的溢出效应值

属性相似性	品牌相似性	样本	均值	标准差
低高	低	38	−0.02	1.30
	高	39	−0.54	1.63
	低	42	1.81	1.59
	高	37	−1.36	1.59

③ 操控检验。

属性相似性。本书对所有实验组的属性相似性测项的数据进行方差分析，方差齐性检验显示，属性相似性高的组和属性相似性低的组的组间具有方差齐性。方差分析显示，属性相似性高的组和属性相似性低的组刺激物的被试者，对竞争品牌和危机品牌之间的属性相似性的判断存在显著差异 [$M_{属性相似性高}$ = 2.50，$M_{属性相似性低}$ = 7.08，$F(1, 154) = 515.697$，$p < 0.0005$]，如表 2-39、表 2-40、表 2-41 所示。

表 2-39 属性相似性操控检验描述性分析

属性相似性	N	均值	标准差	标准误	95% 置信区间		最小值	最大值
					下限	上限		
低	80	2.50	1.29	0.14	2.21	2.79	1.00	5.00
高	76	7.08	1.23	0.14	6.80	7.36	4.00	9.00
总数	156	4.73	2.62	0.21	4.32	5.14	1.00	9.00

表 2-40 属性相似性的方差齐性检验

Levene 统计量	df1	df2	显著性
0.133	1	154	0.716

表 2-41 属性相似性的方差分析

	平方和	自由度	均方	F	显著性
组间	817.166	1	817.166	515.697	0.000
组内	244.026	154	1.585		
总数	1061.192	155			

对于所有属性相似性高的实验组而言，方差齐性检验的结果显示，属性相似性高的组间具有方差齐性。对于接受属性相似性高的刺激物的两个实验组而言，这两个实验组的被试者对属性相似性的评价没有显著差异［均值从 6.77 到 7.29，F（1，74）=3.090，p=0.083 > 0.05］，具体如表 2-42、表 2-43、表 2-44 所示。

表 2-42　属性相似性高各组的描述统计分析

实验组	样本	均值	标准差	95% 置信区间 下限	95% 置信区间 上限
1	39	7.29	1.28	6.88	7.71
2	37	6.77	1.32	6.33	7.21

表 2-43　属性相似性高各组的方差齐性检验

Levene 统计量	df1	df2	Sig.
0.036	1	74	0.850

表 2-44　属性相似性高各组的方差分析

	平方和	自由度	均方	F	显著性
组间	5.225	1	5.225	3.090	0.083
组内	125.156	74	1.691		
总数	130.382	75			

对于所有属性相似性低的实验组而言，方差齐性检验的结果显示，属性相似性低的组间具有方差齐性。对于接受属性相似性低的刺激物的两个实验组而言，这两个实验组的被试者对属性相似性的评价没有显著差异［均值从 2.45 到 2.55，F（1，78）=0.120，p=0.730 > 0.05］，具体如表 2-45、表 2-46、表 2-47 所示。

表 2-45　属性相似性低各组的描述统计分析

实验组	样本	均值	标准差	95% 置信区间 下限	95% 置信区间 上限
1	38	2.45	1.26	2.03	2.86
2	42	2.55	1.33	2.13	2.96

表 2-46　属性相似性低各组的方差齐性检验

Levene 统计量	df1	df2	Sig.
1.329	1	78	0.253

表 2-47　属性相似性低各组的方差分析

	平方和	自由度	均方	F	显著性
组间	0.201	1	0.201	0.120	0.730
组内	130.799	78	1.677		
总数	131.000	79			

综上所述，说明属性相似性操控成功。

品牌相似性。本书采用结合 Markman、Gentner（1996）、王海忠、田阳和胡俊华（2010）对相似性的操控方法，从回收的 186 份问卷中剔除没有作答的问卷 17 份，品牌相似性高的组和品牌相似性低的组共有 156 个被试者对品牌相似性进行准确作答。因此，品牌相似性的思维启动操控成功。

本书对所有实验组的品牌相似性测项的数据进行方差分析，方差齐性检验显示，品牌相似性高的组和品牌相似性低的组的组间具有方差齐性。方差分析显示，品牌相似性高的组和相似性低的组刺激物的被试者，对竞争品牌和危机品牌之间的品牌相似性的判断存在显著差异 [$M_{品牌相似性高}=7.18$, $M_{品牌相似性低}=3.42$, $F(1, 154)=425.826$, $p<0.0005$]，具体如表2-48、表2-49、表2-50所示。

表2-48 品牌相似性操控检验描述性分析

品牌相似性	N	均值	标准差	标准误	95%置信区间 下限	95%置信区间 上限	最小值	最大值
低	77	3.42	1.06	0.12	3.18	3.66	1.00	6.00
高	79	7.18	1.21	0.14	6.91	7.45	4.00	9.00
总数	156	5.32	2.2	0.18	4.97	5.67	1.00	9.00

表2-49 品牌相似性的方差齐性检验

Levene统计量	df1	df2	显著性
0.646	1	154	0.423

表2-50 品牌相似性的方差分析

	平方和	自由度	均方	F	显著性
组间	552.993	1	552.993	425.826	0.000
组内	199.990	154	1.299		
总数	752.982	155			

对于所有品牌相似性高的实验组而言，方差齐性检验的结果显示，品牌相似性高的组间具有方差齐性。对于接受品牌相似性高的刺激物的两个实验组而言，这两个实验组的被试者对品牌相似性的评价没有显著差异 [均值从7.09到7.26, $F(1, 77)=0.391$, $p=0.534>0.05$]，具体如表2-51、表2-52、表2-53所示。

表2-51 品牌相似性高的各组的描述统计分析

实验组	样本	均值	标准差	95%置信区间 下限	95%置信区间 上限
1	42	7.26	1.18	6.89	7.63
2	37	7.09	1.26	6.67	7.51

表2-52 品牌相似性高的各组的方差齐性检验

Levene统计量	df1	df2	Sig.
0.145	1	77	0.705

表2-53 品牌相似性高的各组的方差分析

	平方和	自由度	均方	F	显著性
组间	0.581	1	0.581	0.391	0.534
组内	114.485	77	1.487		
总数	115.066	78			

对于所有品牌相似性低的实验组而言，方差齐性检验的结果显示，品牌相似性低的组间具有方差齐性。对于接受品牌相似性低的刺激物的两个实验组而言，这两个实验组的被试者对危机品牌相似性的评价没有显著差异 [均值从3.32到3.41, $F(1, 75)=1.964$, $p=0.165>0.05$]，具体如表2-54、表2-55、

表 2-56 所示。

表 2-54 品牌相似性低的各组的描述统计分析

实验组	样本	均值	标准差	95% 置信区间	
				下限	上限
1	40	3.32	0.216	2.889	3.744
2	38	3.41	0.216	2.981	3.836

表 2-55 品牌相似性低的各组的方差齐性检验

Levene 统计量	df1	df2	Sig.
0.019	1	75	0.892

表 2-56 品牌相似性低的各组的方差分析

	平方和	自由度	均方	F	显著性
组间	2.167	1	2.167	1.964	0.165
组内	82.756	75	1.103		
总数	84.924	76			

综上所述，说明品牌相似性操控成功。

危机的严重程度。对于危机的严重程度而言，方差齐性检验的结果显示，4 个实验组组间具有方差齐性。对于接受危机严重程度刺激物的 4 个实验组而言，这 4 个实验组的被试者对产品伤害危机的严重程度的评价没有显著差异 [均值从 7.45 到 7.79，$F(3, 152)=1.237$，$p=0.298 > 0.05$]，具体如表 2-57、表 2-58、表 2-59 所示。

表 2-57 危机严重程度各组的描述统计分析

实验组	样本	均值	标准差	95% 置信区间	
				下限	上限
1	38	7.45	1.47	6.99	7.91
2	39	7.69	1.34	7.24	8.15
3	42	7.57	1.40	7.35	8.22
4	37	7.79	1.47	6.75	7.68

表 2-58 危机严重程度各组的方差齐性检验

Levene 统计量	df1	df2	Sig.
0.341	3	152	0.796

表 2-59 危机严重程度各组的方差分析

	平方和	自由度	均方	F	显著性
组间	7.642	3	2.547	1.237	0.298
组内	313.044	152	2.060		
总数	320.686	155			

综上所述，说明危机的严重程度操控成功。

信息的真实性。以三个题项的均值作为信息真实性的得分，方差齐性检验显示，信息的真实性组间具有方差齐性。对于 4 个实验组而言，被试者对产品伤害危机的信息真实性的评价没有显著差异 [均值从 7.10 到 7.40，$F(3, 152)=0.602$，$p=0.615 > 0.05$]，具体如表 2-60、表 2-61、表 2-62 所示。

表 2-60　信息真实性各组的描述统计分析

实验组	样本	均值	标准差	95% 置信区间	
				下限	上限
1	38	7.14	1.19	6.76	7.52
2	39	7.35	1.22	6.97	7.73
3	42	7.40	1.10	7.03	7.76
4	37	7.10	1.30	6.71	7.49

表 2-61　信息真实性各组的方差齐性检验

Levene 统计量	df1	df2	Sig.
0.366	3	152	0.778

表 2-62　信息真实性各组的方差分析

	平方和	自由度	均方	F	显著性
组间	2.597	3	0.866	0.602	0.615
组内	218.596	152	1.438		
总数	221.194	155			

综上所述，说明信息真实性操控成功。

消费者产品涉入度。以三个题项的均值作为消费者产品涉入度的得分，方差齐性检验显示，消费者产品涉入度组间具有方差齐性。描述性统计显示，实验组的消费者产品涉入度整体均值为 6.63。对于 4 个实验组而言，被试者对产品伤害危机背景下消费者产品涉入度的评价没有显著差异 [均值从 6.29 到 6.82，$F(3,152)=0.861$，$p=0.463>0.05$]，具体如表 2-63、表 2-64、表 2-65 所示。

表 2-63　消费者产品涉入度各组的描述统计分析

实验组	样本	均值	标准差	95% 置信区间	
				下限	上限
1	38	6.72	1.57	6.21	7.24
2	39	6.29	1.86	5.69	6.90
3	42	6.70	1.47	6.25	7.16
4	37	6.82	1.31	6.39	7.26

表 2-64　消费者产品涉入度各组的方差齐性检验

Levene 统计量	df1	df2	Sig.
1.930	3	152	0.127

表 2-65　消费者产品涉入度各组的方差分析

	平方和	自由度	均方	F	显著性
组间	6.328	3	2.109	0.861	0.463
组内	372.346	152	2.450		
总数	378.673	155			

因此，消费者产品涉入度操控成功。

综合上述分析，操控检验的结果表明，本书对属性相似性、品牌相似性、危机的严重程度、信息的真实性、消费者产品涉入度等 5 个变量进行较好的操控，这为下一步研究奠定了良好的基础。

④ 假设检验。

属性相似性对溢出效应影响的研究假设检验。属性相似性对产品伤害危机溢出效应影响的描述分析显示,在不考虑品牌相似性和危机的严重程度的情况下,竞争品牌和危机品牌的属性相似,即竞争品牌和危机品牌的产品在引发危机的产品属性相似或相同,产品伤害危机对竞争品牌会造成负面溢出效应,即产品伤害危机对竞争品牌造成不利影响;竞争品牌和危机品牌的属性相似性低(丁莹,2015),即竞争品牌和危机品牌的产品在引发危机的产品属性相似性低或差异较大,产品伤害危机不易对竞争品牌出现三种情况:微量负面溢出效应,即产品伤害危机对竞争品牌造成不利影响;不溢出,产品伤害危机对竞争品牌没有影响;正面溢出效应,即产品伤害危机对竞争品牌造成有利影响。因此,研究假设 H1 得证。

方差分析显示,不同属性相似性的实验组间,产品伤害危机对竞争品牌的溢出效应存在显著差异 [$M_{属性相似性高} = -0.94$,$M_{属性相似性低} = 0.94$,$F(1, 154) = 48.532$,$p < 0.0005$]。也可以说,属性相似性高和属性相似性低对溢出效应的影响存在显著差异。具体如表 2-66、表 2-67、表 2-68 所示。

表 2-66 属性相似性对溢出效应影响的描述分析

属性相似性	均值	标准差	95% 置信区间	
			下限	上限
低	0.94	1.72	0.19	0.56
高	−0.94	1.65	0.19	−1.32

方差齐性检验的结果显示,如表 2-67 所示,不同属性相似性的实验组间具有方差齐性。

表 2-67 方差齐性检验

Levene 统计量	df1	df2	Sig.
0.056	1	154	0.813

表 2-68 属性相似性对溢出效应影响的方差分析

	平方和	自由度	均方	F	显著性
组间	137.96	1.00	137.96	48.532	0.000
组内	437.76	154.00	2.84		
总数	575.72	155.00			

品牌相似性对溢出效应的影响和调节作用的研究假设检验。首先,在产品伤害危机中品牌相似性对(竞争品牌的)溢出效应的影响。描述性分析显示,在不考虑属性相似性的情况下,品牌相似性低的组的均值高于品牌相似性高的组的均值,本书采用方差分析以检验上述关系是否显著。

方差齐性检验的结果如表 2-69 所示,不同品牌相似性的实验组间不具有方差齐性,所以,不同品牌相似性实验组对溢出效应的影响是否存在显著差异要采用方差不齐情况下的非参数估计方法。

表 2-69 方差齐性检验

Levene 统计量	df1	df2	Sig.
14.744	1	154	0.000

在方差不齐情况下,要检验不同品牌相似性实验组对溢出效应的影响是否存在显著差异,应采用独立样本 t 检验方法得到分析结果。研究结果显示:在产品伤害危机溢出效应中,品牌相似性高、低实验组对溢出效应的影响存在显著差异 [$M_{品牌相似性低} = -0.28$ 和 $M_{品牌相似性高} = 0.32$,$t(136) = -1.989$,$p < 0.05$],见表 2-70。

表 2-70　品牌相似性对溢出效应影响的描述性分析

品牌相似性	样本	均值	标准差	95% 置信区间 下限	95% 置信区间 上限
低	77	−0.28	1.49	0.17	−0.62
高	79	0.32	2.24	0.25	−0.18

综合以上分析，在产品伤害危机中，品牌相似性对竞争品牌的溢出效应存在显著差异，品牌相似性对溢出效应有着重要影响。

品牌相似性对危机产品属性和溢出效应的交互作用的描述分析显示，无论危机产品属性是否相似，在品牌相似性高的情况下溢出效应的强度（均值的绝对值）都高于在品牌相似性低的情况下的溢出效应的强度。当属性相似性高时（$M_{品牌相似性高}=-1.37$ 和 $M_{品牌相似性低}=-1.81$），当属性相似性低时（$M_{品牌相似性高}=-0.54$ 和 $M_{品牌相似性低}=-0.02$），详见表 2-71。

表 2-71　品牌相似性的调节作用的描述性分析

品牌相似性	属性相似性	样本	均值	标准差
低	低	38	−0.02	0.25
	高	39	−0.54	0.25
高	低	42	1.81	0.24
	高	37	−1.37	0.25

为检验品牌相似性的调节作用，本书进行了 2（属性相似性：高或低）×2（品牌相似性：高或低）的二维组间方差分析。

第一步，进行方差齐性检验。方差齐性检验的结果显示方差齐性（$p>0.05$），如表 2-72 所示。

表 2-72　方差齐性检验

Levene 统计量	df1	df2	Sig.
2.053	3	152	0.109

第二步，进行 2×2 组间方差分析。溢出效应为因变量，属性相似性（高/低）和品牌相似性（高/低）为自变量，方差分析显示，属性相似性的主效应显著，$F(1, 154)=56.329$，$p<0.0005$，即在属性相似性高的组和属性相似性低的组之间，产品伤害危机对竞争品牌的溢出效应存在显著差异；品牌相似性的主效应显著，$F(1, 154)=4.154$，$p=0.043<0.0005$。也可以说，属性相似性和品牌相似性对溢出效应的交互效应显著 [$F(3, 152)=29.127$，$p<0.0005$]。具体如表 2-73 所示。

表 2-73　属性相似性和品牌相似性交互对溢出效应影响的多元方差分析

	平方和	df	均方	F	Sig.
校正模型	217.682	3	72.561	30.804	0.000
截距	0.125	1	0.125	0.053	0.818
品牌相似性	9.784	1	9.784	4.154	0.043
属性相似性	132.685	1	132.685	56.329	0.000
品牌相似性 × 属性相似性	68.609	1	68.609	29.127	0.000
误差	358.041	152	2.356		
总计	575.813	156			
校正的总计	575.722	155			

$R^2=0.378$（调整 $R^2=0.366$）；使用 Alpha 的计算结果 $=0.05$。

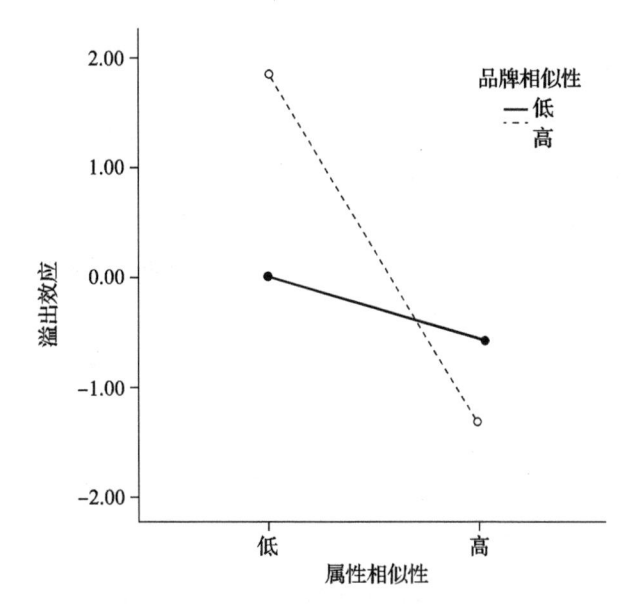

图 2-7 属性相似性和品牌相似性的交互效应

最后，简单效应检验。在属性相似性和品牌相似性对溢出效应的交互效应显著的情况下需要进一步进行简单效应检验，本书用两种方法进行检验。以下两种方法的统计分析结果基本一致，这说明本书的简单效应检验是正确的。

第一种方法，语法命令检验法。为检验简单效应，本书编写了两因素完全随机简单效应检验的语法命令：

UNIANOVA 溢出效应 BY 属性相似性　品牌相似性
/METHOD=SSTYPE（3）
/INTERCEPT=INCLUDE
/EMMEANS=TABLES（属性相似性 × 品牌相似性）COMPARE（品牌相似性）ADJ（SIDAK）
/CRITERIA=ALPHA（0.05）
/DESIGN= 属性相似性　品牌相似性　　　属性相似性 × 品牌相似性
/PLOT=PROFILE（品牌相似性 × 属性相似性）

语法运行后，简单效应检验结果显示，当竞争品牌与危机品牌的属性相似时，品牌相似性的主效应显著 [$F(1, 154)=5.505$，$p<0.05$]，同品牌相似性低组的被试相比，接受品牌相似性高刺激物的被试者感知产品伤害危机对竞争品牌的负面溢出效应更强（$M_{品牌相似性高}=-1.37$ 和 $M_{品牌相似性低}=-0.54$），即在属性相似性高的条件下，竞争品牌与危机品牌的品牌越相似，产品伤害危机越容易对竞争品牌产生负面溢出效应（对竞争品牌产生不利影响）；当竞争品牌与危机品牌的属性相似性高时，品牌相似性的主效应不显著 [$F(1, 154)=28.340$，$p<0.0005$]，接受品牌相似性低刺激物的被试者和接受品牌相似性高刺激物的被试者感知产品伤害危机对竞争品牌的溢出效应不存在显著差异（$M_{品牌相似性高}=1.81$ 和 $M_{品牌相似性低}=-0.02$），如表 2-74、表 2-75、表 2-76 所示。

表 2-74　不同属性相似条件下品牌相似性效果的描述性统计量表

因变量：溢出效应

属性相似性	品牌相似性	均值	标准差	下限	上限
	低	−0.02	0.25	−0.51	0.47

续表

属性相似性	品牌相似性	均值	标准差		
	高	1.81	0.24	1.34	2.28
	低	−0.54	0.25	−1.02	−0.05
	高	−1.37	0.25	−1.86	−0.87

表 2-75　不同属性相似条件下品牌相似性效果的配对比较

因变量：溢出效应

属性相似性	(I)品牌相似性	(J)品牌相似性	均值差值(I-J)	标准差	显著性[b]	置信区间[b] 下限	置信区间[b] 上限
低	低	高	−1.83	0.34	0.000	−2.51	−1.15
	高	低	1.83	0.34	0.000	1.15	2.51
高	低	高	0.83	0.35	0.020	0.13	1.52
	高	低	−0.83	0.35	0.020	−1.52	−0.13

表 2-76　不同属性相似条件下品牌相似性效果的简单效应检验

因变量：溢出效应

属性相似性		平方和	df	均方	F	Sig.
低	对比	66.757	1	66.757	28.34	0.000
	误差	358.041	152	2.356		
高	对比	12.967	1	12.967	5.505	0.020
	误差	358.041	152	2.356		

第二种方法，逐步执行检验方法。

当属性相似性高时，方差分析的结果显示，品牌相似性组间方差齐［如表 2-69，$F(1, 154)=14.744$，$p<0.05$］，应当采用非参数检验——独立样本 T 检验，品牌相似性高时的溢出效应要明显大于品牌相似性低时的溢出效应［$M_{品牌相似性高}=-1.36$ 和 $M_{品牌相似性低}=-0.42$，$F(1, 74)=4.991$，$p<0.05$］，即当属性相似性高时，品牌相似性越高，产品伤害危机对竞争品牌的负面溢出效应越强，研究假设 H2 得证，详见表 2-77、表 2-78、表 2-79 所示。

表 2-77　属性相似性高时品牌相似性组间方差齐性检验

Levene 统计量	df1	df2	Sig.
0.271	1	74	0.604

表 2-78　属性相似性高时品牌相似性对溢出效应的效果

因变量：溢出效应

品牌相似性	样本	均值	标准差	标准误	95% 置信区间 下限	95% 置信区间 上限	最小值	最大值
低	39	−0.42	1.63	0.26	−1.07	−0.01	−3.5	5.00
高	37	−1.36	1.59	0.26	−1.89	−0.84	−4.75	1.75
总数	76	−0.94	1.65	0.19	−1.32	−0.56	−4.75	5.00

表 2-79　属性相似性高时品牌相似性组间单因素方差分析

因变量：溢出效应

	平方和	df	均方	F	显著性
组间	12.967	1	12.967	4.991	0.029
组内	192.267	74	2.598		
总数	205.234	75			

为检验研究假设 H3，在属性相似性高的情况下，对接受不同品牌相似性刺激物的实验组进行配对样本 T 检验，测量接受不同品牌相似性刺激物后的消费者的品牌态度是否发生显著变化。

在属性相似性高的情况下，对接受品牌相似性低刺激物的消费者在危机前后的（对竞争品牌的）品牌态度进行配对样本 T 检验，检验结果显示，在属性相似性高的情况下，接受品牌相似性低刺激物的消费者对竞争品牌的（危机前后的）态度没有发生显著变化 [$BA_{前测}=6.69$，$BA_{后测}=6.15$，$\Delta BA=BA_{后测}-BA_{前测}=-0.54$，$t(38)=-2.057$，$p<0.05$]，如表 2-80 和表 2-81 所示，由于 $\Delta BA<0$，且存在显著性，说明产品伤害危机发生后，消费者对竞争品牌的态度发生显著变化，对竞争品牌产生了不利影响（负面溢出效应），即在属性相似性高—品牌相似性低的情况下，危机对竞争品牌会发生负面溢出效应。因此，研究假设 H2 部分得证。

表 2-80　在属性相似性高和品牌相似性低条件下危机前后品牌态度的描述性统计

	均值	N	标准差	标准误
危机后的品牌态度	6.15	39	1.54	0.25
危机前的品牌态度	6.69	39	1.29	0.21

表 2-81　在属性相似性高和品牌相似性低条件下的配对样本检验

	配对差值					t	自由度	显著性
	均值	标准差	均值的标准误	95% 置信区间				
				下限	上限			
危机后的品牌态度 − 危机前的品牌态度	−0.54	1.63	0.26	−1.07	−0.01	−2.057	38	0.047

为检验研究假设 H1，在属性相似性高的情况下，对接受品牌相似性高刺激物的消费者在危机前后的（对竞争品牌的）品牌态度进行配对样本 T 检验，检验结果显示，在属性相似性高的情况下，接受品牌相似性高刺激物的消费者对竞争品牌的（危机前后的）态度发生显著变化 [$BA_{前测}=7.15$，$BA_{后测}=5.78$，$\Delta BA=BA_{后测}-BA_{前测}=-1.37>0$，$t(36)=-5.230$，$p<0.0005$]，如表 2-82 和表 2-83 所示，由于 $\Delta BA<0$，且存在显著性，说明此时产品伤害为危机发生后，消费者对竞争品牌的态度发生显著变化，对竞争品牌产生了不利影响（负面溢出效应），即在属性相似性高和品牌相似性高的情况下，产品伤害危机对竞争品牌会发生负面溢出效应。因此，研究假设 H2 部分得证。

综上可知，在竞争品牌与危机品牌的属性相似性高情况下，无论二者的品牌相似是否相似，产品伤害危机都会对竞争品牌发生负面溢出效应。因此，研究假设 H2 得证。

表 2-82　在属性相似性高和品牌相似性高条件下危机前后品牌态度的描述性统计

	均值	N	标准差	标准误
危机后的品牌态度	5.78	37	1.77	0.29
危机前的品牌态度	7.15	37	1.03	0.17

表 2-83　在属性相似性高和品牌相似性高条件下的配对样本检验

	配对差值					t	自由度	显著性
	均值	标准差	均值的标准误	95% 置信区间				
				下限	上限			
危机后的品牌态度 − 危机前的品牌态度	−1.37	1.59	0.26	−1.89	−0.84	−5.230	36	0.000

当属性相似性低时，方差分析的结果显示，品牌相似性组间方差齐性，即当属性相似性低时，品

牌相似性高组的溢出效应与品牌相似性低组的溢出效应不存在显著差异［$M_{品牌相似性高}=1.81$，SD=1.59；$M_{品牌相似性低}=-0.02$，SD=1.30；$F(1, 78)=31.410$，$p<0.0005$］，详见表2-84、表2-85和表2-86所示。

表2-84 属性相似性低时品牌相似性的效果的描述性统计

品牌相似性	样本	均值	标准差	标准误	95% 置信区间 下限	95% 置信区间 上限	最小值	最大值
低	38	−0.02	1.30	0.21	−0.45	0.41	−6.25	2.00
高	42	1.81	1.59	0.24	1.32	2.30	−3.00	5.50
总数	80	0.94	1.72	0.19	0.56	1.32	−6.25	5.50

表2-85 方差齐性检验

因变量：溢出效应

Levene 统计量	df1	df2	Sig.
3.227	1	78	0.76

表2-86 属性相似性低时品牌相似性对溢出效应影响的方差分析

因变量：溢出效应

	平方和	df	均方	F	显著性
组间	66.757	1	66.757	31.41	0.000
组内	165.774	78	2.125		
总数	232.53	79			

为检验研究假设 H3，在属性相似性低的情况下，对接受不同品牌相似性刺激物的实验组进行配对样本 T 检验，测量接受不同品牌相似性刺激物前后的消费者的品牌态度是否发生显著变化。

在属性相似性低的情况下，对接受品牌相似性低刺激物的消费者在危机前后的（对竞争品牌的）品牌态度进行配对样本 T 检验，检验结果显示，在属性相似性低的情况下，接受品牌相似性低刺激物的消费者对竞争品牌的（危机前后的）态度没有发生显著变化［$BA_{前测}=7.13$，$BA_{后测}=7.11$，$\Delta BA= BA_{后测}-BA_{前测}=-0.02$，$t(37)=0.093$，$p=0.926>0.05$］，如表2-87和表2-88所示，由于$\Delta BA=-0.02>0$，呈现的是微量变化，不存在显著性，说明此时产品伤害危机发生后，消费者对竞争品牌的态度没有发生变化，对竞争品牌既没有产生有利影响（正面溢出效应），也没有产生不利影响（负面溢出效应），即在危机产品属性相似性低和品牌相似性低的情况下，产品伤害危机对竞争品牌不会发生溢出效应。因此，研究假设 H3 得到证实。

表2-87 在属性相似性低和品牌相似性低条件下危机前后品牌态度的描述性统计

	均值	样本	标准差	标准误
危机后的品牌态度	7.11	38	1.39	0.23
危机前的品牌态度	7.13	38	1.19	0.19

表2-88 在属性相似性低和品牌相似性低条件下的配对样本检验

	配对差值 均值	配对差值 标准差	配对差值 均值的标准误	95% 置信区间 下限	95% 置信区间 上限	t	自由度	显著性
危机后的品牌态度 − 危机前的品牌态度	0.03	1.18	0.13	−0.23	0.29	0.237	79	0.814

为检验研究假设 H1，在属性相似性低的情况下，对接受品牌相似性高刺激物的消费者在危机前

后的（对竞争品牌的）品牌态度进行配对样本 T 检验。检验结果显示，在属性相似性低的情况下，接受品牌相似性高刺激物的消费者对竞争品牌的（危机前后的）态度发生显著变化 [BA$_{前测}$=5.96，BA$_{后测}$=7.77，ΔBA=BA$_{后测}$-BA$_{前测}$=1.81>0，t(41)=7.395，p<0.0005]，如表 2-89 和表 2-90 所示，由于 ΔBA>0，说明产品伤害为危机发生后，消费者对竞争品牌的态度更积极，对竞争品牌产生有利影响，即产品伤害危机发生后，在危机产品属性相似性低和品牌相似性高的情况下，产品伤害危机对竞争品牌会发生正面溢出效应。因此，研究假设 H1 得到证实。

表 2-89　在属性相似性低和品牌相似性高条件下危机前后品牌态度的描述性统计

	均值	N	标准差	标准误
危机后的品牌态度	7.77	42	0.96	0.15
危机前的品牌态度	5.96	42	1.37	0.21

表 2-90　在属性相似性低和品牌相似性高条件下的配对样本检验

	配对差值					t	自由度	显著性
	均值	标准差	均值的标准误	95% 置信区间				
				下限	上限			
危机后的品牌态度－危机前的品牌态度	1.81	1.59	0.24	1.32	2.30	7.395	41	0.000

因此，以上的分析结果都显示假设 H1、H2、H3 都通过了检验。

产品伤害危机发生之后，产生的溢出效应不仅影响危机品牌，还会影响竞争品牌，甚至整个行业。以××毒奶粉危机为例，一些品牌婴幼儿奶粉含三聚氰胺而引发的产品伤害危机，导致消费者对国产奶粉的信心下降，国产品牌奶粉的市场份额从 70% 下降到 10% 以下（任耀东，2010）。但面对这次行业性危机，没有三聚氰胺的 × × 乳业却能幸免，2008 年，该公司实现营业收入 14.14 亿元，同比增长 28.2%；实现净利润 4075 万元，同比增长 87.2%（2008，向南）。此外，受此影响，× × 乳业在我国西南地区独树一帜，在 2009 年首次实现盈利，企业规模快速扩张。可见，产品伤害危机一旦发生，不仅对危机产品的销售与品牌形象产生负面影响，还可能向竞争产品溢出，加剧产品伤害危机的影响。竞争对手如何判断产品伤害危机对其品牌是否溢出？产品伤害危机何时会影响到竞争品牌？在什么条件下对竞争产品的溢出效应是正面的？在什么条件下对竞争产品的溢出效应是负面的？因此，对竞争品牌而言，我们重点研究竞争品牌和危机品牌的相似性对溢出效应的影响，探索产品伤害危机对竞争品牌的溢出方向、发生条件，以及影响溢出强度的心理机制。

在产品伤害危机中，竞争品牌和危机品牌的相似性是影响溢出效应的关键变量。这是因为相似性有助于消费者的知识、认知、情感、态度和意愿从一个品牌到另一个品牌的转移（Martin、Stewart 和 Matta，2004），包括产品属性相似性和品牌相似性。根据对现实产品伤害危机案例的整理和对国内外相关文献的梳理，我们发现影响产品伤害危机对竞争品牌溢出方向的两大因素：一是竞争品牌与危机品牌的属性相似性（有形属性相似性）；二是竞争品牌与危机品牌的危机品牌相似性（无形属性相似性）。首先，当产品伤害危机发生后，消费者需要及时认识和判断竞争品牌是否也存在类似危机，其所依据的标准是二者之间引发危机的产品属性是否相似性（Roehm 和 Tybout，2006；方正等，2014），而二者之间的危机产品属性越相似，消费者通过共有产品属性联想到该危机行为，即危机信息对竞争品牌的（负面）可诊断性越强，此时竞争品牌与危机品牌越相似，消费者对竞争品牌的心理风险越高，对竞争品牌的负面溢出效应越强。其次，当竞争品牌与危机品牌的危机产品属性被感知差异，导致危机信息对竞争品牌缺乏可诊断性，将阻止这些产品质量的信息溢出到竞争品牌。此外，在竞争品牌与危机品牌之间的危机产品属性相似性低的条件下，在消费者的记忆中，如果两个竞争品牌和危机品牌越相似，它们将具有可诊断性、更强的、更有可接近性的节点（Janakiraman 和 Sismeiro 等，2009），来自对危机品牌的消费经验更容易转移到竞争品牌，消费者对该竞争品牌信息加工的难度更低，使消费者的决策任务的复杂性和难度相对低，当危机品牌被激活时，该竞争品牌更具可接近性，那么竞争性溢出将发生，导致消费者对竞争品牌的感知发生了正面溢出效应。

本书以快餐为危机产品，采用实验法，研究了竞争品牌和危机品牌之间的属性相似性、品牌相似性对溢出效应的影响，并验证了消费者心理风险的中介作用，研究结果如表 2-91 所示。本书的具体结果为：在危机产品属性相似性低的条件下，危机品牌和竞争品牌的品牌相似性高，产品伤害危机对竞争品牌的正面溢出效应越强；无论危机品牌和竞争品牌的品牌相似性是高还是低，只要二者属性相似性越高，产品伤害危机对竞争品牌的负面溢出效应越强；在危机品牌和竞争品牌的品牌相似性高的条件下，属性相似性越高，产品伤害危机对竞争品牌的负面溢出效应越强；无论危机品牌和竞争品牌的品牌相似性是高还是低，属性相似性越高，产品伤害危机对竞争品牌的负面溢出效应越强；在危机产品属性相似性低的条件下，危机品牌和竞争品牌的品牌相似性低，产品伤害危机对竞争品牌不存在溢出效应。

表 2-91　研究 1 中研究假设的验证情况

研究假设	检验结果
H1：在危机产品属性相似性低的条件下，危机品牌和竞争品牌的品牌相似性越高，产品伤害危机对竞争品牌的正面溢出效应越强	验证
H2：无论危机品牌和竞争品牌的品牌相似性是高还是低，只要二者属性相似性越高，产品伤害危机对竞争品牌的负面溢出效应越强	验证
H2a：在危机品牌和竞争品牌的品牌相似性高的条件下，属性相似性越高，产品伤害危机对竞争品牌的负面溢出效应越强	验证
H2b：无论危机品牌和竞争品牌的品牌相似性是高还是低，属性相似性越高，产品伤害危机对竞争品牌的负面溢出效应越强	验证
H3：在危机产品属性相似性低的条件下，危机品牌和竞争品牌的品牌相似性低，产品伤害危机对竞争品牌不存在溢出效应	验证

2.3.4.2　研究 2：危机严重程度的调节作用

产品伤害危机发生之后，不仅负面影响危机产品的销售与品牌形象，还可能向竞争产品溢出，加剧产品伤害危机的影响。产品伤害危机引发溢出效应，对竞争品牌而言是"殃及池鱼"，还是"百年机遇"？竞争企业究竟应该如何预判危机对其的溢出效应，包括溢出方向和溢出强度，这是竞争企业需要知晓，却尚未被系统回答的现实问题。在危机爆发的第一时间，竞争企业迫切关心的是：①危机给自身带来是机遇还是威胁？②如何预判危机对其正面溢出效应或负面溢出效应的强度？这是因为竞争企业准确预判危机溢出方向和强度，将有助于企业提前进行市场布局、调整销售政策、准备应对方案，进而减少危机溢出带来的损失，甚至抓住机遇，抢占危机企业市场份额。可见，如何预判危机对竞争品牌的溢出方向和强度，是第一要务。如危机的严重程度如何影响危机对竞争品牌的正面溢出效应？危机的严重程度如何影响危机对竞争品牌的负面溢出效应？这是竞争企业需要了解，却尚不清楚的问题。我们对 2008—2014 年发生的部分产品伤害危机溢出效应的案例进行搜集和整理，通过对比分析这些案例，归纳出两个现象：①有的产品伤害危机引发了溢出效应，而有的却没有；②即使发生产品伤害危机的溢出效应，对竞争品牌的溢出方向也存在差异，有的是正面溢出（即竞争品牌受到不利影响），也可能是负面溢出（即竞争品牌受到不利影响）。在这些情况下，危机严重程度如何影响溢出强度？这都有待深入研究。

通过文献梳理和现实观察，现有溢出效应研究主要遵循 Feldman 和 Lynch（1988）的可接近性—可诊断性理论和选择性通达理论展开研究，研究重点在于识别出影响可接近性和可诊断性的因素，即负面溢出效应发生的条件，但尚不明确危机严重程度对溢出效应的影响，尚未回答：危机严重程度如何影响危机对竞争品牌的不同方向的溢出效应？在什么条件下危机严重程度越高，危机对竞争品牌的溢出效应越强？在什么条件下危机严重程度越高，危机对竞争品牌不存在溢出效应？

（1）研究模型。

本书采用 2（属性相似性：高和低）×2（品牌相似性：高和低）×2 危机严重程度（高和低）的组间设计（Between-group Design），研究危机严重程度对溢出强度的影响，回答理论问题：危机严重程度如何影响危机对竞争品牌的不同方向的溢出效应？

① 研究模型。

本书的研究模型，如图 2-8 所示。

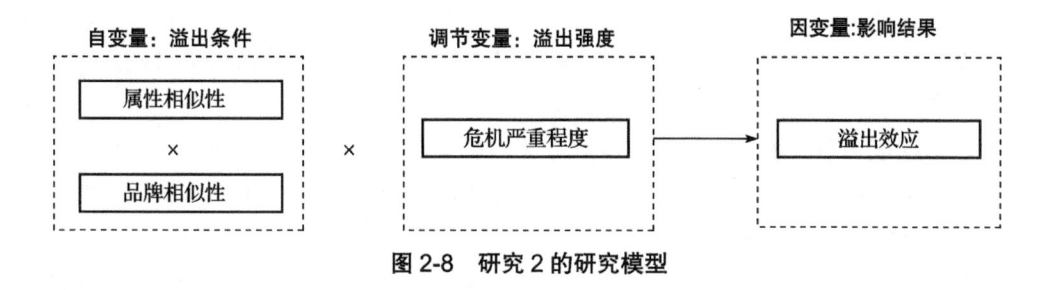

图 2-8 研究 2 的研究模型

② 变量来源。

本书通过对国内外产品伤害危机的文献进行梳理分析，根据本书内容的要求对变量进行选择，为确保变量选择的合理性和严谨性，本书对国内外产品伤害危机溢出效应研究中变量的选择进行一一分析，分析其变量的选择的渊源，确保本书是在前人研究的基础上进一步拓展产品伤害危机溢出效应的研究的深度和广度，具体来看，本书的自变量、中介变量借鉴以往研究成熟量表，如表 2-92 所示。

表 2-92 研究 2 主要变量量表的来源分析

序号	研究	方法 实验法	样本 学生	自变量 属性相似性	自变量 品牌相似性	调节变量 危机严重程度	因变量 品牌态度
14	Ahluwalia 等（2001）	√	√				√
15	Roehm 和 Tybout（2006）	√	√	√			√
16	Dahlen 和 Lange（2006）	√			√		√
17	Votola 和 Unnava（2006）	√					√
18	Lei、Dawar 和 Lemmink（2008）	√	√				√
19	Janakiraman、Sismeiro 和 Dutta（2009）				√		
20	王海忠等（2010）	√	√		√		√
21	田阳等（2011）	√	√		√		√
22	张宁等（2011）	√	√		√		√
23	庄爱玲和余伟萍（2011）	√	√				√
24	程娉婷（2011）	√	√			√	√
25	方正等（2013）	√	√	√			√
26	范宝财、杨洋和李蔚（2014）	√	√				√
	本书	√	√	√	√	√	√

（2）研究假设。

根据 Feldman 和 Lynch（1988）的可接近—可诊断理论，如果消费者从关于品牌 A 的信息中了解到品牌 B 的信息，即品牌 A 的信息对品牌 B 具有可诊断性，那么在消费者的思维活动中，消费者关于品牌 A 和品牌 B 联系的记忆节点这些信息就同时被激活，那么消费者就可以利用品牌 A 的信息推断品牌

B。根据可接近性—可诊断性理论,产品伤害危机对竞争品牌的负面溢出效应是否会发生取决于二者危机产品属性是否相似性(Roehm和Tybout,2006);Siomkos等(2010)指出产品伤害危机会影响消费者对竞争品牌及整个产品大类的购买意愿,当伤害程度(即危机严重程度)低,消费者会认为是危机企业的责任,并认为行业内其他企业没有责任,消费者会购买竞争品牌的产品以规避风险,行业负面溢出效应较小;反之,危机伤害越大,消费者对其他企业无法进行有效的无责判断,会谨慎购买甚至拒绝购买,以减低风险,危机对行业的负面溢出效应较大。汪兴东、景奉杰和涂铭(2012)认为危机伤害程度(危机严重程度)在单(群)发性产品伤害危机对行业负面溢出效应的影响中起到调节作用,在单发性产品伤害危机下,伤害程度越高,行业负面溢出效应越大,但在群发性产品伤害危机中,无论伤害程度如何,行业负面溢出效应都较大。Siomkos(2010),范宝财、杨洋和李蔚(2014)认为产品伤害危机的危害性是指产品伤害危机对消费者身心的危害程度,危机危害性越强,产品伤害危机的横向负面溢出效应越大。

H4:危机严重程度调节了属性相似性、品牌相似性交互对溢出效应的影响。

H4a:当危机品牌和竞争品牌的属性相似性高且品牌相似性高时,危机严重程度越高,产品伤害危机对竞争品牌的负面溢出效应越强。

H4b:当危机品牌和竞争品牌的属性相似性低且品牌相似性低时,危机严重程度不影响产品伤害危机溢出效应对竞争品牌的影响。

H4c:当危机品牌和竞争品牌的属性相似性低且品牌相似性高时,危机严重程度越高,产品伤害危机对竞争品牌的正面溢出效应越强。

H4d:当危机品牌和竞争品牌的属性相似性高且品牌相似性低时,危机严重程度越高,产品伤害危机对竞争品牌的负面溢出效应越强。

(3)研究方法。

本书主要探讨两类相似性对溢出效应的影响。因此,本书采用2(属性相似性:高和低)×2(品牌相似性:高和低)×2危机严重程度(高和低)的组间设计(Between-group Design),研究危机严重程度对溢出强度的影响。

根据本书的研究模型,本书设计了三类刺激物:产品伤害危机严重程度刺激物;属性相似性的刺激物;品牌相似性刺激物。

①产品伤害危机严重程度刺激物。

通过对2000年以来的产品伤害危机的案例进行分析,本书考虑到消费者对产品类别的严重程度、熟悉程度和介入程度,最终选择快餐作为刺激物。本书分别以"某某快餐店速成鸡危机"和"某某快餐店苏丹红危机"为原型,结合多家报社、网站、新闻媒体的报道,提炼关键信息和修改部分信息,形成产品伤害危机严重程度的刺激物,具体分为产品伤害危机严重程度低的刺激物和产品伤害危机严重程度高的刺激物两个部分。

产品伤害危机的危机严重程度低的刺激物如下。

某某快餐店陷45天速成鸡门,产品易致肥胖、听力下降。

2012年12月18日,央视曝光了某某快餐店原料鸡供应商某某集团用抗生素喂大"速生鸡",30克的小鸡在45天内能长到6~7斤,为避免鸡死亡,该供应商为"速成鸡"至少喂食了18种违禁抗生素,尤其金刚烷胺、金刚乙胺等国家禁用品,该些抗生素会损伤人的免疫、听力等系统,造成青少年肥胖、听力下降。目前,每月约100吨抗生素鸡肉供应到某某快餐店,并加工以售给消费者。据统计,市医院先后有17名患者因食用某某快餐店鸡肉产品出现肥胖、听力下降、免疫力下降等不同疾病,事件原因正在进一步调查中。

②属性相似性的刺激物。

本书研究了某某快餐店速成鸡危机典型产品伤害危机中引发产品伤害危机的关键产品属性（即危机产品属性），摘录各大新闻媒体对引发危机（对竞争品牌的）溢出的关键产品属性（即危机溢出的起因）相似性的报道原文，形成了"属性相似性"，并进行修改和完善，以便与快餐品类对接，具体分为：属性相似性高的刺激物和属性相似性低的刺激物。

属性相似性高的刺激物。 本书在属性相似性高的刺激物中称："目前，某某快餐店、A 品牌都采用速成鸡作为鸡肉原料，以速成鸡鸡肉加工成炸鸡腿、鸡肉汉堡等鸡肉产品。业内人士表示，45 天出栏的'速成鸡'，从雏鸡到成品鸡只需要 45 天，高温封闭饲养，成长速度快，故速成鸡为某某快餐店、A 品牌等快餐企业所采用，以作为其鸡肉原料的来源（摘自凤凰网《某某快餐店、A 品牌均采购 45 天速成肉鸡》）"。

属性相似性低的刺激物。 本书在属性相似性低的刺激物中称："目前，某某快餐店采用速成鸡作为鸡肉原料，以加工成炸鸡腿、鸡肉汉堡等鸡肉产品。业内人士表示，45 天出栏的"速成鸡"，从雏鸡到成品鸡只需 45 天，高温封闭饲养，成长速度快；A 品牌采用土鸡作为鸡肉原料，土鸡放养山野林间、果园，成长周期为 150 天左右，具有抗病能力强的特点，肉质更鲜美且营养更丰富（摘自凤凰网）。

③品牌相似性刺激物。

首先，为了对品牌相似性进行思维启动的操控，本书采用 Markman 和 Gentner（1996）和王海忠，田阳和胡俊华（2010）的研究方法，增加品牌相似性的思维启动的刺激物，将被试随机分为品牌相似性高组和品牌相似性低组；其次，让所有被试者阅读危机品牌和竞争品牌的简介，并对竞争品牌的品牌态度进行评价。接下来通过操纵引导两个组的被试者分别进入相似性检验或相异性检验过程，其方法是让不同组的被试者观察同样两幅图片，图片内容来自 Markman 和 Gentner（1996）的研究，其中一幅图片展示的是一个女人正在桌子旁，手里拿着一个杯子，图片右方有一棵圣诞树，树下有一些礼物，还有一个壁橱；另一图片展示的是一个男人站在桌子前，准备伸手去拿桌子中央的大碗，桌上有一个酒瓶和一些玻璃杯，壁橱在左方，上面有一个天使的挂饰（王海忠、田阳和胡俊华，2010）。

其次，品牌相似性高的组被要求根据以图 2-9、图 2-10 两幅图所示，尽可能地列出两幅图中的相似之处，强调至少写出图 2-9、图 2-10 的 3 处相似的地方；品牌相似性低的组被要求根据以图 2-9、图 2-10 两幅图所示，尽可能地列出两幅图中的相异之处，强调至少写出图 2-9、图 2-10 的 3 处相异的地方。

图 2-9　2-A 　　　　　　　　　　图 2-10　2-B

最后，在相似性思维启动结束后，请被试阅读危机品牌和竞争品牌的品牌简介和相关信息。具体来看，本书对多起产品伤害危机溢出效应案例的研究，搜集多家快餐企业的介绍，结合最终选择两个快餐企业作为本书的研究原型企业，考虑到品牌来源国对消费者的快餐选择的影响较大（中式餐、西式餐、日式等），选产品质量、品牌来源国、品牌档次等作为品牌相似性的锚定标准，形成品牌相似性刺激物。为剔除已有的消费经历的干扰，本书对竞争品牌使用虚拟品牌，即将竞争品牌名为 A 品牌。品牌相似性高的刺激物为：" A 品牌，起源于美国得克萨斯州，于 1996 年被中国台湾顶新集团收购（覃怡明，2014），是中国西式快餐特许加盟第一品牌，与某快餐店、某某快餐店并列中国三大西式快餐，主要销售炸鸡、鸡肉汉堡、薯条等产品（本报记者，2007）；某某快餐店，起源于美国肯塔基州，于 1930 年创建，是美国跨国连锁西式餐厅，同时也是世界最大炸鸡连锁企业，主要出售炸鸡、鸡肉汉堡、薯条等西式快餐食品"。品牌相似性低的刺激物为："A 品牌，起源于中国重庆市，是中式连锁快餐餐厅，主营川渝口味米饭快餐为主，致力于打造最快捷服务的中式快餐第一品牌；某某快餐店，起源于美国肯塔基州，于 1930 年创建，是美国跨国连锁西式餐厅，同时也是世界最大炸鸡连锁企业，主要出售炸鸡、汉堡、薯条等西式快餐食品"。

（4）实验程序。

采用 2（属性相似性：高和低）×2（品牌相似性：高和低）×2 危机严重程度（高和低）的组间设计，共 316 名本科生和研究生参与该实验。学生样本的同质性高，便于控制个体差异对实验结果的干扰，被国内外学者广泛应用到消费者行为的研究之中；此外，根据笔者对国内外有关产品伤害危机及其溢出效应的研究也发现，学生样本是首选样本。因此，借鉴国内外学者的研究经验，本书也选择学生样本开展研究。学生被试者被随机分为八个小组，本实验分为七个步骤。

第一步，为了对品牌相似性进行思维启动的操控，本书采用 Markman 和 Gentner（1996）和王海忠、田阳和胡俊华（2010）的研究方法，增加品牌相似性的思维启动的刺激物，将被试者随机分为品牌相似性高组和品牌相似性低组；其次，让所有被试者阅读危机品牌和竞争品牌的简介，并对竞争品牌的品牌态度进行评价。接下来通过操纵引导两个组的被试者分别进入相似性检验或相异性检验过程，其方法是让不同组的被试者观察同样两幅图片，图片内容来自 Markman 和 Gentner（1996）的研究，其中一幅图片展示的是一个女人正在桌子旁，手里拿着一个杯子，图片右方有一棵圣诞树，树下有一些礼物，还有一个壁橱；另一图片展示的是一个男人站在桌子前，准备伸手去拿桌子中央的大碗，桌上有一个酒瓶和一些玻璃杯，壁橱在左方，上面有一个天使的挂饰（王海忠、田阳和胡俊华，2010）；品牌相似性高组被要求根据以图 2-9、图 2-10 两幅图所示，尽可能地列出两幅图中的相似之处，强调至少写出图 2-9、图 2-10 中的 3 处相似的地方；品牌相似性低组被要求根据以图 2-9、图 2-10 两幅图所示，尽可能地列出两幅图中的相异之处，强调至少写出图 2-9、图 2-10 的 3 处相异的地方；然后请被试者阅读有关竞争品牌（A 品牌）与危机品牌（某某快餐店）的媒体报道，促使被试思考竞争品牌（A 品牌）与危机品牌（某某快餐店）的品牌相似性，并请被试者对品牌相似性进行作答。

第二步，测量变量在产品伤害危机前的初始水平：消费者对竞争品牌（A 品牌）的前测品牌态度（BA，Brand Attitude）、品牌熟悉度、产品涉入度。

第三步，请学生被试者阅读一段产品伤害危机（速成鸡嗑药）的新闻报道。

第四步，在阅读完危机报道后，请被试者从危机事件的严重程度评价该新闻报道。

第五步，在阅读完危机报道后，请被试者从真实性、可信性、源于现实性等方面评价危机报道。

第六步，请被试者阅读有关竞争品牌（A 品牌）与危机品牌（某某快餐店）二者之间的产品危机属性（引发产品社会危机的产品属性）一致性的媒体报道，促使被试者思考竞争品牌（A 品牌）与危机品牌（某某快餐店）之间的产品危机属性相似性。

第七步，请被试者再次对竞争品牌的品牌态度进行评价。

第八步，请被试者填写人口统计特征信息。

（5）变量测量。

①品牌态度的测量。

品牌态度的测量采用 Dahlen 和 Lange（2006）的量表，并结合我国消费者的特点进行修改，具体包括四个题项：A品牌产品质量非常高；A品牌很好；我喜欢A品牌；A品牌比较合我心意。

②溢出效应的测量。

根据实验要求，溢出效应=△竞争品牌态度=危机后消费者对竞争品牌的品牌态度（均值）-危机前对竞争品牌的品牌态度（均值）。

③属性相似性的测量。

属性相似性的测量沿用或修改先前研究，借鉴Roehm和Tybout（2006）和方正等（2013）等的研究，具体包括两个题项：在采用速成鸡鸡肉方面，某某快餐店与A品牌具有相似性；某某快餐店与A品牌都使用速成鸡鸡肉生产含鸡肉的产品。此外，本书还设置一个题项"在上述报道中，A品牌使用原料鸡是：A.速成鸡，B.土鸡"，既是为被试者对危机产品属性的相似性的判断，也是为鉴别被试者是否仔细阅读、认真参与实验。

④品牌相似性的测量。

参考王海忠等（2010）的研究，品牌属性相似性的测量使用三个测试题项：某某快餐店与A品牌的品牌来源国相似；某某快餐店与A品牌的品牌档次很相似；某某快餐店与A品牌的产品质量很相似。

⑤危机严重程度。

参考Dawar等（1998）、方正等（2013）、崔泮为（2014）的研究，以对问题的严重程度来对危机严重程度进行评价，本书使用一个题项"某某快餐店产品含有速抗生素鸡肉是严重质量问题"。

⑥刺激物真实性的测量。

参考崔泮为（2014）的研究，本书使用3个题项来测试刺激物真实性：该报道是真实的；该报道是可信的；该报道源于现实的。

⑦消费者产品涉入度的测量。

借鉴Laurent和Kapferer（1985）、崔泮为（2013）的研究，本书使用两个题项来测量消费者产品涉入度：快餐这种产品对我很重要；快餐是我感兴趣的一种产品。

本书对以上变量都采用9分Likert量表，并使用双盲翻译方法翻译英文量表，确保量表的合理和准确。

（6）数据分析。

①样本概况。

本书在大学生的课堂上进行随机抽取形式抽取学生样本，发放问卷360份，共回收342份，剔除无效问卷26份，有效样本总量为316个。其中男性102人，占32.5%；女性212人，占67.5%；学生样本的平均年龄为20.6岁，平均月生活费为1217.9元。本书实验组的样本分配情况如表2-93所示。

表2-93 样本在各实验组中的分布

实验组	属性相似性*品牌相似性		危机严重程度	样本	合计
	属性相似性	品牌相似性			
1	高	高	低	38	78
2	高	高	高	40	
3	高	低	低	38	78
4	高	低	高	40	
5	低	高	低	40	78
6	低	高	高	38	
7	低	低	低	40	80
8	低	低	高	40	

综合上表，样本在8个实验组的分布比较均匀。

② 变量描述。

量表信度。本书对该研究的变量的信度进行分析，各变量的测试信度均大于 0.9。因此，本书认为该研究的问卷信度较高。具体来看，本书中各变量的测试信度如表 2-94 所示。

表 2-94　正式实验量表的信度

变量	项数	Cronbach's α
属性相似性	2	0.938
品牌相似性	3	0.974
信息真实性	3	0.974
产品涉入度	2	0.941
危机前品牌态度	4	0.952
危机后品牌态度	4	0.957

因子分析。根据本书目的和研究假设，本书采用方差分析和回归分析验证研究假设。由于方差分析和回归分析无法处理潜变量，所以本书对各变量进行因子分析，以因子得分作为潜变量的值（崔泮为，2013）。本书的 7 个变量的测项的 KMO 值和 Bartlett's 球形检验的结果证明，7 个变量适合进行因子分析。属性相似性能解释两个测项 94.17% 的变差，品牌相似性能解释 3 个测项 93.84% 的变差，消费者产品涉入度能解释两个测项 94.40% 的变差，信息真实性能解释 3 个测项 95.16% 的变差，危机前品牌态度能解释 4 个测项 87.51% 的变差，危机后品牌态度能解释 4 个测项 88.61% 的变差。综上，本书的各变量能够解释对应测项的变差大于 70%，表明，因子得分能够较好地反映各变量的量表的测量数值。各变量的 KMO 和 Bartlett's 球形检验、共同度、提取量如表 2-95 所示。

属性相似性。属性相似性的两个题项的 Bartlett's 球检验是显著的，说明存在因子结构，另外 KMO=0.500（见表 2-95），对两个题项（见表 2-99）进行探索性因子分析，提出 1 个因子（见表 2-96），解释方差变动为 94.165%（见表 2-97），表明因子得分能够较好地反映各变量的量表的测量数值。

表 2-95　属性相似性的 KMO 和 Bartlett's 球形检验

KMO		0.500
Bartlett's 的球形度检验	近似卡方	232.583
	自由度	1
	显著水平	0.000

表 2-96　属性相似性测项的共同度

	初始	提取量
属性相似性 1	1.000	0.942
属性相似性 2	1.000	0.942

表 2-97　属性相似性测项的因子提取

成分	初始特征值			提取平方和载入		
	合计	方差的 /%	累积 /%	合计	方差的 /%	累积 /%
1	1.883	94.165	94.165	1.883	94.165	94.165
2	0.117	5.835	100.000			

品牌相似性。品牌相似性的 3 个题项的 Bartlett's 球检验是显著的，说明存在因子结构，另外 KMO=0.782，较适宜因子分析（见表 2-98），对 3 个题项（见表 2-99）进行探索性因子分析，提出 1 个因子（见表 2-100），解释方差变动为 93.837%，表明因子得分能够较好地反映各变量的量表的测量数值。

表 2-98　品牌相似性的 KMO 和 Bartlett's 球形检验

KMO		0.782
Bartlett's 的球形度检验	近似卡方	1164.832
	自由度	3
	显著水平	0.000

表 2-99　品牌相似性测项的共同度

	初始	提取量
品牌相似性 1	1.000	0.931
品牌相似性 2	1.000	0.944
品牌相似性 3	1.000	0.941

表 2-100　品牌相似性测项的因子提取

成分	初始特征值			提取平方和载入		
	合计	方差的 /%	累积 /%	合计	方差的 /%	累积 /%
1	2.815	93.837	93.837	2.810	93.837	93.837
2	0.104	3.471	97.308			
3	0.081	2.692	100.000			

提取方法：主成分分析。

消费者产品涉入度。消费者产品涉入度的两个题项的 Bartlett's 球检验是显著的，说明存在因子结构，另外 KMO=0.500（见表 2-101），对两个题项（见表 2-102）进行探索性因子分析，提出 1 个因子，解释方差变动为 94.397%（见表 2-103），表明因子得分能够较好地反映各变量的量表的测量数值。

表 2-101　消费者产品涉入度的 KMO 和 Bartlett's 球形检验

KMO		0.500
Bartlett's 的球形度检验	近似卡方	483.850
	自由度	1
	显著水平	0.000

表 2-102　消费者产品涉入度测项的共同度

	初始	提取量
产品涉入度 1	1.000	0.944
产品涉入度 2	1.000	0.944

表 2-103　消费者产品涉入度测项的因子提取

成分	初始特征值			提取平方和载入		
	合计	方差的 /%	累积 /%	合计	方差的 /%	累积 /%
1	1.888	94.397	94.397	1.888	94.397	94.397
2	0.112	5.603	100.000			

信息真实性。信息真实性的 3 个题项的 Bartlett's 球检验是显著的，说明存在因子结构，另外 KMO=0.781，较适宜因子分析（见表 2-104），对 3 个题项（见表 2-105）进行探索性因子分析，提出 1 个因子（见表 2-106），解释方差变动为 95.158%，表明因子得分能够较好地反映各变量的量表的测量数值。

表 1-104　信息真实性的 KMO 和 Bartlett's 球形检验

KMO		0.781
Bartlett's 的球形度检验	近似卡方	13170.214
	自由度	3
	显著水平	0.000

表 2-105　信息真实性测项的共同度

	初始	提取量
PR1	1.000	0.946
PR2	1.000	0.961
PR3	1.000	0.948

表 2-106　信息真实性测项的因子提取

成分	初始特征值 合计	方差的 /%	累积 /%	提取平方和载入 合计	方差的 /%	累积 /%
1	2.855	95.158	95.158	2.855	95.158	95.158
2	0.087	2.885	98.043			
3	0.059	1.957	100.000			

提取方法：主成分分析。

危机前品牌态度的测项信度。危机前品牌态度的 3 个题项的 Bartlett's 球检验是显著的，说明存在因子结构，另外 KMO=0.864，较适宜因子分析（见表 2-107），对 4 个题项（见表 2-108）进行探索性因子分析，提出 1 个因子（见表 2-109），解释方差变动为 87.507%，表明因子得分能够较好地反映各变量的量表的测量数值。

表 2-107　危机前品牌态度的 KMO 和 Bartlett's 球形检验

KMO		0.864
Bartlett's 的球形度检验	近似卡方	1320.818
	自由度	6
	显著水平	0.000

表 2-108　危机前品牌态度测项的共同度

危机前品牌态度	初始	提取量
危机前品牌态度 1	1.000	0.840
危机前品牌态度 2	1.000	0.910
危机前品牌态度 3	1.000	0.897
危机前品牌态度 4	1.000	0.854

表 2-109　危机前品牌态度测项的因子提取

成分	初始特征值 合计	方差的 /%	累积 /%	提取平方和载入 合计	方差的 /%	累积 /%
1	3.500	87.507	87.507	3.500	87.507	87.507
2	0.236	5.900	93.407			
3	0.142	3.552	96.959			
4	0.122	3.041	100.000			

提取方法：主成分分析。

危机后品牌态度。危机后品牌态度的 3 个题项的 Bartlett's 球检验是显著的，说明存在因子结构，另外 KMO=0.868，较适宜因子分析（见表 2-110），对 4 个题项（见表 2-111）进行探索性因子分析，提出 1 个因子（见表 2-112），解释方差变动为 88.606%，表明因子得分能够较好地反映各变量的量表的测量数值。

表 2-110 危机后品牌态度的 KMO 和 Bartlett's 球形检验

KMO		0.868
Bartlett's 的球形度检验	近似卡方	1394.508
	自由度	6
	显著水平	0.000

表 2-111 危机后品牌态度测项的共同度

	初始	提取量
BA21	1.000	0.853
BA22	1.000	0.888
BA23	1.000	0.909
BA24	1.000	0.894

表 2-112 危机后品牌态度测项的因子提取

成分	初始特征值			提取平方和载入		
	合计	方差的 /%	累积 /%	合计	方差的 /%	累积 /%
1	3.544	88.606	88.606	3.544	88.606	88.606
2	0.200	4.996	93.602			
3	0.150	3.743	97.345			
4	0.106	2.655	100.000			

提取方法：主成分分析。

本书的八个实验组的溢出效应因子得分如表 2-113 所示。

表 2-113 各实验组的溢出效应值

属性相似性	品牌相似性	危机严重程度	样本	均值	标准差
属性相似性低	品牌相似	危机严重程度低	40	0.0063	1.24
		危机严重程度高	40	0.1625	1.39
	品牌相似性低	危机严重程度低	40	0.0750	1.67
		危机严重程度高	38	0.5461	1.27
属性相似	品牌相似	危机严重程度低	38	−0.6053	1.07
		危机严重程度高	40	−2.0813	1.45
	品牌相似性低	危机严重程度低	38	−0.2105	1.24
		危机严重程度高	40	−0.6188	1.12

③ 操控检验。

属性相似性。本书对所有实验组的属性相似性测项（见表 2-114）的数据进行方差分析，方差齐性检验（见表 2-115）显示，属性相似性高组和属性相似性低组的组间具有方差齐性。方差分析（见表 2-116）显示，属性相似性高组和属性相似性低组刺激物的被试，对竞争品牌和危机品牌之间的属性相似性的判断存在显著差异 [$M_{属性相似性高}=5.59$，$M_{属性相似性低}=3.31$，$F(1, 312)=199.693$，$p<0.0001$]。

表 2-114 属性相似性操控检验描述性分析

属性相似性	N	均值	标准差	标准误	95% 置信区间		最小值	最大值
					下限	上限		
低	158	3.31	1.31	0.10	3.10	3.51	1.00	5.00
高	156	5.59	1.54	0.12	5.35	5.83	1.00	9.00
总数	314	4.44	1.83	0.10	4.24	4.64	1.00	9.00

表 2-115 属性相似性的方差齐性检验

Levene 统计量	df1	df2	显著性
2.500	1	312	0.115

表 2-116 属性相似性的方差分析

	平方和	自由度	均方	F	显著性
组间	409.054	1	409.054	199.693	0.000
组内	639.106	312	2.048		
总数	1048.160	313			

对于所有属性相似性高（见表 2-117）的实验组而言，方差齐性检验的结果显示，属性相似性高组间具有方差齐性（见表 2-118）。对于接受属性相似性高刺激物的 4 个实验组而言，这 4 个实验组的被试者对属性相似性的评价没有显著差异［均值从 6.18 到 6.24，$F(3, 152)=0.01$，$p=0.920 > 0.05$］，具体如表 2-119 所示。

表 2-117 属性相似性高各组的描述统计分析

实验组	样本	均值	标准差	95% 置信区间 下限	95% 置信区间 上限
1	38	6.21	0.26	5.70	6.72
2	40	6.21	0.25	5.72	6.701
3	38	6.18	0.26	5.678	6.69
4	40	6.24	0.25	5.74	6.73

表 2-118 属性相似性高各组的方差齐性检验

Levene 统计量	df1	df2	Sig.
1.412	3	152	0.242

表 2-119 属性相似性高各组的方差分析

	平方和	自由度	均方	F	显著性
组间	0.026	3	0.026	0.010	0.920
组内	383.964	152	2.526		
总数	383.990	156			

对于所有属性相似性低的实验组而言，方差齐性检验的结果显示，属性相似性低组间具有方差齐性。对于接受属性相似性低刺激物的 4 个实验组而言，这 4 个实验组的被试者对属性相似性的评价没有显著差异［均值从 3.66 到 3.70，$F(3, 154)=0.008$，$p=0.927 > 0.05$］，具体如表 2-120、表 2-121、表 2-122 所示。

表 1-120 属性相似性低各组的描述统计分析

实验组	样本	均值	标准差	95% 置信区间 下限	95% 置信区间 上限
1	40	3.70	0.256	3.195	4.205
2	40	3.69	0.256	3.183	4.192
3	40	3.66	0.256	3.158	4.167
4	38	3.70	0.262	3.179	4.215

表 2-121 属性相似性低各组的方差齐性检验

Levene 统计量	df1	df2	Sig.
0.858	3	154	0.465

表 2-122 属性相似性低各组的方差分析

	平方和	自由度	均方	F	显著性
组间	0.022	3	0.022	0.008	0.927
组内	402.207	154	2.612		
总数	402.229	158			

综上，说明属性相似性操控成功。

品牌相似性。对于所有品牌相似性高的实验组而言，方差齐性检验的结果显示，品牌相似性高组间具有方差齐性。对于接受品牌相似性高刺激物的 4 个实验组而言，这 4 个实验组的被试者对品牌相似性的评价没有显著差异 [均值从 5.84 到 6.06，F（3，152）<0.001，p=0.994＞0.05]，具体如表 2-123、表 2-124、表 2-125 所示。

表 2-123 品牌相似性高各组的描述统计分析

实验组	样本	均值	标准差	95% 置信区间 下限	95% 置信区间 上限
1	40	5.93	0.244	5.452	6.415
2	38	5.84	0.250	5.348	6.336
3	38	6.06	0.250	5.567	6.555
4	40	5.97	0.244	5.485	6.448

表 2-124 品牌相似性高各组的方差齐性检验

Levene 统计量	df1	df2	Sig.
1.979	3	152	0.120

表 2-125 品牌相似性高各组的方差分析

	平方和	自由度	均方	F	显著性
组间	0.000	3	0.000	0.000	0.994
组内	361.243	152	2.377		
总数	316.243	156			

对于所有品牌相似性低的实验组而言，方差齐性检验的结果显示，品牌相似性低组间具有方差齐性。对于接受品牌相似性低刺激物的 4 个实验组而言，这 4 个实验组的被试者对危机品牌相似性的评价没有显著差异 [均值从 3.32 到 3.41，F（3，154）=0.096，p=0.757＞0.05]，具体如表 2-126、表 2-127、表 2-128 所示。

表 2-126 品牌相似性低各组的描述统计分析

实验组	样本	均值	标准差	95% 置信区间 下限	95% 置信区间 上限
1	40	3.32	0.216	2.889	3.744
2	38	3.41	0.216	2.981	3.836
3	38	3.37	0.222	2.930	3.807
4	40	3.33	0.216	2.898	3.752

表 2-127 品牌相似性低各组的方差齐性检验

Levene 统计量	df1	df2	Sig.
0.763	3	154	0.516

表 2-128 品牌相似性低各组的方差分析

	平方和	自由度	均方	F	显著性
组间	0.180	3	0.180	0.096	0.757
组内	288.159	154	1.871		
总数	288.339	158			

综上,说明品牌相似性操控成功。

危机严重程度。对于所有危机严重程度高实验组而言,方差齐性检验的结果显示,危机严重程度高组间具有方差齐性。对于接受危机严重程度高刺激物的4个实验组而言,这4个实验组的被试者对产品伤害危机的严重程度的评价没有显著差异 [均值从 5.84 到 6.06,$F(3, 154)=0.007$,$p=0.932 > 0.05$],具体如表 2-129、表 2-130、表 2-131 所示。

表 2-129 危机严重程度高各组的描述统计分析

实验组	样本	均值	标准差	95% 置信区间 下限	95% 置信区间 上限
1	40	5.93	0.24	5.45	6.42
2	38	5.84	0.25	5.35	6.34
3	38	6.06	0.25	5.57	6.56
4	40	5.97	0.24	5.49	6.45

表 2-130 危机严重程度高各组的方差齐性检验

Levene 统计量	df1	df2	Sig.
0.671	3	154	0.571

表 2-131 危机严重程度高各组的方差分析

	平方和	自由度	均方	F	显著性
组间	0.026	3	0.026	0.007	0.932
组内	543.349	154	3.528	.	.
总数	543.375	158			

对于所有危机严重程度低实验组而言,方差齐性检验的结果显示,危机严重程度低组间具有方差齐性。对于接受危机严重程度低刺激物的4个实验组而言,这4个实验组的被试者对产品伤害危机的严重程度的评价没有显著差异 [均值从 3.88 到 4.05,$F(3, 152)=0.278$,$p=0.599 > 0.05$],具体如表 2-132、表 2-133、表 2-134 所示。

表 2-132 危机严重程度低各组的描述统计分析

实验组	样本	均值	标准差	95% 置信区间 下限	95% 置信区间 上限
1	40	3.88	0.240	3.400	4.350
2	38	4.05	0.247	3.566	4.540
3	40	4.00	0.240	3.525	4.475
4	38	3.92	0.247	3.434	4.408

表 2-133　危机严重程度低各组的方差齐性检验

Levene 统计量	df1	df2	Sig.
0.723	3	152	0.540

表 2-134　危机严重程度低各组的方差分析

	平方和	自由度	均方	F	显著性
组间	0.641	3	0.641	0.278	0.599
组内	351.033	152	2.377		
总数	351.674	156			

综上，说明危机严重程度操控成功。

信息真实性。以三个题项的均值作为信息真实性的得分，方差齐性检验显示，信息真实性组间具有方差齐性。对于 8 个实验组而言，被试者对产品伤害危机的信息真实性的评价没有显著差异［均值从 5.97 到 6.20，$F(7, 306)=0.011$，$p=0.918>0.05$］，具体如表 2-135、表 2-136、表 2-137 所示。

表 2-135　信息真实性各组的描述统计分析

实验组	样本	均值	标准差	95% 置信区间 下限	95% 置信区间 上限
1	40	6.04	0.26	5.53	6.55
2	38	6.04	0.27	5.52	6.57
3	40	6.18	0.26	5.67	6.69
4	38	5.97	0.27	5.45	6.50
5	40	6.10	0.26	5.59	6.61
6	40	6.19	0.26	5.68	6.70
7	38	6.20	0.27	5.68	6.73
8	40	6.17	0.26	5.66	6.68

表 2-136　信息真实性各组的方差齐性检验

Levene 统计量	df1	df2	Sig.
1.723	7	306	0.103

表 2-137　信息真实性各组的方差分析

	平方和	自由度	均方	F	显著性
组间	0.029	7	0.029	0.011	0.918
组内	823.412	306	2.691		
总数	823.441	314			

综上，说明信息真实性操控成功。

消费者产品涉入度。以三个题项的均值作为消费者产品涉入度的得分，方差齐性检验显示，消费者产品涉入度组间具有方差齐性。描述性统计显示，实验组的消费者产品涉入度整体均值为 4.50。对于 8 个实验组而言，被试者对产品伤害危机背景下消费者产品涉入度的评价没有显著差异［均值从 4.25 到 5.13，$F(7, 306)=0.072$，$p=0.789>0.05$］，具体如表 2-138、表 2-139、表 2-140 所示。

表 2-138　消费者产品涉入度各组的描述统计分析

实验组	样本	均值	标准差	95% 置信区间 下限	95% 置信区间 上限
1	40	4.58	0.31	3.96	5.19

续表

实验组	样本	均值	标准差	95% 置信区间	
				下限	上限
2	38	4.79	0.32	4.16	5.42
3	40	5.13	0.31	4.51	5.74
4	38	4.70	0.32	4.07	5.33
5	40	4.25	0.31	3.64	4.86
6	40	4.76	0.31	4.15	5.38
7	38	4.32	0.32	3.69	4.95
8	40	4.43	0.31	3.81	5.04

表 2-139 消费者产品涉入度各组的方差齐性检验

Levene 统计量	df1	df2	Sig.
0.766	7	306	0.616

表 2-140 消费者产品涉入度各组的方差分析

	平方和	自由度	均方	F	显著性
组间	0.280	7	0.280	0.072	0.789
组内	1188.215	306	3.883		
总数	1188.495	314			

因此，消费者产品涉入度操控成功。

综合上述分析，操控检验的结果表明，本书对属性相似性、品牌相似性、危机严重程度、信息真实性、消费者产品涉入度等 5 个变量进行较好的操控，为下一步研究构建了良好的基础。

④ 假设检验。

为检验危机严重程度的调节作用，本书进行了 2（属性相似性：高和低）×2（品牌相似性：高和低）×2（危机严重程度：高和低）的三因素完全随机组间方差分析。

第一步，进行描述性统计分析，如图 2-141 所示。

表 2-141 属性相似性、品牌相似性、危机严重程度交互效应的描述性分析

因变量：溢出效应

属性相似性	品牌相似性	危机严重程度	样本	均值	标准差	95% 置信区间	
						下限	上限
低	低	低	40	0.01	0.21	−0.40	0.42
		高	40	0.16	0.21	−0.25	0.57
	高	低	40	0.08	0.21	−0.34	0.49
		高	38	0.55	0.21	0.12	0.97
高	低	低	38	−0.21	0.21	−0.63	0.21
		高	40	−0.62	0.21	−1.03	−0.21
	高	低	38	−0.61	0.21	−1.03	−0.18
		高	40	−2.08	0.21	−2.49	−1.67

第二步，进行方差齐性检验。方差齐性检验的结果显示方差齐性（p=0.62＞0.05），如表 2-142 所示。

表 2-142 方差齐性检验

Levene 统计量	df1	df2	Sig
0.762	7	306	0.62

第三步，进行2×2×2组间方差分析。以竞争品牌后测品牌态度与前测品牌态度之差，即溢出效应，作为因变量，属性相似性（高/低）、品牌相似性（高/低）和危机严重程度（高/低）为自变量，方差分析显示，属性相似性的主效应显著，$F(1,313)=52.214$，$p<0.0005$，属性相似性高组的溢出效应（$M_{属性相似性高}=-0.88$，$SD=0.11$）大于属性相似性低组的溢出效应（$M_{属性相似性低}=0.20$，$SD=0.11$），即在属性相似性高组和属性相似性低组之间，产品伤害危机对竞争品牌的溢出效应存在显著差异；品牌相似性的主效应显著，$F(1,313)=5.559$，$p=0.019<0.05$，品牌相似性高组的溢出效应（$M_{品牌相似性高}=-0.17$，$SD=0.11$）大于品牌相似性低组的溢出效应（$M_{品牌相似性低}=-0.52$，$SD=0.11$）；危机严重程度的主效应显著，$F(1,313)=4.450$，$p=0.036<0.05$，在危机严重程度高的条件下，产品伤害危机对竞争品牌的溢出效应（$M_{危机严重程度高}=-0.50$，$SD=0.11$）显著大于在危机严重程度低条件下产品伤害危机对竞争品牌的溢出效应（$M_{危机严重程度低}=-0.18$，$SD=0.11$）；属性相似性、品牌相似性和危机严重程度对溢出效应的交互效应显著$[F(7,306)=5.384, p<0.0005]$。因此，研究假设4部分得证。具体如表2-143所示。

表2-143 属性相似性、品牌相似性、危机严重程度对溢出效应的多元方差分析

	平方和	自由度	均方	F	显著性
校正模型	179.306a	7	25.615	14.714	0.000
截距	36.436	1	36.436	20.930	0.000
属性相似性	90.897	1	90.897	52.214	0.000
品牌相似性	9.678	1	9.678	5.559	0.019
危机严重程度	7.746	1	7.746	4.450	0.036
属性相似性×品牌相似性	26.154	1	26.154	15.023	0.000
属性相似性×危机严重程度	30.928	1	30.928	17.766	0.000
品牌相似性×危机严重程度	2.780	1	2.780	1.597	0.207
属性相似性×品牌相似性×危机严重程度	9.372	1	9.372	5.384	0.021
误差	532.703	306	1.741		
总计	749.500	314			
校正的总计	712.009	313			

最后，简单效应检验。在属性相似性、品牌相似性和危机严重程度对溢出效应的交互效应显著的情况下需要进一步进行简单效应检验。

为检验假设4，本书检验了简单效应，所编写的三因素完全随机简单效应检验的语法命令。
MANOVA 溢出效应 BY 属性相似性（0,1）品牌相似性（0,1）危机严重程度（0,1）
/DESIGN
/DESIGN=危机严重程度 WITHIN 品牌相似性（1）WITHIN 属性相似性（1）
危机严重程度 WITHIN 品牌相似性（2）WITHIN 属性相似性（1）
危机严重程度 WITHIN 品牌相似性（1）WITHIN 属性相似性（2）
危机严重程度 WITHIN 品牌相似性（2）WITHIN 属性相似性（2）。
语法运行后，简单效应检验结果显示。

首先，当竞争品牌与危机品牌的属性相似性高和品牌相似性高时，危机严重程度的主效应显著$[F(1,313)=21.33, p<0.0005]$，即在竞争品牌与危机品牌的属性相似性高和品牌相似性高的条件下，同危机严重程度低相比，接受危机严重程度高刺激物的被试感知产品伤害危机对竞争品牌的负面溢出效应更强，即在属性相似性高条件下，竞争品牌与危机品牌的品牌越相似，产品伤害危机越容易对竞争品牌产生负面溢出效应（对竞争品牌产生不利影响）。因此，假设4a得证。

其次，当竞争品牌与危机品牌的属性相似性低和品牌相似性低时，危机严重程度的主效应不显著［F（3，310）=0.23，p=0.633＞0.05］，与接受危机严重程度低刺激物的被试相比，接受危机严重程度高刺激物的被试所感知的溢出效应不存在显著差异，即危机严重程度不影响产品伤害危机溢出效应对竞争品牌的影响。因此，研究假设4b得证。

在危机产品属性相似性低和品牌相似性低的情况下，对接受危机严重程度高刺激物的消费者在产品伤害危机前后的（对竞争品牌的）品牌态度进行配对样本T检验。检验结果显示，在危机产品属性相似性低和品牌相似性低的情况下，接受危机严重程度高刺激物的消费者对竞争品牌的（危机前后的）态度没有发生显著变化［$BA_{前测}$=4.50，$BA_{后测}$=4.54，$\Delta BA = BA_{后测} - BA_{前测}$=0.04，t(39)=0.211，p=0.834＞0.05］，再次验证假设H3，由于ΔBA=0.04＞0，呈现的是微量变化，不存在显著性，即危机严重程度高的产品伤害危机发生后，消费者对竞争品牌的态度没有发生变化，对竞争品牌既没有产生有利影响（正面溢出效应），也没有产生不利影响（负面溢出效应）。因此，研究假设4b部分得证。在危机产品属性相似性低和品牌相似性低的情况下，对接受危机严重程度低刺激物的消费者在产品伤害危机前后的（对竞争品牌的）品牌态度进行配对样本T检验。检验结果显示，在危机产品属性相似性低和品牌相似性低的情况下，接受危机严重程度低刺激物的消费者对竞争品牌的（危机前后的）态度没有发生显著变化［$BA_{前测}$=4.54，$BA_{后测}$=4.56，$\Delta BA = BA_{后测} - BA_{前测}$=0.025，t(39)=0.126，p=0.900＞0.05］，再次验证假设H3，由于ΔBA=0.025＞0，呈现的是微量变化，不存在显著性，即危机严重程度低的产品伤害危机发生后，消费者对竞争品牌的态度没有发生变化，对竞争品牌既没有产生有利影响（正面溢出效应），也没有产生不利影响（负面溢出效应）。因此，研究假设4b部分得证。

综上可知，在危机产品属性相似性低和品牌相似性低的情况下，无论危机严重程度是高还是低，产品伤害危机对竞争品牌不会发生溢出效应。因此，研究假设4b得证。

再次，当竞争品牌与危机品牌的危机产品属性相似性低和品牌相似性高时，危机严重程度的主效应不显著［F（1，313）=1.75，p=0.187＞0.05］，即在竞争品牌与危机品牌的危机产品属性相似性低和品牌相似性高的条件下，危机严重程度的调节作用不显著，无论危机严重程度高低，产品伤害危机越容易对竞争品牌产生正面溢出效应（对竞争品牌产生不利影响），但差异不明显。因此，研究结论不支持假设4c。本书认为，这是因为消费者对快餐的涉入度相对较低（8个实验组的消费者产品涉入度整体均值=4.50＜5，且不存在显著的组间差异），属于非必需品，导致相对于较低时，消费者在危机严重程度较高时转移认知、态度和购买意愿的程度不明显，产品伤害危机的严重程度对竞争品牌的溢出效应影响不够显著。

最后，当竞争品牌与危机品牌的属性相似性高和品牌相似性低时，危机严重程度的主效应不显著［F（1，313）=1.55，p=0.214＞0.05］，即在竞争品牌与危机品牌的属性相似性高和品牌相似性低的条件下，危机严重程度的调节作用不显著，无论危机严重程度高低，产品伤害危机越容易对竞争品牌产生负面溢出效应（对竞争品牌产生不利影响），不存在显著差异。因此，研究结论不支持假设4d。

综上，研究假设4得证。

产品伤害危机发生之后，不仅负面影响危机产品的销售与品牌形象，还可能向竞争产品溢出，加剧产品伤害危机的影响。危机严重程度如何影响危机对竞争品牌的不同方向的溢出效应？在什么条件下危机严重程度越高，危机对竞争品牌的溢出效应越强？在什么条件下危机严重程度越高，危机对竞争品牌不存在溢出效应？因此，本书重点研究竞争品牌和危机品牌的两类相似性对溢出效应影响中危机严重程度的调节作用。

本章以快餐为危机产品，采用使用费，研究了竞争品牌和危机品牌之间的属性相似性、品牌相似性、危机严重程度对溢出效应的影响，并验证了消费者心理风险的中介作用。本书的具体结果为：当危机品牌和竞争品牌的属性相似性高且品牌相似性高时，危机严重程度越高，产品伤害危机对竞争品牌的负面溢出效应越强；当危机品牌和竞争品牌的危机产品属性相似性低甚至不相似且品牌相似性低时，危机严重程度不影响产品伤害危机溢出效应对竞争品牌的影响；当危机品牌和竞争品牌的危机产品属性相似性低且品牌相似性高时，危机严重程度越高，产品伤害危机对竞争品牌的正面溢出效应越强；当危机品牌和竞争品牌的属性相似性高且品牌相似性低时，危机严重程度越高，产品伤害危机对竞争品牌的负面溢出效应越强。因此，危机严重程度调节了危机产品属性、品牌相似性交互对溢出效应的影响，如表2-144所示。

表2-144 研究2中研究假设的检验情况

研究假设	检验结果
H4：危机严重程度调节了危机产品属性、品牌相似性交互对溢出效应的影响	验证
H4a：当危机品牌和竞争品牌的属性相似性高且品牌相似性高时，危机严重程度越高，产品伤害危机对竞争品牌的负面溢出效应越强	验证
H4b：当危机品牌和竞争品牌的危机产品属性相似性低且品牌相似性低时，危机严重程度不影响产品伤害危机溢出效应对竞争品牌的影响	验证
H4c：当危机品牌和竞争品牌的危机产品属性相似性低且品牌相似性高时，危机严重程度越高，产品伤害危机对竞争品牌的正面溢出效应越强	部分验证
H4d：当危机品牌和竞争品牌的属性相似性高且品牌相似性低时，危机严重程度越高，产品伤害危机对竞争品牌的负面溢出效应越强	验证

2.3.4.3 研究3：感知风险的中介作用

产品伤害危机发生之后，不仅负面影响危机产品的销售与品牌形象，还可能向竞争产品溢出，加剧产品伤害危机的影响。笔者对2008—2014年发生的部分产品伤害危机溢出效应的案例进行搜集和整理，通过对比分析这些案例，发现危机对竞争品牌的溢出效应有正面溢出效应和负面溢出效应两个方向，但现有研究尚未解释二者发生的心理机制。

综上所述，通过结合文献综述，本书发现现有溢出效应研究主要遵循Feldman和Lynch（1988）的可接近性—可诊断性理论和选择性通达理论展开研究，本书通过研究1和研究2分析了溢出效应的发生条件和危机严重程度对溢出强度的影响，但尚不明确相似性如何影响溢出效应的发生机制，尚不明确溢出效应发生的心理机制，尚未回答：危机对竞争品牌发生溢出效应的心理机制是怎样的？两类相似性和危机严重程度是如何影响消费者的心理反应，从而引发不同类型的溢出效应？这都需要进一步深入研究。

（1）研究模型。

本书主要探讨相似性对危机严重程度对溢出效应的影响，主要探讨危机严重程度的调节作用，研究危机严重程度对溢出强度的影响；同时验证研究1的研究结论。因此，本书采用2（属性相似性：高和低）×2（品牌相似性：高和低）×2危机严重程度（高和低）的组间设计（between-group design），通过实证研究，以回答：危机对竞争品牌发生溢出效应的心理机制是怎样的？两类相似性和危机严重程度是如何影响消费者的心理反应，从而引发不同方向的溢出效应？

① 研究模型。

本书的研究模型如图2-11所示。

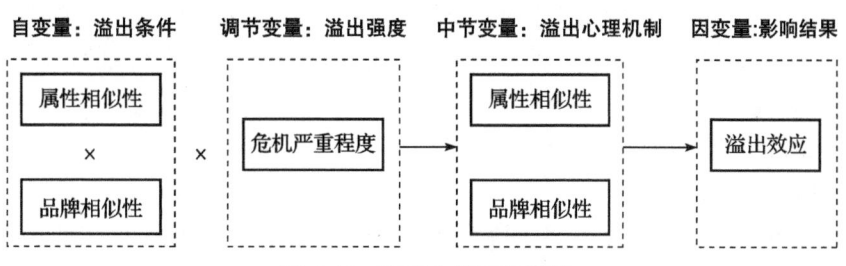

图2-11 研究3的研究模型

② 变量来源。

研究通过对国内外产品伤害危机的文献进行梳理分析，根据本书内容的要求对变量进行选择，为确保变量选择的合理性和严谨性，本书对国内外产品伤害危机溢出效应研究中变量的选择进行一一分析，分析其变量的选择的渊源，确保本书是在前人研究的基础上进一步拓展产品伤害危机溢出效应的研究的深度和广度，具体来看，本书的自变量、中介变量借鉴以往研究成熟量表，如表 2-145 所示。

表 2-145　研究 3 中主要变量量表的来源分析

序号	研究	方法 实验法	样本 学生	自变量 属性相似性	调节变量 品牌相似性	危机严重程度	中介变量 心理风险	绩效风险	因变量 品牌态度
27	Ahluwalia 等（2001）	√	√			√		√	
28	Roehm 和 Tybout（2006）	√	√	√			√		
29	Dahlen 和 Lange（2006）	√	√	√	√		√		
30	Votola Unnava（2006）	√	√	√					
31	Lei、Dawar 和 Lem mink（2008）	√	√				√		
32	Janakiraman、Sismeiro 和 Dutta（2009）			√					
33	王海忠等（2010）	√	√			√			
34	田阳等（2011）	√	√	√		√		√	
35	张宁等（2011）	√	√	√		√			
36	庄爱玲和余伟萍（2011）	√	√	√			√		
37	程娉婷（2011）	√	√			√			
38	杨洋（2013）	√	√			√	√	√	
39	方正等（2013）	√	√	√			√		
40	范宝财、杨洋和李蔚（2014）	√	√		√		√		
	本书	√	√	√	√	√	√	√	√

（2）研究假设。

在产品伤害危机研究中现有的研究表明，感知风险中介了产品伤害危机对消费者的信任、品牌态度、产品态度、品牌资产、购买意愿等的影响。如感知风险在口碑方向和消费者态度发挥中介作用（王晓玉与晁钢令，2008），而危机信息增加了顾客对危机产品的感知风险，导致消费者对危机产品的购买意愿降低。现有的研究表明，感知风险是一个多维度的变量，包括心理风险、财务风险、绩效风险、身体风险、社会风险和时间风险（Bettman，1973；Slovic，1993；Stone 和 Grønhaug，1993；Mitchell，1999；Sweeney、Soutar 和 Johnson，1999；Chaudhuri，2000）。然而这 6 种风险存在显著的相关性。绩效风险是对不利后果的发生概率的测量，而不是发生后的结果，在逻辑前后顺序上应该优先于其他风险之前（Stone 和 Grønhaug，1993；Keh 和 Pang，2010；杨洋，2013）；心理风险在其他风险类型与总风险水平之间发挥的是桥梁作用，是一个重要的中介变量（Stone 和 Grønhaug，1993）。因此，绩效风险和心理风险是感知风险中最重要的两个风险类型，能完全代表感知风险的内涵（杨洋，2013）。绩效风险是因为产品或服务没有达到消费者预期功能而无法满足消费者的需求所产生的风险感知（Keh 和 Pang，2010；杨洋，2013）；心理风险是指消费者由于购买或使用产品或服务而导致的可能的心理幸福感降低（Keh 和 Pang，2010；杨洋，2013）。本书借鉴了 Keh、Pang（2010）、杨洋（2013）的研究结果，研究了心理风险、绩效风险的中介风险及其差异。

① 绩效风险有调节的中介作用。

绩效风险是因为产品或服务没有达到消费者预期功能而无法满足消费者的需求所产生的风险感知（Keh 和 Pang，2010；杨洋，2013）。在产品伤害危机的相关研究中，现有的研究已发现绩效风险的中介作用，如在产品伤害危机中绩效风险中介了感知危害性、感知违约性、感知责任性、感知偶发性和感知无良性对危机产品的产品态度的影响（杨洋，2013）；然而，在产品伤害危机溢出效应中其中介作用是否存在，这尚未明确。根据激活扩散理论和可接近—可诊断理论，产品伤害危机发生之后，竞争品牌与危机品牌在引发危机的产品属性方面越相似，为消费者对竞争品牌的判断提供了越多线索，越容易激活消费者记忆中竞争品牌和危机品牌之间联系的记忆节点，使得消费者可以从危机品牌的产品质量感知转移到竞争品牌，使得危机信息对竞争品牌的可诊断性越高，导致消费者感知竞争品牌存在类似产品缺陷或威胁的可能性增大，导致消费感知的绩效风险越高，从而使消费者对竞争品牌的品牌态度显著降低，所产生的负面溢出效应也就越强；在属性相似性高的情况下，竞争品牌和危机品牌的品牌越相似，消费者得到的线索越多，感知危机信息对竞争品牌的可诊断性越高，绩效风险越高，导致产品伤害危机对竞争品牌的负面溢出效应越强。危机产品相似性和品牌相似性共同通过改变消费者的认知偏差，影响其绩效风险，从而影响危机对竞争品牌的品牌态度，发生溢出效应。因此得出研究假设H5。

H5：对竞争品牌而言，绩效风险中介了属性相似性和品牌相似性交互对溢出效应的影响。

产品伤害危机发生后，在属性相似性高的情况下，品牌相似性越高，产品伤害危机的严重程度越高，危机信息对竞争品牌的可诊断性越高，消费者对竞争品牌的心理风险越高，危机对竞争品牌的负面溢出效应越强；在属性相似性低的情况下，危机信息对竞争品牌不具有负面可诊断性（即使消费者对竞争品牌产生不利的看法），根据选择性接近机制，竞争品牌的目标产品属性与危机品牌的引发危机的产品属性不一致，消费者会进行相异性检验，产生对比效应（邢淑芬和俞国良，2006；费显政、李陈微和周舒华，2010）或竞争效应，产品伤害危机的严重程度越高，消费者对竞争品牌感知的绩效风险保持在较低水平，且品牌相似性越高，消费者的品牌转换意愿越强，对竞争品牌的态度越积极，对竞争品牌的正面溢出效应越强。因此，属性相似性、品牌相似性和危机严重程度通过绩效风险对溢出效应产生显著影响。因此，本书推出以下假设H6。

H6：对竞争品牌而言，在属性相似性、危机严重程度和品牌相似性交互对溢出效应的影响中绩效风险发挥了中介作用。

② 心理风险的有调节的中介作用。

心理风险是指消费者由于购买或使用产品或服务而导致的可能的心理幸福感降低（Keh和Pang，2010；杨洋，2013）。在产品伤害危机的相关研究中，现有的研究已发现心理风险的中介作用，如在产品伤害危机中心理风险中介了感知危害性、感知违约性、感知责任性、感知偶发性和感知无良性对危机产品的产品态度的影响；然而，在产品伤害危机溢出效应中其中介作用是否存在，这尚未明确。如心理风险在危机企业应对策略、外界澄清与品牌资产之间具有中介作用（方正等，2011）。研究产品伤害危机发生之后，竞争品牌与危机品牌在引发危机的产品属性方面越相似，为消费者对竞争品牌的判断提供了越多线索，越容易激活消费者记忆中竞争品牌和危机品牌之间联系的记忆节点，使得消费者可以从危机品牌的产品质量感知转移到竞争品牌，使得危机信息对竞争品牌的可诊断性越高，导致消费者感知竞争品牌存在类似产品缺陷或威胁的可能性增大，感知心理风险越高，使消费者对竞争品牌的品牌态度显著降低，所产生的负面溢出效应也就越强；在属性相似的情况下，竞争品牌和危机品牌的品牌越相似，消费者得到的线索越多，感知危机信息对竞争品牌的可诊断性越高，心理风险越高，导致产品伤害危机对竞争品牌的负面溢出效应越强。危机产品相似性和品牌相似性共同通过改变消费者的认知偏差，改变消费者的心理风险，从而影响产品伤害危机对竞争品牌的溢出效应（高倩丽，2014）。因此得出研究假设H7。

H7：对竞争品牌而言，心理风险中介了属性相似性和品牌相似性交互对溢出效应的影响。

产品伤害危机发生后，在属性相似高的情况下，品牌相似度越高，产品伤害危机的严重程度越高，危机信息对竞争品牌的可诊断性越高，消费者对竞争品牌的心理风险越高，危机对竞争品牌的负面溢出效应越强；在属性相似性低甚至不相似的情况下，品牌相似性越高，产品伤害危机的严重程度越高，危机信息对竞争品牌不具有负面可诊断性（即消费者对竞争品牌的不利看法），消费者对竞争品牌感知的心理风险越低，消费者的品牌转换意愿越强，对竞争品牌的态度越积极，对竞争品牌的正面溢出效应越强。因此，属性相似性、品牌相似性和危机严重程度通过心理风险对溢出效应产生显著影响。因此，本书推出以下假设H8。

H8：对竞争品牌而言，在属性相似性、品牌相似性和危机严重程度交互对溢出效应的影响中心理风险发挥了中介作用。

（3）研究方法。

本书主要探讨相似性对产品伤害危机（对竞争品牌）溢出效应的影响，探讨感知风险中心理风险和绩效风险的中介作用，研究危机对竞争品牌发生溢出效应的心理机制，进而构建溢出效应预测模型。因此，本书采用2（属性相似性：高和低）×2（品牌相似性：高和低）×2危机严重程度（高和低）的组间设计（Between-group Design）。

根据本书的研究模型，本书设计了三类刺激物：产品伤害危机严重程度刺激物；属性相似性的刺激物；品牌相似性刺激物。

①产品伤害危机严重程度刺激物。

通过对2000年以来的产品伤害危机的案例进行分析，本书考虑到消费者对产品类别的严重程度、熟悉程度和介入程度，最终选择快餐作为刺激物。本书以"某牌移动电源爆炸事件"为原型，结合多家报社、网站、新闻媒体的报道，提炼关键信息和修改部分信息，形成产品伤害危机严重程度的刺激物，具体分为产品伤害危机严重程度低的刺激物和产品伤害危机严重程度高的刺激物两个部分。

产品伤害危机严重程度低的案例如下。

深圳某牌移动电源爆炸，7人受轻伤

4月15日，搭乘深圳龙华线的300余名乘客经历惊险一幕（吴钰淳，2014）。昨晚11：35龙华线会展中心—市民中心区间往清湖方向发现0611号列车尾部一个乘客自带的移动电源突然冒起了烟，紧接着着火并发生爆炸，受到惊吓的乘客打开了车厢尾部的应急疏散门，行驶中的列车突然停下，300余名乘客被迫从隧道里行走20分钟到市民中心站台（游艳玲，2014）。该事件造成2人在爆炸中受轻伤，5人在疏散中因拥挤、踩踏而受到不同程度的轻伤。根据港铁深圳称，经消防确认，事故起因确认为乘客携带的一款某牌的移动充电源爆炸，具体是由该款移动电源使用的18650型电芯发生起火爆炸引起的。目前，龙华线恢复了正常的运营。

产品伤害危机严重程度高的案例如下。

深圳龙华线乘客某牌移动电源爆炸，300人从隧道疏散

4月15日，搭乘深圳龙华线的300余名乘客经历惊险一幕。昨晚11：35龙华线会展中心—市民中心区间往清湖方向发现0611号列车尾部一个乘客自带的移动电源突然冒起了烟，紧接着着火并发生爆炸，受到惊吓的乘客打开了车厢尾部的应急疏散门，行驶中的列车突然停下，300余名乘客被迫从隧道里行走20分钟到市民中心站台（游艳玲，2014）。该事件造成2人在爆炸中受重伤，67人在疏散中因拥挤、踩踏而受到不同程度的轻伤。根据港铁深圳称，经消防确认，事故起因确认为乘客携带的一款某品牌的移动充电源爆炸，具体是由该款移动电源使用的18650型电芯发生起火爆炸引起的。目前，龙华线恢复了正常的运营。

来源：《华西都市报》2015年4月15日第A1版。

②属性相似性的刺激物。

本书研究了某某快餐店速成鸡危机、某国外手机锂电池爆炸危机、某米移动电源爆炸危机、某饮料品牌夏枯草危机、某国外笔记本锂电池爆炸危机、某喜过期肉危机等典型产品伤害危机中引发产品伤害危机的关键产品属性（即危机产品属性），摘录各大新闻媒体对引发危机（对竞争品牌的）溢出的关键产品属性（即引发产品伤害危机的产品属性），如某凉茶中的夏枯草成分（在产品的外包装上产品成分说明中）引发的危机，某米移动电源的 18650 锂离子电池爆炸引发的某米移动电源爆炸危机等相似性的报道原文，形成了"属性相似性"，并进行修改和完善，以便与快餐品类对接，具体分为：属性相似性高的刺激物和属性相似性低的刺激物。

属性相似性高的刺激物。本书在属性相似性高的刺激物中称：目前，市面上的移动电源都采用是锂离子电池作为电芯。某某牌移动电源、A 品牌电池采用圆柱形的 18650 锂离子电池作为电芯，该电池的生产技术较成熟，自放电小，体积大，稍厚，生产成本较低，但存在安全隐患（摘自大成网）。属性相似性高的刺激物的图片部分如图 2-12 和图 2-13 所示。

图 2-12　A 品牌的 18650 锂离子电芯 　　　　图 2-13　某某牌的 18650 锂离子电芯

属性相似性低的刺激物。本书在属性相似性低的刺激物中称：目前，市面上的移动电源所采用的电芯类型有聚合物电池和 18650 锂离子电池两种。某某牌移动电源采用圆柱形的 18650 锂离子电池作为电芯，该电池的生产技术较成熟，自放电小，体积大，稍厚，成本低但存在安全隐患。A 品牌移动电源都采用长方体的扁平型顶级聚合物电池作为电芯，成本高，但电芯容量大，超薄，安全防爆，绿色环保（摘自大成网）。属性相似性低的刺激物的图片部分如图 2-14 和图 2-15 所示。

图 2-14　A 品牌的聚合物电芯 　　　　图 2-15　某某牌的 18650 锂离子电芯

③品牌相似性刺激物。

首先，为了对品牌相似性进行思维启动的操控，本书采用 Markman 和 Gentner（1996）和王海忠、田阳和胡俊华（2010）的研究方法，增加品牌相似性的思维启动的刺激物，将被试随机分为品牌相似性高组和品牌相似性低组；其次，让所有被试者阅读危机品牌和竞争品牌的简介，并对竞争品牌的品牌态度进行评价。接下来通过操纵引导两个组的被试者分别进入相似性检验或相异性检验过程，其方法是让不同组的被试者观察同样两幅图片，图片内容来自 Markman 和 Gentner（1996）的研究，其中一幅图片（见图 2-16）展示的是一个女人正在桌子旁，手里拿着一个杯子，图片右方有一棵圣诞树，树下有一些礼物，

还有一个壁橱；另一图片（见图2-17）展示的是一个男人站在桌子前，准备伸手去拿桌子中央的大碗，桌上有一个酒瓶和一些玻璃杯，壁橱在左方，上面有一个天使的挂饰（王海忠、田阳和胡俊华，2010）。

图2-16 3-A    图2-17 3-B

其次，品牌相似性高的组被要求根据以图2-16、图2-17两幅图所示，尽可能地列出两幅图中的相似之处，强调至少写出两幅图的3处相似的地方；品牌相似性低的组被要求根据以两幅图所示，尽可能地列出两幅图中的相异之处，强调至少写出两幅图的3处相异的地方。

最后，在相似性思维启动结束后，请被试者阅读危机品牌和竞争品牌的品牌简介和相关信息。具体来看，本书对多起产品伤害危机溢出效应案例的研究，搜集多家快餐企业的介绍，最终选择两个快餐企业作为本书的研究原型企业，考虑到品牌来源国对消费者的快餐选择的影响较大（中式餐、西式餐、日式等），选产品质量、品牌来源国、品牌档次等作为品牌相似性的锚定标准，形成品牌相似性刺激物。为剔除已有的消费经历的干扰，本书对竞争品牌使用虚拟品牌，即将竞争品牌名为A品牌。

品牌相似性高的刺激物案例如下。

某某是一家移动电源（充电宝）制造商，销售网络遍布全球，已跻身移动电源品牌前10强，2014年移动电源市场份额为12.17%，排名第4，是国内一线移动电源品牌，获得2013年移动电源品牌产品好评度的第4名。A品牌是一家移动电源（充电宝）制造商，销售网络遍布全球，已跻身移动电源品牌前10强，2014年移动电源市场份额为12.3%，排名第3，是国内一线移动电源品牌，是家喻户晓的移动电源品牌，制造设计优雅、智能的移动电源，产品定位差异化，曾获得2013年移动电源品牌产品质量好评度的第3名，深受广大消费者欢迎和喜爱。

品牌相似性低的刺激物的案例如下。

某某是一家移动电源（充电宝）制造商，总部在深圳，销售网络遍布全球，已跻身移动电源品牌前10强，2014年移动电源市场份额为12.17%，排名第4，是国内一线移动电源品牌，获得2013年移动电源品牌产品好评度的第4名。A品牌是韩国一家移动电源（充电宝）制造商，总部在首尔，销售网络主要在中国华南地区，尚未进入移动电源品牌前10强，2014年移动电源市场份额为2.83%，排名第11，是二线移动电源品牌，制造设计优雅、简单易用的移动电源，产品定位差异化，曾获得2013年移动电源品牌产品质量好评度的第11名。

（4）实验程序。

采用2（属性相似性：高和低）×2（品牌相似性：高和低）×2危机严重程度（高和低）的组间设计，共316名本科生和研究生参与该实验。学生样本的同质性高，便于控制个体差异对实验结果的干扰，被国内外学者广泛应用到消费者行为的研究之中；此外，根据笔者对国内外有关产品伤害危机及其溢出效应的研究也发现，学生样本是首选样本。因此，借鉴国内外学者的研究经验，本书也选择学生样本开展研究。学生被试者被随机分为八个小组，本实验分为九个步骤。

第一步，为了对品牌相似性进行思维启动的操控，本书采用Markman和Gentner（1996）和王海忠、田阳和胡俊华（2010）的研究方法，增加品牌相似性的思维启动的刺激物，将被试者随机分为品牌相似高组和品牌相似性低组；其次，让所有被试者阅读危机品牌和竞争品牌的简介，并对竞争品牌的品牌态度进行评价。接下来通过操纵引导两个组的被试者分别进入相似性检验或相异性检验过程，其方法是让不同组的被试者观察同样两幅图片，图片内容来自 Markman 和 Gentner（1996）的研究，其中一幅图片展示的是一个女人正在桌子旁，手里拿着一个杯子，图片右方有一棵圣诞树，树下有一些礼物，还有一个壁橱；另一图片展示的是一个男人站在桌子前，准备伸手去拿桌子中央的大碗，桌上有一个酒瓶和一些玻璃杯，壁橱在左方，上面有一个天使的挂饰（王海忠、田阳和胡俊华，2010）；品牌相似性高相似组被要求根据以 3-A、3-B 两幅图所示，尽可能地列出两幅图中的相似之处，强调至少写出 3-A、3-B 图的 3 处相似的地方；品牌相似性低相似组被要求根据以 3-A、3-B 两幅图所示，尽可能地列出两幅图中的相异之处，强调至少写出 3-A、3-B 图的 3 处相异的地方；然后请被试阅读有关竞争品牌（A 品牌）与危机品牌（某某）的媒体报道，促使被试思考竞争品牌（A 品牌）与危机品牌（某某）的品牌相似性，并请被试对品牌的相似性进行作答。

第二步，测量变量在产品伤害危机前的初始水平：消费者对竞争品牌（A 品牌）的前测品牌态度（BA，即 Brand Attitude）、产品涉入度。

第三步，请学生被试者阅读一段产品伤害危机（移动电源爆炸危机）的新闻报道。

第四步，在阅读完危机报道后，请被试者从危机事件的严重程度评价该新闻报道。

第五步，在阅读完危机报道后，请被试者从真实性、可信性、源于现实性等方面评价危机报道。

第六步，请被试者阅读有关竞争品牌（A 品牌）与危机品牌（某某）二者之间的产品危机属性（引发产品社会危机的产品属性，即电芯）相似性的媒体报道，促使被试者思考竞争品牌（A 品牌）与危机品牌（某某）之间的产品危机属性相似性。

第七步，请被试者评价竞争品牌（A 品牌）与危机品牌（某某）二者之间的产品危机属性的相似性以及被试者对竞争品牌（A 品牌）的产品的绩效风险、心理风险进行评价。

第八步，请被试者再次对竞争品牌的品牌态度进行评价。

第九步，请被试者填写人口统计特征信息。

（5）变量测量。

① 品牌态度的测量。

品牌态度的测量采用 Dahlen 和 Lange（2006）的量表，并结合我国消费者的特点进行修改，具体包括四个题项：A 品牌产品质量非常高；A 品牌很好；我喜欢 A 品牌；A 品牌比较合我心意。

② 溢出效应的测量。

根据实验要求，溢出效应 = △竞争品牌态度 = 危机后消费者对竞争品牌的品牌态度（均值）− 危机前对竞争品牌的品牌态度（均值）。

③ 属性相似性的测量。

属性相似性的测量沿用或修改先前研究，借鉴 Roehm 和 Tybout（2006）和方正等（2013）等的研究，具体包括两个题项：在采用电芯类型方面，某某、A 品牌移动电源具有相似性；某某与 A 品牌都使用相似类型的电芯为移动电源供电等。

④ 品牌相似性的测量。

参考王海忠等（2010）的研究，并修改品牌相似性的三个测试题项：A 品牌移动电源与某某移动电源的品牌来源国相似；A 品牌移动电源与某某移动电源的品牌档次很相似；A 品牌移动电源与某某移动电源的产品质量很相似；A 品牌移动电源与某某移动电源的市场份额相似。

⑤ 危机严重程度的测量。

参考 Dawar 等（1998）、方正等（2013）、崔泮为（2014）的研究，以对问题的严重程度来对危机严重程度进行评价，本书使用一个题项"本次某某牌移动电源爆炸是严重质量问题"。

⑥心理风险的测量。

参照 Keh 和 Pang（2010）、方正等（2010）、杨洋（2013）的研究，本书使用 3 个题项来测试消费者对竞争品牌的心理风险：如果使用 A 品牌移动电源，我心里会不舒服；如果使用 A 品牌移动电源，我会感到不安；如果使用 A 品牌移动电源，我会感到担忧。

⑦绩效风险的测量。

参照 Keh 和 Pang（2010）、杨洋（2013）的研究，本书使用两个题项来测试消费者对竞争品牌的绩效风险：A 品牌移动电源使用有爆炸隐患的电芯的可能性很大；A 品牌移动电源发生类似爆炸事件的可能性很大。

⑧刺激物真实性的测量。

参照崔泮为（2014）的研究，本书使用 3 个题项来测试刺激物真实性：该报道是真实的；该报道是可信的；该报道是源于现实的。

⑨产品涉入度的测量。

借鉴 Laurent 和 Kapferer（1985）、崔泮为（2013）的研究，本书使用两个题项来测量消费者产品涉入度：移动电源这种产品对我很重要；移动电源是我感兴趣的一种产品。

本书对以上变量都采用 9 分 Likert 量表，并使用双盲翻译方法翻译英文量表，确保量表的合理和准备。

（6）数据分析。

①样本概况。

本书在大学生的课堂上进行随机抽取形式抽取学生样本，发放问卷 280 份，共回收 261 份，剔除无效问卷和空白问卷 18 份，有效样本总量为 243 个。其中男性 95 人，占 39.1%；女性 148 人，占 60.9%；学生样本的平均年龄为 23.38 岁，平均月生活费为 1267.59 元。

本书实验组的样本分配情况如表 2-146 所示。

表 2-146　样本在各实验组中的分布

实验组	属性相似性 × 品牌相似性		危机严重程度	样本	合计
	属性相似性	品牌相似性			
1	高	高	低	31	64
2	高	高	高	33	
3	高	低	低	30	59
4	高	低	高	29	
5	低	高	低	29	60
6	低	高	高	31	
7	低	低	低	2929	60
8	低	低	高	31	

综合上表，样本在 8 个实验组的分布比较均匀。

②变量描述。

量表信度。本书对该研究的变量的信度进行分析，各变量的测试信度均大于 0.9。因此，本书认为该研究的问卷信度较高。具体来看，本书中各变量的测试信度如表 2-147 至表 2-154 所示。

表 2-147　属性相似性的测项信度

Cronbach's α	项数
0.970	3

表 2-148　消费者产品涉入度的测项信度

Cronbach's α	项数
0.854	2

表 2-149　品牌相似性的测项信度

Cronbach's α	项数
0.916	3

表 2-150　信息真实性的测项信度

Cronbach's α	项数
0.967	3

表 2-151　危机前品牌态度的测项信度

Cronbach's α	项数
0.930	4

表 2-152　绩效风险的测项信度

Cronbach's α	项数
0.970	3

表 2-153　心理风险的测项信度

Cronbach's α	项数
0.961	3

表 2-154　危机后品牌态度的测项信度

Cronbach's α	项数
0.967	4

因子分析。根据本书目的和研究假设，本书采用方差分析和回归分析验证研究假设。由于方差分析和回归分析无法处理潜变量，所以本书对各变量进行因子分析，以因子得分作为潜变量的值（崔泮为，2013）。具体如表 2-155 所示，本书的 7 个变量的测项的 KMO 值和 Bartlett's 球形检验的结果证明，7 个变量适合进行因子分析。属性相似性能解释 3 个测项 94.309% 的变差，品牌相似性能解释 3 个测项 86.070% 的变差，消费者产品涉入度能解释两个测项 87.35% 的变差，信息真实性能解释 3 个测项 95.158% 的变差，危机前品牌态度能解释 4 个测项 82.726% 的变差，绩效风险能解释两个测项 92.145% 的变差，心理风险能解释 3 个测项 92.689% 的变差，危机后品牌态度能解释 4 个测项 91.431% 的变差。综上，本书的各变量能够解释对应测项的变差大于 70%，表明因子得分能够较好地反映各变量的量表的测量数值。各变量的 KMO 和 Bartlett's 球形检验、共同度、提取量如表 2-156 所示。

属性相似性。属性相似性的 3 个题项的 Bartlett's 球检验是显著的，说明存在因子结构，另外 KMO=0.785，较适宜因子分析（见表 2-155），对 3 个题项（见表 2-156）进行探索性因子分析，提出 1 个因子（见表 2-157），解释方差变动为 94.309%，表明因子得分能够较好地反映各变量的量表的测量数值。

表 2-155　属性相似性的 KMO 和 Bartlett's 球形检验

KMO		0.785
Bartlett's 的球形度检验	近似卡方	933.956
	自由度	3
	显著水平	0.000

表 2-156　属性相似性测项的共同度

	初始	提取量
属性相似性 1	1.000	0.971
属性相似性 2	1.000	0.973
属性相似性 3	1.0000	0.969

表 2-157　属性相似性测项的因子提取

成分	初始特征值 合计	方差的 /%	累积 /%	提取平方和载入 合计	方差的 /%	累积 /%
1	2.829	94.309	94.309	2.829	94.309	94.309
2	0.093	3.086	97.395			
3	0.078	2.605	100.000			

品牌相似性。品牌相似性的 3 个题项的 Bartlett's 球检验是显著的，说明存在因子结构，另外 KMO=0.722，较适宜因子分析（见表 2-158），对 3 个题项（见表 2-159）进行探索性因子分析，提出 1 个因子（见表 2-160），解释方差变动为 86.070%，表明因子得分能够较好地反映各变量的量表的测量数值。

表 2-158　品牌相似性的 KMO 和 Bartlett's 球形检验

KMO		0.722
Bartlett's 的球形度检验	近似卡方	557.181
	自由度	3
	显著水平	0.000

表 2-159　品牌相似性测项的共同度

题项	初始	提取量
品牌相似性 1	1.000	0.828
品牌相似性 2	1.000	0.913
品牌相似性 3	1.000	0.841

表 2-160　品牌相似性测项的因子提取

成分	初始特征值 合计	方差的 /%	累积 /%	提取平方和载入 合计	方差的 /%	累积 /%
1	2.582	86.070	86.070	2.582	86.070	86.070
2	0.284	9.460	95.530			
3	0.134	4.470	100.000			
提取方法：主成分分析						

消费者产品涉入度。产品涉入度的两个题项的 Bartlett's 球检验是显著的，说明存在因子结构，另外 KMO=0.500，（见表 2-161），对两个题项（见表 2-162）进行探索性因子分析，提出 1 个因子（见表 2-163），解释方差变动为 87.353%，表明因子得分能够较好地反映各变量的量表的测量数值。

表 2-161　消费者产品涉入度的 KMO 和 Bartlett's 球形检验

KMO		0.500
Bartlett's 的球形度检验	近似卡方	196.412
	自由度	1
	显著水平	0.000

表 2-162 消费者产品涉入度测项的共同度

	初始	提取量
产品涉入度 1	1.000	0.874
产品涉入度 2	1.000	0.874

表 2-163 消费者产品涉入度测项的因子提取

成分	初始特征值			提取平方和载入		
	合计	方差的 /%	累积 /%	合计	方差的 /%	累积 /%
1	1.747	87.353	87.353	1.747	87.353	87.353
2	0.253	12.647	100.000			

信息真实性。信息真实性的 3 个题项的 Bartlett's 球检验是显著的，说明存在因子结构，另外 KMO=0.756，较适宜因子分析（见表 2-164），对 3 个题项（见表 2-165）进行探索性因子分析，提出 1 个因子（见表 2-166），解释方差变动为 95.158%，表明因子得分能够较好地反映各变量的量表的测量数值。

表 2-164 信息真实性的 KMO 和 Bartlett's 球形检验

KMO		0.756
Bartlett's 的球形度检验	近似卡方	941.883
	自由度	3
	显著水平	0.000

表 2-165 信息真实性测项的共同度

	初始	提取量
信息真实性 1	1.000	0.942
信息真实性 2	1.000	0.960
信息真实性 3	1.000	0.912

表 2-166 信息真实性测项的因子提取

成分	初始特征值			提取平方和载入		
	合计	方差的 /%	累积 /%	合计	方差的 /%	累积 /%
1	2.855	95.158	95.158	2.855	95.158	95.158
2	0.087	2.885	98.043			
3	0.059	1.957	100.000			
提取方法：主成分分析						

危机前品牌态度的测项信度。危机前品牌态度的 4 个题项的 Bartlett's 球检验是显著的，说明存在因子结构，另外 KMO=0.808，较适宜因子分析（见表 2-167），对 4 个题项（见表 2-168）进行探索性因子分析，提出 1 个因子（见表 2-169），解释方差变动为 82.726%，表明因子得分能够较好地反映各变量的量表的测量数值。

表 2-167 危机前品牌态度的 KMO 和 Bartlett's 球形检验

KMO		0.808
Bartlett's 的球形度检验	近似卡方	836.845
	自由度	6
	显著水平	0.000

表 2-168 危机前品牌态度测项的共同度

	初始	提取量
危机前品牌态度 1	1.000	0.791
危机前品牌态度 2	1.000	0.835
危机前品牌态度 3	1.000	0.848
危机前品牌态度 4	1.000	0.835

表 2-169 危机前品牌态度测项的因子提取

成分	初始特征值			提取平方和载入		
	合计	方差的 /%	累积 /%	合计	方差的 /%	累积 /%
1	3.309	82.726	82.726	3.309	82.726	82.726
2	0.373	9.317	92.042			
3	0.183	4.580	96.622			
4	0.135	3.378	100.000			

提取方法：主成分分析

绩效风险。绩效风险的两个题项的 Bartlett's 球检验是显著的，说明存在因子结构，另外 KMO=0.500（见表 2-170），对两个题项（见表 2-171）进行探索性因子分析，提出 1 个因子（见表 2-172），解释方差变动为 92.145%，表明因子得分能够较好地反映各变量的量表的测量数值。

表 2-170 绩效风险的 KMO 和 Bartlett's 球形检验

KMO			0.500
Bartlett's 的球形度检验	近似卡方		298.111
	自由度		1
	显著水平		0.000

表 2-171 绩效风险测项的共同度

	初始	提取量
PPR1	1.000	0.921
PPR2	1.000	0.921

表 2-172 绩效风险测项的因子提取

成分	初始特征值			提取平方和载入		
	合计	方差的 /%	累积 /%	合计	方差的 /%	累积 /%
1	1.843	92.145	92.145	1.843	92.145	92.145
2	0.157	7.855	100.000			

提取方法：主成分分析

心理风险。心理风险的两个题项的 Bartlett's 球检验是显著的，说明存在因子结构，另外 KMO=0.737（见表 2-173），对 3 个题项（见表 2-174）进行探索性因子分析，提出 1 个因子（见表 2-175），解释方差变动为 92.689%，表明因子得分能够较好地反映各变量的量表的测量数值。

表 2-173 心理风险的 KMO 和 Bartlett's 球形检验

KMO			0.737
Bartlett's 的球形度检验	近似卡方		865.496
	自由度		2
	显著水平		0.000

表 2-174　心理风险测项的共同度

	初始	提取量
IR1	1.000	0.904
IR2	1.000	0.958
IR3	1.000	0.919

表 2-175　心理风险测项的因子提取

成分	初始特征值 合计	初始特征值 方差的 /%	初始特征值 累积 /%	提取平方和载入 合计	提取平方和载入 方差的 /%	提取平方和载入 累积 /%
1	2.781	92.689	92.689	2.781	92.689	92.689
2	0.157	5.232	97.921			
3	0.062	2.079	100.000			
提取方法：主成分分析						

危机后品牌态度。危机后品牌态度的 4 个题项的 Bartlett's 球检验是显著的，说明存在因子结构，另外 KMO=0.874，较适宜因子分析（见表 2-176），对 4 个题项（见表 2-177）进行探索性因子分析，提出 1 个因子（见表 2-178），解释方差变动为 91.431%，表明因子得分能够较好地反映各变量的量表的测量数值。

表 2-176　危机后品牌态度的 KMO 和 Bartlett's 球形检验

KMO		0.874
Bartlett's 的球形度检验	近似卡方	1272.031
	自由度	6
	显著水平	0.000

表 2-177　危机后品牌态度测项的共同度

	初始	提取量
BA21	1.000	0.909
BA22	1.000	0.927
BA23	1.000	0.930
BA24	1.000	0.891

表 2-178　危机后品牌态度测项的因子提取

成分	初始特征值 合计	初始特征值 方差的 /%	初始特征值 累积 /%	提取平方和载入 合计	提取平方和载入 方差的 /%	提取平方和载入 累积 /%
1	3.657	91.431	91.431	3.657	91.431	91.431
2	0.156	3.903	95.334			
3	0.094	2.352	97.685			
4	0.093	2.315	100.000			
提取方法：主成分分析						

本书的八个实验组的溢出效应因子得分如表 2-179 所示。

表 2-179　各实验组的溢出效应值

属性相似性	品牌相似性	危机严重程度	样本	均值	标准差
低	高	危机严重程度低	29	0.10	0.22
		危机严重程度高	31	0.98	0.21
	低	危机严重程度低	29	0.04	0.22
		危机严重程度高	31	0.06	0.21

续表

属性相似性	品牌相似性	危机严重程度	样本	均值	标准差
高	高	危机严重程度低	31	−0.40	0.21
		危机严重程度高	33	−1.44	0.21
	低	危机严重程度低	30	−0.23	0.22
		危机严重程度高	29	−0.71	0.22

③ 操控检验。

属性相似性。本书对所有实验组的属性相似性测项的数据进行方差分析，方差齐性检验显示，属性相似性高组和属性相似性低组的组间具有方差齐性。方差分析显示，属性相似性高组和相似性低组刺激物的被试，对竞争品牌和危机品牌之间的属性相似性的判断存在显著差异 [$M_{属性相似性高}$=6.16，$M_{属性相似性低}$=3.07，$F(1, 241)$=203.093，$p<0.0005$]，如表2-180、表2-181、表2-182所示。

表2-180 属性相似性操控检验描述性分析

属性相似性	N	均值	标准差	标准误	95% 置信区间 下限	95% 置信区间 上限	最小值	最大值
低	120	3.07	1.52	0.14	2.79	3.34	1.00	8.00
高	123	6.16	1.84	0.17	5.83	6.49	1.00	9.00
总数	243	4.64	2.29	0.15	4.35	4.92	1.00	9.00

表2-181 属性相似性的方差齐性检验

Levene 统计量	df1	df2	显著性
2.532	1	241	0.113

表2-182 属性相似性的方差分析

	平方和	自由度	均方	F	显著性
组间	581.144	1	581.144	203.093	0.000
组内	689.614	241	2.861		
总数	1270.758	242			

对于所有属性相似性高的实验组而言，方差齐性检验的结果显示，属性相似性高组间具有方差齐性。对于接受属性相似性高刺激物的4个实验组而言，这4个实验组的被试对属性相似性的评价没有显著差异 [均值从6.18到6.24，$F(3, 152)$=0.01，p=0.920 > 0.05]，具体如表2-183、表2-184、表2-185所示。

表2-183 属性相似性高各组的描述统计分析

实验组	样本	均值	标准差	95% 置信区间 下限	95% 置信区间 上限
1	38	6.21	0.258	5.701	6.720
2	40	6.21	0.251	5.716	6.709
3	38	6.18	0.258	5.675	6.694
4	40	6.24	0.251	5.741	6.734

表2-184 属性相似性高各组的方差齐性检验

Levene 统计量	df1	df2	Sig.
1.412	3	152	0.242

表 2-185 属性相似性高各组的方差分析

	平方和	自由度	均方	F	显著性
组间	0.026	3	0.026	0.010	0.920
组内	383.964	152	2.526		
总数	383.990	156			

对于所有属性相似性低的实验组而言，方差齐性检验的结果显示，属性相似性低组间具有方差齐性。对于接受属性相似性低刺激物的 4 个实验组而言，这 4 个实验组的被试对属性相似性的评价没有显著差异 [均值从 3.66 到 3.70，$F(3, 154)=0.008$，$p=0.927>0.05$]，具体如表 2-186、表 2-187、表 2-188 所示。

表 2-186 属性相似性低各组的描述统计分析

实验组	样本	均值	标准差	95% 置信区间	
				下限	上限
1	40	3.70	0.256	3.195	4.205
2	40	3.69	0.256	3.183	4.192
3	40	3.66	0.256	3.158	4.167
4	38	3.70	0.262	3.179	4.215

表 2-187 属性相似性低各组的方差齐性检验

Levene 统计量	df1	df2	Sig.
0.858	3	154	0.465

表 2-188 属性相似性低各组的方差分析

	平方和	自由度	均方	F	显著性
组间	0.022	3	0.022	0.008	0.927
组内	402.207	154	2.612		
总数	402.229	158			

品牌相似性。对于所有品牌相似性高的实验组而言，方差齐性检验的结果显示，品牌相似性高组间具有方差齐性。对于接受品牌相似性高刺激物的 4 个实验组而言，这 4 个实验组的被试对品牌相似性的评价没有显著差异 [均值从 5.84 到 6.06，$F(3, 152)<0.001$，$p=0.994>0.05$]，具体如表 2-189、表 2-190、表 2-191 所示。

表 2-189 品牌相似性高各组的描述统计分析

实验组	样本	均值	标准差	95% 置信区间	
				下限	上限
1	40	5.93	0.244	5.452	6.415
2	38	5.84	0.250	5.348	6.336
3	38	6.06	0.250	5.567	6.555
4	40	5.97	0.244	5.485	6.448

表 2-190 品牌相似性高各组的方差齐性检验

Levene 统计量	df1	df2	Sig.
1.979	3	152	0.120

表 2-191 品牌相似性高各组的方差分析

	平方和	自由度	均方	F	显著性
组间	0.000	3	0.000	0.000	0.994
组内	361.243	152	2.377		
总数	361.243	156			

对于所有品牌相似性低的实验组而言，方差齐性检验的结果显示，品牌相似性低组间具有方差齐性。对于接受品牌相似性低刺激物的 4 个实验组而言，这 4 个实验组的被试对危机品牌相似性的评价没有显著差异［均值从 3.32 到 3.41，$F(3, 154)=0.096$，$p=0.757 > 0.05$］，具体如表 2-192、表 2-193、表 2-194 所示。

表 2-192 品牌相似性低各组的描述统计分析

实验组	样本	均值	标准差	95% 置信区间 下限	95% 置信区间 上限
1	40	3.32	0.216	2.889	3.744
2	38	3.41	0.216	2.981	3.836
3	38	3.37	0.222	2.930	3.807
4	40	3.33	0.216	2.898	3.752

表 2-193 品牌相似性低各组的方差齐性检验

Levene 统计量	df1	df2	Sig.
0.763	3	154	0.516

表 2-194 品牌相似性低各组的方差分析

	平方和	自由度	均方	F	显著性
组间	0.180	3	0.180	0.096	0.757
组内	288.159	154	1.871		
总数	288.339	158			

综上，说明品牌相似性操控成功。

危机严重程度。对产品伤害危机实验组而言，方差齐性检验的结果显示，危机严重程度高组间具有方差齐性。对于阅读产品伤害危机严重程度刺激物的被试，方差分析的结果显示，产品伤害危机严重程度高组与产品伤害危机严重程度低组存在显著差异［$M_{危机严重程度高}=6.72$，$M_{危机严重程度低}=4.38$，$F(1, 241)=91.747$，$p<0.005$］，如表 2-195、表 2-196 所示。

表 2-195 危机严重程度的方差齐性检验

Levene 统计量	df1	df2	Sig.
2.072	1	241	0.151

表 2-196 危机严重程度的方差分析

因变量：危机严重程度

	平方和	df	均方	F	显著性
组间	332.386	1	332.386	91.747	0.000
组内	873.104	241	3.623		
总数	1205.490	242			

对于所有危机严重程度高实验组而言，方差齐性检验的结果显示，危机严重程度高组间具有方差齐性。对于接受危机严重程度高刺激物的 4 个实验组而言，这 4 个实验组的被试对产品伤害危机的严重程

度的评价没有显著差异［均值从 6.26 到 7.09，F（1，120）=0.036，p=0.849＞0.05］，具体如表 2-197、表 2-198、表 2-199 所示。

表 2-197　危机严重程度高各组的描述统计分析

因变量：危机严重程度

实验组	样本	均值	标准差	95% 置信区间 下限	95% 置信区间 上限
1	31	6.26	0.35	5.56	6.95
2	31	7.00	0.35	6.31	7.69
3	29	6.48	0.36	5.76	7.20
4	33	7.09	0.34	6.42	7.76

表 2-198　危机严重程度高各组的方差齐性检验

因变量：危机严重程度

Levene 统计量	df1	df2	Sig.
1.372	3	120	0.255

表 2-199　危机严重程度高各组的方差分析

因变量：危机严重程度

	平方和	自由度	均方	F	显著性
组间	0.138	3	0.138	0.036	0.849
组内	457.904	120	3.816		
总数	458.042	124			

对于所有危机严重程度低实验组而言，方差齐性检验的结果显示，危机严重程度低组间具有方差齐性。对于接受危机严重程度低刺激物的 4 个实验组而言，这 4 个实验组的被试对产品伤害危机的严重程度的评价没有显著差异［均值从 3.72 到 4.45，F（1，115）=1.979，p=0.162＞0.05］，具体如表 2-200、表 2-201、表 2-202 所示。

表 2-200　危机严重程度低各组的描述统计分析

因变量：危机严重程度

实验组	样本	均值	标准差	95% 置信区间 下限	95% 置信区间 上限
5	29	4.34	0.33	3.70	4.99
6	29	3.72	0.33	3.08	4.37
7	30	4.17	0.32	3.53	4.80
8	31	4.45	0.32	3.83	5.08

表 2-201　危机严重程度低各组的方差齐性检验

因变量：危机严重程度

Levene 统计量	df1	df2	Sig.
0.743	3	115	0.529

表 2-202　危机严重程度低各组的方差分析

因变量：危机严重程度

	平方和	自由度	均方	F	显著性
组间	6.095	3	6.095	1.979	0.162
组内	354.189	115	3.080		
总数	360.284	119			

因此,危机严重程度操控成功。

信息真实性。以三个题项的均值作为信息真实性的得分,方差齐性检验显示,信息真实性组间具有方差齐性。对于8个实验组而言,被试对产品伤害危机的信息真实性的评价没有显著差异 [均值从6.16到6.99,$F(7, 235)=0.444$,$p=0.506>0.05$],具体如表2-203、表2-204、表2-205所示。

表2-203 信息真实性各组的描述统计分析

因变量:信息真实性

实验组	样本量	均值	标准差	95% 置信区间	
				下限	上限
1	29	6.61	0.30	6.02	7.20
2	31	6.16	0.29	5.59	6.73
3	29	6.43	0.30	5.83	7.02
4	31	6.63	0.29	6.06	7.21
5	30	6.99	0.30	6.41	7.57
6	29	6.48	0.30	5.89	7.08
7	31	6.19	0.29	5.62	6.77
8	33	6.90	0.28	6.34	7.45

表2-204 信息真实性各组的方差齐性检验

因变量:信息真实性

Levene 统计量	df1	df2	Sig.
1.684	7	235	0.114

表2-205 信息真实性各组的方差分析

因变量:信息真实性

	平方和	自由度	均方	F	显著性
组间	1.165	7	1.165	0.444	0.506
组内	616.338	235	2.623		
总数	617.503	243			

综上,说明信息真实性操控成功。

消费者产品涉入度。以三个题项的均值作为消费者产品涉入度的得分,方差齐性检验显示,消费者产品涉入度组间具有方差齐性。描述性统计显示,实验组的消费者产品涉入度整体均值为4.50。对于8个实验组而言,被试对产品伤害危机背景下消费者产品涉入度的评价没有显著差异 [均值从5.38到6.37,$F(7, 235)=0.038$,$p=0.846>0.05$],具体如表2-206、表2-207、表2-208所示。

表2-206 消费者产品涉入度各组的描述统计分析

因变量:产品涉入度

实验组	样本量	均值	标准差	95% 下限	置信区间上限
1	29	5.79	0.40	5.01	6.57
2	31	5.63	0.38	4.87	6.38
3	29	5.38	0.40	4.60	6.16
4	31	5.87	0.38	5.12	6.63
5	30	6.37	0.39	5.60	7.13
6	29	5.62	0.40	4.84	6.40
7	31	5.76	0.38	5.00	6.51
8	33	5.45	0.37	4.72	6.19

表 2-207　消费者产品涉入度各组的方差齐性检验

因变量：产品涉入度

Levene 统计量	df1	df2	Sig.
0.616	7	235	0.743

表 2-208　消费者产品涉入度各组的方差分析

因变量：产品涉入度

	平方和	自由度	均方	F	显著性
组间	0.172	7	0.172	0.038	0.846
组内	1071.466	235	4.559		
总数	1071.638	243			

因此，消费者产品涉入度操控成功。

综合上述分析，操控检验的结果表明，本书对属性相似性、品牌相似性、危机严重程度、信息真实性、消费者产品涉入度等 5 个变量进行较好的操控，这为下一步研究构建了良好的基础。

④ 假设检验。

一是绩效风险的中介效应检验，包括品牌相似性调节下绩效风险的中介效应检验，以及品牌相似性和危机严重程度调节下绩效风险的中介效应检验。

品牌相似性调节下绩效风险的中介效应检验。为了检验假设 5，即检验在属性相似性和品牌相似性交互对溢出效应的影响中绩效风险的中介作用，即有调节的中介效应（Muller、Judd 和 Yzerbyt，2005；陈瑞、郑毓煌和刘文静，2013；魏巍，2015）。

按照 Zhao 等（2010）提出的中介分析程序，参照 Preacher 和 Hayes（2004）、Hayes（2013）提出的 Bootstrap 方法进行中介效应检验，使用 PROCESS 中的模型 8，样本量选择 5000，Bootstrap 取样方法选择偏差校正的非参数百分位法，即勾选 "Bias Corrected"，在 95% 的置信区间下，检验了消费者的绩效风险的中介效应（陈瑞、郑毓煌和刘文静，2013）。中介效应的检验结果显示，中介效应的结果没有包含 0（LLCI=−0.3032，ULCI=−0.0006），说明在属性相似性和品牌相似性交互对溢出效应的影响过程绩效风险的中介效应显著，且中介效应为 −0.0945。因此，研究假设 5 得证。此外，控制了中介变量绩效风险后，属性相似性（高 vs. 低）对因变量溢出效应的影响不显著，区间（LLCI=−0.7518，ULCI=0.1280），结果区间中包含 0；品牌相似性（高 vs. 低）对因变量溢出效应的影响显著，区间（LLCI=−1.1422，ULCI=−0.4076），结果区间中不包含 0，如表 2-209 所示。因此，绩效风险在属性相似性和品牌相似性交互对溢出效应的影响中发挥了中介作用。综上，研究假设 5 得证。

表 2-209　SPSS 应用 PROCESS 插件（Hayes 2013）的 Bootstrap 有调节的中介检验结果

```
Run MATRIX procedure：
**************** PROCESS Procedure for SPSS Release 2.10****************
          Written by Andrew F.Hayes,Ph.D.      www.afhayes.com
   Documentation available in Hayes (2013).www.guilford.com/p/hayes3
Model=7
    Y= 溢出效应
    X= 属性相似性：
    M= 绩效风险
    W= 品牌相似性
Sample size
    243
************************************************************************
```

续表

```
Outcome：绩效风险
Model Summary
          R         R-sQ      F         df1       df2       p
          0.5518    0.3045    34.8839   3.0000    239.0000  0.0000
Model
          coeff     se        t         p         LLCI      ULCI
constante 4.3000    .2077+    20.7020   0.0000    3.8908    4.7092
属性相似性  1.6237    0.2950    5.5044    0.0000    1.0426    2.2048
品牌相似性  -0.8583   0.2937    -2.9220   0.0038    -1.4370   -0.2797
int_1     0.8018    0.4130    1.9412    0.0534    -0.0119   1.6155
Interactions：
int_1     属性相似性 × 品牌相似性
************************************************************************
Outcome：BAO
Model Summary
          R         R-sQ      F         df1       df2       p
          0.4042    0.1634    23.4351   2.0000    240.0000  0.0000
Model
          coeff     se        t         p         LLCI      ULCI
constant  0.7585    0.2196    3.4534    0.0007    0.3258    1.1912
绩效风险   -0.1179   0.0487    -2.4202   0.0163    -0.2139   -0.2119
属性相似性  -0.7749   0.1864    -4.1560   0.0000    -1.1422   -0.4076
************************** DIRECT AND INDIRECT EFFECTS **************************
Direct effect of X on Y
     Effect    SE        t         P         LLCI      ULCI
     -0.7749   0.1864    -4.1560   0.0000    -1.1422   -0.4076
Conditional indirect effect(s) of X on Y at values of the moderator(s):
Mediator
          品牌相似性  Effect    Boot SE   Boot LLCI Boot ULCI
绩效风险   0.0000    -0.1915   0.0939    -0.4089   -0.0336
绩效风险   1.0000    -0.2860   0.1449    -0.5983   -0.0266
******************* INDEX OF MODERATED MEDIATION *********************
Mediator

Mediator
          Index     SE(Boot)  BootLLCI  BootULCI
绩效风险   -0.0945   0.0759    -0.3032   -0.0006
When the moderator is dichotomous, this is a test of eQuality of the
conditional indirect effects in the two groups.
---- END MATRIX ----
```

品牌相似性和危机严重程度调节下绩效风险的中介效应检验。按照Zhao等（2010）提出的中介分析程序，参照Preacher和Hayes（2004）、Hayes（2013）提出的Bootstrap方法进行中介效应检验，使用PROCESS中的模型9，样本量选择5000，Bootstrap取样方法选择偏差校正的非参数百分位法，即勾选"Bias Corrected"，在95%的置信区间下，检验了不同危机严重程度和品牌相似性程度情况下绩效风险的中介效应，即有双调节的中介效应检验。

有调节的中介效应检验结果显示，按照均值、均值加减一个标准差，区分危机严重程度的高、低二种程度和品牌相似性的高、低二种程度，分析了不同危机严重程度和品牌相似性程度下属性相似性对（产品伤害危机对竞争品牌的）溢出效应的影响中绩效风险的中介效应数据结果显示：①在危机严重程度高和品牌相似性高的情况下，消费者的感知的绩效风险的中介效应显著，且中介效应为-0.2148，Bootstrap检验的置信区间为（LLCI=-0.5098，ULCI=-0.0262），该区间不包含0；②在危机严重程度高和品牌相似性低的情况下，消费者的感知的绩效风险的中介效应显著，且中介效应为-0.1183，Bootstrap检验的置信区间为（LLCI=-0.3167，ULCI=-0.0164），该区间不包含0；③在危机严重程度低和品牌相似的情况下，消费者的感知的绩效风险的中介效应显著，且中介效应为-0.3619，Bootstrap检验的置信区间为（LLCI=-0.7084，ULCI=-0.0418），该区间不包含0；④在危机严重程度低和品牌相似性低的情况下，消费者的感知的绩效风险的中介效应显著，且中介效应为-0.2654，Bootstrap检验的置信区间为（LLCI=-0.5140，ULCI=-0.0460），该区间不包含0。此外，控制了中介变量绩效风险后，属性相似性（高 vs 低）对因变量溢出效应的影响显著，区间（LLCI=-1.1422，ULCI=-0.4076），结果区间中不包含0，如表2-210所示。因此，绩效风险在属性相似性、品牌相似性和危机严重程度交互对溢出效应的影响中发挥了部分中介作用。综上，研究假设6得证。

表2-210 SPSS 应用 PROCESS 插件（Hayes 2013）的 Bootstrap 有调节的中介检验结果表

```
Run MATRIX procedure：
*************** PROCESS Procedure for SPSS Release 2.10***************
          Written by Andrew F.Hayes,Ph.D.        www.afhayes.com
     Documentation available in Hayes (2013).www.guilford.com/p/hayes3
Model=9
     Y = 溢出效应
     X = 属性相似性：
     M = 绩效风险
     W = 品牌相似性
     Z = 危机严重程度
Sample size
          243
**********************************************************************Outc
Outcome：绩效风险
Model Summary
              R           R-sQ         F           df1         df2         p
              0.5758      0.3315       23.5063     5.0000      237.0000    0.0000
Model
              coeff       se           t           p           LLCI        ULCI
constante     4.0154      0.2533       15.8510     0.0000      3.5163      4.5144
属性相似性     2.2507      0.3556       6.3300      0.0000      1.5503      2.9512
品牌相似性    -0.8583      0.2892      -2.9679      0.0033     -1.4281     -0.2886
int_1         0.8186      0.4067       2.0126      0.0453      0.0173      1.6198
危机严重程度   0.5509      0.2894       1.9038      0.0581     -0.0192      1.1209
int_2        -1.2474      0.4067      -3.0674      0.0024     -2.0486     -0.4463
Interactions：
int_1         属性相似性 × 品牌相似性
int_2         属性相似性 × 危机严重程度
**********************************************************************
Outcome：溢出效应
Model Summary
              R           R-sQ         F           df1         df2         p
              0.4042      0.1634       23.4351     2.0000      240.0000    0.0000
Model
              coeff       se           t           p           LLCI        ULCI
constant      0.7585      0.2196       3.4534      0.0007      0.3258      1.1912
绩效风险
属性相似性    -0.7749      0.1864      -4.1560      0.0000     -1.1422     -0.4076
******************** DIRECT AND INDIRECT EFFECTS ***********************
```

续表

Direct effect of X on Y

Effect	SE	t	P	LLCI	ULCI
−0.7749	0.1864	−4.1560	0.0000	−1.1422	−0.4076

Conditional indirect effect(s) of X on Y at values of the moderator(s):
Mediator

	品牌相似性	危机严重程度	Effect	Boot SE	Boot LLCI	Boot ULCI
绩效风险 1	0	0	−0.2654	0.1178	−0.5140	−0.0460
绩效风险 2	0	1	−0.1183	0.0741	−0.3167	−0.0164
绩效风险 3	1	0	−0.3619	0.1675	−0.7084	−0.0418
绩效风险 4	1	1	−0.2148	0.1226	−0.5098	−0.0262

**************************ANALYSIS NOTES AND WARNINGS **************************
Number of bootstrap samples for bias corrected bootstrap confidence intervals
    5000
Level of confidence for all confidence intervals in output
    95.00
----- END MATRIX -----

二是心理风险的中介效应检验，包括品牌相似调节下心理风险的中介效应检验，以及品牌相似性和危机严重程度调节下心理风险的中介效应检验。

品牌相似性调节下心理风险的中介效应检验。

为了检验假设 7，即检验在属性相似性和品牌相似性交互对溢出效应的影响中心理风险的中介作用，即有调节的中介效应（MulleJudd 和 Yzerbyt，2005；陈瑞、郑毓煌和刘文静，2013）。

按照 Zhao 等（2010）提出的中介分析程序，参照 Preacher 和 Hayes（2004）、Hayes（2013）提出的 Bootstrap 方法进行中介效应检验（魏巍，2015），使用 PROCESS 中的模型 8，样本量选择 5000，Bootstrap 取样方法选择偏差校正的非参数百分位法，即勾选"Bias Corrected"，在 95% 的置信区间下（陈瑞、郑毓煌和刘文静，2013），检验了消费者的心理风险的中介效应。中介效应的检验结果显示，中介效应的结果没有包含 0（LLCI=−0.4355，ULCI=−0.0494），说明在属性相似性和品牌相似性交互对溢出效应的影响过程心理风险的中介效应显著，且中介效应为 −0.1897。因此，研究假设 5 得证。此外，控制了中介变量心理风险后，属性相似性（高 vs 低）对因变量溢出效应的影响显著，区间（LLCI=−1.0129，ULCI=−0.2551），结果区间中不包含 0，如表 2-211 所示。因此，心理风险在属性相似性和品牌相似性交互对溢出效应的影响中发挥了中介作用。综上，研究假设 7 得证。

表 2-211　SPSS 应用 PROCESS 插件的 Bootstrap 有调节的中介检验结果

Run MATRIX procedure：
***************** PROCESS Procedure for SPSS Release 2.10****************
           Written by Andrew F.Hayes,Ph.D.   www.afhayes.com
        Documentation available in Hayes (2013).www.guilford.com/p/hayes3
Model=7
    Y= 溢出效应
    X= 属性相似性
    M= 心理风险
    W= 品牌相似性
    Z = 危机严重程度
Sample size
    243
***Outc

续表

Outcome：心理风险
Model Summary

	R	R-sQ	F	df1	df2	p
	0.6056	0.3667	46.1282	3.0000	239.0000	0.0000

Model

	coeff	se	t	p	LLCI	ULCI
constante	4.4944	0.1987	22.6185	0.0000	4.1030	4.8859
属性相似性	1.6694	0.2822	5.9156	0.0000	1.1135	2.2253
BS	−0.8889	0.2810	−3.1632	0.0018	−1.4425	−0.3353
int_1	1.1157	0.3951	2.8235	0.0052	0.3373	1.8941

Interactions：
int_1 属性相似性 × 品牌相似性
****

Outcome：溢出效应
Model Summary

	R	R-sQ	F	df1	df2	p
	0.4268	0.1822	26.7263	2.0000	240.0000	0.0000

Model

	coeff	se	t	p	LLCI	ULCI
constant	0.9907	0.2316	4.2779	0.0000	0.5345	1.4469
心理风险	−0.1700	0.0501	−3.3910	0.0008	−0.2688	−0.0713
属性相似性	−0.6340	0.1924	−3.2958	0.0011	−1.0129	−0.2551

******************** DIRECT AND INDIRECT EFFECTS ***************************
Direct effect of X on Y

Effect	SE	t	P	LLCI	ULCI
−0.6340	0.1924	−3.2958	0.0011	−1.0129	−0.2551

Conditional indirect effect(s) of X on Y at values of the moderator(s):
Mediator

	品牌相似性	Effect	Boot SE	Boot LLCI	Boot ULCI
心理风险	0	−0.2838	0.0912	−0.5025	−0.1371
心理风险	1	−0.4735	0.1453	−0.7956	−0.2163

******************** INDEX OF MODERATED MEDIATION *********************
Mediator

	Index	SE(Boot)	Boot LLCI	Boot ULCI
心理风险	−0.1897	0.0953	−0.4355	−0.0494

When the moderator is dichotomous, this is a test of eQuality of the conditional indirect effects in the two groups.
*************************ANALYSIS NOTES AND WARNINGS *************************
Number of bootstrap samples for bias corrected bootstrap confidence intervals：
5000
Level of confidence for all confidence intervals in output
95.00
----- END MATRIX -----

品牌相似性和危机严重程度调节下心理风险的中介效应检验。

按照 Zhao 等（2010）提出的中介分析程序，参照 Preacher 和 Hayes（2004）、Hayes（2013）提出的 Bootstrap 方法进行中介效应检验（陈瑞、郑毓煌和刘文静，2013；彭晓东、申光龙和葛法权，2015；魏巍，2015），使用 PROCESS 中的模型 9，样本量选择 5000，Bootstrap 取样方法选择偏差校正的非参数百分位法，即勾选"Bias Corrected"，在 95% 的置信区间下（陈瑞、郑毓煌和刘文静，2013），检验了不同危机严重程度和品牌相似性程度情况下心理风险的中介效应，即有双调节的中介效应检验。

有调节的中介效应检验结果显示，按照均值、均值加减一个标准差，区分危机严重程度的高、低二种程度和品牌相似性的高、低二种程度，分析了不同危机严重程度和品牌相似性程度下属性相似性对（产品伤害危机对竞争品牌的）溢出效应的影响中心理风险的中介效应数据结果显示：①在危机严重程度高和品牌相似的情况下，消费者的感知的心理风险的中介效应显著，且中介效应为 -0.3858，Bootstrap 检验的置信区间为（LLCI=-6993，ULCI=-0.1560），该区间不包含 0；②在危机严重程度高和品牌相似性低的情况下，消费者的感知的心理风险的中介效应显著，且中介效应为 -0.1949，Bootstrap 检验的置信区间为（LLCI=-0.4246，ULCI=-0.0593），该区间不包含 0；③在危机严重程度低和品牌相似性高的情况下，消费者的感知的心理风险的中介效应显著，且中介效应为 -0.5672，Bootstrap 检验的置信区间为（LLCI=-0.9053，ULCI=-0.2620），该区间不包含 0；④在危机严重程度低和品牌相似性低的情况下，消费者的感知的心理风险的中介效应显著，且中介效应为 -0.3763，Bootstrap 检验的置信区间为（LLCI=-0.6122，ULCI=-0.1919），该区间不包含 0。此外，控制了中介变量心理风险后，属性相似性（高 vs. 低）对因变量溢出效应的影响显著，区间（LLCI=-1.0129，ULCI=-0.2551），结果区间中不包含 0，如表 2-212 所示。因此，心理风险在属性相似性、品牌相似性和危机严重程度交互对溢出效应的影响中发挥了部分中介作用。综上，研究假设 8 得证。

表 2-212　SPSS 应用 PROCESS 插件的 Bootstrap 有调节的中介检验结果

```
Run MATRIX procedure：
*************** PROCESS Procedure for SPSS Release 2.10***************
          Written by Andrew F.Hayes,Ph.D.          www.afhayes.com
          Documentation available in Hayes (2013).www.guilford.com/p/hayes3
Model=9
     Y= 溢出效应
     X= 属性相似性
     M= 心理风险
     W= 品牌相似性
     Z = 危机严重程度
Sample size
          243
**********************************************************************************
Outcome：PR
Mode1 Summary
          R         R-sQ       F         df1       df2        p
          0.6240    0.3894     30.2313   5.0000    237.0000   0.0000
Model
          coeff     se         t         p         LLCI       ULCI
constante 4.0996    0.2427     16.8913   0.0000    3.6215     4.5778
属性相似性 2.2131    0.3407     6.4964    0.0000    1.5420     2.8842
BS        -0.8889   0.2771     -3.2080   0.0015    -1.4348    -0.3430
int_1     1.1230    0.3897     2.8818    0.0043    0.3553     1.8906
危机严重程度 0.7642  0.2772     2.7564    0.0063    0.2180     1.3104
int_2     -1.0671   0.3896     -2.7387   0.0066    -1.8347    -0.2995
     Interactions：
     int_1    属性相似性 × 品牌相似性
     int_2    属性相似性 × 危机严重程度
**********************************************************************************
Outcome：溢出效应
Model Summary
          R         R-sQ       F         df1       df2        p
          0.4268    0.1822     26.7263   2.0000    240.0000   0.0000
Model
          coeff     se         t         p         LLCI       ULCI
constant  0.9907    0.2316     4.2779    0.0000    0.5345     1.4469
心理风险  -0.1700   0.0501     -3.3910   0.0008    -0.2688    -0.0713
属性相似性 -0.6340   0.1924     -3.2958   0.0011    -1.0129    -0.2551
********************** DIRECT AND INDIRECT EFFECTS ***********************
```

续表

```
Direct effect of X on Y
    Effect      SE       t        P       LLCI     ULCI
   -0.6340   0.1924  -3.2958   0.0011   -1.0129  -0.2551
Conditional indirect effect(s) of X on Y at values of the moderator(s):
Mediator
```

	品牌相似性	危机严重程度	Effect	Boot SE	Boot LLCI	Boot ULCI
心理风险	0	0	-0.3763	0.1046	-0.6122	-0.1919
心理风险	1	0	-0.5672	0.1633	-0.9053	-0.2620
心理风险	1	1	-0.3858	0.1398	-0.6993	-0.1560

```
***************************ANALYSIS NOTES AND WARNINGS***************************
Number of bootstrap samples for bias corrected bootstrap confidence intervals:
    5000
Level of confidence for all confidence intervals in output
    95.00
----- END MATRIX -----
```

产品伤害危机发生之后，产生的溢出效应，不仅影响危机品牌，还会影响竞争品牌，但现有研究尚未明确危机对竞争品牌发生溢出效应的心理机制。竞争对手如何判断产品伤害危机对其品牌是否溢出？因此本书重点研究危机溢出效应的发生机制，即对竞争品牌而言，相似性影响危机溢出效应的心理机制，探讨感知风险的中介作用，打开溢出效应的"黑匣子"，延伸溢出效应的研究，弥补溢出机制的研究不足，帮助竞争企业的营销主管明确相似性对溢出效应的影响中感知风险中心理风险和绩效风险的中介影响，提前预测溢出方向和溢出强度，进而调整相似性比较结果，改变溢出方向和强度。

相似性有助于消费者的知识、认知、情感、态度和意愿从一个品牌到另一个品牌的转移（Martin、Stewart 和 Matta，2004），包括产品属性相似性和品牌相似性。本章以移动电源为危机产品，采用实验法，研究了竞争品牌和危机品牌之间的属性相似性、品牌相似性、危机严重程度对溢出效应的影响，并验证了消费者感知风险的中介作用。本书再次验证：在危机产品属性相似性低甚至不相似的条件下，危机品牌和竞争品牌的品牌相似性高，产品伤害危机对竞争品牌的正面溢出效应越强；无论危机品牌和竞争品牌是品牌相似性高还是品牌相似性低，只要二者属性相似越高，产品伤害危机对竞争品牌的负面溢出效应越强；在危机品牌和竞争品牌相似性高的条件下，属性相似越高，产品伤害危机对竞争品牌的负面溢出效应越强；在危机品牌和竞争品牌不相似的条件下，属性相似越高，产品伤害危机对竞争品牌的负面溢出效应越强；在危机产品属性相似性低的条件下，危机品牌和竞争品牌的品牌相似性低，产品伤害危机对竞争品牌不存在溢出效应；当危机品牌和竞争品牌的属性相似性高且品牌相似性高时，危机严重程度越高，产品伤害危机对竞争品牌的负面溢出效应越强；当危机品牌和竞争品牌的危机产品属性相似性低且品牌相似性低时，危机严重程度不影响产品伤害危机溢出效应对竞争品牌的影响；当危机品牌和竞争品牌的危机产品属性相似性低且品牌相似性高时，危机严重程度越高，产品伤害危机对竞争品牌的正面溢出效应越强；当危机品牌同竞争品牌的属性相似性高且品牌相似性低时，危机严重程度越高，产品伤害危机对竞争品牌的负面溢出效应越强。

本书的具体结果为：对竞争品牌而言，感知风险中介了属性相似性和品牌相似性交互对溢出效应的影响；对竞争品牌而言，在属性相似性、危机严重程度和品牌相似性交互对溢出效应的影响中感知风险发挥了中介作用。具体来看，对竞争品牌而言，绩效风险中介了属性相似性和品牌相似性交互对溢出效应的影响；对竞争品牌而言，在属性相似性、危机严重程度和品牌相似性交互对溢出效应的影响中绩效风险发挥了中介作用；对竞争品牌而言，心理风险中介了属性相似性和品牌相似性交互对溢出效应的影响；对竞争品牌而言，在属性相似性、危机严重程度和品牌相似性交互对溢出效应的影响中心理风险发挥了中介作用，如表 2-213 所示。

表 2-213　研究 3 中研究假设的验证情况

研究假设	检验结果
H5：对竞争品牌而言，绩效风险中介了属性相似性和品牌相似性交互对溢出效应的影响	验证
H6：对竞争品牌而言，在属性相似性、危机严重程度和品牌相似性交互对溢出效应的影响中绩效风险发挥了中介作用	验证
H7：对竞争品牌而言，心理风险中介了属性相似性和品牌相似性交互对溢出效应的影响	验证
H8：对竞争品牌而言，在属性相似性、危机严重程度和品牌相似性交互对溢出效应的影响中心理风险发挥了中介作用	验证

2.3.5　案例研究

本书通过情景实验法探讨了相似性对溢出效应的影响，识别出危机严重程度的调节作用，绩效风险和心理风险的中介作用。通过探讨相似性对溢出效应的影响，发现：在产品属性相似性低的情况下，品牌相似性越高，危机对竞争品牌的正面溢出效应越强；属性相似性越高，危机对竞争品牌的负面溢出效应越强。研究搜集和分析典型产品伤害危机溢出效应的案例，从案例中针对现实问题分析现象，总结溢出发生规律，以进一步验证研究结论的准确性。在营销实践中，其中正面溢出效应在营销实践中体现为竞争品牌的产品销售量、销售额或品牌形象的上升、市场占有率的增长等方面，而负面溢出效应在实践中体现为竞争品牌的产品销售量、销售额的下降，品牌形象受损，市场占有率的降低等方面。

2.3.5.1　某某奶粉三聚氰胺危机

（1）危机介绍。

某某奶粉三聚氰胺危机发生于 2008 年 9 月 9 日，共持续 4 个月左右。根据媒体报道，危机波及甘肃、河北、陕西、江苏等十多个省份，大范围、连续地发生因婴儿食用某某奶粉同患肾结石的病例。经审查，卫生部已证实：某某奶粉中的三聚氰胺是造成婴儿的泌尿系统结石的原因。三聚氰胺可以增加奶源中蛋白质的含量等检测值，如果人体持久摄入三聚氰胺，易导致泌尿系统内产生结石，甚至诱发膀胱癌。2008 年 9 月 21 日，因食用某某品牌婴幼儿奶粉而接受治疗或咨询的婴幼儿多达 39965 人（胡雪琴，2008）。据卫生部统计，截至 2008 年 12 月底，全国累计报告因食用某某奶粉和其他品牌奶粉导致泌尿系统病变的患儿先后共 29.6 万人，事件引起各国的高度关注，以及对乳制品安全的担忧。

（2）相似分析。

危机发生后，经调查发现：某某公司发生奶粉三聚氰胺危机的原因是该公司为生产奶粉所使用的奶源中含有三聚氰胺，而这些奶源大多来自散户奶农。具体来看包括以下方面。

首先，过度、畸形竞争，导致管理失控。2008 年之前，我国乳品行业大部分企业只拓展市场、不建自有牧场，导致某某、某 A、某 B 等乳企大部分奶源都来自散户奶农（产品属性相似性），进而难以对奶源进行控制，规模越大的乳企，奶源供给越紧张，为抢占市场、快速扩张，对奶源地四处布局，甚至出现了恶性竞争，追求奶源数量而疏于控制其质量问题，导致奶源的质量控制问题越积累越多；另外，在乳品业界，当时争夺奶源一度是公开的秘密，畸形竞争造成原料乳供应鱼龙混杂，管理失控。

其次，石家庄官方证实，某某毒奶粉为非法奶农在原奶收购中添加三聚氰胺，以提高蛋白质含量，也暴露出其食品安全监控体系存在明显的漏洞、监管部门的失职渎职行为，这些因素共同导致了毒奶粉从生产到流通一路畅行无阻，加上当地政府的瞒报，减缓了审查工作的及时展开和结果处理，最终导致危机爆发。

最后，某A、某B等乳企与某某一样，大部分奶源都来自散户奶农，奶源相同程度高，导致奶源（产品属性）相似性较高，导致危机负面溢出大范围爆发，但部分三元、新希望等乳企多采用自建牧场的奶源，与某某在奶源（产品属性）相似性较低。

（3）溢出效应。

某某奶粉三聚氰胺危机发生之后，以往以18.26%的市场份额遥遥领先于国内奶粉市场、婴幼儿奶粉销量甚至曾连续15年排全国第一的乳业公司某某跌落神坛，陷入质量泥沼（吕伟和党力，2013），因采用奶源相同而导致很多国产品牌奶粉企业遭遇品牌形象、消费者信任的危机（吕伟和党力，2013）。

① 危机对竞争品牌的负面溢出效应。

某某奶粉三聚氰胺危机导致与某某奶源相似性高的某A、某B等竞争品牌的产品销量、订单、市场占有率等大幅度下跌，发生负面溢出效应。中国国家质检总局公布对国内的乳制品厂家生产的婴幼儿奶粉的三聚氰胺检验报告后，事件迅速恶化，包括某A、某B等在内的22个厂家69批次产品中都检出三聚氰胺，损失严重，导致液态奶销量明显下滑。统计数据显示，截至9月22日，某A、某B两大乳企订单减少大于80%，二者每日收奶量合计只有3672吨，仅占其正常收奶量的18.5%，已经下架产品价值就达64亿元，造成巨额损失。

② 危机对竞争品牌的正面溢出效应。

某某奶粉三聚氰胺危机导致与某某奶源相似性低的三元、新希望等竞争品牌的产品销量、订单、市场占有率等大幅度增加，发生正面溢出效应。

危机对竞争品牌三元的市场需求急剧增长，发生正面溢出效应。某某三聚氰胺危机发生后，三元乳业未检出含有三聚氰胺，市场需求量瞬间达到其产能的8倍以上，三元股份连获四个无量涨停，当年首次实现扭亏为盈，净利润4076万元。

危机对竞争品牌维记的销量快速增长，发生正面溢出效应。在中国南部，原来产能只有80吨的广州维记牛奶食品有限公司，四条生产线立刻达到满负荷运转，并成功拿到了星巴克的订单。

危机导致竞争品牌新希望乳业销量增长，实现首次盈利，发生正面溢出效应。新希望坚持自有牧场建设，使用自己牧场或养殖场的自产原奶，与某某等在奶源（产品属性）方面差异明显——没有像某A、某B一样大量采用从散户奶农收购的问题原奶；在某某三聚氰胺危机发生后，新希望逆势增长，2009年扭亏为盈、实现净利润425万元。

某某三聚氰胺危机的爆发，让消费者对国产奶粉的信任下降，转而购买国外优质进口奶粉（品牌相似性高）——采用奶牛养殖场的奶源（产品属性相似性低），导致进口品牌奶粉的销售量大涨。尼尔森数据显示，2009年，中国婴幼儿奶粉市场前三名已经全部为国际品牌，多美滋、美赞臣和惠氏的市场份额分别为14.2%、11.6%和8%，即危机对多美滋、美赞臣和惠氏等品牌产生正面溢出效应（见表2-214）。

表2-214　危机对品牌奶粉的正面溢出效应

竞争品牌	相似性		溢出方向	
	属性相似性	品牌相似性	正面溢出	负面溢出
蒙牛	√	√		√
伊利	√	√		√
圣元	√	√		√
雅士利	√	√		√
新希望	×	√	√	
三元	×	√	√	
多美滋	×	√	√	

续表

竞争品牌	相似性		溢出方向	
	属性相似性	品牌相似性	正面溢出	负面溢出
美赞臣	×	√	√	
惠氏	×	√	√	
维记	×	√	√	

2.3.5.2 ××汽车脚踏门危机

（1）危机分析。

××汽车脚踏门危机发生于2009年8月，当日美国加利福尼亚州一辆××汽车突然加速，发生交通事故导致4人死亡（于信玲，2010），美国媒体对车辆质量问题进了追踪报道，引发消费者的大量关注。在美国政府当局、新闻媒体和消费者的强大压力下，××公司迫于无奈，于2009年9月底发表声明称，××汽车在美国销售的七款汽车中共380多万辆汽车的驾驶座脚垫可能会卡住油门踏板，导致其无法复位，进而存在引发事故的风险，要求其客户取下脚垫（彭永清，2010）；对此，部分消费者认为，该公司抛出脚垫问题以掩盖真正的安全缺陷；脚垫门危机尚未结束，美国市场又发现另外八款汽车的油门踏板可能因复位困难造成交通事故（彭永清，2010）；此外，日本媒体继续追踪调查，2009年5月发生刹车门危机，××公司在日本国内新上市的一款混合动力汽车存在刹车失灵问题，导致××公司在美日市场共收到200多件投诉（彭永清，2010）；2010年1月21日，××公司发布公告，由于部分车系油门踏板存在设计缺陷，召回美国汽车市场上八种型号大约230万辆的各系列汽车（蒋军和新华，2010）；2010年1月28日，××公司再次宣布，由于汽车脚垫设计缺陷引发的自动加速的"脚垫门"事件，将再次增加召回在美国市场上销售的109万辆车；2010年1月28日，宣布召回在中国生产的75000辆RAV4汽车（吴勇毅，2010）；同样，1月29日，由于同样的油门踏板缺陷，宣布召回在欧洲市场上出售的八款总共180万辆汽车（蒋军和新华，2010）。根据××公司2012年6月份的数据，脚踏门危机造成300多起致死致伤交通事故（李吉阳，2013）；总体来看，××汽车2010年1月在北美地区销量下降16%，在美国市场占有率降至2006年1月以来谷底，销量也是十多年来首次降至10万辆以下。

（2）相似分析。

××汽车因为突然加速并刹不住车而引发的"××安全危机"风暴席卷全球，××公司官方所给出的原因是油门踏板设计存在缺陷，致使油门踏板阻滞。这个主要是踏板机构的机械部件存在问题，出现阻滞现象，直接带来的影响便是油门踏板无法及时归位，位移传感器会持续传递错误讯号，导致安全隐患。在美国市场，××汽车用CTS公司造的油门脚踏板，与美国车、德国车使用的CTS的脚踏板外观设计相似，但差异较大。同样是CTS一家出的油门踏板，但美国车、德国车就不存在阻滞现象。这是因为CTS要求所有的钢材都是一样的。然而，××汽车的油门踏板，摩擦的部位是钢，而不摩擦的部位是软铁，即××汽车在设计油门踏板的时候用的材料是两种，而美国车、德国车用的是一种材料，由于热胀冷缩的系数一样，就没有××汽车的油门踏板无法及时归位问题，这源于日本部分车企的配件商偷工减料，降低成本，又没有在意油门踏板，导致了34人死亡的悲剧。

综上分析，在××汽车脚踏门危机中，油门踏板是引发危机发生的关键产品属性，日系车的油门踏板的原材料采用的是"钢+软铁"，导致日系车之间在油门踏板上属性相似性高，而美系和德系采用的是"钢"，属性相似性低。

（3）溢出效应。

① 危机对竞争品牌的负面溢出效应。

危机对日系汽车的负面溢出效应。××汽车脚踏门危机事件让世界普遍对以"质量"著称的日本汽车特别是××汽车产生怀疑。"脚踏门"事件所带来的社会关注和影响，超过了以往任何一家汽车公司，这是因为作为全球汽车第一的××汽车自然而然会成为众矢之的，另一个最重要的原因是它代表了"日本制造"神话的破灭。一直以来，"日本制造"是日本企业向世界扩张的金字招牌，它代表了产品质量、技术、科技、成本。其实，在此之前××公司2009年频繁的召回动作，已经有媒体表示担忧，或许公众对××公司的不信任感会扩展到整个日系车企。事实上，这种担忧已经出现了现实的趋势。截至2010年1月29日，日系车企汽车销量已经出现集体下滑现象，即产生明显的负面溢出效应。中国天津一汽某田汽车公司已于1月28日向中国国家质检总局递交了召回报告，决定自2010年2月28日开始，对2009年3月19日至2010年1月25日生产的75552辆RAV4越野车进行召回。

综上，××汽车脚踏门危机导致日系部分品牌汽车销量下滑，进行产品召回，产生负面溢出效应。

危机对法国标致某龙汽车的负面溢出效应。××公司召回甚至波及了法国标致某龙汽车公司，1月30日某龙宣布因为同样的安全隐患——因与××公司相同的油门踏板问题标致某龙（即产品属性相似性高），将召回该公司与××公司在捷克的一家合资厂组装的标致107和某龙C1汽车，很显然是受到了××公司的牵连，发生负面溢出效应。

② 危机对竞争品牌的正面溢出效应。

受××汽车召回事件影响，××公司在美国市场份额减少，竞争对手纷纷乘虚而入；美国通用汽车公司、福特汽车公司、克莱斯勒集团公司、德国大众汽车公司和韩国现代汽车公司逆势增长，销量连续增长；此外，××公司在美国市场份额下降至第三位，紧随通用和福特之后。

危机对美国福特汽车的正面溢出效应。受××汽车脚踏门危机事件的影响，××汽车占有率大幅下降，而最大的直接受益者是福特汽车公司，危机发生后，Edmunds估计该公司2011年1月份的美国市场占有率增长到18%，是2006年5月份以来最高水平，即危机对福特汽车产生正面溢出效应。具体来看，福特blue-oval系列车的销量上升24.4%，增长幅度最大，而福特轻型汽车在美国市场销量同比攀升24%，2月份增长43%，3月份上升39.8%，位居各大汽车制造商之首，远超市场平均增幅。

危机对德系汽车的正面溢出效应。一些消费者因为××汽车质量问题，转而寻求德系汽车品牌。与××汽车市场占有率快速下跌形成鲜明对比的是，德系汽车不存在与某田相同的油门踏板问题（产品属性相似性低），2010年在华成绩斐然，有四款车型入榜，三大豪车品牌梅赛德斯-奔驰、宝马和奥迪在华销量均大幅上涨，即2010年，梅赛德斯-奔驰销售147670辆，同比增长115%；宝马销售168998辆，同比增长87%；奥迪销量为22.8万辆，同比增幅43%，即危机对德系奔驰、宝马、奥迪产生正面溢出效应。

危机对韩国现代汽车的正面溢出效应。对于日本车的竞争对手韩国现代而言，此次××公司召回事件给了韩国现代一次"意外惊喜"，这是因为现代不存在与××汽车相同的油门踏板问题（即产品属性相似性低），作为××汽车的替代产品（品牌相似性高），即产生正面溢出效应。

危机对美国通用的正面溢出效应。危机事件发生后，竞争品牌通用汽车因采取了促销措施，加快超赶××公司的步伐。2010年1月27日，通用出台新优惠政策，原××汽车车主在购买通用旗下各品牌汽车时，符合条件的客户将可以享受长达5年的无息贷款。一个明显的逆转是，通用最畅销的雪佛兰销量超过××公司，即产生明显的正面溢出效应。

危机对日本日产的正面溢出效应。危机事件发生后，竞争品牌日产品牌汽车2010年1月份在美国市场的销售数量也增加了16.1%，产生了正面溢出效应。

综上所述，××汽车脚踏门危机影响了竞争品牌的市场销量、市场占有率、市场增长率，呈现出两种不同的溢出效应，既有正面溢出效应，也有负面溢出效应（见表2-215）。

表 2-215　××汽车脚踏门危机案例分析汇总

竞争品牌	相似性		溢出方向	
	属性相似性	品牌相似性	正面溢出	负面溢出
福特	×	√	√	
通用	×	√	√	
现代	×	√	√	
大众	×	√	√	
雪铁龙	√	√		√
本田	√	√		√
日产	×	√	√	
一汽丰田	√	√		√

2.3.5.3　某某快餐店涉嫌致癌危机

（1）危机介绍。

某某快餐店涉嫌致癌危机发生于2009年7月，香港消委会与食物安全中心在食品样本检验中发现，"某某快餐店家乡鸡脆薯格"中均含有致癌物质丙烯酰胺。据香港消委会与食物安全中心的检测数据显示，"某某快餐店家乡鸡脆薯格"中丙烯酰胺含量达850微克，所以将某某快餐店薯条产品列入食品类致癌黑名单。事件在搜狐、新浪等各大网站被转载，点击量飙升，大范围传播；2009年7月8日，卫生部相关负责人认为，2005年我国就已发布丙烯酰胺的危险性评估报告，建议人们应改变吃油炸、高脂肪食品的饮食习惯，降低因食用油炸食品涉入丙烯酰胺可能性，进而降低此类油炸食品的潜在致癌风险（张旭等，2009）。

（2）相似分析。

某某快餐店家乡鸡致癌危机的起因是某某快餐店的炸油均被验出致癌物"丙烯酰胺"。专家指出，根据研究，油品经连续高温油炸6小时，油脂就会开始劣化，随着高温油炸时间增加，炸油就会产生丙烯酰胺等有害物质。此次对当地快餐企业的调查中发现，包括某某快餐店的炸油并不是天天换油，而只是天天滤油，在炸油的使用上具有较高的属性相似性。

（3）溢出效应。

危机事件发生后，在乡村基的大本营重庆，某某快餐店的人流有限，乡村基销售不销售鸡且主要销售米饭中餐（产品属性相似性低），生意却火爆得像"单位食堂"，即产生正面溢出效应（见表2-216）。

表 2-216　某某快餐店涉嫌致癌危机案例分析汇总

竞争品牌	相似性		溢出方向	
	属性相似性	品牌相似性	正面溢出	负面溢出
乡村基	×	√	√	
×××	√	√		√

2.3.5.4　××瘦肉精危机

（1）危机介绍。

××瘦肉精危机发生于2011年3月15日，据中央电视台《每周质量报告》的3·15特别节目的曝光，部分养猪场采用含有违禁动物药品"瘦肉精"的饲料饲养生猪，以提高生猪的瘦肉量，并且这些含有"瘦肉精"的有毒猪肉被××收购，用于生产产品；国内外现有研究发现，消费者食用含有"瘦肉精"的猪肉会对个体的身体健康产生损害，常见病理症状有恶心、头晕、四肢无力、手颤等中毒现象，长时间吃含有"瘦肉精"的猪肉，引发人体细胞中的染色体发生病变，会引发恶性肿瘤；国家食品药品监督管理总局等监管部门在2002年发布通知，明令禁止个人、组织和企业等在动物饲料、饮用水中加入瘦肉精；3月15日当天，央视曝光××收购"瘦肉精"猪肉，导致××发展封住跌停，市值蒸发103亿元；4月19日，××发展复牌，开始无量跌停；4月21日，终结跌停板，报收每股62.90元；4月22日，被曝隐瞒关键承诺，再度临时停牌；4月25日，××承认隐瞒100%退货承诺，销售数据水分太多；4月27日，××市值已缩水172亿元，即对××的市值、销量、品牌形象产生较强的负面影响。

（2）相似分析。

"瘦肉精"饲养，有毒猪肉流向了××，入厂检验中不包含瘦肉精含量检验；××公司采购部主管承认，其加工厂确实在收购使用含瘦肉精的饲料或饮用水的养殖猪，而雨润、金锣、得利斯的原料猪肉没有检测出瘦肉精，二者的产品属性相似性低。

（3）溢出效应。

××猪肉瘦肉精危机（见表2-217）提升对竞争品牌的正面溢出效应。2011年3月21日，重庆商报记者郭欣欣从重百、新世纪、家乐福等超市了解到，一直以来，××、美好、雨润占据了重庆肉制品市场近八成的市场份额；××凭借进入重庆市场时间早、品牌影响力大等优势，占据重庆肉制品市场近一半的市场份额；在家乐福、永辉等超市看到，原属××的货架已经被雨润产品填补，雨润的产品陈列面积比之前扩大一倍。除了增加"露脸"的机会，雨润还搞起了降价促销；从3月21日开始，雨润旗下320克甜玉米肠由6.6元下调到4.9元，玉米脆皮肠由1.5元下调至0.98元，并将持续10天左右；"瘦肉精"事件后，家乐福沙坪坝店雨润的销量有明显增加。3月15日××猪肉瘦肉精危机事件爆发后，上海市一些某汇冷鲜肉专卖店放弃销售某汇冷鲜肉，转向销售雨润品牌的产品，共计200多家，××原有经销商被雨润大量抢走；作为××的竞争对手，在××遭遇"瘦肉精事件"之后，金锣则在超市里和××打起了"对台戏"；在三亚南国超市，除了在同类货柜上与××并排外，金锣的产品还在该超市的一个显眼位置占据一个货柜车，对其新产品"肉粒多"以及其他产品进行促销；此外，××猪肉瘦肉精危机事件导致××在济南市场陷入困境，这给其他竞争品牌带来很多机遇，金锣、得利斯、雨润等多家竞争企业逐步拼抢××市场收缩后腾出的市场空白，即××猪肉瘦肉精危机对金锣、得利斯、雨润等竞争品牌产生正面溢出效应。

表2-217 ××瘦肉精危机案例分析汇总

竞争品牌	相似性		溢出方向	
	属性相似性	品牌相似性	正面溢出	负面溢出
雨润	×	√	√	
金锣	×	√	√	
得利斯	×	√	√	

2.3.5.5 ××轮胎质量危机

（1）危机介绍。

××轮胎质量危机发生于2011年3月15日，央视3·15晚会曝光了××轮胎不按相关标准，大比例甚至全部采用返炼胶，以降低成本生产劣质轮胎的做法，但××此举将导致整个轮胎的性能全方位下降，对用户行车安全造成隐患。迫于舆论压力，××轮胎中国区总裁公开发布道歉声明，否认之前宣称的"不存在质量问题"的情况，以获得消费者的谅解。同时在国家质检总局的压力下，走上了漫长的免费检测和召回的道路。在高压的公众舆论面前，××轮胎发布公告，其将在4月15日—10月15日期间召回2008—2011年间制造的七批300000多条××轮胎（乔宇，2011）。

（2）相似分析。

根据央视曝光和后续媒体追踪调查，××轮胎质量危机的危机起因是：××轮胎的原料大量掺假，不按照要求比例进行掺胶,而使用大量返炼胶,以减少成本,严重影响轮胎的质量,给采用其品牌轮胎的汽车带来了安全隐患。在汽车轮胎制造行业,普遍通过将生产线上的剩余用料循环利用,以降低成本,彼此间区别的是轮胎中返炼胶所占的比例,尚无一致的生产基准,其配方差异较大(陈思羽,2011)。

(3)溢出效应。

①危机对韩系竞争品牌的负面溢出效应。

××轮胎,在轮胎生产行业中档品牌中排名第一,为北京现代、一汽大众、上海通用、东风标致、长城汽车等汽车提供轮胎;在2011年3月15日××被央视报道其生产的轮胎存在严重产品质量缺陷后,受该危机影响最大的是北京现代,其途胜、悦动、领翔、名驭等七款车型采用某湖轮胎天津工厂生产的缺陷轮胎(矫月,2011);××、韩泰相继陷入质量门,韩系轮胎卷入"寒流"。根据中国汽车质量网的信息,韩泰和××同时被媒体报道,是因为2009年缺陷产品管理中心曾揭示其轮胎质量缺陷投诉量较为突出,引起各行各业的普遍关注(唐堂,2011);此外,××与韩泰在产品特性和运作上基本相似(产品属性相似性高),区别在于韩泰在广告宣传上要好于××;在××和韩泰出现消费者的信任危机后,消费者在选购车型时也会注意比较一下轮胎品牌,厂家为了迎合这种消费需求,在配套轮胎上也会逐渐更换。

②危机对竞争品牌米其林、回力的负面溢出效应。

在××轮胎事件(见表2-218)后,有多家高端品牌曾有意抢占中低端轮胎市场;近期,米其林轮胎再次成为双钱集团(安徽)回力轮胎公司的重要股东,在××轮胎因危机进行市场收缩的同时,抢占其留下的中低端轮胎市场(矫月,2011)。

表2-218 ××轮胎质量危机案例分析汇总

竞争品牌	相似性		溢出方向	
	属性相似性	品牌相似性	正面溢出	负面溢出
韩泰	√	√		√
米其林	×	√	√	
回力	×	√	√	

2.3.5.6 某鬼酒塑化剂危机

(1)危机介绍。

××酒塑化剂危机发生于2012年11月19日,××酒被报道由上海天祥公司查出塑化剂超标260%(高山平,2012);根据新华网舆情监测的数据显示,11月19日关于××酒塑化剂的报道多达837篇,新浪微博几乎达到80000条(王利涛、陈晓云和刘畅,2013);11月21日,国家质检局证实50度××酒塑化剂超标2.47倍(谢雅璐和王冲,2014);11月22日,××酒公司发布公告,就××酒含塑化剂向消费者、股东表示歉意,声明将严格整改,但仍坚持××酒中没有邻苯二甲酸酯类物质的限量标准;11月23日,××酒复牌跌停;11月25日,××酒受访时表示已找到塑化剂的三大来源,"包装线上嫌疑最大";11月27日,××酒否认全面停产,称不会召回问题酒(戴钢等,2013);11月28日,××酒发布公告,声明公司还没有整体停止生产,正主动进行整顿和改革(戴钢等,2013);××酒23日、26日、27日、28日连续跌停。总体来看,"××酒塑化剂"事件爆发初始即来势汹汹,迅速爆发,但由于权威观点缺乏,各执一词,众声喧哗中事件真相不明、迷雾重重。

(2)相似分析。

经媒体曝光,××酒塑化剂危机的起因是:按照2011年6月卫生部规定的标准0.3毫克/千克计算,××酒中的塑化剂超出247%(高山平,2012);卓创资讯的分析师则认为,因在白酒中掺入增塑剂对白酒的理化性质没有任何帮助,在生产白酒过程中生产企业蓄意添加增塑剂的可能性基本可以排除,而若造成白酒中增塑剂超标,最有可能的原因有两种:一种可能是,在装卸、储运等过程中使用的PVC材质的管道或容器(产品属性),导致PVC中的塑化剂析出,从而使白酒中的塑化剂含量超标,如装卸白酒或酒精的塑料管道,塑料瓶盖;另一种可能是,白酒中掺入的香精、香料中增塑剂超标;此次白酒塑化剂的影响,主要是液态发酵法引起的。业界认为,塑化剂超标在白酒行业里并非××酒一家,其他品牌也存在类似问题;东北证券食品饮料行业分析师朱承亮指出,从工艺来讲,白酒当前一般分为三种工艺:固态发酵法(传统发酵),固液发酵法和液态发酵法(新型发酵)三种,其中,诸如贵州茅台、剑南春等则采用固态发酵法(产品属性相似性低),液态发酵则是用液态发酵的标准化学工艺从淀粉类原料生产食用酒精,经过勾兑调制而成。2013年1月8日,××酒供销公司市场部总监张毅指出,塑化剂超标的原因是在××酒生产过程中,使用了相关的塑料用品,导致塑化剂含量超标。综上所述,目前国内白酒多采用液态发酵方法,使用PVC材质的设备,导致PVC中的塑化剂析出,导致酒中含有塑化剂,故国内白酒产品属性相似性较高。

(3)溢出效应。

① 危机对竞争品牌的负面溢出效应。

自××酒塑化剂含量超标2.6倍事件曝光后,2012年11月19日××酒股票被迫临时停牌,白酒板块也股价大幅下跌,其总市场价值损失共计330亿元,其中下跌最快的15只股票中,白酒类股票拥有10个位次(李士军,2014);其中,至收盘时,老白干酒(69.58,1.12,1.64%)跌停、沱牌舍得(26.81,0.16,0.60%)下跌7.91%、金种子酒(14.68,0.63,4.48%)下跌7.65%、水井坊(13.44,0.64,5.00%)下跌7.09%,泸州老窖、洋河股份跌逾8%,五粮液、伊力特跌逾7%,收盘时两市13只白酒股19日的总市值蒸发约323.56亿元,其中贵州茅台蒸发了100多亿元,五粮液蒸发近70亿元,即产生负面溢出效应(见表2-219)。

表2-219　××酒塑化剂溢出效应分析汇总

竞争品牌	相似性		溢出方向	
	属性相似性	品牌相似性	正面溢出	负面溢出
五粮液	√	√		√
茅台	√	√		√
沱牌舍得	√	√		√
伊力特	√	√		√
老白干酒	√	√		√
水井坊	√	√		√
泸州老窖	√	√		√
洋河股份	√	√		√

② 危机对竞争品牌的正面溢出效应。

××酒塑化剂危机发生的第二天,金种子酒则对媒体表示,金种子酒无论是酿酒还是存储工艺中,都普遍采用不锈钢或陶瓷器具(危机产品属性相似性低);伊力特称,关于白酒中的塑化剂问题,公司其实早在几年之前就已关注到,并对生产线进行了整体改造(危机产品属性相似性低);沱牌舍得也表示,公司在白酒生产、存储方面重视细节,以酒坛为例,公司特意从江苏宜兴购置陶瓷坛存酒,陶瓷坛封盖用的是布料,导管方面采用不锈钢(危机产品属性相似性低)。

2012年11月20日,酿酒板块人气回升,截至收盘,酿酒板块微涨0.31%,涨幅居前,20日大跌的金种子酒以5.26%领涨,沱牌舍得、山西汾酒、老白干酒等涨幅均超过2%,正面溢出效应更强(见表

2-220)。

表 2-220　竞争品牌应对策略对溢出效应的影响结果

竞争品牌	相似性		溢出方向	
	属性相似性	品牌相似性	正面溢出	负面溢出
金种子	×	√	√	
沱牌舍得	×	√	√	
山西汾酒	×	√	√	
老白干酒	×	√	√	
水井坊	√	√	√	

此外，笔者对 2008—2014 年发生的部分产品伤害危机溢出效应的案例进行搜集和整理，通过对比分析这些案例，从消费者的认知品牌网络角度归纳出两个的现象：①有的产品伤害危机对竞争品牌发生了溢出效应，而有的危机却没有发生溢出效应；②即使发生产品伤害危机的溢出效应，对竞争品牌的溢出方向也存在差异，有的是正面溢出（即竞争品牌受到有利影响），也可能是负面溢出（即竞争品牌受到不利影响）。进而，本书通过对案例的分析和整理，分析现象，从危机溢出的原因出发，依据消费者认知品牌网络的过程，验证相似性对溢出效应的影响。

综合以上案例分析的结果，产品伤害危机对竞争品牌产生负面影响或正面影响，而属性相似性、品牌相似性是影响溢出效应的重要因素，通过案例分析进一步验证了研究 1、2、3 的研究结论，进一步验证了属性相似性和品牌相似性共同影响产品伤害危机对竞争品牌的溢出方向和溢出强度。

2.3.6　研究总结

2.3.6.1　研究结果

本书通过搜集和分析现实中的产品伤害危机溢出效应案例回顾了溢出效应的相关理论和现有研究，构建了预警产品伤害危机对竞争品牌溢出效应的研究模型，并通过 3 个实证研究检验研究假设，得到如下研究结果。

首先，通过情景实验法，研究 1 考察两类相似性对溢出效应的影响，识别出危机严重程度的调节作用。研究假设 H1、H2、H2a、H2b、H3 均得到支持，即在危机产品属性相似性低甚至不相似的条件下，危机品牌和竞争品牌品牌相似性高，产品伤害危机对竞争品牌的正面溢出效应越强；无论危机品牌和竞争品牌是品牌相似性高还是品牌相似性低甚至不相似，只要二者危机产品属性相似越高，产品伤害危机对竞争品牌的负面溢出效应越强；在危机品牌和竞争品牌相似性高的条件下，危机产品属性相似越高，产品伤害危机对竞争品牌的负面溢出效应越强；无论危机品牌和竞争品牌相似性低的条件下，危机产品属性相似越高，产品伤害危机对竞争品牌的负面溢出效应越强；在危机产品属性相似性低的条件下，危机品牌和竞争品牌的品牌相似性低，产品伤害危机对竞争品牌不存在溢出效应。

其次，研究 2 主要探讨两类相似性对溢出效应的影响中危机严重程度的调节作用。研究假设 H4、H4a、H4b、H4c、H4d 均得到支持，危机严重程度调节了危机产品属性、品牌相似性交互对溢出效应的影响；当危机品牌和竞争品牌的危机产品属性相似性高且品牌相似性高时，危机严重程度越高，产品伤害危机对竞争品牌的负面溢出效应越强；当危机品牌和竞争品牌的危机产品属性相似性低且品牌相似性低时，危机严重程度不影响产品伤害危机溢出效应对竞争品牌的影响；当危机品牌和竞争品牌的危机产品属性相似性低且品牌相似性高时，危机严重程度越高，产品伤害危机对竞争品牌的正面溢出效应越强；当危机品牌和竞争品牌的危机产品属性相似性高且品牌相似性低时，危机严重程度越高，产品伤害危机对竞争品牌的负面溢出效应越强。

再次，研究 3 主要探讨两类相似性对溢出效应的影响中感知风险的中介作用。研究假设 H5、H6、

H7、H8得到支持，即对竞争品牌而言，绩效风险中介了危机产品属性相似性和品牌相似性交互对溢出效应的影响；对竞争品牌而言，在危机产品属性相似性、危机严重程度和品牌相似性交互对溢出效应的影响中绩效风险发挥了中介作用；对竞争品牌而言，心理风险中介了危机产品属性相似性和品牌相似性交互对溢出效应的影响；对竞争品牌而言，在危机产品属性相似性、危机严重程度和品牌相似性交互对溢出效应的影响中心理风险发挥了中介作用。

表 2-221 本书的假设验证情况

研究假设	检验结果
H1：在危机产品属性相似性低的条件下，危机品牌和竞争品牌的品牌相似性高，产品伤害危机对竞争品牌的正面溢出效应越强	验证
H2：无论危机品牌和竞争品牌是品牌相似性高还是品牌相似性低，只要二者属性相似越高，产品伤害危机对竞争品牌的负面溢出效应越强	验证
H2a：在危机品牌和竞争品牌相似性高的条件下，属性相似越高，产品伤害危机对竞争品牌的负面溢出效应越强	验证
H2b：无论危机品牌和竞争品牌相似性低的条件下，属性相似越高，产品伤害危机对竞争品牌的负面溢出效应越强	验证
H3：在危机产品属性相似性低的条件下，危机品牌和竞争品牌的品牌相似性低，产品伤害危机对竞争品牌不存在溢出效应	验证
H4：危机严重程度调节了危机产品属性、品牌相似性交互对溢出效应的影响	验证
H4a：当危机品牌和竞争品牌的属性相似性高且品牌相似性高时，危机严重程度越高，产品伤害危机对竞争品牌的负面溢出效应越强	验证
H4b：当危机品牌和竞争品牌的危机产品属性相似性低且品牌相似性低时，危机严重程度不影响产品伤害危机溢出效应对竞争品牌的影响	验证
H4c：当危机品牌和竞争品牌的危机产品属性相似性低且品牌相似性高时，危机严重程度越高，产品伤害危机对竞争品牌的正面溢出效应越强	部分验证
H4d：当危机品牌和竞争品牌的危机产品属性相似性高且品牌相似性低时，危机严重程度越高，产品伤害危机对竞争品牌的负面溢出效应越强	验证
H5：对竞争品牌而言，绩效中介了属性相似性和品牌相似性交互对溢出效应的影响	验证
H6：对竞争品牌而言，在属性相似性、危机严重程度和品牌相似性交互对溢出效应的影响中绩效风险发挥了中介作用	验证
H7：对竞争品牌而言，心理风险中介了属性相似性和品牌相似性交互对溢出效应的影响	验证
H8：对竞争品牌而言，在属性相似性、品牌相似性和危机严重程度交互对溢出效应的影响中心理风险发挥了中介作用	验证

2.3.6.2 研究结论

在实践中，竞争企业在预测产品伤害危机对其的溢出效应往往缺乏理论指导，在实践环节缺乏系统、有效预测溢出效应的工具，存在较大问题，对危机的预测往往存在滞后性，缺乏系统性。本书通过研究两类相似性对溢出效应影响和心理机制，并得出以下结论。

首先，对相似性进行重新认识，将相似性区分为品牌相似性和属性相似性。相似性有助于消费者的知识、认知、情感、态度和意愿从一个品牌到另一个品牌的转移（Martin、Stewart和Matta，2004），包括产品属性相似性和品牌相似性。根据本书对现实产品伤害危机案例的整理和对国内外相关文献的梳理，本书发现影响产品伤害危机对竞争品牌的溢出方向两大因素：属性相似性（有形属性相似性）；品牌相似性（无形属性相似性）。第一，在产品伤害危机发生后，消费者需要及时认识和判断竞争品牌是否也存在类似危机，其所依据的标准是二者之间引发危机的产品属性是否相似性（Roehm和Tybout，2006；方正等，2014），而二者之间的危机产品属性越相似，消费者通过共有产品属性联想到该危机行为，即危机信息对竞争品牌的（负面）可诊断性越强，此时竞争品牌与危机品牌越相似，消费者对竞争品牌的心理风险越高，对竞争品牌的负面溢出效应越强。第二，当竞争品牌与危机品牌之间的危机产品属性被感知差异，导致危机信息对竞争品牌缺乏可诊断性，将阻止与这些产品质量的信息会溢出到竞争品牌。第三，在属性相似性低的条件下，在消费者的记忆中，如果品牌相似性越高，消费者对危机品牌的消费经验更容易转移到竞争品牌，由于消费者对与该竞争品牌信息加工的难度更低，使得消费者的决策任务的复杂性和难度相对低,当危机品牌被激活时,该竞争品牌更具可接近性,那么竞争性溢出将发生,导致消费者对竞争品牌的感知发生了正面溢出效应。

其次,属性相似性、品牌相似性影响溢出效应的方向和溢出强度。本书的具体结果为:在危机产品属性相似性低甚至不相似的条件下,危机品牌和竞争品牌的品牌相似性高,产品伤害危机对竞争品牌的正面溢出效应越强;无论危机品牌和竞争品牌是品牌相似性高还是品牌相似性低,只要二者属性相似越高,产品伤害危机对竞争品牌的负面溢出效应越强;在危机品牌和竞争品牌相似性高的条件下,属性相似越高,产品伤害危机对竞争品牌的负面溢出效应越强;无论危机品牌和竞争品牌相似性是高还是低,属性相似越高,产品伤害危机对竞争品牌的负面溢出效应越强;在危机产品属性相似性低的条件下,危机品牌和竞争品牌的品牌相似性低,产品伤害危机对竞争品牌不存在溢出效应。另外,研究了竞争品牌和危机品牌之间的属性相似性、品牌相似性、危机严重程度对溢出效应的影响,并验证了消费者心理风险的中介作用。本书的具体结果为:在危机产品属性相似性低的条件下,危机品牌和竞争品牌品牌相似性高,产品伤害危机对竞争品牌的正面溢出效应越强;无论危机品牌和竞争品牌是品牌相似性高还是品牌相似性低,只要二者属性相似越高,产品伤害危机对竞争品牌的负面溢出效应越强;在危机品牌和竞争品牌相似性高的条件下,属性相似越高,产品伤害危机对竞争品牌的负面溢出效应越强;无论危机品牌和竞争品牌相似性低的条件下,属性相似越高,产品伤害危机对竞争品牌的负面溢出效应越强;在危机产品属性相似性低的条件下,危机品牌和竞争品牌的品牌相似性低,产品伤害危机对竞争品牌不存在溢出效应;当危机品牌和竞争品牌的属性相似性高且品牌相似性高时,危机严重程度越高,产品伤害危机对竞争品牌的负面溢出效应越强;当危机品牌和竞争品牌的危机产品属性相似性低且品牌相似性低时,危机严重程度不影响产品伤害危机溢出效应对竞争品牌的影响;当危机品牌和竞争品牌的危机产品属性相似性低且品牌相似性高时,危机严重程度越高,产品伤害危机对竞争品牌的正面溢出效应越强;当危机品牌和竞争品牌的属性相似性高且品牌相似性低时,危机严重程度越高,产品伤害危机对竞争品牌的负面溢出效应越强;对竞争品牌而言,心理风险中介了属性相似性和品牌相似性交互对溢出效应的影响;对竞争品牌而言,在属性相似性、危机严重程度和品牌相似性交互对溢出效应的影响中心理风险发挥了中介作用。

最后,消费者感知风险中介了相似性和危机严重程度对溢出效应的影响。对竞争品牌而言,感知风险中介了属性相似性和品牌相似性交互对溢出效应的影响;对竞争品牌而言,在属性相似性、危机严重程度和品牌相似性交互对溢出效应的影响中感知风险发挥了中介作用。

2.3.6.3 研究贡献。

(1)理论贡献。

首先,本书对相似性进行重新认识,将相似性分为品牌相似性和属性相似性,丰富了相似性分类集的研究。

其次,本书识别出了溢出效应发生的关键条件,验证了属性相似性和品牌相似性是影响溢出方向的关键变量,构建了竞争企业预判溢出效应的理论模型,为竞争企业提供了预测危机溢出方向的工具,具体来看:一方面,证实属性相似性和品牌相似性是影响溢出效应关键因素,共同影响溢出效应的方向和强度,即当属性相似性低时,品牌相似性越高,危机对竞争品牌的正面溢出效应越强;当属性相似性高时,品牌相似性越高,危机对竞争品牌的负面溢出效应越强;当属性相似性低、品牌相似性低时,危机对竞争品牌不存在溢出效应。该部分研究拓展了 Gao 等(2015)、Roehm 和 Tybout(2006)和方正等(2013)等相似性对溢出效应的研究,丰富了溢出效应的研究。另一方面,解释了王海忠、田阳和胡俊华(2010)、Dahlen 和 Lange(2006)、Janakiraman、Sismeiro 和 Dutta(2009)、田阳等(2013)和方正等(2013)等研究的结论之间冲突——危机品牌与竞争品牌相似既可能导致正面溢出效应,也可能导致负面溢出效应。即 Roehm 和 Tybout（2006）认为相似性越高，危机对竞争品牌的负面溢出效应越强；王海忠，田阳和胡俊华（2010）认为消费者选择相异型检验时，负面溢出效应不会发生，方正等（2013）指出危机品牌与竞争品牌不相似时，溢出效应不会发生，但 Dahlen 和 Lange（2006）在研究品牌危机时认为，品牌相似时，危机对竞争品牌会产生负面溢出效应，而品牌不相似时，危机对竞争品牌会产生正面溢出效应。本书证实其原因是现有研究没有区分两类相似性，没有厘清属性相似性和品牌相似性对溢出效应的影响之间的差异。

再次，本书识别出危机严重程度对溢出效应的强度的调节作用，证实：当属性相似性低、品牌相似性高时，危机严重程度越高，危机对竞争品牌的正面溢出效应越强；当属性相似性高、品牌相似性高时，危机严重程度越高，危机对竞争品牌的负面溢出效应越强，拓展了 Dahlen 和 Lange（2006）、方正等（2013）对相似性影响溢出效应的研究。

最后，识别出心理风险和绩效风险等感知风险的中介作用，识别出溢出效应的发生机制，构建危机溢出效应的发生机制的预测模型，丰富了溢出效应中消费者信息处理机制的研究，延伸了 Roehm 和 Tybout（2006）和方正等（2013）对溢出效应的研究，为竞争品牌及时、有效地预测危机对其的溢出类型和溢出强度提供一定理论借鉴。

以上四点，大多是危机溢出效应领域的首次探索，同时也是对前人相关研究结论的进一步检验和延伸。

（2）管理启示。

通过实证研究和案例分析，本书将研究结果和结论转化为竞争企业预测溢出效应的管理建议和启示，为竞争企业有效预判危机溢出效应——溢出方向和强度提供参考依据。这些建议和管理启示归纳为以下几个方面。

第一，本书为竞争企业从产品属性相似性和品牌相似性角度快速、有效地识别出其与危机品牌的产品之间的差异、进行品牌差异化竞争提供了参考依据。在危机发生之后，竞争企业应尽快通过有形的产品物理属性的比较，确认其产品与引发危机的产品在产品属性方面的相似性高低，通过品牌来源国、品牌档次、品牌价值等无形属性的比较确认品牌相似性的高低，减弱品牌联结，降低危机信息对竞争品牌的负面影响，及时确定危机对其的溢出方向或类型。第二，竞争企业可跟踪危机发展，依据危机严重程度高低，分析溢出强度的高低，确定危机对其的溢出强度，把握溢出对自身的潜在影响程度。本书从危机本身角度，指导竞争品牌及时跟踪和监控危机事件的发生与发展，确定危机严重程度，准确、及时预测溢出强度及其方向，及时根据危机严重程度对溢出强度的影响，调整后期的应对策略和应对资源的投入，为预测溢出效应提供理论指导。第三，竞争品牌应深层次地进行品牌差异化经营，注重产品差异化运营，从产品的外观设计、关键产品属性的设计和质量控制、关键原料供应商的选择和监控、品牌建设角度进行差异化经营，有效预防负面溢出、增强正面溢出提供重要的战略指导。由于属性相似性负向影响溢出效应，因此竞争企业应加强关键产品属性的差异化和品牌多元化运营，如原材料来源多元化、供应商来源多元化，强化产品属性的质量管理，通过比较广告等方式，加强品牌特色化经营，进行差异化品牌定位，提升品牌价值，提前阻断危机溢出发生的条件，降低属性相似性所引发的感知风险，进而降低负面溢出效应，增强正面溢出效应。

2.3.6.4 研究局限

本书以产品伤害危机事件为背景，通过观察现实背景，提出研究问题，进行文献综述，提出研究模型和研究假设，通过情景实验法进行实证研究，检验研究假设，研究了两类相似性对溢出效应的影响，构建了竞争企业预测溢出效应的理论模型，研究结论丰富了相似性和溢出效应研究，对竞争企业成功预判危机对竞争品牌的溢出效应提供了一定的理论指导，但由于研究精力和问题复杂性所限，存在以下局限。

首先，研究样本主要为学生样本。为了提高研究的内部效度、尽力排除干扰变量，本书主要采用同质性较高的学生样本（其中研究 1 采用非学生样本，研究 2、3 采用学生样本），不可避免地降低了研究的外部效度。在溢出效应研究领域，学生赝本使用频率较高，为 Ahluwalia、Unnava 和 Burnkrant（2001），Roehm 和 Tybout（2006），Dahlen 和 Lange（2006），王海忠、田阳和胡俊华（2010），方正等（2013）等所采用，但在同一研究中难以同时兼顾高水平的内外部效度。虽然学生样本是溢出效应领域研究应用非常普遍，为国内外学者所普遍采用，但其代表性仍存在一定局限，后续研究可以非学生样本来检验本书模型，模拟现实背景，以提高外部效度。

研究结论的普适性有待跨产品类别进行检验。虽然本书依据易于操控危机刺激物真实性和具有较好的危机代表性的标准，选择快餐产品、移动电源等作为实验刺激产品，通过实证研究得出研究结论，但该结论是否百分百适用于其他产品，这有待跨产品类别以检验研究结论的普适性。

尽管本书实验刺激物都是依据真实危机仔细修改而成，但无法完美模拟真实的危机场景，存在一定的偏差，造成研究结论与真实环境存在一定偏差。因此，本书通过对真实的溢出效应案例进行分析，以真实案例验证相似性对溢出的影响，从而验证研究结论的有效性，但案例不够全面、代表性存在局限。

仅以心理风险和绩效风险验证感知风险的中介作用。参考 Keh 和 Pang（2010）的研究，本书以绩效风险、心理风险为感知风险的维度，并其能较好地代表感知风险，但难以全面地展示与时间风险、身体风险、社会风险等其他风险的区别，后续研究可以研究这些风险对溢出效应的影响及差异。

仅以品牌态度的变化为因变量。本书以品牌态度及其变化为因变量，其原因为以下两点。

（1）选择品牌态度为研究因变量，可深化现有溢出效应的研究结论。以品牌态度的变化来测量溢出效应，已被国内外学者普遍认同（Dahlen 和 Lange，2006；Roehm 和 Tybout，2006；方正等，2013；王海忠、田阳和胡俊华，2010）。

（2）品牌态度可以反映个体对特定对象所持有的评价性的心理倾向，能较好反映危机溢出对消费者是否发生了稳定的影响。然而，以品牌态度的变化测量溢出效应存在局限，即其能测量相似性对溢出效应的影响，预测消费者的购买意愿和行为，但无法决定消费者的购买行为。因此，后续研究相似性对购买行为的短期和长期。

2.4 品牌形象代言人负面新闻对品牌形象和购买意愿的伤害因素研究——基于 6 个名人负面新闻娱乐化的案例

2.4.1 绪论

2.4.1.1 研究背景与问题

学者们为负面新闻并未导致代言企业的市场份额下降的事实而困惑着。在另一个研究方向，Choueke、Alan Beh 等研究代言人负面新闻与代言人自身价值之间关系的学者们提出了另一个观点：不同的代言人负面新闻会产生不同的效果。

并非所有的代言人负面新闻都有害的（R Bruce Money，2006），反而有些明星丑闻是可以成为代言品牌很好的装饰（Choueke，2006）。学者们对品牌形象代言人负面新闻是否会对代言企业品牌造成伤害尚未达成一致意见，甚至在各自的研究领域内还存在冲突。那么企业在遭遇品牌形象代言人突发负面新闻时，究竟是选择放弃该代言人，还是选择保留该代言人呢？

本书着力于研究代言人负面新闻对代言产品形象和代言产品购买意愿的影响，这既有其市场背景，也有其理论背景。

（1）市场背景与问题。

在代言人负面新闻发生后，有一个现实的重要问题：代言企业在何种情况下应该采取放弃策略，在何种情况下应该采取保留策略。这就是本书的市场背景所在。

在营销实践中，经验和感觉决定了营销主管如何回答这些问题（Siomkos 和 Kurzbard，1994）。一方面是南方寝饰的品牌总监宣称"是明星就有绯闻"，另一方面是迪士尼要不计成本地撤开代言关系。也许迪士尼的做法是正确的，毕竟营销主管害怕品牌受到伤害，但那是基于它能承担"不计成本"，那么中国本土的企业又该怎么办？尤其是那些花费了巨大代价才聘请名人作为代言人的中小企业又该怎么办？是学习国际一流企业，直面"惨淡的人生"背负巨额广告费的损失，撤销所有的广告，还是冒着"消费者背离的风险"一条路坚持到底？正如，《每日商报》所发现的，企业在应对代言人负面新闻上确实缺乏经验和理论的指导。尤其是在遭遇突发事件时往往出现应对的弱点——要么反应过激，要么反应过缓，缺乏系统性思考和理论性思考。

"让企业跟着感觉走"不是企业的错，而是营销研究者的失误。正如绪论开篇所言，营销理论界就这一问题尚未达成共识时，企业又如何能做出正确的决策呢？在频繁发生的代言人负面新闻中，我们可以发现营销实践中存在一个重要疑问：在代言人负面新闻发生后，保有和放弃两种策略在何种条件下对企业最为有利？

要科学而准确地解答企业的困惑，我们只需解决这个问题背后那个更为隐含和重要的问题——代言人负面新闻发生后，如果代言人和产品同时出现在消费者面前，那么什么因素会导致消费者降低对代言品牌的评价和对代言产品的购买意愿。如果我们回答了这个问题，那么企业只需在代言人负面新闻发生后考量这些因素是否存在，就能做出更为有利的决策。

（2）理论背景与问题。

代言人负面新闻并不是代言人研究领域的主流方向。基于文献检索法的研究指出，在过去的研究中仅有6篇研究代言人负面新闻的研究报告，其中仅有2篇被广泛引用，但是代言人负面新闻对名人代言广告的影响最大，这个结论揭示了使用名人的高风险是名人负面信息对消费者感知有巨大的冲击作用；也建议当代言人负面新闻出现后应该删除品牌或产品与代言人之间的联系。

通过对学者们以往研究成果的回顾，研究代言人负面新闻与品牌形象、购买意愿之间关系的学者们在研究结论上还未取得一致的意见。Money（2006）的实验结果是代言人负面新闻不会降低消费者的购买意愿，而有些负面新闻能增加消费者的购买意愿；Bailey 的实验结论是代言人负面新闻对品牌形象存在负面影响。Till（1998）的实验1和实验3结论也不一致。Louie 提出事件责任的高低是代言人负面新闻对品牌形象产生负面影响的因素。

在另一个方向，研究代言人负面新闻与代言人自身价值之间的关系。在这个研究方向内，学者们依然未达成一致意见，但是总体结论是不同的代言人负面新闻会产生不同的影响。Shank（2005）在定义体育丑闻时提出非法、非道德并能对体育产生显著负面影响的负面事件可以定义为体育明星丑闻；Choueke（2006）提出"明星的丑闻可以成为代言品牌很好的装饰"。Behr（2006）在研究六个明星负面新闻后，发现不同的新闻产生不同影响；赵璟燮和王晓华（2008）在研究某体育明星退赛事件中发现某体育明星的个人形象下降了；美国商业媒体 Adweek Media（2010）的报告则显示74%的美国人认为不会有影响，反而有5%的人认为感觉更好。

不考虑 Friedman 在1979年提出的产品与代言人一致性的条件下，也不考虑 Petty 在1980年提出产品所需要的信息卷入度，还要不考虑代言人代言产品的数量，按照 McCracken 于1989年提出的代言人意义迁移模型，消费者对代言人的评价与对代言品牌的评价应该一致。但是研究代言人负面新闻的学者们在两个研究方向内部都有一个共同的现象：使用不同案例/刺激物会产生不同的结论。

那么代言人究竟发生何种新闻对企业有利，发生何种新闻对企业不利呢？

本书将所有学者的研究案例或刺激物进行了分类，发现了两个研究方向之间有一个共同的结论，"代言人受到伤害"会增加代言人自身价值也会提升代言品牌形象，但是"代言人未伤害他人"和"代言人伤害他人"的这两种新闻类别，两个研究方向之间没有形成一致的意见；在同一研究方向内也没有形成一致意见。

因此，从总体上看，对代言人负面新闻的研究相对有限，在理论上仍不成熟。第一，上述两类新闻中哪些因素会导致代言人自身价值下降；第二，如果代言人与产品同时出现在消费者面前，这些影响因素是否会降低消费者对代言产品形象的评价和对代言产品的购买意愿。因此研究上述两个问题，即能解释使用不同案例/刺激物会产生不同结论的现象，也有助于解释 Till 和 Louie 的困惑，进一步丰厚代言人负面新闻的相关理论。

2.4.1.2 研究内容与目标

在上一节，本书发现了现实和理论上对于代言人负面新闻的一些疑问。为了解释这些疑问，本书进一步确定了研究内容与研究目标。

（1）研究内容。

本书的研究内容可以分为两个层次。第一个是代言人负面新闻中影响消费者对代言人做出评价的因素；第二个是这些因素能否对代言人自身价值、代言品牌形象、代言产品购买意愿产生负面影响。

在第一个层次，本书依据 Bailey 的观点引入了传播学的研究内容。在新闻娱乐化的大时代背景下，研究消费者对名人负面新闻的态度及名人负面新闻中影响消费者对名人做出评价的因素。

在第二个层次，本书依据心理学学者的研究结论和代言人研究领域的相关成果构建概念模型并提出研究假设，通过量化检验的方法实证影响消费者对名人做出评价的因素是否会对代言人自身价值、代言产品形象、代言产品购买意愿产生影响。

由于现有的代言人作为说服者特质的研究量表尚不成熟，而来自实践界和理论界的观点是"喜欢"是代言人特征中可信性模型和吸引力模型的基础，因此本书使用消费者喜欢代言人的可能性来代表代言人作为说服者特质。消费者喜欢代言人的可能性也可代表 Choueke 等学者所检查的代言人在市场上的受欢迎程度。这样即能有效地整合代言人负面新闻的两个研究方向，也使操作上更为简单。

（2）研究目标。

本书有两个方面的研究目标。

在理论上，解释 1 个问题：代言人负面新闻发生后，何种因数会伤害代言产品形象和代言产品购买意愿。

在实践上，解决 1 个问题：代言人负面新闻发生后，如果代言人与产品同时出现，那么哪些因素会导致代言品牌形象下降和代言产品购买意愿降低，并将研究得出的结果和结论转换为现实中的营销决策建议，为企业提供可操作的借鉴。

2.4.1.3 研究思路与方法

为了解释现实和理论上存在的问题，实现本书的研究目标，本书制订了研究思路并选择了研究方法。

（1）研究思路。

本书所遵循的总体思路就是解决营销实践中的问题，具体来讲分为四个步骤。

首先，观察现实中的代言人负面新闻，发现企业的应对策略不一，因此将代言人负面新闻发生后，企业在当时当地的如何决策作为本书的研究方向。

其次，基于这些问题检索相关文献，了解其他学者对这些问题的研究进展和不足。

再次，结合既定研究方向和已有的代言人负面新闻研究成果，从中找到值得研究而尚未研究的"机会点"，确定本书的研究内容和目标。

最后，基于研究内容和目标，展开正式研究，包括探寻影响因素、建立概念模型、形成研究假设、选择研究方法、设计研究变量、开发调查问卷、展开调研工作、进行数据分析、得出研究结果、分析研究结论。

对于本书研究思路的图解，见图 2-18。

现实观察	现实观察	现实观察	现实观察
观察现实中企业在发生代言人负面新闻发生的决策不一，初步确定研究方向为代言人负面新闻发生后企业在当时当地应该如何决策	检索国内外与代言人负面新闻相关的文献，了解代言人负面新闻的研究进展和不足所在	结合现实中的迷惑和国内外的研究成果，正式确立研究内容和研究目标	根据研究内容和目标： 1.探寻影响因素 2.建立概念模型 3.形成研究假设 4.选择研究方法 5.设计研究变量 6.开发调查问卷 7.展开调研工作 8.进行数据分析 9.得出研究结果 10.分析研究结论

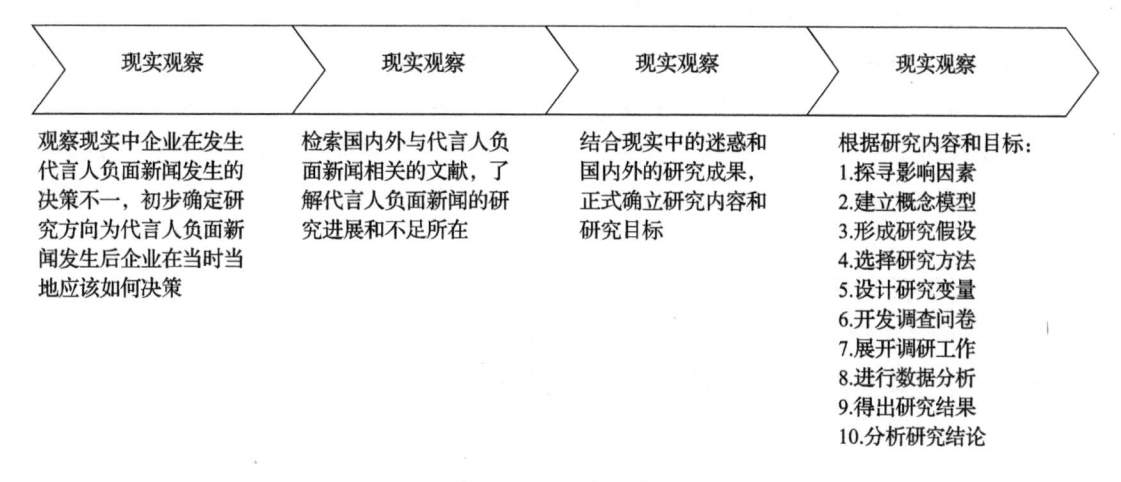

图 2-18 研究思路图

（2）研究方法。

要想发现新的想法并提出新的观点，最恰当的研究方法是探索性研究。探索性研究是整个研究设计的基础和开始，它往往采用专家调查、二手数据分析、定性研究等方法开展。要描述目标问题的特征或功能，描述性研究最为恰当。它通过样本组调查或进行数据的比较，以获得对目标问题的整体概述。要想为企业决策提供理论，因果关系研究最为重要。因果关系研究是按照既定假设，操作与控制其他变量以检测它们对因变量的影响。探索性研究和描述性研究属于质化研究和对质化研究实施量的检验，因果关系研究属于依据既定假设的量化研究（Maxwell，1995；Creswell，1994；Fine，2000）。

无论是质的研究和还是量的研究都是实证研究，质化和量化是社会科学研究的两大研究范式。质化研究和量化研究可以互补优势，两种的结合可以实现控制情景与自然情景的整合，构建模型与验证假设相统一，实现多层次、多角度、多方法的研究某一个问题（阎海峰、关涛和杜伟宇，2008）。

质化研究所探讨的是人们已形成的经验和人们行为的本质特征。它要求研究者在自然的情景中，站在研究对象的角度来分析一种群体、单独个体的行为特征，用不加修饰的语言而非机械的数字描述研究对象对世界或事件的反应，以及为什么会产生这种反应的原因，因此它总是要求研究者置身于情景之中，详细、真实地记录研究对象的行为和语言并将其分类，最终从个案或非普遍性的陈述中提炼研究主题的总体印象并概述与主题有关的项目（Bryman，1988；Hudelson，1994；Creswell，1994；Burgess，1994；Ratner，1997；Krathwohl，1998）。

质化研究是心理学方法论的基石（Burgess，1994；Fischer，2006；Ratner，1997；陈向明，1996，等多位学者）。它是研究者在一个具体情景中对一个特定现象的理解，是关于人们如何解释世界和怎样阐述生活经验的构成，它适合于那些刚出现原型或有待商榷的概念，这些概念要么还没有得到理论支撑，要么还曾被研究；也适合于重构那些内涵之间的因果关系不能解释的客观现象，带有偏见和预想的理论；它还能为理论的发展提供探索性和描述性的成果（Bogdan，1992；陈向明，1996）。这就要求研究者以归纳的方法将人们对事件或物体的认识进行分类并由此形成假设或理论，再通过证伪法和相关检验等方法对研究结果进行检验；研究者也必须如实地记录整个研究的过程，以便读者能体会其研究过程并判断研究成果的有效性（Creswell，1998；陈向明，1996；秦金亮，2000；叶浩生和王继瑛，2008）。

而量化研究则适合于研究者证实或证伪那些用理论构建的假设,并不断地与之修正和完善,但这是基于研究者事先的主观认识和已有理论的可靠性,依据理论提出假设意味着研究者可能忽略了研究对象真实的内心世界和心理状况,这正是量化研究受到批判的原因(Creswell,1998)。质化研究与量化研究的最大不同,不是在于检验方法上是否使用数学模型,而是在研究中质化研究者不带任何主观色彩、不施暴于研究现场,融入情景并从受试者的经验中总结理论,它能解决采用既定假设进行检验因果关系的实证研究之不足(秦金亮,2000;叶浩生和王继瑛,2008;Creswell,1998)。

虽然质化研究的溯源来自对量化研究的反思,但是质化研究所采取的归纳方式而建立的理论只是描述性的,一般没有明确的结论(Maxwell,1995)。这就需要在研究的过程中综合使用质化研究与量化研究。

质化研究向量化研究转换的过程中,学者们探讨了两种研究方式的整合(Maxwell,1995;Creswell,1994;Fine,2000)。Fine(2000)提出了次序整合方式,即在一项研究中先使用质的方式提出理论或假设,然后再使用量的方式证明或证伪质化研究的成果。Maxwell(1995)和Creswell(1994)提出了交叉整合方式,即在一项研究中量与质的研究交替进行。向敏和王忠军(2006)总结了学者们的研究范式并提出交叉整合方式适合于深入的拓展性研究,而次序整合方式适合用于探索性研究,先进行质化研究形成假设,再用量化研究来检验这种假设。

市场营销研究的终极目的之一是探寻何种方式能增加消费者的购买意愿,帮助企业成功地将产品销售给消费者。购买意愿就是消费者的心理活动写照。因此在市场营销研究中使用心理学的质化研究范式并进行量化检验,能有效地帮助市场营销研究者的因果关系实证成果能指导企业在现实世界中的营销决策和营销行为。

在文献研究中,我们已经发现代言人负面新闻两个研究方向都存在使用不同案例/刺激物会产生不同的结论现象,这意味着现有研究的成果并不能为本书所依靠,必须重新进行质化研究,从案例中寻找共性的因素。由于本书定义的代言人为名人代言,因此首先应探究名人负面新闻中影响消费者对名人做出评价的因素,并用量的方法检验这种结论,最后制订假说并付诸因果关系的验证。

在质化案例的选择上,我们依据传播学对新闻娱乐化定义、特征的研究成果选择案例,并收集当时当地第一手网友评论。在样本的选择上,依据杨文登(2008)的研究成果选择了典型样本的取样方法。在量化检验工具上,我们选择了结构方程作为最终检验的量化工具。

在量化研究方面,为了检验假设中内涵的因果关系,本书选择与因果研究相匹配的实验法开展了量化研究。使用结构方程作为检验因果关系的量化工具,以验证影响消费者对名人做出评价的因素是否对代言品牌形象和代言产品购买意愿产生影响。

综上所述,通过对研究方法的分析并借鉴前人的研究方法,本书采用了"质化研究"和"量化研究"的次序整合方式来研究代言人负面新闻发生后,伤害购买意愿和品牌形象的因素,见表2-222。

表2-222 本书的研究设计

阶段	第一阶段:质化研究		第二阶段:量化研究
方法	探索性研究	描述性研究	因果关系研究
目标	发现名人负面新闻娱乐化中影响消费者对名人做出评价的因素	量化检验名人负面新闻娱乐化中影响消费者对名人做出评价的因素是否能真实存在	检验名人负面新闻娱乐化中影响消费者对名人做出评价的因素会对代言品牌形象和代言产品购买意愿的影响
方法	1. 收集名人负面新闻并从中选择研究案例 2. 收集消费者在当时当地的态度和行为,按质化研究的规范进行整理并出具报告	1. 编制评价因素调查问卷 2. 运用结构方程的方式进行检验	1. 提出假设并建立模型 2. 编制调查问卷 3. 运用结构方程的方式进行检验

2.4.1.4 研究意义

本书的研究内容来源于对现实现象的疑惑和先前的理论冲突,所以本书的研究意义和创新主要就在于澄清冲突、解释现象和指导实践。

(1) 理论意义。

本书不仅进一步完善了代言人负面新闻的研究理论,而且可以拓展代言人研究领域的研究空间。具体表现在以下几个方面。

① 本书从名人负面新闻案例入手,进行多维度的调查,发现了影响消费者对名人做出评价的因素,而以往的研究中除 Louie 在 2000 年提出了"事件责任"外,其余学者虽提出了一些要素但均不明确。这些因素的发现和收集网络评论的方法拓展了代言人研究领域的新空间和研究方法,对以前学者的研究进行了补充。

② 本书发现了对直接伤害品牌形象的三个因素,这解释了学者们使用不同刺激物产生不同结论的现象。代言人负面新闻对代言品牌影响来源于消费者对代言人的喜欢意愿以及形象认知失调、人事对偶连接、从业形象受损这三个影响消费者对代言人做出评价的因素。

③ 本书发现影响消费者对名人做出评价的因素均不会对购买意愿产生直接影响,因此理论回顾提出的需要高信息卷入度的产品""代言人与产品的一致性""代言品牌本身固有的形象""代言产品的数量"能成为喜欢意愿和购买意愿之间的调节变量。这为解释 Till、Louie 等学者的困惑提供了理论依据。

(2) 现实意义。

本书的研究成果为突遇代言人负面新闻的企业在当时、当地的决策提供了决策依据。

① 发现了伤害品牌形象的因素,"形象认知失调""从业形象受损""人事对偶连接"能影响伤害代言品牌形象。

② 开发了一套量表,提供了一种方法。本书所开发的量表希望最终能为企业提供帮助,在代言人负面新闻发生后以调查这些伤害品牌形象的因素是否存在;本书所使用的分类汇集代言人负面新闻网络评论的方法,为那些难以完成大规模调查的企业提供了借鉴,即查询评论并完成分类,统计各分类的占比并判断是否存在伤害品牌形象的因素和可能的影响程度,即使不太准确也能避免纯粹的感觉判断。

2.4.2 文献综述

与本书有关的概念包括,品牌形象代言人、品牌形象代言人特质、负面新闻、新闻娱乐化、品牌形象、购买意愿。本书将按以下方式进行文献整理,以使整个文献的结构清楚和逻辑清晰。

(1) 按营销学和传播学对负面新闻和品牌形象代言人的概念,以及品牌形象代言人负面新闻的研究成果整理文献。

(2) 按心理学的说服理论整理代言人的说服效果、代言人的说服者特质、说服机制等研究成果整理文献。

(3) 按传播学对新闻娱乐化的定义、起因、特征等研究成果整理文献。

(4) 按营销学对品牌形象和购买意义的定义和测量方法等研究成果整理文献。

2.4.2.1 品牌形象代言人与负面新闻

(1) 品牌形象代言人的概念。

使用名人作为代言人已经成为企业重要的营销策略。20 世纪 20 年代,美国的 J. W. Thompson 广告公司已经在力士香皂的广告招贴画中加入电影明星使用力士香皂的照片。1936 年美国田径名将欧文斯穿着阿迪达斯运动鞋获得四枚奥运金牌,他的代言造就了今天最为成功的运动品牌之一阿迪达斯。

Joseph M. Kamen(1975)根据人在广告中的表现形式划分出了四种广告。第一种是证言人(Testimonial)广告,即证言人依据亲身经历,向公众证明产品或服务所宣称优点的真实性;第二种是背书人(Endorser)

广告，即通过背书人与被背书品牌展示在公众面前的形式，使背书人和被背书品牌相互联系，从而达到背书人为品牌背书的目的；第三种是发言人（Spokesman）广告，即获得公司授权的个人，依据公司的要求向公众发表官方性质的信息；第四种是演员（Actor）广告，即在广告中出现的个人，他在广告中的角色更像是一位戏剧演员。

Frieden, J.B.（1984）认为消费者、专家、公司 CEO、虚构生物等都可以是代言人的表现形式。徐卫华（2004）将代言人界定为，代表品牌（企业、组织、产品）传播品牌信息的个人、动物、虚构生物或团体组织。

Beau Blackwell、Click Bank（2009）在"New FTC Endorsement Rules"一文中注明美国联邦贸易委员会（FTC）使用英文单词"Endorsement"表述"代言"一词。FTC 对"代言"一词的界定是，代言人从自身角度而非赞助商的角度，向消费者表述消费者可能相信的信息，这些信息应该是代言人的观点或经历。根据美国联邦贸易委员会（FTC）对"Endorsement"的表述，代言人是一个不受代言公司控制且能自主发言的人，因此公司职员、广告演员、虚拟生物、团体组织都不是代言人。

苏勇（2003）指出名人就是品牌形象代言人，是在产品广告中出现并利用自身知名度和魅力价值宣传品牌形象的影视明星和体育明星。

孙晓强（2008）在其研究中把品牌形象代言人界定为，在企业广告或其他营销活动中出现，以帮助提升品牌形象，传播品牌信息为目的，具有一定知名度的个人。

参照孙晓强和苏勇的观点，本书将品牌形象代言人界定为名人代言。McCracken（1989）、Langmeyer（1991）对名人代言（Celebrity Endorser）的定义是，通过和消费品一起在广告中出现的方式来代表某一消费品并具有较高公众认知的个人。

（2）品牌形象代言人负面新闻的概念。

在营销学和心理学文献中，与有关负面新闻有关的词语包括"Undiesable Event""Bad Thing""Negative Information""Negative News""Bad News""负面报道""消极信息"等。Scott Tybout（1981）用"Negative Information"表述负面新闻，并认为商业领域的负面新闻包括产品召回、产品本身缺陷引发的悲剧性报道、散布很广的毁灭性谣言。Weinberger、Romeo 和 Piracha（1991）用"Negative Product Safety News"表述产品安全负面新闻。Haskings（1981）用"Bad News"表述负面新闻并认为负面新闻是令当事人（对象）不愉快的新闻。

负面新闻的词汇实际来源于传播学，并采用"Negative News"表述负面新闻。学者们比较一致地认为，负面新闻是让新闻受众感到消极和不愉快的新闻，它往往展露的是与现行社会秩序和道德标准相冲突的反常事件。张威（2003）认为使公众震惊，违背社会秩序和道德标准的反常性事件新闻就是负面新闻。李涛（2004）认为负面新闻是指对消极、不好、有害信息的报道，它聚焦于那些与现行社会秩序和道德标准相冲突的事件及一切反常现象。魏任尧（2005）认为负面新闻信息是指一种处于原始状态的消极变动事实，就本身的价值判断而言它是负面的；一是"天灾"，例如地震、瘟疫、海啸；二是人祸。刘建明（2008）认为负面新闻是指有悖于人类安宁、利益或理性与道德追求的，带有危害性的事实新闻，包括对人们的挫折、失败、社会丑恶、天灾人祸、犯罪、暴力和观点极端的新闻。

由品牌形象代言人的界定和学者们对负面新闻的认识，本书将品牌形象代言人负面新闻界定为，通过和消费品一起在广告中出现的方式来代表某一消费品并具有较高公众认知的个人，他所发生的令消费者感到不愉快的新闻，这种新闻中往往展露的是与现行社会秩序和道德标准相冲突的反常事件。

（3）品牌形象代言人负面新闻与品牌形象、购买意愿。

负面新闻会致使人们对某个事件及人物更多的评价，尤其是关于名人的负面新闻更容易引发人们的关注，产生更大范围的影响，并且也更容易被人们回忆（Wojciszke、Bryce 和 Borkenau, 1993；Ybarra,

1996）。与正面新闻相比，负面新闻能引发人们的关注和注意力，并且能产生更为广泛的影响，这取决于信息到达的实际顺序和人们难以预期哪种信息（Smith 和 Petty，1996；Ito、Larsen 和 Smith 等，1998）。人们在回忆各种历史性事件时，也容易回忆起那些负面新闻所报道的事件，这是因为负面新闻比中性新闻和正面新闻更容易激发人们的长期记忆（Kensinger 和 Corkin，2000）。

Clinton Amos、Gary Holmes 和 David Strutton（2008）用文献检索法研究了代言人领域的文献，发现截至 2008 年仅有 6 篇关于代言人负面新闻的研究文献，其中有两篇文献的研究效力最高。Amos 的研究结果显示代言人负面新闻对名人代言广告的影响最大，他认为这个结论揭示了使用名人作为代言人的高风险是名人负面新闻对消费者感知有巨大的冲击作用；也建议当代言人负面新闻出现后应该删除品牌或产品与代言人的之间联系。

但是学者们过去的研究结论并没有清晰地为企业指出代言人负面新闻发生后，在何种情况下应该弃用代言人，在何种情况下可以保留代言人。本书将按品牌形象代言人负面新闻与品牌形象、购买意愿关系研究的发展历程，回顾学者们的研究成果和研究方法。

（4）品牌形象代言人负面新闻与代言人自身价值。

2005 年，Shank 试图界定体育丑闻的定义。在与 10 位新闻媒体代表和体育业务运营商首席执行官的访谈之后，Shank 提出非法、非道德并能对体育产生显著负面影响的负面事件可以定义为体育明星丑闻，事件性质和事件影响范围对体育丑闻的界定有显著影响。

但是非法、非道德的丑闻不一定会降低代言人的自身价值，有时反而会增加代言人的价值，甚至会增加代言产品的形象。

2008 年，赵璟燮和王晓华在奥运会前以某体育明星代言可口可乐为例调查了大学生对某体育明星可信度的评价。赵璟燮和王晓华发现在退赛新闻中反复提到某体育明星是因为健康问题而退赛，这与赛前发布的新闻内容相反，因此推断奥运前后相互矛盾的新闻必然会影响某体育明星的形象，公众对他的信任度会大打折扣。赵璟燮和王晓华补充了一组调查，发现某体育明星的形象价值下降并导致代言广告的可信度降低。

2010 年，美国商业媒体 Adweek Media 进行了一次大规模调查，在线调查了 2140 个美国成年人，发现 74% 的美国人认为当一个明星代言人陷入丑闻时，不会影响他们对品牌的感觉和认可，有 21% 的美国人认为有负面影响，还有 5% 说感觉能更好地了解这些名人。

（5）文献小结。

通过对学者们以往研究成果的回顾，我们发现学者们对代言人负面新闻是否会伤害代言品牌形象还未达成一致性的意见。

另一方面，研究代言人负面新闻与代言人自身价值的学者们的总体意见是，不同的代言人负面新闻对代言人自身价值的影响不同。

Louie 的研究结果告诉我们，企业应对代言人负面新闻的策略只能在保有或放弃两种策略之间进行选择，那么在代言人负面新闻发生后，保有代言人和放弃代言人这两种策略究竟谁对企业更加有利呢？解答这个问题，就是本书的研究目标。

2.4.2.2 品牌形象代言人与说服

（1）品牌形象代言人的说服效果。

① 说服效果之一：名人代言能提升代言品牌形象或增加代言产品购买意愿。

与普通消费者、技术专家等其他类型的代言人相比，名人代言对品牌形象有积极性的作用，也能增加消费者的购买意愿（Friedman，1979；Petty，1983；练乃华，1990；李镇邦，2007；凌卓，2008；孙晓强，2008）。当产品与名人能匹配时，名人代言对品牌形象的提升效果更好，例如名人代言珠宝比名人代言吸尘器的作用大（Friedman，1979）。如果名人代言能使消费者产生名人更有趣、更有活力的评价，产品也会获得更好的评价（Atkin和Bolck，1983）。其实，即使是名人代言与自身形象不一致的产品，也能提高产品的购买意愿，当然提高的程度会因产品与名人的组合方式而不同（Walker，1992；王怀明和马谋超，2004）。名人代言之所以能产生这种效果是因为，当消费者将品牌和名人联系在一起后，消费者能把对名人的联想转化到品牌之中（Aaker，1991）。因此名人的作用是减少信息传播过程干扰的噪声从而增加广告沟通的能力，尤其是当企业品牌正在衰退时，采用名人代言可能是一个比较好的解决方案（Sherman，1985）。

企业选择一个名人作为代言人并围绕这个名人设计产品的策略能产生巨大的经济效益，因为名人能给予这个产品瞬时的个性；如果企业采用与产品有必然意义联系的名人能为已存在的产品创造新的定位（Dickenson，1996）。当前全球市场营销的难题之一是如何才能抓住不同文化的消费者，名人代言能为企业破除许多文化路径从而进入到全球市场提供帮助，例如Pizza Hut使用全球知名名人作为代言人就增加了全球市场份额（Mooij，1994）。

②说服效果之二：名人代言能提升代言企业的市场价值。

1997年，Mathur和Lynette Knowles用事件分析法，发现MichAEl Jordan（迈克尔·乔丹，美国著名篮球运动员）的NBA回归，使MichAEl Jordan代言的品牌在股票市场上表现良好。

2000年，Farrell以Tiger Woods（伍兹，美国著名高尔夫运动员）为例，证明了使用名人代言的策略能给企业带来经济回报。

③文献小结。

通过文献整理，本书发现现有文献中品牌形象代言人说服效果的研究有两种研究方式，一种是采用实验法，一种是事件分析法。这两种方式均指出使用名人作为品牌形象代言人能产生良好的效果。采用实验法的研究证明，名人的直观形象能直接迁移到品牌上，从而增加代言企业品牌形象和消费者的购买意愿。采用事件分析法的研究证明，使用名人作为代言人的企业在股票市场上有良好的反响。

本书将遵循学者们的研究足印，将品牌形象和购买意愿作为检验品牌形象代言人负面新闻发生后说服效果变化的因变量。

（2）品牌形象代言人的说服机制。

①信息精密加工模型。

说服的过程是在高低两种信息卷入程度下进行的（Petty，1980）。在信息的高等级卷入条件下，信息中的关键论点对信息接收者的说服效果有强烈影响；在信息的低等级卷入条件下，信息中的边缘信息对信息接收者的说服效果有强烈影响。Petty将这一个过程称作为信息精密加工模型，简称ELM。

ELM把说服的途径归纳为两个路径（见图2-19）。说服的中心路径（Central Route to Persuasion）和说服的外周路径（Peripheral Route to Persuasion）。当人们在某种动机的引导下并且有能力全面系统地对某个问题进行思考时，人们会更多地采用中心路径，即信息受众会对信息进行认真综合判断。当人们没有仔细推敲信息所包含的信息时人们会使用外周路径，即信息受众关注那些可能令人不假思索就接受的外部线索。按照ELM的说服途径，态度的转变实际取决于信息受众选择何种路径，而这又取决于消费者对信息的卷入程度。信息卷入程度高的信息受众会选择中枢路径，认真分析信息中传递的与产品相关的内容，信息卷入程度低的信息受众会被信息中的一些边缘信息所吸引。

中心途径能引起个体更持久的行为改变，因为当论据引人深思时才具有说服力，那些经过人们深层而不是肤浅的思考之后所产生的态度改变才会更加长久（Petty，1995）。如果信息类型符合信息接收者的接受途径，那么就能增强接受者对信息的关注程度，例如烟草、软饮料总是将产品与漂亮且令人愉快的形象联系起来，而计算机等科技产品却甚少用好莱坞明星和体育运动员（Petty和wheeler，2000）。

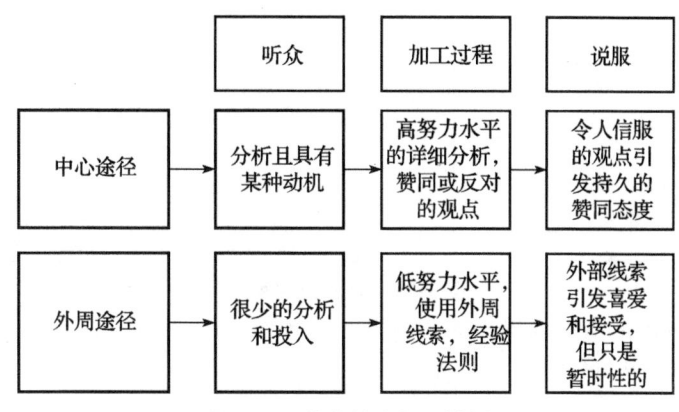

```
听众        加工过程      说服

中心途径 → 分析且具有    高努力水平    令人信服
            某种动机      的详细分析，  的观点引
                         赞同或反对    发持久的
                         的观点        赞同态度

外周途径 → 很少的分析    低努力水平，  外部线索
            和投入        使用外周      引发喜爱
                         线索，经验    和接受，
                         法则          但只是
                                       暂时性的
```

图 2-19 信息精密加工模型

来源：David G.Myers(2005),Social Psychology(8th Edition)，人民邮电出版社，第 182 页。

1980—1981 年，Petty 和 Cacioppo 为了弄清不同广告信息类型的效果，在洗发水广告中使用具有外表吸引力的名人，以检验信息加工可能性模型（ELM）。实验发现在高低两种信息卷入程度的条件下，名人外表吸引力的说服效果基本一致。但是名人外表吸引力的效果在低等级卷入度情况下更强烈，这可能是因为在低等级的信息卷入条件下，名人的外貌特征（尤指头发）或许是证明洗发水产品效果的有利证据；而低等级的信息卷入条件下，名人的外貌特征只能被视为与产品有关的一个线索。

1983 年，Petty、Cacioppo 和 Schumann 重复了 1980 年的实验。与 1980 那个实验不同的是，这次的实验使用了一个被证明与产品（吉利剃须刀）无关的边缘信息。实验证明，在低等级的信息卷入条件下，代言人的类型对品牌态度和购买意愿有强烈影响，明星代言人能激活信息受众对代言产品的回忆。由此推理出在高等级的信息卷入条件下，信息受众更多的是关心产品本身的特性，例如产品的使用效果而非产品个性。

1990 年，Andrews 和 Shim 证明了 Petty 等学者在 1983 年的推理，在高等级的信息卷入条件下，说服证据的质量起显著作用；在低等级的信息卷入条件下代言人的吸引力起显著作用，同时也证明了 ELM 模型。

1997 年，Sengupta、Goodstein 和 Bosniger 再次证明了 1983 年 Petty 的推理和 J.C.Andrews 在 1990 年的研究结论。J.Sengupta 发现在高等级的信息卷入条件下，信息受众通过中枢路径形成品牌态度；在低等级的信息卷入条件下，两种代言人与产品匹配程度不一致的刺激物产生了类似的品牌效应。

本书认为，Petty 等学者们的研究证明了品牌形象代言人的说服机制是来源于信息受众使用外周路径的结果，即广告中那些不假思索的线索（尤其是代言人的吸引力）影响了信息受众对代言品牌的评价。

② 文化意义迁移模型。

代言人文化意义迁移模型来源于社会文化迁移的研究。1986 年 McCracken 揭示了在北美地区的消费者系统中某种文化系统能从一个地区迁移到另外一个地区。

1989 年，McCracken 正式提出了代言人文化意义迁移模型，模型指出代言人广告对受众的影响过程就是代言人的个人形象迁移到代言产品的过程，代言品牌能在多大程度上获得代言人的文化象征意义决定了企业使用名人的说服效果。意义迁移模型假定名人被文化社会打上了文化烙印，这要求名人在广告中扮演的角色与名人在社会生活中扮演的角色一致，那么决定名人文化意义能否成功迁移到代言品牌的重要因素是消费者能清楚明了的感知到具备文化象征的代言人与产品得到了很好的结合。

意义迁移模型分三个阶段（见图 2-20）。第一阶段，文化环境赋予名人一定的文化烙印，名人成为某些社会阶层或某种生活方式的象征符号；第二阶段，名人和产品在某种场合下同时出现（例如，在广告中出现产品和名人），通过同时出现的方式把名人所具备的文化烙印和文化符号迁移到产品中，从而产品也具备了这种文化意义；第三阶段，消费者通过购买并消费这种产品而获取这种烙印，从而实现满足。

图 2-20 意义迁移模型

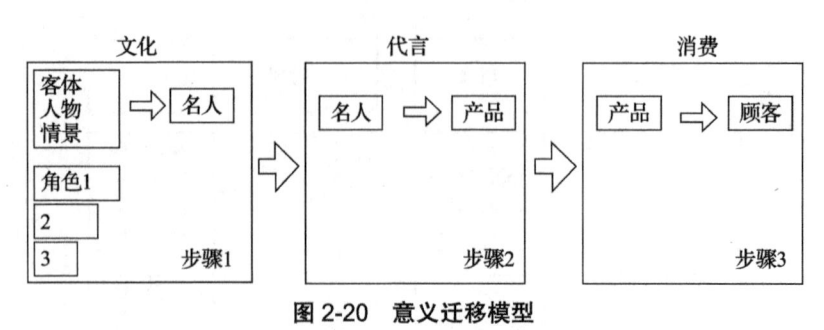

来　源：McCracken G. (1989). Who is the Celebrity Endorser? Cultural Foundations of the Endorsement Process [J]. Journal of Consumer Research 1989, 16(3).

温彩云（2009）以 McGracken 的意义迁移模型为基础，结合消费者心理学的知识体系就中国当前的品牌代言活动做出了具体的模型分析。温彩云的研究意义在于提出了迁移三个阶段的主体和影响因子。第一阶段的主体是名人，名人的自身因素对其"意义"最具有影响力，其中舆论因素对名人象征意义的形成有正向效果。第二阶段的主体是代言活动，代言活动是名人象征意义迁移到品牌的过程，代言活动中影响最大的是设计因素和表现因素。第三阶段的主体是消费者，消费者消费代言产品获得象征意义，消费者因素是最重要的影响因素这个阶段。消费者本身越是信赖名人，与名人的角色越是相似，则对该品牌越是认同和信任。

名人与代言产品的形象一致性决定了说服效果，因为代言人传播的不是代言产品特点等信息的可信性，而是代言产品形象的个性（McCracken，1989）。广告公司希望名人的形象迁移到企业的品牌和产品上，这是企业使用名人作为代言人原因（Erdogan 和 Baker，2000）。当消费者与代言人具有一致性的特征时，消费者愿意接受名人的影响，此时消费者购买这种代言产品是希望向其他人宣布名人的一些文化特征已迁移到自己的生活方式中（Kelman，2006）。

本书认为意义迁移模型的核心在于名人被文化社会打上了文化烙印，通过名人与产品同时出现的方式将这种文化烙印迁移到代言产品（品牌）上。这个过程的心理学基础是联想学习机制（Till，1989；Aaker，1991；Dickenson，1996；Louie，2002；孙晓强，2008）。联想学习机制（Assoviative leaning）是指在人的记忆中包含众多记忆单元，记忆单元之间存在一种活动，当激发一个记忆单元就能激发另一个记忆单元；记忆单元之间的联系代表概念之间的联系，人们回忆信息的程度取决于从一个记忆单元到另一个记忆单元之间的扩散程度（Anderson，1976；Collins 和 Loflus，1975；Rumelhart、Hinton 和 McClelland，1986）。

③ 文献小结。

品牌形象代言人的说服作用是消费者使用外周路径的效果，而使用的场景在于代言人和代言产品的同时出现，其心理学机制是联想学习机制。正如 Petty 和 wheeler 的研究成果所言，消费者在购买需要高等级信息卷入度的产品时会采用中心路径，而代言人的说服机制来源于外周路径，因此此种代言产品的市场份额应该不会降低。这一发现，向本书提示了一个信息，高信息卷入度的产品调节代言人负面新闻对代言产品购买意愿、代言品牌形象影响的调节变量。

此外根据温彩云的研究成果，本书将考虑品牌形象代言人负面新闻发生后，社会如何给予代言人文化烙印，尤其是新闻舆论的影响。

（3）品牌形象代言人作为说服者的特质。

① 品牌形象代言人可信性模型。

虽然品牌形象代言人可信性模型构成由 Ohanian 于 1990 年正式提出，但是信源可信性模型源自霍夫兰（Hovland）在社会心理学中对说服途径的研究。在早期传播学研究中，说服理论占有很重要的位置。

1940—1950年研究大众传播理论典范的人物是方法论的学者，其中最具有代表性的是霍夫兰。

说服（Persuasion）被定义为"通过接收他人的信息产生态度的改变"。1953年霍夫兰（Hovland）出版了《传播与说服》（Communication and Persuasion）。书中的一个主题是信源可信度。书中阐述了一个测验信源可信度的试验，发现可信度高的传播者能造成较大的态度改变，可信度低的传播者造成的态度改变较少。霍夫兰提出信源可信度由可感知的专家性和可感知的信赖性构成。后续的心理学学者实证了信源可信度以及专家性和信赖性这两个构成要素。

心理学学者对可信度的研究。Karlins和Abelson（1970）在认知反应理论中提出信息接收者起初的观念有重要的影响，这揭示了信息被接受的可能性规律，信源的可信性越高，信源的说服能力越强。认知反应理论指出如果受众预先对信息就存在积极感知，一个缺乏可信性的人比高可信性的人更具有说服效果，因为缺乏可信性的人需要受众相信，他会充分从受众的角度表述信息；而如果受众预先对信息就存在负面感知，一个高可信性的人比缺乏可信性的人更具有说服效果，因为受众认为高可信度人拥有与受众相同的思考行为和对信息的理解。

心理学学者对专家性的研究。Olson（1984）发现一个博士传递的牙刷信息比一个当地学生传递的信息更令人信服，Bachman（1988）年发现不可靠源传递的大麻有危害的信息并不能影响大麻的使用，但是生物学和心理的科学学报可以起到重要作用。

心理学学者对信赖性的研究。演讲者的表述方式会影响演讲者的可信赖度，例如直截了当的目击证词会令人感到更可靠，更具说服性（Erickson，1978）；当一个人语速比较快时，他的可信赖度会提升（Mikller，1976）。演讲者的行为影响演讲者的可信赖度，例如目击者在作证时直视律师而不是低头，那么观看这一录像的观众心目中会留下直视律师的目击者更为可信的印象（Hemsley和Doob，1978）；再如受众认为演讲者不是在说服自己，这时演讲者的可信赖度会提升，尤其是演讲者是站在演讲者自身利益的对立面说话时（Eagly，1978）。

1952年，Hovland提出了社会心理学的信源可信度模型。Hovland认为可信度（Source Credibility）是影响信息接收者接收信息的一个正向特质，可感知的信源可信度高低水平会影响信息接收者对信息的判断。信息源可信度模型由专业性（Expertness）和信赖性（Trustworthiness）构成。专业性的来源是信息传播者对所传播信息或事务的精通程度，信赖性的来源是信息传播者具备良好的品质，例如正直、关心他人、诚信等，和信息传播者传播信息的正面动机。专业性和信赖性越强，传播者的可信度越强，对受众的说服能力越好。可信度高的传播者能造成较大的态度改变，可信度低的传播者造成的态度改变较少。

1990年，Ohanian正式提出了品牌形象代言人可信性模型的概念，Ohanian证实了信源可信性是品牌形象代言人作为传播者积极的特质，这种特质能有效改变信息接收者对信息的接受程度，并采用结构方程模型构建了专业性、信赖性、吸引力的代言人可信性结构。王怀明、马谋超（2004）通过文献回顾、访谈和问卷调查，采用了探索性分析和验证性分析构建了代言人可信度模型的四个构面，品德、吸引力、名人与商品的一致性、专业性，并且建议用"品德"一词替换信赖性。丁夏齐、王怀明（2005）通过预实验和问卷调查，进行了探索性分析和验证性分析，提出了由五个因素构成的品牌形象代言人可信性模型，吸引力、一致性、专业性、信赖性和道德声誉。孙晓强（2008）通过文献分析、前人量表收集，建立了日化、电子电器、服务、服装、食品饮料五个行业的问卷调查，利用SEM软件进行了代言人可信度特质的模型构建，形成了名气声望、产品关联、可信赖性三个构面的维度。

本书认为关于品牌形象代言人可信性模型构成，除了对信赖性有共同认识以外，学者们对其他的构成面还尚存争议（见表2-223）。

表 2-223　学者们关于品牌形象代言人可信性模型的构面

√=成为构面 ×=没有成为构面	Ohanian（1990）	王怀明、马谋超（2004）	丁夏齐、王怀明（2005）	孙晓强（2008）
吸引力	√	√	√	×
信赖性	√	×	√	√
一致性，匹配假设	×	√	√	√
专业性	√	√	√	×
道德声誉	×	√	√	×
176 名气声望	×	×	×	√

在回顾学者们所使用的量表后，本书发现学者们使用的量表有显著不同，均是根据自身对可信性的理解提出量表和测项。例如 Ohanian 关于吸引力的量表是语言差异量表，共有四个测项，"引人注目—不引人注目""有风度—没有风度""漂亮的—丑陋的""性感的—不性感的"。王怀明、马谋超关于吸引力的量表是刻度量表，共有八个测项，"有魅力""使人对商品产生美好联想""风度优雅""相貌漂亮""潇洒""举止大方""端庄""令人喜欢"，孙晓强的量表是刻度量表，但在量表中没有表述每个测项分别测量哪些构面。

而对信赖性的测量方面，学者们沿用或改编了 Ohanian（1990）的量表（包括王怀明，马谋超对品德的测量）。Ohanian 对信赖性的测项是"可靠的—不可靠的""可信任的—不可信任的""诚实的—不诚实的""可信赖的—不可信赖的""真诚的—不真诚的"。但是，Ohanian 认为该量表应该被修正和更改，因为"该量表只是建立了量表的信度和效度，而不是发现存在，因为这几个维度都是来自前人的研究。"

Ohanian（1990）对信赖性（Trustworthiness）的定义是代言人具备诚实、真诚、可信赖的特质，这种特征来源于受众的感知。由于信息的有效性依赖于代言人或信息传播者的专业性和信赖性水平，同时信息接收者对信息内容和信息来源的最初印象会影响信息接收者对信息来源可信度的判断（Erdogan，1999；Slater 和 Rouner，1996），因此广告商量化代言人信赖性的方法是依据代言人被广泛感知的诚实、真诚、可信赖（Shimp，1997）。

虽然 Ohanian（1991）发现信赖性与代言产品购买意愿的相关性并不高，但是信赖性比专业性更易导致信息接收者态度的改变（McGinnies 和 Ward，1980），同时大量的文献说明信源的信赖性在说服方面会产生积极的效果（Chao 等，2005）。当信源信赖性越高时，其传递的信息越容易产生正面的态度转移，容易导致信息受众行为的转变（Kelman 和 Hovland，1953；Craig 和 McCann，1978），尤其是在名人信赖性和公司信赖性联合的时候。Goldsmith（2000）建立了虚拟名人代言 Mobil 石油公司的实验，124 名成年消费者对 Mobil 品牌公司进行了评价，发现当消费者认为公司也极具信赖性时，名人的信赖性能使消费者对公司品牌形象评价的提升度最大。

高信赖性的信息传递者传递的高自我意见信息对信息受众的态度变化有显著效果，但是低信赖的信息传递者传递的信息被认为是无关紧要的，甚至会导致信息受众将代言人视为值得怀疑的信息源泉（Miller 和 Baseheart，1969；Smith，1973）。

Ohanian（1991）对专业性（Expertise）的定义是指消费者感知代言人能有效断言的特质，包括代言人拥有的知识、经验、技能。专业性是信息传播者有效告知效力的源泉之一（Erdogan，1999）。在有效说服的过程中，信息接收者对信源专业性的积极感知能导致较好的说服效果。对来自信源的信息，信息接收者所做出的反应与信息接收者感知信息传播者的专业性水平基本一致；其实代言人是否是真正的专家并不重要，重要的是消费者如何感知代言人，一个被认为是高专业性的信息传播者与一个被认为是低专业性的信息传播者相比，高专业性的信息传播者会产生较高的信息接收反应（Ohanian，1990，1991）。

Aaker 和 Myers（1987）发现代言人越能被称为是专家，其说服效果越好，消费者会产生更高的购买意愿，但是 Speck、Schumann 和 Thompson（1988）指出虽然专家代言人比非专家代言人更能激活受众对代言产品的回忆，但统计上并不显著。

② 品牌形象代言人吸引力模型。

信源吸引力的研究来源于社会心理学对吸引的成因研究（McGuire，1985），吸引的成因研究主要包括曝光效应、外表吸引力刻板印象、相似性。

熟悉诱发了喜欢（Bomstei，1989）。人们喜欢熟悉的人，喜欢熟悉的事物（Swapp，1977）。即使人们对某一商品和候选人没有什么强烈的感情，仅仅通过简单的重复也可以增加商品的销售数量或候选人的得票率（Winer，1974）。如果候选人不为人们所熟悉，那么在媒体上曝光最频繁的候选人更容易获胜（Pattern，1980）。熟悉诱发喜欢是来源于曝光效应，曝光效应（The Exposure Effect Or The Mere Exposure Effect）是指人们会偏好自己熟悉的事物，也称为熟悉定律（Familiarity Principle）。人际交往中的吸引力成因研究发现，人们见到某个人的次数越多，就越觉得此人招人喜爱、令人愉快。对大多数人来说，结婚的对象是那些和他们居住在同一个小区或在同一单位上班、在同一个班上学的人（Bossard，1932；Burr，1973；Clarke，1952；Katz 和 Hil，1958）。Robert Zajonc（1970）发现学生更喜欢那些出现频率高的单词。甚至当人们未能意识到他们接触的人是谁时，熟悉也能引起喜欢（Wilson，1970；Kungst-wilson，1980）。Harmon Jones 和 Allen（2001）证实了曝光的频率能改变人们对新事物的反映。

美的就是好的，就是指外表吸引力的刻板印象（Physical-attractiveness Stereotype）。外表吸引力的刻板印象是指在社会生活中人们偏爱美的事物。当一个论点（尤其是感情方面的论点）来自一个漂亮的人时往往具有更大的影响力（Chaiken，1979；Dion 和 Stein，1978；Pallak，1983）。Dion（1973）指出，像成人喜欢有吸引力的成人一样，小孩之间的喜欢也受到外表吸引力的影响。虽然有吸引力的外表并不能使人联想到正直和关爱他人等特质，但在其他条件相同的情况下，人们仍愿意认为漂亮的人会更快乐、更热情、更开朗（Eagly，1991；Feingold，1992；Jackson，1995）。Langlois（1996）证实了外表有吸引力的个体，往往被认为具有更受欢迎、更加外向、更具典型的特征。

相似性是引发人们喜欢的特征之一，当某个人与自己相似时，自己就越喜欢他（Byrn，1971）。Newcomb（1961）完成了两组转学学生的实验，发现高度相似的学生更容易成为朋友。Dembroski、Lasater 和 Ramire（1978）在实验中将一些美国黑人中学生分成两组，看一个正确的牙齿护理录像，并由白人牙医和黑人牙医分别给予牙齿护理建议，第二天牙医评价学生牙齿的清洁度时发现，黑人牙医倡议组的学生的牙齿更加洁白。Baaren（2003）发现模仿客人的服务员能得到更多的小费。Buston 和 Emlen（2003）调查发现，人们渴望相似伴侣的愿望强于漂亮伴侣的愿望。

1985 年，McGuire 提出了社会心理学的信源吸引力模型。McGuire 认为信息接收者对信息源的相似度、熟悉度、喜好度是信息传递有效性的影响因素。目标受众感知的信源相似度、熟悉度、外表喜欢度，表明信源与目标受众拥有共同的价值观，从而对信息受众产生积极、正面的影响。Kamins（1990）证明吸引力模型的信息适应性，即消费者头脑中已有的广告信息将产生这样一种想法，正如名人使用这种产品一样，自己使用名人代言产品也将增强自己的吸引力。

1999 年，Erdogan 在 McGuire 的基础上正式提出了品牌形象代言人吸引力模型的概念，其构成面是相似度、熟悉度、外表喜欢度。Erdogan 认为吸引力是一个主观的感受，对于不同人来说，吸引力意味着不同的内容。通常外形因素较好的人会更受欢迎，但是吸引力是由多种因素综合作用产生的效果，包括个人能力、运动能力等也会影响对吸引力的判断。

McGuire（1985）对喜欢度的定义是信息接收者对信源外表特征和行为的喜悦程度。在人所拥有的多种特质中，有外貌吸引力的个人更受到人们的欢迎（Eagly，1991）。一般来讲，广告商喜欢采用具有外表吸引力的代言人，名人的外貌吸引力是名人代言广告效果的一个指向标。（Cohen 和 Golden，1972；

Till 和 Busler，2000）。具有外貌吸引力的代言人能有效增加消费者对代言广告的评价，但不能使消费者产生强烈的购买意愿（Bake 和 Churchill，1977）。

Joseph（1982）检验了代言人的外貌吸引力在态度转变，产品价值提升和其他方面的效果，发现与吸引力低的代言人相比，高吸引力的代言人能对其代言的产品更能产生积极的效果。Kahle 和 Homer（1985）检验了名人外表吸引力对吉利剃须刀的品牌态度和购买意愿的影响，实验发现有吸引力外表的名人较无吸引力外表的名人会产生更高的购买意愿。

但是仍存在另一种观点，Caballero（1989）等学者发现代言人外貌吸引力并不能提升代言广告的效果。Clinton Amos（2008）通过文献回顾指出代言人个体的外貌吸引力仍然没有被真正证实。

McGuire（1985）对相似度的定义是信息者接受者感知的与信源之间的一致程度。Desphande 和 Stayman（1994）证实了代言人的民族特质会影响消费者对代言人信赖性和对代言品牌的态度，因为人们更愿意相信一个与直接相似的人；其研究结果指出当目标受众是民族群体时，民族文化值得引起关注。

McGuire（1985）对熟悉度的定义是信源曝光形成的信息者接受者认知程度。孙晓强（2008）用"名气声望"代表熟悉度，证明了熟悉度对品牌资产的形成有显著效果。

③ 文献小结。

在研究代言人作为说服者特质的文献中，本书发现两个模型之间存在一个共同点，这就是研究代言人的何种特质能诱发消费者的喜欢。吸引力模型的全部构成面中，无论是熟悉诱发了喜欢、美的就是好的、相似导致喜欢，其核心就是消费者喜欢代言人。可信性模型中唯一被学者们广泛证明的信赖性，从 Ohanian 的测项来看，"可靠的—不可靠的""可信任的—不可信任的""诚实的—不诚实的""可信赖的—不可信赖的""真诚的—不真诚的"所测量的核心是信任，但喜欢导致了信任。Friedman（1978）等学者从推理的角度提出信赖性是可信性模型的主要构成因素并试图发现信源的何种特性与被人信任相关时，Friedman 发现喜爱度是信任的最重要源泉，并建议广告商选择其个性被人喜欢的代言人。

这给本书提供了一个启示，Till 等学者所考量的代言人专业性、吸引力、信赖性、喜欢度可以由消费者喜欢代言人的意愿来表述。因为不喜欢会导致代言人吸引力下降，不喜欢会导致代言人可信性下降。消费者喜欢代言人的意愿也可以表述 Choueke 等学者考量的代言人在市场上的受欢迎程度，因为代言人不受消费者欢迎，企业自然不会选择这个代言人。

（4）调节品牌形象代言人说服效果的因素。

① 产品因素对说服效果的影响。

代言人与产品匹配假设（Match-up Hypothesis），也称一致性假设，是指品牌形象代言人与产品（品牌）之间的自然联系。Levy（1959）发现当代言人与代言产品的形象高度一致时，受众对广告和代言人将产生更高信任感。Friedman（1978）理论性提出了代言人类别和代言产品类别的交互作用，发现在推动购买具有社会和心理危险的产品时，使用名人作为代言人非常恰当。Friedman（1979）证明要想获得发挥好的代言效果，就企业或广告商必须使消费者感知到代言人的形象与代言产品之间有良好的匹配性。后续学者在 Friedman 的研究基础上逐渐形成了匹配假设，并围绕匹配假设展开了研究。

消费者期待代言人形象和代言产品形象能有效连接，广告中传递的产品信息和代言人形象信息应该一致，产品与代言人的一致性是代言效果能否达成的关键（Batra 和 Homer，2004；Forkan，1980；Ohanian，1991）。例如，代言人国别属性与产品国别属性一致时，说服效果更好（张红霞和张益，2004）；男性代言男性产品会产生更高的购买意愿，女性代言女性产品也会产生更高的购买意愿（Caballero，1989）。实际上，如果能代言提升自身吸引力的产品时，有吸引力的名人是更好的代言人，其代言效果也更好（Kahle 和 Homer，1985；Till，B D 和 Busler M，1998）。

代言人与代言产品之间的一致性不仅能提高代言人自身的吸引力和可信度，更重要的是代言人作为说服者的特质会因代言商品种类不同而效果不同（Kamins 和 Gupta，1994；Misra 和 Beatty，1990；饱户弘，1982）。信赖性对消费者不需太多专业技术知识的产品意义更大，专业性对消费者需要知晓技术水平的产品作用更大，例如相对于广告中的演员而言，运动员代言能量棒能长寿的广告具有更好的说服效果，但吸引力高的代言人总能取得更好的说服效果（饱户弘，1982；Till 和 Busier，2000）。

代言人与代言品牌之间的一致度测定，依赖于消费者可感知的品牌名称、品牌个性和代言人信息之间的适合性，因此广告公司经理们选择代言人时，产品的类型决定了代言人的选择标准（Misra 和 Beatty，1990；Erdogan，2001）。当代言人作为说服者特质和产品能良好地配合在一起，消费者将愿意支付更高的价格，广告就能得到好的名声（Bertrand，1992；Kalra 和 Goodstein，1998），但是如果代言人没有清楚而直接地与代言产品连接在一起，将会产生"吸血鬼效应"，也就是消费者回忆代言人时并不能想起代言产品和代言品牌（Evan，1988）。

Tripp C.、Jenson T. 和 Carlson L.（1994）将广告画作为刺激物，发现当代言人代言品牌个数超过 2 个时会降低代言人的效力来源，同时只要代言人代言多个产品会降低消费者对代言产品的购买意愿。

② 代言人个体信息对说服效果的影响。

Debevec 和 Kernan（1984）发现有外表吸引力的女性代言人比有外表吸引力的男性代言人更能改变广告受众的态度，但是就个体而言统计上并不显著。Freiden（1984）发现性别并不能使消费者产生对广告的反应。Petroshius 和 Crocker（1989）也发现代言人的性别并不会对广告态度和购买意愿产生显著影响。

Agrawal 和 Kamakura（1995）指出在代言人的职业生涯中，代言人的流行性、受欢迎性取决于其职业生涯表现水平的高低。当消费者认为代言人没能够达到可接受的表现时，降低了名人代言的效果。

③ 文献小结。

品牌形象代言人与产品匹配的一致性会调节品牌形象代言人的说服效果。同样，当品牌形象代言人负面新闻发生后，一致性也会调节消费者对代言品牌形象的评价和对代言产品的购买意愿。因此一致性是调节代言人负面新闻对代言产品形象和代言产品购买意愿的调节变量。

品牌形象代言人代言多个产品会导致说服效果降低的研究成果，也提示了本书应该注意具体的产品这个调节因素。

品牌形象代言人职业生涯中的特殊事件则应该放入到本书中，因为 Louie 在 2000 年，注意到 Nancy Kerrigan 因恐怖袭击而退出奥运会之后，反而收到大量的代言合同，从而 Therese 才展开了对代言人负面新闻的研究。

品牌形象代言人的性别应该不会阻碍本书的目标，正如 Debevec、Freiden、Kernan 等学者的研究结论，性别不会影响品牌形象代言人的说服效果。

2.4.2.3 新闻娱乐化

目前有关新闻娱乐化的研究内容集中在新闻学、传播学内，其原因是新闻娱乐化（Infotainment）属于一个传播学新名词（1980 年 Ron Eisenberg 提出，2000 年李良荣引进中国），因此文献综述基本借鉴新闻学、传播学的研究成果。

（1）新闻娱乐化的概念。

新闻娱乐化被视为当代最具消费主义时代特征的文化现象之一（张玉坤、李大敏，2009；李毅坚，2010；宋芳，2010）。

新闻娱乐化的概念原型是从"传播者"的角度界定的，它具有两个方面的含义，一是指用娱乐的方式报道新闻，强调新闻报道的悬念性和趣味性；二是指娱乐性新闻等软新闻占新闻报道的比例越来越重，包括名人趣事、犯罪新闻、体育新闻等（李良荣，2000；林晖，2001）。另有学者从"受众"角度定义新闻娱乐化，认为新闻娱乐化就是吸引人们的眼球，使之对一个事件围观的人越来越多（黄和节和陈荣美，2002；杨子，2003）。也有学者从新闻制造的角度定义新闻娱乐化，认为新闻娱乐化就是新闻媒体按照传播的大数原则和使新闻受众快乐的原则来选择新闻和播报新闻（肖云，2005）。还有学者从新闻娱乐化的来源词"Infotainment"的出处和含义予以定义，他们认为新闻娱乐化就是"Information"和"Entertainment"两个词构成，可以直接翻译为信息娱乐，表示信息业和娱乐业的融合（鞠健夫，2000；郑根成，2006）。

罗亚（2005）对新闻娱乐化进行了实证研究并明确提出，新闻娱乐化就是在新闻报道中融入了娱乐元素。其定义理由有三：一是考证了"Infotainment"一词最早出现在1980年Phone Call杂志，其作者是Ron Eisenberg；二是回顾了新闻娱乐化的历史起源，20世纪80年代电视媒体与新闻媒体的并购，使严肃的政治新闻中蕴含着富有人情味的娱乐元素，而20世纪90年代媒体产业与新闻产业的并购以及媒体企业之间的并购导致信息产品和新闻产品的融合，最终使娱乐性元素注入新闻播报和新闻生产的全部环节；三是回顾了新闻娱乐化的概念起源和进程，指出李良荣和林晖关于软新闻占新闻的比例越来越重的观点是一个本土化的概念，其根源是中国传统的儒家文化。

曹非（2009）指出由于新闻媒体的市场化，新闻娱乐化一词迅速成为传播学研究的热点，仅2007年的研究文献就达到97篇，但是国内目前的研究方向主要是对其进行批判和谴责，还没有得到新闻媒体及工作者的支持。曹非认为，新闻娱乐化是新闻媒体为了得到市场认可的努力，是新闻媒体把新闻作为一种信息传递而非政治的工具，从而使新闻的生产中融入了娱乐的元素。

本书也考察了"Infotainment"的语义。《新词语双解词典》（2003）将其翻译为娱乐性新闻节目，并解释为"一种信息和娱乐的混合体"。在线词典Dict.cn将其翻译为娱乐资讯，并给出了英文解释"a film or TV program presenting the facts about a person or event"，即展示人和事件的电影电视节目。Dictionary的解释是"television or radio programs that treat factual material in an entertaining manner, as by including dramatic elements"，即一种使用包括戏剧化元素在内的娱乐方式展现真实材料的电视或广播节目；Oxford的解释是"television programmes, etc. that present news and serious subjects in an entertaining way"，即一种用娱乐的方式展示当前新闻和严肃主题的电视或其他媒体节目。Cambridge的解释是"the reporting of news and facts in an entertaining and humorous way rather than providing real information"，即一种用娱乐和幽默方式报道的消息和事件，不是提供真正的信息。从文字来源国的角度看罗亚的定义更符合来源国对该词语的解释。

本书也对"新闻""娱乐""化"这三个词语进行了考察。《新闻学大词典》（1998）对"新闻"的定义是"新闻就是新近发生事实的报道"。《现代汉语词典》（2002）对"娱乐"一词的定义为：①使人快乐、消遣；②快乐有趣的活动。《现代汉语词典》（2002）对"化"的解释是，加在名词和形容词后，表示转变成某种性质或状态。中国语言文字学对"××化"的解释是，"××化"缀词的语义中心范畴就是"变成或使变成×所指的事物"（王晓敏和伍艳，2010）。新闻娱乐化应该理解为使新近发生事实的报道变成快乐有趣的活动。

本书认为黄和节等学者的定义只是指出了"新闻娱乐化"应达到效果，但不符合新闻是报道的定义；而林晖的定义则扩大了"新闻"定义的边界，即新闻等于新闻媒体，更适合用于新闻媒体娱乐化的概念。

因此本书采用罗亚（2005）和Dictionary、Oxford、Cambridge的定义，将新闻娱乐化界定为：用娱乐方式展现的新闻报道，英译为"Infotainment"，即融入娱乐元素的新闻或新闻报道。

（2）娱乐新闻与新闻娱乐化的区别。

郝雨和宫文婷（2009）回顾娱乐新闻研究文献后指出，广义的娱乐新闻是泛指所有使人能产生轻松、高兴、愉悦等心情的消遣性新闻，狭义的娱乐新闻就是指娱乐圈、体育圈的新闻，尤其是那些对公众有娱乐意义的名人新闻。

但是目前传播学重点研究是狭义定义，而且传统的定义方式已经难给娱乐新闻下定义了，用娱乐圈、体育圈的新闻代表娱乐新闻已经成为传播学默认的一种分类方式（郑州和田海涛，2005；张学英，2006；王海，2008）。娱乐新闻是一种与政治新闻、财经新闻同类的新闻类别，而新闻娱乐化是指新闻报道和新闻生产的一种方式和发展潮流，新闻娱乐化中包含所有的新闻类别，自然包括娱乐新闻（郑州和田海涛，2005；张学英，2006）。

（3）新闻娱乐化的成因和功能。

市场的竞争激烈是新闻走向娱乐化的起因（林晖，2001；黄和节和陈荣美，2002；罗亚，2005；申玲玲，2009；王红梅，2009；许爱兵，2009；郝雨和宫文婷，2009）。新闻娱乐化是市场经济条件下的产物，其产生的背景是西方资本主义市场经济进入成熟发达期，媒体竞争激烈而采用的一种娱乐化策略（林晖，2001）。与新闻生产的新闻理论相比，新闻生产的市场理论最显著的生产标准是"与广告商愿意出资的目标受众成正比"（Hohn H Mcmanus，1994）。

要实现这一目标，新闻生产者必须知道新闻是大众的游戏，人们为了娱乐而参加到游戏中，因此新闻本就具有娱乐的特征和功能（威廉·斯蒂芬，1967；赖特 1975）。新闻娱乐化的效果就是使人感到快乐和满足，从而吸引受众实现新闻传播的最大化（Peter，2004；罗亚，2005；李毅坚，2010）。

（4）新闻娱乐化的特征。

Kees Brantts 和 Peter Beijiens（1997）研究了荷兰大选期间不同电视台的节目特点，指出娱乐性政治节目的特点是聚焦政治家的"人性"，采用有倾向性的娱乐风格，更多的交谈和辩论。

林晖（2001）指出在新闻中强调故事性、突出引人注目悬念的情景和刺激人们感官的煽情要素是新闻娱乐化的表现特征。

罗亚（2005）提出社会新闻娱乐化的呈现特征：一是放大，即突出新闻事件中的某些元素；二是外溢，即挖掘与报道人物相关的所有人和事；三是拼接，即类似于"贴标签"的方式，当一则新闻成为大众话题后迅速产生类似的新闻；四是转换，通过前三种方式确定新的事件意义。

许爱兵（2009）认为新闻娱乐化有以下特征，在重大事件报道中将新闻聚焦在一个人，用戏剧性色彩包装新闻（例如伊拉克战争），新闻简短，标题醒目；跟随报道事件进展。

曹胜多（2010）认为新闻娱乐化的特征是重视叙事功能，展现细节和过程，强调情节、制造悬念。

综上，本书认为罗亚的研究比较严谨，适合用于寻找新闻娱乐化的新闻，此外由于所有文献中列举的新闻娱乐化案例是媒体连续跟踪报道，因此许爱兵提出的跟随报道也是一个重要特征。

（5）文献小结。

新闻娱乐化被视为当代最具消费主义时代特征的文化现象之一（张玉坤和李大敏，2009；李毅坚，2010；宋芳，2010）。

按照李良荣（2000），林晖（2001），罗亚（2005）等学者对新闻娱乐化的理解，代言人负面新闻正是属于新闻娱乐化的范畴，同时在代言人负面新闻与代言人自身价值的研究方向内，AinSowrth Anthony Bailey（2007）提出新闻舆论可能会改变消费者的态度，因此对代言人负面新闻的研究应该考虑加入娱乐元素的代言人负面新闻，而非单纯依靠一篇或几篇代言人负面新闻。

2.4.2.4 购买意愿

（1）购买意愿的概念。

学者们比较一致地认为，购买某种产品的可能性就是消费者的购买意愿（Gary M Mullet，1985；Ajzen，1985；韩睿和田志龙，2005）。购买意义能有效地代表消费者的购买行为。××（2006）用心理学解释了消费者行为并将其划分为知、情、意、行、评五个阶段,其中"意"这个阶段就是指消费者的购买意愿,有了购买意愿才能使消费者到达"行"的阶段,发生实际的购买行为。

大量的文献都指出购买意愿与购买行为之间呈正相关关系(Morwitz、Steckel 和 Gupta,1999)。Vanden Putte(2004)分析了 113 篇研究购买意愿与购买行为之间相关关系的文献,发现购买意愿和购买行为之间的平均相关系数是 0.62。购买意愿与购买行为的相关关系已被大多数的学者证实和肯定,学者们普遍认为消费者的购买意愿能成为预测消费者购买行为的有力支撑(冯建英,2006)。

(2)购买意愿的测量。

被广泛应用于市场营销研究中的购买意愿测量量表是 Juster 的 11 级购买概率量表和 5 级购买可能性量表。与其他类型的量表相比,11 点购买概率量表对预测购买行为更充分(Day、Gan 和 Gendall 等,1991);但是对被调查者而言,5 级量表的填写简单更容易清楚表达被调查者的意图,再加 5 级量表技术方便,在市场营销研究中运用更为普遍。

现有文献中对购买意愿的测项,主要是购买可能性和推荐可能性(Gallarza & Saura,2006)。Lee P. 和 Joglekar(2005)用推荐可能性测量购买意愿:推荐给家庭或朋友、对他人说产品的积极方面、推荐给那些希望得到建议的人。Zeithaml V. A.(1996)用购买可能性来测量购买意愿:产品价格上涨仍愿意购买、愿意支付更高价格获取产品。李镇邦(2007)用行为意图来测量购买意愿:购买该产品是理智的;下次购买时还会考虑购买该产品、想亲身考察的真实产品。

(3)文献小结。

综上所述,购买意愿是消费者愿意为某种产品支付的可能性或购买产品的可能性,其测量包括购买可能性、推荐可能性和支付可能性,即包括消费者亲身购买也包括向周围人群推荐,本书侧重于购买可能性、推荐可能性的测量。

2.4.2.5 品牌形象

(1)品牌形象的概念。

学者们一致地认为,消费者对某个品牌所形成的总体感知就是品牌形象,品牌形象是品牌在人们心目中树立的主观印象和心理投影(Alexander L Biel,1993;Kootstra 和 Gert,2007;许晓勇、吕建红和陈毅文,2003;焦玻、吕建红和陈毅文,2004)。品牌的价值表现是品牌资产,品牌形象是品牌资产的决定性驱动因素(Alexander L Biel,1993;Kevin lane Keller,2003)。因为品牌资产来源是消费者的购买行为所产生的高市场占有率,而品牌形象正是驱动消费者产生购买行为的依赖性要素之一,因此品牌形象是品牌资产的基础,是品牌理论的基础性研究(卢泰宏,2003;何孝德,2006)。

(2)品牌形象的测量。

在国内研究中使用比较普遍的测量维度包括罗子明(2001)的 5 维度测量,范秀成(2002)的 4 维度测量,Alexander L. Biel(1993)的 3 维度测量(见表 2-224)。

表 2-224 测量品牌形象的主要维度及测项

维度提出者	主要测量维度				
罗子明	品牌认知	产品属性认知	品牌联想	品牌价值	品牌忠诚
范秀成	产品维度	企业维度	人性化维度	符号维度	
Alexander L Biel	企业形象	产品形象	使用者形象		

其中,罗子明五维度测量的测量项目如下:
1)品牌认知:为提示的知名度、提示的知名度、广告认知度
2)产品属性认知:品质认知、档次认知、功能认知、特色认知
3)品牌联想:词语联想、档次联想、使用者联想、品质联想
4)品牌价值:价格评价、价值评价
5)品牌忠诚:使用率、购买意愿、重复购买意愿

维度提出者	主要测量维度
其中，范秀成四维度测量的测量项目如下： 1）产品维度：产品类别、产品属性、品质价值、用途、使用者、生产国 2）企业维度：品质、创新能力、对顾客的关注、普及率、成败、全球性与本地化 3）人性化维度：纯真、刺激、称职、教养和强壮 4）符号维度：视觉符号、隐喻式图	
其中，Alexander L.Biel 三维度测量的测量项目如下： 1）企业形象：国籍、规模、发展历史、市场份额、顾客导向程度、员工形象、社会公益状况、环保贡献 2）产品形象：价格、性能、技术、服务、产地、颜色、款式、设计 3）使用者形象：年龄、性别、职业、收入状况、受教育程度、个性、社会阶层、价值观、生活方式、兴趣爱好	

但是品牌形象代言人负面新闻与代言品牌形象的研究者们，使用了语言差异量表，例如 Till 在 1998 测量中使用四个测项，"好的—坏的"；"高质量—低质量"；"专业的—不专业的"；"快的—慢的"，Therese A. louie 在 2001 年使用了"令人舒服—令人不舒服"，"恰当—不恰当"，这更类似于罗子明在品牌联想测量维度中的词语联想。

（3）文献小结。

消费者对某个品牌的所形成的总体感知就是品牌形象，品牌形象是品牌资产的决定性驱动因素，其测量包括多个维度。在品牌形象代言人负面新闻与代言品牌形象关系的研究中，学者们采用类似于词语联想的方式进行测量。本书将沿袭代言人负面新闻与代言品牌的研究传统，采用词语联想对品牌形象进行测量。

2.4.2.6 文献评述

（1）代言人负面新闻研究中尚存诸多困惑。

学者们一直在疑惑（见表 2-225）这么一个问题，为什么自己的研究结论——代言人负面新闻会对企业品牌造成损失，与真实情况并不一致？

表 2-225 Brian D. Till、Therese A. louie、AinSowrth 等学者的疑惑

研究者	研究结论	研究者的疑惑
Till（1998）	虚拟代言人负面新闻发生→虚拟品牌形象下降	结论无法支持 Hertz 使用 Simpson 作为代言人而未受影响的事实
Louie（2001）	虚拟代言人负面新闻→虚拟代言人责任重→虚拟品牌形象下降	
Bailey（2007）	真实代言人负面新闻发生→虚拟品牌形象下降	结论无法支持 Nike 选用 Kobe 作为代言人的事实

为了更加清楚地探析这种困惑，本书首先查阅了学者们提供的所有案例的审判过程新闻，发现代言人本人最终没有获罪是以上案例的共同特点。

与这个现象相同的是，在所有的实验中学者们都将发生负面新闻的代言人与代言产品同时展现在消费者的面前。要求受试者对代言人和代言品牌同时做出评价，以检验两者是否一致。

因此，将发生负面新闻的代言人和产品同时展现的方式，是学者们研究开展的基础。

（2）代言人负面新闻不一定导致品牌形象下降。

为了更加深入地剖析学者们的困惑，我们将学者们的实验操作和研究结论进行一个对比。从图 2-21 中，我们可以获得以下 3 个结论。

① 在使用真实代言人和虚拟品牌的条件下，Till 的实验 3 和 Bailey 的实验结论完全相反。

② 代言人负面新闻对代言人形象和代言品牌形象的影响路径相同，要么同时降低代言人形象和代言产品形象，要么同时提升代言人形象和代言产品形象。

③ 使用虚拟名人作为代言人和虚拟品牌的条件下，Till 的实验 1 和 Money 的实验结果在代言人形象方面也不一致。由于购买意愿和品牌形象不是一个相同的概念，因此我们暂时先不考量 Till 的实验 1 与

Money 的实验中购买意愿和品牌形象在变化方面的差异。

由结论①,我们可以提出真实代言人负面新闻不一定会导致代言品牌形象下降;

由结论②+③,我们也可以提出虚拟代言人负面新闻不一定会导致代言品牌形象下降。

由此,我们可以提出一个总体性的结论,负面新闻不一定导致代言品牌形象下降,学者们的研究结论之间存在不一致的现象。

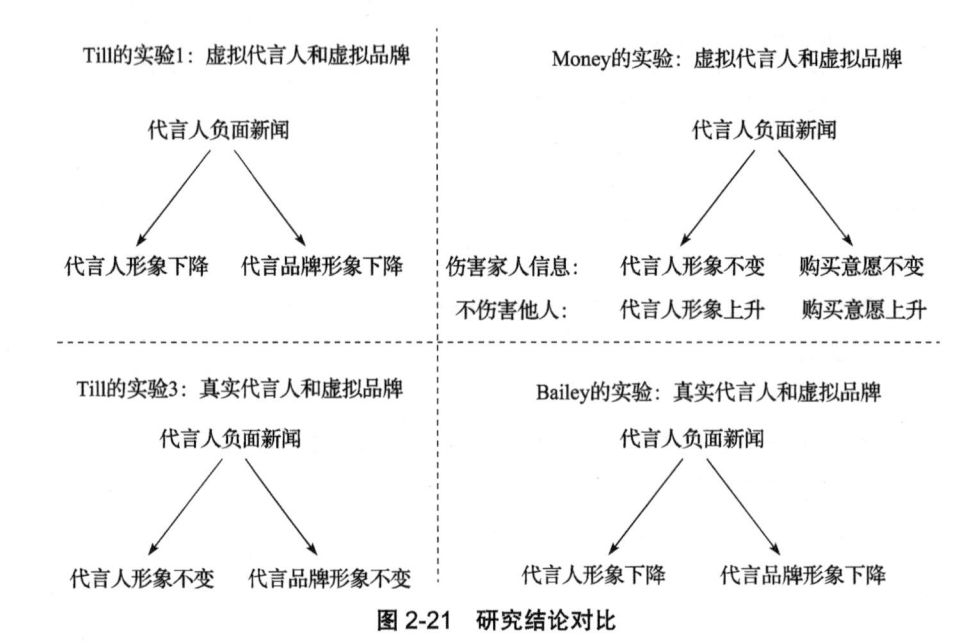

图 2-21 研究结论对比

(3) 代言人负面新闻不一定对代言人形象产生负面影响。

为了证实 Till 的实验 1 和 Money 的实验结果在代言人形象方面不一致是否是现实中的真实状况,我们借用了研究代言人负面新闻与代言人自身价值之间关系的研究成果。

Ber 通过分析 6 个名人负面新闻,发现不同的负面新闻对名人有不同的影响,Choueke 提出明星丑闻可以成为代言品牌的装饰,也能提高名人的形象,赵璟燮发现某体育明星退赛导致某体育明星的可信度降低,Adweekmedia 的调查发现,消费者中有 5% 认为名人负面新闻反而帮助他们更好地认识了这些名人,提升了对名人的好感。

从表 2-226 中我们可以看到,不同的代言人负面新闻会产生不同的结果,因此 Till 的实验 1 和 Money 的实验结果在代言人形象方面不一致是现实中真实状况。由此我们可以提出代言人负面新闻不一定对代言人形象产生负面影响。

表 2-226 代言人负面新闻与代言人自身价值之间的关系研究

研究者	代言人负面新闻与代言人自身价值
Alan Ber (2006)	不同负面新闻会使代言人形象下降或上升
Choueke (2006)	通过新闻访谈发现,Kate Moss 吸毒案之后其代言产品增多,并提出明星丑闻可以成为代言品牌很好的装饰
赵璟燮 (2008)	某体育明星退赛导致某体育明星可信度降低
Adweekmedia (2010)	22% 认为可能有负面影响 5% 认为提升了对代言人的好感

(4) 探析代言人负面新闻中对影响消费者对代言人做出评价的因素才是关键。

由(2)和(3)的结论,我们提出了一种可能性,单纯研究某一代言人负面新闻对代言品牌形象和代言人形象的影响是不合适的,应该从代言人负面新闻中提取共性的要素,而这种共性的要素可能是影响消费者对代言人做出负面评价的因素。

我们的推论是从回顾 Till 的研究开始。在 Till 的研究中，有两个实验值得关注，实验 1 和实验 3。实验 1 使用了虚拟代言人和虚拟品牌，实验 3 使用了真实名人和虚拟品牌，两个实验提供的刺激物完全相同，但是实验结果却不一致（见图 2-22）。

由于实验 1 和实验 3 中唯一改变的因素是用真实名人替代了虚拟名人，因此我们可以理解在左边路径所表述的代言人负面新闻对虚拟代言人和真实名人的影响不同，但是在右边路径上，在没有任何因素的改变的条件下，为什么同一个代言人负面新闻对同一个虚拟品牌形象的影响也会不同呢？要解答这个问题，我们提出了两个推论。

推论 1：代言人负面新闻与品牌形象之间没有直接联系，代言人负面新闻对代言品牌的影响是来自于消费者对代言人做出评价。

推论 2：实验的刺激物不影响消费者对真实代言人的形象做出评价。

图 2-22 Till 的两个实验结论对比

要证明推论 1 是否正确，我们使用了反证法，即如果代言人形象与代言品牌形象之间不存在关系，那么代言人负面新闻与品牌形象有直接联系。从文献综述中，我们获知名人代言能提升代言品牌形象（Friedman，1979；Petty，1983；练乃华，1990；李镇邦，2007；凌卓，2008；孙晓强，2008），因此名人代言与品牌形象之间有因果关系；其次 Till、Money 和 Bailey 的实验证明代言人负面新闻对代言人形象和代言品牌形象的影响路径相同，要么同时降低代言人形象和代言产品形象，要么同时提升代言人形象和代言产品形象。由此我们可以获得一个新的结论模型图（见图 2-23）。

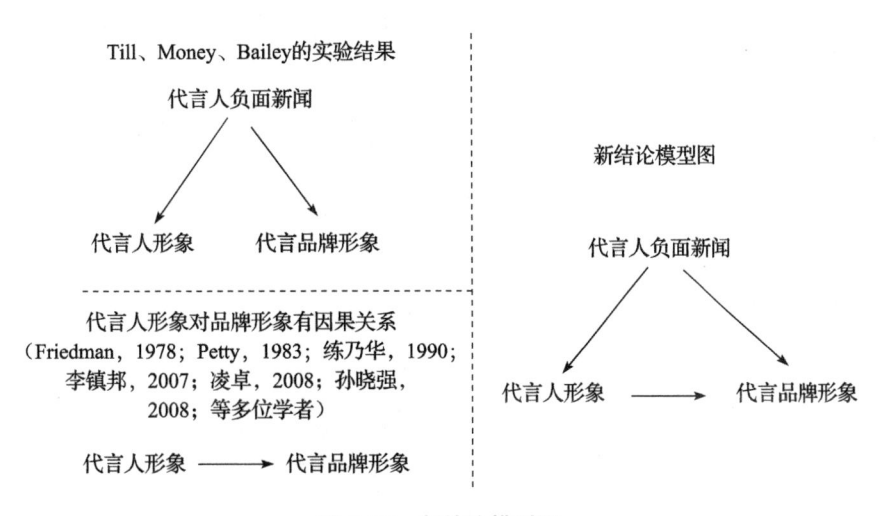

图 2-23 新结论模型图

从图 2-23 中，我们可以获悉代言人形象与代言品牌形象之间有因果关系，而且按照 Till、Money、Bailey 的研究结果两者之会同升同降，因此可以提出推论 1 是正确的。代言人负面新闻影响代言品牌形象的作用路径如图 2-24 所示。

图 2-24 代言人负面新闻影响代言品牌形象的作用路径图

要证明推论 2 是否正确，我们必须从实验刺激物入手来检查学者们的研究。由于 Till 在研究报告中没有提及使用了哪种具体的刺激物，我们借用 Money、Bailey 等学者的刺激物。

我们发现代言人受到伤害这类新闻能提升代言人自身价值又提升代言品牌形象。但是两个研究方向没有对情况 2 和情况 3 达成一致的意见，甚至在同一研究方向内也没有形成统一的意见。由此我们提出，不同的刺激物会产生不同的效果，代言人负面新闻不一定对代言人形象造成影响。这就意味着推论 2 有正确的可能性。

由推论 1 和推论 2，我们可以提出一个总体性的结论，探究代言人负面新闻中何种因素会影响消费者对代言人的评价是研究代言人负面新闻对代言产品形象影响的关键。

（5）存在 4 个因素能调节代言人负面新闻对代言品牌和购买意愿的影响。

首先，在回顾代言人负面新闻研究报告的研究中，本书发现 Till 在 1998 年的研究报告中指出"品牌本身固有的形象"能有效抵御代言人负面新闻对品牌形象的负面影响，因此"品牌本身固有的形象"是代言人负面新闻对代言产品形象和代言产品购买意愿产生影响的调节变量之一。

其次，在代言人的说服机制文献研究中，本书发现早在 1983 年 Petty 在验证信息精密加工模型（ELM）时，已经推理出代言人的说服来源于消费者采用外周路径的结果。Andrews、Shim（1990）、Sengupta、Goodstein、Bosniger（1997）证明了 Petty 的推理，这标志着消费者会采用中心路径对待那些需要深入了解的产品。因而对高信息卷入度的产品，代言人不会产生说服效果。同理代言人负面新闻发生后，那些需要高信息卷入度的产品也不应该受到代言人负面新闻的影响，因此"高信息卷入度的产品"是调节变量之二。

再次，在调节代言人说服效果的因素研究文献中，本书发现学者的所有研究成果均说明代言人与产品匹配的一致性会调节代言人的说服效果。那么在代言人负面新闻发生后，一致性也会调节消费者对代言品牌形象的评价和对代言产品的购买意愿，因此"代言人与产品的一致性"是调节变量之三。

最后，Tripp C.、Jenson T. 和 Carlson L.（1994）证明代言人代言品牌个数超过 2 个时会降低代言人的效力来源，同时只要代言人代言多个产品会降低消费者对代言产品的购买意愿。因此代言产品的数量是调节变量之四。

根据文献提供的结论这四个调节因素，我们可以画出一个可能的调节变量作用机制图（见图 2-25）。

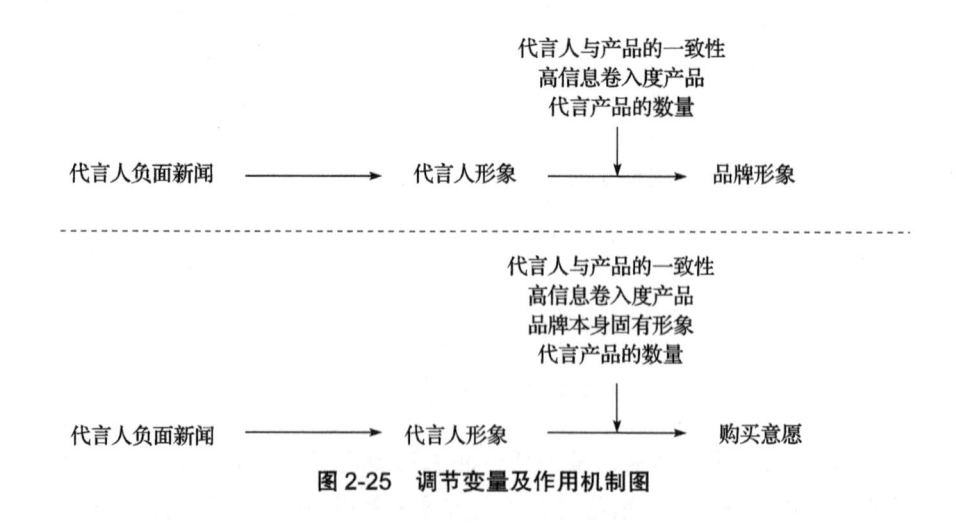

图 2-25 调节变量及作用机制图

（6）可以用消费者喜欢代言人的可能性来代表代言人作为说服者的特质。

在代言人负面新闻与品牌形象、购买意愿的研究中，学者们用"专业性""信赖性""喜欢度"来测量代言人形象的变化；在代言人负面新闻与代言人自身价值中，Alan Ber、AinSowrth、Choueke 所研究的因素是负面新闻发生后代言人在市场上的受欢迎程度。

McCracken（1989）在代言人文化意义迁移模型中提出，文化环境首先赋予名人一定的文化烙印，进而通过名人和产品在某种场合下同时出现的方式把名人所具备的文化烙印迁移到产品中。那么按照代言人文化意义迁移模型，代言人负面新闻发生后代言人应该被社会赋予新的文化烙印，这种文化烙印通过产品与代言人同时出现的方式迁移到产品中。

按照代言人的说服者特质相关研究，这种新文化烙印就是负面新闻发生后，代言人所具有的可信性和吸引力的改变结果。如文献综述所表述的，代言人可信性模型和代言人吸引力模型均是代言人作为说服者特质的模型。

Hovland（1952）构建了信源可信性模型，Hovland 认为信赖性的来源是信息传播者具备良好的品质，例如正直、关心他人、诚信等和信息传播者传播信息的正面动机；专业性的来源是信息传播者对所传播信息或事务的精通程度。1990 年，Ohanian 基于信源可信性模型提出了代言人可信性模型。模型由信赖性、专业性、外表吸引力构成，后续的学者王怀明、马谋超、孙晓强等分别发展了独自的代言人可信性模型，但是仅有信赖性被所有学者实证。本书发现能被实证的原因是所有学者基本沿用了 Ohanian 的量表，但是 Ohanian 在 1990 年的研究报告中已经指出该量表应该被修正和更改，因为"该量表只是建立了量表的信度和效度，而不是发现存在，因为这几个维度都是来自前人的研究。"本书认为 Ohanian 的信赖性和 Hovland 信赖性均是构建在代言人如何获得消费者信任的基础上，而Friedman（1978）等学者从推理的角度提出信赖性是可信性模型的主要构成因素，并试图发现信源的何种特性与信任相关时，他们发现喜爱度是信任的最重要源泉，并建议广告商选择其个性被人喜欢的代言人。

McGuire（1985）提出的信源吸引力模型由相似度、熟悉度、喜爱度构成。McGuire 对喜爱度的定义是信息接收者对信源外表特征和行为的喜悦程度；对相似度的定义是信息接收者感知的与信源之间的一致程度；对熟悉度的定义是信源曝光形成的信息接收者认知程度。1999 年，Erdogan 在信源吸引力模型基础上提出了代言人吸引力模型，其构成面与信源吸引力模型一致。但是后续的学者们对代言人吸引力模型的研究主要集中在外表吸引力这一领域，对相似度和熟悉度的研究甚少，也未开发相应的量表。依据社会心理学的相关成果，无论是熟悉诱发了喜欢，美的就是好的，相似导致喜欢，其核心就是消费者喜欢代言人。

因此，代言人可信性模型和代言人吸引力模型的共同点是研究代言人作为人的何种特质能引发消费者对代言人的喜欢。因此，可以用消费者喜欢代言人的可能性来代表 Alan Ber、AinSowrth、Choueke 的代言人在市场上的受欢迎程度。本书将消费者喜欢代言人的可能性称为喜欢意愿。

从企业或广告商选择代言人的实践角度看，喜欢意愿也更具有实践意义。Singer（1983）指出，企业选择代言人是基于名人社会地位和外表吸引力；企业选择名人作为品牌形象代言人的原因是：消费者越是喜欢这个名人，那么广告受众对广告的态度往往是正面的和积极的。纽约营销评估公司（Marketing Evaluations Inc.）发明了商数测试（Q-raings），以评估和选择担任品牌代言人的名人，其基本公式为：星商数 = 喜欢该明星的人数 ÷ 知道该明星的人数 × 100%（徐卫华和朱鹏飞，2008）。张燕岭（2006）在研究明星代言人电视广告影响力指数中也发现，"代言人本人的外貌和身材较好""代言人本人的知名度高""代言人有很多人喜欢"三项指标的得分占代言人本体符号系统接受度测量得分的 46.5%。中国国内专为企业选择代言人提供参考依据的零点明星景气指数，将明星的可持续竞争优势和受欢迎程度作为综合考察的一级指标（杨剑华，2008）。

综上，本书用消费者喜欢代言人的可能性代表代言人作为说服者的特征，即能整合代言人负面新闻的两个研究方向，在企业的实践中具备指导意义。

相关推理如图 2-26 所示。

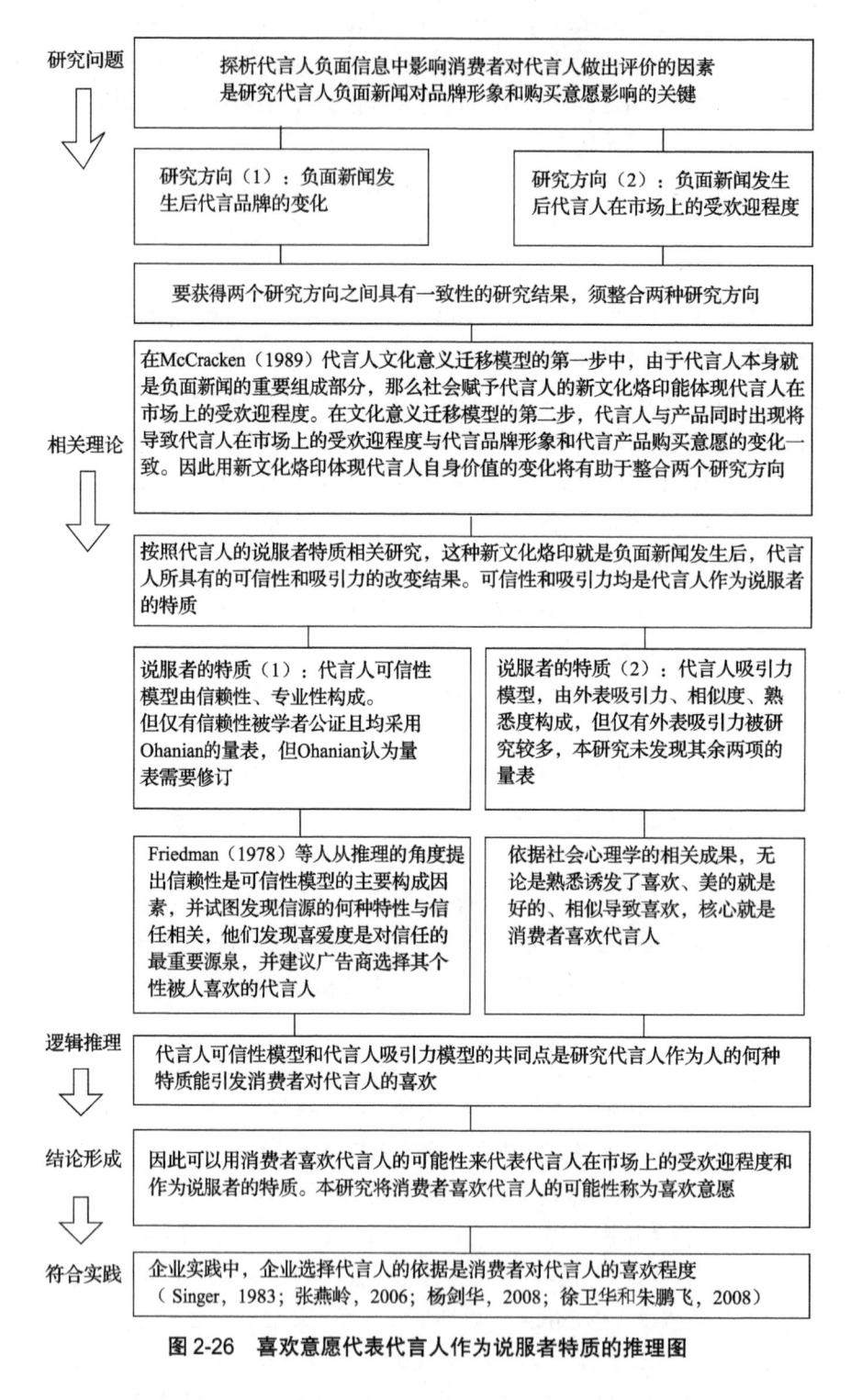

```
研究问题 → 探析代言人负面信息中影响消费者对代言人做出评价的因素
           是研究代言人负面新闻对品牌形象和购买意愿影响的关键
    ↓
         研究方向（1）：负面新闻发      研究方向（2）：负面新闻发生
         生后代言品牌的变化            后代言人在市场上的受欢迎程度

         要获得两个研究方向之间具有一致性的研究结果，须整合两种研究方向

相关理论  在 McCracken（1989）代言人文化意义迁移模型的第一步中，由于代言人本身就
         是负面新闻的重要组成部分，那么社会赋予代言人的新文化烙印能体现代言人在
         市场上的受欢迎程度。在文化意义迁移模型的第二步，代言人与产品同时出现将
         导致代言人在市场上的受欢迎程度与代言品牌形象和代言产品购买意愿的变化一
         致。因此用新文化烙印体现代言人自身价值的变化将有助于整合两个研究方向
    ↓
         按照代言人的说服者特质相关研究，这种新文化烙印就是负面新闻发生后，代言
         人所具有的可信性和吸引力的改变结果。可信性和吸引力均是代言人作为说服者
         的特质

         说服者的特质（1）：代言人可信性    说服者的特质（2）：代言人吸引力
         模型由信赖性、专业性构成。         模型，由外表吸引力、相似度、熟
         但仅有信赖性被学者公证且均采用      悉度构成，但仅有外表吸引力被研
         Ohanian 的量表，但 Ohanian 认为量   究较多，本研究未发现其余两项的
         表需要修订                        量表

         Friedman（1978）等人从推理的角度提   依据社会心理学的相关成果，无
         出信赖性是可信性模型的主要构成因    论是熟悉诱发了喜欢、美的就是
         素，并试图发现信源的何种特性与信    好的、相似导致喜欢，核心就是
         任相关，他们发现喜爱度是对信任的    消费者喜欢代言人
         最重要源泉，并建议广告商选择其个
         性被人喜欢的代言人

逻辑推理  代言人可信性模型和代言人吸引力模型的共同点是研究代言人作为人的何种
         特质能引发消费者对代言人的喜欢
    ↓
结论形成  因此可以用消费者喜欢代言人的可能性来代表代言人在市场上的受欢迎程度和
         作为说服者的特质。本研究将消费者喜欢代言人的可能性称为喜欢意愿
    ↓
符合实践  企业实践中，企业选择代言人的依据是消费者对代言人的喜欢程度
         （Singer, 1983；张燕岭, 2006；杨剑华, 2008；徐卫华和朱鹏飞, 2008）
```

图 2-26 喜欢意愿代表代言人作为说服者特质的推理图

（7）代言人负面新闻中尚存多种因素未被量化研究。

虽然 Louie（2000）研究了事件责任的高低水平，但仍有诸多因素没有被研究。Shank（2005）通过与 10 位新闻媒体代表和体育运营商执行官的访谈提出非法、非道德并能对体育产生显著负面影响的负面事件可以定义为体育明星丑闻，事件性质和事件影响范围对代言人负面事件的定义有显著影响。AinSowrth Anthony Bailey（2007）通过对年龄 18 岁以上 156 名不同种族消费者的调查发现，消费者认为与代言人形象相关的因素还包括事件性质、舆论影响；与企业品牌形象相关的因素包括产品好坏、代言人与产品的匹配性等（见表2-227）。

表2-227 文献中提出的影响因子

研究者	影响因子	研究结论
Therese A.louie（2000）	事件责任	负面新闻→代言人责任重→代言人形象下降
Shank（2005）	事件性质：非法非道德 事件影响：显著负面影响	未进行量化研究
AinSowrth（2007）	舆论影响、事件性质	未进行量化研究

（8）代言人负面新闻研究中应该引入新闻娱乐化的概念。

新闻娱乐化是用娱乐方式展现的新闻报道。Bailey在2008年提出的观点，从新闻报道的观点看问题和舆论影响了受众的态度。

因此，本书不是仅仅依靠一篇或几篇品牌形象代言人负面新闻的报道，也不是单纯研究品牌代言人负面新闻，而是考虑新闻娱乐化的影响。依据新闻娱乐化特征寻找案例，归纳总结影响消费者对代言人做出评价的因素。

2.4.2.7 研究启示和研究机会

通过对学者们研究成果的回顾，本书不仅总结了与本书相关的代言人负面新闻研究成果，而且还得到了一些研究启示和机会，如表2-228所示。

表2-228 基于文献综述的研究启示

研究方向	研究学者	研究成果	研究启示
代言人负面新闻与代言品牌形象	Langmeyer、Till、Louie、Money、Bailey	①Till的实验结果是虚拟代言人负面新闻能伤害品牌形象，真实名人的负面新闻不一定产生伤害 ②Money的实验结果是虚拟代言人负面新闻是能提高购买意愿 ③Louie认为事件责任高低是代言人负面新闻对代言品牌形象的因素 ④Bailey认为真实名人的负面新闻是有害的 ⑤Till认为品牌本身固有的形象能调节代言人负面新闻对品牌形象的冲击	①为什么Till的两个实验之间的结论会不同 ②为什么Till的实验3和Bailey的实验结论不一致 ③为什么不同的刺激物会产生不同效果 ④Therese和Bailey提出的事件责任和影响指向这两个因素是否存在 ⑤品牌本身固有的形象是一个调节因素
代言人负面新闻与代言人自身价值	Shank、Choueke Behr、Adweek Media（美国商业媒体）、赵璟燮	①Shank提出了舆论影响、事件性质、事件影响等新的影响因素 ②Choueke认为名人丑闻能提高名人形象，成为代用品牌的装饰 ③Behr发现不同的负面新闻对名人的影响不同 ④Adweek Media发现73.4%的访谈者认为不会有影响；有5%认为有好的影响 ⑤赵璟燮发现某体育明星退赛降低了某体育明星的可信度	①为什么不同的案例说明的结果不同 ②Shank提出的舆论影响、事件性质、事件影响等因素是否存在
代言人的说服效果	Friedman、Atkin、Petty、Sherman、练乃华、Aaker、Walker、Mehta、Dickenson、王怀明、李镇邦、凌卓、孙晓强、Mooij、Lynette、Farrell	①使用名人代言能提升代言品牌形象或增加购买意愿 ②使用名人代言能提升股票市场价值	应该遵循学者们的研究足印，将品牌形象和购买意愿作为检验品牌形象代言人负面新闻发生后说服效果改变的因变量

续表

研究方向	研究学者	研究成果	研究启示
代言人作为说服者的特质	Hovland、Ohanian 丁夏齐、王怀明、孙晓强、Chao、McGinnies、Slater、Goldsmith Aaker、Erdogan Friedman	①Hovland构建了信源可信性模型，模型由信赖性和专业性构成 ②Ohanian构建了代言人可信性模型 ③后续学者沿用Ohanian的量表证明了信赖性的存在，但Ohanian认为量表应该改进 ④Friedman提出喜欢是信任的最重要因素	代言人可信性模型和代言人吸引力模型揭示了一个必然存在的变量，消费者喜欢代言人，而消费者喜欢代言人应该是两个研究方向的共变因素
	McGuire、Kamin、Erdogan、Cohen、Baker、Joseph、Kahle、Caballero、Eagly、Till、Cilinton	①McGuire构建了信源吸引力模型，模型由熟悉度、外表喜欢度、相似度构成，以上三个构成面都能诱发喜欢 ②Erdogan构建了代言人吸引力模型，模型的构成面同信源吸引力模型	
代言人的说服机制	Petty	建立了信息加工模型，并指出代言人的说服效果是消费者使用外周路径的效果	①高信息卷入度产品是一个调节因素 ②应该考虑社会给予代言人的文化烙印，尤其是新闻舆论 ③在本书中应让代言人和品牌同时出现；让代言人与负面新闻同时出现
	Mcrcaken 温彩云	①Mcrcaken建立了以联想学习机制为心理学基础的代言人文化意义迁移模型 ②温彩云阐释了具体的模型步骤和影响因子	
调节代言人说服效果的因素	产品与代言人匹配假设：Levy、Frkan等	产品与代言人匹配的一致性会极大调节说服效果	一致性是一个调节因素
	代言人代言多个产品：Tripp等	代言人代言多个产品会降低说服效果	代言产品的数量是一个调节因素
	代言人性别：Debevec、Freiden、Petroshius等	代言人性别不会对说服效果产生影响	代言人性别不会影响本书
	代言人职业历程：Agrawal	职业低潮会降低说服效果	职业生涯中的特殊事件应该放到本书中，因为Louie在2000年，注意到Nancy Kerrigan因恐怖袭击而退出奥运会之后，反而收到大量的代言合同，从而Therese才展开了对代言人负面新闻的研究
新闻娱乐化	张玉坤、李大敏、李毅坚、宋芳、李良荣、罗亚、申玲玲、许爱兵、Hohn H.mcmanus Kees Brantts等	①新闻娱乐化是指在用娱乐方式展现的新闻 ②新闻娱乐化是当代最具消费主义时代特征的文化现象之一 ③新闻娱乐化的起因是媒体市场竞争激烈 ④新闻娱乐化的特征是大事件元素，挖掘与报道人物相关的所有人和事，能迅速产生"贴标签"的效益，能转换事件的意义，长时间跟踪报道	负面新闻中哪些因素会影响消费者对名人做出评价
品牌形象	Alexander L.Biel、亨利·阿塞尔、Gert kootstra、Kevin lane Keller、卢泰宏、何孝德、范秀成等	①明确了品牌形象的概念 ②明确了品牌形象是品牌研究的基础之一，是品牌资产的形成关键 ③提出了测量维度	本书将沿袭代言人负面新闻与代言品牌的研究传统，采用词语联想对品牌形象进行测量
购买意愿	Gary M. Mullet、Ajzen、韩睿、田志龙、Jang、Esslemont等	①明确了购买意愿的概念 ②明确了购买意愿可以用于预测购买行为 ③明确了购买意愿的测量测项	本书将采用购买可能性、推荐可能性的测项测量购买意愿

表2-228中，我们已经阐述了代言人负面新闻中有两个研究机会，一个是探究代言人负面新闻中何

种因素会影响消费者对代言人的评价是研究代言人负面新闻对代言产品形象影响的关键；另一个是调节代言人负面新闻对品牌形象和购买意愿影响作用的 4 个调节变量。

本书认为，探究代言人负面新闻中何种因素会影响消费者对代言人的评价，更具有现实意义和理论意义。

表 2-228 分析了以前的学者们的研究成果中所存在的研究启示。把这些研究启示与本书的研究内容结合可以分析出本书的研究机会点。具体分析过程见表 2-229。

表 2-229 基于研究启示的研究机会

本书的研究目标	文献综述中得到的研究启示	本书的研究机会
探析：代言人负面新闻发生后，伤害品牌形象和购买意愿的因素	在代言人负面新闻与品牌形象、购买意愿的研究中，为什么不同的刺激物会产生不同效果	引入新闻娱乐化的概念，使用具备新闻娱乐化特征的案例，探析名人负面新闻中什么因素会影响消费者对名人的评价
	在代言人负面新闻与代言人自身价值的研究结论，为什么不同的案例会导致结论不同	
	事件责任、舆论影响、事件性质、事件影响等因子是否存在	
	代言人负面新闻报道中引入了娱乐因子导致 BrianD.Till 等的研究成果在现实中不成立	
	代言人负面新闻发生后是否会降低代言人的吸引力和可信性	引入代言人喜欢意愿，测量影响消费者对名人做出评价因素是否会影响消费者对代言人的喜欢意愿

2.4.2.8 测项发展及问卷设计

（1）自变量的测项。

在国内国外有关代言人研究的文献中，本书没有发现关于"人事对偶联接""从业形象受损""情景归因倾向""事件展露时频""形象认知失调"的测项。在历经 4 次较大规模的预调查失败后，在保留部分稳定测项的前提下，本书参照 Ohanian（1990）关于信赖性测项的开发中使用的近意词开发方式，例如"可靠的—不可靠的""可信任的—不可信任的""可信赖的—不可信赖的"三个测项，对质化研究中纯化后的量表之测项进行转换并编制近意句。

转换重点是将消费者对测项的重要性评价，转换为对该测项中关键意义的认同度，例如将"如果这个负面新闻是其他人造成的；这对于我，对代言人做出评价非常重要"；转换为"这个负面新闻是其他人造成的"。转换方式是将测项的关键意义，构造为近意句。例如，"这个负面新闻是其他人造成的"近意句为"发生这件事，实际上别人造成的"。本书借鉴质化研究中的修改方式，组织了 17 名高中生和 56 名大学本科生共同参与测项的转换。转换后一共获得了 19 个测项。

在初始测项设计完毕后，必须通过预调查改进问卷。预调查采用人员访谈的方式进行并抽取与实际调查的调查对象为同一人群的上网人群。考虑到研究生中大部分人群是已有工作经历，可以视为上班人群，预调查中选择了研究生；由于在校大学生属于上网的重度消费者，因此预调查中选择了在校本科生；由于使用 QQ、MSN 等及时聊天工具的消费者属于重度消费者，因此使用了少量的在线交流方式。

为了确保消费者能清楚地理解测项所代表的含义。在每一人完成问卷后，告诉调查对象刚才完成的问卷是一次预调查，并将预调查的目标描述给调查对象；然后让调查对象讲述每个问题的含义，解释他们的答案并请说出回答问卷时遇见的问题。

调查对象很好地将测项分成了 5 个大类，即本书的自变量。对于"情景归因倾向"，有比较多的调查对象提出由于自己没有仔细考察过事情的起因，因此建议加入"可能"一词，以表述倾向性。对于"形象认知失调"，有一定数量的调查对象提出过去本就不认识这些名人，是事件发生后才知道他（她）

的姓名，因此建议不要使用"过去形象与现在形象"进行对比的话语，而使用"这件事后，他在我心目中留下了坏印象"等语句，本书保留了原有测项并按调查对象提供的话语增添测项。

经过数十次的小规模预调查，本书确立了以下测项能较好地表达质化研究量表测项的关键意义，如表 2-230 所示。

表 2-230 预调查后形成的测项

被测变量	初始问卷的测项	预调查后可供选择的测项
情景归因倾向	如果这个负面新闻是其他人造成的，这对于我……	他（她）卷入这个负面新闻，可能是其他人造成的 发生这个负面新闻，可能是其他人造成的
	如果发生这个负面新闻，不是代言人故意造成的，这对于我……	他（她）可能是不幸运才卷入这个负面新闻 发生这个负面新闻，他可能不是故意的
	如果发生这个负面新闻，不应该责怪这个代言人，这对于我……	他（她）卷入这件事，不一定怪他（她） 发生这个负面新闻，可能不应该责怪他（她） 他（她）卷入这件事，太不幸了
形象认知失调	如果事件影响了我对代言人的印象或评价，这对我……	这个负面新闻影响了我对他的最初印象或评价 这件事后，他在我心目中的印象变差了
	事件前的代言人形象和负面新闻形成的代言人形象之间的冲突程度，这对于我……	这个负面新闻让我觉得他在台上台下表里不一 他在这件事中的形象与我记忆中的形象不一样
	如果这个负面新闻改变了代言人在我心中的形象，这对于我……	这个负面新闻破坏了他在我心目中的形象 这个负面新闻改变了他在我心目中的形象
从业形象受损	如果这件事损伤了代言人从事行业的形象，这对于我……	这个负面新闻损伤了代言人从事行业的形象
	如果这个负面新闻后，代言人从事行业的形象变差了，这对于我……	这个负面新闻之后，代言人从事行业的形象变差了
	如果代言人从事行业的形象有待改善，这对于我……	代言人从事行业的形象有待改善 代言人从事行业的行业素质有待提高
事件展露时频	我在网站、报纸、电视等新闻媒体上多次看见这个负面新闻的报道，这对于我……	我在网站、报纸、电视等新闻媒体上多次看见这个负面新闻的报道 我多次看见这个负面新闻的报道
	在很长时间内，我都能在网站、报纸、电视等新闻媒体上看到代言人这个负面新闻的报道，这对于我……	在很长时间内，我都能在网站、报纸、电视等新闻媒体上看到代言人这个负面新闻的报道 在很长时间内，我都能看见这个负面新闻的连续报道
	在很长时间内我都能听到我周围的人谈论代言人这个负面新闻，这对于我……	在很长时间内我都能听到我周围的人谈论代言人这个负面新闻 其他人经常提及这个负面新闻
人事对偶联接	我一看见代言人就想到这个负面新闻，这对于我……	我一看见代言人就想到这个负面新闻 一看见代言人，我就想到这个负面新闻
	我一看见关于这个代言人的新闻报道就想到这个负面新闻，这对于我……	我一看见关于这个代言人的新闻报道就想到这个负面新闻 一看见关于这个代言人的新闻报道，我就想到这个负面新闻
	我一提及这个负面新闻就想到了这个代言人，这对于我……	我一提及这个负面新闻就想到了这个代言人 一提及这个负面新闻，我就想到了这个代言人

本书将预调查后获得的测项及质化研究量表的测项交付给四川大学管理学院营销专业教授和四川大学文新学院汉语言文学教授及 4 名营销专业和 5 名汉语言专业的博士生，就问卷的设计和内容进行了深入的讨论，以期选择较好的测项。专家们的建议如下。

①"人事对偶联接""事件展露时频"采用质化研究量表的测项，但删除"这对于我……等文字。一是因为质化研究量表的测项已经能很好地表述意义；二是两次因子分析发现这些测项已经具有量化的信度和较高的负荷。

②"形象认知失调"的测项中,由于"这件事破坏了他(她)在我心目中的形象"和"这件事改变了他(她)在我心目中的形象"的话语结构过度一致,建议删除一个测项。

③"从业形象受损"的转换测项中删除"代言人从事行业的行业素质有待提高",因为经纪人、演艺公司等都属于代言人行业,"行业素质"自然也包括了他们,指向不明确;将"从事行业"改为"演艺行业(圈)或体育行业(圈)",因为"代言人从事行业"容易致使消费者产生概念理解上的模糊。

④"情景归因倾向"的所有关于"卷入"的转换测项全部删除,因为"卷入"可以表示"被迫",可能产生诱导性倾向,使调查对象过度选择"非常同意"。

⑤"代言人"和"他"字在不同测项的出现可能会导致调查对象的概念不清,因此统一改为"代言人"。

⑥由于预先调查中有一定数量的调查对象提议不要使用"过去形象与现在形象"进行对比的话语,建议采用调查对象提供的测项。

在专家们的指导下,本书对测项的语言表达进行了反复修改并与专家们反复讨论,尽可能减少测项中存在的语义错误、倾向性问题、隐含假设,最后形成的测项,如表2-231所示。

表2-231 经专家修改后形成的测项

被测变量	测项
情景归因倾向	1. 发生这个负面新闻,可能是其他人造成的
	2. 发生这个负面新闻,代言人可能不是故意的
	3. 发生这个负面新闻,可能不应该责怪这个代言人
	4. 发生这个负面新闻,他(她)真是不太幸运
形象认知失调	5. 这个负面新闻发生后,代言人的个人形象变差了
	6. 这个负面新闻发生后,我觉得这个代言人在台上台下表里不一
	7. 这个负面新闻破坏了代言人在我心目中的形象
	8. 这个负面新闻影响了我对代言人的最初印象或评价
	9. 代言人在这个负面新闻中的形象辜负了人们的期望
从业形象受损	10. 这个负面新闻可能影响了娱乐圈(体育圈)的形象
	11. 这个负面新闻发生后,娱乐圈(体育圈)的形象变差了
	12. 这个负面新闻发生后,我认为娱乐圈(体育圈)的形象有待改善
事件展露时频	13. 我曾在网站、报纸、电视等新闻媒体上多次看见关于这个负面新闻的报道
	14. 在很长时间内,我都能在网站、报纸、电视等新闻媒体上看到关于这个负面新闻的报道
	15. 在很长时间内,我都能听到我周围的人谈论代言人这个负面新闻
人事对偶联接	16. 我一看见这个代言人就想到这个负面新闻
	17. 我一看见关于这个代言人的新闻报道就想到这个负面新闻
	18. 我一提及这个负面新闻就想到了这个代言人

(2)因变量的测项。

由于本书的目标是探析代言人负面新闻中对代言品牌形象和代言产品购买意愿的有伤害作用的因素,因此对因变量的测量实际上是测量代言品牌形象下降和代言产品购买意愿降低。

①喜欢意愿的测项。

喜欢意愿的测项借鉴了张燕岭(2006)所发展的测项"代言人有很多人喜欢"和零点明星景气指数提供的测项。在初始问卷中,本书一共编制了以下问题,如表2-232所示。

表2-232 初始问卷中喜欢意愿的测项

1. 负面新闻发生后,我可能不再喜欢这代言人了
2. 负面新闻发生后,这代言人可能不再是我的偶像了
3. 负面新闻发生后,我可能不再关注有关这个代言人的新闻和报道了
4. 负面新闻发生后,我可能不再看这个代言人的表演或比赛了

5. 负面新闻发生后，我可能很讨厌其他人提这个代言人的名字
6. 负面新闻发生后，这个代言人可能不再是个好榜样
7. 负面新闻发生后，我可能一提及这个代言人就感到痛心
8. 负面新闻发生后，我可能不再追星了
9. 负面新闻发生后，我可能不再模仿这个代言人了

在历经4次较大规模的预调查后，本书最终保留了以下三项非常稳定的测项，如表2-233所示。

表2-233 最终保留的喜欢意愿测项

1. 负面新闻发生后，我可能不再喜欢这代言人了
2. 负面新闻发生后，这个代言人可能不再是个好榜样
3. 负面新闻发生后，我可能不再模仿这个代言人了

② 品牌形象的测项。

国内外关于品牌形象的研究一类是理论框架的研究，另外一类是在理论框架的假设前提下，进行的实证性质的品牌形象比较研究（何晓德，2008）。本书没有检索出适合结构方程的量表。但是品牌形象代言人负面新闻与代言品牌形象关系研究的学者们，使用了语言差异量表，例如Till在1998测量中使用四个测项，"好的—坏的""高质量—低质量""专业的—不专业的""快的—慢的"，Therese A. louie 在2001年使用了"令人舒服—令人不舒服""恰当—不恰当"，这更类似于罗子明（2001）在品牌联想测量维度中提出的词语联想。本书根据Till和Therese A. louie的测项，在初始问卷中，本书一共编制了5个问题，如表2-234所示。

表2-234 初始问卷中品牌形象的测项

1. 该品牌不是一个真正的大品牌
2. 该品牌不是一个真正的好品牌
3. 该品牌实际上是一个不成熟的品牌
4. 该品牌是一个小品牌
5. 该品牌是一个想炒作知名度的品牌

在历经4次较大规模的预调查后，本书最终保留了以下三项非常稳定的测项，如表2-235所示。

表2-235 最终保留的代言品牌形象测项

1. 该品牌不是一个真正的大品牌
2. 该品牌不是一个真正的好品牌
3. 该品牌是一个想炒作知名度的品牌

③ 购买意愿的测项。

现有文献中对购买意愿的测项，主要是购买可能性和推荐可能性（Gallarza和Saura，2006）。Yoon和Lee（2005）用三个测量条款测量推荐意愿：推荐给家庭或朋友、对他人说产品的积极方面、推荐给那些希望得到建议的人。本书在借鉴Yoon和Lee的测项后，在初始问卷中共编制了两条测项，如表2-236所示，这两条测项从第一次调查就非常稳定。

表2-236 购买意愿测项

1. 在一段时间内我可能不再购买这个代言人所代言的产品
2. 在一段时间内我可能不再向朋友推荐这个代言人所代言的产品

（3）问卷设计。

鉴于测项的文字较长会导致调查对象难以继续，本书遵循质化研究中的排版格式将所有测项分解为3个独立表格，每个表格只展现对一组变量的测项并尽量加大段落语句之间的行距。

应答者首先将回忆某一个代言人负面新闻，并按要求依照回忆填写观看新闻后的体会和感想。采用李克特的五级量表为测量测度，请应答者从1"非常不同意"到5"非常同意"之间进行选择。

在喜欢意愿的刺激物设计上，使用了一个疑问句："负面新闻发生后，你对这个代言人的感觉是什么？"在代言品牌形象和代言产品购买意愿的刺激物设计上，为规避"产品与代言人一致性""高信息卷入度产品""品牌本身固有形象""代言多个产品"的调节作用（文献综述2.6），也设计了简短的一个疑问句："如果你在一个品牌的广告中看见了这个代言人，那么你将如何评价这个代言人所代言的品牌（产品）？"

2.4.2.9 数据收集及样本概况

在总体目标上，鉴于张燕玲（2006）的研究成果，出生于20世纪80年代、高学历的年轻群体更关注媒体对名人本人宣传并且是明星代言广告的重度受众群，本书采用了"判断抽样"的形式选择年龄18～35岁的消费者为本次调查的重点对象。

在调查方法上，鉴于质化研究中发现的代言人负面新闻的受众为上网且观看QQ新闻或娱乐新闻的人群，本书选择依靠网络平台开展调查工作。此次调查在某购物网完成问卷调查。该网站主要经营电脑电子产品，在成都地区有较高的活跃用户。该网站为本书的调查专门设计了一个用户积分计划，为避免用户反复填写获得积分，因此此项调查仅对新用户开放。用户在注册后，向用户提供一个可点击的链接地址并注明该调查是支持四川大学的研究调查，填写问卷可立即获赠5个积分。从2009年10月至2009年12月，一共收集了862份问卷。本书也再次使用"滚雪球"的抽样方式在QQ和MSN等即时聊天工具及网友博客上发放问卷，共收集143份。另外，利用工作之余在西南书城和成都市内电梯办公楼宇附近获得52份问卷。

这1057份问卷经过了严格的筛选。第一步，剔除明显无效的问卷，例如应答不完整，或所有题项全部填写一个答案；第二步，将填写很少看"QQ新闻"且很少关注"娱乐新闻"的问卷剔除；第三步，将答案的逻辑关系明显错误的问卷剔除。通过以上三个步骤，一共获得了784份有效问卷。有效问卷的样本概况，如表2-237所示。

表2-237 样本概况

基本资料	项目	人数	百分比/%
性别	男	441	56.25
	女	343	43.75
	合计	784	100.00
年龄	18～25岁	383	48.85
	26～35岁	345	44.01
	36～50岁	53	6.76
	51～60岁	3	0.38
	合计	784	100.00
学历	专科	41	5.23
	本科	412	52.55
	研究生及以上	331	42.22
	合计	784	100.00

2.4.2.10 数据分析及模型验证

（1）测项纯化。

本书在采用"方差最大"法进行因子旋转后，删除因子载荷小于0.4的测项"题4：发生这个负面新闻，他（她）真是不太幸运"和"题9：代言人在这个负面新闻中的形象辜负了人们的期望"，在信度检验中删除了"题8：这个负面新闻影响了我对代言人的最初印象或评价"。在经过测项纯化后，本书最终获得了以下测项，如表2-238所示。

表2-238 纯化后的测项

被测变量	测项
情景归因倾向	1. 发生这个负面新闻，可能是其他人造成的
	2. 发生这个负面新闻，代言人可能不是故意的
	3. 发生这个负面新闻，可能不应该责怪这个代言人
形象认知失调	4. 这个负面新闻发生后，代言人的个人形象变差了
	5. 这个负面新闻发生后，我觉得这个代言人在台上台下表里不一
	6. 这个负面新闻破坏了代言人在我心目中的形象
从业形象受损	7. 这个负面新闻可能影响了娱乐圈（体育圈）的形象
	8. 这个负面新闻发生后，娱乐圈（体育圈）的形象变差了
	9. 这个负面新闻发生后，我认为娱乐圈（体育圈）的形象有待改善
事件展露时频	10. 我曾在网站、报纸、电视等新闻媒体上多次看见关于这个负面新闻的报道
	11. 在很长时间内，我都能在网站、报纸、电视等新闻媒体上看到关于这个负面新闻的报道
	12. 在很长时间内，我都能听到我周围的人谈论代言人这个负面新闻
人事对偶联接	13. 我一看见代言人就想到这个负面新闻
	14. 我一看见关于这个代言人的新闻报道就想到这个负面新闻
	15. 我一提及这个负面新闻就想到了这个代言人
喜欢意愿	16. 负面新闻发生后，我可能不再喜欢这代言人了
	17. 负面新闻发生后，这个代言人可能不再是个好榜样
	18. 负面新闻发生后，我可能不再模仿这个代言人了
品牌形象	19. 该品牌不是一个真正大品牌
	20. 该品牌不是一个真正的好品牌
	21. 该品牌是一个想炒作知名度的品牌
购买意愿	22. 在一段时间内我可能不再向朋友推荐这个代言人所代言的产品
	23. 在一段时间内我可能不再购买这个代言人所代言的产品

（2）信度分析。

在市场营销研究中，一般使用"Cronbach's α"系数检验信度。信度的Cronbach's α值现在并无确定的标准，通常认为当测项小于6个时，Cronbach's α值大于0.6，表明数据是可靠的（Joseph Hair Jr等，1998）。通过SPSS13.0的计算，8个维度子量表的Cronbach's α值几乎都在0.6到0.8之间（见表2-239），可见量表的信度较好。

表2-239 量表的信度与效度检验

变量	测项	因子负荷	Cronbach's α
情景归因倾向	1	0.855	0.777
	2	0.790	
	3	0.813	
形象认知失调	4	0.788	0.795
	5	0.820	
	6	0.785	
从业形象受损	7	0.779	0.791
	8	0.815	
	9	0.764	

续表

变量	测项	因子负荷	Cronbach's α
事件展露时频	10	0.819	0.815
	11	0.841	
	12	0.808	
人事对偶联接	13	0.809	0.789
	14	0.802	
	15	0.771	
喜欢意愿	16	0.619	0.673
	17	0.814	
	18	0.727	
品牌形象	19	0.809	0.851
	20	0.858	
	21	0.834	
购买意愿	22	0.842	0.847
	23	0.899	

（3）效度检验。

风笑天（2001）指出效度是指测量工具或测量手段能够准确测出所要测量的变量的程度。

内容效度是指测量内容或指标与测量目标之间的适合性和逻辑相符性，一般可采用专家意见法考核。具体方法是请有关专家对测项与测量目标的符合性做出判断，看测项是否代表了规定的内容。本书多次进行了量表开发的预调查并按照预调查的结果进行了量表修改和校订后，提交四川大学管理学院营销专业教授和四川大学文新学院汉语言文学教授以及4名营销专业和5名汉语言专业的博士生反复讨论，经过多次的筛选和衡量，最终确定了正式量表的27个测项，经过纯化只删除了3个测项，具有很好的内容效度。

建构效度指量表能够测量概念的程度，收敛效度和区别效度。收敛效度根据因子分析中的拟合指数和因子负载系数值来判断（Mueller，1996）。根据Bentler和Wu（1983）、Karl G. Jöreskog和Dag Sörbom（1989）等人的观点，外测变量的因子载荷应该是显著的，其值应该大于0.45。从表2-239可以看出，23个测项的因子载荷中有均大于0.6，而且23个测项所聚合的8因子共解释了72%的变异方差（见表2-240），因此量表具有非常好的收敛效度。关于量表的区别效度的判断本书将在验证性分析中论证。

表2-240 解释变异方差（Total Variance Explained）

Component	E-traction Sums of SQuared Loadings		
	Total	of Variance/%	Cumulative/%
1	5.902	25.662	25.662
2	2.299	9.997	35.659
3	1.893	8.232	43.891
4	1.701	7.397	51.288
5	1.373	5.971	57.259
6	1.229	5.343	62.602
7	1.170	5.089	67.691
8	1.011	4.395	72.085

（4）验证性因子分析。

验证性因子规定过程和要求如图2-27所示。验证性因子分析中没有出现违规估计（见表2-241）且拟合结果较好（见表 2-242）。

qj：情景归因倾向
sp：事件展露时频
hy：从业形象受损
gr：形象认知失调
rs：人事对偶联接
xhd：喜欢意愿
PP：品牌形象
gm：购买意愿

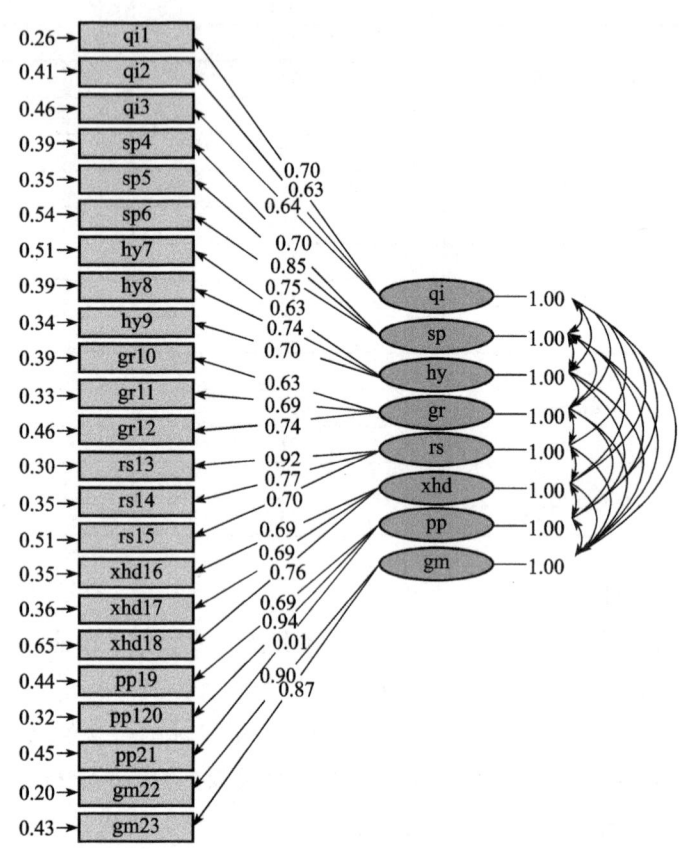

Chi-squer=308.09,dt=202,p-value=0.00000,RMSEA=0.026

图 2-27 验证性因子分析图

表 2-241 基于 lisrel 的信度效度检验

变量	参数	标准误差	t值	标准化系数	测量误差	AVE
情景归因倾向	λ_1	0.032	23.18	0.73	0.26	0.45
	λ_2	0.032	19.72	0.63	0.41	
	λ_3	0.033	19.28	0.64	0.46	
事件展露时频	λ_4	0.033	23.70	0.78	0.39	0.63
	λ_5	0.034	25.04	0.85	0.35	
	λ_6	0.036	21.26	0.75	0.54	
从业形象受损	λ_7	0.035	18.25	0.63	0.51	0.48
	λ_8	0.035	21.19	0.74	0.39	
	λ_9	0.037	18.95	0.70	0.54	
形象认知失调	λ_{10}	0.032	22.14	0.69	0.38	0.51
	λ_{11}	0.030	23.05	0.69	0.33	
	λ_{12}	0.035	22.16	0.76	0.46	
人事对偶联接	λ_{13}	0.033	25.41	0.82	0.30	0.52
	λ_{14}	0.033	24.08	0.77	0.35	
	λ_{15}	0.032	17.62	0.56	0.51	
喜欢意愿	λ_{16}	0.037	13.21	0.87	0.35	0.61
	λ_{17}	0.034	21.67	0.75	0.36	
	λ_{18}	0.041	18.14	0.71	0.65	

续表

变量	参数	标准误差	t值	标准化系数	测量误差	AVE
品牌形象	λ_{19}	0.035	25.50	0.89	0.44	0.78
	λ_{20}	0.034	27.94	0.94	0.32	
	λ_{21}	0.034	24.27	0.81	0.45	
购买意愿	λ_{22}	0.039	26.67	0.93	0.20	0.80
	λ_{23}	0.038	22.98	0.87	0.43	

表 2-242 拟合指标检验

指标	建议值	测量的值
X^2/df	<2	1.52
AGFi	>0.90	0.96
NFI	>0.90	0.98
NNFI	>0.90	0.99
CFI	>0.90	0.99
GFI	>0.90	0.97
RFI	>0.90	0.97
RMSEA	<0.05	0.026
SRMR	<0.08	0.025

整个检查共分四步完成。

第一，违规估计。首先如表 2-241 所示，各个测项均无负的误差方差，标准化负荷小于 0.95，说明无违规现象发生。其次根据拟合指数判断验证性因子分析模型的整体效度，各拟合指数表示模型拟合度比较好（RMSEA=0.026，SRMR=0.025，NNFI=0.99，CFI=0.99）。

第二，t检验。所有的 t 值都大于 1.98，即所有的标准化负荷系数都是有统计意义的。

第三，负荷检验。所有测项的标准化负荷系数都大于 0.5，而 Hair 等（1992）的建议值为 0.5，因此收敛效度很好。

第四，区别效度。从潜变量的相关系数矩阵（见表 2-243）可以看出，平均方差萃取量的根大于其他潜变量的相关系数，这说明该量表具有较好的区别效度。

第五，结构效度。八个维度的决断值内部一致性度都高于 0.6 的建议值，有 6 个维度的方差萃取量（AVE）都高于 0.50 的建议值。当 $\lambda \geq 0.71$ 时，AVE=0.50，但在社会科学研究领域建议采用 Tabachnick 和 Fiedell 的标准（邱皓政和林碧芳，2009）。Tabachnick 和 Fiedell（2007）认为 λ 的负荷达到 0.55 时即可宣称良好，因此从业形象受损和情景归因倾向的 AVE 虽略低于规定标准，但所有 λ 的负荷已达到社会科学研究的要求。

表 2-243 潜变量的相关系数矩阵

	Qj	sp	hy	gr	rs	xhd	pp	gmi
Qj	0.67							
sp	0.26	0.79						
hy	0.31	0.44	0.69					
gr	0.21	0.32	0.24	0.71				
rs	0.15	0.33	0.28	0.54	0.73			
xhd	0.14	0.34	0.31	0.60	0.55	0.78		
pp	0.15	0.25	0.32	0.37	0.37	0.43	0.88	
gm	0.12	0.25	0.22	0.31	0.27	0.45	0.53	0.90

对角线的数据为平均方差萃取量的根

(5) 结构模型检验。

Liser 8.7 软件运行的结果显示，结构方程模型具有较好的拟合度。将主要拟合指标与较为理想的经验标准进行对比。结果显示 $\chi^2/df=1.52$，小于给定的 2 的参考标准，RMSEA=0.026，小于 0.08 的较优模型标准，其余指标 SRMR=0.025，NNFI=0.99，CFI=0.99，均达到较为理想的标准，如图 2-28 所示。

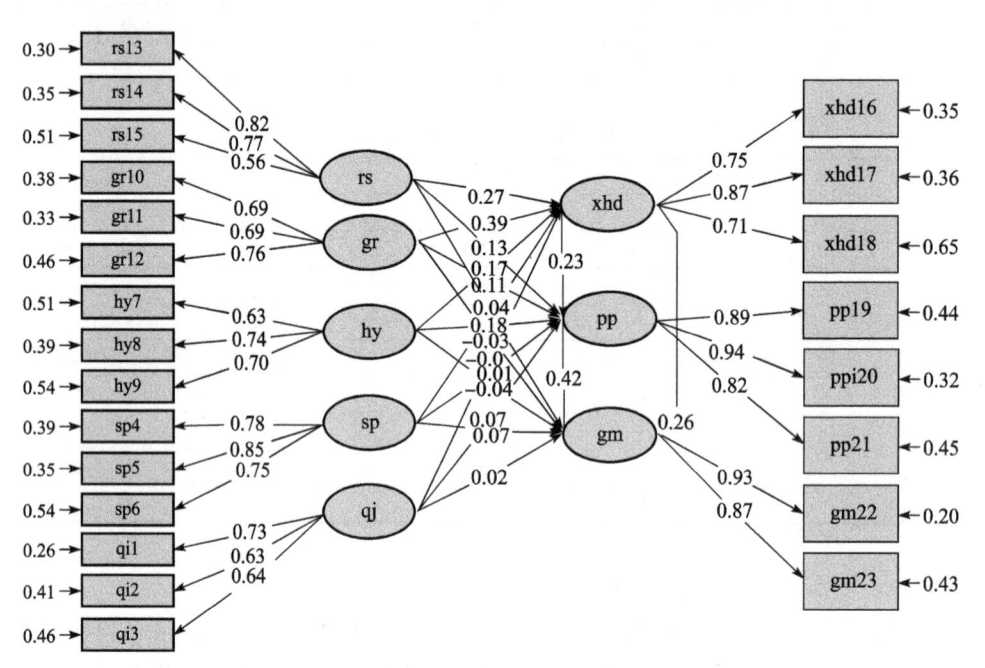

图 2-28 结构模型路径关系示意图

通过路径计算，可以看出情景归因倾向、事件展露时频与喜欢意愿、品牌形象、购买意愿之间没有明显的路径关系；从业形象受损、形象认知失调、人事对偶联接与喜欢意愿有明显的路径关系；从业形象受损、人事对偶联接与品牌形象有显著的路径关系（见图 2-29），由此 18 个路径假设中，共有 9 条路径得到验证（见表 2-244）。

图 2-29 基于 lisrel 的路径计算结果

通过检验的路径图如图 2-30 所示。

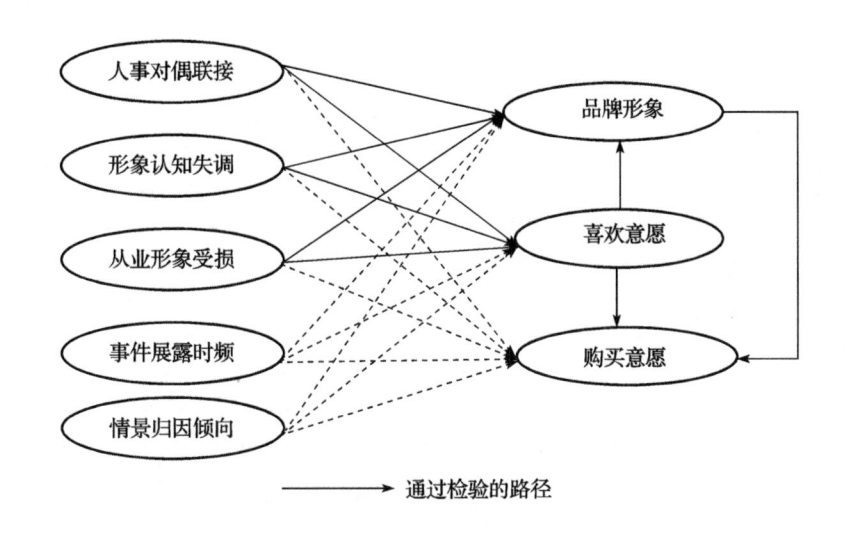

图 2-30 假设模型检验结果图

表 2-244　标准化路径系数和假设检验

假设路径链	路径系数	T 值	是否支持
人事对偶联接→喜欢意愿	0.27	5.19	支持
从业形象受损→喜欢意愿	0.12	2.42	支持
情景归因倾向→喜欢意愿	−0.05	−1.04	不支持
形象认知失调→喜欢意愿	0.39	7.33	支持
事件展露时频→喜欢意愿	0.08	1.64	不支持
喜欢意愿→品牌形象	0.23	3.65	支持
喜欢意愿→购买意愿	0.26	4.34	支持
人事对偶联接→品牌形象	0.13	2.36	支持
人事对偶联接→购买意愿	−0.04	−0.87	不支持
从业形象受损→品牌形象	0.18	3.60	支持
从业形象受损→购买意愿	−0.04	−0.79	不支持
情景归因倾向→品牌形象	0.02	0.37	不支持
情景归因倾向→购买意愿	0.02	0.44	不支持
形象认知失调→品牌形象	0.11	1.98	支持
形象认知失调→购买意愿	0.03	0.51	不支持
事件展露时频→品牌形象	0.01	0.21	不支持
事件展露时频→购买意愿	0.07	1.64	不支持
品牌形象→购买意愿	0.42	9.59	支持

（6）研究结果。

由于情景归因倾向与喜欢意愿、品牌形象、购买意愿无关，因此假设 H4 得到了验证；由于人事对偶联接、形象认知失调、从业形象受损对品牌形象的影响不同，因此假设 H14 得到验证。自此本书一共证实了 11 条假设，如表 2-245 所示。

表 2-245　假设检验结果汇总

研究假设	验证情况
H1：人事对偶联接对喜欢意愿有负面影响	支持
H2：从业形象受损对喜欢意愿有负面影响	支持
H3：情景归因倾向对喜欢意愿有负面影响	不支持

续表

研究假设	验证情况
H4：消费者使用外周路径阅读/观看代言人负面新闻	支持
H5：形象认知失调对喜欢意愿产生负面影响	支持
H6：事件展露时频对喜欢意愿有负面影响	不支持
H7：喜欢意愿对品牌形象有正面影响	支持
H8：喜欢意愿对购买意愿有正面影响	支持
H9：人事对偶联接对品牌形象有负面影响	支持
H10：从业形象受损对品牌形象有负面影响	支持
H11：情景归因感知对品牌形象有负面影响	不支持
H12：形象认知失调对品牌形象有负面影响	支持
H13：事件展露时频对品牌形象有负面影响	不支持
H14：人事对偶联接、从业形象受损、情景归因倾向、形象认知失调、事件展露时频对代言品牌形象的影响效果不同	支持
H15：人事对偶联接对购买意愿有负面影响	不支持
H16：从业形象受损对购买意愿有负面影响	不支持
H17：情景归因倾向对购买意愿有负面影响	不支持
H18：形象认知失调对购买意愿有负面影响	不支持
H19：事件展露时频对购买意愿有负面影响	不支持
H20：品牌形象对购买意愿有正面影响	支持

根据已证实的假说并剔除不成立的变量关系后，本书得到最终的变量关系图如图 2-31 所示。

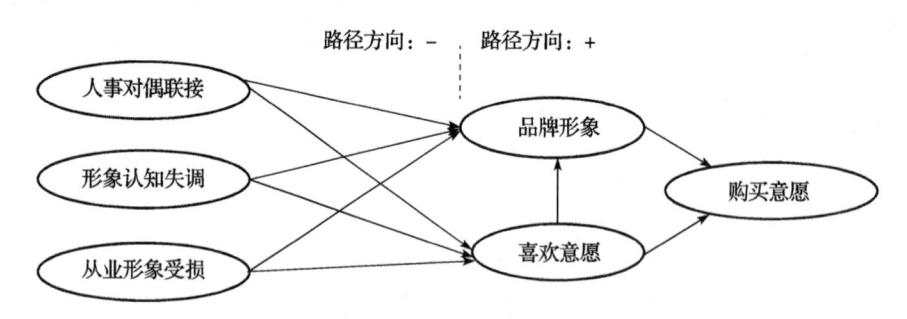

图 2-31 最终的变量关系图

从图 2-31 中，获取了以下 4 条有意义的研究结果。

① 假设 H1、H2、H5 的证实表明，人事对偶联接、从业形象受损、形象认知失调是消费者对代言人回忆的强记忆点，当代言人和品牌同时展现在消费者面前时，能显著影响消费者对品牌形象的评价。

② 假设 H9、H10、H12 的证实表明，人事对偶联接、从业形象受损、形象认知失调能降低消费者对代言人的喜欢意愿。

③ 假设 H7、H8 的证明表明，消费者对代言人的喜欢意愿对代言产品购买意愿和代言产品形象有直接的显著影响。

④ 未通过检验的假设 H15—H19 则表明，代言人负面新闻不会直接损害消费者对代言产品的购买意愿。

2.4.2.11. 研究结论

由研究结果，本书一共获取了 5 条有意义的结论。

（1）代言人负面新闻对品牌形象的伤害来自消费者对代言人的评价。

首先，从结构方程的量化检验看，形象认知失调、事件展露时频、从业形象受损、人事对偶联接、情景归因倾向等五个影响消费者对名人做出评价的因素中，形象认知失调、人事对偶联接、从业形象受损对品牌形象有直接伤害；其次，形象认知失调、人事对偶联接、从业形象受损对喜欢意愿有直接伤害，而喜欢意愿的降低也能导致品牌形象的降低，因此，代言人负面新闻对品牌形象的影响是来自于消费者对代言人的评价。

这一结论可以用于解释学者们使用不同刺激物产生不同结论的现象。因为不同刺激物会使消费者对代言人产生不同的评价，而且每一个刺激物中影响消费者对名人做出评价的因素应该不同。从最终的量化检验中，我们可以发现代言人负面新闻对代言品牌的负面影响来源于消费者对代言人的喜欢意愿的降低及形象认知失调、人事对偶联接、从业形象受损这三个影响消费者对代言人做出评价的因素。

（2）代言人负面新闻对购买意愿的伤害来自代言人在消费者心目中形成新形象。

喜欢意愿所代表的是负面新闻发生后，代言人在人们心目中的新形象。从结构方程的量化检验看，我们可以发现消费者降低喜欢代言人的意愿对代言产品购买意愿有直接伤害；而影响消费者对名人做出评价的五个因素与购买意愿之间没有直接联系。

在前文中，我们已经证明了代言人负面新闻与品牌形象之间没有直接关系，而影响消费者对代言人做出评价的因素与购买意愿也没有直接联系，代言人负面新闻对购买意愿的影响来自消费者降低了喜欢代言人的可能性。由此可以推断出现实中存在调节喜欢意愿与购买意愿关系的变量。

我们也看到从业形象受损、人事对偶联接、形象认知失调会导致消费者喜欢代言人的可能性降低，从而降低代言产品购买意愿。那么存在两种可能，一是消费者在代言人发生负面新闻后仍喜欢这个代言人；二是在喜欢意愿与购买意愿之间存在调节变量。在不考虑第一种可能性的条件下，在文献综述部分本书已经推理出可能存在四种调节代言人负面新闻影响的变量，一是需要高信息卷入的产品，二是代言人与产品的一致性，三是品牌本身固有的形象、四是代言产品的数量。

在不考虑代言企业竞争者的条件下，本书认为产品代言人的负面新闻未对企业市场份额产生影响的原因有四个。一是影响消费者对代言人做出评价的因素不会对代言产品购买意愿产生直接影响。二是代言人的说服效果会因产品的属性不同而改变，一致性和高信息卷入度的产品会在喜欢意愿和购买意愿、品牌形象之间起到调节作用。三是代言品牌本身固有的形象能有效抵御代言人负面新闻的冲击。四是如果代言人代言的产品数量较多，在代言人发生负面新闻前已失去说服效果，负面新闻发生后自然也不会显著影响购买意愿。

（3）当消费者将事件当事人和事件名称有效地联系记忆后，使用该代言人会伤害品牌形象。

结构方程的量化检验说明，人事对偶联接记忆与品牌形象有直接关系。消费者将事件当事人与事件名称的对偶联接记忆越高，对品牌形象的伤害越大。

由于新闻媒体使用"××门"来表示事件名称，而"××门"本具有负面词汇的意义，因此当消费者将代言人与"××门"有效联接后，代言人也背负了负性的文化意义。按照 Mc Cracken 的文化迁移理论，这种负性文化意义会迁移到产品品牌中，因此企业不应再使用消费者已产生人事对偶联接记忆的代言人。

（4）使用代表行业负性刻板印象的代言人会直接伤害品牌形象。

结构方程的因果关系检验说明，一则代言人负面新闻中包含损害代言人从业形象的信息越多，消费者对代言品牌的评价越差。这是因为代言人本人是新闻的组成要素之一，消费者会将心目中形成的代言人从业形象负性刻板印象，归结于是这个代言人的行为结果或认为这个代言人是这种负性刻板印象的代表。按照 McCracken 的文化迁移理论，这种负性文化意义会迁移到产品品牌中，因此企业不应再使用被认为是代表从业形象负性刻板印象的代言人。

（5）使用事件前后形象不一的代言人会直接伤害品牌形象。

结构方程的因果关系检验说明，消费者会因事前形成的代言人形象和事中展现的代言人形象之间的差异而产生认知失调。认知失调会导致消费者产生不愉快的感觉，为了减少这种不愉快的感觉，人们会调整自己的态度并释放自己的情绪（Lean Festinger，1957）。这种态度的调整和情绪的释放会牵连代言品牌形象，因此企业不应再使用消费者已经产生形象认知失调的代言人。

2.4.2.12 结果讨论

在量化研究中共有两个质化研究中提出的因素未被证实，"情景归因倾向"和"事件展露时频"。

首先本书在提出假设 H4 时已经推理出如果情景归因倾向与消费者喜欢代言人的可能性两者之间没有显著关系，则说明消费者使用外周路径阅读代言人负面新闻。同时情景归因倾向对喜欢意愿的路径系数虽不具有统计上的显著意义，但是负数的路径系数表明情景归因倾向提升了消费者对代言人的喜爱可能性。本书在质化部分提出的结论，即名人负面新闻中加入的娱乐元素对事件意义的转换产生了巨大影响，致使一些通常被认为会受到道德批判的负面新闻并非只有负面评论。这一结论也符合 Louie、Carl Obermiller（2002）和 Behr、Andria Beeler-Norrholm（2006）的研究结果，即代言人被伤害不会产生对代言人的负面评价。

事件展露时频未被证实的确有些费解。心理学的"易得性直觉"可以对这个问题予以部分解释。易得性直觉是指出那些鲜明的更容易形象化的事件与那些较难形象化的事件相比可能会被人认为更容易发生（Maclead 和 bampbell，1992；Sherman 等，1995）。事件展露时长和频率对喜欢意愿产生负面影响的假设，来自"××门"新闻标题对消费者的暗示作用，当"××门"等新闻标题不断出现在消费者面前时，消费者会利用"易得性直觉"将其归入正常的、经常的事件，自然不会产生对代言人的负面评价。"注意规律"也可以解释这个问题，事件展露时频属于注意规律的强度率，时长和频率越高越能引起注意。但是这仅仅是注意而已，让人们记住了这件事；要产生对代言人的负面评价，需要引发人们的认知，注意规律中的对比律是主导规律，诸如从业形象受损、形象认知失调等。因此仅仅是报道频率的提高，很难产生对代言人的负面评价。

2.4.3 研究总结

本书紧紧围绕"研究背景"中提出的问题，通过代言人相关理论的文献研究，提出了本书应规避的影响因素并总结了学者们共同的结论和差异；通过名人负面新闻案例的筛选和对名人负面新闻娱乐化的质化研究，不断的整理、归纳、总结、提炼，形成了名人负面新闻娱乐化中影响消费者对名人做出评价的六个影响因素，并通过量表的开发和基于结构方程的量化检验获取了五个可能的影响因素；最后依据心理学和代言人研究文献构建了概念模型并提出了研究假设，最终通过量的方式检验了依据案例提出的各项因素。在本章，本书将回顾和总结先前的所有研究。

2.4.3.1 研究成果

因为本书的研究过程分为三个步骤，研究代言人相关理论的文献、研究影响消费者对名人做出评价的影响因素、研究影响消费者对名人做出评价的因素对品牌形象和购买意愿的影响。因此本书的研究成果将按照三大步骤的研究结果予以说明。

（1）文献研究成果。

在文献研究方面，本书的研究成果主要体现在三个方面：找到了代言人发生何种负面新闻能提升代言品牌形象，发现了调节代言人负面新闻对代言品牌形象产生影响的四个调节变量，发现了研究代言人可信性模型和代言人吸引力模型研究的共同研究基点，即消费者喜欢代言人。

第一，在回顾代言人负面新闻研究报告的研究中，本书通过将 Louie、Money、Bailey、Choueke、Behr、Andria Beeler-Norrholm、赵璟燮和王晓华等学者的研究案例或实验刺激物进行了分类，发现了一个对企业有利的现象,即代言人受到伤害会即提升代言人自身价值又提升代言品牌形象。

第二,在回顾代言人负面新闻研究报告的研究中,本书发现 Till 在 1998 年的研究报告中指出"品牌本身固有的形象"能有效抵御代言人负面新闻对品牌形象的负面影响,因此"品牌本身固有的形象"是调节代言人负面新闻对代言产品形象和代言产品购买意愿产生影响的调节变量之一。

第三,在代言人的说服机制文献研究中,本书发现早在 1983 年 Petty 在验证信息精密加工模型(ELM)时,已经推理出代言人的说服效果是消费者采用外周路径的结果。Andrews、Shim(1990);和 Sengupta、Goodstein、Bosniger(1997)证明了 Petty 的推理,这标志着消费者会采用中心路径对待那些需要深入了解的产品。因而对高信息卷入度的产品,代言人不会产生说服效果。同理代言人负面新闻发生后,那些需要高信息卷入度的产品也不应该受到代言人负面新闻的影响,因此"高信息卷入度的产品"是调节变量之二。

第四,在调节代言人说服效果的因素研究文献中,本书发现学者的所有研究成果均说明代言人与产品匹配的一致性会调节代言人的说服效果。那么在代言人负面新闻发生后,一致性也会调节消费者对代言品牌形象的评价和对代言产品的购买意愿,因此"代言人与产品的一致性"是调节变量之三。

第五,Tripp C、Jenson T 和 Carlson L(1994)证明代言人代言品牌个数超过 2 个时会降低代言人的代言效果,同时只要代言人代言多个产品就会降低消费者对代言产品的购买意愿。因此代言产品的数量是调节变量之四。

第六,在回顾代言人作为说服者特质的文献研究中,本书发现代言人可信性模型和代言人吸引力模型的研究仍不成熟。但从心理学已有的研究成果看,无论是熟悉诱发了喜欢、美的就是好的、相似导致喜欢、喜欢导致信任,其核心是消费者喜欢代言人。

(2)质化研究成果。

在研究影响消费者对名人做出评价的因素中,本书的研究结果主要体现在两个方面,第一是名人负面新闻娱乐化导致消费者并不只产生负面评价,第二是提出并量化验证了 5 个影响消费者对名人做出评价的因素。

通过对名人负面新闻娱乐化案例的研究,本书发现名人负面新闻中的娱乐元素对事件意义的转换产生了巨大影响,致使一些通常被认为会受到道德批判的负面事件并非只是负面评论。

本书通过量表开发和运用结构方程的量化检验,提出情景归因倾向、事件展露时频、从业形象受损、形象认知失调和人事对偶联接 5 个影响消费者对名人做出评价的因素。

(3)量化研究成果。

本书依据文献研究和质化研究的成果,基于心理学和代言人研究的相关成果构建了概念模型,提出了 20 条研究假说并证实了 11 条假说,有 9 条没有通过验证。最终证明了形象认知失调、从业形象受损和人事对偶联接对代言品牌形象有直接影响,喜欢意愿和品牌形象对购买意愿有直接影响。

本书依据量化研究的结果,提出了以下结论。

① 代言人负面新闻对品牌形象的伤害来自消费者对代言人的评价。

② 代言人负面新闻对购买意愿的伤害来自代言人在消费者心目中形成新形象。

③ 当消费者将事件当事人和事件名称有效地联系记忆后,使用该代言人会伤害品牌形象。

④ 使用代表行业负性刻板印象的代言人会直接伤害品牌形象。

⑤ 使用事件前后形象不一的代言人会直接伤害品牌形象。

2.4.3.2 研究启示

在本节,将本书之研究成果转换为现实中代言人负面新闻发生后的决策建议。

使用名人作为品牌形象代言人是高回报的,因为名人能有效增加代言品牌形象,从而增加代言产品的购买意愿（Friedman，1979；Atkin 和 Bolck，1983；孙晓强，2008）。使用名人作为品牌形象代言人是高风险的，因为名人的负面新闻可能会牵连企业的品牌形象（Till，1998；Therese A louie，2000；Ain-Sowrth，2007）。但是并非所有的名人负面新闻都是有害的（Money、Terence A Shimp 和 Tomoaki Skano，2006），反而有些名人负面新闻是好的（Choueke，2006；Behr 和 Andria Beeler-Norrholm，2006）。那么企业在遭遇品牌形象代言人突发负面新闻时，究竟是选择放弃该代言人，还是选择保留该代言人呢？

本书之成果，为企业在当时、当地的决策提供一个判断的依据。能产生人事对偶联接的新闻标题和导致消费者对代言人从事行业产生负面评价的新闻，以及新闻中所展露出代言人事前、事中形象不一致的新闻内容，即会对企业所聘请的代言人产生负面影响，也能给品牌形象造成伤害，因此应该弃用这种代言人。名人有绯闻本无可厚非，企业在规避以上三种情况后，名人的绯闻就能增加名人的自身价值进而提升代言产品的购买意愿及品牌形象（Money、Terence A Shimp 和 Tomoaki Skano，2006；Choueke，2006）。

当企业突遇代言人负面新闻时，本书为企业找到决策依据提供了两种方案。方案一是采用本书所开发的量表（虽然它可能仍不成熟）进行大规模消费者调查，使用数学统计的方法探析上述三种因素是否存在；第二种方案适合那些难以完成大规模调查的企业，即采用本书所使用的分类汇集代言人负面新闻发生后的网络评论，统计各分类的占比并判断是否存在影响品牌形象的因素和可能的影响程度，即使不太准确，也能避免纯粹的感觉判断。

企业不应在事件播报过程中反复决策、左右摇摆，只需考察上述人事对偶联接、从业形象受损、形象认知失调这三种情况是否存在，因为事件的播报时频长短既不会减少消费者对代言人的喜欢可能性，也与代言品牌形象无关。

企业也不应因舆论出现对代言人的同情之声，而放弃对上述人事对偶联接、从业形象受损、形象认知失调这三种情况的考察，因为情景归因倾向与代言人喜欢意愿和代言品牌形象受损无关。

企业在代言人负面新闻发生后应该立即进行调查并获取网评资料，因为消费者对品牌形象的负面评价和对代言人喜欢意愿的降低能致使消费者减少对代言产品购买意愿。要在这种风险和撤销代言人广告的成本之间进行选择，就必须立即获取一手资料并完成分析。

2.4.3.3　研究局限

本书以 6 个名人负面新闻娱乐化案例的质化研究入手，检验了名人负面新闻娱乐化中影响消费者对名人做出评价的因素是否会影响代言品牌形象和代言产品购买意愿。虽然本书的结论丰富了我们在代言人负面新闻发生后，对消费者反应的认识，为企业在当时、当地制定决策提供了有用的启示，但是本书仍在效度方面存在一些局限。

首先，本书最终选择了 6 个名人负面新闻娱乐化案例并以此进行质化研究，这本身就存在两个方面的不足。一是 6 个名人负面新闻娱乐化案例并不能完全代表所有的名人负面新闻，二是质化研究本身依赖于研究者最终的主观判断，虽然本书采用了诸如"消费者自己分类""深度访谈""听人说事""量化检验"等一系列方法来回避主观判断的影响，但是最初的分类毕竟基于本书的研究者自身的主观意识。因此不能排除尚存其他因素未被发现。

其次，本书在样本选择中尽量考虑来源地的多样性，但是质化研究中样本来自大学，虽保持了内部纯粹性但是持有不同价值观的顾客可能会有另外的看法。在最后的量化研究中，本书采用了"判断抽样"的方式，选择网络销售平台作为数据的收集平台，但是由于该平台服务的客户基本在成都地区，因此地域代表性不够全面。还有，本书的所有样本来源全部为四川地区人口，因此研究结论在其他社会价值观体系下的普适性还有待考证。

再次，本书提出了"产品与代言人的一致性""需要高信息卷入度的产品""品牌本身固有的形象""代言多个产品"四个调节变量，但是在本书中没有予以证实和确认。上述四个变量的调节效用将在未来的研究中予以证实。

最后，也是最遗憾的一点，本书自从研究结束后一直在等待"××门"中的当事人复出，以再度检验本书的研究结论；但是至今只有复出的声音，没有复出的行动。而媒体当前爆料较多的"××离婚门"经过网络新闻搜查，未发现该新闻具备新闻娱乐化特征，消费者调查也显示没有发现"从业形象受损""人事对偶联接""形象认知失调"三个因素。其中的原因可能是媒体更多地在谈论××求婚和仅隔一年又闹离婚这两个因素，而这两个因素与"从业形象受损""人事对偶联接""形象认知失调"之间没有必然的联系。在本书中没有就某个当前案例进行再度证明，是本书最大遗憾。

2.5 营销伦理对品牌重生影响的实证研究

2.5.1 研究背景

当企业出现以下情形时，一般称之为普遍意义上的企业失败：发生巨额银行透支、未能支付优先股股息和企业债券，以及宣告企业破产（Beaver，2006）、主力产品销售量下降（Forster，1978），当前现金流难以支付现在和未来的债务（Wruck，1990）。企业失败的原因是多种多样的，但由成功到失败的情形却是一致的。一些研究列出了诸多失败原因，试图探索企业重生的可能性，但遗憾的是，迄今为止还没有发现我国哪一个失败企业重现当年的辉煌。

企业失败的原因固然很多，但普遍认同的观点是某个重要产品品牌的失败会导致企业失败（Haig，2003）。Haig列举了100个著名品牌的管理失误案例（2003），分析了它们失败的原因：遗忘了品牌定位、对企业能力评价过高、组织体制过度膨胀、对消费者的欺骗、经营者心智疲劳、企业对市场竞争的过度敏感性反应和忽略管理细节等。虽然我们列举了这么多品牌失败的现象和原因，但站在消费者视角从营销伦理角度探索品牌失败的原因，国内外学术界还很少涉足。

2.5.2 研究问题

在本书中，我们将探讨，当产品品牌失败引发企业失败后，消费者对失败企业非营销伦理行为的评判，剖解品牌能否重生这样一个深刻的命题。

2.5.3 理论基础

2.5.3.1 品牌资产衰减

研究者观点与目的不同，对品牌资产的界定就会产生差异，但普遍认同的观点是品牌资产代表了一种产品的附加值，是只有品牌才能产生的市场效应。测量品牌资产，可以从纵向角度比较某一品牌随时间变化的大小，也可以从横向角度对比同一类别产品不同品牌之间的强弱状况。综合前人研究，Aaker提出品牌资产的概念模型，即由品牌忠诚度、品牌知名度、认知质量、品牌联想和其他专有资产构成。品牌资产的主要构成要素，受企业经营决策、竞争环境和消费者喜好变化等多种因素的影响，并非一成不变，消费者品位和偏好的改变，新的竞争者和新技术的出现，或者任何一种在市场环境下的新发展，都可能潜在地影响一个品牌的命运。僵化不变的营销理念、难见创新的营销手段，以及迅速变化的市场环境都可能使一个赫赫有名的品牌日落西山。一般情况下，当品牌认知度很高而再现度较低时，品牌即发生老化，其结果是丧失一部分老顾客，也无法争取新顾客。值得注意的是，品牌资产珍贵得极其容易破碎，如纠缠不休的产品伤害危机事件（Product-harm Crisis）和企业糟糕的应变方式会对品牌资产产生无法估量的负面影响（Dawar 和 Madan，2000）。还有，品牌不利事件，即品牌产品的物质形态或形象意义发生变故，如使用更廉价的原材料，比产品伤害危机事件含义更广。事实证明，当品牌不利事件成为舆论焦点的时候，会对品牌资产产生损害（Riezebos 和 Gert，2000）。同时，无法平息的顾客抱怨也会导致品牌资产下降。顾客越是对品牌产品不满意，就越会加强口头抱怨，再购买的可能性就越小（Maute，1993）。

综上所述，品牌管理者在剧烈的市场竞争中固守惯性思维、不恰当的营销决策、不恰当的顾客服务、偶然的不利事件，以及未建立长效的以顾客为本的品牌资产管理体系都会使已建立的品牌资产发生衰减。由此可以做出如下界定：在一定时期内，品牌资产随着时间延续呈现衰弱的势态，我们称之为品牌资产衰减。

2.5.3.2 品牌重生

品牌重生是从服务失败研究中演化出来的。Johnston 和 Hewa 收集了 150 个包裹邮寄过程中出现的服务失败，发现服务失败对提供者和消费者来讲都意味着发生新的成本。服务修复定义为服务提供者减轻和补救由于既定的服务设计和传递所带来的服务失败，修复服务失败的目的是重新获取消费者对产品的满意进而提升品牌忠诚。

简而言之，品牌重生就是使失败的品牌重新获得新生。对于如何振兴衰败的品牌形象，Keller 提出三条路径：①采取革命的变革而不是渐进式的变革理念；②改进消费者对品牌的识别系统，延展品牌意识的深度和广度；③改进品牌联想的强度、赞誉度和独特性。但不管采取什么样的方法，重新振兴受负面信息困扰的品牌，关键是重新赢得消费者的信任（Riezebos 和 Gert，2000）。信任（Trust）是基于自愿的原则与商业伙伴之间有信心的交换（Moorman、Deshpande 和 Zaltman，1993）。消费者对某一品牌产生信任通常源于以下三种因素：①企业是善意的，不会侵害自己的利益；②企业会履行诺言；③企业有能力满足自己的需要。研究发现，消费者信任感是影响满意度的重要影响因素（Bejou、Ennew 和 Palmer，1993）同时，消费者对品牌的信任感也会影响消费者的情感忠诚和行为忠诚（Chaudhuri 和 Holbrook）。获得消费者信任的企业，可以根据变化了的环境赋予品牌新的含义，建立诚实一致的品牌形象，最终提高消费者对品牌的满意度和忠诚度。值得注意的是，赢得消费者信任的基础是向其提供完备真实的信息。完备的信息可以增强消费者的安全感和伦理行为感知，并通过它们增强消费者在记忆中对质量赞美性品牌的选择（Curio，1999）。伦理营销（Ethics Marketing）要求管理者放弃虚幻、欺骗性品牌承诺，创造性地向消费者传递真实的信息（Thompson，2002）。同时，消费者对品牌产品产生购买意向也是衡量品牌重生的一个重要指标。品牌购买意向（Purchase Intensions），是指消费者购买品牌产品或采取其他与购买行为相关的自我指令（Bagozzi、Baumgartner 和 Yi）。结合文献和研究目的，从消费者视角解释品牌重生，是在确认企业传播信息真实可靠的基础上，消费者对原有主力产品品牌和现有商业人员持信任态度，并对其新产品有购买意向的过程。

2.5.3.3 营销伦理

消费者是评价企业营销行为是否符合道德并抵制营销伦理失范的重要市场力量（甘碧群和曾伏娥，2004）。通常情况下，商业人员的伦理敏感性比较低，相比对伦理感兴趣的消费者而言，更不容易感知到非伦理行为的结果（Bone 和 Corey，2000）。只有出现非伦理行为的时候，人们才会意识到伦理存在的价值与必要性（Swenson 和 Geurts，1992）。非伦理行为，即形式上合法但对社会环境和绝大多数社会成员产生负面影响的行为。关于什么样的行为才是符合伦理标准的问题，理论界由此争论产生两大派别，即依据行为的动机或过程判定伦理标准的道义论（Deontology），和依据行为的结果判定伦理标准的目的论（Consequentialism or Teleology）。道义论集中于行为的规范，强调从出发点和意图应该是正确的或良好的角度判断行为本身，核心在于行为本身必须在本质上是绝对正当的。相反，目的论集中于行为的结果，核心的伦理标准在于行为的结果所包含的正面和负面的对比效应，如果结果更多地表现出正面、积极和令人满意的效果，那么就符合伦理规范。Swenson 和 Geurts 为了测试全球范围内销售人员的营销伦理行为，在传统"道义—目的"价值取向的基础上添加了"宏观—微观"维度，进而把营销伦理划分为四个流派：利他主义（Altruism）、社会公正（Social Justice）、经典效用（Classical Utilitarian）和利己主义（Ethical Egoism）（Swenson 和 Geurts，1992）。在企业营销伦理失范的情形下，基于消费者视角，我们可以从利他主义、社会公正、经典效用和利己主义四个不同角度全面审视企业的营销伦理行为。

2.5.4 研究假设与建构模型

2.5.4.1 非营销伦理行为对品牌资产衰减的影响

管理决策包含于伦理决策过程之中，管理人员在行为的意图和结果之间进行权衡，判断行为本身是符合道义论还是目的论（Chonko 和 Hunt，2000）。企业的管理人员需要根据环境的变化不断调整以往的决策或进行新的决策，营销决策主要在营销组合的框架范围内进行。因此，营销组合中的任何一个策略或几个策略的组合都融合了决策者的伦理判断，这种伦理标准可以反映在决策的意图或者结果之中。Yoo 等人研究发现，营销组合通过品牌资产的主要构成要素（品牌忠诚度、品牌知名度、认知质量、品牌联想）影响品牌资产（Yoo、Donthu 和 Lee，2000）。因此，我们设想管理者遵循的营销伦理标准会通过营销组合决策影响品牌资产。

第一，企业应该有利他主义追求，社会责任是企业利他主义追求的一个必要组成部分（Baron，2001）。研究显示，企业社会责任（Corporate Social Responsibility）和公司财务绩效之间是一种正向关系。企业社会责任通常运用于创建良好的企业形象和正面积极的顾客关系，同时消费者对企业社会责任的认知会影响其认知质量的评价（Yoon 和 Gurhan Canli，2003）。尤其在产品伤害事件之后，消费者对企业社会责任的感知在消费者评判其品牌和产品中扮演着重要的角色，甚至超出了对产品属性诸方面的理性评判，它会对企业的新产品评价产生溢出或晕轮效应（Klein 和 Dawar，2004）。由此推论，如果企业在利他主义方面没有承担积极责任或者不愿意承担应有的责任，消费者对此方面的感知会对品牌资产产生负面影响。

第二，我们设想，如果决策者利用信息的不对称和某些方面占据的特殊地位采取不诚实、非善良的手段夸大产品功能或隐瞒某些缺陷，通过破坏社会公正的方式达到对自己有利的企图，那么一旦人们明白真相，就会危及品牌形象。有研究表明，如果企业试图通过虚幻伪造的图景创建品牌形象，而这种图景又经受不起现实的检验，那么品牌形象就会在某一时间因其脆弱而破灭（Blumenthal，2003），进而使品牌资产发生严重萎缩。由此推论，企业破坏或违背社会公正伦理，消费者对此方面的感知会对品牌资产产生负面影响。

第三，如果企业要给更多的人带来欢乐，为社会创造更多的福利，那么它提供的产品就必须真实满足消费者的需求，为他们带来实实在在的功能利益或精神享受，而且消费者获得这些产品利益的期望和感受远大于所支付的成本（Swenson 和 Geurts，1992）。只有这样，消费者对企业的经典效用伦理评价是比较高的；反之，恶劣或较低的经典效用感受会对品牌资产产生负面影响。

第四，企业是追求利益最大化的经济实体，如果交易双方都本着自身利益最大化及自愿的原则进行交易，则无可厚非。但如果企业管理哲学以利己主义为导向机制，就有可能将企业牵引到狭隘自私、伤害员工、消费者或社会的道路上来。如在以儒家文化为主导的价值观体系下，我国形成了"先义后利""以义求利"等特有的营销伦理观（寇小萱，1999），主流思想排斥利己主义价值取向。即使彼此持利己主义伦理价值取向的人，当一方行为追求自身利益最大化显著到违背文化本源或侵吞他人利益时，其他各方一般都对其产生负面评价。由此推论，消费者对企业利己主义行为结果感受越明显，对其品牌形象的评价就越低。据此，我们提出如下假设。

H1：非利他主义营销行为与品牌资产衰减呈正相关关系。
H2：非社会公正营销行为与品牌资产衰减呈正相关关系。
H3：非经典效用营销行为与品牌资产衰减呈正相关关系。
H4：利己主义营销行为与品牌资产衰减呈正相关关系。

2.5.4.2 非营销伦理对品牌重生难度的影响

失败的品牌获得新生，关键取决于消费者对失败品牌以往各种企业行为的价值判断（如信息必须是可靠的），以及在众多现有品牌产品比较中自己所遵循的选择原则（如只考虑质量最好的品牌，而不考虑其他属性）两种因素。许多研究显示，个体所秉持的价值判断影响消费者心理，是消费者品牌选择至关重要的影响因素，价值判断主要通过既定的选择标准影响个体的决策结构。在现实生活中，原先所熟悉某个人的信息是推断其现在和将来与自己关系的重要依据，消费者与企业之间的关系也与此类同。所以，消费者对失败品牌以往信息的价值判断是决定其是否信任和购买其新产品的重要依据。在价值判断中，消费者有着比商业人员更敏感的伦理标准（Bone 和 Corey，2000），因此，消费者对以往企业非营销伦理的价值判断会影响品牌重生的可能性。

道义论主张行为的出发点和意图是良好和正确的，坚持道义伦理观的企业会遵循诚实的原则追求行为本身的恰当性。秉持经典效用的企业特别关注消费者价值期望与支付成本之间的比较进而计算行为的正当性，而做到这一点，必须提供真实足够的信息方便消费者比较。因此，我们设想持利他主义、社会公正和经典效用伦理观的企业会向消费者提供完备真实的信息。而秉持利己主义伦理观的企业由于追求自身利益最大化，可能会在沟通中隐瞒真实或重要的信息。

利他主义、社会公正和经典效用伦理观一定程度融合了公平性、社会可接受性、诚实、公正、适当、良好的意愿、道德、受人尊敬和社会责任等伦理特征（Swenson 和 Geurts，1992），由此可以用这些因素反映利他主义、社会公正和经典效用三种伦理观与消费者信任、购买意向之间的关系。大量的研究发现，在过去几十年中，通过主流媒体传递以公正为主的营销伦理是企业获取成功的主要途径（Low 和 Davenport，2005）。正面诚实的营销伦理是设计沟通战略和获取持续竞争优势的潜在关键因素。采取适当的方式传播符合社会环境的营销伦理是建立企业声望和获取信任能力（Trusted Capacities）的基础（Spickett-Jones、Kitchen 和 Reast，2003）。企业声望影响消费者的品牌感知，拥有正面声誉的企业不会像负面企业容易遭受更多的伤害（Bailey，2005）。尤其当新产品信息模糊的时候，消费者会依赖企业社会责任信息评价产品质量。由此推论，消费者如果从利他主义、社会公正和经典效用三个视角感受到失败品牌过去糟糕的营销伦理行为，会抑制其对该品牌的信任和购买意向。

虽然利己主义伦理观在某种程度上并不排斥公平性和社会可接受性等个别伦理标准，但潜在的威胁容易产生不安全产品或环境污染，总体上并不带来社会福利的总增长。因此，我们推论，消费者感知失败品牌营销伦理中的利己主义价值取向或结果越明显，消费者对其就越不信任，购买的意向就越小。基于此，我们提出如下假设。

H5：非利他主义营销行为与品牌重生的难度呈正相关关系。

H6：非社会公正营销行为与品牌重生的难度呈正相关关系。

H7：非经典效用营销行为与品牌重生的难度呈正相关关系。

H8：利己主义营销行为与品牌重生的难度呈正相关关系。

2.5.4.3 品牌资产衰减对品牌重生难度的影响

失败的品牌，资产比以往发生了衰减，除沉淀的知名度外，品牌忠诚、认知质量和品牌联想三个变量中的一个或几个在消费者心智中发生了变故或降低。品牌资产可由消费者的品牌态度反映。在对广告的研究中发现，品牌态度直接影响购买意向，态度转变在前，行为转变在后，反过来很少有显著性（Aaker 和 Day，1974）。这个结论其后被 Laroche 和 Howard 进一步证实，他们发现，品牌态度的赞成程度越高，品牌购买意向就会明显提高（1980）。另有研究发现，在线商店的认知质量直接影响消费者对其的信任，也直接影响消费者从在线商店购买产品的意向。因此我们推论，消费者对品牌资产构成要素价值变化上的评判会影响消费者对其信任和产品的购买意向。基于此，我们提出如下假设。

H9：品牌资产衰减与品牌重生难度呈正相关。研究模型如图2-32所示。

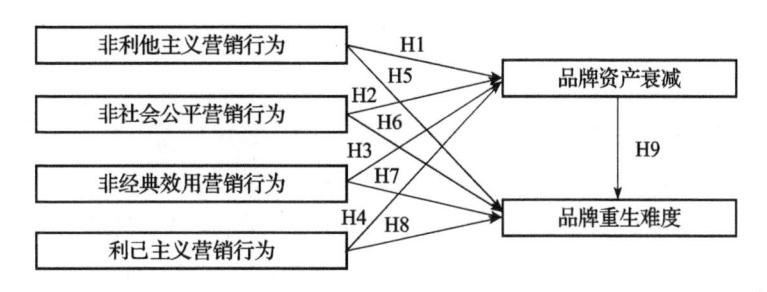

图 2-32　研究模型

2.5.5　研究设计

2.5.5.1　确立研究对象

我们把四川大学 2004 级 MBA 班的学生作为访问对象，根据非营销伦理行为的主要特征，列举了我国数十个品牌失败的典型企业，由受访者确认哪个品牌在非营销伦理行为方面表现最突出，影响面最广，最终确立了某口服液作为本书的研究对象。

2.5.5.2　问卷设计

本书中的问卷采取 Likert7 点计量尺度。对陈述的题项，1～7 表示同意的程度：1 表示完全不同意，7 表示完全同意。问卷中的指标主要参照了以下相关文献：非利他主义营销行为、非社会公正营销行为、非经典效用营销行为和利己主义营销行为四个指标主要参照了 Swenson 和 Geurts 对其的概念界定独立设计完成；品牌资产衰减指标主要沿用了 Aaker 对品牌资产维度的界定；品牌重生难度主要参照了 Moorman、Deshpande、Zaltman，以及 Bagozzi、Bagozzi 和 Yi 的研究成果独立设计完成。问卷设计完毕后，我们先后咨询了有关社会伦理、营销伦理和品牌管理方面的专家，根据他们的意见，对问卷的部分题项做了修改。

2.5.5.3　试调查

利用星期天时间，我们在成都望江公园进行了试调查，收回有效问卷 121 份。根据试调查的数据进行信度分析，剔除了部分 Item-to-Total 系数小于 0.4 的指标。具体包括非经典效用营销行为的测量指标——某口服液给绝大多数人带来了巨大痛苦。品牌资产衰减测量指标——某口服液停止销售很多年了，但我还记得它；周围的朋友提起保健品，我会想起某口服液；提起某口服液，我会想起它的产品伤害事件；总的来讲，我认为某口服液的品牌价值非常不高。同时根据调查反馈修正了部分指标的陈述方式，形成最终问卷。

2.5.5.4　正式调查

本课题是一个探索性研究，于 2006 年 4 月采取方便抽样的方式抽选样本。被调查者是正在参加培训的企业员工、有一定工作经验的 MBA 学生、部分研究生和大学生。在正式调查之前，受访者须经过严格甄别方可接受继续访问。甄别有两个题项组成：①您知道某口服液的广告吗？②您知道某口服液的一些故事吗？答题的选项皆为"知道、说不清、不知道"，回答"知道"者列举一项以上的事例。两个题项的回答均为"知道"并能正确无误列举一项以上事例的受访者作为本书的正式调查对象；经汇总正式调查对象 380 人，收回有效问卷 327 份，有效问卷回收率为 86.1%。样本结构特征为——男性 55.4%，女性 44.6%；年龄——18～25 岁占 39.8%，26～35 岁占 42.8%，36～45 岁占 13.8%，46～55 岁占 2.4%，56 岁以上占 1.2%；职业——政府机关或事业单位职工占 15.6%，企业职工占 25.%，个体工商户占 4.9%，学生占 40.7%，其他人员占 13.7%；受教育程度——中学以下占 0.6%，中学或中专占 5.5%，大专占 12.5%，本科占 40.1%，硕士及硕士以上占 41.3%；个人月收入——300 元以下占 29.1%，300～800 元占 11%，801～1300 元占 9.2%，1301～1800 元占 6.4%，1801～3000 元占 19.9%，3000 元以上占 24.5%。

2.5.6 研究结果

2.5.6.1 信度检验

根据某个概念下各计量指标的特性，我们把各个概念的计量尺度划分为几个子尺度，再以子尺度的平均值作为相应概念的计量指标，可以提高模型分析中各个参数的稳定性和可靠性。对收集到的有效问卷，我们利用SPSS12.0和LISREL8.54对数据进行描述性统计分析、信度分析和效度分析。关于信度检验，使用了以下标准：当计量尺度项目数小于6个时，Cronbach' α值应大于0.6；潜变量的复合信度应大于0.7；潜变量的平均提炼方差应大于0.5。具体结果见表2-246和表2-247。各项数据结果表明，本书各潜变量和子尺度的衡量信度较好。

表2-246 品牌重生各指标的均值及标准

指标	均值	标准差	子尺度	Cronbach's α	因子负荷	T值
1. 非利他主义营销行为（AL）	—	—	—	0.851	—	—
Q1 不是出于关心大众身体健康的目的开发产品	4.61	1.791	AE1：Q1 Q4	0.729	0.83	17.38
Q2 不会积极地参与各项公益活动事业	4.28	1.584				
Q3 不以关心大众的身体健康作为自己毕生的事业	4.72	1.739	AL2：Q2 Q3 Q5	0.729	0.93	20.24
Q4 产品管理并不是以大众的利益为出发点	4.82	1.635				
Q5 让更多的人感觉自己有病然后赚取他们的钱	4.47	1.809				
2. 非社会公正营销行为（SJ）	—	—	—	0.845	—	—
Q6 向病痛折磨的患者隐瞒了产品的不利因素	4.92	1.655	SJ1：Q6 Q8 Q10	0.747	0.88	19.01
Q7 向病痛折磨的患者夸大了产品的某些功能	5.52	1.568				
Q8 向病痛折磨的患者宣传的先进技术实际上并不存在	4.65	1.583				
Q9 利用病痛折磨的患者病急乱投医的心理赚了钱	4.91	1.699	SJ2：Q7 Q9	0.721	0.84	17.83
Q10 向患者销售产品后并不会提供完整的服务	4.86	1.597				
3. 非经典效用营销行为（CU）	—	—	—	0.835	—	—
Q11 赚了大钱并没有赔偿更多深受其害的群众	5.00	1.575	CU1：Q11 Q13	0.765	0.90	19.81
Q12 绝大多数人的身体并没有得到改善	4.91	1.532				
Q13 大规模广告和各种义诊活动骗取了大多数人的钱财	4.80	1.612	CU2：Q12 Q14	0.675	0.79	16.51
Q14 耽误了绝大多数人真正的治疗时间	4.48	1.631				
4. 利己主义营销行为（EE）	—	—	—	0.848	—	—
Q15 虽然某口服液垮了，但老板赚了钱	4.07	1.969	EE1：Q15 Q16 Q18 Q19	0.780	0.94	19.69
Q16 某口服液老板和他的家人生活很好	3.75	1.919				
Q17 某口服液给患者带来的伤害	4.79	1.837				
Q18 某口服液向患者的承诺是虚假的	5.20	1.776	EE2：Q17	—	0.78	15.51
Q19 向患者硬性推销某口服液	4.84	1.734				
5. 品牌资产衰减（BQ）	—	—	—	0.830	—	—
Q20 当有人批评某口服液时，我也会积极参与批评	3.93	1.781	BV1：Q20 Q21 Q24 Q25	0.748	0.89	19.05
Q21 某口服液的垮台，我并不同情它	5.25	1.732				
Q22 某口服液确实不能预防和治疗各种疾病	4.74	1.569				
Q23 当年，某口服液的价格并不是物有所值	5.31	1.504	BV2：Q22 Q23	0.686	0.78	16.02
Q24 提到某口服液，我就想起了它对社会的欺骗	4.58	1.771				
Q25 某口服液并不拥有过硬的专业技术	4.77	1.594				

续表

指标	均值	标准差	子尺度	Cronbach's α	因子负荷	T值
6.品牌重生难度（BR）	—	—	—	0.865	—	—
Q26 某口服液重新出现在市场，我会非常厌它	4.34	1.733	BR1：Q26 Q29	0.683	0.83	17.49
Q27 重新向市场推出新产品，我会拒绝购买	4.82	1.805				
Q28 重新出现在媒体，我会向朋友讲它以前做过的坏事	4.34	1.789	BR2：Q27 Q28 Q30	0.787	0.95	21.50
Q29 如有业务人员向我推销某口服液的产品，我会斥责他	3.95	1.781				
Q30 广告重新出现在媒体，我会认为它的信息是虚假的	4.39	1.713				

表 2-247　各潜变量的相关系数、平均提炼方差、各潜变量与其他潜变量之间的共同方差

变量	复合信度	AL	SJ	CU	EE	BQ	BR
AL	0.89	0.78	0.58	0.48	0.15	0.24	0.28
SJ	0.85	0.76	0.74	0.72	0.29	0.41	0.36
CU	0.83	0.69	0.85	0.72	0.45	0.53	0.53
EE	0.85	0.39	0.54	0.67	0.74	0.50	0.42
BQ	0.83	0.49	0.64	0.73	0.71	0.711	0.61
BR	0.88	0.53	0.60	0.73	0.65	0.78	0.79

注：对角线左下方为相关系数矩阵，对角线上数值是各个潜变量的平均提炼方差，对角线右上方为各个潜变量与其他潜变量之间的共同方差。

2.5.6.2　验证性因子分析

我们使用验证性因子分析（CFA）评估收敛效度和区别效度。利用 LISREL8.54 软件，将相关系数作为输入矩阵，运用极大似然估计程序，进行验证性因子分析。测量模型与数据之间的拟合程度指标为：X^2=92.85，df=39，X^2/df=2.38，P=0.0，NFI=0.98，NNFI=0.98，CFI=0.99，IFI=0.99，RFI=0.97，GFI=0.95，AGFI=0.91，RMR=0.03，RMSEA=0.065。除 P 显著外，所有指标均显示测量模型与数据之间拟合程度较好。另外，所有指标在各自计量概念上的因子负荷在理想的界值 0.5 和 0.95 之间，其 T 值均大于 1.96，说明因子负荷都是显著的。由此可见，本书中构造的潜变量衡量的收敛效度较好。

对于区别效度的验证，本书采用如下方法：①如果各个潜变量的平均提炼方差大于该变量与其他变量之间的共同方差，表明量表具有较高的区别有效性。②如果两个潜变量之间相关系数加减标准误的两倍不含 1，表明量表具有较高的区别有效性。在表 2-240 中可以看出所有潜变量的平均提炼方差均大于该变量与其他变量之间的共同方差。另外，通过计算得出两个潜变量之间相关系数加减标准误的两倍在 0.39～0.84。由此可见，构造的潜变量是具有显著区别的不同概念。③对于数据分析结果，我们运用 SPSS12.0 软件计算各个指标的均值和标准误差，见表 2-241。发现除了"虽然某口服液垮了，但老板赚了钱""某口服液老板和他的家人生活很好""当有人批评某口服液时，我也会积极参与批评""现在如有业务人员向我推销某口服液公司的产品，我会斥责他"四个指标均值 95% 置信区间下限值低于 4，即下限值在 3.54～3.85 外，其余指标均值的下限值均在 4.11～5.35。说明受访者对绝大部分指标倾向于赞成态度。

在验证了变量衡量的信度和效度之后，使用 LISREL8.54 软件，建立结构方程模型，并对研究假设进行检验。结构方程的与数据之间的拟合指标为：X^2=92.85，df=39，X^2/df=2.38，P=0.0，NFI=0.98，NNFI=0.98，CFI=0.99，IFI=0.99，RFI=0.97，GFI=0.95，AGFI=0.91，RMR=0.03，RMSEA=0.065，除 p 显著外，所有指标均显示结构模型与数据之间拟合程度较好。各潜变量之间的完全标准化路径系数及 T 值如表 2-248 所示。另外，对四种非营销伦理行为进行二阶因子分析，除 P=0.0 外，二阶因

子分析模型与数据的拟合程度指标均在许可的范围内：$X^2=61.77$，df=16，$X^2/df=3.86$，NFI=0.98，NNFI=0.97，CFI=0.98，IFI=0.98，RFI=0.96，GFI=0.95，AGFI=0.90，RMR=0.043，RMSEA=0.094，二阶因子非营销伦理行为与四种一阶因子非利他主义营销行为、非社会公正营销行为、非经典效用营销行为和利己主义营销行为的标准化相关系数及T值分别为0.76（12.21）、0.92（16.47）、0.94（17.71）、0.65（11.08），括号里的数值是相关系数的T值，其结果表明它们都是"非营销伦理行为"二阶因子的子因子。

表 2-248　假设检验结果

建构之间的关系	路径系数	T值	假设检验结果
非利他主义营销行为→品牌资产衰减	0.00	0.05	H1 未得到支持
非社会公正营销行为→品牌资产衰减	0.14	1.01	H2 未得到支持
非经典效用营销行为→品牌资产衰减	0.32	2.18*	H3 得到支持
利己主义营销行为→品牌资产衰减	0.42	5.41**	H4 得到支持
非利他主义营销行为→品牌重生难度	0.14	1.84*	H5 得到支持
非社会公正营销行为→品牌重生难度	0.23	1.73*	H6 得到支持
非经典效用营销行为→品牌重生难度	0.41	2.87**	H7 得到支持
利己主义营销行为→品牌重生难度	0.10	1.31	H8 未得到支持
品牌资产衰减→品牌重生难度	0.49	5.41**	H9 得到支持

注：**Statistically significant at $p<0.01$；*Statistically significant at $p<0.05$（单尾）。

2.5.7　研究结论与启示

本书所做的研究是一个探索性研究，存在着样本偏小、方便抽样、个别变量之间相关程度的显著性不是非常高，以及需要进一步开发普适性量表测试广泛失败企业非营销伦理行为等问题。另外，从数据结果来看出现了一些与假设不一致的情况，对此分析在表2-248中，H1和H2两个假设没有得到验证，即消费者感知失败品牌道义营销伦理失范（非利他主义营销行为和非社会公正营销行为）与品牌资产衰减之间没有显著的正相关关系，与我们的假设不一致。这可能是以下原因造成的：①失败品牌知名度和其他专有资产受访者可能评价很高，产生了品牌资产内部构成要素评价的不一致和不平衡；②品牌资产衰减影响的因素很多，如新技术的出现和消费者口味上的变化，道义营销伦理失范还没有显著达到超过其他因素的影响程度；③失败品牌早已远离了人们视线，人们对非营销伦理行为的结果识别可能比行为意图识别更真实更明显。

另外一个假设H8也没有得到验证，即利己主义营销行为对品牌重生难度不存在显著的正相关关系。利己主义伦理观一般不具备诚实、公正、适当、良好的意愿、道德、受人尊敬和社会责任的营销伦理特征，而品牌资产反映的是消费者对品牌喜好和赞成与否的态度，在诚实或公正等伦理方面的缺失，自然会抑制人们对它的喜好和赞美，所以我们可以看到H4得到支持。虽然利己主义不具备以上伦理特征，但同时它并不排斥公平性和社会可接受性等个别伦理标准，基于利己主义的自愿交易原则，可能不会影响消费者的信任和购买意愿。另外一个原因可能是样本结构偏向年轻人，年龄在18～25岁的受访者占到39.8%，年轻人的价值观与传统的文化价值取向存在偏差的缘故。最后的一个可能原因是绝大部分受访者没有服用过某口服液，产品或服务的真实利益或伤害感受不明显，所以对其产品的购买意向的影响不明显。

虽然本书存在一些不足和有待完善之处，但得到一些启发性结果，对后续的研究有一定的参考价值，同时不影响我们得到以下结论和启示。从数据结果来看，绝大部分假设得到了支持。非利他主义营销行为和非社会公正营销行为两个指标虽然没有影响品牌资产衰减，但它们都直接影响了品牌重生难度。利己主义营销行为对品牌重生难度的影响不显著，但对品牌衰减直接影响显著，通过品牌资产衰减影响品牌重生难度的间接效应为 0.20（T=3.77）。非经典效用营销行为是这四个非营销伦理行为中唯一对品牌资产衰减和品牌重生难度都产生直接影响的变量，它通过品牌资产衰减影响品牌重生难度的间接效应为 0.16（T=2.16）。不管某个非营销伦理行为是否对品牌重生难度产生直接影响，但有一点是非常肯定的，即品牌资产衰减对品牌重生难度的直接影响是非常显著的。由此可见，消费者从不同视角感知到的企业非营销伦理行为越严重，企业品牌重生的可能性就越小。

国内对失败企业的原因总结更多地局限在决策失误、急功近利、危机公关、执行力等领域，还没有人从营销伦理角度探索和反思企业对社会和消费者所产生的伤害，消费者感知企业非营销伦理行为的状况，以及由此产生的品牌资产衰减和品牌重生的可能性等领域的问题。一味地强调经营的方式和方法，而背离了企业应该遵循的伦理法则和道德操守，可能会使更多的企业重新踏上失败企业走向死亡的不归路。一年多来，媒体曝光的一些企业在产品质量管理方面存在问题，其实都是营销伦理失范所引发的显性化反应，即使这些企业再怎么运用高明的营销战略和危机公关技巧，如果不能使用严格的营销伦理标准时刻约束和规范企业自身的决策过程和行为结果，要想重新提升消费者对产品品牌的满意和忠诚无异于难上加难。

2.6 负面事件修复策略对品牌资产的影响

2.6.1 引言

负面事件包括两方面的含义：一是事件的公开性，即来自较可信的信息源并且其影响力强于营销人员能掌控的沟通渠道（Bond 和 Kirshenbaum，1998）；二是事件的负面性与正面信息相对，但比正面信息更引人注意（Fiske，1980）。由于法规更加严格、媒体更加敏感，负面事件也频繁发生（Birch，1994）。

负面事件一旦发生，就会对公司的多个方面造成负面影响（Pullig、Netemeyer 和 Biswas，2006）。近年来，学界对负面事件越来越关注。现有研究已经探讨了负面事件中的消费者反应模式（Ahluwalia、Burnkrant 和 Unnava，2000）、负面事件溢出效应（Dahlen 和 Lange，2006；Votolato 和 Unnava，2006）、负面事件对品牌态度的影响（Pullig、Netemeyer 和 Biswas，2006）、负面事件对企业竞争力的影响（Heerde、Helsen 和 Dekimpe，2007）及负面事件修复策略对消费者信任的影响（Xie 和 Peng，2009）。

尽管该领域研究逐渐深入，并取得了许多成果，但是负面事件及其修复策略对品牌资产的影响还没有深入探讨，而这一问题却十分关键。这是因为，品牌资产是沉淀企业信誉、累积企业资产的重要载体，构建于消费者的信念和品牌形象之上，是一种重要却脆弱的无形资产（Keller，1993）。因此，负面事件对品牌资产的消极影响不容忽视。

2.6.2 研究问题

采用怎样的修复策略才能有效降低负面事件对品牌资产的影响？本书将从公平理论的视角，探索不同修复策略对品牌资产的影响及其机制。

2.6.3 理论基础

2.6.3.1 负面事件修复策略

有多位学者对修复策略的分类展开了研究。克劳林（McLauglin）、科迪（Cody）和奥海尔（O'Hair）（McLauglin、Cody 和 O'Hair，1983）以"平息—恶化"标准来分类修复策略，平息策略表达对受害者的关心并承认企业有过失，而恶化策略主要是保护企业形象并否认企业存在过失。格里芬（Griffin、Babin 和 Attaway，1991）以"否认—道歉"标准来分类修复策略，将修复策略分为否认、缄默、道歉 3 类。马库斯（Marcus）和古德曼（Marcus 和 Goodman，1991）以"和解—辩解"标准来分类修复策略，和解策略意味着承担责任、采取修复行动，而辩解策略否认存在问题、拒绝承担责任。西蒙克斯和希瓦史塔瓦（Siomkos 和 Shrivastava，1994）借鉴"和解—辩解"分类标准，以"否认——纠正"为标准来分类修复策略。达瓦（Dawar）和贝鲁塔（Dawar 和 Pillutla，2000）提出了企业修复是从"明确否认责任"到"明确承担责任"之间的连续函数的观点。方正（方正，2007）将企业应对细分为纠正措施、积极澄清、置之不理和对抗反驳等 4 类。谢和彭（Xie 和 Peng，2009）提出情感性修复、功能性修复和信息性修复 3 种道歉性修复策略。

综合分析以上分类标准，可以发现这些修复策略都包含以下内容：情感性修复、信息性修复和纠正性修复。其中，情感性修复包括道歉、表示同情和懊悔等方式，纠正性修复包括经济赔偿和防止再犯的措施等，信息性修复包括及时有效的信息沟通。本书将探索这 3 类修复策略对品牌资产的影响。

2.6.3.2 公平理论

公平理论可以应用到任何投入—产出的交换过程中（Oliver 和 Swan，1989）。就负面事件而言，可以把消费者损失看作一种投入，把企业的修复策略看作消费者获得的一种产出。在这个投入—产出的交换过程中体现的公平性同样会影响消费者的态度和认知。学者们发现公平评价会影响消费者满意度和重购意愿（Oliver 和 Swan，1989），而且消费者对不公平的反应比公平更为强烈（Schneider 和 Bowen，1999）。社会学主要从分配、过程和交互 3 个维度来研究公平，认为每个维度都分别与交换中所获得的一种结果相对应（Bies 和 Shapiro，1987）。具体而言，分配公平指资源分配和一次交易结果的公平性（Adams，1965），过程公平指用来制定决策的流程或标准的公平性（Thibaut 和 Walker，1975），交互公平指信息和结果的传达方式与态度体现出的公平性（Bies 和 Moag，1986）。本书从感知公平理论的视角，探索修复策略发挥作用过程中的心理机制。

2.6.4 研究假设

基于以上文献回顾，本书提出了研究模型（见图 2-33），研究模型主要包含四类变量。一是修复策略，二是感知公平，三是修复满意度，四是品牌资产。

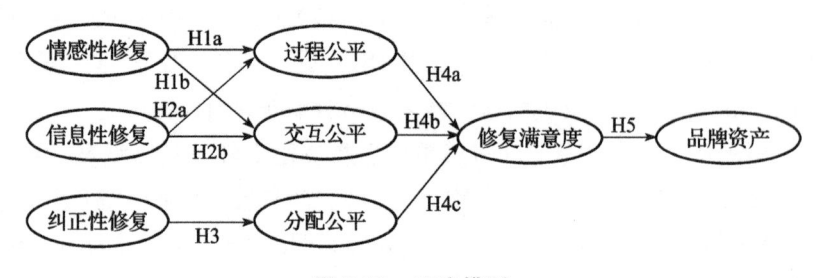

图 2-33 研究模型

2.6.4.1 修复策略和感知公平关系

负面事件发生后，消费者会根据修复策略与感知公平 3 个维度的相似性，将 3 类修复策略与感知公平的 3 个维度相匹配。如果匹配程度高，那么该修复策略就会对相应感知公平维度的影响更大。因此，可以推测不同修复策略对感知公平不同维度的影响不同。

就情感性修复而言，其主要方式是道歉、同情与表示懊悔。虽然情感性修复不能增加消费者获得的物质利益，但是可以向消费者传递出正面的情感信息，如承认过失的意愿、对后果的后悔和承担责任的愿望等。这能给消费者留下比较好的印象，使消费者认为公司关注问题的解决，而不是掩盖现实或逃避责任（Xie 和 Peng，2009），有利于消费者形成对企业制定决策的流程或标准合理性的认识。因此，本书推测情感性修复能使消费者相信公司是从关心消费者的角度来处理负面事件，增加消费者对处理过程的信任，提升感知过程公平。有研究证实，道歉作为情感性修复的重要方式，能够提升感知过程公平（Blodgett、Hill 和 Tax，1997）。据此，本书提出如下研究假设。

H1a：在负面事件中，情感性修复能够正向影响感知过程公平。

此外，情感性修复还可以增加企业传递信息的可接受性。在交易型关系中，道歉是受害方重新给予犯错者尊重的有效手段（Walster、Walster 和 Berscheid，1978）有利于人际交互和沟通，从而增加感知交互公平。据此，本书提出研究假设 H1b：在负面事件中，情感性修复能够正向影响感知交互公平。

就信息性修复而言，其主要方式是在负面事件的处理过程中及时、诚实地沟通和公布信息。前期的研究已经证实沟通可以消除共同的怀疑、统一预期，并有助于产生信任，而且公布信息越及时效果就越更好（Yousafzai、Pallister 和 Foxall，2005）。及时可靠的信息可以使消费者了解负面事件及其处理过程，减少消费者对企业制定决策的流程或标准的猜疑，从而增加对其合理性的认识。因此，企业及时发布相关信息，让消费者了解负面事件的发生原因、处理过程、处理结果，有助于增加消费者的感知过程公平。据此，本书提出如下研究假设。

H2a：在负面事件中，信息性修复能够正向影响感知过程公平。

此外，信息性修复是企业主动与消费者沟通，表现出企业的积极态度，有利于形成消费者对信息和结果传达方式的良好印象，让消费者意识到企业是以积极主动的态度来修复负面事件。另外，信息性修复既向消费者传递了信息，还为消费者提供了与企业进行沟通的方式，为消费者参与交互提供了机会和条件。这两方面都有利于增加消费者的感知交互公平。据此，本书提出如下研究假设。

H2b：在负面事件中，信息性修复能够正向影响感知交互公平。

就纠正性修复而言，其主要方式是经济补偿和采取防范措施等手段。特别是经济补偿，可以使消费者获得物质利益以补偿消费者在交换过程中的损失。在交易关系中，当一方伤害另一方时，补偿是修复感知公平的方式之一（Walster、Walster 和 Berscheid，1978）。就感知公平的具体维度而言，补偿是影响分配公平最重要的方式（Tax、Brown 和 Chandra Shekaran，1998）。据此，本书提出如下研究假设。

H3：在负面事件中，纠正性修复能够正向影响感知分配公平。

2.6.4.2 感知公平和修复满意度关系

消费者会基于感知公平，做出满意程度的判断（Oliver，1993），公平评价会影响消费者满意度和重购意愿（Oliver 和 Swan，1989）。大量研究已经证实，感知公平与消费者满意度之间存在显著的正相关关系（Goodwin 和 Ross，1992；Tax、Brown 和 Chandra Shekaran，1998）。据此，本书提出如下研究假设。

H4：在负面事件中，感知过程公平（a）、交互公平（b）和分配公平（c）能够正向影响修复满意度。

2.6.4.3 修复满意度和品牌资产的关系

参考艾克（Aker，1991）和凯勒（Keller，1993）的研究，本书发现品牌态度、品牌信任和购买意愿是品牌资产的核心维度。现有研究发现，满意度会影响品牌态度、品牌信任和购买意愿等因素。就品牌态度而言，满意度是品牌态度的前置变量，满意度越高，品牌态度越高 Aker（1991）；就消费者信任而言，满意是产生消费者信任的重要因变量（Siomkos 和 Shrivastava，1994），具体到负面事件中，修复满意度会正向影响消费者信任（Tax、Brown 和 Chandra Shekaran，1998）。就购买意愿而言，现有研究已经证实修复满意度正向影响购买的意愿（Goodwin 和 Ross，1992）。据此，本书提出如下研究假设。

H5：在负面事件中，修复满意度能够正向影响品牌资产。

2.6.5 研究方法

本书主要探讨 3 种修复策略对品牌资产的影响，因此本书采用 2（情感性修复：有和无）×2（信息性修复：有和无）×2（纠正性修复：有和无）的组间设计，并使用同质的学生样本。

2.6.5.1 刺激物设计

本书共设计两种刺激物：一是负面事件刺激物，二是修复策略刺激物。具体情况如下。

就负面事件的刺激物而言，本书基于多个现实发生的负面事件，在着重考虑产品的普适性和消费者的熟悉度后，选择牙膏作为刺激物品类。本书对负面事件描述以"××品牌涉嫌致癌危机"和"××

牙膏危机"为原型,组合多家网站的报道,精炼修改文字,形成负面事件刺激物。为了消除被试原有品牌知识的影响,本书采用虚拟品牌。

就修复策略的刺激物而言,本书从多个典型采用情感性修复、信息性修复和纠正性修复的负面事件中,摘录修复策略的报道原文并进行整合,并调整描述以便与牙膏品类对接。本书采用11分李克特(Likert)量表(最小分值为1分,最大分值为11分,分值越高表示越同意)对刺激物进行了前测。共有与正式调查样本来自同一总体的18名学生参加了前测,本书通过题项得分与中间值(5分)做单样本T检验来验证操控效果,结果显示被试能够准确识别三种修复策略($M_{情感性修复}$=8.20,p<0.01;$M_{信息性修复}$=9.00,p<0.01;$M_{纠正性修复}$=8.46,p<0.01)。

2.6.5.2 变量测量

正式调查问卷均采用11分Likert量表(最小分值为-5,最大分值为5,分值越高表示越同意)。对于修复策略的测量,本书参考谢和彭(Xie和Peng,2009)的量表,并根据刺激物的具体情况与本书对接,每种策略分别从3个角度测量;对于感知公平和修复满意度的测量,本书采用谢和彭(Xie和Peng,2009)的量表。对于品牌资产的测量,本书综合参考艾克(Aaker,1991)和凯勒(Keller,1993)的量表,从品牌态度、品牌信任和购买意愿3个角度测量。对于英文题项,采用了"双盲"翻译方法,以确保表述准确。

2.6.6 数据分析

2.6.6.1 样本概况

某高校280名本科学生参加了此次实验,剔除回答有误和误判修复策略类型的样本,剩余有效样本235个。其中87位男性和148位女性,女性样本占63.0%,比重较大。

2.6.6.2 操控检验

本书采用方差分析对3种修复策略进行操控检验。分析结果显示,3种修复策略被成功操控。具体来说,在采用情感性修复的情景下,被试对情感性修复的感知显著高于未采用情感性修复的情景[$M_{情感性修复}$=0.64和$M_{无情感性修复}$=-0.52;F(1,233)=116.22,p<0.01];在采用信息性修复的情景下,被试对信息性修复的感知显著高于未采用信息性修复的感知[$M_{信息性修复}$=0.47和$M_{无信息性修复}$=-0.47;F(1,233)=65.46,p<0.01]。在采用纠正性策略的情景下,被试对纠正性修复的感知显著高于未采用纠正性修复的情景[$M_{纠正性修复}$=0.58和$M_{无纠正性修复}$=-0.57;F(1,233)=115.30,p<0.01]。

2.6.6.3 测量模型

(1)量表信度。

本书检查量表的内部一致性信度,以下3个方面说明量表信度较高。第一,整体量表内部一致性信度为0.97;第二,各潜变量量表内部一致性信度均大于0.9;第三,除了情感性修复的三个题项,总体相关系数小于0.6外(但大于0.5),其余的均大于0.6。

(2)量表效度。

本书检查量表的收敛效度和聚合效度。就收敛效度而言,各潜变量量表的内部一致性信度均大于0.9,并且潜变量解释的平均方差(AVE)均大于0.7,说明量表具有收敛效度;就区别效度而言,每个潜变量解释的平均方差的根均大于与其他潜变量的相关系数,说明量表具有区别效度。

(3)模型拟合。

本书先验证测量模型,再验证结构方程模型。测量模型拟合结果显示,χ^2/d=2.21,NFI=0.97,NNFI=0.98,CFI=0.98,IFI=0.98,RFI=0.97,说明测量模型拟合较好。

2.6.6.4 结构方程模型

在测量模型估计结果良好的基础上,本书接着估计结构方程模型。结构方程模型拟合结果显示,模型拟合优度较好，研究假设及其对应的路径系数见表2-249。从表2-249可以看出，H1b、H2a、H2b、H3和H5得到验证，而H1a和H4a没有得到验证。

表2-249 检验假设

研究假设	路径系数	T值	检验结果
H1a：情感性修复……感知过程公平	0.01(NS)	0.27	未支持
H1b：情感性修复……感知交互公平	0.23**	3.70	支持
H2a：信息性修复……感知过程公平	0.82**	11.90	支持
H2b：信息性修复……感知交互公平	0.53**	7.68	支持
H3：纠正性修复……感知分配公平	0.74**	11.16	支持
H4a：感知过程公平……修复满意度	0.02 (NS)	0.50	未支持
H4b：感知交互公平……修复满意度	0.67**	12.04	支持
H4c：感知分配公平……修复满意度	0.40**	8.60	支持
H5：修复满意度……品牌资产	0.76**	13.12	支持

模型拟合：$\chi^2/df=3.10$，NFI=0.96，NNFI=0.97，CFI=0.97，IFI=0.97，RFI=0.95

注：**$p<0.01$；NS：不显著。

具体来说，就修复策略对感知公平的影响而言，情感性修复能够正向影响感知交互公平，而对感知过程公平的影响没有得到验证；信息性修复既能正向影响感知过程公平，又能正向影响感知交互公平；纠正性修复能正向影响感知分配公平。从以上研究结果可以看出，不同的修复策略对感知公平不同维度的影响不同。就感知公平对修复满意度的影响而言，感知交互公平能够正向影响修复满意度，感知分配公平也能够正向影响修复满意度，而感知过程公平对修复满意度的影响没有得到验证。这可能跟刺激物的选择有关，因为在绩效相关的负面事件中，消费者更看重修复结果，而对过程的重视程度较低。从以上研究结果可以看出，感知公平的不同维度对修复满意度的影响不同。结合修复策略对感知公平的影响和感知公平对修复满意度的影响来看，消费者在修复策略形成满意度的过程中，感知公平在其中充当了重要的心理机制。就修复满意度对品牌资产的影响而言，修复满意度能够正向影响品牌资产。

2.6.7 研究结论

本书基于公平理论，探讨了修复策略对品牌资产的影响，得到以下研究结论：第一，不同的修复策略对感知公平的影响不同。具体来说，情感性修复和信息性修复正向影响感知交互公平，信息性修复正向影响感知过程公平和感知交互公平，纠正性修复正向影响感知分配公平。第二，感知交互公平和感知分配公平正向影响修复满意度。第三，修复满意度正向影响品牌资产。第四，修复满意度在感知交互公平和品牌资产之间具有部分中介作用，在感知分配公平和品牌资产之间具有完全中介作用。研究结论揭示出修复策略影响消费者态度和认知的内在心理机制，即消费者对修复策略的感知公平是影响修复满意度的重要心理机制。同时，研究结论还指出，感知公平对品牌资产的直接影响需要通过修复满意度发挥作用。

在理论上，本书的创新点包括以下3个方面。一是从修复策略来看，本书从公平理论的视角解释了修复策略的内在心理机制，发现不同的修复策略对感知公平不同维度的影响不同；二是从品牌资产来看，本书探讨了负面事件中修复策略对品牌资产的影响机制；三是从中介变量来看，本书发现修复满意度在感知交互公平和品牌资产之间具有部分中介作用，在感知分配公平和品牌资产之间具有完全中介作用。

3. 休眠品牌的复活探索

3.1 休眠品牌与企业品牌融合的作用机制及激活路径研究

3.1.1 研究概述

3.1.1.1 研究背景

当今世界许多品牌由于各种原因遭到废弃，浪费了巨大的社会资源。虽然这些退市品牌的载体不复存在，但其品牌资产的无形价值在一定时间内并不会完全消失，会转化成休眠的品牌关系能量。与新创品牌相比，激活这些休眠品牌不仅可以避免社会资源的浪费，还可以规避品牌新创的巨大风险和节约新品牌培育所需要的昂贵费用。

休眠品牌激活在理论上属于品牌生命周期理论、品牌关系再续理论、恢复营销理论和企业品牌战略管理理论的研究范畴，对企业可持续发展品牌以及利用废弃品牌的品牌资产提升品牌竞争力的研究有着重要的参考价值，休眠品牌激活的研究开拓了企业品牌战略管理研究的新视角。

当前，我国正处于社会及经济国际化与国际市场拓展的重要时期，中国历史及文化已引起世界的关注，休眠品牌激活的研究有助于挖掘民族历史文化宝藏，提升我国企业民族品牌价值，成为中华民族伟大复兴的一个组成部分，推动中国文化走向世界。因此，如何成功激活我国以往的休眠品牌将很快成为我国理论界和企业界关注的热点。

（1）市场背景。

① 国内外市场大量休眠品牌的存在，造成社会资源的巨大浪费，这些品牌如何激活有待研究。目前国内外市场上存在着大量的休眠品牌，甚至好多品牌都是民族品牌的瑰宝。这些品牌在创建过程中，投入了大量的资金，但由于经营不善、市场退出、兼并重组、产品伤害危机或者服务失败危机等因素，致使品牌产品的销售和服务长期停止，造成品牌进入休眠状态，形成巨大的品牌资产浪费。

同时有数据表明：培育新品牌和新关系不仅需要巨大开支，而且面临着入市失败的极大风险。譬如，在美国市场上引入一个新品牌的成本约高达 7500 万美元～1 亿美元（Ourusoff 和 Alexandra，1992），而且有一半可能会遭遇失败（Crawford 和 Merle，1993）。根据中国行业协会发布的最新数据表明，我国女装品牌的平均寿命仅为 2.5 年，男装为 4 年，家电品牌 1995 年有 200 多个，到 2000 年就只剩下二十多个了，短短 5 年间有 90% 的品牌夭折了。

如果这些品牌能够被企业激活并且进行品牌再造，对企业而言，不仅可以节约培育新品牌耗费的巨大开支避免社会资源的巨大浪费，而且对劣势企业提升现有品牌形象有着巨大的拉升之力，对优势企业的品牌组合管理战略可以开拓新的经营视角。

② 目前国内外休眠品牌激活的成功案例的启迪，进一步引导探索激活条件和运作策略的细化研究。从营销实践的角度看，目前国内外休眠品牌激活的成功案例也有很多，进一步引导了探索休眠品牌激活运作的细化理论研究。

企业品牌危机管理战略的经典案例有很多，例如，1996 年，PPA 事件导致"康泰克"彻底退出市场，"康泰克"品牌成了休眠品牌。沉寂 5 年之后，2001 年 9 月，"康泰克"品牌卷土重来，推出了一个名为不含 PPA 的新康泰克，并成功实现品牌激活，重现辉煌。现在新康泰克已经超过老康泰克的销量，成为感冒药销量第一品牌。

企业兼并重组的经典案例。例如，"信婷"洗发水，它的广告词"用信婷、好心情"曾经家喻户晓，但红极一时之后便消失了。5 年之后，广州好迪公司兼并"信婷"，并成功复活"信婷"品牌，实现了销售过 3 亿元的目标，是过去辉煌时的 3 倍。

企业激活废弃品牌的经典案例有很多，例如，1998 年，大众公司在美国底特律成功地推出了新甲壳虫汽车。这款甲壳虫汽车，在第二次世界大战时期，由于其耐用、经济、用户友好、特殊的外形设计和具有平民大众的气质而风靡欧洲和北美。大众公司采用传统的外形与高科技相结合，同时在品牌宣传中浪漫地将其变成一种乌托邦式的理想，试图唤起有关老甲壳虫自身的低价和愉快的品牌联想，以及与 20 世纪 60 年代相关的怀旧——情感浪漫、幸福和乐观。

在美国有一家名为西河（West River）的公司，通过采用回归营销（Retromarketing）的策略，从事着对消失在货架上的品牌进行唤醒的工作，而且成功地重新唤醒了大量处于休眠状态的品牌，像 Taurus（汽车）、Napkin（止痛片）、Eagle Snacks（食品）、Salon Selectives（护发）、Brim（咖啡）等，创造了巨大的经济效益。

浦江县在 2012 年 1—5 月，共收集闲置注册商标 175 件，盘活 25 件，其中闲置商标转让 19 件，闲置商标使用许可 6 件，带动经济效益近 200 万元（方镖和杨远航，2012）。

这些成功复活的休眠品牌，盘活它们遵循的是什么法则？激活它们有什么条件？它们的激活采取的是什么策略？是不是所有的休眠品牌都能够激活？这些品牌消失后会呈现什么变化规律？现有品牌核心价值能否兼容和改造休眠品牌的核心价值？休眠品牌的休眠属性（休眠时长、休眠致因、休眠品牌类别）对休眠品牌的激活战略和策略的选择上有什么影响呢？这些问题有待进一步深入研究。

③ 目前国内外有许多企业正在致力于休眠品牌的激活，它们的运作需要理论指导。目前有许多休眠品牌，正在谋求和已经在激活。这些品牌能不能顺利激活？如果它们要激活，应该具备什么激活条件？应该采取什么激活策略？亟待理论指导。

（2）理论背景。

休眠品牌的研究不仅仅是对消失品牌激活的研究，也是对品牌生命理论、品牌关系再续理论、恢复营销理论和企业品牌战略管理理论的研究范畴，是品牌生命周期中最后一个阶段的重新开始，对企业可持续发展品牌及利用废弃品牌的品牌资产提升品牌竞争力的研究有着重要的参考价值，开拓了品牌战略管理研究的新视角。

目前关于休眠品牌的理论研究资料尚未形成理论体系，已有的理论研究中，初步基于消费者记忆的角度对消失品牌从属性上进行了界定研究，提出并验证了休眠品牌的激活影响因素及激活策略，但是在策略方面的研究中忽视了休眠品牌的特殊性，这对真正激活休眠品牌起着关键的作用。因此，休眠品牌到底能否实现真正的激活，取决于休眠品牌的激活域的衍变以及和现有品牌的激活域的作用机理，这对后期采用有针对性的、具体的激活策略起到关键性的指导作用。

（3）理论依据。

① 品牌生命周期理论。

著名品牌学者 Aaker 与 Fournier 提出了著名的品牌生命周期理论，他们把品牌生命周期分为注意、了解、共生、相伴、断裂和再续五个阶段。本研究属于品牌关系断裂之后的再续问题。Aaker 与 Fournier 在提出品牌生命周期概念之后，并没有对该周期各阶段进行更加深入的研究，所以留下了大量的研究机会。本研究是对品牌生命周期再续问题的延伸研究，属于品牌关系再续的研究范畴。

② 营销安全理论。

营销安全理论是李蔚教授在 1998 年提出的理论，并构建了营销安全三维结构模型，将营销安全问题划分为营销隐患、营销威胁、营销危机、营销失败、营销恢复五个维度，也是营销安全管理的五个阶段。根据这一理念，本研究属于营销安全管理五阶段中的营销恢复问题，主要研究的是在品牌已经处于休眠状态的背景下的恢复营销问题。所以本研究属于营销安全研究的延伸研究。

③恢复营销理论。

Durocher 在他的 *Recovery Marketing:What to Do After a Natural Disaster* 一文中提出的"恢复营销（Recovery Marketing）"概念（1994），这个概念更具有广泛的认同。科特勒在他的《市场营销管理》中，针对衰退需求，也提出了"恢复性营销"的概念，只是科特勒没有进行详细界定和论述。休眠品牌激活问题本质上是 Durocher 和 Kotler 提出的恢复营销问题，是基于品牌关系完全断裂的品牌的恢复营销问题，所以，本研究在营销上属于恢复营销的研究范畴，是对其进行的后续细化和深入研究。

④时间记忆理论。

根据时间心理学的强度理论和传送带理论（Hinrichs，1970），休眠品牌随着品牌关系断裂时长的持续，在消费者心中的原关系能量会不断地发生变化。由于人类没有统一和特定的感知时间的感受器，使用客观计时工具测量出来的事件发生和持续的长度与人类对客观事件的时间的反应有时候是不一致的。因此，消费者对休眠品牌的信息加工过程会受时间记忆的影响，不断发生信息的增强与衰减。由此得出在本研究中消费者对休眠品牌的信息加工的具体过程，如图3-1所示。

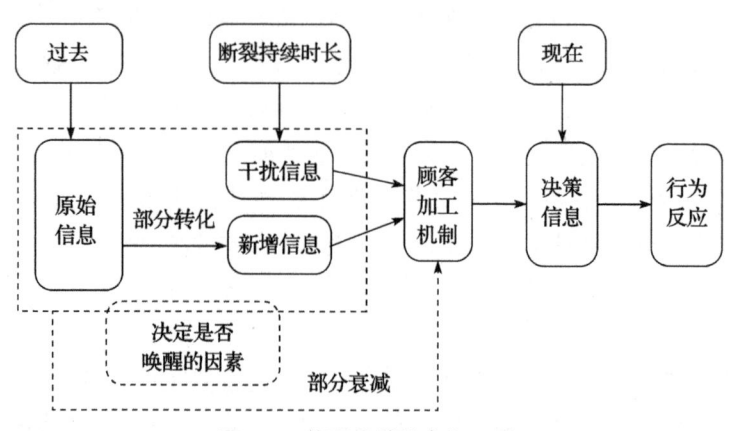

图3-1 休眠品牌信息加工图

⑤心理学的线索理论。

心理学的线索理论（Cue Theory）始于20世纪30年代，并于后来应用于营销领域和其他一些社会领域。消费者在进行抉择和做出购买行为之前，总是要依据产品的内部线索和外部线索进行信息的加工，之后才会做出购买行为。而这些线索有的是物理线索，有的是联想的精神线索。休眠品牌源于自身存在的特殊状态，随着时间的推移，会发生线索毁损，甚至在物理线索缺失的条件下做出错误的记忆，出现模糊的痕迹和歪曲的痕迹，这些客观线索被消费者记忆重新组装后，对休眠品牌的再次激活和实现品牌关系再续产生特殊的影响，甚至可以进行休眠品牌原有实体产品的改变。

⑥激活域理论。

激活域（Activation Domain）是生物学的概念，在生物学中的定义为：转录因子中除了DNA结合结构域外的一个与转录起始复合体相互作用的结构域。霍华德（Howard）在1963年第一个把"激活域"的概念引入营销中。激活域的前提假设是消费者在做决策之前并不是将所有品牌都考虑一遍。典型的消费者是在一定数量的品牌中做出选择，一定数量的品牌就组成了激活域。"激活域"概念的隐含假设是：先前的品牌知识和有作用的态度一起影响消费者的产品偏好。对于休眠品牌而言，消费者已经和其实体产品没有任何的交易关系，如果想要激活，那么它的激活域在最初应该是在休眠品牌遗留线索中，进而在进行购买行为抉择时与现有品牌发生域间的作用，而所谓的"激活域"不仅是品牌与品牌间的选择区域，而且是具体的激活域中品牌的各个激活要素所构成的激活域。

3.1.1.2 研究范围

（1）研究对象。

① 界定休眠品牌的内涵。

Walker（2008）曾提出品牌适当沉睡有这样一个好处："品牌资产有自己的价值，它能被移植到某种东西上面，这样东西就被重新包装或进行了更多的创新"。他认为"消费者能回忆起品牌最本质的内涵"，但是"他们倾向于忘记产品的各种细节"，记忆的不完整性可增强这种品牌的任何方面，品牌复活后可以不再局限于原有品牌。据此而言，"沉睡"到一定时间对品牌无形资产的重新利用，以及对受时间记忆因素影响出现的新的影响因素都是有一定好处的。因此，对这一时限的界定尤为重要，而这一时限也是"沉睡"品牌与非"沉睡"品牌之间的重要区别。

基于消费者的角度，国外学者Janssen（Janssen、Chessa和Murre，2006）的研究认为，1000天左右（同100天内的一样）的新闻事件，平均起来几乎不位移。他对此解释为，1000天左右可能是一个心理平衡点，在此前后的（心理）时间量差不多，所以不发生位移（既不向前，也不向后）。林雅军和刘家凤（2012）通过对休眠品牌时长感知与品牌关系遗忘的程度进行研究，得出品牌关系断裂的感知时长大概在第三年时发生品牌关系遗忘程度的减弱和逆转，在三年以前随着消费者感知品牌关系断裂时长的长度加大，品牌关系遗忘程度呈现逐渐明显的递增状态。因此，被抛弃或自行消失的品牌以品牌关系断裂（即消费者停止与该品牌的交易行为）达到大概三年以上为界定进入品牌关系遗忘程度的减弱或缓和阶段（品牌关系能量休眠阶段），与学者Janssen的研究发现对新闻事件的记忆在1000天左右发生心理的改变基本一致。因此，对于一种被抛弃或者自行消失的品牌，曾经消费过该品牌的消费者的品牌关系记忆会在三年以上进入品牌关系遗忘程度的转折点，进入心理能量的非活跃期，即休眠期。

据此，本研究提出休眠品牌的内涵界定：一种品牌的实体或载体在市场上消失后，消费者停止了与该品牌有关的所有交易行为或购买活动达三年以上，这样的品牌称为休眠品牌。

② 休眠品牌的休眠属性。

休眠品牌在市场上消失三年以上，品牌关系完全断裂很多年，可能在消费者的记忆中只留有些许的印象和品牌信息，如果未经提示或重新出现，有关信息则不会被记起。而且，品牌在消失后进入不同的时间阶段，会展现不同的特点和属性变化，所以针对休眠品牌的休眠时间采用差异性的激活策略尤为重要。

休眠品牌消失的原因从是否发生品牌危机角度分为品牌危机致因和非品牌危机致因。这两种不同的致因将决定休眠品牌能否激活以及多长时间激活。

休眠品牌根据消失前所代表的产品或产品系列，分为耐用品类（即高卷入的休眠品牌类型）和非耐用品类（即低卷入的休眠品牌类型）。

③ 休眠品牌在本书的研究对象。

休眠品牌是一种品牌关系完全断裂的品牌，鉴于休眠品牌激活的研究对象的特殊性，本书研究对象分为两个层次：

第一层次：区分品牌危机导致休眠的品牌和非品牌危机导致休眠的品牌。通过查询有关企业消失的品牌资料，仔细斟酌识别，本书仅收集非品牌危机导致休眠的品牌。

第二层次：由于针对某一种休眠品牌的调研对象很难搜集，因此，在探索性因子分析时，低卷入/情感型休眠品牌以饮料类和啤酒类为例，根据休眠时长，设置了三类消失时间段（3～5年；5～10年；10年以上）的休眠品牌，对差异指标进行同质化的因素抽取。

（2）研究内容。

本研究基于多学科交叉的研究视角，利用心理学的线索理论，采用规范的实证研究和理论研究相结合的方法，还原探索低卷入/情感型（以饮料类和啤酒类为例）的休眠品牌在消失后的品牌权益和物理产品的线索遗留状态，并采用生物学的"激活域"的作用机理，创建休眠品牌的激活域的测量维度和作用机理模型，以此构建休眠品牌的衍化机理到激活路径之间链接式的一体化应用模式。

研究内容主要分为四个部分：第一部分通过深度访谈和问卷调研，创建休眠品牌的激活域的测量维度和指标体系；第二部分创建休眠品牌的激活域的作用机理机制，建立理论研究模型；第三部分根据休眠品牌的激活域的作用机理设计休眠品牌激活策略，构建休眠品牌的衍化机理到激活路径之间链接式的一体化应用模式，并进行实验设计检验应用模式的可行性；第四部分得出研究结论和贡献所在。

（3）调研行业。

调研的行业主要针对饮料行业和酒类行业中非品牌危机导致休眠的品牌。作为休眠品牌提示物本书主要根据研究需要设置了三个品牌进行调研，同时设置自主回忆填写框，以保证问卷的有效性。

（4）研究角度。

本研究中的调查对象是由于企业经营不善或者与其他企业合资或被并购等非品牌危机导致的品牌关系完全断裂而且状态持续至少三年以上的休眠品牌的忠实顾客和非忠实顾客，即企业驱动型关系断裂。

3.1.1.3 研究方法和思路

（1）研究方法。

本研究在研究过程中，非常注意定性和定量研究中的多种研究方法的综合运用，以期获得较好的研究效果。目前，国内外尚没有文献详尽地研究休眠品牌的品牌关系再续，所以本研究是对一个新的领域的尝试，在新的领域内必须建立一些新的理论分析框架。

① 定性研究方法。

定性研究方法包括深度访谈法、问卷调查、文献研究、电话访谈、网络搜索和财务分析方法。

② 定量研究方法。

采用合理的分层抽样办法，利用统计分析软件LISREL8.54和SPSS17.0进行理论模型和理论假设的验证。其中，休眠品牌的激活域的实现路径采用开放式现场实验法。

本研究的调研对象是曾经消费过消失三年以上的品牌的人群，目的是测量这个未知样本规模的群体的态度和倾向，显然不可能直接对整个群体进行观察。再加上本研究以单个人为分析单位，符合抽样调查的条件，所以采用调查问卷进行抽样调查的方法。

（2）研究思路。

本研究采用如下具体的研究方法完成研究内容，实现研究目标。

① 实地研究、初步访谈以及文献资料研究。

密切关注市场上消失的品牌以及消失品牌的复活案例，选择一批中外休眠品牌激活的典型案例进行剖析。并且进入企业实地研究，进行初步市场访谈，据此，在前期研究的基础上，进行更深入的中外文献研究，探索休眠品牌相关的最新研究成果，收集休眠品牌激活的数据，发现研究机会。

② 理论归纳和演绎。

本研究通过对消费行为学、心理学、市场营销、市场调查、社会学及管理学等相关理论专著的研究，采用归纳法及演绎法，完善休眠品牌的激活域的作用机理的理论研究框架。

基于品牌权益的遗留线索和物理产品的参照线索，探索休眠品牌的激活域的作用机理，同时建立休眠品牌的衍化机理到激活路径之间链接式的一体化应用模式。

③ 开发休眠品牌激活域的测量维度和指标体系的研究方法。

通过深度访谈对休眠品牌的激活域的测量维度进行定性探索，同时参照国内外的成熟指标代表，建立初步的指标体系；通过下一步的实验研究取得数据，进一步确定指标量表。

④ 获取研究数据的方法。

根据目前企业中正待激活的品牌设置模拟场景，选择有代表性的企业，对现有企业的品牌核心价值进行测试，同时根据研究需要，以休眠品牌消失时间设立三组模拟刺激物，并且选择已经消失的真实品牌：消失 3～5 年的品牌为绿叶（啤酒）；消失 5～10 年的品牌为旭日升（饮料）；消失 10 年以上的品牌为天府可乐（饮料）。

按照休眠品牌的要求，针对三组有代表性的休眠品牌，各选择 500 名调查样本。样本采用甄别法选取，按照"曾经消费过或购买过该品牌"的条件进行甄别，再按照区域、性别、年龄、职业等分布各抽取 500 名消费者作为调查有效样本，总样本为 1500 份。

首先根据研究模型和研究内容设计调查问卷的访谈提纲，主要以面谈、电话访谈和网络聊天方式，调查采用单独访谈及无记名形式，让受访人自由地谈出自己的看法。访谈样本数可以按照社会背景分层次确定为 30 个，并通过初步试验性调查对问卷和访谈提纲进行检验，在符合要求后形成正式访谈提纲和实验问卷。

由于消费者记忆行为的复杂性，所以在本研究中，引入国际前沿的行为实验研究方法。在开放式现场实验环境中，特定的行为被观察，这些行为被激发的原因受到研究者的控制。

选择 300 个样本进行调查，并对调查结果进行初步统计与分析，分析调查结果能不能得出研究设计所需要的研究结论。如果与研究设计有出入，就要对研究设计进行修改，或者对问卷进行修改再进行试验性调查，直到满意为止。

对所选择的三组样本进行全面调查，获得 1500 份有效问卷。

⑤ 数据分析方法。

借助 LISREL 和 SPSS 等软件对获得的数据进行分析，采用因子分析法、主成分分析法、相关系数分析法、线性方程分析法和方差分析法进行数据分析，可以进一步验证休眠品牌的激活域的测量维度；验证理论模型的理论假设是否成立。

⑥ 数学理论模型的验证。

本研究可以借助天府可乐的激活，对休眠品牌的激活域的作用机理模型通过企业营销实践进行应用验证。同时，选取高卷入/高情感型的典型案例进行剖析，进一步验证与本研究对低卷入/低情感型的休眠品牌采用的激活策略的相同和不同之处；选取不同类别的低卷入/低情感型的休眠品牌的激活案例进行对比性验证研究。

3.1.1.4 技术路线和研究创新

（1）技术路线。

本研究主要采用的研究方法有实地研究、深度访谈法、问卷调查、文献内容分析、网络搜索、实验研究和个案研究，主要采用的数据分析工具是 SPSS17.0 和 LISREL8.54 统计软件。

本研究将分三个阶段进行研究：

第一个阶段通过文献分析推导出休眠品牌和企业品牌融合的衍化机理；通过实地研究和文献分析、焦点小组讨论、访谈调查和问卷调查，构建休眠品牌与企业品牌融合的作用关系模型；确认操作变量的结构和维度，对相关测量工具进行信度和效度检验，制定、测试和修订本土化测量问卷。第二个阶段进行大面积问卷调查，用所得数据分析和验证休眠品牌与企业品牌融合的作用关系模型中各变量的相互关系，以及进行激活路径的实验研究。第三个阶段选取部分典型企业进行个案研究，探讨相应的个性化休眠品牌激活的品牌组合管理策略，提升企业品牌竞争力。本研究的技术线如图 3-2 所示。

图 3-2 技术路线图

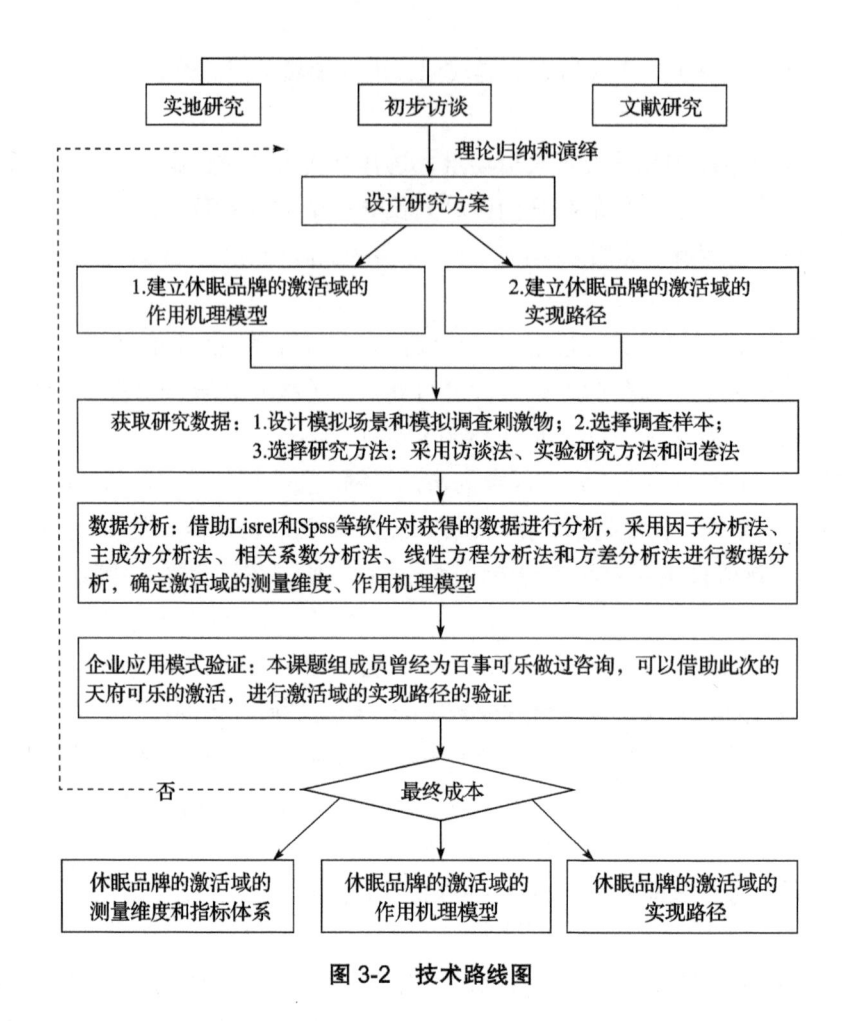

本研究的整个过程根据以上的研究思路，遵循以上技术路线，在此基础上，本研究内容安排和逻辑框架如图 3-3 所示。

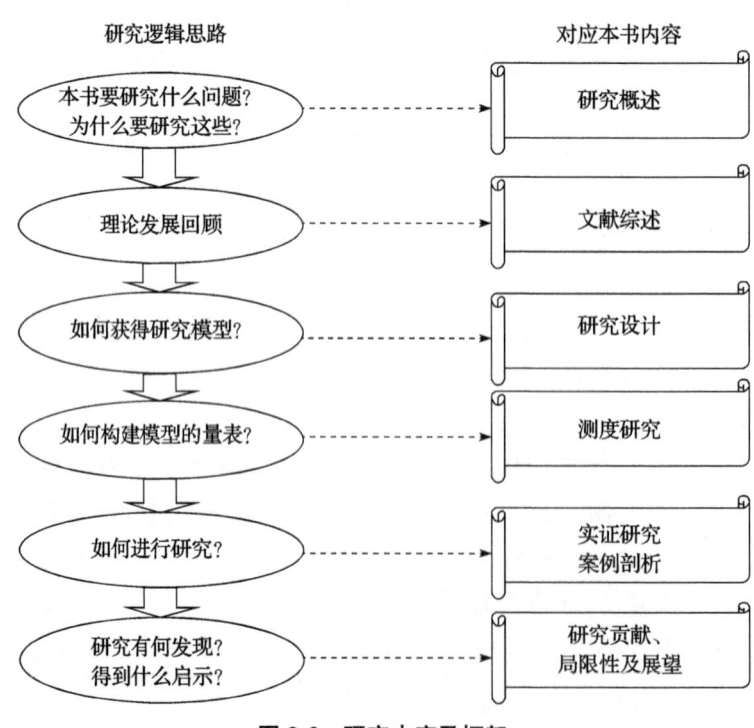

图 3-3 研究内容及框架

（2）研究创新。

本研究的研究内容来源于对现实市场中存在问题的解决，所以本研究的研究创新有三点：

① 突破单维视角和以往研究框架的局限，首次从作用机理上根本解决休眠品牌的激活问题。

本研究从多学科交叉的研究视角，利用心理学的线索理论，还原探索了休眠品牌在消失后的物理和品牌权益的双线索遗留状态，并采用生物学的"激活域"的作用机理，拓展研究营销学的激活域的理论，首次构建休眠品牌到现有品牌两个结构体的作用机制，从作用机理上根本解决休眠品牌的激活问题。

② 创建了激活作用机理到激活路径的企业应用模式。

本研究突破了以往研究中单纯研究策略的休眠品牌的激活应用模式，创建了休眠品牌的衍化机理到激活路径之间链接式的一体化应用模式，从根本上解决休眠品牌激活后的可持续性发展问题，对企业的品牌战略管理有一定的参考作用。

③ 休眠品牌的激活域的作用机理研究在中国不仅是一个新的基础应用性研究课题，也会极大地丰富品牌生命周期理论、品牌关系再续理论和恢复营销理论。

休眠品牌的激活问题在理论界目前研究较多的领域是怀旧品牌和衰减品牌如何被激活，同时在实践中很多企业也逐渐意识到休眠品牌的品牌资产的再利用价值。

在理论上，著名品牌学者 Aaker 与 Fournier 提出著名的品牌生命周期理论之后，关于品牌关系完全断裂之后如何再续问题的理论研究却极少。因此，休眠品牌激活的研究可以极大地丰富品牌生命周期理论和品牌关系再续理论，为国内学者黄静教授的品牌关系再续理论的研究开辟新的视角和进行补充。同时，本研究中休眠品牌激活机理研究的问题，本质上是 Durocher 和 Kotler 提出的恢复营销问题，是基于品牌关系完全断裂的品牌的恢复营销问题，是对其进行的后续细化和深入研究。

3.1.2 文献综述

3.1.2.1 休眠品牌的国内外理论研究

与休眠品牌相关或相似的理论研究目前主要分为四个方面：第一方面是基于品牌本身存在的特点或状态方面；第二方面是基于品牌在品牌关系断裂以及断裂之后的状态方面；第三方面是基于怀旧品牌或老化品牌的激活策略方面；第四方面是基于休眠品牌的品牌关系再续意愿影响因素的实证研究方面。以下对各方面的研究现状进行详细评述和分析。

（1）基于品牌本身存在的特点或状态方面的研究。

国外学者提出怀旧品牌（Brown Kozinets 和 Sherry，2003），Walker（2008）对消失的品牌提出死亡品牌、婴儿品牌、沉睡品牌等说法。这些研究论述都仅是从品牌名称上进行了简单的提出，并没有从属性上和量上细分这些品牌，并且缺乏详细的论述研究。譬如，怀旧品牌既包括现存的品牌加入怀旧元素，也包括因为蕴含怀旧情感而被唤醒的怀旧品牌；沉睡品牌中既包含消失 3 年以内的品牌，也包括消失 3 年以上的品牌。林雅军（2012）根据消费者记忆的角度，初步提出并论证了休眠品牌这一概念，认为消失品牌的品牌关系记忆会在 3 年以上进入遗忘程度的转折点，但是在后续研究中仍需进一步挖掘论证休眠时长这一属性对休眠品牌激活的影响。

（2）基于品牌在品牌关系断裂以及断裂之后的状态方面的研究。

目前有关品牌关系断裂影响因素的研究比较零散。国外学者提出品牌顾客转换（Keaveney，1995）、关系断裂（Fajer 和 Schouten，2001）、品牌关系再续（Aaker 和 Fournier，2001）等。关于品牌关系再续的研究，国内学者黄静等（2007）以断裂时间维度为分界点，将品牌关系再续的影响因素分为历史因素和现实因素。历史因素包括初始品牌关系质量和关系断裂原因，现实因素包括品牌因素、消费者与品牌的互动、企业因素、消费者因素、竞争对手因素。但基本上是总结国内外的一些现有经过实证过或没有实证过的因素，并没有进一步明确对影响品牌关系再续的因素进行详细的分类。黄静等（2009）针对犯错品牌，采用实证研究方法检验了犯错品牌对再续关系投入的策略道歉、有形回报和优待对消费者再续关系意愿的影响，同时也检验了品牌关系质量对消费者再续关系意愿的调节作用；黄静等（2011）通过实证研究检验了诊断型和争辩型两种信息沟通策略对品牌关系再续意愿影响的有效性。关于品牌关系再续的研究，林雅军等（2009）根据以往的研究进一步将品牌关系再续的影响因素按影响因素的破坏程度和驱动因素类型不同来分类。

（3）基于怀旧品牌或老化品牌的激活策略方面的研究。

有学者提出赢回顾客（Keaveney，1995）、品牌复活（Wansink 和 Huffman，2001）、品牌重生（牛永革和李蔚，2007）、品牌激活（卢泰宏和高辉，2007）、休眠品牌激活（林雅军，2011）。有针对性地对品牌关系再续的影响因素的实证研究很少，绝大多数通过演绎或访问调查的形式得出结论。其中比较典型的如下。

① 基于怀旧品牌的品牌激活方面的研究。

这是从蕴含怀旧元素的现存品牌和消失品牌在唤醒策略上进行的研究和证明，并没有将上述两类具有不同属性的品牌分别进行研究。比较典型的研究是 Brown、Kozinets 和 Sherry（2003）从消费者角度提出怀旧品牌的激活条件，但是并没有进行实证研究。卢泰宏和高辉（2007）通过梳理以前学者的研究现状，针对老化品牌，基于品牌老化的原因进行理论剖析，从企业和消费者两个不同方面详细阐述了品牌激活的条件及相应对策。

② 基于品牌重生方面的研究。

这是从已经出现品牌资产衰减状态的消失品牌的角度提出来的，牛永革和李蔚（2006）通过构建非营销伦理行为、品牌资产衰减和品牌重生难度三个变量之间的结构方程模型，验证了营销行为对品牌重生的显著影响和品牌资产衰减对品牌重生难度存在显著的直接影响。

③ 基于品牌复活研究方面的研究。

Wansink 和 Huffman（2001）通过对包装类老化品牌进行调研，提出成功激活品牌所具备的条件：中高价位、次媒体宣传和促销、分销范围大、历史悠久和特点明显，但是并未对此进行实证研究。Thomas、Kohli（2009）从理论上分析了导致品牌衰退和品牌死亡的情况，提出品牌复活需要评估可行性，而且建议采用多种策略强化品牌。

④ 基于老字号品牌复兴方面的研究。

陶骏、李善文（2012）通过设计宽度及定位不同的品牌的远近延伸，进行 2×3 组间实验，对中华老字号品牌如何复兴提出了具体的策略：品类相似且声望高的老字号适合延伸到与品牌相近的新产品，品类多样而功能强的老字号更适合延伸到品牌相异的新产品，并都能产生反馈效应助力品牌发展。彭博、晁钢令（2012）通过深度回顾西方品牌老化和品牌活化理论，初步提出探索性的老字号品牌复兴策略：开发新产品、技术创新；实施怀旧战略；适度品牌延伸；加强品牌传播力度；扩大中国老字号的地域影响范围；探索可行的品牌管理模式。

⑤ 基于赢回顾客的策略研究方面的研究。

一般针对企业暂时或永久流失顾客采用的手段，大多数研究只是从价格或情感策略方面进行了实证，并没有针对性地提出暂时和永久流失客户的不同策略手段，而且在顾客赢回中通常针对的是现有品牌。比较有代表性的研究有：Thomas、Rohert 和 Edward（2004）通过梳理相关理论，建立了数学模型，将模型产生的数据作为比较的基础，不仅研究了赢回顾客的价格策略，同时还研究了当顾客决定再次选择时最优的价格策略，最终表明最优价格策略是低的赢回价格和高的赢回后价格。唐小飞、周庭锐和贾建民（2007）进行了关于赢回策略对消费者行为影响的研究。他比较了价格促销和关系投资对顾客赢回的影响作用，表明关系投资不但可以弥补价格促销易使厂商陷入两难困境的缺陷，而且是厂商赢得真正忠诚顾客的有效工具，并为厂商在激烈的市场竞争中取得优势竞争力提供了现实途径。

（4）基于休眠品牌的品牌关系再续意愿影响因素方面的研究。

Wansink（2000）对品牌成功活化的案例进行剖析，得出成功活化的品牌具有五个典型的特征：第一，与竞争对手相比，被活化品牌当时曾经在价格上处于中高档的定价；第二，被活化品牌的媒体宣传和促销明显少于竞争对手；第三，被活化品牌的产品销量大，而且在当年知名度较高；第四，被活化品牌具有较大的品牌遗产，历史悠久，容易激起消费者的某种共鸣；第五，被活化品牌在产品、沟通、包装、形式等方面与竞争对手相关具有差异化的竞争优势。林雅军（2010）初步提出并论证影响因素为品牌初始感知价值、初始品牌关系质量、品牌关系记忆、品牌当前感知价值、品牌关系断裂归因、品牌情感联结。同时论证了不同年龄的顾客的差异性激活策略。并且在后期研究中通过实证研究进一步验证各因素之间的作用关系以及关键的激活点。

（5）研究述评及研究机会。

通过对以上休眠品牌相关文献研究发现，目前国内外理论研究主要存在以下局限性。

① 研究概念上存在属性界定不明。

目前和休眠品牌类似的品牌在界定上很模糊，虽然表达的内涵以及表现形态上基本差不多，但是这种被抛弃或自行消失的品牌在进入休眠期之前和之后的属性以及能否被激活的条件会有差异，因此，研究概念上的界定仍需要细化，统一具有同类性质的品牌的概念并厘清与其相似的品牌的概念以进行更深入的研究。

② 定性研究较多，实证研究极少。

通过对文献的深度搜索，国外研究仍属于定性研究，其中学术界影响和应用较多的就是Walker（2008）针对死去的品牌对品牌激活做出了详细的阐述，并且对大量成功的品牌激活实例进行剖析。但是该篇文章并不是以学术论文形式存在，并没有进行理论的深度挖掘，而且处于定性研究的范畴。国内的研究大多数是对怀旧品牌的研究，而怀旧品牌有时还包括对现存品牌加入怀旧元素。

③ 尚有大量研究空白点。

通过对文献的深度搜索和梳理，在品牌关系的发展周期中，品牌关系存续期间关于品牌的理论研究已经非常成熟，而且品牌关系强度处于衰减状态时的研究也有一些相关的理论和实证研究。但是，关于品牌关系断裂后的品牌关系再续的理论研究国内外出现过一些理论剖析，实证研究比较少。休眠品牌的研究属于品牌关系断裂后的品牌研究，目前关于休眠品牌的相关研究尚未形成比较系统的理论体系。已有的理论研究中初步基于消费者记忆的角度对消失品牌在属性上进行了界定研究（林雅军，2012），提出并验证了休眠品牌的激活影响因素及激活策略，但是在策略方面的研究中忽视了休眠品牌的特殊性，这对真正激活休眠品牌起着关键的作用。因此，休眠品牌到底能否实现真正的激活，取决于休眠品牌的激活域的衍变以及和现有品牌的激活域的作用机理。具体研究机会点如图3-4所示。

3.1.2.2 品牌资产的国内外理论研究

关于品牌资产的概念界定和相关理论研究有很多成熟的理论，但是在文献界定中却有不同的解释，主要有品牌资产、品牌权益、顾客价值（Brand Value）。品牌资产的界定是基于公司无形资产而界定的，但在品牌战略实操中却不具有可行性品牌权益，基于品牌战略操作而界定的顾客价值主要针对公司长远战略及核心竞争力，相对而言更能体现公司的战略资产。

（1）品牌资产、品牌权益、顾客价值的概念界定。

① 品牌资产的内涵。

关于品牌资产的内涵界定最具有代表性的理论是：余明阳等（2008）提出品牌资产的框架，品牌资产分为品牌形象（Brand Image）、品牌声誉（Brand Reputation）、品牌名气（Brand Awareness）。品牌形象是指顾客群体共同拥有的对某一品牌的主观的、心理的印象；品牌声誉指的是顾客群体对某一品牌的感受和看法；品牌名气是品牌被顾客所熟悉的程度，它分为三个层次：未被认知、品牌识别以及首选回忆。

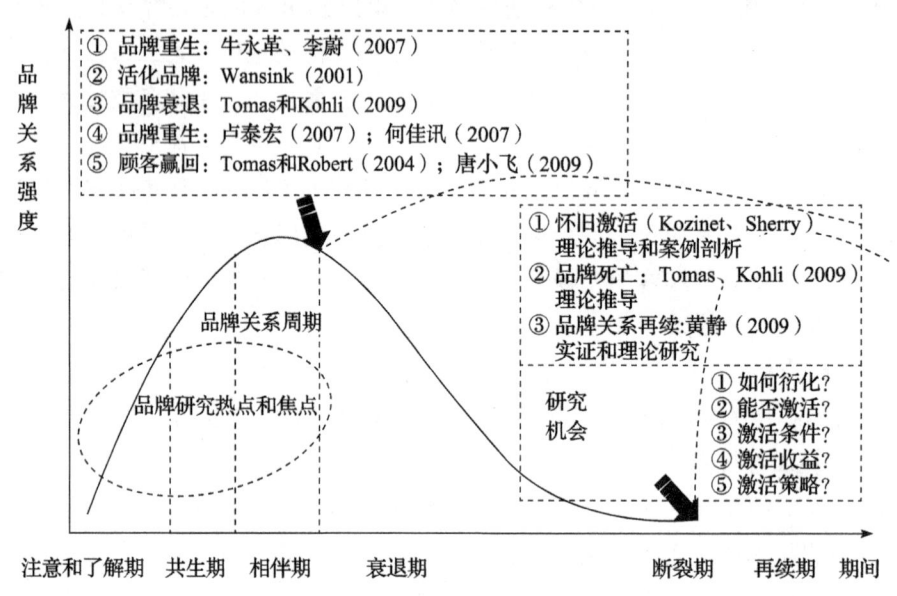

图 3-4　休眠品牌激活的研究机会点

② 品牌权益的内涵。

Aaker（2001）认为品牌权益包括品牌意识（Brand Awareness）、品质认知（Perceived Qauality）、品牌联想（Brand Association）、品牌忠诚度（Brand Loyalty）和其他专有资产（包括专利、商标和渠道关系等）。品牌意识指的是品牌在消费者头脑中存在的牢固程度，品牌意识分为两个水平，即品牌回忆和品牌识别。品牌回忆指的是不提示知名度，品牌识别指的是提示知名度。品质认知指的是对产品或服务的全面质量或优越程度的感知情况。品牌联想是与品牌记忆相联系的所有事情，包括物质联想和精神联想。品牌忠诚度用于反映顾客转向其他品牌的可能性，尤其是当品牌在价格或产品性能等方面发生变化时顾客转向其他品牌的可能性，是衡量顾客对品牌依赖程度的标准。品牌忠诚度分为五个层次：忠实的购买者、喜欢该品牌并将其视为朋友的购买者、满意的购买者、满意的习惯性购买者、摇摆不定者。第一层次是不具有忠诚度的购买者，他们对品牌漠不关心，这批顾客对价格比较敏感；第二层次是对产品满意或者至少没有不满意的购买者；第三层次是不仅对产品满意，而且有转换成本的顾客；第四层次是指那些真正喜欢该品牌的购买者，他们可能还是基于标志的联想、使用经验或者高的品质认知度等偏好该品牌；第五层次是指忠实的顾客，对品牌信心十足，会向其他人推荐该品牌。五层次之间的层级关系如图 3-5 所示。

③ 顾客价值的内涵。

顾客感知价值的研究始于 20 世纪 80 年代中期，兴起于 20 世纪 90 年代，而且国内外关于顾客感知价值的内涵界定、量化测量维度以及驱动因素、结果因素的研究日趋成熟。国外关于感知价值的研究文献非常丰富，分别从不同的角度，比如定义、内涵、特性、量化维度以及前因后果都做了深入

图 3-5　品牌忠诚度金字塔

的理论和实证性的探讨和研究，国内有关此方面的研究大多是在总结国外文献的基础上，进行了一些前因后果的实证性研究。

（2）品牌资产、品牌权益、顾客价值之间的关系理论。

从财务管理的角度来看，品牌权益是品牌资产减去品牌负债，其差额越大，顾客价值就会越大，进而品牌创造给企业的价值即市场价值、经济价值和管理价值会更大。品牌负债是品牌对顾客的承诺，是品牌对其品牌资产的减项，品牌权益是顾客与品牌的关系，是品牌对顾客的所有影响。源于此，得出下面的品牌资产、品牌权益和顾客价值的关系演进如图3-6所示。

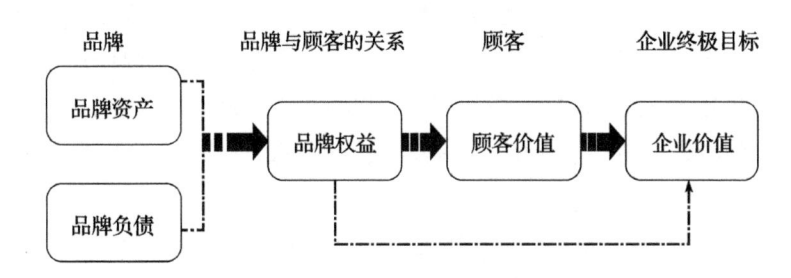

图 3-6 品牌资产、品牌权益和顾客价值的关系演进

（3）研究述评及展望。

通过对以上品牌资产的相关文献梳理，企业在追求企业价值最大化的目标驱动下，创造顾客价值的核心点就在于品牌权益。关于这方面的研究都是基于现有品牌的理论研究，关于消失品牌的品牌资产理论研究尚需完善，尤其是基于品牌关系遗留线索的追踪式品牌管理战略文献较少。

3.1.2.3 激活域的国内外理论研究

（1）研究理论现状。

激活域（Awareness Set）的概念最早是由Howard（1963）引入到营销中的，他认为激活域是与消费者选择直接相关的一个品牌集合，消费者是基于这个集合进行购买抉择的。继此之后，Howard和Sheth（1969）又将一个购买者选择决策的备选品牌集合界定为其中的一小部分，将这一小部分称"激活域"。Narayana和Markin（1975）认为激活域是消费者有购买倾向的品牌。Turley和Lehanc（1995）提出消费者的激活域并不是静止不变的，而是动态的、不断变化的。因此，Alha和Chattopadhyay（1985）认为营销人员能够主动影响激活域的组成，通过操纵交流的信息，营销者可以使消费者回忆起被选品牌。Ahougomaha、Schlaeter和Galdis（1987）将消费者的意识域（Awareness Set，是指消费者所知道的所有品牌）分为激活域、惰性域和拒绝域，并定义激活域是在某一个产品类别中确定几个品牌，这几个品牌被消费者给予实际的购买考虑。

可见，学术领域的众多学者对激活域的概念认识基本上比较一致，主要是指在某一个产品类别中被消费者在实际的购买行为中给予购买考虑的几个品牌。所以，品牌能否进入激活域，是它能够被消费者购买的必要条件。

目前关于激活域的研究主要有以下两个方面。

第一个方面，产品经验与激活域的关系。Punj和Srinivasan（1989）从购买经验的角度检验了产品熟悉度对激活域大小的影响，并且在研究中将激活域分成初始激活域和最终激活域两类。初始激活域是消费者在问题认知刚开始时考虑的品牌集合，而最终激活域是消费者在即将购买之前考虑的品牌集合。Johnson和Lehmann（1997）对产品经验和激活域之间的关系进行了探查。他们利用最近一次消费的时间、消费频率、最近一次购买的时间和购买频率四项指标来衡量产品经验。与Punj和Srinivasan对最终激活域的假设相反。他们认为，由于随着产品经验的增加，消费者会意识到、试验和考虑更多的品牌，因而，激活域会随着产品经验的增加而增加。通过在软饮料和棒棒糖两种产品类别中进行的实证检验，印证了上述假设。但是，在MP3产品类别中对产品熟悉度与激活域大小之间关系的检验表明，激活域大小并没有随产品熟悉度的增加而表现出显著变化。

第二个方面，感知风险对激活域的影响。Camphe（1969）的研究曾发现，感知风险会影响激活域大小。Gruca（1989）的研究也发现，购买产品的重要性和激活域大小之间具有正相关性，而产品重要性和感知风险之间具有密切的联系，越是重要的产品，消费者对其感知风险可能也越高。

（2）研究述评。

以上关于激活域的研究，一致认同了激活域的定义：指在某一个产品类别中被消费者在实际的购买行为中给予购买考虑的几个品牌。同时它们验证了产品经验与感知风险对激活域的影响。但对激活域的界定只是从品牌集合的数量上去考虑，并没有深入研究构成激活域的激活要素点对顾客购买行为的影响，而且消失品牌的激活域，是否与现存同类品牌的激活域一致，这些方面有待进一步深入研究。

3.1.2.4 研究启示及研究机会

综上所述，通过梳理、回顾以前学者的研究成果，在分类归纳的基础上，基于多学科交叉的研究视角，依据消费者对休眠品牌的信息加工过程以及线索衍变过程推导出本研究的研究启示和研究机会。

（1）研究启示一：基于线索理论的休眠品牌的激活域的作用机理衍化。

通常企业品牌在形成过程中有两条线索：品牌资产线索（无形线索）和物理产品线索（有形线索）。

第一条线索：品牌资产线索（无形线索）。

休眠品牌在品牌关系断裂后实体虽然不复存在，但是通常在一定时间内品牌资产中的一些无形资产不会消失。而且品牌对顾客的承诺即品牌负债部分已经在消失前完成，因此，休眠品牌的品牌资产线索实际上是品牌权益线索。

第二条线索：物理产品线索（有形线索）。

休眠品牌在品牌关系断裂之后由于品牌的载体即实体产品已经在市场上不复存在，所以在消失后物理产品线索毁损最为彻底。关于休眠品牌的物理属性线索更多的是消费者基于现有品牌知识作为对原有品牌物理属性的印象。

综上所述，依据消费者对消失品牌随着时间变化而变化的线索进行加工，休眠品牌的激活域的衍化过程具体情况如图3-7所示。

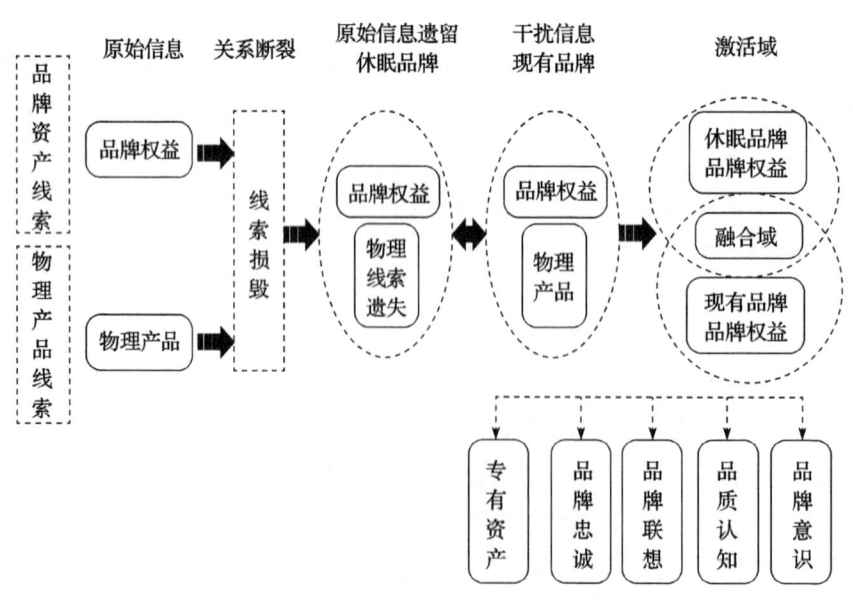

图3-7 休眠品牌的激活域的作用机理机制

（2）研究启示二：构建休眠品牌的衍化机理到激活路径之间链接式的一体化应用模式。

根据休眠品牌结构体内外的激活域的各要素的融合点和差异点以及作用机理，构建企业休眠品牌的激活域的实现路径，并据此提出研究的重点以及企业的经营要素。具体过程如图3-8所示。

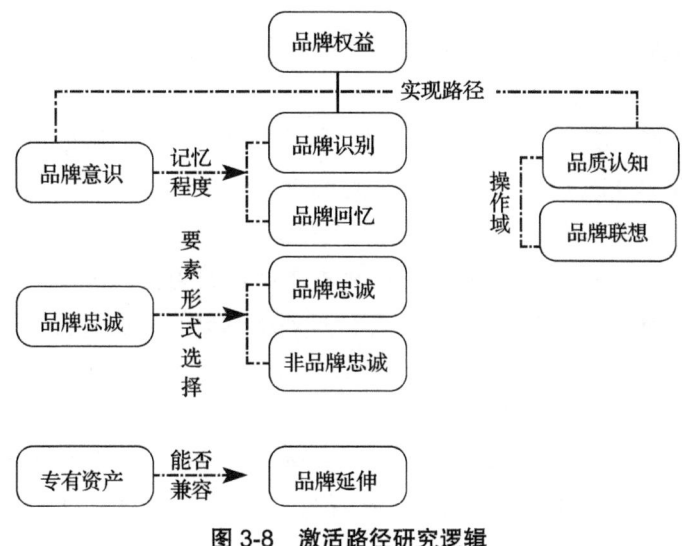

图3-8 激活路径研究逻辑

3.1.3 研究设计

3.1.3.1 刺激物设计

设计合适的刺激物可分为两个部分，一部分是休眠品牌的刺激物，另一部分是激活策略的刺激物。激活策略的刺激物又分为三个部分，老样式和老功能策略、老样式和新功能策略、新样式和老功能策略。

（1）休眠品牌的刺激物。

根据研究需要，设计三类不同休眠时长的真实休眠品牌：消失3～5年的品牌为绿叶（啤酒）；消失5～10年的品牌为旭日升（饮料）；消失10年以上的品牌为天府可乐（饮料）。如果消费者没有消费过或听说过指定刺激物，根据同类产品的同质性，可以由消费者自行回忆写出印象中的消失品牌。

（2）激活策略的刺激物。

根据研究需要，设计激活策略的刺激物为三个部分：老样式和老功能策略、老样式和新功能策略、新样式和老功能策略。新样式新功能属于新品牌开发，因此不属于本研究范畴。这主要是依据何佳讯、李耀（2006）提出的品牌活化矩阵（根据认知心理学和社会心理学）和王克稳、徐会奇、栾惠洁（2011）提出的品牌激活策略，具体情况如图3-9和图3-10所示。

图3-9 品牌活化矩阵

图3-10 激活策略矩阵

3.1.3.2 问卷和实证研究设计

（1）问卷设计。

问卷设计具体分为三个阶段。

① 量表开发阶段问卷设计。

即通过文献梳理以及深度访谈设计初步问卷，进行问卷测试。

② 理论模型验证阶段问卷设计。

问卷分为三个部分，第一部分是寒暄润滑问题、休眠品牌的提示品牌以及甄别问题（设计购买情况问题以区分忠实顾客和非忠实顾客）。第二部分是问卷的主体部分，包括三类问卷：问卷一调研休眠品牌的品牌权益的遗留线索，属于休眠品牌结构体内的激活域的测量部分；问卷二调研目前品牌（与休眠品牌同一类别）的品牌资产，属于休眠品牌结构体外的激活域的测验；问卷三假定某公司拟激活该类休眠品牌，与现有品牌之间的融合域的调研。第三部分是调研对象的基础信息部分，包括性别、年龄、学历、月收入。

③ 开放式现场实验研究阶段问卷设计。

在问卷一的最后部分附加未经任何提示情况下的休眠品牌的品牌关系再续意愿的测项和在三种激活策略条件下（老样式/老功能、老样式/新功能、新样式/老功能）的休眠品牌的品牌关系再续意愿的测项，如图3-11所示。

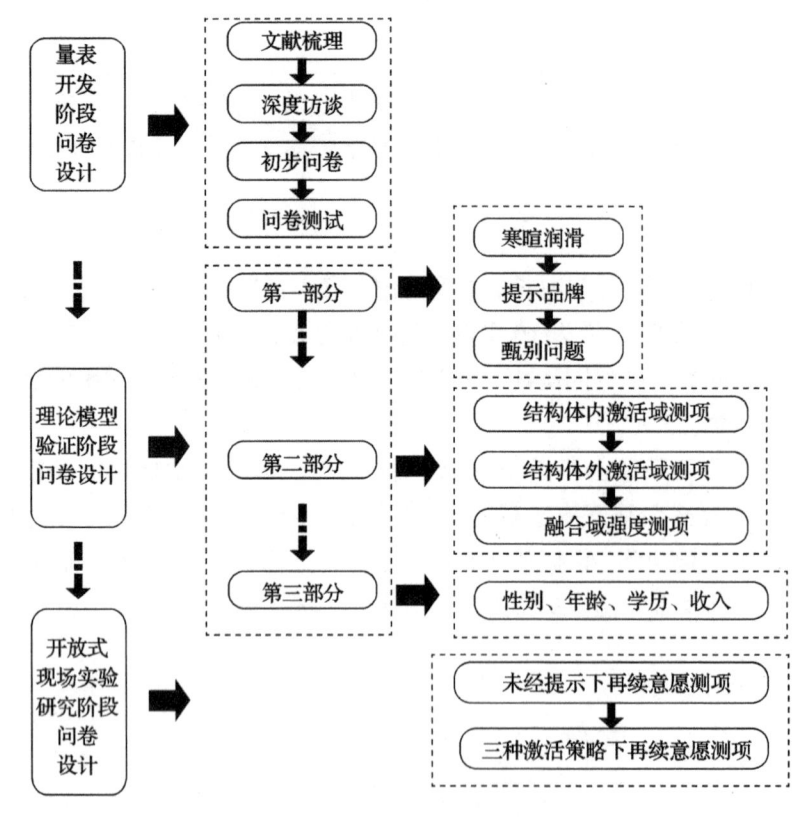

图 3-11 问卷设计流程

（2）实证研究设计。

实证研究设计包括研究过程设计、研究方法选择和研究数据分析。研究过程包括休眠品牌的激活域的测度研究、休眠品牌的激活域的作用机理模型研究和休眠品牌的激活域的实现路径研究三个过程。具体情况如图3-12所示。

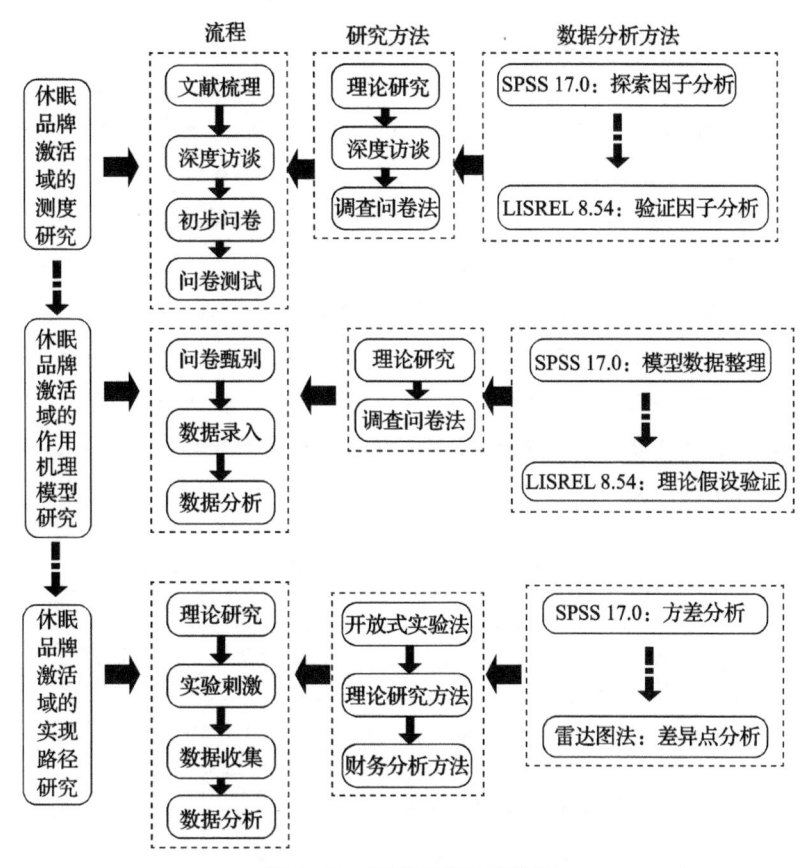

图 3-12 实证研究设计流程

① 休眠品牌的激活域的测度研究。

首先，进行消费者访谈，采用深度访谈法进而根据文献深度梳理，开发初步的问卷；其次，采用理论研究以及调查问卷法，利用 SPSS17.0 进行探索性因子分析，初步测定激活域的量表；最后，利用 LISREL8.54 对开发的量表进一步验证。

② 休眠品牌的激活域的作用机理模型研究。

根据开发的量表发放问卷，针对问卷一、二、三部分，按照同一类产品类别（饮料类、啤酒类）全部填答完整者作为本阶段数据甄别的初步标准采用理论研究方法建立理论模型，问卷调查法收集数据利用 SPSS17.0 对数据进行整理，同时利用 LISREL8.54 对理论模型的假设进行验证。

③ 休眠品牌的激活域的实现路径研究。

在本阶段中，第一，鉴于研究对象个体差异可能会导致各要素的差异，问卷测量的题项较多，而且跨越两种不同状态的品牌，数据收集难度颇高，因此，采用消失时间相同的品牌进行同质化抽取。在对填答问卷的人群进行实验设计调研时，同时调研品牌激活域的测项。考虑在实验中因问卷题项太多，被调查者会产生疲劳或者时间因素以及个体差异造成的统计误差，因此，最大限度地对调研人群采用调研员进行访谈式的问卷填答方式。该阶段采用理论研究方法和开放式现场实验研究方法，利用 SPSS17.0 进行方差分析。

第二，采用雷达图法直观区分休眠品牌结构体内外的激活域的具体激活要素的指标数据，同时根据企业案例进行剖析研究。

3.1.3.3 数据收集及统计分布

（1）数据收集。

在量表开发、模型验证和实验研究阶段，共发放问卷 3000 份，废弃问卷 720 份，回收问卷 2280

份，问卷回收率76%。其中：用于探索性因子分析和模型验证的有效问卷1732份；用于开放式现场实验研究的有效问卷2280份（其中包括探索性因子分析和模型验证的问卷数据1732份）。收集的样本分布情况为：男性样本1209人占53%，女性样本1071人占47%。年龄在20岁及以下占4%，91人；21～30岁占37%，844人；31～40岁占42%，958人；41～50岁占15%，342人；51岁及以上占2%，45人。学历的分布为初中及以下学历占13%，296人；高中学历占33%，752人；大学学历占51%，1163人；研究生学历占3%，69人。月收入在1000元及以下占17%，388人；1001～2000元占19%，433人；2001～3000元占30%，684人；3001～4000元占24%，547人；4001元及以上占10%，228人。根据休眠品牌的消失时间，消失3～5年的样本474个，占20.8%；消失5～10年的样本1071个，占47.0%；消失10年以上的样本735个，占32.2%。样本在性别间分布比较均匀，但是由于在收集样本过程中受品牌关系再续的对象的限定，导致部分样本数据的采集面临困难，所以样本分布在所有的统计变量间并不是很均匀，具体情况如表3-1所示。

表3-1　问卷调查基本情况

	统计特征	比例/%	人数		统计特征	比例/%	人数		统计特征	比例/%	人数
年龄	20岁及以下	4	91	学历	初中及以下	13	296	月收入	1000元及以下	17	388
	21～30岁	37	844		高中	33	752		1001～2000元	19	433
	31～40岁	42	958		大学	51	1163		2001～3000元	30	684
	41～50岁	15	342		研究生	3	69		3001～4000元	24	547
	51～60岁	2	45	性别	男	53	1209		4001元及以上	10	228
	61岁及以上				女	47	1071				
时间	3～5年	20.8	474		5～10年	47.0	1071		10年以上	32.2	735

（2）统计分布。

对数据进行基本的统计与分类，各个指标的基本情况如表3-2所示。在表中不仅列举了各个指标的平均值，而且也对标准差情况进行了列举与分析。因为平均值作为总体一般水平的代表值，反映了总体在某一数量标志上的集中趋势，但是仅用平均数并不能说明其代表性如何，还需要用标准差来衡量取得的数据平均数的代表性如何，标准差越小，说明该平均数的代表性越好。表中数据显示，除了公司熟悉度指标标准差值大部分在1以上（因为忠实顾客和非忠实顾客在数据收集时分布不均衡所致），其他指标的标准差值在0.626和1.011之间，基本表明各个指标的平均值能够代表本次研究对象的一般水平。调查问卷数据基本情况如表3-2所示。

表3-2　调查问卷数据基本情况

指标名称	Mean	Std.Deviation	指标名称	Mean	Std.Deviation
品牌识别度 I11	3.58	0.893	品牌识别度 E11	4.34	0.695
品牌回忆度 I12	3.57	0.917	品牌回忆度 E12	4.34	0.691
名称熟悉度 I13	3.97	0.957	品牌熟悉度 E13	4.47	0.646
标志熟悉度 I14	3.17	1.163	标志熟悉度 E14	4.11	0.853
包装熟悉度 I15	3.28	1.125	包装熟悉度 E15	4.20	0.808
色彩熟悉度 I16	3.21	1.110	色彩熟悉度 E16	4.09	0.904
公司名称熟悉度 I21	2.36	1.184	公司名称熟悉度 E21	3.53	1.125
公司标志熟悉度 I22	2.30	1.162	公司标志熟悉度 E22	3.14	1.132
公司口号熟悉度 I23	2.06	1.141	公司口号熟悉度 E23	2.78	1.192
公司文化熟悉度 I24	1.91	1.058	公司文化熟悉度 E24	2.53	1.177
品牌偏好性 I32	3.55	0.836	品牌偏好性 E31	4.18	0.626
再次购买率			再次购买率		

续表

指标名称	Mean	Std.Deviation	指标名称	Mean	Std.Deviation
行为忠诚度 I33	3.24	0.995	行为忠诚度 E33	4.11	0.746
顾客推荐率 I34	2.99	1.011	顾客推荐率 E34	3.76	0.834
缺货忠诚率 I35	2.49	0.954	缺货忠诚度 E35	3.11	0.923
形式延伸 I41	3.40	0.812	形式延伸 E41	3.61	0.816
内涵延伸 I42	3.37	0.866	内涵延伸 E42	3.53	0.837
销售服务 I51	3.45	0.688	销售服务 E51	3.83	0.652
售后服务 I52	3.12	0.762	售后服务 E52	3.50	0.755
产品外观 I53	3.43	0.728	产品外观 E53	3.81	0.715
产品体验 I54	3.34	0.839	产品体验 E54	3.80	0.770
社会责任 I55	3.04	0.844	社会责任 E55	3.36	0.826
质量联想 I56	3.41	0.718	质量联想 E56	3.85	0.689
功能联想 I57	3.37	0.709	功能联想 E57	3.74	0.740
服务联想 I58	3.20	0.765	服务联想 E58	3.48	0.765
科技联想 I61	3.17	0.780	科技联想 E61	3.54	0.749
健康联想 I62	3.40	0.765	健康联想 E62	3.68	0.754
自己再续意愿 X61	3.73	0.904	功能相关度 IE11	3.77	0.792
推荐再续意愿 X62	3.17	1.058	形象相关度 IE12	3.45	0.804
			顾客相关度 IE13	3.75	0.881

注：品牌溢价性、产品质量认知度、品牌产品质量认知、品牌传播、外观联想度、利益联想度、时尚联想度、品牌个性联想度8个测项，依据数据情况和研究意义通过探索因子分析已被删除。

3.1.4 休眠品牌的激活域的测度研究量表的开发与检验

对品牌权益的遗留线索和现有品牌的物理产品的参照线索进行甄别研究，通过定性和定量研究得出休眠品牌的激活域的测量维度和测量指标体系。

3.1.4.1 激活域的测度研究

（1）激活域的主要测量方法。

关于激活域的测量通过对文献的深度梳理，大致分为三种测量方法：

① 设定情景法。比较有代表性的文献有 K1enosky 和 Rethans（1988）、Petrof 和 Daghfous（1996）等。该方法首先假定消费者处于特定环境下对消费者的激活域进行调查。

② 挑选法。比较有代表性的文献有 Belonax 和 Mittelstaedt（1978）、Brisoux 和 Laroche（1980）、Reilly 和 Parkinson（1979）。该方法通过罗列出某类产品的所有可获得的品牌，让被调查者从中进行选择。

③ 直接陈述法。比较有代表性的文献有 Narayan 和 Markin（1975）、May 和 Homans（1977）。该方法通过设定一定的问题，让被调查者自己给出针对某一产品类别的各种品牌集合。

以上三种方法在测量激活域时各有优缺点。本研究充分考虑到每种方法的优缺点，并结合本研究的内容和研究的客观环境等因素，决定采用直接陈述法作为调查休眠品牌的激活域的具体技术方法。

（2）针对不同特点设计测量方法。

根据休眠品牌的线索遗留情况，主要以"品牌权益"作为休眠品牌的激活域的要素点来作为量表开发的重点，并且根据休眠品牌结构体内的激活域、结构体外激活域、融合域的特点分别设计不同的测量方法。

① 休眠品牌结构体内激活域的测量。

对于休眠品牌而言，消费者已经和实体产品没有任何的交易关系，如果想要激活，依据线索理论推导，休眠品牌的激活域在最初应该是在休眠品牌的遗留线索中，而所谓的"激活域"应该是具体的激活域中品牌的各个激活要素所构成的激活域。

本研究针对休眠品牌的特殊状态，采用回忆法，列举饮料类和啤酒类中消失的真实品牌，利用问卷调查法对休眠品牌的品牌权益的遗留线索进行测量。

② 休眠品牌结构体外激活域的测量。

休眠品牌在决定激活时，就会发生休眠品牌和现实品牌的激活域之间的作用，因此，针对研究需要，采用直接陈述法确定休眠品牌结构体外的激活域。通过个人访谈法，对身边的多位调查者进行了访谈式调查，同时陈列休眠品牌系列的品牌名称让消费者陈述自己想到的同类别的品牌名称，让他们说出自己知道的饮料或啤酒类的品牌，最终分别确立了 13 个饮料类和 10 个啤酒类的具有代表性的品牌。

③ 休眠品牌融合域的测量。

休眠品牌和现有品牌的融合域的测量方法中，主要考虑休眠品牌和现有品牌之间的延伸关系是否高度相关，主要测量纬度在产品功能相关性、产品形象相关性和目标顾客相关性三个方面。

3.1.4.2 指标量表的设计

（1）调研对象。

根据研究的需要，调研对象分为两个层次，第一层次是消费过休眠品牌的忠实顾客；第二层次是消费过休眠品牌的非忠实顾客。因为是快速消费品、低卷入/情感型的产品品牌，所以在涉及忠实顾客与非忠实顾客区分时采用如下标准：经常使用的消费者界定为忠实顾客；偶尔使用和仅使用一次的消费者界定为非忠实顾客。

（2）指标量表的设计。

① 品牌意识的量表设计。

根据品牌意识的两个层级，测试休眠品牌以及相同类别的现有品牌目前顾客关于品牌要素的记忆深度。具体设计的问题如表 3-3 所示。

表 3-3　品牌意识层次及品牌熟悉度量表

层级名称	指标名称	问题	参考依据
品牌识别	品牌识别度	给出一系列的品牌后，可以想起这个品牌	参照 Aaker J.Fournier 的品牌意识量表
品牌回忆	品牌回忆度	以前听说过这个品牌	
品牌熟悉	品牌名称		根据调研访谈自行开发
	品牌标志		
	品牌包装		
	品牌色彩		
	该品牌所属公司名称		
	该品牌所属公司标志		
	该品牌所属公司口号		
	该品牌所属公司文化		

② 品牌忠诚度的量表设计。

目前品牌忠诚度的测量主要分为两种，第一种是行为测量法，是从消费者的购买模式出发进行的测量，测量的指标有重复购买率、购买比率和购买品牌的数量；第二种是根据品牌忠诚度形成的结果，比如对转换成本、满意度、喜欢程度以及效忠程度进行测量。

从行为的角度测量品牌忠诚度存在一定的弊端，行为数据很难获得，而且测试的是休眠品牌，消失很多年，数据更难以获得。因此，在本研究中，采用品牌忠诚度的结果和行为的双重指标来测量，同时根据品牌忠诚度的层级金字塔，测试休眠品牌消失前顾客所处哪一层级，为下一步区分不同的群体、设计不同的激活策略奠定基础。具体设计的问题如表 3-4 所示。对现有品牌主要通过行为角度的指标来进行测量。

表 3-4 品牌忠诚层级及内容量表

层级名称	问题	参考依据
忠诚购买者		参照 Aaker J. Fournier 的品牌忠诚度量表
视品牌如朋友者		
满意购买者		
习惯购买者		
摇摆不定者		
品牌溢价性	相比同类产品均价，您当时愿意为该品牌多付的价格比例是多少	参考陈佳贵、杨世伟（2012）、张世贤、杨世伟、赵宏大、李海鹏（2011）开发的品牌忠诚度量表
品牌偏好性	您在购买此类产品时，是否会优先选择该品牌	
再次购买率	当再次购买此类产品时，您是否还会选择该品牌	
行为忠诚度	您是否多次购买该品牌产品	
顾客推荐率	您是否向其他人推荐过该品牌	
缺货忠诚率	在该品牌缺货的情况下，您是否愿意等待	

③ 品牌延伸度的量表设计。

品牌延伸长度测量采用国际流行的办法，设置 14 种不同类别的产品，允许消费者自由选择，选出休眠品牌的品牌名称下可能成为的产品和不可能成为的产品，由此得出品牌延伸度的长度。在本研究中，设置产品类别为：饮料、啤酒、矿泉水、洗发水、洗衣机、冰箱、梯子、零食、办公用品、电脑、手机、牛奶、纸巾、床上用品；同时设置形式延伸度和内涵延伸度来测量品牌延伸度的深度。

④ 品质认知度的量表设计。

品质认知度是消费者根据特定目的与备选方案相比，多产品或服务的全面质量或优越程度的感知状况（Aaker，2007）。品质认知度的测量量表可以参照 Aaker 提出的测量量表，测试休眠品牌的物理属性目前在消费者心目中的印象，据此，锁定休眠品牌的物理属性的激活域。参照的测量量表如表 3-5 所示。

表 3-5 品质认知度测量量表

品质认知度	指标名称	问题	参考依据
产品质量	性能	您认为该品牌的品质如何	参照 Aaker J. Fournier 的品质认知度量表
	特色		
	与说明书一致		
	可靠性		
	耐用性		
	适用性		
	适宜于完美		
服务质量	有形性	您对该品牌的服务是否满意	参照 Aaker J. Fournier 的品质认知度量表
	可靠性		
	能力		
	响应速度		
	移情		
品牌品质认知	品牌产品质量	您对该品牌的产品是否满意	根据调研访谈开发设计
	品牌产品外观		
	品牌产品体验		
	品牌社会责任		

⑤ 品牌联想度的量表设计。

品牌联想是与品牌记忆相联系的所有事情，包括物理联想和精神联想。品牌联想的内容包括产品品质、无形特征、消费者利益、相对的价格、使用/应用、使用者/消费者、社会名流/普通人、生活方式/个性、产品类别、竞争对手以及国家/地理区域（Aaker，2007）。具体的测量量表如表3-6所示。

表3-6 品牌联想度测量量表

品牌联想	问题		参考依据
产品品质	品牌功能联想	产品的外观	参考陈佳贵、杨世伟（2012）和张世贤、杨世伟、赵宏大、李海鹏（2011）开发的品牌联想度量表
无形特征		产品与服务的质量	
消费者利益		品牌产品功能	
相对的价格		给您带来的利益	
使用/应用	品牌独特性联想	科技含量高	
使用者/消费者		健康	
社会名流/普通人		时尚	
生活方式/个性		服务好	
产品类别	品牌个性联想	品牌符号特殊性	
		产品独特性	
竞争对手		服务独特性	
		情感功能	
国家/地理区域	品牌传播联想	国际知名品牌	参照 Aaker J. Fournier 的品牌联想度量表
		国内知名品牌	
		区域知名品牌	
		区域一般品牌	
		行业知名品牌	

⑥ 品牌关系再续意愿的测量量表设计。

休眠品牌的品牌关系再续意愿参照 Grewal、Monroe 和 Krishnan（1998）的购买意愿的量表和 Lee（2000）的测量推荐意愿的量表翻译而成，并根据顾客品牌关系再续意愿，题项设置如表3-7所示。

表3-7 品牌关系再续意愿测量量表

问卷设计题项	对应的参考依据题项	参考依据
1. 重新推出这个品牌，我会考虑购买它	推出这个品牌，我会考虑购买它	1.Grewal、Monroe 和 Krishnan（1998）的购买意愿量表翻译而成
2. 重新推出这个品牌，我会推荐别人购买它	推出这个品牌，我会推荐别人购买它	
3. 重新推出这个品牌，我会鼓励朋友、家人购买它		2.Lee（2009）的推荐意愿量表翻译而成

3.1.4.3 指标量表的修订与检验

（1）量表的修订方法。

本研究在量表开发时，不仅要参照文献的指标量表，还要对开发的量表通过深度访谈进一步修订。根据研究对象的特殊性，采用半结构式的深度访谈，谈话的题目、内容不固定，只以提纲或粗略的问题来确定访谈的范围。本研究深度访谈分为两个层面：第一个层面针对消费者，共访谈了30人，每一批访谈人数为4～5人。而且根据研究对象的特点，每一批访谈对象在年龄、职业、收入层次、社会背景方面尽量相同，在访谈中尽量安排一个关键信息人，能够使访谈顺利进行，访谈中注意控制主题、尽量避免被提问，安排合适的记录员，详细记录访谈中被访谈者的真实想法、态度、观点和意愿，并且在访谈结束后及时整理相关记录，总结访谈经验，调整下次访谈设计，拟订更完善的访谈计划。第二个层面针对品牌研究或实践方面的学者和企业专家，共访谈12人，其中品牌研究学者7名，品牌实践专家5

名。具体的访谈提纲见附录一与附录二。

（2）量表的检验方法。

本研究在量表检验时，采用探索性因子和验证性因子分析两个步骤。

① 探索性因子分析。

探索性因子分析主要利用主成分分析法（Princip Lecomponent Method），采用四次最大正交旋转法来进行因子分析。在因素的个数决定上，以特征值（Eigenvalue）大于1为评估标准。首先进行变量测量项目的纯化处理，根据Lederer和Sethi（1991）等的研究，在因子分析过程中筛选变量测量项目的准则有以下几点。

一个问项自成一个因子时，则删除，因为其没有内部一致性。该问项在其所属因子的负荷量必须大于0.5，则具有收敛效度，否则删除。

每一问项所对应的因子负荷必须接近1，但其他因子的负荷必须接近0，这样才具有区别效度。所以，若该问项在其所有因子的负荷量都小于0.5，或在两个以上因子是大于0.5（横跨两个因子）时，则删除该变量的测项项目。

对题目总分相关（Item-totalcorreLation）小于0.4且删除后的Cronbach's α值会增加的项目进行删除（Yoo和Donthu，2001；McA1exander，Schouten和Koening，2002）。

② 验证性因子分析。

探索性因子分析之后需要进行验证性因子分析，进一步分析量表的信度与效度。验证性因子分析检验的是测量变量与潜在变量之间的假设关系，既可以是结构方程模型中最基础的测量部分，也可以独立地应用在信度、效度的考察及理论有效性的确认方面。

本研究采用验证因子分析验证量表的信度，这一方法区别于采用探索性因子测量因素信度。验证因子分析信度不仅能测量因素信度，而且能测量每一测量条款的信度。

测量条款的信度指标为其变异系数R^2，当该系数值较低时，表示该项目较不一致，是比较差的测量项目，应该考虑删除，其采用标准的最低接受值为0.5。在实际应用中，一般认为只要该测量条款的标准化负荷大于0.5，且P值显著即可。

问卷质量的评价不仅考察信度指标，而且还要考察效度指标。效度是指问卷的有效性和正确性，是测验结果反映所要测量特性的程度，包括问卷测验的目的、测量的精确度和真实性。常用的效度指标有内容效度、结构效度和预测效度。

内容效度又称为逻辑效度、内在效度、循环效度，是一个主观评价指标，指的是问卷内容的贴切性和代表性。具有良好内容效度的问卷需要满足两个方面的要求：一方面问卷的题项能反映所要测量对象的特质，另一方面问卷的测量项目能较好地代表所要测量的对象并达到测量目的。

内容效度常用的评价方法有两种：一种是统计分析法，即从同一内容总体中抽取两套调查问卷，分别对同一组被试者进行测验，计算两种调查问卷的相关系数来评估问卷的内容效度；另一种是专家法，即邀请相关专业专家对调查问卷的测量项目与原来的研究内容范围的界定进行分析，分析调查问卷的题目是否较好地代表了研究内容。

收敛效度由CFA模型的拟合指数和因子负载系数来检验（Mueller，1996）。具体来讲，可以从观测变量因子负荷的显著性程度（t值）来判断，观测变量因子负荷应该达到显著性水平，且其数值必须大于0.45（Joreskog、Sorbom和Lisrel，1988）。

常见的区分效度判别方法有两种：如果两个潜变量之间的相关系数加减标准误的两倍不包含1，表明数据有较高的区分效度（James和Gerhing，1988）；潜在变量的共同方差应该小于0.5，而且某一潜在变量与其他潜在变量的共同方差应该小于两个潜在变量的平均方差抽取量的平均值（Forne11和Larcker，

1981）。平均方差抽取量是反映一个潜在变量能被一组观察变量有效估计的聚敛程度指标，此指标用于计算潜变量的各个观察变量对该潜变量的方差解释力。平均方差抽取量（Average Variance Extracted，AVE）的值应该大于 0.5，AVE 值越高，表示潜变量的收敛效度越高（Bagozziand Yi，1988；Fornell and Larcker，1981）。平均方差抽取量可由如下公式计算

$$\text{AVE} = \rho_v = \frac{\sum \lambda i^2}{\sum \lambda i^2 + \sum \theta} \tag{3.1}$$

其中：AVE 为平均方差抽取量；λi 为观测变量在潜在变量上的标准化参数；θ 为观测变量的测量误差。（3.1）式中，分母为各题的因素载荷平方加上误差变异，相加为 1。因此，分母即为测量项目的题数 n

$$\rho_v = \frac{\sum \lambda i^2}{n} \tag{3.2}$$

换言之，该指标就是各因素的各个题的因素载荷平方的平均值。当该指标大于 0.50，表示潜在变量的聚敛能力十分理想，具有良好的操作型定义化。

（3）休眠品牌结构体内激活域的测量

① 探索性因子分析。

依据以前学者的有关文献开发和验证的量表，结合访谈题项总结，对指标量表的题项进行归纳和总结，其中，访谈结果中对休眠品牌的记忆对应的变量为品牌识别、品牌回忆和品牌熟悉度；品牌的忠诚对应的变量为品牌偏好性、再次购买率、行为忠诚率、缺货忠诚率；品牌能否变化对应的变量为形式延伸、内涵延伸；品质的认知对应的变量为产品质量、销售服务、售后服务、产品外观、产品体验和社会责任；品牌联想对应的变量为质量联想、功能联想、服务联想、利益联想、科技联想、健康联想、时尚联想。

量表初步定了 12 个维度，每个维度测试项目不等共 37 个测试项目。Nunnally（1978）认为探索性因子分析的样本量应该至少是量表测项数目的 10 倍。本研究的初始量表包含 37 个测项初步收集的探索性有效问卷 866 份，达到了探索性因子分析的样本数量。因此，运用 SPSS17.0 对 866 个样本进行探索性因子分析。

通过四次最大正交旋转前 7 个因子的特征根值都大于 1，累计解释的变异量为 64.015%，Malhotra 和 Galletta（1999）认为累计方差贡献率最好大于 60%。通过碎石图（见图 3-13）看，从第 8 个因子开始变动趋缓表明应该提取 7 个因子。量表的测量项目并没有按照原假设归属 12 个因子而是 7 个因子，其中删除因子载荷低于 0.5 的测项有品牌溢价性、产品质量认知度、品牌产品质量认知、品牌传播、外观联想度、利益联想度、时尚联想度、品牌个性联想度；品质认知度的测项受休眠品牌的品牌存在特性的影响，其与品牌联想度的"物质联想"的测项合并在一起，被命名为"物质联想"。

在本研究中，采用 Cronbach's α 值作为删除量表测项的依据。经过第一次信度分析后，删除内部一致性偏低的题项，删除的标准是：对题目总分相关（Item-Total Correlation）小于 0.4 且删除后的 Cronbach's α 值会增加的项目进行删除，这样有助于问卷整体一致性的提高。如果删除了部分题项，则需要对问卷进行第二次信度检验。本研究变量的 Cronbach's α 经过纯化处理以后，只有两个测项的品牌延伸度和品牌精神联想的信度在 0.6 以上（Fornell 和 Larcker，1981），如果是分量表，信度系数最好在 0.7 以上，如果在 0.6 至 0.7 之间还可以接受，其余都在 0.7 以上，表明数据是可靠的。因此，本表具有良好的内部一致性，具体分析结果如表 3-8 所示。

本研究的 KMO 值为 0.936，非常适合进行因子分析。KMO 是 Kaiser-Meyer-Olkin 的取样适当性量数，当 KMO 值越大时，表示变量间的共同因素越多，越适合进行因素分析。KMO 值应大于 0.7 且 KMO 值越接近 1，表明题项间的相关性越强，越适合做因子分析（Hair、Rolph 和 Ronald 等，1998）；如果 KMO 的值小于 0.5 时，较不宜进行因素分析；大于 0.6 时，则适合因子分析。本研究的 Bartlett's 球形检

验的显著性水平值 P=0.000<0.05，也表明很适合做因子分析。

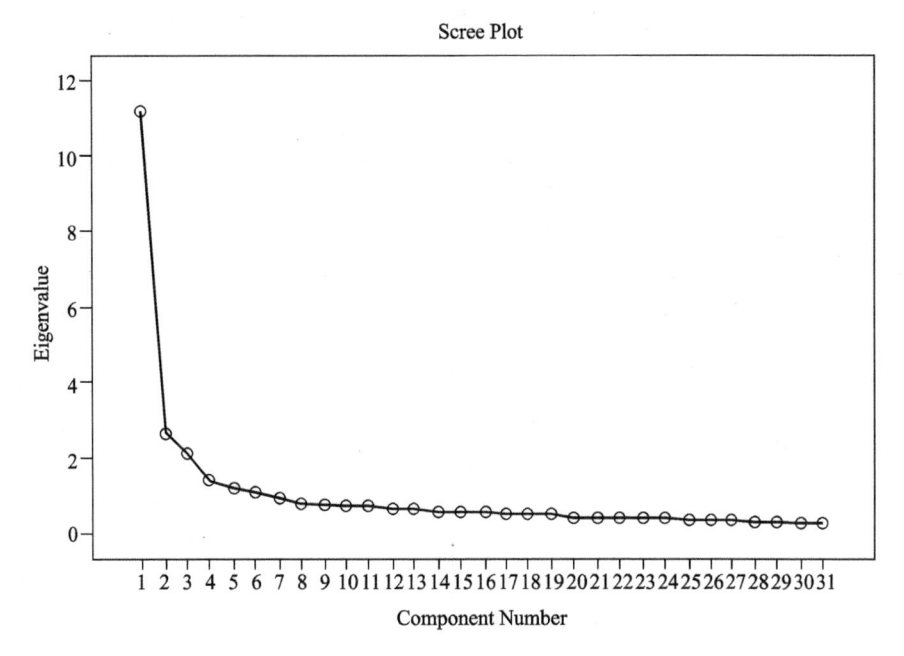

图 3-13 碎石图 1

表 3-8 正交旋转后的因子负荷载体 1

变量		测量项目代码和题项	因子负荷	Cronbach's α
品牌意识度	品牌熟悉度	I111 给出一系列的品牌后，可以想起这个品牌	0.534	0.870
		I112 以前听说过这个品牌	0.613	
		I113 品牌名称	0.737	
		I114 品牌标志	0.738	
		I115 品牌包装	0.796	
		I116 品牌色彩	0.744	
	公司熟悉度	I121 公司名称	0.733	0.884
		I122 公司标志	0.852	
		I123 公司口号	0.837	
		I124 公司文化	0.855	
品牌忠诚度		I21 您在购买此类产品时，是否会优先选择该品牌	0.663	0.567
		I22 再次购买此类产品时，您是否还会选择该品牌	0.678	
		I23 您是否多次购买该品牌产品	0.634	
		I24 您是否会向其他人推荐该产品	0.703	
		I25 在该品牌缺货的情况下，您是否愿意等待	0.587	
品牌延伸度		I31 您认为该品牌可以在形式上进行多大程度的改变	0.770	0.659
		I32 您认为该品牌可以在内涵上进行多大程度的改变	0.799	
品牌联想度	物质联想	I411 您对该品牌的销售服务是否满意	0.671	0.874
		I412 您对该品牌的售后服务是否满意	0.744	
		I413 您对该品牌的产品外观是否满意	0.614	
		I414 您对该品牌的产品体验是否满意	0.632	
		I415 您对该品牌的社会责任是否满意	0.666	
		I416 对于该品牌的质量，您是否同意以下说法	0.605	
		I417 对于该品牌的功能，您是否同意以下说法	0.529	
		I418 对于该品牌的服务，您是否同意以下说法	0.622	
	精神联想	I421 看到该品牌，您认为科技含量高	0.682	0.60
		I422 看到该品牌，您认为健康元素多	0.770	
品牌关系再续意愿		RP11 如果该品牌重新出现，您愿意自己购买	0.634	0.814
		RP12 如果该品牌重新出现，您愿意推荐别人购买	0.693	

② 验证性因子分析。

本研究的各个测量条款的标准化载荷在 0.58 和 0.85 之间，P 值都显著，表明该量表的信度是可靠的。具体情况如表 3-9 和图 3-14 所示。

表 3-9　CFA 模型的因子负荷与 t 值检验 1

品牌熟悉度	t 值	公司熟悉度	t 值
0.67	—	0.71	—
0.69	17.88	0.83	22.73
0.66	17.27	0.85	23.17
0.76	19.42	0.85	23.12
0.80	20.38		
0.78	19.91		
品牌忠诚度	t 值		
0.76	—		
0.78	23.21		
0.77	22.81		
0.79	23.47		
0.68	20.01		
品牌延伸度	t 值	品牌关系再续意愿	t 值
0.75	—	0.84	—
0.66	11.42	0.82	21.67
品牌物质联想度	t 值	品牌精神联想度	t 值
0.73	—	0.67	—
0.69	19.53	0.63	12.95
0.58	16.33		
0.72	20.41		
0.64	18.20		
0.74	20.02		
0.70	19.65		
0.68	19.25		

注：采用固定负载法设定结构变量的度量尺度，第一个变量的负载被固定为 1.0，无法计算 t 值。

内容效度检验具体操作是在编制量表之前，通过阅读大量的相关文献，参考经过论证过的有关量表，并且对各层次的消费者进行了深度访谈。量表初稿完成后，专门邀请了相关专家对量表的各个测试题项逐一进行分析讨论，在此基础上进行修改和完善。因此，本研究的量表具有较高的内容效度。

结构效度又称建构效度，是指问卷对某一理论概念或特质测量的程度，即某问卷测量的实际得分能解释某一特质的程度。结构效度可分为收敛效度和区分效度。

由表 3-9 可知，所有因子负荷的 t 值均大于 3.29，表明所有指标在各自计量概念上的因子负荷量都达到 P<0.01 的显著水平，且因子负荷介于 0.58～0.85，大于门槛值 0.45，表明量表具有良好的收敛效度。

由表 3-10、表 3-11 计算可知，潜在变量之间的相关系数加减标准误的两倍不包含 1；潜在变量的共同方差仅有两处大于 0.5，其他均小于 0.5，虽然平均方差抽取量有两处小于 0.5，但是潜在变量与其他潜在的共同方差仅有一处略高于两个潜在变量的方差提取量的平均值，其他均小于两个潜在变量的平均方差提取量的平均值。因此，数据的区分效度较好。

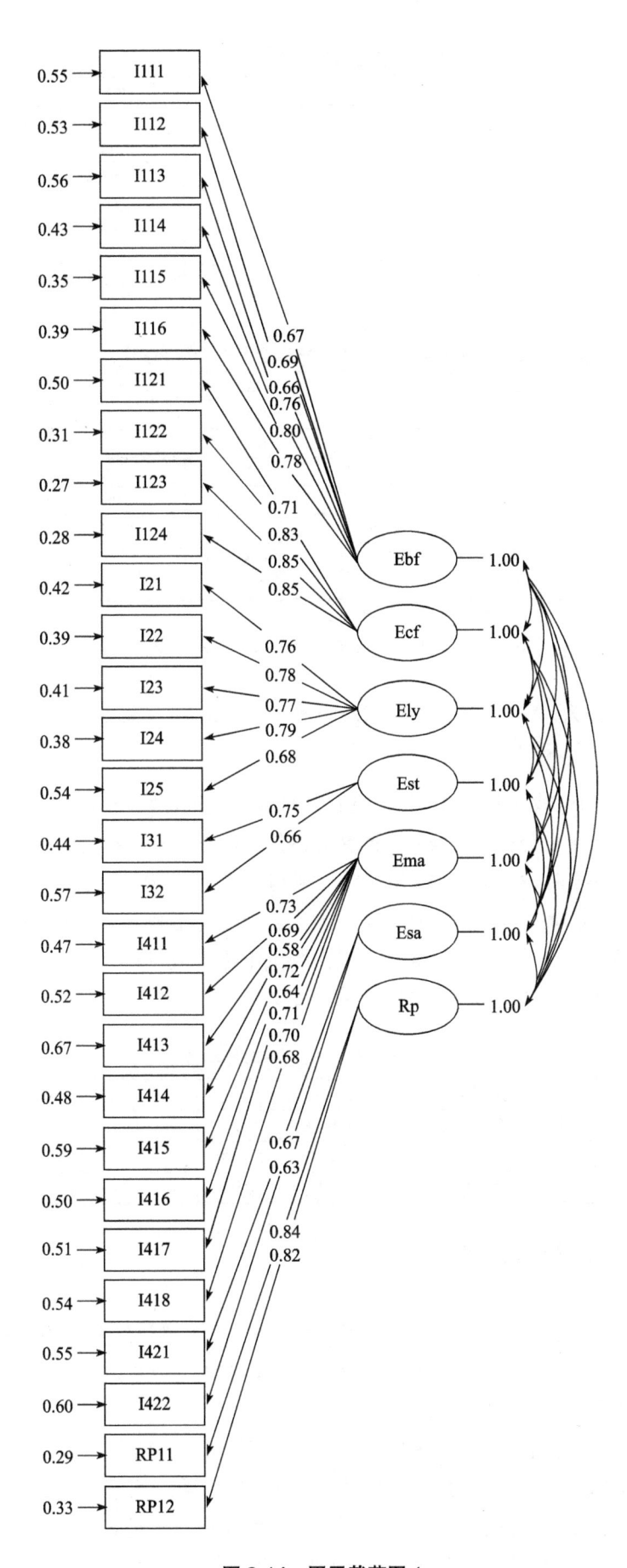

图 3-14 因子载荷图 1

表 3-10 潜在变量的相关系数和标准差 1

	lbf	lef	lly	lst	lma	lsa	RP
lbf	1.00	0.02	0.02	0.02	0.02	0.02	0.02
lcf	0.37	1.00	0.02	0.02	0.02	0.02	0.03
lly	0.70	0.39	1.00	0.02	0.02	0.02	0.03
lst	0.38	0.33	0.38	1.00	0.02	0.02	0.02
lma	0.58	0.42	0.75	0.55	1.00	0.02	0.02
lsa	0.48	0.47	0.59	0.49	0.72	1.00	0.02
RP	0.55	0.27	0.70	0.43	0.62	0.54	1.00

表 3-11 潜在变量的相关系数、平均方差抽取量及各个潜在变量之间的共同方差 1

	lbf	lef	lly	lst	lma	lsa	RP
lbf	0.53	0.14	0.49	0.14	0.34	0.23	0.30
lef	0.37	0.66	0.15	0.11	0.18	0.22	0.07
lly	0.70	0.39	0.57	0.14	0.56	0.35	0.49
lst	0.38	0.33	0.38	0.50	0.30	0.24	0.18
lma	0.58	0.42	0.75	0.55	0.47	0.52	0.38
lsa	0.48	0.47	0.59	0.49	0.72	0.43	0.29
RP	0.55	0.27	0.70	0.43	0.62	0.54	0.69

注：1. 表 3-10 中对角线以下为相关系数矩阵，对角线以上为标准误。

2. 表 3-11 中对角线下方为相关系数矩阵，对角线数字为各个潜在变量的抽取量，对角线上方为各个潜变量与其他潜变量的共同方差。

3. 表中因子按照顺序为：品牌熟悉度（lbf）、公司熟悉度（lef）、品牌忠诚度（lly）、品牌延伸度（lst）、品牌物质联想（lma）、品牌精神联想（lsa）、品牌关系再续意愿（RP）。

采用 LISREL8.54 中的稳健最大似然法进行估计，将通过验证性因子的数据代入测试方程，数据与模型的拟合指数如表 3-12 所示，分析结果显示：研究假设的结构方程模型拟合得很好，主要的拟合指标为：$X^2/df=5.42$，GFI=0.87，AGFI=0.84，RMR=0.051，SRMR=0.055，RMSEA=0.071，NFI=0.96，NNFI=0.97，CFI=0.97，IFI=0.97，PNFI=0.84，PGFI=0.71。12 个拟合指数除了 GFI 和 AGFI 低于标准指标外（这两项指标受本次调研样本量的影响），卡方值因为测试中样本数量过大而偏离标准值，其余各指标都达到了优度的标准，表明 CFA 模型与数据的拟合度良好。

表 3-12 CFA 模拟的拟合指数一览表 1

	绝对拟合指数							相对拟合指数			简约拟合指数	
	X^2/df	GFI	AGFI	RMR	SRMR	RMSEA	NFI	NNFI	CFI	IFI	PNFI	PGFI
标准值	<3	>0.90	>0.90	<0.08	<0.08	<0.08	>0.90	>0.90	>0.90	>0.90	>0.50	>0.50
实际值	5.42	0.87	0.84	0.051	0.055	0.071	0.96	0.97	0.97	0.97	0.84	0.71

（4）休眠品牌结构体外激活域的测量。

① 探索性因子分析。

量表初步定了 11 个维度，每个维度测试项目不等，共 35 个测试项目。本研究的初始量表包含 35 个测项初步收集的探索性有效调查问卷 866 份，达到了探索性因子分析的样本数量。因此运用 SPSS17.0 对 866 个样本进行探索性因子分析。

通过四次最大正交旋转，前 7 个因子的特征根值均大于 1，累计解释的变异量为 62.138%，已经超过了累计方差贡献率的标准值 60%。通过碎石图（见图 3-15）看，从第 8 个因子开始变动趋缓，表明应该提取 7 个因子。量表测项并没有按照原假设归属 11 个因子，而是 6 个因子，其中删除因子载荷低于 0.5 的测项品牌溢价性、产品质量认知度、品牌产品质量认知、品牌传播、外观联想度、利益联想度、时尚联想度、品牌个性联想度；品质认知度的测项受休眠品牌同时测试的影响，其与品牌联想度"物质联想"的测项合并在一起，被命名为"物质联想"。

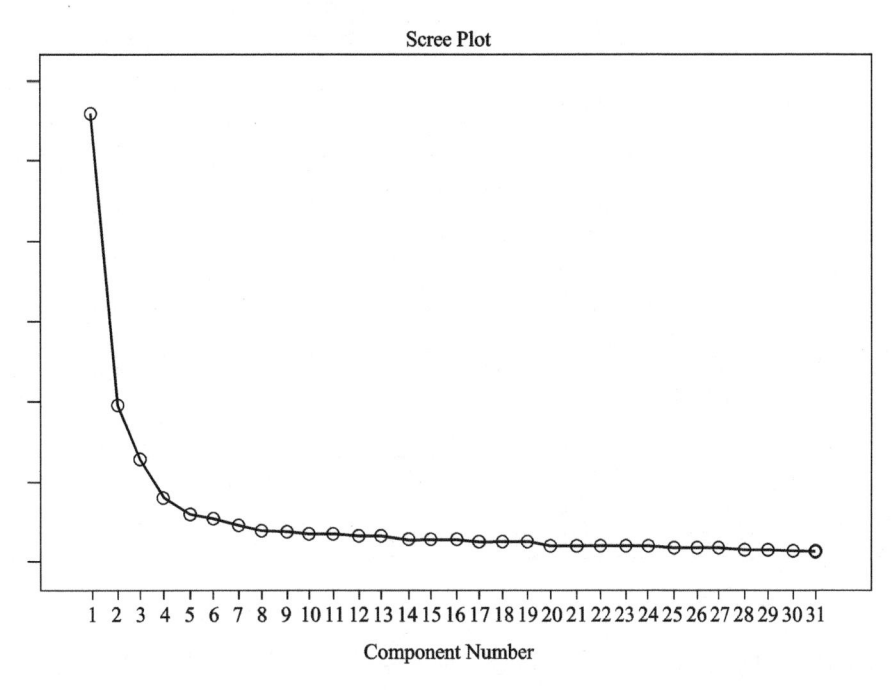

图 3-15　碎石图 2

在本研究中，采用 Cronbach's α 值作为删除量表测项的依据。经过第一次信度分析后删除内部一致性偏低的题项，删除的标准是：对题目总分相关（Item-total Correlation）小于 0.4 且删除后的 Cronbach's α 值会增加的项目进行删除，有助于问卷整体一致性的提高，则删除该题项。如果删除了部分题项则需要对问卷进行第二次信度检验。本研究变量的 Cronbach's α 经过纯化处理以后，只有两个测项的品牌精神联想和品牌延伸度在 0.6 以上。Fornell 和 Larcker（1981）认为如果是分量表，信度系数最好在 0.7 以上，如果在 0.6 至 0.7 之间还可以接受，其他都在 0.7 以上，表明数据是可靠的。因此，本表具有良好的内部一致性，具体分析结果见表 3-13。

本研究的 KMO 值为 0.918，非常适合进行因子分析。KMO 是 Kaiser-Meyer-Olkin 的取样适当性量数，当 KMO 值愈大时，表示变量间的共同因素越多，越适合进行因子分析，KMO 值应大于 0.7，KMO 值越接近 1，表明题项间的相关性越强，越适合做因子分析，如果 KMO 的值小于 0.5 时，较不宜进行因子分析，大于 0.6 时，则适合因子分析。本研究的 Bartlett's 球形检验的显著性水平值 P=0.000<0.05，也表明很适合做因子分析。

表 3-13　正交旋转后的因子负荷载体 2

变量		测量项目代码和题项	因子负荷	Cronbach's α
品牌意识度	品牌熟悉度	E111 给出一系列的品牌后，可以想起这个品牌	0.588	0.862
		E112 以前听说过这个品牌	0.596	
		E113 品牌名称	0.762	
		E114 品牌标志	0.704	
		E115 品牌包装	0.806	
		E116 品牌色彩	0.735	
	公司熟悉度	E121 公司名称	0.654	0.853
		E122 公司标志	0.802	
		E123 公司口号	0.834	
		E124 公司文化	0.840	

续表

变量		测量项目代码和题项	因子负荷	Cronbach's α
品牌忠态度		E21 您在购买此类产品时，是否会优先选择该品牌	0.755	0.827
		E22 再次购买此类产品时，您是否还会选择该品牌	0.746	
		E23 您是否多次购买该品牌产品	0.709	
		E24 您是否会向其他人推荐该品牌	0.660	
		E25 在该品牌缺货的情况下，是否愿意等待	0.504	
品牌延伸度		E31 您认为该品牌可以在形式上进行多大程度的改变	0.778	0.657
		E32 您认为该品牌可以在内涵上进行多大程度的改变	0.748	
品牌联想度	物质联想	E411 您对该品牌的销售服务是否满意	0.677	0.837
		E412 您对该品牌的售后服务是否满意	0.706	
		E413 您对该品牌的产品外观是否满意	0.654	
		E414 您对该品牌的产品体验是否满意	0.588	
		E415 您对该品牌的社会责任是否满意	0.526	
		E416 对于该品牌的质量，您是否同意以下说法	0.592	
		E417 对于该品牌的功能，您是否同意以下说法	0.525	
		E418 对于该品牌的服务，您是否同意以下说法	0.517	
	精神联想	E51 看到该品牌，您认为科技含量高	0.709	0.60
		E52 看到该品牌，您认为健康元素多	0.831	

② 验证性因子分析。

收敛效度由 CFA 模型的拟合指数和因子负载系数来检验。由表 3-14 和图 3-16 可知，所有因子负荷的 t 值均大于 3.29，表明所有指标在各自计量概念上的因子负荷量都达到 $P<0.01$ 的显著水平，且因子负荷介于 0.50～0.83，大于门槛值 0.45，表明量表具有良好的收敛效度。

表 3-14　CFA 模型的因子负荷与 t 值检验 2

品牌熟悉度	t 值	公司熟悉度	t 值
0.66	—	0.66	—
0.66	17.05	0.79	19.32
0.74	18.75	0.83	19.91
0.69	17.56	0.81	19.57
0.80	19.86		
0.73	18.54		
品牌忠诚度	t 值		
0.78	—		
0.83	24.18		
0.73	21.31		
0.67	19.54		
0.50	14.26		
品牌延伸度	t 值		
0.67	—		
0.74	12.91		
品牌物质联想度	t 值	品牌精神联想度	t 值
0.65	—	0.68	—
0.66	16.69	0.60	10.71
0.55	14.19		
0.62	15.80		
0.62	15.75		
0.60	15.34		
0.65	16.46		
0.65	16.36		

注：采用固定负载法设定结构变量的度量尺度，第一个变量的负载被固定为 1.0，无法计算 t 值。

由表 3-15 和表 3-16 计算可知，潜在变量之间的相关系数加减标准误的两倍不包含 1；潜在变量的共同方差都小于 0.5，虽然平均方差抽取量有两处小于 0.5，但是潜在变量与其他潜在的共同方差仅有一处略高，其他均小于两个潜在变量的平均方差提取量的平均值。因此，数据的区分效度较好。

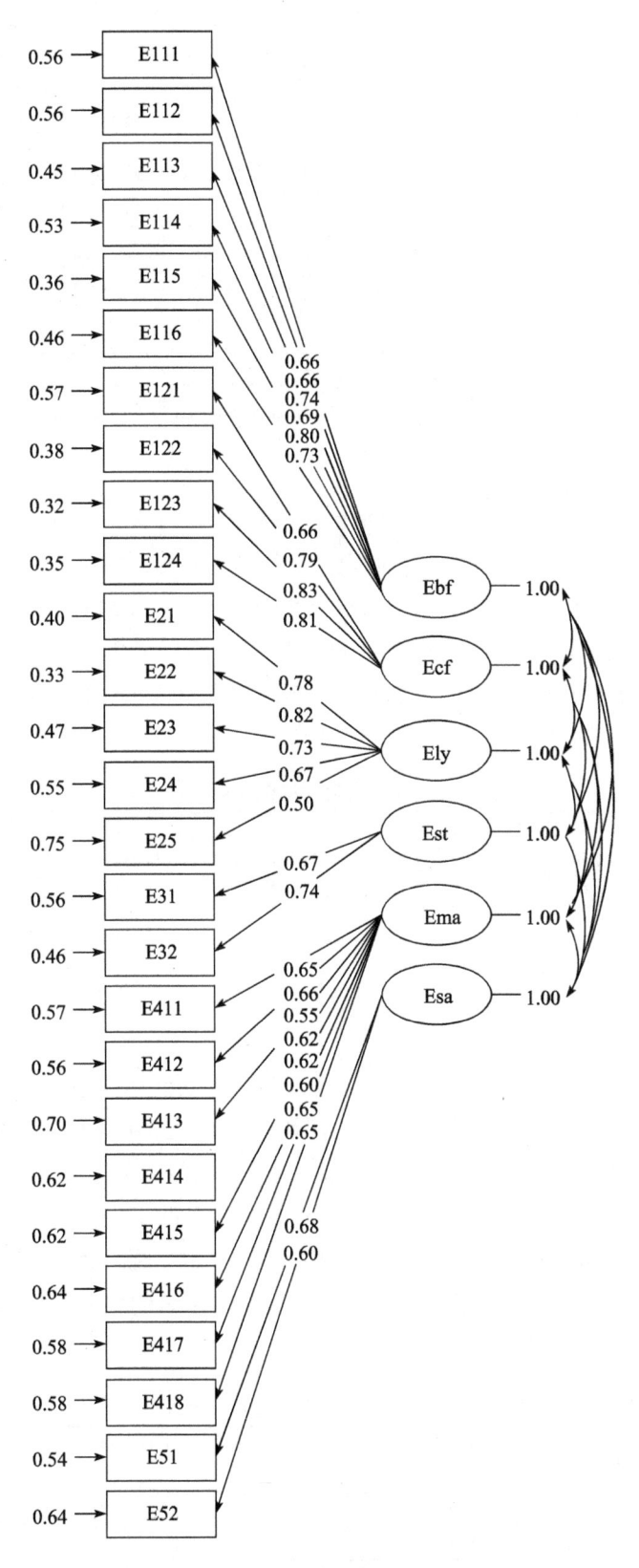

图 3-16　因子载荷图 2

表 3-15　潜在变量的相关系数和标准差 2

	Ebf	Eef	Ely	Est	Ema	Esa
Ebf	1.00	0.01	0.01	0.01	0.01	0.01
Eef	0.29	1.00	0.02	0.02	0.02	0.02
Ely	0.67	0.32	1.00	0.01	0.01	0.01
Est	0.37	0.45	0.50	1.00	0.01	0.02
Ema	0.50	0.56	0.64	0.64	1.00	0.01
Esa	0.28	0.34	0.35	0.49	0.67	1.00

表 3-16　潜在变量的相关系数、平均方差抽取量及各个潜变量之间共同方差 2

	Ebf	Eef	Ely	Est	Ema	Esa
Ebf	0.51	0.08	0.45	0.14	0.25	0.08
Eef	0.29	0.60	0.10	0.20	0.31	0.12
Ely	0.67	0.32	0.50	0.25	0.41	0.12
Est	0.37	0.45	0.50	0.50	0.41	0.24
Ema	0.50	0.56	0.64	0.64	0.40	0.45
Esa	0.28	0.34	0.35	0.49	0.67	0.41

③ 测量模型的检验。

采用 LISREL8.54 中的稳健最大似然法进行估计，将通过验证性因子的数据代入测试方程，数据与模型的拟合指数如表 3-17 所示，分析结果显示：研究假设的结构方程模型拟合得很好，主要的拟合指标为：$X^2/df=5.82$，GFI=0.84，AGFI=0.81，RMR=0.056，SRMR=0.071，RMSEA=0.080，NFI=0.94，NNFI=0.94，CFI=0.95，IFI=0.95，PNFI=0.83，PGFI=0.69。12 个拟合指数除了 GFI 和 AGFI 低于标准指标外（这两项指标受本次调研样本量的影响），卡方值因为测试中样本数量过大而偏离标准值，其余各指标都达到了优度的标准，表明 CFA 模型与数据的拟合度良好。

表 3-17　CFA 模型的拟合指数一览表 2

	绝对拟合指数								相对拟合指数			简约拟合指数	
	X^2/df	GFI	AGFI	RMR	SRMR	RMSEA	NFI	NNFI	CFI	IFI	PNFI	PGFI
标准值	<3	>0.90	>0.90	<0.08	<0.08	<0.08	>0.90	>0.90	>0.90	>0.90	>0.50	>0.50
实际值	5.82	0.84	0.81	0.056	0.071	0.080	0.94	0.94	0.95	0.95	0.83	0.69

（5）休眠品牌融合域的测量。

① 探索性因子分析。

休眠品牌融合域量表是单维量表，主要测量维度分为产品功能相关性、产品形象相关性、目标顾客相关性三个条目。量表的信度分析如表 3-18 所示。采用 Cronbach's α 值作为删除本题项的依据。经过第一次信度分析后，删除内部一致性偏低的题项，删除标准是对题目总分相关（Item-total Correlation）小于 0.4 且删除后的 Cronbach's α 值会增加的项目进行删除，这样有助于问卷整体一致性的提高。如果删除了部分题项，则需要对问卷进行第二次信度检验。变量"融合域"题目总分相关（Item-total Correlation）在 0.502~0.597，都大于 0.4，不需要进行二次信度检验。本量表的总体信度为 0.734，在 0.7 以上，表明数据是可靠的。因此，本量表具有良好的内部一致性。

表 3-18　休眠品牌融合域量表的信度分析

量表题项	校正的项总计相关性	项已删除的 Cronbach's α 值	基于标准化项的 Cronbach's α
休眠品牌融合域			0.734
产品功能相关性	0.579	0.624	
产品形象相关性	0.502	0.710	
目标顾客相关性	0.597	0.600	

② 验证性因子分析。

休眠品牌融合域量表的效度分析如图 3-17 所示。从图中可看出，所有指标因子负荷介于 0.59～0.77，大于门槛值 0.45，在各自计量概念上的因子负荷量都达到 P<0.01 的显著水平，表明量表具有良好的收敛效度。同时由于该量表是单维度量表，因此不需要考察量表的区分效度。

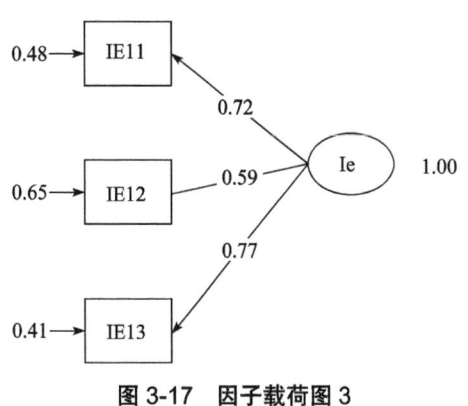

3.1.5　休眠品牌的激活域的作用机理模型的实证研究

3.1.5.1　休眠品牌的激活域的作用机理的理论模型

休眠品牌是一种品牌关系完全断裂的品牌，该品牌的实体或载体已经在市场上不复存在。因此，在线索分析中，物理线索会因为时间记忆因素发生部分遗失或改变，遗留的线索中更多的是品牌资产线索。由于品牌对顾客的承诺即品牌负债部分已经在消失前完成，因此，休眠品牌的品牌资产线索实际上是品牌权益线索。

图 3-17　因子载荷图 3

品牌激活域的理论认为，消费者要实施购买行为，首先会通过先前的信息和自身的产品品牌知识形成一个意识域，进而把意识域进一步分为激活域、惰性域和拒绝域（Ahougomaah、Sch1acter 和 Ga1dis，1987）。对于休眠品牌而言，消费者已经和实体产品没有任何的交易关系，如果想要激活，那么它的激活域在最初应该是在休眠品牌的遗留线索中，进而在进行购买行为抉择时与现有品牌发生域间的作用，而所谓的"激活域"不仅是品牌与品牌间的选择区域，而且是具体的激活域中品牌的各个激活要素所构成的激活域。

同时，结合生物学的激活域的作用机理，在本体元素与异体元素结合时，必然会有一个融合域的存在。如果融合域过小，则不会产生新的物种；如果融合域过大，则有可能是原有物种局部转变为现有物种的一种新类型；如果融合域适当，那么会产生一种新的物种，而这一物种会很好地适应外界环境。休眠品牌作为消失的品牌，以其特有的存在形态，形成了休眠品牌结构体内、外两个激活域。休眠品牌结构体内的激活域是休眠品牌自身的品牌权益的遗留线索，休眠品牌结构体外的激活域是市场上同类产品品牌集合（仅研究产品品牌）形成的激活域。

根据休眠品牌信息加工过程、线索遗留状态以及休眠品牌激活域的衍化过程，本书构建了休眠品牌与企业品牌融合的衍化机理模型，并据此得出本研究的理论模型，如图 3-18 所示。

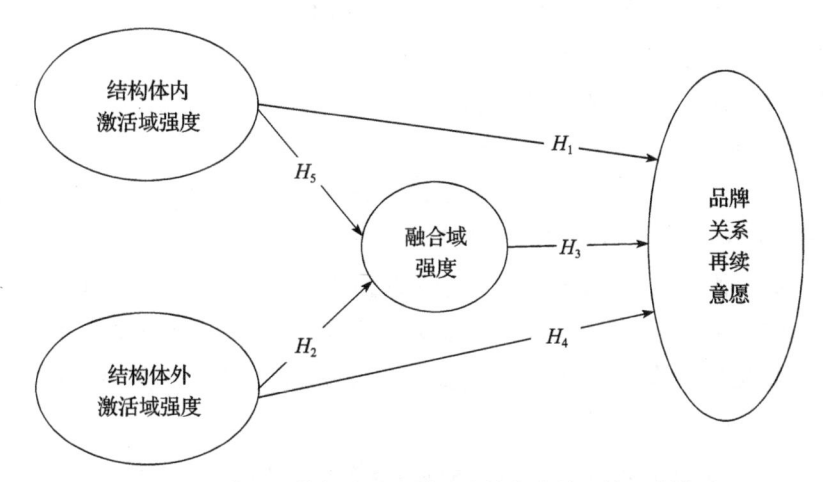

图 3-18　休眠品牌与企业品牌融合的作用关系的理论模型

根据研究需要，本书对研究模型进行修正：去掉 H_4，结构体外激活域强度对品牌关系再续意愿有显著的反作用。因为干扰信息即现有品牌对休眠品牌关系再续意愿的反作用已经被证明（林雅军与刘家凤，2012）。去掉H_5，结构体内激活域强度对融合域强度有显著的正向作用。因为在本研究中，主要调研兼并企业激活被兼并企业休眠品牌的案例（百事可乐拟激活天府可乐），融合域强度仅仅和结构体外激活域强度相关。因此，休眠品牌与企业品牌融合的作用关系的理论模型修正如图3-19所示。

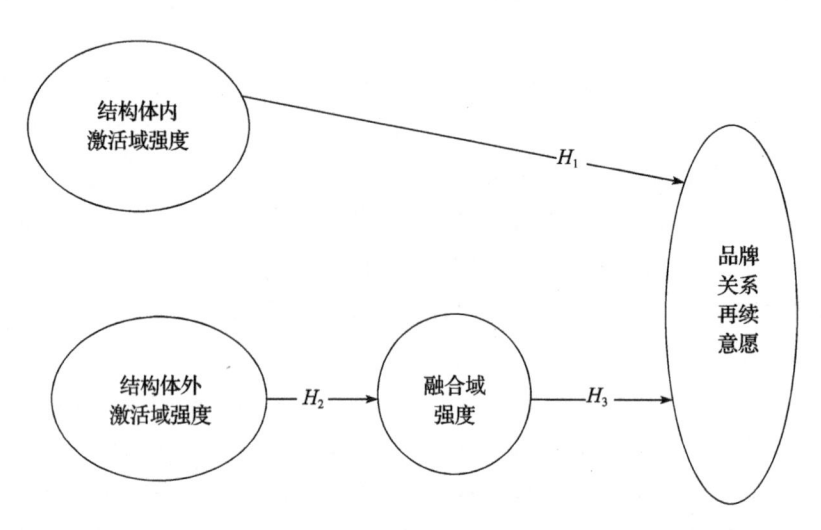

图3-19　修正模式：休眠品牌与企业品牌融合的作用关系的理论模型

3.1.5.2　休眠品牌的激活域的作用机理的理论假设

休眠品牌"即使关系完全停止了，其他形式的交互作用还是会持续，例如信息的交换和其他形式社会或商业交流这种社会纽带，而且在个人的关系和知识中会存留过去的印记，需要一段时间以后才会消失，这为关系再续提供了契机"（Gadde和Mattsson，1987）。即使双方不会再进行交易了，但是仍然存在着某种关系能够为相同的"休眠"的关系提供复苏的机会（Havila和Wilkinson，2002）。而这种关系能从资产的角度定义就是有形资产，即品牌资产，它对休眠品牌的品牌关系再续意愿起到正向显著性的影响作用。由此得出本研究的假设。

H1：休眠品牌的结构体内的激活域强度对品牌关系再续意愿有显著的正向作用，可以分解为下面四个假设。

H1a：品牌意识度对品牌关系再续意愿有显著的正向作用。

H1b：品牌忠诚度对品牌关系再续意愿有显著的正向作用。

H1c：品牌延伸度对品牌关系再续意愿有显著的正向作用。

H1d：品牌联想度对品牌关系再续意愿有显著的正向作用。

在休眠品牌的品牌关系再续意愿的影响因素中，林雅军（2012）已经通过实证研究证明了休眠品牌在激活过程中，现有品牌是品牌关系再续的干扰信息，其中休眠品牌的当前感知价值就是在消费者激活域内的现有品牌的干扰作用下对休眠品牌的感知价值的影响。因此，提出如下的理论假设。

H2：休眠品牌与现有品牌的融合域强度对品牌关系再续意愿有显著的正向作用。

H3：休眠品牌的结构体外的激活域强度通过品牌融合域强度的中介作用对品牌关系再续意愿起正向作用，可以分解为下面四个假设。

H3a：品牌意识度通过融合域强度对品牌关系再续意愿有显著的正向作用。

H3b：品牌忠诚度通过融合域强度对品牌关系再续意愿有显著的正向作用。

H3c：品牌延伸度通过融合域强度对品牌关系再续意愿有显著的正向作用。

H3d：品牌联想度通过融合域强度对品牌关系再续意愿有显著的正向作用。

3.1.5.3 休眠品牌的激活域的作用机理理论模型的验证研究

（1）方程验证前的数据分析。

一般而言，数据在进入方程验证前需要进行一些初步的检验。在本研究中，首先，对样本容量的恰当性进行检验，确认样本容量是否符合结构方程要求；其次，对数据进行正态分布检验，确认数据是否适合采用结构方程模型的最大似然估计法来进行参数估计分析。

① 样本容量恰当的检验。

样本容量多少合适与所采用的资料分析方法有关。本研究主要采用 SPSS 与结构方程模型进行数据分析。用 SPSS 进行数据分析时，一般来说，样本量与参与分析的变量数比例应在 5：1 以上，理想的样本量是 10～25 倍。对于结构方程而言，所需样本数量最低不能少于 30～100 份。一般来说，大部分结构方程模型的样本数在 200～500 之间（Shumacker 和 Lomax，1996）。Boomsma（1982）则认为，无论模型有恰当解的百分率和参数估计的精确性有多大，无论 X^2 统计量如何分布，研究结果都显示样本量（N）越大越好。按照以上说法，本研究问卷共有 59 个题目，问卷中参与验证性因子分析的为 1732 份，完全符合结构方程要求的样本量。

② 正态分布检验。

结构方程模型中的最大似然估计法的前提假设是：数据符合正态分布。因此，有必要进行观察变量的正态性检验。数据正态性检验的方法有在描述性统计中进行偏度（skewness）和峰度判断、非参数检验中的正态分布检验以及 P-P 图等。在结构方程模式应用上，当偏度绝对值大于 3.0 时，一般被视为极端偏态；而峰度绝对值大于 10.0 时，表示峰度有问题，若是大于 20.0 就被视为极端的峰度（Kline，1998）。

出于严谨性考虑，本研究对所有条目都进行了 K-S 正态分布检验，偏度的绝对值都小于 2，峰度的绝对值都小于 5，表明数据符合正态分布，因此，可以进行结构方程模型的理论模型的检验与验证。

（2）验证性因子分析。

为了确保模型拟合度和假设检验的有效性，通过验证性因子对测量模型的数据进行分析。

首先，进行数据的收敛效度检验。所有指标因子负荷都介于 0.51～0.86，大于门槛值 0.45，在各自计量概念上的因子负荷量都达到 P<0.01 的显著水平，表明量表具有良好的收敛效度。利用验证性因子分析对效度的检验主要通过各个潜变量因子载荷来表示，本研究的因子载荷如图 3-20 所示。在验证性因子分析中，因子（潜变量）没有外源与内生之分。圆或椭圆表示潜变量，图中有 14 个潜变量，分别是品牌意识度（品牌熟悉度、公司熟悉度）、品牌忠诚度、品牌延伸度、品牌联想度（品牌物质联想、品牌精神联想）、融合域强度和品牌关系再续意愿；正方形或长方形表示观测变量或指标，图中有 59 个指标；双向弧形箭头表示相关关系，在图中可以看到 14 个潜变量之间有 91 个相关关系，弧线上的数据表示相关系数；单向箭头指向指标表示测量误差，比如 E25 指标的误差方差是 0.74，比其他指标的误差方差都高，说明用 E25 测量的误差比较高；圆形和长方形之间箭头上的数据是指因子负荷。所有的因子载荷都大于 0.45，P 值达到显著。

其次，进行测量模型的区分效度检验。根据表 3-19 和表 3-20 分析表明，潜在变量之间的相关系数加减标准误的两倍不包含 1；潜在变量的共同方差都小于 0.5，虽然平均方差抽取量有两处小于 0.5，但是潜在变量与其他潜在变量的共同方差仅有一处略高，其他都小于两个潜在变量的平均方差提取量的平均值。因此本量表具有良好的区分效度。

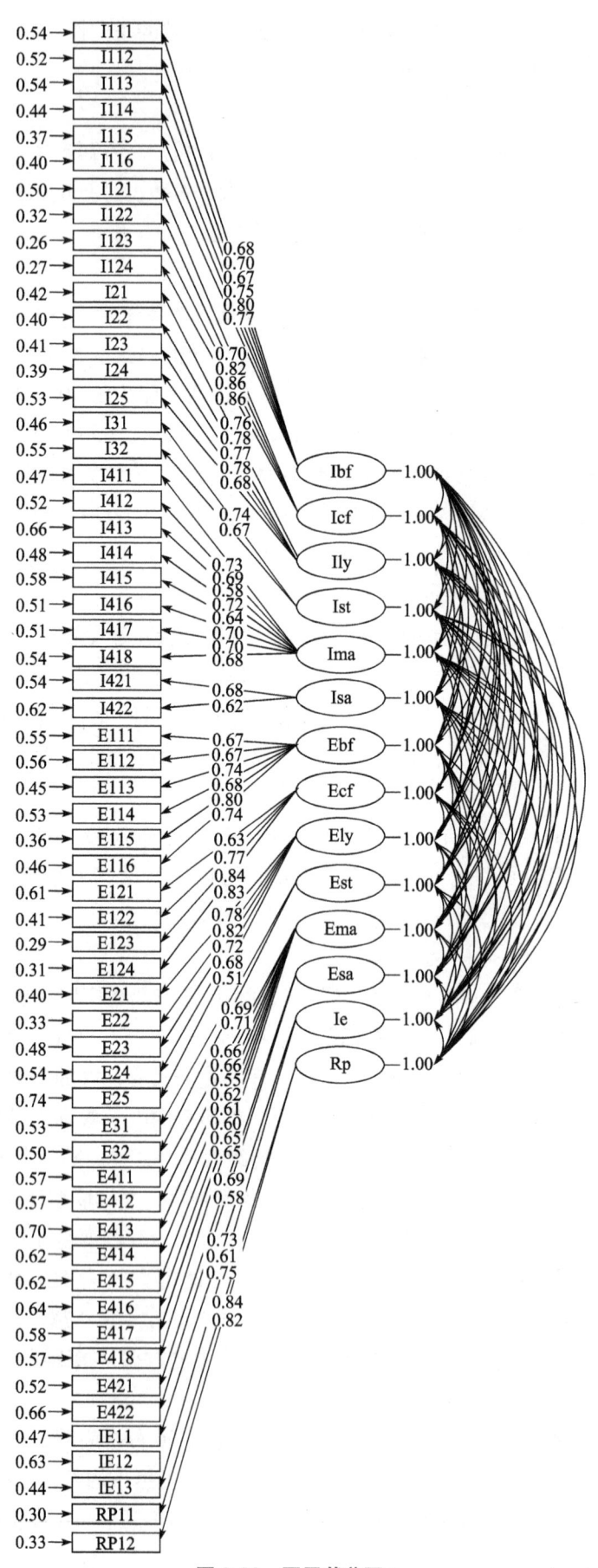

图 3-20　因子载荷图 3

表3-19 潜在变量的相关系数和标准差3

	lbf	lef	lly	lst	lma	lsa	Ebf	Ecf	Ely	Est	Ema	Esa	le	RP
lbf	1.00	0.02	0.02	0.01	0.01	0.01	0.01	0.01	0.01	0.01	0.01	0.01	0.01	0.02
lef	0.36	1.00	0.02	0.02	0.01	0.02	0.01	0.02	0.01	0.02	0.01	0.02	0.01	0.02
lly	0.71	0.39	1.00	0.01	0.01	0.01	0.01	0.01	0.01	0.01	0.01	0.01	0.01	0.02
lst	0.38	0.33	0.38	1.00	0.01	0.01	0.01	0.01	0.01	0.01	0.01	0.01	0.01	0.02
lma	0.58	0.42	0.75	0.55	1.00	0.01	0.01	0.01	0.01	0.01	0.01	0.01	0.01	0.01
lsa	0.48	0.48	0.59	0.49	0.71	1.00	0.01	0.01	0.01	0.01	0.01	0.01	0.01	0.02
Ebf	0.37	−0.12	0.17	0.18	0.24	0.16	1.00	0.01	0.01	0.01	0.01	0.01	0.01	0.01
Ecf	0.13	0.55	0.13	0.20	0.23	0.25	0.27	1.00	0.01	0.02	0.01	0.01	0.01	0.02
Ely	0.18	0.03	0.21	0.21	0.20	0.13	0.67	0.32	1.00	0.01	0.01	0.01	0.01	0.01
Est	0.26	0.26	0.31	0.43	0.41	0.31	0.38	0.44	0.50	1.00	0.01	0.01	0.01	0.01
Ema	0.27	0.27	0.28	0.36	0.49	0.41	0.50	0.55	0.64	0.64	1.00	0.01	0.01	0.01
Esa	0.27	0.30	0.26	0.34	0.29	0.78	0.28	0.34	0.35	0.28	0.67	1.00	0.01	0.01
le	0.35	0.15	0.29	0.27	0.33	0.37	0.30	0.16	0.22	0.29	0.38	0.30	1.00	0.01
RP	0.55	0.27	0.70	0.43	0.62	0.54	0.23	0.16	0.23	0.36	0.33	0.26	0.34	1.00

表3-20 潜在变量的相关系数、平均方差抽取量及各个潜在变量之间的共同方差3

	lbf	lef	lly	lst	lma	lsa	Ebf	Ecf	Ely	Est	Ema	Esa	le	RP
lbf	0.53	0.13	0.50	0.14	0.34	0.23	0.14	0.02	0.03	0.07	0.07	0.07	0.12	0.30
lef	0.36	0.66	0.15	0.11	0.18	0.23	0.01	0.30	0.00	0.07	0.07	0..09	0.02	0.07
lly	0.71	0.39	0.57	0.14	0.56	0.35	0.03	0.02	0.04	0.10	0.08	0.07	0.08	0.49
lst	0.38	0.33	0.38	0.50	0.30	0.24	0.03	0.04	0.04	0.18	0.13	0.12	0.07	0.18
lma	0.58	0.42	0.75	0.55	0.47	0.50	0.06	0.05	0.04	0.17	0.24	0.08	0.11	0.38
lsa	0.48	0.48	0.59	0.49	0.71	0.43	0.03	0.06	0.02	0.10	0.17	0.61	0.14	0.29
Ebf	0.37	−0.12	0.17	0.18	0.24	0.16	0.52	0.07	0.45	0.14	0.25	0.08	0.09	0.05
Ecf	0.13	0.55	0.13	0.20	0.23	0.25	0.27	0.60	0.10	0.19	0.30	0.12	0.03	0.03
Ely	0.18	0.03	0.21	0.21	0.20	0.13	0.67	0.32	0.50	0.25	0.41	0.12	0.05	0.05
Est	0.26	0.26	0.31	0.43	0.41	0.31	0.38	0.44	0.50	0.49	0.41	0.08	0.08	0.13
Ema	0.27	0.27	0.28	0.36	0.49	0.41	0.50	0.55	0.64	0.64	0.40	0.48	0.14	0.11
Esa	0.27	0.30	0.26	0.34	0.29	0.78	0.28	0.34	0.35	0.28	0.67	0.41	0.09	0.07
le	0.35	0.15	0.29	0.27	0.33	0.37	0.30	0.16	0.22	0.29	0.38	0.30	0.49	0.12
RP	0.55	0.27	0.70	0.43	0.62	0.54	0.23	0.16	0.23	0.36	0.33	0.26	0.34	0.69

（3）测量模型检验。

本研究的分析结果（见表3-21)显示：研究假设的结构方程模型拟合得很好，主要的拟合指标为：$X^2/df=8.85$，GFI=0.79，AGFI=0.76，RMR=0.050，SRMR=0.059，RMSEA=0.067，NFI=0.94，NNFI=0.94，CFI=0.95，IFI=0.95，PNFI=0.86，PGFI=0.69，12个拟合指数除了GFI和AGFI低于标准指标外（这两项指标受本次调研样本量的影响），卡方值因为测试中样本数量过大而偏离标准值，其余各指标都达到了优的标准，表明CFA模型与数据的拟合度良好。

表3-21 CFA模型的拟合指数一览表3

	绝对拟合指数							相对拟合指数				简约拟合指数	
	X^2/df	GFI	AGFI	RMR	SRMR	RMSEA	NFI	NNFI	CFI	IFI	PNFI	PGFI
标准值	<3	>0.90	>0.90	<0.08	<0.08	<0.08	>0.90	>0.90	>0.90	>0.90	>0.50	>0.50
实际值	8.85	0.79	0.76	0.050	0.059	0.067	0.94	0.94	0.95	0.95	0.86	0.69

（4）模型整体拟合度评价。

本研究的分析结果（见表3-22)显示：研究假设的结构方程模型拟合得很好，主要的拟合指标为：$X^2/df=8.84$，GFI=0.79，AGFI=0.76，RMR=0.051，SRMR=0.061，RMSEA=0.067，NFI=0.94，NNFI=0.94，CFI=0.95，IFI=0.95，PNFI=0.86，PGFI=0.70，12个拟合指数除了GFI和AGFI低于标准指标外（这两项

指标受本次调研样本量的影响），卡方值因为测试中样本数量过大而偏离标准值，其余各指标都达到了优的标准，表明 CFA 模型与数据的拟合度良好。

表 3-22 模型的拟合指数一览表

	绝对拟合指数						相对拟合指数			简约拟合指数	
	X^2/df	GFI	AGFI	RMR	SRMR	RMSEA	NFI	NNFI	CFI	IFI	PNFI	PGFI
标准值	<3	>0.90	>0.90	<0.08	<0.08	<0.08	>0.90	>0.90	>0.90	>0.90	>0.50	>0.50
实际值	8.84	0.79	0.76	0.051	0.061	0.067	0.94	0.94	0.95	0.95	0.86	0.70

（5）理论假设的分析与评价。

根据对理论模型的模型路径系数显示进行分析（见图 3-21 和表 3-23），本研究的验证结果为：

其中，具有显著关系的有如下路径。

① 结构体内的激活域强度：公司熟悉度对品牌关系再续意愿有显著的负向作用（r=-0.07,t=-2.25）；品牌忠诚度对品牌关系再续意愿有显著的正向作用（r=0.53,t=10.72）；品牌延伸度对品牌关系再续意愿有显著的正向作用（r=0.15, t=4.20）；品牌物质联想对品牌关系再续意愿有显著的正向作用（r=0.10,t=2.15）。激活域的融合域对品牌关系再续意愿有显著正向作用（r=0.12,t=4.63）。

② 结构体外的激活域强度：品牌熟悉度对融合域有显著的正向作用（r=0.27, t=6.33）；公司熟悉度对品牌关系再续意愿有显著的正向作用（r=-0.08, t=-2.15）；品牌忠诚度对融合域有显著的负向作用（r=-0.21, t=-4.16）；品牌延伸度对融合域有显著的正向作用（r=0.13, t=2.71）；品牌物质联想对融合域有显著的正向作用（r=0.20, t=3.09）；品牌精神联想对融合域有显著的正向作用（r=0.19, t=3.98）。

不显著的路径系数（结构体内的激活域强度）有：品牌熟悉度对品牌关系再续意愿没有显著的正向作用（r=0.04, t=1.11）；品牌精神联想对品牌关系再续意愿没有显著的正向作用（r=0.02, t=0.55）。

表 3-23 研究假设的验证结果汇总

假设标签	项目	标准化路径系数	t 值	结论
H_{1a1}	结构体内的激活域强度：品牌熟悉度对品牌关系再续意愿有显著的正向作用	0.05	1.11	不支持
H_{1a2}	结构体内的激活域强度：公司熟悉度对品牌关系再续意愿有显著的正向作用	-0.07	-2.25	不支持
H_{1b}	结构体内的激活强度：品牌忠诚度对品牌关系再续意愿有显著的正向作用	0.53	10.72	支持
H_{1c}	结构体内的激活强度：品牌延伸度对品牌关系再续意愿有显著的正向作用	0.15	4.20	支持
H_{1d1}	结构体内的激活强度：品牌物质联想对品牌关系再续意愿有显著的正向作用	0.10	2.15	支持
H_{1d2}	结构体内的激活强度：品牌精神联想对品牌关系再续意愿有显著的正向作用	0.02	0.55	不支持
H_2	激活域的融合域对品牌关系再续意愿有显著的正向作用	0.12	4.63	支持
H_{3a1}	结构体外的激活域强度：品牌熟悉度对融合域有显著的正向作用	0.27	6.33	支持
H_{3a2}	结构体外的激活域强度：公司熟悉度对融合域有显著的正向作用	-0.08	-2.15	不支持
H_{3b}	结构体外的激活域强度：品牌忠诚度对融合域有显著的正向作用	-0.21	-4.16	不支持
H_{3c}	结构体外的激活域强度：品牌延伸度对融合域有显著的正向作用	0.13	2.71	支持
H_{3d1}	结构体外的激活域强度：品牌物质联想对融合域有显著的正向作用	0.20	3.09	支持
H_{3d2}	结构体外的激活域强度：品牌精神联想对融合域有显著的正向作用	0.19	3.98	支持

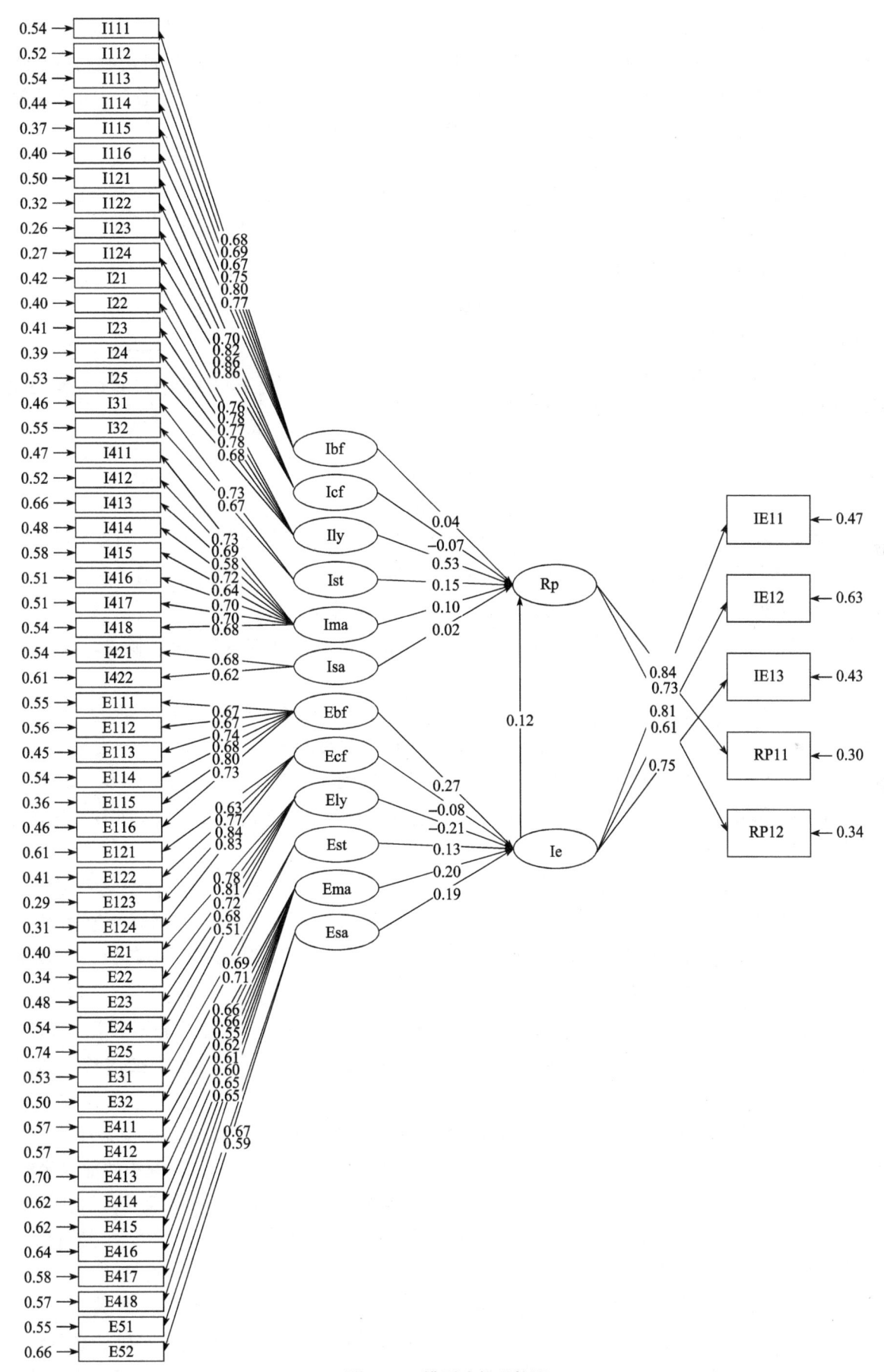

图 3-21 模型路径系数图

3.1.5.4 中介效应检验

在理论模型中，休眠品牌融合域对结构体外的激活域和品牌关系再续意愿有可能起到中介效应作用，因此，需要进行中介效应检验。本研究根据 Baron、Reuhen 和 Kenny（1986）基于中介作用概念提出的三个步骤来评价中介效应。考虑自变量 X 对因变量 Y 的影响，如果 X 通过影响变量 M 来影响 Y，则称 M 为中介变量。第一步，自变量 X 必须与中介变量 M 显著相关；第二步，自变量 X 必须与因变量 Y 显著相关，如路径 c，如果这种关系不存在，则不存在受中介变量影响的路径；第三步，当因变量 Y 同时回归于中介变量 M（路径 b）与自变量 X（路径 c'）时，自变量 X 与自变量 Y 间的关系强度，必须弱于因变量 Y 仅回归于自变量 X 时的关系强度。

假设所有变量都已经中心化（即均值为零），可用下列方程来描述变量之间的关系（相应的路径图如图 3-22 所示）。

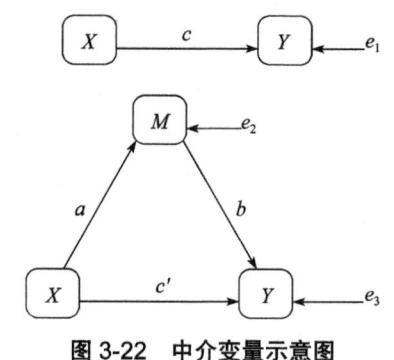

图 3-22 中介变量示意图

$$Y = cX + e_1 \quad (3.3)$$
$$M = cX + e_2 \quad (3.4)$$
$$Y = c'X + bM + e_3 \quad (3.5)$$

中介效应检验是通过依次检验回归系数来验证。中介效应成立需要满足的条件是：自变量显著影响因变量；在因果链中任何一个变量，当控制了它前面的变量时，则显著影响它的后继变量。根据温忠麟、张雷和侯杰泰等（2004）提出的中介效应检验程序应用本研究，具体步骤如下。

Step1：检验回归系数 C（研究中的前因变量 X 与结果变量 Y 的关系），如果显著，继续下面的 Step2，否则停止分析。

Step2：做 Baron、Reuhen 和 Kenny（1986）部分中介检验，即依次检验系数 a（研究中的前因变量 X 与中介变量 M 的关系）、b［当结果变量 Y 同时回归于中介变量 M（路径为 b）与前因变量 X（路径为 c'）］，如果都显著，意味着 X 对 Y 的影响至少有一部分是通过了中介变量 M 实现的，第一类错误率小于或等于 0.05，继续下面的 Step3。如果至少有一个不显著，由于该检验的功效较低（即第二类错误率较大），所以还不能下结论，轮到 Step4。

Step3：做 Judd 和 Kenny（1981）完全中介检验中的第二个检验，即检验系数 c'［当结果变量 Y 同时回归于中介变量 M（路径为 b）与前因变量 X（路径为 c'）］。如果不显著，说明是完全中介作用；如果显著，说明只是部分中介作用，检验结束。如果是多个自变量和多个中介变量，不用检验 c' 的显著性。

Step4：做 Sohel 检验。Sohel 检验统计量 Z，Z=ab/s$_{ab}$，其中 S= $at\sqrt{a^2 s_b^2 + b^2 s_a^2}$，s$_a$、s$_b$ 分别是估计值 a、b 的标准误。如果检验统计量 Z 显著，意味着 M 的中介效应显著，否则中介不显著，检验结束。在这里，显著水平 0.05 对应的 Z 的临界值是 0.97，而不是通常的 1.96。上述中介效应程序如图 3-23 所示。

下面根据上面的检验程序检验休眠品牌的融合域的中介作用是否显著。应用以上检验程序，本研究对结构方程中各条中介路径的属性特征进行了检验，回归系数 C 和检验系数 a（研究中的前因变量 X 与中介变量 M 的关系）、b［当结果变量 Y 同时回归于中介变量 M（路径为 b）］的数值是通过在输出指令"OU"中加入"EF"选项，根据输出结果的总效应和间接效应以及 t 值，并根据路径 c' 是否显著，检验各条路径的中介效应是否存在。

本研究中发现了融合域的全部中介效应路径：①品牌熟悉度—融合域强度—品牌关系再续意愿；②公司熟悉度—融合域强度—品牌关系再续意愿；③品牌忠诚度—融合域强度—品牌关系再续意愿；④品牌延伸度—融合域强度—品牌关系再续意愿；⑤品牌物质联想—融合域强度—品牌关系再续意愿；

⑥品牌精神联想—融合域强度—品牌关系再续意愿。具体中介回归分析检验结果如表3-24所示。

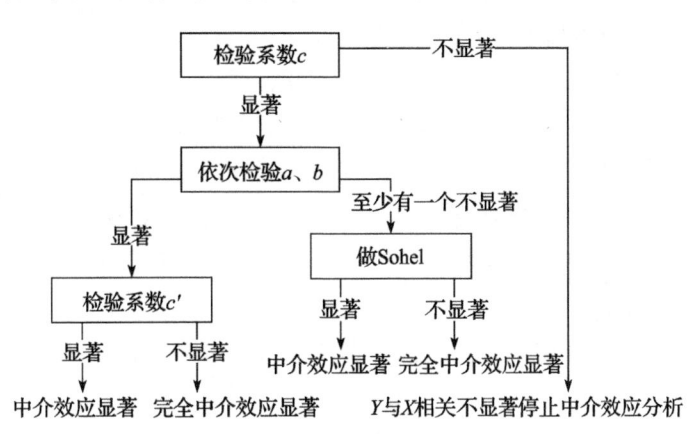

图 3-23 中介效应检验程序

表 3-24 中介回归分析检验结果

前因变量		中介变量	结果变量
		融合域强度	品牌关系再续意愿
品牌熟悉度	Step 1：c	—	0.05***
	Step 2：a/b	—	0.27***/0.12***
	Step 3：c'	—	0.01
	Step 4：z	—	—
	结论：	—	全部中介
公司熟悉度	Step 1：c	—	−0.01*
	Step 2：a/b	—	−0.08*/0.12***
	Step 3：c'	—	0.11
	Step 4：z	—	—
	结论：	—	全部中介
品牌忠诚度	Step 1：c	—	−0.04**
	Step 2：a/b	—	−0.21***/0.12***
	Step 3：c'	—	−0.01
	Step 4：z	—	—
	结论：	—	全部中介
品牌延伸度	Step 1：c	—	0.02*
	Step 2：a/b	—	0.13**/0.12***
	Step 3：c'	—	0.00
	Step 4：z	—	—
	结论：	—	全部中介
品牌物质联想	Step 1：c	—	0.04*
	Step 2：a/b	—	0.20***/0.12***
	Step 3：c'	—	0.02
	Step 4：z	—	—
	结论：	—	全部中介
品牌精神联想	Step 1：c	—	0.03***
	Step 2：a/b	—	0.19***/0.12***
	Step 3：c'	—	0.01
	Step 4：z	—	—
	结论：	—	全部中介

注：1. t值大于1.96，*$p<0.05$；t值大于2.58，**$p<0.01$；t值大于3.29，***$p<0.00$。
2. 不考虑与前因变量之间的交互作用。

3.1.5.5 结果讨论

通过前面实证研究1，可以得出如下有意义的结论。

在休眠品牌结构体内的激活域中：①公司熟悉度越高，休眠品牌的激活面临的难度越大，因为对消失品牌的原属公司的负面影响会形成休眠品牌激活的阻力。②品牌延伸度越高，品牌关系再续意愿程度越高；休眠品牌给消费者的认为可能延伸的产品类别在内涵和形式上越广，那么休眠品牌激活的空间就越大。③品牌忠诚度越高，品牌关系再续意愿程度越高；休眠品牌的原有忠实顾客越是留恋，休眠品牌被激活的可能性就越大。④品牌联想度越高，休眠品牌在品牌复活后，不再局限于原有品牌的空间就越大，品牌关系再续意愿程度越高。

在休眠品牌与现有品牌的融合域中：休眠品牌结构体内外的品牌集合的品牌融合域强度越高，休眠品牌被激活的程度越高。

在休眠品牌结构体外的激活域中：①公司熟悉度通过品牌融合域反向作用于品牌关系再续意愿。消费者对休眠品牌结构体外的激活域的品牌集合的公司熟悉程度越高，越不利于休眠品牌的激活。②品牌熟悉度通过品牌融合域正向作用于品牌关系再续意愿。消费者对休眠品牌结构体外的激活域的品牌集合的熟悉程度越高，休眠品牌本身在激活域的融合的可能性就越大。③品牌延伸度通过品牌融合域正向作用于品牌关系再续意愿。休眠品牌结构体外的激活域的品牌集合的延伸度越高，意味着兼容休眠品牌的可操作空间越大。④品牌忠诚度通过品牌融合域反向作用于品牌关系再续意愿程度。消费者对休眠品牌结构体外激活域的品牌集合的忠诚度越高，那么，对休眠品牌的激活阻力越大。⑤品牌联想度通过品牌融合域正向作用于品牌关系再续意愿。休眠品牌结构体外的激活域的品牌集合的联想度越高，意味着休眠品牌激活后的可操作空间越大。

模型分析同时证实，休眠品牌结构体内的品牌熟悉度的高低对品牌关系再续意愿的影响程度并不显著，因为休眠品牌在消失一段时间后，消费者记忆会因为遗忘发生信息重组，最终对品牌的细节的熟悉程度对品牌关系再续意愿可能起到的作用不会很明显；品牌精神联想度对品牌关系再续意愿的影响程度不显著，因为设计表中考虑不足，造成在目前提示下的休眠品牌可能在科技联想和健康联想方面对品牌关系再续意愿的程度不显著。

3.1.6 从休眠品牌激活域的衍化机理到激活路径之间链接式的一体化应用模式研究

Relilly和Parkinson通过对8种产品类别的调查发现：消费者激活域受到个体因素、产品特性、品牌忠诚、品牌意识、环境因素和教育水平等因素的影响（1985）。林雅军（2011）通过实证研究的办法证明了休眠品牌的品牌关系再续意愿的影响因素会因为消费者年龄和性别的个体差异有所不同，并提出如下结论：①在性别差异性研究方面：品牌初始感知价值女性对休眠品牌的感知程度高些，对当前价值感知女性高于男性顾客；但是在初始品牌关系质量的品牌信任、品牌的社会价值表达方面男性高于女性，品牌依赖的程度却是男性低于女性；在品牌关系断裂归因于他因程度女性高于男性，品牌关系断裂感知时长方面男性感觉比女性时间长，对休眠品牌的记忆女性印象较为深刻；休眠品牌的品牌关系再续意愿的强度女性高于男性。其中，男女差异达到显著的只有社会价值表达和品牌地域情感联结。②在年龄差异性研究中，新生代低于过渡代的差异达到显著的有品牌初始感知价值、初始品牌关系质量、品牌关系断裂感知时长、品牌地域情感联结；新生代低于传统代的差异达到显著的有品牌初始感知价值、品牌当前感知价值、初始品牌关系质量、品牌关系断裂归因于他因、品牌关系断裂感知时长、品牌地域情感联结；过渡代低于传统代的差异达到显著的有初始品牌关系质量和品牌地域情感联结。Alha和Chattopadhyay（1985）认为营销人员能够主动影响激活域的组成，通过操纵交流的信息，营销者可以使消费者回忆起被选品牌。

推理得出，休眠品牌中的策略差异、消费者个体差异（年龄、性别、顾客类型）和休眠品牌类型对品牌关系再续意愿会产生差异，因为在调研中是饮料和啤酒类产品，属于同一类别的休眠品牌类型。同时，实验主体多是中年人以下的顾客，无法按照消费者消费世代分类进行比较，因此，在实验设计时没有考虑年龄因素对因变量的影响。由此，提出理论假设如下。

H4：在休眠品牌的激活策略中，同一激活策略下，消费者个体差异（性别、顾客类型）对品牌关系再续意愿的影响有显著差异，可以分解为下面六个假设。

H4a：在顾客类型分类中，顾客对休眠品牌的忠实程度越高，老样式/老功能策略效果越明显。

H4b：在顾客类型分类中，顾客对休眠品牌的忠实程度越高，老样式/新功能策略效果越明显。

H4c：在顾客类型分类中，顾客对休眠品牌的忠实程度越高，新样式/老功能策略效果越明显。

H4d：在顾客性别差异中，女性顾客在老样式/老功能策略下，品牌关系再续意愿比男性顾客程度高。

H4e：在顾客性别差异中，男性顾客在老样式/新功能策略下，品牌关系再续意愿比女性顾客程度高。

H4f：在顾客性别差异中，女性顾客在新样式/老功能策略下，品牌关系再续意愿比男性顾客程度高。

H5：针对同一休眠时长的休眠品牌，休眠品牌的三种激活策略对品牌关系再续意愿的影响有显著差异，可以分解为下面三个假设。

H5a：消失5年以内的休眠品牌，老样式/新功能策略、新样式/老功能策略优于老样式/老功能策略，前两者策略效果相当。

H5b：消失5至10年间的休眠品牌，老样式/新功能策略、新样式/老功能策略优于老样式/老功能策略；前两者策略效果相当。

H5c：消失10年以上的休眠品牌，老样式/新功能策略、新样式/老功能策略优于老样式/老功能策略，前两者策略效果相当。

H6：针对不同休眠时长的休眠品牌，休眠品牌的三种激活策略对品牌关系再续意愿的影响有显著差异，可以分解为下面三个假设。

H6a：消失5年以内的休眠品牌比消失5年至10年的休眠品牌，老样式/老功能策略优于老样式/新功能、新样式/老功能策略。

H6b：消失5年至10年间的休眠品牌比消失10年以上的休眠品牌，老样式/老功能策略优于老样式/新功能、新样式/老功能策略。

H6c：消失5年以内的休眠品牌比消失10年以上的休眠品牌，老样式/老功能策略优于老样式/新功能、新样式/老功能策略。

3.1.6.1　休眠品牌激活路径中个体差异对品牌关系再续意愿的影响

（1）研究设计。

①实验设计。

营销研究中，实验法是验证因果关系的最有效的方法，可以在相对可控的环境下对自变量进行控制和操控，进而观察自变量操控条件下对一个或多个因变量的影响，以此作为判别因果关系的依据。

根据本研究的设计，在实验法的范畴内，本研究选择了"统计设计"方法中的"因子设计"。实验方法分为预实验设计、真实验设计、准实验设计和统计设计。预实验设计没有利用随机化步骤来控制外部因素。真实验设计是研究人员随机地将测试单位和处理分派给各个实验组。统计设计是指一系列允许对外生变量进行统计控制和分析的基础实验。统计设计又分为随机区组设计、拉丁方设计和因子设计。随机区组设计只能处理一个操控变量；拉丁方设计只能操控两个独立的自变量；因子设计则可以处理不同级别的两个或两个以上的自变量。因此，根据研究需要，本研究采用因子设计。

实验方法分为实验室实验和现场实验。考虑到本研究的研究对象是消失多年的休眠品牌，模拟消失品牌有可能造成实验数据的失真，影响研究结论的外部效度，因此，本研究通过采用真实的消失品牌作为刺激物,运用"现场实验法"来获取休眠品牌激活路径中个体差异与品牌关系再续意愿的相关信息。同时,根据研究需要分为三个消失阶段采用同一阶段同一休眠品牌以消除实验研究中的误差,通过语言描述以及图片的形式设计激活策略:老样式/老功能策略、老样式/新功能策略、新样式/老功能策略。

基于前面的假设,将实验主体按照顾客类型分为忠实顾客和非忠实顾客;按照实验主体的性别分为男性和女性,总共得到4个实验组。具体的因子设计如表3-25所示。

表3-25 因子设计

性别		男	女
顾客类型	忠实顾客	男性忠实顾客组	女性忠实顾客组
	非忠实顾客	男性非忠实顾客组	女性非忠实顾客组

② 数据收集与分析。

考虑本研究品牌的特殊性,我们采用问卷的大量搜集以及二次搜集,直至达到研究需要的基本样本数量。对消失时间在3~5年以上的休眠品牌使用"绿叶"品牌作为休眠品牌刺激物,共搜集"绿叶"的顾客有效问卷474份;对消失5~10年的休眠品牌使用"旭日升"作为休眠品牌刺激物,共搜集样本"旭日升"的顾客有效问卷1071份;对消失10年以上的休眠品牌使用"天府"作为休眠品牌刺激物,共搜集样本"天府"的顾客有效问卷735份。每组样本数量基本满足研究的需要。

本研究需要测试控制变量(性别差异和顾客类型)的不同取值水平是否对观察变量(顾客品牌关系再续意愿:分为老样式/老功能策略、老样式/新功能策略、新样式/老功能策略三种激活策略下分别进行独立实验测试的结果)造成显著差异,所以适合于采用多因素方差分析来检验假设。

(2)消失5年以内的品牌:个体差异对品牌关系再续意愿的影响。

① 策略一:老样式/老功能策略下个体差异对品牌关系再续意愿的影响。

方差分析的前提条件是各个水平下(组别)的总体服从方差相等的正态分布,其中对于正态分布的要求并不是很严格,但是对于方差相等的要求比较严格。对于方差相等的检验,采用的是 Homogeneity of Variancetest 方法进行检验。通过 SPSS17.0 的分析,计算得到 Levene Statistic 的值为0.840,显著水平为0.474,如表3-26所示。由于 Homogeneity of Variancetest 的零假设是:不同水平总体下总体方差没有显著差异,因此,可以认为各个组的总体方差相等,满足方差检验的前提条件。

表3-26 方差齐性检验1

Dependent Variable:品牌关系再续意愿

F	df1	df2	Sig.
0.840	3	154	0.474

Tests the null hypothesis that the error variance of the dependent.
variable is equal across groups.
Design:+ 顾客类型 + 性别 + 顾客类型 × 性别。

表3-27为F检验的结果,是多因素方差分析的主要结果。由于指定建立了饱和模型,因此,总的离差平方和分为3个部分:多个控制变量对观察变量的独立作用部分、多个控制变量的交叉作用部分以及随机变量影响部分。

检验多个控制变量之间是否具有交叉作用。这里顾客类型差异和性别差异的交叉作用的离差平方和为0.141,均方为0.141,F值和相伴概率分别为0.167和0.683,这表明它们的交互作用没有对观察结果产生显著的影响。

检验随机变量的干扰作用大小（即 Error 部分）。随机变量影响部分所贡献的离差平方和为 130.522，均方为 0.848，说明随机变量影响部分对品牌关系再续意愿的影响是比较小的，随机变量在本次实验中得到了较好的控制。

检验多个控制变量对观察变量的独立作用。顾客类型差异的离差平方和为 10.218，均方为 10.218；性别差异的离差平方和为 0.170，均方为 0.170；它们的 F 值和相伴概率分别为 12.056、0.001 和 0.201、0.655，这说明顾客类型差异对品牌关系再续意愿产生了显著影响，而性别差异却没有对品牌关系再续意愿造成显著影响。

表 3-28 表明，顾客类型不同导致消失 5 年内的休眠品牌的品牌关系再续意愿，如果采用老样式／老功能策略，忠实顾客比非忠实顾客效果更明显。因此，假设 H4a 得到验证，假设 H4d 没有得到验证。

表 3-27 方差分析结果 1

Dependent Variable：品牌关系再续意愿

Source	Type III Sum of Squares	df	Mean Square	F	Sig.
Corrected Model	17.250*	3	5.750	6.784	0.000
	665.469	1	665.469	785.170	0.000
顾客类型	10.218	1	10.218	12.056	0.001
性别	0.170	1	0.170	0.201	0.655
顾客类型 × 性别	0.141	1	0.141	0.167	0.683
Error	130.522	154	0.848		
Total	1534.000	158			
Corrected Total	147.772	157			

a.R Squared=0.117（Adjusted R Squared=0.100）

表 3-28 推测分析 1

Dependent Variable：品牌关系再续意愿

顾客类型	Mean	Std.Error	95% Confidence Interval Lower Bound	Upper Bound
忠实顾客	3.598	0.211	3.181	4.015
非忠实顾客	2.804	0.088	2.631	2.978

② 策略二：老样式／新功能策略下个体差异对品牌关系再续意愿的影响。

方差分析的前提条件是各个水平下（组别）的总体服从方差相等的正态分布，其中对于正态分布的要求并不是很严格，但是对于方差相等的要求比较严格。对于方差相等的检验，采用的是 Homogeneity of Variancetest 方法进行检验。通过 SPSS17.0 的分析，计算得到 Levene Statistic 的值为 0.076，显著水平为 0.973，如表 3-29 所示。由于 Homogeneity of Variancetest 的零假设是：不同水平总体下总体方差没有显著差异，因此，可以认为各个组的总体方差相等，满足方差检验的前提条件。

表 3-29 方差齐性检验 2

Dependent Variable：品牌关系再续意愿

F	df1	df2	Sig.
0.076	3	154	0.973

Tests the null hypothesis that the error variance of the dependent.
variable is equal across groups.

Design:+ 顾客类型 + 性别 + 顾客类型 × 性别。

表 3-30 为 F 检验的结果，是多因素方差分析的主要结果。由于指定建立了饱和模型，因此，总的离

差平方和分为 3 个部分：多个控制变量对观察变量的独立作用部分、多个控制变量的交叉作用部分以及随机变量影响部分。

检验多个控制变量是否具有交叉作用。这里顾客类型差异和性别差异的交叉作用的离差平方和为 0.117，均方为 0.117，F 值和相伴概率分别为 0.162 和 0.688，这表明它们的交互作用没有对观察结果产生显著的影响。

检验随机变量的干扰作用大小（即 Error 部分）。随机变量影响部分所贡献的离差平方和为 110.978，均方为 0.721，说明随机变量影响部分对品牌关系再续意愿的影响是比较小的，随机变量在本次实验中得到了较好的控制。

检验多个控制变量对观察变量的独立作用。顾客类型差异的离差平方和为 2.367，均方为 2.367；性别差异的离差平方和为 0.059，均方为 0.059；它们的 F 值和相伴概率分别为 3.285、0.072 和 0.081、0.776，这说明顾客类型差异和性别差异都没有对品牌关系再续意愿造成显著影响。因此，假设 H4b 和假设 H4e 都没有得到验证。

表 3-30 方差分析结果 2

Dependent Variable：品牌关系再续意愿

Source	Type III Sum of Squares	df	Mean Square	F	Sig.
Corrected Model	2.769*	3	0.923	1.281	0.283
	752.157	1	752.157	1043.740	0.000
顾客类型	2.367	1	2.367	3.285	0.072
性别	0.059	1	0.059	0.081	0.776
顾客类型 × 性别	0.117	1	0.117	0.162	0.688
Error	110.978	154	0.721		
Total	1812.000	158			
Corrected Total	113.747	157			

a. R Squared=0.024（Adjusted R Squared=0.005）

③策略三：新样式／老功能策略下个体差异对品牌关系再续意愿的影响。

方差分析的前提条件是各个水平下（组别）的总体服从方差相等的正态分布，其中对于正态分布的要求并不是很严格，但是对于方差相等的要求比较严格。对于方差相等的检验，采用的是 Homogeneity of Variance Test 方法进行检验。通过 SPSS17.0 的分析，计算得到 Levene Statistic 的值为 0.296，显著水平为 0.828，如表 3-31 所示。由于 Homogeneity of Variance Test 的零假设是：不同水平总体下总体方差没有显著差异，因此，可以认为各个组的总体方差相等，满足方差检验的前提条件。

表 3-31 方差齐性检验 3

Dependent Variable：品牌关系再续意愿

F	df1	df2	Sig.
0.296	3	154	0.828

Tests the null hypothesis that the error variance of the dependent variable is equal across groups.

Design：+ 顾客类型 + 性别 + 顾客类型 × 性别。

表 3-32 为 F 检验的结果，是多因素方差分析的主要结果。由于指定建立了饱和模型，因此总的离差平方和分为 3 个部分：多个控制变量对观察变量的独立作用部分、多个控制变量的交叉作用部分以及随机变量影响部分。

检验多个控制变量之间是否具有交叉作用。这里顾客类型差异和性别差异的交叉作用的离差平方和为 1.249，均方为 1.249，F 值和相伴概率分别为 1.174 和 0.280，这表明他们的交互作用没有对观察结果产生显著的影响。

检验随机变量的干扰作用大小（即 Error 部分）。随机变量影响部分所贡献的离差平方和为 163.780，均方为 1.064，说明随机变量影响部分对品牌关系再续意愿的影响是比较大的，随机变量在本次实验中没有得到较好的控制。

检验多个控制变量对观察变量的独立作用。顾客类型差异的离差平方和为 0.097，均方为 0.097；性别差异的离差平方和为 0.655，均方为 0.655；它们的 F 值和相伴概率分别为 0.091、0.763 和 0.616、0.434，这说明顾客类型差异和性别差异都没有对品牌关系再续意愿造成显著影响。表明顾客类型不同导致消失 3～5 年的休眠品牌的品牌关系再续意愿，如果采取新样式/老功能策略，对于忠实顾客和非忠实顾客来说，效果相当。因此，假设 H4c 和假设 H4f 都没有得到验证。

表 3-32　方差分析结果 3

Dependent Variable：品牌关系再续意愿

Source	Type III Sum of Squares	df	Mean Square	F	Sig.
Corrected Model	2.524*	3	0.841	0.791	0.501
	665.180	1	665.180	625.460	0.000
顾客类型	0.097	1	0.097	0.091	0.763
性别	0.655	1	0.655	0.616	0.434
顾客类型 × 性别	1.249	1	1.249	1.174	0.280
Error	163.780	154	1.064		
Total	1774.000	158			
Corrected Total	166.304	157			

a. R Squared=0.015（Adjusted R Squared =−0.004）

（3）消失 5～10 年的品牌：个体差异对品牌关系再续意愿的影响。

① 策略一：老样式/老功能策略下个体差异对品牌关系再续意愿的影响。

方差分析的前提条件是各个水平下（组别）的总体服从方差相等的正态分布，其中对于正态分布的要求并不是很严格，但是对于方差相等的要求比较严格。对于方差相等的检验，采用的是 Homogeneity of Variance Test 方法进行检验。通过 SPSS17.0 的分析，计算得到 Levene Statistic 的值为 0.904，显著水平为 0.439，如表 3-33 所示。由于 Homogeneity of Variance Test 的零假设是：不同水平总体下总体方差没有显著差异，因此，可以认为各个组的总体方差相等，满足方差检验的前提条件。

表 3-33　方差齐性检验 4

Dependent Variable：品牌关系再续意愿

F	df1	df2	Sig.
0.904	3	353	0.439

Tests the null hypothesis that the error variance of the dependent.
　variable is equal across groups.
Design：+ 顾客类型 + 性别 + 顾客类型 × 性别。

表 3-34 为 F 检验的结果，是多因素方差分析的主要结果。由于指定建立了饱和模型，因此，总的离差平方和分为 3 个部分：多个控制变量对观察变量的独立作用部分、多个控制变量的交叉作用部分以及随机变量影响部分。

检验多个控制变量之间是否具有交叉作用。这里顾客类型差异和性别差异的交叉作用的离差平方和为 1.593，均方为 1.593，F 值和相伴概率分别为 1.814 和 0.179，这表明它们的交互作用没有对观察结果产生显著的影响。

检验随机变量的干扰作用大小（即 Error 部分）。随机变量影响部分所贡献的离差平方和为 310.001，均方为 0.878，说明随机变量影响部分对品牌关系再续意愿的影响是比较小的，随机变量在本次实验中得到了较好的控制。

检验多个控制变量对观察变量的独立作用。顾客类型差异的离差平方和为 23.008，均方为 23.008；性别差异的离差平方和为 0.282，均方为 0.282；它们的 F 值和相伴概率分别为 26.199、0.000 和 0.321、0.571，这说明顾客类型差异对品牌关系再续意愿产生了显著影响，而性别差异没有对品牌关系再续意愿造成显著影响。

表 3-35 表明，顾客类型不同导致消失 5～10 年的休眠品牌的品牌关系再续意愿，如果采用老样式/老功能策略，忠实顾客比非忠实顾客效果更好。因此，假设 H4a 得到验证，假设 H4d 没有得到验证。

表 3-34 方差分析结果 4

Dependent Variahle：品牌关系再续意愿

Source	Type III Sum of Squares	df	Mean Square	F	Sig.
Corrected Model	25.820*	3	8.607	9.800	0.000
	2099.255	1	2099.255	2390.434	0.000
顾客类型	23.008	1	23.008	26.199	0.000
性别	0.282	1	0.282	0.321	0.571
顾客类型 × 性别	1.593	1	1.593	1.814	0.179
Error	310.001	353	0.878		
Total	3597.000	357			
Corrected Total	335.821	356			

表 3-35 推测分析 2

Dependent Variahle：品牌关系再续意愿

顾客类型	Mean	Std.Error	95% Confidenee Interval Lower Bound	Upper Bound
忠实顾客	3.592	0.121	3.353	3.830
非忠实顾客	2.911	0.055	2.803	3.018

② 策略二：老样式/新功能策略下个体差异对品牌关系再续意愿的影响。

方差分析的前提条件是各个水平下（组别）的总体服从方差相等的正态分布，其中对于正态分布的要求并不是很严格，但是对于方差相等的要求比较严格。对于方差相等的检验，采用的是 Homogeneity of Variance Test 方法进行检验。通过 SPSS17.0 的分析，计算得到 Levene Statistic 的值为 0.962，显著水平为 0.411，如表 3-36 所示。由于 Homogeneity of Variance Test 的零假设是：不同水平总体下总体方差没有显著差异，因此，可以认为各个组总体方差相等，满足方差检验的前提条件。

表 3-36 方差齐性检验 5

Dependent Variable：品牌关系再续意愿

F	df1	df2	Sig.
0.962	3	353	0.411

Tests the null hypothesis that the error variance of the dependent.
variable is equal across groups.

Design：+ 顾客类型 + 性别 + 顾客类型 × 性别。

表 3-37 为 F 检验的结果,是多因素方差分析的主要结果。由于指定建立了饱和模型,因此,总的离差平方和分为 3 个部分:多个控制变量对观察变量的独立作用部分、多个控制变量的交叉作用部分以及随机变量影响部分。

检验多个控制变量之间是否具有交叉作用。这里顾客类型差异和性别差异的交叉作用的离差平方和为 0.834,均方为 0.834,F 值和相伴概率分别为 1.171 和 0.280,这表明它们的交互作用没有对观察结果产生显著的影响。

检验随机变量的干扰作用大小(即 Error 部分)。随机变量部分影响部分所贡献的离差平方和为 251.248,均方为 0.712,说明随机变量影响部分对品牌关系再续意愿的影响是比较小的,随机变量在本次实验中得到了较好的控制。

检验多个控制变量对观察变量的独立作用。顾客类型差异的离差平方和为 4.731,均方为 4.731;性别差异的离差平方和为 1.661,均方为 1.661;它们的 F 值和相伴概率分别为 6.647、0.010 和 2.334、0.127,这说明顾客类型差异对品牌关系再续意愿产生了显著影响,而性别差异却没有对品牌关系再续意愿造成显著影响。

表 3-38 表明,顾客类型不同导致消失 5～10 年的休眠品牌的品牌关系再续意愿,如果采取老样式/新功能策略对于忠实顾客比非忠实顾客效果更好。因此,假设 H4b 得到验证,假设 H4e 没有得到验证。

表 3-37 方差分析结果 5

Dependent Variable:品牌关系再续意愿

Source	Type III Sum of Squares	df	Mean Square	F	Sig.
Corrected Model	6.668*	3	2.223	3.123	0.026
	2435.563	1	2435.563	3421.929	0.000
顾客类型	4.731	1	4.731	6.647	0.010
性别	1.661	1	1.661	2.334	0.127
顾客类型 × 性别	0.834	1	0.834	1.171	0.280
Error	251.248	353	0.712		
Total	4393.000	357			
Corrected Total	257.916	356			

表 3-38 推测分析 3

Dependent Variable:品牌关系再续意愿

顾客类型	Mean	Std.Error	95% Confidence Interval	
			Lower Bound	Upper Bound
忠实顾客	3.656	0.109	3.442	3.871
非忠实顾客	3.348	0.049	3.251	3.444

③策略三:新样式/老功能策略下个体差异对品牌关系再续意愿的影响。

方差分析的前提条件是各个水平下(组别)的总体服从方差相等的正态分布,其中对于正态分布的要求并不是很严格,但是对于方差相等的要求比较严格。对于方差相等的检验,采用的是 Homogeneity of Variance Test 方法进行检验。通过 SPSS17.0 的分析,计算得到 Levene Statistic 的值为 0.023,显著水平为 0.995,如表 3-39 所示。由于 Homogeneity of Variance Test 的零假设是:不同水平总体下总体方差没有显著差异,因此,可以认为各个组的总体方差相等,满足方差检验的前提条件。

表 3-39 方差齐性检验 6

Dependent Variable：购买/再续意愿

F	df1	df2	Sig.
0.023	3	353	0.995

检验多个控制变量之间是否具有交叉作用。这里顾客类型差异和性别差异的交叉作用的离差平方和为 1.174，均方为 1.174，F 值和相伴概率分别为 1.650 和 0.200（见表 3-40），这表明它们的交互作用没有对观察结果产生显著的影响。

检验随机变量的干扰作用大小（即 Error 部分）。随机变量影响部分所贡献的离差平方和为 251.195，均方为 0.712，说明随机变量影响部分对品牌关系再续意愿的影响是比较小的，随机变量在本次实验中得到了较好的控制。

检验多个控制变量对观察变量的独立作用。顾客类型差异的离差平方和为 5.860，均方为 5.860；性别差异的离差平方和为 0.549，均方为 0.549；它们的 F 值和相伴概率分别为 8.235、0.004 和 0.772、0.380，这说明顾客类型差异对品牌关系再续意愿产生了显著影响，而性别差异却没有对品牌关系再续意愿造成显著影响。

表 3-41 表明，顾客类型不同导致消失 5～10 年的休眠品牌的品牌关系再续意愿，采取新样式/老功能策略对于忠实顾客比非忠实顾客来说，效果更好。因此，假设 H4c 得到验证，假设 H4f 没有得到验证。

表 3-40 方差分析结果 6

Dependent Variable：品牌关系再续意愿

Source	Type III Sum of Squares	df	Mean Square	F	Sig.
Corrected Model	7.450*	3	2.483	3.490	0.016
	2277.362	1	2277.362	3200.342	0.000
顾客类型	5.860	1	5.860	8.235	0.004
性别	0.549	1	0.549	0.772	0.380
顾客类型 × 性别	1.174	1	1.174	1.650	0.200
Error	251.195	353	0.712		
Total	4080.000	357			
Corrected Total	258.644	356			

表 3-41 推测分析 4

Dependent Variable：品牌关系再续意愿

顾客类型	Mean	Std.Error	95% Confidence Interval Lower Bound	95% Confidence Interval Upper Bound
忠实顾客	3.558	0.109	3.343	3.773
非忠实顾客	3.214	0.049	3.118	3.311

（4）消失 10 年以上的品牌：个体差异对品牌关系再续意愿的影响。

① 策略一：老样式/老功能策略下个体差异对品牌关系再续意愿的影响。

方差分析的前提条件是各个水平下（组别）的总体服从方差相等的正态分布，其中对于正态分布的要求并不是很严格，但是对于方差相等的要求比较严格。对于方差相等的检验，采用的是 Homogeneity of Variance Test 方法进行检验。通过 SPSS17.0 的分析，计算得到 Levene Statistic 的值为 0.966，显著水平为 0.409，如表 3-42 所示。由于 Homogeneity of Variance Test 的零假设是：不同水平总体下总体方差没有显著差异，因此，可以认为各个组的总体方差相等，满足方差检验的前提条件。

表 3-42　方差齐性检验 7

Dependent Variable：品牌关系再续意愿

F	df1	df2	Sig.
0.966	3	241	0.409

检验多个控制变量之间是否具有交叉作用。这里顾客类型差异和性别差异的交叉作用的离差平方和为 0.188，均方为 0.188，F 值和相伴概率分别为 0.240 和 0.624（见表 3-43），这表明它们的交互作用没有对观察结果产生显著的影响。

检验随机变量的干扰作用大小（即 Error 部分）。随机变量影响部分所贡献的离差平方和为 188.281，均方为 0.781，说明随机变量影响部分对品牌关系再续意愿的影响是比较小的，随机变量在本次实验中得到了较好的控制。

检验多个控制变量对观察变量的独立作用。顾客类型差异的离差平方和为 12.735，均方为 12.735；性别差异的离差平方和为 2.440，均方为 2.440；它们的 F 值和相伴概率分别为 16.300、0.000 和 3.123、0.078，这说明顾客类型差异对品牌关系再续意愿产生了显著影响，而性别差异却没有对品牌关系再续意愿造成显著影响。

表 3-44 表明，顾客类型不同导致消失 10 年以上的休眠品牌的品牌关系再续意愿，如果采用老样式 / 老功能策略，忠实顾客比非忠实顾客效果更好。因此，假设 H4a 得到验证，假设 H4d 没有得到验证。

表 3-43　方差分析结果 7

Dependent Variable：品牌关系再续意愿

Source	Type III Sum of Squares	df	Mean Square	F	Sig.
Corrected Model	16.519*	3	5.506	7.048	0.000
	1604.972	1	1604.972	2054.372	0.000
顾客类型	12.735	1	12.735	16.300	0.000
性别	2.440	1	2.440	3.123	0.078
顾客类型 × 性别	0.188	1	0.188	0.240	0.624
Error	188.281	241	0.781		
Total	2452.000	245			
Corrected Total	204.800	244			

表 3-44　推测分析 5

Dependent Variable：品牌关系再续意愿

顾客类型	Mean	Std.Error	95% Confidenee Interval	
			Lower Bound	Upper Bound
忠实顾客	3.449	0.124	3.205	3.693
非忠实顾客	2.885	0.065	2.757	3.013

② 策略二：老样式 / 新功能策略下个体差异对品牌关系再续意愿的影响。

方差分析的前提条件是各个水平下（组别）的总体服从方差相等的正态分布，其中对于正态分布的要求并不是很严格，但是对于方差相等的要求比较严格。对于方差相等的检验，采用的是 Homogeneity of Variance Test 方法进行检验。通过 SPSS17.0 的分析，计算得到 Levene Statistic 的值为 0.646，显著水平为 0.586，如表 3-45 所示。由于 Homogeneity of Variance Test 的零假设是：不同水平总体下总体方差没有显著差异，因此，可以认为各个组的总体方差相等，满足方差检验的前提条件。

表 3-45　方差齐性检验 8

Dependent Variable：品牌关系再续意愿

F	df1	df2	Sig.
0.646	3	241	0.586

Tests the null hypothesis that the error variance of the dependent.
variable is equal across groups.
Design:+ 顾客类型 + 性别 + 顾客类型 × 性别。

表 3-46 为 F 检验的结果，是多因素方差分析的主要结果。由于指定建立了饱和模型，因此总的离差平方和分为 3 个部分：多个控制变量对观察变量的独立作用部分、多个控制变量的交叉作用部分以及随机变量影响部分。

检验多个控制变量之间是否具有交叉作用。这里顾客类型差异和性别差异的交叉作用的离差平方和为 0.194，均方为 0.194，F 值和相伴概率分别为 0.304 和 0.582（见表 3-46），这表明它们的交互作用没有对观察结果产生显著的影响。

检验随机变量的干扰作用大小（即 Error 部分）。所贡献的离差平方和为 153.999，均方为 0.639，说明随机变量影响部分对品牌关系再续意愿的影响是比较小的，随机变量在本次实验中得到了较好的控制。

检验多个控制变量对观察变量的独立作用。顾客类型差异的离差平方和为 0.001，均方为 0.001；性别差异的离差平方和为 0.149，均方为 0.149；它们的 F 值和相伴概率分别为 0.002、0.965 和 0.233、0.629，这说明顾客类型差异和性别差异都没有对品牌关系再续意愿造成显著影响。因此，假设 H4b 和假设 H4e 都没有得到验证。

表 3-46　方差分析结果 8

Dependent Variable：品牌关系再续意愿

Source	Type III Sum of Squares	df	Mean Square	F	Sig.
Corrected Model	0.222*	3	0.074	0.116	0.951
	1776.232	1	1776.232	2779.715	0.000
顾客类型	0.001	1	0.001	0.002	0.965
性别	0.149	1	0.149	0.233	0.629
顾客类型 × 性别	0.194	1	0.194	0.304	0.582
Error	153.999	241	0.639		
Total	2872.000	245			
Corrected Total	154.220	244			

③ 策略三：新样式 / 老功能策略下个体差异对品牌关系再续意愿的影响。

方差分析的前提条件是各个水平下（组别）的总体服从方差相等的正态分布，其中对于正态分布的要求并不是很严格，但是对于方差相等的要求比较严格。对于方差相等的检验，采用的是 Homogeneity of Variance Test 方法进行检验。通过 SPSS17.0 的分析，计算得到 Levene Statistic 的值为 2.368，显著水平为 0.071，如表 3-47 所示。由于 Homogeneity Of Variance Test 的零假设是：不同水平总体下总体方差没有显著差异，因此，可以认为各个组的总体方差相等，满足方差检验的前提条件。

表 3-47 方差齐性检验 9

Dependent Variable：品牌关系再续意愿

F	df1	df2	Sig.
2.368	3	241	0.071

Tests the null hypothesis that the error variance of the dependent.
variable is equal across groups.
Design:+ 顾客类型 + 性别 + 顾客类型 × 性别。

表 3-48 为 F 检验的结果，是多因素方差分析的主要结果。由于指定建立了饱和模型，因此，总的离差平方和分为 3 个部分：多个控制变量对观察变量的独立作用部分、多个控制变量的交叉作用部分以及随机变量影响部分。

检验多个控制变量之间是否具有交叉作用。这里顾客类型差异和性别差异的交叉作用的离差平方和为 0.049，均方为 0.049，F 值和相伴概率分别为 0.059 和 0.808，这表明它们的交互作用没有对观察结果产生显著的影响。

检验随机变量的干扰作用大小（即 Error 部分）。所贡献的离差平方和为 200.182，均方为 0.831，说明随机变量影响部分对品牌关系再续意愿的影响是比较小的，随机变量在本次实验中得到了较好的控制。

检验多个控制变量对观察变量的独立作用。顾客类型差异的离差平方和为 0.216，均方为 0.216；性别差异的离差平方和为 2.298，均方为 2.298；它们的 F 值和相伴概率分别为 0.260、0.610 和 2.766、0.098，这说明顾客类型差异和性别差异都没有对品牌关系再续意愿造成显著影响。因此，假设 H4c 和假设 H4f 都没有得到验证。

表 3-48 方差分析结果 9

Dependent Variable：品牌关系再续意愿

Source	Type III Sum of Squares	df	Mean Square	F	Sig.
Corrected Model	4.128*	3	1.376	1.657	0.177
	1694.707	1	1694.707	2040.268	0.000
顾客类型	0.216	1	0.216	0.260	0.610
性别	2.298	1	2.298	2.766	0.098
顾客类型 × 性别	0.049	1	0.049	0.059	0.808
Error	200.182	241	0.831		
Total	2797.000	245			
Corrected Total	204.310	244			

3.1.6.2 休眠品牌激活路径中策略差异对品牌关系再续意愿的影响

（1）研究设计。

① 实验设计。

本研究在进行实验设计时，考虑到个体因素、产品特性、休眠品牌结构体内外的激活域要素会影响实验的结果，而且，上面已经证明顾客类型会影响品牌关系再续意愿的强度的大小。因此，在设计时，强调各组样本中顾客类型的成比例对称分布，采用针对同一休眠时长的同一休眠品牌分别进行两种激活策略刺激的情况下，观察对休眠品牌的品牌关系再续意愿的反应。因为这一批人群同时接受休眠品牌结构体内外的激活域和融合域的调研，为了避免由此带来的由于疲劳引起的结论误差，本研究采用调研员（调研员 47 人）访谈式或提问式填答，尽可能在被调研对象状态良好和时间宽松的条件下进行数据收集。

② 数据收集。

由于休眠品牌的特殊性，我们采用问卷的大量搜集以及二次搜集，直至达到研究需要的基本样本数量。对消失时间 3～5 年的休眠品牌使用"绿叶"品牌作为休眠品牌刺激物，共搜集"绿叶"样本的顾客有效问卷 474 份；对消失 5～10 年的休眠品牌使用"旭日升"作为休眠品牌刺激物，共搜集"旭日升"样本的顾客有效问卷 1071 份；对消失 10 年以上的休眠品牌使用"天府"作为休眠品牌刺激物，共搜集"天府"样本的顾客有效问卷 735 份。每组样本数量基本满足研究的需要。

③ 数据分析。

本研究需要测试多个控制因素的改变是否会导致观察变量的变化，因此，适合采用多因素方差分析方法。多因素方差分析模型的适应条件是数据相互独立、正态分布和总体方差齐同。因为在每组实验设计时，三种激活策略状态下（老样式/老功能策略、老样式/新功能策略、新样式/老功能策略）对品牌关系再续意愿的影响是三次独立实验，因此，数据相互独立。正态分布和总体方差齐同的检验需要在每组实验分析时做进一步的验证。

（2）消失 5 年以内的品牌：策略差异对品牌关系再续意愿的影响。

① 数据检验。

在进行多因素方差分析前，需要进行数据的正态分布检验和方差齐同检验。

正态分布检验采用 P-P 图法进行检验，从数据的正态分布检验图 3-24 可以看出，数据点基本分布在对角线上，表明期望累计概率与实际累计概率十分吻合，说明资料服从正态分布。

从方差齐同检验结果表 3-49 可以看出，各策略组（P=0.445＞0.05）的总体方差呈现齐性，因此，利用多因素方差分析法时采用 LSD 方法和 SNK 法进行各策略组的数据分析。

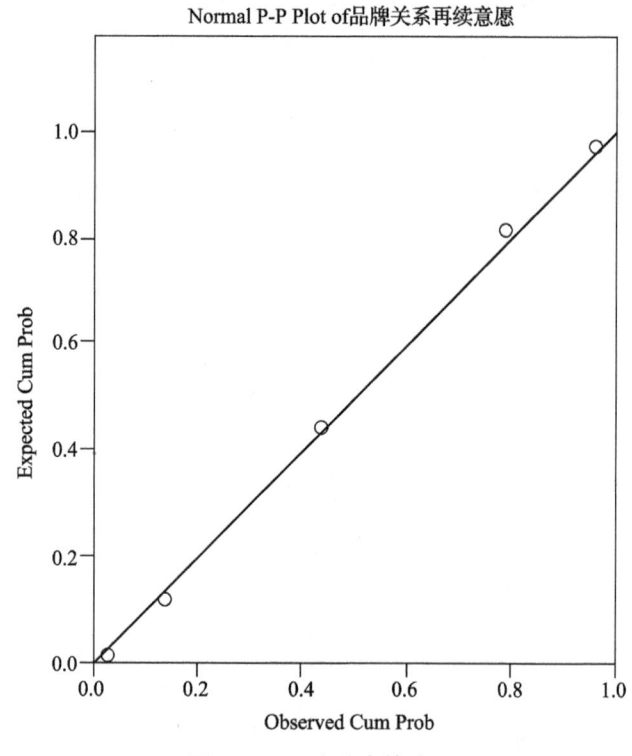

图 3-24 正态分布检验图

表 3-49 各策略组的方差齐同检验结果 1（Test of Homogeneity of Variances）

Dependent Variable：品牌关系再续意愿

Levene Statistic	df1	df2	Sig.
0.954	5	468	0.445

② 数据分析。

对数据进行分析时包括两部分：一是描述性统计分析；二是方差分析。

本研究进行描述性统计分析，以便了解每一组的概况。如表 3-50 所示，三组数据按照平均值大小排序分别为：老样式/新功能策略组、新样式/老功能策略组和老样式/老功能策略组。

表 3-50 描述性统计 1（Descriptive Statistics）

Dependent Variable：品牌关系再续意愿

策略名称	Mean	Std.Deviation	N
老样式/老功能策略组	3.111	0.082	2.950

续表

策略名称	Mean	Std.Deviation	N
老样式/新功能策略组	3.428	0.082	3.266
新样式/老功能策略组	3.339	0.082	3.177
Total	3.111	0.082	2.950

通过方差分析可以得出，结果见表3-51，不同策略（F=4.804，P=0.009<0.05）和不同顾客类型（F=18.044，P=0.000<0.05）对品牌关系再续意愿的影响皆有统计学意义，认为三种不同的激活策略（老样式/老功能策略、老样式/新功能策略、新样式/老功能策略）作用后对休眠品牌的品牌关系再续意愿的影响程度不全相等。

表3-51 方差分析结果10（Tests of Between-Subjects Effects）

Dependent Variable：品牌关系再续意愿

Source	Type III Sum of Squares	df	Mean Square	F	Sig.
Corrected Model	24.239*	3	8.080	9.217	0.000
	3080.636	1	3080.636	3514.270	0.000
策略类型	8.244	2	4.211	4.804	0.009
顾客类型	15.817	1	15.817	18.044	0.000
Error	412.006	470	0.877		
Total	5120.000	474			
Corrected Total	436.245	473			

方差分析结果表明，三组总体均数间不全相等，尚需要进行三个均数间的多重比较，表3-52、表3-53、表3-54分别是多重比较的Bonferroni法、LSD法和SNK法分析结果。三种多重比较方法的结果表明老样式/老功能策略组与新样式/老功能策略组、老样式/新功能策略组之间的差异有统计学意义。同时，新样式/老功能、老样式/新功能的策略更明显些，新样式/老功能与老样式/新功能之间的差异不具有统计学意义，策略之间的作用效果相当。由此我们得出结论，消失3～5年的休眠品牌对消费者而言，适当进行功能改进和样式更新的激活策略，比老样式/老功能策略效果更好。因此，假设H5a得到验证。

表3-52 方差分析结果11（Estimates Marginal Means）

策略名称
Estimates
Dependent Variable：品牌关系再续意愿

策略名称	Mean	Std.Error	95% Confidence Interval	
			Lower Boud	Upper Bound
老样式/老功能策略组	3.111	0.082	2.950	3.273
老样式/新功能策略组	3.428	0.082	3.266	3.590
新样式/老功能策略组	3.339	0.082	3.177	3.501

表3-53 方差分析结果12（Post Hoc Tests）

Multiple Comparisons
Dependent Variable：品牌关系再续意愿

	(I) 策略名称	(J) 策略名称	Mean Difference(I-J)	Std.Error	Sig.	95% Confidence Interval	
						Lower Boud	Upper Bound
LSD	老样式/老功能策略组	老样式/新功能策略组	-0.3165*	0.10534	0.003	-0.5234	-0.1095
		新样式/老功能策略组	-0.2278*	0.10534	0.031	-0.4348	-0.0209
	老样式/新功能策略组	老样式/老功能策略组	0.3165*	0.10534	0.003	0.1095	0.5234
		新样式/老功能策略组	0.0886	0.10534	0.401	-0.1184	0.2956
	新样式/老功能策略组	老样式/老功能策略组	0.2278*	0.10534	0.031	0.0209	0.4348
		老样式/新功能策略组	-0.0886	0.10534	0.401	-0.2956	0.1184

表 3-54　方差分析结果 13

Homogeneous Subsets
品牌关系再续意愿

	策略名称	N	Subset 1	Subset 2
Student-Newman-Keuls	老样式/老功能策略组	158	2.9620	
	新样式/老功能策略组	158		3.1899
	老样式/新功能策略组	158		3.2785
	Sig.		1.000	0.401

（3）消失 5～10 年的品牌：策略差异对品牌关系再续意愿的影响。

① 数据检验。

在进行多因素方差分析前，需要进行数据的正态分布检验和方差齐同检验。

正态分布检验采用 P-P 图法进行检验，从数据的正态分布检验图 3-25 可以看出，数据点基本分布在对角线上，表明期望累计概率与实际累计概率身份吻合，说明资料服从正态分布。

从方差齐同检验结果表 3-55 可以看出，各策略（P=0.797＞0.05）所对应的总体方差呈现齐性，因此，可以利用多因素方差分析法的 LSD 方法和 SNK 法进行数据分析。

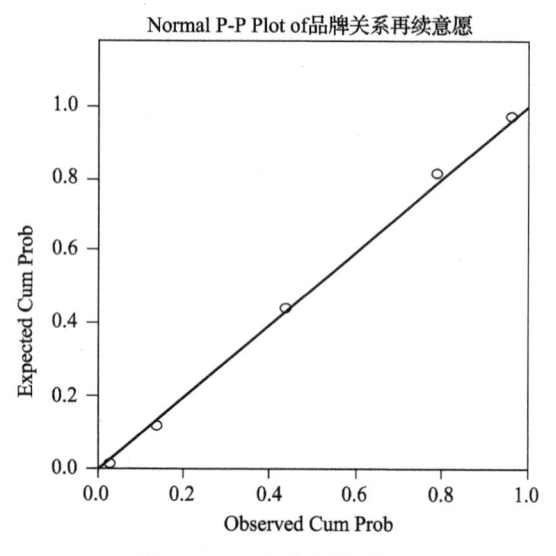

图 3-25　正态分布检验图 2

表 3-55　各策略组的方差齐同检验结果 2（Test of Homogeneity of Variances）

Dependent Variable：品牌关系再续意愿

LeveneStatistic	df1	df2	Sig.
0.473	5	1065	0.797

② 数据分析。

对数据进行分析时包括两部分：一是描述性统计分析；二是方差分析。

本研究进行描述性统计分析，以便了解每一组的概况。如表 3-56 所示，三组数据按照平均值大小排序分别为：老样式/新功能策略组、新样式/老功能策略组和老样式/老功能策略组。

表 3-56　描述性统计 2（Descriptive Statistics）

Dependent Variable：品牌关系再续意愿

策略名称	Mean	Std.Deviation	N
老样式/老功能策略组	3.173	0.052	357
老样式/新功能策略组	3.554	0.052	357
新样式/老功能策略组	3.423	0.052	357
Total	3.173	0.052	1071

通过方差分析得出，结果见表 3-57，不同策略（F=17.361，P=0.009＜0.05）和不同顾客类型（F=40.292，P=0.000＜0.05）对品牌关系再续意愿的影响有统计学意义。认为三种不同的激活策略（老样式/老功能策略、老样式/新功能策略、新样式/老功能策略）作用后对休眠品牌的品牌关系再续意愿的

影响程度不全相等。

表 3-57 方差分析结果 14（Tests of Between-Subjects Effects）

Dependent Variable：品牌关系再续意愿

Source	Type III Sum of Squares	df	Mean Square	F	Sig.
Corrected Model	57.744*	3	19.248	25.004	0.000
	6857.533	1	6857.533	8908.329	0.000
策略类型	26.728	2	13.364	17.361	0.009
顾客类型	31.016	1	31.016	40.292	0.000
Error	821.365	1067	0.770		
Total	12070.000	1071			
Corrected Total	879.109	1070			

方差分析结果表明，三组总体均数间不全相等，尚需要进行三个均数间的多重比较，表 3-58、表 3-59、表 3-60 分别是多重比较的 Bonferroni 法、LSD 法和 SNK 法分析结果。三种多重比较方法的结果表明老样式/老功能与新样式/老功能和老样式/新功能之间的差异有统计学意义；也就是说，对消失时间在 5～10 年的休眠品牌采用新样式/老功能策略、老样式/新功能策略效果更明显些；新样式/老功能与老样式/新功能之间的差异也具有统计学意义，老样式/新功能策略效果比前者更明显，显然消费者的怀旧情怀在加深。因此，假设 H5b 部分得到验证。

表 3-58 方差分析结果 15（Estimates Marginal Means）

策略名称
Estimates
Dependent Variable：品牌关系再续意愿

策略名称	Mean	Std.Error	95% Confidence Interval	
			Lower Boud	Upper Bound
老样式/老功能策略组	3.173	0.052	3.071	3.276
老样式/新功能策略组	3.554	0.052	3.452	3.657
新样式/老功能策略组	3.423	0.052	3.320	3.525

表 3-59 方差分析结果 16（Post Hoc Tests）

策略名称
Multiple Comparisons
Dependent Variable：品牌关系再续意愿

	(I) 策略名称	(J) 策略名称	Mean Difference(I-J)	Std.Error	Sig.	95% Confidence Interval	
						Lower Boud	Upper Bound
LSD	老样式/老功能策略组	老样式/新功能策略组	−0.3810*	0.06567	0.000	−0.5098	−0.2521
		新样式/老功能策略组	−0.2493*	0.06567	0.000	−0.3782	−0.1204
	老样式/新功能策略组	老样式/老功能策略组	0.3810*	0.06567	0.000	0.2521	0.5098
		新样式/老功能策略组	0.1317*	0.06567	0.045	0.0028	0.2605
	新样式/老功能策略组	老样式/老功能策略组	0.2493*	0.06567	0.000	0.1204	0.3782
		老样式/新功能策略组	−0.1317*	0.06567	0.045	−0.2605	−0.0028

表 3-60 方差分析结果 17

策略名称
Homogeneous Subsets
品牌关系再续意愿

	策略名称	N	Subset		
			1	2	3
Student-Newman-Keuls[a,b]	老样式/老功能策略组	357	3.0224		
	老样式/新功能策略组	357		3.2717	
	新样式/老功能策略组	357			3.4034
	Sig.		1.000	1.000	1.000

（4）消失 10 年以上的品牌：策略差异对品牌关系再续意愿的影响。

① 数据检验。

在进行多因素方差分析前，需要进行数据的正态分布检验和方差齐同检验。

正态分布检验采用 P-P 图法进行检验，从数据的正态分布检验图 3-26 可以看出，数据点基本分布在对角线上，表明期望累计概率与实际累计概率身份吻合，说明资料服从正态分布。

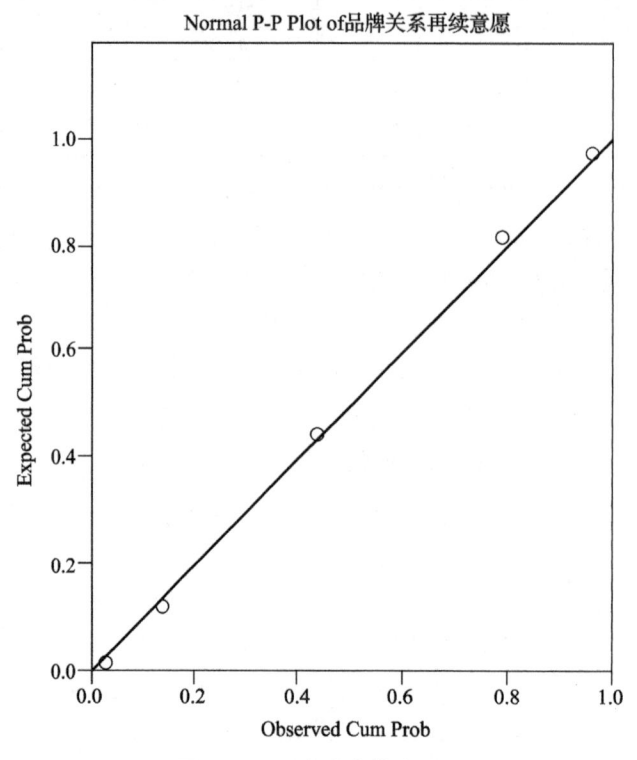

图 3-26　正态分布检验图 3

从方差齐同检验结果表 3-61 可以看出，各策略（P=0.108＞0.05）的总体方差呈现齐性，因此，利用多因素方差分析法时采用 LSD 方法进行各策略组的数据分析。

表 3-61　各策略组的方差齐同检验结果 3（Test of Homogeneity of Variances）

Dependent Variable：品牌关系再续意愿

Levene Statistic	df1	df2	Sig.
1.815	5	729	0.108

② 数据分析。

对数据进行分析时包括两部分：一是描述性统计分析；二是方差分析。

本研究进行描述性统计分析，以便了解每一组的概况。如表 3-62 所示，三组数据按照平均值大小排序分别为：老样式/新功能策略组、新样式/老功能策略组和老样式/老功能策略组。

表 3-62　描述性统计 3（Descriptive Statistics）

Dependent Variable：品牌关系再续意愿

策略名称	Mean	Std.Deviation	N
老样式/老功能策略组	3.076	0.061	245
老样式/新功能策略组	3.378	0.061	245
新样式/老功能策略组	3.301	0.061	245
Total	3.076	0.061	735

通过方差分析得出，结果见表3-63，不同策略（F=7.868，P=0.009<0.05）和不同顾客类型（F=4.213，P=0.040<0.05）对品牌关系再续意愿的影响有统计学意义，认为三种不同的激活策略（老样式/老功能策略、老样式/新功能策略、新样式/老功能策略）作用后对休眠品牌的品牌关系再续意愿的影响程度不全相等。

表 3-63 方差分析结果 18（Tests of Between-Subjects Effects）

Dependent Variable：品牌关系再续意愿

Source	Type III Sum of Squares	df	Mean Square	F	Sig.
Corrected Model	15.285*	3	5.095	6.650	0.000
	5124.044	1	5124.044	6687.482	0.000
策略类型	12.057	2	6.029	7.868	0.009
顾客类型	3.228	1	3.228	4.213	0.040
Error	560.103	731	0.766		
Total	8121.000	735			
Corrected Total	575.388	734			

方差分析结果表明，三组总体均数间不全相等，尚需要进行三个均数间的多重比较，表3-64、表3-65、表3-66分别是多重比较的Bonferroni法、LSD法和SNK法分析结果。三种多重比较方法的结果表明老样式/老功能策略与新样式/老功能策略、老样式/新功能策略之间的差异有统计学意义，也就是说新样式/老功能策略、老样式/新功能策略效果更明显些；新样式/老功能策略与老样式/新功能策略之间的差异不具有统计学意义，策略之间的作用相当。因此，假设H5c得到验证。

表 3-64 方差分析结果 19

策略名称
Estimates
Dependent Variable：品牌关系再续意愿

策略名称	Mean	Std.Error	95% Confidence Interval	
			Lower Boud	Upper Bound
老样式/老功能策略组	3.076	0.061	2.957	3.195
老样式/新功能策略组	3.378	0.061	3.259	3.497
新样式/老功能策略组	3.301	0.061	3.182	3.420

表 3-65 方差分析结果 20

策略名称
Multiple Comparisons
Dependent Variable：品牌关系再续意愿

	(I) 策略名称	(J) 策略名称	Mean Difference(I-J)	Std.Error	Sig.	95% Confidence Interval	
						Lower Boud	Upper Bound
LSD	老样式/老功能策略组	老样式/新功能策略组	−0.3020*	0.07909	0.000	−0.4573	−0.1468
		新样式/老功能策略组	−0.2245*	0.07909	0.005	−0.3798	−0.0692
	老样式/新功能策略组	老样式/老功能策略组	0.3020*	0.07909	0.000	0.1468	0.4573
		新样式/老功能策略组	0.0776	0.07909	0.327	−0.0777	0.2328
	新样式/老功能策略组	老样式/老功能策略组	0.2245*	0.07909	0.005	0.0692	0.3798
		老样式/新功能策略组	−0.0776	0.07909	0.327	−0.2328	0.0777

表 3-66　方差分析结果 21

Homogeneous Subsets
品牌关系再续意愿

	策略名称	N	Subset 1	Subset 2
Student-Newman-Keuls	老样式/老功能策略组	245	3.0286	
	新样式/老功能策略组	245		3.2531
	老样式/新功能策略组	245		3.3306
	Sig.		1.000	0.327

3.1.6.3 激活策略对不同休眠时长的休眠品牌的品牌关系再续意愿的影响

以消失 5 年以下、消失 5 年至 10 年、消失 10 年以上的休眠品牌作为真实的刺激物，将研究设计中在现场实验收集的数据合并在一起进行进一步的分析研究，验证不同消失时长下同一激活策略对品牌关系再续意愿的影响程度是否有显著差异。

（1）不同性质的样本数据的方差检验。

为了进行单因素和多因素方差比较，首先对不同性质的顾客样本的"品牌资产"的各个维度的测度指标评价值和各个策略组的指标评价值进行方差齐次性检验。从表 3-67、表 3-68 可以看出，各测度指标的统计显著性概率都大于 0.05，表明不同性质顾客样本的"品牌资产"各个维度的测度指标的评价值以及不同策略组（无激活策略组、老样式/老功能策略组、老样式/新功能策略组和新样式/老功能策略组）之间方差呈现齐次性，因此，可以针对不同休眠时长的休眠品牌收集来的问卷数据合并研究。

表 3-67　各维度的方差齐次性检验结果（Test of Homogeneity of Variances）

	Levene Statistic	df1	df2	Sig.
品牌熟悉度	0.291	2	757	0.748
公司熟悉度	0.991	2	757	0.372
品牌忠诚度	1.008	0	757	0
品牌延伸度	0.751	2	757	0.472
物质联想度	0.631	2	757	0.532
精神联想度	0.144	2	757	0.866

表 3-68　各策略组的方差齐次性检验结果（Test of Homogeneity of Variances）

	Levene Statistic	df1	df2	Sig.
无激活策略组	0.243	2	757	0.784
老样式/老功能策略组	0.215	2	757	0.807
老样式/新功能策略组	0.554	2	757	0.575
新样式/老功能策略组	3.630	2	757	0.057

（2）激活策略对不同休眠时长的休眠品牌的品牌关系再续意愿的影响。

在进行方差齐同检验之后，对休眠品牌资产的遗留状态进行差异性检验，从表 3-69 可以看出，休眠品牌自消失后 10 年内，除了公司熟悉度呈显著性差异需要进一步检验外，其余指标在不同休眠时长的休眠品牌之间都没有显著差异。

表 3-69　方差分析结果 22

		Sum of Squares	df	Mean Square	F	Sig.
品牌熟悉度	Between Groups	0.575	2	0.287	0.452	0.636
	Within Groups	481.052	757	0.635		
	Total	481.627	759			

续表

		Sum of Squares	df	Mean Square	F	Sig.
公司熟悉度	Between Croups	9.487	2	4.744	5.015	0.007
	Within Croups	716.013	757	0.946		
	Total	725.500	759			
品牌忠诚度	Between Croups	2.299	2	1.149	2.162	0.116
	Within Croups	402.499	757	0.532		
	Total	404.797	759			
品牌延伸度	Between Croups	0.253	2	0.126	0.227	0.797
	Within Croups	422.372	757	0.558		
	Total	422.625	759			
物质联想度	Between Croups	1.135	2	0.567	2.022	0.133
	Within Croups	212.389	757	0.281		
	Total	213.523	759			
精神联想度	Between Croups	0.191	2	0.096	0.242	0.785
	Within Croups	299.586	757	0.396		
	Total	299.778	759			

在进行方差齐同检验之后，对不同消失时长的休眠品牌采用无激活策略和三种激活策略的效果进行差异性检验，从表 3-70 可以看出，休眠品牌自消失后 10 年内，除了无激活策略情况下各组呈显著性差异需要进一步检验外，其余在三组激活策略之间都没有显著差异。从表 3-71 可以看出，10 年以内和 10 年以上的休眠品牌的品牌关系再续意愿才会有显著差异，而且时间越长，品牌关系再续意愿越弱。因此，假设 H6 没有得到验证。

表 3-70 方差分析结果 23

		Type III Sum of Squares	df	Mean Square	F	Sig.
无激活策略组	Between Croups	5.007	2	2.503	3.131	0.044
	Within Croups	605.281	757	0.800		
	Total	—	759			
老样式/老功能策略组	Between Croups	0.501	2	0.250	0.275	0.759
	Within Croups	688.393	757	0.909		
	Total	688.893	759			
老样式/新功能策略组	Between Croups	1.905	2	0.952	1.371	0.254
	Within Croups	525.883	757	0.695		
	Total	527.788	759			
新样式/老功能策略组	Between Croups	0.740	2	0.370	0.445	0.641
	Within Croups	629.258	757	0.831		
	Total	629.999	759			

表 3-71 多重比较

Dependent Variable		(I) 产品类型	(J) 产品类型	Mean Difference(I-J)	Std.Error	Sig.	95% Confidence Interval	
							Lower Boud	Upper Bound
无激活策略组	LSD	1	2	−0.09666	0.08544	0.258	−0.2644	0.0711
			3	−0.22191*	0.09124	0.015	−0.4010	−0.0428
		2	1	0.09666	0.08544	0.258	−0.0711	0.2644
			3	−0.12525	0.07418	0.092	−0.2709	0.0204
		3	1	0.22191*	0.09124	0.015	0.0428	0.4010
			2	0.12525	0.07418	0.092	−0.204	0.2709

续表

Dependent Variable		(I) 产品类型	(J) 产品类型	Mean Difference(I-J)	Std.Error	Sig.	95% Confidence Interval Lower Boud	95% Confidence Interval Upper Bound
老样式/老功能策略组	LSD	1	2	−0.060	0.091	0.508	−0.24	0.12
		1	3	−0.067	0.097	0.494	−0.26	0.12
		2	1	0.060	0.091	0.508	−0.12	0.24
		2	3	−0.006	0.079	0.938	−0.16	0.15
		3	1	0.067	0.097	0.494	−0.12	0.26
		3	2	0.006	0.079	0.938	−0.15	0.16
老样式/新功能策略组	LSD	1	2	−0.125	0.080	0.117	−0.28	0.03
		1	3	−0.052	0.085	0.540	−0.22	0.11
		2	1	0.125	0.080	0.117	−0.03	0.28
		2	3	0.073	0.069	0.293	−0.06	0.21
		3	1	0.052	0.085	0.540	−0.11	0.22
		3	2	−0.073	0.069	0.293	−0.21	0.06
新样式/老功能策略组	LSD	1	2	−0.082	0.087	0.348	−0.25	0.09
		1	3	−0.063	0.093	0.497	−0.25	0.12
		2	1	0.082	0.087	0.348	−0.09	0.25
		2	3	0.019	0.076	0.805	−0.13	0.17
		3	1	0.063	0.093	0.497	−0.12	0.25
		3	2	−0.019	0.076	0.805	−0.17	0.13

*The mean difference is significant at the 0.05 level.

注：1代表消失时间为5年以内的休眠品牌；2代表消失时间为5～10年的休眠品牌；3代表消失10以上的休眠品牌。

3.1.6.4 休眠品牌结构体内的激活域要素与结构体外的激活域要素的差异性分析

（1）案例剖析。

重庆天府可乐集团公司是20世纪80年代中国八大饮料厂之一。1981年天府可乐的配方诞生在重庆。它由当时的重庆饮料厂（天府集团前身）和四川省中药研究所共同研制。其原料全部由天然中药成分构成，不含任何激素。1985年天府可乐被誉为"一代名饮"。1988年中国天府可乐集团公司下属灌装厂达到108个创产值3亿多元，利税达6000多万元。1990年天府可乐在莫斯科建立了第一个灌装厂。同时，日本风间株式会社主动代理在美国世贸大厦设立公司专销天府可乐。由此，中国产可乐一举打入可乐型饮料的鼻祖国美国市场。合资前，天府可乐在全国拥有108家分厂，合资前8年占有中国可乐市场75%份额。1994年天府可乐与百事可乐合资。13年合资过程中百事公司逐年减少天府可乐品牌产品的生产，市面上几乎看不到天府可乐的产品，天府可乐集团累计最高亏损达7000万元，连续八年被评为重庆市特困企业，债务高达1.4亿元，剩下的400多名职工长期依靠上级部门救助艰难度日。2006年，承受巨大经济压力的天府集团将手里的股份作价1.3亿元卖给百事。至此，天府集团以品牌消亡、市场尽失、资产归零为代价，换来了账面上的零负债。

（2）结构体内、外激活域的要素差异性分析。

本研究根据以上休眠品牌的激活域的作用机理的理论模型的实证研究结论，拟采用消失的真实品牌——天府可乐（饮料）——作为休眠品牌的刺激物，并且利用雷达图法寻找休眠品牌结构体内外的品牌权益遗留线索的共同点。

本研究将雷达图分为休眠品牌结构体内激活域要素和结构体外激活域要素两个层面。每一层面有着相同的维度，即品牌意识度（品牌熟悉度、公司熟悉度）、品牌忠诚度、品牌延伸度（形式延伸、内涵延伸）、品牌联想度（品牌物质联想、品牌精神联想）四个维度，并且每个维度下面又有相关的细化指标。将圆状图划分为四个部分，按一定规则画在一张图上，企业就可以全面、综合地评价休眠品牌在结构体内、外的激活域的要素点的评分状况（见表3-72）。它以两个同心圆和若干组经向射线为框架，同心圆代表了不同指标评分的数值，每条射线都代表一个评分项目。同心圆的最外层代表该项指标评分的理想值，最内层代表该项评分的最不理想值，中层则为介于两者之间的平均值（标准值）。最理想值与最不理想值的确定依据定量问卷的分值来确定，如最高打分为5分，最低为1分，则最理想值为5分，最不理想值为1分，标准值为3分，实际值为问卷中所确定出来的每个指标的实际评分值。整个图形由通过同心圆的射线分成若干区，分别代表若干评分。具体情况见图3-27。由图3-27可见，当实际值在平均值以外的区域时，则这个指标代表该休眠品牌在这一方面优秀或良好；当实际值落在平均值以内的区域时，则代表该休眠品牌在这一方面表现不好。各指标的实际值相连接形成一个无规则的回路，实线与虚线分别代表休眠品牌结构体内和结构体外的激活域要素的指标值。

表3-72　休眠品牌结构体内外的激活域要素差异点

变量名		测量项目			
		结构体内激活域测项名	均值	结构体外激活域测项名	均值
品牌意识度	品牌熟悉度（3.46）(4.30）	品牌识别	3.66	品牌识别	4.39
		品牌回忆	3.64	品牌回忆	4.36
		名称熟悉	4.00	名称熟悉	4.47
		标志熟悉	3.08	标志熟悉	4.17
		包装熟悉	3.22	包装熟悉	4.22
		色彩熟悉	3.19	色彩熟悉	4.17
	公司熟悉度（2.20）(3.14）	公司名称	2.51	公司名称	3.81
		公司标志	2.37	公司标志	3.26
		公司口号	2.02	公司口号	2.89
		公司文化	1.88	公司文化	2.61
品牌忠诚度（3.19）(3.87）		品牌偏好性	3.59	品牌偏好性	4.20
		再次购买率	3.40	再次购买率	4.05
		行为忠诚度	3.29	行为忠诚度	4.12
		顾客推荐率	3.08	顾客推荐率	3.83
		缺货忠诚率	2.58	缺货忠诚率	3.14
品牌延伸度（3.44）(3.76）		形式延伸	3.48	形式延伸	3.71
		内涵延伸	3.40	内涵延伸	3.81
品牌联想度	物质联想（3.32）(3.36）	销售服务	3.50	销售服务	3.88
		售后服务	3.21	售后服务	3.56
		产品外观	3.40	产品外观	3.80
		产品责任	3.34	产品责任	3.75
		社会责任	3.34	社会责任	3.42
		质量联想	3.06	质量联想	3.85
		功能联想	3.41	功能联想	3.69
		服务联想	3.34	服务联想	3.62
	精神联想（3.25）(3.63）	科技联想	3.13	科技联想	3.58
		健康联想	3.37	健康联想	3.68
融合程度（3.76）		功能相关	3.86		
		形象相关	3.58		
		顾客相关	3.84		

注：表中前面的括号内数字是休眠品牌结构体内的激活域要素点的指标值；后面的括号内数字是休眠品牌结构体外激活域要素点的指标值。

·282·　　　　　　　　　　　　营销安全研究（下卷）

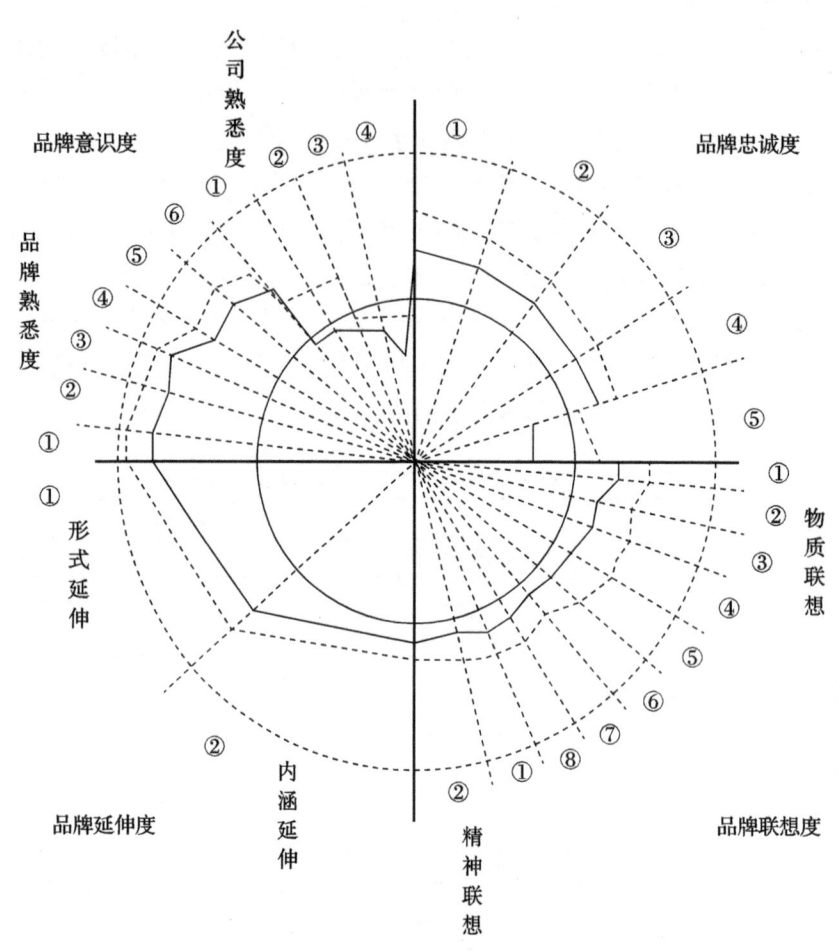

图 3-27　休眠品牌结构体内外的激活域要素差异点雷达分析图

注：品牌熟悉度按照图标顺序代表指标为品牌识别度、品牌回忆度、名称熟悉度、标志熟悉度、包装熟悉度和色彩熟悉度；公司熟悉度按照图标顺序代表指标为公司名称、公司标志、公司口号和公司文化熟悉度；品牌忠诚度按照图标顺序代表指标为品牌偏好率、再次购买率、行为忠诚率、顾客推荐率和缺货忠诚率；品牌物质联想度按照图标顺序代表指标为销售服务、售后服务、产品外观、产品责任、社会责任、质量联想、功能联想和服务联想；品牌精神联想度按照图标顺序代表指标为科技联想和健康联想；品牌延伸度按照图标顺序代表指标为形式延伸、内涵延伸。

　　通过以上的分析可以得出这样的结论：休眠品牌与休眠品牌之外的激活域中的品牌集合的品牌资产相比，所有要素点的强度都低于结构体外激活域的要素点的强度。具体情况为：品牌意识度中结构体内、外顾客对品牌名称相对品牌标志、产品包装、产品色彩等更为熟悉，而且公司熟悉度基本上都很低；品牌联想度和品牌忠诚度中各要素点的重要程度排序在结构体内、外基本一致；尤其是在精神联想中对于饮料类的品牌看重健康联想多于科技联想；两者最大的差异点就是品牌延伸度，休眠品牌的形式延伸度比结构体外的激活域的品牌集合的形式延伸度强度大些，也就是说，休眠品牌激活更看重的是形式上的延伸。

　　同时，如果企业激活休眠品牌，需要将本企业的品牌资产的要素点和休眠品牌结构体内、外的要素点单独分别进行比较，然后再通过雷达图分析法具体分析要素点的差异点。在本研究中，因为研究数据所限，对拟激活休眠品牌的企业的品牌资产情况并没有进行比对差异，需要在后期研究中进一步深入剖析。

3.1.6.5　休眠品牌的衍化机理到激活路径之间链接式的一体化应用模式研究

　　休眠品牌以其状态存在的特殊性，在消失后品牌资产逐渐衰减，品牌载体的物理属性的细节线索不断遗失，因此，在休眠品牌激活的过程中，出现了休眠品牌结构体内、外的激活域之间的作用，进而出现融合域。根据休眠品牌的激活域的衍化机理，本研究探索了从衍化机理到激活路径之间链接式的一体化应用模式（具体情况见图3-28）。

（1）激活路径中针对个体差异选择不同的激活策略。

对消失5年以内和消失10年以上的休眠品牌，针对忠实顾客采用老样式/老功能策略；对消失5～10年的休眠品牌采用三种策略的效果，针对忠实顾客来说，策略效果优于非忠实顾客。

（2）激活路径中针对不同休眠时长选择不同策略。

对消失5年以内和消失10年以上的休眠品牌，采用老样式/新功能策略、新样式/老功能策略优于老样式/老功能策略；对消失5～10年的休眠品牌采用老样式/新功能策略、新样式/老功能策略，其中，老样式/新功能策略效果更好。

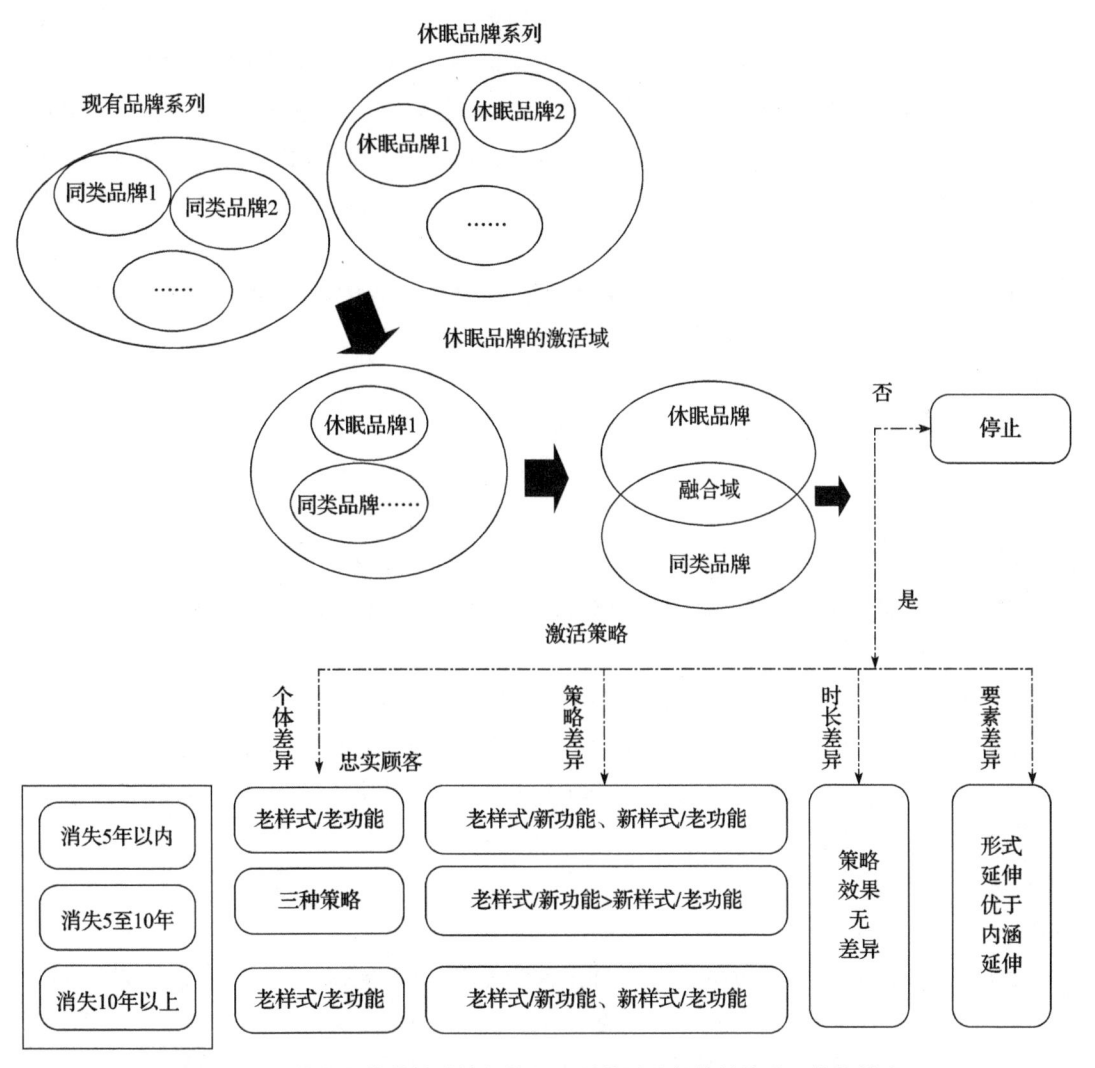

图3-28　休眠品牌激活域的衍化机理到激活路径的链接式一体化模式

（3）激活路径中针对休眠时长选择激活品牌。

休眠品牌自消失后10年内三组激活策略的效果相当（老样式/老功能策略、老样式/新功能策略、新样式/老功能策略）。但是，休眠时间越长，品牌关系再续意愿越弱，在消失5年以内的和消失10年以上的休眠品牌的品牌关系再续意愿出现显著差异。也就是说休眠品牌在消失10年以后再进行品牌激活难度会加大，激活的最好时间是10年以内。

（4）激活路径中针对休眠品牌结构体内、外的激活域要素点差异选择激活产品。

通过雷达图分析法具体区辨休眠品牌结构体内、外的激活域的要素差异点，锁定休眠品牌的激活域的要素所在现有同类品牌集合中的位置,再根据企业自身的实力抉择是否激活休眠品牌,以及激活哪类休眠品牌。

3.1.7 案例剖析

在本章研究中采用案例研究方法进行典型案例的剖析,进一步验证前面实证研究的结论,进而提出更深层次的研究视角。案例研究法是"将案例研究所强调的对于真实世界动态情景的整体全面的了解与归纳式思考过程整合在一起。该思考过程伴随着从数据中识别规律的各种方法。案例研究方法对于组织和战略的各种过程常常有效,尤其是当该方法采用整体全面和长期过程导向的视角时,其研究效果常常出人意料但却真实可信,并且可以验证"(李平和曹仰峰,2012)。李平案例研究法构建理论的优势在于具备能够产生新颖理论的潜质,形成的理论可检验,构念可直接测量,所获的理论具备实证效度。但是因为这种方法选择典型案例或者是单一的案例进行研究,有可能会产生狭隘或特殊的理论,这是案例研究方法的最大弊端。案例研究法构建理论的过程为:启动(定义研究问题)→案例选择(理论抽样)→研究工具和程序设计(多种数据收集方法)→进入现场(数据手机和分析重叠进行)→数据分析(案例内分析)→形成假设(运用证据迭代方式构建每一构念,跨案例的复制逻辑)→文献对比(与矛盾或类似的文献相比较)。

下面选取甲壳虫汽车的复活作为高卷入/认知型(High-Involvement/Feeling)的休眠品牌激活典型案例,回力鞋的复活作为低卷入/情感型(Low-Involvement/Thinking)的休眠品牌激活典型案例,并采用类似的激活案例进行比较研究。

3.1.7.1 休眠品牌激活的个案研究——甲壳虫轿车复活

(1)研究设计。

① 定义研究问题。

休眠品牌消失后,品牌资产线索遗失,到底采用什么策略激活休眠品牌效果更好?对于高卷入/认知型的休眠品牌激活和低卷入/情感型的休眠品牌的激活策略有何不同和相同之处?

② 资料收集和分析。

在本案例研究中,考虑到高卷入/认知型的休眠品牌在激活时有可能会和前面研究调研和模拟测试的低卷入/情感型休眠品牌(饮料类)的激活策略有差异,因此,选取经典的成功激活案例甲壳虫轿车作为本次研究剖析的案例。在数据收集时主要采取企业实地考察和网上二手资料的整理。资料分析主要针对图像、文字论述,采用定性方法。

(2)甲壳虫轿车概况。

① 简介。

大众甲壳虫(Volkswagen Beetle),正式名称为大众1型(Volkswagen Type1),是由大众汽车(香港译名为福士车厂)在1938年至2003年间生产的一款紧凑型轿车。虽然"甲壳虫"这个名称很早就被公众所接受,但直到1967年8月,大众汽车才正式在市场上使用这个名字。而在此之前,欧洲市场销售的该款车都是用"TypeI"或"1200""1300""1500"这些发动机排气量来命名的。1998年,在最初的甲壳虫下线许多年以后,大众汽车正式推出了外形与原先非常相似的新甲壳虫(以大众高尔夫/Golf为平台),新甲壳虫汽车在墨西哥和其他少数一些国家一直生产到2003年。在一项评选最具世界影响力的"20世纪汽车"的国际投票中,甲壳虫排名第4。

大众甲壳虫的历史渊源可以追溯到20世纪30年代的德国,当时希望能够生产一款可以广泛使用的大众化汽车,于是委任工程师费迪南德·波尔舍来完成这项任务。要求是可以载两个成人和三个儿童,最高时速100千米/小时,售价不超过1000马克。同时还推出了一项储蓄计划以使普通群众也可以买到汽车。然而,随后到来的第二次世界大战使得这些参加了该计划的民众再也没能得到他们购买的汽车。

费迪南德·波尔舍在接受这项任务之前的几年就已经简明叙述了这款车的最初技术参数，但一直未能形成产品，直到 1933 年 1 月，德国汽车协会决定开发小轿车的通知，并代表德国政府与波尔舍公司签订协议，由波尔舍公司设计试制大众车。

② 发展历程。

1934 年 6 月 22 日，德国汽车制造联合会委托著名的汽车设计师费迪南德·波尔舍设计一款"大众汽车"。1935 年，样车下线，搭载了改进型空冷 700 毫升直列 4 缸发动机，功率达到 22 马力的这款车可以说是日后甲壳虫车型的原型，其极具个性的元素在后来的甲壳虫车型上都得到了体现。

1938 年，大众推出了经过进一步改型的"38"系列车型，它装载的空冷直列 4 缸 986 毫升排量发动机能输出 24 马力的功率，车重 750 公斤。这款坚实且具有与众不同外形的车，就是"甲壳虫"汽车的鼻祖。但实际上，直到 1968 年，"甲壳虫"的名字才第一次出现在大众公司官方。

1939 年 2 月 16 日，柏林车展上还展出了由费迪南德·波尔舍重新设计的"KdF-Wagen"。不久，第二次世界大战爆发，大众公司开始大量生产军用汽车。1945 年，战争结束，在同盟国的监督下，大众公司开始重新生产民用汽车。从此，甲壳虫汽车进入了快速、平稳的发展时期。1972 年 2 月 17 日，第 15007034 辆甲壳虫出厂，打破了福特公司 T 型车保持的生产纪录。

8 月，编号为"VW1303"的装载 40～50 马力发动机的甲壳虫取代了原有的"VW1302"，成为主流车型。1973 年，大众公司将几款特制型号的甲壳虫投放市场：Jeans 甲壳虫、大甲壳虫、"黑黄比赛者"和城市甲壳虫。7 月，VW1303 停止生产，1303 敞篷车（即 VW1303A）在 8 月上市成为主打产品。

1974 年 6 月 1 日上午 11 点 19 分，位于沃尔夫斯堡的大众本厂停止生产甲壳虫。8 月，宣布停产 VW1303A。1975 年 7 月，VW1303 也停产了。直到 1978 年 1 月 19 日，德国本土生产的最后 1 辆甲壳虫汽车在 Emden 下线。到此为止，德国本土共生产了 16255500 辆甲壳虫。

1981 年 5 月 15 日，第 2000 万辆甲壳虫汽车在大众汽车公司位于墨西哥的 Peuh1a 工厂下线。这是汽车工业史上的一个奇迹，同时也标志着一个新世界纪录的诞生。为了庆祝这一伟大成就，大众公司推出了"SilverBug"珍藏版甲壳虫，以此献给那些忠心的追随者。第一代甲壳虫，如图 3-29 所示。

1998 年，大众公司推出了其全新打造的最新款甲壳虫汽车。这款车于 1998 年年底在特律国际车展上露面时，即受到了公众和传媒的极度关注。新甲壳虫的外形设计仍颇具当年甲壳虫的风采，同时拥有靓丽的色彩和动感的线条，整体造型还是秉承半个世纪前的款式，但是加入了更多现代化的设计元素，再加上现代化的机械性能，新甲壳虫无疑成为 21 世纪的现代车型，如图 3-30 所示。

图 3-29 第一代 Beetle 图 3-30 第二代甲壳虫

除了外形和仪表盘和从前相近，新甲壳虫由以前的后轮驱动方式，改为了前轮驱动方式，发动机也

由风冷式改成了液冷式,安全设备新添了防抱死制动系统和侧面安全气囊,其他配置还有空调、AM/FM 收录机/音响系统、电动反光镜等。尽管相对于紧凑型微型车来说,甲壳虫价格略显昂贵,但它带给人们的不仅是车型本身,同时还有品牌传承多年的"甲壳虫文化"。

甲壳虫能在全球范围内的成功原因在于其商标式的品质:独具匠心的设计、精致的加工工艺、完善的装备和众所周知的可靠性。除此之外,还有其低廉的价格、较低的维修费用,并且使用多年后仍具有一定的价值。大众公司很少参与价格战,但实际上对于它们的汽车品质来说,它们的标价并不昂贵,其"想想还是小的好"的主张更是改变了美国人的观念。这些都可以说是其成功的根源。第三代甲壳虫,如图 3-31 所示。

2012 年 9 月 20 日,上海迎来一场近几年最强悍的新车上市秀:堪称全球汽车工业奇迹之一,代表大众汽车品牌根基的全新一代甲壳虫,在无数中国"虫迷"的期盼声中,载誉而至,震撼归来。为期两天的"怒放'虫'生"全新一代甲壳虫上市系列活动,吸引了全球时尚人士的强烈关注,而大众汽车全新一代甲壳虫,带着经典和彻底的改变扑面而来,在中国市场上重生并怒放。

图 3-31 第三代甲壳虫

(3)研究结论。

甲壳虫汽车在 1934 年初次生产出来,外形独特,有着坚实的车体结构和底盘引擎,充满平民的人性化特征——价格低、维修费用低。但是由于第二次世界大战爆发导致汽车主要用于军用。直到 1945 年消失 11 年后投入生产,1968 年以甲壳虫进行命名,1975 年全面停产。1981 年再次投产时,时代变化差异较大,样式进行了局部改变,加入了时代元素,比之以前更加色彩靓丽、线条动感,功能上进行了加大改进,由以前的后轮驱动方式,改为了前轮驱动方式;发动机也由风冷式改成了液冷式;安全设备新添了防抱死制动系统和侧面安全气囊,其他配置还有空调、AM/FM 收录机/音响系统、电动反光镜等。下面根据甲壳虫汽车多次消失和再次入市的历程对高卷入/认知型的休眠品牌的激活策略进行探索性研究,见表 3-73。在此类休眠品牌的激活中,在消失 5 至 10 年间时,甲壳虫汽车采用了新样式/老功能的激活策略,和低卷入/情感型的休眠品牌激活策略相比有差异,因为在 20 世纪 50、60、70 年代,技术上没有大的突破,因此功能上变化不大,尤其是发动机上;但是到了 20 世纪 80 年代,汽车发动机技术出现了大的突破,因此,采用了加入时代元素的样式(仅保留外形和部分名称,取名"新甲壳虫")和全新的功能。在此案例剖析中,对比前面的实证研究的结论提出了进一步的新研究视角。

表 3-73 甲壳虫汽车发展历程和激活策略

时间	车型图片	样式/功能	品牌策略
1934—1944 年		样式: 外形流畅 简单易用 功能: 坚实的车体结构、底盘引擎	目标市场: 军队 少量平民市场 价格策略: 低价策略

续表

时间	车型图片	样式/功能	品牌策略
1945—1975年		新样式： 改为民用颜色 老功能： 坚实的车体结构、底盘引擎	目标市场：平民市场 价格策略：低价策略
1981年至今		新样式： 保留外形 名字加字 时尚元素 色彩靓丽线条动感 新功能： 现代化的机械性能，发动机先进	目标市场：高端市场 价格策略：高价策略

3.1.7.2 休眠品牌激活的个案研究——回力鞋复活

（1）研究设计。

① 定义研究问题。

休眠品牌消失后，品牌资产线索遗失，到底采用什么策略激活休眠品牌效果更好？对于低卷入/情感型（前面研究对象）的不同类别休眠品牌的激活策略有何不同和相同之处？

② 资料收集和分析

在本案例研究中，考虑到低卷入/认知型的休眠品牌在激活时有可能会和前面研究调研和模拟测试的低卷入/情感型休眠品牌（饮料类）的激活策略会有差异，因此，选取经典的成功激活案例——回力鞋作为本次研究剖析的案例。在数据收集时主要采取企业实地考察和网上二手资料的整理。资料分析主要针对图像、文字论述，采用定性方法。

（2）回力鞋复活概况。

① 简介。

上海回力鞋业有限公司是上海华谊（集团）公司的全资子公司，专业从事回力牌运动鞋及各类鞋产品的研发、制造和销售，产品畅销全国并出口东南亚、中东、欧美等几十个国家和地区。下属有控股子公司上海双钱橡胶有限公司。

流行时间：20世纪80年代，当时回力鞋成为学生在晨跑、体育课、运动会中的首选。

基本款式：白色鞋面，两侧红色装饰（见图3-32）。

回力鞋业创建于1927年，"回力"商标注册于1935年，1997年被认定为上海市著名商标；1999年被认定为中国驰名商标。"回力"鞋类产品历获国家质量银质奖、化工部及上海市优质产品奖，连续数年获上海市名牌产品称号和上海市出口免检证书，并荣获第21届西班牙国际质量奖。企业通过了ISO9001:2000质量管理体系的认证。

回力公司立足"以人为本、崇尚运动、促进健康"的产品开发理念，以技术创新为核心，在积极开发普及型、大众化运动休闲鞋系列产品的同时，还着力研发具有较高技术含量的专业体育用鞋、户外健身运动鞋，努力为提高中国竞技体育及全民健身运动作贡献；还以品牌运作、技术管理的方式拓展了各种轻便注塑休闲鞋、雨鞋、凉鞋等系列产品。

图3-32 回力鞋

回力是中国最早的时尚胶底鞋品牌。在20世纪70年代，回力鞋几乎就是运动休闲鞋类的唯一象征；相比解放鞋而言，它简洁、鲜明的设计在那个同质化的时代显得卓尔不凡。到20世纪80年代时，拥有一双回力鞋在青少年中已经是"潮人"的标志。

那时候盗版的回力鞋相当多，水货在15元左右，而行货大约要36元。然后好景不再，改革开放后大量的运动鞋品牌进入中国市场，已经"50岁"的回力虽仍然知名，但它已经不再是曾经的本土第一品牌了。人们对回力鞋的印象层次降低，因为它便宜、耐穿，不再是高端品牌。

② 发展历程。

回力的前身义昌橡皮制物厂成立于1927年。1935年正式注册了"回力"鞋类图案商标。中华人民共和国成立后，经过1956年公私合营和上海橡胶行业历次的裁并、改组、更名，至20世纪60年代主要由上海胶鞋六厂和上海胶鞋七厂使用。原来有7个厂，是上海胶鞋公司的。其是行政性的公司，不是企业性的，管理下面7个厂，1个胶鞋研究所，这是计划经济遗留下的情况。7个厂都在上海内环线以内，都关门了，后来房产置换，分流员工。2000年的时候，走向破产；正式完成破产是2002年。

四、六、七厂做回力，二、三、五厂做双钱，九厂做雨鞋的，是兼顾的。回力和双钱两个品牌，分散在两个厂，两个老板都是民族资本家。双钱也有发展历史，回力也有发展历史，历史差不多。双钱的历史还早一些，品牌注册是1929年，比回力早6年。轮胎里面双钱做得大、做得响，回力就和米其林合资。胶鞋里面回力的影响大，双钱后来影响力就小一些。双钱当时做雨鞋比较多，做解放鞋，层次更低一些。两个品牌都存在，还在坚持做。改制之后，2000年双钱和回力都破产了，集团公司另外投资，组建了回力公司。

回力球鞋最初由上海生产，中华人民共和国成立后"北京橡胶总厂"也生产出"箭牌"青色回力球鞋，受到当时广大青少年的喜好，穿青色回力球鞋曾在京城一时成为时尚。

大约在1956年，该厂为生产出更适合篮球运动员穿的回力球鞋，曾派技术人员到先农坛体育场进行调查研究，对每个男女运动员的脚型、尺寸等进行测量，采集了大量的数据，用于改进生产。

这双白色回力球鞋的最大特点就是外形美观，运动员们穿着白球鞋和深色的运动服形成鲜明的比拟色，使赛场上的男女篮球运动员显得更加英姿飒爽。

"箭牌"回力球鞋用料讲究，鞋帮和脚有非常好的亲和性，不容易粘脚，特别是采用优质橡胶制造的绿色鞋底弹性极佳，有助于运动员弹跳力的发挥，加之呈凹型吸盘式的鞋底，具有相当好的抓地性，有利于篮球运动员做急起急停等攻防动作。

20世纪60年代初，巨人杨殿顺入选北京队后，当时的北京市委副书记指示北京橡胶总厂，不惜成本专门为杨殿顺制造了特大号鞋柜。

回忆中国篮球二十世纪五六十年代的发展历史，可以说，白色回力篮球鞋不仅见证了这段历史，而且功不可没。这双回力鞋，必将成为中国篮球历史中的一篇经典华章！

2008年，另一中国品牌飞跃鞋成为欧美潮人争相购买的"尖货"。在欧洲，它的身价至少翻了25倍，达到让人惊愕的50欧元（约500元人民币）。不仅如此，最权威的时尚杂志ELLE（法国版）还为它"著书立说"，它的死忠"粉丝"横跨演艺圈和时尚圈，包括"精灵箭手"奥兰多·布鲁姆和性感女郎安娜·尼古拉·史密斯。继中国蛇皮袋被国外时尚品牌克隆后，中国球鞋再度创下时尚界的一个奇迹。

1999年由国家工商局商标局认定为"中国驰名商标"；

1997年由上海市工商局认定"回力"商标为"上海市著名商标"；

1997年获上海市级新产品证书；

1996年获上海市用户满意产品；

1994—1997年获上海市名牌产品称号，属"四连冠"；

1993年由国际质量委员会颁发，"回力牌"运动鞋荣获二十一届西班牙"国际质量奖"；

1992年由中国商业部颁发，回力牌运动牌被评为最畅销国产商品"金桥奖"；

1992年由上海市工商局颁发，回力牌"565型长球鞋"著名商标证书；

1991年在国际商标局首届"中国驰名商标"评选活动中荣获乙级提名奖；

1989年由化工部颁发回力牌篮球鞋为部优质产品证书；

1988年由国家质量奖审定委员会颁发国家银质奖（回力牌565型长球鞋）；

1983年由上海市经委颁发WB-1型篮球鞋市优质产品；

1983年由化工部颁发部优质产品证书；

1979年由上海市工商局颁发，"回力"牌565型篮球鞋被评为优质名牌产品证书；

1979年由国家经委授予回力牌565型篮球鞋国家银质奖证书。

（3）研究结论。

回力是中国最早的时尚胶底鞋品牌。在20世纪70年代，回力鞋几乎就是运动休闲鞋类的唯一象征。虽然其在1927年建厂并且流行一时，但是在2000年胶鞋公司破产，包括双钱和回力都破产，集团公司另外投资，组建了回力公司。因此，回力鞋在短时间出现下线。在后期再次出现时，保留了回力鞋核心的样式元素和标志，但非核心的样式和功能都发生了很大的改进，在目标市场也出现了高、中、低端市场的营销整合。在2005年，法国人派特斯·巴斯坦在上海街头无意中发现了飞跃球鞋，正中他在板鞋方面的复古情怀。经过策划和包装，2006年2月，面向欧美市场的新"飞跃"系列诞生。这双在中国地摊儿上廉价到10多元一双，淡出人们视线多年的"古董"，在欧洲火得一塌糊涂，卖到了50多欧元。这种休眠品牌激活采用了将文化价值观输出—国外加工—价值观输入的品牌塑造策略，在不破坏核心元素的基础上，进行了名字的创新、文化价值元素的加入，并以时尚元素为导引，重新开拓了新的市场，具体情况见表3-74。在此案例剖析中，回力鞋在短时间下线又再次入市，在样式上需要更新，在目标市场上也可以进行拓宽，和低卷入/情感型的休眠品牌激活策略相比有差异；但是在海外市场只是保留了核心元素，采用了新样式/新功能的激活策略。这一案例不仅辅证了消失5年以内的休眠品牌激活策略采用新样式/老功能效果更好些，而且提出海外市场可以只保留核心元素，可以进行更大的样式和功能上的更新。

表 3-74 回力鞋发展历程和激活策略

时间	鞋型图片	样式/功能	品牌策略
1927—2000 年		**样式：** 简洁鲜明 外形美观 **功能：** 运动	**目标市场：** 学生市场 **价格策略：** 低价策略
2002—2005 年		**新样式：** 颜色变化 **老功能：** 运动、休闲	**目标市场：** 高/中/低端市场 **价格策略：** 低价策略
2005 年至今		**新样式：** 核心元素 时尚元素 中国元素 复古情怀 色彩靓丽 更名"飞跃" **新功能：** 运动、休闲	**目标市场：** 欧美市场 **价格策略：** 高价策略

3.1.8 研究贡献、局限性及展望

3.1.8.1 研究贡献

本研究不仅在理论上丰富了休眠品牌的理论研究系列，同时对品牌关系再续理论研究提出新的命题。在营销实践上，对一些企业现有品牌的品牌战略规划提出新的视角，可以在本企业内部短期下线一些逐渐走向衰退的老品牌，在合适的时机进行品牌再造，重新进入市场以提升企业软实力，也可以激活一些民族老品牌，节省资金的同时，借力进行品牌组合战略的长远规划。

（1）融合后品牌战略规划。

根据本研究的研究结论，休眠品牌融合机制可以由以下两个部分构成。

① 休眠品牌的激活域甄别机制。

休眠品牌的激活域甄别机制是初步甄别休眠品牌激活的关键元素。通过梳理、回顾以前学者的研究成果，在分类归纳的基础上，基于品牌关系线索提示下，根据品牌资产与品牌权益和顾客价值的关系演进，深度挖掘休眠品牌在品牌关系存续期间，在品牌与顾客关系形成的链条中，识别品牌权益的遗留状态并提出激活域，推导并证明休眠品牌的激活域的演化机理——休眠品牌结构体内激活域的遗留要素点的强度对品牌关系再续意愿有显著的正向作用；休眠品牌结构体外激活域的要素点强度通过两者的融合域强度间接作用于品牌关系再续意愿；现有品牌和休眠品牌的融合域强度越高，现有企业激活老品牌作为品牌组合战略的可能性就越大。其中，休眠品牌结构体内的激活域——公司熟悉强度对品牌关系再续

意愿呈反向作用，也就是说对休眠品牌原来隶属公司的熟悉程度越高，休眠品牌激活越有难度；休眠品牌结构体外的激活域——公司熟悉度和品牌忠诚度越高，对休眠品牌的激活阻力越大。

据此，本书提出企业的经营要素，品牌权益每一个构成要素在休眠品牌的激活域锁定过程中起到的作用是不同的：品牌意识决定着消费者对休眠品牌的记忆程度，而且是休眠品牌能否激活的关键要素，如果品牌信息记忆为零，该休眠品牌已经转为死亡品牌，没有任何激活的价值；品牌忠诚度是休眠品牌激活中甄别忠诚和非忠诚顾客进而决定品牌形式和内涵激活的如何操作；品牌其他专有资产决定着品牌在现有品牌下能否进行品牌延伸和如何延伸；品牌联想和品质认知的残余状态决定企业如何激活，决定着企业经营要素如何运作。

② 休眠品牌激活的收益与成本衡量机制。

并不是所有的休眠品牌都值得企业激活。因为激活休眠品牌需要资源支出，必然会有财务代价，因此在抉择激活之前必须要权衡激活后的无形和有形收益是否大于激活的代价。在进行上一步的激活域追踪研究时，需要权衡休眠品牌的品牌权益在消失很多年后会遗留多少品牌资产和遗留些什么线索，这些线索对现有企业如何经营的成本和收益的衡量起到重要作用。

③ 企业品牌规划机制。

根据品牌延伸法则，休眠品牌所代表的产品是否为本企业现有品牌的兼容产品系列，兼容后进行品牌力的衡量对比，如果兼容后的休眠品牌的品牌力大于现有品牌，品牌延伸容纳空间较大，则在品牌战略规划时尽量打造休眠品牌原有的品牌特色；如果兼容后的休眠品牌的品牌力小于现有品牌，品牌延伸容纳空间不大，则在品牌战略规划时尽量保持现有品牌的原始特色。即对三种模式进行抉择：激活后作为单一品牌独立销售；容纳现有品牌进行品牌延伸；在现有品牌下，作为子品牌打入细分市场。

由于企业品牌文化的特色和休眠品牌的休眠属性的不同，在休眠品牌的激活抉择和激活的不同阶段，仍然存在着分歧和不兼容现象。因此，提出企业品牌与休眠品牌的融合机制研究尤为重要。融合点权衡机制具体可以分为两个阶段，即融合战略抉择机制和融合策略选择机制。

第一阶段是融合战略抉择机制。

在这一阶段，是基于休眠品牌的休眠属性进行融合的分析抉择。休眠品牌的休眠属性界定为以下三点。

Walker（2008）认为品牌适当沉睡有这样一个好处，可以利用消费者记忆的不完整性增强这种品牌的任何方面，品牌复活后可以不再局限于原有品牌。如果时间过短则不足以进入休眠状态，如果休眠时间过长，则有可能会引起对该品牌的重要关系遗忘。因此，品牌权益遗留线索会因为休眠时长的长短发生变化，进而对融合战略抉择机制产生关键的影响作用。

根据休眠品牌导致消失的消费者归因的视角分为：自因型休眠品牌和他因型休眠品牌，一般来说，休眠原因为企业自因而且在当时是因为品牌危机导致的休眠，通常消费者记忆很深刻，甚至当时是受害者，那么激活的可能性不大。所以，对于一些经典品牌由于历史原因，而非产品质量出现严重问题的产品，可以剖析出激活要素，进入兼容的战略考虑。

休眠品牌的产品类型决定着休眠品牌激活的成本，耐用品比非耐用品需要的技术含量相对较多，因此，企业需要根据自身能力抉择是否激活，而且激活时休眠品牌类型也会影响激活时品牌的内涵和形式延伸如何兼顾。

第二阶段是融合策略选择机制。

在融合中，不仅仅是单纯从品牌形式上的激活式融合，而且还要基于休眠品牌属性从品牌价值的三层面进行融合策略选择机制的探索。

根据品牌价值三层面的不同特色，建立企业营销横向模式，即品牌价值的功能价值、情感价值、社会价值横向梯级递进型营销模式。功能价值方面的融合采用取代结合的营销模式；情感价值方面的融合采用求同存异的营销模式；社会价值方面的融合采用模仿移植的营销模式，具体研究内容如图 3-33 所示。

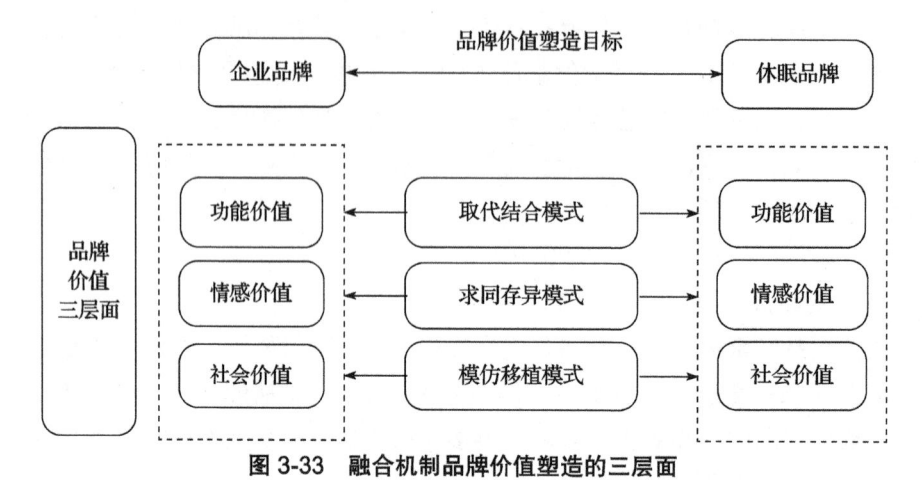

图 3-33 融合机制品牌价值塑造的三层面

同时，企业在经营中，关于经营要素相对应也要分为三个层面进行经营：识别层面、制度层面和价值观层面。在价值观层面的是休眠品牌与现有品牌融合中的经营战略，需要长远考虑和设计；制度层面包括硬件设施、管理模式和产品标准等，对于企业的硬件设施在短时间内受限于企业自身条件，在无法更新的情况下，根据休眠品牌对技术元素的要求程度进行适当的，与现有企业技术水平相适应的提升和改造；识别层面是相对较好操作的层面，基本属于经营策略的问题，应该采用直接替代的策略。

（2）激活路径选择。

休眠品牌在激活过程中面临着激活路径的选择，Thomas 和 Kohli（2009）从理论上分析了导致品牌衰退和品牌死亡的情况，提出品牌复活需要评估可行性，而且建议采用多种策略强化品牌。他认为，如果是产品出现问题，那么企业需要采用开发产品新用途或者品牌重新定位的激活策略；如果是顾客出现问题，那么企业采用深化品牌感知、开发产品新用途和提升品牌形象的激活策略；如果是竞争对手的问题，那么企业采用深化品牌感知、提升品牌形象、注入品牌元素和开辟新市场的激活策略；如果是策略失误，那么企业采用提升品牌形象、市场重新定位、注入品牌元素和开辟新市场的激活策略。具体情况如图 3-34 所示。

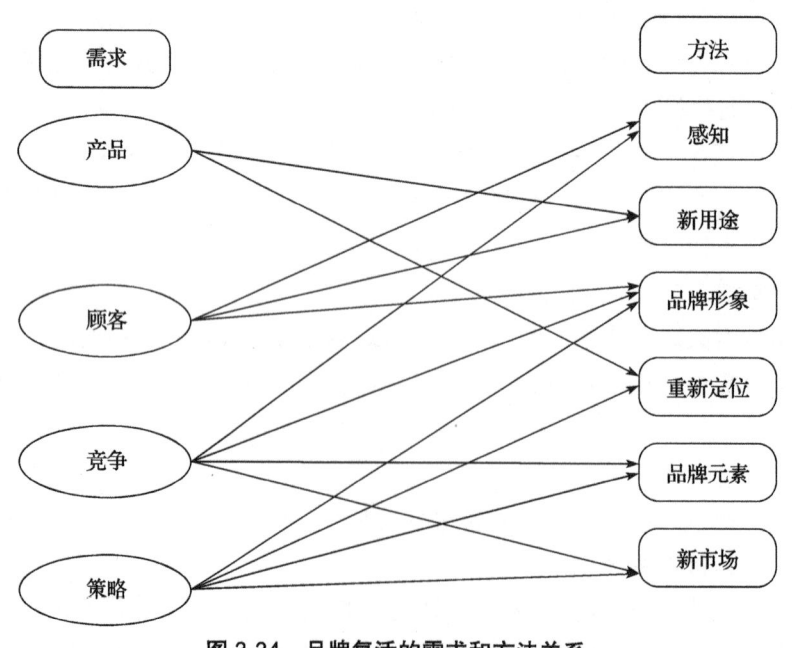

图 3-34 品牌复活的需求和方法关系

本书基于休眠品牌的激活域的作用机理，通过休眠品牌结构体内外的激活域的要素作用，根据两者的融合域的强度抉择休眠品牌激活后的策略选择，通过雷达图分析法分辨激活域的要素差异点，与市场上的同类产品比较分析后，提出具体的激活策略。

① 激活路径中个体差异对品牌关系再续意愿的影响：对消失 5 年以内和消失 10 年以上的休眠品牌，忠实顾客采用老样式／老功能策略效果优于非忠实顾客；老样式／新功能策略、新样式／老功能策略在忠实顾客和非忠实顾客之间采用效果无显著差异；对消失 5～10 年的休眠品牌采用三种策略的效果，忠实顾客都优于非忠实顾客。

② 激活路径中策略差异对品牌关系再续意愿的影响。对消失 5 年以内和消失 10 年以上的休眠品牌采用老样式／新功能策略、新样式／老功能策略，优于老样式／老功能策略；对消失 5～10 年的休眠品牌采用老样式／新功能策略、新样式／老功能策略，优于老样式／老功能策略。其中，老样式／新功能策略效果更好。

③ 激活策略对不同休眠时长的休眠品牌的品牌关系再续意愿的影响。休眠品牌自消失后 5 年内三组激活策略的效果（老样式／老功能策略、老样式／新功能策略、新样式／老功能策略）之间都没有显著差异。但是 5～10 年和 10 年以上的休眠品牌的品牌关系再续意愿在无策略激活时有显著差异而且时间越长品牌关系再续意愿越弱。

④ 激活路径中针对休眠品牌结构体内、外的激活域要素点差异选择激活产品。通过雷达图分析法具体区分休眠品牌结构体内、外的激活域的要素差异点，锁定休眠品牌的激活域的要素点所在现有同类品牌集合中的位置，再根据企业自身的实力抉择是否激活休眠品牌以及激活哪类休眠品牌。

3.1.8.2 研究局限性及展望

（1）产品类别分析的局限性。

在跨产品类别研究上，本研究因为收集的数据受限于时间、人力和成本等因素，在取样上的局限造成仅收集了低卷入／情感型的休眠品牌（以饮料为代表）的样本进行研究，缺乏在其他类别的研究，这也将是今后进行深入研究的方向。

（2）静态数据分析的局限性。

鉴于休眠品牌的品牌关系断裂的特殊性，消失前的一些数据资料很难搜索到，消费者的一些消费情况无法获得，数据仅限于现在消费者的关于休眠品牌的残余信息，因此，在分析中存在一些局限性。

（3）休眠致因分析的局限性。

本研究只是探索了非品牌危机导致休眠品牌的衍化机理及激活路径研究，关于品牌危机导致休眠的品牌能否被唤醒、被唤醒的条件以及影响因素尚需要今后进一步探索研究。

（4）休眠服务品牌研究的欠缺性。

本研究在设计量表和进行影响因素模型的研究时，采用和考虑的是产品类的休眠品牌，对于服务类的休眠品牌在特征和激活特性上有无区别并无研究，这也将是今后研究的方向。

3.2 休眠品牌激活的影响因素及激活策略研究

3.2.1 研究概述

3.2.1.1 研究背景

（1）市场背景。

当前，市场上出现了一种令人困惑的现象：一方面，企业不断地推出新创产品，贬低模仿和过时；另一方面，一些被长久抛弃或自行消失的品牌成功地被再次启用。究竟是什么因素导致这些被抛弃或者自行消失的品牌能够被再次激活？其市场意义又是什么？

企业衰落，品牌资产随之流失，创建、培育品牌的巨大努力也付诸东流。任何人都想做品牌大鳄，但真正主宰品牌沉浮的是消费者，确切地说，是储存在消费者心中的关系能量。实际上，"即使关系完全停止了，其他形式的交互作用还是会持续，如信息的交换和其他形式社会或商业交流这种社会纽带，而且在个人的关系和知识中会存留过去的印记，需要一段时间以后才会消失，这为关系再续提供了契机"（Gadde 和 Mattsson，1987）。即使双方不会再进行交易了，也存在着某种关系能量能够为相同的"休眠"的关系提供复苏的机会（Havila 和 Wilkinson，2002）。因此，"休眠"的品牌关系在其能量还未彻底消失之前，如果能够唤醒沉睡的品牌，继而使得休眠的品牌关系浮出水面，这对于企业而言，可以节省培育新品牌和新关系的巨大开支。例如，在美国市场上引入一个新品牌的成本高达 7500 万～1 亿美元（Ourusoff 和 Alexandra，1992），而且有一半可能会遭遇失败（Crawford 和 Merle，1993）；日本软饮料新品牌推出一年的失败率高达 99%（Chernatony 和 Mcdonald，1994）；一项对我国 64 家企业的调查显示，新产品的失败率大于 70%，平均而言，消费类新产品的失败率为 80%，服务类新产品的失败率为 75%（梅强，2001）。由此可见，休眠品牌的激活有着一定的市场意义。以下是国内外被抛弃或自行消失的品牌缘于不同特性被再次激活的典型案例。

① 国内案例。

××啤酒诞生于 1985 年，是当时成都最早的啤酒品牌之一。1992 年由于其企业经营不善，被 A 啤酒集团并购，自此××啤酒在市场上完全消失。1999 年，消失了近 7 年的××啤酒再次闪现耀眼的光芒。××啤酒以其"新口味、新感觉"赢得了消费者的青睐。自推出以后，××品牌又掀起"××成都生，成都是我根"的多项社会公益活动，直至今日××品牌仍是成都地区忠诚度最高的品牌之一。

2008 年，在莫干山路上，隐藏着一家很特别的鞋店。其主打产品竟然是曾让杭州人耳熟能详的女鞋品牌，顾客络绎不绝。自 2004 年××皮鞋摘标后，它已经消失了 4 年。一个消失了 4 年的品牌，为什么突然出现而且如此畅销？究竟是什么原因促使这么多的人去购买？购买的人又是什么类型的消费者呢？

现在回顾一下××皮鞋的历史：1988 年 11 月，杭州制鞋总厂与意大利皮鞋公司合资成立××公司。1995 年，××皮鞋红透大江南北，获得荣誉无数，其中包括中国真皮标志名牌产品、最畅销国产商品金桥奖、全国用户最满意产品等。当时评估公司对品牌的估价达到 1 亿元。1997 年，其品牌连续多年获得"浙江省驰名商标"的称号。进入 20 世纪 90 年代末期，由于管理不善，企业走入低谷。2004 年，该品牌经拍卖后以 104 万元易主××鞋业。

按说女性买鞋，款式是首当其冲。而××品牌的款式，少说都落后了 10 年，怎么还是有那么多热衷粉丝呢？仔细留意，复活后的××品牌皮鞋原来有三大消费群体成为它的主流顾客。

怀旧派：当时是××品牌的忠实顾客，对××品牌情有独钟，而且有着共同的消费群体和共同的消费体验，如今依然是××品牌的追随者。不仅可以怀念过去的美好生活和消费经历而且和原有消费社群更具有共同的话题和感受。

职业派：××皮鞋特有的简洁款式和皮鞋的舒适度决定原有的职业派群体依然怀念××皮鞋，因此，皮鞋当年的品质仍然成为这一批消费群体购买的主要原因。

实用派：××品牌皮鞋的耐用和价位合理成为其复出后实用派所看重的原因，该批消费者当年因为工作的特殊性，选择禁得住磨损和耐用的××品牌皮鞋，现在依然会选择它。

② 国外案例。

Brown 等（2003）用网络志（Netnography）这种定性研究法研究了被成功激活的老品牌，如 1998 年××公司推出的新"甲壳虫"汽车。首次推出老"甲壳虫"汽车，由于其耐用、经济、用户友好和特殊的外形设计，更重要的是"具有平民大众的气质"，风靡欧洲和北美。1998 年，××公司在美国底特律推出新"甲壳虫"汽车，传统的外形与高科技相结合，同样受到了消费者的热烈推崇。在新"甲壳虫"的品牌激活宣传中，××公司浪漫地将其变成一种乌托邦式的理想，试图唤起有关老"甲壳虫"自身的低价、愉快的品牌联想，以及与20世纪60年代相关的怀旧情感——浪漫、幸福和乐观，这当然是理想化的20世纪60年代。新"甲壳虫"表明了消费者对这些乌托邦理想化梦境的永久回忆和对获得更好物质和精神条件的向往。因此，该品牌形成了有强烈亲密感和归属感的品牌社群。

在以上的典型案例中，可以观察总结出市场现象下隐藏的规律：一种被抛弃或自行消失的品牌能够复活，或者是因为这种品牌唤起了消费者的童年记忆，或者因为这种品牌使得人们回忆起过去的美好时光，或者因为这种品牌蕴含了产地的人们对家乡的热爱，或者因为这种品牌的经久耐用的功能效用使得人们愿意再次购买。这些企业案例后面是否蕴含着影响这类被抛弃或者自行消失的品牌再现的因素，是不是每类已经消失过一段时间的品牌都可以被唤醒，被唤醒的品牌有无共性特征，这些问题有待进一步实证研究证明。

（2）理论背景。

品牌理论的研究先后经历了四个阶段：品牌概念阶段、品牌战略阶段、品牌管理阶段和品牌资产阶段，现在已经进入了一个新的阶段——品牌关系阶段。品牌关系这一概念是Blackston（1992）基于关系营销理论与社会心理学中的人际关系理论最早提出的，从而开辟了品牌—消费者关系研究的先河。他认为，消费者—品牌关系（Consumer-Brand Relationships）是消费者对品牌的态度与品牌对消费者的态度之间的互动。继此之后，品牌关系的建立与维护成了热门话题，理论和实证研究也日趋成熟。直到20世纪90年代，由Fajer与Schouten（1995）率先开始进行个人—品牌关系断裂的研究，围绕这一线索，学者们展开了品牌关系断裂过程、品牌关系断裂影响因素、品牌关系断裂类型等的研究。直到Aaker和Fournier等（2001）根据Levin（1983）的人际关系五阶段（起始、成长、维持、恶化、瓦解）和Dwyeretal（1987）的买卖关系五阶段（知晓、探索、扩展、承诺、断裂）理论提出了品牌关系发展的六个阶段——注意、了解、共生、相伴、断裂和再续，开创性地提出了品牌关系再续的概念，揭开了品牌关系再续研究的序幕。但是Aaker与Fournier等并没有对品牌关系的循环即断裂后的再续进行深入研究。同时，我国学者黄静等（2007）对品牌关系断裂与再续理论做出了系统地回顾，并提出了今后理论发展的展望。因此，多领域、多视角地展开品牌关系再续研究是理论发展的迫切需要。

（3）理论依据。

一种被抛弃或自行消失的品牌随着品牌关系断裂时长的持续，在消费者心中的原有关系能量会不断地发生变化。由于人类没有统一和特定的感知时间的感受器，使用客观计时工具测量出来的事件发生和持续的长度与人类对客观事件的时间的反应有时候是不一致的。依据心理学关于时间记忆的研究理论，人类的时间记忆是建立在时距（Temporal Duration）、时点（Temporal Locus）和时序（Temporal Order）三种信息基础上的（黄希庭，2006）。时距是指时间的长短，即每一事件的持续时间；时点是指时间量表上事件发生的日期；时序是事件出现的顺序（Order），就是个人感觉到的事件的相继性和顺序性。

在时距记忆方面，Ornstein等（1969）提出了存储容量模型（Storage Size Model），着眼于记忆中存储事件的数量以及信息的复杂度。Vroon等（1970）提出了加工时间模型，研究了注意同时距估计的关系。在时序记忆方面，就事件的新近而言，Hinrichs等（1970）人提出了强度理论（Strength Theories），研究了记忆痕迹的强度的作用。

O'Connor（2000）等检验了社会新闻事件的保持，研究发现新近事件回忆的精确度比更远事件回忆的精确度更高，近因效应在所有的年龄组上都被观察到，并且在许多年里这些事件的遗忘率是稳定的。更年轻组不能够回忆起或识别他们出生以前发生的新闻事件，老年组却能回忆或识别一些更久远年代的事件。Friedman（1993）回顾了时间记忆的实验室和自传体研究后得出结论：人类通常不可能恢复时间记忆，而是可以通过他们自己的时间方式来重新构建事件的时间位置。首先，时间的三种基本信息是一个整体，在时点、时序和时距的回忆上都出现了近因效应，即事件发生的时间离我们越近，对时点、时距和时序回忆的准确率会越高。其次，时点、时序和时距是相互影响的。距离我们越远的时间，被试丧失的时间信息就会越多，时点、时距的准确率会越差，但正是时间信息丧失的多少成了时序判断的依据，能回忆起的时间信息越少，事件发生的时间就会距离我们越远；同样，被试也会通过时间信息的多少来估计时点，事件的时间信息越少，时点会越倾向估计在前，即不会将发生在很久以前的事情估计在最近发生，也不会将最近发生的事情估计在很久以前发生。

关于长期被抛弃的或者自行消失的品牌，消费者在估计当时的信息情况受到时间因素过长的影响，对时距的估计会带有模糊性及个人主观色彩。而这种估计自然会受该品牌消失前的消费者接收的信息强度的影响，有时因为当时品牌自身蕴含的信息，如果对消费者的记忆产生高强度的影响，那么近因效应的作用就会减弱，时距估计就会缩短。这些消失的品牌随着时间的推移，会逐渐被新出现的品牌在消费者的心里由于近因效应而被取代，如果消失时间过长，则势必无法保持足够的价值信息和关系信息，造成品牌的彻底遗忘。

Friedman（1993）区分出三种不同类型的时间记忆理论：基于位置的理论、基于距离的理论、基于序列顺序的理论。距离是指从事件发生到现在所逝去的时间量，有时也被称为相对时间。基于距离信息的时间记忆理论主要有强度理论、传送带理论、背景重叠理论。与本研究有关的主要是强度理论和传送带理论。强度理论（Strength Theory）的提出者 Hinrichs 假定记忆中每个项目都有一定的强度，且随着时间的流逝会因衰退或干扰而减弱。传送带理论（Conveyer Belt Theory）认为事件的表征是按其出现的顺序组织在记忆储存中的。当新的信息一经编码，旧的部分就"退居"为过去，判断一个目标事件的时间就是估计其在记忆储存中距现在的距离。这可以形象地比拟为在运动中的传送带上顺次地放置行李，越早放的，其视像越小，直至消失。

根据强度理论，引起这种消失的品牌从原有品牌关系存续期到品牌关系断裂期再到品牌关系休眠期直至有可能再续品牌关系的整个过程不断出现，有些因素会逐渐衰退，有些因素则会增强。根据传送带理论，当新的信息因素一经编码，旧的部分就"退居"为过去，作用也逐渐减弱。对于这种消失的品牌，当时的情感价值很高，但是随着怀旧情感或其他情感的出现，这种旧有的"情感信息"退居，代之以新的情感信息的出现。根据传送带理论，这种被抛弃或自行消失的品牌从其品牌关系存续期到关系断裂期再到进入休眠期，有可能被唤醒，原有的原始因素不断受到干扰因素的冲击，有些因素可能会加强，进而在外界刺激足够的条件下被唤醒，消费者整个信息加工过程随着时间记忆的变化而变化，具体过程如图 3-35 所示。

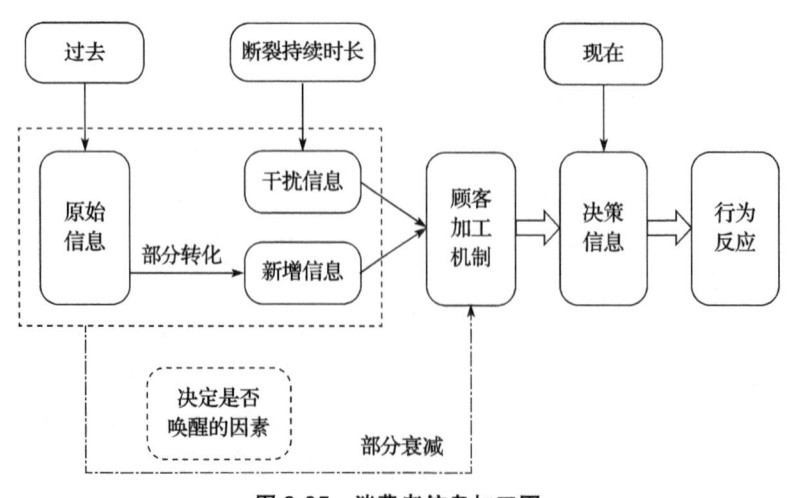

图 3-35　消费者信息加工图

3.2.1.2 研究范围

（1）研究对象。

① 休眠品牌的内涵。

20世纪后期，兴起令人吃惊的"怀旧潮"，很多长期被抛弃的品牌复活并且被成功地再次启用（Franklin，2002；Mitchell，1999；Wansink，1997）。Lehu（2004）在提到品牌老化方面产品或服务问题的三种解决办法中，也探讨了利用品牌传统和消费者心理来激活品牌的问题。因为利用消费者的怀旧情结，有利于提醒消费者相关品牌的悠久历史、经历和真实性。"怀旧革命"在营销界的出现，老品牌和品牌形象的复活也成了强有力的管理选择（Brown，2001）。Brown、Kozinets和Sherry（2003）根据营销理论与营销实践提出了怀旧品牌的概念，怀旧品牌是以前历史阶段的产品品牌或服务品牌的复活或重新启用，在性能、功能或者品味上并不见得总能跟得上时代。复古品牌与怀旧品牌的时代因素明显不同，它是全新的老样式的品牌。

但是，怀旧品牌的概念并不能诠释所有被长久抛弃的品牌，因为市场上会存在一种被长久抛弃的品牌，并不仅仅是唤起怀旧情感的品牌，也可能是因为某一种特殊的其他情感而能够重新被唤醒的品牌。另外，美国也有一家名为"西河"（West River）的公司，通过回归营销（Retromarketing）策略，从事着对消失在货架上的品牌进行唤醒的工作，而且成功地重新唤醒了一些曾经消失的品牌。

Walker（2008）曾经称这种被抛弃或自行消失的品牌为死亡品牌（Dead Brands or Dying Brands）、鬼魂品牌（Ghost Brands）、孤儿品牌（Orphan Brands）、幽灵品牌（Zombie Brands）、沉睡品牌（Sleepy Brands）。而且对于这类品牌，西河的创始人Walker提出这样的概念：这种被抛弃或自行消失的品牌是以知识产权形态存在的品牌，"没有零售存在，没有产品、没有配送、没有卡车，没有工厂，什么都没有。存在的所有都是记忆。"

基于以上的市场现象及学者们对这种被抛弃或自行消失的品牌的概念的诸多提法，他们所表达的内涵基本相同，在品牌存在状态上基本相似，即品牌的实体或载体在市场上不复存在。由于这些研究尚处于初级阶段，所以还没有形成公认的统一概念、属性界定和细化分类。而且，在品牌退出市场之后会在一定时间内受顾客的品牌记忆程度的影响出现不同的特点和属性，进而在理论上需要深入研究。

Walker（2008）曾提出品牌适当沉睡的一个好处，即品牌资产有自己的价值，然而，它能被植到某种东西上面，这样东西被重新包装或进行了更多的创新。他认为，消费者能回忆起品牌最本质的内涵，但是他们倾向于忘记产品的各种细节，这样记忆的不完整性可增强这种品牌的任何方面，品牌复活后可以不再局限于原有品牌。据此而言，对"沉睡"到一定时间的品牌无形资产的重新利用以及受时间记忆因素的影响会出现新的影响因素都是有一定好处的，因此，对这一时限的界定尤为重要，而这一时限也是"沉睡"品牌与非"沉睡"品牌之间的重要区别。鉴于"沉睡"的提法与生物体的"休眠"相似，而且Havila和Wilkonson（2002）曾提出交易不存在时，仍然会存在"休眠（Dormant）"的关系能量，所以"休眠品牌"被作为本研究的研究对象更为贴切。一方面，生物体的休眠是指某些生物为了适应环境的变化，生命活动几乎到了停止的状态。生物体需要经历某一特定的时间之后才能进入休眠期，如蛇到冬季就不吃不动；植物的胚芽在冬季停止生长等。另一方面，从消费者的角度来讲，国外学者Janssen（2006）的研究认为，1000天左右（同100天内的一样）的新闻事件，平均起来几乎不位移。他对此解释为，1000天左右可能是一个心理平衡点，在此前后的（心理）时间量差不多，所以不发生位移（既不向前也不向后）。从而认为，1000天左右可能是事件前后位移的转折点，而且会出现记忆向前逆转现象。因此，对于一种被抛弃或者自行消失的品牌，曾经消费过该品牌的消费者的品牌关系记忆会在3年以上进入品牌关系遗忘程度的转折点，进入心理能量的非活跃期，即休眠期。

据此，本研究在量化验证休眠时限的同时，将这种被抛弃或自行消失的品牌中消失 3 年以上的品牌统一界定为——休眠品牌，同时建立起边界清晰的休眠品牌的概念内涵和范畴：休眠品牌既包括蕴含怀旧情感的怀旧品牌，又包括蕴含产地情怀的地域品牌及蕴含民族情感的民族品牌；同时，从是否可以唤醒的角度来讲，休眠品牌既包括进入休眠期可以唤醒的品牌，也包括进入休眠期后永远不可能唤醒或错过唤醒最佳时间走向死亡的品牌。本研究对休眠品牌的内涵界定如下。

休眠品牌是指一种品牌的实体或载体在市场上消失后，消费者停止了与该品牌有关的所有交易行为或购买活动达 3 年以上的品牌。关于休眠品牌的界定包含两个层面，一是企业层面。企业停止公开发布该品牌的任何讯息，已经不再生产或提供该品牌的产品或服务，或者企业注销了在工商机构注册的法人资格，导致该品牌的生产实体已经不复存在，消费者被迫或主动停止与该品牌有关的所有交易行为或购买活动。二是消费者层面。消费者已经未实施与该品牌的交易行为达 3 年以上，原有的信息记忆未经提示或重新出现有关情境，消费者已经无法记起该品牌。

② 休眠品牌的特性。

消失的长期性。休眠品牌在市场上消失 3 年以上，品牌关系完全断裂很多年，可能在消费者的记忆中只留有些许的印象和品牌信息，如果未经提示或重新出现有关信息则不会被记起。

休眠时长感知的差异性。消费者的品牌知识和消费者素质及性格特质会导致消费者对休眠时长感知的差异；同样的消失时长可能会因为怀念或者遗忘而被感知比客观度量的消失时间更长。

休眠致因的复杂性。导致一种品牌休眠的原因很多，或品牌危机，或企业经营不善，或被竞争对手兼并收购，或与其他企业合资。

激活的条件性。并不是所有的休眠品牌都能够复活或被成功启用，消费者记忆中的品牌关系能量只有在特定的休眠品牌或情境条件下才能够复活。

品牌关系的完全断裂。休眠品牌的品牌关系在休眠时无论是因为何种原因导致的休眠，都因为休眠品牌的载体在市场上的不存在而导致品牌关系完全断裂。

③ 休眠品牌的分类。

根据分类标准的不同，休眠品牌可以分为很多类别。

根据导致休眠原因的不同分为两类：一类是品牌危机导致休眠的品牌，另一类是非品牌危机导致休眠的品牌。

根据休眠驱动力量的不同可以分为两类：一类是消费者驱动型休眠品牌，另一类是企业驱动型休眠品牌。

根据休眠品牌是否可以激活可以分为两类：一类是可唤醒休眠品牌，另一类是不可唤醒休眠品牌。

根据休眠品牌是否有形可以分为两类：一类是服务类休眠品牌，另一类是产品类休眠品牌。

Lusch 等（1987）提出服务与商品有四种特性上的区别，即服务是无形的；服务在产生和消费时是不可分离的；服务具有异质性；服务是无法存储的。

根据休眠品牌在品牌关系存续期与消费者卷入程度高低可分为四类。

有学者将卷入（Involvement）翻译为"涉入"。Krugman（1965）首先将卷入定义为：单位时间内受众在其自身生活与刺激之间所构建的、能被意识到的"桥梁性体验"、联系或关联的数量。

根据卷入的理论模型，FCB 网格模型对产品分类。FCB 网格模型（FCBGrid）是 Vaughn（1980，1986）提出的。该模型采用一个矩阵（Matrix）对商品（产品和服务）归类。该模型认为，商品都具有两个维度：维度一，即消费者的高—低卷入连续体，以矩阵的垂直轴表示；维度二，即商品所具有的认知—情感（thinking-feeling）连续体。Vaughn 认为消费者在购买决策时往往会引发认知和情感两种成分，有些商品可能涉及的认知成分多，而另一些商品的消费则对其情感因素起主导作用，以矩阵的水平轴表示这一维度。根据此矩阵分为四个象限（Quadrant）的产品类型。

象限一：高卷入/认知型（High-involvement/Thinking）休眠品牌。这一象限是指休眠品牌在品牌关系断裂前的产品类型为投资较大、风险高的商品（如房产、大型家具、小汽车等），消费者对此类商品极为重视，并且在购买决策中需要参考诸如价格、属性、功能、实用性等大量的相关信息。

象限二：高卷入/情感型（High-involvemen/Feeling）休眠品牌。这一象限是指休眠品牌在品牌关系断裂前的产品类型与个人自尊（Self-esteem）有着密切联系，同样得到消费者的重视，但在购买决策时消费者往往注重整体心理感受或自我的表现，而不是细节信息。比如，化妆品、珠宝首饰、时尚服饰等便落在这一象限内。

象限三：低卷入/认知型（Low-involvement/Thinking）休眠品牌。这一象限是指休眠品牌在品牌关系断裂前的产品类型，包括大多数食物、日用品等。

象限四：低卷入/情感型（Low-involvement/Feeling）休眠品牌。这一象限是指休眠品牌在品牌关系断裂前的产品类型主要为那些受众卷入的作用机制及其与广告诉求方式的匹配满足个人嗜好（Taste）的商品。比如，香烟、饮料、糖果、电影等商品往往不涉及功能、属性等的差异，更多体现的是一种自我体验、自我满足。

④ 休眠品牌在本书的研究对象。

休眠品牌是一种品牌关系完全断裂的品牌，因此休眠品牌的品牌关系再续指的是原有曾经消费过这种休眠品牌的产品或服务的顾客在休眠品牌出现时再次购买该品牌。鉴于休眠品牌的品牌关系再续的研究对象的特殊性，本书将研究对象分为两个层次：一是区分品牌危机导致休眠的品牌和非品牌危机导致休眠的品牌。通过查询有关企业消失的品牌资料，仔细斟酌识别，仅收集非品牌危机导致休眠的品牌。二是由于针对某一种休眠品牌的品牌关系再续的调研对象很难搜集，因此在探索性因子分析时，对低卷入/情感型休眠品牌以饮料类为例设置四个休眠品牌，对差异指标进行同质化因素抽取。

（2）研究内容。

本研究采用规范的实证研究和理论研究相结合的方法，在低卷入/情感型（以饮料类为例）休眠品牌里探讨品牌关系再续的影响因素，重点探讨的包括什么因素导致有些休眠品牌的品牌关系可以再续、有些休眠品牌的品牌关系不可以再续；休眠品牌的情感联结因素和休眠品牌当前感知价值是否起到关键的中介变量的作用；对研究对象在性别、年龄上的差异性进行研究。

（3）调研行业。

调研的行业主要针对饮料行业中非品牌危机导致休眠的品牌，作为休眠品牌提示物主要设置了4个品牌进行调研。

（4）研究角度。

本研究中的调查对象是由于企业经营不善、与其他企业合资或被并购等非品牌危机导致的品牌关系完全断裂而且状态持续至少3年以上的休眠品牌的原有顾客，即企业驱动型关系断裂。这是从最终消费者的角度探讨对这种记忆中的品牌的关系能量能否唤醒或被激活，而不涉及企业是否激活的决定和企业的激活策略抉择，也不考虑企业的操作成本情况。

3.2.1.3 研究方法和研究思路

（1）研究方法。

本书的研究过程，非常注意定性和定量研究的多种研究方法的综合运用，以期获得较好的研究效果。目前，国内外尚没有文献详尽地研究休眠品牌的品牌关系再续，所以，本研究是在一个新的领域的尝试，在新的领域内必须建立一些新的理论分析框架，本书将采用理论研究与实证研究相结合的研究方法。

① 定性研究方法：深度访谈法、问卷调查、文献研究、电话访谈、网络搜索。

② 定量研究方法：采用合理的分层抽样办法，利用统计分析软件 SPSS13.0 进行探索性因子分析，使用结构方程分析软件 LISREL8.54 分析理论模型，并进行理论模型和理论假设的验证。

本研究的调研对象是曾经消费过并消失 3 年以上的品牌的人群，目的是测量这个未知样本规模的群体的态度和倾向，显然不可能直接观察整个群体。再加上本研究以单个人为分析单位，符合抽样调查的条件，所以采用问卷抽样调查的方法。

在本研究中涉及变量较多，而且分层抽取样本，需要足够数量才能满足样本的代表性以及差异性研究的需要，因此定量研究方法上采用 SEM 方程更为适合。结构方程模型（Strutural Equation Model, SEM）是一种综合运用多元回归分析、路径分析和验证性因子分析方法而形成的一种统计数据分析工具。它通过建立反映隐变量和显变量的一组方程，利用显变量的测量推断隐变量，并对假设的正确性进行检验。这种方法已经成为社会科学研究中广泛应用的方法。

与传统多元统计技术及一些其他方法相比，结构方程模型具有以下 4 个方面的优点。

一是整体性。SEM 模型处理的是整体模型的比较，在检验程序中环环相扣，因此参考指标不是以单一的参数为主要考虑，而是整合性的系数。因此，不至于过度依赖个别指标而进行评价，不会因为个别指标是否具有统计显著性而肯定或否定整体模型的可行性。

二是兼容多种统计分析技术。SEM 包含了两类不同的统计技术，即平均数检验的方差分析与探讨线性关系的回归分析。前者可以被视为一般线性模型分析技术，后者则是以变量间的线性关系分析的内容。SEM 模型常常借用一般线性模式分析技术来整合变量，并且重视多重指标的运用。

三是能够处理多维变量以及潜变量之间的关系。SPSS 只能验证观察变量之间的差异，通过 SEM 可以进行多因素方差分析（MANOVA），不仅能够验证以潜变量的均值为基础的变量之间的差异，而且能够验证潜变量之间的因果关系：一是可以同时处理多个因变量；二是容许自变量及因变量含有测量误差；三是容许潜在变量由多个观察指标构成，并且可以同时估计指标的信度及效度；四是研究者可以设计出潜在变量之间的关系，并估计整个模型与数据拟合的程度。

四是适合大样本分析。SEM 的检验在涉及大样本分析时，是可以通过评估指数来避免碰触卡方检验的显著性检验，因此较少涉及与统计显著性决策有关的第一类型与第二类型错误议题。

结构方程模型包括两部分：测量方程和结构方程。测量方程测度指标和潜变量（因子）之间的关系；结构方程测度潜变量之间的关系。结构方程模型能够同时估计测量方程和结构方程，并进行路径分析。路径分析包括三个部分，即路径图、依据路径图写出变量相关系数（或协方差）、模型参数（如路径系数）。

在结构方程测量模型中，观察变量和潜变量之间的关系通常用以下方程表示

$$x = \Lambda_x \xi + \delta \quad (3.6)$$

$$y = \Lambda_y \eta + \varepsilon \quad (3.7)$$

式中：x 代表外源指标组成的向量；y 代表内生指标组成的向量；Λ_x 代表外源指标与外源潜变量之间的关系；ξ 是外源指标在外源潜变量上的因子负载矩阵；Λ_y 代表内生指标与内生潜变量之间的关系；η 是内生指标在内生潜变量上的因子负载矩阵；δ 代表外源指标 x 的误差项；ε 代表内生指标 y 的误差项。

潜变量之间关系一般用如下形式表示

$$\eta = B\eta + \Gamma\xi + \zeta \quad (3.8)$$

式中：η 为内生变量的 m×1 阶任意向量；B 代表内生潜变量的 m×m 阶相关系数矩阵；ξ 为外源潜变量的 n×1 阶任意向量；Γ 代表变量的 n×n 阶相关系数矩阵；ζ 代表结构关系中的 m×1 阶残差向量。

运用结构方程模型进行理论分析的程序见结构方程模型构建的基本程序图，如图 3-36 所示。

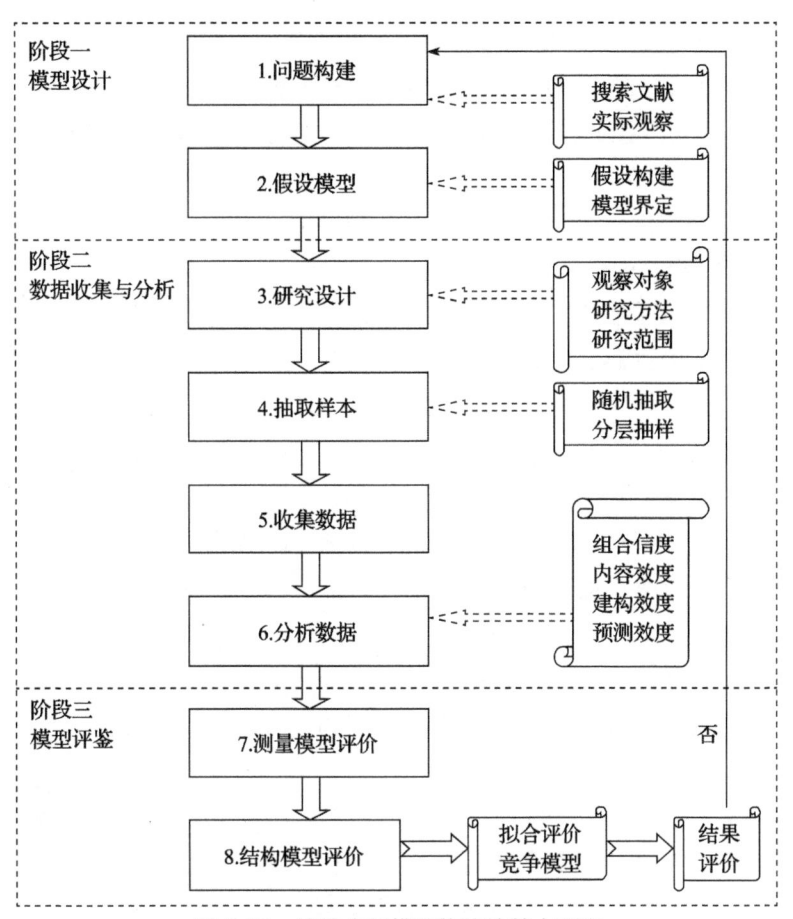

图 3-36 结构方程模型构建的基本程序

一是问题构建。首先通过实际观察和文献研究，构建所要解决的问题；对问题根据前人研究现状进行梳理，探索尚未研究以及研究中尚需进一步验证的问题。

二是假设模型。

三是研究设计。设计实证过程中进行的研究程序。首先根据研究问题确定观察对象，其次确定研究范围。

四是抽取样本。根据样本总体情况及研究对象，合理确定抽取样本的样本容量、样本分布情况及抽样方法的选用。

五是收集数据。初步收集数据，对录入数据进行描述性统计分析。如果不符合初步设计数量，则重复进行收集直至达到要求。

六是分析数据。对数据的信度和效度进行分析和验证。

七是测量模型评价。通过拟合指数的逐一评价，评价数据与测量模型的整体拟合情况，如果符合要求则进入下一步的结构方程的模型评价。

八是结构模型评价。设计竞争模型，在理论可行的条件下，采用拟合指数较优的模型，对理论假设验证情况进行评价。如果不符合要求，则返回第 1 步重新开始构建模型。

（2）研究思路。

本研究的逻辑思路包括五部分。

第一部分是界定休眠品牌的含义、特点及休眠品牌的品牌关系再续的研究范围的厘定，本书主要研究非品牌危机导致休眠的休眠品牌的品牌关系再续。

第二部分是采用主成分分析法进行探索性因子分析，开发休眠品牌的品牌关系再续意愿影响因素的量表，并通过验证性因子进一步分析、检验量表的信度和效度。

第三部分是建立休眠品牌的品牌关系再续意愿的影响因素的理论模型，通过与竞争模型进行比较分析，确定较优的理论模型；对理论假设进行验证；同时，检验品牌当前感知价值和品牌情感联结的中介效应。

第四部分是进行研究对象在性别和年龄上的差异性研究。

第五部分是得出研究结论、贡献、局限性及展望。

技术路线是引导本研究从选题构思到科学结论的总体性研究规划。基于以上的研究思路，可以将本研究的技术路线归纳如下，如图 3-37 所示。

① 观察事实、概括总结。

本研究在设计时，主要是基于现实存在的事实与现象，通过大量观察，深入分析、研究，概括、抽象出市场现象之间的共性与差异，遵循具体—抽象—抽象—具体的思维方式。

② 收集、整理和翻译文献。

详细梳理相关研究文献，在消化、理解的基础上，探析最新的研究成果、研究方法及以往研究亟待深入研究的机会点。

③ 界定休眠品牌含义。

界定研究现象的含义，与其他相似现象区分开来，在外延上明确划分范围，这是进行下一步研究的必要步骤。

④ 界定研究范围。

研究范围的界定包括界定研究对象、界定调研行业、界定研究内容。

⑤ 筛选休眠品牌的品牌关系再续研究对象。

鉴于休眠品牌的品牌关系再续的研究对象的特殊性，对休眠品牌的品牌关系再续研究对象进行初步的甄别及根据研究对象集中调查的休眠品牌按照产品类别进行筛选。

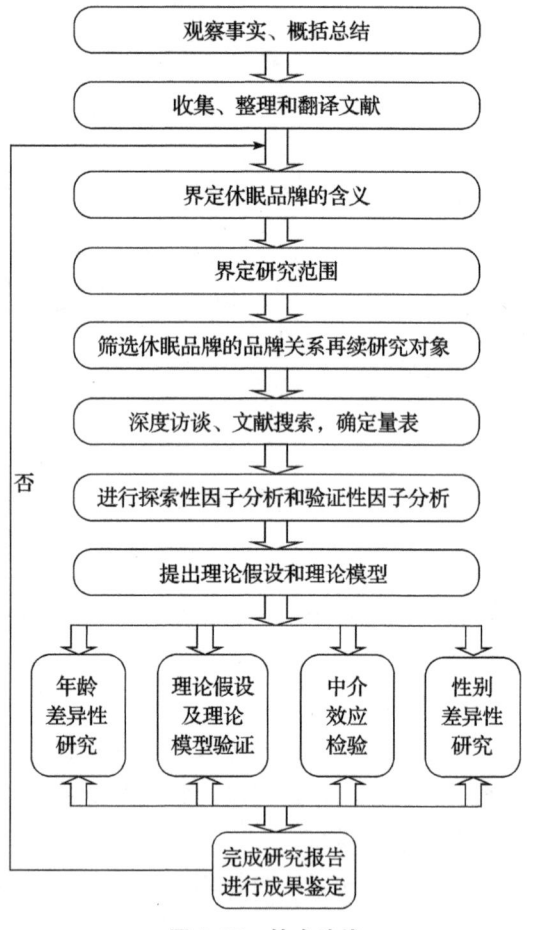

图 3-37 技术路线

⑥ 深度访谈、文献搜索，确定量表。

综合前人的研究，以他们论证过的量表为基础，并结合本研究的目的，对概念的界定做必要的修正，通过有计划、分层次的科学抽取办法对调查对象进行整体分类，进而确定各个层次的访谈人员，进行深度访谈，并且对调查题项经过专家反复推敲论证，确定探索性因子分析的调查问卷，量表设计中采用李克特五点尺度来衡量变量。

⑦ 进行探索性因子分析和验证性因子分析。

对调查数据进行初步的探索性因子分析，对量表进行修正，并且检验量表的信度和效度，验证量表的可行性，为下一步进入正式调研和结构方程的研究做准备。

⑧ 提出理论假设和理论模型。

根据研究对象，在文献梳理及深入访谈的基础上，提出研究变量及其内涵界定、衡量方式，设计理论模型，推导出理论假设。

⑨ 理论假设以及理论模型的验证。

根据调查数据对理论模型进行检验，建立竞争模型，对模型进行修正，同时验证初始理论假设是否通过，并且检验中间变量是否起到关键的中介效应。

⑩ 对象性别、年龄差异性研究。

利用结构方程的平均数结构分析，比较研究对象在性别和各个年龄的区间段上各潜变量的平均数是否具有显著差异，由此验证假设。

⑪ 完成研究报告，进行成果鉴定。

进行实证分析及结果的讨论，同时就研究结果与前人的研究进行比较。探讨本研究结果的学术意义及对企业管理实践的指导建议，并提出可供实务界参考的建议及可供学术界后续研究的建议。

本研究的整个过程基本根据以上的研究思路、技术路线，在此基础上，把全书的内容安排和逻辑框架归纳如图 3-38 所示。

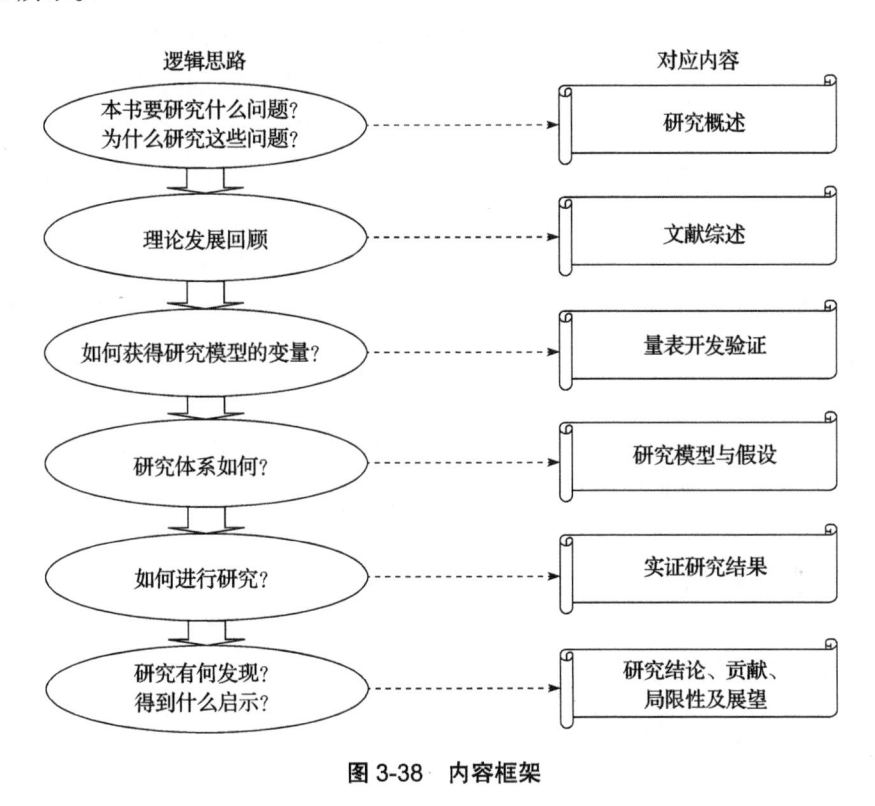

图 3-38　内容框架

3.2.1.4　研究创新

本研究的研究内容来源于对现实市场中存在问题的解决，所以本研究的研究创新有四点。

（1）基于消费者的时间记忆转折点，厘清消失品牌中诸多概念属性的差异，提出并界定休眠品牌。

根据以往学者提出的关于市场上被抛弃或自行消失的品牌的诸多提法，基于消费者的品牌关系记忆发生转折的时间点，通过品牌关系断裂感知时长与品牌关系遗忘程度之间关系的探索，界定休眠品牌的定义和特点，厘清休眠品牌、沉睡品牌、怀旧品牌、死亡品牌等消失品牌之间的内涵差异，提出消失品牌消失 3 年以上会进入"休眠期"，即品牌关系记忆能量的非活跃期。

（2）通过文献研究及实证，得到影响休眠品牌的品牌关系再续影响因素及作用机制。

探讨性地进行了非品牌危机导致休眠的休眠品牌的品牌关系再续影响因素的实证研究，对休眠品牌的品牌关系断裂后的消费者心理进行分析，将消费者心中的原始关系能量和价值信息对休眠品牌能否激活进行研究；提出并且证明了影响因素：品牌初始感知价值、初始品牌关系质量（品牌信任、社会价值表达、品牌依赖）、品牌关系断裂归因、品牌关系记忆（品牌关系断裂感知时长、品牌关系遗忘）、品牌当前感知价值、品牌情感联结（品牌地域情感联结、品牌怀旧情感联结）。其中，最具创新地提出品牌地域情感联结和品牌关系记忆对休眠品牌的品牌关系再续意愿的巨大影响作用；从心理学的角度利用品牌关系断裂感知时长和品牌关系遗忘的双重维度度量品牌关系记忆。

各个影响因素除了品牌关系遗忘，都会分别通过品牌怀旧情感联结或品牌地域情感联结的中介效应对品牌关系再续意愿产生影响，品牌初始感知价值通过品牌当前感知价值的中介效应对品牌情感联结产生影响。

（3）提出并证明了休眠品牌的激活条件。

探讨性地提出并经过实证证明具有以下条件之一的休眠品牌可以唤醒：一是品牌关系断裂前该休眠品牌曾经是顾客感知价值中功能价值很高的品牌，但是更重要的是结合考虑休眠品牌的当前感知价值，如果当前感知价值不高，那么休眠品牌不会被激活。二是品牌关系断裂前顾客与该休眠品牌的初始品牌关系质量很高。三是品牌关系断裂时曾经是民族品牌被其他国家兼并或收购，进而引起消费者的民族主义情感；或者曾经是蕴含丰富的产地文化或产地情感的品牌。四是休眠品牌的休眠时长也很重要，如果时间过短则不足以进入休眠状态，如果休眠时间过长，消费者的休眠关系能量已经完全消失或者原有关系和价值信息并不足以唤醒，则休眠品牌会转化为死亡品牌，彻底沉寂在消费者的记忆中，因此，品牌关系断裂之后的持续时长很重要；如果不考虑原有价值信息和关系信息的强度，时间大概根据心理学的时间记忆理论在3年以上发生记忆的逆向转移，休眠品牌激活时可参照考虑以3年以上作为进入休眠的尺度，然后结合休眠的关系能量大小实施激活，主要根据模型中的品牌遗忘率的高低来决定可否激活。五是休眠品牌唤起的情感联结类型，或者是地域情感联结，或者是怀旧情感联结，根据类型的不同来予以重点激活。六是替代品牌对休眠品牌的关系能量是个减弱因素，因此激活时在尽量保持原有特色的情况下，加入新的技术手段；或者激活一些科技含量较低的产品。

（4）基于休眠品牌的品牌关系再续意愿的影响因素及各影响因素在年龄和性别上的差异，提出休眠品牌的激活策略及在年龄、性别上的差异性策略。

实证研究证明休眠品牌的品牌关系再续受到诸多因素的影响，从总体上分为五类：感知价值、品牌关系断裂归因、品牌关系记忆、品牌情感联结、品牌关系质量。每一类影响因素直接或间接地成为休眠品牌能否激活的关键点，或是单独起作用，或是共同起作用，可以在激活时根据休眠品牌本身的特性进行重点激活。

实证研究探索性地证实了调研对象的性别、年龄在品牌关系再续意愿各个影响因素方面的差异，进而在企业进行休眠品牌激活时采用差异性策略手段。根据蕴含不同影响因素的休眠品牌，有针对性地对不同的性别和年龄提出差异性策略手段，即如果休眠品牌蕴含地域情感或者社会价值表达较高，那么，激活策略对男性更为显著；关于年龄方面的差异，除了品牌关系遗忘之外，其他影响因素年龄越大，策略作用越明显。

3.2.2 文献综述

3.2.2.1 感知价值理论国内外研究

顾客感知价值的研究始于20世纪80年代中期，兴盛于20世纪90年代，而且国内外关于顾客感知价值的内涵界定、量化测量维度及驱动因素、结果因素的研究日趋成熟。国外关于感知价值的研究文献非常丰富，分别从不同的角度如定义、内涵、特性、量化维度及前因后果都做了深入的理论性和实证性的探讨和研究，国内有关此方面的研究大多是在总结国外文献的基础上，进行了一些前因后果的实证性研究。国外关于顾客感知价值方面的文献主要集中在零售业，大多是企业对最终消费者情境（B-to-C）下的实证研究。近几年，国内的实证研究有不少在消费品领域出现，比如，手机、绿色产品、网络消费品等，也有少数在中间顾客（B-to-B）的情境下进行顾客感知价值的实证研究，如第三方物流。

（1）感知价值的概念界定。

国外关于描述顾客感知价值的词汇有很多，如消费价值（Sheth、Newman和Gross，1991）、顾客让渡价值（Kotler，1991）、消费者价值、感知价值、顾客价值、服务价值、获得价值以及交易价值（Duman，2002），而且研究者对于顾客感知价值的定义和内涵的界定上基于不同的视角和研究需要提出了很多观点，书中根据近 20 年的文献回顾和梳理，整理出以下 4 种关于顾客感知价值界定的分类，具体分类情况如表 3-75 所示。

表 3-75 感知价值概念分类

概念分类		研究者	主要观点
理性权衡观	感知绩效与感知成本的比较	Porter（1985） Anderson、Jain 和 Chintaguntel（1992） Dayg（1994） Flint、Woodruff 和 Gardial（1997） Anderson 和 Narus（1998）	感知价值是感知绩效与感知成本的比较
	感知利得与感知利失的比较	Zeithaml（1988） Monroe（1990） Spreng、Dixon 和 Olshavsky（1993） Ulaga 和 Chacour（2001）	感知价值是感知利得与感知利失之间权衡后的整体评价
	感知质量与感知价格的比较	Gale（1994） Desarbo（2001）	感知价值是感知质量与感知价格之间的平衡
感性情感观		Woods（1981） Kolter（1991） Holbrook（1996） Grönroos（2000）	感知价值不仅是功能方面的价值感知，而且是情感价值
单维观		Hunt（1995）	感知价值的维度是单维的
多维观		Seth、Newman 和 Gross（1991） Burns（1993） Babin 等（1994） Holbrook（1996） Oliver（1997） Sweeney 和 Soutar（2001）	感知价值的维度是多维的
过程观		Woodruff（1997）	强调顾客对价值进行感知的整个过程与评价
结果观		Zeithaml	强调的是对比结果的评价情况
静态观		其他大多学者	从顾客利益与付出的权衡结果的总体评价，是最终的结果性评价，是使用后某一时点上的静态评价
动态观		Parasuraman 和 Grewal（2000）	感知价值是一个动态概念，包括四种价值类型：获取价值、交易价值、使用中价值和赎回价值
中间顾客价值观		Anderson 等（1993）	中间顾客的感知价值
最终顾客价值观		其他大多学者	最终顾客的感知价值

① 理性权衡观、感性情感观。

理性权衡观是假定消费者为理性消费者的前提下，从经济学的效用最大化的角度出发，通过权衡收益与付出，决策消费某一种产品或服务。理性权衡观根据权衡比较的对象的不同分为以下 3 类。

感知绩效与感知成本的比较的观点最早是由 Porter（1985）提出的。他通过对买方感知价值与企业战略生成关系的讨论，最早提出了顾客感知价值的概念，认为"买方价值是顾客感知绩效与顾客感知成本之间的权衡"；Anderson、Jain 和 Chintaguntel（1992）认为感知价值是购买企业为获得供应商提供的产品而支付价格与所获得的一系列的经济、技术、服务和社会利益的权衡；Dayg（1994）认为顾客价值是察觉的利益与察觉的成本之间的差异；Flint、Woodruff 和 Gardial（1997）认为，感知价值在一个具体的使用状态下，顾客在给定的所有相关利益和付出之间的权衡下，对供应商为他们创造的价值的评估。Anderson 和 Narus（1998）提出感知价值是顾客从购买的产品中所获得的价值与所要付出的所有成本的

"净收益"。

Zeithaml（1988）认为顾客感知价值是顾客所能感知到的利得与其在获取产品或服务中所付出的成本进行权衡后对产品或服务效用的整体评价。通过实证，将消费者感知价值的定义分为四类：①价值是低价位；②价值是指消费者在某类产品中所想要的东西；③价值是消费者相对于所付出的价格而获得的品质；④价值是消费者相对于所付出的而获得的事物。Monroe（1990）认为，感知价值是"购买者在产品消费中感知的质量或利益，与相对于通过支付价格而感知的付出之间的权衡"，是感知利得（Perceived Benefits）与感知利失（Perceived Sacrifice）之间的比例。其中，感知利得是与使用特定产品相关的实体特性、服务特性和特定使用条件下可能的技术支持；感知利失包括所有与购买行为相关的成本，如购买价格、获得成本、运输、安装、订货处理、维修及潜在的失败风险。Spreng、Dixon 和 Olshavsky（1993）认为顾客感知价值是顾客从未来的利得与利失的角度考虑，对于购买产品的结果的预期。Ulaga 与 Chacour（2001）提出，在具体的使用过程中，买方组织的关键决策者参照竞争产品对其供应商所提供的产品的利得与利失进行的多重权衡。

Gale（1994）认为感知价值是相对于一定价格的质量，其研究源于质量管理，把感知价值看作是一种质量。Desarbo、Jedidi 和 Sinha（2001）认为，感知价值是顾客感知质量与顾客感知价格之间的平衡。

感性情感观认为消费者在消费过程中，不仅从理性上感知价值，而且消费时涉及许多感性的因素与情感，比如趣味、愉悦、惊奇等，而且消费者越来越重视这种在消费体验中的心理被不断满足的感觉。持有此观点的学者如下。

Woods（1981）指出，消费者会同时在想象的、情绪的和鉴赏的氛围中产生"消费体验"，产品只是一种提供消费体验的服务表现，人们真正想要的并非产品本身而是一个令人满意的体验过程与心中所想要的感觉，这种良好的体验与感觉就是消费者在消费过程中所追求的价值。

Kolter（1991）指出，消费者正从实用的理性消费转变为追求心理满足的感性消费，企业可以透过营销过程，创造及交换产品与价值，进而满足消费者的需要与欲望。

Holbrook（1996）认为，顾客价值就是一种相互影响的相对偏好的体验。如果单从完全客观的价格或所提供的功能性效用来定义则过于狭窄，这样会忽视消费者行为中享乐的成分，不适用于解释消费者选择和使用产品是出于满足自我情感上的需求和欲望这一消费现象。

Grönroos（2000）认为，价值过程是关系营销的起点和终点，关系营销应该为顾客和其他各方创造出比单纯交易营销更大的价值。所以关系范畴中的顾客感知价值包括核心价值与附加价值的叠加，并认为顾客价值是顾客在消费时对产品、服务、信息、服务接触、服务补救和其他要素的一种自我评估过程。

② 单维观、多维观。

顾客感知价值研究初期认为感知价值的维度是单维度的，只限于利得（Hunt，1995），在测量时采用单一量表。随着研究的深入，单维度的说法已经越来越不能满足于感知价值的复杂性，Sheth、Newman 和 Gross（1991）认为，产品为顾客提供了 5 种价值，即功能价值、社会价值、情感价值、认知价值和情景价值；Burns（1993）认为顾客价值包含 4 种价值形式，即产品价值、实用价值、拥有价值及评价价值；Babin 等（1994）提出消费者对购物会有不同的看法，因此对购物经历评估也会不同，并认为可以用实用性和享乐性两类价值来揭示消费者购物的追求；Holbrook（1996）提出将顾客价值分为三个维度，即外在与内在、自我导向与他人导向以及主动与被动；Oliver（1997）提出了渴望价值和实收价值；Sweeney 和 Soutar（2001）提出顾客价值包括 4 个维度，即情感价值、社会价值、质量价值和价格价值。

③ 过程观、结果观。

Woodruff（1997）认为，顾客价值就是顾客对特定情境下有助于（有碍于）实现自己目标和目的的产品属性、这些属性的实效以及使用的结果所感知的偏好与评价。总结出顾客感知价值有三个特征：一是顾客价值与产品的使用相关联；二是顾客价值是由顾客对某些事物的感知所决定的，而非由顾客的销售者所决定的；三是这些知觉通常是指在获得及使用某一产品时，顾客所接收到与必须放弃的事物间的抵换，接收到的如品质、利益及效用，而放弃的如价格或其他牺牲的事物。这一定义强调了价值来源于顾客通过学习得到的感知、偏好和评价，而且把产品、使用情境和顾客所经历的相关结果联系在一起，强调顾客对价值进行感知的整个过程与评价。Zeithaml（1988）则认为，顾客感知价值是"消费者在所得与所失的感知基础上，对某一产品效用的总体评价"，强调的是对比结果的评价情况。

④ 静态观、动态观。

多数研究主要是对顾客利益与付出的权衡结果的总体评价，是最终的结果性评价，是使用后某一时点上的静态评价，但是 Parasuraman 和 Grewal（2000）认为，感知价值是一个动态概念，包括四种价值类型：获取价值、交易价值、使用中价值和赎回价值。获取价值是指相对于所付出的货币性价格而所接收到的利益；交易价值是指消费者在获得某一良好交易时而接收到的快乐；使用中价值是指消费者使用产品或服务而获得的效用；赎回价值是指在产品生命终了时或服务终止时所接收到的剩余利益。

⑤ 中间顾客价值观、最终顾客价值观。

Anderson 等（1992）对中间顾客的顾客价值做了专门论述，认为顾客感知价值的含义为：组织市场中的价值是购买方企业参照可供选择供应商的产品和价格，对从某一产品为其带来的经济、技术、服务和社会利益中所获溢价的感知。这里强调的是感知效用，这种效用体现在经济、技术、服务和社会效益诸多方面。其他文献主要是从最终顾客即消费者的角度考虑感知价值。

国内关于感知价值的概念界定比较有代表性的是理性权衡观和感性多维观，其中，董大海（1999）认为顾客价值是顾客在购买和使用某一个产品（服务）的整个过程中所获得的效用与所付出的成本的比较，简单概括为

$$V = U/C \tag{3.9}$$

式中：V 为顾客价值；U 为顾客效用；C 为顾客成本。

感性多维观中比较典型的是范秀成和罗海成（2003）提出的感知价值定义，他们在总结以前研究和综合考虑"权衡说"和"多因素说"的基础上，提出感知价值定义

$$顾客感知价值 = \frac{f(功能价值，情感价值，社会价值)}{f(顾客感知所得，顾客感知付出)} \tag{3.10}$$

（2）感知价值的特性。

① 主观性。

顾客感知价值的主体是顾客，因此 Zeithaml（1988）提出感知价值是极端主观和个性化的，而且这种感知价值的形成途径主要来源于顾客的感知器官，通过视觉、嗅觉、听觉、触觉等方式感受产品或服务，感知者根据本身的属性特征和经历影响，得出自己的判断，使得顾客感知价值具有主观性的特征。

② 动态性。

Vantrappen（1992）认为，顾客对于某一产品的期望价值在不同顾客之间会有所不同，而且同一顾客在不同时间段内的期望价值也会不同，说明顾客在不同时间段内感知价值会不同。Slater 和 Narver（1994）从企业的视角认为，能不断为顾客创造优异的价值，需要销售商理解购买者的整个价值链，不仅是价值链的现状，还需要了解这一价值链随着时间的发展变化。

③ 多维性。

顾客感知价值并不是一个单维的概念。Sheth、Newman 和 Gross（1991）认为产品为顾客提供了五种价值，即功能价值、社会价值、情感价值、认知价值和情景价值。Sweeney 和 Soutar（2001）提出顾

客价值包括四个维度:情感价值、社会价值、质量价值和价格价值。

④ 过程性。

顾客感知价值是消费者在使用产品或服务的过程中对产品或服务的一种体验。Parasurman 和 Grewal(2000)认为,顾客感知价值是顾客从交易中、使用产品或服务中以及产品以旧换新或服务终止后得到的剩余利益,将顾客感知价值分为四类:获取价值、交易价值、使用中价值和赎回价值。

⑤ 情景依赖性。

顾客购买产品时,会受到当时的产品情境、购买情境的影响,从而得出不同的感知价值的判断。Woodruff(1997)认为,顾客价值就是顾客对特定情境下有助于(有碍于)实现自己目标和目的的产品属性、这些属性的实效以及使用的结果所感知的偏好与评价。

(3)感知价值的维度。

研究者在不同的研究情境下提出了几种有代表性的顾客感知价值的测量维度,有的已经做过实证性研究,有的只是一种理论性探索,因此关于维度并没有统一的说法。

① 两维度测量。

Babin(1994)指出用实用性和享乐性两类价值来揭示消费者购物的追求。Gale(1994)基于"顾客价值是相对于一定价格的质量"这样的定义,提出了一个相对于竞争替代品的基于质量和价格两个维度的顾客价值度量方法。质量维度包括促使顾客进行购买的产品属性,价格维度包括顾客支付的真实成本和认识到的成本。但质量和价格两个维度的划分难以全面反映顾客的真实心理过程,仅是从企业可识别性的理性角度去衡量消费者的购买决策。

② 三维度测量。

Park、Jaworski 和 MacInnis(1986)提出品牌为消费者提供了三种利益:功能性利益、象征性利益和体验性利益。Holbrook(1996)将顾客价值分类为三大维度:外在价值与内在价值、自我导向与他人导向、主动价值与被动价值。之后,Holbrook 进一步依据这三大维度将顾客价值细分为效率、卓越、地位、尊敬、游乐、美感、伦理和心灵八类顾客感知价值;Woodruff(1997)提出顾客价值是由具有递进关系的三个层级组成,分别为产品属性层、结果层和目标层。Sweeny 和 Soutar(2001)认为,顾客感知价值分为情感价值、社会价值和功能价值。其中,情感价值是从产品所获得的情感或情感的状态的功用;社会价值是(自我社会感知的提高)从产品的能力中获得的提升自我社会感知的功用;功能价值是(相对于金钱的价值)从产品由于减少其可以被察觉的缺点和长期(使用)成本所获得的功用。Aaker(2004)认为品牌的价值体现包括功能性利益、情感利益和自我表达利益。这些测量方法侧重于顾客感知的当前价值,忽视了企业未来价值创造潜力的评估,而且不同品牌与行业的测量维度也会有差异。

③ 四维度测量。

Burns(1993)结合顾客评价过程,把顾客价值分为产品价值、使用价值(Value In Use)、占有价值(Possession Value)和全部价值(Overal Lvalue)。Parasuraman 和 Grewal(2000)提出感知价值具有动态性,并可进一步细分为获取价值、交易价值、使用中价值和赎回价值。Sweeney 和 Soutar(2001)开发了耐用消费品的价值感知量表,得到四类消费者感知价值:品质绩效价值、情绪价值、货币价格价值和社会价值。品质绩效价值来自知觉到的品质或对产品绩效的期望;情绪价值来自对产品所产生的感觉或情感状态;社会价值来自对产品利益所提升的社会自我观念;货币价格价值来自对产品的短期和长期成本知觉的减少。Mathwicketal(2002)选择了外部、内部和主动、被动两个维度,将网络环境下自我导向型消费者的体验价值归为四类:趣味性价值、美感吸引力价值、消费者投资回报率和服务卓越价值,并进一步探讨了消费者在不同的购买渠道选择上所追求的价值有何不同,以及不同购买渠道是否会透过不同的属性达到相同的价值。

④ 多维度测量。

Sheth、Newman 和 Gross（1991）基于以前学者提出的测度，将顾客感知价值分为五个维度：功能价值、社会价值、情感价值、认知价值、情境价值。菲利普·科特勒（1999）认为顾客感知价值是顾客总收益和总成本之比，顾客总收益包括产品利益、服务利益、人员利益、形象利益，总成本包括货币成本、时间成本、精神成本、体力成本。多维度测量多数只是理论上的论述，并没有经过实证、详细、可操作的量表测度。

⑤ 综合维度测量。

Ulaga（2003）认为感知价值的测量应该全面地反映消费者的心理，从而提出了一个顾客价值测量公式，即

$$CPV=A_1X_1+A_2X_2+A_3X_3+L+A_NX_N \quad (3.11)$$

式中：CPV 表示顾客感知价值；X_N 表示顾客感知价值的驱动因素，即维度；A_N 为驱动因素对顾客感知总价值的重要性。

该测量公式不仅可以比较不同驱动因素对总顾客价值的相对重要性，而且其测量维度也不再局限于质量、价格、社会、情感等，其比较范围也不再局限于两家企业之间的比较。

国内关于感知价值的测量维度比较有代表性的有：周志民（2008）提出消费价值由功能价值、情感价值和财务价值三个维度构成；董大海和杨毅（2008）提出在网络购物环境下，顾客感知价值分为结果性价值、程序性价值和情感性价值三种，结果性价值是消费者感知网络渠道所提供的产品和服务能够满足其需求程度的偏好和评价，程序性价值是消费者感知网络渠道提供产品的过程能够满足其需求程度的偏好和评价，情感性价值是消费者感知网络购物满足其情感需求的程度的偏好和评价；刘敬严（2008）指出顾客感知价值划分为三个维度，即功能价值、情感价值、社会价值。

（4）感知价值的驱动因素研究以及结果因素研究。

国外对顾客感知价值的驱动因素的研究并未明确划分顾客感知价值的来源和维度的界限。而国外学者普遍认为，顾客感知价值驱动因素就是顾客感知价值的来源或者构成以及顾客感知价值的要素（Flint、Woodruff 和 Gardial，1997；Lapierre，2000；Ulaga 和 Chacour，2001），Melnyk 和 Christensen（2000）则将价值驱动过程定义为识别构成价值的诸多属性或因素，并界定了对顾客价值产生较大影响的因素。尽管理论框架各有不同，但大多数认为顾客感知质量、顾客感知价格等为顾客感知价值的驱动因素（Parasuraman，1997），顾客满意、顾客重复购买意向和行为是顾客感知价值的结果因素。顾客感知价值的驱动因素和结果因素的文献，如表 3-76 所示。

表 3-76　感知价值的驱动因素与结果因素文献列表

因素		研究者	主要观点
驱动因素	感知质量	Gupta 等（2010） Snoj、Korda 和 Mumel（2004） Brady 和 Cronin（2001） Oh（2001） Cronin 等（2000） Kashyap 和 Bojanic（2000） Sweeney 等（1999） Grewal 等（1998） Cronin 等（1997） Fornell（1996） Dodds 等（1991） Chang 和 Wildt（1994） Zeithaml（1988）	顾客感知质量对顾客感知价值具有直接的积极的影响

续表

因素		研究者	主要观点
驱动因素	购买情境	Blackwell（1999）	提出购买情境因素对感知价值的影响
	价格	Gupta 等（2010） Desarbo、Jedidi 和 Sinha（2001） Chang 和 Wildt（1994）	价格对顾客感知价值具有直接的负向的影响
	产品质量、服务质量与价格	Parasuraman 和 Grewal（2000）	将顾客感知价值的驱动因素归纳为产品质量、服务质量及价格三个因素，服务质量比产品质量与价格更加难以被竞争对手所复制
	品牌关系质量	Lapierre（2000）	在B2B市场背景下，提出顾客感知价值驱动因素不仅包括产品和服务的质量及价格两个构成因素，关系质量也被纳入其中
	品牌	白长虹（2002）	品牌是影响与驱动顾客感知价值的重要因素
结果因素	购买意愿或购买行为	Pihlström（2008） Bolton 等（2003） Kashyap 和 Bojanic（2000） Oh（2001） Sweeney 等（1999） Grisaffe 和 Kumar（1998） Cronin 等（1997） Chang 和 Wildt（1994） Bolton 和 Drew（1991） Dodds 等（1991） Zeithaml（1988）	感知价值高，顾客的购买意愿就会高，才会进行购买
	顾客满意或顾客忠诚	Frank（2009） Oh（1999）	顾客感知价值并不是直接作用于顾客购买意愿，而是通过顾客满意或品牌忠诚间接作用于顾客感知价值

在驱动因素的探索中，学者们认为顾客感知质量对顾客感知价值具有直接的积极的影响（如Gupta 等，2010；Snoj、Korda 和 Mumel，2004；Brady 和 Cronin，2001；Oh，2001；Cronin 等，2000；Kashyap 和 Bojanic，2000；Sweeney 等，1999；Grewal 等，1998；Cronin 等，1997；Fornell，1996；Dodds 等，1991；Chang 和 Wildt，1994；Zeithaml，1988）；价格对顾客感知价值具有直接的负向的影响（如Gupta 等 2010；Chang 和 Wildt，1994），而且有学者证明价格、感知质量与感知价值有着线性关系。其中，感知价格与质量呈正线性相关，与价格呈负线性相关，而价格和质量之间的相关关系则被发现是很微弱的（Desarbo、Jedidi 和 Sinha，2001）。Parasuraman 和 Grewal（2000）将顾客感知价值的驱动因素归纳为产品质量、服务质量以及价格三个因素，服务质量比产品质量与价格更加难以被竞争对手复制。也有学者提出购买情境因素对感知价值的影响（Blackwell，1999），他提出服务企业"价值—忠诚度"模型，认为消费者感知价值由感知利得、感知利失和个人偏好组成，并受到情境因素的影响。其中，顾客价值对顾客的再购买意愿起到决定作用，购买情境因素在直接影响顾客忠诚的同时，还通过作用于顾客感知价值的构成而间接地影响顾客忠诚。白长虹（2002）对品牌与顾客感知价值的相互关系进行了探讨，提出品牌是影响与驱动顾客感知价值的重要因素；Lapierre（2000）在B-to-B市场背景下，针对加拿大IT产业配送、金融和信息通信娱乐三个服务部门的顾客感知价值驱动因素进行了分析，研究识别出的驱动因素不仅包括产品和服务的质量以及价格两个构成因素，品牌关系质量也被纳入其中。

关于顾客感知价值的结果因素，学者一致认为就是顾客购买意愿或行为（如Pihlström，2008；Bolton 等，2003；Oh，2001；Kashyap 和 Bojanic，2000；Sweeney 等，1999；Grisaffe 和 Kumar，1998；Cronin 等，1997；Chang 和 Wildt，1994；Bolton 和 Drew，1991；Dodds 等，1991；Zeithaml，1988）。也有学者认为顾客感知价值并不是直接作用于顾客购买意愿，而是通过顾客满意或品牌忠诚间接作用于

顾客感知价值（如 Oh，1999；Frank，2009）。

（5）研究述评。

以上的文献研究中，在感知价值的内涵与定义方面基本上大多数学者已达成一个共识：感知价值是一个基于顾客视角、包含情感因素等多维度的、依赖于消费情境的、动态的、使用产品或服务整个过程中的对其进行的综合性评价。感知价值的量化维度的研究方面，目前在有些领域还缺乏实证性的验证和研究，如耐用品。在感知价值的度量上，实际上消费者并不能够准确地感知到自己某项消费的所得与所失，消费者只是对所得、所失的总体情况进行大致、模糊地判断，因此应当把重点放在消费者对所得—所失的结果的总的评价或权衡上，并对其进行测量，而对消费者所得—所失的具体情况不必关注，也不必测量。感知价值的驱动因素的研究是感知价值的焦点研究领域，虽然国内外研究已经从各个方面开展，但是仍然处于初步阶段。鉴于感知价值在企业竞争战略中的重要地位，在这方面的研究亟待在各个行业进行深入的理论探索与实证研究。顾客感知价值是一个动态概念，但大多研究目前只是从静态的角度研究，没有考虑时间因素，无论从顾客生命周期还是从品牌寿命周期的过程中，顾客感知价值的评价与测定量表都应该是不同的，在这方面的研究目前也极少，而对此的跟踪式研究有助于企业在竞争中长久保持最优的竞争优势和最灵活的应变能力。

3.2.2.2 品牌关系理论的国内外研究

关系营销作为一种新的营销范式，最初是服务营销（Berry，1983）和工业营销（Jackson，1985）的范畴，主要是指顾客与服务或工业品供应商的关系。20 世纪 90 年代以来才将这一概念运用到品牌理论研究的新领域 —— 品牌关系。品牌关系这一概念是 Blackston（1992）基于关系营销理论与社会心理学中的人际关系理论最早提出的，从而开辟了品牌—消费者关系研究的先河。他认为，消费者—品牌关系（Consumer-brand Relationships）是消费者对品牌的态度与品牌对消费者的态度之间的互动，而且与品牌个性、品牌形象等单向概念不同，是一个双向互动的概念。

目前品牌关系理论研究主要集中在以下六个方面：①品牌关系主体；②品牌关系形态；③品牌关系质量；④品牌关系的相关因素研究；⑤品牌关系断裂；⑥品牌关系再续。目前关于⑤、⑥项的研究文献极少。

（1）品牌关系主体。

品牌关系的参与主体在营销界有三种不同的观点：第一种是消费者与品牌的关系，第二种是品牌与品牌的关系，第三种是品牌社区关系。

① 消费者与品牌的关系。

品牌关系是消费者与品牌的关系，是品牌关系研究的最早成果，Blackston（1992）最早提出这一概念，认为品牌关系是消费者对品牌的态度和品牌对消费者的态度之间的互动行为。Blackston（1995）进一步阐述，品牌价值与品牌意义构成了品牌资产的两个构面，品牌价值依赖品牌意义而存在，品牌意义由品牌形象和品牌态度构成，品牌形象构成了客观品牌，品牌态度构成了主观品牌，主观品牌与客观品牌互动过程形成了所谓的品牌关系。具体品牌关系模型的基本思想如图 3-39 所示。

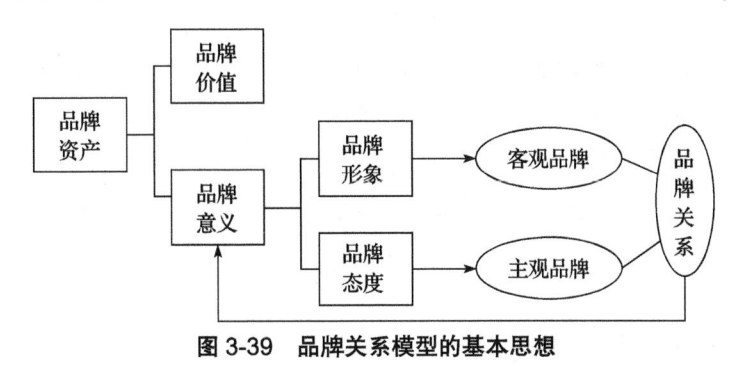

图 3-39 品牌关系模型的基本思想

② 品牌与品牌的关系。

Aaker（2000）提出品牌关系光谱模型，并且根据企业中不同品牌之间相互关系的亲密程度，划分了多品牌集合、被担保品牌、子品牌、品牌化集合体四个类别，它们构成了一个连续的光谱形态。

③ 品牌社区关系。

Mundkur（1997）将互动关系扩张到品牌—品牌、品牌—消费者、消费者—消费者的关系（具体品牌关系如图3-40所示），而消费者— 消费者的关系后来被 Muniz（2001）定义为品牌社区，即品牌社区是在某一品牌的崇拜者之间建立的社会关系结构形式，是一种专门化、非地理联结的社区。

McAlexander（2002）扩展了对品牌社区的研究，提出了以消费者为中心的品牌社区模型，提出品牌社区的存在和意义都内在于消费者的经验中，而不是依附于品牌；我国学者王兴元（2000）提出"品牌生态系统"的新概念，认为品牌研究应该在一个由产品、利益相关者、宏观环境构成的生态系统中进行；张焱和张锐（2003）在此基础上，构建了生态型品牌关系的框架模型，其中包括品牌与相关品牌、利益相关者、资源和环境的关系。

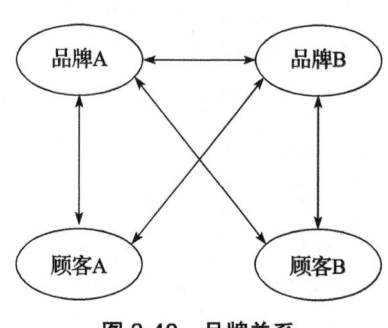

图3-40 品牌关系

（2）品牌关系形态。

品牌关系形态就是对各种品牌关系的基本分类，目前品牌关系形态的划分可以基于4个角度（周志民，2007）：互动论、角色论、交换论和强度论。互动论关注的是"品牌关系表现出怎么样的互动特征"；角色论关注的是"品牌关系是在什么关系角色之间建立起来的"；交换论关注的是"品牌关系是建立在什么交换基础上的"；强度论关注的是"品牌关系的强度和等级如何"。而且他根据以往国外学者的研究归纳总结出四类品牌关系形态的具体研究概况。

① 互动论。

在不同的领域，互动论的分类也不同。在消费品领域，Shimp 和 Madden（1988）根据亲密、渴望和承诺三个维度的表现提出了消费者与消费客体之间的八种关系，即不喜欢、喜欢、迷恋、功能主义、不能实现的愿望、功利主义、屈服的欲望、忠诚。Blackston（1992）发现了崇拜、敬而远之、胁迫、合作伙伴、服务和懈怠渎职六种品牌关系。Fournier（1998）将品牌关系表态分为包办婚姻、普通朋友、轻率的婚姻、忠实伙伴、最佳友谊、分场合的友谊、亲缘、回避、童年友谊、求爱、依赖、短期尝试、敌对、秘密关系和奴役关系。在服务领域，Sweeney 和 Chew（2002）在证实 Fournier 的基础上，提出"爱恨交融"这一新的关系形态。

② 角色论。

Aaker（1997）提出纯真、刺激、称职、教养和强壮五种品牌关系。何佳讯（2006）依据中国人际关系理论，认为品牌关系形态包括家人关系、好朋友关系、合作伙伴关系和熟人关系。

③ 交换论。

Aggarwal（2004）依据社会交换理论，从交换论的角度将品牌关系形态分为两大类：交换关系和共享关系。交换关系是一种等量价值的交换，主要表现在陌生人或商人之间；共享关系则是一种价值不等的交换，主要表现为家庭关系、浪漫关系和友谊。两类关系的差异在于建立关系的基础不同，交换关系基于互惠，而共享关系基于情感。两者的差异反映到了关系规范上面，进而影响到消费者的态度与行为。

④ 强度论。

Fajer 和 Schouten（1995）利用人际关系理论，根据忠诚程度将品牌关系分为品牌试用、品牌喜好、多品牌忠诚、品牌忠诚、品牌沉溺。Fournier（1998）提出了品牌关系的七个维度：自愿与被迫、积极与消极、深入与肤浅、长期与短期、公开与私下、正式与非正式、对等与不对等。Sweeney 和 Chew（2002）后来又增加了两项，即主导与附属、友好与敌意。

（3）品牌关系质量。

周志民（2005）从两个角度将西方品牌关系评价方法分为价值评估法与指标法。价值评估法有顾客关系盈利能力模型、客户价值评价体系、顾客终身价值；指标法包括品牌关系双因素、品牌关系质量、品牌关系八指标论、顾客资产三维模型、品牌关系评分、顾客关系指数、品牌关系二维论、客户承诺。

其中，品牌关系质量是以社会心理学理论为基础，主要使用了人际关系的借喻。Fournier（1998）首先提出品牌关系质量的概念，将其定义为"人们对消费者与品牌间的相互作用所持有的一种以关系为导向的观点，这种观点是正面的，是人们自愿持有的、长期的而且具有强烈感情色彩的"。卢泰宏和周志民（2003）认为品牌关系质量（Brand Relationship Quality，BRQ）是指品牌关系的状态及强度，是关系质量理念在品牌领域的应用。目前，品牌关系质量的维度有以下几种观点。

Shimp 和 Madden（1988）提出了消费者与消费客体的关系由亲密、渴望和承诺构成的观点。Blackston（1992）发现品牌关系有信任和满意两个因素。其中，信任受风险、可信度和亲密性的影响，满意是主动性和支持性的函数。Fournier（1998）提出，品牌关系质量由六个主要维度构成，即爱与激情、自我联结、相互依赖、个人承诺、亲密感、品牌的伙伴品质。Fournier（2001）对 BRQ 模型进行了实证检验，对量表项目中存在相关程度较高的项目做了修改和完善。Aaker、Fournier 和 Brasel（2004）根据人际关系理论对品牌关系质量模型做出了进一步修改，提出消费者—品牌关系强度的概念，与原有品牌关系质量构念比较，增加了消费者对品牌的满意度，去掉了爱与激情和相互信赖两个维度。Keller（2001）认为强度和活跃性是品牌关系最重要的维度，并且依据这两个维度，将品牌关系分为四种类型，即行为忠诚、态度联结、社区感和积极投入。

Tse（1996）提出中国消费者比西方消费者更重视品牌的社会价值，他们更大程度上把自己的社会地位和品牌相匹配。Hamilton 和 Lai（1989）认为对于大多数中国消费者来说，品牌的基本目的是社交。基于本土消费者的心理和消费特征，何佳讯（2006）开发出中国品牌关系质量（CBRQ）量表，认为品牌关系质量有信任、依赖、承诺、自我概念联结、社会价值表达和真有与应有之情六个维度。其中，前四个维度与 BRQ 模型相同，反映了品牌关系质量构念具有一定程度的跨文化一致性，后两个维度则是中国文化背景下的独特维度。

（4）品牌关系的相关因素研究。

品牌关系的相关因素研究文献如表 3-77 所示。Thorbjornsen、Breivik 和 Supphellen（2002）研究了品牌关系质量与品牌忠诚之间的关系。依存模型中的自变量是满意度和竞争品质量；而投入模型中的自变量则是满意度、竞争品质量和关系投入，中介变量是承诺，在两个模型中，品牌关系质量与品牌忠诚无显著正相关。

Algesheimer、Dholakia 和 Herrmann（2005）研究了品牌关系质量对品牌社群行为的影响，证明了品牌关系质量会正向影响品牌社群的身份认同以及品牌忠诚意向。品牌社群身份认同的正面结果是社群的参与，而负面结果是规范的社群压力和反作用力。

Das 和 Brucks（1998）通过结构方程的方式验证了"自我与品牌的关系"会对品牌资产产生显著的正向影响。

Chaudhuri（1999）运用信任、情感和承诺三个品牌关系质量的核心变量，研究了导致品牌产出的理性路径和感性路径。理性路径会产生更高水平的信任、重购承诺和市场份额，而感性路径则会产生更高水平的情感、态度承诺和价格。

Bhattacharya 和 Sen（2003）指出，消费者对企业形象的认同是消费者与企业品牌关系的来源，而后者又会导致对企业的忠诚，进而导致消费者对相关企业的宣传，为企业介绍新顾客，容忍负面消费。

谢毅和彭泗清（2006）采用定性的方法，以 MBA 学员为样本，探索了影响消费者—品牌关系的主要因素，研究者将影响因素划分为品牌的因素、企业的因素、消费者的因素、竞争对手的因素和背景因素五个类别，并计算出每个类别下属的子因素在实验中被提及的人次数，最后调查出了一系列能够对消费者—品牌关系产生促进作用和破坏作用的企业行为。

谢毅和彭泗清（2009）通过将公开信息分为反映企业社会责任的公开信息和反映企业能力的公开信息，对消费者—品牌关系强度的影响进行实证研究，结论表明：正面的企业社会责任感公开信息对消费者品牌关系强度的促进作用在负面企业能力公开信息的情况下更为明显，发现了品牌情感和品牌信任对企业公开信息的有效性起到部分中介作用。

一些学者已经证明品牌关系与购买倾向、品牌资产之间都存在着正相关的关系。比如，李佳嘉（2007）通过实验法，设置了与企业并购相关的三种情境，对品牌关系的二维互动度量与品牌资产、购买倾向之间的关系进行了研究，结论是：忠诚度和认知度对购买倾向有正向影响，而情感对购买倾向的影响不显著。

表 3-77　品牌关系影响因素文献列表

影响因素	研究学者	研究结论	研究方法
品牌忠诚	Thorbjornsen、Breivik 和 Supphellen（2002）	品牌关系质量与品牌忠诚显著正相关	实证
品牌社群行为	Algesheimer、Dholakia 和 Herrmann（2005）	证明了品牌关系质量会正向影响品牌社群的身份认同及品牌忠诚意向	实证
品牌资产	Das 和 Brucks（1998）	自我与品牌的关系会对品牌资产产生显著的正向影响	实证
信任承诺情感	Chaudhuri（1999）	运用信任、情感和承诺三个品牌关系的核心变量，研究了导致品牌产出的理性路径和感性路径，理性路径会产生更高水平的信任、重购承诺和市场份额，而感性路径则会产生更高水平的情感、态度承诺和价格	实证
企业形象的认同	Bhattacharya 和 Sen（2003）	消费者对企业形象的认同是消费者与企业品牌关系的来源，而后者又会导致对企业的忠诚，进而导致消费者对相关企业的宣传，为企业介绍新顾客，容忍负面消费	实证
品牌的因素 企业的因素 消费者因素 竞争对手的因素 背景因素	谢毅和彭泗清（2006）	将影响因素划分为品牌的因素、企业的因素、消费者的因素、竞争对手的因素和背景因素五个类别，最后调查出了一系列能够对消费者—品牌关系产生促进作用和破坏作用的企业行为	定性
公开信息	谢毅和彭泗清（2009）	正面的企业社会责任感公开信息对消费者品牌关系强度的促进作用在负面企业能力公开信息的情况下更为明显，发现了品牌情感和品牌信任对企业公开信息的有效性起到部分中介作用	实证
品牌资产 购买倾向	李佳嘉（2007）	忠诚度和认知度对购买倾向有正向影响，而情感对购买倾向的影响不显著	实验法

（5）研究述评以及展望。

品牌关系是品牌理论研究的前沿课题，在近二十年的研究历程中，研究视角也逐步深入和开阔。在 2001 年之前对消费者品牌关系的理论研究主要集中在关系构建、关系发展、关系方式、关系计划、品牌关系的反应效果五个方面。在跨文化研究方面，Pao-Long Chang（2006）通过上海和台湾台北的咖啡连锁店的跨文化比较研究，揭示了个体通过品牌联系、品牌个性、品牌态度和品牌形象分享经历来形成消费者和品牌的关系。在行业研究方面，实证性研究大多都局限在服务品牌方面的研究，关于产品品牌涉及较少。关系营销的概念出现在服务和 B-to-B 营销领域，大多数分析关系的研究聚焦在人与人之间的社会链条和必要的支持过程，公司用他们的品牌来发展和维持与顾客的关系，关于发展和顾客的联结品牌的作用的研究仍然有限，尤其是消费者与产品。Veloutsou（2007）根据调查提出消费者和产品品牌关系的维度用来描述产品品牌关系。

通过相关文献梳理，发现品牌关系研究在很多领域仍然需要深入，并且有些论点有待商榷。比如，在将人际关系和社会心理学的观点引入品牌关系时，是将产品比拟为人，那么其在互动关系中与人和人之间的互动关系和形态毕竟有着质的区别，而且国外绝大多数学者仿照人与人之间的关系探讨品牌关系的形态和维度研究。在影响因素研究方面，因为行业和产品的不同，品牌关系的表现也存在差异，有待进一步挖掘，对关系断裂后的补救与恢复机制的研究明显不足，并且针对性不强；在跨文化研究方面，因为品牌关系是以社会心理学为理论基础，所以与当地的社会、文化及历史因素密切相关，但是西方心理学以个性特性为研究焦点，与社会价值取向的中国人在品牌关系的研究中必然存在跨文化背景下的差异，我国在有关品牌关系方面的研究基于本土特色仅仅是初步性研究，而且中国学者对品牌关系及应用的本土研究主要集中在量表开发及测量方面。

3.2.2.3 归因理论国内外研究

归因理论源于社会心理学，是社会心理学家 Heider（1958）在其著作《人际关系心理学》中首次提出的，之后逐渐成为心理学界的热门研究领域之一。目前归因理论已经发展成为完善的理论体系，被用来解释诸多社会行为和社会现象。

归因就是人们对于自己或他人行为的原因的知觉和判断（Weiner，1995）。归因理论可以预测和解释消费者的态度和行为，但是同一种结果，每个消费者对归因的归属原因和归属责任的认同未必一致，这在很大程度上取决于个人心目中的归因标准，Kelley（1967）将归因理论的归因标准归纳为以下三项：①统一性。同样的事件发生，其他人的表现是否相同。②一致性。同样的事件发生，以前的表现是否相同。③独特性。当事件条件不同时，表现是否一样。

在归因维度方面，Weiner（1986）对归因理论进行深入研究，通过认知分析，提出归因的三个维度：归属性、稳定性、控制性。归属性是指原因的来源，也就是谁对此负责；稳定性是指原因是经常出现还是偶尔出现；可控性是指原因的出现能否被控制，是否因人的意志而改变。Weiner（2000）又提出将可控性与归属性相结合，构成"责任"维度；有些心理学研究又加入"有意性"和"普遍性"两个维度，有意性是指某种结果可能是个人有意而为，普遍性是指结果造成的影响范围。

在归因的研究中，Weiner（1986）认为归因过程最重要的部分是确定行为是由个人或外部环境因素引起的。现有研究表明，个人因素包括消费者的内外控制、自治导向、文化背景、能力、期望等，外部环境因素包括感知控制、顾客和服务者之间的关系种类、参与的时机、其他顾客的反应以及企业公平行为等。

归因理论应用于营销界的实证研究目前通常是顾客的情绪、满意感、再购意向、抱怨或口碑。归因对顾客满意以及抱怨、口碑、对未来服务的期望等购买行为具有重要的直接效果和调节效果。Folkes（1984）从归属性、稳定性和可控性三个方面研究了顾客对餐饮产品缺陷的归因如何影响顾客的反应。就服务接触而言，当顾客认为服务失误的原因在于企业时，他们的不满意会更强烈。Bitner（1990）的实证研究结果表明，将服务失败归因于企业可控因素，相比归因于企业不可控因素，顾客的不满意感会更强。而且，如果顾客认为服务失误具有稳定性，他们会更不满意。而且归因对消费者态度和行为有强烈的影响。Folkes（1984；1986）的研究表明在服务延迟的情况下，归因如何导致后来消费者的抱怨和对消费者重复购买行为的影响。Jorgensen（1994）将 Weiner 的模型应用于严重公司灾难情况下的消费者归因，并发现对事故原因的归因影响他们对归因的三个维度的影响。Laufer、Silvera 和 Meyer（2005）探索了年轻和年老的消费者在对产品伤害危机事件的责备归因方面的差异。王丽丽等（2009）通过实证的方法证明了产品危机状态下顾客的品牌忠诚度对责任归因的影响，提出品牌忠诚度越高，消费者越倾向于认为产品危机的发生地在企业外部、危机爆发的偶然性以及不可控性。

品牌关系断裂是由企业的内因和企业本身无法控制的外因即不可抗力造成的,这种不可抗力有很多,如企业的兼并、收购等。从企业经营失败原因角度所做的研究已经比较成熟,但从消费者角度所做研究很少,而且归因理论只是社会心理学的主要研究范畴,应用到营销领域也只是在近几年,大多数局限于服务领域的服务失败与补救。

3.2.2.4 品牌情感理论研究

人类的情感复杂而又多变,在我国古代,《中庸》将人类的情感分为喜、怒、哀、乐四类,《礼记·礼运》将人类的情感归为喜、怒、哀、惧、爱、恶、欲七类。我国心理学家林传鼎(2006)将人类情感划分为安静、喜悦、愤怒、哀怜、悲痛、忧愁、烦闷、恐惧、惊骇、恭敬、抚爱等18类情感。美国心理学家Izard(2009)则从人类的面部表情识别出几类情感:感兴趣、高兴、惊讶、悲伤、气愤、厌恶、藐视、害怕、内疚,而且将其划分为正面情感和负面情感。

尽管消费者在一生中遇到成千上万的产品和品牌,但是他们只是和其中一小部分发展深厚的情感依恋(Schouten和McAlexander,1995)。品牌之所以能够存活,是因为在品牌和消费者之间产生了情感联系。一种产品或品牌对于消费者而言,不仅满足消费者的功能性需要,而且随着消费者的消费需求的差异化、多样化、个性化、层次化的日趋加深,情感价值也越来越重要。马斯洛需要层次理论指出,当较低层次的需求得到满足后,人们就会出现较高层次的需求。除了生理需求外,其他需求如安全需求、社交需求、被尊重及自我实现的需求等精神层面的需求也随着社会的进步愈加重要,这些情感需求包含自我表达、描述愿景、怀念过往、爱慕、尊重、归属、占有、享受、和谐、完美、求知、模仿、安全、逃避、宣泄等。澳大利亚心理学家Michael Edwardson(2005)对消费者在产品和服务的消费过程中经历的消费情感进行深入访谈,其中最常用的10个词汇是:气愤、快乐、失望、烦恼、沮丧、满意、急躁、轻松、激动和愤怒。美国消费者行为学家Richins(1997)使用多维标度法,通过分析消费者在产品和服务消费过程中最常经历的情感,将情感概括为:气愤、失望、焦虑、恐惧、悲伤、羞愧、嫉妒、寂寞、浪漫、喜欢、平静、满意、乐观、欢乐、激动、惊讶16类,并且根据这16类情感设计了CES情感量表。何云和张秀娟(2006)通过问卷调查,总结出中国顾客的消费情感可以分为快乐、喜欢、平静、孤独、惊讶、激动、尴尬、焦虑、害怕、失望、气愤11类。这11类情感又从属于难过感、轻松感、快乐感和气愤感4个二阶因子,还发现"孤独""惊讶"和"激动"三类情感在中国文化背景下都是中性词汇,在二元情感下既可以表达正面情感,也可以表达负面情感。

品牌情感是普通消费者由于使用某品牌而由该品牌引发的一种积极情感反应(Chaudhuri和Holbrook,2001),已经被确认为消费者行为的基本驱动因素。

以上关于品牌情感研究的文献,只是以消费者为主体,从消费者在消费产品或服务过程中产生的对品牌的一种情绪或体验结果来进行研究,目前从两者关系的角度对消费者与品牌之间的情感联结并没有明确的分类,Fournier(1998)虽在品牌关系的维度中提出"怀旧"这一维度,但品牌情感联结的其他类型研究尚无明确划分标准和相关研究。

3.2.2.5 品牌关系再续理论国内外研究现状

(1)品牌关系再续的内涵。

品牌关系再续的内涵并没有详细界定,普遍的看法认为与原有品牌关系具有同一主体,即断裂前的企业、顾客与品牌。品牌关系断裂有全部断裂和部分断裂,从而品牌关系再续则有局部关系再续和整体关系再续。

(2)品牌关系再续与有关的概念比较。

Aaker、Fournier和Brsel(2001)根据品牌关系的发展阶段,首次提出品牌关系再续的概念。我国学者黄静和熊巍（2007）进一步对品牌关系断裂与再续总结性回顾。罗蓉和李永辉（2008）认为品牌关系的再续是唤回已经流失的顾客，而且提出品牌关系再续与品牌关系具有同一主体，即企业、顾客、品牌。尽管品牌关系再续的研究文献很少，但之前很多文献对品牌关系再续从企业的角度出发进行了大量研究。譬如，赢回流失顾客（Win Back Lost Customers）、品牌激活（Brand Revitalization）、品牌重生（Renascence）、品牌复活（Rejuvenation）等。品牌关系再续与品牌激活、品牌复活、品牌重生、赢回顾客的概念有以下区别。

① 观察的视角不同。

品牌关系再续是从顾客与品牌原有关系断裂后重续原有品牌关系；品牌激活是从品牌衰落的角度采取一定的激活措施；品牌复活和品牌重生是从品牌衰落之后又重新推出的角度来讲；赢回顾客主要针对流失顾客采取措施以期顾客重新购买本品牌产品或者获取顾客的再次信任。

② 侧重的主体不同。

品牌关系再续侧重顾客与品牌之间的关系，品牌激活侧重衰落品牌，品牌复活和品牌重生侧重死亡或者濒临死亡的品牌，赢回顾客侧重流失顾客。

3.2.2.6 品牌关系再续影响因素国内外研究

品牌关系再续的影响因素和品牌危机的影响因素、顾客流失的影响因素及品牌激活的影响因素有着很多相似之处，其差异更多体现在研究的角度：品牌关系再续侧重于顾客与品牌的关系；品牌危机侧重于对品牌整体形象造成不良影响的因素，但最终结局也是造成了品牌关系的短期甚至永久性断裂；顾客流失侧重于引起顾客背叛企业的行为的影响因素；品牌激活侧重于品牌老化造成的品牌关系弱化或者局部性品牌关系断裂。

（1）品牌危机的影响因素研究。

杨延东（2007）将品牌危机定义为，由于企业外部环境的突变和品牌运营或营销管理的失常，而对品牌整体形象造成不良影响并在很短的时间内波及社会公众，使企业品牌乃至企业本身信誉大为减损，甚至危及企业生存的窘困状态。企业危机的形式是多种多样的，主要有经营危机、形象危机、信誉危机、文化危机、质量危机、服务危机等。Dawar和JingLei（2009）则将品牌危机定义为，未经证实的负面信息的广泛传播或错误的品牌主张对品牌造成的严重损害。关于品牌危机影响因素的研究文献很多，国内大多是未经实证的理论性总结，其中比较有代表性的有以下两个方面。

① 从导致品牌危机的因素时长角度划分。

许安心（2007）认为导致品牌危机因素的时间长短不一，并将其分为急性因子、慢性因子及模糊因子。急性因子包括外部环境急剧动荡变化、企业内部重大工作事故、重大产品质量，如政府限制性法规与政策重大变化、不可抗拒的自然灾害与社会灾害、竞争对手的恶性竞争、产品缺陷、产品质量事故、企业工作事故或商业欺诈行为被媒体强烈报道或错误报道、行业集体信任危机等。慢性因子主要包括品牌管理缺陷、企业管理不善、外界环境变化。品牌危机的模糊因子因时空背景不同、本身强弱与性质不同而呈现不确定性，如品牌法律、人才危机、财务危机、企业并购、竞争对手的竞争、政策法规变动等。

② 从导致品牌危机的因素类型角度划分。

Greyser（2009）根据导致企业品牌危机的原因类型不同将品牌危机的影响因素分为产品失败、社会责任缺乏、企业管理不善、管理者行为不当、公司业绩不佳、代言人代言失败和代言产品冲突、公司代表死亡、公众支持缺失、所有权矛盾等。

（2）顾客流失的影响因素研究。

顾客背叛在企业很容易被忽视，主要是因为：①背叛比率有很大的隐蔽性，该问题可能会掩盖一些看起来良好的顾客挽留比率。通常，50%的顾客背叛比率可能隐藏着80%的顾客挽留比率。②企业没有意识到大量的损失与顾客背叛相关，而且利润复苏潜能和赢回顾客也有联系。③企业认为流失顾客不再有机会赢回。研究表明，赢回流失顾客有着重要意义，平均每一家企业有60%～70%可能性对"活跃"顾客再次成功销售；20%～40%对流失顾客再次成功销售，但是新顾客的赢取只有5%～20%的可能性（Griffin，2001）。顾客退出率每降低5%，大概会给公司带来25%～80%的利润（Frederick和Sasser，1990）。Stauss和Friege（1999）在一次案例研究中也做出了更令人信服的结论，投资一个新顾客的净回报是23%，而对一个背叛顾客投资使其恢复的净回报是214%。而且有研究表明，转换新公司的顾客由于经历了一家公司的服务，比从未经历过转换公司的顾客对该公司会有更高水平的忠诚和重复惠顾（Ganesh、Arnold和Reynolds，2000）。

顾客流失可以是与企业发生一次交易互动关系的新顾客的流失和与企业长期发生交易互动关系的老顾客的流失；可以是中间顾客（代理商、经销商、批发商和零售商）流失，也可以是最终顾客流失（南剑飞，2002）。流失的顾客不仅包括那些彻底离开某企业的顾客。实际上，有些顾客只是减少其在某企业购买某类产品或服务的数量，而将其余支出额用于向竞争对手购买（谭蓓，2008）。因此，顾客流失的影响因素比较有代表性的如下。

Keaveney（1995）通过对服务行业500个顾客的实证研究，指出服务行业中导致消费者更换服务商的八大原因，即价格较高、不方便、核心服务失败、雇员对服务失败的反应、被竞争对手吸引、道德问题、无意的转移和较少提及的事件。其中，价格因素包括高价、提高价位、显失公平价格、欺骗性价格；不方便因素包括地点时间上的不方便、预约待时和服务待时造成的不方便；核心服务失败包括服务错误、账单错误和服务严重失误；雇员对服务失败的反应包括负面反应、无反应和非情愿的反应；道德问题包括欺骗、强硬销售、不安全和利益冲突。

Stauss和Friege（1999）按照流失原因将流失的顾客分成五类：①有意识离开；②无意识离开；③因竞争对手提供了更多好处而被"拐"走；④因竞争对手提供了更低的价格而被"收买"；⑤因年龄、生命周期或地理变化等原因而"转移"。

Tokman等（2007）实证探索了服务领域影响企业重获顾客的因素，并认为相关因素包括：①顾客离开的原因；②顾客与原服务提供商的关系；③价值维度（返回后的价格和服务情况）；④提供商的社会资本；⑤后悔（消费者对新服务提供商不满时会后悔，导致转回意图增强）；⑥断裂状态持续的时间。

夏永林和张斯博（2007）认为造成顾客流失的一般因素包括：①顾客购买行为要受到来自文化、社会环境、个人特性和心理等方面的影响；②顾客满意与顾客流失是非线性的负相关关系；③顾客考虑是否转向其他供应商时必须要考虑转移成本，转移成本与顾客流失率呈负相关；④顾客关系具有明显的生命周期。

（3）品牌老化的影响因素研究。

Lehu（2004）通过对企业经理的深度访谈等定性研究发现了三个品牌老化的原因，并提出了解决措施。卢泰宏和高辉（2007）提出品牌老化的原因如下。

企业提供的产品和服务方面的问题有：①过时的消费者满意承诺；②产品调研和开发滞后；③创新缓慢；④专利日益减少；⑤生产过程陈旧；⑥产品或服务丧失竞争力；⑦技术明显落后；⑧生产方法达不到目前的要求水准；⑨样式、设计和颜色过时；⑩品牌分类存在问题。

目标市场的问题有：①消费者人数减少；②目标市场没有更新换代；③消费者的平均年龄偏高；④新产品因不符合消费者需求而推广失败；⑤品牌极少或不为青年消费者所知。

品牌传播的问题有：①随着时间的推移，传播预算减少；②品牌提及率降低；③包装过时；④传播创造力减弱；⑤媒体计划缺乏针对性；⑥传播内容过时；⑦频繁更换广告代理，导致核心信息模糊；⑧代言人形象"老化"或适应性差；⑨忽略了时尚因素，而被竞争对手加以利用。

(4)品牌关系断裂的影响因素研究。

在营销领域,学者们传统上一直关注于对如何建立与新顾客的关系和改善与现存顾客的关系,直到20世纪80年代中期以后,才开始注意交换关系终止和终止之后怎么样、为什么和什么时候终止的问题。"断裂"一词的提出是在20世纪80年代(Ford,1980;Dwyer、Schurr和Oh,1987)。之后,交换关系断裂开始吸引越来越多的学者来研究。一些学者强调关系断裂和利润损失密切相关(Strandvik和Holmlund,2000)。Fajer和Schouten(1995)提出消费者—品牌关系的类型、关系断裂的潜在因素和方式、品牌关系断裂的过程及整个过程中消费者的情感和行为反应。交换关系断裂的研究目前已经分化为五个有代表性的研究方向和分支,即关系营销、互动和网络方法、服务营销、渠道研究和消费者购买行为(Tähtinen和Halinen,2002)。以上研究主要集中在关系断裂或顾客退出的前因研究上,关于断裂过程和结果的研究很少。关于交换关系断裂研究的文献目前主要有以下三个角度和方面的研究:①集中在关系断裂前因方面,从商业关系断裂和消费者关系断裂的角度进行的研究。Beverland、Farrelly和Woodhatch(2004)以广告业为研究背景,提出能否及时满足对客户价值改变的需求是关系断裂的前因;Halléna和Johnsonb(2004)从商业关系断裂的角度,讨论了由于初始相互依赖不足、缺乏共性理解和周围商业网络的联系脆弱等导致的关系断裂;Perrin-Martinenq(2004)从消费者心理的角度,提出品牌疏离是关系断裂的前因,品牌疏离的心理状态表明消费者和某一特殊品牌结束关系的倾向。②引起关系断裂的因素和事件方面的研究。Tuusjärvi和Blois(2004)通过文献研究,得出的结论为合作双方的利益和如何公平分配的理解差异是关系断裂的前因;③关系断裂的整个过程,从顾客关系断裂的过程和品牌关系断裂的过程的角度进行的研究。Michalski(2004)通过分析银行客户结束关系的全过程,得出六种类型的顾客关系断裂过程,并且指出事件组合、转换银行因素、关键事件的数目、终止关系的决定者和整个过程的发生有关系;Fajer和Schouten(1995)对品牌关系断裂的过程进行了研究。

关系断裂内涵的相关界定。关于关系断裂的使用术语很多,但频次最高的有断裂(Dissolution)、终止(Ending)、退出(Exit)、瓦解(Break-down)、顾客转换(Custom-switching)。在社会心理学的领域中,Levinger(1979)认为成对关系断裂(Pair Relationships Dissolution)是指联结(Tie)、关系(Bond)、联盟(Union)的取消或解散,变成各自一方的行动、结束或死去(Decease)。在人际关系的领域中,Duck(1982)认为断裂不仅仅是一个决定,更要把它看作是一个过程。在商业领域中,Tähtinen、Halinen和Kaila(1997)将关系断裂定义为在两个公司之间所有活动链条都被破坏,没有任何资源纽带和人际关系;Stewart(1998)将关系断裂定义为一个消费者停止光顾一个特定的供应商的经济现象,或者离开相关交易的行为意图。在消费者领域中,Michalski(2004)将关系断裂定义为消费者关于现存关系的保持或退出决定的过程,这个过程的结果是消费者停止与相关公司的所有交易行为。在顾客—品牌关系角度,Fajer和Schouten(1995)将品牌关系断裂视为一个过程,指出品牌关系断裂是关系暂时或者永远的不存在。它包括:损坏(Break-down)、衰退(Decline)、分离(Disengagement)、断裂(Dissolution)。关系损坏是指由于未满足消费者的期望、消费者喜欢的标准在变化和更好、更优越的产品出现而导致的暂时关系停止,可能或者不能导致关系的断裂;关系衰退是指消费者的喜欢度和忠诚度在降低;关系分离是指消费者已经开始探索新的、可替代的品牌关系;关系断裂是指品牌驱动的品牌分离,顾客驱动的品牌转换、品牌拒绝、品牌隔离。

品牌关系断裂的理论研究。目前有关品牌关系断裂影响因素的研究还比较零散。Fajer和Schouten(1995)总结出导致品牌关系断裂的四个因素:先前存在的缺失(原有品牌—消费者关系契合度不高)、操作失误(产品缺陷)、过程缺失(品牌管理策略失误)、突然死亡(负面信息导致的品牌关系停止)。Fournier(1998)归纳了品牌关系断裂的两个模型——压力模型(显著的环境因素、伙伴或双方干扰导致的断裂)和熵模型(Entropy Model)(无法有意且主动地维持关系)。其中环境压力包括物理环境压力、替代品牌侵入的压力、消费者个性导致的压力、管理决策失误导致的压力等。Tähtinen 和 Halinen（2002）将影响品牌断裂的因素归结为诱导因素、紧急事件和衰减因素。这些研究均采用归纳演绎的方法，着重对影响因素进行概括性归类，并没有指出具体的影响因素。

也有个别实证研究表明，品牌疏离（Brand Detachment）是品牌关系恶化过程中的态度因素（Perrin-Martinenq，2004），基于人际关系中伙伴的情感疏离是最终关系断裂的前奏（Levenson 和 Gottman，1985），提出消费者行为中情感因素的作用，尤其是品牌忠诚，这些因素的恶化对品牌关系断裂的影响越来越大。他提出品牌疏离导致品牌和消费者关系之间存在的情感联结断裂，被看作是某一品牌关系断裂过程中的态度因素，是消费者结束品牌关系的顾客倾向的指示器。品牌疏离对品牌考虑（Brand Consideration）有负面影响，和消费者的重复购买行为相关，但对品牌承诺没有影响，是部分或全部情感丧失之前对品牌的一种感受，是对品牌的有利地位的质疑。违背消费者心理契约会导致消费者终止品牌关系（Zweig 和 Aggarwal，2005）。关系断裂的影响因素还包括价值交换，Beverland、Farrelly 和 Woodhatch（2004）通过检验广告代理商对客户价值改变需求是否得到及时满足验证了这一理论，提出满足消费者价值改变需求只能避免顾客不满意，但并不直接导致关系终结，顾客不满才能导致关系的断裂。并且通过深入访谈，将价值改变分为顾客驱动型价值改变和供应商驱动型改变，对顾客价值驱动型改变的反应是关系的保健因素，供应商驱动的价值改变是关系断裂的动力因素。Beverland 和 Lockshin（2003）提出不能够满足价值形式和强度的改变会导致顾客不满，最终导致关系断裂。Russell（2002）提出环境变化是关系断裂的影响因素，在商业环境下，不利变化使得商业关系不稳定；并且验证了环境改变和关系断裂的关系，组织对环境变化的弹性和一致性程度对保持关系有着重要作用。Hirschman（1974）提出"退出、声明和忠诚"的结构，为分析顾客关系终止提供了丰富的理论基础，他讨论了顾客退出或声讨的决定取决于七个因素：质量的下降、吸引力、替代品、声讨事件成功的可能性、转换成本、产品或服务的感知价值和顾客忠诚度。满足客户的需求是营销的中心信条，在 B-to-B 的环境下关系再续尤为重要，Strandvik 和 Holmlund（2000）提出质量和满意度是消费者背叛的原因，但是也有学者认为质量和满意度对关系断裂的解释不足，因为实际上，有时候一些满意的顾客离开了（Jones 和 Sasser，1995），一些不满意的顾客却留了下来（Gronhaug 和 Gilly，1991）。品牌关系断裂影响因素的研究情况如表 3-78 所示。

表 3-78 品牌关系断裂影响因素文献

研究学者	影响因素	研究方法
Fajer 和 Schouten（1995）	先前存在的缺失（原有品牌—消费者关系契合度不高）、操作失误（产品缺陷）、过程缺失（品牌管理策略失误）、突然死亡（负面信息导致的品牌关系停止）	归纳演绎
Fournier（1998）	压力模型（显著的环境因素、伙伴或双方干扰导致的断裂）和熵模型（Entropy Model）（无法有意且主动地维持关系）	归纳演绎
Strandvik 和 Holmlund（2000）	提出质量和满意度是消费者背叛的原因	归纳演绎
Tähtinen 和 Halinen（2002）	将影响品牌断裂的因素归结为诱导因素、紧急事件和衰减因素	归纳演绎
Smith（2002）	提出环境变化是关系断裂的影响因素，在商业环境下，不利变化使得商业关系不稳定	归纳演绎
Hirschman（1974）	讨论了顾客退出或声讨的决定取决于七个因素：质量的下降、吸引力、替代品、声讨事件成功的可能性、转换成本、产品或服务的感知价值和顾客忠诚度	归纳演绎
Perrin-Martinenq（2004）	提出品牌疏离（Brand Detachment），导致品牌和消费者关系之间存在的情感联结断裂，被看作是某一品牌关系断裂过程中的态度因素	实证
Beverland、Farrelly 和 Woodhatch（2004）	提出满足消费者价值改变需求只能避免顾客不满意，但并不直接导致关系终结，顾客不满才能导致关系的断裂	实证
Aggarwal（2005）	违背消费者心理契约会导致消费者终止品牌关系	实证

品牌关系断裂的类型研究。Hocutt（1998）根据不同的方法对断裂的类型分类，即根据由谁决定结束关系来分类，将其划分为消费者的决定、卖者的决定和共同决定。

Roos（1999）讨论并将顾客关系终止描述为四个要素：触发（Trigger）、初始状态（Initial Stage）、过程和结果。触发代表顾客为什么开始考虑终止关系；初始状态包括能够描述银行与顾客关系强度的指标；过程描述了顾客对结束关系的表述；结果与可撤销相联系。

Halinen 和 Tähtinen（2002）基于商业关系的分类是连续的、毁灭性的和偶发的，认为关系的性质是影响关系断裂分类的重要因素，提出五种关系终止过程的类型：选择的、被迫的、自然的、需要的、事先决定的。选择的关系终止是单方或者双方做出决定终止关系；被迫的关系终止是买方或卖方没有明确的决定而终止的关系；自然的关系终止是指交换的目的不再存在，该类型在商业关系中比较典型；在毁灭性的关系中双方宁愿选择结束，这是需要的关系终止；事先决定的关系终止在性质上比较偶发，是发生在某一特定时间和情况下的。

Michalski（2004）通过识别、描述和解释顾客关系终止的不同类型，提出了六种分类：被迫的、突然的、悄然的、可选择的、无意识的、计划的关系终止。他认为关系终止是一个过程，是以过程为导向的关系断裂，并提出如果了解了断裂过程的性质、成分、因素、阶段，就会在早期预测到顾客背叛而采取不同的沟通策略来赢得流失顾客。品牌关系断裂类型如表 3-79 所示。

表 3-79 品牌关系断裂类型

研究学者	分类标准	品牌关系断裂类型
Hocutt（1998）	根据由谁决定结束关系来分类	消费者的决定、卖者的决定和共同决定
Roos（1999）	顾客关系终止要素	触发（Trigger）、初始状态（Initial stage）、过程和结果
Halinen 和 Tähtinen（2002）	关系的性质	选择的、被迫的、自然的、需要的、事先决定的
Michalski（2004）	关系终止的类型	被迫的、突然的、悄然的、可选择的、无意识的、计划的关系终止

关系断裂过程的措施研究。关于交换关系断裂的研究很重要，因为我们只有了解断裂的关系，才能够保障关系正常良性发展。终止某一交换关系和恢复其他关系甚至在关系断裂期间都是对公司有利的。由此，Tähtinen 和 Havila（2004）提出公司管理人员应该掌握关系断裂过程中的管理重点：怎样识别顾客或者供应商的关系正在弱化；怎样防止关系中止或者修复关系，如何管理关系断裂过程，怎样从流失顾客或供应商吸取经验等。他们认为，如果和某一个顾客或者供应商的关系值得继续，就应该管理和监控好，探测早期关系弱化的警告信号并且采取果断的防止关系断裂的行动和措施。而警告信号取决于关系的背景和性质，不同行业具有不同的特色。这一信号的探测方式为调查、访谈、网络反馈、不同阶段的关键客户的管理数据库。一旦发现弱化的顾客关系面临着断裂的危险，经理们就要根据采集到的信息，马上采取行动。第一步决定这一关系是否值得挽救，第二步是对值得挽救的关系集中力量采取挽救措施。

（5）品牌关系再续的影响因素研究。

品牌关系再续的影响因素有很多，国内外分别就单个因素和多个因素进行了实证研究和理论性探索。品牌因素方面，Aaker 等（2004）采用实验法提出不同的类别品牌，指出对其进行不同的补救，会得到不同的效果。在竞争因素方面，Thorbjornsen（2002）提出竞争性品牌的质量、竞争对手的强弱等因素会对品牌关系产生影响。同时，他认为消费者对品牌的信任度、满意度、投资规模也会对品牌关系产生影响。关于品牌关系断裂还有一些相关研究，比如，Keaveney（1995）指出服务行业中消费者更换服务商的原因包括价格较高、不方便、核心服务失败、雇员对服务失败的反应、被竞争对手吸引、道德问题、无意的转移和较少提及的事件。黄静等（2007）以断裂时间维度为分界点，将品牌关系再续的影响因素分为历史因素和现实因素。其中，历史因素包括初始品牌关系质量和关系断裂原因；现实因素包括五个方面，即品牌因素、消费者与品牌的互动、企业因素、消费者因素、竞争对手因素。但基本上是总结国内外的一些现有已实证过或没有实证过的因素，并没有进一步对影响品牌关系再续的因素进行明确细分。本研究基于以往的研究进一步将品牌关系再续的影响因素进行以下分类（林雅军，2009）。

① 从影响因素的破坏程度来分类。品牌危机按照性质可分为两类：产品质量问题引发的危机；非产品质量问题引发的危机。比如，负面信息的报道和曝光，Fajer 和 Schouten（1995）也认为企业负面信息的曝光和处理不当是导致原有消费者与品牌关系断裂的重要原因。即使是所谓的强势品牌也难以阻挡负面信息披露而造成的消费者与品牌关系的破坏。

如果影响品牌危机的因素的破坏程度没有达到引起品牌危机的状态，但仍然暗含着使品牌关系破裂的因子，比如品牌管理缺陷、企业管理不善、外界环境变化和消费者特性等，都会导致品牌关系的断裂，进而影响品牌关系再续。

② 从驱动因素类型不同来分类。品牌关系断裂和品牌关系再续是对等的概念，影响品牌关系断裂的因素就是影响品牌关系再续的因素。本研究根据驱动力量的不同将品牌关系再续的因素分为以下五类。

顾客驱动型因素，包括消费者性格特质（思维方式、感情依赖程度等）和消费者素质（产品知识、教育、收入、年龄等）。消费者由于多样化的追求和自主需要以及社会环境的压力影响，长期忠于一个品牌是很难做到的，品牌关系随时会中断。品牌关系是脆弱的，随着时间的推移，顾客中断与已有品牌的关系，甚至中止、终止或消亡。有时消费者也会因收入的改变而更换品牌，比如收入提高可以购买更高档次的品牌。因此，如果企业不断更新产品花样、品种，档次分明，那么消费者与品牌的关系即使短期中断，那么最终还是能够再续的。消费者心理契约的违背也是品牌关系断裂的重要因素。消费者心理契约源自组织行为学的心理契约的应用研究。所谓心理契约的界定有广义和狭义之说，广义上是指雇佣双方基于各种形式的（书面的、口头的、组织制度和组织惯例约定的）承诺对交换关系中彼此义务的主观理解；狭义上是指雇员出于对组织政策、实践和文化的理解和各级组织代理人做出的各种承诺的感知而产生的，对其与组织之间的、并不一定被组织各级代理人所意识到的相互义务的一系列信念。而在本书中消费者心理契约主要是狭义的理解，即消费者基于社会常识、行业潜规则或者以企业所做出的或暗示的承诺为基础对企业和自身的义务和权利的感知或信念（魏峰，2004）。消费者对企业品牌所暗示的权利义务如果没有达到期望，必然会有心理落差，由此有可能造成心理契约的破裂，继而违背消费者心理契约，形成品牌关系的断裂。Pavlov 和 Gefen（2005）在互联网环境下，验证了顾客心理契约违背与信任的负相关，与感知风险正相关，与购买倾向负相关。

品牌驱动型因素，包括品牌失误行为、品牌品质因素、品牌个性因素等。如果该品牌的产品具有不可替代性和产品的贡献性很大，而且对于消费者而言在生活中占据必不可少的地位，那么品牌关系再续也是很容易实现的。品牌在管理过程中也会出现各种各样的失误行为，导致品牌管理的失败，品牌形象的损毁，进而导致品牌关系断裂，成为影响品牌关系再续的驱动因素。

企业驱动型因素。任何一个企业都不可能做到长青，在消费者—品牌关系中都会出现各种各样的失误，企业经营中的战略与策略失误随时会导致企业的品牌关系的断裂。

品牌—顾客关系驱动型因素。消费者与品牌关系的强弱也影响着消费者再续品牌关系的意愿。如果消费者对品牌有着深厚的情感和嗜好，那么再续品牌关系意愿程度就会强烈些，反之，就会弱些。Fournier（1998）认为品牌关系质量是一种基于顾客的品牌资产，反映顾客与品牌之间持续联结的强度和发展潜力。她结合定性研究数据，将品牌关系归纳为爱与激情、自我联结、相互依赖、承诺、亲密性、品牌伴侣品质、怀旧 7 个维度。

竞争对手驱动型因素。如果竞争对手推出更高质量、更优服务、更好创新的产品，那么企业再续品牌关系就更需要实力去改变经营。企业并购也会使得消费者原来的惯用品牌不复存在，如果并购方利用消费者的怀旧情愫或者民族主义情感再续消费者和品牌的关系，对于企业而言仍然会增值顾客资产。

另外，品牌关系断裂的范围、断裂的程度、断裂持续时间长短也决定着品牌关系能否再续。如果断裂的影响范围广泛、断裂程度较深、断裂持续时间较长，品牌关系再续的可能性就会降低，反之，品牌关系再续的可能性就会加大。

目前，品牌关系再续理论的研究还处于起步阶段，而且相关的研究零散而不成系统。品牌关系再续的影响因素大多未经实证，而且关系再续的评估机制和因素作用机制都没有相关研究。品牌关系再续因为断裂的范围、程度、持续时间长短各异，因此影响因素以及企业的应对措施就会不同。目前从企业角度已经进行了大量的顾客赢回、品牌激活等相关或者类似的研究，从消费者的心理角度的研究大多局限于服务行业，从产品品牌的品牌关系再续意愿方面的研究尤其是关系完全断裂后的再续研究并未有文献进行实证性研究。

目前关于品牌关系再续的影响因素研究文献如表 3-80 所示。

表 3-80 品牌关系再续影响因素列表

研究学者	研究因素	研究结论	研究方法
Keaveney（1995）		服务行业中消费者更换服务商的原因包括：价格较高、不方便、核心服务失败、雇员对服务失败的反应、被竞争对手吸引、道德问题、无意的转移和较少提及的事件	调查
Thorbjornsen（2002）		竞争性品牌的质量、竞争对手的强弱等因素会对品牌关系产生影响。同时，他认为消费者对品牌的信任度、满意度、投资规模也会对品牌关系产生影响	实证
Aaker（2004）	品牌类别	提出不同类别的品牌，指出对其进行不同的补救，会得到不同的效果	实验
黄静（2007）	历史因素和现实因素		归纳演绎
林雅军（2009）	从影响因素的破坏程度来分类	（1）导致品牌危机的因素 （2）非导致品牌危机的因素	归纳
	从驱动力量的不同来分类	（1）顾客驱动型因素 （2）品牌驱动型因素 （3）企业驱动型因素 （4）竞争对手驱动型因素 （5）品牌关系断裂的归因、范围、程度、断裂持续时间长短	归纳

（6）研究述评。

在已有文献关于品牌关系再续的影响因素的研究中，从研究对象上来说，研究的文献大多聚焦于企业视角，从消费者的视角研究较少；从研究方法上来说，多数采取演绎、归纳总结的方法，实证研究的文献很少；从研究品牌关系的发展过程上来说，对品牌关系再续的研究处于起步阶段，研究零散而不成系统，感知价值、品牌关系质量与品牌情感对购买意愿的影响都是从品牌关系存续期间来验证和研究的，在对关系断裂后的品牌关系再续影响作用的研究极少；从研究的行业上来说，从消费者的心理角度入手的研究大多局限于服务行业，从产品品牌的品牌关系再续意愿方面的研究尤其是关系完全断裂后的再续研究并未有文献进行实证性研究。

3.2.2.7 休眠品牌国内外理论研究

与休眠品牌相关的理论研究目前分为三个方面。

（1）从品牌本身存在的特点或状态方面。

有学者提出怀旧品牌（Brown、Kozinets 和 Sherry，2003），Walker（2008）提出婴儿品牌、孤儿品牌、沉睡品牌等。

（2）从休眠品牌在品牌关系断裂及断裂之后的状态方面。

有学者提出品牌关系断裂（Fajer 和 Schouten，2001）、顾客转换（Keaveney，1995）、品牌关系再续（Aaker 和 Fournier，2001）等。

（3）从怀旧品牌或老化品牌的激活策略方面。

有学者提出品牌重生（牛永革和李蔚，2007）、品牌激活（卢泰宏和高辉，2007）、赢回顾客（Keaveney，1995）、品牌复活（Wansink，2001）。

关于第二方面的有关研究在前文中已经进行了详细的论述与剖析，下面对第一和第三方面的研究现状进行评述和分析。

第一方面，关于从品牌本身存在的状态或特点方面的研究论述都仅是从品牌名称上进行了简单的提出，并没有从属性上和量上细分这些品牌，如怀旧品牌既包括现存的品牌加入怀旧元素，也包括因为蕴含怀旧情感而被唤醒的怀旧品牌；沉睡品牌中既包含消失3年以内的品牌，也包括消失3年以上的品牌。同时，缺乏属性、特点和分类上的详细论述研究。

第三方面是从怀旧品牌或老化品牌的激活策略方面的研究，而有针对性地对品牌关系再续的影响因素的实证研究很少，绝大多数通过演绎或访问调查的形式得出结论。怀旧品牌的激活是从蕴含怀旧元素的现存品牌和消失品牌在唤醒策略上进行的研究和证明，并没有将上述两类具有不同属性的品牌分别进行研究；关于品牌重生是从已经出现品牌资产衰减状态的消失品牌的角度提出来的，顾客赢回策略一般针对企业暂时或永久流失顾客采用的手段，大多数研究只是从价格或情感策略方面进行了实证，并没有针对性地提出暂时和永久流失客户的不同策略手段，而且在顾客赢回中通常针对的是现有品牌。其中比较典型的如下。

① 在怀旧品牌的品牌激活研究方面，比较典型的研究是 Brown、Kozinets 和 Sherry（2003）从消费者角度提出怀旧品牌的激活条件，但是并没有进行实证研究。卢泰宏和高辉（2007）通过梳理以前学者的研究现状，针对老化品牌，基于品牌老化的原因的理论剖析，从企业和消费者两个角度详细阐述了品牌激活的条件及相应的对策。

② 在品牌重生研究方面，牛永革和李蔚（2007）通过构建非营销伦理行为、品牌资产衰减和品牌重生难度三个变量之间的结构方程模型，利用来自教育培训业的数据进行了实证研究。其中，验证了营销行为对品牌重生的显著影响和品牌资产衰减对品牌重生难度存在显著的直接影响。

③ 在品牌复活研究方面，Wansink（2001）通过对包装类老化品牌进行调研，提出成功激活品牌所具备的条件：中高价位、次媒体宣传和促销、分销范围大、历史悠久和特点明显，但是并未对此进行实证研究。

④ 在赢回顾客的策略研究方面，比较有代表性的研究有：Thomas、Robert 和 Edward（2004）通过回顾相关理论，建立了数学模型，将模型产生的数据作为比较的基础，不仅研究了赢回顾客的价格策略，还研究了当顾客决定再次选择时最优的价格策略，研究表明最优价格策略是低的赢回价格和高的赢回后价格。唐小飞（2007）关于赢回策略对消费者行为影响进行了研究。他比较了价格促销和关系投资对顾客赢回的影响作用，表明关系投资不但可以弥补价格促销易使厂商陷入两难困境的缺陷，而且是厂商赢得真正忠诚顾客的有效工具，并为厂商在激烈的市场竞争中取得优势竞争力提供了现实途径。

通过以上休眠品牌相关文献研究我们发现，目前国内外理论研究主要存在以下局限性。

一是研究概念上属性界定不明。目前和休眠品牌类似的品牌在界定上很模糊，虽然表达的内涵以及表现形态上基本差不多，但是这种被抛弃或自行消失的品牌在进入休眠期之前和之后的属性以及能否被激活的条件会有差异，因此研究概念上的界定仍需要细化，统一具有同类性质的品牌的概念并厘清与其相似的品牌的概念以进行更深入的研究。

二是定性研究较多，实证研究极少。通过文献的深度搜索，国外研究仍属于定性研究，其中学术界影响和应用较多的就是 Walker（2008）针对死去的品牌对品牌激活做出了详细的阐述，并且对大量成功的品牌激活实例进行剖析。但是该篇文章并不是以学术论文形式存在，并没有进行理论的深度挖掘，而且处于定性研究的范畴。国内研究大多数是对怀旧品牌的研究，而怀旧品牌有时还包括对现存品牌加入怀旧元素。

三是尚有大量研究空白点。目前关于休眠品牌的相关研究尚未形成比较系统的理论体系，仍然存在诸多研究空间和研究机会，其中包括休眠品牌的界定、休眠品牌的特性，分类、休眠品牌的品牌关系再续影响因素、作用机制、休眠品牌激活策略、休眠品牌激活条件、休眠品牌激活成本与利益衡量机制等相关研究。

3.2.2.8 研究启示

综上所述，通过梳理、回顾以前学者的研究成果，在分类归纳的基础上，推导出本研究的研究启示和机会点。依据消费者信息理论和时间记忆理论，一种品牌被抛弃或自行消失，原有的价值信息与关系信息在经过一段时间后，逐渐沉淀并减弱，而且干扰信息和新增信息在这段时间里不断出现，消费者信息加工受到容量的限制。由于这种品牌各种驱动因素退出市场，并且在市场中消失多年，有可能会经历四个阶段：品牌关系存续期、品牌关系断裂期、品牌休眠期、品牌关系再续期。在品牌关系存续期间，以往研究者关于影响品牌购买意愿的因素中，已经过证明的因素有品牌感知价值和品牌关系质量。在品牌关系断裂期时，关于品牌关系再续意愿的影响因素有断裂责任、断裂时长、断裂程度和断裂范围。已有研究中仅有服务业学者对服务失败责任归因进行了相关研究。被抛弃或遗忘的品牌经过一段时间的信息沉淀，会形成两种类型的品牌，即可唤醒品牌和不可唤醒品牌，不可唤醒品牌则成为死亡品牌。那么，究竟是什么原因导致该品牌休眠之后有可能会被唤醒或激活，过去的价值信息和关系信息能否在品牌关系再续时起到关键作用，也会成为这个休眠品牌能否再续品牌关系的研究启示。同时，品牌关系断裂时的影响因素对休眠品牌的品牌关系再续有无影响，干扰因素又是哪些，是否品牌关系断裂持续一段时间会衍生出新因素，这些因素都有待进一步研究和证实，如图 3-41 所示。

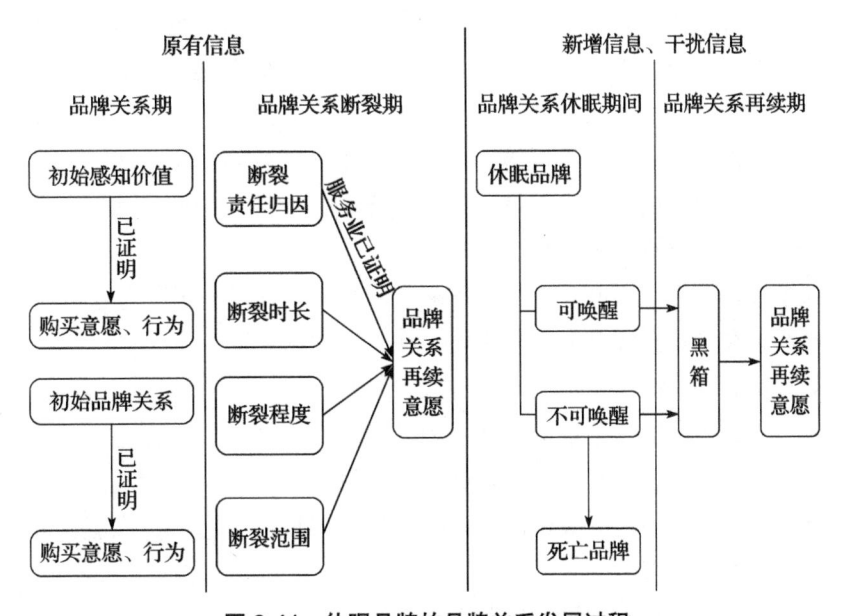

图 3-41 休眠品牌的品牌关系发展过程

3.2.3 休眠品牌的品牌关系再续意愿的影响因素——量表的开发与检验

鉴于学者 Churchill 关于量表开发的建议，本研究主要通过文献梳理、深度访谈和专家研讨相结合的方法进行量表开发，并遵循操作概念化、问项代表性、多问项测度和信度、效度等设计原则。量表开发具体的实施步骤经过以下三个阶段：①全面扫描并研读了关于品牌关系再续领域以往学者已有的成果，梳理、归纳出文献中已经过实证验证的量表中的相关变量，并厘清该量表开发或沿革的背景、内容及其适用情境；②在上述基础上，对于已有经过检验信度、效度高的量表直接引用或略加调整，使其更适合本研究；③根据研究需要，进行深度访谈和专家研讨，补充开发一系列新的量表。

3.2.3.1 探索性因子分析

（1）调研对象。

根据研究对象确定休眠品牌的品牌关系再续的调研对象，本书研究的是非品牌危机导致休眠的饮料类品牌，考虑到休眠品牌的特殊性，在设置调研对象时范围尽量较宽，在设置四种休眠品牌提示物的同时，允许消费者个人提供其他饮料类休眠品牌。因为是消费者—品牌关系再续，所以调研对象必须是曾经消费或使用过一次以上的休眠品牌（消失3年以上）的顾客。

（2）深度访谈。

在质化研究中，有许多资料收集的方法，如田野观察法（Field Observation）、参与观察法（Participant Observation）、深度访谈法（In-depth Interview）、档案资料法（Document）等（Bryman，1989）。深度访谈法是定性研究中最为常见的一种方法，源于社会学中的阐释学（Hemeneutics）（Broom，2005），是于20世纪20年代至20世纪30年代美国"芝加哥学派"兴起的方法学革新运动所产生的一系列定性研究方法之一。访谈法有助于访谈者通过和被访谈者之间的有目的的互动谈话，提出一系列问题，从而了解访谈者的认知、态度和行为等。本研究采用深度访谈作为资料收集的主要方法，主要基于两点考虑：①深度访谈是一种互动性最强的调研方法，可以深入揭示隐藏在表面陈述下的感受和动机（Crabtree和Miller，1999）；②深度访谈可以在事先征询并取得同意的情况下进行，避免牵涉消费者（非）伦理行为个人隐私这一问题。访谈法有多种形式，一般可分为结构式访谈、半结构式访谈和深入访谈。

本研究根据研究对象的特殊性，选择的是需要时间来慢慢回忆的消失品牌，因此采用半结构式的深度访谈，谈话的题目、内容不固定，只以提纲或粗略的问题来确定访谈的范围。访谈过程中，询问问题的顺序不固定，可根据情况进行调整，细节内容可以允许访谈者做合适处理。地点选在环境放松的茶楼或者以网上聊天的方式进行。访谈者对被访谈对象的谈话无条件地积极倾听，尽量避免任何带有暗示性或掺杂个人主观意愿的反馈信息。为了确保被访谈对象能够真正理解提出的每个问题，不曲解含义，访谈者在提问时一般就问卷中出现的某些专业性术语做出通俗的解释。同时，为避免曲解被访谈对象的意思，访谈者常做些短暂性的总结性提问，要求对方确认。

本研究深度访谈了36人，每一批访谈人数为4～5人，而且根据研究对象的特点，每一批访谈对象在年龄、职业、收入层次、社会背景上尽量相同，在访谈中尽量安排一个关键信息人，能够使访谈顺利进行。访谈中注意控制主题，尽量避免被提问，安排合适的记录员，详细记录访谈中被访谈者的真实想法、态度、观点和意愿，并且在访谈结束后及时整理相关记录，总结访谈经验，调整下次访谈设计，拟订更完善的访谈计划。访谈流程如图3-42所示。

根据访谈提纲进行访谈，归纳总结访谈结果，提炼访谈题项，得到影响休眠品牌的品牌关系再续意愿的影响因素：功能价值，情感价值，面子，信任，时间，记忆，价格，需求，技术比较，替代产品，怀旧情感，产地情感，断裂原因等多个题项，访谈统计的具体结果如表3-81所示。在访谈中发现，对于非品

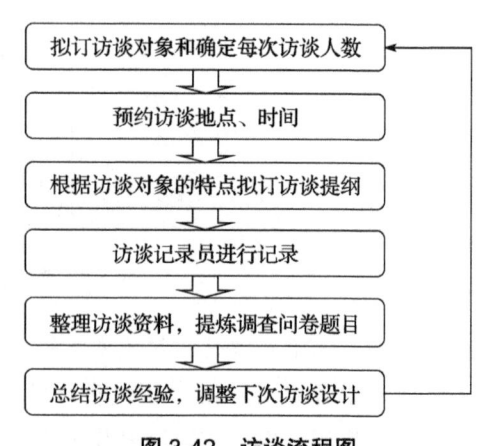

图3-42 访谈流程图

牌危机导致休眠的品牌的休眠致因对于消费者来说，在归因方面绝大多数归因于他因或者无法识别，而且，当时对品牌的情感价值最终会转化为消费者对休眠品牌的怀旧情感的一部分。

表3-81 访谈结果统计

被访谈者社会层次结构		提炼题项	题项人次
结构	人数		
学生	4	功能价值	25
教师	4	情感价值	12
医生	4	面子	4
公务员	4	信任	20
警察	3	时间、记忆	10
企业主	5	价格	2
农民工	4	需求	3
建筑师	4	技术比较	5
退休人员	4	替代产品	12
		怀旧情感	10
		产地情感	6
		断裂原因	2

（3）确定指标量表、设计调查问卷。

① 指标量表的设计原则。

变量设计首先要把研究假设所涉及的名义变量进行转换，使难以直接测量的名义变量，转换成可测的操作变量。通常这需要围绕研究假设对相关领域进行较为细致的文献研究，并结合研究对象的实际情况设计问卷的问题项。之后，还应对每个可测的操作变量进行属性设计和尺度设计（李怀祖，2007）。

变量设计通过指标量表以调查问卷的形式来进行。量表是市场调查等领域常用的工具，常用的三种量表分别是瑟斯顿量表（Thurston Scale）、利克特量表（Likert Scale）和格特曼量表（Guttman Scale）。相比瑟斯顿量表和格特曼量表，利克特量表克服了它们在实际操作中的弊端，具有易于设计、构造简单且方便操作的特性，可以用来测量一些其他量表所不能够测量的多维度的复杂概念或态度。常见的利克特量表包括4点式、5点式、6点式和7点式，有时候也可以见到10点式。量表编制中关于量表的评分级别的选择以及各种量表优劣的认识更多地停留在感性经验的基础上。从心理学角度来说，中国传统文化倡导"中庸"思想，被访谈者有可能在填答时出现"趋中反映"，即倾向于选择中间数值。而且在本研究中因为所调查对象层次不一、社会层次复杂、文化素质高低参差不齐，在填制量表时如果选择高级度量表有可能造成调查中被访者的错误和不准确的理解。因此本研究在调查量表设计中采用LIKERT五级对称量表形式，具体做法是将问卷评分级别划分为五等：完全同意、较同意、说不清、较不同意和完全不同意，其中设置"说不清"以满足填答者的"趋中反映"或者判断模糊的题项，同时赋予每一个评分级别相应的分值，如完全同意5分、较同意4分、说不清3分、较不同意2分和完全不同意1分。

② 指标量表的设计。

依据以前学者的有关文献开发和验证的量表，结合访谈的题项总结，对指标量表的题项进行归纳和总结，其中访谈结果统计表中的功能价值、情感价值、价格对应变量"品牌初始感知价值"；需求、技术比较、替代产品对应变量"品牌当前感知价值"；面子、信任对应变量"初始品牌关系质量"；断裂原因对应变量"品牌关系断裂归因"；时间、记忆对应变量"品牌关系记忆"中的"品牌关系断裂感知时长和品牌关系遗忘"；怀旧情感、产地情感对应变量"品牌情感联结"中的"品牌怀旧情感联结和品牌地域情感联结"。

量表初步定了14个维度，每个维度测试项目不等，共57个测试项目。按照变量之间的相近程度，下面将在研究中涉及的变量分为五类：第一类包括品牌感知价值范畴的两个变量，即品牌初始感知价值、品牌当前感知价值；第二类包括初始品牌关系质量范畴的五个变量，即品牌信任、社会价值表达、品牌自我概念联结、品牌行为依赖、品牌情感忠诚；第三类包括品牌关系断裂归因范畴的两个变量，即品牌关系断裂归因于自因和品牌关系断裂归因于他因；第四类包括品牌关系记忆范畴的两个变量，即品牌关系断裂感知时长和品牌关系遗忘；第五类包括品牌情感联结范畴的两个变量，即品牌地域情感联结和品牌怀旧情感联结。下面对五类变量分别说明操作性定义和测量项目的来源以及设计和开发依据。

品牌初始感知价值是品牌关系断裂前的消费者在使用品牌的整个过程中的对价值感知的综合评价，是一个基于顾客视角、包含情感因素等多维度的，依赖于消费情境的、动态的、使用产品或服务整个过程中的对品牌进行的综合性评价。品牌初始感知价值是休眠品牌的品牌关系断裂前的感知价值，根据休眠品牌的特性，即消费者对品牌休眠后的原有价值进行回忆性的价值评价，社会价值方面已经成为一种关系信息，因此休眠品牌的初始感知价值包括品牌功能价值和品牌情感价值两个维度。借鉴蒋玉石（2007）在零售行业中顾客口碑传播意愿的实证研究中的关于零售商店的感知价值的二维量表进行修改，同时，根据产品品牌的特点通过访谈增加了"当年使用这个品牌很好地满足了我的实际需要""当年使用这个品牌对我来说很便利""当年购买这个品牌对我来说很便利"三个题项。具体问卷设计题项、对应的参考文献题项及文献来源如表 3-82 所示。

表 3-82　品牌初始感知价值量表调查题项

	问卷设计题项	对应的参考文献题项	参考文献来源
功能价值	1. 当年使用这个品牌很好地满足了我的实际需要 2. 当年这个品牌的价位对我来说很合适 3. 当年这个品牌的产品让我觉得物有所值 4. 当年使用这个品牌对我来说很便利 5. 当年购买这个品牌对我来说很便利	1. 在该店购物很划算 2. 该店的商品物有所值 3. 您花费时间在该店购物是值得的	蒋玉石（2007）
情感价值	1. 当年使用这个品牌时，我总有种很愉快的感觉 2. 当年使用这个品牌时，我感到很满足 3. 当年使用这个品牌增加了我的生活乐趣	1. 在该店购物能给您带来愉快的感觉 2. 在该店购物让您感觉良好 3. 在该店购物时让您感到很轻松	

品牌感知价值强调的是品牌在使用过程中的功能和情感方面的价值，但是因为休眠品牌消失时间很长，虽然仍然具有价值，但是已经不是因为使用带来的价值感知，因而有异于休眠品牌初始感知价值的衡量，消费者目前的感知只能是在印象中通过休眠品牌的产品技术、质量、形象契合度、满足需要和替代品牌的比较对休眠品牌感知价值的现时评价，故定义为"品牌当前感知价值"。调查题项主要根据访谈结果整理而成。具体问卷设计题项、对应的参考文献题项以及文献来源如表 3-83 所示。

表 3-83　品牌当前感知价值量表调查题项

问卷设计题项	对应的参考文献题项	参考文献来源
1. 我觉得这个品牌的技术现在还跟得上时代 2. 我觉得这个品牌当年的质量现在看起来还不错 3. 我觉得这个品牌现在还符合我的形象 4. 我觉得这个品牌现在还适合我的品味 5. 这个品牌现在还能很好地满足我的实际需要 6. 我现在很难找到替代它的新品牌	无	根据消费者对休眠品牌的感知价值和现在的替代品牌的感知价值对比得出的感知价值评价，包括技术、质量、形象、口味、功能、替代品方面的比较评价

初始品牌关系质量指的是品牌关系断裂前的消费者与品牌的关系的强度。初始品牌关系质量量表借鉴何佳讯（2006）开发的本土品牌关系质量量表，并根据本研究访谈和初步测试结果设置了品牌自我

概念联结、品牌行为依赖、品牌情感忠诚、品牌信任、社会价值表达五个变量,去掉了不符合本研究的原有量表中的"真有之情和应有之情",并且添加了"品牌情感忠诚",以补充品牌依赖中行为依赖的不足,因为消费者当时对休眠品牌的行为依赖有可能是替代品的缺乏、购买力不足等原因造成的。"品牌情感忠诚"参照蒋玉石(2007)在零售行业中顾客口碑传播意愿的实证研究中的关于零售商店的态度忠诚的量表,同时考虑产品品牌的特点进行修改,并且根据访谈结果加入"我当时非常喜欢这个品牌"题项。具体问卷设计题项、对应的参考文献题项以及文献来源如表3-84所示。

表3-84 初始品牌关系质量量表调查题项

	问卷设计题项	对应的参考文献题项	参考文献来源
品牌信任	1. 当年这个品牌的品质很值得我信赖	我觉得这个品牌是值得信赖的	何佳讯(2006)
	2. 当年使用这个品牌,我感到安全和放心	这个品牌让我感到安全和放心	无
	3. 当年这个品牌的实际表现正如我的期望	这个品牌的实际表现正如我的期望	无
社会价值表达	1. 当年使用这个品牌,让我感觉很有面子	无	根据中国人的情况增加
	2. 当年使用这个品牌,让我显得很有档次	使用这个品牌,让我显得有品位	何佳讯(2006)
	3. 当年使用这个品牌既迎合自己又迎合他人对我的看法	这个品牌既适合自己,也迎合了他人对我的看法	无
	4. 当年使用这个品牌,让我有某种优越感	使用这个品牌,让我有了某种优越感	无
自我概念联结	1. 当年这个品牌的形象与我自己追求的形象在很多方面是一致的	这个品牌的形象与我自己追求的形象在很多方面是一致的	何佳讯(2006)
	2. 当年这个品牌表达了与我相似的或我想成为这类人的很多东西	这个品牌表达了与我相似的或我想成为这类人的很多东西	无
	3. 当年使用这个品牌时,我感觉已经和我向往的那类人一样了	无	无
品牌行为依赖	1. 当年宁愿费些周折,我也要买到这个品牌	我宁愿费些周折,也要买到这个品牌	何佳讯(2006)
	2. 当年我对这个品牌有很强的依赖性	我对这个品牌有很强的依赖性	无
	3. 当年这个品牌的产品缺货时,我愿意暂缓购买	如果这个品牌的产品缺货时,我愿意暂缓购买	无
品牌情感忠诚	1. 我当时非常喜欢这个品牌	无	
	2. 即使当时有其他的选择,我还是认为这个品牌是最佳的选择	对您而言,到该店购物是您的最佳选择	蒋玉石(2007)
	3. 即使当时别人向我推荐其他品牌,我也不会更换该品牌	即使别人向您推荐其他超市,您也不会离开该店	

品牌关系断裂归因根据归因于自因和他因的维度从可控性、归属性以及稳定性上来分,并根据实际的企业消失或者品牌消失的原因来设置题项。因为考虑所调查对象文化水平和理解上的差异,在设置自因和他因题项时采用同时设置,然后根据调查数据的甄别情况取舍其中之一予以采用。在品牌关系断裂归因于自因中设置具体的品牌消失原因,如该品牌当时是因自身经营不善(非品牌危机)造成的消失;在品牌关系断裂归因于他因中设置具体的品牌消失原因,如"该品牌当时是因为合资造成的消失""该品牌当时是因为兼并、收购造成的消失"。具体问卷设计题项、对应的参考文献题项以及文献来源如表3-85和表3-86所示。

表3-85 品牌关系断裂归因于自因量表调查题项

问卷设计题项	对应的参考文献题项	参考文献来源
1. 该品牌的消失在于企业自身	无	Weiner B(1986)
2. 该品牌的消失是企业内部长期形成的		
3. 该品牌的消失,企业当时是没办法控制的		
4. 该品牌当时是因为自身经营不善(非品牌危机)造成的消失		

表 3-86　品牌关系断裂归因于他因量表调查题项

问卷设计题项	对应的参考文献题项	参考文献来源
1. 该品牌的消失是由外界或他人原因造成的	无	Weiner B（1986）
2. 该品牌的消失只是因为暂时、偶然的事件或个别人引起的		
3. 该品牌的消失，企业当时是没办法控制的		
4. 该品牌当时是合资造成的消失		
5. 该品牌当时是兼并、收购造成的消失		

在访谈品牌关系断裂感知时长时发现消费者在对时长感知时会因个体差异而与实际时间长短不一致，而且会因为想念或者遗忘而被感知消失时间比客观度量的时间更长。因此，品牌关系记忆根据时间透视分为两个维度，即品牌关系断裂感知时长和品牌关系遗忘，从品牌关系断裂持续时间长短、程度和范围来设置，不仅在时间长度上，还要在概念的密度上来度量品牌关系记忆。本书主要测量时间透视所涉及的四个方面：①范围或长度、深度（Extension），是指作为一种概念的时间范围的长短。②密度（Density），是指分布在不同时间段内的客观事物或事件的数量。③组织化程度（Degree of Structuration），即分散物体之间联系的出现与否。④清晰度和现实度（Degree of Vividness and Realism），是指个体是否感觉到物体的存在以及感觉到的程度。具体问卷设计题项、对应的参考文献题项以及文献来源如表 3-87 所示。

表 3-87　品牌关系记忆量表调查题项

	问卷设计题项	对应的参考文献题项	参考文献来源
品牌关系断裂感知时长	1. 我认为应该是很长时间的事了	无	主要依据测量时间透视所涉及的四个方面来设置题项不仅在时间长度还要在概念的密度上来度量品牌关系记忆
	2. 我感觉很长时间没有见到或使用这个品牌了		
	3. 我很长时间没有听见朋友或他人提起或使用这个品牌了		
	4. 我最后一次使用直到现在或者再次出现前有很长时间了		
品牌关系遗忘	1. 看到相似的产品，我也想不起该品牌了		
	2. 即使提及，我也想不起这个品牌或这个品牌的产品了		
	3. 我已经没有这个品牌的任何记忆了		

消费者对于休眠品牌的情感，不仅包括怀旧情感，还包括地域情感和其他情感。本书主要研究怀旧情感和地域情感，而地域情感主要是指消费者对品牌的产地情怀或者民族情感。因此，休眠品牌情感联结设置为两个维度：怀旧情感联结和地域情感联结。具体问卷设计题项、对应的参考文献题项以及文献来源如表 3-88 所示。

表 3-88　品牌情感联结量表调查题项

	问卷设计题项	对应的参考文献题项	参考文献来源
品牌地域情感联结	1. 我觉得这个品牌很好地体现了产地的文化	无	根据民族情感和产地情怀的有关文献的论述进行设置；根据怀旧内容的相关论述进行符合本研究的题项设置
	2. 我觉得这个品牌对当地经济很重要		
	3. 使用这个品牌很好地体现了我的民族情感		
	4. 我觉得这个品牌很好地体现了中华传统的东西		
	5. 我觉得这个品牌对国家经济很重要		
品牌怀旧情感联结	1. 我觉得这个品牌很好地体现了那个时代的特色		
	2. 我觉得这个品牌很像某个时代的产物		
	3. 这个品牌使我想起我的童年时光/少年时代/年轻时候		
	4. 这个品牌使我想起过去的经历/过去的人/过去的事		
	5. 这个品牌使我想起从前我和朋友在一起的时光		
	6. 这个品牌使我想起从前我和家人在一起的时光		

③ 调查问卷的设计。

问卷设计和量表设计所遵循的基本原则参考了相关学者的问卷设计规则（荣泰生，2005；Macniel 和 Gates，2004；李怀祖，2007），具体如下。

问卷设计不能带有倾向性，以免对填答者形成诱导。

在设计选项时，应避免非互斥问题（即使填答者不知要选哪一项）与未尽举的问题（即：选项设计不完整以致填答者无法作答）。

在问题描述时，用词应简洁易懂，避免专业术语和二合一的问题（即一个问项中有两个问题），还应注意填答者对于一个问题的自我思维架构与填答意愿。

问题的次序安排应遵循问卷首先需要说明研究目的，保证保护填答者的隐私，由简到难排序，将同一主题的题目放在一起，将敏感性、威胁性问题和人口统计问题放在最后。通常来讲，期望从问卷中获取的信息可以分为两类：基础信息和分类信息。其中，基础信息是与研究问题直接相关的；分类信息用于对调查对象的分类和解释（Naresh，2002）。本研究的分类信息主要包括性别、年龄、学历、月收入。

总体上来讲，整个问卷设计包括五个部分：寒暄润滑问题、休眠品牌提示、调查对象甄别问题、调查问题和调查对象分类信息。

寒暄润滑问题。寒暄润滑问题可以尽量拉近与调查者的距离，获取调查对象的信任，促使其真实地反映自身的态度和意愿。

休眠品牌提示。休眠品牌提示在设计时，通过深度访谈了解到消费者对休眠品牌的记忆缺损很大，考虑到收集样本的难度，在问卷中尽量做出休眠品牌提示，如果提示名单中没有则建议调查对象自己填上记忆中消失的饮料类品牌。经过专家讨论和网络搜索，根据同一类别产品的同质性感知，按照饮料行业设置四个提示物以期取得非品牌危机导致休眠的饮料品牌的原有顾客。

调查对象甄别问题。比如，在问卷中对某个消失的品牌（或该品牌的系列产品）当时的购买或使用情况设置甄别问题，如经常使用、偶尔使用、仅使用一次、从没用过。如果答案为从没用过，则该调查对象非本次研究对象。

（4）初步测试。

将依据深度访谈和相关文献设计的调查问卷的题项交给 2 位营销专家和 6 位营销博士进行研讨，对每一测题与主题的相关度、表达方式、答题方式、备选答案、刺激物的内容和表述等反复推敲、修改，以检查预设问卷中的各个问题的含义是否清晰，措辞是否准确，问卷中的问题是否能够计量本研究要研究的各个概念，进而确定探索性研究问卷。根据有关意见进行初步问卷的拟订，采用了 60 个方便样本和 10 个社会样本进行初步测试，为了尽量使问卷题项通俗易懂，其中 10 个样本选择的是样本调查对象中学历水平最低的初中学历，最后根据他们的意见进行问卷题项问法的相关修改。

（5）数据收集概况。

在收集数据过程中采用随机抽样和分层抽样的方式。分层抽样以不同的年龄阶段为分类标准，即以 10 年为区间距离划分 6 个时代，根据购买力和过去购买经历的情况，不同的分层采用不同的比例抽样。对 20 世纪 60、70、80 年代的群体样本比重尽量大些，对 20 世纪 90 年代和 20 世纪 50 年代的群体样本比重尽量小些。根据调查情况、取样的难度和经费情况，采用多种调研方法相结合的办法，外地采用邮件、网上问卷、电话调查等形式，本地采用调查问卷的形式。

对调查问卷数据的处理采用两阶段分层处理：第一阶段为录入阶段，调查问卷甄别问题中答案选择"从没用过"的问卷为无效问卷，不予录入；第二阶段为数据处理阶段，将问卷各项选择结果 70% 以上雷同的问卷视为无效问卷，予以删除，同时对缺失部分数据的问卷采用最为严格的完全删除法（List

Wise Deletion)以对数据进行处理。完全删除法的具体做法是如果某受试者在任何一个测量项目上出现缺失值,即将与该受试者有关的数据整笔删除,不仅能够使保留下来的数据具有完整性,而且避免结构方程模型的估计程序中出现非正定问题(Arbuckle,1996)。

本研究中初次探索性调查共发放问卷970份,其中有效问卷869份,调查问卷的废弃率为10%。第一阶段甄别调查对象废弃问卷44份,第二阶段废弃雷同问卷和部分缺失题项问卷57份。

(6)数据的描述性统计分析。

① 统计变量分布情况。

在探索性因子分析和验证性因子分析中收集到的样本分布情况为:男性样本占55%,478人;女性样本占45%,391人。年龄在20岁及以下的占5%,43人;21~30岁的占20%,174人;31~40岁的占40%,348人;41~50岁的占30%,261人;51岁及以上的占5%,43人。学历为初中或初中以下学历的占10%,87人;高中学历占15%,130人;大学学历占50%,435人;研究生学历占25%,217人。月收入在1000元及以下的占5%,43人;1001~2000元的占30%,261人;2001~3000元的占40%,348人;3001~4000元的占20%,174人;4001元及以上的占5%,43人。调查样本在四个城市的分布情况为秦皇岛、石家庄、重庆、郑州的样本数分别为261人、269人、165人、174人。样本在城市间分布比较均匀,但是由于在收集样本过程中受品牌关系再续的对象的限定,部分样本数据的采集面临困难,所以样本分布在所有的统计变量间并不是很均匀。具体情况如表3-89所示。

表3-89 问卷调查基本情况表

统计特征		比例/%	人数	统计特征		比例/%	人数	统计特征	比例/%	人数
年龄	20岁及以下	5	43	学历	初中及以下	10	87	月收入	1000元及以下	5	43
	21~30岁	20	174		高中	15	130		1001~2000元	30	261
	31~40岁	40	348		大学	50	435		2001~3000元	40	348
	41~50岁	30	261		研究生	25	217		3001~4000元	20	174
	51~60岁	5	43	性别	男	55	478		4001元以上	5	43
	61岁及以上				女	45	391				
城市	秦皇岛	30	261	—	—	—	—	—	—	—
	郑州	20	174	—	—	—	—	—	—	—
	石家庄	31	269	—	—	—	—	—	—	—
	重庆	19	165	—	—	—	—	—	—	—

② 调查问卷数据基本情况。

对数据进行基本的统计与分类,各个指标的基本情况如表3-90所示,在表中不仅列举了各个指标的平均值,而且也对标准差情况进行了列举与分析。因为平均值作为总体一般水平的代表值,反映了总体在某一数量标志上的集中趋势,但是仅用平均数并不能说明平均数的代表性如何,还需要用标准差来衡量取得的数据平均数的代表性如何,标准差越小,说明该平均数的代表性越好。表3-90中的数据显示,标准差值在0.843和1.406之间,基本表明各个指标的平均值能够代表本次研究对象的一般水平。

表3-90 调查问卷数据基本情况

指标名称	Mean	Std.Deviation	指标名称	Mean	Std.Deviation
初始感知价值 X_{11}	4.16	0.846	断裂感知时长 X_{100}	3.99	1.203
初始感知价值 X_{12}	3.79	0.983	断裂感知时长 X_{101}	3.81	1.340
初始感知价值 X_{13}	3.90	0.907	断裂感知时长 X_{102}	3.64	1.406

续表

指标名称	Mean	Std.Deviation	指标名称	Mean	Std.Deviation
初始感知价值 X_{14}	3.96	0.977	断裂感知时长 X_{103}	3.79	1.390
初始感知价值 X_{15}	3.75	1.092	品牌关系遗忘 X_{111}	2.86	1.349
品牌信任 X_{31}	4.17	0.843	品牌关系遗忘 X_{112}	2.41	1.292
品牌信任 X_{32}	3.99	0.845	品牌关系遗忘 X_{113}	2.16	1.308
品牌信任 X_{33}	3.73	0.970	地区情感联结 X_{11}	3.66	0.910
社会价值表达 X_{41}	3.39	1.148	地域情感联结 Y_{12}	3.60	0.889
社会价值表达 X_{42}	3.30	1.177	地域情感联结 Y_{13}	3.35	1.027
社会价值表达 X_{43}	3.24	1.115	地域情感联结 Y_{14}	3.36	1.067
社会价值表达 X_{44}	3.27	1.188	地域情感联结 Y_{15}	3.34	1.011
自我概念联结 X_{51}	3.21	1.124	怀旧情感联结 Y_{23}	3.92	1.056
自我概念联结 X_{52}	3.20	1.113	怀旧情感联结 Y_{24}	3.86	1.059
自我概念联结 X_{53}	2.99	1.192	怀旧情感联结 Y_{25}	3.86	1.031
品牌行为依赖 X_{61}	3.05	1.254	怀旧情感联结 Y_{26}	3.90	1.054
品牌行为依赖 X_{62}	3.10	1.274	当前感知价值 Y_{31}	3.40	1.123
品牌情感忠诚 X_{71}	3.81	1.053	当前感知价值 Y_{32}	3.75	0.996
品牌情感忠诚 X_{72}	3.64	1.110	当前感知价值 Y_{33}	3.16	1.101
品牌情感忠诚 X_{73}	3.33	1.165	当前感知价值 Y_{34}	3.28	1.154
关系断裂他因 X_{91}	3.07	0.954	当前感知价值 Y_{35}	3.36	1.143
关系断裂他因 X_{92}	2.90	1.027	当前感知价值 Y_{36}	2.80	1.271
关系断裂他因 X_{93}	3.14	0.985	—	—	—
关系断裂他因 X_{94}	3.01	0.881	—	—	—
关系断裂他因 X_{95}	3.13	0.887	—	—	—

注：1. 品牌关系断裂归因于自因根据数据情况和研究的意义在整理时已删除。

2. 情感价值 $X_{21}/X_{22}/X_{23}$、品牌情感忠诚 X_{74}、关系断裂自因 $X_{81}/X_{82}/X_{83}/X_{84}$、怀旧情感联结 Y_{21}/Y_{22} 在整理时根据探索因子分析结果已删除。

（7）探索性因子分析。

Nunnally（1978）认为，探索性因子分析的样本量应该至少是量表测项数目的10倍。本研究的初始量表包含47个测项，初步收集的探索性有效调查问卷869份，达到了探索性因子分析的样本数量，因此我们运用SPSS13.0对869个样本进行探索性因子分析。

探索性因子分析主要利用主成分分析（Principle Component Method），采用四次最大正交旋转法进行因子分析。在因素的个数决定上，以特征值（Eigenvalue）大于1为评估标准。首先进行测项的纯化处理，根据Lederer和Sethi（1991）等的研究，在因子分析过程中筛选变量测量项目的准则有以下4个。

① 一个问项自成一个因子时，则删除，因为其没有内部一致性。

② 该问项在其所属因子的负荷量必须大于0.5，则具有收敛效度，否则删除。

③ 每一问项其所对应的因子负荷必须接近1，但在其他因子的负荷必须接近于0，这样才具有区别效度。所以，若该问项在其所有因子的负荷量都小于0.5，或有两个以上因子大于0.5（横跨两个因子）的则删除此问项。

④ 对题目总分相关（Item-total Correlation）小于0.4且删除后的Cronbach's α值会增加的项目进行删除（Yoo和Donthu，2001；McAlexander、Schouten和Koening，2002）。

通过四次最大正交旋转，前10个因子的特征根值均大于1，累计解释的变异量为61.458%，Malhotra（1999）认为累计方差贡献率最好大于60%。通过碎石图（见图3-43）来看，从第11个因子开始变动趋缓，表明应该提取 10 个因子。测项并没有按照原假设归属 14 个因子，而是 10 个因子，其中删除因子载荷低于 0.5 的品牌初始感知价值中的情感价值"当年使用这个品牌时，我总有种很愉快的感觉""当年使用这个品牌的时候，我感觉到很满足""当年使用这个品牌增加了我的生活乐趣"；品牌怀旧情感联结中的"我觉得这个品牌很好地体现了那个时代的特色""我觉得这个品牌很像某个时代的产物"；删除品牌依赖中的因子载荷低于 0.5 的项目"当年这个品牌的产品缺货时，我愿意暂缓购买"；并且合并项目：品牌地域情感联结和品牌民族情感联结、社会价值表达和自我概念联结、品牌情感忠诚和品牌行为依赖，其他测项则按照最初的假设汇聚得很好。10 个因子分别命名为品牌初始感知价值、初始品牌关系质量（包括品牌信任、社会价值表达、品牌依赖）、品牌关系断裂归因、品牌关系记忆（品牌关系断裂感知时长、品牌关系遗忘）、品牌情感联结（品牌地域情感联结、品牌怀旧情感联结）、品牌当前感知价值。结果表明（见表 3-91），本研究的各测项的单一因子载荷均在 0.5 以上，不存在显著的跨因子分布，因此具有良好的结构效度。

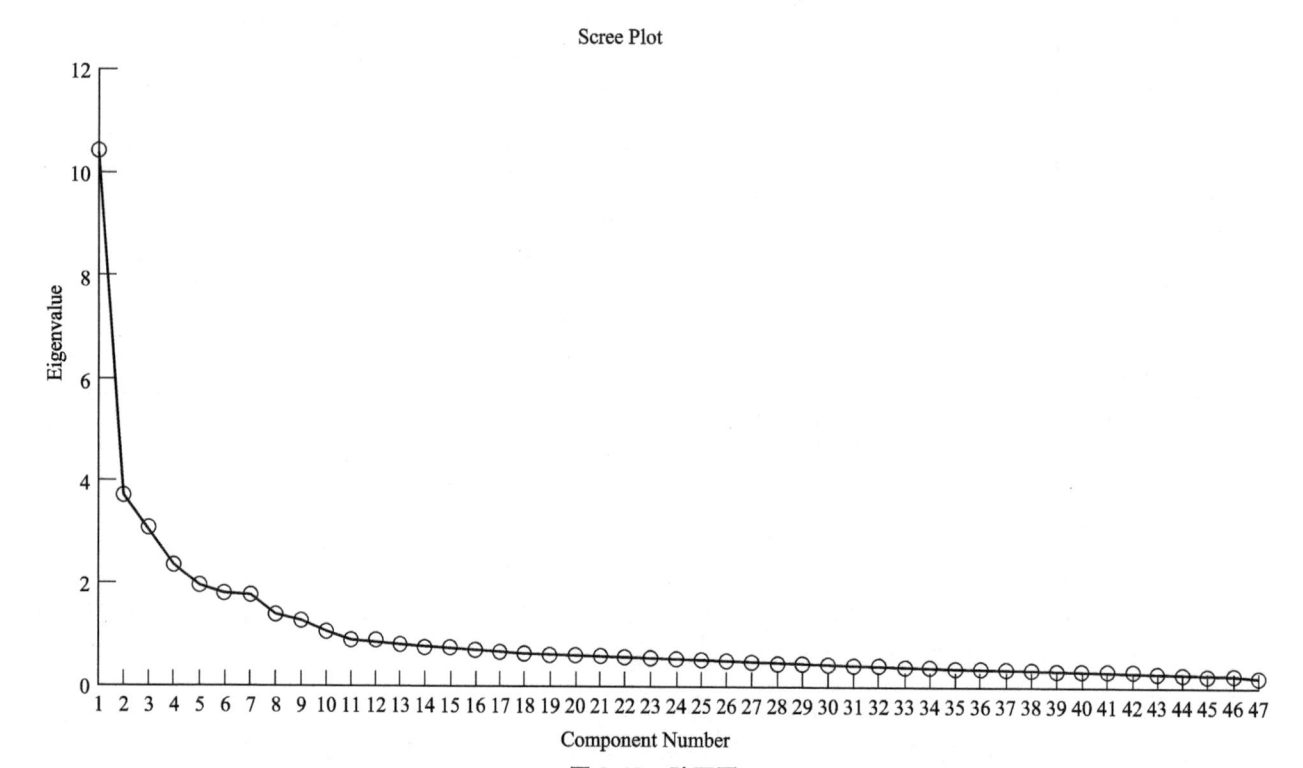

图 3-43 碎石图

研究中存在多种衡量信度的指标，比如 Cronbach's α 系数、Spearman-Brown 分半信度系数（Split-half Reliability Coefficient）与 Guttman 分半信度系数等。本书采用 Cronbach's α 系数作为本研究量表信度分析的主要依据。在李克特态度量表法中常用的信度检验方法为"Cronbach's α"系数（吴明隆，2003）。Cronbach's α 系数反映的是内部一致性信度，其取舍标准为：小于 0.35 表示信度过低；大于 0.35 而小于 0.65，则应重新修订研究工具或重新编制量表；介于 0.65～0.70 为最小的可接受值域；介于 0.70～0.80 表示相当好；介于 0.80～0.90 表示非常好；在 0.90 以上表示测量或问卷的信度甚佳（Kline，1998）。学者 Fornell 和 Larcker（1981）认为总量表的信度系数最好在 0.8 以上，如果在 0.7～0.8，还算是可以接受的范围；如果是分量表，信度系数最好在 0.7 以上，如果在 0.6～0.7 还可以接受，如果分量表的内部一致性系数在 0.6 以下，或总量表的信度系数在 0.8 以下，应考虑重新修订量表。

在本研究中，采用 Cronbach's α 值作为删除题项的依据。经过第一次信度分析后，删除内部一致性偏低的题项，删除的标准是：对题目总分相关（Item-total Correlation）小于 0.4 且删除后的 Cronbach's α值会增加的项目进行删除。如果删除了部分题项，则需要对问卷进行第二次信度检验。本研究变量的 Cronbach's α 经过纯化处理后都在 0.7 以上，表明数据是可靠的。因此本表具有良好的内部一致性，具体分析结果见表 3-91 中的 Cronbach's α 值。

本研究的 KMO 值为 0.904，非常适合进行因子分析。KMO 是 Kaiser-Meyer-Olkin 的取样适当性量数。当 KMO 值越大时，表示变量间的共同因素越多，越适合进行因素分析，KMO 值应大于 0.7，KMO 值越接近 1，表明题项间的偏相关性越强，则越适合做因子分析（Hair 等，1998），如果 KMO 的值小于 0.5，较不宜进行因素分析；如果 KMO 的值大于 0.6，则适合做因子分析。Bartlett's 球形检验的显著性水平值 P = 0.000<0.05，也表明很适合做因子分析。

表 3-91　正交旋转后的因子负荷矩阵

变量		测量项目代码和题项	因子负荷	Cronbach's α
品牌初始感知价值		X_{11} 当年使用这个品牌很好地满足了我的实际需要	0.534	0.765
		X_{12} 当年这个品牌的价位对我来说很合适	0.699	—
		X_{13} 当年这个品牌的产品我觉得物有所值	0.625	—
		X_{14} 当年使用这个品牌对我来说很便利	0.671	—
		X_{15} 当年购买这个品牌对我来说很便利	0.760	—
初始品牌关系质量	品牌信任	X_{31} 当年这个品牌的品质我很信赖	0.659	0.780
		X_{32} 当年使用这个品牌，我感到安全和放心	0.698	—
		X_{33} 当年这个品牌的实际表现正如我的期望	0.526	—
	社会价值表达	X_{41} 当年使用这个品牌，让我感觉很有面子	0.771	0.901
		X_{42} 当年使用这个品牌，让我显得很有档次	0.801	—
		X_{43} 当年使用这个品牌既迎合自己又迎合他人对我的看法	0.782	—
		X_{44} 当年使用这个品牌，让我有某种优越感	0.810	—
		X_{51} 当年这个品牌的形象与我自己追求的形象在很多方面是一致的	0.763	—
		X_{52} 当年这个品牌表达了与我相似的或我想成为的这类人的很多东西	0.677	—
		X_{53} 当年使用这个品牌时，我感觉已经和我向往的那类人一样了	0.702	—
	品牌依赖	X_{61} 当年宁愿费些周折，我也要买到这个品牌	0.583	0.822
		X_{62} 当年我对这个品牌有很强的依赖性	0.644	—
		X_{71} 我当时非常喜欢这个品牌	0.536	—
		X_{72} 即使当时有其他的选择，我还是认为这个品牌是最佳的选择	0.646	—
		X_{73} 即使当时别人向我推荐其他品牌，我也不会更换该品牌	0.690	—
品牌关系断裂归因于他因		X_{91} 该品牌的消失是因为外界或他人原因造成的	0.646	0.744
		X_{92} 该品牌的消失只是因为暂时、偶然的事件或个别人引起的	0.590	—
品牌关系断裂归因于自因		X_{93} 该品牌的消失，企业当时是没办法控制的	0.638	—
		X_{94} 该品牌当时是因为合资造成的消失	0.778	—
		X_{95} 该品牌当时是因为兼并、收购造成的消失	0.725	—
品牌关系记忆	品牌关系断裂感知时长	X_{100} 我认为应该是很长时间的事了	0.757	0.860
		X_{101} 我感觉很长时间没有见到或使用这个品牌了	0.891	—
		X_{102} 我很长时间没有听见朋友或他人提起或使用这个品牌了	0.821	—
		X_{103} 我最后一次使用直到现在或者再次出现前有很长时间了	0.825	—
	品牌关系遗忘	X_{111} 看到相似的产品，我也想不起该品牌了	0.810	0.836
		X_{112} 即使提及，我也想不起这个品牌或这个品牌的产品了	0.860	—
		X_{113} 我已经没有这个品牌的任何记忆了	0.828	—
品牌情感联结	品牌怀旧情感联结	Y_{11} 我觉得这个品牌很好地体现了产地的文化	0.689	0.786
		Y_{12} 我觉得这个品牌对当地经济很重要	0.712	—
		Y_{13} 使用这个品牌很好地体现了我的民族情感	0.699	—
		Y_{14} 我觉得这个品牌很好地体现了中华传统的东西	0.700	—
		Y_{15} 我觉得这个品牌对国家经济很重要	0.599	—

续表

变量		测量项目代码和题项	因子负荷	Cronbach's α
品牌情感联结	品牌怀旧情感联结	Y_{23} 这个品牌使我想起我的童年时光/少年时代/年轻的时候	0.749	0.801
		Y_{24} 这个品牌使我想起过去的经历/过去的事/过去的人	0.806	—
		Y_{25} 这个品牌使我想起我和朋友们在一起的时光	0.743	—
		Y_{26} 这个品牌使我想起我和家人们在一起的时光	0.705	—
		Y_{31} 我觉得这个品牌的技术现在还跟得上时代	0.685	0.824
		Y_{32} 我觉得这个品牌当年的质量现在看起来还不错	0.555	—
		Y_{33} 我觉得这个品牌现在还符合我的形象	0.755	—
		Y_{34} 我觉得这个品牌现在还适合我的品味	0.785	—
		Y_{35} 这个品牌现在还能很好地满足了我的实际需要	0.705	—
		Y_{36} 我现在很难找到替代它的新品牌	0.574	—

3.2.3.2 验证性因子分析

探索性因子分析之后需要进行验证性因子分析,进一步分析量表的信度与效度。验证性因子分析检验的是测量变量与潜在变量之间的假设关系,既可以是结构方程模型中最基础的测量部分,也可以独立地应用于信度、效度的考察与理论有效性的确认上。验证性因子分析可以说是结构方程模型中最具应用价值的部分之一,也是近年来测量与测验发展中学者相当倚重的部分。很多研究者指出验证性因子分析(Confirmation Factor Analysis,CFA)相对于探索性因子分析法(Explorative Factor Analysis,EFA)具有很多优势,因此,倾向于采用验证性因子分析来进行效度和信度评估(谢荷锋,2007;黄芳铭,2005;侯杰泰等,2004)。本研究将利用验证性因子分析对样本数据的质量做进一步的评估。

在验证性因子分析中,最恰当的样本量是多少,学者们对此存在着分歧。Shumacker 和 Lomax(1996)的研究发现,大部分结构方程模型的样本数在 200~500 个。Boomsma(1982)发现不论模型有恰当解的百分率和参数估计的精确性有多大,还是 X 统计量的如何分布,研究结果都显示样本量(N)越大越好。他建议 N 最少大于 100 个,但大于 200 个更好。按此说法,本研究问卷共有 47 个题目,进行验证性因子分析的样本量为 869 份,完全符合验证性因子分析的样本量要求,可以通过 CFA 进一步验证测项的信度、效度是否合格。

(1)量表的信度检验。

验证性因子分析在验证量表的信度时,区别于探索性因子的测量因素信度,不仅能够测量因素信度,而且能测量每一测量条款的信度。

① 测量条款的信度。

测量条款的信度指标为其变异系数 R,当该系数值较低时,表示该项目较不一致,是比较差的测量项目,应该考虑删除,其采用标准的最低接受值为 0.5。在实际应用中,一般认为只要该测量条款的标准化负荷大于 0.5,且 P 值显著即可。本研究的各个测量条款的标准化载荷在 0.52~0.88,P 值都显著,表明该量表的信度是可靠的。具体情况参照表 3-92。

表 3-92 CFA 模型的因子负荷与 t 值检验

CSJZ	t 值	PPXR	t 值	SHJZ	t 值	PPYL	t 值	DLTY	t 值
0.71	—	0.77	—	0.76	—	0.65	—	0.55	—
0.60	15.51	0.76	21.01	0.80	24.25	0.55	14.23	0.58	12.15
0.66	16.84	0.70	19.35	0.78	23.57	0.74	18.12	0.52	11.31
0.65	16.62	—	—	0.80	23.99	0.80	19.25	0.77	13.98
0.51	13.25	—	—	0.75	22.48	0.75	18.28	0.65	13.06
—	—	—	—	0.67	19.80	—	—	—	—

续表

CSJZ	t值	PPXR	t值	SHJZ	t值	PPYL	t值	DLTY	t值
—	—	—	—	0.70	20.82	—	—	—	—

GZSC	t值	PPYW	t值	DYQG	t值	HJQG	t值	DQJZ	t值
0.67	—	0.69	—	0.65	—	0.67	—	0.67	—
0.88	21.11	0.88	21.15	0.61	14.80	0.77	17.78	0.57	14.64
0.76	19.42	0.82	20.81	0.72	16.70	0.68	16.45	0.74	18.10
0.75	19.08	—	—	0.71	16.63	0.72	17.08	0.74	18.10
—	—	—	—	0.56	13.82	—	—	0.70	17.25
—	—	—	—	—	—	—	—	0.59	14.99

注：1. 采用固定负载法设定结构变量的度量尺度，第一个变量的负载被固定为1.0，无法计算t值。

2. 表中因子按照顺序分别为：品牌初始感知价值（CSJZ）、品牌信任（PPXR）、社会价值表达（SHJZ）、品牌依赖（PPYL）、品牌关系断裂归因（DLTY）、品牌关系断裂感知时长（GZSC）、品牌关系遗忘（PPYW）、品牌地域情感联结（DYQG）、品牌怀旧情感联结（HJQG）、品牌当前感知价值（DQJZ）。

② 因素信度。

Fornell 与 Larcker（1981）提出了一个类似于内部一致性信度系数（Cronbach's α）的潜在变量的组合信度（Composite Reliability）。组合信度的公式如下

$$CR = \rho_c = \frac{\left(\sum \lambda i\right)^2}{\left[\left(\sum \lambda i\right)^2 + \sum \Theta ii\right]} \quad (3.12)$$

式中：$\left(\sum \lambda i\right)^2$ 为因素载荷加总后取平方之数值；$\sum \Theta ii$ 为各观察变量残差方差的总和。

依据古典测验理论的观点，量表信度需要达到 0.70 才属于比较稳定的测量，但此标准的达成必须是各题的因素载荷平均达 0.70 以上，社会科学领域的量表不易达到此水平，因此 Bagozzi 与 Yi（1988）建议达 0.60 即可。Raines-Eudy（2000）的研究指出，组合信度达 0.50 时，测量工具在反映真分数时即可获得基本的稳定性。本研究的潜在变量的组合信度最低 0.75，表明测量工具在反映真分数时即可获得基本的稳定性。具体情况如表 3-93 所示。

表 3-93　潜在变量的组合信度

CSJZ	ρ_c	PPXR	ρ_c	SHJZ	ρ_c	PPYL	ρ_c	DLTY	ρ_c
0.71		0.77		0.76		0.65		0.55	
0.60		0.76		0.80		0.55		0.58	
0.66		0.70		0.78		0.74		0.52	
0.65	0.77	—	0.79	0.80	0.90	0.80	0.83	0.77	0.75
0.51		—		0.75		0.75		0.65	
—		—		0.67		—		—	
—		—		0.70		—		—	

GZSC	ρ_c	PPYW	ρ_c	DYQG	ρ_c	HJQG	ρ_c	DQJZ	ρ_c
0.67		0.69		0.65		0.67		0.67	
0.88		0.88		0.61		0.77		0.57	
0.76	0.85	0.82	0.84	0.72	0.79	0.68	0.80	0.74	0.83
0.75		—		0.71		0.72		0.74	
—		—		0.56		—		0.70	
—		—		—		—		0.59	

注：表中因子按照顺序分别为品牌初始感知价值（CSJZ）、品牌信任（PPXR）、社会价值表达（SHJZ）、品牌依赖（PPYL）、品牌关系断裂归因（DLTY）、品牌关系断裂感知时长（GZSC）、品牌关系遗忘（PPYW）、品牌地域情感联结（DYQG）、品牌怀旧情感联结（HJQG）、品牌当前感知价值（DQJZ）。

(2)量表的效度检验。

问卷质量的评价不仅考察信度指标,还要考察效度指标。效度是指问卷的有效性和正确性,是测验结果反映所要测量特性的程度。它包括问卷测验的目的、测量的精确度和真实性。效度是判断度量结果是否真正为研究者所预期的结果,反映数据与理想值的差异程度(李怀祖,2007)。效度指标分为内在效度指标和外在效度指标。内在效度指标是指问卷内容的正确性与真实性,具体来讲,是问卷中自变量与因变量之间存在因果关系的程度,也是问卷研究中应具备的最基本的效度。问卷的内在效度无法进行精确估量,保证问卷具有较高的内在效度只能通过对问卷制定过程、操作实施过程进行全面分析之后做出判断,严谨设计、过程规定恰当具体、控制手段全面严格。外部效度表明所论证的变量间关系在其他情境下的适用程度,其值越高,说明此研究结果应用价值越大(李怀祖,2007)。常用的效度指标有内容效度、结构效度和预测效度。

① 内容效度。

内容效度又称逻辑效度、内在效度、循环效度,是一个主观评价指标,指的是问卷内容的贴切性和代表性。对于具有良好内容效度的问卷,一方面要求问卷的题项能反映所要测量对象的特质,另一方面要求问卷的题项能较好地代表所要测量的对象,能达到测验目的。

内容效度常用的评价方法有两种:一种是统计分析法,即从同一内容总体中抽取两套调查问卷分别对同一组被试进行测验,计算两种调查问卷的相关系数来评估问卷的内容效度;另一种是专家法,即邀请专业相关专家对调查问卷题项与原来的研究内容范围的界定进行分析,分析调查问卷的题目是否较好地代表了研究内容。

研究内容效度的评价方法主要采用专家鉴定法,并且结合深度访谈。主要通过经验判断和根据深度访谈记录进行,在操作时要考虑三个方面的问题:一是问卷所测量的内容是否属于将要研究和测量的领域;二是问卷所包含的题项是否覆盖了应测领域的各个方面;三是问卷题项的构成比例是否恰当。

具体操作是在编制量表之前,通过阅读大量的相关文献,参考经过论证过的有关量表,并且对各层次的消费者进行了深度访谈。量表初稿完成后,专门邀请了相关专家对量表的各个测试题项逐一进行分析讨论,在此基础上进行修改和完善,因此本研究的量表具有较高的内容效度。

② 结构效度。

结构效度又称建构效度,是指问卷对某一理论概念或特质测量的程度,即某问卷测量的实际得分能解释某一特质的程度。结构效度可分为收敛效度和区分效度。

收敛效度由 CFA 模型的拟合指数和因子负载系数来检验(Mueller,1996)。具体来讲,可以从观测变量因子负荷的显著性程度(t 值)来判断,观测的变量因子负荷应该达到显著性水平,且其值必须大于 0.45(Jöreskog 和 Sörbom,1988)。所有因子负荷的 t 值均大于 3.29,表明所有指标在各自计量概念上的因子负荷量都达到 $P<0.01$ 的显著水平,且因子负荷介于 $0.52 \sim 0.88$,大于门槛值 0.45,表明量表具有良好的收敛效度。

常见的区分效度判别方法有两种:如果两个潜变量之间的相关系数加减标准误的两倍不包含 1,表明数据有较高的区分效度(James 和 Gerbing,1988);潜在变量的共同方差应该小于 0.5,且某一潜在变量与其他潜在变量的共同方差应该小于两个潜在变量的平均方差抽取量的平均值(Fornell 和 Larcker,1981)。平均方差抽取量(AVE)是反映一个潜在变量能被一组观察变量有效估计的聚敛程度指标,此指标用于计算潜变量的各观察变量对该潜变量的方差解释力。平均方差抽取量的值应该大于 0.5,AVE 值越高,表示潜变量的收敛效度越高(Bagozzi 和 Yi,1988;Fornell 和 Larcker,1981)。平均方差抽取量可由如下公式计算。

$$AVE=\rho_v=\frac{\sum \lambda i^2}{(\sum \lambda i^2 + \sum \theta)} \qquad (3.13)$$

式中：AVE 为平均方差抽取量，λi 为观测变量在潜在变量上的标准化参数，θ 为观测变量的测量误差。

式中，分母为各题的因素载荷平方加上误差变异，相加为 1。因此分母即为题数 n

$$\rho_v = \frac{\sum \lambda i^2}{n} \qquad (3.14)$$

换言之，该指标就是各因素的各题因素载荷平方的平均值。当该指标大于 0.50 时，表示潜在变量的聚敛能力十分理想，具有良好的操作型定义化。

由表 3-94、表 3-95 计算可知，潜在变量之间的相关系数加减标准误的两倍不包含 1；潜在变量的共同方差均小于 0.5，虽然平均方差抽取量有四处小于 0.5，但是潜在变量与其他潜在的共同方差均小于两个潜在变量的平均方差提取量的平均值。因此，数据的区分效度较好。

表 3-94 潜在变量的相关系数和标准

	CSJZ	PPXR	SHJZ	PPYL	DLTY	GZSC	PPYW	DYQG	HJQG	DQJZ
CSJZ	1.00	0.02	0.02	0.03	0.01	0.02	0.02	0.02	0.02	0.02
PPXR	0.70	1.00	0.03	0.03	0.02	0.02	0.03	0.02	0.02	0.02
SHJZ	0.39	0.55	1.00	0.04	0.02	0.03	0.03	0.03	0.03	0.03
PPYL	0.63	0.70	0.62	1.00	0.02	0.03	0.03	0.03	0.03	0.03
DLTY	0.23	0.15	0.32	0.29	1.00	0.02	0.02	0.02	0.02	0.02
GZSC	0.01	0.06	0.05	0.02	−0.03	1.00	0.03	0.02	0.02	0.02
PPYW	−0.16	−0.21	0.11	−0.07	0.33	0.04	1.00	0.02	0.03	0.03
DYQG	0.46	0.46	0.49	0.48	0.32	0.02	0.09	1.00	0.02	0.02
HJQG	0.38	0.38	0.36	0.40	0.10	0.16	−0.24	0.36	1.00	0.05
DQJZ	0.41	0.42	0.42	0.49	0.39	−0.12	0.06	0.46	0.27	1.00

表 3-95 潜在变量的相关系数、平均方差抽取量及各个潜在变量之间的共同方差

	CSJZ	PPXR	SHJZ	PPYL	DLTY	GZSC	PPYW	DYQG	HJQG	DQJZ
CSJZ	0.40	0.49	0.15	0.40	0.05	0.00	0.03	0.21	0.14	0.17
PPXR	0.70	0.56	0.30	0.49	0.02	0.00	0.04	0.21	0.14	0.18
SHJZ	0.39	0.55	0.58	0.38	0.10	0.00	0.012	0.24	0.13	0.18
PPYL	0.63	0.70	0.62	0.50	0.08	0.00	0.00	0.23	0.16	0.24
DLTY	0.23	0.15	0.32	0.29	0.38	0.00	0.11	0.10	0.01	0.15
GZSC	0.01	0.06	0.05	0.02	−0.03	0.59	0.00	0.00	0.03	0.014
PPYW	−0.16	−0.21	0.11	−0.07	0.33	0.04	0.64	0.01	0.06	0.00
DYQG	0.46	0.46	0.49	0.48	0.32	0.02	0.09	0.43	0.13	0.21
HJQG	0.38	0.38	0.36	0.40	0.10	0.16	−0.24	0.36	0.51	0.07
DQJZ	0.41	0.42	0.42	0.49	0.39	−0.12	0.06	0.46	0.27	0.45

注：表中因子按照顺序分别为品牌初始感知价值（CSJZ）、品牌信任（PPXR）、社会价值表达（SHJZ）、品牌依赖（PPYL）、品牌关系断裂归因（DLTY）、品牌关系断裂感知时长（GZSC）、品牌关系遗忘（PPYW）、地域情感联结（DYQG）、怀旧情感联结（HJQG）、品牌当前感知价值（DQJZ）。

3.2.3.3 测量模型的检验

该检验采用 LISREL8.54 中的稳健最大似然法进行估计，将通过验证性因子的数据代入测试方程，数据与模型的拟合指数如表 3-96 所示。其分析结果显示：研究假设的结构方程模型拟合得很好，主要的拟合指标为 $X^2/df=2.65$，GFI=0.88，AGFI=0.86，RMR=0.057，SRMR=0.046，RMSEA=0.046，

NFI=0.95，NNFI=0.96，CFI=0.97，IFI=0.97，PNFI=0.87，PGFI=0.77。

12个拟合指数中除了GFI和AGFI低于标准指标外（这两项指标受本次调研样本量较小的影响），其余各指标都达到了优度的标准，表明CFA模型与数据的拟合度良好。

表3-96 CFA模型的拟合指数

	绝对拟合指数							相对拟合指数			简约拟合指数	
	X^2/df	GFI	AGFI	RMR	SRMR	RMSEA	NFI	NNFI	CFI	IFI	PNFI	PGFI
标准值	<3	>0.90	>0.90	<0.08	<0.08	<0.08	>0.90	>0.90	>0.90	>0.90	>0.50	>0.50
实际值	2.65	0.88	0.86	0.057	0.046	0.046	0.95	0.96	0.97	0.97	0.87	0.77

3.2.3.4 休眠品牌的定义验证

Janssen（2006）的研究发现了一个奇怪现象，1000天左右（同100天内的一样）的新闻事件，平均起来几乎也不位移。他对此解释为，1000天左右可能是一个心理平衡点，在此前后的（心理）时间量差不多，所以不发生位移（既不向前也不向后）。休眠品牌是一种被抛弃或者自行消失的品牌，曾经消费过该品牌的消费者的品牌关系记忆会在3年以上进入品牌关系遗忘的转折点，进入心理能量的非活跃期。

根据以上对休眠品牌含义的界定，对休眠品牌时长感知与品牌关系遗忘的程度进行研究，以此得出休眠品牌进入品牌关系记忆位移的年限，进而验证休眠品牌的量化定义。

首先根据本研究的限定：休眠品牌是消费者停止与该品牌的交易行为达3年以上，针对休眠品牌的品牌关系发生断裂直到目前这段时间的消费者的感知时长与品牌关系的遗忘程度进行作图分析，以品牌关系断裂感知时长为自变量，品牌关系遗忘程度为因变量，通过线形图（见图3-44）分析得出品牌关系断裂的感知时长大概在3年时发生品牌关系遗忘程度的减弱和逆转，在3年以前随着消费者感知品牌关系断裂时长的长度的加大，品牌关系遗忘程度呈现逐渐明显的递增状态。因此，被抛弃或自行消失的品牌以品牌关系断裂（即消费者停止与该品牌的交易行为）达到大概3年以上为界定进入品牌关系遗忘程度的减弱或缓和阶段（品牌关系能量休眠阶段），与学者Janssen的研究发现——对新闻事件的记忆在1000天左右发生心理的改变基本一致。

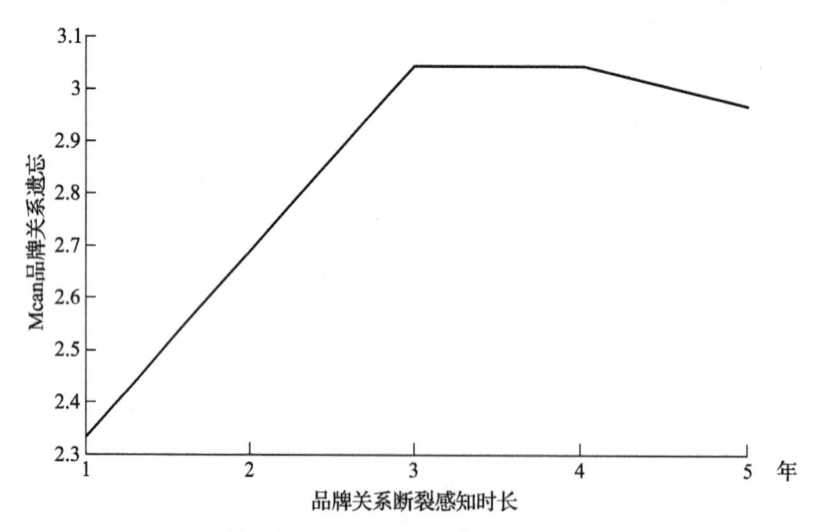

图3-44 品牌关系断裂感知时长与品牌关系遗忘关系图

3.2.3.5 本章小结

本章进行了深度访谈和专家论证，通过实证的方式探讨性地开发休眠品牌的品牌关系再续意愿的影响因素的量表，进行了信度和效度的严格检验，最后得到影响因素为：品牌初始感知价值、初始品牌关系质量（品牌信任、社会价值表达、品牌依赖）、品牌关系断裂归因、品牌关系记忆（品牌关系断裂感知时长、品牌关系遗忘）、品牌情感联结（品牌地域情感联结、品牌怀旧情感联结）、品牌当前感知价值。并且根据进一步对休眠品牌进入休眠期的时限界定的验证，对休眠品牌的内涵得出初步的、大概的界定。

3.2.4 休眠品牌的品牌关系再续意愿影响因素的理论模型和理论假设

3.2.4.1 理论模型

品牌关系再续意愿影响因素从驱动力量的不同分为消费者驱动型因素、品牌驱动型因素、企业驱动型因素、品牌与顾客关系驱动型因素、竞争对手驱动型因素。品牌关系断裂的责任、范围、程度、持续时间长短也决定着品牌关系能否再续，因为在品牌休眠时发生品牌关系完全断裂，所以在本书中品牌关系断裂的范围和程度对品牌关系再续的影响作用不予考虑，只考虑品牌关系断裂归因及关系断裂持续时长对品牌关系再续的影响。

根据上述初步调研得出的结论，影响休眠品牌的品牌关系再续意愿的因素有休眠品牌的初始感知价值、休眠品牌的初始品牌关系质量、休眠品牌的品牌关系断裂归因、休眠品牌的品牌关系记忆（品牌关系断裂感知时长、品牌关系遗忘）、休眠品牌的品牌情感联结（品牌地域情感联结、品牌怀旧情感联结）、休眠品牌的当前感知价值（以下品牌如无特殊说明，皆为休眠品牌）。根据消费者对休眠品牌历经品牌关系存续期、品牌关系断裂期、品牌关系休眠期，以及品牌关系再续期间出现的信息因素的顺序及信息因素的关系推导出各影响因素之间的逻辑关系：初始感知价值和初始品牌关系质量及品牌关系断裂归因属于原有信息，初始感知价值随着关系断裂时间的持续，部分转化为新增信息——品牌当前感知价值；在品牌关系断裂之后出现新增信息——品牌怀旧情感联结和品牌地域情感联结，而这部分新增信息源于原始信息——初始品牌关系质量和品牌关系断裂归因；品牌当前感知价值既是由原始信息因素——品牌初始感知价值转化而成，同时也包含了干扰信息因素——替代品，对新增信息中的品牌情感联结有着一定的干扰作用；随着品牌关系断裂时长的持续，干扰因素——品牌关系断裂持续时长导致的品牌关系记忆程度对新增信息因素——品牌情感联结起到一定的减弱、干扰作用。

因此，提出休眠品牌的品牌关系再续意愿影响因素的理论模型，如图 3-45 所示。

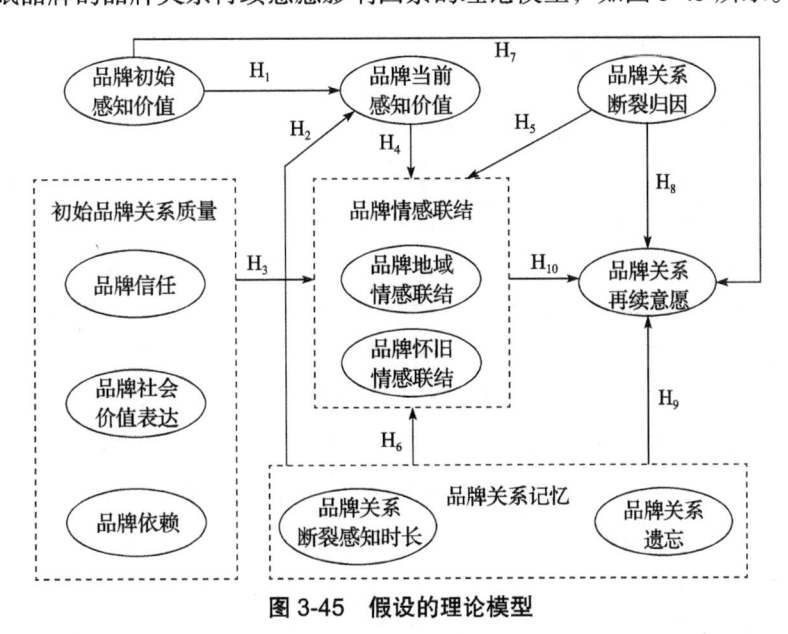

图 3-45 假设的理论模型

3.2.4.2 理论假设

（1）品牌初始感知价值与品牌当前感知价值的关系。

动态性特征是顾客价值研究的一个重要发现，许多文献中都提到顾客价值是随着时间的变化而变化的。牛永革和李蔚（2006）认为在一定时期内，品牌资产随着时间延续呈现衰弱的势态，称之为品牌资产衰减。Parasuraman（1997）提出顾客价值是一个动态概念，强调了随着时间变化评价标准本身及所占权重发生的变化。他建立了一个顾客价值变化监控模型，把顾客分为初次购买、短期、长期和流失4种类型，并提出随着关系的加深，顾客价值的评价标准会逐步全面化和抽象化，并侧重于结果层和目的层。Woodruff和Flint等（1997）研究了顾客价值的动态特征及顾客价值变化的"驱动因素"（Trigger Event）。Vantrappen（1992）认为，顾客从产品中所期望得到的价值不仅仅在顾客之间存在着差异，而且对于同一顾客在不同的时间也存在着差异，"每个顾客只反映了他的一个瞬间"。Day和Crask（2000）发现顾客价值可以在使用前、使用中和使用后分别进行评估，认为各个时间段的顾客价值会有所不同，暗示着顾客价值变化可能发生在这个过程中的任意一点。Slater和Narver（2000）提出，为了持续为买方创造好的价值，卖者需要了解买方的整个价值链，不仅要了解现在是什么样子，还要了解它随时间变化的演变情况。

休眠品牌随着时代的变迁，当年的初始感知价值会在不同的时间点上发生动态变化。品牌当前感知价值指的是休眠品牌和现时代的品牌从质量、技术、满足需要和形象契合度方面的比较，它不仅受替代品牌的价值影响，还受品牌关系断裂前的初始感知价值的影响，并以品牌初始感知价值形成基础。基于以上推理，提出如下假设。

假设H1 品牌初始感知价值对品牌当前感知价值有直接的正向影响。

（2）品牌关系记忆与品牌当前感知价值的关系。

一种品牌如果消失时间太长，技术手段的不断更新导致新品牌的功能也会越来越超过过去的品牌，替代品价值的近因效应会越来越强大，消费者的收入、社会地位的改变也会转变消费观，使得过去的品牌已经不再适应他的品位及消费需求，因此消失时间太长引起消费者的遗忘，会导致对休眠品牌当前感知价值评价的降低。由此，得出以下假设。

假设H2a：品牌关系断裂感知时长对品牌当前感知价值有直接的负向影响。

假设H2b：品牌关系遗忘对品牌当前感知价值有直接的负向影响。

（3）品牌关系质量与品牌地域或怀旧情感的关系。

品牌关系质量（Brand Relationship Quality，BRQ）是从社会心理学的顾客关系视角出发来衡量品牌强度及评价品牌资产（Ambler，1997）。周志民（2005）从两个角度对西方品牌关系评价方法进行了分类：价值法与指标法。价值法包括顾客关系盈利能力模型、客户价值评价体系、顾客终身价值（CLV）。指标法包括品牌关系双因素论、品牌关系质量、品牌关系八指标论、顾客资产三维模型、品牌关系评分、顾客关系指数、品牌关系二维论、客户承诺。其中，Fournier（1994）把品牌关系质量定义为一种基于顾客的品牌资产测量，它反映消费者与品牌之间持续联结的强度和发展能力。他认为品牌关系质量高，则品牌与消费者的联结程度也会高。而休眠品牌与消费者的联结是一种情感联结。基于以上推理，提出如下假设。

假设H3a：初始品牌关系质量中品牌信任对品牌地域情感联结有直接的正向影响。

假设H3b：初始品牌关系质量中品牌信任对品牌怀旧情感联结有直接的正向影响。

假设H3c：初始品牌关系质量中品牌社会价值表达对品牌地域情感联结有直接的正向影响。

假设H3d：初始品牌关系质量中品牌社会价值表达对品牌怀旧情感联结有直接的正向影响。

假设H3e：初始品牌关系质量中品牌依赖对品牌地域情感联结有直接的正向影响。

假设H3f：初始品牌关系质量中品牌依赖对品牌怀旧情感联结有直接的正向影响。

（4）品牌当前感知价值与品牌情感联结的关系。

休眠品牌是一种消失三年以上的品牌，这一特性决定了品牌关系再续时，消费者不但要考虑品牌关系断裂前的初始价值，而且会受现实因素的影响，比如新的替代品牌的价值。同时，初始感知价值也会随着技术手段的进步、消费者的消费特性的变化而变化。那么，消费者受此因素的影响就会减弱或加强对休眠品牌的情感联结。由此提出以下假设。

假设 H4：品牌当前感知价值对品牌情感联结有直接的正向影响。

（5）品牌关系断裂归因与品牌情感联结的关系。

心理学中将"归因"界定为一种过程，是指个体根据行为或事件的结果，通过知觉、思维、推断等内部信息加工过程，从而确认造成该结果原因的认知过程。Weiner（1986）认为，可以根据原因潜在的性质，从归属性、控制性和稳定性这三个纬度来解释个人对原因的推断。Folkes（1984）从"归属性""稳定性"和"可控性"三个方面研究顾客对餐饮产品缺陷的归因如何影响顾客的反应。就服务接触而言，当顾客认为服务失误的原因在于企业时，他们的不满意感会更强烈。Bitner（1990）的实证研究结果表明，将服务失误归因于企业可控因素，相比归因于企业不可控因素，顾客的不满意感会更强。而且，如果顾客认为服务失误具有稳定性，他们会更不满意。在休眠品牌关系断裂时消费者把原因归为企业自因或者不可抗拒的外因会引起顾客对品牌的态度和行为的不同。基于以上推理，提出如下假设。

假设 H5a：品牌关系断裂归因于自因对品牌情感联结有直接的反向影响。

假设 H5b：品牌关系断裂归因于他因对品牌情感联结有直接的正向影响。

（6）品牌关系记忆与品牌情感联结的关系。

休眠品牌的品牌关系能量如果消失或减弱到消费者无法记起任何品牌关系的记忆，那么休眠品牌的情感联结就会减弱，甚至不复存在。因此，得出以下假设：

假设 H6a：品牌关系断裂感知时长对品牌地域情感联结有直接的反向关系。

假设 H6b：品牌关系断裂感知时长对品牌怀旧情感联结有直接的反向关系。

假设 H6c：品牌关系记忆的强度对品牌地域情感联结有直接的正向关系。

假设 H6d：品牌关系记忆的强度对品牌怀旧情感联结有直接的正向关系。

（7）品牌初始感知价值与品牌关系再续意愿的关系。

Zeithaml（1988）从消费者心理的角度，提出消费者感知价值理论。他通过大量的实证研究指出，消费者对产品或服务的感知利得较高时，对于价值的感受也就随之提高，而高的感知价值则会提高消费者对产品的购买行为。消费者对感知价值高，会提高消费者购买意愿（Dodds 和 Monroe，1985；Monroe 和 Chapman，1987），Chang 和 Wildt（1994）通过实证研究证明，感知质量和感知价格的衡量导致对价值的感知，感知价值是影响购买意愿的主要因素。对于休眠品牌的品牌关系能否再续，消失前的初始感知价值的高低是一个关键因素。因此，提出以下假设。

假设 H7：品牌初始感知价值对品牌关系再续意愿有直接的正向影响。

（8）品牌关系断裂归因与品牌关系再续意愿的关系。

品牌关系断裂的原因会对品牌关系的再续产生明显的影响。关于此项研究大多数学者从服务失败的角度进行顾客流失原因探讨和实证研究较多，比如 Tokman 等（2007）学者实证探索了服务领域影响企业重获顾客的因素。从消费者心理的角度研究的文献较少，个别实证有：Perrin-Martinenq（2004）提出品牌隔离（Brand Detachment）是一些品牌关系的恶化过程中的态度因素，是由于现存的品牌关系的感情纽带的减弱或破裂导致的一种和有关品牌保持距离的心理状态。他认为品牌隔离负向影响品牌考虑与消费者重复购买意愿。Zweig 和 Aggarwal（2005）认为违背消费者心理契约将会导致消费者终止品牌关系。消费者对休眠的致因会根据自身对责任归属的理解做出不同的态度和行为，因此会对品牌关系再续意愿产生一定的影响。由此，提出以下假设。

假设 H8a：品牌关系断裂归因于自因对品牌关系再续意愿有直接的反向影响。

假设 H8b：品牌关系断裂归因于他因对品牌关系再续意愿有直接的正向影响。

(9) 品牌关系记忆与品牌关系再续意愿的关系。

Ganesh、Arnold 和 Reynolds (2000) 认为随着客户离开原来企业时间的推移，客户更容易接受新企业提供的产品。也就是说客户流失的时间越长，越容易开始接受新企业提供的服务和新的交易。Griffin (2001) 证明了流失时间越长，企业越难以赢回客户，并且以美国的报纸征订行业为实证对象做出了证明。上面学者研究的结论都证实了流失时间的长短与赢回概率间存在着一定的相关关系，根据结论推断在休眠品牌也存在这样的现象，即客户流失时间越长越难赢回。但是，由于消费者对品牌关系断裂的客观时间长短的感知带有主观色彩，所以在度量时采用品牌关系断裂感知时长。由此，推出如下假设。

H9a：品牌关系断裂感知时长对品牌关系再续意愿有直接的反向作用。

一种休眠的品牌关系能量能否被唤醒，关于这个品牌过去的品牌关系的记忆起到很大的作用。如果品牌关系记忆丧失太多，或者过去品牌关系记忆本身不够深刻，那么对于休眠品牌的品牌关系再续意愿的强弱就有很大影响。由此，推出如下假设。

H9b：品牌关系遗忘的强度与品牌关系再续意愿成反比例关系。

(10) 品牌情感联结对品牌关系再续意愿的关系。

休眠品牌的品牌情感联结是消费者对过去的品牌消失一段时间后而引发的对品牌本身、时间、空间上产生的一种特殊的情感，也就是怀旧和地域情感。地域情感包括产地和民族情怀。在对原产国的研究过程中，一些学者注意到民族主义 (Nationalism) 对消费者的购买行为产生影响。例如，Al-Sulaiti 和 Baker (1998) 通过对与原产国相关的 119 篇文献的回顾，发现消费者依据产品/服务和原产国得出的感知有显著的差异，在消费者购买产品/服务时，原产国可能是一个重要因素，尤其是当可利用的信息较少时。王海忠 (2003) 认为民族主义情感影响购买者对产品的看法、态度、购买意向和购买行为。由此，推出如下假设。

假设 H10a：品牌地域情感联结对品牌关系再续意愿有直接的正向影响。

Fournier (1994) 在品牌关系质量的博士论文研究中，得到怀旧联结的构面。Holbrook 和 Schindler (1991) 把怀旧定义为：一个人年轻的时候（在成年期早期、青少年期、幼年时期甚至出生之前），对经常出现的事物（人、地方或者事件）的一种偏好（喜欢、积极的态度或者美好的情感）。消费者往往对那些能够引起对过去经历回忆的东西有着强烈的感情，进而激发出强烈的购买倾向 (Holbrook 和 Schindler，2003)。由此，提出如下假设。

假设 H10b：品牌怀旧情感联结对品牌关系再续意愿有直接的正向影响。

本书提出的 23 个研究假设可以由该模型中的 23 个因果关系来表示。假设 H1 可以由 γ_1 来表示；假设 H2a 可以由 γ_{21} 来表示，假设 H2b 可以由 γ_{22} 来表示；假设 H3a 可以由 γ_{31} 来表示，假设 H3b 可以由 γ_{32} 来表示，假设 H3c 可以由 γ_{33} 来表示，假设 H3d 可以由 γ_{34} 来表示，假设 H3e 可以由 γ_{35} 来表示，假设 H3f 可以由 γ_{36} 来表示；假设 H4a 可以由 β_{41} 来表示，假设 H4b 可以由 β_{42} 来表示；假设 H5a 可以由 γ_{51} 来表示，假设 H5b 可以由 γ_{52} 来表示；假设 H6a 可以由 γ_{61} 来表示，假设 H6b 可以由 γ_{62} 来表示，假设 H6c 可以由 γ_{63} 来表示，假设 H6d 可以由 γ_{64} 来表示；假设 H7 可以由 γ_{71} 来表示；假设 H8a 可以由 γ_{81} 来表示，假设 H8b 可以由 γ_{82} 来表示；假设 H9a 可以由 γ_{91} 来表示，假设 H9b 可以由 γ_{92} 来表示；假设 H10a 可以由 β_{101} 来表示，假设 H10b 可以由 β_{102} 来表示。

3.2.5　休眠品牌的品牌关系再续意愿影响因素的理论模型检验与验证

3.2.5.1　数据收集及样本分布情况

(1) 品牌关系再续意愿量表设计。

在结构方程的检验与验证阶段，将第一阶段量表开发阶段开发和经过验证的量表，加入"休眠品牌的品牌关系再续意愿",参照 Grewal、Monroe 和 Krishnan（1998）的购买意愿量表和 Lee（2000）的测量推荐意愿的量表予以翻译而成，并根据顾客购买意愿量表设置题项如表 3-97 所示。

表 3-97 品牌关系再续意愿量表调查题项

问卷设计题项	对应的参考文献题项	参考文献来源
1. 重新推出这个品牌，我会考虑购买它	推出这个品牌，我会考虑购买它	Grewal、Monroe 和 Krishnan（1998）; Lee（2000）
2. 重新推出这个品牌，我会推荐别人购买它	推出这个品牌，我会推荐别人购买它	
3. 重新推出这个品牌，我会鼓励朋友、家人购买它	推出这个品牌，我会鼓励朋友、家人购买它	

（2）统计变量分布情况。

在正式调查阶段共发放问卷 1394 份，其中有效问卷 1161 份，问卷废弃率为 16%。第一阶段甄别调查对象废弃问卷 156 份，第二阶段废弃雷同问卷和部分缺失题项问卷 77 份。

具体分布情况为男性样本占 42%、487 人，女性样本占 58%、674 人；年龄在 20 岁以下占 17%、200 人，20～29 岁占 20%、240 人，30～39 岁占 33%、384 人，40～49 岁占 23%、264 人，50～60 岁占 5%、53 人、60 岁以上占 2%、20 人；学历分布为初中学历以下占 10%、116 人，高中学历占 15%、174 人，大学学历 50%、581 人，研究生学历占 25%、290 人；月收入在 1000 元以下占 5%、58 人，1000～1999 元占 30%、348 人，2000～2999 元占 40%、465 人，3000～4000 元占 20%、232 人，4000 元以上占 5%、58 人。调查样本在秦皇岛、石家庄、重庆、郑州的样本数分别为 302 人、325 人、255 人、279 人。样本在城市间分布比较均匀，但是在收集样本过程中受品牌关系再续对象的限定，导致部分样本数据的采集面临困难，因此样本的所有分布并不是很均匀。具体情况如表 3-98 所示。

表 3-98 问卷调查基本情况

统计特征		比例/%	人数/人	统计特征		比例/%	人数/人	统计特征		比例/%	人数/人
年龄	20 岁以下	17	200	学历	初中以下	10	116	月收入	1000 元以下	5	58
	20～29 岁	20	240		高中	15	174		1000～1999 元	30	348
	30～39 岁	33	384		大学	50	581		2000～2999 元	40	465
	40～49 岁	23	264		研究生	25	290		3000～4000 元	20	232
	50～60 岁	5	53	性别	男	42	487		4000 元以上	5	58
	60 岁以上	2	20		女	58	674				
城市	秦皇岛	26	302		—	—	—		—	—	—
	石家庄	28	325		—	—	—		—	—	—
	重庆	22	255		—	—	—		—	—	—
	郑州	24	279		—	—	—		—	—	—

3.2.5.2 测量模型检验

（1）数据检验。

① 方程验证前的数据检验。

数据在进入方程验证前，应该进行一些初步的检验，首先进行数据的违规估计检查。所谓违规估计是指模型统计所输出的估计系数，超出了可接受的范围，也就是模型获得不适当的解的情况。根据 Hair、Rolph、Ronald 和 William（1998）的定义，提出的违规估计项目如下。

误差方差（负）是否存在。由误差方差表得知，模型中误差方差的测量误差值从 0.24～1.05，并无负数的误差方差存在。

标准化系数超过或非常接近 1（以 0.95 为门槛）。从标准化系数表得知，模型中标准化系数值为 0.52～

0.88，皆未超过0.95，表示此模型并未有违规估计的现象，因此可以进行整体模型拟合度的检验。

正态性检验及多重共线性检查。在使用结构方程的模型时，前提假设是数据符合正态分布，因此要进行观察变量的正态性检验。Hoyle 和 Panter（1995）建议在撰写报告时，应该说明变量的正态性、多变量正态性及峰度的数据。如果数据符合正态分布，偏度系数与峰度系数均要接近于零。Kline（1998）对于偏度系数和峰度系数提出这样的看法：如果偏度系数 >3，峰度系数 >8，即需要研究者注意；如果峰度系数 >20，即需要密切注意。

出于严谨性的考虑，对研究数据的单变量正态性和多变量正态性进行检验。本书的偏度系数在 –1.009 ~ 0.753，峰度系数在 –1.287 ~ 0.915，表明数据符合正态分布，因此可以进行结构方程模型的理论模型的检验与验证。

结构方程模型分析中涉及变量较多，同时某些变量之间的相关系数很高，使得多重共线性（Multicollineanality）的情况比较普遍。多重共线性可能会造成数学估计程序的非正定问题，或者迭代无法收敛（Kline，1998）。在相关系数矩阵中（见表3-98），所有潜变量的相关系数没有大于0.80的，最大的相关系数为0.70。而且在前一部分的验证性因素分析中，各个测量模型中的每一项任务，其复合 R^2 也没有大于0.80的。由此表明，这些数据在测量水平上不存在复合共线性（Mutlicollineartiy）问题（Kline，1998）。

（2）验证性因子分析。

为了确保模型拟合度评价和假设检验的有效性，通过验证性因子对测量模型的数据进行分析，首先进行数据的信度检验、效度检验。

① 信度检验。

利用验证性因子分析对信度检验，主要通过各个潜变量因子载荷来表示。本研究的因子载荷如图3-46所示。在验证性因子分析中，因子（潜变量）没有外源与内生之分。圆或椭圆表示潜变量，图中有11个潜变量，分别是品牌初始感知价值（代码：CSJZ）、品牌信任（代码：PPXR）、社会价值表达（代码：SHJZ）、品牌依赖（代码：PPYL）、品牌关系断裂归因于他因（代码：DLTY）、品牌关系断裂感知时长（代码：GZSC）、品牌关系遗忘（代码：PPYW）、品牌地域情感联结（代码：DYQG）、品牌怀旧情感联结（代码：HJQG）、品牌当前感知价值（代码：DQJZ）、品牌关系再续意愿（代码：ZXYY）；正方形或长方形表示观测变量或指标，图中有50个指标；双向弧形箭头表示相关关系，在图中可以看到11个潜变量之间有66个相关关系，弧线上的数据表示相关系数；单向箭头指向指标表示测量误差，如X91指标的误差方差是0.70，比其他指标的误差方差都大，说明用X91测量的误差比较大；圆形和长方形之间箭头上的数据是指因子负荷。所有的因子载荷都大于0.45，P值达到显著。

② 效度检验。

验证性因子分析检验量表的效度主要是检验量表的收敛效度和区分效度。采用观测变量因子负荷达到显著水平，且以其值必须大于0.45的标准来检验收敛水平，本研究的数据经CFA验证性因子分析得出所有的观测变量的载荷均大于0.45；区分效度采用两种判别方法：如果两个潜变量之间的相关系数加减标准误的两倍不包含1，表明数据有较高的区分效度（James 和 Gerbing，1988）；潜在变量的共同方差应该小于0.5，且某一潜在变量与其他潜在变量的共同方差应该小于两个潜在变量的平均方差抽取量的平均值（Fornell 和 Larcker，1981）。

由表3-99潜在变量的相关系数和标准误和表3-100潜在变量的相关系数、平均方差抽取量及各个潜在变量之间的共同方差中的计算结果可知，潜在变量之间的相关系数加减标准误的两倍不包含1；潜在变量的共同方差除一处等于0.5之外其他均小于0.5，而且全部小于两个潜在变量的平均方差抽取量的平均值。因此，说明数据的区分效度较好。

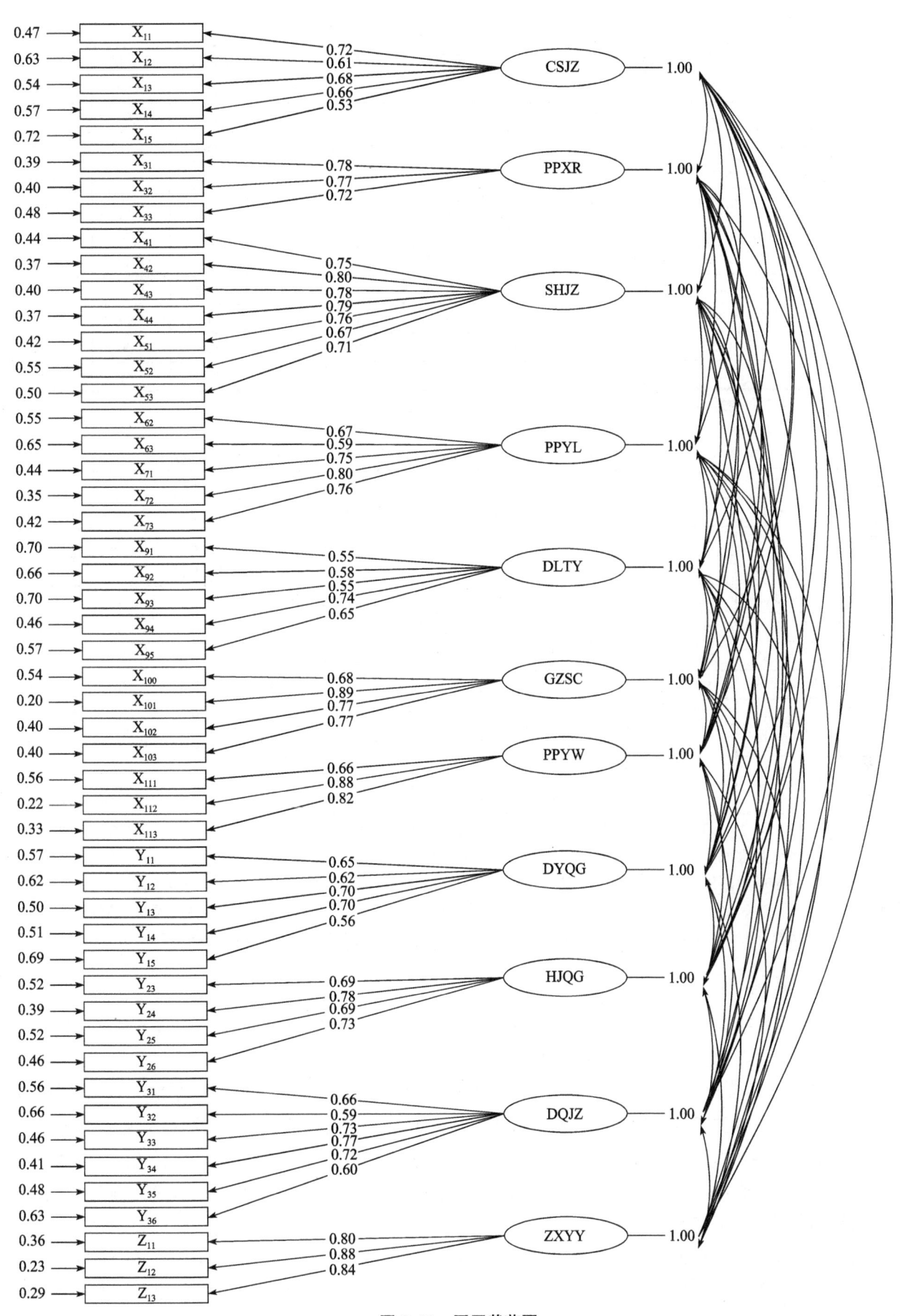

图 3-46　因子载荷图

表 3-99　潜在变量的相关系数和标准误

潜在变量	CSJZ	PPXR	SHJZ	PPYL	DLTY	GZSC	GXYW	DYQG	HJQG	DQJZ	ZXYY
CSJZ	1.00	0.02	0.02	0.02	0.01	0.02	0.02	0.02	0.02	0.02	0.02
PPXR	0.70	1.00	0.02	0.03	0.01	0.02	0.02	0.02	0.02	0.02	0.02
SHJZ	0.40	0.56	1.00	0.03	0.02	0.02	0.03	0.02	0.02	0.03	0.02
PPYL	0.62	0.71	0.66	1.00	0.02	0.02	0.02	0.02	0.02	0.03	0.03
DLTY	0.19	0.14	0.31	0.29	1.00	0.01	0.02	0.01	0.01	0.02	0.02
GZSC	0.05	0.09	0.05	0.03	0.01	1.00	0.02	0.02	0.02	0.02	0.02
PPYW	−0.15	−0.20	0.11	−0.05	0.33	0.03	1.00	0.02	0.02	0.02	0.02
DYQG	0.46	0.49	0.54	0.52	0.33	0.04	0.10	1.00	0.02	0.02	0.02
HJQG	0.36	0.38	0.34	0.39	0.13	0.18	−0.25	0.34	1.00	0.02	0.02
DQJZ	0.40	0.43	0.43	0.52	0.40	−0.10	0.07	0.48	0.28	1.00	0.03
ZXYY	0.36	0.40	0.25	0.46	0.24	−0.09	−0.09	0.36	0.31	0.69	1.00

注：表 3-99 中对角线以下为相关系数矩阵，对角线以上为标准误。

表 3-100　潜在变量的相关系数、平均方差抽取量及各个潜在变量之间的共同方差

潜在变量	CSJZ	PPXR	SHJZ	PPYL	DLTY	GZSC	PPYW	DYQG	HJQG	DQJZ	ZXYY
CSJZ	0.41	0.49	0.16	0.38	0.04	0.00	0.02	0.21	0.13	0.16	0.13
PPXR	0.70	0.58	0.31	0.50	0.02	0.01	0.04	0.24	0.14	0.18	0.16
SHJZ	0.40	0.56	0.564	0.44	0.10	0.00	0.01	0.29	0.12	0.18	0.06
PPYL	0.62	0.71	0.66	0.518	0.08	0.00	0.00	0.27	0.15	0.27	0.21
DLTY	0.19	0.14	0.31	0.29	0.382	0.00	0.12	0.12	0.02	0.16	0.06
GZSC	0.05	0.09	0.05	0.03	0.01	0.615	0.00	0.00	0.03	0.01	0.01
PPYW	−0.15	−0.20	0.11	−0.05	0.33	0.03	0.63	0.01	0.06	0.00	0.01
DYQG	0.46	0.49	0.54	0.52	0.33	0.04	0.10	0.422	0.12	0.23	0.13
HJQG	0.36	0.38	0.34	0.39	0.13	0.18	−0.25	0.34	0.528	0.08	0.10
DQJZ	0.40	0.43	0.43	0.52	0.40	−0.10	0.07	0.48	0.28	0.467	0.48
ZXYY	0.36	0.40	0.25	0.46	0.24	−0.09	−0.09	0.36	0.31	0.69	0.707

注：1. 表 3-100 中对角线下方为相关系数矩阵，对角线数字为各个潜在变量的平均方差抽取量，对角线上方为各个潜变量与其他潜变量的共同方差。

2. 表 3-100 中因子按照顺序分别为品牌初始感知价值（CSJZ）、品牌信任（PPXR）、社会价值表达（SHJZ）、品牌依赖（PPYL）、品牌关系断裂归因（DLTY）、品牌关系断裂感知时长（GZSC）、品牌关系遗忘（PPYW）、品牌地域情感联结（DYQG）、品牌怀旧情感联结（HJQG）、品牌当前感知价值（DQJZ）、品牌关系再续意愿（ZXYY）。

（3）测量模型。

McDonald 和 Ho（2002）建议必须将测量模型与结构模型的模型拟合度分开列举说明与评价，因此，本研究单独列举测量模型的拟合度，拟合指数的具体情况如表 3-101 所示。

本研究的调查样本为 1161 个，符合 SEM 分析所需的样本数要求。一般而言，SEM 分析所需样本数的要求为：样本数减去模式中所欲估计的参数数目须大于 50，而且一般认为样本数最少应在 100～200 之间才适合使用最大似然估计法（MLE）来估计结构模式（黄俊英，2002）。Ding、Velicer 和 Harlow（1995）认为，当样本数太大（如超过 400～500 个）时，MLE 会变得过度敏感，容易使所有的配合度指标检验都出现配合不好的结果。

研究结果显示主要的拟合指标为：$X^2/df=2.97$，GFI=0.91，AGFI=0.90，SRMR=0.045，RMSEA=0.044，NFI=0.96，NNFI=0.97，CFI=0.97，IFI=0.97，PNFI=0.88，PGFI=0.78。11 个拟合指数都高于标准指标，达到了优的标准，表明 CFA 模型与数据的拟合度良好。

表 3-101　CFA 模型的拟合指数

指标	绝对拟合指数					相对拟合指数			简约拟合指数	
	X^2/df	GFI	AGFI	SRMR	RMSEA	NFI	NNFI	CFI	IFI	PNFI	PGFI
标准值	<3	>0.90	>0.90	<0.08	<0.08	>0.90	>0.90	>0.90	>0.90	>0.50	>0.50
实际值	2.97	0.91	0.90	0.045	0.044	0.96	0.97	0.97	0.97	0.88	0.78

（4）二阶验证性因子分析。

本书在因子分析中存在高阶因子需要验证：品牌关系记忆分为品牌关系断裂感知时长和品牌关系遗忘两个维度；品牌情感联结分为品牌地域情感联结和品牌怀旧情感联结两个维度；初始品牌关系质量分为品牌信任、社会价值表达和品牌依赖 3 个维度。但是，如果模型中每个二阶因子只基于 2 个一阶因子，程序运行往往出问题（如解答不正定），所以每个二阶因子通常基于 3 个、4 个或更多个的一阶因子（侯杰泰，2004）。因此，本书只对初始品牌关系质量进行二阶验证性因子分析。

根据以下参数估计结果显示（见表 3-102），初始品牌关系质量可以解释品牌信任、社会价值表达和品牌依赖的变异量分别为：0.60、0.53、0.83，对这 3 个因子变异量的解释都超过了 50%，可以将 3 个因子合并成为初始品牌关系质量。同时，显示出高阶因素（初始品牌关系质量）对于品牌依赖的解释力较强，对于品牌社会价值表达的解释力最弱。高阶因素的因素载荷，也可以反映高阶因素对于初阶因素的解释力。在高阶验证因子的因素载荷图 3-47 中，高阶因素（初始品牌关系质量）对于品牌依赖的影响力最大（$\lambda=0.91$），其次是对于品牌信任的影响力（$\lambda=0.77$），最后是对于品牌社会价值表达的影响力（$\lambda=0.73$）。

表 3-102　初始品牌关系质量对于低阶因素的解释力

低阶因素名称	品牌依赖	社会价值表达	品牌依赖
解释力	0.60	0.53	0.83

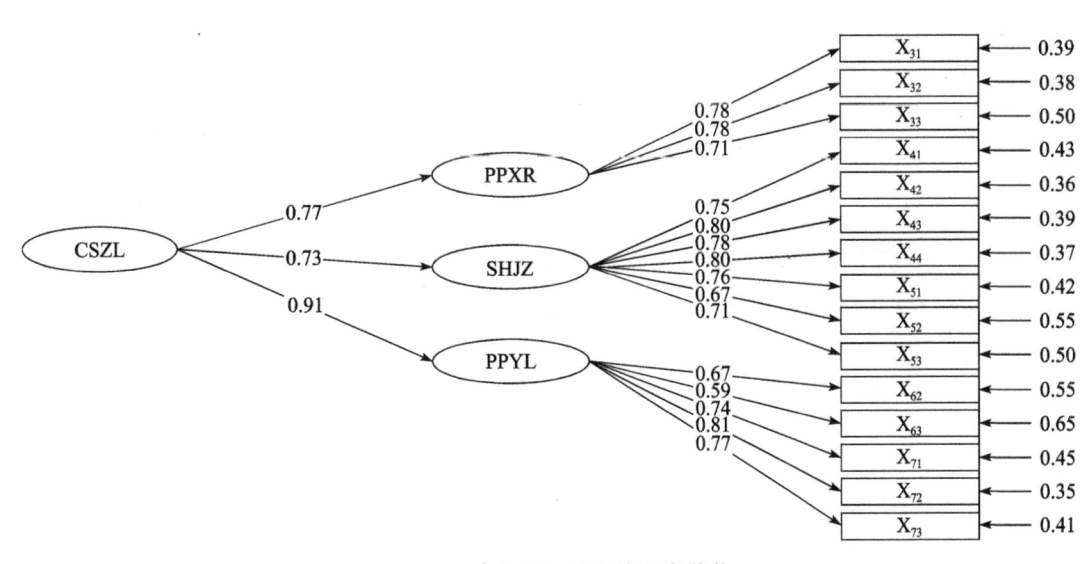

图 3-47　高阶验证因子的因素载荷

注：初始品牌关系质量（CSZL）、品牌信任（PPXR）、社会价值表达（SHJZ）、品牌依赖（PPYL）。

3.2.5.3　探索性结构方程模型的分析和修正

Cudeck（1989）建议，SEM 分析最好使用协方差矩阵，而非相关系数矩阵。在确认了测量模型的信度和效度后，将潜变量及其测项代入假设的理论模型。为了保证研究结果的准确性，本书决定采用原始数据的协方差矩阵，使用 Lisrel8.54 软件编写模型程序，对所有的影响路径进行探索性研究。为了避免模型探索的滥用和探索中的偶然行为，探索模型研究必须满足以下两个要求。

（1）理论模型必须仔细设定。

（2）模型的修正不能完全从数据出发，修正必须要有实际的理论意义。

探索性研究结果表明：品牌关系断裂感知时长对品牌地域情感联结影响不显著。因此，需要对结构模型进行修正，去掉以上一条路径，并对以上假设进行修正，删除假设 H6a，即品牌关系断裂感知时长对品牌地域情感联结影响有直接的正向影响。修正后的结构模型及模型路径系数如图 3-48 所示。

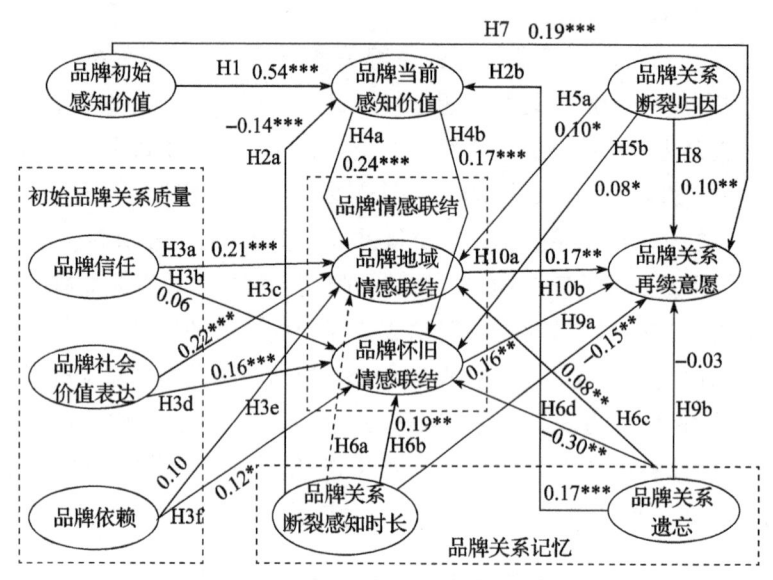

图 3-48　修正模型及模型路径系数

注：1. t 值大于 1.96，*p<0.05；t 值大于 2.58，**p<0.01；t 值大于 3.29，***p<0.001。
　　2. 虚线代表不存在的路径。

3.2.5.4　竞争模型的分析

本书为了说明提出的模型具有理论意义，不仅要检验结构方程模型的各项指标，而且要把本书理论模型与其他理论模型进行比较研究，从而本书提出 2 个竞争模型与理论假设模型进行比较。竞争模型 1 是直接效果模型，即把休眠品牌的品牌关系再续意愿的影响因素看作是彼此独立的自变量，不设置中间变量，以品牌关系再续意愿为唯一的因变量，如图 3-49 所示；竞争模型 2 是全部中介模型，即除了品牌情感联结和品牌当前感知价值外的其他自变量都以前者为中介变量，如图 3-50 所示。利用 LISREL8.54 对 3 个模型分别进行结构方程模型分析，模型拟合指数比较分析结果如表 3-103 所示。

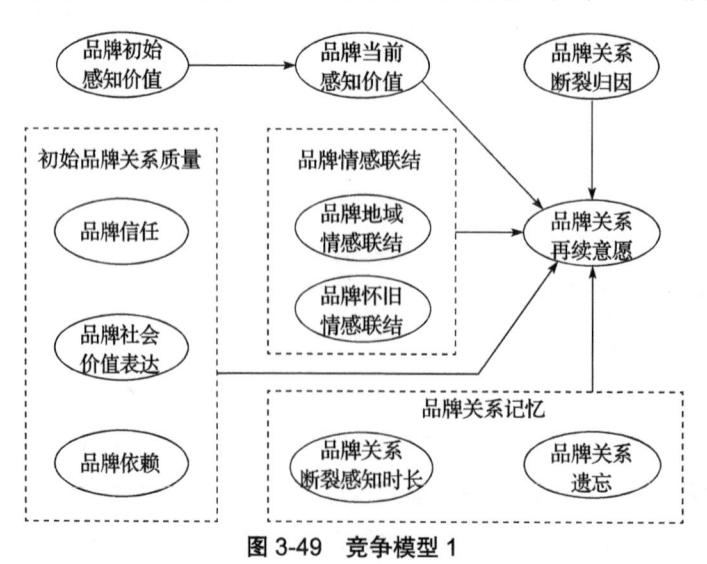

图 3-49　竞争模型 1

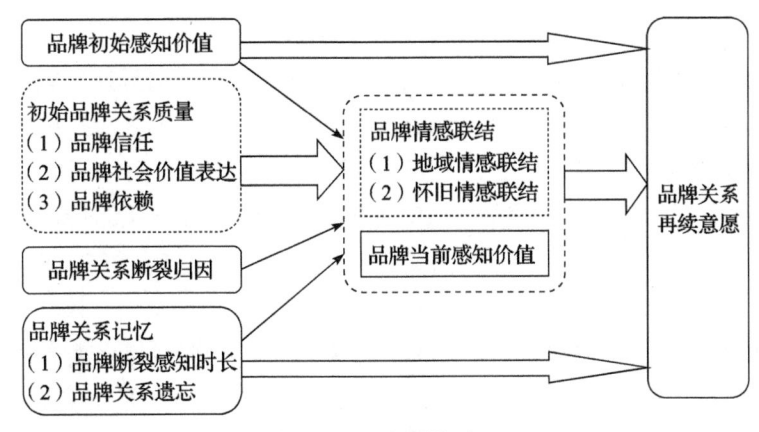

图 3-50 竞争模型 2

本研究理论模型的 GFI=0.91，AGFI=0.90 明显高于竞争模型 1 的 GFI=0.88，AGFI=0.86 和竞争模型 2 的 GFI=0.88，AGFI=0.86。从模型拟合参数比较表 3-103 的分析来看，理论假设模型在各项拟合指标上除 RMR 优于其他指标外均等同于两个竞争模型，理论模型的卡方值与自由度之比 $\chi^2/df=3.38$ 优于竞争模型 1 的 $\chi^2/df=3.59$ 和竞争模型 2 的 $\chi^2/df=3.40$。说明本书的理论模型与数据的拟合情况较好，本书的理论模型明显地优于两个竞争模型。因此，本书的理论模型与两个竞争模型相比，是更加合理的理论模型。

表 3-103 模型拟合参数比较

指标	本书理论模型	竞争模型 1	竞争模型 2
χ^2	3785.6	4058.5	3831.8
df	1120	1129	1127
χ^2/df	3.39	3.59	3.40
GFI	0.91	0.88	0.88
AGFI	0.90	0.86	0.86
NFI	0.95	0.95	0.95
CFI	0.96	0.96	0.96
RMSEA	0.048	0.048	0.048
RMR	0.072	0.074	0.072

3.2.5.5 修正后的结构方程模型的分析与评价

（1）模型整体拟合度评价。

对修正后的假设模型进行拟合指数的检验，各种拟合指数的解释如下。

①χ^2 卡方检验。

一般情况下，常用的估计方法得到 χ^2 渐进服从卡方分布。给定显著水平，如果 χ^2 值大于对应的临界值，表示 E 和 S 差异过大，模型和数据拟合不好。反之，如果 χ^2 值小于临界值，表明模型与数据拟合较好。但 χ^2 值的大小与样本容量 N 有关，容易受 N 的波动而波动。因此，在模型比较中，许多学者提出 χ^2/df 更有参考价值。关于 χ^2/df 值在多大的范围内模型和数据是拟合比较好的问题，存在较大争议。美国社会统计学家 Carmines 和 McIver（1981）认为，χ^2/df 值在 2.0~3.0 时，模型和数据的拟合程度是可以接受的。侯杰泰（2004）认为，当 χ^2/df 值在 2.0~5.0 时，可以接受模型。

② GFI 指数（Goodness-of-fit Index）与 AGFI 指数（Adjusted GFI）。

GFI 指数即拟合指数（Goodness-of-fit Index）的缩写，类似于回归分析当中的可解释变异量（R^2）（Tanaka 和 Huba，1989），表示模型可以解释观察数据的方差与协方差的比例。GFI 的值越接近于 1，分子、分母越接近，表示模型拟合度越高。AGFI 则类似于回归分析中的调整后可解释变异量。两者均具有标准化的特性，数值介于 0 和 1 之间；数值越大（越接近 1）表示拟合越佳；越接近于 0，表示拟合越差。一个能够拟合观察数据的 SEM 模型，一般需要大于 0.9 才可以视为具有理想的拟合度。

③ SRMR 指数（Standardized Root Mean Square Residual）与 RMR 指数（Root Mean Square Residual）。

RMR 指数是非标准化残差指数的缩写，是假设模型与观察数据之间差距的原始量数，也就是参数估计无法反映实际观察数据的变异量。因为 RMR 指数的数值没有标准化的特性，较难解释，因此学者们都采用 SRMR 指数，一般当数值低于 0.08 时，表示模型拟合度佳（Hu 和 Bentler，1999）。

④ RMSEA 指数（Root Mean Square Error of Approximation）。

RMSEA 指数是平均概似平方误根系数的缩写，用来比较理论模型与完美模型的饱和模型的差距程度。McDonald 与 Ho（2002）建议以 0.05 为良好拟合的门槛，以 0.08 为可接受的模型拟合门槛。

⑤ NFI 指数（Normed Fit Index）与 NNFI 指数（Non-normed Fit Index）。

NFI 指数是正规拟合指数的缩写，NNFI 指数是非正规拟合指数的缩写。这两种指数是利用嵌套模型的比较原理所计算出来的一种相对性指数，反映了假设模型与观察变量没有任何共变假设的独立模型的差异程度。

⑥ CFI 指数（Comparatie Fit Index）。

CFI 指数是 Comparatie Fit Index 的缩写，此指数反映了假设模型与无任何共变关系的独立模型差异程度的量数，也考虑到被检验模型与中央卡方分布的离散性。一般以 0.95 为通用的门槛，同时在小样本的 SEM 分析中，用来评估模型拟合度十分稳定（Bentler，1995）。

⑦ IFI 指数（Incremental Fit Index）。

IFI 指数是增量拟合指数的缩写，用来处理 NNFI 波动的问题及样本大小对于 NFI 指数的影响。一般情况下，IFI、NFI 与 NNFI 值都会介于 0 与 1 之间，数值越大拟合度越佳，同时系数值达到 0.9 以上才可以视为具有理想的拟合度（Hu 和 Bentler，1999）。

⑧ PGFI 指数（Parismony Goodness-of-fit Index）。

PGFI 指数是 GFI 的另一种变形。它考虑到了模型当中估计参数的多寡，可以用来反映 SEM 假设模型的简效程度（Degree of Parsimony）。其值越接近 1，显示模型越简单。Mulaik 等（1989）指出，一个良好的模型，PGFI 指数在 0.5 以上都是可以的。

本书的分析结果（见表 3-104）显示，研究假设的结构方程模型拟合得很好。主要的拟合指标为

$\chi^2/df=3.39$，GFI=0.91，AGFI=0.90，SRMR=0.060，RMSEA=0.048，NFI=0.95，NNFI=0.96，CFI=0.97，IFI=0.97，PGFI=0.78

所有指标都达到了良好的标准。

表 3-104　CFA 模型拟合指数一览表

指标	绝对拟合指数					相对拟合指数				简约拟合指数
	χ^2/df	GFI	AGFI	SRMR	RMSEA	NFI	NNFI	CFI	IFI	PGFI
标准值	<5	>0.90	>0.90	<0.08	<0.08	>0.90	>0.90	>0.90	>0.90	>0.50
实际值	3.39	0.91	0.90	0.060	0.048	0.95	0.96	0.97	0.97	0.78

（2）理论假设的分析与评价。

根据对修正模型的模型路径系数显示，本书的验证结果如下。

显著的标准化路径系数有：品牌初始感知价值（r=0.54，t=13.33）对品牌当前感知价值有直接的正向影响；品牌关系断裂感知时长（r=-0.14，t=-4.55）对品牌当前感知价值有直接的反向影响；品牌关系遗忘（r=0.17，t=5.17）对品牌当前感知价值有直接的正向作用。

初始品牌关系质量的两个维度：品牌信任（r=0.21，t=3.82）、社会价值表达（r=0.22，t=4.85）直接影响品牌地域情感联结，从而证实了初始品牌关系质量对地域品牌的情感联结有着显著影响。

初始品牌关系质量的两个维度：社会价值表达（r=0.16，t=3.47）、品牌依赖（r=0.12，t=1.97）对品牌怀旧情感有着显著影响，表明有些初始品牌关系质量对品牌怀旧情感联结有着显著的作用。

品牌当前感知价值（r=0.24，t=6.61）与品牌地域情感联结的程度成正向关系，品牌当前感知价值（r=0.17，t=4.44）与品牌怀旧情感联结的程度成正向关系。

品牌关系断裂归于他因（r=0.10，t=2.50）与品牌地域情感联结的程度呈正向关系，品牌关系断裂归于他因（r=0.08，t=2.09）与品牌怀旧情感联结的程度呈正向关系。

品牌关系断裂感知时长（r=0.19，t=5.90）对品牌怀旧情感联结有直接的正向作用，品牌关系遗忘（r=0.08，t=2.08）与品牌地域情感联结有直接的正向作用，品牌关系遗忘（r=-0.30，t=-7.37）与品牌怀旧情感联结有直接的反向作用。

品牌初始感知价值的高低（r=0.30，t=7.09）与品牌关系再续意愿呈正向关系，品牌关系断裂归因于他因（r=0.10，t=2.64）与品牌关系再续意愿有直接的正向作用，品牌关系断裂感知时长（r=-0.15，t=-4.87）与品牌关系再续意愿呈反向关系，品牌地域情感联结（r=0.17，t=4.33）与品牌关系再续意愿呈正向关系，品牌怀旧情感联结（r=0.16，t=4.39）与品牌关系再续意愿呈正向关系。

模型分析同时证实，品牌信任的高低（r=0.06，t=1.02）对品牌怀旧情感联结的程度并不显著，品牌依赖（r=0.10，t=1.68）对品牌地域情感联结的影响程度不显著，品牌关系遗忘（r=-0.03，t=-0.98）对品牌关系再续意愿的影响程度不显著。验证结果如表3-105所示。

表3-105 研究假设的验证结果汇总

假设标签	项目	标准化路径系数	t值	结论
H1	品牌初始感知价值对品牌当前感知价值有直接的正向影响	0.54	13.33***	支持
H2a	品牌关系断裂感知时长对品牌当前感知价值有直接的反向影响	-0.14	-4.55***	支持
H2b	品牌关系遗忘对品牌当前感知价值有直接的正向作用	0.17	5.17***	支持
H3a	品牌信任的高低与品牌地域情感联结的程度成正向关系	0.21	3.82***	支持
H3b	品牌信任的高低与品牌怀旧情感联结的程度成正向关系	0.06	1.02	不支持
H3c	社会价值表达与品牌地域情感联结的程度成正向关系	0.22	4.85***	支持
H3d	社会价值表达与品牌怀旧情感联结的程度成正向关系	0.16	3.47***	支持
H3e	品牌依赖与品牌地域情感联结的程度成正向关系	0.10	1.68	不支持
H3f	品牌依赖与品牌怀旧情感联结的程度成正向关系	0.12	1.97*	支持
H4a	品牌当前感知价值与品牌地域情感联结的程度成正向关系	0.24	6.61***	支持
H4b	品牌当前感知价值与品牌怀旧情感联结的程度成正向关系	0.17	4.44***	支持
H5a	品牌关系断裂归因于他因与品牌地域情感联结的程度成反比例关系	0.10	2.50*	支持
H5b	品牌关系断裂归因于他因与品牌怀旧情感联结的程度成正向关系	0.08	2.09*	支持
H6b	品牌关系断裂感知时长对品牌怀旧情感联结有直接的正向作用	0.19	5.90***	支持
H6c	品牌关系遗忘与品牌地域情感联结有直接的正向作用	0.08	2.08**	支持
H6d	品牌关系遗忘与品牌怀旧情感联结有直接的反向作用	-0.30	-7.37***	支持
H7	品牌初始感知价值的高低与品牌关系再续意愿成正向关系	0.30	7.09***	支持
H8	品牌关系断裂归因于他因对品牌关系再续意愿有直接的正向影响	0.10	2.64**	支持
H9a	品牌关系断裂感知时长对品牌关系再续意愿有直接的反向作用	-0.15	-4.87***	支持
H9b	品牌关系遗忘与品牌关系再续意愿成反比例关系	-0.03	-0.98	不支持
H10a	品牌地域情感联结与品牌关系再续意愿成正向关系	0.17	4.33***	支持
H10b	品牌怀旧情感联结与品牌关系再续意愿成正向关系	0.16	4.39***	支持

注：t值大于1.96，*$p<0.05$；t值大于2.58，**$p<0.01$；t值大于3.29，***$p<0.001$。

3.2.5.6 中介效应检验

在理论模型中，休眠品牌的品牌关系再续意愿的影响因素中品牌当前感知价值和品牌情感联结对其他影响因素有可能起到中介效应作用,因此需要进行中介效应检验。本书根据 Baron、Reuben 和 Kenny(1986)基于中介作用的概念提出的三个步骤来评价中介效应。考虑自变量 X 对因变量 Y 的影响,如果 X 通过影响变量 M 来影响 Y,则称 M 为中介变量。第一步,自变量 X 必须与中介变量 M 显著相关,如中介变量示意图 3-51 所示;第二步,自变量 X 必须与因变量 Y 显著相关,如路径 c,如果这种关系不存在,则不存在受中介变量影响的路径;第三步,当因变量 Y 同时回归于中介变量 M(路径 b)与自变量 X(路径 c′)时,自变量 X 与因变量 Y 间的关系强度,必须弱于因变量 Y 仅回归于自变量 X 时的关系强度。

中介效应检验是通过依次检验回归系数来验证的。中介效应成立需要满足的条件是:①自变量显著影响因变量;②在因果链中任何一个变量,当控制了它前面的变量,显著影响它的后继变量。

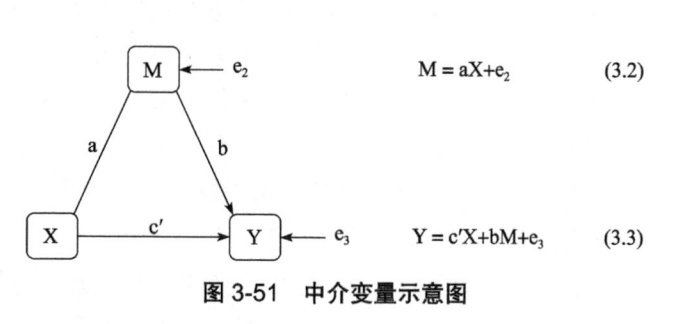

$$Y = cX + e_1 \quad (3.1)$$

$$M = aX + e_2 \quad (3.2)$$

$$Y = c'X + bM + e_3 \quad (3.3)$$

图 3-51 中介变量示意图

根据温忠麟(2004)提出的中介效应检验程序应用本书研究,具体步骤如下。

Step1,检验回归系数 c(研究中的前因变量 X 与结果变量 Y 的关系),如果显著,继续下面的 Step2,否则停止分析。

Step2,做 Baron、Reuben 和 Kenny(1986)部分中介检验,即依次检验系数 a(研究中的前因变量 X 与中介变量 M 的关系)、b [当结果变量 Y 同时回归于中介变量 M(路径为 b)与前因变量 X(路径为 c′)],如果都显著,意味着 X 对 Y 的影响至少有一部分是通过了中介变量 M 实现的,第一类错误率小于或等于 0.05,继续下面的 Step3。如果至少有一个不显著,由于该检验的功效较低(即第二类错误率较大),所以还不能下结论,轮到 Step4。

Step3,做 Judd 和 Kenny(1981)完全中介检验中的第三个检验,即检验系数 c′ [当结果变量 Y 同时回归于中介变量 M(路径为 b)与前因变量 X(路径为 c′)]。如果不显著,说明是完全中介过程;如果显著,说明只是部分中介作用,检验结束;如果是多个自变量和多个中介变量不用检验 c′ 的显著性。

Step4,做 Sobel 检验。

Sobel 检验统计量为

$$Z = ab/s_{ab}$$

式中:$s_{ab} = \sqrt{a^2 s_b^2 + b^2 s_a^2}$,$s_a$、$s_b$ 分别是估计值 a、b 的标准误。

如果检验统计量 Z 显著,意味着 M 的中介效应显著,否则中介不显著,检验结束。在这里,显著水平 0.05 对应的 Z 的临界值是 0.97,而不是通常的 1.96。上述中介效应程序如图 3-52 所示。

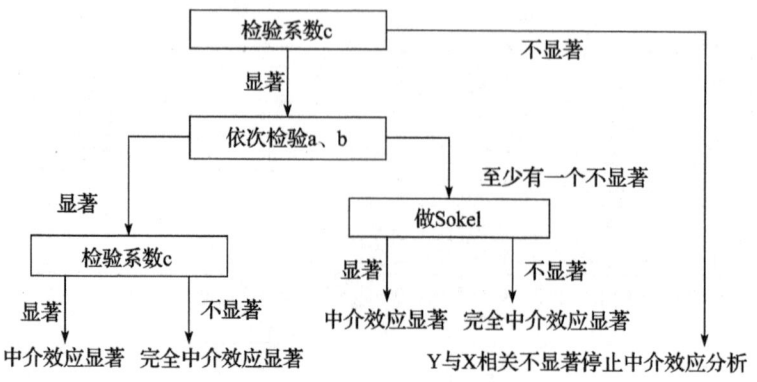

图 3-52 中介效应检验程序

根据自变量与因变量之间关系的变化程度,中介变量可以分为完全中介变量和部分中介变量(Lindell 和 Brandt,2000)。完全中介变量指的是中介变量的加入使得自变量和因变量之间的相关变成零。也就是说,这个中介变量是一个单一主导性的中介变量。部分中介变量指的是中介变量的加入使得自变量和因变量之间的相关降低了但没有变成零,这说明在自变量和因变量之间还可能存在多个中介变量(Baron 和 Kenny,1986)。

温忠麟(2004)认为,上述程序只考虑一个自变量和一个中介变量的模型,但所提出的检验程序也适合有多个自变量或(和)多个中介变量的模型,但此时仅涉及"部分中介"检验。由此,他提出具体的多变量的中介变量检验原理,下面以两个自变量 X_1、X_2 和两个中介变量 M_1、M_2,并且都含交互效应项(分别是 X_1、X_2 和 M_1、M_2)的模型为例加以说明。

假设所有变量都已经中心化(即均值为零),类似于方程(3.1)~(3.3),并加以推广,可用下列方程来描述变量之间的关系。

$$\begin{cases} Y=c_1X_1+c_2X_2+c_3X_1X_2+e_1 \\ M_1=a_{11}X_1+a_{12}X_2+a_{13}X_1X_2+e_{12} \\ M_2=a_{21}X_1+a_{22}X_2+a_{23}X_1X_2+e_{22} \\ M_1M_2=a_{31}X_1+a_{32}X_2+a_{33}X_1X_2+e_{32} \\ Y=c'_1X_1+c'_2X_2+c'_3X_3+b_1M_1+b_2M_2+b_3M_1M_2+e_3 \end{cases}$$

在自变量和中介变量多于一个时,首先要明确检验哪个自变量经过哪个中介变量的中介效应。然后找出哪些系数分别根据以上程序检验中介效应检验程序的系数 c、a、b、c',因为不存在完全中介效应,因此不用检验 c' 的显著性。例如,要检验 X_1 经过 M_2 的中介效应是否显著,则与 c、a、b、c' 对应的分别是 c_1、a_{21}、b_2、c'_1;要检验 X_1X_2 经过 M_1 的中介效应是否显著,则与 c、a、b、c' 对应的分别是 c_3、a_{13}、b_1、c'_3;要检验 X_2 经过 M_1M_2 的中介效应是否显著,则与 c、a、b、c' 对应的分别是 c_2、a_{32}、b_3、c'_2。在实际应用中,因为解释上的难度,一般不会考虑经过 M_1M_2 的中介效应(温忠麟,2004)。

下面检验休眠品牌的品牌情感联结和休眠品牌当前感知价值的中介作用是否显著。应用以上检验程序,本书研究对结构方程中各条中介路径的属性特征进行了检验,回归系数 c 和检验系数 a(研究中的前因变量 X 与中介变量 M 的关系)、b [当结果变量 Y 同时回归于中介变量 M(路径为 b)]的数值是通过在输出指令"OU"中加入"EF"选项,根据输出结果的总效应和间接效应及 t 值,并根据路径 c' 是否显著,检验各条路径的中介效应是否存在。有两条路径:①品牌信任→品牌怀旧情感联结→品牌关系再续意愿;②品牌依赖→品牌地域情感联结→品牌关系再续意愿。因为路径系数 a 检验不显著,因此进行 Sobel 检验。计算 Z 分别等于 0.97 和 2.01,大于显著水平 0.05 对应的 Z 的临界值是 0.97,因此 M 的中介效应显著。本书研究中发现了 12 条品牌当前感知价值和品牌情感联结的部分中介效应路径:①品牌当前感知价值→品牌地域情感联结→品牌关系再续意愿;②品牌当前感知价值→品牌怀旧情感联结→品牌关系再续意愿;③品牌信任→品牌地域情感联结→品牌关系再续意愿;④品牌社会价值表达→品牌地域情感联结→品牌关系再续意愿;⑤品牌社会价值表达→品牌怀旧情感联结→品牌关系再续意愿;⑥品牌依赖→品牌怀旧情感联结→品牌关系再续意愿;⑦品牌关系断裂归因→品牌地域情感联结→品牌关系再续意愿;⑧品牌关系断裂归因→品牌怀旧情感联结→品牌关系再续意愿;⑨品牌关系断裂感知时长→品牌当前感知价值→品牌怀旧情感联结;⑩品牌关系遗忘→品牌当前感知价值→品牌地域情感联结;⑪品牌关系遗忘→品牌当前感知价值→品牌怀旧情感联结;⑫品牌关系断裂感知时长→品牌怀旧情感联结→品牌关系再续意愿。

另外,有 3 条完全中介效应路径:①品牌初始感知价值→品牌当前感知价值→品牌地域情感联结;②品牌初始感知价值→品牌当前感知价值→品牌怀旧情感联结;③品牌关系断裂感知时长→品牌当前感知价值→品牌地域情感联结。有两条路径因为主效应为 -0.06，t 值不显著，停止了中介效应的分析，即品牌关系遗忘→品牌地域情感联结→品牌关系再续意愿；品牌关系遗忘→品牌怀旧情感联结→品牌关系再续意愿。具体中介回归分析检验结果如表 3-106 所示。

表 3-106 中介回归分析检验结果

前因变量		中介变量			结果变量		
		品牌地域情感联结	品牌怀旧情感联结	品牌当前感知价值	品牌地域情感联结	品牌怀旧情感联结	品牌关系再续意愿
品牌初始感知价值	Step1: c	—	—	—	0.13***	0.09***	—
	Step2: a/b	—	—	—	0.54*/0.24***	0.54**/0.17***	—
	Step3: c'	—	—	—	0	0	—
	Step4: z	—	—	—	—	—	—
	结论				完全中介	完全中介	
品牌当前感知价值	Step1: c	—	—	—	—	—	0.07***
	Step2: a/b	—	—	—	—	—	0.24**/0.17***
	Step3: c'	—	—	—	—	—	0.03
	Step4: z	—	—	—	—	—	—
	结论						部分中介
品牌当前感知价值	Step1: c	—	—	—	—	—	0.07***
	Step2: a/b	—	—	—	—	—	0.17**/0.16***
	Step3: c'	—	—	—	—	—	0.04
	Step4: z	—	—	—	—	—	—
	结论						部分中介
品牌信任	Step1: c	—	—	—	—	—	0.05**
	Step2: a/b	—	—	—	—	—	0.21**/0.17***
	Step3: c'	—	—	—	—	—	0.01
	Step4: z	—	—	—	—	—	—
	结论						部分中介
品牌信任	Step1: c	—	—	—	—	—	0.05**
	Step2: a/b	—	—	—	—	—	0.06/0.16***
	Step3: c'	—	—	—	—	—	0.04
	Step4: z	—	—	—	—	—	0.97
	结论						部分中介
品牌社会价值表达	Step1: c	—	—	—	—	—	0.07***
	Step2: a/b	—	—	—	—	—	0.22**/0.17***
	Step3: c'	—	—	—	—	—	0.03
	Step4: z	—	—	—	—	—	—
	结论						部分中介
社会价值表达	Step1: c	—	—	—	—	—	0.07***
	Step2: a/b	—	—	—	—	—	0.16**/0.16***
	Step3: c'	—	—	—	—	—	0.04
	Step4: z	—	—	—	—	—	—
	结论						部分中介
品牌依赖	Step1: c	—	—	—	—	—	0.04*
	Step2: a/b	—	—	—	—	—	0.10/0.17***
	Step3: c'	—	—	—	—	—	0.02
	Step4: z	—	—	—	—	—	2.01
	结论						部分中介
品牌依赖	Step1: c	—	—	—	—	—	0.04*
	Step2: a/b	—	—	—	—	—	0.12*/0.16***
	Step3: c'	—	—	—	—	—	0.02
	Step4: z	—	—	—	—	—	—
	结论						部分中介

续表

前因变量		中介变量			结果变量		
		品牌地域情感联结	品牌怀旧情感联结	品牌当前感知价值	品牌地域情感联结	品牌怀旧情感联结	品牌关系再续意愿
品牌关系断裂他因	Step1：c Step2：a/b Step3：c' Step4：z 结论	— — — — —	— — — — —	— — — — —	— — — — —	— — — — —	0.13^{***} $0.10^{*}/0.17^{***}$ 0.11 — 部分中介
品牌关系断裂他因	Step1：c Step2：a/b Step3：c' Step4：z 结论	— — — — —	— — — — —	— — — — —	— — — — —	— — — — —	0.13^{***} $0.08^{*}/0.16^{***}$ 0.12 — 部分中介
品牌关系断裂感知时长	Step1：c Step2：a/b Step3：c' Step4：z 结论	— — — — —	— — — — —	— — — — —	-0.03^{***} $-0.14^{***}/0.24^{***}$ 0 — 完全中介	— — — — —	— — — — —
品牌关系断裂感知时长	Step1：c Step2：a/b Step3：c' Step4：z 结论	— — — — —	— — — — —	— — — — —	— — — — —	0.17^{***} $-0.14^{***}/0.17^{***}$ 0.19 — 部分中介	— — — — —
品牌关系遗忘	Step1：c Step2：a/b Step3：c' Step4：z 结论	— — — — —	— — — — —	— — — — —	0.12^{***} $0.17^{***}/0.24^{***}$ 0.08 — 部分中介	— — — — —	— — — — —
品牌关系遗忘	Step1：c Step2：a/b Step3：c' Step4：z 结论	— — — — —	— — — — —	— — — — —	— — — — —	-0.27^{***} $0.17^{***}/0.17^{***}$ -0.3 — 部分中介	— — — — —
品牌关系遗忘	Step1：c Step2：a/b Step3：c' Step4：z 结论	— — — — —	— — — — —	— — — — —	— — — — —	— — — — —	-0.06 停止检验
品牌关系遗忘	Step1：c Step2：a/b Step3：c' Step4：z 结论	— — — — —	— — — — —	— — — — —	— — — — —	— — — — —	-0.06 停止检验
关系断裂感知时长	Step1：c Step2：a/b Step3：c' Step4：z 结论	— — — — —	— — — — —	— — — — —	— — — — —	— — — — —	-0.13^{***} $0.19^{***}/0.16^{***}$ -0.16 — 部分中介

注：1. t 值大于 1.96，$*p<0.05$；t 值大于 2.58，$**p<0.01$；t 值大于 3.29，$***p<0.00$。
2. 不考虑中介变量之间的交互作用及前因变量之间的交互作用。

3.2.5.7 结果讨论

通过实证，可以得出如下有意义的结论。

（1）品牌初始感知价值不仅直接正向影响品牌当前感知价值，而且通过品牌当前感知价值的中介效应对品牌情感联结起正向影响作用。

（2）品牌当前感知价值通过品牌情感联结的中介效应对品牌关系再续意愿起到正向作用。

（3）品牌关系断裂归因于他因不仅直接正向作用于品牌关系再续意愿，而且通过品牌情感联结的中介效应间接正向作用于品牌关系再续意愿。

（4）初始品牌关系质量的两个维度——品牌信任和品牌社会价值表达不仅直接正向作用于品牌地域情感联结，而且通过品牌地域情感联结的中介效应间接正向影响品牌关系再续意愿，品牌信任可以通过品牌怀旧情感联结的中介效应间接正向作用于品牌关系再续意愿。

（5）初始品牌关系质量的两个维度——品牌社会价值表达和品牌依赖不仅直接正向作用于品牌怀旧情感联结，而且通过品牌怀旧情感联结的中介效应间接正向影响品牌关系再续意愿，品牌依赖可以通过品牌地域情感联结的中介效应间接正向作用于品牌关系再续意愿。

（6）品牌关系记忆的强度越低，品牌当前感知价值越高，并且品牌关系断裂感知时长通过品牌当前感知价值的中介效应间接正向作用于品牌怀旧情感联结，品牌关系遗忘通过品牌当前感知价值的中介效应分别正向作用于品牌地域情感联结、反向作用于品牌怀旧情感联结。

（7）品牌关系断裂感知时长不仅直接正向影响品牌怀旧情感联结、直接反向影响品牌关系再续，而且通过品牌怀旧情感联结作为中介效应间接反向作用于品牌关系再续意愿。

（8）品牌关系遗忘程度越高，品牌怀旧情感联结程度越低，但是与品牌地域情感联结却是直接的正向作用。

（9）品牌情感联结对品牌关系再续意愿有直接的正向关系。

模型分析同时证实，品牌信任的高低对品牌怀旧情感联结的程度并不显著，因为品牌信任在设置题项时是从品牌的功能价值上考虑造成的；品牌依赖对品牌地域情感联结的影响程度不显著，因为地域情感联结是由于特殊的情境或者品牌造成的情感；品牌关系遗忘与品牌关系再续意愿呈反向关系，因为品牌关系的一些细节的遗忘对消费者再续意愿的影响并不起到主要作用，除非品牌关系断裂感知时间过长以至于未能唤起怀旧情感却引发了遗忘。

3.2.5.8 本章小结

本章首先把检验过的数据的协方差矩阵代入理论模型进行验证，经过探索性研究将模型中的部分路径进行修正，并将修正后的结构模型与竞争模型进行比较研究，研究结果表明：修正后的模型是拟合度相对比较好的模型。其次，对该模型的理论假设进行检验，发现23条路径中有3条路径系数（品牌信任的高低对品牌怀旧情感联结的影响程度，品牌依赖对品牌地域情感联结的影响程度，品牌关系遗忘与品牌关系再续意愿的关系）不显著，且没有通过假设，其他20条路径系数皆显著，这验证了理论假设。最后，对品牌情感联结和品牌当前感知价值的中介效应进行检验，其中14条路径是部分中介效应，3条路径是完全中介效应（品牌初始感知价值→品牌当前感知价值→品牌地域情感联结，品牌初始感知价值→品牌当前感知价值→品牌怀旧情感联结，品牌关系断裂感知时长→品牌当前感知价值→品牌地域情感联结），还有2条路径没有中介效应（品牌关系遗忘→品牌地域情感联结→品牌关系再续意愿，品牌关系遗忘→品牌怀旧情感联结→品牌关系再续意愿）。

3.2.6 研究对象性别/年龄差异性研究

对性别、年龄的差异性研究采用SEM分析中的平均数结构分析。其基本原理是在两个以上的多样本SEM分析中，当因素恒等性存在的情况下，以其中一组为基准，输入各测量变量的平均数数据后，借以估计其他组的潜在变量的平均数高低，并利用显著性检验来检验不同组间的潜在变量平均数是否具有显著差异（邱皓政，2009）。但是，进行平均数结构分析必须建立在因素恒等性的假设之上，平均数的差异才具有统计上的比较价值。因素恒等性的存在有很多种不同的层次,当用于平均数估计时,跨样本之间的因素结构在因素载荷与残差两个矩阵中需具有恒等性,也就是两个样本的Λ_x矩阵与Θ_δ矩阵被假设为相等同(Joreskog 和 Sorbom,1996)。

以下根据以往理论成果对研究对象在各潜变量的差异性提出相关假设,并且根据调查数据在因素结构恒等[即因素载荷(λ)与测量残差变异(Θ_δ)恒等]的前提下进行验证。

以跨样本 SEM 模型分析进行因素恒等性检验,必须使用一系列的模型比较程序,区分为两个阶段逐步检验不同层次的恒等性检验,也就是应用跨样本 SEM 模型分析进行的检验程序(邱皓政,2009)。

第一阶段首先以全体样本估计所得的良好拟合 CFA 模型为基础,进一步就不同样本进行个别样本下的 CFA 分析。如果所有模型的 CFA 分析均有相同的自由度,显示模型界定与因素结构完全相等。如果显示 CFA 模型在全体样本及个别样本的拟合情形还算一致,因此可以进行下一个阶段的跨样本分析。如果有哪一个样本的 CFA 检验显示该 CFA 模型在该总体样本下拟合度不理想,研究者应停止跨样本的比较,直接进行各自样本下的 CFA 检验。此时,因素恒等性是不存在的。

第二阶段是当研究者借由前一个阶段的检验,确认出一个整体的 CFA 拟合模型后,再利用跨样本程序探讨该 CFA 模型的跨总体恒等性,据此证明因素之间具有测量的恒等性。具体做法是建立一个阶段性逐步设限的嵌套模型来一一检验各种恒定假设下的模型拟合度的变化。跨样本 SEM 分析用于因素恒等性的检验,是由下列的假设模型的分析和比较来进行。

模型一:基准模型,跨样本之间没有任何恒等假设,因素结构则假设相等。基准模型是两个独立无关联但结构相同的 CFA 模型之组合,其卡方值为两个个别样本以同一个因素结构进行估计的总和。如果三个模型的 CFA 分析均有相同的自由度,显示模型界定与因素结构完全相等。

模型二:因素载荷(λ)与测量残差变异(Θ_δ)恒等模型,因素结构在不同总体间被假设为相同,同时因素载荷(λ)与测量残差变异(Θ_δ)具有跨样本的恒等设限。根据以上设立两个基准模型,并且对两个基准模型进行评价。

3.2.6.1 研究对象性别差异性研究

(1)测量模型恒等性检查。

①第一阶段分析结果。

首先在第一阶段分别对全体样本和每个样本进行 CFA 的检查:即分别对两种样本的全体样本、男性样本、女性样本进行 CFA 分析,三个模型的 CFA 分析均有相同的自由度,显示模型界定与因素结构完全相等。男性类样本的拟合度比较理想,χ^2 值较小,但是男性样本的拟合指数 GFI 较低。如果以 NNFI 与 CFI 指数来看,三者差异不大,显示 CFA 模型在全体样本及个别样本的拟合情形还算一致,因此可以进行下一个阶段的跨样本分析。分析结果如表 3-107 所示。

表 3-107 第一阶段单样本 CFA 分析模型拟合度评估摘要

模型	χ^2/WLSχ^2	df	NCP	RMSEA	NNFI	CFI	GFI
阶段一							
全体样本	3336.94/3611.51	1120	2491.51	0.044	0.97	0.97	0.91
男性样本	2255.55/2310.84	1120	1190.84	0.047	0.96	0.97	0.84
女性样本	2646.55/2759.44	1120	1639.44	0.047	0.96	0.97	0.86

②第二阶段分析结果。

在第二阶段中,首先不设定任何限制,对模型进行自由估计,设立基准模型;其次,设定因素载荷(λ)与测量残差(Θ_δ)变异恒等模型。

所有的 CFA 模型的拟合指数都十分的接近,但是阶段二的模型则随着恒等限制的增加,释放的自由参数越多,卡方值逐渐增加。显示恒等限制的加入对于模型估计产生负面的影响。因为恒等限制的各模型都是属于嵌套模型,因此模型间的拟合差异量可以利用卡方差异检验来考验。

对模型二与模型一的卡方差异量进行检验,增加了因素载荷和残差的恒等限制后,卡方量增加了92.84,模型二与模型一的显著度没有显著差异,模型的拟合度没有变化,显示两个样本在因素载荷参数上没有明显的差异,即因素载荷和残差是等同的。此时,应该进行下一步的平均数差异性检验。分析结果如表3-108所示。

表3-108 第二阶段分析结果

模型	WLSχ^2	df	NCP	RMSEA	NNFI	CFI	GFI
阶段二							
1.Freeall	5070.29	2240	2830.29	0.047	0.96	0.97	0.86
2.固定λ测量误差	5163.13	2340	2823.13	0.046	0.97	0.97	0.86
2-1:	$\Delta\chi^2$=92.84 P>0.05 Δdf=100						

(2)研究对象性别差异性研究。

Shimp和Sharma(1987)首次构建了消费者民族中心主义这一概念,将其界定为"消费者对购买外国产品是否合理和道德所持有的信念"。当消费者面临国产货与外国货的抉择时,会产生一种对本民族产品的自然认同和偏爱,对外民族产品的自然抗拒和偏见的心理倾向。消费者民族中心主义是民族品牌在国内市场竞争的天然优势。Shimp、Sharma和Shin(1995)还发现,年龄与消费者民族中心主义正相关;女性比男性具有更高的消费者民族中心主义倾向;受教育程度、收入水平与消费者民族中心主义呈负相关。由此,推出如下假设。

假设H1:女性样本比男性样本的地域情感联结强度更大。

Reisenwitz、Iyer和Cutler(2004)通过研究得出结论:女人比男人的怀旧倾向更大。由此,推出以下假设。

假设H2:女性顾客比男性顾客的怀旧情感联结强度更大。

下面以男性样本为参照组,在设定时,将男、女性样本的因素载荷参数设为相等;将男性样本的潜在平均数设定为零,女性样本的潜变量截距自由估计。K系数为女性样本潜在变量平均数的估计数,男性样本的K系数被设定为零,以作为与女性样本的参照。当数值为正值时,表示女性样本的平均数高于男性;当数值为负值时,表示女性样本的平均数低于男性;t值若高于±1.96,表示平均数的差异达到0.05的统计水平。参数估计结果的数据显示:在品牌地域情感联结方面,女性顾客比男性顾客的地域情感联结强度显著更小,因为在地域情感认知方面男性更为理性一些,与原假设相反;在怀旧情感联结方面,女性顾客比男性顾客的怀旧情感联结的强度大些,但是不显著,没有明显差异。具体结果如表3-109所示。

表3-109 男性/女性(地域情感联结和怀旧情感联结)平均数差异显著性分析结果

因素	题目	题项平均数 男性	题项平均数 女性	因素平均数K	显著性检验t
地域情感联结	Y_{11}	3.72	3.64	−0.16	−2.43
	Y_{12}	3.70	3.57		
	Y_{13}	3.50	3.31		
	Y_{14}	3.42	3.37		
	Y_{15}	3.40	3.36		
怀旧情感联结	Y_{23}	3.90	3.95	0.03	0.53
	Y_{24}	3.89	3.90		
	Y_{25}	3.88	3.83		
	Y_{26}	3.84	3.93		

同时，其他潜在变量在男女性别上的差异性检验结果为：对于品牌初始感知价值女性对休眠品牌的感知程度高些，对于当前价值感知女性高于男性顾客；但是，在初始品牌关系质量的品牌信任、品牌的社会价值表达方面男性高于女性，品牌依赖的程度却是男性低于女性；在品牌关系断裂归因于他因方面女性高于男性，品牌关系断裂感知时长方面男性感觉比女性时间长，对休眠品牌的记忆方面女性印象较为深刻；休眠品牌的品牌关系再续意愿的强度方面女性高于男性。其中，男女差异达到显著的只有社会价值表达和品牌地域情感联结。相关系数的数据则显示男性、女性样本的因素相关明显不同但是达到显著差异的只有社会价值表达和品牌地域情感联结。具体结果如表 3-110～表 3-114 所示。

表 3-110　男性 / 女性（感知价值）平均数差异显著性分析结果

因素	题目	题项平均数 男性	题项平均数 女性	因素平均数 K	显著性检验 t
品牌初始感知价值	X_{11}	4.19	4.16	0.05	0.72
	X_{12}	3.84	3.82		
	X_{13}	3.94	3.90		
	X_{14}	3.88	4.04		
	X_{15}	3.66	3.83		
品牌当前感知价值	Y_{31}	3.37	3.48	0.05	0.80
	Y_{32}	3.78	3.77		
	Y_{33}	3.17	3.21		
	Y_{34}	3.32	3.32		
	Y_{35}	3.30	3.40		
	Y_{36}	2.80	2.79		

表 3-111　男性 / 女性（初始品牌关系质量）平均数差异显著性分析结果

因素	题目	题项平均数 男性	题项平均数 女性	因素平均数 K	显著性检验 t
品牌信任	X_{31}	4.19	4.17	−0.06	−0.88
	X_{32}	4.02	4.00		
	X_{33}	3.84	3.74		
社会价值表达	X_{41}	3.61	3.36	−0.20	−3.17
	X_{42}	3.49	3.30		
	X_{43}	3.38	3.26		
	X_{44}	3.43	3.26		
	X_{51}	3.39	3.19		
	X_{52}	3.32	3.22		
	X_{53}	3.18	3.00		
品牌依赖	X_{61}	3.13	3.13	0.05	0.82
	X_{62}	3.12	3.18		
	X_{71}	3.85	3.85		
	X_{72}	3.65	3.70		
	X_{73}	3.33	3.43		

表 3-112　男性 / 女性（品牌关系断裂他因）平均数差异显著性分析结果

因素	题目	题项平均数 男性	题项平均数 女性	因素平均数 K	显著性检验 t
品牌关系断裂他因	X_{91}	3.06	3.13	0.06	0.86
	X_{92}	2.94	2.97		
	X_{93}	3.16	3.19		
	X_{94}	3.04	3.04		
	X_{95}	3.11	3.18		

表 3-113　男性/女性（品牌关系记忆）平均数差异显著性分析结果

因素	题目	题项平均数 男性	题项平均数 女性	因素平均数 K	显著性检验 t
关系断裂感知时长	X_{100}	4.10	3.97	−0.11	−1.69
	X_{101}	3.95	3.83		
	X_{102}	3.73	3.72		
	X_{103}	3.96	3.77		
品牌关系遗忘	X_{111}	2.96	2.86	−0.08	−1.22
	X_{112}	2.46	2.41		
	X_{113}	2.27	2.14		

表 3-114　男性/女性（品牌关系再续意愿）平均数差异显著性分析结果

因素	题目	题项平均数 男性	题项平均数 女性	因素平均数 K	显著性检验 t
品牌关系再续意愿	Y_{31}	3.80	3.87	0.12	1.90
	Y_{32}	3.60	3.70		
	Y_{33}	3.49	3.64		

3.2.6.2　研究对象年龄差异性研究

（1）测量模型恒等性检查。

① 第一阶段分析结果。

首先在第一阶段全体样本和每个样本进行 CFA 的检查：对第一组全体样本（新生代与过渡代）、第二组全体样本（过渡代与传统代）、第三组全体样本（新生代与传统代）和新生代样本、过渡代样本、传统代样本分别进行 CFA 分析。三个模型的 CFA 分析均有相同的自由度，显示模型界定与因素结构完全相等。所有模型拟合度都比较理想，除了 GFI 受样本量低的影响较低外，其他指标均达到了 CFA 检验合格的基本要求。显示 CFA 模型在全体样本及个别样本的拟合情形还算一致，因此可以进行下一个阶段的跨样本分析。分析结果如表 3-115 所示。

表 3-115　第一阶段单样本 CFA 分析模型拟合度评估摘要

模型	X^2/WLSX^2	df	NCP	RMSEA	NNFI	CFI	GFI
阶段一							
第一组	3086.42/3347.79	1120	2227.79	0.045	0.97	0.97	0.88
第二组	2245.35/2196.09	1120	1076.09	0.05	0.96	0.96	0.81
第三组	2853.89/3073.79	1120	1953.79	0.043	0.97	0.96	0.89
新生代	2607./2808.64	1120	1688.64	0.044	0.97	0.97	0.87
过渡代	2113.2/2000.38	1120	880.38	0.063	0.92	0.92	0.85
传统代	1779.02/1650.76	1120	530.76	0.051	0.95	0.95	0.86

② 第二阶段分析结果。

在第二阶段中，首先，不设定任何限制，对模型自由估计，根据组别设定基准模型；其次，设定因素载荷（λ）与测量残差（Θ_δ）变异恒等模型。分析结果如表 3-116～表 3-118 所示。

表 3-116　第二阶段分析结果（1）

模型	WLSX^2	df	NCP	RMSEA	NNFI	CFI	GFI
第一组							
1.Freeall	4808.96	2240	2568.96	0.049	0.96	0.96	0.87

模型	WLSX^2	df	NCP	RMSEA	NNFI	CFI	GFI
2. 固定 λ 测量误差	4818.96	2340	2478.96	0.047	0.96	0.96	0.86
2-1:	$\Delta X^2=10 P>0.05 \Delta df=100$						

表 3-117 第二阶段分析结果（2）

模型	WLSX^2	df	NCP	RMSEA	NNFI	CFI	GFI
第二组							
1.Freeall	3892.27	2240	1411.17	0.057	0.93	0.94	0.88
2. 固定 λ 测量误差	3995.97	2340	1433.48	0.056	0.94	0.94	0.87
2-1:	$\Delta X^2=103.7 P>0.05 \Delta df=100$						

表 3-118 第二阶段分析结果（3）

模型	WLSX^2	df	NCP	RMSEA	NNFI	CFI	GFI
第三组							
1.Freeall	4459.35	2240	2219.35	0.045	0.96	0.97	0.88
2. 固定 λ 测量误差	4517.33	2340	2177.33	0.044	0.96	0.96	0.86
2-1:	$\Delta X^2=57.98 P>0.05 \Delta df=100$						

所有的 CFA 模型的拟合指数都十分接近，但是阶段二的模型则随着恒等限制的增加，释放的自由参数越多，X^2 值逐渐增加。显示恒等限制的加入对于模型估计产生负面的影响。因为恒等限制的各模型都是属于嵌套模型，因此模型间的拟合差异量可以利用卡方差异检验来考验。

在第一组（新生代与过渡代）：模型二与模型一的卡方差异量检验，增加了因素载荷的恒等限制后，模型的拟合度没有变化，即卡方差异量在自由度增加 100 的同时，只增加了 10，显示两个样本在因素载荷参数上没有显著差异，即因素载荷和残差是等同的。此时，应该进行下一步的平均数差异检验。

在第二组（过渡代与传统代）：模型二与模型一的卡方差异量检验，增加了因素载荷的恒等限制后，模型的拟合度没有变化，即卡方差异量在自由度增加 100 的同时，只增加了 103.7，显示两个样本在因素载荷参数上没有显著差异，即因素载荷和残差是等同的。此时，应该进行下一步的平均数差异检验。

在第三组（新生代与传统代）：模型二与模型一的卡方差异量检验，增加了因素载荷的恒等限制后，模型的拟合度没有变化，即卡方差异量在自由度增加 100 的同时，只增加了 57.98，显示两个样本在因素载荷参数上没有显著差异，即因素载荷和残差是等同的。此时，应该进行下一步的平均数差异检验。

（2）研究对象年龄差异研究。

Gutman（1982）所提出的方法，即目的链理论，是探讨消费者行为和个人价值观关系的最具代表性的理论，解释了消费者价值观是通过对消费结果的追求而形成对产品属性的重要性偏好，从而影响产品选择的消费者行为规律。该理论认为价值观影响消费者对产品属性重要性的判断，从而影响消费者对产品的评价和购买，产品或行为是消费者为了实现其价值的一种方法和工具，即属性—方法、个人价值—目的。

世代细分以年龄为标准，融合价值观、人口出生率等社会热点来确定世代的出生时间。以价值观、生活方式描述"世代（Generation）"特征。同一时间段出生的人群（Agecohort）不只年龄相近，更因对流行文化、历史事件等社会标记（Social Marker）有共同的经历和记忆，一生中保留固有的消费价值观和行为，构成具有营销意义的群体。品牌借助广告等活动再现当时流行，联结记忆，激起偏爱，促进销售（Holbrook，1993）。

消费世代观理论的基本假设是出生于同一时代的人经历过共同的社会、政治、历史和经济环境，因此会产生相似的观念和行为（Hawkins，2000）。关于中国消费者的世代有国外学者对其进行划分，Schütte（1998）从中国近几十年经历的社会变迁和文化分析划分出三个世代：社会主义信仰者（1945年前出生）、失落一代（1945—1960年出生）、关注生活一代（1960年以后出生）。卢泰宏等（2004）将1980年以后出生的中国青年一代定义为独生代，因为其中有相当大的一部分是独生子女。

本书参考以上世代标准划分的理论研究，将经历过共同的社会、政治、历史和经济环境的消费者设定为同一消费世代：将1980年以后出生的消费者（目前30岁以下）定义为新生代，新生代目前有一定消费能力的绝大多数属于80后和90后，出生在互联网和电子商务蓬勃发展的时代，而且物质条件相对过渡代比较丰厚，具有独特的价值观、生活方式和消费行为；将1970—1980年出生的消费者（目前30～40岁）定义为过渡代，是因为这一时期出生的消费者成长期正是中国从计划经济向市场经济转型的时期，因此称为"过渡代"，也是传统价值观念和新价值观念交替转型的一代；将1970年以前出生的消费者（目前40岁以上）笼统定义为传统代，是因为在本次调查中对50岁和60岁以上的搜集的品牌关系再续的消费者并不是很多，因此绝大部分是40岁以上的，故而将这一组样本主要定义为"传统代"，主要是从价值观的角度和以上两种类型的消费者因为所处时代背景的不同导致不同的消费观，这一代受传统价值观（归属感、安全感、与他人和睦相处、自我尊重）的影响相对比较深。

有研究者发现，大多数人在一定程度上思考未来，但青年人往往是积极的未来思考者，而老年人则常被认为是怀旧者；另外一些研究者指出，年龄较大的成人更注重过去而非现在；但是，Holbrook（1993）研究表明，怀旧倾向与年龄之间不存在任何关系，它们是相互独立的变量。同时还证实，怀旧现象会影响消费者的购物偏好模式。由此，推出如下假设。

假设H1：过渡代比新生代的怀旧情感联结强度更大。

假设H2：传统代比新生代的怀旧情感联结强度更大。

下面以新生代样本为参照组，在设定时，将新生代、过渡代、传统代样本的因素载荷参数设为相等；将新生代样本的潜在平均数设定为零，将过渡代、传统代样本的潜变量截距自由估计。K系数为过渡代、传统代样本潜在变量平均数的估计数，新生代样本的K系数被设定为零，以作为与过渡代、传统代样本的参照。当数值为正值时，表示过渡代、传统代样本的平均数高于新生代；当数值为负值时，表示过渡代、传统代样本的平均数低于新生代；t值若高于±1.96，表示平均数的差异达到0.05的统计水平。本书研究结果表明：过渡代样本和传统代样本比新生代的怀旧情感联结更为强烈，但是过渡代、传统代的t值都低于1.96，平均数的差异没有达到显著。参数估计结果如表3-119所示。

表3-119 新生代/过渡代/传统代（怀旧情感联结）平均数差异显著性分析结果

因素	题目	题项平均数			因素平均数K		显著性检验t	
		新生代	过渡代	传统代	过渡代	传统代	过渡代	传统代
怀旧情感联结	Y_{23}	3.95	3.95	3.82	0.15	0.17	1.73	1.87
	Y_{24}	3.83	4.01	4.04	—	—	—	
	Y_{25}	3.80	3.97	3.97	—	—	—	
	Y_{26}	3.84	3.95	4.07	—	—	—	

同时，其他潜在变量在年龄上的差异性检验结果为：在品牌初始感知价值方面，过渡代和传统代比新生代对休眠品牌的感知价值程度高些，对当前价值感知过渡代、传统代高于新生代；在初始品牌关系质量的品牌信任、品牌的社会价值表达、品牌依赖方面，过渡代、传统代高于新生代；在品牌关系断裂归因于他因方面，过渡代、传统代高于新生代；在品牌关系断裂感知时长方面，过渡代、传统代感觉比新生代时间长，对休眠品牌的记忆新生代比过渡代、传统代印象较为深刻；在品牌地域情感联结方

面过渡代、传统代高于新生代；在休眠品牌的品牌关系再续意愿的强度方面过渡代低于新生代、传统代高于新生代，其中新生代与过渡代的差异达到显著的有品牌初始感知价值、初始品牌关系质量、品牌关系断裂感知时长、品牌地域情感联结。新生代比传统代的差异达到显著的有品牌初始感知价值、初始品牌关系质量、品牌关系断裂归因于他因、品牌关系断裂感知时长、品牌地域情感联结、品牌当前感知价值。相关系数的数据则显示新生代、过渡代、传统代样本的因素相关明显不同。具体分析结果如表 3-120～表 3-125 所示。

表 3-120　新生代/过渡代/传统代（感知价值）平均数差异显著性分析结果

因素	题目	题项平均数 新生代	题项平均数 过渡代	题项平均数 传统代	因素平均数 K 过渡代	因素平均数 K 传统代	显著性检验 t 过渡代	显著性检验 t 传统代
品牌初始感知价值	X_{11}	4.07	4.24	4.51	0.36	0.57	4.03	6.02
	X_{12}	3.75	3.96	4.00				
	X_{13}	3.82	4.08	4.15				
	X_{14}	3.89	4.11	4.20				
	X_{15}	3.67	3.97	3.94				
品牌当前感知价值	Y_{31}	3.38	3.54	3.51	0.12	0.32	1.33	3.53
	Y_{32}	3.72	3.76	4.00				
	Y_{33}	3.11	3.27	3.44				
	Y_{34}	3.27	3.35	3.50				
	Y_{35}	3.32	3.32	3.51				
	Y_{36}	2.74	2.80	3.04				

表 3-121　新生代/过渡代/传统代（初始品牌关系质量）平均数差异显著性分析结果

因素	题目	题项平均数 新生代	题项平均数 过渡代	题项平均数 传统代	因素平均数 K 过渡代	因素平均数 K 传统代	显著性检验 t 过渡代	显著性检验 t 传统代
品牌信任	X_{31}	4.09	4.26	4.46	0.38	0.63	4.28	6.71
	X_{32}	3.90	4.22	4.28				
	X_{33}	3.65	3.93	4.17				
社会价值表达	X_{41}	3.29	3.72	3.94	0.45	0.72	5.31	8.14
	X_{42}	3.18	3.69	3.88				
	X_{43}	3.18	3.40	3.74				
	X_{44}	3.18	3.52	3.71				
	X_{51}	3.09	3.48	3.83				
	X_{52}	3.13	3.49	3.55				
	X_{53}	2.91	3.33	3.48				
品牌依赖	X_{61}	2.97	3.36	3.51	0.41	0.63	4.65	7.02
	X_{62}	3.01	3.34	3.51				
	X_{71}	3.72	4.04	4.15				
	X_{72}	3.53	3.88	4.06				
	X_{73}	3.25	3.51	3.86				

表 3-122　新生代/过渡代/传统代（品牌关系断裂他因）平均数差异显著性分析结果

因素	题目	题项平均数 新生代	题项平均数 过渡代	题项平均数 传统代	因素平均数 K 过渡代	因素平均数 K 传统代	显著性检验 t 过渡代	显著性检验 t 传统代
品牌关系断裂他因	X_{91}	3.05	3.22	3.17	0.14	0.25	1.56	2.61
	X_{92}	2.89	3.03	3.14				
	X_{93}	3.12	3.22	3.37				
	X_{94}	3.02	3.05	3.11				
	X_{95}	3.13	3.16	3.20				
	X_{112}	2.41	2.50	2.44				
	X_{113}	2.21	2.21	2.13				
	Y_{15}	3.28	3.50	3.64				

表 3-123　新生代/过渡代/传统代（品牌关系记忆）平均数差异显著性分析结果

因素	题目	题项平均数 新生代	题项平均数 过渡代	题项平均数 传统代	因素平均数 K 过渡代	因素平均数 K 传统代	显著性检验 t 过渡代	显著性检验 t 传统代
关系断裂感知时长	X_{100}	3.87	4.34	4.32	0.51	0.53	5.93	5.98
	X_{101}	3.69	4.25	4.27				
	X_{102}	3.51	4.12	4.17				
	X_{103}	3.69	4.18	4.19				
品牌关系遗忘	X_{111}	2.86	3.06	2.93	0.07	0.00	0.84	0.04
	X_{112}	2.41	2.50	2.44				
	X_{113}	2.21	2.21	2.13				

表 3-124　新生代/过渡代/传统代（地域情感联结）平均数差异显著性分析结果

因素	题目	题项平均数 新生代	题项平均数 过渡代	题项平均数 传统代	因素平均数 K 过渡代	因素平均数 K 传统代	显著性检验 t 过渡代	显著性检验 t 传统代
地域情感联结	Y_{11}	3.62	3.72	3.86	0.24	0.56	2.68	5.94
	Y_{12}	3.54	3.74	3.84				
	Y_{13}	3.30	3.45	3.70				
	Y_{14}	3.30	3.41	3.75				
	Y_{15}	3.28	3.50	3.64				

表 3-125　新生代/过渡代/传统代（品牌关系再续意愿）平均数差异显著性分析结果

因素	题目	题项平均数 新生代	题项平均数 过渡代	题项平均数 传统代	因素平均数 K 过渡代	因素平均数 K 传统代	显著性检验 t 过渡代	显著性检验 t 传统代
品牌关系再续意愿	Y_{31}	3.88	3.73	3.77	−0.10	0.09	−1.22	1.06
	Y_{32}	3.65	3.56	3.78				
	Y_{33}	3.55	3.52	3.72				

下面以过渡代样本为参照组，在设定时，将过渡代、传统代样本的因素载荷参数设为相等，将过渡代样本的潜在平均数设定为零，将传统代样本的潜变量截距自由估计。Kappa系数为传统代样本潜在变量平均数的估计数，过渡代样本的Kappa系数被设定为零，以作为与传统代样本的参照。当数值为正值时，表示传统代样本的平均数高于过渡代；当数值为负值时，表示传统代样本的平均数低于过渡代；t值若高于±1.96，表示平均数的差异达到0.05的统计水平。

本书研究结果表明：在品牌初始感知价值、品牌当前感知价值方面，传统代比过渡代对休眠品牌的感知程度高些；在初始关系质量的品牌信任、品牌的社会价值表达、品牌信赖方面，传统代高于过渡代；品牌关系断裂归因于他因方面传统代高于过渡代；在品牌关系断裂感知时长方面，传统代感觉比过渡代时间长，对休眠品牌的记忆过渡代比传统代印象较为深刻；在品牌情感联结方面，传统代高于过渡代；在休眠品牌的品牌关系再续意愿的强度方面，传统代高于过渡代。其中，过渡代与传统代在各潜变量的差异达到显著的有初始品牌关系质量、品牌地域情感联结。相关系数的数据则显示过渡代与传统代样本的因素相关明显不同。参数估计结果如表3-126～表3-131所示。

表 3-126　过渡代与传统代（感知价值）平均数差异显著性分析结果

因素	题目	因素载荷 第一组	因素载荷 第二组	因素载荷 第三组	因素平均数 K	显著性检验 t
初始感知价值	X_{11}	0.72	0.72	0.70	0.18	1.54
	X_{12}	0.61	0.58	0.63		
	X_{13}	0.67	0.64	0.74		
	X_{14}	0.63	0.65	0.64		
	X_{15}	0.51	0.50	0.54		

续表

因素	题目	因素载荷 第一组	因素载荷 第二组	因素载荷 第三组	因素平均数 K	显著性检验 t
品牌当前感知价值	Y_{31}	0.65	0.64	0.68	0.18	1.68
	Y_{32}	3.72	3.76	4.00		
	Y_{33}	3.11	3.27	3.44		
	Y_{34}	3.27	3.35	3.50		
	Y_{35}	3.32	3.32	3.51		
	Y_{36}	2.74	2.80	3.04		

表 3-127　过渡代与传统代（初始品牌关系质量）平均数差异显著性分析结果

因素	题目	因素载荷 第一组	因素载荷 第二组	因素载荷 第三组	因素平均数 K	显著性检验 t
品牌信任	X_{31}	0.77	0.77	0.80	0.26	2.27
	X_{32}	0.77	0.76	0.75		
	X_{33}	0.69	0.70	0.75		
社会价值表达	X_{41}	0.74	0.74	0.75	0.29	2.65
	X_{42}	0.79	0.78	0.77		
	X_{43}	0.76	0.76	0.82		
	X_{44}	0.80	0.77	0.77		
	X_{51}	0.74	0.74	0.78		
	X_{52}	0.66	0.65	0.67		
	X_{53}	0.70	0.71	0.69		
品牌依赖	X_{61}	0.65	0.65	0.66	0.23	2.09
	X_{62}	0.56	0.57	0.64		
	X_{71}	0.73	0.73	0.81		
	X_{72}	0.77	0.79	0.86		
	X_{73}	0.74	0.76	0.76		

表 3-128　过渡代与传统代（品牌关系断裂他因）平均数差异显著性分析结果

因素	题目	因素载荷 第一组	因素载荷 第二组	因素载荷 第三组	因素平均数 K	显著性检验 t
品牌关系断裂他因	X_{91}	0.55	0.55	0.51	0.09	0.76
	X_{92}	0.58	0.57	0.58		
	X_{93}	0.54	0.54	0.52		
	X_{94}	0.72	0.73	0.80		
	X_{95}	0.61	0.63	0.81		

表 3-129　过渡代与传统代（品牌关系记忆）平均数差异显著性分析结果

因素	题目	因素载荷 第一组	因素载荷 第二组	因素载荷 第三组	因素平均数 K	显著性检验 t
关系断裂感知时长	X_{100}	0.67	0.66	0.68	0.02	0.23
	X_{101}	0.89	0.88	0.91		
	X_{102}	0.75	0.76	0.83		
	X_{103}	0.77	0.77	0.72		
品牌关系遗忘	X_{111}	0.66	0.66	0.64	-0.06	-0.57
	X_{112}	0.88	0.88	0.90		
	X_{113}	0.82	0.82	0.78		
	Y_{24}	0.77	0.78	0.76		
	Y_{25}	0.67	0.69	0.71		
	Y_{26}	0.72	0.73	0.74		

表 3-130　过渡代与传统代（品牌情感联结）平均数差异显著性分析结果

因素	题目	因素载荷			因素平均数 K	显著性检验 t
		第一组	第二组	第三组		
地域情感联结	Y_{11}	0.63	0.65	0.62	0.33	2.83
	Y_{12}	0.59	0.60	0.62		
	Y_{13}	0.71	0.70	0.69		
	Y_{14}	0.69	0.70	0.69		
	Y_{15}	0.56	0.55	0.51		
怀旧情感联结	Y_{23}	0.70	0.69	0.63	0.03	0.24
	Y_{24}	0.77	0.78	0.76		
	Y_{25}	0.67	0.69	0.71		
	Y_{26}	0.72	0.73	0.74		

表 3-131　过渡代与传统代（品牌关系再续意愿）平均数差异显著性分析结果

因素	题目	因素载荷			因素平均数 K	显著性检验 t
		第一组	第二组	第三组		
品牌关系再续意愿	Y_{31}	0.80	0.79	0.82	0.18	1.67
	Y_{32}	0.88	0.86	0.90		
	Y_{33}	0.84	0.84	0.86		

3.2.6.3　本章小结

本章通过 SEM 分析的平均数结构分析程序，在休眠品牌的品牌关系再续意愿影响因素的因素结构相同的前提下，利用显著性检验对影响因素在性别和年龄上的差异进行检验，得出这样的结论。

（1）在地域情感联结方面，女性顾客比男性顾客的地域情感联结强度更小，因为在地域情感认知方面男性更为理性一些，与原假设相反；在其他的影响因素方面，其中男女差异达到显著的只有社会价值表达。

（2）在年龄差异性研究方面，新生代低于过渡代的差异达到显著的有品牌初始感知价值、初始品牌关系质量、品牌关系断裂感知时长、品牌地域情感联结；新生代低于传统代的差异达到显著的有品牌初始感知价值、品牌当前感知价值、初始品牌关系质量、品牌关系断裂归因于他因、品牌关系断裂感知时长、品牌地域情感联结。过渡代低于传统代的差异达到显著的有：初始品牌关系质量、品牌地域情感联结。

3.2.7　研究结论、贡献、局限性及展望

3.2.7.1　研究结论

品牌关系再续已经从各种角度开展深入的研究，包括：品牌关系的完全断裂和部分断裂及企业驱动型断裂和顾客驱动型断裂，但是关于长时间品牌关系的完全断裂的理论研究很少。本书根据市场观察，针对在市场上曾经出现过并由各种驱动因素导致消失的品牌，提出休眠品牌的概念，厘定怀旧品牌的内涵，并根据大量的访谈和案例追踪，探索性地提出休眠品牌的品牌关系再续的影响因素，并得出如下的初步结论。

（1）通过实证 1，提出休眠品牌的品牌关系再续意愿的影响因素有：品牌初始感知价值、初始品牌关系质量、品牌关系断裂归因、品牌关系记忆、品牌当前感知价值、品牌情感联结。

（2）通过实证 2，得出休眠品牌在品牌关系断裂大概 3 年时，品牌关系的记忆遗忘程度进入非活跃期，即休眠期，从而验证了休眠品牌的量化定义。

（3）通过实证 3，可以得出这样的结论：休眠品牌的品牌关系再续受到诸多因素的影响，从总体上分为感知价值、品牌关系断裂归因、品牌关系记忆、品牌情感联结、品牌关系质量四类。每一类影响因素直接或间接地成为休眠品牌能否激活的关键点，或是单独起作用，或是共同起作用。

①品牌关系断裂前的初始感知价值是休眠品牌能否激活的关键点之一。品牌初始感知价值越高，品牌关系再续意愿的强度也会越高，呈正向显著影响。换言之，消失前曾经是功能价值高的休眠品牌，很可能因为初始感知价值较高而被重新唤醒。休眠品牌的品牌关系再续不仅受到初始感知价值的影响，还要受到品牌当前感知价值的影响。品牌当前感知价值是以品牌初始感知价值为形成基础，同时还受到当前因素影响的一种感知价值。品牌当前感知价值并非直接影响品牌关系再续意愿，而是通过加强或减弱品牌情感联结的程度来作用于品牌关系再续意愿。

②品牌关系断裂的归因是休眠品牌能否激活的关键点之二。品牌关系断裂归因于他因的程度越高，品牌关系再续意愿的强度越强。如果是非品牌危机导致休眠的休眠品牌，消费者因为受到休眠时长的影响，对品牌关系断裂归因绝大多数归因为他因。对于某些民族品牌、地域品牌或者怀旧品牌，如果品牌关系断裂归因于他因的程度越高，品牌情感联结程度就会越高，进而品牌关系再续意愿的程度也会越高。

③品牌关系记忆是休眠品牌能否激活的关键点之三。品牌关系断裂感知时间长度越长，品牌关系再续意愿的强度就会越弱。但是，品牌关系遗忘对品牌关系再续意愿反向作用不显著，因为品牌关系一些细节的遗忘对消费者再续意愿的影响起不到主要作用，除非品牌关系断裂感知时间过长以至于未能唤起怀旧情感却引发了遗忘。

品牌关系记忆通过品牌当前感知价值的中介效应，间接作用于品牌情感联结：品牌关系记忆的强度越低，品牌当前感知价值就会越高，进而品牌关系断裂感知时长越长，品牌怀旧情感联结程度越高；品牌关系遗忘程度越高，品牌怀旧情感联结程度会越低，品牌地域情感联结程度会越高。

品牌关系记忆的维度之一，即品牌关系断裂感知时长，其还通过品牌怀旧情感联结的中介效应间接作用于品牌关系再续意愿：品牌关系断裂感知时长越长，就会唤起消费者更深的品牌怀旧情感联结程度，同时，品牌关系断裂时间越长也会使得品牌关系再续意愿越弱，因为时间越长会造成品牌关系遗忘程度越深，进而降低品牌怀旧情感联结程度。如果休眠品牌曾经是民族品牌或者地域品牌，品牌关系遗忘程度越高，品牌地域情感联结程度会越高。

④品牌情感联结是休眠品牌能否激活的关键点之四。休眠品牌会因为民族品牌、地域品牌或者怀旧品牌的不同而使激活点有所差异，品牌情感联结的强度越高，品牌关系意愿的强度也会越高。

⑤休眠品牌的品牌关系再续还受到初始品牌关系质量高低的间接影响。初始品牌关系质量并不直接作用于品牌关系再续意愿，而是通过对品牌情感联结的中介效应影响品牌关系再续意愿。换言之，休眠品牌的初始品牌关系质量越高，品牌情感联结强度越高。但是，品牌信任的高低对品牌怀旧情感联结的程度并不显著，因为品牌信任在设置调查题项时是从品牌的功能价值上考虑而造成的；品牌依赖对品牌地域情感联结的影响程度不显著，因为地域情感联结是由于特殊的情境或者品牌造成的情感。

（4）通过实证4，探索性地证实了研究对象的性别、年龄在品牌关系再续意愿各个影响因素方面的差异，进而在企业进行休眠品牌激活时建议采用差异性策略手段。

①性别差异性研究：得出男女性别在对待休眠品牌的品牌关系再续意愿的各个影响因素，且只在社会价值表达和品牌地域情感联结方面男性显著高于女性，其他方面的差异均不显著。

②年龄差异性研究：在消费世代价值观的年龄分类中，新生代低于过渡代的差异达到显著的包括品牌初始感知价值、初始品牌关系质量、品牌关系断裂感知时长、品牌地域情感联结；新生代低于传统代的差异达到显著的包括品牌初始感知价值、品牌当前感知价值、初始品牌关系质量、品牌关系断裂归因于他因、品牌关系断裂感知时长、品牌地域情感联结；过渡代低于传统代的差异达到显著的包括初始品牌关系质量、品牌地域情感联结。

3.2.7.2　研究贡献

休眠品牌的激活对于企业资源乃至社会资源的节约都有着重要的意义，但是并不是所有的品牌都能够被企业有效地激活,而且能够激活的品牌的激活点也是有区别的,这对于企业把有限的资源用在关键激活点上来激活休眠品牌尤为重要。

(1) 休眠品牌激活依据的理论。

19世纪心理学家厄恩斯特·韦伯发现,引起注意所需的刺激变化量与原始刺激的强度有关。最初的刺激越强,引起注意所需的刺激变化量越大,这就是韦伯定律。韦伯定律公式为

$$K=\Delta_i/I \tag{7.1}$$

式中:K是常数(不同感觉的常数不同);Δ_i 是产生最小可觉差所要求的刺激强度的最小变化量;I是发生变化的刺激强度。

本研究对韦伯定律进行扩展应用(林雅军,2009)。假设引起消费者注意的刺激为n个,即 I_1,I_2,…,I_n,而且在消费者的行为改变中共同起作用,那么

$$K=\sum\Delta_i\sum I \tag{7.2}$$

如果在式(7.2)中加入时间维度,一种刺激在某一时间维度的强度变化明显,引起消费者行为改变,在下一时间维度的强度维持不变,则 $\Delta_i=0$,那么K变小,该刺激对消费者行为改变不会起作用。

消费者作为市场的主体之一,根据自身信息和接收的信息对企业的行为予以回馈。以消费者作为主体,将消费者信息分为内源信息和外生信息。内源信息是指源于消费者自身的信息,包括社会背景、收入、教育程度、年龄、性别、地域、信息获得习惯渠道、心理、宗教信仰、消费价值观等,还包括在产品消费前对预消费产品或品牌的认知程度,以及消费中或消费后产生的一些消费心理反应和形成的消费惯性行为。绝大多数内源信息具有主观性和随意性的特点。外生信息是指独立于消费者之外不以消费者意愿为转移的企业客观存在的信息,包括企业自身及产品的信息及采取的营销策略手段和营销环境信息,它具有相对客观性的特点。

消费者内源信息和外生信息相互作用、相互影响,外生信息有时会转化为消费者的内源信息。依据韦伯定律,当外源信息转化为内源信息并成为内源信息的稳定部分时,则对消费者行为的改变不起作用。

因为消费者和售卖者之间信息的不对称,消费者在休眠品牌激活时会受自身信息的影响对进入自身信息考虑阈限的不同信息进行加工,使外生信息转化为内源信息。而且外源信息只有转化为内源信息,才会对消费者购买意愿产生影响。

在消费者对休眠品牌的购买意愿产生以前,受着自身的心理资源的限制,也就是休眠品牌在品牌关系断裂前的价值信息及关系信息,这种资源经过时间的磨损和替代产品的近因效应的影响,会越来越弱化。也就是说,在消费者注意力有限和感知能力有限的前提下,企业在激活时必须找到关键激活点成为消费者决策的稀缺资源,因为影响消费者决策的心理资源才能唤醒休眠品牌的关系能量。依据韦伯定律,一种休眠品牌关系的能量在测定有激活的可能性的条件下,根据不同消费者的内源信息的强度予以激活。如果休眠品牌同时具有多个激活点,可以同时激活以提高刺激强度。当休眠品牌被激活后,随着外源信息逐渐转化为内生信息,对消费者行为改变不起作用,因此,激活后企业要强化激活点,对休眠品牌进行品牌维护。

(2) 休眠品牌的激活条件。

并不是所有的休眠品牌都能够复活。在怀旧品牌研究中,Brown、Kozinets和Sherry(2003)从消费者角度分析提出了能够成功激活品牌也应该具有显著的特点。其激活条件与品牌故事(Brand Story)、品牌社群(Brand Essence)、品牌精髓(Idealized Community)和品牌矛盾(Brand Paradox)等相关,这些要素就是Brown等提出的有关品牌激活的"4A"。

在对品牌老化的激活时,Wansink(1997)调研了84个品牌,其中一半的品牌被成功激活。他据此

得出老化品牌能够激活的 5 个激活条件：①中高价位；②次媒体宣传和促销；③分销范围广泛；④历史悠久；⑤特点明显。

从赢回流失顾客与流失时间的角度出发，Stauss 和 Friege（1999）把第二次寿命周期价值定义为赢回顾客的未来价值，并提出最后一次购买时间越长，赢回顾客的可能性越低。

还有学者是从激活成本的衡量上考虑，Wansink（2001）曾经指出，激活一个成熟品牌比重新培育一个新品牌多获利 0.75～1 亿美元。但是关键问题是，虽然品牌激活的成本要比推出新品牌低得多，但也要仔细权衡相关的付出和回报。而且一些品牌只需改变产品尺寸、强度、原料、形式、口味、颜色或质量等就可被激活，而另一些品牌可能要付出很多才能被激活。

在激活休眠品牌时，应从 2 个层面和角度进行考虑：①企业层面。休眠品牌激活的财务成本与休眠品牌激活的市场回报之间做出权衡，如果付出大于回报，则没有必要激活。②消费者层面。从消费者角度考虑休眠品牌的激活条件就是休眠品牌是否有足够的休眠能量能被激活，这也是休眠品牌从潜在的能量转化为消费者决策能量的重要一步。休眠品牌具备的激活点主要包括品牌关系断裂前的初始感知价值、初始品牌关系质量、品牌关系记忆、品牌情感联结、品牌关系断裂归因。这些激活点或同时出现在一个品牌上，或是几个点甚至一个点，都会成为休眠品牌激活的前提条件。

（3）休眠品牌的激活策略。

关于休眠品牌激活策略，有关学者做出相关论述。

在老化品牌方面，Berry（1988）提出品牌激活的 7 个步骤：①千方百计提供高质量的产品或服务；②仔细检查一切能影响消费者感知质量的因素；③管理品牌与消费者之间的关系；④理解品牌价值所在；⑤每个品牌都必须有一些独特的品质；⑥协调好品牌激活过程；⑦为品牌重新上市安排一个激动人心、重要的且有报道价值的派对。前 2 步是从产品创新出发的，认为应改善产品质量，提高消费者认知的性价比；后 5 步大多与品牌有关，如改善品牌关系、品牌价值、品牌形象、品牌个性及整合激活活动。Aaker（1991）提出了品牌激活的 7 条策略，即增加品牌的使用机会、研发新的用途、进入新市场、重塑品牌、提升品牌或服务、停产现行产品和品牌延伸。Brown（1992）认为，品牌激活应该更新品牌形象，采用符合品牌形象的促销方式或改变品牌联想。Wansink（1997）的研究表明，品牌激活应以品牌现有使用者和忠诚者为中心，提高现有使用者的品牌认知度及购买和使用量。Keller（1999）运用认知心理学的观点，提出以下激活方法，一种是提高使用量和使用频率；另一种是提高品牌形象中的联想强度、赞誉度和独特性。Wansink 和 Gilmore（1999）通过深度访谈论证了增加新用途防止品牌老化，而且考察了增加新用途的 3 个具体问题，即增加什么样的新用途、消费者如何得知这些新用途及如何传播这些新用途。高松和庄晖（2001）提出两种品牌激活策略，以挖掘和拓展品牌认知的深度与宽度；改善与建立新的品牌联想，重新构造品牌资产所依赖的基础。

在怀旧品牌方面，Lehu（2004）在品牌老化方面提出产品或服务问题的 3 种解决办法，即更新、延伸或扩充所提供的产品或服务，并探讨利用品牌传统和消费心理来激活品牌的问题。何佳讯和李耀（2006）认为，怀旧是面向过去，利用消费者的怀旧偏好，通过维护老品牌的某些经典的、不变的东西勾起消费者对老品牌与自己关系的正面回忆和情感，激发老品牌独有的品牌资产，从而达到品牌活化的效果。

在赢回顾客的折扣策略上，方式也多样化。比如，亚马逊通常对他们的下次购买提供折扣，HoneyBaked 汉堡公司对重新激活的顾客提供 10 美元的礼券（Schmid，1998）；SelfCare 健康护理产品生产商对有 18～24 个月没有在这家公司订货的顾客再次订货提供高达 25% 的折扣（Kiley，1996）。

以上激活品牌的策略是针对怀旧品牌或老化品牌在品牌资产衰减时提出的。怀旧品牌的策略只针对能够唤起消费者怀旧情怀的品牌提出的策略，而针对老化品牌的策略是品牌关系存续期间的策略和手段，两者与休眠品牌的激活策略有些本质的区别。休眠品牌激活需要 2 个层面：第一个层面是探究休眠品牌的激活点，并在激活点上重点激活；第二个层面是休眠品牌激活后的持续发展和品牌维护。

不同类别的休眠品牌在品牌关系断裂之前和断裂之后进入休眠期间的休眠能量是不同的，因此在休眠品牌激活时的激活点是不一样的。在第一个阶段上可以根据本书的结论找出休眠品牌的激活点。

① 品牌关系断裂前该休眠品牌曾经是顾客感知价值中功能价值很高的品牌。

② 品牌关系断裂前顾客与该休眠品牌的初始品牌关系质量很高。

③ 品牌关系断裂时曾经是民族品牌被其他国家兼并或收购，进而引起消费者的民族主义情感，或者曾经是蕴含丰富的产地文化或产地情感的品牌。

休眠品牌的休眠时长也很重要。Walker（2008）认为，品牌适当沉睡有这样一个好处，可以利用消费者记忆的不完整性增强这种品牌的任何方面，品牌复活后可以不再局限于原有品牌。如果时间过短则不足以进入休眠状态，如果休眠时间过长，则有可能会引起对该品牌的重要关系遗忘，因此品牌关系断裂之后的持续时长很重要。如果不考虑原有价值信息和关系信息的强度，时间大概根据心理学的时间记忆理论在3年以上发生记忆的逆向转移，休眠品牌激活时可参照考虑以3年以上作为进入休眠的尺度，然后结合休眠的关系能量大小实施激活，主要根据模型中的品牌关系遗忘率的高低来决定可否激活。

休眠品牌唤起的情感联结类型：或者是地域情感联结，或者是怀旧情感联结，根据类型的不同来予以重点激活。

替代品牌对休眠品牌的关系能量是个减弱因素，因此激活时尽量在保持原有特色的情况下，加入新的技术手段，或者激活一些科技含量较低的产品。

企业在休眠品牌激活时要衡量品牌激活的财务成本，尽管有些品牌有着激活的可能性，但是该品牌关系断裂前并非热销品牌或者经典品牌，那么休眠品牌激活的市场价值就不是很重要。

同时，休眠品牌面临着品牌内涵复活还是品牌形式复活的策略选择，关于休眠品牌是形式还是内涵的复活还存在着一定的弊端。尽管在探究品牌激活点时已经得出相应的激活重点，但是企业在激活时：选择形式的复活有可能面临着引起原有消费者对休眠品牌本质的质疑，进而影响品牌关系的再续；如果想选择休眠品牌内涵的复活，则面临产品本身的技术落后会对新客户的品牌关系培育，以及原有客户的品牌关系再续产生巨大的冲击力，即如果加入的新元素过多，那么品牌关系再续的原有忠实客户就有可能流失，反之，旧有元素过多有可能造成品牌本身的落后以至于品牌关系再续的难以维持。

因此，在休眠品牌激活的策略选择时，综合衡量消费者的休眠品牌的关系能量和激活成本，尽量选择过去的经典品牌或热销品牌对于节省培育新品牌成本有着重要的意义。同时，对于品牌形式复活和品牌内涵复活要根据休眠品牌本身的特点，结合激活点的不同，进行合理的处理与选择，避免单一策略造成的新老消费者的品牌关系难以维系的弊端。

在休眠品牌激活时，要根据休眠品牌的激活特性在男女性别方面有针对性地采用差异性激活策略。如果是蕴含地域情感联结的休眠品牌，对男性顾客激活更为有效；如果是蕴含怀旧情感联结的休眠品牌，对女性顾客激活更为明显有效。在休眠品牌因为过去的功能价值较高成为激活点时，对女性顾客的激活效果更为显著，在初始品牌关系质量方面，品牌社会价值表达和对品牌的信任男性高于女性，在品牌关系断裂归因于他因方面，女性高于男性，品牌依赖的程度女性高于男性；从另外一个角度来讲，男性对休眠品牌的感知更趋为理性，女性更为感性一些，在情感上依赖的程度更深。在对品牌关系断裂感知时长方面，男性比女性感觉时间更长，品牌关系遗忘的程度越深。因此，休眠品牌关系再续意愿的强度女性高于男性。

在休眠品牌激活时，要根据休眠品牌的激活特性在年龄方面的差异有针对性地采用差异性激活策略。休眠品牌激活时，在激活点—品牌初始感知价值、初始品牌关系质量、品牌关系断裂归因于他因、品牌关系断裂感知时长、品牌地域情感联结、品牌当前感知价值和怀旧情感联结等方面上，年龄越大，策略越明显。

（4）休眠品牌激活后的持续发展和品牌维护。

休眠品牌激活之后如果要持续发展，就必须进行品牌维护，不仅要和市场上的现有同类品牌进行竞争，还要实行休眠品牌的差异性策略。因为休眠品牌有些是怀旧品牌，必然隐含品牌的历史价值和怀旧价值，因此休眠品牌维护在改进技术的同时，更要重点突出怀旧品牌的原有品牌精髓的保留和发扬，利用品牌故事延伸激起原有顾客群体形成的品牌社区的共鸣效应，使得企业以怀旧情感联结为特色唤醒的休眠品牌在同类产品的竞争中保持竞争优势。在对待由于被外资兼并或者收购造成品牌关系断裂的休眠品牌，如果在唤起民族主义情感联结之后进行品牌维护，要重点突出民族特色的产品设计；品牌关系断裂时是因为企业经营不善，但是唤醒时是因为休眠品牌蕴含产地的丰富文化信息，因此品牌维护要重点突出地域的文化特色。休眠品牌激活点是源于品牌初始感知价值相比同期同类产品比较高，在品牌维护时要在质量、技术上重点提升，不断提高品牌回忆和识别来扩展品牌意识的深度或广度，提高消费者感知价值，以便在保留原有顾客关系的同时赢得新客户。

3.2.7.3 研究局限性及展望

（1）研究局限性。

① 产品类别分析。

在跨样本研究上，本书收集的数据受限于时间、人力和成本等因素，在取样上仅收集了低卷入/情感型的休眠品牌（以饮料为代表）的样本，有一定局限，缺乏在其他类别的模型恒等性研究，这也将是今后进行深入研究的方向。

② 静态数据分析。

鉴于休眠品牌的品牌关系断裂的特殊性，感知价值资料无法持续保留，因此本书对感知价值的动态变化只是根据断裂前和断裂后的某一时点的价值作以评价，在研究中有可能会因此造成感知价值评价的局限性。

③ 休眠致因分析。

本书只是探索了非品牌危机导致休眠的休眠品牌的品牌关系再续意愿的影响因素，关于品牌危机导致休眠的品牌能否被唤醒、被唤醒的条件及影响因素尚需今后进一步探索研究。

④ 休眠服务品牌研究。

本书在设计量表和影响因素模型的研究时，考虑和采用的是产品类的休眠品牌，对于服务类的休眠品牌在特征和激活特性上有无区别并未进行研究，这也将是今后研究的方向。

⑤ 消费者世代分类研究。

本书在消费者消费世代分类时过于笼统，尤其是20世纪60年代以前的消费世代划分，有可能会造成研究的无法细化，为此，今后将进一步研究20世纪60年代以前的世代在消费价值观方面及对休眠品牌的品牌关系再续意愿方面的差异性。

⑥ 激活成本研究。

休眠品牌成功激活的可能性与品牌关系再续的财务成本的衡量是企业在激活时必须要考虑的，本书仅从理论上考虑休眠品牌能否激活及品牌关系再续意愿的影响因素，并没有考虑企业财务成本及激活策略手段上是否可行。

⑦ 量表级别选择。

在测量量表的选择上，因为调查中考虑到调查对象的最低文化水平，所以选择了五级量表，但是理论研究中七级量表更能够反映人的实际心理的梯度。因此，五级量表的选择在分析中有可能导致一些差异性研究无法得出明显的区别。

（2）研究展望。

未来将在激活策略方面进行进一步细化和深入研究：高卷入/情感型的休眠品牌的激活策略、品牌危机导致休眠的休眠品牌的激活策略、服务类的休眠品牌的激活策略；构建激活成本与收益衡量机制，对休眠品牌的激活效益进行事先预测；研究激活策略的同时，透析休眠品牌激活域的作用机理研究，从而构建休眠品牌的衍化机理到激活路径之间的一体化应用模式，从根本上解决休眠品牌激活策略的可行性及激活后的可持续性发展问题，为企业品牌战略管理提供一定的参考作用。

3.3 休眠品牌的品牌关系再续意愿影响因素的量表开发及测度检验

3.3.1 研究对象的界定

休眠品牌是指一种品牌的实体或载体在市场上消失后，消费者停止了与该品牌有关的所有交易行为或购买活动达3年以上，这样的品牌称之为休眠品牌。关于休眠品牌的界定包含2个层面：在企业层面上，企业停止公开发布该品牌的任何讯息，已经不再生产或提供该品牌的产品或服务，或者企业注销在工商机构注册的法人资格，导致该品牌的生产实体已经不复存在，消费者被迫或主动停止与该品牌有关的所有交易行为或购买活动。在消费者层面上，消费者已经未实施与该品牌的交易行为达3年以上，原有的信息记忆未经提示或重新出现有关情境消费者已经无法记起该品牌。

根据分类标准的不同，休眠品牌可以分为很多类别，其中根据导致休眠原因的不同分为两类，一类是品牌危机导致休眠的产品品牌。另一类为非品牌危机导致休眠的产品品牌，本书只研究非品牌危机导致休眠的产品品牌。

3.3.2 量表的开发与检验

3.3.2.1 探索性因子分析

（1）休眠品牌的品牌关系再续的调研对象。

根据研究对象确定休眠品牌的品牌关系再续的调研对象，本书研究的是非品牌危机原因导致休眠的品牌，因为是消费者—品牌关系再续，所以调研对象必须是曾经消费或使用过一次以上的消失3年以上的品牌的顾客。

（2）深度访谈。

深度访谈法是定性研究中最为常见的一种方法。本书根据研究对象的特殊性，即需要时间来慢慢回忆消失的品牌，因此采用半结构式的深度访谈，谈话的题目、内容不固定，只以提纲或粗略的问题来确定访谈的范围。访谈过程中，询问问题的顺序不固定，可根据情况进行调整，细节内容也可以根据访谈者做合适处理。地点选在环境放松的茶楼或者网上聊天的方式进行。

本书深度访谈了36人，每一批访谈人数为4~5人，而且根究研究对象的特点，每一批访谈对象在年龄、职业、收入层次、社会层次尽量相同，在访谈中尽量安排一个关键信息人，能够使访谈顺利进行，访谈中注意控制主题、尽量避免被提问，安排合适的记录员，详细记录访谈中被访谈者的真实想法、态度、观点和意愿，并且在访谈结束后及时整理相关记录，总结访谈经验，调整下次访谈，拟定更完善的访谈计划。

根据访谈提纲进行访谈，对访谈结果进行归纳总结，提炼访谈的题项得到影响休眠品牌关系再续意愿的影响因素：功能价值、情感价值、面子、信任、时间、记忆、价格、需求、技术比较、替代产品、怀旧情感、产地情感、断裂原因等多个题项。在访谈中发现对于非品牌危机导致休眠的品牌的休眠致因对于消费者来说，在归因方面绝大多数归因于他因或者无法识别，而且当时对品牌的情感价值最终会转化为消费者对休眠品牌的怀旧情感的一部分。

（3）初步测试。

深度访谈后将访谈题项呈交2位营销专家和6位营销博士进行研讨，根据有关意见进行初步问卷的拟定，采用了60个方便样本和10个社会样本进行初步测试，为了尽量使问卷题项通俗易懂，其中10个样本选择的是样本调查对象中学历水平最低的初中学历，最后根据他们的意见进行问卷题项问法的相关修改。

(4)确定指标量表、设计调查问卷。

① 指标量表的设计。

在进行以上的测试和修改后,进行指标量表的正式设计。初始品牌关系质量量表借鉴何佳讯开发的本土品牌关系质量量表,并根据本书研究访谈和初步测试结果进行了修改,品牌初始感知价值主要参照品牌感知价值量表,品牌关系记忆、品牌当前感知价值、品牌关系断裂归因、品牌情感联结通过研究文献、专家意见和深度访谈资料进行开发。量表初步定了13个维度,每个维度测试项目不等,共57个测试项目。采用LIKERT五级量表形式,具体做法是将问卷评分级别划分为5等:完全同意、较同意、说不清、较不同意和完全不同意,同时赋予每一个评分级别相应的分值,如完全同意-5分、较同意-4分、说不清-3分、较不同意-2分和完全不同意-1分。

② 调查问卷的设计。

总体上来讲,整个问卷设计包括3个部分,即寒暄润滑问题、休眠品牌提示和调查问题。寒暄润滑问题,尽量拉近与调查者的距离,获取调查对象的信任,促使其真实地反映自身的态度和意愿。通过深度访谈了解到消费者休眠品牌的记忆缺损很大,因此在问卷中尽量做出休眠品牌提示,如果提示名单中没有则建议调查对象自己填上记忆中消失的品牌。并在问卷中设置甄别问题,如对这个消失的品牌(或该品牌的系列产品)当时的购买或使用情况:经常使用、偶尔使用、仅使用一次、从没用过。如果答案为从没用过,则该调查对象非本次研究对象。

通常来讲,期望从问卷中获得的信息可以分为基础信息、分类信息。基础信息是与研究问题直接相关的,分类信息用于对调查对象的分类和解释。本书的分类信息主要为性别、年龄、学历、月收入。

(5)数据收集。

数据在收集过程中采用随机抽样和分层抽样的方式,分层抽样以不同的年龄阶段为分类标准,即以10年为区间距离划分6个时代,根据购买力和过去购买经历的情况,不同的分层采用不同的比例抽样。对20世纪60~80年代的群体样本比重尽量大些,对20世纪90年代和20世纪50年代的群体样本比重尽量小些。对调查问卷的处理采用如下标准。

① 填满率低于95%为无效问卷。

② 问卷中各项选择结果70%以上雷同的问卷为无效问卷。

③ 甄别问题中答案选择"从没用过"的问卷为无效问卷。

根据调查情况、取样的难度和经费情况,采用多种调研方法相结合的办法,外地采用邮件、网上问卷、电话调查,本地采用调查问卷的形式。初次探索性调查共发放问卷970份,其中有效问卷869份、甄别问卷44份、废弃问卷57份。

(6)数据的描述性统计分析。

在探索性因子分析和验证性因子分析中收集的样本分布情况为,男性样本为55%,女性样本为45%;年龄在20岁以下为5%,20~29岁为20%,30~39岁为40%,40~49岁为30%,50~60岁为5%;学历的分布在初中为10%,高中为15%,大学为50%,研究生为25%;月收入在1000元以下为5%,1000~1999元为30%,2000~2999元为40%,3000~3999元为20%,4000元以上为5%。

(7)探索性因子分析。

Nunnally(1978)认为,探索性因子分析的样本量应该至少是量表测项数目的10倍。本书的初始量表包含47个测项,因此运用SPSS13.0对869个样本进行探索性因子分析。探索性因子分析主要利用主成分分析(Principle Component Method),采用4次最大正交旋转法来进行因子分析。在因素的个数决定上,以特征值(Eigenvalue)大于1为评估标准。

通过4次最大正交旋转,前11个因子的特征根值均大于1,累计解释的变异量为61.458%,

Malhotra（1999）认为累计方差贡献率最好大于60%。测项并没有按照原假设归属13个因子，而是9个因子，其中删除因子载荷低于0.5的品牌初始感知价值中的情感价值"当年使用这个品牌时，我总有一种很愉快的感觉""当年使用这个品牌的时候，我感觉到很满足""当年使用这个品牌增加了我生活的乐趣"；怀旧情感联结中的"我觉得这个品牌很好地体现了那个时代的特色""我觉得这个品牌很像某个时代的产物"；删除品牌依赖中的因子载荷低于0.5的项目"当年这个品牌的产品缺货时，我愿意暂缓购买"；并且合并项目有地域情感联结和民族情感联结、社会价值表达和自我概念联结、情感忠诚和品牌行为依赖，其他测项则按照最初的假设汇聚得很好。10个因子分别命名为：品牌初始感知价值、初始品牌关系质量（包括品牌信任、社会价值表达、品牌依赖）、品牌关系断裂归因、品牌关系记忆（品牌关系断裂感知时长、品牌关系遗忘）、品牌情感联结（品牌地域情感联结、品牌怀旧情感联结）、品牌当前感知价值。结果表明，本书各测项的单一因子载荷均在0.5以上，不存在显著的跨因子分布，因此具有良好的结构效度如表3-132所示。

表3-132 正交旋转后的因子负荷矩阵

变量		测量项目代码和题项	因子负荷	Cronbach's α	验证因子负荷
品牌初始感知价值	情感价值	X_{11} 当年使用这个品牌很好地满足了我的实际需要	0.534	0.765	0.71
		X_{12} 当年这个品牌的价位对我来说很合适	0.699		0.60
		X_{13} 当年这个品牌的产品我觉得物有所值	0.625		0.66
		X_{14} 当年使用这个品牌对我来说很便利	0.671		0.65
		X_{15} 当年购买这个品牌对我来说很便利	0.760		0.51
初始品牌关系质量	品牌信任	X_{31} 当年这个品牌的品质我很信赖	0.659	0.780	0.77
		X_{32} 当年使用这个品牌，我感到安全和放心	0.698		0.76
		X_{33} 当年这个品牌的实际表现正如我的期望	0.526		0.70
	社会价值表达	X_{41} 当年使用这个品牌，让我感觉很有面子	0.771	0.901	0.76
		X_{42} 当年使用这个品牌，让我显得很有档次	0.801		0.80
		X_{43} 当年使用这个品牌既迎合自己又迎合他人对我的看法	0.782		0.78
		X_{44} 当年使用这个品牌，让我有某种优越感	0.810		0.80
		X_{51} 当年这个品牌的形象与我自己追求的形象在很多方面是一致的	0.763		0.75
		X_{52} 当年这个品牌表达了与我相似的或我想成为的这类人的很多东西	0.677		0.67
		X_{53} 当年使用这个品牌，我感觉已经和我向往的那类人一样了	0.702		0.70
	品牌依赖	X_{61} 当年宁愿费些周折，我也要买到这个品牌	0.583	0.822	0.65
		X_{62} 当年我对这个品牌有很强的依赖性	0.644		0.65
		X_{71} 我当时非常喜欢这个品牌	0.536		0.74
		X_{72} 即使当时有其他的选择，我还是认为这个品牌是最佳的选择	0.646		0.80
		X_{73} 即使当时别人向我推荐其他品牌，我也不会更换该品牌	0.690		0.75
品牌关系记忆	品牌关系断裂感知时长	X_{100} 我认为很长时间应该是……	0.757	0.860	0.67
		X_{101} 我感觉很长时间没有见到或使用这个品牌	0.891		0.88
		X_{102} 我很长时间没有听见朋友或他人提起或使用这个品牌了	0.821		0.76
		X_{103} 我最后一次使用直到现在或再次出现前有很长时间了	0.825		0.75
	品牌关系遗忘	X_{111} 看到相似的产品，我也想不起该品牌了	0.810	0.836	0.69
		X_{112} 即使提及，我也想不起这个品牌或这个品牌的产品了	0.860		0.88
		X_{113} 我已经没有这个品牌的任何记忆了	0.828		0.82
品牌情感联结	品牌地域情感联结	Y_{11} 我觉得这个品牌很好地体现了产地的文化	0.689	0.786	0.65
		Y_{12} 我觉得这个品牌对当地经济很重要	0.712		0.61
		Y_{13} 使用这个品牌很好地体现了我的民族情感	0.699		0.72
		Y_{14} 我觉得这个品牌很好地体现了中华传统的东西	0.700		0.71
		Y_{15} 我觉得这个品牌对国家经济很重要	0.599		0.56
	品牌怀旧情感联结	Y_{23} 这个品牌使我想起我童年时光/少年时代/年轻的时候	0.749	0.801	0.67
		Y_{24} 这个品牌使我想起过去的经历/过去的事情/过去的人	0.806		0.77
		Y_{25} 这个品牌使我想起我和朋友们在一起的时光	0.746		0.68
		Y_{26} 这个品牌使我想起我和家人们在一起的时光	0.705		0.72

续表

变量	测量项目代码和题项	因子负荷	Cronbach's α	验证因子负荷
品牌关系断裂归因	X_{91} 该品牌的消失是因为外界或他人原因造成的	0.646	0.744	0.55
	X_{92} 该品牌的消失只是因为暂时、偶然的事件或个别人引起的	0.590		0.58
	X_{93} 该品牌的消失企业当时是没办法控制的	0.638		0.52
	X_{94} 该品牌当时是因为合资造成的消失	0.778		0.77
	X_{95} 该品牌当时是因为兼并、收购造成的消失	0.725		0.65
品牌当前感知价值	Y_{31} 我觉得这个品牌的技术现在还跟得上时代	0.685	0.824	0.67
	Y_{32} 我觉得这个品牌当年的质量现在看起来还不错	0.555		0.57
	Y_{33} 我觉得这个品牌现在还符合我的形象	0.755		0.74
	Y_{34} 我觉得这个品牌现在还适合我的品味	0.785		0.74
	Y_{35} 这个品牌现在还能很好地满足我的实际需要	0.705		0.70
	Y_{36} 我现在很难找到替代它的新品牌	0.574		0.59

3.3.2.2 验证性因子分析

（1）验证性因子分析量表的信度、效度。

在验证性因子分析中，最恰当的样本量是多少，学者存在着分歧，Shumacker和Lomax的研究发现，大部分的结构方程模型的样本数在200～500个。本书CFA的样本量取200份，进一步验证测项的信度、效度，效度检验包括内容效度和建构效度，信度分析和内容效度在以上探索性因子分析中已经检验，通过验证性因子主要分析建构效度，建构效度可分为收敛效度和区分效度。收敛效度由CFA模型的拟合指数和因子负载系数来检验（Mueller，1996）。具体来讲，可以从观测变量因子负荷的显著性程度（t值）判断，观测变量因子负荷的应达到显著性水平，且其值必须大于0.45（Joreskog和Sorbom，1988）。由表3-133可知，所有因子负荷之t值均大于0.45，表明所有指标在各自计量概念上的因子负荷量都达到p<0.01的显著水平，且因子负荷介于0.52~0.88，大于门槛值0.45，表明量表具有较高的收敛效度。常见的区分效度判别方法有两种：如果两个潜变量之间的相关系数加减标准误的两倍不包含1，表明数据有较高的区别效度（James和Gerbing，1988）；潜在变量的共同方差应该小于0.5，且某一潜在变量与其他潜在变量的共同方差应该小于该潜在变量的平均方差收取量（Fornell和Larcker，1981）。由表3-134和3-135计算可知，潜在变量之间的相关系数加减标准误的两倍不包含1；潜在变量的共同方差均小于0.5，潜在变量与其他潜在的共同方差均小于潜在变量的平均方差提取量。因此，数据的区分效度较好。

表3-133 CFA模型的因子负荷与t值检验

CSJZ	t值	PPXR	t值	SHJZ	t值	PPYL	t值	DLTY	t值
0.71	—	0.77	—	0.76	—	0.65	—	0.55	—
0.60	15.51	0.76	21.01	0.80	24.25	0.55	14.23	0.58	12.15
0.66	16.84	0.70	19.35	0.78	23.57	0.74	18.12	0.52	11.31
0.65	16.61			0.80	23.99	0.80	19.25	0.77	13.98
0.51	13.25			0.75	22.48	0.75	18.28	0.65	13.06
—	—			0.67	19.80				
—	—			0.70	20.82				

GZSC	t值	PPYW	t值	DYQC	t值	HJQC	t值	DQJZ	t值
0.67	—	0.69	—	0.65	—	0.67	—	0.67	—
0.88	21.11	0.88	21.15	0.61	14.80	0.77	17.78	0.57	14.64
0.76	19.42	0.82	20.81	0.72	16.70	0.68	16.45	0.74	18.10
0.75	19.08			0.71	16.63	0.72	17.08	0.74	18.10
—	—			0.56	13.82			0.70	17.25
								0.59	14.99

表 3-134 潜在变量的相关系数和标准差

	CSJZ	PPXR	SHJZ	PPYL	DLTY	GZSC	PPYW	DYQG	HJQG	DQJZ
CSJZ	1.00	0.02	0.02	0.03	0.01	0.02	0.02	0.02	0.02	0.02
PPXR	0.70	1.00	0.03	0.03	0.02	0.02	0.03	0.02	0.02	0.02
SHJZ	0.39	0.55	1.00	0.04	0.02	0.03	0.03	0.03	0.03	0.03
PPYL	0.63	0.70	0.62	1.00	0.02	0.03	0.03	0.03	0.03	0.03
DLTY	0.23	0.15	0.32	0.29	1.00	0.02	0.02	0.02	0.02	0.02
GZSC	0.01	0.06	0.05	0.02	−0.03	1.00	0.03	0.02	0.02	0.02
PPYW	−0.16	−0.21	0.11	−0.07	0.33	0.04	1.00	0.02	0.03	0.03
DYQG	0.46	0.46	0.49	0.48	0.32	0.02	0.09	1.00	0.02	0.02
HJQG	0.38	0.38	0.36	0.40	0.10	0.16	−0.24	0.36	1.00	0.05
DQJZ	0.41	0.42	0.42	0.49	0.39	−0.12	0.06	0.46	0.27	1.00

表 3-135 潜在变量的相关系数、平均方差抽取量及各个潜在变量之间的共同方差

	CSJZ	PPXR	SHJZ	PPYL	DLTY	GZSC	PPYW	DYQG	HJQG	DQJZ
CSJZ	0.40	0.49	0.15	0.40	0.05	0.00	0.03	0.21	0.14	0.17
PPXR	0.70	0.56	0.30	0.49	0.02	0.00	0.04	0.21	0.14	0.18
SHJZ	0.39	0.55	0.58	0.38	0.10	0.00	0.012	0.24	0.13	0.18
PPYL	0.63	0.70	0.62	0.50	0.08	0.00	0.00	0.23	0.16	0.24
DLTY	0.23	0.15	0.32	0.29	0.38	0.00	0.11	0.100	0.01	0.15
GZSC	0.01	0.06	0.05	0.02	−0.03	0.59	0.00	0.00	0.03	0.014
PPYW	−0.16	−0.21	0.11	−0.07	0.33	0.04	0.64	0.01	0.06	0.00
DYQG	0.46	0.46	0.49	0.48	0.32	0.02	0.09	0.43	0.13	0.21
HJQG	0.38	0.38	0.36	0.40	0.10	0.16	−0.24	0.36	0.51	0.07
DQJZ	0.41	0.42	0.42	0.49	0.39	−0.12	0.06	0.46	0.27	0.45

注：1. 表 3-119 中对角线以下为相关系数矩阵，对角线以上为标准误。

2. 表 3-120 中对角线下方为相关系数矩阵，对角线数字为各个潜在变量的平均方差抽取量，对角线上方为各个潜变量与其他潜变量的共同方差。

3. 表中因子按照顺序为：品牌初始感知价值（CSJZ）、品牌信任（PPXR）、品牌社会价值表达（SHJZ）、品牌依赖（PPYL）、品牌关系断裂归因（DLTY）、关系断裂感知时长（GZSC）、品牌关系遗忘（PPYW）、地域情感联结（DYQG）、怀旧情感联结（HJQG）、品牌当前感知价值（DQJZ）。

（2）测量模型的检验。

采用 LISREL8.54 中的稳健最大似然法进行估计，将通过验证性检验的数据代入测量模型，模型的拟合指数如表 3-136 所示，11 个拟合指数除了 GFI 和 AGFI 低于标准指标外，而且该项指标受样本量大小的影响，其余各指标都达到了优的标准，表明 CFA 模型与数据的拟合度良好。

表 3-136 CFA 模拟的拟合指数一览表

	绝对拟合指数						相对拟合指数			简约拟合指数	
	X^2/df	CFI	ACFI	SRMR	RMSEA	NFI	NNFI	CFI	IFI	PNFI	PCFI
标准值	<3	>0.90	>0.90	<0.08	<0.08	>0.90	>0.90	>0.90	>0.90	>0.50	>0.50
实际值	2.65	0.88	0.86	0.046	0.95	0.96	0.97	0.97	0.97	0.87	0.77

3.3.3 研究结论

品牌关系再续的研究已经从各种角度展开来进行，包括品牌关系的完全断裂和部分断裂及企业驱动、顾客驱动的断裂，关于长时间的关系完全断裂的研究很少。本书根据市场观察，针对在市场上曾经风靡一时、产销量达到一定的市场份额的热销品牌或者经典品牌，由于各种驱动因素导致消失的品牌，提出休眠品牌的概念定义，并根据大量的访谈和案例追踪，探索性地提出休眠品牌关系再续的影响因

素，并得出如下的初步结论。

通过实际的企业案例，深入思考休眠品牌的特性及市场价值，系统回顾、梳理相关学者的大量研究成果，并且进行范围较广的深度访谈，经过实证研究，归纳总结出如下的影响因素。

（1）休眠品牌关系再续时不仅要考虑原有的品牌感知价值，还要进行与现时代的感知价值进行对比。这两个因素既有联系又有区别，现时代的感知价值主要是同过去的休眠品牌的感知价值的比较、现代形象契合度高低及替代品价值比较。

（2）休眠品牌关系再续意愿与休眠前的品牌关系的深度也有很大关系，品牌关系质量不仅在当时对购买意愿起到显著的影响，在品牌休眠之后，对于休眠的关系能量的强弱也会有影响。

（3）品牌关系断裂归因对休眠品牌关系也会有一定的影响。关系断裂归因于自因和他因对消费者的品牌态度和行为会有影响。

（4）品牌关系记忆的强度对品牌关系再续是有影响的，如果记忆中这种关系能量越来越弱，那么再续的可能性就会越小。

（5）对于一个沉寂在消费者记忆中的品牌影响消费者的再续意愿需要一种联结：情感联结，其中怀旧情感起到很大的作用。

第二部分
预警安全

4. 企业营销安全研究现状

企业营销安全研究是作者在经济安全研究的启发下率先提出来的，因此，目前学术界尚无专门研究，但与企业营销安全相关的研究，学术界已经不少，主要包括以下6个方面。

4.1 经济安全问题的研究现状

关于经济安全的研究，作者已在前文做了详细介绍。它发端于20世纪70年代的石油危机，兴盛于亚洲金融危机。开始是政界的关注，后来才发展为学术界的探讨，并发展成为一门新兴的学科。在中国已经形成了相对固定的研究群体，有王巍关于国家风险问题的研究，胥和平等关于国家经济安全监测预警问题的研究，有雷家骕、柴尚权等关于国家经济安全理论的研究，有姜彦福关于中国国家经济安全现状的研究，有米泽关于粮食安全问题的研究，有张幼文、王铁生等的金融安全问题的研究，有路志凌流通安全问题的研究。这些研究，开创了中国经济安全研究的新时代。

4.2 经济预警问题研究现状

经济预警包括宏观经济预警和微观经济预警，对其概念目前还没有统一的说法，不同的学者有不同的解释。经济预警实质上是运用经济学方法对经济风险和经济危机进行监测和预报。它包括明确警源、分析警兆、预报警度几个阶段。明确警源是预警管理的前提，分析警兆是预警管理的基础，预报警度是预警管理的具体措施。

经济预警思想最早是由法国经济学家福里利（Alfred Fourille）提出的，1888年他在巴黎统计学会上发表了《社会和经济的气象研究》，运用气象预报方法来预报经济危机和风险。1917年哈佛大学珀森斯（Warrenmileonpersous）提出把影响经济波动的指标分为先行指标、同步指标、滞后指标，并以此为基础构建经济预警体系，20世纪50年代美国穆尔（G Moore）发明了警兆信息综合分析法—扩散指数（Diffusion Index），20世纪60年代美国希斯金提出了合成指数（Composite Index）监测预警法。20世纪90年代Jagdish提出了系统预警理论，建立了宏观经济预警的指标体系。我国经济预警研究，以萌芽时期算起已经有近30年。

在国内，最早进行宏观经济预警系统研究的是吉林大学系统管程研究所，他们接受国家经贸委的委托，对我国的经济循环进行研究，发表了《我国经济循环的测定与预测》的报告，于1987年通过鉴定。全国范围内第一次宏观经济预警研究讨论会由国家统计局委托东北财经大学，以"全国青年统计科学讨论会"为名，于1987年9月召开。研究规模较大的还有国家科委中国科技促进发展研究中心1987年4月研制的《我国宏观经济增长波动的动态分析与宏观调节问题探讨》报告，1991年由中国人民大学原计划方法教研室研制的宏观经济预警成果，1993年国家统计局等单位（卡斯特评价中心）研制的景气分析成果。此外，还有许多理论工作者个别进行的研究，如早在1981年桂世柞就公开提出利用西方景气预测即预警方法对我国经济发展动向进行监测预报。在研究成果方面，顾海兵出版了《中国工农业经济预警》《宏观经济问题预警研究》，来光贤出版了《我国宏观经济预测与预警系统建设》，胡健颖出版了《社会总供求状态的监测、预警和调控》，顾海兵、张泽厚出版了《中国经济波动与监测预警》等专著。

国内关于经济预警的研究大都集中在宏观经济预警上，对微观经济预警涉及甚少。比较系统的研究是佘廉、谢范科为首的专家群体，他们在1993年主持的企业逆境研究课题中，就提出了"企业预警预控系统"，1987年他们又主持了自然科学基金"企业危机的预警原理与方法"研究的课题，并于1999年出版了《企业逆境管理丛书》《企业预警管理论》《营销预警管理》等著作，开创了微观经济预警管理研究的新局面。

4.3 企业经营风险问题研究现状

风险研究起源于 20 世纪初，1901 年美国威雷特博士出版了《风险与保险的经济理论》，开始对风险问题进行系统研究，1919 年美国雷特出版了《风险与不确定性》一书，提出了风险预警的概念，开始对风险预警进行研究，1921 年美国奈特出版了《风险、不确定性与利润》对风险理论做了进一步的拓展。

20 世纪 50 年代以后，风险及其预警研究得到广泛重视，一批论文和著作出版，其中代表性的著作有 Williams C Arther 出版的 Risk Management and Insurance，美国 Mark R Green、Oscar N Serbein 出版的 Risk Management: Text and Cases，George L Head Stephen Hom 出版的 Essentials of Rise Management，Emmett J Raughan 出版的 Fandamentals of Risk and Insurance，英国 Gordon C A Dickson 出版的 Risk Management，美国 Ron S Dembo 和 Andrem Freeman 于 1998 年出版的 Seeing To Morrow: Rewriting the Rales of Risk，日本武井勋出版的《风险管理》和 2000 年英国学者迈克尔出版的新著《经营风险与危机处理》。在这些著作中对风险的形成、类型、预防和预警进行了广泛的研究，但基本未对企业的营销风险进行系统研究，一些著作提到了营销风险，但都是一笔带过。只有美国学者 James P Forkan 的新作《营销风险》一书，开始了对营销风险的系统研究。在书中，James 对营销风险的成因、类型、表现进行了研究，提出了营销风险防范的具体措施。

在国内，风险研究起源于 20 世纪 40 年代，但真正被重视还是在 20 世纪 80 年代。1984 年台湾学者宋明哲出版了《风险管理》一书，1987 年郭仲伟出版了《风险管理与决策》，1990 年金润圭出版了《企业风险与管理》，林义出版了《风险管理》。1993 年香港保险总会出版了《风险管理》手册，1997 年王诚出版了《竞争策略与风险管理》，1998 年赵曙明出版了《国际企业风险管理》。与此同时，大量论文也见诸刊物，阮平南的《企业经营风险与预警研究》、唐晓东的《经济波动与企业预警研究》、胡晓华的《企业经营风险的成因与对策》等论文算是代表性论文。

但这些研究基本上都是介绍性的研究，真正有创见性的研究，要算佘廉的《企业预警管理研究》、谢科范的《技术创新风险管理研究和企业生存风险研究》、戴行信的《企业灾害风险管理研究》、王恕立的《企业对外贸易预警管理研究》、曾国安的《经济环境与企业预应行为研究》、张富生的《企业改革预警研究》。

4.3.1 佘廉的企业预警问题研究

佘廉是武汉交通科技大学教授，《交通企业管理》杂志主编，中国危机预警研究方面的权威学者，曾主持了"企业逆境管理——管理失误成因分析与企业滑坡对策研究""企业危机的预警原理与方法研究""交通灾害预警系统研究"三项国家自然科学基金项目，出版了《企业管理滑坡探源》《企业逆境管理》《企业逆境管理探析》《企业预警管理论》《企业预警管理实务》等专著，创立了企业逆境管理理论体系和企业预警管理理论体系，它提出的企业逆境的预警管理模式、企业管理波动的预警管理模式、企业管理失误的预警管理模式、企业危机的预警管理模式，对学术界和企业界是一个重大贡献，奠定了中国企业危机预警管理的理论基础。

4.3.2 谢科范的企业生存风险问题研究

谢科范是我国又一位企业风险与危机研究专家，现为武汉理工大学管理学院副院长，年轻的博士生导师，出版有《企业风险防范》《技术创新风险管理》《市场风险预警》《企业生存风险》等风险管理的专著，提出了自己的"企业生存风险"学说和"技术创新风险"学说，奠定了企业生存风险和技术创新风险研究的基础。

4.3.3 戴行信和王友顺的企业灾害风险问题研究

戴行信和王友顺合著的《企业灾害风险管理》系统的探讨了企业可能出现的各种灾害风险，包括意外事件、生产事故、市场突变、自然灾害等风险因素及其预警管理，开创了企业灾害研究的新领域。

4.3.4 张富生和程艳霞的企业改革预警问题研究

张富生和程艳霞合著的《企业改革的误区与预警》，对企业改革可能出现的各种误区，包括承包经营误区、兼并破产误区、资本经营误区、股份制改造误区、集团发展误区、技术创新误区等进行了研究，并提出了有针对性的预警管理措施，开辟了企业改革预警研究的新领域。

4.3.5 曾国安、李正发等的企业经济环境预警问题研究

曾国安、李正发等合著的《经济环境与企业预应行为》，对企业的体制环境、政策环境、运行环境等进行了研究，并针对这些环境提出了具体的预警管理办法，开创了企业环境预警研究的新领域。

4.3.6 王恕立的企业对外贸易预警问题研究

王恕立所著的《对外贸易预警管理》一书，系统探讨了企业对外贸易过程中的各种风险，并以此为基础，提出了相应的预警管理体系，奠定了企业贸易预警研究的基础。

4.4 企业危机预警问题研究现状

危机管理思想最早起源于企业界而不是学术界。20世纪80年代一些跨国企业在遭受外部危机性打击时该如何应对，产生了"危机公关"的概念，并以此为基础发展为危机管理和危机预警思想。

在西方，关于危机研究主要有以下4个派别。

4.4.1 英国M Regester的问题危机研究

M Regester是西方危机管理研究的权威学者，也是著名的作家和演说家。从1979年开始致力于危机问题的研究，是西方理论界较早从事危机研究的专家。它作为海湾石油公司欧洲、西非及中东地区的公共事务管理者，协助处理了一系列企业和政府危机，尤其是在处理爱尔兰Bantry湾发生的石油灾难中，它发挥了重大作用。他出版的《Risk Lssues and Crisis Management》和《Crisis Management》两部危机管理专著，从问题管理的角度，系统论述了危机的来源、谁会产生危机、将会产生哪些危机，如何处理危机中的媒体关系和法律关系，以及如何应对意外事件等。它认为问题的忽视是危机产生的根源，因此，加强问题的识别与管理，是防止危机发生的关键。

4.4.2 美国劳伦斯·巴顿（Laurence Barton）的组织危机研究

劳伦斯·巴顿是美国菲尼克斯Devry技术研究院院长，是西方危机管理研究的权威学者，不仅担任过摩托罗拉公司的危机管理和公共事务的副总裁，还为英国石油公司、福特汽车公司及迪斯尼公司等著名公司设计了广为称道的危机管理程序。他所著的《组织管理危机》一书，是目前关于组织管理危机研究的权威著作。他在书中系统论述了组织危机的确认、组织危机的预测，以及危机与舆论、危机与媒介、危机与员工、危机与犯罪、危机与环境危机和天气等一系列理论问题。他认为加强危机预测是危机管理的关键。

4.4.3 日本野田武辉的危机预警研究

野田武辉是日本野田税务会计师事务所所长、野田企业管理顾问中心代表董事、第一经济大学教授。他主要从财务角度研究企业危机及其预警管理，是日本著名的危机管理专家。他在《企业危机预警——中小企业倒闭的内幕探秘》一书中，通过对5家倒闭企业的分析研究，提出了企业倒闭的6大类型，并以此为依据，提出了危险企业常见的8种征兆，野田武辉还创造了企业危险度的自测方法和危机预警管理的方法，形成了自己的危机预警管理理论体系。

4.4.4 哈佛大学的危机管理研究

哈佛大学在总结世界危机管理理论的基础上，编出了自己的危机管理教材——《危机管理》，作为MBA的核心课程。这是目前危机管理最为权威的教材。书中系统的研究了危机产生的原因、危机的诊断方法，化解内部危机、扭转市场危机的措施，以及如何通过信息化系统来预防危机，如何通过有效的措施来修复危机。

在国内学术界，20世纪80年代后开始危机公关研究，20世纪90年代开始了企业危机研究，最权威的著作是苏伟伦所著的《危机管理——现代企业实务手册》和《危机管理》两部著作，在这两部书中，他分析了企业危机的8大征兆、对危机的监测方法、危机度的测试、危机的预控、危机预警的8个指标及危机的处理等，涉及目前较为全面研究危机管理的著作。在论文方面，肖东生的《企业组织管理危机的监测与预警的思考》、邱湘灵的《企业经营危机与财务预测模型》、肖东生与臧国荣的《论企业组织管理危机的成因和治理》、吴皓的《企业战略危机九种表现》等，对企业危机预警管理进行了研究，形成了中国自己的危机研究思路和队伍。

4.5 营销风险预警问题研究现状

在营销风险预留研究方面国内有代表性的研究主要有3个方面。

4.5.1 谢范科、罗险峰的市场风险预警问题研究

谢科范、罗险峰在其《市场风险预警管理》一书中，在对市场风险进行探讨的基础上，提出市场风险预警系统，并进一步细分提出了市场结构风险预警、市场需求风险预警、市场竞争风险预警、企业生存风险预警等问题。是目前关于市场风险预警最有代表性也是最全面的研究，代表了目前该领域研究的问题研究。

武汉汽车工业大学教授、博士生导师胡树华博士在对产品开发的风险进行系统研究的基础上，提出了自己的产品开发预警管理体系，包括新产品的三维评价体系、系统层次评价体系、模糊综合评价体系、成败的难度分析体系和对失败的预测体系，共同构成了自己的新产品开发预警管理系统。胡树华关于产品开发预警问题的研究代表了目前国内该研究的最高水平。

4.5.2 张云起的营销风险问题研究

张云起在其所著的《营销风险预警与防范》一书，是国家经贸委资助课题研究成果。书中主要探讨了营销风险的识别、衡量、控制与处理的方法，重点研究了营销过程中的客户资信风险、销售合同风险、贷款回收风险、人员道德风险等问题，是目前关于营销风险研究较为全面的一部著作。

4.5.3 佘廉的营销预警问题研究

佘廉在其所著的《企业营销预警管理》一书，是国家自然科学基金资助课题的最终成果。书中对企业营销的风险预警问题进行了探讨，重点研究了营销自然环境风险、企业竞争风险、顾客风险、供应风险和第三方风险几大问题，并提出了相应的指标体系，并根据自己的研究给出了相对应的警限，是目前关于营销风险预警较为完善的研究。

4.6 目前企业预警研究中存在的问题

从目前有关中国企业营销安全问题的研究，才处于起步阶段，理论尚不成熟，体系也不完善，还有许多研究空白点。通过分析，我们可以发现，目前的研究存在许多方面的问题。

4.6.1 偏重外部风险研究

从目前的研究看，有关营销风险的研究，偏向于外部环境研究，重点在探讨外部环境可能对营销产生外部影响。目前采用最多的营销风险研究体系，是自然环境风险、竞争风险、顾客风险、供应风险、第三方风险五体系说，这5个体系考虑的都是外部风险，而对内部风险问题探讨不多，涉及的也仅是一笔带过。而从我们的研究看，目前中国企业的营销风险的内部风险并不比外部风险小，只注意外部风险，不关注内部风险，无法保障企业营销安全。

4.6.2 偏重销售风险研究，轻视营销风险研究

就像销售不等于营销一样，销售风险和营销风险是不同的两个概念。销售风险是指以产品到市场这一环节的风险，营销风险是涉及整个营销过程的分析、计划和控制的风险，涉及企业经营的全过程。从目前的研究看，关于销售合同风险、贷款回收风险、第三方风险、竞争风险等有关营销风险的研究，基

本都是围绕着销售过程展开的，都属于销售安全研究的范畴。但营销不等于销售，企业营销安全也不等于销售安全，因此企业营销安全应主要是"营"的安全，而不是"销"的安全。企业营销安全研究的重点应该放在营销环境安全、营销市场安全、营销战略安全和营销策略安全上，这四大安全都属于"营"的过程，即营销的分析和计划过程，如果分析和计划都是错误的，无论我们的竞争风险、顾客风险、供应风险、第三方风险、客户资信风险、贷款回收风险、合同风险等的控制有多安全，都注定要出现营销危机。所以，作者认为在目前有关销售安全研究的基础上，应重点加强和突出企业营销安全，主要是分析和计划安全的研究，这也是本书的出发点和立足点。

4.6.3 主观性太强，客观性不足

目前有关营销风险的研究，主观性色彩太浓，客观性不足，这重点表现在警限的确立上。

风险预警管理的关键是指标与警限。指标的确立我们可以用主观的理论分析法来完成，但警限的确立是难用主观方法确定的。从目前的研究看，多数指标的警限基本都是用主观方法确定的，比如营销人员严重失职率：3%以内属良性，3%～5.99%属准劣性，6%～9%属劣性，9%以上属危机。这里没有时间指标，如果一个月的严重失职率达到了3%，还算良性？就是一年内，严重失职率达到3%，也不能算良性。这3%是如何得来的？依据是什么？缺乏客观数据的支持。又比如，在另一项研究中，将营销风险定为5种等级，并用百分制与之对应，定出80～100分为优良状态，60～79分为正常状态，40～59分为轻微状态，20～39分为高度风险状态，0～19分为危急状态。这种划分也是主观的，就以前面的严重失职率为例，如果按这一标准，就不存在任何危机。有许多风险，根本不能用统一的分制来计算，有的80%是安全的，有的95%也是危险的。

作者认为，一项研究只能解决部分问题，如果无法科学地确定警级问题，可以提出方法，而不必主观地给出一个具体的值，这不仅无益，反而有害，不仅不会减少风险，反而会增加风险。

4.6.4 移植色彩太重，营销特色不足

目前有关营销风险问题的研究，基本是从风险管理，尤其是从金融风险管理中移植的，采用的主要是一般风险管理的体系，其实营销风险与其他活动的风险有很大差异，完全移植一般的风险管理体系，就忽视了营销风险的特殊性，会造成大量的遗漏，致使体系不完善，研究内容不全面。企业营销安全研究应在借鉴一般安全理论和体系的基础上更多地考虑自身的特点，建立起与营销规律相适应的安全管理体系。

4.6.5 没有分清风险、威胁、危机、失败与安全的关系

目前关于企业营销安全问题的研究，有时提的是营销风险，有时又称营销危机，有时又叫营销威胁，偶尔也提到安全问题，这些概念不仅在营销领域，在整个经济安全研究中都存在。

国家经济风险与国家经济安全有何区别？它们是一个东西吗？目前国内的学者没有对此进行界定与划分。所以有《国家经济安全研究》的书出版，也有《国家经济风险研究》的书出版。在金融领域，过去研究的提法较多的是金融风险，而现在说得更多的是金融安全。现在的金融安全与过去长期研究的金融风险究竟有何差别？目前仍没有人正面回答这一问题。只是提法不同？还是有范围的不同？也没有人正面回答。

如果不对风险、威胁、危机、事故、失败、安全这些概念进行界定，就很难进行企业营销安全问题的研究，也很容易造成概念混乱。这是目前学术界在安全研究问题上的不足，也是研究起步阶段的必然，只有随着研究的深入，这些问题才会被一一解决。

4.6.6 尚未形成企业营销安全预警管理的体系

目前关于企业营销安全问题的研究，主要集中在风险，尤其是外部风险上，尚未形成成熟的企业营销安全预警管理体系。企业营销安全预警管理的基本警系有哪些？警态有哪些？警度有哪些？警策有哪些？这4个预警管理的基本问题必须回答。这4个基本问题之间的关系纽带是什么？如何有机整合？也是必须解决的。这是本书主要探讨和解决的基本问题。

5. 运营风险监控体系研究

金融危机来袭、消费者购车支出下降和企业运营成本升高，美国著名的 A 汽车公司于 2009 年 6 月 1 日申请破产保护，加上此前破产重组的 B 公司，美国汽车制造业三巨头已有两家摇摇欲坠，唯一幸存的 C 汽车公司目前也处境不妙。美国汽车业面临的巨大困境使得我们不得不对企业的运营风险进行深思。此外，随着企业经营规模的不断扩大，企业内部（特别是运营过程中）隐藏着的风险极可能会成为企业发展的一大障碍。因此，面对内外部环境的变化，为确保公司长远健康发展，建立一套运营风险监控体系（机制），通过事前计划、事中控制、事后反馈来实时监控影响企业发展的风险，达到有效规避运营风险的目的。

运营风险作为风险的一种，其内涵首先是由风险的内涵所赋予的。通过整合了价值链分析理论模型、6Sigma 理论、组织设计原理等管理学跨领域的多个理论和模型，并结合相关实际案例，我们创新提出了运营风险工作方案 IMAWC——风险识别（Identify）、风险监测（Measure）、风险分析（Analyze）、风险预警（Warning）和风险控制（Control），同时组织上主要通过设立运营监控单元（Operation Control Unit）来保障运营（风险）监控体系的有效运行。

5.1 运营监控单元（OCU）

OCU（Operation Control Unit）是企业战略发展方向，结合现有组织结构体系，遵循高效、简洁的组织设计原则，设计的组织体系，用以保障运营（风险）监控体系的有效运行。

风险管理委员会（OCU 高层）是 OCU 的战略决策单位，为 OCU 组织的最高层级，主要职责为：①在风险接入平台中，通过召开风险会议定期和不定期地进行风险接入。②在风险识别中，审核由运营监控部（OCU 中层）和各职能部门及单位（OCU 基层）所分解的风险活动和关键指标。③风险控制与决策中，根据 OCU 中层对各项存在风险的关键指标提出的风险控制建议和公司实际战略方向及运行情况，做出风险决策，保障风险的有效监控。

运营监控部（OCU 中层）是运营（风险）监控体系的组织实施单位，主要职责为：①风险接入平台中，发掘监控内容，交由风险会议讨论。②在风险识别中，围绕风险管理委员会提出的风险事件，设立具体的风险活动，并将其分解到各风险模块，同时审核修订由各基层 OCU 初定的关键指标。③在风险监控中，将基层 OCU 采集到的监控指标数据进行统计汇总。④在风险分析中，通过控制图法、专家评估法和层次分析法等方法对各关键指标数据进行统计分析，确定其可控范围或标杆值。⑤在风险预警中，确定各关键指标当期数据是否在可控范围之内，并依据分析结果亮预警灯。⑥在风险控制中，依据预警结果，对存在风险的关键指标进行原因分析，据此提出风险控制建议，上报 OCU 高层。

各职能部门和单位（OCU 基层）主要职责为：①在风险识别中根据 OCU 高层制订的风险事件和 OCU 中层制订的风险活动并结合本部门实际运行情况来设立具体关键指标。②在风险监测中定期采集风险监控指标的数据，并把这些数据递交上一层 OCU，即运营监控部（OCU 中层）。③在风险控制中，执行风险管理委员会的风险决策决议，对风险实施有效控制。OCU 的有效运行需要配套的薪酬管理、绩效管理等一系列制度保障。

5.2 风险识别

风险识别指确定哪些风险会影响项目，是用感知、判断或归类的方式对现实的和潜在的风险性质进行鉴别的过程。风险识别是风险管理的第一步，也是风险管理的基础。

风险识别由风险管理委员会（OCU 高层）、运营监控部（OCU 中层）和各职能部门和单位（OCU 基层）共同完成。

风险管理委员会（OCU 高层）是风险的源头识别单位，在风险识别中主要根据总经理办公会等高层的战略决策、企业价值链管理的主要活动，以及企业外部市场和竞争环境提出主要的风险事件，为具体的风险活动和关键指标的建立提供战略性和方向性的指导。

运营监控部（OCU 中层）主要围绕风险管理委员会（OCU 高层）提出的重大风险事件，分解出风险识别的第二层内容——风险活动，并对该项风险活动的目的和意义进行风险陈述。同时，运营监控部（OCU 中层）也将风险活动融合到各风险模块当中，实现各风险活动与相应的风险模块之间的对接关系。分解出的几项风险活动在综合反应风险事件的前提下，为各职能部门和单位（OCU 基层）初定具体关键指标提出框架。各职能部门和单位（OCU 基层）是风险识别关键指标的主要制定者。根据运营监控部（OCU 中层）分解得到的风险活动，结合本部门和单位的具体工作内容，初定各项关键指标，并对指标定义和相关计算公式进行说明。通过几项关键指标反应和落实某一项风险活动。

5.3 风险监测

风险监测是运营（风险）监控体系运行的第二个工作步骤，是指在监测周期内由指定的 OCU 单元采集关键指标的当期数据，为风险分析提供依据。风险监测是运营（风险）监控体系原始数据的接入口径，为了保障风险分析结果的可应用性，要求所采集的数据必须真实可靠。风险监测是由运营监控部（OCU 中层）及各职能部门和单位（OCU 基层）共同协作完成。各职能部门和单位（OCU 基层）根据运营（风险）监控体系确定的关键指标，对相关的数据进行搜集。搜集的时候应注意数据时间跨度和空间跨度的要求，保证统计口径的一致性。同时，为保障原始数据的准确性和真实性，应对填表人和相关的填表单位进行落实和记录，为以后的审查提供依据。运营监控部（OCU 中层）在各职能部门和单位（OCU 基层）采集的原始数据的基础上，根据关键指标相应的计算公式进行统计，统计过程中应注意对原始数据的抽样审查和核对，对计算步骤仔细检查，确保分析数据的准确性。

5.4 风险分析

风险分析包括两个部分：一是风险状态分析，分析当期关键指标值是否在控制范围内；二是风险诊断分析，对中度和高度风险的指标进行原因分析。此部分工作主要由运营监控部（OCU 中层）完成。这里仅详细介绍分析风险状态的控制图法、专家评估法，以及进行风险原因诊断用的鱼骨图和帕累托法。

5.5 风险预警

风险预警主要是由运营监控部（OCU 中层）来主导完成。

运营监控部（OCU 中层）根据上一阶段工作——风险分析的结果，确定出各关键指标的风险控制范围。通过运用关键指标的当期统计数据与其风险控制范围做比较，从而对其风险状态预警。

5.6 风险控制与决策

风险控制与决策是指运营监控部（OCU 中层）在风险报告的基础上，对各风险指标做出风险控制建议，上交风险管理委员会（OCU 高层），由风险管理委员会做出风险决策。同时，在各相关职能部门和单位（OCU 基层）配合实施风险决策的过程中，应对风险决策的控制结果定期反馈。

在竞争日益激烈的市场环境中，如何有效地对企业的运营风险进行监控关系着企业的可持续发展。本书通过建立和完善一整套运营风险监控体系——风险识别（Identify）、风险监测（Measure）、风险分析（Analyze）、风险预警（Warning）和风险控制与决策（Control），并在此基础上搭建起运营监控单元（OCU），形成对整套风险监控体系的组织保障机制。同时，提出应做好运营（风险）监控体系风险接入平台、运营（风险）监控体系、信息平台建设，以及企业风险文化建设这 4 个方面的工作，更好地保障企业运营风险监控体系的实施效果。

6. 企业营销安全结构体系

6.1 企业营销安全的基本界定

什么是企业营销安全？作者结合经济安全的概念和多年对企业营销安全的研究，将企业营销安全定义为：在企业营销过程中，企业不会因为来自企业内部和外部的营销风险或营销威胁的影响，引发严重的营销事故或营销危机，造成企业的营销损失或营销失败，从而保持可持续营销状态。

研究营销安全，必须首先界定它与一系列相关概念的关系。这些相关概念的区别与联系，如表6-1所示。

表6-1 营销安全及其相关概念的关系

概念	营销安全（狭义）	营销隐患	营销威胁	营销危机	营销失败
表达式	$MS=f(p, c)$ $(p \to 0, c \to 0)$	$MR=f(p, c)$ $(p>0, c>0)$	$MT=f(p, c)$ $(p>0, c>0)$	$MF=f(p, c)$ $(p \to 1, c>0)$	$MF=f(p, c)$ $(p=1, c>0)$

在 $MS=f(p, c)(p \to 0, c \to 0)$ 式中，MS代表企业营销安全，p代表营销事故、营销危机或营销失败发生的概率，c代表营销事故、营销危机或营销失败发生后的损失程度。$(p \to 0, c \to 0)$ 表示营销事故、营销危机或营销失败发生的概率趋近于0，如果营销管理能满足 $p \to 0$ 和 $c \to 0$，则表明营销是安全的，否则就不安全。在 $MR=f(p, c)(p>0, c>0)$ 式中，MR代表营销隐患，$(p>0, c>0)$ 表明营销事故、营销危机或营销失败发生的概率已经大于0，损失也已经大于0，这说明企业营销面临风险，但这种风险仅是一种潜在风险，还未对企业的营销产生直接的负面影响，没有对企业营销直接形成压力。

在 $MT=f(p, c)(p>0, c>0)$ 式中，MT代表营销威胁，当 $(p>0, c>0)$ 的时候，表明营销存在风险和损失的可能性，它与营销隐患所不同的是程度，营销威胁表明企业营销面对的风险已经由潜在状态发展为显在状态，风险已经对企业营销产生了直接的负面影响，形成了营销压力。

在 $MF=f(p, c)(p \to 1, c>0)$ 式中，MF代表营销危机，$(p \to 1, c>0)$ 表示营销事故、营销危机或营销失败发生的概率已经接近于1，而损失也已经大于0，说明企业已经面临巨大风险压力，企业营销已经出现巨大困境，需要立即采取措施，否则将出现不可估量的损失。

在 $MF=f(p, c)(p=1, c>0)$ 式中，MF代表营销失败，$(p=1, c>0)$ 表明风险事件已经发生，损失已经形成，企业的营销已经出现重大事故，营销已经难以继续进行，营销已经陷入了失败之中。

从以上分析可以看出，安全、隐患、威胁、危机和失败都是一种风险的状态，不同的阶段，所表现出的形态不同，因此营销安全管理本质上是对不同风险状态的营销管理。通过对营销安全的内涵和外延进行研究，通过对营销安全的要素、形态和属性等问题的研究，我们在此提出营销安全的基本结构模型。

6.2 企业营销安全三维结构模型

通过对营销安全的内容、形态和属性的研究，在目前有关营销风险研究、企业营销危机研究、营销威胁研究的基础上，提出营销安全的三维结构模型。

在模型中，我们把营销安全界定为3个维度，要素维度、形态维度和属性维度，称之为营销安全三维度。3个维度分别有5个因素，构成 $5 \times 5 \times 5 = 125$ 个组合，对这125个组合进行研究和界定，就可以掌握营销安全的全部要素，如图6-1所示。

图 6-1 营销安全的三维结构模型

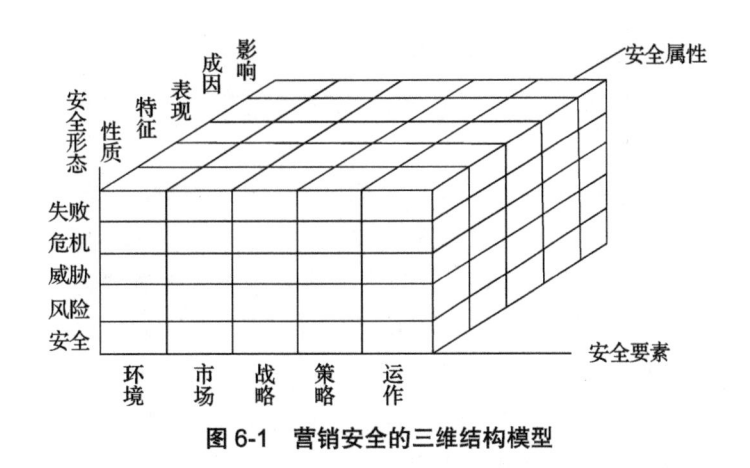

6.2.1 要素维度——五要素结构模式

企业要进行营销安全管理，首先必须弄清营销安全究竟应包含哪些要素，这是管理的基础，所以在营销安全三维结构模型中，我们首先提出了要素维度的概念。

在目前的营销风险研究中，要素问题基本都是按环境风险分类。比如，张云起和李东久等都把营销风险分为市场风险、顾客风险、供应风险和对手风险4个方面，实际上谈的是市场环境风险、顾客环境风险、供应环境风险和竞争环境风险。佘廉等将营销风险分为环境风险和企业内部管理风险两大部分。作者认为这些分类还没能完全包括企业营销活动涉及的各个领域。根据营销活动的过程线索，即营销链和营销流线索，将营销安全的内容分为五大部分，即环境安全、市场安全、战略安全、策略安全和运作安全，称之为营销安全内容的"五结构体系"，它包括了营销安全涉及的所有领域。

我们可以将营销安全内容五结构模式直观为图6-2。

五结构体系不仅向我们展示了营销安全的内部结构，而且也向我们展示了五大部分之间的关系：营销安全首先考虑的是环境安全，在环境安全背景下，考虑市场安全，在市场安全的背景下考虑营销战略安全，在战略安全的背景下考虑策略安全，在策略安全的背景下考虑营销运作安全。如果没有环境安全保障，市场安全是很难保障的。如果没有市场安全保障，战略安全是很难保障的。如果没有战略安全，保障策略安全是没有意义的。而如果没有策略安全，保障运作安全就无从谈起。因此可以说，企业营销安全是建立在营销运作安全基础上的，营销运作安全是建立在营销策略安全基础上的，营销策略安全是建立在市场安全基础上的，营销市场安全则建立在营销环境安全基础上。

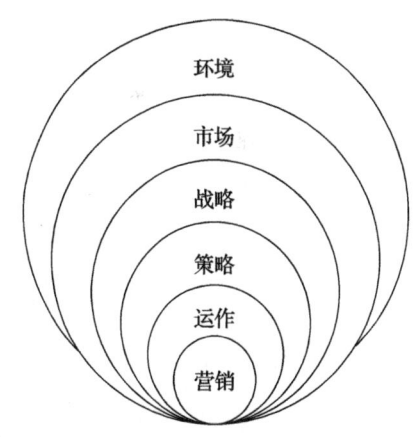

图 6-2 营销安全要素五结构体系

6.2.2 模型的形态维度——五态结构

在安全研究中，一些学者侧重研究风险，希望用风险来概括一切安全问题，把危机、威胁、事故等一切不利于企业的因素都用风险来表示，结果总是出现一些概念冲突与矛盾。另一些学者则侧重研究危机，把风险、危险、威胁等都纳入危机的范畴来研究，用危机来分析一切安全问题。罗伯特希斯（Henth R）在他的《危机管理》中说，"风险、威胁和危险等词描述了极其相似的问题及危险来源，但也可用来表示特定的概念。'风险'一词主要来源于金融管理活动，含有很强的计量因素，这些计量要素用于在面临各种各样的风险来源时估计成本和收益。'威胁'一词经常用于社会科学调查。此种调查旨在力求注解人们如何察觉威胁、安全及生存的情况，并以毫无防备或神经脆弱的人对此种情境的感觉来讨论威胁。'危险'一词一般是由工程师和科学家用来描述诸如化学制品，以及来自我们周围世界（地震、火灾、水灾、暴风和战争）之类的有形危机。在本书中，主要用'危机'一词来涵盖以上所有的意思。"

我们认为，风险、威胁、危机这些概念存在量的区别，也有质的区别，把它们硬性地归入任何一个概念之中，用一个概念来表达，都是欠科学的。在企业营销的安全管理中，除了风险、威胁、危机外，还有隐患、事故和失败等概念，它们都是营销安全的不同形态在程度上的不同表现，对它们加以区分和界定，对营销安全管理是十分必需的，也是科学的营销安全管理的基本要求。根据营销安全的程度和形态，我们把营销安全形态维度分为五大结构，称之为营销安全五态结构模式，如图6-3所示。

根据营销安全五态的关系和突变论的原理，我们设计了安全五态坐标来予以表示（见图6-4）。

图6-3 营销安全五态模式

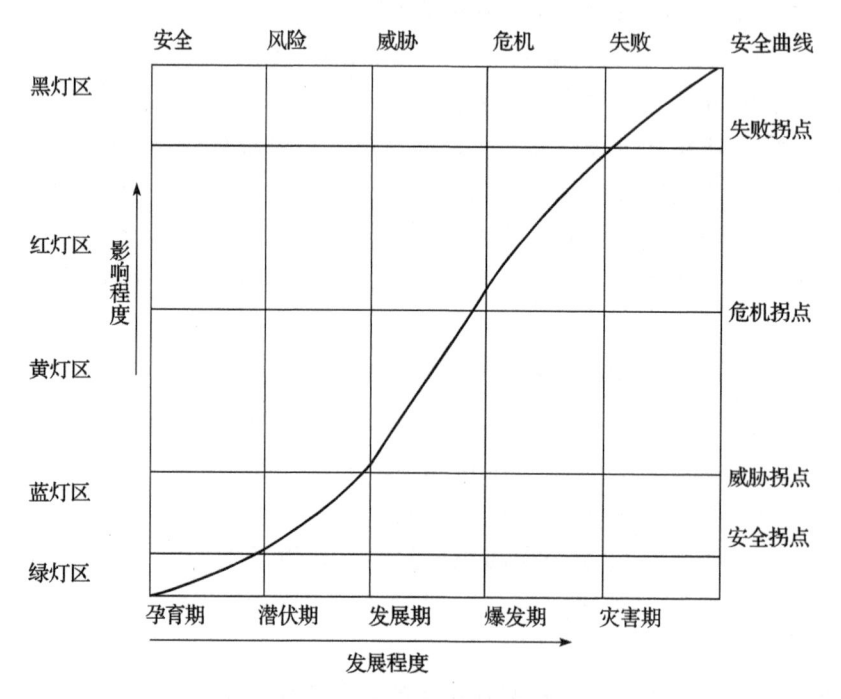

图6-4 营销安全五态坐标

6.2.2.1 安全状态

从五态结构模式图可以看出，营销安全可以分为五态：安全态、风险态、威胁态、危机态和失败态。安全态是营销处于无隐患状态，它是营销安全管理的理想状态。在这种状态下，营销的隐患不存在或者是被消除，营销能够按照既定的方向实现可持续，这是营销安全管理所追求的理想目标。而实际上，安全状态是营销安全管理的理想状态，是一种理论状态，在实际营销过程中是很难实现的，因为世界上基本不存在无风险的营销。

风险态是各种不确定因素对营销的负面影响处于潜在状态。这种潜在状态是一种风险可能性，它在未演化成威胁之前，并不对当前营销活动造成直接负面影响。但是在有触发条件的时候，隐患就会迅速转化为威胁甚至危机，从而影响企业的营销安全。虽然营销隐患并不直接威胁企业营销，但它是营销危机和事故的原发点，必须想法予以消除，不能消除的，应加强监控，防止隐患被触发而转为威胁或危机。所以，风险是一种未来的影响趋势。因此，我们可以认为营销的风险态是属于安全范围的现实意义上的相对安全态。营销安全管理的目标，是要把营销活动控制在风险态，而不是无风险的绝对安全态。只要风险不形成威胁，就视为安全。因此，对风险态，企业无须采取专门的解决措施，只需要对其进行严密监视即可。

威胁态是风险发展的结果，是风险由潜在状态向显在状态的变化，是一种不安全的营销状态。在传统的风险理论中，威胁是风险的范畴，在这里，我们把它从风险中独立出来，用以代表已经表现出负面效果的风险，这样更有利于企业的营销安全管理。威胁态直接对企业当前的营销活动构成负面影响，直接给营销活动增加了压力。当然威胁态毕竟还是一种趋势，在威胁还没有转化为危机之前，它并不能改变营销活动的性质，也不马上对营销流的运行产生巨大的波动，但威胁态已经是一种负面状态，如果不对它进行控制，很容易升级为危机。所以，企业必须采取针对性的措施，化解或回避营销威胁，以保持营销安全。

危机态是威胁的突变，是企业营销系统正在遭受破坏，不解决就会陷入失败的紧急状态。危机态是严重的不安全营销状态，它不仅直接影响正常的营销活动，对企业营销造成损失，而且还可能会继续恶化，直接导致营销失败。危机态是高度不确定的，可以迅速向失败态转化，也可以有效避免而转化为机遇。因此，抓紧时间，做出决定，采取果断措施，是防止危机态发展的有效办法。

失败态是危机失去控制，致使营销系统被破坏，营销活动难以持续的状态。这个时候，已经不是一种风险问题了，而是一种严重的事故，是营销安全的彻底破坏。由于失败态已经造成了重大损失，所以，当企业处于失败态时，应该进行修复管理，以使损失减少到最小程度，不至于因营销的失败而导致整个企业经营的失败。

6.2.2.2　安全曲线

营销安全曲线是反映营销由安全态发展为失败态的轨迹曲线。曲线表明，任何营销失败都必须经历风险阶段、威胁阶段和危机阶段，它是一个渐变加突变的过程。从安全曲线可以看出，营销失败是可以进行早期干预和过程控制的。在曲线上，至少给了三次机会可以防止失败的发生。第一次机会出现在风险阶段，只要能把风险控制在不产生威胁的状态，那么，营销就可保安全。第二次机会出现在威胁阶段，只要能及时采取措施化解与回避威胁，也可以控制危机的发生。第三次机会出现在危机阶段，就是威胁未能有效控制转化成了危机，也还是可以挽救的，只要能控制危机的发展，找出解决危机的办法，使危机不发生突变，就不会造成失败。就是已经出现了营销失败，从营销安全的角度，是无力挽回了，但从企业安全的角度，还是可以采取修复措施，以防止因营销失败而引发的企业失败。

营销安全曲线，给我们进行营销安全的早期预测、过程监控、超前预警和失败修复提供了理论依据，这是营销安全预警管理的基础。

6.2.2.3　安全拐点

营销安全拐点是指营销安全曲线上，由一个阶段发展为另一个阶段的转折点，是营销安全形态的突变点。

在营销安全曲线上，有四个安全拐点。第一个安全拐点我们称为隐患拐点。营销由安全态向风险态转化时的拐点，就是风险拐点，当营销安全跨过风险拐点的时候，就意味着营销已经处于风险状态，就需要进行风险管理。风险拐点是一个理论拐点，在现实中，当我们决定进行营销那一刻，就经常意味着跨越了风险拐点，营销安全就进入了风险阶段。第二个安全拐点我们称为威胁拐点。当风险中的危险成分进一步增大，已经由静态转化为动态、由潜伏态转化为活跃态的那一刻，就是威胁拐点，跨过这一点，营销安全就进入威胁阶段，这时企业就需要进行威胁管理。

第三个拐点我们称之为危机拐点，它是由威胁突变为危机的转折点。当威胁未被有效控制，以致蔓延开来，引发了营销事故或营销紧急状态，这个质变的时点就是危机拐点。危机拐点是一个重要拐点，营销跨过这一拐点就进入高度不安全状态，一旦失控就会影响整个企业的营销安全，引发营销失败，所以在跨过危机拐点的时候，企业就应该进行危机管理了。

第四个拐点我们称之为失败拐点。这是危机未被及时控制而发生突变时的转折点。这个转折点经常是一个时点，营销安全一旦突破这一拐点，就是营销失败。营销失败意味着营销活动的瘫痪，营销出现了无法挽回的重大损失，意味着企业进入了危机状态，若不及时修复，会危及企业生存。所以，失败拐点是营销安全的关键拐点。也是营销安全防范的最后一道防线，把营销危机控制在失败拐点以内，使之不跨越失败拐点，是营销安全管理的关键，也是营销安全管理的最低目标。在营销跨过失败拐点的时候，企业就必须进行失败修复管理。

6.2.2.4 安全区

从营销安全五态结构模式图上，可以看出营销安全有五大区域：绿灯区、蓝灯区、黄灯区、红灯区和黑灯区。绿灯区也称安全区，是只有机会而无风险的营销的安全状态，这是一种理想状态。但是营销总是会面对各种不同的风险，所以纯粹的绿灯区是较难保持的，它是企业的一种理想追求。蓝灯区可以称为相对安全区，它不仅充满机会，也充满风险，只是这种风险是一种隐患，处于潜伏状态并不对营销构成直接威胁。蓝灯区也被称为营销的安全区，是营销安全管理直接追求的现实目标。在实际运作过程中，许多企业的营销活动是在蓝灯区运行的。黄灯区也称危险区，它是营销安全的不确定状态，具有随时出现危机的可能性，是需要保持高度警觉的区域，也是需要采取措施的区域。红灯区也称危急区，是营销安全的危急状态，具有高度的不确定性，只要有某些诱因触发就可能引发营销失败，是一个必须高度警戒，并采取紧急措施的区域。黑灯区也称为灾害区。它表明事故已经发生，损失已经形成，体系已经被破坏，营销活动难以继续，正在危及企业存亡，所以在该区域，企业必然进行及时的修复管理，以减少损失，避免企业因营销的失败引发企业失败。

6.2.2.5 安全界

营销安全五态之间的界线，称为营销安全界。在营销安全五态图上有4个安全界，即风险界、威胁界、危机界和失败界，营销安全界在五态坐标图上是四条线，但事实上，这四条线是一种理想线，本质上是一个模糊区间。因为当营销安全由一种状态发展为另一种状态时，中间是一个渐变的过程，是一个模糊区间，而不是一条线。由于是一个模糊区间，很不容易被觉察，所以营销安全很容易在不知不觉中由一种形态转化为另一种形态，直至失去控制。所以，加强模糊区间的监控是防止营销安全恶化的重要方法。

6.2.3 模型的属性维度——五属性结构

经过分析我们发现，每一个安全形态的内容都有5个基本属性，它们是性质属性、特征属性、表现属性、成因属性和影响属性。

6.2.3.1 性质属性

性质属性是各安全要素的各安全形态的基本定性。每一个安全要素都有5种安全形态，每种安全形态都有自己的定性，研究这种定性，可以帮助我们弄清安全的性质，以便采取针对性的对策措施。安全形态的性质属性，主要表现为是良性还是恶性、是全局性还是局部性、是外生性还是内生性、是具可逆性还是不具可逆性、是具可控性还是不具可控性、是具有可转换性还是不具有可转换性等。

6.2.3.2 特征属性

特征属性是安全形态的各个内容与其他内容的根本性区别。根据特征属性，我们才可以对每一项安全内容进行界定，才能确定它们是否可以作为一个独立的部分而存在。营销风险有营销风险的特征，营销危机有营销危机的特征，产品安全有产品安全的特征，价格安全有价格安全的特征，每一个营销安全要素都有自己的特征属性。

6.2.3.3 表现属性

表现属性是安全形态各内容的外在反应。任何一种安全内容，都有其外在表现。在每个安全形态阶段，这种表现是不同的，分析这些表现，可以弄清安全处于什么形态，以便采取相应的处理措施。不研究这些外部表现，就无法明白当前的营销安全状况，也就很难采取行之有效的安全措施。

6.2.3.4 成因属性

成因属性是安全内容各形态产生的根本原因，研究这些原因，弄清其从量变到质变的基本规律，既有利于进行安全过程控制，也有利于采取针对性措施，提高安全管理的科学性。成因有偶然原因，也有必然原因；有外生原因，也有内生原因；有主观原因，也有客观原因。分清每一个安全问题的产生原因，是营销安全管理的关键。

6.2.3.5 影响属性

影响属性是每一个安全问题将产生的影响。任何一个安全问题都会产生相应的影响，研究这些影响的广度、深度、过程、途径、方式、结果等，可以加深我们对营销安全每一个要素的认识，是进行科学的营销安全管理的基础，也是提高营销安全管理水平的基本保障。

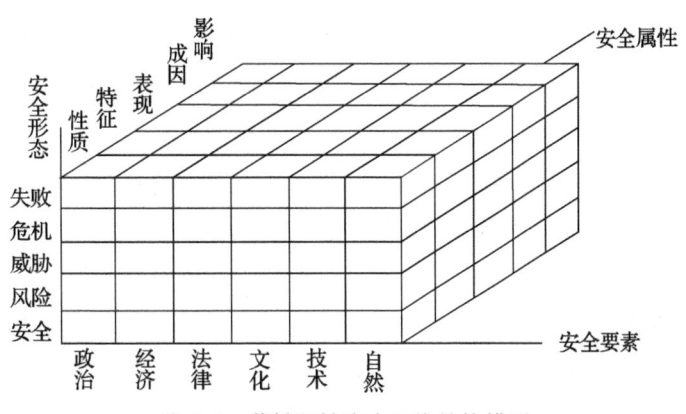

6.3 营销环境安全三维结构模型

营销安全三维结构模型只反映了营销安全的基本结构，而不是细分结构，营销安全的每一内容都可细分，构成更细的三维结构模型。环境安全是营销安全要素维度中的第一个要素，是营销安全的基本要素，环境安全是一个整体概念，要对环境安全问题进行准确识别、控制与适应，必须进行要素细分。根据营销环境的构成因素，我们提出营销环境安全的三维结构模型如图6-5所示。

图 6-5 营销环境安全三维结构模型

从营销环境安全三维结构模型中，可以发现，营销环境安全有6个基本要素，每一种要素都有5个形态和5个属性，共有 $6 \times 5 \times 5 = 150$ 种组合，分析这些组合，可以准确地弄清每一个组合的具体内容，有利于我们准确地把握营销安全的体制，以便采取有针对性的措施。

6.3.1 政治环境安全要素

通过进一步细分，可以分为政策要素、政体要素和政局要素。政策要素可分为社会政策要素、经济政策要素和政治政策要素，政体要素包括政治特征要素、政治制度要素、政治组织要素，政局要素则分为国际政局、国内政局和地方政局3个要素。

6.3.2 经济环境安全要素

经济环境安全要素是最为复杂的要素，也是对企业营销安全影响最大的要素，弄清究竟有哪些经济环境要素会影响企业营销安全，对维护和增进企业营销安全是十分重要的，通过对经济环境的分析，我们可将经济环境安全划分为三大要素，即经济形势环境、经济周期环境和国际经济环境。

经济形势环境。主要包括经济发展稳定性、国民生产总值（GNP、GDP）、国民收入（NI）、国民经济增长率、对外贸易状况等。

经济周期环境。经济周期按照熊彼特的划分，分为繁荣、衰退、沉滞和回复4个阶段，不同阶段对营销安全的影响是不同的。繁荣阶段，营销一帆风顺，但会埋下隐患，衰退阶段许多企业就出现危机，沉滞阶段大量企业出现营销失败。

国际经济环境。主要包括国际竞争格局、国际贸易格局、国际经济走势等。

6.3.3 法律环境安全要素

法律环境是硬环境，只要与之相背离，就必然造成营销威胁甚至危机。因此，分析法律对营销安全的影响，对保持与增进企业营销安全是十分重要的。

法律环境安全主要包括当前法律环境安全和未来法律环境安全。现有法律环境安全是指现有的法律不对企业的营销活动形成威胁。未来法律环境安全是指未来可能出现的新法律不会使企业陷于营销危机之中，不会影响企业的营销安全。由于法律环境是一种刚性环境，企业只能适应而不能改变，所以分析法律环境安全主要是分析企业的营销行为与现行的和未来可能出现的法律产生的冲突或可能产生的冲突，并针对这些冲突进行行为调整，使法律成为企业营销安全的保障，而不是营销安全的威胁，这时我们可以说，一个企业的法律环境是安全的。

6.3.4 文化环境安全要素

当企业营销与文化环境冲突时，营销就会处于不安全状态。但文化环境是一种软环境，企业可以通过适应它或尝试改变它来求得营销安全。

文化环境安全主要包括5个部分。

价值观安全。这是文化环境的核心要素，它包括人员价值观、生活价值观和消费价值观等内容。

地域文化安全。这是企业目标市场的本地文化，它主要包括地方风俗文化、地方习惯文化和地方好恶文化等。

审美文化。这是目标市场的审美取向，主要包括审美习惯和审美趋向。

语言文化。这是目标市场的语言环境，主要包括语种、语义、语差环境等。

宗教文化。这是目标市场的宗教信仰，主要包括宗教禁忌、宗教情感、宗教仪式等。

6.3.5 技术环境安全要素

技术环境直接影响企业的营销竞争力。当企业营销活动与技术环境一致时，营销就处于安全状态，如果不一致，就处于不安全状态。

技术环境主要包括三大要素。

主导技术。这是营销过程中我们所面对的基本技术环境，它包括相关技术、共有技术、主体技术和基础技术四方面的内容。

技术体系。这是企业营销面对的层次技术环境，它包括资源技术、制造技术和信息技术。

技术周期。这是企业营销所面对的技术的时间环境，它包括导入期技术、成长期技术、成熟期技术、饱和期技术和衰退期技术。

6.3.6 自然环境安全要素

营销不仅要面对社会环境，还要面对自然环境，自然环境也会对企业营销安全构成直接威胁，探讨这种威胁，采取超前的预警措施可以化解和减少这种威胁造成的危机和损失。

自然环境主要包括地理环境、资源环境和交通环境等。地理环境主要包括区位、地害、气候三要素，资源环境主要包括水土和能源，交通环境主要包括空运、水运和陆运等。

通过以上分析，我们可将环境安全要素做出架构图，如图6-6所示。

图 6-6 环境安全要素结构

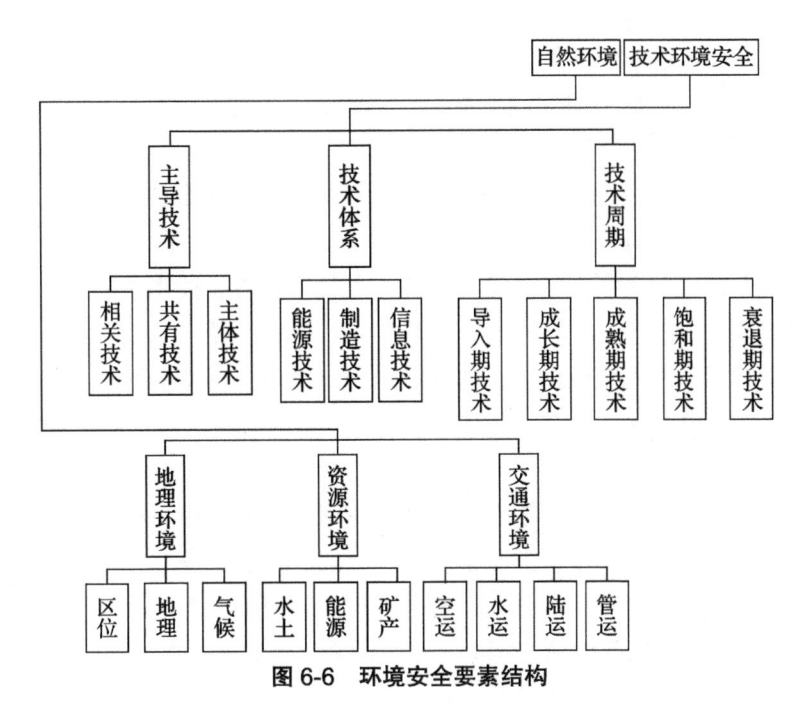

6.4 营销市场安全三维结构模型

市场安全是营销安全的重要组成部分，是营销安全的第二层次。当我们拥有了一个安全的宏观环境后，我们就必须拥有一个安全的市场。如果仅有宏观环境安全，而市场充满危机，营销也就无法实现安全。

根据对市场要素的细分，我们可以构建一个市场安全的三维结构模型，如图 6-7 所示。

从市场安全三维结构模型中可以看出，市场安全要素分为行业要素、消费要素、竞争要素、协作要素和大众要素 5 个部分，它与安全形态、安全属性组成 5×5×5=125 个组合，研究、界定这些组合，可以完整、清楚地弄清市场安全的状况，这是进行市场安全管理的基础。

图 6-7 市场安全三维结构模型

6.4.1 行业市场安全要素

行业安全是市场安全的重要组成部分，它是企业营销安全的中观环境，是对企业营销产生直接影响的安全要素。经过对行业安全问题的分析，我们可以总结出行业安全具有以下基本要素。

行业结构。这里所谈的行业结构，不是指行业之间的关系结构，而是指行业内部的企业关系结构。行业结构主要表现为行业规模结构和行业供求结构，在行业规模结构上又包括数量结构和质量结构。行业供求结构包括供给主导型结构、需求主导型结构和供需平衡型结构。

行业地位。行业地位是企业所在行业在整个国民经济中的位置，这种位置对企业营销安全是有影响的。行业地位主要包括行业产值地位、行业利税地位、就业贡献地位和经济影响力地位等。

行业生命。主要指行业所处的阶段。不同的阶段，对行业营销安全的影响是不一样的。当年电视机行业全线盈利，××电视机企业每股收益高达 2.92 元，现在行业进入衰退期，全行业产品积压，营销进入危机阶段，企业面临生存压力。行业生命包括发育期、成长期、成熟期和衰退期 4 个阶段，分析该行业所处的阶段，可以看到行业威胁所在。

6.4.2 消费市场安全要素

这里所谈的消费安全与宏观经济环境中所谈的消费安全不是一个概念，这里的消费安全是指作为市场的消费需求的安全，主要包括四大要素。

消费结构是各类消费在总消费中的比重，不同的消费结构会对营销安全产生不同的影响。消费结构包括生存资料消费结构、发展资料消费结构和享受资料消费结构。

消费水平反映的是一定时期由人们实际消费的生活资料和劳务的质量和数量状况。消费水平有适度消费水平、滞后消费水平和超前消费水平 3 个层次。

消费能力反映消费者的实际购买力。消费者购买力高低决定着企业市场的大小，影响企业的营销规模。消费能力有收入水平、支出水平、信贷水平和储蓄水平 4 个方面。

消费倾向是消费者对商品的需求强度。一些商品消费者有极强的消费倾向性，另一些商品消费者有极强的消费否定性。所以，消费倾向可以分为高、中、低 3 个层次。

6.4.3 竞争市场安全要素

有一个好的行业市场，也有一个好的消费市场，并不表明一定就是一个安全的市场，因为竞争的程度，对市场安危状况的影响远远要高于行业与消费两个要素，而且竞争又是一个不确定的市场要素。所以分析市场安全关键要探讨竞争对竞争的分类，有各种理论，我们认为目前关于竞争划分最为权威的观点还是波特的 5 种力量理论，所以我们用波特的 5 种力量来作为竞争的要素划分。

业内竞争，是指目前市场中现有同类营销企业之间的竞争。

替代品竞争，是指替代产品对企业营销所构成的威胁。

跟进者竞争，是指后进者对本企业营销构成的威胁。

购买者竞争，是购买者的议价能力对本企业营销所构成的威胁。

供应商竞争，是供应方议价能力对本企业营销所构成的威胁。

5 种竞争力量可用图 6-8 表示。

跟进者竞争：
- 规模经济
- 产品差异
- 品牌特征
- 转换成本
- 资金需要
- 进入销售渠道
- 学习曲线效应
- 政府政策
- 获得低成本的投入

供应商竞争：
- 供应商集中度
- 替代供应品
- 供应商数量
- 产品差异
- 品牌特征
- 购买者信息
- 前向一体化的威胁

业内竞争：
- 集中度
- 平衡
- 增长
- 固定成本/增加值
- 产品差异
- 品牌特征
- 转换成本
- 周期性的能力过剩
- 多样性竞争者
- 利害关系
- 撤出市场障碍

购买者竞争：
- 购买者集中度
- 购买者数量
- 转换成本
- 购买者信息
- 自己生产投入产品的能力
- 替代产品
- 价格/总购买量
- 产品差异

替代品竞争：
- 替代品数量
- 替代品成本效应
- 转换成本
- 顾客对价格敏感性

图 6-8 五种竞争力量要素

6.4.4 协作市场安全要素

企业面对的市场，除了行业、消费、竞争外，还有协作市场。协作市场是作为市场主体组成部分的资源供应和营销中介。

资源供应是营销的基本保障，没有资源供应的保障，就无法有企业的营销安全，资源供应主要包括原材料供应、设备供应、能源供应、劳务供应等。

营销中介是营销顺利实现的中介条件，没有中介力量的保证，也不可能有安全的营销。营销中介包括中间商、物流商、营销服务商（调查公司、广告公司、咨询公司、维修公司等）、金融中间人（银行、信托公司、保险公司）它们是营销的中间环节，其中一个环节出现事故，都有可能使营销陷入危机。

6.4.5 大众市场安全要素

大众环境是对企业有直接影响的市场力量，也是市场主体的构成要素之一，所以我们不把它作为环境来研究，而是当作市场来分析。

根据科特勒的划分大众环境市场可分为7个方面。

金融界。金融界对企业的融资能力有重要的影响，主要包括银行、投资公司、证券经纪人、股东。

媒介公众。媒介公众指那些刊载、播送新闻、特写和社论的机构，特别是报纸、杂志、电台、电视台。

政府机构。企业管理当局在制订营销计划时，必须认真研究与考虑政府政策与措施的发展变化。公司的市场营销人员须就有关产品可能遇到的问题，以及广告的真实性等向律师提出咨询。公司还须考虑与其他厂一起，从事游说活动，反对那些有碍他们利益的立法。

公民行动团体。一个企业营销活动可能会受到消费者组织、环境保护组织、少数民族团体等的质询。例如，有些用户第一主义者就曾经指出糖果产品缺乏健康价值，因为热值太高，容易引起蛀牙等。假如你是糖果公司就必须应对这种消极宣传或是通过发表声明宣传糖果的益处进行反击，或是与用户第一主义者一起讨论，对该问题提出较为公正的看法。

地方公众。每个企业都同当地的公众团体，如邻里居民和社会社区组织，保持联系。大公司常常指定一名负责社区关系的职员来处理社区事务，如参加社区会议、回答咨询和向值得支持的事业提供资助。

一般公众。企业需要关注一般公众对企业产品及经营活动的态度，虽然一般公众并不是有组织地对企业采取行动，然而一般公众对企业的印象却影响着消费者对该企业及其产品的看法。许多公司为树立"法人"的强烈形象，采取了派人员参加社区的集资运动、向慈善事业捐赠、建立消费者意见处理系统等措施。

内部公众。企业内部的公众包括蓝领工人、白领工人、经理和董事会。大公司还发行业务通讯和采用其他信息沟通方法，向企业内部公众通报消息并激励他们的积极性。当企业雇员对自己的企业感到满意的时候，他们的态度也就会感染企业以外的公众。

尽管企业必须把它们的主要精神用于市场营销系统的有效管理，但是企业经营的成功与否，都受到社会中各种公众对它们的营销活动如何看待的影响。公司花一定时间在注视公众的态度、预测他们的动向、发展同他们的建设性关系上，这些措施是明智的，对营销安全也是必不可少的。

根据以上分析，市场安全要素如图6-9所示。

6.5 营销战略安全三维结构模型

营销战略是企业营销安全的第三层次，是属于营销内部安全问题。根据企业战略理论和营销战略理论，我们可以将营销战略安全的问题用三维结构模型直观地表示出来。

战略安全由战略定位、战略目标、战略分析、战略计划、战略控制五大要素构成。这五大要素，是在研究科特勒的营销战略理论、艾尔·列斯的市场定位理论和波特的战略理论后综合各方面因素提出的。五大要素与安全形态和安全属性，可构成 5×5×5=125 组合，研究这些组合不仅可以提高企业的营销安全管理水平，还可以增进企业的营销战略安全。

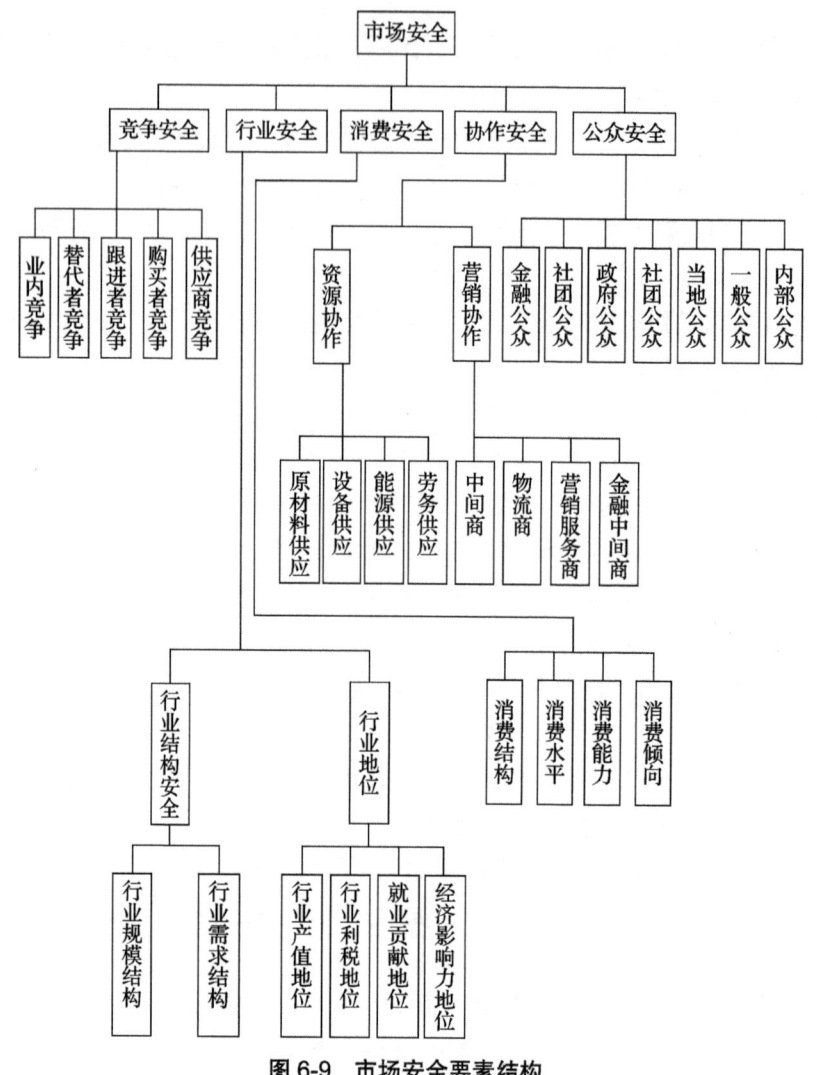

图 6-9 市场安全要素结构

6.5.1 战略定位安全

这里所言的战略定位，是目标市场战略定位，它是企业营销战略的核心。市场营销一旦出现目标市场定位失误，无论在其他的战略和策略上采取任何措施，都无法避免营销失败。

战略定位安全主要包括两个基本内容，即目标市场选择安全和市场定位安全。

目标市场选择安全。战略定位首先是选择企业的目标市场，目标市场选择的正确与否，决定着营销的成败。目标市场选择是否正确，有 6 个基本的衡量要素。

容量要素——有足够的市场容量以保证可持续性营销。

资源要素——与企业资源有高度的一致性。

竞争要素——企业在目标市场中能保持竞争力。

机会要素——能抓住机遇而又能回避威胁。

壁垒要素——能克服进退壁垒。

模式要素——目标市场模式选择符合营销要求。

市场定位安全。目标市场选择正确后，还要求定位正确。定位出现偏差，营销照样会出现危机。市场定位安全衡量的标准有两个：一个是针对性，另一个是等效性。针对性是指市场定位必须能对准顾客的核心需求，等效性是指根据顾客核心需求所确定的产品定位必须与顾客需求有高度的一致性，符合管理学上的"木桶原理"。

6.5.2 战略目标安全

正确的战略定位保证了营销战略方向的安全性，要能保证战略成功，还要确立正确的战略目标，目标错误，营销也会失败。

战略目标安全包括3个方面。

市场目标安全，主要是确立的市场占有率目标是否符合企业的实际，是否有可行性。

销量目标安全，是指确立的销售量目标是否有可行性。

品牌目标安全，是指确立的品牌目标是否有能力达到。

6.5.3 战略分析安全

战略分析安全是指确立战略过程中所做出的各种分析没有偏差，如果分析有偏差，信息就不准确，战略决策就会错误，营销就会失败。所以，战略分析安全是战略安全的基本保障。

战略分析安全主要包括3个部分。

环境分析安全，对制订战略所需的环境分析，是准确的、完善的，没有大的误差。

市场分析安全，对市场的分析完善、准确，反映了市场的真实情况，不存在大的信息失真。

企业分析安全，对企业的资源分析、优势分析、劣势分析、机会分析、威胁分析等，要全面、系统、准确，能真实地反映企业的实况。

6.5.4 战略计划安全

计划是根据历史和现实的情况，预测将来的发展变化，确定行动方案的过程。战略计划的正确与错误直接关系着营销的成功与失败。

战略计划有3个部分。

长期战略计划。作用时间在5年以上的计划，是企业长期营销的基本规划。它的安全，可保证企业营销的可持续发展。

中期战略计划。作用时间在1~5年的计划，是企业中期营销的基本规划，它的安全可以保证近期营销的稳定性。

短期战略计划。作用时间在1年以下的战略计划，是企业的营销年度、季度或月度规划，它的安全可以保证当年、当季、当月的营销成功性。

6.5.5 战略控制安全

战略定位、战略分析、战略目标、战略计划，都是属于战略方案的范畴，方案的正确与错误直接影响营销成败，但就是有了好的方案，也不一定能保证营销的成功。成功的营销，还要有优秀的控制。

战略控制是企业为保证实际工作与战略计划要求的一致性而采取的一系列行动。战略控制安全主要包括3个方面。

预先控制安全。预先控制的目的是使未来的运行结果能达到预定的标准，包括人力预控、财力预控和物力预控。预先控制安全就是要实现在人力、物力和财力的安排上能保证战略计划的实施而又不出现浪费。

同步控制安全。同步控制是在战略计划执行过程中的控制安全。同步控制可以分为检验控制、监督控制、纠偏控制等内容。只要能保证这些控制不出问题，那么就可保证同步控制不出现失误。

反馈控制安全。反馈控制是以计划标准去衡量工作的结果，找出偏差并进行纠正以确保未来的结果符合计划。

6.6 营销策略安全三维结构模型

营销策略是营销战略的具体化,战略安全必须还要有策略安全作为保障,没有策略的保障,战略安全也是没有保证的。

根据营销学的策略理论,我们可以将营销策略安全直观为如图 6-10 所示的三维模型结构。

根据麦卡锡的 4P 理论和现代营销策略的主要思想,我们把营销策略安全界定为品牌策略安全、产品策略安全、价格策略安全、渠道策略安全和促销策略安全五大部分。

6.6.1 品牌安全

品牌是现代营销中的一个重要概念,对营销的成功运作有重要影响。通过对品牌的研究,品牌可分为 3 个层次。

品牌,从其最初设计时就注入了企业的一种信念和理想,这是品牌的核心层;从实际运作来讲,品牌又必须以一定的具体形式或载体以传达这种品牌所具有的特定内涵,因此品牌又包括形式层,即企业在运用品牌时,都必须以一定策略,以使品牌的作用能完全发挥,同时使品牌的无形价值不断保值增值,这构成了品牌的策略层。企业的品牌安全即是指品牌 3 个层次安全,只有 3 个层次都是安全的,企业的品牌才是安全的。通过对品牌的分析,我们可以概括出品牌安全的层次结构,如图 6-11 所示。

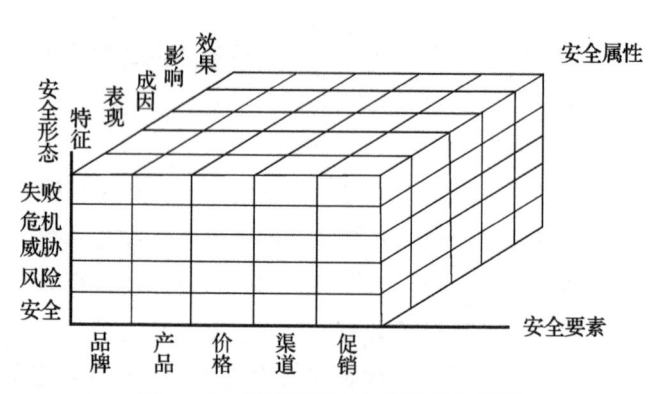

图 6-10 营销策略安全三维结构模型

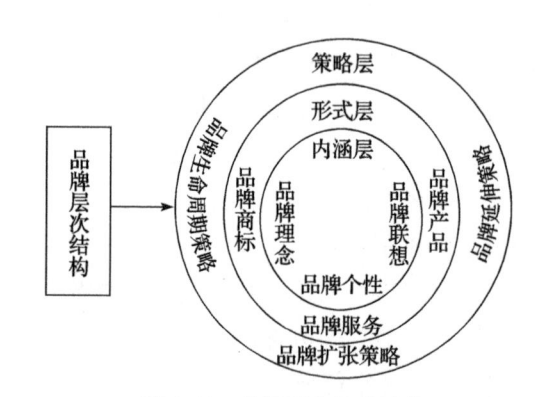

图 6-11 品牌安全层次结构

根据品牌安全层次结构,我们可以发现,品牌安全包括三大基本内容。

6.6.1.1 品牌内涵安全

一个品牌的内涵主要由品牌理念、品牌联想和品牌个性来界定,因此品牌内涵安全主要有 3 个方面。

品牌理念安全。品牌理念是企业创建品牌时赋予的核心价值观念,它既是企业经营思想的集中反应,又是企业战略思维的高度概括,对企业的经营发展起着导向作用。例如,我们从"海尔,真诚到永远!"广告词中知道"真诚到永远"是海尔的品牌理念,即追求永远对消费者真诚服务的品牌理念。这种品牌理念具有巨大的亲和力,消费者容易在心理上产生认同感和亲切感,因此海尔的品牌理念是安全的。而一些企业的品牌理念就不安全了,如国内一些企业的品牌理念把品牌引向自我封闭、难以国际化的死胡同。

品牌联想安全。品牌联想是消费者见到或听到某个品牌时在心里对这个品牌产生的情感认同或反应,它是消费者对企业形象和品牌形象的内心独白。品牌联想安全就是要让消费者产生美好的、具有购买动机的联想,即消费者产生的联想要符合企业的需要,而不要产生负面的、歧义的、错误的联想。通过投射法发现,海尔的品牌联想是"亲切",而另一家国内家电巨头的品牌联想则是"冷漠"。前者的品牌联想是安全的,而后者则是不安全的。

品牌个性安全。品牌个性即品牌特征。品牌要脱颖而出,必然要有差异,有一个或几个明显的特征以示区别,但品牌个性又要与企业形象相吻合,不能有冲突现象,具备了这些条件,品牌个性才算安全。但是国内许多企业恰恰忽视了品牌个性安全，更不要说某些根本没有个性的品牌。例如，DVD广告全讲"数字技术、超强纠错、全面兼容、国际认证"；国产的洗衣粉、奶粉、洗发水除极个别品牌外，则根本没有品牌个性意识。这些品牌，竞争不过国外品牌，问题大都不是出在质量而是出在品牌安全，尤其是品牌个性安全。因为没有个性或个性模糊的品牌就不能区别于其他品牌，消费者无从选择。

6.6.1.2 品牌形式安全

品牌形式是品牌的载体，是品牌中直观可见的部分，品牌形式安全主要包括以下内容。

品牌商标安全。品牌商标安全是指作为品牌的主要组成部分的商标是否受到法律保护，以及是否会被假冒。如果企业的品牌商标不能或没有登记注册成为注册商标，就不会受到法律保护。企业花巨大心血培育出来的品牌就会被他人免费分享，甚至危及品牌生存。例如，四川某公司生产的风靡全国的"四川榨菜"，由于无法注册商标，与其他公司生产的劣质、低质"四川榨菜"相混淆，严重损害了正宗"四川榨菜"品牌形象，而最终被鱼目混珠的低劣产品拖垮，从市场消失了。另外，品牌商标一旦被他人抢注，企业也就会丧失辛辛苦苦培育出来的品牌。

品牌商标安全还指企业品牌商标的注册范围和注册领域安全。如果品牌商标注册范围太狭窄、注册领域太少，品牌延伸和品牌扩张就会受到限制，缺少必要的拓展空间品牌商标将不安全。例如，以长期赞助足球产业闻名的四川××集团，由于其商标没有在体育产业注册，结果某品牌足球、运动服被天津一家有远见的公司瞅准时机注册了，该集团痛失生产其牌足球和运动服的权力，实在让人痛心。

品牌产品安全。产品是品牌的载体，一个品牌总有一个或一组核心产品在强力支撑着，没有产品，品牌就失去了依存之物。品牌产品安全就是指品牌赖以生存和发展的产品不存在危机，不存在产品质量、技术、功能、设计、包装等问题。

品牌服务安全。要创造、培育和维系一个优秀的品牌，必须要有与之相匹配的良好服务。如果服务质量与服务数量达不到支持品牌美誉度的要求，就会损害品牌形象。"一流的产品、三流的服务"，会严重破坏品牌的服务安全。

6.6.1.3 品牌策略安全

品牌策略是企业品牌运营的核心内容之一，是企业运用品牌的技巧和方法，品牌策略安全主要包括以下几点。

品牌生命周期策略安全。品牌是有生命的，品牌的塑造要经过培育期、成长期、成熟期等阶段。许多企业只有一二十年的寿命，而少数企业则能活到一百多年而且仍保持长盛不衰。因此，如何维护品牌使之长盛不衰是品牌管理的终极目的。总的说来，企业应当在一个品牌发展到成熟期时及时推出该品牌产品的换代产品或全新产品，把品牌效应及时移植到新产品上，让源源不断的新产品来支撑品牌的长期发展。品牌好比是一棵大树，产品是树叶，叶子可以不断地枯萎更新，大树却要长期不倒。

品牌延伸策略安全。品牌延伸是同一产品线上的产品都使用相同的品牌。品牌延伸使用得当时不仅能使新产品迅速进入市场，取得事半功倍的效果，而且可以利用品牌优势扩大产品线，壮大品牌支持体系。但是企业一定要注意品牌延伸安全，否则就会进入品牌延伸误区，出现品牌危机。这主要有3种情况：一是品牌本身还未被广泛认知就急躁冒进地推出该品牌新产品，结果可能是新老产品一起死亡。二是品牌延伸后出现新产品的品牌形象与原产品的品牌形象定位互相矛盾，使消费者产生心理冲突和障碍，从而导致品牌危机。三是品牌延伸速度太快，延伸链太长。有的企业一年就推出几个甚至十几个延伸产品，延伸得太快、太多，超过了品牌的支持力。这种"只顾生，不顾养"的无节制做法，迟早要危及企业品牌生存。

品牌扩张策略安全。品牌扩张是企业把品牌扩展使用到不同产品线上，即不同领域产品也都使用同一品牌。品牌扩张是企业在多元化经营中常使用的品牌策略，企业可利用品牌知名度、美誉度进入全新领域，节省市场导入费用。但是，不讲原则地进行大跨度品牌扩张是十分危险的，许多著名企业之所以倒闭，重要原因就是进行无关联的品牌过度扩张。

6.6.2 产品安全

企业营销过程中的产品策略安全主要包括八大组成部分。

产品定位安全。产品定位安全是指企业不会因产品的定位失误而出现营销危机。有了正确的目标市场，还必须要求产品符合目标市场的要求，当产品与市场需求一致时，营销就能顺利推进，当产品与市场需求不一致时，营销就会出现挫折，形成营销困境。定位安全就要求企业必须根据市场的需求来确定自己产品的属性，使产品的卖点（Selling Point）与市场的买点（Buying Point）之间保持最高的一致性。

产品质量安全。这是指产品的质量符合顾客的要求，不会引起顾客的购买拒绝和不满。当产品质量超过或低于顾客对质量的要求时，销售就会受阻，当产品质量有重大隐患导致顾客利益受损时，产品不仅无法实现销售，还会危及整个企业的生命安全。某换肤霜产品曾在3个月内风靡全国，但当北京600人起诉它造成皮肤过敏时，几乎是一夜之间市场就崩溃了，造成公司上千万积货无法销售，不得不宣告破产。

产品数量安全。这是指产品的供应量能够满足市场的需求，既不会因供不应求造成市场浪费和市场损失（跟进者带来的瓜分风险和假冒风险），也不会因供大于求造成产品积压滞销。产品数量安全的理念要求企业的产品供应与市场需求之间保持一个合理的数量匹配关系，不会因这种匹配关系的失调而危及企业的营销安全。

产品结构安全。这是指产品组合在产品的生命周期、产品线等方面有一个合理的搭配关系，以保持企业的可持续营销。如果企业产品都集中在投入期，企业会因投入太大，销量太小而运转困难。如果企业的产品都集中在成熟期，虽然企业的销售收入颇丰，但会使后继产品青黄不接而很快走向衰退。假如都是衰退期产品，企业会因为缺乏效益产品和后继产品而很快走向死亡。因此，从产品结构安全理念出发，企业必须保持一个正确的产品结构关系。

产品价格安全。它是指产品的定价不会成为产品进入市场的障碍，也不会引发市场价格混战而危及产品的市场定位。当产品定价超过市场的价格拐点时，产品入市就非常困难，甚至完全失败。当产品的价格低于价格拐点时，企业又可能因此失去利润而难以扩大再生产，或者是导致价格混战造成多败俱伤，引发行业性亏损。因此，产品定价不仅要考虑效益，更要考虑安全，考虑该价格策略对本企业经营和市场竞争格局的影响，只有当价格与市场的需求一致时，才会是安全的。

产品储运安全。产品储运安全也称物流安全，是指产品在仓储和运输过程中不会因为管理不善或各种意外而出现储运损失。产品在储运过程中，很容易出现损失，这些损失可能总额不大，但全是利润。储运损失在销售总额中假如占了5%，绝对量似乎不大，但也许我们的利润损失就是100%。所以产品储运安全是决不可忽视的。

产品服务安全。产品服务安全是指配合产品销售提供的售前、售中和售后服务，能推动产品流和货币流的运动，而不致引发产品流和货币流的危机和事故。产品服务安全要求企业为产品销售提供的配套服务能带给顾客满意体验，而不是产生抱怨和投诉。营销学上的"二五零定律"告诉我们，顾客的不满会直接破坏企业的市场，形成企业的可持续营销危机。

产品扩展安全。产品扩展安全是指产品线延伸和扩张过程中，不会引发营销危机或营销事故。产品扩张安全包括产品线延伸安全和产品线扩张安全。产品线延伸安全包括产品线延伸长度安全、产品线延伸速度安全和产品线延伸方式安全。产品线延伸太长，超过了该产品线合理的长度，就会出现营销危机。产品线延伸速度太快，企业资源和市场跟不上，也会造成营销危机。但产品线延伸速度太慢，则又可能会失去市场机会，给竞争对手留下可乘之机，给企业带来市场损失。产品延伸方式分向下延伸和向上延伸两种。向上延伸时，可能会因支持力不够而导致失败；向下延伸时，又可能会因低档产品出现影响原有产品的品牌形象，造成形象危机。

产品线扩张安全包括关联性扩张安全和跳跃性扩张安全。关联性扩张是新线与老线之间具有关联性，它们具有兼容的市场品牌、技术、渠道和促销，因此扩张风险较小，但是和产品线延伸一样，具有宽度和速度风险。扩张幅度太宽，超过了企业的经营能力，就会出现危机。但扩张幅度太窄，又浪费了市场机会和企业资源，也会对企业发展构成威胁。扩张速度太快超过了企业资源的承受能力会出现问题，扩张速度太慢则又浪费市场机会，影响企业的可持续发展。跳跃性扩张与原有的市场、品牌、技术、渠道、促销等都不兼容，成功率低。一般而言，在关联性扩张尚有机会时，不宜进行跳跃性扩张。中国许多成功企业之所以走向死亡，就是他们一味地进行跳跃性扩张，导致业务不兼容，资源分散，管理跟不上，结果走向失败。因此，加强产品的扩展安全管理是企业产品安全管理的重要任务。

6.6.3 价格安全的内容

价格安全作为企业营销安全的重要内容和组成部分，主要包括如下基本内容。价格目标实际上就是企业的定价目标，因此，所谓价格目标安全，也就是企业的定价目标安全。价格目标是指导企业定价行为的专门化目标，企业所有的产品定价实践都要根据价格目标的要求进行。价格目标安全是企业各种价格决策活动成功的保证。一般地讲，企业的价格目标不外乎6种：最大当期利润、最高当期收入、最大市场份额、最高销售增长、最大市场撇脂和产品质量领先。究竟选择什么样的价格目标才算安全，这没有统一的定论，只有结合企业自身的实际经营状况和产品服务的特色做出恰当选择的价格目标，才是最为安全的价格目标。

定价方法安全是指企业在一般定价模式的指导下，以某些因素（如成本、需求、竞争等）作为考虑的重点，结合影响商品价格的成本因素、市场因素、自然因素、政策因素和社会因素等，选择一种恰当的方法，以确定商品安全合理的价格。如果企业定价方法选择不当，出现危机，价格一经确定，市场的接受程度势必很低，竞争者就会乘虚而入，价格危机亦就相伴而至，企业将会因此而蒙受巨大的损失。

价格结构安全。价格结构也即是价格的需求结构。价格需求是消费者对商品之外的需求，它是顾客满意需求的核心。价格结构包括如下基本内容：价位、商值、价质比和价格弹性。价格结构安全就是价位、商值、价质比和价格弹性的安全，即企业必须确定合适的价位和价格弹性，选定合理的价质比和商值；否则，就会导致价格结构的不安全。

价位安全。价位是价格绝对水平的高低。价位安全就是指确定一个适当高度的价格，使之能符合顾客的需求，得到市场的认同，以保证企业的营销活动能顺畅进行。一般地讲，价位的绝对水平越低，顾客满意度就越高，价位就越安全。但是，由于产品功能需求和外延需求的影响，某些产品价位越高，反而更能令顾客满意，高价位反而更安全。所以，价位安全与否不能简单用高低两个指标来衡量。

价质比安全。价质比是产品价位和产品质量的比值。用公式可表示为

$$Q=q/p$$

其中Q是商数，代表价质比。p代表价位，q代表质量。价质比与价位成反比，与质量成正比。换言之，价格越高，价质比越低；质量越高，价质比越高。消费者所追求的是质价比越高越好。质价比高，便意味着顾客花钱最少，而所购买的单位质量价格最低。安全的质价比，是令消费者满意的质价比。质价比安全就意味着企业必须努力提高q的水平而降低p的水平，为消费者提供一个尽可能高的质价比。

商值安全。商值安全是价格安全的重要内容。所谓商值，是指产品的价位与产品使用时间之比。商值指标是从质价比指标演化而来的。因为在实际生活中，顾客并不简单地只在乎价格的高低，价格的需求往往演化为多种形态，而商值就是这些形态的重要内容之一。任何一个顾客都希望产品使用时间长，而价格又最低。因此，商值安全就是为顾客提供一个产品使用时间和价位双指标的优化比值。任何一

种产品的安全商值都有一定的上限和下限，也即是说安全的商值既不能过低，亦不能过高。过低，消费者会觉得物低所值，就会产生一种上当受骗的感觉，如此一来，必然导致产品市场的不安全；过高，企业的投入难以得到对应的回报，长此下去，企业的持续发展必然受到影响，企业的营销安全亦难得到保障。所以安全的商值，必须结合产品、市场和企业自身的实力进行优化选择。

价格竞争安全。在现代市场条件下，价格战是企业一柄永恒的营销利剑，运用得当，常砍得对手落花流水。从某种程度上讲，价格竞争安全与否，直接决定着企业营销的成败，关系着企业的生死存亡。价格竞争安全指的就是企业在市场需求和成本所决定的可能的价格范围内，结合竞争对手的成本、价格和可能的价格反应，确定有效的价格弹性，以保证销售过程中有一活动的价格区间，并能据此迎接竞争对手的价格竞争，确保企业的市场份额。

价格变动安全。价格一经制订，保持相对的稳定性是必要的。因为，如果价格波动太大且较频繁，则容易造成市场的紊乱，使顾客难以适从，而且也会损害产品乃至企业在顾客心目中的形象。但是稳定的价格仅仅是一种相对的状态，在瞬息万变的市场环境下，没有任何一种价格可以保持永恒不变。价格变动是每个企业都必须面临的选择。价格变动是否安全，直接决定着企业目标收益是否能得以实现，关系着企业能否顺利应对和防止对手挑起的价格竞争，并进而影响着企业市场份额的巩固与扩大。

6.6.4 渠道安全

渠道安全主要包括以下几个方面的内容。

渠道节点安全。渠道节点是渠道通路上的各个中转层次或环节（大多数情况下就是各个渠道成员），它不仅是企业营销流运行的通道，更是企业营销流运行的动力和加油站。节点安全就是这些层次或环节不会因为某些因素的影响而出现故障，它分为节点链接安全、节点转换安全。

节点链接安全。节点链接是渠道各个节点之间的对接，节点链接安全就是指各节点能紧密衔接，营销流能在渠道各节点之间畅通运行，营销流不会在渠道某个节点上发生中断。如果上一节点与下一节点之间没有很好地链接上，或链接不好，渠道节点链接就不安全了。

节点转换安全。企业营销流在渠道上每经过一个节点就发生一次转换，而每一次节点转换，都会产生流体的耗散。节点转换次数越多，耗散也越大。但是各节点也是企业营销流增强的动力和加油站，营销流经过各节点的增强作用，又会弥补部分耗散的能量。因此，渠道节点转换安全就是要求企业营销流在各个节点之间转换时，流体不会损失，不会减少，更不会消失；或是增强作用远远大于耗散作用。

渠道长度安全。渠道长度是渠道垂直方向通路中的节点数量，即是指产品从生产者流向最终顾客的整个过程中所经过的中间层次或流通环节的数量。节点越多，渠道越长；节点越少，渠道越短。一般而言，渠道越长，环节越多，控制就越难，因此出问题的概率越大，安全性越差；相反，渠道越短，出问题概率越小、安全性会越好，所以现代企业营销都在追求缩短渠道长度。大型连锁超市的兴起，使许多渠道环节消失了，企业产品直接进入商店，直接与顾客见面，渠道节点减少到只有一个，安全性自然增强。

渠道宽度安全。渠道宽度是指渠道通路中同一层级上各节点的数量。同一层级上节点越多，渠道越宽；节点越少，渠道越窄。渠道过宽，渠道不安全，因为各横向节点之间可能发生冲突，导致渠道危机；而渠道窄，横向冲突概率小，因而渠道安全性好。但渠道宽度安全不能仅从一点考虑，对于一个要求宽渠道销售的产品，如建立窄渠道，就会出现产品特性与渠道性质的冲突，出现渠道危机。因此渠道宽度安全还要结合产品等因素来综合考查。

渠道结构安全。渠道结构是渠道长度与渠道宽度、直接渠道与间接渠道在功能上的一种组合关系。一个企业可能采取间接渠道加直接渠道结合的方式，也可采取长—宽结构、长—窄结构、短—宽结构或短—窄结构等方式。至于什么样的结构模式更安全可靠，是完全由产品性质、企业能力和目标市场特点来决定。不适合的渠道结构，就是不安全的渠道结构，因此渠道安全还必须考查渠道结构的安全。

渠道选择安全。渠道选择安全主要是渠道模式选择安全、渠道成员选择安全和渠道空间选择安全。

渠道模式选择安全。渠道的基本模式一般有5种：生产者—消费者、生产者—零售商—消费者、生产者—批发商—零售商—消费者、生产者—代理商—零售商—消费者、生产者—代理商—批发商—零售商—消费者。每种渠道模式各有其适应的产品及消费者类型。渠道模式选择安全就是企业渠道模式选择一定要对位，要根据产品特点、企业自身实力做出最佳选择，不能发生渠道选择错位现象。

渠道成员选择安全。渠道成员即组成渠道通路的各个中间商，渠道是否通畅，关键在于各渠道成员的分销能力和他们之间的相互协调性。因此，渠道成员选择安全就是企业要选择合适的渠道成员，各成员的组织能力、铺货能力、协调性是企业选择渠道成员的主要依据。

渠道空间选择安全。渠道空间是指渠道的地理位置。选择什么样的区域建立自己的销售渠道，在每一个区域中如何确定合理的渠道布局，也是渠道安全考虑的重要内容。渠道空间选择错误，或空间内布局不合理，会造成渠道过宽或过窄，形成渠道空白或目标市场竞争过度。渠道空白是市场浪费，而竞争过度又会引起渠道冲突或抱怨，对企业而言，渠道空白和渠道竞争过度则属于不安全因素。

渠道控制安全。渠道控制是企业对渠道成员的影响力和支配力。许多企业走向衰落的一个重要原因就是因为渠道失控，这种失控不仅使企业销售业绩下降，而且可能毁掉整个渠道网络和产品市场。因此，渠道控制安全就是企业能有效地影响或控制渠道成员的行动，不致出现逆控制现象；企业能迫使各渠道成员按照统一的政策行动，能防止渠道流失；企业能让渠道成员把产品按照企业的战略计划及时、通畅地进入终端零售市场，迅速与消费者见面；企业能根据生产规模大小和市场需求变化来控制产品流向市场的节奏和速度等。

渠道管理安全。渠道管理安全就是企业的渠道理念、要求、销售政策、措施等本身是否合理、完善，是否会引起渠道成员的不满，造成渠道的混乱或冲突，从而引起渠道危机威胁渠道安全。如果企业的要求、政策、措施能充分考虑各个渠道成员利益，则不会引起中间商不满、造成渠道混乱和冲突；管理制度和危机预防措施本身没有漏洞，能维护渠道网络的正常运行，有效防止渠道事故和渠道崩溃等严重后果出现，那么我们说企业的渠道管理就是安全的。

6.6.5 促销安全

促销安全是指企业在促销过程中，能够针对既定的目标受众进行有效的宣传和诱导，不会导致企业的促销危机，甚至促销事故等情况发生。促销安全包括以下几点。

促销对象安全。促销对象安全是指企业促销的目标受众应是本企业所选择的目标市场群体（包括现有市场和潜在市场），而不会出现促销对象错位现象，导致企业白白浪费时间和精力。

促销内容安全。促销内容安全是指企业在进行促销活动时，所传达的信息既不会泄漏公司的重大机密，又不会对竞争对手形成不正当竞争的不好印象，更不会与国家的政策、法律法规相抵触。因此企业必须对促销活动的内容仔细审查，绝不能因此导致企业营销危机发生。

促销方式安全。促销方式包括广告宣传、人员推广、柜台促销、赞助活动等，促销方式安全是指企业选择的促销方式既能节省时间和金钱，又能做到见效快、效果好，而不会出现选择的方式是撒大网捕小鱼或网过小而达不到预期目的等浪费现象。

促销时间安全。促销时间安全是指企业促销活动选取的时间应恰当，既不早，也不晚。早了，企业的促销活动不仅不能迅速启动市场，推进销售，而且还可能会为竞争对手做嫁衣，让后进者占领市场；促销晚了，企业又可能错过迅速推动产品销售的最佳时机，达不到预期的效果。

促销空间安全。促销空间安全是指企业促销活动选择促销的地点和促销的范围要十分合理。企业的促销活动既能推动市场销售，达到以点带面的效果，又不会引起企业市场价格管理体系、渠道管理体系等的混乱，引发企业的营销危机。

销售促进安全。促销策略安全是指企业所选择的诸如降价促销、增大包装容量、免费搭送商品、免费试用、抢购特价商品、赠送优惠券、有奖销售等具体促销方式不会引起消费者怀疑产品质量下降和挤爆商场产生治安事故等情况发生。

6.7 营销运作安全三维结构模型

环境安全、市场安全属于分析安全的范畴，战略安全、策略安全属于计划安全的范畴，它们是营销安全的基本组成部分。分析是为了更好的计划，而计划是为了更好地运作。因此，分析安全是为了保障计划安全，而计划安全是为了保障运作安全。安全的计划还要安全的运作，不注重运作安全，计划安全就失去了意义。

结合营销学、销售学的理论和对企业营销实践的分析，我们总结概括出营销运作的三维结构模型，如图 6-12 所示。

从图 6-12 可以看出，营销运作主要有四大组成部分：组织的运作安全、人力资源运作安全、资金运作安全和信息运作安全。

6.7.1 组织运作安全

组织运作安全是指组织结构、组织功能、组织制度等方面的安全。组织运作安全包括以下 5 个方面的内容。

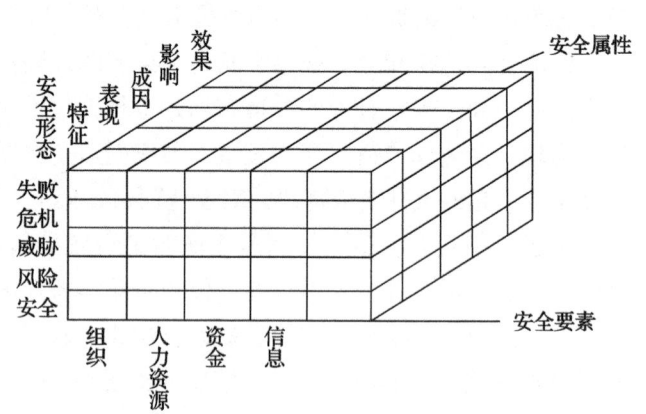

图 6-12 营销运作的三维结构模型

营销组织结构安全。营销组织结构构成了企业营销管理的基本框架，是企业营销活动的指挥部，为企业营销活动提供了基础。常见的企业营销组织形式有职能型营销组织、产品营销型组织、市场营销型组织和多维营销型组织等。营销组织结构安全要求企业在设立营销组织结构时，考虑市场需求和本企业的产品线、分销渠道等实际情况，选择最适合企业的组织结构形式，以保障企业营销组织功能的充分发挥。

营销组织功能安全。企业营销组织功能是为了有效地贯彻落实企业营销战略和营销目标，反映在企业营销组织管理具备哪些职能，各种职能之间相互联系、相互制约的关系如何，具体包括日常营销管理功能、形成未来市场的创新功能和综观全局的战略管理功能。企业营销组织功能安全就是指企业营销组织要做好以上功能的分配与落实，尤其是要保证创新功能和战略管理功能的分配与落实，并对现有企业营销功能及其他相关功能进行重构，增加营销安全预警预控功能。

营销组织制度安全。企业的营销组织制度是企业营销部门有秩序、有成效的活动，实现既定营销目标必不可少的因素。合理与完善的营销组织制度即安全的营销组织制度，是企业营销管理工作正常进行的前提，是巩固和稳定营销组织结构的基础，它具体包括营销组织管理制度、营销组织责任制度和营销组织考核分配制度等。

营销组织队伍安全。在确定了企业的营销组织目标和营销组织结构后，还得有具体的营销组织队伍（人员）来执行。企业营销组织队伍安全即是要求企业要组建一支忠于企业的高素质、富有创造力的营销队伍，在营销队伍规模、营销人员素质与培训方面加强管理，采取有效的激励和约束手段，使营销队伍保持高昂的士气、强烈的敬业精神及协调高效的团队精神。如果企业营销组织队伍不安全，造成营销人员常常流失或是工作懒散，不仅会打击其他营销人员的士气，而且会带走企业的大量客户资源、降低企业营销组织运行效率给企业带来无法挽回的损失。

营销组织运行秩序安全。企业营销组织运行秩序安全，是指企业以一定的秩序（即营销组织各构成要素之间存在的相互约束关系）去引导或迫使企业营销组织各个要素按照既定的营销战略、营销目标和营销管理制度的要求运行,以保证各个要素的运行不至于偏离营销组织运行秩序轨道,发生各种各样的冲突,降低营销组织的整体运行效率。为此,企业则必须维持良好的信息沟通状态,健全企业的信息沟通结构和信息沟通渠道,保证营销组织内部各个要素之间的充分信息。

6.7.2 人力资源运作安全

人力运作,也就是人力资源的运作。营销活动都是由人来运作的,做好人力资源的运作,不出现人力资源危机与事故,是营销安全的重要保证。南方某企业一位优秀的营销副总经理跳槽,一下就带走了十多位营销精英,致使该企业出现了营销人才危机,并进而引发营销危机,企业被迫逐渐退出市场,以致几年以后,市场上就再也难见到该企业的产品了。

人力资源运作安全,主要包括7个方面。

用人制度安全。用人制度安全是指企业制定营销人才制度是否能有利于优胜劣汰、奖优罚劣,会不会导致人才外流或消极怠工的局面。用人制度安全可借助人才认可率、制度健全率、制度执行率、制度公平率、制度合理率等指标予以界定。

人才任用安全。这是指人才的任用能完全按照德、能、勤、绩四大原则量才录用、人尽其才、择优任用。如果出现任人唯亲、错用其才等问题,就属于人才任用不安全,不仅造成人才浪费,而且还会对企业的营销造成危害,影响企业营销安全。

人才结构安全。人才结构就是各种人才在配给上的比例关系。人才结构安全主要体现为结构的合理性,合理即安全,不合理即是危险。不合理会造成一些岗位人浮于事,不仅形成人才浪费,还会形成管理矛盾,引发人才外流倾向和人事冲突,还会造成一些岗位人才短缺,一些在岗人员会抱怨工作量太大,任务无法按质按量完成,造成人才瓶颈,影响营销效果。合理的人才结构是由合理的岗位结构决定的,而合理的岗位结构是由合理的营销工作结构决定的。因此,合理的人才结构应该是各种人才配给合理,不出现工作不饱和状态,也不出现负荷严重超标状态。

人才队伍安全。人才队伍安全主要是指营销队伍作为一个团队应具有稳定性和凝聚力。一个不稳定的营销队伍是危险的队伍,这种危险不仅使企业随时处于人才外流形成人才短缺的威胁状态,而且这些人才一旦外流将带走企业的商业机密、营销资源,还可能成为企业的竞争对手。凝聚力是指队伍之间为了完成共同的营销目标,能够团结一致形成营销合力。如果一个营销队伍没有凝聚力。内部充满矛盾和冲突,这样的队伍是无法实现联合作战的,会给营销安全带来极大的危机。

人才质量安全。人才质量安全是指企业招聘的营销人才能够胜任其岗位工作,能优质高效地完成岗位目标和岗位任务,不会给企业营销造成瓶颈。人才质量是以能完成岗位任务为标准,而不是越高越好。大材小用,高能低用,虽然有益任务完成,但会造成人才的自我实现需求无法满足,使人才失去稳定性。

人才数量安全。这是指人才在量上能够满足企业营销的要求,不出现数量危机。成功的营销需要大量的人才,如果人才数量不够,营销效果肯定会受到影响。只有营销人才的数量符合营销对人才的要求时,才是安全的人数。

人才薪资安全。人才薪资安全是说营销人才所获得的薪资与其营销能力和营销努力相对称,不存在高能低酬、低能高酬或低努力高报酬、高努力低报酬的情况。工资的合理性不仅决定着营销成本的高低、资金投资收益率,还影响着人的稳定性。所以坚持薪资与德、能、勤、绩的协调,是保持人才薪资安全的基本原则。

6.7.3 资金运作安全

营销资金是企业营销活动所必需的一切资源和费用的货币表现的总称,营销资金运作安全则是指企业在营销资金的结构、配置、供应、回收和整个流动过程中不致出现企业不希望发生的意外情况,能保证企业各种营销活动的顺利开展。如果出现了营销资金危机和营销资金事故，以及由此而引起的资金流量减少、周转速度减慢等现象，则企业的营销资金就处于不安全运行状态。

营销资金安全包括五大基本内容。

资金结构安全。资金结构安全是指企业营销资金的来源及其构成安全。营销资金来源一般分为内部自筹和外部借入两种方式。外部借入资金方式能及时解决企业营销活动急需的大量资金，但是却大大增加了企业发生债务危机的可能性。内部自筹资金方式虽然数量有限，但是它不会造成企业债务危机，风险性较小。资金结构安全就是要求企业在筹集营销资金时充分考虑自身积累和外部借入两种方式的利弊得失，注意自筹资金和借入资金的结构（比例）安排，既要避免引起资金需求危机，更要避免债务危机，保证企业持续经营与发展。

资金配置安全。这里资金配置安全是指企业筹集到的资金被分配到企业营销活动各个环节后，既不会造成某一环节营销资金的闲置，尤其是以货物形态表现的闲置更应坚决避免，同时也不会造成某一环节营销资金的需求紧张，即是要求要以最小的资金投入产生最大的流动效果。如果营销资金配置不当，甚至出现了企业内部各环节资金危机，就会威胁整个营销安全，甚至使企业的营销活动完全瘫痪。

资金供应安全。资金供应安全是指营销资金的供应能满足营销活动的需要，具备良好的融资能力，能及时有效地筹集到企业各个营销环节所需的全部营销资金。如果企业营销资金供应不足，就会出现营销资金危机，企业销售就会受阻，市场就会形成浪费，竞争者也就会乘虚而入，企业将因此而遭受巨大的损失。

资金回收安全。企业营销活动中，当产品流出企业后，必须要有相应的资金流入。如果只有产品流出，而没有资金及时流入，就会造成大量的长期应收账款无法回收，形成拖欠、呆账、坏账，企业营销活动就无法正常进行，进而影响企业营销活动的安全性。

资金流动安全。资金流动安全是指企业营销资金在流动过程中，不会因为管理不善而造成资金的滞留、挪用、损失和体外循环而造成营销资金安全事故。资金流动就像血液流动一样，一旦出现阻滞与流失，就会损害企业机体健康，甚至危及企业生命安全，许多企业之所以倒闭，就是因为资金流动不畅造成的，因此保持资金流动安全是营销安全管理的核心内容。

6.7.4 信息运作安全

信息来源安全。随着经济的发展，产生了各种各样的信息机构，但是由于缺乏统一、权威的主管与监督机构，致使经济信息的发布无章可循、无法可依、无人监察，造成虚假经济信息蔓延。对于已造成严重后果的事件，又无法律为依据进行惩治。经济信息来源受到严重污染，主要表现在新闻媒介的夸张宣传和失实报道，漫天的"致富信息"宣传单，充斥网络的"信息骚扰"……为确保信息来源安全，对重要信息应请专家和权威机构验证，待弄清真相，辨明价值后方可利用。

同时，企业的商情来源中有很大部分是通过客户、市场调查、同业交流等信息来源获得的，由市场营销人员掌握。因此，有必要大大提高信息搜集人员的洞察力和辨别力，确保信息来源安全可靠。

信息途径安全。信息在传递过程中，一方面或由于主观过滤多，只传播自己认为有价值的信息，或道听途说，以讹传讹，导致信息失真；另一方面，随着信息技术设备的大量使用，信息也会由于机器故障受到干扰。例如，计算机会出现电子病毒，使经济信息记录失真。

信息内容安全。准确是信息的关键，信息应该如实反映客观情况，要避免虚假信息。虚假信息即不真实的或完全是无中生有的信息，表现为假广告、假商标、假招牌或商业竞争中人为制造的假信息等。只有掌握了准确的信息，才能确保企业决策人员的正确判断和管理过程的有效控制，如广州××公司在确立营销策略时，就非常注重信息的可靠性。针对日化产品的特性，公司多次派人深入市场调查，并请专家团对国内国外大量企业进行了横向、纵向的比较研究，定量分析，不但掌握了消费者对日化产品的消费心理，而且还得出广告和促销有效性的数据分析，为在掌握了安全的信息内容基础上做出正确的决策取得了良好的效益。

信息时效安全。信息的时效性指的是在一定的时间范围内，信息是有价值的，但一旦超出了这个时限，信息可利用的价值就可能失去。随着市场形势急剧变化，信息如果得不到准确及时的传递就会成为过时信息。这样信息不仅不会为人们带来效益，还可能因过时信息造成错误决策而给人们带来损害。这就要求企业要确保信息时效安全，必须及时得到有效的资料和数据，以便为其正确地经营决策提供充分的参考。

信息保密安全。企业作为一种有着切身经济利益的信息系统，既要与外界进行不断的信息交换，又不能亮出自己所有的底牌。国际上许多知名企业都注重如何将本企业的经营管理关键信息封闭于企业内部，通过一定的保护手段形成一种竞争优势。因此，信息保密安全不仅关系到营销安全，更与企业的生存发展生死攸关。

信息分析安全。为什么面对同样的信息，有的企业能从中挖掘出巨大的商业价值，而有的企业却错失良机，还有的企业却做出了错误的决策遭受了巨大的损失？关键在于对市场信息的分析把握。目前，许多企业都比较重视市场信息的收集，但在处理信息时却欠缺必备的信息分析能力。例如，美国的一家食品企业了解到墨西哥一条河流的上游有大片的菠萝果园。该企业的决策者认为等菠萝成熟后可用浮船把菠萝运到下游，运费非常便宜。于是该企业在下游三角洲地带建立了菠萝罐头厂。工厂竣工后，还未开业，就被迫关闭。造成这一恶果的原因在于决策者欠缺对信息全面性和可行性的分析判断，没有考虑到菠萝成熟季节恰是河流汛期高峰季节，根本无法河运。

7. 企业营销安全预警体系

企业营销安全预警管理，是现代企业营销管理的重要内容，也是企业管理的重要职能。现代企业，尤其是现代化大中型企业，应该在常规的战略管理、生产运作管理、人力资源管理、财务管理、营销管理和组织管理六大基本管理之外再增加一个与六大管理平行的安全管理，作为企业日常管理的基本组成部分，以保证企业的可持续经营。企业营销安全管理，就是企业安全管理的重要内容。

7.1 企业营销安全预警原理

安全预警指标体系的研究，是在下面的企业营销安全预警模型中进行的，企业营销安全的预警实践也应在该模型中运行，如图7-1所示。

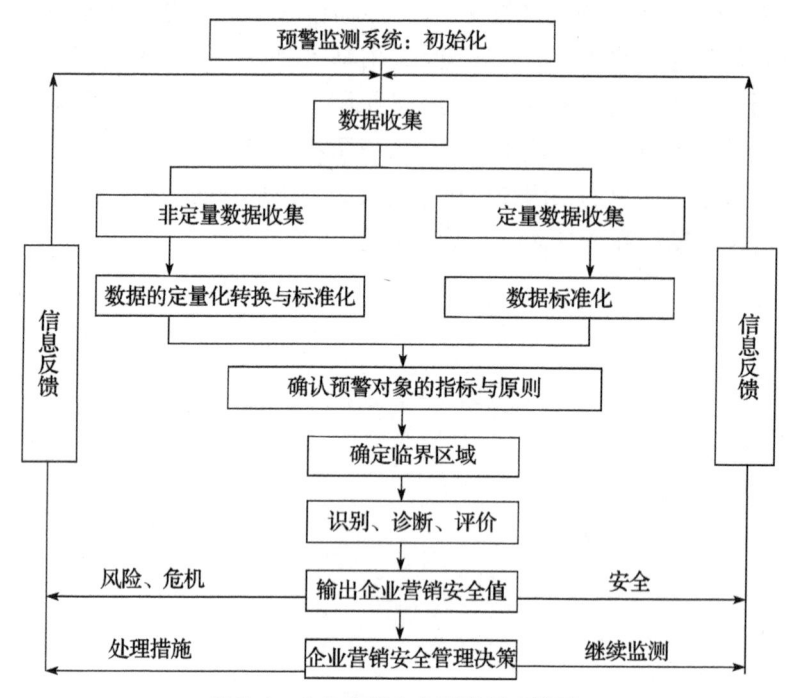

图7-1 企业营销安全预警原理模型

7.1.1 企业营销安全预警监测系统

企业营销安全预警活动的前提，是确定企业营销的各个重要环节为监测对象，即可能出现营销危机和营销事故的活动环节和领域。这有两个任务，一是对营销活动的过程进行监测，对监测对象同其他活动环节的关系状态进行监视；二是对大量的监测信息进行处理（收集、分类、整理、转化、标准化等），建立信息档案，进行历史和社会的比较。

7.1.2 确认预警对象的指标和原则

通过理论分析和实证调查，可以找到影响企业营销活动过程安全性的各种因素，然后对这些因素进行聚类分析，可得到分层次的因素集合，就是我们建立的企业营销安全预警指标体系。这些指标体系可分为主观指标与客观指标两个方面。客观指标可通过调查而直接获得，主观指标则可通过具有高度一致性（可通过肯德尔和谐系数法检验）的专家评判来获得。两种不同计量单位的指标可通过标准分数进行转换，使其具有可加性。

7.1.3 确定临界区域

临界区域即是确定企业营销安全级别的值域，每个级别对应于一个相应的值域。确定了企业营销安全级别的临界值域才能据此确定企业营销安全状况。

7.1.4 识别、诊断和评价

通过对监测到的营销信息的分析，可确立企业营销活动中已经存在的营销风险和将可能发生的营销危机趋势。识别的任务就是要选择出"适宜"的预警指标来判断企业的哪个营销环节已经或即将发生营销危机。这里的"适宜"，是指针对本企业特有的基本情况和经营趋向而建立起来的指标体系，并不适合其他的企业，不是通用指标体系。

诊断是对各种已经被识别到的各种营销风险和营销危机现象进行成因、过程分析和发展趋势预测，以明确哪些现象是主要的，哪些现象是从属和附生的。诊断的工具就是识别过程中所确定的企业特有的和社会相统一的评价指标体系。

评价是对已被确认的主要营销危机和营销风险进行损失性评价，以明确企业在这些营销风险和营销危机冲击下会继续遭受什么样的打击，包括企业损失评价和社会损失评价。

7.1.5 输出企业营销安全值

就是在识别、诊断的基础上，综合分析处理各个营销环节的各种企业营销安全数字信息，进行汇总聚类分析，得出企业总体企业营销安全状况，并立即制订企业营销安全状况报告，上报给企业营销管理决策者进行决策。

7.1.6 企业营销安全管理决策

企业决策者根据其报告的企业营销安全状况（即输出的企业营销安全值），做出营销管理决策。如果企业营销处于安全状态，则应继续监测，如果不安全则应立即采取相应的处理措施意见。

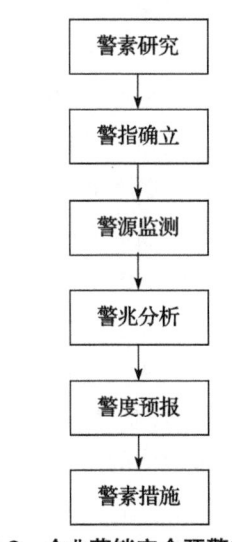

7.2 企业营销安全预警管理程序

根据企业营销安全预警原理，我们可以理出企业营销安全预警管理程序，如图7-2所示。

7.2.1 警素分析

警素，是指警情要素，也称安全要素，它是分析警情的基本因素，是预警管理的起点和基础。

企业营销安全预警警素不同于自然预警警素，自然预警警素一般是单因素，可用单指标测度。例如，地震的警素是震波，水灾的警素是水量，火灾的警素是火势。企业营销安全的预警警素是多因素，要用多指标来测度。从对企业营销安全要素，即本处所指的警素分析看，

图 7-2 企业营销安全预警管理程序

企业营销安全警素是一个复杂的系统。警素分析如图7-3所示，企业在进行企业营销安全预警管理的警素分析时可以参考。

7.2.2 警指确立

所谓警指，是指警情指标，也称安全指标，它是对警情状况，即安全状况进行测度的基本工具。没有警情指标，就无法度量安全状况，也就无法进行预警管理。因此，可以说警指的确立是营销预警的关键，也是预警管理的难点。许多企业之所以无法推进预警管理，主要就是缺乏预警指标。

警指与警素相对应，一项警素至少应有一项警指与之相对应。当一个警素无法通过一个警指来反映的时候，那么警素就必须细分，直至能用单一警指反映为止。在警素分析中，出现了一级警素、二级警素，甚至五级、六级警素，其原因就是警素内涵太多，无法用单一警指来度量而进行的细分。

```
                    企业营销安全预警警素系统
                              │
  ┌───────────────┬───────────┼───────────┬───────────────┐
营销环境安全预警    营销市场安全预警  营销战略安全预警  营销策略安全预警  营销运作安全预警
  警素系统          警素系统       警素系统        警素系统         警素系统
```

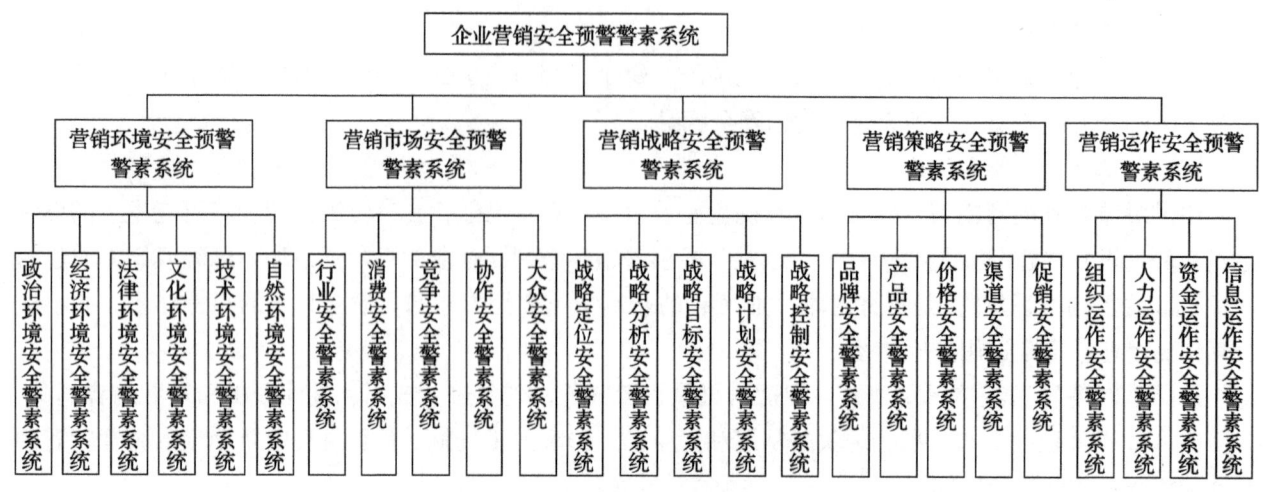

| 政治环境安全警素系统 | 经济环境安全警素系统 | 法律环境安全警素系统 | 文化环境安全警素系统 | 技术环境安全警素系统 | 自然环境安全警素系统 | 行业安全警素系统 | 消费安全警素系统 | 竞争安全警素系统 | 协作安全警素系统 | 大众安全警素系统 | 战略定位安全警素系统 | 战略分析安全警素系统 | 战略目标安全警素系统 | 战略计划安全警素系统 | 战略控制安全警素系统 | 品牌安全警素系统 | 产品安全警素系统 | 价格安全警素系统 | 渠道安全警素系统 | 促销安全警素系统 | 组织运作安全警素系统 | 人力运作安全警素系统 | 资金运作安全警素系统 | 信息运作安全警素系统 |

图 7-3 企业营销安全预警警素系统

警指主要有两类,即主观警指和客观警指。主观警指是那些无法用客观数据直接进行度量的指标,客观警指是那些可以直接用客观数据反映的指标。要实现企业营销安全预警的准确化,最好是实现警指的客观化。但由于营销是一项科学和艺术、战略和策略相结合的学科,许多东西无法数据化,因此还必须选用主观指标。主观指标的准确性理论上讲没有客观指标好,但落在每一个企业则不一定。如果对主观指标进行客观化处理,主观指标一样可以非常准确,一样可以准确地监测企业营销安全的状况,一样可实现科学的预警管理。

7.2.3 警源监测

警源是警情产生的根源,是警情的原发点。

预警管理是一种超前管理,超前管理必须从源头开始,把警情控制和化解在源头,就不会对企业营销形成威胁,更不会引发营销危机和营销失败。

对警源的监测实质上是通过警指对警素的监测,而监测点则是警素的动态变化——量的积累过程中质的突变点。监测的目标是指在量的积累越接近安全越能发出危机警报,以便采取排险措施。

警源分为外生警源和内生警源。外生警源是外部风险对企业营销安全所构成的威胁。内生警源是企业内部运作风险对企业营销安全所构成的威胁。因此,警源监测应包括外部监测和内部监测两个方面。从我们对警素的分析看,外部监测主要是对环境的监测和对市场的监测,内部监测是对营销战略、营销策略和营销运作的监测。内部监测在企业内部,只要建立了监测体系,就很容易执行监测任务。外部监测在企业外部,而且要素繁多,监测相对困难,它必须借助一些信息工具和手段才能完成监测任务。

7.2.4 警兆分析

警兆就是警情征兆,是警情发生之前所出现的一系列前兆。警兆也称为警情先导指标,是预警管理最关键的一环,只要控制这一环节,及时关注警兆,并通过警兆发现警情,及时采取应变措施,就可以保持企业营销的安全。

警兆本质上是对警素变化的外在反映,这种外在反映,有显性的,也有隐性的,显性的我们直观可见,而隐形的则不易为人所发现。警情监测不仅要能发现显性警兆,而且还要能发现隐性警兆,对隐性警兆的分析与发现,是企业营销安全预警管理中最为重要的一步,看不到它,就意味着企业将迎来营销危机,给营销造成直接威胁。

警情从产生到爆发,有一个生命周期,我们称为警情生命周期,可以用图 7-4 表示。

从警情生命周期图上可以看出警情的发展有 5 个阶段:孕育期、潜伏期、发展期、爆发期和休眠期。警情从一个阶段发展到另一个阶段都是一个从量变到质变的过程,都有一个发展拐点,在孕育期只为警情产生创立了条件，尚无威胁诞生，所以这时不存在警兆。在潜伏期，风险出现，但是与机会相伴而生的是合理风险，这时出现警兆，但不构成威胁，所以这时的警兆不易觉察，很容易忽略。在发展期，风险转化为一种直接的威胁，开始对营销产生副作用，这时警兆会明显增多，但也容易被忽略。在爆发期，警兆大量出现，警情变得紧急，这时的警兆是容易识别的，但如果忽视它而不采取果断措施，就会发生突变，危机就转化为失败。警情进入休眠期，得到释放而下降，但企业营销安全已被彻底破坏。

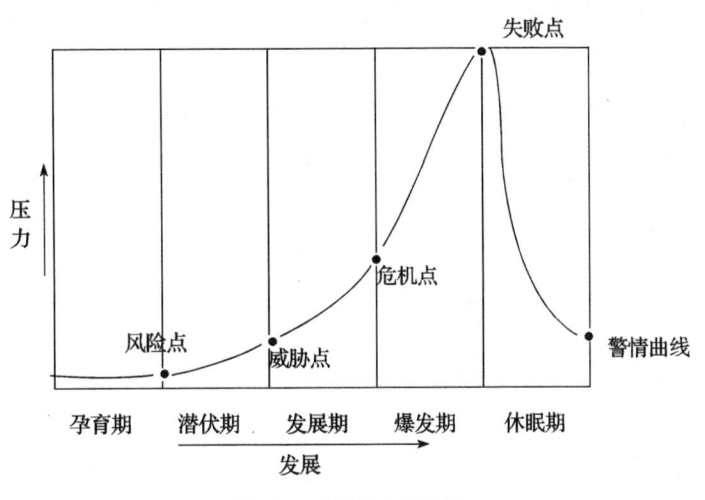

图 7-4　警情生命周期

因此，抓住潜伏期警兆分析，识别潜藏的风险，是企业营销安全管理的基础，抓住发展期警兆分析，记录已经和正在形成的营销威胁，是企业营销安全管理的关键。抓住爆发期的警兆分析，识别已经爆发的营销危机，是企业营销安全管理的最后机会。潜伏期警兆分析，可以将警情化解在萌芽状态；发展期警兆分析，可以控制警情的发展，使警情不演化为营销危机；爆发期的警兆分析，可以使营销危机不致发展为营销失败，起力挽狂澜之效。由此可以看出，防止营销失败是有机会的，至少给了 3 次机会，如果我们忽视警情生命周期曲线给出的 3 次机会，一味地忽视警兆的存在，那么营销失败的出现就是必然的。

7.2.5　警度预报

所谓警度，就是警情的程度。对警度的预报，可采取两种方法。一种是建立关于警素的普通模型，做出预测，然后根据警限转化为警度。另一种是建立关于警素的警度模型，直接由警兆的警级预测警素的警度，这是一种回归等级技术。

美国采用红、橙、黄、蓝、绿 5 种信号灯形式作为国家安全预警警度。我们借鉴美国国家经济预警的信号灯法，采用五级警度。只是我们根据企业营销安全的实际情况取消了橙灯，增加了黑灯。

绿灯：五级警度。不存在警情，处于绝对安全状态，无须采取安全措施。

蓝灯：四级警度。警情处于孕育状态，属于警情生命周期的潜伏期，有不构成威胁的风险伴生，属于相对安全状态。很多企业将其视为安全状态。因为只要有营销，就必然有风险，只要风险不对营销构成威胁，就可以认定为安全。

黄灯：三级警度。警情处于发展状态，属于警情生命周期的发展期，由于营销风险已发展为威胁，企业营销面临着压力。这时企业营销安全由相对安全状态跃入不安全状态，需要采取应急措施，以防营销危机发生。

红灯：二级警度。警情处于爆发状态，属于警情生命周期的爆发期，营销威胁已发展为营销危机，企业营销面临着失败压力。这时，企业营销安全由不安全状态跃入很不安全的危急状态，企业陷入营销危境，需要采取紧急措施，控制事态发展，减少危机损失，防止滑入营销失败绝境。

黑灯：一级警度。警情对企业营销安全而言处于休眠期，能量已经释放，破坏已经形成，失败已无法挽回，警情回落。所以，黑灯状态，是一种无法挽回的失败状态。但是，由于企业营销仅是企业经营系统中的一个环节，营销失败还不能说是企业经营的全部失败，但营销失败对整个企业而言则是一场不可避免的严重危机。为了防止营销失败引发企业失败，所以我们引入"黑灯"概念，把它作为企业危机预警的信号，它提示企业必须采取紧急措施，以防止营销失败引发整个企业经营失败。

营销安全五态与营销警情五度关系如图 7-5 所示。

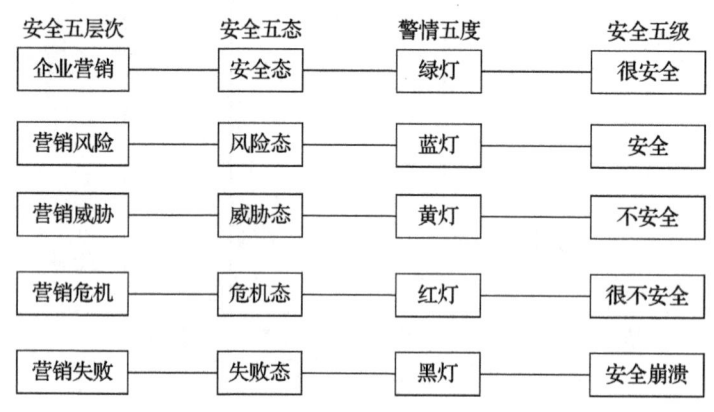

安全五层次	安全五态	警情五度	安全五级
企业营销	安全态	绿灯	很安全
营销风险	风险态	蓝灯	安全
营销威胁	威胁态	黄灯	不安全
营销危机	危机态	红灯	很不安全
营销失败	失败态	黑灯	安全崩溃

图 7-5 营销安全五态与营销警情五度关系

7.2.6 警策制定

警策，就是警情对策。针对出现的警情，依其警度，应分别采取应对措施。根据预警管理理论，警策应是与警度配套的，并在确立预警系统时，许多警策就制定好了，一旦警情出现，便迅速按既定警策采取化警行动。而更多的警策则是在出现警情的时候迅速制定的，这样的警策更有针对性，但有时由于时间紧迫，而错过化警时机。

7.3 企业营销安全预警体系

综合前面的分析与研究，我们提出企业营销安全预警的基本模型，如图 7-6 所示。

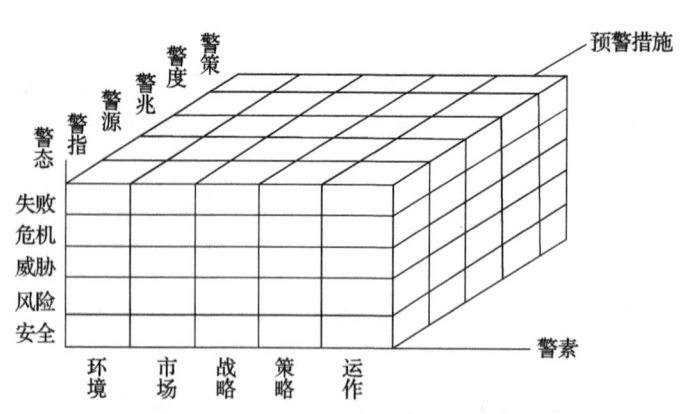

图 7-6 企业营销安全预警体系的基本模型

图 7-6 是我们提出的企业营销安全预警体系的基本模型，它直观地向我们展示了企业营销安全预警体系的全部内容。模型显示，企业营销安全管理包括 $5 \times 5 \times 5 = 125$ 个组合。一个企业，要进行完整、全面的企业营销安全预警管理，就必须从这 125 个方面进行分析和研究。这是一个庞大的系统工程，是本书无法解决的，本书的目的是要建立一个基本框架，作为进一步研究的基础，也为更多的后继研究者提供一个参考，以便共同来攻克这一难题。图 7-7 就是我们提出的企业营销安全预警体系的基本框架。

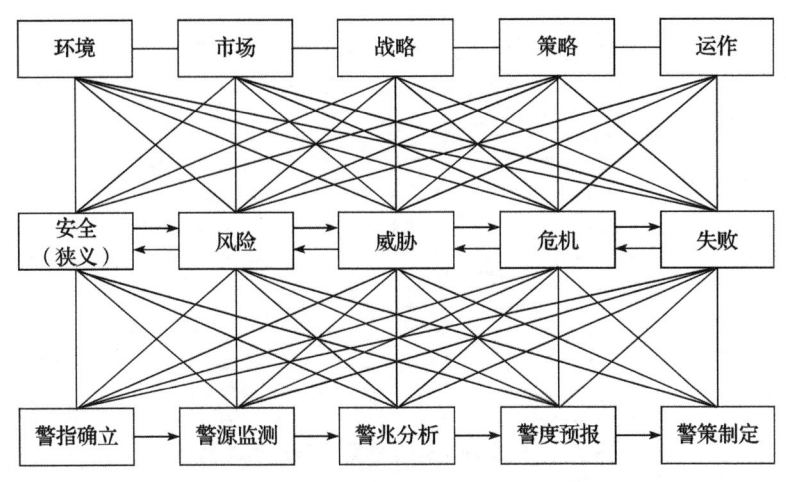

图 7-7 企业营销安全预警体系的基本框架

从这个框架可以看出，任何一个预警警素，都存在 5 种安全状态，每一警素的警情就在这 5 种警态中变化，其变化的秩序是从安全到风险、到威胁、到危机再到失败，而不会跳过任一环节。同时，也存在由失败向危机、向威胁、向风险、向安全的转化，其秩序也是不会跳过任一环节。因此，营销安全预警管理，就是要预防警情由良性警态向恶性警态的顺向转化，即防止警情由安全态向风险态、威胁态、危机态和失败态的转化，同时，又要推进警情由恶性警态向良性警态的逆向转化，即由失败态向危机态、威胁态、风险态和安全态的转化，要防止顺向转化，推进逆向转化的基本方法是根据警素确立与之相适应的预警指标，借助这些指标，实现对警情的同步监测，根据监控信息进行警兆分析，把警兆分析结果与警限做对比，确定其警度，然后根据警度的状况决定采取什么样的警策措施。

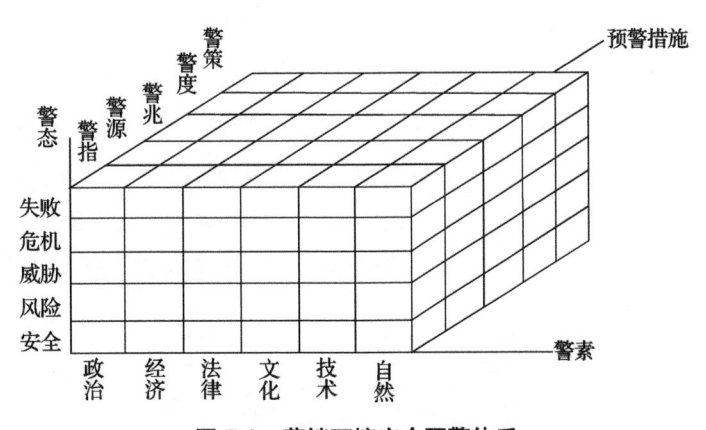

7.3.1 营销环境安全预警体系

营销环境安全预警体系如图 7-8 所示。

图 7-8 营销环境安全预警体系

从图 7-8 可以看出，环境安全预警管理体系中，环境安全有六大警素，分别是政治环境、经济环境、法律环境、文化环境、技术环境和自然环境。每种警素分别有 5 种警情形态：安全态、风险态、威胁态、危机态和失败态。针对这五态，分别有警指确立、警源分析、警兆监测，警度预报，警策措施五大预警步骤，构成了 6×5×5=150 管理组合。对这 150 个管理组合进行详细分析和研究，是一项复杂的工作，本书仅是给出框架，无法全部展开。这是留给学术界的一项学术空白，以供学术界同仁进行专题研究，也是作者即将从事的研究新课题。

根据预警体系模型，我们提出企业环境安全预警体系的基本框架如图 7-9 所示。

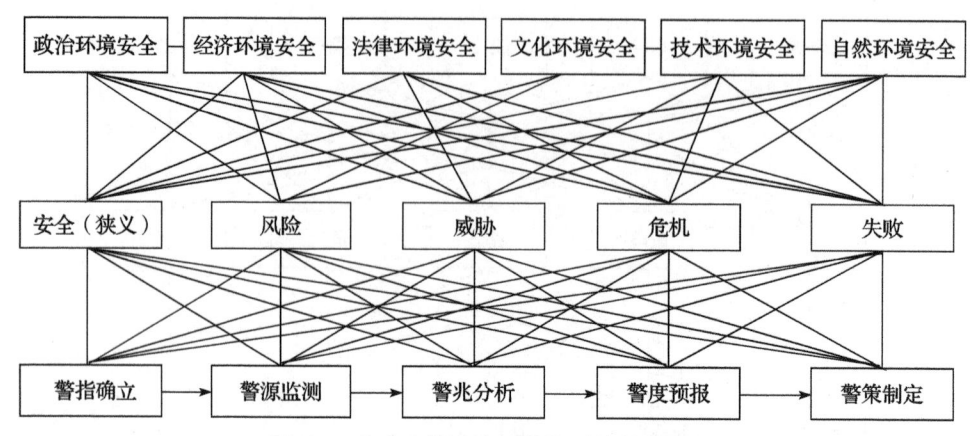

图 7-9　企业环境安全预警体系的基本框架

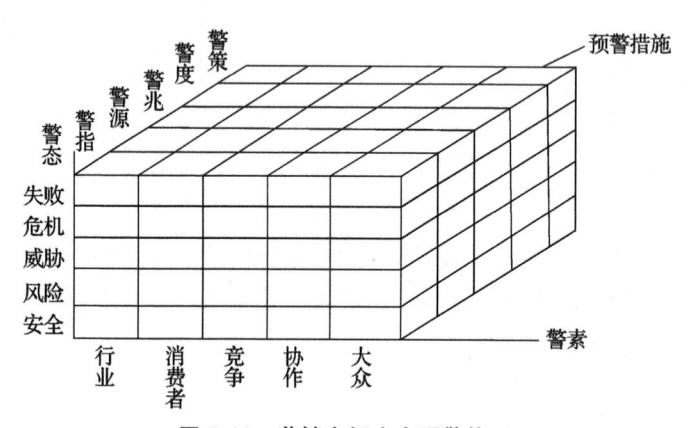

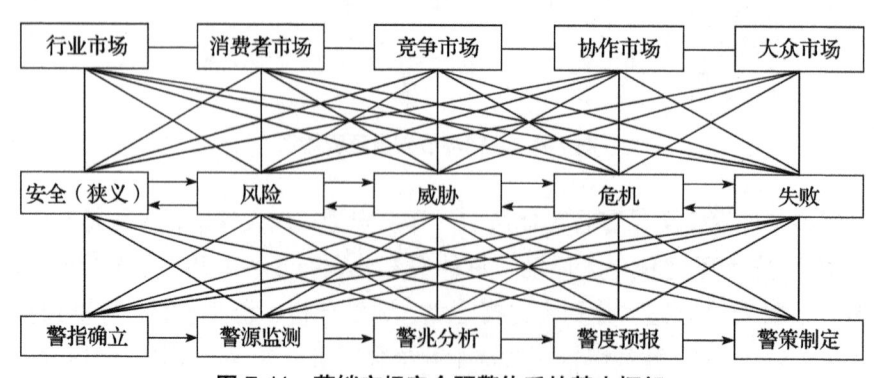

7.3.2　营销市场安全预警体系

营销市场安全预警体系如图 7-10 所示。

图 7-10　营销市场安全预警体系

从图 7-10 的营销市场安全预警体系模型可以看出，市场安全预警有行业、消费者、竞争、协作和大众五大警素，这五大警素分别有安全、风险、威胁、危机、失败五大形态。针对这五大形态，又分别有警指确立、警源分析、警兆监测、警度预报、警策措施五大预警管理措施。因此，市场安全预警管理也构成了 5×5×5=125 个管理组合。本书不详细地界定这 125 个管理组合，只提出体系框架，作为进一步深入研究的基础。根据市场安全预警模型，我们提出营销市场安全预警体系的基本框架，如图 7-11 所示。

图 7-11　营销市场安全预警体系的基本框架

7.3.3　营销战略安全预警体系

营销战略安全预警体系如图 7-12 所示。

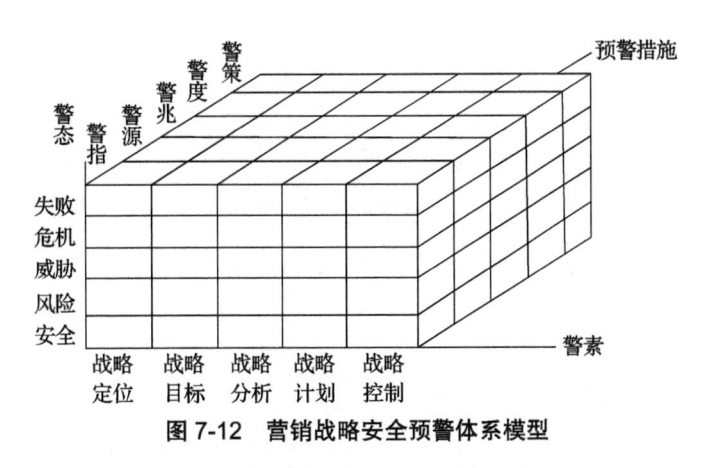

图 7-12 营销战略安全预警体系模型

从图 7-12 可以看出，营销战略安全预警体系是由战略定位、战略目标、战略分析、战略计划、战略控制五大警素为基础，每一警素分别有安全、风险、威胁、危机、失败五种警态相对应，每种警态又有警指确立，警源分析、警兆监测、警度预报、警策制定五大预警管理措施，构成 $5 \times 5 \times 5 = 125$ 个预警管理组合。本书无法对这 125 个组合进行一一界定，只能留着进一步的专题研究来完成。根据这 125 个预警管理组合，我们给出营销战略安全预警体系的基本框架，如图 7-13 所示。

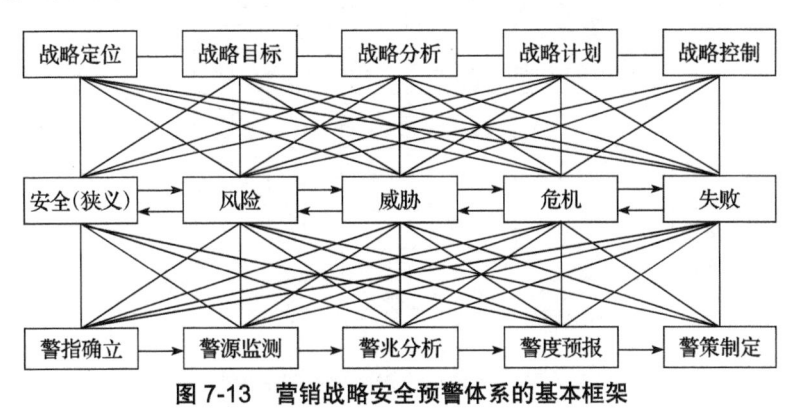

图 7-13 营销战略安全预警体系的基本框架

7.3.4 营销策略安全预警体系

营销策略安全预警体系的基本内容，如图 7-14 所示。

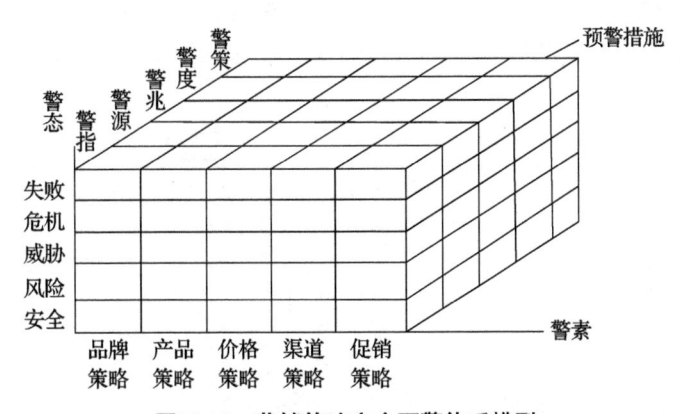

图 7-14 营销策略安全预警体系模型

从营销策略安全预警体系模型可以看出，营销策略安全包括品牌策略安全、产品策略安全、价格策略安全、渠道策略安全、促销策略安全五大警素，每一警素分别对应有安全、风险、威胁、危机、失败 5 种警态，每种警态又分别有警指确立、警源监测、警兆分析、警度预报、警策制定五大预警管理措施，构成 $5 \times 5 \times 5 = 125$ 个预警管理组合。本书不对这些组合进行一一分析与界定，只给出 125 个组合的总体预警管理框架，如图 7-15 所示。

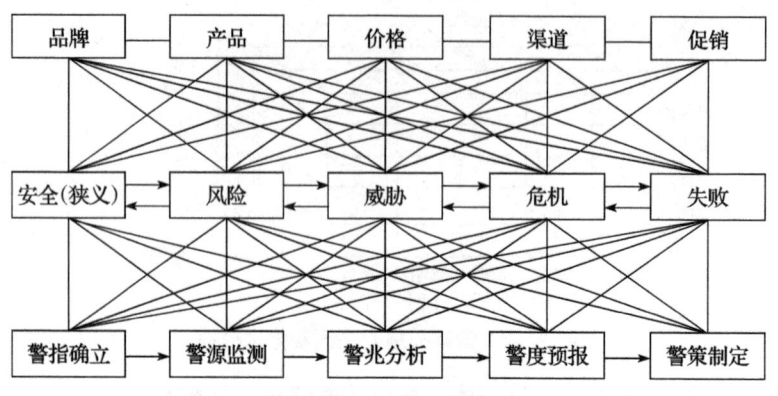

图 7-15　营销策略安全预警体系的基本框架

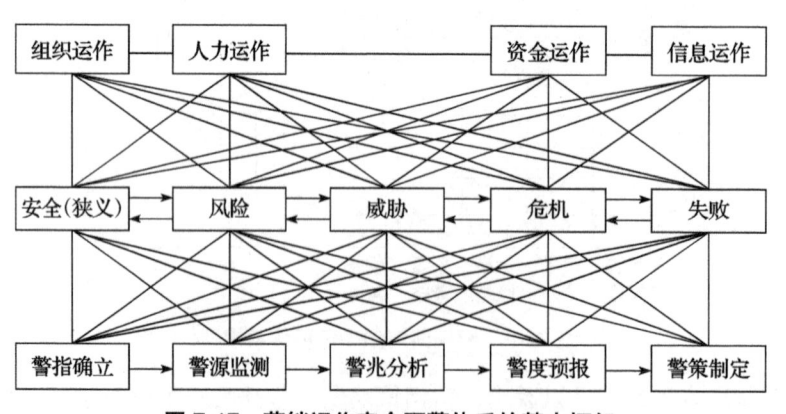

7.3.5　营销运作安全预警体系

营销运作安全预警体系的基本内容，如图 7-16 所示。

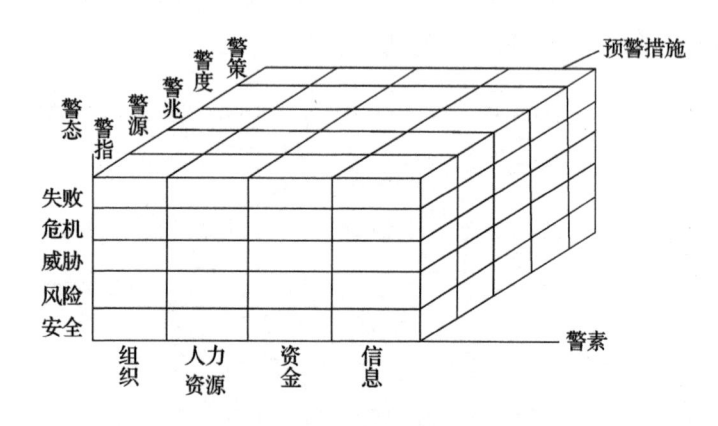

图 7-16　营销运作安全预警体系模型

从图 7-16 可以看出，营销运作安全包括营销组织安全、营销人力资源安全、营销资金安全、营销信息安全四大基本警素，每一警素有安全、风险、威胁、危机、失败五种警态，每一种警态有警指确立、警源监测、警兆分析、警度预报、警策制定五大预警管理措施，构成 4×5×5=100 个组合。本书不一一界定这 100 个组合，只给出营销运作安全预警体系的基本框架如图 7-17 所示。

图 7-17　营销运作安全预警体系的基本框架

营销安全预警管理体系，是企业从事预警管理的基础，任何企业都可以根据该体系设置自己的细分体系，然后推进本企业的营销安全预警管理。

8. 企业营销安全预警原理与三维结构模型

8.1 企业营销安全预警原理

根据预警管理的理论，我们提出企业营销安全预警的原理模型，它是企业构建营销安全预警管理体系的基础，企业的整个营销安全预警体系都是在这个模型中运行的，如图8-1所示。

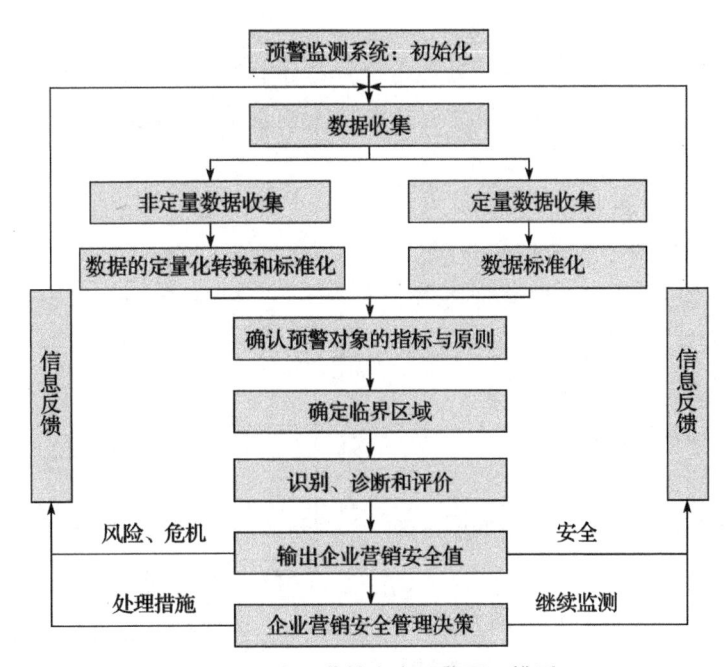

图 8-1 企业营销安全预警原理模型

8.1.1 企业营销安全预警监测系统

企业营销安全预警活动的前提是确定企业营销的各个重要环节为监测对象，即可能出现营销危机和营销事故的活动环节和领域。这有两个任务，一是对营销活动的过程进行监测，对监测对象同其他活动环节的关系状态进行监视；二是对大量的监测信息进行处理（收集、分类、整理、转化、标准化等），建立信息档案，进行历史和社会的比较。

8.1.2 确认预警对象的指标和原则

通过理论分析和实证调查，可以找到影响企业营销活动过程安全性的各种因素，然后对这些因素进行聚类分析，可得到分层次的因素集合，就是我们建立的企业营销安全预警指标体系。这些指标体系可分为主观指标与客观指标两个方面。客观指标可通过调查而直接获得，主观指标则可通过具有高度一致性（可通过肯德尔和谐系数法检验）的专家评判来获得。两种不同计量单位的指标可通过标准分数进行转换，使其具有可加性。

8.1.3 确定临界区域

临界区域即是确定企业营销安全级别的值域，每个级别对应一个相应的值域。确定了企业营销安全级别的临界值域才能据此确定企业营销安全状况。

8.1.4 识别、诊断和评价

通过对监测到的营销信息的分析，可确立企业营销活动中已经存在的营销风险和将可能发生的营销危机趋势。识别的任务就是要选择出"适宜"的预警指标来判断企业的哪个营销环节已经或即将发生营销危机。这里的"适宜",是指针对本企业特有的基本情况和经营趋向而建立起来的指标体系,并不适合其他的企业,不是通用指标体系。

诊断是对各种已经被识别到的各种营销风险和营销危机现象进行成因、过程分析和发展趋势预测,以明确哪些现象是主要的,哪些现象是从属和附生的。诊断的工具就是识别过程中所确定的企业特有的和社会相统一的评价指标体系。

评价是对已被确认的主要营销危机和营销风险进行损失性评价,以明确企业在这些营销风险和营销危机冲击下会继续遭受什么样的打击,包括企业损失评价和社会损失评价。

8.1.5 输出企业营销安全值

就是在识别、诊断的基础上,综合分析处理各个营销环节的各种企业营销安全数字信息,进行汇总聚类分析,得出企业总体企业营销安全状况并立即制订企业营销安全状况报告,上报给企业营销管理决策者进行决策。

8.1.6 企业营销安全管理决策

企业决策者根据其报告的企业营销安全状况(即输出的企业营销安全值),做出营销管理决策。如果企业营销处于安全状态,则应继续监测,如果不安全则应立即采取相应的处理措施意见。

8.2 企业营销安全预警结构模型

根据对营销安全预警体系的理论分析,我们提出企业营销安全预警的三维结构模型,如图8-2所示。

图8-2直观地向我们展示了企业营销安全预警系统的全部内容,模型显示企业营销安全管理

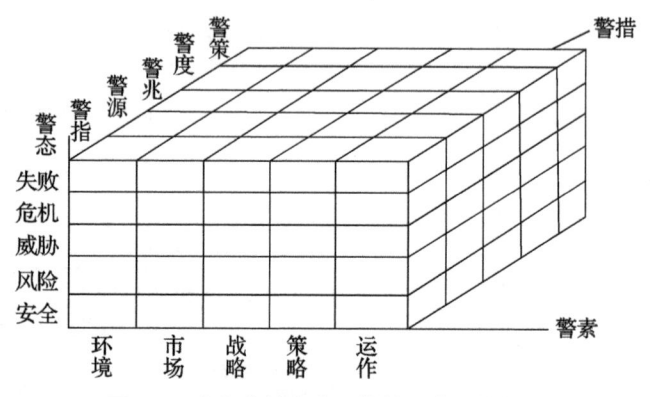

图8-2 企业营销安全预警的三维结构模型

包括5×5×5=125个组合。一个企业,要进行完整、全面的企业营销安全预警管理就必须从这125个方面进行分析和研究。

8.3 营销安全预警警素系统

警素,是指警情要素,也称安全要素,它是分析警情的基本因素,是预警管理的起点和基础。

企业营销安全预警警素不同于自然预警警素。自然预警警素一般是单因素,可用单指标测度,如地震的警素是震波,水灾的警素是水量,火灾的警素是火势。企业营销安全的预警警素是一个复杂的系统,是多因素,要用多指标来测度,如图8-3所示。

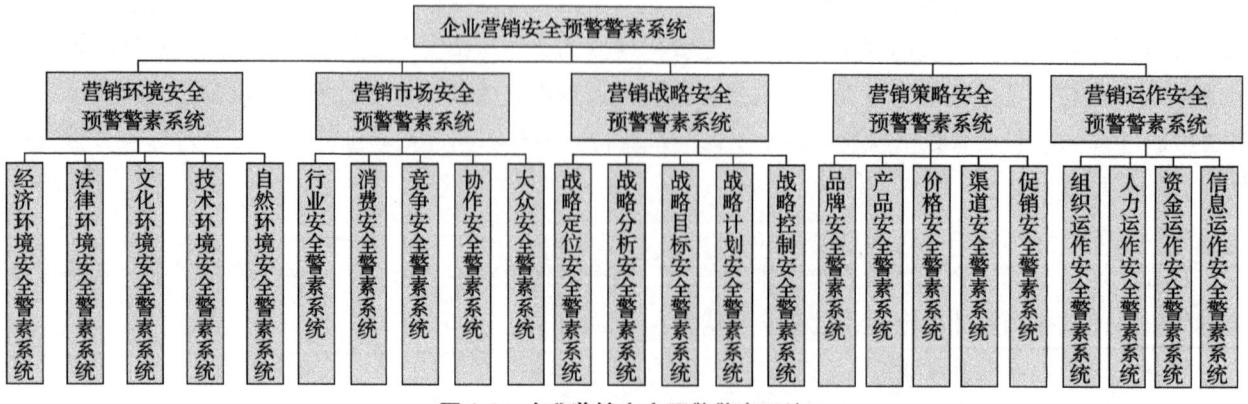

图8-3 企业营销安全预警警素系统

8.4 企业营销安全预警警态系统

在安全研究中，一些学者侧重研究风险，希望用风险来概括一切安全问题，把危机、威胁、事故等一切不利于企业的因素都用风险来表示，结果总是出现一些概念冲突与矛盾。另一些学者则侧重研究危机，把风险、危险、威胁等都纳入危机的范畴来研究，用危机来分析一切安全问题。罗伯特·希斯（Henth R）认为风险、威胁和危险等词描述了极其相似的问题及危险来源，但也可用来表示特定的概念。"风险"一词主要来源于金融管理活动，含有很强的计量因素，这些计量因素用于在面临各种各样的风险来源时估计成本和收益。"威胁"一词经常用于社会科学调查，此种调查旨在力求注解人们如何察觉威胁、安全及生存的情况，并以毫无防备或神经脆弱的人对此种情境的感觉来讨论威胁。"危险"一词一般是由工程师和科学家用来描述诸如化学制品，以及来自我们周围世界（地震、火灾、水灾、暴风和战争）之类的有形危机。在本书中，主要用"危机"一词来涵盖以上所有的意思。

我们认为，风险、威胁、危机这些概念存在量的区别，也有质的区别，把它们硬性地归入任何一个概念之中，用一个概念来表达都是欠科学的。在企业营销的安全管理中，除了风险、威胁、危机外，还有失败和事故，它们都是营销安全的不同形态在程度上的不同表现，对它们加以区分和界定，对营销安全管理是十分必需的，也是科学的营销安全管理的基本要求。根据营销安全的程度和形态，我们把营销安全形态维度分为五大结构，称之为营销安全五态结构模式，如图8-4所示。

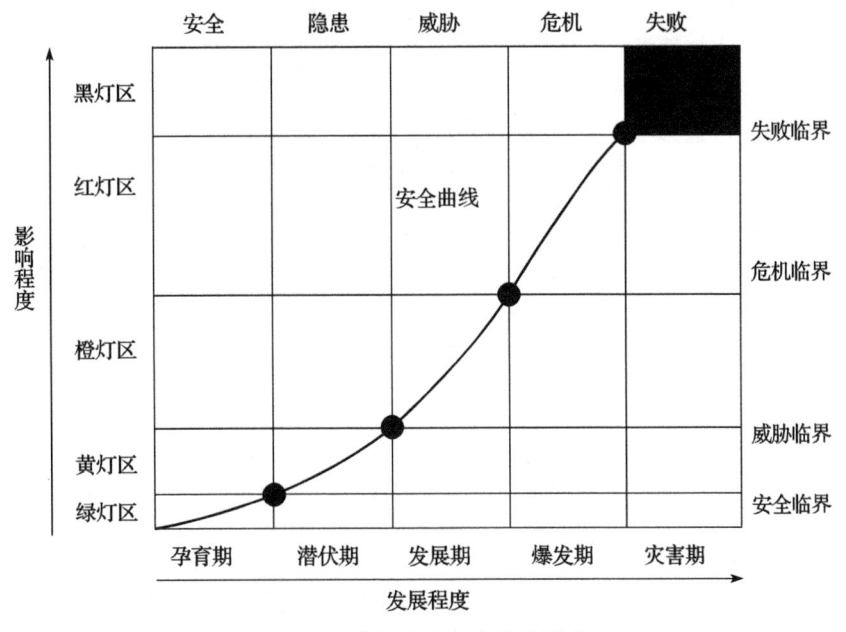

图 8-4 营销安全五态结构模式

从五态结构模式图可以看出，营销安全可以分为五态：安全态、隐患态、威胁态、危机态和失败态。安全态是营销处于无隐患状态，它是营销安全管理的理想状态，是影响安全管理追求的最高目标，但这种状态更带有理想特色，在实际营销过程中，要做到没有任何隐患是比较困难的。

隐患态是各种不确定因素对营销的负面影响处于潜在状态。这种潜在状态是一种风险可能性，它在未演化成威胁之前，并不对当前营销活动造成直接负面影响。但是在有触发条件的时候，隐患就会迅速转化为威胁甚至危机，从而影响企业的营销安全。虽然营销隐患并不直接威胁企业营销，但它是营销危机和事故的原发点，必须想法予以消除，不能消除的应加强监控，防止隐患被触发而转为威胁或危机。

威胁态是隐患发展的结果，是风险由潜在状态向显在状态的变化，是一种不安全的营销状态。威胁态直接对企业当前的营销活动构成负面影响，直接给营销活动增加了压力。当然威胁态毕竟还是一种趋势，在威胁还没有转化为危机之前，它不能改变营销活动的性质，也不会立即对营销流的运行产生巨大的波动，但威胁态已经是一种负面状态，如果不对它进行控制，很容易升级为危机。所以，企业必须采取针对性的措施，化解或回避营销威胁，以保持营销安全。

危机态是威胁的突变，是企业营销系统正在遭受破坏，不解决就会陷入失败的紧急状态。危机态是严重的不安全营销状态，它不仅直接影响正常的营销活动，对企业营销造成损失，而且还可能会继续恶化，直接导致营销失败。危机态是高度不确定的，可以迅速向失败态转化，也可以有效避免而转化为机遇。因此，抓紧时间，做出决定，采取果断措施，是防止危机态发展的有效办法。

失败态是危机失去控制，致使营销系统被破坏，营销活动难以持续的状态。这个时候，已经不是一种风险问题了，而是一种严重的事故，是营销安全的彻底破坏。由于失败态已经造成了重大损失，所以，当企业处于失败态时，应该进行修复管理，以使损失减少到最小程度，不至于因营销的失败而导致整个企业经营的失败。

8.5 企业营销安全预警警控系统

根据企业营销安全预警原理，我们整理出企业营销安全预警警控系统，如图 8-5 所示。

8.5.1 警源系统

警源是警情产生的源头，是警情的原发点。预警管理是一种超前管理，超前管理必须从源头开始，把警情控制和化解在源头，就不会对企业营销形成威胁，更不会引发营销危机和营销失败。

对警源的监测实质上是通过警指对警素的监测，而监测点则是警素的动态变化——量的积累过程中质的突变点。监测的目标是要在量的积累接近安全阀时能发出危机警报，以便采取排险措施。

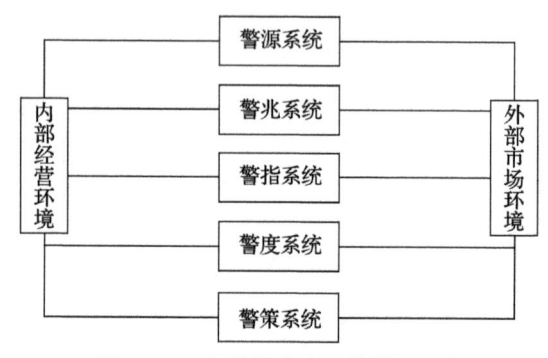

图 8-5 企业营销安全预警警控系统

警源分为外生警源和内生警源。外生警源是外部风险对企业营销安全所构成的威胁。内生警源是企业内部运作风险对企业营销安全所构成的威胁。因此，警源监测应包括外部监测和内部监测两个方面。从我们对警素的分析看，外部监测主要是对环境的监测和对市场的监测，内部监测是对营销战略、营销策略和营销运作的监测。内部监测在企业内部，只要建立了监测体系，就很容易执行监测任务。外部监测在企业外部，而且要素繁多，监测相对困难，它必须借助一些信息工具和手段才能完成监测任务。

8.5.2 警兆系统

警兆就是警情征兆，是警情发生之前所出现的一系列前兆。警兆也称为警情先导指标，是预警管理最关键的一环，只要控制这一环节，及时关注警兆，并通过警兆发现警情，及时采取应变措施，就可以保持企业营销的安全。

警兆本质上是对警素变化的外在反映，这种外在反映有显性的，也有隐性的，显性的我们直观可见，而隐性的则不易为人所发现。警情监测不仅要能发现显性警兆，而且还要能发现隐性警兆，对隐性警兆的分析与发现，是企业营销安全预警管理中最为重要的一步，看不到它就意味着企业将迎来营销危机，给营销造成直接威胁。

警情从产生到爆发有一个生命周期，我们称为警情生命周期，如图 8-6 所示。

从警情生命周期图上可以看出警情的发展有 5 个阶段：孕育期、潜伏期、发展期、爆发期和休眠期。警情从一个阶段发展到另一个阶段都是一个从量变到质变的过程，都有一个发展拐点。在孕育期，只为警情产生创立了条件，尚无威胁诞生，所以这时不存在警兆。在潜伏期，风险出现，但是与机会相伴而生，是合理风险，这时出现警兆，但不构成威胁。所以这时的警兆不易觉察，很容易忽略。在发展期，风险转化为一种直接的威胁，开始对营销产生副作用，这时警兆会明显增多，但也容易被忽略。在爆发期，警兆大量出现，警情变得紧急，这时的警兆是容易识别的，但如果忽视它而不采取果断措施，就会发生突变，危机就转化为失败，警情进入休眠期，得到释放而下降，但企业营销安全已被彻底破坏。

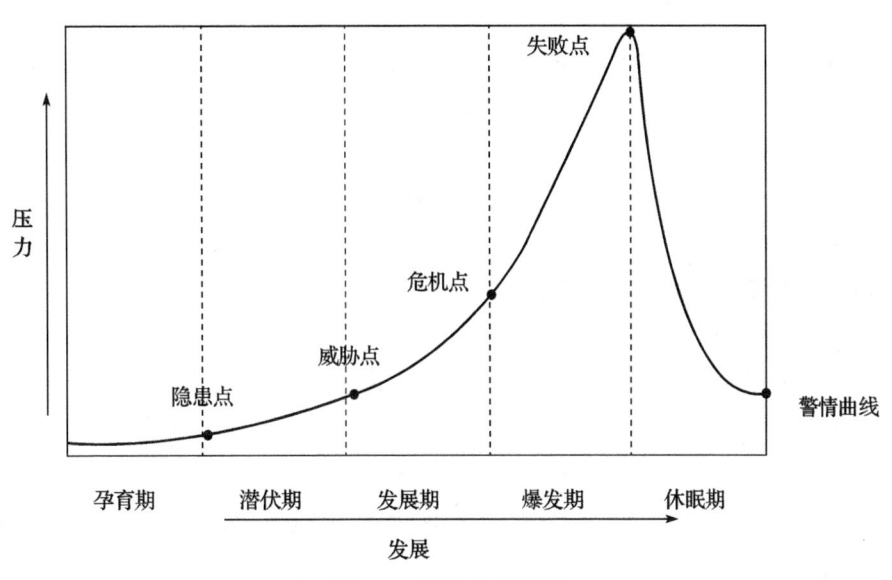

图 8-6 警情生命周期

8.5.3 警策系统

警策，就是警情对策。针对出现的警情，依其警度，应分别采取应对措施。根据预警管理理论，警策应是与警度配套的，并在确立预警系统时，就需要制定相应的应急警策，一旦警情出现，便迅速按既定警策采取化警行动。而更多的警策则是在出现警情的时候迅速制定的，这样的警策更有针对性。最为科学的警策是事前警策与事中警策的高度配合，在既定警策的基础上，迅速根据警情状态，制定更为科学的警情对策将危机化解。

基于以上分析，企业营销安全预警原理模型，是企业进行营销安全预警管理的逻辑结构体系，也是企业营销安全预警管理的基本流程。企业营销安全预警结构模型，是营销安全预警系统建立的内容体系，它是营销安全预警逻辑结构上运行的核心内容。结构模型中的警素是营销安全预警逻辑结构体系的起点，警态是营销安全预警逻辑结构体系的运行核心，而警策是营销安全预警逻辑结构体系运行的结果。预警原理模型与预警结构模型，是企业营销安全预警管理系统的两大支撑模型，借助这两个模型，企业可以构建起属于自己的企业营销安全预警管理系统。

9. 企业营销安全预警指标体系

企业营销安全预警指标，是企业营销安全预警管理的核心，也是预警管理的关键环节，没有预警指标体系，就很难实现科学的预警管理。以下将结合理论的研究和实证的分析，对企业营销安全预警指标体系进行探讨。

9.1 企业营销安全预警指标体系的研究现状与问题

9.1.1 研究现状

关于企业营销安全预警指标体系的研究，国外主要有以下两个代表。

一个是美国 James 的营销风险预警指标研究。James 将营销风险指标分为战略风险指标、策略风险指标、组织风险指标、运作风险指标和环境风险指标五大部分。

另一个是美国 Robert Allio 的市场安全预警指标研究。他把市场安全预警指标分为市场定位风险指标、市场结构风险指标、市场需求风险指标、市场竞争风险指标、市场扩张风险指标、市场策略风险指标和市场环境风险指标 7 大部分。无论是 Robert Allio 的市场风险指标，还是 James 的营销风险指标，都存在一个问题：他们都仅考虑了营销的某一个侧面，无法对营销安危进行全面反映。前者偏重企业内部，后者偏重市场，都不完善，而且其指标仅是针对美国市场环境，对中国企业并不完全适用。

在国内，关于企业营销安全预警指标的研究主要有以下 6 种。

（1）谢科范、罗险峰的市场风险预警指标体系。包括市场总体风险预警指标、需求预警指标、技术预警指标、竞争预警指标四部分。但谢科范、罗险峰指标并未给出进一步的具体的可量化的分指标体系，而仅是列举性给出了一系列预警点，如对市场竞争风险的主要预警点是竞争者数量多、竞争者实力很强，竞争者有复杂的背景、竞争者有杰出的经营者、竞争者有显著的品牌优势等，既无量化方法和标准，也无警戒标准和安全阈值。

（2）阮平南、王塑源的营销风险预警指标体系。其把营销风险预警指标分为销售市场、营销能力、效益、销售渠道、商品供应、售后服务六大指标体系。但他们的营销风险指标仅是作为企业经营风险指标的一个组成部分来研究的，所以范围很窄，二级指标太少，也不全面，无法全面反映企业营销的安危实态。

（3）胡树华产品开发风险预警指标体系。胡树华把影响新产品成败的因素分为市场环境、新产品特征、新产品活动效率、产品商品化条件、产品开发信息 5 个方面共 77 个因素。这是关于市场企业营销安全预警中产品开发安全预警研究最为完善的指标。但胡树华的指标不完全是反映新品开发安危程度的指标，而主要是影响因素，这些因素既相互交叉，又都是主观的，难以量化，更无法统计，因此无法据此进行定量化预警管理。

（4）李东久、段建军的企业营销风险指标体系。其把营销风险预警指标分为竞争风险指标、顾客风险指标、供应风险指标和第三方风险指标四大类 37 个指标。指标中区分了敏感指标、主要指标和辅助指标，还给出了值域。但其指标只是从销售角度建立的指标，只是销售风险指标体系，对企业营销的战略、策略、定位、组织、人力资源等均未予以考虑，不能算一个完整的企业营销安全预警指标体系。

（5）肖东生的组织管理危机预警指标体系。肖东生的组织管理危机预警指标体系是针对整个企业组织的，也包括营销组织。他把组织管理危机指标分为组织功能效率、组织功能秩序、组织协调状况和组织配置效率四大类型共 22 个指标。不仅区分了主观指标和客观指标，而且还给出了值域。在单一产出销量动态边际增长额、单一产出市场扩散度、产出普及率3个指标上，不仅给出了值域，还根据企业组织历史阶段给出了一系列警戒标准和安全阈值。但肖东生的这个指标体系不是专门针对营销组织的，不能完全作为营销组织的预警指标，只能作为参考指标。

（6）佘廉、高凤彦的企业营销预警指标系统。他们将企业营销安全指标分为企业外部环境预警指标和企业内部管理预警指标两大部分。第一部分包括企业营销内部管理结构、企业营销内部运行状态、企业营销行为三大部分共10个子类，第二部分包括企业自然环境、企业竞争环境、顾客风险、供应风险、第三方风险五大部分共10个子类，并给出了主要指标的值域确定方法，划分出了警限层次。可以说，他们的营销指标是目前国内最全面的指标体系，代表了国内关于营销预警指标研究的最高水平。但该指标体系主要是理论研究结果，未对指标进行信度、效度和回归分析，也没有实证依据，其对警限层次的划分也是理论划分，还需进一步研究完善。

9.1.2 指标研究中存在的问题

综观国内外关于企业营销安全（包括营销风险、营销危机）的研究，尚存在如下问题。

（1）国内研究也才起步。从国外的研究资料看，关于企业营销安全预警研究同国内处于大致相同的水平上，研究内容尚不完善。国外研究的指标，是根据西方的市场环境、竞争状况和企业实际而确立的，不能完全搬到中国，中国企业应结合本国实际和中国企业的现状研制自己的预警指标，至少在相当长时间内这种国别指标是需要的。

（2）指标体系不完善。从现存研究看，指标体系均不完善，仅是某一方面的研究。即使是最完善的佘廉的研究，都还未能覆盖企业营销安全的全面领域。因为佘廉的研究仅是国家自然科学基金"企业危机的预警原理与方法研究"内容的一部分，不是专项研究，所以其研究广度、深度均是有限的。

（3）主观指标多，未解决量化问题。目前的指标研究，更多的是主观指标，未解决好量化方法问题，就是客观性指标，也未能指明其数据获得的方式。不能实现量化，就很难确定警限，定不了警限，就难以实施报警，也难做到科学的预警管理。

（4）偏重理论研究，实证研究不足。目前的研究基本都是理论研究，提出的指标也是理论研究的成果，没有广泛实证调查为依据。理论研究是重要的，但它仅是基础，只有在实践基础上最后确立的指标，才能准确反映企业的营销安危状况，才能做出更为准确的预警。

（5）主观定量为主，客观定量不足。由于受经费和条件的限制，前述的研究基本上多数都没有警戒标准和安全阈值，所以无法确立警戒线。部分研究给出的警戒标准和安全阈值由于没有大规模调查作为基础，也只是主观估计。例如，国内某专家在研究中给出的警戒线确定为四级，即0～0.24为正常状态，0.25～0.49为低度风险状态，0.5～0.74为中度风险状态，0.75～1为高度风险状态。4个等级分别用绿灯、黄灯、红灯和双红灯代表。这种按0.25为一个级别的划分，调查显示很难说是科学的，许多指标，也许0.25就应该亮红灯甚至双红灯了，如果等到0.75以上才亮双红灯，可能已经无法防范危机了。科学的警戒值应以大量调查为基础来确定，不同的指标，警戒梯度值是不一样的，不能用统一的0.25作为一个等级来表示，毕竟不同指标的突变点是不一样的。

（6）未给出警戒标准和安全阈值。多数的指标研究，未给出安全阈值，其原因有二：一是给出安全阈值需要大规模的企业调查，而一般性理论研究做不了；二是行业差异，较难给出一个统一的安全阈值。但没有安全阈值，企业便很难比较。因此，难确定本企业是否处于高危营销状态，预警管理仍还是一种主观管理，缺乏更多的客观依据。要推进科学的预警管理，还必须给出指标的安全阈值作为预警依据。至于各行业能否找到一些共同的基本指标，只有调查之后才知道。

在四川大学营销工程研究所企业营销安全课题组对50家各型企业的调查中已证实，不同企业间是可以找到多方面的共同指标和统一安全阈值的，是可以建立各类企业通用预警指标的。至于更为精确的行业指标和行业安全阈值，也可以通过调查来获得，因此可以形成主要行业的指标和安全阈值。这仅是一个研究广度和深度问题，而不是有无共同性的问题。

波士顿咨询公司给出的工业企业产品结构安全指标为瘦狗产品大于20%，公司面临危机；明星产品和金牛产品70%以上，问题产品和瘦狗产品分别占20%和10%是一个比较安全的比例。这个指标就是通用指标，实践已经证明适合各类企业。日本野田式企业体力测定法是在大量调查基础上确定的工业企业危险度测定指标安全阈值为：2分以下为危险域，2～3分为警戒域，4～5分为安全域，多年实践证明，也具有通用性。在国外广泛使用的损益分界点法中，安全边际额s，也有一个通用标准，即s和ds>0时安全，等于零时是危险临界信号，小于零时是危境。而财务安全上的"五率"衡量法也给出了每一率的安全阈值。因此我们可以借助大量的调查研究，确定各种企业能通用的指标安全阈值，改主观定量为客观定量。

基于以上分析，目前国内关于营销预警指标体系的研究刚起步，还存在大量缺陷和不足，偏重理论研究，缺乏实证依据，还需要进一步大规模的实证性研究来建立科学的营销预警指标体系。

9.2 企业营销安全预警指标的功能

我们所建立的企业营销安全预警指标系统是要实现以下功能。

（1）诊断功能。借助于企业营销安全预警指标系统，可以对企业营销安全状况进行诊断，以发现和确定企业营销安全状况，便于采取及时的安全管理措施，避免企业重大营销危机和营销事故的发生。

（2）监测功能。能对企业的营销过程中的风险、危机进行过程识别，保证在风险和危机演变为营销事故之前，采取果断措施，避免营销事故的发生。

（3）管理功能。企业营销安全本质上是一个管理系统，可以根据这些指标有目的地推进企业营销安全管理，尤其是计算机管理，避免因管理内容遗漏所造成的危机和事故，从而保证企业能在安全状态下，实现可持续营销。

（4）预警功能。借助这些指标对企业营销安全进行诊断，可以提出企业营销安全预警，提醒决策者采取及时措施，避免营销危机和营销事故给企业造成损失。

9.3 企业营销安全预警指标体系的建立

建立一套完善的企业营销安全预警指标体系，对企业营销安全状况进行科学的预警管理必须注意以下几个方面。

9.3.1 指标选择原则

（1）所选的预警指标与目标之间有函数关系。预警指标作为一个自变量，它的变动必然引起因变量目标的变动。只有当自变量与因变量有高度的相关性时，这个指标才能选作预警指标。对敏感性问题，我们可以通过实证调查结合统计中的相关分析来解决。

（2）异质性原则。所选的预警指标之间应该是异质的，即不同的指标只反应不同的内容。如果不同的指标反映同一内容，则称为指标间的同质性太高，因此应在同质性指标中取一个最具敏感性的指标作为最后的指标。要解决异质性问题，可以对指标进行肯德尔和谐系数分析，当和谐系数$L \rightarrow 0$时，指标才可以被选作最后指标。

（3）时间性原则。所选的预警指标有较长的时间跨度，能反应较长时期企业营销安全的变动趋势。

（4）全面性原则。所选的指标集能覆盖企业营销安全的各个方面，不应该有遗漏。全面性原则可借助大量的实证调查来解决。

（5）定量化原则。所选指标可以进行量化。无法量化就无法统计，无法统计也就无法比较，无法比较就无法判定安全状况。客观性指标一般都可量化，而主观性指标的量化必须制定量化的具体标准，并借助专家意见法等多种方法进行量化。但采用任何主观方法进行的量化，都必须进行一致性检验。

（6）预警性原则。预警指标能真正起到警示信号和预控作用。指标的制订以预测、预警、预控为主要目标，既能反映现在，又能反映未来。

9.3.2 指标选择方法

指标的选择可采用以下 3 种方法。

（1）理论分析法。根据市场营销的理论和企业营销安全的理论对企业营销安全的预警指标进行理论分析，根据理论分析的结果，确定初步的预警指标体系。

（2）实证分析法。选择一批在营销上成功和失败的企业进行实证分析，可以找到企业营销安全的预警指标。

（3）调查分析法。借助具体的调查来寻找具体的指标，这些调查包括专家调查，营销管理人员调查和市场调查等。

9.3.3 指标因素分析

对已经获得的指标，我们必须进行因素分析，以确定公共因素和特殊因素。

设 m 个相关变量 $Z_1, Z_2, Z_3, \cdots, Z_m$，含有 p。$p \leq m$ 个独立的公共因素 $F_1, F_2, F_3, \cdots, F_p$，第 i 个变量含有独特因素 $u_i(i=1, 2, \cdots m)$。$u_1, u_2, \cdots, u_m$ 互不相关，且与 $F_j(j=1, 2, \cdots, p)$ 互不相关。假定 $Z_i(i=1, 2, \cdots, m)$ 可由公共因素 $F_1, F_2, \cdots, F_p$ 和独特因素 u_i 线性表示为

$$Z_i = a_{i1}F_1 + a_{i2}F_2 + \cdots + a_{ip}F_p = c_i u_i (i=1, 2, \cdots, m)$$

式中 $F_1, F_2, F_3, \cdots, F_p$ 的系数 $a_{ij}(i=1, 2, \cdots, m; j=1, 2, \ldots p)$ 即因素负荷，我们可用下面的指标因素负荷矩阵表示，如表 9-1 所示。

表 9-1 指标因素负荷矩阵

指标（变量）	因素负荷量				公共性（h_2）
	F_1	F_2	$\cdots$	F_p	
Z_1	a_{11}	a_{12}	$\cdots$	a_{1n}	$h_2^1 = \sum_{j=1}^{p} a_{1j}^2$
Z_2	a_{21}	a_{22}	$\cdots$	a_{2n}	$h_2^2 = \sum_{j=1}^{p} a_{1j}^2$
$\cdots$	$\cdots$	$\cdots$	$\cdots$	$\cdots$	$\cdots\cdots$
Z_m	a_{m1}	a_{m2}	$\cdots$	a_{mp}	$h_m^2 = \sum_{j=1}^{p} a_{mj}^2$
平方和百分比	$S_1^2 = \sum_{i=1}^{m} a_1^2$ $P_1 = \dfrac{S_1^2}{m}$	$S_2^2 = \sum_{i=1}^{m} a_1^2$ $P_2 = \dfrac{S_2^2}{m}$	$\cdots$ $\cdots$	$S_p^2 = \sum_{i=1}^{m} a_1^2$ $P_p = \dfrac{S_p^2}{m}$	$\sum_{i=1}^{m} h_i^2 = \sum_{i=1}^{m} S_i^2 = \sum_{i=1}^{m}\sum_{j=1}^{p} a_1^2$ $P = \dfrac{\sum_{j=1}^{p} S_i^2}{m}$

所选的指标可具有很高的交叉重复性，所以必须进行指标析取。对于反映同一个内容的指标原则上只能用一个，若为统计和评价方便，有时也选用几个不同的指标去反映同一个间距。但在统计时，只有选用最合适的权数进入总体值中，指标析取可通过区分度的方法来获得，具体公式为

$$r_{pq} = \frac{r_{tp}s_t - s_p}{\sqrt{s_t^2 + s_p^2 - 2r_{tp}s_t s_p}}$$

式中 r_{pq} 是某一指标与所有其他项目合成指标值之间的相关，r_{tp} 是某一指标与总指标数值之间的相

关，s_t 是总数值与标准差，s_p 是指标的标准差。

在公式中所得的每一个指标与（n-1）项目而不是与 n 指标的相关。（n-1）指标对每一项目来说是不同的合成物，指标越少，其差异性越大。因此，（n-1）指标作为效标对各项目是不一致的，为克服这一缺点，可以用如下的校正公式

$$C_{rp} = \left(\frac{\sqrt{n}}{\sqrt{n-1}}\right)\left(\frac{r_{pq}s_t - \sqrt{p_i q_i}}{\sqrt{s_i^2 - \sum p_i q_i}}\right)$$

式中 C_{rp} 为校正后的相关，r_{pb} 为实得的基础上和总分的相关，n 为指标的数目，p_i 为达到某一标准的通过率，q_i 为（$1-p_i$）。

经过区分度处理后，可以把那些不重要的、不能完全反映企业营销安全状况的指标剔除，只留下与企业营销安全具有相关的指标，作为最后选择的指标。

9.4 企业营销安全预警指标体系的基本内容

根据企业营销安全预警管理的三维结构模型，在预警维度中，只预警指标部分，就构成了企业营销安全预警指标体系模型，如图 9-1 所示。

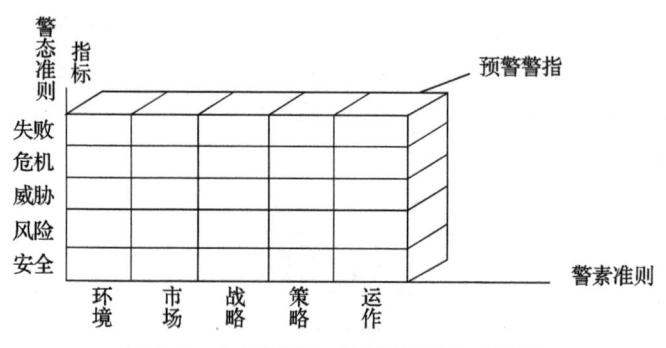

图 9-1 企业营销安全预警指标体系模型

由于这个模型只有五大基本警素，分别对应五大基本警态，是不可能用一对一的单指标来进行反映的，所以警素还必须进一步细分。从层次分析法（AHP 法）看，五大警素和五大警态只能就是预警指标体系的准则母系统，还不是指标方案系统。根据图 9-1 可以看出，准则母系统有 5×5=25 个指标要素。

企业营销安全预警体系有 5 个子模型，因此企业营销安全预警指标也有 5 个子模型：环境安全指标子模型、市场安全指标子模型、战略安全指标子模型、策略安全指标子模型和运作安全指标子模型。于是，五大子模型就构成了企业营销安全预警指标体系，共有 5×6+5×5+5×5+5×5+5×4=125 个准则子系统。

在 5 个子模型中，每一个细分警素都有更细的细分，形成了准则孙系统。例如，在政治环境安全这一子系统中，又划分了政策安全、政体安全和政局安全。

在准则孙系统中，还有各种准则要素，这也还可能不是最终的指标方案，可能还要细分为准则曾孙系统。按照预警理论，任何警素与指标都是单值对应，即只能有一个指标与之对应，如果有多个指标，那么就必须再对警素进行细分，直至实现单值对应为止。照此，建立一个完整的营销安全预警指标体系，至少有上千个指标，要在本书中完成如此庞大的指标体系的构建工作，是不现实的，本书只是从理论上建立指标体系建立的框架，为进一步的研究探出一条道路。

我们把企业营销安全五态与五级警度相对应，用五态作为五警度，不对五态再进行准则细分，也就是不按安全、风险、威胁、危机、失败 5 个方案进行准则细分，而是把五者作为一个因素——广义的安全因素来建立指标。这样就减少了预警准则内容，指标数量也大大减少。本书就以此为基础，尝试性给

出企业营销安全预警管理的主要预警指标。

9.4.1 营销环境安全预警指标子系统

9.4.1.1 政治环境安全预警指标

(1) 政策环境安全指标。政策环境安全包括政治政策、经济政策、社会政策3个方面,政策安全就是各种政策对本企业的营销不构成威胁、不形成冲突。因此,政策安全可用完全不冲突、基本不冲突、局部冲突、整体冲突、完全背离五级来度量。

(2) 政体环境安全指标。政体环境安全指标包括政治特征安全指标、政治制度安全指标、政治组织安全指标3个方面,也可用政策安全的五级水平界定。

(3) 政局环境安全指标。政局环境包括国际政局,国内政局和地方政局,其稳定性直接会影响企业营销的安全性。因此,政局稳定性指标,可用很稳定、较稳定、不太稳定、动荡和动乱五级层次来界定。

9.4.1.2 经济环境安全预警指标

(1) 经济形势环境安全。当经济发展波动时,企业营销安全也会出现波动。所以经济发展的稳定性成为企业营销安全的一个重要指标。可用很稳定、较稳定、不太稳定、不稳定和严重不稳定五级层次来界定。

国民经济增长率。经济增长率高低,直接影响营销市场的大小。经济增长率高,企业营销安全性高,否则,安全性低。

$$国民经济增长率 = \frac{当年GDP - 上年GDP}{上年GDP} \times 100\%$$

对外贸易增长率。外贸增长,外需加大,市场扩张,企业营销难度减少,安全性增加,反之安全性就减小。

$$对外贸易增长率 = \frac{当年外贸总额 - 上年外贸总额}{上年外贸总额} \times 100\%$$

(2) 国际经济环境安全。中国已加入WTO,国际经济环境可直接影响着中国企业的国际营销安全。国际经济环境安全,可以从以下两方面界定。

国际竞争强度。竞争越激烈,安全性越差。竞争越缓和,安全性越好。国际竞争强度属主观指标,可用很弱、较弱、较强、很强、非常强五级层次来界定。

国际经济增长率。国际经济增长快,企业营销安全性好,反之就差。

$$国际经济增长率 = \frac{当年全球GDP - 上年全球GDP}{上年全球GDP} \times 100\%$$

9.4.1.3 法律环境安全预警指标

(1) 当前法律环境冲突性。与当前法律环境是否冲突,冲突即不安全。冲突越大,安全性越差。冲突性可用安全、基本不冲突、有个别冲突、大量冲突、完全冲突五级层次来界定。

(2) 未来法律环境冲突性。有许多尚未出台的法律,但都可能会——出台,因此必须预计将出台的法律可能与本企业营销行为的冲突性。一旦某项法律出台,与本企业现行营销行为严重冲突,就会使营销一下陷入危机,甚至失败境地。未来法律环境冲突性的界定方法同前条相同。

9.4.1.4 文化环境安全预警指标

这是文化环境是否构成对企业营销威胁的指标。如果企业营销与文化环境相冲突,就会陷入危机。

(1) 价值观安全性。其是指企业的营销与目标市场消费者的价值观的适应性,适应意味着安全,冲突意味着危机。价值观有人生价值观、生活价值观和消费价值观。其指标都可用冲突性来代表,即完全不冲突、基本不冲突、有些冲突、冲突、严重冲突五级层次来量化。

（2）地域文化安全性。包括风俗、习惯、好恶3个方面。与这些文化要素冲突，营销就会出现困境，与它们相适应，营销就减少了障碍。地域文化安全性可以用价值观安全性的五层次法来量化。

（3）语言文化安全性。当企业营销与目标市场语言文化冲突时，也会出现危机，降低营销效果。语言文化有语种文化、语义文化和语差文化3个方面，与3方面语言文化的冲突性也用价值观文化的五层次法量化。

（4）审美文化安全性。这是用来界定企业营销是否与目标市场有审美冲突的指标，主要有审美习惯冲突性、审美趋势冲突性。与审美习惯和审美趋势冲突越强烈，营销的安全性越差。审美文化冲突性也用价值观的五层次法来量化。

9.4.1.5 技术环境安全预警指标

这是考察技术环境对企业营销安全的威胁程度的指标。

（1）主导技术安全性。主要包括4个指标，即相关技术、共有技术、主体技术和基础技术。它们的量化方法，可采用下列公式

$$主导技术安全性 = \frac{本企业主导技术具备程度}{行业主导技术具备程度} \times 100\%$$

本企业具备程度可用完全具备、基本具备、部分具备、基本不具备和完全不具备五层次法量化。

（2）技术体系安全性。包括资源技术安全性、制造技术安全性、信息技术安全性，可用完备性来予以肯定。

$$技术体系完备性 = \frac{本企业技术体系掌握程度}{行业所要求的技术体系掌握程度} \times 100\%$$

对于技术掌握程度，仍可采用主观五层次法来量化。

9.4.1.6 自然环境安全指标

自然环境也会对企业营销安全构成威胁。2001年4月，宁波一服装企业在成都各专卖店大量推出新款春装，刚刚上市，成都气温陡升至28度，而且持续至2001年5月大假，人们纷纷开始购买夏装，致使该企业产品大量滞销，造成积压，只得进行减价大处理，形成重大损失。

（1）地理环境安全性。主要有区位安全、地害安全和气候安全三大指标，均可用危险度来代表，用极小、较小、较大、大、非常大五层次来量化。

（2）资源环境安全性。主要有能源指标、水土指标，均可用保险性来表示，用完全有保障、基本有保障、较无保障、无保障、完全无保障五级来量化。

（3）交通环境安全性。主要有空中交通、水上交通、陆上交通三大指标，可用方便性来表示，用非常方便、较方便、较不方便、不方便、很不方便五层次来量化。

9.4.2 营销市场安全预警指标子系统

市场安全系统包括5个子系统，其指标也是以主观性指标为主。

9.4.2.1 行业市场安全预警指标

行业市场安全指标是用来界定行业对企业营销的安危影响程度的工具。行业市场安全通过3个子系统指标来反映。

（1）行业结构安全性。行业结构直接影响市场营销的规模和难度，可用供求结构合理性和规模结构合理性来表示，二者都可用非常合理、基本合理、不太合理、不合理和完全不合理五层次来量化。

（2）行业地位安全性。行业地位是指企业介入的行业在整个经济业中的地位，地位越高，安全性越好，地位越低，安全性越差。行业地位安全可用产值地位、利税地位、就业贡献率地位和经济影响力地

位来界定，其量化方式可用高、较高、较低、低、极低五层次来进行。

（3）行业生命力。行业生命力强弱影响着企业营销安全水平的高低。我们可用行业生命周期来界定：引入期——强，成长期——较强，成熟期——不太强，衰退期——很弱，死亡期——极弱。

9.4.2.2 消费市场安全预警指标

消费安全指标是消费状态对企业营销安全影响的界定工具。

（1）消费结构安全性。消费结构对营销安危的影响程度用合理性作为指标，其反映营销的安全性，若不合理必然会影响企业营销安全。合理性可用很合理、基本合理、不太合理、不合理，严重不合理五层次来量化。

（2）消费水平安全性。这是指消费水平是否会影响企业营销安危。在既定的目标市场上，消费水平高，企业市场好，消费水平低，企业市场就差。消费水平可用很高、较高、不太高、不高和极低五层次来量化。

（3）消费能力安全性。消费能力可用收入水平、支出水平、信贷水平、储蓄水平4个指标来反映。但4个指标可都用适应性来表示，用很适应、较适应、较不适应、不适应和很不适应来量化。

（4）消费倾向安全性。在企业确定目标市场，消费者较高的消费倾向会推动产品销售，较低的消费倾向会导致产品滞销。所以消费倾向也是企业营销安全的重要指标，可用高倾向、较高倾向、较低倾向、低倾向、很低倾向五层次来表示。

9.4.2.3 竞争安全预警指标

市场竞争的程度决定着企业在市场中营销的安危程度，一般而言，竞争越激烈，安全性越差。从波特的竞争环境看，主要有5种竞争，所以我们便有5种指标。

（1）业内竞争安全性。是在现有市场中，与现有同业企业的竞争，可用很弱、较弱、较强、强和极强五层次来量化。

（2）替代竞争安全性。就是替代品对企业营销所形成的威胁，可用没威胁、基本威胁、有一定威胁、较大威胁、严重威胁5个层次来量化。

（3）跟进竞争安全性。就是跟进者对本企业营销构成的威胁，可用替代竞争的五层次法来量化。

（4）购买者竞争安全性。这是购买者的议价能力对企业营销所构成的威胁，可用上面的方法进行量化。

（5）供应商竞争安全性。这是供应商议价能力对企业营销安全所形成的威胁，其量化方法也可采用上面的方法。

9.4.2.4 协作市场安全预警指标

营销过程中总是有大量的协作单位，协作的状况也直接影响营销的安危程度。

（1）资源协作安全性。这包括四项指标：原材料供应协作、设备供应协作、能源供应协作、劳务供应协作。四项指标可用保障度来度量，用很有保障、较有保障、不太有保障、没有保障、完全无保障五层次来量化。

（2）营销协作安全性。包括三项指标：中间商协作、物流协作、服务商协作。可用协调性来表示，用很协调、较协调、较不协调、不协调、极不协调5个层次来表示。

9.4.2.5 公众市场安全预警指标

公众市场是与企业营销相关的市场，也会左右企业的营销活动，影响企业营销安全。

公众市场安全指标包括7个领域：金融公众安全性、媒介公众安全性、政府公众安全性、公民行动团体安全性、地方公众安全性、一般公众安全性和内部公众安全性。这7个指标均可用协调性来度量，用很协调、较协调、不太协调、不协调、很不协调5个层次来量化。

9.4.3 营销战略安全预警指标子系统

营销战略安全是企业营销安全的核心，战略安全一旦出现危机，企业营销安全也就无法保证。营销战略安全可分为 5 个子系统。

9.4.3.1 战略定位安全预警指标

界定目标市场选择共有 5 个指标：市场容量适应性、企业资源适应性、市场竞争适应性、市场机会适应性和进退壁垒适应性。只要这五大适应水平高，市场都选择安全，否则就不安全。适应性可用很适应、较适应、不太适应、不适应和完全不适应五层次来量化。

目标市场定位安全性，可用两个指标来反映：定位准确性和定位高效性。准确性是指市场定位能打中顾客的需求，高效性是指各定位要素之间不出现匹配失调状态。准确性可用偏差来量化。用没有偏差、基本无偏差、有点偏差、有很大偏差、严重偏差五层次来予以界定。

9.4.3.2 战略分析安全预警指标

战略分析安全是指在制定营销战略时，对各方面所做出的分析是准确的，没有太大误差。

环境分析安全性。对环境分析安全性，可用没有偏差、基本没偏差、有一点偏差、有很大偏差、有严重偏差五层次来量化。

市场分析安全性。其是指对市场的分析没有大的偏差，可用上一条的方法量化。

企业分析安全性。其是指对企业自身的分析没有大的偏差，可用上一条的方法量化。

9.4.3.3 战略目标安全预警指标

战略目标安全是指企业确立的营销战略目标具有很高的合理性。主要分为 3 个方面：一是市场目标安全，二是销量目标安全，三是品牌目标安全。三大安全均可用合理性来度量，用很合理、较合理、不太合理、不合理、很不合理五层次来量化。

9.4.3.4 战略计划安全预警指标

战略计划安全是指营销战略计划具有科学性，能够付诸行动，并能取得预期的效果。战略计划包括长期、中期和短期计划，均可用科学性来度量，用很科学、较科学、不太科学、不科学、很不科学五层次来量化。

9.4.3.5 战略控制安全预警指标

战略控制安全是指战略实施过程中，不会出现失控而造成营销危机或营销损失。它包括预先控制、同步控制和反馈控制 3 个指标，均可用有效性进行度量，用很有效、基本有效、不太有效、无效和完全无效五层次来量化。

9.4.4 营销策略安全预警指标子系统

营销策略安全是企业营销安全的核心。营销环境安全、营销市场安全、营销战略安全都是基础，真正对企业营销安全起决定性作用的是营销策略安全，许多企业出现营销危机都是出在策略问题上，营销策略安全指标包括 5 个子系统。

9.4.4.1 品牌安全预警指标

品牌安全包括三大部分：理念、形式、策略。三者的安全性，我们可以通过品牌美誉度与毁誉度、品牌知名度与负知名度、品牌满意度与抱怨度三组指标来予以度量。

品牌美誉度与毁誉度。品牌美誉度是指褒扬品牌的顾客人数比例，其公式为

$$美誉度 = (褒扬者人数 \div 知晓人数) \times 100\%$$

品牌毁誉度是指贬抑品牌的顾客人数比例，其公式为

$$毁誉度 = (贬抑者人数 \div 知晓人数) \times 100\%$$

品牌知名度与负知名度。品牌知名度是指名购买某品牌产品的顾客人数比例，其公式为

$$知名度 = (指名购买者人数 \div 知晓人数) \times 100\%$$

负知名度是指名不购买某品牌产品的顾客人数比例，其公式为

$$负知名度 =（指名不购买者人数 \div 知晓人数）\times 100\%$$

品牌满意度与抱怨度。品牌满意度是指消费了某品牌的产品后感到满意的顾客人数比例，公式为

$$满意度 =（满意人数 \div 消费人数）\times 100\%$$

品牌抱怨度是指消费了某品牌产品后产生抱怨的顾客人数比例，公式为

$$抱怨度 =（抱怨人数 \div 消费人数）\times 100\%$$

9.4.4.2 产品安全预警指标

BP-SP 同位度系数。BP 是 Buying Point 的缩写，SP 是 Selling Point 的缩写，BP-SP 法称为买点卖点分析法。BP-SP 同位度系数就是指 BP 和 SP 的一致性程度，可以用数值（0、1）表示。完全一致为 1，而不相干为零。借助 BPSP 同位度系数，就可以反应产品市场定位的准确度。如果同位度指标远离 1，说明产品市场定位不安全，如果同位系数接近 1，甚至完全等于 1，说明产品市场定位是安全的。

抱怨率、投诉率和满意率。抱怨率、投诉率和满意率指标反应的是产品的质量和服务状况。当产品的质量、服务下降时，抱怨率、投诉率两大指标就升高，而满意率却降低；反之抱怨率、投诉率就降低而满意率升高。所以，我们可以借助这三大指标来监控产品的质量安全和服务安全。三大指标的计算，可以用下述公式

$$抱怨率 =（抱怨人数 \div 消费人数）\times 100\%$$
$$投诉率 =（投诉人数 \div 消费人数）\times 100\%$$
$$满意率 =（满意人数 \div 消费人数）\times 100\%$$

衰减率。衰减率是产品在销售过程中，即产品流运动过程中衰减的程度，公式为

$$衰减率 =[（始量 - 终量）\div 始量] \times 100\%$$

始量是销售出货量，终量是在所有权转移时的交货量。衰减率是指产品流动过程中的损失率，损失率高，显示产品储运安全性差。

缺货率与销售率。缺货率和销售率反应的是产品数量安全状况。缺货率是订货量与供给量之比，销售率是产量与销量之比。

$$缺货率 =1-（供应量 \div 订货量）\times 100\%$$
$$销售率 =（销量 \div 产量）\times 100\%$$

缺货率高，表明市场供应紧张，如不及时改变，会引起市场瓜分风险和假冒风险。销售率低，产品销售不畅，表明产品供应与市场需求之间、生产能力与销售能力之间出现了严重的不对称，需要调整。

产品生命周期间距。产品生命周期间距是指产品组合中主要产品之间在生命周期上的差距，它主要反应的是产品的结构状况。产品生命周期分为构思期、孕育期、投入期、成长期、成熟期、衰退期和死亡期 7 个阶段。主要产品之间在结构上最好能保持一个生命阶段的差距。如果某组产品处于成熟期，一定要有产品处于成长期，有产品处于投入期，还有产品处于孕育期和构思期。如果产品生命周期间距超过两个阶段以上，就会形成后继产品匮乏危机。假如某组产品进入了成熟期，而新开发产品才进入孕育期，而当成熟期产品一旦步入衰退期，新产品又刚进入投入期，企业营销就会出现危机。一方面是销售收入直线下降，收益锐减，另一方面是新产品需要大量投资，如果没有积累，企业难免会陷入困境。

产品生命周期间距可用合理性来度量，用很合理、较合理、不太合理、不合理、极不合理五层次来量化。

性价比率。性价比率是产品价格与价值的比率，它反应的是产品价格与产品价值的一致性程度，公式为

$$性价比率 = 质量 \div 价格$$

一般市场条件下，性价比率等于 1 时最为合理。当性价比率小于 1 时，表明价格高于价值，在竞争

市场上该产品滞销。当性价比率大于1时,在竞争市场上该产品会受顾客欢迎。

产品关联度。产品关联度是不同产品项目在市场、渠道、生产条件、技术等方面的相似程度。相似程度高,资源能充分利用,核心能力容易形成。相似程度低,企业经营资源分散,不利于市场竞争。产品关联度越高,市场安全性越好,产品关联度越低,市场安全性越差。产品关联度,可用很高、较高、较低、低、完全不关联五层次来表示。

9.4.4.3 价格安全预警指标

企业价格安全预警指标主要有如下内容。

定价目标的安全性可以通过3个指标来衡量,即资源适应性、战略适应性和市场适应性。所谓资源适应性,指的是企业选定的价格目标必须与企业的资源拥有和资源投入相适应;战略适应性就是企业的定价目标必须与企业的战略和整体目标相对一致,价格目标一般应按照企业目标的要求来制订;市场适应性涵盖了3个方面的内容:市场需求、市场结构和市场竞争,也即是说,安全的企业定价目标应是在特定市场结构下,针对特定的竞争对手,为满足特定的市场需求而做出的选择。定价目标安全与否,与上述3个安全指标的值域密切相关。因为这一指标主观成分较重,企业操作时可采取五级度量的方式,即选用很合理、较合理、较不合理、不合理、极不合理五层次来度量,结合企业实情由低至高反映各安全指标的适应状况,并据此判定定价目标的安全性能。

常用的定价方法主要有成本导向、需求导向和竞争导向3种。衡量各定价方法的安全性能,我们主要采取成本适应性、需求适应性和竞争适应性3个安全指标。如果企业选用的是成本导向的定价方法,则所定价格与商品成本包括开发成本、生产成本、销售成本和储运成本的匹配适应程度,直接决定着此种方法的安全性能。需求适应性主要用来衡量以需求为中心的定价方法的安全性。如果消费者对商品价值的认知和理解与由此种方法确定的商品价格较为一致,我们就说这种方法是安全的,反之亦然。竞争适应性,指的是企业所选择的定价方法,是否能在激烈竞争的市场上,帮助企业应付竞争,取得收益。它主要用于衡量依据竞争者的价格来制定本企业商品价格方法的安全性能。价格方法安全性可用很适应、较适应、较不适应、不适应、很不适应五级来度量。

价格结构安全性,我们主要用3个主观指标来衡量:结构完整率、功能匹配率、与需求结构的一致度。价格基本结构可以用很合理、较合理、较不合理、不合理、极不合理五级来度量。

价位的安全性是商品的市场价位同本企业商品销售价格的比值。一般地讲,如果该比值大于1,则说明本企业商品的价位是很安全的,商品在市场上具有相当的价格竞争力和吸引力;若等于1,则说明企业的销售价位与市场价位相一致;若小于1,企业就应该高度警惕了,因为企业的价位正处于危险域,要想扭转局面,企业要么选择降价,策动直接的价格战,要么突出"异质性",以质量、服务、创新来赢得市场。价位比的公式为

$$价位比 = 本企业价位 \div 市场价位$$

价质比的安全性能,我们用质量和价格的比值来测量,公式为

$$价质比 = 质量 \div 价格$$

若比值大于1,则意味着顾客花钱较少,其所购买的单位质量价格较低,顾客较为满意,企业的价质比也就很安全;反之,则说明企业的价质比处于一个危险的区域,企业必须从改善质量、降低价格入手,加大质量与价格的比值,提升价质比的安全性能。

商值的安全性,我们可以用以下公式来反映

$$Q = t/p \div T/P$$

其中Q代表商值安全性,T和t分别代表商品的社会平均使用时间、企业商品的使用时间,P和p分别代表社会平均价格及企业商品的销售价格。Q的取值,能客观地反映出企业商值的安全状态。若

Q>1，则暗示着消费者用于购买本企业产品的单位价格所获得的产品使用时间比花同样的钱购买其他企业产品所获得的使用时间更长，显然消费者会因此更乐意接受本企业的产品，企业的商值处于安全的状态；反之亦同此理。由于商值安全是价格安全的重要内容，它直接关系着企业的持续营销能走多远，因此，企业必须通过定期和不定期的商值安全测评，对商值的安全状况进行诊断，以确保企业商值的安全运行状态。

价格竞争安全性等于竞争商品价格与本企业商品价格的比值。这一安全指标，直接把竞争对手价格与企业价格相比较，重点强调市场中的竞争状况。事实上，市场经济的本质特征就是竞争，在实际生活中完全垄断的市场几乎是不存在的，因此，把竞争状况作为价格安全体系中的一个重要因素来考虑是很必要的。如果对手价格与企业价格的比值大于1，则说明企业的价格竞争处于安全的状况；反之，则预示着企业的价格竞争出现了危机，企业必须立即采取措施予以纠正。价格竞争比值公式为

$$价格竞争比值 = 竞争对手价格 \div 本企业价格$$

衡量价格变动的安全性能有两个指标：一是变动收益比率，二是变动销量比率。它们分别反映了价格变动前后企业利润和企业销量的比值。若变动收益比率大于1，则说明价格变动后的企业利润比变动前要多，价格变动是成功的，企业的价格变动安全性能良好；反之则差。变动销量比率亦同此理。需要特别说明的是，价格变动安全性主要是从收益和销量的角度来衡量价格安全的。收益高，销量大，不能肯定地说价格就是安全的了，因为不同的企业其价格目标是不同的，有的是在追求高收益，大销量，但还有的是以增加市场份额或保持价格稳定或获取一定的资金利润率为目标的。因此，欲全面地衡量企业的价格安全状况，绝不能孤立地依赖某一指标，必须结合上述各指标，从不同角度，不同层面，全方位地进行诊断。

9.4.4.4 渠道安全预警指标

回款率。回款率是企业从中间商那里收回的货款同全部销售货款的比值。回款率高表明渠道运行安全；回款率低，预示渠道正走向危机，渠道处于不安全状态。

$$回款率 = (已回款额 \div 应回款额) \times 100\%$$

回款周期。回款周期是从企业把货物发给中间商到收到中间商返回的货款为止所经过的时间。回款周期短，表明渠道运行良好，回款周期正逐步缩短也预示着渠道安全；回款周期长或是回款周期正变得越来越长，预示渠道正处于危机状态。回款周期可用按时、较按时、较不按时、较长、很长五层次来度量。

抱怨度。抱怨度是渠道成员对企业销售政策、渠道管理措施等产生抱怨的人数比例。如果渠道成员的抱怨度低或没有抱怨，则表明渠道很安全；如果渠道成员抱怨度很高，则预示着渠道危机正开始出现。

$$抱怨率 = (抱怨人数 \div 消费人数) \times 100\%$$

渠道冲突频度与强度。渠道冲突偶尔发生是在所难免的，只要正确处理，是不会产生大的营销事故。但是，如果冲突频率高、强度大，或冲突的频度和强度正逐渐增加时，就预示着渠道危机产生了，企业必须立即采取措施予以纠正。渠道冲突频度可用很低、较低、有点高、高、极高五层次来度量。渠道冲突强度可用很强、较强、有点强、强、不强五层次来度量。

产品流流速。产品流流速是渠道安全与否的一个十分重要的预警指标。通过对产品流流速的监测，企业能方便地对渠道安全做出较为准确的评估。如果产品流流速慢，则证明渠道不畅、渠道节点存在问题，企业需要对此做出相应的处理。

$$产品流流速 = 流通环节数 \div 流通时间$$

合作性。渠道成员的合作性，直接影响到渠道的安全性。如果企业的要求、政策和管理措施等能在每个环节完全得到贯彻实施，表明合作性高，渠道很安全；如果得不到贯彻实施，则表明合作性低，企业对渠道的控制力减弱或控制力已基本消失，渠道处于危机之中。渠道成员的合作性可用非常合作、比

较合作、不太合作、不合作、对抗五层次来量化。

9.4.4.5 促销安全预警指标

促销对象合理度。促销对象合理度是指企业促销活动实际所面向的顾客与企业促销活动本应针对的目标顾客的吻合程度。吻合程度高，说明企业促销对象合理，能以较少投入收到较大效果，反之则是撒大网捕小鱼，得不偿失。

促销事故率。促销事故是企业促销活动中发生的影响企业营销安全性的意外事件，如企业促销活动计划被竞争对手得知，提前予以打击，使企业促销活动夭折，促销现场发生骚乱，无法维持正常秩序，促销活动被迫中断等现象。可用一次促销活动事故发生的数量多少测量。

促销目标完成率。促销目标是企业在开展促销活动之前预先制订的任务或想要达到的目的，包括增加销售额、扩大市场占有率、宣传企业形象等。促销目标完成率表明了企业促销活动的有效性。其公式可表示为

$$促销目标完成率 = 实际完成的促销目标 \div 预先制订的促销目标 \times 100\%$$

销售增长率。指企业促销地域的销售业绩增长情况。一般情况下，企业促销活动都能带动企业促销地销售量的迅速增长，这种增长力量会进而辐射到其他地方。销售增长情况反映了企业促销活动的有效性。其公式为

$$销售增长率 = 促销前后销售差额 \div 促销前销售额 \times 100\%$$

9.4.5 营销运作安全预警指标子系统

9.4.5.1 营销组织安全预警指标

营销组织适应性和协调性。营销组织的适应性是指企业建立的营销组织结构能否适应市场的变化，能否采取适当、灵活的营销策略，以及在处理一些突发性的营销危机和营销事故时的反应能力等。企业营销组织协调性是指营销组织与企业其他组织的协调配合能力。

营销组织管理层次合理性。企业管理层次的多寡随着企业组织规模的扩大而变化，营销管理组织内部由于存在业务分工，也就有管理层次问题。其表达公式为

$$营销组织管理层次合理性 = 营销组织实际管理层次 \div 营销组织应设管理层次$$

营销组织管理幅度合理性。由于受到环境条件的限制，受到自身体力、精力、时间和知识的限制，所以一个管理者不能同时直接地领导和指挥太多的下属，否则就会降低其管理的有效性，因此必须确定合理的管理幅度。其表达公式为

$$营销组织管理幅度合理性 = 管理者实际领导的人数 \div 管理者能有效领导的人数$$

营销组织市场开拓能力。其是指企业营销组织不断地根据市场变化和企业发展调整目标市场，充分利用经营机会开拓新市场的能力。营销组织市场开拓能力是企业营销组织自我发展、自我完善的必备条件。

营销目标完成率。一段时间内，企业营销目标的实现情况能够反映企业营销组织的功能完善状况，可用营销目标完成率来间接的测量。其表达公式为

$$营销目标完成率 = (实际完成的目标数量 \div 计划完成的目标数量) \times 100\%$$

责任制度健全性。营销组织内部各个部门、各个岗位必须建立相应的责任制度，其是否完备、健全，是衡量制度可行性和约束力大小的必备条件。其表达公式为

$$责任制度健全性 = 已制定好的营销组织制度数量 \div 根据需要应该制定的制度数量$$

责任制度执行率。营销组织责任制度本身具有严肃性和强制性，一经制定就得严格执行，使企业营销工作处于统一规范之中。若不能按要求执行，就会给企业带来营销风险和营销危机。其表达公式为

$$责任制度执行率 = 已正式有效执行的制度数量 \div 已制定好的应该执行的制度数量$$

营销队伍凝聚性。营销队伍的凝聚性是指营销部门的全体人员是否努力工作，团结一致。凝聚性

强，说明营销队伍有战斗力；凝聚力弱，营销队伍存在的营销风险和营销危机就比较大。

营销人员比率。营销人员，特别是企业的销售人员是企业开展销售工作的骨干力量，其占据企业总人数的多少，对企业效益有着直接而重大的影响，也反映了企业营销组织结构的效率。其表达公式为

$$营销人员比率 = （营销部门人员 \div 企业员工总数）\times 100\%$$

营销组织冲突频率和强度。营销组织冲突频率指部门间在一定时间内发生冲突的次数，可用单位时间内营销组织发生冲突的次数测量。营销组织冲突强度是对营销组织运行秩序破坏性大小的度量，可用营销组织冲突影响部门的多少来测量。

营销组织信息沟通渠道的畅通性和沟通速度。畅通性是指营销组织间信息传递的方式是否合理，信息能否顺利的传递到应当接收信息的人；沟通速度是指沟通一项信息到达指定接收者所需要的时间。

9.4.5.2 人力资源运作安全指标

根据安全要素的研究结果，我们可以确立人力资源安全指标体系如下。

用人制度的安全性，主要反映的是用人制度的科学性。用人制度是否有利于人力能力的发挥。可用以下指标来反映。

$$人才满意率 = \frac{制度满意数}{制度管理人数} \times 100\%$$

$$制度健全率 = \frac{已有制度数量}{应具备制度数量} \times 100\%$$

$$制度制行率 = \frac{已有制度数量}{应具备制度数量} \times 100\%$$

$$制度公平率 = \frac{公平认可人数}{制度管理人数} \times 100\%$$

人才任用的安全性主要反映企业在营销人才的任用上是否根据岗位要求贯彻了德、能、勤、绩的基本原则，可用下列指标考察。

$$人—岗能力适应性 = \frac{岗位能力要求水平}{在岗人员本身能力水平} \times 100\%$$

$$人才任用合理性 = \frac{人—岗优势能力一致性人数}{上岗人数} \times 100\%$$

人才结构的合理性主要是人才需求结构与现有人才结构的一致性。

$$人才结构合理率 = \frac{岗位人才缺失数}{在岗人数} \times \frac{岗位人才闲置数}{在岗人数}$$

人才队伍的稳定性和凝聚力，可用人才流失率和人才互怨率两个指标来反映。

$$人才流失率 = \frac{流失数量}{人才数量} \times 100\%$$

$$人才互怨率 = \frac{报怨对象数量}{人才总数} \times 100\%$$

人才质量安全是人才能力与要求能力的适应程度，可用人才岗位胜任率来表示。

$$人才岗位胜任率 = \frac{岗位工作胜任人数}{人才数量} \times 100\%$$

人才数量安全是人才数量满足营销需求的状况，可用岗位人才空缺率来测量。

$$岗位人才空缺率 = \frac{岗位人才空缺数量}{岗位所需人才数量} \times 100\%$$

人才薪资安全是指人才的薪资待遇是否有利于保持营销队伍的稳定，激发营销人员的工作积极性，实现优胜劣汰。人才薪资安全性可用人才薪资满意率的抱怨率来测量。

$$薪资满意率 = \frac{薪资满意人数}{拿薪人数} \times 100\%$$

$$薪资报怨率 = \frac{薪资报怨人数}{拿薪人数} \times 100\%$$

9.4.5.3 资金运作安全预警指标

资金结构比率。营销资金结构比率又称自有营销资金比率，是指企业筹集到的营销资金中自有资金和借入资金的比率。如果资金结构比率偏高表明由企业营销资金造成的负债小，营销资金结构比率安全；如果偏低，则表明营销资金造成的企业债务很高，营销资金结构比率不安全。

资金损失率。资金损失率是企业营销资金在各个营销环节因管理不善和自然损耗所导致的损失额同企业营销活动所用的全部资金的比值。资金损失率低，资金安全性好；反之，资金安全性差。

$$资金损失率 = (资金损失额 \div 资金占用额) \times 100\%$$

资金收益率。资金收益率是企业全部营销活动的经济收益与企业营销活动所用的全部资金（资源）的比值。资金收益率越高，表明企业营销资金配置效果越好；反之，资金配置效果越差。

$$资金收益率 = (营销收益 \div 营销资金) \times 100\%$$

应收账款周转率。应收账款周转率是企业销售收入同平均应收账款的比值。应收账款周转率高，表明平均收账期越短，资金回笼越快；反之，则表明平均收账期越长，资金回笼越慢。

$$应收账款周转率 = (赊销收入净额 \div 应收账款平均余额) \times 100\%$$

存货周转率。存货周转率是企业销售成本同平均存货的比值。因为存货即是资金的占用，它影响了资金的流动能力。存货越多，占用的流动资金也越多。因此，存货周转速度越快，则滞留在存货上的资金越少，资金流动能力越强，资金配置越安全；反之，则表明资金流动性越差，资金配置越不安全。

$$存货周转率 = (产品销售成本 \div 平均存货成本) \times 100\%$$

流动比率。流动比率是流动营销资产与流动负债（一年内必须支付的应付账款资金和短期借入资金等）的比值，它是决定营销资金流动性的决定性因素。因此，流动比率高，营销资金安全性大；反之，安全性小甚至不安全。

$$流动比率 = (流动营销资产 \div 流动负债) \times 100\%$$

回款率与回款周期。回款率是企业收回的货款同全部销售款的比率，回款周期是企业发出货物到收回货款所经过的时间。回款率高，回收期短，表明资金流动性强，资金回收安全；反之，则表明资金流动性差，资金回收不安全。

9.4.5.4 信息运作安全指标

信息运作安全指标主要有如下基本内容。

信源安全性。信源安全是指信息源头是否具有可靠性。信源安全性数据的获得可以根据本企业的情况，确定5个层次的信源：一级、二级、三级、四级、五级信源，每一级分别与很安全、安全、不太安全、不安全、很不安全5个层次相对应，即可实现对信源安全的数据化界定。

信道安全性。信道安全是信息通道是否会使信息在流通中失真，可采用以下公式来计算，即

$$S = \sum_{\Delta t=1}^{n} \Delta \cdot B \log_2 \left(1 + \frac{P}{N}\right)$$

运用此公式计算，需要先界定出公式中的几个参数。

信息内容安全性。信息内容本身的客观性和真实性。对信息内容安全性的度量可以采取多渠道信息一致性检验法来计量。这种度量法的前提条件是信道不应相同，信源也应有差异。

$$信息内容失真率 = \frac{不一致信息量}{渠道信息总量} \times 100\%$$

$$信息内容保真率 = \frac{一致信息量}{渠道信息总量} \times 100\%$$

信息时效安全性。信息时效是指信息的有效时间，过期即为废信息，如果决策建立在过期信息上，就可能会造成营销危机。对信息时效安全性的考查是一件很困难的工作，目前我们可以采用五层次法对信息时效性进行主观分析：即时信息、较即时信息、快过期信息、过期信息和严重过期信息5个层次来界定。

信息保密安全。信息保密安全是指信息是否透露给了不该知道该信息的对象。可用信息外泄率来度量，即

$$信息外泄率 = \frac{信息外泄量}{信息总量} \times 100\%$$

信息分析安全。信息分析安全是指信息分析过程中的失真度。由于信息分析本身就具有较高的主观性，所以对分析安全的判定也有很高的主观性。制定信息分析安全，可以采用主观性加一致性检验来进行。首先是对多人信息分析的结果进行一致性检验，用这种一致性程度作为信息分析的安全程度指标。

企业营销安全指标的确定是十分困难的工作，要量化这些指标更为困难，因此，需要说明以下几点。

（1）要进行企业营销安全预警管理，做好对指标值进行量化。

（2）量化方法有主观法与客观法。客观法准确，主观法不太准确。

（3）主观法虽然准确度不够，但是相对于完全不量化的笼统判断而言，主观量化法的准确度又高得多。因为有许多指标是根本无法进行客观量化的，在主观量化与完全凭主观笼统判断之间，前者就更为准确。

（4）主观量化法除了可以界定安全的层级外，关键是我们可以完整地分析安全的广度和深度，借助量化过程，可以加深对安全状况的了解，总比没有任何标准的笼统估计科学得多。

（5）任何主观量化指标，只要进行层层细分，就可以找到相应的客观标准，对这些细分标准进行有权重值的综合统计，可得到有客观基础的主观分数，相对于简单的估算要精确得多。

9.5 企业营销安全管理预警指标值的确定

要推行科学的企业营销安全预警管理，最好对指标进行量化确定各指标的值，指标值的确定是一项十分复杂而又困难的工作。要真正获得科学的指标值应进行大量的实证调查才能实现，所以这里我们只给出指标值确立的方法。

对客观指标，其值的确定可以通过统计直接计算，因此，客观指标值的确定方法我们就称为直接统计法。对主观指标是无法直接量化的，所以我们必须采取一定的量化方法，实现主观指标的量化。在这里，我们采取模糊综合评价法来量化指标值。

模糊综合评价法是主观指标值确定的一种常见方法，它的基本量化程序如下。

（1）确定评价指标集。

$$Z = \{Z_1, Z_2, \cdots, Z_n\}$$

（2）确定评价集。

$$W = \{W_1, W_2, \cdots, W_n\}$$

在本书中,我们设定评价级为五级,以便与安全警度一度相对应。

(3)确定评价集隶属度 u。

$$u = \{u_1, u_2, \cdots, u_m\}$$

即对评语集赋值。可选 60 分,对评语分别赋值。

$$u = \{100/很好,80/好,60/一般,40/差,20/很差\}$$

(4)对评价体系建立模糊矩阵 R。

$$R = \begin{bmatrix} r_{11} & r_{12} & \cdots & r_{1m} \\ r_{21} & r_{22} & \cdots & r_{2m} \\ \vdots & \vdots & \vdots & \vdots \\ r_{n1} & r_{n2} & \cdots & r_{nm} \end{bmatrix}$$

(5)计算模糊综合隶属度值集 B。

$$B = R \cdot U^T$$

(6)计算总的综合隶属度 U。

$$U = W \cdot B$$

综合隶属度 U 是测评对象所得到的测评总分,据此我们可以对企业营销安全的各种主观指标做出客观的数量化评价。

9.6 不同指标值的标准分转换

不同的指标,其值的量纲是不同的,必须进行标准分转换,以实现量纲的统一,这才具有统计性,也才具有比较意义。

根据风险预警专家佘廉教授的研究,可用如下公式来实现各种量纲指标的标准分转换。

$$Q_l = \frac{x_{ioj}}{(x_{ioj})_{max}} \times 10 \qquad i = 1, 2, \cdots n$$

式中,x_{ioj} 表示 i 项目下第 j 项指标的统计值;$(x_{ioj})_{max}$ 表示 x_{ioj} 的理想值,即营销的安全状态值。

根据指标转换结果,可利用环境指数 TI 来反映项目的状态。

$$TI = \sum_{i=1}^{n} w_i + Q_r$$

式中,W_i 表示第 i 项的权数,这可用 AHP 法求出。

9.7 企业营销安全预警指标的警限确立方法

我们确立了五级警度的报警标准,但这五级警度分别与各个指标如何对应?这就要求所存在的指标都必须按五级设定警限。如何设定每一预警指标的警限历来是各种预警问题研究的难题。在本书中,我们不可能给出每一个预警指标的具体的警限,只能给出确立警限的方法,以供进一步专门研究和企业进行营销预警管理时参考。

专家意见法。通过专家讨论,由专家来给出各个预警指标的五级警限。为了保证专家意见的客观性,对专家的评定结果,应进行肯德尔和谐系数检验,直至有较高的一致性时,才能作为最终的警限值。

效标法。即以企业营销安全管理非常优秀的成功企业为标准进行测验,所获得的结果就可以作为警限标准。但由于优秀企业不是每一方面都优秀,所以其标准也是不完全准确的。或者以营销失败企业的标准,把其指标值作为警限,也可获得部分数据。但失败企业也并不意味着每一方面都失败。所以其指标值也只能是在某些方面可供借鉴,不能形成完整的警限标准。

调查法。通过对一大批成功营销和失败营销企业进行全面调查，以调查结果作为警限标准，这种确立警限的方法较为科学。这种方法投入大，耗时长，费用高，必须建立专门课题进行专题研究，才会有所突破，这也是作者正在申请研究基金进行研究的课题。

当然，这里需要说明的是，在不同企业之间到底存不存在共同的安全指标？从四川大学营销工程研究所企业营销安全课题组的研究结论看，这种共同点是存在的，共同的警限是可以找到的，这是调查研究法的前提，如果没有共同警限，调查就失去了意义。

经验总结法。经验总结法是企业在进行企业营销安全预警管理时，根据多年的经验（包括成功的和失败的）而确立的一套预警警限。这是最为常见的警限确立法。事实上，就算有标准警限，企业也应据自己的情况进行适当修正，以符合本企业的实际。

实验法。就是先由调查法、理论法、效标法，或经验总结法提出一套警限方案，再到一些企业进行验证性实验，以检验警限的准确性，并对不合适的警限进行修正和调整，最后获得一个较为科学的警限。

9.8 企业营销安全预警指标的模糊综合统计方法

为了获得企业营销安全的总体水平状况，我们可以进行模糊综合统计。虽然指标体系有五层，但二、三、四层可合并为指标层，因此可按三层次进行统计，其方法如下。

9.8.1 建立测评专家小组

客观指标数值可以直接获得或调查获得，而主观指标数值则可由专家根据评定要求给出。根据企业营销安全的要求，借鉴美国国家经济安全预警警度划分方法，我们设定评估集为五级，即 $V = v_1$、v_2、v_3、v_4、v_5。分别代表安全五态，用颜色可表示为绿灯、蓝灯、黄灯、红灯和黑灯。专家组成员可由营销专家、管理专家、财务专家，以及企业家、销售经理、财务经理、市场经理、销售商等组成。

9.8.2 指标重要性评判

根据设定的结构模型，请评定专家根据模型中各项指标的重要性给出评判。

9.8.3 构造判断矩阵

采用对偶方法构造判断矩阵，采用 1～9 的比例标度来反映人的判断能力。设 A 表示目标，U 表示评价指标集，u_i 表示评价指标，$u_i \in U(i=1, 2, \cdots, n)$。$u_{ij}$ 表示 u_i 对 u_j 的相对重要性数值（$j=1, 2, \cdots, n$）。则判断矩阵为

$$\begin{bmatrix} u_{11} & u_{12} & \cdot & u_{1n} \\ u_{21} & u_{22} & \cdot & u_{2n} \\ \cdot & \cdot & & \cdot \\ \cdot & \cdot & & \cdot \\ u_{n1} & u_{n2} & \cdot & u_{nn} \end{bmatrix} \begin{matrix} u_1 \\ u_2 \\ \cdot \\ \cdot \\ u_n \end{matrix}$$
$$\quad u_1 \quad u_2 \quad \cdot \quad u_n$$

9.8.4 计算单一准则的重要性排序

采用几何法求出 U 的最大特征根 $\lambda \max$ 所对应的特征向量，并正规化处理，所求特征向量即为各评价指标重要性排序。公式为

$$W = \frac{\left(\prod_{j=1}^{n} u_{ij}\right)^{\frac{1}{n}}}{\sum_{i=1}^{n} \left(\prod_{j=1}^{n} u_{ij}\right)^{\frac{1}{n}}}$$

其中 i, j=1, 2, …, n 则 W=(w₁, w₂, …, wₙ)' 即为特征向量。

9.8.5 对一致性的检验

由于有主观指标，因此必须进行评分者信度检验，以确定评分之间是否具有一致性。其方法是设 U 为 n 阶矩阵，u_{ij} 则为 U 的元素，其对任意 $1 \leq i \leq n$，$1 \leq j \leq n$，矩阵 U 的元素具有传递性，即满足等式 $U_{ij} \times U_{jk} = U_{ik}$，则称 U 为一致性矩阵。一致性检验采用如下公式

$$CR = CI/RI$$

其中，CR 称为判断矩阵的随机一致性比率；CI 称为判断矩阵的一般一致性指标，它由下式给出

$$CI = (\lambda_{max} - n)/(n-1)$$

式中，n 为判断矩阵的阶数。

RI 为判断矩阵的平均随机一致性指标。当 CR<0.10 时，即认为判断矩阵具有满意的一致性，说明权数分配是合理的。如果，CR>0.10 时，证明一致性差，需调整判断矩阵，直到达到满意的一致性为止，计算 CR 必须先求出 λ_{max}，其公式如下

$$\lambda_{max} = \frac{1}{n} \sum_{i=1}^{n} \frac{(pw)_i}{w_i}$$

$$Pw = \begin{bmatrix} (pw)_1 \\ (pw)_2 \\ \cdots \\ (pw)_n \end{bmatrix} = \begin{bmatrix} U_{11} & U_{12} & \cdot & U_{1n} \\ U_{21} & U_{22} & \cdot & U_{2n} \\ \cdot & \cdot & \cdot & \cdot \\ U_{n1} & U_{n2} & \cdot & U_{nn} \end{bmatrix} \times \begin{bmatrix} w_1 \\ w_2 \\ \cdot \\ w_n \end{bmatrix}$$

9.8.6 计算综合权重排序

由于前面计算的是准则层和方案层各指标的权重分配，而方案层和准则层相对于目标层的权重分配计算则可用公式

$$W = \sum_{j=1}^{5} wb_j \cdot wc_{ij}$$

Wb_j 为 b_j 相对于 A 的重要性权值，WC_{ij} 为 C_{ij} 相对于 b_j 的重要性权值；当 b^j 与 C_{ij} 没有联系时，$WC_{jj}=0$。

9.8.7 指标的隶属度确定

根据计算结果，可以确定指标的隶属度。假定准则层指标为 n，方案层指标为 $m_1, m_2, \cdots, m_n$，则

$RB_1 = (r_{ij}) m_{1n}$

$RB_2 = (r_{ij}) m_{2n}$

……

$RB_n = (r_{ij}) m_{nn}$

$R = (RB_1, RB_2, \cdots, RB_n)^T$

在矩阵 RB_i 中 r_{ij} 表示在第 i 个评价指标上，对它第 j 等级评定的人数占全部专家组人数的百分比，即 $r_{ij} = d_{ij}/d$ 表示第 i 个评价指标上，对它做出第 j 个等级评价的人数，d 表示全部专家人数。

9.8.8 计算评价值

在隶属度矩阵 R 获得后，可计算综合评价向量 S。我们采用加权平均型 M(..+) 模型

$$S = W_c^a gR$$

式中，W_c^a 为方案层指标 C 对目标层的目标 A 的综合权重。若对评语集量化，则综合评价值为

$$P = V \cdot S^t$$

由该公式求出的评价值可确定企业营销安全系统的等级值，从而实现对企业营销安全性的评价。

有两点需要说明：

（1）企业营销安全预警指标总值是一个总体数据，它反映企业营销安全的总体水平，并不能实现对企业营销安全的全面预警和预控。因为即使一个企业有非常好的安全总值，但当它在某一个方面发生严重问题时，就可能会使企业陷入危机之中。因此，企业营销安全预警管理必须基于每一个具体的安全指标，只有充分运用每一个具体的安全指标，才能实现对企业营销安全的监控和预警，才能保证企业营销安全。但企业营销安全预警指标总值对企业并不是无意义的，它可反映企业营销安全的整体状况，可检验企业营销安全管理的整体水平，可预测企业营销安全的未来发展走势，让企业明白现实状况与所要求的理想安全状态之间的差距，以便采取战略性安全管理措施，提高企业营销安全管理水平。

（2）选作企业营销安全预警指标体系的指标应遵循异质性原则。但现实中发现有一些指标数据很难获得，所以，应有近似替代指标，即用可获得的同质性的其他指标数值代替某预警指标数值。所以，确定预警指标时，应有候选同质指标，并标明每一个候选同质指标与正选预警指标间的同质系数，完成排序，以便企业进行评估时参考选用。

10. 企业营销安全预警管理措施

10.1 企业营销安全预警管理的一般措施

10.1.1 树立企业营销安全的观念

缺乏企业营销安全观念，是最大的营销危机。一个优秀的"百年老店""长寿公司"，不可能一蹴而就，它需要科学的管理、精心培育，更需要代代人精心呵护。企业，尤其是企业的领导者首先必须要有企业营销安全的理念，才有可能塑造一个优秀的"百年老店""长寿公司"。××在实现年销售80亿元的时候，就把下一年的销售目标订到了200亿元，并声称5年内打入世界500强。然而他们只关注发展，忘记了安全。结果200亿元未达到，倒使企业处于崩溃边缘。如果××在高速发展时期能意识到安全问题，加强安全管理、构筑安全体系，防止营销危机发生，那么××今天也许就是中国最出色的企业。

企业必须清楚地认识到，企业营销安全对企业发展的意义，正确处理好发展与安全的关系，让企业的发展能建立在安全的轨道上，而不是以牺牲安全为代价。片面强调发展又忽视安全的行为，只能加速企业走向死亡。

要树立企业营销安全观念，必须学习企业营销安全知识，掌握企业营销安全管理的基本技术。如果对企业营销安全一无所知，就谈不上企业营销安全管理，当然也就谈不上去采取相应措施保障企业营销安全了。

在一些企业，其主要领导人的经营理念都是非常危险的，又怎么能保证营销的安全呢？而企业要推进安全营销，就必须有一套正确的企业营销安全理念，作为指导企业一切安全营销活动的理论基础。只有当企业营销安全理念已经成为企业理念并且活化到了企业营销的每一个环节之后，企业营销活动才可能真正安全。

10.1.2 加强企业营销安全审计

为保证飞机飞行安全，航空公司的安检人员和技师都要对飞机进行定期检查，确保飞机平稳飞行，企业的营销活动也就像飞机一样需要定期进行企业营销安全审计，而且对企业进行及时、全面、系统的企业营销安全审计，才是加强企业营销安全、防止企业发生营销危机的重要预防。

企业应在市场部设立企业营销安全审计机构和安全审计人员，无法设立专门安全审计机构和配置专门安全审计人员的企业，至少也要有专门的企业营销安全审计职能，负责对企业所有营销活动的安全性进行全面审计。

企业营销安全审计机构和审计人员应根据本企业的产品特征和市场特点，编制适合本企业营销安全的审计量表，并以此量表为工具对企业营销安全进行全面审计。企业营销安全审计量表的编制工作是一项复杂而精细的工程，专业化程度要求很高。因此，在仅靠本企业人力资源无法完成时，可请专业管理咨询机构帮助实现，以建立切实适合本企业营销安全审计量表。

企业营销安全审计机构和审计人员应根据预先编制好的企业营销安全审计量表，定期或不定期地举行全面或局部的企业营销安全审计活动。从实证研究看，对企业进行全局性的企业营销安全审计，至少应一个季度审计一次；局部性的企业营销安全审计，至少一个月审计一次；而对高危营销环节和高危营销活动，每周、甚至每天都应有营销安全审计活动。

企业营销安全审计机构和审计人员应根据企业营销安全审计的结果，及时出具企业营销安全审计报告，提交企业管理决策部门。在企业营销安全审计报告中，必须对企业营销安全的等级进行界定，准确区分出企业营销系统安全、低危、中危和高危四个层次，并对四个层次的状况进行详细地描述和分析，找到其影响因素、预测其危机发展趋势，并指明其可能的危害程度。让公司决策层十分清楚公司营销的安全状况，以便及时采取有效的措施保障企业营销的可持续运行。

企业营销安全审计机构和审计人员应根据企业营销安全审计结果，提出保障企业营销安全的基本措施。这些解决措施必须包括其所针对的问题、解决的具体方法、解决的期限、执行措施的具体部门、所要达到的预期效果、需注意的问题等，使这些措施必须具有可操作性。

企业营销安全审计机构和审计人员应对其所提出的企业营销安全解决和管理措施的运行状况进行全过程追踪，检查其实施效果。如果达不到预期效果，还必须及时调整更新措施，直至所有问题圆满解决。

10.1.3 建立企业营销安全预警系统

企业营销安全预警系统是对企业营销活动安全性实施的全过程、全方位、全纵深监控，并对可能出现营销危机发出报警的企业安全管理系统。企业营销安全预警系统是现代企业，尤其是现代大型企业，必须具备的一套管理子系统。由于该系统的设计和实施都十分复杂、精细，因此一般都采用计算机来进行辅助管理。

企业应在最可能发生营销危机和营销事故的环节设立安全信息采点，随时搜索和采集所需的与企业营销安全有关的信息。信息采集点的分布要科学合理，采集的信息要准确、及时、全面，既不能搜集到无用的信息，更不能漏掉有用的关键信息。

对于各点采集到的企业营销安全信息，汇总到中央处理系统之后，应能根据所掌握的信息迅速地做出几乎同步的分析处理，并根据预先设定的企业营销安全指标系统，对各个采集点安全状况做出及时的分析评判，发出相应的安全级别信号。对于那些可能危及企业营销安全的危险信息，能根据其危险的程度，分别发出一级、二级、三级预警信号，以提醒决策者采取迅速的预防或处理措施。

企业必须在企业营销安全各个环节基础上，建立一个企业营销安全快速反应委员会，成员由营销负责人、财务负责人、技术负责人、服务负责人、公关负责人和办公室负责人等组成。委员会成员必须保持24小时联络通畅，并确定统一代号。委员会必须建立多套快速反应的工作模式，在不同的情况下，启用不同的工作模式，以达到节约时间的目的。委员会成员在收到危机信号后，必须按确定的工作模式，做出一系列正确的反应，能在最快的时间内，化危机为安全，或是把危机的损失降到最低程度。企业营销安全快速反应系统就像企业营销的消防部，它能有效地保障企业营销活动的正常进行，不会因为某个营销环节的失误而出现不可挽回的损失。

10.1.4 建立企业营销安全预警管理制度

要推进企业全员企业营销安全预警管理，必须建立一套统一、完善的企业营销安全预警管理制度。只有建立了企业营销安全预警管理制度，企业才能把企业营销安全预警管理纳入企业日常行为活动中，从制度上保证企业营销活动的安全性。

营销风险、威胁、危机管理制度，包括营销风险、营销威胁和营销危机的预防、识别、诊断、处理、报告，以及营销危机过后的总结，营销风险、威胁转化为营销危机的责任追究等基本内容。

营销事故和失败管理制度，包括营销事故和失败的预防、发现、鉴定、处理、责任追究、总结报告等基本内容。

企业营销安全审计制度包括企业营销安全审计内容、审计对象、审计时间、审计方式和审计结果报告等，从制度上规定企业营销安全管理机构和企业营销安全管理人员经常从不同层面、不同角度对企业营销运营状况进行检视和诊断。

企业营销安全全面预防制度包括防御的内容、涉及的参加人员、所要采取的防御方式，以及实际发生问题后的处理等基本内容。

企业营销安全奖惩制度包括对企业营销安全做出贡献较大的单位和个人给予奖励,而对造成企业营销危机和营销事故的单位和个人则给予惩罚的具体措施。

企业营销安全教育培训制度包括对企业全体人员企业营销安全理念和企业营销安全知识的教育培训,以及对造成企业营销危机和营销事故的责任人员的教育、培训和提高等制度。

10.2 企业营销风险预警管理措施

10.2.1 营销风险管理目标

只有机会而无风险的营销状态,仅是一种理想状态。因此,营销风险管理的目标就是把营销风险控制在可承受的范围内。这个可承受的范围就是极力把风险控制在威胁点内,使风险不致进一步恶化,对营销构成威胁,同时,让风险点尽可能向安全点靠近。

10.2.2 营销风险分析

10.2.2.1 分析内容

(1)营销环境风险。营销环境风险是指环境给营销带来的不确定性。营销环境风险大致可以分为政治、经济、法律、文化、技术和自然等环境风险。政治环境风险是指由于各种政治因素给营销主体带来的不确定性。经济环境风险指经济因素给营销主体带来的不确定性,如1997年东南亚金融危机使我国许多企业对外贸易业务受到很大影响。随着法制体系的日益健全,法律环境对企业市场营销活动的影响越来越大。文化环境影响和制约着人们的行为,不同文化环境中的消费者的价值观、风俗、语言和宗教信仰都有着较大差异。一旦企业营销与文化环境相冲突,营销风险增大。但与政治、经济和法律相比较,文化环境是一种软环境,有极强的可控性。技术对营销主体的影响主要体现在竞争对手工艺革新竞争力增强及替代产品的不断出现。自然风险指由于自然界自身的运动规律和自然力的作用给营销主体带来的不确定性,如地震、洪水或火灾给企业造成的经济损失。

(2)营销市场风险。只要有市场经济的地方就有竞争,竞争无处不在,风险无时不有。市场风险要素分为行业要素、消费需求要素、竞争要素、协作要素和大众要素等。行业要素对企业营销有直接影响。如果该行业整体增长迅速,那么营销主体不必为自身发展而相互争夺市场份额。但是在停滞的行业中,企业就不得不夺取其他竞争对手的市场份额,如彩电行业如今的全面价格战。消费需求要素包括消费结构、消费水平、消费能力及消费倾向等。竞争的程度对市场安危状况有很大影响。根据波特的五种力量理论,竞争包括业内竞争、替代品竞争、跟进者竞争、购买者竞争和供应商竞争。协作市场是作为市场主体组成部分的资源供应和营销中介。资源供应的风险已不仅是来自供货困难,还有如何选择安全、高效的供应形式和运输手段。营销中介是营销顺利实现的中介条件,营销中介风险如果不能得到有效控制,企业就会陷入危机。大众环境是对企业有直接影响的市场力量。现代企业是个开放的系统,其营销活动必然受到各种大众力量的影响。大众对企业和产品的态度,会决定着企业营销活动的成败。

(3)营销战略风险。战略风险有战略定位风险、战略目标风险、战略分析风险、战略计划风险及战略控制风险。这里的战略定位是指目标市场战略定位,是企业营销战略的核心。市场营销一旦出现目标市场定位失误,必然会导致营销失败。市场变化极大的不确定性使战略定位风险进一步加大。正确的战略定位保证了营销战略方向的安全性。要保证战略成功,还要确立正确的战略目标,目标错误,营销也会失败。由于营销信息的不安全,企业决策者分析能力不高,以及市场的不断变化使在战略分析过程中出现偏差的可能性加大,营销面临着较大风险。计划是根据历史和现实的情况,预测将来的发展变化,确定行动方案的过程。在瞬息万变的市场环境中,战略计划的制订本身就存在极大风险。有了好的方案,也不一定能保证营销的成功,还面临着营销控制的风险。

(4)营销策略风险。营销策略风险包括品牌策略风险、产品策略风险、价格策略风险、渠道策略风险及促销策略风险。企业在运用品牌时，需以一定的策略使品牌作用能完全发挥。品牌从内涵（核心层）到形式到外延都存在极大风险。产品策略风险具体指产品定位风险、产品质量风险、产品数量风险、产品结构风险及产品扩展风险等。产品策略风险直接关系到企业营销的成败。如中国许多成功企业一味进行跳跃式扩张，导致业务不兼容，资源分散，管理跟不上，结果只有死路一条。价格风险体现在价格是一把双刃剑，一方面若取得价格优势就能赢得竞争的主动，占领产品市场；另一方面若操作不当，很容易陷入价格混战导致两败俱伤。渠道策略风险体现在企业的渠道政策措施本身是否合理完善，是否考虑到各个渠道成员的利益，是否会造成渠道的混乱与冲突从而威胁到渠道安全。许多企业走向衰落的一个重要原因就是因为渠道失控，这种失控不仅使企业销售业绩下降，而且可能毁掉整个渠道网络和产品市场。促销策略风险是指企业在促销过程中，是否能够针对既定的目标受众进行有效的宣传和诱导，会不会产生促销危机的可能性。许多企业在促销时，其促销对象根本就不是该企业的目标市场群体，导致促销无效。

（5）营销运作风险。营销运作包括组织运作、人力资源运作、资金运作和信息运作。组织运作风险体现在企业在设立营销组织结构、制定组织制度、规划组织队伍及进行组织运作时，是否考虑到市场需求和本企业的产品、分销渠道及本企业其他方面的具体情况。营销活动都是由人来运作的。人力资源风险体现在出现人力资源危机与事故的可能性，如营销人员流失的可能性。营销资金是企业营销活动必需的资源，资金运作风险指企业营销资金的结构、配置、供应、回收和整个流动过程出现意外情况的可能。信息是决策的基础，信息运作风险体现在信息流转是否畅通、信息内容是否准确、信息是否及时可靠等。

10.2.2.2 分析方法

（1）组织图法。组织图分析适用于各类企业的风险识别，是企业感知风险的常用方法。通过组织图分析能够反映企业内各部门之间的内在联系和相互依赖程度，当营销风险发生时，是否会产生相互影响。第一，企业内部是否可分成独立核算单位，这是对风险做财务处理决策需考虑的。第二，营销组织结构是营销风险识别的关键环节，目前不少企业因营销组织混乱造成了较多营销风险。第三，企业关键人物。企业关键人物的信息获取能力，决策分析能力较低是目前许多企业出现较大营销风险的原因。

（2）流程图法。流程图在辨别营销过程的"瓶颈"上非常有用。营销风险的流程图分析，在于从营销业务的每一环节中，找出可能带来营销风险的因素。但流程图分析存在明显的局限性，只能识别风险的存在，而不能鉴别营销环节的易损程度，应与其他方法一起使用。

（3）财务报表法。财务报表提供了营销事故的线索，因而事先揭示出企业需要保护的对象。仔细研究资产负债表，损益表非常重要。同时，资金周转率、回款率、营销资金占有率、流动比率等比率值都反映着营销风险程度。如当对财务报表进行趋势分析后，若发现现金和存货越来越少而应收账款却越来越多，则应引起警惕，营销可能正面临着巨大风险。

10.2.2.3 分析报告

对营销风险分析的结果，要写成营销风险分析报告书。一般地讲，风险分析报告书应包括以下几个方面内容：方法、过程、内容、结果、结果的讨论、基本建议。最好是提出几种建议以供选择。建议要有可行性，使决策者能够统揽全局，制订具体改善措施。

10.2.3 营销风险避免

营销风险避免以放弃或拒绝承担营销风险来回损失发生的可能性。如一个企业为了避免贷款拖欠的风险而拒绝在任何情况下进行赊销。营销风险避免的方法有以下几点。

一是加强营销风险审计。营销风险审计可贯穿营销活动的全过程。营销合同书、客户资信、产品或服务的技术规格要求及营销策略等都要时时审计。审计时可查出错误、不准确、前后矛盾及不一致之处。审计还会发现以前他人未注意或未想到的地方和问题。在加强营销风险审计时要注意应及时把审计情况通知相关人员，以便更好地避免营销风险。如对某客户的资信评价等级较低，为避免信用危机产生应及早采取相应的措施。

二是改变某项活动的性质即在已承担风险的情况下，通过改变营销活动的环境、条件、对象等途径，来避免未来营销活动中所承担更大的营销风险。

三是放弃或终止高风险营销活动。在营销决策中，对某项营销活动进行论证后，若发现该项营销活动的实施将面临巨大的风险，一旦发生营销事故，将造成严重的后果，同时，营销管理又不能采取有效措施减少其风险，就应考虑放弃或终止初步进行的营销活动，以避免今后可能发生巨大损失。

10.2.4 营销风险控制

营销风险控制是指在营销风险感知、认识和分析的基础上，针对企业所存在的营销风险因素，积极采取控制措施，以消除营销风险因素或减少营销风险因素的危害性。营销风险控制的方法可以概括为以下几点。

一是风险隔离。隔离营销风险的目的在于尽量减少企业对特殊产品、市场、客户或营销人员的依赖性，以此来减少因个别产品、市场、客户或营销人员的缺损而造成的总体上的损失，即"不要把所有的鸡蛋放在同一个篮子里"。这样，损失即便发生，损失程度也不会太大。

二是风险转移。事实上，受客观条件和能力的限制，营销风险识别和分析未必绝对准确，偏差在所难免；风险也不可能完全避免或消除，同时基于风险控制成本与效益的比较，有时没有必要完全避免或消除风险。依次、有效地进行风险转移非常必要。营销风险转移不是通过回避的方法去中止与存在的营销风险的联系，而是将存在的营销风险转移给其他地方。风险转移不仅局限于财产和活动方面，也包括转移责任等。

10.2.5 营销风险预警管理

对企业营销来说，如果能在早期发现不测事态的征兆，便有可能减少甚至避免损失。因此，进行营销风险预警非常必要。

一是建立预警指标体系。按照营销环境风险分析，可将营销环境预警指标分为以下方面：企业营销自然环境的评价指标，包括资源合理利用情况等。企业竞争状态风险评价指标，如市场占有率。顾客风险的评价指标，如顾客消费需求情况等。供应风险的评价指标，如采购风险。大众风险的评价指标，如企业"五度"（即知名度、满意度、指名度、美誉度和抱怨度）。

企业内部预警指标包括：营销内部管理结构的评价指标，如企业营销组织战略、策略及组织机构等指标。企业营销组织管理的运行状态的评价指标，如营销组织运行秩序，信息沟通状态等指标。营销组织内部行为人的评价指标，如营销人员行为控制等指标。

二是建立警源监测系统。警源是警情产生的根源。预警管理是一种超前管理，超前管理必须从源头开始，把警情控制和化解在源头，就不会对企业营销形成威胁。对警源的监测实质上是通过预警指标对各种风险因素进行监测。我们已经对各种风险来源进行了分析，那么警源监测系统的外部监测主要还是对环境和市场的监测，内部监测是对营销组织的监测。建立警源监测系统可以通过计算机实时监测技术实现。

三是即时进行风险报警。采用绿、蓝、黄、红、黑五级警度对营销风险及时进行报警。当企业营销处于安全状态时，显示绿灯即不存在警情无须采取安全措施。只要有营销就必然有风险，只要风险不对营销构成威胁，就可以认定为安全，显示蓝灯表示有不构成威胁的风险伴生。当风险发展为威胁，企业营销面临着压力。营销处于不安全状态，显示黄灯需采取应急措施，以防营销危机发生。当企业营销陷入危机，需采取紧急措施，控制事态恶化时亮红灯。黑灯状态时，企业营销已经是一种无法挽回的失败状态。提示企业必须采取紧急措施，防止营销失败引发企业经营失败。

四是制订科学的警策。警策，即化解警情的对策。警策应与警度配套，一旦警情出现，系统及时进行风险报警时就迅速按既定警策采取行动。在实施预警管理的过程中，分析每一指标对应的营销状态，便可准确地对企业营销的现状做出判断，寻求合理可行的对策。我们从营销内部管理结构，营销内部运行状态和营销行为人三方面来简单介绍企业内部预警管理对策。内部管理结构的预警对策包括营销目标、营销策略的合理制订，组织机构设计的完善性，实现正常的功能分配，营销组织制度的建立与健全及营销队伍的合理化建设与管理等。营销内部运行状态的预警对策包括建立良性运行秩序和加强信息沟通与传递等。营销行为人的预警对策包括提高营销部门管理者的领导水平，建立营销组织合理的领导机构，提高营销人员的业务素质以及强化激励手段调动营销人员的积极性等。

10.3 企业营销威胁预警管理措施

企业经营，威胁相伴，这是一种普遍的现象。要识别威胁，对威胁进行有效的防范和化解，应对营销威胁本身有一个明确的认知。

10.3.1 分析营销威胁

要对营销威胁进行管理，必须弄清楚几个基本问题。

威胁要素。营销威胁的构成包括五大要素：环境、战略、市场、策略和运作。每个要素本身亦可进行深入的细分，形成系列的要素集合。这一系列的子要素集，不但是营销威胁管理体系建立的基础，同时也是构筑整个营销安全管理体系的根基。营销威胁的识别，防范和化解，均是从这一系列的威胁要素出发，采取相应的方法和措施而进行的。

威胁源。威胁源就是引发威胁产生的出处，依据不同的标准，企业的营销威胁源，可有不同的划分：内生源与外生源；环境源与市场源；产品源与活动源等。认识营销的威胁源，对企业的营销活动乃至整个企业的安全管理具有特别重要的意义。只有了解了企业的威胁来于何方、出于何处，企业的营销与系列的管理活动，才能有的放矢具有针对性，才能避免管理活动的盲目性和随意性。

威胁性质。不确定的市场，给企业带来的威胁也是不确定的，这种不确定具体表现在威胁的范围，威胁的程度，威胁的形态，威胁的后果等方面。也即是说，威胁是局部性的还是全局性的，是可避免的还是不可避免的，是竞争性的还是振荡性的，是良性的还是恶性的，是可人为控制的还是不可控制的等，表现出了很大的不确定性。企业在运作过程中，一旦感受到了某种威胁的存在，辨清威胁的上述性质，是首要的第一步，也是威胁化解措施有效实施的保证。

威胁特征，认知威胁，必须了解威胁的特征。在企业营销安全管理体系中，威胁作为构成安全管理体系的五大层次之一，其特征使其异于安全、风险、危机和失败四大层次，构成界定威胁外延的基本依据，为企业营销安全管理活动实施的层次性和有序性提供了保证。概言之，威胁有五大基本特征：无形性、客观性、突发性、多变性和随机性。

所谓无形就是指，威胁是看不见摸不着的一项无形要素。尽管人们能够意识并感觉到威胁的存在，但是却又无法精确地将其描述出来，想要对它进行定量的考察和预测则更加困难。客观性就是说，威胁的存在是不以人们意志为转移的，从根本上说，这是因为构成威胁的各个要素是独立存在的，不管威胁主体是否意识到它们的存在，这些要素都存在于一定的空间状态之中，一旦条件具备，它们就可能爆发，形成企业的危机。突发性是指威胁的实际发生时间很短，以至于让人们尚未意识到时就已处于威胁状态之中。威胁的多变性是指威胁本身具有极强的不确定性，这种不确定性与威胁源有关，出于威胁本身就是源于内外环境的不确定，因而它很难具有稳定的形态。说威胁是随机的，主要是指威胁本身的种类、大小、性质等内在要素会随着企业内外条件的变化而呈现出动态变化的随机性质。

把握威胁的上述特征，利于企业采取客观的态度，承认威胁接受威胁，并理解威胁管理的复杂和难度，使企业更加关注和识别威胁产生的前兆，及早发现管理过程中的威胁诱因，以便提前完成防范的准备，减少企业可能遭受的威胁。

威胁表现。威胁是客观存在的，虽然威胁本身具有无形的特征，但只要识别清楚了威胁的种种表现，我们仍然可以对不同种类的威胁进行相应的定性、定量考察。与威胁相伴而行的，有系列的表征，一般地，当企业的某项营销活动感受到了某种压力或者某些活动受到有形和无形的某种力量改变时，我们就可以肯定企业的营销存在威胁。譬如说，营销人员的大量脱离，市场份额的急剧下滑，企业利润的减少，营销资金的过度占耗，企业品牌毁誉度的升高等。只有认清营销威胁的上述表现，企业才能运用恰当的方法，识别现象背后的各种威胁，及时采取相应的措施予以处理。

威胁的影响。如前文定义，威胁就是对企业的营销活动产生的负面后果。威胁的影响可涉及企业经营的各种层次，各个环节。一旦这种后果产生，又未得到及时的处理，局部性的影响就可能演化为全局性的影响；可控型的影响就可能向不可控方向转化，良性可能发展为恶性。这一系列后果，对任何一个企业来说可能都是灾难性的。因此，面对威胁已经造成的后果，逃避或者掩饰是不可取的，只有针对威胁源的特征威胁的性质以及威胁的成因，果断地采取措施，控制威胁后果的进一步蔓延，才可能将威胁的影响控制在尽可能小的范围。

威胁变化趋势，认知威胁，必须识别威胁可能变化的趋势。在企业的营销安全线上，威胁位于风险和危机之间。企业在经营过程中，如果在威胁产生之前，没有加以防范；在威胁产生后，又未能及时地予以处理，营销安全线上的威胁点就可能越过发展区，演化为危机点，如此一来，企业也就厄运难逃了；相反，如果威胁得到了有效的预防和及时的处理，威胁点在安全线上的位置就会左移，逐渐向风险点和安全点方向靠拢。预知威胁的这一可能变化趋势，就能使管理者时刻保持清醒的头脑，知道自己的工作目标和方向，避免因为行为的短视而给企业酿成灾害。

10.3.2 营销威胁识别方法

威胁本身并不可怕，可怕的是对威胁的忽视。大多数人都不否认威胁的存在，但却少有人承认识别威胁的重要性，其重要原因在于，很多组织和个人找不出恰当的方法识别威胁，因此对威胁本身可能造成的恶劣后果亦就无从得知。由此可见，探索识别营销威胁的方法，对企业营销安全管理体系的建立具有非常重要的现实意义。识别企业的营销威胁可采用以下几种方法。

压力分析法。这是识别潜在威胁常用的一种方法。当企业在营销过程中，某项正常的营销活动莫名地受到某种压力时，就表明营销威胁存在了。这种压力可能来自企业外部，也可能来自企业内部；可能直接作用于企业的营销活动，影响企业营销的顺利开展，也可能作用于组织的其他职能部门，通过关联反应，而将压力传递至营销部门。此种方法成功运用的关键是企业必须具备高效有序的信息传输渠道和反馈系统，一旦压力作用于某种活动，形成一个压力点，该压力点才能迅速地将这种压力通过上述渠道系统，传至企业的决策中枢，进而采取相应的措施，将威胁止于萌芽。

突变分析法。上文有述，企业营销威胁的一个重要特征是突发性，也即威胁的出现往往是偶然的，往往是在不经意间，企业就已处于了威胁的状态之中。营销威胁的这一特性，使管理者可以通过种种突然变化的现象，识别出企业的营销威胁藏于何处，一旦企业的某些营销活动在有形和无形中受某种力量改变，管理者便可据此断定威胁的存在。这种威胁识别法，我们称之为突变分析法。企业在营销过程中可能存在的突变现象数不胜数：销售额的暴跌，市场份额的突然萎缩，顾客的突然投诉，大客户的突然倒闭，呆坏账额的骤增，营销队伍的突然离散等。企业的管理层，需要时刻对上述种种突发的现象，保持高度的敏感和警惕，以便提前做好防范的准备，减少企业可能遭受的威胁损失。

效果分析法。一旦企业的营销效果明显低于以前，就表明了营销威胁的存在。这种分析方法是采用纵向对比的方式，通过当期效果与历史效果的比较，寻找差异与差距，进而识别营销中的威胁。一般地，在用于识别威胁的种种效果中，销售额指标应放在首位。尽管销售额本身的下降未必会致使公司立即倒闭，但它的出现，会对公司进行蚕食，这种状况如果持续一段时间，公司就有可能处于危机状态。除此之外，销售额提高但利润未增，中老年员工过多，人员结构不合理，市场占有率下滑，公司出现连续亏损状况等都预示着营销威胁的来临。分析前后期差异的效果，并进而寻找其中的差距，找出产生差距的根源，这是有效地化解威胁，消除其对企业不良影响的根本。

目标分析法。不同的企业在其经营过程中，都会树立不同的目标，这种目标可能是关于利润的、当期收入的、当期市场份额的、当期销售增长的，也可能是在产品和质量方面的目标。不管是何种类型的目标，企业均可通过对目标达成程度的分析，来识别营销威胁的状况。当我们在营销过程中，发现企业事先预定的合理目标难以实现或者说目标的实现遇到很大的阻力时，由此便可断定，企业营销存在威胁。此时，对企业管理者来说，关键的是，要通过对环境、市场、企业战略、策略和运作的详加分析，寻找威胁之源，分析威胁所处的阶段，并进而采取措施，避免威胁进一步升级，严重打乱企业的营销秩序，影响企业营销活动的正常进行。

市场分析法。在市场经济条件下，市场是企业的立命之本，市场反应如何，直接决定着企业的经营效果。在识别企业营销威胁的过程中，如果把市场占有率、顾客满意度、品牌形象、竞争力等市场指标结合起来考虑，往往能更加全面地反映企业营销的安全状况。通过对市场的分析，如果发现市场占有率下降、顾客满意下降、品牌形象下降或是竞争力下降了，那都说明企业的营销有威胁。管理层需要对此及时进行调整，采取相应的措施，以维持营销活动的正常秩序，保证营销战略和企业目标的实现。

10.3.3 营销威胁分析报告

在企业的营销安全管理体系中，营销部门的一个重要职责就是定期和不定期地向管理高层提交营销威胁分析报告书。该报告书是企业实施各项威胁管理措施的依据。其根本目的是为企业提供一个营销威胁的基本情况分析，使管理者对企业营销中的种种安危有一个清楚全面的认识，并同时为应付种种威胁提供系列对策建议，准备多种预备方案，使企业的管理活动能防患未然，更具针对性和科学性。

一般地，营销威胁分析报告包括六个部分。

第一部分，问题的提出，也即通过对种种非正常现象的列举，提出当前营销中各种现象背后可能存在的种种问题。

第二部分，确定分析的方法。威胁本身具有无形性，这给各种分析工作带来很大的难度，正因为如此，营销威胁报告中所采用的分析方法必须明确下来。是主观的还是客观的，是定性的还是定量的，必须有一个明确的界定。唯其如此，营销威胁分析报告书的科学性才能得到保证。

第三部分，确定分析的领域。企业运营是一系列复杂活动的集合，营销的威胁绝对不可能做到处处兼顾，既不可能也无必要。对企业管理者来说，事关企业大局的关键信息，才是最重要的信息。威胁分析报告书就是要为管理者提供这类信息。因此，在报告书中，明确分析的领域，使管理高层清楚关键的问题在哪里，紧迫的威胁在何处，是非常必要的。

第四部分，对威胁的界定。这里面内容较为丰富，它要求对威胁要素，威胁源，威胁的性质、特征、表现、成因、影响、趋势等进行全面的分析，目的是使企业对种种现象背后的威胁，有一个全面、透彻的认识。

第五部分，结论。这一步是前面四步工作的成果。结论的撰写必须简明扼要。

第六部分，也是分析报告的最后一块，就是对策、建议的提供。这一块内容是整个分析报告的落脚点。问题的提出、问题的分析都是为问题的解决服务的。要提供有效的对策和建议不是一件简单的事情，企业需要集中各类信息和资源，运用恰当的方法，召集前线与后方的各类人员，积极为企业的安全管理出谋划策。只有在这种集思广益的基础上，充分发挥各层管理人员的积极性，最终形成的应付威胁的策略和建议，才可能更具实用性，科学性和操作性。

10.3.4 营销威胁的防范与化解

营销威胁管理的根本目的是避免威胁的产生，使威胁点最终转换为安全点，力保企业的运营，时刻处于安全的状态之中。要达到这一目的，需要企业未雨绸缪，时刻对威胁保持高度的敏感力，并备好威胁防范的各种措施,将威胁管理中的预防置于首位。威胁一旦产生,果断行动及时补救是很必要的。无论实施何种威胁化解方案,分清原因,对症下药才是关键。具体的威胁防范与化解措施包括以下几点。

(1)定期审计,及时防范。企业专门的营销安全管理机构,必须定期地按照事先编制好的威胁审计量表,从不同层面,不同角度,对企业的营销威胁状况进行全面、系统、独立、综合的检查、诊断和评价,以便及时找出各种问题和安全隐患,消除引发威胁的诱因,从根本上保证企业营销的安全状况。

(2)控制风险不发展为威胁。威胁之前是风险,威胁之后是危机。企业进行威胁防范管理的一个重要任务就是,避免风险向威胁发展。我们都知道,风险尚未对企业正常的营销活动产生负面影响,而威胁则已经对企业的营销活动产生了负面影响。因此,要做好威胁的防范管理,必须采取适当的措施控制风险,做好风险的控制管理。这就要求企业必须配备一套完善的风险预警和控制系统。

(3)采取预防措施,铲除威胁产生的土壤。要防范威胁,最根本有效的途径便是铲除产生威胁的土壤。前文已有论述,孕育威胁的土壤,也即威胁源,有不同的种类。它可能是内生或外生的,可能是组织或个人的,也有可能是产品或活动的。威胁管理的任务就是运用一套科学的标准,细分各类威胁源,分析各类威胁源,并采取相应的措施,找出可能引发威胁的种种诱因,将产生威胁的土壤予以一并铲除。

(4)即时补救,化威胁为安全。一个企业不论其威胁的预防措施如何完备,威胁的产生仍然是不可避免的。产生威胁之后,重要的是即时采取措施予以补救,以化威胁为安全。由于威胁的突发性特征,管理者必须在威胁真正爆发之前,备好各种应急的方案。如此,一旦威胁出现,对企业形成了负面的影响,企业才能迅速地做出反应进行及时补救。将威胁的负面影响降至最低限度。

(5)分清原因,对症下药。上文有述,营销威胁内含环境、战略、市场、策略和运作五大要素,威胁源亦有不同种类的划分,威胁的特征、性质等于差别。因此,威胁一旦产生,辨清威胁的种类、性质和特征,找出威胁产生的原因便至关重要。它为企业采取措施,对症下药提供依据,如果分不清楚威胁产生的真正原因,威胁的化解就可能缺乏针对性,威胁得不到及时的解除,企业就可能因此而蒙受重创。

10.3.5 营销威胁预警管理

(1)建立营销威胁预警指标体系。为保证企业的营销安全,预防营销威胁的产生和蔓延,企业必须建立一套科学的营销威胁预警指标体系,预警指标体系的内容必须涉及企业内外营销活动的全过程,包括需求探测,产品的开发、产品的生产、销售及售后服务等全过程。

(2)建立营销威胁监控系统。为防止威胁的产生,企业必须建立营销监控系统,及时地收集相关信息并加以自动处理和分析,全面准确地预测各种威胁,捕捉威胁发生的征兆,尽可能在威胁爆发之前消除威胁,保证企业的营销安全。

(3)即时威胁报警。在营销安全管理体系中,威胁报警系统的建立是非常关键的内容。威胁的预防措施固然重要,但再完备的威胁预防也不能避免威胁的出现。威胁一旦产生,麻木与无视,可能给企业带来灾难性的后果。因此,建立营销威胁报警系统,即时反映各种威胁,提升企业对威胁的敏捷反应能力便非常必要。

(4)制订科学警策。警策就是警情对策。在营销威胁的预警三维模型中,警指、警源、警兆和警度的建立与分析,都是为最终形成企业应对警情的警策而服务的。警策实际就是根据营销威胁多变性、突发性的特点而预先准备的多种威胁应付方案,一旦威胁出现或者发生变动,企业便可选择相应的对策加以及时处理,以确保企业的营销活动能顺利开展,营销目标能顺利实现。

10.4 企业营销危机预警管理措施

如果企业的营销威胁失去控制,营销风险就会进一步演化为营销危机。营销危机是指威胁发展到紧急状态,严重干扰、打乱了企业的生产经营,影响营销系统的安全,使营销系统处于崩溃的边缘。营销危机是威胁发展的高级阶段,既包含着威胁同时也蕴藏着转机,只有加强对企业营销危机的控制与管理,才能消除威胁，显露转机，甚至出现新的企业发展腾飞机会，使企业转危为安，走上健康的持续发展之路。

10.4.1 营销危机的识别

10.4.1.1 识别内容

危机是没有得到妥当控制的威胁发展而来的，与企业营销威胁一样，营销危机也由环境危机、市场危机、战略危机、策略危机、运作危机五大部分组成。

环境危机。企业作为一个经营组织或社会细胞，它不是在一个真空内生存，总是在一定的外界环境条件下开展市场营销活动。这些外界条件是不断变化的，一方面，它给企业带来新的市场机会；另一方面它又给企业带来某种威胁、危机。

市场危机。市场的变化是瞬息万变的，竞争者的斗争也是处心积虑的，种种原因，导致企业的市场危机。20世纪70年代长虹彩电两次降价，让彩电业的其他弱小企业感到了生存的危机，也促使一些企业如TCL进入新的领域，如手机、电脑领域；"价格屠夫"格兰仕，连续多次降价，将LG、惠尔浦等跨国企业的微波炉业务打得一败涂地，占领了全球30%的市场份额，让跨国企业也感到了市场的危机。

战略危机。因为战略定位不准确，与企业自身资源能力不能匹配，制订的企业战略不能实施，或在战略计划、战略目标、战略分析、战略实施过程中，不能严格按照战略意图进行，发生战略偏差，或因为环境巨变而企业战略不进行调整导致的危机，我们称之为战略危机。例如，长虹集团的"独生子"战略，在彩电行业处于高速成长期时，这种战略指导思想是成功而有效的，但当彩电行业进入稳定成熟期后，如果继续"独生子"战略，则会影响到企业的发展损害股东利益。

策略危机。科特勒经典营销理论中将产品、价格、渠道、促销归纳为"4p"策略，后来随着品牌号召力作用的日益凸现，品牌策略也广泛被运用。策略危机包括产品单一引起的危机，促销过度导致的危机、渠道选择上带来的危机。

运作危机。企业营销目标的实施需要企业组织机构、人力、财力资源、信息的支持保证，如果任一方面在运作过程中不顺，则将导致运作危机。如企业促销活动计划被竞争对手得知，提前予以打击，使企业促销活动夭折，促销现场发生骚乱，无法维持正常秩序引发的运作危机。

10.4.1.2 识别方法

企业营销危机的存在使企业处于高度危险的境地，因此危机的预防就显得十分必要和重要。及时识别企业的营销危机，才能将危机扼杀在摇篮中，为危机的处理、控制提供充裕的时间。危机识别的方法，主要有如下四种方法。

事故法。就如企业生产一样，如果在生产过程中某一个环节或某一个工序经常出现事故，则说明这个环节中存在着必然的隐患，就要警惕危机的爆发。

流量法。按作者的观点，企业营销要做好产品流、现金流、信息流的规划、管理监测，如果企业的某一种"流"发生显著的衰减、骤变，则要警惕营销危机的存在。

秩序法。处于良好状态的企业应该是井然有序的，但如果某一时期其正常的经营秩序被破坏，企业处于慌乱应付各种无序状况的时候，则应意识到危机的存在。

趋势法。如果企业连续亏损，没有内部留存，银行中止融资，营销环境恶化，营销努力不见成效，营销结果持续不理想，则也应警惕营销危机的出现。

10.4.2 营销危机分析

由于种种原因，企业营销威胁演变成为营销危机，会严重干扰到企业正常的营销活动、营销体系，需要对危机进行分析，为应付危机做准备。

（1）危机领域分析。正如上面所述，企业营销危机包括环境危机、市场危机、战略危机、策略危机、运作危机五大领域，企业必须对认知到的危机进行分析，找到危机存在与哪一领域或哪几个领域，是单一领域的危机还是全面领域的危机。若仅是单一领域存在的危机，则仅对企业相应领域进行调整，若是全面性危机，则企业就需要进行"彻底的治疗"。

（2）危机源头分析。危机源头分析就是要找出危机产生的根源，以采用相应的对策。根据危机产生的根源，找到危机隐患，为今后杜绝类似危机做准备。

（3）危机性质定性。危机性质分析就是要找出发生的危机具有何种性质，其危害程度如何。如以危机发生范围为标准，危机可分为全面性危机和局部危机；按对企业营销企业系统的危害程度可分为致命性危机和一般性危机；按危机进一步恶化的可能，可分为恶性危机和良性危机，按某种危机在企业界发生的频度，可分为常见性危机和偶发性危机。

（4）危机特征分析。危机特征分析就是要找出已经认知到的危机具有什么样的特征，如是否具有高度的连锁反应特征。对于危机特征的分析一定要具体问题具体分析。

（5）危机起因分析。危机起因是可能引起危机的各种要素，如产品销售危机的起因是社会购买力萎缩，竞争对手大幅降价，本企业产品质量下降等。对危机起因的分析有助于判断危机爆发的可能。

（6）危机趋势分析。危机趋势分析就是要研究危机发展的动态，继续发展的可能。把握了危机发展的趋势，有助于企业提前准备布置下一步的应对措施。

（7）危机影响分析。危机影响分析就是要研究危机发生会对企业带来的哪些严重后果，怎样才能尽可能地减少危机带来的不良影响，以维护企业形象。

10.4.3 营销危机监测

营销危机监测就是通过对危机先兆和起因的严密观察，并对所获得信息进行处理后，应用预测技术对危机发生的可能性及其危害程度的估计。如在营销管理中对各种流量的监测，对竞争对手动向的监测，对债务、应收款项、资金运用状况的监测等。

危机监测是对可能引起危机的各种要素、征兆进行不断的跟踪观察。营销危机监测的目的是为了预测和尽量避免危机的发生，或者提前发出警报，使企业提早做好应对危机的准备，以尽量减少相应的损失，因此营销监测的对象应该是危机征兆、危机现象、危机起因，而不是危机本身。

危机征兆。危机征兆是危机爆发前出现的与危机爆发有紧密联系的一些迹象。每项危机一般都有多种征兆，如产品滞销前可能令发生产品不满意投诉增多，销售额较前期持续减少等征兆。危机征兆是危机潜伏的表现，是危机的孕育。

危机现象。危机现象是指危机爆发初期出现的现象。危机初期现象的发现说明了危机正在来临。对危机现象的监测能使企业及时发现危机，做出应变，以减少危机带来的损失。

危机起因。危机起因是可能引起危机的各种要素，如企业产品销售危机的起因是社会购买力萎缩，竞争对手大幅度降价，本企业产品质量下降等。对危机起因的监测有助于判断危机爆发的可能性及危害度。

10.4.4 营销危机评价

危机评价是指通过对危机的监测，对危机的危害程度及爆发的可能性做出估计。危机评价的方法较多，通常采用双因素法对危机进行评价。双因素法评价危机的指标是危险系数，它是危机危害度和危机发生概率的乘积。危害度是对危机爆发后危害程度的估计，而危机发生概率是对危机爆发可能性的估计。

危害度的求取。危害度是对危机危害程度的定量衡量，通常将危机带来的各种损失打分，通过计算加权平均值获得，如计算公式如下

$$危害度 H = \frac{1}{n} \cdot \sum_{i=1}^{n} C_i \cdot H_i$$

式中，H——危害度；Hi——第 i 个损失的分数；Ci——第 i 个项目的权数。

危机发生概率的求取。危机发生概率是对危机爆发可能性的度量，常用统计分析法和主观概率法求取。

危险系数的获得。危险系数 = 危害度 H× 危机发生概率 P。

危害度与危机发生概率有四种组合，如图 10-1 所示。

营销危机监测之后则要对营销危机的危险程度进行测试。通常将企业营销危机分为轻、很轻、较重、重、很重五个等级。一般多采用财务报表分析法来测试危机的危险程度，如运用年度结算表，年度收益表，资产负债表来了解企业营销状况。

单纯从财务角度来测试危机，通过财务数据来判断危机的危险度是不够全面准确的，应该建立企业危险度数据库，从企业营销的方方面面来综合测试企业的危机危险度。

10.4.5 危机预控

危机一旦爆发，重大损失就在所难免，所以对危机的控制不能只靠反馈和现场控制。危机预控是在危机监测，危机危害度测试基础上对可能引发危机的各种因素进行控制，以达到防止危机爆发的目的。它直接关系到能否有效地避免危机，是危机管理的重点。危机的预控关键是在企业领导的认识，员工对待危机的态度。企业领导应该对危机的预控高度重视，要有"责任重于泰山"的觉悟，自觉培养危机意识，能做到居安思危，在正常时期就建立起相应的危机认知危机监测体系。员工应以主人翁精神对企业负责，提高敏感性，从自身岗位做起，查找危机隐患。

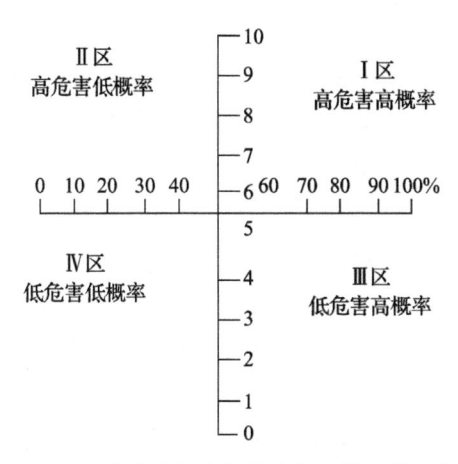

图 10-1 危害度与危机发生概率的四种组合

（1）危机预控的方式。危机控制的主要方式是预先控制，亦称前馈控制，是指根据危机监测的结果，对各种可能引起危机的因素在危机爆发前加以控制，预防危机爆发，体现了危机管理的预防性。危机预控有两种形式，一种是经常性的危机预控与日常管理相结合，是危机预控的主体，不表现出应急性；另一种是危机警报已经发出而危机尚未爆发这一紧急状态中进行的危机预控，明显体现出危机管理的应急性。

（2）危机预控计划。为了系统地、有秩序地做好危机预控工作，必须制订危机预控计划。对策表就是一种制订危机预控计划的方法。它是通过危机监测，找到可能引发危机的主要因素以后，把具体对策编制成计划表。表 10-1 是某企业的生产安全危机对策表，于此以供借鉴。

表 10-1 生产安全危机对策表

内容	目的	措施	负责人	进度	备注
加强安全检查	改变"有章不循，违章不究"情况	1. 全年进行五大类 23 种安全检查 2. 加强现场安全检查、实行二、二、八安全检查制 3. 加强安全值日 4. 做好大检修安全工作 5. 狠抓事故"三不放过" 6. 狠抓未遂事故	×× ×× ×× ×× ×× ××	全年 全年 全年 八月 全年 全年	
加强安全宣传教育	加强"安全第一"思想	1. 做好新进厂工作人员安全教育、考核 2. 实行工伤复工再教育 3. 实行"违章作业通知单" 4. 举办反违章典型事故展览 5. 每天早上五分钟安全生产天天讲 6. 组织观看安全电影四次 7. 增加全厂安全宣传牌 8. 访问本厂剧毒产品（液氯）用户	×× ××	全年 本年 上半年 全年 上半年 全年 全年 全年	

（3）营销危机预控组织。建立组织是搞好危机预控的有力保证。例如，企业应建立营销危机预控中心，由营销副总担任预控中心主任，统一负责，财务、销售部设专职危机预控人员，各地、市营销分公司，成立以分公司经理为责任人的危机预控小组，负责本地的营销危机监测。

（4）危机预控制度。企业应建立、健全营销危机的预控制度，做到有法可依，有章可循是危机预控的前提，不能以为危机监控系统建立了，危机监控工作安排了，就"万事大吉"，各项法规制度是危机预控的基本依据，预控危机，不但要求企业对可能诱发危机的薄弱环节直接进行预控，更要要求企业所有员工群策群力。无论是直接实施，还是群策群力做好危机预控，都需要一定的规范，告诉人们应该怎样做，以及做到什么标准，这就是法规制度的任务。

10.4.6 营销危机处理

危机处理指的是在危机爆发后，为减少危机的危害，按照危机处理计划对危机采取直接的处理措施。危机处理的效果决定了危机对企业造成危害的大小，甚至企业能否转危为安。

（1）找出危机。前面在危机分析中已经指出，企业发生的危机可能是恶性危机，也可能是良性危机；可能是局部危机，也可能是全面危机；可能是企业内部的可控危机，也可能是发生在企业外部的不可控危机。在识别和找出主要危机的基础上，危机处理就可以做到集中力量，有的放矢，事半功倍。

（2）隔离危机。危机往往首先在某个局部领域发生。危机一旦发生则应像防止传染病蔓延一样，将危机控制在最小范围内，以避免扩大危机后果，产生多米诺骨牌一样的效应。危机隔离就是切断危机蔓延到企业其他领域的各种可能途径。隔离危机可从人工隔离、事故隔离两方面着手。人工隔离就是抽调专门人员，组成危机处理小组，处理危机事件，其余人员坚持正常工作；事故隔离则是对危机本身隔离。

（3）控制危机。危机一旦爆发，越早察觉，迅速采取有力措施，越有利于将危机带来的影响降低到最低。危机控制就是要在隔离危机的基础上，迅速采取措施，使其不继续发展，形成严重影响。对于不同性质的危机，不同种类的危机，要根据具体情况，采取相应措施。

（4）排除危机。危机爆发后要以必胜的信心，激昂的态度来面对危机，冷静分析危机的起因，分析政治、经济、文化、技术、自然环境，对企业目前所处形势冷静客观判断，运用各种资源来排除危机。日本××汽车公司在1950年负债累累，几近破产，但其新上任社长坚持不懈，解决了生产资金，××汽车又起死回生。

（5）消除危机后果。在危机处理中，企业采取措施消除危机所造成的消极后果也是一项重要工作。危机后果的消除不仅是处理物质后果、人身后果、心理后果，更重要的是维护企业形象，使企业声誉损失降低到最低点。企业的良好形象离不开公众支持，必须把公众利益放在首位，以实际行动维护公众利益，才能赢得群众的信任。同时善待被害者，争取新闻界的理解与合作，以尽可能避免对企业的恶意炒作。

10.4.7 危机总结与免疫

营销危机发生后，企业多少会受到伤害，如何做好恢复工作使企业营销活动和组织运作秩序重新回到正常状态至关重要。在此阶段企业应积极总结经验教训，并做出相应的改进，以增强企业营销组织对营销危机的免疫功能，预防与规避营销危机的再次发生。

首先应再次深入调查营销危机发生的原因是企业内部营销管理失误的原因，还是企业无法控制的外在环境因素。除此之外，企业还要参考媒体的意见，了解他们对危机处理方式的看法，毕竟危机是他们报道的并对公众的意见具有决定性影响。因此必须和相关媒体经常接触，了解他们是怎么看待这一事件，这样做会使企业大有益处。

危机具有连续性。企业在营销危机发生后，就像人大病初愈一样，体质最为虚弱，一旦处理不当，下一个营销危机马上就会出现。因此，企业在营销危机后总结检讨时，因为内部员工不易看清真相，为避免发生恩怨，最好请外部专家，能保证客观的分析。

要做好营销危机预警管理，平时营销主管的领导风格也是决定性因素之一。营销主管在平时应多体恤员工，等到营销危机来临时，才会上下一心同舟共济。然而很多营销主管常因无法控制自己情绪，在营销危机来临时就对下属怒骂，反而于事无补，使危机扩大。

平时协调好上下人员关系。营销人员是顾客和企业之间的桥梁，只有营销人员有信心，才能安抚顾客的心。能安度危机的企业，都有受员工爱戴的领导者，如果平时有积怨，那么当危机来临时，大家树倒猢狲散，甚至为竞争对手所利用，企业怎么能度过营销危机？

加强企业之间的经验交流。危机发生时若妥善处理将取得正面效果，反而是一件值得骄傲的事情。因此，企业应该乐于与其他企业共享，通过经验交流，一方面防止类似事件再发生，另一方面可从别的企业学到有用经验，从而使企业在危机处理上更加成熟。

10.5 企业营销事故预警管理措施

研究企业营销安全，必须研究企业营销事故，只有企业的营销事故得到及时的预见，正确的防范和处理，企业营销才可能处于安全状态，无事故的营销才是安全的营销，才是科学的营销。

10.5.1 营销事故的等级界定

要对营销事故进行科学管理，必须进行等级界定，不同的事故等级，管理方法和措施是不同的。

损失是界定营销事故大小的唯一依据。这种损失不仅包括直接损失、还包括间接损失、显在损失和潜在损失。从实证研究看，营销事故的损失主要有三个指标。

经济指标，指营销事故所造成的直接和间接经济损失，损失大即为大事故，损失小即为小事故。

形象指标，指营销事故对企业形象的直接和间接损害程度。损害大即为大事故，损害小即为小事故。

市场指标，指营销事故造成的企业市场损失程度，损失大即为大事故，损失小即为小事故。

根据营销事故对企业营销的危害程度，我们可以将营销事故分为三个等级。

一级营销事故，又称特大营销事故。其损失特别巨大，超过了企业的能力，造成营销系统瘫痪甚至完全崩溃。

二级营销事故，又称重大营销事故。其损失巨大，但尚未超过企业承受能力，营销虽然遭到创伤，但还不至于瘫痪，仍能继续运动。只是营销流运动阻力增大，流量减少，流速减慢，或者给未来营销增加了巨大难度，形成潜在损失。

三级营销事故，又称一般营销事故。造成了一定营销损失给营销工作增加了难度，但仅是局部损失，危害不大，不影响全面营销工作的正常开展。

10.5.2 营销事故的损失指数

营销事故的损失指数，我们可以用下面的公式来予以计算

$$Mt = Eq_e + Iq_i + Mq_m$$

式中，M代表营销事故损失指数，E代表经济损失程度，q_e代表经济损失在总损失中的权重，I代表形象损失程度，q_i代表形象损失在总损失中所占的权重，M代表市场损失程度，q_m代表市场损失在总损失中的权重。整个公式表示，营销事故的总损失程度等于经济损失，形象损失和市场损失分别乘以各自的权重之和。

在实际营销安全管理中，E、I和M的数值，可以通过相应的方法求得，E可通过财务分析法直接算出，I和M可用无形资产的计算法加以确定。而q_i、q_e、q_m的数值，则可以通过调查法和专家意见法结合常定刺激数值分配法获得。如果我们用事故等级作为事故损失程度的标准分数，即特大事故损失指数为3，重大事故损失指数为2，一般事故损失指数为1。又假如一次营销事故造成的E、I、M三大损失分为3、2、1，三大损失在本企业中所占的权重分别为0.7、0.2、0.1，那么通过上述公式可得

$$Mt = 3 \times 0.7 + 2 \times 0.2 + 1 \times 0.1 = 2.6$$

按营销事故等级划分，该事故属特大营销事故。

10.5.3 营销事故的管理

要获得营销安全，必须加强对营销事故的管理。

（1）编制营销事故分类管理表。根据企业产品和市场特点，以三大营销事故分类为基础，建立本企业的营销事故分类管理表。本书所提及是营销事故的大类，在每个大类下面，不同的企业可以分出不同的小类，在小类下面还可以确定出具体的可能事故。对每一可能事故应明确相应的责任主体、管理主体及主要的处理措施。营销事故分类管理表不仅是营销事故的预防工具，也是营销事故的管理工具，可以有效地防止营销事故发生，或使营销事故损失降到最低程度。

（2）建立营销事故管理制度。只有形成企业统一的营销事故管理制度，才可能把营销事故管理纳入日常管理行为中。在传统营销中，企业都把出现的营销事故当成偶然事件来处理，因此都没有专门的营销事故管理制度。但现代企业竞争越来越激烈。企业在市场中立脚也越来越难，一个小小的营销失误，在过去可能不会引发营销事故，而现在完全可能引发重大营销事故，甚至特大营销事故。所以，现代企业的营销事故管理也像生产事故管理一样，进入了日常管理范畴，只有把各种事故隐患扼杀在摇篮之中，才可能避免营销事故的发生。

（3）定期的事故预测和安全审计。以营销事故分类管理表为基础，定期对可能发生的营销事故进行预测，定期对营销安全状况进行全面审计，使营销事故管理做到以防为主。处理营销事故的最佳方法就是防止发生营销事故。处理机构由于营销事故发生具有偶然性，所以一般企业都没有专门的营销事故处理机构。因此，营销事故一旦发生，必须迅速成立以公司主要负责人牵头的事故处理委员会，吸取相关人员参加，做到机构健全，人员到位，责任到位。

如果没有组织保证，营销事故很难得到及时、正确的处理。处理机构在对事故进行分析后，必须迅速采取处理措施。处理措施一般分为四大部分：应急性措施，是在事故发生后立即采取的临时性措施，主要目的是防止事故的进一步扩大。补救性措施，对已造成的负面影响或损失进行及时补救，主要目的是减少负面影响或损失的程度。解决性措施，是针对事故本身的具体的解决办法，其目的是要解决事故本身的问题，使事故本身得到处理。善后性措施，是对事故产生的后遗症进行处理，其目的是消除事故带来的后继影响和可能的潜在危害，使事故得到圆满解决。

10.6 企业营销失败预警管理措施

10.6.1 认知营销失败管理

营销失败是所有企业都在力图避免但往往又不得不面对的一个窘境，无论是小型的地方企业还是大型的国有公司，甚至是超级跨国公司的营销失败案例都是不胜枚举。虽然表面看来，失败原因各异，但最终莫不表现为产品滞销，市场占有率降低乃至整个品牌退出市场这些营销失败现象。这里我们将营销失败定义为由于营销危机引发营销活动的崩溃，破坏了企业的可持续营销状态并且产生了不可逆转的损失。

在企业营销安全曲线上，营销失败处于末端，是营销风险背离企业发展目标的终极阶段。从概念可以看出，营销失败不同于营销风险与营销危机，它具有损失的现实性及可衡量性等特征。而营销失败管理就是为了减少营销失败带来的损失、控制其波及范围，并力图挽回不良影响而采取的计划、控制与修复等管理活动。

10.6.2 营销失败的管理目标

任何企业面临营销失败，都必须进行管理，否则可能引发企业全面危机，导致企业的溃败。而从营销失败管理的概念可以看出它应该包含如下几个目标。

（1）减少营销失败带来的损失。从营销失败的概念来看，任何一个营销失败都要给企业带来损失，这里的损失不仅有经济方面的，如销售额的降低，呆账、烂账的增加，还包括市场方面的，如渠道的混乱，市场占有率的降低，更包括营销失败在企业内外造成的心理负面影响，如组织凝聚力的降低，消费者心理成本的增加。而且营销失败发生后企业反应时间越长，影响范围就越广，进行修复管理的难度也越大，故营销失败管理必须以减少营销失败带来的损失为首要目标。

（2）控制营销失败范围。防止企业全面危机营销失败发生后，企业在力求减少损失的前提下，应当控制营销失败波及的范围，尽量将后果控制在营销领域而不至于影响企业的生产、研发、人力等其他环节，因为营销失败属于企业的一种危机，如果处理不好会引发企业的全面问题，导致企业失败。

（3）挽回营销失败带来的不良影响。企业在减少损失，控制失败波及范围的前提下，还应该努力挽回因营销失败带来的其他负面影响。这里有两个典型的例子。××笔记本由于潜在质量问题对美国消费者给予补偿而置我国消费者的投诉于不顾，结果大大影响其在我国市场的影响力，遭到消费者的唾弃。而××公司在因有缺陷的820芯片组主板给社会造成负面影响后，及时采取措施补救，把产品召回并免费更换，虽然在经济上是有所损失，但得了用户的信任，产品更为畅销，给企业带来了发展市场的绝好机会。

10.6.3 营销失败的表现

由于企业的规模不同以及所处营销阶段的差异，不同的营销失败具有不同的表现，但归纳起来，大致有如下几种表现形式。

（1）损失不可避免。从定义知道营销失败必然带来一定的损失，只是对不同的企业表现出来的效果可能有所差别，一个新产品的开发失误对跨国巨头企业也许问题不大，但对中小企业来说则肯定是致命打击。一个广告策略的失误在小企业可能只是几万元的事情，而对大企业来说，则不仅可能上亿元资金的白白流失，更重要的是影响到该品牌在消费者心目中的地位。所以营销失败的损失无可避免，只是形式各异。

（2）营销系统已经被打破。有些营销失败是因为准备不足而发生于营销的开始阶段，但更多的是由于营销管理出现问题而发生在营销中段，所以营销失败必然打破原有的营销系统，破坏了企业的可持续营销状态。

（3）营销活动无法开展。轻度的营销失败打破营销系统、造成损失，严重的营销失败则可能导致企业营销活动的中止，这种情况更多是因为企业营销失败初露端倪时没有得到解决而形成的。

10.6.4 营销失败的原因分析方法

营销失败既然已经形成，负面影响也成为现实，所以研究营销失败的方法往往是从结果推原因，进而找出解决的办法，通常采用的分析方法有因果图、排列图与关联图等。

（1）因果图分析法。因果图分析法又称为特性因素图。因为形状像树枝或鱼刺，所以又称为树枝图或鱼刺图。因果图分析是分析各种营销失败产生原因的统计表法。它是从营销失败这个结果出发，分析原因，寻根究底，找出是哪些大原因造成了营销失败，再找影响大原因的中原因，影响中原因的小原因，直至追到具体的根源，可以采取措施为止，如图10-2所示。

图10-2 因果图分析

（2）排列图又叫主次因素图、巴雷特图，是帮助找出造成营销失败主要因素的统计图表法。通常导致营销失败的因素有很多，但关键的因素往往只有少数几个，从图表中找到关键的少数因素，就可以集中力量解决，提供对营销失败进行管理的捷径。排列图由两个纵坐标、一个横坐标、几个直方图、一条曲线构成，如图10-3所示。

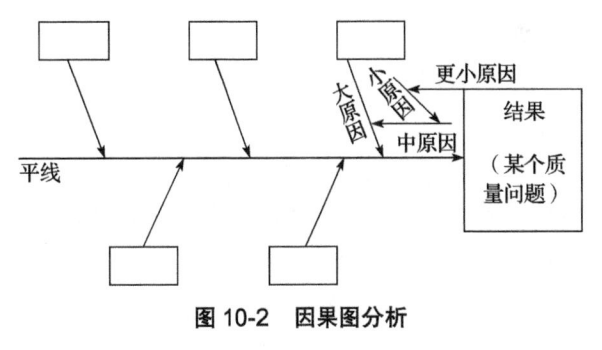

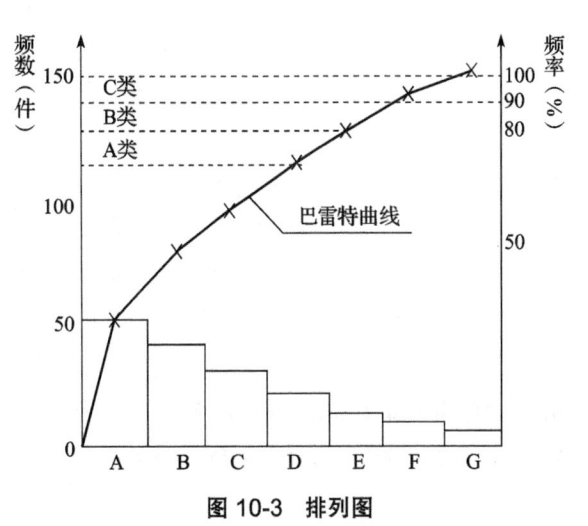

图10-3 排列图

左边的纵坐标表示频数营销失败带来的损失,右边坐标表示频率,即在导致营销失败的因素中,该原因所占的比率,横坐标表示影响营销失败的因素,按其影响程度的大小从左到右排列,直方图高度表示某个因素影响的大小。曲线表示因素大小的累积百分数,称作巴雷特曲线。通常将累计百分数分成三类:累计百分数 0 ~ 80% 之间的因素为 A 类因素,是关键因素;80% ~ 90% 之间的因素为 B 类因素,是次要因素;90% ~ 100% 之间的为 C 类因素,是一般因素。A 类往往是少数,企业应集中力量采取措施解决,营销失败的负面影响就可以大大减少,如 ×× 集团的衰败,表面看来有很多原因,如楼层的不断增高,各大"战役"的失败,营销资金不能及时回笼,但主要还是因为 ×× 的盲目多元化分散了企业的实力。

(3)关联图法。营销失败往往涉及多方面的复杂因素,而这些因素之间也有各种千丝万缕的关系。为了揭示事物的本质联系,在逻辑上把营销失败各因素之间的原因—结果、手段—目的的关系用箭头连接起来,暴露和展开各个侧面,最终从综合角度来处理问题。运用关联图可以抓住问题的实质,找到营销失败的根本原因。

因果图适于分析较简单的问题,关联图则适于分析复杂的问题。关联图的类型有四种,即中央集中型、单向集约型、关系表示型和应用型,这里仅提供单向集约型以做参考。单向集约型关联图把营销失败置于图的左侧,各因素按因果关系尽可能地由左向右排列,如图 10-4 所示。

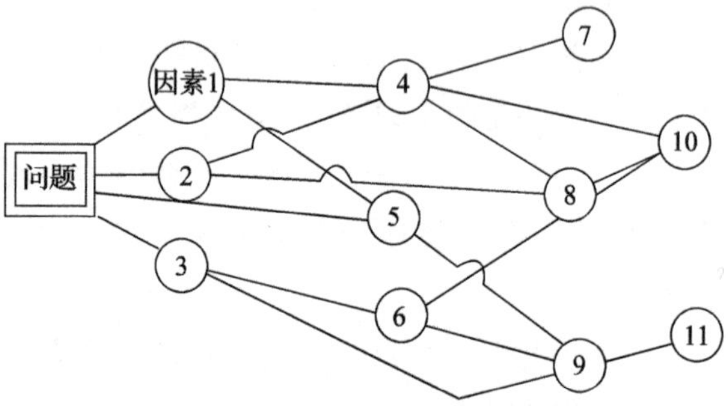

图 10-4 单向集约型关联图

10.6.5 营销失败过程管理

进行营销失败管理其实就是前面所说的各种目标的落实过程,一般说来,为了实现上述目标,营销失败管理应当遵循如下管理程序。

(1)隔离营销失败涉及的领域。对企业来说,营销失败就像人体的疾病,如果不能得到及时控制,即使是看上去微不足道的小病菌以击垮一个庞然大物。面临营销失败,企业第一反应应该是隔离营销失败的领域,控制营销病菌的传播,不致因为局部失败导致企业的全面失败。

(2)控制营销失败带来的损失。前面已经说过,任何一个营销失败都会带来多方面的损失,包括销售额的减少,市场占有率的下降,顾客满意度的降低,利益相关者的失望等各个方面,所以企业在控制营销失败不扩散的前提下,应该尽量减少营销失败带来的损失,尤其是在无形方面的损失,因为比较起来,在人们心理方面造成的负面影响损失更大,也更难修复。

(3)分析营销失败的原因,找出避免方法。对任何一个企业来说,控制了失败的范围,减少其带来的损失,并不是企业的目的。找出诱发营销失败的原因,为以后的发展找出避免方法才是其目的所在。吃一堑,长一智,经历营销失败也是企业的一种财富,关键是从失败中吸取教训,为以后的顺利发展打下基础。

(4)采取措施,变失败为机会,争取新的成功。对于一些有远见的企业,面临营销失败他们不仅要找出避免方法,还要在失败中寻求机会,争取获得新的成功。失败是成功之母,营销失败的背后经常也孕育一定的机会,如果企业能很好把握,也许会取得更好的发展。

10.6.6 营销失败的修复管理

(1)修复管理的内容。从营销失败管理的概念可以看出,修复管理是为了挽回营销失败而给企业带来的各种负面影响,所以修复管理的内容就应该包括所有的负面影响,一般说来,有体系修复、市场修复、形象修复、心理修复等。体系修复。既然营销失败会造成营销体系的破裂,甚至是营销活动的中止，而营销体系如营销渠道、营销组织是企业营销活动的基本条件，所以修复管理必然从体系修复入手，只有使营销体系步入正轨，其他修复活动才有可能进行。市场修复。营销失败带来的损失中最明显的表现就是销售额的减少、市场占有率的降低、顾客流失率的增高这些市场因素，所以企业在修复营销体系后的目标就是如何采取正确的措施让这些市场因素重新达到满意水平。形象修复。任何企业在消费者心目中都有一个整体定位，即企业的品牌形象，营销失败往往会破坏企业在消费者心目中的这一形象，进而影响他们对企业产品的消费欲望。心理修复。营销失败的损失中最难以评估的当数在人们心理上造成的负面影响，但这一影响却是深远的、长期的，也是最难修复的。但是在消费者至上的时代，顾客满意成为企业经营的宗旨，所以营销失败发生后，企业必须进行人们的心理修复，包括顾客、组织成员、股东等利益相关者与社会公众的心理修复。只有心理修复成功了，企业才算摆脱了该次营销失败的负面影响。

（2）修复管理支持系统。对营销失败修复，必然需要大量的人力、物力，有时甚至需要调整企业的营销战略，所以进行营销修复必须以管理支持、物质支持与系统支持为基础。管理支持。营销失败是企业发展过程中的障碍，说明企业原有的管理思维可能存在一定的问题，要想在以后发展中避免该类营销失败的再次出现，企业高层领导必须反思现有管理制度是否合理，而且每一次的失败必然涉及责任的承担，如果没有高层的管理支持，出现基层人员权责失衡必然会打击企业的组织凝聚力，影响企业的进一步发展。物质支持。对营销失败进行修复如产品召回、善后公关都需要企业付出很多的经济成本。系统支持。有时候营销失败的原因并不是营销领域，而可能是由于生产质量的不足或根本就是设计存在问题，有时候问题可能还来自外部，如消费者消费倾向的改变，这就要求企业尽快生产出适应需求的产品，对于因为自然灾害或政府法令等企业无法控制的力量带来的营销失败更需整个组织共同努力，所以对营销失败修复要求整个企业系统提供支持。

（3）修复管理的策略。不同原因造成的营销失败可以采取不同的策略进行修复，但无论采取什么策略都要求快速、有效地使业务过程和利益相关者受益。IPC修复方法是一种行之有效的方法。IPC方法产生效果的前提是建立一系列计划以保证修复是面向利益相关者的（包括政府、客户、股东、受害人及公众）。其目标是使人们通过主动参与计划、信息交流、核心业务的复原及组织或团队基础设施的恢复，从而参与修复的整个程序，这就将有形的、实体的与心理的及无形的（包括人力、参与性和连续性）结合起来了。

计划（Planing）：要具有策略性，充分考虑可能存在的风险，明确计划的次序，在考虑组织需要的同时更要关注社会反应，同时预测计划可能产生的后果，信息则是其核心要素。

信息（Information）：来自受害人并且将其限制在一定的范围内，要及时发布信息，让社会了解企业的解决策略，并重视如下几个方面信息——现在正在做什么，这些行动怎样适应大局（全盘计划），获得这些信息的人可以做什么，近期可能发生什么事。同时要在加强内部信息沟通，保持团队言行的一致性。

核心（Core）：指维持组织运作最必要的活动。修复活动可以分成简单的三组行为——核心、支持和延伸活动。只有核心作业得到完全保障，支持活动才能重新开始。

人（People）：修复管理最基本的要素。涉及受害人、修复人员及社会公众，是修复活动的操作者与受益者，决定修复管理的效果。

整合（Involvement）：修复管理的紧迫性与压力，使信息交流与决策制定趋向于集中化，并且局限在管理层内部，同时会把更多手段融合进来以防止损失的扩大。

持续性（Continued）：应该使人感觉一切正常和持续，企业需求的是长期发展，因而要及时制订计划保证核心流程的继续，获得内外人士的支持。

11. 企业营销策略安全研究

11.1 企业营销策略安全问题的提出

11.1.1 理论背景

马克思经济学为企业营销安全策略研究提供了理论基础。

马克思在《资本论》第一卷中，提出了他著名的"惊险一跃"理论。"惊险一跃"即是指商品价值从商品体转到金体上，是一次"惊险的跳跃"。如果这一跃不成功，"摔坏的不是商品，而是商品所有者"。马克思所言的"惊险的跳跃"，站在企业经济的角度看，就是一个企业营销问题。商品价值从商品体向金体的"跳跃"，就是产品从企业到市场的营销过程，"跳跃"过程中的"惊险"，就是营销风险、营销威胁。要完成马克思所言的"惊险的跳跃"，必须控制市场营销过程中的风险、威胁，使它不至演化成营销危机和营销失败。营销过程中的风险和威胁等"惊险"因素究竟是什么？从营销研究看，它主要就是营销环境风险、营销战略风险、营销策略风险和营销运行风险。而在这些风险中，策略风险是营销的主要风险，因为策略是构成营销的核心内容。因此预测这些策略的"惊险"因素？又如何预防这些策略"惊险"因素把"商品所有者摔坏"？这就提出了一个企业营销安全策略安全研究的课题。

营销安全研究，提出了策略研究的课题。营销安全研究已经成为营销学研究的一个领域，在中国、韩国的理论界和企业界都正在兴起研究的热潮，作为营销核心内容的营销策略安全自然成了营销安全研究的重要内容。

11.1.2 现实背景——韩国企业、中国企业的营销策略危机

20世纪70年代中后期，韩国政府对企业的扶持调整了方向，从一般性地扶持出口企业，到有针对性地扶持大企业集团，特别是重化工、汽车制造业。韩国对外经济政策研究院院长将这种政策归纳为"政府挑选市场优胜者进行扶持"。韩国政府的这种措施极大地推动了外向型经济的发展，也催生了像现代、大宇这样一批大企业。但由于大企业从银行获得贷款很容易，融资成本相对低廉，大财团就盲目地向银行贷款增加负债以扩张规模，由此埋下了金融危机的隐患。

1997年亚洲金融危机爆发后，资金链的断裂和汇率的快速下跌给企业经营造成严重影响，再加上韩国大企业的许多投资项目盈利能力本来就很低，银行体系由此出现大量坏账。韩国经济陷入了一场严峻的风暴危机过后，韩国政府在对企业部门改革的同时，也对金融机构进行了改革。

韩国政府放弃了以往干预经济的做法，而韩国企业似乎还不能适应形势的变化。韩国统计厅的统计报告显示，当年韩国工矿业生产指数、批发零售、设备投资均呈负增长态势，批发零售业已跌至1998年11月以来的最低水平，设备投资跌幅则为2001年8月以来最大。

为了克服这一现象，有必要采取企业与产业的结构调整，使韩国国内的经济状况恢复到安全状况，找出并弥补营销安全漏洞。

首先，必须彻底地进行经济管理，果断地抛弃韩国政府对微观经济主体毫无用处的干涉和控制，政府应该引导各个经济主体，使它们的经济行为适合宏观经济的目标，应该在"进行彻底监督的同时调停经济主体间的利害关系"。如何调整才能使企业短期内快速摆脱经济安全问题的困扰，是韩国国内的学者研究探讨的热门话题。

其次，韩国是个单一民族的国家，同时又是深受许多外来势力的侵略和干涉之痛苦的国家。韩国过去的历史很自然地使韩国人养成对内很强的凝聚力、对外则排他的性格。所以在韩国人的思考方式里有

着对外国人、外国资本等外来势力的戒备心理。在无国界的世界化时代却造成许多问题。在世界化时代里，区别它是国际资本还是国内资本，是国内产品还是外国产品就变得无多大意义，只要能买进价廉物美的产品就是正确的消费行为。所以这样的消费行为在理论上不仅增加了消费者自己的福利，也给国内生产者增加了压力，迫使他们生产出具有很强竞争力的产品。然而韩国企业没有在第一时间意识到这种变化的发生，仍然认为进口产品对自己不构成威胁。在制订营销战略策略的时候忽视它们的存在，没有从根本上重视竞争对手，更谈不上对研究竞争对手系统的全面的研究，这是经济危机以来，韩国企业普遍存在的营销漏洞。

最后，国际条件恶化。一直作为韩国出口先锋的轻工业产品，其世界市场份额到了20世纪80年代以后逐渐被东南亚和中国的产品蚕食。进入90年代，除了半导体以外。大部分拳头产品的出口不景气，相比之下因收入水平提高带来的商旅消费却使进口增加。价格昂贵的奢侈品进口增加了，以及随着海外旅游自由化产生的"无区别"外汇浪费问题达到了严重的程度。从90年代中期开始，曾作为最能获取外汇的半导体产品价格降低了1/10。以财阀企业几种产品为主导的韩国出口结构由于其在世界市场变化面前的脆弱性，贸易收入大大恶化。

如何调整产品结构，找出更适合现在市场需要的产品，如何通过市场细分确定好目标市场，如何在短时间内使公司的产品占领市场，成为经济危机后，韩国各大企业面临的首要问题，也是营销所要解决的最关键的问题。

在中国国内也有很多由于营销策略安全引起的问题。

A公司的初次定位是彩电行业的领导者、中国彩电名牌。但在彩电成功后，并未及时调整自己的定位策略，一味地采取价格战，使企业利润一降再降。除此之外，A公司后续产品并没有跟上，而且在其他产品的营销推广上并没有引起足够的重视，错过了新产品销售的黄金时期。这使得没有其他产品来弥补彩电上的利润下降，使企业进入了困境。

B公司从2001年起就投入巨资来运作CDMA手机，但是它却没有把握住目标市场即高端市场用户群对商品价值的期望，而采取一贯的低价方针，错把GSM手机也能做出的如话音清晰、不掉线当作自己的独特之处。并且没有注意到一个现实，现在手机已不再仅仅只是通话工具，更是一种时尚，一种身份和个性的体现。因此CDMA手机的款式单一，功能不足，没有个性的体现，不会在手机种类繁多的市场上引起消费者的注意。因此，CDMA并没有达到预期的目标，而是相差甚远。

从1987年开始的短短的17年时间内，C公司不仅登上了中国家电零售业的冠军王，而且正保持着旺盛的发展势头。C公司的制胜法宝是价格。借助不断的降价，与竞争对手形成价格差距来吸引消费者，来快速扩大销量，来实现自己的快速增长。最初，在生产厂家和商家有着高额利润的时期，这种策略确实为C公司、为消费者、为厂家带来了很大的利益。然而，经过长久价格战后的厂家们现在正处于亏损和微薄利润的边缘，C公司的发展模式正在削弱其生存能力。如果期望靠无限制地对上游厂家进行价格打压来增加自己对消费者的让渡价值，终将会把家电产业带入危机之中，所以现在执行的价格策略受到所有厂家的抵制，正面临着前所未有的危机。这种不安全的价格策略制约C公司进一步发展，成为家电零售业龙头地位动摇的重要原因。

D公司延伸出百余个酒类品牌，价格主要集中在30～80元之间，看不出其在风格、个性和消费者群体上有什么差异。大量同质产品挤在相同的市场空间，由于缺乏足够的市场容量而自相残杀，既破坏品牌形象，又破坏渠道体系，还造成市场混乱。

2001年6月，E公司开始了新一轮的促销，顾客购买一台2000多元的不锈钢豪华空调赠送一只市场价2880元的高档钻表。这种促销手法会让消费者感到空调肯定质量不高，否则哪来那么多的利润来送钻表。此外也会有很大一部分消费者是专门为用低于2880元的价格来买钻表来的，这时空调反成了不值钱白送的了。这实际上贬损了 E 公司空调在消费者心目中的形象。

11.2 企业营销策略安全研究的现状

11.2.1 经济安全问题的研究

其实早在 20 世纪 70 年代的第一次石油危机后。由美国学者率先提出的经济安全课题就逐渐引起了人们的关注。然而 1997 年的亚洲金融危机才使各国彻底认识到其重要性。

11.2.2 经济预警问题的研究

经济预警包括宏观经济预警和微观经济预警。它实质上与风险预警和危机预警无本质差别，是运用经济学方法对经济风险和经济危机进行监测和预报，包括明确警源、分析警兆、预报警度几个阶段。明确警源是预警管理的前提，分析警兆是预警管理的基础，预报警度是预警管理的具体措施。

最先开始经济预警问题的研究局限于宏观经济预警，直到 1997 年，美国学者 Rose Rnotts 出版了他的《企业经济安全》一书，关于企业经济安全预警的研究才得以展开，他在书中提出了企业经济安全预警的 6 大指标系统，但是没有详细说明市场风险方面的营销指标。

经济预警思想最早是由法国经济学家福里利（Alfred Fourille）提出的，1888 年他在巴黎统计学会上发表了《社会和经济的气象研究》，运用气象预报方法来预报经济危机和风险。1917 年哈佛大学珀森斯（Warren Mileon Persons）提出把影响经济波动的指标分为先行指标、同步指标、滞后指标，并以此为基础构建经济预警体系。50 年代美国穆尔（Moore）发明了警兆信息综合分析法——扩散指数（Diffusion Index），60 年代美国希斯金提出了合成指数（Composite Index）监测预警法。90 年代 Jadish 提出了系统预警理论，建立了宏观经济预警的指标体系。这些关于经济预警的研究都集中在宏观经济预警上，而对微观经济预警未予涉及。

在中国国内，也有不少学者提出了自己的理论，顾海兵教授在《中国工农业经济预警》一书中，从工业、农业两方面分析研究中国宏观预警，建立了指标和预警体系并设计了模型预警系统。胡健颖、侯庆国在《社会总供求状态的监测，预警和调控》中确立了预警线，宏观调控所涉及的因素，要到达的目标。比较系统的研究有武汉汽车工业大学的谢范科、武汉交通科技大学佘廉的"企业预警预控系统"，他们于 1999 年出版了《企业逆境管理丛书》《企业预警管理论》《营销预警管理》等著作，开创了微观经济预警管理研究的新局面。

11.2.3 企业经营风险问题的研究

风险研究起源于 20 世纪初，1901 年美国威雷特博士出版了他的《风险与保险的经济理论》，开始对风险问题进行系统研究，1919 年美国雷特出版了《风险与不确定性》一书，提出了风险预警的概念，开始对风险预警进行研究。1921 年美国奈特出版了《风险、不确定性与利润》对风险理论做了进一步的拓展。20 世纪 50 年代以后，风险及其预警研究得到广泛重视，一批论文和著作出版，其中代表性的著作有 Williams C. Arther 出版的 *Risk Management and Insurance*，美国 Mark R.Green 和 Oscar N.Serbein 出版的 *Risk Management: Text and Cases*，George L.Headstephen Hom 出版的 *Essentials of Risemanagement*，Emmett J. Raughan 出版的 *Fandamentals of Risk and Insurance*，英国 Gordon C.A. Dickson 出版的 *Risk Management*，美国 Ron S. Dembo 和 Andrem Freeman 出版的 *Seeing Tomorrow: Rewriting the Rales of Risk*，日本武井勋出版的《风险管理》和英国学者迈克尔出版的《经营风险与危机处理》。在这些著作中对风险的形成、类型、预防和预警进行了广泛的研究，但基本未对企业的营销风险进行系统研究，一些著作提到了营销风险，但都是一笔带过。只有美国学者 James P. Forkan 的新作《营销风险》一书，开始了对营销风险的系统研究。在书中，James 对营销风险的成因、类型、表现进行了研究，提出了营销风险防范的具体措施。

中国国内的研究起源于 20 世纪 40 年代，但真正被重视还是在 20 世纪 80 年代。代表性的著作有：

1984 年中国台湾学者宋明哲出版的《风险管理》，1987 年郭仲伟出版的《风险管理与决策》，1990 年金润圭出版的《企业风险与管理》，林义出版的《风险管理》，1993 年香港保险总会出版的《风险管理》手册，1997 年王诚出版的《竞争策略与风险管理》，1998 年赵曙明出版的《国际企业风险管理》。与此同时，大量论文也见诸刊物，阮平南的《企业经营风险与预警研究》，唐晓东的《经济波动与企业预警研究》，胡晓华的《企业经营风险的成因与对策》等。

11.2.4 企业危机预警问题的研究现状

危机管理思想最早起源于企业界而不是学术界。20 世纪 80 年代，一些跨国企业在遭受外部危机性打击时该如何对付，产生了"危机公关"的概念，并以此为基础发展为危机管理和危机预警思想。

危机研究也是预警研究的主要内容，在欧美，主要有五大派别。

英国 Regester 的问题危机研究。Regester 从 1979 年开始致力于危机问题的研究，他出版的 *Risk Issues and Crisis Management* 和 *Crisis Management* 两部危机管理专著，从问题管理的角度，系统论述了危机的来源、谁会产生危机、将会产生哪些危机，如何处理危机中的媒体关系和法律关系，以及如何对付意外事件等。Regester 认为问题的忽视是危机产生的根源，加强问题的识别与管理，才是防止危机发生的关键。

澳大利亚的罗伯特·希斯（Herth R.）的危机理论研究。罗伯特·希斯在他出版的《危机管理》一书中，系统地论述了危机的概念，危机的可预见性，危机的复杂性，危机管理的范畴，危机管理与风险评估，危机影响评估，危机预警系统，危机沟通，以及危机的冲击管理。这是目前关于危机管理理论研究最为系统也最为权威的一部著作。

劳伦斯·巴顿（Laurence Barton）的组织危机研究。劳伦斯·巴顿认为加强危机预测是危机管理的关键。他所著的《组织管理危机》一书，是目前关于组织管理危机研究的权威著作，在书中系统论述了组织危机的确认，组织危机的预测，以及危机与舆论、危机与媒介、危机与员工、危机与犯罪、危机与环境、危机与天气等一系列理论问题。

日本野田武辉的危机预警研究。野田武辉创造了企业危险度的自测方法和危机预警管理的方法，形成了自己的危机预警管理理论体系，他主要从财务角度研究企业危机及其预警管理，是日本著名的危机管理专家。在《企业危机预警——中小企业倒闭的内幕探秘》一书中，野田武辉通过对五家倒闭的企业的分析研究，提出了企业倒闭的六大类型，并以此为依据，提出了危险企业常见的八种征兆。

哈佛大学的危机管理研究。哈佛大学危机管理教材——《危机管理》，作为 MBA 的核心课程，是目前危机管理最为权威的教材。书中系统研究了危机产生的原因、危机的诊断方法，化解内部危机、扭转市场危机的措施，以及如何通过信息化系统来预防危机，如何通过有效的措施来修复危机。

11.2.5 企业营销安全预警指标体系的研究

一个是美国 James 的营销风险预警指标研究，James 将营销风险指标分为战略风险指标、策略风险指标、组织风险指标、运作风险指标和环境风险指标五大部分。

另一个是美国 Robert 的市场安全预警指标研究。他把市场安全预警指标分为市场定位风险指标、市场结构风险指标、市场需求风险指标、市场竞争风险指标、市场扩张风险指标、市场策略风险指标和市场环境风险指标七大部分。

但无论是 Robert 的市场风险指标，还是 James 的营销风险指标，都存在一个问题，他们都仅考虑了营销的某一个侧面，无法对营销安全进行全面反映。前者偏重企业内部，后者偏重市场，都不完善。而且其指标仅是针对美国市场环境，不能完全照搬到亚洲各国。

11.2.6 企业营销策略安全问题的研究现状

作为一门新兴的学科，营销策略安全问题的研究并没有形成一个很完整的系统。麦卡锡的"4P"，菲利普·科特勒的一系列理论是营销策略安全研究的基础。佘廉主编的《企业预警管理丛书》中对市场风险和企业预警的研究对营销策略安全研究有着很大的帮助。是品牌策略安全的重要的理论基础之一。

2001年2月28日的《厂长经理日报》上发表了袁同发的文章，他在文章里描述了14种常见的营销风险，其中包括了几个比较典型的营销策略风险。王爱民主编的《营销风险管理》一书系统地阐述了营销风险的类型及识别，深入探讨了营销风险的评价、预警及管理，为市场营销者提供风险识别与防范的方法和手段。营销策略安全也是作者讨论的问题之一。李蔚、王良锦的《品牌安全》着重讨论了营销策略安全中的品牌部分。李蔚、王良锦和赵安学的《价格安全》、王良锦、李蔚的《渠道安全问题》则分别研究了价格策略和渠道策略部分的有关内容。

张立栋的《品牌泛化——困扰企业前行》针对品牌营销策略安全的一部分——品牌泛化的安全进行了较深入的研究。张云起在他所著的《营销风险预警防范》中详细地分析了品牌策略风险发生的原因，可能带来的危害，并提出了一些管理措施；分析了定价策略安全的影响因素，提出了几种比较合理的定价策略；分析了渠道及促销策略安全的诱因，内容针对不同的风险提出了防范措施。张云起的研究比较系统全面但是却不够深入。吕淑春在其主编的《破解市场营销风险》一书中，运用大量的营销失败的案例研究分析了目前中国市场上普遍存在的各种营销危机，并在结合成功案例后，针对存在的风险提出了解决之道。在营销安全策略方面，主要分析了品牌，产品和渠道策略三部分存在的问题。吕淑春在书中所涉及的策略安全比较单一，只是针对特定的例子来进行讲解的，没有形成一个完整的系统。

11.3 企业营销策略安全的结构

根据麦卡锡的"4P"理论，可以把营销策略安全界定为品牌策略安全、产品策略安全、价格策略安全、渠道策略安全和促销策略安全五大部分。

11.3.1 品牌策略安全

品牌这个名称从一开始是一个标记、图案、文字、色彩等这样一些可以用于识别所有权的标记。但是，商业经济的发展，这个品牌成了一种质量、信誉的象征，有这个标记和识别符号的东西质量是好的，值得信赖的；而没有这个标记或其他标记的东西质量不好或不够好，在购买时要注意、要留心等等。当品牌具有上述后一个意义时，它已经变成了一种符号学意义符号，它有象征意义——这个符号不仅仅表示谁生产或谁所有，更表示是高质量的、可靠的、可以信赖的和某种个性、地位等。

品牌策略是企业品牌运营的核心内容之一，是企业运用品牌的技巧和方法，根据李蔚的企业营销安全的内容，品牌策略安全主要包括以下几方面。

11.3.1.1 品牌生命周期策略安全

品牌是有生命周期的，如何维护品牌使之长盛不衰是品牌管理的终极目的。品牌透过产品更新不断强化品牌内涵，确保品牌的生命力。Intel不断自我更新，推出一代又一代的芯片。传统家电松下彩电采用内部竞争机制，不断更新换代，以品牌为纽带，完成老产品与新产品的接力赛。产品一个又一个地老去，但品牌依然健壮。品牌仿佛一个大家族，一代又一代的产品维持了品牌的生机。品牌紧跟时代的节奏，帮助企业超越产品生命周期的困扰，换个角度说，透过产品的传宗接代，实现品牌的永生。

11.3.1.2 品牌延伸策略安全

品牌多元化发展战略被一些企业认为是防范风险和增进效益的良方。在多元化发展过程中，企业最容易误入品牌延伸的陷阱。

美国的派克笔一直以价高质优著称，是上层人士身份的象征。后来生产每支仅3美元的低档笔，结果不但没有顺利打入低档笔市场，反而丧失了一部分高档笔市场。其高贵的品牌形象受到损伤。所以在品牌延伸决策前要考虑的因素有品牌核心价值与个性、新老产品的关联度、行业与产品特点、产品的市场容量、企业所处的市场环境、企业发展新产品的目的、市场竞争格局、企业财力与品牌推广能力等。

而上述众多因素中，品牌核心价值与个性又是最重要的。

一个成功的品牌有其独特的核心价值与个性，若这一核心价值能包容延伸产品，就可以大胆地进行品牌延伸；反过来的意思就是：品牌延伸应尽量不与品牌原有核心价值与个性相抵触为原则。

11.3.1.3 品牌扩张策略安全

品牌扩张是企业在多元化经营中常使用的品牌策略，企业在进行市场拓展中，即使是新品牌也都会自然遇到品牌延伸的诱惑，企业可利用品牌知名度、美誉度进入全新领域，节省市场导入费用。但企业如何合理进行品牌延伸而由此获取利润呢？正像一个人一样，要长高，也要长宽，品牌的成长也是这样，品牌在成长及发展的过程中也要不断延展，人们通常把一个品牌跨越不同的行业领域进行品牌的扩张简单统称作品牌延伸，我们认为这是不全面的，也是狭隘的，正像我们上面所举的那样，品牌延伸应该被分为品牌水平延伸与品牌垂直延伸两种方式。品牌水平延伸是指在不同的品牌范围内进行品牌线或产品线的延伸，母品牌或企业跨越不同的行业，覆盖不同的品类的延展；品牌的垂直延伸是指品牌在既有品牌范围内扩充品牌线，是在本行业间的上下延伸。不讲原则地进行大跨度品牌扩张是十分危险的。

11.3.1.4 品牌意识策略安全

品牌意识的安全是指记忆中品牌节点的强度大到足以使顾客在任何情况下能够识别该品牌。这种识别能力越强，则所采取的品牌意识策略越安全。品牌意识可以从深度和广度两方面讨论。深度是指品牌在消费者意识中的存在深度，而广度是指能够唤起消费者意识中的该品的环境，事件等一系列外界条件的多少。品牌意识的策略要分两步对消费者进行品牌意识的灌输。一是品牌认知，是消费者对品牌知识的理解能力，这要求企业在制定策略时要选择一些大众化的、便于理解的方法，这样才能把品牌知识完整的传达并被理解。二是品牌回忆，是指在其他外界条件刺激下，消费者能够准确迅速地回忆起该品牌的知识，而不是在脑海中出现两个或多个其他品牌。

11.3.1.5 品牌形象策略安全

品牌形象是指品牌在消费者记忆中的样子，包括美誉度、知名度、品牌特性等。品牌形象越好，就说明品牌形象策略越成功，品牌形象越安全。

品牌形象安全包括品牌属性安全、价值安全、态度安全等，从品牌的特性如提供什么样的产品或服务，能为消费者提供什么样的物质和精神上的价值，能为社会提供什么样的服务和利益，在消费者心目中的总体评价等多方面综合评估一个品牌的安全。

11.3.2 产品策略安全

企业产品策略安全是指处于营销过程中的企业产品及其策略，不会因为自身的缺陷和某些不确定性，而引发营销危机。安全的营销必须建立在安全的产品基础上，没有安全的产品就没有安全的营销。只要在市场上出现产品事故，就必然会引发营销事故。所以，研究营销安全必须首先研究产品策略安全。

企业营销过程中的产品策略安全主要包括九大组成部分。

11.3.2.1 产品定位安全

产品定位指公司为建立一种适合消费者心目中特定地位的产品，所采用的产品策略企划及营销组合的活动。产品定位的创新理念可归纳为以下三项。

（1）产品在目标市场上的地位如何？

（2）产品在营销中的利润如何？

（3）产品在竞争策略中的优势如何？

产品定位安全是指企业不会因产品的定位失误而出现营销危机。有了正确的目标市场，还必须要求产品符合目标市场的要求，当产品与市场需求一致时，营销就能顺利推进，当产品与市场需求不一致时，营销就会出现挫折，形成营销困境。产品定位安全就要求企业必须根据市场的需求来确定自己产品的属性，使产品的卖点（Selling Point）与市场的买点（Buying Point）之间保持最高的一致性。

11.3.2.2 产品质量安全

产品质量是设计质量、作业质量与服务质量的有机结合，产品质量具有社会属性。在商品经济社会高度发达的今天，企业生产产品的主要目的不是为了自用而是为了用于交换，如果拟用于交换的产品质量不佳，就会使产品的功能效用降低，进而得不到交换对方的认同与接受，由此，该产品也就失去了存在的价值，不仅如此，产品的质量还会波及品牌。品牌以产品为载体，产品的质量直接关系到消费者在消费产品中获得的效用，关系到品牌运营企业对消费者的承诺。当产品的质量符合顾客的要求，不会引起顾客的购买拒绝和不满。当产品质量超过或低于顾客对质量的要求时，销售就会受阻，当产品质量有重大隐患导致顾客利益受损时，产品不仅无法实现销售，还会危及整个企业的生命安全。并且一项好的技术，并不意味着能生产出好的产品。还必须考虑制造能力和工艺水平，以保证产品达到一定的质量标准。即使都达到了，也仍然面临着质量风险。这是因为有好的机器设备还需要高素质的工人来操作。同时，还必须制定严格的操作规程和有效的管理制度，对生产的每一个环节进行监控。有半点疏漏都可能造成产品质量事故，这风险在生产的全过程始终存在。

11.3.2.3 产品数量安全

这是指产品的供应量能够满足市场的需求，既不会因供不应求造成市场浪费和市场损失（跟进者带来的瓜分风险和假冒风险），也不会因供大于求造成产品积压滞销。产品数量安全的理念要求企业的产品供应与市场需求之间保持一个合理的数量匹配关系，不会因这种匹配关系的失调而危及企业的营销安全。

11.3.2.4 产品结构安全

这是指产品组合在产品的生命周期、产品线等方面有一个合理的搭配关系，以保持企业的可持续营销。如果企业产品都集中在投入期，企业会因投入太大，销量太小而运转困难。如果企业的产品都集中在成熟期，虽然企业的销售收入颇丰，但会使后继产品青黄不接而很快走向衰退。假如都是衰退期产品，企业会因为缺乏效益产品和后继产品而很快走向死亡。因此，从产品结构安全理念出发，企业必须保持一个正确的产品结构关系。

11.3.2.5 产品价格安全

对一种产品而言，价格安全是指产品的定价不会成为产品进入市场的障碍，也不会引发市场价格混战而危及产品的市场定位。价格是否稳定直接关系着产品的声誉。当产品定价超过市场的价格拐点时，产品入市就非常困难，甚至完全失败。当产品的价格低于价格拐点时，企业又可能因此失去利润而难以扩大再生产，或者是导致价格混战造成多败俱伤，引发行业性亏损。一般说来，价格确定后，不宜变动，因而初期定价至关重要。具有远见者、有长期经营愿望者在确定价格时，既应克服急功近利，也应克服低价钻空的思想。

合理的有利于营销的价位，应该是适众的价位。所谓适众，一是产品的价位要得到产品所定位的消费群体大众的认同；二是产品的价值要与同类型的众多产品的价位相当；三是确定销售价格后，所得利润率要与经营同类产品的众多经营者相当。因此，产品定价不仅要考虑效益，更要考虑安全，考虑该价格策略对本企业经营和市场竞争格局的影响，只有当价格与市场的需求一致时，才会是安全的。

11.3.2.6 产品储运安全

产品储运安全也称物流安全，是指产品在仓储和运输过程中，不会因为管理不善或各种意外而出现储运损失。产品在储运过程中，很容易出现损失，这些损失可能总额不大，但全是利润。储运损失在销售总额中假如占了5%，绝对量似乎不大，但也许我们的利润损失就是100%。所以产品储运安全是决不可忽视的。

11.3.2.7 产品服务安全

早期的企业实践表明，企业通过提高产品的维修、培训、技术咨询服务能增强产品的竞争能力。这些服务并不直接为企业创造价值，带来利润，而仅仅是企业产品竞争的延伸和组成部分。进入20世纪90年代以来，产品服务活动既围绕产品而又独立于产品，在完成产品价值创造的同时，创造出新的价值，并成为企业战略扩张的有效手段。产品服务增值正成为企业，尤其是一些优秀企业重要的战略选择。企业产品服务增值浪潮正在全球范围内兴起。美国通用电气公司（GE）在利用产品服务增值方面堪称典范。通用电气公司是世界最赚钱的公司之一，1998年利润为92.9亿美元，居世界第二位；2000年的利润更高达127亿美元。

产品服务安全是指配合产品销售提供的售前、售中和售后服务，能推动产品流和货币流的运动，而不致引发产品流和货币流的危机和事故。产品服务安全要求企业为产品销售提供的配套服务能带给顾客满意体验，而不是产生抱怨和投诉。营销学上的"二五零定律"告诉我们，顾客的不满会直接破坏企业的市场，形成企业的可持续营销危机。

11.3.2.8 产品扩展安全

产品扩展安全是指产品线延伸和扩张过程中，不会引发营销危机或营销事故。产品扩张安全包括产品线延伸安全和产品线扩张安全。产品线延伸安全包括产品线延伸长度安全、产品线延伸速度安全和产品线延伸方式安全。产品线延伸太长，超过了该产品线合理的长度，就会出现营销危机。产品线延伸速度太快，企业资源和市场跟不上，也会造成营销危机。但产品线延伸速度太慢，则又可能会失去市场机会，给竞争对手留下可乘之机，给企业带来市场损失。产品延伸方式分向下延伸和向上延伸两种。向上延伸时，可能会因支持力不够而导致失败；向下延伸时，又可能会因低档产品出现影响原有产品的品牌形象，造成形象危机。

产品线扩张安全包括关联性扩张安全和跳跃性扩张安全。关联性扩张是新线与老线之间具有关联性，它们具有兼容的市场品牌、技术、渠道和促销，因此扩张风险较小，但是和延伸一样，具有宽度和速度风险。扩张幅度太宽，超过了企业的经营能力，就会出现危机。但扩张幅度太窄，又浪费了市场机会和企业资源，也会对企业发展构成威胁。扩张速度太快超过了企业资源的承受能力会出现问题，扩张速度太慢则又浪费市场机会，影响企业的可持续发展。跳跃性扩张与原有的市场、品牌、技术、渠道、促销等都不兼容，成功率低。一般而言，在关联性扩张尚有机会时，不宜进行跳跃性扩张。中国许多成功企业之所以走向死亡，就是他们一味地进行跳跃性扩张，导致业务不兼容，资源分散，管理跟不上，结果走向失败。因此加强产品的扩展安全管理，是企业产品安全管理的重要任务。

11.3.2.9 产品技术安全

在企业研制一个新产品，并准备把它推向市场的时候，就技术本身已经面临被假冒侵权的风险了。所以必须对可能造成技术泄密的因素加以分析，并定出有效的保密措施加以控制。首先，要考虑产品技术核心秘密的保密问题。确定哪些技术部分是可以公开的，哪些技术部分是不可以公开的。一般来说，那些易于仿照的部分是不必保密的，如产品的外观等。那些不易仿造的部分恰恰是必须保密的。如×××快餐店的鸡肉配方是保密的，××饮料的配方，只有四个家族成员知道，使任何人都无法仿造。由于其配方的机密性好，因此没有申请专利。因为专利技术是要公开的，并且是有期限的。但是，对于那些很难保密的技术，最好寻求专利保护。其次，对于接近或掌握技术秘密的人，如发明人、技术人员和生产者，要制订出技术保密措施，以防产品技术流失造成不可挽回的损失。

11.3.3 价格策略安全

价格作为一种十分复杂的经济现象，它的运动不仅涉及企业经济活动的各个方面，而且也影响到一种产品、一个企业生存和发展的全过程。因此，营销活动中的价格并不仅仅意味着定价方法与技巧的简单组合，而是要将企业整体的价格工作作为一个系统来加以统一把握。这就必须系统地处理好企业内部不同产品价格之间的关系，同一产品不同寿命周期阶段的价格关系，本企业产品价格与竞争者产品价格间的关系，产品价格与替代品和补充品价格间的关系，以及企业价格策略与营销组合中其他策略，如产品策略、渠道策略、促销策略等之间的关系。同时价格安全也是企业营销安全的重要内容和组成部分。

可以从以下几个方面讨论价格策略安全问题。

11.3.3.1 价格目标安全

价格目标就是指企业的定价目标。价格目标是指导企业定价行为的专门化目标，企业所有的产品定价实践，都要根据价格目标的要求进行。价格目标安全是企业各种价格决策活动成功的保证。企业的定价目标一般有：生存定价、获取当前最高利润定价、获取当前最高收入定价、销售额增长最大量定价、最大市场占有率定价和最优异产品质量定价。企业的定价目标一般与企业的战略目标、市场定位和产品特性相关。企业在制定价格时，主要是依据产品的生产成本，这是从企业局部来考虑的。企业价格的制定更主要是从市场整体来考虑的，它取决于需求方的需求强弱程度和价值接受程度，再一是来自替代性产品（也可以是同类的）的竞争压力程度；需求方接受价格的依据则是商品的使用价值和商品的稀缺程度，以及可替代品的机会成本。究竟选择什么样的价格目标才算安全，这没有统一的定论，只有结合企业自身的实际经营状况和产品服务的特色，做出恰当选择的价格目标，才是最为安全的价格目标。

11.3.3.2 定价成本安全

定价成本安全指企业在一般定价模式的指导下，以成本、需求、竞争等因素作为考虑的重点，结合影响商品价格的市场因素、自然因素、政策因素和社会因素等，选择一种恰当的方法，以确定商品安全合理的价格。比如，成本导向法——按成本和预期的利润率确定价格。成本主要包括直接成本、间接成本、预期的销售成本。成本导向法又分三种方法：成本加成定价，即在单位产品成本上加百分比；盈亏平衡定价，考虑到销售额变化后，成本也在发生变化；边际成本定价，边际成本加边际预期利润计算销售价格。又如，需求导向定价法——按客户的承受力来确定价格。

11.3.3.3 价格结构安全

即价格的需求结构。价格结构对消费者来说，是改变需求方向和需求规模的信号。价格水平的上升或下跌，会直接影响消费者购买意向，从而调节消费者的需求规模和需求结构，当然影响需求的不只是价格的涨落，还有消费者对商品之外的需求，它是顾客满意需求的核心。价格结构包括如下基本内容：价位、商值、价质比和价格弹性。

11.3.3.4 价位安全

价位是价格绝对水平的高低，是指确定一适当高度的价格，使之能符合顾客的需求，得到市场的认同，以保证企业的营销活动能顺畅进行。并不一定是价格低的就能得到消费者的认同，相反，很多高端产品，价格越高质量越有保证，功能越齐全越能得到青睐。所以，价位安全与否不能简单用高低两个指标来衡量。

11.3.3.5 价质比安全

价质比是产品价位和产品质量的比值。公式如下

$$Q=q/p$$

其中，Q 代表价质比；p 代表价位；q 代表质量。

Q 越大，消费者的利益就能得到越大的保证，就越能得到市场认同。

11.3.3.6 商值安全

商值安全是价格安全的重要内容。商值是指产品的价位与产品使用时间之比。商值指标是从质价比指标演化而来的。因为在实际生活中，顾客并不简单地只在乎价格的高低，价格的需求往往演化为多种

形态，商值就是其中之一。

11.3.3.7 价格竞争安全

现实的和潜在的竞争对手对商品价格的影响极大，特别是那些容易经营、利润可观的产品，潜在的竞争威胁最大。在现代市场条件下，"价格战是企业一柄永恒的营销利剑，运用得当，常砍得对手落花流水。"从某种程度上讲，价格竞争安全与否，直接决定着企业营销的成败，关系着企业的生死存亡。企业在制定价格时，主要以竞争对手的价格为基础，与竞争品价格保持一定的比例。即竞争品价格未变，即使产品成本或市场需求变动了，也应维持原价；竞争品价格变动，即使产品成本和市场需求未变，也要相应调整价格。只有从价格上战胜竞争对手，才能占据先机。

11.3.3.8 价格变动安全

价格一经制定，保持相对的稳定性是必要的。价格波动太大且较频繁，则容易造成市场的紊乱，使顾客难以适应，而且也会损害产品乃至企业在顾客心目中的形象。但是稳定的价格仅仅是一种相对的状态，在瞬息万变的市场环境下，没有任何一种价格可以保持永恒不变。

降价的好处有不少，可能挤垮竞争对手，扩大市场占有率，击垮高成本生产厂家等，但企业在做出了降价的决策时也要冒很大的风险，主要有以下几点。

一是在一定的时间内会降低企业的效益。降价之后，如果销售业绩不能成比例增长，有可能得不偿失。

二是会引起竞争对手的反击。企业希望通过降低扩大市场份额的初衷可能告吹。而竞争对手一旦联手反击，会给企业带来不利甚至是灾难性的打击。

三是误导顾客。主要表现在以下几点：

（1）顾客会认为产品质量下降了，即所谓的消费观"便宜无好货，好货不便宜"。

（2）顾客会认为产品可能过时，或有更好的产品代替品，这时顾客购买就会持币观望。

（3）顾客会认为厂家面临资金困境，继续购买这种产品，可能在未来售后服务有麻烦。

（4）顾客会认为在不久的将来可能还会继续降价，顾客会等等再说。

市场占有率的扩大未必是简单的产品靠得住，并不能代表顾客对企业或是产品真正的忠诚度。顾客购买降价产品并不意味着顾客对产品的认可，更不能说明顾客对该产品的"忠诚度"的提高。因此，靠降价赢来的市场份额的增加往往是靠不住的。一旦降价效应在消费者心中淡化时，市场份额会迅速减少，企业如果想继续巩固扩大市场份额，只能再降价，企业有可能陷入降价的怪圈，无法盈利，直到企业无法承受为止，国内有太多这样的案例。

政府有关部门会出面干预。目前，在我国企业发展中，企业市场行为尚不健全与规范。对于企业的恶性降价比如以低于成本价销售可能会引起政府有关部门的干预。一旦出现这种干预，企业会非常被动，而且这种恶性竞争对整个行业的发展不利。

提价使企业可能面临的诸多风险有：顾客会认为厂家贪婪，而产生反感，从而失去一部分顾客，而失去的顾客想拉回来需要付出更大的代价。会降低市场份额，随着产品品质的趋同，提价会给竞争对手以相对降价的优势挤占市场，使自己在未来的市场中处于被动。垄断企业提价可能会招致权威部门或保护消费者利益的机构的干预，搞不好会对企业的信誉产生坏的影响。降低（或提价）对企业有时带来的可能是丰厚的利润或是致命的打击。因此，企业在做价格调整时，须慎重。

11.3.4 渠道策略安全

营销渠道是一个制造商的产品流向消费者的渠道，制造商对其管理水平的高低和控制力度的大小，对该产品的市场占有率的提高有至关重要的作用，每一个制造商必须加强这一方面的工作，特别是随着加入世贸组织后外资企业的贸易权和分销权的取得，营销渠道的竞争会更加激烈。

市场营销理论中渠道分两部分，分销渠道和市场营销渠道。在菲利普·科特勒《市场营销原理》里面定义为：市场营销渠道，即配合起来生产，分销和消费某一生产者的商品和劳务的所有企业和个人。市场营销渠道包括某种产品供产销过程中的所有有关企业和个人。

分销渠道，即指某种商品和劳务从生产者向消费者转移的过程中，所经过的各中间商连接起来的通道。也就是产品在转移过程中所经过的各个环节连接起来的通路。分销渠道主要包括商人中间商、代理中间商、经纪人和提供各种服务的辅助机构，以及处于渠道起点和终点的生产者与消费者。

在商品经济条件下，商品的所有权从生产者经过中间商直到消费者的过程被称为商流；同时，伴随着商流，还有产品实体的空间移动，称之为物流；此外，还有资金流和信息流。商流、物流、资金流、信息流都借助于生产商、中间商的促销行为去实现。分销渠道实际上是商流、物流、资金流和信息流的有机结合。

渠道在市场营销中的主要作用有：收集必要的信息并对其进行分析；寻找潜在消费者并把他们转换为真实消费者；承担相应的风险等。渠道安全是指渠道能正常行使转换和流通功能，不会因为各种不确定性因素的影响而发生渠道危机。

渠道安全是保障产品在市场安全流通的前提，只有渠道安全得到保证，企业才能有利占据市场。

渠道安全主要包括 11 个方面的内容。

11.3.4.1　渠道节点安全

渠道节点是渠道通路上的各个中转层次或环节（大多数情况下就是各个渠道成员），它不仅是企业营销流运行的通道，更是企业营销流运行的动力和加油站。

11.3.4.2　节点链接安全

节点链接是渠道各个节点之间的对接，节点链接安全就是指各节点能紧密衔接，营销流能在渠道各节点之间畅通运行，不会在渠道某个节点上发生中断。

11.3.4.3　节点转换安全

企业营销流在渠道上每经过一个节点就发生一次转换，产生一次流体的耗散。节点转换次数越多，耗散也越大。同时各节点也是企业营销流增强的动力和加油站，营销流经过各节点的增强作用，又会弥补部分耗散的能量。因此，渠道节点转换安全就是要求企业营销流在各个节点之间转换时，流体不会损失。

11.3.4.4　渠道长度安全

渠道长度是渠道垂直方向通路中的节点数量，即是指产品从生产者流向最终顾客的整个过程中所经过的中间层次或流通环节的数量。节点越多，渠道越长，环节越多，控制就越难，因此出问题的概率越大，安全性越差；相反，亦然。所以现代企业营销都在追求缩短渠道长度，增加安全性。当企业全部产品都由自己直接设门市部销售，或全部交给批发商经销，称之为单渠道。多渠道则可能是在本地区采用直接渠道，在外地则采用间接渠道；在有些地区独家经销，在另一些地区多家分销；对消费品市场用长渠道，对生产资料市场则采用短渠道。

11.3.4.5　渠道宽度安全

渠道宽度是指渠道通路中同一层级上各节点的数量。同一层级上节点越少渠道越窄，横向冲突概率小，因而渠道安全性好。渠道宽度安全还要结合产品等因素来综合考查。渠道宽窄取决于渠道的每个环节中使用同类型中间商数目的多少。企业使用的同类中间商多，产品在市场上的分销面广，如一般的日用消费品（毛巾、牙刷、开水瓶等），由多家批发商经销，又转卖给更多的零售商，能大量接触消费者，大批量地销售产品。企业使用的同类中间商少，分销渠道则窄。它一般适用于专业性强的产品，或贵重耐用消费品，由一家中间商统包，几家经销。它使生产企业容易控制分销，但市场分销面受到限制。

11.3.4.6　渠道结构安全

渠道结构是渠道长度与渠道宽度、直接渠道与间接渠道在功能上的一种组合关系。一个企业可能采取间接渠道加直接渠道结合的方式，也可采取长—宽结构、长—窄结构、短—宽结构或短—窄结构等方式。至于什么样的结构模式更安全可靠，是完全由产品性质、企业能力和目标市场特点来决定。企业产品一般流向两类顾客：纯粹消费者和生产者。前者将产品直接用于日常生活消费，后者则将产品作为中间产品用于制造其他产品。顾客对象不同，分销渠道也就不同。

通常按照中间机构的级数来表示渠道的长度。按照渠道长度的不同来区分分销渠道的类型，分销渠道包括零级渠道、一级渠道、二级渠道和三级渠道。零级渠道，也叫直接营销渠道，产品由生产者直接销售给消费者。直接营销的主要方式是上门推销、邮购、互联网销售、电话营销、电视直销和厂商直销。直接营销是工业品分销的主要类型。例如，大型设备、专用工具及技术复杂需要提供专门服务的产品，都采用直接分销。消费品中也有部分采用直接分销类型，如鲜活商品等。随着信息技术的发展，企业开始进行网上销售，通过网络平台开展面向消费者或企业客户的电子商务活动（B2C 或 B2B）。著名的戴尔公司就是通过采取直销的方式，缩减中间渠道，降低产品成本，提高盈利水平。

11.3.4.7 渠道选择安全

渠道选择安全主要是渠道模式选择安全、渠道成员选择安全和渠道空间选择安全。渠道模式选择安全。渠道的基本模式一般有 5 种：生产者—消费者；生产者—零售商—消费者；生产者—批发商—零售商—消费者；生产者—代理商—零售商—消费者；生产者—代理商—批发商—零售商—消费者。每种渠道模式各有其适应的产品及消费者类型。渠道模式选择安全就是要选择与其匹配的，适合企业自身的模式。为达到对营销渠道管理和控制的目的，还要根据市场条件和制造商市场地位的变化，对营销渠道不断进行合理的设计和改进，争取渠道主动权和控制权。

随着时间的变化，制造商的市场地位及市场条件都会发生变化，适应这些变化，就必须对营销渠道进行合理的改进和设计，达到对中间商管理和控制的目的。作为一个制造商，它理想的情况应是争取在与渠道成员的谈判中，自身地位上升，而中间商的地位下降。它们之间的关系是不可能平等的，平等只不过是一种暂时或表面的现象。一般制造商刚进入一个目标市场进行销售时，主要依靠当地经销商的力量去销售，随着市场占有率的不断提高，该经销商感觉自身地位的不断提高，就有可能达不到与制造商合作与支持的要求。而这时如果该制造商通过该经销商掌握了众多的下游中间商或由于商品的品牌力的提升吸引更多的各级中间商加入销售渠道，就可以缩短营销渠道或建立多级营销渠道。

渠道的人员和空间选择是渠道选择安全的重要组成部分。

渠道成员即组成渠道通路的各个中间商。渠道成员的分销能力和他们之间的相互协调性是渠道畅通的保障。因此渠道成员选择安全就是企业要选择合适的渠道成员，各成员的组织能力、铺货能力、协调性是企业选择渠道成员的主要依据。所以选择渠道成员应该有一定的标准，如经营规模、管理水平、经营理念、对新生事物的接受程度、合作精神、对顾客的服务水平、其下游客户的数量及发展潜力等。

渠道空间是指渠道的地理位置。选择什么样的区域建立自己的销售渠道，在每一个区域中如何确定合理的渠道布局，也是渠道安全考虑的重要内容。了解了区域市场的模式、各种销售模式的优势和劣势，区域市场的商家在深入分析自身企业实际状况的前提下，必须在区域市场网络竞争力、区域市场网络管理与开发能力、区域市场终端分销能力方面加强，才能确立区域商家的经营优势。商家需要建立区域市场经销的知名度和美誉度。在区域市场，通常都有一些知名的商家，在市场上拥有强势的网络，能够组织、团结一大批区域市场的分销成员，建立起稳固的业务关系。这种关系的确立，除了区域商家的人脉资源外，更重要的是拥有良好的信誉和管理机制。

11.3.4.8 渠道控制安全

渠道控制是企业对渠道成员的影响力和支配力。目标是渠道成员的合作与支持，在渠道控制中拥有主动权。其基本手段是：沟通、利润控制、库存控制和营销方案控制、掌握尽可能多的下一级中间商等。失控不仅使企业销售业绩下降,而且可能毁掉整个渠道网络和产品市场。因此渠道控制安全就是企业能有效地影响或控制渠道成员的行动,避免失控的出现。

11.3.4.9 渠道管理安全

渠道管理安就是企业的渠道理念、要求、销售政策、措施等本身是否合理、完善,是否会引起渠道成员的不满,造成渠道的混乱或冲突,从而引起渠道危机威胁渠道安全。渠道管理就是要协调各渠道成员间的关系,有效避免渠道冲突、渠道事故,保证企业正常运行。

11.3.4.10 渠道窜货安全

窜货经销商不经公司销售中心和销入地区的经销商同意,擅自将公司产品销售到非辖区,就是说产品以一个地区的当地价格卖到了另一个地区。窜货是一种极易被忽视,但对品牌和企业经营杀伤力很强的营销病症,是营销实践中一个让企业和销售人员头痛不已的问题,它给企业,特别是对有深厚品牌积累的企业的营销造成巨大的危害。窜货发生的原因是多方面的,但都与企业营销过程中某些环节的管理失控有很大的关系。因此,为了防止窜货,使市场能够朝企业预期的方向健康地发展,企业应该立足于管理,建立一个科学合理、健康稳定的销售网络。忽视窜货,有可能导致千里之堤,毁于蚁穴。

11.3.4.11 渠道冲突安全

一般的,渠道冲突有两种,水平渠道冲突和垂直渠道冲突。

水平渠道冲突是指存在于营销渠道同一层次各中间商之间的冲击. 经营商为了追求地区性差价带来的利润或为了完成销售目标而进行的窜货。

垂直渠道冲突是指同一渠道中前后环节之的矛盾和关系的不协调性。通常是生产企业与中间商之间(销售目标和利益)的冲突较多。渠道各成员间的这些利益冲突是必然的,所以垂直渠道冲突也是不可避免的。

11.3.5 促销策略安全

促销活动作为一种快速的推动销售的工具,可有效地加速产品进入市场的进程;可以有效地抵御和反击竞争者的促销活动,并带动相关产品的销售。同时,我们必须认识到,促销也是一把"双刃剑",长期进行促销活动,可能降低消费者对品牌的忠诚度;可能提高价格的敏感度;可能得不到中间商的支持;也可能导致形形色色的短期行为,促销安全就是指企业在促销过程中,能够针对既定的目标受众进行有效的宣传和诱导,不会导致企业的促销危机,甚至促销事故等情况发生。促销策略安全包括以下几方面。

11.3.5.1 促销对象安全

促销对象安全是指企业促销的目标受众应是本企业所选择的目标市场群体(包括现有市场和潜在市场)。选择好正确的目标市场,会节约企业的人员,财力等成本,也避免了资源的浪费。百事可乐的品牌形象推广是"年轻一代"的选择,所以它的促销包括了五人制足球赛、挑战球星、喝可乐比赛及其他一系列围绕足球和可乐的小活动对象,侧重于与充满青春活力的新生代青年加强沟通。

11.3.5.2 促销内容安全

促销内容安全是指企业在进行促销活动时,所传达的信息既不会泄漏公司的重大机密,又不会对竞争对手形成不正当竞争的不好印象,更不会与国家的政策、法律法规相抵触。只有做到安全的促销,才能使企业树立良好的公众形象,为扩大市场,为企业的长期发展奠定良好的基础。某洋快餐店于高考前夕在广州搞促销活动,发生顾客因拥挤而致伤的混乱局面,更有学生家长怕耽误孩子学习而凌晨到洋快餐店门前排队替孩子兑换奖品,结果,导致媒体的火力集中的批评——促销活动"场面混乱,影响学习,引起顾客不满",甚至请出国家相关执法部门,披露这种"搭售行为"是有关法规禁止的。或许,这种场面的出现,说明其促销活动的吸引力大,是成功的表现,但越是如此,越应当考虑活动中的安全保障。

11.3.5.3 促销方式安全

促销方式包括广告宣传、人员推广、柜台促销、赞助活动等,促销方式安全是指企业选择的促销方式既能节省时间和金钱,又能做到见效快,效果好。有些品牌在做促销时,只是做表面文章,甚至出发点就是为了蒙蔽消费者,这种做法,在短期内可能会取得促进销售的效果,但终究纸里包不住火,辛辛苦苦积攒起来的那点品牌资产和市场份额,会在消费者的指责与质疑中逐渐瓦解,并通过各种信息管道影响到诸多潜在消费者,这种杀鸡取卵、饮鸩止渴的做法是危险的。

11.3.5.4　促销时间安全

促销时间安全是指企业促销活动选取的时间应恰当,既不早,也不晚。正确的时间选择可以帮助企业在第一时间打入市场,占领市场,而不是落在其他竞争对手的后面。只有选择好正确的时机,才能以最少的投资取得最多的收效。

11.3.5.5　促销空间安全

促销空间安全是指企业促销活动选择促销的地点和促销的范围要十分合理。企业的促销活动既能推动市场销售,达到以点带面的效果,且不出现重复覆盖,又不会引起企业市场价格管理体系、渠道管理体系等的混乱,引发企业的营销危机。正确的空间布点是节约资源的有效手段。

11.3.5.6　销售促进安全

促销策略安全是指企业所选择的如降价促销、增大包装容量、免费搭送商品、免费试用、抢购特价商品等具体促销方式,不会引起消费者怀疑产品质量下降和挤爆商场产生治安事故等情况发生。企业在做促销前,应思考如何使促销效果最大化、如何减少负面影响、如何为品牌假设做出贡献等问题,只有在品牌战略指导下的促销活动,才能够承担起相应的使命。

11.4　企业营销策略安全预警指标体系的构建

11.4.1　指标的分类

根据标值变动与企业利润变动的关系可分为先行指标、同步指标与滞后指标。

根据指标数值对风险的反映情况可分为正向指标、中性指标和负向指标。所谓正负是相对于企业经营效果而言,如正向指标数值与企业风险程度反方向变化,其值越大,说明企业经营风险越小。

根据指标是否能够直接量化可把分为定性指标与定量指标。

通过理论分析和实证调查,可以找到影响企业营销活动过程安全性的各种因素,然后对这些因素进行聚类分析,可得营销安全预警指标体系。这些指标体系可分为主观指标与客观指标两个方面。客观指标可通过调查而直接获得,主观指标则可通过具有高度一致性(可通过肯德尔和谐系数法检验)的专家评判来获得。两种不同计量单位的指标可通过标准分数进行转换,使其具有可加性。

11.4.2　指标选择原则

为了使构成指标体系能够有效地对企业经营风险进行预警,选取指标应遵循七个原则。

(1) 指标的经济意义明确。

(2) 所选的预警指标与目标之间有函数关系,预警指标作为一个自变量,它的变动必然引起因变量目标的变动。只有当自变量与因变量有高度的相关性时,这个指标才能选作预警指标。

(3) 对敏感性问题,我们可以通过实证调查结合统计中的相关分析来解决。

(4) 指标跨越的时间较长,能够反映企业经营风险在长期中的变动趋势,所选的预警指标之间应该是异质的,即不同的指标只反应不同的内容,反之,则称为同质指标。在同质性指标中取一个最具敏感性的指标作为最后的指标。要解决异质性问题,可以对指标进行肯德尔和谐系数分析,当和谐系数 $L\sim 0$ 时,指标才可以被选作最后指标。

(5) 所选的指标集能覆盖企业营销安全的各个方面,不应该有遗漏。全面性原则可借助大量的实证调查来解决。

(6) 所选指标可以进行量化。无法量化就无法统计,无法比较,无法判定安全状况。客观性指标一般都可量化，而主观性指标的量化必须制定量化的具体标准，并借助专家意见法等多种方法进行量化。但采用任何主观方法进行的量化，都必须进行一致性检验。

（7）预警性原则。预警指标能真正起到警示信号和预控作用。指标的制定以预测、预警、预控为主要目标，既能反映现在，又能反映未来。

11.4.3 指标选择方法

营销策略安全指标的选择必须在测量企业生产经营活动方面具有重要性，所选的多个指标的综合必须表示企业运行的主要矛盾现象；具有一致性或先行性。指标特征要与企业实际运作状况大体一致或略有超前，能敏感地反映企业的现在或发展动向；在统计上具有迅速性和准确性。因此，营销策略安全指标的选择可采用三种方法。

理论分析法。根据市场营销的理论和企业营销安全的理论对企业营销安全的预警指标进行理论分析，根据理论分析的结果，确定初步的预警指标体系。

实证分析法。选择一批在营销上成功和失败的企业进行实证分析，可以找到企业营销安全的预警指标。

调查分析法。借助具体的调查来寻找具体的指标，这些调查包括专家调查，营销管理人员调查和市场调查等。

11.4.4 指标体系的内容

11.4.4.1 品牌策略安全预警指标

品牌安全预警指标体系是对品牌的安全状况进行监控的参数体系，企业可以通过不定期对品牌安全预警指标的检视来诊断品牌的安全状况。

（1）品牌知名度。

知名度不同于品牌美誉度。消费者知道一个品牌不代表他会褒扬这个品牌。但是被消费者知道就意味着美誉度的建立的第一步已经做到——被消费者知道这个品牌。美誉度的建立正是在这个基础上进行的。

知名度可以反映一个品牌最初的营销策略是否选择得当。只有正确的选择营销措施，才能在短期内打响品牌的知名度。

（2）品牌认知度。

知名度可以反映一个品牌被多少人知道。但是消费者知道这个品牌却不一定会去继续收集资料，去了解这个品牌。

只有当消费者对这个品牌有一定的认知后才会产生购买的冲动，也就是说当消费者对一个品牌的认知度达到一定的水平后，才会成为该品牌的潜在消费者。

企业必须在打响第一炮，也就是让消费者知道品牌的存在后，改变营销策略，如参加公益活动，提高曝光率等加强对消费者的品牌知识的灌输，才能达到促使消费者购买产品的目的。

（3）品牌美誉度与毁誉度。

品牌美誉度是指褒扬品牌的顾客人数比例，其公式为

$$美誉度 = 褒扬者人数 / 知晓人数 \times 100\%$$

品牌毁誉度是指贬抑品牌的顾客人数比例，其公式为

$$毁誉度 = 贬抑者人数 / 知晓人数 \times 100\%$$

毁誉度 <2% 就属于品牌安全线，而毁誉度 >5% 就属于品牌危机预警线。

在当今的信息社会，消息传播渠道多且传播速度快，一家企业、一个品牌都有可能在传媒和公众的"笔伐口诛"下毁誉于一旦。企业要在公众中扩大知名度和美誉度，需要多年的努力、大量的广告和宣传。但正如蝴蝶效应一样，如果企业在生产、销售、售后服务等任何一个环节稍有不慎，就会导致在事前任何人都难以预料的后果。一位员工、一个工序、一个服务环节的差错，就可能要整个企业承担责任

和损失、陷入危机甚至遭受灭顶之灾。

中国有句俗话:"好事不出门,坏事传千里"。用在这里也很合适。品牌美誉度的建立是需要花费很长的时间,占据企业很多资源的,然而一旦企业在任何环节出了任何差错,辛苦建立起来的美誉度会很快地消失。品牌毁誉度则刚好相反,一个顾客的不满会很快在他的生活圈,朋友圈内传开,并且继续传下去。这种毁誉度一旦建立,就很难消除,也就是说企业一旦因为信誉受损,想要重整旗鼓的机会将是很小的,难度相当大。

(4)品牌偏爱度与偏恶度。

消费者对一定的品牌有自己的偏好。在几种产品能提供的让渡价值相当,甚至所偏好的品牌能提供的价值略少的情况下,都会选择所偏好的品牌。当该品牌推出新产品的时候,在没有采取其他措施前,消费者也会对新产品产生好感。也就是说,消费者是他所偏好的品牌旗下所有产品的潜在顾客。偏恶度则恰恰相反。偏爱度与偏恶度是品牌在消费者中地位的体现,所以可以用作品牌策略安全的指标。

品牌偏爱度是指名购买某品牌产品的顾客人数比例,其公式为

$$偏爱度 = 指名购买者人数 / 知晓人数 \times 100\%$$

偏恶度是指名不购买某品牌产品的顾客人数比例,其公式为

$$偏恶度 = 指名不购买者人数 / 知晓人数 \times 100\%$$

偏恶度 <2% 就属于品牌安全线,而偏恶度 >5% 就属于品牌危机预警线。

(5)品牌满意度与抱怨度。

品牌满意度是指消费了某品牌的产品后感到满意的顾客人数比例,公式为

$$满意度 = 满意人数 / 消费人数 \times 100\%$$

品牌抱怨度是指消费了某品牌产品后产生抱怨的顾客人数比例

$$抱怨度 = 抱怨人数 / 消费人数 \times 100\%$$

满意度 >60%,抱怨度 <5% 就属于品牌安全线,而满意度 <50%,抱怨度 >10% 就属于品牌危机预警线。

(6)品牌延伸度。

品牌延伸首先有一个长度和速度问题。延伸长度太短,浪费品牌资产;太长,"品牌伞效应"减弱,子品牌无法及时得到母品牌的有力支持,成长艰难。太慢,浪费品牌机会;太快,造成母品牌被严重透支。品牌延伸必须追求质量,讲成活率而不是讲延伸率。长度用品牌延伸的数量来计算,速度用时间来计算。

11.4.4.2 产品策略安全预警指标

产品是指任何可提供于市场上,以引起消费者注意、购买、使用或消费,并满足他们的欲望或需求的事物。要进行产品策略安全管理,必须建立产品策略安全管理的预警指标体系。在研究基础上,企业产品策略安全预警指标体系及其值的确定方法:

(1)BPSP 同位度系数 BP 是 Buying Point 的缩写,SP 是 Selling Point 的缩写。BPSP 同位度系数就是指 BP 和 SP 的一致性程度系数,可以用数值(0、1)表示。完全一致为 1,而不相干为 0。借助 BPSP 同位度系数指标,就可以反应产品市场定位的准确度。如果同位度系数指标值小于 1,说明产品市场定位不安全。如果同位度系数指标值等于 1,或者无限接近于 1,说明产品市场定位是安全的。

(2)抱怨率、投诉率和满意率。菲利普·科特勒曾经说过:"除了满足顾客以外,企业还要取悦他们。"今天的企业面临着更加激烈的竞争,只有满足消费者的需要,使他们得到更高的让渡价值才能击败竞争对手占领市场。企业必须以顾客为中心,在发展,改进产品的同时还要组织一个强大的服务队伍,满足消费者在各方面的要求。顾客能够在一定的搜寻成本和有限的知识、灵活性和收入等因素的限制下追求最大的利益,他们形成一种价值期望并根据自己的知识、感觉、经验来判断产品是否符合他们

的期望价值，这将影响他们的满意度和再购买的可能性。

顾客满意是指顾客通过对一种产品可感知的效果（或结果）与期望值相比较后，所形成的愉悦或失望的感觉状态。如果效果低于期望，顾客就会不满意；如果效果和期望相匹配，顾客就会满意；如果效果超过期望，顾客就会高度满意或欣喜。高度满意和愉悦创造了一种对品牌情绪上的共鸣，而不仅仅是一种理性偏好，正是这种共鸣创造了顾客的高度忠诚。一个对企业有着很高忠诚度的顾客，会给企业带来更多的潜在和现实顾客。

顾客抱怨率和投诉率也可以用来衡量顾客满意度。然而，95%的不满意顾客不会投诉，他们仅仅是停止购买或者是埋怨并劝说更多的人不要购买。企业在各个区域市场上公开顾客投诉中心的地址、电话号码（最好是免费号码）、公司网址等方式可以第一时间获得顾客对公司的满意程度。美国3M公司就是最早采用免费服务电话的企业之一，它的产品和服务改进建议有超过2/3是来自顾客的意见。

在收到顾客的投诉后，很快做出令顾客满意的答复会使顾客的满意度上升，对企业声誉的提高有很大的帮助。IBM公司要求每一个销售人员对失去的每个顾客，撰写一份详细的报告和采取一切办法使顾客恢复满意。赢得一个失去的顾客是一项重要的营销活动，它的成本通常比吸引第一次购买的新顾客要低。

抱怨率、投诉率和满意率指标可以借助来监控产品的质量安全和服务安全。当产品的质量、服务下降时，抱怨率、投诉率两大指标就升高，而满意率指标值则降低；反之抱怨率、投诉率指标值就降低而满意率指标值升高。

$$抱怨率 = 抱怨人数 / 消费人数 \times 100\%$$
$$投诉率 = 投诉人数 / 消费人数 \times 100\%$$
$$满意率 = 满意人数 / 消费人数 \times 100\%$$

三大指标之间有着某种规律性的内部联系。抱怨率与投诉率成正比，抱怨率、投诉率与满意率成反比。当一个企业抱怨率、投诉率增高，满意率降低时，就显示企业的产品质量或服务质量处于不安全中，必须迅速采取措施，以避免营销危机和营销事故的发生。

（3）缺货率与销售率。

缺货率和销售率反应的是产品数量安全状况。缺货率是订货量与供给量之比，销售率是产量与销量之比。

货架上缺货。没有忠诚可言的客户将立即转向旁边的品牌，而忠诚的客户将失望而去，当他再一次来到这个货架前的时候，不会因为上回没买，这次就买两个。货架缺货，会降低消费者的购物满意度，降低消费者对零售店及供应商的品牌忠诚度，最重要的是，货架缺货同时损失掉了二者潜在销售的机会和利润。

因此对供应商来说，了解零售卖场里的缺货情况很重要，企业应该随时关注卖场经营的各个环节，推动零售商改进他们的缺货管理，并与零售商一起，尽量避免缺货。生产出的产品卖出去多少，是企业关注的重点之一。生产大量过剩的产品非但没有创造出企业发展所需的利润，更浪费了大量的人力、物力，浪费了宝贵的资源，从而限制了其他更具潜力的产品项目的发展。对企业的发展极为不利。

$$缺货率 = 供应量 / 订货量 \times 100\%$$
$$销售率 = 销量 / 产量 \times 100\%$$

缺货率高，表明市场供应紧张，如不及时改变，会引起市场瓜分风险和假冒风险。销售率低，产品销售不畅，表明产品供应与市场需求之间，生产能力与销售能力之间出现了严重的不对称，需要调整。

（4）产品生命距。

产品生命距是指产品组合中支柱产品之间在生命周期曲线上的距离，它反应的是产品的年龄结构。产品生命周期分为构思期、孕育期、投入期、成长期、成熟期、衰退期和死亡期七个阶段。

在不同的阶段都对应着不同策略。

在前三个阶段中，营销策略的选择在很大程度上具有一致性。一般来说有四种策略，分别是：

① 快速推出策略，即高价格及高促销水准下推出新产品，快速占有扩大市场占有率。

② 缓慢推出策略，即在高价格及低促销水准下推出新产品。

③ 快速渗透策略，与缓慢掠夺策略相对应。

④ 缓慢掠夺策略，与快速掠夺策略相对应。

成长期由于是产品能否得到市场认同，能否为企业带来利润的最关键的时期，因而营销策略的选择在这时候也显得特别重要。不同的产品特征，不同的市场状况及不同的企业自身的特点都决定着所选策略应有所不同。最基本的策略如下：

① 产品品质。

② 新的模型及较优良的产品。

③ 进入新的市场。

④ 进入新的营销渠道。

⑤ 采取新的促销手段，如新的广告，加大广告的力度，采取降价措施等。

进入成熟区后，就能很容易的区分出它是属于瘦狗、金牛、明星等哪种类别。对应于不同的类别，应该采用不同的策略。此阶段营销策略的选择和成长期大致相同。

衰退期和死亡期中的产品所涉及营销策略相对来说较少。最重要的是选择退出的时机，在适当的时机退出，有利于企业把有限的资源投入到更有发展潜力的市场中去，以获得更大的利润。

企业支柱产品之间在结构上最好能保持一个生命阶段的差距。如果一个金牛产品处于成熟期，一定要有明星产品处于成长期，有问题产品处于投入期，还有新产品处于孕育期和构思期。如果产品生命距超过两个生命阶段以上，就会形成后继产品危机。另外，在不同生命阶段所应采取的营销策略是完全不同的。错误的判断某种产品所处的生命阶段会造成营销策略选择的失误，给企业带来不可估量的损失，如在某一明星产品还处于成长阶段的后期就选择放弃，那么损失是可想而知的。基于以上原因，产品生命距应该是产品策略安全的一个重要指标。

（5）质价比率。

顾名思义，质价比即质量与价格的商数，质价比高意味着该产品要么性能超过同价位产品，要么价格低于同档次产品，或者价格的增长速度低于性能的增长速度。因此，质价比是一个需由性能和价格两方面因素决定的参数。产品有很高的质价比有利于踏入市场并占领市场。这样企业能够很快回收资本，用于扩大生产，促进企业进一步发展。质价比率是产品的质量与价格的比率，它反应的是产品质量与产品价格的一致性程度。

$$质价比率 = 质量 / 价格 \times 100\%$$

一般市场条件下，质价比率等于1时最为合理。当质价比率小于1时，表明质量低于价格，在竞争市场上，该产品滞销。当质价比率大于1时，在竞争市场上，该产品会受顾客欢迎。因此，我们可以用质价比率作为产品价格安全的一个衡量指标。质价比率偏离1的时候，如果不是一种经营策略，就可能是一个不安全的信号，应引起重视，以避免价值与价格的背离而使企业出现经营失误。

（6）产品关联度。

产品关联度是不同产品项目在市场、渠道、生产条件、技术等方面的相似程度。相似程度高，则现有的销售资源对新产品的支持度就高，核心能力容易形成。相似程度低，企业经营资源分散，不利于市场竞争。这时最好另起炉灶，重新去开拓另一片天地。例如，TCL推出手机产品时，虽然有强大的家电销售网络可以提供支持，但还是选择建立独立的手机销售渠道。

产品关联度越高，市场安全性越好，产品关联度越低，市场安全性越差。产品关联度反映了产品及产品线之间在关联性上的安全程度，所以我们可以作为产品扩张安全的一个预警指标。

可以从三个方面来衡量产品的关联度。

① 决策关联度。决策关联度是渠道决策者在决策多元化的产品事务时，使用知识的关联密切程度。知识的相关程度大，运用原有的知识、经验操作就容易成功。

② 管理关联度。管理关联度是指为多元化产品的销售提供服务的管理职能部门在工作内容上的直接联系程度。比如，手机和家电两类产品在售后服务上就完全不同，家电是提供上门服务，售后服务网点一般设在距离市区较远、租金相对便宜的郊区；而手机的维修则是顾客带机到售后服务点来，服务网点需要设在交通方便的市区。因此，手机和家电产品在管理上的关联度就低。

③ 市场关联度。市场关联度是指多元化产品之间销售事务的联系程度。如果某些产品在品牌使用、销售模式、客户资源等方面完全一致，则关联度高，反之则低。海尔就较好的遵守了市场关联性原则，海尔以冰箱起家，向同类别的白色家电延伸，再以白色家电为核心，向相关领域如黑色家电、移动通信等领域拓展。

（7）顾客让渡价值。

"顾客让渡价值"理论是美国著名的市场营销专家菲利普·科特勒于1996年首次提出的，它是指顾客购买商品或劳务所获得的总价值和支付的总成本之间的差额。顾客的总价值是指顾客购买某一产品或服务所期望获得的一组利益，它包括产品价值、人员价值和服务价值等。顾客的总成本是指顾客为购买某一产品或劳务所消耗的时间、精力、体力及所支付的货币资金等。因此，顾客的总成本包括货币成本、时间成本、精神成本和体力成本等。顾客在购买产品或劳务时，总希望从中获得最大的实际利益，以使自己的需要得到最大限度的满足，但同时又希望把支付的总成本降到最低限度。所以，顾客在选购产品和劳务时，往往从价值和成本两个方面进行比较分析，从中选出价值最大，成本最低，即顾客让渡价值最大的产品或劳务进行购买。

企业能够提供给顾客最大的让渡价值，那么它的产品将会在市场上占据很大的优势。但是如果企业提供给顾客的让渡价值小于行业内的平均值，那么企业就会面临着被市场抛弃的风险，换句话说，就是企业处于不安全状态。因而顾客让渡价值可以作为一个产品策略指标。

11.4.4.3 价格策略安全预警指标

以消费者为市场导向的现代营销摒弃了传统的以生产成本为基准的定价策略，而采取以消费者能接受的成本来制定产品价格的策略。学术界对价格策略安全展开了新的研究。企业价格安全与否，是可以通过系列的预警指标来进行测量的。"四川大学营销工程研究所营销安全课题组"通过对全国五十多家企业的初步调查分析后认为，企业的价格安全可以通过如下系列的主客观指标来评判定价目标安全性。

（1）定价目标的安全性可以通过三个指标来衡量：资源适应性、战略适应性和市场适应性。

资源适应性指的是企业选定的价格目标必须与企业的资源拥有和资源投入相适应。

战略适应性就是企业的定价目标必须与企业的战略和整体目标相对一致，价格目标一般应按照企业目标的要求来制定。

企业在推出新产品时，若要快速进入市场，被大多数消费者所接受，那么它自然会定一个比较低廉的价格。而如若企业想要产品针对的是高端市场，使它的目标市场集中在社会高收入人群，那么价格就会定得较高。

市场适应性涵盖了三个方面的内容：市场需求、市场结构和市场竞争。安全的企业定价目标，应是在特定市场结构下，针对特定的竞争对手，为满足特定的市场需求而做出的选择。在低生活水平时代，物美价廉是消费者所企求的，但是随着消费水平的提高，人们对价格的追求也体现出复杂化的倾向。与此相适应，企业的定价方法也发生了根本的变化，传统的成本导向定价和商业差率定价，被全新的需求导向定价和竞争导向定价所取代。

从企业营销的角度看，社会购买力是构成市场的重要因素之一。社会购买力，指的是一定时期内社会各方面用于购买商品的货币支付能力。决定着市场规模，影响着市场需求结构，制约着企业的营销活动。它是国民经济发展水平、消费者收入、价格水平、储蓄状况、信贷规模等一系列经济因素的函数。一定时期的社会购买力的大小主要取决于国民经济的发展水平。经济发展快，人均收入高，社会购买力就大。企业必须针对不同的市场情况制订不同的价格目标。

定价目标安全与否，与上述三个安全指标的值域密切相关。

（2）定价方法安全性。

常用的定价方法主要有成本导向、需求导向和竞争导向三种。衡量各定价方法的安全性能，我们主要采取成本适应性、需求适应性和竞争适应性三个安全指标。

如果企业选用的是成本导向的定价方法，则所定价格与商品成本包括开发成本、生产成本、销售成本和储运成本的匹配适应程度，直接决定着此种方法的安全性能。

企业成本增加，为了避免亏损，不得不提高价格，但是价格提高的后果也许会造成销量的下降，从而导致利润的下降，所以应该把握好价格与成本之间的关系。对不同的产品应该弄清楚价格因素对消费者购买活动的影响。对价格敏感的产品才应使用这种定价方法，并建立相应的指标来评判。

适应性主要用来衡量以需求为中心的定价方法的安全性。如果消费者对商品价值的认知和理解与经由此种方法确定的商品价格较为一致，我们就说，这种方法是安全的；反之亦然。

产品的价格在一定程度上取决于市场的需求。供不应求，则可以采取高价策略，但是如果供大于求，则需要降低价格，以价格优势来争取消费者。特别是在一些同质产品的定价上，采用这种方法和指标是很合理的。

适应性，指的是企业所选择的定价方法，是否能在激烈竞争的市场上，帮助企业应付竞争，取得收益。它主要用于衡量依据竞争者的价格来制定本企业商品价格方法的安全性能。

产品的竞争激烈程度不同，对价格的影响程度也就不同。竞争越激烈，则价格受到的影响越大。

（3）价位安全性。

价位的安全性是商品的市场价位同本企业商品销售价格的比值。一般地讲，如果该比值大于1，则说明本企业商品的价位是很安全的，商品在市场上具有相当的价格竞争力和吸引力；若等于1，则说明企业的销售价位与市场价位相一致；若小于1，企业就应该高度警惕了，因为企业的价位正处于危险域，要想扭转局面，企业要么选择降价，策动直接的价格战；要么突出"异质性"，以质量、服务、创新来赢得市场。

（4）价质比安全性。

价质比的安全性能，用质量和价格的比值来测量。若比值大于1，则意味着顾客花钱较少，其所购买的单位质量价格较低，顾客较为满意，企业的价质比也就很安全；反之亦然。

（5）商值安全性。

商值的安全性，可以用一公式来表示

$$Q = t/p \div T/P$$

其中，Q代表商值安全性，T、t、P、p分别代表商品的社会平均使用时间、企业商品的使用时间、社会平均价格及企业商品的销售价格。Q的取值，能客观地反映出企业商值的安全状态。若Q>1，则暗示着消费者用于购买本企业产品的单位价格所获得的产品使用时间比花同样的钱购买其他企业产品所获得的使用时间更长，显然，消费者会因此更乐意接受本企业的产品，企业的商值处于安全的状态。反之亦同此理。由于商值安全是价格安全的重要内容，它直接关系着企业的持续营销能走多远，因此，企业必须通过定期和不定期的商值安全测评，对商值的安全状况进行诊断，以确保企业商值的安全运行状态。

（6）价格竞争安全性。

价格竞争安全性等于竞争商品价格与本企业商品价格的比值。这一安全指标，直接把竞争对手价格与企业价格相比较，重点强调市场中的竞争状况。事实上，市场经济的本质特征就是竞争，在实际生活中完全垄断的市场几乎是不存在的，因此，把竞争状况作为价格安全体系中的一个重要因素来考虑是很必要的。如果对手价格与企业价格的比值大于1，则说明企业的价格竞争处于安全的状况；反之，则预示着企业的价格竞争出现了危机，企业必须立即采取措施予以纠正。

在很多情况下企业选择价格竞争来改变在市场中所处的劣势或者巩固在市场上的地位。但是价格竞争会给企业带来很多问题，如何处理这些问题也会消耗很多资源。所以企业应该尽量使价格竞争保持在一个安全的水平上，这时价格竞争安全性这一指标的作用就得以充分的体现。

（7）价格变动敏感度。

衡量价格变动的安全性能有两个指标：一是变动收益比率，二是变动销量比率。它们分别反映了价格变动前后企业利润和企业销量的比值。若价格变动后的收益比率大于价格变动前的收益比率，则说明价格变动后的企业利润比变动前要多，价格变动是成功的，企业的价格变动安全性能良好；反之亦然。变动销量比率亦同此理。

价格变动安全性主要是从收益和销量的角度来衡量价格安全的。收益高，销量大，不能肯定地说价格就是安全的了。因为不同的企业其价格目标是不同的。有的是在追求高收益，大销量；但还有的是以增加市场份额或保持价格稳定或获取一定的资金利润率为目标的。因此，欲全面地衡量企业的价格安全状况，绝不能孤立地依赖某一指标，必须结合上述各指标，从不同角度，不同层面，全方位地进行诊断。

价格是围绕价值上下波动的。产品的价格不可能保持不变，价格的变动又势必引起企业销量和利润的变动。降价并不一定意味着利润的减小和销量的增多；涨价也不一定会造成销量的下降和利润的增多，价格变动敏感度才能准确地反映三者之间的关系。

11.4.4.4 渠道策略安全预警指标

渠道是否处于安全运行状态，可以通过几个重要的预警指标来考核，"四川大学营销工程研究所营销安全课题组"通过对全国五十多家企业的调查后得出渠道安全预警指标研究的一些初步成果，这些指标主要是回款率、回款周期、抱怨度、冲突频度和强度、产品流流速和合作性等。企业可通过定期与不定期地对渠道安全预警指标的检视来诊断渠道的安全状况。

（1）回款率。

回款率是企业从中间商那里收回的货款同应收货款的比值。回款率高表明渠道运行安全；相反也成立。

$$回款率 = 本期实收账款 / 本期应收账款$$

相对把产品推销出去容易，回收货款不是件容易的事。

造成赊销的主要原因有两点：一是销售经理急于铺货，销售人员迫于压力急于求成；二是销售人员当事人心太软，禁不起客户的软磨硬缠，不能坚持现款现货的交易原则，而销售主管又监督不力。这样，使主动权掌握在了厂家或经销商手中，为了讨回这笔货款，付出更多的精力不说，有时还会被经销商狠心地宰一笔广告补贴、推广津贴等。

（2）回款周期。

回款周期是指从企业把货物发给中间商到收到中间商返回的货款为止所经过的时间。回款周期短，表明渠道运行良好，回款周期正逐步缩短也预示着渠道安全。

回款周期直接影响着企业的资金周转及现金流的充足与否。现金流充足与否又将影响企业签订采购合约方面的信用值和砍价能力。导致采购成本居高不下，进而导致恶性循环。同时，资金的周转是企业所需解决的重大问题，资金周转环节出现的细小的失误都可能使企业陷入困境，甚至破产。

（3）抱怨度。

抱怨度是渠道成员对企业销售政策、渠道管理措施等产生抱怨的人数比例。如果渠道成员的抱怨度低或没有抱怨，则表明渠道很安全。

不论什么产品或服务，除非制造商自己去做终端，否则你都离不开渠道成员，那么无论你的任何市场、销售策略最后也将会通过渠道成员进行具体实施。

对企业来说，渠道成员也是顾客，他们如果对企业提供的服务不满意时，有时可能不会及时地或直接地告诉你，他们可能会加大推销其他产品的力度或者消极推销企业产品来表示抗议，这可能影响区域内的一大批顾客对企业及其产品的看法。所以，处理好企业和渠道成员的关系，及时解决渠道成员的抱怨会为企业产品的销售打下良好的基础。

（4）冲突频度与强度。

产生渠道冲突的根源很多，如供货商要以高价出售，并倾向于现金交易，而购买者则要支付低价，并要求优惠的商业信用；制造商希望中间商只销售自己的产品，但中间商只要有销路就不关心销售哪一种商标牌子；制造商希望中间商将折扣让给买方，而中间商却宁愿将折扣留给自己。

厂家、经销商及所有渠道合作成员都是独立的利益体，因而"价值最大化、投入产出最大化"都是一定的。因此，渠道的垂直冲突、水平冲突和交叉冲突偶尔发生是在所难免的，只要正确处理，是不会产生大的营销事故。但是，如果冲突频率高强度大，或冲突的频度和强度正逐渐增加时，就预示着渠道危机产生了，企业必须立即采取措施予以纠正。

冲突频度与强度的控制是企业解决好渠道冲突的首要任务，是保证冲突不会进一步变成危机的前提。所以把它作为一个指标是有必要的。

（5）产品流流速和流量。

这是渠道安全与否的一个十分重要的预警指标。通过对产品流流速和流量的监测，企业能方便地对渠道安全做出较为准确的评估。如果产品流流速慢、流量小，则证明渠道不畅、渠道节点存在问题，企业需要对此做出相应的处理。

（6）合作性与对抗性。

渠道成员的合作性、对抗性直接影响到渠道的安全性。如果企业的要求、政策和管理措施等能在每个环节完全得到贯彻实施，表明合作性高、对抗性小，渠道很安全。

（7）衰减率。

衰减率是产品在销售过程中，即产品流运动过程中衰减的程度。

$$衰减率 = （始量 - 终量） \div 始量 \times 100\%$$

始量是销售出货量，终量是在所有权转移时的交货量。衰减率是指产品流运动过程中的损失率。损失率高，显示产品储运安全性差，损失率低，显示产品储运安全性好。因此，我们可用产品流运动过程中的衰减率指标值来监控产品的储运安全。

11.4.4.5 促销策略安全预警指标

（1）促销对象合理度。

促销对象合理度是指企业促销活动实际所面向的顾客与企业促销活动本应针对的目标顾客的吻合程度。吻合程度高，说明企业促销对象合理，能以较少投入收到较大效果，反过来就是企业促销对象不合理，哪怕投入很大得到的收益也是很小。

（2）促销事故率。

促销事故是企业促销活动中发生的影响企业营销安全性的意外事件，如企业促销活动计划被竞争对手得知，提前予以打击，使企业促销活动失败，促销现场发生骚乱，无法维持正常秩序，促销活动被迫中断等现象。可用一次促销活动事故发生的数量多少测量。

（3）促销目标完成率。

促销目标是企业在开展促销活动之前预先制订的任务或想要达到的目的，包括增加销售额、扩大市场占有率、宣传企业形象等。促销目标完成率表明了企业促销活动的有效性。其公式可表示为

$$促销目标完成率 = 实际完成的促销目标 \div 预先制订的促销目标 \times 100\%$$

（4）促销效果。

指企业促销地域的销售业绩增长情况。一般情况下，企业促销活动都能带动企业促销地销售量的迅速增长，这种增长力量并会辐射到其他地方。促销效果反映了企业促销活动的有效性。

$$促销投入产出 = (促销策略采取前销售量 - 促销策略采取后销售量) \div 促销投入资金$$

当这个比值小于1，甚至为负时，说明促销策略是失败的，并没有为企业带来所希望的利润增长，这时促销处于不安全状态；当比值远远大于1时，说明这时的促销策略很成功，为企业销售量的增长做出很大贡献。

11.5 企业营销策略安全预警指标值的模糊综合评价

模糊数学中的模糊综合评判方法，正是针对难以直接用准确的数字进行量化的评价问题提出来的一种很有价值的方法。

模糊评价法是利用模糊数学理论对现实世界中广泛存在的那些模糊的、不确定的事物进行定量化，从而做出相对客观的、正确的、符合实际的评价，进而解决具有模糊性的实际问题，其主要目的是为人类智能信息处理工程如决策、解决大规模复杂管理和经济大系统提供一种模型。从20世纪90年代初期开始，国内外学者们一直从事着将模糊管理数学的方法应用于银行业务上的研究。到目前为止，已经在贷款人道德因素分析、贷款额度、内部风险控制、信用等级评估、贷款分类及准备金充足性等方面都得到了应用。

模糊综合评判方法是用单因素隶属函数来表示某个因素对评判对象的影响，然后利用加权方法综合各个因素对评判对象的影响，最终得到关于该评判对象的综合评判。

11.5.1 基本公式

营销策略安全预警指标值的模糊综合评价，可以采用如下公式计算

$$S_{ik} = \sum_{k=1}^{N} a_{ik} g q_{ik}$$

其中 S_{ik} 表示营销策略安全水平，a_{ik} 代表营销策略在 i 方面的安全值，q_{ik} 代表营销策略在 i 方面的权重值，q_{ik} 的计算，则可以通过 AHP 方法计算。

11.5.2 计算步骤

计算步骤如下：

采用专家意见法对营销策略安全各层次安全指标间的相互重要程度给出判定。

构造判断矩阵。采用两两比较法构造判断矩阵，采用 1～9 比例标度来反映人的判断能力。假设 A 表示目标，U 表示评价指标集，U_i 表示评价指标。

U_{ij} 表示 U_i 对 U_j 的相对重要性数值，(i, j = 1, 2, 3, …, n)。则判断矩阵为

$$u_i \in U (i = 1, 2, 3, \cdots, n)$$

$$\begin{bmatrix} u_{11} & u_{12} & \cdot & u_{1n} \\ u_{21} & u_{22} & \cdot & u_{2n} \\ \cdot & \cdot & \cdot & \cdot \\ \cdot & \cdot & \cdot & \cdot \\ u_{n1} & u_{n2} & \cdot & u_{nn} \end{bmatrix} \begin{matrix} u_1 \\ u_2 \\ \cdot \\ \cdot \\ u_n \end{matrix}$$

$$\begin{matrix} u_1 & u_2 & \cdot & u_n \end{matrix}$$

计算单一准则重要性排序。采用几何平均法求出 U 的最大特征根 $\lambda \max$ 所对应的特征向量，并正规化处理，所求特征向量即为各评价指标重要性排序，也就是权数分配。其公式为

$$W = \frac{\left(\prod_{j=1}^{n} u_{ij}\right)^{\frac{1}{n}}}{\sum_{i=1}^{n} \left(\prod_{j=1}^{n} u_{ij}\right)^{\frac{1}{n}}} \quad (其中, i,j=1,2,\cdots,n)$$

则 $W=(w_1, w_2, \cdots, w_n)_t$ 即为所求特征向量。

一致性检验。由于权数是由专家给出的置信度矩阵决定的，因而这些置信度矩阵之向量是否有某种一致性，必须进行检验。

设 U 为 n 阶矩阵，U_{ij} 为 U 中的元素，若对任意

$$1 \leqslant i \leqslant n, 1 \leqslant j \leqslant n$$

元素具有传递性，即满足等式：$U_{ij} \times U_{jk} = U_{ik}$，则称 U 为一致性矩阵，一致性检验公式如下

$$CR = CI \div RI$$

其中 CR 为判断矩阵的随机一致性比率，CI 为判断矩阵的一般一致性指标，它由下式给出

$$CI = (\lambda \max - n)/(n-1)$$

n 为判断矩阵的阶数。RI 为判断矩阵的平均随机一致性指标。当 CR<0.10 时，即认为判断矩阵具有一致性，说明权数分配是合理的，否则需调整判断矩阵直到得到满意的一致性为止。计算 CR 必须先求出 $\lambda \max$，其公式如下

$$\lambda_{\max} = \frac{1}{n} \sum_{i=1}^{n} \frac{(pw)_i}{w_i}$$

$$Pw = \begin{bmatrix} (pw)_1 \\ (pw)_2 \\ L \\ (pw)_n \end{bmatrix} = \begin{bmatrix} U_{11} & U_{12} & g & U_{1n} \\ U_{21} & U_{22} & g & U_{2n} \\ g & g & g & g \\ U_{n1} & U_{n2} & g & U_{nn} \end{bmatrix} \times \begin{bmatrix} w_1 \\ w_2 \\ g \\ w_n \end{bmatrix}$$

根据综合评估公式

$$S_{ik} = \sum_{k=1}^{N} a_{ik} g q_{ik}$$

设 $0 \leqslant S_{ik} \leqslant 1$，当 $S_{ik} \to 1$ 时为安全，而当 $S_{ik} \to 0$ 时为不安全。其间可以分为五个等级：很安全、安全、危险、危机和危急，如假设其对应的安全阈值为 0.9、0.7、0.5、0.3、0.1，那么，我们就可以确定企业的营销策略安全现状，并以此为据采取相应的安全管理措施。安全阈值的确定不是随意的，是要经过理论分析和实际验证得到的一组科学值。在这里我们就不对它进行进一步的阐述。

模糊综合评价得出的营销策略安全预警指标总值是一个总体数据，它反映的是企业营销策略安全的整体状况。通过总体数据，可检验企业营销策略安全管理的整体水平，可预测企业营销策略安全的未来

发展走势，让企业明白现实状况与所要求的理想安全状态之间的差距，以便采取战略性安全管理措施，提高企业的营销策略安全管理水平。但要监测营销过程中的营销策略安全，则必须关注每一个具体的安全指标，只有通过每一个具体的指标，才能实现对营销策略安全的全方位、全过程、全纵深监控与预警。并不反映企业营销策略安全的具体细节。

11.6 企业营销策略安全预警管理措施

11.6.1 树立企业营销策略安全的观念

要进行营销策略的预警管理，首先必须要有营销策略安全的观念。只有当观念深入人心后才能进行管理。要树立这种观念就必须从以下三方面入手进行考虑。

（1）首先要认识企业营销安全的意义。企业必须清楚地认识到，企业的发展是应建立在安全的轨道上，而不是以牺牲安全为代价。

（2）了解企业营销安全知识。

（3）健全企业营销安全理念。只有当企业营销安全理念已经成为企业理念并且活化到了企业营销的每一个环节之后，企业营销活动才可能真正安全。

11.6.2 建立企业营销策略安全预警系统

企业营销策略安全预警系统是对企业营销活动的策略进行全过程、全方位、全纵深监控，并对可能出现的营销策略危机发出报警的企业安全管理系统。系统的建立步骤如下，如图11-1所示。

（1）选定系统研究的对象。

（2）根据所选对象建立相应的指标。

（3）对所选指标进行分析评估。

（4）根据指标对企业的营销策略进行分析。

（5）根据分析的结果采取相应的措施。

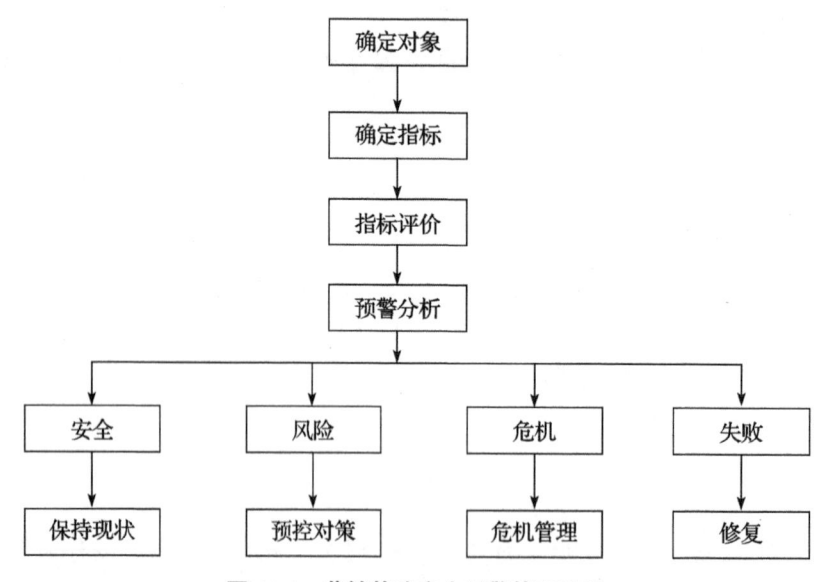

图 11-1 营销策略安全预警管理流程

11.6.3 企业营销策略安全管理对策

11.6.3.1 安全状态管理对策

（1）保持现状。

既然企业的营销策略是处在一个安全的状态，那么完全可以把这种状态保持下去。这种保持是不会花费企业大量的资源的。

（2）随时关注可能出现的新问题。

一时的安全，并不代表着持续的安全。问题的出现是随时的，没有特定的规律。要做到把这种安全状态一直保持下去，就得做到密切注意各个环节，敏锐的把握问题出现的前兆，把所有的风险和危机扼杀在摇篮中。这就要求企业的信息收集必须及时、准确，不能被眼前的安全所蒙蔽。

（3）定期的安全检查。

定期对企业做全面系统的安全检查是必不可少的。一般情况下各环节反馈回来的信息都是相对独立的，不便于企业对营销策略安全系统做整体的评估。然而这种整体的评估是必不可少的，有些问题只有放到系统环境中去才能判断它是否存在漏洞。

11.6.3.2 风险状态管理对策

预控对策就是事先准备好在各种条件下的应急对策或是对策思路，一旦企业接到风险预报，就可以根据已经准备好的对策进行处理。

风险控制对策是指处置风险和避免或减少损失所采取的各种措施和手段。主要包括回避风险、预防损失、减少损失、分离风险单位等，一般在损失发生前实施。

回避风险是指直接避开导致风险的事项和活动，以消除可能发生的损失。预防损失是指降低损失发生的频率。减少损失是指减少损失发生的程度。分离风险单位包括两种风险管理方法：分割风险单位和复制风险单位。分割风险单位是将面临损失的单一的风险单位分为两个或两个以上独立的单位，并且每一个风险都应投入使用。复制风险单位是指企业保存备用的资产或设备，只有在使用的资产或设备遭受损失后才会使用这些备用品。复制风险单位在企业风险控制中最广泛的使用实例就是企业的信息系统的数据备份。

一般来说，品牌风险的发生最主要是集中在品牌延伸期，所以应特别注意此时的风险防范。在延伸的子品牌对企业原有品牌一旦有所负面影响时，要立刻找出原因，对子品牌的营销策略做出调整，在必要时可放弃新延伸出的品牌。

产品和价格风险发生的原因及种类很多。由于不同的原因引起的风险，应采取不同的预控对策。

渠道风险的预控其实质就是处理好企业与渠道各成员，及渠道各成员之间的关系。在发现某一渠道成员有任何异常现象发生时，立即找出其原因，并采取相应措施。不要忽略渠道成员的抱怨，那可能是危机发生的前兆。促销风险的发生就是指促销效果并没有达到预期的目的。对于这种情况就是要在不满意的情况发生后，在最短的时间内做出反应和调整。这样才能避免更多的资金资源的损失。风险控制方法主要可以分为两类，即风险控制对策和风险财务对策。

11.6.3.3 危机状态管理对策

管理方法按照美国危机专家彼得·麦克尤的理论，每一种危机都有相同的模式，其产生、发展和爆发有着相同的规律。根据危机的成长规律，有效的危机管理应包括两个主要原则：先期识别和及时、正确地回应。

我们采用福莱灵克咨询公司发明的一个简单的衡量和指导危机公关的公式来作为营销安全危机管理的对策。

$$(3W+4R) \cdot SF = V1 \text{ 或 } V2$$

公式中3W是指在任何一场危机中，沟通者需要尽快知道的三件事：

① 我们知道了什么。

② 我们什么时候知道的。

③ 我们对此做了什么。

公式中 4R 是指企业在收集了正确的信息以后，给自己在这场危机中的态度定位：遗憾（Regret）、改革（Reform）、赔偿（Restitution）还是恢复（Recovery）。

8F 是沟通时应该遵循的 8 大原则：① 事实（Fact）：向公众说明事实的真相。② 第一（First）：在其他方面做出反应前率先对问题做出反应。③ 迅速（Fast）：处理危机一定要果断迅速。④ 坦率（Frank）：沟通情况时不要躲躲闪闪。⑤ 感觉（Feeling）：与公众分享你的感受。⑥ 论坛（Forum）：在公司内部建立一个最可靠、准确的信息来源，获取尽可能全面的信息。⑦ 灵活性（Flexibility）：对外沟通的内容不是一成不变的，应关注事态的变化。⑧ 反馈（Feedback），企业对外界有关危机的信息要做出及时反馈。

如果 3W、4R 和 8F 做得正确，企业在危机中会成为 V1，即"勇于承担责任者（Victim）"。公众会认为企业很负责任，从而会对企业从轻发落。反之，企业很可能会被当作 V2，也就是"恶棍（Villain）"。

不同企业对待同一危机采取的对策是不一样的，因为各企业所处的自然、社会环境是不一样的，企业自身的条件也是有区别的。所以不能完全采用其他企业成功的例子，要结合自己的实际情况做出变化、改进。

11.6.3.4 失败状态管理对策

导致失败的原因有很多，不同原因导致的失败，其修复策略是完全不一样的，但其总的思路是相似的，就是一种常见的有效的方法。

（1）计划。在进行修复时，计划可以起到路标的作用。它可以指导前进的方向。更重要的是，在制订计划的同时，会对所要解决的问题有个全面的认识，可以避免消耗过多的资源和时间在相对不太重要的地方。

在制订修复计划时应先确定修复管理框架结构，这样有利于协调和控制。接下来就是修复方针、战略的制订。这是很关键的一步，战略选择的失误意味着下一次失败。最后，针对以前营销策略中的不安全因素制订专门的、具体的策略。

（2）信息。这里的信息是指信息的修复，错误的信息导致了营销策略的失败。要对整个系统进行修复，就不能忽略信息的修复。

信息的修复必须从它的来源、传输渠道、传输速度和传输过程中的安全措施几个方面进行修复。这几个方面的重要性是等同的，一个环节出现错误就会导致全盘皆输。

（3）核心。强调核心，就是强调应该集中最主要的资源来解决问题的核心部分，不要被其他部分占据过多的注意力。这里的人包括两部分。一是指营销失败后的受害人。企业应该在第一时间安抚受害人，对他们提出的问题进行解释、解决。受害人的不良情绪如若受到进一步激发，对失败的后果将会更严重，对企业的危害将更大。二是指参与修复工作的人员。这些人是直接参与到修复工作中去的，没有他们，修复就无法进行，他们是修复过程中最重要的部分。各种失败对修复人员的要求是不一样的。

（4）整合。整合即是指整体的综合。在修复过程中，企业各部分，从管理者到一般员工都齐心协力，在思想和行为上都保持高度的一致，那么企业从失败中走出来的机会会更大，用于修复的时间会更短。

（5）持续性。企业所要追求的是长期的发展和长远的利益。失败并不可怕，怕的是失败后的一蹶不振。没有永恒的失败，只要企业在遇到失败时，有条不紊，尽量保持营销工作的继续进行，减小损失，同时开展有效的修复工作。一个企业失败往往不是一种原因造成的，而可能是其中几种，而且这几种原因或互为因果，或并列关系等。所以在对待企业失败状态的管理时，应该是多个环节的互相分析和弥补，才能达到修复和避免给企业带来更大的损失。

11.7 结论

对于市场营销问题，有些人片面理解，把市场营销等同于推销。然而推销并非是营销，推销仅仅是市场营销的内容之一。著名管理学家彼得·德鲁克曾经指出，"可以设想，某些推销工作总是需要的，然而营销的目的就是要使推销成为多余，营销的目的在于深刻地认识和了解顾客，从而使产品或服务完全地适合它的需要而形成产品自我销售，理想的营销会产生一个已经准备来购买的顾客，剩下的事就是如何便于顾客得到产品或服务"。美国营销学权威菲利浦·科特勒认为，"营销最重要的内容并非是推销，推销只不过是营销冰山上的顶点"，市场营销策略是市场营销的重要组成部分。只有采取正确的策略，市场营销才能达到预期的目的。正确的策略也就是说营销策略是必须安全的。营销策略的安全性是营销策略被采纳和执行的先决条件。营销策略安全对企业管理来说是很重要的，因为它是和企业的销售量，利润大小直接挂钩。本部分题目是企业营销策略，研究重点放在安全结构和指标及指标体系的构建上。营销策略安全的研究在世界上属于一门新兴的学科，对它的研究还有待于进一步发展。在文中所阐述的思想和看法并不一定是完整和正确的，随着研究的进一步继续，相信会出现新的更科学，对实践更有指导意义的理论。

12. 工业企业营销安全预警指标体系的理论研究

12.1 营销安全与营销安全预警指标体系

研究营销安全预警指标体系，必须首先弄清几个关键概念：营销风险、营销危机、营销事故与营销安全。

营销风险（Marketing Risks，MR）是指各种营销事故发生的概率，用公式表示为

$$MR = f(p, c)$$

p：营销事故发生概率；c：营销事故发生的后果。

营销危机（Marketing Crises，MC）是指由即将发生的营销事故所引起的紧急状态，用公式表示为

$$MC = f(p, c)(p>1 \text{ 或 } p=1)$$

营销事故（Marketing Accidents，MA）是指发生在市场营销过程中的，对营销流的运动产生重大负面影响的各类营销事件，用公式表示为

$$MA = f(p, c)(p=1, c>0)$$

营销安全（Marketing Safety，MS）是指企业在市场营销过程中，不会因来自企业内部或外部的营销风险或营销危机而引发严重的营销事故，使企业的可持续营销状态被破坏，导致重大营销损失。营销安全可用公式表示为

$$MS = f(p, c)$$

营销安全是对营销风险、营销危机、营销事故的一种反映状态，其关系可用公式表示为

$$MS = f(MR \cdot MT \cdot MA)$$

公式表明，MR，MC，MA 与 MS 成反比，当 MR、MC、MA 增大时，MS 就小，当 MR、MC、MA 减小时，MS 就增大。因此，要提高企业的营销安全水平，必须降低 MR、MC、MA 的水平。

12.2 工业企业营销安全预警原理

12.2.1 营销环境与营销实况

企业营销系统是一个开放系统，包括企业内部系统和企业外部系统两大部分，因此，营销安全分析必须针对两大系统而不仅是企业内部系统，如图 12-1 所示。

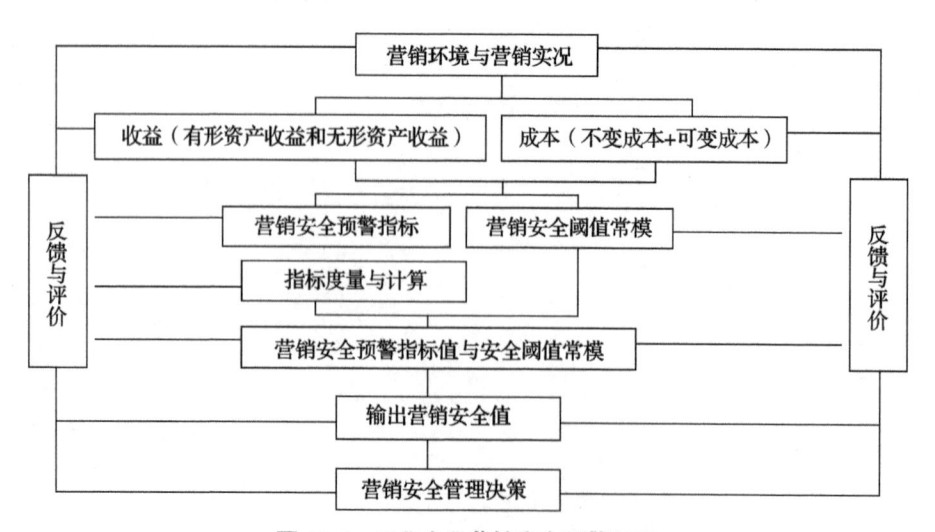

图 12-1 工业企业营销安全预警原理

12.2.2 收益与成本

企业营销安全预警原理的核心是企业收益与成本的比值。营销安全状况最终会通过收益与成本之比反映出来。当收益与成本的比值保持稳定或上升时，表明营销处于安全状态，当收益与成本的比值开始下降或即将下降时，表明营销处于不安全状态。这里所言的收益，不仅是销售收入，还包括无形资产的增加。而这里所言的成本也不仅是不变成本和一般的可变成本，还包括由于风险、危机、事故等带来的损失等。

12.2.3 营销安全预警指标体系

我们通过理论和实证调查，可以找到企业营销过程中影响收益和成本增减的各种因素，然后对这些因素进行聚类分析，可得到分层次的因素集合。这些因素集合就是我们要建立的营销安全预警指标体系。这些指标体系可分为主观指标与客观指标两个方面。客观指标可通过调查与数据收集而直接获得，主观指标则可通过计量经济学方法和统计学方法进行一系列处理之后获得。不同计量单位指标之间的统计可通过标准分转换来实现。

12.2.4 指标的度量与计算

我们通过进一步的理论分析和实证调查，可以确定企业营销安全指标的基本阈值常模。营销安全指标阈值常模是指处于安全状态下的正常企业所具有的安全指标数值，是衡量企业营销安全状态的参照标准。具体企业可以此为基础确定本企业的营销安全指标阈值常模。

12.2.5 营销安全预警指标值与安全阈值常模的比较

在获得企业的营销安全值之后，与常模进行比较，可确定企业营销安全的等级，为企业营销安全管理决策提供依据。

12.2.6 营销安全管理决策

企业根据其营销安危状况，可采取相应的安全措施，以避免营销风险和营销危机扩大及营销事故的发生。

12.2.7 反馈与评价

营销安全预警指标体系的建立和使用过程，是一个不断修正、完善的过程，通过不断地反馈和评价，最终可以建立起一个科学的预警指标体系。

12.3 工业企业营销安全预警指标体系的建立方法

12.3.1 指标选择方法

（1）理论分析法。根据市场营销的理论和营销安全的理论对营销安全的预警指标进行理论分析，根据理论分析的结果，确立初步的预警指标体系。

（2）实证分析法。抽样选择一批在营销上成功和失败的工业企业进行实证性对比分析，可以找到营销安全的预警指标。

（3）调查分析法。借助专门的调查来寻找预警指标。这些调查包括专家调查、企业家调查、营销管理人员调查和市场调查等。

12.3.2 指标因素分析

对已经获得的指标，我们必须进行因素分析，以确定公共因素和特殊因素。

设 m 个相关变量 $Z_1, Z_2, Z_3, \cdots, Z_n$ 含有 $P(P<m)$ 个独立的公共因素 $F_1, F_2, F_3, \cdots, F_p$，第 i 个变量含有独特因素 $u_i(i=1, 2, \cdots, m)$，$u_1, u_2, \cdots, u_m$ 互不相关，且与 $F_j(j=1, 2, \cdots, p)$ 互不相关。假定 $Z_i(i=1, 2, \cdots, m)$ 可由公共因素 $F_1, F_2, \cdots, F_p$ 和独特因素 u_1 线性表示为

$$Z_1 = a_{i1}F_1 + a_{i2}F_2 + \cdots + a_{ij}F_j = c_{iu_i}(i=1, 2, \cdots, m)$$

则式中 $F_1, F_2, F_3, \cdots, F_p$ 的系数 $a_{ij}(i=1, 2, \cdots, m; j=1, 2, \cdots, p)$ 即为因素负荷。我们可用

表 12-1 的指标因素负荷矩阵表示。

表 12-1　指标因素负荷矩阵

指标（变量）	因素负荷量				公共性（h_2）
	F_1	F_2	...	F_P	
Z_1	a_{11}	a_{12}	...	a_{1p}	$h_2^1 = \sum_{j=1}^{p} a_{1j}^2$
Z_2	a_{21}	a_{22}	...	a_{2p}	$h_2^2 = \sum_{j=1}^{p} a_{1j}^2$
...	...	...	...	...	...
Z_m	a_{m1}	a_{m2}	...	a_{mp}	$h_m^1 = \sum_{j=1}^{p} a_{mj}^2$
平方和 百分比	$S_1^2 = \sum_{i=1}^{m} a_{i1}^2$ $P_1 = \dfrac{s_1^2}{m}$	$S_2^2 = \sum_{i=1}^{m} a_{i2}^2$ $P_2 = \dfrac{s_2^2}{m}$	...	$S_p^2 = \sum_{i=1}^{m} a_{ip}^2$ $P_p = \dfrac{s_p^2}{m}$	$\sum_{i=1}^{m} h_i^2 = \sum_{j=1}^{p} s_j^2 = \sum_{i=1}^{m}\sum_{j=1}^{p} a_1^2$ $P = \dfrac{\sum_{i=1}^{p} s_2^2}{m}$

12.3.3　指标析取

所选的指标可能有很高的交叉重复性，所以必须进行指标析取。对于反映同一个内容的指标，原则上只能用一个，若为统计和评价方便，有时也选用几个不同的指标去反映同一个问题，但在统计时，必须借助数学方法扣除重复计算部分，或选取最有代表性的指标数据进入统计之中。

$$r_{pq} = \frac{r_{tp}s_t - s_p}{\sqrt{s_t^2 + s_p^2 - 2r_{tp}s_t s_p}}$$

式中 r_{pq} 是某一指标与所有其他指标合成数值之间的相关，r_{tp} 是某一指标值与总值之间的相关，s_t 是总值的标准差，s_p 是指标的标准差。在公式中所得的每一个指标是与（n-1）指标的相关，而不是与 n 指标的相关。（n-1）指标对每一指标来说是不同的合成物，指标越少，其差异性越大。因此，用（n-1）指标作效标对各指标是不一致的，为克服这一缺点，可以用如下的校正公式

$$cr_{pd} = \left(\frac{\sqrt{n}}{\sqrt{n-1}}\right)\left(\frac{r_{pb}S_t - \sqrt{p_i q_i}}{\sqrt{s_t^2 - \sum p_i q_i}}\right)$$

式中 cr_{pb} 为校正后的相关，r_{pb} 为实得的指标值和总值的相关，n 为指标的数目，p_i 为某一指标值的通过率，q_i 为 $1-p_i$。经过区分度处理后，可以把那些不能完全反映营销安全实态的指标剔除，只留下与营销安全具有高相关的指标，作为最后入选指标。

12.4　工业企业营销安全预警指标体系的基本框架

借助理论研究和初步的实证研究，我们尝试给出工业企业营销安全预警指标体系的基本框架，如图 12-2 所示，作为进一步实证研究的基础。以上模型，是在理论研究和局部实证研究基础上确立的一个基本框架，只要再通过全面的实证调查和研究，对框架进行修正和完善，我们就可以获得完整的准则层和方案层指标，并最终建立起一个完整的工业企业营销安全预警指标体系。

目标层	准则层			方案层
	准则母层结	准则子层结	准则孙层结	

```
                                                                    ┌ C1
                       ┌─政治安全B11  ──(···B111          ···
                       │                                  ···
                       │─经济安全B12       ···            ···
         ┌─环境安全B1──┤─文化安全B13       ···            ···
         │            │─技术安全B14       ···            ···
         │            │─法律安全B15       ···            ···
         │            └─政策安全B16       ···            ···
         │            ┌─市场定位安全B21   ···            ···
         │            │─市场需要安全B22   ···            ···
         │            │─市场竞争安全B23   ···            ···
         ├─市场安全B2─┤─市场结构安全B24   ···            ···
         │            │─市场发展安全B25   ···            ···
         │            │─市场顾客安全B26   ···            ···
         │            └─市场信息安全B27   ···            ···
         │            ┌─营销组织战略安全B31  ···          ···
         │            │─营销组织机构安全B32  ···          ···
         ├─组织安全B3─┤─营销组织功能安全B33  ···          ···
         │            │─营销组织制度安全B34  ···          ···
         │            │─营销组织队伍安全B35  ···          ···
         │            └─营销组织运行安全B36  ···          ···
         │            ┌─战略定位安全B41   ···            ···
         │            │─战略选择安全B42   ···            ···
工业企业  ├─战略安全B4─┤─战略模式安全B43   ···            ···
营销安全  │            │─战略步骤安全B44   ···            ···
预警指标  │            └─战略执行安全B45   ···            ···
及其综合  │            ┌─品牌理念安全B51   ···            ···
评价体系A ├─品牌安全B5─┤─品牌联想安全B52   ···            ···
         │            │─品牌个性安全B53   ···            ···
         │            │─品牌形式安全B54   ···            ···
         │            └─品牌策略安全B55   ···            ···
         │            ┌─产品定位安全B61   ···            ···
         │            │─产品质量安全B62   ···            ···
         │            │─产品效用安全B63   ···            ···
         │            │─产品数量安全B64   ···            ···
         ├─产品安全B6─┤─产品结构安全B65   ···            ···
         │            │─产品附加安全B67   ···            ···
         │            │─产品延伸安全B68   ···            ···
         │            │─产品延伸安全B69   ···            ···
         │            └─产品储运安全B610  ···            ···
         │            ┌─价格目标安全B71   ···            ···
         │            │─定价方法安全B72   ···            ···
         │            │─价质比安全B73     ···            ···
         ├─价格安全B7─┤─价格结构安全B74   ···            ···
         │            │─商值安全B75       ···            ···
         │            └─价格竞争安全B76   ···            ···
         │            ┌─渠道环节安全B81   ···            ···
         │            │─渠道宽度安全B82   ···            ···
         │            │─渠道长度安全B83   ···            ···
         ├─渠道安全B8─┤─渠道结构安全B84   ···            ···
         │            │─渠道选择安全B85   ···            ···
         │            │─渠道控制安全B86   ···            ···
         │            └─渠道运行安全B87   ···            ···
         │            ┌─广告安全B91       ···            ···
         ├─促销安全B9─┤─公共安全B92       ···            ···
         │            │─推销安全B93       ···            ···
         │            └─销售促进安全B94   ···            ···
         │            ┌─资金结构安全B101  ···            ···
         │            │─资金配置安全B102  ···            ···
         └─资金安全B10┤─资金供求安全B103  ···            ···
                      │─资金流动安全B104  ···            ···
                      └─资金回收安全B105  ···            ···
```

图 12-2 工业企业营销安全预警指标体系

12.5 工业企业营销安全预警指标的模糊综合评价方法

为了获得营销安全的总体水平状况,我们可以进行模糊综合统计。虽然指标体系有五层,但二、三、四层可合并为指标层,因此可按三层次进行统计,其方法如下。

12.5.1 建立测评专家小组

客观指标数值可以直接获得或调查获得,而主观指标数值则可由专家根据评定要求给出。根据营销安全的要求,借鉴美国国家经济安全预警警级划分方法,我们设定评估集为五级,即V=v1,v2,v3,v4,v5。分别代表很安全、安全、危象(低危)、危机(中危)、危急(高危)。用颜色代表,可表示为绿灯、蓝灯、黄灯、橙灯和红灯。专家组成员可由营销专家、管理专家、财务专家,以及企业家、销售经理、财务经理、市场经理、销售商等组成。

12.5.2 指标重要性评判

根据设定的结构模型,请评定专家根据模型中各项指标的重要性给出评判。

12.5.3 构造判断矩阵

采用对偶方法构造判断矩阵,采用 $1 \sim 9$ 的比例标度来反映人的判断能力。设 A 表示目标,U 表示评价指标集,u_i 表示评价指标,$u_i \in U(i=1, 2, \cdots, n)$。$u_{ij}$ 表示 u_i 对 u_j 的相对重要性数值 $(j=1, 2, \cdots, n)$。则判断矩阵为

$$\begin{bmatrix} u_{11} & u_{12} & \cdot & u_{1n} \\ u_{21} & u_{22} & \cdot & u_{2n} \\ \cdot & \cdot & \cdot & \cdot \\ \cdot & \cdot & \cdot & \cdot \\ u_{n1} & u_{n2} & \cdot & u_{nn} \end{bmatrix} \begin{matrix} u_1 \\ u_2 \\ \cdot \\ \cdot \\ u_n \end{matrix}$$

$$\quad u \quad\quad u \quad\quad \cdot \quad\quad u$$

12.5.4 计算单一准则的重要性排序

采用几何法求出 U 的最大特征根 $\lambda \max$ 所对应的特征向量,并正规化处理,所求特征向量即为各评价指标重要性排序。公式为

$$W = \frac{\left(\prod_{j=1}^{n} u_{ij}\right)^{\frac{1}{n}}}{\sum_{i=1}^{n}\left(\prod_{j=1}^{n} u_{ij}\right)^{\frac{1}{n}}}$$

其中 $i, j=1, 2, \cdots, n$,则 $W=(w_1, w_2, \cdots, w_n)$,即为特征向量。

12.5.5 对一致性的检验

由于有主观指标,因此必须进行评分者信度检验,以确定评分之间是否具有一致性。其方法是,设U 为 n 阶矩阵,u_{ij} 则为 U 的元素,其对任意 $1 \leq i \leq n$, $1 \leq j \leq n$,矩阵 U 的元素具有传递性,即满足等式:$u_{ij} \times u_{jk}=u_{ik}$,则称 U 为一致性矩阵。一致性检验采用如下公式

$$CR = CI/RI$$

其中,CR 称为判断矩阵的随机一致性比率;CI 称为判断矩阵的一般一致性指标,它可以由下式给出

$$CI = (\lambda \max - n)/(n-1)$$

n 为判断矩阵的阶数。RI 为判断矩阵的平均随机一致性指标。当 $CR < 0.10$ 时,即认为判断矩阵具有满意的一致性,说明权数分配是合理的。如果,$CR > 0.10$ 时,证明一致性差,需调整判断矩阵,直到达到满意的一致性为止,计算 CR 必须先求出 λ,其公式如下

$$\lambda_{max} = \frac{1}{n}\sum_{i=1}^{n}\frac{(pw)_i}{w_i}$$

$$Pw = \begin{bmatrix} (pw)_1 \\ (pw)_2 \\ L \\ (pw)_n \end{bmatrix} = \begin{bmatrix} U_{11} & U_{12} & g & U_{1n} \\ U_{21} & U_{22} & g & U_{2n} \\ g & g & g & g \\ U_{n1} & U_{n2} & g & U_{nn} \end{bmatrix} \times \begin{bmatrix} w_1 \\ w_2 \\ g \\ w_n \end{bmatrix}$$

12.5.6 计算综合权重排序

由于前面计算的是准则层和方案层各指标的权重分配，而方案层和准则层相对于目标层的权重分配计算则可用公式：$W = \sum b_j = wb_j \cdot wc_{ij}$，$wb_j$ 为 b_j 相对于 A 的重要性权值，wc_{ij} 为 C_{ij} 相对于 b_j 的重要性权值；当 b_j 与 C_{ij} 没有联系时，$wc_{ij}=0$。

12.5.7 指标的隶属度确定

根据计算结果，可以确定指标的隶属度。假定准则层指标为 n，方案层指标为 m1，m2，…，mn。则可得到下列公式

$$RB_1 = (r_{ij})m_1n$$
$$RB_2 = (r_{ij})m_2n$$
$$\cdots\cdots$$
$$RB_n = (r_{ij})m_nn$$
$$R = (RB_1, RB_2, \cdots RB_n)^T$$

在矩阵 RB_i 中 r_{ij} 表示在第 i 个评价指标上，对它第 j 等级评定的人数占全部专家组人数的百分比，即：$r_{ij}=d_{ij}/d$ 表示第 i 个评价指标上，对它做出第 j 个等级评的人数，d 表示全部专家人数。

12.5.8 计算评价值

在隶属度矩阵 R 获得后，可计算综合评价向量 S。我们采用加权平均型 M 模型

$$S = Wac \cdot R$$

式中，Wac 为方案层指标 C 对目标层目标 A 的综合权重。若对评语集量化，则综合评价值为

$$P = V \cdot St$$

由该公式求出的评价值可确定工业企业营销安全系统的等级值，从而实现对工业企业营销安全性的评价。

两点说明：第一，工业企业营销安全预警指标总值是一个总体数据，它反映工业企业营销安全的总体水平，并不能实现对工业企业营销安全的全面预警和预控。因为即使一个企业有非常好的安全总值，但当它在某一个方面发生严重问题时，就可能会使企业陷入危机之中。因此，工业企业营销安全预警管理必须基于每一个具体的安全指标，只有充分运用每一个具体的安全指标，才能实现对营销安全的监控和预警，才能保证企业的营销安全。但营销安全预警指标总值对企业并不是无意义的，它可反映企业营销安全的整体状况，可检验企业营销安全管理的整体水平，可预测企业营销安全的未来发展走势，让企业明白现实状况与所要求的理想安全状态之间的差距，以便采取战略性安全管理措施，提高企业的营销安全管理水平。

第二，选作企业营销安全预警指标体系的指标应遵循异质性原则。但现实中发现有一些指标数据很难获得，所以，应有近似替代指标，即用可获得的同质性的其他指标数值代替某预警指标数值。所以，确定预警指标时，应有候选同质指标，并标明每一个候选同质指标与正选预警指标间的同质系数，做好排序，以便企业进行评估时参考选用。

附　录

附录1 消费者相关部分问卷

影响品牌延伸安全的关键因素的安全等级调查问卷（消费者相关部分）

（注：在调查开始前，调查员需要先询问被调查对象是否知道 A 公司，询问方式如下：

"您好！我是 A 公司的调查员 **，这是我的证件，请问您知道 A 公司吗？"如果被调查对象回答不知道则终止调查，如果知道则继续以下内容。）

亲爱的消费者：

首先感谢您参加 A 公司的问卷调查。本问卷旨在调查影响本公司（核心品牌名称）延伸安全的关键因素自身的安全等级。您的回答将有助于我们了解您的态度，您提供的信息将为本公司的品牌延伸安全做出贡献，我们将严格为您的信息及您所提供的答案保密，并在本调查结束后送您一件本公司的小礼品，请按照您的实际情况和真实想法填写，谢谢您的合作！

首先，请您填写您的基本信息，您的基本信息将不会用于本调查无关的其他任何用途，并且不会被提供给任何第三方（请在选项后打√）：

1. 性别：

①男　　　　　②女

2. 学历：

①高中及以下　②专科　　　③本科　　　④硕士　　　⑤博士

3. 年龄

① 20 岁以下　② 20～29 岁　③ 30～39 岁　④ 40～49 岁　⑤ 50 岁及以上

下面将是本次调查的正方部分，请您按您的真实想法填写（请在选项后打√）

第一部分：与 A 公司相关的问题。

问题	是	否
你是否认为 A 公司是一个讲信用的企业吗		
你是否认为 A 公司在 ** 行业是技术领先的企业吗		
你是否认为 A 公司为生产（品牌延伸后的新产品或子品牌、副品牌名称）做了足够的准备吗		
你是否认为 A 公司能够生产出高质量的（品牌延伸后的新产品或子品牌、副品牌所在的类别）产品吗		
你是否认为 A 公司的产品质量是最好的之一吗		
你是否认为 A 公司将消费者的利益放在很重要的位置吗		
你是否认为 A 公司热心回报社会呢		
你是否认为 A 公司是个守法的企业		

第二部分：与核心品牌名称相关的问题。

您知道（核心品牌名称）吗？如果您不知道请不要填写以下内容。

（说明，如果核心品牌下有多个产品，则可以选取两到三个有代表性的主要产品所在的产品类别问。）

问题	是	否
（核心品牌名称）是否是你在 ** 类别中商品中最喜欢和经常购买的品牌		
你是否认为（核心品牌名称）的产品在同行业中都是最好的		

续表

问题	是	否
你是否会推荐你的朋友购买（核心品牌名称）的产品		
当别人说不利于（核心品牌名称）的言论时，你是否会感到不舒服或想跟他理论		
你在购买（核心品牌名称）的产品时，是不是想过为什么要买（核心品牌名称）的产品呢		
如果（核心品牌名称）的（核心品牌下的原产品的名称）加价10%，你还会购买它吗		
你是不是不会在购买其他品牌和（核心品牌名称）的产品之间犹豫而选择（核心品牌名称）呢		
你认为（核心品牌名称）的（核心品牌下的原产品的名称）质量是否令你满意呢		
你是否对（核心品牌名称）的服务满意呢		
你知道（核心品牌名称）的"******"广告语吗		
你是否认为（核心品牌名称）的"******"广告语能够作为（品牌延伸后的新产品或子品牌、副品牌名称）的广告语呢		
你认为（核心品牌名称）是否是一个**行业品牌（**行业是指覆盖核心品牌原产品和延伸后产品的行业，如格兰仕原来为微波炉行业，现在格兰仕将品牌延伸到空调，则行业为家电行业）		
（品牌延伸后的新产品或子品牌、副品牌名称）是否是（核心品牌名称）的第3个以前的延伸产品或品牌呢		
请被调查者说出一个**产品类别的一个品牌名称（核心品牌所在的产品类别），如果（核心品牌名称）是顾客说出的第一个，则表示是，其他表示否		
你觉得（核心品牌名称）是一个知名品牌吗		
请被调查者说明提到（核心品牌名称）会想到什么产品？如果顾客的回答和公司的产品类别一致，则表示是，其他表示否		
（核心品牌名称）是否会让你感到******（******表示公司的品牌核心价值）		

第三部分：与品牌延伸后的新产品或子品牌、副品牌名称相关的问题。

A公司的（品牌延伸后的新产品或子品牌、副品牌名称）已经上市了，如果您没有听说过（品牌延伸后的新产品或子品牌、融品牌名称），则请您不要填写以下内容。

问题	是	否
你认为A公司的（品牌延伸后的新产品或子品牌、副品牌名称）是否继承了（核心品牌名称）（核心品牌下的原产品的名称）先进的**技术呢		
你是否认为A公司的（品牌延伸后的新产品或子品牌、副品牌名称）和（核心品牌名称）（核心品牌下的原产品的名称）的核心技术都是**呢		
你知道A公司的（品牌延伸后的新产品或子品牌、副品牌名称）与（核心品牌名称）的（核心品牌下的原产品的名称）都是采用**工艺生产的吗		
你是否认为A公司的（品牌延伸后的新产品或子品牌、副品牌名称）与（核心品牌名称）（核心品牌下的原产品的名称）都是**类别的产品呢		
你是否认为A公司的（品牌延伸后的新产品或子品牌、副品牌名称）和（核心品牌名称）（核心品牌下的原产品的名称）的主要成分都是**呢		
你认为A公司的（品牌延伸后的新产品或子品牌、副品牌名称）和（核心品牌名称）（核心品牌下的原产品的名称）都是给**类人使用的吗		
你是否认为A公司的（品牌延伸后的新产品或子品牌、副品牌名称）和（核心品牌名称）（核心品牌下的原产品的名称）的功能是一样的吗		
你如果买了A公司的（品牌延伸后的新产品或子品牌、副品牌名称），是不是还会买（核心品牌名称）（核心品牌下的原产品的名称）		
（品牌延伸后的新产品或子品牌、副品牌名称）的质量是否令您满意呢		
你是否觉得（品牌延伸后的新产品或子品牌、副品牌名称）物有所值呢		
你对（品牌延伸后的新产品或子品牌、副品牌名称）的服务质量满意吗		
请被调查者说明提到（核心品牌名称）会想到什么产品？如果顾客的回答和公司的产品类别一致，则表示是，其他表示否		
（核心品牌名称）是否会让你感到******（******表示公司的品牌核心价值）		

日期： 年 月 日

本次调查结束，请您将问卷交给我们的调查人员，再次感谢您的合作！

附录2 非消费者相关部分问卷

影响品牌延伸安全的关键因素的安全等级调查问卷（非消费者相关部分）

您好，首先感谢您参加 A 公司的问卷调查。本问卷旨在调查影响本公司（核心品牌名称）延伸安全的关键因素自身的安全等级。您的回答将对本公司的品牌延伸提供非常重要的参考，请您认真填写以下信息，谢谢！

第一部分：个人信息。
姓名：　　　　公司：　　　　　　　　部门：
职务：　　　　性别：　　　　日期：
第二部分：问卷部分。

问题	是	否
（品牌延伸后的新产品或子品牌、副品牌名称）进入的市场，其市场容量是否能够支持公司的短期和长期发展战略目标		
品牌延伸到的市场是否是一个还在不断扩大中的市场		
该市场是否会受到宏观因素或国际市场因素的影响而陷入低迷呢		
市场的利润是否高于（核心品牌下的原产品的名称）所在市场的平均利润率		
该行业的利润会不会受到其他因素的影响而很快会降低（如受国家宏观调控的影响）呢		
该市场的竞争对手数量是否少于5家		
该市场是不是没有行业垄断者呢		
该市场的竞争对手是否没有本公司的实力强呢		
竞争对手是否属于从容型竞争者呢		
竞争产品的定位和本公司（品牌延伸后的新产品或子品牌、副品牌名称）的定位是不是没有重合度		
竞争产品的定位没有抢占本行业非常有利的或具有占位性质的定位吗		
公司是否能够掌控终端		
公司的产品在 A 类终端的铺货率是否在 95% 以上呢		
公司的产品在 B 类终端的铺货率是否在 90% 以上呢		
公司的产品在 C 类终端的铺货率是否在 85% 以上呢		
公司是否能够掌控经销商和核心二批商		
渠道的回款率是否在 98% 以下		
公司是否有完善的、高素质的营销组织		
公司的营销队伍是否具有制订合理的营销战略的能力		
公司的营销队伍是否具有制订合理的营销策略的能力		
公司的营销队伍是否具有很强的执行能力		
（品牌延伸后的新产品或子品牌、副品牌名称）是否是（核心品牌）第3个以前的延伸产品或品牌呢		
（核心品牌下的原产品的名称）是否处于萌芽期或成长期		
公司是否为（品牌延伸后的新产品或子品牌、副品牌名称）提供了足够的广告费用预算		
公司广告投放的媒体和时间是否合理呢		

续表

问题	是	否
公司是否为（品牌延伸后的新产品或子品牌、副品牌名称）制订了完善的人员推销方案呢		
公司是否严格执行了已制订的人员推销方案呢		
人员推销方案是否达到预期的效果呢		
公司是否为（品牌延伸后的新产品或子品牌、副品牌名称）制订了完善的营业推广方案呢		
公司是否严格执行了已制订的营业推广方案呢		
营业推广方案是否达到预期的效果呢		
公司是否设立了专门的、高效的公关部门呢		
公司是否制订了突发事件应急公关方案		

本问卷结束，谢谢您的参与！

附录3 正式问卷

请在"完全同意、较同意、说不清、较不同意、完全不同意"的对应分值下画"√"。

当想起某个名人负面事件的新闻时,我对以下说法的同意程度是	完全同意	较同意	同意	较不同意	完全不同意
如果这个负面事件导致名人从事行业的形象变差了,这对于我对该名人做出评价非常重要	5	4	3	2	1
如果这个负面事件中名人的行为违反了法律,这对于我对该名人做出评价非常重要	5	4	3	2	1
如果这个负面事件中名人的行为是不道德的行为,这对于我对该名人做出评价非常重要	5	4	3	2	1
如果名人不是这个负面事件的始作俑者,这对于我对该名人做出评价非常重要	5	4	3	2	1
如果这个负面事件是其他人造成的,这对于我对该名人做出评价非常重要	5	4	3	2	1
如果发生这个负面事件,不是名人故意造成的,这对于我对该名人做出评价非常重要	5	4	3	2	1
如果发生这个负面事件不应该责怪这个名人,这对于我对该名人做出评价非常重要	5	4	3	2	1
如果这个负面事件影响了我对名人的印象或评价,这对于我对该名人做出评价非常重要	5	4	3	2	1
如果事件前的名人形象和负面事件中的名人形象之间存在冲突,这对于我对该名人做出评价非常重要	5	4	3	2	1
如果这个负面事件改变了名人在我心中的形象,这对于我对该名人做出评价非常重要	5	4	3	2	1
如果这件事损伤了代言从事行业的形象,这对于我对该名人做出评价非常重要	5	4	3	2	1
如果这个负面事件导致名人从事行业的形象变差了,这对于我对该名人做出评价非常重要	5	4	3	2	1
如果这个负面事件后,人们认为需要改变对名人从事行业的形象,这对于我对该名人做出评价非常重要	5	4	3	2	1
我知道这个名人曾多次发生负面事件,这对于我对该名人做出评价非常重要	5	4	3	2	1
我在网站、报纸、电视等新闻媒体上多次看见名人这个负面事件的报道;这对于我对该名人做出评价非常重要	5	4	3	2	1
在很长时间内,我都能在网站、报纸、电视等新闻媒体上看到名人这个负面事件的报道,这对于我对该名人做出评价非常重要	5	4	3	2	1
在很长时间内我都能听到我周围的人谈论名人这个负面事件,这对于我对该名人做出评价非常重要	5	4	3	2	1
我一看见名人就想到这个负面事件,这对于我对该名人做出评价非常重要	5	4	3	2	1

续表

当想起某个名人负面事件的新闻时，我对以下说法的同意程度是	完全同意	较同意	同意	较不同意	完全不同意
我一看见关于这个名人的新闻报道就想到这个负面事件，这对于我对该名人做出评价非常重要	5	4	3	2	1
我一提及这个负面事件就想到了这个名人，这对于我对该名人做出评价非常重要	5	4	3	2	1

个人资料：

请问您的年龄在哪一个年龄段内呢？

□…18～25岁　□…26～35岁　□…36～50岁

□…51～60岁　□……60岁以上

请问您的性别？

□…男性　□…女性

请问你的学历？

□…高中及以下　□…专科　□…本科　□…研究生及以上

附录4　访谈提纲

一、消费者访谈
1. 过去有没有一些东西，当时卖得很好，现在没有卖的了？
2. 是些什么东西（名称）？什么牌子的？
3. 当时你是否经常买？
4. 你当时喜欢这个东西吗？
5. 当时印象怎么样？使用起来有什么感觉？
6. 现在如果再出现，你愿不愿意买？
7. 愿意买或不愿意买的原因是什么？
8. 在什么样的情况下愿意购买？
9. 现有品牌中哪些品牌会和消失的品牌感觉差不多？这样的品牌多不多？

二、专家访谈
1. 休眠品牌的品牌资产与现存品牌的品牌资产在构成要素方面有无区别？
2. 休眠品牌与现存品牌的品牌意识度有无区别？
3. 休眠品牌与现存品牌的品牌忠诚度有无区别？
4. 休眠品牌与现存品牌的品牌延伸度有无区别？
5. 休眠品牌与现存品牌的品牌联想度有无区别？

附录5　休眠品牌结构体内激活域的调研

郑重声明：本次调查结果仅为学术研究使用无任何商业目的。

亲爱的朋友，现在带您进入回忆的空间，想象一下：一个消失了多年（3年以上）的品牌，过去可能是您曾经很熟悉的品牌，现在提起它，您会有什么感受呢？请根据自己的真实想法来回答以下的问题。非常感谢您的帮助，这将有助于我的研究。

以下是一些消失了多年而畅销一时的品牌，可以帮助提示您，如果有您那时喜欢或者熟悉的品牌，请打"√"标注出来。填写注明：三张问卷必须是同一类别（啤酒类或饮料类）。

只选择一种品牌：绿叶、旭日升、天府。

如果没有您可以在方框内填上最让您难忘的、消失了多年（3年以上）的品牌。

您对这个消失的品牌（或该品牌的系列产品）当时的购买或使用情况（请打"√"标注出来）。

消失品牌名称：

1.经常使用	2.偶尔使用	3.仅使用一次	4.听说过，但从没用过

1. 品牌意识度（品牌识别：给出一系列的品牌后，可以想起这个品牌）。

非常同意	比较同意	一般同意	较不同意	完全不同意
5	4	3	2	1

2. 品牌意识度（品牌回忆：以前听说过这个品牌）。

很熟悉	熟悉	一般	不熟悉	很不熟悉
5	4	3	2	1

3. 品牌意识度（品牌熟悉内容：您是否知道以下内容？用1～5制进行打分，得分越高，表示越了解）。

	品牌熟悉内容	分值				
		很熟悉	熟悉	一般	不熟悉	很不熟悉
1	品牌名称	5	4	3	2	1
2	品牌标志	5	4	3	2	1
3	品牌包装	5	4	3	2	1
4	品牌色彩	5	4	3	2	1
5	该品牌所属公司名称	5	4	3	2	1
6	该品牌所属公司标志	5	4	3	2	1

续表

	品牌熟悉内容	分值				
		很熟悉	熟悉	一般	不熟悉	很不熟悉
7	该品牌所属公司口号	5	4	3	2	1
8	该品牌所属公司文化	5	4	3	2	1

4.品牌忠诚度（品牌溢价性：相比同类产品均价，您当时愿意为该品牌多付的价格比例是多少）。

01	比同类产品价格高5%以下	04	比同类产品价格21%～30%
02	比同类产品价格高5%～0%	05	比同类产品价格31%～50%
03	比同类产品价格高11%～20%	06	和同类产品价格一样

5.品牌忠诚度（品牌偏好性：您当时在购买此类产品时，是否会优先选择该品牌）。

一定会	可能会	一般	不会	肯定不会
5	4	3	2	1

6.品牌忠诚度（再次购买率：当时再次购买此类产品时，您是否还会选择该品牌）。

非常同意	比较同意	一般同意	较不同意	完全不同意
5	4	3	2	1

7.品牌忠诚度（行为忠诚度：您当时是否多次购买该品牌产品）。

非常同意	比较同意	一般同意	较不同意	完全不同意
5	4	3	2	1

8.品牌忠诚度（顾客推荐率：您当时是否会向其他人推荐过该品牌）。

非常同意	比较同意	一般同意	较不同意	完全不同意
5	4	3	2	1

9.品牌忠诚度（缺货忠诚率：当时在该品缺货的情况下，是否愿意等待）。

很愿意	比较愿意	一般	不愿意	很不愿意
5	4	3	2	1

10.品牌延伸度（在以下的产品类别中，勾选该品牌名称最可能用在什么产品类别上？可多选）。

饮料、啤酒、矿泉水、洗发水、洗衣机、冰箱、梯子、零食、办公用品、计算机、手机、牛奶、纸巾、床上用品、药品（或自己写一些）。

11.品牌延伸度（您认为该品牌可以在形式上或者内涵上进行什么程度的改变）。

	品牌延伸度	很强	强	一般	弱	很弱
1	形式延伸	5	4	3	2	1
2	内涵延伸	5	4	3	2	1

12. 品质认知度（产品质量：您认为该品牌当时的品质如何）。

品质超值	品质优秀	品质一般	品质较差	品质恶劣
5	4	3	2	1

13. 品质认知度（服务质量：您对当时该品牌的服务是否满意）。

服务质量		很满意	满意	一般	不满意	很不满意
1	销售服务	5	4	3	2	1
2	售后服务	5	4	3	2	1

14. 品质认知度（品牌认知：您对该品牌是否满意）。

品质认知度		很满意	满意	一般	不满意	很不满意
1	品牌产品质量	5	4	3	2	1
2	品牌产品外观	5	4	3	2	1
3	品牌产品体验	5	4	3	2	1
4	品牌社会责任	5	4	3	2	1

15. 品牌联想度（品牌传播：您觉得当时该品牌符合以下哪种情况）。

01	国际知名品牌	04	区域一般品牌
02	国内知名品牌	05	行业知名品牌
03	区域知名品牌		

16. 品牌联想度（品牌功能联想：对于该品牌的个性，您是否同意以下说法）。

品牌功能联想		分值				
		很好	好	一般	差	很差
1	产品的外观	5	4	3	2	1
2	产品与服务的质量	5	4	3	2	1
3	品牌产品功能	5	4	3	2	1
4	给您带来的利益	5	4	3	2	1

17. 品牌联想度（品牌独特性联想：看到该品牌，您怎么评价）。

品牌独特性联想		分值				
		非常同意	同意	一般	不同意	非常不同意
1	科技含量高	5	4	3	2	1
2	健康	5	4	3	2	1
3	时尚	5	4	3	2	1
4	服务好	5	4	3	2	1

18. 品牌联想度（品牌个性联想：看到该品牌，您是否会联想到以下内容）。

品牌个性联想		分值				
		好	一般	差	很差	很好
1	品牌符号特殊性	5	4	3	2	1

续表

	品牌个性联想	分值				
		好	一般	差	很差	很好
2	产品独特性	5	4	3	2	1
3	服务独特性	5	4	3	2	1
4	情感功能	5	4	3	2	1

19. 购买休眠品牌这个类别的产品时，你首先会考虑哪些其他品牌？请凭感觉填写。

品牌名称	

20. 品牌关系再续意愿（如果该品牌重新出现，您是否愿意购买）。

	品牌关系再续意愿	分值				
		非常同意	同意	一般	不同意	非常不同意
1	愿意自己购买	5	4	3	2	1
2	愿意推荐别人购买	5	4	3	2	1
3	鼓励家人、朋友购买	5	4	3	2	1

21. 企业分别采用以下的策略，您是否愿意购买？

	企业策略	分值				
		很强	强	一般	弱	很弱
1	老样式/老功能	5	4	3	2	1
2	老样式/新功能	5	4	3	2	1
3	新样式/老功能	5	4	3	2	1

附录6 休眠品牌结构体外激活域的调研

郑重声明：本次调查结果仅为学术研究使用，无任何商业目的。

亲爱的朋友：

请根据自己的真实想法来回答以下的问题。非常感谢您的帮助，这将有助于我的研究。

以下是您购买啤酒或饮料时（请根据问卷1选择相应的类别，只选择一种），您首先会考虑目前的哪些品牌，请在下面条框中写出来。

品牌名称	

您对这个品牌（或该品牌的系列产品）购买或使用情况（请打"√"标注出来）。

1.经常使用	2.偶尔使用	3.仅使用一次	4.从没用过

1a. 品牌意识度（品牌识别：给出一系列的品牌后，可以想起这个品牌）。

非常同意	比较同意	一般同意	较不同意	完全不同意
5	4	3	2	1

1b. 品牌意识度（品牌回忆：以前听说过这个品牌）。

很熟悉	熟悉	一般	不熟悉	很不熟悉
5	4	3	2	1

1. 品牌意识度（品牌熟悉内容：您是否知道以下内容？用1～5制进行打分，得分越高，表示越了解）。

	品牌熟悉内容	分值				
		很熟悉	熟悉	一般	不熟悉	很不熟悉
1	品牌名称	5	4	3	2	1
2	品牌标志	5	4	3	2	1
3	品牌包装	5	4	3	2	1
4	品牌色彩	5	4	3	2	1
5	该品牌所属公司名称	5	4	3	2	1
6	该品牌所属公司标志	5	4	3	2	1
7	该品牌所属公司口号	5	4	3	2	1
8	该品牌所属公司文化	5	4	3	2	1

2. 品牌忠诚度（品牌溢价性：相比同类产品均价，您愿意为该品牌多付的价格比例是多少）。

01	比同类产品价格高 5% 以下	04	比同类产品价格 21%～30%
02	比同类产品价格高 5%～10%	05	比同类产品价格 31%～50%
03	比同类产品价格高 11%～20%	06	和同类产品价格一样

3. 品牌忠诚度（品牌偏好性：您在购买此类产品时，是否会优先选择该品牌）。

一定会	可能会	一般	不会	肯定不会
5	4	3	2	1

4. 品牌忠诚度（再次购买率：再次购买此类产品时，您是否还会选择该品牌）。

非常同意	比较同意	一般同意	较不同意	完全不同意
5	4	3	2	1

5. 品牌忠诚度（行为忠诚度：您是否多次购买该品牌产品）。

非常同意	比较同意	一般同意	较不同意	完全不同意
5	4	3	2	1

6. 品牌忠诚度（顾客推荐率：您是否会向其他人推荐过该品牌）。

非常同意	比较同意	一般同意	较不同意	完全不同意
5	4	3	2	1

7. 品牌忠诚度（缺货忠诚率：在该品缺货的情况下，是否愿意等待）。

很愿意	比较愿意	一般	不愿意	很不愿意
5	4	3	2	1

8. 品牌延伸度（您认为该品牌可以在形式上或者内涵上可以进行什么程度的改变）。

	品牌延伸度	很强	强	一般	弱	很弱
1	形式延伸	5	4	3	2	1
2	内涵延伸	5	4	3	2	1

9. 品质认知度（产品质量：您认为该品牌当时的品质如何）。

品质超值	品质优秀	品质一般	品质较差	品质恶劣
5	4	3	2	1

10. 品质认知度（服务质量：您对当时该品牌的服务是否满意）。

	服务质量	很满意	满意	一般	不满意	很不满意
1	销售服务	5	4	3	2	1
2	售后服务	5	4	3	2	1

11. 品质认知度（品牌认知：您对该品牌是否满意）。

	品质认知度	很满意	满意	一般	不满意	很不满意
1	品牌产品质量	5	4	3	2	1
2	品牌产品外观	5	4	3	2	1
3	品牌产品体验	5	4	3	2	1
4	品牌社会责任	5	4	3	2	1

12. 品牌联想度（品牌传播：您觉得该品牌符合以下哪种情况）。

01	国际知名品牌	04	区域一般品牌
02	国内知名品牌	05	行业知名品牌
03	区域知名品牌		

13. 品牌联想度（品牌功能联想：对于该品牌的个性您是否同意以下说法）。

	品牌功能联想	分值				
		很好	好	一般	差	很差
1	产品的外观	5	4	3	2	1
2	产品与服务的质量	5	4	3	2	1
3	品牌产品功能	5	4	3	2	1
4	给您带来的利益	5	4	3	2	1

14. 品牌联想度（品牌独特性联想：看到该品牌，您怎么评价）。

	品牌独特性联想	分值				
		非常同意	同意	一般	不同意	非常不同意
1	科技含量高	5	4	3	2	1
2	健康	5	4	3	2	1
3	时尚	5	4	3	2	1
4	服务好	5	4	3	2	1

15. 品牌联想度（品牌个性联想：看到该品牌，您是否会联想到以下内容）。

	品牌个性联想	分值				
		很好	好	一般	差	很差
1	品牌符号特殊性	5	4	3	2	1
2	产品独特性	5	4	3	2	1
3	服务独特性	5	4	3	2	1
4	情感功能	5	4	3	2	1

16. 品牌购买意愿（您是否愿意购买）。

	品牌购买意愿	分值				
		非常同意	同意	一般	不同意	非常不同意
1	愿意自己购买	5	4	3	2	1
2	愿意推荐别人购买	5	4	3	2	1

附录7 休眠品牌的融合域强度调研

1. 如果您在附录问卷中选择了绿叶、天府或旭日升中的一种，请针对所选择的消失品牌类别，选择下面对应的第一或第二部分进行填答。

2. 如果您在附录5问卷中是自己填写的消失品牌，那么啤酒类填写第一部分问卷；饮料类填写第二部分问卷。

第一部分：

假设华润雪花啤酒有限公司想激活"绿叶"，您认为这个品牌和华润公司的其他品牌之间关系如何？

	融合域强度	分值				
		很强	强	一般	弱	很弱
1	产品功能相关性					
2	产品形象相关性					
3	目标顾客相关性					

第二部分：

假设百事可乐公司想激活"百事"，您认为这个品牌和百事可乐公司的其他品牌之间关系如何？

	融合域强度	分值				
		很强	强	一般	弱	很弱
1	产品功能相关性					
2	产品形象相关性					
3	目标顾客相关性					

个人资料：(请在个人合适信息的方框中画"√")。

A. 您的年龄：
□…20岁以下（含20岁）　□…20～30岁（含30岁）
□…30～40岁（含40岁）　□…40～50岁（含50岁）
□…50～60岁（含60岁）　□…60岁以上

B. 您的性别：
□…男性　□…女性

C. 您的学历：
□…初中及以下　□…高中／中专
□…大学专科／本科　□…硕士／博士研究生

D. 您的月收入：
□…1000元以下　□…1001～2000元
□…2001～3000元　□…3001～4000元
□…4001元以上

附录8 K-S正态分布

Variable	Mean	St.Dev.	T-Value	Skewness	Kurtosis	Minimum	Freq.	Maximum	Freq.
II11	3.576	0.839	166.753	−0.255	−0.110	1.000	26	5.000	260
II12	3.574	0.917	162.201	−0.219	−0.376	1.000	20	5.000	278
II21	3.973	0.957	172.823	−0.779	0.274	1.000	32	5.000	592
II22	3.171	1.163	113.466	−0.177	−0.707	1.000	170	5.000	242
II23	3.278	1.124	121.356	−0.250	−0.667	1.000	122	5.000	250
II24	3.212	1.109	120.528	−0.192	−0.562	1.000	136	5.000	228
II25	2.357	1.184	82.861	0.521	−0.631	1.000	518	5.000	96
II26	2.301	1.162	82.436	0.533	−0.649	1.000	546	5.000	74
II27	2.061	1.140	75.215	0.783	−0.419	1.000	740	5.000	50
II28	1.906	1.057	75.046	0.910	−0.099	1.000	842	5.000	32
I21	3.546	0.836	176.570	−0.402	0.080	1.000	20	5.000	172
I22	3.372	0.834	168.219	−0.080	−0.099	1.000	20	5.000	138
I23	3.238	0.995	135.418	−0.173	−0.427	1.000	74	5.000	164
I24	2.994	1.011	123.233	−0.015	−0.401	1.000	126	5.000	118
I25	2.493	0.953	108.844	0.360	−0.311	1.000	236	5.000	36
I31	3.403	0.812	174.461	−0.392	0.435	1.000	36	5.000	108
I32	3.373	0.866	162.165	−0.081	−0.075	1.000	28	5.000	162
I411	3.446	0.688	208.365	0.047	0.280	1.000	8	5.000	92
I412	3.125	0.762	170.661	0.037	0.811	1.000	38	5.000	70
I413	3.430	0.728	196.165	−0.142	0.148	1.000	10	5.000	90
I414	3.343	0.839	165.835	−0.197	−0.030	1.000	28	5.000	116
I415	3.044	0.844	130.113	0.009	0.200	1.000	38	5.000	74
I416	3.412	0.718	197.863	0.291	0.071	1.000	4	5.000	120
I417	3.373	0.709	198.144	0.201	−0.028	1.000	2	5.000	92
I418	3.202	0.764	174.350	0.138	0.462	1.000	22	5.000	86
I421	3.167	0.780	168.976	0.167	0.476	1.000	26	5.000	90
I422	3.401	0.765	185.103	−0.230	−0.027	1.000	12	5.000	88
E111	4.336	0.694	259.908	−0.893	1.149	1.000	6	5.000	780
E112	4.337	0.691	261.128	−0.853	0.870	1.000	4	5.000	780
E121	4.465	0.646	287.565	−0.912	0.206	2.000	8	5.000	944
E122	4.114	0.853	200.746	−0.813	0.541	1.000	16	5.000	650
E123	4.200	0.808	216.432	−0.813	0.403	1.000	8	5.000	714
E124	4.087	0.903	188.240	−0.773	0.064	1.000	12	5.000	672
E125	3.533	1.125	130.707	−0.425	−0.599	1.000	84	5.000	384
E126	3.140	1.131	115.481	−0.147	−0.642	1.000	160	5.000	214
E127	2.777	1.192	96.952	0.137	−0.861	1.000	294	5.000	148
E128	2.527	1.176	89.378	0.301	−0.820	1.000	416	5.000	96
E21	4.181	0.625	278.238	−0.351	0.308	2.000	14	5.000	510
E22	4.079	0.667	254.608	−0.254	−0.187	2.000	14	5.000	444
E23	4.111	0.746	229.407	−0.466	−0.252	2.000	34	5.000	554
E24	3.764	0.834	187.858	−0.278	−0.293	1.000	6	5.000	328
E25	3.111	0.923	140.265	0.026	−0.415	1.000	50	5.000	106

续表

Variable	Mean	St.Dev.	T-Value	Skewness	Kurtosis	Minimum	Freq.	Maximum	Freq.
E31	3.611	0.816	184.229	−0.545	0.562	1.000	26	5.000	182
E32	3.525	0.837	175.349	−0.169	0.012	1.000	20	5.000	200
E411	3.827	0.652	244.233	−0.060	−0.202	2.000	20	5.000	224
E412	3.499	0.754	193.032	−0.109	0.604	1.000	22	5.000	146
E413	3.812	0.715	221.906	−0.182	−0.081	1.000	2	5.000	262
E414	3.797	0.769	205.394	−0.458	0.361	1.000	8	5.000	272
E415	3.357	0.826	169.096	−0.092	0.279	1.000	32	5.000	138
E416	3.853	0.689	232.893	−0.290	0.480	1.000	6	5.000	262
E417	3.744	0.739	210.731	−0.308	0.306	1.000	8	5.000	228
E418	3.477	0.765	189.239	−0.132	0.186	1.000	14	5.000	132
E421	3.536	0.749	196.494	−0.064	−0.053	1.000	6	5.000	148
E422	3.682	0.754	203.332	−0.391	0.374	1.000	10	5.000	192
IE11	3.775	0.792	198.321	−0.373	0.102	1.000	8	5.000	286
IE12	3.452	0.803	178.821	0.051	−0.135	1.000	10	5.000	166
IE13	3.749	0.880	177.268	−0.345	−0.176	1.000	16	5.000	356
RP11	3.725	0.904	171.581	−0.542	0.201	1.000	30	5.000	328
RP12	3.172	1.057	124.868	−0.124	−0.359	1.000	124	5.000	100

续表

附录9 量化研究正式问卷

亲爱的朋友，本次活动是支持本公司一位同事的学术研究，也是支持四川大学的学术研究获得。你的认真回答对此研究非常重要，请你就实际情况或实际感受予以回答。回答没有对错之分。问卷不记名，仅供研究使用。

两个小知识

1. **代言人是指**：出现在广告中的明星，包括歌星、影星、体育明星。
2. **代言人负面新闻是指**：行为不检、充当第三者、伤害民族情绪、傍大款、耍大牌、乱扔烟头、随地大小便、代言虚假广告、醉酒闹事、参与赌博、在体育赛事上作弊、操纵体育赛事的赛程等事件的新闻。

两个小问题

1. 你是否经常查看QQ新闻　　□……是　　□……不是
2. 你是否注意过娱乐新闻　　　□……是　　□……不是

A. 下面请你回忆一个代言人的负面新闻，并依据你自身的实际感受在对应的选项下"√"。从左至右，数字越大，表述你越不同意。

当想起某个代言人负面事件的新闻时，你的感受是	完全同意	较同意	同意	较不同意	完全不同意
发生这个负面新闻，可能是其他人造成的	5	4	3	2	1
发生这个负面新闻，代言人可能不是故意的	5	4	3	2	1
发生这个负面新闻，可能不应该责怪这个代言人	5	4	3	2	1
发生这个负面新闻，他（她）真是不太幸运	5	4	3	2	1
这个负面新闻发生后，代言人的个人形象变差了	5	4	3	2	1
这个负面新闻发生后，我觉得这个代言人在台上台下表里不一	5	4	3	2	1
这个负面新闻破坏了代言人在我心目中的形象	5	4	3	2	1
这个负面新闻影响了我对代言人的最初印象或评价	5	4	3	2	1
代言人在这个负面新闻中的形象辜负了人们的期望	5	4	3	2	1
这个负面新闻可能影响了娱乐圈（体育圈）的形象	5	4	3	2	1
这个负面新闻发生后，娱乐圈（体育圈）的形象变差了	5	4	3	2	1
这个负面新闻发生后，我认为娱乐圈（体育圈）的形象有待改善	5	4	3	2	1
我曾在网站、报纸、电视等新闻媒体上多次看见关于这个负面新闻的报道	5	4	3	2	1
在很长时间内，我都能在网站、报纸、电视等新闻媒体上看到关于这个负面新闻的报道	5	4	3	2	1
在很长时间内，我都能听到我周围的人谈论代言人这个负面新闻	5	4	3	2	1
我一看见代言人就想到这个负面新闻	5	4	3	2	1
我一看见关于这个代言人的新闻报道就想到这个负面新闻	5	4	3	2	1
我一提及这个负面新闻就想到了这个代言人	5	4	3	2	1

B. 负面新闻发生后，你对这个代言人的感觉是什么？依据你自身的实际感受在对应的选项下"√"。从左至右，数字越大，表述你越不同意。

负面新闻发生后，你对这个代言人的感觉	完全同意	较同意	同意	较不同意	完全不同意
负面新闻发生后，我可能不再喜欢这个代言人了	5	4	3	2	1
负面新闻发生后，这个代言人可能不再是个好榜样	5	4	3	2	1
负面新闻发生后，我可能不再模仿这个代言人了	5	4	3	2	1

C. 如果你在一个品牌的广告中看见了这个代言人，那么你将如何评价这个代言人所代言的品牌（产品）？请依据你自身的实际感受在对应的选项下"√"。从左至右，数字越大，表述你越不同意。

当你看见一个品牌的广告中看见了这个代言人，你对这个品牌或品牌的评价	完全同意	较同意	同意	较不同意	完全不同意
该品牌不是一个真正的大品牌	5	4	3	2	1
该品牌不是一个真正的好品牌	5	4	3	2	1
该品牌是一个想炒作知名度的品牌	5	4	3	2	1
在一段时间内我可能不再向朋友推荐这个代言人所代言的产品	5	4	3	2	1
在一段时间内我可能不再购买这个代言人所代言的产品	5	4	3	2	1

D. 您的一些背景信息。

您的年龄：

□…18～25 岁   □…26～35 岁

□…36～50 岁   □…51～60 岁   □…60 岁以上

您的性别：

□…男性   □…女性

您的学历：

□…高中及以下   □…专科   □…本科   □…研究生及以上

参考文献

参考文献

[1] 艾丰. 99 中国品牌价值报告 [J]. 中国质量万里行, 2000(2).
[2] 爱迪思. 企业生命周期 [M]. 赵睿, 等译. 北京: 中国金融出版社, 1988.
[3] 饱户弘, 铃木裕久, 田崎笃郎. 经济心理学 [M]. 东京: 朝仓书店, 1982.
[4] 毕人川, 刘树成. 经济周期与预警系统 [M]. 北京: 科学出版社, 1987.
[5] 毕人川. 经济周期与预警系统 [M]. 北京: 科学出版社, 1990.
[6] 并兰. 经济全球化对我国国内市场的影响 [J]. 中央财经大学学报, 1999(4).
[7] 卜班达. 管理不完善及其预防 [M]. 北京: 企业管理出版社, 1991.
[8] 曹飞. 市场新闻娱乐化现象扩散模式研究 [D]. 西安: 陕西师范大学新闻学硕士学生论文, 2009.
[9] 曹胜多. 论电视新闻娱乐化的生成与发展 [J]. 江淮论坛, 2010(9).
[10] 陈仕伈. 风险管理 [M]. 成都: 西南财大出版社, 1994.
[11] 陈松林. 金融风险监测与预警研究 [J]. 经济科学, 1997(3).
[12] 陈向明. 定性研究方法评价 [J]. 教育研究与实验, 1996(3).
[13] 成思危. 东亚金融危机的分析与启示 [M]. 北京: 民主与建设出版社, 1999.
[14] 戴锋, 姬广坡. 一种新型商品定价模型与价格安全指数评估体系 [J]. 中国管理科学. 2001(1).
[15] 戴立行, 于友顺. 企业灾害预警管理 [M]. 石家庄: 河北科技出版社, 1999.
[16] 丁夏齐, 王怀明. 名人推荐者道德声誉对名人广告效果的影响 [J]. 心理学报, 2005(3).
[17] 樊莹. 经济全球化与国家经济安全 [J]. 世界经济与政治, 1998(5).
[18] 范秀成, 陈洁. 品牌形象综合测评模型及其应用 [J]. 南开学报(哲学社会科学版), 2002(3).
[19] 风笑天. 社会学研究方法 [M]. 北京: 中国人民大学出版社, 2001.
[20] 顾舫兵. 宏观经济预警研究理论、方法、历史 [J]. 经济理论与经济管理, 1997(4).
[21] 龟井利明. 危险管理论 [M]. 李松操, 译. 北京: 中国金融出版社, 1988.
[22] 郭国庆. 营销失误启示录 [M]. 北京: 中国商业出版社, 1993.
[23] 郭月. 发达国家怎样维护国家经济安全 [J]. 前线, 1998(9).
[24] 国家经贸委财金司、国家统计局工交司. 工业企业综合评价指标体系 [M]. 北京: 中国经济出版社, 1996.
[25] 韩睿, 田志龙. 促销类型对消费者感知及行为意向影响的研究 [J]. 管理科学, 2005(2).
[26] 郝雨, 宫文婷. 近十年来我国娱乐新闻研究综述 [J]. 新闻传播研究, 2009(6).
[27] 何孝德. 汽车品牌形象因素结构研究 [D]. 上海: 复旦大学博士学位论文, 2006(4).
[28] 亨利·阿塞尔. 消费者行为和营销策略 [M]. 韩德昌, 等译. 北京: 机械工业出版社, 2000.
[29] 胡俊伙. 营销理论的最新演变 [J]. 中外管理, 2000(9).
[30] 胡树华. 产品开发预警管理 [M]. 石家庄: 河北科技出版社, 1999.
[31] 郭仲伟. 风险分析与决策 [M]. 北京: 机械工业出版社, 1987.
[32] 黄璐, 李蔚. 按要素分配中信息参与要素收入分配的研究 [J]. 福建论坛, 2001(10).
[33] 黄璐, 李蔚. 试论网络经济的资源配置 [J]. 商业研究, 2002(2).
[34] 黄胜兵, 卢泰宏. 品牌个性维度的本土化研究 [J]. 南开管理评论, 2003(1).
[35] 戢维. 企业经营失败案例分析 [M]. 北京: 中国标准出版社, 2000.

[36] 蒋建梅，秦建国. 新闻娱乐化的文化阐释［J］. 探索，2010(3).

[37] 杰雯. 长虹病得不轻［J］. 中国经营报，2001(7).

[38] 揪荫泊，郑纲. 关于中国加入世贸组织的经济安全问题研究［J］. 学术研究，1999（5）.

[39] 鞠健夫. 我们在娱乐什么？——关于娱乐化新闻的理性思考［J］. 传媒观察，2002（9）.

[40] 卡班达. 管理不完善及其预防［M］. 北京：企业管理出版社，1991.

[41] 克拉克. 市场营销的成败与得失［M］. 上海：上海译文出版社，1996.

[42] 拉尔夫·克莱因，欧文·路丁. 减低项目风险［M］. 唐健，译. 北京：中国宇航出版社，1999.

[43] 李尔久，段建军. 企业营销风险预警指标体系的研究［J］. 工业企业管理，1999(9).

[44] 李风鸣. 内部控制与风险防范［M］. 北京：北京科学出版社，1986.

[45] 李驸. 产品召回——营销安全新举措［J］. 经济论坛，2001(7).

[46] 李光. 21世纪企业竞争力评价指标体系研究［J］. 经营与管理，2000(6).

[47] 李佳. 试论类词缀"门"构成的"××门"［J］. 语文学刊，2009(5).

[48] 李良荣. 娱乐化本土化——美国新闻传媒的两大潮流［J］. 新闻记者，2000（10）.

[49] 李梅英. 从企业安全谈偿债能力分析［J］. 经济问题，2000(6).

[50] 李闪. 加入WTO与我国价格安全问题探讨［J］. 价格理论与实践，2002(3).

[51] 李涛. 关于负面信息报道的理论思考［D］. 武汉：华中师范大学硕士学位论文，2004.

[52] 李蔚，王良锦. 论企业营销资金安全［J］. 工厂管理，2000(12).

[53] 李蔚，王良锦. 论中国企业的品牌安全管理［J］. 商业经济与管理，2000(12).

[54] 李蔚. 产品如何召回［J］. 中外管理，2001(6).

[55] 李蔚. 管理革命——CS管理［M］. 北京：中国经济出版社，1998.

[56] 李蔚. 论CS管理中的顾客结构［J］. 商业经济与管理，1998(4).

[57] 李蔚. 论企业核心营销流程线再造［J］. 商业经济与管理，2000(4).

[58] 李蔚. 论企业营销安全［J］. 四川经济研究，2000(5).

[59] 李蔚. 论市场营销在资源配置中的作用［J］. 工厂管理，2001(6).

[60] 李蔚. 论现代营销十大趋势［J］. 工厂管理，2001(1).

[61] 李蔚. 论营销安全［J］. 商业研究，2000(9).

[62] 李蔚. 论营销安全的基本内容［J］. 商业研究，2000(8).

[63] 李蔚. 论营销流［J］. 商业研究，2000(6).

[64] 李蔚. 论营销渠道安全［J］. 商业研究，2001(6).

[65] 李蔚. 论营销事故［J］. 商业研究，2001(5).

[66] 李蔚. 论营销事故［J］. 商业研究，2001(6).

[67] 李蔚. 论营销线［J］. 商业研究，2000(7).

[68] 李蔚. 企业营销安全的基本体系［J］. 四川经济研究．2000(6).

[69] 李蔚. 企业营销渠道模式转型［J］. 企业经济，2002(6).

[70] 李蔚. 社交谋略与技巧［M］. 成都：四川大学出版社，1996.

[71] 李蔚. 市场营销全书［M］. 北京：中国经济出版社，1998.

[72] 李蔚. 市场营销学［M］. 成都：四川大学出版社，1995.

[73] 李蔚. 推销谋略与技巧［M］. 成都：四川大学出版社，1996.

[74] 李蔚. 营销安全及其预警指标体系的理论研究［J］. 中国工业经济，2002(8).

[75] 李蔚. 营销策划［M］. 北京：中国经济出版社，1998.

[76] 李蔚. 营销革命[M]. 成都：四川大学出版社，1994.
[77] 李蔚. 营销谈判[M]. 成都：四川大学出版社，1996.
[78] 李蔚. 营销之谜[M]. 成都：四川大学出版社，1994.
[79] 李蔚. 中国直销[M]. 成都：四川大学出版社，1994.
[80] 李晓西. 亚洲金融危机实地考察[M]. 北京：中国人民大学出版社，1999.
[81] 李荀. 中国流通业批零差价趋低化走势与对策[J]. 价格理论与实践，2001(11).
[82] 李毅坚. 新闻娱乐化必须注意的三个问题[J]. 广西职业技术学院学报，2010，2(1).
[83] 梁新. 负面报道论[D]. 长沙：湖南大学硕士学位论文，2009.
[84] 林晖. 市场经济与新闻娱乐化[J]. 新闻与传播研究，2001(2).
[85] 林义. 风险管理[M]. 成都：西南财大出版社，1990.
[86] 凌复华. 突变理论及其应用[M]. 上海：上海交通大学出版社，1987.
[87] 凌卓. 基于信源可信性模型的名人广告效果影响因素研究[D]. 杭州：浙江大学硕士学位论文，2005.
[88] 刘斐，张虹倩. 浅议"×门"结构的认知基础与修辞动因[J]. 十堰职业技术学院学报，2009(4).
[89] 刘建明. 负面报道的概念释疑[J]. 新闻与写作，2008（7）.
[90] 刘艳凤. 媒体功能失衡下的娱乐化新闻及其负面影响[J]. 湘潭师范学院学报(社会科学版)，2009(3).
[91] 卢泰宏，周志民. 基于品牌关系的品牌理论研究模型及展望[J]. 商业经济与管理，2003(2).
[92] 吕建红，陈毅文. 品牌形象系统的因素结构[J]. 心理学报，2004(3).
[93] 罗伯特希斯. 危机管理[M]. 北京：中信出版社，2001.
[94] 罗恩. 风险规则[M]. 北京：中国人民大学出版社，2000.
[95] 罗亚，制造快乐：走向娱乐的新闻技巧——对中国传媒新闻娱乐化的实证研究[D]. 上海：复旦大学博士学位论文，2005.
[96] 罗云. 安全经济学[M]. 北京：经济科学出版社，1993.
[97] 罗子明. 品牌形象的构成及其测量[J]. 北京工商大学学报(社会科学版)，2001(7).
[98] 马维野. 全球化与我国的国家安全和发展战略[J]. 哈尔滨工业大学学报(社会科学版)，2000(4).
[99] 迈克尔. 经营风险与危机处理[M]. 北京：中国标准出版社，2000.
[100] 梅德韦杰夫. 俄罗斯经济安全问题[J]. 国外补会科学，1999(1).
[101] 尼尔·波兹曼. 娱乐至死[M]. 广西：广西师范大学出版社，2004.
[102] 乔恩·伍朗洛夫. 日本即将出现的经济危机[M]. 北京：高等教育出版社，1990.
[103] 秦金亮. 论质化研究的人文精神[J]. 自然辩证法研究 2002，18(7).
[104] 秦金亮. 心理学研究方法的新趋向——质化研究方法述评[J]. 山西大学学报，2000，27(3).
[105] 秦志希，岳璐. 制度变迁视野中的美国新闻娱乐化现象初探[J]. 武汉大学学报（哲学社会版），2004(7).
[106] 邱皓政，林碧芳. 结构方程模型的原理与应用[M]. 北京：中国轻工业出版社，2009.
[107] 邱湘灵. 企业经营危机与预警模型[J]. 台湾经济月刊，1999(3).
[108] 阮平南，王塑源. 企业经管风险及预警研究[J]. 工业企业管理，1999(8).
[109] 余廉，高风彦. 企业营销预警管理[M]. 石家庄：河北科技出版社，1999.
[110] 余廉，张倩. 企业管理滑坡探源[M] 北京：人民交通出版社，1996.
[111] 余廉. 企业逆境管理[M]. 沈阳：辽宁人民出版社，1993.
[112] 余廉. 预警管理——企业防范风险的新方法[J]. 中国商办工业，2000(9).
[113] 射科沧. 市场风险预警管理[M]. 石家庄：河北科技出版社，1999.
[114] 申玲玲. 浅析新闻娱乐化对传媒经济的影响[J]. 新闻爱好者，2009（1）.

[115] 宋芳. 浅议新闻娱乐化倾向 [J]. 新西部, 2010 (10).

[116] 苏伟伦. 危机管理 [M]. 北京：中国纺织出版社, 2000.

[117] 孙晓强. 品牌代言人对品牌资产的影响研究 [D]. 上海：复旦大学博士学位论文, 2008.

[118] 谭勇琳. 从语言接触角度看"××门"语言现象 [J]. 太原城市职业技术学院学报, 2010(4).

[119] 王诚. 竞争策略与风险管理 [M]. 北京：商务印书馆, 1997.

[120] 王海. 娱乐新闻话语研究 [D]. 上海：上海外国语大学博士学位论文, 2008.

[121] 王红梅. 新闻娱乐化现象成因探析 [J]. 新闻爱好者, 2009(6).

[122] 王怀明, 马谋超. 名人广告源的可信度因子结构 [J]. 心理学报, 2004(3).

[123] 王怀明, 马谋超. 名人与产品一致性对名人广告效果影响的实证研究 [J]. 心理学报, 2004, 39(6).

[124] 王丽坤. "门"族网络新词及其折射出的社会文化心理 [J]. 辽东学院学报(社会科学版), 2009 (1).

[125] 王良. 变化中的安全观念论析 [J]. 世界经济与政治, 1998(1).

[126] 王林, 唐晓东. 经济波动与企业预警 [J]. 经济体制改革, 2000(2).

[127] 王晓敏, 伍艳. "化"缀词语义范畴化过程 [J]. 语文学刊, 2010(3).

[128] 魏钰尧. 负面报道及传播效果研究 [D]. 郑州：郑州大学硕士学位论文, 2005.

[129] 温彩云. 名人代言广告的意义迁移模型 [J]. 商业现代化, 2009(3).

[130] 向敏, 王忠军. 论心理学量化研究与质化研究的对立与整合 [J]. 福建医科大学学报(社会科学版), 2006 (7).

[131] 肖东生, 臧国荣. 论企业组织管理危机的成因和治理 [J]. 技术经济与管理研究, 2001(1).

[132] 肖东生. 企业组织管理危机的监测与预警思考 [J]. 企业经济, 2000(10).

[133] 肖云. 新闻娱乐化的辩证批判 [J]. 西南民族大学学报, 2005(5).

[134] 谢科范. 技术创新风险管理 [M]. 石家庄：河北科技出版社, 1999.

[135] 谢科范. 企业风险防范 [M]. 沈阳：辽宁人民出版, 1996.

[136] 谢科范. 汽车市场预警系统设计 [J]. 汽车与配件, 1992(4).

[137] 谢科范. 预警系统——一种新的管理方法 [J]. 机械工业企业管理, 1992(1).

[138] 许爱兵. 浅议美国新闻娱乐化 [J]. 知识经济, 2009 (18).

[139] 许谨良. 企业风险管理 [M]. 上海：上海财大出版社, 2000.

[140] 许晓勇, 吕建红, 陈毅文. 品牌形象消费行为学研究 [J]. 心理科学进展, 2003(11).

[141] 阎海峰, 关涛, 杜伟宇. 管理学研究方法 [D]. 上海：华东理工大学出版社, 2008.

[142] 阎华红. 中国企业风险与防范 [M]. 北京：工商出版社, 1999.

[143] 阎学通. 中国和亚太安全 [M]. 北京：时事出版社, 1999.

[144] 杨斌艳. 幻象中畸形发展的新闻娱乐化 [J]. 学习月刊, 2006 (13).

[145] 杨涛, 陈志波, 冯为民. 建立我国企业集团预警系统的构想 [J]. 华东经济管理, 1997(6).

[146] 杨文登. 心理学中的质化研究概述 [J]. 南京师大学报(社会科学版), 2008(1).

[147] 杨艳. "××门"结构浅析 [J]. 语文学刊, 2016(12).

[148] 杨雨丹. 中国娱乐化新闻媒体分析 [D]. 成都：四川大学硕士论文, 2007.

[149] 野田武辉. 企业危机预警 [M]. 北京：时事出版社, 1999.

[150] 叶浩生, 王继瑛. 质化研究：心理学研究方法的范式革命 [J]. 心理科学, 2008, 31 (4).

[151] 友格尔. 风险分析概念 [M]. 北京：石油工业出版社, 2000.

[152] 余银秋. 银行储蓄信息系统安全模型探讨 [J]. 中南财大学报, 2000(6).

[153] 虞文钧. 企业诊断 [M]. 上海：上海财经大学出版社, 2000.

[154] 詹秀华. 新兴格式"×门"试析 [J]. 廊坊师范学院学报(社会科学版), 2009(1).

[155] 张富生. 企业改革的误区与预警 [M]. 石家庄：河北科技出版社，1999.

[156] 张红霞，张益. 国别属性重要吗？——代言人与广告效果关系研究的新视角 [J]. 心理学报，2010（2）.

[157] 张纪康. 企业经营风险管理 [M]. 北京：立信会计出版社，1999.

[158] 张莉. 新闻娱乐化研究综述 [J]. 视听专论，2007(9).

[159] 张茂标. 企业战略危机九种表现 [J]. 管理科学文摘，2000(9).

[160] 张善轩. 企业风险管理 [M]. 广州：广东经济出版社，1999.

[161] 张绍勋. 研究方法 [M]. 中国台湾：沧海书局，2001.

[162] 张守一，葛新权. 中国宏观经济：理论、模型、预测 [M]. 北京：社会科学文献出版社，1995.

[163] 张威. 比较新闻学方法与考证 [M]. 广州：南方日报出版社，2003.

[164] 张文本. 中国国家安全哲学 [J]. 战略与管理，2000(1).

[165] 张学英. 娱乐新闻与新闻娱乐化不能混淆 [J]. 声屏世纪，2006（6）.

[166] 张燕玲. 明星广告影响力指数研究 [D]. 成都：四川大学硕士学位论文，2006.

[167] 张幼文. 经济安全——金融全球化的挑战 [M]. 上海：上海社会科学出版社，1999.

[168] 张玉坤，李大敏. 浅议新闻娱乐化对媒体的发展影响 [J]. 新闻知识，2009(9).

[169] 张泽厚. 中国经济波动监测预警 [M]. 北京：中国统计出版社，1992.

[170] 赵刚淑. 评美国新国家安全战略报告 [J]. 现代国际关系，1999(3).

[171] 赵璟燮，王晓华. 体育明星的负面新闻对所代言广告效果的影响研究 [J]. 营销传播论坛广告大观理论版，2010（1）.

[172] 赵英，胥和平，刑国仁. 中国经济面临的危险：国家经济安全论 [M]. 昆明：云南人民出版社，1994.

[173] 郑成根. 传媒娱乐化的伦理反思 [J]. 湖南师范大学社会科学学报，2006，3（2）.

[174] 郑汉通. 经济全球化中的国家经济安全问题 [M]. 北京：国防大学出版社，1999.

[175] 郑州，田海涛. 娱乐新闻与新闻娱乐化 [J]. 传媒观察，2005（9）.

[176] 周慧玲. 风险管理学 [M]. 武汉：武汉测绘科技大学出版社，1999.

[177] 周荣国. 我国经济安全面临的风险与对策 [J]. 经济学动态，1999(10).

[178] 周志明. 品牌关系评估研究范畴、视角探讨与展望 [J]. 外国经济与管理，2005(1).

[179] Aaker David A, Myers, et al. Advertising Management [M]. 3rd Edition. New Jersey: Prentice-Hall, Inc, 1987.

[180] Agraval Jagdish, Kamakura Wagner A. The Economic Worth of Celebrity Endorsers: An Event Study Analysis [J]. Journal of Marketing, 1995, 59(3).

[181] Ainsworth Anthony Bailey. Public Information and Consumer Skepticism Effects on Celebrity Endorsements: Studies among Young Consumers [J]. Journal of Marketing Communications, 2007(6).

[182] Ajay Kalra, Ronald C Goodstein. The Impact of Advertising Positioning Strategies on Consumer Price Sensitivity [J]. Journal of Marketing Research, 1998(35).

[183] Ajzen I, Driver B L. Application of the Theory of Planned Behavior to Leisure Choice [J]. Journal of Leisure Research, 1992(24).

[184] Alan Behr, Andria Beeler-Norrholm. Fame, Fortune, and the Occasional Branding Misstep: When Good Celebrities Go Bad [J]. Intellectual Property & Technology Law Journal, 2006(11).

[185] Alexander Lbiel. How Brand Image Drives Brand Equity [J]. Journal of Advertising Research, 1993(6).

[186] Allison S T, McQeen L R, Schaerf lL M. Social Decision Making Processes and Equal Partitionment of Shared Resources [J]. Journal of Experimental Social Psychology, 1992(28).

[187] Anderson, John R. Language, Memory, and Thought [M]. Hillsdale, NJ: Lawrence Erlbaum Associates, 1976.

[188] Andrews J C, Shim T A. Effects of Involvement, Argument Strength, and Source Characteristics on Central and Peripheral Processing of Advertising [J]. Psychology Marketing, 1990(7).

[189] Atkin C S, Block M. Effectiveness of Celebrity Endorsers [J]. Journal of Advertising Research, 1983(23).

[190] Baker M, Churchhill G A. The Impact of Physically Attractive Models on Advertising Evaluations [J]. Journal of Marketing Research, 1977, 14(4).

[191] Batra R, Homer P. The Situational Impact of Brand Image Beliefs [J]. Journal of Consumer Psychology, 2004, 14(3).

[192] Belch George E, Michael A Belch. Advertising & Promotion: An Integrated Marketing Communications Perspective [M]. Boston: McGraw-Hill, 2001.

[193] Bertrand, Kate, Todd, et al. Celebrity Marketing: The Power of Personality, Golf Legends Drive Marketing Campaigns [J]. Business Marketing, 1992, 77(8).

[194] Bettencourt B A, Dill K E, Greathouse S A, et al. Evaluations of Ingroup and Outgroup Members: The Role of Category-based Expectancy Violation [J]. Journal of Experimental Social Psychology, 1997(33).

[195] Bogdan R, Biklen S K. Qualitative Research for Education:An Interoduction to Theory and Methods [M]. Boston:Allyn & Bacon, 1992.

[196] Bohner G, Bless H, Schwarz N, et al. What Triggers Causal Attributions? The Impact of Valence and Subjective Probability [J]. European Journal of Social Psychology, 1988(18).

[197] Boomsma A. Non Convergence Improper Solutions, and Starting Values in LISREL Maximum Likelihood Estimation [J]. Psychometrika, 1982(50).

[198] Bornstein G, Rapoport A, KerpelL, et al. Within and Between-group Communication in Intergroup Competition for Public Goods [J]. Journal of Experimental Social Psychology, 1989(25).

[199] Bornstein R F, D'Agostinon P R. Stimulus Recognition and the Mere Exposure Effect [J]. Journal of Personality and Social Psychology, 1992(63).

[200] Bornstein R F. Exposure and Affect: Overview and Meta-analysis of Research, 1968—1987 [J]. Psychological Bulletin, 1989(106).

[201] Bossard J H S. Residential Propinquity as a Factor in Marriage Selection [J]. American Journal of Sociology, 193(38).

[202] Brian Till, Terence A Shimp. Endorsers in Advertising: The Case of Negative Celebrity Information [J]. Journal of Advertising, 1998(3).

[203] Brown R, Smith A. Perceptions of and By Minority Groups: The Case of Women in Academia [J]. European Journal of Social Psychology, 1989(19).

[204] Buston P M, Emlen S T. Cognitive Processes Underlying Human Mate Choice: The Relationship Between Selfperception and Mate Preference in Western Society [J]. Proceedings of the National Academy of Sciences, 2003(100).

[205] Byrne D, Wong T J. Racial Prejudice, Interpersonal Attraction, and Assumed Dissimilarity of Attitudes [J]. Journal of Abnormal and Social Psychology, 1962(65).

[206] Byrne D. The Attraction Paradigm [M]. New York: Academic Press, 1971.

[207] Caballero, Marjorie J, Lumpkin, et al. Using Physical Attractiveness as an Advertising Tool: An Empirical Test of Attraction Phenomenon [J]. Journal of Advertising, 1989(29).

[208] Chaiken S. Communicator Physical Attractiveness and Persuasion [J]. Journal of Personality and Social Psychology, 1979(37).

[209] Chao P, Wuhrer G, Werani T. Celebrity and Foreign Brand Name as Moderators of Country-of-origin Effects [J].

International Journal of Advertising, 2005, 24(2).

[210] Charles Rappleye. Cracking the Church-state Wall:Early Results of the Revolution at the Angeles Times [J]. Columbia Journalism Review, 1998(1).

[211] Choueke. Celebrity Scandals Can Be Gold Dust for Brands [J]. Marketing Week, 2006, 29(2).

[212] Clarke A C. An Examination of the Operation of Residual Propinquity as a Factor in Mate Selection [J]. American Sociological Review, 1952(27).

[213] Clinton Amos, Gary Holmes,David Strutton. Exploring the Relationship Between Celebrity Endorser Effects and Advertising Effectiveness [J]. International Journal of Advertising, 2008, 27(2).

[214] Cohen J B, Golden E. Informational Social Influence and Product Evaluation [J]. Journal of AppliedPsychology, 1972, 56(2).

[215] Craig C S, McCann J M. Assessing Communication Effects of Energy Conservation [J]. Journal of Consumer Research, 1978, 5 (11).

[216] Crawford M, Stark A C, Renner C H. The Meaning of Ms. : Social Assimilation of a Gender Concept [J]. Psychology of Women Quarterly, 1998(22).

[217] Crocker J, McGraw K M. What's Good for the Goose is Not Good for the Gander: Solo Status as an Obstacle to Occupational Achievement for Males and Females [J]. American Behavioral Scientist, 1984(27).

[218] Day, Boon Gan, Philip Gendall, et al. Predicting Purchase Behaviour [J]. Marketing Bulletin, 1991(2).

[219] Debevec Kathleen, Keman Jerome B. More Evidence on the Effects of a Presenter's Physical Attractiveness: Some Cognitive, Affective, Behavioral Consequences [J]. Advances in Consumer Research, 1984(11).

[220] Desphande, Rohit, Staymaa Douglas. A Tale of Two Cities: Distinctiveness Theory and Advertising Effectiveness [J]. Journal of Marketing Research, 1994, 31(l).

[221] Dickenson, Nicole. Can Celebrities Ruin a Launch [J]. Campaign, 1996(5).

[222] Dion K K, Stein S. Physical Attractiveness and Interpersonal Influence [J]. Journal of Experimental Social Psychology, 1978(14).

[223] Dion K K. Young Children's Stereotyping of Facial Attractiveness [J]. Developmental Psychology, 1973(9).

[224] Dovidio J R, Brigham J C, Johnson B T, et al. Stereotyping, Prejudice, and Discrimination: Another Look [M] //N Macrae, M Hewstone, C Stangor (Eds.), Stereotypes and Stereotyping. New York: Guilford, 1996.

[225] Erdogan B Z, Baker M J, Tagg S. Selecting Celebrity Endorsers: The Practitioner's Perspective [J]. Journal of Advertising Research, 2001, 41(3).

[226] Erdogan B Z, Baker M J. Towards A Practitioner-based Model of Selecting Celebrity Endorsers [J]. International Journal of Advertising, 2000, 19(1).

[227] Erdogan B Z. Celebrity Endorsement: A Literature Review [J]. Journal of Marketing Management, 1999, 15(3).

[228] Etaugh C E, Bridges J S, Cummings-Hill M, Cohen J. Names Can Never Hurt Me: The Effects of Surname Use on Perceptions of Married Women [J]. Psychology of Women Quarterly, 1999(23).

[229] Evans, Robin B. Procduction and Creativity in Advertising [M]. London:Pitman Publish, 1988.

[230] Farrell K A, Karels G V, Monfort K W, McClatchey C A. Celebrity Performance and Endorsement Value: The Case of Tiger Woods [J]. Managerial Finance, 2000, 26(7).

[231] Feingold A. Gender Differences in Mate Selection Preferences: A Test of The Parental Investment Model [J]. Psychological Bulletin, 1992(112).

[232] Fischer C. Qualitative Research Methods for Psychologists [M]. Cambridge:Academic Press, 2006.

[233] Fiske S T. Controlling Other People: The Impact of Power on Stereotyping [J]. American Psychologist, 1993(48).

[234] Forkan J. Product Matchup Key to Effective Star Presentations [J]. Advertising Age, 1980(51).

[235] Fournier, Susan. Consumers and Their Brands: Developing Relationship Marketing Theory in Consumer Research [J]. Journal of Consumer Research, 1998(24).

[236] Frieden J B. Advertising Spokesperson Effects: An Examination of Endorser Type and Gender on Two Audiences [J]. Journal of Advertising Research, 1984(33).

[237] Friedman H M, Friedman L. Endorser Effectiveness By Product Type [J]. Journal of Advertising Research, 1979(5).

[238] Friedman, Hershey H, Friedman L. Does The Celebrity Endorser's Image Spill Over The Products [J]. Journal of the Academy of Marketing Science, 1978(6).

[239] Gallarza M G, Saura I G. Value Dimensions, Perceived Value, Satisfaction and Loyalty: An Investigation of University Students' Travel Behaviour [J]. Tourism Management, 2006, 27 (3).

[240] Gary M Mullet, Marvin J Karson. Analysis of Purchase Intent Scales Weighted by Probability of Actual Purchase [J]. Journal of Marketing Research, 1985, 22(1).

[241] Goldsmith R, Lafferty B, Newell S. The Impact of Corporate Credibility and Celebrity Credibility on Consumer Reaction to Advertisements and Brands [J]. Journal of Advertising, 2000, 29(3).

[242] Hamilton D L, Gifford R K. Illusory Correlation in Interpersonal Perception: A Cognitive Basis of Stereotypic Judgments [J]. Journal of Experimental Social Psychology, 1976(12).

[243] Hofstede, Geert. Culture's Consequences: International Differences in Work Related Values [M]. Beverly Hills, CA:Sage Publishing Company, 1984.

[244] Hovland C I, Weiss W. The Influence of Source Credibility on Communication Effectiveness [J]. The Public Opinion Quarterly, 1951, 15(4).

[245] Hoyt W, Bhati K. Principles and Practices: An Empirical Examination of Qualitative Research in The Journal of Counseling Psychology [J]. Journal of Counseling Psychology, 2007, 54 (2).

[246] Jackson L A, Hunter J E, Hodge C N. Physical Attractiveness and Intellectual Competence: A Meta-nalytic Review [J]. Social Psychology Quarterly, 1995(58).

[247] Jang, Ruomei Feng. Temporal Destination Revisit Intention: The Effects of Novelty Seeking and Satisfaction [J]. Tourism Management, 2007, 28(2).

[248] Job B Freiden. Advertising Sokesperson Effects:An Examination of Endorser Type and Gender on Two Audiences [J]. Journal of Advertising Research, 1984, 24(5).

[249] Jones T F, et al. Mass psychogenic illness attributed to Toxic Exposure at A High School [J]. New England Journal of Medicine, 2000(342).

[250] Joseph M Kamen, Abdul C Azhari, Judith R Kragh. What A Spokesman Does for a Sponsor [J]. Journal of Advertising Research. 1975(15).

[251] Joseph W B. The Credibility of Physically Attractive Communicators: A Review [J]. Journal of Advertising, 1982, 11(3).

[252] Kahle E R, Homer P M. Physical Attractiveness of The Celebrity Endorser: A Social Adaptation Perspective [J]. Journal of Consumer Research, 1985(11).

[253] Kaikati J G. Celebrity Advertising: A Review and Synthesis [J]. International Journal of Advertising, 1987, 6(2).

[254] Kalra A, Goodstein R C. The Impact of Advertising Positioning Strategies on Consumer Price Sensitivity [J]. Journal of Marketing Research, 1998, 35 (2).

[255] Kamins M A, Gupta K. Congruence Between Spokesperson and Product Type: A Matchup Hypothesis Perspective [J]. Psychology and Marketing, 1994.

[256] Katz A M, Hill R. Residential Propinquity and Marital Selection: A Review of Theory, Method and Fact [J]. Marriage and Family Living, 1958(20).

[257] Kelman H C, Hovland C I. Reinstatement of the Communicator in Delayed Measurement of Opinion Change [J]. Journal of Abnormal and Social Psychology, 1953, 48 (3).

[258] Kelman H C. Interests, Relationships, Identities: Three Central Issues for Individuals and Groups in Negotiating Their Social Environment [J]. Annual Review of Psychology, 2006, 57(1).

[259] Kensingek E A, Corkin S. Effect of Negative Emotional Content on Working Memory and Long-Term Memory [J]. Emotion, 2003, 3(4).

[260] Koomen W, Bahler M. National Stereotypes: Common Representations and Ingroup Favouritism [J]. European Journal of Social Psychology, 1996(26).

[261] Kootstra G, Vink J. Measuring The Future Brand Effect of Graphic Design [J]. Design Management Review, 2007, 18(4).

[262] Kraut R E, Poe D. Behavioral Roots of Person Perception: The Deception Judgments of Customs Inspectors and Laymen [J]. Journal of Personality and Social Psychology, 1980 (39).

[263] Kunst-Wilson W R, Zajonc R B. Affective Discrimination of Stimuli That Cannot Be Recognized [J]. Science, 1980(207).

[264] Lee P, Joglekar P. A Dual Pricing Model for Price Sensitive Products Subject to Sudden Obsolescence [J]. Journal of Business and Economic Studies, 2005(11).

[265] Lerner M J, Miller D T. Just World Research and The Attribution Process: Looking Back and Ahead [J]. Psychological Bulletin, 1978(85).

[266] Levy, Sidney. Symbols For Sale [J]. Hansard Business Review, 1959(37).

[267] Macrae C N, Bodenhausen G V. Social Cognition: Thinking Categorically About Others [J]. Annual Review of Psychology, 2000(51).

[268] Macrae C N, Stangor C, Milne A B. Activating Social Stereotypes: A Functional Analysis [J]. Journal of Experimental Social Psychology, 1994(30).

[269] Magnuson E. A Serious Deficiency: The Rogers Commission Faults NASA's "Flawed" Decision-making Process [J]. Time, 1986, 10(5).

[270] Mathur, Lynette Knowles, Ike Mathur, et al. The Wealth Effects Associated with a Celebrity Endorser: The Michael Jordon Phenomenon [J]. Journal of Advertising Research, 1997, 37(3).

[271] Maxwell J A. Integrating Quantitative and Qualitative Research Design [M]. Cambridge : Us : Harvard Graduate School of Education, 1995.

[272] McCracken G. Culture and Consumption:A Theoretical Account of the Structure and Movement of the Cultural Meaning of Consumer Goods [J]. Journal of Consumer Research, 1986, 13(1).

[273] McCracken G. Who is the Celebrity Endorser? Cultural Foundations of the Endorsement Process [J]. Journal of Consumer Research, 1989, 16(3).

[274] McGuire A. Charity Calls for Debate on Adverts Aimed at Children [J]. The Herald (Scotland), 2002, 19(8).

[275] McGuire W J. Inducing Resistance to Persuasion: Some Contemporary Approaches [M] // L Berkowitz (Ed.), Advances in Experimental Social Psychology (Vol. 1). New York: Academic Press, 1964.

[276] McGuire W J. The Myth of Massive Media Impact: Savagings and Salvagings [M] // G Comstock (Ed.), Public Communication and Behavior (Vol. 1), Orlando, FL: Academic Press, 1986.

[277] McGuire, William J. Attitudes and Attitude Change [M] // Handbook of Social Psychology, (Eds.) Gardner Lindzey and Elliot Ardnson (Vol. 2), NY Random House, 1985.

[278] Mehta, Ablihasha. How Advertising Response Modeling (ARM) Can Increase Ad Effectiveness [J]. Journal of Advertising Research, 1994, 34(3).

[279] Miller G P, Basehart J. Source Trustworthiness, Opinionated Statements, and Response to Persuasive Communication [J]. Speech Monographs, 1969, 36(1).

[280] Misra S, Beatty S. Celebrity Spokesperson and Brand Congruence [J]. Journal of Business Research, 1990, 21(2).

[281] Mooij, Marieke De. Advertising Worldwide: Concepts. Theories and Practice of International, Multinational and Global Advertising [M]. 2nd Edition. London: Prentice-Hall International Inc, 1994.

[282] Morwitz, Vicki G, Joel H Steckel, et al. When Do Purchase Intentions Predict Sales [D]. Working Paper, 1999.

[283] Mowen, John C, Brown, et al. On Explaining and Predicting the Effectiveness of Celeberity Endorser [J]. Advances in Consumer Research, 1981, 8(1).

[284] Mullen B, HuL. Perceptions of in Group and out Group Variability: A Meta-analytic Integration [J]. Basic and Applied Social Psychology, 1989(10).

[285] Newcomb T M. The Acquaintance Process [M]. New York: Holt, Rinehart and Winston, 1961.

[286] Ohanian R. Construction and Validation of a Scale to Measure Celebrity Endorsers' Perceived Expertise, Trustworthiness, and Attractiveness [J]. Journal of Advertising, 1990, 19(3).

[287] Ohanian R. The Impact of Celebrity Spokesperson's Perceived Image on Consumers' Intention to Purchase [J]. Journal of Advertising Research, 1991, 31(1).

[288] Oliver M B. Portrayals of Crime, Race, and Aggression in "Reality-based" Police Shows: A Content Analysis [J]. Journal of Broadcasting and Electronic Media, 1994(38).

[289] Oliver, Wayne De Sarbo. Response Determinants in Satisfaction Judgments [J]. Consumer Research, 1998, 14(5).

[290] Pallak S R, Murroni E, Koch J. Communicator Attractiveness and Expertise, Emotional Versus Rational Appeals, and Persuasion: A Heuristic Versus Systematic Processing Interpretation [J]. Social Cognition, 1983(2).

[291] Park C Whan, Bernand J Janorski, Deborah J Mac Innis. Strategic Brand Concept-Image Management [J]. Journal of Marketing, 1998, 50(10).

[292] Patterson T E. The Role of the Mass Media in Presidential Campaigns: The Lessons of the 1976 Election [M]. New York: Social Science Research Council, 1980.

[293] Peter Totterdell P, Kellett S, Briner R B, et al. Evidence of Mood Linkage in Work Groups [J]. Journal of Personality and Social Psychology, 1998(74).

[294] Petroshius, Susan Mand Schulman, et al. An Empirical Analysis of Spokesperson Characteristics on Advertisement and Product Evaluation [J]. Journal of the Academy of Marketing Science, 1989, 17(3).

[295] Petty Richard E, Cacioppo, John T, et al. Personal Involvement as a Determinant of Argument-Based Persuasion [J]. Journal of Personality and Social Psychology, 1981(41).

[296] Petty, Richard E, Cacioppo, et al. Central and Peripheral Routes to Advertising Effectiveness: The Moderating Role of Involvement [J]. Journal of Consumer Research, 1983, 10(12).

[297] Petty, Richard Eand Cacioppo John T. Effects of Issue Involvement on Attitudes in an Advertising Context [M] // Proceedings of the Division 23 Program, (Eds.) Gerald G Gom and Marvin E Goldberg, Montreal, Canada: American

Psychological Association, 1980.

[298] Pyszczynski, T, Hamilton J C,Greenberg J,et al. Self-awareness and Psychological Dysfunction [M] // C R Snyder, D O Forsyth (Eds.), Handbook of Social and Clinical Psychology: The Health Perspective. New York: Pergamon, 1991.

[299] Pyszczynski, Tom, Jeff Greenberg, et al. Emotional Expression and the Reduction of Motivated Cognitive Bias: Evidence from Cognitive Dissonance and Distancing from Victims' Paradigms [J]. Journal of Personality and Social Psychology, 1993, 64(2).

[300] Pyszczynski T, Greenberg J. Self-regulatory Perseveration and the Depressive Self-focusing Style: A Self- awareness Theory of Reactive Depression [J]. Psychological Bulletin, 1987(102).

[301] Quattrone G A, Jones E E. The Perception of Variability Within in Groups and Out-groups: Implications for the Law of Small Numbers [J]. Journal of Personality and Social Psychology, 1980(38).

[302] R Bruce Money, Terence A Shimp, Tomoaki Skano. Celebrity Endorsements in Japan and the United States: Is Negative Information All That Harmful [J]. Journal of Aouertising Research, 2006(3).

[303] Rokeach M, Mezei L. Race and Shared Beliefs as Factors in Social Choice [J]. Science, 1966(151).

[304] Rubin Z. Liking and Loving: An Invitation to Social Psychology [M]. New York: Holt, Rinehart and Winston, 1973.

[305] Rumelhart D J, G U Hinton, J L McClelland. A General Framework for Parallel Distributed Processin [M] // Parallel Distributed Processing Vdumfle: Foundations, D E Rumelhart and JL McClelland, eds., Cambridge, MA: Bradford, 1986.

[306] Richard G Netemeyer, Balaji krishnan, Chris Pullig, et al. Developing and Validating Measures of Facets of Customer-based Brand Equity [J]. Journal of Business Research, 2004, 57 (2).

[307] Scott C A, Tybout A M. Theorerical Perspectives on the Impact of Negative Information: Does Valence Matter [J]. Advances in Consumer Research, 1981(8).

[308] Sengupta J, Goodstein R, Boninger D. All Cues Are Not Created Equal: Obtaining Attitude Persistence under Low-involvement Conditions [J]. Journal of Consumer Research, 1997, 23(4).

[309] Sherman J W, Lee A Y, Bessenoff G R, et al. Stereotype Efficiency Reconsidered: Encoding Flexibility under Cognitive Load [J]. Journal of Personality and Social Psychology, 1998(75).

[310] Sherman J W. Development and Mental Representation of Stereotypes [J]. Journal of Personality and Social Psychology, 1996(70).

[311] Sherman, Strathford P. When You Wish Up on a Star [J]. Fortune, 1985, 19(8).

[312] Shimp T E. Advertising. Promotion and Supplemental Aspects of Integrated Marketing Communication [M]. 4th Edition Fort Worth, Texas: The Dryden Press, 1997.

[313] Singer, Benjamin D. The Case for Using "Real People" in Adverting [J]. Business Quarterly, 1983(48).

[314] Slater M, Rouner D. How Messager Evaluation and Sourceattributes May Influence Credibility Assessment and Change [J]. Journalism & Mass Communication Quarterly, 1996, 73(4).

[315] Smith R C. Source Credibility Context Effects [J]. Speech Monographs, 1973(40).

[316] Smith Steven M, Richard E Petty. Message Framing and Persuasion; A Message Processing Analysis [J]. Personality and Psychology Bulletin, 1996, 22, (3).

[317] Speck, Schumann, Thompson. Celebrity Endorsenermt-Scripts, Schema and Roles: Theoretical Framework And Preliminary Tesrs [J]. Advance in Consumer Research, 1998(15).

[318] Stein D D, Hardyck J A, Smith M B. Race and Belief: An open and Shut Case [J]. Journal of Personality and Social Psychology, 1965(1).

[319] Stephanie Hughes and Shank. Defining Scandal in Sports: Media and Corporate Sponsor Perspectives [J]. Sport Mar

Heting Quarterly, 2005, 14(4).

[320] Tabachnick B G, Fidell L S. A General Coefficient of Determination for Covariance Sturcture Models under Arbitraty GLS Etumation [J]. British Journal of Marhematical and Statistical Psychology, 1989(42).

[321] Taylor S E. A Categorization Approach to Stereotyping [M] // D L Hamilton (Ed.), Cognitive Processes in Stereotyping and Intergroup Behavior. Hillsdale, NJ: Erlbaum, 1981.

[322] Taylor S E. Positive Illusions: Creative self-deception and the Healthy Mind [M]. New York: Basic Books,1989.

[323] Taylor S E. The Tending Instinct: How Nurturing Is Essential to Who We Are and How We Live [M]. New York: Times Books, Henry Holt, 2002.

[324] Therese A Louie and Carl Obermiller. Consumer Response to a Firm's Endorser (Dis) Association Decisions [J]. Journal of Advertising, 2002(4).

[325] Therese ALouie, Robertl Kulik, Robert Jacobson. When Bad Things Happen to the Endorsers of GoodProducts [J]. Marketing Letters, 2001, 12(1).

[326] Tiffany A, Jeff T, Larsen N, Kvlf Smith, John T. Negative Information Weighs More Heavily on The Brain:The Negativity Bias in Evaluative Categorizations [J]. Journal of Personality and Social Psychology, 1998, 75(4).

[327] Till B D, Busier M. Matching Products with Endorsers: Attractiveness versus Expertise [J]. Journal of Consumer Marketing, 1998, 15(6).

[328] Till B D, Busler M. The Match-up Hypothesis: Physical Attractiveness, Expertise, and the Role of Fit on Brand Attitude, Purchase Intentions, and Brand Beliefs [J]. Journal of Advertising, 2000, 29(3).

[329] Till B D, Shimp T. Endorsers in Advertising: The Case of Negative Information [J]. Journal of Advertising, 1998, 27(1).

[330] Tripp C, Jenson T, Carlson L. The Effect of Multiple Product Endorsements by Celebrities on Consumers' Attitudes and Intentions [J]. Journal of Consumer Research, 1994, 20(4).

[331] Walker, Mary, Langmeyer,et al. Celebrity Endorsers:Do you Get What You Pay For [J]. Journal of Services Marketing, 1992, 6(4).

[332] Weinberger M G, Romeo Jb, Piracha A. Negative Product Safety News:Coverage, Response, and Effects [J]. Business Horizon, 1991, 34(3).

[333] Weiner B. "Spontaneous" Causal Thinking [J]. Psychological Bulletin, 1985(97).

[334] Wilder D A. Perceiving Persons as a Group: Effect on Attributions of Causality and Beliefs [J]. Social Psychology, 1978(41).

[335] Wilson W R. Feeling More than We Can Know: Exposure Effects Without Learning [J]. Journal of Personality and Social Psychology, 1979(37).

[336] Winter F W. A Laboratory Experiment of Individual Attitude Response to Advertising Exposure [J]. Journal of Marketing Research, 1973(10).

[337] Wojcisz K E, Bogdan, Hanna Bryce, et al. Effects of Information Content and Evaluative Extremity on Positivity and Negativity Biases [J]. Journal of Personality and Social Psychology, 1993, 64(3).

[338] Ybarra, Oscar, Waliter G,et al. Misanthropic Person Memory [J]. Journal of Personality and Social Psychology, 1996, 45(4).

[339] Zeithaml, Leonard L Berry, A Parasuraman. The Behavioral Consequences of Service Quality [J]. The Journal of Marketing, 1996, 60(2).

后 记

后 记

从 1999 年开始的营销安全研究，至今已经整整 20 年了，20 年，是一代人的时间，先后有 20 多位专家、教授和青年才俊参与到我们的研究当中，不仅完成了 20 余篇博士论文，培养出了 20 余位营销博士，还造就了一批青年才俊，有的已经成为国家优秀青年和国家杰出青年科学基金的获得者，有的已经成为省部级学术技术带头人和突出贡献专家，还培养了一批二级教授和三级教授，也催生了一批博士生导师，研究群体日益壮大，本研究团队被评为四川大学德沃群芳团队和四川大学十佳传帮带团队。

20 年，弹指一挥间，对营销安全的研究也只能算是一个起步，本成果也仅仅是一个阶段性的总结，还不是一部集大成的专著，我们希望再通过 20 年的努力，结合现代神经营销技术、大数据营销技术和人工智能营销技术，在进一步总结、提炼国际国内专家成果的基础上，形成教科书式的营销安全专著，建立成型的营销安全理论体系，催生一门新兴学科的诞生。

本书是一部集体研究成果，参加本书撰写的作者如下。

上卷：李蔚、杨洋、方正、范宝财、董亚妮、李玲、王珏、曾旺明、蔡静、薛骄龙、南剑飞、李珊、刘世明、刘江、黄菊、徐海军、贺雅文、崔泮为、杨晓宇、冯渝、马敏、张全成、王小萍、吴旭明、赵安学。

中卷：李蔚、李珊、花海燕、杨洋、王虹、李陈卓尔、兰天、董亚妮、尚玮、蔡静、牛永革、曾旺明、薛骄龙、杨锐、刘晓彬、张媛、张永韬、王良锦、冯渝、陈洋、刘萍、柯舸、黄庆国、王新珠、尹世明、谢慧、罗娅娴、王旭。

下卷：李蔚、林雅军、李珊、杨洋、曾旺明、尚玮、崔泮为、王良锦、余键、尧军文、吴家灿、王超、邹品佳、薛骄龙、牛永革、张媛、邹奇琳、黄鹂。